2016

中国县域统计年鉴（县市卷）

CHINA STATISTICAL YEARBOOK (COUNTY-LEVEL)

国家统计局农村社会经济调查司　编

中国统计出版社
China Statistics Press

图书在版编目 (CIP) 数据

中国县域统计年鉴．县市卷．2016 / 国家统计局农村社会经济调查司编．-- 北京 : 中国统计出版社，2017.2
ISBN 978-7-5037-8109-4

Ⅰ．①中… Ⅱ．①国… Ⅲ．①县级经济 - 经济统计 - 中国 - 2016 - 年鉴 Ⅳ．① F127-54

中国版本图书馆 CIP 数据核字 (2017) 第 027842 号

中国县域统计年鉴—2016（县市卷）

编　　者 / 国家统计局农村社会经济调查司
责任编辑 / 尹　伊
封面设计 / 李雪燕
出版发行 / 中国统计出版社
通信地址 / 北京市丰台区西三环南路甲 6 号 邮政编码 /100073
电　　话 / 邮购 (010) 63376909 书店 (010) 68783171
网　　址 / http://www.zgtjcbs.com
印　　刷 / 河北鑫宏源印刷包装有限责任公司
经　　销 / 新华书店
开　　本 / 880×1230 毫米 1/16
字　　数 / 880 千字
印　　张 / 27.75
版　　别 / 2017 年 3 月第 1 版
版　　次 / 2017 年 3 月第 1 次印刷
定　　价 / 550. 00 元（全套）

如有印装差错，由本社发行部调换。

《中国县域统计年鉴（县市卷）-2016》
编辑委员会

编 者 说 明

一、《中国县域统计年鉴（县市卷）-2016》是一部全面反映我国县域社会经济发展状况的资料性年鉴，收录了 2015 年全国 2000 多个县域单位的基本情况、综合经济、农业、工业、基本建设、教育、卫生、社会保障等方面的资料。

二、本卷的资料范围包括全国除香港特别行政区、澳门特别行政区和台湾省以外的县、旗、县级市和上报资料完整的市辖区，行政区划截止到 2015 年 12 月 31 日。

三、本卷的主要内容包括两个部分：一是县（市）社会经济主要指标；二是按公共财政收入分组的县（市）资料；篇末另附主要指标解释。

四、本卷的资料来自 2015 年县（市）社会经济统计年报。

五、本卷空栏有如下情况：

（1）该项数据较小，不够规定单位。

（2）该项指标在当年没有统计任务，没有统计数据。

（3）该项指标未掌握确切数据。

六、咨询服务电话：010-68782899。

编　者

2017 年 1 月

目录

一、县（市）社会经济主要指标

二、按主要经济指标分组县（市）资料

附录：主要指标解释

1

县（市）社会经济主要指标

2015年县(市)社会经济主要指标

北京市

指　　标	单 位	大兴区	怀柔区	平谷区	密云县	延庆县
一、基本情况						
行政区域面积	平方公里	1036	2123	950	2230	1994
乡个数	个		2	2	1	4
镇个数	个	14	12	14	17	11
街道办事处个数	个	8	2	2	2	3
户籍人口	万人	66	28	40	43	28
第二产业从业人员	人	208253	47883	86594	90488	26023
第三产业从业人员	人	259997	55676	81530	157832	104529
固定电话用户	户	159120	163950	109368	117765	42400
二、综合经济						
地区生产总值	万元	5101575	2341553	1970603	2267017	1073488
第一产业增加值	万元	219093	70826	187295	163181	78140
农业增加值	万元	122975	26029	116493	87696	31855
牧业增加值	万元	45600	19773	55354	51731	33651
第二产业增加值	万元	2094887	1317936	905831	1008517	292001
公共财政收入	万元	712454	333813	279341	295045	135000
各项税收	万元	1791103	1027325	705822	603000	420373
公共财政支出	万元	2917991	1069799	1072485	1102121	838319
居民储蓄存款余额	万元	11340729	2367562	2015315	2495962	1613965
年末金融机构各项贷款余额	万元	9812823	1251986	1478108	1781457	556373
三、农业、工业及投资						
农业机械总动力	万千瓦特	22	13	23	23	15
机收面积	公顷	17896	3962	7638	6657	8155
设施农业占地面积	公顷	6573	322	841	716	626
粮食总产量	吨	124159	44140	49084	49856	105209
棉花产量	吨	4		83		
油料产量	吨	2779	441	347	1539	80
肉类总产量	吨	54838	21214	46987	36921	21814
规模以上工业企业单位数	个	390	172	127	136	40
规模以上工业总产值	万元	6944762	4475478	2448491	2256431	538893
固定资产投资	万元	4487574	1107686	858294	611815	510206
四、教育、卫生和社会保障						
普通中学在校学生数	人	25222	10294	10942	14113	9705
中等职业教育学校在校学生数	人	6770	1545	1521	1049	1731
小学在校学生数	人	59270	16983	17330	22145	12251
医疗卫生机构床位数	床	6780	1683	2020	1666	982
各种社会福利收养性单位数	个	34	25	32	31	37
各种社会福利收养性单位床位数	床	6060	3318	5031	4635	5902

2015年县(市)社会经济主要指标

天津市、河北省

指　　标	单 位	宝坻区	宁河区	静海区	蓟县	藁城区
一、基本情况						
行政区域面积	平方公里	1459	1032	1476	1590	836
乡个数	个		3	2	1	1
镇个数	个	16	11	16	25	12
街道办事处个数	个	8			1	
户籍人口	万人	70	40	59	86	79
第二产业从业人员	人	131968	61869	193500	168598	247574
第三产业从业人员	人	55415	46008	141300	137314	197842
固定电话用户	户	225100	102901	159301	146526	56398
二、综合经济						
地区生产总值	万元	6050463	5225240	6166918	3905252	5778086
第一产业增加值	万元	375063	320040	240214	311252	727904
农业增加值	万元	196373	137189	131619	171821	536556
牧业增加值	万元	145003	125705	77132	130446	186911
第二产业增加值	万元	2683600	2490600	3400923	1203900	3852408
公共财政收入	万元	580108	405636	593811	712102	249793
各项税收	万元	371771	110203	324230	362314	641262
公共财政支出	万元	881689	625031	842220	836082	380857
居民储蓄存款余额	万元	2819849	1787903	3378413	3437019	2138723
年末金融机构各项贷款余额	万元	3371799	1662565	3332458	2722651	1024740
三、农业、工业及投资						
农业机械总动力	万千瓦特	91	54	67	77	228
机收面积	公顷	89650	23147	50250	63150	63666
设施农业占地面积	公顷	1330	1379	2666	2784	8200
粮食总产量	吨	445584	113193	201625	369660	515458
棉花产量	吨	5040	14863	698	40	378
油料产量	吨	165	48	590	2078	8779
肉类总产量	吨	76544	110057	59840	79691	83689
规模以上工业企业单位数	个	433	240	567	172	426
规模以上工业总产值	万元	9130900	7672453	19017015	2625600	15398148
固定资产投资	万元	7384193	6970944	6904329	7133068	2683145
四、教育、卫生和社会保障						
普通中学在校学生数	人	32559	17175	35321	38119	30491
中等职业教育学校在校学生数	人	2716	1776	3146	3510	2682
小学在校学生数	人	36924	27654	59788	50435	50788
医疗卫生机构床位数	床	2668	1230	1729	1838	1856
各种社会福利收养性单位数	个	18	5	76	24	15
各种社会福利收养性单位床位数	床	521	498	5640	956	5138

2015年县(市)社会经济主要指标

河北省

指标	单位	鹿泉区	栾城区	井陉县	正定县	行唐县
一、基本情况						
行政区域面积	平方公里	603	326	1381	468	1025
乡个数	个	3	3	7	5	11
镇个数	个	9	4	10	3	4
街道办事处个数	个				2	
户籍人口	万人	42	35	33	50	46
第二产业从业人员	人	88073	104621	50250	104317	71868
第三产业从业人员	人	94386	75251	58459	87870	94083
固定电话用户	户	56020	34921	16000	63943	15400
二、综合经济						
地区生产总值	万元	3559996	2078493	1445280	2763915	1300805
第一产业增加值	万元	226822	278433	137027	333322	270287
农业增加值	万元	152043	151247	50751	169650	138786
牧业增加值	万元	65198	124860	70704	160139	122537
第二产业增加值	万元	1944170	1176202	612629	1139291	662971
公共财政收入	万元	186928	90728	60767	140839	36582
各项税收	万元	285101	157894	119813	90355	42381
公共财政支出	万元	309688	194857	145928	282231	208822
居民储蓄存款余额	万元	1746792	1050098	1078459	2572803	1090531
年末金融机构各项贷款余额	万元	1436620	787122	531196	2313929	401376
三、农业、工业及投资						
农业机械总动力	万千瓦特	64	64	48	148	140
机收面积	公顷	27500	30300	8900	38720	37720
设施农业占地面积	公顷	1931	1595	181	1031	906
粮食总产量	吨	196098	241870	91877	310182	297511
棉花产量	吨	157	9	125	190	403
油料产量	吨	3925	283	5523	19918	22966
肉类总产量	吨	27388	48927	27571	81166	38946
规模以上工业企业单位数	个	201	164	68	146	89
规模以上工业总产值	万元	7278579	3986996	1886612	4784822	2435416
固定资产投资	万元	3484583	2089835	1465639	2596099	1656774
四、教育、卫生和社会保障						
普通中学在校学生数	人	18167	13354	14036	23960	23764
中等职业教育学校在校学生数	人	4515	1917	1240	2572	424
小学在校学生数	人	29859	24172	19383	36886	39652
医疗卫生机构床位数	床	1329	1729	1132	1790	1310
各种社会福利收养性单位数	个	12	5	5	15	2
各种社会福利收养性单位床位数	床	7343	2778	2339	4052	5213

2015年县(市)社会经济主要指标

河北省

指　标	单 位	灵寿县	高邑县	深泽县	赞皇县	无极县
一、基本情况						
行政区域面积	平方公里	1066	222	296	1210	524
乡个数	个	9	2	3	9	5
镇个数	个	6	3	3	2	6
街道办事处个数	个					
户籍人口	万人	35	20	26	28	53
第二产业从业人员	人	12148	36672	58869	37424	148042
第三产业从业人员	人	23684	24063	36770	58576	48824
固定电话用户	户	20392	16530	7424	8100	45123
二、综合经济						
地区生产总值	万元	932429	830105	1015715	955885	1823977
第一产业增加值	万元	179562	124219	159641	173477	272436
农业增加值	万元	105553	95566	117138	98288	155873
牧业增加值	万元	59047	27635	40719	63657	115183
第二产业增加值	万元	450274	480022	603220	535542	979876
公共财政收入	万元	30726	38202	38937	27525	47475
各项税收	万元	16801	39050	37464	34671	68984
公共财政支出	万元	169333	111462	118605	147356	176444
居民储蓄存款余额	万元	879883	502294	877627	563322	1196434
年末金融机构各项贷款余额	万元	361830	288756	300112	341265	392542
三、农业、工业及投资						
农业机械总动力	万千瓦特	60	46	67	51	98
机收面积	公顷	32054	22726	29843	22000	43289
设施农业占地面积	公顷	378	4859	747	91	1867
粮食总产量	吨	139218	163904	200435	108360	339504
棉花产量	吨	137	108	136	68	236
油料产量	吨	5245	4848	6335	10218	17120
肉类总产量	吨	32106	13882	24774	26039	57490
规模以上工业企业单位数	个	69	72	86	75	123
规模以上工业总产值	万元	1500379	1535907	2157080	1954736	3857798
固定资产投资	万元	1144479	799340	822671	1448464	1309455
四、教育、卫生和社会保障						
普通中学在校学生数	人	15538	8153	7379	10559	18799
中等职业教育学校在校学生数	人	2122	1252	372	1009	1044
小学在校学生数	人	26971	17405	15708	27455	38484
医疗卫生机构床位数	床	1131	580	750	993	1428
各种社会福利收养性单位数	个	2	2	1	5	3
各种社会福利收养性单位床位数	床	3480	1898	3065	1611	4342

2015年县(市)社会经济主要指标

河北省

指标	单位	平山县	元氏县	赵县	晋州市	新乐市
一、基本情况						
行政区域面积	平方公里	2648	675	674	619	525
乡个数	个	11	7	4	1	3
镇个数	个	12	8	7	9	8
街道办事处个数	个					1
户籍人口	万人	50	44	61	57	51
第二产业从业人员	人	61678	48803	136780	137483	115212
第三产业从业人员	人	50965	48870	114505	68256	75346
固定电话用户	户	30000	23146	20910	30826	22215
二、综合经济						
地区生产总值	万元	1877815	1801611	2029402	2767978	1901622
第一产业增加值	万元	188239	253405	346922	341430	290291
农业增加值	万元	122030	145441	255855	242633	169748
牧业增加值	万元	40373	99511	87559	92262	117482
第二产业增加值	万元	1069499	949520	1185962	1538534	1038073
公共财政收入	万元	93630	65519	46779	77459	61811
各项税收	万元	175964	93261	58070	55038	64641
公共财政支出	万元	267445	170439	213995	213113	182006
居民储蓄存款余额	万元	1345819	1080962	1133397	1773840	1137324
年末金融机构各项贷款余额	万元	580428	626558	564590	918986	711508
三、农业、工业及投资						
农业机械总动力	万千瓦特	103	71	260	139	240
机收面积	公顷	13280	40865	73430	42000	41040
设施农业占地面积	公顷	837	1680	2058	760	6240
粮食总产量	吨	197091	324737	557319	348379	317217
棉花产量	吨	602	518			149
油料产量	吨	9676	7650	3990	9137	37241
肉类总产量	吨	22153	46252	43875	53009	59436
规模以上工业企业单位数	个	25	78	122	262	172
规模以上工业总产值	万元	3816437	3470033	6067936	6137125	4608908
固定资产投资	万元	2138386	2087952	1576205	2702009	2333607
四、教育、卫生和社会保障						
普通中学在校学生数	人	22063	14829	24092	19006	23506
中等职业教育学校在校学生数	人	2503	1945	4772	2676	1675
小学在校学生数	人	36255	32196	42406	36542	45534
医疗卫生机构床位数	床	1425	1710	1392	1103	1672
各种社会福利收养性单位数	个	6	3	9	11	10
各种社会福利收养性单位床位数	床	2528	2356	3076	3682	3452

2015年县(市)社会经济主要指标

河北省

指　标	单 位	丰南区	丰润区	曹妃甸区	滦县	滦南县
一、基本情况						
行政区域面积	平方公里	1312	1154	1281	1027	1482
乡个数	个	3	3			
镇个数	个	12	17	5	10	16
街道办事处个数	个	1	3	1	4	1
户籍人口	万人	53	83	21	56	57
第二产业从业人员	人	141891	156509	71408	121856	127983
第三产业从业人员	人	117674	86010	46636	157206	83917
固定电话用户	户	91777	151285	74100	50892	59596
二、综合经济						
地区生产总值	万元	6135317	6068419	3495414	4337261	3133697
第一产业增加值	万元	471462	485447	230786	432063	856425
农业增加值	万元	316961	286184	70077	232776	516976
牧业增加值	万元	67008	190276	37434	193296	247745
第二产业增加值	万元	3714337	4088767	2065465	2588379	944010
公共财政收入	万元	290948	219402	656330	143005	95589
各项税收	万元	415463	184356	647099	188134	67789
公共财政支出	万元	410245	320220	770861	296575	254088
居民储蓄存款余额	万元	3205113	4709171	929026	1938808	1713247
年末金融机构各项贷款余额	万元	2084821	2549485	6758215	1271924	895707
三、农业、工业及投资						
农业机械总动力	万千瓦特	92	118	58	98	142
机收面积	公顷	35284	41331	23163	33041	58081
设施农业占地面积	公顷	4080	680	920	1305	8244
粮食总产量	吨	245977	367502	200100	286948	466945
棉花产量	吨	10466	1007	220	281	949
油料产量	吨	23684	34758	684	61786	61985
肉类总产量	吨	48691	86572	25671	58213	131486
规模以上工业企业单位数	个	192	155	91	83	80
规模以上工业总产值	万元	14306761	13238177	6430601	8127049	1983655
固定资产投资	万元	3439009	1911798	7705232	3247073	2321053
四、教育、卫生和社会保障						
普通中学在校学生数	人	25692	34329	6752	25757	26940
中等职业教育学校在校学生数	人	4322	3932	1572	3665	3586
小学在校学生数	人	33191	54011	9041	39854	33522
医疗卫生机构床位数	床	1583	3765	799	2099	2212
各种社会福利收养性单位数	个	4	24	1	1	9
各种社会福利收养性单位床位数	床	4908	6254	957	5399	6530

2015年县(市)社会经济主要指标

河北省

指　　标	单 位	乐亭县	迁西县	玉田县	遵化市	迁安市
一、基本情况						
行政区域面积	平方公里	1417	1439	1165	1513	1227
乡个数	个	3	8	4	12	7
镇个数	个	10	9	16	13	10
街道办事处个数	个	1	1	1	2	4
户籍人口	万人	45	40	70	76	76
第二产业从业人员	人	81560	85292	190186	157767	183771
第三产业从业人员	人	107661	66335	118198	191769	196293
固定电话用户	户	51335	58478	108241	96785	85990
二、综合经济						
地区生产总值	万元	3158516	3963903	3521598	4837673	8910563
第一产业增加值	万元	863597	239954	755842	422688	424677
农业增加值	万元	649887	148244	551837	299160	258070
牧业增加值	万元	88416	50668	196633	114518	162396
第二产业增加值	万元	985083	2363964	1543869	2275338	5273144
公共财政收入	万元	111160	100548	87297	96500	351694
各项税收	万元	133641	141883	134280	125562	521856
公共财政支出	万元	288112	296798	239953	278736	589250
居民储蓄存款余额	万元	1988011	1876989	2847626	3299087	4828676
年末金融机构各项贷款余额	万元	1513158	1158292	1690057	1825501	4329977
三、农业、工业及投资						
农业机械总动力	万千瓦特	100	40	120	154	217
机收面积	公顷	15083	30	63350	13866	12388
设施农业占地面积	公顷	15099	187	5217	1005	3897
粮食总产量	吨	259304	77285	501613	249965	200303
棉花产量	吨	603	321	1711	70	40
油料产量	吨	10829	7158	4249	46810	31533
肉类总产量	吨	35378	24305	115085	71518	87273
规模以上工业企业单位数	个	71	95	147	153	179
规模以上工业总产值	万元	2567243	6659470	4837033	4878359	12367345
固定资产投资	万元	1667959	2288079	2395503	2697119	5897805
四、教育、卫生和社会保障						
普通中学在校学生数	人	19433	19010	32003	39531	34910
中等职业教育学校在校学生数	人	1935	3264	3731	1495	5059
小学在校学生数	人	21161	34212	47833	60039	58827
医疗卫生机构床位数	床	1563	1587	2405	2661	3770
各种社会福利收养性单位数	个	7	8	4	9	18
各种社会福利收养性单位床位数	床	3640	9038	3718	7739	5764

2015年县(市)社会经济主要指标

河北省

指　　标	单 位	抚宁区	青龙满族自治县	昌黎县	卢龙县	邯郸县
一、基本情况						
行政区域面积	平方公里	968	3510	1212	956	280
乡个数	个	2	14	5	5	5
镇个数	个	5	11	11	7	2
街道办事处个数	个	1				
户籍人口	万人	34	57	53	42	31
第二产业从业人员	人	40413	88140	66068	48824	61288
第三产业从业人员	人	36340	62905	69418	60152	85571
固定电话用户	户	68013	43355	67000	35200	40666
二、综合经济						
地区生产总值	万元	1079904	980577	1967191	1010586	1497364
第一产业增加值	万元	333399	300848	556470	296223	136072
农业增加值	万元	214191	181059	288568	176094	87442
牧业增加值	万元	111198	106089	221096	115634	46884
第二产业增加值	万元	280367	182450	734255	286423	584943
公共财政收入	万元	81506	30960	91359	37017	60659
各项税收	万元	132500	48481	144121	45960	45490
公共财政支出	万元	203111	208308	249471	187616	191237
居民储蓄存款余额	万元	1744486	1027395	2002523	1203994	829886
年末金融机构各项贷款余额	万元	881143	636813	838853	509965	721319
三、农业、工业及投资						
农业机械总动力	万千瓦特	55	25	81	104	43
机收面积	公顷	2634		26334	13100	20620
设施农业占地面积	公顷	2203	200	3965	506	815
粮食总产量	吨	88761	121665	302215	227111	178644
棉花产量	吨	430		54	391	1457
油料产量	吨	9569	2132	28132	13534	899
肉类总产量	吨	100202	69730	80787	73772	23464
规模以上工业企业单位数	个	35	20	46	29	48
规模以上工业总产值	万元	778646	235594	2249713	845536	483303
固定资产投资	万元	536029	718265	1234311	889047	1873785
四、教育、卫生和社会保障						
普通中学在校学生数	人	6910	12692	24095	19097	13286
中等职业教育学校在校学生数	人	2189	8165	3778	4689	2977
小学在校学生数	人	18766	40040	32133	24710	38003
医疗卫生机构床位数	床	1384	1662	2891	1077	1278
各种社会福利收养性单位数	个	2	4	12	3	10
各种社会福利收养性单位床位数	床	625	3160	3087	3941	2267

2015年县(市)社会经济主要指标

河北省

指　　标	单 位	临漳县	成安县	大名县	涉县	磁县
一、基本情况						
行政区域面积	平方公里	742	482	1053	1509	995
乡个数	个	9	5	12	8	9
镇个数	个	5	4	8	8	9
街道办事处个数	个				1	
户籍人口	万人	75	46	94	42	66
第二产业从业人员	人	116534	76418	69164	100508	121009
第三产业从业人员	人	104995	81624	205783	142854	162202
固定电话用户	户	17634	19614	51997	27233	33228
二、综合经济						
地区生产总值	万元	1071487	1309658	1265631	2203199	2304120
第一产业增加值	万元	313292	251843	327756	133886	215000
农业增加值	万元	199384	180404	181451	85466	121368
牧业增加值	万元	111944	69691	143125	42263	83244
第二产业增加值	万元	369627	591710	508894	1198889	1093290
公共财政收入	万元	28838	35624	31274	95338	121368
各项税收	万元	38169	59967	38752	128972	84382
公共财政支出	万元	208422	194346	293330	211662	301352
居民储蓄存款余额	万元	822597	592383	1088937	1208279	1103184
年末金融机构各项贷款余额	万元	373830	363519	800544	1199837	810063
三、农业、工业及投资						
农业机械总动力	万千瓦特	113	82	107	59	188
机收面积	公顷	69700	33332	114300	10260	48457
设施农业占地面积	公顷	224	630	612	118	321
粮食总产量	吨	595699	282602	734215	85530	355134
棉花产量	吨	2519	21684	1995	23	2415
油料产量	吨	5569	4643	88902	642	5643
肉类总产量	吨	50784	35400	79094	23386	39521
规模以上工业企业单位数	个	67	90	94	72	71
规模以上工业总产值	万元	1349980	2357529	1959257	2549708	1865316
固定资产投资	万元	1565332	1688995	1661902	2385912	2224495
四、教育、卫生和社会保障						
普通中学在校学生数	人	29970	19190	44197	22953	29921
中等职业教育学校在校学生数	人	2860	1731	747	2002	2329
小学在校学生数	人	73480	45344	82104	31432	59451
医疗卫生机构床位数	床	1529	1116	3210	1831	2047
各种社会福利收养性单位数	个	4	3	2	8	6
各种社会福利收养性单位床位数	床	5230	10327	4919	5570	3743

2015年县(市)社会经济主要指标

河北省

指　　标	单 位	肥乡县	永年县	邱县	鸡泽县	广平县
一、基本情况						
行政区域面积	平方公里	503	847	449	336	314
乡个数	个	5	12	3	3	3
镇个数	个	4	7	4	4	4
街道办事处个数	个					
户籍人口	万人	41	106	26	34	31
第二产业从业人员	人	85852	291977	69822	80829	87330
第三产业从业人员	人	107912	261028	32407	84225	80171
固定电话用户	户	9199	28300	7102	38215	8810
二、综合经济						
地区生产总值	万元	869472	2509339	725289	890935	730071
第一产业增加值	万元	298698	739298	159441	181196	127927
农业增加值	万元	229174	572113	102941	127698	90206
牧业增加值	万元	68383	155685	54867	52791	36651
第二产业增加值	万元	321231	1011150	292124	411299	297198
公共财政收入	万元	45576	100899	19768	34850	26296
各项税收	万元	53719	122327	14518	14615	21803
公共财政支出	万元	187996	355971	129412	146897	129656
居民储蓄存款余额	万元	535742	1873741	445085	507284	34221
年末金融机构各项贷款余额	万元	421243	1620167	302990	266747	313831
三、农业、工业及投资						
农业机械总动力	万千瓦特	75	165	47	36	44
机收面积	公顷	43810	64002	21733	29066	27926
设施农业占地面积	公顷	1817	15122	540	4002	679
粮食总产量	吨	335533	533823	103812	214724	224125
棉花产量	吨	13359	1718	34019	3835	4199
油料产量	吨	3619	3423	1221	2232	8926
肉类总产量	吨	36896	74097	23654	27710	15909
规模以上工业企业单位数	个	56	131	65	80	49
规模以上工业总产值	万元	1045554	2549937	1483420	1428417	732897
固定资产投资	万元	1190161	2138084	750717	1310459	934648
四、教育、卫生和社会保障						
普通中学在校学生数	人	21221	55578	13499	14828	11683
中等职业教育学校在校学生数	人	1124	7257	1316	1055	597
小学在校学生数	人	45296	98386	32078	36964	32122
医疗卫生机构床位数	床	1479	3865	670	871	921
各种社会福利收养性单位数	个	4	7	2	3	
各种社会福利收养性单位床位数	床	6698	656	3018	780	1943

2015年县(市)社会经济主要指标

河北省

指　　标	单 位	馆陶县	魏县	曲周县	武安市	邢台县
一、基本情况						
行政区域面积	平方公里	456	864	677	1806	1848
乡个数	个	4	11	4	9	6
镇个数	个	4	10	6	13	10
街道办事处个数	个					
户籍人口	万人	36	104	51	84	36
第二产业从业人员	人	94480	154781	82845	233342	79664
第三产业从业人员	人	67408	185718	104005	277193	61497
固定电话用户	户	16203	18178	18599	57821	34947
二、综合经济						
地区生产总值	万元	920274	1290501	1102800	6000642	1202718
第一产业增加值	万元	254023	301808	288054	216718	114242
农业增加值	万元	146050	219642	163799	120438	85753
牧业增加值	万元	104172	79604	118462	90821	23336
第二产业增加值	万元	404209	472466	513599	3751906	784953
公共财政收入	万元	31573	51579	35314	345401	63653
各项税收	万元	25420	57929	27823	206294	82986
公共财政支出	万元	169558	290904	190694	624009	172113
居民储蓄存款余额	万元	529280	988997	747614	3716964	1159399
年末金融机构各项贷款余额	万元	391486	598467	584299	2665693	657427
三、农业、工业及投资						
农业机械总动力	万千瓦特	79	129	99	219	35
机收面积	公顷	35810	78140	59027	27000	20385
设施农业占地面积	公顷	1375	1138	3045	65	60
粮食总产量	吨	306258	616820	418883	274691	125330
棉花产量	吨	2251	1475	11398	2561	482
油料产量	吨	14401	4277	3768	3789	11567
肉类总产量	吨	53329	62844	56014	72975	13581
规模以上工业企业单位数	个	76	67	85	103	48
规模以上工业总产值	万元	1709290	2009201	1989728	10783274	2753970
固定资产投资	万元	1274807	1927779	1466229	3191664	1030939
四、教育、卫生和社会保障						
普通中学在校学生数	人	17070	45166	25035	46776	13274
中等职业教育学校在校学生数	人	971	9238	1335	9295	1462
小学在校学生数	人	41792	81433	58656	77037	20067
医疗卫生机构床位数	床	1266	2327	1515	2946	1652
各种社会福利收养性单位数	个	4	2	2	19	4
各种社会福利收养性单位床位数	床	2619	4917	4353	6131	4590

2015年县(市)社会经济主要指标

河北省

指　　标	单 位	临城县	内丘县	柏乡县	隆尧县	任县
一、基本情况						
行政区域面积	平方公里	797	788	268	749	431
乡个数	个	4	4	3	6	4
镇个数	个	4	5	3	6	4
街道办事处个数	个					
户籍人口	万人	22	29	20	56	38
第二产业从业人员	人	22362	45782	31060	97411	56690
第三产业从业人员	人	22487	38954	13232	63227	53691
固定电话用户	户	26533	41000	13300	64486	21953
二、综合经济						
地区生产总值	万元	601438	678329	339306	905752	446365
第一产业增加值	万元	110992	112666	106314	252681	119641
农业增加值	万元	67697	72445	72784	177184	95646
牧业增加值	万元	37633	38613	33112	73843	22668
第二产业增加值	万元	327169	304029	119991	354846	158364
公共财政收入	万元	25177	39014	13473	34030	30159
各项税收	万元	23927	46449	17412	55343	37608
公共财政支出	万元	106816	124341	80540	164733	162926
居民储蓄存款余额	万元	660082	814293	359442	984342	609428
年末金融机构各项贷款余额	万元	290613	373492	219002	522013	354842
三、农业、工业及投资						
农业机械总动力	万千瓦特	26	27	36	96	61
机收面积	公顷	20300	26696	24072	67660	43395
设施农业占地面积	公顷	362	84	92	390	81
粮食总产量	吨	122887	182373	204380	524242	345788
棉花产量	吨	338	815	319	5748	1395
油料产量	吨	7000	16228	2834	13919	3008
肉类总产量	吨	17049	27026	14717	37022	11098
规模以上工业企业单位数	个	55	38	42	76	48
规模以上工业总产值	万元	1103742	548952	426530	1912076	430689
固定资产投资	万元	611507	1120223	286570	818569	531073
四、教育、卫生和社会保障						
普通中学在校学生数	人	14275	12784	7663	14748	12018
中等职业教育学校在校学生数	人	2475	1124	1206	811	450
小学在校学生数	人	18127	22797	16195	41194	28679
医疗卫生机构床位数	床	716	1086	714	1343	834
各种社会福利收养性单位数	个	4	3	2	4	2
各种社会福利收养性单位床位数	床	1536	2391	1842	1575	2238

2015年县(市)社会经济主要指标

河北省

指　　标	单 位	南和县	宁晋县	巨鹿县	新河县	广宗县
一、基本情况						
行政区域面积	平方公里	405	1032	631	366	504
乡个数	个	5	4	4	4	5
镇个数	个	3	10	6	2	3
街道办事处个数	个		1			
户籍人口	万人	38	80	42	18	33
第二产业从业人员	人	63440	153188	63011	12070	47796
第三产业从业人员	人	49839	71350	27989	17466	60568
固定电话用户	户	32126	72134	33261	29740	10230
二、综合经济						
地区生产总值	万元	528672	1957055	602320	284422	408599
第一产业增加值	万元	188331	337067	194614	95370	121702
农业增加值	万元	145226	254666	169318	78905	92418
牧业增加值	万元	38122	80764	23890	15432	28327
第二产业增加值	万元	151726	1102354	199007	98654	149053
公共财政收入	万元	30518	65666	31509	13179	14475
各项税收	万元	20779	110071	18956	10818	21450
公共财政支出	万元	188189	231151	176709	102363	129567
居民储蓄存款余额	万元	597088	1724020	897804	490151	439401
年末金融机构各项贷款余额	万元	944124	1243467	415370	249202	191775
三、农业、工业及投资						
农业机械总动力	万千瓦特	53	110	69	36	30
机收面积	公顷	35240	97755	27980	28800	14653
设施农业占地面积	公顷	2890	1264	938	8	698
粮食总产量	吨	281441	739352	188472	162659	80988
棉花产量	吨	1039	4551	12420	7085	14476
油料产量	吨	2374	6789	13031	3768	25651
肉类总产量	吨	19937	38449	14365	6832	17911
规模以上工业企业单位数	个	32	210	65	41	54
规模以上工业总产值	万元	756549	4735419	592367	388652	405841
固定资产投资	万元	605813	2076001	670834	217866	527336
四、教育、卫生和社会保障						
普通中学在校学生数	人	16671	26631	17714	5604	8372
中等职业教育学校在校学生数	人	1012	3488	909	201	1310
小学在校学生数	人	28803	57857	30039	9688	26919
医疗卫生机构床位数	床	925	2577	1310	645	808
各种社会福利收养性单位数	个	3	4	10	1	2
各种社会福利收养性单位床位数	床	2796	2527	4152	1294	1961

2015年县(市)社会经济主要指标

河北省

指　　标	单 位	平乡县	威县	清河县	临西县	南宫市
一、基本情况						
行政区域面积	平方公里	406	1012	500	542	861
乡个数	个	4	8		3	5
镇个数	个	3	8	6	6	6
街道办事处个数	个	1				4
户籍人口	万人	36	64	43	39	50
第二产业从业人员	人	78879	88766	98596	49951	89425
第三产业从业人员	人	51683	66809	88138	63637	75026
固定电话用户	户	23760	23296	48509	29635	39440
二、综合经济						
地区生产总值	万元	543424	790584	1327881	619720	1013292
第一产业增加值	万元	131132	302209	85519	123711	190362
农业增加值	万元	102976	205946	71743	85449	148818
牧业增加值	万元	26365	93857	11430	36910	39287
第二产业增加值	万元	201434	222358	638461	215051	423100
公共财政收入	万元	34426	40163	56638	31607	36929
各项税收	万元	22141	32635	93614	38829	41481
公共财政支出	万元	149498	238232	172582	178352	194059
居民储蓄存款余额	万元	724265	1004600	1351091	623287	1233166
年末金融机构各项贷款余额	万元	308537	478215	797718	330927	642501
三、农业、工业及投资						
农业机械总动力	万千瓦特	38	91	58	62	89
机收面积	公顷	41000	26200	39855	48433	31468
设施农业占地面积	公顷	346	2415	8		178
粮食总产量	吨	244150	176509	259551	319861	219677
棉花产量	吨	1374	67461	10203	11326	39010
油料产量	吨	32421	8286	6295	1552	17535
肉类总产量	吨	14191	27916	7282	18213	24036
规模以上工业企业单位数	个	62	83	115	53	83
规模以上工业总产值	万元	569345	654586	1582480	532254	1542007
固定资产投资	万元	645063	651369	1370088	676927	1065648
四、教育、卫生和社会保障						
普通中学在校学生数	人	16591	22077	14635	13819	23413
中等职业教育学校在校学生数	人	616	2492	828	1047	3834
小学在校学生数	人	31698	49656	42214	35840	29894
医疗卫生机构床位数	床	1251	2030	1632	1203	1227
各种社会福利收养性单位数	个	2	1	1	1	2
各种社会福利收养性单位床位数	床	2997	3760	902	3078	4090

2015年县(市)社会经济主要指标

河北省

指　　标	单 位	沙河市	满城区	清苑区	徐水区	涞水县
一、基本情况						
行政区域面积	平方公里	859	630	867	723	1662
乡个数	个	4	6	10	7	7
镇个数	个	4	5	8	7	8
街道办事处个数	个	5				
户籍人口	万人	45	41	69	62	36
第二产业从业人员	人	93170	66193	135298	122201	51745
第三产业从业人员	人	103298	58954	60544	69085	32074
固定电话用户	户	87613	37173	53954	70955	35827
二、综合经济						
地区生产总值	万元	2269924	1034218	1346803	1611865	585077
第一产业增加值	万元	77654	223805	315585	276976	115998
农业增加值	万元	35266	174474	250353	175403	66027
牧业增加值	万元	39972	44656	63060	98788	37869
第二产业增加值	万元	1275465	528646	694543	791392	141832
公共财政收入	万元	80618	40409	41405	92500	81250
各项税收	万元	150657	59185	78978	205603	66311
公共财政支出	万元	201280	154706	220651	232106	203642
居民储蓄存款余额	万元	1714609	1224706	1398560	1712299	912508
年末金融机构各项贷款余额	万元	1887680	828128	539157	734410	704366
三、农业、工业及投资						
农业机械总动力	万千瓦特	59	54	91	90	29
机收面积	公顷	23970	24600	60560	52017	20550
设施农业占地面积	公顷	2	1531	1258	4098	508
粮食总产量	吨	125761	173489	466015	378513	140355
棉花产量	吨	274	496	680	40	49
油料产量	吨	4709	2696	19141	5503	11015
肉类总产量	吨	16343	23300	28153	62526	23629
规模以上工业企业单位数	个	90	100	79	70	38
规模以上工业总产值	万元	3272639	1611306	2422890	1751151	183268
固定资产投资	万元	2167916	755029	1229769	1411555	1004274
四、教育、卫生和社会保障						
普通中学在校学生数	人	29511	17566	26599	31170	16075
中等职业教育学校在校学生数	人	3409	3019	3162	4507	1082
小学在校学生数	人	40384	35392	52984	43004	20529
医疗卫生机构床位数	床	1307	1437	1977	1714	830
各种社会福利收养性单位数	个	3	1	4	2	5
各种社会福利收养性单位床位数	床	4503	420	1089	512	642

2015年县(市)社会经济主要指标

河北省

指　　标	单 位	阜平县	定兴县	唐县	高阳县	容城县
一、基本情况						
行政区域面积	平方公里	2496	714	1414	495	314
乡个数	个	7	10	12	4	3
镇个数	个	6	6	8	5	5
街道办事处个数	个					
户籍人口	万人	23	60	60	36	27
第二产业从业人员	人	19152	81882	109198	88997	91849
第三产业从业人员	人	20693	96092	36411	34375	41458
固定电话用户	户	21640	49846	51426	48019	30173
二、综合经济						
地区生产总值	万元	334666	1103322	663264	887784	570798
第一产业增加值	万元	73830	257621	182227	88410	95352
农业增加值	万元	48181	171150	119337	74905	56286
牧业增加值	万元	15001	85179	57724	12085	36776
第二产业增加值	万元	78264	523664	264294	551352	324191
公共财政收入	万元	23495	50274	29307	52363	34969
各项税收	万元	18698	92811	18622	67878	35308
公共财政支出	万元	232298	206222	207007	131428	110852
居民储蓄存款余额	万元	562101	1167662	1389481	1127587	814436
年末金融机构各项贷款余额	万元	265457	560103	679384	550098	433561
三、农业、工业及投资						
农业机械总动力	万千瓦特	31	64	54	20	54
机收面积	公顷	200	65050	22433	24016	29130
设施农业占地面积	公顷	155	2427	1082	10	455
粮食总产量	吨	67158	469795	203271	162617	203237
棉花产量	吨		343	528	1625	153
油料产量	吨	4007	15107	4200	12585	5408
肉类总产量	吨	7982	57739	34264	6251	29322
规模以上工业企业单位数	个	19	75	54	83	71
规模以上工业总产值	万元	95063	1342458	599747	1448817	729087
固定资产投资	万元	534429	1214857	493042	656514	609386
四、教育、卫生和社会保障						
普通中学在校学生数	人	7979	28806	30822	16686	9289
中等职业教育学校在校学生数	人	1679	2015	2705	1158	783
小学在校学生数	人	20759	40916	49351	33238	21018
医疗卫生机构床位数	床	667	1296	2196	987	937
各种社会福利收养性单位数	个	1	2	4	1	2
各种社会福利收养性单位床位数	床	520	440	1280	620	1420

2015年县(市)社会经济主要指标

河北省

指　　标	单 位	涞源县	望都县	安新县	易县	曲阳县
一、基本情况						
行政区域面积	平方公里	2448	370	728	2534	1084
乡个数	个	9	5	3	18	13
镇个数	个	8	3	9	9	5
街道办事处个数	个					
户籍人口	万人	29	27	47	58	65
第二产业从业人员	人	23428	44420	231124	92628	70640
第三产业从业人员	人	27776	32000	53965	52185	40799
固定电话用户	户	25358	26425	52239	51352	57500
二、综合经济						
地区生产总值	万元	713913	536739	575730	1109316	703293
第一产业增加值	万元	43964	166342	96635	264130	116587
农业增加值	万元	25211	130801	47758	146149	63999
牧业增加值	万元	13818	34488	19619	107977	46817
第二产业增加值	万元	437041	216385	286972	494377	270813
公共财政收入	万元	42420	21077	33621	43739	36530
各项税收	万元	63851	24029	41433	45078	35985
公共财政支出	万元	160116	95753	216265	257754	211619
居民储蓄存款余额	万元	628751	75144	1014405	1289547	976550
年末金融机构各项贷款余额	万元	492482	419160	573559	525333	365096
三、农业、工业及投资						
农业机械总动力	万千瓦特	19	40	54	32	58
机收面积	公顷	1893	27666	43099	30181	25000
设施农业占地面积	公顷	90	617	131	81	57
粮食总产量	吨	60656	245118	239244	225119	152822
棉花产量	吨		406	5531	530	210
油料产量	吨	289	6895	735	14654	6286
肉类总产量	吨	7317	18326	10135	67890	25169
规模以上工业企业单位数	个	33	24	78	57	62
规模以上工业总产值	万元	556261	399981	1028785	1489342	389744
固定资产投资	万元	682709	543781	808216	1215985	399993
四、教育、卫生和社会保障						
普通中学在校学生数	人	13562	11220	18196	28381	34672
中等职业教育学校在校学生数	人	3324	1325	487	1611	1542
小学在校学生数	人	24400	18540	38677	42623	71634
医疗卫生机构床位数	床	993	868	1100	1753	2014
各种社会福利收养性单位数	个	2	4	1	4	2
各种社会福利收养性单位床位数	床	360	850	308	593	645

2015年县(市)社会经济主要指标

河北省

指　　标	单 位	蠡县	顺平县	博野县	雄县	涿州市
一、基本情况						
行政区域面积	平方公里	652	711	331	514	751
乡个数	个	4	5	3	3	4
镇个数	个	9	5	4	6	7
街道办事处个数	个					3
户籍人口	万人	55	32	28	39	68
第二产业从业人员	人	73812	36798	64985	81707	159626
第三产业从业人员	人	52406	26066	57785	27919	114447
固定电话用户	户	53565	30165	24655	39281	103180
二、综合经济						
地区生产总值	万元	919987	525295	443507	975378	2615967
第一产业增加值	万元	142113	189430	134102	105180	216248
农业增加值	万元	108902	168668	102309	81333	156407
牧业增加值	万元	32647	18366	19352	21642	50825
第二产业增加值	万元	519281	205842	168713	683915	994988
公共财政收入	万元	35614	32415	20081	43896	187768
各项税收	万元	44177	37109	11804	50331	272890
公共财政支出	万元	163200	126505	103109	138294	305163
居民储蓄存款余额	万元	1185214	687656	564129	998568	2673883
年末金融机构各项贷款余额	万元	177367	297540	243568	537492	2117741
三、农业、工业及投资						
农业机械总动力	万千瓦特	64	39	39	35	51
机收面积	公顷	35133	18000	26217	36999	46840
设施农业占地面积	公顷	332	3849	343	262	1643
粮食总产量	吨	253766	126959	183378	233624	303946
棉花产量	吨	127	76	1596	372	
油料产量	吨	14771	5226	12114	4474	12455
肉类总产量	吨	9045	12287	13738	16534	40142
规模以上工业企业单位数	个	96	53	41	120	76
规模以上工业总产值	万元	2215165	547332	619311	2250417	2621789
固定资产投资	万元	529215	423338	454537	702475	1975462
四、教育、卫生和社会保障						
普通中学在校学生数	人	23829	13350	8023	15309	25615
中等职业教育学校在校学生数	人	1660	2143	420	713	5725
小学在校学生数	人	47269	23707	21341	38748	38834
医疗卫生机构床位数	床	1498	1324	670	1160	3575
各种社会福利收养性单位数	个	1	5	4	2	9
各种社会福利收养性单位床位数	床	400	612	703	420	1372

2015年县(市)社会经济主要指标

河北省

指标	单位	安国市	高碑店市	宣化县	张北县	康保县
一、基本情况						
行政区域面积	平方公里	486	618	2045	3863	3365
乡个数	个	4	4	5	13	8
镇个数	个	6	5	8	5	7
街道办事处个数	个	1	5			
户籍人口	万人	42	58	28	37	27
第二产业从业人员	人	88948	110750	34023	65234	29137
第三产业从业人员	人	47970	66196	36825	62318	28952
固定电话用户	户	46633	52242	10542	23719	5533
二、综合经济						
地区生产总值	万元	1091507	1236592	843792	913534	431622
第一产业增加值	万元	167654	155352	237163	218248	197962
农业增加值	万元	131143	99441	104410	122575	112880
牧业增加值	万元	34882	54676	124173	89395	81931
第二产业增加值	万元	561673	651946	319436	463759	112683
公共财政收入	万元	51511	95423	43499	71253	19047
各项税收	万元	39765	136678	66397	70999	14212
公共财政支出	万元	167877	209822	159278	241796	160650
居民储蓄存款余额	万元	1377961	2589017	814316	672213	285301
年末金融机构各项贷款余额	万元	533139	3568312	718059	1094482	215233
三、农业、工业及投资						
农业机械总动力	万千瓦特	67	40	19	41	33
机收面积	公顷	31333	47066	4725	38000	77150
设施农业占地面积	公顷	327	82	396	771	175
粮食总产量	吨	264261	330097	203656	108875	143894
棉花产量	吨	390	533			
油料产量	吨	21700	30391	2969	11357	9811
肉类总产量	吨	22159	35945	58200	21137	30138
规模以上工业企业单位数	个	82	49	39	47	26
规模以上工业总产值	万元	2075828	1249325	960047	754720	150667
固定资产投资	万元	1006296	1247072	1280452	1166393	485014
四、教育、卫生和社会保障						
普通中学在校学生数	人	18171	23834	9791	10821	5573
中等职业教育学校在校学生数	人	631	3900	1991	2080	107
小学在校学生数	人	28439	37458	16003	21552	7048
医疗卫生机构床位数	床	968	1622	1101	1666	635
各种社会福利收养性单位数	个	4	3	6	10	6
各种社会福利收养性单位床位数	床	630	426	2443	3220	1954

2015年县(市)社会经济主要指标

河北省

指　　标	单 位	沽源县	尚义县	蔚县	阳原县	怀安县
一、基本情况						
行政区域面积	平方公里	3363	2601	3198	1849	1698
乡个数	个	10	7	11	9	7
镇个数	个	4	7	11	5	4
街道办事处个数	个					
户籍人口	万人	22	19	50	28	25
第二产业从业人员	人	14831	19160	46008	52293	44389
第三产业从业人员	人	29117	19007	50438	61526	75593
固定电话用户	户	9230	3999	39980	28500	14462
二、综合经济						
地区生产总值	万元	437859	339766	796241	419170	631116
第一产业增加值	万元	190886	110023	158398	111883	116820
农业增加值	万元	135287	71231	79131	19334	67073
牧业增加值	万元	45894	29707	75246	87744	47146
第二产业增加值	万元	124314	134913	197464	121362	202646
公共财政收入	万元	30501	14917	51014	27767	37566
各项税收	万元	21518	17189	48030	16215	49374
公共财政支出	万元	174795	140166	261428	157838	167270
居民储蓄存款余额	万元	337125	287916	1359863	624149	758833
年末金融机构各项贷款余额	万元	295724	180057	881240	549630	378755
三、农业、工业及投资						
农业机械总动力	万千瓦特	48	11	39	16	12
机收面积	公顷	70400	17590	13500	6900	3500
设施农业占地面积	公顷	55	645	633	62	905
粮食总产量	吨	122623	47635	145602	84481	120550
棉花产量	吨					
油料产量	吨	6340	9731	4309	5921	3797
肉类总产量	吨	10651	15346	35376	28304	23142
规模以上工业企业单位数	个	18	21	17	19	26
规模以上工业总产值	万元	132059	275622	237464	132833	481530
固定资产投资	万元	634201	182627	850488	462519	945160
四、教育、卫生和社会保障						
普通中学在校学生数	人	6827	4314	21536	10354	5825
中等职业教育学校在校学生数	人	70	752	1173	2289	1453
小学在校学生数	人	10858	6676	46550	19402	13927
医疗卫生机构床位数	床	616	695	1329	732	699
各种社会福利收养性单位数	个	5	7	5	4	2
各种社会福利收养性单位床位数	床	1199	1363	2138	1095	2291

2015年县(市)社会经济主要指标

河北省

指　　标	单 位	万全县	怀来县	涿鹿县	赤城县	崇礼县
一、基本情况						
行政区域面积	平方公里	1162	1801	2802	5287	2324
乡个数	个	7	6	4	9	8
镇个数	个	4	11	13	9	2
街道办事处个数	个					
户籍人口	万人	23	36	35	30	13
第二产业从业人员	人	30307	24851	15480	15944	12734
第三产业从业人员	人	22421	43880	64862	43298	34329
固定电话用户	户	14554	53896	46000	12533	7912
二、综合经济						
地区生产总值	万元	624215	1280186	923935	752471	343421
第一产业增加值	万元	112802	174757	289336	219472	88050
农业增加值	万元	44327	102526	168852	137112	66041
牧业增加值	万元	62122	59759	113394	66196	16321
第二产业增加值	万元	290103	328314	287703	358483	168036
公共财政收入	万元	43728	135366	54562	32161	44000
各项税收	万元	56794	150000	68204	29775	42278
公共财政支出	万元	145606	239129	236996	166141	142721
居民储蓄存款余额	万元	559964	1260828	862590	686501	287698
年末金融机构各项贷款余额	万元	535888	1058621	555325	602538	333155
三、农业、工业及投资						
农业机械总动力	万千瓦特	14	29	25	25	9
机收面积	公顷	1667	1370	2100	600	280
设施农业占地面积	公顷	735	139	627	783	1994
粮食总产量	吨	127845	107592	176760	86814	24379
棉花产量	吨					
油料产量	吨	1371	1357	1120	1531	1309
肉类总产量	吨	25931	36763	47393	34088	4841
规模以上工业企业单位数	个	45	32	43	37	13
规模以上工业总产值	万元	864054	318923	617535	723509	193240
固定资产投资	万元	859371	1252043	1234132	934822	732667
四、教育、卫生和社会保障						
普通中学在校学生数	人	8602	17312	15975	10147	3107
中等职业教育学校在校学生数	人	335	1902	2096	617	192
小学在校学生数	人	15077	23791	23464	17640	5511
医疗卫生机构床位数	床	955	1381	1223	861	392
各种社会福利收养性单位数	个	1	16	3	4	4
各种社会福利收养性单位床位数	床	1137	1863	2535	2408	1155

2015年县(市)社会经济主要指标

河北省

指　　标	单 位	承德县	兴隆县	平泉县	滦平县	隆化县
一、基本情况						
行政区域面积	平方公里	3648	3123	3294	2993	5474
乡个数	个	15	11	7	12	15
镇个数	个	8	9	12	8	10
街道办事处个数	个				1	1
户籍人口	万人	43	33	48	33	45
第二产业从业人员	人	66888	35334	97977	66920	80574
第三产业从业人员	人	55705	21780	65946	52047	52501
固定电话用户	户	21682	46700	21300	19820	23180
二、综合经济						
地区生产总值	万元	1165800	974886	1556829	1539764	1105161
第一产业增加值	万元	259659	245424	306695	255504	301429
农业增加值	万元	152678	196635	262072	124533	142069
牧业增加值	万元	89638	30190	36110	98454	134509
第二产业增加值	万元	546266	436942	667880	843436	492730
公共财政收入	万元	71268	52092	62189	65080	41764
各项税收	万元	100466	60153	86543	141270	66613
公共财政支出	万元	216487	185804	261505	225782	233877
居民储蓄存款余额	万元	1049443	928519	1352340	857747	927827
年末金融机构各项贷款余额	万元	789243	700060	979281	964996	754240
三、农业、工业及投资						
农业机械总动力	万千瓦特	33	30	54	46	58
机收面积	公顷	3000		2967	1700	4633
设施农业占地面积	公顷	582	225	4857	1821	818
粮食总产量	吨	191549	31034	203319	77696	283263
棉花产量	吨					
油料产量	吨	339	200	260	202	4470
肉类总产量	吨	96622	21085	23725	104428	69496
规模以上工业企业单位数	个	78	62	77	51	48
规模以上工业总产值	万元	1432189	1382167	1258206	2119668	1060658
固定资产投资	万元	1790000	1432725	1680195	1800467	1418955
四、教育、卫生和社会保障						
普通中学在校学生数	人	15635	13003	21916	14620	14496
中等职业教育学校在校学生数	人	2852	3051	2623	2116	3052
小学在校学生数	人	27030	21962	34571	23141	33102
医疗卫生机构床位数	床	1827	1284	1542	1238	1479
各种社会福利收养性单位数	个	2	3	11	12	4
各种社会福利收养性单位床位数	床	1520	2410	2554	3820	2086

2015年县(市)社会经济主要指标

河北省

指　　标	单 位	丰宁满族自治县	宽城满族自治县	围场满族蒙古族自治县	沧县	青县
一、基本情况						
行政区域面积	平方公里	8765	1936	9220	1520	968
乡个数	个	16	10	27	15	4
镇个数	个	10	8	10	4	6
街道办事处个数	个					
户籍人口	万人	41	26	54	74	44
第二产业从业人员	人	61612	59649	33098	172501	112085
第三产业从业人员	人	54383	50468	49151	154899	56072
固定电话用户	户	22162	18500	28631	183952	66500
二、综合经济						
地区生产总值	万元	945883	1971643	1022474	2319818	1743312
第一产业增加值	万元	238770	176373	437635	257841	454306
农业增加值	万元	93443	110941	265575	172624	400438
牧业增加值	万元	115796	31115	113873	76424	50033
第二产业增加值	万元	367908	1184927	242987	1070496	678844
公共财政收入	万元	83415	57202	53703	71767	57004
各项税收	万元	118414	132399	72882	89052	108393
公共财政支出	万元	278528	176020	299024	280347	195636
居民储蓄存款余额	万元	894251	1210142	964855	1422188	1413112
年末金融机构各项贷款余额	万元	1042519	1334222	805137	679900	747765
三、农业、工业及投资						
农业机械总动力	万千瓦特	64	20	78	146	91
机收面积	公顷	28772		39248	97650	44830
设施农业占地面积	公顷	754	780	519	77	10686
粮食总产量	吨	143732	48442	199127	464143	208550
棉花产量	吨				2696	644
油料产量	吨	4231	525	4086	1408	1184
肉类总产量	吨	49541	20996	58430	41459	21014
规模以上工业企业单位数	个	42	48	41	201	146
规模以上工业总产值	万元	697650	4005906	393646	3829839	2418952
固定资产投资	万元	1646078	1744760	1120641	1936520	1845673
四、教育、卫生和社会保障						
普通中学在校学生数	人	18055	9765	25646	28973	14270
中等职业教育学校在校学生数	人	3558	1962	3429	3195	4713
小学在校学生数	人	29708	21776	39882	57472	32663
医疗卫生机构床位数	床	1802	1198	1896	2553	1441
各种社会福利收养性单位数	个	6	6	11	18	4
各种社会福利收养性单位床位数	床	2489	2785	2088	1591	461

2015年县(市)社会经济主要指标

河北省

指　　标	单 位	东光县	海兴县	盐山县	肃宁县	南皮县
一、基本情况						
行政区域面积	平方公里	711	919	795	516	790
乡个数	个	1	4	6	3	3
镇个数	个	8	3	6	6	6
街道办事处个数	个					
户籍人口	万人	38	24	49	37	40
第二产业从业人员	人	71873	41972	96216	78809	142747
第三产业从业人员	人	43120	26686	80722	94676	59471
固定电话用户	户	37812	22400	57000	45470	28817
二、综合经济						
地区生产总值	万元	1403200	405106	1349516	1406200	917300
第一产业增加值	万元	147223	70560	146771	262429	183451
农业增加值	万元	99400	32286	66242	181030	141463
牧业增加值	万元	44232	17257	77545	80924	39530
第二产业增加值	万元	534733	186512	826222	557384	352609
公共财政收入	万元	54554	30380	46185	126935	41722
各项税收	万元	98739	14244	36554	195671	67178
公共财政支出	万元	186942	137513	189971	228769	179422
居民储蓄存款余额	万元	1268543	474610	879240	1184442	903353
年末金融机构各项贷款余额	万元	565404	256001	677400	547153	444010
三、农业、工业及投资						
农业机械总动力	万千瓦特	57	41	66	75	101
机收面积	公顷	48700	33660	54000	42170	66000
设施农业占地面积	公顷	110	145	146	3476	592
粮食总产量	吨	280725	127904	251006	251678	296742
棉花产量	吨	16313	815	520	289	15234
油料产量	吨	2097	1456	1405	5859	2711
肉类总产量	吨	19722	10471	48856	29661	17893
规模以上工业企业单位数	个	123	31	140	97	107
规模以上工业总产值	万元	1088812	185135	5956218	1731043	990217
固定资产投资	万元	1292917	503767	1216041	1322586	1113431
四、教育、卫生和社会保障						
普通中学在校学生数	人	10779	6802	18462	14106	14652
中等职业教育学校在校学生数	人	976	94	654	747	1298
小学在校学生数	人	26997	17688	41867	29845	30608
医疗卫生机构床位数	床	866	945	1185	1038	1372
各种社会福利收养性单位数	个	15	6	5	3	5
各种社会福利收养性单位床位数	床	1746	569	765	792	559

2015年县(市)社会经济主要指标

河北省

指　　标	单 位	吴桥县	献县	孟村回族自治县	泊头市	任丘市
一、基本情况						
行政区域面积	平方公里	583	1173	387	1009	1012
乡个数	个	5	11	2	4	6
镇个数	个	5	7	4	8	9
街道办事处个数	个				3	4
户籍人口	万人	29	65	21	63	89
第二产业从业人员	人	72139	111486	43850	147806	201598
第三产业从业人员	人	56065	60274	23963	137724	140973
固定电话用户	户	27211	79000	42511	68435	186031
二、综合经济						
地区生产总值	万元	716566	1915400	846790	1955000	5650287
第一产业增加值	万元	167041	318349	76403	241779	204704
农业增加值	万元	112071	203664	29099	189468	134687
牧业增加值	万元	53309	101864	45420	48892	39973
第二产业增加值	万元	182774	909387	514035	1011220	3323972
公共财政收入	万元	30389	62841	23571	73736	255314
各项税收	万元	21384	82646	46202	102719	1071626
公共财政支出	万元	141245	257905	112020	227276	451464
居民储蓄存款余额	万元	856837	1475639	522063	2053549	3861202
年末金融机构各项贷款余额	万元	344484	774845	263143	843603	1410409
三、农业、工业及投资						
农业机械总动力	万千瓦特	59	99	34	134	102
机收面积	公顷	48501	86000	28839	61333	68050
设施农业占地面积	公顷	419	2970		257	909
粮食总产量	吨	372915	394260	159839	397202	443274
棉花产量	吨	11622	12000	242	2224	737
油料产量	吨	1347	33145	2144	443	6732
肉类总产量	吨	30108	59120	37814	29188	44496
规模以上工业企业单位数	个	43	215	131	247	318
规模以上工业总产值	万元	454052	7163226	1730833	3882053	8750178
固定资产投资	万元	1015382	1975352	1035460	1930932	1725199
四、教育、卫生和社会保障						
普通中学在校学生数	人	7363	27915	5334	25675	36691
中等职业教育学校在校学生数	人	3783	2843	495	2174	2612
小学在校学生数	人	17257	59947	20014	58089	77018
医疗卫生机构床位数	床	1180	1617	441	1713	4135
各种社会福利收养性单位数	个	6	5	4	7	15
各种社会福利收养性单位床位数	床	303	1547	875	7906	2921

2015年县(市)社会经济主要指标

河北省

指　　标	单 位	黄骅市	河间市	固安县	永清县	香河县
一、基本情况						
行政区域面积	平方公里	1545	1333	703	776	448
乡个数	个	6	13	4	5	
镇个数	个	4	7	5	5	9
街道办事处个数	个	3			1	
户籍人口	万人	48	88	50	41	36
第二产业从业人员	人	118149	223756	48122	87601	87772
第三产业从业人员	人	94035	116572	46961	47232	56239
固定电话用户	户	99898	72200	49942	76125	42800
二、综合经济						
地区生产总值	万元	2462954	2650600	1825192	996124	1986076
第一产业增加值	万元	324994	259649	301216	378297	167243
农业增加值	万元	98185	203709	257379	275549	135524
牧业增加值	万元	88466	53271	37023	97021	27642
第二产业增加值	万元	1028216	1195534	464629	292076	1005776
公共财政收入	万元	130088	107355	356769	76577	351247
各项税收	万元	186515	31062	532217	132004	449118
公共财政支出	万元	344852	298114	458307	230121	503254
居民储蓄存款余额	万元	1825714	2952595	1669287	918984	2302882
年末金融机构各项贷款余额	万元	2253299	811201	2159910	962887	2848035
三、农业、工业及投资						
农业机械总动力	万千瓦特	118	139	110	110	51
机收面积	公顷	71547	78450	34700	25566	21900
设施农业占地面积	公顷	84	1215	7932	6155	2854
粮食总产量	吨	241571	497493	241684	150003	147422
棉花产量	吨	1988	673	89	3166	8
油料产量	吨	2364	27173	7147	10565	31
肉类总产量	吨	56811	32604	24415	73680	16274
规模以上工业企业单位数	个	116	263	94	79	161
规模以上工业总产值	万元	1837434	4124101	1292548	736576	3357892
固定资产投资	万元	2315716	2024089	1829308	1336358	1920800
四、教育、卫生和社会保障						
普通中学在校学生数	人	20826	24140	19447	4838	16071
中等职业教育学校在校学生数	人	3458	2492	2020	738	1613
小学在校学生数	人	34957	74339	35516	24043	25937
医疗卫生机构床位数	床	3060	2482	946	983	1545
各种社会福利收养性单位数	个	4	13	3	4	3
各种社会福利收养性单位床位数	床	834	4316	2525	2492	1849

2015年县(市)社会经济主要指标

河北省

指　　标	单 位	大城县	文安县	大厂回族自治县	霸州市	三河市
一、基本情况						
行政区域面积	平方公里	897	1037	176	802	634
乡个数	个	2	1		5	
镇个数	个	8	12	5	7	10
街道办事处个数	个				1	5
户籍人口	万人	52	54	13	65	65
第二产业从业人员	人	133607	107787	35033	168229	162640
第三产业从业人员	人	64665	100132	22519	124487	112476
固定电话用户	户	84010	165742	23163	159426	196536
二、综合经济						
地区生产总值	万元	1115638	1311672	866264	3644642	5100515
第一产业增加值	万元	175919	125278	99901	188142	349530
农业增加值	万元	85798	68261	30214	131911	188568
牧业增加值	万元	83532	40496	66814	36311	148165
第二产业增加值	万元	463163	767554	317105	2266554	2456149
公共财政收入	万元	66728	74194	248912	192785	723101
各项税收	万元	77014	45098		280265	977882
公共财政支出	万元	246670	222463	277005	356170	1253986
居民储蓄存款余额	万元	1794989	1930844	806424	3075533	3842367
年末金融机构各项贷款余额	万元	727613	1247526	2090606	3302742	9937592
三、农业、工业及投资						
农业机械总动力	万千瓦特	76	78	28	110	93
机收面积	公顷	37005	45966	9933	27000	25966
设施农业占地面积	公顷	1355	383	310	727	2056
粮食总产量	吨	190956	266830	56415	195096	206791
棉花产量	吨	4127	2294	18	4907	158
油料产量	吨	7952	319		4821	456
肉类总产量	吨	38609	20548	26856	22783	62922
规模以上工业企业单位数	个	97	148	65	204	181
规模以上工业总产值	万元	1373867	3272318	903630	10025097	9119029
固定资产投资	万元	1540576	1927569	1271622	2860990	4903198
四、教育、卫生和社会保障						
普通中学在校学生数	人	17441	22262	6533	31822	39050
中等职业教育学校在校学生数	人	995	3097	1140	4165	4976
小学在校学生数	人	47047	61940	5233	70309	50500
医疗卫生机构床位数	床	1214	1563	437	2400	4399
各种社会福利收养性单位数	个	7	6	2	3	7
各种社会福利收养性单位床位数	床	1670	1980	965	695	5051

2015年县(市)社会经济主要指标

河北省

指　　标	单 位	枣强县	武邑县	武强县	饶阳县	安平县
一、基本情况						
行政区域面积	平方公里	905	800	443	572	496
乡个数	个	3	3	3	3	5
镇个数	个	8	6	3	4	3
街道办事处个数	个					
户籍人口	万人	41	32	22	29	34
第二产业从业人员	人	66638	58455	41808	65232	88064
第三产业从业人员	人	44739	31841	18000	52618	37262
固定电话用户	户	46932	25698	23963	25238	49278
二、综合经济						
地区生产总值	万元	856203	616406	535439	555599	1039742
第一产业增加值	万元	110532	164630	79507	200147	92705
农业增加值	万元	82650	113562	50230	163744	32960
牧业增加值	万元	26626	49027	27248	34369	58171
第二产业增加值	万元	470619	231127	264185	175779	515630
公共财政收入	万元	56050	35258	27685	21762	63046
各项税收	万元	100358	42023	33095	22720	82762
公共财政支出	万元	226637	145265	158068	147559	188722
居民储蓄存款余额	万元	1591806	965373	651661	809339	1357847
年末金融机构各项贷款余额	万元	920751	620916	383319	329528	1156312
三、农业、工业及投资						
农业机械总动力	万千瓦特	42	55	58	81	50
机收面积	公顷	75200	47380	39500	31200	33799
设施农业占地面积	公顷	601	1090	1931	9598	9
粮食总产量	吨	324424	267257	234590	214846	209485
棉花产量	吨	25313	11427	208	719	
油料产量	吨	8037	10547	4499	15559	9932
肉类总产量	吨	21185	35115	16894	26797	66542
规模以上工业企业单位数	个	147	54	84	79	161
规模以上工业总产值	万元	1393456	541714	854602	620092	1295835
固定资产投资	万元	975931	402451	335116	516591	906242
四、教育、卫生和社会保障						
普通中学在校学生数	人	19672	24105	7563	7899	11804
中等职业教育学校在校学生数	人	531	2012	240	50	797
小学在校学生数	人	35859	22875	15233	16273	25588
医疗卫生机构床位数	床	848	889	510	1186	1406
各种社会福利收养性单位数	个	3	6	5	3	5
各种社会福利收养性单位床位数	床	2676	2288	2360	2295	3742

2015年县(市)社会经济主要指标

河北省

指　　标	单 位	故城县	景县	阜城县	冀州市	深州市
一、基本情况						
行政区域面积	平方公里	941	1188	695	878	1245
乡个数	个	4	6	5	4	6
镇个数	个	9	10	5	6	11
街道办事处个数	个					
户籍人口	万人	53	55	36	35	58
第二产业从业人员	人	96073	79538	85280	72922	132404
第三产业从业人员	人	42068	67188	45679	40965	146395
固定电话用户	户	61343	53005	23840	54179	40108
二、综合经济						
地区生产总值	万元	969188	1361000	632469	920173	1361070
第一产业增加值	万元	224120	152853	150277	96796	285330
农业增加值	万元	157890	98803	126042	73563	200984
牧业增加值	万元	63243	51127	22267	19821	79098
第二产业增加值	万元	299001	724660	284539	449890	522286
公共财政收入	万元	57645	71759	31743	72710	60321
各项税收	万元	80535	105777	41140	85064	73984
公共财政支出	万元	230618	235836	173208	224935	247663
居民储蓄存款余额	万元	1308507	1880164	1076262	1530060	1478732
年末金融机构各项贷款余额	万元	764062	1058662	509112	861334	843147
三、农业、工业及投资						
农业机械总动力	万千瓦特	141	116	75	76	207
机收面积	公顷	62500	83582	48467	35383	99166
设施农业占地面积	公顷	2399	358	11042	432	658
粮食总产量	吨	296157	565837	297041	216924	624555
棉花产量	吨	24897	16701	5184	26108	5963
油料产量	吨	11929	18049	440	12232	36894
肉类总产量	吨	49728	38100	16987	14217	62261
规模以上工业企业单位数	个	107	132	102	100	91
规模以上工业总产值	万元	1090283	2363296	1075719	1592158	1630880
固定资产投资	万元	1323205	1254052	634257	1120953	914853
四、教育、卫生和社会保障						
普通中学在校学生数	人	24697	23741	16104	33523	19557
中等职业教育学校在校学生数	人	2556	264	145	3482	1951
小学在校学生数	人	44365	43223	27304	24554	31850
医疗卫生机构床位数	床	1974	1653	806	979	1408
各种社会福利收养性单位数	个	2	13	9	6	6
各种社会福利收养性单位床位数	床	3217	4008	12833	3261	1846

2015年县(市)社会经济主要指标

河北省、山西省

指　　标	单 位	定州市	辛集市	清徐县	阳曲县	娄烦县
一、基本情况						
行政区域面积	平方公里	1284	951	609	2059	1276
乡个数	个	5	7	5	6	5
镇个数	个	16	8	4	4	3
街道办事处个数	个	4				
户籍人口	万人	124	64	33	15	13
第二产业从业人员	人	382910	207715			
第三产业从业人员	人	193448	116231			
固定电话用户	户	105972	48739	26755	13094	11542
二、综合经济						
地区生产总值	万元	3002185	3861339	1159220	310225	139831
第一产业增加值	万元	799218	504448	135406	49543	17162
农业增加值	万元	564035	359571	101701	29009	9798
牧业增加值	万元	195766	141594	30326	15975	3688
第二产业增加值	万元	1449285	2271491	618392	165878	30579
公共财政收入	万元	160083	121893	61628	33575	28472
各项税收	万元	254607	183797	41682	19038	17967
公共财政支出	万元	462290	312641	156068	108899	76203
居民储蓄存款余额	万元	3267497	2781329	1300017	425356	233947
年末金融机构各项贷款余额	万元	1665808	1490896	1403808	219916	129910
三、农业、工业及投资						
农业机械总动力	万千瓦特	217	200	38	22	11
机收面积	公顷	92360	71866	14000	13550	2800
设施农业占地面积	公顷	5493	2259	1025	360	18
粮食总产量	吨	682358	547749	107896	61659	15212
棉花产量	吨	356	4417	14		
油料产量	吨	62184	32943	48	573	1487
肉类总产量	吨	113316	87287	23845	8986	2441
规模以上工业企业单位数	个	219	318	63	23	12
规模以上工业总产值	万元	3595463	8916709	1505800	506600	108900
固定资产投资	万元	2489644	2119720	914867	575996	271514
四、教育、卫生和社会保障						
普通中学在校学生数	人	69601	30925	18455	8520	5745
中等职业教育学校在校学生数	人	10344	2636			
小学在校学生数	人	97672	40788	21303	7752	7586
医疗卫生机构床位数	床	4408	1889	711	1137	280
各种社会福利收养性单位数	个	8	14	6	11	5
各种社会福利收养性单位床位数	床	3089	2771	620	1269	1125

2015年县(市)社会经济主要指标

山西省

指　　标	单 位	古交市	阳高县	天镇县	广灵县	灵丘县
一、基本情况						
行政区域面积	平方公里	1584	1678	1629	1284	2731
乡个数	个	7	6	6	7	9
镇个数	个	3	7	5	2	3
街道办事处个数	个	4				
户籍人口	万人	22	29	21	18	25
第二产业从业人员	人		14534	7612	6555	15128
第三产业从业人员	人		24574	28989	8064	24239
固定电话用户	户	36840	38986	24950	8794	23958
二、综合经济						
地区生产总值	万元	219944	278346	206722	120971	279994
第一产业增加值	万元	17288	96151	58324	53781	35835
农业增加值	万元	7497	47397	27092	37578	14848
牧业增加值	万元	4958	46606	30668	14683	19260
第二产业增加值	万元	58329	47725	55356	57166	93119
公共财政收入	万元	77693	11342	8616	9307	10927
各项税收	万元	31407	8088	6160	6567	7607
公共财政支出	万元	175826	162620	162490	164436	179363
居民储蓄存款余额	万元	1242395	561630	481048	408160	644921
年末金融机构各项贷款余额	万元	533553	227782	192672	176786	192615
三、农业、工业及投资						
农业机械总动力	万千瓦特	22	28	19	16	23
机收面积	公顷	3266	11067	7650	6226	5669
设施农业占地面积	公顷	72	1552	572	580	141
粮食总产量	吨	10597	266369	165786	158498	94238
棉花产量	吨					
油料产量	吨	832	4600	1949	1977	2372
肉类总产量	吨	4480	33571	16036	12102	11454
规模以上工业企业单位数	个	11	12	10	11	22
规模以上工业总产值	万元	226000	146500	65800	102100	59500
固定资产投资	万元	642663	860801	751090	757132	976171
四、教育、卫生和社会保障						
普通中学在校学生数	人	12096	7123	10611	10614	14466
中等职业教育学校在校学生数	人		1175	360	811	707
小学在校学生数	人	17895	13172	10962	11087	17932
医疗卫生机构床位数	床	1383	925	537	569	864
各种社会福利收养性单位数	个	1	12	11	12	15
各种社会福利收养性单位床位数	床	504	700	691	180	1075

2015年县(市)社会经济主要指标

山西省

指　　标	单 位	浑源县	左云县	大同县	平定县	盂县
一、基本情况						
行政区域面积	平方公里	1966	1314	1478	1391	2523
乡个数	个	12	6	7	2	6
镇个数	个	6	3	3	8	8
街道办事处个数	个					
户籍人口	万人	35	14	18	32	31
第二产业从业人员	人	24406	9771	7441	29339	22063
第三产业从业人员	人	39872	15112	10478	35122	24653
固定电话用户	户	24000	8200	2212	37781	22404
二、综合经济						
地区生产总值	万元	361525	348796	258479	847205	1243224
第一产业增加值	万元	101655	26875	73883	41084	36919
农业增加值	万元	31264	9691	35253	18713	23252
牧业增加值	万元	64584	13319	36656	16778	10098
第二产业增加值	万元	100711	118924	55451	448083	758917
公共财政收入	万元	28559	40320	17273	93243	74223
各项税收	万元	9483	23985	11280	74638	37215
公共财政支出	万元	271838	126786	141306	186369	188140
居民储蓄存款余额	万元	643056	670257	371745	1548467	1610908
年末金融机构各项贷款余额	万元	290758	250135	188370	669985	1152721
三、农业、工业及投资						
农业机械总动力	万千瓦特	20	13	23	57	59
机收面积	公顷	8900	12000	13134	2795	6400
设施农业占地面积	公顷	107	109	306	126	124
粮食总产量	吨	140944	33769	65457	84916	141415
棉花产量	吨					
油料产量	吨	1306	2228	130	54	96
肉类总产量	吨	30600	7367	14047	8835	5633
规模以上工业企业单位数	个	9	10	18	50	31
规模以上工业总产值	万元	162500	114000	188600	877300	1550300
固定资产投资	万元	1162222	1085700	776406	1631218	1772253
四、教育、卫生和社会保障						
普通中学在校学生数	人	10373	6963	6741	16599	8441
中等职业教育学校在校学生数	人	1608		50	869	604
小学在校学生数	人	16082	8826	8795	23263	20298
医疗卫生机构床位数	床	1273	396	415	681	1097
各种社会福利收养性单位数	个	10	9	10	13	12
各种社会福利收养性单位床位数	床	560	226	442	860	819

2015年县(市)社会经济主要指标

山西省

指　　标	单 位	长治县	襄垣县	屯留县	平顺县	黎城县
一、基本情况						
行政区域面积	平方公里	483	1178	1142	1550	1101
乡个数	个	5	3	4	7	4
镇个数	个	6	8	7	5	5
街道办事处个数	个					
户籍人口	万人	35	27	27	15	17
第二产业从业人员	人	47537	15551	27857	17722	15172
第三产业从业人员	人	39937	18389	19183	12704	11013
固定电话用户	户	36741	16253	16618	8632	13777
二、综合经济						
地区生产总值	万元	1259329	1383613	820198	205729	302299
第一产业增加值	万元	58943	60198	60453	21932	31921
农业增加值	万元	28614	52285	45152	14546	18412
牧业增加值	万元	29222	6788	13456	5549	9037
第二产业增加值	万元	696762	877555	549674	80232	105332
公共财政收入	万元	103268	123947	49690	8562	17649
各项税收	万元	273285	156725	140070	12278	29790
公共财政支出	万元	224368	262101	139159	120676	110131
居民储蓄存款余额	万元	973995	1499293	597008	266011	459491
年末金融机构各项贷款余额	万元	490026	1646248	322968	238878	208264
三、农业、工业及投资						
农业机械总动力	万千瓦特	21	23	29	12	14
机收面积	公顷	6405	17330	23127	4700	5784
设施农业占地面积	公顷	351	344	100	62	35
粮食总产量	吨	140025	173038	250280	50617	59526
棉花产量	吨				2	6
油料产量	吨	24	205	5	47	131
肉类总产量	吨	20639	5347	9060	4425	5467
规模以上工业企业单位数	个	51	50	24	13	13
规模以上工业总产值	万元	1075900	2270800	1044600	212700	899000
固定资产投资	万元	1463978	1925012	1340352	365799	569807
四、教育、卫生和社会保障						
普通中学在校学生数	人	17231	11401	13332	5796	8876
中等职业教育学校在校学生数	人	2210	413	548	312	451
小学在校学生数	人	21539	16514	18192	6311	10842
医疗卫生机构床位数	床	644	1318	815	657	541
各种社会福利收养性单位数	个	3	6	8	7	10
各种社会福利收养性单位床位数	床	1330	992	966	670	1195

2015年县(市)社会经济主要指标

山西省

指　　标	单 位	壶关县	长子县	武乡县	沁县	沁源县
一、基本情况						
行政区域面积	平方公里	1008	1029	1610	1297	2550
乡个数	个	7	5	9	7	9
镇个数	个	5	7	5	6	5
街道办事处个数	个					
户籍人口	万人	30	36	21	17	16
第二产业从业人员	人	42446	28078	12692	9796	19907
第三产业从业人员	人	35204	27593	18923	14932	24598
固定电话用户	户	14238	22127	11519	13151	21310
二、综合经济						
地区生产总值	万元	491417	960488	501188	211208	889664
第一产业增加值	万元	49764	107579	31045	54708	25478
农业增加值	万元	33406	77925	25016	39902	19563
牧业增加值	万元	14913	27667	4957	12378	2645
第二产业增加值	万元	245124	571665	247975	26100	605712
公共财政收入	万元	23419	63746	29223	7764	72200
各项税收	万元	27056	185427	49776	9078	137800
公共财政支出	万元	145706	173679	143017	126793	134242
居民储蓄存款余额	万元	560339	806197	463774	337254	373559
年末金融机构各项贷款余额	万元	299071	461140	347793	205554	261922
三、农业、工业及投资						
农业机械总动力	万千瓦特	15	26	19	12	11
机收面积	公顷	4413	18800	7320	8266	5610
设施农业占地面积	公顷	79	1662	100	179	99
粮食总产量	吨	122469	238733	109022	183975	76067
棉花产量	吨					
油料产量	吨	65		535	42	822
肉类总产量	吨	11092	15853	6000	7666	2084
规模以上工业企业单位数	个	17	25	15	6	20
规模以上工业总产值	万元	905200	869100	500200	77500	1197800
固定资产投资	万元	540754	1229285	310470	383172	1070192
四、教育、卫生和社会保障						
普通中学在校学生数	人	13590	15228	9244	11126	6548
中等职业教育学校在校学生数	人	2224	869	1932	1238	882
小学在校学生数	人	14823	18122	11359	8772	9941
医疗卫生机构床位数	床	778	904	579	465	657
各种社会福利收养性单位数	个	11	9	9	4	6
各种社会福利收养性单位床位数	床	1074	998	807	115	1088

2015年县(市)社会经济主要指标

山西省

指　　标	单 位	潞城市	沁水县	阳城县	陵川县	泽州县
一、基本情况						
行政区域面积	平方公里	630	2658	1917	1751	2024
乡个数	个	3	7	7	5	3
镇个数	个	4	7	10	7	14
街道办事处个数	个	2				
户籍人口	万人	23	20	38	26	49
第二产业从业人员	人	28837	16788	46825	26947	73595
第三产业从业人员	人	18400	32401	36721	29360	67536
固定电话用户	户	18986	22401	48693	20888	84722
二、综合经济						
地区生产总值	万元	784995	1726507	1694690	339231	2156705
第一产业增加值	万元	44351	56856	99295	48216	129547
农业增加值	万元	28467	29212	45098	25199	61710
牧业增加值	万元	11597	22508	51432	20223	63390
第二产业增加值	万元	453694	1241469	976075	97635	1373950
公共财政收入	万元	55553	110354	105986	11464	114785
各项税收	万元	109826	71057	68748	7816	70233
公共财政支出	万元	124777	207923	238843	161123	313079
居民储蓄存款余额	万元	642610	646171	1253656	549702	943200
年末金融机构各项贷款余额	万元	382379	536620	521170	263089	842802
三、农业、工业及投资						
农业机械总动力	万千瓦特	26	36	44	33	76
机收面积	公顷	10872	14800	20280	9630	38600
设施农业占地面积	公顷	80	163	139	62	126
粮食总产量	吨	109710	142042	164727	108580	254872
棉花产量	吨	12	119	9		4
油料产量	吨	134	1038	1081	561	1785
肉类总产量	吨	9057	13448	26188	15557	52257
规模以上工业企业单位数	个	50	33	59	14	50
规模以上工业总产值	万元	1396400	906400	1339100	91600	1747300
固定资产投资	万元	1511315	1500260	1600716	390491	2103402
四、教育、卫生和社会保障						
普通中学在校学生数	人	11543	10939	22568	13190	22819
中等职业教育学校在校学生数	人	818	520	2589	420	8658
小学在校学生数	人	15136	10365	16688	13439	20834
医疗卫生机构床位数	床	608	710	2058	825	1795
各种社会福利收养性单位数	个	9	10	17	5	11
各种社会福利收养性单位床位数	床	601	569	1083	450	550

2015年县(市)社会经济主要指标

山西省

指　标	单 位	高平市	山阴县	应县	右玉县	怀仁县
一、基本情况						
行政区域面积	平方公里	980	1651	1673	1969	1234
乡个数	个	4	9	9	6	6
镇个数	个	9	4	3	4	4
街道办事处个数	个	3	2		1	
户籍人口	万人	48	24	31	11	29
第二产业从业人员	人	93299				
第三产业从业人员	人	61485				
固定电话用户	户	54312	24134	18499	12688	33185
二、综合经济						
地区生产总值	万元	1997282	1393709	627682	553889	2027775
第一产业增加值	万元	149528	123274	127714	54941	90309
农业增加值	万元	80547	50110	80915	14201	33175
牧业增加值	万元	65131	67496	43562	31549	52202
第二产业增加值	万元	1240831	510578	173689	269000	1174666
公共财政收入	万元	125616	64673	16336	29134	54499
各项税收	万元	60633	68261	10263	20246	38031
公共财政支出	万元	263240	168925	160365	132950	172050
居民储蓄存款余额	万元	1755873	1127297	679665	392447	1426084
年末金融机构各项贷款余额	万元	1148242	736529	277416	219394	437372
三、农业、工业及投资						
农业机械总动力	万千瓦特	56	49	46	23	51
机收面积	公顷	19200	32800	27883	24033	30566
设施农业占地面积	公顷	925	305	287	26	165
粮食总产量	吨	202095	235706	295232	33690	187072
棉花产量	吨					
油料产量	吨	30	3919	1905	6405	244
肉类总产量	吨	68263	10276	14398	12961	42082
规模以上工业企业单位数	个	51	53	41	19	76
规模以上工业总产值	万元	1171200	1110400	623900	350100	1953700
固定资产投资	万元	1493576	1570160	666120	867649	1571246
四、教育、卫生和社会保障						
普通中学在校学生数	人	29657	12352	17213	4131	51030
中等职业教育学校在校学生数	人	3390	473	2062		10194
小学在校学生数	人	25617	14600	16664	5705	37634
医疗卫生机构床位数	床	1378	716	1229	448	1377
各种社会福利收养性单位数	个	14	8	7	6	10
各种社会福利收养性单位床位数	床	1168	293	772	725	757

2015年县(市)社会经济主要指标

山西省

指　　标	单 位	榆社县	左权县	和顺县	昔阳县	寿阳县
一、基本情况						
行政区域面积	平方公里	1700	2020	2250	1946	2110
乡个数	个	5	5	5	7	7
镇个数	个	4	5	5	5	7
街道办事处个数	个		1			8
户籍人口	万人	15	16	14	24	21
第二产业从业人员	人	7866	10388	9592	14500	35995
第三产业从业人员	人	11301	10628	7691	18555	47709
固定电话用户	户	9890	16987	11607	33206	26975
二、综合经济						
地区生产总值	万元	262346	432356	426150	540779	888406
第一产业增加值	万元	44174	34869	28203	47233	128907
农业增加值	万元	33360	29969	21836	38058	116115
牧业增加值	万元	8885	4182	6230	8037	12207
第二产业增加值	万元	98830	205388	216942	271177	438113
公共财政收入	万元	19399	45045	33234	50158	58758
各项税收	万元	11884	21006	20544	26272	36329
公共财政支出	万元	114533	130841	112707	164246	137789
居民储蓄存款余额	万元	318288	653716	544107	856144	900422
年末金融机构各项贷款余额	万元	193608	524073	211299	369978	574563
三、农业、工业及投资						
农业机械总动力	万千瓦特	14	18	18	26	38
机收面积	公顷	1974	1685	3750	3803	26667
设施农业占地面积	公顷	408	104	148	129	164
粮食总产量	吨	88291	59583	70270	161928	300117
棉花产量	吨					
油料产量	吨	80	407	1411	196	82
肉类总产量	吨	5858	3785	4697	6016	5550
规模以上工业企业单位数	个	6	18	14	16	31
规模以上工业总产值	万元	319300	326800	353400	465100	667600
固定资产投资	万元	146579	881227	652378	1099114	1157217
四、教育、卫生和社会保障						
普通中学在校学生数	人	6892	6774	5591	8594	8718
中等职业教育学校在校学生数	人	1385	1683	1383	1717	1140
小学在校学生数	人	9071	12136	8441	14190	11379
医疗卫生机构床位数	床	267	434	599	813	1016
各种社会福利收养性单位数	个	4	11	10	9	7
各种社会福利收养性单位床位数	床	163	841	307	519	332

2015年县(市)社会经济主要指标

山西省

指标	单位	太谷县	祁县	平遥县	灵石县	介休市
一、基本情况						
行政区域面积	平方公里	1050	854	1260	1202	744
乡个数	个	6	2	9	6	3
镇个数	个	3	6	5	6	7
街道办事处个数	个			3		5
户籍人口	万人	29	25	53	26	43
第二产业从业人员	人	33436	39363	78463	26573	55448
第三产业从业人员	人	22896	32684	92921	24288	34942
固定电话用户	户	34793	36872	81289	36207	66035
二、综合经济						
地区生产总值	万元	766082	661122	978824	1761566	1353550
第一产业增加值	万元	172492	157900	141666	50264	59294
农业增加值	万元	137558	104383	86520	30859	23494
牧业增加值	万元	31788	50958	49346	17751	31403
第二产业增加值	万元	198714	177322	342563	1092998	720374
公共财政收入	万元	42066	32293	43252	106294	100208
各项税收	万元	32874	44378	27434	58835	61018
公共财政支出	万元	157597	146140	233258	223795	202401
居民储蓄存款余额	万元	1297581	923614	1248577	1411554	1916969
年末金融机构各项贷款余额	万元	461518	369494	538108	755622	1919579
三、农业、工业及投资						
农业机械总动力	万千瓦特	52	43	31	40	34
机收面积	公顷	16875	17333	22418	8115	19697
设施农业占地面积	公顷	3285	466	305	179	203
粮食总产量	吨	204309	216760	249616	56542	116054
棉花产量	吨	43	8	6		
油料产量	吨	9	21	1410	212	36
肉类总产量	吨	57081	26779	30342	16549	16582
规模以上工业企业单位数	个	56	29	45	100	85
规模以上工业总产值	万元	597300	516700	934400	1985000	2166600
固定资产投资	万元	787134	671781	1018132	1862458	1417015
四、教育、卫生和社会保障						
普通中学在校学生数	人	26982	13218	23488	13496	19300
中等职业教育学校在校学生数	人	3900	1308	6337	1840	4361
小学在校学生数	人	18078	19796	40473	24341	35100
医疗卫生机构床位数	床	1951	674	1767	952	1822
各种社会福利收养性单位数	个	9	9	5	5	8
各种社会福利收养性单位床位数	床	998	294	278	1820	485

2015年县(市)社会经济主要指标

山西省

指　　标	单 位	临猗县	万荣县	闻喜县	稷山县	新绛县
一、基本情况						
行政区域面积	平方公里	1339	1082	1167	686	593
乡个数	个	5	10	6	2	1
镇个数	个	9	4	7	5	8
街道办事处个数	个			9		
户籍人口	万人	57	45	40	38	29
第二产业从业人员	人	29520	26973	65645	41084	28321
第三产业从业人员	人	75408	35625	34273	26091	25113
固定电话用户	户	139423	57963	52392	22000	27744
二、综合经济						
地区生产总值	万元	1317877	621435	614920	713433	785520
第一产业增加值	万元	441830	171102	101815	122225	169737
农业增加值	万元	424987	140514	77986	77277	131324
牧业增加值	万元	14975	25410	20406	43712	36876
第二产业增加值	万元	372144	205442	187779	264641	352065
公共财政收入	万元	23685	31809	21139	15957	21951
各项税收	万元	14857	29487	31989	27089	26485
公共财政支出	万元	214296	201867	200345	146125	151223
居民储蓄存款余额	万元	1022569	684528	1007764	636684	711171
年末金融机构各项贷款余额	万元	903494	423540	408832	239146	320488
三、农业、工业及投资						
农业机械总动力	万千瓦特	102	91	43	56	36
机收面积	公顷	52204	48700	52809	37910	40250
设施农业占地面积	公顷	2716	143	543	64	4200
粮食总产量	吨	327805	193387	321137	238041	257538
棉花产量	吨	8945	518	64		
油料产量	吨	3093	2865	2297	121	543
肉类总产量	吨	15381	16217	14311	13369	17482
规模以上工业企业单位数	个	44	26	28	26	35
规模以上工业总产值	万元	1024600	429500	478100	676200	1202400
固定资产投资	万元	1095443	789230	946701	767607	831110
四、教育、卫生和社会保障						
普通中学在校学生数	人	27470	10905	19820	11108	22527
中等职业教育学校在校学生数	人	2623	700	1420	1603	2950
小学在校学生数	人	26956	20583	23060	21243	19190
医疗卫生机构床位数	床	2820	1862	2092	2387	1644
各种社会福利收养性单位数	个	5	14	7	6	6
各种社会福利收养性单位床位数	床	351	1085	750	350	460

2015年县(市)社会经济主要指标

山西省

指　　标	单 位	绛县	垣曲县	夏县	平陆县	芮城县
一、基本情况						
行政区域面积	平方公里	994	1620	1351	1174	1178
乡个数	个	2	6	5	4	3
镇个数	个	8	5	6	6	7
街道办事处个数	个					
户籍人口	万人	29	23	36	25	38
第二产业从业人员	人	23552	19972	34065	14482	28752
第三产业从业人员	人	25731	34905	34801	17962	39556
固定电话用户	户	21000	14700	22030	12793	25200
二、综合经济						
地区生产总值	万元	599540	468085	460713	366686	770948
第一产业增加值	万元	88688	41024	179176	97215	229074
农业增加值	万元	71244	25558	162260	82116	201221
牧业增加值	万元	12730	11337	15003	13308	25356
第二产业增加值	万元	255628	225386	107472	122664	241871
公共财政收入	万元	11582	17386	12998	35438	28042
各项税收	万元	19094	12594	8238	12587	24520
公共财政支出	万元	151091	151988	157295	171299	189946
居民储蓄存款余额	万元	539212	617321	555199	570385	534230
年末金融机构各项贷款余额	万元	226065	278103	330029	106811	366393
三、农业、工业及投资						
农业机械总动力	万千瓦特	32	31	40	55	60
机收面积	公顷	27795	15450	46880	31785	51020
设施农业占地面积	公顷	207	127	3655	294	781
粮食总产量	吨	189772	98650	282753	136305	353058
棉花产量	吨	15	136	208	198	896
油料产量	吨	663	972	928	2205	2172
肉类总产量	吨	11046	11072	13786	11637	24908
规模以上工业企业单位数	个	38	14	23	22	28
规模以上工业总产值	万元	913100	599200	188900	382200	438800
固定资产投资	万元	934049	650031	572287	675017	823223
四、教育、卫生和社会保障						
普通中学在校学生数	人	10116	11889	11952	11123	19446
中等职业教育学校在校学生数	人	1123	1559	312	1484	3092
小学在校学生数	人	14376	11022	15099	11390	16925
医疗卫生机构床位数	床	1309	1464	1156	1093	1374
各种社会福利收养性单位数	个	7	12	4	10	7
各种社会福利收养性单位床位数	床	390	774	176	268	220

2015年县(市)社会经济主要指标

山西省

指　　标	单 位	永济市	河津市	定襄县	五台县	代县
一、基本情况						
行政区域面积	平方公里	1208	593	865	2865	1729
乡个数	个		5	6	13	5
镇个数	个	7	2	3	6	6
街道办事处个数	个	3	2			
户籍人口	万人	44	40	22	31	21
第二产业从业人员	人	33511	40614	25559	23921	10076
第三产业从业人员	人	76229	31053	19809	31504	7154
固定电话用户	户	69058	35320	47975	23363	20876
二、综合经济						
地区生产总值	万元	1329241	1698515	352289	406300	508935
第一产业增加值	万元	205493	79462	33353	47627	28810
农业增加值	万元	171311	64758	24230	25323	17993
牧业增加值	万元	24532	12951	7052	17681	8433
第二产业增加值	万元	684620	1025951	164027	104600	291947
公共财政收入	万元	40593	190127	15578	35640	62514
各项税收	万元	90500	163894	28638	56617	17258
公共财政支出	万元	196445	194713	130388	185958	133958
居民储蓄存款余额	万元	985107	1321214	748615	1076700	989339
年末金融机构各项贷款余额	万元	654186	1216652	349108	686900	427656
三、农业、工业及投资						
农业机械总动力	万千瓦特	66	45	15	16	21
机收面积	公顷	58080	25195	17000	8233	6733
设施农业占地面积	公顷	467	196	175	161	22
粮食总产量	吨	467841	185625	177785	107345	67374
棉花产量	吨	1077	5			
油料产量	吨	1661	923	841	178	430
肉类总产量	吨	27278	9860	4952	9489	3400
规模以上工业企业单位数	个	48	71	42	15	71
规模以上工业总产值	万元	2446900	2857100	415500	257300	536100
固定资产投资	万元	1156273	1490025	418972	572155	534759
四、教育、卫生和社会保障						
普通中学在校学生数	人	18675	25202	10475	13120	
中等职业教育学校在校学生数	人	2486	1947	988	2228	261
小学在校学生数	人	21184	30256	14676	19563	12832
医疗卫生机构床位数	床	1889	2005	543	827	555
各种社会福利收养性单位数	个	14	14	6	9	8
各种社会福利收养性单位床位数	床	1228	1391	406	220	400

2015年县(市)社会经济主要指标

山西省

指　　标	单 位	繁峙县	宁武县	静乐县	神池县	五寨县
一、基本情况						
行政区域面积	平方公里	2373	1967	2058	1472	1391
乡个数	个	10	10	10	7	9
镇个数	个	3	4	4	3	3
街道办事处个数	个		1			
户籍人口	万人	28	17	17	10	11
第二产业从业人员	人	14298	6049	12671	1531	7892
第三产业从业人员	人	17294	13512	27601	4710	18991
固定电话用户	户	11800	11023	4354	1865	5108
二、综合经济						
地区生产总值	万元	514116	405705	221845	192360	180940
第一产业增加值	万元	45669	15991	32631	62098	29558
农业增加值	万元	13154	4836	16518	17577	15200
牧业增加值	万元	27101	10233	11494	42653	12344
第二产业增加值	万元	301889	237490	83007	26475	16868
公共财政收入	万元	20158	122015	28579	16812	17232
各项税收	万元	11947	19707	6702	11470	10141
公共财政支出	万元	155062	137062	122786	109595	107800
居民储蓄存款余额	万元	778113	682910	270691	307391	442258
年末金融机构各项贷款余额	万元	312063	426800	81795	151292	477612
三、农业、工业及投资						
农业机械总动力	万千瓦特	22	9	10	19	18
机收面积	公顷	23200	6520	4700	13253	17200
设施农业占地面积	公顷	130	41	32	124	15
粮食总产量	吨	73733	21742	55359	110301	138472
棉花产量	吨					
油料产量	吨	1508	2059	5189	4973	244
肉类总产量	吨	14329	4307	4836	23663	3957
规模以上工业企业单位数	个	57	26	13	5	9
规模以上工业总产值	万元	962800	291100	169600	57400	58300
固定资产投资	万元	877867	844215	767689	331142	248919
四、教育、卫生和社会保障						
普通中学在校学生数	人	9328	5193	7091	1257	3063
中等职业教育学校在校学生数	人	2275	293	128	216	228
小学在校学生数	人	22043	10805	8195	4466	6535
医疗卫生机构床位数	床	1135	891	648	225	380
各种社会福利收养性单位数	个	6	1	3	3	2
各种社会福利收养性单位床位数	床	243	77	140	185	180

2015年县(市)社会经济主要指标

山西省

指　　标	单 位	岢岚县	河曲县	保德县	偏关县	原平市
一、基本情况						
行政区域面积	平方公里	1984	1317	998	1685	2571
乡个数	个	10	9	9	6	11
镇个数	个	2	4	4	4	7
街道办事处个数	个		1	1		3
户籍人口	万人	9	14	16	10	49
第二产业从业人员	人	9568	12790	14892	7420	69677
第三产业从业人员	人	7771	16264	15918	17961	81841
固定电话用户	户	8869	10235	9610	6200	52300
二、综合经济						
地区生产总值	万元	195754	704055	635043	250265	1095541
第一产业增加值	万元	31294	20935	25701	39284	113460
农业增加值	万元	8917	7690	12724	5706	48604
牧业增加值	万元	20821	9265	10303	29367	61560
第二产业增加值	万元	38386	466908	459511	82428	470939
公共财政收入	万元	12158	41878	38847	18085	104379
各项税收	万元	21891	32359	78215	20250	59100
公共财政支出	万元	105901	117127	123925	105447	248731
居民储蓄存款余额	万元	251344	779994	672251	362541	1813631
年末金融机构各项贷款余额	万元	69932	687002	316979	113836	994715
三、农业、工业及投资						
农业机械总动力	万千瓦特	13	11	17	16	45
机收面积	公顷	10020	6333	5000	9747	23148
设施农业占地面积	公顷	60	69	132	72	106
粮食总产量	吨	41099	33251	24059	24884	318077
棉花产量	吨					
油料产量	吨	4404	1811	671	1650	621
肉类总产量	吨	6184	3189	4778	10613	23715
规模以上工业企业单位数	个	11	22	19	6	39
规模以上工业总产值	万元	209300	958800	546600	81300	1536300
固定资产投资	万元	419116	1358566	1214337	264430	1635931
四、教育、卫生和社会保障						
普通中学在校学生数	人	3747	7108	7603	4462	20520
中等职业教育学校在校学生数	人	201	1318	1350	68	3176
小学在校学生数	人	3440	8254	10498	4454	26670
医疗卫生机构床位数	床	238	475	800	275	1046
各种社会福利收养性单位数	个	9	5	5	2	7
各种社会福利收养性单位床位数	床	235	40	285	72	280

2015年县(市)社会经济主要指标

山西省

指　　标	单 位	曲沃县	翼城县	襄汾县	洪洞县	古县
一、基本情况						
行政区域面积	平方公里	437	1149	1028	1494	1191
乡个数	个	2	4	6	7	3
镇个数	个	5	6	7	9	4
街道办事处个数	个					
户籍人口	万人	23	31	50	76	9
第二产业从业人员	人	25654	37041	59507	93043	11041
第三产业从业人员	人	28136	61583	8615	127821	19056
固定电话用户	户	18321	23735	23542	40980	6488
二、综合经济						
地区生产总值	万元	866467	707163	1147338	1617213	430321
第一产业增加值	万元	123301	86462	139112	107908	23961
农业增加值	万元	97870	53304	109310	62348	17994
牧业增加值	万元	21573	30649	26230	40017	3983
第二产业增加值	万元	498182	280914	568216	956892	312540
公共财政收入	万元	27509	32411	40006	65336	19617
各项税收	万元	41252	31373	68090	120444	39087
公共财政支出	万元	135787	167188	192128	296275	79230
居民储蓄存款余额	万元	570493	809240	1197461	1459158	237268
年末金融机构各项贷款余额	万元	271340	368046	553137	884659	103319
三、农业、工业及投资						
农业机械总动力	万千瓦特	39	39	60	112	13
机收面积	公顷	32908	38207	76247	62073	5510
设施农业占地面积	公顷	1732	227	653	174	19
粮食总产量	吨	209903	240655	436828	379755	59730
棉花产量	吨	31		26	1	
油料产量	吨	114	377	1322	417	359
肉类总产量	吨	12660	24667	20011	19142	1993
规模以上工业企业单位数	个	25	27	28	60	25
规模以上工业总产值	万元	2030466	910496	1682592	2390887	647060
固定资产投资	万元	874090	827247	1262726	1638015	603867
四、教育、卫生和社会保障						
普通中学在校学生数	人	10050	18418	24333	36943	3873
中等职业教育学校在校学生数	人	1212	721	2356	1988	206
小学在校学生数	人	12747	18912	26576	50460	6200
医疗卫生机构床位数	床	996	1349	1160	2210	365
各种社会福利收养性单位数	个	5	3	5	10	5
各种社会福利收养性单位床位数	床	194	48	240	615	126

2015年县(市)社会经济主要指标

山西省

指标	单位	安泽县	浮山县	吉县	乡宁县	大宁县
一、基本情况						
行政区域面积	平方公里	1959	938	1780	2025	963
乡个数	个	3	7	5	5	4
镇个数	个	4	2	3	5	2
街道办事处个数	个					
户籍人口	万人	8	13	11	24	7
第二产业从业人员	人	10099	16005	13042	29065	8035
第三产业从业人员	人	14887	26532	15066	28965	6905
固定电话用户	户	6551	5341	4930	9019	2988
二、综合经济						
地区生产总值	万元	421257	425659	190305	803725	45060
第一产业增加值	万元	40920	42221	58790	28109	9978
农业增加值	万元	31282	31804	50872	14856	6437
牧业增加值	万元	7101	8188	4923	10829	1879
第二产业增加值	万元	305442	282472	79253	573798	4954
公共财政收入	万元	31027	11604	10495	84487	3300
各项税收	万元	64618	9420	16748	161990	4386
公共财政支出	万元	82567	93068	113792	167279	83503
居民储蓄存款余额	万元	209454	238308	186776	695013	86343
年末金融机构各项贷款余额	万元	154155	104980	110647	560853	47390
三、农业、工业及投资						
农业机械总动力	万千瓦特	16	19	11	31	6
机收面积	公顷	3284	20633	2393	12510	333
设施农业占地面积	公顷	30	200	36	6	42
粮食总产量	吨	148142	102018	30171	78075	15674
棉花产量	吨		42			24
油料产量	吨	633	1064	1111	1650	432
肉类总产量	吨	1803	4878	3113	6168	839
规模以上工业企业单位数	个	10	22	4	29	1
规模以上工业总产值	万元	550613	486939	84142	580480	4780
固定资产投资	万元	633538	456759	349437	720658	120888
四、教育、卫生和社会保障						
普通中学在校学生数	人	3111	4773	4327	12216	1902
中等职业教育学校在校学生数	人	151	652	906	2411	112
小学在校学生数	人	5295	6369	5923	16904	2840
医疗卫生机构床位数	床	359	317	402	708	205
各种社会福利收养性单位数	个	10	7	3	4	3
各种社会福利收养性单位床位数	床	111	147	90	242	51

2015年县(市)社会经济主要指标

山西省

指　标	单 位	隰县	永和县	蒲县	汾西县	侯马市
一、基本情况						
行政区域面积	平方公里	1413	1213	1509	875	221
乡个数	个	5	5	5	3	3
镇个数	个	3	2	4	5	
街道办事处个数	个					5
户籍人口	万人	11	7	11	15	24
第二产业从业人员	人	13068	7956	13182	18074	28060
第三产业从业人员	人	11860	10450	16420	16445	69108
固定电话用户	户	4466	1665	5150	5336	37875
二、综合经济						
地区生产总值	万元	132023	70291	538537	192889	888905
第一产业增加值	万元	30363	18679	16884	27179	32934
农业增加值	万元	22910	11068	10026	11503	23520
牧业增加值	万元	4918	5131	4801	13511	6112
第二产业增加值	万元	22513	13110	413167	59645	234242
公共财政收入	万元	8100	5399	76105	5564	57820
各项税收	万元	11513	9224	75435	5417	95818
公共财政支出	万元	112177	86014	142544	99194	162480
居民储蓄存款余额	万元	200767	83251	273957	180823	1235697
年末金融机构各项贷款余额	万元	135759	36737	316793	25348	859823
三、农业、工业及投资						
农业机械总动力	万千瓦特	12	5	6	11	20
机收面积	公顷	570	1764	2334	7167	14849
设施农业占地面积	公顷	27	5	45		343
粮食总产量	吨	46109	22698	39853	56652	91616
棉花产量	吨		2		1	2
油料产量	吨	357	457	328	286	75
肉类总产量	吨	2319	2555	3357	9692	3744
规模以上工业企业单位数	个		2	30	9	28
规模以上工业总产值	万元		28379	807462	120758	775455
固定资产投资	万元	265816	127310	605088	327461	829151
四、教育、卫生和社会保障						
普通中学在校学生数	人	3990	1994	4541	6704	10753
中等职业教育学校在校学生数	人	198	202	219	258	1477
小学在校学生数	人	6553	3224	7729	10097	13734
医疗卫生机构床位数	床	346	237	475	390	1482
各种社会福利收养性单位数	个	2	3	4	4	10
各种社会福利收养性单位床位数	床	59	180	200	130	1320

2015年县(市)社会经济主要指标

山西省

指　　标	单 位	霍州市	离石区	文水县	交城县	兴县
一、基本情况						
行政区域面积	平方公里	764	1324	1069	1827	3166
乡个数	个	3	3	5	4	10
镇个数	个	4	2	7	6	7
街道办事处个数	个	5	7			
户籍人口	万人	31	28	45	24	32
第二产业从业人员	人	38002	36031	40786	36306	23345
第三产业从业人员	人	65833	55326	52919	18489	25596
固定电话用户	户	34730	31288	44047	6843	13869
二、综合经济						
地区生产总值	万元	745602	708221	582837	495790	587198
第一产业增加值	万元	33781	18751	113246	28952	30768
农业增加值	万元	19699	8109	51965	11160	15859
牧业增加值	万元	11799	9208	59949	16558	9696
第二产业增加值	万元	486164	214119	312212	277186	432693
公共财政收入	万元	67018	84228	26066	38049	63290
各项税收	万元	122808	53669	22010	24810	53689
公共财政支出	万元	161825	177301	196083	139296	184653
居民储蓄存款余额	万元	1010735	2150464	947497	775592	498199
年末金融机构各项贷款余额	万元	756560	2275845	572527	589876	559698
三、农业、工业及投资						
农业机械总动力	万千瓦特	20	25	38	22	15
机收面积	公顷	10992	2500	25200	6393	4235
设施农业占地面积	公顷	85	75	101	91	24
粮食总产量	吨	66984	13940	245820	40796	46967
棉花产量	吨	14				
油料产量	吨	179	357	384	183	9896
肉类总产量	吨	9155	7260	31552	9778	4782
规模以上工业企业单位数	个	19	26	31	42	23
规模以上工业总产值	万元	833984	411400	1155100	1008700	1011900
固定资产投资	万元	1648586	1184018	601682	721174	828727
四、教育、卫生和社会保障						
普通中学在校学生数	人	14475	17338	24262	13478	9921
中等职业教育学校在校学生数	人	1115	30	2242	1652	248
小学在校学生数	人	20346	37604	29918	17366	14186
医疗卫生机构床位数	床	1511	360	928	952	590
各种社会福利收养性单位数	个	12	5	5	1	2
各种社会福利收养性单位床位数	床	826	160	184	72	50

2015年县(市)社会经济主要指标

山西省

指　　标	单 位	临县	柳林县	石楼县	岚县	方山县
一、基本情况						
行政区域面积	平方公里	2977	1287	1735	1513	1434
乡个数	个	10	7	5	8	2
镇个数	个	13	8	4	4	5
街道办事处个数	个					
户籍人口	万人	65	34	12	19	15
第二产业从业人员	人	40993	57824	3992	12417	9165
第三产业从业人员	人	45862	46538	11627	25042	7015
固定电话用户	户	47200	49324	6100	9000	11600
二、综合经济						
地区生产总值	万元	378057	1208474	78728	327016	227477
第一产业增加值	万元	63192	17753	19808	22644	15216
农业增加值	万元	36897	7589	12523	15718	8991
牧业增加值	万元	24461	8680	5488	4810	4089
第二产业增加值	万元	101708	809764	2553	199969	127231
公共财政收入	万元	76507	110158	4138	38335	25429
各项税收	万元	21206	75229	2207	27827	25173
公共财政支出	万元	314848	215522	110364	129364	114729
居民储蓄存款余额	万元	601438	934806	168273	349907	216307
年末金融机构各项贷款余额	万元	466330	723788	168025	224331	119338
三、农业、工业及投资						
农业机械总动力	万千瓦特	22	25	7	10	12
机收面积	公顷	11580	6080	4497	13950	4300
设施农业占地面积	公顷	155	28	3	17	69
粮食总产量	吨	57602	13463	23647	58841	39623
棉花产量	吨	4	9	6		
油料产量	吨	2268	552	1456	1365	657
肉类总产量	吨	13981	5917	4164	2576	3088
规模以上工业企业单位数	个	20	47	5	11	14
规模以上工业总产值	万元	197900	1766100	9900	516300	297100
固定资产投资	万元	786071	1819556	120023	399327	232394
四、教育、卫生和社会保障						
普通中学在校学生数	人	13657	20613	4258	8930	5457
中等职业教育学校在校学生数	人	3297	1754	1080	1154	430
小学在校学生数	人	7427	25441	8824	11858	9146
医疗卫生机构床位数	床	1224	1195	330	501	459
各种社会福利收养性单位数	个	4	5	1	7	1
各种社会福利收养性单位床位数	床	100	470	20	127	80

2015年县(市)社会经济主要指标

山西省、内蒙古自治区

指　　标	单 位	中阳县	交口县	孝义市	汾阳市	土默特左旗
一、基本情况						
行政区域面积	平方公里	1439	1258	938	1175	2765
乡个数	个	2	3	5	3	2
镇个数	个	5	4	7	9	7
街道办事处个数	个			5	4	
户籍人口	万人	15	10	50	43	37
第二产业从业人员	人	24428	7741	78699	39874	67263
第三产业从业人员	人	16962	6763	80356	37510	54359
固定电话用户	户	7650	15537	36855	55190	22423
二、综合经济						
地区生产总值	万元	435161	163296	3351059	915988	2462287
第一产业增加值	万元	10835	16567	112022	72147	390423
农业增加值	万元	5576	9944	67280	35493	121986
牧业增加值	万元	4222	5915	40912	34199	254626
第二产业增加值	万元	279965	110541	2105875	417118	806126
公共财政收入	万元	41987	53896	182154	57073	133987
各项税收	万元	20494	41498	120089	189465	122873
公共财政支出	万元	118995	120045	308441	199182	300675
居民储蓄存款余额	万元	573890	520000	2821818	1469405	341958
年末金融机构各项贷款余额	万元	527964	256000	1763992	606786	493749
三、农业、工业及投资						
农业机械总动力	万千瓦特	13	16	46	54	74
机收面积	公顷	1900	4650	15580	26700	54000
设施农业占地面积	公顷	11	35	1519	128	2640
粮食总产量	吨	8397	16919	59485	101325	514237
棉花产量	吨				1	
油料产量	吨	259	569	548	142	28683
肉类总产量	吨	3208	5009	56674	24903	33636
规模以上工业企业单位数	个	34	34	197	39	72
规模以上工业总产值	万元	870300	859500	4329300	851700	4040562
固定资产投资	万元	671726	573031	2680188	848796	1373617
四、教育、卫生和社会保障						
普通中学在校学生数	人	8776	5841	33586	22531	9976
中等职业教育学校在校学生数	人	137	830	2163	2089	748
小学在校学生数	人	11596	9777	38671	27257	12739
医疗卫生机构床位数	床	451	421	3945	1977	629
各种社会福利收养性单位数	个	3	3	15	7	16
各种社会福利收养性单位床位数	床	178	260	1394	609	1527

2015年县(市)社会经济主要指标

内蒙古自治区

指　　标	单 位	托克托县	和林格尔县	清水河县	武川县	土默特右旗
一、基本情况						
行政区域面积	平方公里	1320	3448	2818	4682	2368
乡个数	个		5	4	6	3
镇个数	个	5	3	4	3	5
街道办事处个数	个					
户籍人口	万人	20	20	14	17	37
第二产业从业人员	人	33404	25847	12118	11046	50624
第三产业从业人员	人	18849	33097	12633	8053	63683
固定电话用户	户	20580	12040	6450	5466	16100
二、综合经济						
地区生产总值	万元	2424539	1531266	700855	836637	3463300
第一产业增加值	万元	211616	225039	71657	96313	405300
农业增加值	万元	75163	60585	45155	81333	234040
牧业增加值	万元	130299	156333	20669	13268	169884
第二产业增加值	万元	1670577	692336	291734	437070	1997300
公共财政收入	万元	276532	112972	19150	19446	206689
各项税收	万元	110470	82969	14899	14246	134915
公共财政支出	万元	236426	203686	118801	160160	311711
居民储蓄存款余额	万元	430411	370909	266503	315961	720374
年末金融机构各项贷款余额	万元	653271	948000	738549	380624	868772
三、农业、工业及投资						
农业机械总动力	万千瓦特	48	41	18	35	60
机收面积	公顷	48500	48341	10700	94000	82866
设施农业占地面积	公顷	533	784	288	48	214
粮食总产量	吨	251506	174133	49511	201043	750502
棉花产量	吨					
油料产量	吨	3802	2571	6773	49539	22811
肉类总产量	吨	13318	22189	8563	4962	70390
规模以上工业企业单位数	个	38	45	15	13	47
规模以上工业总产值	万元	4410118	1969200	264845	217706	3310000
固定资产投资	万元	860111	1165100	380191	520193	2526849
四、教育、卫生和社会保障						
普通中学在校学生数	人	10267	8939	4761	5042	8924
中等职业教育学校在校学生数	人	1244	702	446		930
小学在校学生数	人	11402	8337	5068	5038	12250
医疗卫生机构床位数	床	641	403	382	369	846
各种社会福利收养性单位数	个	6	7	8	6	10
各种社会福利收养性单位床位数	床	390	590	534	440	551

2015年县(市)社会经济主要指标

内蒙古自治区

指　　标	单 位	固阳县	达尔罕茂明安联合旗	阿鲁科尔沁旗	巴林左旗	巴林右旗
一、基本情况						
行政区域面积	平方公里	5025	17482	14555	6459	9837
乡个数	个		5	7	4	4
镇个数	个	6	7	7	7	5
街道办事处个数	个	1		1	2	2
户籍人口	万人	21	11	30	35	19
第二产业从业人员	人	31079	8589	12991	30223	3723
第三产业从业人员	人	20331	23109	15172	31981	3329
固定电话用户	户	5100	5360	26020	23257	12000
二、综合经济						
地区生产总值	万元	1185900	2087800	1090063	1235948	771298
第一产业增加值	万元	141500	153800	184620	219248	113804
农业增加值	万元	39700	63674	108061	109341	59860
牧业增加值	万元	100800	86555	67756	101058	47135
第二产业增加值	万元	816800	1279100	484814	622810	418354
公共财政收入	万元	30083	154249	34843	50100	41462
各项税收	万元	29226	232753	29258	35700	27662
公共财政支出	万元	158400	270753	289848	309000	220621
居民储蓄存款余额	万元	281827	247859	320268	494900	295880
年末金融机构各项贷款余额	万元	261906	274772	474989	446600	440361
三、农业、工业及投资						
农业机械总动力	万千瓦特	32	27	64	50	38
机收面积	公顷	83670	50000	37333	41533	43933
设施农业占地面积	公顷	4	2	645	1783	280
粮食总产量	吨	79029	90529	513500	451511	175461
棉花产量	吨					
油料产量	吨	17525	17454	7258	15341	9934
肉类总产量	吨	34613	24016	22048	17000	31842
规模以上工业企业单位数	个	41	44	33	52	21
规模以上工业总产值	万元	1217000	2660900	1083661	1394003	1262212
固定资产投资	万元	1184700	1945778	546935	1001505	603463
四、教育、卫生和社会保障						
普通中学在校学生数	人	4451	2068	12682	15670	8740
中等职业教育学校在校学生数	人	837		1013	2189	
小学在校学生数	人	5274	3195	15385	20194	10274
医疗卫生机构床位数	床	456	416	1374	1594	953
各种社会福利收养性单位数	个	7	5	14	19	8
各种社会福利收养性单位床位数	床	525	486	775	1746	778

2015年县(市)社会经济主要指标

内蒙古自治区

指　　标	单 位	林西县	克什克腾旗	翁牛特旗	喀喇沁旗	宁城县
一、基本情况						
行政区域面积	平方公里	3933	20673	11882	3050	4305
乡个数	个	2	7	6	2	2
镇个数	个	7	7	8	7	13
街道办事处个数	个	2	2	2		3
户籍人口	万人	24	25	49	35	62
第二产业从业人员	人	18891	15880	42289	32721	59000
第三产业从业人员	人	28231	29818	59446	43968	53000
固定电话用户	户	17000	18000	14101	20800	59000
二、综合经济						
地区生产总值	万元	765060	1471357	1446499	706436	1677784
第一产业增加值	万元	124631	179189	411695	130496	334529
农业增加值	万元	72949	109962	182458	77011	238384
牧业增加值	万元	41954	56104	217668	43387	77182
第二产业增加值	万元	353331	938238	637786	290470	709331
公共财政收入	万元	39950	75600	42020	47610	66850
各项税收	万元	30236	61657	29870	33753	44909
公共财政支出	万元	227159	256000	324743	241494	338189
居民储蓄存款余额	万元	403361	359277	585306	535121	1168761
年末金融机构各项贷款余额	万元	380616	577091	553692	402726	807197
三、农业、工业及投资						
农业机械总动力	万千瓦特	34	49	81	38	56
机收面积	公顷	19200	51333	163333	20000	34333
设施农业占地面积	公顷	239	88	2597	2360	17643
粮食总产量	吨	258500	180000	721507	316512	753584
棉花产量	吨					
油料产量	吨	21159	8112	52556	1650	1050
肉类总产量	吨	21361	16491	42239	36883	88480
规模以上工业企业单位数	个	31	34	61	16	67
规模以上工业总产值	万元	1195714	2116530	2263894	733645	1909571
固定资产投资	万元	711225	820296	1013690	577447	934692
四、教育、卫生和社会保障						
普通中学在校学生数	人	9254	9155	16728	14749	23676
中等职业教育学校在校学生数	人	1191	684	2023	2110	3970
小学在校学生数	人	10855	10919	20988	18481	35179
医疗卫生机构床位数	床	1185	1458	1353	1140	2754
各种社会福利收养性单位数	个	14	11	18	16	27
各种社会福利收养性单位床位数	床	1250	400	1169	1181	980

2015年县(市)社会经济主要指标

内蒙古自治区

指　　标	单 位	敖汉旗	科尔沁左翼中旗	科尔沁左翼后旗	开鲁县	库伦旗
一、基本情况						
行政区域面积	平方公里	8294	9573	11500	4488	4714
乡个数	个	8	6	5		3
镇个数	个	8	11	10	10	5
街道办事处个数	个		1			1
户籍人口	万人	61	52	41	40	18
第二产业从业人员	人	42043	34812	14143	41957	10339
第三产业从业人员	人	52293	84913	54809	51445	26123
固定电话用户	户	134587	22151	29000	35065	11390
二、综合经济						
地区生产总值	万元	1639872	1586900	1618737	2144206	685476
第一产业增加值	万元	409596	401100	343274	521993	179465
农业增加值	万元	290515	340132	213008	356505	97150
牧业增加值	万元	87904	46865	111564	154983	77591
第二产业增加值	万元	698059	614200	652321	925461	264224
公共财政收入	万元	78861	37306	45000	42836	33301
各项税收	万元	68794	27453	27158	32144	12626
公共财政支出	万元	353612	389649	337149	273897	190257
居民储蓄存款余额	万元	786690	250438	283259	493686	163738
年末金融机构各项贷款余额	万元	491114	401854	677167	635852	129564
三、农业、工业及投资						
农业机械总动力	万千瓦特	87	132	104	123	38
机收面积	公顷	56447	235000	131467	47000	37333
设施农业占地面积	公顷	2099	1497	221	1738	3155
粮食总产量	吨	783221	1780581	1040026	1069465	530022
棉花产量	吨					
油料产量	吨	10611	25355	18472	5728	3155
肉类总产量	吨	72068	78003	51981	81675	39292
规模以上工业企业单位数	个	59	61	68	70	23
规模以上工业总产值	万元	778371	2168742	2008697	3232377	934608
固定资产投资	万元	1083862	828785	877311	1167623	642373
四、教育、卫生和社会保障						
普通中学在校学生数	人	25218	10014	15602	18450	7633
中等职业教育学校在校学生数	人	1368		288	662	627
小学在校学生数	人	31977	25403	24027	21184	10551
医疗卫生机构床位数	床	2225	1035	894	972	578
各种社会福利收养性单位数	个	18	14	7	14	6
各种社会福利收养性单位床位数	床	1089	885	389	1090	288

2015年县(市)社会经济主要指标

内蒙古自治区

指　　标	单 位	奈曼旗	扎鲁特旗	霍林郭勒市	东胜区	达拉特旗
一、基本情况						
行政区域面积	平方公里	8130	16492	585	2526	8241
乡个数	个	6	8	1		1
镇个数	个	8	7		3	7
街道办事处个数	个			4	15	6
户籍人口	万人	45	30	8	28	36
第二产业从业人员	人	29107	17209	28375	108069	52506
第三产业从业人员	人	22168	50296	27517	175160	119014
固定电话用户	户	27008	43400	6003	83604	11000
二、综合经济						
地区生产总值	万元	1502200	1970938	2802800	9625930	4718237
第一产业增加值	万元	306000	340832	32600	13440	324527
农业增加值	万元	148111	197281	7302	3313	190275
牧业增加值	万元	143787	141913	24793	5830	123361
第二产业增加值	万元	675900	1033047	1834100	3453000	2665300
公共财政收入	万元	45700	150596	303014	904363	213612
各项税收	万元	42690	93516	149035	604088	185536
公共财政支出	万元	348200	405162	338858	1043434	518688
居民储蓄存款余额	万元	470000	357452	443800	5754300	1120554
年末金融机构各项贷款余额	万元	428000	452394	1165200	16887000	1495787
三、农业、工业及投资						
农业机械总动力	万千瓦特	92	70	2	11	98
机收面积	公顷	59828	95408	15156	3000	86000
设施农业占地面积	公顷	2678	1325	59	14	537
粮食总产量	吨	774732	540179	10484	10000	581039
棉花产量	吨					
油料产量	吨	13774	16051	20251	17	29171
肉类总产量	吨	42452	92355	6183	2095	43086
规模以上工业企业单位数	个	45	71	69	66	53
规模以上工业总产值	万元	1472210	2669338	4101835	5534000	6348168
固定资产投资	万元	980600	1266986	1845275	4928378	2150000
四、教育、卫生和社会保障						
普通中学在校学生数	人	21768	8947	6158	30017	13929
中等职业教育学校在校学生数	人	998	670	194	8167	2558
小学在校学生数	人	27001	18121	7654	38903	20282
医疗卫生机构床位数	床	1043	1295	929	4215	1810
各种社会福利收养性单位数	个	15	9	1	24	12
各种社会福利收养性单位床位数	床	506	474	107	4066	974

2015年县(市)社会经济主要指标

内蒙古自治区

指　　标	单 位	准格尔旗	鄂托克前旗	鄂托克旗	杭锦旗	乌审旗
一、基本情况						
行政区域面积	平方公里	7692	12221	20367	19253	11674
乡个数	个	3		2	1	1
镇个数	个	6	4	4	5	5
街道办事处个数	个	4				
户籍人口	万人	32	8	10	14	12
第二产业从业人员	人	68300	13226	24133	14855	4785
第三产业从业人员	人	92100	16235	33272	26071	37456
固定电话用户	户	74589	7000	16000	9450	8634
二、综合经济						
地区生产总值	万元	11077799	1289900	4357500	896100	3989100
第一产业增加值	万元	92499	112100	75252	176611	126135
农业增加值	万元	50321	60239	28482	105962	61155
牧业增加值	万元	33173	44937	40538	58121	59335
第二产业增加值	万元	6642300	791600	3325400	361500	3014700
公共财政收入	万元	790000	160016	354348	122980	281236
各项税收	万元	477000	79669	321638	93963	156578
公共财政支出	万元	927200	282769	488605	321118	406131
居民储蓄存款余额	万元	2680500	238292	705696	362002	433032
年末金融机构各项贷款余额	万元	2850400	275071	1282328	431069	1195114
三、农业、工业及投资						
农业机械总动力	万千瓦特	29	28	17	55	53
机收面积	公顷	6667	17990	6866	40000	13465
设施农业占地面积	公顷	372	164	23	28	199
粮食总产量	吨	81429	100000	90030	378500	175242
棉花产量	吨					
油料产量	吨	3185	3570	7266	73388	2129
肉类总产量	吨	12792	17697	21345	19964	37739
规模以上工业企业单位数	个	100	15	55	20	26
规模以上工业总产值	万元	10150900	2003790	6016697	278660	7087457
固定资产投资	万元	5082124	2320576	3000070	1551308	3805218
四、教育、卫生和社会保障						
普通中学在校学生数	人	16274	3181	4979	4463	4359
中等职业教育学校在校学生数	人		1186	213		365
小学在校学生数	人	24057	4689	9563	5960	7988
医疗卫生机构床位数	床	1854	386	600	715	497
各种社会福利收养性单位数	个	8	2	6	4	6
各种社会福利收养性单位床位数	床	1629	215	648	510	390

2015年县(市)社会经济主要指标

内蒙古自治区

指　　标	单 位	伊金霍洛旗	海拉尔区	阿荣旗	莫力达瓦达斡尔族自治旗	鄂伦春自治旗
一、基本情况						
行政区域面积	平方公里	5487	1440	12063	10356	59880
乡个数	个			4	3	2
镇个数	个	7	2	7	10	8
街道办事处个数	个		6			
户籍人口	万人	17	28	32	32	26
第二产业从业人员	人	51987	21745	11310	5480	7432
第三产业从业人员	人	54519	153107	41976	13498	42990
固定电话用户	户	13890	95199	15820	20000	17046
二、综合经济						
地区生产总值	万元	6598912	2878539	1595044	1048109	667554
第一产业增加值	万元	69012	77945	479863	474303	237385
农业增加值	万元	29259	29067	315160	347326	174284
牧业增加值	万元	28191	45981	136662	111817	39685
第二产业增加值	万元	3948900	1375417	723520	251749	84403
公共财政收入	万元	772600	150663	55381	30317	17775
各项税收	万元	471400	124805	41684	18792	29030
公共财政支出	万元	800600	290858	284004	280941	268345
居民储蓄存款余额	万元	2057079	1960233	403552	306017	579656
年末金融机构各项贷款余额	万元	166200	3136854	464286	418927	492564
三、农业、工业及投资						
农业机械总动力	万千瓦特	29	12	84	95	59
机收面积	公顷	5080	27333	190030	419296	264830
设施农业占地面积	公顷	76	513	360	595	152
粮食总产量	吨	89667	70427	1575056	1673549	572516
棉花产量	吨					
油料产量	吨		14001	20870		229
肉类总产量	吨	5659	6117	49689	32737	10071
规模以上工业企业单位数	个	58	55	36	13	7
规模以上工业总产值	万元	8321000	1882597	1220050	230554	87224
固定资产投资	万元	3933009	2305852	1078926	321427	245527
四、教育、卫生和社会保障						
普通中学在校学生数	人	6376	18510	8056	9514	6126
中等职业教育学校在校学生数	人	237	2084	1590	387	27
小学在校学生数	人	11322	12653	17609	11005	9197
医疗卫生机构床位数	床	1153	3036	946	942	836
各种社会福利收养性单位数	个	6	6	8	11	5
各种社会福利收养性单位床位数	床	500	900	1382	1294	204

2015年县(市)社会经济主要指标

内蒙古自治区

指　　标	单 位	鄂温克族自治县	陈巴尔虎旗	新巴尔虎左旗	新巴尔虎右旗	满洲里市
一、基本情况						
行政区域面积	平方公里	19111	18634	21634	24840	732
乡个数	个	6	4	5	4	
镇个数	个	4	3	2	3	2
街道办事处个数	个					5
户籍人口	万人	14	6	4	4	17
第二产业从业人员	人	18002	5848	2694	4883	17667
第三产业从业人员	人	11750	5177	11076	7623	84221
固定电话用户	户	43250	7960	5903	5479	35000
二、综合经济						
地区生产总值	万元	1115644	909200	359071	777973	2257860
第一产业增加值	万元	80446	97610	64993	41206	38093
农业增加值	万元	7232	44368	18739	887	9032
牧业增加值	万元	64771	40771	35017	26684	4894
第二产业增加值	万元	760719	609951	179359	609876	580178
公共财政收入	万元	86741	59006	19875	51420	149565
各项税收	万元	58901	217650	16515	40564	203628
公共财政支出	万元	219682	148233	102668	117158	401001
居民储蓄存款余额	万元	451547	124045	52756	74660	1239581
年末金融机构各项贷款余额	万元	542322	138218	82543	73477	1172200
三、农业、工业及投资						
农业机械总动力	万千瓦特	19	22	19	6	2
机收面积	公顷	14880				
设施农业占地面积	公顷	13	9	118		1
粮食总产量	吨	24688	115037	57460	7600	1200
棉花产量	吨					
油料产量	吨	6072	55076	10899		
肉类总产量	吨	16227	18300	17562	17952	3116
规模以上工业企业单位数	个	15	17	8	16	90
规模以上工业总产值	万元	1019100	857020	40127	903130	1231250
固定资产投资	万元	622793	259572	262160	318653	1101250
四、教育、卫生和社会保障						
普通中学在校学生数	人	3635	1079	733	675	10336
中等职业教育学校在校学生数	人	2534			53	
小学在校学生数	人	4919	2172	1768	1653	9548
医疗卫生机构床位数	床	875	305	153	168	815
各种社会福利收养性单位数	个	3	1	2	2	4
各种社会福利收养性单位床位数	床	245	120	60	96	450

2015年县(市)社会经济主要指标

内蒙古自治区

指　　标	单 位	牙克石市	扎兰屯市	额尔古纳市	根河市	临河区
一、基本情况						
行政区域面积	平方公里	27803	16800	28958	20012	2333
乡个数	个		4	3	1	2
镇个数	个	9	8	3	4	7
街道办事处个数	个	7	7	2	3	11
户籍人口	万人	34	41	8	14	52
第二产业从业人员	人	69383	25062	5808	10579	38950
第三产业从业人员	人	100546	63305	24839	32624	177162
固定电话用户	户	33000	34924	13870	11803	99000
二、综合经济						
地区生产总值	万元	2308754	1815034	461181	412394	2870842
第一产业增加值	万元	375877	421598	154073	105237	432642
农业增加值	万元	216564	260499	106954	32286	277894
牧业增加值	万元	97922	142906	34717	23200	141941
第二产业增加值	万元	1128569	941656	130203	109840	1350600
公共财政收入	万元	59859	48719	24402	17991	204350
各项税收	万元	20318	34285	14616	11963	162985
公共财政支出	万元	291990	333523	146492	134419	413966
居民储蓄存款余额	万元	1145496	762291	277223	519815	2437000
年末金融机构各项贷款余额	万元	738066	1584528	217249	213261	4003900
三、农业、工业及投资						
农业机械总动力	万千瓦特	35	67	22	3	109
机收面积	公顷	156624	11872	168134		70000
设施农业占地面积	公顷	920	486	149	31	2667
粮食总产量	吨	570500	1101046	436113	6807	550503
棉花产量	吨					
油料产量	吨	58419	24380	143992	1695	180012
肉类总产量	吨	24000	55085	7864	3060	64325
规模以上工业企业单位数	个	66	62	12	13	77
规模以上工业总产值	万元	2507967	2406412	296805	137994	2995417
固定资产投资	万元	1120805	1164217	286629	308600	1585812
四、教育、卫生和社会保障						
普通中学在校学生数	人	12216	12165	3124	1739	26653
中等职业教育学校在校学生数	人	807	531		22	11668
小学在校学生数	人	8283	17955	3218	2458	28789
医疗卫生机构床位数	床	3320	1622	446	585	4484
各种社会福利收养性单位数	个	12	26	2	1	8
各种社会福利收养性单位床位数	床	920	4069	125	90	1826

2015年县(市)社会经济主要指标

内蒙古自治区

指　　标	单 位	五原县	磴口县	乌拉特前旗	乌拉特中旗	乌拉特后旗
一、基本情况						
行政区域面积	平方公里	2503	4167	7476	22868	24525
乡个数	个	1	1	2	4	3
镇个数	个	8	4	9	6	3
街道办事处个数	个					
户籍人口	万人	28	12	34	14	6
第二产业从业人员	人	6492	5780	4811	5919	10609
第三产业从业人员	人	25926	19335	33531	18628	11593
固定电话用户	户	23365	17061	15173	12118	6092
二、综合经济						
地区生产总值	万元	1100800	508616	1407827	995731	630400
第一产业增加值	万元	284660	93516	315396	162231	35100
农业增加值	万元	187379	60123	214540	97485	13515
牧业增加值	万元	86480	26350	87349	49619	18334
第二产业增加值	万元	422200	297900	603783	718900	492500
公共财政收入	万元	38229	24393	93821	87778	75000
各项税收	万元	33238	20379	67646	70715	61362
公共财政支出	万元	461927	276010	298065	267762	159784
居民储蓄存款余额	万元	627500	298239	821426	304466	148891
年末金融机构各项贷款余额	万元	647500	305915	789338	325144	132094
三、农业、工业及投资						
农业机械总动力	万千瓦特	102	49	109	40	12
机收面积	公顷	52347	30605	78533	70666	7667
设施农业占地面积	公顷	780	1000	1618	698	117
粮食总产量	吨	401039	113097	449998	200507	33640
棉花产量	吨					
油料产量	吨	257600	51560	134826	80226	5204
肉类总产量	吨	34518	11195	26508	17937	6070
规模以上工业企业单位数	个	43	14	46	34	34
规模以上工业总产值	万元	566296	576149	785564	1258591	1196762
固定资产投资	万元	681882	388491	1019884	1364220	912485
四、教育、卫生和社会保障						
普通中学在校学生数	人	10702	3616	11947	3750	1624
中等职业教育学校在校学生数	人	2561		1707		
小学在校学生数	人	11716	3918	12558	4384	2703
医疗卫生机构床位数	床	1038	904	1284	481	320
各种社会福利收养性单位数	个	8	3	9	2	1
各种社会福利收养性单位床位数	床	1102	580	1280	368	150

2015年县(市)社会经济主要指标

内蒙古自治区

指　　标	单 位	杭锦后旗	集宁区	卓资县	化德县	商都县
一、基本情况						
行政区域面积	平方公里	1752	407	3119	2527	4284
乡个数	个		1	3	3	4
镇个数	个	9	1	5	3	6
街道办事处个数	个		8			
户籍人口	万人	30	32	21	17	33
第二产业从业人员	人	12691	17564	19920	7580	13171
第三产业从业人员	人	48893	145929	33544	25700	27419
固定电话用户	户	50379	51421	7850	10172	7249
二、综合经济						
地区生产总值	万元	1356435	1816327	639760	516852	599488
第一产业增加值	万元	332835	42821	90207	77325	131488
农业增加值	万元	196704	21400	37738	28686	49990
牧业增加值	万元	114576	16798	50001	43465	74497
第二产业增加值	万元	636800	792443	303516	303036	249000
公共财政收入	万元	62885	280268	28307	18544	18351
各项税收	万元	42754	253917	24064	15547	14509
公共财政支出	万元	257206	405809	195103	186566	280084
居民储蓄存款余额	万元	682941	2246750	359955	285458	391993
年末金融机构各项贷款余额	万元	686413	2332137	277424	121189	186769
三、农业、工业及投资						
农业机械总动力	万千瓦特	93	20	10	14	25
机收面积	公顷	52667	3470	2155	2512	8642
设施农业占地面积	公顷	498	2334	774	46	1215
粮食总产量	吨	400216	11829	67592	50263	75116
棉花产量	吨					
油料产量	吨	74330	2211	7084	1003	25337
肉类总产量	吨	46402	5223	19030	15122	24745
规模以上工业企业单位数	个	35	37	22	29	33
规模以上工业总产值	万元	1431953	1301355	754176	718000	640300
固定资产投资	万元	692221	1386868	380786	300010	322089
四、教育、卫生和社会保障						
普通中学在校学生数	人	9698	31045	2965	4022	7350
中等职业教育学校在校学生数	人	2532		1550	435	1915
小学在校学生数	人	10090	21824	3060	4569	8996
医疗卫生机构床位数	床	1435	3274	309	382	478
各种社会福利收养性单位数	个	5	14	3	11	3
各种社会福利收养性单位床位数	床	1730	1130	320	445	400

2015年县(市)社会经济主要指标

内蒙古自治区

指　　标	单 位	兴和县	凉城县	察哈尔右翼前旗	察哈尔右翼中旗	察哈尔右翼后旗
一、基本情况						
行政区域面积	平方公里	3519	3451	2440	4200	3910
乡个数	个	4	3	4	7	3
镇个数	个	5	5	5	5	5
街道办事处个数	个				7	
户籍人口	万人	32	25	22	23	23
第二产业从业人员	人	10466	3683	23831	11975	10031
第三产业从业人员	人	23346	22529	11446	13480	19641
固定电话用户	户	9461	7700	9468	13900	9250
二、综合经济						
地区生产总值	万元	645801	764377	895866	565228	711727
第一产业增加值	万元	114391	171843	135966	132397	107295
农业增加值	万元	46433	79641	47236	58568	49425
牧业增加值	万元	58328	85548	85290	68016	51536
第二产业增加值	万元	266794	359660	506115	252321	409865
公共财政收入	万元	33652	40801	38154	14332	26980
各项税收	万元	27961	32934	27880	11360	19750
公共财政支出	万元	256528	206792	232826	201000	198216
居民储蓄存款余额	万元	443297	383160	375361	258208	258820
年末金融机构各项贷款余额	万元	505450	223946	274023	231062	177120
三、农业、工业及投资						
农业机械总动力	万千瓦特	20	26	26	31	17
机收面积	公顷	3333	25000	18600	65120	14000
设施农业占地面积	公顷	345	253	685	24568	8556
粮食总产量	吨	75159	250522	86142	103453	93087
棉花产量	吨					
油料产量	吨	13720	4387	5500	19425	15096
肉类总产量	吨	53850	24892	21865	23731	13866
规模以上工业企业单位数	个	25	10	41	16	51
规模以上工业总产值	万元	4580401	459938	1100409	413124	1650122
固定资产投资	万元	384628	270174	620614	459000	525244
四、教育、卫生和社会保障						
普通中学在校学生数	人	3491	6668	2271	3661	752
中等职业教育学校在校学生数	人		342	204	775	140
小学在校学生数	人	10984	8187	3839	4467	5824
医疗卫生机构床位数	床	720	998	287	548	395
各种社会福利收养性单位数	个	64	37	3	7	33
各种社会福利收养性单位床位数	床	12218	4666	672	758	6783

2015年县(市)社会经济主要指标

内蒙古自治区

指　　标	单 位	四子王旗	丰镇市	乌兰浩特市	阿尔山市	科尔沁右翼前旗
一、基本情况						
行政区域面积	平方公里	24036	2722	2728	7409	16964
乡个数	个	13	3			5
镇个数	个	4	5	4	4	9
街道办事处个数	个	13	5	8	4	
户籍人口	万人	22	32	32	5	33
第二产业从业人员	人	6436	39000	22539	1640	14087
第三产业从业人员	人	31593	35694	97531	13167	58453
固定电话用户	户	9200	10651	51011	3606	7658
二、综合经济						
地区生产总值	万元	562297	1420483	1618518	168104	966020
第一产业增加值	万元	153526	166648	97744	27258	346949
农业增加值	万元	53884	72361	49521	8202	209326
牧业增加值	万元	96810	89037	45125	5628	118202
第二产业增加值	万元	185230	810290	762174	40058	351003
公共财政收入	万元	18494	49405	77397	10148	29079
各项税收	万元	15507	40070	57407	7712	23680
公共财政支出	万元	259436	253924	367640	141058	347800
居民储蓄存款余额	万元	321927	624509		150076	218642
年末金融机构各项贷款余额	万元	339156	493576	3278697	150071	407997
三、农业、工业及投资						
农业机械总动力	万千瓦特	39	20	31	6	101
机收面积	公顷	5608	30200	41077	13362	161333
设施农业占地面积	公顷	43411	854	739	31	341
粮食总产量	吨	113476	81213	255560	63565	1092512
棉花产量	吨					
油料产量	吨	44540	2500	1036	11679	22732
肉类总产量	吨	32642	23773	12818	1791	55454
规模以上工业企业单位数	个	39	45	52	2	39
规模以上工业总产值	万元	690023	1993122	1370257	9433	826724
固定资产投资	万元	415685	696629	963084	370000	885098
四、教育、卫生和社会保障						
普通中学在校学生数	人	6410	7874	21775	550	9479
中等职业教育学校在校学生数	人	583	227	7025		
小学在校学生数	人	10785	10412	19773	1005	15869
医疗卫生机构床位数	床	348	480	3025	178	1167
各种社会福利收养性单位数	个	8	7	2	1	10
各种社会福利收养性单位床位数	床	521	665	157	60	730

2015年县(市)社会经济主要指标

内蒙古自治区

指　　标	单 位	科尔沁右翼中旗	扎赉特旗	突泉县	二连浩特市	锡林浩特市
一、基本情况						
行政区域面积	平方公里	15613	11837	4797	4015	14780
乡个数	个	6	6	3	1	3
镇个数	个	6	7	6		1
街道办事处个数	个					7
户籍人口	万人	25	39	32	3	18
第二产业从业人员	人	15746	18773	17847	2649	26005
第三产业从业人员	人	35359	36154	39433	33594	79170
固定电话用户	户	12978	9358	29512	4715	48029
二、综合经济						
地区生产总值	万元	634138	898774	734116	1007308	2101811
第一产业增加值	万元	182005	363656	233866	6276	155966
农业增加值	万元	88678	230710	171505	1763	35411
牧业增加值	万元	81935	123116	55296	4252	119531
第二产业增加值	万元	240060	273129	323359	357991	1056385
公共财政收入	万元	20574	23988	13640	52023	264530
各项税收	万元	16490	14385	10466	34207	358279
公共财政支出	万元	278080	345849	284059	166913	317942
居民储蓄存款余额	万元	206094	374780	312040	413508	1400778
年末金融机构各项贷款余额	万元	239245	657802	347481	666302	2849841
三、农业、工业及投资						
农业机械总动力	万千瓦特	66	151	57		15
机收面积	公顷	115108	193333	126667		22513
设施农业占地面积	公顷	55	2067	2140	80	255
粮食总产量	吨	695026	1197037	1047800		33719
棉花产量	吨					
油料产量	吨	75789	9284	7878		240
肉类总产量	吨	32858	71920	23802	1448	24528
规模以上工业企业单位数	个	38	36	36	34	72
规模以上工业总产值	万元	474127	701072	604908	705486	1700401
固定资产投资	万元	706985	591008	660700	388198	1492101
四、教育、卫生和社会保障						
普通中学在校学生数	人	11008	11359	9338	3987	21255
中等职业教育学校在校学生数	人	319	1562	823		1410
小学在校学生数	人	14907	20489	13781	5466	17053
医疗卫生机构床位数	床	1525	1766	795	229	1307
各种社会福利收养性单位数	个	7	4	16	1	6
各种社会福利收养性单位床位数	床	670	670	917	229	1169

2015年县(市)社会经济主要指标

内蒙古自治区

指　　标	单 位	阿巴嘎旗	苏尼特左旗	苏尼特右旗	东乌珠穆沁旗	西乌珠穆沁旗
一、基本情况						
行政区域面积	平方公里	27495	34240	22455	52321	22459
乡个数	个	4	4	4	4	7
镇个数	个	3	3	3	6	5
街道办事处个数	个				7	
户籍人口	万人	5	4	7	8	8
第二产业从业人员	人	3800	1466	7520	6593	9266
第三产业从业人员	人	8656	6719	13660	20690	12044
固定电话用户	户	2600	2041	3998	5583	6228
二、综合经济						
地区生产总值	万元	673551	498179	595391	1361953	1153290
第一产业增加值	万元	76918	59673	51053	204466	152848
农业增加值	万元	10433	6800	9838	43836	22047
牧业增加值	万元	65866	51963	39903	158657	130002
第二产业增加值	万元	493093	338334	398523	914010	835040
公共财政收入	万元	19788	22213	29608	159748	189725
各项税收	万元	23110	27072	20459	125680	304309
公共财政支出	万元	97526	100019	138327	226683	185322
居民储蓄存款余额	万元	106762	88023	211443	290114	233048
年末金融机构各项贷款余额	万元	125635	95077	212175	335888	587645
三、农业、工业及投资						
农业机械总动力	万千瓦特	12	10	5	19	19
机收面积	公顷	107	1173		26324	
设施农业占地面积	公顷				80	107
粮食总产量	吨			562	80694	45
棉花产量	吨					
油料产量	吨			95	13213	
肉类总产量	吨	36135	17539	20363	48841	32569
规模以上工业企业单位数	个	31	14	42	55	29
规模以上工业总产值	万元	762781	452606	786155	1469314	1052563
固定资产投资	万元	411065	310387	306394	845232	830272
四、教育、卫生和社会保障						
普通中学在校学生数	人	1051	1197	1777	3913	3235
中等职业教育学校在校学生数	人			904	1144	
小学在校学生数	人	1660	1608	3501	5968	5641
医疗卫生机构床位数	床	252	130	207	370	365
各种社会福利收养性单位数	个	1	1	3	3	4
各种社会福利收养性单位床位数	床	70	100	128	82	792

2015年县(市)社会经济主要指标

内蒙古自治区

指　标	单 位	太仆寺旗	镶黄旗	正镶白旗	正蓝旗	多伦县
一、基本情况						
行政区域面积	平方公里	3426	5137	6215	10206	3864
乡个数	个	2	2	3	4	3
镇个数	个	5	2	2	3	2
街道办事处个数	个		6			
户籍人口	万人	21	3	7	8	11
第二产业从业人员	人	2743	191	1060	3931	10148
第三产业从业人员	人	6548	3721	8112	12325	18764
固定电话用户	户	10430	1260	1918	813	4507
二、综合经济						
地区生产总值	万元	501190	554047	310757	696799	820473
第一产业增加值	万元	128707	60306	48455	69284	91050
农业增加值	万元	67716	11605	12797	18811	42042
牧业增加值	万元	56094	46781	34399	48560	46434
第二产业增加值	万元	204011	399164	156076	473039	568025
公共财政收入	万元	11885	23192	12257	50079	35712
各项税收	万元	12963	13970	14311	29948	21852
公共财政支出	万元	155422	94413	106035	151330	131929
居民储蓄存款余额	万元	281833	72704	113135	205011	243272
年末金融机构各项贷款余额	万元	245262	83155	124229	615851	286765
三、农业、工业及投资						
农业机械总动力	万千瓦特	27	4	12	17	24
机收面积	公顷	87133	186	12424	18400	38667
设施农业占地面积	公顷	2000		24	19	94
粮食总产量	吨	172761	299	3601	30230	52538
棉花产量	吨					
油料产量	吨	8625	9	442	202	650
肉类总产量	吨	15111	7631	10667	28858	21650
规模以上工业企业单位数	个	26	29	20	17	24
规模以上工业总产值	万元	319106	758601	198210	703996	1015406
固定资产投资	万元	312672	131666	234021	522331	473694
四、教育、卫生和社会保障						
普通中学在校学生数	人	5302	1102	887	2006	4427
中等职业教育学校在校学生数	人		165		70	1148
小学在校学生数	人	5012	1331	2143	3398	6233
医疗卫生机构床位数	床	331	342	190	351	393
各种社会福利收养性单位数	个	11	1	3	5	7
各种社会福利收养性单位床位数	床	543	71	293	310	240

2015年县(市)社会经济主要指标

内蒙古自治区、辽宁省

指　　标	单 位	阿拉善左旗	阿拉善右旗	额济纳旗	辽中县	康平县
一、基本情况						
行政区域面积	平方公里	80412	74485	114606	1470	2167
乡个数	个	6	4	5		7
镇个数	个	9	3	3	15	5
街道办事处个数	个	4			2	3
户籍人口	万人	15	3	2	53	35
第二产业从业人员	人	16714	7953	3016	37762	85540
第三产业从业人员	人	51946	7524	6766	60414	33707
固定电话用户	户	26153	2440	4000	85453	66400
二、综合经济						
地区生产总值	万元	2526446	275156	410959	4077621	1996726
第一产业增加值	万元	81883	21457	16883	789586	368987
农业增加值	万元	46936	12336	9648	291136	147097
牧业增加值	万元	28734	6997	5875	431275	200026
第二产业增加值	万元	1840825	166455	174073	2307997	1066309
公共财政收入	万元	164253	18156	41966	81070	58373
各项税收	万元	197949	20266	16600	60899	44026
公共财政支出	万元	438753	106429	104466	234988	204202
居民储蓄存款余额	万元	1388153	92981	142325	1363771	691969
年末金融机构各项贷款余额	万元	2951952	47343	167411	819258	609760
三、农业、工业及投资						
农业机械总动力	万千瓦特	23	2		48	38
机收面积	公顷	20667	2533		52667	63333
设施农业占地面积	公顷	86	8	5	9888	277
粮食总产量	吨	162531	15128	1842	563100	531200
棉花产量	吨	46	10	291		
油料产量	吨	18780	2853		6993	56084
肉类总产量	吨	11606	3062	1770	239615	132404
规模以上工业企业单位数	个	97	17	8	386	456
规模以上工业总产值	万元	4413743	337739	357425	10061403	5658850
固定资产投资	万元	2648844	322044	511283	3028060	1815027
四、教育、卫生和社会保障						
普通中学在校学生数	人	9352	1074	797	18848	12286
中等职业教育学校在校学生数	人	4197	64	38	3266	974
小学在校学生数	人	9970	975	1214	22157	15867
医疗卫生机构床位数	床	799	102	179	1178	1308
各种社会福利收养性单位数	个	4	1	1	9	8
各种社会福利收养性单位床位数	床	442	104	102	723	1250

2015年县(市)社会经济主要指标

辽宁省

指　　标	单 位	法库县	新民市	长海县	瓦房店市	普兰店市
一、基本情况						
行政区域面积	平方公里	2320	3407	142	3643	3375
乡个数	个	5	6	3	8	3
镇个数	个	14	18	2	13	5
街道办事处个数	个		5		11	15
户籍人口	万人	45	68	7	100	92
第二产业从业人员	人	86646	94950	4637	169625	210938
第三产业从业人员	人	56686	71613	16562	148478	118477
固定电话用户	户	65000	117900	21300	452000	173717
二、综合经济						
地区生产总值	万元	3172398	4563837	869209	9620162	6872701
第一产业增加值	万元	480128	861698	470014	943210	980254
农业增加值	万元	187579	424727	1012	373472	358606
牧业增加值	万元	268853	390948	726	245959	327753
第二产业增加值	万元	1968576	2667692	72123	5909195	3921754
公共财政收入	万元	88943	99969	43609	376450	224795
各项税收	万元	71205	80334	12369	268707	154304
公共财政支出	万元	238357	330891	89664	621085	379886
居民储蓄存款余额	万元	886023	1716490	357953	4521622	3512906
年末金融机构各项贷款余额	万元	674666	1206661	292371	4057333	2147119
三、农业、工业及投资						
农业机械总动力	万千瓦特	55	118	6	126	96
机收面积	公顷	56667	123067	60	21507	21000
设施农业占地面积	公顷	2735	15996	17	4640	7395
粮食总产量	吨	593100	1045000	1498	218100	206600
棉花产量	吨					
油料产量	吨	15231	8812	10	4062	6723
肉类总产量	吨	153577	185320	417	238012	279851
规模以上工业企业单位数	个	341	270	5	829	333
规模以上工业总产值	万元	8537633	10340896	79755	15937233	8593783
固定资产投资	万元	2229041	3961078	304907	6285094	5952733
四、教育、卫生和社会保障						
普通中学在校学生数	人	9359	15951	2880	30489	18109
中等职业教育学校在校学生数	人	837	908	680	1622	4832
小学在校学生数	人	17450	32506	3274	39549	33288
医疗卫生机构床位数	床	1191	2133	279	7800	3596
各种社会福利收养性单位数	个	8	10	4	41	32
各种社会福利收养性单位床位数	床	1310	2000	484	6010	4436

2015年县(市)社会经济主要指标

辽宁省

指　　标	单 位	庄河市	台安县	岫岩满族自治县	海城市	抚顺县
一、基本情况						
行政区域面积	平方公里	4114	1393	4502	2566	1701
乡个数	个	6		3		4
镇个数	个	15	10	18	21	4
街道办事处个数	个	5	4	5	6	2
户籍人口	万人	90	37	52	108	12
第二产业从业人员	人	121415	36830	55905	261721	12155
第三产业从业人员	人	152074	57986	71083	266251	13100
固定电话用户	户	180680	33200	67100	161400	38467
二、综合经济						
地区生产总值	万元	6519470	2308090	1912542	8162023	835370
第一产业增加值	万元	1270383	495350	318010	467300	178456
农业增加值	万元	347428	214400	213350	235043	76609
牧业增加值	万元	209068	260000	92000	215000	53484
第二产业增加值	万元	3078274	1176777	914775	3790798	442330
公共财政收入	万元	229103	45990	51028	260161	32167
各项税收	万元	258987	36510	40546	300019	19070
公共财政支出	万元	449470	163182	201174	435029	97427
居民储蓄存款余额	万元	3676449	967646	1657000	5298915	345263
年末金融机构各项贷款余额	万元	2919413	809819	873770	2551148	266530
三、农业、工业及投资						
农业机械总动力	万千瓦特	83	43	38	68	13
机收面积	公顷	32000	49667	11200	56062	4133
设施农业占地面积	公顷	7021	11330	1729	7164	510
粮食总产量	吨	455000	489000	261200	562700	86300
棉花产量	吨					
油料产量	吨	3335	8434	5656	1040	831
肉类总产量	吨	201210	400540	94734	127714	24767
规模以上工业企业单位数	个	404	98	105	453	53
规模以上工业总产值	万元	7197219	2539644	2175820	9781909	145899
固定资产投资	万元	4200489	1462630	1331980	6470440	398371
四、教育、卫生和社会保障						
普通中学在校学生数	人	28646	10400	14709	34299	2392
中等职业教育学校在校学生数	人	1915	1050	734	2287	117
小学在校学生数	人	29670	17214	27097	65887	4347
医疗卫生机构床位数	床	3189	1765	1706	3919	449
各种社会福利收养性单位数	个	30	20	25	41	9
各种社会福利收养性单位床位数	床	5923	2451	1433	3894	686

2015年县(市)社会经济主要指标

辽宁省

指　　标	单位	新宾满族自治县	清原满族自治县	本溪满族自治县	桓仁满族自治县	宽甸满族自治县
一、基本情况						
行政区域面积	平方公里	4287	3921	3343	3547	6115
乡个数	个	6	5	1	8	3
镇个数	个	9	9	10	4	19
街道办事处个数	个			1	1	
户籍人口	万人	30	33	29	30	49
第二产业从业人员	人	19933	15516	26870	32308	26094
第三产业从业人员	人	32577	31671	32872	58007	42510
固定电话用户	户	61608	63572	78201	48823	132700
二、综合经济						
地区生产总值	万元	1160032	1288899	1806895	1719043	1403553
第一产业增加值	万元	270462	272084	227139	269230	309735
农业增加值	万元	110389	112517	70718	101555	130163
牧业增加值	万元	96251	93177	47309	41352	63256
第二产业增加值	万元	419143	555849	993246	790523	533693
公共财政收入	万元	45511	51979	210629	50085	47099
各项税收	万元	35913	30781	44851	32801	61368
公共财政支出	万元	180979	188679	210629	195683	248787
居民储蓄存款余额	万元	813723	552709	982403	982653	1253113
年末金融机构各项贷款余额	万元	425076	849758	632465	522404	622327
三、农业、工业及投资						
农业机械总动力	万千瓦特	31	23	23	20	54
机收面积	公顷	14000	1320	10721	10350	2778
设施农业占地面积	公顷	424	232	35	269	622
粮食总产量	吨	203000	205200	132342	146600	185109
棉花产量	吨					
油料产量	吨	62	77	341	229	1800
肉类总产量	吨	38598	30034	26367	27291	60062
规模以上工业企业单位数	个	86	126	101	80	39
规模以上工业总产值	万元	2083093	583971	3322639	1388550	240492
固定资产投资	万元	706764	784818	834566	908025	573769
四、教育、卫生和社会保障						
普通中学在校学生数	人	8753	10508	10581	5592	11506
中等职业教育学校在校学生数	人	1153	698	281	1092	669
小学在校学生数	人	12495	12951	15753	12641	16640
医疗卫生机构床位数	床	1114	1345	1370	1192	2501
各种社会福利收养性单位数	个	15	24	7	11	12
各种社会福利收养性单位床位数	床	1048	1865	590	1130	1057

2015年县(市)社会经济主要指标

辽宁省

指　　标	单 位	东港市	凤城市	黑山县	义县	凌海市
一、基本情况						
行政区域面积	平方公里	2399	5515	2497	2476	2585
乡个数	个	1	1	4	3	2
镇个数	个	14	17	16	13	15
街道办事处个数	个	3	3	2	2	4
户籍人口	万人	61	57	61	42	52
第二产业从业人员	人	80210	59968	32824	36732	50720
第三产业从业人员	人	106912	99502	114024	56524	71343
固定电话用户	户	185416	158976	102522	76263	88785
二、综合经济						
地区生产总值	万元	3347171	2548445	1748353	1286950	2542552
第一产业增加值	万元	775879	321307	573017	282536	552864
农业增加值	万元	273206	133949	228237	110320	262058
牧业增加值	万元	66777	114974	320011	165505	178274
第二产业增加值	万元	1325368	1115820	587021	564613	1331563
公共财政收入	万元	132195	92078	53000	42000	85678
各项税收	万元	104115	63246	37738	30672	66484
公共财政支出	万元	471413	298087	342785	216749	308553
居民储蓄存款余额	万元	2889532	2033164	1502228	851996	1378622
年末金融机构各项贷款余额	万元	2295328	1254394	591984	553598	1080213
三、农业、工业及投资						
农业机械总动力	万千瓦特	67	71	85	47	76
机收面积	公顷	51660	20534	125333	32400	59300
设施农业占地面积	公顷	9496	2162	23516	2794	4182
粮食总产量	吨	520500	278000	1002000	179000	387900
棉花产量	吨					
油料产量	吨	8125	2630	24475	6234	4671
肉类总产量	吨	104167	153134	326842	118679	110917
规模以上工业企业单位数	个	185	146	180	146	188
规模以上工业总产值	万元	1030300	633474	4258190	3418849	6522281
固定资产投资	万元	1472184	1042295	1249594	1225998	1747219
四、教育、卫生和社会保障						
普通中学在校学生数	人	18069	15369	11152	14183	19226
中等职业教育学校在校学生数	人	1432	2760	1168	2353	939
小学在校学生数	人	25389	25676	24689	18574	19945
医疗卫生机构床位数	床	2867	3113	1950	1133	1747
各种社会福利收养性单位数	个	26	25	32	20	26
各种社会福利收养性单位床位数	床	2105	2250	1867	1920	1829

2015年县(市)社会经济主要指标

辽宁省

指　　标	单 位	北镇市	盖州市	大石桥市	阜新蒙古族自治县	彰武县
一、基本情况						
行政区域面积	平方公里	1694	2946	1598	6218	3623
乡个数	个	3	3		3	4
镇个数	个	12	16	13	32	20
街道办事处个数	个	4	8	5	1	
户籍人口	万人	52	70	70	72	41
第二产业从业人员	人	25553	67626	86939	51904	18249
第三产业从业人员	人	57496	141791	90267	113600	54696
固定电话用户	户	109426	150369	115408	165700	110587
二、综合经济						
地区生产总值	万元	1597800	1967873	4002413	1456061	1111816
第一产业增加值	万元	516095	377750	457666	602251	525757
农业增加值	万元	290308	180319	226754	289080	198741
牧业增加值	万元	216467	88041	156594	295103	275919
第二产业增加值	万元	574011	775337	2195003	279826	258060
公共财政收入	万元	51373	101239	147756	60462	45314
各项税收	万元	34251	87522	125920	44539	33399
公共财政支出	万元	233450	306272	274058	366839	248589
居民储蓄存款余额	万元	1606139	1681040	2731189	1116495	794593
年末金融机构各项贷款余额	万元	990458	1021961	2290393	1043931	728290
三、农业、工业及投资						
农业机械总动力	万千瓦特	75	41	48	186	77
机收面积	公顷	46000	18700	32000	204050	72377
设施农业占地面积	公顷	12449	4869	1250	2675	1134
粮食总产量	吨	502000	137688	463900	750600	637900
棉花产量	吨		5			
油料产量	吨	14944	232	122	60805	87849
肉类总产量	吨	140286	88841	112831	360454	223115
规模以上工业企业单位数	个	114	127	255	83	63
规模以上工业总产值	万元	3064819	2471588	5886035	970577	665241
固定资产投资	万元	1340586	1468903	1400260	640339	511071
四、教育、卫生和社会保障						
普通中学在校学生数	人	19769	15560	25519	18294	14258
中等职业教育学校在校学生数	人	1800	1338	831	1748	415
小学在校学生数	人	24464	27886	31778	31288	29156
医疗卫生机构床位数	床	1669	2420	3106	1916	1449
各种社会福利收养性单位数	个	23	28	14	33	16
各种社会福利收养性单位床位数	床	1420	2540	1504	1483	1116

2015年县(市)社会经济主要指标

辽宁省

指　　标	单 位	辽阳县	灯塔市	大洼县	盘山县	铁岭县
一、基本情况						
行政区域面积	平方公里	2452	1156	1734	2008	2250
乡个数	个	3	1			2
镇个数	个	12	10	15	13	12
街道办事处个数	个	10	3	2		
户籍人口	万人	48	45	38	28	39
第二产业从业人员	人	64242	49782	50406	27537	38248
第三产业从业人员	人	53869	63839	98126	43085	66451
固定电话用户	户	136702	72000	123000	70695	27350
二、综合经济						
地区生产总值	万元	2624211	2722765	3166017	1563431	1118716
第一产业增加值	万元	276615	287799	676612	498065	337327
农业增加值	万元	264222	173060	293680	219867	151430
牧业增加值	万元	11264	75725	80154	93346	165181
第二产业增加值	万元	1594299	1572914	1793923	676643	341655
公共财政收入	万元	79027	119279	263060	76486	46020
各项税收	万元	76111	80940	254315	82564	39291
公共财政支出	万元	216465	246101	456052	286858	196405
居民储蓄存款余额	万元	1552564	1505018	1265885	1041496	441511
年末金融机构各项贷款余额	万元	1269510	1214965	1088764	517902	1168003
三、农业、工业及投资						
农业机械总动力	万千瓦特	31	31	31	31	43
机收面积	公顷	35100	52	48126	34547	44000
设施农业占地面积	公顷	2687	4400	4157	7012	1143
粮食总产量	吨	366900	420200	520500	510000	556300
棉花产量	吨					
油料产量	吨	1089	1145		233	409
肉类总产量	吨	37002	44474	161800	84999	174273
规模以上工业企业单位数	个	179	105	165	148	56
规模以上工业总产值	万元	3657840	6155948	8334926	4559952	1393197
固定资产投资	万元	634882	1289602	4737600	1819299	1035679
四、教育、卫生和社会保障						
普通中学在校学生数	人	11065	11256	18289	16188	5925
中等职业教育学校在校学生数	人	1807	676	4887	1810	1210
小学在校学生数	人	19545	21099	20077	11509	12242
医疗卫生机构床位数	床	1977	1601	1663	822	1201
各种社会福利收养性单位数	个	15	12	14	10	7
各种社会福利收养性单位床位数	床	1422	1013	764	1543	840

2015年县(市)社会经济主要指标

辽宁省

指　　标	单 位	西丰县	昌图县	调兵山市	开原市	朝阳县
一、基本情况						
行政区域面积	平方公里	2683	4317	262	2838	3762
乡个数	个	6			2	13
镇个数	个	12	33	3	16	13
街道办事处个数	个	2	48	2	3	1
户籍人口	万人	34	102	24	58	57
第二产业从业人员	人	15124	83107	59177	50622	71169
第三产业从业人员	人	46271	109010	33832	78987	59139
固定电话用户	户	40596	181705	26732	83842	72065
二、综合经济						
地区生产总值	万元	648271	1927470	949460	1211704	1226386
第一产业增加值	万元	277967	828597	59964	477263	381039
农业增加值	万元	110635	391937	31105	174031	221288
牧业增加值	万元	150685	416545	27370	275674	135568
第二产业增加值	万元	141121	480558	596489	235805	365786
公共财政收入	万元	33633	63907	60005	74505	44436
各项税收	万元	22083	45251	52526	54189	35740
公共财政支出	万元	150395	458200	92839	152043	252000
居民储蓄存款余额	万元	581407	1637120	1316615	1376442	680141
年末金融机构各项贷款余额	万元	582070	1398071	100857	1305250	567400
三、农业、工业及投资						
农业机械总动力	万千瓦特	45	107	8	57	37
机收面积	公顷	501	147583	5524	46600	20667
设施农业占地面积	公顷	726	5213	34	2384	15161
粮食总产量	吨	326600	2214000	96261	655000	285000
棉花产量	吨					65
油料产量	吨	6	65177		2115	2151
肉类总产量	吨	121304	446174	25694	303633	165125
规模以上工业企业单位数	个	36	68	24	54	56
规模以上工业总产值	万元	292674	454538	800969	580018	429910
固定资产投资	万元	229156	889595	362772	581120	709216
四、教育、卫生和社会保障						
普通中学在校学生数	人	7209	24701	5005	13138	21632
中等职业教育学校在校学生数	人	830	1499	511	915	963
小学在校学生数	人	12738	43857	10211	24982	35499
医疗卫生机构床位数	床	1085	2778	1255	2346	1103
各种社会福利收养性单位数	个	8	18	3	6	29
各种社会福利收养性单位床位数	床	940	1950	322	3200	2450

2015年县(市)社会经济主要指标

辽宁省

指标	单位	建平县	喀喇沁左翼蒙古族自治县	北票市	凌源市	绥中县
一、基本情况						
行政区域面积	平方公里	4868	2238	4419	3282	2763
乡个数	个	8	5	15	8	11
镇个数	个	16	14	12	14	14
街道办事处个数	个	7	3	7	8	
户籍人口	万人	59	43	58	69	65
第二产业从业人员	人	60743	48982	41921	71733	42560
第三产业从业人员	人	94652	68398	67422	66913	45999
固定电话用户	户	140010	77350	111800	298000	63310
二、综合经济						
地区生产总值	万元	1404483	1067325	1670545	1471459	1495833
第一产业增加值	万元	374239	358438	474726	441692	449281
农业增加值	万元	154517	242386	283274	303231	194420
牧业增加值	万元	145132	97172	166668	126182	125841
第二产业增加值	万元	507942	314332	583815	409717	465476
公共财政收入	万元	73016	35059	60098	78777	90532
各项税收	万元	66172	37373	43978	57321	79852
公共财政支出	万元	269340	205432	314797	293329	312446
居民储蓄存款余额	万元	1577977	883248	1398831	1838818	1844228
年末金融机构各项贷款余额	万元	1090695	658210	865724	1113134	1267132
三、农业、工业及投资						
农业机械总动力	万千瓦特	67	27	39	27	78
机收面积	公顷	46000	20066	704	20000	29666
设施农业占地面积	公顷	2318	7488	6509	22920	4997
粮食总产量	吨	802800	176349	514500	135001	380000
棉花产量	吨			31		
油料产量	吨	1880	2150	1633	219	14039
肉类总产量	吨	123195	83233	206909	132408	288995
规模以上工业企业单位数	个	73	117	97	87	93
规模以上工业总产值	万元	659773	1071397	896372	850756	1214821
固定资产投资	万元	829531	848361	1177338	751491	202351
四、教育、卫生和社会保障						
普通中学在校学生数	人	25901	21437	22754	30200	29516
中等职业教育学校在校学生数	人	3650	1101		2800	1558
小学在校学生数	人	29403	21203	22333	41786	34500
医疗卫生机构床位数	床	1937	1519	2956	3389	1145
各种社会福利收养性单位数	个	17	6	39	22	24
各种社会福利收养性单位床位数	床	1850	940	1619	1300	2890

2015年县(市)社会经济主要指标

辽宁省、吉林省

指　　标	单 位	建昌县	兴城市	九台区	农安县	榆树市
一、基本情况						
行政区域面积	平方公里	3196	2119	3375	5415	4712
乡个数	个	21	12	2	10	9
镇个数	个	7	7	5	12	15
街道办事处个数	个		9	11		4
户籍人口	万人	63	54	81	115	126
第二产业从业人员	人	44639	44809	130778	104211	157766
第三产业从业人员	人	115928	55285	100017	96854	132615
固定电话用户	户	98400	121950	205171	113375	109516
二、综合经济						
地区生产总值	万元	642437	1239447	4065530	4055037	4055378
第一产业增加值	万元	160060	198855	404987	949828	1049965
农业增加值	万元	73145	48344	244377	544886	657317
牧业增加值	万元	75293	54244	152733	392168	384734
第二产业增加值	万元	150011	431567	2040188	1201996	1071523
公共财政收入	万元	32558	119665	136838	119677	88403
各项税收	万元	25405	91817	104385	89219	47903
公共财政支出	万元	227537	318213	537452	552571	525428
居民储蓄存款余额	万元	928499	1760213	1488889	2141150	1722896
年末金融机构各项贷款余额	万元	670271	1627553	1593403	2837377	2511978
三、农业、工业及投资						
农业机械总动力	万千瓦特	37		92	187	172
机收面积	公顷			82690	209000	224560
设施农业占地面积	公顷	1528	999	915	548	2712
粮食总产量	吨	151100	180000	1064000	2941500	3334000
棉花产量	吨	6				
油料产量	吨	12	27371	121	10836	196
肉类总产量	吨	77868	74315	190493	341590	249242
规模以上工业企业单位数	个	18	87	235	166	100
规模以上工业总产值	万元	174842	1402088	5503243	3009611	1967727
固定资产投资	万元	104437	549721	2370000	2610145	2151386
四、教育、卫生和社会保障						
普通中学在校学生数	人	26075	15418	28195	23577	45703
中等职业教育学校在校学生数	人	1779	1452	866	1183	1318
小学在校学生数	人	37455	28452	44516	58200	54889
医疗卫生机构床位数	床	2498	1815	3117	3713	2990
各种社会福利收养性单位数	个	99	10	18	42	42
各种社会福利收养性单位床位数	床	2464	1628	3700	3899	2369

2015年县(市)社会经济主要指标

吉林省

指　　标	单 位	德惠市	永吉县	蛟河市	桦甸市	舒兰市
一、基本情况						
行政区域面积	平方公里	3435	2399	6370	6625	4557
乡个数	个	4	2	2	3	5
镇个数	个	12	7	8	6	10
街道办事处个数	个	4		7	5	5
户籍人口	万人	94	34	44	44	64
第二产业从业人员	人	124679	27878	45781	43403	40492
第三产业从业人员	人	101205	31491	88878	84409	52415
固定电话用户	户	96446	33566	60172	56071	71001
二、综合经济						
地区生产总值	万元	4050499	1054664	2016636	2616882	1998684
第一产业增加值	万元	715515	201074	365640	435216	548996
农业增加值	万元	391466	163579	279241	193507	320273
牧业增加值	万元	314962	26101	64897	213045	199150
第二产业增加值	万元	1598052	430406	955676	1413017	625810
公共财政收入	万元	111189	53784	74134	131018	65224
各项税收	万元	74644	31780	47014	71936	40264
公共财政支出	万元	486921	200147	296299	346962	343352
居民储蓄存款余额	万元	1915624	904037	1016016	975757	1147288
年末金融机构各项贷款余额	万元	1432748	1178079	1011425	811421	971611
三、农业、工业及投资						
农业机械总动力	万千瓦特	126	44	57	54	101
机收面积	公顷	117000	35200	33200	22300	66400
设施农业占地面积	公顷	848	104	186	182	383
粮食总产量	吨	1473500	532500	629500	721500	952000
棉花产量	吨					
油料产量	吨	2623	352	642	2381	20
肉类总产量	吨	310804	34833	88629	45410	139509
规模以上工业企业单位数	个	151	49	122	154	119
规模以上工业总产值	万元	4495021	1306274	2554790	3290904	1938213
固定资产投资	万元	2334126	1039519	2052317	2138411	1821974
四、教育、卫生和社会保障						
普通中学在校学生数	人	36051	6746	12032	17443	19762
中等职业教育学校在校学生数	人	190	738		1037	906
小学在校学生数	人	56357	14817	20477	23358	33651
医疗卫生机构床位数	床	2996	1343	1680	1630	2451
各种社会福利收养性单位数	个	18	11	26	16	36
各种社会福利收养性单位床位数	床	1593	1707	1374	1861	1840

2015年县(市)社会经济主要指标

吉林省

指　　标	单 位	磐石市	梨树县	伊通满族自治县	公主岭市	双辽市
一、基本情况						
行政区域面积	平方公里	3895	3232	2524	4141	3121
乡个数	个	1	6	3	2	4
镇个数	个	13	14	12	18	8
街道办事处个数	个	4			10	6
户籍人口	万人	53	70	46	106	37
第二产业从业人员	人	61171	11025	21251	106809	10579
第三产业从业人员	人	104407	42226	68115	109926	28975
固定电话用户	户	98480	54300	37625	233524	57153
二、综合经济						
地区生产总值	万元	2503887	2330043	1672525	4480518	1694381
第一产业增加值	万元	468648	947299	546363	1026614	463622
农业增加值	万元	233400	561398	159917	647646	211605
牧业增加值	万元	224700	312188	383256	365553	238696
第二产业增加值	万元	1047657	693486	592480	1803871	811152
公共财政收入	万元	94370	47663	46818	210283	47489
各项税收	万元	60573	32658	32258	122399	32884
公共财政支出	万元	290083	362535	241515	620777	257990
居民储蓄存款余额	万元	921825	1236667	656580	2381764	662327
年末金融机构各项贷款余额	万元	1065223	1192381	621894	2658359	1277767
三、农业、工业及投资						
农业机械总动力	万千瓦特	51	77	42	132	74
机收面积	公顷	42533	165200	58000	170780	142000
设施农业占地面积	公顷	450	1550	203	946	360
粮食总产量	吨	759500	2150000	1029500	2972500	1114000
棉花产量	吨					
油料产量	吨	503	7610		343	19891
肉类总产量	吨	121443	234732	119781	170110	121551
规模以上工业企业单位数	个	129	51	39	166	65
规模以上工业总产值	万元	2876822	414340	1324315	5120203	3100846
固定资产投资	万元	2502600	682750	504254	3078500	890283
四、教育、卫生和社会保障						
普通中学在校学生数	人	17826	19687	18144	41191	14545
中等职业教育学校在校学生数	人	1316	1052	832	3183	3262
小学在校学生数	人	21859	35915	22441	63848	22515
医疗卫生机构床位数	床	2084	1902	1616	3995	1495
各种社会福利收养性单位数	个	25	23	31	83	15
各种社会福利收养性单位床位数	床	2047	2366	1976	7827	1351

2015年县(市)社会经济主要指标

吉林省

指　　标	单 位	东丰县	东辽县	通化县	辉南县	柳河县
一、基本情况						
行政区域面积	平方公里	2522	2173	3726	2272	3346
乡个数	个	2	4	5	1	3
镇个数	个	12	9	10	10	12
街道办事处个数	个					
户籍人口	万人	40	34	24	34	37
第二产业从业人员	人	59430	33823	24936	24721	29259
第三产业从业人员	人	45348	39993	28236	57317	48726
固定电话用户	户	37947	22650	43373	45695	50075
二、综合经济						
地区生产总值	万元	1901098	1504009	1319308	1010039	1082376
第一产业增加值	万元	342564	228125	96589	185812	243919
农业增加值	万元	112798	111418	57407	117987	146166
牧业增加值	万元	223617	108428	31657	60502	58543
第二产业增加值	万元	1019910	916798	715090	429268	477196
公共财政收入	万元	56556	39868	136818	77129	99656
各项税收	万元	26767	16666	103503	56625	87913
公共财政支出	万元	256300	229388	260578	272368	287777
居民储蓄存款余额	万元	873654	569193	696863	843114	709994
年末金融机构各项贷款余额	万元	709918	697355	927701	523735	790883
三、农业、工业及投资						
农业机械总动力	万千瓦特	65	64	20	39	36
机收面积	公顷	37700	36000	2800	16000	33300
设施农业占地面积	公顷	183	65	418	262	76
粮食总产量	吨	850500	588000	156501	519262	518971
棉花产量	吨					
油料产量	吨	14		382	84	101
肉类总产量	吨	49299	35788	13429	32813	37999
规模以上工业企业单位数	个	87	72	101	67	83
规模以上工业总产值	万元	3034471	2888492	1944825	943669	1740869
固定资产投资	万元	1479800	1336861	1422964	1148564	1168262
四、教育、卫生和社会保障						
普通中学在校学生数	人	15653	12584	9223	13892	7325
中等职业教育学校在校学生数	人	492	339	326	603	1203
小学在校学生数	人	18878	14993	9599	16351	16630
医疗卫生机构床位数	床	1566	857	1636	1536	1799
各种社会福利收养性单位数	个	33	15	17	21	25
各种社会福利收养性单位床位数	床	1936	1628	1150	1202	1785

2015年县(市)社会经济主要指标

吉林省

指　　标	单 位	梅河口市	集安市	江源区	抚松县	靖宇县
一、基本情况						
行政区域面积	平方公里	2179	3341	1348	6150	3094
乡个数	个	3	2		3	1
镇个数	个	16	9	6	11	7
街道办事处个数	个	5	3	4		
户籍人口	万人	61	22	23	30	14
第二产业从业人员	人	85786	25409	40235	23958	11821
第三产业从业人员	人	45475	26876	27153	66326	30869
固定电话用户	户	97600	45127	20088	64533	10035
二、综合经济						
地区生产总值	万元	3297783	1020839	1529039	1769861	686994
第一产业增加值	万元	253240	95825	73444	235091	73928
农业增加值	万元	145577	76263	38792	188707	48210
牧业增加值	万元	96893	7450	16226	20191	18060
第二产业增加值	万元	1592836	425989	869370	887925	389643
公共财政收入	万元	281120	64395	69308	118518	44451
各项税收	万元	183961	43865	43695	91465	50188
公共财政支出	万元	564271	221748	230927	341206	171551
居民储蓄存款余额	万元	1880487	830100	486855	898656	327667
年末金融机构各项贷款余额	万元	1273163	594134	314883	777109	311559
三、农业、工业及投资						
农业机械总动力	万千瓦特	47	17	8	9	11
机收面积	公顷	40000	2200	1000	200	1170
设施农业占地面积	公顷	700	193	278	403	167
粮食总产量	吨	533000	72586	28000	86500	58997
棉花产量	吨					
油料产量	吨	3	314	292	1142	2322
肉类总产量	吨	46605	5986	5147	5836	6709
规模以上工业企业单位数	个	144	54	71	90	55
规模以上工业总产值	万元	6231057	800986	2875550	3314250	1911420
固定资产投资	万元	2772005	1127435	1386673	1358393	663554
四、教育、卫生和社会保障						
普通中学在校学生数	人	21199	5003	5493	8308	4535
中等职业教育学校在校学生数	人	912	286		741	95
小学在校学生数	人	25649	8299	7034	15569	6151
医疗卫生机构床位数	床	2974	936	1431	2039	520
各种社会福利收养性单位数	个	35	16	12	15	4
各种社会福利收养性单位床位数	床	2273	901	785	691	241

2015年县(市)社会经济主要指标

吉林省

指　　标	单 位	长白朝鲜族自治县	临江市	前郭尔罗斯蒙古族自治县	长岭县	乾安县
一、基本情况						
行政区域面积	平方公里	2498	3009	6979	5728	3617
乡个数	个	1	1	13	10	4
镇个数	个	7	6	9	12	6
街道办事处个数	个		6			
户籍人口	万人	9	17	60	64	28
第二产业从业人员	人	9493	23421	54095	36492	19761
第三产业从业人员	人	18609	36536	89388	80462	53460
固定电话用户	户	22620	25000	225000	62021	33655
二、综合经济						
地区生产总值	万元	386804	978651	3382243	3001048	1980347
第一产业增加值	万元	50438	82071	782727	803515	243100
农业增加值	万元	38137	59314	430699	516843	175393
牧业增加值	万元	5963	10494	318478	279554	60607
第二产业增加值	万元	185903	528991	1152382	1132993	1220113
公共财政收入	万元	40524	62333	108881	55894	67041
各项税收	万元	21926	43390	72150	38607	37000
公共财政支出	万元	158725	252638	377512	345323	198493
居民储蓄存款余额	万元	405380	510752	1537717	652108	487737
年末金融机构各项贷款余额	万元	194513	302673	2762945	1517966	468789
三、农业、工业及投资						
农业机械总动力	万千瓦特	3	9	160	148	107
机收面积	公顷	600	700	270000	204640	121300
设施农业占地面积	公顷	41	135	1000	3600	262
粮食总产量	吨	24060	45000	2072500	1785500	912000
棉花产量	吨					
油料产量	吨	114	887	124443	155454	19567
肉类总产量	吨	1935	4845	106508	74774	22135
规模以上工业企业单位数	个	32	65	138	104	93
规模以上工业总产值	万元	600972	2099423	3782578	3723996	3152292
固定资产投资	万元	581010	940015	2555740	2240069	1780096
四、教育、卫生和社会保障						
普通中学在校学生数	人	4608	5986	23007	21941	9391
中等职业教育学校在校学生数	人		781	873		1098
小学在校学生数	人	3419	5590	33917	36940	12586
医疗卫生机构床位数	床	312	983	1671	1678	1350
各种社会福利收养性单位数	个	11	14	15	23	13
各种社会福利收养性单位床位数	床	301	456	1301	650	542

2015年县(市)社会经济主要指标

吉林省

指　　标	单 位	扶余市	镇赉县	通榆县	洮南市	大安市
一、基本情况						
行政区域面积	平方公里	4654	4717	8496	5031	4879
乡个数	个	5	4	8	10	8
镇个数	个	12	7	8	6	10
街道办事处个数	个				8	5
户籍人口	万人	72	27	37	43	41
第二产业从业人员	人	64955	14716	4323	25027	37038
第三产业从业人员	人	117701	30727	28575	63946	21592
固定电话用户	户	61207	24719	28990	33768	58754
二、综合经济						
地区生产总值	万元	3575094	1355421	1198485	1395378	1418453
第一产业增加值	万元	834495	271274	210296	267752	200809
农业增加值	万元	515706	169027	154004	182277	137681
牧业增加值	万元	292545	76723	47237	73349	46873
第二产业增加值	万元	1324711	616156	420563	631028	801945
公共财政收入	万元	48469	67890	50529	68888	70418
各项税收	万元	27024	38264	28125	37291	51229
公共财政支出	万元	280787	284478	360576	385787	362598
居民储蓄存款余额	万元	827687	496268	408713	574055	742703
年末金融机构各项贷款余额	万元	1267178	1295482	531396	1167922	1155854
三、农业、工业及投资						
农业机械总动力	万千瓦特	143	98	120	94	67
机收面积	公顷	193500	127310	127900	122900	49785
设施农业占地面积	公顷	1075	1697	500	1006	1538
粮食总产量	吨	2125000	1019000	603000	929000	812500
棉花产量	吨					
油料产量	吨	149374	20905	57297	46338	28418
肉类总产量	吨	91860	24040	20209	70867	14807
规模以上工业企业单位数	个	113	59	43	52	72
规模以上工业总产值	万元	3996049	864165	823914	1340000	1622453
固定资产投资	万元	1846397	1327885	1147036	1447478	1175604
四、教育、卫生和社会保障						
普通中学在校学生数	人	24348	10324	13939	14674	7414
中等职业教育学校在校学生数	人	787	74	3265	563	934
小学在校学生数	人	35771	13156	21303	20649	14539
医疗卫生机构床位数	床	862	784	1152	2232	1500
各种社会福利收养性单位数	个	18	12	17	18	19
各种社会福利收养性单位床位数	床	1045	1864	1186	1557	1134

2015年县(市)社会经济主要指标

吉林省

指 标	单 位	延吉市	图们市	敦化市	珲春市	龙井市
一、基本情况						
行政区域面积	平方公里	1748	1143	11957	5184	2208
乡个数	个			5	5	2
镇个数	个	4	4	11	4	5
街道办事处个数	个	6	3	4	4	2
户籍人口	万人	54	12	47	27	17
第二产业从业人员	人	51490	10831	45753	31815	9113
第三产业从业人员	人	296848	27788	104890	24557	20917
固定电话用户	户	199554	23565	81109	61000	29364
二、综合经济						
地区生产总值	万元	3092579	437406	1760677	1423353	389719
第一产业增加值	万元	55417	18427	311491	57503	48876
农业增加值	万元	41282	13704	243225	42510	33270
牧业增加值	万元	11132	3684	33352	9280	13277
第二产业增加值	万元	1283246	248610	831614	1007821	150948
公共财政收入	万元	275383	23593	144531	203771	32913
各项税收	万元	197628	14128	87496	85863	14043
公共财政支出	万元	560096	169159	458801	411329	198141
居民储蓄存款余额	万元	4041695	453611	1586535	1009878	585185
年末金融机构各项贷款余额	万元	3387626	199242	1537950	1068446	244991
三、农业、工业及投资						
农业机械总动力	万千瓦特	15	8	80	36	17
机收面积	公顷	9000	5400	116400	20800	18800
设施农业占地面积	公顷	258	61	235	550	102
粮食总产量	吨	97104	47529	523000	116000	141000
棉花产量	吨					
油料产量	吨	401	131	648	1023	26
肉类总产量	吨	4678	2394	29272	7504	5314
规模以上工业企业单位数	个	75	36	119	100	28
规模以上工业总产值	万元	3404771	793481	3073617	3522842	563481
固定资产投资	万元	2440309	445657	1525147	1340012	455285
四、教育、卫生和社会保障						
普通中学在校学生数	人	22875	2172	9319	7956	2856
中等职业教育学校在校学生数	人	1874	281	1727	538	64
小学在校学生数	人	28632	2814	21199	10509	3669
医疗卫生机构床位数	床	4289	476	2241	1080	652
各种社会福利收养性单位数	个	54	5	17	22	20
各种社会福利收养性单位床位数	床	3000	1320	2286	1156	1040

2015年县(市)社会经济主要指标

吉林省、黑龙江省

指　　标	单 位	和龙市	汪清县	安图县	呼兰区	阿城区
一、基本情况						
行政区域面积	平方公里	5069	8918	7444	2229	2452
乡个数	个		1	2	3	
镇个数	个	8	8	7	7	7
街道办事处个数	个	3	3		10	12
户籍人口	万人	18	23	21	62	56
第二产业从业人员	人	11146	18888	9685	31965	54685
第三产业从业人员	人	38219	41963	21740	72896	76802
固定电话用户	户	26724	35000	37826	70246	88000
二、综合经济						
地区生产总值	万元	556015	664787	681492	3252502	2912777
第一产业增加值	万元	63242	118253	79288	662889	366663
农业增加值	万元	44961	93129	63209	304631	241197
牧业增加值	万元	6520	4690	7932	336413	111449
第二产业增加值	万元	336082	310938	237739	1303007	751075
公共财政收入	万元	47315	65941	48127	146185	77057
各项税收	万元	20876	36660	18920	140781	31589
公共财政支出	万元	224817	265053	196132	304645	132514
居民储蓄存款余额	万元	475084	711637	717725	1577252	1491149
年末金融机构各项贷款余额	万元	427332	407587	630101	1093620	706775
三、农业、工业及投资						
农业机械总动力	万千瓦特	18	40	27	58	47
机收面积	公顷	19300	32500	14500	6324	50400
设施农业占地面积	公顷	62	143	172	1331	446
粮食总产量	吨	132000	255000	115500		
棉花产量	吨					
油料产量	吨	85	5	3199		33
肉类总产量	吨	7351	6674	6366	115496	43767
规模以上工业企业单位数	个	27	53	30	60	52
规模以上工业总产值	万元	870348	95007	533574	1276707	393181
固定资产投资	万元	565508	714243	691208	1980060	3164912
四、教育、卫生和社会保障						
普通中学在校学生数	人	2143	5358	3947	20052	20378
中等职业教育学校在校学生数	人	92	767	784	431	825
小学在校学生数	人	4092	7940	8535	31118	24464
医疗卫生机构床位数	床	841	879	867	4322	1903
各种社会福利收养性单位数	个	11	9	12	29	3
各种社会福利收养性单位床位数	床	625	416	1111	2805	1210

2015年县(市)社会经济主要指标

黑龙江省

指　　标	单 位	双城区	依兰县	方正县	宾县	巴彦县
一、基本情况						
行政区域面积	平方公里	3112	4616	2976	3845	3139
乡个数	个	12	3	4	5	8
镇个数	个	12	6	4	12	10
街道办事处个数	个		4			
户籍人口	万人	79	39	23	58	68
第二产业从业人员	人	85016	15122	9941	47684	93334
第三产业从业人员	人	139218	22845	12625	96456	118518
固定电话用户	户	90086	42026	31576	48012	79089
二、综合经济						
地区生产总值	万元	5230558	1762829	664191	2870167	1817097
第一产业增加值	万元	1399516	488492	212488	493729	569278
农业增加值	万元	750576	372125	150786	152762	304153
牧业增加值	万元	629792	97300	38818	312442	238701
第二产业增加值	万元	1278243	585548	203226	1034830	340805
公共财政收入	万元	178932	55016	32856	77950	33550
各项税收	万元	155173	34210	18835	59125	24855
公共财政支出	万元	399393	244153	174205	333389	316629
居民储蓄存款余额	万元	1316502	654981	581550	888197	884371
年末金融机构各项贷款余额	万元	1302900	473256	309253	1275804	637027
三、农业、工业及投资						
农业机械总动力	万千瓦特	97	57	76	77	136
机收面积	公顷	136400	201527	68000	166667	172000
设施农业占地面积	公顷	9380	1852	3964	897	9534
粮食总产量	吨					
棉花产量	吨					
油料产量	吨	13341	112	1824	785	
肉类总产量	吨	146407	38191	25808	106010	125801
规模以上工业企业单位数	个	161	52	49	84	36
规模以上工业总产值	万元	3407679	1000596	508291	3606715	888272
固定资产投资	万元	2763571	800881	300368	1646422	1763178
四、教育、卫生和社会保障						
普通中学在校学生数	人	26604	8475	8708	19950	17712
中等职业教育学校在校学生数	人	544	252	256	1682	27
小学在校学生数	人	48375	16876	9730	30625	26707
医疗卫生机构床位数	床	1592	1117	999	1787	1663
各种社会福利收养性单位数	个	19	2	6	20	10
各种社会福利收养性单位床位数	床	2262	598	1120	2979	1600

2015年县(市)社会经济主要指标

黑龙江省

指　　标	单 位	木兰县	通河县	延寿县	尚志市	五常市
一、基本情况						
行政区域面积	平方公里	3600	5676	3150	8891	7512
乡个数	个	2	2	4	7	12
镇个数	个	6	6	5	10	12
街道办事处个数	个			4		
户籍人口	万人	26	25	25	58	92
第二产业从业人员	人	6909	16237	11217	59442	112856
第三产业从业人员	人	29627	17962	31744	135273	120614
固定电话用户	户	6532	35089	35891	76648	121570
二、综合经济						
地区生产总值	万元	764927	677645	749173	2206742	3882535
第一产业增加值	万元	240496	217700	244795	571124	1001056
农业增加值	万元	168237	156531	197737	423788	716845
牧业增加值	万元	62280	45660	29995	116261	205737
第二产业增加值	万元	98327	122352	193434	633105	1164948
公共财政收入	万元	18700	27206	42061	56504	87177
各项税收	万元	12351	19600	35350	37746	79839
公共财政支出	万元	191331	165388	184332	304964	455543
居民储蓄存款余额	万元	356882	428870	393228	1297003	1521878
年末金融机构各项贷款余额	万元	255833	632414	257968	672554	1091117
三、农业、工业及投资						
农业机械总动力	万千瓦特	72	89	45	72	141
机收面积	公顷	84067	114933	79994	116773	272400
设施农业占地面积	公顷	209	162	694	617	2478
粮食总产量	吨					
棉花产量	吨					
油料产量	吨	122		91	8624	
肉类总产量	吨	40184	47904	41648	44346	96777
规模以上工业企业单位数	个	28	32	45	129	217
规模以上工业总产值	万元	108066	176688	427042	1641371	4648124
固定资产投资	万元	359423	347604	607922	1036197	2170817
四、教育、卫生和社会保障						
普通中学在校学生数	人	7650	12587	7238	19278	18621
中等职业教育学校在校学生数	人	463	328	308	576	1496
小学在校学生数	人	11931	15889	10695	21388	38026
医疗卫生机构床位数	床	684	895	790	2083	2910
各种社会福利收养性单位数	个	5	5	7	13	60
各种社会福利收养性单位床位数	床	460	699	951	1112	4809

2015年县(市)社会经济主要指标

黑龙江省

指　　标	单 位	龙江县	依安县	泰来县	甘南县	富裕县
一、基本情况						
行政区域面积	平方公里	5887	3678	3917	4792	4060
乡个数	个	6	9	2	5	4
镇个数	个	8	6	8	5	6
街道办事处个数	个					
户籍人口	万人	60	49	31	33	30
第二产业从业人员	人	47630	33339	14317	7781	32548
第三产业从业人员	人	98640	43680	46075	30785	45350
固定电话用户	户	40236	8305	26606	25493	48270
二、综合经济						
地区生产总值	万元	925876	735240	505704	535193	666572
第一产业增加值	万元	403106	311993	206868	238588	317678
农业增加值	万元	251439	188412	116524	148126	184133
牧业增加值	万元	142204	107103	76685	83213	124184
第二产业增加值	万元	282952	238870	136360	142515	179452
公共财政收入	万元	45395	36254	27035	37123	38931
各项税收	万元	58859	22590	34108	49373	44518
公共财政支出	万元	347053	128735	212311	252024	211156
居民储蓄存款余额	万元	581237	546176	375450	563339	508353
年末金融机构各项贷款余额	万元	613801	973738	319199	739827	272765
三、农业、工业及投资						
农业机械总动力	万千瓦特	172	60	77	72	50
机收面积	公顷	266660	214358	140812	157333	149048
设施农业占地面积	公顷	52	152	127	79	615
粮食总产量	吨					
棉花产量	吨					
油料产量	吨	640	500	5598	398	
肉类总产量	吨	87088	73609	40462	59737	23584
规模以上工业企业单位数	个	16	26	18	17	18
规模以上工业总产值	万元	671325	723110	235442	583000	306553
固定资产投资	万元	812229	630491	937358	155054	600381
四、教育、卫生和社会保障						
普通中学在校学生数	人	21399	11127	12114	7233	9267
中等职业教育学校在校学生数	人	4646	572	1117	534	550
小学在校学生数	人	29193	15926	12932	19446	13370
医疗卫生机构床位数	床	1784	971	856	893	1586
各种社会福利收养性单位数	个	6	9	12	8	4
各种社会福利收养性单位床位数	床	1358	1371	1723	1103	790

2015年县(市)社会经济主要指标

黑龙江省

指标	单位	克山县	克东县	拜泉县	讷河市	鸡东县
一、基本情况						
行政区域面积	平方公里	3320	2083	3599	6660	3243
乡个数	个	8	2	9	4	3
镇个数	个	7	5	7	11	8
街道办事处个数	个			6	2	
户籍人口	万人	46	29	57	71	27
第二产业从业人员	人	62313	53894	32101	49224	3851
第三产业从业人员	人	83996	51597	16059	62727	10141
固定电话用户	户	45772	3650	45298	42597	58436
二、综合经济						
地区生产总值	万元	730253	393612	931021	1104870	885319
第一产业增加值	万元	271651	140270	338263	374959	337260
农业增加值	万元	177967	81621	200223	193484	217678
牧业增加值	万元	84360	52577	120357	163711	83086
第二产业增加值	万元	191263	174837	294205	327267	226788
公共财政收入	万元	19746	30294	24501	44182	20376
各项税收	万元	30487	56603	13659	60161	12547
公共财政支出	万元	271280	208217	275326	338445	178254
居民储蓄存款余额	万元	641567	354515	500174	905122	660081
年末金融机构各项贷款余额	万元	402200	291821	350171	1687826	290630
三、农业、工业及投资						
农业机械总动力	万千瓦特	63	55	69	111	49
机收面积	公顷	201803	94867	194973	331827	81875
设施农业占地面积	公顷	133	61	10	167	270
粮食总产量	吨					
棉花产量	吨					
油料产量	吨			138	1226	1243
肉类总产量	吨	47267	8329	85220	78298	39305
规模以上工业企业单位数	个	15	14	19	35	60
规模以上工业总产值	万元	580003	673978	617517	865604	166389
固定资产投资	万元	601749	460468	479384	861468	235330
四、教育、卫生和社会保障						
普通中学在校学生数	人	11662	8819	8159	13670	11114
中等职业教育学校在校学生数	人	3371	890		5370	426
小学在校学生数	人	14096	10285	17835	27096	8842
医疗卫生机构床位数	床	1605	1024	1205	1541	1307
各种社会福利收养性单位数	个	6	6	16	5	10
各种社会福利收养性单位床位数	床	400	1069	1603	3765	1344

2015年县(市)社会经济主要指标

黑龙江省

指　　标	单 位	虎林市	密山市	萝北县	绥滨县	集贤县
一、基本情况						
行政区域面积	平方公里	9334	7731	2077	3344	2258
乡个数	个	4	8	2	6	3
镇个数	个	7	8	6	3	5
街道办事处个数	个	1	1		4	
户籍人口	万人	16	35	9	13	29
第二产业从业人员	人	4289	12091	3636	10648	20241
第三产业从业人员	人	13191	65308	24223	13328	36687
固定电话用户	户	41700	35230	12462	10021	37396
二、综合经济						
地区生产总值	万元	658282	938662	369705	242386	649382
第一产业增加值	万元	340748	323827	98127	114439	184562
农业增加值	万元	262173	209180	68979	95415	130036
牧业增加值	万元	38466	89637	22681	15365	50004
第二产业增加值	万元	89705	195242	76000	16711	151624
公共财政收入	万元	50007	40150	35381	13062	19960
各项税收	万元	38045	24457	25249	18153	15377
公共财政支出	万元	217781	253118	166347	75965	184840
居民储蓄存款余额	万元	1266956	1369252	687827	463800	730533
年末金融机构各项贷款余额	万元	1780826	641828	2677738	241100	782542
三、农业、工业及投资						
农业机械总动力	万千瓦特	85	77	30	58	59
机收面积	公顷	165580	154787	74205	91086	119682
设施农业占地面积	公顷	312	309	37	871	476
粮食总产量	吨					
棉花产量	吨					
油料产量	吨	340	658	254	196	1997
肉类总产量	吨	13994	49699	17962	7496	39364
规模以上工业企业单位数	个	23	21	17	8	25
规模以上工业总产值	万元	433328	231202	140857	41282	332820
固定资产投资	万元	379016	384672	127938	117449	170166
四、教育、卫生和社会保障						
普通中学在校学生数	人	8279	15411	3186	3349	12626
中等职业教育学校在校学生数	人	266	898	121	132	108
小学在校学生数	人	6273	12322	3484	5611	12869
医疗卫生机构床位数	床	1056	1996	400	398	1091
各种社会福利收养性单位数	个	2	25	1	2	9
各种社会福利收养性单位床位数	床	490	1954	125	260	803

2015年县(市)社会经济主要指标

黑龙江省

指　　标	单 位	友谊县	宝清县	饶河县	肇州县	肇源县
一、基本情况						
行政区域面积	平方公里	1647	10001	6765	2446	4120
乡个数	个		4	5	6	8
镇个数	个		6	4	6	8
街道办事处个数	个					
户籍人口	万人	4	31	7	44	45
第二产业从业人员	人		16689	2641	5291	3395
第三产业从业人员	人		20035	6417	17513	12138
固定电话用户	户	10018	54101	17908	40724	47867
二、综合经济						
地区生产总值	万元	98256	834600	188814	2146226	1659586
第一产业增加值	万元	9867	408996	125758	440959	401973
农业增加值	万元	3231	251094	70744	175738	189150
牧业增加值	万元	6636	138824	49742	260242	189372
第二产业增加值	万元	45326	132230	16444	1079264	851896
公共财政收入	万元	21038	42163	10224	48830	41959
各项税收	万元	11209	22503	6393	38360	32867
公共财政支出	万元	73567	232575	125407	105707	108061
居民储蓄存款余额	万元	533045	740031	376549	586648	619223
年末金融机构各项贷款余额	万元	252176	855412	212547	805738	319065
三、农业、工业及投资						
农业机械总动力	万千瓦特		80	40	65	50
机收面积	公顷		162175	87936	107974	133334
设施农业占地面积	公顷		3925	64	914	1111
粮食总产量	吨					
棉花产量	吨					
油料产量	吨		1038	3230	5205	17201
肉类总产量	吨	2941	58906	4353	93498	100347
规模以上工业企业单位数	个	12	40	6	55	62
规模以上工业总产值	万元	220551	514175	43671	3718402	1765512
固定资产投资	万元	56313	378822	89207	270537	308538
四、教育、卫生和社会保障						
普通中学在校学生数	人	2578	11721	3378	17938	18806
中等职业教育学校在校学生数	人		3049	282	68	112
小学在校学生数	人	3067	16010	3716	16520	18220
医疗卫生机构床位数	床	1123	1360	470	1061	1006
各种社会福利收养性单位数	个	9	7	2	10	10
各种社会福利收养性单位床位数	床	735	1090	120	1449	1028

2015年县(市)社会经济主要指标

黑龙江省

指　　标	单 位	林甸县	杜尔伯特蒙古族自治县	嘉荫县	铁力市	桦南县
一、基本情况						
行政区域面积	平方公里	3504	6054	6739	6443	4417
乡个数	个	3	6	6	3	4
镇个数	个	5	5	3	4	6
街道办事处个数	个					10
户籍人口	万人	26	24	7	37	42
第二产业从业人员	人	1884	1489	2817	2239	24386
第三产业从业人员	人	8173	9560	4824	7775	17336
固定电话用户	户	15700	58232	8259	24000	39920
二、综合经济						
地区生产总值	万元	521177	1031745	256063	740029	1139649
第一产业增加值	万元	179789	330058	155913	378099	477085
农业增加值	万元	97689	83033	117573	238600	272081
牧业增加值	万元	71028	232905	19907	105188	168580
第二产业增加值	万元	197226	461744	24857	125810	305871
公共财政收入	万元	37130	42591	13777	27238	33855
各项税收	万元	29969	32119	6248	29673	22781
公共财政支出	万元	89351	99274	95024	186658	286284
居民储蓄存款余额	万元	445627	421808	217952	994546	504122
年末金融机构各项贷款余额	万元	1237351	365068	135405	413430	251113
三、农业、工业及投资						
农业机械总动力	万千瓦特	93	77	17	37	40
机收面积	公顷	108333	94667	70000	83323	23160
设施农业占地面积	公顷	573	572	26	146	392
粮食总产量	吨					
棉花产量	吨					
油料产量	吨	411	5106		5	2025
肉类总产量	吨	53486	39029	4989	67666	102712
规模以上工业企业单位数	个	4	27	4	31	50
规模以上工业总产值	万元	123329	759849	11397	249646	1026076
固定资产投资	万元	175447	196665	91234	195596	962532
四、教育、卫生和社会保障						
普通中学在校学生数	人	8525	12536	1429	11544	25125
中等职业教育学校在校学生数	人	352	131	360	147	
小学在校学生数	人	12153	10625	3927	10210	33629
医疗卫生机构床位数	床	674	745	478	1365	1320
各种社会福利收养性单位数	个	12	4	3	31	24
各种社会福利收养性单位床位数	床	1287	300	516	2145	960

2015年县(市)社会经济主要指标

黑龙江省

指　　标	单 位	桦川县	汤原县	抚远县	同江市	富锦市
一、基本情况						
行政区域面积	平方公里	2268	3420	6047	6229	8224
乡个数	个	4	6	5	4	
镇个数	个	5	4	4	6	10
街道办事处个数	个	10	1		9	3
户籍人口	万人	23	25	9	11	38
第二产业从业人员	人	5829	9526	5109	4947	10494
第三产业从业人员	人	7436	23249	32685	19118	43557
固定电话用户	户	31881	14681	9332	32421	39200
二、综合经济						
地区生产总值	万元	419997	794333	300078	468697	1533301
第一产业增加值	万元	129255	354132	183429	196622	717681
农业增加值	万元	83437	238652	141416	160126	575645
牧业增加值	万元	35167	103141	14841	26183	125746
第二产业增加值	万元	181678	239826	28171	78748	302986
公共财政收入	万元	22718	22129	20688	24389	50239
各项税收	万元	16052	28451	11647	18817	33572
公共财政支出	万元	169331	197601	196079	195901	381428
居民储蓄存款余额	万元	345329	474646	314139	350244	954098
年末金融机构各项贷款余额	万元	1417022	442631	220216	669671	782367
三、农业、工业及投资						
农业机械总动力	万千瓦特	64	51	66	56	118
机收面积	公顷	126150	108872	156318	148941	350440
设施农业占地面积	公顷	21	110	125	180	108
粮食总产量	吨					
棉花产量	吨					
油料产量	吨	85	218		39	529
肉类总产量	吨	57959	81089	5706	17889	89889
规模以上工业企业单位数	个	44	34	5	29	56
规模以上工业总产值	万元	1031192	685721	53161	30036	618064
固定资产投资	万元	496692	609950	223105	677364	845098
四、教育、卫生和社会保障						
普通中学在校学生数	人	12420	8299	1605	3410	15385
中等职业教育学校在校学生数	人	1031	391	182	427	1269
小学在校学生数	人	13520	7403	3593	7165	19773
医疗卫生机构床位数	床	440	788	188	406	1025
各种社会福利收养性单位数	个	10	9	1	7	24
各种社会福利收养性单位床位数	床	350	675	30	445	2074

2015年县(市)社会经济主要指标

黑龙江省

指　　标	单 位	勃利县	东宁县	林口县	绥芬河市	海林市
一、基本情况						
行政区域面积	平方公里	2576	7117	6638	422	8816
乡个数	个	5		2		
镇个数	个	5	6	9	2	8
街道办事处个数	个	5	1	1		1
户籍人口	万人	30	21	35	7	39
第二产业从业人员	人	12136	17798	31431	1171	51686
第三产业从业人员	人	10980	40610	96553	8875	58250
固定电话用户	户	63147	50359	43710	19288	56857
二、综合经济						
地区生产总值	万元	525716	1618503	1026855	1321161	2076783
第一产业增加值	万元	172480	367429	389313	10053	409364
农业增加值	万元	101099	351951	335236	6767	379080
牧业增加值	万元	59263	11635	49301	3041	24185
第二产业增加值	万元	120200	430568	331608	147655	973985
公共财政收入	万元	22337	50877	41433	44522	62123
各项税收	万元	32048	56080	34173	64412	150209
公共财政支出	万元	194445	215885	239615	194806	254393
居民储蓄存款余额	万元	590117	805145	611396	854957	982057
年末金融机构各项贷款余额	万元	730867	517680	304693	724556	381651
三、农业、工业及投资						
农业机械总动力	万千瓦特	43	52	52	4	39
机收面积	公顷	46540	38133	129533	2873	46600
设施农业占地面积	公顷	1045	2239	2361	26	768
粮食总产量	吨					
棉花产量	吨					
油料产量	吨	631	14227	29139	499	3620
肉类总产量	吨	24244	8021	24973	2749	14512
规模以上工业企业单位数	个	29	31	50	17	98
规模以上工业总产值	万元	169681	387261	865514	173165	2430659
固定资产投资	万元	220270	1053733	612378	900045	2169006
四、教育、卫生和社会保障						
普通中学在校学生数	人	10385	7951	10067	5935	4860
中等职业教育学校在校学生数	人	322	2369	371	1202	827
小学在校学生数	人	12950	8860	12563	7647	9423
医疗卫生机构床位数	床	627	784	1042	758	1590
各种社会福利收养性单位数	个	3	6	9	1	8
各种社会福利收养性单位床位数	床	680	442	1310	560	799

2015年县(市)社会经济主要指标

黑龙江省

指　　标	单 位	宁安市	穆棱市	嫩江县	逊克县	孙吴县
一、基本情况						
行政区域面积	平方公里	7227	6247	15109	17344	4319
乡个数	个	5	2	6	6	9
镇个数	个	7	6	8	3	2
街道办事处个数	个	1	1		1	1
户籍人口	万人	43	29	34	8	10
第二产业从业人员	人	56028	63691	30786	1776	2828
第三产业从业人员	人	73319	65384	43995	6035	12943
固定电话用户	户	58337	50281	46545	9986	8614
二、综合经济						
地区生产总值	万元	1981550	1820925	1621650	219577	113812
第一产业增加值	万元	561718	305714	614359	127795	54307
农业增加值	万元	450754	239192	534600	110543	42902
牧业增加值	万元	99761	61469	72250	10542	8771
第二产业增加值	万元	740994	914779	281621	32306	17839
公共财政收入	万元	48948	64228	61906	27031	12487
各项税收	万元	28842	137385	29078	7523	7032
公共财政支出	万元	286076	288501	314626	150300	133236
居民储蓄存款余额	万元	940050	558614	790931	291596	232251
年末金融机构各项贷款余额	万元	433152	304124	1229119	163760	185484
三、农业、工业及投资						
农业机械总动力	万千瓦特	88	29	86	47	44
机收面积	公顷	153787	86000	420667	159467	117362
设施农业占地面积	公顷	1808	629	24	83	60
粮食总产量	吨					
棉花产量	吨					
油料产量	吨	1458	27826	61	311	200
肉类总产量	吨	90152	36489	65660	7565	5967
规模以上工业企业单位数	个	93	97	21	6	4
规模以上工业总产值	万元	1706913	2807624	381449	68076	22555
固定资产投资	万元	1894996	1764638	608762	139673	113931
四、教育、卫生和社会保障						
普通中学在校学生数	人	7388	7900	12539	3132	3228
中等职业教育学校在校学生数	人	860	1855	752	339	352
小学在校学生数	人	14245	11418	20912	3699	5120
医疗卫生机构床位数	床	1514	850	860	377	243
各种社会福利收养性单位数	个	19	7	2	4	1
各种社会福利收养性单位床位数	床	1845	813	350	268	150

2015年县(市)社会经济主要指标

黑龙江省

指　　标	单 位	北安市	五大连池市	望奎县	兰西县	青冈县
一、基本情况						
行政区域面积	平方公里	7194	9874	2316	2499	2685
乡个数	个	4	5	6	9	5
镇个数	个	5	6	9	6	10
街道办事处个数	个	6	1			4
户籍人口	万人	38	36	46	50	51
第二产业从业人员	人	27817	31932	18209	41817	20089
第三产业从业人员	人	90010	34692	21324	48714	36452
固定电话用户	户	30000	28807	48000	56049	38560
二、综合经济						
地区生产总值	万元	875392	601844	735512	592821	575468
第一产业增加值	万元	219846	359230	390477	284449	286882
农业增加值	万元	182374	220479	142411	212740	147582
牧业增加值	万元	30836	33917	246521	65380	129773
第二产业增加值	万元	213271	58568	221888	176610	199748
公共财政收入	万元	62100	29121	34275	24580	19910
各项税收	万元	27089	16303	19540	16103	13348
公共财政支出	万元	336428	263572	254325	249413	273964
居民储蓄存款余额	万元	977970	782165	579913	532743	502644
年末金融机构各项贷款余额	万元	2109176	396951	260856	294411	285413
三、农业、工业及投资						
农业机械总动力	万千瓦特	42	40	36	47	63
机收面积	公顷	175600	250422	150667	132533	134500
设施农业占地面积	公顷	261	27	120	262	357
粮食总产量	吨					
棉花产量	吨					
油料产量	吨		127	254		49
肉类总产量	吨	8633	17887	125811	50644	70171
规模以上工业企业单位数	个	27	9	31	25	18
规模以上工业总产值	万元	425017	83053	754418	457406	515168
固定资产投资	万元	691420	385860	798982	456028	288884
四、教育、卫生和社会保障						
普通中学在校学生数	人	6762	7528	12403	18457	19062
中等职业教育学校在校学生数	人	910	1036	52		72
小学在校学生数	人	12862	8649	15177	16007	14608
医疗卫生机构床位数	床	2851	1594	1032	1062	1250
各种社会福利收养性单位数	个	9	3	5	2	4
各种社会福利收养性单位床位数	床	2799	904	1932	2000	1836

2015年县(市)社会经济主要指标

黑龙江省

指　　标	单 位	庆安县	明水县	绥棱县	安达市	肇东市
一、基本情况						
行政区域面积	平方公里	5469	2308	4238	3586	4332
乡个数	个	8	7	6	3	10
镇个数	个	6	5	5	11	11
街道办事处个数	个	4	2		4	4
户籍人口	万人	38	35	31	47	91
第二产业从业人员	人	34876	28343	8443	8440	20647
第三产业从业人员	人	36589	21487	33851	16046	23056
固定电话用户	户	89998	36907	33121	34100	102568
二、综合经济						
地区生产总值	万元	810646	609605	719681	3281711	4155504
第一产业增加值	万元	335555	308519	404531	593675	1042114
农业增加值	万元	233168	212426	292349	238971	381133
牧业增加值	万元	78745	86879	88606	339417	635489
第二产业增加值	万元	246802	220527	158870	1592169	1796854
公共财政收入	万元	32184	20979	19408	110580	199989
各项税收	万元	14568	13456	12499	64570	154228
公共财政支出	万元	255206	206867	224573	356327	446476
居民储蓄存款余额	万元	668839	287313	579883	940243	1512634
年末金融机构各项贷款余额	万元	439452	210011	515260	476325	1638235
三、农业、工业及投资						
农业机械总动力	万千瓦特	51	24	53	53	58
机收面积	公顷	158680	109930	132038	122973	83269
设施农业占地面积	公顷	784	500	924	655	415
粮食总产量	吨					
棉花产量	吨					
油料产量	吨				102	470
肉类总产量	吨	42769	33589	30984	61762	213252
规模以上工业企业单位数	个	26	13	25	61	79
规模以上工业总产值	万元	545309	323453	323490	2116201	2718052
固定资产投资	万元	486532	154050	251038	1400012	1630483
四、教育、卫生和社会保障						
普通中学在校学生数	人	15277	13956	9433	15882	37059
中等职业教育学校在校学生数	人	449		1630	258	2158
小学在校学生数	人	16402	11196	9691	20266	32559
医疗卫生机构床位数	床	845	741	839	1771	2118
各种社会福利收养性单位数	个	5	15	2	13	30
各种社会福利收养性单位床位数	床	650	879	450	2001	2565

2015年县(市)社会经济主要指标

黑龙江省、上海市

指　标	单 位	海伦市	呼玛县	塔河县	漠河县	奉贤区
一、基本情况						
行政区域面积	平方公里	4667	14335	14059	18428	720
乡个数	个	15	6	3		
镇个数	个	8	2	4	6	8
街道办事处个数	个			11		
户籍人口	万人	78	5	8	8	53
第二产业从业人员	人	50684	1938	3354	2734	207303
第三产业从业人员	人	49476	7792	3415	6943	32529
固定电话用户	户	131243	7050	43167	12780	226400
二、综合经济						
地区生产总值	万元	1239662	153172	202366	291107	6858429
第一产业增加值	万元	708125	96758	122235	131550	164196
农业增加值	万元	534168	74415	21714	44142	95554
牧业增加值	万元	161980	8102	7171	19339	39344
第二产业增加值	万元	334378	12266	13764	34150	3861881
公共财政收入	万元	40687	8683	11435	24602	848945
各项税收	万元	41024	4620	6532	36793	2477173
公共财政支出	万元	385474	97477	68003	87718	1229112
居民储蓄存款余额	万元	888724	157933	335950	277889	6560980
年末金融机构各项贷款余额	万元	1237282	63733	63564	238410	9388400
三、农业、工业及投资						
农业机械总动力	万千瓦特	66	24	2	3	10
机收面积	公顷	234000	68707	7264	2845	14669
设施农业占地面积	公顷	1133	14	80	72	1890
粮食总产量	吨					103039
棉花产量	吨					
油料产量	吨					1143
肉类总产量	吨	115455	2222	3634	3891	37434
规模以上工业企业单位数	个	36	3	5	8	1075
规模以上工业总产值	万元	853854	8014	14719	45892	15070702
固定资产投资	万元	539887	69163	83410	205685	2919948
四、教育、卫生和社会保障						
普通中学在校学生数	人	19407	1839	1324	2894	27621
中等职业教育学校在校学生数	人	65	18	292	542	5059
小学在校学生数	人	23668	1900	1914	640	40728
医疗卫生机构床位数	床	1246	204	530	408	5306
各种社会福利收养性单位数	个	5	3	1	3	30
各种社会福利收养性单位床位数	床	3801	200	60	217	5377

2015年县(市)社会经济主要指标

上海市、江苏省

指　　标	单 位	崇明县	浦口区	江宁区	六合区	溧水区
一、基本情况						
行政区域面积	平方公里	1411	911	1563	1471	1064
乡个数	个	2				
镇个数	个	16			1	6
街道办事处个数	个		9	10	11	2
户籍人口	万人	67	64	99	90	43
第二产业从业人员	人	151374	180600	342300	234700	162500
第三产业从业人员	人	91504	210800	331800	193200	110400
固定电话用户	户	204433	166320	350250	94893	81715
二、综合经济						
地区生产总值	万元	2912158	8223003	16525162	9510380	6039400
第一产业增加值	万元	221930	377503	560762	561580	362400
农业增加值	万元	124800	239516	365239	418034	261200
牧业增加值	万元	38330	42098	41695	41082	26200
第二产业增加值	万元	1307410	4277000	8624200	5549800	3112900
公共财政收入	万元	847759	936806	1917320	829228	464041
各项税收	万元	1243790	1193954	3620238	2115489	642203
公共财政支出	万元	1633890	805967	1762151	752006	569718
居民储蓄存款余额	万元	4271640				
年末金融机构各项贷款余额	万元	4918684	6471045	10765274	6092399	3000143
三、农业、工业及投资						
农业机械总动力	万千瓦特	24	26	51	57	32
机收面积	公顷	31017	14123	27871	44870	41283
设施农业占地面积	公顷	982	7055	11287	12583	11000
粮食总产量	吨	253369	113862	234166	348211	254297
棉花产量	吨	301	336	1354	552	856
油料产量	吨	4902	9986	19818	32654	19241
肉类总产量	吨	32498	25679	16368	27405	18156
规模以上工业企业单位数	个	125	343	669	502	489
规模以上工业总产值	万元	3391126	14196560	29160672	14636895	10047880
固定资产投资	万元	1356322	9301723	8840380	6193644	5060256
四、教育、卫生和社会保障						
普通中学在校学生数	人	17096	17814	34559	27230	14146
中等职业教育学校在校学生数	人	5107	4753	12391	2948	2465
小学在校学生数	人	17900	36200	63881	41745	21439
医疗卫生机构床位数	床	3096	2266	5663	3572	1531
各种社会福利收养性单位数	个	52	24	34	31	11
各种社会福利收养性单位床位数	床	8191	3516	6142	3962	3471

2015年县(市)社会经济主要指标

江苏省

指　　标	单 位	高淳区	锡山区	江阴市	宜兴市	铜山区
一、基本情况						
行政区域面积	平方公里	790	399	987	1997	1871
乡个数	个					
镇个数	个	6	4	10	13	18
街道办事处个数	个	2	5	5	5	11
户籍人口	万人	44	44	124	108	131
第二产业从业人员	人	165800	305600	622000	410900	213000
第三产业从业人员	人	89800	133100	325600	245300	211600
固定电话用户	户	69225		380352	294153	133088
二、综合经济						
地区生产总值	万元	5644957	6503500	28808600	12856600	9004200
第一产业增加值	万元	380457	179500	462800	503400	730700
农业增加值	万元	179857	120900	265500	339500	527700
牧业增加值	万元	26434	16200	90900	34000	159400
第二产业增加值	万元	2818200	3398400	15844200	6590500	4757400
公共财政收入	万元	300432	662355	2189154	1025002	771999
各项税收	万元	465382	1063570	3634678	1525581	827005
公共财政支出	万元	456971	610917	2053514	1091081	1077401
居民储蓄存款余额	万元			10275065	9098278	
年末金融机构各项贷款余额	万元	2841445		23961714	13730570	
三、农业、工业及投资						
农业机械总动力	万千瓦特	53	10	26	54	103
机收面积	公顷	22166	7893	23677	61900	113850
设施农业占地面积	公顷	7558	3467	6667	10237	28455
粮食总产量	吨	155982	61486	176488	455574	793176
棉花产量	吨	739				4650
油料产量	吨	25382	183	2795	5638	5114
肉类总产量	吨	15979	3393	39975	27808	104104
规模以上工业企业单位数	个	323	649	1368	897	409
规模以上工业总产值	万元	8688658	11717103	57449619	27791828	32108452
固定资产投资	万元	4341158	6404893	11285875	6635525	6755075
四、教育、卫生和社会保障						
普通中学在校学生数	人	13989	21618	54657	41716	41243
中等职业教育学校在校学生数	人	2694	2455	12322	8382	13748
小学在校学生数	人	20034	37543	92329	60418	115697
医疗卫生机构床位数	床	1715	2076	7829	5330	2957
各种社会福利收养性单位数	个	13	14	26	29	67
各种社会福利收养性单位床位数	床	3950	2809	8186	9080	8408

2015年县(市)社会经济主要指标

江苏省

指　　标	单 位	丰县	沛县	睢宁县	新沂市	邳州市
一、基本情况						
行政区域面积	平方公里	1450	1806	1769	1592	2085
乡个数	个					
镇个数	个	12	13	16	13	21
街道办事处个数	个	3	4		4	4
户籍人口	万人	121	131	144	113	188
第二产业从业人员	人	157500	239700	227900	151700	226600
第三产业从业人员	人	144900	187300	201100	155700	230100
固定电话用户	户	82152	113449	128151	100704	130520
二、综合经济						
地区生产总值	万元	3703300	6058400	4518900	5076300	7317100
第一产业增加值	万元	695300	855900	775100	619300	1045900
农业增加值	万元	525100	578000	552600	367100	802800
牧业增加值	万元	160500	249100	186400	153800	170300
第二产业增加值	万元	1603200	2779100	1927200	2123600	3135900
公共财政收入	万元	430912	593024	436818	513316	623846
各项税收	万元	455383	609489	507206	506822	640469
公共财政支出	万元	747200	923535	788948	825003	1034275
居民储蓄存款余额	万元	2251179	2893774	2516866	1926070	
年末金融机构各项贷款余额	万元	1474972	1873874	1926127	2218496	3195690
三、农业、工业及投资						
农业机械总动力	万千瓦特	82	100	118	105	117
机收面积	公顷	75350	86850	136627	95720	119149
设施农业占地面积	公顷	16680	25040	18605	20667	19054
粮食总产量	吨	529939	616283	920329	659516	806364
棉花产量	吨	15818	1697	1074		1701
油料产量	吨	5061	2803	20369	62640	14158
肉类总产量	吨	167216	194008	141711	129308	206783
规模以上工业企业单位数	个	312	467	323	485	524
规模以上工业总产值	万元	6169095	15210916	9227897	15992491	22251006
固定资产投资	万元	2158322	4870889	2697732	4736939	6526898
四、教育、卫生和社会保障						
普通中学在校学生数	人	41830	35845	50522	31345	68993
中等职业教育学校在校学生数	人	7386	12528	6386	5923	18647
小学在校学生数	人	85150	100185	94423	114163	181920
医疗卫生机构床位数	床	3980	4477	3879	3134	5378
各种社会福利收养性单位数	个	20	27	23	26	25
各种社会福利收养性单位床位数	床	4280	5860	4700	4088	5617

2015年县(市)社会经济主要指标

江苏省

指　　标	单 位	武进区	金坛区	溧阳市	吴中区	吴江区
一、基本情况						
行政区域面积	平方公里	1065	976	1535	2232	1237
乡个数	个					
镇个数	个	11	6	10	7	8
街道办事处个数	个	5	1		6	
户籍人口	万人	93	55	80	63	82
第二产业从业人员	人	544393	178300	254100	433254	538751
第三产业从业人员	人	277181	120278	124500	259221	285938
固定电话用户	户		178705	208495		294690
二、综合经济						
地区生产总值	万元	18300000	5254900	7381500	9498279	15400889
第一产业增加值	万元	387600	323200	463200	218079	413989
农业增加值	万元	290200	175200	297800	79583	213567
牧业增加值	万元	36600	40300	21400	8679	25838
第二产业增加值	万元	10189800	2661100	3670700	4623500	8041100
公共财政收入	万元	1403798	361508	561868	1211348	1473908
各项税收	万元	2182831	519122	714371	1953156	2396174
公共财政支出	万元	1417241	465893	613819	971168	1378659
居民储蓄存款余额	万元	9131312	3216545	4626481		8079506
年末金融机构各项贷款余额	万元	15245331	5217932	6987175		21208076
三、农业、工业及投资						
农业机械总动力	万千瓦特	28	43	55	16	41
机收面积	公顷	14839	33591	61967	3123	18346
设施农业占地面积	公顷	6633	7037	16907	651	4547
粮食总产量	吨	101148	268801	539011	21349	174947
棉花产量	吨		12	407		
油料产量	吨	1165	6990	26269	378	1259
肉类总产量	吨	39818	50203	22921	6226	18765
规模以上工业企业单位数	个	1678	436	392	897	1409
规模以上工业总产值	万元	42731977	10255320	12127345	11727759	30208174
固定资产投资	万元	9715279	3362304	4423952	5632650	7205664
四、教育、卫生和社会保障						
普通中学在校学生数	人	49738	18736	26710	22143	37403
中等职业教育学校在校学生数	人	12376	2397	6331	3920	5910
小学在校学生数	人	97250	25871	38898	62710	81316
医疗卫生机构床位数	床	4649	2472	2817	5058	5700
各种社会福利收养性单位数	个	15	29	22	26	30
各种社会福利收养性单位床位数	床	11870	5781	7751	5513	8322

2015年县(市)社会经济主要指标

江苏省

指标	单位	常熟市	张家港市	昆山市	太仓市	通州区
一、基本情况						
行政区域面积	平方公里	1276	987	932	810	1562
乡个数	个					
镇个数	个	9	8	10	6	12
街道办事处个数	个	2			1	4
户籍人口	万人	107	92	79	48	127
第二产业从业人员	人	646365	468457	747245	269597	336000
第三产业从业人员	人	360805	260718	396052	162384	198000
固定电话用户	户	369662	284004	440812	163693	298290
二、综合经济						
地区生产总值	万元	20448818	22298192	30800198	11000826	9401643
第一产业增加值	万元	407618	303392	288898	372126	544941
农业增加值	万元	289701	211553	102294	204971	371954
牧业增加值	万元	24281	22681	8886	68306	61764
第二产业增加值	万元	10642700	11907600	16956800	5645300	4767500
公共财政收入	万元	1576969	1742188	2847589	1145366	781560
各项税收	万元	2602006	3094023	4983119	1981414	975750
公共财政支出	万元	1552550	1713442	2553588	1090697	888415
居民储蓄存款余额	万元	11046000	9587678	10460263	4864881	8012980
年末金融机构各项贷款余额	万元	19309070	18246883	21745394	11394610	6767551
三、农业、工业及投资						
农业机械总动力	万千瓦特	32	30	18	21	54
机收面积	公顷	40710	32430	13999	25227	56643
设施农业占地面积	公顷	6478	4493	3461	5647	11565
粮食总产量	吨	305973	246058	106798	194902	538829
棉花产量	吨	370	27	23	246	6457
油料产量	吨	3975	3664	1812	4422	96574
肉类总产量	吨	14623	11752	5207	45588	66795
规模以上工业企业单位数	个	1387	1126	1880	1096	758
规模以上工业总产值	万元	36125437	44857381	82709675	19930836	19617073
固定资产投资	万元	6224665	7337859	7991497	4834835	5977380
四、教育、卫生和社会保障						
普通中学在校学生数	人	42775	40360	43439	20260	33785
中等职业教育学校在校学生数	人	9808	10970	7099	3450	5056
小学在校学生数	人	82337	78042	119432	42357	48244
医疗卫生机构床位数	床	7346	9093	6640	3730	5681
各种社会福利收养性单位数	个	25	47	17	22	37
各种社会福利收养性单位床位数	床	11704	9600	6981	5883	6231

2015年县(市)社会经济主要指标

江苏省

指　　标	单 位	海安县	如东县	启东市	如皋市	海门市
一、基本情况						
行政区域面积	平方公里	1184	2791	1715	1576	1144
乡个数	个					
镇个数	个	9	12	12	11	9
街道办事处个数	个		3	2	1	3
户籍人口	万人	94	104	112	144	100
第二产业从业人员	人	287000	308000	294000	348000	315000
第三产业从业人员	人	143000	179000	195000	202000	170000
固定电话用户	户	265850	229000	288800	293900	280100
二、综合经济						
地区生产总值	万元	6804442	6726948	8031445	8124608	9150197
第一产业增加值	万元	537710	649665	654460	604732	517975
农业增加值	万元	293476	290908	286488	439523	327652
牧业增加值	万元	182925	119384	50743	132197	50209
第二产业增加值	万元	3231845	3148317	3891337	4015732	4715945
公共财政收入	万元	620566	585447	768609	771021	783980
各项税收	万元	817640	720257	932299	921378	983044
公共财政支出	万元	843989	938165	862358	1010202	855534
居民储蓄存款余额	万元	6343960	5439511	7158474	6496400	6996568
年末金融机构各项贷款余额	万元	7526452	4196571	6448460	6028795	6883961
三、农业、工业及投资						
农业机械总动力	万千瓦特	65	92	57	85	37
机收面积	公顷	74640	113831	23146	94710	17191
设施农业占地面积	公顷	9536	12657	15289	11598	20267
粮食总产量	吨	641069	934739	262939	749360	194615
棉花产量	吨		8049	11160	100	10645
油料产量	吨	15196	45320	91347	38742	92270
肉类总产量	吨	89697	102434	58251	113246	43305
规模以上工业企业单位数	个	871	677	505	824	623
规模以上工业总产值	万元	19921541	18602682	16313567	17594308	18712973
固定资产投资	万元	5100042	4869835	5390609	5031504	5653176
四、教育、卫生和社会保障						
普通中学在校学生数	人	27187	26442	29058	47313	33268
中等职业教育学校在校学生数	人	13485	4896	5585	11077	6887
小学在校学生数	人	33055	29947	37514	61988	47231
医疗卫生机构床位数	床	4574	3509	3539	5225	3539
各种社会福利收养性单位数	个	28	17	44	35	40
各种社会福利收养性单位床位数	床	5903	4980	4798	7657	6980

2015年县(市)社会经济主要指标

江苏省

指　　标	单 位	赣榆区	东海县	灌云县	灌南县	淮安区
一、基本情况						
行政区域面积	平方公里	1514	2037	1538	1028	1452
乡个数	个		6	2	1	5
镇个数	个	15	11	10	10	21
街道办事处个数	个		2			
户籍人口	万人	120	123	105	82	119
第二产业从业人员	人	220500	177600	128800	109400	177200
第三产业从业人员	人	167600	200800	164000	103500	201900
固定电话用户	户	158859	132465	102561	79802	128734
二、综合经济						
地区生产总值	万元	4735700	3935400	3001300	2816300	4027400
第一产业增加值	万元	699700	618900	598100	482300	603200
农业增加值	万元	242000	423300	372600	337700	455000
牧业增加值	万元	98200	108800	133600	93200	82000
第二产业增加值	万元	2302700	1737100	1335200	1368600	1595700
公共财政收入	万元	445078	410163	393199	388511	362790
各项税收	万元	457996	400011	397544	429761	398509
公共财政支出	万元	755798	687167	618031	609084	627020
居民储蓄存款余额	万元	1891232	1866948	1322096	940201	
年末金融机构各项贷款余额	万元	2371275	2101814	1659063	1168169	
三、农业、工业及投资						
农业机械总动力	万千瓦特	113	159	127	119	99
机收面积	公顷	74484	154555	108503	83516	125540
设施农业占地面积	公顷	14941	21025	14089	13000	13400
粮食总产量	吨	570209	1129073	822615	634173	925320
棉花产量	吨	576			40	
油料产量	吨	63326	48035	356	2157	7605
肉类总产量	吨	77080	75436	53354	54298	47807
规模以上工业企业单位数	个	453	491	263	175	374
规模以上工业总产值	万元	13881809	9298234	6362235	6198038	7490874
固定资产投资	万元	2813994	2510949	2050988	1756861	2955141
四、教育、卫生和社会保障						
普通中学在校学生数	人	56070	50575	40099	31914	40920
中等职业教育学校在校学生数	人	7278	10340	5011	8138	4491
小学在校学生数	人	96349	110966	67889	60466	57769
医疗卫生机构床位数	床	3144	3021	2516	2996	4328
各种社会福利收养性单位数	个	18	24	20	30	35
各种社会福利收养性单位床位数	床	3340	3386	2849	2032	3200

2015年县(市)社会经济主要指标

江苏省

指　　标	单 位	淮阴区	涟水县	洪泽县	盱眙县	金湖县
一、基本情况						
行政区域面积	平方公里	1307	1679	1273	2497	1378
乡个数	个	7	2		3	
镇个数	个	14	17	6	14	10
街道办事处个数	个			3	3	
户籍人口	万人	93	115	40	80	36
第二产业从业人员	人	143800	117800	69400	127100	66200
第三产业从业人员	人	161700	195700	73400	137500	70300
固定电话用户	户	95189	89339	53683	66146	47480
二、综合经济						
地区生产总值	万元	4005600	3408700	2308081	3201300	2165300
第一产业增加值	万元	667600	531400	315781	519800	309400
农业增加值	万元	476200	420200	182138	351500	196200
牧业增加值	万元	158500	84400	61441	64500	23300
第二产业增加值	万元	1694700	1325100	954600	1285700	833100
公共财政收入	万元	439434	333189	252079	349765	239102
各项税收	万元	443042	402584	267476	344050	270739
公共财政支出	万元	663624	628491	477833	575185	411372
居民储蓄存款余额	万元		1609301	789443	1396522	1148609
年末金融机构各项贷款余额	万元		1826878	1323442	2061977	1485990
三、农业、工业及投资						
农业机械总动力	万千瓦特	86	118	84	120	87
机收面积	公顷	82135	111000	63032	132350	73616
设施农业占地面积	公顷	14973	12347	8087	17327	8440
粮食总产量	吨	644546	908685	439892	987211	549184
棉花产量	吨				83	
油料产量	吨	19607	34336	3238	15206	8222
肉类总产量	吨	72348	64706	23155	74986	14205
规模以上工业企业单位数	个	435	368	333	467	317
规模以上工业总产值	万元	12851438	7303219	6456477	9125011	4769401
固定资产投资	万元	2830069	2763176	1700266	3280019	1643678
四、教育、卫生和社会保障						
普通中学在校学生数	人	30709	43564	13420	29291	10037
中等职业教育学校在校学生数	人	6918	7079	3582	7714	1072
小学在校学生数	人	59507	81765	18514	54258	13392
医疗卫生机构床位数	床	5433	3755	1405	3106	1477
各种社会福利收养性单位数	个	30	40	22	30	18
各种社会福利收养性单位床位数	床	2400	3450	1320	2750	1235

2015年县(市)社会经济主要指标

江苏省

指标	单位	盐都区	大丰区	响水县	滨海县	阜宁县
一、基本情况						
行政区域面积	平方公里	1050	3008	1474	1950	1439
乡个数	个					
镇个数	个	8	12	8	11	13
街道办事处个数	个	4			3	4
户籍人口	万人	71	72	62	122	112
第二产业从业人员	人	152300	154600	98100	184600	171000
第三产业从业人员	人	161400	182900	103900	205400	184100
固定电话用户	户		143506	64432	128809	107422
二、综合经济						
地区生产总值	万元	4070593	5351100	2443000	3613000	3632000
第一产业增加值	万元	419910	753600	403500	559741	529724
农业增加值	万元	234800	437500	194000	315800	266864
牧业增加值	万元	112000	132800	119400	115560	157395
第二产业增加值	万元	2065683	2144400	1136752	1489758	1592736
公共财政收入	万元	549394	693266	325412	386540	391690
各项税收	万元	709915	748179	360654	419225	432450
公共财政支出	万元	531562	947638	508150	694488	715056
居民储蓄存款余额	万元		3249663	767459	1531675	2280264
年末金融机构各项贷款余额	万元		3315590	1213514	1846709	2135737
三、农业、工业及投资						
农业机械总动力	万千瓦特	52	84	74	85	84
机收面积	公顷	81405	119342	80284	129000	129000
设施农业占地面积	公顷	10733	15107	9727	15140	16633
粮食总产量	吨	631464	799377	543721	973534	947685
棉花产量	吨	1955	8666		267	78
油料产量	吨	15871	51859	21320	36022	17240
肉类总产量	吨	63069	116577	52091	115634	184647
规模以上工业企业单位数	个	370	441	174	229	266
规模以上工业总产值	万元	9100158	8408794	7185150	6573875	6825567
固定资产投资	万元	3079876	3918951	2500233	3210825	2796896
四、教育、卫生和社会保障						
普通中学在校学生数	人	24574	22960	20269	32499	33751
中等职业教育学校在校学生数	人	5773	3623	2084	3730	4394
小学在校学生数	人	34518	27494	48153	82325	62674
医疗卫生机构床位数	床	2958	3499	2558	4402	4103
各种社会福利收养性单位数	个	19	49	19	28	20
各种社会福利收养性单位床位数	床	2689	5174	2329	4674	3756

2015年县(市)社会经济主要指标

江苏省

指　　标	单 位	射阳县	建湖县	东台市	邗江区	江都区
一、基本情况						
行政区域面积	平方公里	2606	1157	3176	553	1330
乡个数	个				1	
镇个数	个	13	11	14	7	13
街道办事处个数	个		3		7	
户籍人口	万人	96	80	113	59	106
第二产业从业人员	人	192700	168000	228400	161500	275400
第三产业从业人员	人	212300	160500	254000	204900	221000
固定电话用户	户	120118	99683	195055	258877	335893
二、综合经济						
地区生产总值	万元	4076098	4310545	6702300	6165546	8628700
第一产业增加值	万元	784100	451900	879195	182193	566000
农业增加值	万元	364000	210100	478320	108360	401700
牧业增加值	万元	193100	123200	223841	27136	64300
第二产业增加值	万元	1476102	1892548	2792105	2578800	4248100
公共财政收入	万元	205588	506066	715512	584383	544701
各项税收	万元	257623	522009	796042	739465	750343
公共财政支出	万元	593838	836409	1017151	552787	713197
居民储蓄存款余额	万元	2394415	2582075	4800179		5794788
年末金融机构各项贷款余额	万元	2173587	2659924	3477617		5323430
三、农业、工业及投资						
农业机械总动力	万千瓦特	100	59	92	21	65
机收面积	公顷	129700	92833	122050	23200	88716
设施农业占地面积	公顷	14867	9687	38840	1833	15066
粮食总产量	吨	1145385	748691	1011659	174939	659403
棉花产量	吨	9840	82	4106	439	495
油料产量	吨	31660	18746	74514	2736	19843
肉类总产量	吨	81737	65235	144449	12065	40223
规模以上工业企业单位数	个	294	441	545	406	617
规模以上工业总产值	万元	6306111	8950571	10604657	12612005	21620321
固定资产投资	万元	2419897	3113580	5105355	4048981	5655082
四、教育、卫生和社会保障						
普通中学在校学生数	人	30569	26630	31850	19848	37975
中等职业教育学校在校学生数	人	2865	3743	3986	3160	7712
小学在校学生数	人	48650	40939	34975	32636	43983
医疗卫生机构床位数	床	3472	3688	5286	2567	4303
各种社会福利收养性单位数	个	26	21	45	12	14
各种社会福利收养性单位床位数	床	3655	4209	5697	760	3349

2015年县(市)社会经济主要指标

江苏省

指　　标	单 位	宝应县	仪征市	高邮市	丹徒区	丹阳市
一、基本情况						
行政区域面积	平方公里	1462	902	1922	617	1047
乡个数	个			1		
镇个数	个	14	9	10	6	10
街道办事处个数	个			1	2	2
户籍人口	万人	91	57	82	29	81
第二产业从业人员	人	175800	180900	191900	83200	339600
第三产业从业人员	人	118600	123900	138800	76000	232100
固定电话用户	户	143395	179332	183630		246026
二、综合经济						
地区生产总值	万元	4580200	4081900	4838579	3421200	10702500
第一产业增加值	万元	656300	216900	663419	176900	509400
农业增加值	万元	309500	155400	320166	109500	365100
牧业增加值	万元	63100	43500	98610	31500	59300
第二产业增加值	万元	2040000	1864400	2155320	1806400	5409500
公共财政收入	万元	304906	394435	332443	277897	670582
各项税收	万元	380819	772182	446981	359324	948296
公共财政支出	万元	530155	468268	536214	280044	800700
居民储蓄存款余额	万元	2626023	2732089	3098544		5083965
年末金融机构各项贷款余额	万元	2594941	3062193	2784407		8580815
三、农业、工业及投资						
农业机械总动力	万千瓦特	55	39	71	21	37
机收面积	公顷	117081	44800	112000	29732	68901
设施农业占地面积	公顷	9980	7160	11647	5880	10614
粮食总产量	吨	934714	338436	888034	193848	512111
棉花产量	吨		43	89	22	
油料产量	吨	16106	9892	20457	9399	9563
肉类总产量	吨	48329	21409	47818	24141	24174
规模以上工业企业单位数	个	408	358	542	371	788
规模以上工业总产值	万元	9908789	14620962	11573230	10646757	25122296
固定资产投资	万元	2875690	3831131	3605040	3077174	4577399
四、教育、卫生和社会保障						
普通中学在校学生数	人	32970	19545	28385	8754	31860
中等职业教育学校在校学生数	人	6128	10511	6249	1726	4463
小学在校学生数	人	38038	23924	27620	13834	48529
医疗卫生机构床位数	床	2283	2190	2603	840	3412
各种社会福利收养性单位数	个	15	30	15	22	52
各种社会福利收养性单位床位数	床	3148	3752	5298	2274	5937

2015年县(市)社会经济主要指标

江苏省

指 标	单 位	扬中市	句容市	姜堰区	兴化市	靖江市
一、基本情况						
行政区域面积	平方公里	327	1378	928	2395	656
乡个数	个				5	
镇个数	个	4	8	14	29	8
街道办事处个数	个	1	1	2		1
户籍人口	万人	28	59	79	158	67
第二产业从业人员	人	117900	156700	169400	294900	207700
第三产业从业人员	人	84200	135000	164700	236800	134200
固定电话用户	户	101119	139950	160318	229963	199718
二、综合经济						
地区生产总值	万元	4758000	4685000	5213630	6674000	7483200
第一产业增加值	万元	118700	413200	366200	936200	205500
农业增加值	万元	74300	287400	266100	589600	143200
牧业增加值	万元	15700	43400	66500	165700	42600
第二产业增加值	万元	2498200	2238500	2467500	2684900	3840800
公共财政收入	万元	340328	400109	349521	408500	616119
各项税收	万元	465824	491348	465987	507030	764075
公共财政支出	万元	385260	494889	612339	824996	699536
居民储蓄存款余额	万元	2600316	2656911	3875351	4305717	4338674
年末金融机构各项贷款余额	万元	3841076	3718591	4190941	3929793	6151135
三、农业、工业及投资						
农业机械总动力	万千瓦特	14	55	41	116	28
机收面积	公顷	12500	48633	66000	177100	43100
设施农业占地面积	公顷	2434	12433	8653	13464	4749
粮食总产量	吨	98413	353753	566140	1425271	339472
棉花产量	吨		1063	690	4293	
油料产量	吨	1575	36146	30322	41306	5418
肉类总产量	吨	9094	15982	53979	59106	32520
规模以上工业企业单位数	个	468	573	497	597	481
规模以上工业总产值	万元	12559099	13611913	12950914	15586916	20028296
固定资产投资	万元	2561921	3064386	4237565	3496256	4958555
四、教育、卫生和社会保障						
普通中学在校学生数	人	9423	16892	31810	39337	23763
中等职业教育学校在校学生数	人	1402	4154	4298	4582	3002
小学在校学生数	人	14171	23991	32428	62531	29414
医疗卫生机构床位数	床	1060	1869	3393	4541	3944
各种社会福利收养性单位数	个	36	24	24	38	19
各种社会福利收养性单位床位数	床	2470	3770	5562	9149	4389

2015年县(市)社会经济主要指标

江苏省

指　　标	单 位	泰兴市	宿豫区	沭阳县	泗阳县	泗洪县
一、基本情况						
行政区域面积	平方公里	1170	1236	2299	1378	2694
乡个数	个	1	2	8	5	9
镇个数	个	14	8	25	11	14
街道办事处个数	个	1	3	6		
户籍人口	万人	120	66	195	107	110
第二产业从业人员	人	263400	138900	302500	169100	176700
第三产业从业人员	人	217100	99300	270700	138100	143900
固定电话用户	户	276499	61394	191735	99715	78088
二、综合经济						
地区生产总值	万元	7407700	2300600	6301344	3622400	3613200
第一产业增加值	万元	491000	243600	816849	527400	553800
农业增加值	万元	340800	161200	657811	337700	267000
牧业增加值	万元	119900	63800	112432	64500	64100
第二产业增加值	万元	3579700	1372100	2932814	1853100	1549100
公共财政收入	万元	527888	235508	717488	336780	315879
各项税收	万元	737488	271970	746102	353867	392118
公共财政支出	万元	674479	397215	1126910	694620	669597
居民储蓄存款余额	万元	4286037		2810391	1741084	1683996
年末金融机构各项贷款余额	万元	5022357		3387390	2691333	2658559
三、农业、工业及投资						
农业机械总动力	万千瓦特	62	63	206	95	144
机收面积	公顷	85100	46422	184408	100584	162250
设施农业占地面积	公顷	10313	8413	24436	12642	18474
粮食总产量	吨	712973	362993	1287950	604363	1055481
棉花产量	吨		33		12	557
油料产量	吨	43333	1446	14647	8616	18129
肉类总产量	吨	90674	75288	97316	50129	73543
规模以上工业企业单位数	个	654	257	888	504	542
规模以上工业总产值	万元	25895022	4564146	13190076	5842762	7207790
固定资产投资	万元	5606223	2306939	4555854	3361031	3360377
四、教育、卫生和社会保障						
普通中学在校学生数	人	44005	106	70816	49675	44938
中等职业教育学校在校学生数	人	5539	9456	12110	6673	7667
小学在校学生数	人	50556	29203	142452	85405	82341
医疗卫生机构床位数	床	4205	2422	6675	4521	4265
各种社会福利收养性单位数	个	36	19	69	29	34
各种社会福利收养性单位床位数	床	7253	4412	9903	6601	6825

2015年县(市)社会经济主要指标

浙江省

指　　标	单 位	萧山区	余杭区	富阳区	桐庐县	淳安县
一、基本情况						
行政区域面积	平方公里	1163	1228	1832	1829	4452
乡个数	个			6	4	12
镇个数	个	12	6	13	6	11
街道办事处个数	个	14	14	5	4	
户籍人口	万人	126	95	67	41	46
第二产业从业人员	人	585500	394000	249900	101000	41303
第三产业从业人员	人	315900	294500	144700	99800	84100
固定电话用户	户	510900	259100	122400	79800	71100
二、综合经济						
地区生产总值	万元	18127888	12397057	6451465	3344754	2074216
第一产业增加值	万元	638480	469595	423572	228557	320370
农业增加值	万元	443637	298897	250941	140829	228537
牧业增加值	万元	106467	23486	74258	31829	32123
第二产业增加值	万元	9200966	4611442	3199297	1817277	770033
公共财政收入	万元	1600830	1876477	543226	269668	171420
各项税收	万元	1447093	1735235	468603	239819	145971
公共财政支出	万元	1609815	1678036	689558	403130	504043
居民储蓄存款余额	万元	13209494	8952696	3793597	1989423	1352094
年末金融机构各项贷款余额	万元	29098677	13991655	9582899	3015870	2050287
三、农业、工业及投资						
农业机械总动力	万千瓦特	63	45	44	18	31
机收面积	公顷	22093	11274	13567	8130	2659
设施农业占地面积	公顷	2922	1338	1008	536	367
粮食总产量	吨	131049	109939	118526	83331	74729
棉花产量	吨	262	100		1	201
油料产量	吨	13732	3431	18498	14379	15171
肉类总产量	吨	99842	18167	57120	14280	18067
规模以上工业企业单位数	个	1742	1267	665	400	126
规模以上工业总产值	万元	37912714	14763489	12718175	4996692	2507630
固定资产投资	万元	9631238	9200016	4037889	2472662	1512184
四、教育、卫生和社会保障						
普通中学在校学生数	人	62877	44819	32100	15200	15800
中等职业教育学校在校学生数	人	15394	10933	7760	2865	3544
小学在校学生数	人	106853	87352	45000	23300	16345
医疗卫生机构床位数	床	8266	4568	2162	1648	1677
各种社会福利收养性单位数	个	38	33	31	25	29
各种社会福利收养性单位床位数	床	10083	7709	4241	3343	3452

2015年县(市)社会经济主要指标

浙江省

指　　标	单 位	建德市	临安市	鄞州区	象山县	宁海县
一、基本情况						
行政区域面积	平方公里	2364	3124	1346	1382	1843
乡个数	个	1		1	5	3
镇个数	个	12	13	17	10	11
街道办事处个数	个	3	5	7	3	4
户籍人口	万人	51	53	87	55	63
第二产业从业人员	人	87600	201900	550200	176300	220000
第三产业从业人员	人	84200	118700	347700	116000	179000
固定电话用户	户	72500	123600	562200	152500	135300
二、综合经济						
地区生产总值	万元	3187469	4675658	13008589	4102002	4331460
第一产业增加值	万元	304848	397159	396613	613666	411164
农业增加值	万元	205150	193446	314473	150958	124852
牧业增加值	万元	60395	56226	28809	31703	26239
第二产业增加值	万元	1660233	2448061	6904185	1846924	2242975
公共财政收入	万元	211944	325622	1895513	379485	415712
各项税收	万元	191593	285065	1586744	295216	300068
公共财政支出	万元	410936	501607	2128164	613051	602441
居民储蓄存款余额	万元	1967229	2352425	8995572	2114226	2256912
年末金融机构各项贷款余额	万元	2366913	3767974	17157981	6458187	6488317
三、农业、工业及投资						
农业机械总动力	万千瓦特	29	40	33	81	31
机收面积	公顷	7893	5644	23665	10764	8473
设施农业占地面积	公顷	1980	543	3581	1397	485
粮食总产量	吨	86032	52517	167984	91483	106277
棉花产量	吨	140	1	41	74	1097
油料产量	吨	12152	5073	3800	3521	2532
肉类总产量	吨	29708	36620	13525	13883	21630
规模以上工业企业单位数	个	356	607	1733	506	518
规模以上工业总产值	万元	4183598	6827161	23660619	5525100	6362930
固定资产投资	万元	1758713	2312053	6930890	1600991	2675061
四、教育、卫生和社会保障						
普通中学在校学生数	人	19400	20755	40820	20949	28102
中等职业教育学校在校学生数	人	3396	4437	11755	4729	7157
小学在校学生数	人	20990	29679	81526	35876	49075
医疗卫生机构床位数	床	2309	2458	4628	1917	1954
各种社会福利收养性单位数	个	30	29	53	56	18
各种社会福利收养性单位床位数	床	4523	4223	9513	5204	3558

2015年县(市)社会经济主要指标

浙江省

指　　标	单 位	余姚市	慈溪市	奉化市	洞头区	永嘉县
一、基本情况						
行政区域面积	平方公里	1501	1361	1268	155	2677
乡个数	个	1			1	
镇个数	个	14	14	6	1	10
街道办事处个数	个	6	5	5	5	8
户籍人口	万人	84	105	48	15	97
第二产业从业人员	人	339700	487000	183100	26523	210030
第三产业从业人员	人	275000	238000	119300	42844	195709
固定电话用户	户	314500	388000	161300	14093	141907
二、综合经济						
地区生产总值	万元	8262132	11370699	3198019	731500	3309213
第一产业增加值	万元	423578	497096	290288	54000	106675
农业增加值	万元	332454	343289	152422	5991	74206
牧业增加值	万元	26725	46889	40908	2670	20342
第二产业增加值	万元	4683538	6560527	1432944	290000	1711500
公共财政收入	万元	750989	1122589	338192	54172	263580
各项税收	万元	673028	960601	259631	43358	225920
公共财政支出	万元	925207	1254760	607125	187916	536715
居民储蓄存款余额	万元	6829588	9690239	2677971	272723	3159456
年末金融机构各项贷款余额	万元	12484124	17944332	5516975	574051	4673485
三、农业、工业及投资						
农业机械总动力	万千瓦特	62	43	28	27	17
机收面积	公顷	23627	9264	8292	40	7873
设施农业占地面积	公顷	1883	3794	877	188	453
粮食总产量	吨	193203	113828	71024	3614	94181
棉花产量	吨	217	2944			3
油料产量	吨	5789	16654	924	473	4689
肉类总产量	吨	37649	33547	21222	1891	19230
规模以上工业企业单位数	个	1186	1445	437	32	364
规模以上工业总产值	万元	13689226	21545316	3701916	568454	3640995
固定资产投资	万元	5637170	7189587	1823195	1426034	2738831
四、教育、卫生和社会保障						
普通中学在校学生数	人	38318	45686	19469	4412	43920
中等职业教育学校在校学生数	人	9356	10996	5054	685	7048
小学在校学生数	人	68064	82679	32898	7293	64619
医疗卫生机构床位数	床	2927	3990	2246	197	3052
各种社会福利收养性单位数	个	31	17	23	12	14
各种社会福利收养性单位床位数	床	6388	5528	3710	976	936

2015年县(市)社会经济主要指标

浙江省

指标	单位	平阳县	苍南县	文成县	泰顺县	瑞安市
一、基本情况						
行政区域面积	平方公里	1042	1253	1296	1768	1350
乡个数	个	1	2	1	1	
镇个数	个	9	17	9	9	5
街道办事处个数	个					10
户籍人口	万人	88	133	40	37	123
第二产业从业人员	人	195500	350234	44601	63800	428499
第三产业从业人员	人	151800	317282	78096	54000	371383
固定电话用户	户	97494	183516	37756	27158	262200
二、综合经济						
地区生产总值	万元	3409353	4248872	720610	735853	7216040
第一产业增加值	万元	144839	296232	77134	66970	206440
农业增加值	万元	67780	133814	64661	53896	101259
牧业增加值	万元	18640	38878	5899	9378	27541
第二产业增加值	万元	1458333	1754813	220145	231055	3290000
公共财政收入	万元	256688	320667	72617	71496	547214
各项税收	万元	218706	262354	34850	38066	497851
公共财政支出	万元	457164	544021	339441	310942	733731
居民储蓄存款余额	万元	2613551	3283745	1166869	780627	6627221
年末金融机构各项贷款余额	万元	3803139	6323010	940769	937324	9363135
三、农业、工业及投资						
农业机械总动力	万千瓦特	27	49	7	6	40
机收面积	公顷	14934	20812	1400	667	14398
设施农业占地面积	公顷	617	4229	251	2316000	2293
粮食总产量	吨	118799	147153	49858	44808	108932
棉花产量	吨				24	18
油料产量	吨	3138	1024	788	1549	4232
肉类总产量	吨	14223	19596	3619	7900	17275
规模以上工业企业单位数	个	343	359	33	24	1078
规模以上工业总产值	万元	2924173	2959184	227737	170452	8933745
固定资产投资	万元	3384502	4039903	650217	682171	4966108
四、教育、卫生和社会保障						
普通中学在校学生数	人	38688	57187	8896	13642	56551
中等职业教育学校在校学生数	人	8340	8133	1181	2053	9579
小学在校学生数	人	58649	95548	16031	19942	97221
医疗卫生机构床位数	床	2440	3950	887	925	4074
各种社会福利收养性单位数	个	4	69	16	10	138
各种社会福利收养性单位床位数	床	63	2406	2102	1980	15900

2015年县(市)社会经济主要指标

浙江省

指　　标	单 位	乐清市	嘉善县	海盐县	海宁市	平湖市
一、基本情况						
行政区域面积	平方公里	1385	507	508	668	537
乡个数	个					
镇个数	个	9	6	5	8	6
街道办事处个数	个	8	3	4	4	3
户籍人口	万人	128	39	38	68	49
第二产业从业人员	人	320507	225604	176886	376800	265723
第三产业从业人员	人	334978	126521	83286	206600	135592
固定电话用户	户	288233	148156	117700	243000	147042
二、综合经济						
地区生产总值	万元	7745958	4230870	3834799	7011530	4836440
第一产业增加值	万元	209106	233926	207391	215675	147090
农业增加值	万元	106711	177220	132116	145042	107635
牧业增加值	万元	44321	23559	49787	47388	17476
第二产业增加值	万元	3909661	2317436	2288589	3844508	2846236
公共财政收入	万元	955544	355506	316288	691221	505780
各项税收	万元	706002	322635	289664	643457	461303
公共财政支出	万元	702225	438914	400298	765612	538324
居民储蓄存款余额	万元	6428968	3312536	2671246	5899904	3604629
年末金融机构各项贷款余额	万元	10982194	4389992	4917414	9175151	5600374
三、农业、工业及投资						
农业机械总动力	万千瓦特	29	23	15	24	22
机收面积	公顷	21159	24731	26609	18754	33066
设施农业占地面积	公顷	1939	3384	2121	1620	1221
粮食总产量	吨	138347	154910	204494	147566	247878
棉花产量	吨	75		564	368	328
油料产量	吨	2386	1629	5969	10463	8120
肉类总产量	吨	21302	18893	30043	24065	5763
规模以上工业企业单位数	个	1154	699	497	1196	648
规模以上工业总产值	万元	12871130	10106493	8189084	14159347	12363158
固定资产投资	万元	5551525	2947236	2516565	5144859	3612816
四、教育、卫生和社会保障						
普通中学在校学生数	人	58586	18243	16700	27300	19752
中等职业教育学校在校学生数	人	7765	4034	4897	10275	6738
小学在校学生数	人	103661	32785	23300	43500	27420
医疗卫生机构床位数	床	3709	2053	1581	4027	2924
各种社会福利收养性单位数	个	54	13	10	22	16
各种社会福利收养性单位床位数	床	5848	4160	2474	5516	3868

2015年县(市)社会经济主要指标

浙江省

指　　标	单 位	桐乡市	德清县	长兴县	安吉县	柯桥区
一、基本情况						
行政区域面积	平方公里	727	938	1431	1886	1066
乡个数	个		2	2	3	
镇个数	个	9	9	9	8	12
街道办事处个数	个	3		4	4	4
户籍人口	万人	69	44	63	46	65
第二产业从业人员	人	385350	180500	226800	140721	378900
第三产业从业人员	人	238387	99600	142800	109712	232300
固定电话用户	户	204500	133200	155900	145600	297700
二、综合经济						
地区生产总值	万元	6531198	3927297	4631513	3033465	12008583
第一产业增加值	万元	281385	208395	321432	260556	339097
农业增加值	万元	165046	39202	232519	174383	219277
牧业增加值	万元	93809	36619	19870	9904	47118
第二产业增加值	万元	3281392	2120377	2354572	1400957	6446215
公共财政收入	万元	550005	373614	431752	329601	978488
各项税收	万元	498785	332830	376682	297651	831029
公共财政支出	万元	630759	462374	590162	476610	985258
居民储蓄存款余额	万元	5673514	2630268	2681593	2025679	7645357
年末金融机构各项贷款余额	万元	8137709	4416190	4989123	4081513	12420552
三、农业、工业及投资						
农业机械总动力	万千瓦特	31	35	37	38	26
机收面积	公顷	16925	7824	35113	17241	20817
设施农业占地面积	公顷	3153	1347	3900	905	1607
粮食总产量	吨	157171	56561	234690	109164	113493
棉花产量	吨	307	198	26	6	41
油料产量	吨	7208	1146	13152	2097	3181
肉类总产量	吨	34968	27358	16157	9880	27742
规模以上工业企业单位数	个	1111	687	679	390	1227
规模以上工业总产值	万元	13584093	10925545	11901789	5163776	34724692
固定资产投资	万元	4281450	2679423	3594061	1643186	6631446
四、教育、卫生和社会保障						
普通中学在校学生数	人	32682	19855	27635	21701	39300
中等职业教育学校在校学生数	人	8403	3620	10266	8185	11227
小学在校学生数	人	45318	24170	35822	27179	50400
医疗卫生机构床位数	床	3224	1895	3223	1777	3758
各种社会福利收养性单位数	个	16	21	29	39	6
各种社会福利收养性单位床位数	床	3757	3308	4366	3269	4585

2015年县(市)社会经济主要指标

浙江省

指　标	单 位	上虞区	新昌县	诸暨市	嵊州市	武义县
一、基本情况						
行政区域面积	平方公里	1406	1214	2311	1789	1568
乡个数	个	3	5	1	6	7
镇个数	个	15	8	23	11	8
街道办事处个数	个	3	3	3	4	3
户籍人口	万人	78	44	108	73	34
第二产业从业人员	人	303100	121900	464537	240500	102900
第三产业从业人员	人	158500	87500	205862	125300	56600
固定电话用户	户	231264	82350	321464	161400	65200
二、综合经济						
地区生产总值	万元	7257528	3453022	10266139	4449206	2040257
第一产业增加值	万元	426260	210936	506045	378643	156445
农业增加值	万元	271651	178070	308331	295877	112057
牧业增加值	万元	46810	8484	56484	43128	32072
第二产业增加值	万元	3909580	1753678	5427959	2202493	1078842
公共财政收入	万元	535837	280028	715894	291745	186137
各项税收	万元	486426	241963	624193	232396	158708
公共财政支出	万元	600132	385268	809001	411737	348721
居民储蓄存款余额	万元	4862795	1972278	6425501	3402481	1824076
年末金融机构各项贷款余额	万元	8487454	3196166	11977049	451541	3548816
三、农业、工业及投资						
农业机械总动力	万千瓦特	41	20	86	42	20
机收面积	公顷	36401	2861	36082	16779	8466
设施农业占地面积	公顷	1959	666	1957	2750	2940
粮食总产量	吨	245872	57484	298575	162823	74120
棉花产量	吨	869	166	17	109	16
油料产量	吨	14251	7384	7659	8153	3408
肉类总产量	吨	30290	6528	51634	32045	25417
规模以上工业企业单位数	个	669	232	1134	519	477
规模以上工业总产值	万元	17225391	6126648	23001761	4195522	4877584
固定资产投资	万元	4850575	1482651	6490347	2230187	1238686
四、教育、卫生和社会保障						
普通中学在校学生数	人	35600	20309	72634	30000	12948
中等职业教育学校在校学生数	人	7290	3916	10997	6343	2417
小学在校学生数	人	41373	25787	69317	35200	27284
医疗卫生机构床位数	床	3177	2364	5224	2820	1390
各种社会福利收养性单位数	个	31	31	26	92	8
各种社会福利收养性单位床位数	床	6838	3010	7558	5576	1940

2015年县(市)社会经济主要指标

浙江省

指　　标	单 位	浦江县	磐安县	兰溪市	义乌市	东阳市
一、基本情况						
行政区域面积	平方公里	920	1195	1312	1105	1747
乡个数	个	5	10	3		1
镇个数	个	7	9	7	6	11
街道办事处个数	个	3		6	8	6
户籍人口	万人	40	21	66	77	84
第二产业从业人员	人	146600	50800	139200	561200	262600
第三产业从业人员	人	94600	15200	109500	317000	171900
固定电话用户	户	65200	22700	76500	356100	163600
二、综合经济						
地区生产总值	万元	1965730	781019	2853557	10450512	4643063
第一产业增加值	万元	95764	113311	243987	211028	175878
农业增加值	万元	71624	95352	133781	161891	139365
牧业增加值	万元	19743	7115	80738	33493	22201
第二产业增加值	万元	1121658	370239	1492200	3814850	2233117
公共财政收入	万元	151600	73220	221966	792511	486173
各项税收	万元	130316	60206	193997	724112	427936
公共财政支出	万元	291619	214784	387705	965186	610386
居民储蓄存款余额	万元	1909777	713834	2069022	12410721	4813345
年末金融机构各项贷款余额	万元	2652614	1125511	3464221	20953187	7019285
三、农业、工业及投资						
农业机械总动力	万千瓦特	14	25	31	26	50
机收面积	公顷	3583	187	2700	8500	15244
设施农业占地面积	公顷	804	1742	3753	1420	4836
粮食总产量	吨	36421	31662	116916	53924	119284
棉花产量	吨	118		5654	32	172
油料产量	吨	4572	822	16957	3274	3379
肉类总产量	吨	13790	3834	40886	22842	12995
规模以上工业企业单位数	个	318	133	494	826	538
规模以上工业总产值	万元	3579244	713035	7862771	7782362	5164720
固定资产投资	万元	1057183	558284	1738668	5122450	2542050
四、教育、卫生和社会保障						
普通中学在校学生数	人	17618	9293	23380	44373	42715
中等职业教育学校在校学生数	人	3856	1477	4788	8712	6682
小学在校学生数	人	34067	12209	34153	99062	71582
医疗卫生机构床位数	床	2254	834	2203	4534	4462
各种社会福利收养性单位数	个	14	12	23	15	27
各种社会福利收养性单位床位数	床	2692	1711	4185	5208	6668

2015年县(市)社会经济主要指标

浙江省

指　　标	单 位	永康市	衢江区	常山县	开化县	龙游县
一、基本情况						
行政区域面积	平方公里	1048	1748	1097	2231	1146
乡个数	个		8	5	6	7
镇个数	个	11	10	6	8	6
街道办事处个数	个	3	2	3		2
户籍人口	万人	60	41	34	36	41
第二产业从业人员	人	290700	59200	73100	41324	80100
第三产业从业人员	人	117800	45600	50200	44708	70801
固定电话用户	户	128900		36718	32445	78527
二、综合经济						
地区生产总值	万元	4834534	1373326	1088037	1016143	1958591
第一产业增加值	万元	87187	205306	79306	123271	137121
农业增加值	万元	63981	115924	50719	88884	57443
牧业增加值	万元	10254	57233	11530	8334	57651
第二产业增加值	万元	2905470	630591	532195	402233	1014391
公共财政收入	万元	444860	101202	86833	68830	126556
各项税收	万元	368142	83044	71485	61642	103033
公共财政支出	万元	493282	256904	284053	324323	355861
居民储蓄存款余额	万元	5225461	836322	873192		1391366
年末金融机构各项贷款余额	万元	9544609	1229226	1434795	1273561	2158710
三、农业、工业及投资						
农业机械总动力	万千瓦特	34	29	13	18	35
机收面积	公顷	10516	16798	6790	9074	15059
设施农业占地面积	公顷	2046	2267	1024	155	1707
粮食总产量	吨	59393	158203	69756	95502	161147
棉花产量	吨	21	29	81	50	1304
油料产量	吨	1371	13496	7503	12436	17301
肉类总产量	吨	4681	45100	12824	9021	122187
规模以上工业企业单位数	个	648	132	118	81	198
规模以上工业总产值	万元	10099000	1343880	1036043	976066	2986937
固定资产投资	万元	2080692	1162944	1175637	848403	1449653
四、教育、卫生和社会保障						
普通中学在校学生数	人	22905	15073	12881	13500	16236
中等职业教育学校在校学生数	人	4900	2485	1779	2068	3484
小学在校学生数	人	54965	21511	17747	18521	20760
医疗卫生机构床位数	床	2929	926	975	1248	1596
各种社会福利收养性单位数	个	30	22	21	19	13
各种社会福利收养性单位床位数	床	3462	2640	3365	2201	2699

2015年县(市)社会经济主要指标

浙江省

指　　标	单 位	江山市	岱山县	嵊泗县	玉环县	三门县
一、基本情况						
行政区域面积	平方公里	2019	324	97	378	1072
乡个数	个	5	1	4	2	1
镇个数	个	12	6	3	6	6
街道办事处个数	个	2			3	3
户籍人口	万人	61	19	8	43	44
第二产业从业人员	人	105900	47400	7008	267200	98000
第三产业从业人员	人	65800	51800	28621	113200	51500
固定电话用户	户	80647	50500	22000	142832	56600
二、综合经济						
地区生产总值	万元	2580549	2071310	860238	4365850	1695892
第一产业增加值	万元	213941	324500	232345	293853	247308
农业增加值	万元	120993	13263	1085	47944	74129
牧业增加值	万元	71074	5029	237	2596	17937
第二产业增加值	万元	1302187	1065014	130184	2407779	642074
公共财政收入	万元	242590	126037	69010	344987	144987
各项税收	万元	135172	102536	46565	305002	123418
公共财政支出	万元	380000	355707	210244	481184	305551
居民储蓄存款余额	万元	2188507	801183	384837	2728911	1144765
年末金融机构各项贷款余额	万元	3108598	1105051	391302	4311594	3094650
三、农业、工业及投资						
农业机械总动力	万千瓦特	41	64	22	25	29
机收面积	公顷	20171	228		684	5957
设施农业占地面积	公顷	1042	121	12	1665	1963
粮食总产量	吨	200012	5103	221	12769	46174
棉花产量	吨	1005			216	254
油料产量	吨	16347	1057		1322	744
肉类总产量	吨	52724	2635	527	6940	9716
规模以上工业企业单位数	个	284	60	13	719	163
规模以上工业总产值	万元	3312577	3524508	84154	6176656	1789467
固定资产投资	万元	1724685	1456600	744924	1635487	2001133
四、教育、卫生和社会保障						
普通中学在校学生数	人	27496	4774	2104	20439	16400
中等职业教育学校在校学生数	人	6767	444	182	4091	3984
小学在校学生数	人	34099	6895	2701	49722	28700
医疗卫生机构床位数	床	2035	560	326	1852	1360
各种社会福利收养性单位数	个	31	21	1	25	38
各种社会福利收养性单位床位数	床	3751	1560	50	2977	2681

2015年县(市)社会经济主要指标

浙江省

指　　标	单 位	天台县	仙居县	温岭市	临海市	青田县
一、基本情况						
行政区域面积	平方公里	1426	1992	836	2171	2484
乡个数	个	5	10			20
镇个数	个	7	7	11	14	9
街道办事处个数	个	3	3	5	5	3
户籍人口	万人	59	51	122	120	54
第二产业从业人员	人	65500	69000	439300	350300	63400
第三产业从业人员	人	75300	56900	341400	107100	75100
固定电话用户	户	80600	53310	241202	146000	65582
二、综合经济						
地区生产总值	万元	1870842	1692452	8271472	4648445	1926045
第一产业增加值	万元	126760	141955	623656	402896	77127
农业增加值	万元	92325	98348	179357	215959	54906
牧业增加值	万元	21794	25909	20075	40795	6997
第二产业增加值	万元	787137	692300	3563446	2061729	1099947
公共财政收入	万元	150268	134660	541213	380108	149328
各项税收	万元	126582	109107	472627	325235	109193
公共财政支出	万元	329310	343653	726079	586904	347733
居民储蓄存款余额	万元	1704782	1609961	7347077	4092873	2679839
年末金融机构各项贷款余额	万元	2623705	2524877	10561400	6066856	2139247
三、农业、工业及投资						
农业机械总动力	万千瓦特	16	22	117	46	7
机收面积	公顷	10677	7733	15003	14571	307
设施农业占地面积	公顷	1047	395	6742	1394	585
粮食总产量	吨	83628	96376	133910	136630	54253
棉花产量	吨	42	1	142	126	9
油料产量	吨	3375	5483	1101	3234	1505
肉类总产量	吨	18052	13480	19222	21459	11500
规模以上工业企业单位数	个	142	148	876	484	194
规模以上工业总产值	万元	1850753	1360791	6657063	6884205	3944767
固定资产投资	万元	1712668	1826470	3661243	2865694	1102490
四、教育、卫生和社会保障						
普通中学在校学生数	人	29000	27269	53024	55777	17500
中等职业教育学校在校学生数	人	6346	6099	11623	21038	4117
小学在校学生数	人	36700	39820	95842	86705	32100
医疗卫生机构床位数	床	2159	1931	5018	4816	1319
各种社会福利收养性单位数	个	40	23	69	67	19
各种社会福利收养性单位床位数	床	3899	3355	9081	8200	2651

2015年县(市)社会经济主要指标

浙江省

指　　标	单 位	缙云县	遂昌县	松阳县	云和县	庆元县
一、基本情况						
行政区域面积	平方公里	1482	2539	1406	978	1898
乡个数	个	8	11	11	3	10
镇个数	个	7	7	5	3	6
街道办事处个数	个	3	2	3	4	3
户籍人口	万人	46	23	24	11	21
第二产业从业人员	人	57600	34217	52300	28800	33573
第三产业从业人员	人	111000	39993	33000	30300	27636
固定电话用户	户	73543	31990	33138	17609	21100
二、综合经济						
地区生产总值	万元	1894921	887400	858637	543404	570663
第一产业增加值	万元	100461	107394	132180	44213	77578
农业增加值	万元	68009	75769	104665	37273	44948
牧业增加值	万元	17342	7203	8479	3183	2761
第二产业增加值	万元	1049226	343395	389363	275525	240138
公共财政收入	万元	110080	71160	52591	42899	35509
各项税收	万元	88153	60243	41782	36404	28824
公共财政支出	万元	289710	255202	253868	161741	241717
居民储蓄存款余额	万元	1315326	664446	679346	420670	483709
年末金融机构各项贷款余额	万元	1963168	1021522	860412	619450	789359
三、农业、工业及投资						
农业机械总动力	万千瓦特	16	11	15	7	10
机收面积	公顷	2707	1013	921	667	1652
设施农业占地面积	公顷	748	299	942	209	1816
粮食总产量	吨	57871	62655	50017	21871	53181
棉花产量	吨	9		3		
油料产量	吨	3630	4009	3286	353	59
肉类总产量	吨	13286	9044	12732	3128	3853
规模以上工业企业单位数	个	243	50	106	51	67
规模以上工业总产值	万元	3526797	1351433	1640809	636606	649609
固定资产投资	万元	1074421	555535	561391	417238	477585
四、教育、卫生和社会保障						
普通中学在校学生数	人	21142	8503	9269	4566	7289
中等职业教育学校在校学生数	人	5485	2282	2286	1848	1979
小学在校学生数	人	30643	11943	13349	8157	11714
医疗卫生机构床位数	床	1799	755	845	471	614
各种社会福利收养性单位数	个	12	10	1	6	6
各种社会福利收养性单位床位数	床	1468	1298	10	744	735

2015年县(市)社会经济主要指标

浙江省、安徽省

指　　标	单 位	景宁畲族自治县	龙泉市	长丰县	肥东县	肥西县
一、基本情况						
行政区域面积	平方公里	1949	3059	1841	2182	1695
乡个数	个	15	7	6	6	4
镇个数	个	4	8	8	12	8
街道办事处个数	个	2	4			
户籍人口	万人	17	29	76	105	80
第二产业从业人员	人	9000	42500			
第三产业从业人员	人	18400	50800			
固定电话用户	户	14607	34200	80809	91000	104218
二、综合经济						
地区生产总值	万元	445141	1076856	3609604	4817331	5518476
第一产业增加值	万元	66306	134027	578753	636027	502489
农业增加值	万元	48885	90817	336862	288627	212867
牧业增加值	万元	4914	8672	178957	201961	193720
第二产业增加值	万元	129107	461605	2247907	3180722	3732976
公共财政收入	万元	54514	71445	278430	354010	373959
各项税收	万元	48259	61928	332247	180839	588083
公共财政支出	万元	261269	268264	482872	517647	616229
居民储蓄存款余额	万元	364906	838993	1186689	1958921	2095725
年末金融机构各项贷款余额	万元	6444483	1335929	1453827	2107469	2460234
三、农业、工业及投资						
农业机械总动力	万千瓦特	9	21	89	69	56
机收面积	公顷	35	2460	94980	110000	68121
设施农业占地面积	公顷	192	266	11632	3390	1733
粮食总产量	吨	41543	94032	571176	655052	523500
棉花产量	吨			5535	6238	4964
油料产量	吨	555	1862	34041	120583	57368
肉类总产量	吨	5941	12160	134229	123106	123814
规模以上工业企业单位数	个	23	178	437	364	423
规模以上工业总产值	万元	114696	1499378	8085939	9656085	12549291
固定资产投资	万元	465881	892362	4250095	5084596	5567759
四、教育、卫生和社会保障						
普通中学在校学生数	人	5510	10900	28331	67261	30378
中等职业教育学校在校学生数	人	1392	6251	7012	14757	9087
小学在校学生数	人	9159	17200	41964	54279	38180
医疗卫生机构床位数	床	456	1293	1890	2304	2349
各种社会福利收养性单位数	个	9	10	22	27	27
各种社会福利收养性单位床位数	床	803	1771	4338	4050	4492

2015年县(市)社会经济主要指标

安徽省

指　　标	单 位	庐江县	巢湖市	芜湖县	繁昌县	南陵县
一、基本情况						
行政区域面积	平方公里	2344	2046	652	585	1264
乡个数	个		1			
镇个数	个	17	11	5	6	8
街道办事处个数	个		5			
户籍人口	万人	120	86	35	28	55
第二产业从业人员	人	300096	194313	81643	70550	127401
第三产业从业人员	人	169981	147779	74789	58433	99040
固定电话用户	户	103462	182588	34096	31013	37525
二、综合经济						
地区生产总值	万元	2211353	2477175	1964585	2260917	1866623
第一产业增加值	万元	457223	290601	184634	86378	285714
农业增加值	万元	261896	144857	110724	37023	123719
牧业增加值	万元	73261	73665	27233	17980	58737
第二产业增加值	万元	1001516	1304453	1320058	1623320	1119456
公共财政收入	万元	249715	280526	350016	410031	234267
各项税收	万元	194666	230182	105744	337541	132698
公共财政支出	万元	497628	398609	357500	386640	312494
居民储蓄存款余额	万元	2447403	2508647	1049994	1245786	1379879
年末金融机构各项贷款余额	万元	1935061	2829266	1483578	1161145	1217674
三、农业、工业及投资						
农业机械总动力	万千瓦特	141	54	33	23	41
机收面积	公顷	137890	51720	36200	14420	57410
设施农业占地面积	公顷	4585	2373	410	2160	1018
粮食总产量	吨	804375	300185	202599	93173	373011
棉花产量	吨	4128	6529	4275	1052	859
油料产量	吨	31381	54623	16389	7101	13685
肉类总产量	吨	42018	38683	16161	14051	55074
规模以上工业企业单位数	个	223	158	369	333	337
规模以上工业总产值	万元	2102639	3601752	5706940	7092905	3339708
固定资产投资	万元	3061946	2380790	2626152	2584109	2340443
四、教育、卫生和社会保障						
普通中学在校学生数	人	48549	36941	13856	13040	24305
中等职业教育学校在校学生数	人	2903	3924		4317	2330
小学在校学生数	人	58269	42034	18096	12624	28828
医疗卫生机构床位数	床	2955	3517	1284	723	1265
各种社会福利收养性单位数	个	43	28	9	11	17
各种社会福利收养性单位床位数	床	5276	3341	1439	1150	2189

2015年县(市)社会经济主要指标

安徽省

指　　标	单 位	无为县	怀远县	五河县	固镇县	凤台县
一、基本情况						
行政区域面积	平方公里	2022	2192	1428	1360	894
乡个数	个	4	8	2	3	6
镇个数	个	16	10	12	8	10
街道办事处个数	个					
户籍人口	万人	121	131	68	64	62
第二产业从业人员	人	312580	151524	96271	60283	143615
第三产业从业人员	人	289600	269058	136624	73502	107462
固定电话用户	户	80787	77080	38380	34657	72613
二、综合经济						
地区生产总值	万元	3555511	2392492	1625543	1715275	2160110
第一产业增加值	万元	381413	632697	512912	507531	288658
农业增加值	万元	179923	346152	226146	294446	149533
牧业增加值	万元	69589	162493	164700	173158	99342
第二产业增加值	万元	2104839	1018340	536090	667953	1297865
公共财政收入	万元	319012	228181	138764	124805	174981
各项税收	万元	263492	178125	85315	91889	133381
公共财政支出	万元	522107	525262	329761	321109	341688
居民储蓄存款余额	万元	2844844	1584684	1063295	992117	1416560
年末金融机构各项贷款余额	万元	2342552	1628202	882977	717507	1350322
三、农业、工业及投资						
农业机械总动力	万千瓦特	72	272		110	87
机收面积	公顷	69070	190000	667	93030	78840
设施农业占地面积	公顷	2426	4068	1806	1920	532
粮食总产量	吨	555018	1177867	725990	504732	544227
棉花产量	吨	23567	1797	1583	6041	36
油料产量	吨	54805	87815	64230	243565	2804
肉类总产量	吨	47510	101374	76525	133389	44643
规模以上工业企业单位数	个	289	242	113	169	143
规模以上工业总产值	万元	7877809	5231074	254416	4085399	2520657
固定资产投资	万元	3063427	2506674	1616249	1779305	1820927
四、教育、卫生和社会保障						
普通中学在校学生数	人	46432	56889	28095	26773	32701
中等职业教育学校在校学生数	人	4862	15523	10825	11615	2641
小学在校学生数	人	53046	93467	44610	38475	52686
医疗卫生机构床位数	床	2359	4050	2169	1875	1374
各种社会福利收养性单位数	个	53	50	1	25	21
各种社会福利收养性单位床位数	床	8307	7201	118	3776	2171

2015年县(市)社会经济主要指标

安徽省

指　　标	单 位	当涂县	含山县	和县	濉溪县	铜陵县
一、基本情况						
行政区域面积	平方公里	1002	1028	1319	1982	845
乡个数	个	11				4
镇个数	个	9	8	9	11	4
街道办事处个数	个					
户籍人口	万人	48	45	54	112	29
第二产业从业人员	人	101200	71600	82154	91103	82376
第三产业从业人员	人	68300	86386	106218	106421	40391
固定电话用户	户	56764	15239	54000	546825	23958
二、综合经济						
地区生产总值	万元	2711806	1230171	1352279	2332292	1243274
第一产业增加值	万元	262672	181977	233462	408622	98138
农业增加值	万元	93404	111209	169742	244752	60576
牧业增加值	万元	27020	23667	31192	138160	14381
第二产业增加值	万元	1878398	629645	718976	1207796	873513
公共财政收入	万元	391120	144312	197164	284828	145248
各项税收	万元	295835	114931	164414	234672	250645
公共财政支出	万元	410085	264146	334613	473192	261241
居民储蓄存款余额	万元	1518320	1039629	1556305	2185244	1125138
年末金融机构各项贷款余额	万元	1373918	803939	925986	1587209	1023061
三、农业、工业及投资						
农业机械总动力	万千瓦特	40	41	52	230	27
机收面积	公顷	56780	33300	53770	151214	14600
设施农业占地面积	公顷	796	374	4077	443	1268
粮食总产量	吨	317259	237385	316308	944515	87808
棉花产量	吨	1531	7302	1085	373	3325
油料产量	吨	28760	30923	20460	1728	17017
肉类总产量	吨	16639	16886	36068	56678	14676
规模以上工业企业单位数	个	308	180	147	266	85
规模以上工业总产值	万元	6833055	2543777	3130816	5345742	3378993
固定资产投资	万元	3606555	1929946	2521728	2451801	2049347
四、教育、卫生和社会保障						
普通中学在校学生数	人	19351	19786	19659	54477	10403
中等职业教育学校在校学生数	人	4220	3809	3770	3390	
小学在校学生数	人	21588	24083	25080	72135	12637
医疗卫生机构床位数	床	1830	1109	1107	3886	754
各种社会福利收养性单位数	个	15	18	11	22	10
各种社会福利收养性单位床位数	床	2423	2241	2855	3082	1385

2015年县(市)社会经济主要指标

安徽省

指　　标	单 位	怀宁县	枞阳县	潜山县	太湖县	宿松县
一、基本情况						
行政区域面积	平方公里	1276	1808	1686	2040	2394
乡个数	个	5	8	5	5	13
镇个数	个	15	14	11	10	9
街道办事处个数	个				12	
户籍人口	万人	70	97	58	57	86
第二产业从业人员	人	119274		109454	91255	91385
第三产业从业人员	人	174693		79071	81375	236510
固定电话用户	户	77345	58361	50900	40416	51747
二、综合经济						
地区生产总值	万元	1816777	1946636	1312951	975746	1530612
第一产业增加值	万元	208004	340559	234469	231154	372275
农业增加值	万元	104975	116827	128164	74360	179150
牧业增加值	万元	58455	86758	59240	96087	71291
第二产业增加值	万元	1138411	1069677	705093	437829	644244
公共财政收入	万元	164111	76809	101333	69058	98636
各项税收	万元	125295	51952	46945	56834	76184
公共财政支出	万元	283101	317575	289358	286141	371000
居民储蓄存款余额	万元	2209326	2380325	1288796	911157	1400656
年末金融机构各项贷款余额	万元	1374945	839304	885107	611087	876939
三、农业、工业及投资						
农业机械总动力	万千瓦特	50		38	29	44
机收面积	公顷	56910		41970	34667	
设施农业占地面积	公顷	1009		2212	191	512
粮食总产量	吨	352947	520470	231910	200015	369411
棉花产量	吨	6537	10110	3465	9491	24198
油料产量	吨	31595	42448	13697	22406	66455
肉类总产量	吨	35442	43240	29335	76728	37853
规模以上工业企业单位数	个	276	221	181	130	186
规模以上工业总产值	万元	4039057	3604721	2101150	1898424	2458002
固定资产投资	万元	1741342	1918854	1127078	1044184	1441078
四、教育、卫生和社会保障						
普通中学在校学生数	人	29235	40518	26689	21997	42410
中等职业教育学校在校学生数	人	13745	2896	3493	3672	
小学在校学生数	人	30739	39457	27403	27780	55922
医疗卫生机构床位数	床	1968	1859	1499	1231	1840
各种社会福利收养性单位数	个	24	2	34	16	25
各种社会福利收养性单位床位数	床	4490	160	3860	3650	3088

2015年县(市)社会经济主要指标

安徽省

指　　标	单 位	望江县	岳西县	桐城市	歙县	休宁县
一、基本情况						
行政区域面积	平方公里	1348	2372	1546	2122	2126
乡个数	个	2	11		13	11
镇个数	个	8	13	12	15	10
街道办事处个数	个			3		
户籍人口	万人	63	41	75	48	27
第二产业从业人员	人	139620	63306	174116	92765	50544
第三产业从业人员	人	106324	41716	112024	93303	64307
固定电话用户	户	323000	37988	80344	51642	39439
二、综合经济						
地区生产总值	万元	984898	769521	2271328	1337145	721296
第一产业增加值	万元	256339	153477	272795	174216	120745
农业增加值	万元	111975	86735	109531	116279	64656
牧业增加值	万元	75519	31451	107057	46029	29874
第二产业增加值	万元	425697	420715	1460818	665755	302965
公共财政收入	万元	70900	42386	142205	110303	72967
各项税收	万元	57760	31171	96317	72626	45971
公共财政支出	万元	254061	250800	350010	286878	193924
居民储蓄存款余额	万元	1298641	713087	2511143	1488334	794972
年末金融机构各项贷款余额	万元	725311	611651	1972282	1355089	580598
三、农业、工业及投资						
农业机械总动力	万千瓦特	26	13	53	21	17
机收面积	公顷	3378	8470	61100	7200	12050
设施农业占地面积	公顷	413	307	195	392	148
粮食总产量	吨	366997	91849	348472	82922	101233
棉花产量	吨	25742	155	3187	35	39
油料产量	吨	79203	3686	23141	15996	8901
肉类总产量	吨	49693	17953	39173	30308	25195
规模以上工业企业单位数	个	115	107	375	154	68
规模以上工业总产值	万元	1942773	1631454	5681036	1784648	792911
固定资产投资	万元	1090402	870403	2557184	897597	894530
四、教育、卫生和社会保障						
普通中学在校学生数	人	28678	15159	22746	16584	8443
中等职业教育学校在校学生数	人	8421	3703	10802	4891	2808
小学在校学生数	人	34554	20474	31687	19888	10748
医疗卫生机构床位数	床	1281	1348	2058	1493	640
各种社会福利收养性单位数	个	14	44	27	2	1
各种社会福利收养性单位床位数	床	3529	3277	7848	151	200

2015年县(市)社会经济主要指标

安徽省

指　　标	单 位	黟县	祁门县	来安县	全椒县	定远县
一、基本情况						
行政区域面积	平方公里	857	2215	1499	1568	3002
乡个数	个	3	8	4		6
镇个数	个	5	10	8	10	16
街道办事处个数	个					
户籍人口	万人	9	19	49	46	96
第二产业从业人员	人	16160	24856	90863	47719	156207
第三产业从业人员	人	27175	41091	73107	66052	138556
固定电话用户	户	12918	21980	34420	47722	534710
二、综合经济						
地区生产总值	万元	262360	540961	1296806	1173769	1534501
第一产业增加值	万元	35216	59615	214970	247740	543104
农业增加值	万元	14915	32407	122901	128295	254779
牧业增加值	万元	9294	5516	58754	61153	226054
第二产业增加值	万元	112618	207408	709070	536941	494968
公共财政收入	万元	33855	53284	120732	193311	123204
各项税收	万元	19274	36131	133965	138645	117105
公共财政支出	万元	112438	158776	276790	284627	440444
居民储蓄存款余额	万元	370474	628872	956932	1109284	1343817
年末金融机构各项贷款余额	万元	351218	348265	918105	1105916	1258773
三、农业、工业及投资						
农业机械总动力	万千瓦特	8	12	88	73	152
机收面积	公顷	4190	4690	70460	63409	181650
设施农业占地面积	公顷	106	90	460	507	2071
粮食总产量	吨	28236	26257	428370	448234	1090641
棉花产量	吨	28	233	394	3581	1845
油料产量	吨	4295	4107	28296	48235	34026
肉类总产量	吨	5743	6569	35200	53630	144750
规模以上工业企业单位数	个	38	60	165	129	135
规模以上工业总产值	万元	239238	490314	2196705	1769686	1532962
固定资产投资	万元	359570	579173	1855071	1585555	1718083
四、教育、卫生和社会保障						
普通中学在校学生数	人	2439	6423	18215	18816	45188
中等职业教育学校在校学生数	人	890	1655	6159	7140	9485
小学在校学生数	人	3526	8247	22104	18195	50565
医疗卫生机构床位数	床	234	892	1503	1198	2548
各种社会福利收养性单位数	个	6	1	16	22	24
各种社会福利收养性单位床位数	床	626	174	1622	2413	4838

2015年县(市)社会经济主要指标

安徽省

指　　标	单 位	凤阳县	天长市	明光市	临泉县	太和县
一、基本情况						
行政区域面积	平方公里	1937	1751	2350	1818	1820
乡个数	个	1		1	9	2
镇个数	个	14	14	12	20	29
街道办事处个数	个		1	4	3	
户籍人口	万人	76	63	64	223	173
第二产业从业人员	人	113237	198100	40570	350288	319746
第三产业从业人员	人	84058	135092	143740	349852	339473
固定电话用户	户	44560	58900	40732	69397	86095
二、综合经济						
地区生产总值	万元	1547097	2912851	1202101	1544454	1907318
第一产业增加值	万元	366570	317604	327205	655305	475360
农业增加值	万元	185846	129957	124830	414911	308960
牧业增加值	万元	133595	60623	72087	207813	132073
第二产业增加值	万元	665275	1918481	412607	382619	838651
公共财政收入	万元	220348	375518	98368	120689	230759
各项税收	万元	151404	297538	69860	94785	120260
公共财政支出	万元	371759	430221	315129	607474	655980
居民储蓄存款余额	万元	1124577	1576215	1111705	2689829	3011518
年末金融机构各项贷款余额	万元	1005646	1848370	926590	1128982	1367342
三、农业、工业及投资						
农业机械总动力	万千瓦特	125	120	90	165	170
机收面积	公顷	122720	110250	895000	156300	199988
设施农业占地面积	公顷	2000	478	264	8012	5657
粮食总产量	吨	683130	666417	525943	1071041	913275
棉花产量	吨	588		385	1982	917
油料产量	吨	16627	13253	33929	23498	10206
肉类总产量	吨	52404	35257	52852	154089	106624
规模以上工业企业单位数	个	118	371	107	149	308
规模以上工业总产值	万元	1895810	8395982	1244543	1352393	3698278
固定资产投资	万元	1274928	2924377	1244271	913285	1372140
四、教育、卫生和社会保障						
普通中学在校学生数	人	32742	28883	27202	98902	78741
中等职业教育学校在校学生数	人	8703	9043	7541	12697	18988
小学在校学生数	人	49355	30251	35132	145788	134588
医疗卫生机构床位数	床	1627	3240	1910	3747	6528
各种社会福利收养性单位数	个	25	23	23	69	201
各种社会福利收养性单位床位数	床	3040	2878	2222	16486	10642

2015年县(市)社会经济主要指标

安徽省

指　　标	单 位	阜南县	颍上县	界首市	砀山县	萧县
一、基本情况						
行政区域面积	平方公里	1801	1859	667	1196	1855
乡个数	个	8	8	3		5
镇个数	个	20	22	12	13	18
街道办事处个数	个			3		
户籍人口	万人	170	174	80	99	139
第二产业从业人员	人		302195		110265	173550
第三产业从业人员	人		201977		87410	182076
固定电话用户	户	57046	65545	51579	114994	94718
二、综合经济						
地区生产总值	万元	1333805	2054212	1452667	1594861	2197521
第一产业增加值	万元	446036	461336	236723	426730	557174
农业增加值	万元	257064	219852	136512	297767	338133
牧业增加值	万元	126345	152630	71264	106068	159400
第二产业增加值	万元	432038	1102162	845355	701867	908985
公共财政收入	万元	105829	240222	212246	69143	113278
各项税收	万元	79572	194888	83970	48913	64922
公共财政支出	万元	553625	544475	315673	324642	452739
居民储蓄存款余额	万元	1905741	1935743	1420064	1542796	1956282
年末金融机构各项贷款余额	万元	997288	1202042	829559	715533	885786
三、农业、工业及投资						
农业机械总动力	万千瓦特	121	111	47	120	163
机收面积	公顷	146600	168000		53910	141250
设施农业占地面积	公顷	4315	2722		13152	915
粮食总产量	吨	887131	1023093	399941	285899	688977
棉花产量	吨	668	7911	1243	5680	13112
油料产量	吨	19437	5052	4476	51675	27346
肉类总产量	吨	98591	106306	39797	56747	111454
规模以上工业企业单位数	个	208	180	238	221	190
规模以上工业总产值	万元	1784294	2408153	4435540	2818483	3195958
固定资产投资	万元	900614	1565007	817672	1406086	2305891
四、教育、卫生和社会保障						
普通中学在校学生数	人	75718	60857	30360	38849	59430
中等职业教育学校在校学生数	人	13875	11880	3639	6125	12087
小学在校学生数	人	120681	113392	51936	56677	84519
医疗卫生机构床位数	床	3726	3925	2380	3466	2624
各种社会福利收养性单位数	个	61	96	63	30	25
各种社会福利收养性单位床位数	床	5077	11168	3258	3490	3270

2015年县(市)社会经济主要指标

安徽省

指　　标	单 位	灵璧县	泗县	寿县	霍邱县	舒城县
一、基本情况						
行政区域面积	平方公里	2125	1856	2948	3487	2100
乡个数	个	6	3	25	9	6
镇个数	个	13	12	22	23	15
街道办事处个数	个					
户籍人口	万人	128	95	137	170	100
第二产业从业人员	人	192972	118000	178400		98152
第三产业从业人员	人	182688	135000	205200		83450
固定电话用户	户	107806	105468	59712	70000	89000
二、综合经济						
地区生产总值	万元	1724403	1580114	1305735	2234973	1585293
第一产业增加值	万元	507072	509323	423195	477731	300590
农业增加值	万元	304983	312467	214730	209356	138710
牧业增加值	万元	173824	158204	137740	170859	85070
第二产业增加值	万元	559455	558460	359673	1097140	734396
公共财政收入	万元	71815	73316	106833	164651	150016
各项税收	万元	46025	52069	85439	122742	123582
公共财政支出	万元	406182	344607	450085	519721	381816
居民储蓄存款余额	万元	1483670	1032488	1573688	1812070	2004156
年末金融机构各项贷款余额	万元	616926	723295	916848	1392448	1530851
三、农业、工业及投资						
农业机械总动力	万千瓦特	172	177	211	161	83
机收面积	公顷	180307	158960	114276	236500	63000
设施农业占地面积	公顷	490	350	1130	602	1792
粮食总产量	吨	873767	729728	1377272	1436750	398994
棉花产量	吨	924	3510	2378	2424	2884
油料产量	吨	40095	97718	22618	26320	32898
肉类总产量	吨	109349	120314	146894	167350	52002
规模以上工业企业单位数	个	157	163	90	145	154
规模以上工业总产值	万元	2533446	1416100	1055776	2163122	2263289
固定资产投资	万元	1047493	1024409	1201206	1100381	1310184
四、教育、卫生和社会保障						
普通中学在校学生数	人	44794	42999	49902	48003	35546
中等职业教育学校在校学生数	人	18667	4901	13138	11079	10966
小学在校学生数	人	91132	64664	75605	103863	39109
医疗卫生机构床位数	床	2894	2387	2562	3268	2363
各种社会福利收养性单位数	个	40	21	75	16	42
各种社会福利收养性单位床位数	床	3325	2800	7047	6825	4514

2015年县(市)社会经济主要指标

安徽省

指　　标	单 位	金寨县	霍山县	涡阳县	蒙城县	利辛县
一、基本情况						
行政区域面积	平方公里	3814	2043	2107	2091	2005
乡个数	个	23	3		2	3
镇个数	个	12	13	20	12	20
街道办事处个数	个			4	3	
户籍人口	万人	67	36	165	140	168
第二产业从业人员	人	76332	58933		91376	
第三产业从业人员	人	84023	64387		145618	
固定电话用户	户	51760	96200	46138	78000	39873
二、综合经济						
地区生产总值	万元	888131	1447439	2237482	2166609	1737723
第一产业增加值	万元	182636	132299	441874	478574	443135
农业增加值	万元	95571	61384	298745	359300	281566
牧业增加值	万元	55653	25437	106917	74293	131661
第二产业增加值	万元	346115	988799	952635	837000	479610
公共财政收入	万元	73173	97611	118257	216745	153352
各项税收	万元	81119	160089	84697	175888	125724
公共财政支出	万元	417316	243242	493409	551969	638875
居民储蓄存款余额	万元	1099965	953023	2011742	1716495	1889214
年末金融机构各项贷款余额	万元	995407	808239	930969	1419656	1130413
三、农业、工业及投资						
农业机械总动力	万千瓦特	46	33	210	252	196
机收面积	公顷		13400	230000	1774	197000
设施农业占地面积	公顷	1364	1109	963	1299	4839
粮食总产量	吨	124211	109060	1210986	1234446	1044339
棉花产量	吨	45	121	510	3394	735
油料产量	吨	10768	4906	1611	41910	2976
肉类总产量	吨	29552	19823	67245	81148	102644
规模以上工业企业单位数	个	85	144	233	203	156
规模以上工业总产值	万元	969906	3481995	2201470	1816620	1152214
固定资产投资	万元	1620837	1389845	1433266	1770141	1161196
四、教育、卫生和社会保障						
普通中学在校学生数	人	28650	15211	61880	62432	67463
中等职业教育学校在校学生数	人	8569	4509	15556	16332	14957
小学在校学生数	人	37588	14803	110268	119266	137883
医疗卫生机构床位数	床	1503	1145	3427	4101	3240
各种社会福利收养性单位数	个	35	23	100	44	56
各种社会福利收养性单位床位数	床	3693	3280	7552	5224	5592

2015年县(市)社会经济主要指标

安徽省

指　　标	单 位	东至县	石台县	青阳县	郎溪县	广德县
一、基本情况						
行政区域面积	平方公里	3261	1413	1181	1105	2165
乡个数	个	3	2	2	7	3
镇个数	个	12	6	9	2	6
街道办事处个数	个					
户籍人口	万人	55	11	28	35	52
第二产业从业人员	人	81834	24734	66099	79884	148600
第三产业从业人员	人	112808	19007	70577	68609	107100
固定电话用户	户	51127	36174	20078	41612	67206
二、综合经济						
地区生产总值	万元	1330152	220893	799565	1100076	1845975
第一产业增加值	万元	261793	39303	98561	144086	187055
农业增加值	万元	141496	22096	36076	78154	77495
牧业增加值	万元	46018	3361	21325	14390	58193
第二产业增加值	万元	548556	81661	416206	681496	960229
公共财政收入	万元	132268	22054	116037	171957	212794
各项税收	万元	100448	17445	77571	101739	250708
公共财政支出	万元	284337	100031	210476	287139	418588
居民储蓄存款余额	万元	1340054	301765	999690	720360	1134627
年末金融机构各项贷款余额	万元	836432	206863	808240	796659	1448132
三、农业、工业及投资						
农业机械总动力	万千瓦特	44	13	28	32	59
机收面积	公顷		3230	22350	48780	
设施农业占地面积	公顷	1315	55	190	1003	124300
粮食总产量	吨	227687	17504	94893	316217	201238
棉花产量	吨	20586	698	207	830	375
油料产量	吨	48454	5685	7502	14350	19059
肉类总产量	吨	34423	3627	12668	13427	54799
规模以上工业企业单位数	个	167	19	146	236	297
规模以上工业总产值	万元	1869436	119864	1538427	2464552	4324542
固定资产投资	万元	1238748	148043	941274	2237615	2118419
四、教育、卫生和社会保障						
普通中学在校学生数	人	25375	4220	14361	13514	20587
中等职业教育学校在校学生数	人	2145	1719	2182	1803	6386
小学在校学生数	人	28255	4627	15418	18785	28339
医疗卫生机构床位数	床	1809	409	994	1510	2224
各种社会福利收养性单位数	个	27	17	14	20	30
各种社会福利收养性单位床位数	床	2895	1141	1529	2055	3400

2015年县(市)社会经济主要指标

安徽省、福建省

指　标	单 位	泾县	绩溪县	旌德县	宁国市	闽侯县
一、基本情况						
行政区域面积	平方公里	2055	1116	905	2487	2130
乡个数	个	2	3	1	5	6
镇个数	个	9	8	9	8	8
街道办事处个数	个				6	1
户籍人口	万人	36	18	15	39	67
第二产业从业人员	人	64374	19942	17715	93178	164320
第三产业从业人员	人	104438	23348	33147	89448	110549
固定电话用户	户	43594	37640	35665	63188	95549
二、综合经济						
地区生产总值	万元	827888	561029	335576	2340731	4385869
第一产业增加值	万元	167128	80620	64730	207631	339587
农业增加值	万元	75012	51213	24589	117013	275431
牧业增加值	万元	47080	19194	13813	55760	37708
第二产业增加值	万元	343433	275739	148917	1463144	2711019
公共财政收入	万元	114995	70006	66707	390650	901287
各项税收	万元	77635	59026	50856	324970	357751
公共财政支出	万元	244197	143048	123064	373115	785198
居民储蓄存款余额	万元	992277	539286	376043	1081331	1868276
年末金融机构各项贷款余额	万元	672431	536672	289223	1665835	2329013
三、农业、工业及投资						
农业机械总动力	万千瓦特	19	11	9	30	18
机收面积	公顷	21920	3970	7700		3215
设施农业占地面积	公顷	880	283	412	372	318
粮食总产量	吨	150588	62077	61771	83516	64963
棉花产量	吨	688	29	136	152	
油料产量	吨	11447	9907	6292	12845	1539
肉类总产量	吨	26577	11563	9264	53688	35601
规模以上工业企业单位数	个	139	71	48	290	348
规模以上工业总产值	万元	1334885	650562	316546	5501716	8135977
固定资产投资	万元	1164246	1102760	437102	2832619	3833993
四、教育、卫生和社会保障						
普通中学在校学生数	人	10738	4774	3508	13577	27968
中等职业教育学校在校学生数	人	3923	1758	472	3195	1589
小学在校学生数	人	14167	6797	5665	18438	50275
医疗卫生机构床位数	床	1237	546	530	1657	1202
各种社会福利收养性单位数	个	3	14	13	30	1
各种社会福利收养性单位床位数	床	340	1870	830	2792	150

2015年县(市)社会经济主要指标

福建省

指　　标	单 位	连江县	罗源县	闽清县	永泰县	平潭县
一、基本情况						
行政区域面积	平方公里	1168	1100	1467	2244	372
乡个数	个	6	5	5	12	8
镇个数	个	16	6	11	9	7
街道办事处个数	个					
户籍人口	万人	67	27	32	39	43
第二产业从业人员	人	118334	27810	68483	78417	24615
第三产业从业人员	人	87172	79480	47505	67371	38596
固定电话用户	户	111280	36138	37169	46203	79194
二、综合经济						
地区生产总值	万元	3524537	1810531	1412470	1309172	1911148
第一产业增加值	万元	1199308	336836	254933	395952	359540
农业增加值	万元	75959	103920	207749	248045	23931
牧业增加值	万元	26984	17885	17580	30047	20606
第二产业增加值	万元	1391522	1120198	779507	494908	594296
公共财政收入	万元	381306	108899	81119	74827	250156
各项税收	万元	321344	89950	63876	52745	146781
公共财政支出	万元	460637	201685	219885	242081	1241429
居民储蓄存款余额	万元	2066259	474314	840324	636633	920300
年末金融机构各项贷款余额	万元	2638115	1349979	582445	775521	2341600
三、农业、工业及投资						
农业机械总动力	万千瓦特	39	8	14	5	21
机收面积	公顷	8335	133	1069	134	220
设施农业占地面积	公顷	146	260	277	165	
粮食总产量	吨	51268	33582	61758	110036	21384
棉花产量	吨					
油料产量	吨	1481	200	1266	5033	8149
肉类总产量	吨	11911	11614	13093	13740	17786
规模以上工业企业单位数	个	139	126	105	40	16
规模以上工业总产值	万元	5245324	3065180	1679851	498938	378240
固定资产投资	万元	5186649	1374914	620034	799740	3451943
四、教育、卫生和社会保障						
普通中学在校学生数	人	23866	8456	13094	15763	20880
中等职业教育学校在校学生数	人	1987	1719	743	3483	508
小学在校学生数	人	42660	14579	19642	18494	28121
医疗卫生机构床位数	床	1062	798	1509	1105	1345
各种社会福利收养性单位数	个	1	13	12	10	11
各种社会福利收养性单位床位数	床	40	327	512	132	557

2015年县(市)社会经济主要指标

福建省

指　　标	单 位	福清市	长乐市	仙游县	明溪县	清流县
一、基本情况						
行政区域面积	平方公里	1518	664	1841	1730	1806
乡个数	个		2	5	5	8
镇个数	个	17	12	12	4	5
街道办事处个数	个	7	4	1		
户籍人口	万人	134	71	114	12	16
第二产业从业人员	人	218639	151316	150221	13486	14101
第三产业从业人员	人	290286	118546	192751	25138	20737
固定电话用户	户	289121	138762	187033	19743	23147
二、综合经济						
地区生产总值	万元	7832130	5703646	3097424	585757	808551
第一产业增加值	万元	909498	432828	305583	139982	154891
农业增加值	万元	237347	137630	224437	93798	91693
牧业增加值	万元	192445	43742	37552	6892	12499
第二产业增加值	万元	3996381	3731900	1590065	262036	396925
公共财政收入	万元	812583	336452	281689	28286	34401
各项税收	万元	668392	203977	146439	19739	22184
公共财政支出	万元	698100	473385	427466	125656	146702
居民储蓄存款余额	万元	5738036	2618514	2165052	325928	279503
年末金融机构各项贷款余额	万元	6464265	6030171	2305990	226890	261844
三、农业、工业及投资						
农业机械总动力	万千瓦特	30	22	29	9	14
机收面积	公顷	9480	10666	3900	7644	8087
设施农业占地面积	公顷	2813	510	1471	86	632
粮食总产量	吨	111326	81044	123025	99172	93027
棉花产量	吨					
油料产量	吨	36949	1758	14802	3521	4656
肉类总产量	吨	109434	22445	24399	6051	9131
规模以上工业企业单位数	个	350	426	326	101	103
规模以上工业总产值	万元	14869235	19557707	4547523	1012547	1087717
固定资产投资	万元	7654790	4472228	2798021	761434	910673
四、教育、卫生和社会保障						
普通中学在校学生数	人	64922	25877	53229	4127	5762
中等职业教育学校在校学生数	人	7660	3991	6809	1364	402
小学在校学生数	人	109118	51610	73134	6270	8912
医疗卫生机构床位数	床	3142	2039	2125	378	757
各种社会福利收养性单位数	个	3	29	24	11	11
各种社会福利收养性单位床位数	床	270	3170	2522	672	251

2015年县(市)社会经济主要指标

福建省

指标	单位	宁化县	大田县	尤溪县	沙县	将乐县
一、基本情况						
行政区域面积	平方公里	2408	2233	3422	1799	2241
乡个数	个	9	10	6	4	7
镇个数	个	7	8	9	6	6
街道办事处个数	个				2	
户籍人口	万人	38	40	44	27	19
第二产业从业人员	人	36145	33058	58951	23226	26661
第三产业从业人员	人	66407	33621	52190	65638	29565
固定电话用户	户	31750	52980	53104	41616	29402
二、综合经济						
地区生产总值	万元	1086433	1572197	1880682	1911638	1018785
第一产业增加值	万元	255500	280233	475115	270928	166415
农业增加值	万元	147853	199057	312502	126772	86805
牧业增加值	万元	33778	41117	35751	38005	15076
第二产业增加值	万元	481250	819807	816791	1027285	539845
公共财政收入	万元	54688	68685	73357	95186	60828
各项税收	万元	40367	45078	45029	50131	35340
公共财政支出	万元	212982	197204	211093	224657	168805
居民储蓄存款余额	万元	599036	512436	773718	827070	411553
年末金融机构各项贷款余额	万元	640800	761907	1090177	1652562	564446
三、农业、工业及投资						
农业机械总动力	万千瓦特	21	18	24	12	10
机收面积	公顷	18489	1427	15333	8667	8132
设施农业占地面积	公顷	98	213	224	58	247
粮食总产量	吨	208977	122967	181347	93013	83248
棉花产量	吨	9		50		
油料产量	吨	8001	2096	1988	2503	2179
肉类总产量	吨	14122	18565	31236	24510	5867
规模以上工业企业单位数	个	147	209	176	207	121
规模以上工业总产值	万元	1113475	3393670	2700859	5562894	1767457
固定资产投资	万元	1537001	2292556	1925359	2067644	1083381
四、教育、卫生和社会保障						
普通中学在校学生数	人	14387	12398	17734	13301	7691
中等职业教育学校在校学生数	人	1516	395	2363	3079	398
小学在校学生数	人	19337	24727	20820	21861	10887
医疗卫生机构床位数	床	852	1248	1402	1244	762
各种社会福利收养性单位数	个	15	17	16	12	11
各种社会福利收养性单位床位数	床	417	1250	700	910	296

2015年县(市)社会经济主要指标

福建省

指　　标	单 位	泰宁县	建宁县	永安市	惠安县	安溪县
一、基本情况						
行政区域面积	平方公里	1529	1716	2931	680	3057
乡个数	个	7	5	3	1	11
镇个数	个	2	4	8	15	13
街道办事处个数	个			4		
户籍人口	万人	14	16	33	101	118
第二产业从业人员	人	9006	13388	63382	273282	161947
第三产业从业人员	人	16743	20175	63685	103791	168268
固定电话用户	户	24474	25021	56905	349928	139226
二、综合经济						
地区生产总值	万元	829752	800917	3145799	7497038	4240337
第一产业增加值	万元	157588	176871	279358	289695	366737
农业增加值	万元	81609	110184	136420	59780	317993
牧业增加值	万元	14637	10142	36111	51704	43666
第二产业增加值	万元	366640	409232	1834435	5025210	2260100
公共财政收入	万元	30001	28279	172142	330203	239888
各项税收	万元	17967	18897	92506	1311774	280502
公共财政支出	万元	132649	135248	253307	545591	513483
居民储蓄存款余额	万元	303845	302186	933700	3089240	1995350
年末金融机构各项贷款余额	万元	303913	307300	1965095	4378435	2607954
三、农业、工业及投资						
农业机械总动力	万千瓦特	9	15	22	20	85
机收面积	公顷	4691	16667	9076	4087	980
设施农业占地面积	公顷	50	34	46	328	64
粮食总产量	吨	70488	104834	88260	110778	106655
棉花产量	吨	14		4		
油料产量	吨	1757	623	2044	22252	1556
肉类总产量	吨	7593	5242	20075	24888	22415
规模以上工业企业单位数	个	98	110	275	557	245
规模以上工业总产值	万元	862873	1106399	7595155	14497850	5535486
固定资产投资	万元	873505	954414	2585887	4041691	2931526
四、教育、卫生和社会保障						
普通中学在校学生数	人	3329	5660	15797	41593	50754
中等职业教育学校在校学生数	人	412	830	4068	4696	7104
小学在校学生数	人	7664	7860	24279	69067	101982
医疗卫生机构床位数	床	654	504	2501	3451	2883
各种社会福利收养性单位数	个	9	9	14	18	25
各种社会福利收养性单位床位数	床	604	227	1150	1298	1026

2015年县(市)社会经济主要指标

福建省

指　　标	单 位	永春县	德化县	金门县	石狮市	晋江市
一、基本情况						
行政区域面积	平方公里	1468	2232		178	650
乡个数	个	4	7			
镇个数	个	18	11		7	13
街道办事处个数	个				2	6
户籍人口	万人	59	33		33	119
第二产业从业人员	人	88473	101699		258172	800696
第三产业从业人员	人	87656	33962		124978	308308
固定电话用户	户	77400	55995		202000	505930
二、综合经济						
地区生产总值	万元	3060252	1823629		6762803	16204660
第一产业增加值	万元	229852	95546		200167	195941
农业增加值	万元	192509	56614		5018	46693
牧业增加值	万元	26549	29812		1424	22336
第二产业增加值	万元	1724800	1092185		3835133	10324385
公共财政收入	万元	156500	153083		592933	1172008
各项税收	万元	72277	122613		496363	1798500
公共财政支出	万元	271200	247394		483711	1297465
居民储蓄存款余额	万元	1185658	751641		4167376	7584824
年末金融机构各项贷款余额	万元	1061200	1364632		6395428	11563838
三、农业、工业及投资						
农业机械总动力	万千瓦特	28	10		25	36
机收面积	公顷	7267	1353		353	2463
设施农业占地面积	公顷	147	43		10	162
粮食总产量	吨	133716	81774		6029	48077
棉花产量	吨					
油料产量	吨	243	125		898	8736
肉类总产量	吨	15526	17564		1019	9983
规模以上工业企业单位数	个	185	116		391	1459
规模以上工业总产值	万元	4642734	2205300		9118905	36165800
固定资产投资	万元	1136500	978396		4082839	9058834
四、教育、卫生和社会保障						
普通中学在校学生数	人	23183	14481		27704	83527
中等职业教育学校在校学生数	人	1824	3500		1912	12677
小学在校学生数	人	32138	21545		58259	176966
医疗卫生机构床位数	床	1470	1003		1523	4776
各种社会福利收养性单位数	个	17	20		3	34
各种社会福利收养性单位床位数	床	712	935		600	5326

2015年县(市)社会经济主要指标

福建省

指　　标	单 位	南安市	云霄县	漳浦县	诏安县	长泰县
一、基本情况						
行政区域面积	平方公里	1985	1051	2146	1294	900
乡个数	个	2	3	4	6	1
镇个数	个	21	6	17	9	4
街道办事处个数	个	3				
户籍人口	万人	159	45	90	65	21
第二产业从业人员	人	553826	63298	105959	90225	66971
第三产业从业人员	人	329424	36616	125446	86467	40069
固定电话用户	户	374931	60717	132325	97346	31507
二、综合经济						
地区生产总值	万元	8433901	1577157	3187735	1892077	1863669
第一产业增加值	万元	247201	289943	622951	392790	168172
农业增加值	万元	135940	176353	292368	166974	114437
牧业增加值	万元	94379	15119	30278	16033	26128
第二产业增加值	万元	5180200	744143	1291365	835472	1143112
公共财政收入	万元	627698	74722	315538	80294	203125
各项税收	万元	549412	50175	268803	53777	123482
公共财政支出	万元	621394	253458	480195	271449	237968
居民储蓄存款余额	万元	5278382	672427	1652609	713638	619090
年末金融机构各项贷款余额	万元	7703747	602220	2069480	522407	647201
三、农业、工业及投资						
农业机械总动力	万千瓦特	36	20	35	14	11
机收面积	公顷	15420	4278	8107	4620	1980
设施农业占地面积	公顷	12	300	301	1619	321
粮食总产量	吨	185172	96527	195525	109845	47228
棉花产量	吨					
油料产量	吨	13103	5006	17928	6858	2758
肉类总产量	吨	50075	11335	25511	10947	19269
规模以上工业企业单位数	个	768	177	227	162	248
规模以上工业总产值	万元	16133053	2649209	4584049	2731666	4299267
固定资产投资	万元	4983461	1961238	3240560	1927817	2800751
四、教育、卫生和社会保障						
普通中学在校学生数	人	60707	22808	39412	26878	7669
中等职业教育学校在校学生数	人	12225	2264	3373	1341	345
小学在校学生数	人	110769	31848	57794	39115	15080
医疗卫生机构床位数	床	4946	1480	2245	1893	842
各种社会福利收养性单位数	个	21	33	33	29	26
各种社会福利收养性单位床位数	床	1480	1470	875	1334	722

2015年县(市)社会经济主要指标

福建省

指　　标	单 位	东山县	南靖县	平和县	华安县	龙海市
一、基本情况						
行政区域面积	平方公里	248	1962	2310	1278	1315
乡个数	个			5	3	2
镇个数	个	7	11	10	6	11
街道办事处个数	个					1
户籍人口	万人	22	36	61	17	86
第二产业从业人员	人	47547	56148	62417	31284	247732
第三产业从业人员	人	41075	65550	76275	17039	173278
固定电话用户	户	47312	56492	67193	31300	142425
二、综合经济						
地区生产总值	万元	1563058	2122123	1727270	1046560	6403575
第一产业增加值	万元	308588	445716	517386	260414	575369
农业增加值	万元	18991	322795	459372	210470	236962
牧业增加值	万元	7054	68582	28205	24160	49563
第二产业增加值	万元	742825	1041542	532531	537130	3636115
公共财政收入	万元	182712	110578	64898	59653	480409
各项税收	万元	140003	71192	49514	45656	673831
公共财政支出	万元	277020	220355	303102	132526	442963
居民储蓄存款余额	万元	544681	663741	899278	292235	2352172
年末金融机构各项贷款余额	万元	821341	746515	581449	296948	3758851
三、农业、工业及投资						
农业机械总动力	万千瓦特	20	20	34	8	43
机收面积	公顷	39	67	715	67	11531
设施农业占地面积	公顷	2	1919	322	197	1503
粮食总产量	吨	7021	45075	76379	15622	91780
棉花产量	吨					
油料产量	吨	2826	945	3869	794	2517
肉类总产量	吨	4680	54715	19265	12175	31566
规模以上工业企业单位数	个	99	209	109	127	446
规模以上工业总产值	万元	2544653	3721598	1706132	1726876	12183749
固定资产投资	万元	1601873	2063866	1513705	802616	5012462
四、教育、卫生和社会保障						
普通中学在校学生数	人	9102	13451	28659	4851	38236
中等职业教育学校在校学生数	人	1678	6392	1505	543	1836
小学在校学生数	人	12859	18977	39270	9491	60482
医疗卫生机构床位数	床	600	886	1853	544	2602
各种社会福利收养性单位数	个	6	13	75	22	58
各种社会福利收养性单位床位数	床	215	1418	1955	770	2961

2015年县(市)社会经济主要指标

福建省

指　　标	单 位	建阳区	顺昌县	浦城县	光泽县	松溪县
一、基本情况						
行政区域面积	平方公里	3383	1980	3376	2240	1043
乡个数	个	3	3	8	5	6
镇个数	个	8	8	9	3	2
街道办事处个数	个	2	1	2		1
户籍人口	万人	36	24	43	17	17
第二产业从业人员	人	20822	25682	65564	26417	12744
第三产业从业人员	人	81129	30711	61071	21618	14600
固定电话用户	户	55237	27059	50173	22280	19389
二、综合经济						
地区生产总值	万元	1518080	909735	1190557	784125	428563
第一产业增加值	万元	328580	198622	313254	368949	123792
农业增加值	万元	181736	107043	161669	48448	75285
牧业增加值	万元	32810	18041	100992	295707	7909
第二产业增加值	万元	752500	341256	460400	238718	161882
公共财政收入	万元	137392	57060	83772	52289	36420
各项税收	万元	83594	45894	41560	44092	17681
公共财政支出	万元	247560	183488	231206	128446	135841
居民储蓄存款余额	万元	860945	501436	759090	363330	286700
年末金融机构各项贷款余额	万元	1476806	446687	576913	538447	305600
三、农业、工业及投资						
农业机械总动力	万千瓦特	38	14	30	12	15
机收面积	公顷	27335	4604	34400	9513	3669
设施农业占地面积	公顷	1036	229	271	11	94
粮食总产量	吨	214503	69728	251097	78183	62695
棉花产量	吨					
油料产量	吨	1561	982	10168	1355	1789
肉类总产量	吨	14158	11469	127572	344299	5653
规模以上工业企业单位数	个	168	50	106	36	61
规模以上工业总产值	万元	2531228	902376	1429254	837306	574878
固定资产投资	万元	2841632	610292	1301538	487078	543341
四、教育、卫生和社会保障						
普通中学在校学生数	人	15563	11585	18170	7901	6270
中等职业教育学校在校学生数	人	17519	440	492	388	101
小学在校学生数	人	23319	11672	25935	10880	9700
医疗卫生机构床位数	床	1794	900	1665	623	681
各种社会福利收养性单位数	个	14	17	36	9	11
各种社会福利收养性单位床位数	床	1411	1016	2220	601	756

2015年县(市)社会经济主要指标

福建省

指标	单位	政和县	邵武市	武夷山市	建瓯市	永定区
一、基本情况						
行政区域面积	平方公里	1744	2859	2803	4233	2224
乡个数	个	5	3	4	4	11
镇个数	个	4	12	3	10	12
街道办事处个数	个	1	4	3	4	1
户籍人口	万人	23	31	24	55	51
第二产业从业人员	人	22534	19044	23425	59102	79938
第三产业从业人员	人	25682	68784	50377	79411	87193
固定电话用户	户	21500	44860	50373	51200	51837
二、综合经济						
地区生产总值	万元	500120	1919811	1351436	1986678	1982379
第一产业增加值	万元	141619	309011	245381	512678	294801
农业增加值	万元	86157	161693	170414	343035	140317
牧业增加值	万元	26337	37492	26873	39923	102979
第二产业增加值	万元	192393	923400	517819	778900	1010624
公共财政收入	万元	54527	178781	117296	119388	103204
各项税收	万元	29015	84361	91374	88556	63038
公共财政支出	万元	176050	268703	219408	261643	266962
居民储蓄存款余额	万元	315651	927299	782393	1020342	820535
年末金融机构各项贷款余额	万元	278917	968563	1100055	1138745	993665
三、农业、工业及投资						
农业机械总动力	万千瓦特	12	28	23	36	20
机收面积	公顷	5303	19913	11939	5612	5467
设施农业占地面积	公顷	201	162	294	956	160
粮食总产量	吨	88422	204548	131859	231997	138271
棉花产量	吨		4			
油料产量	吨	654	6355	2699	5171	2149
肉类总产量	吨	31339	20670	10288	19363	81991
规模以上工业企业单位数	个	105	218	83	151	75
规模以上工业总产值	万元	655235	3951985	1075085	2166951	943087
固定资产投资	万元	668014	3446960	3010061	2556401	2035727
四、教育、卫生和社会保障						
普通中学在校学生数	人	8923	12764	10366	21911	17240
中等职业教育学校在校学生数	人	197	1542	2512	907	734
小学在校学生数	人	13857	17940	18004	36355	25786
医疗卫生机构床位数	床	665	2338	1085	2332	1393
各种社会福利收养性单位数	个	15	19	8	16	25
各种社会福利收养性单位床位数	床	372	1270	1040	1201	772

2015年县(市)社会经济主要指标

福建省

指　　标	单 位	长汀县	上杭县	武平县	连城县	漳平市
一、基本情况						
行政区域面积	平方公里	3099	2859	2638	2579	2976
乡个数	个	5	5	5	9	3
镇个数	个	13	17	12	8	11
街道办事处个数	个					2
户籍人口	万人	53	52	39	34	30
第二产业从业人员	人	107840	121286	42949	50000	30683
第三产业从业人员	人	102230	82583	68123	79000	46255
固定电话用户	户	60920	65966	56900	38500	45933
二、综合经济						
地区生产总值	万元	1600579	2519155	1466570	1481183	1861947
第一产业增加值	万元	283363	316231	313170	295267	253747
农业增加值	万元	142735	144053	164360	156967	168074
牧业增加值	万元	81377	122617	97562	59507	32166
第二产业增加值	万元	728629	1422285	618900	636002	834900
公共财政收入	万元	86459	207902	102360	57844	63826
各项税收	万元	44735	129535	76812	47332	89431
公共财政支出	万元	308167	411870	258520	231803	197817
居民储蓄存款余额	万元	792311	932110	549293	427411	576161
年末金融机构各项贷款余额	万元	961280	1551541	725455	556284	803085
三、农业、工业及投资						
农业机械总动力	万千瓦特	17	17	15	11	15
机收面积	公顷	10666	6667	8670	7773	4000
设施农业占地面积	公顷	249	210	676	246	434
粮食总产量	吨	222268	196127	221765	171702	77741
棉花产量	吨					
油料产量	吨	9003	2029	3409	5150	676
肉类总产量	吨	59519	89142	71018	39167	24627
规模以上工业企业单位数	个	106	83	121	131	122
规模以上工业总产值	万元	1585686	3844775	1363862	1304746	1393935
固定资产投资	万元	1965636	2159634	2283554	2008075	1868124
四、教育、卫生和社会保障						
普通中学在校学生数	人	23565	18307	13930	11622	10821
中等职业教育学校在校学生数	人	2052	3494	882	502	445
小学在校学生数	人	29774	23433	18181	15843	16466
医疗卫生机构床位数	床	2117	1777	1379	1299	908
各种社会福利收养性单位数	个	18	22	19	18	17
各种社会福利收养性单位床位数	床	486	2136	575	627	396

2015年县(市)社会经济主要指标

福建省

指　　标	单 位	霞浦县	古田县	屏南县	寿宁县	周宁县
一、基本情况						
行政区域面积	平方公里	1678	2377	1485	1425	1047
乡个数	个	6	4	7	8	3
镇个数	个	6	8	4	6	6
街道办事处个数	个	2	2			
户籍人口	万人	54	43	19	26	21
第二产业从业人员	人	33291	42073	13577	11907	9563
第三产业从业人员	人	114397	49544	21497	43178	29485
固定电话用户	户	51773	60500	19600	20100	20705
二、综合经济						
地区生产总值	万元	1814368	1501202	635787	688798	486943
第一产业增加值	万元	516629	374675	137832	157082	87827
农业增加值	万元	88224	312858	105573	128490	65023
牧业增加值	万元	14857	18731	14327	6215	8636
第二产业增加值	万元	563927	627664	271544	322474	253198
公共财政收入	万元	116707	76411	34500	42997	34216
各项税收	万元	62006	45990	19581	34505	19903
公共财政支出	万元	274111	236152	154427	177251	143006
居民储蓄存款余额	万元	503393	815715	258843	303325	289700
年末金融机构各项贷款余额	万元	1155571	906204	496451	316387	194021
三、农业、工业及投资						
农业机械总动力	万千瓦特	28	15	9	7	5
机收面积	公顷	2333	2000	600	400	670
设施农业占地面积	公顷	283	3519	429	325	60
粮食总产量	吨	76056	140142	61636	63263	38611
棉花产量	吨					
油料产量	吨	2191	243		52	203
肉类总产量	吨	8150	14863	8946	4806	6217
规模以上工业企业单位数	个	117	172	66	92	38
规模以上工业总产值	万元	1438788	1690319	923349	1266451	780755
固定资产投资	万元	1179663	702406	431081	634711	459482
四、教育、卫生和社会保障						
普通中学在校学生数	人	18701	13242	6026	10040	6830
中等职业教育学校在校学生数	人	1513	1148	938	584	825
小学在校学生数	人	32841	19921	9303	14113	9902
医疗卫生机构床位数	床	1621	1423	716	603	520
各种社会福利收养性单位数	个	74	13	9	14	9
各种社会福利收养性单位床位数	床	1090	574	365	211	188

2015年县(市)社会经济主要指标

福建省、江西省

指　　标	单 位	柘荣县	福安市	福鼎市	新建区	南昌县
一、基本情况						
行政区域面积	平方公里	544	1880	1526	2426	2042
乡个数	个	7	5	3	6	7
镇个数	个	2	13	10	13	11
街道办事处个数	个		4	3	4	
户籍人口	万人	11	67	59	93	104
第二产业从业人员	人	10978	104888	107757	99009	286138
第三产业从业人员	人	12150	83312	97429	202467	382488
固定电话用户	户	15072	82800	88700	81193	73000
二、综合经济						
地区生产总值	万元	467912	3548642	3058320	6052865	10635900
第一产业增加值	万元	74752	438556	412684	517086	537816
农业增加值	万元	54201	270811	148570	208309	250424
牧业增加值	万元	6015	23141	10352	166021	176530
第二产业增加值	万元	255742	2214758	1866289	2755956	7690319
公共财政收入	万元	28925	235026	203375	634949	768256
各项税收	万元	29829	119196	119452	537133	622875
公共财政支出	万元	130737	418564	355983	876756	1041614
居民储蓄存款余额	万元	162785	1080807	1032222	1849660	2767605
年末金融机构各项贷款余额	万元	244139	2452061	3801827	1988188	3544196
三、农业、工业及投资						
农业机械总动力	万千瓦特	5	20	20	73	89
机收面积	公顷	334	2000	3652	102600	133590
设施农业占地面积	公顷	125	1622	516	1137	437
粮食总产量	吨	36345	98070	79229	616900	1012900
棉花产量	吨				248	
油料产量	吨	937	1593	496	34735	12040
肉类总产量	吨	4419	14617	7916	86779	143295
规模以上工业企业单位数	个	58	354	328	171	426
规模以上工业总产值	万元	848719	10186236	8953494	6432077	19665897
固定资产投资	万元	579894	2335009	2666253	7547571	11653762
四、教育、卫生和社会保障						
普通中学在校学生数	人	4551	29441	22943	52140	59594
中等职业教育学校在校学生数	人	1401	5062	3948	755	1234
小学在校学生数	人	7095	51196	36458	76140	91552
医疗卫生机构床位数	床	419	2375	1572	2053	2359
各种社会福利收养性单位数	个	27	47	17	23	22
各种社会福利收养性单位床位数	床	464	1967	816	3095	2056

2015年县(市)社会经济主要指标

江西省

指　　标	单 位	安义县	进贤县	浮梁县	乐平市	莲花县
一、基本情况						
行政区域面积	平方公里	666	1946	2851	1980	1072
乡个数	个	3	12	8	1	8
镇个数	个	7	9	10	15	5
街道办事处个数	个				2	
户籍人口	万人	30	86	28	93	28
第二产业从业人员	人	21400	98932	63451	170100	44900
第三产业从业人员	人	16453	196728	44371	194900	47000
固定电话用户	户		69573	25598	54263	24226
二、综合经济						
地区生产总值	万元	905503	2745398	1001002	2650783	544436
第一产业增加值	万元	105445	491948	161351	343131	84180
农业增加值	万元	51912	177754	114772	222394	37099
牧业增加值	万元	26978	138987	20906	63334	27602
第二产业增加值	万元	456164	1381457	538741	1488225	248511
公共财政收入	万元	89160	149032	79802	300917	63901
各项税收	万元	56979	105463	102923	238092	63377
公共财政支出	万元	193316	376469	198197	503462	189628
居民储蓄存款余额	万元	795853	1800631	600841	1782663	555556
年末金融机构各项贷款余额	万元	950035	1377908	381326	1138318	326245
三、农业、工业及投资						
农业机械总动力	万千瓦特	9	63	29	49	20
机收面积	公顷	36570	73510	20840	55190	20480
设施农业占地面积	公顷	19	262	2045	2439	49
粮食总产量	吨	204775	497400	189100	395900	143654
棉花产量	吨	1860	116	299	1269	8
油料产量	吨	29388	50857	8695	26558	21573
肉类总产量	吨	23542	100418	12299	34271	16357
规模以上工业企业单位数	个	81	127	82	115	63
规模以上工业总产值	万元	1483544	3436997	2205030	3699924	904221
固定资产投资	万元	925162	1276147	657193	3285197	541338
四、教育、卫生和社会保障						
普通中学在校学生数	人	12460	44189	12246	42062	14300
中等职业教育学校在校学生数	人	117	4480	267	923	1200
小学在校学生数	人	16647	61949	19210	87213	23145
医疗卫生机构床位数	床	1089	2243	655	1880	736
各种社会福利收养性单位数	个		25	19	22	18
各种社会福利收养性单位床位数	床		2184	1181	3051	1413

2015年县(市)社会经济主要指标

江西省

指　　标	单 位	上栗县	芦溪县	九江县	武宁县	修水县
一、基本情况						
行政区域面积	平方公里	727	961	917	3504	4502
乡个数	个	4	5	4	11	17
镇个数	个	6	5	7	8	19
街道办事处个数	个				1	
户籍人口	万人	51	31	33	40	87
第二产业从业人员	人	127600	76500	68835	42467	157092
第三产业从业人员	人	86900	59600	58795	61070	169623
固定电话用户	户	41676	34695	40871	46800	104898
二、综合经济						
地区生产总值	万元	1701900	1256319	972242	970055	1301678
第一产业增加值	万元	161768	156168	125820	144675	173896
农业增加值	万元	55864	66968	60377	51586	84064
牧业增加值	万元	78564	67815	18999	34511	55348
第二产业增加值	万元	1020838	701971	555802	485059	636599
公共财政收入	万元	156981	105428	170826	173659	231566
各项税收	万元	170207	114316	141863	114065	197291
公共财政支出	万元	279301	220972	232141	291775	455413
居民储蓄存款余额	万元	565940	423773	660040	727733	999505
年末金融机构各项贷款余额	万元	445953	394324	700877	683954	919607
三、农业、工业及投资						
农业机械总动力	万千瓦特	17	18	36	22	22
机收面积	公顷	19740	15180	5000	11800	29734
设施农业占地面积	公顷	121	405	1063	154	103
粮食总产量	吨	149877	146599	68466	148361	219700
棉花产量	吨		2	17130	2212	614
油料产量	吨	4298	6849	21137	14420	16465
肉类总产量	吨	32222	45898	17916	20690	47255
规模以上工业企业单位数	个	115	128	102	105	117
规模以上工业总产值	万元	2895601	2373984	2633412	3079445	3109440
固定资产投资	万元	1969980	1422111	1198319	1323617	1587496
四、教育、卫生和社会保障						
普通中学在校学生数	人	26700	14400	19770	13278	41859
中等职业教育学校在校学生数	人	1495	5125	514	2042	4282
小学在校学生数	人	41924	26887	27449	28961	77131
医疗卫生机构床位数	床	1970	1032	1005	1302	1632
各种社会福利收养性单位数	个	10	10	13	20	42
各种社会福利收养性单位床位数	床	1328	1458	2590	1202	4464

2015年县(市)社会经济主要指标

江西省

指　　标	单 位	永修县	德安县	星子县	都昌县	湖口县
一、基本情况						
行政区域面积	平方公里	2047	868	723	2227	674
乡个数	个	4	8	3	12	6
镇个数	个	11	5	7	12	6
街道办事处个数	个					
户籍人口	万人	40	18	28	82	30
第二产业从业人员	人	43713	40237	45949	126361	47414
第三产业从业人员	人	57622	31508	32904	130044	41574
固定电话用户	户	9235	38003	48700	96855	38901
二、综合经济						
地区生产总值	万元	1212530	835400	675629	951197	1089997
第一产业增加值	万元	143883	55183	62790	190187	112961
农业增加值	万元	70871	21117	17092	136924	54308
牧业增加值	万元	22404	22261	15500	12154	14068
第二产业增加值	万元	780682	574660	295804	454179	776021
公共财政收入	万元	215166	157139	115457	148508	240866
各项税收	万元	188692	128135	88008	92613	210663
公共财政支出	万元	330942	215184	205173	336270	245149
居民储蓄存款余额	万元	850562	500448	458966	1282488	665195
年末金融机构各项贷款余额	万元	825823	445636	492758	564206	787984
三、农业、工业及投资						
农业机械总动力	万千瓦特	26	9	4	69	7
机收面积	公顷	34060	6460	7410	56037	17983
设施农业占地面积	公顷	174	583	45	40	128
粮食总产量	吨	222900	49825	82571	375700	115011
棉花产量	吨	5134	7956	3821	8195	10297
油料产量	吨	19672	8948	10046	30158	25209
肉类总产量	吨	18535	11403	11335	19003	9656
规模以上工业企业单位数	个	123	115	68	80	75
规模以上工业总产值	万元	4697021	4099286	2009785	1879219	3486755
固定资产投资	万元	2092272	993751	728389	887923	1994894
四、教育、卫生和社会保障						
普通中学在校学生数	人	18569	8099	12549	46883	16329
中等职业教育学校在校学生数	人	1090	99	221	1652	145
小学在校学生数	人	29390	15695	23840	61138	21004
医疗卫生机构床位数	床	1189	699	1825	2312	849
各种社会福利收养性单位数	个	23	10	13	27	14
各种社会福利收养性单位床位数	床	2817	400	1734	1214	1349

2015年县(市)社会经济主要指标

江西省

指　　标	单 位	彭泽县	瑞昌市	共青城市	分宜县	余江县
一、基本情况						
行政区域面积	平方公里	1534	1419	64	1389	931
乡个数	个	3	8	1	3	6
镇个数	个	10	8	2	7	6
街道办事处个数	个		2	1	1	
户籍人口	万人	38	46	7	34	40
第二产业从业人员	人	42500	108336	30382	45200	63255
第三产业从业人员	人	79500	98948	3362	55400	90753
固定电话用户	户	50000	52233	12000	25701	20724
二、综合经济						
地区生产总值	万元	845009	1500359	788681	2070321	1040816
第一产业增加值	万元	163364	136888	24691	218997	295384
农业增加值	万元	74416	58804	4808	118261	87048
牧业增加值	万元	26636	33311	10241	20457	154316
第二产业增加值	万元	465088	1015416	602001	1106691	523595
公共财政收入	万元	136245	268069	151921	287386	142558
各项税收	万元	157306	227927	116970	165830	136831
公共财政支出	万元	264213	339358	198034	371016	274631
居民储蓄存款余额	万元	716760	936843	277100	728668	735039
年末金融机构各项贷款余额	万元	486267	961524	468535	983616	842993
三、农业、工业及投资						
农业机械总动力	万千瓦特	17	30	5	18	28
机收面积	公顷	13600	14700	2660	23460	42052
设施农业占地面积	公顷		418	4	645	405
粮食总产量	吨	108385	97338	21488	150275	221900
棉花产量	吨	24581	3853	467	24	
油料产量	吨	41259	31088	1024	5280	18637
肉类总产量	吨	13849	27079	6897	24768	83653
规模以上工业企业单位数	个	98	111	111	87	81
规模以上工业总产值	万元	2741369	4464239	4296322	2310477	2937939
固定资产投资	万元	1316150	2273485	1462900	1679811	914476
四、教育、卫生和社会保障						
普通中学在校学生数	人	11318	23080	5166	14760	17525
中等职业教育学校在校学生数	人	1931	1281	135		155
小学在校学生数	人	28936	39356	9574	26620	32986
医疗卫生机构床位数	床	1140	1840	486	1145	1460
各种社会福利收养性单位数	个	17	22	2	15	16
各种社会福利收养性单位床位数	床	2213	2200	70	790	1460

2015年县(市)社会经济主要指标

江西省

指　　标	单 位	贵溪市	南康区	赣县	信丰县	大余县
一、基本情况						
行政区域面积	平方公里	2493	1849	2990	2866	1343
乡个数	个	4	12	7	3	3
镇个数	个	14	6	12	13	8
街道办事处个数	个	3	2			
户籍人口	万人	64	86	65	76	31
第二产业从业人员	人	115380	190127	128028	133072	54579
第三产业从业人员	人	131421	206070	168256	148239	65297
固定电话用户	户	6127	123986	44792	62562	38710
二、综合经济						
地区生产总值	万元	3470225	1701626	1325697	1531806	909769
第一产业增加值	万元	186254	233547	198334	272778	109530
农业增加值	万元	97135	92710	98954	145982	62545
牧业增加值	万元	34628	98256	62785	74497	25126
第二产业增加值	万元	2432317	866349	752269	634261	458274
公共财政收入	万元	467525	184201	173830	113893	79135
各项税收	万元	360455	202479	94891	85149	66504
公共财政支出	万元	461008	394094	358644	323513	216118
居民储蓄存款余额	万元	1199129	1900821	1175444	1382010	651012
年末金融机构各项贷款余额	万元	1428760	2049340	1076204	1003900	530400
三、农业、工业及投资						
农业机械总动力	万千瓦特	42	30	22	32	21
机收面积	公顷	60355	28755	31000	26000	12220
设施农业占地面积	公顷	495	190	126	39	33
粮食总产量	吨	345000	227600	192298	247330	90817
棉花产量	吨					
油料产量	吨	7544	18037	6475	14513	3623
肉类总产量	吨	30498	74233	68194	74014	31915
规模以上工业企业单位数	个	83	126	89	75	52
规模以上工业总产值	万元	12520105	3023125	2922300	1753571	918856
固定资产投资	万元	3320287	1449715	1395672	1403416	863915
四、教育、卫生和社会保障						
普通中学在校学生数	人	24005	60170	39782	48894	15745
中等职业教育学校在校学生数	人	1547	1952	2522	2484	2312
小学在校学生数	人	48843	88215	65205	73011	29011
医疗卫生机构床位数	床	1755	5775	2061	2901	1238
各种社会福利收养性单位数	个	25	22	29	17	14
各种社会福利收养性单位床位数	床	1360	1809	2800	1723	1394

2015年县(市)社会经济主要指标

江西省

指标	单位	上犹县	崇义县	安远县	龙南县	定南县
一、基本情况						
行政区域面积	平方公里	1542	2208	2350	1646	1321
乡个数	个	8	10	10	5	
镇个数	个	6	6	8	8	7
街道办事处个数	个					
户籍人口	万人	32	22	39	33	22
第二产业从业人员	人	61817	43504	63393	86012	48892
第三产业从业人员	人	78841	52589	73392	90030	54234
固定电话用户	户	31157	23200	33500	39077	25126
二、综合经济						
地区生产总值	万元	508401	649050	524000	1227979	617584
第一产业增加值	万元	101025	96565	149516	117607	90997
农业增加值	万元	37113	27069	97348	65008	23299
牧业增加值	万元	22450	8484	27242	36801	55715
第二产业增加值	万元	199193	375142	120792	682757	274564
公共财政收入	万元	62708	71521	53355	125836	90107
各项税收	万元	60084	72099	54721	78296	71680
公共财政支出	万元	207600	185065	238800	270858	202419
居民储蓄存款余额	万元	536638	419827	633748	627165	381995
年末金融机构各项贷款余额	万元	596015	579940	563367	704485	585014
三、农业、工业及投资						
农业机械总动力	万千瓦特	11	7	12	14	10
机收面积	公顷	6621	5595	17600	5389	9800
设施农业占地面积	公顷	35	102	5	784	136
粮食总产量	吨	93081	44588	97872	65125	61403
棉花产量	吨		3			
油料产量	吨	2243	1641	480	2745	233
肉类总产量	吨	16833	9281	24024	26987	65328
规模以上工业企业单位数	个	34	38	28	83	40
规模以上工业总产值	万元	661600	980752	289807	2542237	871841
固定资产投资	万元	459023	389550	309631	1288399	600344
四、教育、卫生和社会保障						
普通中学在校学生数	人	16788	10262	26893	16775	9891
中等职业教育学校在校学生数	人	639	1600	3570	1304	1162
小学在校学生数	人	30472	18020	36540	27273	22341
医疗卫生机构床位数	床	1019	947	1321	1215	745
各种社会福利收养性单位数	个	14	7	22	8	9
各种社会福利收养性单位床位数	床	2690	1008	2800	1098	1083

2015年县(市)社会经济主要指标

江西省

指标	单位	全南县	宁都县	于都县	兴国县	会昌县
一、基本情况						
行政区域面积	平方公里	1535	4049	2892	3215	2712
乡个数	个	3	12	14	18	13
镇个数	个	6	12	9	7	6
街道办事处个数	个					
户籍人口	万人	20	84	110	84	53
第二产业从业人员	人	35316	154368	170311	148968	82015
第三产业从业人员	人	35826	162172	178668	171604	94695
固定电话用户	户	23221	48481	73156	65000	39212
二、综合经济						
地区生产总值	万元	531388	1300793	1661507	1289074	799429
第一产业增加值	万元	81358	292693	233995	285336	157922
农业增加值	万元	46783	180437	115049	120415	72029
牧业增加值	万元	13285	60248	62758	118383	49245
第二产业增加值	万元	271316	521100	830989	603561	322084
公共财政收入	万元	88280	74833	129215	80102	86730
各项税收	万元	56360	56611	117343	58519	83327
公共财政支出	万元	171800	367335	436266	367397	282762
居民储蓄存款余额	万元	372639	1522994	1742077	1266756	777665
年末金融机构各项贷款余额	万元	326157	1082656	1140186	893834	549182
三、农业、工业及投资						
农业机械总动力	万千瓦特	10	34	25	32	10
机收面积	公顷	10918	59409	38060	44600	20661
设施农业占地面积	公顷	27	1344	1349	199	92
粮食总产量	吨	73030	375858	245606	257609	171158
棉花产量	吨	6				
油料产量	吨	4939	9019	14399	6721	1869
肉类总产量	吨	11473	56564	55975	68647	43358
规模以上工业企业单位数	个	41	80	76	72	58
规模以上工业总产值	万元	883571	982228	2386802	1896374	1182791
固定资产投资	万元	350982	679905	1447061	983790	451037
四、教育、卫生和社会保障						
普通中学在校学生数	人	9034	45319	84228	52539	38537
中等职业教育学校在校学生数	人	735	1307	3595	5896	2281
小学在校学生数	人	19610	82191	101203	92496	42346
医疗卫生机构床位数	床	665	2201	3290	2072	2197
各种社会福利收养性单位数	个	4	28	29	29	25
各种社会福利收养性单位床位数	床	600	3450	3986	3400	3000

2015年县(市)社会经济主要指标

江西省

指标	单位	寻乌县	石城县	瑞金市	吉安县	吉水县
一、基本情况						
行政区域面积	平方公里	2352	1567	2441	2123	2510
乡个数	个	8	5	10	6	3
镇个数	个	7	5	7	13	15
街道办事处个数	个				2	
户籍人口	万人	33	33	70	52	56
第二产业从业人员	人	23108	53371	107443	101578	128052
第三产业从业人员	人	43144	64450	132698	41185	75271
固定电话用户	户	30612	13868	76221	33115	35011
二、综合经济						
地区生产总值	万元	558144	415250	1221244	1429542	1201584
第一产业增加值	万元	164485	120136	189475	265778	227956
农业增加值	万元	106120	48884	92251	96574	139483
牧业增加值	万元	39197	22144	62461	124937	43379
第二产业增加值	万元	169776	126372	409933	778850	561106
公共财政收入	万元	49361	47929	117077	253300	142106
各项税收	万元	36406	36403	141291	181566	107478
公共财政支出	万元	232815	178044	370492	348283	270651
居民储蓄存款余额	万元	494357	529347	1222478	1197062	1050445
年末金融机构各项贷款余额	万元	478879	623100	1148734	765380	846342
三、农业、工业及投资						
农业机械总动力	万千瓦特	15	15	17	88	36
机收面积	公顷	18095	14836	28393	55954	98929
设施农业占地面积	公顷	25	62	261	400	600
粮食总产量	吨	109580	93354	202811	412310	537567
棉花产量	吨			5		
油料产量	吨	2333	1819	7742	21624	19358
肉类总产量	吨	25622	13574	50376	115692	47134
规模以上工业企业单位数	个	36	42	48	207	109
规模以上工业总产值	万元	415894	235533	1110227	3368760	2060964
固定资产投资	万元	364385	259364	680388	1577178	1286480
四、教育、卫生和社会保障						
普通中学在校学生数	人	19961	18702	43281	25632	27128
中等职业教育学校在校学生数	人	224	613	3605	2657	1710
小学在校学生数	人	25882	25118	64795	45035	48920
医疗卫生机构床位数	床	1033	1267	2075	1588	1996
各种社会福利收养性单位数	个	15	15	31	22	21
各种社会福利收养性单位床位数	床	1076	1478	5135	1261	1647

2015年县(市)社会经济主要指标

江西省

指　　标	单 位	峡江县	新干县	永丰县	泰和县	遂川县
一、基本情况						
行政区域面积	平方公里	1298	1245	2710	2679	3144
乡个数	个	5	6	13	6	12
镇个数	个	6	7	8	16	11
街道办事处个数	个		1			
户籍人口	万人	19	35	49	59	61
第二产业从业人员	人	28385	44372	103553	134390	110168
第三产业从业人员	人	24921	62662	58853	82392	96094
固定电话用户	户	13100	35689	27000	27789	51376
二、综合经济						
地区生产总值	万元	595404	1034954	1252990	1330101	1028574
第一产业增加值	万元	119966	194128	206252	265386	154509
农业增加值	万元	65579	114329	107212	135405	70075
牧业增加值	万元	17958	57281	31003	93702	19822
第二产业增加值	万元	295868	539826	624025	700527	493704
公共财政收入	万元	70199	141316	108343	142584	107605
各项税收	万元	80658	104416	74776	92488	90809
公共财政支出	万元	159170	255582	251508	319236	292740
居民储蓄存款余额	万元	473346	1007835	917536	1436519	869308
年末金融机构各项贷款余额	万元	329506	760864	587323	895115	662927
三、农业、工业及投资						
农业机械总动力	万千瓦特	13	27	36	52	20
机收面积	公顷	33070	49215	49000	73024	32928
设施农业占地面积	公顷	96	300	490	1833	60
粮食总产量	吨	228658	329107	331272	504675	247385
棉花产量	吨	35	193			
油料产量	吨	13227	22421	6520	27295	8310
肉类总产量	吨	18339	76967	27108	89525	29260
规模以上工业企业单位数	个	60	98	106	98	95
规模以上工业总产值	万元	1193588	2319772	2591046	2625110	1720422
固定资产投资	万元	705271	1147098	1655616	1227431	1205867
四、教育、卫生和社会保障						
普通中学在校学生数	人	8625	18384	22929	17052	32222
中等职业教育学校在校学生数	人	1201	1094	1200	3429	3782
小学在校学生数	人	16142	29144	40503	52845	58157
医疗卫生机构床位数	床	594	1290	1635	2002	1754
各种社会福利收养性单位数	个	13	18	28	24	26
各种社会福利收养性单位床位数	床	1204	2236	1961	1180	2550

2015年县(市)社会经济主要指标

江西省

指　　标	单 位	万安县	安福县	永新县	井冈山市	奉新县
一、基本情况						
行政区域面积	平方公里	2038	2793	2181	1298	1648
乡个数	个	7	12	13	12	3
镇个数	个	9	7	10	6	10
街道办事处个数	个				1	
户籍人口	万人	32	42	53	17	34
第二产业从业人员	人	49503	62204	110800	28213	45377
第三产业从业人员	人	52930	104438	76500	26268	43618
固定电话用户	户		46897	36184	34765	24865
二、综合经济						
地区生产总值	万元	616750	1191553	845293	575711	1125122
第一产业增加值	万元	126066	215722	169688	49046	170965
农业增加值	万元	54317	111233	72696	14007	89965
牧业增加值	万元	24936	59127	57970	5665	23900
第二产业增加值	万元	288230	640976	383579	190978	613936
公共财政收入	万元	76569	134556	71878	55990	212166
各项税收	万元	73512	100654	51153	53940	183181
公共财政支出	万元	235279	286794	244787	163038	277708
居民储蓄存款余额	万元	685817	979487	1056782	481609	704323
年末金融机构各项贷款余额	万元	404348	520110	473358	604490	672048
三、农业、工业及投资						
农业机械总动力	万千瓦特	26	28	17	5	35
机收面积	公顷	46432	64864	58348	6050	31600
设施农业占地面积	公顷	580	2435	63	1164	48
粮食总产量	吨	256033	318863	273389	80512	291119
棉花产量	吨			8		689
油料产量	吨	12474	22910	27175	2321	15909
肉类总产量	吨	25044	43949	32380	10400	14010
规模以上工业企业单位数	个	61	90	54	27	85
规模以上工业总产值	万元	1120592	2120402	1486146	298088	4647351
固定资产投资	万元	646283	1202051	986328	630279	1378072
四、教育、卫生和社会保障						
普通中学在校学生数	人	14966	17064	28244	7975	15898
中等职业教育学校在校学生数	人	1094	2406	1941	1235	3943
小学在校学生数	人	25490	27898	42334	14831	27409
医疗卫生机构床位数	床	1230	1653	1759	623	1134
各种社会福利收养性单位数	个	19	19	24	7	19
各种社会福利收养性单位床位数	床	1959	1980	2509	550	1600

2015年县(市)社会经济主要指标

江西省

指　　标	单位	万载县	上高县	宜丰县	靖安县	铜鼓县
一、基本情况						
行政区域面积	平方公里	1716	1348	1934	1377	1552
乡个数	个	7	5	4	6	3
镇个数	个	9	9	8	5	6
街道办事处个数	个	1	1			
户籍人口	万人	57	37	30	15	14
第二产业从业人员	人	120995	59753	45773	24127	12280
第三产业从业人员	人	123969	34498	51329	28855	25968
固定电话用户	户	28918	30208	34650	9016	16695
二、综合经济						
地区生产总值	万元	1102284	1313801	956502	363216	360544
第一产业增加值	万元	142145	195837	196757	61796	56179
农业增加值	万元	85546	80927	84666	24543	11581
牧业增加值	万元	13009	71779	52512	5324	7878
第二产业增加值	万元	626858	703991	477656	177840	153838
公共财政收入	万元	232033	242522	168006	83400	67696
各项税收	万元	116040	215168	140764	53609	52996
公共财政支出	万元	304937	281833	226619	151153	133934
居民储蓄存款余额	万元	912831	1074931	813430	388033	236358
年末金融机构各项贷款余额	万元	678599	1029493	705934	317271	165882
三、农业、工业及投资						
农业机械总动力	万千瓦特	22	38	33	20	19
机收面积	公顷	40860	36906	34110	15200	6290
设施农业占地面积	公顷	397	228	40	132	129
粮食总产量	吨	254154	280150	241915	93295	45593
棉花产量	吨	39	800	238	1126	
油料产量	吨	4846	17086	1341	7211	345
肉类总产量	吨	43162	82467	32591	7076	7191
规模以上工业企业单位数	个	134	169	112	45	27
规模以上工业总产值	万元	2608837	5027854	2523020	764643	367974
固定资产投资	万元	1176581	1660801	844279	433065	241810
四、教育、卫生和社会保障						
普通中学在校学生数	人	36845	10876	15036	5967	6329
中等职业教育学校在校学生数	人	1453	1664	1553	406	666
小学在校学生数	人	64618	32583	23878	10492	11613
医疗卫生机构床位数	床	2331	1572	1156	601	492
各种社会福利收养性单位数	个	20	16	17	11	10
各种社会福利收养性单位床位数	床	3691	2668	1500	1070	763

2015年县(市)社会经济主要指标

江西省

指　　标	单 位	丰城市	樟树市	高安市	南城县	黎川县
一、基本情况						
行政区域面积	平方公里	2836	1289	2429	1713	1729
乡个数	个	7	4	2	2	8
镇个数	个	20	10	19	10	7
街道办事处个数	个	5	5	2		
户籍人口	万人	149	61	87	34	25
第二产业从业人员	人	183479	88711	127228	52906	35453
第三产业从业人员	人	311677	150176	167800	55169	59511
固定电话用户	户	91724	83148	101923	11235	11100
二、综合经济						
地区生产总值	万元	3914471	3092753	1901545	1058014	604478
第一产业增加值	万元	603510	310048	337913	157649	94964
农业增加值	万元	401635	160410	160507	85564	43092
牧业增加值	万元	107594	85538	114094	30277	24654
第二产业增加值	万元	2058518	1771620	966200	492919	308241
公共财政收入	万元	623017	502205	350174	144006	83162
各项税收	万元	336650	420921	214656	126334	88453
公共财政支出	万元	749297	522226	476117	241858	185079
居民储蓄存款余额	万元	2844193	1828830	1990643	698191	490169
年末金融机构各项贷款余额	万元	2288218	1840753	2059062	565462	426122
三、农业、工业及投资						
农业机械总动力	万千瓦特	61	120	92	21	11
机收面积	公顷	161040	88980	88310	30260	13622
设施农业占地面积	公顷	350	188	1536	82	287
粮食总产量	吨	1015710	530789	713200	266515	165291
棉花产量	吨	174	335	8206	67	
油料产量	吨	44090	52344	59524	2962	2473
肉类总产量	吨	100448	95680	155595	25267	21916
规模以上工业企业单位数	个	185	157	157	105	61
规模以上工业总产值	万元	6899775	5400116	4799300	1328732	948000
固定资产投资	万元	3407399	2489422	1917619	1327712	722176
四、教育、卫生和社会保障						
普通中学在校学生数	人	84341	27019	46435	17288	10872
中等职业教育学校在校学生数	人	2546	831	5153	672	947
小学在校学生数	人	100189	41796	71919	30339	16257
医疗卫生机构床位数	床	4492	2246	3413	945	589
各种社会福利收养性单位数	个	32	22	28	15	14
各种社会福利收养性单位床位数	床	5438	3219	3455	1448	710

2015年县(市)社会经济主要指标

江西省

指　　标	单 位	南丰县	崇仁县	乐安县	宜黄县	金溪县
一、基本情况						
行政区域面积	平方公里	1913	1520	2413	1944	1358
乡个数	个	5	8	7	4	5
镇个数	个	7	7	9	8	8
街道办事处个数	个					
户籍人口	万人	31	38	39	24	32
第二产业从业人员	人	29281	41435	35538	32514	56027
第三产业从业人员	人	59648	43421	21921	51428	49315
固定电话用户	户	23126	13521	13702	7916	10927
二、综合经济						
地区生产总值	万元	1054487	968097	501458	580324	722026
第一产业增加值	万元	301649	230929	92247	85763	115980
农业增加值	万元	255912	102960	60174	52835	70290
牧业增加值	万元	20479	110531	14549	14342	28435
第二产业增加值	万元	328228	464180	195410	326330	330611
公共财政收入	万元	97676	105317	52263	88809	100076
各项税收	万元	99818	84258	45888	77510	90635
公共财政支出	万元	195410	220006	204916	170022	197636
居民储蓄存款余额	万元	530400	729719	808095	427691	581770
年末金融机构各项贷款余额	万元	720615	463920	385384	407219	586749
三、农业、工业及投资						
农业机械总动力	万千瓦特	21	24	23	15	25
机收面积	公顷	23060	36765	36512	17910	42550
设施农业占地面积	公顷	41	111	233	126	378
粮食总产量	吨	214289	262893	247925	175045	292776
棉花产量	吨		1330		23	
油料产量	吨	5971	16436	1728	1790	5604
肉类总产量	吨	14048	86087	10285	8731	20904
规模以上工业企业单位数	个	59	96	20	86	67
规模以上工业总产值	万元	851386	1838247	168109	1110814	1034858
固定资产投资	万元	790991	1210695	405220	643603	798098
四、教育、卫生和社会保障						
普通中学在校学生数	人	12668	20940	13608	9474	13910
中等职业教育学校在校学生数	人	318	520	510		256
小学在校学生数	人	26784	31680	35380	17500	25657
医疗卫生机构床位数	床	988	620	1360	485	660
各种社会福利收养性单位数	个	13	18	17	16	16
各种社会福利收养性单位床位数	床	1628	1020	1252	1280	1000

2015年县(市)社会经济主要指标

江西省

指标	单位	资溪县	东乡县	广昌县	广丰区	上饶县
一、基本情况						
行政区域面积	平方公里	1251	1268	1603	1378	2232
乡个数	个	2	4	6	4	10
镇个数	个	5	9	5	16	11
街道办事处个数	个				3	3
户籍人口	万人	12	48	25	96	86
第二产业从业人员	人	11945	62457	23650	150128	212264
第三产业从业人员	人	33105	78784	47043	160003	126278
固定电话用户	户	9400	30448	11068	77934	11150
二、综合经济						
地区生产总值	万元	308700	1335714	501347	2901842	1729188
第一产业增加值	万元	35399	202426	88494	208936	160255
农业增加值	万元	12382	75486	59152	66630	82239
牧业增加值	万元	4160	112323	7316	104604	30034
第二产业增加值	万元	137914	794422	232000	1630518	1309463
公共财政收入	万元	49099	160974	64448	287371	180301
各项税收	万元	48446	122433	67079	317181	162490
公共财政支出	万元	105366	334518	171246	473892	392947
居民储蓄存款余额	万元	317811	992418	502174	1290734	1215053
年末金融机构各项贷款余额	万元	229152	986962	407260	1266533	1476467
三、农业、工业及投资						
农业机械总动力	万千瓦特	5	34	32	17	14
机收面积	公顷	3186	36400	12600	34800	18500
设施农业占地面积	公顷	114	186	259	417	141
粮食总产量	吨	35973	255044	107299	200100	187501
棉花产量	吨		35		22	51
油料产量	吨	79	8387	436	9810	8292
肉类总产量	吨	3087	95764	6449	53709	11034
规模以上工业企业单位数	个	17	113	50	157	71
规模以上工业总产值	万元	144742	2200010	757659	5838793	5399692
固定资产投资	万元	188017	1812174	500487	2085538	2243061
四、教育、卫生和社会保障						
普通中学在校学生数	人	4890	21968	10662	53521	45680
中等职业教育学校在校学生数	人	249	3306	525	2800	5084
小学在校学生数	人	8051	37562	19048	75772	73281
医疗卫生机构床位数	床	192	2182	600	2864	2858
各种社会福利收养性单位数	个	8	19	12	23	20
各种社会福利收养性单位床位数	床	287	1620	590	1803	1260

2015年县(市)社会经济主要指标

江西省

指　　标	单 位	玉山县	铅山县	横峰县	弋阳县	余干县
一、基本情况						
行政区域面积	平方公里	1732	2178	654	1573	2371
乡个数	个	5	10	6	5	11
镇个数	个	11	7	2	9	9
街道办事处个数	个		1	2	1	
户籍人口	万人	64	48	23	42	107
第二产业从业人员	人	83077	69637	53954	99860	94006
第三产业从业人员	人	91050	74703	53872	55764	128061
固定电话用户	户	76655	36362	22775	29190	93214
二、综合经济						
地区生产总值	万元	1345901	972633	700012	849937	1200505
第一产业增加值	万元	148331	164624	67446	141969	360239
农业增加值	万元	48951	76196	29147	62815	106020
牧业增加值	万元	46015	34544	26102	38717	80124
第二产业增加值	万元	690376	450452	421953	400898	429481
公共财政收入	万元	212193	147505	92966	136276	105957
各项税收	万元	164111	114656	61612	97465	123753
公共财政支出	万元	307968	250773	184356	252562	404184
居民储蓄存款余额	万元	1208705	862257	441500	765985	1631912
年末金融机构各项贷款余额	万元	1266629	519495	438900	592044	776498
三、农业、工业及投资						
农业机械总动力	万千瓦特	37	23	6	15	38
机收面积	公顷	32670	10286	12000	36590	137199
设施农业占地面积	公顷	1080	523		13	2156
粮食总产量	吨	210248	176684	78772	207454	776500
棉花产量	吨	172		4	36	83
油料产量	吨	12963	3348	4454	7133	22211
肉类总产量	吨	20104	14861	16968	22803	42702
规模以上工业企业单位数	个	139	58	41	78	53
规模以上工业总产值	万元	2942300	1817428	1778838	1472277	1692916
固定资产投资	万元	1151674	1177416	565170	863717	1238794
四、教育、卫生和社会保障						
普通中学在校学生数	人	36726	14675	9408	18829	85152
中等职业教育学校在校学生数	人	1323	1009		1116	
小学在校学生数	人	57943	40999	22550	40598	114318
医疗卫生机构床位数	床	1923	1322	811	1216	1071
各种社会福利收养性单位数	个	18	23	7	20	21
各种社会福利收养性单位床位数	床	1463	1888	767	1971	2578

2015年县(市)社会经济主要指标

江西省、山东省

指　　标	单 位	鄱阳县	万年县	婺源县	德兴市	长清区
一、基本情况						
行政区域面积	平方公里	4215	1148	2968	2082	1178
乡个数	个	15	6	10	6	
镇个数	个	14	6	6	5	6
街道办事处个数	个			1	3	4
户籍人口	万人	156	43	37	34	56
第二产业从业人员	人	168777	68521	25327	9795	56768
第三产业从业人员	人	158496	71691	68216	14719	26071
固定电话用户	户	84406	34324	52777	50973	83657
二、综合经济						
地区生产总值	万元	1802827	1115220	830253	1150296	2651816
第一产业增加值	万元	564430	129586	113351	102514	332103
农业增加值	万元	309052	51964	58463	35654	245054
牧业增加值	万元	75103	37670	22056	19092	68471
第二产业增加值	万元	770242	632962	269828	471610	1081868
公共财政收入	万元	134739	170066	131400	277310	179413
各项税收	万元	123330	108302	100537	157608	159007
公共财政支出	万元	566873	297218	229242	603327	284514
居民储蓄存款余额	万元	2042820	847357	876065	883947	
年末金融机构各项贷款余额	万元	941295	751400	663065	719039	
三、农业、工业及投资						
农业机械总动力	万千瓦特	84	9	21	14	58
机收面积	公顷	146845			16200	39817
设施农业占地面积	公顷	4632	290	101	84	367
粮食总产量	吨	1009813	224756	105385	107603	275475
棉花产量	吨	4501	656	116	45	604
油料产量	吨	103313	7453	8061	6066	15879
肉类总产量	吨	41970	66624	15275	11080	32856
规模以上工业企业单位数	个	81	87	30	80	216
规模以上工业总产值	万元	2491360	2269390	489781	1249000	2003621
固定资产投资	万元	1424706	1070996	894882	1319859	2686908
四、教育、卫生和社会保障						
普通中学在校学生数	人	83078	27106	18244	14045	23834
中等职业教育学校在校学生数	人	1430	829	775	1535	5043
小学在校学生数	人	117147	46437	30875	29616	29621
医疗卫生机构床位数	床	3129	1582	1346	1700	1215
各种社会福利收养性单位数	个	39	22	16	15	10
各种社会福利收养性单位床位数	床	4041	2167	878	1126	924

2015年县(市)社会经济主要指标

山东省

指　　标	单 位	平阴县	济阳县	商河县	章丘市	胶州市
一、基本情况						
行政区域面积	平方公里	827	1099	1162	1719	1324
乡个数	个			2		
镇个数	个	6	8	9	9	6
街道办事处个数	个	2	2	1	11	6
户籍人口	万人	37	58	64	103	83
第二产业从业人员	人	77923	110505	12103	307052	266920
第三产业从业人员	人	63460	135327	17282	265386	154220
固定电话用户	户	94763	44705	45361	146000	164000
二、综合经济						
地区生产总值	万元	2269969	2763037	1657268	8707800	9811788
第一产业增加值	万元	315564	518687	460020	826550	532000
农业增加值	万元	216066	370712	358615	513018	309898
牧业增加值	万元	87324	128249	79865	283276	100145
第二产业增加值	万元	1265329	1452937	634050	5216518	5178000
公共财政收入	万元	153367	170949	90227	469917	800616
各项税收	万元	232759	222052	100341	585182	969874
公共财政支出	万元	258038	291016	282950	630605	929001
居民储蓄存款余额	万元	1037555	1146685	1039431	3688111	3564428
年末金融机构各项贷款余额	万元	693046	891171	775989	3092192	4783729
三、农业、工业及投资						
农业机械总动力	万千瓦特	53	128	110	127	121
机收面积	公顷	28794	91519	108200	104924	8993
设施农业占地面积	公顷	975	17402	3324	18627	1856
粮食总产量	吨	180951	570883	725812	645925	405205
棉花产量	吨	3895	1321	3258	5135	72
油料产量	吨	11708	5850	344	8081	29893
肉类总产量	吨	40200	61057	79644	122364	46430
规模以上工业企业单位数	个	196	205	167	594	932
规模以上工业总产值	万元	3427406	4693327	1931798	16176350	26281633
固定资产投资	万元	2308077	2629460	1144921	5634895	8980124
四、教育、卫生和社会保障						
普通中学在校学生数	人	16728	18187	28339	53672	40910
中等职业教育学校在校学生数	人	3003	2054	1475	5273	8772
小学在校学生数	人	18981	32621	38950	55471	64124
医疗卫生机构床位数	床	1595	1538	1269	4595	5073
各种社会福利收养性单位数	个	11	9	12	20	16
各种社会福利收养性单位床位数	床	1516	1230	1280	2234	4002

2015年县(市)社会经济主要指标

山东省

指　　标	单 位	即墨市	平度市	莱西市	桓台县	高青县
一、基本情况						
行政区域面积	平方公里	1921	3176	1568	509	831
乡个数	个					
镇个数	个	7	12	8	7	7
街道办事处个数	个	8	5	3	2	2
户籍人口	万人	115	139	74	50	37
第二产业从业人员	人	377800	221050	100907	170124	94561
第三产业从业人员	人	248100	149267	107815	82937	87934
固定电话用户	户	223000	200000	91000	92322	37142
二、综合经济						
地区生产总值	万元	11008922	7792500	5260200	5049433	1880201
第一产业增加值	万元	601922	1040600	633600	200647	253486
农业增加值	万元	261053	779609	399936	135623	173632
牧业增加值	万元	108025	247284	224537	39060	61019
第二产业增加值	万元	5980400	4088500	2547400	3066725	921554
公共财政收入	万元	930493	580239	475080	303412	126713
各项税收	万元	749662	389165	343986	217719	100460
公共财政支出	万元	1148887	836603	575517	357052	209528
居民储蓄存款余额	万元	4714297	4050501	2489474	1757658	906327
年末金融机构各项贷款余额	万元	6977152	2622648	2478837	3689939	1202000
三、农业、工业及投资						
农业机械总动力	万千瓦特	133	336	132	63	69
机收面积	公顷	94061	240716	100890	46754	77620
设施农业占地面积	公顷	2255	3730	10564	120	2086
粮食总产量	吨	478000	1456500	601000	371500	534000
棉花产量	吨	59	2089		520	1854
油料产量	吨	63268	102956	77426	5	2050
肉类总产量	吨	60557	168126	201956	12795	36445
规模以上工业企业单位数	个	870	663	662	295	119
规模以上工业总产值	万元	31121334	17261484	11576800	17900764	2938868
固定资产投资	万元	9479045	6778909	6019000	3809504	1415894
四、教育、卫生和社会保障						
普通中学在校学生数	人	54247	59040	36864	33718	22564
中等职业教育学校在校学生数	人	6861	6647	4488	3470	1505
小学在校学生数	人	84169	75769	36695	21920	15644
医疗卫生机构床位数	床	5113	4618	4002	3933	1099
各种社会福利收养性单位数	个	33	16	18	33	8
各种社会福利收养性单位床位数	床	5144	2883	3325	3678	790

2015年县(市)社会经济主要指标

山东省

指　　标	单 位	沂源县	滕州市	垦利县	利津县	广饶县
一、基本情况						
行政区域面积	平方公里	1636	1495	2331	1666	1166
乡个数	个				2	
镇个数	个	10	17	5	4	7
街道办事处个数	个	2	4	2	2	2
户籍人口	万人	57	170	23	30	52
第二产业从业人员	人	108509	358179	79692	55125	165703
第三产业从业人员	人	110850	361812	43022	51010	138168
固定电话用户	户	33200	177130	20703	27000	73824
二、综合经济						
地区生产总值	万元	2486836	10050500	3968162	2518385	7676131
第一产业增加值	万元	307219	714657	196111	270753	421601
农业增加值	万元	226741	560836	70568	156630	295350
牧业增加值	万元	54567	121899	36256	65215	74748
第二产业增加值	万元	1092658	5132557	2378666	1326837	5133361
公共财政收入	万元	183555	705028	210177	125000	424045
各项税收	万元	138240	550332	143311	82020	274286
公共财政支出	万元	273786	853484	256649	232814	513060
居民储蓄存款余额	万元	1319217	3895082	1440088	718241	2305941
年末金融机构各项贷款余额	万元	1384412	4155001	4078309	1218169	8539563
三、农业、工业及投资						
农业机械总动力	万千瓦特	47	187	51	49	103
机收面积	公顷	6959	134570	30351	27900	75714
设施农业占地面积	公顷	1578	3340	147	1042	1423
粮食总产量	吨	24000	773500	108169	194092	507824
棉花产量	吨	824	1362	21872	34867	7697
油料产量	吨	16696	38235	720	1102	4
肉类总产量	吨	26749	117735	21346	46971	65482
规模以上工业企业单位数	个	150	477	174	149	281
规模以上工业总产值	万元	5358442	13878466	22712320	16333807	42950002
固定资产投资	万元	1892588	6017086	4364123	1715709	7704296
四、教育、卫生和社会保障						
普通中学在校学生数	人	33966	75680	10340	15502	31522
中等职业教育学校在校学生数	人	4055	12345	3630	2549	4390
小学在校学生数	人	23806	102289	12201	13648	27741
医疗卫生机构床位数	床	1886	7358	866	850	2864
各种社会福利收养性单位数	个	13	30	42	28	9
各种社会福利收养性单位床位数	床	1420	8200	1510	1489	1421

2015年县(市)社会经济主要指标

山东省

指　　标	单 位	长岛县	龙口市	莱阳市	莱州市	蓬莱市
一、基本情况						
行政区域面积	平方公里	59	901	1731	1928	1129
乡个数	个	6				
镇个数	个	1	8	13	11	7
街道办事处个数	个	1	5	5	6	5
户籍人口	万人	4	64	86	85	45
第二产业从业人员	人	3565	229880	175704	175536	116221
第三产业从业人员	人	16542	95302	88808	169307	76333
固定电话用户	户	8070	106368	98137	158418	108846
二、综合经济						
地区生产总值	万元	624306	10413067	3258820	7170480	4712973
第一产业增加值	万元	361040	361854	448185	681153	280713
农业增加值	万元	163	243804	277879	328128	148448
牧业增加值	万元	126	73325	126793	156853	52856
第二产业增加值	万元	36817	6064091	1522801	3734380	2485597
公共财政收入	万元	12901	900517	138376	572757	300017
各项税收	万元	11010	706430	210569	813559	375784
公共财政支出	万元	68781	869280	295820	619232	376966
居民储蓄存款余额	万元	287679	4479320	2659740	4627974	2375874
年末金融机构各项贷款余额	万元	157331	5966273	1790438	2657652	2815622
三、农业、工业及投资						
农业机械总动力	万千瓦特	7	88	152	155	79
机收面积	公顷	60	23172	9530	107695	25470
设施农业占地面积	公顷		1184	893	589	933
粮食总产量	吨	308	102862	458644	579129	61964
棉花产量	吨			20	310	
油料产量	吨		9277	88278	47655	29808
肉类总产量	吨	16	35737	102622	89572	54571
规模以上工业企业单位数	个	6	313	224	370	262
规模以上工业总产值	万元	25006	30731328	8502216	15790861	14206668
固定资产投资	万元	65819	5947851	1588261	4402366	4011424
四、教育、卫生和社会保障						
普通中学在校学生数	人	1700	30374	36288	39822	12955
中等职业教育学校在校学生数	人	110	10446	2658	8233	3155
小学在校学生数	人	1100	30428	33738	32106	17406
医疗卫生机构床位数	床	242	3497	3894	7024	2435
各种社会福利收养性单位数	个	5	25	30	33	11
各种社会福利收养性单位床位数	床	120	4266	3473	5136	1141

2015年县(市)社会经济主要指标

山东省

指　　标	单 位	招远市	栖霞市	海阳市	临朐县	昌乐县
一、基本情况						
行政区域面积	平方公里	1432	2016	1910	1831	1101
乡个数	个					
镇个数	个	9	12	10	8	4
街道办事处个数	个	5	4	4	2	4
户籍人口	万人	57	61	66	90	62
第二产业从业人员	人	107137	26755	160392	164244	113404
第三产业从业人员	人	59010	112555	131386	175203	100634
固定电话用户	户	33915	69886	75533	96659	65000
二、综合经济						
地区生产总值	万元	6398396	2322255	2793342	2440517	2749798
第一产业增加值	万元	400114	471113	629594	346117	359198
农业增加值	万元	287372	415673	290908	226220	280678
牧业增加值	万元	68259	40606	88136	96513	69899
第二产业增加值	万元	3383443	931196	1045117	1034100	1254500
公共财政收入	万元	502200	100006	269567	141666	228939
各项税收	万元	529438	86345	216567	125502	183453
公共财政支出	万元	534618	248418	333557	297160	280063
居民储蓄存款余额	万元	2961871	1788045	2334439	2434776	1889967
年末金融机构各项贷款余额	万元	2707661	1173063	2126139	2206946	2222195
三、农业、工业及投资						
农业机械总动力	万千瓦特	97	140	103	56	66
机收面积	公顷	57357	24749	61310	63800	50762
设施农业占地面积	公顷	454	80	1647	2491	13708
粮食总产量	吨	227634	101993	269125	249000	234500
棉花产量	吨				794	890
油料产量	吨	60964	59285	83062	14451	36804
肉类总产量	吨	48832	23462	54470	124477	114489
规模以上工业企业单位数	个	309	208	178	279	226
规模以上工业总产值	万元	17670411	2843438	2859522	4233521	9514745
固定资产投资	万元	4032102	1416603	3882949	2770047	2983810
四、教育、卫生和社会保障						
普通中学在校学生数	人	27172	22403	28773	34506	37413
中等职业教育学校在校学生数	人	4193	2084	2957	5136	2181
小学在校学生数	人	22088	17381	21037	52254	38184
医疗卫生机构床位数	床	2372	2034	4532	3966	3304
各种社会福利收养性单位数	个	22	21	49	11	7
各种社会福利收养性单位床位数	床	3693	2429	4040	2580	1792

2015年县(市)社会经济主要指标

山东省

指　　标	单 位	青州市	诸城市	寿光市	安丘市	高密市
一、基本情况						
行政区域面积	平方公里	1569	2151	1990	1712	1527
乡个数	个					
镇个数	个	8	10	9	10	7
街道办事处个数	个	4	4	6	2	3
户籍人口	万人	94	110	107	96	89
第二产业从业人员	人	190297	273692	190849	81991	255870
第三产业从业人员	人	141865	227931	255447	68472	128038
固定电话用户	户	122385	81650	126930	101153	114800
二、综合经济						
地区生产总值	万元	5787600	7464700	8069400	2865900	5865614
第一产业增加值	万元	506741	610200	931600	484000	498014
农业增加值	万元	436239	268344	746000	424600	341260
牧业增加值	万元	66212	332446	112100	47200	149596
第二产业增加值	万元	2794330	4024700	3675400	1235700	3138400
公共财政收入	万元	419550	682416	900517	190617	453730
各项税收	万元	326819	467156	712037	157802	361122
公共财政支出	万元	468763	702156	948700	355472	492785
居民储蓄存款余额	万元	4545235	3605571	4680394	2630491	2747248
年末金融机构各项贷款余额	万元	4566884	4913435	7488103	2806871	3424372
三、农业、工业及投资						
农业机械总动力	万千瓦特	201	153	141	183	192
机收面积	公顷	92796	152265	95223	69642	148076
设施农业占地面积	公顷	21720	4620	29436	7842	2290
粮食总产量	吨	303000	795500	601575	355500	867500
棉花产量	吨	198	1304	11647	2027	351
油料产量	吨	40	53792	282	48082	30299
肉类总产量	吨	92922	319524	167188	121679	198266
规模以上工业企业单位数	个	506	560	455	363	582
规模以上工业总产值	万元	14687975	24675593	18605072	4847264	19265923
固定资产投资	万元	4895968	5617980	5755595	2701300	4795111
四、教育、卫生和社会保障						
普通中学在校学生数	人	45136	54298	33018	40261	45646
中等职业教育学校在校学生数	人	14869	13922	14918	4142	10718
小学在校学生数	人	49623	79422	66518	67041	66413
医疗卫生机构床位数	床	5006	5426	5254	2321	3586
各种社会福利收养性单位数	个	17	23	96	19	53
各种社会福利收养性单位床位数	床	4997	4267	6065	2703	6071

2015年县(市)社会经济主要指标

山东省

指　　标	单 位	昌邑市	兖州区	微山县	鱼台县	金乡县
一、基本情况						
行政区域面积	平方公里	1628	650	1738	654	888
乡个数	个			1		
镇个数	个	6	7	11	9	9
街道办事处个数	个	3	5	3	2	4
户籍人口	万人	59	65	73	47	66
第二产业从业人员	人	113845	139662	117398	73056	95959
第三产业从业人员	人	122065	196235	197621	95903	150564
固定电话用户	户	167341	52000	49766	69872	51400
二、综合经济						
地区生产总值	万元	3760350	6306780	3870871	1561194	1870900
第一产业增加值	万元	347350	476680	397271	334109	520100
农业增加值	万元	203402	300611	131721	231526	435190
牧业增加值	万元	87826	165220	116781	58778	79048
第二产业增加值	万元	2040400	3519000	1766000	637109	537200
公共财政收入	万元	273326	597649	311896	101518	132166
各项税收	万元	222772	476782	336800	81296	109197
公共财政支出	万元	421786	521268	403916	204976	293191
居民储蓄存款余额	万元	2670400	2421339	1252800	936591	1546630
年末金融机构各项贷款余额	万元	2261971	2940343	953743	475251	1096774
三、农业、工业及投资						
农业机械总动力	万千瓦特	192	77	90	149	97
机收面积	公顷	95620	55885	51025	53886	71762
设施农业占地面积	公顷	6215	157	449	802	2461
粮食总产量	吨	502000	415500	343500	271000	61500
棉花产量	吨	5281	133	494	18944	42270
油料产量	吨	6981	3743	2013		579
肉类总产量	吨	94227	97267	44487	35562	41920
规模以上工业企业单位数	个	266	241	176	121	193
规模以上工业总产值	万元	9436498	15418400	3477727	607294	2724264
固定资产投资	万元	3236545	4217127	2316430	1320397	1453172
四、教育、卫生和社会保障						
普通中学在校学生数	人	25627	27948	25275	19500	28697
中等职业教育学校在校学生数	人	3139	1745	627	933	1929
小学在校学生数	人	33243	40190	44312	31705	49783
医疗卫生机构床位数	床	1885	4243	2518	1615	2270
各种社会福利收养性单位数	个	18	18	16	11	13
各种社会福利收养性单位床位数	床	1466	2748	2310	1778	1672

2015年县(市)社会经济主要指标

山东省

指　标	单 位	嘉祥县	汶上县	泗水县	梁山县	曲阜市
一、基本情况						
行政区域面积	平方公里	975	889	1118	961	815
乡个数	个	1	1	1	2	
镇个数	个	12	12	10	10	8
街道办事处个数	个	2	2	2	2	4
户籍人口	万人	91	80	63	81	64
第二产业从业人员	人	214880	185035	106893	132581	171942
第三产业从业人员	人	256314	137539	101118	99986	137585
固定电话用户	户	31537	53313	75532	17055	45947
二、综合经济						
地区生产总值	万元	2497924	2451000	1572100	2456940	3865069
第一产业增加值	万元	338524	412700	377700	456740	343369
农业增加值	万元	253982	233474	278800	338571	255840
牧业增加值	万元	75107	171620	96900	96137	75224
第二产业增加值	万元	1197200	1140400	608800	1185400	1368000
公共财政收入	万元	153789	137645	88700	117619	256928
各项税收	万元	124284	115903	103100	146800	246462
公共财政支出	万元	302396	279105	272300	277216	413363
居民储蓄存款余额	万元	1973347	1572100	1153600	1898235	1803577
年末金融机构各项贷款余额	万元	1151633	1197800	840400	949702	1410519
三、农业、工业及投资						
农业机械总动力	万千瓦特	144	120	46	114	78
机收面积	公顷	105091	97988	58338	95875	70611
设施农业占地面积	公顷	325	201	1048	1028	603
粮食总产量	吨	597500	592500	205500	595500	517000
棉花产量	吨	11838	815	1944	5868	821
油料产量	吨	2810	8869	63103	15976	10555
肉类总产量	吨	59751	93617	84802	70605	63076
规模以上工业企业单位数	个	192	180	181	199	197
规模以上工业总产值	万元	2462896	1611944	1485197	2596078	2398099
固定资产投资	万元	1989300	2016619	1314000	1982864	2379433
四、教育、卫生和社会保障						
普通中学在校学生数	人	37664	19751	24786	34383	25130
中等职业教育学校在校学生数	人	5750	1990	1531	2474	13271
小学在校学生数	人	94519	54306	32402	56552	29593
医疗卫生机构床位数	床	3064	3126	2447	2268	2206
各种社会福利收养性单位数	个	18	15	13	16	12
各种社会福利收养性单位床位数	床	2309	1828	1330	1537	1363

2015年县(市)社会经济主要指标

山东省

指　　标	单 位	邹城市	宁阳县	东平县	新泰市	肥城市
一、基本情况						
行政区域面积	平方公里	1617	1125	1339	1934	1277
乡个数	个		2	2	1	
镇个数	个	13	9	9	17	11
街道办事处个数	个	3	2	3	3	3
户籍人口	万人	119	83	81	141	99
第二产业从业人员	人	305346	191076	178258	326332	176263
第三产业从业人员	人	312465	165352	168622	335494	182073
固定电话用户	户	112100	74601	58660	104074	158888
二、综合经济						
地区生产总值	万元	8306900	3827114	3648092	7744800	6993256
第一产业增加值	万元	514800	528314	424692	560909	505956
农业增加值	万元	315400	343262	230217	312215	344368
牧业增加值	万元	173600	172120	94960	226816	141050
第二产业增加值	万元	4505400	1647000	1719800	3878100	3488000
公共财政收入	万元	671366	137386	125871	417017	388306
各项税收	万元	462391	159507	149607	306348	282212
公共财政支出	万元	697551	334390	338084	652256	537287
居民储蓄存款余额	万元	3252634	1555672	1675013	3681687	3040122
年末金融机构各项贷款余额	万元	5393450	1019054	1504211	3601810	2691311
三、农业、工业及投资						
农业机械总动力	万千瓦特	94	108	109	120	107
机收面积	公顷	101007	98613	91115	85000	99230
设施农业占地面积	公顷	1250	1520	379	1708	3361
粮食总产量	吨	519000	589721	633769	423869	577076
棉花产量	吨	2266	591	4867	339	1599
油料产量	吨	60892	72686	20929	99719	10988
肉类总产量	吨	94576	105152	56765	152847	83185
规模以上工业企业单位数	个	324	380	328	426	415
规模以上工业总产值	万元	8169998	13924334	11432864	17179611	13313156
固定资产投资	万元	4171171	3488407	2931732	5800915	5473192
四、教育、卫生和社会保障						
普通中学在校学生数	人	47658	45728	43741	83573	52059
中等职业教育学校在校学生数	人	4682	7161	5761	4646	4326
小学在校学生数	人	68164	34557	34636	75489	66243
医疗卫生机构床位数	床	6298	3160	2509	6447	4662
各种社会福利收养性单位数	个	29	19	39	27	26
各种社会福利收养性单位床位数	床	6702	3622	3313	4773	2496

2015年县(市)社会经济主要指标

山东省

指　　标	单 位	文登区	荣成市	乳山市	五莲县	莒县
一、基本情况						
行政区域面积	平方公里	1615	1526	1665	1497	1821
乡个数	个				2	1
镇个数	个	12	12	14	9	18
街道办事处个数	个	3	10	1	1	2
户籍人口	万人	58	67	56	51	111
第二产业从业人员	人	165439	180612	56124	133415	181667
第三产业从业人员	人	127007	93900	48275	111777	158871
固定电话用户	户	220000	100104	87700	47900	41000
二、综合经济						
地区生产总值	万元	7158885	10222628	4771847	2094299	3088900
第一产业增加值	万元	580521	831341	395467	217299	442500
农业增加值	万元	155500	146240	184082	162359	256145
牧业增加值	万元	176294	76450	51232	47917	159747
第二产业增加值	万元	3329730	4747443	2266586	1144200	1309100
公共财政收入	万元	492468	672789	310358	101795	128077
各项税收	万元	440374	557942	264478	76573	114468
公共财政支出	万元	579255	1006177	406036	246360	362300
居民储蓄存款余额	万元	2591359	3194390	1957131	1495154	2491249
年末金融机构各项贷款余额	万元	2884401	4161188	1890954	1625961	3034255
三、农业、工业及投资						
农业机械总动力	万千瓦特	191	203	111	55	130
机收面积	公顷	57442	60469	53601	42200	71253
设施农业占地面积	公顷	1050	197	248	1681	8632
粮食总产量	吨	255014	237557	247036	206995	414213
棉花产量	吨				1656	504
油料产量	吨	82353	62604	72941	55737	91966
肉类总产量	吨	47119	37913	86251	45852	120231
规模以上工业企业单位数	个	452	582	362	216	194
规模以上工业总产值	万元	16955990	29218016	7709114	5522863	4649160
固定资产投资	万元	5889902	7336383	4750000	1376642	2267359
四、教育、卫生和社会保障						
普通中学在校学生数	人	20877	30015	16960	22220	46529
中等职业教育学校在校学生数	人	3702	6348	427	4204	7600
小学在校学生数	人	18962	26085	13983	26867	78796
医疗卫生机构床位数	床	4046	5391	2173	2234	3572
各种社会福利收养性单位数	个	36	47	23	89	23
各种社会福利收养性单位床位数	床	6658	8175	5996	3270	2168

2015年县(市)社会经济主要指标

山东省

指　　标	单 位	沂南县	郯城县	沂水县	兰陵县	费县
一、基本情况						
行政区域面积	平方公里	1719	1195	2414	1724	1660
乡个数	个	1	3	1	1	2
镇个数	个	13	9	16	15	9
街道办事处个数	个	1	1	1	1	1
户籍人口	万人	94	98	115	138	87
第二产业从业人员	人	166680	115943	175306	178619	185219
第三产业从业人员	人	118788	118687	166730	249162	99805
固定电话用户	户	42391	40510	61404	47134	42774
二、综合经济						
地区生产总值	万元	2251800	2565200	3511100	3361700	2583300
第一产业增加值	万元	365467	278189	359794	580883	334032
农业增加值	万元	259425	202360	253562	522892	280139
牧业增加值	万元	93736	32912	86745	37221	30790
第二产业增加值	万元	916600	1192700	1541000	1181800	1198900
公共财政收入	万元	148136	116777	228819	145826	154599
各项税收	万元	129186	102796	194684	129305	137253
公共财政支出	万元	354134	330165	450307	385698	349969
居民储蓄存款余额	万元	2044848	1728544	2844496	1976879	1866692
年末金融机构各项贷款余额	万元	1190603	1099869	2484062	1672192	1217279
三、农业、工业及投资						
农业机械总动力	万千瓦特	83	94	99	126	62
机收面积	公顷	86435	99774	96480	152000	72990
设施农业占地面积	公顷	4354	1730	1253	11095	1716
粮食总产量	吨	364000	743500	363000	650500	294000
棉花产量	吨	1891	238	2128	1136	1761
油料产量	吨	79337	14394	92990	63609	87033
肉类总产量	吨	131594	49449	152437	82311	51251
规模以上工业企业单位数	个	318	236	495	221	364
规模以上工业总产值	万元	4920692	6235554	11019834	5601672	6835491
固定资产投资	万元	1838041	1898424	2550780	1856452	1571730
四、教育、卫生和社会保障						
普通中学在校学生数	人	39491	35965	45152	64089	32652
中等职业教育学校在校学生数	人	4478	3886	7646	3612	2739
小学在校学生数	人	62867	69157	65693	147907	63424
医疗卫生机构床位数	床	3525	2369	6714	5647	3060
各种社会福利收养性单位数	个	86	55	98	76	38
各种社会福利收养性单位床位数	床	3551	2504	5862	5309	2593

2015年县(市)社会经济主要指标

山东省

指　　标	单 位	平邑县	莒南县	蒙阴县	临沭县	陵城区
一、基本情况						
行政区域面积	平方公里	1823	1751	1602	1010	1213
乡个数	个			1		1
镇个数	个	13	15	8	7	10
街道办事处个数	个	1	1	1	2	2
户籍人口	万人	105	104	57	65	60
第二产业从业人员	人	142039	156579	81680	138985	91235
第三产业从业人员	人	107161	140832	84736	62930	56746
固定电话用户	户	59885	48702	40900	35740	20221
二、综合经济						
地区生产总值	万元	2666500	2966000	1711000	2123700	2284225
第一产业增加值	万元	363117	376993	292453	196053	307825
农业增加值	万元	286982	240679	229865	112623	186564
牧业增加值	万元	60816	95079	36162	51231	92959
第二产业增加值	万元	1150100	1346400	628700	1044000	1010200
公共财政收入	万元	127804	194131	97562	138006	116601
各项税收	万元	109714	177579	88383	120093	141239
公共财政支出	万元	351917	427747	306955	303890	225470
居民储蓄存款余额	万元	1689058	2328489	1283938	1475929	1358412
年末金融机构各项贷款余额	万元	1265912	1868893	872044	1688146	791243
三、农业、工业及投资						
农业机械总动力	万千瓦特	80	95	88	81	133
机收面积	公顷	79495	90326	32004	78200	126671
设施农业占地面积	公顷	307	2542	284	320	508
粮食总产量	吨	301000	500500	140500	292500	925500
棉花产量	吨	267	31	1738	17	6447
油料产量	吨	80814	126829	41715	174168	6
肉类总产量	吨	59602	154751	31369	56293	82316
规模以上工业企业单位数	个	301	313	160	208	203
规模以上工业总产值	万元	4927635	7805014	2634343	5297353	9394270
固定资产投资	万元	1608096	3246468	1233215	1800659	1899677
四、教育、卫生和社会保障						
普通中学在校学生数	人	42148	46370	24701	32332	25747
中等职业教育学校在校学生数	人	4139	4311	1721	8324	800
小学在校学生数	人	61951	52371	32833	51031	34398
医疗卫生机构床位数	床	4022	3347	2450	1707	2010
各种社会福利收养性单位数	个	85	111	83	11	14
各种社会福利收养性单位床位数	床	4093	5066	3525	1735	1200

2015年县(市)社会经济主要指标

山东省

指　　标	单 位	宁津县	庆云县	临邑县	齐河县	平原县
一、基本情况						
行政区域面积	平方公里	833	502	1016	1411	1047
乡个数	个	1	3	1	2	2
镇个数	个	9	5	8	11	8
街道办事处个数	个	2	1	3	2	2
户籍人口	万人	52	33	55	64	47
第二产业从业人员	人	114418	31039	102811	122928	67027
第三产业从业人员	人	72928	36280	73513	137257	50195
固定电话用户	户	46640	19875	15700	18900	86593
二、综合经济						
地区生产总值	万元	1901717	1397512	2411285	4029662	1911799
第一产业增加值	万元	241617	126712	321585	365262	272099
农业增加值	万元	151372	83615	173816	225148	171730
牧业增加值	万元	75433	38423	125127	104709	78425
第二产业增加值	万元	964100	625100	1163800	2000100	938100
公共财政收入	万元	71925	57045	142789	277165	82429
各项税收	万元	59233	45204	205344	196963	63550
公共财政支出	万元	171056	180856	225886	366901	183417
居民储蓄存款余额	万元	1532350	694432	1382979	1494590	1267995
年末金融机构各项贷款余额	万元	663101	635171	1137663	1463571	623283
三、农业、工业及投资						
农业机械总动力	万千瓦特	238	68	192	226	153
机收面积	公顷	69723	36440	110946	140756	111800
设施农业占地面积	公顷	4790	133	1161	2683	5150
粮食总产量	吨	487500	225000	731000	1016500	762000
棉花产量	吨	4527	3104	2498	4171	526
油料产量	吨	3101	18	22	6010	1289
肉类总产量	吨	29435	11425	118503	112166	77791
规模以上工业企业单位数	个	279	174	279	352	177
规模以上工业总产值	万元	7586202	4634773	8764000	10501952	6373500
固定资产投资	万元	1833943	1151073	2075503	2122957	1614534
四、教育、卫生和社会保障						
普通中学在校学生数	人	20634	15235	25372	28770	23451
中等职业教育学校在校学生数	人	2487	1769	2187	4587	1296
小学在校学生数	人	37489	27446	35954	32913	28129
医疗卫生机构床位数	床	1586	1723	1992	1673	1520
各种社会福利收养性单位数	个	18	8	15	50	12
各种社会福利收养性单位床位数	床	1545	1286	2300	2609	2287

2015年县(市)社会经济主要指标

山东省

指　　标	单 位	夏津县	武城县	乐陵市	禹城市	阳谷县
一、基本情况						
行政区域面积	平方公里	882	751	1173	992	1066
乡个数	个	2		3	1	1
镇个数	个	10	7	9	9	14
街道办事处个数	个	2	1	4	1	3
户籍人口	万人	51	40	71	53	81
第二产业从业人员	人	70762	102361	104421	108965	224714
第三产业从业人员	人	53160	51521	145900	109926	180232
固定电话用户	户	17658	22403	24000	80295	72715
二、综合经济						
地区生产总值	万元	1754229	1731515	2189835	2405974	2951812
第一产业增加值	万元	212099	209915	336735	322974	425380
农业增加值	万元	158985	147130	193001	191553	340185
牧业增加值	万元	45985	48254	117689	101877	75227
第二产业增加值	万元	872003	887800	1025300	1151900	1629915
公共财政收入	万元	79233	88683	100775	181827	123400
各项税收	万元	62885	96178	81243	204400	95328
公共财政支出	万元	211740	183047	296492	272866	312600
居民储蓄存款余额	万元	1160502	1148126	1354743	1259243	2059700
年末金融机构各项贷款余额	万元	659143	877857	1218504	1528509	1842700
三、农业、工业及投资						
农业机械总动力	万千瓦特	120	73	104	138	146
机收面积	公顷	88391	73999	115000	82487	105800
设施农业占地面积	公顷	832	226	896	4393	4364
粮食总产量	吨	432000	437000	696000	631012	725500
棉花产量	吨	27915	9840	2729	3469	4485
油料产量	吨	2643	6012	96	4701	10278
肉类总产量	吨	47154	13789	79992	85460	76033
规模以上工业企业单位数	个	271	324	225	327	316
规模以上工业总产值	万元	8371754	8360402	8486307	10530841	10110800
固定资产投资	万元	1413841	1669983	2071016	2082012	2701600
四、教育、卫生和社会保障						
普通中学在校学生数	人	26494	17908	25856	25914	33575
中等职业教育学校在校学生数	人	659	3798	2337	2087	5025
小学在校学生数	人	50198	28405	50691	31899	54546
医疗卫生机构床位数	床	1162	969	2263	1701	3098
各种社会福利收养性单位数	个	16	8	13	11	14
各种社会福利收养性单位床位数	床	1652	1228	2218	840	3964

2015年县(市)社会经济主要指标

山东省

指　　标	单 位	莘县	茌平县	东阿县	冠县	高唐县
一、基本情况						
行政区域面积	平方公里	1420	1003	729	1161	949
乡个数	个		1	1	5	
镇个数	个	20	10	7	10	9
街道办事处个数	个	4	3	2	3	3
户籍人口	万人	105	55	40	85	51
第二产业从业人员	人	118532	120778	67586	141613	72500
第三产业从业人员	人	115692	118722	65530	108196	70351
固定电话用户	户	21467	55473	20013	36989	29192
二、综合经济						
地区生产总值	万元	3011225	4412436	1881400	2689500	3688415
第一产业增加值	万元	500868	481836	196900	444000	367415
农业增加值	万元	398961	394140	141400	350903	295186
牧业增加值	万元	95913	70887	35200	84291	67103
第二产业增加值	万元	1404100	2836600	996000	1322500	2396400
公共财政收入	万元	103007	294457	108507	103171	137822
各项税收	万元	76317	180537	76266	78225	97882
公共财政支出	万元	385674	407483	204178	314404	248885
居民储蓄存款余额	万元	1836810	1646000	1091300	1540883	1210694
年末金融机构各项贷款余额	万元	1175261	2020400	1081150	1502447	1780469
三、农业、工业及投资						
农业机械总动力	万千瓦特	249	140	100	156	111
机收面积	公顷	132572	96516	71877	106166	95867
设施农业占地面积	公顷	22016	10086	1380	5005	963
粮食总产量	吨	705000	609500	490500	657000	535500
棉花产量	吨	2395	7703	2113	746	11966
油料产量	吨	27480	22967	186	15078	18401
肉类总产量	吨	145658	72386	27803	79831	60369
规模以上工业企业单位数	个	329	454	172	292	453
规模以上工业总产值	万元	8267200	14769065	5388631	10578704	17536800
固定资产投资	万元	2260139	2704653	1245258	2197770	2593129
四、教育、卫生和社会保障						
普通中学在校学生数	人	48514	25776	16889	29565	22470
中等职业教育学校在校学生数	人	3816	1772	440	3080	2818
小学在校学生数	人	92364	39281	21902	72303	35538
医疗卫生机构床位数	床	2808	1734	1687	2773	1682
各种社会福利收养性单位数	个	7	10	51	12	17
各种社会福利收养性单位床位数	床	2437	4215	2639	3767	2665

2015年县(市)社会经济主要指标

山东省

指　　标	单 位	临清市	沾化区	惠民县	阳信县	无棣县
一、基本情况						
行政区域面积	平方公里	950	2218	1362	798	2090
乡个数	个		3		1	
镇个数	个	12	7	12	7	10
街道办事处个数	个	4	2	3	2	2
户籍人口	万人	80	40	65	46	48
第二产业从业人员	人	136960	51749	135337	115099	121469
第三产业从业人员	人	112839	78879	121597	64909	97827
固定电话用户	户	27163	17592	70700	50300	28190
二、综合经济						
地区生产总值	万元	3697698	1744931	1798580	1364571	2531286
第一产业增加值	万元	245690	387020	327390	241954	361158
农业增加值	万元	193861	263092	265334	146466	180032
牧业增加值	万元	37218	40145	48845	82140	79896
第二产业增加值	万元	2170250	617515	699857	492187	1283785
公共财政收入	万元	176020	113500	88006	73493	197752
各项税收	万元	123242	84367	71496	55502	156459
公共财政支出	万元	317421	219722	281016	231688	332118
居民储蓄存款余额	万元	2190270	664913	1110520	754266	983166
年末金融机构各项贷款余额	万元	1690927	828643	1228740	907167	1323456
三、农业、工业及投资						
农业机械总动力	万千瓦特	133	57	96	82	86
机收面积	公顷	94344	33633	99841	66546	57081
设施农业占地面积	公顷	1455	319	8117	2013	79
粮食总产量	吨	580500	166500	654102	477500	253898
棉花产量	吨	5590	30711	12780	3244	23571
油料产量	吨	2003	1957	7329		900
肉类总产量	吨	33671	48744	58776	90969	98904
规模以上工业企业单位数	个	454	122	239	117	152
规模以上工业总产值	万元	13516500	2562620	4442862	2454652	4212022
固定资产投资	万元	2689918	1700150	1972938	1311173	3498220
四、教育、卫生和社会保障						
普通中学在校学生数	人	32268	15907	26489	23312	21421
中等职业教育学校在校学生数	人	1686	1827	2447	3265	4075
小学在校学生数	人	91365	20293	36453	30026	29517
医疗卫生机构床位数	床	2888	1343	2756	1130	1769
各种社会福利收养性单位数	个	8	13	72	9	13
各种社会福利收养性单位床位数	床	2021	2196	4032	1200	1225

2015年县(市)社会经济主要指标

山东省

指　　标	单 位	博兴县	邹平县	曹县	单县	成武县
一、基本情况						
行政区域面积	平方公里	901	1250	1974	1670	998
乡个数	个			4	2	
镇个数	个	9	11	18	16	11
街道办事处个数	个	3	5	5	4	2
户籍人口	万人	50	74	168	125	72
第二产业从业人员	人	130849	229915	222552	162652	78209
第三产业从业人员	人	85537	124305	238992	219448	117173
固定电话用户	户	37681	166596	19468	14317	10039
二、综合经济						
地区生产总值	万元	3048468	8184728	3130287	2829570	1765068
第一产业增加值	万元	240970	397459	373533	382441	239367
农业增加值	万元	171764	236353	240543	264760	175887
牧业增加值	万元	33542	145440	89198	100059	48645
第二产业增加值	万元	1572343	4900816	1687147	1444002	968189
公共财政收入	万元	267070	620120	220401	163656	90016
各项税收	万元	210549	488543	180902	138094	73095
公共财政支出	万元	378926	667017	552096	434786	252616
居民储蓄存款余额	万元	1987144	2513915	2303693	2005609	1337596
年末金融机构各项贷款余额	万元	4115198	7091152	1764117	1495221	910575
三、农业、工业及投资						
农业机械总动力	万千瓦特	143	139	243	249	116
机收面积	公顷	71425	107500	173000	141500	96500
设施农业占地面积	公顷	1605	1720	974	3312	3023
粮食总产量	吨	457000	781000	1095500	690000	505000
棉花产量	吨	11147	1588	8934	23290	35190
油料产量	吨	139	990	24650	43673	1760
肉类总产量	吨	44167	48167	88465	104260	59764
规模以上工业企业单位数	个	245	287	644	359	234
规模以上工业总产值	万元	12195787	35595348	10482648	6615945	4879930
固定资产投资	万元	2496343	2518742	1349996	928161	773118
四、教育、卫生和社会保障						
普通中学在校学生数	人	26695	40462	76182	61341	31338
中等职业教育学校在校学生数	人	5308	6581	1285	11677	1399
小学在校学生数	人	31523	48200	160252	94837	74894
医疗卫生机构床位数	床	2924	3245	5511	3981	2056
各种社会福利收养性单位数	个	10	152	26	21	17
各种社会福利收养性单位床位数	床	1100	7814	7420	4443	4469

2015年县(市)社会经济主要指标

山东省

指　　标	单 位	巨野县	郓城县	鄄城县	定陶县	东明县
一、基本情况						
行政区域面积	平方公里	1308	1643	1032	846	1370
乡个数	个		5	2		2
镇个数	个	15	15	13	10	10
街道办事处个数	个	2	2	2	2	2
户籍人口	万人	107	127	91	69	86
第二产业从业人员	人	141879	211346	115362	74201	84776
第三产业从业人员	人	177235	210588	143862	111604	125727
固定电话用户	户	13130	40084	9378	8588	15714
二、综合经济						
地区生产总值	万元	2577462	3146820	1661171	1460302	2661704
第一产业增加值	万元	282410	365833	254499	238691	245034
农业增加值	万元	211473	258659	178144	168293	192783
牧业增加值	万元	55006	85542	55104	62660	30320
第二产业增加值	万元	1398307	1711763	827415	754355	1607001
公共财政收入	万元	203478	220479	83614	77000	150236
各项税收	万元	166688	168930	62338	58134	92179
公共财政支出	万元	372455	469156	305940	241323	333900
居民储蓄存款余额	万元	2089162	2769794	1685245	1165550	1415405
年末金融机构各项贷款余额	万元	1500638	1650109	940265	831818	1898264
三、农业、工业及投资						
农业机械总动力	万千瓦特	217	164	125	92	141
机收面积	公顷	113000	160000	98500	89482	128936
设施农业占地面积	公顷	1101	1480	1177	2124	2086
粮食总产量	吨	510500	1054000	545500	548547	579887
棉花产量	吨	51718	17902	3276	5420	14111
油料产量	吨	10047	30235	56132	5593	61927
肉类总产量	吨	53554	91407	78520	75155	63632
规模以上工业企业单位数	个	292	397	346	210	199
规模以上工业总产值	万元	4992767	7909049	5485186	3710889	12097557
固定资产投资	万元	1001156	1264023	744619	732069	1323783
四、教育、卫生和社会保障						
普通中学在校学生数	人	46256	66827	48941	30979	45629
中等职业教育学校在校学生数	人	1745	3525	8327	2947	4957
小学在校学生数	人	101518	119648	83353	61058	87390
医疗卫生机构床位数	床	4246	4385	2990	2575	2030
各种社会福利收养性单位数	个	20	24	16	16	16
各种社会福利收养性单位床位数	床	5559	6830	4485	2507	4912

2015年县(市)社会经济主要指标

河南省

指　　标	单 位	中牟县	巩义市	荥阳市	新密市	新郑市
一、基本情况						
行政区域面积	平方公里	930	1043	943	1001	885
乡个数	个	1		3	1	1
镇个数	个	10	15	9	12	9
街道办事处个数	个	3	5	2	4	3
户籍人口	万人	84	84	68	89	61
第二产业从业人员	人	48157	242521	162574	203450	69299
第三产业从业人员	人	51569	143827	143210	217856	69315
固定电话用户	户	62824	109781	123049	87420	98852
二、综合经济						
地区生产总值	万元	2602069	6254991	6127512	6516731	8769222
第一产业增加值	万元	230513	112630	305022	201012	211061
农业增加值	万元	134797	46703	164305	106998	107641
牧业增加值	万元	73149	55070	126312	67049	100465
第二产业增加值	万元	965427	3870061	3986092	3662956	5664241
公共财政收入	万元	360516	347335	316038	303097	600369
各项税收	万元	237822	173969	338822	156372	414624
公共财政支出	万元	582856	504288	407939	479293	703274
居民储蓄存款余额	万元	2585967	2245779	1861481	2520102	2498288
年末金融机构各项贷款余额	万元	1910037	1823956	1470658	1723939	3469376
三、农业、工业及投资						
农业机械总动力	万千瓦特	75	60	86	106	90
机收面积	公顷	48320	32307	53149	46820	49267
设施农业占地面积	公顷	2367	320	1213	227	583
粮食总产量	吨	192390	169313	336385	218755	279359
棉花产量	吨	1000	769	150	42	27
油料产量	吨	47218	5265	10079	10588	28813
肉类总产量	吨	41324	26245	48322	22105	52974
规模以上工业企业单位数	个	137	477	411	486	292
规模以上工业总产值	万元	4667190	19808761	16413728	14700270	12344214
固定资产投资	万元	3277526	4754894	4832388	4536940	4731540
四、教育、卫生和社会保障						
普通中学在校学生数	人	33010	37595	30878	46097	42558
中等职业教育学校在校学生数	人	6714	3266	5787	6221	21416
小学在校学生数	人	64339	51340	44652	67439	68556
医疗卫生机构床位数	床	3130	3205	2440	4052	3456
各种社会福利收养性单位数	个	12	16	11	24	21
各种社会福利收养性单位床位数	床	436	1097	4166	2405	1995

2015年县(市)社会经济主要指标

河南省

指标	单位	登封市	祥符区	杞县	通许县	尉氏县
一、基本情况						
行政区域面积	平方公里	1217	1252	1257	767	1297
乡个数	个	4	9	13	6	7
镇个数	个	9	6	7	6	10
街道办事处个数	个	3				
户籍人口	万人	72	81	122	68	102
第二产业从业人员	人	71239	29549	33697	27931	29430
第三产业从业人员	人	41257	15877	30569	16851	30627
固定电话用户	户	62339	261380	26159	6801	43735
二、综合经济						
地区生产总值	万元	5223046	2161659	2656457	2141367	3112087
第一产业增加值	万元	163490	522202	769607	474463	512639
农业增加值	万元	83527	339847	468758	348052	353311
牧业增加值	万元	52974	171525	281634	122224	134847
第二产业增加值	万元	3076086	781446	905263	863987	1651957
公共财政收入	万元	262810	85196	120167	75218	150146
各项税收	万元	142881	50439	77333	51187	100633
公共财政支出	万元	411552	264976	375018	235292	401925
居民储蓄存款余额	万元	1974639	995474	1306902	939526	1260857
年末金融机构各项贷款余额	万元	1195482	637080	728848	530248	857397
三、农业、工业及投资						
农业机械总动力	万千瓦特	69	165	226	96	145
机收面积	公顷	40366	108305	140100	55332	100756
设施农业占地面积	公顷	97	454	1900	2200	270
粮食总产量	吨	194368	601090	672450	387307	609195
棉花产量	吨	298	2192	4993	1988	5046
油料产量	吨	5314	114210	120632	40079	91957
肉类总产量	吨	26770	83577	107718	64259	85701
规模以上工业企业单位数	个	354	163	193	157	293
规模以上工业总产值	万元	13055856	3326117	3974151	289	7608080
固定资产投资	万元	4047692	1821020	1834556	1461885	2354718
四、教育、卫生和社会保障						
普通中学在校学生数	人	57320	36413	57937	35470	41974
中等职业教育学校在校学生数	人	17953	5815	1390	4518	4362
小学在校学生数	人	78439	67445	96244	55821	88223
医疗卫生机构床位数	床	3243	1421	2639	2600	3748
各种社会福利收养性单位数	个	22	20	28	12	16
各种社会福利收养性单位床位数	床	2264	1875	2138	775	1610

2015年县(市)社会经济主要指标

河南省

指　　标	单 位	兰考县	孟津县	新安县	栾川县	嵩县
一、基本情况						
行政区域面积	平方公里	1116	759	1164	2477	3007
乡个数	个	10		1	2	6
镇个数	个	4	10	10	12	10
街道办事处个数	个	3				
户籍人口	万人	93	48	54	35	63
第二产业从业人员	人	275857	113901	138564	79560	58244
第三产业从业人员	人	206094	105679	147192	81221	133440
固定电话用户	户	18700	60010	32100	21990	27852
二、综合经济						
地区生产总值	万元	2345639	2398558	3799628	1521893	1455141
第一产业增加值	万元	390918	256515	215701	146431	296052
农业增加值	万元	230661	131692	147190	110207	166395
牧业增加值	万元	137721	102501	45821	15430	69186
第二产业增加值	万元	1032805	1306801	2324751	861972	507850
公共财政收入	万元	127311	130741	173269	172000	57758
各项税收	万元	100698	90261	113042	103485	45170
公共财政支出	万元	438602	253910	287823	273366	267589
居民储蓄存款余额	万元	1143489	959536	956528	765296	790700
年末金融机构各项贷款余额	万元	858046	605402	966813	633848	394648
三、农业、工业及投资						
农业机械总动力	万千瓦特	99	40	47	28	59
机收面积	公顷	102831	48220	25150	4682	14693
设施农业占地面积	公顷	608	262	76	121	155
粮食总产量	吨	539413	260044	211542	48068	217388
棉花产量	吨	3810	501	228	18	234
油料产量	吨	73636	4323	5014	1260	9013
肉类总产量	吨	50696	22866	22781	7834	32452
规模以上工业企业单位数	个	253	265	236	50	33
规模以上工业总产值	万元	3871130	6524818	10556061	1804692	1231318
固定资产投资	万元	1477900	2743817	4216183	2231217	2063466
四、教育、卫生和社会保障						
普通中学在校学生数	人	34797	27595	33135	19172	33829
中等职业教育学校在校学生数	人	2802	6094	14330	3009	5999
小学在校学生数	人	73884	30313	38846	27758	57455
医疗卫生机构床位数	床	4752	1859	1958	1805	2073
各种社会福利收养性单位数	个	16	11	12	16	18
各种社会福利收养性单位床位数	床	1566	845	1214	1313	1305

2015年县(市)社会经济主要指标

河南省

指　　标	单 位	汝阳县	宜阳县	洛宁县	伊川县	偃师市
一、基本情况						
行政区域面积	平方公里	1328	1651	2304	1238	669
乡个数	个	5	5	8	3	
镇个数	个	8	11	10	11	9
街道办事处个数	个					4
户籍人口	万人	52	71	51	90	63
第二产业从业人员	人	68583	116270	80025	120482	218434
第三产业从业人员	人	100064	122580	100069	239704	130847
固定电话用户	户	43000	28618	34152	55000	79874
二、综合经济						
地区生产总值	万元	1297784	2246557	1582671	3014855	4141779
第一产业增加值	万元	147967	344355	288843	267689	203345
农业增加值	万元	86341	244837	181298	140465	94810
牧业增加值	万元	17224	92966	82924	120723	106270
第二产业增加值	万元	677714	998698	629666	1647161	2212154
公共财政收入	万元	77646	97568	74184	170369	159098
各项税收	万元	61037	70904	46967	106404	106037
公共财政支出	万元	218626	285598	245208	321687	279937
居民储蓄存款余额	万元	650831	819096	603970	1148654	1989117
年末金融机构各项贷款余额	万元	383366	591380	319620	1727962	1167196
三、农业、工业及投资						
农业机械总动力	万千瓦特	43	60	46	74	86
机收面积	公顷	24330	44900	20400	35451	59210
设施农业占地面积	公顷	218	912	75	578	152
粮食总产量	吨	188115	397590	257739	389641	270623
棉花产量	吨	241	1415	95	986	299
油料产量	吨	9200	75668	5649	11639	3868
肉类总产量	吨	12448	49712	28045	47062	31177
规模以上工业企业单位数	个	73	126	60	142	325
规模以上工业总产值	万元	1339079	3110157	2790124	5460711	11330864
固定资产投资	万元	1592934	2736600	2107153	4228213	2890933
四、教育、卫生和社会保障						
普通中学在校学生数	人	31076	39623	25050	47562	30632
中等职业教育学校在校学生数	人	1315	3576	870	1019	726
小学在校学生数	人	49862	52331	40050	83327	38241
医疗卫生机构床位数	床	1717	2488	2396	2597	2666
各种社会福利收养性单位数	个	15	18	22	15	17
各种社会福利收养性单位床位数	床	1363	1458	1282	1311	857

2015年县(市)社会经济主要指标

河南省

指标	单位	宝丰县	叶县	鲁山县	郏县	舞钢市
一、基本情况						
行政区域面积	平方公里	722	1346	2409	737	641
乡个数	个	3	7	13	5	3
镇个数	个	9	8	7	8	4
街道办事处个数	个		3	4	2	6
户籍人口	万人	54	88	97	64	45
第二产业从业人员	人	13023	12594		13993	29604
第三产业从业人员	人	18036	24674		15718	13622
固定电话用户	户	26009	21487	31147	34623	34579
二、综合经济						
地区生产总值	万元	2466274	2016225	1407598	1492993	1181578
第一产业增加值	万元	203229	409767	277315	224727	117969
农业增加值	万元	86912	202234	201829	131407	47668
牧业增加值	万元	103384	198768	57728	83112	61441
第二产业增加值	万元	1374371	1070343	488270	860266	571340
公共财政收入	万元	82835	70367	70843	71001	88031
各项税收	万元	49046	56115	45637	43621	55871
公共财政支出	万元	203101	281516	304856	220598	172393
居民储蓄存款余额	万元	995369	1176664	1379990	913678	901388
年末金融机构各项贷款余额	万元	904942	583620	831134	614751	847434
三、农业、工业及投资						
农业机械总动力	万千瓦特	48	70	43	56	29
机收面积	公顷	43380	82566	47236	42296	22505
设施农业占地面积	公顷	133	438	1283	123	341
粮食总产量	吨	237057	623691	214674	325897	162580
棉花产量	吨	146	174		1130	184
油料产量	吨	19636	36602	21617	18329	6292
肉类总产量	吨	47755	110290	29028	43465	49296
规模以上工业企业单位数	个	108	63	79	159	78
规模以上工业总产值	万元	3373252	3561802	1653404	3468211	2316334
固定资产投资	万元	2160018	2639257	1615243	1899515	1910206
四、教育、卫生和社会保障						
普通中学在校学生数	人	23885	35302	41244	28331	14678
中等职业教育学校在校学生数	人	403	1660	4427	374	2798
小学在校学生数	人	53381	68138	106233	62457	26689
医疗卫生机构床位数	床	2457	2717	2972	2460	1393
各种社会福利收养性单位数	个	22	33	31	16	13
各种社会福利收养性单位床位数	床	917	2846	2350	1365	1135

2015年县(市)社会经济主要指标

河南省

指　　标	单 位	汝州市	安阳县	汤阴县	滑县	内黄县
一、基本情况						
行政区域面积	平方公里	1572	1193	646	1814	1145
乡个数	个	4	7	1	10	9
镇个数	个	11	12	9	12	8
街道办事处个数	个	5			1	
户籍人口	万人	115	100	52	147	84
第二产业从业人员	人	172797	255350	30824		168890
第三产业从业人员	人	159314	153957	16258		155942
固定电话用户	户	30960	98623	39479	128638	65848
二、综合经济						
地区生产总值	万元	3623272	3402361	1640007	2112977	1762816
第一产业增加值	万元	370731	308638	235092	656222	525694
农业增加值	万元	153417	187448	177972	544250	459066
牧业增加值	万元	174769	79284	51473	102729	53163
第二产业增加值	万元	1677259	1846723	904476	779535	706754
公共财政收入	万元	206616	97599	101894	93574	56551
各项税收	万元	141433	67089	73333	73233	40243
公共财政支出	万元	451946	304899	229360	505297	248951
居民储蓄存款余额	万元	1593016	2230713	778401	1790823	891493
年末金融机构各项贷款余额	万元	1479787	1076761	566365	985993	424527
三、农业、工业及投资						
农业机械总动力	万千瓦特	148	95	62	268	118
机收面积	公顷	96350	91816	65470	172000	108886
设施农业占地面积	公顷	447	471	762	7108	5923
粮食总产量	吨	479803	676884	450136	1482054	529170
棉花产量	吨	789	1346	1031	2227	946
油料产量	吨	34673	6201	10746	110630	108145
肉类总产量	吨	97329	33182	37148	49166	47437
规模以上工业企业单位数	个	141	225	142	207	120
规模以上工业总产值	万元	2943458	6792797	4038051	2794091	3264138
固定资产投资	万元	2827794	4790048	1061654	1485600	1094050
四、教育、卫生和社会保障						
普通中学在校学生数	人	50616	47506	26630	63127	37277
中等职业教育学校在校学生数	人	8655	6880	2179	5084	1355
小学在校学生数	人	115529	87908	51042	136583	76612
医疗卫生机构床位数	床	4196	2395	1351	3919	2624
各种社会福利收养性单位数	个	22	25	17	29	18
各种社会福利收养性单位床位数	床	2628	1640	954	2311	1800

2015年县(市)社会经济主要指标

河南省

指　　标	单 位	林州市	浚县	淇县	新乡县	获嘉县
一、基本情况						
行政区域面积	平方公里	2062	1088	581	385	474
乡个数	个	1	1	1	1	3
镇个数	个	15	6	4	6	8
街道办事处个数	个	4	4	4		
户籍人口	万人	113	75	30	36	45
第二产业从业人员	人	147473	20901	35724	188073	106334
第三产业从业人员	人	28946	14810	11461	76950	90311
固定电话用户	户	83771	50127	28586	45527	48465
二、综合经济						
地区生产总值	万元	4554663	1694796	2039388	2029330	935347
第一产业增加值	万元	203456	303345	194181	130786	156250
农业增加值	万元	86611	172668	50044	77062	97592
牧业增加值	万元	110403	126174	137827	49778	51890
第二产业增加值	万元	2515254	919945	1560059	1459649	540931
公共财政收入	万元	153238	60121	75964	72351	40763
各项税收	万元	113251	40376	50106	52249	29044
公共财政支出	万元	391572	259744	185968	155615	155338
居民储蓄存款余额	万元	3214795	845509	614556	1003443	692521
年末金融机构各项贷款余额	万元	1371691	958943	1080812	992301	291651
三、农业、工业及投资						
农业机械总动力	万千瓦特	61	165	32	49	75
机收面积	公顷	56580	111491	35000	31300	48060
设施农业占地面积	公顷	2	667	63	51	106
粮食总产量	吨	378209	759999	307108	276539	336632
棉花产量	吨	610	274	66	519	405
油料产量	吨	4705	30374	1688	15032	179
肉类总产量	吨	73586	87847	111335	17227	30339
规模以上工业企业单位数	个	251	121	142	136	90
规模以上工业总产值	万元	10278310	4176111	7240863	6646992	2145096
固定资产投资	万元	5270258	1254928	1462627	1183207	887955
四、教育、卫生和社会保障						
普通中学在校学生数	人	55912	42025	16533	20549	24509
中等职业教育学校在校学生数	人	4136	5609	2357	674	3320
小学在校学生数	人	101212	65123	26802	31658	39231
医疗卫生机构床位数	床	4625	2162	1890	926	2050
各种社会福利收养性单位数	个	22	9	2	11	13
各种社会福利收养性单位床位数	床	1411	1593	72	1055	713

2015年县(市)社会经济主要指标

河南省

指标	单位	原阳县	延津县	封丘县	长垣县	卫辉市
一、基本情况						
行政区域面积	平方公里	1022	886	1226	1051	859
乡个数	个	8	7	7	2	6
镇个数	个	4	5	12	11	7
街道办事处个数	个	2			5	
户籍人口	万人	63	52	82	86	54
第二产业从业人员	人	128442	92229	130755	113366	80874
第三产业从业人员	人	108513	78942	136667	36614	90805
固定电话用户	户	65062	44469	83021	99000	45672
二、综合经济						
地区生产总值	万元	950065	1172959	1183264	2717704	965470
第一产业增加值	万元	212022	259162	383035	326916	230613
农业增加值	万元	126317	183283	222898	234266	116339
牧业增加值	万元	74624	61024	130351	75028	104527
第二产业增加值	万元	458081	588805	475450	1381035	216782
公共财政收入	万元	65220	65749	39175	153499	80809
各项税收	万元	37621	36100	27435	120667	54087
公共财政支出	万元	244452	183766	291999	395590	218510
居民储蓄存款余额	万元	779215	607835	1011583	2354089	843624
年末金融机构各项贷款余额	万元	576045	288448	288390	1604661	569065
三、农业、工业及投资						
农业机械总动力	万千瓦特	101	94	116	116	64
机收面积	公顷	82000	79989	92593	97616	55168
设施农业占地面积	公顷	2060	600	108	1966	3286
粮食总产量	吨	753746	462808	659494	656442	377495
棉花产量	吨	389	504	1430	390	831
油料产量	吨	47587	138890	58551	56819	13042
肉类总产量	吨	36912	31382	81555	40108	54622
规模以上工业企业单位数	个	99	117	102	141	56
规模以上工业总产值	万元	1445994	2637799	1464915	5240800	735813
固定资产投资	万元	1372193	884321	1491059	2829600	873747
四、教育、卫生和社会保障						
普通中学在校学生数	人	35363	32524	41872	58660	22676
中等职业教育学校在校学生数	人	4216	3758	5130	11666	3306
小学在校学生数	人	58467	51620	76116	92728	59172
医疗卫生机构床位数	床	3369	2154	3005	3484	3852
各种社会福利收养性单位数	个	14	14	26	19	23
各种社会福利收养性单位床位数	床	504	1458	2498	2807	1580

2015年县(市)社会经济主要指标

河南省

指　　标	单 位	辉县市	修武县	博爱县	武陟县	温县
一、基本情况						
行政区域面积	平方公里	2007	611	428	798	481
乡个数	个	8	3	2	7	3
镇个数	个	12	5	5	4	7
街道办事处个数	个	2		2	4	
户籍人口	万人	87	27	39	72	47
第二产业从业人员	人	158312	34401		251435	
第三产业从业人员	人	138533	29004		142578	
固定电话用户	户	87576	23210	28141	57958	24600
二、综合经济						
地区生产总值	万元	3067775	1142120	2247842	2913284	2441720
第一产业增加值	万元	381766	74158	186022	365573	274205
农业增加值	万元	227801	34815	141134	254712	207744
牧业增加值	万元	147769	35465	38735	100718	64832
第二产业增加值	万元	1773314	652001	1441501	1780460	1551690
公共财政收入	万元	240033	98156	69031	106939	63256
各项税收	万元	137746	61059	35215	67513	47420
公共财政支出	万元	375962	165167	152795	255637	175842
居民储蓄存款余额	万元	1852996	612018	836091	1136058	804192
年末金融机构各项贷款余额	万元	1331285	497437	643739	809785	623564
三、农业、工业及投资						
农业机械总动力	万千瓦特	83	39	32	120	59
机收面积	公顷	71500	30342	25816	93333	45390
设施农业占地面积	公顷	819	188	401	96	289
粮食总产量	吨	592790	215133	191122	535754	310744
棉花产量	吨	16	8	43	120	500
油料产量	吨	20746	608	1450	38376	14166
肉类总产量	吨	87248	23979	14232	64047	18223
规模以上工业企业单位数	个	189	80	123	227	182
规模以上工业总产值	万元	8182240	2889643	6882419	8536476	7716990
固定资产投资	万元	2803567	1502880	1849408	2959932	2038254
四、教育、卫生和社会保障						
普通中学在校学生数	人	40756	16526	22286	44615	28122
中等职业教育学校在校学生数	人	4645	751	3116	7358	3339
小学在校学生数	人	83845	19128	30079	50259	29565
医疗卫生机构床位数	床	3848	1144	1788	2066	2347
各种社会福利收养性单位数	个	21	9	12	17	10
各种社会福利收养性单位床位数	床	1213	1202	650	1450	746

2015年县(市)社会经济主要指标

河南省

指　　标	单 位	沁阳市	孟州市	清丰县	南乐县	范县
一、基本情况						
行政区域面积	平方公里	595	524	834	624	590
乡个数	个	3	1	12	6	5
镇个数	个	6	6	5	6	7
街道办事处个数	个	4	4			
户籍人口	万人	49	38	74	58	60
第二产业从业人员	人		103566	112685	5376	107094
第三产业从业人员	人		52560	112374	15862	53816
固定电话用户	户	40500	29630	40686	28323	25428
二、综合经济						
地区生产总值	万元	3521001	2676271	2045212	1565707	1689367
第一产业增加值	万元	199114	203995	402123	312735	170704
农业增加值	万元	140820	147483	275957	174324	69126
牧业增加值	万元	56512	53520	114298	122268	86121
第二产业增加值	万元	2284921	1856763	1157081	876691	1097957
公共财政收入	万元	124399	111339	57500	40558	57734
各项税收	万元	59940	68126	41343	29030	39155
公共财政支出	万元	230574	229862	254051	221143	267485
居民储蓄存款余额	万元	1132898	857254	847287	685077	815665
年末金融机构各项贷款余额	万元	836803	651549	367121	298308	371324
三、农业、工业及投资						
农业机械总动力	万千瓦特	58	49	84	84	71
机收面积	公顷	43118	40180	66818	66343	42000
设施农业占地面积	公顷	150	821	6192	11824	923
粮食总产量	吨	344378	310194	576085	469967	361115
棉花产量	吨	122	518	199	710	99
油料产量	吨	3846	13297	67629	33519	8057
肉类总产量	吨	20424	30181	60403	74989	28333
规模以上工业企业单位数	个	204	200	154	126	178
规模以上工业总产值	万元	9011911	8576844	5229037	3832630	5188271
固定资产投资	万元	2856779	2934019	2318366	1621204	1574098
四、教育、卫生和社会保障						
普通中学在校学生数	人	29933	16829	25473	32721	22479
中等职业教育学校在校学生数	人	3343	3631	10159	881	1390
小学在校学生数	人	32806	19515	60171	50015	47171
医疗卫生机构床位数	床	1686	1740	2458	1918	1992
各种社会福利收养性单位数	个	21	12	19	14	14
各种社会福利收养性单位床位数	床	1258	1038	2020	1551	840

2015年县(市)社会经济主要指标

河南省

指　标	单位	台前县	濮阳县	许昌县	鄢陵县	襄城县
一、基本情况						
行政区域面积	平方公里	394	1382	1001	870	920
乡个数	个	3	9	9	2	7
镇个数	个	6	11	7	10	9
街道办事处个数	个			2		
户籍人口	万人	42	124	92	70	87
第二产业从业人员	人	68950	176487		101124	
第三产业从业人员	人	75300	169484		132918	
固定电话用户	户	30979	43772	45000	65379	50600
二、综合经济						
地区生产总值	万元	918053	3422095	3459546	2575868	3030065
第一产业增加值	万元	95461	409473	302984	489166	339255
农业增加值	万元	46723	256133	192892	295185	185346
牧业增加值	万元	45693	139130	97538	158189	143687
第二产业增加值	万元	531674	2187646	2147947	1244337	1580854
公共财政收入	万元	33170	100869	113619	98175	126363
各项税收	万元	23539	81302	86629	71733	96859
公共财政支出	万元	183228	410788	295266	287133	284053
居民储蓄存款余额	万元	619292	1385620	1507287	1050005	1516000
年末金融机构各项贷款余额	万元	351792	899658	1300546	1196555	1316000
三、农业、工业及投资						
农业机械总动力	万千瓦特	42	141	82	79	81
机收面积	公顷	25288	115116	92623	68336	71600
设施农业占地面积	公顷	1579	7925	28	42	1270
粮食总产量	吨	212092	956629	689015	551690	563241
棉花产量	吨	207	1746	1397	114	406
油料产量	吨	2681	40117	55363	1736	14149
肉类总产量	吨	14364	73690	62131	89131	81355
规模以上工业企业单位数	个	144	200	301	128	145
规模以上工业总产值	万元	2588658	10883014	8171012	5841975	5037082
固定资产投资	万元	713747	3075483	3355982	2363580	2418212
四、教育、卫生和社会保障						
普通中学在校学生数	人	21493	42430	25026	17678	30511
中等职业教育学校在校学生数	人	2968	17672	1931	2698	8891
小学在校学生数	人	37299	94134	58130	55774	70065
医疗卫生机构床位数	床	1303	3627	2677	1832	2453
各种社会福利收养性单位数	个	9	20	21	19	18
各种社会福利收养性单位床位数	床	341	3575	1640	2532	1338

2015年县(市)社会经济主要指标

河南省

指　　标	单 位	禹州市	长葛市	郾城区	舞阳县	临颍县
一、基本情况						
行政区域面积	平方公里	1469	650	413	776	821
乡个数	个	4	2		5	5
镇个数	个	18	10	8	9	10
街道办事处个数	个	4	4	1		
户籍人口	万人	132	79	51	61	73
第二产业从业人员	人		208987	24791	29929	39111
第三产业从业人员	人		178026	28872	17888	21732
固定电话用户	户	85633	63953	43959	18921	30924
二、综合经济						
地区生产总值	万元	5123810	4942234	1804165	1582545	2403296
第一产业增加值	万元	302284	251368	202092	251008	313067
农业增加值	万元	168281	112665	95879	141531	181089
牧业增加值	万元	122124	113212	102983	105316	128364
第二产业增加值	万元	2982469	3637374	1022027	870901	1616200
公共财政收入	万元	320609	195866	62647	79974	104164
各项税收	万元	218142	143789	45814	58701	77158
公共财政支出	万元	525586	342368	190032	247899	313618
居民储蓄存款余额	万元	2254460	1733965	1399019	950718	1131259
年末金融机构各项贷款余额	万元	1806192	1685380	1526079	335184	653563
三、农业、工业及投资						
农业机械总动力	万千瓦特	86	60	48	68	104
机收面积	公顷	85766	69349	42480	83740	75870
设施农业占地面积	公顷	127	1000	182	352	831
粮食总产量	吨	558474	553459	287025	556163	529692
棉花产量	吨	1267	15	1726	1067	2996
油料产量	吨	11386	9848	7072	12263	2832
肉类总产量	吨	82225	76632	70420	67096	77502
规模以上工业企业单位数	个	419	413	151	101	149
规模以上工业总产值	万元	14412317	18103782	4435988	3515585	8456000
固定资产投资	万元	5169320	3538500	1593274	1740000	1899654
四、教育、卫生和社会保障						
普通中学在校学生数	人	57816	36202	35178	21725	36219
中等职业教育学校在校学生数	人	7129	7644	13652	2422	1867
小学在校学生数	人	105231	66321	38911	40088	52132
医疗卫生机构床位数	床	3818	2200	3091	2229	2473
各种社会福利收养性单位数	个	52	15	14	14	16
各种社会福利收养性单位床位数	床	3157	2392	1767	1819	3874

2015年县(市)社会经济主要指标

河南省

指　　标	单 位	渑池县	陕县	卢氏县	义马市	灵宝市
一、基本情况						
行政区域面积	平方公里	1421	1609	4004	112	3011
乡个数	个	6	9	10		5
镇个数	个	6	4	9		10
街道办事处个数	个				7	2
户籍人口	万人	37	35	38	16	75
第二产业从业人员	人	78943	34872	18789	76489	65991
第三产业从业人员	人	56227	34563	37830	12786	55952
固定电话用户	户	15980	16635	13770	9512	36000
二、综合经济						
地区生产总值	万元	2300289	1612680	790348	1371191	4585668
第一产业增加值	万元	195330	201684	206508	10444	524157
农业增加值	万元	118619	151989	170757	5221	465337
牧业增加值	万元	68356	41816	21001	4374	45388
第二产业增加值	万元	1517019	749294	270831	1041132	2890139
公共财政收入	万元	197708	129956	56312	127808	182688
各项税收	万元	130206	95709	39600	74229	115024
公共财政支出	万元	285376	223039	210499	152444	353464
居民储蓄存款余额	万元	874539	780756	704925	594670	1853679
年末金融机构各项贷款余额	万元	612000	900876	356312	848715	1641867
三、农业、工业及投资						
农业机械总动力	万千瓦特	38	36	23	3	72
机收面积	公顷	32620	17100	4570	990	32377
设施农业占地面积	公顷	74	273	976	17	1330
粮食总产量	吨	192937	123884	123950	9833	233771
棉花产量	吨	90	100		20	840
油料产量	吨	20381	4280	617	304	8438
肉类总产量	吨	37886	20378	9728	4107	29751
规模以上工业企业单位数	个	152	46	41	84	221
规模以上工业总产值	万元	6253764	3168000	555865	3559916	15308502
固定资产投资	万元	2979319	2756324	1106395	2125989	3484717
四、教育、卫生和社会保障						
普通中学在校学生数	人	21678	13543	15920	6121	36144
中等职业教育学校在校学生数	人	2698	1958	1489	755	5017
小学在校学生数	人	28777	13286	17602	9408	48280
医疗卫生机构床位数	床	1467	1077	1586	1200	2671
各种社会福利收养性单位数	个	17	15	19	4	24
各种社会福利收养性单位床位数	床	719	651	1332	300	2317

2015年县(市)社会经济主要指标

河南省

指　　标	单 位	南召县	方城县	西峡县	镇平县	内乡县
一、基本情况						
行政区域面积	平方公里	2946	2534	3454	1500	2301
乡个数	个	8	7	2	4	5
镇个数	个	8	8	14	15	11
街道办事处个数	个		2	3	3	
户籍人口	万人	65	116	47	108	73
第二产业从业人员	人	19400	34593	71846	157572	111342
第三产业从业人员	人	22672	34485	118275	162005	95610
固定电话用户	户	18215	85558	51000	37243	36200
二、综合经济						
地区生产总值	万元	1216402	1753706	2194677	2150722	1475955
第一产业增加值	万元	183449	374939	280850	303574	351829
农业增加值	万元	106355	287370	199243	226457	197717
牧业增加值	万元	37436	69567	48820	60799	140741
第二产业增加值	万元	596277	739888	1271165	1036340	610137
公共财政收入	万元	56008	86610	111569	79566	72728
各项税收	万元	34084	52028	78746	54934	51923
公共财政支出	万元	259000	375521	282698	331829	309858
居民储蓄存款余额	万元	802059	1085713	1007213	1694152	1023400
年末金融机构各项贷款余额	万元	540767	875085	1088657	891265	937100
三、农业、工业及投资						
农业机械总动力	万千瓦特	39	127	17	106	80
机收面积	公顷	24900	100681	10000	104001	50300
设施农业占地面积	公顷	690	470	15880	338	2007
粮食总产量	吨	189220	634030	100800	525046	329770
棉花产量	吨		805		1053	719
油料产量	吨	62288	261806	8140	75176	82153
肉类总产量	吨	24325	41746	29574	34299	95329
规模以上工业企业单位数	个	135	200	151	191	112
规模以上工业总产值	万元	1911902	2673527	5041175	3488796	1896886
固定资产投资	万元	1419504	1876802	2815772	2263488	2080587
四、教育、卫生和社会保障						
普通中学在校学生数	人	30285	33960	35631	48214	38129
中等职业教育学校在校学生数	人	1540	7716	5500	4931	5302
小学在校学生数	人	57956	123044	46514	102062	73944
医疗卫生机构床位数	床	1853	2880	2570	2200	2191
各种社会福利收养性单位数	个	25	45	24	56	70
各种社会福利收养性单位床位数	床	4065	8424	1950	3706	2700

2015年县(市)社会经济主要指标

河南省

指　　标	单 位	淅川县	社旗县	唐河县	新野县	桐柏县
一、基本情况						
行政区域面积	平方公里	2818	1152	2497	1062	1915
乡个数	个	4	1	7	5	3
镇个数	个	11	13	12	8	13
街道办事处个数	个	2	2	4	2	
户籍人口	万人	71	78	141	84	48
第二产业从业人员	人	30810	21236	31456	121292	85408
第三产业从业人员	人	24720	20425	35278	86695	63706
固定电话用户	户	19000	56820	71892	25205	26285
二、综合经济						
地区生产总值	万元	1946337	1392510	2630240	2373993	1381408
第一产业增加值	万元	355378	347435	705001	435216	209485
农业增加值	万元	216124	241205	459722	277841	128815
牧业增加值	万元	106860	97145	230569	145912	44520
第二产业增加值	万元	988273	581647	1074541	1182182	731287
公共财政收入	万元	77815	48657	81273	63958	76876
各项税收	万元	42523	42105	56337	38391	42829
公共财政支出	万元	374964	146257	431354	273317	234899
居民储蓄存款余额	万元	1132763	682455	1527612	1280887	801704
年末金融机构各项贷款余额	万元	894856	472655	628975	925823	493014
三、农业、工业及投资						
农业机械总动力	万千瓦特	59	102	229	156	87
机收面积	公顷	49440	94438	228500	78144	40460
设施农业占地面积	公顷	71	180	183	1485	752
粮食总产量	吨	261498	547747	1316000	521295	247010
棉花产量	吨	281	2340	2228	2202	66
油料产量	吨	129085	90030	119511	121280	71856
肉类总产量	吨	57675	67755	115199	49277	27744
规模以上工业企业单位数	个	119	145	251	192	113
规模以上工业总产值	万元	3449951	2252485	3392691	4718035	1617496
固定资产投资	万元	2657907	1462852	2556319	2409651	1653603
四、教育、卫生和社会保障						
普通中学在校学生数	人	45130	29254	45782	32667	22912
中等职业教育学校在校学生数	人	1722	3204	7795	1234	2082
小学在校学生数	人	67195	70563	120567	80328	51278
医疗卫生机构床位数	床	1758	1688	3395	1728	1228
各种社会福利收养性单位数	个	18	15	48	40	39
各种社会福利收养性单位床位数	床	3694	4279	5592	3871	1726

2015年县(市)社会经济主要指标

河南省

指　　标	单 位	邓州市	民权县	睢县	宁陵县	柘城县
一、基本情况						
行政区域面积	平方公里	2369	1238	920	797	1042
乡个数	个	6	8	12	7	11
镇个数	个	18	9	8	7	9
街道办事处个数	个	4	2			2
户籍人口	万人	177	92	90	70	103
第二产业从业人员	人		197548	135093	11103	163116
第三产业从业人员	人		159164	111827	36283	134366
固定电话用户	户	146055	49000	36931	25006	26000
二、综合经济						
地区生产总值	万元	3474836	1843316	1446672	962936	1686254
第一产业增加值	万元	974632	438651	419222	254676	425348
农业增加值	万元	689305	292599	326674	188510	296628
牧业增加值	万元	272030	115487	83497	56983	115009
第二产业增加值	万元	1256773	690351	545412	384897	596251
公共财政收入	万元	127738	78522	54806	40009	62638
各项税收	万元	88166	56721	39839	28247	46139
公共财政支出	万元	624086	335335	300667	251826	356976
居民储蓄存款余额	万元	2126809	1122686	1159241	758743	1241024
年末金融机构各项贷款余额	万元	1371333	868673	579320	503149	572017
三、农业、工业及投资						
农业机械总动力	万千瓦特	200	127	119	100	123
机收面积	公顷	226588	121560	158460	83050	114940
设施农业占地面积	公顷	2080	13020	448	1217	53
粮食总产量	吨	1240329	677886	653781	467442	754843
棉花产量	吨	5485	3942	3600	428	1317
油料产量	吨	257396	95717	59225	97203	5360
肉类总产量	吨	150050	60439	57925	40620	66752
规模以上工业企业单位数	个	161	113	95	83	113
规模以上工业总产值	万元	4304516	2966000	1939516	2178309	2173662
固定资产投资	万元	2807423	1618000	1705547	893297	1301018
四、教育、卫生和社会保障						
普通中学在校学生数	人	82593	51995	48925	29830	55593
中等职业教育学校在校学生数	人	7660	10320	4987	1125	2955
小学在校学生数	人	180047	92949	63296	55400	70521
医疗卫生机构床位数	床	11911	4186	3240	2036	4534
各种社会福利收养性单位数	个	164	21	27	14	20
各种社会福利收养性单位床位数	床	3624	2485	2387	1248	3250

2015年县(市)社会经济主要指标

河南省

指　标	单 位	虞城县	夏邑县	永城市	罗山县	光山县
一、基本情况						
行政区域面积	平方公里	1482	1486	2006	2077	1835
乡个数	个	16	12	6	7	10
镇个数	个	9	12	23	12	7
街道办事处个数	个					2
户籍人口	万人	114	121	158	78	91
第二产业从业人员	人	290781	107865	345640	29310	109565
第三产业从业人员	人	194163	283245	342047	30871	175984
固定电话用户	户	67855	53135	63443	29670	45890
二、综合经济						
地区生产总值	万元	2150397	1899414	4300286	1600639	1665361
第一产业增加值	万元	451180	475600	645949	456901	473460
农业增加值	万元	337754	342490	461859	318004	339871
牧业增加值	万元	98949	113886	161183	80219	91554
第二产业增加值	万元	872412	732328	2142283	568740	649527
公共财政收入	万元	79044	65178	335186	50939	51256
各项税收	万元	54577	47419	218113	39321	54876
公共财政支出	万元	388119	408699	673260	286122	232283
居民储蓄存款余额	万元	1298720	1714240	2552404	1532690	1572195
年末金融机构各项贷款余额	万元	841664	727817	2456711	791674	823545
三、农业、工业及投资						
农业机械总动力	万千瓦特	209	176	181	80	44
机收面积	公顷	156930	136129	184674	94571	59475
设施农业占地面积	公顷	26380	13175	7011	1311	2627
粮食总产量	吨	880918	1068485	1338547	738304	594098
棉花产量	吨	4082	597	75	80	103
油料产量	吨	53841	21500	4516	75749	89273
肉类总产量	吨	45890	83626	91927	48815	47768
规模以上工业企业单位数	个	131	164	166	114	124
规模以上工业总产值	万元	3878900	2764647	7630954	1647616	2332156
固定资产投资	万元	1811559	1873100	3071314	1929722	2054427
四、教育、卫生和社会保障						
普通中学在校学生数	人	77509	60134	70395	37462	59401
中等职业教育学校在校学生数	人	13958	2423	23196	5764	4680
小学在校学生数	人	126696	81118	148609	59422	68814
医疗卫生机构床位数	床	4250	2643	5772	2019	1935
各种社会福利收养性单位数	个	38	29	41	52	87
各种社会福利收养性单位床位数	床	5012	4290	600	4203	4613

2015年县(市)社会经济主要指标

河南省

指标	单位	新县	商城县	固始县	潢川县	淮滨县
一、基本情况						
行政区域面积	平方公里	1612	2117	2946	1635	1192
乡个数	个	10	8	13	8	10
镇个数	个	5	9	17	9	5
街道办事处个数	个	1	2	3	4	4
户籍人口	万人	38	80	175	86	81
第二产业从业人员	人	43918	165500	253000	80200	138045
第三产业从业人员	人	87974	121400	382000	138800	170906
固定电话用户	户	13527	23000	46992	47286	30124
二、综合经济						
地区生产总值	万元	1087995	1562165	2727480	2085973	1403748
第一产业增加值	万元	263227	422457	755377	583132	357969
农业增加值	万元	143384	247801	478834	361380	235861
牧业增加值	万元	30401	93728	204993	158614	92503
第二产业增加值	万元	461331	629399	888423	744139	593792
公共财政收入	万元	38163	45805	111356	54493	41288
各项税收	万元	21242	34669	71262	41280	45341
公共财政支出	万元	214383	299225	630948	313901	290638
居民储蓄存款余额	万元	740346	1356812	2730800	1420907	1082502
年末金融机构各项贷款余额	万元	492000	662011	1544300	1767740	587912
三、农业、工业及投资						
农业机械总动力	万千瓦特	24	40	118	48	77
机收面积	公顷	10568	36340	198667	94478	97735
设施农业占地面积	公顷	326	15	3141	397	12460
粮食总产量	吨	121732	336318	1215788	706700	594239
棉花产量	吨	23	52	142	22	200
油料产量	吨	33280	60291	126974	63304	65760
肉类总产量	吨	21799	44152	154756	172507	53791
规模以上工业企业单位数	个	63	96	187	121	107
规模以上工业总产值	万元	1582991	1811607	2580000	2488900	1712355
固定资产投资	万元	1348817	1592013	2609764	2037274	1367474
四、教育、卫生和社会保障						
普通中学在校学生数	人	23375	51919	95677	3765	45192
中等职业教育学校在校学生数	人	6646	8801	13642	42756	4986
小学在校学生数	人	28817	53915	128225	5212	57982
医疗卫生机构床位数	床	699	1654	4138	1367	1831
各种社会福利收养性单位数	个	17	23		21	50
各种社会福利收养性单位床位数	床	2235	2990		21	3612

2015年县(市)社会经济主要指标

河南省

指　　标	单 位	息县	扶沟县	西华县	商水县	沈丘县
一、基本情况						
行政区域面积	平方公里	1835	1173	1194	1314	1081
乡个数	个	12	6	10	11	8
镇个数	个	6	8	8	9	12
街道办事处个数	个	4	1	3	3	2
户籍人口	万人	111	80	100	131	130
第二产业从业人员	人	112799	113210	118476	178125	220000
第三产业从业人员	人	165210	143427	203892	219872	160000
固定电话用户	户	19204	28890	35000	38000	69600
二、综合经济						
地区生产总值	万元	1780122	1516741	1925758	2064381	2149499
第一产业增加值	万元	492052	381505	522652	596188	432242
农业增加值	万元	371049	301933	374888	446887	298036
牧业增加值	万元	75912	68552	122904	119935	122115
第二产业增加值	万元	704235	729549	906819	843994	979972
公共财政收入	万元	42000	61934	61634	63853	115830
各项税收	万元	40241	41544	33385	46101	83796
公共财政支出	万元	327562	312086	311866	413146	436006
居民储蓄存款余额	万元	1554106	1283795	1361032	1614003	1836801
年末金融机构各项贷款余额	万元	619844	583835	531727	464743	1022523
三、农业、工业及投资						
农业机械总动力	万千瓦特	128	112	131	129	95
机收面积	公顷	146436	81900	117000	135918	112415
设施农业占地面积	公顷	3062	7018	2314	628	1221
粮食总产量	吨	984909	596342	752356	1052440	911418
棉花产量	吨	411	8345	1170	832	793
油料产量	吨	39534	38303	42735	52405	42679
肉类总产量	吨	70852	49306	87001	92189	90287
规模以上工业企业单位数	个	122	110	115	164	137
规模以上工业总产值	万元	2459202	3061749	3673375	3718100	3807590
固定资产投资	万元	1755112	1615346	1454853	1550899	1835991
四、教育、卫生和社会保障						
普通中学在校学生数	人	50119	30703	32390	55820	61756
中等职业教育学校在校学生数	人	3769	2222	1480	4891	2493
小学在校学生数	人	91917	50916	64750	103130	100933
医疗卫生机构床位数	床	1282	2511	2684	2960	3122
各种社会福利收养性单位数	个	47	14	22	25	23
各种社会福利收养性单位床位数	床	4065	1729	2038	3267	4807

2015年县(市)社会经济主要指标

河南省

指　　标	单 位	郸城县	淮阳县	太康县	鹿邑县	项城市
一、基本情况						
行政区域面积	平方公里	1471	1468	1360	1245	1083
乡个数	个	11	11	9	7	
镇个数	个	8	7	13	13	15
街道办事处个数	个	2		3	4	6
户籍人口	万人	155	149	161	134	124
第二产业从业人员	人	184389	198600	191200	67620	251716
第三产业从业人员	人	245210	191400	198124	86860	210203
固定电话用户	户	95120	37926	48778	172250	83160
二、综合经济						
地区生产总值	万元	2038802	1929062	2105221	2595028	2597722
第一产业增加值	万元	496607	595834	556736	486345	425342
农业增加值	万元	384633	389502	376614	306477	323293
牧业增加值	万元	100226	155323	158091	166522	88879
第二产业增加值	万元	976455	838857	868530	1224280	1249583
公共财政收入	万元	88183	67962	90861	103758	93955
各项税收	万元	57029	42472	60517	60672	67496
公共财政支出	万元	462509	459866	490090	426789	398325
居民储蓄存款余额	万元	1713642	1731677	1863292	1655383	1988003
年末金融机构各项贷款余额	万元	652653	518247	686776	963391	563669
三、农业、工业及投资						
农业机械总动力	万千瓦特	162	123	180	128	93
机收面积	公顷	137452	130500	151812	158706	120552
设施农业占地面积	公顷	21250	2004		293	991
粮食总产量	吨	1002572	1001855	1155642	933461	832891
棉花产量	吨	1088	5001	1954	4545	664
油料产量	吨	31375	145570	34691	18431	41200
肉类总产量	吨	68214	105115	106677	76598	66010
规模以上工业企业单位数	个	132	110	124	85	162
规模以上工业总产值	万元	4450000	3077585	4046750	4924550	5704776
固定资产投资	万元	1575075	1337106	1459958	1598426	1614396
四、教育、卫生和社会保障						
普通中学在校学生数	人	65642	56528	82894	67983	76207
中等职业教育学校在校学生数	人	3924	692	1201	2226	5670
小学在校学生数	人	118831	102924	129525	123176	92214
医疗卫生机构床位数	床	3986	3310	5254	9579	4064
各种社会福利收养性单位数	个	22	20	21	23	15
各种社会福利收养性单位床位数	床	3020	4134	3078	3206	3814

2015年县(市)社会经济主要指标

河南省

指　　标	单 位	西平县	上蔡县	平舆县	正阳县	确山县
一、基本情况						
行政区域面积	平方公里	1090	1529	1282	1889	1624
乡个数	个	11	21	5	11	1
镇个数	个	5	10	11	8	9
街道办事处个数	个	3	4	3		3
户籍人口	万人	89	152	101	85	54
第二产业从业人员	人	222140	180512	217896	123179	99716
第三产业从业人员	人	272975	246120	194235	175775	124999
固定电话用户	户	5020	32100	20919	20523	17235
二、综合经济						
地区生产总值	万元	1849369	1848472	1757989	1459236	1370658
第一产业增加值	万元	476117	405249	377442	498807	314569
农业增加值	万元	302460	243982	246740	285246	175782
牧业增加值	万元	165331	152212	121312	201205	120127
第二产业增加值	万元	626007	728864	756597	404619	565617
公共财政收入	万元	69355	56563	65663	48363	63421
各项税收	万元	54796	36485	43651	25807	43957
公共财政支出	万元	321792	433874	334847	336716	231006
居民储蓄存款余额	万元	1519996	2158371	1585236	1324486	1151481
年末金融机构各项贷款余额	万元	804118	939451	606906	697205	506868
三、农业、工业及投资						
农业机械总动力	万千瓦特	133	163	170	221	113
机收面积	公顷	130568	141030	113225	189525	90000
设施农业占地面积	公顷	219	8850	1110	420	893
粮食总产量	吨	959102	1065233	795128	863751	550697
棉花产量	吨		706	238	154	58
油料产量	吨	57450	52119	61086	381336	106130
肉类总产量	吨	118444	79214	77896	91671	70141
规模以上工业企业单位数	个	178	156	158	119	151
规模以上工业总产值	万元	2302022	2668800	3576582	1512200	1999738
固定资产投资	万元	1047162	1193554	1351171	1120217	1200393
四、教育、卫生和社会保障						
普通中学在校学生数	人	47034	61502	52082	29119	36104
中等职业教育学校在校学生数	人	882	1590	5265	3482	867
小学在校学生数	人	48008	119607	76885	78811	51581
医疗卫生机构床位数	床	2976	3547	4126	2168	2307
各种社会福利收养性单位数	个	25	27	19	24	18
各种社会福利收养性单位床位数	床	1500	5265	2297	2084	2600

2015年县(市)社会经济主要指标

河南省

指　　标	单 位	泌阳县	汝南县	遂平县	新蔡县	济源市
一、基本情况						
行政区域面积	平方公里	2346	1504	1063	1447	1899
乡个数	个	11	2	3	9	
镇个数	个	8	12	8	11	11
街道办事处个数	个	3	3	3	3	5
户籍人口	万人	95	86	58	113	71
第二产业从业人员	人	150247	174427	123885	170825	178029
第三产业从业人员	人	188671	123306	111478	137453	199576
固定电话用户	户	11212	21326	35200	21000	90000
二、综合经济						
地区生产总值	万元	1862198	1632252	1651680	1594368	4942704
第一产业增加值	万元	497248	458839	291276	457997	216804
农业增加值	万元	317332	260936	152399	245811	95350
牧业增加值	万元	166208	161098	130287	199122	86618
第二产业增加值	万元	746295	614114	748420	556526	3309400
公共财政收入	万元	72000	56025	66977	61644	385858
各项税收	万元	50439	35215	47311	39350	254714
公共财政支出	万元	371012	292765	236575	472860	593228
居民储蓄存款余额	万元	1102890	1369623	1102464	1464000	2108855
年末金融机构各项贷款余额	万元	544700	606329	815425	622000	2273618
三、农业、工业及投资						
农业机械总动力	万千瓦特	166	141	103	164	112
机收面积	公顷	119950	124468	92236	147628	47500
设施农业占地面积	公顷	1778	795	227	163	626
粮食总产量	吨	627265	774206	624917	845135	225540
棉花产量	吨	1040	516	45	3518	150
油料产量	吨	156690	184752	56252	89285	1922
肉类总产量	吨	100786	86411	77147	110701	50855
规模以上工业企业单位数	个	167	118	137	155	239
规模以上工业总产值	万元	3549360	2470565	2756000	1412770	15185552
固定资产投资	万元	1386800	1231006	1445967	1292000	4750479
四、教育、卫生和社会保障						
普通中学在校学生数	人	50028	43398	16231	60584	40065
中等职业教育学校在校学生数	人	5453	12000	1684	1056	11630
小学在校学生数	人	80617	62192	41846	110278	50725
医疗卫生机构床位数	床	2625	2581	2674	2303	3312
各种社会福利收养性单位数	个	22	30	20	26	15
各种社会福利收养性单位床位数	床	3662	3523	1292	2108	1571

2015年县(市)社会经济主要指标

湖北省

指　标	单 位	阳新县	大冶市	郧阳区	郧西县	竹山县
一、基本情况						
行政区域面积	平方公里	2783	1566	3832	3509	3586
乡个数	个		1	3	7	8
镇个数	个	16	10	16	9	9
街道办事处个数	个		5			
户籍人口	万人	108	97	64	52	46
第二产业从业人员	人	245401	273398	83325	8387	59292
第三产业从业人员	人	213552	335168	51580	15073	55929
固定电话用户	户	85400	119543	44800	25122	20120
二、综合经济						
地区生产总值	万元	1893400	5099800	919327	631323	865038
第一产业增加值	万元	556722	498800	268267	222078	267496
农业增加值	万元	221636	215933	126228	142849	203166
牧业增加值	万元	109377	163354	128640	69102	51878
第二产业增加值	万元	596300	3355400	357000	174600	317163
公共财政收入	万元	125800	451832	70666	34300	52218
各项税收	万元	75600	509820	86547	23473	35600
公共财政支出	万元	550825	668939	380019	197691	364600
居民储蓄存款余额	万元	1495400	1905300	930219	926760	710750
年末金融机构各项贷款余额	万元	899700	2587400	607100	389700	719834
三、农业、工业及投资						
农业机械总动力	万千瓦特	56	47	40	36	36
机收面积	公顷	71800	48170	23333	8067	984
设施农业占地面积	公顷	3117	2699	5012	396	1424
粮食总产量	吨	354402	294013	232301	195002	229801
棉花产量	吨	1959	1960	58		
油料产量	吨	48454	43669	20732	16392	43490
肉类总产量	吨	49592	88062	56734	28206	24353
规模以上工业企业单位数	个	135	373	158	40	38
规模以上工业总产值	万元	1565099	10703965	1947000	181034	466549
固定资产投资	万元	2450465	6455514	1709067	840026	1456041
四、教育、卫生和社会保障						
普通中学在校学生数	人	52806	34968	17191	10291	15926
中等职业教育学校在校学生数	人	4554	2244	5271	646	1578
小学在校学生数	人	92699	62512	29712	26979	26923
医疗卫生机构床位数	床	3002	3344	3215	2251	2363
各种社会福利收养性单位数	个	25	21	21	19	31
各种社会福利收养性单位床位数	床	2098	1854	1867	1930	3986

2015年县(市)社会经济主要指标

湖北省

指　　标	单 位	竹溪县	房县	丹江口市	夷陵区	远安县
一、基本情况						
行政区域面积	平方公里	3310	5110	3121	3424	1752
乡个数	个	4	8		2	1
镇个数	个	11	12	12	9	6
街道办事处个数	个	4		5	1	
户籍人口	万人	36	48	46	52	20
第二产业从业人员	人	70896	14458	91373	73595	43627
第三产业从业人员	人	75569	24559	85103	90402	51202
固定电话用户	户	22387	42800	61940	62000	29900
二、综合经济						
地区生产总值	万元	666115	739214	1830222	4867871	1900918
第一产业增加值	万元	226612	272371	268989	552923	187817
农业增加值	万元	174352	161698	105062	322883	124380
牧业增加值	万元	46258	69678	89241	216818	58457
第二产业增加值	万元	268845	218669	923127	3050861	1240878
公共财政收入	万元	43501	61809	132058	423601	146900
各项税收	万元	29511	44840	196753	278659	88000
公共财政支出	万元	310200	310431	415490	635526	290300
居民储蓄存款余额	万元	632048	842374	1482810	1880102	606523
年末金融机构各项贷款余额	万元	393666	664527	1422459	2676434	635886
三、农业、工业及投资						
农业机械总动力	万千瓦特	2	38	33	38	26
机收面积	公顷	7863	3227	9774	5695	7300
设施农业占地面积	公顷	2012	420	1078	3027	1476
粮食总产量	吨	235702	153695	124001	218748	104665
棉花产量	吨		14	27	8	
油料产量	吨	26055	17247	10670	30311	13943
肉类总产量	吨	27859	31371	55959	84839	25393
规模以上工业企业单位数	个	44	68	191	238	99
规模以上工业总产值	万元	366973	643128	2887651	10149487	3005600
固定资产投资	万元	853663	1315952	1883854	4910300	2251111
四、教育、卫生和社会保障						
普通中学在校学生数	人	12092	14212	15354	16881	5381
中等职业教育学校在校学生数	人	470	764	3565		1685
小学在校学生数	人	21286	25422	28107	20163	7236
医疗卫生机构床位数	床	2411	2810	3285	2319	1038
各种社会福利收养性单位数	个	26	20	25	38	9
各种社会福利收养性单位床位数	床	3789	1203	3117	1886	623

2015年县(市)社会经济主要指标

湖北省

指　　标	单 位	兴山县	秭归县	长阳土家族自治县	五峰土家族自治县	宜都市
一、基本情况						
行政区域面积	平方公里	2317	2427	3436	2349	1357
乡个数	个	2	4	3	3	1
镇个数	个	6	8	8	5	8
街道办事处个数	个					1
户籍人口	万人	17	38	40	20	40
第二产业从业人员	人	17789	58464	50012	19371	123700
第三产业从业人员	人	33371	63525	81609	29863	121943
固定电话用户	户	12068	29600	16224	13901	47979
二、综合经济						
地区生产总值	万元	950600	1108601	1204600	605491	5009967
第一产业增加值	万元	114519	217939	351837	192780	421380
农业增加值	万元	62686	132811	154635	128016	204754
牧业增加值	万元	49737	81787	157777	57606	175954
第二产业增加值	万元	516468	431678	376100	175126	3154758
公共财政收入	万元	95001	98388	91102	36399	449742
各项税收	万元	61076	60300	64581	22458	325356
公共财政支出	万元	261100	278500	307452	221736	560566
居民储蓄存款余额	万元	443747	777720	852138	432184	1301464
年末金融机构各项贷款余额	万元	779723	793670	763304	284163	1267769
三、农业、工业及投资						
农业机械总动力	万千瓦特	15	21	23	18	22
机收面积	公顷		2300	161	275	7769
设施农业占地面积	公顷	2764	516	16	20	1035
粮食总产量	吨	60273	92803	114543	89086	116401
棉花产量	吨					28
油料产量	吨	8422	14065	13292	5269	21715
肉类总产量	吨	29774	53368	77278	30878	78838
规模以上工业企业单位数	个	26	88	56	38	253
规模以上工业总产值	万元	2062411	1374800	971064	459099	10515341
固定资产投资	万元	418901	1117400	862392	524064	5504772
四、教育、卫生和社会保障						
普通中学在校学生数	人	4986	10953	11963	4592	10802
中等职业教育学校在校学生数	人	945	2258	3196	1119	2303
小学在校学生数	人	5887	13641	15049	7349	14708
医疗卫生机构床位数	床	896	2635	1879	804	2224
各种社会福利收养性单位数	个	8	24	18	10	25
各种社会福利收养性单位床位数	床	518	2260	1279	850	2349

2015年县(市)社会经济主要指标

湖北省

指　　标	单 位	当阳市	枝江市	襄州区	南漳县	谷城县
一、基本情况						
行政区域面积	平方公里	2159	1310	2467	3859	2553
乡个数	个					1
镇个数	个	7	8	12	10	9
街道办事处个数	个	3	1	2		
户籍人口	万人	47	49	105	58	60
第二产业从业人员	人	97044	120033	173390	69914	98246
第三产业从业人员	人	79372	123672	184355	95333	91318
固定电话用户	户	49400	58829	68050	24686	47451
二、综合经济						
地区生产总值	万元	4350361	4296985	5472743	2120209	2908191
第一产业增加值	万元	742716	728047	915343	458316	338252
农业增加值	万元	372122	367371	430715	187826	129227
牧业增加值	万元	283280	255070	435186	252062	189960
第二产业增加值	万元	2375530	2300844	2691200	832233	1819304
公共财政收入	万元	312922	316827	311161	141195	217705
各项税收	万元	220463	204492	190052	98289	172699
公共财政支出	万元	528834	489682	622015	452783	442554
居民储蓄存款余额	万元	1567714	1630008	1880337	1207741	1600221
年末金融机构各项贷款余额	万元	1129657	1030915	946117	716727	901983
三、农业、工业及投资						
农业机械总动力	万千瓦特	67	82	123	63	34
机收面积	公顷	76949	68640	169701	46679	39013
设施农业占地面积	公顷	1160	1330	1590	1007	1220
粮食总产量	吨	547328	354640	1364600	451700	280523
棉花产量	吨	4733	11400	8270	343	
油料产量	吨	75519	55792	74743	9948	14568
肉类总产量	吨	108660	105514	189278	118073	76498
规模以上工业企业单位数	个	295	249	217	122	196
规模以上工业总产值	万元	8522183	8406606	8063600	2210452	7058197
固定资产投资	万元	4256826	4424888	5046253	2048219	2520779
四、教育、卫生和社会保障						
普通中学在校学生数	人	14880	13070	28175	9989	19720
中等职业教育学校在校学生数	人	2211	1356	1894	796	1487
小学在校学生数	人	18267	15453	56700	25355	34033
医疗卫生机构床位数	床	2076	2789	3653	2247	3328
各种社会福利收养性单位数	个	14	21	54	13	27
各种社会福利收养性单位床位数	床	1773	1902	5806	1518	3320

2015年县(市)社会经济主要指标

湖北省

指　　标	单 位	保康县	老河口市	枣阳市	宜城市	京山县
一、基本情况						
行政区域面积	平方公里	3222	1032	3277	2115	3698
乡个数	个	1	1			
镇个数	个	10	7	12	8	14
街道办事处个数	个		2	3	2	
户籍人口	万人	27	52	114	56	71
第二产业从业人员	人	18554	115800	240466	101957	157948
第三产业从业人员	人	57370	142100	262892	94923	131702
固定电话用户	户	35935	29138	85700	48286	54787
二、综合经济						
地区生产总值	万元	1015341	2913410	5198478	2810950	3059100
第一产业增加值	万元	196070	408921	893564	499015	540300
农业增加值	万元	121310	225197	463603	253927	248726
牧业增加值	万元	67893	148693	388957	217564	201959
第二产业增加值	万元	469650	1568201	2496555	1620382	1698800
公共财政收入	万元	115100	286035	306400	259693	136913
各项税收	万元	69400	197767	215400	141892	89403
公共财政支出	万元	261713	503860	696499	528650	391141
居民储蓄存款余额	万元	530799	1246887	2455440	1348917	1908807
年末金融机构各项贷款余额	万元	482721	965158	1488295	1008095	1189425
三、农业、工业及投资						
农业机械总动力	万千瓦特	34	76	151	78	101
机收面积	公顷		53130	187112	55890	115042
设施农业占地面积	公顷	2995	590	2099	1521	2197
粮食总产量	吨	145777	374223	1368100	697500	749425
棉花产量	吨		4220	5849	6600	3690
油料产量	吨	10828	21179	14927	72786	53542
肉类总产量	吨	33685	73083	198945	107840	117931
规模以上工业企业单位数	个	95	223	274	207	372
规模以上工业总产值	万元	1002243	6373467	8743000	6200194	8599969
固定资产投资	万元	1517340	2609936	4480773	2511146	3315722
四、教育、卫生和社会保障						
普通中学在校学生数	人	7313	18585	38543	19336	18068
中等职业教育学校在校学生数	人	1389	337	3919		2274
小学在校学生数	人	12609	33992	69590	28256	28345
医疗卫生机构床位数	床	1688	2600	6040	2819	3539
各种社会福利收养性单位数	个	18	17	41	18	26
各种社会福利收养性单位床位数	床	1610	2615	3686	1764	3515

2015年县(市)社会经济主要指标

湖北省

指　　标	单 位	沙洋县	钟祥市	孝昌县	大悟县	云梦县
一、基本情况						
行政区域面积	平方公里	2262	4488	1217	1985	604
乡个数	个		1	4	3	3
镇个数	个	13	15	8	14	9
街道办事处个数	个		1			
户籍人口	万人	62	106	67	64	58
第二产业从业人员	人	113907	165698	133317	107720	178399
第三产业从业人员	人	130712	246109	191805	87997	187655
固定电话用户	户	44526	63500	57399	117423	70800
二、综合经济						
地区生产总值	万元	2300500	3827840	1042815	1188388	1966746
第一产业增加值	万元	582600	597540	294729	324525	331636
农业增加值	万元	241473	307151	144349	157686	170910
牧业增加值	万元	184281	143561	110163	108809	116344
第二产业增加值	万元	966800	2150300	371810	335556	1026934
公共财政收入	万元	84395	223532	114855	88099	127529
各项税收	万元	61474	124400	53503	53071	120473
公共财政支出	万元	291044	603231	251923	282036	241000
居民储蓄存款余额	万元	1327964	2980571	1059918	1182515	1346882
年末金融机构各项贷款余额	万元	1327964	1268726	485194	686463	749198
三、农业、工业及投资						
农业机械总动力	万千瓦特	102	170	31	23	28
机收面积	公顷	127869	136896	42195	7695	35733
设施农业占地面积	公顷	3031	1389	1320	778	3712
粮食总产量	吨	855891	908207	275000	293529	225300
棉花产量	吨	3347	13022	1039	216	2018
油料产量	吨	136892	132146	37919	59370	21151
肉类总产量	吨	115078	124874	90050	55328	64419
规模以上工业企业单位数	个	185	312	65	71	166
规模以上工业总产值	万元	3671931	9603856	472726	795831	3810326
固定资产投资	万元	1595248	3581639	1400277	2008979	2375314
四、教育、卫生和社会保障						
普通中学在校学生数	人	12859	33921	20140	21573	18293
中等职业教育学校在校学生数	人	1989	4038	1317	1047	1515
小学在校学生数	人	18781	45488	30430	33341	25475
医疗卫生机构床位数	床	2884	5207	2070	2284	2299
各种社会福利收养性单位数	个	20	35	18	19	26
各种社会福利收养性单位床位数	床	2161	3353	2849	2134	4876

2015年县(市)社会经济主要指标

湖北省

指　　标	单 位	应城市	安陆市	汉川市	公安县	监利县
一、基本情况						
行政区域面积	平方公里	1103	1355	1659	2257	3201
乡个数	个		4	6	2	3
镇个数	个	10	9	14	14	18
街道办事处个数	个	5	2	2		
户籍人口	万人	67	62	112	101	155
第二产业从业人员	人	168864	116538	263531	31825	7875
第三产业从业人员	人	126558	110564	249940	29507	32463
固定电话用户	户	58784	70433	103290	79223	70100
二、综合经济						
地区生产总值	万元	2390778	1722157	4161341	2099986	2293300
第一产业增加值	万元	420252	351735	560534	594486	899549
农业增加值	万元	161002	125342	269742	313638	415104
牧业增加值	万元	144472	194140	176822	107128	142933
第二产业增加值	万元	1336716	704869	2492687	902600	715300
公共财政收入	万元	158166	102700	202612	103000	73245
各项税收	万元	127993	71974	239629	109359	80143
公共财政支出	万元	343987	272924	359107	290052	567288
居民储蓄存款余额	万元	1636300	1591000	2040080	2130745	2160233
年末金融机构各项贷款余额	万元	1079100	1165700	1683760	941904	1027678
三、农业、工业及投资						
农业机械总动力	万千瓦特	30	37	72	88	162
机收面积	公顷	38100	43900	82870	104280	209280
设施农业占地面积	公顷	1990	2700	3031	2287	509
粮食总产量	吨	373200	351000	566300	698800	1462000
棉花产量	吨	2516	750	13218	24509	13040
油料产量	吨	31911	20168	36977	117995	119384
肉类总产量	吨	69720	130606	96229	70507	110518
规模以上工业企业单位数	个	215	106	432	159	110
规模以上工业总产值	万元	5793151	2200970	10633086	3297600	2517000
固定资产投资	万元	2627474	2262598	3640299	2641810	2140979
四、教育、卫生和社会保障						
普通中学在校学生数	人	20150	19898	30975	31605	54407
中等职业教育学校在校学生数	人	1564	3769	2750	2597	1116
小学在校学生数	人	24921	28908	52937	38781	94675
医疗卫生机构床位数	床	3666	2460	4443	3579	4426
各种社会福利收养性单位数	个	29	21	32	24	31
各种社会福利收养性单位床位数	床	3128	2568	2948	4027	2684

2015年县(市)社会经济主要指标

湖北省

指　　标	单 位	江陵县	石首市	洪湖市	松滋市	团风县
一、基本情况						
行政区域面积	平方公里	1049	1406	2444	2177	833
乡个数	个	2	1	1	2	2
镇个数	个	7	11	14	14	8
街道办事处个数	个		2	2		
户籍人口	万人	39	63	93	84	38
第二产业从业人员	人	17257	11329	15266	18789	50566
第三产业从业人员	人	14732	18138	27325	23270	40476
固定电话用户	户	50416	26323	69930	75281	21460
二、综合经济						
地区生产总值	万元	683220	1497697	1964376	2187160	754518
第一产业增加值	万元	210420	329197	589076	392567	155700
农业增加值	万元	110724	144208	201268	165689	74548
牧业增加值	万元	64017	87800	56242	179810	52878
第二产业增加值	万元	235900	674000	675800	1057714	424198
公共财政收入	万元	30166	73404	80262	126600	49767
各项税收	万元	31383	98838	83886	172704	33526
公共财政支出	万元	163762	232017	302977	414139	234560
居民储蓄存款余额	万元	731231	1534756	1508162	2042977	648848
年末金融机构各项贷款余额	万元	326923	633138	1065992	988065	502838
三、农业、工业及投资						
农业机械总动力	万千瓦特	55	52	115	72	26
机收面积	公顷	54180	61745	94050	73715	26480
设施农业占地面积	公顷	183	972	666	345	54
粮食总产量	吨	296400	236900	734000	370000	135100
棉花产量	吨	5202	11950	5468	7979	2466
油料产量	吨	75689	74476	85781	71356	23704
肉类总产量	吨	38229	59943	43665	109650	24103
规模以上工业企业单位数	个	77	153	124	161	74
规模以上工业总产值	万元	858833	2628955	2451249	3391402	704281
固定资产投资	万元	761563	1775359	1680321	2491506	690800
四、教育、卫生和社会保障						
普通中学在校学生数	人	13422	20744	28592	26375	9772
中等职业教育学校在校学生数	人	808	4086	1751	2488	674
小学在校学生数	人	17016	26266	42080	32932	15688
医疗卫生机构床位数	床	1217	2208	2457	2651	1776
各种社会福利收养性单位数	个	14	21	28	25	17
各种社会福利收养性单位床位数	床	1109	3197	3280	3828	930

2015年县(市)社会经济主要指标

湖北省

指　　标	单 位	红安县	罗田县	英山县	浠水县	蕲春县
一、基本情况						
行政区域面积	平方公里	1881	2129	1449	1949	2398
乡个数	个	1	2	3	1	1
镇个数	个	10	10	8	12	13
街道办事处个数	个	2				1
户籍人口	万人	66	60	41	103	103
第二产业从业人员	人	106075	165900	68543	221700	123200
第三产业从业人员	人	112697	145600	71557	231500	295200
固定电话用户	户	81344	75452	52865	105500	103042
二、综合经济						
地区生产总值	万元	1306600	1132399	832737	2034508	1942723
第一产业增加值	万元	248814	240078	319125	601221	445423
农业增加值	万元	161403	175483	249270	213335	218068
牧业增加值	万元	76827	53062	61384	282544	145472
第二产业增加值	万元	636886	436200	260065	723121	762200
公共财政收入	万元	131114	62859	39283	86473	115638
各项税收	万元	92837	41912	27829	56939	71969
公共财政支出	万元	401209	312020	302042	419308	206189
居民储蓄存款余额	万元	1123944	1297673	981354	2071061	2337041
年末金融机构各项贷款余额	万元	754132	675868	511747	839515	926614
三、农业、工业及投资						
农业机械总动力	万千瓦特	38	32	33	45	42
机收面积	公顷	45620	29480	8693	66000	53610
设施农业占地面积	公顷	308	1785	381	3671	426
粮食总产量	吨	236479	259780	145000	516200	536739
棉花产量	吨	1158	280	399	6028	3564
油料产量	吨	116275	27326	18211	80380	57810
肉类总产量	吨	60342	63001	21433	98639	85342
规模以上工业企业单位数	个	142	96	72	139	138
规模以上工业总产值	万元	922200	852170	691000	1986000	2451916
固定资产投资	万元	1690600	1565797	870041	2054000	2632594
四、教育、卫生和社会保障						
普通中学在校学生数	人	24715	18914	14454	34622	38762
中等职业教育学校在校学生数	人	2775	2952	3370	3707	3682
小学在校学生数	人	31997	29357	21125	55994	59594
医疗卫生机构床位数	床	2959	3174	1998	3806	3585
各种社会福利收养性单位数	个	18	17	14	22	119
各种社会福利收养性单位床位数	床	1833	3107	1812	2069	3904

2015年县(市)社会经济主要指标

湖北省

指　　标	单 位	黄梅县	麻城市	武穴市	嘉鱼县	通城县
一、基本情况						
行政区域面积	平方公里	1701	3747	1246	1020	1172
乡个数	个	4	1			2
镇个数	个	12	15	8	8	9
街道办事处个数	个		3	4		
户籍人口	万人	100	117	82	37	52
第二产业从业人员	人	160580	258657	151450	65444	74864
第三产业从业人员	人	190470	194671	131280	68202	71225
固定电话用户	户	87129	116583	88800	45263	69673
二、综合经济						
地区生产总值	万元	1748729	2537815	2418716	2010600	1097353
第一产业增加值	万元	484010	601978	510073	404008	236353
农业增加值	万元	240942	291045	190170	248787	113677
牧业增加值	万元	140332	239436	250240	27747	89404
第二产业增加值	万元	711652	1037954	1177812	1065600	473200
公共财政收入	万元	101905	149942	152422	92342	60409
各项税收	万元	65176	149942	97000	92897	36321
公共财政支出	万元	431962	517527	379700	219396	234587
居民储蓄存款余额	万元	2063047	2143400	1747100	671303	797568
年末金融机构各项贷款余额	万元	1080064	1643500	991800	661581	499900
三、农业、工业及投资						
农业机械总动力	万千瓦特	55	44	33	38	30
机收面积	公顷	76760	67100	65200	38392	27843
设施农业占地面积	公顷	1659	9600	230	1462	157
粮食总产量	吨	503100	561400	336600	187167	190890
棉花产量	吨	6886	5689	6301	658	282
油料产量	吨	68187	100375	76896	11617	5588
肉类总产量	吨	67715	115374	84572	17357	63251
规模以上工业企业单位数	个	169	276	205	188	79
规模以上工业总产值	万元	2064399	3889671	3557000	4580000	1260000
固定资产投资	万元	1980000	3112658	2473000	2358295	1376561
四、教育、卫生和社会保障						
普通中学在校学生数	人	42497	42033	30086	10265	11595
中等职业教育学校在校学生数	人	4528	5578	5133	502	695
小学在校学生数	人	62671	54113	61127	15581	39423
医疗卫生机构床位数	床	3840	4482	3129	1368	1928
各种社会福利收养性单位数	个	31	29	19	16	15
各种社会福利收养性单位床位数	床	3583	3242	2304	1451	1333

2015年县(市)社会经济主要指标

湖北省

指　　标	单 位	崇阳县	通山县	赤壁市	随县	广水市
一、基本情况						
行政区域面积	平方公里	1968	2680	1723	5673	2647
乡个数	个	4	4	1		
镇个数	个	8	8	10	19	13
街道办事处个数	个			3		4
户籍人口	万人	50	47	53	93	93
第二产业从业人员	人	57580	62158	77300	136095	177807
第三产业从业人员	人	70273	111322	117840	128562	330954
固定电话用户	户	70421	23000	71413	67880	99925
二、综合经济						
地区生产总值	万元	1022300	952317	3413600	1781208	2462200
第一产业增加值	万元	251838	155117	457300	614008	486800
农业增加值	万元	113480	79816	241450	340712	274743
牧业增加值	万元	95141	34397	54509	230019	157068
第二产业增加值	万元	372100	325200	1593700	804700	1184900
公共财政收入	万元	61857	59028	170158	51961	106027
各项税收	万元	38816	36688	108620	36053	69712
公共财政支出	万元	251250	270692	335802	527246	390233
居民储蓄存款余额	万元	875094	563926	1148400	1398098	2216000
年末金融机构各项贷款余额	万元	536314	624003	1030270	691223	778000
三、农业、工业及投资						
农业机械总动力	万千瓦特	25	17	50	118	44
机收面积	公顷	35340	8937	39970	95289	48633
设施农业占地面积	公顷	163	82	813	2340	1310
粮食总产量	吨	206752	91122	222500	937367	429900
棉花产量	吨	532		1086	4050	2356
油料产量	吨	12039	5545	27328	24276	37649
肉类总产量	吨	63006	21599	32227	145449	86023
规模以上工业企业单位数	个	78	71	201	248	218
规模以上工业总产值	万元	835918	1067061	5258551	4053700	4227000
固定资产投资	万元	1455381	1645405	3416698	2568164	2783300
四、教育、卫生和社会保障						
普通中学在校学生数	人	18329	12788	25313	19682	29874
中等职业教育学校在校学生数	人	2640	713	4867	1225	2874
小学在校学生数	人	37665	39518	33327	39641	45817
医疗卫生机构床位数	床	2055	1635	2345	2240	3116
各种社会福利收养性单位数	个	14	14	19	36	36
各种社会福利收养性单位床位数	床	1224	1356	2031	4780	1850

2015年县(市)社会经济主要指标

湖北省

指　　标	单 位	恩施市	利川市	建始县	巴东县	宣恩县
一、基本情况						
行政区域面积	平方公里	3967	4607	2665	3352	2737
乡个数	个	9	5	4	2	4
镇个数	个	4	7	6	10	5
街道办事处个数	个	3	2			
户籍人口	万人	81	92	51	49	36
第二产业从业人员	人	98227	160858	73025	53000	19801
第三产业从业人员	人	150057	154342	46937	137900	106636
固定电话用户	户	41536	42000	16403	26091	23647
二、综合经济						
地区生产总值	万元	1713913	988587	777800	888451	550108
第一产业增加值	万元	263577	308944	181800	172973	146492
农业增加值	万元	155650	193409	95195	90508	85326
牧业增加值	万元	102506	97954	79724	74915	56062
第二产业增加值	万元	685179	278383	268200	366977	158505
公共财政收入	万元	214378	97390	51459	58609	29755
各项税收	万元	175088	70465	40121	43100	24771
公共财政支出	万元	749306	506274	315292	331509	262017
居民储蓄存款余额	万元	1703244	1202802	598700	625170	428450
年末金融机构各项贷款余额	万元	3160540	907741	539856	459621	348065
三、农业、工业及投资						
农业机械总动力	万千瓦特	47	41	32	36	27
机收面积	公顷	7821	23000		3125	3000
设施农业占地面积	公顷	351	210	240	74	200
粮食总产量	吨	237240	372800	236640	229605	137043
棉花产量	吨	13				
油料产量	吨	18453	13093	15994	21896	5630
肉类总产量	吨	95490	73943	67500	70751	53120
规模以上工业企业单位数	个	88	62	74	70	57
规模以上工业总产值	万元	1194953	523578	549935	484060	288728
固定资产投资	万元	1577773	1028897	904723	917427	405091
四、教育、卫生和社会保障						
普通中学在校学生数	人	41989	40679	19664	21057	13174
中等职业教育学校在校学生数	人	3735	2882	2736	1290	1196
小学在校学生数	人	51340	66668	28841	28420	21287
医疗卫生机构床位数	床	6823	4537	3161	2151	1560
各种社会福利收养性单位数	个	29	25	13	13	12
各种社会福利收养性单位床位数	床	3549	2030	1562	1195	1294

2015年县(市)社会经济主要指标

湖北省

指　　标	单 位	咸丰县	来凤县	鹤峰县	仙桃市	潜江市
一、基本情况						
行政区域面积	平方公里	2550	1342	2868	2538	2004
乡个数	个	4	2	4		
镇个数	个	6	6	5	15	10
街道办事处个数	个				3	6
户籍人口	万人	39	33	22	156	102
第二产业从业人员	人	95300	56778	31980	351200	217400
第三产业从业人员	人	111800	67327	46530	378800	230500
固定电话用户	户	25500	30810	22044	147800	95400
二、综合经济						
地区生产总值	万元	664266	578568	477182	5976069	5575660
第一产业增加值	万元	148974	117815	98025	863052	698720
农业增加值	万元	63228	62635	67335	353870	300466
牧业增加值	万元	80149	49072	20968	181503	110494
第二产业增加值	万元	212149	175225	202110	3181400	3051700
公共财政收入	万元	36828	37286	30338	276853	228510
各项税收	万元	26477	30090	23401	362714	154503
公共财政支出	万元	235988	208135	229662	697412	654265
居民储蓄存款余额	万元	550698	496966	380918	3601600	3290500
年末金融机构各项贷款余额	万元	348707	510649	319030	1823000	1581800
三、农业、工业及投资						
农业机械总动力	万千瓦特	26	22	36	146	129
机收面积	公顷		7250	6006	139665	101986
设施农业占地面积	公顷	28	168	14	6391	1320
粮食总产量	吨	236140	130828	93771	837143	534900
棉花产量	吨				17567	14018
油料产量	吨	17640	7523	4765	138062	102232
肉类总产量	吨	59206	28211	22204	92983	112028
规模以上工业企业单位数	个	66	65	52	386	267
规模以上工业总产值	万元	672230	427063	529436	9965487	10003600
固定资产投资	万元	655903	638783	455628	4455000	4388986
四、教育、卫生和社会保障						
普通中学在校学生数	人	15026	14994	6623	53812	37800
中等职业教育学校在校学生数	人	2637	2320	1422	3354	7914
小学在校学生数	人	26884	23619	10244	78426	47300
医疗卫生机构床位数	床	1985	1730	962	4470	4133
各种社会福利收养性单位数	个	12	14	9	23	19
各种社会福利收养性单位床位数	床	1900	1097	698	2850	2100

2015年县(市)社会经济主要指标

湖北省、湖南省

指　　标	单 位	天门市	神农架林区	望城区	长沙县	宁乡县
一、基本情况						
行政区域面积	平方公里	2622	3233	1997	951	2912
乡个数	个	1	2			4
镇个数	个	21	6	5	13	21
街道办事处个数	个	3		10	5	4
户籍人口	万人	163	8	53	74	141
第二产业从业人员	人	230011	6603	28393	215281	277615
第三产业从业人员	人	347312	22231	118504	219365	179834
固定电话用户	户	106900	12400	80300	247900	94100
二、综合经济						
地区生产总值	万元	4400980	209513	5204201	11683431	10021715
第一产业增加值	万元	769180	19600	394026	674699	1097188
农业增加值	万元	348670	11071	261060	429097	639609
牧业增加值	万元	193036	5143	99537	204439	383481
第二产业增加值	万元	2214600	77395	3759199	8216345	6755512
公共财政收入	万元	252375	38578	401513	760940	407355
各项税收	万元	136720	42384	518913	1216989	435313
公共财政支出	万元	647326	207796	650614	1188641	781460
居民储蓄存款余额	万元	3808900	208383	1994585	3833785	2980466
年末金融机构各项贷款余额	万元	1344600	145346	2413956	6819797	4624992
三、农业、工业及投资						
农业机械总动力	万千瓦特	178	13	60	151	171
机收面积	公顷	109478		71418	53727	158084
设施农业占地面积	公顷	2645	45	301	2366	2850
粮食总产量	吨	753048	22565	360894	560463	841044
棉花产量	吨	23438				220
油料产量	吨	117258	384	8502	14885	14265
肉类总产量	吨	92379	6034	89325	160296	226429
规模以上工业企业单位数	个	296	11	335	319	576
规模以上工业总产值	万元	8327500	73000	19993040	9875487	20004986
固定资产投资	万元	3921000	353522	6810433	7703673	8420886
四、教育、卫生和社会保障						
普通中学在校学生数	人	53797	2375	20742	43325	66988
中等职业教育学校在校学生数	人	4309		9524	15417	6780
小学在校学生数	人	73211	3620	34982	71934	77162
医疗卫生机构床位数	床	5120	401	2912	3594	6183
各种社会福利收养性单位数	个	36	9	18	21	33
各种社会福利收养性单位床位数	床	5482	570	2619	2587	4128

2015年县(市)社会经济主要指标

湖南省

指　　标	单 位	浏阳市	株洲县	攸县	茶陵县	炎陵县
一、基本情况						
行政区域面积	平方公里	4997	1054	2649	2496	2030
乡个数	个	3			2	5
镇个数	个	25	8	13	10	5
街道办事处个数	个	4		4	4	
户籍人口	万人	147	35	82	67	19
第二产业从业人员	人	398668	54776	110742	82698	35900
第三产业从业人员	人	256235	59678	159252	133600	38300
固定电话用户	户	138952	16200	106862	49418	22195
二、综合经济						
地区生产总值	万元	11127590	1155548	3410141	1574472	614270
第一产业增加值	万元	934015	194650	481250	310316	79991
农业增加值	万元	610469	95284	259753	159665	40866
牧业增加值	万元	201361	69946	158617	99508	18074
第二产业增加值	万元	7815822	620748	1805567	643421	316548
公共财政收入	万元	498532	84869	217363	86587	66110
各项税收	万元	686556	74470	106260	75450	55121
公共财政支出	万元	851019	209151	440502	313396	181244
居民储蓄存款余额	万元	3290663	875244	1387025	1263116	459944
年末金融机构各项贷款余额	万元	4358795	529824	929351	822511	501518
三、农业、工业及投资						
农业机械总动力	万千瓦特	153	43	88	71	16
机收面积	公顷	104180	27900	70750	79780	39900
设施农业占地面积	公顷	3982	243	1570	1400	55
粮食总产量	吨	556044	226041	449722	310336	93680
棉花产量	吨	180	409	602	975	33
油料产量	吨	52409	6940	18998	18730	2817
肉类总产量	吨	174417	42589	96630	65862	12889
规模以上工业企业单位数	个	824	107	250	157	96
规模以上工业总产值	万元	19812745	1189737	4752826	1530684	847899
固定资产投资	万元	8590051	969454	2774931	1280841	1143459
四、教育、卫生和社会保障						
普通中学在校学生数	人	63847	10098	31832	22811	7185
中等职业教育学校在校学生数	人	5399	2071	1801	1583	534
小学在校学生数	人	99562	13108	46090	41688	12117
医疗卫生机构床位数	床	7271	1103	3533	4747	617
各种社会福利收养性单位数	个	55	15	22	21	15
各种社会福利收养性单位床位数	床	6792	859	1650	2050	625

2015年县(市)社会经济主要指标

湖南省

指　　标	单 位	醴陵市	湘潭县	湘乡市	韶山市	衡阳县
一、基本情况						
行政区域面积	平方公里	2157	2140	1966	247	2559
乡个数	个		3	3	2	8
镇个数	个	19	14	15	2	17
街道办事处个数	个	4		4		
户籍人口	万人	106	98	92	12	125
第二产业从业人员	人	240161	129400	153620	17930	167583
第三产业从业人员	人	175290	110600	128101	13858	270851
固定电话用户	户	135000	251176	63405	29316	68711
二、综合经济						
地区生产总值	万元	5315568	3298050	3285838	705209	2913668
第一产业增加值	万元	484304	585140	549678	60989	678303
农业增加值	万元	260336	317407	282551	33899	293618
牧业增加值	万元	175893	196924	199305	21330	257700
第二产业增加值	万元	3404207	1703972	1695765	398564	1091485
公共财政收入	万元	344386	190802	137080	42850	91923
各项税收	万元	230118	131280	116917	33191	91511
公共财政支出	万元	595706	436116	385484	105137	437112
居民储蓄存款余额	万元	1940429	2300760	1802962	387973	2267841
年末金融机构各项贷款余额	万元	1314482	1879000	1330772	397548	867014
三、农业、工业及投资						
农业机械总动力	万千瓦特	91	145	100	15	85
机收面积	公顷	8660	124950	113230	11030	89054
设施农业占地面积	公顷	4311	262	105	4	72
粮食总产量	吨	505934	714195	518338	69683	666710
棉花产量	吨	61	165	31	8	8811
油料产量	吨	9935	8969	13324	2338	80949
肉类总产量	吨	111725	171100	153961	23774	160224
规模以上工业企业单位数	个	531	204	223	57	117
规模以上工业总产值	万元	8951824	4862929	6570684	1758882	1947339
固定资产投资	万元	3599764	2003828	1915593	875379	2275157
四、教育、卫生和社会保障						
普通中学在校学生数	人	35612	50318	37118	2910	64636
中等职业教育学校在校学生数	人	7842	5759	2834	424	3896
小学在校学生数	人	60398	45522	43840	5436	74903
医疗卫生机构床位数	床	4450	3394	3865	580	4570
各种社会福利收养性单位数	个	56	50	19	10	28
各种社会福利收养性单位床位数	床	2982	2150	1212	430	2859

2015年县(市)社会经济主要指标

湖南省

指　　标	单 位	衡南县	衡山县	衡东县	祁东县	耒阳市
一、基本情况						
行政区域面积	平方公里	2614	935	1927	1871	2648
乡个数	个	1	5	2	3	5
镇个数	个	21	7	15	17	19
街道办事处个数	个				4	6
户籍人口	万人	110	45	76	107	142
第二产业从业人员	人	180320	28800	110540	100100	190348
第三产业从业人员	人	293000	62200	198420	223385	314768
固定电话用户	户	55000	28500	178560	73600	103000
二、综合经济						
地区生产总值	万元	2878523	1349305	2364490	2399955	3899472
第一产业增加值	万元	651847	284934	399223	606610	628421
农业增加值	万元	326225	129902	184669	349104	304545
牧业增加值	万元	198709	85303	135807	163329	235622
第二产业增加值	万元	1275195	401631	870473	858142	1466657
公共财政收入	万元	121320	63293	93960	74307	183090
各项税收	万元	107193	55902	70252	71023	153627
公共财政支出	万元	445270	220943	312385	416403	551910
居民储蓄存款余额	万元	1696363	912187	1320615	2089200	2294400
年末金融机构各项贷款余额	万元	689465	361032	579983	691000	1085000
三、农业、工业及投资						
农业机械总动力	万千瓦特	92	38	65	93	85
机收面积	公顷	95476	38500	46210	58498	77503
设施农业占地面积	公顷	767	382	1492	8	279
粮食总产量	吨	652341	215867	426889	472354	520980
棉花产量	吨	6639	846	1358	1183	1287
油料产量	吨	70442	16659	31999	46468	54807
肉类总产量	吨	155737	67366	94417	117877	141049
规模以上工业企业单位数	个	103	88	88	106	120
规模以上工业总产值	万元	1803839	824240	1608393	2113950	2166790
固定资产投资	万元	1937081	880639	1335977	1412889	3514379
四、教育、卫生和社会保障						
普通中学在校学生数	人	59331	20507	35442	55438	73954
中等职业教育学校在校学生数	人	3873	2763	2977	5233	5750
小学在校学生数	人	64522	27955	47701	70801	112978
医疗卫生机构床位数	床	3947	1516	2640	4308	4822
各种社会福利收养性单位数	个	27	24	25	43	35
各种社会福利收养性单位床位数	床	2000	1295	1420	2176	1244

2015年县(市)社会经济主要指标

湖南省

指　　标	单 位	常宁市	邵东县	新邵县	邵阳县	隆回县
一、基本情况						
行政区域面积	平方公里	2048	1779	1762	2001	2868
乡个数	个	4	4	4	8	7
镇个数	个	14	18	11	12	17
街道办事处个数	个	3	3			
户籍人口	万人	96	134	83	105	125
第二产业从业人员	人	76841	215350	133600	103600	90782
第三产业从业人员	人	202837	172965	108426	90400	149044
固定电话用户	户	106795	103183	31546	33082	55054
二、综合经济						
地区生产总值	万元	2696016	3101094	1166432	1227673	1401160
第一产业增加值	万元	472650	505743	290025	325617	332444
农业增加值	万元	183741	375911	177481	202096	212189
牧业增加值	万元	172937	102224	99210	97836	98652
第二产业增加值	万元	1088783	1451814	433044	425118	393284
公共财政收入	万元	127208	135624	78343	63009	72622
各项税收	万元	104195	124941	50456	48723	70142
公共财政支出	万元	512003	470271	371092	435997	511627
居民储蓄存款余额	万元	1606600	2384330	1078062	1269489	1862400
年末金融机构各项贷款余额	万元	818500	1426468	704405	511673	771400
三、农业、工业及投资						
农业机械总动力	万千瓦特	71	80	25	50	29
机收面积	公顷	57610	41482	12444	26200	1680
设施农业占地面积	公顷	1232	1450	2118	343	96
粮食总产量	吨	413564	440464	307095	446517	453333
棉花产量	吨	2094	123	34	34	45
油料产量	吨	40324	38745	12270	30769	12285
肉类总产量	吨	116129	97937	86058	83125	84592
规模以上工业企业单位数	个	70	277	98	74	113
规模以上工业总产值	万元	1777233	5044776	1808869	1142874	1568452
固定资产投资	万元	1608365	2671008	1843102	1597963	1918360
四、教育、卫生和社会保障						
普通中学在校学生数	人	48285	66275	44591	41983	61259
中等职业教育学校在校学生数	人	4729	10399	4604	2358	6114
小学在校学生数	人	74453	99095	59032	60712	107122
医疗卫生机构床位数	床	3376	3984	2649	3362	3920
各种社会福利收养性单位数	个	28	26	15	22	26
各种社会福利收养性单位床位数	床	1901	2099	858	1229	1051

2015年县(市)社会经济主要指标

湖南省

指　　标	单 位	洞口县	绥宁县	新宁县	城步苗族自治县	武冈市
一、基本情况						
行政区域面积	平方公里	2180	2917	2756	2588	1539
乡个数	个	9	9	8	6	3
镇个数	个	11	8	8	6	11
街道办事处个数	个	3				4
户籍人口	万人	89	39	65	29	84
第二产业从业人员	人	96402	31002	76890	27522	98412
第三产业从业人员	人	176134	86132	137893	39890	168772
固定电话用户	户	58655	28103	43000	13679	59780
二、综合经济						
地区生产总值	万元	1374477	750357	841372	335383	1194200
第一产业增加值	万元	464105	179028	238539	96830	422024
农业增加值	万元	281282	95315	176717	43532	255711
牧业增加值	万元	146239	52411	48682	39313	147444
第二产业增加值	万元	461862	337352	213247	116912	238298
公共财政收入	万元	62080	34553	51752	26963	66589
各项税收	万元	60105	24618	39847	24323	51338
公共财政支出	万元	422258	265492	298068	189531	344542
居民储蓄存款余额	万元	1477039	663598	925086	411066	1191177
年末金融机构各项贷款余额	万元	752049	277915	451151	276199	594340
三、农业、工业及投资						
农业机械总动力	万千瓦特	69	42	46	16	57
机收面积	公顷	45921	12250	11652	5100	41850
设施农业占地面积	公顷	402	20	178	231	502
粮食总产量	吨	460440	142926	300660	79091	454130
棉花产量	吨	70				
油料产量	吨	36487	5090	11093	3955	19006
肉类总产量	吨	175299	52948	42215	18909	123755
规模以上工业企业单位数	个	95	70	59	26	61
规模以上工业总产值	万元	1592787	1713319	672047	308241	836246
固定资产投资	万元	1562335	791468	675265	426470	1432573
四、教育、卫生和社会保障						
普通中学在校学生数	人	48120	15317	25224	10233	48720
中等职业教育学校在校学生数	人	8697	1095	2119	566	11394
小学在校学生数	人	69280	27123	48167	21266	62843
医疗卫生机构床位数	床	2307	1070	2522	1302	2930
各种社会福利收养性单位数	个	21	22	19	11	20
各种社会福利收养性单位床位数	床	707	659	998	234	794

2015年县(市)社会经济主要指标

湖南省

指　　标	单 位	岳阳县	华容县	湘阴县	平江县	汨罗市
一、基本情况						
行政区域面积	平方公里	2810	1591	1542	4114	1670
乡个数	个	3	2	2	5	1
镇个数	个	11	12	12	19	17
街道办事处个数	个					1
户籍人口	万人	72	72	78	111	75
第二产业从业人员	人	92548	92000	147584	55600	161790
第三产业从业人员	人	175200	147400	63236	152400	185292
固定电话用户	户	52385	77000	50243	169236	149476
二、综合经济						
地区生产总值	万元	2608628	2800156	3107084	2169521	3976414
第一产业增加值	万元	483470	587621	486707	421390	483142
农业增加值	万元	233405	306082	224726	213135	211573
牧业增加值	万元	190438	132379	120861	164610	215435
第二产业增加值	万元	1259681	1312817	1741645	972061	2417411
公共财政收入	万元	48017	48031	88653	68119	108661
各项税收	万元	61162	57728	84655	79697	117249
公共财政支出	万元	318694	349560	364104	467376	334208
居民储蓄存款余额	万元	756564	1273002	787440	1323647	1148308
年末金融机构各项贷款余额	万元	582668	778978	732102	69288	740699
三、农业、工业及投资						
农业机械总动力	万千瓦特	77	101	90	85	91
机收面积	公顷	77400	159733	65100	53800	82000
设施农业占地面积	公顷	3010	1424	3711	2489	2444
粮食总产量	吨	505120	534531	558304	422296	500024
棉花产量	吨	7267	29730	513	1207	1072
油料产量	吨	33167	74203	18611	29857	15401
肉类总产量	吨	107700	68591	75879	82371	120907
规模以上工业企业单位数	个	149	134	151	140	251
规模以上工业总产值	万元	4527690	4599034	6944130	3323367	8625138
固定资产投资	万元	2513159	2691343	2712908	2038675	3522240
四、教育、卫生和社会保障						
普通中学在校学生数	人	28230	24627	30933	48491	29051
中等职业教育学校在校学生数	人	5212	3083	4353	4745	5456
小学在校学生数	人	40158	31153	36163	75679	43353
医疗卫生机构床位数	床	1866	3994	3550	3999	3780
各种社会福利收养性单位数	个	1	39	31	43	33
各种社会福利收养性单位床位数	床	1400	1387	2236	780	1811

2015年县(市)社会经济主要指标

湖南省

指　　标	单 位	临湘市	安乡县	汉寿县	澧县	临澧县
一、基本情况						
行政区域面积	平方公里	1719	1086	2091	2075	1204
乡个数	个		4	3		2
镇个数	个	10	8	16	15	8
街道办事处个数	个	3		4	4	
户籍人口	万人	54	55	87	93	45
第二产业从业人员	人	56000	32142	68490	115320	64158
第三产业从业人员	人	68400	35266	119207	109133	100299
固定电话用户	户	20700	31000	48760	91000	32500
二、综合经济						
地区生产总值	万元	2135699	1459504	2219963	2784503	1394228
第一产业增加值	万元	287570	291587	489757	523029	277328
农业增加值	万元	135914	158262	272865	267856	123402
牧业增加值	万元	98054	68368	134815	190635	133505
第二产业增加值	万元	1183985	362226	700834	1040753	523410
公共财政收入	万元	39445	32968	58611	97568	40709
各项税收	万元	58554	44788	70004	105897	57012
公共财政支出	万元	273756	276955	370450	409574	245945
居民储蓄存款余额	万元	866245	852631	1298330	2068000	1119300
年末金融机构各项贷款余额	万元	516355	478255	562595	979000	832400
三、农业、工业及投资						
农业机械总动力	万千瓦特	74	58	112	83	37
机收面积	公顷	32400	77300	195520	83098	50670
设施农业占地面积	公顷	118		149	492	
粮食总产量	吨	320552	306514	616727	504715	327075
棉花产量	吨	3128	19116	11551	20785	5986
油料产量	吨	23158	70347	81688	90906	53985
肉类总产量	吨	53158	35761	86233	104639	67239
规模以上工业企业单位数	个	129	64	105	103	115
规模以上工业总产值	万元	3534946	727249	1899333	2657172	1300658
固定资产投资	万元	1691184	563565	1727590	2680431	1393561
四、教育、卫生和社会保障						
普通中学在校学生数	人	22865	14776	29199	31156	16721
中等职业教育学校在校学生数	人	3349	4309	5279	8202	2050
小学在校学生数	人	34774	20470	47257	42307	22012
医疗卫生机构床位数	床	2511	3364	3562	4053	1836
各种社会福利收养性单位数	个	71	22	7	36	18
各种社会福利收养性单位床位数	床	1350	1340	353	3200	841

2015年县(市)社会经济主要指标

湖南省

指　　标	单 位	桃源县	石门县	津市市	慈利县	桑植县
一、基本情况						
行政区域面积	平方公里	4442	3970	556	3492	3475
乡个数	个	10	7		10	11
镇个数	个	18	10	4	15	12
街道办事处个数	个		4	5		
户籍人口	万人	97	67	25	70	47
第二产业从业人员	人	66281	45999	36311	67980	36500
第三产业从业人员	人	121951	96706	30235	84701	90300
固定电话用户	户	69500	52800	22108	70678	25000
二、综合经济						
地区生产总值	万元	2751162	2113881	1152962	1515724	740686
第一产业增加值	万元	728000	373351	177915	250107	93313
农业增加值	万元	391841	230395	80336	164603	61625
牧业增加值	万元	297485	124107	63327	47424	14516
第二产业增加值	万元	973728	871120	557398	490975	162173
公共财政收入	万元	105476	66683	41011	68472	31802
各项税收	万元	109604	91552	49223	69940	40926
公共财政支出	万元	546208	364755	197063	391581	297628
居民储蓄存款余额	万元	1918600	1277402	676222	1302000	626386
年末金融机构各项贷款余额	万元	772900	659741	327828	885600	481962
三、农业、工业及投资						
农业机械总动力	万千瓦特	92	65	19	55	20
机收面积	公顷	108150	30210	23030	16721	4421
设施农业占地面积	公顷		28		55	67
粮食总产量	吨	762113	284762	141976	300658	147600
棉花产量	吨	14261	3431	5922	1048	10
油料产量	吨	120326	48726	30498	37469	20800
肉类总产量	吨	143086	96763	47083	49163	19237
规模以上工业企业单位数	个	90	107	103	69	28
规模以上工业总产值	万元	2800953	2165102	1785092	581408	222625
固定资产投资	万元	1992507	1733304	921245	655351	486923
四、教育、卫生和社会保障						
普通中学在校学生数	人	33442	24032	6402	25831	21736
中等职业教育学校在校学生数	人	7406	3207	851	4503	1538
小学在校学生数	人	47157	31781	9021	36923	33396
医疗卫生机构床位数	床	6540	3427	1147	2396	1593
各种社会福利收养性单位数	个	49	38	22	33	14
各种社会福利收养性单位床位数	床	5576	2014	2363	1390	375

2015年县(市)社会经济主要指标

湖南省

指　　标	单 位	南县	桃江县	安化县	沅江市	桂阳县
一、基本情况						
行政区域面积	平方公里	1327	2068	4945	2129	2958
乡个数	个	2	3	5		2
镇个数	个	13	12	18	11	17
街道办事处个数	个				2	3
户籍人口	万人	80	89	102	75	92
第二产业从业人员	人	66432	126232	65284	82719	104425
第三产业从业人员	人	138823	145462	155754	161908	114227
固定电话用户	户	32300	44638	56500	54400	46500
二、综合经济						
地区生产总值	万元	2089099	2032445	1750207	2325590	3138603
第一产业增加值	万元	607515	372834	401978	517174	418106
农业增加值	万元	345566	168847	189401	263175	224095
牧业增加值	万元	143546	157198	167658	116844	150706
第二产业增加值	万元	627728	917554	648818	912026	1552978
公共财政收入	万元	41396	67609	66531	79102	198820
各项税收	万元	50467	80825	97198	69863	110059
公共财政支出	万元	306742	341052	470142	382659	423208
居民储蓄存款余额	万元	1289321	1433464	1700527	1274973	1413982
年末金融机构各项贷款余额	万元	486386	766600	734211	775620	947875
三、农业、工业及投资						
农业机械总动力	万千瓦特	99	81	78	95	58
机收面积	公顷	124671	62590	22750	110340	39170
设施农业占地面积	公顷	2312	1121	558	358	1398
粮食总产量	吨	572365	364683	245128	468846	285523
棉花产量	吨	29525	289		7913	
油料产量	吨	91968	34567	42750	64404	15314
肉类总产量	吨	70832	83326	86041	67764	78923
规模以上工业企业单位数	个	102	177	112	129	125
规模以上工业总产值	万元	1914926	3325627	1413113	2933892	5643522
固定资产投资	万元	671156	1749883	1351119	2045929	3075971
四、教育、卫生和社会保障						
普通中学在校学生数	人	23941	32913	35802	21997	40352
中等职业教育学校在校学生数	人	4668	4875	4120	2810	3494
小学在校学生数	人	30878	46155	58535	30080	70025
医疗卫生机构床位数	床	2402	3924	4112	3421	3583
各种社会福利收养性单位数	个	120	85	25	34	39
各种社会福利收养性单位床位数	床	2869	2080	1268	2385	2029

2015年县(市)社会经济主要指标

湖南省

指　　标	单 位	宜章县	永兴县	嘉禾县	临武县	汝城县
一、基本情况						
行政区域面积	平方公里	2118	1980	699	1383	2401
乡个数	个	5	4	1	4	5
镇个数	个	14	11	9	9	9
街道办事处个数	个					
户籍人口	万人	64	68	42	40	41
第二产业从业人员	人	109549	102844	93386	67254	51582
第三产业从业人员	人	91406	128124	59470	63667	33753
固定电话用户	户	52214	44966	30120	26672	39000
二、综合经济						
地区生产总值	万元	1816750	2873791	1276267	1085334	514346
第一产业增加值	万元	194111	249806	172325	129971	114674
农业增加值	万元	126240	149990	93511	87213	78749
牧业增加值	万元	56392	68106	70575	33581	20141
第二产业增加值	万元	772561	1665641	616090	504631	179735
公共财政收入	万元	116799	170525	81065	63322	59863
各项税收	万元	86957	113361	59486	51566	55175
公共财政支出	万元	381007	374180	217527	226474	265000
居民储蓄存款余额	万元	1130500	1031916	712120	798707	683517
年末金融机构各项贷款余额	万元	744500	580743	274391	361586	576813
三、农业、工业及投资						
农业机械总动力	万千瓦特	89	29	41	36	46
机收面积	公顷	25130	26500	7200	26000	16000
设施农业占地面积	公顷	312	300	308	36	275
粮食总产量	吨	246111	238419	133284	127482	202739
棉花产量	吨	19	64			120
油料产量	吨	11498	20020	8820	7228	8489
肉类总产量	吨	58737	64974	57259	28765	29602
规模以上工业企业单位数	个	179	155	113	59	54
规模以上工业总产值	万元	2111020	4557551	2047554	764727	479776
固定资产投资	万元	1986027	2691076	944716	1134434	753040
四、教育、卫生和社会保障						
普通中学在校学生数	人	35204	27792	22543	24066	19545
中等职业教育学校在校学生数	人	1268	2713	527	444	1456
小学在校学生数	人	65402	57662	34906	41772	36759
医疗卫生机构床位数	床	3153	3017	1366	1595	1468
各种社会福利收养性单位数	个	23	27	16	21	11
各种社会福利收养性单位床位数	床	1307	1490	758	1341	552

2015年县(市)社会经济主要指标

湖南省

指　　标	单 位	桂东县	安仁县	资兴市	祁阳县	东安县
一、基本情况						
行政区域面积	平方公里	1452	1462	2730	2538	2204
乡个数	个	4	8	2	3	2
镇个数	个	7	5	9	20	13
街道办事处个数	个			2	3	
户籍人口	万人	21	46	38	106	64
第二产业从业人员	人	25141	67819	98443	140200	49810
第三产业从业人员	人	38962	81338	66152	93800	66582
固定电话用户	户	23142	27900	44300	39208	28470
二、综合经济						
地区生产总值	万元	276768	750155	2982323	2400209	1521511
第一产业增加值	万元	46933	167346	228152	481961	335094
农业增加值	万元	24173	128523	114067	283275	188234
牧业增加值	万元	16601	23395	56083	98277	103327
第二产业增加值	万元	73371	292372	1972282	887592	588474
公共财政收入	万元	15995	31588	223428	85326	63735
各项税收	万元	23518	41358	132728	95494	52919
公共财政支出	万元	160683	221654	411242	412253	268645
居民储蓄存款余额	万元	415293	735356	1171104	2181036	967761
年末金融机构各项贷款余额	万元	228486	453742	772474	936714	527112
三、农业、工业及投资						
农业机械总动力	万千瓦特	13	23	34	85	64
机收面积	公顷	620	41340	12240	25000	24011
设施农业占地面积	公顷	109	120	58	13	
粮食总产量	吨	64645	287197	128493	619058	391988
棉花产量	吨		13	40	573	106
油料产量	吨	2153	34230	7722	43416	11154
肉类总产量	吨	10626	33830	55652	93884	85008
规模以上工业企业单位数	个	17	45	146	103	67
规模以上工业总产值	万元	186570	608905	6020923	1697889	1033280
固定资产投资	万元	498561	1273130	2954952	2742191	1785627
四、教育、卫生和社会保障						
普通中学在校学生数	人	8706	22517	15452	46376	22658
中等职业教育学校在校学生数	人	1650	1659	2089	10739	1209
小学在校学生数	人	13852	32502	24373	74350	39445
医疗卫生机构床位数	床	745	1841	1945	5509	2112
各种社会福利收养性单位数	个	19	23	21	33	30
各种社会福利收养性单位床位数	床	1208	800	1187	2170	1250

2015年县(市)社会经济主要指标

湖南省

指　　标	单 位	双牌县	道县	江永县	宁远县	蓝山县
一、基本情况						
行政区域面积	平方公里	1726	2448	1629	2501	1798
乡个数	个	5	4	4	4	6
镇个数	个	6	11	6	12	8
街道办事处个数	个		7		4	
户籍人口	万人	21	80	28	87	40
第二产业从业人员	人	27244	90368	44503	62400	49725
第三产业从业人员	人	42913	96878	35686	186700	65100
固定电话用户	户	7744	18000	9000	30580	26159
二、综合经济						
地区生产总值	万元	503667	1531423	523187	1209429	885511
第一产业增加值	万元	148031	403153	186116	267478	161563
农业增加值	万元	34933	221171	111041	124089	78223
牧业增加值	万元	27611	119942	54413	99817	52072
第二产业增加值	万元	215569	415930	148740	428499	331274
公共财政收入	万元	25948	76125	29136	87987	45076
各项税收	万元	30550	71631	25525	88899	42988
公共财政支出	万元	137865	320680	165901	367520	202216
居民储蓄存款余额	万元	295450	1085293	502041	1079026	594646
年末金融机构各项贷款余额	万元	268463	478314	276052	798002	325835
三、农业、工业及投资						
农业机械总动力	万千瓦特	20	49	23	105	40
机收面积	公顷	9111	36800	12150	9000	28000
设施农业占地面积	公顷	1	22	12	16	86
粮食总产量	吨	73720	384347	123512	306932	126334
棉花产量	吨	245	26	145	35	429
油料产量	吨	2107	15341	15774	9422	15063
肉类总产量	吨	23848	100037	56456	89274	74506
规模以上工业企业单位数	个	39	65	31	72	67
规模以上工业总产值	万元	464803	581297	335635	1011354	881828
固定资产投资	万元	666370	1525492	635990	1516980	740512
四、教育、卫生和社会保障						
普通中学在校学生数	人	6680	37088	12682	39234	17681
中等职业教育学校在校学生数	人	734	9951	1196	2917	3973
小学在校学生数	人	11392	67491	25394	72163	34630
医疗卫生机构床位数	床	828	2932	1130	1970	1747
各种社会福利收养性单位数	个	11	93	14	25	18
各种社会福利收养性单位床位数	床	542	1560	521	2178	472

2015年县(市)社会经济主要指标

湖南省

指　　标	单 位	新田县	江华瑶族自治县	中方县	沅陵县	辰溪县
一、基本情况						
行政区域面积	平方公里	1000	3234	1516	5833	1987
乡个数	个	1	7	1	13	14
镇个数	个	11	9	11	8	9
街道办事处个数	个					
户籍人口	万人	43	52	29	68	53
第二产业从业人员	人	16550	28300	39922	73567	21000
第三产业从业人员	人	33160	73700	34059	79218	32000
固定电话用户	户	9120	23985	17720	48783	25000
二、综合经济						
地区生产总值	万元	630391	942303	917590	1629817	994107
第一产业增加值	万元	167633	243742	120354	193482	156577
农业增加值	万元	94821	108832	71797	102578	110085
牧业增加值	万元	54295	59771	21976	34774	38835
第二产业增加值	万元	177256	272164	539236	1046560	415412
公共财政收入	万元	42680	70016	31967	62162	45250
各项税收	万元	41147	77304	39964	72585	56087
公共财政支出	万元	212278	326745	168600	342557	258187
居民储蓄存款余额	万元	577347	783887	263120	1021633	737930
年末金融机构各项贷款余额	万元	312197	733422	438889	420003	474619
三、农业、工业及投资						
农业机械总动力	万千瓦特	41	40	26	43	30
机收面积	公顷	6000	4800	5800	8910	12210
设施农业占地面积	公顷	21	2	105	330	140
粮食总产量	吨	161829	223055	115854	233205	187269
棉花产量	吨		46	224	21	225
油料产量	吨	4645	14023	12781	21986	23101
肉类总产量	吨	47250	49391	22653	29500	29119
规模以上工业企业单位数	个	45	56	85	54	36
规模以上工业总产值	万元	547176	822861	1325999	1619394	588887
固定资产投资	万元	638826	942238	1479958	1034817	924094
四、教育、卫生和社会保障						
普通中学在校学生数	人	19153	23202	8355	22721	16381
中等职业教育学校在校学生数	人	2285	3411	1180	2455	739
小学在校学生数	人	33718	42072	13641	37158	29407
医疗卫生机构床位数	床	2400	2824	921	3689	2266
各种社会福利收养性单位数	个	13	15	20	27	20
各种社会福利收养性单位床位数	床	673	735	548	1085	900

2015年县(市)社会经济主要指标

湖南省

指　　标	单 位	溆浦县	会同县	麻阳苗族自治县	新晃侗族自治县	芷江侗族自治县
一、基本情况						
行政区域面积	平方公里	3429	2259	1566	1502	2095
乡个数	个	7	10	11	2	9
镇个数	个	18	8	7	9	9
街道办事处个数	个					
户籍人口	万人	93	37	40	26	38
第二产业从业人员	人	153206	36200	30020	25751	13700
第三产业从业人员	人	161369	76850	55200	28325	80700
固定电话用户	户	46901	22798	12800	12785	25100
二、综合经济						
地区生产总值	万元	1257759	607694	640026	494479	906696
第一产业增加值	万元	302395	125033	155765	69697	212996
农业增加值	万元	173903	58176	124102	33663	133458
牧业增加值	万元	93681	25963	23099	29943	57516
第二产业增加值	万元	425196	145690	211435	251990	388523
公共财政收入	万元	39991	30737	27281	23264	43811
各项税收	万元	47265	30850	30387	28458	45391
公共财政支出	万元	376076	204688	216400	188407	234418
居民储蓄存款余额	万元	1402555	669453	511616	374139	682164
年末金融机构各项贷款余额	万元	783714	288344	410242	271238	407953
三、农业、工业及投资						
农业机械总动力	万千瓦特	65	29	27	17	39
机收面积	公顷	27880	7250	5600	1441	14910
设施农业占地面积	公顷	137	980	293	43	298
粮食总产量	吨	348345	121251	111775	81053	216967
棉花产量	吨	279	42	29		51
油料产量	吨	26125	12522	16680	4365	15396
肉类总产量	吨	73716	20990	23077	24300	39280
规模以上工业企业单位数	个	73	25	28	36	53
规模以上工业总产值	万元	724812	273308	528285	460624	616363
固定资产投资	万元	975000	469023	539616	465051	532447
四、教育、卫生和社会保障						
普通中学在校学生数	人	32911	14013	16572	9870	15718
中等职业教育学校在校学生数	人	2826	1849	1338	727	3513
小学在校学生数	人	63039	22874	24594	16948	22885
医疗卫生机构床位数	床	3576	1712	1910	1795	1569
各种社会福利收养性单位数	个	30	14	20	14	17
各种社会福利收养性单位床位数	床	1612	560	1100	570	700

2015年县(市)社会经济主要指标

湖南省

指　　标	单 位	靖州苗族侗族自治县	通道侗族自治县	洪江市	双峰县	新化县
一、基本情况						
行政区域面积	平方公里	2208	2223	2283	1711	3620
乡个数	个	5	3	15	3	7
镇个数	个	6	8	7	13	19
街道办事处个数	个			4		
户籍人口	万人	27	24	50	97	147
第二产业从业人员	人	26890	19730	70060	84100	116125
第三产业从业人员	人	52785	19772	83435	144400	194227
固定电话用户	户	25243	10786	27153	57000	117021
二、综合经济						
地区生产总值	万元	680357	340151	1292417	1994555	2024668
第一产业增加值	万元	135597	72146	204150	640294	542867
农业增加值	万元	91877	33756	121340	299921	220334
牧业增加值	万元	33986	15681	40530	290327	276385
第二产业增加值	万元	251166	114242	581007	786646	647562
公共财政收入	万元	23745	21084	54045	57613	70188
各项税收	万元	29052	24508	64484	64497	76847
公共财政支出	万元	182000	196519	317413	412236	573480
居民储蓄存款余额	万元	520254	359857	1215438	1752080	2003720
年末金融机构各项贷款余额	万元	293601	166531	817480	735812	1078031
三、农业、工业及投资						
农业机械总动力	万千瓦特	39	30	35	101	88
机收面积	公顷	15870	3500	10390	2530	42800
设施农业占地面积	公顷	389	102	480	103	2
粮食总产量	吨	126267	82070	161127	525419	468773
棉花产量	吨		183	18	288	193
油料产量	吨	8124	9357	10792	16897	14211
肉类总产量	吨	23297	12193	33799	137237	120995
规模以上工业企业单位数	个	29	26	72	136	125
规模以上工业总产值	万元	639287	300347	1239554	2434904	1641067
固定资产投资	万元	405822	356816	947861	1623188	1358947
四、教育、卫生和社会保障						
普通中学在校学生数	人	11161	9822	17556	44399	60775
中等职业教育学校在校学生数	人	2616	761	4637	4131	1478
小学在校学生数	人	16884	15787	23673	59462	108505
医疗卫生机构床位数	床	1183	916	2602	3148	4703
各种社会福利收养性单位数	个	8	10	29	18	56
各种社会福利收养性单位床位数	床	260	414	1119	847	1658

2015年县(市)社会经济主要指标

湖南省

指　　标	单 位	冷水江市	涟源市	吉首市	泸溪县	凤凰县
一、基本情况						
行政区域面积	平方公里	438	1912	1078	1566	1734
乡个数	个	1	2	1	4	4
镇个数	个	5	17	5	7	13
街道办事处个数	个	4	1	4		
户籍人口	万人	37	118	31	31	43
第二产业从业人员	人	80736	135700	32800	43061	24100
第三产业从业人员	人	50626	122400	116100	44586	82900
固定电话用户	户	17600	47747	60200	15200	22979
二、综合经济						
地区生产总值	万元	2681936	2404879	1228167	535815	698203
第一产业增加值	万元	97939	493464	66076	75142	87377
农业增加值	万元	32252	250967	51869	54716	67398
牧业增加值	万元	58354	215762	10202	15134	14910
第二产业增加值	万元	1807652	1103067	368312	272306	114250
公共财政收入	万元	93465	73447	77306	28761	66359
各项税收	万元	128210	80538	74093	30198	43080
公共财政支出	万元	297295	494442	294917	234086	304462
居民储蓄存款余额	万元	1117458	1086745	1379782	491120	628770
年末金融机构各项贷款余额	万元	1325683	957990	1459256	303093	499900
三、农业、工业及投资						
农业机械总动力	万千瓦特	24	82	19	18	22
机收面积	公顷	48700	24200	1165	6500	550
设施农业占地面积	公顷	2	51	560	4	32
粮食总产量	吨	46008	469322	48861	74664	122411
棉花产量	吨		27		125	
油料产量	吨	1296	12891	7807	13210	11709
肉类总产量	吨	26130	98242	8308	12335	12597
规模以上工业企业单位数	个	111	135	74	41	24
规模以上工业总产值	万元	3783338	2469317	784575	589575	109683
固定资产投资	万元	1984258	1900869	985291	234980	475364
四、教育、卫生和社会保障						
普通中学在校学生数	人	20903	46221	23066	15906	18082
中等职业教育学校在校学生数	人	7568	3833	12857	1688	1091
小学在校学生数	人	33046	63255	27918	20282	28209
医疗卫生机构床位数	床	2495	4131	4318	1085	1476
各种社会福利收养性单位数	个	18	22	16	18	20
各种社会福利收养性单位床位数	床	563	1049	820	784	650

2015年县(市)社会经济主要指标

湖南省

指　　标	单 位	花垣县	保靖县	古丈县	永顺县	龙山县
一、基本情况						
行政区域面积	平方公里	1109	1755	1286	3812	3130
乡个数	个	3	2		11	5
镇个数	个	9	10	7	12	12
街道办事处个数	个					4
户籍人口	万人	31	31	14	54	60
第二产业从业人员	人	52300	19400	15615	42018	77551
第三产业从业人员	人	60481	55590	23411	83847	98512
固定电话用户	户	14700	18532	11059	27100	19863
二、综合经济						
地区生产总值	万元	596664	445204	221466	574831	674082
第一产业增加值	万元	65932	81738	45606	157610	177154
农业增加值	万元	44085	62905	33494	121642	143772
牧业增加值	万元	17916	14789	6729	24999	22438
第二产业增加值	万元	326174	156129	65816	149152	137001
公共财政收入	万元	48491	23469	21012	32553	43745
各项税收	万元	52314	29680	21618	39584	45918
公共财政支出	万元	240587	215208	150377	330663	333590
居民储蓄存款余额	万元	510855	405700	211858	620018	883498
年末金融机构各项贷款余额	万元	359411	267671	272350	380004	546746
三、农业、工业及投资						
农业机械总动力	万千瓦特	19	18	10	38	25
机收面积	公顷	1453	5260	4368	15000	7711
设施农业占地面积	公顷	130	176	7	540	76
粮食总产量	吨	92033	88772	33507	208918	180975
棉花产量	吨			8	2	
油料产量	吨	7505	10041	4511	20475	15204
肉类总产量	吨	13723	11954	5123	18783	18413
规模以上工业企业单位数	个	48	27	24	26	29
规模以上工业总产值	万元	455509	244339	112578	163172	141487
固定资产投资	万元	205430	200856	288186	569017	610339
四、教育、卫生和社会保障						
普通中学在校学生数	人	15019	13220	6054	25638	28598
中等职业教育学校在校学生数	人	1634	1453		1972	2107
小学在校学生数	人	24108	17777	7792	35983	41124
医疗卫生机构床位数	床	843	1193	673	2886	2207
各种社会福利收养性单位数	个	19	22	14	32	35
各种社会福利收养性单位床位数	床	935	660	575	1260	1451

2015年县(市)社会经济主要指标

广东省

指　　标	单 位	从化市	增城市	曲江区	始兴县	仁化县
一、基本情况						
行政区域面积	平方公里	1975	1619	1626	2174	2223
乡个数	个				1	
镇个数	个	5	7	9	9	10
街道办事处个数	个	3	4	1		1
户籍人口	万人	62	87	31	25	24
第二产业从业人员	人	107368	292862	45552	25227	17125
第三产业从业人员	人	68778	180875	49916	25242	38351
固定电话用户	户	82000	213600	60500	26200	36200
二、综合经济						
地区生产总值	万元	3502705	9456634	1379408	745156	943444
第一产业增加值	万元	237235	473076	161784	168333	185214
农业增加值	万元	184361	380383	121801	129747	137328
牧业增加值	万元	32364	41578	19708	19379	17211
第二产业增加值	万元	1563391	4913722	714837	294906	360999
公共财政收入	万元	250912	721136	79080	38481	60988
各项税收	万元	477429	876825	47645	27177	37421
公共财政支出	万元	452657	1057125	199813	165359	219558
居民储蓄存款余额	万元	1949132	5523012	879298	598458	577348
年末金融机构各项贷款余额	万元	2373618	8325547	626253	353899	332798
三、农业、工业及投资						
农业机械总动力	万千瓦特	22	38	20	20	13
机收面积	公顷	25260	30045	13141	12539	11533
设施农业占地面积	公顷	194	1344	178	125	242
粮食总产量	吨	118350	155981	87236	89558	103554
棉花产量	吨					
油料产量	吨	8970	5199	19083	12109	33117
肉类总产量	吨	29013	25628	21022	12973	16380
规模以上工业企业单位数	个	192	942	70	52	55
规模以上工业总产值	万元	7396271	18311388	2975906	784594	793884
固定资产投资	万元	2080062	3955777	922334	607664	605658
四、教育、卫生和社会保障						
普通中学在校学生数	人	31391	51996	15458	11144	10300
中等职业教育学校在校学生数	人	9340	9236	1682	1953	906
小学在校学生数	人	41599	81952	23117	15013	15114
医疗卫生机构床位数	床	3062	3307	1635	939	736
各种社会福利收养性单位数	个	26	65	11	10	12
各种社会福利收养性单位床位数	床	739	2431	1084	562	343

2015年县(市)社会经济主要指标

广东省

指标	单位	翁源县	乳源瑶族自治县	新丰县	乐昌市	南雄市
一、基本情况						
行政区域面积	平方公里	2175	2299	2015	2421	2326
乡个数	个					
镇个数	个	7	8	6	16	17
街道办事处个数	个			1	1	1
户籍人口	万人	40	22	26	53	48
第二产业从业人员	人	31300	22398	19405	33879	32867
第三产业从业人员	人	48781	30868	38909	60080	552009
固定电话用户	户	44700	28900	30100	55100	54400
二、综合经济						
地区生产总值	万元	901351	658977	758799	1070713	1262695
第一产业增加值	万元	216154	72913	114292	215511	258583
农业增加值	万元	182557	51148	94792	182955	195596
牧业增加值	万元	16362	7285	8762	20977	33859
第二产业增加值	万元	294000	294676	365100	240277	506909
公共财政收入	万元	41223	52363	37700	59728	59963
各项税收	万元	28914	34156	26500	35642	38125
公共财政支出	万元	213381	250323	182500	235501	277014
居民储蓄存款余额	万元	865967	417881	474400	1016855	871661
年末金融机构各项贷款余额	万元	455307	391975	311300	650371	495784
三、农业、工业及投资						
农业机械总动力	万千瓦特	24	9	5	23	45
机收面积	公顷	17650	6300	5800	9390	27548
设施农业占地面积	公顷	544	52	70	340	12
粮食总产量	吨	104731	60181	56492	124342	213809
棉花产量	吨					
油料产量	吨	20184	4577	6373	12631	26066
肉类总产量	吨	12486	6062	8196	22597	35340
规模以上工业企业单位数	个	72	70	67	48	95
规模以上工业总产值	万元	815332	919491	1045469	644275	1453742
固定资产投资	万元	636776	652118	525600	322537	984834
四、教育、卫生和社会保障						
普通中学在校学生数	人	16388	7841	11548	22366	22048
中等职业教育学校在校学生数	人	541	1404	1128	1820	1041
小学在校学生数	人	25100	14497	15425	33957	27772
医疗卫生机构床位数	床	1091	546	938	2358	1172
各种社会福利收养性单位数	个	12	7	8	18	18
各种社会福利收养性单位床位数	床	600	226	177	1150	530

2015年县(市)社会经济主要指标

广东省

指　　标	单 位	斗门区	潮阳区	澄海区	南澳县	禅城区
一、基本情况						
行政区域面积	平方公里	701	678	345	114	154
乡个数	个					
镇个数	个	5	9	8	3	1
街道办事处个数	个	1	4	3		3
户籍人口	万人	34	178	78	8	68
第二产业从业人员	人	133814	264992	1874300	3210	259686
第三产业从业人员	人	94050	190008	1318382	10682	254290
固定电话用户	户	110519	227000	166505	18300	447600
二、综合经济						
地区生产总值	万元	2738805	3345623	3802296	157188	14690955
第一产业增加值	万元	339590	228402	329136	39438	4993
农业增加值	万元	52628	136592	213587	5271	1842
牧业增加值	万元	37434	15917	42705	2585	1159
第二产业增加值	万元	1460343	2138255	2147742	55816	6744987
公共财政收入	万元	239181	211462	188894	21408	606686
各项税收	万元	189038	108767	103818	12918	2117054
公共财政支出	万元	348502	351825	329783	89637	985661
居民储蓄存款余额	万元		3405905	3322655	197963	13813932
年末金融机构各项贷款余额	万元		1736332	1798295	128282	20072682
三、农业、工业及投资						
农业机械总动力	万千瓦特	18	9	13	9	1
机收面积	公顷		16400	5839		
设施农业占地面积	公顷	19	49	187		
粮食总产量	吨	54043	177437	93443	4019	
棉花产量	吨					
油料产量	吨	613	310	486	115	
肉类总产量	吨	34406	23671	45094	3938	1401
规模以上工业企业单位数	个	184	342	352	5	639
规模以上工业总产值	万元	8013650	7560640	6215185	26688	25258487
固定资产投资	万元	2114118	3008243	1275455	21118	5349597
四、教育、卫生和社会保障						
普通中学在校学生数	人	19937	131303	41756	2476	40749
中等职业教育学校在校学生数	人		21485		200	6971
小学在校学生数	人	32137	155651	68922	3029	69860
医疗卫生机构床位数	床	2073	2275	1375	143	11439
各种社会福利收养性单位数	个	6	11	18	1	6
各种社会福利收养性单位床位数	床	1082	259	307	72	1503

2015年县(市)社会经济主要指标

广东省

指　　标	单 位	南海区	顺德区	三水区	高明区	新会区
一、基本情况						
行政区域面积	平方公里	1074	807	827	938	1355
乡个数	个					
镇个数	个	6	6	5	3	10
街道办事处个数	个	1	4	2	1	1
户籍人口	万人	128	129	41	30	76
第二产业从业人员	人	827991	955291	201368	154625	229012
第三产业从业人员	人	564263	507968	117583	98971	119849
固定电话用户	户	821211	784209	118215	75500	209000
二、综合经济						
地区生产总值	万元	22269657	25925439	10101239	7106255	5199364
第一产业增加值	万元	458495	414679	311032	173790	383738
农业增加值	万元	299388	128526	132022	74585	136121
牧业增加值	万元	18965	17837	111258	54445	57747
第二产业增加值	万元	13232814	15129375	7667827	5613902	3097162
公共财政收入	万元	1855034	1874732	454864	267525	439419
各项税收	万元	1377961	4084119	971596	180330	288616
公共财政支出	万元	1522587	2036874	583883	340505	629115
居民储蓄存款余额	万元	22256788	20916433	3428976	1838900	5396460
年末金融机构各项贷款余额	万元	25291462	27314546	3923257	2253700	3772358
三、农业、工业及投资						
农业机械总动力	万千瓦特		28	26	13	37
机收面积	公顷			473	6630	24429
设施农业占地面积	公顷	169	29	195	56	61
粮食总产量	吨	7001	454	35224	55679	146054
棉花产量	吨					
油料产量	吨	135	5	2419	2631	1472
肉类总产量	吨	21860	19731	120900	58607	56090
规模以上工业企业单位数	个	2268	1630	792	467	432
规模以上工业总产值	万元	53011734	60271468	29739331	26719047	9463506
固定资产投资	万元	5622662	6430940	5821399	3521822	2469194
四、教育、卫生和社会保障						
普通中学在校学生数	人	111186	109942	28931	5300	45332
中等职业教育学校在校学生数	人	17681	27325	8035	1642	10139
小学在校学生数	人	172058	171736	46853	27326	61266
医疗卫生机构床位数	床	8109	10080	2305	1715	3900
各种社会福利收养性单位数	个	14	19	9	6	12
各种社会福利收养性单位床位数	床	3175	4563	1591	590	1381

2015年县(市)社会经济主要指标

广东省

指　标	单 位	台山市	开平市	鹤山市	恩平市	遂溪县
一、基本情况						
行政区域面积	平方公里	3286	1657	1083	1698	2132
乡个数	个	1				
镇个数	个	16	13	9	10	15
街道办事处个数	个	1	2	1	1	
户籍人口	万人	97	68	37	51	108
第二产业从业人员	人	132430	182747	149540	65616	51883
第三产业从业人员	人	109128	96322	57145	81139	84825
固定电话用户	户	230000	168000	118029	114688	55319
二、综合经济						
地区生产总值	万元	3278471	2883217	2612804	1505308	2636035
第一产业增加值	万元	564884	281200	197178	200362	991268
农业增加值	万元	194160	152024	99922	106583	553800
牧业增加值	万元	42970	88407	63478	34195	136000
第二产业增加值	万元	1725306	1415823	1418391	515142	772990
公共财政收入	万元	247639	215356	242489	98898	69476
各项税收	万元	465342	155171	169815	74873	93226
公共财政支出	万元	431940	336431	300014	248023	362115
居民储蓄存款余额	万元	3597933	3486871	2202456	1563212	1446570
年末金融机构各项贷款余额	万元	2419286	2251214	2203808	621075	729227
三、农业、工业及投资						
农业机械总动力	万千瓦特	64	38	18	19	79
机收面积	公顷	66137	35254	13100		125333
设施农业占地面积	公顷		36	942	1203	
粮食总产量	吨	362652	225565	81222	133595	241153
棉花产量	吨					
油料产量	吨	13966	5999	4751	5800	40538
肉类总产量	吨	38645	75215	59076	28565	101127
规模以上工业企业单位数	个	185	257	355	106	97
规模以上工业总产值	万元	5757228	4758854	4678543	1416000	1969716
固定资产投资	万元	2072775	2091117	1538207	1073509	1409671
四、教育、卫生和社会保障						
普通中学在校学生数	人	37158	42212	22051	20983	54663
中等职业教育学校在校学生数	人	8746	4785	3034	1638	3291
小学在校学生数	人	49066	53694	33884	31225	60469
医疗卫生机构床位数	床	3153	2991	1606	1005	3021
各种社会福利收养性单位数	个	21	17	11	12	83
各种社会福利收养性单位床位数	床	3311	1662	911	1574	1997

2015年县(市)社会经济主要指标

广东省

指　　标	单 位	徐闻县	廉江市	雷州市	吴川市	电白区
一、基本情况						
行政区域面积	平方公里	1954	2867	3662	870	2229
乡个数	个	2				
镇个数	个	12	18	18	10	22
街道办事处个数	个	1	3	3	5	2
户籍人口	万人	76	180	177	119	204
第二产业从业人员	人	15425	214387	60038	98286	145184
第三产业从业人员	人	38153	309510	144573	90147	201175
固定电话用户	户	48623	101821	72956	85358	112000
二、综合经济						
地区生产总值	万元	1447258	4117509	2544268	2209300	5388429
第一产业增加值	万元	677456	947462	950578	280913	1052795
农业增加值	万元	564504	577854	672382	122190	476561
牧业增加值	万元	26943	156848	66665	58695	175027
第二产业增加值	万元	139451	1775284	383995	953563	2200606
公共财政收入	万元	44664	110682	58675	68972	238197
各项税收	万元	21497	160045	31760	39124	158856
公共财政支出	万元	273562	568868	553702	316117	850149
居民储蓄存款余额	万元	1169111	2398707	1743998	1696296	2526480
年末金融机构各项贷款余额	万元	635578	1256611	1059797	751873	1526013
三、农业、工业及投资						
农业机械总动力	万千瓦特	115	79	121	28	60
机收面积	公顷	28663	58740	54223	21039	39348
设施农业占地面积	公顷	120	416	613	10	17
粮食总产量	吨	186568	418028	332123	159410	323641
棉花产量	吨					
油料产量	吨	17332	49643	66623	23086	51856
肉类总产量	吨	16955	128001	45880	47162	140432
规模以上工业企业单位数	个	30	250	62	137	232
规模以上工业总产值	万元	230054	5997628	933477	1834175	4811250
固定资产投资	万元	333468	4543794	626325	1690449	3174935
四、教育、卫生和社会保障						
普通中学在校学生数	人	38448	90507	92853	74902	103391
中等职业教育学校在校学生数	人		4072	4538	3307	2955
小学在校学生数	人	53971	119839	120662	74288	138102
医疗卫生机构床位数	床	2378	4481	3326	2905	4859
各种社会福利收养性单位数	个	89	257	130	33	29
各种社会福利收养性单位床位数	床	2358	3641	2025	371	1465

2015年县(市)社会经济主要指标

广东省

指　　标	单 位	高州市	化州市	信宜市	高要区	广宁县
一、基本情况						
行政区域面积	平方公里	3316	2357	3081	2186	2456
乡个数	个					
镇个数	个	23	17	18	16	15
街道办事处个数	个	5	6	1	1	
户籍人口	万人	178	173	145	81	58
第二产业从业人员	人	132460	114191	95463	139567	38627
第三产业从业人员	人	150536	136799	114307	79868	53136
固定电话用户	户	150300	106786	131372	86814	52099
二、综合经济						
地区生产总值	万元	4568117	4033889	3668601	3914145	1307415
第一产业增加值	万元	1009944	812787	801808	657915	308309
农业增加值	万元	723101	492908	527767	373499	152347
牧业增加值	万元	179969	195269	179630	98435	43893
第二产业增加值	万元	1411572	1264733	1181217	2271353	466058
公共财政收入	万元	150225	113734	95355	284321	77555
各项税收	万元	94130	62964	59277	128424	374780
公共财政支出	万元	621545	514946	531398	439684	229368
居民储蓄存款余额	万元	3258622	2297201	2238463	2010456	832096
年末金融机构各项贷款余额	万元	1387598	1150266	1141826	1676484	633294
三、农业、工业及投资						
农业机械总动力	万千瓦特	46	33	42	52	16
机收面积	公顷	41979	34297	38000	31893	7460
设施农业占地面积	公顷	153	24	109	1	135
粮食总产量	吨	379669	326500	321271	235653	210528
棉花产量	吨					
油料产量	吨	26616	35228	16987	12356	6949
肉类总产量	吨	149718	133378	144116	86706	28667
规模以上工业企业单位数	个	228	189	186	279	83
规模以上工业总产值	万元	2646009	2433276	3272500	10751968	1822460
固定资产投资	万元	1884953	1808367	1938520	2826729	625674
四、教育、卫生和社会保障						
普通中学在校学生数	人	111594	112750	99762	36539	20370
中等职业教育学校在校学生数	人	5920	5258	14596	1273	3071
小学在校学生数	人	119204	136504	104061	53026	33363
医疗卫生机构床位数	床	6678	3574	4466	1878	1144
各种社会福利收养性单位数	个	38	29	25	27	16
各种社会福利收养性单位床位数	床	1910	4085	2530	1380	436

2015年县(市)社会经济主要指标

广东省

指　　标	单 位	怀集县	封开县	德庆县	四会市	惠阳区
一、基本情况						
行政区域面积	平方公里	3554	2723	2003	1263	916
乡个数	个	1				
镇个数	个	18	16	12	10	6
街道办事处个数	个			1	4	3
户籍人口	万人	11	51	39	46	37
第二产业从业人员	人	44355	51610	18215	175029	243723
第三产业从业人员	人	60831	37904	26696	94761	120975
固定电话用户	户	259332	39000	59100	96427	102419
二、综合经济						
地区生产总值	万元	2193630	1358109	1206988	5438884	3804326
第一产业增加值	万元	666109	382414	271762	459926	136236
农业增加值	万元	352741	253339	191634	183524	121864
牧业增加值	万元	105327	41227	25854	157955	10892
第二产业增加值	万元	639103	460328	456960	3460130	1989142
公共财政收入	万元	74418	69908	87611	328751	400715
各项税收	万元	32781	30914	42882	159429	607206
公共财政支出	万元	313404	207355	230394	477986	515999
居民储蓄存款余额	万元	977868	781695	748939	2117691	2648782
年末金融机构各项贷款余额	万元	670282	467834	584020	3415221	2666478
三、农业、工业及投资						
农业机械总动力	万千瓦特	49	14	17	18	10
机收面积	公顷	29069	22526	15753	14691	16637
设施农业占地面积	公顷	50				384
粮食总产量	吨	327748	204927	140514	197889	41557
棉花产量	吨					
油料产量	吨	10426	17704	10702	13607	5516
肉类总产量	吨	98573	31222	18498	123062	4087
规模以上工业企业单位数	个	65	27	70	380	372
规模以上工业总产值	万元	1546770	1468582	2480096	15060064	8021663
固定资产投资	万元	815783	862751	1017268	4411959	2082825
四、教育、卫生和社会保障						
普通中学在校学生数	人	71666	32280	20825	27063	55134
中等职业教育学校在校学生数	人	4919	3391	985	2827	4882
小学在校学生数	人	86293	34836	32584	48163	85370
医疗卫生机构床位数	床	2734	927	1107	1259	2548
各种社会福利收养性单位数	个	27	19	13	15	13
各种社会福利收养性单位床位数	床	2792	652	443	857	1203

2015年县(市)社会经济主要指标

广东省

指　　标	单 位	博罗县	惠东县	龙门县	梅县区	大埔县
一、基本情况						
行政区域面积	平方公里	2855	3527	2267	2483	2468
乡个数	个			1		
镇个数	个	17	13	8	17	14
街道办事处个数	个		1	1	1	
户籍人口	万人	88	87	36	62	57
第二产业从业人员	人	327006	257685	29954	58872	52793
第三产业从业人员	人	155155	181180	45643	98338	64682
固定电话用户	户	176172	200219	46869	65500	42390
二、综合经济						
地区生产总值	万元	5471179	5198991	1586316	1696530	725673
第一产业增加值	万元	461238	426805	198048	430145	189334
农业增加值	万元	323981	307491	177271	353310	151508
牧业增加值	万元	104983	45399	13499	50836	25595
第二产业增加值	万元	2960464	2464554	745382	619367	215919
公共财政收入	万元	373570	347174	130065	214982	81857
各项税收	万元	542993	213289	125851	314820	58587
公共财政支出	万元	739819	654386	336175	469909	324701
居民储蓄存款余额	万元	3090571	2356741	671914	1949715	826491
年末金融机构各项贷款余额	万元	2271031	1726294	432579	1222358	527050
三、农业、工业及投资						
农业机械总动力	万千瓦特	55	38	22	28	10
机收面积	公顷	20135	25248	13443	18475	6950
设施农业占地面积	公顷		1109	225	69	11
粮食总产量	吨	162101	191078	97951	194396	98350
棉花产量	吨					
油料产量	吨	17030	19117	7724	11213	3068
肉类总产量	吨	88692	40406	10799	42183	21310
规模以上工业企业单位数	个	433	291	96	91	48
规模以上工业总产值	万元	12105868	6405752	1909560	1608229	406220
固定资产投资	万元	2852872	2923755	1692693	1383910	690164
四、教育、卫生和社会保障						
普通中学在校学生数	人	54461	55972	14243	22664	20548
中等职业教育学校在校学生数	人	7161	2931	940	4375	2929
小学在校学生数	人	110783	100356	26205	35539	27389
医疗卫生机构床位数	床	3734	3027	988	2400	1393
各种社会福利收养性单位数	个	18	22	15	24	18
各种社会福利收养性单位床位数	床	1493	1290	800	720	2750

2015年县(市)社会经济主要指标

广东省

指　　标	单 位	丰顺县	五华县	平远县	蕉岭县	兴宁市
一、基本情况						
行政区域面积	平方公里	2710	3238	1381	957	2075
乡个数	个					
镇个数	个	16	16	12	8	17
街道办事处个数	个					3
户籍人口	万人	72	146	26	24	118
第二产业从业人员	人	74855	105055	23691	32346	131498
第三产业从业人员	人	61868	146584	23782	42145	181736
固定电话用户	户	127000	80276	31191	33681	112299
二、综合经济						
地区生产总值	万元	961320	1279302	685676	668402	1527578
第一产业增加值	万元	219606	291643	114207	109739	410494
农业增加值	万元	127052	193748	86007	61695	319036
牧业增加值	万元	61060	66737	15102	24695	69700
第二产业增加值	万元	424894	367767	259619	213929	386235
公共财政收入	万元	73637	55543	65595	70600	100053
各项税收	万元	51812	41752	46667	93453	75714
公共财政支出	万元	392035	570663	233213	199828	592005
居民储蓄存款余额	万元	1049432	1588940	492989	536079	2042838
年末金融机构各项贷款余额	万元	600190	701858	308608	310307	1017682
三、农业、工业及投资						
农业机械总动力	万千瓦特	15	29	8	10	37
机收面积	公顷	8239		5600	4915	34857
设施农业占地面积	公顷	205	1162	15	175	60
粮食总产量	吨	123688	323585	88606	64496	341586
棉花产量	吨					
油料产量	吨	6060	7581	3938	3170	4737
肉类总产量	吨	43065	57480	14436	22494	57187
规模以上工业企业单位数	个	82	32	40	37	50
规模以上工业总产值	万元	964781	596171	485491	460610	602685
固定资产投资	万元	569599	699440	400474	283890	851130
四、教育、卫生和社会保障						
普通中学在校学生数	人	28696	77123	11645	8981	44292
中等职业教育学校在校学生数	人	2209	4784	851	1071	685
小学在校学生数	人	39644	92483	13641	11906	61698
医疗卫生机构床位数	床	1472	2565	526	553	2220
各种社会福利收养性单位数	个	17	17	12	11	22
各种社会福利收养性单位床位数	床	992	543	786	627	1663

2015年县(市)社会经济主要指标

广东省

指　　标	单 位	海丰县	陆河县	陆丰市	紫金县	龙川县
一、基本情况						
行政区域面积	平方公里	1750	986	1542	3635	3081
乡个数	个					
镇个数	个	16	8	17	18	24
街道办事处个数	个			3		
户籍人口	万人	85	36	187	85	99
第二产业从业人员	人	153211	30733	160671	90352	78582
第三产业从业人员	人	130524	43394	200839	107671	84443
固定电话用户	户	102900	38400	133603	134650	86090
二、综合经济						
地区生产总值	万元	2642117	483081	2317164	1167395	1235337
第一产业增加值	万元	358032	104239	491261	260873	248431
农业增加值	万元	208385	69944	252629	185212	144360
牧业增加值	万元	31269	21080	64582	26924	36390
第二产业增加值	万元	1217964	89217	1048885	420150	388736
公共财政收入	万元	154663	26443	58865	63266	60859
各项税收	万元	135561	16228	39848	41348	93708
公共财政支出	万元	580029	226007	613238	416126	477841
居民储蓄存款余额	万元	1421487	406085	1088324	851200	1338800
年末金融机构各项贷款余额	万元	850406	239662	584395	564400	1033300
三、农业、工业及投资						
农业机械总动力	万千瓦特	39	10	38	13	19
机收面积	公顷	30200	6120		19533	20143
设施农业占地面积	公顷	448	230	938	762	260
粮食总产量	吨	169103	59278	194172	221700	275258
棉花产量	吨					
油料产量	吨	6405	3509	16919	19067	12605
肉类总产量	吨	23091	18118	53616	24638	28341
规模以上工业企业单位数	个	88	20	78	67	71
规模以上工业总产值	万元	4230363	180004	3241535	1368355	1091452
固定资产投资	万元	2717564	197189	1606543	918550	753183
四、教育、卫生和社会保障						
普通中学在校学生数	人	46203	22243	92910	42545	43714
中等职业教育学校在校学生数	人		1755	8873	3428	3057
小学在校学生数	人	70140	22162	115327	56430	78464
医疗卫生机构床位数	床	2972	616	2308	2190	3230
各种社会福利收养性单位数	个	18	8	19	22	27
各种社会福利收养性单位床位数	床	796	246	626	1355	517

2015年县(市)社会经济主要指标

广东省

指标	单位	连平县	和平县	东源县	阳东区	阳西县
一、基本情况						
行政区域面积	平方公里	2275	2310	4009	1703	1463
乡个数	个			1		
镇个数	个	13	17	20	11	8
街道办事处个数	个					
户籍人口	万人	42	55	59	50	54
第二产业从业人员	人	30975	26774	80496	121486	78807
第三产业从业人员	人	48743	42037	72468	65965	80977
固定电话用户	户	56571	40649		76589	59315
二、综合经济						
地区生产总值	万元	919298	891096	1006351	2717246	2053893
第一产业增加值	万元	102751	146933	153810	436987	535615
农业增加值	万元	78981	98002	101472	134922	145984
牧业增加值	万元	13881	21097	23917	42974	37963
第二产业增加值	万元	501177	387000	463713	1586331	748148
公共财政收入	万元	66643	49185	79807	121618	73496
各项税收	万元	39796	37251	53827	68393	50268
公共财政支出	万元	291120	332381	323145	268308	335012
居民储蓄存款余额	万元	623600	639300	689360	1179703	794631
年末金融机构各项贷款余额	万元	355600	501800	946221	847732	588298
三、农业、工业及投资						
农业机械总动力	万千瓦特	14	10		21	26
机收面积	公顷	7020	8281		19985	19767
设施农业占地面积	公顷	1	84		96	2887
粮食总产量	吨	97731	152869	172351	155200	148332
棉花产量	吨					
油料产量	吨	18034	7421	20955	15104	11203
肉类总产量	吨	13614	21101	21546	37627	31178
规模以上工业企业单位数	个	57	74	98	192	53
规模以上工业总产值	万元	1320400	1691379	1399325	5506559	1793517
固定资产投资	万元	522593	551418	752427	2602570	723241
四、教育、卫生和社会保障						
普通中学在校学生数	人	17038	20078	24264	22522	22719
中等职业教育学校在校学生数	人	864	407		1491	629
小学在校学生数	人	27934	36106	29362	38910	31970
医疗卫生机构床位数	床	1123	1554	1246	1526	1196
各种社会福利收养性单位数	个	14	17	23	12	9
各种社会福利收养性单位床位数	床	433	524	520	795	576

2015年县(市)社会经济主要指标

广东省

指　　标	单 位	阳春市	清新区	佛冈县	阳山县	连山壮族瑶族自治县
一、基本情况						
行政区域面积	平方公里	4054	2353	1295	3330	1265
乡个数	个				1	
镇个数	个	15	8	6	12	7
街道办事处个数	个	1				
户籍人口	万人	122	69	33	55	12
第二产业从业人员	人	148748	150620	46524	32866	8794
第三产业从业人员	人	109819	88476	41765	53243	11321
固定电话用户	户	109914	54110	36500	25345	7526
二、综合经济						
地区生产总值	万元	3709849	2319501	1038867	872555	294055
第一产业增加值	万元	656030	329705	104686	276834	64192
农业增加值	万元	383723	198336	79335	191270	40329
牧业增加值	万元	154262	55514	11101	52880	8298
第二产业增加值	万元	1472396	905947	484178	197093	87001
公共财政收入	万元	125994	146854	97968	51628	13896
各项税收	万元	68113	238408	58938	30781	8670
公共财政支出	万元	446923	372289	194970	281244	161520
居民储蓄存款余额	万元	1848661	1277125	750165	783174	227787
年末金融机构各项贷款余额	万元	1314087	1394506	659274	440253	118221
三、农业、工业及投资						
农业机械总动力	万千瓦特	31	22	12	11	5
机收面积	公顷	38965	26451	9403	11225	3985
设施农业占地面积	公顷	20	29	400		19
粮食总产量	吨	308287	158212	71892	105105	40828
棉花产量	吨					
油料产量	吨	25121	16039	6471	17487	4542
肉类总产量	吨	96013	48378	7842	44814	7443
规模以上工业企业单位数	个	131	127	84	24	4
规模以上工业总产值	万元	4435861	3032490	1708475	166781	89340
固定资产投资	万元	1462597	731079	389157	183820	49797
四、教育、卫生和社会保障						
普通中学在校学生数	人	45132	25014	14576	9854	4316
中等职业教育学校在校学生数	人	6396	7205	990	3193	502
小学在校学生数	人	73741	50861	27349	25656	7277
医疗卫生机构床位数	床	3396	1685	643	1500	314
各种社会福利收养性单位数	个	16	14	10	14	9
各种社会福利收养性单位床位数	床	1010	562	451	720	298

2015年县(市)社会经济主要指标

广东省

指 标	单 位	连南瑶族自治县	英德市	连州市	潮安区	饶平县
一、基本情况						
行政区域面积	平方公里	1241	5634	2668	1090	1694
乡个数	个			2		
镇个数	个	7	23	10	16	21
街道办事处个数	个		1			
户籍人口	万人	17	110	53	114	107
第二产业从业人员	人	9395	84518	41183	302425	159434
第三产业从业人员	人	17768	101354	56667	113643	90708
固定电话用户	户	10300	78565	34854	186057	122067
二、综合经济						
地区生产总值	万元	359090	2374232	1256292	5244304	2261296
第一产业增加值	万元	57444	511654	308296	179927	397902
农业增加值	万元	34347	333105	248387	132236	185362
牧业增加值	万元	8119	78652	42991	25797	59527
第二产业增加值	万元	118409	767620	280473	3317797	980189
公共财政收入	万元	16211	169939	72038	170226	76162
各项税收	万元	8862	103513	42286	261005	186942
公共财政支出	万元	174300	534984	279532	471328	445962
居民储蓄存款余额	万元	235247	2058145	1129815	2948568	1488768
年末金融机构各项贷款余额	万元	146554	1498926	632343	1072213	604638
三、农业、工业及投资						
农业机械总动力	万千瓦特	5	31	17	1	32
机收面积	公顷	2169	28826	15160		15433
设施农业占地面积	公顷			109	291	394
粮食总产量	吨	32150	223404	131202	106499	140358
棉花产量	吨					
油料产量	吨	7335	33111	16351	684	2537
肉类总产量	吨	5558	34201	39615	20042	51250
规模以上工业企业单位数	个	10	94	29	639	115
规模以上工业总产值	万元	115542	2676370	494139	7858663	2666627
固定资产投资	万元	91587	1179673	347263	1744633	689641
四、教育、卫生和社会保障						
普通中学在校学生数	人	5373	51144	15663	61682	46863
中等职业教育学校在校学生数	人	441	7461	4840	1587	3350
小学在校学生数	人	11908	70363	28905	93533	57112
医疗卫生机构床位数	床	468	3431	2455	1678	1341
各种社会福利收养性单位数	个	8	16	14	15	22
各种社会福利收养性单位床位数	床	415	1034	388	580	553

2015年县(市)社会经济主要指标

广东省

指标	单位	揭东区	揭西县	惠来县	普宁市	云安区
一、基本情况						
行政区域面积	平方公里	709	1365	1275	1620	1172
乡个数	个		1		1	
镇个数	个	11	15	15	17	7
街道办事处个数	个	2	1	1	7	
户籍人口	万人	111	101	157	246	35
第二产业从业人员	人	133862	183842	156300	283206	53790
第三产业从业人员	人	94149	154134	107748	246948	30763
固定电话用户	户		105515	88862	284778	26489
二、综合经济						
地区生产总值	万元	3991588	2166798	2448899	5911581	754683
第一产业增加值	万元	321835	327382	508065	364950	145831
农业增加值	万元	245852	194075	320478	308849	99176
牧业增加值	万元	34493	91774	42475	35355	21200
第二产业增加值	万元	2695076	1197278	1399073	3860892	423121
公共财政收入	万元	82088	51459	83446	203171	41200
各项税收	万元	50932	36983	42286	141455	23946
公共财政支出	万元	419962	381979	456567	750697	145406
居民储蓄存款余额	万元		1556154	1095241	4387863	276202
年末金融机构各项贷款余额	万元		1159900	744256	2701531	298060
三、农业、工业及投资						
农业机械总动力	万千瓦特	5	8	1	17	10
机收面积	公顷	8700	10518	440	11900	3502
设施农业占地面积	公顷	75	7	152	654	
粮食总产量	吨	190132	426253	110627	212480	89454
棉花产量	吨					
油料产量	吨	4516	3370	8701	1404	8000
肉类总产量	吨	26353	51972	39755	43754	12778
规模以上工业企业单位数	个	469	120	244	579	100
规模以上工业总产值	万元	11047283	2195247	6546925	16274772	1856665
固定资产投资	万元	2468661	984885	2280666	3692292	1826269
四、教育、卫生和社会保障						
普通中学在校学生数	人	53378	51912	66148	165035	9675
中等职业教育学校在校学生数	人	4762	16073	12352	48222	377
小学在校学生数	人	63681	52413	131794	184848	16692
医疗卫生机构床位数	床	2899	1559	2016	5390	663
各种社会福利收养性单位数	个	164	21	21	28	7
各种社会福利收养性单位床位数	床	2605	2481	2600	4355	899

2015年县(市)社会经济主要指标

广东省、广西壮族自治区

指　　标	单 位	新兴县	郁南县	罗定市	邕宁区	武鸣区
一、基本情况						
行政区域面积	平方公里	1522	1966	2328	1231	3389
乡个数	个				1	
镇个数	个	12	15	17	4	13
街道办事处个数	个			4		
户籍人口	万人	49	54	129	35	71
第二产业从业人员	人	88886	80137	254619	45136	44010
第三产业从业人员	人	51454	66891	135764	26266	54660
固定电话用户	户	103708	44308	144179	490	161200
二、综合经济						
地区生产总值	万元	2212455	980432	1777821	676344	2954064
第一产业增加值	万元	527001	274871	392364	244044	728387
农业增加值	万元	165514	195793	182007	146920	482034
牧业增加值	万元	277527	55052	82040	81030	186544
第二产业增加值	万元	952802	330830	706144	155931	1461640
公共财政收入	万元	159406	59679	114900	29018	132507
各项税收	万元	90251	31729	142039	24184	82956
公共财政支出	万元	343176	236845	428492	150875	253240
居民储蓄存款余额	万元	1347206	906082	1852959		1307333
年末金融机构各项贷款余额	万元	1209917	597894	1292974		1126188
三、农业、工业及投资						
农业机械总动力	万千瓦特	40	24	32	21	95
机收面积	公顷	15920	6122	27069	15936	117346
设施农业占地面积	公顷	112	146	38	7	780
粮食总产量	吨	146611	144534	298149	143997	367346
棉花产量	吨					17
油料产量	吨	10505	13471	21275	13512	46730
肉类总产量	吨	184073	26784	43025	61496	148153
规模以上工业企业单位数	个	204	123	144	16	189
规模以上工业总产值	万元	3965102	1492852	14164818	239797	4159270
固定资产投资	万元	1600858	637922	1461935	1282561	3117287
四、教育、卫生和社会保障						
普通中学在校学生数	人	24192	7191	63783	14912	28131
中等职业教育学校在校学生数	人	2934	727	8550		8430
小学在校学生数	人	32871	30630	90810	21590	35298
医疗卫生机构床位数	床	1444	1084	2983	1400	2580
各种社会福利收养性单位数	个	15	16	23	7	21
各种社会福利收养性单位床位数	床	745	702	850	296	480

2015年县(市)社会经济主要指标

广西壮族自治区

指　　标	单 位	隆安县	马山县	上林县	宾阳县	横县
一、基本情况						
行政区域面积	平方公里	2306	2345	1871	2298	3448
乡个数	个	4	4	4		3
镇个数	个	6	7	7	16	14
街道办事处个数	个					
户籍人口	万人	42	56	50	105	126
第二产业从业人员	人	38513	2994	29245	156481	129300
第三产业从业人员	人	43228	29907	28688	179148	151517
固定电话用户	户		28368	17535	434610	48570
二、综合经济						
地区生产总值	万元	626497	471541	503892	1845818	2633734
第一产业增加值	万元	239466	161357	193116	433523	673798
农业增加值	万元	162376	85740	98127	262166	459500
牧业增加值	万元	55781	55090	67419	118637	151045
第二产业增加值	万元	184929	101957	113642	647699	1109151
公共财政收入	万元	34361	20659	28234	172380	126610
各项税收	万元	22627	27666	38218	128296	127616
公共财政支出	万元	207312	236752	228495	396959	410156
居民储蓄存款余额	万元	637510	490114	603814	1406760	1682551
年末金融机构各项贷款余额	万元	407951	398573	412966	968701	1233015
三、农业、工业及投资						
农业机械总动力	万千瓦特	30	29	53	86	71
机收面积	公顷	13009	19264	21538	50853	55889
设施农业占地面积	公顷	102	82	25	477	420
粮食总产量	吨	177427	185904	184754	372353	425487
棉花产量	吨	16			1	
油料产量	吨	5611	2607	7512	18198	17577
肉类总产量	吨	44634	41479	40536	65147	82632
规模以上工业企业单位数	个	40	15	15	61	96
规模以上工业总产值	万元	533041	88659	289466	1381905	2623661
固定资产投资	万元	686388	343906	564103	2149009	2182009
四、教育、卫生和社会保障						
普通中学在校学生数	人	16827	22343	21532	52694	17262
中等职业教育学校在校学生数	人	1626	168	4512	6407	1758
小学在校学生数	人	30769	37027	30568	28096	14594
医疗卫生机构床位数	床	1323	1388	1325	3411	3076
各种社会福利收养性单位数	个	21	15	28	26	199
各种社会福利收养性单位床位数	床	450	460	482	3100	2248

2015年县(市)社会经济主要指标

广西壮族自治区

指　　标	单 位	柳江县	柳城县	鹿寨县	融安县	融水苗族自治县
一、基本情况						
行政区域面积	平方公里	2577	2114	2975	2900	4638
乡个数	个		3	3	6	14
镇个数	个	12	9	6	6	6
街道办事处个数	个					
户籍人口	万人	56	41	43	32	52
第二产业从业人员	人	46517	33295	31756	25114	30707
第三产业从业人员	人	54751	46600	20788	29055	34660
固定电话用户	户	214095	15400	28158	13514	13539
二、综合经济						
地区生产总值	万元	2005163	1143068	1245211	582525	766780
第一产业增加值	万元	365445	387388	291475	158930	158963
农业增加值	万元	263860	278524	189554	108593	78317
牧业增加值	万元	68790	76892	61630	30672	35642
第二产业增加值	万元	992418	415283	575587	203302	327556
公共财政收入	万元	85148	49144	57264	37886	41806
各项税收	万元	138227	33836	67587	17733	28886
公共财政支出	万元	232747	194442	227702	176593	303002
居民储蓄存款余额	万元	1018173	607908	873999	498729	680588
年末金融机构各项贷款余额	万元	1311772	484382	1027938	376168	552862
三、农业、工业及投资						
农业机械总动力	万千瓦特	42	47	47	23	28
机收面积	公顷	26650	35947	56806	15659	15528
设施农业占地面积	公顷	217	301	250	58	
粮食总产量	吨	175305	170572	170866	101245	118811
棉花产量	吨	3	10	17	8	7
油料产量	吨	3459	8552	10110	2194	2646
肉类总产量	吨	52049	46413	32731	21729	28979
规模以上工业企业单位数	个	108	39	48	41	35
规模以上工业总产值	万元	2671788	861812	1489920	459991	579215
固定资产投资	万元	2178809	1105836	1667373	885452	891488
四、教育、卫生和社会保障						
普通中学在校学生数	人	18250	13384	13639	12853	22004
中等职业教育学校在校学生数	人	430		2558	96	1450
小学在校学生数	人	37140	21927	25431	18693	39283
医疗卫生机构床位数	床	1655	1534	1642	1326	1606
各种社会福利收养性单位数	个	17	85	30	28	21
各种社会福利收养性单位床位数	床	332	780	540	413	489

2015年县(市)社会经济主要指标

广西壮族自治区

指　　标	单 位	三江侗族自治县	临桂区	阳朔县	灵川县	全州县
一、基本情况						
行政区域面积	平方公里	2417	2247	1436	2302	3875
乡个数	个	10	3	3	5	4
镇个数	个	5	8	6	7	14
街道办事处个数	个					
户籍人口	万人	40	50	33	39	84
第二产业从业人员	人	59497	58191	43123	23143	78101
第三产业从业人员	人	23022	47834	31679	21032	43658
固定电话用户	户	13630	22507	15700	25525	20074
二、综合经济						
地区生产总值	万元	427198	2360916	1081967	1385970	1618885
第一产业增加值	万元	170725	384321	232071	350203	468215
农业增加值	万元	120646	223755	179940	251750	325696
牧业增加值	万元	27705	124920	35228	64347	87083
第二产业增加值	万元	88979	1522774	411094	645033	650658
公共财政收入	万元	20373	186227	59285	116462	43905
各项税收	万元	14503	130233	41170	103113	48693
公共财政支出	万元	201203	351059	155925	283956	302469
居民储蓄存款余额	万元	427090		701215	1126346	1274848
年末金融机构各项贷款余额	万元	335766	1756261	501414	1167934	843401
三、农业、工业及投资						
农业机械总动力	万千瓦特	22	35	29	54	64
机收面积	公顷	12500	36013	19710	28503	59876
设施农业占地面积	公顷	18	554	165	206	173
粮食总产量	吨	69632	261190	119713	174895	435623
棉花产量	吨	447	53	138	77	144
油料产量	吨	1727	1284	6178	1870	13568
肉类总产量	吨	18858	100211	28741	54388	75452
规模以上工业企业单位数	个	15	70	23	68	45
规模以上工业总产值	万元	50638	4131664	535177	2042176	1759030
固定资产投资	万元	583476	2658540	1074495	1723326	1509479
四、教育、卫生和社会保障						
普通中学在校学生数	人	16630	20482	11058	13012	30250
中等职业教育学校在校学生数	人	841		755	1076	2292
小学在校学生数	人	33528	33442	18825	21896	47852
医疗卫生机构床位数	床	1065	1157	731	1622	1630
各种社会福利收养性单位数	个	131	80	15	58	216
各种社会福利收养性单位床位数	床	1149	773	257	1028	2402

2015年县(市)社会经济主要指标

广西壮族自治区

指　　标	单 位	兴安县	永福县	灌阳县	龙胜各族自治县	资源县
一、基本情况						
行政区域面积	平方公里	2333	2795	1835	2538	1954
乡个数	个	4	4	4	5	4
镇个数	个	6	5	5	5	3
街道办事处个数	个				6	
户籍人口	万人	39	29	29	17	18
第二产业从业人员	人	11707	11106	34799	6209	11929
第三产业从业人员	人	18551	12514	21160	6893	23629
固定电话用户	户	20641	21489	18000	7063	7000
二、综合经济						
地区生产总值	万元	1461389	1108990	685750	565962	492297
第一产业增加值	万元	320358	241005	169642	106226	103835
农业增加值	万元	235518	156882	120345	71787	68149
牧业增加值	万元	52674	52922	33311	15728	11618
第二产业增加值	万元	759492	675226	346552	305797	245124
公共财政收入	万元	93186	37580	34024	51945	27374
各项税收	万元	85751	23614	24069	37284	10746
公共财政支出	万元	238845	165105	165006	151768	147278
居民储蓄存款余额	万元	983676	467663	451694	340100	367853
年末金融机构各项贷款余额	万元	1020150	500677	374328	318100	336580
三、农业、工业及投资						
农业机械总动力	万千瓦特	56	27	34	30	28
机收面积	公顷	30220	24700	19156	6800	5574
设施农业占地面积	公顷	130	280	67	7	21
粮食总产量	吨	216430	144883	251985	65117	56831
棉花产量	吨	23	10	21	49	
油料产量	吨	6794	1953	3396	392	1244
肉类总产量	吨	46828	43678	30549	11782	9686
规模以上工业企业单位数	个	50	55	29	22	31
规模以上工业总产值	万元	1910384	1840138	949807	541290	500900
固定资产投资	万元	1820601	1028248	540961	494898	537486
四、教育、卫生和社会保障						
普通中学在校学生数	人	10934	9416	9516	6013	6605
中等职业教育学校在校学生数	人	1177	2304	1605	1340	875
小学在校学生数	人	21123	16870	18117	9944	12309
医疗卫生机构床位数	床	1414	1001	1040	574	451
各种社会福利收养性单位数	个	15	55	60	67	5
各种社会福利收养性单位床位数	床	540	610	421	739	136

2015年县(市)社会经济主要指标

广西壮族自治区

指　　标	单 位	平乐县	荔浦县	恭城瑶族自治县	苍梧县	藤县
一、基本情况						
行政区域面积	平方公里	1919	1760	2139	2758	3946
乡个数	个	4	3	5		2
镇个数	个	6	10	4	9	15
街道办事处个数	个			10		
户籍人口	万人	46	38	30	40	108
第二产业从业人员	人	72806	70069	13395	72537	149449
第三产业从业人员	人	51053	43972	17096	46278	143849
固定电话用户	户	26581	32000	16449	16400	40800
二、综合经济						
地区生产总值	万元	1019568	1453548	789643	338006	2066392
第一产业增加值	万元	389963	296893	229494	142126	471598
农业增加值	万元	313051	222833	187160	81998	308306
牧业增加值	万元	39506	55254	29337	22483	67144
第二产业增加值	万元	362285	713817	354574	109462	1126453
公共财政收入	万元	34739	86800	48237	40711	122731
各项税收	万元	30328	68144	38356	19408	106500
公共财政支出	万元	181025	208773	187578	197789	394391
居民储蓄存款余额	万元	659113	809370	480130	950831	1209944
年末金融机构各项贷款余额	万元	392202	706538	383220	1001500	959874
三、农业、工业及投资						
农业机械总动力	万千瓦特	51	44	57	28	41
机收面积	公顷	29066	23716	13865	14934	23910
设施农业占地面积	公顷	52	247	22	18	23
粮食总产量	吨	169668	128907	82932	131195	262568
棉花产量	吨	20	4	80		
油料产量	吨	13115	6007	13534	6489	11809
肉类总产量	吨	32384	50558	23764	24138	56523
规模以上工业企业单位数	个	20	62	23	13	91
规模以上工业总产值	万元	950117	1970681	977771	195305	3126323
固定资产投资	万元	957134	1212477	872579	278688	2229139
四、教育、卫生和社会保障						
普通中学在校学生数	人	15846	9131	11815	15037	54931
中等职业教育学校在校学生数	人	1112	752	1843	2895	1205
小学在校学生数	人	28977	22294	20453	31229	86067
医疗卫生机构床位数	床	1229	1158	839	885	2214
各种社会福利收养性单位数	个	33	13	66	4	26
各种社会福利收养性单位床位数	床	464	509	852	50	645

2015年县(市)社会经济主要指标

广西壮族自治区

指标	单位	蒙山县	岑溪市	合浦县	上思县	东兴市
一、基本情况						
行政区域面积	平方公里	1280	2784	2762	2814	589
乡个数	个	3		2	4	
镇个数	个	6	14	13	4	3
街道办事处个数	个					
户籍人口	万人	22	95	107	25	15
第二产业从业人员	人	27475	179609	87996	10382	10970
第三产业从业人员	人	19691	84551	183246	13188	15169
固定电话用户	户	11062	68230	74033	10790	34775
二、综合经济						
地区生产总值	万元	589470	2396129	2021480	695525	856053
第一产业增加值	万元	117136	335895	786996	185172	156155
农业增加值	万元	67544	171564	227947	98671	24490
牧业增加值	万元	26260	87234	113115	17007	10241
第二产业增加值	万元	256927	1530320	525725	327498	362265
公共财政收入	万元	28079	200035	67349	59173	118487
各项税收	万元	21921	103524	88975	40135	93191
公共财政支出	万元	149878	437824	402512	199265	252486
居民储蓄存款余额	万元	318651	1281930	1712659	296665	928933
年末金融机构各项贷款余额	万元	284669	1127443	1128597	288918	732004
三、农业、工业及投资						
农业机械总动力	万千瓦特	13	29	77	33	12
机收面积	公顷	2764	17456	40499	7817	4218
设施农业占地面积	公顷	10	39	1083		45
粮食总产量	吨	67011	238592	331291	46939	23855
棉花产量	吨					
油料产量	吨	5494	10031	28388	1586	570
肉类总产量	吨	16278	79757	95850	11456	7686
规模以上工业企业单位数	个	24	89	62	22	30
规模以上工业总产值	万元	750222	4771582	1416896	1098619	1279664
固定资产投资	万元	547160	2553300	1833287	532408	1167794
四、教育、卫生和社会保障						
普通中学在校学生数	人	10636	37950	55580	11604	9205
中等职业教育学校在校学生数	人	1242	8146	2319	987	1739
小学在校学生数	人	15501	82165	77810	19490	20054
医疗卫生机构床位数	床	13	2626	4824	750	438
各种社会福利收养性单位数	个	44	22	131	23	4
各种社会福利收养性单位床位数	床	483	405	1500	618	106

2015年县(市)社会经济主要指标

广西壮族自治区

指　　标	单 位	灵山县	浦北县	平南县	桂平市	容县
一、基本情况						
行政区域面积	平方公里	3558	2526	2984	4071	2257
乡个数	个			4	5	
镇个数	个	17	15	17	21	15
街道办事处个数	个	2	2		20	
户籍人口	万人	164	94	151	200	85
第二产业从业人员	人	274389	143422	174937	212847	157328
第三产业从业人员	人	161543	138501	241973	311300	88530
固定电话用户	户	99530	83467	110777	96700	65313
二、综合经济						
地区生产总值	万元	2145500	1613675	2132001	2954931	1723420
第一产业增加值	万元	605778	372625	528601	601286	342391
农业增加值	万元	406360	234232	234207	307101	189168
牧业增加值	万元	126084	74188	143906	140599	97405
第二产业增加值	万元	744962	779946	779118	1439350	876183
公共财政收入	万元	71449	78550	90640	100401	90386
各项税收	万元	76404	35841	121700	118592	85942
公共财政支出	万元	427122	322195	457040	557850	308600
居民储蓄存款余额	万元	1599999	1055100	1609523	2433536	1485524
年末金融机构各项贷款余额	万元	883834	705487	1186429	1512534	935702
三、农业、工业及投资						
农业机械总动力	万千瓦特	58	49	85	126	57
机收面积	公顷	64908	23216	53041	72267	29807
设施农业占地面积	公顷	361	308	1	2290	183
粮食总产量	吨	408739	266006	355874	570277	229057
棉花产量	吨	76	11		95	
油料产量	吨	4956	5259	28977	37882	3408
肉类总产量	吨	94111	63394	108945	118329	86747
规模以上工业企业单位数	个	76	91	104	105	91
规模以上工业总产值	万元	2335017	2360000	1837617	3316041	2437339
固定资产投资	万元	1521257	1499600	1468972	2173643	1438486
四、教育、卫生和社会保障						
普通中学在校学生数	人	86788	48473	85800	113638	48388
中等职业教育学校在校学生数	人	8662	4701	9000	5425	3380
小学在校学生数	人	138748	84649	137909	166334	70039
医疗卫生机构床位数	床	4363	2411	3993	4635	2759
各种社会福利收养性单位数	个	298	179	110	93	131
各种社会福利收养性单位床位数	床	3717	3323	1164	1415	1096

2015年县(市)社会经济主要指标

广西壮族自治区

指　　标	单 位	陆川县	博白县	兴业县	北流市	右江区
一、基本情况						
行政区域面积	平方公里	1551	3830	1468	2472	3718
乡个数	个					3
镇个数	个	14	28	13	22	4
街道办事处个数	个		41		3	2
户籍人口	万人	109	184	76	148	36
第二产业从业人员	人	171589	262857	151130	224413	31070
第三产业从业人员	人	133996	189233	55550	136880	85198
固定电话用户	户	58440	81490	52559	114441	66622
二、综合经济						
地区生产总值	万元	2189348	2418856	1363620	2844394	2055139
第一产业增加值	万元	311949	746384	375627	428033	254612
农业增加值	万元	135220	368900	121463	270578	168076
牧业增加值	万元	132883	270855	224814	102937	37714
第二产业增加值	万元	1076653	946304	559661	1438777	959637
公共财政收入	万元	101264	144133	75551	183717	58320
各项税收	万元	90375	69443	46973	148768	51284
公共财政支出	万元	388631	529728	255109	459886	183842
居民储蓄存款余额	万元	1267960	1864376	937700	2152040	1382103
年末金融机构各项贷款余额	万元	800473	1195432	572100	1507683	1948295
三、农业、工业及投资						
农业机械总动力	万千瓦特	54	72	45	65	27
机收面积	公顷	33035	61065	29217	43222	23883
设施农业占地面积	公顷	273	454	714	139	44
粮食总产量	吨	272114	484285	250281	346015	82520
棉花产量	吨			28		9
油料产量	吨	6065	13217	4641	15705	1506
肉类总产量	吨	116183	219170	169641	91219	31075
规模以上工业企业单位数	个	111	105	33	168	50
规模以上工业总产值	万元	3287505	1954570	1057503	3611463	2297763
固定资产投资	万元	1777432	2216037	1318402	2175984	1408547
四、教育、卫生和社会保障						
普通中学在校学生数	人	55992	99369	26254	92024	30246
中等职业教育学校在校学生数	人	783	3188	295	1801	21554
小学在校学生数	人	85694	151935	53457	163211	33574
医疗卫生机构床位数	床	2460	3736	1230	3768	4143
各种社会福利收养性单位数	个	28	72	131	15	59
各种社会福利收养性单位床位数	床	516	3756	1263	447	1488

2015年县(市)社会经济主要指标

广西壮族自治区

指　　标	单 位	田阳县	田东县	平果县	德保县	那坡县
一、基本情况						
行政区域面积	平方公里	2373	2813	2457	2580	2223
乡个数	个	1	1	3	6	7
镇个数	个	9	9	9	6	2
街道办事处个数	个					
户籍人口	万人	36	43	51	37	22
第二产业从业人员	人	24985	37509	72219	10609	12464
第三产业从业人员	人	46877	47668	48197	12971	8824
固定电话用户	户	24849	26314	28929	18980	9066
二、综合经济						
地区生产总值	万元	1192232	1312213	1406827	724224	226866
第一产业增加值	万元	249544	260319	146654	99150	68544
农业增加值	万元	182730	187084	73423	63178	37948
牧业增加值	万元	34750	39678	47764	28027	19211
第二产业增加值	万元	671711	749549	926824	446731	52712
公共财政收入	万元	81246	68955	151304	63916	19719
各项税收	万元	42982	34363	89259	39766	12966
公共财政支出	万元	287351	267321	256555	222787	179000
居民储蓄存款余额	万元	538401	666989	748816	346484	226254
年末金融机构各项贷款余额	万元	683494	855879	1223812	472897	173613
三、农业、工业及投资						
农业机械总动力	万千瓦特	41	34	35	21	21
机收面积	公顷	23720	31795	18192	4932	2638
设施农业占地面积	公顷	451	71	2351	39	13
粮食总产量	吨	118129	134107	112501	105255	67787
棉花产量	吨					
油料产量	吨	1456	1602	877	1026	318
肉类总产量	吨	29116	32602	36891	20062	12181
规模以上工业企业单位数	个	34	29	51	22	7
规模以上工业总产值	万元	1600224	1911381	2451079	981819	75163
固定资产投资	万元	1381890	1681346	1680834	880178	280162
四、教育、卫生和社会保障						
普通中学在校学生数	人	8123	19564	25504	10831	8702
中等职业教育学校在校学生数	人	1210	4318	1118	754	1052
小学在校学生数	人	25689	35142	37717	24151	16782
医疗卫生机构床位数	床	1171	1898	1981	1113	762
各种社会福利收养性单位数	个	74	107	165	48	31
各种社会福利收养性单位床位数	床	763	1055	1629	1073	480

2015年县(市)社会经济主要指标

广西壮族自治区

指　　标	单 位	凌云县	乐业县	田林县	西林县	隆林各族自治县
一、基本情况						
行政区域面积	平方公里	2058	2636	5526	2997	3518
乡个数	个	4	4	10	5	10
镇个数	个	4	4	4	3	6
街道办事处个数	个					
户籍人口	万人	22	18	26	16	42
第二产业从业人员	人	14561	12651	28053	2497	20369
第三产业从业人员	人	20082	5992	24623	11296	35762
固定电话用户	户	10396	6738	15560	10089	15561
二、综合经济						
地区生产总值	万元	279011	208711	403017	211247	457533
第一产业增加值	万元	76637	66218	131092	87200	102383
农业增加值	万元	48772	30523	59399	41892	44279
牧业增加值	万元	18166	12793	29341	15413	27460
第二产业增加值	万元	109312	40884	124129	38297	181786
公共财政收入	万元	12585	13587	17684	9677	53781
各项税收	万元	12585	6410	23382	6341	17220
公共财政支出	万元	178752	146130	206803	147204	258790
居民储蓄存款余额	万元	235727	173304	273822	171016	407226
年末金融机构各项贷款余额	万元	220358	166037	315644	169105	323644
三、农业、工业及投资						
农业机械总动力	万千瓦特	10	16	25	20	28
机收面积	公顷	1968	1863	3862	2718	3231
设施农业占地面积	公顷	9	12	123	6	125
粮食总产量	吨	53775	53299	99067	58777	92000
棉花产量	吨			8		
油料产量	吨	1158	1778	752	1681	1901
肉类总产量	吨	12785	9805	22138	11070	20404
规模以上工业企业单位数	个	21	4	23	7	14
规模以上工业总产值	万元	214434	13789	227958	58656	308100
固定资产投资	万元	301705	280835	261043	251667	330515
四、教育、卫生和社会保障						
普通中学在校学生数	人	13507	11131	12904	9133	18582
中等职业教育学校在校学生数	人	3671	264	392		705
小学在校学生数	人	21020	16720	27377	17728	44407
医疗卫生机构床位数	床	521	351	444	601	1234
各种社会福利收养性单位数	个	22	9	54	11	20
各种社会福利收养性单位床位数	床	278	203	1037	356	549

2015年县(市)社会经济主要指标

广西壮族自治区

指　　标	单 位	靖西市	八步区	昭平县	钟山县	富川瑶族自治县
一、基本情况						
行政区域面积	平方公里	3326	5736	3273	1472	1572
乡个数	个	9	2	4	2	3
镇个数	个	10	19	8	10	9
街道办事处个数	个		4			
户籍人口	万人	66	118	44	44	33
第二产业从业人员	人	76856	61815	25320	47894	25067
第三产业从业人员	人	60142	135863	39780	58509	31448
固定电话用户	户	25608	51020	16834	20208	13000
二、综合经济						
地区生产总值	万元	1274459	2665798	599050	803429	623256
第一产业增加值	万元	150632	472816	192227	157220	208433
农业增加值	万元	99984	299197	105240	82623	156160
牧业增加值	万元	41224	91700	33749	47135	39341
第二产业增加值	万元	823348	1151322	176769	329780	237616
公共财政收入	万元	101633	187258	33401	25135	30011
各项税收	万元	7566	109245	14638	37122	19709
公共财政支出	万元	395100	572370	218949	209542	226776
居民储蓄存款余额	万元	642497	1717794	449572	604640	508378
年末金融机构各项贷款余额	万元	563804	1965499	344533	436416	354837
三、农业、工业及投资						
农业机械总动力	万千瓦特	32	63	27	25	20
机收面积	公顷	20014	35032	13900	15900	10390
设施农业占地面积	公顷	25	641	106	234	59
粮食总产量	吨	232363	303160	142515	146015	131711
棉花产量	吨		65		30	5
油料产量	吨	1517	13439	1816	4306	12293
肉类总产量	吨	30314	76519	25347	33664	31835
规模以上工业企业单位数	个	21	104	20	40	24
规模以上工业总产值	万元	2674378	2685996	249632	735566	554746
固定资产投资	万元	1481809	3704204	794012	987810	813466
四、教育、卫生和社会保障						
普通中学在校学生数	人	27914	51711	18300	19709	8917
中等职业教育学校在校学生数	人	3900	12765	1216	2357	1110
小学在校学生数	人	46132	97511	34189	34653	24172
医疗卫生机构床位数	床	1742	3960	1320	2353	942
各种社会福利收养性单位数	个	104	190	195	3	15
各种社会福利收养性单位床位数	床	1202	1392	1821	108	404

2015年县(市)社会经济主要指标

广西壮族自治区

指　　标	单 位	金城江区	南丹县	天峨县	凤山县	东兰县
一、基本情况						
行政区域面积	平方公里	2346	3905	3184	1738	2437
乡个数	个	4	4	7	6	8
镇个数	个	7	7	2	3	6
街道办事处个数	个	1				2
户籍人口	万人	34	32	18	22	31
第二产业从业人员	人	28000	16294	4261	11907	47017
第三产业从业人员	人	111500	12718	10050	15795	14442
固定电话用户	户	35249	19947	8302	7063	11538
二、综合经济						
地区生产总值	万元	1140979	838600	558969	196260	237639
第一产业增加值	万元	116343	112167	69632	54121	67395
农业增加值	万元	75313	65320	29676	22284	28619
牧业增加值	万元	32198	24239	12555	15896	27485
第二产业增加值	万元	384583	350187	344105	38553	49029
公共财政收入	万元	27417	50956	18814	8676	11890
各项税收	万元	22816	51054	11533	5350	7265
公共财政支出	万元	163558	206561	145073	177939	203520
居民储蓄存款余额	万元	1159166	550941	209775	204039	298335
年末金融机构各项贷款余额	万元	1311289	551353	388534	194186	233841
三、农业、工业及投资						
农业机械总动力	万千瓦特	32	27	22	24	30
机收面积	公顷	8415	5130	1885	1910	3973
设施农业占地面积	公顷	29	20	5	7	195
粮食总产量	吨	73458	87089	66647	42848	56156
棉花产量	吨	73	11	88		55
油料产量	吨	821	3148	949	679	889
肉类总产量	吨	13615	20638	11493	9956	13531
规模以上工业企业单位数	个	30	15	5	8	5
规模以上工业总产值	万元	830108	1085209	487682	24614	38006
固定资产投资	万元	893911	422690	20716	210003	291859
四、教育、卫生和社会保障						
普通中学在校学生数	人	21286	15360	11513	10570	13527
中等职业教育学校在校学生数	人	11551	1840	33	92	1320
小学在校学生数	人	28224	31187	18004	19062	21566
医疗卫生机构床位数	床	3247	873	557	752	928
各种社会福利收养性单位数	个	26	12	29	47	20
各种社会福利收养性单位床位数	床	330	325	565	446	299

2015年县(市)社会经济主要指标

广西壮族自治区

指　　标	单 位	罗城仫佬族自治县	环江毛南族自治县	巴马瑶族自治县	都安瑶族自治县	大化瑶族自治县
一、基本情况						
行政区域面积	平方公里	2692	4553	1976	4116	2750
乡个数	个	4	6	8	11	12
镇个数	个	7	6	2	8	4
街道办事处个数	个					
户籍人口	万人	38	37	29	71	47
第二产业从业人员	人	12683	35876	38324	57192	44267
第三产业从业人员	人	38628	31513	21660	71339	62072
固定电话用户	户	9779	8600	16563	42120	26647
二、综合经济						
地区生产总值	万元	406320	431131	338318	403538	539881
第一产业增加值	万元	145908	160623	95251	127895	87553
农业增加值	万元	64692	71342	44453	58741	33103
牧业增加值	万元	48203	64856	27501	57974	37043
第二产业增加值	万元	84744	90227	83178	69251	258057
公共财政收入	万元	20620	19764	23205	40668	57008
各项税收	万元	32771	25594	18139	32794	48838
公共财政支出	万元	230181	220817	190722	339782	259111
居民储蓄存款余额	万元	495895	448747	297153	529961	378103
年末金融机构各项贷款余额	万元	294645	337868	209483	371496	393283
三、农业、工业及投资						
农业机械总动力	万千瓦特	28	38	16	42	21
机收面积	公顷	13598	13031	3064	4878	4619
设施农业占地面积	公顷	61	25	23	40	19
粮食总产量	吨	114924	123348	61407	124852	73368
棉花产量	吨	90		2		121
油料产量	吨	2911	738	1379	63	515
肉类总产量	吨	21679	21603	19179	40215	28653
规模以上工业企业单位数	个	130	25	12	12	8
规模以上工业总产值	万元	169507	183789	154312	79028	265109
固定资产投资	万元	282795	290040	286112	371108	200151
四、教育、卫生和社会保障						
普通中学在校学生数	人	14190	15806	13694	37161	23726
中等职业教育学校在校学生数	人	1069	148	694	2777	1849
小学在校学生数	人	25840	25863	29321	61901	42485
医疗卫生机构床位数	床	1016	801	635	1830	1648
各种社会福利收养性单位数	个	51	16	13	24	21
各种社会福利收养性单位床位数	床	533	251	230	831	408

2015年县(市)社会经济主要指标

广西壮族自治区

指　　标	单 位	宜州市	兴宾区	忻城县	象州县	武宣县
一、基本情况						
行政区域面积	平方公里	3857	4404	2541	1856	1704
乡个数	个	7	9	7	3	2
镇个数	个	9	11	5	8	8
街道办事处个数	个		4			
户籍人口	万人	66	112	43	37	45
第二产业从业人员	人	41789	56086	32165	31171	37122
第三产业从业人员	人	90720	69424	61637	25301	63037
固定电话用户	户	23145	46850	9596	32986	17904
二、综合经济						
地区生产总值	万元	1106749	2465324	559089	957754	985999
第一产业增加值	万元	372847	570213	176599	259854	244120
农业增加值	万元	226083	411101	90390	133386	161887
牧业增加值	万元	114265	102484	72305	85911	53182
第二产业增加值	万元	260802	894904	182587	480800	463819
公共财政收入	万元	65906	49795	16024	43656	49668
各项税收	万元	25655	33016	9346	46828	61045
公共财政支出	万元	256789	325395	194262	194779	212688
居民储蓄存款余额	万元	998811	1283400	366502	47530	541122
年末金融机构各项贷款余额	万元	819475	2184187	252159	396489	397806
三、农业、工业及投资						
农业机械总动力	万千瓦特	55	83	23	37	34
机收面积	公顷	14197	44186	13277	35412	29858
设施农业占地面积	公顷	44	1186	26	32	135
粮食总产量	吨	221772	310541	109780	185868	132728
棉花产量	吨	216	3	41		2
油料产量	吨	2716	19385	2780	2755	10374
肉类总产量	吨	27508	66992	18519	19213	37986
规模以上工业企业单位数	个	47	68	15	66	48
规模以上工业总产值	万元	468408	2337787	335925	1029867	1186621
固定资产投资	万元	582720	2204142	385563	767981	790967
四、教育、卫生和社会保障						
普通中学在校学生数	人	31314	43301	12127	13783	20082
中等职业教育学校在校学生数	人	1729		742	1671	2451
小学在校学生数	人	48700	84391	25498	22127	31638
医疗卫生机构床位数	床	3244	1791	1841	1560	1621
各种社会福利收养性单位数	个	64	184	14	19	14
各种社会福利收养性单位床位数	床	1045	2267	457	433	786

2015年县(市)社会经济主要指标

广西壮族自治区

指　　标	单 位	金秀瑶族自治县	合山市	江洲区	扶绥县	宁明县
一、基本情况						
行政区域面积	平方公里	2469	366	2918	2841	3704
乡个数	个	7		2	3	6
镇个数	个	3	3	6	8	7
街道办事处个数	个			3		
户籍人口	万人	16	14	37	46	44
第二产业从业人员	人	10268	4601	19273	19280	19401
第三产业从业人员	人	9003	8197	40468	29269	55507
固定电话用户	户	19255	15173		19794	13165
二、综合经济						
地区生产总值	万元	275587	299021	1401284	1328189	1084623
第一产业增加值	万元	80226	37908	242988	395240	292876
农业增加值	万元	51312	25528	210299	333158	164802
牧业增加值	万元	13867	6934	12469	17517	19479
第二产业增加值	万元	62846	126245	602986	538664	462495
公共财政收入	万元	10235	10050	97218	107684	86685
各项税收	万元	6770	7482	64743	68287	59062
公共财政支出	万元	115837	97749	170838	322238	275132
居民储蓄存款余额	万元	229493	240338	649713	731993	550332
年末金融机构各项贷款余额	万元	205370	149036	1299694	558128	380085
三、农业、工业及投资						
农业机械总动力	万千瓦特	12	9	43	43	41
机收面积	公顷	6498	6145	10724	15258	17926
设施农业占地面积	公顷	24	20	72	15	5
粮食总产量	吨	47861	28922	44347	64116	72571
棉花产量	吨	3				
油料产量	吨	1409	1250	3256	9880	3595
肉类总产量	吨	8628	4050	8599	16045	19969
规模以上工业企业单位数	个	14	8	32	31	19
规模以上工业总产值	万元	82110	189375	1516529	1399111	1177853
固定资产投资	万元	181033	222626	1096728	1422542	966406
四、教育、卫生和社会保障						
普通中学在校学生数	人	5505	3746	9979	18736	14890
中等职业教育学校在校学生数	人	266	1067		602	56
小学在校学生数	人	9851	7495	25548	32789	32774
医疗卫生机构床位数	床	613	640	1297	1052	923
各种社会福利收养性单位数	个	11	4	20	18	14
各种社会福利收养性单位床位数	床	314	250	213	342	552

2015年县(市)社会经济主要指标

广西壮族自治区、海南省

指　　标	单 位	龙州县	大新县	天等县	凭祥市	西沙群岛
一、基本情况						
行政区域面积	平方公里	2311	2748	2159	645	
乡个数	个	7	9	8		
镇个数	个	5	5	5	4	
街道办事处个数	个					
户籍人口	万人	27	38	45	11	
第二产业从业人员	人	29194	67120	115965	20403	
第三产业从业人员	人	27906	23513	26854	20123	
固定电话用户	户	14649	23508	19201	15058	
二、综合经济						
地区生产总值	万元	926159	994256	520114	569310	
第一产业增加值	万元	227495	212022	131957	49949	
农业增加值	万元	179748	160043	79098	26959	
牧业增加值	万元	12980	35505	41756	6474	
第二产业增加值	万元	365921	452462	173368	164172	
公共财政收入	万元	62418	50036	41787	74666	
各项税收	万元	66814	61632	29669	37452	
公共财政支出	万元	248642	227150	208818	160186	
居民储蓄存款余额	万元	456882	558850	491664	573159	
年末金融机构各项贷款余额	万元	434662	395213	329980	332842	
三、农业、工业及投资						
农业机械总动力	万千瓦特	24	56	39	6	
机收面积	公顷	8300	13756	19300	2076	
设施农业占地面积	公顷	19	46	8	5	
粮食总产量	吨	50106	120948	153035	20125	
棉花产量	吨		149	28		
油料产量	吨	2905	1244	1752	254	
肉类总产量	吨	8667	30995	35214	5791	
规模以上工业企业单位数	个	15	22	13	12	
规模以上工业总产值	万元	851461	1120928	252900	273836	
固定资产投资	万元	887756	980098	634883	927237	
四、教育、卫生和社会保障						
普通中学在校学生数	人	8694	12762	12330	4634	
中等职业教育学校在校学生数	人	1898	2188	600	1935	
小学在校学生数	人	15040	20815	31122	9966	
医疗卫生机构床位数	床	1102	1196	1358	281	
各种社会福利收养性单位数	个	16	40	14	2	
各种社会福利收养性单位床位数	床	444	920	521	54	

2015年县(市)社会经济主要指标

海南省

指　标	单 位	南沙群岛	中沙群岛的岛礁及其海域	五指山市	琼海市	文昌市
一、基本情况						
行政区域面积	平方公里			1131	1710	2485
乡个数	个			3		
镇个数	个			4	12	17
街道办事处个数	个					
户籍人口	万人			11	51	57
第二产业从业人员	人			1092	33822	31054
第三产业从业人员	人			10156	103511	70086
固定电话用户	户			18866	117871	95792
二、综合经济						
地区生产总值	万元			222609	2008914	1690587
第一产业增加值	万元			54237	721525	669711
农业增加值	万元			26952	416122	291217
牧业增加值	万元			13485	143224	164058
第二产业增加值	万元			46452	273935	413954
公共财政收入	万元			55695	182342	212983
各项税收	万元			23686	128152	99035
公共财政支出	万元			158653	430873	459660
居民储蓄存款余额	万元			292068	1771048	1710554
年末金融机构各项贷款余额	万元			215820	1283331	939947
三、农业、工业及投资						
农业机械总动力	万千瓦特			8	31	48
机收面积	公顷			1165	15693	
设施农业占地面积	公顷			105	113	3141
粮食总产量	吨			24391	130945	165946
棉花产量	吨					
油料产量	吨			1091	3207	15189
肉类总产量	吨			6023	77112	80254
规模以上工业企业单位数	个			4	11	16
规模以上工业总产值	万元			26288	122693	311646
固定资产投资	万元			338963	1742472	1600166
四、教育、卫生和社会保障						
普通中学在校学生数	人			8201	29176	28695
中等职业教育学校在校学生数	人			8752	1303	810
小学在校学生数	人			9508	42576	42176
医疗卫生机构床位数	床			1120	1665	1529
各种社会福利收养性单位数	个			3	18	23
各种社会福利收养性单位床位数	床			30	602	958

2015年县(市)社会经济主要指标

海南省

指　　标	单 位	万宁市	东方市	定安县	屯昌县	澄迈县
一、基本情况						
行政区域面积	平方公里	4444	2272	1197	1232	2076
乡个数	个		2			
镇个数	个	12	8	10	8	11
街道办事处个数	个					
户籍人口	万人	64	44	34	31	58
第二产业从业人员	人	38444	12185	15514	9864	51761
第三产业从业人员	人	96412	44403	38628	36089	118630
固定电话用户	户	78800	46821	39512	21718	40528
二、综合经济						
地区生产总值	万元	1654105	1442700	751502	574804	2404183
第一产业增加值	万元	521005	379493	288886	231630	649517
农业增加值	万元	286765	269277	167921	125586	321296
牧业增加值	万元	90711	48988	99495	55868	135461
第二产业增加值	万元	354400	687921	113281	79313	1092000
公共财政收入	万元	164010	131999	59400	28368	347607
各项税收	万元	130818	103151	26800	19437	336043
公共财政支出	万元	414196	429060	256000	184683	484346
居民储蓄存款余额	万元	1116300	641988	653530	455882	911563
年末金融机构各项贷款余额	万元	827200	574289	357041	308656	917137
三、农业、工业及投资						
农业机械总动力	万千瓦特	42	22	15	8	37
机收面积	公顷	5931	10606	6583	9159	17130
设施农业占地面积	公顷	5432	6259	89	96	9
粮食总产量	吨	93937	196058	120312	97090	210311
棉花产量	吨					
油料产量	吨	4276	13941	15123	5395	6173
肉类总产量	吨	49545	24404	56721	32158	79840
规模以上工业企业单位数	个	10	13	14	4	48
规模以上工业总产值	万元	120700	1857509	153800	47691	2226637
固定资产投资	万元	1580638	473927	335691	379662	2794535
四、教育、卫生和社会保障						
普通中学在校学生数	人	27618	29496	12020	13618	22502
中等职业教育学校在校学生数	人	911	512	20	306	1886
小学在校学生数	人	43100	37709	26026	23847	39470
医疗卫生机构床位数	床	1455	1151	821	999	1368
各种社会福利收养性单位数	个	8	15	13	11	9
各种社会福利收养性单位床位数	床	610	385	637	313	456

2015年县(市)社会经济主要指标

海南省

指　　标	单位	临高县	白沙黎族自治县	昌江黎族自治县	乐东黎族自治县	陵水黎族自治县
一、基本情况						
行政区域面积	平方公里	1317	2117	1620	2766	1128
乡个数	个		7	1		2
镇个数	个	10	4	7	11	9
街道办事处个数	个					
户籍人口	万人	49	20	25	53	39
第二产业从业人员	人	23925	4497	13566	16601	14154
第三产业从业人员	人	77463	17924	13890	70548	57858
固定电话用户	户	43745	15960	28000	46269	40232
二、综合经济						
地区生产总值	万元	1445946	398960	901881	1041720	1192657
第一产业增加值	万元	1016172	189618	250098	632074	409556
农业增加值	万元	139747	76607	127816	486755	175568
牧业增加值	万元	54034	34585	28447	53590	51291
第二产业增加值	万元	91841	44885	376988	128746	243432
公共财政收入	万元	45432	28221	87297	103486	394186
各项税收	万元	31752	19815	60230	63900	378327
公共财政支出	万元	322516	206482	276059	423100	477235
居民储蓄存款余额	万元	545628	297140	482981	829128	685958
年末金融机构各项贷款余额	万元	462279	159520	382429	530075	1151194
三、农业、工业及投资						
农业机械总动力	万千瓦特	45	13	18	67	12
机收面积	公顷	7881	3465	2433	13817	527
设施农业占地面积	公顷	1649		696	3599	311
粮食总产量	吨	116171	31152	44620	143312	94660
棉花产量	吨					
油料产量	吨	192	350	1380	10252	5734
肉类总产量	吨	34148	18296	18555	28769	20537
规模以上工业企业单位数	个	9	7	14	5	2
规模以上工业总产值	万元	93952	45041	630564	131042	43166
固定资产投资	万元	807768	218790	856136	728103	1740649
四、教育、卫生和社会保障						
普通中学在校学生数	人	17892	7964	12788	39757	15790
中等职业教育学校在校学生数	人	460	272	592	485	729
小学在校学生数	人	39208	17232	19211	41151	29758
医疗卫生机构床位数	床	971	732	776	1391	839
各种社会福利收养性单位数	个	9	9	10	12	9
各种社会福利收养性单位床位数	床	290	85	128	250	666

2015年县(市)社会经济主要指标

海南省、重庆市

指标	单位	保亭黎族苗族自治县	琼中黎族苗族自治县	綦江区	大足区	长寿区
一、基本情况						
行政区域面积	平方公里	1167	2704	2748	1436	1424
乡个数	个	3	3			
镇个数	个	6	7	25	21	14
街道办事处个数	个			5	6	4
户籍人口	万人	17	23	121	105	90
第二产业从业人员	人	4321	2433	234821	219243	159294
第三产业从业人员	人	27893	17447	165656	146136	118476
固定电话用户	户	19200	20572	180877	100000	142341
二、综合经济						
地区生产总值	万元	383717	390258	3945843	3491735	4301168
第一产业增加值	万元	158175	167997	504762	395301	382489
农业增加值	万元	103360	91886	353479	263378	229571
牧业增加值	万元	25107	28996	106347	90755	114409
第二产业增加值	万元	47641	61150	2014008	2041767	2300969
公共财政收入	万元	41308	36864	370967	355828	350247
各项税收	万元	31357	24637	280740	155619	259186
公共财政支出	万元	153919	212833	800817	703700	592219
居民储蓄存款余额	万元	402000	395790	3342935	2064952	2966606
年末金融机构各项贷款余额	万元	224900	331710	3026143	2185040	2821160
三、农业、工业及投资						
农业机械总动力	万千瓦特	7	28	51	60	37
机收面积	公顷	1763	3530	36017	28000	16957
设施农业占地面积	公顷	18	29	4900	4922	768
粮食总产量	吨	32976	45130	429441	432044	368870
棉花产量	吨					
油料产量	吨	1021	4058	9271	43790	10864
肉类总产量	吨	14987	16517	73770	66606	68714
规模以上工业企业单位数	个	3	8	290	345	194
规模以上工业总产值	万元	25284	48967	5726048	5265000	8063418
固定资产投资	万元	254873	383816	5279138	5200014	5068734
四、教育、卫生和社会保障						
普通中学在校学生数	人	5049	5583	50311	40616	33443
中等职业教育学校在校学生数	人	129	48	13126	5042	3892
小学在校学生数	人	13643	16372	61045	73802	41084
医疗卫生机构床位数	床	566	949	5404	4593	4624
各种社会福利收养性单位数	个	6	10	52	105	23
各种社会福利收养性单位床位数	床	80	273	3991	3462	2136

2015年县(市)社会经济主要指标

重庆市

指　　标	单 位	江津区	合川区	永川区	南川区	璧山区
一、基本情况						
行政区域面积	平方公里	3219	2343	1576	2602	917
乡个数	个				12	
镇个数	个	25	23	16	19	9
街道办事处个数	个	4	7	7	3	6
户籍人口	万人	150	154	116	69	64
第二产业从业人员	人	361731	227940	240253	108638	210151
第三产业从业人员	人	471875	245791	214977	119150	95087
固定电话用户	户	189903	126300	161000	72011	98978
二、综合经济						
地区生产总值	万元	6055860	4761869	5703351	1862532	3818000
第一产业增加值	万元	754673	648961	487298	384930	204033
农业增加值	万元	539711	445219	298140	241425	123103
牧业增加值	万元	169317	133691	142049	111859	61736
第二产业增加值	万元	3574135	2337510	3263797	638640	2736000
公共财政收入	万元	572908	409800	464994	204142	1302000
各项税收	万元	350745	273667	281863	104339	254000
公共财政支出	万元	965006	724007	803263	476446	1496121
居民储蓄存款余额	万元	4792394	4544294	3399765	1639085	3390000
年末金融机构各项贷款余额	万元	4118199	2872533	3572891	1724389	2792000
三、农业、工业及投资						
农业机械总动力	万千瓦特	42	76	30	63	33
机收面积	公顷	36267	35500	32000	12667	17650
设施农业占地面积	公顷	614	283	2237	269	4125
粮食总产量	吨	666124	720548	500020	335834	174796
棉花产量	吨					
油料产量	吨	15679	23405	21798	22129	4655
肉类总产量	吨	97454	96637	110321	70942	77172
规模以上工业企业单位数	个	369	324	372	93	324
规模以上工业总产值	万元	13605487	5877494	10186857	1571965	9130000
固定资产投资	万元	7042247	5334900	7201300	1717178	6308000
四、教育、卫生和社会保障						
普通中学在校学生数	人	60015	51810	48600	28013	27087
中等职业教育学校在校学生数	人	25934	7767	26668	4005	2862
小学在校学生数	人	83824	73725	85329	44840	38284
医疗卫生机构床位数	床	6650	5006	6414	3235	3414
各种社会福利收养性单位数	个	121	56	35	36	25
各种社会福利收养性单位床位数	床	8100	4537	4123	1258	1847

2015年县(市)社会经济主要指标

重庆市

指标	单位	铜梁区	潼南区	荣昌区	梁平县	城口县
一、基本情况						
行政区域面积	平方公里	1341	1583	1077	1890	3289
乡个数	个				7	15
镇个数	个	23	20	15	24	8
街道办事处个数	个	5	2	6	2	2
户籍人口	万人	85	95	85	93	25
第二产业从业人员	人	206359	89524	167151	167659	14625
第三产业从业人员	人	97507	136183	157128	117328	47258
固定电话用户	户	107600	49864	92400	73871	23532
二、综合经济						
地区生产总值	万元	3081997	2655248	3298733	2423308	425418
第一产业增加值	万元	360022	468218	437122	360275	73114
农业增加值	万元	196604	347357	291500	242011	37113
牧业增加值	万元	123799	74980	117492	86887	27111
第二产业增加值	万元	1853400	1429982	2077734	1317383	211211
公共财政收入	万元	239100	190129	249166	171357	28500
各项税收	万元	152900	93467	131090	81359	17895
公共财政支出	万元	487200	510578	492310	559148	270756
居民储蓄存款余额	万元	2509700	1843704	1879936	2369954	414904
年末金融机构各项贷款余额	万元	2647100	1106274	1723638	1004003	296079
三、农业、工业及投资						
农业机械总动力	万千瓦特	6	60	39	56	25
机收面积	公顷	21241	27267	18540	28133	
设施农业占地面积	公顷	3125	4461	3650	2729	8
粮食总产量	吨	355241	378047	312697	385994	105900
棉花产量	吨					
油料产量	吨	13385	46884	25682	16251	3325
肉类总产量	吨	92976	61967	75421	78486	24800
规模以上工业企业单位数	个	309	225	333	142	13
规模以上工业总产值	万元	4477927	3863515	6987437	1921005	60471
固定资产投资	万元	5273236	3308384	4495910	2675263	736629
四、教育、卫生和社会保障						
普通中学在校学生数	人	49078	36465	29861	39574	8484
中等职业教育学校在校学生数	人	4319	2293	4279	5218	1612
小学在校学生数	人	49691	47947	50317	57722	20930
医疗卫生机构床位数	床	3298	2777	3335	3733	881
各种社会福利收养性单位数	个	70	96	102	32	25
各种社会福利收养性单位床位数	床	3751	3208	3550	2741	890

2015年县(市)社会经济主要指标

重庆市

指　　标	单 位	丰都县	垫江县	武隆县	忠县	开县
一、基本情况						
行政区域面积	平方公里	2904	1518	2889	2187	3963
乡个数	个	5	2	14	6	7
镇个数	个	23	22	12	21	26
街道办事处个数	个	2	2		2	7
户籍人口	万人	83	97	41	101	169
第二产业从业人员	人	80910	192372	43225	111734	273035
第三产业从业人员	人	105264	138368	70618	249641	291711
固定电话用户	户	72500	77100	43205	80808	156000
二、综合经济						
地区生产总值	万元	1501886	2398394	1313995	2223968	3259784
第一产业增加值	万元	284690	352883	186611	339703	525284
农业增加值	万元	163812	224185	127999	242816	343000
牧业增加值	万元	91448	96609	45155	74590	133090
第二产业增加值	万元	712976	1196810	526798	1127389	1651438
公共财政收入	万元	145486	152090	136330	133981	215563
各项税收	万元	76926	78625	72447	72807	109410
公共财政支出	万元	518896	582581	369656	509906	754117
居民储蓄存款余额	万元	1928054	2047382	944800	2564006	3375156
年末金融机构各项贷款余额	万元	1207627	1325857	1442218	116270	2135432
三、农业、工业及投资						
农业机械总动力	万千瓦特	32	52	29	57	53
机收面积	公顷	6723	24067	2050	11200	12000
设施农业占地面积	公顷	111	1993	58	457	1163
粮食总产量	吨	342117	394430	177979	410078	606194
棉花产量	吨					
油料产量	吨	21619	20507	9781	32117	30703
肉类总产量	吨	62936	69608	44018	75570	108315
规模以上工业企业单位数	个	65	119	28	67	100
规模以上工业总产值	万元	1006911	1895822	629233	903364	2681510
固定资产投资	万元	2504149	2921534	1508757	2621013	3585870
四、教育、卫生和社会保障						
普通中学在校学生数	人	45150	50647	18019	44180	86059
中等职业教育学校在校学生数	人	1889	4603	3928	2391	9125
小学在校学生数	人	57138	70469	27790	67176	126391
医疗卫生机构床位数	床	3546	3825	1477	3286	6623
各种社会福利收养性单位数	个	28	28	27	74	74
各种社会福利收养性单位床位数	床	2981	5044	1848	5372	4775

2015年县(市)社会经济主要指标

重庆市

指　　标	单 位	云阳县	奉节县	巫山县	巫溪县	石柱土家族自治县
一、基本情况						
行政区域面积	平方公里	3649	4087	2957	4030	3014
乡个数	个	9	11	13	15	14
镇个数	个	29	18	11	15	18
街道办事处个数	个	4	3	2	2	
户籍人口	万人	135	108	64	54	55
第二产业从业人员	人	242405	144685	48542	75953	64529
第三产业从业人员	人	267641	163073	145079	67769	76200
固定电话用户	户	115812	76300	52131	49657	36200
二、综合经济						
地区生产总值	万元	1879115	1974324	896604	733991	1292437
第一产业增加值	万元	400843	359572	193504	150047	219023
农业增加值	万元	294332	259815	113220	81552	132713
牧业增加值	万元	73942	84093	55410	48081	72560
第二产业增加值	万元	815159	770759	286500	280753	645281
公共财政收入	万元	126850	138949	92089	67511	125737
各项税收	万元	63605	65406	39500	29871	79168
公共财政支出	万元	649452	635028	498800	403992	559192
居民储蓄存款余额	万元	2361213	1454573	847300	790345	1217467
年末金融机构各项贷款余额	万元	1161547	1212702	730202	532634	778557
三、农业、工业及投资						
农业机械总动力	万千瓦特	45	33	29	38	36
机收面积	公顷	19962	5230	1470	1733	3672
设施农业占地面积	公顷	141	275	440	410	69
粮食总产量	吨	427786	440073	234393	233744	261759
棉花产量	吨			79		
油料产量	吨	18866	27017	18824	12072	10709
肉类总产量	吨	83270	66649	46425	52316	42900
规模以上工业企业单位数	个	67	32	16	22	53
规模以上工业总产值	万元	1267994	296385	90065	233220	1048100
固定资产投资	万元	2406277	2324736	1222165	1534065	1330747
四、教育、卫生和社会保障						
普通中学在校学生数	人	65867	51922	33730	24720	30345
中等职业教育学校在校学生数	人	7074	6949	4955	3352	3215
小学在校学生数	人	69059	60706	40384	33374	48552
医疗卫生机构床位数	床	4819	4106	1473	1617	2392
各种社会福利收养性单位数	个	72	33	27	46	26
各种社会福利收养性单位床位数	床	7199	4150	2200	2093	758

2015年县(市)社会经济主要指标

重庆市、四川省

指　　标	单 位	秀山土家族苗族自治县	酉阳土家族苗族自治县	彭水苗族土家族自治县	新都区	温江区
一、基本情况						
行政区域面积	平方公里	2453	5173	3903	496	276
乡个数	个	6	23	18		
镇个数	个	18	14	18	10	6
街道办事处个数	个	3	2	3	3	4
户籍人口	万人	66	85	70	73	42
第二产业从业人员	人	98970	95285	43000	278156	85556
第三产业从业人员	人	82825	110617	73500	177215	129148
固定电话用户	户	41560	32538	50734	233075	174000
二、综合经济						
地区生产总值	万元	1381933	1169671	1159666	5827700	3915784
第一产业增加值	万元	186549	239688	220966	248018	168272
农业增加值	万元	124792	134458	143623	159753	154495
牧业增加值	万元	45397	79403	61467	83024	11740
第二产业增加值	万元	660120	513631	488742	3521837	1996892
公共财政收入	万元	107330	120422	124696	479591	341439
各项税收	万元	67483	79584	82593	357833	269960
公共财政支出	万元	407447	511916	455028	633760	406241
居民储蓄存款余额	万元	941206	1168206	1033166	4999121	3236922
年末金融机构各项贷款余额	万元	1071017	725734	1327058	3426044	3030707
三、农业、工业及投资						
农业机械总动力	万千瓦特	33	44	5	30	17
机收面积	公顷	19500	2000	703	29873	2613
设施农业占地面积	公顷	528	506	58	1253	47
粮食总产量	吨	310981	383075	316880	201372	8299
棉花产量	吨					
油料产量	吨	36080	29114	24400	22018	1463
肉类总产量	吨	45961	68025	55715	21751	7964
规模以上工业企业单位数	个	69	33	37	345	213
规模以上工业总产值	万元	708643	912586	561348	7248696	4008107
固定资产投资	万元	1697773	1513108	1519242	4160959	3270132
四、教育、卫生和社会保障						
普通中学在校学生数	人	31773	46671	40353	36734	20196
中等职业教育学校在校学生数	人	4401	3519	3038	9319	14974
小学在校学生数	人	43178	69531	52877	63000	28183
医疗卫生机构床位数	床	2348	2847	2496	5680	5507
各种社会福利收养性单位数	个	58	26	69	10	8
各种社会福利收养性单位床位数	床	4830	1130	2892	1428	1930

2015年县(市)社会经济主要指标

四川省

指　　标	单 位	金堂县	双流县	郫县	大邑县	蒲江县
一、基本情况						
行政区域面积	平方公里	1156	1028	438	1284	580
乡个数	个	2			3	4
镇个数	个	18	18	13	17	7
街道办事处个数	个	1	7	1	1	1
户籍人口	万人	89	104	56	51	27
第二产业从业人员	人	119279	215426	191900	108353	50200
第三产业从业人员	人	261858	329263	129800	68815	57600
固定电话用户	户	82700	544268	169302	89575	90143
二、综合经济						
地区生产总值	万元	2850974	8676111	4259679	1830048	1059271
第一产业增加值	万元	405233	341215	210500	310690	171841
农业增加值	万元	292145	262152	202375	124288	95767
牧业增加值	万元	95874	66255	7120	168605	71911
第二产业增加值	万元	1327924	4228850	2477775	767655	528874
公共财政收入	万元	204245	851035	413022	153594	64035
各项税收	万元	131325	676802	292431	119445	46795
公共财政支出	万元	451178	1182377	568781	314252	206002
居民储蓄存款余额	万元	2035139	6926102	3810087	1926034	942649
年末金融机构各项贷款余额	万元	1730208	6815243	3502903	1184005	659500
三、农业、工业及投资						
农业机械总动力	万千瓦特	26	31	24	26	17
机收面积	公顷	19531	23983	10211	25820	13330
设施农业占地面积	公顷	2290	3792	464	861	64
粮食总产量	吨	314526	215882	81854	204902	85615
棉花产量	吨					
油料产量	吨	45293	27638	10208	14687	17061
肉类总产量	吨	71881	54456	10347	75700	57157
规模以上工业企业单位数	个	183	328	343	125	91
规模以上工业总产值	万元	1808274	11432340	5978433	2194740	923683
固定资产投资	万元	3265963	8203790	3022048	1982488	1165221
四、教育、卫生和社会保障						
普通中学在校学生数	人	34523	54338	35117	16133	9343
中等职业教育学校在校学生数	人	2692	35114	25633	12604	1648
小学在校学生数	人	48044	68138	46545	22020	10475
医疗卫生机构床位数	床	5214	6142	3631	3583	1512
各种社会福利收养性单位数	个	20	24	9	10	8
各种社会福利收养性单位床位数	床	4279	3726	1139	2940	918

2015年县(市)社会经济主要指标

四川省

指　标	单 位	新津县	都江堰市	彭州市	邛崃市	崇州市
一、基本情况						
行政区域面积	平方公里	330	1208	1421	1377	1090
乡个数	个	1	1		4	6
镇个数	个	11	13	20	18	18
街道办事处个数	个	1	5		2	1
户籍人口	万人	31	62	81	66	67
第二产业从业人员	人	70200	150600	164800	92800	280000
第三产业从业人员	人	76530	216600	144300	176000	148000
固定电话用户	户	64730	154606	91200	68463	80320
二、综合经济						
地区生产总值	万元	2301816	2753768	3335497	2042066	2260951
第一产业增加值	万元	156850	238325	446075	332821	313787
农业增加值	万元	84840	100910	281441	164973	180721
牧业增加值	万元	64209	96806	153010	143312	119562
第二产业增加值	万元	1347905	1018388	1973643	941974	1099917
公共财政收入	万元	201243	229593	194725	135511	151448
各项税收	万元	125097	169004	131846	94061	114447
公共财政支出	万元	323838	384838	394710	367730	381381
居民储蓄存款余额	万元	1621672	3322325	3112800	2119538	2855431
年末金融机构各项贷款余额	万元	2032276	2315318	2059573	1597312	1761741
三、农业、工业及投资						
农业机械总动力	万千瓦特	18	25	39	36	43
机收面积	公顷	14735		31601	34500	43039
设施农业占地面积	公顷	674	1572	1420	621	1333
粮食总产量	吨	103938	156032	279276	274529	302742
棉花产量	吨					
油料产量	吨	10736	21503	17303	39293	25420
肉类总产量	吨	40621	46693	59994	127854	78569
规模以上工业企业单位数	个	154	95	139	152	159
规模以上工业总产值	万元	4779073	1654317	5943559	1988555	2616755
固定资产投资	万元	2555733	1801383	1804640	2050258	2158349
四、教育、卫生和社会保障						
普通中学在校学生数	人	12648	24615	24693	22709	22745
中等职业教育学校在校学生数	人	1243	2843	6580	3354	1512
小学在校学生数	人	14208	27682	34645	23775	27580
医疗卫生机构床位数	床	2160	5762	5337	3199	4952
各种社会福利收养性单位数	个	12	12	19	11	79
各种社会福利收养性单位床位数	床	1402	1925	1976	1920	5425

2015年县(市)社会经济主要指标

四川省

指　　标	单 位	荣县	富顺县	米易县	盐边县	泸县
一、基本情况						
行政区域面积	平方公里	1605	1342	2110	3275	1530
乡个数	个	6	4	5	12	
镇个数	个	21	22	7	4	19
街道办事处个数	个					1
户籍人口	万人	69	108	22	21	108
第二产业从业人员	人	85806	129323	15384	18428	195924
第三产业从业人员	人	127392	213556	21509	24651	168244
固定电话用户	户	52016	77717	29085	18053	71713
二、综合经济						
地区生产总值	万元	1861262	2217857	1312103	1131233	2487867
第一产业增加值	万元	407228	392434	118327	90482	448447
农业增加值	万元	245516	212048	88804	54720	262302
牧业增加值	万元	107364	121027	15516	25914	148927
第二产业增加值	万元	951530	1178059	866999	850642	1429226
公共财政收入	万元	55576	65139	82136	74783	115191
各项税收	万元	54180	79401	62038	31480	63108
公共财政支出	万元	301721	400257	154513	136462	407676
居民储蓄存款余额	万元	1613352	2169140	482469	296220	2195727
年末金融机构各项贷款余额	万元	756366	1166262	515249	443749	1076187
三、农业、工业及投资						
农业机械总动力	万千瓦特	45	30	22	17	54
机收面积	公顷	10347	18109	6639	3904	16666
设施农业占地面积	公顷	4170	2942	3428	137	2535
粮食总产量	吨	423182	483558	86766	68854	517841
棉花产量	吨					
油料产量	吨	14374	16206	1136	1517	10968
肉类总产量	吨	80754	88092	14274	17618	104416
规模以上工业企业单位数	个	87	109	42	36	125
规模以上工业总产值	万元	2044768	2549235	1649397	1564984	2729082
固定资产投资	万元	933936	1140087	1131574	971406	2528503
四、教育、卫生和社会保障						
普通中学在校学生数	人	19735	47406	11390	9975	58345
中等职业教育学校在校学生数	人	4283	3987	2555		10138
小学在校学生数	人	30987	66051	14719	14780	83225
医疗卫生机构床位数	床	3183	2818	870	836	3401
各种社会福利收养性单位数	个	29	28	9	10	34
各种社会福利收养性单位床位数	床	2705	3350	927	1180	4600

2015年县(市)社会经济主要指标

四川省

指　　标	单 位	合江县	叙永县	古蔺县	中江县	罗江县
一、基本情况						
行政区域面积	平方公里	2414	2974	3185	2200	448
乡个数	个	2	11	10	16	
镇个数	个	25	14	16	29	10
街道办事处个数	个					
户籍人口	万人	90	72	86	142	25
第二产业从业人员	人	129443	91503	110000	130965	37950
第三产业从业人员	人	158240	93204	95000	271685	38430
固定电话用户	户	63000	47631	51184	70161	24999
二、综合经济						
地区生产总值	万元	1617427	1002487	1280767	2879460	879822
第一产业增加值	万元	337089	202581	203607	791558	186274
农业增加值	万元	195583	118853	123452	352965	87766
牧业增加值	万元	110250	62590	66175	399283	86982
第二产业增加值	万元	700181	471253	752324	1213860	510081
公共财政收入	万元	88888	70120	156536	77575	28525
各项税收	万元	50376	44565	68291	42794	21569
公共财政支出	万元	362068	400177	415091	456187	130592
居民储蓄存款余额	万元	1765625	819486	627666	2379452	626061
年末金融机构各项贷款余额	万元	1080546	645724	833027	1042322	445109
三、农业、工业及投资						
农业机械总动力	万千瓦特	38	37	22	63	22
机收面积	公顷	13667	10200	8999	48474	14680
设施农业占地面积	公顷	302	190	59	1364	245
粮食总产量	吨	510970	247640	255483	782914	126339
棉花产量	吨				192	
油料产量	吨	4192	4881	15708	74835	36969
肉类总产量	吨	70396	39383	42360	133912	41684
规模以上工业企业单位数	个	85	54	28	212	104
规模以上工业总产值	万元	1150646	495779	1946955	3328264	2287536
固定资产投资	万元	2172577	1083995	1661900	1291527	874288
四、教育、卫生和社会保障						
普通中学在校学生数	人	37573	35489	43820	43843	7626
中等职业教育学校在校学生数	人	18502	4594	6486	7475	4495
小学在校学生数	人	80331	63686	77653	66904	10373
医疗卫生机构床位数	床	3430	2331	2355	4422	1058
各种社会福利收养性单位数	个	30	26	29	60	13
各种社会福利收养性单位床位数	床	4365	3445	2990	8830	1498

2015年县(市)社会经济主要指标

四川省

指　　标	单 位	广汉市	什邡市	绵竹市	三台县	盐亭县
一、基本情况						
行政区域面积	平方公里	549	820	1246	2659	1645
乡个数	个	2		1	22	22
镇个数	个	16	14	20	41	14
街道办事处个数	个		2			
户籍人口	万人	61	44	51	146	58
第二产业从业人员	人	119410	92998	83653	190500	65600
第三产业从业人员	人	119410	69967	103012	205900	92000
固定电话用户	户	116595	61696	61734	84731	28424
二、综合经济						
地区生产总值	万元	3239278	2338242	2153723	2051964	862037
第一产业增加值	万元	306681	255350	268526	698807	328854
农业增加值	万元	162099	156331	149984	412720	193019
牧业增加值	万元	129841	90115	103879	241773	109906
第二产业增加值	万元	1963559	1397840	1308323	551763	244952
公共财政收入	万元	146265	157782	106639	79202	30724
各项税收	万元	98327	96526	95725	49985	21597
公共财政支出	万元	342000	277564	266927	474882	262582
居民储蓄存款余额	万元	2726921	1601188	1570114	2487249	1086026
年末金融机构各项贷款余额	万元	2167900	1261050	1309129	1217238	521291
三、农业、工业及投资						
农业机械总动力	万千瓦特	27	26	25	61	36
机收面积	公顷	41920	27414	44334	57926	23467
设施农业占地面积	公顷	4612	906	720	212	238
粮食总产量	吨	323242	191121	281868	733258	297778
棉花产量	吨				174	99
油料产量	吨	33321	13944	13783	119124	36990
肉类总产量	吨	54237	39152	49222	126923	55596
规模以上工业企业单位数	个	331	203	134	66	14
规模以上工业总产值	万元	8375397	4432569	4749666	604988	93535
固定资产投资	万元	1559745	1513820	1601819	863304	574352
四、教育、卫生和社会保障						
普通中学在校学生数	人	18834	13568	13897	46805	14118
中等职业教育学校在校学生数	人	2461	3116	2215	6240	2537
小学在校学生数	人	25452	15634	17864	58741	18921
医疗卫生机构床位数	床	2890	2817	3030	5728	2370
各种社会福利收养性单位数	个	19	19	31	68	50
各种社会福利收养性单位床位数	床	2000	2701	3141	6520	5357

2015年县(市)社会经济主要指标

四川省

指　　标	单 位	安县	梓潼县	北川羌族自治县	平武县	江油市
一、基本情况						
行政区域面积	平方公里	1181	1444	3083	5946	2720
乡个数	个	3	21	15	16	12
镇个数	个	15	11	8	9	28
街道办事处个数	个					2
户籍人口	万人	45	38	24	18	89
第二产业从业人员	人	69800	50441	35300	19000	168160
第三产业从业人员	人	85400	67296	43100	28078	172707
固定电话用户	户	48490	29367	20130	12140	143374
二、综合经济						
地区生产总值	万元	1097424	852991	401898	352793	3227387
第一产业增加值	万元	265857	252737	96336	76001	408241
农业增加值	万元	157874	148540	46499	41537	245199
牧业增加值	万元	91935	86945	35086	23538	136941
第二产业增加值	万元	567645	378081	161036	187690	1623422
公共财政收入	万元	52021	24990	36879	29902	163116
各项税收	万元	34878	16123	27769	15961	99429
公共财政支出	万元	210668	185093	191193	132987	368363
居民储蓄存款余额	万元	1098572	724534	523564	338237	2835652
年末金融机构各项贷款余额	万元	814684	535294	816147	550354	1698697
三、农业、工业及投资						
农业机械总动力	万千瓦特	39	34	9	10	58
机收面积	公顷	34678	24939	667	667	35800
设施农业占地面积	公顷	2308	278	26	146	954
粮食总产量	吨	252170	209009	46211	61964	298859
棉花产量	吨		4			
油料产量	吨	38896	53755	6749	5484	46842
肉类总产量	吨	36516	39088	20264	11967	56767
规模以上工业企业单位数	个	90	45	31	27	201
规模以上工业总产值	万元	1948466	977683	235097	217950	4814930
固定资产投资	万元	989282	682061	365369	409151	1595889
四、教育、卫生和社会保障						
普通中学在校学生数	人	14975	9395	9594	5545	29963
中等职业教育学校在校学生数	人	1796	2566	2100	983	10359
小学在校学生数	人	21063	13280	10266	6696	33210
医疗卫生机构床位数	床	1913	1337	1353	672	6749
各种社会福利收养性单位数	个	22	18	10	9	31
各种社会福利收养性单位床位数	床	2634	2190	1260	1080	5185

2015年县(市)社会经济主要指标

四川省

指　　标	单 位	旺苍县	青川县	剑阁县	苍溪县	蓬溪县
一、基本情况						
行政区域面积	平方公里	2986	3216	3202	2330	1251
乡个数	个	18	25	34	15	13
镇个数	个	17	11	23	24	18
街道办事处个数	个	3				
户籍人口	万人	45	24	66	77	71
第二产业从业人员	人	75500	8855	45058	101161	91812
第三产业从业人员	人	91429	31481	96908	74391	82263
固定电话用户	户	41112	17579	37456	78561	30468
二、综合经济						
地区生产总值	万元	889463	291615	900188	1135499	1197995
第一产业增加值	万元	149871	69455	237263	273797	309716
农业增加值	万元、	89179	37516	144120	140560	171801
牧业增加值	万元	51247	20446	85156	100507	109963
第二产业增加值	万元	489883	120099	342730	494741	542681
公共财政收入	万元	39863	15023	42776	42673	40529
各项税收	万元	29199	8508	25908	31899	28479
公共财政支出	万元	257647	182584	306623	359791	271692
居民储蓄存款余额	万元	911195	421642	1127763	1696782	1174922
年末金融机构各项贷款余额	万元	394900	452312	528743	976130	766812
三、农业、工业及投资						
农业机械总动力	万千瓦特	28	9	83	79	24
机收面积	公顷	7992	4266	50390	36147	22651
设施农业占地面积	公顷	212	402	547	1360	1249
粮食总产量	吨	201300	106796	416427	364697	344525
棉花产量	吨					35
油料产量	吨	15510	9772	106278	53629	48562
肉类总产量	吨	36117	18629	76740	75900	53769
规模以上工业企业单位数	个	69	39	56	45	69
规模以上工业总产值	万元	1121966	317929	838205	782875	901920
固定资产投资	万元	587778	317906	592678	826736	1317274
四、教育、卫生和社会保障						
普通中学在校学生数	人	19515	8455	22297	31849	19630
中等职业教育学校在校学生数	人	2073	1934	5471	6037	3052
小学在校学生数	人	23350	8756	26928	39833	24603
医疗卫生机构床位数	床	2068	707	2390	3085	2015
各种社会福利收养性单位数	个	15	9	17	19	28
各种社会福利收养性单位床位数	床	1524	970	2600	3045	4116

2015年县(市)社会经济主要指标

四川省

指　　标	单 位	射洪县	大英县	威远县	资中县	隆昌县
一、基本情况						
行政区域面积	平方公里	1496	701	1289	1735	794
乡个数	个	10	2			
镇个数	个	20	9	20	33	17
街道办事处个数	个	2				2
户籍人口	万人	100	55	73	128	78
第二产业从业人员	人	169700	81827	125015	169695	147862
第三产业从业人员	人	179400	77199	153361	198062	154236
固定电话用户	户	88316	31075	81574	85356	91534
二、综合经济						
地区生产总值	万元	2926481	1299250	2944307	2361185	2330434
第一产业增加值	万元	339581	215172	391144	633524	290948
农业增加值	万元	187141	118507	231855	349104	136866
牧业增加值	万元	123213	77811	120098	218538	115090
第二产业增加值	万元	1908751	798396	2011624	1105228	1476744
公共财政收入	万元	90849	49669	75324	83334	73943
各项税收	万元	62344	35307	51102	53063	56961
公共财政支出	万元	329639	208253	297966	428558	298073
居民储蓄存款余额	万元	2121187	1007924	1591586	2359109	1816974
年末金融机构各项贷款余额	万元	1436979	932243	1475354	1193927	883732
三、农业、工业及投资						
农业机械总动力	万千瓦特	28	25	40	52	30
机收面积	公顷	23000	780	16067	30667	22000
设施农业占地面积	公顷	1427	1029	5200	448	1260
粮食总产量	吨	435799	252659	306681	521716	272328
棉花产量	吨	3935	2339			
油料产量	吨	28041	24998	19967	38734	10890
肉类总产量	吨	82689	49228	52769	94702	47783
规模以上工业企业单位数	个	116	84	90	75	89
规模以上工业总产值	万元	3596584	1899963	4949187	2380006	3994000
固定资产投资	万元	1439453	1636670	1697362	1509899	1516576
四、教育、卫生和社会保障						
普通中学在校学生数	人	36508	17553	26999	46607	29688
中等职业教育学校在校学生数	人	9225	5125	3770	4770	1437
小学在校学生数	人	39666	24940	36670	68303	47316
医疗卫生机构床位数	床	3866	1266	3356	4180	3562
各种社会福利收养性单位数	个	39	14	26	57	38
各种社会福利收养性单位床位数	床	8050	1758	3361	7159	4123

2015年县(市)社会经济主要指标

四川省

指标	单位	犍为县	井研县	夹江县	沐川县	峨边彝族自治县
一、基本情况						
行政区域面积	平方公里	1371	840	745	1405	2382
乡个数	个	18	17	11	12	13
镇个数	个	12	10	11	7	6
街道办事处个数	个					
户籍人口	万人	57	41	35	26	15
第二产业从业人员	人	90943	48128	69800	26286	13952
第三产业从业人员	人	119710	55866	68900	62672	27953
固定电话用户	户	50513	33595	68472	18821	12785
二、综合经济						
地区生产总值	万元	1338279	808010	1256477	544874	353600
第一产业增加值	万元	238338	203453	180263	119816	41897
农业增加值	万元	119027	87732	116413	68527	13979
牧业增加值	万元	98044	88070	48083	25481	22330
第二产业增加值	万元	733704	395505	707960	273860	206504
公共财政收入	万元	50451	30286	60282	25210	21627
各项税收	万元	32755	14301	33077	15778	30498
公共财政支出	万元	248883	189598	176549	152539	120088
居民储蓄存款余额	万元	1197377	953961	1371824	418594	279961
年末金融机构各项贷款余额	万元	865526	604927	733498	357480	505290
三、农业、工业及投资						
农业机械总动力	万千瓦特	34	26	43	12	11
机收面积	公顷	11621	5650	11193	1000	666
设施农业占地面积	公顷	200	80	1960	14	
粮食总产量	吨	232395	223855	110625	77901	39682
棉花产量	吨					
油料产量	吨	10532	13776	13185	5579	1554
肉类总产量	吨	63954	70749	34388	22188	9467
规模以上工业企业单位数	个	71	59	88	33	29
规模以上工业总产值	万元	1316025	1479786	1814755	434846	476780
固定资产投资	万元	817294	379052	1066299	418453	201413
四、教育、卫生和社会保障						
普通中学在校学生数	人	18282	11833	9857	8482	4485
中等职业教育学校在校学生数	人	3095	609	1249	1153	561
小学在校学生数	人	25274	18712	12510	15693	10881
医疗卫生机构床位数	床	1969	1414	2260	795	498
各种社会福利收养性单位数	个	34	16	11	20	7
各种社会福利收养性单位床位数	床	2831	2488	1432	1233	620

2015年县(市)社会经济主要指标

四川省

指　　标	单 位	马边彝族自治县	峨眉山市	南部县	营山县	蓬安县
一、基本情况						
行政区域面积	平方公里	2293	1181	2230	1635	1331
乡个数	个	15	6	40	34	24
镇个数	个	5	12	31	19	15
街道办事处个数	个			2		
户籍人口	万人	22	43	127	94	70
第二产业从业人员	人	9500	71141	243215	130200	53456
第三产业从业人员	人	41900	121711	306848	212100	136805
固定电话用户	户	11562	102706	91081	62899	41669
二、综合经济						
地区生产总值	万元	320753	2110344	2661892	1423042	1304299
第一产业增加值	万元	72198	164479	537533	376943	359184
农业增加值	万元	47057	85935	288521	226580	214277
牧业增加值	万元	16861	69289	202108	140927	126544
第二产业增加值	万元	143768	1185069	1503653	686739	614664
公共财政收入	万元	34953	142017	77471	55441	46720
各项税收	万元	20154	88981	54112	37308	29455
公共财政支出	万元	154741	252061	449985	420087	299183
居民储蓄存款余额	万元	255474	2019428	2098867	1873652	1296005
年末金融机构各项贷款余额	万元	220445	1467407	1098490	936257	571335
三、农业、工业及投资						
农业机械总动力	万千瓦特	5	30	40	33	30
机收面积	公顷	700	7230	7200	21467	6123
设施农业占地面积	公顷	11	4186	595	3625	658
粮食总产量	吨	65021	96259	520226	364062	328300
棉花产量	吨			46		
油料产量	吨	2472	13522	74522	48801	44135
肉类总产量	吨	14454	25300	84414	73884	48364
规模以上工业企业单位数	个	21	80	102	48	68
规模以上工业总产值	万元	228057	2473148	3371571	1843858	2676000
固定资产投资	万元	373516	1408556	2492885	883213	1127257
四、教育、卫生和社会保障						
普通中学在校学生数	人	8440	15951	50812	35455	25079
中等职业教育学校在校学生数	人	974	5978	3721	1337	2478
小学在校学生数	人	22238	17842	61211	48912	44908
医疗卫生机构床位数	床	617	2677	3645	3898	2588
各种社会福利收养性单位数	个	5	5	55	63	86
各种社会福利收养性单位床位数	床	509	1938	5829	4950	3760

2015年县(市)社会经济主要指标

四川省

指　　标	单 位	仪陇县	西充县	阆中市	彭山区	仁寿县
一、基本情况						
行政区域面积	平方公里	1773	1109	1875	467	2608
乡个数	个	28	28	21	3	31
镇个数	个	29	16	25	10	29
街道办事处个数	个			4		
户籍人口	万人	109	62	86	33	157
第二产业从业人员	人	179900	105522	102383	64736	191524
第三产业从业人员	人	168700	141900	225900	78482	255685
固定电话用户	户	60520	37947	98821	46898	100840
二、综合经济						
地区生产总值	万元	1546067	1009966	1788278	1234233	3396578
第一产业增加值	万元	541191	299750	434261	126345	697172
农业增加值	万元	275674	181873	242690	55154	377620
牧业增加值	万元	239665	105346	151414	54747	263394
第二产业增加值	万元	609356	411326	841673	753679	1803845
公共财政收入	万元	62936	47634	87487	136019	204175
各项税收	万元	39488	33247	66222	86782	114035
公共财政支出	万元	463479	307899	427690	256359	593838
居民储蓄存款余额	万元	1702732	1217429	1976265	1192917	3515579
年末金融机构各项贷款余额	万元	983592	572606	1355812	767425	1880467
三、农业、工业及投资						
农业机械总动力	万千瓦特	38	24	41	28	81
机收面积	公顷	8423	23873	21433	16500	59013
设施农业占地面积	公顷	2970	1998	1205	211	5934
粮食总产量	吨	464377	365355	367906	152814	811367
棉花产量	吨	26	589			490
油料产量	吨	63657	39112	41098	10179	41240
肉类总产量	吨	95113	60020	75593	39189	127530
规模以上工业企业单位数	个	54	72	56	102	171
规模以上工业总产值	万元	1597353	1336659	1381116	3229658	3843850
固定资产投资	万元	1304256	849314	1897830	1991618	2798943
四、教育、卫生和社会保障						
普通中学在校学生数	人	48908	18869	29816	9632	33472
中等职业教育学校在校学生数	人	3098	3268	7002	1566	17865
小学在校学生数	人	56523	13972	46221	12298	67423
医疗卫生机构床位数	床	3521	2728	3902	1352	6970
各种社会福利收养性单位数	个	61	42	54	18	92
各种社会福利收养性单位床位数	床	2367	3165	3477	2124	11436

2015年县(市)社会经济主要指标

四川省

指　　标	单 位	洪雅县	丹棱县	青神县	南溪区	宜宾县
一、基本情况						
行政区域面积	平方公里	1897	450	387	704	2940
乡个数	个	4	2	3	5	3
镇个数	个	11	5	7	9	23
街道办事处个数	个				2	
户籍人口	万人	35	16	20	43	103
第二产业从业人员	人	45321	25900	50500	61074	109215
第三产业从业人员	人	68147	20200	24958	74417	161012
固定电话用户	户	40300	25247	28100	32057	61661
二、综合经济						
地区生产总值	万元	1000647	500434	649427	1076990	2173111
第一产业增加值	万元	150520	100621	86025	207402	403001
农业增加值	万元	70423	58923	42338	123892	229799
牧业增加值	万元	61552	35206	34081	67978	144611
第二产业增加值	万元	594847	273732	359909	593454	1180198
公共财政收入	万元	81932	30410	40722	78365	78365
各项税收	万元	48971	20201	25910	52635	52635
公共财政支出	万元	203681	128280	150596	220725	424208
居民储蓄存款余额	万元	1049414	509591	587097	712352	1674711
年末金融机构各项贷款余额	万元	653899	244160	375985	742873	1734639
三、农业、工业及投资						
农业机械总动力	万千瓦特	28	22	20	21	108
机收面积	公顷	10075	9100	8100	4733	5667
设施农业占地面积	公顷	813	322	97	6292	345
粮食总产量	吨	126301	78474	89846	167929	510894
棉花产量	吨					
油料产量	吨	10376	7271	7676	7225	34508
肉类总产量	吨	29010	19271	20539	38456	88770
规模以上工业企业单位数	个	41	41	52	75	95
规模以上工业总产值	万元	553817	470274	968351	1591619	2622124
固定资产投资	万元	1025268	609012	608178	998598	1867428
四、教育、卫生和社会保障						
普通中学在校学生数	人	10558	4246	5312	21035	46046
中等职业教育学校在校学生数	人	3905	727	2421	4967	9889
小学在校学生数	人	13882	6215	6533	27095	66645
医疗卫生机构床位数	床	1530	518	902	1876	3358
各种社会福利收养性单位数	个	13	8	9	19	42
各种社会福利收养性单位床位数	床	1070	859	1102	2287	4217

2015年县(市)社会经济主要指标

四川省

指　　标	单 位	江安县	长宁县	高县	珙县	筠连县
一、基本情况						
行政区域面积	平方公里	894	996	1320	1145	1256
乡个数	个	3	7	7	6	9
镇个数	个	15	11	12	11	9
街道办事处个数	个					
户籍人口	万人	56	47	53	43	44
第二产业从业人员	人	88539	72623	38943	74603	55264
第三产业从业人员	人	82265	72888	86984	95346	84499
固定电话用户	户	32780	35047	33318	36676	28829
二、综合经济						
地区生产总值	万元	1225777	1092239	1129241	1228108	1108809
第一产业增加值	万元	225887	225906	198651	165960	186155
农业增加值	万元	125150	105032	108672	77667	92789
牧业增加值	万元	76323	70314	76185	75411	81594
第二产业增加值	万元	721552	542097	682724	789943	700035
公共财政收入	万元	67103	50855	43343	60040	62179
各项税收	万元	45776	34708	26258	33579	44947
公共财政支出	万元	226411	207863	215943	228645	192228
居民储蓄存款余额	万元	878269	670213	705501	609984	449601
年末金融机构各项贷款余额	万元	623534	578945	439403	517874	436172
三、农业、工业及投资						
农业机械总动力	万千瓦特	19	28	18	22	14
机收面积	公顷	5175	6113	2000	2740	1333
设施农业占地面积	公顷	305	358	193	667	184
粮食总产量	吨	223537	211793	233153	144424	153974
棉花产量	吨					
油料产量	吨	7138	13423	9822	9091	2931
肉类总产量	吨	42363	38894	38353	36683	37054
规模以上工业企业单位数	个	64	53	62	66	40
规模以上工业总产值	万元	2304689	1231945	1697890	1137938	608456
固定资产投资	万元	1298671	1208884	1219738	1168867	807209
四、教育、卫生和社会保障						
普通中学在校学生数	人	21491	18430	21185	16368	22397
中等职业教育学校在校学生数	人	5037	6093	3834	5854	3193
小学在校学生数	人	31359	29770	34590	29547	34865
医疗卫生机构床位数	床	1879	1850	1589	1916	1475
各种社会福利收养性单位数	个	31	20	22	21	18
各种社会福利收养性单位床位数	床	2859	2524	1164	1605	1775

2015年县(市)社会经济主要指标

四川省

指　　标	单 位	兴文县	屏山县	岳池县	武胜县	邻水县
一、基本情况						
行政区域面积	平方公里	1380	1504	1479	956	1909
乡个数	个	5	6	21	14	25
镇个数	个	10	9	22	17	20
街道办事处个数	个					
户籍人口	万人	48	31	118	84	103
第二产业从业人员	人	32234	34824	132111	97200	129051
第三产业从业人员	人	57078	54649	118321	121988	157820
固定电话用户	户	35097	17380	60253	45378	63746
二、综合经济						
地区生产总值	万元	808080	400619	1890606	1892086	1975059
第一产业增加值	万元	179511	147891	388446	371343	373911
农业增加值	万元	93633	81192	231978	190876	234120
牧业增加值	万元	70626	51272	123868	134576	109432
第二产业增加值	万元	355735	141406	864059	958186	963133
公共财政收入	万元	62687	58291	94589	95855	85801
各项税收	万元	41995	41453	58192	53059	53568
公共财政支出	万元	244083	174925	436899	357484	406506
居民储蓄存款余额	万元	514619	507466	2305491	1815169	1723090
年末金融机构各项贷款余额	万元	477088	355119	926672	877352	884450
三、农业、工业及投资						
农业机械总动力	万千瓦特	20	14	50	32	47
机收面积	公顷	5746	1334	50200	62400	30093
设施农业占地面积	公顷	281	247	1465	1099	1213
粮食总产量	吨	207309	116251	525500	340381	453085
棉花产量	吨					
油料产量	吨	4195	6787	30220	21405	36577
肉类总产量	吨	36441	24945	78612	85974	75360
规模以上工业企业单位数	个	54	34	75	94	99
规模以上工业总产值	万元	575594	360227	2075097	3081673	2413189
固定资产投资	万元	868204	612644	1636628	1522119	1829370
四、教育、卫生和社会保障						
普通中学在校学生数	人	28257	12280	46389	35300	54110
中等职业教育学校在校学生数	人	5875	2462	15531	8312	10914
小学在校学生数	人	39048	21018	62220	40006	57878
医疗卫生机构床位数	床	1892	1101	3299	2641	3033
各种社会福利收养性单位数	个	15	14	44	32	43
各种社会福利收养性单位床位数	床	2378	885	4020	2780	2083

2015年县(市)社会经济主要指标

四川省

指　　标	单 位	华蓥市	达川区	宣汉县	开江县	大竹县
一、基本情况						
行政区域面积	平方公里	464	2255	4271	1032	2079
乡个数	个	1	30	29	10	27
镇个数	个	9	24	25	10	21
街道办事处个数	个	3	2			3
户籍人口	万人	36	121	132	60	111
第二产业从业人员	人	63500	177000	124743	65000	159187
第三产业从业人员	人	55086	158000	212116	130000	157081
固定电话用户	户	40422	128855	81091	32794	77193
二、综合经济						
地区生产总值	万元	1344099	2252628	2239580	1040611	2628931
第一产业增加值	万元	114947	471286	553074	295532	535845
农业增加值	万元	57997	307233	368233	182594	333329
牧业增加值	万元	48678	130673	154492	94693	168400
第二产业增加值	万元	877771	1163864	1034513	447761	1366288
公共财政收入	万元	57177	111849	145688	42467	116416
各项税收	万元	35725	83652	100691	22349	62942
公共财政支出	万元	234616	493576	588570	255262	453353
居民储蓄存款余额	万元	1079337	1732303	2180867	1152248	2522569
年末金融机构各项贷款余额	万元	672452	1306180	1098802	453176	1287801
三、农业、工业及投资						
农业机械总动力	万千瓦特	21	43	50	27	36
机收面积	公顷	8733	26900	24500	15000	32267
设施农业占地面积	公顷	990	5362	2854	413	2016
粮食总产量	吨	102733	491437	581124	261399	550419
棉花产量	吨					
油料产量	吨	2348	55113	86415	37686	43312
肉类总产量	吨	34004	83856	89794	47761	93609
规模以上工业企业单位数	个	105	100	77	46	113
规模以上工业总产值	万元	3045152	2059854	1331590	552652	2109687
固定资产投资	万元	1601111	2495192	2260337	1030130	2396312
四、教育、卫生和社会保障						
普通中学在校学生数	人	17474	57553	65010	25820	49081
中等职业教育学校在校学生数	人	2607	11021	9727	1384	7519
小学在校学生数	人	22537	75974	91639	36084	70810
医疗卫生机构床位数	床	1299	4525	3135	1477	3463
各种社会福利收养性单位数	个	19	52	49	25	46
各种社会福利收养性单位床位数	床	1933	4861	5951	1144	4725

2015年县(市)社会经济主要指标

四川省

指　　标	单 位	渠县	万源市	名山区	荥经县	汉源县
一、基本情况						
行政区域面积	平方公里	2018	4053	614	1777	2214
乡个数	个	40	37	11	18	20
镇个数	个	20	15	9	3	10
街道办事处个数	个					
户籍人口	万人	140	59	28	15	32
第二产业从业人员	人	166000	41000	29500	33100	26504
第三产业从业人员	人	279346	132000	41400	37500	76052
固定电话用户	户	77988	9700	32712	20402	31001
二、综合经济						
地区生产总值	万元	2176372	1187788	611582	613339	633304
第一产业增加值	万元	571862	275720	171308	63565	128812
农业增加值	万元	367956	180414	128786	28124	96359
牧业增加值	万元	170625	83614	38660	22128	27390
第二产业增加值	万元	955152	605976	278884	382359	334794
公共财政收入	万元	91333	37241	18826	19019	37183
各项税收	万元	45599	21369	12969	16855	32704
公共财政支出	万元	509613	302243	156319	290420	156493
居民储蓄存款余额	万元	2545456	904339	734178	482083	783627
年末金融机构各项贷款余额	万元	1159817	688498	493908	348525	555180
三、农业、工业及投资						
农业机械总动力	万千瓦特	38	41	27	18	23
机收面积	公顷	37600	3800	2400	1848	690
设施农业占地面积	公顷	3725	441	210	555	430
粮食总产量	吨	550146	281565	92390	50651	110727
棉花产量	吨					
油料产量	吨	56460	27385	9131	6227	2115
肉类总产量	吨	97788	47471	32650	9344	21391
规模以上工业企业单位数	个	65	37	45	58	26
规模以上工业总产值	万元	1575151	520538	710452	658736	800295
固定资产投资	万元	2345506	1162350	611099	571263	569846
四、教育、卫生和社会保障						
普通中学在校学生数	人	53708	28136	8825	5208	13330
中等职业教育学校在校学生数	人	9006	1840	1275	741	1713
小学在校学生数	人	59601	36472	15120	10991	20206
医疗卫生机构床位数	床	4497	1735	1043	881	1250
各种社会福利收养性单位数	个	47	42	10	4	4
各种社会福利收养性单位床位数	床	6562	3354	824	359	826

2015年县(市)社会经济主要指标

四川省

指标	单位	石棉县	天全县	芦山县	宝兴县	通江县
一、基本情况						
行政区域面积	平方公里	2679	2390	1191	3114	4120
乡个数	个	15	13	4	6	35
镇个数	个	1	2	5	3	14
街道办事处个数	个	1				
户籍人口	万人	12	15	12	6	75
第二产业从业人员	人	11800	29200	22400	11425	95898
第三产业从业人员	人	30100	32115	30300	9853	111989
固定电话用户	户	20839	15150	17422	5800	46630
二、综合经济						
地区生产总值	万元	700048	484105	322726	260177	973835
第一产业增加值	万元	54403	67091	52869	33082	186677
农业增加值	万元	35413	26346	27383	14888	108488
牧业增加值	万元	17424	23511	12315	12691	68833
第二产业增加值	万元	529216	294864	197837	178969	411821
公共财政收入	万元	38531	15949	12449	15698	38139
各项税收	万元	30034	12435	11387	13925	23578
公共财政支出	万元	139883	303224	257363	243663	431569
居民储蓄存款余额	万元	372451	424249	370607	198049	1083116
年末金融机构各项贷款余额	万元	568109	464413	269500	222869	668037
三、农业、工业及投资						
农业机械总动力	万千瓦特	14	12	14	10	33
机收面积	公顷			1333		16733
设施农业占地面积	公顷	33	171	146	6	1700
粮食总产量	吨	27775	69433	46684	18261	384040
棉花产量	吨					
油料产量	吨	2638	4779	3439	534	36012
肉类总产量	吨	8573	14467	9149	6057	77777
规模以上工业企业单位数	个	40	36	42	42	43
规模以上工业总产值	万元	838061	354002	411639	358047	668213
固定资产投资	万元	566040	738467	554054	527473	1764569
四、教育、卫生和社会保障						
普通中学在校学生数	人	5366	6398	5516	1393	43582
中等职业教育学校在校学生数	人	488	1027			6792
小学在校学生数	人	10716	11377	6785	3117	67723
医疗卫生机构床位数	床	1347	1372	685	261	2663
各种社会福利收养性单位数	个	6	2	7	2	19
各种社会福利收养性单位床位数	床	634	400	1028	150	581

2015年县(市)社会经济主要指标

四川省

指　　标	单 位	南江县	平昌县	安岳县	乐至县	简阳市
一、基本情况						
行政区域面积	平方公里	3388	2225	2690	1424	2214
乡个数	个	33	18	42	8	29
镇个数	个	15	25	27	17	25
街道办事处个数	个		1			4
户籍人口	万人	66	102	161	84	149
第二产业从业人员	人	67390	46145	97400	55200	177986
第三产业从业人员	人	120062	268000	145100	104900	283420
固定电话用户	户	107611	54420	72810	33620	109573
二、综合经济						
地区生产总值	万元	1050576	1212887	2806021	1780506	4013714
第一产业增加值	万元	164617	205698	851695	407831	707585
农业增加值	万元	94751	97594	516417	146076	285530
牧业增加值	万元	61846	86268	284706	222762	382614
第二产业增加值	万元	597201	658132	1211796	902711	2271011
公共财政收入	万元	71056	71323	116566	74866	178655
各项税收	万元	42603	47663	83266	54188	142129
公共财政支出	万元	453153	460711	528946	335134	555550
居民储蓄存款余额	万元	1286314	1301000	2327793	1392811	3110904
年末金融机构各项贷款余额	万元	746296	787145	1306454	856396	2121272
三、农业、工业及投资						
农业机械总动力	万千瓦特	60	47	97	35	62
机收面积	公顷	10020	20752	26334	16001	20534
设施农业占地面积	公顷	520	1961	371	150	1433
粮食总产量	吨	358627	384432	717886	363577	668825
棉花产量	吨			173		379
油料产量	吨	22653	41626	75919	56784	62888
肉类总产量	吨	70625	75827	125702	84394	121322
规模以上工业企业单位数	个	50	45	173	112	191
规模以上工业总产值	万元	1072636	1925313	3570255	3311469	7551164
固定资产投资	万元	2315760	2354476	2157149	19357	3181358
四、教育、卫生和社会保障						
普通中学在校学生数	人	38475	48155	56855	24708	56746
中等职业教育学校在校学生数	人	9053	8857	8548	5305	10956
小学在校学生数	人	36041	80771	93108	35816	82870
医疗卫生机构床位数	床	2444	4354	6032	2827	6641
各种社会福利收养性单位数	个	11	19	69	151	67
各种社会福利收养性单位床位数	床	476	2110	10887	5582	8915

2015年县(市)社会经济主要指标

四川省

指　　标	单 位	汶川县	理县	茂县	松潘县	九寨沟县
一、基本情况						
行政区域面积	平方公里	4083	4318	4075	8486	5286
乡个数	个	4	8	21	23	14
镇个数	个	8	5	6	2	3
街道办事处个数	个					
户籍人口	万人	10	5	11	8	7
第二产业从业人员	人	27900	2600	7304	2771	2056
第三产业从业人员	人	21535	5100	25303	10625	26300
固定电话用户	户	16565	9084	17626	14271	25730
二、综合经济						
地区生产总值	万元	556689	219734	319187	178234	243938
第一产业增加值	万元	32544	17747	48341	31006	18179
农业增加值	万元	16037	10527	32476	14124	6777
牧业增加值	万元	9676	6257	13622	14581	8312
第二产业增加值	万元	378730	160805	208116	58111	78210
公共财政收入	万元	40859	13000	15415	35686	22668
各项税收	万元	16229	6741	9652	8730	15632
公共财政支出	万元	143283	86568	138544	136244	122601
居民储蓄存款余额	万元	294586	113524	261339	134555	215142
年末金融机构各项贷款余额	万元	290512	190879	218763	131837	332249
三、农业、工业及投资						
农业机械总动力	万千瓦特	6	5	5	6	8
机收面积	公顷				710	
设施农业占地面积	公顷	20		49	52	60
粮食总产量	吨	11960	8204	31913	20209	10540
棉花产量	吨					
油料产量	吨	961	27	1119	291	358
肉类总产量	吨	4324	2554	6811	5419	3920
规模以上工业企业单位数	个	31	14	21	6	4
规模以上工业总产值	万元	955015	262491	545954	55441	72253
固定资产投资	万元	420337	390755	387207	420767	350644
四、教育、卫生和社会保障						
普通中学在校学生数	人	6622	1491	5651	2727	3933
中等职业教育学校在校学生数	人	530		979		
小学在校学生数	人	4798	2398	7012	5218	4697
医疗卫生机构床位数	床	489	246	658	308	344
各种社会福利收养性单位数	个	2	2	2	1	3
各种社会福利收养性单位床位数	床	300	270	54	300	250

2015年县(市)社会经济主要指标

四川省

指标	单位	金川县	小金县	黑水县	马尔康县	壤塘县
一、基本情况						
行政区域面积	平方公里	5524	5571	4154	6639	6836
乡个数	个	19	17	14	11	10
镇个数	个	3	4	3	3	3
街道办事处个数	个					
户籍人口	万人	8	8	6	6	4
第二产业从业人员	人	3040	2800	1027	3200	2000
第三产业从业人员	人	12282	13500	11700	25600	8000
固定电话用户	户	5717	8663	6018	17459	2822
二、综合经济						
地区生产总值	万元	114391	129278	213409	220753	72513
第一产业增加值	万元	26505	27241	20744	21850	23378
农业增加值	万元	8555	12038	6132	5796	4379
牧业增加值	万元	15068	12863	10007	14907	17790
第二产业增加值	万元	42132	51710	157476	33947	12831
公共财政收入	万元	29850	6007	9156	16691	2007
各项税收	万元	4550	3627	6409	12901	1527
公共财政支出	万元	121113	138432	133197	119051	104879
居民储蓄存款余额	万元	123505	147428	104636	213709	39866
年末金融机构各项贷款余额	万元	53986	193848	139988	441996	12092
三、农业、工业及投资						
农业机械总动力	万千瓦特	6	11	6	8	4
机收面积	公顷					125
设施农业占地面积	公顷				15	3
粮食总产量	吨	18108	22450	17092	8920	3015
棉花产量	吨					
油料产量	吨	180	890		31	314
肉类总产量	吨	5614	5593	5147	7145	5509
规模以上工业企业单位数	个	2	7	11	5	
规模以上工业总产值	万元	4675	101277	176901	20639	
固定资产投资	万元	390086	191935	190294	282971	150241
四、教育、卫生和社会保障						
普通中学在校学生数	人	2679	4032	1866	3643	1133
中等职业教育学校在校学生数	人				1685	
小学在校学生数	人	4521	4305	4641	3351	4254
医疗卫生机构床位数	床	265	340	157	684	213
各种社会福利收养性单位数	个	5	1	1	3	5
各种社会福利收养性单位床位数	床	443	300	228	336	630

2015年县(市)社会经济主要指标

四川省

指　　标	单 位	阿坝县	若尔盖县	红原县	康定市	泸定县
一、基本情况						
行政区域面积	平方公里	10435	10437	8398	11486	2165
乡个数	个	17	13	6	15	8
镇个数	个	2	4	5	6	4
街道办事处个数	个					
户籍人口	万人	8	8	5	11	9
第二产业从业人员	人	722	746	900	4952	3569
第三产业从业人员	人	7890	7794	7500	25563	14009
固定电话用户	户	4882	6315	6298	33923	13905
二、综合经济						
地区生产总值	万元	96111	153687	112272	504611	187278
第一产业增加值	万元	33722	70024	37110	45259	31620
农业增加值	万元	3905	2326	3748	23372	25518
牧业增加值	万元	29436	67047	33095	20914	5862
第二产业增加值	万元	19879	29139	32108	217101	88723
公共财政收入	万元	6410	4786	3442	48457	16830
各项税收	万元	2960	2666	2511	40843	10874
公共财政支出	万元	147617	137810	113561	297126	139613
居民储蓄存款余额	万元	76118	85755	56535	473819	308651
年末金融机构各项贷款余额	万元	32554	80992	96626	1076132	266058
三、农业、工业及投资						
农业机械总动力	万千瓦特	5	5	1	12	4
机收面积	公顷	1702	1660	1067	3031	67
设施农业占地面积	公顷	26	2	52	18	27
粮食总产量	吨	9134	5371		22206	14060
棉花产量	吨					
油料产量	吨	148	1641		207	2368
肉类总产量	吨	7322	16458	7403	4738	4841
规模以上工业企业单位数	个		3	5	15	9
规模以上工业总产值	万元		42393	52332	133946	111298
固定资产投资	万元	190960	198082	170250	1024247	460477
四、教育、卫生和社会保障						
普通中学在校学生数	人	2371	5537	3002	8437	5718
中等职业教育学校在校学生数	人				2429	3775
小学在校学生数	人	9666	8071	4632	10803	6132
医疗卫生机构床位数	床	555	229	227	1169	431
各种社会福利收养性单位数	个	3	2	5	4	2
各种社会福利收养性单位床位数	床	340	360	272	369	160

2015年县(市)社会经济主要指标

四川省

指　　标	单 位	丹巴县	九龙县	雅江县	道孚县	炉霍县
一、基本情况						
行政区域面积	平方公里	4656	6766	7558	7053	4601
乡个数	个	13	16	17	20	14
镇个数	个	2	2	3	2	2
街道办事处个数	个					
户籍人口	万人	6	7	5	6	5
第二产业从业人员	人	999	2795	779	797	673
第三产业从业人员	人	11743	5974	6362	5050	4076
固定电话用户	户	4970	5093	4521	3540	4188
二、综合经济						
地区生产总值	万元	133211	214035	100030	72220	55069
第一产业增加值	万元	33968	27999	24623	21949	23057
农业增加值	万元	21561	15666	12373	7787	4705
牧业增加值	万元	11858	10132	9310	12632	17695
第二产业增加值	万元	52620	138983	40656	10860	8572
公共财政收入	万元	8620	26428	22281	7316	5324
各项税收	万元	5948	14178	16800	5472	2993
公共财政支出	万元	140623	118324	122866	153976	120169
居民储蓄存款余额	万元	132214	90716	77829	56149	54290
年末金融机构各项贷款余额	万元	277086	203374	68228	14093	18318
三、农业、工业及投资						
农业机械总动力	万千瓦特	8	7	8	6	4
机收面积	公顷	73	713	1260	3175	2833
设施农业占地面积	公顷	5	4	3	10	1
粮食总产量	吨	11266	17247	10502	14240	13000
棉花产量	吨					
油料产量	吨	1058	359	128	1340	644
肉类总产量	吨	3941	3066	2154	2917	3362
规模以上工业企业单位数	个	5	10	1		1
规模以上工业总产值	万元	46903	160812	3486		2460
固定资产投资	万元	159976	169240	503703	73744	66385
四、教育、卫生和社会保障						
普通中学在校学生数	人	3089	5145	2433	1680	2220
中等职业教育学校在校学生数	人					
小学在校学生数	人	6026	7238	5107	5950	4865
医疗卫生机构床位数	床	222	231	204	138	178
各种社会福利收养性单位数	个	3	1	2	1	2
各种社会福利收养性单位床位数	床	93	104	36	50	88

2015年县(市)社会经济主要指标

四川省

指　　标	单 位	甘孜县	新龙县	德格县	白玉县	石渠县
一、基本情况						
行政区域面积	平方公里	7303	8570	11025	10386	24944
乡个数	个	19	17	21	15	16
镇个数	个	3	2	5	2	6
街道办事处个数	个					
户籍人口	万人	7	5	9	6	9
第二产业从业人员	人	579	987	850	595	1131
第三产业从业人员	人	11206	3057	1074	5245	5557
固定电话用户	户	4777	2343	2539	3265	2268
二、综合经济						
地区生产总值	万元	81734	79125	71141	102115	74948
第一产业增加值	万元	42499	33100	32012	31780	41073
农业增加值	万元	16360	9117	8151	6986	12393
牧业增加值	万元	25465	22303	22607	22538	27279
第二产业增加值	万元	7944	12665	11542	47456	4986
公共财政收入	万元	10199	6812	4053	14448	5782
各项税收	万元	3884	5666	2529	11979	4231
公共财政支出	万元	126493	111555	131023	108469	197494
居民储蓄存款余额	万元	81167	38679	47344	48405	55082
年末金融机构各项贷款余额	万元	16568	9346	11299	40821	30625
三、农业、工业及投资						
农业机械总动力	万千瓦特	7	6	1	5	2
机收面积	公顷	5846	2002	334	353	1807
设施农业占地面积	公顷	4	6	2	3	1
粮食总产量	吨	37502	11949	14050	12061	8117
棉花产量	吨					
油料产量	吨	1601	306		600	380
肉类总产量	吨	4649	3513	4826	4189	4883
规模以上工业企业单位数	个				1	
规模以上工业总产值	万元				55123	
固定资产投资	万元	99830	105877	78639	98325	73286
四、教育、卫生和社会保障						
普通中学在校学生数	人	3172	992	1269	669	1425
中等职业教育学校在校学生数	人					
小学在校学生数	人	5961	4184	8225	4373	8706
医疗卫生机构床位数	床	226	130	321	231	118
各种社会福利收养性单位数	个	4	11	3	1	6
各种社会福利收养性单位床位数	床	53	248	60	80	64

2015年县(市)社会经济主要指标

四川省

指　　标	单 位	色达县	理塘县	巴塘县	乡城县	稻城县
一、基本情况						
行政区域面积	平方公里	9332	13677	7852	5016	7323
乡个数	个	14	23	16	9	11
镇个数	个	3	1	3	3	3
街道办事处个数	个					
户籍人口	万人	5	7	5	3	3
第二产业从业人员	人	714	520	1293	476	623
第三产业从业人员	人	3535	9034	7681	335	5701
固定电话用户	户	2919	5000	4531	3461	5523
二、综合经济						
地区生产总值	万元	61148	96129	99199	75729	59752
第一产业增加值	万元	30765	36585	28841	21345	19024
农业增加值	万元	2545	6766	15588	11210	9357
牧业增加值	万元	27739	28893	12000	7270	7937
第二产业增加值	万元	6834	19255	38868	24581	14303
公共财政收入	万元	9310	8886	12552	5608	10398
各项税收	万元	3794	7025	7752	5016	6803
公共财政支出	万元	154208	155937	123858	80432	118118
居民储蓄存款余额	万元	101404	66958	83451	47471	51934
年末金融机构各项贷款余额	万元	15017	29895	34856	102102	45568
三、农业、工业及投资						
农业机械总动力	万千瓦特	1	8	3	5	7
机收面积	公顷	333	1580	200	1587	140
设施农业占地面积	公顷	2	22	1	16	7
粮食总产量	吨	2747	13609	15406	10702	11908
棉花产量	吨					
油料产量	吨		429	984	1258	758
肉类总产量	吨	6435	4786	2520	2179	1682
规模以上工业企业单位数	个			5	3	
规模以上工业总产值	万元			12545	12202	
固定资产投资	万元	81368	170295	123396	84995	196491
四、教育、卫生和社会保障						
普通中学在校学生数	人	1056	1796	3602	1390	1128
中等职业教育学校在校学生数	人					
小学在校学生数	人	4169	8287	6356	3620	2838
医疗卫生机构床位数	床	250	176	250	124	250
各种社会福利收养性单位数	个	7	7	1	1	1
各种社会福利收养性单位床位数	床	636	223	84	28	80

2015年县(市)社会经济主要指标

四川省

指标	单位	得荣县	西昌市	木里藏族自治县	盐源县	德昌县
一、基本情况						
行政区域面积	平方公里	2916	2657	13223	8412	2230
乡个数	个	10	29	26	26	10
镇个数	个	2	8	3	8	11
街道办事处个数	个		6			
户籍人口	万人	3	65	14	39	21
第二产业从业人员	人	384	80300	2200	11700	17500
第三产业从业人员	人	1023	212800	46200	35200	35900
固定电话用户	户	2006	388524	4705	20627	24914
二、综合经济						
地区生产总值	万元	62965	4264741	276435	761404	627474
第一产业增加值	万元	18591	412205	54360	172536	164276
农业增加值	万元	10237	266455	24556	109306	108545
牧业增加值	万元	6400	118052	25393	59223	45606
第二产业增加值	万元	21823	2147150	145862	432375	274437
公共财政收入	万元	4966	352584	51926	59810	44562
各项税收	万元	2957	171798	36292	38285	26679
公共财政支出	万元	93053	577292	220763	277469	157384
居民储蓄存款余额	万元	45098	2287641	127389	293366	366187
年末金融机构各项贷款余额	万元	45486	3458588	232492	198071	222359
三、农业、工业及投资						
农业机械总动力	万千瓦特	3	62	10	42	25
机收面积	公顷	94	21582		6720	9230
设施农业占地面积	公顷		3100	577	266	315
粮食总产量	吨	11921	290891	50400	173197	92114
棉花产量	吨					
油料产量	吨	498	3108	60	627	995
肉类总产量	吨	2015	58163	10973	31299	24652
规模以上工业企业单位数	个	1	64	6	23	33
规模以上工业总产值	万元	2848	2922800	145800	470500	583300
固定资产投资	万元	152794	2898735	903555	482049	673262
四、教育、卫生和社会保障						
普通中学在校学生数	人	1039	54098	6393	24127	11142
中等职业教育学校在校学生数	人		15131		1272	3227
小学在校学生数	人	2500	76773	12704	37724	19472
医疗卫生机构床位数	床	171	5569	476	1188	1018
各种社会福利收养性单位数	个	1	11	1	2	4
各种社会福利收养性单位床位数	床	40	520	295	719	653

2015年县(市)社会经济主要指标

四川省

指　　标	单 位	会理县	会东县	宁南县	普格县	布拖县
一、基本情况						
行政区域面积	平方公里	4537	3225	1672	1905	1685
乡个数	个	37	7	19	31	27
镇个数	个	13	13	6	3	3
街道办事处个数	个					
户籍人口	万人	47	42	19	20	19
第二产业从业人员	人	78500	27400	15500	9000	5000
第三产业从业人员	人	167100	64800	31100	14800	13300
固定电话用户	户	51328	31190	19556	5402	8032
二、综合经济						
地区生产总值	万元	2053419	1178281	495807	230686	226409
第一产业增加值	万元	382873	374424	142757	77555	68368
农业增加值	万元	239089	232902	75968	49066	42598
牧业增加值	万元	115317	112468	55363	24469	20645
第二产业增加值	万元	1179181	537278	199089	73722	100092
公共财政收入	万元	69081	78721	33179	16038	8567
各项税收	万元	53034	58205	23947	10554	3970
公共财政支出	万元	259210	235192	154899	150228	139125
居民储蓄存款余额	万元	803330	451569	255140	131273	130448
年末金融机构各项贷款余额	万元	636261	224978	88294	58566	28835
三、农业、工业及投资						
农业机械总动力	万千瓦特	57	32	11	9	2
机收面积	公顷	16783	8400	3067	1100	
设施农业占地面积	公顷	254	282	38	88	5
粮食总产量	吨	278731	242573	80160	72727	70114
棉花产量	吨					
油料产量	吨	4565	19984	959	351	105
肉类总产量	吨	77996	49979	22019	11549	11125
规模以上工业企业单位数	个	58	24	20	4	5
规模以上工业总产值	万元	2448800	928500	565300	114824	137900
固定资产投资	万元	851031	980069	950084	180305	201046
四、教育、卫生和社会保障						
普通中学在校学生数	人	23618	22510	10032	7325	3540
中等职业教育学校在校学生数	人	3003	996	1726		
小学在校学生数	人	30316	41073	17213	28496	27483
医疗卫生机构床位数	床	1863	1611	1001	529	550
各种社会福利收养性单位数	个	9	6	2	5	2
各种社会福利收养性单位床位数	床	218	990	313	149	520

2015年县(市)社会经济主要指标

四川省

指　　标	单 位	金阳县	昭觉县	喜德县	冕宁县	越西县
一、基本情况						
行政区域面积	平方公里	1587	2702	2202	4422	2258
乡个数	个	30	46	17	27	35
镇个数	个	4	1	7	11	5
街道办事处个数	个					
户籍人口	万人	20	32	23	40	35
第二产业从业人员	人	5100	7994	8400	21100	20300
第三产业从业人员	人	15100	33805	52000	74600	47450
固定电话用户	户	5025	6654	5911	31351	18640
二、综合经济						
地区生产总值	万元	281457	251044	191406	971443	340207
第一产业增加值	万元	63324	97817	65531	197520	114083
农业增加值	万元	33738	44587	33894	120321	66011
牧业增加值	万元	25170	43700	28751	67252	40919
第二产业增加值	万元	152649	70546	56190	524675	111455
公共财政收入	万元	14165	14516	10248	56253	12549
各项税收	万元	8199	6937	4615	35279	9802
公共财政支出	万元	161865	197693	163381	229812	206160
居民储蓄存款余额	万元	91724	168693	131947	484276	282220
年末金融机构各项贷款余额	万元	48369	52741	40790	289942	104960
三、农业、工业及投资						
农业机械总动力	万千瓦特	7	14	7	15	10
机收面积	公顷		4133	2160	13566	1417
设施农业占地面积	公顷		2	69	170	29
粮食总产量	吨	61868	102823	78877	168011	117712
棉花产量	吨					
油料产量	吨	186		222	3572	8198
肉类总产量	吨	13217	22326	13144	31761	24601
规模以上工业企业单位数	个	8	10	9	35	14
规模以上工业总产值	万元	47000	119600	31600	458900	209700
固定资产投资	万元	185370	243538	145200	604396	293875
四、教育、卫生和社会保障						
普通中学在校学生数	人	5288	10934	8364	20513	12283
中等职业教育学校在校学生数	人				1027	392
小学在校学生数	人	25353	36439	27294	39097	44207
医疗卫生机构床位数	床	776	905	466	1895	925
各种社会福利收养性单位数	个	2	2	1	4	
各种社会福利收养性单位床位数	床	459	633	303	531	

2015年县(市)社会经济主要指标

四川省、贵州省

指　　标	单 位	甘洛县	美姑县	雷波县	开阳县	息烽县
一、基本情况						
行政区域面积	平方公里	2153	2515	2840	2027	1037
乡个数	个	21	35	43	8	3
镇个数	个	7	1	5	8	7
街道办事处个数	个				2	
户籍人口	万人	23	27	26	45	27
第二产业从业人员	人	10000	3800	16700	30064	25227
第三产业从业人员	人	31800	27800	34200	16484	59304
固定电话用户	户	14229	4952	23071	41876	28200
二、综合经济						
地区生产总值	万元	247086	193350	557717	1871653	1490911
第一产业增加值	万元	60841	82481	104826	255769	147461
农业增加值	万元	31785	28856	62857	162427	99589
牧业增加值	万元	27385	45432	35646	88909	41150
第二产业增加值	万元	94130	47749	339889	1020905	712455
公共财政收入	万元	15848	6967	58050	116858	73660
各项税收	万元	9704	4607	34273	91651	58287
公共财政支出	万元	171541	190909	210080	296957	233395
居民储蓄存款余额	万元	186702	121997	260075	600161	421373
年末金融机构各项贷款余额	万元	59594	66330	121977	827225	635237
三、农业、工业及投资						
农业机械总动力	万千瓦特	5	4	14	28	20
机收面积	公顷				223	2667
设施农业占地面积	公顷		2	56	482	182
粮食总产量	吨	80923	80774	88110	104275	72258
棉花产量	吨					
油料产量	吨	1683	28	2095	19956	10701
肉类总产量	吨	14719	22945	16918	47708	17149
规模以上工业企业单位数	个	14	5	11	50	37
规模以上工业总产值	万元	80700	41000	500000	2912556	2460126
固定资产投资	万元	167075	196924	439024	2556392	2838714
四、教育、卫生和社会保障						
普通中学在校学生数	人	10071	6771	10253	24705	14016
中等职业教育学校在校学生数	人	1723			4612	2339
小学在校学生数	人	25598	35235	30924	23218	16869
医疗卫生机构床位数	床	845	907	1086	1523	1201
各种社会福利收养性单位数	个	2	2	2	8	9
各种社会福利收养性单位床位数	床	520	90	280	124	888

2015年县(市)社会经济主要指标

贵州省

指　　标	单 位	修文县	清镇市	六枝特区	水城县	盘县
一、基本情况						
行政区域面积	平方公里	1076	1387	1800	3609	4056
乡个数	个	3	3	6	20	7
镇个数	个	7	6	9	13	14
街道办事处个数	个		5	3		6
户籍人口	万人	32	52	73	91	120
第二产业从业人员	人	27598	77800	48383	51878	174969
第三产业从业人员	人	62772	98500	119173	115540	158706
固定电话用户	户	27875	18000	35960	32000	79573
二、综合经济						
地区生产总值	万元	1400368	2533349	1462284	2062909	4742399
第一产业增加值	万元	183105	209712	283672	324686	438340
农业增加值	万元	133177	142855	207471	233309	251946
牧业增加值	万元	49036	60087	58595	82144	131503
第二产业增加值	万元	613619	1160129	530489	1068915	2890481
公共财政收入	万元	81071	136465	130391	206961	475119
各项税收	万元	59764	108174	86479	138628	546411
公共财政支出	万元	218594	330520	394045	500076	948276
居民储蓄存款余额	万元	377858	900500	655849		1543371
年末金融机构各项贷款余额	万元	601211	1507400	912764		1965253
三、农业、工业及投资						
农业机械总动力	万千瓦特	26	32	36		74
机收面积	公顷	2000	128	385		
设施农业占地面积	公顷	108	412	645	30	214
粮食总产量	吨	90170	87850	198876	226000	362536
棉花产量	吨					
油料产量	吨	14182	11401	9573	898	2668
肉类总产量	吨	20100	33438	24767	32155	54707
规模以上工业企业单位数	个	90	76	29	98	114
规模以上工业总产值	万元	2128370	1387505	815200	3901881	6540422
固定资产投资	万元	2545181	2430606	3093681	2496940	6546516
四、教育、卫生和社会保障						
普通中学在校学生数	人	14824	30086	31294	38123	84592
中等职业教育学校在校学生数	人	2754	11720	8733	9442	14805
小学在校学生数	人	18564	33672	60856	66366	62200
医疗卫生机构床位数	床	1016	1940	3543	1120	4665
各种社会福利收养性单位数	个	7	11	14	60	40
各种社会福利收养性单位床位数	床	735	1695	388	2880	2355

2015年县(市)社会经济主要指标

贵州省

指　　标	单 位	遵义县	桐梓县	绥阳县	正安县	道真仡佬族苗族自治县
一、基本情况						
行政区域面积	平方公里	4094	3208	2566	2595	2161
乡个数	个	2	6	3	6	4
镇个数	个	29	18	12	13	10
街道办事处个数	个			6		
户籍人口	万人	125	75	56	65	35
第二产业从业人员	人	142169	91732	46209	111593	38671
第三产业从业人员	人	387353	190205	179097	204535	37452
固定电话用户	户	58615	26800	35837	12145	16342
二、综合经济						
地区生产总值	万元	3138529	1251725	857250	710899	483367
第一产业增加值	万元	677929	292865	299550	239636	181381
农业增加值	万元	484524	193336	220749	147072	116466
牧业增加值	万元	148590	66288	68132	57225	49773
第二产业增加值	万元	1451600	477300	238300	159003	94200
公共财政收入	万元	192140	111086	58251	44032	38003
各项税收	万元	302840	39302	43532	71312	31896
公共财政支出	万元	479642	302297	241894	269430	217041
居民储蓄存款余额	万元	1789983	865422	714381	673538	574628
年末金融机构各项贷款余额	万元	1874300	712812	606929	646774	338643
三、农业、工业及投资						
农业机械总动力	万千瓦特	79		45	31	19
机收面积	公顷	12385	302	5758		1928
设施农业占地面积	公顷	773	11	2266	1289	47
粮食总产量	吨	591100	242904	254541	230233	146547
棉花产量	吨					
油料产量	吨	80174	22155	32281	23701	10032
肉类总产量	吨	96584	43112	28156	25259	21928
规模以上工业企业单位数	个	180	46	100	49	34
规模以上工业总产值	万元	5315861	873800	1069992	286003	193147
固定资产投资	万元	4304400	2247011	1776326	890816	802140
四、教育、卫生和社会保障						
普通中学在校学生数	人	82675	41277	21337	33692	23698
中等职业教育学校在校学生数	人	10836	1062	5892	4847	4366
小学在校学生数	人	60413	47645	31308	36872	24388
医疗卫生机构床位数	床	4910	2518	2041	1936	975
各种社会福利收养性单位数	个	35	24	63	20	16
各种社会福利收养性单位床位数	床	3717	1379	1900	2864	683

2015年县(市)社会经济主要指标

贵州省

指　　标	单 位	务川仡佬族苗族自治县	凤冈县	湄潭县	余庆县	习水县
一、基本情况						
行政区域面积	平方公里	2777	1885	1845	1622	3128
乡个数	个	5	1		1	9
镇个数	个	10	13	15	9	14
街道办事处个数	个					
户籍人口	万人	47	44	51	31	75
第二产业从业人员	人	30234	33750	59990	16894	87262
第三产业从业人员	人	115015	43323	107329	86483	148533
固定电话用户	户	11205	28876	13820	12412	14000
二、综合经济						
地区生产总值	万元	509571	601476	770922	644646	1279511
第一产业增加值	万元	190371	215076	235008	166950	271531
农业增加值	万元	126145	137083	176516	108270	161261
牧业增加值	万元	48193	52700	49410	44400	101278
第二产业增加值	万元	107600	144600	204342	206729	557435
公共财政收入	万元	41858	32650	56657	38711	76066
各项税收	万元	29885	27531	44897	28307	54307
公共财政支出	万元	248492	218417	261490	174911	374189
居民储蓄存款余额	万元	517907	520900	862682	505395	783815
年末金融机构各项贷款余额	万元	483157	525984	911802	570844	852799
三、农业、工业及投资						
农业机械总动力	万千瓦特	25	40		25	26
机收面积	公顷	1200	2408		4649	3173
设施农业占地面积	公顷	65	35	839	64	110
粮食总产量	吨	174232	203215	225676	181429	261045
棉花产量	吨					
油料产量	吨	14909	17005	21314	17478	10625
肉类总产量	吨	25827	29751	30793	30973	69711
规模以上工业企业单位数	个	22	47	78	24	69
规模以上工业总产值	万元	39640	370986	641000	482527	1018191
固定资产投资	万元	1058600	853427	1315953	1023001	2226046
四、教育、卫生和社会保障						
普通中学在校学生数	人	23667	29339	33098	20410	49098
中等职业教育学校在校学生数	人	4281	4176	4587	5207	7128
小学在校学生数	人	31308	27936	31849	23247	53006
医疗卫生机构床位数	床	1753	1510	1813	1324	2840
各种社会福利收养性单位数	个	13	14	16	5	26
各种社会福利收养性单位床位数	床	1102	970	1546	630	1700

2015年县(市)社会经济主要指标

贵州省

指　　标	单 位	赤水市	仁怀市	平坝区	普定县	镇宁布依族苗族自治县
一、基本情况						
行政区域面积	平方公里	1852	1788	999	1092	1717
乡个数	个	5	6	2	5	8
镇个数	个	9	12	7	6	8
街道办事处个数	个	3	3	2		
户籍人口	万人	31	70	39	50	40
第二产业从业人员	人	35203	105120	59173	31395	25804
第三产业从业人员	人	78520	128460	46119	78745	81233
固定电话用户	户	42048	9680	36712	5000	9080
二、综合经济						
地区生产总值	万元	841091	5057200	1027682	843534	749075
第一产业增加值	万元	150835	263000	164694	160462	154764
农业增加值	万元	60688	167571	100859	100467	95696
牧业增加值	万元	46516	85669	46109	45023	42927
第二产业增加值	万元	366545	3521800	510116	341119	191171
公共财政收入	万元	56540	283130	96989	72472	58291
各项税收	万元	87494	245709	103800	104709	44217
公共财政支出	万元	224198	510989	293998	246048	212610
居民储蓄存款余额	万元	725861	1301628	632591	332928	296703
年末金融机构各项贷款余额	万元	851160	2339613	973073	680239	725097
三、农业、工业及投资						
农业机械总动力	万千瓦特	16	30	36	31	24
机收面积	公顷	7400	3180	6021	996	1824
设施农业占地面积	公顷	121	153	959	25	58
粮食总产量	吨	143684	234449	106439	98505	95182
棉花产量	吨					
油料产量	吨	909	15195	12979	13808	13386
肉类总产量	吨	17113	47356	17614	22556	13063
规模以上工业企业单位数	个	57	100	93	37	21
规模以上工业总产值	万元	740166	5263900	894971	830211	214418
固定资产投资	万元	1826500	3446230	2063441	934350	569003
四、教育、卫生和社会保障						
普通中学在校学生数	人	14490	49409	17224	19605	12535
中等职业教育学校在校学生数	人	3265	5472	1538	3033	2879
小学在校学生数	人	20766	47235	27427	36643	30598
医疗卫生机构床位数	床	1971	1650	1103	1134	1004
各种社会福利收养性单位数	个	16	20	6	63	23
各种社会福利收养性单位床位数	床	1608	2135	139	616	1215

2015年县(市)社会经济主要指标

贵州省

指　　标	单 位	关岭布依族苗族自治县	紫云苗族布依族自治县	七星关区	大方县	黔西县
一、基本情况						
行政区域面积	平方公里	1468	2284	3411	3500	2554
乡个数	个	3	7	8	24	12
镇个数	个	9	5	27	10	15
街道办事处个数	个	2		10	3	4
户籍人口	万人	39	39	162	119	98
第二产业从业人员	人	18961	27381	142638	77442	76223
第三产业从业人员	人	101022	35592	387411	233195	260558
固定电话用户	户	14500	9817	209976	31170	26934
二、综合经济						
地区生产总值	万元	706421	512855	3252122	1773000	1752457
第一产业增加值	万元	166508	182295	949958	355137	290093
农业增加值	万元	104394	112846	682217	241231	193251
牧业增加值	万元	47351	52016	237531	94210	82125
第二产业增加值	万元	161162	86938	996396	718000	743937
公共财政收入	万元	33729	55695	228699	285759	91193
各项税收	万元	25086	32824	745200	129354	139474
公共财政支出	万元	216739	212103	570667	719192	357244
居民储蓄存款余额	万元	341151	259849	1851140	825889	746497
年末金融机构各项贷款余额	万元	431591	362246	2971916	742786	1009197
三、农业、工业及投资						
农业机械总动力	万千瓦特	27	22	5	50	53
机收面积	公顷		3417		2735	4000
设施农业占地面积	公顷	34	337	578	173	52
粮食总产量	吨	94376	104300	431629	268724	279688
棉花产量	吨					
油料产量	吨	6382	15424	9635	8791	78873
肉类总产量	吨	19478	33594	69193	41808	39210
规模以上工业企业单位数	个	21	13	54	52	42
规模以上工业总产值	万元	134174	85581	2469101	1119726	935019
固定资产投资	万元	838819	780407	2439800	2505900	2266200
四、教育、卫生和社会保障						
普通中学在校学生数	人	19810	20493	125176	72004	57282
中等职业教育学校在校学生数	人		969	21112	44207	5242
小学在校学生数	人	31241	30932	166865	105920	62350
医疗卫生机构床位数	床	1000	927	13347	4594	3205
各种社会福利收养性单位数	个	10	12	44	35	23
各种社会福利收养性单位床位数	床	281	514	1682	1140	922

2015年县(市)社会经济主要指标

贵州省

指　　标	单 位	金沙县	织金县	纳雍县	威宁彝族回族苗族自治县	赫章县
一、基本情况						
行政区域面积	平方公里	2528	2868	2452	6299	3243
乡个数	个	13	17	16	13	21
镇个数	个	8	9	7	22	6
街道办事处个数	个	4	6	3	4	
户籍人口	万人	70	119	104	147	85
第二产业从业人员	人	24052	52666	91064	73416	33507
第三产业从业人员	人	134318	226966	232571	244830	188826
固定电话用户	户	60000	30214	22423	24664	19808
二、综合经济						
地区生产总值	万元	2055530	1544123	1721054	1838567	1120647
第一产业增加值	万元	269591	345335	270479	618867	395548
农业增加值	万元	160650	236427	162896	415632	298570
牧业增加值	万元	71124	96381	84427	175289	83113
第二产业增加值	万元	1103479	580328	870449	496600	231382
公共财政收入	万元	151083	231400	175889	88929	30559
各项税收	万元	258515	166000	86790	69690	52267
公共财政支出	万元	377445	534800	458177	721254	371400
居民储蓄存款余额	万元	681302	798248	581904	629618	533428
年末金融机构各项贷款余额	万元	993954	1286000	781772		434942
三、农业、工业及投资						
农业机械总动力	万千瓦特	48	44	40		33
机收面积	公顷	1000	2002	667		
设施农业占地面积	公顷	63	199	51	643	78
粮食总产量	吨	240734	342630	263200	494065	254800
棉花产量	吨					
油料产量	吨	30591	15993	1034	838	589
肉类总产量	吨	36965	42197	35274	83154	40674
规模以上工业企业单位数	个	61	48	92	1231	42
规模以上工业总产值	万元	1312423	749814	1496198	1485312	612597
固定资产投资	万元	3487000	2805000	3600000	2493000	842000
四、教育、卫生和社会保障						
普通中学在校学生数	人	41260	81791	68457	154522	72480
中等职业教育学校在校学生数	人	7287	4608	2850	7689	3391
小学在校学生数	人	61688	93848	97472	188125	86895
医疗卫生机构床位数	床	2508	4562	2844	4235	2746
各种社会福利收养性单位数	个	86	31	27	36	27
各种社会福利收养性单位床位数	床	2108	1417	2218	1558	839

2015年县(市)社会经济主要指标

贵州省

指　　标	单 位	碧江区	万山区	江口县	玉屏侗族自治县	石阡县
一、基本情况						
行政区域面积	平方公里	1012	840	1869	517	2173
乡个数	个	5	6	2	2	11
镇个数	个	4	1	6	4	7
街道办事处个数	个	4	2	2		
户籍人口	万人	31	16	25	16	41
第二产业从业人员	人	44723	10550	21665	20611	20521
第三产业从业人员	人	116103	31100	32729	28336	112843
固定电话用户	户	57500	4184	152470	14205	29121
二、综合经济						
地区生产总值	万元	1286267	381585	414346	626243	595983
第一产业增加值	万元	112076	89987	125706	63323	212555
农业增加值	万元	76421	57092	85664	41475	144287
牧业增加值	万元	27007	22565	30587	17465	54687
第二产业增加值	万元	490526	158617	112128	346200	83680
公共财政收入	万元	113351	20042	17961	79481	30449
各项税收	万元	98895	47296	31910	32885	24396
公共财政支出	万元	272069	170800	180430	370462	260868
居民储蓄存款余额	万元	1208136	166829	294360	254921	409052
年末金融机构各项贷款余额	万元	2151956	178835	446796	508310	533152
三、农业、工业及投资						
农业机械总动力	万千瓦特	29	20	8	29	32
机收面积	公顷		227	890	2821	855
设施农业占地面积	公顷	605	63	1449	247	49
粮食总产量	吨	83398	49594	66740	40880	136524
棉花产量	吨					
油料产量	吨	6525	6310	7894	5855	25061
肉类总产量	吨	13442	12048	15302	10232	24560
规模以上工业企业单位数	个	58	48	30	105	35
规模以上工业总产值	万元	1042307	568717	213180	2100660	207184
固定资产投资	万元	2223598	547710	609069	1150172	485383
四、教育、卫生和社会保障						
普通中学在校学生数	人	40661	5849	8879	8695	30161
中等职业教育学校在校学生数	人	15678	2763	1050	1305	2401
小学在校学生数	人	33215	10149	13202	11609	27515
医疗卫生机构床位数	床	4092	694	914	688	1756
各种社会福利收养性单位数	个	8	8	10	6	17
各种社会福利收养性单位床位数	床	560	362	860	303	1480

2015年县(市)社会经济主要指标

贵州省

指　　标	单 位	思南县	印江土家族苗族自治县	德江县	沿河土家族自治县	松桃苗族自治县
一、基本情况						
行政区域面积	平方公里	2231	1961	2172	2469	2859
乡个数	个	8	1	8	2	15
镇个数	个	16	13	11	17	11
街道办事处个数	个	3	3	2	3	1
户籍人口	万人	68	45	55	68	73
第二产业从业人员	人	84938	44615	60292	60688	34783
第三产业从业人员	人	134139	116646	123055	61555	185806
固定电话用户	户	14600	39723	39810	17126	5992
二、综合经济						
地区生产总值	万元	1013674	742216	845703	845508	1034456
第一产业增加值	万元	265497	233767	226923	255480	266073
农业增加值	万元	165726	152965	147926	165914	177570
牧业增加值	万元	70263	61008	57587	68500	70350
第二产业增加值	万元	243152	148071	171604	154746	338298
公共财政收入	万元	49122	26907	50165	39089	102421
各项税收	万元	40599	45173	40147	68642	90874
公共财政支出	万元	388857	294954	320704	366896	365198
居民储蓄存款余额	万元	735720	470362	445190	575454	633968
年末金融机构各项贷款余额	万元	908410	667266	602214	483656	687127
三、农业、工业及投资						
农业机械总动力	万千瓦特	28	30	32	35	42
机收面积	公顷		1703	935	4428	8606
设施农业占地面积	公顷	23	465	190	22	77
粮食总产量	吨	228406	138515	175051	189770	240107
棉花产量	吨					
油料产量	吨	30605	17662	17844	14242	16427
肉类总产量	吨	56758	30018	28577	33484	38126
规模以上工业企业单位数	个	79	47	68	29	49
规模以上工业总产值	万元	771402	311994	493916	324334	1029188
固定资产投资	万元	1790903	664022	959872	1451805	1462491
四、教育、卫生和社会保障						
普通中学在校学生数	人	58066	28781	28391	34484	44046
中等职业教育学校在校学生数	人	6626	2613	5376	1710	3136
小学在校学生数	人	49103	42184	46181	59023	47768
医疗卫生机构床位数	床	1813	1671	2246	1834	2888
各种社会福利收养性单位数	个	26	14	13	22	22
各种社会福利收养性单位床位数	床	1329	308	585	650	975

2015年县(市)社会经济主要指标

贵州省

指　　标	单 位	兴义市	兴仁县	普安县	晴隆县	贞丰县
一、基本情况						
行政区域面积	平方公里	2908	1778	1429	1310	1509
乡个数	个	5	1	2	6	4
镇个数	个	17	11	8	8	8
街道办事处个数	个	8	4	2		2
户籍人口	万人	85	55	34	34	41
第二产业从业人员	人	91128	35540	25865	13710	31134
第三产业从业人员	人	92832	61550	25089	23086	75719
固定电话用户	户	87595	8300	3200	3623	590
二、综合经济						
地区生产总值	万元	3186005	1128322	600968	551300	913500
第一产业增加值	万元	324501	233064	139127	132674	216100
农业增加值	万元	207657	162257	94258	82032	150522
牧业增加值	万元	85840	59395	36447	36768	54251
第二产业增加值	万元	1153763	382602	252980	181000	433300
公共财政收入	万元	743806	140013	80124	50106	181483
各项税收	万元	465141	150099	45212	33496	151500
公共财政支出	万元	626026	370005	241845	205028	293831
居民储蓄存款余额	万元	1904207	400476	279154	250800	415800
年末金融机构各项贷款余额	万元	3510803	827688	397819	275100	453700
三、农业、工业及投资						
农业机械总动力	万千瓦特	63	36		20	16
机收面积	公顷	1952		130		699
设施农业占地面积	公顷	223	52	99	6	1
粮食总产量	吨	253226	170704	83842	86590	118230
棉花产量	吨					
油料产量	吨	15478	10091	3722	3002	6977
肉类总产量	吨	49724	22738	12663	13014	17072
规模以上工业企业单位数	个	117	78	34	20	37
规模以上工业总产值	万元	3234813	866596	591884	448261	1067149
固定资产投资	万元	3647625	1518310	737954	792837	1021020
四、教育、卫生和社会保障						
普通中学在校学生数	人	78823	35209	21580	20591	24797
中等职业教育学校在校学生数	人	6366	4450	2772	386	2485
小学在校学生数	人	77250	53111	32971	31980	41449
医疗卫生机构床位数	床	4666	1398	1136	719	1310
各种社会福利收养性单位数	个	27	15	13	9	16
各种社会福利收养性单位床位数	床	631	320	370	255	293

2015年县(市)社会经济主要指标

贵州省

指　　标	单 位	望谟县	册亨县	安龙县	凯里市	黄平县
一、基本情况						
行政区域面积	平方公里	3005	2598	2232	1571	1668
乡个数	个	1	5		2	3
镇个数	个	11	9	10	9	8
街道办事处个数	个	3		3	7	
户籍人口	万人	32	24	48	57	39
第二产业从业人员	人	33533	12820	59812	59802	39672
第三产业从业人员	人	62767	18532	86735	120686	66434
固定电话用户	户	18600	5550	21200	79000	7880
二、综合经济						
地区生产总值	万元	465531	368125	881911	2102102	432772
第一产业增加值	万元	192209	132146	229462	127141	142345
农业增加值	万元	120243	67070	135849	80045	89788
牧业增加值	万元	52096	33470	62474	35668	34761
第二产业增加值	万元	54307	40782	275103	679073	49866
公共财政收入	万元	28259	52300	297277	584400	33880
各项税收	万元	47055	19659	54351	191800	37056
公共财政支出	万元	240335	175073	297277	538100	195801
居民储蓄存款余额	万元	203312	201120	494798	1780700	406798
年末金融机构各项贷款余额	万元	287457	266828	526427	2772000	312792
三、农业、工业及投资						
农业机械总动力	万千瓦特	30	24	40	29	29
机收面积	公顷	35			1000	5467
设施农业占地面积	公顷	6	13	341	82	26
粮食总产量	吨	75584	51830	195320	100212	107119
棉花产量	吨	2	1			
油料产量	吨	4542	4068	5562	7561	8118
肉类总产量	吨	17424	10871	27346	23410	12245
规模以上工业企业单位数	个	15	9	50	67	13
规模以上工业总产值	万元	130642	139850	627701	2056736	223169
固定资产投资	万元	520411	398936	925048	4504206	511351
四、教育、卫生和社会保障						
普通中学在校学生数	人	22718	15380	27529	50237	17678
中等职业教育学校在校学生数	人	743	416	4785	23057	2424
小学在校学生数	人	31835	16807	34909	52609	26334
医疗卫生机构床位数	床	842	646	1181	5153	1596
各种社会福利收养性单位数	个	17	14	14	10	1
各种社会福利收养性单位床位数	床	424	452	365	395	100

2015年县(市)社会经济主要指标

贵州省

指 标	单 位	施秉县	三穗县	镇远县	岑巩县	天柱县
一、基本情况						
行政区域面积	平方公里	1532	1036	1878	1487	2201
乡个数	个	4	4	4	2	6
镇个数	个	4	5	7	9	10
街道办事处个数	个	10				
户籍人口	万人	17	23	28	23	41
第二产业从业人员	人	10151	15174	16999	14500	20192
第三产业从业人员	人	21516	76797	37236	58600	127996
固定电话用户	户	7152	6155	12487	2586	17100
二、综合经济						
地区生产总值	万元	308422	353296	608133	358960	673712
第一产业增加值	万元	73513	70343	107375	74772	142738
农业增加值	万元	48676	38184	61377	43435	79556
牧业增加值	万元	17024	19493	25506	22324	36562
第二产业增加值	万元	77470	97182	263107	113689	246084
公共财政收入	万元	26987	32369	100088	37739	53893
各项税收	万元	17395	20849	43541	42359	35442
公共财政支出	万元	126890	144196	183337	158843	239292
居民储蓄存款余额	万元	295651	268531	315203	263827	555357
年末金融机构各项贷款余额	万元	216466	243320	385788	336818	368028
三、农业、工业及投资						
农业机械总动力	万千瓦特	19	11	15	24	11
机收面积	公顷	320	2300	2434	1694	5560
设施农业占地面积	公顷	14	29	17	50	6
粮食总产量	吨	57275	54003	82058	63999	115493
棉花产量	吨	7				
油料产量	吨	5037	3397	9408	7851	6042
肉类总产量	吨	7846	13586	10817	10006	22281
规模以上工业企业单位数	个	13	28	35	43	25
规模以上工业总产值	万元	125671	266068	756617	661431	606052
固定资产投资	万元	361480	507805	412530	494866	913741
四、教育、卫生和社会保障						
普通中学在校学生数	人	9797	7969	11647	15824	18032
中等职业教育学校在校学生数	人	1416	2495	1093	2181	2268
小学在校学生数	人	12610	16381	18186	16490	24489
医疗卫生机构床位数	床	435	1054	869	1004	1406
各种社会福利收养性单位数	个	3	6	4	7	5
各种社会福利收养性单位床位数	床	260	158	165	426	185

2015年县(市)社会经济主要指标

贵州省

指　　标	单 位	锦屏县	剑河县	台江县	黎平县	榕江县
一、基本情况						
行政区域面积	平方公里	1597	2176	1108	4441	3296
乡个数	个	8	5	6	12	13
镇个数	个	7	7	2	11	6
街道办事处个数	个				2	
户籍人口	万人	24	27	17	55	37
第二产业从业人员	人	15890	11509	11282	28099	18731
第三产业从业人员	人	49369	64596	32290	116345	80649
固定电话用户	户	10593	8000	4800	14100	16477
二、综合经济						
地区生产总值	万元	346061	360557	254652	672698	482582
第一产业增加值	万元	70029	97585	59279	158225	140853
农业增加值	万元	29774	39159	25336	60412	66794
牧业增加值	万元	17467	26667	15354	38375	30726
第二产业增加值	万元	114714	61191	47215	176644	128194
公共财政收入	万元	18893	40429	20281	47660	85151
各项税收	万元	10804	19345	14713	57720	69777
公共财政支出	万元	156915	182740	121996	301936	243566
居民储蓄存款余额	万元	350489	302965	186220	580366	376405
年末金融机构各项贷款余额	万元	229334	244761	407552	598460	479288
三、农业、工业及投资						
农业机械总动力	万千瓦特	18	15	10	34	17
机收面积	公顷	5730	360	743	17675	888
设施农业占地面积	公顷	151	12	10	148	27
粮食总产量	吨	58441	61743	42401	127826	82505
棉花产量	吨	77	103	3	586	50
油料产量	吨	4995	5732	2991	9460	7516
肉类总产量	吨	9352	13490	5073	16634	11969
规模以上工业企业单位数	个	30	15	15	26	15
规模以上工业总产值	万元	465218	166400	198695	498170	388296
固定资产投资	万元	340081	407604	318977	845673	682609
四、教育、卫生和社会保障						
普通中学在校学生数	人	7390	16931	9804	30260	21826
中等职业教育学校在校学生数	人	2421	2012	2233	6399	1810
小学在校学生数	人	13854	19338	13164	34360	27593
医疗卫生机构床位数	床	965	1020	627	1295	1324
各种社会福利收养性单位数	个	11	5	6	17	13
各种社会福利收养性单位床位数	床	480	400	101	565	488

2015年县(市)社会经济主要指标

贵州省

指　　标	单 位	从江县	雷山县	麻江县	丹寨县	都匀市
一、基本情况						
行政区域面积	平方公里	3244	1204	957	938	2286
乡个数	个	13	3	1	2	1
镇个数	个	8	5	5	4	4
街道办事处个数	个					5
户籍人口	万人	35	16	17	18	49
第二产业从业人员	人	14743	12791	22815	8403	51742
第三产业从业人员	人	50760	23466	21293	45556	134980
固定电话用户	户	3000	13451	11756	4620	39820
二、综合经济						
地区生产总值	万元	480691	237587	260379	242673	1716712
第一产业增加值	万元	142414	62437	71654	61136	148644
农业增加值	万元	65405	38258	47456	32586	104513
牧业增加值	万元	30669	17212	18482	16363	37145
第二产业增加值	万元	129726	40350	68566	65585	607223
公共财政收入	万元	60319	21772	19031	13759	156472
各项税收	万元	48699	14616	25078	19836	126471
公共财政支出	万元	230141	173196	126879	134011	325474
居民储蓄存款余额	万元	267835	201089	237884	211625	1545746
年末金融机构各项贷款余额	万元	265155	216755	315414	205174	2377574
三、农业、工业及投资						
农业机械总动力	万千瓦特	19	16	15	8	40
机收面积	公顷	309	92		4360	3467
设施农业占地面积	公顷	509	34	51	9	50
粮食总产量	吨	109403	45684	47009	46695	102245
棉花产量	吨	165				
油料产量	吨	7023	723	4382	1162	11058
肉类总产量	吨	15410	6213	10123	8513	25895
规模以上工业企业单位数	个	13	8	9	27	33
规模以上工业总产值	万元	218264	13556	83600	452030	1059791
固定资产投资	万元	413755	280441	234681	598921	2260323
四、教育、卫生和社会保障						
普通中学在校学生数	人	21529	10080	10280	10817	44867
中等职业教育学校在校学生数	人	4722	299	2740	3325	12131
小学在校学生数	人	27905	11156	10408	14442	28599
医疗卫生机构床位数	床	957	650	717	618	4039
各种社会福利收养性单位数	个	11	6	3	5	10
各种社会福利收养性单位床位数	床	452	210	125	300	440

2015年县(市)社会经济主要指标

贵州省

指　　标	单 位	福泉市	荔波县	贵定县	瓮安县	独山县
一、基本情况						
行政区域面积	平方公里	1692	2432	1631	1974	2445
乡个数	个	1	2		1	
镇个数	个	5	5	6	10	8
街道办事处个数	个	2	1	2	2	
户籍人口	万人	33	18	30	48	36
第二产业从业人员	人	49267	11211	18314	8175	27040
第三产业从业人员	人	44994	40368	43455	14364	99679
固定电话用户	户	20500	12470	19756	25530	12900
二、综合经济						
地区生产总值	万元	1244342	453019	695472	971924	620556
第一产业增加值	万元	129543	82715	96481	181273	142550
农业增加值	万元	90774	47545	69153	120263	99940
牧业增加值	万元	31963	21725	22761	48710	35712
第二产业增加值	万元	557775	129214	313288	363527	197733
公共财政收入	万元	135500	31007	61175	116192	40001
各项税收	万元	87500	22976	47104	167006	30489
公共财政支出	万元	281900	175935	207931	324419	209581
居民储蓄存款余额	万元	511099	268521	392501	710378	460304
年末金融机构各项贷款余额	万元	997800	359906	439134	872945	485721
三、农业、工业及投资						
农业机械总动力	万千瓦特	24	26	21	41	24
机收面积	公顷	2680	1456	3100	4013	4126
设施农业占地面积	公顷	655	68	37	12	20
粮食总产量	吨	117621	50255	80934	184818	112893
棉花产量	吨		152			
油料产量	吨	13367	5031	7602	18603	10146
肉类总产量	吨	14045	9601	18237	40110	17541
规模以上工业企业单位数	个	80	19	52	63	55
规模以上工业总产值	万元	2081700	393891	1043824	1393267	94550
固定资产投资	万元	1389767	683746	856704	1846348	1039474
四、教育、卫生和社会保障						
普通中学在校学生数	人	9962	11532	15307	27662	17513
中等职业教育学校在校学生数	人	4909	3603	3843	6552	2713
小学在校学生数	人	20668	12254	19047	32957	19477
医疗卫生机构床位数	床	1242	945	1440	2200	1097
各种社会福利收养性单位数	个	4	5	4	8	4
各种社会福利收养性单位床位数	床	213	761	368	1810	160

2015年县(市)社会经济主要指标

贵州省

指　　标	单 位	平塘县	罗甸县	长顺县	龙里县	惠水县
一、基本情况						
行政区域面积	平方公里	2825	3013	1543	1521	2470
乡个数	个	1	1	1		
镇个数	个	9	8	5	5	8
街道办事处个数	个	1	1	1	1	2
户籍人口	万人	33	35	26	23	46
第二产业从业人员	人	17709	13087	21214	24277	45075
第三产业从业人员	人	81590	62055	15101	61226	141924
固定电话用户	户	6688	9077	18850	10765	21056
二、综合经济						
地区生产总值	万元	475501	567339	460076	714947	706942
第一产业增加值	万元	144196	129167	105430	87281	177384
农业增加值	万元	103597	79779	69220	63481	119520
牧业增加值	万元	33549	31573	27363	21876	44791
第二产业增加值	万元	90321	201576	118642	448758	241885
公共财政收入	万元	34110	28314	31731	82539	61550
各项税收	万元	24777	63275	42850	66670	43588
公共财政支出	万元	211549	209963	263500	211231	241962
居民储蓄存款余额	万元	390069	281293	205205	346494	354920
年末金融机构各项贷款余额	万元	384803	391627	295617	571672	482123
三、农业、工业及投资						
农业机械总动力	万千瓦特	27	23	19	18	32
机收面积	公顷	3860	3000	270	2100	28600
设施农业占地面积	公顷	126	9	101	145	234
粮食总产量	吨	110138	104827	98288	70890	140686
棉花产量	吨					
油料产量	吨	11015	3197	6914	6797	7473
肉类总产量	吨	14141	21194	13161	9428	20286
规模以上工业企业单位数	个	23	22	48	105	63
规模以上工业总产值	万元	143000	368993	945000	1700000	1303700
固定资产投资	万元	767988	814027	696777	1361400	1214521
四、教育、卫生和社会保障						
普通中学在校学生数	人	13690	22264	15199	11509	30330
中等职业教育学校在校学生数	人	2573	3590	935	4328	3895
小学在校学生数	人	23716	26907	17538	16216	32058
医疗卫生机构床位数	床	707	1373	860	897	1156
各种社会福利收养性单位数	个	3	9	6	2	14
各种社会福利收养性单位床位数	床	420	1700	423	150	1333

2015年县(市)社会经济主要指标

贵州省、云南省

指　　标	单 位	三都水族自治县	呈贡区	晋宁县	富民县	宜良县
一、基本情况						
行政区域面积	平方公里	2400	462	1337	994	1914
乡个数	个			2		2
镇个数	个	6		4	5	4
街道办事处个数	个	1	10	1	1	2
户籍人口	万人	37	19	28	15	43
第二产业从业人员	人	40350	18989	34600	21163	62198
第三产业从业人员	人	59896	79968	62400	16581	67683
固定电话用户	户	15403	19864	20300	7023	12050
二、综合经济						
地区生产总值	万元	489382	1804191	1129151	587224	1505435
第一产业增加值	万元	135603	48686	199064	95372	429869
农业增加值	万元	88747	43092	163008	56449	253799
牧业增加值	万元	32963	1672	32800	32137	133181
第二产业增加值	万元	74831	989134	439931	292748	435979
公共财政收入	万元	31517	292150	158189	48018	68293
各项税收	万元	19291	174892	99337	29655	48661
公共财政支出	万元	215836	292150	232698	104931	172584
居民储蓄存款余额	万元	305889	1701943	984874	404315	1131656
年末金融机构各项贷款余额	万元	367797	2024483	824445	447082	825113
三、农业、工业及投资						
农业机械总动力	万千瓦特		4	30	14	33
机收面积	公顷					4348
设施农业占地面积	公顷	585	1390	4267	429	1257
粮食总产量	吨	100030	2725	41839	71661	177991
棉花产量	吨	27				
油料产量	吨	13255		1191	1073	705
肉类总产量	吨	16560	761	27553	26689	86640
规模以上工业企业单位数	个	20	96	105	46	89
规模以上工业总产值	万元	122612	3274802	1304883	465949	1274349
固定资产投资	万元	766521	2109400	1452523	577302	1056864
四、教育、卫生和社会保障						
普通中学在校学生数	人	24623	15983	13491	6895	21910
中等职业教育学校在校学生数	人	2657		1864		8165
小学在校学生数	人	31594	21248	19497	13253	29294
医疗卫生机构床位数	床	861	864	1472	961	1804
各种社会福利收养性单位数	个	5	8	6	1	4
各种社会福利收养性单位床位数	床	300	320	319	150	345

2015年县(市)社会经济主要指标

云南省

指　　标	单 位	石林彝族自治县	嵩明县	禄劝彝族苗族自治县	寻甸回族彝族自治县	安宁市
一、基本情况						
行政区域面积	平方公里	1680	831	4240	3588	1301
乡个数	个	1		6	4	
镇个数	个	3	3	9	9	
街道办事处个数	个	1	1	1	1	9
户籍人口	万人	25	30	49	56	27
第二产业从业人员	人	13285	39648	36001	37369	60307
第三产业从业人员	人	19226	41340	30491	45474	81386
固定电话用户	户	13240	21000	9851	16000	68894
二、综合经济						
地区生产总值	万元	706781	986579	750036	760779	2601520
第一产业增加值	万元	179638	139911	207813	209114	125576
农业增加值	万元	106266	94653	101073	98750	61373
牧业增加值	万元	55464	40933	103402	98742	60399
第二产业增加值	万元	184020	485807	212492	243012	1196042
公共财政收入	万元	55968	104760	87940	61790	264509
各项税收	万元	46947	91760	64524	47231	211248
公共财政支出	万元	153006	212073	251457	262631	291983
居民储蓄存款余额	万元	530982	785371	513118	681176	1630187
年末金融机构各项贷款余额	万元	711930	745328	629968	702252	2584952
三、农业、工业及投资						
农业机械总动力	万千瓦特	30	48	39	34	25
机收面积	公顷	557	1216	2530	7300	685
设施农业占地面积	公顷	886	4638	151	659	1274
粮食总产量	吨	151316	99291	230199	244525	44545
棉花产量	吨					
油料产量	吨	685	36	2749	5399	1856
肉类总产量	吨	62394	36238	69864	85794	56636
规模以上工业企业单位数	个	43	76	24	29	118
规模以上工业总产值	万元	340792	1346671	243934	695724	4227807
固定资产投资	万元	1280830	1286162	1236089	856557	2738917
四、教育、卫生和社会保障						
普通中学在校学生数	人	14696	16623	21474	32419	17046
中等职业教育学校在校学生数	人	794	18837		497	13307
小学在校学生数	人	18359	22722	29414	38522	23940
医疗卫生机构床位数	床	1593	1772	2132	2575	3465
各种社会福利收养性单位数	个	7	5	6	1	6
各种社会福利收养性单位床位数	床	344	700	327	400	893

2015年县(市)社会经济主要指标

云南省

指　　标	单 位	马龙县	陆良县	师宗县	罗平县	富源县
一、基本情况						
行政区域面积	平方公里	1614	1990	2783	3018	3292
乡个数	个	3	2	3	6	1
镇个数	个	2	7	4	4	9
街道办事处个数	个	5	2	3	3	2
户籍人口	万人	21	68	42	63	82
第二产业从业人员	人	5095		26644	19694	70234
第三产业从业人员	人	8152		33443	35372	53737
固定电话用户	户	7394	27000	14750	14258	17000
二、综合经济						
地区生产总值	万元	439740	1357667	1031190	1312988	1221142
第一产业增加值	万元	86468	512047	368645	386004	330151
农业增加值	万元	41100	222991	162889	197543	160670
牧业增加值	万元	40032	267082	160022	151964	158085
第二产业增加值	万元	201220	338889	363437	420984	373404
公共财政收入	万元	72436	123862	53853	70200	85751
各项税收	万元	33088	56464	39101	53821	62937
公共财政支出	万元	166036	290673	215420	300600	305585
居民储蓄存款余额	万元	323680	891583	515325	669800	827313
年末金融机构各项贷款余额	万元	426068	875500	528501	675600	1149164
三、农业、工业及投资						
农业机械总动力	万千瓦特	22	49	32	30	25
机收面积	公顷	3133	4000	2333	26667	880
设施农业占地面积	公顷	120	2263	18		104
粮食总产量	吨	112173	370050	223566	373874	387050
棉花产量	吨					
油料产量	吨	2505	2774	33747	138618	16677
肉类总产量	吨	53405	195476	111533	147310	195421
规模以上工业企业单位数	个	24	52	41	35	106
规模以上工业总产值	万元	891281	707185	1103362	785573	1275363
固定资产投资	万元	643830	842000	954236	669462	1416020
四、教育、卫生和社会保障						
普通中学在校学生数	人	13788	29616	27966	39882	58461
中等职业教育学校在校学生数	人	1030	610	2718	3201	449
小学在校学生数	人	17822	52726	40821	61386	76623
医疗卫生机构床位数	床	751	2112	1577	2634	2756
各种社会福利收养性单位数	个	6	7	6	4	11
各种社会福利收养性单位床位数	床	560	550	500	147	414

2015年县(市)社会经济主要指标

云南省

指　　标	单 位	会泽县	沾益县	宣威市	江川县	澄江县
一、基本情况						
行政区域面积	平方公里	5884	2730	6053	850	773
乡个数	个	13	5	8	2	
镇个数	个	7	2	12	4	4
街道办事处个数	个	3	4	8	1	2
户籍人口	万人	103	44	153	28	17
第二产业从业人员	人	28128	43421	104674	35386	14537
第三产业从业人员	人	180370	38445	133008	33506	24062
固定电话用户	户	24878	8012	41000	9764	8766
二、综合经济						
地区生产总值	万元	1627930	1647414	2238424	724863	713212
第一产业增加值	万元	369136	362767	529715	150998	100755
农业增加值	万元	127275	132219	203021	103038	82044
牧业增加值	万元	211712	222569	324313	36746	16831
第二产业增加值	万元	745296	706548	594449	235068	235011
公共财政收入	万元	107815	68320	112828	53977	58686
各项税收	万元	82007	59706	84980	59492	37112
公共财政支出	万元	586652	215557	619129	159789	126910
居民储蓄存款余额	万元	827366	530011	1746100	675719	475027
年末金融机构各项贷款余额	万元	823792	695100	1644700	629974	459185
三、农业、工业及投资						
农业机械总动力	万千瓦特	27	38	78	26	16
机收面积	公顷	954	1892	333	1440	1454
设施农业占地面积	公顷	1073	163	3957	222	177
粮食总产量	吨	491451	341520	821043	42954	36417
棉花产量	吨					
油料产量	吨	2392	900	298	7596	329
肉类总产量	吨	275915	151620	458939	31086	15388
规模以上工业企业单位数	个	22	64	103	35	18
规模以上工业总产值	万元	1072718	2783036	1233000	454007	315582
固定资产投资	万元	1128082	1501359	2432234	400694	790327
四、教育、卫生和社会保障						
普通中学在校学生数	人	59362	28862	100460	16792	7671
中等职业教育学校在校学生数	人	3145	1012	3391	1440	592
小学在校学生数	人	82933	40996	126279	16855	11674
医疗卫生机构床位数	床	2489	978	5498	716	498
各种社会福利收养性单位数	个	26	11	10	10	5
各种社会福利收养性单位床位数	床	1493	270	434	493	199

2015年县(市)社会经济主要指标

云南省

指　　标	单 位	通海县	华宁县	易门县	峨山彝族自治县	新平彝族傣族自治县
一、基本情况						
行政区域面积	平方公里	721	1313	1571	1972	4223
乡个数	个	3	1	4	3	6
镇个数	个	4	3	1	3	4
街道办事处个数	个	2	1	2	2	2
户籍人口	万人	29	21	17	16	28
第二产业从业人员	人	23341	13326	19784	10988	16530
第三产业从业人员	人	22600	15953	18253	17908	33208
固定电话用户	户	16030	7207	7606	7718	8786
二、综合经济						
地区生产总值	万元	916481	702009	745133	622805	1130529
第一产业增加值	万元	150517	171414	105245	99139	168982
农业增加值	万元	96509	124551	46929	58130	100996
牧业增加值	万元	50556	41065	54213	34277	56349
第二产业增加值	万元	337958	205983	379351	243212	456313
公共财政收入	万元	47889	37290	53028	44230	112188
各项税收	万元	24373	23334	28445	21799	63664
公共财政支出	万元	158362	138340	158926	129248	236037
居民储蓄存款余额	万元	895755	414512	417813	385747	488092
年末金融机构各项贷款余额	万元	764420	382867	456227	428933	614014
三、农业、工业及投资						
农业机械总动力	万千瓦特	57	33	18	43	34
机收面积	公顷	1316	2566	980	2140	3324
设施农业占地面积	公顷	406	26	63	551	729
粮食总产量	吨	37291	59581	58285	70606	156442
棉花产量	吨					
油料产量	吨	1712	3331	2692	7233	1307
肉类总产量	吨	38322	43160	45220	28623	46220
规模以上工业企业单位数	个	66	22	41	21	20
规模以上工业总产值	万元	787761	269403	654056	440055	1645752
固定资产投资	万元	390949	387202	607787	544017	805857
四、教育、卫生和社会保障						
普通中学在校学生数	人	11282	11826	9176	6282	10830
中等职业教育学校在校学生数	人	1111	880	998	3271	1048
小学在校学生数	人	24116	15095	9603	9787	18811
医疗卫生机构床位数	床	1282	774	968	772	1488
各种社会福利收养性单位数	个	8	5	7	5	12
各种社会福利收养性单位床位数	床	173	461	223	150	537

2015年县(市)社会经济主要指标

云南省

指　　标	单 位	元江哈尼族彝族傣族白治县	施甸县	龙陵县	昌宁县	腾冲市
一、基本情况						
行政区域面积	平方公里	2858	2009	2884	3888	5845
乡个数	个	5	8	7	4	7
镇个数	个	2	5	3	9	11
街道办事处个数	个	3				
户籍人口	万人	21	34	30	35	67
第二产业从业人员	人	6744	22419	6309	17916	37813
第三产业从业人员	人	17130	24075	19874	26644	69795
固定电话用户	户	7204	8600	4300	10559	23243
二、综合经济						
地区生产总值	万元	638324	501756	608232	837345	1458963
第一产业增加值	万元	177251	151241	185796	301810	321669
农业增加值	万元	145554	56375	82768	170160	126961
牧业增加值	万元	24020	72633	68133	118502	128115
第二产业增加值	万元	121496	142906	253425	292751	522472
公共财政收入	万元	36800	44452	48570	66651	159364
各项税收	万元	23628	42891	33143	51324	184047
公共财政支出	万元	160016	239332	226279	269177	453664
居民储蓄存款余额	万元	328937	406693	441337	396458	1405933
年末金融机构各项贷款余额	万元	393250	381609	469211	451828	1730449
三、农业、工业及投资						
农业机械总动力	万千瓦特	16	33	23	49	57
机收面积	公顷	3172	5529	749	3100	30773
设施农业占地面积	公顷	34	445	26	1294	175
粮食总产量	吨	96516	161814	147092	206647	415565
棉花产量	吨					
油料产量	吨	3325	3376	878	5987	46557
肉类总产量	吨	21988	72585	33973	99158	117438
规模以上工业企业单位数	个	24	22	31	36	44
规模以上工业总产值	万元	240978	239030	570858	601945	928283
固定资产投资	万元	485264	640888	630074	500477	1523666
四、教育、卫生和社会保障						
普通中学在校学生数	人	11126	17757	16021	21195	45101
中等职业教育学校在校学生数	人	830	2689	3126	3489	6607
小学在校学生数	人	15686	22334	24126	22962	55856
医疗卫生机构床位数	床	631	1351	735	1410	2489
各种社会福利收养性单位数	个	9	3	8	4	14
各种社会福利收养性单位床位数	床	240	400	588	144	1090

2015年县(市)社会经济主要指标

云南省

指 标	单 位	昭阳区	鲁甸县	巧家县	盐津县	大关县
一、基本情况						
行政区域面积	平方公里	2169	1484	3245	2092	1721
乡个数	个	7	2	4	4	1
镇个数	个	10	10	12	6	8
街道办事处个数	个	3				
户籍人口	万人	89	46	60	39	28
第二产业从业人员	人	56326	16582	13962	45505	17166
第三产业从业人员	人	107212	34574	22375	42982	27698
固定电话用户	户	46043	7021	7962	5292	9110
二、综合经济						
地区生产总值	万元	2161418	476496	502054	382859	293693
第一产业增加值	万元	257175	108331	201089	88655	65993
农业增加值	万元	153684	68125	104962	41195	22225
牧业增加值	万元	96347	34927	85347	36418	38918
第二产业增加值	万元	1099333	186981	116443	147545	106110
公共财政收入	万元	114621	42862	30803	15179	18334
各项税收	万元	99508	39343	23249	11223	9190
公共财政支出	万元	511219	601058	611711	192998	155189
居民储蓄存款余额	万元	1540390	302007	442108	321581	255691
年末金融机构各项贷款余额	万元	2307871	375847	349542	191013	198406
三、农业、工业及投资						
农业机械总动力	万千瓦特	38	22	20	18	16
机收面积	公顷	1767	1286			
设施农业占地面积	公顷	29	93	15	69	142
粮食总产量	吨	337879	180734	255425	172929	115093
棉花产量	吨					
油料产量	吨	162	945	1244	9265	703
肉类总产量	吨	62992	28218	82012	47592	33268
规模以上工业企业单位数	个	27	18	9	9	9
规模以上工业总产值	万元	1105513	270224	69926	79921	75737
固定资产投资	万元	1504163	745139	625734	352391	458463
四、教育、卫生和社会保障						
普通中学在校学生数	人	40010	28918	34509	25693	18247
中等职业教育学校在校学生数	人	1270	1012	1170	703	361
小学在校学生数	人	81960	52370	52622	33476	20740
医疗卫生机构床位数	床	4752	1433	1436	1262	925
各种社会福利收养性单位数	个	5	5	3	6	2
各种社会福利收养性单位床位数	床	348	256	272	1035	640

2015年县(市)社会经济主要指标

云南省

指　　标	单 位	永善县	绥江县	镇雄县	彝良县	威信县
一、基本情况						
行政区域面积	平方公里	2779	746	3696	2799	1400
乡个数	个	7		8	5	3
镇个数	个	8	5	20	10	7
街道办事处个数	个					
户籍人口	万人	47	17	158	61	44
第二产业从业人员	人	14011	12769	101695	13476	32428
第三产业从业人员	人	48013	25096	113190	66633	41388
固定电话用户	户	19005	4237	14301	8348	5100
二、综合经济						
地区生产总值	万元	712167	182903	914314	475907	298810
第一产业增加值	万元	129489	37844	234401	197373	65982
农业增加值	万元	73194	10575	104378	130296	30930
牧业增加值	万元	50346	18172	123380	57220	29441
第二产业增加值	万元	399639	39135	305383	133039	98376
公共财政收入	万元	44362	24942	92998	28431	23915
各项税收	万元	36489	28742	38072	21325	13354
公共财政支出	万元	365690	120950	590729	270043	251883
居民储蓄存款余额	万元	539689	303338	860492	366369	381194
年末金融机构各项贷款余额	万元	341271	151368	930582	355557	316545
三、农业、工业及投资						
农业机械总动力	万千瓦特	16	7	36	17	12
机收面积	公顷	333			200	
设施农业占地面积	公顷	38	85	159	4	12
粮食总产量	吨	199498	38124	500500	220483	207822
棉花产量	吨					
油料产量	吨	7693	1802	8267	5530	6661
肉类总产量	吨	45304	11781	115348	47091	25108
规模以上工业企业单位数	个	6	5	59	8	13
规模以上工业总产值	万元	819798	31100	183435	204030	96732
固定资产投资	万元	313066	117159	1017784	250491	156316
四、教育、卫生和社会保障						
普通中学在校学生数	人	29856	9142	117668	36581	21037
中等职业教育学校在校学生数	人	188	1526	1345	3313	277
小学在校学生数	人	38610	10740	171154	59150	34672
医疗卫生机构床位数	床	1971	542	3317	1463	951
各种社会福利收养性单位数	个	1	1	2		7
各种社会福利收养性单位床位数	床	302	300	750		201

2015年县(市)社会经济主要指标

云南省

指　　标	单 位	水富县	玉龙纳西族自治县	永胜县	华坪县	宁蒗彝族自治县
一、基本情况						
行政区域面积	平方公里	440	6393	5099	2266	6206
乡个数	个		9	6	4	14
镇个数	个	3	7	9	4	1
街道办事处个数	个	1				
户籍人口	万人	11	22	40	16	27
第二产业从业人员	人	10748	3533	6922	4364	668
第三产业从业人员	人	3465	18502	10893	8054	10367
固定电话用户	户	19371	8764	7824	11000	4144
二、综合经济						
地区生产总值	万元	490422	499502	674228	312898	308109
第一产业增加值	万元	20193	102312	157792	58550	75312
农业增加值	万元	8997	46170	86776	35984	31267
牧业增加值	万元	6310	50588	54385	18140	38688
第二产业增加值	万元	345538	216240	331634	139045	118047
公共财政收入	万元	26004	72659	38066	36279	17916
各项税收	万元	17493	52804	20130	18648	9271
公共财政支出	万元	87576	235675	273566	168087	223983
居民储蓄存款余额	万元	289187	304530	629690	523667	250238
年末金融机构各项贷款余额	万元	638469	297659	495902	400187	213443
三、农业、工业及投资						
农业机械总动力	万千瓦特	4	19	37	13	6
机收面积	公顷	133	9034	3629	3185	2387
设施农业占地面积	公顷	1	174	50	3	21
粮食总产量	吨	28401	119723	188254	74473	81749
棉花产量	吨			140		
油料产量	吨	853	5615	4303	1486	132
肉类总产量	吨	7701	53583	48358	9972	17515
规模以上工业企业单位数	个	9	9	21	24	10
规模以上工业总产值	万元	709476	250149	455571	263553	137308
固定资产投资	万元	79783	507289	517328	445540	321341
四、教育、卫生和社会保障						
普通中学在校学生数	人	11639	10027	18859	9097	18295
中等职业教育学校在校学生数	人		965	683	176	270
小学在校学生数	人	8612	11277	24073	11417	23681
医疗卫生机构床位数	床	588	618	874	1044	726
各种社会福利收养性单位数	个	1	4	4	6	9
各种社会福利收养性单位床位数	床	90	503	350	668	450

2015年县(市)社会经济主要指标

云南省

指　　标	单 位	思茅区	宁洱哈尼族彝族自治县	墨江哈尼族自治县	景东彝族自治县	景谷傣族彝族自治县
一、基本情况						
行政区域面积	平方公里	4093	3670	5459	4532	7777
乡个数	个	2	3	3	3	4
镇个数	个	5	6	12	10	6
街道办事处个数	个					
户籍人口	万人	23	19	37	36	32
第二产业从业人员	人	21977	2580	2898	6526	7992
第三产业从业人员	人	35710	7174	9814	10186	9034
固定电话用户	户	70000	14220	9889	15314	11741
二、综合经济						
地区生产总值	万元	1200250	426663	501383	578896	870974
第一产业增加值	万元	129038	103256	142745	224128	286744
农业增加值	万元	76027	47268	75449	92806	116318
牧业增加值	万元	27924	34435	34663	63582	33815
第二产业增加值	万元	468085	162210	162148	173037	338704
公共财政收入	万元	75316	31990	38548	42105	50066
各项税收	万元	55842	19549	26639	22000	22273
公共财政支出	万元	182077	138939	228226	223597	229101
居民储蓄存款余额	万元	1093875	315945	334436	419641	410056
年末金融机构各项贷款余额	万元	2658708	297059	416878	418189	419607
三、农业、工业及投资						
农业机械总动力	万千瓦特	16	25	27	33	28
机收面积	公顷	827	837	800	2893	5210
设施农业占地面积	公顷	181	135	38	117	713
粮食总产量	吨	57747	94145	156532	185015	184862
棉花产量	吨			5		
油料产量	吨	662	2530	3308	2060	4024
肉类总产量	吨	16795	25926	25579	33781	19988
规模以上工业企业单位数	个	32	19	11	11	31
规模以上工业总产值	万元	471923	180817	180345	183011	414652
固定资产投资	万元	1430209	454315	440093	384188	569299
四、教育、卫生和社会保障						
普通中学在校学生数	人	19970	7355	14835	15816	13729
中等职业教育学校在校学生数	人	14957	604	877	2931	232
小学在校学生数	人	25480	10790	20861	24178	22954
医疗卫生机构床位数	床	3010	800	940	1203	917
各种社会福利收养性单位数	个	8	4	4	3	1
各种社会福利收养性单位床位数	床	207	446	340	385	276

2015年县(市)社会经济主要指标

云南省

指　　标	单位	镇沅彝族哈尼族拉祜族自治县	江城哈尼族彝族自治县	孟连傣族拉祜族佤族自治县	澜沧拉祜族自治县	西盟佤族自治县
一、基本情况						
行政区域面积	平方公里	4223	3487	1893	8807	1391
乡个数	个	1	2	2	15	2
镇个数	个	8	5	4	5	5
街道办事处个数	个					
户籍人口	万人	21	12	13	48	9
第二产业从业人员	人	2680	10357	5464	3804	3204
第三产业从业人员	人	6626	4426	5330	10717	4920
固定电话用户	户	11764	6050	8755	22331	2200
二、综合经济						
地区生产总值	万元	412910	244513	235575	564783	108380
第一产业增加值	万元	177267	84546	93865	163424	26240
农业增加值	万元	82692	55183	53093	94142	12383
牧业增加值	万元	48190	13487	15315	40851	5370
第二产业增加值	万元	118072	88654	47791	210743	23342
公共财政收入	万元	33629	15999	14333	48666	6747
各项税收	万元	18683	6813	8117	28376	4127
公共财政支出	万元	198118	128686	131645	339876	120740
居民储蓄存款余额	万元	284574	150867	326969	384862	72869
年末金融机构各项贷款余额	万元	279569	208684	219683	480275	84372
三、农业、工业及投资						
农业机械总动力	万千瓦特	29	18	18	37	7
机收面积	公顷	1213	100	2700	5100	279
设施农业占地面积	公顷	37	80	146	44	10
粮食总产量	吨	121228	45062	60890	251171	43648
棉花产量	吨			1	2	
油料产量	吨	3981	501	2173	2359	179
肉类总产量	吨	23319	7277	7808	28454	4244
规模以上工业企业单位数	个	9	13	6	12	5
规模以上工业总产值	万元	160364	117161	70286	366675	23536
固定资产投资	万元	326191	233256	168422	369109	122504
四、教育、卫生和社会保障						
普通中学在校学生数	人	9134	5608	5838	17866	4181
中等职业教育学校在校学生数	人	147	481	404	817	447
小学在校学生数	人	13580	9168	11615	30472	6912
医疗卫生机构床位数	床	475	470	421	1193	281
各种社会福利收养性单位数	个	8	1	2	14	3
各种社会福利收养性单位床位数	床	320	80	88	614	114

2015年县(市)社会经济主要指标

云南省

指　　标	单 位	临翔区	凤庆县	云县	永德县	镇康县
一、基本情况						
行政区域面积	平方公里	2557	3324	3659	3220	2529
乡个数	个	7	5	5	7	4
镇个数	个	1	8	7	3	3
街道办事处个数	个	2				
户籍人口	万人	32	44	44	29	18
第二产业从业人员	人	12387	3863	10669	11075	2298
第三产业从业人员	人	24856	9918	12504	8340	7860
固定电话用户	户	40567	22221	22062	15383	15732
二、综合经济						
地区生产总值	万元	921084	908661	906708	511916	351391
第一产业增加值	万元	147041	334975	275335	150383	84280
农业增加值	万元	84026	252438	169700	108070	52619
牧业增加值	万元	54885	72608	98128	36204	21581
第二产业增加值	万元	317705	279490	367163	165039	111003
公共财政收入	万元	66263	44516	41778	33867	30052
各项税收	万元	32815	25485	21958	17513	12594
公共财政支出	万元	266456	278600	242800	234266	189806
居民储蓄存款余额	万元	655106	370844	436856	267326	243745
年末金融机构各项贷款余额	万元	2002255	576526	416424	362248	233229
三、农业、工业及投资						
农业机械总动力	万千瓦特	15	26	25	35	20
机收面积	公顷	750		310	2146	652
设施农业占地面积	公顷	36	197	20	26	49
粮食总产量	吨	97400	183500	217000	188500	87200
棉花产量	吨					
油料产量	吨	16384	2627	2891	1137	294
肉类总产量	吨	23603	69750	64430	52580	16405
规模以上工业企业单位数	个	31	26	25	11	14
规模以上工业总产值	万元	511093	348502	660473	208127	181848
固定资产投资	万元	1435695	1037140	1100571	964800	731130
四、教育、卫生和社会保障						
普通中学在校学生数	人	24169	19307	18777	15690	9820
中等职业教育学校在校学生数	人	11860	1733	448	608	235
小学在校学生数	人	26794	29807	34460	27773	16262
医疗卫生机构床位数	床	2937	953	1383	831	765
各种社会福利收养性单位数	个	8	3	7	12	2
各种社会福利收养性单位床位数	床	710	126	500	830	325

2015年县(市)社会经济主要指标

云南省

指　　标	单 位	双江拉祜族佤族布朗族傣族自治县	耿马傣族佤族自治县	沧源佤族自治县	楚雄市	双柏县
一、基本情况						
行政区域面积	平方公里	2157	3728	2447	4433	4045
乡个数	个	4	5	6	3	3
镇个数	个	2	4	4	12	5
街道办事处个数	个					
户籍人口	万人	17	29	17	52	15
第二产业从业人员	人	2986	6792	2083	62351	7365
第三产业从业人员	人	6044	9157	6989	176844	12618
固定电话用户	户	13108	18659	10384	66026	2755
二、综合经济						
地区生产总值	万元	354156	737685	340526	2990945	293389
第一产业增加值	万元	99300	273613	88478	235721	96559
农业增加值	万元	60882	184085	51676	115696	46199
牧业增加值	万元	26941	44203	24781	74861	36288
第二产业增加值	万元	120121	220843	116567	1604055	68709
公共财政收入	万元	31312	36126	22326	200026	25109
各项税收	万元	13803	13488	11156	150382	16619
公共财政支出	万元	175290	238236	184246	362197	160288
居民储蓄存款余额	万元	179576	331571	145887	1659077	231669
年末金融机构各项贷款余额	万元	267283	281523	181505	2704773	189831
三、农业、工业及投资						
农业机械总动力	万千瓦特	20	34	10	61	36
机收面积	公顷	1468	5200	1681	6827	540
设施农业占地面积	公顷	116	60	937	283	91
粮食总产量	吨	71200	118000	77300	207026	83005
棉花产量	吨					
油料产量	吨	1634	1824	1708	10587	2590
肉类总产量	吨	17670	24630	13702	63893	32954
规模以上工业企业单位数	个	16	17	10	77	23
规模以上工业总产值	万元	206648	273526	232591	2692531	213379
固定资产投资	万元	501081	847559	673850	2602204	390890
四、教育、卫生和社会保障						
普通中学在校学生数	人	3827	11565	8774	39800	7453
中等职业教育学校在校学生数	人	336	684	679	22788	446
小学在校学生数	人	11092	25980	12702	37329	9074
医疗卫生机构床位数	床	522	1175	673	5820	585
各种社会福利收养性单位数	个	8	7		19	9
各种社会福利收养性单位床位数	床	370	652		726	575

2015年县(市)社会经济主要指标

云南省

指　　标	单 位	牟定县	南华县	姚安县	大姚县	永仁县
一、基本情况						
行政区域面积	平方公里	1464	2343	1803	4146	2189
乡个数	个	3	4	4	4	4
镇个数	个	4	6	5	8	3
街道办事处个数	个					
户籍人口	万人	20	24	21	28	11
第二产业从业人员	人	25531	8027	22196	18772	3979
第三产业从业人员	人	35806	14085	29083	21809	5748
固定电话用户	户	6639	6603	5840	10038	5711
二、综合经济						
地区生产总值	万元	380980	481845	362399	575895	287048
第一产业增加值	万元	109171	130570	132953	172635	79822
农业增加值	万元	67021	71634	83532	65692	41948
牧业增加值	万元	35558	45615	38279	50445	32235
第二产业增加值	万元	126358	150657	65823	191307	77860
公共财政收入	万元	28819	40961	24057	42200	26164
各项税收	万元	16831	25302	17493	22653	18699
公共财政支出	万元	138956	171041	145942	191862	120488
居民储蓄存款余额	万元	308819	340754	316849	390850	185231
年末金融机构各项贷款余额	万元	262429	378265	202780	504756	174089
三、农业、工业及投资						
农业机械总动力	万千瓦特	13	19	18	26	17
机收面积	公顷	6374	8952	1438	8588	4145
设施农业占地面积	公顷	24	42	184	47	196
粮食总产量	吨	105006	122009	100015	145011	61013
棉花产量	吨					
油料产量	吨	8016	4896	7385	3070	2737
肉类总产量	吨	28820	36399	31971	34818	24499
规模以上工业企业单位数	个	23	23	17	29	16
规模以上工业总产值	万元	210890	427810	129084	492252	114077
固定资产投资	万元	543291	554557	440008	664079	342839
四、教育、卫生和社会保障						
普通中学在校学生数	人	8765	13136	9193	14590	4958
中等职业教育学校在校学生数	人	584	887	244	718	322
小学在校学生数	人	9949	16227	9685	15722	6370
医疗卫生机构床位数	床	924	830	923	1260	443
各种社会福利收养性单位数	个	9	10	10	19	7
各种社会福利收养性单位床位数	床	430	520	448	1443	416

2015年县(市)社会经济主要指标

云南省

指　　标	单 位	元谋县	武定县	禄丰县	个旧市	开远市
一、基本情况						
行政区域面积	平方公里	2026	3322	3536	1587	1957
乡个数	个	7	4	3	2	3
镇个数	个	3	7	11	7	2
街道办事处个数	个				1	2
户籍人口	万人	22	28	42	39	28
第二产业从业人员	人	11605	26548	33360	77239	44000
第三产业从业人员	人	26925	25064	44407	54012	81900
固定电话用户	户	9151	10040	17455	29189	37100
二、综合经济						
地区生产总值	万元	467503	555703	1157341	2061934	1545497
第一产业增加值	万元	143424	155154	272225	127031	172607
农业增加值	万元	101105	68549	148158	49253	85079
牧业增加值	万元	38430	81447	114536	65615	79346
第二产业增加值	万元	115391	159819	362869	1115318	558848
公共财政收入	万元	25186	49979	80460	111131	164640
各项税收	万元	17599	28648	44877	132271	63148
公共财政支出	万元	160306	205165	241718	330720	255030
居民储蓄存款余额	万元	343871	388835	775501	1489501	998504
年末金融机构各项贷款余额	万元	249034	406956	775523	1908912	934775
三、农业、工业及投资						
农业机械总动力	万千瓦特	29	30	39	29	42
机收面积	公顷	2588	10794	10758		732
设施农业占地面积	公顷	581	155	1066	171	1934
粮食总产量	吨	91023	126012	209022	76478	128020
棉花产量	吨					
油料产量	吨	2524	4397	14727	1949	2019
肉类总产量	吨	26383	56499	75760	62477	45278
规模以上工业企业单位数	个	19	18	36	58	39
规模以上工业总产值	万元	272169	270464	955191	2611692	967571
固定资产投资	万元	410891	672750	1045839	2125066	2122982
四、教育、卫生和社会保障						
普通中学在校学生数	人	10045	13796	23211	20422	15820
中等职业教育学校在校学生数	人	259	331	2799	1554	1846
小学在校学生数	人	13995	18955	30389	33724	24965
医疗卫生机构床位数	床	908	1444	1754	3457	5400
各种社会福利收养性单位数	个	10	15	15	14	7
各种社会福利收养性单位床位数	床	373	1215	937	1145	603

2015年县(市)社会经济主要指标

云南省

指　　标	单 位	蒙自市	弥勒市	屏边苗族自治县	建水县	石屏县
一、基本情况						
行政区域面积	平方公里	2228	4004	1844	3782	3037
乡个数	个	4	2	3	6	2
镇个数	个	7	10	4	8	7
街道办事处个数	个					
户籍人口	万人	40	54	16	54	32
第二产业从业人员	人	28545	11483	3560	31612	21241
第三产业从业人员	人	135827	22964	10781	71264	27156
固定电话用户	户	40412	20266	2900	24255	12004
二、综合经济						
地区生产总值	万元	1440257	2757743	257438	1252126	570648
第一产业增加值	万元	219900	270483	59653	281079	218291
农业增加值	万元	126899	122411	20476	117233	84386
牧业增加值	万元	82844	138468	25186	152696	105411
第二产业增加值	万元	659939	1846462	94349	471292	156296
公共财政收入	万元	246970	150115	13324	111992	44113
各项税收	万元	88560	85089	7529	81091	24820
公共财政支出	万元	316861	357558	141498	315316	239354
居民储蓄存款余额	万元	1392556	1006270	173232	1271121	671071
年末金融机构各项贷款余额	万元	2797371	1231293	154560	892953	364743
三、农业、工业及投资						
农业机械总动力	万千瓦特	40	51	5	50	31
机收面积	公顷	1032	4930		49	1461
设施农业占地面积	公顷	2439	1632		225	1085
粮食总产量	吨	170962	246588	80122	222491	133448
棉花产量	吨					
油料产量	吨	2694	1257	1110	1953	2484
肉类总产量	吨	79385	133777	32196	138508	103267
规模以上工业企业单位数	个	27	33	13	19	20
规模以上工业总产值	万元	1840615	2475675	132345	1041982	242596
固定资产投资	万元	2147441	2143201	514471	1797708	936422
四、教育、卫生和社会保障						
普通中学在校学生数	人	20556	30261	5400	33872	16029
中等职业教育学校在校学生数	人	4757	5554		1751	517
小学在校学生数	人	38329	42652	10282	40798	24166
医疗卫生机构床位数	床	2355	2945	448	3181	1613
各种社会福利收养性单位数	个	4	4	5	6	10
各种社会福利收养性单位床位数	床	845	154	192	390	296

2015年县(市)社会经济主要指标

云南省

指　标	单 位	泸西县	元阳县	红河县	金平苗族瑶族傣族自治县	绿春县
一、基本情况						
行政区域面积	平方公里	1674	2212	2029	3677	3097
乡个数	个	3	12	8	11	8
镇个数	个	5	2	5	2	1
街道办事处个数	个					
户籍人口	万人	44	44	33	38	24
第二产业从业人员	人	28435	33991	5680	8482	3206
第三产业从业人员	人	37111	80179	23500	30764	17857
固定电话用户	户	9845	8504	3499	5765	3252
二、综合经济						
地区生产总值	万元	762319	405216	310510	428512	267079
第一产业增加值	万元	177512	122906	107211	103933	73896
农业增加值	万元	77678	51362	46125	45238	27799
牧业增加值	万元	91563	58850	48900	37235	28452
第二产业增加值	万元	275948	118253	85024	197994	102723
公共财政收入	万元	81803	24081	15047	37564	18612
各项税收	万元	55710	10849	12831	14136	6188
公共财政支出	万元	261700	240748	215798	249700	190561
居民储蓄存款余额	万元	711547	271367	214498	290880	141441
年末金融机构各项贷款余额	万元	689263	239307	141889	211237	137413
三、农业、工业及投资						
农业机械总动力	万千瓦特	49	8	6	16	6
机收面积	公顷	8133				
设施农业占地面积	公顷	767	80	72	3	
粮食总产量	吨	203991	177068	117092	144840	106098
棉花产量	吨					
油料产量	吨	16283	2104	1135	1783	2055
肉类总产量	吨	103968	65083	52517	38585	35208
规模以上工业企业单位数	个	24	5	7	18	6
规模以上工业总产值	万元	572909	51974	55769	241650	107934
固定资产投资	万元	1342279	695378	711321	671390	693761
四、教育、卫生和社会保障						
普通中学在校学生数	人	26835	17726	19335	18755	12143
中等职业教育学校在校学生数	人		317	268	531	252
小学在校学生数	人	35228	37911	31707	35757	19292
医疗卫生机构床位数	床	1992	896	582	1034	620
各种社会福利收养性单位数	个	9	4	7	3	3
各种社会福利收养性单位床位数	床	750	101	835	360	245

2015年县(市)社会经济主要指标

云南省

指　　标	单 位	河口瑶族自治县	文山市	砚山县	西畴县	麻栗坡县
一、基本情况						
行政区域面积	平方公里	1332	2977	3822	1506	2334
乡个数	个	4	7	7	7	7
镇个数	个	2	7	4	2	4
街道办事处个数	个		3			
户籍人口	万人	9	49	51	26	29
第二产业从业人员	人	1041	32318	6096	7247	8768
第三产业从业人员	人	18284	94203	49155	44615	57668
固定电话用户	户	15484	51809	27540	8286	5051
二、综合经济						
地区生产总值	万元	373059	1900958	1000288	302524	494163
第一产业增加值	万元	88745	169077	227206	90725	108935
农业增加值	万元	62595	114734	157999	35862	55450
牧业增加值	万元	15840	49691	63952	46723	46381
第二产业增加值	万元	80856	929236	312508	69426	197495
公共财政收入	万元	30422	321005	66060	16120	27999
各项税收	万元	12081	123303	47448	12602	15983
公共财政支出	万元	125924	380795	293454	187908	203668
居民储蓄存款余额	万元	328852	1450283	546120	260423	346525
年末金融机构各项贷款余额	万元	280707	2677296	502531	279358	344680
三、农业、工业及投资						
农业机械总动力	万千瓦特	2	27	62	14	17
机收面积	公顷			3767		47
设施农业占地面积	公顷	439	223	427	881	2
粮食总产量	吨	29603	193666	264500	109846	120464
棉花产量	吨					
油料产量	吨	359	12558	8614	2146	3484
肉类总产量	吨	7714	60889	61059	40223	44002
规模以上工业企业单位数	个	4	28	45	4	11
规模以上工业总产值	万元	31903	1576000	523884	45087	319036
固定资产投资	万元	547377	1661863	893692	179266	401791
四、教育、卫生和社会保障						
普通中学在校学生数	人	4083	32701	26313	12455	13902
中等职业教育学校在校学生数	人	105	20868	885	93	1671
小学在校学生数	人	7986	48488	45379	17410	22037
医疗卫生机构床位数	床	782	1761	2007	589	909
各种社会福利收养性单位数	个	1	3	5		1
各种社会福利收养性单位床位数	床	274	750	239		50

2015年县(市)社会经济主要指标

云南省

指标	单位	马关县	丘北县	广南县	富宁县	景洪市
一、基本情况						
行政区域面积	平方公里	2676	4997	7810	5352	6959
乡个数	个	4	9	11	7	5
镇个数	个	9	3	7	6	5
街道办事处个数	个					1
户籍人口	万人	38	55	89	44	42
第二产业从业人员	人	7063	6144	15667	23548	25100
第三产业从业人员	人	38852	60133	146347	87436	130000
固定电话用户	户	10446	12521	40274	22995	96086
二、综合经济						
地区生产总值	万元	712973	643676	900062	724801	1768196
第一产业增加值	万元	164713	210281	297604	195985	319760
农业增加值	万元	98332	72600	114243	90900	105720
牧业增加值	万元	54230	124364	162985	66231	17159
第二产业增加值	万元	281443	168169	262894	249361	545311
公共财政收入	万元	50009	40001	39990	38006	120953
各项税收	万元	36043	34708	30813	29273	59009
公共财政支出	万元	238304	259536	358811	279551	339383
居民储蓄存款余额	万元	495046	379822	670925	411547	1777400
年末金融机构各项贷款余额	万元	479113	377620	548494	470606	2160200
三、农业、工业及投资						
农业机械总动力	万千瓦特	23	30	49	17	38
机收面积	公顷		7633	930	17	3434
设施农业占地面积	公顷	220	78	22	66	868
粮食总产量	吨	174467	233702	335203	155032	108032
棉花产量	吨	1				
油料产量	吨	7732	6128	25830	5058	379
肉类总产量	吨	51034	98740	130105	58874	15684
规模以上工业企业单位数	个	20	21	18	17	38
规模以上工业总产值	万元	545177	254949	432128	372104	711280
固定资产投资	万元	369060	610018	593749	700697	2370643
四、教育、卫生和社会保障						
普通中学在校学生数	人	12992	25969	42049	27143	27315
中等职业教育学校在校学生数	人	1168	3015	1714	940	3547
小学在校学生数	人	29040	44594	82700	41461	42699
医疗卫生机构床位数	床	1018	1296	2255	1059	4357
各种社会福利收养性单位数	个	3	4	1	11	9
各种社会福利收养性单位床位数	床	168	85	206	430	364

2015年县(市)社会经济主要指标

云南省

指　　标	单 位	勐海县	勐腊县	大理市	漾濞彝族自治县	祥云县
一、基本情况						
行政区域面积	平方公里	5368	6861	1815	1957	2425
乡个数	个	5	2	1	5	2
镇个数	个	6	8	10	4	8
街道办事处个数	个			2		
户籍人口	万人	33	25	62	11	48
第二产业从业人员	人	10100	4112	107403	3780	79068
第三产业从业人员	人	28366	21128	102349	6409	132001
固定电话用户	户	26500	39149	117040	7890	43276
二、综合经济						
地区生产总值	万元	865814	725119	3379780	188429	1145661
第一产业增加值	万元	237900	297695	225633	55063	309734
农业增加值	万元	174500	167834	86291	45033	129699
牧业增加值	万元	40800	22547	124728	9693	156270
第二产业增加值	万元	299559	101450	1561576	70851	431350
公共财政收入	万元	46434	48737	291900	10398	76290
各项税收	万元	19336	23252	231029	6105	55667
公共财政支出	万元	254796	243363	465185	110994	276577
居民储蓄存款余额	万元	521242	668268	2892138	142816	781313
年末金融机构各项贷款余额	万元	460335	529393	4785693	131868	919897
三、农业、工业及投资						
农业机械总动力	万千瓦特	45	28	48	10	41
机收面积	公顷	20535	3523	6302	1615	3824
设施农业占地面积	公顷	2828	245	29		292
粮食总产量	吨	291344	84468	182006	68223	207249
棉花产量	吨					
油料产量	吨	1349	575	2127	1218	4980
肉类总产量	吨	13816	11829	82500	17740	64300
规模以上工业企业单位数	个	25	10	71	18	33
规模以上工业总产值	万元	466445	121252	3307725	69385	848124
固定资产投资	万元	426092	811342	2827737	129516	629632
四、教育、卫生和社会保障						
普通中学在校学生数	人	11392	13004	40398	4925	29172
中等职业教育学校在校学生数	人	717	1090	15579	231	2482
小学在校学生数	人	23128	26660	43263	7352	32131
医疗卫生机构床位数	床	1152	1288	6790	462	1978
各种社会福利收养性单位数	个	5	4	7	3	3
各种社会福利收养性单位床位数	床	200	240	497	240	240

2015年县(市)社会经济主要指标

云南省

指　　标	单 位	宾川县	弥渡县	南涧彝族自治县	巍山彝族回族自治县	永平县
一、基本情况						
行政区域面积	平方公里	2627	1523	1732	2200	2884
乡个数	个	2	2	3	6	4
镇个数	个	8	6	5	4	3
街道办事处个数	个		7			
户籍人口	万人	36	33	23	32	18
第二产业从业人员	人	13458	25396	12245	35412	8893
第三产业从业人员	人	27393	47906	14696	27711	12019
固定电话用户	户	13789	11833	10052	7739	10585
二、综合经济						
地区生产总值	万元	870216	444832	447363	480258	347976
第一产业增加值	万元	389469	130345	119360	162282	127745
农业增加值	万元	309540	63679	79897	93380	101152
牧业增加值	万元	62892	50758	37254	52950	26211
第二产业增加值	万元	164464	121131	141034	146239	99322
公共财政收入	万元	37739	33815	26494	30707	21356
各项税收	万元	27595	23708	18840	35665	20697
公共财政支出	万元	204515	187370	155068	207443	143184
居民储蓄存款余额	万元	513529	460657	237410	364229	217565
年末金融机构各项贷款余额	万元	661760	350881	393525	299471	199478
三、农业、工业及投资						
农业机械总动力	万千瓦特	51	18	10	21	11
机收面积	公顷	2667	3085	3417	7583	4429
设施农业占地面积	公顷		85		41	67
粮食总产量	吨	147100	185829	121665	162077	104973
棉花产量	吨					
油料产量	吨	7469	4648	1654	7396	1720
肉类总产量	吨	46800	53351	35310	44650	26800
规模以上工业企业单位数	个	23	19	15	19	9
规模以上工业总产值	万元	272858	203946	237153	281788	61131
固定资产投资	万元	360327	327297	188288	246400	151045
四、教育、卫生和社会保障						
普通中学在校学生数	人	17218	15407	12974	17591	8953
中等职业教育学校在校学生数	人	929	1368	713	1110	461
小学在校学生数	人	24882	19858	16909	21056	12958
医疗卫生机构床位数	床	1357	1134	600	1026	878
各种社会福利收养性单位数	个	3	6	1	4	1
各种社会福利收养性单位床位数	床	157	510	48	220	192

2015年县(市)社会经济主要指标

云南省

指　　标	单 位	云龙县	洱源县	剑川县	鹤庆县	瑞丽市
一、基本情况						
行政区域面积	平方公里	4401	2614	2250	2395	1020
乡个数	个	7	3	3	2	3
镇个数	个	4	6	5	7	3
街道办事处个数	个					
户籍人口	万人	21	30	18	28	13
第二产业从业人员	人	9995	20989	14633	23380	3829
第三产业从业人员	人	10349	23473	10685	31701	39454
固定电话用户	户	9000	15021	7635	11236	43262
二、综合经济						
地区生产总值	万元	447226	540819	256063	554216	771411
第一产业增加值	万元	73788	175044	56126	109314	92215
农业增加值	万元	40123	110505	20150	42014	40440
牧业增加值	万元	29167	61689	30760	59200	38622
第二产业增加值	万元	212480	182855	114588	321403	141172
公共财政收入	万元	44349	30938	35032	50896	73001
各项税收	万元	36708	21085	26201	36786	47886
公共财政支出	万元	162005	203857	150089	239524	179451
居民储蓄存款余额	万元	208517	376709	266854	484330	1314436
年末金融机构各项贷款余额	万元	237194	468668	187842	415012	1387057
三、农业、工业及投资						
农业机械总动力	万千瓦特	13	22	16	29	17
机收面积	公顷	1370	7200	5610	9850	6622
设施农业占地面积	公顷	12	52	11	1	37
粮食总产量	吨	134264	200235	91979	150901	89768
棉花产量	吨					
油料产量	吨	291	3613	1516	1092	632
肉类总产量	吨	45651	42100	29750	55250	21851
规模以上工业企业单位数	个	7	15	10	22	20
规模以上工业总产值	万元	134487	612013	146804	444069	164299
固定资产投资	万元	549387	428099	285143	370839	741829
四、教育、卫生和社会保障						
普通中学在校学生数	人	9986	15474	10374	11664	10078
中等职业教育学校在校学生数	人	1239	2263	866	1492	832
小学在校学生数	人	14266	20328	12417	19274	17164
医疗卫生机构床位数	床	556	1120	608	801	992
各种社会福利收养性单位数	个	7	2		4	1
各种社会福利收养性单位床位数	床	286	473		370	233

2015年县(市)社会经济主要指标

云南省

指　　标	单 位	芒市	梁河县	盈江县	陇川县	泸水县
一、基本情况						
行政区域面积	平方公里	2987	1159	4429	1931	2938
乡个数	个	6	6	7	5	3
镇个数	个	5	3	8	4	6
街道办事处个数	个	1				
户籍人口	万人	39	17	30	19	18
第二产业从业人员	人	28000	7269	8189	4770	8708
第三产业从业人员	人	66832	17889	39868	21160	8316
固定电话用户	户	22425	6611	21442	12318	17844
二、综合经济						
地区生产总值	万元	842693	186659	753334	367938	418690
第一产业增加值	万元	211013	61364	225207	144364	66289
农业增加值	万元	112949	31316	152094	95132	29547
牧业增加值	万元	41811	14426	38645	23588	28410
第二产业增加值	万元	173301	36090	288130	78641	146080
公共财政收入	万元	58046	12200	43871	17297	24554
各项税收	万元	40166	7072	30213	12039	17146
公共财政支出	万元	259577	125058	298117	161668	182904
居民储蓄存款余额	万元	942187	229612	448193	274577	279236
年末金融机构各项贷款余额	万元	1363183	191438	540976	345908	527655
三、农业、工业及投资						
农业机械总动力	万千瓦特	43	15	31	34	8
机收面积	公顷	13001	3858	16086	11764	
设施农业占地面积	公顷	294	13	192	87	27
粮食总产量	吨	235397	70091	221497	152861	67604
棉花产量	吨					
油料产量	吨	1936	1933	3100	6063	391
肉类总产量	吨	29877	12703	29033	15522	15551
规模以上工业企业单位数	个	36	6	53	12	9
规模以上工业总产值	万元	436298	57536	427162	209978	171163
固定资产投资	万元	843127	67890	657335	200017	425379
四、教育、卫生和社会保障						
普通中学在校学生数	人	13540	8438	16183	10462	9765
中等职业教育学校在校学生数	人	3116	371	1103	527	210
小学在校学生数	人	34282	10443	28422	15768	16201
医疗卫生机构床位数	床	2745	561	1170	1029	1099
各种社会福利收养性单位数	个	4	1	3	3	3
各种社会福利收养性单位床位数	床	696	122	469	172	336

2015年县(市)社会经济主要指标

云南省

指　　标	单 位	福贡县	贡山独龙族怒族自治县	兰坪白族普米族自治县	香格里拉市	德钦县
一、基本情况						
行政区域面积	平方公里	2745	4506	4372	11419	7291
乡个数	个	6	3	4	7	6
镇个数	个	1	2	4	4	2
街道办事处个数	个					
户籍人口	万人	10	4	21	15	6
第二产业从业人员	人	4129	2745	12963	12359	1652
第三产业从业人员	人	15990	6423	18098	24371	6526
固定电话用户	户	6539	2342	9689	26375	4095
二、综合经济						
地区生产总值	万元	115283	96818	463529	992758	245652
第一产业增加值	万元	27938	22727	71300	40475	15253
农业增加值	万元	10984	9492	38124	20929	6934
牧业增加值	万元	12200	7181	22857	13268	5178
第二产业增加值	万元	17534	17076	173974	342836	93245
公共财政收入	万元	7625	6766	32380	55049	15888
各项税收	万元	5181	4954	27743	47358	8240
公共财政支出	万元	143362	92876	208330	389686	194242
居民储蓄存款余额	万元	75073	52561	270379	546313	101252
年末金融机构各项贷款余额	万元	99541	82709	365713	1260548	138372
三、农业、工业及投资						
农业机械总动力	万千瓦特	4	4	11	29	4
机收面积	公顷				4072	120
设施农业占地面积	公顷		13	71	12	17
粮食总产量	吨	35280	11293	88523	73786	26634
棉花产量	吨					
油料产量	吨	759	1607	711	2758	2353
肉类总产量	吨	5984	2226	13089	15319	3643
规模以上工业企业单位数	个	3	3	5	21	2
规模以上工业总产值	万元	6841	11227	165844	273785	85511
固定资产投资	万元	80105	70963	400317	1479108	565508
四、教育、卫生和社会保障						
普通中学在校学生数	人	4292	1474	11575	5438	1365
中等职业教育学校在校学生数	人			268		
小学在校学生数	人	8832	2816	18177	12267	3651
医疗卫生机构床位数	床	293	176	746	284	219
各种社会福利收养性单位数	个	2	3	2	3	2
各种社会福利收养性单位床位数	床	120	200	205	108	20

2015年县(市)社会经济主要指标

云南省、西藏自治区

指　　标	单 位	维西傈僳族自治县	林周县	当雄县	尼木县	曲水县
一、基本情况						
行政区域面积	平方公里	4477	4464	10244	3276	1624
乡个数	个	7	9	6	7	5
镇个数	个	3	1	2	1	1
街道办事处个数	个					
户籍人口	万人	15	6	5	3	4
第二产业从业人员	人	4403	557	1009	2300	4937
第三产业从业人员	人	5577	3193	6169	5616	5088
固定电话用户	户	4232	2080	977	1302	3657
二、综合经济						
地区生产总值	万元	371295	151800	128601	63200	113600
第一产业增加值	万元	51607	23808	24017	9684	14863
农业增加值	万元	21435	7918	5299	3346	9646
牧业增加值	万元	13620	15863	18718	6278	4821
第二产业增加值	万元	123702	44600	64700	28100	87300
公共财政收入	万元	29283	10937	20015	5560	14865
各项税收	万元	21789	4142	3121	4369	13067
公共财政支出	万元	264154	93556	90798	65249	80927
居民储蓄存款余额	万元	192771	21246	17771	23226	14765
年末金融机构各项贷款余额	万元	298707	68807	47429	32916	48897
三、农业、工业及投资						
农业机械总动力	万千瓦特	19	17		8	13
机收面积	公顷	2425	7390		1622	3770
设施农业占地面积	公顷	69	84			157
粮食总产量	吨	76924	67625	14044	13202	25300
棉花产量	吨					
油料产量	吨	2010	2517		1027	2028
肉类总产量	吨	11121	4043	10457	2842	2126
规模以上工业企业单位数	个	5	3	4	1	6
规模以上工业总产值	万元	52169	9678	55646	1312	59587
固定资产投资	万元	806852	197200	248100	108900	285500
四、教育、卫生和社会保障						
普通中学在校学生数	人	5361	2154	2111	1140	1318
中等职业教育学校在校学生数	人					
小学在校学生数	人	11217	4209	5259	2753	2441
医疗卫生机构床位数	床	357	70	73	70	34
各种社会福利收养性单位数	个	1	1	1	1	1
各种社会福利收养性单位床位数	床	62	116	119	99	207

2015年县(市)社会经济主要指标

西藏自治区

指　　标	单 位	堆龙德庆县	达孜县	墨竹工卡县	桑珠孜区	南木林县
一、基本情况						
行政区域面积	平方公里	22979	1373	5492	3665	8848
乡个数	个	4	5	8	10	16
镇个数	个	2	1	1		1
街道办事处个数	个				2	
户籍人口	万人	5	3	7	12	9
第二产业从业人员	人	5738	2530	3016	6112	4779
第三产业从业人员	人	14293	6200	8014	3285	4091
固定电话用户	户	8320	4800	2813	18691	5690
二、综合经济						
地区生产总值	万元	219800	140500	218900	573100	81168
第一产业增加值	万元	14358	14504	25650	44207	31382
农业增加值	万元	7137	7795	8950	40312	19540
牧业增加值	万元	6591	6679	16160	3356	11093
第二产业增加值	万元	183250	71387	171100	207620	18563
公共财政收入	万元	50226	40244	27514	13977	2323
各项税收	万元	37015	39010	28730	9700	1924
公共财政支出	万元	148740	87999	99290	154109	110284
居民储蓄存款余额	万元	149137	152200	27603	122505	20600
年末金融机构各项贷款余额	万元	125153	374328	268773	44355	56600
三、农业、工业及投资						
农业机械总动力	万千瓦特	24	37	23	31	26
机收面积	公顷	4000	3299	5079	14614	3739
设施农业占地面积	公顷	264	608	154	2914	3
粮食总产量	吨	23037	25191	24301	77836	22746
棉花产量	吨					
油料产量	吨	1859	1421	2075	3837	2456
肉类总产量	吨	4249	3936	7930	2214	1730
规模以上工业企业单位数	个	13	9	6	3	
规模以上工业总产值	万元	183378	33928	82200	17224	
固定资产投资	万元	580100	234400	751800	381145	59000
四、教育、卫生和社会保障						
普通中学在校学生数	人	1572	1110	3045	3797	5102
中等职业教育学校在校学生数	人					
小学在校学生数	人	3835	2620	4273	8473	7367
医疗卫生机构床位数	床	46	60	125	140	178
各种社会福利收养性单位数	个	28	1	3	2	1
各种社会福利收养性单位床位数	床	153	120	312	139	79

2015年县(市)社会经济主要指标

西藏自治区

指　　标	单 位	江孜县	定日县	萨迦县	拉孜县	昂仁县
一、基本情况						
行政区域面积	平方公里	3800	13961	8126	4405	27600
乡个数	个	18	11	9	9	15
镇个数	个	1	2	2	2	2
街道办事处个数	个					
户籍人口	万人	7	6	5	6	5
第二产业从业人员	人	7724	1765	2066	2386	1360
第三产业从业人员	人	1327	9419	5793	12813	4929
固定电话用户	户	1300	450	2024	816	4878
二、综合经济						
地区生产总值	万元	170799	69987	86561	77620	67062
第一产业增加值	万元	29378	17855	17425	23082	16643
农业增加值	万元	17529	9934	9451	17119	6331
牧业增加值	万元	10978	7851	7248	5616	10295
第二产业增加值	万元	23826	26339	45521	18887	19310
公共财政收入	万元	3075	5448	5566	2324	2501
各项税收	万元	2487	2651	63213	1840	1928
公共财政支出	万元	112211	91479	74932	82728	86897
居民储蓄存款余额	万元	51507	11577	12351	21603	13695
年末金融机构各项贷款余额	万元	48677	75117		37226	58338
三、农业、工业及投资						
农业机械总动力	万千瓦特	25	21	20	18	12
机收面积	公顷	5800	4622	5196	4672	2067
设施农业占地面积	公顷	35	2	10	20	2
粮食总产量	吨	64041	26600	28689	36165	19299
棉花产量	吨					
油料产量	吨	6138	1424	2701	4527	1018
肉类总产量	吨	2242	1792	1357	1538	3900
规模以上工业企业单位数	个		1			
规模以上工业总产值	万元					
固定资产投资	万元	63011	69800	30610	56328	69200
四、教育、卫生和社会保障						
普通中学在校学生数	人	4583	2173	1709	3646	2259
中等职业教育学校在校学生数	人					
小学在校学生数	人	5804	5903	4487	5221	5652
医疗卫生机构床位数	床	505	130	97	151	236
各种社会福利收养性单位数	个	1	2	2	1	11
各种社会福利收养性单位床位数	床	116	330	65	92	131

2015年县(市)社会经济主要指标

西藏自治区

指　　标	单 位	谢通门县	白朗县	仁布县	康马县	定结县
一、基本情况						
行政区域面积	平方公里	14043	2759	2124	7450	7566
乡个数	个	18	9	8	8	7
镇个数	个	1	2	1	1	3
街道办事处个数	个			1		70
户籍人口	万人	5	5	3	2	2
第二产业从业人员	人	1797	6086	5888	1702	1600
第三产业从业人员	人	4811	3276	1752	767	1009
固定电话用户	户	560	1000	2275	2670	2136
二、综合经济						
地区生产总值	万元	79807	77685	44868	38799	31581
第一产业增加值	万元	17403	21474	8840	8339	6318
农业增加值	万元	9056	17542	3003	4028	3019
牧业增加值	万元	7721	3822	5768	4240	3167
第二产业增加值	万元	35438	21948	20896	586	9742
公共财政收入	万元	10832	1514	2060	1198	1012
各项税收	万元	18763	1754	1317	913	862
公共财政支出	万元	94205	70401	62769	61804	61863
居民储蓄存款余额	万元		14961	20685	38768	9086
年末金融机构各项贷款余额	万元		37848	68351	30028	16477
三、农业、工业及投资						
农业机械总动力	万千瓦特	10	16	9	15	8
机收面积	公顷	2359	3779	359	1739	
设施农业占地面积	公顷	4	176	4	2	5
粮食总产量	吨	15521	47937	10655	11205	6078
棉花产量	吨					
油料产量	吨	1082	2336	1276	1045	667
肉类总产量	吨	3744	1222	768	1278	988
规模以上工业企业单位数	个	1	1	1		
规模以上工业总产值	万元	34985	3500	1450		
固定资产投资	万元	53075	55477	60521	38799	33504
四、教育、卫生和社会保障						
普通中学在校学生数	人	1855	1507	1202	815	739
中等职业教育学校在校学生数	人					
小学在校学生数	人	3905	4124	3405	1993	1774
医疗卫生机构床位数	床	171	45	73	64	72
各种社会福利收养性单位数	个	1	1	1	1	2
各种社会福利收养性单位床位数	床	127	50	55	48	64

2015年县(市)社会经济主要指标

西藏自治区

指　　标	单 位	仲巴县	亚东县	吉隆县	聂拉木县	萨嘎县
一、基本情况						
行政区域面积	平方公里	45900	4240	9300	7903	12500
乡个数	个	12	5	4	5	7
镇个数	个	1	2	2	2	1
街道办事处个数	个					
户籍人口	万人	3	1	2	2	2
第二产业从业人员	人		532	498	1224	
第三产业从业人员	人	1396	918	847	2609	2509
固定电话用户	户	490	3000	325	5873	1800
二、综合经济						
地区生产总值	万元	54852	52681	44075	49749	33119
第一产业增加值	万元	17171	6005	6425	8313	6124
农业增加值	万元	12	2038	2790	3896	1213
牧业增加值	万元	17159	3208	3611	4387	4911
第二产业增加值	万元	12903	19376	18992	8297	11145
公共财政收入	万元	2342	6274	4788	1986	1170
各项税收	万元	1635	12429	4377	1495	1459
公共财政支出	万元	72575	58590	56968	60800	52937
居民储蓄存款余额	万元	10815	29331	13793	7684	13194
年末金融机构各项贷款余额	万元	23304	16360	10612	14493	20614
三、农业、工业及投资						
农业机械总动力	万千瓦特	17	7	6	8	4
机收面积	公顷			71	352	
设施农业占地面积	公顷		9	5	9	2
粮食总产量	吨		1171	4240	6658	1304
棉花产量	吨					
油料产量	吨		70	706	508	114
肉类总产量	吨	3384	864	484	1871	758
规模以上工业企业单位数	个				2	
规模以上工业总产值	万元				2105	
固定资产投资	万元	38689	65527	54894	21059	32874
四、教育、卫生和社会保障						
普通中学在校学生数	人	1004	382	745	1008	634
中等职业教育学校在校学生数	人					
小学在校学生数	人	2471	993	1655	1736	1580
医疗卫生机构床位数	床	122	65	67	88	89
各种社会福利收养性单位数	个	1	1	1	1	4
各种社会福利收养性单位床位数	床	132	98	18	32	100

2015年县(市)社会经济主要指标

西藏自治区

指　　标	单 位	岗巴县	卡若区	江达县	贡觉县	类乌齐县
一、基本情况						
行政区域面积	平方公里	4198	10794	13164	6323	6147
乡个数	个	4	12	11	11	8
镇个数	个	1	3	2	1	2
街道办事处个数	个		9	1		2
户籍人口	万人	1	12	10	5	6
第二产业从业人员	人	648	21500		879	845
第三产业从业人员	人	184	35620		363	2311
固定电话用户	户	440	2170	3481	873	6000
二、综合经济						
地区生产总值	万元	32757	442847	131214	57179	73998
第一产业增加值	万元	3432	26191	24413	12016	18733
农业增加值	万元	867	10076	6995	4145	7740
牧业增加值	万元	2565	16084	17291	7810	9801
第二产业增加值	万元	10453	185864	63633	16868	26123
公共财政收入	万元	1331	14471	7609	3673	4533
各项税收	万元	1024	12233	7180	2563	3000
公共财政支出	万元	49376	127119	102860	88246	79188
居民储蓄存款余额	万元	8731	10763	20425	14198	18703
年末金融机构各项贷款余额	万元	13697	734551	98614	58842	25764
三、农业、工业及投资						
农业机械总动力	万千瓦特	2	4	4	3	11
机收面积	公顷		1425			1134
设施农业占地面积	公顷					
粮食总产量	吨	2648	20231	13835	13340	8485
棉花产量	吨					
油料产量	吨	287	314	380	500	
肉类总产量	吨	99	15096	12273	4265	5718
规模以上工业企业单位数	个		3	1		
规模以上工业总产值	万元		1665	1120		
固定资产投资	万元	46787	613222	116173	63931	73702
四、教育、卫生和社会保障						
普通中学在校学生数	人	510	13377	1581	674	1804
中等职业教育学校在校学生数	人					
小学在校学生数	人	1003	10144	6902	3815	5502
医疗卫生机构床位数	床	40	861	118	97	177
各种社会福利收养性单位数	个	2		1	1	3
各种社会福利收养性单位床位数	床	67		210	212	177

2015年县(市)社会经济主要指标

西藏自治区

指　　标	单 位	丁青县	察雅县	八宿县	左贡县	芒康县
一、基本情况						
行政区域面积	平方公里	12955	8413	12564	11837	11636
乡个数	个	11	10	10	7	14
镇个数	个	2	3	4	3	2
街道办事处个数	个	1	3	1	1	
户籍人口	万人	9	7	5	6	9
第二产业从业人员	人	829	2463	1172		1029
第三产业从业人员	人	1608	4826	7696		12842
固定电话用户	户	2172	1450	1240	1561	6752
二、综合经济						
地区生产总值	万元	93947	89063	60232	79108	158669
第一产业增加值	万元	30354	16110	11875	16106	24123
农业增加值	万元	21213	6553	4317	6750	9045
牧业增加值	万元	9060	9543	7418	8578	12949
第二产业增加值	万元	24869	48479	17353	21960	72454
公共财政收入	万元	6344	3214	4410	2804	7662
各项税收	万元	2540	3054	2807	2090	6749
公共财政支出	万元	92639	96062	80185	76349	114497
居民储蓄存款余额	万元	24594	17484	17728	16971	31223
年末金融机构各项贷款余额	万元	87319	91788	38113	47766	664458
三、农业、工业及投资						
农业机械总动力	万千瓦特	30	4	6	3	9
机收面积	公顷	2129		1117	489	
设施农业占地面积	公顷	8	60		758	46
粮食总产量	吨	24750	13385	11027	15803	28494
棉花产量	吨					
油料产量	吨	1150	269	322	281	768
肉类总产量	吨	7647	7169	5158	5811	6960
规模以上工业企业单位数	个			1		
规模以上工业总产值	万元			260		
固定资产投资	万元	138412	96528	114329	68238	316392
四、教育、卫生和社会保障						
普通中学在校学生数	人	1983	1009	1041	1442	3484
中等职业教育学校在校学生数	人					
小学在校学生数	人	7402	5033	3753	4638	7465
医疗卫生机构床位数	床	148	123	117	100	200
各种社会福利收养性单位数	个	3		1	2	7
各种社会福利收养性单位床位数	床	422		18	13	63

2015年县(市)社会经济主要指标

西藏自治区

指　　标	单 位	洛隆县	边坝县	巴宜区	工布江达县	米林县
一、基本情况						
行政区域面积	平方公里	8048	8979	10238	12960	9504
乡个数	个	7	9	3	6	5
镇个数	个	4	2	4	3	3
街道办事处个数	个	1		1	1	
户籍人口	万人	5	4	4	3	2
第二产业从业人员	人	1029	1473	17059	701	296
第三产业从业人员	人	1859	1540	38394	1853	3880
固定电话用户	户	1350	2449	22942	3079	1870
二、综合经济						
地区生产总值	万元	78788	55184	509900	108200	114900
第一产业增加值	万元	19112	16888	13205	16156	11688
农业增加值	万元	8317	5895	5709	6471	7003
牧业增加值	万元	9919	10820	7270	9344	4664
第二产业增加值	万元	36779	20118	185600	36400	43200
公共财政收入	万元	4000	2560	20577	4361	6603
各项税收	万元	2166	1875	18209	3728	4929
公共财政支出	万元	85720	70183	69884	63908	66981
居民储蓄存款余额	万元	15242	14218	158181	42157	42078
年末金融机构各项贷款余额	万元	35525	37396	1568022	84777	512546
三、农业、工业及投资						
农业机械总动力	万千瓦特	8	7	14	21	20
机收面积	公顷	2462	1267	2015	1106	2678
设施农业占地面积	公顷	82		59	9	26
粮食总产量	吨	23387	11655	12132	8070	11051
棉花产量	吨					
油料产量	吨	1050	494	769	526	457
肉类总产量	吨	5777	6616	2328	2424	1320
规模以上工业企业单位数	个			3		
规模以上工业总产值	万元			78871		
固定资产投资	万元	91627	33903	749113	180691	162384
四、教育、卫生和社会保障						
普通中学在校学生数	人	1829	1239	6786	1123	814
中等职业教育学校在校学生数	人			1239		
小学在校学生数	人	5402	3663	5067	2746	2211
医疗卫生机构床位数	床	158	123	737	95	97
各种社会福利收养性单位数	个	2	2	1	1	4
各种社会福利收养性单位床位数	床	140	177	77	236	320

2015年县(市)社会经济主要指标

西藏自治区

指　　标	单 位	墨脱县	波密县	察隅县	朗县	乃东县
一、基本情况						
行政区域面积	平方公里	31395	16768	31659	4106	2211
乡个数	个	7	7	3	3	5
镇个数	个	1	3	3	3	2
街道办事处个数	个					
户籍人口	万人	1	3	3	2	6
第二产业从业人员	人	492	2273	2380	226	8395
第三产业从业人员	人	196	1497	1136	664	4843
固定电话用户	户	4270	786	1220	1154	11032
二、综合经济						
地区生产总值	万元	41600	153400	65100	50200	432147
第一产业增加值	万元	3002	19306	11441	8100	8862
农业增加值	万元	1782	10877	7113	2986	4111
牧业增加值	万元	961	7802	4231	5066	4271
第二产业增加值	万元	21000	49300	28600	14200	124674
公共财政收入	万元	6217	4464	3228	3308	9365
各项税收	万元	5015	3185	2400	1569	7856
公共财政支出	万元	52137	61484	67597	46069	77226
居民储蓄存款余额	万元	17567	40107	41227	24185	
年末金融机构各项贷款余额	万元	39374	60305	60623	25607	31216
三、农业、工业及投资						
农业机械总动力	万千瓦特		13	12	3	17
机收面积	公顷		3141			3460
设施农业占地面积	公顷		45	35	17	17
粮食总产量	吨	5064	18924	18557	6000	22581
棉花产量	吨					
油料产量	吨	42	1286	345	350	1711
肉类总产量	吨	305	1879	1329	1640	5197
规模以上工业企业单位数	个					
规模以上工业总产值	万元					
固定资产投资	万元	133100	163575	182677	65862	359984
四、教育、卫生和社会保障						
普通中学在校学生数	人	559	1715	1257	596	2148
中等职业教育学校在校学生数	人					
小学在校学生数	人	1038	2907	2553	1140	4823
医疗卫生机构床位数	床	97	240	92	93	557
各种社会福利收养性单位数	个	1	2	1	3	9
各种社会福利收养性单位床位数	床	87	100	148	170	205

2015年县(市)社会经济主要指标

西藏自治区

指　　标	单 位	扎囊县	贡嘎县	桑日县	琼结县	曲松县
一、基本情况						
行政区域面积	平方公里	1960	2284	2635	1030	1967
乡个数	个	3	3	3	3	3
镇个数	个	2	5	1	1	2
街道办事处个数	个					
户籍人口	万人	4	5	2	2	2
第二产业从业人员	人	9536	7452	4085	4842	3386
第三产业从业人员	人	2158	4338	1131	1209	1240
固定电话用户	户	1200	1500	1005	705	478
二、综合经济						
地区生产总值	万元	56707	111021	116642	34048	45995
第一产业增加值	万元	6155	6429	4064	2481	3113
农业增加值	万元	3211	2954	1965	1649	523
牧业增加值	万元	2834	3355	2074	791	2555
第二产业增加值	万元	24312	55196	100039	16844	28138
公共财政收入	万元	2824	9366	7133	1956	4271
各项税收	万元	2020	6102	5350	1222	3888
公共财政支出	万元	72638	82984	60401	47218	49416
居民储蓄存款余额	万元	19942	73313	24450	16685	20065
年末金融机构各项贷款余额	万元	129272	35627	36336	20240	28762
三、农业、工业及投资						
农业机械总动力	万千瓦特	21	12	4	5	3
机收面积	公顷	1131	1615		1167	581
设施农业占地面积	公顷	5	6	2	3	10
粮食总产量	吨	24552	31301	8226	10417	7401
棉花产量	吨					
油料产量	吨	2545	1380	1306	1138	966
肉类总产量	吨	1148	3036	2158	979	1988
规模以上工业企业单位数	个			3		2
规模以上工业总产值	万元			95213		24317
固定资产投资	万元	68198	180171	181890	53559	55856
四、教育、卫生和社会保障						
普通中学在校学生数	人	1514	2020	703	544	638
中等职业教育学校在校学生数	人	8				
小学在校学生数	人	2366	5785	1938	1082	1068
医疗卫生机构床位数	床	54	99	20	45	48
各种社会福利收养性单位数	个	7	1	1	1	1
各种社会福利收养性单位床位数	床	277	217	50	162	141

2015年县(市)社会经济主要指标

西藏自治区

指　　标	单 位	措美县	洛扎县	加查县	隆子县	错那县
一、基本情况						
行政区域面积	平方公里	4177	5570	4430	10566	34979
乡个数	个	2	5	5	9	9
镇个数	个	2	2	2	2	1
街道办事处个数	个					
户籍人口	万人	2	2	2	4	2
第二产业从业人员	人	2844	4483	3492	9380	1788
第三产业从业人员	人	1104	995	2728	2100	1522
固定电话用户	户	500	675	3023	8860	1100
二、综合经济						
地区生产总值	万元	28989	33741	118654	73252	38931
第一产业增加值	万元	2496	4242	6171	5264	2207
农业增加值	万元	746	2168	4097	1956	945
牧业增加值	万元	1748	2025	1990	3258	1217
第二产业增加值	万元	14553	14795	89072	50959	17115
公共财政收入	万元	1500	2150	8728	6800	2271
各项税收	万元	1200	1671	7399	5866	1894
公共财政支出	万元	43990	56326	53613	82056	69605
居民储蓄存款余额	万元	20888		48991	35049	27248
年末金融机构各项贷款余额	万元	21200	35255	91284	32365	32203
三、农业、工业及投资						
农业机械总动力	万千瓦特	4	3	7	12	2
机收面积	公顷			1120		
设施农业占地面积	公顷	6	8	34	13	4
粮食总产量	吨	3518	10560	8317	17933	5132
棉花产量	吨					
油料产量	吨	434	890	511	1101	410
肉类总产量	吨	2390	1035	2116	2944	1183
规模以上工业企业单位数	个				1	
规模以上工业总产值	万元				55274	
固定资产投资	万元	50223	46462	253561	80600	54566
四、教育、卫生和社会保障						
普通中学在校学生数	人	440	844	975	1188	556
中等职业教育学校在校学生数	人					
小学在校学生数	人	903	1545	1570	2700	788
医疗卫生机构床位数	床	38	85	110	83	63
各种社会福利收养性单位数	个	1	3	2	2	1
各种社会福利收养性单位床位数	床	110	91	184	116	156

2015年县(市)社会经济主要指标

西藏自治区

指　　标	单 位	浪卡子县	那曲县	嘉黎县	比如县	聂荣县
一、基本情况						
行政区域面积	平方公里	8500	16195	13056	11440	9017
乡个数	个	8	9	10	10	9
镇个数	个	2	3	2	2	1
街道办事处个数	个					
户籍人口	万人	4	8	4	7	4
第二产业从业人员	人	6715		1222		492
第三产业从业人员	人	2155		2457	2828	947
固定电话用户	户	499		1140	1323	227
二、综合经济						
地区生产总值	万元	46764	142992	48690	73768	49023
第一产业增加值	万元	4381	23222	14445	25860	8517
农业增加值	万元	489	12977	8786	21276	2882
牧业增加值	万元	3866	10245	5648	4584	5635
第二产业增加值	万元	17438	35038	11829	16343	16550
公共财政收入	万元	2535	4106	3067	3038	1287
各项税收	万元	1478		1929	2100	1456
公共财政支出	万元	72333	106176	75668	91345	66554
居民储蓄存款余额	万元	20638	21000	19903	32170	9604
年末金融机构各项贷款余额	万元	52567	36257	32301	71069	33799
三、农业、工业及投资						
农业机械总动力	万千瓦特	11	8	9	2	
机收面积	公顷	680				
设施农业占地面积	公顷	1				
粮食总产量	吨	7271		1116	3509	
棉花产量	吨					
油料产量	吨	670				
肉类总产量	吨	3000	13990	6782	10074	9571
规模以上工业企业单位数	个			2	3	
规模以上工业总产值	万元			5660	118	
固定资产投资	万元	51631	35206	50871	125938	59103
四、教育、卫生和社会保障						
普通中学在校学生数	人	1656	2429	1063	1987	1658
中等职业教育学校在校学生数	人					
小学在校学生数	人	3097	8018	3721	6991	3187
医疗卫生机构床位数	床	56	155	130	95	127
各种社会福利收养性单位数	个	1	1	1	1	
各种社会福利收养性单位床位数	床	160	434	99	264	

2015年县(市)社会经济主要指标

西藏自治区

指　　标	单 位	安多县	申扎县	索县	班戈县	巴青县
一、基本情况						
行政区域面积	平方公里	100000	25546	5970	2838	25000
乡个数	个	13	6	8	10	10
镇个数	个	4	2	2	4	3
街道办事处个数	个	1				
户籍人口	万人	4	2	5	4	5
第二产业从业人员	人					
第三产业从业人员	人		2137	3511		
固定电话用户	户	1400	1045	1113	5600	1030
二、综合经济						
地区生产总值	万元	67926	40950	59301	54684	66548
第一产业增加值	万元	8917	6160	11879	14305	18275
农业增加值	万元			7507		13500
牧业增加值	万元	8917	6160	4372	14305	4775
第二产业增加值	万元	14911	8096	14049	13951	12044
公共财政收入	万元	2647	1686	2038	1505	1883
各项税收	万元	1560	957	1567	1032	1883
公共财政支出	万元	86637	57468	78325	84512	70889
居民储蓄存款余额	万元		10615	18751	13105	
年末金融机构各项贷款余额	万元		24607	42914	38911	48257
三、农业、工业及投资						
农业机械总动力	万千瓦特			4	8	
机收面积	公顷					
设施农业占地面积	公顷					
粮食总产量	吨			7076		906
棉花产量	吨					
油料产量	吨			39		
肉类总产量	吨	14049	5923	5981	5771	6582
规模以上工业企业单位数	个	3				
规模以上工业总产值	万元					
固定资产投资	万元	49618	58474	56070	49334	51000
四、教育、卫生和社会保障						
普通中学在校学生数	人	1651	951	1538	1480	2116
中等职业教育学校在校学生数	人					
小学在校学生数	人	3923	2376	5544	3974	5701
医疗卫生机构床位数	床	98	87	136	65	77
各种社会福利收养性单位数	个		4	5	1	3
各种社会福利收养性单位床位数	床		46	62	16	38

2015年县(市)社会经济主要指标

西藏自治区

指　　标	单 位	尼玛县	双湖县	普兰县	札达县	噶尔县
一、基本情况						
行政区域面积	平方公里	72499	116637	13194	24602	17670
乡个数	个	14	6	2	6	4
镇个数	个	1	1	1	1	1
街道办事处个数	个					
户籍人口	万人	3	1	1	1	2
第二产业从业人员	人	684	344	206	139	775
第三产业从业人员	人	1180	187	1060	345	2726
固定电话用户	户			2050	1030	6979
二、综合经济						
地区生产总值	万元	55700	31106	23189	21644	25126
第一产业增加值	万元	11685	2919	3829	2700	4613
农业增加值	万元	33		1019	222	327
牧业增加值	万元	11651	2919	2654	2463	4281
第二产业增加值	万元	8867	5178	5856	6487	8112
公共财政收入	万元	1508	2000	2776	3409	5900
各项税收	万元	1098	519	1336	1346	8211
公共财政支出	万元	70751	49367	52782	50936	55417
居民储蓄存款余额	万元	16050	7293	16645	15765	59185
年末金融机构各项贷款余额	万元	34225	9856	15587	37679	15772
三、农业、工业及投资						
农业机械总动力	万千瓦特			1	5	3
机收面积	公顷					
设施农业占地面积	公顷			44	8	
粮食总产量	吨	273		2659	974	579
棉花产量	吨					
油料产量	吨			115	89	10
肉类总产量	吨	9307	3043	558	661	912
规模以上工业企业单位数	个					1
规模以上工业总产值	万元					4347
固定资产投资	万元	65110	30173	27141	11982	413533
四、教育、卫生和社会保障						
普通中学在校学生数	人	1011	501	322	266	464
中等职业教育学校在校学生数	人					541
小学在校学生数	人	2955	1359	870	482	1591
医疗卫生机构床位数	床	121	69	50	23	336
各种社会福利收养性单位数	个	1	3	3	1	2
各种社会福利收养性单位床位数	床	53	54	34	15	50

2015年县(市)社会经济主要指标

西藏自治区、陕西省

指　　标	单 位	日土县	革吉县	改则县	措勤县	长安区
一、基本情况						
行政区域面积	平方公里	76994	46104	135616	22894	1588
乡个数	个	4	4	6	4	
镇个数	个	1	1	1	1	
街道办事处个数	个					25
户籍人口	万人	1	2	2	2	107
第二产业从业人员	人	1114	806	422	752	120077
第三产业从业人员	人	180	1907	1518	415	148932
固定电话用户	户	1018	881	1035	837	94052
二、综合经济						
地区生产总值	万元	27489	31986	46930	24973	5126913
第一产业增加值	万元	6986	9458	18505	7177	365213
农业增加值	万元	305	192	65	56	297916
牧业增加值	万元	6656	9263	18440	7121	55989
第二产业增加值	万元	5078	7966	6617	4502	2617600
公共财政收入	万元	2352	1521	2344	1439	377767
各项税收	万元	1740	980	1275	1174	236980
公共财政支出	万元	46242	44894	55713	47117	534331
居民储蓄存款余额	万元	19389	11541		13299	4105615
年末金融机构各项贷款余额	万元	20642	10130	24423	26900	2466239
三、农业、工业及投资						
农业机械总动力	万千瓦特	6	2	6	3	44
机收面积	公顷					61000
设施农业占地面积	公顷	9				1794
粮食总产量	吨	1001	45			345885
棉花产量	吨					
油料产量	吨	25				2035
肉类总产量	吨	2206	2482	3553	2154	20973
规模以上工业企业单位数	个					54
规模以上工业总产值	万元					296764
固定资产投资	万元	14588	11089	16385	20581	7265300
四、教育、卫生和社会保障						
普通中学在校学生数	人	540	684	1510	858	40725
中等职业教育学校在校学生数	人					4477
小学在校学生数	人	1000	1733	2825	1465	52322
医疗卫生机构床位数	床	61	58	128	110	4953
各种社会福利收养性单位数	个	2	1	1	6	32
各种社会福利收养性单位床位数	床	54	120	117	116	4000

2015年县(市)社会经济主要指标

陕西省

指　　标	单 位	高陵区	蓝田县	周至县	户县	耀州区
一、基本情况						
行政区域面积	平方公里	294	2006	2969	1279	1604
乡个数	个					
镇个数	个	3	18	19	13	8
街道办事处个数	个	3	1	1	1	6
户籍人口	万人	33	65	68	61	34
第二产业从业人员	人	28545	58266	38699	85671	37814
第三产业从业人员	人	18907	92550	67062	80175	47876
固定电话用户	户	50563	43020	45800	84500	98120
二、综合经济						
地区生产总值	万元	2913959	1130900	1040600	1508429	1420906
第一产业增加值	万元	276959	260100	295400	275729	104506
农业增加值	万元	178697	173790	229000	206072	79647
牧业增加值	万元	97086	70592	45700	61676	22143
第二产业增加值	万元	2097700	345700	250100	603500	961700
公共财政收入	万元	141334	42564	39260	91442	57145
各项税收	万元	90833	26717	20015	126530	47072
公共财政支出	万元	255373	301002	341695	338906	273227
居民储蓄存款余额	万元	1316534	969546	1092500	1891785	761502
年末金融机构各项贷款余额	万元	695044	599236	317123	752031	254772
三、农业、工业及投资						
农业机械总动力	万千瓦特	29	30	41	50	24
机收面积	公顷	27193	26560	37723	55666	21021
设施农业占地面积	公顷	1354	186	140	1289	588
粮食总产量	吨	192757	260422	231714	304943	87955
棉花产量	吨		220			
油料产量	吨		2426	2022	754	6321
肉类总产量	吨	10157	19856	28388	19922	4511
规模以上工业企业单位数	个	126	29	39	70	79
规模以上工业总产值	万元	7865653	424005	357721	1202906	3078712
固定资产投资	万元	432800	1966800	1260137	1507700	1993696
四、教育、卫生和社会保障						
普通中学在校学生数	人	10636	29299	31761	59830	23072
中等职业教育学校在校学生数	人	1695	980	1828	1118	62
小学在校学生数	人	17429	29041	32150	29871	18848
医疗卫生机构床位数	床	1632	1256	1517	3139	1187
各种社会福利收养性单位数	个		8	4	4	19
各种社会福利收养性单位床位数	床		746	800	583	662

2015年县(市)社会经济主要指标

陕西省

指　　标	单 位	宜君县	陈仓区	凤翔县	岐山县	扶风县
一、基本情况						
行政区域面积	平方公里	1532	2472	1179	856	705
乡个数	个	1				
镇个数	个	6	15	12	9	8
街道办事处个数	个	1	3			
户籍人口	万人	9	60	53	48	45
第二产业从业人员	人	4010	121728	81119	79817	62323
第三产业从业人员	人	7695	107947	98913	61601	57078
固定电话用户	户	6729	73000	42000	47900	30000
二、综合经济						
地区生产总值	万元	325277	1477197	1877620	1438455	978690
第一产业增加值	万元	60247	246346	242161	229643	203762
农业增加值	万元	50478	117846	149038	156894	116606
牧业增加值	万元	8502	119684	88964	67031	80668
第二产业增加值	万元	195800	814250	1138910	793700	505559
公共财政收入	万元	22309	38026	47636	38121	47711
各项税收	万元	12612	20281	31747	19821	13306
公共财政支出	万元	106145	234520	220305	203824	201819
居民储蓄存款余额	万元	150463	1446033	1069318	1385329	1080076
年末金融机构各项贷款余额	万元	98955	781658	559315	501771	573267
三、农业、工业及投资						
农业机械总动力	万千瓦特	12	43	44	27	44
机收面积	公顷	8387	32900	43330	42350	42487
设施农业占地面积	公顷	95	1596	1238	1567	170
粮食总产量	吨	100782	233370	264037	270048	280898
棉花产量	吨				15	35
油料产量	吨	840	2839	4463	2343	986
肉类总产量	吨	4766	55573	21873	22064	24104
规模以上工业企业单位数	个	14	62	63	71	51
规模以上工业总产值	万元	408313	2457505	2332480	2068600	1172069
固定资产投资	万元	390889	2617749	2663073	2156505	1803871
四、教育、卫生和社会保障						
普通中学在校学生数	人	2317	24489	20154	19821	20416
中等职业教育学校在校学生数	人		9110	5051	1823	2100
小学在校学生数	人	3970	24972	21073	19816	21782
医疗卫生机构床位数	床	335	1351	1712	2553	1610
各种社会福利收养性单位数	个	1	6	2	17	2
各种社会福利收养性单位床位数	床	160	253	400	525	230

2015年县(市)社会经济主要指标

陕西省

指　　标	单 位	眉县	陇县	千阳县	麟游县	凤县
一、基本情况						
行政区域面积	平方公里	858	2277	997	1704	3187
乡个数	个					
镇个数	个	8	10	7	7	9
街道办事处个数	个					
户籍人口	万人	33	27	13	9	10
第二产业从业人员	人	63966	50486	18308	9629	14043
第三产业从业人员	人	35134	23543	9659	5914	15178
固定电话用户	户	37410	19381	7218	2152	23380
二、综合经济						
地区生产总值	万元	1069120	597820	411117	644779	1484546
第一产业增加值	万元	204416	171335	95697	67079	66515
农业增加值	万元	176947	80823	38050	23630	43754
牧业增加值	万元	25500	84399	48578	37033	11974
第二产业增加值	万元	566990	247579	212453	501700	1210296
公共财政收入	万元	33869	30375	18773	58862	67649
各项税收	万元	22030	21951	5384	17219	42345
公共财政支出	万元	179783	154625	104636	95341	119451
居民储蓄存款余额	万元	752260	560025	290800	156496	275957
年末金融机构各项贷款余额	万元	398332	196705	111100	114000	167761
三、农业、工业及投资						
农业机械总动力	万千瓦特	22	18	15	9	11
机收面积	公顷	25330	15087	8980	8102	800
设施农业占地面积	公顷	590	99	653	150	31
粮食总产量	吨	123284	105230	58908	72780	23637
棉花产量	吨					
油料产量	吨	1094	2175	865	923	717
肉类总产量	吨	16420	9629	7210	8270	10986
规模以上工业企业单位数	个	71	14	18	6	51
规模以上工业总产值	万元	1696642	435720	571800	941700	3364824
固定资产投资	万元	2411381	1441867	954461	1436928	2004579
四、教育、卫生和社会保障						
普通中学在校学生数	人	13504	13049	5641	5020	4245
中等职业教育学校在校学生数	人	5993	1355	1310	1184	524
小学在校学生数	人	14673	16767	6826	5784	4656
医疗卫生机构床位数	床	1630	1378	585	635	463
各种社会福利收养性单位数	个	5	3	3	1	2
各种社会福利收养性单位床位数	床	232	500	315	150	607

2015年县(市)社会经济主要指标

陕西省

指　　标	单 位	太白县	三原县	泾阳县	乾县	礼泉县
一、基本情况						
行政区域面积	平方公里	2968	577	792	1003	1012
乡个数	个					
镇个数	个	7	10	12	15	12
街道办事处个数	个		1	1	1	
户籍人口	万人	5	42	54	60	51
第二产业从业人员	人	4970	75212	71461	59663	38395
第三产业从业人员	人	6013	28832	92351	48491	33582
固定电话用户	户	5120	34618	26829	284309	67762
二、综合经济						
地区生产总值	万元	195973	1776275	1602269	1487320	1518300
第一产业增加值	万元	57560	298715	449989	304620	507949
农业增加值	万元	46505	263849	372258	236618	472723
牧业增加值	万元	4701	33535	76650	62623	30814
第二产业增加值	万元	85583	1006850	643840	682800	582300
公共财政收入	万元	10924	51362	28371	26880	23962
各项税收	万元	5542	35546	20383	13177	12356
公共财政支出	万元	93310	222117	219136	228156	186524
居民储蓄存款余额	万元	151131	1047399	1029600	913641	839367
年末金融机构各项贷款余额	万元	101781	493871	450400	458454	378811
三、农业、工业及投资						
农业机械总动力	万千瓦特	3	31	46	39	38
机收面积	公顷	264	40023	49812	58036	16572
设施农业占地面积	公顷	13	1061	9636	94	204
粮食总产量	吨	7592	201111	247212	262897	125138
棉花产量	吨			115		
油料产量	吨	387	4052	3052	8679	5401
肉类总产量	吨	3501	18248	25825	16865	9490
规模以上工业企业单位数	个	8	128	83	44	38
规模以上工业总产值	万元	157894	3064112	2085419	1783459	1371980
固定资产投资	万元	362336	1665944	2323700	1643217	182031
四、教育、卫生和社会保障						
普通中学在校学生数	人	1855	25446	21684	38621	26785
中等职业教育学校在校学生数	人	454	5469	4465	986	
小学在校学生数	人	2416	23207	25452	39447	26490
医疗卫生机构床位数	床	206	1592	2375	1844	1195
各种社会福利收养性单位数	个	1	3	1	1	2
各种社会福利收养性单位床位数	床	208	100	358	308	180

2015年县(市)社会经济主要指标

陕西省

指　　标	单 位	永寿县	彬县	长武县	旬邑县	淳化县
一、基本情况						
行政区域面积	平方公里	889	1184	568	1774	983
乡个数	个					
镇个数	个	6	8	7	9	7
街道办事处个数	个	1	1	1	1	1
户籍人口	万人	21	37	19	29	20
第二产业从业人员	人	8012	32163	17764	28371	19464
第三产业从业人员	人	10947	25053	20142	45081	19979
固定电话用户	户	3548	17400	8700	9300	6700
二、综合经济						
地区生产总值	万元	500040	1700114	688340	1049230	573757
第一产业增加值	万元	150110	172374	152760	270580	231687
农业增加值	万元	124868	157620	125825	216824	183884
牧业增加值	万元	21966	12991	22897	50242	42558
第二产业增加值	万元	211550	1284970	430870	619450	193860
公共财政收入	万元	14800	100210	35075	22443	7037
各项税收	万元	6500	41472	24871	16641	4475
公共财政支出	万元	123377	224096	124968	153941	136112
居民储蓄存款余额	万元	324933	913409	435795	538050	
年末金融机构各项贷款余额	万元	129154	962276	219729	223661	166346
三、农业、工业及投资						
农业机械总动力	万千瓦特	17	13	14	11	
机收面积	公顷	15784	19585	7415	14480	17968
设施农业占地面积	公顷	4	198	247	64	275
粮食总产量	吨	89068	125622	58666	112523	118043
棉花产量	吨					
油料产量	吨	3357	11905	1497	2612	6291
肉类总产量	吨	9719	5669	4583	27133	14144
规模以上工业企业单位数	个	25	34	16	19	28
规模以上工业总产值	万元	592700	2101286	783456	807091	463800
固定资产投资	万元	652119	1916905	1323400	939300	447500
四、教育、卫生和社会保障						
普通中学在校学生数	人	9027	9190	7220	12079	7398
中等职业教育学校在校学生数	人	2020	3660	1246	1144	1598
小学在校学生数	人	12669	25550	9767	16570	8200
医疗卫生机构床位数	床	705	1803	986	887	726
各种社会福利收养性单位数	个	4	3	4	4	4
各种社会福利收养性单位床位数	床	433	600	370	368	650

2015年县(市)社会经济主要指标

陕西省

指　　标	单 位	武功县	兴平市	华县	潼关县	大荔县
一、基本情况						
行政区域面积	平方公里	398	508	1139	526	1776
乡个数	个					
镇个数	个	7	8	9	6	15
街道办事处个数	个	1	5	1		1
户籍人口	万人	45	62	34	16	74
第二产业从业人员	人	21358	74932	19627	12406	5886
第三产业从业人员	人	20164	81587	40629	15598	23085
固定电话用户	户	62437	48514	40029	22300	87100
二、综合经济						
地区生产总值	万元	1124451	1916993	1080287	365453	1047265
第一产业增加值	万元	209891	249283	96415	35190	319635
农业增加值	万元	138797	179812	80449	23327	221102
牧业增加值	万元	68310	66189	13515	10145	81235
第二产业增加值	万元	567570	1052950	763869	172732	214130
公共财政收入	万元	16529	52000	30001	31742	27202
各项税收	万元	13522	26507	23019	10453	17584
公共财政支出	万元	195187	251300	183378	142800	300869
居民储蓄存款余额	万元	912863	1488100	848234	402208	1062000
年末金融机构各项贷款余额	万元	362775	619485	338653	568281	749000
三、农业、工业及投资						
农业机械总动力	万千瓦特	34	33	33	11	101
机收面积	公顷	39607	37982	29400	8208	80350
设施农业占地面积	公顷	436	2106	2809	194	5820
粮食总产量	吨	203144	224011	117639	45339	283119
棉花产量	吨	8		1506	678	3686
油料产量	吨	2529	987	1548	4213	20695
肉类总产量	吨	26008	42876	8115	7020	40013
规模以上工业企业单位数	个	46	115	24	14	49
规模以上工业总产值	万元	1342131	3615860	2437320	517100	682688
固定资产投资	万元	671064	2517400	1693833	540835	128190
四、教育、卫生和社会保障						
普通中学在校学生数	人	23075	28150	10765	7411	27303
中等职业教育学校在校学生数	人	3979	4037		85	1698
小学在校学生数	人	25399	36081	14155	8824	38252
医疗卫生机构床位数	床	1689	2274	1385	536	2505
各种社会福利收养性单位数	个	2	3	1	7	13
各种社会福利收养性单位床位数	床	88	152	186	238	1651

2015年县(市)社会经济主要指标

陕西省

指　　标	单 位	合阳县	澄城县	蒲城县	白水县	富平县
一、基本情况						
行政区域面积	平方公里	1437	1121	1584	960	1243
乡个数	个					
镇个数	个	11	9	15	7	14
街道办事处个数	个	1	1	1	1	1
户籍人口	万人	45	39	79	29	79
第二产业从业人员	人	72528	26558	146045	7041	123666
第三产业从业人员	人	52715	42153	211846	35465	85696
固定电话用户	户	43061	45308	99010	26000	54900
二、综合经济						
地区生产总值	万元	753095	822583	1551564	615398	1303492
第一产业增加值	万元	181981	202072	243668	237235	271000
农业增加值	万元	140023	111818	201988	202313	179964
牧业增加值	万元	30778	87723	38066	32589	80609
第二产业增加值	万元	205620	304100	724500	149388	587600
公共财政收入	万元	26008	40300	65535	24200	44634
各项税收	万元	13544	20798	39821	13210	28597
公共财政支出	万元	233900	236656	348416	188745	350247
居民储蓄存款余额	万元	797718	1008104	1468045	532912	1341384
年末金融机构各项贷款余额	万元	325501	447957	1495829	221929	641682
三、农业、工业及投资						
农业机械总动力	万千瓦特	35	37	72	43	73
机收面积	公顷	43333	36899	77700	29333	90000
设施农业占地面积	公顷	1690	200	11887	400	2313
粮食总产量	吨	206254	178561	352164	111623	370656
棉花产量	吨	5742	7330	9130		550
油料产量	吨	4380	11242	4476	9366	5139
肉类总产量	吨	11415	54719	15432	16235	19800
规模以上工业企业单位数	个	28	23	43	23	45
规模以上工业总产值	万元	400110	776652	1914642	368045	1760298
固定资产投资	万元	1162900	1416356	2487814	891993	1573095
四、教育、卫生和社会保障						
普通中学在校学生数	人	20991	19816	24750	20374	33126
中等职业教育学校在校学生数	人	3236	1233	1865	345	1556
小学在校学生数	人	20663	16654	35559	13697	37128
医疗卫生机构床位数	床	1559	1796	3474	914	2270
各种社会福利收养性单位数	个	7	9	7	6	3
各种社会福利收养性单位床位数	床	247	462	1500	172	81

2015年县(市)社会经济主要指标

陕西省

指　　标	单 位	韩城市	华阴市	延长县	延川县	子长县
一、基本情况						
行政区域面积	平方公里	1621	817	2368	1985	2396
乡个数	个					
镇个数	个	6	4	8	7	8
街道办事处个数	个	2	2		1	1
户籍人口	万人	40	26	16	19	27
第二产业从业人员	人	92302	14755	5082	14625	21656
第三产业从业人员	人	119852	60228	7946	10654	25146
固定电话用户	户	74196	39614	14100	19148	34647
二、综合经济						
地区生产总值	万元	3112887	804221	430013	704394	722217
第一产业增加值	万元	143256	56300	87863	67342	63529
农业增加值	万元	116606	40601	77764	55045	38791
牧业增加值	万元	21793	11764	7990	6968	21127
第二产业增加值	万元	2307700	372594	217683	453175	457607
公共财政收入	万元	301044	39314	32700	30810	44837
各项税收	万元	218130	6640	19642	19246	23696
公共财政支出	万元	344626	135994	137408	188311	182700
居民储蓄存款余额	万元	1684800	673291	249902	315859	376600
年末金融机构各项贷款余额	万元	1546183	630818	162802	701427	267900
三、农业、工业及投资						
农业机械总动力	万千瓦特	31	9	10	8	15
机收面积	公顷	23400	13133	135	350	2200
设施农业占地面积	公顷	1260	173	1106	435	837
粮食总产量	吨	72576	82176	27832	26797	31848
棉花产量	吨	70	1223	495	332	
油料产量	吨	1365	1165	3281	875	5819
肉类总产量	吨	9403	4180	3982	3223	9157
规模以上工业企业单位数	个	98	16	2	8	19
规模以上工业总产值	万元	7150632	1075400	4341	55493	460013
固定资产投资	万元	3112607	1443800	576600	469079	1221000
四、教育、卫生和社会保障						
普通中学在校学生数	人	19848	7932	3449	6901	12527
中等职业教育学校在校学生数	人	1483	116	749	850	3500
小学在校学生数	人	21010	13482	6976	10461	17845
医疗卫生机构床位数	床	1968	1184	541	484	1003
各种社会福利收养性单位数	个	2	1	2	9	3
各种社会福利收养性单位床位数	床	200	150	52	395	84

2015年县(市)社会经济主要指标

陕西省

指　　标	单 位	安塞县	志丹县	吴起县	甘泉县	富县
一、基本情况						
行政区域面积	平方公里	2950	3781	3789	2272	4180
乡个数	个				2	1
镇个数	个	8	7	9	3	6
街道办事处个数	个	1	1		1	1
户籍人口	万人	20	16	14	9	16
第二产业从业人员	人	7538	12703	10372	7643	6127
第三产业从业人员	人	30450	17289	20270	2380	9519
固定电话用户	户	17498	15890	30500	12400	16494
二、综合经济						
地区生产总值	万元	971017	1341373	1404691	216226	409500
第一产业增加值	万元	73074	50310	48871	42100	122120
农业增加值	万元	63040	30718	30064	30755	114325
牧业增加值	万元	7227	12809	13957	10392	5964
第二产业增加值	万元	710444	1066324	1146190	82037	135170
公共财政收入	万元	144317	231913	288168	29016	27707
各项税收	万元	63246	104048	131467	12749	14306
公共财政支出	万元	243080	275173	316301	100134	137700
居民储蓄存款余额	万元	282140	478393	308675	165018	284400
年末金融机构各项贷款余额	万元	250037	294364	244592	107743	349000
三、农业、工业及投资						
农业机械总动力	万千瓦特	11	15	19	9	18
机收面积	公顷	3818	1500	4332	5000	1543
设施农业占地面积	公顷	3606	1142	665	932	658
粮食总产量	吨	69521	54024	61065	43489	36426
棉花产量	吨					
油料产量	吨	4096	513	824	74	521
肉类总产量	吨	3333	3384	5932	4571	3253
规模以上工业企业单位数	个	10	10	7	7	8
规模以上工业总产值	万元	206605	26164	19347	102458	219400
固定资产投资	万元	1466676	2177816	2243489	224949	587500
四、教育、卫生和社会保障						
普通中学在校学生数	人	5849	6346	6800	3480	6703
中等职业教育学校在校学生数	人	742	1720	40		1081
小学在校学生数	人	14784	14199	12426	7098	11092
医疗卫生机构床位数	床	697	545	535	285	523
各种社会福利收养性单位数	个	5	1	1	1	4
各种社会福利收养性单位床位数	床	138	300	608	88	538

2015年县(市)社会经济主要指标

陕西省

指　标	单 位	洛川县	宜川县	黄龙县	黄陵县	南郑县
一、基本情况						
行政区域面积	平方公里	1792	2938	2746	2287	2824
乡个数	个	1	2	2		
镇个数	个	7	4	5	5	20
街道办事处个数	个	1	1		1	1
户籍人口	万人	22	12	5	13	57
第二产业从业人员	人	15696	2336	2724	19593	69660
第三产业从业人员	人	22412	6552	2749	5251	91201
固定电话用户	户	24000	12028	10000	19520	44979
二、综合经济						
地区生产总值	万元	1854759	253150	132673	861986	1648849
第一产业增加值	万元	194014	111651	48076	77034	222999
农业增加值	万元	151234	103547	33572	67792	121146
牧业增加值	万元	39650	4511	7704	7246	84734
第二产业增加值	万元	1458073	17103	12325	571832	960787
公共财政收入	万元	24701	12616	5834	85239	71567
各项税收	万元	10775	6094	6500	69519	55239
公共财政支出	万元	174179	115119	100810	145943	293040
居民储蓄存款余额	万元	469900	255974	110649	554127	1286260
年末金融机构各项贷款余额	万元	367800	152648	66966	444953	571922
三、农业、工业及投资						
农业机械总动力	万千瓦特	32	28	8	27	22
机收面积	公顷	4910	1420	7100	652	23300
设施农业占地面积	公顷		298	4	113	487
粮食总产量	吨	99886	36322	95918	50013	148153
棉花产量	吨		12			
油料产量	吨	894	888	254	2253	35188
肉类总产量	吨	24878	2257	2702	3033	38916
规模以上工业企业单位数	个	6	4		26	59
规模以上工业总产值	万元	22902	29440		1044450	1630298
固定资产投资	万元	581564	277587	135025	768097	757588
四、教育、卫生和社会保障						
普通中学在校学生数	人	13052	2966	1795	6478	28580
中等职业教育学校在校学生数	人	4540	870	207	779	4303
小学在校学生数	人	15280	7032	2276	8730	28542
医疗卫生机构床位数	床	691	434	167	615	1551
各种社会福利收养性单位数	个	1	15	4	1	13
各种社会福利收养性单位床位数	床	268	585	294	350	1020

2015年县(市)社会经济主要指标

陕西省

指　　标	单 位	城固县	洋县	西乡县	勉县	宁强县
一、基本情况						
行政区域面积	平方公里	2265	3206	3253	2406	3260
乡个数	个					
镇个数	个	15	15	15	17	16
街道办事处个数	个	2	3	2	1	2
户籍人口	万人	54	45	42	43	33
第二产业从业人员	人	29799	37384	35715	38282	31280
第三产业从业人员	人	87380	16632	52632	76229	49030
固定电话用户	户	62901	43689	58620	91781	37859
二、综合经济						
地区生产总值	万元	1925214	1002557	812020	1057550	641237
第一产业增加值	万元	427740	233456	184719	204975	181927
农业增加值	万元	323778	144642	104691	119981	98782
牧业增加值	万元	84801	66728	73721	76647	70490
第二产业增加值	万元	937179	435974	270520	495600	182450
公共财政收入	万元	28726	43302	25458	31243	17418
各项税收	万元	22282	17923	18048	25883	10103
公共财政支出	万元	280012	247469	222550	223185	186927
居民储蓄存款余额	万元	1381979	1061735	930562	1209413	637401
年末金融机构各项贷款余额	万元	411193	605514	491074	879327	292836
三、农业、工业及投资						
农业机械总动力	万千瓦特	25	23	35	19	19
机收面积	公顷	18835	13705	11600	11000	675
设施农业占地面积	公顷	363	326	172	303	28
粮食总产量	吨	141017	157065	102531	131171	85233
棉花产量	吨		52	1		
油料产量	吨	23385	28682	26398	30771	12849
肉类总产量	吨	49331	44833	49952	43023	34607
规模以上工业企业单位数	个	49	34	44	48	37
规模以上工业总产值	万元	1998721	948327	539966	2450364	466461
固定资产投资	万元	1722400	1281200	747239	440248	889700
四、教育、卫生和社会保障						
普通中学在校学生数	人	24561	22650	20002	23068	15698
中等职业教育学校在校学生数	人	3059	3023	1528	571	614
小学在校学生数	人	27533	23980	24522	16744	15070
医疗卫生机构床位数	床	1961	1446	2048	1722	1379
各种社会福利收养性单位数	个	9	7	8	19	46
各种社会福利收养性单位床位数	床	1670	1008	1050	930	720

2015年县(市)社会经济主要指标

陕西省

指　　标	单 位	略阳县	镇巴县	留坝县	佛坪县	神木县
一、基本情况						
行政区域面积	平方公里	2831	3437	1965	1279	7635
乡个数	个					
镇个数	个	15	19	7	6	15
街道办事处个数	个	2	1	1	1	
户籍人口	万人	19	29	4	3	44
第二产业从业人员	人	20212	20907	1570	2026	17014
第三产业从业人员	人	45085	22795	5081	5929	37529
固定电话用户	户	20414	19507	8721	2670	53907
二、综合经济						
地区生产总值	万元	504633	583047	127700	73200	8174100
第一产业增加值	万元	89369	158167	29850	12460	119900
农业增加值	万元	50836	87828	21476	8703	48781
牧业增加值	万元	31176	52150	5609	2480	69002
第二产业增加值	万元	157422	174908	32070	24460	5551700
公共财政收入	万元	11088	12594	4311	3897	585202
各项税收	万元	9162	7053	2898	3263	361158
公共财政支出	万元	140726	178736	61458	66274	365829
居民储蓄存款余额	万元	469904	378334	28240	82016	4155613
年末金融机构各项贷款余额	万元	328318	174977	80365	52943	4255017
三、农业、工业及投资						
农业机械总动力	万千瓦特	25	10	4	4	30
机收面积	公顷	416	360	230	449	
设施农业占地面积	公顷	165	12	15		2801
粮食总产量	吨	48168	89515	12072	9063	122762
棉花产量	吨					
油料产量	吨	5033	11683	928	470	6799
肉类总产量	吨	15572	31342	3741	2471	17714
规模以上工业企业单位数	个	26	19	7	5	189
规模以上工业总产值	万元	282370	275628	44196	25214	10993900
固定资产投资	万元	314200	610200	213200	136089	2144412
四、教育、卫生和社会保障						
普通中学在校学生数	人	6470	12807	1855	1192	18717
中等职业教育学校在校学生数	人	668	1286			4774
小学在校学生数	人	7851	18034	1929	1533	37512
医疗卫生机构床位数	床	901	891	212	175	2554
各种社会福利收养性单位数	个	9	7	1	1	3
各种社会福利收养性单位床位数	床	1600	1266	300	272	600

2015年县(市)社会经济主要指标

陕西省

指　　标	单 位	府谷县	横山县	靖边县	定边县	绥德县
一、基本情况						
行政区域面积	平方公里	3229	4333	5088	6920	1853
乡个数	个				4	
镇个数	个	14	13	17	14	15
街道办事处个数	个	3	1	1	1	
户籍人口	万人	25	38	35	35	36
第二产业从业人员	人	46724	62043	44692	24777	48165
第三产业从业人员	人	49799	39744	56371	35781	41952
固定电话用户	户	35291	17530	48652	38003	22946
二、综合经济						
地区生产总值	万元	3837635	1165137	2668358	2576320	588700
第一产业增加值	万元	58379	142500	197358	178982	100400
农业增加值	万元	33975	61285	91247	110164	81195
牧业增加值	万元	18636	75736	94507	62225	15960
第二产业增加值	万元	2773742	652564	1807900	1824226	71900
公共财政收入	万元	164586	40071	187000	230022	9955
各项税收	万元	406491	36780	917993	112716	7563
公共财政支出	万元	252244	264716	331043	343155	235266
居民储蓄存款余额	万元	2343400	512511	806400	838341	622439
年末金融机构各项贷款余额	万元	2748600	458442	1444195	948832	437857
三、农业、工业及投资						
农业机械总动力	万千瓦特	34	27	59	67	18
机收面积	公顷		8900	32000	45066	
设施农业占地面积	公顷	178	270	2344	1434	532
粮食总产量	吨	32388	156000	215168	270551	83902
棉花产量	吨	80				
油料产量	吨	2017	1710	7396	11881	20689
肉类总产量	吨	6251	19849	31434	19390	4374
规模以上工业企业单位数	个	220	34	53	12	13
规模以上工业总产值	万元	5535937	602000	3864600	2413800	52355
固定资产投资	万元	1059600	746433	1565161	1362600	467942
四、教育、卫生和社会保障						
普通中学在校学生数	人	12576	12587	20970	17127	15108
中等职业教育学校在校学生数	人	1393	234	1221	1120	419
小学在校学生数	人	18493	19518	33412	20540	16336
医疗卫生机构床位数	床	1665	1053	1572	1496	2528
各种社会福利收养性单位数	个	5	2	4	3	4
各种社会福利收养性单位床位数	床	270	220	545	428	410

2015年县(市)社会经济主要指标

陕西省

指　　标	单 位	米脂县	佳县	吴堡县	清涧县	子洲县
一、基本情况						
行政区域面积	平方公里	1212	2029	418	1881	2042
乡个数	个	2	5			1
镇个数	个	8	11	5	9	11
街道办事处个数	个	4		1		1
户籍人口	万人	22	27	8	22	30
第二产业从业人员	人	22327	47587	13287	17441	20506
第三产业从业人员	人	18866	29847	11897	13555	23433
固定电话用户	户	20661	4815	8772	17500	17340
二、综合经济						
地区生产总值	万元	415291	344418	167567	410490	439946
第一产业增加值	万元	56687	90629	24014	116514	100646
农业增加值	万元	40013	73011	18954	101471	70864
牧业增加值	万元	15558	14234	3681	12834	26384
第二产业增加值	万元	137580	92600	67200	108700	175000
公共财政收入	万元	8160	10260	2836	7896	7845
各项税收	万元	33470	7887	2836	5818	4868
公共财政支出	万元	181670	178702	109127	175256	196628
居民储蓄存款余额	万元	360500	193012	75806	221359	171595
年末金融机构各项贷款余额	万元	269049	143600	145443	215011	177995
三、农业、工业及投资						
农业机械总动力	万千瓦特	19	14	7	16	13
机收面积	公顷					
设施农业占地面积	公顷	13	62	13	212	29
粮食总产量	吨	87426	75530	18460	84449	70489
棉花产量	吨			4	47	
油料产量	吨	2173	2409	552	9674	7410
肉类总产量	吨	5810	4598	1019	5621	6926
规模以上工业企业单位数	个	13	15	11	32	7
规模以上工业总产值	万元	297200	149000	74000	191169	297443
固定资产投资	万元	301137	569225	104968	335596	179272
四、教育、卫生和社会保障						
普通中学在校学生数	人	7279	5658	2975	2562	5919
中等职业教育学校在校学生数	人	787			584	1038
小学在校学生数	人	8764	13767	4071	4207	12323
医疗卫生机构床位数	床	678	490	386	738	707
各种社会福利收养性单位数	个	8	3	1	3	7
各种社会福利收养性单位床位数	床	184	99	300	108	390

2015年县(市)社会经济主要指标

陕西省

指　　标	单 位	汉阴县	石泉县	宁陕县	紫阳县	岚皋县
一、基本情况						
行政区域面积	平方公里	1365	1516	3678	2240	1957
乡个数	个					
镇个数	个	10	11	11	17	12
街道办事处个数	个					
户籍人口	万人	31	18	7	34	17
第二产业从业人员	人	65417	15883	7498	18285	25647
第三产业从业人员	人	29672	31750	5707	87020	36569
固定电话用户	户	15930	22831	3307	24100	18420
二、综合经济						
地区生产总值	万元	774991	629768	245244	745779	401303
第一产业增加值	万元	122571	65495	42044	110143	63912
农业增加值	万元	80400	35512	25745	82097	41983
牧业增加值	万元	30857	21769	6166	19696	16755
第二产业增加值	万元	457362	422024	137800	421410	224546
公共财政收入	万元	21500	14696	14359	21306	10703
各项税收	万元	10850	8580	4223	7167	5733
公共财政支出	万元	189000	161888	89699	210080	145268
居民储蓄存款余额	万元	561900	426360	163400	455504	303590
年末金融机构各项贷款余额	万元	329337	346520	96500	292547	224620
三、农业、工业及投资						
农业机械总动力	万千瓦特	23	13	6	14	9
机收面积	公顷	2586	2967			13
设施农业占地面积	公顷	1054	20	2	7	91
粮食总产量	吨	101208	69911	19423	111311	67290
棉花产量	吨	15				
油料产量	吨	29457	14335	857	12590	7438
肉类总产量	吨	33291	21194	4700	33272	21515
规模以上工业企业单位数	个	68	64	15	36	28
规模以上工业总产值	万元	1231554	1094038	216297	826996	496818
固定资产投资	万元	659608	649036	316108	693510	406749
四、教育、卫生和社会保障						
普通中学在校学生数	人	13310	7302	2818	14696	6978
中等职业教育学校在校学生数	人	3483	1634	278	1476	817
小学在校学生数	人	19489	9882	3771	21903	9865
医疗卫生机构床位数	床	1009	733	305	853	773
各种社会福利收养性单位数	个	21	13	4	23	31
各种社会福利收养性单位床位数	床	2263	1355	760	2737	2284

2015年县(市)社会经济主要指标

陕西省

指　　标	单 位	平利县	镇坪县	旬阳县	白河县	商州区
一、基本情况						
行政区域面积	平方公里	2648	1503	3541	1453	2672
乡个数	个					
镇个数	个	11	7	21	11	14
街道办事处个数	个	6				4
户籍人口	万人	23	6	46	21	56
第二产业从业人员	人	40501	4715	53907	36424	60624
第三产业从业人员	人	12937	7846	49548	25826	52595
固定电话用户	户	23272	4980	32100	18674	78725
二、综合经济						
地区生产总值	万元	679271	135595	1240942	524255	1228990
第一产业增加值	万元	100433	31041	124355	73508	132005
农业增加值	万元	67031	16624	73747	54428	99511
牧业增加值	万元	30501	10086	40848	15006	21827
第二产业增加值	万元	458301	48456	729710	316064	542400
公共财政收入	万元	29769	6151	42197	13646	71233
各项税收	万元	7959	2762	123935	7135	28321
公共财政支出	万元	164530	74866	250293	165400	271961
居民储蓄存款余额	万元	449342	111649	844034	380151	1700745
年末金融机构各项贷款余额	万元	390631	80099	756639	232329	1594845
三、农业、工业及投资						
农业机械总动力	万千瓦特	15	4	31	14	17
机收面积	公顷	140		3850		1000
设施农业占地面积	公顷	2568	13	982	10	239
粮食总产量	吨	76898	27534	125482	58180	104620
棉花产量	吨					
油料产量	吨	11862	1795	21541	6678	371
肉类总产量	吨	29608	15610	45441	15330	20259
规模以上工业企业单位数	个	70	16	62	37	19
规模以上工业总产值	万元	1006297	68214	1465319	881055	1443500
固定资产投资	万元	631695	149368	1162710	465260	1509304
四、教育、卫生和社会保障						
普通中学在校学生数	人	8445	2721	18918	9198	24282
中等职业教育学校在校学生数	人	1730	132	3810	1555	3153
小学在校学生数	人	12074	3746	22786	12428	27413
医疗卫生机构床位数	床	735	258	2078	671	3703
各种社会福利收养性单位数	个	22	4	21	19	10
各种社会福利收养性单位床位数	床	1212	600	1920	2410	762

2015年县(市)社会经济主要指标

陕西省

指　　标	单 位	洛南县	丹凤县	商南县	山阳县	镇安县
一、基本情况						
行政区域面积	平方公里	2830	2438	2307	3535	3487
乡个数	个					
镇个数	个	14	11	9	16	14
街道办事处个数	个	2	1	1	2	1
户籍人口	万人	46	31	25	47	30
第二产业从业人员	人	33626	4114	13309	40489	26738
第三产业从业人员	人	32788	10031	55654	38735	86573
固定电话用户	户	36012	24400	19300	31275	17433
二、综合经济						
地区生产总值	万元	991700	789350	689220	1040530	839100
第一产业增加值	万元	206134	109179	117170	174620	115449
农业增加值	万元	134450	61500	60026	95523	75866
牧业增加值	万元	57527	41863	40432	73620	25506
第二产业增加值	万元	459100	391200	350000	542400	493821
公共财政收入	万元	68376	32609	34496	42113	41700
各项税收	万元	42458	18317	13746	22797	25788
公共财政支出	万元	266941	208279	204575	282617	214935
居民储蓄存款余额	万元	882478	665308	484195	791272	512316
年末金融机构各项贷款余额	万元	409367	236805	278884	454904	270456
三、农业、工业及投资						
农业机械总动力	万千瓦特	18	6	8	19	15
机收面积	公顷	220		625	2950	
设施农业占地面积	公顷	357	41	202	419	66
粮食总产量	吨	162334	60140	56538	101365	86613
棉花产量	吨					2
油料产量	吨	1120	1412	12324	2920	5543
肉类总产量	吨	35125	21353	23157	29049	14091
规模以上工业企业单位数	个	41	29	28	40	38
规模以上工业总产值	万元	1378054	730900	777766	1241750	765600
固定资产投资	万元	1019800	1001000	919427	1060529	1047400
四、教育、卫生和社会保障						
普通中学在校学生数	人	19608	7502	10867	19703	13794
中等职业教育学校在校学生数	人	3099	992	1055	3326	4346
小学在校学生数	人	21803	16967	14289	25816	18067
医疗卫生机构床位数	床	1717	1300	1327	1771	1116
各种社会福利收养性单位数	个	11	12	13	14	14
各种社会福利收养性单位床位数	床	1370	992	1185	2125	1997

2015年县(市)社会经济主要指标

陕西省、甘肃省

指 标	单 位	柞水县	永登县	皋兰县	榆中县	永昌县
一、基本情况						
行政区域面积	平方公里	2332	5622	2180	3302	5877
乡个数	个		5		15	4
镇个数	个	8	11	6	8	6
街道办事处个数	个	1				
户籍人口	万人	16	44	15	45	25
第二产业从业人员	人	16726	41865	9281	30717	26610
第三产业从业人员	人	25307	76088	18684	72762	48515
固定电话用户	户	21700	28822	12078	11390	20155
二、综合经济						
地区生产总值	万元	661700	965625	452003	881611	638121
第一产业增加值	万元	63000	105273	61145	151062	141449
农业增加值	万元	25016	82980	53432	134346	114089
牧业增加值	万元	27725	20957	6639	15186	26135
第二产业增加值	万元	415300	354530	216043	272779	192226
公共财政收入	万元	30698	40395	34648	48915	32402
各项税收	万元	9574	25029	27491	38169	36897
公共财政支出	万元	146775	201838	122112	236489	208464
居民储蓄存款余额	万元	350985	841627	535481	1281298	621719
年末金融机构各项贷款余额	万元	188356	1116773	691490	1239370	871872
三、农业、工业及投资						
农业机械总动力	万千瓦特	7	45	25	43	75
机收面积	公顷	320	20800	5680	21433	41240
设施农业占地面积	公顷	2	1364	1058	1290	922
粮食总产量	吨	40946	169622	40901	171599	332111
棉花产量	吨					
油料产量	吨	343	7947	3969	5420	15851
肉类总产量	吨	8905	10558	3574	9585	10123
规模以上工业企业单位数	个	20	39	37	29	51
规模以上工业总产值	万元	1473879	2138741	1323542	880426	9272523
固定资产投资	万元	867930	707213	361819	1173556	715149
四、教育、卫生和社会保障						
普通中学在校学生数	人	6862	19605	4003	20676	14221
中等职业教育学校在校学生数	人	1854	142		336	1727
小学在校学生数	人	10545	21662	6803	21811	13424
医疗卫生机构床位数	床	523	1413	401	1547	718
各种社会福利收养性单位数	个	15	6	7	3	2
各种社会福利收养性单位床位数	床	298	22	253	282	282

2015年县(市)社会经济主要指标

甘肃省

指　　标	单 位	靖远县	会宁县	景泰县	清水县	秦安县
一、基本情况						
行政区域面积	平方公里	5792	6439	5483	2012	1602
乡个数	个	15	12	3	8	9
镇个数	个	3	16	8	10	8
街道办事处个数	个			7		
户籍人口	万人	50	58	24	33	61
第二产业从业人员	人	34654	23136	6104	12516	44903
第三产业从业人员	人	42330	66381	34690	28969	56056
固定电话用户	户	11210	21330	17600	13624	5000
二、综合经济						
地区生产总值	万元	633857	570721	503726	387686	526009
第一产业增加值	万元	221647	174706	109418	113550	169265
农业增加值	万元	173147	70496	64663	90372	149882
牧业增加值	万元	43966	101226	41083	22742	19005
第二产业增加值	万元	157297	133953	145342	50956	114103
公共财政收入	万元	30269	24114	19900	15029	47668
各项税收	万元	16550	16165	33496	18305	11431
公共财政支出	万元	267500	319969	159020	200867	271246
居民储蓄存款余额	万元	580221	618395	390689	363512	873785
年末金融机构各项贷款余额	万元	327028	616416	610900	381565	689731
三、农业、工业及投资						
农业机械总动力	万千瓦特	67	68	59	16	30
机收面积	公顷	7920	13726	23356	901	4908
设施农业占地面积	公顷	8693	656	447	699	2095
粮食总产量	吨	191149	417239	186198	187267	221600
棉花产量	吨					
油料产量	吨	4608	4189	10655	19352	9505
肉类总产量	吨	22324	40732	17131	14915	14767
规模以上工业企业单位数	个	23	21	34	6	17
规模以上工业总产值	万元	234575	308493	333730	87217	119794
固定资产投资	万元	924611	827283	474377	592901	448654
四、教育、卫生和社会保障						
普通中学在校学生数	人	29876	39371	14183	12072	22171
中等职业教育学校在校学生数	人	3185	5339	1316		1068
小学在校学生数	人	28785	28952	11239	24805	35947
医疗卫生机构床位数	床	1259	2060	793	870	1165
各种社会福利收养性单位数	个	9	11	13	13	4
各种社会福利收养性单位床位数	床	223	404	579	200	60

2015年县(市)社会经济主要指标

甘肃省

指　　标	单 位	甘谷县	武山县	张家川回族自治区	凉州区	民勤县
一、基本情况						
行政区域面积	平方公里	1572	2011	1312	5081	15907
乡个数	个	5	8	11	12	14
镇个数	个	10	7	4	25	4
街道办事处个数	个				8	1
户籍人口	万人	63	46	34	103	28
第二产业从业人员	人	76380	21848	9946	75103	9473
第三产业从业人员	人	72238	83337	63398	113140	36532
固定电话用户	户	35687	36049	21460	120000	30300
二、综合经济						
地区生产总值	万元	588280	512145	249793	2611580	695614
第一产业增加值	万元	169440	196912	64210	571800	237073
农业增加值	万元	150879	180274	50601	374345	167960
牧业增加值	万元	18231	15133	13219	197006	57565
第二产业增加值	万元	185241	92996	26169	982754	219468
公共财政收入	万元	34502	17643	13528	105200	33713
各项税收	万元	36774	19577	7305	65585	16899
公共财政支出	万元	266631	213881	198583	616600	259413
居民储蓄存款余额	万元	764061	563221	407429	3310338	908800
年末金融机构各项贷款余额	万元	474693	418151	241995	4213379	1403824
三、农业、工业及投资						
农业机械总动力	万千瓦特	26	30	15	160	146
机收面积	公顷	4250	8040	4682	38700	15200
设施农业占地面积	公顷	3840	3507	565	13983	2820
粮食总产量	吨	200294	143695	124642	679799	139620
棉花产量	吨					9000
油料产量	吨	11436	7471	5183	16885	64761
肉类总产量	吨	16087	10680	6669	89393	18995
规模以上工业企业单位数	个	15	14	10	117	42
规模以上工业总产值	万元	225951	118698	65588	2784911	469886
固定资产投资	万元	841114	772121	457298	4226292	1405186
四、教育、卫生和社会保障						
普通中学在校学生数	人	46766	32537	16827	55485	16784
中等职业教育学校在校学生数	人	3543	1717	1523	6493	3594
小学在校学生数	人	62910	37765	32532	62608	9882
医疗卫生机构床位数	床	1576	1468	1200	2961	1438
各种社会福利收养性单位数	个	3	14	11	9	8
各种社会福利收养性单位床位数	床	450	133	269	1020	1273

2015年县(市)社会经济主要指标

甘肃省

指　　标	单 位	古浪县	天祝藏族自治区	甘州区	肃南裕固族自治区	民乐县
一、基本情况						
行政区域面积	平方公里	5130	7147	4240	23887	3687
乡个数	个	7	9	5	6	4
镇个数	个	12	10	13	2	6
街道办事处个数	个	1		5		
户籍人口	万人	39	21	51	4	25
第二产业从业人员	人	27857	9215	33685	5867	15988
第三产业从业人员	人	43605	23983	57163	6553	35496
固定电话用户	户	25365	18054	146200	5020	33800
二、综合经济						
地区生产总值	万元	408506	446583	1567485	287523	457991
第一产业增加值	万元	124907	64079	355876	47321	147394
农业增加值	万元	77028	21130	271607	11984	114883
牧业增加值	万元	43211	41790	81501	34349	31423
第二产业增加值	万元	116320	206900	379341	168091	141509
公共财政收入	万元	22378	39483	76415	20592	22924
各项税收	万元	12743	16503	46177	11466	13243
公共财政支出	万元	320826	345302	384651	112378	174386
居民储蓄存款余额	万元	632902	465300	1726116	96579	328379
年末金融机构各项贷款余额	万元	650972	693800	2556335	131088	537883
三、农业、工业及投资						
农业机械总动力	万千瓦特	76	29	76	8	55
机收面积	公顷	4300	3250	32130	4250	48500
设施农业占地面积	公顷	3356	3230	6924	13	843
粮食总产量	吨	202773	48808	423668	25323	287015
棉花产量	吨					
油料产量	吨	22030	3401	3400	655	9941
肉类总产量	吨	19117	15478	49276	10080	15492
规模以上工业企业单位数	个	23	45	71	26	29
规模以上工业总产值	万元	303707	513471	1032443	488436	558367
固定资产投资	万元	751189	872854	1099615	398609	412077
四、教育、卫生和社会保障						
普通中学在校学生数	人	18385	11364	28626	714	15312
中等职业教育学校在校学生数	人	2247	242	2341	245	1678
小学在校学生数	人	21091	10660	30846	1627	17173
医疗卫生机构床位数	床	962	870	2869	404	1471
各种社会福利收养性单位数	个	6	1	19	1	4
各种社会福利收养性单位床位数	床	424	450	557	120	341

2015年县(市)社会经济主要指标

甘肃省

指　　标	单 位	临泽县	高台县	山丹县	崆峒区	泾川县
一、基本情况						
行政区域面积	平方公里	2729	4426	5402	1936	1409
乡个数	个		2	2	11	5
镇个数	个	7	7	6	6	9
街道办事处个数	个				3	1
户籍人口	万人	15	16	20	51	36
第二产业从业人员	人	14094	28796	21008	57292	24848
第三产业从业人员	人	25738	31120	51027	129596	48543
固定电话用户	户	35426	29850	34474	92468	15400
二、综合经济						
地区生产总值	万元	467126	524113	430009	1200136	474723
第一产业增加值	万元	134872	168127	96602	171543	196418
农业增加值	万元	91033	135664	77624	128129	155279
牧业增加值	万元	40085	31076	17077	41084	35098
第二产业增加值	万元	134396	161524	113895	298806	96885
公共财政收入	万元	48307	56303	31160	49675	18519
各项税收	万元	25881	27111	19702	45638	9613
公共财政支出	万元	170433	170737	165261	290396	192412
居民储蓄存款余额	万元	378990	410031	448400	1591000	663217
年末金融机构各项贷款余额	万元	507171	551002	571843	2028600	470621
三、农业、工业及投资						
农业机械总动力	万千瓦特	43	33	36	33	20
机收面积	公顷	14870	19530	25350	16470	27060
设施农业占地面积	公顷	1232	2001	224	1398	776
粮食总产量	吨	155539	189314	201990	214838	165729
棉花产量	吨	247	915			
油料产量	吨	467	4010	18014	11489	5172
肉类总产量	吨	16317	16362	9336	17045	14558
规模以上工业企业单位数	个	25	42	26	49	11
规模以上工业总产值	万元	578693	414140	249897	663084	94264
固定资产投资	万元	397698	400957	419096	1743629	683569
四、教育、卫生和社会保障						
普通中学在校学生数	人	6716	7524	9091	31544	19041
中等职业教育学校在校学生数	人	1500	1529	1080		5310
小学在校学生数	人	7298	6893	11426	36474	22430
医疗卫生机构床位数	床	905	1173	1366	4066	1251
各种社会福利收养性单位数	个	8	10	9	16	5
各种社会福利收养性单位床位数	床	225	438	367	126	326

2015年县(市)社会经济主要指标

甘肃省

指　　标	单 位	灵台县	崇信县	华亭县	庄浪县	静宁县
一、基本情况						
行政区域面积	平方公里	2038	850	1182	1553	2194
乡个数	个	8	3	4	10	16
镇个数	个	7	3	6	8	8
街道办事处个数	个					
户籍人口	万人	23	10	19	45	49
第二产业从业人员	人	799	5684	26185	21352	14201
第三产业从业人员	人	9135	16110	19364	55969	51089
固定电话用户	户	10508	7307	17258	20500	36200
二、综合经济						
地区生产总值	万元	283078	254257	402850	360861	451515
第一产业增加值	万元	115953	65524	77922	142521	163822
农业增加值	万元	95393	45510	51096	122056	143533
牧业增加值	万元	20013	18951	26492	19396	18337
第二产业增加值	万元	65425	110690	179629	58173	111012
公共财政收入	万元	9364	25272	50266	17136	21400
各项税收	万元	6442	20658	30626	7425	29411
公共财政支出	万元	152531	97248	145793	254881	290300
居民储蓄存款余额	万元	410088	224945	613809	545655	611475
年末金融机构各项贷款余额	万元	326006	214078	652752	400122	576835
三、农业、工业及投资						
农业机械总动力	万千瓦特	22	8	10	30	32
机收面积	公顷	20030	5370	4240	8530	8540
设施农业占地面积	公顷	246	629	155	625	206
粮食总产量	吨	185900	61800	96105	194602	213168
棉花产量	吨					
油料产量	吨	21876	8456	1986	6817	12074
肉类总产量	吨	8568	7701	12405	14143	11158
规模以上工业企业单位数	个	5	13	20	10	12
规模以上工业总产值	万元	39233	276746	507194	52519	190547
固定资产投资	万元	406666	572754	1397663	483511	723639
四、教育、卫生和社会保障						
普通中学在校学生数	人	12032	4582	10357	32874	30779
中等职业教育学校在校学生数	人	1616	706	1533	5847	5252
小学在校学生数	人	12301	6345	15237	37451	31924
医疗卫生机构床位数	床	954	415	1315	1750	2069
各种社会福利收养性单位数	个	11	7	12	13	8
各种社会福利收养性单位床位数	床	445	183	262	396	324

2015年县(市)社会经济主要指标

甘肃省

指　　标	单 位	肃州区	金塔县	瓜州县	肃北蒙古族自治县	阿克塞哈萨克族自治县
一、基本情况						
行政区域面积	平方公里	3386	18798	24130	66748	31241
乡个数	个	5	4	10	2	2
镇个数	个	10	5	5	2	1
街道办事处个数	个	7				
户籍人口	万人	41	15	13	1	1
第二产业从业人员	人	22982	12339	19414	1990	450
第三产业从业人员	人	86847	25882	21054	2548	5104
固定电话用户	户	99800	17734	16600	2861	2950
二、综合经济						
地区生产总值	万元	1609881	696349	679067	202309	148538
第一产业增加值	万元	251833	182694	99167	5041	5478
农业增加值	万元	182633	143079	76981	1116	804
牧业增加值	万元	64760	29605	17317	3922	4476
第二产业增加值	万元	445821	175934	333275	128307	96255
公共财政收入	万元	52485	19740	37833	23438	11915
各项税收	万元	39761	20043	31845	8216	11459
公共财政支出	万元	216091	122814	98494	79428	45104
居民储蓄存款余额	万元	2205542	363486	354076	54496	51471
年末金融机构各项贷款余额	万元	3075700	440124	900331	59263	69208
三、农业、工业及投资						
农业机械总动力	万千瓦特	85	49	37	4	3
机收面积	公顷	15630	7853	24933	667	493
设施农业占地面积	公顷	6239	2553	1036	6	17
粮食总产量	吨	160934	78212	33191	5380	914
棉花产量	吨		606	9824		
油料产量	吨	2581	2355	13442	370	
肉类总产量	吨	33365	16979	7750	2280	1892
规模以上工业企业单位数	个	62	32	53	25	9
规模以上工业总产值	万元	983303	305999	420910	330411	294282
固定资产投资	万元	2647678	955684	1912225	836000	374000
四、教育、卫生和社会保障						
普通中学在校学生数	人	19591	8408	8636	637	531
中等职业教育学校在校学生数	人	8029	1090	307		
小学在校学生数	人	27683	8481	10106	645	810
医疗卫生机构床位数	床	2645	687	656	170	82
各种社会福利收养性单位数	个	8	3	1	1	1
各种社会福利收养性单位床位数	床	1343	92	80	50	50

2015年县(市)社会经济主要指标

甘肃省

指　　标	单 位	玉门市	敦煌市	西峰区	庆城县	环县
一、基本情况						
行政区域面积	平方公里	13496	31200	996	2692	9236
乡个数	个	5		2	10	15
镇个数	个	7	8	5	5	5
街道办事处个数	个	1		3		
户籍人口	万人	16	14	38	29	35
第二产业从业人员	人	28833	12232	46668	8174	12017
第三产业从业人员	人	36740	38922	33587	12100	25794
固定电话用户	户	17860	50873	77995	69000	9917
二、综合经济						
地区生产总值	万元	1095639	1021740	1547638	882445	770790
第一产业增加值	万元	105672	136008	102014	94014	90027
农业增加值	万元	83013	110892	90677	82671	59555
牧业增加值	万元	20268	21425	10362	9594	29350
第二产业增加值	万元	547133	289232	643805	586420	437148
公共财政收入	万元	48203	53007	77244	50576	60656
各项税收	万元	29645	40803	58558	21938	43426
公共财政支出	万元	168429	149914	261666	214987	330320
居民储蓄存款余额	万元	520267	1301210	1801304	660908	422433
年末金融机构各项贷款余额	万元	697883	1222797	2866982	653579	495319
三、农业、工业及投资						
农业机械总动力	万千瓦特	38	34	31	25	24
机收面积	公顷	27470	3340	36000	26333	268866
设施农业占地面积	公顷	1629	1634	1952	764	733
粮食总产量	吨	47071	30419	128101	151492	371615
棉花产量	吨	591	9961			
油料产量	吨	1794		16101	16933	12788
肉类总产量	吨	9186	8616	6413	6236	15350
规模以上工业企业单位数	个	61	54	26	26	10
规模以上工业总产值	万元	1660856	822829	1623613	307582	103063
固定资产投资	万元	2612052	1713982	2664400	923676	1189089
四、教育、卫生和社会保障						
普通中学在校学生数	人	9875	9638	29396	7418	20363
中等职业教育学校在校学生数	人	1871	1041	8256	1479	3263
小学在校学生数	人	7446	10006	35039	16264	24131
医疗卫生机构床位数	床	946	800	3447	712	920
各种社会福利收养性单位数	个	30	6	12	1	7
各种社会福利收养性单位床位数	床	319	237	917	192	281

2015年县(市)社会经济主要指标

甘肃省

指　　标	单 位	华池县	合水县	正宁县	宁县	镇原县
一、基本情况						
行政区域面积	平方公里	3791	2933	1320	2653	3500
乡个数	个	9	7	3	8	11
镇个数	个	6	5	7	10	8
街道办事处个数	个					
户籍人口	万人	13	18	25	56	53
第二产业从业人员	人	2427	7133	5946	16292	28748
第三产业从业人员	人	9193	18987	39159	24103	49609
固定电话用户	户	10500	17480	4000	59362	25785
二、综合经济						
地区生产总值	万元	833399	533688	258945	634800	635700
第一产业增加值	万元	54549	76986	91391	151100	162445
农业增加值	万元	40309	64416	85282	125529	134974
牧业增加值	万元	11384	9714	5238	23989	25815
第二产业增加值	万元	664972	344451	18059	225300	251444
公共财政收入	万元	57441	22754	17967	24659	31907
各项税收	万元	15755	13714	7834	10287	25777
公共财政支出	万元	191937	139626	158510	242380	263797
居民储蓄存款余额	万元	266332	362775	491325	657843	712482
年末金融机构各项贷款余额	万元	202718	318542	226832	481944	525456
三、农业、工业及投资						
农业机械总动力	万千瓦特	18	18	18	27	33
机收面积	公顷	11333	6722	8789	39809	43530
设施农业占地面积	公顷	747	1540	1533	1140	546
粮食总产量	吨	143227	100517	90282	261959	384131
棉花产量	吨					
油料产量	吨	5522	12339	16398	38679	34824
肉类总产量	吨	5766	5035	3223	13819	15677
规模以上工业企业单位数	个	7	6	7	12	16
规模以上工业总产值	万元	28589	71824	38100	203000	126194
固定资产投资	万元	871529	848040	1087167	2087200	1143631
四、教育、卫生和社会保障						
普通中学在校学生数	人	7278	6362	10813	26565	29133
中等职业教育学校在校学生数	人	887	1038	465	2819	1861
小学在校学生数	人	9400	11070	13167	30634	33874
医疗卫生机构床位数	床	693	725	566	1016	1473
各种社会福利收养性单位数	个	17	8	6	17	20
各种社会福利收养性单位床位数	床	723	282	255	201	533

2015年县(市)社会经济主要指标

甘肃省

指　　标	单 位	安定区	通渭县	陇西县	渭源县	临洮县
一、基本情况						
行政区域面积	平方公里	3639	2909	2409	2066	2851
乡个数	个	7	12	8	8	6
镇个数	个	12	6	9	8	12
街道办事处个数	个	2				
户籍人口	万人	46	44	52	35	55
第二产业从业人员	人	36715	45759	17524	15453	53796
第三产业从业人员	人	44543	46306	76411	31791	36567
固定电话用户	户	38608	19328	25105	6802	21000
二、综合经济						
地区生产总值	万元	702111	368308	574385	276219	589067
第一产业增加值	万元	130977	109662	139970	95332	141991
农业增加值	万元	105075	89397	118519	79560	102167
牧业增加值	万元	25017	19426	20793	14625	39291
第二产业增加值	万元	197527	43985	104576	34664	166958
公共财政收入	万元	38175	15994	49648	18741	39454
各项税收	万元	26026	10230	75992	11415	51847
公共财政支出	万元	307451	245368	285889	221244	273396
居民储蓄存款余额	万元	1112795	393039	762582	351593	993230
年末金融机构各项贷款余额	万元	1595204	561142	1355162	436209	885667
三、农业、工业及投资						
农业机械总动力	万千瓦特	88	38	42	36	60
机收面积	公顷	25440	17600	20130	11300	16810
设施农业占地面积	公顷	2059	153	769	222	2847
粮食总产量	吨	439802	460599	222085	144285	235144
棉花产量	吨					
油料产量	吨	1895	15016	3803	477	3755
肉类总产量	吨	16851	10403	12622	9082	20676
规模以上工业企业单位数	个	47	12	27	11	28
规模以上工业总产值	万元	550068	69835	353665	50525	288860
固定资产投资	万元	1213788	463040	1205886	543779	1016907
四、教育、卫生和社会保障						
普通中学在校学生数	人	26070	30799	31625	21083	13502
中等职业教育学校在校学生数	人	3387	1121	2204	1403	2077
小学在校学生数	人	21527	18658	31546	18523	31305
医疗卫生机构床位数	床	1252	1460	2465	1386	2000
各种社会福利收养性单位数	个	17	19	8	14	63
各种社会福利收养性单位床位数	床	133	663	250	1210	1920

2015年县(市)社会经济主要指标

甘肃省

指　　标	单 位	漳县	岷县	武都区	成县	文县
一、基本情况						
行政区域面积	平方公里	2164	3533	4683	1677	4994
乡个数	个	9	9	20	5	14
镇个数	个	4	9	16	12	6
街道办事处个数	个			4		
户籍人口	万人	21	49	57	27	24
第二产业从业人员	人	13125	21362	73845	17125	9943
第三产业从业人员	人	22717	45434	119318	51589	37290
固定电话用户	户	5650	9600	18316	27000	38000
二、综合经济						
地区生产总值	万元	207979	331110	935524	511263	235775
第一产业增加值	万元	57737	94050	163214	92820	53015
农业增加值	万元	44044	75246	119916	73650	37104
牧业增加值	万元	13014	17759	25615	15514	12776
第二产业增加值	万元	39531	77642	134088	176052	63411
公共财政收入	万元	15621	23816	41309	42734	21242
各项税收	万元	9864	13294	98543	27673	30655
公共财政支出	万元	151601	298330	316369	175430	174540
居民储蓄存款余额	万元	201557	462876	1016900	643206	345558
年末金融机构各项贷款余额	万元	197666	534615	1684500	535905	486100
三、农业、工业及投资						
农业机械总动力	万千瓦特	19	21	36	28	26
机收面积	公顷	503		1670	11750	3370
设施农业占地面积	公顷	927	58	184	246	165
粮食总产量	吨	55946	63631	183809	152478	76838
棉花产量	吨			13		
油料产量	吨	3176	1019	2940	7885	3415
肉类总产量	吨	7723	11950	16977	9779	7845
规模以上工业企业单位数	个	2	13	13	11	15
规模以上工业总产值	万元	77854	125832	102680	481814	214044
固定资产投资	万元	415490	681556	1026067	806489	747088
四、教育、卫生和社会保障						
普通中学在校学生数	人	12741	18325	25181	13345	5483
中等职业教育学校在校学生数	人	1641	2301	5216	860	1560
小学在校学生数	人	13917	39238	55845	19612	9884
医疗卫生机构床位数	床	380	1620	2546	952	285
各种社会福利收养性单位数	个	7	1	12	10	2
各种社会福利收养性单位床位数	床	195	35	72	80	13

2015年县(市)社会经济主要指标

甘肃省

指　　标	单 位	宕昌县	康县	西和县	礼县	徽县
一、基本情况						
行政区域面积	平方公里	3331	2959	1862	4300	2722
乡个数	个	19	7	11	17	8
镇个数	个	6	14	9	12	7
街道办事处个数	个					
户籍人口	万人	31	20	44	54	22
第二产业从业人员	人	19683	6597	22152	13012	8602
第三产业从业人员	人	35188	24923	54945	85809	48523
固定电话用户	户	13200	10030	17848	35100	17000
二、综合经济						
地区生产总值	万元	211569	192207	304263	309540	420629
第一产业增加值	万元	52407	45906	65426	94613	113539
农业增加值	万元	40940	31029	48833	65734	81727
牧业增加值	万元	9297	12634	14951	27673	29041
第二产业增加值	万元	42402	55653	69611	62374	118635
公共财政收入	万元	15078	14917	18114	20958	36787
各项税收	万元	5660	7553	10278	12116	24934
公共财政支出	万元	192402	158536	214290	281816	150167
居民储蓄存款余额	万元	340150	280845	609020	628447	448825
年末金融机构各项贷款余额	万元	280277	256094	444902	394670	561674
三、农业、工业及投资						
农业机械总动力	万千瓦特	15	13	23	26	24
机收面积	公顷	1733	1010	2000	5550	6350
设施农业占地面积	公顷	70	178	166	1640	172
粮食总产量	吨	92896	77322	192468	160879	171826
棉花产量	吨					
油料产量	吨	2426	835	5193	6139	7301
肉类总产量	吨	7501	5570	8301	16132	13531
规模以上工业企业单位数	个	7	5	10	10	15
规模以上工业总产值	万元	83628	166422	166899	124539	274796
固定资产投资	万元	610531	706553	678000	642980	586056
四、教育、卫生和社会保障						
普通中学在校学生数	人	15314	7928	19422	17896	6843
中等职业教育学校在校学生数	人	471	374			544
小学在校学生数	人	21922	12122	32045	38012	13559
医疗卫生机构床位数	床	1400	725	690	791	749
各种社会福利收养性单位数	个	4			17	2
各种社会福利收养性单位床位数	床	27			97	5

2015年县(市)社会经济主要指标

甘肃省

指　　标	单 位	两当县	临夏市	临夏县	康乐县	永靖县
一、基本情况						
行政区域面积	平方公里	1374	89	1213	1083	1864
乡个数	个	9		19	10	7
镇个数	个	3	4	6	5	10
街道办事处个数	个		6			
户籍人口	万人	5	25	40	29	21
第二产业从业人员	人	1146	18600	38374	19687	25980
第三产业从业人员	人	6771	26080	60860	27156	21280
固定电话用户	户	5863	45500	32018	7500	28220
二、综合经济						
地区生产总值	万元	66060	614250	326288	187520	356181
第一产业增加值	万元	22151	33105	72551	48310	59429
农业增加值	万元	16458	23354	49233	33885	41851
牧业增加值	万元	4505	9400	21570	13058	13841
第二产业增加值	万元	7083	103856	49645	20852	168385
公共财政收入	万元	5897	93133	14789	10481	36053
各项税收	万元	6034	33802	10046	5544	59151
公共财政支出	万元	68163	246936	228867	173008	212526
居民储蓄存款余额	万元	113608	83206	336327	232630	316680
年末金融机构各项贷款余额	万元	147106	370698	290432	229192	572338
三、农业、工业及投资						
农业机械总动力	万千瓦特	8	5	16	15	20
机收面积	公顷	670	470	2210	1940	3600
设施农业占地面积	公顷	183	480	777	122	1575
粮食总产量	吨	39744	23010	177207	117800	129504
棉花产量	吨					
油料产量	吨	655	55	6208	7807	4509
肉类总产量	吨	2754	4461	9279	6094	9589
规模以上工业企业单位数	个	3	5	7	1	16
规模以上工业总产值	万元	9565	241559	82073	30805	411628
固定资产投资	万元	102158	608659	300805	213024	625536
四、教育、卫生和社会保障						
普通中学在校学生数	人	2058	21620	12881	13127	10643
中等职业教育学校在校学生数	人		4794	302		69
小学在校学生数	人	2169	22387	25777	23864	11383
医疗卫生机构床位数	床	216	2245	1138	832	961
各种社会福利收养性单位数	个	63	9	4	4	14
各种社会福利收养性单位床位数	床	377	1224	355	140	148

2015年县(市)社会经济主要指标

甘肃省

指标	单位	广河县	和政县	东乡族自治县	积石山保安族东乡族撒拉族自治县	合作市
一、基本情况						
行政区域面积	平方公里	538	960	1511	910	2291
乡个数	个	3	7	19	13	6
镇个数	个	6	6	5	4	
街道办事处个数	个					4
户籍人口	万人	27	21	33	27	9
第二产业从业人员	人	10219	32309	11219	9500	1568
第三产业从业人员	人	26788	27898	35814	42169	1978
固定电话用户	户	5547	2294	2855	19900	22340
二、综合经济						
地区生产总值	万元	178721	149876	162743	133132	334246
第一产业增加值	万元	31168	39274	42392	35155	19902
农业增加值	万元	24603	26337	10529	27891	2993
牧业增加值	万元	5919	12319	31011	6076	16370
第二产业增加值	万元	32640	32220	31028	7082	57395
公共财政收入	万元	11333	13525	6878	18783	17456
各项税收	万元	5604	6540	4132	2987	12572
公共财政支出	万元	162079	150259	217323	186686	158130
居民储蓄存款余额	万元	219111	232629	69009	186754	240165
年末金融机构各项贷款余额	万元	296246	198595	238256	236362	495321
三、农业、工业及投资						
农业机械总动力	万千瓦特	19	11	16	6	3
机收面积	公顷	1600	2130	2062	1600	
设施农业占地面积	公顷	154		39	186	
粮食总产量	吨	110312	66006	77006	103804	10371
棉花产量	吨					
油料产量	吨	1538	19564	478	15902	2530
肉类总产量	吨	2657	6478	15120	4163	4765
规模以上工业企业单位数	个	3	5	5	1	8
规模以上工业总产值	万元	94401	56958	86029	7080	182440
固定资产投资	万元	327993	379935	261310	240465	348525
四、教育、卫生和社会保障						
普通中学在校学生数	人	10394	8134	11920	11369	7861
中等职业教育学校在校学生数	人	448	131			
小学在校学生数	人	24524	17506	30258	33249	8451
医疗卫生机构床位数	床	812	830	453	753	635
各种社会福利收养性单位数	个	1	1	3	2	1
各种社会福利收养性单位床位数	床	110	120	340	48	42

2015年县(市)社会经济主要指标

甘肃省

指　　标	单 位	临潭县	卓尼县	舟曲县	迭部县	玛曲县
一、基本情况						
行政区域面积	平方公里	1558	5420	3010	5108	10191
乡个数	个	13	12	16	10	7
镇个数	个	3	3	3	1	1
街道办事处个数	个					
户籍人口	万人	16	11	14	6	5
第二产业从业人员	人	2310	3218	10886	504	1657
第三产业从业人员	人	21351	5897	28378	4369	5331
固定电话用户	户	8240	3224	8766	3011	2100
二、综合经济						
地区生产总值	万元	169235	141786	142611	104699	134564
第一产业增加值	万元	31129	39522	36641	24700	46826
农业增加值	万元	14386	11786	19368	4435	
牧业增加值	万元	16384	24720	8217	11959	46544
第二产业增加值	万元	18678	22234	22519	21957	23610
公共财政收入	万元	9416	7211	8937	9135	9600
各项税收	万元	4144	5184	4120	4262	2704
公共财政支出	万元	181142	156579	172820	119563	124358
居民储蓄存款余额	万元	200987	131724	313600	117175	62678
年末金融机构各项贷款余额	万元	255664	194637	301578	200053	102203
三、农业、工业及投资						
农业机械总动力	万千瓦特	11	7	17	3	186
机收面积	公顷	4500	750	493		
设施农业占地面积	公顷	52	73	43	23	
粮食总产量	吨	13854	7888	34933	10710	
棉花产量	吨					
油料产量	吨	6595	2301	4602	628	
肉类总产量	吨	6434	10921	5720	3944	17831
规模以上工业企业单位数	个	1	4	5	5	5
规模以上工业总产值	万元	2368	28416	18444	21837	63641
固定资产投资	万元	290050	282790	161850	274184	139740
四、教育、卫生和社会保障						
普通中学在校学生数	人	4877	6862	10380	4446	2623
中等职业教育学校在校学生数	人	20		178		
小学在校学生数	人	15980	8765	13342	5016	5605
医疗卫生机构床位数	床	400	295	384	360	228
各种社会福利收养性单位数	个	1	3	4	4	1
各种社会福利收养性单位床位数	床	40	35	222	140	30

2015年县(市)社会经济主要指标

甘肃省、青海省

指　　标	单 位	碌曲县	夏河县	大通回族土族自治县	湟中县	湟源县
一、基本情况						
行政区域面积	平方公里	5299	6274	3090	2600	1509
乡个数	个	5	10	11	5	7
镇个数	个	2	3	9	10	2
街道办事处个数	个				1	8
户籍人口	万人	4	9	46	48	14
第二产业从业人员	人	395	1156	23988	29298	11377
第三产业从业人员	人	3596	3578	41360	12635	10364
固定电话用户	户	2316	11138	48112	34361	18327
二、综合经济						
地区生产总值	万元	91138	151398	978446	1507049	238370
第一产业增加值	万元	26416	44924	136496	164649	47134
农业增加值	万元	559	3712	56352	95359	20326
牧业增加值	万元	24915	37638	78879	68035	26282
第二产业增加值	万元	24700	15869	639459	1150121	104463
公共财政收入	万元	5379	11297	63641	26094	15602
各项税收	万元	2161	6054	49597	23466	11282
公共财政支出	万元	120283	156106	393085	380452	190536
居民储蓄存款余额	万元	50577	136123	733228	599038	264572
年末金融机构各项贷款余额	万元	84050	136745	1008560	485665	208284
三、农业、工业及投资						
农业机械总动力	万千瓦特	1	3	46	63	16
机收面积	公顷	357		18144	25733	3281
设施农业占地面积	公顷		7	2888	592	149
粮食总产量	吨	3048	9829	85293	295335	41004
棉花产量	吨					
油料产量	吨	355	3526	43945	40040	6256
肉类总产量	吨	8793	13753	31612	30700	11550
规模以上工业企业单位数	个	3	1	32	47	12
规模以上工业总产值	万元	52780	40950	1855861	3803925	221572
固定资产投资	万元	122500	242800	946567	823054	502510
四、教育、卫生和社会保障						
普通中学在校学生数	人	2804	4335	27939	26454	7588
中等职业教育学校在校学生数	人			6571	10638	1252
小学在校学生数	人	3651	7373	33061	40517	8902
医疗卫生机构床位数	床	263	405	1866	990	488
各种社会福利收养性单位数	个	7	3	9	1	5
各种社会福利收养性单位床位数	床	114	60	550	452	432

2015年县(市)社会经济主要指标

青海省

指　　标	单 位	乐都区	平安区	民和回族土族自治县	互助土族自治县	化隆回族自治县
一、基本情况						
行政区域面积	平方公里	2500	769	1891	3424	2740
乡个数	个	12	5	14	11	11
镇个数	个	7	3	8	8	6
街道办事处个数	个					
户籍人口	万人	29	13	43	40	30
第二产业从业人员	人	45371	18534	51429	49377	13161
第三产业从业人员	人	30617	28869	51755	111560	29265
固定电话用户	户	32569	13230	20941	35928	10433
二、综合经济						
地区生产总值	万元	793069	625411	683083	980948	507758
第一产业增加值	万元	113847	41031	97359	178261	58978
农业增加值	万元	75149	29051	64115	114905	32273
牧业增加值	万元	36502	10613	30971	61763	23910
第二产业增加值	万元	373050	325284	357410	449384	327878
公共财政收入	万元	27734	29358	37236	40011	11750
各项税收	万元	18243	24599	27079	29954	8627
公共财政支出	万元	316684	195770	380145	358826	249542
居民储蓄存款余额	万元	594706	523078	447973	492238	200368
年末金融机构各项贷款余额	万元	460607	1105405	264763	368583	195223
三、农业、工业及投资						
农业机械总动力	万千瓦特	22	8	49	46	21
机收面积	公顷	3096	1660	6279	11826	3014
设施农业占地面积	公顷	553	205	281	553	157
粮食总产量	吨	264839	41042	308101	113517	72894
棉花产量	吨					
油料产量	吨	5864	11256	9271	69611	25082
肉类总产量	吨	25529	6422	15280	34444	7386
规模以上工业企业单位数	个	24	14	19	20	15
规模以上工业总产值	万元	802002	649607	739605	890040	533531
固定资产投资	万元	1300941	1206103	1256900	1271730	459483
四、教育、卫生和社会保障						
普通中学在校学生数	人	16865	7836	23891	22321	8335
中等职业教育学校在校学生数	人	4379	1302	4703	4317	1274
小学在校学生数	人	17506	8675	30423	23932	22341
医疗卫生机构床位数	床	831	329	1258	1083	532
各种社会福利收养性单位数	个	5	2	5	4	3
各种社会福利收养性单位床位数	床	264	180	350	440	310

2015年县(市)社会经济主要指标

青海省

指　　标	单 位	循化撒拉族自治县	门源回族自治县	祁连县	海晏县	刚察县
一、基本情况						
行政区域面积	平方公里	1851	6422	14000	4500	9600
乡个数	个	6	8	4	4	3
镇个数	个	3	4	3	2	2
街道办事处个数	个		7			2
户籍人口	万人	16	17	5	4	5
第二产业从业人员	人	17598	25211	609	2723	1677
第三产业从业人员	人	20679	13008	6170	4440	2445
固定电话用户	户	4050	10632	7736	12693	3551
二、综合经济						
地区生产总值	万元	265717	348272	230678	222490	157745
第一产业增加值	万元	42778	70941	43951	16523	39350
农业增加值	万元	23617	29032	2448	1666	4478
牧业增加值	万元	17346	41178	40373	14808	34145
第二产业增加值	万元	114678	147096	126259	109085	59238
公共财政收入	万元	10067	14653	11370	26239	13832
各项税收	万元	8683	14413	9642	14293	10264
公共财政支出	万元	178424	203253	150513	238394	123845
居民储蓄存款余额	万元	275929	185116	98722	135134	51966
年末金融机构各项贷款余额	万元	143348	160021	86398	167630	75093
三、农业、工业及投资						
农业机械总动力	万千瓦特	10	35	5	4	2
机收面积	公顷	4500	39862	1333	1767	8707
设施农业占地面积	公顷	1321	385		7	2
粮食总产量	吨	39751	76580	2670	5032	1732
棉花产量	吨					
油料产量	吨	6803	33615	760	765	9902
肉类总产量	吨	5049	15793	16688	9307	12889
规模以上工业企业单位数	个	15	15	9	9	4
规模以上工业总产值	万元	198206	168116	139357	153150	27289
固定资产投资	万元	480148	317762	298918	164571	271601
四、教育、卫生和社会保障						
普通中学在校学生数	人	5839	10874	2757	2956	1242
中等职业教育学校在校学生数	人	982	422		1736	
小学在校学生数	人	15765	13536	4001	2874	4046
医疗卫生机构床位数	床	647	534	168	749	248
各种社会福利收养性单位数	个	6	2	5	3	2
各种社会福利收养性单位床位数	床	330	120	96	199	126

2015年县(市)社会经济主要指标

青海省

指　　标	单 位	同仁县	尖扎县	泽库县	河南蒙古族自治县	共和县
一、基本情况						
行政区域面积	平方公里	3275	1714	6773	6700	17209
乡个数	个	8	6	4	3	7
镇个数	个	3	3	3	2	4
街道办事处个数	个				1	14
户籍人口	万人	10	6	8	4	14
第二产业从业人员	人	4454	2845	876	67	4400
第三产业从业人员	人	7882	3530	2851	1546	8026
固定电话用户	户	9689	4311	943	2000	14660
二、综合经济						
地区生产总值	万元	252705	207386	137832	129610	608016
第一产业增加值	万元	41670	20298	70447	63775	75546
农业增加值	万元	23663	6680	5494	1232	7437
牧业增加值	万元	17858	12365	64688	62543	50672
第二产业增加值	万元	44368	145276	31989	32536	334265
公共财政收入	万元	9341	23711	3813	4394	23844
各项税收	万元	7061	7748	2946	4394	18484
公共财政支出	万元	179582	136324	148230	118966	221602
居民储蓄存款余额	万元	182761	103852	37893	46172	262069
年末金融机构各项贷款余额	万元	154791	92992	65291	63953	338372
三、农业、工业及投资						
农业机械总动力	万千瓦特	4	9	2		18
机收面积	公顷	842	1050	1703		19569
设施农业占地面积	公顷	34	54	4		73
粮食总产量	吨	27483	22587			40429
棉花产量	吨					
油料产量	吨	3171	822	1935		9360
肉类总产量	吨	6212	3618	14801	16188	19527
规模以上工业企业单位数	个		5		4	26
规模以上工业总产值	万元		224876		37099	545473
固定资产投资	万元	223800	222625	145690	146281	1383413
四、教育、卫生和社会保障						
普通中学在校学生数	人	2926	3425	3704	1603	5648
中等职业教育学校在校学生数	人					4414
小学在校学生数	人	9334	4926	8007	3766	11079
医疗卫生机构床位数	床	133	260	214	233	1045
各种社会福利收养性单位数	个	1	4	1	2	4
各种社会福利收养性单位床位数	床	100	466	186	100	144

2015年县(市)社会经济主要指标

青海省

指　　标	单 位	同德县	贵德县	兴海县	贵南县	玛沁县
一、基本情况						
行政区域面积	平方公里	4653	3600	12182	6650	13400
乡个数	个	3	3	4	3	6
镇个数	个	2	4	3	3	2
街道办事处个数	个	10				
户籍人口	万人	6	11	8	8	5
第二产业从业人员	人	1364	11158	1071	547	1325
第三产业从业人员	人	2292	11654	3687	7865	5706
固定电话用户	户	2432	11745	3726	3612	3540
二、综合经济						
地区生产总值	万元	128517	293563	225890	145985	154775
第一产业增加值	万元	66018	28583	68310	73684	19126
农业增加值	万元	12533	14364	16434	23686	3263
牧业增加值	万元	52450	12879	50799	49367	15495
第二产业增加值	万元	36312	194610	104880	31299	72278
公共财政收入	万元	5420	23369	12094	6298	10628
各项税收	万元	4328	14586	9647	5684	4529
公共财政支出	万元	127306	201714	139407	140432	122533
居民储蓄存款余额	万元	55600	196700	57289	51029	102455
年末金融机构各项贷款余额	万元	83200	172809	94385	64579	21532
三、农业、工业及投资						
农业机械总动力	万千瓦特	5	11	3	11	
机收面积	公顷	16740	3352	2380	28977	
设施农业占地面积	公顷	22	46	8	2616	
粮食总产量	吨	20272	34151	20307	55219	12
棉花产量	吨					
油料产量	吨	1678	5276	3745	6450	
肉类总产量	吨	9495	7070	15877	9731	5172
规模以上工业企业单位数	个	1	4	5		1
规模以上工业总产值	万元	5426	238000	67239		67969
固定资产投资	万元	143755	423916	197503	126809	207500
四、教育、卫生和社会保障						
普通中学在校学生数	人	3051	8205	2548	3091	733
中等职业教育学校在校学生数	人		88		153	2359
小学在校学生数	人	5764	8687	7712	7061	5738
医疗卫生机构床位数	床	241	700	258	460	94
各种社会福利收养性单位数	个	6	2	3	2	6
各种社会福利收养性单位床位数	床	10	150	216	120	312

2015年县(市)社会经济主要指标

青海省

指　　标	单 位	班玛县	甘德县	达日县	久治县	玛多县
一、基本情况						
行政区域面积	平方公里	6139	7100	14842	8757	26248
乡个数	个	8	6	9	5	2
镇个数	个	1	1	1	1	2
街道办事处个数	个					
户籍人口	万人	3	4	3	3	2
第二产业从业人员	人				170	
第三产业从业人员	人	1694	2574	2458	1380	1312
固定电话用户	户	1000	800	1209	1000	1017
二、综合经济						
地区生产总值	万元	31368	25089	27795	31671	23189
第一产业增加值	万元	8905	8232	7673	9938	5168
农业增加值	万元	2041	974	1878	1984	
牧业增加值	万元	6821	7258	5796	7954	5168
第二产业增加值	万元	9957	8631	9617	8166	7796
公共财政收入	万元	4007	2614	2987	5944	3703
各项税收	万元	3515	2339	2458	4717	2746
公共财政支出	万元	89544	76063	93341	89133	83812
居民储蓄存款余额	万元	26756	17679	25014	22079	14810
年末金融机构各项贷款余额	万元	1385	13638	13625	276	1584
三、农业、工业及投资						
农业机械总动力	万千瓦特	2				1
机收面积	公顷					
设施农业占地面积	公顷					
粮食总产量	吨	1338				
棉花产量	吨					
油料产量	吨	66				
肉类总产量	吨	3466	2185	3517	4914	1734
规模以上工业企业单位数	个					
规模以上工业总产值	万元					
固定资产投资	万元	78816	90773	73250	79600	87083
四、教育、卫生和社会保障						
普通中学在校学生数	人	1222	1139	1522	1339	782
中等职业教育学校在校学生数	人				522	
小学在校学生数	人	2445	3060	3827	2891	1317
医疗卫生机构床位数	床	80	96	120	77	78
各种社会福利收养性单位数	个	7	7	4	5	3
各种社会福利收养性单位床位数	床	184	197	220	255	170

2015年县(市)社会经济主要指标

青海省

指　　标	单位	玉树市	杂多县	称多县	治多县	囊谦县
一、基本情况						
行政区域面积	平方公里	15412	35500	23934	88770	12741
乡个数	个	6	7	2	5	9
镇个数	个	2	1	5	1	1
街道办事处个数	个	4				
户籍人口	万人	11	6	7	3	11
第二产业从业人员	人	286	133	1376		
第三产业从业人员	人	5023	1782	2452	2700	2872
固定电话用户	户	13012	2023	1631	1500	4900
二、综合经济						
地区生产总值	万元	123879	105804	94970	65198	82867
第一产业增加值	万元	50435	47842	40798	42475	41871
农业增加值	万元	6705	26125	2986	4120	6435
牧业增加值	万元	38153	20826	37199	38280	35111
第二产业增加值	万元	56853	32853	29663	14542	22785
公共财政收入	万元	19781	2738	2489	79774	4438
各项税收	万元	17253	2738	2273	1579	3785
公共财政支出	万元	158901	119653	90400	77121	137648
居民储蓄存款余额	万元	207938	38776	22832	22154	38158
年末金融机构各项贷款余额	万元	17181	732	3405	315	3224
三、农业、工业及投资						
农业机械总动力	万千瓦特	4	1	3		4
机收面积	公顷	193		1810		3800
设施农业占地面积	公顷	13		165		23
粮食总产量	吨	4144		3910		10624
棉花产量	吨					
油料产量	吨	29		420		347
肉类总产量	吨	11178	6520	3343	6125	8695
规模以上工业企业单位数	个					
规模以上工业总产值	万元					
固定资产投资	万元	102900	70633	63085	68000	86747
四、教育、卫生和社会保障						
普通中学在校学生数	人	5780	2246	1895	2242	3500
中等职业教育学校在校学生数	人					
小学在校学生数	人	15140	8028	8426	3302	9346
医疗卫生机构床位数	床	268	271	315	197	334
各种社会福利收养性单位数	个	21	11	14	8	11
各种社会福利收养性单位床位数	床	846	345	791	555	102

2015年县(市)社会经济主要指标

青海省

指　　标	单 位	曲麻莱县	格尔木市	德令哈市	乌兰县	都兰县
一、基本情况						
行政区域面积	平方公里	46636	119263	27358	12256	45270
乡个数	个	5	2	1		4
镇个数	个	1	2	3	4	4
街道办事处个数	个		5	3		
户籍人口	万人	3	13	8	4	7
第二产业从业人员	人	1579	7531	5263	2192	907
第三产业从业人员	人	2404	6770	9603	2397	2618
固定电话用户	户	815		22433	6541	9885
二、综合经济						
地区生产总值	万元	63381	2852412	455014	117468	299769
第一产业增加值	万元	33763	42364	50476	29290	113571
农业增加值	万元	2708	30713	31131	8605	83808
牧业增加值	万元	29280	9938	13149	17732	25929
第二产业增加值	万元	16652	2008084	163721	59805	120834
公共财政收入	万元	3024	209416	92860	28878	28985
各项税收	万元	2698	786941	87558	21547	20223
公共财政支出	万元	92274	424883	147285	94685	123022
居民储蓄存款余额	万元	26456	1077320	376978	84393	135390
年末金融机构各项贷款余额	万元	3476	3022333	1141187	86555	80977
三、农业、工业及投资						
农业机械总动力	万千瓦特	1	11	9	5	15
机收面积	公顷		255	6024	2190	15533
设施农业占地面积	公顷	3	149	134	95	71
粮食总产量	吨		1777	21760	8213	54054
棉花产量	吨					
油料产量	吨		95	640	296	6062
肉类总产量	吨	4979	5168	5510	4896	8603
规模以上工业企业单位数	个		68	23	8	10
规模以上工业总产值	万元		3950215	421943	102584	321411
固定资产投资	万元	81515	1916173	726829	321714	308186
四、教育、卫生和社会保障						
普通中学在校学生数	人	1189	12363	4918	1905	4056
中等职业教育学校在校学生数	人		2401	3893		
小学在校学生数	人	3036	18207	6231	2117	6107
医疗卫生机构床位数	床	133	1481	350	180	258
各种社会福利收养性单位数	个	7	3	2	1	2
各种社会福利收养性单位床位数	床	240	50	93	34	150

2015年县(市)社会经济主要指标

青海省、宁夏回族自治区

指　　标	单 位	天峻县	永宁县	贺兰县	灵武市	平罗县
一、基本情况						
行政区域面积	平方公里	25989	1179	1599	3846	2086
乡个数	个	7	1	1	2	6
镇个数	个	3	5	4	6	7
街道办事处个数	个		1		1	
户籍人口	万人	2	23	23	25	31
第二产业从业人员	人	1170	19820	40821	24794	35790
第三产业从业人员	人	2426	15384	64457	25100	36274
固定电话用户	户	2901	18000	28900	69360	10242
二、综合经济						
地区生产总值	万元	85200	1212835	1218014	3574542	1408130
第一产业增加值	万元	28340	150695	160102	99458	193926
农业增加值	万元	606	128627	128308	65602	157278
牧业增加值	万元	27734	17871	18146	29463	22016
第二产业增加值	万元	17127	667200	679600	3042911	813727
公共财政收入	万元	39301	144588	156219	186642	86162
各项税收	万元	35635	93376	102200	154418	57343
公共财政支出	万元	83798	314998	271869	422880	285316
居民储蓄存款余额	万元	50397	916004	915300	995474	965513
年末金融机构各项贷款余额	万元	82026	1210864	1003800	2373471	1062364
三、农业、工业及投资						
农业机械总动力	万千瓦特	1	46	40	49	66
机收面积	公顷		27573	29140	24780	46940
设施农业占地面积	公顷	1	6531	4719	1054	2625
粮食总产量	吨		261997	203902	167427	373727
棉花产量	吨					
油料产量	吨		596	1744	355	17300
肉类总产量	吨	6913	14804	7275	18569	16213
规模以上工业企业单位数	个	1	81	131	122	100
规模以上工业总产值	万元	3527	1364931	2027593	6113799	2611847
固定资产投资	万元	271460	2093325	1732638	4884051	1597031
四、教育、卫生和社会保障						
普通中学在校学生数	人	1184	5264	13471	11404	10712
中等职业教育学校在校学生数	人		10226	3045	3242	3700
小学在校学生数	人	1980	23037	20033	20542	21549
医疗卫生机构床位数	床	137	460	411	1318	922
各种社会福利收养性单位数	个	3	1	4	1	6
各种社会福利收养性单位床位数	床	115	120	531	178	678

2015年县(市)社会经济主要指标

宁夏回族自治区

指　标	单 位	盐池县	同心县	青铜峡市	西吉县	隆德县
一、基本情况						
行政区域面积	平方公里	8861	4486	2525	3130	992
乡个数	个	4	4		16	10
镇个数	个	4	7	8	3	3
街道办事处个数	个			1		
户籍人口	万人	17	37	28	50	18
第二产业从业人员	人	17538	35239	42542	50349	15027
第三产业从业人员	人	14981	42193	41185	15041	12825
固定电话用户	户	8060	13000	38790	16850	5650
二、综合经济						
地区生产总值	万元	639384	492169	1293100	492633	207285
第一产业增加值	万元	57414	110484	169350	125968	48031
农业增加值	万元	29767	69813	128064	99618	30514
牧业增加值	万元	25105	37977	34943	25153	14695
第二产业增加值	万元	364448	195198	786542	110300	58488
公共财政收入	万元	75713	22252	69944	16675	13500
各项税收	万元	60300	16464	53257	13367	9333
公共财政支出	万元	284065	365431	239445	386037	216506
居民储蓄存款余额	万元	428400	396007	781035	343367	268583
年末金融机构各项贷款余额	万元	490000	535792	1313557	309783	192259
三、农业、工业及投资						
农业机械总动力	万千瓦特	44	26	64	51	24
机收面积	公顷	28055	43686	38069	63540	14260
设施农业占地面积	公顷	871	2161	3550	1270	1000
粮食总产量	吨	87864	301759	266415	292999	76316
棉花产量	吨					
油料产量	吨	11662	21879		18775	4850
肉类总产量	吨	18572	23866	15794	20669	10953
规模以上工业企业单位数	个	42	46	126	11	9
规模以上工业总产值	万元	578468	491294	2563352	96282	31683
固定资产投资	万元	1507000	926080	1149200	61841	468678
四、教育、卫生和社会保障						
普通中学在校学生数	人	9491	24273	14636	28754	10888
中等职业教育学校在校学生数	人	1243	747	3164	3167	
小学在校学生数	人	12679	39105	20787	40784	11496
医疗卫生机构床位数	床	638	952	1368	846	610
各种社会福利收养性单位数	个	3	6	2	7	8
各种社会福利收养性单位床位数	床	266	428	290	420	1103

2015年县(市)社会经济主要指标

宁夏回族自治区、新疆维吾尔自治区

指　　标	单 位	泾源县	彭阳县	中宁县	海原县	乌鲁木齐县
一、基本情况						
行政区域面积	平方公里	1431	2529	3280	4989	4141
乡个数	个	4	8	5	12	5
镇个数	个	3	4	6	5	1
街道办事处个数	个					
户籍人口	万人	12	25	35	45	6
第二产业从业人员	人	9282	21371	57345	19220	
第三产业从业人员	人	10687	23713	36364	34505	
固定电话用户	户	6107	23000	25118	15409	9412
二、综合经济						
地区生产总值	万元	133769	405850	1268358	438469	215201
第一产业增加值	万元	25166	119237	182772	111983	74403
农业增加值	万元	5728	78342	151737	83580	26038
牧业增加值	万元	13200	32837	27535	26688	45584
第二产业增加值	万元	44178	110280	714688	136752	44662
公共财政收入	万元	12589	22100	94129	17413	58524
各项税收	万元	6213	16254	66770	15072	46274
公共财政支出	万元	149638	275921	319633	400100	170588
居民储蓄存款余额	万元	154735	232247	794336	309917	202487
年末金融机构各项贷款余额	万元	136228	217181	1651686	288300	294463
三、农业、工业及投资						
农业机械总动力	万千瓦特	21	45	47	52	5
机收面积	公顷	7860	30800	24983	40001	8108
设施农业占地面积	公顷		2132	415	3790	718
粮食总产量	吨	16777	225424	293262	238934	
棉花产量	吨					
油料产量	吨	1738	4168	5446	24632	298
肉类总产量	吨	13136	19845	24420	15840	14726
规模以上工业企业单位数	个	5	7	46	6	4
规模以上工业总产值	万元	44587	114064	2054546	298782	34490
固定资产投资	万元	408533	575208	1332031	688232	507678
四、教育、卫生和社会保障						
普通中学在校学生数	人	6099	14183	21842	25210	2165
中等职业教育学校在校学生数	人	499	1665	1659	1774	
小学在校学生数	人	13524	17215	31470	42029	3890
医疗卫生机构床位数	床	396	580	1155	1263	163
各种社会福利收养性单位数	个	5	6	4	2	2
各种社会福利收养性单位床位数	床	208	375	380	330	193

2015年县(市)社会经济主要指标

新疆维吾尔自治区

指　　标	单 位	高昌区	鄯善县	托克逊县	哈密市	巴里坤哈萨克自治县
一、基本情况						
行政区域面积	平方公里	13650	39548	16561	85587	36901
乡个数	个	5	5	3	12	7
镇个数	个	4	5	5	6	5
街道办事处个数	个	3			5	
户籍人口	万人	29	23	12	43	11
第二产业从业人员	人	9433	20373	11077	51040	7273
第三产业从业人员	人	28708	15803	20833	99518	16205
固定电话用户	户	77345	65823	26691	174200	7000
二、综合经济						
地区生产总值	万元	761353	1206731	519251	3307375	485752
第一产业增加值	万元	197553	161631	98896	243603	101320
农业增加值	万元	170197	140380	76125	176421	34189
牧业增加值	万元	25375	20568	21950	63267	66512
第二产业增加值	万元	185500	797000	316001	1725646	236524
公共财政收入	万元	74809	110000	82566	418729	61527
各项税收	万元	52035	60300	49539	283197	32001
公共财政支出	万元	225827	216200	162763	523170	157902
居民储蓄存款余额	万元	532597	529400	199784	2384679	154902
年末金融机构各项贷款余额	万元	877478	576800	273660	4343289	189950
三、农业、工业及投资						
农业机械总动力	万千瓦特	22	22	11	20	14
机收面积	公顷				9533	22933
设施农业占地面积	公顷	4139	3080	1020	1315	36
粮食总产量	吨					
棉花产量	吨	6892	7159	18270	51879	229
油料产量	吨			1694	1119	222
肉类总产量	吨	21659	11323	8876	32827	22432
规模以上工业企业单位数	个	34	42	39	82	21
规模以上工业总产值	万元	353636	1138871	606379	2595146	151169
固定资产投资	万元	1029847	1196600	1251739	3458843	894359
四、教育、卫生和社会保障						
普通中学在校学生数	人	14852	13139	6234	27278	3782
中等职业教育学校在校学生数	人	2433	678		6573	29
小学在校学生数	人	25040	22025	9746	27066	4664
医疗卫生机构床位数	床	1518	790	620	2499	242
各种社会福利收养性单位数	个	4	1	3	8	2
各种社会福利收养性单位床位数	床	350	150	425	1517	420

2015年县(市)社会经济主要指标

新疆维吾尔自治区

指 标	单 位	伊吾县	昌吉市	阜康市	呼图壁县	玛纳斯县
一、基本情况						
行政区域面积	平方公里	19519	8215	8529	9721	11067
乡个数	个	4	2	3	1	4
镇个数	个	3	8	4	6	7
街道办事处个数	个		6	3		
户籍人口	万人	2	37	17	22	25
第二产业从业人员	人	5023	33483	38729	9275	19068
第三产业从业人员	人	6624	70171	32667	23927	6878
固定电话用户	户	7762	158305	40000	20408	38254
二、综合经济						
地区生产总值	万元	443308	3935802	1404974	1383401	1782000
第一产业增加值	万元	49849	399071	274511	432722	625000
农业增加值	万元	20921	198340	136777	195673	420312
牧业增加值	万元	23641	191640	135415	230767	195187
第二产业增加值	万元	321746	2032713	765410	517904	713000
公共财政收入	万元	39113	352991	202599	97820	100700
各项税收	万元	34691	225301	120597	61752	60972
公共财政支出	万元	100191	495190	269291	240615	244643
居民储蓄存款余额	万元	52953	2058250	585292	588784	488121
年末金融机构各项贷款余额	万元	68210	4356584	812808	751895	606702
三、农业、工业及投资						
农业机械总动力	万千瓦特	3	43	20	37	36
机收面积	公顷	3652	53864	43267	66680	56078
设施农业占地面积	公顷	77	356	417	181	106
粮食总产量	吨					
棉花产量	吨	15	29886	1909	42741	75371
油料产量	吨	120	55694	34405	18149	4529
肉类总产量	吨	9885	110157	57743	79286	75350
规模以上工业企业单位数	个	9	139	68	59	43
规模以上工业总产值	万元	289010	3516996	2203975	817325	1712402
固定资产投资	万元	661939	3178810	2251000	1392067	904865
四、教育、卫生和社会保障						
普通中学在校学生数	人	1322	29599	8189	8406	6709
中等职业教育学校在校学生数	人		8785	1036	505	615
小学在校学生数	人	1551	29453	8497	11130	8189
医疗卫生机构床位数	床	225	4336	728	885	758
各种社会福利收养性单位数	个	3	7	3	4	1
各种社会福利收养性单位床位数	床	238	925	316	163	450

2015年县(市)社会经济主要指标

新疆维吾尔自治区

指　　标	单位	奇台县	吉木萨尔县	木垒哈萨克自治县	博乐市	精河县
一、基本情况						
行政区域面积	平方公里	19300	8144	22171	7790	11187
乡个数	个	7	3	4	2	2
镇个数	个	8	6	7	3	3
街道办事处个数	个				3	
户籍人口	万人	20	14	9	26	15
第二产业从业人员	人	7273	14382	3771	2070	5880
第三产业从业人员	人	18060	17435	11358	26932	16256
固定电话用户	户	52784	28703	14078	89713	33656
二、综合经济						
地区生产总值	万元	1298261	1129383	276205	1448654	702981
第一产业增加值	万元	464851	200572	117034	302012	255080
农业增加值	万元	186562	76983	59423	240521	228767
牧业增加值	万元	275728	116972	56420	55646	24711
第二产业增加值	万元	490825	730009	49000	458342	198103
公共财政收入	万元	90424	128700	33261	90632	33433
各项税收	万元	64767	100638	19786	69070	27878
公共财政支出	万元	250981	206686	149733	267435	150337
居民储蓄存款余额	万元	534269	326812	164875	689593	305666
年末金融机构各项贷款余额	万元	894079	313406	230680	846805	316421
三、农业、工业及投资						
农业机械总动力	万千瓦特	55	21	17	28	33
机收面积	公顷	122081	44988	43374	56265	31448
设施农业占地面积	公顷	319	250	168	67	68
粮食总产量	吨					
棉花产量	吨				57675	107090
油料产量	吨	25226	6789	5543	116	3465
肉类总产量	吨	129952	44803	17420	11789	6377
规模以上工业企业单位数	个	28	30	4	39	19
规模以上工业总产值	万元	634856	3250775	36687	248753	171104
固定资产投资	万元	2852567	2595381	850006	1381992	725716
四、教育、卫生和社会保障						
普通中学在校学生数	人	11416	5712	3015	10531	5514
中等职业教育学校在校学生数	人	2377	656			
小学在校学生数	人	11762	6859	4522	14651	9553
医疗卫生机构床位数	床	1019	621	404	1427	508
各种社会福利收养性单位数	个	12	3	3	4	4
各种社会福利收养性单位床位数	床	513	418	170	715	458

2015年县(市)社会经济主要指标

新疆维吾尔自治区

指　　标	单 位	温泉县	库尔勒市	轮台县	尉犁县	若羌县
一、基本情况						
行政区域面积	平方公里	5881	7267	14182	59700	202298
乡个数	个	3	9	7	7	3
镇个数	个	3	3	4	1	5
街道办事处个数	个		5			
户籍人口	万人	8	49	12	10	3
第二产业从业人员	人	3100	36834	7354	2755	8200
第三产业从业人员	人	4841	62879	12322	10304	6308
固定电话用户	户	5128	213622	31757	23000	15464
二、综合经济						
地区生产总值	万元	230044	6637443	480255	511704	669203
第一产业增加值	万元	79060	400500	161982	294122	202900
农业增加值	万元	53424	334360	134793	263188	194761
牧业增加值	万元	23853	65021	26656	28894	7100
第二产业增加值	万元	50275	4939658	49814	82623	372443
公共财政收入	万元	11158	311000	69010	21298	88258
各项税收	万元	7415	254438	60159	15114	81707
公共财政支出	万元	111308	446322	146615	130084	142247
居民储蓄存款余额	万元		3293640	280294	240347	136088
年末金融机构各项贷款余额	万元	99158	3428528	337769	270382	270426
三、农业、工业及投资						
农业机械总动力	万千瓦特	14	54	22	43	6
机收面积	公顷	39350	3240	9505	2000	2411
设施农业占地面积	公顷	35	496	92	146	286
粮食总产量	吨					
棉花产量	吨		171912	75805	152027	2649
油料产量	吨	6430	701		4184	
肉类总产量	吨	6803	25210	10006	6733	2312
规模以上工业企业单位数	个	5	48	15	5	9
规模以上工业总产值	万元	10837	5493293	214119	14631	468473
固定资产投资	万元	173855	4070311	162680	228185	351223
四、教育、卫生和社会保障						
普通中学在校学生数	人	1983	26236	5787	3707	1391
中等职业教育学校在校学生数	人		5906	360		
小学在校学生数	人	3323	47636	12780	7032	2734
医疗卫生机构床位数	床	238	4415	734	406	144
各种社会福利收养性单位数	个	2	14	7	4	2
各种社会福利收养性单位床位数	床	480	1300	173	310	145

2015年县(市)社会经济主要指标

新疆维吾尔自治区

指标	单位	且末县	焉耆回族自治县	和静县	和硕县	博湖县
一、基本情况						
行政区域面积	平方公里	138645	2571	34978	12753	3581
乡个数	个	9	4	5	4	5
镇个数	个	3	4	7	3	2
街道办事处个数	个					
户籍人口	万人	7	14	18	7	6
第二产业从业人员	人	6853	8897	13950	1025	1816
第三产业从业人员	人	7522	24044	33323	12139	6367
固定电话用户	户	9000	35913	23856	19299	13400
二、综合经济						
地区生产总值	万元	237879	600020	701463	327543	246667
第一产业增加值	万元	118302	140584	206819	195861	96323
农业增加值	万元	86953	80848	130918	165324	76547
牧业增加值	万元	28833	45588	71748	27808	13613
第二产业增加值	万元	31698	132433	210249	35912	41730
公共财政收入	万元	20615	30551	35500	15730	14763
各项税收	万元	17614	19516	28815	11698	8606
公共财政支出	万元	133181	136576	182745	107623	95820
居民储蓄存款余额	万元	136319	360144	333868	146331	137132
年末金融机构各项贷款余额	万元	224137	324098	333385	142352	290412
三、农业、工业及投资						
农业机械总动力	万千瓦特	14	28	22	19	16
机收面积	公顷	10980	20384	27164	10853	7155
设施农业占地面积	公顷	77	85	659	1845	1836
粮食总产量	吨					
棉花产量	吨	16691	956	140	14035	3890
油料产量	吨	769	1166	1349	885	1391
肉类总产量	吨	12585	12006	25811	7850	8405
规模以上工业企业单位数	个	1	11	22	13	6
规模以上工业总产值	万元	8225	70662	356029	55846	29322
固定资产投资	万元	230014	299542	346662	124443	84069
四、教育、卫生和社会保障						
普通中学在校学生数	人	3373	5858	6839	2836	2273
中等职业教育学校在校学生数	人		379	351		
小学在校学生数	人	5488	9879	11696	4805	3529
医疗卫生机构床位数	床	529	655	1013	317	259
各种社会福利收养性单位数	个	1	5	4	1	6
各种社会福利收养性单位床位数	床	140	540	776	100	184

2015年县(市)社会经济主要指标

新疆维吾尔自治区

指　　标	单 位	阿克苏市	温宿县	库车县	沙雅县	新和县
一、基本情况						
行政区域面积	平方公里	15033	14336	14603	31955	5821
乡个数	个	4	5	6	5	6
镇个数	个	2	5	8	6	2
街道办事处个数	个	7	9	4		
户籍人口	万人	51	25	50	26	20
第二产业从业人员	人	17222	2255	21624	5896	3268
第三产业从业人员	人	49124	14088	53473	23569	10079
固定电话用户	户	108900	19372	33019	10602	8214
二、综合经济						
地区生产总值	万元	1727801	537783	1585364	510435	354306
第一产业增加值	万元	208866	218016	220892	149767	127316
农业增加值	万元	160506	177980	176572	129009	112065
牧业增加值	万元	44979	32864	39690	17406	12420
第二产业增加值	万元	473417	104746	817255	102317	72740
公共财政收入	万元	160063	43467	260292	76498	39000
各项税收	万元	120990	39327	209979	64561	27475
公共财政支出	万元	344383	222537	455366	215482	171660
居民储蓄存款余额	万元	2123767	416251	493552	336237	191569
年末金融机构各项贷款余额	万元	2453530	534381	795672	473865	253324
三、农业、工业及投资						
农业机械总动力	万千瓦特	26	46	37	32	21
机收面积	公顷	660	45930	3247	22220	20333
设施农业占地面积	公顷	3132	952	827	913	728
粮食总产量	吨					
棉花产量	吨	120438	80200	186783	197738	119728
油料产量	吨		1065	477	19	140
肉类总产量	吨	66000	27100	68179	14084	9502
规模以上工业企业单位数	个	60	26	47	16	8
规模以上工业总产值	万元	1257188	115075	1945033	215522	129740
固定资产投资	万元	1693028	824000	1668127	551458	300000
四、教育、卫生和社会保障						
普通中学在校学生数	人	28417	13494	32424	15263	10283
中等职业教育学校在校学生数	人	5968	592	550	1678	1207
小学在校学生数	人	51535	22471	45888	26154	20711
医疗卫生机构床位数	床	3540	754	1810	1152	948
各种社会福利收养性单位数	个	5	6	6	4	4
各种社会福利收养性单位床位数	床	135	218	886	146	205

2015年县(市)社会经济主要指标

新疆维吾尔自治区

指　　标	单 位	拜城县	乌什县	阿瓦提县	柯坪县	阿图什市
一、基本情况						
行政区域面积	平方公里	19100	9082	13018	8912	16151
乡个数	个	10	6	5	2	6
镇个数	个	4	3	3	3	1
街道办事处个数	个					2
户籍人口	万人	24	24	26	6	27
第二产业从业人员	人	11542	3615	5021	757	12616
第三产业从业人员	人	12336	11905	33587	909	23742
固定电话用户	户	15700	4800	10530	6230	37425
二、综合经济						
地区生产总值	万元	557696	259135	455481	94125	445760
第一产业增加值	万元	124811	87468	177204	21629	64300
农业增加值	万元	82880	71914	165475	15744	39900
牧业增加值	万元	34692	13585	10924	5308	22787
第二产业增加值	万元	226148	33881	73287	17399	109082
公共财政收入	万元	117010	10925	19039	6088	61853
各项税收	万元	98106	8952	13695	3662	41136
公共财政支出	万元	258388	203695	216274	90421	449835
居民储蓄存款余额	万元	366356	159818	298282	43737	416330
年末金融机构各项贷款余额	万元	446404	172926	356278	33800	349427
三、农业、工业及投资						
农业机械总动力	万千瓦特	42	29	39	5	14
机收面积	公顷	31630	21791	114400	2880	9547
设施农业占地面积	公顷	880	391		280	100
粮食总产量	吨					
棉花产量	吨		542	123344	11639	9253
油料产量	吨	8035	3300		1065	48
肉类总产量	吨	31227	22560	21620	3417	16525
规模以上工业企业单位数	个	29	4	7	3	15
规模以上工业总产值	万元	454082	28251	55079	34311	140071
固定资产投资	万元	774980	236000	300707	141751	464191
四、教育、卫生和社会保障						
普通中学在校学生数	人	13238	12635	12097	3254	19033
中等职业教育学校在校学生数	人	1151	1420	1737	194	1049
小学在校学生数	人	20660	21036	27619	6118	28314
医疗卫生机构床位数	床	831	597	851	230	1859
各种社会福利收养性单位数	个	7	14	6	5	2
各种社会福利收养性单位床位数	床	752	529	463	100	205

2015年县(市)社会经济主要指标

新疆维吾尔自治区

指　　标	单 位	阿克陶县	阿合奇县	乌恰县	喀什市	疏附县
一、基本情况						
行政区域面积	平方公里	24540	12737	22000	1059	2708
乡个数	个	11	5	9	11	6
镇个数	个	2	1	2	2	4
街道办事处个数	个				4	8
户籍人口	万人	22	4	6	63	28
第二产业从业人员	人	13647	1150	5308	51176	19000
第三产业从业人员	人	6057	6270	4021	155302	31100
固定电话用户	户	5355	5600	6283	118112	5904
二、综合经济						
地区生产总值	万元	260931	88121	200765	2165000	410600
第一产业增加值	万元	57926	9427	10008	81200	155600
农业增加值	万元	39315	2208	2630	39835	112000
牧业增加值	万元	16719	6611	7246	36913	41000
第二产业增加值	万元	77329	23717	84583	674300	81000
公共财政收入	万元	24897	8818	22405	173183	31387
各项税收	万元	18078	8757	17356	140700	15424
公共财政支出	万元	294168	117750	136651	598300	277925
居民储蓄存款余额	万元	142473	45965	63188	1779700	184992
年末金融机构各项贷款余额	万元	215242	87985	75352	2245500	169333
三、农业、工业及投资						
农业机械总动力	万千瓦特	25	3	2	15	41
机收面积	公顷	19665	3633	1303		23000
设施农业占地面积	公顷	490	233	192	518	233
粮食总产量	吨					
棉花产量	吨	9232			10535	13473
油料产量	吨	44	337	177		160
肉类总产量	吨	14809	4311	5632	39900	38080
规模以上工业企业单位数	个	10	1	11	26	2
规模以上工业总产值	万元	127128	19634	106972	359272	4896
固定资产投资	万元	482755	74713	321100	1601100	544545
四、教育、卫生和社会保障						
普通中学在校学生数	人	12191	2108	2059	49841	17323
中等职业教育学校在校学生数	人	1789	61	168	11935	829
小学在校学生数	人	23144	4760	5348	73888	25309
医疗卫生机构床位数	床	781	362	354	5683	864
各种社会福利收养性单位数	个	1	3	2	10	8
各种社会福利收养性单位床位数	床	200	263	185	409	125

2015年县(市)社会经济主要指标

新疆维吾尔自治区

指　　标	单 位	疏勒县	英吉沙县	泽普县	莎车县	叶城县
一、基本情况						
行政区域面积	平方公里	2398	3425	988	8957	28929
乡个数	个	12	13	10	22	17
镇个数	个	3	1	2	8	3
街道办事处个数	个				1	
户籍人口	万人	36	30	20	85	52
第二产业从业人员	人	16755	25882	11969	41200	35953
第三产业从业人员	人	21500	65582	25100	60023	28367
固定电话用户	户	16221	7000	12440	26223	8017
二、综合经济						
地区生产总值	万元	700980	401001	494771	867930	826247
第一产业增加值	万元	223949	122056	153090	419484	341030
农业增加值	万元	135924	90571	124110	327660	269028
牧业增加值	万元	77834	28137	26444	72982	61327
第二产业增加值	万元	328316	120005	114405	130571	217714
公共财政收入	万元	43745	20026	24267	64258	51237
各项税收	万元	25395	13175	19705	26647	28211
公共财政支出	万元	304001	270140	204393	616687	438248
居民储蓄存款余额	万元	327393	145930	359431	621304	407398
年末金融机构各项贷款余额	万元	232000	145349	175365	482453	285900
三、农业、工业及投资						
农业机械总动力	万千瓦特	52	22	27	78	39
机收面积	公顷	24511	16133	19120	44827	35960
设施农业占地面积	公顷	700	1015	276	1213	1470
粮食总产量	吨					
棉花产量	吨	64800	28952	23595	144178	26278
油料产量	吨		201	393	10373	3577
肉类总产量	吨	46398	24719	30191	66100	57914
规模以上工业企业单位数	个	18	7	6	6	15
规模以上工业总产值	万元	107346	41544	17290	98369	133331
固定资产投资	万元	800523	636038	429013	622000	773231
四、教育、卫生和社会保障						
普通中学在校学生数	人	22564	12937	14820	53168	41424
中等职业教育学校在校学生数	人	4110	2268	1039	6472	4708
小学在校学生数	人	34815	30040	19563	98799	55242
医疗卫生机构床位数	床	900	745	994	2673	4169
各种社会福利收养性单位数	个	4	12	14	73	20
各种社会福利收养性单位床位数	床	271	1100	537	912	298

2015年县(市)社会经济主要指标

新疆维吾尔自治区

指　　标	单 位	麦盖提县	岳普湖县	伽师县	巴楚县	塔什库尔干塔吉克自治县
一、基本情况						
行政区域面积	平方公里	15200	3023	6528	21700	25000
乡个数	个	9	5	10	8	10
镇个数	个	1	4	3	4	2
街道办事处个数	个					
户籍人口	万人	24	17	43	38	4
第二产业从业人员	人	6217	4760	5553	2100	2870
第三产业从业人员	人	10123	13824	11769	12500	2904
固定电话用户	户	16502	4630	10969	24000	1625
二、综合经济						
地区生产总值	万元	433072	380071	646137	651400	110639
第一产业增加值	万元	215301	98071	245006	221700	14807
农业增加值	万元	179651	76950	179609	182099	5009
牧业增加值	万元	32309	16483	60431	37730	9798
第二产业增加值	万元	83368	152635	220351	134700	56564
公共财政收入	万元	26000	19086	42178	38501	16216
各项税收	万元	16996	11470	26747	29118	6800
公共财政支出	万元	246547	198494	353053	379710	131146
居民储蓄存款余额	万元	274186	129308	208703	391404	40868
年末金融机构各项贷款余额	万元	233280	126254	253768	308700	29790
三、农业、工业及投资						
农业机械总动力	万千瓦特	28	18	30	50	3
机收面积	公顷	17320	10752	74180	18800	
设施农业占地面积	公顷	230	53	498	398	5
粮食总产量	吨					
棉花产量	吨	88296	78398	176120	100240	532
油料产量	吨		240			
肉类总产量	吨	28061	18004	49998	37140	6238
规模以上工业企业单位数	个	3	10	6	6	3
规模以上工业总产值	万元	14383	87497	89683	37485	14586
固定资产投资	万元	471000	580413	625320	680812	309417
四、教育、卫生和社会保障						
普通中学在校学生数	人	12378	7590	24674	18852	2263
中等职业教育学校在校学生数	人	1407	1147	3535	1815	195
小学在校学生数	人	24130	14586	46291	37410	3725
医疗卫生机构床位数	床	680	663	1237	1700	220
各种社会福利收养性单位数	个	4	7	3	12	2
各种社会福利收养性单位床位数	床	410	310	360	434	109

2015年县(市)社会经济主要指标

新疆维吾尔自治区

指　　标	单 位	和田市	和田县	墨玉县	皮山县	洛浦县
一、基本情况						
行政区域面积	平方公里	466	41080	25608	39463	14114
乡个数	个	6	10	12	12	7
镇个数	个	2	2	4	4	2
街道办事处个数	个	4		3	1	1
户籍人口	万人	35	33	58	27	29
第二产业从业人员	人	19997	16276	34649	6927	6506
第三产业从业人员	人	25380	9267	25329	7471	9408
固定电话用户	户	67240	34388	12590	9100	5520
二、综合经济						
地区生产总值	万元	653384	298868	401360	230790	246310
第一产业增加值	万元	38761	96152	141460	94083	64220
农业增加值	万元	20394	74610	98016	68540	45644
牧业增加值	万元	17275	18949	41015	23084	16321
第二产业增加值	万元	123223	68059	33700	21887	45271
公共财政收入	万元	84722	16022	23500	13792	17316
各项税收	万元	55349	11849	19900	10340	12225
公共财政支出	万元	590089	246035	424500	333733	259627
居民储蓄存款余额	万元	886321	75274	258950	196310	177094
年末金融机构各项贷款余额	万元	557968	144314	248642	204400	204314
三、农业、工业及投资						
农业机械总动力	万千瓦特	8	12	21	10	13
机收面积	公顷	4922	15813	17010	6730	12268
设施农业占地面积	公顷	337	234	152	185	117
粮食总产量	吨					
棉花产量	吨	2092	13442	15763	10451	1796
油料产量	吨	362	621	229	1215	1556
肉类总产量	吨	13950	18618	38633	16163	15442
规模以上工业企业单位数	个	8	6	2	3	4
规模以上工业总产值	万元	25655	53198	6900	17725	34148
固定资产投资	万元	811003	332039	395186	236050	276202
四、教育、卫生和社会保障						
普通中学在校学生数	人	22363	19048	34959	12499	11589
中等职业教育学校在校学生数	人	1717	2077	6390	4033	1251
小学在校学生数	人	40314	35542	56502	22844	27184
医疗卫生机构床位数	床	4388	521	2934	1212	1320
各种社会福利收养性单位数	个	9	10	17	15	12
各种社会福利收养性单位床位数	床	452	449	565	428	348

2015年县(市)社会经济主要指标

新疆维吾尔自治区

指　　标	单 位	策勒县	于田县	民丰县	伊宁市	奎屯市
一、基本情况						
行政区域面积	平方公里	31592	39034	57575	761	1110
乡个数	个	6	13	6	8	1
镇个数	个	2	2	1	1	
街道办事处个数	个	1	2	1	8	5
户籍人口	万人	17	28	4	55	16
第二产业从业人员	人	6339	7527	968	34911	6901
第三产业从业人员	人	5712	10755	1666	105183	25091
固定电话用户	户	9149	12501	4769	101227	105837
二、综合经济						
地区生产总值	万元	170197	236660	90223	2053177	1203643
第一产业增加值	万元	54218	75648	15396	68879	71148
农业增加值	万元	34058	55064	6385	43423	51125
牧业增加值	万元	19406	19071	8096	23808	17473
第二产业增加值	万元	24168	32942	13949	440159	479365
公共财政收入	万元	8550	27142	9001	246891	113659
各项税收	万元	6895	11480	6860	220005	94642
公共财政支出	万元	167824	262008	90331	454948	210364
居民储蓄存款余额	万元	92938	146213	49147	2058208	1212675
年末金融机构各项贷款余额	万元	140799	162514	35682	4379961	1960054
三、农业、工业及投资						
农业机械总动力	万千瓦特	8	14	3	9	2
机收面积	公顷	7270	11970	970	10113	6388
设施农业占地面积	公顷	91	263	24	890	
粮食总产量	吨					
棉花产量	吨	3679	8594	12		10560
油料产量	吨	2265	4775	4	801	
肉类总产量	吨	15199	20195	7160	15466	5538
规模以上工业企业单位数	个		3		33	33
规模以上工业总产值	万元		17359		332955	577180
固定资产投资	万元	191195	245893	94669	1840315	702989
四、教育、卫生和社会保障						
普通中学在校学生数	人	7479	8490	1850	38063	17390
中等职业教育学校在校学生数	人	865	3310	298	8010	1285
小学在校学生数	人	14167	24719	3436	51631	12084
医疗卫生机构床位数	床	820	1511	296	4478	2408
各种社会福利收养性单位数	个	10	13	2	8	5
各种社会福利收养性单位床位数	床	569	562	60	465	532

2015年县(市)社会经济主要指标

新疆维吾尔自治区

指　　标	单 位	霍尔果斯市	伊宁县	察布查尔锡伯自治县	霍城县	巩留县
一、基本情况						
行政区域面积	平方公里	1909	4682	4485	3780	4327
乡个数	个	1	14	10	4	3
镇个数	个		4	3	5	5
街道办事处个数	个	4				
户籍人口	万人	7	44	20	34	20
第二产业从业人员	人	1819	32233	9866	16562	7635
第三产业从业人员	人	15367	38690	14864	30690	23441
固定电话用户	户	14593	38521	31831	60125	25228
二、综合经济						
地区生产总值	万元	415049	759896	476440	780779	433761
第一产业增加值	万元	80298	309449	229955	255787	141729
农业增加值	万元	65868	139542	150094	159409	66071
牧业增加值	万元	13361	161873	70230	89716	73800
第二产业增加值	万元	163781	200303	96978	194077	166534
公共财政收入	万元	34759	46447	26700	43117	19600
各项税收	万元	31129	37175	20087	36351	15896
公共财政支出	万元	77272	245763	177671	232738	166356
居民储蓄存款余额	万元	74000	272647	208894	483425	187634
年末金融机构各项贷款余额	万元	124200	776537	332322	350718	227657
三、农业、工业及投资						
农业机械总动力	万千瓦特	4	34	24	19	23
机收面积	公顷	4389	68219	71321	38021	46000
设施农业占地面积	公顷	15	186	224	424	181
粮食总产量	吨					
棉花产量	吨	227	1	592	2105	
油料产量	吨	305	8322	11008	10317	6270
肉类总产量	吨	3190	63586	21970	45080	35468
规模以上工业企业单位数	个	2	27	11	10	9
规模以上工业总产值	万元	8044	405518	80174	80309	177394
固定资产投资	万元	254478	705901	575502	510462	271790
四、教育、卫生和社会保障						
普通中学在校学生数	人	1039	21943	8147	14839	6562
中等职业教育学校在校学生数	人		1327	131	573	53
小学在校学生数	人	2307	41132	14272	24035	18026
医疗卫生机构床位数	床	170	2491	667	1007	822
各种社会福利收养性单位数	个	1	4	2	6	2
各种社会福利收养性单位床位数	床	4	177	276	130	280

2015年县(市)社会经济主要指标

新疆维吾尔自治区

指　　标	单 位	新源县	昭苏县	特克斯县	尼勒克县	塔城市
一、基本情况						
行政区域面积	平方公里	7422	11128	8067	10130	4357
乡个数	个	3	7	3	10	4
镇个数	个	8	3	5	1	2
街道办事处个数	个					3
户籍人口	万人	30	19	18	19	15
第二产业从业人员	人	19683	7082	8364	10992	2635
第三产业从业人员	人	25246	16838	17425	24042	19576
固定电话用户	户	47568	11021	18831	25000	52000
二、综合经济						
地区生产总值	万元	802914	441027	265352	460799	878829
第一产业增加值	万元	277295	180559	108282	156181	181672
农业增加值	万元	100400	84250	34760	40584	116707
牧业增加值	万元	153992	95847	72769	113888	62377
第二产业增加值	万元	263916	106855	43075	188866	187041
公共财政收入	万元	50441	14696	20610	27316	50530
各项税收	万元	41107	10615	15792	20739	39497
公共财政支出	万元	205420	170407	157297	161870	188735
居民储蓄存款余额	万元	388747	150881	124280	182994	526900
年末金融机构各项贷款余额	万元	427801	194901	173853	184724	744000
三、农业、工业及投资						
农业机械总动力	万千瓦特	30	17	13	17	31
机收面积	公顷	64810	54030	30300	34497	92150
设施农业占地面积	公顷	274	39	574	170	1073
粮食总产量	吨					
棉花产量	吨					
油料产量	吨	6741	18034	6507	3041	754
肉类总产量	吨	52211	30050	20331	39171	22692
规模以上工业企业单位数	个	13	1	4	10	5
规模以上工业总产值	万元	364389	5487	42304	154006	42643
固定资产投资	万元	350005	300025	250000	442000	552909
四、教育、卫生和社会保障						
普通中学在校学生数	人	19406	7121	8426	8013	10480
中等职业教育学校在校学生数	人			295	93	1804
小学在校学生数	人	27486	13296	16366	15571	10336
医疗卫生机构床位数	床	1138	608	747	791	954
各种社会福利收养性单位数	个	6	1	1	5	3
各种社会福利收养性单位床位数	床	410	120	100	300	428

2015年县(市)社会经济主要指标

新疆维吾尔自治区

指　　标	单 位	乌苏市	额敏县	沙湾县	托里县	裕民县
一、基本情况						
行政区域面积	平方公里	14394	9532	13110	21300	6220
乡个数	个	7	12	3	4	4
镇个数	个	10	6	9	3	2
街道办事处个数	个	3				
户籍人口	万人	23	16	21	10	6
第二产业从业人员	人	9573	2012	18360	8655	921
第三产业从业人员	人	31563	11235	28500	8215	3858
固定电话用户	户	39938	36359	44696	9819	22180
二、综合经济						
地区生产总值	万元	1375175	570210	1324636	421923	141756
第一产业增加值	万元	418782	160592	469000	61365	43771
农业增加值	万元	326258	93486	332942	25340	25570
牧业增加值	万元	88807	65556	132809	35510	17498
第二产业增加值	万元	645314	197266	330973	263067	32757
公共财政收入	万元	133377	44375	82824	20010	7722
各项税收	万元	90730	34074	58893	16215	5972
公共财政支出	万元	290137	198016	240604	115426	89688
居民储蓄存款余额	万元	660984	318417	632059	124701	103841
年末金融机构各项贷款余额	万元	784501	354984	616649	86318	83419
三、农业、工业及投资						
农业机械总动力	万千瓦特	68	31	67	11	15
机收面积	公顷	89800	86990	102234	30667	38137
设施农业占地面积	公顷	1547	352	508	30	4
粮食总产量	吨					
棉花产量	吨	186251		218139	693	
油料产量	吨	14551	800	14912	1866	7813
肉类总产量	吨	39572	26541	58406	15420	12853
规模以上工业企业单位数	个	17	6	30	10	
规模以上工业总产值	万元	723804	32594	49477	167240	
固定资产投资	万元	860640	586000	655154	264305	70788
四、教育、卫生和社会保障						
普通中学在校学生数	人	12602	8595	13119	5823	2138
中等职业教育学校在校学生数	人	1562	167	666		
小学在校学生数	人	16361	12151	13831	8649	3909
医疗卫生机构床位数	床	1463	672	886	514	292
各种社会福利收养性单位数	个	4	1	6	1	1
各种社会福利收养性单位床位数	床	183	70	464	140	102

2015年县(市)社会经济主要指标

新疆维吾尔自治区

指　　标	单 位	和布克赛尔蒙古自治县	阿勒泰市	布尔津县	富蕴县	福海县
一、基本情况						
行政区域面积	平方公里	30600	11481	10357	32186	32035
乡个数	个	6	6	5	5	3
镇个数	个	2	5	2	5	3
街道办事处个数	个		3			
户籍人口	万人	6	20	7	10	7
第二产业从业人员	人	2305	4915	4780	4145	6044
第三产业从业人员	人	6098	30968	5160	6579	8908
固定电话用户	户	12550	72900	14680	29000	20152
二、综合经济						
地区生产总值	万元	264005	607916	210363	426546	212578
第一产业增加值	万元	41310	88424	34809	62429	86763
农业增加值	万元	15459	46815	16312	23715	53070
牧业增加值	万元	25568	40223	17060	37621	26623
第二产业增加值	万元	158000	110053	89911	261650	34388
公共财政收入	万元	52343	62000	35522	77007	31575
各项税收	万元	45220	51321	28736	44956	25601
公共财政支出	万元	124159	238169	134912	193653	139998
居民储蓄存款余额	万元	141918	546418	136817	189012	159878
年末金融机构各项贷款余额	万元	149236	748976	234587	338854	163647
三、农业、工业及投资						
农业机械总动力	万千瓦特	5	18	10	14	18
机收面积	公顷	9530	26139	26000		56078
设施农业占地面积	公顷		86	43	3	28
粮食总产量	吨					
棉花产量	吨	1704				
油料产量	吨	12400	20050	24302	6452	11883
肉类总产量	吨	13713	20052	10641	14268	13220
规模以上工业企业单位数	个	6	11	15	19	10
规模以上工业总产值	万元	113786	33257	81519	353592	37990
固定资产投资	万元	320371	40365	440334	397512	198550
四、教育、卫生和社会保障						
普通中学在校学生数	人	2436	9676	3738	5196	3523
中等职业教育学校在校学生数	人	432	7281		305	284
小学在校学生数	人	4031	11989	6057	9608	5189
医疗卫生机构床位数	床	526	1246	297	450	323
各种社会福利收养性单位数	个	2	1	5	3	2
各种社会福利收养性单位床位数	床	266	150	105	200	110

2015年县(市)社会经济主要指标

新疆维吾尔自治区

指　　标	单 位	哈巴河县	青河县	吉木乃县	石河子市	阿拉尔市
一、基本情况						
行政区域面积	平方公里	8186	15743	7146	460	5264
乡个数	个	4	4	4		1
镇个数	个	3	3	3	2	1
街道办事处个数	个				5	4
户籍人口	万人	8	7	4	39	22
第二产业从业人员	人	6273	381	1045	62629	39400
第三产业从业人员	人	10212	5093	9947	38953	79400
固定电话用户	户	13598	15520	12369	140140	52000
二、综合经济						
地区生产总值	万元	340762	143954	112441	3157844	2502806
第一产业增加值	万元	75612	37538	13096	107541	1025116
农业增加值	万元	42793	15380	5343	71752	959791
牧业增加值	万元	29452	18090	7579	32776	50847
第二产业增加值	万元	174161	49706	68600	1854032	964995
公共财政收入	万元	61372	20017	10050	368259	66882
各项税收	万元	51057	12697	7432	291093	57581
公共财政支出	万元	153658	129690	92870	445887	93548
居民储蓄存款余额	万元	199482	80943	65323	2245559	660604
年末金融机构各项贷款余额	万元	167965	70489	70489	2434222	679000
三、农业、工业及投资						
农业机械总动力	万千瓦特	15	6	3	95	83
机收面积	公顷	38500	14028	7628	13883	140760
设施农业占地面积	公顷	16	168	33	176	623
粮食总产量	吨					
棉花产量	吨				24360	329859
油料产量	吨	25594	5043	4003	426	520
肉类总产量	吨	12641	5747	4774	19645	28634
规模以上工业企业单位数	个	10	9	3	100	144
规模以上工业总产值	万元	186543	56449	79675	4775122	1753455
固定资产投资	万元	225110	151114	198034	2588937	1705623
四、教育、卫生和社会保障						
普通中学在校学生数	人	5132	3768	1966	28527	24930
中等职业教育学校在校学生数	人				12038	1926
小学在校学生数	人	8308	5840	2853	22000	20400
医疗卫生机构床位数	床	420	230	234	4016	1926
各种社会福利收养性单位数	个	3	4	1	13	9
各种社会福利收养性单位床位数	床	240	135	30	2505	372

2015年县(市)社会经济主要指标

新疆维吾尔自治区

指　　标	单 位	图木舒克市	五家渠市	北屯市
一、基本情况				
行政区域面积	平方公里	2003	740	911
乡个数	个			
镇个数	个	1	2	
街道办事处个数	个	3	3	
户籍人口	万人	17	9	5
第二产业从业人员	人	17222	25605	6464
第三产业从业人员	人	21822	36358	12394
固定电话用户	户	16744	32000	35000
二、综合经济				
地区生产总值	万元	667071	1230328	310878
第一产业增加值	万元	197759	66502	47331
农业增加值	万元	177790	48456	30145
牧业增加值	万元	17446	16641	11813
第二产业增加值	万元	317954	851105	156505
公共财政收入	万元	31040	117059	22634
各项税收	万元	28224	108957	21755
公共财政支出	万元	53854	139434	30456
居民储蓄存款余额	万元	244108	578104	486072
年末金融机构各项贷款余额	万元	308834	1117752	625843
三、农业、工业及投资				
农业机械总动力	万千瓦特	16	6	13
机收面积	公顷	52797	12541	
设施农业占地面积	公顷	139	147	138
粮食总产量	吨			
棉花产量	吨	85280	105834	
油料产量	吨	2400	13798	2325
肉类总产量	吨	12305	15348	8777
规模以上工业企业单位数	个	38	44	12
规模以上工业总产值	万元	529504	2987371	137302
固定资产投资	万元	852030	1388178	516490
四、教育、卫生和社会保障				
普通中学在校学生数	人	9685	10106	5182
中等职业教育学校在校学生数	人	754	1749	533
小学在校学生数	人	17424	6500	4165
医疗卫生机构床位数	床	473	1705	644
各种社会福利收养性单位数	个	4	6	7
各种社会福利收养性单位床位数	床	330	610	828

2

按主要经济指标分组县（市）资料

按公共财政收入分组的社会经济基本情况

指　　标	单　位	公共财政收入(2015年)			
		1亿元以下	1亿元-5亿元	5亿元-10亿元	10亿元以上
一、基本情况					
县个数		134	707	545	693
行政区域面积	平方公里	1755859	3353465	2098478	2012926
乡个数	个	1050	4235	3025	2403
镇个数	个	371	4532	5181	7586
街道办事处个数	个	105	458	690	1751
户籍人口	万人	955	21399	29030	50720
第二产业从业人员	人	478815	19444828	34113954	97641160
第三产业从业人员	人	806315	26914474	40940992	89571648
固定电话用户	户	574214	16126590	25476807	67189457
二、综合经济					
地区生产总值	万元	14865792	457478381	750668632	2576904262
第一产业增加值	万元	3819208	112600453	149579847	253496309
农业增加值	万元	1831658	69318060	90100955	145441937
牧业增加值	万元	1777241	33011115	42503904	64635043
第二产业增加值	万元	4247647	181048471	332489881	1347400707
公共财政收入	万元	688937	21220944	38513370	206397384
各项税收	万元	605410	17534787	32679403	207597042
公共财政支出	万元	13516439	138494759	147973914	340507831
居民储蓄存款余额	万元	9859533	352305110	535742102	1512788014
年末金融机构各项贷款余额	万元	11120930	280924451	413220654	1752911499
三、农业、工业及投资					
农业机械总动力	万千瓦特	1224	23081	27674	44065
机收面积	公顷	353823	19498621	21819504	32187479
设施农业占地面积	公顷	8473	516442	3001843	1965781
棉花产量	吨	15417	1835726	1697451	2128843
油料产量	吨	182083	6662159	10593984	14329209
肉类总产量	吨	731260	19284179	27626065	42843302
规模以上工业企业单位数	个	332	22925	47133	183096
规模以上工业总产值	万元	3498071	457259840	985849021	4891323501
固定资产投资	万元	18631885	467169144	689113941	1998134067
四、教育、卫生和社会保障					
普通中学在校学生数	人	371099	9234643	12981636	23021112
中等职业教育学校在校学生数	人	14349	957309	1579398	3590247
小学在校学生数	人	759380	13965384	19814216	34799206
医疗卫生机构床位数	床	33313	724918	1008440	2010306
各种社会福利收养性单位数	个	549	7631	10817	18053
各种社会福利收养性单位床位数	床	24677	602667	849133	1932879

公共财政收入达10亿元的县(市)分布

(2015年)

单位：万元

省(区、市)	县(市)	公共财政收入	省(区、市)	县(市)	公共财政收入
北京市	大兴区	712454		鄂托克旗	354348
	怀柔区	333813		杭锦旗	122980
	平谷区	279341		乌审旗	281236
	密云县	295045		伊金霍洛旗	772600
	延庆县	135000		海拉尔区	150663
天津市	宝坻区	580108		满洲里市	149565
	宁河区	405636		临河区	204350
	静海区	593811		集宁区	280268
	蓟县	712102		锡林浩特市	264530
河北省	藁城区	249793		东乌珠穆沁旗	159748
	鹿泉区	186928		西乌珠穆沁旗	189725
	正定县	140839		阿拉善左旗	164253
	丰南区	290948	辽宁省	瓦房店市	376450
	丰润区	219402		普兰店市	224795
	曹妃甸区	656330		庄河市	229103
	滦县	143005		海城市	260161
	乐亭县	111160		本溪满族自治县	210629
	迁西县	100548		东港市	132195
	迁安市	351694		盖州市	101239
	磁县	121368		大石桥市	147756
	永年县	100899		灯塔市	119279
	武安市	345401		大洼县	263060
	涿州市	187768		兴城市	119665
	怀来县	135366	吉林省	九台区	136838
	肃宁县	126935		农安县	119677
	任丘市	255314		德惠市	111189
	黄骅市	130088		桦甸市	131018
	河间市	107355		公主岭市	210283
	固安县	356769		通化县	136818
	香河县	351247		梅河口市	281120
	大厂回族自治县	248912		抚松县	118518
	霸州市	192785		前郭尔罗斯蒙古族自治县	108881
	三河市	723101		延吉市	275383
	定州市	160083		敦化市	144531
	辛集市	121893		珲春市	203771
山西省	长治县	103268	黑龙江省	呼兰区	146185
	襄垣县	123947		双城区	178932
	沁水县	110354		安达市	110580
	阳城县	105986		肇东市	199989
	泽州县	114785	上海市	奉贤区	848945
	高平市	125616		崇明县	847759
	灵石县	106294	江苏省	浦口区	936806
	介休市	100208		江宁区	1917320
	河津市	190127		六合区	829228
	宁武县	122015		溧水区	464041
	原平市	104379		高淳区	300432
	柳林县	110158		锡山区	662355
	孝义市	182154		江阴市	2189154
内蒙古自治区	土默特左旗	133987		宜兴市	1025002
	托克托县	276532		铜山区	771999
	和林格尔县	112972		丰县	430912
	土默特右旗	206689		沛县	593024
	达尔罕茂明安联合旗	154249		睢宁县	436818
	扎鲁特旗	150596		新沂市	513316
	霍林郭勒市	303014		邳州市	623846
	东胜区	904363		武进区	1403798
	达拉特旗	213612		金坛区	361508
	准格尔旗	790000		溧阳市	561868
	鄂托克前旗	160016		吴中区	1211348

单位：万元

续表1

省(区、市)	县(市)	公共财政收入	省(区、市)	县(市)	公共财政收入
	吴江区	1473908		永嘉县	263580
	常熟市	1576969		平阳县	256688
	张家港市	1742188		苍南县	320667
	昆山市	2847589		瑞安市	547214
	太仓市	1145366		乐清市	955544
	通州区	781560		嘉善县	355506
	海安县	620566		海盐县	316288
	如东县	585447		海宁市	691221
	启东市	768609		平湖市	505780
	如皋市	771021		桐乡市	550005
	海门市	783980		德清县	373614
	赣榆区	445078		长兴县	431752
	东海县	410163		安吉县	329601
	灌云县	393199		柯桥区	978488
	灌南县	388511		上虞区	535837
	淮安区	362790		新昌县	280028
	淮阴区	439434		诸暨市	715894
	涟水县	333189		嵊州市	291745
	洪泽县	252079		武义县	186137
	盱眙县	349765		浦江县	151600
	金湖县	239102		兰溪市	221966
	盐都区	549394		义乌市	792511
	大丰区	693266		东阳市	486173
	响水县	325412		永康市	444860
	滨海县	386540		衢江区	101202
	阜宁县	391690		龙游县	126556
	射阳县	205588		江山市	242590
	建湖县	506066		岱山县	126037
	东台市	715512		玉环县	344987
	邗江区	584383		三门县	144987
	江都区	544701		天台县	150268
	宝应县	304906		仙居县	134660
	仪征市	394435		温岭市	541213
	高邮市	332443		临海市	380108
	丹徒区	277897		青田县	149328
	丹阳市	670582		缙云县	110080
	扬中市	340328	安徽省	长丰县	278430
	句容市	400109		肥东县	354010
	姜堰区	349521		肥西县	373959
	兴化市	408500		庐江县	249715
	靖江市	616119		巢湖市	280526
	泰兴市	527888		芜湖县	350016
	宿豫区	235508		繁昌县	410031
	沭阳县	717488		南陵县	234267
	泗阳县	336780		无为县	319012
	泗洪县	315879		怀远县	228181
浙江省	萧山区	1600830		五河县	138764
	余杭区	1876477		固镇县	124805
	富阳区	543226		凤台县	174981
	桐庐县	269668		当涂县	391120
	淳安县	171420		含山县	144312
	建德市	211944		和县	197164
	临安市	325622		濉溪县	284828
	鄞州区	1895513		铜陵县	145248
	象山县	379485		怀宁县	164111
	宁海县	415712		潜山县	101333
	余姚市	750989		桐城市	142205
	慈溪市	1122589		歙县	110303
	奉化市	338192		来安县	120732

续表2

单位：万元

省(区、市)	县(市)	公共财政收入	省(区、市)	县(市)	公共财政收入
	全椒县	193311		武宁县	173659
	定远县	123204		修水县	231566
	凤阳县	220348		永修县	215166
	天长市	375518		德安县	157139
	临泉县	120689		星子县	115457
	太和县	230759		都昌县	148508
	阜南县	105829		湖口县	240866
	颍上县	240222		彭泽县	136245
	界首市	212246		瑞昌市	268069
	萧县	113278		共青城市	151921
	寿县	106833		分宜县	287386
	霍邱县	164651		余江县	142558
	舒城县	150016		贵溪市	467525
	涡阳县	118257		南康区	184201
	蒙城县	216745		赣县	173830
	利辛县	153352		信丰县	113893
	东至县	132268		龙南县	125836
	青阳县	116037		于都县	129215
	郎溪县	171957		瑞金市	117077
	广德县	212794		吉安县	253300
	泾县	114995		吉水县	142106
	宁国市	390650		新干县	141316
福建省	闽侯县	901287		永丰县	108343
	连江县	381306		泰和县	142584
	罗源县	108899		遂川县	107605
	平潭县	250156		安福县	134556
	福清市	812583		奉新县	212166
	长乐市	336452		万载县	232033
	仙游县	281689		上高县	242522
	永安市	172142		宜丰县	168006
	惠安县	330203		丰城市	623017
	安溪县	239888		樟树市	502205
	永春县	156500		高安市	350174
	德化县	153083		南城县	144006
	石狮市	592933		崇仁县	105317
	晋江市	1172008		金溪县	100076
	南安市	627698		东乡县	160974
	漳浦县	315538		广丰区	287371
	长泰县	203125		上饶县	180301
	东山县	182712		玉山县	212193
	南靖县	110578		铅山县	147505
	龙海市	480409		弋阳县	136276
	建阳区	137392		余干县	105957
	邵武市	178781		鄱阳县	134739
	武夷山市	117296		万年县	170066
	建瓯市	119388		婺源县	131400
	永定区	103204		德兴市	277310
	上杭县	207902	山东省	长清区	179413
	武平县	102360		平阴县	153367
	霞浦县	116707		济阳县	170949
	福安市	235026		章丘市	469917
	福鼎市	203375		胶州市	800616
江西省	新建区	634949		即墨市	930493
	南昌县	768256		平度市	580239
	进贤县	149032		莱西市	475080
	乐平市	300917		桓台县	303412
	上栗县	156981		高青县	126713
	芦溪县	105428		沂源县	183555
	九江县	170826		滕州市	705028

单位：万元

续表3

省(区、市)	县(市)	公共财政收入	省(区、市)	县(市)	公共财政收入
	垦利县	210177		邹平县	620120
	利津县	125000		曹县	220401
	广饶县	424045		单县	163656
	龙口市	900517		巨野县	203478
	莱阳市	138376		郓城县	220479
	莱州市	572757		东明县	150236
	蓬莱市	300017	河南省	中牟县	360516
	招远市	502200		巩义市	347335
	栖霞市	100006		荥阳市	316038
	海阳市	269567		新密市	303097
	临朐县	141666		新郑市	600369
	昌乐县	228939		登封市	262810
	青州市	419550		杞县	120167
	诸城市	682416		尉氏县	150146
	寿光市	900517		兰考县	127311
	安丘市	190617		孟津县	130741
	高密市	453730		新安县	173269
	昌邑市	273326		栾川县	172000
	兖州区	597649		伊川县	170369
	微山县	311896		偃师市	159098
	鱼台县	101518		汝州市	206616
	金乡县	132166		汤阴县	101894
	嘉祥县	153789		林州市	153238
	汶上县	137645		长垣县	153499
	梁山县	117619		辉县市	240033
	曲阜市	256928		武陟县	106939
	邹城市	671366		沁阳市	124399
	宁阳县	137386		孟州市	111339
	东平县	125871		濮阳县	100869
	新泰市	417017		许昌县	113619
	肥城市	388306		襄城县	126363
	文登区	492468		禹州市	320609
	荣成市	672789		长葛市	195866
	乳山市	310358		临颍县	104164
	五莲县	101795		渑池县	197708
	莒县	128077		陕县	129956
	沂南县	148136		义马市	127808
	郯城县	116777		灵宝市	182688
	沂水县	228819		西峡县	111569
	兰陵县	145826		邓州市	127738
	费县	154599		永城市	335186
	平邑县	127804		固始县	111356
	莒南县	194131		沈丘县	115830
	临沭县	138006		鹿邑县	103758
	陵城区	116601		济源市	385858
	临邑县	142789	湖北省	阳新县	125800
	齐河县	277165		大冶市	451832
	乐陵市	100775		丹江口市	132058
	禹城市	181827		夷陵区	423601
	阳谷县	123400		远安县	146900
	莘县	103007		宜都市	449742
	茌平县	294457		当阳市	312922
	东阿县	108507		枝江市	316827
	冠县	103171		襄州区	311161
	高唐县	137822		南漳县	141195
	临清市	176020		谷城县	217705
	沾化区	113500		保康县	115100
	无棣县	197752		老河口市	286035
	博兴县	267070		枣阳市	306400

续表4

单位：万元

省(区、市)	县(市)	公共财政收入
	宜城市	259693
	京山县	136913
	钟祥市	223532
	孝昌县	114855
	云梦县	127529
	应城市	158166
	安陆市	102700
	汉川市	202612
	公安县	103000
	松滋市	126600
	红安县	131114
	蕲春县	115638
	黄梅县	101905
	麻城市	149942
	武穴市	152422
	赤壁市	170158
	广水市	106027
	恩施市	214378
	仙桃市	276853
	潜江市	228510
	天门市	252375
湖南省	望城区	401513
	长沙县	760940
	宁乡县	407355
	浏阳市	498532
	攸县	217363
	醴陵市	344386
	湘潭县	190802
	湘乡市	137080
	衡南县	121320
	耒阳市	183090
	常宁市	127208
	邵东县	135624
	汨罗市	108661
	桃源县	105476
	桂阳县	198820
	宜章县	116799
	永兴县	170525
	资兴市	223428
广东省	从化市	250912
	增城市	721136
	斗门区	239181
	潮阳区	211462
	澄海区	188894
	禅城区	606686
	南海区	1855034
	顺德区	1874732
	三水区	454864
	高明区	267525
	新会区	439419
	台山市	247639
	开平市	215356
	鹤山市	242489
	廉江市	110682
	电白区	238197
	高州市	150225
	化州市	113734
	高要区	284321
	四会市	328751
	惠阳区	400715
	博罗县	373570
	惠东县	347174
	龙门县	130065
	梅县区	214982
	兴宁市	100053
	海丰县	154663
	阳东区	121618
	阳春市	125994
	清新区	146854
	英德市	169939
	潮安区	170226
	普宁市	203171
	新兴县	159406
	罗定市	114900
广西壮族自治区	武鸣区	132507
	宾阳县	172380
	横县	126610
	临桂区	186227
	灵川县	116462
	藤县	122731
	岑溪市	200035
	东兴市	118487
	桂平市	100401
	陆川县	101264
	博白县	144133
	北流市	183717
	平果县	151304
	靖西市	101633
	八步区	187258
	扶绥县	107684
海南省	琼海市	182342
	文昌市	212983
	万宁市	164010
	东方市	131999
	澄迈县	347607
	乐东黎族自治县	103486
	陵水黎族自治县	394186
重庆市	綦江区	370967
	大足区	355828
	长寿区	350247
	江津区	572908
	合川区	409800
	永川区	464994
	南川区	204142
	璧山区	1302000
	铜梁区	239100
	潼南区	190129
	荣昌区	249166
	梁平县	171357
	丰都县	145486
	垫江县	152090
	武隆县	136330
	忠县	133981
	开县	215563
	云阳县	126850
	奉节县	138949
	石柱土家族自治县	125737
	秀山土家族苗族自治县	107330

单位：万元

续表5

省(区、市)	县(市)	公共财政收入
	酉阳土家族苗族自治县	120422
	彭水苗族土家族自治县	124696
四川省	新都区	479591
	温江区	341439
	金堂县	204245
	双流县	851035
	郫县	413022
	大邑县	153594
	新津县	201243
	都江堰市	229593
	彭州市	194725
	邛崃市	135511
	崇州市	151448
	泸县	115191
	古蔺县	156536
	广汉市	146265
	什邡市	157782
	绵竹市	106639
	江油市	163116
	峨眉山市	142017
	彭山区	136019
	仁寿县	204175
	达川区	111849
	宣汉县	145688
	大竹县	116416
	安岳县	116566
	简阳市	178655
	西昌市	352584
贵州省	开阳县	116858
	清镇市	136465
	六枝特区	130391
	水城县	206961
	盘县	475119
	遵义县	192140
	桐梓县	111086
	仁怀市	283130
	七星关区	228699
	大方县	285759
	金沙县	151083
	织金县	231400
	纳雍县	175889
	碧江区	113351
	松桃苗族自治县	102421
	兴义市	743806
	兴仁县	140013
	贞丰县	181483
	安龙县	297277
	凯里市	584400
	镇远县	100088
	都匀市	156472
	福泉市	135500
	瓮安县	116192

省(区、市)	县(市)	公共财政收入
云南省	呈贡区	292150
	晋宁县	158189
	嵩明县	104760
	安宁市	264509
	陆良县	123862
	会泽县	107815
	宣威市	112828
	新平彝族傣族自治县	112188
	腾冲市	159364
	昭阳区	114621
	楚雄市	200026
	个旧市	111131
	开远市	164640
	蒙自市	246970
	弥勒市	150115
	建水县	111992
	文山市	321005
	景洪市	120953
	大理市	291900
陕西省	长安区	377767
	高陵区	141334
	彬县	100210
	韩城市	301044
	安塞县	144317
	志丹县	231913
	吴起县	288168
	神木县	585202
	府谷县	164586
	靖边县	187000
	定边县	230022
甘肃省	凉州区	105200
青海省	格尔木市	209416
宁夏回族自治区	永宁县	144588
	贺兰县	156219
	灵武市	186642
新疆维吾尔自治区	鄯善县	110000
	哈密市	418729
	昌吉市	352991
	阜康市	202599
	玛纳斯县	100700
	吉木萨尔县	128700
	库尔勒市	311000
	阿克苏市	160063
	库车县	260292
	拜城县	117010
	喀什市	173183
	伊宁市	246891
	奎屯市	113659
	乌苏市	133377
	石河子市	368259
	五家渠市	117059

附录：主要指标解释

主要指标解释

行政区域土地面积 指辖区内的全部陆地面积和水域面积。包括耕地、荒山、荒地、山林、草原、滩涂、道路和建筑物占地等陆地面积，以及河流、湖泊、水库等水域面积。

乡个数 指农村中经省、自治区、直辖市人民政府批准成立的乡一级行政区划的数量。

镇个数 指农村中经省、自治区、直辖市人民政府批准成立的镇一级行政区划的数量。

村委会个数 指农村中经上级政府批准，按居住地区设立的基层群众性自治组织的个数。含城关镇中的村。

户籍人口 指年末户籍在本行政区域内的人口数，即公安部门户籍人口。

第二产业从业人员 指从事采矿业，制造业，电力、煤气及水的生产和供应业，建筑业人员。

第三产业从业人员 指从事第一、二产业以外的其他行业人员。

固定电话用户 指在电信运营企业营业网点办理开户登记手续并已接入固定电话网上的全部电话用户。包括普通电话用户、公用电话用户、窄带综合业务数字网（N-ISDN）用户、智能网专用接入终端用户等。

地区生产总值 指按市场价格计算的一个地区所有常住单位在一定时期内生产活动的最终成果。

三次产业划分 根据《国民经济行业分类》（GB/T4754-2011）。三次产业的划分标准：

第一产业指农、林、牧、渔业（不含农、林、牧、渔服务业）。

第二产业指采矿业（不含开采辅助活动），制造业（不含金属制品、机械和设备修理业），电力、热力、燃气及水生产和供应业，建筑业。

公共财政收入 包括国内增值税、营业税、企业所得税、个人所得税、资源税、城市维护建设税、房产税、印花税、城镇土地使用税、土地增值税、车船税、耕地占用税、契税、烟叶税、其他各项税收等税收收入和专项收入、行政事业性收费收入、罚没收入、国有资本经营收入、国有资源（资产）有偿使用收入、其他收入等非税收入。

各项税收 包括增值税、消费税、营业税、企业所得税、企业所得税退税、个人所得税、资源税、固定资产投资方向调节税、城市维护建设税、房产税、印花税、城镇土地使用税、土地增值税、车船税、耕地占用税、契税、烟叶税、其他税收收入。

公共财政支出 包括一般公共服务、国防、公共安全、教育、科学技术、文化体育与传媒、社会保障就业、医疗卫生、环境保护、城乡社区事务、农林水事务、交通运输等方面的支出。

居民储蓄存款余额 指城乡居民在某一时点上，在银行和其他金融机构的本（人民币）、外币储蓄存款总额。不包括居民的手存现金和工矿企业、部队、机关、团体等单位存款。

年末金融机构各项贷款余额 指年终时银行或其他信用机构根据必须归还的原则，按一定利率，为企业、个人等提供资金贷款的总额。

农业机械总动力 指全部农业机械动力的额定功率之和。农业机械是指用于种植业、畜牧业、渔业、农产品初加工、农用运输和农田基本建设等活动的机械及设备。

机收面积 指本年度内利用联合收割机或机动收割机等动力机械收获各种农作物的面积。它按收获面积计算，收获多少计算多少。

设施农业占地面积 设施农业是指以工厂化生产方式,建造人工设施,改变气候条件,提高农作物抵御自然灾害的能力,改良生物特性,使作物实现错季或反季节生产,达到农作物均衡生产的目的.包括温室、大棚和中小棚。设施占地面积指三类面积的总和。一是实际使用面积，指沿墙内侧的围绕面积；二是墙体面积，指设施的墙体等其他支撑体自身的占地面积；三是采光占用面积，指设施距遮光物体（其他设施、房屋等）的必要距离所占的面积。

粮食产量 指农业生产经营者日历年度内生产的全部粮食数量。按收获季节包括夏收粮食、早稻和秋收粮食，按作物品种包括谷物、薯类和豆类。其中谷物包括小麦、玉米、早稻、中稻和一季晚稻、双季晚稻、大麦、高粱、谷子、荞麦等禾本科和蓼科粮食作物；薯类只包括马铃薯、甘薯，木薯统计在其它农作物，芋头等其它薯统计在其它蔬菜；豆类包括大豆、绿豆、红小豆、杂豆等。谷物产量按脱粒后的原粮计算，薯类按鲜薯重量的5：1折算，豆类按去豆荚后的干豆计算。

棉花产量　按皮棉计算。3公斤籽棉折1公斤皮棉。不包括木棉。

油料产量　指全部油料作物的生产量。包括花生、油菜籽、芝麻、向日葵籽、胡麻籽(亚麻籽)和其他油料。不包括大豆、木本油料和野生油料。花生以带壳干花生计算。

肉类总产量　指报告期内各种牲畜及家禽、兔等动物肉产量总计。猪、牛、羊、马、驴、骡、骆驼肉产量按去掉头蹄下水后带骨肉的胴体重量计算，兔禽肉产量按屠宰后去毛和内脏后的重量计算。猪牛羊禽四个品种肉产量由主要畜禽监测抽样调查获得，马、驴、骡、骆驼、兔肉产量由全面统计获得，其它特种养殖肉产量可用住户调查资料推算获得。

规模以上工业企业单位数　指年主营业务收入2000万元以上的工业法人企业个数。

工业总产值　指工业企业在报告期内生产的以货币形式表现的工业最终产品和提供工业劳务活动的总价值量。

固定资产投资　指城镇和农村各种登记注册类型的企业、事业、行政单位及城镇个体户进行的计划总投资500万元及500万元以上的建设项目投资和房地产开发投资。包括原口径的城镇固定资产投资加上农村企事业组织项目投资，不含农户投资。

普通中学在校学生数　指学年开学后，在普通中学学习具有学籍的学生总数，包括留级生，不包括复读生和补习生。

小学在校学生数　指学年开学后，在普通小学学习具有学籍的学生总数，包括留级生，不包括复读生和补习生。

医疗卫生机构床位数　指各级各类医院年底的固定实有床位（非编制床位），包括正规床、简易床、监护床、正在消毒和修理床位、因扩建或大修而停用的床位，不包括产科新生儿床、接产室待产床、库存床、观察床、临时加床和病人家属陪侍床。

各种社会福利收养性单位数　指提供食宿、不以盈利为目地的革命伤残军人休养院、复退军人慢性病疗养院、复退军人精神病院、光荣院、社会福利院、儿童福利院、精神病福利院、老年收养性机构（敬老院、养老院、老年公寓）等收养性的社会福利事业单位的总称。这些单位，分事业单位、企业和民办非企业3类。

各种社会福利收养性单位床位数　指收养性单位报告期末床位的实际收养能力。对于炕、通铺，以正常可容纳人员数量折算床位数。

2016

中国县域统计年鉴（乡镇卷）

CHINA STATISTICAL YEARBOOK (TOWNSHIP)

国家统计局农村社会经济调查司　编

中国统计出版社
China Statistics Press

图书在版编目 (CIP) 数据

中国县域统计年鉴 . 乡镇卷 . 2016 / 国家统计局农村社会经济调查司编 . -- 北京 : 中国统计出版社 , 2017.2
ISBN 978-7-5037-8109-4

Ⅰ . ①中 … Ⅱ . ①国 … Ⅲ . ①乡镇经济－经济统计－中国－ 2016 －年鉴 Ⅳ . ① F127-54

中国版本图书馆 CIP 数据核字 (2017) 第 027844 号

中国县域统计年鉴—2016（乡镇卷）

编　　者 / 国家统计局农村社会经济调查司
责任编辑 / 尹　伊
封面设计 / 李雪燕
出版发行 / 中国统计出版社
通信地址 / 北京市丰台区西三环南路甲 6 号 邮政编码 /100073
电　　话 / 邮购 (010) 63376909 书店 (010) 68783171
网　　址 / http://www.zgtjcbs.com
印　　刷 / 河北鑫宏源印刷包装有限责任公司
经　　销 / 新华书店
开　　本 / 880×1230 毫米 1/16
字　　数 / 1456 千字
印　　张 / 45.5
版　　别 / 2017 年 3 月第 1 版
版　　次 / 2017 年 3 月第 1 次印刷
定　　价 / 550. 00 元 (全套)

如有印装差错，由本社发行部调换。

《中国县域统计年鉴（乡镇卷）–2016》
编辑委员会

编 者 说 明

一、《中国县域统计年鉴（乡镇卷）-2016》收录了2015年全国3万多个乡镇的基本情况、人口与就业、财政收支、农业、工业及建筑业、贸易及餐饮、教育、文化、卫生、社会保障等方面的资料。

二、本年鉴的资料范围包括全国除香港特别行政区、澳门特别行政区和台湾省以外的所有乡镇，行政区划截止到2015年12月31日。

三、与《中国县域统计年鉴-2015》相比，本资料新增100多个新疆兵团团场，2014年数据与上一年年鉴相比有变化。

四、全书主要内容包括三个部分：一是全国乡镇社会经济综合情况；二是各地区主要指标居全国前1000位的乡镇；三是各地区乡镇基本情况。篇末另附主要指标解释。

五、本年鉴所列指标的计量单位均采用公制。

六、本年鉴的资料来自2015年乡镇社会经济统计年报。

七、本书空栏有如下情况：

（1）该项数据较小，不够规定单位。

（2）该项指标当年没有统计任务，所以无统计数据。

（3）该项指标未掌握确切数据。

八、咨询服务电话：010-68782830，010-68782872。

编 者

2016年11月

目录

一、全国乡镇社会经济综合情况

二、各地区主要指标居全国前1000位的乡镇

三、各地区乡镇基本情况

附录：主要指标解释

1

全国乡镇社会经济综合情况

全国重点镇社会经济综合发展情况

指标名称	计算单位	2015年	2014年	同比增减绝对值(±)	同比增减幅度(%)
一、基本情况					
镇个数	个	3675	3675		
行政区域面积	千公顷	117245.5	116983.1	262.4	0.2
居民委员会个数	个	8899	9135	-236	-2.6
村民委员会个数	个	80365	81108	-743	-0.9
#通公共交通的村个数	个	62915	61458	1457	2.4
通宽带的村个数	个	72318	71034	1284	1.8
通有线电视的村个数	个	70231	69492	739	1.1
通自来水的村个数	个	68738	67287	1451	2.2
垃圾集中处理的村个数	个	55203	51615	3588	7.0
污水集中处理的村个数	个	16364	15027	1337	8.9
二、人口与就业					
常住户数	万户	5510.7	5471.8	39.0	0.7
常住人口	万人	17755.3	17748.7	6.6	0.0
户籍人口	万人	17215.7	17181.6	34.1	0.2
#农业户籍人口	万人	12428.7	12987.7	-559.0	-4.3
第一产业从业人员	万人	3756.8	3790.4	-33.7	-0.9
第二产业从业人员	万人	3418.2	3399.3	18.9	0.6
第三产业从业人员	万人	2898.0	2830.0	68.0	2.4
外来从业人员	万人	1810.2	1773.6	36.6	2.1
三、财政收支					
公共财政收入	亿元	3558.1	3298.3	259.7	7.9
企业实交税金	亿元	4506.9	4354.2	152.7	3.5
公共财政支出	亿元	2773.9	2544.6	229.3	9.0
年末债务总额	亿元	1934.7	1773.6	161.1	9.1
四、农业					
耕地面积	千公顷	15087.4	14925.7	161.8	1.1
设施农业占地面积	千公顷	568.1	557.3	10.8	1.9
耕地灌溉面积	千公顷	8339.0	8228.3	110.6	1.3
农作物播种面积	千公顷	22654.4	22629.1	25.3	0.1
#粮食作物播种面积	千公顷	15529.2	15436.2	92.9	0.6
农业技术服务机构	个	11095	11079	16	0.1
农业技术服务机构从业人员	万人	10.1	10.3	-0.1	-1.4
农民合作社个数	个	135030	119996	15034	12.5
农民合作社成员	万户	498.9	459.5	39.4	8.6
耕地流转面积	千公顷	2746.5	2598.5	148.0	5.7
种植大户数	万户	20.4	19.7	0.7	3.3
养殖大户数	万户	32.6	33.1	-0.5	-1.5

注：全国重点镇指2014年住建部等7部委公布《住房城乡建设部等部门关于公布全国重点镇名单的通知》中的全国重点镇，共3675个。

续表

指标名称	计算单位	2015年	2014年	同比增减绝对值(±)	同比增减幅度(%)
五、工业及建筑业					
工业企业个数	个	721581	728081	-6500	-0.9
#规模以上工业企业个数	个	58761	56891	1870	3.3
工业总产值	亿元	176554.7	173838.3	2716.4	1.6
#规模以上工业总产值	亿元	144860.9	138640.9	6219.9	4.5
工业企业从业人员	万人	2324.4	2357.2	-32.8	-1.4
建筑业企业个数	个	14247	14535	-288	-2.0
建筑业总产值	亿元	9002.1	10389.5	-1387.4	-13.4
建筑业企业从业人员	万人	283.4	277.7	5.8	2.1
六、贸易及餐饮					
社会消费品零售总额	亿元	21515.6	19825.1	1690.4	8.5
#限额以上社会消费品零售总额	亿元	6455.6	5952.1	503.6	8.5
市场个数	个	16805	16050	755	4.7
50平米以上的超市个数	个	94308	91725	2583	2.8
住宿餐饮业企业个数	个	101932	97771	4161	4.3
七、教育、文化、卫生					
小学数	所	30466	31380	-914	-2.9
小学专任教师	万人	75.1	75.4	-0.3	-0.4
小学在校学生	万人	1218.9	1209.6	9.3	0.8
幼儿园、托儿所	个	36234	35419	815	2.3
图书馆、文化站	个	10988	10797	191	1.8
剧场、影剧院	个	1391	1327	64	4.8
体育场馆	个	1837	1900	-63	-3.3
医院、卫生院	所	16461	14638	1823	12.5
医院、卫生院床位	万张	57.9	54.7	3.2	5.8
执业(助理)医师	万人	27.2	27.1	0.2	0.7
八、社会保障					
各种社会福利收养性单位数	个	5062	5011	51	1.0
各种社会福利收养性单位床位数	万张	40.1	38.6	1.5	3.8
各种社会福利收养性单位收养人数	万人	24.9	25.5	-0.6	-2.2
新型农村合作医疗参保人数	万人	12835.2	12867.4	-32.2	-0.3
新型农村社会养老保险参保人数	万人	6785.0	6747.9	37.1	0.5
农村居民最低生活保障人数	万人	667.7	717.1	-49.4	-6.9
九、公用事业					
自来水用水户数	万户	3770.8	3662.1	108.6	3.0
燃气用气户数	万户	1982.5	1905.5	77.0	4.0
金融机构网点	个	21981	21787	194	0.9
公园及休闲健身广场个数	个	24794	21651	3143	14.5
城镇基本情况					
城镇建成区面积	千公顷	2796.0	2854.5	-58.5	-2.1
城镇建成区总户数	万户	2265.5	2207.4	58.1	2.6
城镇建成区总人口	万人	7610.4	7400.0	210.5	2.8
城镇建成区绿化面积	千公顷	268.9	248.4	20.5	8.3

全国非重点镇社会经济综合发展情况

指标名称	计算单位	2015年	2014年	同比增减绝对值(±)	同比增减幅度(%)
一、基本情况					
镇个数	个	16921	16773	148	0.9
行政区域面积	千公顷	326177.4	324485.9	1691.5	0.5
居民委员会个数	个	24867	25076	-209	-0.8
村民委员会个数	个	308665	311317	-2652	-0.9
#通公共交通的村个数	个	229912	224495	5417	2.4
通宽带的村个数	个	276714	271432	5282	1.9
通有线电视的村个数	个	265102	262774	2328	0.9
通自来水的村个数	个	255555	249049	6506	2.6
垃圾集中处理的村个数	个	206569	192050	14519	7.6
污水集中处理的村个数	个	49897	44553	5344	12.0
二、人口与就业					
常住户数	万户	18333.1	18290.0	43.1	0.2
常住人口	万人	59759.3	59931.4	-172.1	-0.3
户籍人口	万人	62859.0	62575.7	283.3	0.5
#农业户籍人口	万人	48672.4	50031.3	-1358.9	-2.7
第一产业从业人员	万人	15088.6	15129.3	-40.7	-0.3
第二产业从业人员	万人	9862.3	9855.3	7.0	0.1
第三产业从业人员	万人	9127.4	8969.8	157.6	1.8
外来从业人员	万人	3455.0	3420.1	34.9	1.0
三、财政收支					
公共财政收入	亿元	8905.3	8282.6	622.7	7.5
企业实交税金	亿元	10429.6	10114.1	315.5	3.1
公共财政支出	亿元	7460.0	6637.4	822.6	12.4
年末债务总额	亿元	4553.0	4139.9	413.1	10.0
四、农业					
耕地面积	千公顷	58022.7	56796.0	1226.7	2.2
设施农业占地面积	千公顷	1958.6	1966.2	11.4	0.6
耕地灌溉面积	千公顷	32036.3	31597.8	438.5	1.4
农作物播种面积	千公顷	89968.2	89588.7	379.5	0.4
#粮食作物播种面积	千公顷	62357.1	61998.0	359.1	0.6
农业技术服务机构	个	39529	39423	106	0.3
农业技术服务机构从业人员	万人	27.8	28.1	-0.3	-1.1
农民合作社个数	个	484520	420257	64263	15.3
农民合作社成员	万户	1949.9	1824.5	125.4	6.9
耕地流转面积	千公顷	10152.5	9286.5	866.0	9.3
种植大户数	万户	70.3	68.3	2.0	2.9
养殖大户数	万户	122.3	121.6	0.7	0.5

续表

指标名称	计算单位	2015年	2014年	同比增减绝对值(±)	同比增减幅度(%)
五、工业及建筑业					
工业企业个数	个	1686606	1719704	-33098	-1.9
#规模以上工业企业个数	个	144687	143540	1147	0.8
工业总产值	亿元	386324.1	389869.2	-3545.1	-0.9
#规模以上工业总产值	亿元	315076.0	304788.9	10287.1	3.4
工业企业从业人员	万人	5462.7	5568.0	-105.3	-1.9
建筑业企业个数	个	45435	48667	-3232	-6.6
建筑业总产值	亿元	29844.8	31146.1	-1301.3	-4.2
建筑业企业从业人员	万人	950.8	1005.3	-54.4	-5.4
六、贸易及餐饮					
社会消费品零售总额	亿元	62505.5	58537.3	3968.2	6.8
#限额以上社会消费品零售总额	亿元	21157.2	19705.1	1452.1	7.4
市场个数	个	55989	55598	398	0.7
50平米以上的超市个数	个	300709	286692	14017	4.9
住宿餐饮业企业个数	个	230172	230024	148	0.1
七、教育、文化、卫生					
小学数	所	119139	122306	-3167	-2.6
小学专任教师	万人	247.1	251.6	-4.5	-1.8
小学在校学生	万人	3886.0	3913.3	-27.3	-0.7
幼儿园、托儿所	个	120431	117664	2767	2.4
图书馆、文化站	个	39460	38786	674	1.7
剧场、影剧院	个	3269	3286	-17	-0.5
体育场馆	个	5298	5457	-159	-2.9
医院、卫生院	所	58449	51439	7010	13.6
医院、卫生院床位	万张	160.3	159.3	1.0	0.6
执业(助理)医师	万人	73.5	76.2	-2.7	-3.6
八、社会保障					
各种社会福利收养性单位数	个	20662	20380	282	1.4
各种社会福利收养性单位床位数	万张	143.3	138.4	5.0	3.6
各种社会福利收养性单位收养人数	万人	92.0	93.3	-1.3	-1.4
新型农村合作医疗参保人数	万人	48968.0	49090.5	-122.5	-0.2
新型农村社会养老保险参保人数	万人	25202.6	24953.5	249.2	1.0
农村居民最低生活保障人数	万人	2462.7	2597.8	-135.1	-5.2
九、公用事业					
自来水用水户数	万户	11817.3	11492.9	324.5	2.8
燃气用气户数	万户	6413.8	6299.7	114.1	1.8
金融机构网点	个	63365	62696	669	1.1
公园及休闲健身广场个数	个	85827	72734	13093	18.0
十、城镇基本情况					
城镇建成区面积	千公顷	6093.5	5973.0	120.4	2.0
城镇建成区总户数	万户	5175.6	5148.1	27.4	0.5
城镇建成区总人口	万人	17042.8	16929.5	113.3	0.7
城镇建成区绿化面积	千公顷	672.0	627.8	44.2	7.0

全国乡社会经济综合发展情况

指标名称	计算单位	2015年	2014年	同比增减绝对值(±)	同比增减幅度(%)
一、基本情况					
乡个数	个	12021	12479	-458	-3.7
行政区域面积	千公顷	419050.0	429496.9	-10446.9	-2.4
居民委员会个数	个	3013	3206	-193	-6.0
村民委员会个数	个	144135	150708	-6573	-4.4
#通公共交通的村个数	个	94695	94285	410	0.4
通宽带的村个数	个	108404	107144	1260	1.2
通有线电视的村个数	个	101335	101868	-533	-0.5
通自来水的村个数	个	108953	108330	623	0.6
垃圾集中处理的村个数	个	70759	63526	7233	11.4
污水集中处理的村个数	个	11933	10063	1870	18.6
二、人口与就业					
常住户数	万户	5507.1	5708.7	-201.6	-3.5
常住人口	万人	18602.6	19546.4	-943.8	-4.8
户籍人口	万人	20865.8	21691.2	-825.4	-3.8
#农业户籍人口	万人	19009.4	19936.5	-927.2	-4.7
第一产业从业人员	万人	6357.6	6723.3	-365.7	-5.4
第二产业从业人员	万人	2257.8	2302.1	-44.3	-1.9
第三产业从业人员	万人	2432.0	2484.5	-52.5	-2.1
外来从业人员	万人	402.7	408.7	-6.0	-1.5
三、财政收支					
公共财政收入	万元	1507.4	1379.0	128.4	9.3
企业实交税金	万元	926.7	922.0	4.6	0.5
公共财政支出	万元	1478.2	1332.6	145.6	10.9
年末债务总额	万元	660.8	627.0	33.8	5.4
四、农业					
耕地面积	千公顷	28551.8	29747.4	-1195.6	-4.0
设施农业占地面积	千公顷	549.8	548.9	0.6	0.1
耕地灌溉面积	千公顷	13409.2	13706.5	-297.3	-2.2
农作物播种面积	千公顷	40639.2	42553.0	-1913.8	-4.5
#粮食作物播种面积	千公顷	28891.9	30180.4	-1288.6	-4.3
农业技术服务机构	个	22436	23433	-997	-4.3
农业技术服务机构从业人员	万人	12.4	13.8	-1.4	-10.2
农民合作社个数	个	197469	179936	17533	9.7
农民合作社成员	万户	522.6	497.3	25.2	5.1
耕地流转面积	千公顷	4386.4	4247.3	139.1	3.3
种植大户数	万户	31.3	31.6	-0.3	-0.9
养殖大户数	万户	58.0	62.5	-4.5	-7.2

续表

指标名称	计算单位	2015年	2014年	同比增减绝对值(±)	同比增减幅度(%)
五、工业及建筑业					
工业企业个数	个	269042	288046	-19004	-6.6
#规模以上工业企业个数	个	19669	19631	38	0.2
工业总产值	万元	44256.7	46842.3	-2585.6	-5.5
#规模以上工业总产值	万元	34283.1	33520.4	762.7	2.3
工业企业从业人员	万人	782.4	803.3	-20.9	-2.6
建筑业企业个数	个	7994	9282	-1288	-13.9
建筑业总产值	万元	1959.0	2085.4	-126.4	-6.1
建筑业企业从业人员	万人	72.3	77.4	-5.2	-6.7
六、贸易及餐饮					
社会消费品零售总额	万元	9875.4	9151.5	723.9	7.9
#限额以上社会消费品零售总额	万元	2585.3	2315.8	269.5	11.6
市场个数	个	20093	21228	142	-5.4
50平米以上的超市个数	个	83693	83410	283	0.3
住宿餐饮业企业个数	个	50631	51139	-508	-1.0
七、教育、文化、卫生					
小学数	所	58054	62718	-4664	-7.4
小学专任教师	万人	86.1	91.6	-5.5	-6.0
小学在校学生	万人	1218.8	1294.1	-75.3	-5.8
幼儿园、托儿所	个	40593	40048	545	1.4
图书馆、文化站	个	23639	23311	328	1.4
剧场、影剧院	个	518	559	-41	-7.3
体育场馆	个	1559	1671	-112	-6.7
医院、卫生院	所	20881	19865	1016	5.1
医院、卫生院床位	万张	30.0	30.6	-0.6	-2.0
执业(助理)医师	万人	13.9	14.6	-0.7	-5.0
八、社会保障					
各种社会福利收养性单位数	个	7681	8072	-391	-4.8
各种社会福利收养性单位床位数	万张	37.0	37.5	-0.5	-1.2
各种社会福利收养性单位收养人数	万人	24.4	25.8	-1.3	-5.2
新型农村合作医疗参保人数	万人	17808.1	18681.2	-873.1	-4.7
新型农村社会养老保险参保人数	万人	9377.4	9595.8	-218.5	-2.3
农村居民最低生活保障人数	万人	1412.8	1557.0	-144.2	-9.3
九、公用事业					
自来水用水户数	万户	3074.2	3007.3	66.9	2.2
燃气用气户数	万户	1018.2	1002.8	15.4	1.5
金融机构网点	个	15576	15839	-263	-1.7
公园及休闲健身广场个数	个	24940	20801	4139	19.9
十、城镇基本情况					
城镇建成区面积	千公顷	9.6		9.6	
城镇建成区总户数	万户	8.2		8.2	
城镇建成区总人口	万人	30.8		30.8	
城镇建成区绿化面积	千公顷	2.0		2.0	

全国老区乡镇社会经济综合发展情况

指标名称	计算单位	2015年	2014年	同比增减绝对值(±)	同比增减幅度(%)
一、基本情况					
乡镇个数	个	7987	8107	-120	-1.5
行政区域面积	千公顷	127881.5	128965.4	-1083.9	-0.8
居民委员会个数	个	8419	8549	-130	-1.5
村民委员会个数	个	137752	141724	-3972	-2.8
#通公共交通的村个数	个	89653	86780	2873	3.3
通宽带的村个数	个	113503	111636	1867	1.7
通有线电视的村个数	个	111527	111820	-293	-0.3
通自来水的村个数	个	106551	105645	906	0.9
垃圾集中处理的村个数	个	86207	78593	7614	9.7
污水集中处理的村个数	个	17957	16109	1848	11.5
二、人口与就业					
常住户数	万户	6803.0	6883.2	-80.2	-1.2
常住人口	万人	21877.2	22311.6	-434.3	-1.9
户籍人口	万人	24531.7	24748.8	-217.1	-0.9
#农业户籍人口	万人	19737.9	20356.0	-618.1	-3.0
第一产业从业人员	万人	5887.6	6009.7	-122.1	-2.0
第二产业从业人员	万人	3304.7	3302.2	2.5	0.1
第三产业从业人员	万人	3431.7	3365.4	66.3	2.0
外来从业人员	万人	856.5	854.9	1.5	0.2
三、财政收支					
公共财政收入	亿元	2435.7	2252.7	182.9	8.1
企业实交税金	亿元	2116.2	2079.4	36.8	1.8
公共财政支出	亿元	2098.0	1860.2	237.8	12.8
年末债务总额	亿元	1181.5	1039.1	142.4	13.7
四、农业					
耕地面积	千公顷	20487.0	20221.5	265.6	1.3
设施农业占地面积	千公顷	663.9	662.3	0.5	0.1
耕地灌溉面积	千公顷	10127.0	10079.1	47.9	0.5
农作物播种面积	千公顷	33846.4	34118.0	-271.6	-0.8
#粮食作物播种面积	千公顷	22923.2	23128.1	-204.9	-0.9
农业技术服务机构	个	15841	16203	-362	-2.2
农业技术服务机构从业人员	万人	10.5	10.8	-0.4	-3.3
农民合作社个数	个	194142	170932	23210	13.6
农民合作社成员	万户	795.4	756.5	38.9	5.1
耕地流转面积	千公顷	3214.8	3008.8	206.0	6.8
种植大户数	万户	26.2	25.4	0.8	3.0
养殖大户数	万户	45.7	46.2	-0.4	-1.0

续表

指标名称	计算单位	2015年	2014年	同比增减绝对值(±)	同比增减幅度(%)
五、工业及建筑业					
工业企业个数	个	529294	552851	-23557	-4.3
#规模以上工业企业个数	个	42391	41515	876	2.1
工业总产值	亿元	111769.4	112600.6	-831.2	-0.7
#规模以上工业总产值	亿元	90804.6	87008.5	3796.1	4.4
工业企业从业人员	万人	1641.2	1662.5	-21.3	-1.3
建筑业企业个数	个	11685	12976	-1291	-9.9
建筑业总产值	亿元	8659.9	10404.4	-1744.5	-16.8
建筑业企业从业人员	万人	275.2	310.1	-34.9	-11.3
六、贸易及餐饮					
社会消费品零售总额	亿元	18276.5	17167.9	1108.7	6.5
#限额以上社会消费品零售总额	亿元	5209.5	4836.5	372.9	7.7
市场个数	个	20091	19419	741	3.8
50平米以上的超市个数	个	94480	92360	2120	2.3
住宿餐饮业企业个数	个	76205	74924	1281	1.7
七、教育、文化、卫生					
小学数	所	47915	50198	-2283	-4.5
小学专任教师	万人	93.8	96.9	-3.1	-3.2
小学在校学生	万人	1473.2	1504.0	-30.8	-2.0
幼儿园、托儿所	个	45061	45008	53	0.1
图书馆、文化站	个	15074	15381	-307	-2.0
剧场、影剧院	个	1237	1263	-26	-2.1
体育场馆	个	1712	1849	-137	-7.4
医院、卫生院	所	24703	24274	429	1.8
医院、卫生院床位	万张	58.6	57.7	0.9	1.6
执业(助理)医师	万人	25.7	27.0	-1.3	-4.8
八、社会保障					
各种社会福利收养性单位数	个	8881	8823	58	0.7
各种社会福利收养性单位床位数	万张	52.7	51.6	1.1	2.2
各种社会福利收养性单位收养人数	万人	35.0	35.8	-0.8	-2.2
新型农村合作医疗参保人数	万人	19791.5	19994.7	-203.2	-1.0
新型农村社会养老保险参保人数	万人	9844.2	9816.0	28.2	0.3
农村居民最低生活保障人数	万人	1115.1	1218.9	-103.7	-8.5
九、公用事业					
自来水用水户数	万户	4000.9	3935.0	65.9	1.7
燃气用气户数	万户	2197.0	2193.0	4.0	0.2
金融机构网点	个	22772	22555	217	1.0
公园及休闲健身广场个数	个	27128	22816	4312	18.9
十、城镇基本情况					
城镇建成区面积	千公顷	1739.4	1701.3	38.1	2.2
城镇建成区总户数	万户	1725.7	1713.3	12.4	0.7
城镇建成区总人口	万人	5802.4	5749.2	53.2	0.9
城镇建成区绿化面积	千公顷	219.7	204.8	14.9	7.3

全国边区乡镇社会经济综合发展情况

指标名称	计算单位	2015年	2014年	同比增减绝对值(±)	同比增减幅度(%)
一、基本情况					
乡镇个数	个	648	652	-4	-0.6
行政区域面积	千公顷	122802.9	128369.6	-5566.7	-4.3
居民委员会个数	个	395	437	-42	-9.6
村民委员会个数	个	5015	5070	-55	-1.1
#通公共交通的村个数	个	3321	3233	88	2.7
通宽带的村个数	个	3711	3547	164	4.6
通有线电视的村个数	个	3604	3585	19	0.5
通自来水的村个数	个	3911	3823	88	2.3
垃圾集中处理的村个数	个	2350	2098	252	12.0
污水集中处理的村个数	个	378	184	194	105.4
二、人口与就业					
常住户数	万户	225.0	225.4	-0.4	-0.2
常住人口	万人	740.4	746.5	-6.2	-0.8
户籍人口	万人	738.3	748.4	-10.1	-1.3
#农业户籍人口	万人	516.4	524.0	-7.6	-1.5
第一产业从业人员	万人	257.5	259.9	-2.4	-0.9
第二产业从业人员	万人	43.9	43.2	0.7	1.5
第三产业从业人员	万人	87.1	85.5	1.6	1.9
外来从业人员	万人	38.2	37.5	0.8	2.1
三、财政收支					
公共财政收入	亿元	173.6	166.8	6.8	4.1
企业实交税金	亿元	71.9	63.3	8.6	13.5
公共财政支出	亿元	175.2	162.8	12.4	7.6
年末债务总额	亿元	178.7	165.6	13.1	7.9
四、农业					
耕地面积	千公顷	2183.5	2364.8	-181.3	-7.7
设施农业占地面积	千公顷	33.8	41.3	-7.5	-18.1
耕地灌溉面积	千公顷	975.3	961.8	13.5	1.4
农作物播种面积	千公顷	2441.2	2485.6	-44.4	-1.8
#粮食作物播种面积	千公顷	1737.7	1777.8	-40.1	-2.3
农业技术服务机构	个	924	895	29	3.2
农业技术服务机构从业人员	人	0.7	0.7	0.0	3.5
农民合作社个数	个	9801	8309	1492	18.0
农民合作社成员	万户	20.9	19.2	1.7	8.8
耕地流转面积	千公顷	385.0	365.6	19.4	5.3
种植大户数	万户	3.3	3.2	0.1	4.3
养殖大户数	万户	3.6	3.5	0.1	3.1

续表

指标名称	计算单位	2015年	2014年	同比增减绝对值(±)	同比增减幅度(%)
五、工业及建筑业					
工业企业个数	个	5482	5654	-172	-3.0
#规模以上工业企业个数	个	802	842	-40	-4.8
工业总产值	亿元	1941.1	2297.2	-356.1	-15.5
#规模以上工业总产值	亿元	1588.9	1802.8	-213.9	-11.9
工业企业从业人员	万人	23.9	23.9	0.0	0.1
建筑业企业个数	个	274	545	-271	-49.7
建筑业总产值	亿元	213.7	200.3	13.4	6.7
建筑业企业从业人员	万人	3.7	3.6	0.1	2.3
六、贸易及餐饮					
社会消费品零售总额	亿元	530.0	461.5	68.5	14.8
#限额以上社会消费品零售总额	亿元	103.6	88.9	14.7	16.6
市场个数	个	694	633	61	9.6
50平米以上的超市个数	个	3644	3502	142	4.1
住宿餐饮业企业个数	个	4478	4367	111	2.5
七、教育、文化、卫生					
小学数	所	1984	2021	-37	-1.8
小学专任教师	万人	4.4	4.4	0.0	-1.0
小学在校学生	万人	54.5	54.4	0.1	0.2
幼儿园、托儿所	个	1487	1393	94	6.7
图书馆、文化站	个	1192	1126	66	5.9
剧场、影剧院	个	66	57	9	15.8
体育场馆	个	123	113	10	8.8
医院、卫生院	所	1030	1037	-7	-0.7
医院、卫生院床位	万张	2.5	2.4	0.1	5.1
执业(助理)医师	万人	1.0	1.0	0.0	3.4
八、社会保障					
各种社会福利收养性单位数	个	236	239	-3	-1.3
各种社会福利收养性单位床位数	万张	1.0	1.0	0.1	6.4
各种社会福利收养性单位收养人数	万人	0.8	0.6	0.3	48.8
新型农村合作医疗参保人数	万人	517.9	519.6	-1.7	-0.3
新型农村社会养老保险参保人数	万人	260.7	249.4	11.2	4.5
农村居民最低生活保障人数	万人	100.2	106.0	-5.8	-5.5
九、公用事业					
自来水用水户数	万户	144.8	142.0	2.8	2.0
燃气用气户数	万户	49.6	47.2	2.3	5.0
金融机构网点	个	1105	1096	9	0.8
公园及休闲健身广场个数	个	770	707	63	8.9
十、城镇基本情况					
城镇建成区面积	千公顷	121.1	118.0	3.1	2.7
城镇建成区总户数	万户	67.3	66.7	0.6	0.9
城镇建成区总人口	万人	196.6	193.6	3.0	1.5
城镇建成区绿化面积	千公顷	9.5	8.3	1.2	14.4

全国民族乡社会经济综合发展情况

指标名称	计算单位	2015年	2014年	同比增减绝对值(±)	同比增减幅度(%)
一、基本情况					
乡个数	个	995	1019	-24	-2.4
行政区域面积	千公顷	24378.2	24940.3	-562.1	-2.3
居民委员会个数	个	201	209	-8	-3.8
村民委员会个数	个	9575	9802	-227	-2.3
#通公共交通的村个数	个	5849	5695	154	2.7
通宽带的村个数	个	6665	6273	392	6.2
通有线电视的村个数	个	6219	6165	54	0.9
通自来水的村个数	个	7419	7441	-22	-0.3
垃圾集中处理的村个数	个	4183	3601	582	16.2
污水集中处理的村个数	个	638	500	138	27.6
二、人口与就业					
常住户数	万万户	418.7	420.6	-1.9	-0.4
常住人口	万人	1385.9	1405.5	-19.6	-1.4
户籍人口	万人	1581.5	1598.4	-16.8	-1.1
#农业户籍人口	万人	1470.8	1485.4	-14.6	-1.0
第一产业从业人员	万人	536.7	543.3	-6.6	-1.2
第二产业从业人员	万人	123.0	125.2	-2.2	-1.7
第三产业从业人员	万人	201.7	205.2	-3.4	-1.7
外来从业人员	万人	29.3	28.8	0.5	1.9
三、财政收支					
公共财政收入	亿元	119.8	114.0	5.9	5.2
企业实交税金	亿元	61.9	65.6	-3.6	-5.5
公共财政支出	亿元	118.8	109.2	9.6	8.8
年末债务总额	亿元	39.3	36.4	2.9	8.1
四、农业					
耕地面积	千公顷	2403.0	2481.1	-78.0	-3.1
设施农业占地面积	千公顷	26.6	26.3	0.2	0.8
耕地灌溉面积	千公顷	786.8	785.2	1.6	0.2
农作物播种面积	千公顷	3298.8	3375.3	-76.4	-2.3
#粮食作物播种面积	千公顷	2266.0	2334.1	-68.0	-2.9
农业技术服务机构	个	1573	1601	-28	-1.7
农业技术服务机构从业人员	人	0.8	0.9	-0.1	-8.8
农民合作社个数	个	14848	12460	2388	19.2
农民合作社成员	万户	40.2	35.3	4.9	13.8
耕地流转面积	千公顷	359.0	349.5	9.5	2.7
种植大户数	万户	2.8	3.0	-0.2	-5.3
养殖大户数	万户	3.8	4.3	-0.5	-11.3

注：本年鉴民族乡与《中华人民共和国乡镇行政区划简册(2015)》的在册民族乡一致。

续表

指标名称	计算单位	2015年	2014年	同比增减绝对值(±)	同比增减幅度(%)
五、工业及建筑业					
工业企业个数	个	17125	18206	-1081	-5.9
#规模以上工业企业个数	个	1420	1445	-25	-1.7
工业总产值	亿元	3107.7	3395.0	-287.2	-8.5
#规模以上工业总产值	亿元	2491.6	2551.5	-59.9	-2.3
工业企业从业人员	万人	43.3	44.0	-0.7	-1.7
建筑业企业个数	个	333	445	-112	-25.2
建筑业总产值	亿元	128.3	155.1	-26.8	-17.3
建筑业企业从业人员	万人	2.7	3.1	-0.4	-12.5
六、贸易及餐饮					
社会消费品零售总额	亿元	609.2	554.8	54.4	9.8
#限额以上社会消费品零售总额	亿元	130.5	114.2	16.3	14.3
市场个数	个	1476	1555	-79	-5.1
50平米以上的超市个数	个	4393	4609	-216	-4.7
住宿餐饮业企业个数	个	4117	3949	168	4.3
七、教育、文化、卫生					
小学数	所	4625	4935	-310	-6.3
小学专任教师	万人	7.0	7.3	-0.4	-5.1
小学在校学生	万人	98.3	103.0	-4.7	-4.6
幼儿园、托儿所	个	2615	2339	276	11.8
图书馆、文化站	个	1437	1407	30	2.1
剧场、影剧院	个	11	16	-5	-31.3
体育场馆	个	67	60	7	11.7
医院、卫生院	所	1712	1329	383	28.8
医院、卫生院床位	万张	2.3	2.2	0.1	5.3
执业(助理)医师	万人	0.8	0.8	0.0	-1.4
八、社会保障					
各种社会福利收养性单位数	个	653	642	11	1.7
各种社会福利收养性单位床位数	万张	2.6	2.5	0.1	4.5
各种社会福利收养性单位收养人数	万人	1.5	1.5	0.0	-1.9
新型农村合作医疗参保人数	万人	1308.5	1348.9	-40.4	-3.0
新型农村社会养老保险参保人数	万人	681.4	678.9	2.5	0.4
农村居民最低生活保障人数	万人	140.5	159.2	-18.8	-11.8
九、公用事业					
自来水用水户数	万户	233.4	227.3	6.2	2.7
燃气用气户数	万户	66.8	62.3	4.5	7.2
金融机构网点	个	1202	1199	3	0.3
公园及休闲健身广场个数	个	1784	1403	381	27.2
十、城镇基本情况					
城镇建成区面积	千公顷				
城镇建成区总户数	万户				
城镇建成区总人口	万人				
城镇建成区绿化面积	千公顷				

2

各地区主要指标居全国前 1000 位的乡镇

各地区户籍人口居全国前1000位的乡镇

单位：人

地区	代码	乡镇名称	数量
天津	120112100	津南区咸水沽镇	106280
	120117100	宁河区芦台镇	115661
	120118100	静海区静海镇	122020
河北	130123100	正定县正定镇	127403
	130131100	平山县平山镇	119852
	130133100	赵县赵州镇	116942
	130183100	晋州市晋州镇	131645
	130223100	滦县滦州镇	136605
	130283100	迁安市迁安镇	179042
	130322100	昌黎县昌黎镇	120966
	130406100	峰峰矿区临水镇	130737
	130423100	临漳县临漳镇	102316
	130427100	磁县磁州镇	154722
	130428100	肥乡县肥乡镇	90233
	130429100	永年县临洺关镇	159756
	130434100	魏县魏城镇	136018
	130435100	曲周县曲周镇	88266
	130481100	武安市武安镇	107679
	130525100	隆尧县隆尧镇	100566
	130528100	宁晋县凤凰镇	144273
	130529100	巨鹿县巨鹿镇	88535
	130534100	清河县葛仙庄镇	132741
	130607100	满城区满城镇	113778
	130609100	徐水区安肃镇	135860
	130626100	定兴县定兴镇	98337
	130627100	唐县仁厚镇	94729
	130635100	蠡县蠡吾镇	108687
	130638100	雄县雄州镇	106590
	130730100	怀来县沙城镇	98305
	130823100	平泉县平泉镇	101538
	130922100	青县清州镇	110086
	130984100	河间市瀛州镇	107093
	131022100	固安县固安镇	170725
	131023100	永清县永清镇	112920
	131024100	香河县淑阳镇	95505
	131026100	文安县文安镇	88657
	131081100	霸州市霸州镇	141585
	131081105	霸州市胜芳镇	97921
	131082109	三河市燕郊镇	278234
	131121100	枣强县枣强镇	105587
	131126100	故城县郑口镇	121281
	131181100	冀州市冀州镇	90086
	139002100	辛集市辛集镇	147093
山西	140121100	清徐县清源镇	99591
	140221100	阳高县龙泉镇	91131
	140224100	灵丘县武灵镇	98987
	140225100	浑源县永安镇	119497
	140321100	平定县冠山镇	103322
	140522100	阳城县凤城镇	127317
	140624100	怀仁县云中镇	111568
	140728100	平遥县古陶镇	93763
	140823100	闻喜县桐城镇	113756
	140824100	稷山县稷峰镇	125014
	141023100	襄汾县新城镇	88539
	141024100	洪洞县大槐树镇	151395
	141125100	柳林县柳林镇	93229
内蒙古	150121100	土默特左旗察素齐镇	89043
	150429100	宁城县天义镇	122581
	150430100	敖汉旗新惠镇	100754
	150523100	开鲁县开鲁镇	110305
	150525100	奈曼旗大沁他拉镇	100970
	150526100	扎鲁特旗鲁北镇	100481
	150722100	莫力达瓦达斡尔族自治旗尼尔基镇	103459
	150821100	五原县隆兴昌镇	91310
	150823100	乌拉特前旗乌拉山镇	89773
	150826100	杭锦后旗陕坝镇	105296
	152223100	扎赉特旗音德尔镇	90000
	152224100	突泉县突泉镇	111729
辽宁	210124100	法库县法库镇	89135
	210624100	宽甸满族自治县宽甸镇	147111
	210804100	鲅鱼圈区熊岳镇	93314
	211224100	昌图县昌图镇	144778
吉林	220122100	农安县农安镇	273011
	220221100	永吉县口前镇	96174
	220322100	梨树县梨树镇	113416
	220381106	公主岭市怀德镇	99527
	220402198	龙山区县级直管村级单位	204437
	220403198	辽源市西安区县级直管村级单位	131718
	220421100	东丰县东丰镇	102154
	220523100	辉南县朝阳镇	119446
	220524100	柳河县柳河镇	114018
	220721100	前郭尔罗斯蒙古族自治县前郭尔罗斯镇	91435
	220722100	长岭县长岭镇	95060
	220781100	扶余市三岔河镇	103324
	220821100	镇赉县镇赉镇	104333
	220822100	通榆县开通镇	123914
黑龙江	230125100	宾县宾州镇	123806
	230126100	巴彦县巴彦镇	98550
	230183100	尚志市尚志镇	121088
	230184100	五常市五常镇	134587
	230221100	龙江县龙江镇	133110
	230231100	拜泉县拜泉镇	88385
	230781100	铁力市铁力镇	102537
	231083100	海林市海林镇	128008
	231121100	嫩江县嫩江镇	105979
	231225100	明水县明水镇	89011
上海	310112101	闵行区莘庄镇	141897
	310112102	闵行区七宝镇	134755
	310112108	闵行区梅陇镇	125642
	310112114	闵行区浦江镇	128763

续表 1

单位：人

地区	代码	乡镇名称	数量	地区	代码	乡镇名称	数量
	310113102	上海市宝山区大场镇	155177		320612114	南通市通州区平潮镇	123199
	310113109	上海市宝山区顾村镇	100681		320621100	海安县海安镇	276282
	310114103	嘉定区安亭镇	91254		320621101	海安县城东镇	149768
	310115103	浦东新区川沙新镇	155600		320621102	海安县曲塘镇	95573
	310115104	浦东新区高桥镇	90090		320623104	如东县大豫镇	101122
	310115105	浦东新区北蔡镇	136406		320623105	如东县掘港镇	198030
	310115130	浦东新区三林镇	136106		320681100	启东市汇龙镇	256483
	310115131	浦东新区惠南镇	116853		320681106	启东市南阳镇	103829
	310115139	浦东新区祝桥镇	138481		320681109	启东市王鲍镇	89879
	310120101	奉贤区南桥镇	118286		320681110	启东市吕四港镇	177996
	310230101	崇明县城桥镇	91135		320682105	如皋市白蒲镇	123114
江苏	320206102	惠山区洛社镇	98303		320682111	如皋市长江镇	139115
	320281104	江阴市徐霞客镇	109881		320682113	如皋市江安镇	120169
	320281107	江阴市华士镇	92762		320682116	如皋市搬经镇	138879
	320281108	江阴市周庄镇	104899		320684108	海门市悦来镇	106654
	320282103	宜兴市徐舍镇	100158		320684415	海门市海门港新区	145608
	320282112	宜兴市丁蜀镇	148707		320684416	海门市海门工业园区管理委员会	92932
	320321102	丰县首羡镇	96073		320707100	赣榆区青口镇	206720
	320321105	丰县欢口镇	100007		320707109	赣榆区班庄镇	101205
	320321111	丰县宋楼镇	96930		320707110	赣榆区城头镇	89056
	320321113	丰县王沟镇	107154		320707115	赣榆区沙河镇	119255
	320322108	沛县张庄镇	96641		320723100	灌云县伊山镇	159663
	320322109	沛县张寨镇	93854		320723102	灌云县杨集镇	122331
	320322115	沛县安国镇	95220		320723108	灌云县下车镇	99086
	320324101	睢宁县睢城镇	201015		320723212	灌云县南岗乡	109412
	320324111	睢宁县邱集镇	113814		320724100	灌南县新安镇	185080
	320324113	睢宁县姚集镇	96720		320724101	灌南县堆沟港镇	91146
	320381108	新沂市棋盘镇	88260		320803100	淮安区淮城镇	179300
	320382103	邳州市官湖镇	113952		320804100	淮阴区王营镇	171225
	320382108	邳州市碾庄镇	95593		320826100	涟水县涟城镇	154441
	320382115	邳州市铁富镇	118983		320826101	涟水县高沟镇	101264
	320382123	邳州市赵墩镇	106129		320831100	金湖县黎城镇	106406
	320411100	新北区春江镇	136745		320904100	大丰区大中镇	184948
	320412100	武进区湖塘镇	148177		320904110	大丰区新丰镇	104089
	320481100	溧阳市溧城镇	247038		320921102	响水县小尖镇	103895
	320506103	吴中区木渎镇	88078		320922100	滨海县东坎镇	226468
	320509100	吴江区太湖新城镇	256305		320922103	滨海县正红镇	108687
	320509105	吴江区盛泽镇	135983		320922107	滨海县八滩镇	90425
	320509110	吴江区黎里镇	142836		320922109	滨海县滨淮镇	108339
	320571199	苏州工业园区直属镇	176676		320923109	阜宁县东沟镇	115544
	320581100	常熟市虞山镇	208167		320923110	阜宁县益林镇	95316
	320581102	常熟市海虞镇	89185		320924100	射阳县合德镇	196962
	320582100	张家港市杨舍镇	282784		320924106	射阳县海河镇	105431
	320582101	张家港市塘桥镇	91979		320925108	建湖县上冈镇	150871
	320582102	张家港市金港镇	179298		320981110	东台市富安镇	95347
	320582103	张家港市锦丰镇	114481		320981122	东台市东台镇	218178
	320583100	昆山市玉山镇	189658		321012100	江都区仙女镇	140628
	320585100	太仓市城厢镇	188953		321012101	江都区小纪镇	92104
	320612103	南通市通州区东社镇	93342		321012118	江都区大桥镇	143687
	320612104	南通市通州区三余镇	124588		321023100	宝应县安宜镇	118590

续表 2

单位：人

地区	代码	乡镇名称	数量
	321023104	宝应县射阳湖镇	89888
	321081100	仪征市真州镇	126532
	321084115	高邮市临泽镇	95384
	321281123	兴化市戴南镇	96626
	321281125	兴化市昭阳镇	162548
	321282103	靖江市斜桥镇	90881
	321283100	泰兴市黄桥镇	193548
	321302150	宿城区洋河镇	111756
	321323100	泗阳县众兴镇	364283
	321324100	泗洪县青阳镇	235145
浙江	330106109	杭州市西湖区三墩镇	103022
	330109113	萧山区瓜沥镇	162147
	330110102	余杭区塘栖镇	98826
	330282107	慈溪市观海卫镇	123400
	330282121	慈溪市周巷镇	115541
	330324104	永嘉县桥下镇	128357
	330326100	平阳县昆阳镇	118127
	330326101	平阳县鳌江镇	213185
	330326102	平阳县水头镇	172603
	330326103	平阳县萧江镇	112096
	330327100	苍南县灵溪镇	283105
	330327101	苍南县龙港镇	373123
	330327104	苍南县钱库镇	169597
	330327107	苍南县金乡镇	128537
	330327118	苍南县马站镇	91022
	330328100	文成县大峃镇	113614
	330381101	瑞安市塘下镇	174313
	330381116	瑞安市马屿镇	147394
	330381120	瑞安市陶山镇	133501
	330381122	瑞安市湖岭镇	128763
	330381125	瑞安市高楼镇	102620
	330382101	乐清市大荆镇	147033
	330382108	乐清市虹桥镇	171506
	330382114	乐清市柳市镇	223306
	330382115	乐清市北白象镇	129321
	330481101	海宁市许村镇	112012
	330483107	桐乡市崇福镇	101644
	330502100	吴兴区织里镇	103594
	330503100	南浔区南浔镇	124944
	330521100	德清县武康镇	116052
	330604113	上虞区崧厦镇	105395
	330783123	东阳市横店镇	91474
	330824115	开化县华埠镇	107351
	331004106	路桥区金清镇	106090
	331022107	三门县浦坝港镇	104928
	331023105	天台县平桥镇	111352
	331081100	温岭市泽国镇	128132
	331081101	温岭市大溪镇	131807
	331081102	温岭市松门镇	93801
	331081103	温岭市箬横镇	147977
	331081104	温岭市新河镇	122902
	331082106	临海市白水洋镇	104366
	331082112	临海市杜桥镇	217366
	331082114	临海市桃渚镇	97446
安徽	340104100	蜀山区井岗镇	103626
	340121100	长丰县水湖镇	112912
	340122100	肥东县店埠镇	194126
	340122101	肥东县撮镇镇	89314
	340123100	肥西县上派镇	147759
	340123106	肥西县花岗镇	101674
	340124100	庐江县庐城镇	164810
	340124110	庐江县白湖镇	101547
	340124114	庐江县泥河镇	95001
	340207101	鸠江区沈巷镇	128213
	340221100	芜湖县湾沚镇	114036
	340223100	南陵县籍山镇	136845
	340223101	南陵县许镇镇	110005
	340223102	南陵县弋江镇	105145
	340225100	无为县无城镇	152123
	340304198	禹会区禹会虚镇	168649
	340321100	怀远县城关镇	170915
	340321101	怀远县鲍集镇	88752
	340321104	怀远县常坟镇	105267
	340321110	怀远县白莲坡镇	89546
	340322100	五河县城关镇	104245
	340323100	固镇县城关镇	115796
	340506100	博望区博望镇	90548
	340521100	当涂县姑孰镇	111253
	340522100	含山县环峰镇	95746
	340523100	和县历阳镇	138581
	340604102	烈山区古饶镇	96525
	340621100	濉溪县濉溪镇	117660
	340621103	濉溪县五沟镇	106126
	340621104	濉溪县临涣镇	94355
	340621105	濉溪县双堆集镇	106401
	340621106	濉溪县铁佛镇	132712
	340621107	濉溪县南坪镇	101716
	340621108	濉溪县百善镇	115356
	340621109	濉溪县孙町镇	105711
	340621110	濉溪县四铺镇	89062
	340702198	铜官山区虚镇	261605
	340823100	枞阳县枞阳镇	95436
	340823102	枞阳县汤沟镇	92146
	340824100	潜山县梅城镇	99032
	340826100	宿松县孚玉镇	89079
	340827100	望江县华阳镇	127162
	341122100	来安县新安镇	104634
	341124100	全椒县襄河镇	122603
	341125100	定远县定城镇	150567
	341125101	定远县炉桥镇	106697
	341126100	凤阳县府城镇	158166
	341204100	颍泉区伍明镇	116208

续表 3　　　　　　　　　　　　　　　　　　　　　　　　　　　　单位：人

地区	代码	乡镇名称	数量	地区	代码	乡镇名称	数量
	341204101	颍泉区宁老庄镇	117180		350322100	仙游县枫亭镇	113361
	341204102	颍泉区闻集镇	109568		350322101	仙游县榜头镇	163291
	341204103	颍泉区行流镇	107219		350322103	仙游县度尾镇	90853
	341221109	临泉县宋集镇	90668		350322106	仙游县盖尾镇	102820
	341221113	临泉县韦寨镇	90554		350322108	仙游县大济镇	94837
	341222100	太和县城关镇	153006		350505100	泉港区南埔镇	96595
	341222117	太和县坟台镇	88218		350521100	惠安县螺城镇	92207
	341225120	阜南县鹿城镇	144134		350521109	惠安县涂寨镇	91774
	341226100	颍上县慎城镇	166691		350524102	安溪县湖头镇	90691
	341226104	颍上县江口镇	89459		350524206	安溪县长坑乡	90917
	341302100	埇桥区符离镇	89893		350582101	晋江市安海镇	121925
	341321100	砀山县砀城镇	193820		350582102	晋江市磁灶镇	94214
	341321106	砀山县玄庙镇	94547		350582104	晋江市东石镇	107550
	341322100	萧县龙城镇	121370		350583106	南安市诗山镇	88563
	341322101	萧县黄口镇	98000		350583113	南安市洪濑镇	88267
	341323100	灵璧县灵城镇	115067		350583118	南安市官桥镇	107630
	341324100	泗县泗城镇	96378		350583119	南安市水头镇	116589
	341521100	寿县寿春镇	122276		350623100	漳浦县绥安镇	112354
	341522100	霍邱县城关镇	124233		350627100	南靖县山城镇	91973
	341523100	舒城县城关镇	172521		350628100	平和县小溪镇	92719
	341524100	金寨县梅山镇	115835		350681102	龙海市角美镇	135425
	341602115	谯城区双沟镇	93630		350681109	龙海市榜山镇	88109
	341621121	涡阳县牌坊镇	95405	江西	360111104	青山湖区湖坊镇	90243
	341622100	蒙城县城关镇	100020		360111180	青山湖区蛟桥镇	157495
	341622110	蒙城县立仓镇	117330		360112100	新建区长埈镇	99076
	341622111	蒙城县楚村镇	103956		360121100	南昌县莲塘镇	119682
	341622112	蒙城县乐土镇	106014		360121101	南昌县向塘镇	117315
	341623100	利辛县城关镇	159881		360121105	南昌县蒋巷镇	93991
	341623101	利辛县阚疃镇	103001		360121191	南昌县昌东镇	127766
	341623114	利辛县胡集镇	92771		360124100	进贤县民和镇	189140
	341623118	利辛县望疃镇	105633		360281103	乐平市众埠镇	98893
	341821100	郎溪县建平镇	118541		360428100	都昌县都昌镇	112581
	341822100	广德县桃州镇	121666		360502190	渝水区水西镇	112513
	341823100	泾县泾川镇	96049		360703100	南康区唐江镇	105401
福建	350111100	晋安区鼓山镇	104642		360722100	信丰县嘉定镇	164900
	350111101	晋安区新店镇	91639		360730100	宁都县梅江镇	160935
	350181106	福清市龙田镇	142350		360731100	于都县贡江镇	205802
	350181107	福清市江镜镇	98700		360732100	兴国县潋江镇	119474
	350181111	福清市三山镇	123791		360733100	会昌县文武坝镇	92780
	350181116	福清市江阴镇	88184		360735100	石城县琴江镇	101419
	350213102	翔安区马巷镇	100416		360781100	瑞金市象湖镇	149558
	350213104	翔安区新店镇	111532		360821100	吉安县敦厚镇	98595
	350302101	城厢区华亭镇	112093		360822100	吉水县文峰镇	134733
	350304101	荔城区黄石镇	154873		360825100	永丰县恩江镇	94217
	350304102	荔城区新度镇	104386		360826100	泰和县澄江镇	125785
	350304103	荔城区北高镇	97955		360827100	遂川县泉江镇	125328
	350305100	秀屿区笏石镇	131422		360829100	安福县平都镇	88613
	350305104	秀屿区东峤镇	126137		360830100	永新县禾川镇	99405
	350305105	秀屿区埭头镇	138448		361002100	临川区上顿渡镇	125850
	350305106	秀屿区平海镇	102469		361021100	南城县建昌镇	98271

续表 4　　　　单位：人

地区	代码	乡镇名称	数量	地区	代码	乡镇名称	数量
	361023100	南丰县琴城镇	89048		371302109	兰山区方城镇	102097
	361024100	崇仁县巴山镇	99578		371321109	沂南县大庄镇	98112
	361029100	东乡县孝岗镇	146329		371322101	郯城县马头镇	88555
	361123100	玉山县冰溪镇	108547		371322102	郯城县重坊镇	101052
	361127100	余干县玉亭镇	121981		371322103	郯城县李庄镇	105435
	361127102	余干县黄金埠镇	91498		371323103	沂水县许家湖镇	132003
	361128100	鄱阳县鄱阳镇	175188		371324101	苍山县大仲村镇	88021
	361128104	鄱阳县油墩街镇	102327		371324102	苍山县兰陵镇	124335
	361128110	鄱阳县古县渡镇	99987		371324103	苍山县长城镇	111720
山东	370112101	历城区仲宫镇	115136		371324108	苍山县向城镇	119093
	370282117	即墨市移风店镇	92330		371324112	苍山县庄坞镇	92236
	370282121	即墨市田横镇	135847		371324116	苍山县金岭镇	100218
	370283105	平度市南村镇	133515		371325105	费县探沂镇	100126
	370283122	平度市旧店镇	104939		371325107	费县梁邱镇	95103
	370285101	莱西市姜山镇	92182		371327103	莒南县坊前镇	88072
	370303100	张店区马尚镇	92647		371329108	临沭县青云镇	97053
	370481103	滕州市大坞镇	89988		371502101	东昌府区沙镇镇	98529
	370481104	滕州市滨湖镇	116967		371702100	牡丹区沙土镇	93162
	370481106	滕州市西岗镇	118756		371702108	牡丹区马岭岗镇	97662
	370481107	滕州市姜屯镇	88810		371721103	曹县青固集镇	103912
	370481116	滕州市东郭镇	123865		371721107	曹县古营集镇	89191
	370523101	广饶县大王镇	93571		371721110	曹县苏集镇	91383
	370683101	莱州市沙河镇	99771		371722102	单县黄岗镇	88408
	370686104	栖霞市桃村镇	92391		371727102	定陶县冉固镇	90047
	370724103	临朐县冶源镇	107198	河南	410181113	巩义市回郭镇	92322
	370724107	临朐县辛寨镇	123549		410182103	荥阳市广武镇	101031
	370724116	临朐县蒋峪镇	90544		410225103	兰考县考城镇	89496
	370725107	昌乐县乔官镇	89008		410323100	新安县城关镇	99940
	370725108	昌乐县唐吾镇	105068		410482104	汝州市小屯镇	89970
	370725110	昌乐县红河镇	90557		410522101	安阳县水冶镇	123906
	370725116	昌乐县营丘镇	97436		410526103	滑县留固镇	88762
	370781115	青州市谭坊镇	99522		410581102	林州市临淇镇	102093
	370782102	诸城市贾悦镇	109693		410581104	林州市横水镇	89949
	370782114	诸城市林家村镇	96614		410581107	林州市姚村镇	96869
	370783109	寿光市侯镇	99519		410581200	林州市城郊乡	95168
	370783112	寿光市稻田镇	97597		410621101	浚县善堂镇	95030
	370784100	安丘市景芝镇	134824		410621104	浚县新镇镇	91387
	370784103	安丘市凌河镇	103753		410825100	温县温泉镇	96220
	370785103	高密市夏庄镇	113664		411322101	方城县独树镇	89013
	370829104	嘉祥县疃里镇	100553		411322102	方城县博望镇	105339
	370830101	汶上县南站镇	90295		411322105	方城县赵河镇	111352
	370832104	梁山县拳铺镇	120106		411326104	淅川县厚坡镇	108541
	370883102	邹城市城前镇	90729		411328101	唐河县源潭镇	93936
	370883104	邹城市北宿镇	98305		411381107	邓州市构林镇	94799
	370883107	邹城市太平镇	121812		411381305	邓州市裴营乡	98889
	370921109	宁阳县磁窑镇	114998		411421104	民权县程庄镇	88462
	370921110	宁阳县华丰镇	88892		411481100	永城市演集镇	115348
	370982105	新泰市羊流镇	101624		411481107	永城市薛湖镇	91815
	370982117	新泰市汶南镇	104624		411503101	平桥区明港镇	119562
	371302105	兰山区义堂镇	116123		411521100	罗山县城关镇	96285

续表 5

单位：人

地区	代码	乡镇名称	数量
	411623104	商水县固墙镇	96750
	411624100	沈丘县槐店回族镇	121293
	411626100	淮阳县城关回族镇	133420
	411626105	淮阳县安岭镇	97795
	411626202	淮阳县冯塘乡	96850
	411627100	太康县城关回族镇	98693
	411627104	太康县朱口镇	90823
	411627105	太康县马头镇	92350
	411627109	太康县马厂镇	89863
	411724100	正阳县真阳镇	102964
湖北	420222100	阳新县兴国镇	93245
	420222107	阳新县白沙镇	99296
	420222110	阳新县龙港镇	108820
	420281104	大冶市还地桥镇	90784
	420304117	郧阳区郧县城关镇	109125
	420527101	秭归县茅坪镇	88069
	420528101	长阳土家族自治县龙舟坪镇	92242
	420602100	襄城区欧庙镇	92490
	420606101	樊城区太平店镇	112697
	420607107	襄州区双沟镇	97750
	420607111	襄州区东津镇	120209
	420624100	南漳县城关镇	149326
	420624101	南漳县武安镇	112855
	420624102	南漳县九集镇	107624
	420625100	谷城县城关镇	102505
	420625101	谷城县石花镇	124035
	420683100	枣阳市琚湾镇	88192
	420683101	枣阳市七方镇	105864
	420683103	枣阳市太平镇	101843
	420683109	枣阳市吴店镇	89679
	420821100	京山县新市镇	125972
	420881103	钟祥市胡集镇	144150
	420881108	钟祥市石牌镇	91894
	420881109	钟祥市旧口镇	101354
	420881110	钟祥市柴湖镇	109327
	420902104	孝南区肖港镇	105464
	420921100	孝昌县花园镇	109278
	420922100	大悟县城关镇	118319
	421022100	公安县埠河镇	96700
	421022101	公安县斗湖堤镇	136579
	421023100	监利县容城镇	126128
	421023101	监利县朱河镇	100047
	421023102	监利县新沟镇	108126
	421023113	监利县尺八镇	88648
	421023200	监利县红城乡	120519
	421083105	洪湖市峰口镇	90583
	421087100	松滋市新江口镇	118057
	421122100	红安县城关镇	91256
	421122101	红安县七里坪镇	88039
	421123100	罗田县凤山镇	123870
	421124100	英山县温泉镇	110694
	421125100	浠水县清泉镇	233337
	421125101	浠水县巴河镇	127607
	421125104	浠水县团陂镇	97389
	421125105	浠水县关口镇	93128
	421126100	蕲春县漕河镇	163232
	421126102	蕲春县蕲州镇	101920
	421126105	蕲春县横车镇	98432
	421126107	蕲春县刘河镇	97527
	421127100	黄梅县黄梅镇	136368
	421127101	黄梅县孔垄镇	110063
	421127102	黄梅县小池镇	110616
	421127107	黄梅县濯港镇	88446
	421127108	黄梅县蔡山镇	101470
	421181103	麻城市白果镇	91550
	421182100	武穴市梅川镇	142567
	421182102	武穴市花桥镇	89291
	421221103	嘉鱼县鱼岳镇	100500
	421222100	通城县隽水镇	129506
	421223100	崇阳县天城镇	117645
	421224100	通山县通羊镇	109435
	421303187	曾都区淅河镇	127130
	421321109	随县唐县镇	97963
	422802102	利川市汪营镇	99971
	422822100	建始县业州镇	112558
	422827100	来凤县翔凤镇	101281
	429004105	仙桃市长倘口镇	120207
	429004106	仙桃市西流河镇	102677
	429004108	仙桃市杨林尾镇	92123
	429004109	仙桃市彭场镇	99726
	429006107	天门市岳口镇	127835
湖南	430421100	衡阳县西渡镇	174896
	430423100	衡山县开云镇	89476
	430522100	新邵县酿溪镇	94470
	430523100	邵阳县塘渡口镇	119633
	430523111	邵阳县五峰铺镇	101513
	430524100	隆回县桃洪镇	121181
	430525103	洞口县高沙镇	115680
	430525104	洞口县竹市镇	89201
	430525105	洞口县石江镇	90525
	430525106	洞口县黄桥镇	100614
	430528100	新宁县金石镇	101949
	430623100	华容县城关镇	111493
	430624100	湘阴县文星镇	145412
	430626100	平江县城关镇	89712
	430721100	安乡县深柳镇	128957
	430722116	汉寿县龙阳镇	124218
	430725100	桃源县漳江镇	115877
	430821100	慈利县零阳镇	132531
	430902106	资阳区长春镇	92239

续表 6

单位：人

地区	代码	乡镇名称	数量
	430902107	资阳区新桥河镇	91429
	430903111	赫山区兰溪镇	90023
	430921125	南县南洲镇	137879
	430922112	桃江县桃花江镇	150491
	430922113	桃江县灰山港镇	123416
	430923119	安化县大福镇	100026
	430923121	安化县东坪镇	131916
	430981112	沅江市南大膳镇	93432
	430981114	沅江市草尾镇	98345
	431021109	桂阳县舂陵江镇	107635
	431022111	宜章县玉溪镇	88421
	431023108	永兴县便江镇	107211
	431024100	嘉禾县珠泉镇	110875
	431028106	安仁县永乐江镇	144856
	431122100	东安县白牙市镇	98011
	431129100	江华瑶族自治县沱江镇	89012
	431222109	沅陵县沅陵镇	125994
	431224100	溆浦县卢峰镇	124909
	431229100	靖州苗族侗族自治县渠阳镇	90945
	431321100	双峰县永丰镇	95562
	431322100	新化县上梅镇	180523
	431382105	涟源市桥头河镇	123815
	433124109	花垣县花垣镇	102460
广东	440111103	广州市白云区人和镇	94254
	440111107	广州市白云区太和镇	92171
	440111108	广州市白云区钟落潭镇	135397
	440111113	广州市白云区江高镇	122217
	440114105	花都区花东镇	114432
	440117111	从化区太平镇	92132
	440117113	从化区鳌头镇	140619
	440118101	增城区新塘镇	116522
	440118102	增城区石滩镇	112255
	440205100	曲江区马坝镇	107763
	440229100	翁源县龙仙镇	121023
	440281108	乐昌市坪石镇	88175
	440403106	斗门区白蕉镇	96942
	440403107	斗门区井岸镇	102976
	440513100	潮阳区海门镇	124646
	440513101	潮阳区河溪镇	91040
	440513102	潮阳区和平镇	183983
	440513103	潮阳区西胪镇	186204
	440513104	潮阳区关埠镇	137462
	440513106	潮阳区谷饶镇	176180
	440513107	潮阳区贵屿镇	168414
	440513108	潮阳区铜盂镇	134735
	440513110	潮阳区金灶镇	150298
	440514101	潮南区井都镇	99122
	440514103	潮南区成田镇	97905
	440514104	潮南区司马浦镇	134580
	440514105	潮南区陈店镇	126599
	440514106	潮南区两英镇	206901
	440514107	潮南区仙城镇	120678
	440514108	潮南区胪岗镇	160316
	440514112	潮南区陇田镇	139639
	440515102	澄海区莲下镇	117191
	440604100	禅城区南庄镇	142651
	440605121	南海区九江镇	106241
	440605122	南海区西樵镇	157875
	440605123	南海区丹灶镇	92875
	440605124	南海区狮山镇	287802
	440605125	南海区大沥镇	251463
	440605126	南海区里水镇	131370
	440606102	顺德区北滘镇	123606
	440606103	顺德区乐从镇	108251
	440606104	顺德区龙江镇	103454
	440606105	顺德区杏坛镇	134813
	440606106	顺德区均安镇	90544
	440705104	新会区双水镇	91324
	440804100	坡头区南三镇	96720
	440811100	麻章区麻章镇	89925
	440811101	麻章区太平镇	109918
	440823100	遂溪县遂城镇	218172
	440823101	遂溪县黄略镇	108611
	440823106	遂溪县杨柑镇	100336
	440823107	遂溪县城月镇	107916
	440881104	廉江市河唇镇	107501
	440881106	廉江市良垌镇	140728
	440881107	廉江市横山镇	132675
	440881108	廉江市安铺镇	132218
	440881109	廉江市营仔镇	105057
	440881110	廉江市青平镇	107751
	440881113	廉江市石岭镇	133089
	440881117	廉江市塘蓬镇	101434
	440882100	雷州市白沙镇	90972
	440882102	雷州市客路镇	140018
	440882103	雷州市杨家镇	90352
	440882106	雷州市纪家镇	117312
	440882108	雷州市南兴镇	112463
	440882117	雷州市附城镇	128155
	440883101	吴川市长岐镇	90285
	440883104	吴川市振文镇	126183
	440883106	吴川市吴阳镇	104177
	440883107	吴川市塘缀镇	140868
	440883109	吴川市黄坡镇	171271
	440902104	茂南区鳌头镇	92269
	440904100	电白区马踏镇	89595
	440904101	电白区岭门镇	88325
	440904102	电白区坡心镇	94672
	440904108	电白区羊角镇	157128
	440904115	电白区霞洞镇	105299

续表 7

单位：人

地区	代码	乡镇名称	数量	地区	代码	乡镇名称	数量
	440904116	电白区观珠镇	108679		441802103	清城区源潭镇	94323
	440904123	电白区水东镇	127693		441803112	清新区龙颈镇	118894
	440904126	电白区林头镇	145587		441803113	清新区禾云镇	114175
	440904127	电白区电城镇	174058		441803117	清新区浸潭镇	111464
	440981127	高州市石鼓镇	123769		441821100	佛冈县石角镇	117871
	440981128	高州市东岸镇	94629		441823119	阳山县阳城镇	114823
	440981129	高州市长坡镇	91502		441881137	英德市东华镇	103597
	440982102	化州市杨梅镇	89675		441882100	连州市连州镇	140949
	440982112	化州市合江镇	89821		441900121	东莞市虎门镇	133348
	440982113	化州市那务镇	96784		441900122	东莞市厚街镇	101893
	440982116	化州市平定镇	115715		442000100	中山市小榄镇	171250
	440982120	化州市中垌镇	126305		442000101	中山市黄圃镇	88876
	440983113	信宜市怀乡镇	91388		445103103	潮安区凤塘镇	88801
	440983124	信宜市朱砂镇	98022		445103104	潮安区浮洋镇	107390
	440983125	信宜市北界镇	98202		445103108	潮安区彩塘镇	115218
	441223109	广宁县南街镇	116868		445103109	潮安区东凤镇	94196
	441224100	怀集县怀城镇	156296		445103110	潮安区庵埠镇	133107
	441224108	怀集县大岗镇	89693		445103121	潮安区枫溪镇	112802
	441224110	怀集县冷坑镇	137543		445122100	饶平县黄冈镇	200264
	441225111	封开县南丰镇	99950		445122117	饶平县钱东镇	98881
	441322110	博罗县罗阳镇	152683		445202101	榕城区渔湖镇	114530
	441323113	惠东县多祝镇	104936		445202102	榕城区炮台镇	133039
	441422100	大埔县湖寮镇	96686		445202103	榕城区地都镇	107660
	441423127	丰顺县汤坑镇	144646		445203102	揭东区云路镇	89936
	441423128	丰顺县留隍镇	101009		445203104	揭东区锡场镇	121921
	441424130	五华县华城镇	124823		445203105	揭东区新亨镇	121603
	441424134	五华县水寨镇	161889		445203106	揭东区玉湖镇	117931
	441424135	五华县河东镇	146377		445203110	揭东区白塔镇	106677
	441424138	五华县横陂镇	112990		445222110	揭西县棉湖镇	107182
	441424139	五华县安流镇	153995		445224100	惠来县惠城镇	184665
	441424140	五华县棉洋镇	108193		445224103	惠来县仙庵镇	100841
	441424141	五华县龙村镇	105848		445224105	惠来县周田镇	88363
	441521101	海丰县梅陇镇	105651		445224107	惠来县神泉镇	95570
	441521115	海丰县海城镇	157768		445224108	惠来县东陇镇	108122
	441581001	陆河县东海街道	219167		445224110	惠来县隆江镇	172991
	441581101	陆丰市甲子镇	132357		445224114	惠来县葵潭镇	128986
	441581102	陆丰市碣石镇	249863		445281103	普宁市大坝镇	117815
	441581103	陆丰市湖东镇	113951		445281104	普宁市洪阳镇	172771
	441581107	陆丰市南塘镇	148655		445281105	普宁市南溪镇	120756
	441581112	陆丰市甲东镇	97921		445281107	普宁市麒麟镇	132984
	441581118	陆丰市甲西镇	132161		445281108	普宁市南径镇	145586
	441621100	紫金县紫城镇	168448		445281109	普宁市占陇镇	188623
	441621102	紫金县龙窝镇	89049		445281110	普宁市军埠镇	128552
	441622100	龙川县老隆镇	159457		445281111	普宁市下架山镇	109518
	441624100	和平县阳明镇	107945		445281119	普宁市里湖镇	117015
	441702103	江城区平冈镇	102517		445281121	普宁市梅塘镇	148147
	441702105	江城区闸坡镇	98864		445321100	新兴县新城镇	103274
	441721100	阳西县织篢镇	137259		445381100	罗定市罗镜镇	103941
	441721104	阳西县溪头镇	92257		445381104	罗定市罗平镇	92472
	441781105	阳春市春湾镇	101878	**广西**	450109100	邕宁区蒲庙镇	142534

续表 8

单位：人

地区	代码	乡镇名称	数量	地区	代码	乡镇名称	数量
	450109101	邕宁区那楼镇	95085		450821113	平南县丹竹镇	108352
	450110100	武鸣区城厢镇	110419		450821114	平南县官成镇	106443
	450124102	马山县林圩镇	97329		450821115	平南县思旺镇	97736
	450124105	马山县周鹿镇	95779		450881107	桂平市麻垌镇	104737
	450126100	宾阳县宾州镇	227356		450881116	桂平市石龙镇	88336
	450126101	宾阳县黎塘镇	122185		450881117	桂平市蒙圩镇	91288
	450127100	横县横州镇	170297		450881118	桂平市西山镇	133569
	450127101	横县百合镇	110033		450881119	桂平市南木镇	120964
	450127103	横县南乡镇	98389		450881120	桂平市江口镇	113605
	450127108	横县六景镇	100368		450881121	桂平市金田镇	89996
	450127112	横县陶圩镇	92467		450903107	福绵区福绵镇	92976
	450127113	横县校椅镇	107762		450903109	福绵区樟木镇	93125
	450221100	柳江县拉堡镇	91911		450921100	容县容州镇	156490
	450223100	鹿寨县鹿寨镇	136580		450921105	容县黎村镇	95318
	450224100	融安县长安镇	98793		450922101	陆川县温泉镇	154914
	450225100	融水苗族自治县融水镇	91635		450922103	陆川县马坡镇	105240
	450312100	临桂区临桂镇	107616		450922108	陆川县乌石镇	133511
	450324100	全州县全州镇	111390		450922109	陆川县良田镇	98200
	450325100	兴安县兴安镇	92095		450923100	博白县博白镇	218222
	450330100	平乐县平乐镇	99709		450923114	博白县东平镇	126289
	450406100	龙圩区龙圩镇	90560		450923118	博白县凤山镇	90622
	450422100	藤县藤州镇	166089		450923120	博白县文地镇	102262
	450422111	藤县蒙江镇	91844		450923127	博白县龙潭镇	100882
	450422113	藤县太平镇	111402		451023100	平果县马头镇	94748
	450481100	岑溪市岑城镇	161746		451081100	靖西市新靖镇	98736
	450481103	岑溪市南渡镇	87998		451102106	八步区桂岭镇	96980
	450521100	合浦县廉州镇	178666		451119103	平桂管理区沙田镇	106885
	450521102	合浦县西场镇	99613		451122100	钟山县钟山镇	97033
	450521106	合浦县公馆镇	139883		451225100	罗城仫佬族自治县东门镇	99721
	450521107	合浦县白沙镇	117574		451229100	大化瑶族自治县大化镇	100733
	450703101	钦北区平吉镇	94716		451281100	宜州市庆远镇	153719
	450703103	钦北区小董镇	96598		451321100	忻城县城关镇	91787
	450703104	钦北区板城镇	99632	海南	460108101	美兰区灵山镇	91907
	450703108	钦北区大直镇	93183		460203198	吉阳区吉阳镇	156788
	450703109	钦北区大寺镇	94691		460204198	天涯区天涯镇	216550
	450721101	灵山县新圩镇	115760		469002100	琼海市嘉积镇	139424
	450721108	灵山县檀圩镇	110934		469003100	儋州市那大镇	159893
	450721109	灵山县那隆镇	125465		469005100	文昌市文城镇	132760
	450721111	灵山县陆屋镇	108330		469006100	万宁市万城镇	157719
	450721112	灵山县旧州镇	117244		469007100	东方市八所镇	161300
	450721113	灵山县太平镇	132170		469021100	定安县定城镇	93649
	450721117	灵山县伯劳镇	98977		469023100	澄迈县金江镇	174180
	450722109	浦北县龙门镇	98876		469024100	临高县临城镇	101985
	450802101	港北区大圩镇	99609		469028100	陵水黎族自治县椰林镇	105533
	450802102	港北区庆丰镇	104587	重庆	500101144	万州区分水镇	98443
	450803100	港南区桥圩镇	117194		500107110	九龙坡区西彭镇	102920
	450803101	港南区木格镇	108704		500111100	大足区龙水镇	116202
	450821100	平南县平南镇	199700		500116105	江津区石蟆镇	101606
	450821104	平南县大新镇	93669		500116108	江津区白沙镇	135309
	450821105	平南县大安镇	115529		500116110	江津区李市镇	88031

续表 9　　单位：人

地区	代码	乡镇名称	数量
	500117120	合川区钱塘镇	92706
	500118118	永川区朱沱镇	88285
	500234130	开县临江镇	103892
	500235128	云阳县南溪镇	109606
	500235131	云阳县江口镇	110106
	500240100	石柱土家族自治县南宾镇	107722
四川	510114103	新都区新繁镇	96173
	510182100	彭州市天彭镇	168170
	510183100	邛崃市临邛镇	165858
	510321100	荣县旭阳镇	158187
	510322100	富顺县富世镇	147817
	510521107	泸县玄滩镇	89669
	510522100	合江县合江镇	108768
	510524100	叙永县叙永镇	101608
	510525100	古蔺县古蔺镇	118423
	510681100	广汉市雒城镇	110992
	510722101	三台县潼川镇	129278
	510781100	江油市中坝镇	100106
	510781102	江油市三合镇	112900
	510824100	苍溪县陵江镇	125999
	510921100	蓬溪县赤城镇	94545
	510923100	大英县蓬莱镇	145539
	511024100	威远县严陵镇	161373
	511025100	资中县重龙镇	99289
	511025116	资中县水南镇	91012
	511028002	隆昌县金鹅街道办事处	96086
	511181100	峨眉山市绥山镇	113996
	511322100	营山县朗池镇	115057
	511323115	蓬安县相如镇	117837
	511324101	仪陇县新政镇	99137
	511325100	西充县晋城镇	104480
	511421123	仁寿县文林镇	157306
	511524100	长宁县长宁镇	90262
	511526101	珙县巡场镇	111404
	511527100	筠连县筠连镇	103785
	511528100	兴文县古宋镇	94773
	511621100	岳池县九龙镇	176769
	511622100	武胜县沿口镇	124423
	511623100	邻水县鼎屏镇	92886
	511722100	宣汉县东乡镇	150461
	511722107	宣汉县南坝镇	102905
	511723100	开江县新宁镇	94200
	511725100	渠县渠江镇	127132
	511921100	通江县诺江镇	95691
	512021100	安岳县岳阳镇	120509
	512022100	乐至县天池镇	108851
贵州	520321100	遵义县南白镇	102305
	520322100	桐梓县娄山关镇	120648
	520323100	绥阳县洋川镇	88852
	520330100	习水县东皇镇	91240
	520422100	普定县城关镇	89849
	522701111	都匀市匀东镇	89827
	522728107	罗甸县龙坪镇	88915
云南	530122102	晋宁县晋城镇	97156
	530322102	陆良县板桥镇	99615
	530322103	陆良县三岔河镇	123781
	530322104	陆良县马街镇	119007
	530325106	富源县大河镇	90834
	530325108	富源县富村镇	102742
	530326103	会泽县迤车镇	90065
	530326106	会泽县者海镇	100247
	530381106	宣威市倘塘镇	92416
	530502101	隆阳区板桥镇	101512
	530581101	腾冲市腾越镇	119298
	530622101	巧家县白鹤滩镇	108661
	530625101	永善县溪洛渡镇	98760
	530627101	镇雄县乌峰镇	157483
	530627102	镇雄县泼机镇	130558
	530628101	彝良县角奎镇	116798
	530629101	威信县扎西镇	127034
	530922101	云县爱华镇	91048
	530926103	耿马傣族佤族自治县孟定镇	93268
	532301101	楚雄市鹿城镇	169456
	532325101	姚安县栋川镇	92513
	532326101	大姚县金碧镇	98093
	532503101	蒙自市文澜镇	169810
	532504101	弥勒市弥阳镇	146796
	532524101	建水县临安镇	157499
	532525101	石屏县异龙镇	96736
	532527101	泸西县中枢镇	122607
	532622102	砚山县平远镇	88045
	532627101	广南县莲城镇	104272
	532901101	大理市下关镇	189923
	532923101	祥云县祥城镇	117283
	532923103	祥云县云南驿镇	100770
	532924101	宾川县金牛镇	100880
	532925101	弥渡县弥城镇	88038
陕西	610323100	岐山县凤鸣镇	106900
	610323101	岐山县蔡家坡镇	145917
	610324100	扶风县城关镇	93263
	610821100	神木县神木镇	194011
	610902107	汉滨区恒口镇	108302
甘肃	620522100	秦安县兴国镇	92291
	620523100	甘谷县大像山镇	97700
	620523102	甘谷县新兴镇	110740
	621122100	陇西县巩昌镇	124646
	621124100	临洮县洮阳镇	98832
青海	630121100	大通回族土族自治县桥头镇	139794

各地区公共财政收入居全国前1000位的乡镇

单位：万元

地区	代码	乡镇名称	数量	地区	代码	乡镇名称	数量
北京	110105022	北京市朝阳区高碑店地区办事处	39457		120113102	北辰区双街镇	31601
	110105028	北京市朝阳区十八里店地区办事处	73914		120114101	武清区梅厂镇	30279
	110105036	北京市朝阳区金盏地区办事处	72942		120114102	武清区大碱厂镇	47266
	110105037	北京市朝阳区孙河地区办事处	37190		120118100	静海区静海镇	25142
	110106018	丰台区花乡地区办事处	24008		120118108	静海区大邱庄镇	54468
	110106101	丰台区王佐镇	58837	河北	130123100	正定县正定镇	25267
	110108024	海淀区东升地区办事处	48721		130207113	丰南区丰南镇	85298
	110108026	海淀区温泉地区办事处	30565		130223100	滦县滦州镇	43862
	110108027	海淀区四季青地区办事处	64023		130227107	迁西县三屯营镇	25517
	110108028	海淀区西北旺地区办事处	52721		130281100	遵化市遵化镇	28303
	110108029	海淀区苏家坨地区办事处	48481		130283100	迁安市迁安镇	98485
	110108030	海淀区上庄地区办事处	30339		130283107	迁安市杨店子镇	70837
	110109101	门头沟区潭柘寺镇	46210		130283109	迁安市马兰庄镇	40108
	110111103	房山区窦店镇	29063		130283111	迁安市木厂口镇	50486
	110111105	房山区长阳镇	81273		130427100	磁县磁州镇	47686
	110112006	北京市通州区梨园地区办事处	68257		130481100	武安市武安镇	69452
	110112104	北京市通州区宋庄镇	27296		130481102	武安市午汲镇	69887
	110112105	北京市通州区张家湾镇	24041		130481103	武安市磁山镇	117050
	110112109	北京市通州区马驹桥镇	33046		130481200	武安市上团城乡	29000
	110112110	北京市通州区西集镇	34047		130528100	宁晋县凤凰镇	40099
	110112114	北京市通州区台湖镇	40831		130672103	保定白沟新城白沟镇	46900
	110113003	顺义区仁和地区办事处	78229		130726100	蔚县蔚州镇	31951
	110113004	顺义区后沙峪地区办事处	34946		130821100	承德县下板城镇	25710
	110113005	顺义区天竺地区办事处	44424		130823100	平泉县平泉镇	27474
	110113007	顺义区牛栏山地区办事处	49600		130824205	滦平县小营满族乡	27168
	110113104	顺义区李桥镇	27279		130826100	丰宁满族自治县大阁镇	24650
	110113106	顺义区南彩镇	36092		130923100	东光县东光镇	48803
	110113112	顺义区木林镇	25709		130925100	盐山县盐山镇	29685
	110113113	顺义区北小营镇	25626		130926100	肃宁县肃宁镇	118504
	110113116	顺义区赵全营镇	42473		130983100	黄骅市黄骅镇	71215
	110114006	昌平区回龙观地区办事处	25095		131022100	固安县固安镇	202998
	110114007	昌平区东小口地区办事处	45696		131023100	永清县永清镇	28601
	110115004	大兴区亦庄地区办事处	39839		131024100	香河县淑阳镇	87263
	110115005	大兴区黄村地区办事处	70152		131024104	香河县安平镇	41992
	110115007	大兴区西红门地区办事处	30365		131081105	霸州市胜芳镇	50212
	110115110	大兴区魏善庄镇	60571		131082100	三河市泃阳镇	218915
	110116103	怀柔区杨宋镇	26570		131082109	三河市燕郊镇	489747
	110117005	平谷区马坊地区办事处	85653		131181100	冀州市冀州镇	46210
天津	120111100	西青区中北镇	96645		139002100	辛集市辛集镇	25234
	120111101	西青区杨柳青镇	46676	山西	140211200	南郊区口泉乡	42448
	120111103	西青区张家窝镇	65132		140321100	平定县冠山镇	45582
	120111104	西青区精武镇	31447		140424103	屯留县余吾镇	65387
	120111105	西青区大寺镇	128809		140431102	沁源县灵空山镇	42000
	120112100	津南区咸水沽镇	37048		140431104	沁源县李元镇	38500
	120112101	津南区葛沽镇	100647		140624100	怀仁县云中镇	28593
	120112102	津南区小站镇	78765	内蒙古	150207103	九原区麻池镇	26780
	120112103	津南区双港镇	121969		150207105	九原区哈林格尔镇	42142
	120112108	津南区北闸口镇	56040		150221107	土默特右旗沟门镇	29362
	120113100	北辰区天穆镇	34783		150221214	土默特右旗明沙淖乡	29593
	120113101	北辰区北仓镇	33972		150302101	海勃湾区千里山镇	87239

续表 1　　　　单位：万元

地区	代码	乡镇名称	数量
	150303104	海南区巴音陶亥镇	48230
	150523100	开鲁县开鲁镇	29763
	150581200	通辽经济技术开发区达来胡硕苏木	70895
	150602102	东胜区铜川镇	43100
	150624101	鄂托克旗棋盘井镇	38681
	150624102	鄂托克旗蒙西镇	49268
	150724111	鄂温克族自治旗伊敏河镇	53925
	150902105	集宁区白海子镇	25210
	152571101	乌拉盖管委会巴音胡硕镇	37156
	152921110	阿拉善左旗巴彦浩特镇	26988
	152971100	额济纳旗乌斯太镇	94088
辽宁	210381107	海城市牌楼镇	28033
	210804100	鲅鱼圈区熊岳镇	40458
	211004101	宏伟区曙光镇	58016
	211121105	大洼县田家镇	34499
吉林	220106101	绿园区西新镇	26214
	220113010	九台区卡伦湖街道办事处	37500
	220171100	长春经济技术开发区兴隆山镇	147888
	220502120	东昌区通化经济开发区	74280
	220521120	通化县通化聚鑫经济开发区管理委员会	42175
	222426120	安图县长白山保护开发区管委会池北区	24100
黑龙江	230125100	宾县宾州镇	31310
上海	310112101	闵行区莘庄镇	191026
	310112102	闵行区七宝镇	106700
	310112103	闵行区颛桥镇	94989
	310112106	闵行区华漕镇	52441
	310112107	闵行区虹桥镇	134600
	310112108	闵行区梅陇镇	126700
	310112110	闵行区吴泾镇	209300
	310112112	闵行区马桥镇	247100
	310112114	闵行区浦江镇	190663
	310113101	上海市宝山区罗店镇	70791
	310113102	上海市宝山区大场镇	91386
	310113103	上海市宝山区杨行镇	90923
	310113104	上海市宝山区月浦镇	89998
	310113106	上海市宝山区罗泾镇	32741
	310113109	上海市宝山区顾村镇	71001
	310113111	上海市宝山区高境镇	45886
	310113112	上海市宝山区庙行镇	34040
	310113113	上海市宝山区淞南镇	28445
	310114102	嘉定区南翔镇	195418
	310114103	嘉定区安亭镇	246289
	310114106	嘉定区马陆镇	224219
	310114109	嘉定区徐行镇	46276
	310114114	嘉定区外冈镇	65281
	310114118	嘉定区江桥镇	90024
	310115103	浦东新区川沙新镇	97703
	310115104	浦东新区高桥镇	60354
	310115105	浦东新区北蔡镇	74000
	310115110	浦东新区合庆镇	42500
	310115114	浦东新区唐镇	74598
	310115117	浦东新区曹路镇	261296
	310115120	浦东新区金桥镇	71542
	310115121	浦东新区高行镇	59828
	310115123	浦东新区高东镇	47319
	310115125	浦东新区张江镇	43940
	310115130	浦东新区三林镇	96720
	310115131	浦东新区惠南镇	51428
	310115132	浦东新区周浦镇	68910
	310115133	浦东新区新场镇	27600
	310115136	浦东新区康桥镇	49572
	310115137	浦东新区航头镇	43265
	310115139	浦东新区祝桥镇	402334
	310115140	浦东新区泥城镇	51100
	310115142	浦东新区书院镇	39783
	310115143	浦东新区万祥镇	27100
	310115145	浦东新区南汇新城镇	102423
	310116101	金山区朱泾镇	126748
	310116102	金山区枫泾镇	61500
	310116103	金山区张堰镇	34873
	310116104	金山区亭林镇	143778
	310116105	金山区吕巷镇	83282
	310116107	金山区廊下镇	23941
	310116109	金山区金山卫镇	87568
	310116112	金山区漕泾镇	32511
	310116113	金山区山阳镇	47768
	310117102	松江区泗泾镇	57353
	310117103	松江区佘山镇	25727
	310117104	松江区车墩镇	131327
	310117105	松江区新桥镇	44830
	310117106	松江区洞泾镇	26889
	310117107	松江区九亭镇	60327
	310117109	松江区泖港镇	34548
	310117116	松江区石湖荡镇	32042
	310117121	松江区小昆山镇	34667
	310118102	青浦区朱家角镇	191379
	310118103	青浦区练塘镇	186118
	310118104	青浦区金泽镇	107471
	310118105	青浦区赵巷镇	159766
	310118106	青浦区徐泾镇	366362
	310118107	青浦区华新镇	325087
	310118109	青浦区重固镇	130783
	310118110	青浦区白鹤镇	180573
	310120101	奉贤区南桥镇	80060
	310120102	奉贤区奉城镇	34507
	310120104	奉贤区庄行镇	33854
	310120106	奉贤区金汇镇	49979
	310120109	奉贤区四团镇	28789
	310120111	奉贤区青村镇	46213
	310120118	奉贤区柘林镇	38105

续表 2　　　　单位：万元

地区	代码	乡镇名称	数量	地区	代码	乡镇名称	数量
	310230101	崇明县城桥镇	29202		320412106	武进区横山桥镇	41846
	310230104	崇明县庙镇	26360		320412110	武进区雪堰镇	57155
	310230123	崇明县长兴镇	86354		320412119	武进区嘉泽镇	30930
	310230203	崇明县横沙乡	61928		320413100	武进区金城镇	32515
江苏	320205103	锡山区鹅湖镇	33536		320481100	溧阳市溧城镇	122327
	320205105	锡山区锡北镇	33604		320481106	溧阳市天目湖镇	39197
	320205106	锡山区东港镇	69021		320481109	溧阳市上兴镇	28100
	320206102	惠山区洛社镇	117834		320505100	虎丘区浒墅关镇	84024
	320206103	惠山区阳山镇	27156		320505101	虎丘区通安镇	35616
	320211101	滨湖区胡埭镇	29012		320506100	吴中区甪直镇	83143
	320281100	江阴市璜土镇	75046		320506103	吴中区木渎镇	219660
	320281102	江阴市月城镇	32785		320506104	吴中区胥口镇	90173
	320281103	江阴市青阳镇	32023		320506110	吴中区临湖镇	32811
	320281104	江阴市徐霞客镇	62194		320507100	相城区望亭镇	40886
	320281107	江阴市华士镇	93129		320507102	相城区黄埭镇	96694
	320281108	江阴市周庄镇	94791		320507105	相城区渭塘镇	46841
	320281109	江阴市新桥镇	123883		320509100	吴江区太湖新城镇	639384
	320281110	江阴市长泾镇	29800		320509104	吴江区平望镇	64100
	320281111	江阴市顾山镇	43247		320509105	吴江区盛泽镇	232250
	320281112	江阴市祝塘镇	40228		320509107	吴江区七都镇	48388
	320282103	宜兴市徐舍镇	28297		320509108	吴江区震泽镇	105546
	320282104	宜兴市官林镇	86812		320509109	吴江区桃源镇	60900
	320282107	宜兴市和桥镇	44825		320509110	吴江区黎里镇	200387
	320282108	宜兴市高塍镇	38982		320571199	苏州工业园区直属镇	2095573
	320282110	宜兴市周铁镇	27485		320581100	常熟市虞山镇	472390
	320282112	宜兴市丁蜀镇	145450		320581101	常熟市梅李镇	58482
	320305102	贾汪区青山泉镇	80296		320581102	常熟市海虞镇	75791
	320305107	贾汪区江庄镇	24786		320581104	常熟市古里镇	50470
	320312106	铜山区柳新镇	62132		320581105	常熟市沙家浜镇	50349
	320312116	铜山区利国镇	65289		320581106	常熟市支塘镇	33310
	320312120	铜山区柳泉镇	37355		320581110	常熟市辛庄镇	51833
	320322101	沛县龙固镇	47466		320581111	常熟市尚湖镇	37216
	320322102	沛县杨屯镇	29181		320582100	张家港市杨舍镇	505067
	320322115	沛县安国镇	25822		320582101	张家港市塘桥镇	66600
	320324101	睢宁县睢城镇	104241		320582102	张家港市金港镇	376552
	320381102	新沂市瓦窑镇	27135		320582103	张家港市锦丰镇	217690
	320381116	新沂市双塘镇	24265		320582104	张家港市乐余镇	28865
	320382103	邳州市官湖镇	58400		320582105	张家港市凤凰镇	70571
	320382108	邳州市碾庄镇	34489		320582106	张家港市南丰镇	58629
	320402109	邳州市郑陆镇	47824		320583100	昆山市玉山镇	641590
	320404116	邳州市邹区镇	46148		320583101	昆山市巴城镇	151471
	320411100	新北区春江镇	135478		320583102	昆山市周市镇	208040
	320411101	新北区孟河镇	26196		320583103	昆山市陆家镇	131559
	320411102	新北区新桥镇	46002		320583104	昆山市花桥镇	318098
	320411103	新北区薛家镇	101646		320583105	昆山市淀山湖镇	91958
	320411104	新北区罗溪镇	41000		320583106	昆山市张浦镇	168587
	320412100	武进区湖塘镇	205990		320583108	昆山市千灯镇	134912
	320412102	武进区牛塘镇	40105		320583109	昆山市锦溪镇	54112
	320412104	武进区遥观镇	53560		320585100	太仓市城厢镇	545804
	320412105	武进区横林镇	33642		320585101	太仓市沙溪镇	60064

续表 3

单位：万元

地区	代码	乡镇名称	数量	地区	代码	乡镇名称	数量
	320585102	太仓市浏河镇	45770		320981107	东台市梁垛镇	37456
	320585103	太仓市浮桥镇	217374		320981121	东台市琼港镇	52926
	320585104	太仓市璜泾镇	29306		320981122	东台市东台镇	129373
	320585105	太仓市双凤镇	24660		321003111	邗江区西湖镇	32124
	320612114	南通市通州区平潮镇	53384		321003201	邗江区双桥乡	33887
	320612116	南通市通州区五接镇	37166		321012100	江都区仙女镇	102927
	320612119	南通市通州区张芝山镇	24776		321012114	江都区邵伯镇	28648
	320612120	南通市通州区川姜镇	58674		321023100	宝应县安宜镇	38755
	320621100	海安县海安镇	242546		321081100	仪征市真州镇	56836
	320621101	海安县城东镇	148840		321081104	仪征市新城镇	26385
	320623101	如东县洋口镇	79362		321181100	丹阳市司徒镇	27155
	320623102	如东县苴镇	61052		321181108	丹阳市界牌镇	33567
	320623103	如东县长沙镇	77398		321181113	丹阳市丹北镇	67032
	320623105	如东县掘港镇	121578		321182101	扬中市新坝镇	48915
	320681100	启东市汇龙镇	87120		321183002	扬中市华阳街道	59824
	320681110	启东市吕四港镇	53892		321183102	句容市下蜀镇	30480
	320681405	启东市海工船舶工业园	35635		321183109	句容市宝华镇	67256
	320682111	如皋市长江镇	122012		321202100	海陵区九龙镇	25135
	320684106	海门市常乐镇	59538		321203100	高港区永安洲镇	63379
	320684415	海门市海门港新区	25336		321281123	兴化市戴南镇	52310
	320684416	海门市海门工业园区管理委员会	95194		321281125	兴化市昭阳镇	53690
	320707100	赣榆区青口镇	98843		321282106	靖江市孤山镇	32597
	320707101	赣榆区柘汪镇	48188		321283100	泰兴市黄桥镇	39698
	320707106	赣榆区海头镇	40565		321283123	泰兴市滨江镇	123418
	320723100	灌云县伊山镇	27806		321283124	泰兴市虹桥镇	46791
	320723103	灌云县燕尾港镇	24356		321302150	宿城区洋河镇	25823
	320723208	灌云县侍庄乡	94600		321323100	泗阳县众兴镇	55542
	320724100	灌南县新安镇	54853		321324100	泗洪县青阳镇	65709
	320724101	灌南县堆沟港镇	43922	浙江	330106109	杭州市西湖区三墩镇	100064
	320724102	灌南县田楼镇	34528		330109102	萧山区戴村镇	24861
	320724109	灌南县新集镇	35331		330109105	萧山区临浦镇	62900
	320803100	淮安区淮城镇	24652		330109106	萧山区义桥镇	55300
	320803106	淮安区施河镇	32753		330109108	萧山区衙前镇	67582
	320804100	淮阴区王营镇	134198		330109113	萧山区瓜沥镇	204693
	320811200	清浦区城南乡	53400		330110102	余杭区塘栖镇	74177
	320830101	盱眙县马坝镇	55364		330110109	余杭区径山镇	25106
	320830102	盱眙县官滩镇	28145		330110110	余杭区瓶窑镇	55754
	320831100	金湖县黎城镇	38025		330122101	桐庐县富春江镇	30144
	320831111	金湖县银涂镇	30348		330205103	宁波市江北区慈城镇	140757
	320871350	淮安经济技术开发区钵池乡	36500		330211100	镇海区澥浦镇	32644
	320904100	大丰区大中镇	150789		330212103	鄞州区东钱湖镇	104497
	320921100	响水县响水镇	39221		330212104	鄞州区东吴镇	52951
	320921102	响水县小尖镇	24100		330212105	鄞州区五乡镇	68631
	320922100	滨海县东坎镇	85678		330212106	鄞州区邱隘镇	65900
	320923103	阜宁县郭墅镇(澳洋工业园)	24189		330212108	鄞州区云龙镇	27214
	320923110	阜宁县益林镇	31298		330212109	鄞州区横溪镇	33541
	320925101	建湖县建阳镇	26543		330212110	鄞州区姜山镇	106161
	320925108	建湖县上冈镇	29099		330212113	鄞州区高桥镇	50787
	320981100	东台市溱东镇	26800		330212116	鄞州区古林镇	84130
	320981101	东台市时堰镇	25092		330225101	象山县石浦镇	52869

单位：万元

续表 4

地区	代码	乡镇名称	数量	地区	代码	乡镇名称	数量
	330225102	象山县西周镇	65464		330521102	德清县新市镇	31478
	330226108	宁海县黄坛镇	31553		330521104	德清县钟管镇	66141
	330226111	宁海县西店镇	32988		330522110	长兴县和平镇	41848
	330281101	余姚市黄家埠镇	27716		330523110	安吉县梅溪镇	53835
	330281102	余姚市小曹娥镇	32130		330602101	越城区灵芝镇	56809
	330281103	余姚市泗门镇	78360		330602105	越城区马山镇	76052
	330281106	余姚市马渚镇	52833		330602106	越城区斗门镇	79361
	330281113	余姚市陆埠镇	35974		330603100	柯桥区齐贤镇	81008
	330282107	慈溪市观海卫镇	57311		330603101	柯桥区钱清镇	143693
	330282114	慈溪市横河镇	36059		330603103	柯桥区福全镇	32546
	330282118	慈溪市庵东镇	42410		330603104	柯桥区马鞍镇	115202
	330282121	慈溪市周巷镇	60593		330603105	柯桥区平水镇	27719
	330282123	慈溪市龙山镇	36138		330603106	柯桥区安昌镇	31782
	330283100	奉化市溪口镇	26800		330603110	柯桥区杨汛桥镇	43370
	330324102	永嘉县桥头镇	35805		330603111	柯桥区漓渚镇	32148
	330326101	平阳县鳌江镇	161109		330604100	上虞区道墟镇	86419
	330327100	苍南县灵溪镇	193762		330604106	上虞区丰惠镇	28487
	330327101	苍南县龙港镇	57837		330604110	上虞区小越镇	39292
	330382101	乐清市大荆镇	30527		330604113	上虞区崧厦镇	67765
	330382108	乐清市虹桥镇	171306		330604114	上虞区沥海镇	48803
	330382114	乐清市柳市镇	342586		330681101	诸暨市大唐镇	116274
	330382115	乐清市北白象镇	248708		330681103	诸暨市次坞镇	33177
	330402100	南湖区凤桥镇	36367		330681104	诸暨市店口镇	195689
	330402101	南湖区余新镇	53355		330681105	诸暨市阮市镇	25673
	330402105	南湖区大桥镇	142955		330681109	诸暨市枫桥镇	72152
	330411101	秀洲区王江泾镇	90274		330681113	诸暨市草塔镇	55923
	330411103	秀洲区油车港镇	26910		330681117	诸暨市安华镇	26501
	330411105	秀洲区王店镇	53814		330683100	嵊州市甘霖镇	45983
	330411106	秀洲区洪合镇	27443		330703101	金东区孝顺镇	54200
	330421102	嘉善县大云镇	277558		330723103	武义县泉溪镇	27064
	330421103	嘉善县西塘镇	70418		330726101	浦江县黄宅镇	30497
	330421111	嘉善县姚庄镇	58987		330782100	义乌市佛堂镇	83884
	330481101	海宁市许村镇	32520		330782104	义乌市上溪镇	30801
	330481103	海宁市长安镇	56447		330782105	义乌市苏溪镇	43777
	330481108	海宁市黄湾镇	33400		330783118	东阳市南马镇	25106
	330481110	海宁市盐官镇	36925		330783123	东阳市横店镇	345808
	330481112	海宁市袁花镇	46897		330881121	江山市贺村镇	56958
	330482101	平湖市乍浦镇	66541		330902100	定海区金塘镇	39826
	330482102	平湖市新埭镇	50924		330902104	定海区白泉镇	35646
	330482108	平湖市独山港镇	34015		330903100	舟山市普陀区六横镇	61399
	330483100	桐乡市乌镇镇	25024		330903106	舟山市普陀区普陀山镇	100525
	330483101	桐乡市濮院镇	72556		331003107	黄岩区院桥镇	24895
	330483105	桐乡市洲泉镇	49559		331004106	路桥区金清镇	87057
	330483107	桐乡市崇福镇	46758		331021102	玉环县楚门镇	76978
	330483108	桐乡市高桥镇	28926		331021105	玉环县沙门镇	32096
	330502100	吴兴区织里镇	189449		331023105	天台县平桥镇	138643
	330502101	吴兴区八里店镇	115633		331081100	温岭市泽国镇	76148
	330503100	南浔区南浔镇	49531		331081101	温岭市大溪镇	74569
	330503101	南浔区双林镇	52276		331081102	温岭市松门镇	29780
	330521100	德清县武康镇	112302		331081103	温岭市箬横镇	33889

续表 5

单位：万元

地区	代码	乡镇名称	数量
	331081104	温岭市新河镇	25295
	331082112	临海市杜桥镇	51719
	331122101	缙云县壶镇镇	80100
安徽	340103100	庐阳区大杨镇	24000
	340121104	长丰县岗集镇	28540
	340122101	肥东县撮镇镇	99100
	340123100	肥西县上派镇	100157
	340123108	肥西县桃花镇	82000
	340124100	庐江县庐城镇	28132
	340221100	芜湖县湾沚镇	47100
	340221101	芜湖县六郎镇	33987
	340222100	繁昌县繁阳镇	39148
	340222101	繁昌县荻港镇	54652
	340222102	繁昌县孙村镇	58807
	340222104	繁昌县新港镇	28057
	340223100	南陵县籍山镇	24837
	340225100	无为县无城镇	47400
	340225118	无为县高沟镇	42258
	340311100	淮上区小蚌埠镇	34000
	340321100	怀远县城关镇	67277
	340323100	固镇县城关镇	45408
	340421104	凤台县岳张集镇	24204
	340504100	雨山区向山镇	25000
	340504200	雨山区佳山乡	28650
	340506100	博望区博望镇	32603
	340521100	当涂县姑孰镇	44000
	340521110	当涂县年陡镇	44600
	340522104	含山县林头镇	31154
	340523107	和县乌江镇	51327
	340523109	和县石杨镇	41209
	340621100	濉溪县濉溪镇	37320
	340621101	濉溪县韩村镇	24670
	340702198	铜官山区虚镇	167051
	341021100	歙县徽城镇	34897
	341122103	来安县汊河镇	47365
	341124100	全椒县襄河镇	51120
	341124107	全椒县十字镇	26749
	341126100	凤阳县府城镇	67791
	341181100	天长市铜城镇	37036
	341282100	界首市光武镇	24879
	341282105	界首市田营镇	81897
	341525100	霍山县衡山镇	30008
	341602107	谯城区十八里镇	36625
	341721100	东至县尧渡镇	26000
	341821100	郎溪县建平镇	31570
	341822104	广德县新杭镇	53981
	341823100	泾县泾川镇	32705
	341881100	宁国市港口镇	47900
福建	350102100	福州市鼓楼区洪山镇	51613
	350104101	仓山区城门镇	28620
	350111100	晋安区鼓山镇	41065
	350111102	晋安区岳峰镇	24896
	350121102	闽侯县南屿镇	84108
	350121105	闽侯县青口镇	38854
	350121107	闽侯县上街镇	51661
	350121108	闽侯县荆溪镇	28300
	350213102	翔安区马巷镇	180065
	350303104	涵江区江口镇	24106
	350304100	荔城区西天尾镇	78503
	350505100	泉港区南埔镇	67161
	350521100	惠安县螺城镇	32420
	350521101	惠安县螺阳镇	37638
	350524100	安溪县凤城镇	38871
	350524105	安溪县城厢镇	39944
	350581100	石狮市灵秀镇	54157
	350581101	石狮市宝盖镇	52255
	350581102	石狮市蚶江镇	38405
	350581104	石狮市鸿山镇	28204
	350582101	晋江市安海镇	90113
	350582102	晋江市磁灶镇	35423
	350582103	晋江市陈埭镇	83281
	350582104	晋江市东石镇	43047
	350582105	晋江市深沪镇	35892
	350582106	晋江市金井镇	31041
	350582107	晋江市池店镇	112440
	350582112	晋江市英林镇	24839
	350583101	南安市仑苍镇	33437
	350583113	南安市洪濑镇	25770
	350583117	南安市霞美镇	30392
	350583118	南安市官桥镇	28121
	350583119	南安市水头镇	106112
	350602102	芗城区芝山镇	27200
	350603100	龙文区蓝田镇	26128
	350603101	龙文区步文镇	30900
	350622100	云霄县云陵镇	30657
	350623100	漳浦县绥安镇	70451
	350625100	长泰县武安镇	79336
	350629100	华安县华丰镇	32221
	350681100	龙海市石码镇	51213
	350681102	龙海市角美镇	160564
	350681106	龙海市港尾镇	177520
江西	360104100	青云谱区青云谱镇	34743
	360111100	青山湖区京东镇	24170
	360111104	青山湖区湖坊镇	40932
	360111105	青山湖区塘山镇	43163
	360111180	青山湖区蛟桥镇	68303
	360112100	新建区长埈镇	44870
	360121100	南昌县莲塘镇	100403
	360121191	南昌县昌东镇(南昌高新开发区)	38463
	360121205	南昌县东新乡	137705

续表 6　　单位：万元

地区	代码	乡镇名称	数量	地区	代码	乡镇名称	数量
	360203100	珠山区竟成镇	45392		370523101	广饶县大王镇	92554
	360302100	安源区安源镇	37568		370523102	广饶县稻庄镇	31429
	360302101	安源区高坑镇	29446		370681110	龙口市诸由观镇	42998
	360302103	安源区青山镇	29471		370683101	莱州市沙河镇	76712
	360322101	上栗县上栗镇	24316		370683104	莱州市金城镇	38616
	360323101	芦溪县芦溪镇	35838		370684109	蓬莱市北沟镇	52140
	360402103	庐山区莲花镇	29866		370685101	招远市辛庄镇	117433
	360481100	瑞昌市码头镇	48689		370685102	招远市蚕庄镇	42930
	360482100	共青城市甘露镇	28562		370685109	招远市阜山镇	24684
	360502190	渝水区水西镇	37581		370783109	寿光市侯镇	75020
	360521100	分宜县分宜镇	38540		370783115	寿光市羊口镇	90294
	360521102	分宜县湖泽镇	25962		370784100	安丘市景芝镇	50578
	360521104	分宜县铃山镇	38802		370785103	高密市夏庄镇	34126
	360622103	余江县中童镇	35475		370811109	任城区石桥镇	31286
	360721100	赣县梅林镇	70074		370812101	兖州区大安镇	36970
	360721106	赣县茅店镇	35999		370812105	兖州区新兖镇	177077
	360721110	赣县储潭镇	28291		370812110	兖州区兴隆庄镇	90787
	360734100	寻乌县长宁镇	48337		370826102	微山县欢城镇	66312
	360781100	瑞金市象湖镇	25920		370826106	微山县留庄镇	30072
	360824100	新干县金川镇	30316		370827104	鱼台县张黄镇	30962
	360825100	永丰县恩江镇	31496		370829104	嘉祥县疃里镇	26783
	360826100	泰和县澄江镇	43287		370830101	汶上县南站镇	31488
	360827100	遂川县泉江镇	33708		370831104	泗水县金庄镇	27390
	360981109	丰城市洛市镇	24446		370883104	邹城市北宿镇	83215
	360981126	丰城市曲江镇	50168		370883105	邹城市中心店镇	64051
	360983104	高安市八景镇	32885		370883106	邹城市唐村镇	44692
	361121104	上饶县茶亭镇	32323		370883107	邹城市太平镇	104327
	361123100	玉山县冰溪镇	28742		370911106	岱岳区满庄镇	34265
	361128100	鄱阳县鄱阳镇	27618		370921109	宁阳县磁窑镇	25220
	361129100	万年县陈营镇	31949		370982103	新泰市翟镇	30793
	361181107	德兴市泗洲镇	53970		370982107	新泰市西张庄镇	26693
山东	370181110	章丘市刁镇	43426		370983106	肥城市石横镇	87084
	370211103	黄岛区泊里镇	59369		370983111	肥城市边院镇	24967
	370281102	胶州市李哥庄镇	45906		371002100	环翠区张村镇	51007
	370283105	平度市南村镇	27108		371002102	环翠区温泉镇	33081
	370285101	莱西市姜山镇	38506		371073107	威海临港经济技术开发区草庙子镇	39455
	370302116	淄川区双杨镇	26319		371082101	荣成市俚岛镇	24174
	370303100	张店区马尚镇	36027		371082102	荣成市成山镇	33190
	370304102	博山区域城镇	29527		371083102	乳山市海阳所镇	28652
	370304103	博山区白塔镇	30045		371302103	兰山区半程镇	28272
	370305104	临淄区朱台镇	25401		371302105	兰山区义堂镇	24584
	370305109	临淄区凤凰镇	28116		371323103	沂水县许家湖镇	53316
	370305111	临淄区金山镇	122620		371325105	费县探沂镇	40522
	370321105	桓台县马桥镇	58046		371428103	武城县鲁权屯镇	33941
	370321109	桓台县唐山镇	39110		371482101	禹城市房寺镇	42991
	370321110	桓台县果里镇	33654		371623105	无棣县马山子镇	55544
	370323103	沂源县东里镇	27921		371626101	邹平县长山镇	31603
	370481104	滕州市滨湖镇	25696		371626102	邹平县魏桥镇	49383
	370481105	滕州市级索镇	55633		371626109	邹平县韩店镇	60311
	370481106	滕州市西岗镇	69653		371724101	巨野县龙固镇	33806

续表 7 单位：万元

地区	代码	乡镇名称	数量	地区	代码	乡镇名称	数量
河南	410104100	管城回族区十八里河镇	26926		420881104	钟祥市双河镇	34072
	410104201	管城回族区南曹乡	28000		420922100	大悟县城关镇	25910
	410122105	中牟县白沙镇	31700		420923100	云梦县城关镇	27018
	410181113	巩义市回郭镇	35187		420981104	应城市黄滩镇	26705
	410182102	荥阳市豫龙镇	47954		420984104	汉川市沉湖镇	27985
	410182110	荥阳市贾峪镇	40538		420984111	汉川市新河镇	47261
	410183104	新密市超化镇	33961		421022101	公安县斗湖堤镇	29429
	410183110	新密市来集镇	38763		421087100	松滋市新江口镇	59857
	410184109	新郑市龙湖镇	211556		421087102	松滋市八宝镇	51308
	410185105	登封市大冶镇	45952		421126100	蕲春县漕河镇	53672
	410329100	伊川县城关镇	28865		421127102	黄梅县小池镇	32000
	410522101	安阳县水冶镇	38763		421181101	麻城市宋埠镇	27583
	410523100	汤阴县城关镇	26218		421182003	武穴市田镇街道办事处	43053
	410781105	卫辉市唐庄镇	33089		421221103	嘉鱼县鱼岳镇	25895
	410782104	辉县市孟庄镇	52548		421222100	通城县隽水镇	38719
	410782112	辉县市冀屯镇	27660		421223100	崇阳县天城镇	39105
	410882101	沁阳市西向镇	39190	湖南	430124109	宁乡县灰汤镇	28219
	411171201	漯河经济技术开发区后谢乡	26346		430181117	浏阳市永安镇	40953
	411503101	平桥区明港镇	26225		430203100	芦淞区白关镇	231500
湖北	420205198	铁山区区直辖村模拟镇	24932		431003100	苏仙区桥口镇	43251
	420222100	阳新县兴国镇	25875		431003102	苏仙区良田镇	38187
	420222101	阳新县富池镇	46428		431022111	宜章县玉溪镇	25324
	420281102	大冶市灵乡镇	52865	广东	440112101	广州市白云区九龙镇	37009
	420281104	大冶市还地桥镇	61343		440113102	番禺区南村镇	44668
	420281108	大冶市陈贵镇	48526		440113105	番禺区石楼镇	60271
	420381103	丹江口市六里坪镇	50225		440113118	番禺区沙湾镇	33030
	420503201	伍家岗区伍家乡	44348		440113120	番禺区石基镇	36390
	420506101	夷陵区樟村坪镇	87975		440114105	花都区花东镇	122648
	420506107	夷陵区龙泉镇	72330		440114109	花都区狮岭镇	25527
	420506108	夷陵区鸦鹊岭镇	26879		440115102	南沙区黄阁镇	30434
	420525101	远安县鸣凤镇	25649		440115103	南沙区东涌镇	71599
	420525106	远安县荷花镇	42691		440115104	南沙区大岗镇	71788
	420526101	兴山县古夫镇	63057		440115105	南沙区榄核镇	62108
	420528101	长阳土家族自治县龙舟坪镇	62536		440118101	增城区新塘镇	71112
	420581100	宜都市红花套镇	26046		440118102	增城区石滩镇	43310
	420581104	宜都市枝城镇	60043		440402100	香洲区唐家湾镇	132344
	420582105	当阳市王店镇	28896		440402102	香洲区南屏镇	27653
	420606100	樊城区牛首镇	39868		440402104	香洲区横琴镇	378015
	420606101	樊城区太平店镇	38865		440403103	斗门区斗门镇	31398
	420624100	南漳县城关镇	42278		440403106	斗门区白蕉镇	29624
	420625100	谷城县城关镇	59987		440404100	金湾区三灶镇	40072
	420625101	谷城县石花镇	46689		440404101	金湾区南水镇	136741
	420626107	保康县马桥镇	39171		440404103	金湾区红旗镇	64231
	420682106	老河口市李楼镇	31754		440404104	金湾区平沙镇	34359
	420683109	枣阳市吴店镇	30858		440514106	潮南区两英镇	25356
	420703101	华容区葛店镇	150018		440604100	禅城区南庄镇	40529
	420704107	鄂城区花湖镇	26120		440605121	南海区九江镇	136266
	420822100	沙洋县沙洋镇	26653		440605122	南海区西樵镇	149300
	420822105	沙洋县后港镇	27352		440605123	南海区丹灶镇	127127
	420881103	钟祥市胡集镇	82190		440605124	南海区狮山镇	580170

续表 8　　单位：万元

地区	代码	乡镇名称	数量	地区	代码	乡镇名称	数量
	440605125	南海区大沥镇	252944		441900126	东莞市麻涌镇	99866
	440605126	南海区里水镇	357942		441900127	东莞市望牛墩镇	51044
	440606101	顺德区陈村镇	72200		441900128	东莞市中堂镇	71313
	440606102	顺德区北滘镇	149964		441900129	东莞市高埗镇	72231
	440606103	顺德区乐从镇	565650		442000100	中山市小榄镇	132631
	440606104	顺德区龙江镇	79959		442000101	中山市黄圃镇	47345
	440606105	顺德区杏坛镇	103710		442000102	中山市民众镇	53285
	440606106	顺德区均安镇	57270		442000103	中山市东凤镇	63088
	440607103	三水区乐平镇	85128		442000104	中山市东升镇	58867
	440608107	高明区明城镇	34736		442000105	中山市古镇镇	57381
	440703101	蓬江区棠下镇	32950		442000106	中山市沙溪镇	58206
	440703103	蓬江区杜阮镇	24343		442000107	中山市坦洲镇	77356
	440705104	新会区双水镇	40855		442000108	中山市港口镇	56197
	440705107	新会区古井镇	26353		442000109	中山市三角镇	41461
	440783117	开平市水口镇	29086		442000110	中山市横栏镇	35333
	440904123	电白区水东镇	44132		442000111	中山市南头镇	43000
	440904125	电白区博贺镇	52692		442000113	中山市南朗镇	61984
	440904127	电白区电城镇	25531		442000114	中山市三乡镇	101333
	441322119	博罗县园洲镇	26405		442000115	中山市板芙镇	59728
	441322121	博罗县石湾镇	34441		442000117	中山市神湾镇	31046
	441424134	五华县水寨镇	42257		445103108	潮安区彩塘镇	32152
	441521119	海丰县附城镇	25075		445103121	潮安区枫溪镇	38569
	441581001	陆河县东海街道	26581	广西	450126100	宾阳县宾州镇	81085
	441621100	紫金县紫城镇	25526		450127100	横县横州镇	46773
	441621109	紫金县临江镇	25034		450223100	鹿寨县鹿寨镇	43373
	441702105	江城区闸坡镇	50026		450224100	融安县长安镇	27400
	441900101	东莞市石碣镇	74581		450323100	灵川县灵川镇	26830
	441900102	东莞市石龙镇	76937		450328100	龙胜各族自治县龙胜镇	35655
	441900103	东莞市茶山镇	84061		450512101	铁山港区营盘镇	47189
	441900104	东莞市石排镇	154862		450512102	铁山港区兴港镇	72107
	441900105	东莞市企石镇	51244		450521100	合浦县廉州镇	46900
	441900106	东莞市横沥镇	70874		450802100	港北区港城镇	26556
	441900107	东莞市桥头镇	73506		450821100	平南县平南镇	30559
	441900108	东莞市谢岗镇	50336		450881118	桂平市西山镇	50900
	441900109	东莞市东坑镇	64598		450902105	玉州区茂林镇	29140
	441900110	东莞市常平镇	166236		450921100	容县容州镇	28100
	441900111	东莞市寮步镇	195684		450923100	博白县博白镇	32425
	441900112	东莞市樟木头镇	113606		451021100	田阳县田州镇	64503
	441900113	东莞市大朗镇	126179		451221101	南丹县大厂镇	25074
	441900114	东莞市黄江镇	205253		451423102	龙州县水口镇	25427
	441900115	东莞市清溪镇	246660	海南	460202198	海棠区海棠湾镇	31685
	441900116	东莞市塘厦镇	247442		460203198	吉阳区吉阳镇	56598
	441900117	东莞市凤岗镇	294211		460204198	天涯区天涯镇	58186
	441900118	东莞市大岭山镇	205070		460205198	崖州区崖城镇	34603
	441900119	东莞市长安镇	235949		469005100	文昌市文城镇	45134
	441900121	东莞市虎门镇	235022		469023100	澄迈县金江镇	36059
	441900122	东莞市厚街镇	194530		469023101	澄迈县老城镇	240800
	441900123	东莞市沙田镇	137726		469027105	乐东黎族自治县九所镇	26756
	441900124	东莞市道滘镇	74700		469028103	陵水黎族自治县英州镇	67790
	441900125	东莞市洪梅镇	38447	四川	510112109	龙泉驿区柏合镇	39004

续表 9

单位：万元

地区	代码	乡镇名称	数量	地区	代码	乡镇名称	数量
	510132100	新津县五津镇	44301		656163801	三师四十一团	51469
	510181102	都江堰市蒲阳镇	53541		656163804	三师四十四团	81864
	510422100	盐边县桐子林镇	31666		656163805	三师四十五团	60739
	510703113	涪城区永兴镇	37634		656163808	三师四十八团	25983
	510921100	蓬溪县赤城镇	27471		656163809	三师四十九团	35890
	511124100	井研县研城镇	26295		656163810	三师五十团	47617
	511421139	仁寿县视高镇	33990		656163811	三师五十一团	73476
贵州	520111201	花溪区孟关苗族布依族乡	24180		656163813	三师五十三团	49778
	520121102	开阳县金中镇	25884		656163814	三师伽师总场	37592
	520222100	盘县红果镇	51751		656164802	四师六十二团	28639
	520222117	盘县柏果镇	25599		656164804	四师六十四团	31166
	520321101	遵义县龙坑镇	24168		656164806	四师六十六团	34468
	520382100	仁怀市茅台镇	77612		656164816	四师七十六团	24515
	520523216	金沙县新化苗族彝族满族乡	55000		656165801	五师八十一团	28695
	522301109	兴义市威舍镇	25520		656165803	五师八十三团	48552
	522301110	兴义市清水河镇	41331		656165806	五师八十六团	35587
	522301111	兴义市顶效镇	39280		656165809	五师八十九团	40489
云南	530622101	巧家县白鹤滩镇	30803		656165810	五师九十团	28593
	532301101	楚雄市鹿城镇	74830		656166801	六师一零一团	32001
	532301102	楚雄市东瓜镇	60116		656166802	五家渠市梧桐镇	25657
	532504101	弥勒市弥阳镇	48672		656166810	六师共青团农场	24000
	532823105	勐腊县尚勇镇	34589		656167801	七师一二三团	38951
	532901101	大理市下关镇	37069		656167802	七师一二四团	31138
	532901105	大理市海东镇	49325		656167803	七师一二五团	51533
	532923101	祥云县祥城镇	30876		656167806	七师一二八团	36214
	533401103	香格里拉市虎跳峡镇	26869		656167807	七师一二九团	39396
西藏	540327101	左贡县田妥镇	39000		656167808	七师一三零团	50338
陕西	610117101	高陵区通远镇	36882		656168801	八师一二一团	119623
	610581100	韩城市龙门镇	91017		656168802	八师一三三团	97948
	610821100	神木县神木镇	140408		656168803	八师一三四团	66882
	610821102	神木县店塔镇	53284		656168805	八师一四一团	26598
	610821103	神木县孙家岔镇	261500		656168806	八师一四二团	75106
	610821104	神木县大柳塔镇	26999		656168807	八师一四三团	50063
	610822100	府谷县府谷镇	28153		656168808	八师一四四团	32632
宁夏	640181103	灵武市宁东镇	29918		656168809	八师石河子总场	27949
新疆	656161801	阿拉尔市金银川镇	58560		656168810	八师一四七团	58191
	656161804	一师四团	27899		656168811	八师一四八团	52895
	656161805	一师五团	49587		656168813	八师一五零团	47305
	656161807	一师七团	39847		656169803	九师一六三团	26153
	656161808	一师八团	40953		656169804	九师一六四团	25078
	656161810	一师十团	55036		656169808	九师一六八团	28768
	656161811	一师十一团	29792		656170803	十师一八三团	24532
	656161812	一师十二团	44078		656170808	十师一八八团	25175
	656161813	一师十三团	51760		656172802	十二师三坪农场	39385
	656161816	一师十六团	38151		656172803	十二师五一农场	47756
	656162809	二师二十九团	52107		656173805	十三师黄田农场	25108
	656162810	二师三零团	32805		656173807	十三师火箭农场	41824
	656162811	二师三十一团	32252		656174801	十四师四十七团	31229
	656162813	二师三十三团	45396		656174802	十四师皮山农场	63073
	656162814	二师三十四团	32047		656174804	十四师二二四团	82982

各地区农作物播种面积居全国前1000位的乡镇

单位：公顷

地区	代码	乡镇名称	数量
河北	130224101	滦南县宋道口镇	17953
	130922201	青县曹寺乡	16367
	131003102	广阳区九州镇	15154
	131023100	永清县永清镇	18635
内蒙古	150121104	土默特左旗白庙子镇	15181
	150121106	土默特左旗敕勒川镇	17400
	150121207	土默特左旗北什轴乡	16603
	150122104	托克托县古城镇	15991
	150125100	武川县可镇	15033
	150125101	武川县哈乐镇	15675
	150125102	武川县西乌兰不浪镇	23331
	150125205	武川县上秃亥乡	24923
	150125211	武川县二份子乡	25773
	150125214	武川县耗赖山乡	14993
	150221105	土默特右旗双龙镇	17625
	150221108	土默特右旗将军尧镇	25843
	150221214	土默特右旗明沙淖乡	16215
	150222102	固阳县金山镇	18215
	150222105	固阳县银号镇	20578
	150222106	固阳县怀朔镇	30781
	150222107	固阳县兴顺西镇	21175
	150223105	达尔罕茂明安联合旗石宝镇	16244
	150223106	达尔罕茂明安联合旗乌克忽洞镇	17815
	150404105	松山区哈拉道口镇	15215
	150404108	松山区太平地镇	17166
	150421105	阿鲁科尔沁旗绍根镇	50199
	150421204	阿鲁科尔沁旗巴拉奇如德苏木	18641
	150422100	巴林左旗林东镇	19052
	150422101	巴林左旗隆昌镇	24922
	150422103	巴林左旗碧流台镇	15000
	150426100	翁牛特旗乌丹镇	17670
	150426103	翁牛特旗桥头镇	18135
	150426105	翁牛特旗梧桐花镇	17692
	150430102	敖汉旗长胜镇	16420
	150430103	敖汉旗贝子府镇	16133
	150430105	敖汉旗下洼镇	17105
	150430107	敖汉旗兴隆洼镇	16800
	150430201	敖汉旗牛古吐乡	15867
	150430202	敖汉旗木头营子乡	16035
	150430203	敖汉旗古鲁板蒿乡	19952
	150502100	科尔沁区大林镇	21588
	150502101	科尔沁区钱家店镇	16938
	150521101	科尔沁左翼中旗宝龙山镇	20400
	150521102	科尔沁左翼中旗舍伯吐镇	20235
	150521103	科尔沁左翼中旗巴彦塔拉镇	20644
	150521105	科尔沁左翼中旗架玛吐镇	18594
	150521203	科尔沁左翼中旗图布信苏木	20730
	150522100	科尔沁左翼后旗甘旗卡镇	34524
	150522102	科尔沁左翼后旗金宝屯镇	17867
	150522103	科尔沁左翼后旗常胜镇	18221
	150522104	科尔沁左翼后旗查日苏镇	26372
	150522106	科尔沁左翼后旗阿古拉镇	15375
	150522109	科尔沁左翼后旗海鲁吐镇	25227
	150522200	科尔沁左翼后旗阿都沁苏木	21059
	150523100	开鲁县开鲁镇	24148
	150523106	开鲁县小街基镇	18417
	150524100	库伦旗库伦镇	27144
	150525100	奈曼旗大沁他拉镇	26966
	150525101	奈曼旗八仙筒镇	19006
	150525102	奈曼旗青龙山镇	16746
	150525103	奈曼旗新镇	22300
	150525105	奈曼旗东明镇	22451
	150525200	奈曼旗固日班花苏木	15240
	150525202	奈曼旗明仁苏木	21474
	150526100	扎鲁特旗鲁北镇	22039
	150526102	扎鲁特旗嘎亥图镇	15000
	150526103	扎鲁特旗巨日合镇	15000
	150621100	达拉特旗树林召镇	18266
	150621102	达拉特旗白泥井镇	23408
	150621103	达拉特旗王爱召镇	20027
	150621104	达拉特旗昭君镇	14933
	150623102	鄂托克前旗城川镇	15878
	150625102	杭锦旗吉日嘎朗图镇	17358
	150625103	杭锦旗独贵特拉镇	17022
	150626104	乌审旗无定河镇	19138
	150702100	海拉尔区哈克镇	20973
	150721101	阿荣旗六合镇	47653
	150721102	阿荣旗亚东镇	38876
	150721103	阿荣旗霍尔奇镇	44360
	150721104	阿荣旗向阳峪镇	27480
	150721105	阿荣旗三岔河镇	29865
	150721106	阿荣旗复兴镇	20303
	150721200	阿荣旗得力其鄂温克民族乡	20051
	150721201	阿荣旗查巴奇鄂温克民族乡	18881
	150722100	莫力达瓦达斡尔族自治旗尼尔基镇	38690
	150722101	莫力达瓦达斡尔族自治旗红彦镇	23138
	150722102	莫力达瓦达斡尔族自治旗宝山镇	29333
	150722103	莫力达瓦达斡尔族自治旗哈达阳镇	38000
	150722104	莫力达瓦达斡尔族自治旗阿尔拉镇	16000
	150722106	莫力达瓦达斡尔族自治旗西瓦尔图镇	39269
	150722108	莫力达瓦达斡尔族自治旗腾克镇	52730
	150722109	莫力达瓦达斡尔族自治旗奎勒河镇	26600
	150722110	莫力达瓦达斡尔族自治旗塔温敖宝镇	63378
	150722200	莫力达瓦达斡尔族自治旗巴彦鄂温克民族乡	33552
	150722203	莫力达瓦达斡尔族自治旗杜拉尔鄂温克民族乡	16534
	150723101	鄂伦春自治旗大杨树镇	35064
	150723104	鄂伦春自治旗诺敏镇	34346
	150723105	鄂伦春自治旗乌鲁布铁镇	39575
	150723106	鄂伦春自治旗宜里镇	44228
	150723200	鄂伦春自治旗古里乡	35673

续表 1 单位：公顷

地区	代码	乡镇名称	数量	地区	代码	乡镇名称	数量
	150726203	新巴尔虎左旗乌布尔宝力格苏木	19172		152527102	太仆寺旗红旗镇	25505
	150782100	牙克石市免渡河镇	31000		152527103	太仆寺旗骆驼山镇	15488
	150783100	扎兰屯市磨菇气镇	25511	辽宁	210124103	法库县秀水河子镇	14906
	150783102	扎兰屯市卧牛河镇	21581		210782106	北镇市中安镇	19705
	150783103	扎兰屯市成吉思汗镇	31006		210921105	阜新蒙古族自治县旧庙镇	17421
	150783104	扎兰屯市大河湾镇	27473		210921115	阜新蒙古族自治县福兴地镇	15209
	150783107	扎兰屯市中和镇	26466		210921116	阜新蒙古族自治县平安地镇	17645
	150784200	额尔古纳市三河回族乡	33100		210921119	阜新蒙古族自治县大五家子镇	17564
	150802100	临河区狼山镇	18187		211224103	昌图县三江口镇	16793
	150802101	临河区新华镇	28605		211224119	昌图县古榆树镇	16139
	150802102	临河区干召庙镇	20437	吉林	220103101	宽城区米沙子镇	19910
	150802103	临河区乌兰图克镇	16525		220112100	双阳区齐家镇	17050
	150802106	临河区白脑包镇	20217		220112101	双阳区太平镇	16390
	150821100	五原县隆兴昌镇	24373		220113100	九台区沐石河镇	20095
	150821101	五原县塔尔湖镇	22453		220113101	九台区城子街镇	19571
	150821102	五原县套海镇	18350		220122100	农安县农安镇	45426
	150821103	五原县新公中镇	20000		220122101	农安县伏龙泉镇	20927
	150821105	五原县胜丰镇	15713		220122102	农安县哈拉海镇	30900
	150823102	乌拉特前旗先锋镇	18332		220122104	农安县开安镇	24230
	150823103	乌拉特前旗新安镇	25034		220122107	农安县华家镇	17820
	150823104	乌拉特前旗西小召镇	20782		220122108	农安县三盛玉镇	19420
	150823105	乌拉特前旗大佘太镇	19765		220122109	农安县巴吉垒镇	16314
	150824101	乌拉特中旗乌加河镇	24394		220122200	农安县前岗乡	20382
	150824102	乌拉特中旗德岭山镇	31000		220122203	农安县万顺乡	17137
	150824103	乌拉特中旗石哈河镇	22982		220122204	农安县杨树林乡	18000
	150929101	四子王旗吉生太镇	22400		220122205	农安县永安乡	15002
	150929102	四子王旗库伦图镇	14900		220122208	农安县新农乡	15120
	152201101	乌兰浩特市葛根庙镇	16870		220182100	榆树市五棵树镇	17287
	152221102	科尔沁右翼前旗德伯斯镇	20721		220182101	榆树市弓棚镇	19271
	152221103	科尔沁右翼前旗大石寨镇	22701		220182104	榆树市黑林镇	18591
	152221104	科尔沁右翼前旗归流河镇	16131		220182105	榆树市土桥镇	26351
	152221106	科尔沁右翼前旗察尔森镇	16587		220182106	榆树市新立镇	17644
	152221202	科尔沁右翼前旗阿力得尔苏木	23292		220182107	榆树市大岭镇	22698
	152221203	科尔沁右翼前旗巴拉格歹乡	17749		220182108	榆树市于家镇	22099
	152222101	科尔沁右翼中旗巴仁哲里木镇	24489		220182110	榆树市八号镇	20808
	152222104	科尔沁右翼中旗高力板镇	17420		220182112	榆树市秀水镇	17274
	152223100	扎赉特旗音德尔镇	42912		220182114	榆树市新庄镇	16530
	152223101	扎赉特旗新林镇	22155		220182207	榆树市城发乡	18015
	152223102	扎赉特旗巴彦高勒镇	43014		220182208	榆树市环城乡	22278
	152223200	扎赉特旗好力保乡	18042		220183104	德惠市大房身镇	22030
	152223205	扎赉特旗努文牧仁乡	15293		220183200	德惠市同太乡	19517
	152224100	突泉县突泉镇	26481		220204101	船营区搜登站镇	16421
	152224101	突泉县六户镇	20801		220221104	永吉县一拉溪镇	18599
	152224102	突泉县东杜尔基镇	15351		220281103	蛟河市漂河镇	15598
	152224103	突泉县永安镇	15907		220282105	桦甸市金沙镇	21338
	152224104	突泉县水泉镇	28757		220282200	桦甸市桦郊乡	20292
	152224105	突泉县宝石镇	16071		220282204	桦甸市公吉乡	15029
	152224202	突泉县太平乡	27179		220322104	梨树县小城子镇	14890
	152502202	锡林浩特市巴彦锡勒办事处乡	15344		220322107	梨树县刘家馆子镇	15728
	152527101	太仆寺旗千斤沟镇	24698		220322110	梨树县万发镇	15892

续表 2

单位：公顷

地区	代码	乡镇名称	数量
	220322113	梨树县林海镇	20413
	220381101	公主岭市黑林子镇	19550
	220381106	公主岭市怀德镇	36007
	220381107	公主岭市双城堡镇	33015
	220381109	公主岭市杨大城子镇	19508
	220381111	公主岭市玻璃城子镇	19585
	220381114	公主岭市秦家屯镇	16263
	220382100	双辽市茂林镇	25767
	220382101	双辽市双山镇	22103
	220382102	双辽市卧虎镇	17268
	220382103	双辽市服先镇	21472
	220421101	东丰县大阳镇	15950
	220702100	宁江区大洼镇	20295
	220721102	前郭尔罗斯蒙古族自治县海渤日戈镇	20197
	220721103	前郭尔罗斯蒙古族自治县乌兰图嘎镇	23103
	220721104	前郭尔罗斯蒙古族自治县查干花镇	20735
	220721105	前郭尔罗斯蒙古族自治县王府站镇	15240
	220721106	前郭尔罗斯蒙古族自治县八郎镇	15380
	220721108	前郭尔罗斯蒙古族自治县查干湖镇	16410
	220721210	前郭尔罗斯蒙古族自治县乌兰塔拉乡	18013
	220722100	长岭县长岭镇	22446
	220722102	长岭县巨宝镇	16946
	220722104	长岭县前七号镇	21797
	220722105	长岭县新安镇	22521
	220722106	长岭县三青山镇	19081
	220722107	长岭县大兴镇	22132
	220722108	长岭县北正镇	17223
	220722109	长岭县流水镇	15550
	220722206	长岭县腰坨子乡	15874
	220723104	乾安县所字镇	23072
	220723105	乾安县安字镇	22759
	220781100	扶余市三岔河镇	22344
	220781101	扶余市长春岭镇	20553
	220781102	扶余市五家站镇	17276
	220781103	扶余市陶赖昭镇	22549
	220781104	扶余市蔡家沟镇	16438
	220781105	扶余市弓棚子镇	21930
	220781106	扶余市三井子镇	26100
	220781107	扶余市增盛镇	24298
	220781108	扶余市新万发镇	19196
	220781111	扶余市得胜镇	22446
	220781200	扶余市三骏满族蒙古族锡伯族乡	18691
	220781201	扶余市永平乡	16835
	220781206	扶余市肖家乡	21654
	220821100	镇赉县镇赉镇	17272
	220821103	镇赉县大屯镇	15312
	220821105	镇赉县五棵树镇	16281
	220821106	镇赉县黑鱼泡镇	27781
	220821202	镇赉县建平乡	25516
	220821203	镇赉县嘎什根乡	20199
	220822100	通榆县开通镇	16400
	220822101	通榆县瞻榆镇	34500
	220822103	通榆县兴隆山镇	27714
	220822106	通榆县新华镇	27214
	220822107	通榆县乌兰花镇	23972
	220822202	通榆县向海蒙古族乡	27214
	220822204	通榆县团结乡	27300
	220881102	洮南市黑水镇	16313
	220881105	洮南市福顺镇	19137
	220881206	洮南市蛟流河乡	15873
	220882105	大安市舍力镇	15090
	222403100	敦化市大石头镇	19104
	222403102	敦化市官地镇	30114
	222424101	汪清县大兴沟镇	16792
黑龙江	230123102	依兰县江湾镇	22479
	230123103	依兰县三道岗镇	31832
	230123104	依兰县道台桥镇	30780
	230123105	依兰县宏克利镇	22092
	230123200	依兰县团山子乡	25272
	230123201	依兰县愚公乡	35235
	230126106	巴彦县龙庙镇	15126
	230126108	巴彦县天增镇	18196
	230126205	巴彦县丰乐乡	16995
	230126209	巴彦县德祥乡	17343
	230127101	木兰县东兴镇	15344
	230127102	木兰县大贵镇	16533
	230128102	通河县清河镇	15432
	230128105	通河县祥顺镇	16656
	230129101	延寿县六团镇	17782
	230184103	五常市小山子镇	17796
	230184105	五常市牛家满族镇	16211
	230184111	五常市龙凤山镇	16068
	230184209	五常市红旗满族乡	15689
	230184215	五常市兴隆乡	17515
	230208102	梅里斯达斡尔族区卧牛吐镇	16035
	230208103	梅里斯达斡尔族区达呼店镇	27634
	230208105	梅里斯达斡尔族区梅里斯镇	21355
	230221100	龙江县龙江镇	15397
	230221101	龙江县景星镇	36678
	230221102	龙江县龙兴镇	28964
	230221103	龙江县山泉镇	42272
	230221104	龙江县七棵树镇	27275
	230221105	龙江县杏山镇	31905
	230221106	龙江县白山镇	18160
	230221107	龙江县头站镇	20201
	230221203	龙江县华民乡	16963
	230221215	龙江县鲁河乡	15030
	230221217	龙江县济沁河乡	15058
	230223101	依安县依龙镇	39921
	230223103	依安县三兴镇	16350

续表 3　　单位：公顷

地区	代码	乡镇名称	数量	地区	代码	乡镇名称	数量
	230223104	依安县中心镇	29620		230281208	讷河市同心乡	21449
	230223105	依安县新兴镇	33457		230281210	讷河市兴旺鄂温克族乡	20547
	230223200	依安县富饶乡	20573		230381103	虎林市虎头镇	27362
	230223207	依安县先锋乡	18025		230381207	虎林市阿北乡	21144
	230224102	泰来县汤池镇	15694		230382201	密山市杨木乡	15457
	230224105	泰来县大兴镇	27662		230421103	萝北县团结镇	26468
	230224106	泰来县和平镇	26464		230422102	绥滨县忠仁镇	19088
	230224107	泰来县克利镇	21789		230521204	集贤县永安乡	17068
	230225100	甘南县甘南镇	23224		230523100	宝清县宝清镇	16500
	230225103	甘南县东阳镇	22348		230523101	宝清县七星泡镇	23386
	230225104	甘南县巨宝镇	19800		230523102	宝清县青原镇	20775
	230225201	甘南县长山乡	24677		230523204	宝清县尖山子乡	18140
	230225202	甘南县中兴乡	27038		230524101	饶河县小佳河镇	17075
	230225203	甘南县兴隆乡	19723		230524102	饶河县西丰镇	15809
	230225204	甘南县宝山乡	35411		230621104	肇州县兴城镇	20293
	230227101	富裕县富路镇	27346		230621105	肇州县二井镇	17958
	230227103	富裕县二道湾镇	16863		230621211	肇州县新福乡	17421
	230227105	富裕县塔哈镇	18949		230622102	肇源县二站镇	16845
	230227200	富裕县繁荣乡	15585		230622104	肇源县古龙镇	21515
	230227201	富裕县绍文乡	16285		230622105	肇源县新站镇	17754
	230227203	富裕县友谊乡	16488		230623102	林甸县花园镇	27053
	230229102	克山县西城镇	15082		230623103	林甸县四季青镇	19958
	230229105	克山县西河镇	15149		230623104	林甸县鹤鸣湖镇	18942
	230229106	克山县双河镇	17032		230623200	林甸县东兴乡	30406
	230229200	克山县河南乡	15523		230623204	林甸县四合乡	20535
	230229208	克山县向华乡	16961		230624103	杜尔伯特蒙古族自治县他拉哈镇	19447
	230230101	克东县宝泉镇	21545		230624204	杜尔伯特蒙古族自治县巴彦查干乡	22007
	230230102	克东县乾丰镇	15659		230722204	嘉荫县保兴乡	22092
	230230103	克东县玉岗镇	23079		230781101	铁力市双丰镇	15207
	230230202	克东县润津乡	17370		230822106	桦南县桦南镇	22021
	230230204	克东县昌盛乡	19597		230822107	桦南县土龙山镇	35650
	230231101	拜泉县三道镇	20372		230822108	桦南县孟家岗镇	17229
	230231102	拜泉县兴农镇	20487		230822109	桦南县闫家镇	19275
	230231103	拜泉县长春镇	20666		230822205	桦南县金沙乡	16933
	230231104	拜泉县龙泉镇	18857		230822213	桦南县梨树乡	19746
	230231200	拜泉县新生乡	15165		230822214	桦南县明义乡	16295
	230231209	拜泉县丰产乡	20879		230822215	桦南县大八浪乡	16295
	230231212	拜泉县爱农乡	16320		230826105	桦川县新城镇	25365
	230281102	讷河市二克浅镇	32010		230826202	桦川县梨丰乡	20296
	230281103	讷河市学田镇	28166		230833101	抚远县寒葱沟镇	17523
	230281104	讷河市龙河镇	31525		230833102	抚远县浓桥镇	25795
	230281105	讷河市讷南镇	28188		230833202	抚远县海青乡	35193
	230281106	讷河市六合镇	27348		230833204	抚远县鸭南乡	18473
	230281107	讷河市长发镇	16090		230881102	同江市三村镇	18385
	230281108	讷河市通南镇	27273		230881104	同江市向阳镇	15600
	230281109	讷河市同义镇	22584		230881105	同江市青河镇	20635
	230281110	讷河市九井镇	24413		230881206	同江市金川乡	15842
	230281111	讷河市老莱镇	27318		230882103	富锦市长安镇	25726
	230281201	讷河市孔国乡	27613		230882106	富锦市砚山镇	20534
	230281207	讷河市和盛乡	18417		230882107	富锦市头林镇	31249

续表 4　　单位：公顷

地区	代码	乡镇名称	数量	地区	代码	乡镇名称	数量
	230882108	富锦市兴隆岗镇	29571		231282103	肇东市五站镇	19572
	230882109	富锦市宏胜镇	24667		231282104	肇东市尚家镇	17738
	230882110	富锦市向阳川镇	37840		231282110	肇东市黎明镇	15836
	230882111	富锦市二龙山镇	30338		231282111	肇东市西八里镇	16482
	230882112	富锦市上街基镇	21250		231282213	肇东市宣化乡	17776
	230882113	富锦市锦山镇	49999		231283101	海伦市海北镇	20396
	230882114	富锦市大榆树镇	23204		231283102	海伦市伦河镇	17004
	230904101	茄子河区宏伟镇	20914		231283202	海伦市前进乡	15786
	230921202	勃利县永恒乡	17060		231283205	海伦市东林乡	18522
	231025102	林口县刁翎镇	17288		231283213	海伦市永富乡	18388
	231025107	林口县龙爪镇	16119		231283217	海伦市永和乡	16065
	231083100	海林市海林镇	19775		232721200	呼玛县三卡乡	25587
	231084104	宁安市沙兰镇	16317		232721205	呼玛县北疆乡	15309
	231084105	宁安市海浪镇	23722	江苏	320282103	宜兴市徐舍镇	15677
	231085102	穆棱市下城子镇	21211		320312113	铜山区房村镇	15536
	231102103	爱辉区罕达汽镇	16943		320321102	丰县首羡镇	15040
	231121101	嫩江县伊拉哈镇	19872		320322108	沛县张庄镇	15551
	231121103	嫩江县多宝山镇	49485		320322113	沛县鹿楼镇	16189
	231121104	嫩江县海江镇	33443		320324102	睢宁县王集镇	15832
	231121105	嫩江县前进镇	16895		320324111	睢宁县邱集镇	17083
	231121106	嫩江县长福镇	23252		320382106	邳州市八义集镇	19917
	231121107	嫩江县科洛镇	33145		320382123	邳州市赵墩镇	16780
	231121202	嫩江县临江乡	16668		320481109	溧阳市上兴镇	16329
	231121206	嫩江县联兴乡	26443		320481116	溧阳市社渚镇	15448
	231121207	嫩江县白云乡	29170		320612104	南通市通州区三余镇	24145
	231121208	嫩江县塔溪乡	32951		320623104	如东县大豫镇	20318
	231121210	嫩江县霍龙门乡	48155		320623105	如东县掘港镇	19338
	231123102	逊克县克林镇	23919		320623108	如东县丰利镇	15286
	231181102	北安市赵光镇	14960		320623110	如东县岔河镇	15012
	231181104	北安市石泉镇	25778		320681106	启东市南阳镇	18450
	231181203	北安市杨家乡	15458		320682105	如皋市白蒲镇	15669
	231182106	五大连池市团结镇	18333		320682116	如皋市搬经镇	20266
	231202103	北林区西长发镇	15732		320684108	海门市悦来镇	16764
	231202109	北林区四方台镇	15766		320684415	海门市海门港新区	18890
	231221106	望奎县先锋镇	18155		320707115	赣榆区沙河镇	15864
	231221107	望奎县火箭镇	17995		320722113	东海县平明镇	17891
	231222103	兰西县临江镇	15148		320724100	灌南县新安镇	15202
	231222106	兰西县远大镇	17802		320829103	洪泽县岔河镇	16538
	231223102	青冈县祯祥镇	18371		320829106	洪泽县三河镇	16152
	231223108	青冈县劳动镇	17585		320829110	洪泽县东双沟镇	15184
	231223209	青冈县德胜乡	16470		320903108	盐都区秦南镇	14900
	231224204	庆安县新胜乡	18021		320904100	大丰区大中镇	20252
	231224206	庆安县丰收乡	15720		320904105	大丰区小海镇	14887
	231224208	庆安县发展乡	17893		320904106	大丰区大桥镇	15875
	231225104	明水县通达镇	17560		320904108	大丰区万盈镇	15728
	231225201	明水县双兴乡	16368		320904110	大丰区新丰镇	27714
	231226103	绥棱县双岔河镇	16221		320904111	大丰区三龙镇	15821
	231226203	绥棱县长山乡	24084		320921102	响水县小尖镇	19860
	231281106	安达市羊草镇	14991		320921104	响水县大有镇	15517
	231281110	安达市吉兴岗镇	16314		320921107	响水县运河镇	15768

续表 5

单位：公顷

地区	代码	乡镇名称	数量	地区	代码	乡镇名称	数量
	320922101	滨海县五汛镇	16413		340323202	固镇县仲兴乡	16661
	320922103	滨海县正红镇	17175		340523100	和县历阳镇	15034
	320922109	滨海县滨淮镇	18939		340604102	烈山区古饶镇	17066
	320923109	阜宁县东沟镇	19124		340621101	濉溪县韩村镇	15094
	320924100	射阳县合德镇	20804		340621103	濉溪县五沟镇	25588
	320924101	射阳县临海镇	16427		340621104	濉溪县临涣镇	19493
	320924102	射阳县千秋镇	16315		340621105	濉溪县双堆集镇	34193
	320924104	射阳县四明镇	19476		340621106	濉溪县铁佛镇	29146
	320924106	射阳县海河镇	32060		340621107	濉溪县南坪镇	26371
	320925108	建湖县上冈镇	24913		340621108	濉溪县百善镇	28512
	320981115	东台市三仓镇	20041		340621109	濉溪县孙町镇	24531
	320981118	东台市头灶镇	29960		340621110	濉溪县四铺镇	25738
	320981121	东台市弶港镇	25930		340827105	望江县鸦滩镇	19909
	320981122	东台市东台镇	22440		340827106	望江县长岭镇	15181
	321012101	江都区小纪镇	17565		341122101	来安县半塔镇	15366
	321023101	宝应县氾水镇	16680		341125100	定远县定城镇	17156
	321023104	宝应县射阳湖镇	17164		341125101	定远县炉桥镇	15941
	321084107	高邮市卸甲镇	18059		341125103	定远县吴圩镇	16537
	321084109	高邮市甘垛镇	15709		341125106	定远县藕塘镇	16108
	321084115	高邮市临泽镇	19376		341181100	天长市铜城镇	17338
	321283100	泰兴市黄桥镇	27416		341204103	颍泉区行流镇	16181
	321323100	泗阳县众兴镇	21633		341222117	太和县坟台镇	16145
	321324100	泗洪县青阳镇	18785		341302101	埇桥区芦岭镇	15665
浙江	330522111	长兴县泗安镇	15461		341302110	埇桥区大店镇	20861
	330603114	柯桥区夏履镇	15647		341302111	埇桥区大泽乡镇	15204
安徽	340104102	蜀山区小庙镇	17000		341323103	灵璧县娄庄镇	23669
	340121106	长丰县下塘镇	16143		341323104	灵璧县杨疃镇	18378
	340121205	长丰县杜集乡	15813		341324103	泗县草沟镇	19400
	340122102	肥东县梁园镇	14940		341324104	泗县长沟镇	16980
	340122107	肥东县八斗镇	19702		341324109	泗县黑塔镇	20135
	340122109	肥东县白龙镇	15937		341324111	泗县屏山镇	17620
	340123105	肥西县山南镇	16005		341521111	寿县安丰镇	15375
	340123106	肥西县花岗镇	17914		341522211	霍邱县孙岗乡	27783
	340124110	庐江县白湖镇	30572		341602115	谯城区双沟镇	16495
	340124114	庐江县泥河镇	15814		341621109	涡阳县曹市镇	17504
	340207101	鸠江区沈巷镇	15805		341621110	涡阳县青町镇	16522
	340223100	南陵县籍山镇	16544		341621114	涡阳县新兴镇	15513
	340223101	南陵县许镇镇	16954		341621115	涡阳县临湖镇	17482
	340223102	南陵县弋江镇	19282		341621121	涡阳县牌坊镇	20341
	340311104	淮上区沫河口镇	21171		341622102	蒙城县小涧镇	15680
	340321101	怀远县鲍集镇	18206		341622106	蒙城县许疃镇	16100
	340321104	怀远县常坟镇	16091		341622107	蒙城县板桥集镇	17837
	340321109	怀远县唐集镇	18112		341622110	蒙城县立仓镇	24697
	340321110	怀远县白莲坡镇	16126		341622111	蒙城县楚村镇	19561
	340321201	怀远县淝河乡	16249		341622112	蒙城县乐土镇	24554
	340322106	五河县东刘集镇	24566		341622201	蒙城县王集乡	16637
	340322111	五河县浍南镇	19331		341622202	蒙城县小辛集乡	16569
	340323104	固镇县刘集镇	17406		341623118	利辛县望疃镇	17786
	340323105	固镇县任桥镇	16401		341721103	东至县胜利镇	15560
	340323201	固镇县杨庙乡	16270	江西	360121101	南昌县向塘镇	18942

续表 6　　　　单位：公顷

地区	代码	乡镇名称	数量	地区	代码	乡镇名称	数量
	360121103	南昌县塘南镇	17420		370811111	任城区喻屯镇	15447
	360121105	南昌县蒋巷镇	20799		370832104	梁山县拳铺镇	18929
	360121200	南昌县泾口乡	24236		370883107	邹城市太平镇	14947
	360121201	南昌县南新乡	17327		370911113	岱岳区良庄镇	17107
	360281103	乐平市众埠镇	16236		370921109	宁阳县磁窑镇	14919
山东	370125101	济阳县垛石镇	18532		370923109	东平县接山镇	17213
	370125103	济阳县曲堤镇	16395		370983104	肥城市工庄镇	15763
	370125104	济阳县仁风镇	15896		370983111	肥城市边院镇	16837
	370125108	济阳县太平镇	16969		371321109	沂南县大庄镇	15220
	370126105	商河县郑路镇	15883		371323103	沂水县许家湖镇	16028
	370126107	商河县玉皇庙镇	15310		371324102	苍山县兰陵镇	15896
	370181114	章丘市高官寨镇	16909		371324103	苍山县长城镇	16078
	370281100	胶州市胶莱镇	15000		371324117	苍山县芦柞镇	16867
	370281108	胶州市里岔镇	15943		371424103	临邑县德平镇	16512
	370281110	胶州市胶西镇	15514		371425105	齐河县仁里集镇	17908
	370282107	即墨市灵山镇	19460		371425106	齐河县潘店镇	18986
	370282115	即墨市段泊岚镇	19113		371425107	齐河县胡官屯镇	16021
	370282117	即墨市移风店镇	18838		371426101	平原县王凤楼镇	20230
	370283105	平度市南村镇	35093		371426102	平原县前曹镇	20515
	370283108	平度市蓼兰镇	28541		371428100	武城县武城镇	15726
	370283109	平度市崔家集镇	24621		371428103	武城县鲁权屯镇	19775
	370283110	平度市明村镇	22704		371481105	乐陵市郑店镇	15571
	370283113	平度市田庄镇	22145		371482100	禹城市伦镇	15272
	370283116	平度市新河镇	18095		371482101	禹城市房寺镇	18494
	370283122	平度市旧店镇	18595		371502101	东昌府区沙镇镇	19160
	370285101	莱西市姜山镇	20396		371502103	东昌府区梁水镇	18574
	370285104	莱西市院上镇	17124		371521103	阳谷县阿城镇	18164
	370404100	峄城区古邵镇	17909		371523101	茌平县乐平铺镇	19814
	370481103	滕州市大坞镇	16150		371523102	茌平县冯官屯镇	15004
	370481104	滕州市滨湖镇	16440		371525102	冠县桑阿镇	16177
	370522102	利津县盐窝镇	23782		371603103	沾化区冯家镇	18747
	370522103	利津县陈庄镇	17008		371621101	惠民县石庙镇	16662
	370523107	广饶县大码头镇	15295		371621111	惠民县姜楼镇	15734
	370725108	昌乐县唐吾镇	16337		371621113	惠民县辛店镇	16404
	370725110	昌乐县红河镇	15681		371626102	邹平县魏桥镇	17965
	370725116	昌乐县营丘镇	18771		371702100	牡丹区沙土镇	16860
	370781115	青州市谭坊镇	18191		371702107	牡丹区李村镇	16383
	370782102	诸城市贾悦镇	27835		371702108	牡丹区马岭岗镇	15761
	370782105	诸城市石桥子镇	18971		371721107	曹县古营集镇	15050
	370782114	诸城市林家村镇	25122		371722103	单县终兴镇	15696
	370783109	寿光市侯镇	17590		371722106	单县徐寨镇	15435
	370783112	寿光市稻田镇	16601		371723101	成武县成武县大田集镇	15532
	370784100	安丘市景芝镇	21797		371723103	成武县成武县汶上集镇	14924
	370785103	高密市夏庄镇	23754		371727102	定陶县冉固镇	16710
	370785104	高密市姜庄镇	18597		371727104	定陶县黄店镇	16400
	370785106	高密市大牟家镇	21393		371728101	东明县东明集镇	18086
	370785109	高密市阚家镇	16798		371728103	东明县陆圈镇	18389
	370785114	高密市柴沟镇	23221		371728110	东明县小井镇	17227
	370786108	昌邑市饮马镇	16081	河南	410212208	祥符区西姜寨乡	22879
	370786109	昌邑市北孟镇	19542		410212210	祥符区万隆乡	20866

续表 7　　　　单位：公顷

地区	代码	乡镇名称	数量	地区	代码	乡镇名称	数量
	410212211	祥符区范村乡	18859		411621102	扶沟县江村镇	15740
	410225103	兰考县考城镇	14996		411625103	郸城县白马镇	15044
	410327203	宜阳县盐镇乡	15074		411625107	郸城县汲冢镇	16551
	410523104	汤阴县宜沟镇	14941		411626200	淮阳县朱集乡	18061
	410526102	滑县白道口镇	16206		411626202	淮阳县冯塘乡	15710
	410526103	滑县留固镇	18883		411626209	淮阳县齐老乡	15661
	410526105	滑县牛屯镇	16578		411627102	太康县逊母口镇	14985
	410526109	滑县老店镇	15805		411723105	平舆县西洋店镇	15136
	410526202	滑县八里营乡	18142		411724200	正阳县慎水乡	15519
	410621102	浚县屯子镇	18044		411724207	正阳县雷寨乡	15516
	410621104	浚县新镇镇	16007		411725104	确山县留庄镇	15049
	410726202	延津县位邱乡	15426		411725108	确山县双河镇	19067
	411023200	许昌县陈曹乡	15000		411727102	汝南县梁祝镇	15576
	411104103	召陵区老窝镇	15943		411727108	汝南县常兴镇	17700
	411104105	召陵区青年镇	15130		411727111	汝南县三桥镇	15846
	411302104	宛城区红泥湾镇	15172		411728105	遂平县和兴镇	16683
	411322101	方城县独树镇	18095		411728106	遂平县沈寨镇	15565
	411322102	方城县博望镇	20058		411729111	新蔡县余店镇	18110
	411322104	方城县小史店镇	18997	湖北	420506108	夷陵区鸦鹊岭镇	18425
	411322105	方城县赵河镇	20678		420582102	当阳市河溶镇	21513
	411322108	方城县杨楼镇	17518		420582103	当阳市育溪镇	17304
	411322300	方城县券桥乡	16070		420582106	当阳市半月镇	16740
	411322303	方城县古庄店乡	15669		420583106	枝江市问安镇	15739
	411322306	方城县清河乡	16903		420583108	枝江市百里洲镇	23747
	411325102	内乡县师岗镇	15044		420606100	樊城区牛首镇	16029
	411326103	淅川县香花镇	15581		420606101	樊城区太平店镇	15969
	411326104	淅川县厚坡镇	26308		420607100	襄州区龙王镇	24752
	411326105	淅川县丹阳镇	16733		420607101	襄州区石桥镇	19263
	411327103	社旗县饶良镇	16458		420607102	襄州区黄集镇	23245
	411327109	社旗县朱集镇	16693		420607104	襄州区古驿镇	23330
	411328101	唐河县源潭镇	23928		420607107	襄州区双沟镇	17638
	411328102	唐河县张店镇	15797		420607110	襄州区峪山镇	17352
	411328103	唐河县郭滩镇	17328		420607111	襄州区东津镇	20870
	411328104	唐河县湖阳镇	16713		420624101	南漳县武安镇	18914
	411328105	唐河县黑龙镇	15382		420624102	南漳县九集镇	19939
	411328106	唐河县大河屯镇	20345		420682103	老河口市张集镇	16491
	411328108	唐河县桐寨铺镇	23186		420683100	枣阳市琚湾镇	18410
	411328110	唐河县上屯镇	15638		420683101	枣阳市七方镇	34239
	411328300	唐河县城郊乡	17588		420683102	枣阳市杨当镇	21105
	411328306	唐河县昝岗乡	18714		420683103	枣阳市太平镇	26730
	411328308	唐河县马振抚乡	15551		420683109	枣阳市吴店镇	16726
	411381107	邓州市构林镇	20315		420684102	宜城市郑集镇	18670
	411381110	邓州市都司镇	15511		420684103	宜城市小河镇	15152
	411381112	邓州市刘集镇	17023		420684106	宜城市流水镇	22040
	411381116	邓州市腰店镇	15200		420684107	宜城市板桥镇	15433
	411381304	邓州市夏集乡	16988		420804100	掇刀区团林铺镇	22335
	411481105	永城市裴桥镇	14946		420821109	京山县孙桥镇	15466
	411481106	永城市马桥镇	16305		420821110	京山县石龙镇	15234
	411525106	固始县胡族铺镇	19499		420821112	京山县雁门口镇	16183
	411528105	息县小茴店镇	15394		420822101	沙洋县五里铺镇	15665

续表 8　　　　单位：公顷

地区	代码	乡镇名称	数量
	420822105	沙洋县后港镇	18922
	420822112	沙洋县曾集镇	15233
	420881100	钟祥市洋梓镇	16977
	420881103	钟祥市胡集镇	16164
	420881108	钟祥市石牌镇	15753
	420881109	钟祥市旧口镇	22804
	420921107	孝昌县邹岗镇	15290
	421003105	荆州区弥市镇	18719
	421022110	公安县章庄铺镇	15671
	421023101	监利县朱河镇	15364
	421023102	监利县新沟镇	20900
	421023104	监利县周老嘴镇	16939
	421023105	监利县黄歇口镇	17460
	421023106	监利县汪桥镇	17436
	421023107	监利县程集镇	16510
	421023113	监利县尺八镇	16891
	421023116	监利县三洲镇	16075
	421023200	监利县红城乡	21820
	421023202	监利县柘木乡	16519
	421083111	洪湖市万全镇	16480
	421087102	松滋市八宝镇	15592
	421122101	红安县七里坪镇	19415
	421125101	浠水县巴河镇	15713
	421126105	蕲春县横车镇	16871
	421181200	麻城市铁门岗乡	17600
	421182100	武穴市梅川镇	22601
	421182102	武穴市花桥镇	16599
	421221106	嘉鱼县潘家湾镇	21780
	421321109	随县唐县镇	19473
	421321113	随县环潭镇	16240
	422801201	恩施市新塘乡	18860
	422801202	恩施市红土乡	17650
	422802101	利川市柏杨坝镇	22700
	422802102	利川市汪营镇	23950
	422802103	利川市建南镇	17100
	422802104	利川市忠路镇	18450
	422802200	利川市凉雾乡	16700
	422802203	利川市文斗乡	17390
	422823107	巴东县野三关镇	17060
	429004105	仙桃市长倘口镇	18006
	429004106	仙桃市西流河镇	21112
	429004108	仙桃市杨林尾镇	17134
	429006100	天门市多宝镇	15900
湖南	430321112	湘潭县石潭镇	18325
	430421100	衡阳县西渡镇	15643
	430525103	洞口县高沙镇	20012
	430525104	洞口县竹市镇	17162
	430525105	洞口县石江镇	15720
	430621107	岳阳县筻口镇	15415
	430623114	华容县东山镇	22865
	430624117	湘阴县新泉镇	19382
	430725105	桃源县漆河镇	15560
	430902106	资阳区长春镇	17512
	430921126	南县华阁镇	17307
	430921127	南县茅草街镇	15640
	430921129	南县麻河口镇	17654
	430921212	南县中鱼口乡	15291
	430922113	桃江县灰山港镇	15603
	430971121	益阳市大通湖管理区河坝镇	18710
	430981105	沅江市泗湖山镇	17317
	430981112	沅江市南大膳镇	23792
	430981113	沅江市黄茅洲镇	20193
	430981114	沅江市草尾镇	24397
	430981115	沅江市阳罗洲镇	15676
	430981116	沅江市共华镇	20629
	431028102	安仁县龙海镇	17800
	431028106	安仁县永乐江镇	19291
	431102106	零陵区邮亭圩镇	15262
	431124102	道县寿雁镇	16234
广东	440118102	增城区石滩镇	19914
	440823100	遂溪县遂城镇	17513
	440881106	廉江市良垌镇	19346
	440881107	廉江市横山镇	18829
	440882102	雷州市客路镇	17212
广西	450105103	江南区苏圩镇	24924
	450105105	江南区江西镇	17547
	450107105	西乡塘区坛洛镇	15571
	450108103	良庆区大塘镇	18891
	450109100	邕宁区蒲庙镇	16453
	450109101	邕宁区那楼镇	19123
	450110100	武鸣区城厢镇	20297
	450110105	武鸣区锣圩镇	21396
	450110107	武鸣区府城镇	16303
	450110108	武鸣区陆斡镇	19134
	450126100	宾阳县宾州镇	15705
	450127112	横县陶圩镇	15038
	450127113	横县校椅镇	22236
	450221109	柳江县穿山镇	15061
	450223100	鹿寨县鹿寨镇	18714
	450312103	临桂区两江镇	16210
	450503100	银海区福成镇	17891
	450521111	合浦县石康镇	14990
	450703101	钦北区平吉镇	17643
	451302101	兴宾区凤凰镇	18317
	451421101	扶绥县渠黎镇	19190
	451421104	扶绥县东门镇	19555
	451421105	扶绥县山圩镇	17529
	451424102	大新县雷平镇	14988
海南	469007100	东方市八所镇	18947
	469023100	澄迈县金江镇	21583

续表 9　　单位：公顷

地区	代码	乡镇名称	数量	地区	代码	乡镇名称	数量
	469027105	乐东黎族自治县九所镇	19514		652823201	尉犁县兴平乡	23324
重庆	500102119	涪陵区珍溪镇	30005		652901100	阿克苏市喀勒塔勒镇	25798
	500152113	潼南区柏梓镇	15643		652924101	沙雅县托依堡勒迪镇	18761
四川	512002106	雁江区中和镇	16620		652924105	沙雅县古勒巴格镇	18478
贵州	520321108	遵义县新舟镇	15835		652924204	沙雅县海楼乡	14892
云南	530322108	陆良县小百户镇	14968		652925204	新和县玉奇喀特乡	17329
	530324103	罗平县马街镇	16668		652928101	阿瓦提县乌鲁却勒镇	17084
	530324106	罗平县阿岗镇	20980		653127202	麦盖提县央塔克乡	17718
	530326104	会泽县乐业镇	17860		653127203	麦盖提县吐曼塔勒乡	16159
	530326108	会泽县待补镇	14891		653127204	麦盖提县尕孜库勒乡	16358
	530328201	沾益县炎方乡	23345		653127205	麦盖提县克孜勒阿瓦提乡	15642
	530328203	沾益县大坡乡	16298		653128102	岳普湖县铁热木镇	18988
	530328204	沾益县菱角乡	17995		653128203	岳普湖县阿其克乡	14965
	530381106	宣威市倘塘镇	15108		653128204	岳普湖县色也克乡	16286
	530381112	宣威市热水镇	26065		653129203	伽师县卧里托格拉克乡	23200
	530581106	腾冲市界头镇	26293		653129204	伽师县克孜勒博依乡	15253
	530824102	景谷傣族彝族自治县永平镇	21816		653129207	伽师县和夏阿瓦提乡	17413
	530923103	永德县永康镇	16844		653226101	于田县先拜巴扎镇	32117
	532527101	泸西县中枢镇	15998		654201101	塔城市恰夏镇	24533
	532622101	砚山县江那镇	15865		654202104	乌苏市甘河子镇	16892
	532622102	砚山县平远镇	25248		654202109	乌苏市西大沟镇	15255
	532622104	砚山县阿猛镇	15576		654221200	额敏县郊区乡	16847
	532622202	砚山县维末彝族乡	19548		654223101	沙湾县四道河子镇	15400
	532626103	丘北县双龙营镇	19135		654223102	沙湾县老沙湾镇	17508
	532626204	丘北县树皮彝族乡	22276		654323201	福海县阔克阿尕什乡	15207
	532627101	广南县莲城镇	15731		656161802	一师二团	15366
	532627106	广南县珠琳镇	16351		656161816	一师十六团	22140
	532822104	勐海县勐遮镇	18565		656161821	一师托喀依乡	19233
	533103102	芒市遮放镇	15684		656163804	三师四十四团	16899
	533103105	芒市风平镇	16413		656163805	三师四十五团	19889
	533123104	盈江县弄璋镇	15863		656163809	三师四十九团	17395
西藏	542527200	措勤县磁石乡	38323		656163810	三师五十团	15524
陕西	610825104	定边县白泥井镇	20188		656163811	三师五十一团	17468
甘肃	621002101	西峰区董志镇	15219		656164816	四师七十六团	14990
	621102102	安定区内官镇	15622		656166807	六师芳草湖总场	34839
宁夏	640323102	盐池县惠安堡镇	16000		656166808	六师新湖农场	38731
	640324103	同心县下马关镇	17530		656166814	六师奇台农场	24827
	640324105	同心县王团镇	19352		656167802	七师一二四团	17312
	640502200	沙坡头区香山乡	15656		656167803	七师一二五团	19317
	640521105	中宁县大战场镇	15220		656167807	七师一二九团	14899
	640521204	中宁县喊叫水乡	16150		656167808	七师一三零团	19937
新疆	652302201	阜康市上户沟哈萨克民族乡	20141		656168801	八师一二一团	35735
	652324104	玛纳斯县北五岔镇	14960		656168802	八师一三三团	20654
	652325102	奇台县半截沟镇	19355		656168803	八师一三四团	17200
	652325105	奇台县西地镇	15464		656168806	八师一四二团	30978
	652325201	奇台县西北湾乡	15310		656168807	八师一四三团	17731
	652701101	博乐市达勒特镇	15333		656168808	八师一四四团	18778
	652722101	精河县大河沿子镇	17249		656168809	八师石河子总场	16016
	652722102	精河县托里镇	29887		656168811	八师一四八团	15872
	652801205	库尔勒市哈拉玉宫乡	21448		656168813	八师一五零团	16853

各地区社会消费品零售总额居全国前1000位的乡镇

单位：亿元

地区	代码	乡镇名称	数量	地区	代码	乡镇名称	数量
北京	110105021	北京市朝阳区南磨房地区办事处	19.05		130125100	行唐县龙州镇	19.20
	110105022	北京市朝阳区高碑店地区办事处	80.76		130127100	高邑县高邑镇	24.70
	110105024	北京市朝阳区太阳宫地区办事处	80.43		130131100	平山县平山镇	20.83
	110105027	北京市朝阳区小红门地区办事处	35.08		130132100	元氏县槐阳镇	23.41
	110105028	北京市朝阳区十八里店地区办事处	39.01		130133100	赵县赵州镇	19.45
	110105029	北京市朝阳区平房地区办事处	72.05		130202200	路南区女织寨乡	65.43
	110105030	北京市朝阳区东风地区办事处	43.36		130207106	丰南区大新庄镇	18.62
	110105032	北京市朝阳区来广营地区办事处	112.66		130207113	丰南区丰南镇	25.59
	110105034	北京市朝阳区三间房地区办事处	23.39		130208114	丰润区石各庄镇	38.70
	110105036	北京市朝阳区金盏地区办事处	35.75		130224100	滦南县倴城镇	23.87
	110105038	北京市朝阳区崔各庄地区办事处	39.29		130229100	玉田县玉田镇	56.90
	110105042	北京市朝阳区王四营地区办事处	67.05		130229102	玉田县鸦鸿桥镇	19.02
	110106017	丰台区卢沟桥地区办事处	103.39		130281100	遵化市遵化镇	37.31
	110106018	丰台区花乡地区办事处	56.94		130281106	遵化市党峪镇	19.66
	110106019	丰台区南苑地区办事处	41.09		130283100	迁安市迁安镇	101.95
	110108027	海淀区四季青地区办事处	161.67		130303100	山海关区第一关镇	20.55
	110111103	房山区窦店镇	18.13		130303102	山海关区孟姜镇	17.99
	110112005	北京市通州区永顺地区办事处	35.69		130406100	峰峰矿区临水镇	28.82
	110112006	北京市通州区梨园地区办事处	113.47		130421200	邯郸县南堡乡	21.74
	110112109	北京市通州区马驹桥镇	80.40		130425100	大名县大名镇	39.28
	110112114	北京市通州区台湖镇	38.70		130426100	涉县涉城镇	23.57
	110113007	顺义区牛栏山地区办事处	57.52		130427100	磁县磁州镇	48.91
	110113008	顺义区南法信地区办事处	49.46		130429100	永年县临洺关镇	51.91
	110113104	顺义区李桥镇	21.46		130432100	广平县广平镇	26.17
	110113116	顺义区赵全营镇	42.30		130434100	魏县魏城镇	37.91
	110114006	昌平区回龙观地区办事处	51.41		130435100	曲周县曲周镇	25.96
	110114115	昌平区北七家镇	58.23		130481100	武安市武安镇	79.25
	110115005	大兴区黄村地区办事处	34.01		130525100	隆尧县隆尧镇	20.38
	110115006	大兴区旧宫地区办事处	26.80		130529100	巨鹿县巨鹿镇	27.99
	110115007	大兴区西红门地区办事处	40.23		130530100	新河县新河镇	16.83
	110116003	怀柔区怀柔地区办事处	17.40		130534100	清河县葛仙庄镇	31.93
	110228103	密云县十里堡镇	19.09		130606202	莲池区百楼乡	24.66
天津	120111100	西青区中北镇	25.50		130606204	莲池区南大园乡	19.33
	120111101	西青区杨柳青镇	48.30		130629100	容城县容城镇	17.89
	120111103	西青区张家窝镇	17.50		130632100	安新县安新镇	22.19
	120111105	西青区大寺镇	38.50		130636100	顺平县蒲阳镇	21.57
	120112100	津南区咸水沽镇	67.64		130672103	保定白沟新城白沟镇	64.73
	120112102	津南区小站镇	59.96		130683100	安国市祁州镇	26.00
	120112103	津南区双港镇	21.63		130721103	宣化县沙岭子镇	18.07
	120112104	津南区辛庄镇	31.72		130730100	怀来县沙城镇	19.56
	120112107	津南区八里台镇	78.82		130771100	张家口市高新技术产业开发区老鸦庄镇	25.97
	120113106	北辰区宜兴埠镇	39.45		130802103	双桥区大石庙镇	18.14
	120113107	北辰区小淀镇	18.13		130823100	平泉县平泉镇	47.19
	120118100	静海区静海镇	56.37		130825100	隆化县隆化镇	17.27
	120118101	静海区唐官屯镇	19.32		130826100	丰宁满族自治县大阁镇	23.06
	120118108	静海区大邱庄镇	17.67		130827100	宽城满族自治县宽城镇	22.76
	120225100	蓟县渔阳镇	39.80		130902200	沧州市新华区小赵庄乡	19.14
河北	130109101	藁城区兴安镇	35.29		130903100	运河区小王庄镇	20.00
	130110100	鹿泉区获鹿镇	19.17		130922100	青县清州镇	29.98
	130111100	栾城区栾城镇	19.31		130925100	盐山县盐山镇	25.80

续表 1

单位：亿元

地区	代码	乡镇名称	数量
	130983100	黄骅市黄骅镇	55.98
	130984100	河间市瀛州镇	20.39
	131003101	广阳区万庄镇	29.10
	131003102	广阳区九州镇	22.11
	131022100	固安县固安镇	45.88
	131023100	永清县永清镇	19.61
	131024100	香河县淑阳镇	17.51
	131025100	大城县平舒镇	21.10
	131081100	霸州市霸州镇	22.15
	131081105	霸州市胜芳镇	17.89
	131082109	三河市燕郊镇	61.03
	131181100	冀州市冀州镇	30.53
	139002100	辛集市辛集镇	30.58
	139002101	辛集市旧城镇	18.22
	139002103	辛集市位伯镇	17.68
	139002107	辛集市王口镇	17.27
	139002204	辛集市田家庄乡	22.27
山西	140106100	迎泽区郝庄镇	55.01
	140321100	平定县冠山镇	31.78
	140322100	盂县秀水镇	37.93
	140411101	长治市郊区堠北庄镇	20.51
	140622100	应县金城镇	18.60
	140624100	怀仁县云中镇	30.31
	140728100	平遥县古陶镇	24.79
	140821100	临猗县猗氏镇	38.17
	140824100	稷山县稷峰镇	20.00
	140825100	新绛县龙兴镇	25.89
	140828100	夏县瑶峰镇	19.15
	141002109	尧都区尧庙镇	33.90
内蒙古	150103100	回民区攸攸板镇	183.91
	150104100	玉泉区小黑河镇	26.41
	150121100	土默特左旗察素齐镇	25.40
	150122100	托克托县双河镇	18.69
	150202100	东河区河东镇	16.90
	150204100	包头市青山区青福镇	35.01
	150207103	九原区麻池镇	41.77
	150423100	巴林右旗大板镇	22.38
	150429100	宁城县天义镇	42.50
	150502100	科尔沁区大林镇	18.12
	150522100	科尔沁左翼后旗甘旗卡镇	19.64
	150523100	开鲁县开鲁镇	22.19
	150525100	奈曼旗大沁他拉镇	21.53
	150602101	东胜区罕台镇	28.19
	150602102	东胜区铜川镇	25.65
	150625100	杭锦旗锡尼镇	22.00
	150627100	伊金霍洛旗阿勒腾席热镇	17.91
	150721100	阿荣旗那吉镇	26.64
	150722100	莫力达瓦达斡尔族自治旗尼尔基镇	22.55
	150823100	乌拉特前旗乌拉山镇	20.49
	150923101	商都县七台镇	26.39
	150925103	凉城县岱海镇	18.57
	152525100	东乌珠穆沁旗乌里雅斯太镇	20.30
	152526100	西乌珠穆沁旗巴拉嘎尔高勒镇	18.62
	152527100	太仆寺旗宝昌镇	17.61
辽宁	210181109	新民市胡台镇	17.42
	210381112	海城市西柳镇	55.53
	210381115	海城市南台镇	27.25
	210381118	海城市腾鳌镇	28.87
	210422100	新宾满族自治县新宾镇	19.90
	210423100	清原满族自治县清原镇	17.44
	210624100	宽甸满族自治县宽甸镇	18.27
	210624101	宽甸满族自治县灌水镇	21.11
	210804100	鲅鱼圈区熊岳镇	25.98
	210902101	阜新市海州区韩家店镇	22.55
	211005101	弓长岭区汤河镇	17.29
	211021100	辽阳县首山镇	23.29
	211081101	灯塔市佟二堡镇	202.46
吉林	220122100	农安县农安镇	54.43
	220174100	长春汽车经济技术开发区	17.77
	220204101	船营区搜登站镇	17.19
	220204102	船营区越北镇	33.85
	220302200	四平市铁西区平西乡	20.65
	220322100	梨树县梨树镇	32.30
	220402198	龙山区县级直管村级单位	110.00
	220421100	东丰县东丰镇	35.48
	220502100	东昌区金厂镇	18.93
	220523100	辉南县朝阳镇	39.41
	220524100	柳河县柳河镇	17.29
	220721100	前郭尔罗斯蒙古族自治县前郭尔罗斯镇	49.58
	220722100	长岭县长岭镇	65.20
	220723100	乾安县乾安镇	18.55
	220781100	扶余市三岔河镇	48.02
	220781106	扶余市三井子镇	54.95
黑龙江	230124100	方正县方正镇	22.44
	230125100	宾县宾州镇	41.64
	230127100	木兰县木兰镇	16.86
	230128100	通河县通河镇	17.53
	230129100	延寿县延寿镇	20.07
	230183100	尚志市尚志镇	38.45
	230184100	五常市五常镇	49.94
	230223100	依安县依安镇	18.50
	230229100	克山县克山镇	25.07
	230606102	大同区太阳升镇	28.00
	231081100	绥芬河市绥芬河镇	22.96
上海	310112101	闵行区莘庄镇	81.04
	310112102	闵行区七宝镇	177.35
	310112103	闵行区颛桥镇	60.88
	310112106	闵行区华漕镇	30.79
	310112107	闵行区虹桥镇	127.27
	310112108	闵行区梅陇镇	98.83

续表 2　　　　单位：亿元

地区	代码	乡镇名称	数量	地区	代码	乡镇名称	数量
	310112110	闵行区吴泾镇	21.94		320205106	锡山区东港镇	39.42
	310112114	闵行区浦江镇	36.75		320206102	惠山区洛社镇	36.35
	310113101	上海市宝山区罗店镇	23.92		320211101	滨湖区胡埭镇	35.00
	310113102	上海市宝山区大场镇	118.96		320281100	江阴市璜土镇	51.72
	310113103	上海市宝山区杨行镇	53.47		320281104	江阴市徐霞客镇	22.26
	310113104	上海市宝山区月浦镇	22.94		320281107	江阴市华士镇	24.43
	310113109	上海市宝山区顾村镇	31.00		320281108	江阴市周庄镇	58.24
	310113111	上海市宝山区高境镇	57.41		320281110	江阴市长泾镇	31.72
	310113112	上海市宝山区庙行镇	62.10		320281111	江阴市顾山镇	40.94
	310113113	上海市宝山区淞南镇	70.29		320281112	江阴市祝塘镇	40.69
	310114102	嘉定区南翔镇	26.87		320282100	宜兴市张渚镇	28.60
	310114103	嘉定区安亭镇	95.03		320282110	宜兴市周铁镇	32.37
	310114106	嘉定区马陆镇	39.90		320312106	铜山区柳新镇	18.52
	310114118	嘉定区江桥镇	43.90		320312112	铜山区张集镇	62.61
	310115103	浦东新区川沙新镇	68.71		320312113	铜山区房村镇	30.68
	310115105	浦东新区北蔡镇	37.71		320312119	铜山区茅村镇	21.46
	310115114	浦东新区唐镇	38.88		320312120	铜山区柳泉镇	25.85
	310115121	浦东新区高行镇	23.42		320321111	丰县宋楼镇	127.83
	310115130	浦东新区三林镇	197.79		320322107	沛县五段镇	17.57
	310115131	浦东新区惠南镇	133.88		320322108	沛县张庄镇	24.60
	310115132	浦东新区周浦镇	24.54		320322110	沛县敬安镇	18.57
	310115136	浦东新区康桥镇	73.58		320324101	睢宁县睢城镇	38.74
	310115137	浦东新区航头镇	103.75		320382103	邳州市官湖镇	36.83
	310115139	浦东新区祝桥镇	98.75		320382109	邳州市港上镇	18.00
	310116101	金山区朱泾镇	44.24		320382115	邳州市铁富镇	38.99
	310116102	金山区枫泾镇	44.48		320404116	邳州市邹区镇	30.82
	310116104	金山区亭林镇	31.14		320411100	新北区春江镇	65.65
	310116105	金山区吕巷镇	26.80		320411103	新北区薛家镇	21.40
	310116109	金山区金山卫镇	21.05		320412100	武进区湖塘镇	206.58
	310116113	金山区山阳镇	30.91		320412104	武进区遥观镇	18.23
	310117102	松江区泗泾镇	29.09		320412106	武进区横山桥镇	32.69
	310117104	松江区车墩镇	35.62		320412113	武进区前黄镇	25.83
	310117105	松江区新桥镇	20.73		320413100	武进区金城镇	38.54
	310117107	松江区九亭镇	45.83		320481100	溧阳市溧城镇	125.68
	310117120	松江区叶榭镇	19.52		320481102	溧阳市上黄镇	28.25
	310118102	青浦区朱家角镇	37.46		320481106	溧阳市天目湖镇	32.06
	310118105	青浦区赵巷镇	81.19		320481107	溧阳市别桥镇	21.62
	310118106	青浦区徐泾镇	53.82		320506103	吴中区木渎镇	147.59
	310118107	青浦区华新镇	53.15		320506104	吴中区胥口镇	18.34
	310118109	青浦区重固镇	17.05		320506110	吴中区临湖镇	25.54
	310118110	青浦区白鹤镇	23.69		320507105	相城区渭塘镇	32.23
	310120101	奉贤区南桥镇	107.55		320509100	吴江区太湖新城镇	189.04
	310120102	奉贤区奉城镇	61.30		320509104	吴江区平望镇	34.08
	310120104	奉贤区庄行镇	19.13		320509105	吴江区盛泽镇	24.15
	310120106	奉贤区金汇镇	22.53		320509110	吴江区黎里镇	21.35
	310120111	奉贤区青村镇	26.27		320571199	苏州工业园区直属镇	52.32
	310120118	奉贤区柘林镇	22.38		320581100	常熟市虞山镇	401.87
江苏	320116110	六合区竹镇镇	22.83		320581101	常熟市梅李镇	23.36
	320117105	溧水区洪蓝镇	17.85		320581102	常熟市海虞镇	31.57
	320205103	锡山区鹅湖镇	38.20		320581104	常熟市古里镇	28.18

续表 3

单位：亿元

地区	代码	乡镇名称	数量	地区	代码	乡镇名称	数量
	320581105	常熟市沙家浜镇	18.70		320831111	金湖县银涂镇	17.55
	320581106	常熟市支塘镇	19.20		320871350	淮安经济技术开发区钵池乡	31.42
	320581110	常熟市辛庄镇	31.03		320871351	淮安经济技术开发区徐杨乡	46.85
	320581111	常熟市尚湖镇	21.68		320871352	淮安经济技术开发区南马厂乡	30.17
	320582100	张家港市杨舍镇	262.69		320903102	盐都区楼王镇	29.14
	320582101	张家港市塘桥镇	23.80		320903105	盐都区尚庄镇	22.90
	320582102	张家港市金港镇	43.30		320903109	盐都区龙冈镇	20.95
	320582103	张家港市锦丰镇	21.23		320904100	大丰区大中镇	50.54
	320582104	张家港市乐余镇	17.47		320904108	大丰区万盈镇	85.80
	320582105	张家港市凤凰镇	19.87		320904110	大丰区新丰镇	19.54
	320583100	昆山市玉山镇	127.40		320922100	滨海县东坎镇	42.37
	320583101	昆山市巴城镇	31.79		320923110	阜宁县益林镇	17.17
	320583102	昆山市周市镇	119.87		320924100	射阳县合德镇	71.03
	320583104	昆山市花桥镇	91.91		320925108	建湖县上冈镇	23.12
	320583105	昆山市淀山湖镇	114.63		320981122	东台市东台镇	106.54
	320583108	昆山市千灯镇	59.23		321002401	广陵区扬州市生态科技新城杭集镇	42.85
	320585100	太仓市城厢镇	144.93		321003201	邗江区双桥乡	24.10
	320585101	太仓市沙溪镇	26.58		321012100	江都区仙女镇	370.24
	320585103	太仓市浮桥镇	27.10		321012109	江都区宜陵镇	148.35
	320612110	南通市通州区石港镇	20.30		321012112	江都区郭村镇	42.98
	320612114	南通市通州区平潮镇	40.19		321023100	宝应县安宜镇	105.88
	320612117	南通市通州区兴仁镇	20.03		321081100	仪征市真州镇	126.00
	320612120	南通市通州区川姜镇	32.85		321084106	高邮市汤庄镇	19.64
	320621100	海安县海安镇	100.28		321084200	高邮市菱塘回族乡	33.87
	320621101	海安县城东镇	48.47		321183002	扬中市华阳街道	79.21
	320621102	海安县曲塘镇	21.81		321281114	兴化市竹泓镇	59.99
	320621103	海安县李堡镇	17.25		321281123	兴化市戴南镇	19.84
	320623101	如东县洋口镇	19.77		321282106	靖江市孤山镇	33.09
	320623104	如东县大豫镇	19.45		321283100	泰兴市黄桥镇	23.87
	320623105	如东县掘港镇	89.80		321283101	泰兴市分界镇	30.00
	320623107	如东县马塘镇	19.07		321283123	泰兴市滨江镇	60.40
	320623108	如东县丰利镇	19.82		321283124	泰兴市虹桥镇	27.79
	320623110	如东县岔河镇	20.82		321302100	宿城区双庄镇	25.92
	320623111	如东县双甸镇	17.95		321323100	泗阳县众兴镇	62.55
	320681100	启东市汇龙镇	162.18		321324100	泗洪县青阳镇	33.67
	320681110	启东市吕四港镇	31.58	浙江	330106109	杭州市西湖区三墩镇	29.14
	320682105	如皋市白蒲镇	20.22		330109113	萧山区瓜沥镇	33.40
	320682111	如皋市长江镇	42.02		330110102	余杭区塘栖镇	26.68
	320682116	如皋市搬经镇	29.56		330110110	余杭区瓶窑镇	20.30
	320684108	海门市悦来镇	26.93		330127100	淳安县千岛湖镇	40.49
	320684114	海门市正余镇	27.14		330212110	鄞州区姜山镇	19.88
	320684415	海门市海门港新区	32.72		330212115	鄞州区集士港镇	27.84
	320684416	海门市海门工业园区管理委员会	49.94		330212116	鄞州区古林镇	42.66
	320723207	灌云县东王集乡	47.19		330225101	象山县石浦镇	25.28
	320724100	灌南县新安镇	31.71		330281103	余姚市泗门镇	25.37
	320724101	灌南县堆沟港镇	23.41		330282107	慈溪市观海卫镇	39.23
	320804100	淮阴区王营镇	76.35		330282111	慈溪市逍林镇	32.73
	320826100	涟水县涟城镇	20.38		330282114	慈溪市横河镇	59.11
	320830108	盱眙县黄花塘镇	20.23		330282118	慈溪市庵东镇	23.29
	320831100	金湖县黎城镇	52.66		330282121	慈溪市周巷镇	44.13

续表 4

单位：亿元

地区	代码	乡镇名称	数量	地区	代码	乡镇名称	数量
	330282123	慈溪市龙山镇	21.69		330921100	岱山县高亭镇	26.29
	330302102	鹿城区藤桥镇	18.17		330922100	嵊泗县菜园镇	18.50
	330324102	永嘉县桥头镇	26.59		331004106	路桥区金清镇	38.39
	330326100	平阳县昆阳镇	38.73		331021101	玉环县清港镇	18.29
	330326101	平阳县鳌江镇	66.23		331021102	玉环县楚门镇	18.53
	330327100	苍南县灵溪镇	178.97		331023105	天台县平桥镇	19.31
	330327101	苍南县龙港镇	81.69		331081100	温岭市泽国镇	49.97
	330327104	苍南县钱库镇	19.66		331081101	温岭市大溪镇	51.40
	330328100	文成县大峃镇	24.79		331081102	温岭市松门镇	36.58
	330381101	瑞安市塘下镇	77.78		331081103	温岭市箬横镇	57.70
	330382114	乐清市柳市镇	76.82		331081104	温岭市新河镇	47.93
	330382115	乐清市北白象镇	30.18		331081105	温岭市石塘镇	27.46
	330402101	南湖区余新镇	18.93		331081106	温岭市滨海镇	29.65
	330402105	南湖区大桥镇	16.91		331081107	温岭市温峤镇	24.89
	330411101	秀洲区王江泾镇	27.60		331081108	温岭市城南镇	29.47
	330421103	嘉善县西塘镇	21.59		331082112	临海市杜桥镇	40.45
	330421111	嘉善县姚庄镇	19.92	安徽	340122100	肥东县店埠镇	38.61
	330421112	嘉善县天凝镇	21.74		340122101	肥东县撮镇镇	17.08
	330481101	海宁市许村镇	17.38		340123100	肥西县上派镇	24.93
	330481103	海宁市长安镇	30.08		340124100	庐江县庐城镇	32.78
	330482101	平湖市乍浦镇	21.25		340222100	繁昌县繁阳镇	19.82
	330483101	桐乡市濮院镇	50.83		340225100	无为县无城镇	67.01
	330483107	桐乡市崇福镇	27.26		340303201	蚌山区雪华乡	39.65
	330502100	吴兴区织里镇	56.31		340304198	禹会区禹会虚镇	22.14
	330502101	吴兴区八里店镇	39.50		340321100	怀远县城关镇	36.16
	330503100	南浔区南浔镇	108.47		340321104	怀远县常坟镇	40.35
	330503101	南浔区双林镇	34.50		340521100	当涂县姑孰镇	27.86
	330503102	南浔区练市镇	20.96		340522100	含山县环峰镇	20.21
	330503105	南浔区菱湖镇	35.12		340523100	和县历阳镇	32.47
	330521100	德清县武康镇	59.26		340603100	相山区渠沟镇	33.08
	330522110	长兴县和平镇	28.00		340621100	濉溪县濉溪镇	23.31
	330522111	长兴县泗安镇	24.85		340702198	铜官山区虚镇	103.09
	330602100	越城区东湖镇	21.82		340822100	怀宁县高河镇	28.82
	330602102	越城区东浦镇	19.84		340824100	潜山县梅城镇	46.69
	330602104	越城区皋埠镇	26.86		340827100	望江县华阳镇	23.68
	330602106	越城区斗门镇	105.14		341002100	屯溪区屯光镇	35.63
	330603100	柯桥区齐贤镇	89.02		341022100	休宁县海阳镇	18.54
	330603101	柯桥区钱清镇	41.25		341124100	全椒县襄河镇	33.53
	330603104	柯桥区马鞍镇	40.72		341125100	定远县定城镇	22.26
	330604110	上虞区小越镇	40.05		341126100	凤阳县府城镇	27.32
	330604113	上虞区崧厦镇	22.60		341222100	太和县城关镇	78.37
	330681101	诸暨市大唐镇	24.36		341225120	阜南县鹿城镇	32.57
	330681102	诸暨市应店街镇	17.49		341226100	颍上县慎城镇	19.93
	330681103	诸暨市次坞镇	19.39		341322100	萧县龙城镇	61.79
	330681104	诸暨市店口镇	33.36		341323100	灵璧县灵城镇	17.85
	330703108	金东区赤松镇	68.10		341323107	灵璧县尤集镇	22.10
	330782100	义乌市佛堂镇	34.71		341324100	泗县泗城镇	27.08
	330782102	义乌市义亭镇	17.06		341502109	金安区三十铺镇	19.60
	330783118	东阳市南马镇	25.74		341522100	霍邱县城关镇	17.74
	330783123	东阳市横店镇	60.00		341525100	霍山县衡山镇	18.27

续表 5

单位：亿元

地区	代码	乡镇名称	数量	地区	代码	乡镇名称	数量
	341622100	蒙城县城关镇	49.20		350628100	平和县小溪镇	27.21
	341623100	利辛县城关镇	24.07		350681100	龙海市石码镇	38.53
	341822100	广德县桃州镇	28.25		350681102	龙海市角美镇	24.43
	341823100	泾县泾川镇	21.84		350821100	长汀县汀州镇	17.98
福建	350102100	福州市鼓楼区洪山镇	190.71		350823101	上杭县临城镇	17.29
	350104100	仓山区仓山镇	28.51		350825100	连城县莲峰镇	20.98
	350104101	仓山区城门镇	76.01		350902109	蕉城区三都镇	18.71
	350104102	仓山区盖山镇	58.69		350981111	福安市湾坞镇	17.12
	350105100	马尾区马尾镇	43.10	江西	360103101	南昌市西湖区桃花镇	33.19
	350111100	晋安区鼓山镇	106.75		360111100	青山湖区京东镇	23.74
	350111101	晋安区新店镇	57.38		360111104	青山湖区湖坊镇	59.45
	350111102	晋安区岳峰镇	112.62		360111105	青山湖区塘山镇	59.38
	350121102	闽侯县南屿镇	29.29		360111180	青山湖区蛟桥镇	60.01
	350121103	闽侯县尚干镇	31.35		360112100	新建区长埈镇	16.90
	350121106	闽侯县南通镇	26.88		360121100	南昌县莲塘镇	19.76
	350121107	闽侯县上街镇	30.14		360124100	进贤县民和镇	22.87
	350123100	罗源县凤山镇	27.17		360702102	章贡区水南镇	37.68
	350181104	福清市城头镇	20.54		360727100	龙南县龙南镇	20.53
	350181116	福清市江阴镇	32.37		360730100	宁都县梅江镇	17.32
	350212108	同安区西柯镇	28.04		360824100	新干县金川镇	17.05
	350213102	翔安区马巷镇	44.64		360829100	安福县平都镇	21.95
	350302101	城厢区华亭镇	18.54		361023100	南丰县琴城镇	29.92
	350304100	荔城区西天尾镇	52.35		361126109	弋阳县弋江镇	19.26
	350304101	荔城区黄石镇	25.11		361128100	鄱阳县鄱阳镇	24.98
	350322101	仙游县榜头镇	19.04		361129100	万年县陈营镇	18.53
	350425106	大田县建设镇	17.39	山东	370181007	章丘市普集街道办事处	18.50
	350426100	尤溪县城关镇	22.59		370181110	章丘市刁镇	22.98
	350505100	泉港区南埔镇	17.35		370282105	即墨市蓝村镇	21.78
	350521100	惠安县螺城镇	39.28		370283105	平度市南村镇	19.90
	350521101	惠安县螺阳镇	20.04		370283119	平度市店子镇	22.18
	350521105	惠安县东园镇	22.26		370285101	莱西市姜山镇	44.30
	350521107	惠安县崇武镇	19.98		370285105	莱西市日庄镇	19.19
	350524100	安溪县凤城镇	26.24		370285116	莱西市马连庄镇	23.88
	350524105	安溪县城厢镇	32.00		370303101	张店区南定镇	43.03
	350525100	永春县桃城镇	39.68		370303104	张店区傅家镇	86.17
	350526100	德化县浔中镇	20.66		370304102	博山区域城镇	18.43
	350526101	德化县龙浔镇	25.15		370304103	博山区白塔镇	18.96
	350581100	石狮市灵秀镇	108.76		370305100	临淄区齐都镇	23.08
	350581101	石狮市宝盖镇	27.79		370305111	临淄区金山镇	37.72
	350582102	晋江市磁灶镇	27.97		370306101	周村区南郊镇	27.96
	350582103	晋江市陈埭镇	37.04		370321107	桓台县新城镇	21.07
	350582106	晋江市金井镇	24.31		370321110	桓台县果里镇	44.10
	350582107	晋江市池店镇	17.02		370403106	薛城区常庄镇	20.02
	350582113	晋江市紫帽镇	31.19		370481106	滕州市西岗镇	17.24
	350583117	南安市霞美镇	22.68		370521102	垦利县郝家镇	27.51
	350583119	南安市水头镇	56.27		370523101	广饶县大王镇	17.10
	350583120	南安市石井镇	37.43		370683101	莱州市沙河镇	32.99
	350603100	龙文区蓝田镇	57.84		370683102	莱州市朱桥镇	21.36
	350603101	龙文区步文镇	25.86		370683111	莱州市土山镇	18.60
	350623100	漳浦县绥安镇	75.94		370684107	蓬莱市大辛店镇	17.29

续表 6

单位：亿元

地区	代码	乡镇名称	数量	地区	代码	乡镇名称	数量
	370684109	蓬莱市北沟镇	19.58		410325100	嵩县城关镇	26.80
	370686104	栖霞市桃村镇	20.49		410326100	汝阳县城关镇	16.84
	370783112	寿光市稻田镇	18.06		410327100	宜阳县城关镇	31.78
	370784100	安丘市景芝镇	18.68		410329100	伊川县城关镇	81.17
	370785103	高密市夏庄镇	31.76		410421100	宝丰县城关镇	21.94
	370785104	高密市姜庄镇	20.16		410482106	汝州市蟒川镇	43.66
	370786101	昌邑市柳疃镇	37.90		410502102	文峰区高庄镇	20.12
	370812101	兖州区大安镇	29.96		410523100	汤阴县城关镇	17.91
	370812105	兖州区新兖镇	36.00		410526100	滑县道口镇	17.18
	370812110	兖州区兴隆庄镇	21.80		410527100	内黄县城关镇	18.85
	370832104	梁山县拳铺镇	19.03		410703100	卫滨区平原镇	23.70
	370883105	邹城市中心店镇	36.79		410724100	获嘉县城关镇	19.38
	370883106	邹城市唐村镇	22.02		410727100	封丘县城关镇	18.96
	370883107	邹城市太平镇	42.47		410771360	新乡高新技术产业开发区关堤乡	25.55
	370911106	岱岳区满庄镇	54.52		410922100	清丰县城关镇	33.12
	370921110	宁阳县华丰镇	17.68		410928100	濮阳县城关镇	37.22
	370923107	东平县银山镇	16.93		410928101	濮阳县濮阳县柳屯镇	37.33
	370983105	肥城市湖屯镇	17.28		410928103	濮阳县濮阳县庆祖镇	16.98
	370983106	肥城市石横镇	27.42		411024100	鄢陵县安陵镇	64.32
	370983110	肥城市汶阳镇	22.33		411024206	鄢陵县马坊乡	24.50
	371002100	环翠区张村镇	18.79		411121100	舞阳县舞泉镇	50.59
	371202100	莱城区口镇	40.40		411122100	临颍县城关镇	43.35
	371202106	莱城区雪野镇	19.96		411221100	渑池县城关镇	20.97
	371203103	钢城区辛庄镇	31.01		411271560	卢氏县向阳街道	22.38
	371324102	苍山县兰陵镇	17.92		411421103	民权县北关镇	56.38
	371324108	苍山县向城镇	42.52		411425100	虞城县城关镇	18.00
	371326105	平邑县卞桥镇	18.45		411521100	罗山县城关镇	33.44
	371326110	平邑县郑城镇	21.12		411621100	扶沟县城关镇	26.43
	371502101	东昌府区沙镇镇	23.39		411624100	沈丘县槐店回族镇	18.66
	371603101	沾化区下洼镇	16.99		411624105	沈丘县付井镇	18.50
	371623106	无棣县车王镇	21.84		411626100	淮阳县城关回族镇	22.73
	371626102	邹平县魏桥镇	17.59		411627100	太康县城关回族镇	40.29
	371728107	东明县武胜桥镇	29.18		411628100	鹿邑县涡北镇	24.95
河南	410122105	中牟县白沙镇	22.53		419001100	济源市克井镇	34.91
	410182103	荥阳市广武镇	18.99	湖北	420222100	阳新县兴国镇	24.06
	410182110	荥阳市贾峪镇	19.03		420281104	大冶市还地桥镇	24.04
	410184101	新郑市新村镇	16.85		420302202	茅箭区鸳鸯乡	17.82
	410184109	新郑市龙湖镇	28.86		420322100	郧西县城关镇	30.50
	410185102	登封市卢店镇	19.31		420324100	竹溪县城关镇	18.30
	410185105	登封市大冶镇	69.28		420502201	西陵区窑湾乡	22.40
	410211201	金明区西郊乡	34.19		420503201	伍家岗区伍家乡	33.01
	410221100	杞县城关镇	41.22		420506108	夷陵区鸦鹊岭镇	34.59
	410222100	通许县城关镇	29.92		420506202	夷陵区邓村乡	21.94
	410223100	尉氏县城关镇	28.27		420525101	远安县鸣凤镇	22.28
	410223200	尉氏县邢庄乡	17.59		420528101	长阳土家族自治县龙舟坪镇	32.73
	410304200	瀍河回族区瀍河回族乡	69.39		420581104	宜都市枝城镇	25.17
	410311102	洛龙区安乐镇	47.08		420606170	樊城区高新区团山镇	17.50
	410322100	孟津县城关镇	23.17		420606171	樊城区高新区米庄镇	17.93
	410323100	新安县城关镇	59.65		420607103	襄州区伙牌镇	17.97
	410324100	栾川县城关镇	20.66		420624100	南漳县城关镇	58.80

续表 7

单位：亿元

地区	代码	乡镇名称	数量	地区	代码	乡镇名称	数量
	420625100	谷城县城关镇	48.44		431003101	苏仙区白露塘镇	170.27
	420683109	枣阳市吴店镇	21.63		431021118	桂阳县四里镇	22.41
	420703100	华容区华容镇	16.89		431022111	宜章县玉溪镇	35.62
	420703101	华容区葛店镇	65.00		431028106	安仁县永乐江镇	22.98
	420821100	京山县新市镇	60.00		431122100	东安县白牙市镇	22.12
	420822100	沙洋县沙洋镇	20.60		431129202	江华瑶族自治县大石桥乡	27.55
	420881103	钟祥市胡集镇	35.45		431222109	沅陵县沅陵镇	35.25
	420921100	孝昌县花园镇	26.01		431224100	溆浦县卢峰镇	22.76
	420923100	云梦县城关镇	27.47		431228100	芷江侗族自治县芷江镇	18.44
	420984100	汉川市马口镇	24.71		433127116	永顺县灵溪镇	19.67
	421002200	沙市区立新乡	36.90	广东	440111103	广州市白云区人和镇	31.81
	421003106	荆州区郢城镇	34.07		440111107	广州市白云区太和镇	38.87
	421022101	公安县斗湖堤镇	38.85		440111108	广州市白云区钟落潭镇	30.43
	421023100	监利县容城镇	79.70		440111113	广州市白云区江高镇	26.35
	421024106	江陵县郝穴镇	26.44		440112101	广州市白云区九龙镇	479.36
	421087100	松滋市新江口镇	42.01		440113102	番禺区南村镇	215.76
	421087102	松滋市八宝镇	19.99		440113105	番禺区石楼镇	27.98
	421122100	红安县城关镇	20.18		440113118	番禺区沙湾镇	20.49
	421123100	罗田县凤山镇	26.27		440113120	番禺区石基镇	326.89
	421125100	浠水县清泉镇	26.80		440114104	花都区花山镇	19.21
	421126100	蕲春县漕河镇	21.24		440114105	花都区花东镇	21.95
	421127100	黄梅县黄梅镇	28.24		440114109	花都区狮岭镇	71.17
	421182100	武穴市梅川镇	17.09		440115100	南沙区万顷沙镇	25.00
	421221103	嘉鱼县鱼岳镇	30.90		440115103	南沙区东涌镇	31.60
	421222100	通城县隽水镇	34.07		440117111	从化区太平镇	18.68
	421223100	崇阳县天城镇	34.48		440118101	增城区新塘镇	124.04
	421224100	通山县通羊镇	21.71		440118102	增城区石滩镇	21.02
	421303187	曾都区淅河镇	19.23		440118103	增城区中新镇	18.87
	421321104	随县草店镇	16.89		440204101	浈江区乐园镇	76.67
	422825100	宣恩县珠山镇	19.86		440205100	曲江区马坝镇	41.78
	422826100	咸丰县高乐山镇	29.59		440232100	乳源瑶族自治县乳城镇	18.30
	422827100	来凤县翔凤镇	19.19		440402100	香洲区唐家湾镇	33.60
	429006107	天门市岳口镇	17.98		440403106	斗门区白蕉镇	23.02
湖南	430181110	浏阳市大瑶镇	23.21		440404100	金湾区三灶镇	23.68
	430221100	株洲县渌口镇	18.11		440513106	潮阳区谷饶镇	29.00
	430223106	攸县网岭镇	17.48		440513107	潮阳区贵屿镇	25.80
	430302202	雨湖区长城乡	20.74		440513108	潮阳区铜盂镇	24.20
	430422111	衡南县三塘镇	27.99		440514104	潮南区司马浦镇	17.75
	430482101	常宁市柏坊镇	51.69		440514108	潮南区胪岗镇	27.51
	430523100	邵阳县塘渡口镇	33.80		440604100	禅城区南庄镇	53.45
	430524100	隆回县桃洪镇	30.28		440605121	南海区九江镇	39.99
	430621100	岳阳县荣家湾镇	35.15		440605122	南海区西樵镇	75.14
	430623100	华容县城关镇	36.98		440605123	南海区丹灶镇	36.36
	430624100	湘阴县文星镇	32.16		440605124	南海区狮山镇	157.50
	430626100	平江县城关镇	41.89		440605125	南海区大沥镇	198.02
	430724100	临澧县安福镇	17.86		440605126	南海区里水镇	77.85
	430726100	石门县楚江镇	29.07		440606101	顺德区陈村镇	26.23
	430821100	慈利县零阳镇	22.00		440606102	顺德区北滘镇	49.48
	430921125	南县南洲镇	39.35		440606103	顺德区乐从镇	105.31
	430922112	桃江县桃花江镇	55.46		440606104	顺德区龙江镇	29.30

续表 8　　　　单位：亿元

地区	代码	乡镇名称	数量
	440607103	三水区乐平镇	33.43
	440607104	三水区白坭镇	17.33
	440781100	台山市大江镇	22.90
	440783117	开平市水口镇	26.09
	440811100	麻章区麻章镇	24.31
	440823100	遂溪县遂城镇	38.91
	440904102	电白区坡心镇	76.99
	440904108	电白区羊角镇	29.40
	441303103	惠阳区新圩镇	17.18
	441323101	惠东县大岭镇	22.51
	441403132	梅县区程江镇	21.79
	441422100	大埔县湖寮镇	23.05
	441427115	蕉岭县蕉城镇	19.80
	441521101	海丰县梅陇镇	25.80
	441521115	海丰县海城镇	90.62
	441521118	海丰县公平镇	22.50
	441581001	陆河县东海街道	22.60
	441622100	龙川县老隆镇	59.61
	441623110	连平县忠信镇	30.41
	441702105	江城区闸坡镇	28.40
	441721100	阳西县织篢镇	19.57
	441802103	清城区源潭镇	37.97
	441802106	清城区石角镇	27.03
	441802107	清城区飞来峡镇	35.23
	441823119	阳山县阳城镇	29.80
	441882100	连州市连州镇	36.24
	441900101	东莞市石碣镇	38.63
	441900102	东莞市石龙镇	37.45
	441900103	东莞市茶山镇	30.13
	441900104	东莞市石排镇	24.33
	441900106	东莞市横沥镇	26.14
	441900107	东莞市桥头镇	27.06
	441900109	东莞市东坑镇	18.26
	441900110	东莞市常平镇	116.26
	441900111	东莞市寮步镇	237.99
	441900112	东莞市樟木头镇	57.74
	441900113	东莞市大朗镇	80.56
	441900114	东莞市黄江镇	38.88
	441900115	东莞市清溪镇	47.30
	441900116	东莞市塘厦镇	92.12
	441900117	东莞市凤岗镇	48.41
	441900118	东莞市大岭山镇	60.64
	441900119	东莞市长安镇	117.79
	441900121	东莞市虎门镇	176.20
	441900122	东莞市厚街镇	147.84
	441900123	东莞市沙田镇	26.71
	441900124	东莞市道滘镇	17.32
	441900128	东莞市中堂镇	29.45
	441900129	东莞市高埗镇	25.09
	442000100	中山市小榄镇	93.00
	442000102	中山市民众镇	17.83
	442000103	中山市东凤镇	20.12
	442000104	中山市东升镇	52.34
	442000105	中山市古镇镇	86.36
	442000106	中山市沙溪镇	36.70
	442000107	中山市坦洲镇	58.22
	442000108	中山市港口镇	28.46
	442000110	中山市横栏镇	22.61
	442000112	中山市阜沙镇	22.96
	442000113	中山市南朗镇	18.54
	442000114	中山市三乡镇	43.92
	442000115	中山市板芙镇	33.12
	445103104	潮安区浮洋镇	27.21
	445103121	潮安区枫溪镇	57.28
	445202102	榕城区炮台镇	23.19
	445281109	普宁市占陇镇	19.25
	445321112	新兴县天堂镇	19.23
	445322100	郁南县都城镇	21.06
广西	450102101	兴宁区三塘镇	19.83
	450126100	宾阳县宾州镇	21.79
	450127100	横县横州镇	36.01
	450223100	鹿寨县鹿寨镇	20.20
	450224100	融安县长安镇	16.92
	450225100	融水苗族自治县融水镇	21.79
	450323100	灵川县灵川镇	33.41
	450324100	全州县全州镇	20.17
	450325100	兴安县兴安镇	25.37
	450331100	荔浦县荔城镇	30.13
	450406100	龙圩区龙圩镇	24.73
	450422100	藤县藤州镇	23.16
	450521100	合浦县廉州镇	49.95
	450603106	防城区江山镇	20.09
	450681100	东兴市东兴镇	18.12
	450802100	港北区港城镇	26.83
	450821100	平南县平南镇	60.55
	450923100	博白县博白镇	19.82
	451081100	靖西市新靖镇	24.10
	451122100	钟山县钟山镇	20.25
	451221100	南丹县城关镇	21.01
	451281100	宜州市庆远镇	28.25
	451323100	武宣县武宣镇	18.96
海南	460106100	龙华区城西镇	19.88
	460203198	吉阳区吉阳镇	74.21
	460204198	天涯区天涯镇	89.13
	469005100	文昌市文城镇	31.12
	469006100	万宁市万城镇	17.29
	469024100	临高县临城镇	19.33
重庆	500101140	万州区天城镇	25.03
	500105101	重庆市江北区复盛镇	22.55
	500107103	九龙坡区含谷镇	21.61

续表 9　　　　单位：亿元

地区	代码	乡镇名称	数量	地区	代码	乡镇名称	数量
	500107105	九龙坡区白市驿镇	49.00		511722100	宣汉县东乡镇	43.04
	500108101	南岸区南坪镇	41.97		511725100	渠县渠江镇	83.17
	500108102	南岸区涂山镇	23.45		511781100	万源市太平镇	25.20
	500111100	大足区龙水镇	23.77		511921100	通江县诺江镇	20.12
	500113103	巴南区界石镇	30.28		511922100	南江县南江镇	19.99
	500116117	江津区珞璜镇	19.33		512021100	安岳县岳阳镇	47.21
	500232100	武隆县巷口镇	20.28		512022100	乐至县天池镇	24.59
	500240100	石柱土家族自治县南宾镇	29.61		512022104	乐至县童家镇	18.32
四川	510114103	新都区新繁镇	23.09		513401200	西昌市西郊乡	28.81
	510124107	郫县安靖镇	16.95		513423100	盐源县盐井镇	17.42
	510182100	彭州市天彭镇	36.97		513425100	会理县城关镇	20.21
	510303102	贡井区长土镇	23.23		513426100	会东县会东镇	25.17
	510304207	大安区凤凰乡	20.33	**贵州**	520102200	南明区后巢乡	25.78
	510321100	荣县旭阳镇	35.11		520113100	贵阳市白云区艳山红镇	31.76
	510322100	富顺县富世镇	28.01		520123102	修文县久长镇	22.68
	510411107	仁和区前进镇	20.55		520321101	遵义县龙坑镇	32.21
	510522100	合江县合江镇	34.82		520382100	仁怀市茅台镇	64.32
	510524100	叙永县叙永镇	24.75	**云南**	530581101	腾冲市腾越镇	23.42
	510525103	古蔺县太平镇	17.42		530802101	思茅区思茅镇	25.15
	510623100	中江县凯江镇	52.28		530922101	云县爱华镇	17.77
	510681100	广汉市雒城镇	51.62		532301101	楚雄市鹿城镇	60.07
	510683100	绵竹市剑南镇	25.66		532301102	楚雄市东瓜镇	41.92
	510703104	涪城区龙门镇	35.11		532503101	蒙自市文澜镇	62.41
	510703113	涪城区永兴镇	32.49		532504101	弥勒市弥阳镇	29.35
	510704100	游仙区游仙镇	17.92		532524101	建水县临安镇	25.28
	510722101	三台县潼川镇	78.07		532527101	泸西县中枢镇	17.25
	510724102	安县花荄镇	18.09		532628101	富宁县新华镇	20.41
	510725100	梓潼县文昌镇	26.34		532901101	大理市下关镇	53.77
	510781100	江油市中坝镇	46.17		532923101	祥云县祥城镇	28.99
	510781102	江油市三合镇	17.59		533102101	瑞丽市勐卯镇	23.91
	510921100	蓬溪县赤城镇	40.48		533123101	盈江县平原镇	22.47
	510923100	大英县蓬莱镇	17.92		533401101	香格里拉市建塘镇	17.13
	511024100	威远县严陵镇	59.29	**陕西**	610303100	金台区陈仓镇	82.70
	511028002	隆昌县金鹅街道办事处	23.13		610323100	岐山县凤鸣镇	18.97
	511112100	五通桥区竹根镇	34.92		610323101	岐山县蔡家坡镇	24.48
	511123100	犍为县玉津镇	36.62		610722001	城固县博望街道办事处	25.02
	511126100	夹江县焉城镇	46.40		610822100	府谷县府谷镇	32.05
	511129100	沐川县沐溪镇	17.60		610928100	旬阳县城关镇	17.16
	511181100	峨眉山市绥山镇	66.92	**甘肃**	620982101	敦煌市沙州镇	27.32
	511323115	蓬安县相如镇	25.29		621021100	庆城县庆城镇	25.12
	511325100	西充县晋城镇	34.49		621202100	武都区城关镇	20.29
	511403117	彭山区凤鸣镇	20.66	**宁夏**	640122100	贺兰县习岗镇	102.00
	511421123	仁寿县文林镇	94.62		640221100	平罗县城关镇	21.15
	511521100	宜宾县柏溪镇	29.06		640302107	利通区胜利镇	20.91
	511523100	江安县江安镇	19.26	**新疆**	652324100	玛纳斯县玛纳斯镇	25.27
	511524100	长宁县长宁镇	29.93		652325100	奇台县奇台镇	23.96
	511528100	兴文县古宋镇	30.10		652327105	吉木萨尔县大有镇	90.00
	511621100	岳池县九龙镇	61.63		652701102	博乐市乌图布拉格镇	21.00
	511622100	武胜县沿口镇	35.15		652701200	博乐市青得里乡	21.56
	511623100	邻水县鼎屏镇	35.68		656161808	一师八团	27.35

3

各地区乡镇基本情况

各地区乡镇基本情况

（北京市）　　计算单位：公顷、人、万元

名　　称	行政区域面　积	常住人口	从业人员	二三产业从业人员	工　业总产值	城镇建成区 面 积	城镇建成区常住人口
北京市							
朝阳区南磨房地区办事处	943	141580	94982	94982	245551.4		
朝阳区高碑店地区办事处	1508	117835	85669	84268	2983489.2		
朝阳区将台地区办事处	1145	71884	43849	43586	74525.0		
朝阳区太阳宫地区办事处	578	98171	34708	34708	164031.9		
朝阳区小红门地区办事处	1207	54329	29572	29552	55229.0		
朝阳区十八里店地区办事处	2526	166570	92841	91726	61734.0		
朝阳区平房地区办事处	1518	147153	58860	57330	72994.4		
朝阳区东风地区办事处	738	80134	54422	54410	2104.4		
朝阳区来广营地区办事处	2093	194021	121851	120956	37402.0		
朝阳区常营地区办事处	930	175439	109137	108778	33546.3		
朝阳区三间房地区办事处	875	116608	51748	51650	108014.6		
朝阳区管庄地区办事处	1015	115767	62869	62869	162524.1		
朝阳区金盏地区办事处	5000	66703	43746	42602	108254.2		
朝阳区孙河地区办事处	3520	43494	22852	22499	198925.9		
朝阳区崔各庄地区办事处	3174	101701	72611	72580	86926.2		
朝阳区东坝地区办事处	2460	143836	81986	81581	27782.0		
朝阳区黑庄户地区办事处	2450	50082	29911	29525	69883.2		
朝阳区豆各庄地区办事处	1416	28730	9480	9408	48230.8		
朝阳区王四营地区办事处	1930	60020	41670	41609	478669.0		
丰台区卢沟桥地区办事处	5662	84057	54632	52530	97262.9		
丰台区花乡地区办事处	4989	95501	64849	61031	452874.1		
丰台区南苑地区办事处	5679	82906	51997	51637	163113.0		
丰台区长辛店镇	6176	41914	27493	25487	214534.3	108	3235
丰台区王佐镇	6362	44591	21454	19420	60281.8	150	34812
海淀区万柳地区办事处	479	28282	12572	12572	579.0	452	
海淀区东升地区办事处	828	74437	33945	33945	274542.1	96	10422
海淀区温泉地区办事处	3323	48460	26100	25014	122575.9	100	7220
海淀区四季青地区办事处	4083	182938	132398	131063	138580.9	150	10214
海淀区西北旺地区办事处	5102	167949	86975	84366	792912.2	232	20044
海淀区苏家坨地区办事处	8451	49833	24836	21734	169835.7	79	12004
海淀区上庄地区办事处	3845	52397	27270	22771	67914.1	78	18451
门头沟区王平地区办事处	4592	8075	4196	3781	1437.0	17	1749
门头沟区永定地区办事处	6548	51325	25152	24926	909.0	3767	51325
门头沟区龙泉地区办事处	3219	57781	30669	30392	28795.0	120	1280
门头沟区潭柘寺镇	7983	9743	5386	4785	2935.0	81	5788
门头沟区军庄镇	3347	17135	7680	7282	11360.4	238	11470
门头沟区雁翅镇	26320	7989	4124	2602	260.0	20	777
门头沟区斋堂镇	38217	13389	6125	3894	6855.0	103	3497
门头沟区清水镇	33514	9653	5359	3686	13.0	59	2170
门头沟区妙峰山镇	11261	9670	5141	4005	16759.0	30	1624
房山区良乡地区办事处	2590	20997	11702	9639	86751.0	106	2350
房山区周口店地区办事处	11983	38833	15652	13432	65447.0	170	9532
房山区琉璃河地区办事处	10742	59693	38915	27893	131449.0	310	22781
房山区阎村镇	4851	57492	21978	19940	472822.9	171	20618
房山区窦店镇	6534	77783	30580	26742	1938029.0	260	36647
房山区石楼镇	4229	31220	15155	11122	99550.2	344	4352
房山区长阳镇	9133	84075	48318	44141	250445.5	942	35350
房山区河北镇	6787	23291	8912	6860	2970.4	139	8233
房山区长沟镇	3811	28048	17612	13954	13445.4	407	12294

续表 1　　（北京市）　　计算单位：公顷、人、万元

名　　称	行政区域面　积	常住人口	从业人员	二三产业从业人员	工　业总产值	城镇建成区 面 积	城镇建成区常住人口
房山区大石窝镇	9155	36969	22656	16605	19553.1	180	11517
房山区张坊镇	11870	18754	10017	7018	6982.0	130	2851
房山区十渡镇	19206	11018	6104	4038	613.0	66	1862
房山区青龙湖镇	9585	47356	23419	19310	65945.2	10	8730
房山区韩村河镇	10081	39506	19960	14721	13600.0	150	5531
房山区霞云岭乡	20730	8971	5275	2570			
房山区南窖乡	4016	5674	3413	2253	3.0		
房山区佛子庄乡	14870	11814	6715	4183			
房山区大安山乡	6229	9172	4657	2614			
房山区史家营乡	10987	11591	4484	2219			
房山区蒲洼乡	9600	3091	1755	762			
通州区永顺地区办事处	3947	191623	115202	114193	157311.0	3947	191623
通州区梨园地区办事处	2460	147000	55900	55857	59751.0	2455	146410
通州区宋庄镇	11593	125496	71661	64429	805000.0	520	36362
通州区张家湾镇	10543	88178	49295	43492	1176971.0	278	3380
通州区漷县镇	11360	76065	31350	20440	506073.0	320	20798
通州区马驹桥镇	8200	96424	53528	49364	758000.0	205	33806
通州区西集镇	9096	42646	20480	12478	468129.0	330	2740
通州区台湖镇	8130	108937	52763	49659	1534189.0	320	5332
通州区永乐店镇	10500	43162	20897	12450	294178.0	490	8845
通州区潞城镇	7000	85916	45020	41196	818626.0	251	2590
通州区于家务回族乡	6570	26754	14579	11274	309317.0		
顺义区仁和地区办事处	5400	67760	32840	32739	924501.0	182	14000
顺义区后沙峪地区办事处	4260	31198	14694	14517	75953.0	360	7740
顺义区天竺地区办事处	1324	21800	13236	13160	143705.0	760	710
顺义区杨镇地区办事处	9600	67335	42700	30735	633721.0	500	26424
顺义区牛栏山地区办事处	3140	38463	15431	14605	1395500.0	60	19865
顺义区南法信地区办事处	2060	26544	20897	20682	180124.0	108	11922
顺义区马坡地区办事处	3510	29347	14385	13610	730941.0	922	18384
顺义区高丽营镇	6110	41221	25826	23804	321240.0	110	2580
顺义区李桥镇	7500	68225	38945	35877	721261.0	490	4032
顺义区李遂镇	4000	21423	10959	9469	137500.0	216	3566
顺义区南彩镇	5774	57989	35792	34053	678864.5	50	5899
顺义区北务镇	3200	12753	7854	5184	115652.0	106	3400
顺义区大孙各庄镇	7460	26599	12549	8788	92414.0	121	2280
顺义区张镇	5345	24251	11280	9673	74023.0	184	5751
顺义区龙湾屯镇	5660	15545	9284	7444	51800.0	629	3924
顺义区木林镇	8347	33988	16667	12838	25335.0	200	3180
顺义区北小营镇	5580	44529	23204	21167	609883.0	290	10130
顺义区北石槽镇	3250	15458	8016	6927	70858.0	150	1793
顺义区赵全营镇	6445	35396	19299	17455	512000.0	139	3450
昌平区南口地区办事处	20100	67264	31141	28139	647668.4	420	52608
昌平区马池口地区办事处	6167	62807	36759	34404	248648.0	615	8683
昌平区沙河地区办事处	5470	142000	91844	91079	3262823.0	72	6988
昌平区回龙观地区办事处	3066	390000	152951	152670	1167596.5	434	23170
昌平区东小口地区办事处	1730	114000	72772	72653	17275.5	300	2006
昌平区阳坊镇	4058	24000	11195	10015	144125.0	13	10020
昌平区小汤山镇	7018	60181	32892	29856	160570.0	720	19590
昌平区南邵镇	3519	24779	16023	14334	55727.0	220	1550
昌平区崔村镇	6285	18198	10505	8517	114312.0	23	1335

续表 2 （北京市） 计算单位：公顷、人、万元

名　　称	行政区域面　积	常住人口	从业人员	二三产业从业人员	工　业总产值	城镇建成区 面 积	城镇建成区常住人口
昌平区百善镇	3519	23465	13222	11196	71000.0	306	6042
昌平区北七家镇	5665	247795	199300	193220	117257.0	5665	247795
昌平区兴寿镇	7503	30416	15779	11580	45332.0	310	3927
昌平区流村镇	26936	20491	12336	8788	119014.0	6	206
昌平区十三陵镇	15730	28193	18326	11356	2200.0	250	1385
昌平区延寿镇	12760	10777	6530	2544	5247.9	541	1021
大兴区亦庄地区办事处	1818	53845	36615	36577	72236.0	47	3420
大兴区黄村地区办事处	6537	151207	98974	95395	1333855.0	103	9207
大兴区旧宫地区办事处	2940	119170	17111	17111	237161.0	450	7788
大兴区西红门地区办事处	2854	178834	120621	120305	559010.0	345	91341
大兴区瀛海地区办事处	3238	50509	38386	37817	1052682.0	90	6411
大兴区青云店镇	7030	63867	41010	34364	486376.0	800	9197
大兴区采育镇	7155	33903	18648	13794	1047400.0	623	12020
大兴区安定镇	7780	29644	16055	8721	161472.0	120	5249
大兴区礼贤镇	9383	33290	17117	9376	68116.0	233	7290
大兴区榆垡镇	13414	55602	31109	18231	490130.0	371	19620
大兴区庞各庄镇	10940	56517	35103	25082	595905.0	347	14239
大兴区北臧村镇	4740	28178	17585	14677	60664.0	138	5660
大兴区魏善庄镇	8133	45753	28859	21785	203149.0	179	5300
大兴区长子营镇	5971	33772	22551	15015	279887.0	250	4274
怀柔区怀柔地区办事处	5884	59149	29381	27136	157795.0	76	5395
怀柔区雁栖地区办事处	15383	27038	15263	14117	12397.0	168	2089
怀柔区庙城地区办事处	3196	25794	13360	12131	112042.0	270	5767
怀柔区北房镇	5466	24954	12941	10302	284209.0	254	8404
怀柔区杨宋镇	4721	22207	10965	8454	193936.0	310	13972
怀柔区桥梓镇	10878	22043	11387	8864	21779.0	200	3841
怀柔区怀北镇	10480	12768	7299	5637	82185.0	141	1920
怀柔区汤河口镇	22560	9919	4908	2081	232541.0	110	3986
怀柔区渤海镇	15277	15221	7711	3431	5985.0	190	6692
怀柔区九渡河镇	17691	16182	8695	3431	391.0	70	2030
怀柔区琉璃庙镇	20500	6534	3746	1834	204.0	31	954
怀柔区宝山镇	25045	9872	5646	2441	158.0	26	995
怀柔区长哨营满族乡	24140	8058	5009	2410	5488.0		
怀柔区喇叭沟门满族乡	30200	5998	3660	1290			
平谷区渔阳地区办事处	2800	58232	31557	30388	100225.5	333	34845
平谷区峪口地区办事处	6400	26236	16071	12371	87548.5	240	8171
平谷区马坊地区办事处	3700	20899	9926	8197	345039.0	436	11859
平谷区金海湖地区办事处	13400	27902	18992	11061	11765.0	200	5512
平谷区东高村镇	5700	29507	17448	12717	83368.0	219	7764
平谷区山东庄镇	4400	17677	9825	7943	28069.0	200	3990
平谷区南独乐河镇	6900	21483	11529	6052	29360.0	56	4153
平谷区大华山镇	9700	16480	11402	5439	4980.7	100	3400
平谷区夏各庄镇	6100	24511	14180	11936	52878.8	303	7612
平谷区马昌营镇	2800	15010	7489	5375	49086.0	130	3278
平谷区王辛庄镇	6700	28027	15170	10836	22587.3	79	3129
平谷区大兴庄镇	3300	17656	10519	8349	25373.0	45	2911
平谷区刘家店镇	3600	7378	4602	846	4900.0	42	1050
平谷区镇罗营镇	8000	8257	4943	2108	1886.3	120	1091
平谷区黄松峪乡	6100	5068	3729	1424	1683.5		
平谷区熊儿寨乡	3500	3663	2662	1283	195.8		

续表 3　　（北京市、天津市）　　计算单位：公顷、人、万元

名　　称	行政区域面　　积	常住人口	从业人员	二三产业从业人员	工　业总产值	城镇建成区 面 积	城镇建成区常住人口
密云县檀营地区办事处	273	12210	5200	5191	4240.0		
密云县密云镇	1370	17875	9230	7852	100015.0	100	8012
密云县溪翁庄镇	8790	27075	18118	14523	35505.9	200	12986
密云县西田各庄镇	12964	43108	26503	18483	27338.2	26	8639
密云县十里堡镇	3080	29686	18808	16614	89692.0	80	7950
密云县河南寨镇	6670	25094	14663	9421	52737.7	328	7817
密云县巨各庄镇	10780	23846	12980	7650	97268.2	67	4356
密云县穆家峪镇	10200	34874	19543	13563	43561.5	100	4995
密云县太师屯镇	20200	33408	21323	13652	49578.7	244	10950
密云县高岭镇	11144	18234	10482	6007	18105.0	120	2350
密云县不老屯镇	19320	22641	12888	6041	2297.0	3	1950
密云县冯家峪镇	21425	9225	4657	2223	14284.0	10	580
密云县古北口镇	8410	10100	6713	5467	2541.6	60	4463
密云县大城子镇	14400	15157	8389	4584	2611.0	10	1902
密云县东邵渠镇	11000	12627	7275	2936	14937.7	24	2671
密云县北庄镇	8350	9527	5601	3571	7833.1	50	2886
密云县新城子镇	15702	9423	5756	3013	3740.0	50	1233
密云县石城镇	25280	5779	3258	1699	437.3	18	988
延庆县延庆镇	4393	42026	23952	21545	98824.0	4050	28360
延庆县康庄镇	10067	31396	20889	15297	321301.7	360	9150
延庆县八达岭镇	9960	7869	4540	3950	1309.0	251	3515
延庆县永宁镇	14651	25146	14439	10311	3030.2	318	13214
延庆县旧县镇	10758	20659	10933	6180	4657.0	150	5371
延庆县张山营镇	26284	20642	12049	6703	201.0	12	419
延庆县四海镇	11614	6370	3445	1445	2080.0	24	1936
延庆县千家店镇	36345	10503	5079	2982	1450.0	110	2553
延庆县沈家营镇	3102	11685	6630	4331	17277.0	188	750
延庆县大榆树镇	6057	14541	6679	4507	17317.0	47	1220
延庆县井庄镇	12675	10247	7290	3598	8795.0	42	830
延庆县大庄科乡	12634	5095	3101	1335	10.0		
延庆县刘斌堡乡	12202	7285	3968	1871	550.0		
延庆县香营乡	12031	7616	4790	1739	8840.0		
延庆县珍珠泉乡	14347	3255	2045	969	2050.0		
天津市							
西青区中北镇	3976	43220	26085	26085	1862052.0	196	2200
西青区杨柳青镇	6517	133690	50569	45824	1477673.0	1300	112340
西青区辛口镇	6279	50112	20341	10017	748617.0	4	7078
西青区张家窝镇	6271	67311	51647	50931	2729729.0	1111	67311
西青区精武镇	6873	44876	14343	13143	1801652.0	5	9576
西青区大寺镇	8914	98689	48985	47931	1875877.0	100	10378
西青区王稳庄镇	12010	39926	22233	19723	2923837.0	440	26727
津南区咸水沽镇	6039	171940	73720	73544	886400.0	800	137197
津南区葛沽镇	4410	65407	32154	29128	6508276.0	644	49757
津南区小站镇	6380	78998	32673	32150	1200087.0	523	46030
津南区双港镇	3016	36418	15723	15613	869141.0	180	6645
津南区辛庄镇	2848	31359	13528	13498	577475.0	200	10796
津南区双桥河镇	2730	32216	14034	13648	700635.0	210	17940
津南区八里台镇	10600	55050	27261	23077	1731303.0	290	19700
津南区北闸口镇	3814	34991	15434	15354	1297679.0	160	10052
北辰区天穆镇	2700	34508	17547	17470	912962.0	500	12760

续表 4　　（天津市）　　计算单位：公顷、人、万元

名　　称	行政区域面　　积	常住人口	从业人员	二三产业从业人员	工　业总产值	城镇建成区 面 积	城镇建成区常住人口
北辰区北仓镇	3500	28233	11367	10059	1266666.0	160	6656
北辰区双街镇	4073	39698	15785	14688	2630000.0	200	9658
北辰区双口镇	7240	42797	17872	9099	697349.0	400	13564
北辰区青光镇	4400	35647	13001	10446	547270.0	380	11258
北辰区宜兴埠镇	2290	24054	14429	13924	1504227.0	130	2358
北辰区小淀镇	4300	33164	14580	13721	1347280.0	600	15520
北辰区大张庄镇	9815	34746	15494	12736	3213614.0	600	7162
北辰区西堤头镇	8965	38638	15320	10862	1867160.0	500	7158
武清区梅厂镇	7071	37112	19229	13583	440000.0	600	6882
武清区大碱厂镇	3537	19750	11489	7006	121850.0		
武清区崔黄口镇	9000	48964	25361	19028	231200.0	400	8229
武清区大良镇	8120	41972	18685	10119	35000.0	360	6848
武清区下伍旗镇	5000	24476	13669	3113	29934.0	150	3806
武清区南蔡村镇	8000	43717	22707	13651	380000.0	100	4612
武清区大孟庄镇	4658	24145	11599	5686	154000.0	100	2512
武清区泗村店镇	5260	17970	9057	3019	40000.0	400	5008
武清区河西务镇	7000	43001	22788	8146	349197.0	350	16172
武清区城关镇	5600	25586	13986	4232	65350.0	270	6806
武清区东马圈镇	3700	15756	8915	5271	72150.0	350	3217
武清区黄花店镇	4800	24731	13336	3959	29800.0	320	5741
武清区石各庄镇	4500	23194	13958	6336	289328.0	440	8525
武清区王庆坨镇	5200	45129	20135	16838	600000.0	14	30900
武清区汊沽港镇	5856	39577	19617	12399	555000.0	900	22129
武清区河北屯镇	4497	30369	18990	11617	56092.0	100	4497
武清区上马台镇	6708	23929	17951	14438	780000.0	160	15570
武清区大王古庄镇	4808	24621	11970	8726	1152728.0	1000	9184
武清区陈咀镇	6127	31289	15981	9236	60000.0	390	5480
武清区豆张庄镇	6600	22805	12429	6762	138943.0	100	3045
武清区曹子里镇	5600	21481	12854	6157	139200.0	400	1029
武清区大黄堡镇	9600	17161	8668	4030	88490.0	200	1300
武清区高村镇	4152	19912	9927	5294	39700.0	300	2551
武清区白古屯镇	5167	21694	12225	5690	18000.0	200	1375
宝坻区大口屯镇	8800	48746	24160	9827	523100.0	100	7823
宝坻区王卜庄镇	7000	32991	16099	8116	224712.0	600	6331
宝坻区方家庄镇	4600	30013	15784	8064	529356.0	480	3023
宝坻区林亭口镇	10180	30151	14618	5656	402346.0	310	7063
宝坻区八门城镇	10100	26802	16202	11017	27301.0		
宝坻区大钟庄镇	9900	33988	15498	10366	356200.0	200	2555
宝坻区新安镇	5600	31625	25300	15615	182100.0	100	3018
宝坻区霍各庄镇	3800	26503	14624	11592	224083.0	320	3204
宝坻区新开口镇	4050	25515	14513	10294	605394.0	400	5426
宝坻区大唐庄镇	6000	12935	8595	1013	14316.0	300	2448
宝坻区牛道口镇	6900	47937	20742	8364	272300.0	100	2342
宝坻区史各庄镇	3900	25974	10323	7092	208145.0	200	1366
宝坻区郝各庄镇	4500	18915	9946	5225	128112.0	100	422
宝坻区牛家牌镇	6200	16933	7043	3182	127206.0	200	1366
宝坻区尔王庄镇	7500	13030	8200	3922	12453.0	100	1322
宝坻区黄庄镇	10240	11227	5141	1439	61256.0	100	3615
滨海新区新城镇	3200	28270	12840	11725	232067.0	30	9856
滨海新区杨家泊镇	6017	17346	9454	2482	199500.0	54	3372

续表 5　　（天津市）　　计算单位：公顷、人、万元

名　　称	行政区域面　积	常住人口	从业人员	二三产业从业人员	工　业总产值	城镇建成区 面 积	城镇建成区常住人口
滨海新区太平镇	17493	33844	16630	8826	249894.0	310	20106
滨海新区小王庄镇	10555	23183	11776	7196	173592.0	631	2900
滨海新区中塘镇	8900	45068	24559	18003	945415.0	200	11025
宁河区芦台镇	6286	115121	62705	60451	1009122.0	100	4427
宁河区宁河镇	8319	21980	9008	3406	232000.0	97	620
宁河区苗庄镇	6230	16640	8401	3563	25123.0	172	790
宁河区丰台镇	8562	22745	8560	2306	558619.0	63	1868
宁河区岳龙镇	6568	13288	6452	737	598554.0	100	2111
宁河区板桥镇	4709	9151	4597	1459	243800.0	60	1105
宁河区潘庄镇	11415	27137	10749	5729	742369.0	298	6182
宁河区造甲城镇	10506	26918	6545	3732	920000.0	500	8960
宁河区七里海镇	5934	26781	12753	7691	911280.0	800	4430
宁河区大北涧沽镇	2548	14038	5580	5147	880000.0	85	2017
宁河区东棘坨镇	16410	28283	13863	2017	312020.0	200	411
宁河区北淮淀乡	6570	20683	9833	5065	92690.0		
宁河区俵口乡	4571	19503	6431	3180	116002.0		
宁河区廉庄子乡	4552	16703	6661	3394	251050.0		
静海区静海镇	8027	197800	97550	93386	1309162.0	1300	112270
静海区唐官屯镇	11310	40727	15261	7275	349411.0	436	13182
静海区独流镇	6440	36570	17144	10409	360525.0	430	20159
静海区王口镇	7724	34426	11634	5376	260000.0	320	18036
静海区台头镇	5660	24642	8599	4327	80150.0	200	1776
静海区子牙镇	7416	37058	16431	8747	199354.0	200	12846
静海区陈官屯镇	9250	30087	12474	6077	279000.0	500	5951
静海区中旺镇	11840	32158	12405	5811	433002.0	230	5516
静海区大邱庄镇	11900	105840	65242	62219	10500260.0	421	41902
静海区蔡公庄镇	6530	19986	7881	4189	540004.0	100	4008
静海区梁头镇	8486	23203	9556	6283	277236.0	136	4547
静海区团泊镇	2860	11973	4834	4360	211138.0	2860	11973
静海区双塘镇	4410	13906	6119	3937	509760.0	100	5103
静海区大丰堆镇	5570	15373	6291	4719	178333.0	150	4055
静海区沿庄镇	9870	35807	20139	12578	191762.0	200	4325
静海区西翟庄镇	5590	13539	4968	2683	270151.0	180	2079
静海区良王庄乡	5330	19701	6831	2866	99100.0		
静海区杨成庄乡	6751	26487	11689	8691	175500.0		
蓟县渔阳镇	7717	38914	21226	18713	160745.0	700	16680
蓟县洇溜镇	2828	24293	10074	6001	51081.0	100	1237
蓟县官庄镇	8422	31250	14408	9810	155000.0	200	3352
蓟县马伸桥镇	4350	36046	14923	11490	212400.0	460	7156
蓟县下营镇	14364	20334	9144	4877	54000.0	100	5064
蓟县邦均镇	3473	28742	15230	5252	120000.0	310	19410
蓟县别山镇	8218	43028	22512	19452	628900.0	100	2520
蓟县尤古庄镇	4997	25859	13765	5896	165780.0	150	4627
蓟县上仓镇	4695	32223	14843	7801	133400.0	300	4392
蓟县下仓镇	8529	43926	22278	11652	196000.0	200	5899
蓟县罗庄子镇	9631	12415	6841	3737	43753.0	100	1103
蓟县白涧镇	4331	21143	9712	6867	35829.0	200	5001
蓟县五百户镇	4312	27300	12243	7168	1107.0	100	
蓟县侯家营镇	5558	38337	20581	8759	140700.0	300	7499
蓟县桑梓镇	6876	39154	17298	9421	176300.0	300	6151

续表 6　　（天津市、河北省）　　计算单位：公顷、人、万元

名　　称	行政区域面　　积	常住人口	从业人员	二三产业从业人员	工　业总产值	城镇建成区　面　积	城镇建成区常住人口
蓟县东施古镇	2736	16172	6421	4041	128000.0	200	1218
蓟县下窝头镇	4479	29070	14571	10046	111530.0	60	1752
蓟县杨津庄镇	7103	37254	15154	10291	59010.0	100	3665
蓟县出头岭镇	3490	36157	16642	6640	71630.0	100	1541
蓟县西龙虎峪镇	4365	25827	12271	7153	15000.0	20	3460
蓟县穿芳峪镇	5400	15879	7784	5079	264750.0	40	2145
蓟县东二营镇	2833	18525	10388	5974	21503.0	119	3224
蓟县许家台镇	4205	12335	7167	6967	15300.0	100	3435
蓟县礼明庄镇	3617	24303	11593	6846	44100.0	80	1040
蓟县东赵各庄镇	2943	21682	10690	6772	34000.0	10	573
蓟县孙各庄乡	2548	6825	3665	1426	2870.0		
河北省							
石家庄市长安区西兆通镇	3000	43558	3907	3907	50538.0	7	7610
石家庄市长安区南村镇	3000	39841	5328	5048	31060.0	6	5985
石家庄市长安区高营镇	1600	29327	7546	5550	57140.0	7	8921
石家庄市长安区桃园镇	1836	34693	8676	8676	25180.0	1836	34693
石家庄市新华区大郭镇	1847	30314	21141	19641	48630.0		
石家庄市新华区赵陵铺镇	830	70995	9221	8621	64379.0	200	62397
石家庄市新华区西三庄乡	1450	31639	5818	5697	15330.0		
石家庄市新华区杜北乡	2499	25350	12946	11066	266000.0		
井陉矿区贾庄镇	3441	23964	8875	8119	579141.0	1053	8600
井陉矿区凤山镇	1913	14732	4841	3285	255395.0	59	2126
井陉矿区横涧乡	1511	14431	5391	3951	219036.0		
裕华区方村镇	1600	35558	15235	11410	76685.0		
藁城区廉州镇	8636	75399	39878	35082	2068107.0	347	18008
藁城区兴安镇	6705	53326	24655	20012	121178.0	1076	9930
藁城区贾市庄镇	5486	52292	25239	19424	481001.0	852	10713
藁城区南营镇	5256	47223	23823	20390	326480.0	798	9929
藁城区梅花镇	7445	63825	35842	29030	1245211.0	568	5563
藁城区岗上镇	4647	36638	19744	15744	599006.0	230	2350
藁城区南董镇	4875	45471	25785	22283	249375.0	401	3421
藁城区张家庄镇	4740	58922	40291	34191	1271654.0	525	6570
藁城区南孟镇	3974	49562	26065	23013	776352.0	283	3868
藁城区增村镇	5637	65051	30256	23359	112546.0	495	5008
藁城区常安镇	6638	57986	33687	29985	1002231.0	295	5034
藁城区西关镇	4982	40087	26937	22587	121943.0	420	5914
藁城区九门回族乡	4660	46818	23255	17826	836885.0		
鹿泉区获鹿镇	4952	66620	17555	13412	779165.0	2976	22657
鹿泉区铜冶镇	7270	76201	28080	18051	1192664.0	360	13789
鹿泉区寺家庄镇	3984	41894	23567	20032	1170835.0	1434	15724
鹿泉区上庄镇	4872	50800	19379	11098	563082.0	300	27500
鹿泉区李村镇	6500	37042	14362	7002	473135.0	600	4745
鹿泉区宜安镇	6997	30598	17668	11127	66351.0	118	4115
鹿泉区黄壁庄镇	3300	18043	10071	3475	31262.0	35	793
鹿泉区大河镇	6397	44894	20309	7689	875173.0	117	8074
鹿泉区山尹村镇	2355	21033	5047	3574	681542.0	737	12978
鹿泉区石井乡	4552	13051	7385	5525	64485.0		
鹿泉区白鹿泉乡	4325	9635	5546	3552	2200.0		
鹿泉区上寨乡	3170	9831	5903	2832	25016.0		
栾城区栾城镇	5172	88853	26841	20481	1249449.0	2503	64480

续表 7　　　　（河北省）　　　　计算单位：公顷、人、万元

名　　称	行政区域面积	常住人口	从业人员	二三产业从业人员	工业总产值	城镇建成区面积	城镇建成区常住人口
栾城区冶河镇	4327	50146	25548	19619	537986.0	754	24764
栾城区窦妪镇	5783	52447	26746	19817	840226.0	647	16995
栾城区楼底镇	3042	48028	27918	20499	780052.0	1088	42436
栾城区南高乡	3675	25928	18948	14691	435004.0		
栾城区柳林屯乡	4816	41614	20379	15400	458819.0		
栾城区西营乡	5746	42843	26379	18433	160060.0		
井陉县微水镇	9945	63480	20069	16881	194728.0	2100	59480
井陉县上安镇	5766	22799	11057	7443	525389.0	109	3902
井陉县天长镇	9983	38915	18685	6293	76543.0	70	7976
井陉县秀林镇	5728	26623	13300	7690	65811.0	370	17218
井陉县南峪镇	8049	13711	6790	4750	54400.0	167	4050
井陉县威州镇	7781	27258	13299	8419	110516.0	140	8098
井陉县小作镇	7579	18524	9685	6375	234531.0	30	8468
井陉县南障城镇	10302	10930	6908	3738	13874.0	40	2661
井陉县苍岩山镇	11964	8630	5755	3613	375.0	90	679
井陉县测鱼镇	16793	14613	6520	2903	10680.0	225	3620
井陉县吴家窑乡	4760	12698	6480	3249	85659.0		
井陉县北正乡	1840	9574	4748	3333	101726.0		
井陉县于家乡	3433	6995	3250	2042	119905.0		
井陉县孙庄乡	5303	15787	8469	3685	17900.0		
井陉县南陉乡	4623	7587	4230	2130	2958.0		
井陉县辛庄乡	16292	9264	5376	2205	48604.0		
井陉县南王庄乡	7880	10077	4042	1613	566.0		
正定县正定镇	8447	74193	36589	26993	1664915.0	815	19996
正定县新城铺镇	3600	36547	19021	13315	405579.0	620	10254
正定县新安镇	4100	39648	22623	16475	831259.3	457	5466
正定县南牛乡	4000	48708	25372	17303	413259.0		
正定县南楼乡	8500	50638	31650	21790	39612.0		
正定县西平乐乡	2300	19870	15590	11631	173650.0		
正定县北早现乡	4100	42969	21235	14063	422868.0		
正定县曲阳桥乡	6400	51143	25861	17389	450930.0		
行唐县龙州镇	4243	93737	23448	16546	263030.0	2000	84560
行唐县南桥镇	6126	28965	17022	9232	64250.0	355	11760
行唐县上碑镇	2542	16634	10330	6845	44096.2	40	8003
行唐县口头镇	14631	23936	16447	12424	89181.0	110	4317
行唐县独羊岗乡	6111	38253	25937	20449	163887.0		
行唐县安香乡	4287	26455	18406	12131	345380.0		
行唐县只里乡	6251	39704	24955	18610	540400.0		
行唐县市同乡	2814	22312	14838	11354	334500.0		
行唐县翟营乡	7154	30767	23344	14168	123000.0		
行唐县城寨乡	5986	19117	10346	7253	66731.0		
行唐县上方乡	4909	23436	18304	12086	133874.0		
行唐县玉亭乡	6217	19662	14397	10425	10660.0		
行唐县北河乡	4217	6090	4182	1868	8399.0		
行唐县上闫庄乡	5847	5260	4044	2462	52720.0		
行唐县九口子乡	13122	14205	9906	4742	61621.0		
灵寿县灵寿镇	4805	62212	7087	3210	219234.0	1075	50420
灵寿县青同镇	6235	28097	9609	2019	90490.0	49	10174
灵寿县塔上镇	4398	11826	4469	993	21500.0	24	1929
灵寿县陈庄镇	16073	21708	8203	1461	8137.0	108	9058

续表 8　　（河北省）　　计算单位：公顷、人、万元

名　　称	行政区域面　积	常住人口	从业人员	二三产业从业人员	工　业总产值	城镇建成区 面 积	城镇建成区常住人口
灵寿县慈峪镇	9275	33113	10632	1770	52150.0	122	11337
灵寿县岔头镇	9382	18597	7899	1799	58147.0	36	2850
灵寿县三圣院乡	3113	33545	5931	2994	285600.0		
灵寿县北洼乡	3133	22924	10951	3051	72050.0		
灵寿县牛城乡	4654	25333	8452	1793	59013.0		
灵寿县狗台乡	4839	24255	6498	2378	78319.0		
灵寿县南寨乡	2569	16888	4894	1572	70089.0		
灵寿县南燕川乡	6919	13193	4046	836	43097.0		
灵寿县北谭庄乡	3790	10556	3218	1002	73800.0		
灵寿县寨头乡	10785	11930	5444	656	64200.0		
灵寿县南营乡	16650	8403	5388	608	152.0		
高邑县高邑镇	3780	55315	18402	10590	524185.0	832	12456
高邑县大营镇	4620	31723	17865	10183	301273.0	150	2490
高邑县富村镇	5450	38285	25050	11880	412930.0	75	3708
高邑县中韩乡	3380	25012	18717	9868	21800.0		
高邑县万城乡	4970	41364	29760	17565	460133.0		
深泽县深泽镇	2814	48905	14235	11120	840978.0	751	47216
深泽县铁杆镇	7324	46475	23917	15713	192036.0	85	2225
深泽县赵八镇	3598	29589	19224	13423	429075.0	45	2245
深泽县白庄乡	5770	51210	25580	13800	143943.0		
深泽县留村乡	3831	34226	19100	11150	44726.0		
深泽县桥头乡	6263	46475	26456	15595	739313.0		
赞皇县赞皇镇	6324	68543	19291	11522	623741.0	600	62847
赞皇县院头镇	10402	22504	12801	7911	374989.0	105	3894
赞皇县西龙门乡	4486	24462	13443	8455	195338.0		
赞皇县南邢郭乡	5085	24855	11470	7084	406884.0		
赞皇县南清河乡	4741	20290	13319	8373	89555.0		
赞皇县西阳泽乡	7405	24958	14314	9228	9789.0		
赞皇县土门乡	4891	13073	9746	6128	79112.0		
赞皇县黄北坪乡	9228	12834	8019	5041	1326.0		
赞皇县嶂石岩乡	9256	6343	4022	2536			
赞皇县许亭乡	14610	19772	11948	7519	211180.0		
赞皇县张楞乡	5555	14967	9258	5820	13889.0		
无极县无极镇	5700	81945	25678	13662	443912.0	410	45580
无极县七汲镇	5400	43892	22744	11979	22251.0	171	2974
无极县张段固镇	5100	44387	22556	12093	841195.0	290	4737
无极县北苏镇	5400	58433	29965	16173	188140.0	630	6492
无极县郭庄镇	4300	44235	22845	12324	61294.0	360	5517
无极县大陈镇	4200	33181	17077	9086	10975.0	330	4341
无极县高头回族乡	3200	36125	18602	9991	22690.0		
无极县郝庄乡	5500	54034	26590	14101	755169.0		
无极县东侯坊乡	5600	51764	27296	15071	290845.0		
无极县里城道乡	4400	44271	22642	11909	45230.0		
无极县南流乡	3000	26513	13709	7258	7889.0		
平山县平山镇	19988	117392	51611	22264	541214.0	2174	101630
平山县东回舍镇	7835	35130	19721	8401	123482.0	226	18600
平山县温塘镇	9820	22229	10991	6673	44926.0	200	5879
平山县南甸镇	6346	23879	9939	5923	3337987.0	158	12400
平山县岗南镇	9642	29118	14668	5128	940.0	176	5382
平山县古月镇	13135	16293	10989	3564	85.0	71	4256

续表 9　　（河北省）　　计算单位：公顷、人、万元

名　　称	行政区域面　积	常住人口	从业人员	二三产业从业人员	工　业总产值	城镇建成区 面 积	城镇建成区常住人口
平山县下槐镇	13775	15976	11207	2468	100.0	16	1632
平山县孟家庄镇	10827	4947	4031	1705	20.0	13	767
平山县小觉镇	17987	17096	10375	4349	691.0	38	1095
平山县蛟潭庄镇	14943	5603	4880	669	168.0	24	1370
平山县西柏坡镇	2523	6554	4341	1428	35.0	31	1937
平山县下口镇	12075	8131	4830	3220	9001.0	19	3305
平山县西大吾乡	3919	20588	12935	1546			
平山县上三汲乡	4258	20671	13696	3733	72.0		
平山县两河乡	4070	19940	9594	2712	275.0		
平山县东王坡乡	12849	21485	10434	929			
平山县苏家庄乡	5874	7533	4598	2466	139.0		
平山县宅北乡	10122	12005	8759	5812	4628.0		
平山县北冶乡	20857	16700	10926	1378	42.0		
平山县上观音堂乡	11119	4500	2302	455	68.0		
平山县杨家桥乡	13497	8560	5817	1492	236.0		
平山县营里乡	23469	9851	4435	1629	7.0		
平山县合河口乡	15870	4000	2801	176	33.0		
元氏县槐阳镇	5257	73341	31549	13472	1913468.0	1180	15873
元氏县殷村镇	3928	31931	21018	5997	24400.0	240	7433
元氏县南佐镇	4039	17416	10808	7145	29171.0	120	7629
元氏县宋曹镇	3674	35260	20721	7745	92886.0	81	4968
元氏县南因镇	4063	37448	24507	13914	460617.0	125	7940
元氏县姬村镇	4351	28416	17886	10787	162195.0	106	3909
元氏县北褚镇	5124	23893	14952	4054	58559.0	67	1890
元氏县马村镇	4254	35993	24160	8450	334383.0		
元氏县东张乡	4536	40790	21603	7902	460659.0		
元氏县赵同乡	3833	29205	16694	5650	40515.0		
元氏县苏村乡	3656	15885	6549	2088	164.0		
元氏县苏阳乡	4803	25036	11980	4272	163694.0		
元氏县北正乡	5766	13979	7438	1905	1.0		
元氏县前仙乡	4381	10065	5395	1878	146.0		
元氏县黑水河乡	5835	14742	7063	2404	413.0		
赵县赵州镇	7827	120897	36888	23852	3541284.0	1617	57928
赵县范庄镇	8968	74867	41505	29427	325292.0	123	7089
赵县北王里镇	6209	46945	24696	15083	430625.0	57	5040
赵县新寨店镇	4721	32298	17021	9590	2158080.0	47	3186
赵县韩村镇	6442	51099	27516	17484	267639.0	64	6145
赵县南柏舍镇	5825	41653	21863	16077	815170.0	56	3870
赵县沙河店镇	4677	35934	19324	13736	19675.0	64	6024
赵县前大章乡	5946	44132	25084	16034	100461.0		
赵县谢庄乡	7671	72148	43014	27638	101759.0		
赵县高村乡	5718	41352	16893	8761	167542.0		
赵县王西章乡	3395	29758	16875	10854	373276.0		
石家庄高新技术产业开发区宋营镇	2945	68243	23417	20967	27800.0	525	9200
石家庄高新技术产业开发区郄马镇	2503	31343	19157	12107	31468.0	180	12291
石家庄循环化工园区丘头镇	5421	50173	23395	19345	3210865.0	623	7205
晋州市晋州镇	8896	132538	42516	30427	1540263.0	1003	41562
晋州市总十庄镇	6448	53936	26047	15415	439612.0	2060	34456
晋州市营里镇	4625	32214	17783	11981	612671.0	1115	4412
晋州市桃园镇	7691	58020	26877	16755	382950.0	260	2610

续表 10 （河北省） 计算单位：公顷、人、万元

名　　称	行政区域面　积	常住人口	从业人员	二三产业从业人员	工　业总产值	城镇建成区 面 积	城镇建成区常住人口
晋州市东卓宿镇	5404	47267	22837	15858	384159.0	760	3656
晋州市马于镇	5987	42490	21452	12558	492800.0	380	3216
晋州市小樵镇	6372	61236	31661	23321	358110.0	380	9115
晋州市槐树镇	6960	56333	34802	24929	1182176.0	255	9872
晋州市东里庄镇	5753	50890	30125	18435	610000.0	110	3955
晋州市周家庄乡	1609	17783	6353	4929	39820.0		
新乐市化皮镇	2671	23530	17237	11027	14320.0	300	4394
新乐市承安镇	7932	76597	31644	24244	755837.0	250	5360
新乐市正莫镇	3990	23926	13212	9786	391501.0	90	5588
新乐市南大岳镇	2069	21940	11284	7494	187072.0	44	3927
新乐市杜固镇	3152	31925	15776	11857	167585.0	75	4673
新乐市邯邰镇	8356	81286	28514	24298	314300.0	213	14526
新乐市东王镇	3829	31555	15330	11240	16333.0	51	3024
新乐市马头铺镇	4543	46243	23296	18946	529000.0	141	2489
新乐市协神乡	4719	42545	27206	21808	399322.0		
新乐市木村乡	2835	22390	11106	9401	501896.0		
新乐市彭家庄回族乡	2969	22347	11004	8904	291250.0		
路南区稻地镇	5008	29410	15050	9650	640000.0	180	13001
路南区女织寨乡	3200	32720	15846	12293	273454.0		
路北区韩城镇	5560	54678	22126	9382	154362.0	812	19397
路北区果园乡	4000	63142	34594	19764	84529.0		
古冶区范各庄镇	6380	59493	28376	24840	1340406.0	1210	26198
古冶区卑家店镇	5767	32836	16107	7579	370125.0	1018	7439
古冶区王辇庄乡	5914	25220	18674	10512	123120.0		
古冶区习家套乡	1875	14543	6340	3884	52300.0		
古冶区大庄坨乡	1745	17627	5625	1075	566023.0		
开平区开平镇	6110	55218	22835	17211	568329.0	121	1220
开平区栗园镇	3370	29709	16047	10935	102113.0	774	5920
开平区郑庄子镇	2264	19921	9416	8526	621690.0	98	5803
开平区双桥镇	3170	16377	6071	3260	41707.0	708	3472
开平区洼里镇	3200	21000	11129	8237	151976.0	7	1009
开平区越河镇	5640	36942	18037	11134	287514.0	326	4056
丰南区小集镇	7733	36456	18960	10113	4318278.0	405	7420
丰南区黄各庄镇	6856	49673	27904	23997	1117040.0	350	26542
丰南区西葛镇	4810	25018	13296	11800	589660.0	281	14935
丰南区大新庄镇	13200	56020	31964	12386	193258.0	156	5567
丰南区钱营镇	11467	39570	20359	12358	1153866.0	350	16437
丰南区唐坊镇	4871	17387	9255	5203	359493.0	62	6953
丰南区王兰庄镇	8650	39444	24832	20597	137685.0	140	8187
丰南区柳树鄌镇	10906	29204	16620	9260	37972.0	115	6544
丰南区黑沿子镇	10729	22310	11545	5935	109500.0	341	12190
丰南区丰南镇	7417	78748	25564	21984	5437891.0	5136	53069
丰南区大齐各庄镇	3986	13460	6531	4932	594136.0	699	3424
丰南区岔河镇	4229	27002	14100	7600	91728.0	180	4268
丰南区南孙庄乡	9418	22530	14220	5815	88765.0		
丰南区东田庄乡	7288	15052	12875	4625	139627.0		
丰南区尖字沽乡	4565	15825	9230	4755	38933.0		
丰润区丰润镇	9520	78020	41933	21376	1517294.0	1220	20974
丰润区任各庄镇	4986	27932	17754	11673	318000.0	64	3802
丰润区左家坞镇	8370	36032	32865	9856	66300.0	224	2304

续表 11　　　　（河北省）　　　　计算单位：公顷、人、万元

名　　称	行政区域面积	常住人口	从业人员	二三产业从业人员	工业总产值	城镇建成区面积	城镇建成区常住人口
丰润区泉河头镇	5380	26612	16207	7027	43132.0	395	1572
丰润区王官营镇	9710	40912	25077	8047	81400.0	140	8356
丰润区火石营镇	13080	30239	24310	3960	18200.0	1183	5778
丰润区新军屯镇	4970	39306	21594	10902	951200.0	175	7762
丰润区小张各庄镇	2230	16180	9025	1423	815457.0	77	3259
丰润区丰登坞镇	6817	41724	16634	5348	385600.0	129	14805
丰润区李钊庄镇	6370	24242	14184	5175	994100.0	22	3515
丰润区白官屯镇	6600	45900	42520	11602	631400.0	895	9050
丰润区石各庄镇	4510	24168	11500	4431	467132.0	392	2783
丰润区沙流河镇	5630	36446	23350	13640	170541.0	1739	14449
丰润区七树庄镇	2670	19021	9762	6282	344479.0	460	2760
丰润区杨官林镇	4810	28405	14439	6495	92800.0	18	2803
丰润区银城铺镇	5100	32619	18918	12456	1791806.0		
丰润区常庄镇	2900	20633	11091	7716	417899.0	405	5332
丰润区姜家营乡	2977	15452	8122	5511	35200.0		
丰润区欢喜庄乡	3600	15583	12270	5356	429360.0		
丰润区刘家营乡	2700	14091	8811	3990	208947.0		
曹妃甸区唐海镇	5617	65164	11291	5856	33529.0	1540	42544
曹妃甸区滨海镇	12400	25102	10219	6114	24128.0	67	4674
曹妃甸区柳赞镇	5490	13501	7229	3771	43691.0	182	8461
滦县滦州镇	8907	56936	33117	20304	3106852.0	1622	51052
滦县响堂镇	6574	40019	19063	13531	48114.0	280	25520
滦县东安各庄镇	11673	57652	40646	24927	248622.0	203	8242
滦县雷庄镇	7743	35690	17032	9176	378452.0	89	5190
滦县茨榆坨镇	6125	24738	14932	8952	83810.0	200	11971
滦县榛子镇	9588	56411	31490	17454	1911637.0	307	25687
滦县杨柳庄镇	8299	23312	12595	7755	88628.1	66	2791
滦县油榨镇	8194	43449	23139	14032	104312.3	78	5724
滦县古马镇	6965	31242	19862	10378	3762.0	78	4134
滦县小马庄镇	8562	35448	23044	13690	3450.0	35	1176
滦县九百户镇	8036	33173	18185	12671	751250.0	50	4550
滦县王店子镇	5912	25731	17250	9518	12234.0	34	1459
滦南县倴城镇	9631	68972	29677	14231	647892.0	5000	50866
滦南县宋道口镇	8744	46335	28217	10073	118000.0	2700	16272
滦南县长凝镇	5368	30190	19809	9448	162500.0	1500	9703
滦南县胡各庄镇	6752	33099	18708	11402	19562.0	2100	11638
滦南县坨里镇	3756	15552	10074	3317	1008.1	1200	5200
滦南县姚王庄镇	2659	15729	9585	1387	795.0	600	4510
滦南县司各庄镇	11947	39592	27036	9901	12481.0	1500	6269
滦南县安各庄镇	6985	22666	14211	3348	458105.0	1100	4537
滦南县扒齿港镇	11601	35536	24300	6028	42860.0	2300	8607
滦南县程庄镇	9193	45315	30642	8773	8831.0	1800	11191
滦南县青坨营镇	8694	26482	13612	2805	8550.0	1100	3611
滦南县柏各庄镇	9670	45605	23762	9732	39876.0	3500	16714
滦南县南堡镇	2614	14763	8302	1915	16010.0	2600	7848
滦南县方各庄镇	5342	28137	18041	7874	24105.0	1300	7368
滦南县东黄坨镇	5250	15556	8815	4387	1050.0	1600	4909
滦南县马城镇	3066	16249	11086	7488	9521.0	800	5481
乐亭县乐亭镇	8129	39200	26449	15550	45000.0		
乐亭县汤家河镇	9548	23641	14378	9099	36339.0	75	5235

续表 12　（河北省）　计算单位：公顷、人、万元

名　称	行政区域面　积	常住人口	从业人员	二三产业从业人员	工　业总产值	城镇建成区 面 积	城镇建成区常住人口
乐亭县胡家坨镇	5100	19273	12177	4186	21776.0	72	6810
乐亭县闫各庄镇	6820	31467	21506	11710	13330.0	154	7000
乐亭县马头营镇	8605	20835	13058	8592	10985.0	73	5485
乐亭县新寨镇	3969	22662	15117	7812	23065.2	180	9507
乐亭县汀流河镇	6714	23938	15413	7644	702425.0	132	8718
乐亭县姜各庄镇	21132	42480	28645	15234	76121.0	186	8300
乐亭县毛庄镇	8600	28700	18436	10367	42930.0	53	1196
乐亭县中堡镇	8640	28396	19261	10385	18800.0	36	3660
乐亭县庞各庄乡	3700	16056	13111	6080	21000.0		
乐亭县大相各庄乡	3897	16743	13404	6365	59611.0		
乐亭县古河乡	6200	16701	10793	6239	524599.0		
迁西县兴城镇	12700	51227	28571	19120	119764.0	5200	44084
迁西县金厂峪镇	8600	16699	9413	5114	103392.0	1088	7992
迁西县洒河桥镇	7900	18596	10932	7111	131198.0	1766	12313
迁西县太平寨镇	11200	34826	18306	9594	133070.0	1965	11840
迁西县罗家屯镇	6900	24437	13743	8046	10996.0	1866	11960
迁西县东荒峪镇	7000	14457	8087	4176	53637.0	900	4441
迁西县新集镇	9700	26941	14205	8992	130108.0	1450	11746
迁西县三屯营镇	11100	29436	15030	8974	2395800.0	1833	18997
迁西县滦阳镇	10400	19276	10779	6256	77543.0	985	7093
迁西县白庙子乡	6500	17527	9417	6309	43685.0		
迁西县上营乡	8600	11950	6231	3502	42973.0		
迁西县汉儿庄乡	11400	21621	11737	5428	71448.0		
迁西县渔户寨乡	5800	10815	6040	3171	11000.0		
迁西县旧城乡	4800	9757	5472	2741	46495.0		
迁西县尹庄乡	7500	18669	9773	5415	57231.0		
迁西县东莲花院乡	6000	11638	6732	2802	973.0		
迁西县新庄子乡	6200	12204	6298	2811	10854.0		
玉田县玉田镇	7913	68300	27181	21181	1457689.0	913	46331
玉田县亮甲店镇	7500	33102	23004	16822	434522.0	89	4212
玉田县鸦鸿桥镇	6300	65391	36812	31348	242435.0	520	29100
玉田县窝洛沽镇	7700	50942	25303	19525	463228.0	260	14940
玉田县石臼窝镇	11300	31556	23150	16592	129712.0	66	3286
玉田县虹桥镇	5500	29750	18253	13988	302271.0	118	8057
玉田县散水头镇	5100	26392	17538	14093	119468.0	80	4190
玉田县林南仓镇	2900	24000	11884	9070	238936.0	167	8806
玉田县林西镇	6400	29410	17519	13636	173495.0	114	4871
玉田县杨家板桥镇	5600	27840	15351	11384	16393.0	123	3004
玉田县彩亭桥镇	2800	17225	12609	10506	176804.0	112	3350
玉田县孤树镇	4400	23374	14946	11205	290960.0	65	3556
玉田县大安镇镇	5700	28450	16973	13343	39228.0	145	3972
玉田县唐自头镇	5700	19549	11566	8475	16126.0	85	2906
玉田县郭家屯镇	8300	31600	20041	15289	263338.0	52	4893
玉田县杨家套镇	4800	26572	16332	10412	309336.0	116	2506
玉田县林头屯乡	3800	21737	12407	8570	19248.0		
玉田县潮洛窝乡	6000	21420	14744	9284	34498.0		
玉田县陈家铺乡	3700	14349	10586	8008	148276.0		
玉田县郭家桥乡	4000	16184	9825	6989	9348.0		
唐山市芦台经济技术开发区芦台开发区海北镇	8613	27396	19413	9894	374809.0	258	1093
唐山市汉沽管理区汉沽管理区汉丰镇	8950	24355	14017	6606	18250.0	181	7550

续表 13　　(河北省)　　计算单位：公顷、人、万元

名　　称	行政区域面　　积	常住人口	从业人员	二三产业从业人员	工　业总产值	城镇建成区 面 积	城镇建成区常住人口
唐山高新技术产业开发区老庄子镇	3817	28089	21331	7810	52160.0	318	4620
河北唐山海港经济开发区王滩镇	18415	49983	30234	18918	47439.0	71	19967
遵化市遵化镇	3132	48666	18446	15902	1001491.0	2687	46121
遵化市堡子店镇	6750	37154	18761	11459	169565.0	416	16290
遵化市马兰峪镇	5205	24323	9264	5875	235685.0	22	10395
遵化市平安城镇	9570	50080	25365	17346	78145.0	120	5958
遵化市东新庄镇	6310	33541	19130	13780	320097.0	781	8270
遵化市新店子镇	9497	46459	21380	10356	198818.0	160	2402
遵化市党峪镇	8154	28059	15671	11871	474959.0	180	4405
遵化市地北头镇	6358	20189	11949	7537	32690.0	135	2679
遵化市东旧寨镇	7552	23476	10842	3952	95927.0	10	5223
遵化市铁厂镇	7613	17520	10338	6666	1200.0	87	7407
遵化市苏家洼镇	6126	29696	14953	10113	427030.0	90	9001
遵化市建明镇	7240	30897	15625	9062	969630.0	120	16523
遵化市石门镇	7267	31020	18099	13369	133870.0	760	12355
遵化市西留村乡	2922	25762	9110	6421	239185.0		
遵化市崔家庄乡	2950	19441	13095	9245	371066.0		
遵化市兴旺寨乡	6450	23402	9182	5832	445866.0		
遵化市西下营满族乡	3396	11857	4579	1685	113843.0		
遵化市汤泉满族乡	2432	9164	3742	2244	27634.0		
遵化市东陵满族乡	7021	22783	9858	8089	7854.0		
遵化市刘备寨乡	6053	22834	15508	11398	5960.0		
遵化市团瓢庄乡	4439	25531	19533	14754	30235.0		
遵化市娘娘庄乡	7409	22791	10225	6144	124442.0		
遵化市西三里乡	2303	17266	8077	6361	32160.0		
遵化市侯家寨乡	5853	14944	5845	3825	34627.0		
遵化市小厂乡	9286	17093	11042	4489	194541.0		
迁安市迁安镇	12814	297369	54988	47283	800160.0	3806	228612
迁安市夏官营镇	7181	28319	17229	14228	251233.0	502	12298
迁安市杨各庄镇	7601	32410	20035	15949	58208.0	283	2934
迁安市建昌营镇	8992	40159	27852	19365	78768.0	1000	24568
迁安市赵店子镇	3943	18412	10772	8428	1214856.0	350	3296
迁安市野鸡坨镇	7527	32483	18159	15652	552648.0	720	16560
迁安市大崔庄镇	6612	21962	11959	9002	89968.0	93	2436
迁安市杨店子镇	9421	53032	28834	23151	290809.0	889	36994
迁安市蔡园镇	5571	25446	13652	11217	2177995.0	1140	19903
迁安市马兰庄镇	4916	21229	8530	7803	2084280.0	1183	15841
迁安市沙河驿镇	4077	26746	16466	15277	1230917.0	703	9672
迁安市木厂口镇	5879	15538	11171	9669	1209707.0	400	7588
迁安市扣庄乡	7126	36787	20983	17728	234098.0		
迁安市彭店子乡	4055	17885	11712	9561	307726.0		
迁安市上射雁庄乡	4434	20536	12272	6500	101520.0		
迁安市闫家店乡	4239	21682	10828	8783	45966.0		
迁安市五重安乡	6771	22599	17449	13831	34520.0		
迁安市大五里乡	5050	15954	11419	9942	509650.0		
迁安市太平庄乡	6508	13698	9544	6636	280333.0		
海港区东港镇	1700	15161	9037	7938	118983.0	30	788
海港区海港镇	1290	11783	3588	3478	10822.0	1287	11783
海港区西港镇	1404	21954	9150	5947	160129.0	89	2200
海港区海阳镇	2560	23565	10300	4115	11122.0		

续表 14 （河北省） 计算单位：公顷、人、万元

名称	行政区域面积	常住人口	从业人员	二三产业从业人员	工业总产值	城镇建成区面积	城镇建成区常住人口
海港区北港镇	5400	18060	8723	1898	44000.0		
海港区杜庄镇	9257	33697	16455	10497	718045.0	1025	5457
海港区石门寨镇	17928	46604	23813	11743	211848.0	161	8822
海港区驻操营镇	22436	23487	16026	6015	10890.0	600	3739
山海关区第一关镇	2200	15878	9680	4696	89520.0	62	1295
山海关区石河镇	6250	20603	12133	5692	206609.0	70	2147
山海关区孟姜镇	4100	17003	13502	4238	87781.0	83	3832
北戴河区海滨镇	917	13653	8020	7227	34.0	797	13653
北戴河区戴河镇	3714	29425	15328	9992	32374.0	134	880
北戴河区牛头崖镇	3714	23250	12032	5471	4416.0	811	6822
抚宁区抚宁镇	19655	77983	44446	17040	590437.0	760	13613
抚宁区留守营镇	8970	50562	25331	12591	351373.0	1028	12280
抚宁区榆关镇	12750	34610	18670	3971	24790.0	75	4221
抚宁区台营镇	15864	42287	21265	4600	8031.0	146	5411
抚宁区大新寨镇	21357	34137	20177	2692	5895.0	55	3478
抚宁区茶棚乡	11395	37222	21965	7651	29023.0		
抚宁区深河乡	3583	7467	4245	1826	22700.0		
青龙满族自治县青龙镇	36100	93485	38320	26554	43589.0	569	81548
青龙满族自治县祖山镇	31500	22324	15196	9814	80336.0	25	12103
青龙满族自治县木头凳镇	18600	27593	23793	6072	13452.0	33	5896
青龙满族自治县双山子镇	10400	20362	20148	11017	14094.0	40	5326
青龙满族自治县马圈子镇	18900	22642	12890	7558	23944.0	25	6860
青龙满族自治县肖营子镇	13400	32265	17147	8766	96866.0	56	5675
青龙满族自治县大巫岚镇	16500	29832	20630	10155	34615.0	37	5248
青龙满族自治县土门子镇	12000	24209	15016	4527	12412.0	42	3221
青龙满族自治县八道河镇	17200	28104	17043	5938	35288.0	81	4130
青龙满族自治县隔河头镇	16600	24271	15533	8046	2432.0	27	2088
青龙满族自治县娄杖子镇	11000	23204	15472	5504	15253.0	36	2789
青龙满族自治县凤凰山乡	7800	8034	5474	1325	5.0		
青龙满族自治县龙王庙乡	12100	13005	10065	3518	80.0		
青龙满族自治县三星口乡	10400	12007	6872	3711	88.0		
青龙满族自治县干沟乡	8800	7612	5659	3224	200.0		
青龙满族自治县大石岭乡	11500	10637	7322	2137	570.0		
青龙满族自治县官场乡	18400	6246	5720	1346	100.0		
青龙满族自治县茨榆山乡	11000	19806	9895	4297	4895.0		
青龙满族自治县平方子乡	7915	9019	6617	2731	568.0		
青龙满族自治县安子岭乡	14000	10770	7749	3624	2009.0		
青龙满族自治县朱杖子乡	6400	12131	11027	5089	7615.0		
青龙满族自治县草碾乡	8500	8210	5526	2534	60.0		
青龙满族自治县七道河乡	6100	7445	3758	2468	2220.0		
青龙满族自治县三拨子乡	8400	10322	6870	3354	940.0		
青龙满族自治县凉水河乡	11500	16965	10295	5736	25527.0		
昌黎县昌黎镇	8713	119675	31607	14667	209927.0	1376	89993
昌黎县靖安镇	9027	42705	27383	9103	1265588.0	102	12988
昌黎县安山镇	8290	46749	26965	16987	82250.0	932	8033
昌黎县龙家店镇	8361	42286	23672	14471	185471.0	215	8245
昌黎县泥井镇	7300	25750	16096	2858	15920.0	96	2375
昌黎县大蒲河镇	3500	12110	6696	1948	27255.0	367	1807
昌黎县新集镇	8523	31031	22315	4046	16720.0	217	1108
昌黎县刘台庄镇	5880	23345	15500	2727	510.0	110	3124

续表 15　　（河北省）　　计算单位：公顷、人、万元

名　称	行政区域面积	常住人口	从业人员	二三产业从业人员	工业总产值	城镇建成区面积	城镇建成区常住人口
昌黎县茹荷镇	10840	16132	8949	1802		135	1930
昌黎县朱各庄镇	5830	31842	20800	9767	1251768.0	408	3082
昌黎县荒佃庄镇	7122	29641	15849	3587	13402.0	156	6796
昌黎县团林乡	1306	8479	4449	1430	14600.0		
昌黎县葛条港乡	4170	22060	14201	5209	18716.0		
昌黎县马坨店乡	9600	38118	21479	6195	6270.0		
昌黎县两山乡	5046	19668	7973	4926	32363.0		
昌黎县十里铺乡	3367	12546	8176	1815	22748.0		
卢龙县卢龙镇	10645	81062	24339	8569	127520.0	1055	40898
卢龙县潘庄镇	8294	23583	15780	3604	26108.0	97	3466
卢龙县燕河营镇	10756	32079	21770	5272	27439.0	151	7426
卢龙县双望镇	7921	26986	18491	5434	39350.0	301	8015
卢龙县刘田各庄镇	11095	40345	25554	6000	62802.0	406	8683
卢龙县石门镇	8850	42191	19144	5054	797011.0	461	15971
卢龙县木井镇	6875	40567	25786	13744	83775.0	53	6898
卢龙县下寨乡	4035	13615	9276	2743	52250.0		
卢龙县刘家营乡	6194	15350	9532	4358	120140.0		
卢龙县陈官屯乡	7409	24753	16733	7109	22409.0		
卢龙县印庄乡	7102	23833	15891	3660	32830.0		
卢龙县蛤泊乡	5183	23515	16781	4984	51311.0		
秦皇岛市经济技术开发区渤海乡	1976	9586	4983	3881	826.0		
邯山区北张庄镇	3600	32072	12740	8575	54289.0	250	2876
邯山区马庄乡	790	17206	5670	4000	99138.0		
丛台区黄粱梦镇	5819	46503	12960	4760	20500.0	4800	46503
丛台区苏曹乡	800	52033	4845	4845			
丛台区三陵乡	5579	25570	9340	4470	62280.0		
复兴区户村镇	4012	29124	17411	13086	1084566.0	350	10365
复兴区彭家寨乡	1054	44734	21790	21790	111667.0		
复兴区康庄乡	6014	26809	13610	7160	130000.0		
峰峰矿区临水镇	2243	144569	13862	10297	99297.0	1060	126617
峰峰矿区峰峰镇	4308	79463	31289	28786	115529.6	1201	53526
峰峰矿区新坡镇	2415	28244	6225	2180	94888.9	45	13828
峰峰矿区大社镇	4113	44268	12386	7106	272164.4	200	14685
峰峰矿区和村镇	5249	58532	17940	12332	345078.1	900	12880
峰峰矿区义井镇	5686	53900	15835	11335	224779.3	150	12476
峰峰矿区彭城镇	3335	58156	9791	5890	363341.3	291	2258
峰峰矿区界城镇	2716	26030	13300	11620	269456.7	45	697
峰峰矿区大峪镇	2013	18535	3804	2024	579154.4	150	2803
峰峰矿区西固义乡	2043	13859	4845	3359	11586.0		
邯郸县尚璧镇	2919	32951	11733	4515	19545.0	400	5225
邯郸县河沙镇镇	4814	38573	23672	11224	9000.0	225	5674
邯郸县南堡乡	5315	80778	25209	9914	34421.0		
邯郸县南吕固乡	2617	27886	16615	10203	75043.0		
邯郸县兼庄乡	2414	73658	10390	8489	25856.0		
邯郸县代召乡	4410	28922	19057	10807	85630.0		
邯郸县姚寨乡	5358	39573	19447	10022	247351.0		
临漳县临漳镇	5201	62145	39188	12035	925376.0	253	24198
临漳县南东坊镇	2695	26216	11449	346	8100.0	600	5014
临漳县孙陶集镇	7300	59653	32726	6923	3120.0	10	2150
临漳县柳园镇	7111	56266	24713	10217	187520.0	15	7980

续表 16 （河北省） 计算单位：公顷、人、万元

名　　称	行政区域面　积	常住人口	从业人员	二三产业从业人员	工　业总产值	城镇建成区 面 积	城镇建成区常住人口
临漳县称勾集镇	5470	43048	34011	14531	7010.0	160	3664
临漳县狄邱乡	3653	29110	27110	16588	145844.0		
临漳县张村集乡	7595	53780	33419	8794	167610.0		
临漳县西羊羔乡	3052	23209	13054	3820	3577.0		
临漳县香菜营乡	5027	32495	14510	4670	48600.0		
临漳县杜村集乡	6360	50628	26488	3342	18390.0		
临漳县章里集乡	4189	35488	24316	7127	264892.0		
临漳县习文乡	5702	35883	19440	4075	20000.0		
临漳县砖寨营乡	5725	43200	25744	7343	39000.0		
临漳县柏鹤集乡	4935	45590	20190	2876	6307.0		
成安县成安镇	4842	96785	48897	38324	1847562.0	1932	94062
成安县商城镇	7213	70134	38809	26071	699358.0	271	48513
成安县漳河店镇	4888	34418	20994	14121	18643.0	112	9626
成安县李家疃镇	5102	37894	21875	14815	894.0	92	15986
成安县辛义乡	5635	36841	24395	16824	25708.0		
成安县柏寺营乡	3363	22992	13018	8812	4059.0		
成安县道东堡乡	6475	39354	24865	16655	36136.0		
成安县北乡义乡	6423	32073	22178	15094	885.0		
成安县长巷乡	4190	16704	10954	7326	287255.0		
大名县大名镇	4607	69563	16000	13500	1065992.1	4607	69563
大名县杨桥镇	6297	51561	20302	10751	16706.3	900	32476
大名县万堤镇	4906	32932	13987	8235	57655.2	1002	14240
大名县龙王庙镇	5043	56980	29975	16174	21665.5	840	40573
大名县束馆镇	5364	40665	18700	2926	8759.1	760	18687
大名县金滩镇	6065	49388	22413	14367	21232.6	1100	26985
大名县沙圪塔镇	5859	36478	18220	10669	2148.1	680	11460
大名县王村乡	4832	36647	21001	10413	3029.0		
大名县铺上乡	4597	28710	13196	7436	172153.0		
大名县黄金堤乡	5406	33972	14340	7751	16660.1		
大名县大街乡	6386	40129	19539	10781	223566.0		
大名县旧治乡	5850	47811	19974	13218	350938.6		
大名县西未庄乡	4344	32466	11026	3269	6825.6		
大名县孙甘店乡	5736	34865	17866	9658	22178.8		
大名县西付集乡	5440	36936	24862	16366	28827.0		
大名县埝头乡	6348	45505	16850	8291	126355.0		
大名县北峰乡	5002	30331	14540	6739	8549.3		
大名县张铁集乡	6264	36970	18757	9946	40411.6		
大名县红庙乡	4999	30641	18072	10057	17702.3		
大名县营镇回族乡	1971	14134	7430	4400	2947.8		
涉县涉城镇	5710	66310	20236	15473	119285.0	2314	34097
涉县河南店镇	7503	33924	15394	10556	4280.0	1005	17637
涉县索堡镇	9578	24121	14357	9694	32895.0	533	4780
涉县西戌镇	4165	17280	7710	5210	21520.0	1520	8632
涉县井店镇	10836	43229	20889	18657	2320616.6	2383	27407
涉县更乐镇	6613	24896	12634	10010	61623.0	1108	14345
涉县固新镇	15435	24456	11362	7950	502.0	150	12402
涉县西达镇	9440	17281	7216	4321	4865.5	106	9429
涉县偏城镇	13611	14020	6100	3380	36.0	1595	2740
涉县神头乡	6172	12506	7738	4419	66222.0		
涉县辽城乡	11192	17223	10739	6024	3540.8		

续表 17　　（河北省）　　计算单位：公顷、人、万元

名　　称	行政区域面　积	常住人口	从业人员	二三产业从业人员	工　业总产值	城镇建成区 面 积	城镇建成区常住人口
涉县偏店乡	4352	18468	10167	4919	21621.7		
涉县龙虎乡	7633	22789	12023	6050	29051.0		
涉县木井乡	6033	17341	9953	5515	9985.6		
涉县关防乡	10504	14820	8743	5868	4630.5		
涉县合漳乡	11118	20812	10611	7007	3400.0		
涉县鹿头乡	10917	15641	10548	6149	1321.0		
磁县磁州镇	10430	166778	44347	36795	224483.0	1690	120968
磁县高臾镇	5270	40899	21212	15374	2309.0	669	11395
磁县西光禄镇	5263	27540	11566	8750	55500.0	591	17612
磁县讲武城镇	5606	45886	28285	22147	31942.3	248	6047
磁县岳城镇	9489	36724	18721	14717	146375.0	297	7444
磁县观台镇	4041	31434	15714	11600	714954.0	234	14143
磁县林坛镇	5756	29925	15031	11417	86693.0	231	3868
磁县白土镇	6383	21921	8457	5490	190.0	330	7288
磁县黄沙镇	2026	17811	6733	5172	529300.0	328	9050
磁县路村营乡	4388	24168	11223	7581	13980.0		
磁县辛庄营乡	3368	29170	13080	10497	1132.0		
磁县花官营乡	3449	36562	16415	12458	7500.0		
磁县时村营乡	4594	24794	12994	9336	324487.9		
磁县南城乡	5494	24024	13972	10488	1756.0		
磁县台城乡	3352	22812	13736	8893	11542.9		
磁县陶泉乡	8903	18362	10183	6758	3750.0		
磁县都党乡	4095	14382	7855	6637	6406.0		
磁县北贾壁乡	7487	25849	15806	10951	168.2		
肥乡县肥乡镇	8062	84416	84356	76784	461688.0	1360	70366
肥乡县天台山镇	5928	39638	20641	13975	13780.0	120	12162
肥乡县辛安镇镇	4505	34136	19920	14314	370076.0	100	6650
肥乡县大西韩乡	4539	32701	17520	11150	50525.0	90	8052
肥乡县毛演堡乡	5462	37924	21910	15909	35731.0		
肥乡县元固乡	5565	42164	23950	14889	146685.0		
肥乡县屯庄营乡	5338	30509	18793	12199	47603.0		
肥乡县东漳堡乡	5352	32756	22170	14556	99448.0		
肥乡县旧店乡	5499	30608	19430	13236	66131.0		
永年县临洺关镇	8055	184509	62948	50563	1950500.0	1831	78085
永年县大北汪镇	3958	38861	19258	13715	12460.0	517	19063
永年县张西堡镇	5029	48086	19596	12774	35438.0	72	10087
永年县广府镇	4041	52852	22540	15077	160252.0	222	27911
永年县南沿村镇	4174	53263	19948	12140	30100.0	196	19722
永年县永合会镇	7806	38259	18340	12260	101950.0	31	4086
永年县西苏乡	4699	59434	31638	21563	132845.0		
永年县界河店乡	3397	28676	13152	8836	1216262.0		
永年县刘营乡	3215	52333	31874	23214	214844.0		
永年县刘汉乡	4664	43581	21917	15165	112647.0		
永年县正西乡	4271	31821	16593	10700	12.0		
永年县讲武乡	3778	42361	16678	9149	7250.0		
永年县曲陌乡	3691	40469	21035	14690	17.0		
永年县辛庄堡乡	4342	37316	16981	10128	380.0		
永年县小龙马乡	4141	45344	28793	20784	19690.0		
永年县东杨庄乡	3258	42859	23505	16587	10500.0		
永年县小西堡乡	4518	31561	15624	9885	1274.0		

续表 18　　（河北省）　　计算单位：公顷、人、万元

名　　称	行政区域面　　积	常住人口	从业人员	二三产业从业人员	工　业总产值	城镇建成区　面　积	城镇建成区常住人口
永年县西河庄乡	4325	33473	11980	7001	15587.0		
永年县西阳城乡	2776	24978	13060	8899	6897.0		
邱县新马头镇	12045	48746	24938	15479	197876.0	502	21871
邱县邱城镇	6638	31940	18570	6695	19610.0	630	7768
邱县梁二庄镇	6800	31807	14687	7277	88520.0	100	7110
邱县香城固镇	5100	34557	20351	8373	133680.0	13	1680
邱具南辛店乡	5145	20956	12866	5741	3351.0		
邱县古城营乡	7130	28516	13051	3518	78996.0		
邱县陈村回族乡	1200	6445	3546	2318	73955.0		
鸡泽县鸡泽镇	7266	68643	24710	19606	825032.0	1996	50260
鸡泽县小寨镇	6258	37645	17506	11027	182000.0	836	16350
鸡泽县双塔镇	3564	31642	22130	19118	97877.0	949	13640
鸡泽县浮图店乡	4691	54126	25656	22194	59062.0		
鸡泽县吴官营乡	4280	28186	9826	7184	80000.0		
鸡泽县风正乡	2768	27309	10572	8914	275020.0		
鸡泽县曹庄乡	4770	34763	17535	12801	26656.0	80	1356
广平县广平镇	4962	68625	31876	15389	649390.0	295	27903
广平县平固店镇	5306	38452	19274	12369	17158.0	115	5668
广平县胜营镇	4691	45164	23405	14279	84096.0	122	5735
广平县南阳堡镇	3151	27057	15275	6060	8820.0	120	3825
广平县十里铺乡	4510	42584	19972	12151	12615.0		
广平县南韩村乡	4897	31473	17398	7475	9650.0		
广平县东张孟乡	3837	23348	12168	2879	10523.0		
馆陶县馆陶镇	4825	72853	21476	6036	838729.0	752	51297
馆陶县房寨镇	4378	28192	13118	6023	67.7	330	11566
馆陶县柴堡镇	7447	43181	22029	4990	110854.0	370	11860
馆陶县魏僧寨镇	5598	33780	17267	11872	326605.0	495	16530
馆陶县寿山寺乡	6039	38181	13265	3210	406223.0		
馆陶县王桥乡	5660	34271	17054	9625	59914.0		
馆陶县南徐村乡	4269	28152	19634	6651	9887.3		
馆陶县路桥乡	7226	38532	23755	20550	7793.0		
魏县魏城镇	6491	170227	42036	18646	953142.2	1300	32641
魏县德政镇	2365	26677	11840	2045	341000.0	12	5182
魏县北皋镇	6471	63315	26958	2268	68000.0	458	8100
魏县双井镇	4879	46161	19661	3123	72032.0	320	8664
魏县牙里镇	4814	52064	20050	7300	42661.0	410	8120
魏县车往镇	4372	36301	17419	4506	186422.0	75	10148
魏县回隆镇	4301	45756	19512	5160	133574.0	265	15000
魏县张二庄镇	5862	54970	21540	4810	187700.0	535	18500
魏县东代固镇	2629	32061	13555	2015	12800.0	12	5120
魏县棘针寨乡	2792	22984	9599	4396	29115.0		
魏县沙口集乡	6165	37611	21660	7900	61450.0		
魏县野胡拐乡	2618	16678	11155	3793	27110.0		
魏县仕望集乡	2391	20299	14025	1935	20996.0		
魏县前大磨乡	3704	24765	15325	2532	25540.3		
魏县院堡乡	2083	17601	10354	2948	69508.0		
魏县南双庙乡	4179	32141	17974	4954	9668.0		
魏县大辛庄乡	4594	28870	15040	3540	6969.8		
魏县大马村乡	2250	17767	8465	2160	124532.3		
魏县边马乡	5098	42563	24441	9620	21646.6		

续表 19　　　　（河北省）　　　　计算单位：公顷、人、万元

名　　称	行政区域面　积	常住人口	从业人员	二三产业从业人员	工　业总产值	城镇建成区 面 积	城镇建成区常住人口
魏县北台头乡	2699	15985	10799	2886	32239.0		
魏县泊口乡	4261	33352	15407	2294	19830.0		
曲周县曲周镇	7099	101980	45049	29585	792001.0	2465	67535
曲周县安寨镇	9511	48525	27922	21901	42975.0	342	9342
曲周县侯村镇	9532	48700	28992	21460	109800.0	321	5560
曲周县河南疃镇	7744	42550	18349	15096	632147.0	810	8020
曲周县第四疃镇	7325	34825	27702	18898	209999.0	102	10826
曲周县槐桥乡	5428	24105	19087	12322	153640.0		
曲周县南里岳乡	5602	38975	14536	11921	35141.0		
曲周县白寨乡	6533	46580	23485	14913	90890.0		
曲周县大河道乡	3517	24115	21774	14047	223469.0		
曲周县依庄乡	4412	28775	13563	10186	1562.0		
河北邯郸马头经济开发区马头镇	1800	33898	14861	13532	219175.0	395	5810
武安市武安镇	4150	116589	37593	35385	1915951.0	2200	109874
武安市康二城镇	8000	35126	18030	13310	332516.0	175	6720
武安市午汲镇	7200	44986	17865	9226	2163518.0	215	3855
武安市磁山镇	6800	76540	18604	14104	784560.0	2000	12540
武安市伯延镇	4300	22578	9668	5140	10985.0	510	8300
武安市淑村镇	6300	25979	15587	10400	115690.0	400	3150
武安市大同镇	7400	45480	21130	11430	419856.0	39	4185
武安市邑城镇	6700	41525	12616	9358	11256.0	145	8344
武安市矿山镇	9900	45986	20641	11989	465602.0	660	2338
武安市贺进镇	12000	25934	12927	3370	12984.0	1590	7050
武安市阳邑镇	10200	44547	21656	11694	1698251.0	107	9524
武安市徘徊镇	10600	29326	12325	6171	81264.0	701	2680
武安市冶陶镇	7409	25608	12560	9230	1753692.0	600	5880
武安市上团城乡	7710	36355	22254	17172	2390000.0		
武安市北安庄乡	2000	16756	9386	5496	99952.0		
武安市北安乐乡	5000	31108	16640	10660	62123.0		
武安市西土山乡	7396	55264	29120	16775	1723512.0		
武安市西寺庄乡	3000	41986	19093	11988	47785.0		
武安市活水乡	22122	25520	9713	6115	980.0		
武安市石洞乡	7200	23510	9673	7248	502691.0		
武安市管陶乡	16565	19720	9506	5291	1506.0		
武安市马家庄乡	8370	16328	9262	3641	1241.0		
邢台市桥东区东郭村镇	1307	21587	3008	2103	17540.0	1168	19000
邢台市桥东区大梁庄乡	898	15501	4019	3418	149.0		
邢台市桥西区南大郭镇	2500	30296	10900	6692		443	29562
邢台市桥西区李村镇	6500	36655	18446	13216	9805.0	520	27733
邢台县晏家屯镇	4927	23907	16580	12211	1840000.0	80	2455
邢台县南石门镇	10238	42209	23297	18717	805415.0	2785	20649
邢台县羊范镇	7817	25660	12039	8924	72612.0	1500	8716
邢台县皇寺镇	15500	38322	17294	12170	41780.0	1381	6200
邢台县会宁镇	10400	38468	19536	14574	96578.0	1189	8705
邢台县西黄村镇	14000	19868	9199	6360	23014.0	1625	6823
邢台县路罗镇	14600	17719	6607	4794	2298.0	1050	3028
邢台县将军墓镇	12500	16439	6580	3966	3000.0	1503	6289
邢台县浆水镇	16300	29178	11150	5613	39782.0	1465	9230
邢台县宋家庄镇	16200	17648	9284	4129	37461.0	2016	6343
邢台县太子井乡	6500	10704	6796	5693	52000.0		

续表 20 （河北省） 计算单位：公顷、人、万元

名　称	行政区域面　积	常住人口	从业人员	二三产业从业人员	工　业总产值	城镇建成区 面 积	城镇建成区常住人口
邢台县龙泉寺乡	15200	12126	5988	4212	1350.0		
邢台县北小庄乡	11400	7066	5390	3287	292.0		
邢台县城计头乡	8900	10036	3962	1692	10000.0		
邢台县白岸乡	12100	9405	5485	2085	2890.0		
邢台县冀家村乡	8200	9330	4905	2201	1968.0		
临城县临城镇	12900	71784	18998	5296	777106.0	90	35339
临城县东镇镇	5296	25327	9760	3102	287367.0	113	14748
临城县西竖镇	8867	18137	7008	2297	53103.0	373	4346
临城县郝庄镇	9482	13425	5896	1816	27936.0	102	3650
临城县黑城乡	10271	24559	18598	3549	73962.0		
临城县鸭鸽营乡	9071	27873	11688	5105	10263.0		
临城县石城乡	7333	10577	6280	2600	9642.0		
临城县赵庄乡	16369	17552	8727	4224	98332.0		
内丘县内丘镇	6520	84684	18964	11948	169321.0	750	43000
内丘县大孟村镇	7650	31589	16885	5204	535417.4	70	11134
内丘县金店镇	9920	57510	30309	20536	157236.7	81	6619
内丘县官庄镇	4830	26995	16428	8270	83846.0	65	4740
内丘县柳林镇	9160	20348	11115	4246	6280.0	38	4156
内丘县五郭店乡	7980	25283	14793	5547	45321.0		
内丘县南赛乡	9650	9686	5640	2945	3250.0		
内丘县獐獏乡	5650	5583	2703	1994			
内丘县侯家庄乡	17390	11621	7400	4788	300.0		
柏乡县柏乡镇	5030	39256	17285	8583	290470.0	300	28212
柏乡县固城店镇	5240	40857	17145	9048	42841.0	200	5143
柏乡县西汪镇	3660	33075	16960	8750	113580.0	150	3952
柏乡县王家庄乡	3320	19111	9127	4080	212884.0		
柏乡县龙华乡	5460	42803	18685	7295	59290.0		
柏乡县内步乡	3290	19456	10951	6536	24386.0		
隆尧县隆尧镇	8160	91699	28768	21294	180266.0	1350	88000
隆尧县魏家庄镇	4110	32300	21825	17660	65369.0	520	16025
隆尧县尹村镇	6690	45926	22014	14014	140000.0	88	4310
隆尧县山口镇	5280	33368	13653	10256	59903.0	50	3600
隆尧县莲子镇镇	7800	75722	24050	17650	1405363.0	510	10190
隆尧县固城镇	6470	44690	20569	15009	74000.0	76	7869
隆尧县北楼乡	4090	29034	15540	5760	5000.0		
隆尧县东良乡	6910	49027	23900	13860	13000.0		
隆尧县双碑乡	3621	26858	11088	7418	35312.0		
隆尧县牛家桥乡	4450	23319	12916	6577	70100.0		
隆尧县千户营乡	7800	30282	15771	9126	121.0		
隆尧县大张庄乡	6600	32732	15778	5968	4001.0		
任县任城镇	5600	67942	43415	33801	288538.0	2830	64035
任县邢家湾镇	5300	37461	27703	17173	205800.0	1080	10210
任县辛店镇	3500	35883	20577	13197	32600.0	1322	13900
任县天口镇	6800	49062	17310	12410	73000.0	520	6450
任县西固城乡	6300	37377	16758	9319	5990.0		
任县永福庄乡	4900	32486	13325	6760	25200.0		
任县大屯乡	6800	46819	14454	7291	3569.0		
任县骆庄乡	3900	29203	16563	10430	4605.0		
南和县和阳镇	4514	56110	16411	7078	80110.0	2068	48840
南和县贾宋镇	6768	50898	29299	20349	17110.0	792	18508

续表 21　　（河北省）　　计算单位：公顷、人、万元

名　称	行政区域面　积	常住人口	从业人员	二三产业从业人员	工　业总产值	城镇建成区 面 积	城镇建成区常住人口
南和县郝桥镇	6110	58322	30609	17290	656.0	668	21136
南和县东三召乡	5800	44401	20702	10967	5840.0		
南和县阎里乡	4515	33277	20610	8223	1842.7		
南和县河郭乡	4461	31357	15820	9202	552230.0		
南和县史召乡	3800	33421	21236	11845	75525.5		
南和县三思乡	4532	25909	14209	3135	59605.0		
宁晋县凤凰镇	11170	121298	49185	21677	3052652.0	885	60572
宁晋县河渠镇	7960	65477	31841	10430	294653.0	49	3652
宁晋县北河庄镇	5996	50248	26913	12043	154492.0	80	8436
宁晋县耿庄桥镇	13312	57882	25937	10200	226451.0	220	5712
宁晋县东汪镇	5860	37057	18885	8383	611767.0	78	12806
宁晋县贾家口镇	8616	51595	33220	20284	1209310.0	75	4595
宁晋县四芝兰镇	8586	57438	23567	11333	181878.0	100	6258
宁晋县大陆村镇	6637	47850	24261	16425	453405.0	520	26505
宁晋县苏家庄镇	8667	61851	23787	14155	999806.0	177	8936
宁晋县换马店镇	6570	52238	25902	15554	162558.0	108	4598
宁晋县侯口乡	5826	21791	15416	9497	342220.0		
宁晋县纪昌庄乡	5931	25068	18718	10646	110189.0		
宁晋县唐邱乡	6015	45011	22515	10549	193211.0		
宁晋县北鱼乡	2061	8757	5540	2770	2284.0		
巨鹿县巨鹿镇	8637	120647	33465	20151	616380.0	935	107351
巨鹿县王虎寨镇	4721	24355	16990	10128	211516.0	169	7291
巨鹿县西郭城镇	3718	14289	5856	3536	356531.0	375	7630
巨鹿县官亭镇	6535	33761	19717	7897	49310.0	598	14207
巨鹿县阎疃镇	6353	26319	18310	5496	19109.0	260	10099
巨鹿县小吕寨镇	3763	23652	14197	4307	27574.0	200	17678
巨鹿县堤村乡	7310	37542	24200	7300	7552.0		
巨鹿县张王疃乡	7456	37718	27706	9789	8059.0		
巨鹿县观寨乡	6641	32173	24737	10527	2003.0		
巨鹿县苏家营乡	7989	33710	21413	11869	3715.0		
新河县新河镇	5706	64332	24361	10573	155337.0	145	19981
新河县寻寨镇	5456	23709	12233	5665	8017.0	432	4466
新河县白神首乡	4135	18038	5974	2106	156654.0		
新河县荆家庄乡	6659	21633	14364	3822	243668.0		
新河县西流乡	6689	25098	8254	3745	141758.0		
新河县仁让里乡	7665	21065	6284	3625	3109.0		
广宗县广宗镇	6480	76562	40741	30883	267316.0	30	10030
广宗县冯家寨镇	6813	39971	21086	12626	174424.0	26	2102
广宗县北塘疃镇	9219	44262	23506	13431	22956.0	30	2200
广宗县葫芦乡	4199	20999	10654	3923	714.0		
广宗县大平台乡	7309	42168	21506	15232	2250.0		
广宗县件只乡	4890	23925	18682	9896	795.0		
广宗县核桃园乡	6793	25273	20097	11620	17381.0		
广宗县东召乡	3669	17920	13701	10753	450.0		
平乡县丰州镇	4360	33721	18835	15822	46406.0		
平乡县平乡镇	5270	37708	18197	12795	57228.0	408	14125
平乡县河古庙镇	6370	51081	22722	18917	316412.0	598	9689
平乡县节固乡	5730	37907	20028	12425	66445.0		
平乡县油召乡	6550	39304	27056	18724	129260.0		
平乡县田付村乡	4940	27826	14174	8124	47622.0		

续表 22　　（河北省）　　计算单位：公顷、人、万元

名　称	行政区域面　积	常住人口	从业人员	二三产业从业人员	工　业总产值	城镇建成区 面 积	城镇建成区常住人口
平乡县寻召乡	5290	30814	17283	10201	30706.0		
威县洺州镇	6836	93530	24320	17200	1565900.0	520	40675
威县梨园屯镇	5541	29839	19758	10624	237541.0	60	3396
威县章台镇	5905	35996	14370	5790	146838.0	120	2996
威县侯贯镇	7082	31105	19487	10578	56202.0	40	7810
威县七级镇	6800	32512	16768	4048	149800.0	75	5430
威县贺营镇	6562	33817	18710	9006	37580.0	22	5350
威县方家营镇	5308	28805	14447	5694	145800.0	5	2000
威县常庄镇	5800	25973	17650	11027	852487.0		
威县第什营乡	8243	41582	20940	6784	48786.0		
威县枣园乡	5546	36390	24699	16066	131018.0		
威县固献乡	6550	31250	16885	5335	98725.0		
威县贺钊乡	6665	32975	15829	11805	63503.0		
威县张家营乡	5290	24251	10685	4845	159870.0		
威县常屯乡	7450	31368	18553	10925	131689.0		
威县高公庄乡	5550	28369	19390	6639	55487.0		
威县赵村乡	5853	32153	15446	6926	49527.0		
清河县葛仙庄镇	12698	142109	27903	23068	1143208.0	2227	66829
清河县连庄镇	8200	58987	22161	15929	504194.0	601	12645
清河县油坊镇	7150	44677	26085	18611	179342.0	588	9240
清河县谢炉镇	7021	52269	20621	15725	346566.0	310	9368
清河县王官庄镇	7200	54150	30682	27529	786437.0	1500	16294
清河县坝营镇	7771	43861	18794	12152	204788.0	285	8038
临西县临西镇	4100	75125	9140	4860	98960.0	2200	33089
临西县河西镇	5300	42615	15830	10530	238650.0	150	19456
临西县下堡寺镇	6000	32719	19200	6980	20005.0	90	3850
临西县尖冢镇	6000	37418	14331	9315	26113.0	380	6135
临西县老官寨镇	7400	35936	18474	9274	225220.0	241	4440
临西县吕寨镇	6800	35716	18150	11720	139610.0	190	3940
临西县东枣园乡	4400	22106	13319	8032	43525.0		
临西县摇鞍镇乡	7700	37909	17282	6044	7318.0		
临西县大刘庄乡	6500	32567	17494	9309	154665.0		
河北邢台经济开发区东汪镇	2080	31931	18228	12179	381111.0	2016	30888
河北邢台经济开发区王快镇	2860	39667	26205	16675	35922.0	512	11288
河北邢台经济开发区祝村镇	3655	27271	14206	12738	8199.0	327	4085
河北邢台经济开发区沙河城镇	2985	20225	9042	7382	8250.0	450	8149
河北邢台经济开发区留村镇	6930	51220	30180	11160	142000.0	300	5200
邢台市大曹庄管理区徐家河乡	3900	20282	11942	5412	51650.0		
邢台市大曹庄管理区大曹庄乡	2100	18477	9993	3790	30265.0		
南宫市苏村镇	5060	21797	10959	5858	19838.0	235	9508
南宫市大高村镇	4620	20321	11184	5153	30367.0	105	6379
南宫市垂杨镇	7760	40511	24121	17252	94951.0	315	11576
南宫市明化镇	6950	32009	14192	5703	61281.0	111	5707
南宫市段芦头镇	9290	51148	25854	12689	512994.0	625	14169
南宫市紫冢镇	8550	39667	20585	12669	313269.0	425	5986
南宫市大村乡	5870	22291	11473	5459	4793.0		
南宫市南便村乡	6080	28438	12592	7171	15833.0		
南宫市大屯乡	5640	22234	8213	2451	21593.0		
南宫市王道寨乡	5800	23966	11163	5146	53936.0		
南宫市薛吴村乡	6680	30467	17245	8794	103474.0		

续表 23 （河北省） 计算单位：公顷、人、万元

名　　称	行政区域面　积	常住人口	从业人员	二三产业从业人员	工　业总产值	城镇建成区 面 积	城镇建成区常住人口
沙河市新城镇	5244	41047	14437	7446	236253.0	450	7768
沙河市白塔镇	8400	43496	26757	14851	1058000.0	455	28850
沙河市十里亭镇	6330	28474	11550	4531	231960.0	13	8500
沙河市綦村镇	10842	27467	13812	5440	98300.0	66	7751
沙河市册井乡	4638	25317	13377	6438	32138.0		
沙河市刘石岗乡	7550	25985	8049	3578	3550.0		
沙河市柴关乡	8249	15823	6705	3358	11088.0		
沙河市蝉房乡	15230	17667	9337	6396	460.0		
保定市新市区颉庄乡	1140	21069	12689	8824	405343.0		
保定市新市区富昌乡	1416	24126	12988	10182	390395.0		
保定市新市区韩村乡	550	12630	5918	5032	285665.0		
保定市新市区南奇乡	2389	20718	14760	8042	265983.0		
保定市新市区江城乡	4289	36516	16116	8388	397700.0		
莲池区韩庄乡	2180	42983	11888	5740	4070.0		
莲池区东金庄乡	1656	12560	12020	5774	234521.0		
莲池区百楼乡	2512	23448	11570	5967	41241.0		
莲池区杨庄乡	1272	13758	8560	4582	10625.0		
莲池区南大园乡	1722	27820	15447	10365	7792573.0		
莲池区焦庄乡	3233	37456	15605	6176	29116.0		
莲池区五尧乡	2779	41311	13449	10549	212512.0		
满城区满城镇	8542	124942	39746	12875	452813.0	177	36137
满城区大册营镇	4740	37606	19800	10676	772459.0	15	2640
满城区神星镇	7391	38854	22251	9075	138272.0	200	3672
满城区南韩村镇	5933	44227	20435	6704	408995.0	298	5390
满城区方顺桥镇	5199	44377	21597	10422	499400.0	420	8058
满城区于家庄乡	2947	21735	10667	4612	256810.0		
满城区要庄乡	2816	20042	15489	5801	207000.0		
满城区白龙乡	4940	17485	10348	3187	27231.0		
满城区石井乡	5924	21906	11910	6101	169532.0		
满城区坨南乡	6667	17009	9065	2687	5567.0		
满城区刘家台乡	7862	4815	2830	1145	3130.0		
清苑区清苑镇	4690	41309	18408	9140	1483455.0	595	32465
清苑区冉庄镇	6440	36642	19986	13867	860.0	120	3619
清苑区阳城镇	6563	39575	19934	8509	3544.0	130	5883
清苑区魏村镇	4529	37646	21491	13374	81085.0	475	21661
清苑区温仁镇	6709	51562	25255	7898	308601.0	1366	10194
清苑区张登镇	5538	38269	24495	9712	9510.0	410	11538
清苑区大庄镇	2757	24345	13229	6941	101200.0	140	6295
清苑区臧村镇	4069	32679	22039	12092	22890.0	960	2570
清苑区白团乡	5051	34656	20487	10403	21355.0		
清苑区北店乡	4502	25282	15137	9771	295320.0		
清苑区石桥乡	6635	44057	28960	7406	150010.0		
清苑区李庄乡	4860	25365	13320	6476	190.0		
清苑区北王力乡	4499	25384	19147	8104	220.0		
清苑区东吕乡	5886	43745	24964	6725	63262.0		
清苑区何桥乡	3938	26803	16813	7334	33480.0		
清苑区孙村乡	2200	17588	9984	4868	27915.0		
清苑区阎庄乡	2233	20988	11360	6078	23192.0		
清苑区望亭乡	4212	38832	27886	8825	241023.0		
徐水区安肃镇	8154	132109	78792	61065	1347090.0	235	63105

续表 24 （河北省） 计算单位：公顷、人、万元

名称	行政区域面积	常住人口	从业人员	二三产业从业人员	工业总产值	城镇建成区面积	城镇建成区常住人口
徐水区崔庄镇	7039	69240	38423	26475	266500.0	640	29968
徐水区大因镇	5744	60510	39414	19162	142925.0	459	17110
徐水区遂城镇	6791	50645	24222	7119	340223.0	690	21559
徐水区高林村镇	6577	45848	27441	12264	231809.0	540	5653
徐水区大王店镇	6917	41260	36327	15172	92204.0	1106	8350
徐水区漕河镇	5287	36458	19327	9700	46550.0	48	945
徐水区东史端乡	4236	35300	17185	6422	163094.0		
徐水区留村乡	3730	29985	18010	12082	237539.0		
徐水区正村乡	3942	25329	11765	2914	7000.0		
徐水区户木乡	3647	24680	14200	5892	38600.0		
徐水区瀑河乡	3306	16102	8657	3605	20806.0		
徐水区东釜山乡	3813	13471	9613	7431	21235.0		
徐水区义联庄乡	3122	9273	4829	1982	10001.0		
涞水县涞水镇	4432	39801	20835	8674	25555.1	375	4536
涞水县永阳镇	6486	30117	20375	8915	51507.3	15	1980
涞水县义安镇	5336	30012	15359	6457	52107.5	111	1879
涞水县石亭镇	7357	36507	19556	6404	8978.5	244	4500
涞水县赵各庄镇	25311	22549	10408	1802	159.0	23	2886
涞水县九龙镇	22419	16307	7512	1012	2811.5	38	1990
涞水县三坡镇	21837	13741	4966	2848	2650.0	500	1633
涞水县明义乡	3330	19988	13141	3642	5675.0		
涞水县王村乡	3444	21329	14140	4369	9499.3		
涞水县东文山乡	3200	16998	9600	3989	14245.6		
涞水县娄村满族乡	16206	28014	15363	3211	322.6		
涞水县宋各庄乡	4798	9607	6770	3882	9437.5	300	741
涞水县其中口乡	17678	6169	3433	293			
涞水县龙门乡	21307	10603	5902	573	90.6		
涞水县胡家庄乡	2520	14345	9598	3394	4244.6		
阜平县阜平镇	29440	51864	18722	5306	60351.0	300	28964
阜平县龙泉关镇	14872	7580	3239	1419	2160.0	20	2020
阜平县平阳镇	18726	27260	9010	1875	15960.0	21	1460
阜平县城南庄镇	27580	18360	8833	4493	9800.0	210	3435
阜平县天生桥镇	16483	10299	3674	1875	2864.0	413	1598
阜平县王林口镇	10550	19413	6165	2467	15123.0	15	5006
阜平县台峪乡	11367	7468	3568	665	3996.0		
阜平县大台乡	17714	12387	4714	634	46850.0		
阜平县史家寨乡	26381	9298	2255	545	9980.0		
阜平县砂窝乡	23169	11775	5350	1137	910.0		
阜平县吴王口乡	20423	4390	1425	159	1560.0		
阜平县夏庄乡	16941	5334	1659	526	1011.0		
阜平县北果元乡	15947	23560	8001	2781	19420.0		
定兴县定兴镇	6585	116000	34472	24620	1095562.0	1310	102130
定兴县固城镇	6732	46600	36235	22754	195031.0	75	23027
定兴县贤寓镇	6722	42200	28507	9406	10701.0	45	7290
定兴县北河镇	3329	20682	13091	9369	10786.0	365	6475
定兴县天宫寺镇	4263	34498	23310	11505	6100.0	892	8450
定兴县小朱庄镇	4486	30226	13873	8403	43470.0	570	8940
定兴县东落堡乡	3921	20560	10100	6400	22600.0		
定兴县高里乡	8242	45863	32140	13040	15000.0		
定兴县张家庄乡	2793	16200	9886	5987	3100.0		

续表 25　　　　　　（河北省）　　　　　　计算单位：公顷、人、万元

名　称	行政区域面积	常住人口	从业人员	二三产业从业人员	工业总产值	城镇建成区面积	城镇建成区常住人口
定兴县姚村乡	3083	19300	10601	4201	50133.6		
定兴县肖村乡	3751	20560	18545	10845	9000.0		
定兴县柳卓乡	3156	20700	10567	9249	44731.0		
定兴县杨村乡	3856	25100	19983	9710	9784.0		
定兴县北田乡	4877	32000	24225	11639	16498.0		
定兴县北南蔡乡	2815	17600	9518	5631	2395.0		
定兴县李郁庄乡	2777	16100	10486	2606	9400.0		
唐县仁厚镇	5000	41579	24031	9656	41286.0	27	34704
唐县王京镇	4600	53856	24064	16557	191000.0	100	3651
唐县高昌镇	5500	36280	16990	1729	7580.0	450	3458
唐县北罗镇	4100	44020	24187	13254	74000.0	10	3390
唐县白合镇	10967	30084	13061	7744	195991.3	20	3085
唐县军城镇	9700	23590	10698	2254	3900.0	46	2600
唐县川里镇	10100	8864	5378	2240	45000.0	20	1125
唐县长古城镇	4300	41835	20368	7750	61789.0	36	3048
唐县都亭乡	3400	24345	14810	7860	51885.0		
唐县南店头乡	1800	22774	8825	4708	49868.0		
唐县北店头乡	7800	29749	18470	7538	21529.0		
唐县罗庄乡	5400	36856	16795	6953	1405.0		
唐县雹水乡	2900	16951	7766	1745	1780.0		
唐县大洋乡	5100	25400	13654	6110	8962.0		
唐县迷城乡	5200	12065	5759	745	5300.0		
唐县齐家佐乡	11600	20989	13865	1459	6020.0		
唐县羊角乡	9200	12636	5930	1193	12500.0		
唐县石门乡	9400	8397	3261	587	2150.0		
唐县黄石口乡	11800	17713	9406	1441	1035.0		
唐县倒马关乡	10300	4341	2123	631	4879.0		
高阳县高阳镇	3884	64851	16426	9789	811452.0	104	8647
高阳县庞口镇	8612	48842	28936	17543	195930.0	85	4148
高阳县西演镇	7176	49200	33023	22023	253045.0	47	4960
高阳县邢家南镇	5046	43000	22227	16480	665880.0	775	15800
高阳县晋庄镇	5617	35980	18480	12990	464220.0	216	1767
高阳县蒲口乡	5254	25619	14040	6492	192156.0		
高阳县小王果庄乡	4432	30024	17535	11725	250929.0		
高阳县龙化乡	5143	27083	16105	8415	38500.0		
高阳县庞家佐乡	4328	26681	12987	1640	165813.0		
容城县容城镇	7590	75781	21065	16240	569606.0	924	27725
容城县小里镇	3500	28244	14750	9770	201130.0	813	14666
容城县南张镇	5380	42469	25702	15165	207900.0	665	10676
容城县大河镇	3200	22626	14336	10486	357620.0	350	2652
容城县晾马台镇	3380	26720	15558	11671	166800.0	276	4744
容城县八于乡	2920	20126	10982	3733	29740.0		
容城县贾光乡	2380	24056	12673	7203	67480.0		
容城县平王乡	3050	24791	14329	9971	305670.0		
涞源县涞源镇	20300	96033	37393	22381	395100.0	773	50331
涞源县银坊镇	23220	14254	5826	3935	16000.0	160	1800
涞源县走马驿镇	15700	18379	8981	2023	88216.0	21	1260
涞源县水堡镇	15260	4964	3232	1118	112142.0	23	790
涞源县王安镇	14550	16359	7147	2411	22400.0	1000	2150
涞源县杨家庄镇	11700	16243	5112	3331	101434.0	2250	4810

续表 26　　（河北省）　　计算单位：公顷、人、万元

名　称	行政区域面积	常住人口	从业人员	二三产业从业人员	工业总产值	城镇建成区面积	城镇建成区常住人口
涞源县白石山镇	15660	19394	8989	2343	57860.0	533	18444
涞源县南屯乡	7060	10039	5563	1232	33050.0		
涞源县南马庄乡	13500	8431	6789	3254	520.0		
涞源县北石佛乡	14890	16839	10434	1263	7000.0		
涞源县金家井乡	17670	12104	4746	924	2600.0		
涞源县留家庄乡	13970	4225	3950	750	240.0		
涞源县上庄乡	19330	13965	7260	1097	650.0		
涞源县东团堡乡	19420	14404	9215	783	16200.0		
涞源县塔崖驿乡	7540	6920	4021	674	10000.0		
涞源县乌龙沟乡	7540	5142	4311	1097	11100.0		
涞源县烟煤洞乡	7440	2605	2600	640	3000.0		
望都县望都镇	3980	65702	20653	11436	190751.0	112	22500
望都县固店镇	4994	28349	16956	3212	102000.0	86	2431
望都县贾村镇	4016	25893	15063	2280	3300.0	200	2120
望都县寺庄乡	4883	29345	13310	5554	7558.0		
望都县赵庄乡	3413	26582	17266	6841	35290.0		
望都县黑堡乡	3822	26106	12727	5373	15320.0		
望都县高岭乡	4031	31672	16716	4316	13120.0		
望都县中韩庄乡	6535	25600	15595	2570	230210.0		
安新县安新镇	7138	46597	25841	20193	223500.0	730	13821
安新县大王镇	7300	29038	18918	9450	93832.0	543	2852
安新县三台镇	5600	55598	20178	11282	427361.0	325	4252
安新县端村镇	7200	42434	24254	6358	18243.0	200	11186
安新县赵北口镇	2260	19064	14620	8275	17740.0	200	12647
安新县同口镇	8700	33049	19187	4881	144000.0	200	10852
安新县刘李庄镇	6200	52302	26650	12166	24920.0	283	3488
安新县安州镇	7700	44957	24735	6846	20200.0	318	492
安新县老河头镇	6400	45048	23518	5811	142600.0	670	6743
安新县圈头乡	4500	20122	17822	11850	17100.0		
安新县寨里乡	5700	34157	18672	10772	61325.0		
安新县芦庄乡	4100	20387	17305	15517	357460.0		
易县易州镇	8060	49953	22831	14561	415989.0	70	13660
易县梁格庄镇	14500	30725	15826	10136	70785.0	24	1991
易县西陵镇	8000	16453	7084	2723	5760.0	108	1187
易县裴山镇	8100	35970	19594	5499	100504.0	33	1865
易县塘湖镇	7333	44580	25583	6023	51883.0	33	3906
易县狼牙山镇	14667	16074	7461	2246	331.0	21	1259
易县良岗镇	16700	12519	6918	3256	2450.0	13	1870
易县紫荆关镇	26300	20554	6439	3168	72369.0	33	850
易县高村镇	9800	36308	17935	10096	284552.0	30	1100
易县桥头乡	5440	27341	13741	8907	57138.0		
易县白马乡	5940	15089	7411	2522	92042.0		
易县流井乡	10800	18131	7031	4054	198.0		
易县高陌乡	6450	45156	24046	9941	20386.0		
易县大龙华乡	7500	12464	6424	5176	44841.0		
易县安格庄乡	10300	11240	6158	2019	1500.0		
易县凌云册乡	6620	31642	16920	3318	242560.0		
易县西山北乡	9345	22043	11166	3651	4680.0		
易县尉都乡	4050	16162	10008	6853	10356.0		
易县独乐乡	3700	10009	5050	900	34500.0		

续表 27　（河北省）　计算单位：公顷、人、万元

名　称	行政区域面　积	常住人口	从业人员	二三产业从业人员	工　业总产值	城镇建成区 面 积	城镇建成区常住人口
易县七峪乡	5100	2769	1816	516	5964.0		
易县富岗乡	10600	6024	3280	1089	3972.0		
易县坡仓乡	7200	5903	2953	966	22351.0		
易县牛岗乡	8379	5359	3536	670	1838.0		
易县桥家河乡	7310	4188	1522	744	132096.0		
易县甘河净乡	6200	1562	753	97	70000.0		
易县蔡家峪乡	7200	2493	1441	422			
易县南城司乡	17800	13851	5592	2577	1675.0		
曲阳县恒州镇	4820	109037	23490	7114	33758.0	190	42015
曲阳县灵山镇	12210	71448	30143	13386	28900.0	97	13768
曲阳县燕赵镇	4850	46198	16642	6074	26125.0	108	4950
曲阳县羊平镇	5150	39555	18796	10694	6031.0	102	3916
曲阳县文德镇	3800	45766	22094	9249	38183.0	150	7601
曲阳县路庄子乡	3640	20176	7710	2065	4000.0		
曲阳县下河乡	5930	25263	16042	4632	2001.0		
曲阳县庄窠乡	2310	11300	7937	3550			
曲阳县孝墓乡	6660	23570	13935	4303	2313.0		
曲阳县东旺乡	5840	32178	16690	6130	1670.0		
曲阳县晓林乡	6140	34921	18847	7654	31370.0		
曲阳县邸村乡	3040	22705	12148	4980	5049.0		
曲阳县产德乡	8760	32621	15763	7492	500.0		
曲阳县齐村乡	7620	15905	7090	2809	299.0		
曲阳县党城乡	6420	24391	16410	8058	3264.0		
曲阳县郎家庄乡	10050	23489	16930	4181			
曲阳县范家庄乡	4810	7457	5309	1788			
曲阳县北台乡	6300	12311	4147	347	5530.0		
蠡县蠡吾镇	9954	109070	38687	18642	635000.0	1365	46825
蠡县留史镇	5962	52512	33789	17181	211891.0	800	16701
蠡县大百尺镇	7130	58430	34978	22318	485210.0	468	9613
蠡县辛兴镇	6251	49104	29608	19958	824300.0	420	7976
蠡县北郭丹镇	2569	22366	10260	8100	64125.0	150	10980
蠡县万安镇	2991	28941	18040	8132	42000.0	205	10002
蠡县桑园镇	3686	28211	15276	9374	204140.0	105	7454
蠡县南庄镇	6870	35731	21902	2860	49365.0	75	5824
蠡县大曲堤镇	2815	24225	15504	2933	52000.0		
蠡县小陈乡	2955	22336	10300	3307	96844.0		
蠡县林堡乡	2719	20725	17700	6200	75000.0		
蠡县北埝头乡	4675	22297	20620	3020	6160.0		
蠡县鲍墟乡	5830	38597	18696	4140	38411.0		
顺平县蒲阳镇	6431	74657	38695	20335	349755.0	740	52493
顺平县高于铺镇	6729	53871	32989	9525	327609.0	211	21176
顺平县腰山镇	5224	34966	20214	8688	65475.0	86	2688
顺平县蒲上镇	5901	30747	16525	5762	294630.0	39	8582
顺平县神南镇	8987	9025	6777	1621	305.0	67	6838
顺平县白云乡	6362	28136	15497	6086	29402.0		
顺平县河口乡	5837	15437	9015	2417	15.0		
顺平县安阳乡	8885	17882	10404	2970	15200.0		
顺平县台鱼乡	5923	16968	9962	2540	7100.0		
顺平县大悲乡	10821	15708	11062	2920	3960.0		
博野县博野镇	7809	69644	27041	19885	229927.0	350	19261

续表 28 （河北省） 计算单位：公顷、人、万元

名　　称	行政区域面　积	常住人口	从业人员	二三产业从业人员	工　业总产值	城镇建成区　面　积	城镇建成区常住人口
博野县小店镇	3078	30760	21171	16620	82377.0	167	3540
博野县程委镇	7143	41674	32429	20962	70771.0	191	2321
博野县东墟镇	2895	25303	19196	12884	179553.2	130	3301
博野县北杨村乡	2813	26769	16258	10393	9523.0		
博野县城东乡	4074	29168	18591	12531	99210.0		
博野县南小王乡	5278	33451	30043	20153	82720.0		
雄县雄州镇	9018	105363	47127	33859	664891.0	945	72103
雄县昝岗镇	4503	33280	27260	13060	479000.0	588	17963
雄县大营镇	6137	38640	21706	8721	65381.0	584	10613
雄县龙湾镇	8074	50081	24833	16421	771233.0	556	31892
雄县朱各庄镇	5120	35002	22935	10424	531563.0	250	14889
雄县米家务镇	5769	35338	24312	9727	389463.0	303	7704
雄县北沙口乡	3741	22804	12389	7603	118470.0		
雄县双堂乡	4109	21437	12549	4714	9215.0		
雄县张岗乡	4879	29027	13057	5097	29987.0		
保定高新技术产业开发区贤台乡	2857	22380	22136	6240	44500.0		
保定高新技术产业开发区大马坊乡	2050	20041	9990	3502	3100.0		
保定白沟新城白沟镇	5397	150556	101350	94920	1678300.0	1800	43440
涿州市松林店镇	7200	49238	25621	10644	1742285.0	350	18917
涿州市码头镇	5932	34031	21292	6843	125058.0	12	1870
涿州市东城坊镇	10000	40470	24965	10385	68700.0	177	2280
涿州市高官庄镇	4260	24208	14552	4170	33125.0	400	2353
涿州市东仙坡镇	4420	29016	17384	10266	11200.0	168	5196
涿州市百尺竿镇	5400	34979	18818	8693	78059.0	450	955
涿州市义和庄镇	7910	34948	21568	5652	40987.0	380	4300
涿州市林家屯乡	5000	31339	18118	6490	61712.0		
涿州市孙庄乡	2969	14999	11429	7240	14322.0		
涿州市豆庄乡	6700	37088	23955	5955	35173.0		
涿州市刁窝乡	6980	31460	18500	5820	70929.0		
安国市祁州镇	4302	62862	28145	19770	425462.0	40	34730
安国市伍仁桥镇	3480	31436	20020	11997	445200.0	249	3989
安国市石佛镇	5495	33609	20683	10458	370256.0	140	4301
安国市郑章镇	5500	37100	23045	11529	158243.0	451	3782
安国市大五女镇	3900	24024	14008	4517	17576.0	240	1945
安国市西佛落镇	3200	22520	14729	7435	197481.0	291	2834
安国市明官店乡	4700	32592	20689	12462	113436.0		
安国市南娄底乡	3952	35750	21415	16665	60768.0		
安国市西安国城乡	3500	28710	17250	8228	6100.0		
安国市北段村乡	4700	24250	14400	7253	60760.0		
高碑店市方官镇	6400	45188	28279	11664	19524.0	300	5089
高碑店市新城镇	7000	43657	30100	15508	6558.0	163	7488
高碑店市泗庄镇	5600	33662	20733	10252	21035.0	440	8999
高碑店市辛立庄镇	6030	37350	22641	5396	6920.0	127	5592
高碑店市东马营镇	4000	30898	15575	8209	13842.0	421	12383
高碑店市肖官营乡	4400	29164	21809	7869	14432.0		
高碑店市梁家营乡	2900	25501	15336	3075	8055.0		
高碑店市张六庄乡	6200	35666	19265	8616	8571.0		
高碑店市辛桥乡	7200	33843	16835	6495	2213.0		
张家口市桥东区姚家庄镇	4619	16578	7718	4002	37777.0	67	2545
张家口市桥西区东窑子镇	8857	24360	12105	9870	21419.0	7	7120

续表 29　　　　（河北省）　　　　计算单位：公顷、人、万元

名　　称	行政区域面　　积	常住人口	从业人员	二三产业从业人员	工　业总产值	城镇建成区 面 积	城镇建成区常住人口
宣化区庞家堡镇	12718	19717	9991	6049	10945.0	100	11259
宣化区河子西乡	4900	16709	9857	2568	27638.0		
宣化区春光乡	3700	15437	7754	5217			
宣化区侯家庙乡	5879	13296	7375	2126	14553.0		
下花园区花园乡	5470	9866	5589	2559	13869.0		
下花园区辛庄子乡	6937	5200	2570	1756	13544.0		
下花园区定方水乡	10460	8877	4689	1849	51.0		
下花园区段家堡乡	6420	1748	1315	148	29.0		
宣化县洋河南镇	13060	37893	21962	14435	197772.0	317	19445
宣化县深井镇	26644	24016	14057	3459	50950.0	225	4799
宣化县崞村镇	25587	16521	11279	2186	10388.0	10	1271
宣化县沙岭子镇	3266	27852	14107	7213	133809.6	2500	27852
宣化县大仓盖镇	9697	22165	11635	4349	145167.0	670	2973
宣化县贾家营镇	19472	19325	12673	4083	169454.0	73	2785
宣化县顾家营镇	4533	14250	8374	2190	98120.0	411	2259
宣化县赵川镇	17753	33228	19986	9779	78450.0	110	7409
宣化县王家湾乡	22680	2348	1472	327	1672.0		
宣化县塔儿村乡	18480	4918	3217	930	1921.0		
宣化县江家屯乡	10949	23776	14088	5528	145333.0		
宣化县东望山乡	18680	16502	9137	1979	113246.0		
宣化县李家堡乡	10140	7639	3013	1027	134014.0		
张北县张北镇	14177	86810	37496	22393	455342.0	7280	82797
张北县公会镇	26033	7820	7816	2767	788.0	2211	3286
张北县二台镇	32017	20108	15451	5380	13150.0	2380	6343
张北县大囫囵镇	27782	11551	7690	1183	6820.0	1352	685
张北县小二台镇	20147	14234	8786	3446		530	11986
张北县台路沟乡	17212	6859	6309	2658	120.0		
张北县油篓沟乡	23307	13119	11895	3417	59875.0		
张北县馒头营乡	19451	13799	9611	5919	163.0		
张北县二泉井乡	23282	9007	8140	1835			
张北县单晶河乡	16126	6135	6005	2785	540.0		
张北县大河乡	22234	15000	10036	4118	17725.0		
张北县海流图乡	28432	10028	7989	3802	22662.0		
张北县两面井乡	20283	9328	6203	1775	356.0		
张北县大西湾乡	21626	11979	7489	3125	11803.4		
张北县郝家营乡	16229	8878	8538	3033	3170.0		
张北县白庙滩乡	21007	9227	7524	2203	74900.0		
张北县战海乡	17721	7113	6357	1244	66.8		
张北县三号乡	19271	8824	6715	2630	52500.0		
康保县康保镇	32903	71001	13877	8686	102160.0	2900	39216
康保县张纪镇	25918	13916	12008	4088	13388.0	28	1615
康保县土城子镇	19644	10599	8320	1690	390.0	180	1894
康保县邓油坊镇	15602	8489	6397	2510		100	2297
康保县李家地镇	15261	11008	7132	2600	88.0	80	1220
康保县照阳河镇	25103	6748	6724	1874	7493.0	90	513
康保县屯垦镇	41057	13702	13192	957	19845.0	80	1265
康保县闫油坊乡	24670	6476	4812	2720	39.0		
康保县丹清河乡	21368	7300	6853	1897	2163.0		
康保县哈咇嘎乡	16770	7768	6064	1353	9533.0		
康保县二号卜乡	19090	8492	8460	3948			

续表 30　　(河北省)　　计算单位：公顷、人、万元

名　　称	行政区域面积	常住人口	从业人员	二三产业从业人员	工业总产值	城镇建成区面积	城镇建成区常住人口
康保县芦家营乡	16130	5107	4855	2299	4986.0		
康保县忠义乡	11425	6345	5615	1152	60.0		
康保县处长地乡	14346	6795	6755	3047	7559.0		
康保县满德堂乡	27666	8712	5576	1837	822.0		
沽源县平定堡镇	38000	35156	12716	6216	4129.0	2547	28180
沽源县小厂镇	22000	9171	8210	2030	2150.0	115	1260
沽源县黄盖淖镇	17800	11248	8995	2937		1643	396
沽源县九连城镇	32200	10666	9401	1301	11000.0	165	1326
沽源县高山堡乡	17700	6976	6240	700	5369.0		
沽源县小河子乡	34400	10344	9309	2327	2964.0		
沽源县二道渠乡	21800	9134	9116	416	1260.0		
沽源县大二号回族乡	5700	3029	1862	171	260.0		
沽源县闪电河乡	22600	9531	7508	2603	2500.0		
沽源县长梁乡	23000	6767	6491	591	190.0		
沽源县丰源店乡	28288	9105	7220	1440			
沽源县西辛营乡	21300	10548	6985	897	10992.0		
沽源县莲花滩乡	21900	4194	4070	861			
沽源县白土窑乡	28700	10022	6454	1354	14.0		
尚义县南壕堑镇	24828	42425	10895	8790	12797.0	315	27768
尚义县大青沟镇	18187	18610	11999	3320	13662.0	300	7845
尚义县八道沟镇	20015	12300	8660	2082	38600.0	300	1430
尚义县红土梁镇	29333	7532	7052	2997	12603.0	304	3701
尚义县小蒜沟镇	37284	8895	6601	1250	840.0	2200	1781
尚义县三工地镇	10729	8203	7531	561	10.0	30	1026
尚义县满井镇	16490	8850	2803	2497	60701.0	40	1229
尚义县大营盘乡	25748	8306	5081	89	3560.2		
尚义县大苏计乡	13854	7662	6530	1649	106.7		
尚义县石井乡	13100	5862	3916	438	13474.0		
尚义县七甲乡	7259	6372	4018	1045	2150.0		
尚义县套里庄乡	11461	4120	1684	864	2100.0		
尚义县甲石河乡	14324	4293	3802	538	1358.0		
尚义县下马圈乡	14587	4140	1410	310			
蔚县蔚州镇	3689	92345	13451	9633	55100.0	800	92345
蔚县代王城镇	6910	28767	16292	8292	2500.0	400	7999
蔚县西合营镇	14032	49065	19980	8900	1690.0	1125	22781
蔚县吉家庄镇	13500	22230	12546	1186	4501.0	800	4421
蔚县白乐镇	6701	18725	9790	2245	1.0	200	7047
蔚县暖泉镇	4370	15567	5830	1384	5.0	30	10952
蔚县南留庄镇	7120	24959	8322	2963	180715.0	25	8120
蔚县北水泉镇	10425	10760	5454	1704	18.0	31	4780
蔚县桃花镇	15470	20836	11334	4334		1828	8973
蔚县阳眷镇	13670	12599	5670	3040		137	4480
蔚县宋家庄镇	30483	23665	9741	2018	38750.0	30	1879
蔚县下宫村乡	30996	20480	14497	4396			
蔚县南杨庄乡	10326	15126	7468	68	4900.0		
蔚县柏树乡	23706	12166	6016	1016	30.0		
蔚县常宁乡	5881	8385	4678	782	20.0		
蔚县涌泉庄乡	7900	23690	7878	2156	90.0		
蔚县杨庄窠乡	12478	13177	10524	3395	3700.0		
蔚县南岭庄乡	7300	10730	6683	1393			

续表 31　　（河北省）　　计算单位：公顷、人、万元

名　称	行政区域面积	常住人口	从业人员	二三产业从业人员	工业总产值	城镇建成区面积	城镇建成区常住人口
蔚县陈家洼乡	10369	7153	3703	1423			
蔚县黄梅乡	7712	9295	6463	1521	29.0		
蔚县白草村乡	12300	7340	4234	1881	820.0		
蔚县草沟堡乡	48722	8478	6232	2590			
阳原县西城镇	11219	75275	12817	8684	145000.0	2851	30646
阳原县东城镇	16742	17154	10005	4105	450.0	2079	7978
阳原县化稍营镇	9411	24579	11800	3665	45950.8	1880	10682
阳原县揣骨疃镇	28809	21946	11470	4201	10700.0	1490	6955
阳原县东井集镇	12747	26561	16538	6833	6510.0	1170	6521
阳原县要家庄乡	10350	16672	12360	7773	8998.0		
阳原县东坊城堡乡	10961	7327	4353	1188	2951.0		
阳原县井儿沟乡	12632	9719	5730	2376	12305.0		
阳原县三马坊乡	5700	8844	5044	1120	1930.0		
阳原县高墙乡	17962	13520	8931	2076	15178.0		
阳原县大田洼乡	7827	4079	3054	422			
阳原县辛堡乡	11385	12029	7304	1804	1798.0		
阳原县马圈堡乡	11412	7377	3881	1240	572.0		
阳原县浮图讲乡	15330	9572	5118	2430	21856.0		
怀安县柴沟堡镇	16383	71848	22955	12292	22776.0	920	55000
怀安县左卫镇	27178	32684	22681	8541	152340.0	572	10058
怀安县头百户镇	8381	15340	9969	1793	1400.0	200	5000
怀安县怀安城镇	20487	24086	16685	6160	54786.0	173	12389
怀安县渡口堡乡	20237	16506	8925	3507	11256.0		
怀安县第六屯乡	8361	8298	6171	1950	590.0		
怀安县西湾堡乡	11621	8762	4110	964	35743.0		
怀安县西沙城乡	8500	6827	4892	1903	5412.0		
怀安县太平庄乡	16877	6730	6142	2583	2681.0		
怀安县王虎屯乡	17384	8214	5045	491	2500.0		
怀安县第三堡乡	13771	10805	9385	2728	17170.0		
万全县孔家庄镇	6540	36266	13131	4509	195937.0	912	21222
万全县万全镇	7126	13980	6031	2531	8300.0	56	7349
万全县洗马林镇	13858	6573	6296	2444	58023.0	100	4912
万全县郭磊庄镇	5852	23110	10310	1810	70521.0	13	3200
万全县膳房堡乡	17695	10306	6809	1347	3274.0		
万全县北新屯乡	18176	5436	3853	1398			
万全县宣平堡乡	7123	25194	12751	6540	42950.0		
万全县高庙堡乡	13400	11473	8614	3290	856.0		
万全县旧堡乡	6424	10201	7320	955	412.0		
万全县安家堡乡	10138	24948	14326	4889	5872.0		
万全县北沙城乡	6484	17209	11953	3049	210.0		
怀来县沙城镇	5902	153236	14794	9683	114855.0	2892	153236
怀来县北辛堡镇	7056	13587	4711	1376	12.0	3756	1339
怀来县新保安镇	6686	10050	504	288	23611.0	1	9360
怀来县东花园镇	13100	16549	8320	4909	83141.0	391	1685
怀来县官厅镇	17800	10846	5265	1892	1700.0	730	3628
怀来县桑园镇	12133	23166	13905	5234	12500.0	70	4091
怀来县存瑞镇	15125	24081	12778	3760	3985.0	805	2640
怀来县土木镇	9354	18624	11362	5990	1489.0	522	1006
怀来县大黄庄镇	4617	10076	9076	4256	2641.0	2013	7549
怀来县西八里镇	3658	20714	11422	4575	3022.0	52	2164

续表 32　　（河北省）　　计算单位：公顷、人、万元

名　　称	行政区域面　　积	常住人口	从业人员	二三产业从业人员	工　业总产值	城镇建成区 面 积	城镇建成区常住人口
怀来县小南辛堡镇	17236	17300	7697	2515	12361.0	244	1653
怀来县狼山乡	5470	11757	5915	2646	2030.0		
怀来县鸡鸣驿乡	4200	8679	4829	2629	4500.0		
怀来县东八里乡	2530	10043	5854	2767	2689.0		
怀来县瑞云观乡	11830	4414	3654	1333	18278.0		
怀来县孙庄子乡	11130	3154	1937	275			
怀来县王家楼回族乡	13200	5454	5112	1154	1068.0		
涿鹿县涿鹿镇	7122	73059	12529	5542	146916.0	2982	59978
涿鹿县张家堡镇	6914	20800	7276	3727	136620.0	68	5455
涿鹿县武家沟镇	27000	10015	6240	1840	11100.0	401	890
涿鹿县五堡镇	6773	25687	12280	4766	1478.0	174	5761
涿鹿县保岱镇	9930	25206	14637	4630	2150.0	186	1150
涿鹿县矾山镇	14704	22311	14614	1972	10500.0	80	4396
涿鹿县大堡镇	26676	14930	11280	1576	1789.0	60	2946
涿鹿县河东镇	39661	11249	5164	1402	8780.0	360	2959
涿鹿县东小庄镇	5823	32309	12918	4118	3695.0	366	18408
涿鹿县辉耀镇	22483	11779	5308	1464	6547.0	38	2269
涿鹿县大河南镇	26643	10500	2899	1179	3613.0	90	2883
涿鹿县温泉屯镇	7660	11064	8929	773	1100.0	991	3046
涿鹿县蟒石口镇	20439	9269	3877	1279	40.0	2530	2203
涿鹿县栾庄乡	9254	19654	9743	2290	100.0		
涿鹿县黑山寺乡	7177	10125	7644	651	220.0		
涿鹿县卧佛寺乡	23873	10463	5280	540	10633.0		
涿鹿县谢家堡乡	18106	5579	3990	900	9950.0		
赤城县赤城镇	24660	70871	15382	8811	46873.0	2453	51719
赤城县田家窑镇	19620	17586	10069	2741	128015.0	788	2149
赤城县龙关镇	28730	27081	10458	3991	301176.0	4500	13832
赤城县雕鹗镇	35390	11498	7944	2267	3500.0	27	2142
赤城县独石口镇	21706	3866	2585	1287	230.0	3010	2015
赤城县白草镇	24380	7183	5318	1072		556	1785
赤城县龙门所镇	23590	9520	6030	1207	142.0	2056	3727
赤城县后城镇	37468	15025	9068	2984	2735.0	857	4056
赤城县东卯镇	44560	15871	7928	2648	6150.0	960	912
赤城县炮梁乡	15634	7342	3386	1033	336142.0		
赤城县大海陀乡	27550	7556	4580	289	3091.0		
赤城县镇宁堡乡	33300	7705	5017	1159	39800.0		
赤城县马营乡	31750	6142	3954	500			
赤城县云州乡	52034	12010	9007	1580	6700.0		
赤城县三道川乡	33708	6283	5162	1403	800.0		
赤城县东万口乡	28220	11389	8702	2400	684.0		
赤城县茨营子乡	27420	8015	3177	759	60.0		
赤城县样田乡	18980	5974	4138	449	2568.0		
崇礼县西湾子镇	22440	37495	17347	12508	11832.0	430	32559
崇礼县高家营镇	34256	26206	12778	4753	34290.0	102	7041
崇礼县四台嘴乡	37488	10779	7111	1310	134620.0		
崇礼县红旗营乡	17676	4595	4225	1980	400.0		
崇礼县石窑子乡	14223	3011	2860	1627	13325.0		
崇礼县驿马图乡	34191	3886	3460	901	1785.0		
崇礼县石嘴子乡	30467	6182	3902	891	3028.0		
崇礼县狮子沟乡	12032	3901	3900	2222	8710.0		

续表 33　　（河北省）　　计算单位：公顷、人、万元

名　称	行政区域面积	常住人口	从业人员	二三产业从业人员	工业总产值	城镇建成区面积	城镇建成区常住人口
崇礼县清三营乡	14009	2833	2808	205			
崇礼县白旗乡	15628	5445	3329	1309	200.0		
张家口市高新技术产业开发区老鸦庄镇	2950	47220	13541	8052	255183.0	441	5133
张家口市高新技术产业开发区沈家屯镇	4500	25623	14370	5515	193362.0	350	1985
张家口市高新技术产业开发区姚家房镇	4712	32102	16863	8509	436273.0	124	6789
张家口市察北管理区沙沟镇	9627	4351	4247	820		796	1521
张家口市察北管理区宇宙营乡	9730	3887	3853	111			
双桥区水泉沟镇	4128	18162	4985	4310	5690.0	100	1411
双桥区狮子沟镇	3038	22590	10246	10001	2968.0	780	2789
双桥区牛圈子沟镇	6200	40403	17630	17290	86862.0	289	16092
双桥区大石庙镇	8230	31364	6852	4230	18550.0	310	7120
双桥区双峰寺镇	12513	30517	14850	5520	11200.0	586	10862
双滦区双塔山镇	8856	51804	10532	8994	13345.0	2740	44072
双滦区滦河镇	1525	38000	4183	3686	191300.0	1525	38000
双滦区大庙镇	9436	13185	4958	2701	16390.0	400	1992
双滦区偏桥子镇	5253	9200	5821	2490	1260.0	22	1390
双滦区陈栅子乡	8795	14487	7854	2726	510.0		
双滦区西地满族乡	11333	21082	9950	8132	8827.0		
鹰手营子矿区鹰手营子镇	3420	7514	3966	2776	66730.0	260	7220
鹰手营子矿区北马圈子镇	2392	11693	8745	7746	601345.0	900	2231
鹰手营子矿区寿王坟镇	6020	11257	8165	7697	25947.0	1758	10460
鹰手营子矿区汪家庄镇	2500	7684	6928	6582	9146.0	650	930
承德县下板城镇	25364	103823	40522	26983	228587.0	600	84421
承德县甲山镇	17116	22399	14573	8473	125843.0	209	11955
承德县六沟镇	18040	32588	18705	6009	19607.0	1456	11384
承德县三沟镇	18033	20576	14332	4280	25963.0	951	9116
承德县头沟镇	18513	23353	12143	4174	256363.0	1367	5132
承德县高寺台镇	13364	13201	9569	5585	706417.0	433	7322
承德县鞍匠镇	18693	14415	10621	3673	6790.0	27	1782
承德县三家镇	30329	18325	13532	6350	36550.0	450	1300
承德县东小白旗乡	11693	7350	6972	4792			
承德县刘杖子乡	17587	8178	7978	3912	3067.0		
承德县新杖子乡	10030	10012	7175	3094	5966.0		
承德县孟家院乡	10147	8803	7419	3747	15117.0		
承德县大营子乡	17358	7378	5538	2465	455.0		
承德县八家乡	13741	7393	6999	4139	12220.0		
承德县上谷乡	12472	15928	12710	6166	6374.0		
承德县满杖子乡	11028	7307	6018	2363	485.0		
承德县石灰窑乡	12868	17029	13661	7269	2910.0		
承德县五道河乡	15857	7169	6498	2259	210.0		
承德县岔沟乡	18367	11237	9165	3193	114213.0		
承德县岗子满族乡	8120	6872	6058	2069	20650.0		
承德县磴上乡	24997	12798	8983	2983	3016.0		
承德县两家满族乡	10098	8024	7031	3739	2910.0		
承德县仓子乡	10991	8531	7645	4876	4365.0		
兴隆县兴隆镇	19200	77643	20000	12100	346000.0	5724	64328
兴隆县半壁山镇	13100	21528	10332	2943	85642.0	350	7184
兴隆县挂兰峪镇	18800	13483	6579	1606	29500.0	216	3369
兴隆县青松岭镇	18100	13134	7190	1650	26000.0	298	1706
兴隆县六道河镇	17600	16952	10784	4970	32130.0	45	4231

续表 34　　（河北省）　　计算单位：公顷、人、万元

名　　称	行政区域面　　积	常住人口	从业人员	二三产业从业人员	工　业总产值	城镇建成区 面 积	城镇建成区常住人口
兴隆县平安堡镇	11200	15052	8487	4079	638910.0	1466	6872
兴隆县北营房镇	13200	12496	7292	3929	15100.0	242	1410
兴隆县孤山子镇	7500	11116	6926	2245	111510.0	224	3799
兴隆县蓝旗营镇	9800	14286	7351	1868	21505.0	1466	3610
兴隆县南天门满族乡	11300	7113	4483	1034	39365.0		
兴隆县八卦岭满族乡	10200	14438	8023	1493	51326.0		
兴隆县陡子峪乡	7600	6030	3325	883	18600.0		
兴隆县上石洞乡	13000	2687	2179	246			
兴隆县雾灵山乡	27700	11987	7188	3874	12700.0		
兴隆县李家营乡	15200	10084	5463	3300	39072.1		
兴隆县大杖子乡	23900	17063	10427	1731	10236.0		
兴隆县蘑菇峪乡	33500	17385	14376	2625	39385.0		
兴隆县三道河乡	11800	16434	8382	2054	4836.0		
兴隆县安子岭乡	7800	5395	3626	1183	15529.0		
兴隆县大水泉乡	21800	14093	8411	3301	320.0		
平泉县平泉镇	22386	142465	76810	67815	736826.0	8185	92855
平泉县黄土梁子镇	15340	18137	13520	7061	6252.0	750	6132
平泉县榆树林子镇	29872	25286	17543	7634	5730.0	1304	5080
平泉县杨树岭镇	20476	25463	15157	6557	81820.0	880	5742
平泉县七沟镇	28119	23929	13324	5351	28825.0	870	5041
平泉县小寺沟镇	15067	22305	12918	5004	71250.0	850	5115
平泉县党坝镇	22243	23969	14954	7237	45674.0	820	5654
平泉县卧龙镇	23023	43720	17785	10944	393100.0	700	5166
平泉县南五十家子镇	9140	19759	9544	5509	50954.0	710	4890
平泉县北五十家子镇	11556	9290	7132	2083	21531.0	3230	4405
平泉县桲椤树镇	13833	14164	9352	4438	55600.0	1852	4706
平泉县柳溪镇	22811	9181	6597	1500	4740.0	260	2958
平泉县王土房乡	12803	5379	2953	1025	13200.0		
平泉县七家岱满族乡	11424	5772	4940	2356	5585.0		
平泉县平房满族蒙古族乡	12536	13598	8440	2615	3061.0		
平泉县茅兰沟满族蒙古族乡	16997	12016	12012	4826	650.0		
平泉县台头山乡	19015	12351	11962	4157	702.0		
平泉县松树台乡	15460	12754	8833	3610	1300.0		
平泉县道虎沟乡	7310	12672	8292	4359	1560.0		
滦平县滦平镇	14600	17520	8675	4825	277010.0	998	4960
滦平县长山峪镇	20084	18862	11480	6003	1880.0	700	1325
滦平县红旗镇	13531	14196	8510	4385	269000.0	70	2605
滦平县金沟屯镇	21025	16552	10879	5581	734722.0	281	5007
滦平县虎什哈镇	24224	18218	11937	5797	6650.0	120	2556
滦平县巴克什营镇	18445	16873	9092	4892	5879.0	4441	7549
滦平县张百湾镇	21751	20922	15662	8841	169625.0	312	4215
滦平县付营子镇	21102	14906	9126	4787	2700.0	610	680
滦平县平坊满族乡	6753	5077	3718	1825	867.0		
滦平县安纯沟门满族乡	15703	9885	7300	3890	1920.0		
滦平县小营满族乡	12869	12118	7582	4570	686733.0		
滦平县西沟满族乡	15255	5785	4841	2532	695.0		
滦平县邓厂满族乡	7386	1955	1602	773	2606.0		
滦平县五道营子满族乡	12370	3231	2435	1030	36.0		
滦平县马营子满族乡	13872	6392	5107	2488	2629.0		
滦平县付家店满族乡	7928	3715	3657	2239	16000.0		

续表 35　　（河北省）　　计算单位：公顷、人、万元

名　称	行政区域面　积	常住人口	从业人员	二三产业从业人员	工　业总产值	城镇建成区 面 积	城镇建成区常住人口
滦平县火斗山乡	15815	10765	8222	4400	13140.0		
滦平县两间房乡	9680	7008	4287	1872			
滦平县涝洼乡	9225	4896	4729	2597	8.0		
滦平县大屯满族乡	15843	16161	9414	6403	16120.0		
隆化县隆化镇	28958	98863	23227	12321	316340.0	1388	86210
隆化县韩麻营镇	21671	20036	12545	5490	444014.0	210	4028
隆化县中关镇	8296	8958	5292	2267	259803.0	58	4125
隆化县七家镇	14610	10058	7023	2835	81.8	75	4589
隆化县汤头沟镇	26401	24475	14281	3706	65880.0	88	4971
隆化县张三营镇	14281	19387	13006	5525	10690.0	680	11180
隆化县唐三营镇	27822	22210	19562	8931	17900.0	86	4820
隆化县蓝旗镇	26526	16541	12463	6936	40000.0	125	3710
隆化县步古沟镇	27254	13443	10275	5226	1620.0	55	3082
隆化县郭家屯镇	70271	19525	11203	2335	3516.0	140	7998
隆化县荒地乡	28563	12836	9813	2573			
隆化县章吉营乡	15627	12368	9345	2517	2900.0		
隆化县茅荆坝乡	30568	9090	5960	1920			
隆化县尹家营满族乡	8994	6255	5255	1924			
隆化县庙子沟蒙古族满族乡	9825	5365	4940	1718	4500.0		
隆化县偏坡营满族乡	17902	9640	6503	2363	1200.0		
隆化县山湾乡	19097	7285	6664	2731	2450.0		
隆化县八达营蒙古族乡	18879	11098	6480	484	6500.0		
隆化县太平庄满族乡	17131	5272	5152	1722	4020.0		
隆化县旧屯满族乡	17405	6560	5560	1250			
隆化县西阿超满族蒙古族乡	18969	10206	5050	1174	3215.0		
隆化县白虎沟满族蒙古族乡	9409	5340	4800	1148	108.0		
隆化县碱房乡	20397	5347	4214	558	13414.0		
隆化县韩家店乡	28286	9910	9810	3170	1800.0		
隆化县湾沟门乡	20203	6132	5822	2250	3500.0		
丰宁满族自治县大阁镇	39616	61190	21484	10558	477378.0	4076	61092
丰宁满族自治县大滩镇	62100	18503	11596	3475	1703.0	62	2598
丰宁满族自治县鱼儿山镇	31342	11006	10186	2055	6894.0	34	1206
丰宁满族自治县土城镇	36170	17387	9564	2278	1155.0	49	2078
丰宁满族自治县黄旗镇	32032	14800	7710	2730	8950.0	120	3000
丰宁满族自治县凤山镇	36258	36449	17324	6341	20100.0	176	8830
丰宁满族自治县波罗诺镇	16100	11770	6030	2068	39608.0	56	2867
丰宁满族自治县黑山咀镇	29585	20330	8974	3784	56997.0	131	4980
丰宁满族自治县天桥镇	15891	9270	5261	1860	215.0	65	2312
丰宁满族自治县胡麻营镇	26810	17200	9141	3781	370000.0	17	1870
丰宁满族自治县万胜永乡	26023	4476	2505	1165	13209.0		
丰宁满族自治县四岔口乡	56667	6955	4218	1738	23520.0		
丰宁满族自治县苏家店乡	38663	4002	2942	1141	286.0		
丰宁满族自治县外沟门乡	53445	6306	4293	1714	300.0		
丰宁满族自治县草原乡	21271	6557	2535	1436	2280.0		
丰宁满族自治县窟窿山乡	27125	3981	2393	372	4580.0		
丰宁满族自治县小坝子乡	31115	3594	2832	648	740.0		
丰宁满族自治县五道营乡	26957	8901	4058	2018	8950.0		
丰宁满族自治县南关蒙古族乡	33394	18751	9236	2965	12361.0		
丰宁满族自治县选将营乡	34229	11343	7210	3582	72.0		
丰宁满族自治县西官营乡	24950	13187	7080	1410	3620.0		

续表 36 （河北省） 计算单位：公顷、人、万元

名　称	行政区域面积	常住人口	从业人员	二三产业从业人员	工业总产值	城镇建成区面积	城镇建成区常住人口
丰宁满族自治县王营乡	10646	6227	3439	886	7102.0		
丰宁满族自治县北头营乡	16322	6439	4090	1205	910.0		
丰宁满族自治县石人沟乡	34650	14671	8075	4900	16000.0		
丰宁满族自治县汤河乡	37230	9531	5253	1210	370.0		
丰宁满族自治县杨木栅子乡	18398	8090	3979	1438	290.0		
宽城满族自治县宽城镇	17253	78538	59252	53365	1885478.0	1150	78158
宽城满族自治具龙须门镇	18620	18866	13062	7483	123013.0	370	5733
宽城满族自治县峪耳崖镇	14149	25877	14019	7402	129345.0	420	9834
宽城满族自治县板城镇	16061	20685	12170	8858	1790542.0	240	8493
宽城满族自治县汤道河镇	23126	17859	11331	5342	9543.0	270	4859
宽城满族自治县饽罗台镇	8091	7805	4405	1889	54104.0	64	4681
宽城满族自治县碾子峪镇	7849	14235	8789	5030	242470.0	96	2660
宽城满族自治县亮甲台镇	6710	7251	3987	1732	207660.0	41	2166
宽城满族自治县化皮溜子乡	5854	11172	5367	2004	12697.0		
宽城满族自治县塌山乡	8307	4898	3314	1832	5140.0		
宽城满族自治县孟子岭乡	9682	6198	3920	2026	2084.0		
宽城满族自治县独石沟乡	4968	1136	810	276	6854.0		
宽城满族自治县东大地乡	4844	10672	3227	1597	53514.0		
宽城满族自治县铧尖乡	6274	6717	4111	2477	16209.0		
宽城满族自治县东黄花川乡	4422	5547	3244	2189	16949.0		
宽城满族自治县苇子沟乡	9592	6489	4078	2230	2575.0		
宽城满族自治县大字沟门乡	7250	4661	3185	2076	1346.0		
宽城满族自治县大石柱子乡	9732	6089	4387	2309	483.0		
围场满族蒙古族自治县围场镇	18575	114989	6799	2727	147577.2	9736	58800
围场满族蒙古族自治县四合永镇	15320	28160	13000	9000	79554.0	460	17064
围场满族蒙古族自治县克勒沟镇	15793	14141	9730	2430	7850.0	225	3538
围场满族蒙古族自治县棋盘山镇	28000	16821	8990	3120	7302.6	625	3424
围场满族蒙古族自治县半截塔镇	20930	8872	6610	1573	11880.8	450	3125
围场满族蒙古族自治县朝阳地镇	16220	12919	9324	2644	830.0	1230	2210
围场满族蒙古族自治县朝阳湾镇	18272	14081	11102	3435	3300.0	516	1180
围场满族蒙古族自治县腰站镇	20800	16876	5759	1930	5492.8	43	1226
围场满族蒙古族自治县龙头山镇	13869	8187	6373	1282	16584.3	40	1786
围场满族蒙古族自治县新拨镇	31001	11403	11193	1525	901.0	80	1520
围场满族蒙古族自治县道坝子乡	19333	6891	6458	1365	520.0		
围场满族蒙古族自治县黄土坎乡	25133	9850	6658	1921	3941.0		
围场满族蒙古族自治县四道沟乡	10163	5649	4815	1773	1480.0		
围场满族蒙古族自治县兰旗卡伦乡	20140	8871	6764	1720			
围场满族蒙古族自治县银窝沟乡	29073	11793	9684	2034	2400.0		
围场满族蒙古族自治县新地乡	22733	15982	9895	1190			
围场满族蒙古族自治县广发永乡	17180	7726	4466	1144	2633.8		
围场满族蒙古族自治县育太和乡	9412	5374	4049	1015	196.0		
围场满族蒙古族自治县郭家湾乡	35910	7743	5233	1515	8000.0		
围场满族蒙古族自治县杨家湾乡	16815	7429	6422	2112	85.0		
围场满族蒙古族自治县大唤起乡	12667	6592	4983	1013	3940.0		
围场满族蒙古族自治县哈里哈乡	21440	7104	5579	1177	106.0		
围场满族蒙古族自治县张家湾乡	12668	3761	2707	375	90.0		
围场满族蒙古族自治县宝元栈乡	16392	6599	3540	890	125.0		
围场满族蒙古族自治县山湾子乡	21374	7505	5130	620	3388.0		
围场满族蒙古族自治县三义永乡	24400	6401	6174	919	1750.0		
围场满族蒙古族自治县姜家店乡	17100	5578	4920	730	42719.1		

续表 37　　（河北省）　　计算单位：公顷、人、万元

名　　称	行政区域面　　积	常住人口	从业人员	二三产业从业人员	工　业总产值	城镇建成区 面 积	城镇建成区常住人口
围场满族蒙古族自治县下伙房乡	17691	5651	3540	890	100.0		
围场满族蒙古族自治县燕格柏乡	29800	3981	3980	518	350.0		
围场满族蒙古族自治县牌楼乡	22100	6335	6333	985	2300.0		
围场满族蒙古族自治县城子乡	29724	7431	6652	619			
围场满族蒙古族自治县老窝铺乡	27360	2453	1036	480			
围场满族蒙古族自治县御道口乡	23642	3555	3019	464	37001.0		
围场满族蒙古族自治县石桌子乡	13151	4041	4001	999	1040.0		
围场满族蒙古族自治县大头山乡	17864	7082	5668	912	1350.0		
围场满族蒙古族自治县南山嘴乡	17346	3065	2193	736	590.0		
围场满族蒙古族自治县西龙头乡	13669	3291	3060	440			
承德高新技术产业开发区冯营子镇	9022	58623	11770	8427	1252452.0	1250	27546
承德高新技术产业开发区上板城镇	19627	37239	18515	8823	98801.0	518	23280
沧州市新华区小赵庄乡	2421	35271	15964	9330	179960.0		
运河区小王庄镇	4243	31135	14548	8398	162753.0	4243	31135
运河区南陈屯乡	4940	45659	23202	8154	124440.0		
沧县旧州镇	8200	22010	13427	12521	414685.0	1790	9890
沧县兴济镇	11400	50136	30222	28221	186500.0	600	14375
沧县杜生镇	5800	42590	24970	22460	420000.0	750	10510
沧县崔尔庄镇	11800	55635	31812	24192	266930.0	710	6880
沧县薛官屯乡	9300	23815	12022	9876	400000.0		
沧县捷地回族乡	4300	30075	16835	15140	60001.0		
沧县张官屯乡	7900	48396	30628	22411	302156.0		
沧县李天木回族乡	9000	38774	20790	14840	341061.0		
沧县风化店乡	13000	36240	19265	16685	176053.0		
沧县姚官屯乡	7000	34526	17020	12870	258060.0		
沧县杜林回族乡	8300	43050	22888	20683	205530.0		
沧县汪家铺乡	8700	34913	17758	13208	140000.0		
沧县刘家庙乡	6500	26012	13605	9421	5535.0		
沧县仵龙堂乡	6900	29442	16180	13780	128636.0		
沧县大官厅乡	8500	36832	20894	14230	255000.0		
沧县高川乡	6500	32870	18870	12950	93104.0		
沧县黄递铺乡	4600	23845	18079	13136	32334.0		
沧县大褚村回族乡	5500	25898	13102	10920	18230.0		
沧县纸房头乡	8800	39689	24539	19887	975000.0		
青县清州镇	11000	119210	56340	53140	1863109.0	4860	105000
青县金牛镇	14300	41806	23023	20828	1108522.0	220	11140
青县新兴镇	8800	36209	20002	12369	44206.0	145	12255
青县流河镇	11000	35600	23053	17860	84209.0	206	10092
青县木门店镇	7800	31822	16105	9842	32640.0	260	7852
青县马厂镇	14100	42951	22233	18586	465355.0	455	25540
青县上伍乡	6000	21843	12172	8483	75470.0		
青县曹寺乡	12600	42432	24393	14603	19155.0		
青县盘古乡	7200	29364	16131	6345	40110.0		
青县陈嘴乡	4000	17763	9965	6101	18329.0		
东光县东光镇	7049	73650	15789	12629	809985.0	3757	63033
东光县连镇镇	8890	42005	23386	13211	553267.0	467	15345
东光县找王镇	4562	29800	14280	8660	109700.0	1668	8922
东光县秦村镇	6940	28135	12256	6976	17200.0	88	3876
东光县灯明寺镇	8796	29873	14900	8350	40500.0	135	7010
东光县南霞口镇	9500	37929	22885	12907	121872.0	1822	14230

续表 38　（河北省）　计算单位：公顷、人、万元

名　　称	行政区域面　积	常住人口	从业人员	二三产业从业人员	工　业总产值	城镇建成区　面　积	城镇建成区常住人口
东光县大单镇	8657	44244	25787	17147	178012.0	176	3493
东光县龙王李镇	6138	33522	14927	8381	62538.0	500	18169
东光县于桥乡	10431	28538	19585	7450	96150.0		
海兴县苏基镇	10900	58900	12112	8312	85160.0	300	35161
海兴县辛集镇	4800	19767	12900	4808	6760.0	300	7900
海兴县高湾镇	7900	25598	15995	6010	13043.0	200	5682
海兴县赵毛陶乡	13500	33680	21532	6732	45460.0		
海兴县香坊乡	6300	18616	10425	4594	24368.0		
海兴县小山乡	13100	26374	17630	9246	8250.0		
海兴县张会亭乡	6300	26560	16495	7876	7450.0		
盐山县盐山镇	9640	49260	33250	28724	1216625.0	500	46091
盐山县望树镇	5380	28926	18716	7700	56580.0	20	3424
盐山县庆云镇	5600	45032	20461	12112	133760.0	202	5510
盐山县韩集镇	5270	43248	19890	16735	26837.0	21	4300
盐山县千童镇	3810	25310	15134	9372	14721.0	30	7886
盐山县圣佛镇	7770	46623	17878	12558	570230.0	72	12329
盐山县边务乡	9070	29815	19015	9910	255000.0		
盐山县小营乡	5900	31564	18761	13885	19325.0		
盐山县杨集乡	8810	29892	12730	7123	84532.0		
盐山县孟店乡	8520	44803	23376	13369	51500.0		
盐山县常庄乡	3280	21200	11246	6513	17000.0		
盐山县小庄乡	6470	34010	18010	12260	12000.0		
肃宁县肃宁镇	4972	74430	25461	19248	335846.0	1600	67123
肃宁县梁家村镇	8146	46927	35179	26661	244454.0	899	12496
肃宁县窝北镇	6083	35161	25581	18367	156762.0	614	12708
肃宁县尚村镇	5453	37013	26318	20472	1528556.0	1453	33016
肃宁县万里镇	5595	35367	31896	24727	89748.0	679	13758
肃宁县师素镇	6776	36051	23217	15843	184412.0	50	2198
肃宁县留善寺乡	5127	31918	22054	17085	119499.0		
肃宁县付家佐乡	5066	28423	22777	16772	148174.0		
肃宁县邵庄乡	4403	23783	18959	14310	202647.0		
南皮县南皮镇	6524	81557	15545	8331	560000.0	217	32168
南皮县冯家口镇	10095	40759	24991	11529	161774.0	120	4796
南皮县寨子镇	8571	53199	27820	14520	43018.0	420	8515
南皮县鲍官屯镇	9104	36543	20229	9740	76254.0	150	5371
南皮县王寺镇	9069	37080	21320	9902	135650.0	158	4558
南皮县乌马营镇	9657	27997	15989	8586	360759.0	110	2438
南皮县大浪淀乡	9981	26050	19826	9906	46925.0		
南皮县刘八里乡	5716	33531	13906	7533	255108.0		
南皮县潞灌乡	9854	44959	27593	6094	302556.0		
吴桥县桑园镇	4542	51144	36760	33545	1765318.0	1204	51144
吴桥县铁城镇	7357	39559	24773	19112	208808.0	65	3997
吴桥县于集镇	6065	26770	16276	10442	726380.0	189	2245
吴桥县梁集镇	5262	21999	15941	10936	240000.0	123	4460
吴桥县安陵镇	6745	25275	14495	9631	446730.0	378	11060
吴桥县曹家洼乡	5142	23078	15458	9968	643036.0		
吴桥县宋门乡	6420	27259	14388	11248	890000.0		
吴桥县杨家寺乡	5125	23859	12164	5135	552770.0		
吴桥县沟店铺乡	6017	26477	14630	9481	471100.0		
吴桥县何庄乡	5629	26580	13178	8706	441948.0		

续表 39 （河北省） 计算单位：公顷、人、万元

名　　称	行政区域面　　积	常住人口	从业人员	二三产业从业人员	工　业总产值	城镇建成区 面 积	城镇建成区常住人口
献县乐寿镇	9900	78797	20380	10166	430206.0	2340	76248
献县淮镇镇	7200	41733	19650	16535	744053.0	3348	19421
献县郭庄镇	5800	33547	18197	13280	985661.0	310	11527
献县河城街镇	8300	45158	21495	17575	1156457.0	4260	26319
献县韩村镇	11100	53665	26291	10476	432130.0	264	16746
献县陌南镇	8400	40687	21543	10183	121836.0	540	8933
献县陈庄镇	8600	34576	15428	8174	660010.0	400	7292
献县徐留高乡	4900	29263	13150	7740	334491.0		
献县商林乡	5100	27613	17202	8506	573904.0		
献县段村乡	6900	27674	13916	9631	148929.0		
献县张村乡	6700	26806	12095	6586	114817.0		
献县临河乡	5400	30521	15147	12449	96659.0		
献县小平王乡	4900	19417	11562	5228	192634.0		
献县十五级乡	6500	27447	12836	8113	284813.0		
献县垒头乡	4800	22730	9100	7200	177139.0		
献县南河头乡	3700	24434	11946	10366	745085.0		
献县西城乡	5800	25517	9998	5648	230008.0		
献县本斋回族乡	3000	15415	5730	3904	349303.0		
孟村回族自治县孟村镇	7600	62405	20077	14656	358271.0	1005	40610
孟村回族自治县新县镇	6400	31673	14971	5753	258918.0	600	8975
孟村回族自治县辛店镇	4100	27698	14045	8802	1715513.0	726	12867
孟村回族自治县高寨镇	6100	23406	12762	8247	260020.0	900	7967
孟村回族自治县宋庄子乡	5500	32390	15405	9041	167792.0		
孟村回族自治县牛进庄乡	8300	33429	15265	9306	713898.0		
沧州渤海新区新村回族乡	11800	9916	5625	3669	3490000.0		
泊头市泊镇	7199	57486	27928	23549	1620000.0	2400	34335
泊头市交河镇	7904	43816	20480	17159	577802.0	1800	34101
泊头市齐桥镇	10392	50608	29060	22920	161239.0	350	6144
泊头市寺门村镇	8158	29480	19305	14937	440000.0	423	3010
泊头市郝村镇	9278	30912	23781	17764	320356.0	576	5045
泊头市富镇镇	7818	31387	19400	16460	162350.0	400	12033
泊头市文庙镇	8466	32252	20434	15274	144650.0	257	2490
泊头市洼里王镇	7044	35016	23850	17900	165000.0	532	5005
泊头市王武庄乡	6942	25971	16513	13815	266694.0		
泊头市营子乡	9412	35515	24165	17510	201200.0		
泊头市四营乡	7548	26305	22010	13290	252600.0		
泊头市西辛店乡	9629	32725	24830	13830	12126.0		
任丘市出岸镇	5400	35716	18111	13677	160611.0	838	8450
任丘市石门桥镇	5990	42364	21673	17096	236256.0	213	12021
任丘市吕公堡镇	5170	38959	20544	17582	291971.0	1348	11844
任丘市长丰镇	7860	44502	26987	19628	425285.0	1100	10752
任丘市鄚州镇	5820	26351	10986	9374	235900.0	1500	8459
任丘市苟各庄镇	6208	28603	15251	13510	297656.0	800	11688
任丘市梁召镇	7390	42066	18264	16594	336330.0	500	13861
任丘市辛中驿镇	5880	38530	16770	11206	503589.0	1869	16881
任丘市麻家坞镇	7230	37600	19679	17118	456578.0	12	6074
任丘市议论堡乡	7178	38392	19308	15878	354750.0		
任丘市青塔乡	5260	29425	15331	10891	131507.0		
任丘市北辛庄乡	4140	31302	11835	8860	422861.0		
任丘市七间房乡	5220	25886	11635	10088	92512.0		

续表 40　　(河北省)　　计算单位：公顷、人、万元

名　　称	行政区域面　　积	常住人口	从业人员	二三产业从业人员	工　业总产值	城镇建成区 面 积	城镇建成区常住人口
任丘市北汉乡	5120	29015	15811	11147	278102.0		
任丘市于村乡	7489	38861	18331	15599	88462.0		
黄骅市黄骅镇	12931	60203	15908	14791	1965780.0	2310	33783
黄骅市南排河镇	7194	43519	29237	20764	43907.0	1100	14816
黄骅市吕桥镇	11368	34196	23875	21862	948673.0	1910	10562
黄骅市旧城镇	14311	33244	25076	23266	1381352.0	190	14961
黄骅市羊二庄回族乡	22079	32266	25568	23754	366800.0		
黄骅市常郭乡	16573	32389	25790	22390	230190.0		
黄骅市滕庄子乡	19351	38744	22752	19384	429310.0		
黄骅市官庄乡	9182	24602	17865	15256	225617.0		
黄骅市齐家务乡	16069	33412	15375	13625	450035.0		
黄骅市羊三木回族乡	5506	9354	4867	4275	140582.0		
河间市瀛州镇	5750	174328	32479	26458	376100.0	2110	62498
河间市米各庄镇	8800	60915	33837	26802	522296.0	3105	22521
河间市景和镇	6500	26041	15280	12207	142683.0	1690	13602
河间市卧佛堂镇	8150	47718	26770	21231	81219.0	1275	13337
河间市束城镇	9600	51589	24855	23289	487967.0	2080	20381
河间市留古寺镇	5650	29055	17656	14049	437779.0	1370	9810
河间市沙河桥镇	8000	40811	24439	19394	538804.0	1200	15530
河间市故仙乡	8400	34635	20204	16056	490770.0		
河间市黎民居乡	10600	42007	23819	18905	258619.0		
河间市兴村乡	8900	52945	31100	24644	42752.0		
河间市沙洼乡	5600	32957	19805	15742	122983.0		
河间市西九吉乡	4950	28105	17281	13753	60512.0		
河间市北石槽乡	4400	21729	12814	10236	325078.0		
河间市诗经村乡	5650	27819	19700	15344	62669.0		
河间市郭家村乡	4750	24108	17600	14376	39714.0		
河间市时村乡	6600	25686	15606	12433	54289.0		
河间市行别营乡	5850	38715	21599	17156	445165.0		
河间市尊祖庄乡	7600	35201	19441	15459	446713.0		
河间市龙华店乡	4950	25607	15516	12362	18734.0		
河间市果子洼回族乡	2600	20908	13062	10432	16894.0		
安次区落垡镇	5966	19634	13507	3282	13737.0	205	4210
安次区码头镇	10508	41016	25258	11031	89383.0	216	4695
安次区葛渔城镇	8045	40860	23274	11921	38793.0	567	13322
安次区东沽港镇	6443	36620	25004	9030	990320.0	207	9671
安次区杨税务乡	9206	33915	18956	6528	155063.0		
安次区仇庄乡	7258	25933	17333	4011	121620.0		
安次区调河头乡	6198	22406	13300	3259	27466.0		
安次区北史家务乡	3139	70043	14805	10206	24290.0		
广阳区南尖塔镇	2626	23977	10743	6928	38902.0	28	1530
广阳区万庄镇	8842	38084	22026	4387	6229.0	86	1490
广阳区九州镇	13301	56266	32461	8289	33781.0	139	2960
广阳区北旺乡	4331	31862	15750	8244	17555.0		
固安县固安镇	16614	175370	35247	8511	1398797.2	1274	35446
固安县宫村镇	7360	35165	14694	5227	28445.6	182	6304
固安县柳泉镇	8686	38872	19116	3349	122482.3	122	7563
固安县牛驼镇	9199	49408	28962	6255	83675.8	190	10283
固安县马庄镇	7801	42760	26933	5376	100339.9	200	10288
固安县东湾乡	7475	34149	18442	4981	28890.6		

续表 41　　　　　　　　　　　　　　（河北省）　　　　　　　　　　　　计算单位：公顷、人、万元

名　　称	行政区域面　　积	常住人口	从业人员	二三产业从业人员	工　业总产值	城镇建成区 面 积	城镇建成区常住人口
固安县彭村乡	4616	21599	14026	2905	16532.8		
固安县渠沟乡	4980	25093	15915	3560	36809.9		
固安县礼让店乡	3570	15940	10524	1977	63085.5		
永清县永清镇	16620	97071	39312	37657	677906.0	1100	69042
永清县韩村镇	9060	26490	17150	10660	9090.0	58	3100
永清县后奕镇	5130	22490	10927	8559	18561.0	70	5500
永清县别古庄镇	9950	28799	16935	9615	121510.0	98	3755
永清县里澜城镇	6793	28696	13408	8882	100996.0	33	8012
永清县管家务回族乡	2568	10380	5127	1315	31281.0		
永清县曹家务乡	9057	25700	15286	9724	85704.0		
永清县龙虎庄乡	5251	27997	14959	6643	23990.0		
永清县刘街乡	5890	30765	20585	8882	168010.0		
永清县三圣口乡	5975	29280	9591	9401	95160.0		
香河县淑阳镇	5233	114919	24138	22055	897000.0	1980	76930
香河县蒋辛屯镇	5597	28500	12985	9036	570619.0	210	5595
香河县渠口镇	6475	47054	22794	11976	435569.0	480	5705
香河县安头屯镇	4583	26799	9527	4525	38966.0	510	4805
香河县安平镇	3352	27476	12759	7582	578515.0	1200	11620
香河县刘宋镇	6289	34416	15181	12253	200798.0	360	4045
香河县五百户镇	6199	38817	17497	5683	478907.0	530	5186
香河县钱旺镇	3651	25315	13905	10770	165623.0	130	2410
香河县钳屯镇	3421	21843	9205	4345	148604.0	320	2580
大城县平舒镇	6796	77001	16173	11315	287620.0	718	8875
大城县旺村镇	14564	40607	20634	10596	561077.0	685	4630
大城县大尚屯镇	13146	71092	32370	16007	149413.5	764	4278
大城县南赵扶镇	10705	48205	23903	10337	120086.0	689	4423
大城县留各庄镇	7907	44309	20982	12016	207630.0	900	6159
大城县权村镇	6359	42094	19164	5744	191330.0	1210	5306
大城县里坦镇	5994	26845	14742	4470	28513.6	820	4098
大城县广安镇	6856	41562	16182	9402	142185.0	662	4798
大城县北位乡	7310	46680	22290	7732	20798.0		
大城县臧屯乡	10069	48315	24816	12109	122301.2		
文安县文安镇	13717	96382	21210	12497	271855.0	322	28571
文安县新镇镇	4815	32311	16940	14439	1127568.0	1467	20999
文安县苏桥镇	8253	33125	17539	10289	377958.0	590	8124
文安县大柳河镇	10503	39238	17494	13460	545650.0	600	7342
文安县左各庄镇	4682	29387	11426	9531	537321.0	2260	19384
文安县滩里镇	6522	30713	13151	10300	2191296.0	1021	12961
文安县史各庄镇	3628	24241	10833	7470	384607.0	605	20169
文安县赵各庄镇	7949	44500	19647	14387	277127.0	260	23189
文安县兴隆宫镇	5462	31709	15336	11078	245834.0	1249	17299
文安县大留镇镇	7083	39123	22549	16339	253979.0	246	2610
文安县孙氏镇	14392	61602	28527	10942	473399.0	660	6029
文安县德归镇	10487	22337	8641	3460	158855.0	815	4368
文安县大围河回族满族乡	6198	32139	20047	8398	220930.0		
大厂回族自治县大厂镇	4133	43024	11240	8926	207800.0	908	11210
大厂回族自治县夏垫镇	4118	34701	2525	1596	310288.8	1580	14610
大厂回族自治县祁各庄镇	4752	22461	10702	999	140751.0	130	6385
大厂回族自治县邵府镇	2218	9516	1454	460	33280.0	9	3124
大厂回族自治县陈府镇	2376	11198	1061	256	8660.0	2	1469

续表 42 （河北省） 计算单位：公顷、人、万元

名称	行政区域面积	常住人口	从业人员	二三产业从业人员	工业总产值	城镇建成区面积	城镇建成区常住人口
霸州市霸州镇	7670	123214	24946	17690	296190.0	2006	22820
霸州市南孟镇	5196	37066	17306	10376	156102.0	119	13240
霸州市信安镇	4158	28601	16121	12721	1083465.0	250	19367
霸州市堂二里镇	4637	34607	13616	10006	720000.0	500	14619
霸州市煎茶铺镇	7420	43774	23525	14430	300000.0	300	11422
霸州市胜芳镇	9701	133921	72190	68660	4630000.0	2200	88330
霸州市杨芬港镇	8506	41515	20321	12736	977622.0	288	13191
霸州市岔河集乡	3990	25424	7406	3796	315000.0		
霸州市康仙庄乡	7854	52673	22994	16394	320000.0		
霸州市东杨庄乡	2921	21720	11007	7598	97848.0		
霸州市王庄子乡	5146	38020	22240	18000	149960.0		
霸州市东段乡	2410	40273	9505	8592	1513089.3		
三河市泃阳镇	6000	53332	26871	17792	517322.5	1310	32589
三河市李旗庄镇	4800	24558	14186	9726	1537536.5	660	3945
三河市杨庄镇	4800	27702	19819	14224	258426.6	215	5207
三河市皇庄镇	6500	41848	24082	18432	455721.7	531	6572
三河市新集镇	6300	42465	19444	12705	199676.9	635	7859
三河市段甲岭镇	6200	20673	11278	8028	131500.6	425	9069
三河市黄土庄镇	6200	34714	23332	17677	613547.3	402	7003
三河市高楼镇	7800	36518	20616	12311	252139.8	420	6435
三河市齐心庄镇	4400	22394	13453	9078	73496.0	153	4552
三河市燕郊镇	10800	280554	96868	86085	5767721.6	4710	173589
桃城区郑家河沿镇	10843	43082	21521	15149	83720.0	270	3828
桃城区赵家圈镇	11400	36429	21443	14240	476282.0	849	5309
桃城区邓庄镇	9995	28543	15364	9748	160858.0	64	4860
桃城区何家庄乡	1094	26877	11349	11164	79698.0		
枣强县枣强镇	19200	124820	25104	9914	259173.0	600	56549
枣强县恩察镇	3700	14438	8372	3647	8416.0	89	2327
枣强县大营镇	13600	79139	31862	18475	951176.0	1350	28257
枣强县嘉会镇	3200	12717	6862	3484	10453.0	45	3167
枣强县马屯镇	11400	30580	18036	7496	11345.0	36	6259
枣强县肖张镇	3400	14749	5739	2589	27300.0	165	6078
枣强县张秀屯镇	9300	30560	17958	10439	180143.0	180	1632
枣强县新屯镇	7200	33783	19420	13161	100320.0	186	2318
枣强县王均乡	6400	18762	11241	2654	3134.0		
枣强县唐林乡	6900	19994	16524	6853	25108.0		
枣强县王常乡	6000	18562	13532	5720	8699.0		
武邑县武邑镇	12997	108294	29599	20071	355314.0	1274	80023
武邑县清凉店镇	8982	26318	16125	8782	14697.0	360	11246
武邑县审坡镇	10531	31203	19547	10663	21485.0	460	11410
武邑县赵桥镇	9767	29799	20565	11521	24896.0	660	6389
武邑县韩庄镇	10522	32033	18509	9502	9947.0	400	6502
武邑县肖桥头镇	7397	22819	15219	8296	170001.0	730	5399
武邑县龙店乡	7477	22162	13772	7166	2532.0		
武邑县圈头乡	5922	18201	12045	6668	4216.0		
武邑县大紫塔乡	6410	18574	12235	7291	15117.0		
武强县武强镇	9603	82680	24176	12313	207087.7	780	33561
武强县街关镇	7536	29098	20378	8612	102111.8	202	4962
武强县周窝镇	5309	22543	16872	10092	302231.3	82	2400
武强县豆村乡	6237	27429	18548	9771	99131.5		

续表 43　（河北省）　计算单位：公顷、人、万元

名　称	行政区域面积	常住人口	从业人员	二三产业从业人员	工业总产值	城镇建成区面积	城镇建成区常住人口
武强县北代乡	8086	25793	16226	7576	105518.3		
武强县孙庄乡	7511	28813	18018	10395	248120.1		
饶阳县饶阳镇	8235	82082	21752	15792	94755.0	422	30684
饶阳县大尹村镇	4701	21254	13976	8811	23972.0	153	7883
饶阳县五公镇	6611	35209	17761	12299	200677.0	111	11798
饶阳县大官亭镇	8740	38583	21812	13744	85306.0	185	23267
饶阳县王同岳乡	6417	26969	19172	12937	68896.0		
饶阳县留楚乡	14333	47028	35085	21414	103088.0		
饶阳县东里满乡	7661	32838	21396	13043	65498.0		
安平县安平镇	8195	110266	27824	15165	420932.0	2540	27789
安平县马店镇	8145	51917	26715	19305	72400.0	492	7340
安平县南王庄镇	6159	34217	19895	11870	69435.0	471	6910
安平县大何庄乡	5911	31079	19680	15940	16108.0		
安平县程油子乡	5940	29614	18893	10781	57748.0		
安平县西两洼乡	4431	21502	11976	8221	88375.0		
安平县大子文乡	5623	25687	13211	11641	94071.0		
安平县东黄城乡	5113	29499	13670	12610	379071.0		
故城县郑口镇	12070	110816	38586	31186	797835.0	1100	71026
故城县夏庄镇	8027	40295	26100	6057	166324.0	90	2869
故城县青罕镇	4960	28256	9895	5032	47252.0	214	4735
故城县故城镇	5226	28060	14250	7235	17026.0	170	6362
故城县武官寨镇	7500	37876	20698	9167	131075.0	200	2680
故城县饶阳店镇	8441	34396	13213	8145	236489.0	20	5802
故城县军屯镇	3010	16986	6461	3506	32000.0	186	2342
故城县建国镇	6693	49807	18596	10931	100547.0	320	18396
故城县西半屯镇	8129	40650	29164	14612	25000.0	715	3100
故城县辛庄乡	7142	28786	9105	3121	5838.0		
故城县里老乡	5357	19600	7480	4474	16699.0		
故城县房庄乡	10112	33890	17736	8405	28549.0		
故城县三朗乡	7448	26973	11505	4476	48379.0		
景县景州镇	8973	108013	14686	9675	1122513.0	1106	32181
景县龙华镇	7851	60255	15236	10849	343575.0	644	18362
景县广川镇	8055	30050	16877	8429	407173.0	290	5694
景县王瞳镇	6355	27456	12285	6698	12180.0	471	3940
景县洚河流镇	6275	26351	12886	6207	172891.0	545	6789
景县安陵镇	5692	21214	15514	11284	17656.0	369	2436
景县杜桥镇	8982	31852	15523	11338	97862.0	221	6215
景县王谦寺镇	7560	24809	13555	7578	105634.0	221	2917
景县北留智镇	7706	29244	14331	7592	10910.0	163	6991
景县留智庙镇	8254	42193	16773	9569	268695.0	389	14823
景县刘集乡	7309	21423	12173	5721	9825.0		
景县连镇乡	5959	19715	13963	8180	3597.0		
景县梁集乡	8200	31005	19139	10187	36658.0		
景县温城乡	6337	18649	9702	5136	46358.0		
景县后留名府乡	7489	22681	11105	3451	101104.0		
景县青兰乡	7771	23374	11795	6960	3065.0		
阜城县阜城镇	8680	92202	23349	13593	381785.0	2516	5673
阜城县古城镇	9032	41236	19988	9881	105310.0	751	6878
阜城县码头镇	10060	37373	25325	20117	97971.0	273	4132
阜城县霞口镇	6804	29928	20709	13888	223655.0	519	6694

续表 44

（河北省）

计算单位：公顷、人、万元

名　　称	行政区域面　　积	常住人口	从业人员	二三产业从业人员	工　业总产值	城镇建成区 面 积	城镇建成区常住人口
阜城县崔家庙镇	9211	40731	26016	18696	167894.0	510	12687
阜城县漫河乡	6780	25124	16594	10819	86775.0		
阜城县建桥乡	4134	14472	10696	5786	34270.0		
阜城县蒋坊乡	5287	22896	19075	13613	102425.0		
阜城县大白乡	4432	18350	10399	6443	20865.0		
阜城县王集乡	5106	20983	11510	7360	25170.0		
河北衡水经济开发区大麻森乡	4715	19886	16858	11015	50896.0		
河北衡水经济开发区北方工业基地	3432	9840	6217	4559	1556548.0		
河北衡水经济开发区循环经济园区	2760	9233	5717	4119	523271.0		
衡水滨湖新区魏家屯镇	4174	20312	12882	7927	54321.0	318	2822
衡水滨湖新区彭杜村乡	9500	39529	21888	15630	86523.0		
冀州市冀州镇	13416	180639	98053	83956	1217694.0	1566	178228
冀州市官道李镇	6408	14358	9827	2909	31645.0	696	2553
冀州市南午村镇	11646	26766	13003	5643	154083.0	751	4419
冀州市周村镇	7720	18171	9633	3633	103988.0	750	4900
冀州市码头李镇	9310	22101	11685	3609	112120.0	1313	5577
冀州市西王镇	7377	21362	9720	3898	320184.0	80	4356
冀州市门家庄乡	6203	14093	7918	1414	66692.0		
冀州市徐家庄乡	8123	17643	7945	2949	58150.0		
冀州市北漳淮乡	5878	13957	7042	3020	61110.0		
冀州市小寨乡	11703	21358	10774	2726	245837.0		
深州市唐奉镇	8373	43183	24739	16652	257830.0	290	8261
深州市深州镇	6237	99321	14905	9871	301550.0	1154	67280
深州市辰时镇	9572	33180	22751	18576	56341.0	393	3404
深州市榆科镇	7510	23930	14170	9749	64355.0	240	2365
深州市魏家桥镇	7782	23537	14448	8225	42032.0	200	4056
深州市大堤镇	7214	21257	13118	4630	73674.0	136	2800
深州市前磨头镇	6909	22129	16559	10645	106009.0	598	7091
深州市王家井镇	8581	28015	18532	14673	377307.0	105	5588
深州市护驾迟镇	6785	21048	12511	7906	39450.0	300	3089
深州市大屯镇	7745	20265	14495	7689	55011.0	180	3271
深州市高古庄镇	6642	23323	11465	8070	38777.0	600	4350
深州市兵曹乡	3256	11958	9363	4855	20221.0		
深州市穆村乡	4218	22345	15615	6753	70812.0		
深州市东安庄乡	7200	37524	19609	12593	60720.0		
深州市北溪村乡	7004	23880	18166	12578	32085.0		
深州市大冯营乡	8479	26654	22737	12135	15391.0		
深州市乔屯乡	6339	17346	11801	7633	22181.0		
深州市双井经济开发区	2352	15089	7984	3332	16751.0		
定州市留早镇	8687	44023	30680	22550	2350.0	1400	7210
定州市清风店镇	5523	46213	28540	22578	8628.0	1366	16770
定州市庞村镇	4978	44487	27309	19908	391068.0	616	10480
定州市砖路镇	5596	50861	31647	22073	142823.8	500	6318
定州市明月店镇	4137	46312	29216	17300	50240.0	300	10286
定州市叮咛店镇	8316	57998	37241	28914	180020.0	342	4396
定州市东亭镇	4918	27990	23310	16100	13423.0	1720	7875
定州市大辛庄镇	4173	29324	18655	13055	450.0	500	7965
定州市东旺镇	4425	29846	21625	14817	9001.6	493	8271
定州市高蓬镇	5615	45273	27357	22555	158675.0	875	9374
定州市邢邑镇	4839	27991	24500	18350	13340.0	793	11220

续表 45　（河北省、山西省）　计算单位：公顷、人、万元

名　　称	行政区域面积	常住人口	从业人员	二三产业从业人员	工业总产值	城镇建成区面积	城镇建成区常住人口
定州市李亲顾镇	4689	46871	30580	25119	236530.2	560	30820
定州市子位镇	6096	35136	26567	19646	8846.0	550	7957
定州市开元镇	4500	44725	30562	21572	438177.2	750	8557
定州市周村镇	5036	43341	32801	18001	48839.7	750	5240
定州市息冢镇	5544	33983	25817	19110	38732.3	650	6359
定州市东留春乡	4912	24335	19788	14049	6500.0		
定州市号头庄回族乡	5406	32577	21594	16977	191.0		
定州市杨家庄乡	3600	30855	17490	10890	50.0		
定州市大鹿庄乡	5708	39301	30200	19625			
定州市西城乡	3488	20088	16970	11460	2580.0		
辛集市辛集镇	7543	122577	31840	24640	5642948.0	2178	36871
辛集市旧城镇	5516	44169	21722	15006	192965.0	120	4388
辛集市张古庄镇	4608	31834	19305	12655	233588.0	482	4590
辛集市位伯镇	5150	40552	25733	18692	282290.0	455	3176
辛集市新垒头镇	4006	29830	17160	11920	258000.0	540	6334
辛集市新城镇	5555	24145	10494	6579	203900.0	1000	7335
辛集市南智邱镇	7896	35758	15100	9420	405000.0	335	1935
辛集市王口镇	10411	41054	19475	14052	37407.1	1175	6896
辛集市天宫营乡	5336	31607	17465	12500	155768.0		
辛集市前营乡	5923	35420	22422	15038	18524.0		
辛集市马庄乡	7472	25800	14357	8149	17981.0		
辛集市和睦井乡	6729	32892	16656	11390	33428.1		
辛集市田家庄乡	8541	53056	25492	17580	975353.0		
辛集市中里厢乡	4230	23695	11688	7788	9694.0		
辛集市小辛庄乡	4021	24866	12096	8109	28849.0		
辛集市经济开发区	1959	14565	14110	9903	116250.0	560	14565
山西省							
小店区北格镇	6755	43768	17158	7305	290315.0	98	4235
小店区西温庄乡	4358	32286	15886	6474	124865.0		
小店区刘家堡乡	4570	35791	17055	6130	62594.0		
迎泽区郝庄镇	8508	73450	34939	28999	408.7	600	34313
杏花岭区中涧河乡	4444	42886	21351	20000	71442.0		
杏花岭区小返乡	5564	8988	4157	3074	18389.0		
尖草坪区向阳镇	2940	16030	6600	3980	60000.0	82	8000
尖草坪区阳曲镇	3200	19564	7825	4836	63191.0	100	4988
尖草坪区马头水乡	5043	5775	2460	2250			
尖草坪区柏板乡	2556	12260	5828	3934	24690.0		
尖草坪区西焉乡	2000	5447	3254	1333	15200.0		
万柏林区王封乡	10300	7285	3061	2397			
晋源区金胜镇	4453	50690	18409	8607	141237.0	100	3065
晋源区晋祠镇	7462	31863	15757	8311	3032.5	149	7429
晋源区姚村镇	5599	27472	12893	4870	28386.0	81	4631
清徐县清源镇	7874	104769	18795	13891	915069.0	81	4877
清徐县徐沟镇	8426	48000	23134	8074	85000.0	296	26310
清徐县东于镇	9700	26155	11874	6643	467794.0	300	7135
清徐县孟封镇	7615	35504	13884	2966	126000.0	116	8011
清徐县马峪乡	10126	20458	12588	4765	4043.0		
清徐县柳杜乡	3800	20454	10015	3897	19026.0		
清徐县西谷乡	3540	19250	8542	4242	28010.0		
清徐县王答乡	4476	30608	14279	8867	76278.0		

续表 46　　（山西省）　　计算单位：公顷、人、万元

名　　称	行政区域面　　积	常住人口	从业人员	二三产业从业人员	工　业总产值	城镇建成区 面 积	城镇建成区常住人口
清徐县集义乡	5336	27945	13091	3384	17804.0		
阳曲县黄寨镇	18077	49322	16219	14219	147887.0	450	30930
阳曲县大盂镇	10108	12554	5517	1372	61469.0	108	2321
阳曲县东黄水镇	13138	8681	6136	1951	53000.0	59	2356
阳曲县泥屯镇	26844	22841	9128	4346	22491.0	70	2443
阳曲县中心镇	675	41932	14561	14561			
阳曲县高村乡	11304	10642	6332	1898	207402.5		
阳曲县侯村乡	8821	8532	6019	4469	20886.0		
阳曲县凌井店乡	18300	10101	4541	900	240.0		
阳曲县西凌井乡	35631	623	546	164	243.2		
阳曲县北小店乡	18012	2486	1116	400			
阳曲县杨兴乡	41667	5075	2533	655			
娄烦县娄烦镇	15900	29980	17945	8145	3500.0	270	19983
娄烦县静游镇	13200	17970	12140	4410	137.0	75	4685
娄烦县杜交曲镇	15800	8030	3750	2200	40.0	60	2380
娄烦县庙湾乡	15100	6012	4665	1855			
娄烦县马家庄乡	17900	15668	7018	730	5239.0		
娄烦县盖家庄乡	11700	5894	3872	1503	5000.0		
娄烦县米峪镇乡	21200	10950	6546	1613			
娄烦县天池店乡	16800	10321	4394	2184	120.0		
古交市河口镇	20285	22330	4950	2550	20000.0	70	5325
古交市镇城底镇	4965	11094	2690	1930	64050.0	35	3512
古交市马兰镇	11456	21955	7624	1855	12560.0	45	1220
古交市阁上乡	17640	1654	682	92			
古交市加乐泉乡	12215	9378	2728	1783	21.0		
古交市梭峪乡	4240	15420	3433	2857	4750.0		
古交市岔口乡	17698	6629	3180	1167	80.0		
古交市常安乡	9753	7594	3772	861	40.0		
古交市原相乡	10372	6512	2722	1710	23654.0		
古交市邢家社乡	26191	10378	4398	1600			
南郊区古店镇	8312	10784	5924	3270	62319.0	134	5417
南郊区高山镇	14425	13225	8047	5843	10300.0	80	1792
南郊区云冈镇	12250	22072	5124	3703	678.0		
南郊区口泉乡	21299	46134	21772	10806	25443.0		
南郊区新旺乡	4951	21456	8872	8771	9278.0		
南郊区水泊寺乡	10240	58830	31109	22060	90463.0		
南郊区马军营乡	11000	49116	24665	20193	36987.0		
南郊区西韩岭乡	10713	29018	13570	5506	75622.0		
南郊区平旺乡	3610	24103	12064	8677	24076.0		
南郊区鸦儿崖乡	8200	7764	2676	1717	57.0		
新荣区新荣镇	10300	38669	12326	8301	1869.0	178	24434
新荣区破鲁堡乡	9000	10068	4662	3023	93.0		
新荣区郭家窑乡	14633	12718	8268	2865	2700.0		
新荣区花元屯乡	25130	11172	7880	3198	40000.0		
新荣区西村乡	16223	7850	4206	1646	17850.0		
新荣区上深涧乡	8400	9216	1857	814	280.0		
新荣区堡子湾乡	17887	8260	5780	4170	10628.0		
阳高县龙泉镇	17680	109132	54616	28916	2030.0	644	64300
阳高县罗文皂镇	16074	30097	15448	5198		320	5992
阳高县大白登镇	10905	15445	7027	1865	860.0	120	2313

续表 47　　（山西省）　　计算单位：公顷、人、万元

名　称	行政区域面积	常住人口	从业人员	二三产业从业人员	工业总产值	城镇建成区面积	城镇建成区常住人口
阳高县王官屯镇	20143	21359	9585	3523	46000.0	73	1370
阳高县古城镇	15218	16772	8326	4237		112	1954
阳高县东小村镇	10581	10562	5288	956		94	1933
阳高县友宰镇	14101	10573	6207	1877	80.0	117	2291
阳高县长城乡	13474	2496	2483	185	5882.0		
阳高县北徐屯乡	6897	16274	5788	1221			
阳高县狮子屯乡	11709	18108	5486	1400	8.0		
阳高县下深井乡	15991	17214	10200	1200			
阳高县马家皂乡	7998	14562	4606	1114			
阳高县鳌石乡	7056	9182	4089	925	5.0		
天镇县玉泉镇	6890	66123	8640	3003	6350.0	692	55820
天镇县谷前堡镇	8531	18740	7478	2291	9500.0	250	5778
天镇县米薪关镇	19470	18643	7867	1344	820.0	23	1275
天镇县逯家湾镇	21692	15038	6178	1951	25892.0	23	2203
天镇县新平镇	18700	12298	5993	476		29	2769
天镇县卅里铺乡	11673	21746	8517	2577	5340.0		
天镇县南河堡乡	8873	22613	8941	2712	400.0		
天镇县贾家屯乡	12943	10618	5392	611	12703.0		
天镇县赵家沟乡	12016	7612	2506	338	510.0		
天镇县南高崖乡	21844	7998	3369	1366	910.0		
天镇县张西河乡	8521	10462	5133	941	41114.0		
广灵县壶泉镇	7910	63271	10185	4190	14440.0	260	7034
广灵县南村镇	27660	22163	7802	3470	3100.0	134	3850
广灵县一斗泉乡	11260	11938	5334	1115	1872.0		
广灵县蕉山乡	8930	16467	7282	2149	2098.0		
广灵县加斗乡	11380	18151	5683	987	742.0		
广灵县宜兴乡	13010	12094	4022	1054	2060.0		
广灵县作疃乡	11240	19524	8834	1423	7797.0		
广灵县梁庄乡	18820	12281	4599	457	1910.0		
广灵县望狐乡	18090	5805	3753	631	1850.0		
灵丘县武灵镇	23300	104057	34452	20933	34000.0	800	36467
灵丘县东河南镇	24700	32154	13473	2735		289	7258
灵丘县上寨镇	29100	17208	7638	2535	2900.0	100	3900
灵丘县落水河乡	28300	26294	14172	2230	2108.0		
灵丘县史庄乡	14400	6409	3830	585			
灵丘县赵北乡	28300	14200	7065	2521	10000.0		
灵丘县石家田乡	18600	8700	4501	870	703.0		
灵丘县柳科乡	20200	5203	4411	2311	5600.0		
灵丘县白崖台乡	19000	6438	2980	1322	1480.0		
灵丘县红石塄乡	14600	3506	1578	378	110.0		
灵丘县下关乡	26600	7936	3510	1810	6800.0		
灵丘县独峪乡	26000	8147	3210	1137	1200.0		
浑源县永安镇	9155	123205	25015	14871	119579.0	2382	91358
浑源县西坊城镇	5619	12735	7477	2003		170	3801
浑源县蔡村镇	5968	10801	6185	3903	793.0	168	3416
浑源县沙圪坨镇	17778	16069	15091	12091	78.0	125	2945
浑源县王庄堡镇	18950	15586	6389	2963	1600.0	170	4136
浑源县大磁窑镇	4317	5980	2979	2214	280.0	20	2026
浑源县东坊城乡	11960	22863	7417	4719	23560.0		
浑源县裴村乡	8870	13519	7095	2006	1260.0		

续表 48　　（山西省）　　计算单位：公顷、人、万元

名　　称	行政区域面　　积	常住人口	从业人员	二三产业从业人员	工　业总产值	城镇建成区 面 积	城镇建成区常住人口
浑源县驼峰乡	8452	8174	6464	2424	85.0		
浑源县西留村乡	8472	7477	5030	1974			
浑源县下韩村乡	2815	11074	5050	1856	12000.0		
浑源县南榆林乡	11294	9295	3453	1243	480.0		
浑源县吴城乡	10113	5659	5094	1959	60.0		
浑源县黄花滩乡	10669	12918	6693	1483			
浑源县大仁庄乡	11871	2900	2043	1369			
浑源县千佛岭乡	19341	16116	7737	4931	777.0		
浑源县官儿乡	19537	10213	4436	183			
浑源县青磁窑乡	11570	4592	4153	2945	6402.0		
左云县云兴镇	13758	62153	6285	2700	671.0	900	37004
左云县鹊儿山镇	5558	5424	3362	1092	9808.0	60	2072
左云县店湾镇	10636	7297	4574	2573	124600.0	73	1215
左云县管家堡乡	12386	6172	4685	2267	5320.0		
左云县张家场乡	19368	9924	7688	4247	13190.0		
左云县三屯乡	23136	13278	8461	2054	406.0		
左云县马道头乡	14460	9500	4905	1321	19490.0		
左云县小京庄乡	23465	8696	6167	1672	6500.0		
左云县水窑乡	8651	2963	2422	842	309.0		
大同县西坪镇	12420	30067	8423	1298	1700.0	165	13166
大同县倍加造镇	7752	20202	7356	3589	38414.0	200	6460
大同县周士庄镇	14501	17458	7649	3638	44000.0	385	8011
大同县吉家庄乡	18913	6295	4494	1095	1000.0		
大同县峰峪乡	17316	6395	3441	1060			
大同县杜庄乡	14359	11787	4570	393	241.0		
大同县党留庄乡	7432	14989	5954	2088	35306.0		
大同县瓜园乡	12803	8100	3845	645	4600.0		
大同县巨乐乡	13947	5212	3302	501	50.0		
大同县许堡乡	27236	9444	6509	1854	280.0		
阳泉市郊区荫营镇	10330	56091	26226	21880	43291.0	408	21781
阳泉市郊区河底镇	10304	35811	11357	7833	21232.0	480	5106
阳泉市郊区义井镇	4111	33048	15587	12621	95000.0	243	6099
阳泉市郊区平坦镇	17402	32072	12178	9723	29972.0	72	2800
阳泉市郊区西南舁乡	5799	12442	6748	3915	12979.0		
阳泉市郊区杨家庄乡	2835	10961	6217	4828	52833.0		
阳泉市郊区李家庄乡	2127	16828	6464	5832	15732.0		
阳泉市郊区旧街乡	8638	6009	2680	1412	54180.0		
平定县冠山镇	8711	149667	25602	20225	575914.0	870	54000
平定县冶西镇	14117	11322	4881	2863	133691.0	110	2435
平定县锁簧镇	5343	29644	14021	8789	102770.0	153	5238
平定县张庄镇	16194	32593	18192	9431	120119.0	130	3468
平定县东回镇	23898	20632	14216	5109	300.0	102	2211
平定县柏井镇	11712	17584	7846	3777	2452.0	142	4147
平定县娘子关镇	15099	12888	6887	3600	5210.0	340	4082
平定县巨城镇	15829	18416	10017	5253	5800.0	87	2409
平定县石门口乡	9072	17547	7335	3389	115000.0		
平定县岔口乡	19119	13367	5771	2025	21008.0		
盂县秀水镇	5417	109545	21707	16672	44790.0	1883	65887
盂县孙家庄镇	9278	26381	10965	4677	116500.0	710	6655
盂县路家村镇	9377	19749	11624	4472	500000.0	35	2169

续表 49　　　　（山西省）　　　　计算单位：公顷、人、万元

名　称	行政区域面　积	常住人口	从业人员	二三产业从业人员	工　业总产值	城镇建成区 面 积	城镇建成区常住人口
盂县南娄镇	17984	29869	15333	4921	324563.0	40	2181
盂县牛村镇	6938	19073	10196	2276	28000.0	56	2618
盂县苌池镇	22595	23666	14563	4585	67000.0	82	2720
盂县上社镇	37637	14580	6721	1558	11000.0	59	2310
盂县西烟镇	30986	18749	9684	1149	29800.0	135	2348
盂县仙人乡	20474	11563	5624	1437	900.0		
盂县北下庄乡	12433	10225	5943	1120	400.0		
盂县下社乡	13298	8495	3955	1369	175.0		
盂县梁家寨乡	24409	9819	5013	1444	32.0		
盂县西潘乡	24340	8163	4137	368	223.0		
盂县东梁乡	16271	10142	3905	668			
长治市郊区老顶山镇	6521	34800	13989	9116	20466.0	184	8608
长治市郊区堠北庄镇	4409	40707	17111	11783	558900.0	130	2802
长治市郊区大辛庄镇	2842	24937	12138	9297	640890.0	38	5045
长治市郊区马厂镇	4150	32046	22164	15408	820445.0	240	4330
长治市郊区黄碾镇	3958	29771	14172	9200	886815.0	130	2605
长治市郊区西白兔乡	2657	8702	3717	3225	396000.0		
长治县韩店镇	4300	77342	26274	16777	106550.0	519	34221
长治县苏店镇	4500	38851	15731	8592	8300.0	190	8000
长治县荫城镇	6600	51105	20715	10814	37000.0	500	5999
长治县西火镇	4500	24946	12256	6106	38540.0	299	6618
长治县八义镇	4700	23443	11841	4981	6000.0	163	3563
长治县贾掌镇	2900	16593	7787	4220	4100.0	200	5358
长治县郝家庄乡	3600	28900	14568	7072	58917.0		
长治县西池乡	4300	24299	12818	7232	6079.0		
长治县北呈乡	3400	22441	11472	4986	32394.0		
长治县东和乡	3300	20463	11181	6032	37210.0		
长治县南宋乡	4600	18216	9878	5831	67000.0		
襄垣县古韩镇	10755	24600	10029	8415	106860.1		
襄垣县王桥镇	8791	34507	10087	4711	59348.0	482	17359
襄垣县侯堡镇	7958	36978	7182	4392	1590212.0	100	2359
襄垣县夏店镇	14382	20355	8723	1068	115287.3	18	1189
襄垣县虒亭镇	12512	16215	9202	2058	2710.0	25	1164
襄垣县西营镇	5756	10723	3864	1124	1.0	110	2295
襄垣县王村镇	13794	13886	7233	752	2236.0	53	1068
襄垣县下良镇	17343	15396	6730	2004	51246.0	50	1296
襄垣县善福乡	3865	9409	4658	1761	95148.0		
襄垣县北底乡	6968	7980	3009	1137	4657.0		
襄垣县上马乡	9715	7730	2674	367			
屯留县麟绛镇	6035	53133	13707	7534	165000.0	800	22333
屯留县上村镇	5912	21789	11655	3817	18050.0	110	2613
屯留县渔泽镇	2680	24205	9303	4653	282925.0	150	4452
屯留县余吾镇	6645	20225	9687	4297	423212.0	210	4428
屯留县吾元镇	16288	16020	6957	2157	1280.0	37	960
屯留县张店镇	28830	21706	8029	2014	95.0	130	2024
屯留县丰宜镇	4890	9584	3666	1176	35.0	160	2580
屯留县李高乡	5950	16228	8607	2906	1900.0		
屯留县路村乡	6337	32369	17852	8066	229063.5		
屯留县河神庙乡	8385	17860	7929	3917	48.0		
屯留县西贾乡	5235	13882	6986	1576	30.0		

续表 50　　（山西省）　　计算单位：公顷、人、万元

名　　称	行政区域面　　积	常住人口	从业人员	二三产业从业人员	工　业总产值	城镇建成区 面 积	城镇建成区常住人口
平顺县青羊镇	16100	20968	11255	6788	1946.0	242	20758
平顺县龙溪镇	9000	16608	7473	2693	68400.0	91	2900
平顺县石城镇	17800	12103	6903	3033	1150.0	80	1620
平顺县苗庄镇	3400	8882	4341	1015	37.0	62	1743
平顺县杏城镇	19100	10702	5014	1469	72030.0	100	1840
平顺县西沟乡	7900	6320	3420	1860	55000.0		
平顺县东寺头乡	23200	6776	3808	1929			
平顺县虹梯关乡	14718	6560	3618	910	25.0		
平顺县阳高乡	13100	9445	6103	3456	5880.0		
平顺县北耽车乡	18400	7649	3936	2416	2800.0		
平顺县中五井乡	5600	7224	3427	426	22002.0		
平顺县北社乡	5800	17783	8785	3455	170.0		
黎城县黎侯镇	13060	53598	16740	10032	631011.8	825	35702
黎城县东阳关镇	14040	16471	8404	4018	256.0	115	2359
黎城县上遥镇	26260	16774	6833	2925	541.0	70	1531
黎城县西井镇	23348	25941	12221	4177	1527.0	137	4275
黎城县黄崖洞镇	12350	14815	7127	4447	58006.4	70	1583
黎城县西仵乡	2590	7564	3868	1759	22500.0		
黎城县停河铺乡	3260	7748	4109	1722	3330.0		
黎城县程家山乡	5990	8078	4431	1291	180.0		
黎城县洪井乡	9195	8750	4860	1380	300.0		
壶关县龙泉镇	6073	42686	18474	10746	507084.8	242	21600
壶关县百尺镇	7942	32482	18651	13389	1955.0	45	2980
壶关县店上镇	9744	29187	19596	6751	60.0	83	4900
壶关县晋庄镇	10214	26850	14995	5764	6915.1	40	2236
壶关县树掌镇	9933	11046	5631	1477	23.0	35	2321
壶关县集店乡	5702	27990	16059	7834	50366.0		
壶关县黄山乡	5545	24501	13699	4528	62464.1		
壶关县东井岭乡	7825	17898	6776	3200	15.0		
壶关县石坡乡	13217	9161	7723	3333			
壶关县五龙山乡	4108	8788	4712	1063	27450.4		
壶关县鹅屋乡	10325	6859	4398	1214			
壶关县桥上乡	8420	8847	3806	866			
长子县丹朱镇	7150	77372	24203	7823	264300.0	230	43997
长子县鲍店镇	4950	24920	18621	3787	12083.0	123	5763
长子县石哲镇	32600	29580	13894	2281	1300.0	64	2766
长子县大堡头镇	7650	39171	17146	7570	70000.0	46	2985
长子县慈林镇	6300	29854	12846	4525	524108.5	38	1159
长子县色头镇	4600	20573	8408	3910	68635.0	142	2902
长子县南漳镇	3100	24800	16704	3924	101426.0	134	3210
长子县岚水乡	4550	19500	8376	2949	4300.0		
长子县碾张乡	7800	15816	10107	3036	633.0		
长子县常张乡	5550	16102	8895	2460	1023.0		
长子县南陈乡	12300	21400	9361	4694	1000.0		
长子县宋村乡	6350	36111	18680	3846	14400.0		
武乡县丰州镇	16240	50500	11970	4390	158880.0	1400	49000
武乡县洪水镇	20360	26596	9869	2786	143746.0	110	7125
武乡县蟠龙镇	19650	25805	13301	5109	65732.0	40	3596
武乡县监漳镇	4840	10329	3995	717	4505.0	30	2061
武乡县故城镇	15320	17038	8463	3081	2000.0	29	3463

续表 51　（山西省）　计算单位：公顷、人、万元

名　称	行政区域面　积	常住人口	从业人员	二三产业从业人员	工　业总产值	城镇建成区 面 积	城镇建成区常住人口
武乡县墨镫乡	5490	7000	2552	1173	134900.0		
武乡县韩北乡	11880	13050	11100	5585	156498.0		
武乡县大有乡	9570	12896	5147	1047	20.0		
武乡县贾豁乡	9280	11146	2313	141			
武乡县故县乡	4250	4743	1953	250	162.0		
武乡县上司乡	5710	8630	2801	949	290.0		
武乡县石北乡	7610	6015	2926	1203	1870.0		
武乡县涌泉乡	7900	7546	4650	814			
武乡县分水岭乡	22900	5617	3173	370	15.0		
沁县定昌镇	7400	59852	7694	4172	17381.0	300	32642
沁县郭村镇	7900	10468	3592	638	689.0	80	2078
沁县故县镇	15000	12618	5532	1768	558.0	105	2697
沁县新店镇	12400	14857	5575	2230	458.0	60	1402
沁县漳源镇	12600	13441	5193	2576	277.0	75	1759
沁县册村镇	12700	13427	6800	2178	36567.0	70	1604
沁县段柳乡	8200	14905	7942	2072	449.0		
沁县松村乡	9900	10274	4237	925	13215.0		
沁县次村乡	6600	3389	1921	210	171.0		
沁县牛寺乡	12500	6824	2360	770	135.0		
沁县南里乡	5400	7309	3247	1602	195.0		
沁县南泉乡	9200	2704	1448	231	97.0		
沁县杨安乡	9900	2941	916	306	98.0		
沁源县沁河镇	19567	49516	14643	8611	1100.0	1480	28561
沁源县郭道镇	26550	18177	5616	2398	61280.0	500	6548
沁源县灵空山镇	14910	8401	3813	1795	210000.0	60	1136
沁源县王和镇	15330	13538	6783	3590	37500.0	32	4012
沁源县李元镇	12210	7830	3570	2320	789776.0	45	2831
沁源县中峪乡	12140	5300	1177	380			
沁源县法中乡	22680	7542	4640	3997	330.0		
沁源县交口乡	22094	9173	3861	1421	1200.0		
沁源县聪子峪乡	7770	5774	2803	2373	134000.0		
沁源县韩洪乡	26300	10140	3595	580	200.0		
沁源县官滩乡	15140	3317	1769	509			
沁源县景凤乡	12100	2879	1519	806			
沁源县赤石桥乡	19200	5659	2970	955	410.0		
沁源县王陶乡	29340	10395	3934	1925	38000.0		
潞城市店上镇	8411	30575	15776	8137	1152000.0	520	9250
潞城市微子镇	7749	20050	8147	3144	94310.0	84	4301
潞城市辛安泉镇	8704	13964	6633	2619	18000.0	15	1389
潞城市翟店镇	4948	22840	11332	4537	306500.0	20	2776
潞城市合室乡	8810	5783	5182	1680	6800.0		
潞城市黄牛蹄乡	5661	15100	6931	2881	5635.0		
潞城市史回乡	4555	19595	10583	4987	500000.0		
晋城市城区北石店镇	3980	93647	34507	30300	42157.0	500	87803
沁水县龙港镇	38975	57540	25072	18966	54630.0	30	46332
沁水县中村镇	24368	13855	7620	4000	79880.0	110	9118
沁水县郑庄镇	37853	17420	9095	2441	10076.0	500	1875
沁水县端氏镇	24728	25650	11351	3520	253182.0	91	10152
沁水县嘉峰镇	8187	24352	12587	6966	654392.0	705	2800
沁水县郑村镇	9264	16734	9286	4682	180090.4	33	2830

续表 52 （山西省） 计算单位：公顷、人、万元

名　　称	行政区域面　　积	常住人口	从业人员	二三产业从业人员	工　业总产值	城镇建成区 面 积	城镇建成区常住人口
沁水县柿庄镇	24122	11289	7142	1537	7005.0	39	935
沁水县樊村河乡	11713	2051	1022	287			
沁水县土沃乡	14865	6957	3453	864	10228.0		
沁水县张村乡	7919	4307	1933	746	2627.9		
沁水县苏庄乡	11188	2371	1408	274			
沁水县胡底乡	9150	10031	5541	2388	1027.0		
沁水县固县乡	16858	7126	4996	1368			
沁水县十里乡	26631	10156	5109	1150	340.0		
阳城县凤城镇	11491	161254	36639	25610	353680.0	2815	92987
阳城县北留镇	8181	38859	20966	12368	913002.0	571	12978
阳城县润城镇	7281	29804	13925	8457	98500.0	320	13629
阳城县町店镇	6149	13957	6409	2814	280346.0	150	6130
阳城县芹池镇	13800	14727	7733	2673	95000.0	75	6600
阳城县次营镇	6075	10122	6718	1947	5372.0	400	2400
阳城县横河镇	18730	4443	2232	644	55.0	76	1312
阳城县河北镇	19542	12188	7062	2300	4015.0	150	4169
阳城县蟒河镇	23513	16371	13382	8096	25742.0	1040	5263
阳城县东冶镇	25932	21712	10753	4221	32180.0	100	3138
阳城县白桑乡	5459	14289	8071	4101	16172.0		
阳城县寺头乡	7275	7794	4659	812	10459.0		
阳城县西河乡	3583	13941	7227	3702	56765.0		
阳城县演礼乡	3809	13212	6583	2207	43200.0		
阳城县固隆乡	4055	7944	4619	1755	19620.0		
阳城县董封乡	19402	4024	2617	609	1857.2		
阳城县驾岭乡	7473	5976	3989	1230			
陵川县崇文镇	14200	71934	25063	18121	33767.0	513	43651
陵川县礼义镇	8600	29020	15423	8948	107600.0	160	10278
陵川县附城镇	19000	31488	13116	7295	47291.0	143	5401
陵川县西河底镇	8700	19871	7969	3504	5500.0	161	4050
陵川县平城镇	5180	24911	12814	5570	34933.0	250	8962
陵川县杨村镇	3100	16518	7787	2432	14096.1	200	2883
陵川县潞城镇	14400	13976	6845	2096		210	2601
陵川县夺火乡	24560	4737	2170	483			
陵川县马圪当乡	23600	6209	2961	1504	1000.0		
陵川县古郊乡	23080	9162	4007	2003			
陵川县六泉乡	23790	12641	6254	1093	1000.0		
陵川县秦家庄乡	6890	13285	6828	3258	4350.0		
泽州县南村镇	8225	46380	16770	10636	150000.0	225	12213
泽州县下村镇	9486	47080	12828	7646	176511.0	240	8820
泽州县大东沟镇	9600	31253	17746	5560	40000.0	886	10253
泽州县周村镇	6843	25428	13166	4439	427439.4	206	13447
泽州县犁川镇	4021	12194	8755	3553	11200.0	42	6283
泽州县晋庙铺镇	15000	18281	6793	2374	1066.0	28	2300
泽州县金村镇	21714	51779	24584	12956	103047.7	50	5500
泽州县高都镇	11911	37003	16869	8077	13268.0	81	8566
泽州县巴公镇	11708	63021	31278	17856	1125447.0	850	17900
泽州县大阳镇	5258	23962	12136	7784	25260.0	180	12582
泽州县山河镇	22205	23066	9677	3299	653.2	14	1782
泽州县大箕镇	13190	19754	11004	6681	73.0	34	2068
泽州县柳树口镇	33644	13587	5328	780	2870.0	22	1100

续表 53　　（山西省）　　计算单位：公顷、人、万元

名　　称	行政区域面　积	常住人口	从业人员	二三产业从业人员	工　业总产值	城镇建成区 面 积	城镇建成区常住人口
泽州县北义城镇	7173	26511	15194	6816	51873.9	50	1610
泽州县川底乡	6997	20432	10168	3876	286867.0		
泽州县李寨乡	7702	12202	4672	1656	15.0		
泽州县南岭乡	7702	9178	5267	1995	642.0		
高平市米山镇	7162	32513	17657	6234	68854.2	99	5207
高平市三甲镇	4130	24849	13936	8037	109967.3	102	3489
高平市神农镇	5087	23396	11311	5473	10256.0	49	3244
高平市陈区镇	6314	30699	14623	6558	46424.7	30	2293
高平市北诗镇	7654	30986	16129	7135	12570.0	30	1865
高平市河西镇	9957	44598	24361	10159	142741.7	82	7721
高平市马村镇	6890	34276	15916	10107	224048.4	60	4916
高平市野川镇	8922	21657	11411	3370	8866.8	84	2858
高平市寺庄镇	13703	46379	20723	7577	383908.0	118	6040
高平市建宁乡	3309	18368	8402	3301	21147.3		
高平市石末乡	4775	16322	7983	2530	2679.0		
高平市原村乡	7550	19676	11811	4926	267699.8		
高平市永录乡	3062	12666	5514	2798	4125.2		
朔城区神头镇	16258	29329	13415	3739	31400.0	225	2015
朔城区利民镇	26615	11338	5670	1559		100	2067
朔城区下团堡乡	13048	29467	9823	2286	3560.0		
朔城区小平易乡	7557	25143	8762	258	2100.0		
朔城区滋润乡	13815	12461	9275	832			
朔城区福善庄乡	8656	13250	10676	1243			
朔城区南榆林乡	19300	10487	6146	1791	450.0		
朔城区贾庄乡	9215	16625	5788	1676	3220.0		
朔城区沙塄河乡	19964	14281	7280	3795			
朔城区窑子头乡	13248	10701	5638	1098	4500.0		
朔城区张蔡庄乡	19092	4697	2359	902	120.0		
平鲁区井坪镇	14400	81085	37278	15967	12350.0	12	52624
平鲁区凤凰城镇	18200	4750	3329	1129		174	2410
平鲁区白堂乡	12300	8035	6555	5035	130250.0		
平鲁区陶村乡	8800	17565	12295	8377	14830.0		
平鲁区下水头乡	30100	9145	6710	2710			
平鲁区双碾乡	18500	2585	1787	174			
平鲁区阻虎乡	17800	9483	2907	908			
平鲁区高石庄乡	23000	3967	2761	1063			
平鲁区西水界乡	21000	8630	4055	2140			
平鲁区下面高乡	20640	14686	8539	3400	1200.0		
平鲁区下木角乡	15600	2913	2455	1272			
平鲁区向阳堡乡	19000	18420	6844	5374	3120.0		
平鲁区榆岭乡	9295	13599	7477	5892	200.0		
山阴县玉井镇	16845	14437	6210	2505	107914.3	100	2840
山阴县北周庄镇	16798	20310	6993	2752	540554.8	148	5742
山阴县古城镇	16681	17628	8500	2700	76668.0	80	4251
山阴县岱岳镇	13553	89873	6553	3453	145287.4	1500	66756
山阴县吴马营乡	10684	3555	2134	641			
山阴县马营乡	12236	11253	4548	1818	305577.0		
山阴县下喇叭乡	13411	3466	1983	196			
山阴县合盛堡乡	9459	10844	3914	533	2000.0		
山阴县安荣乡	9000	12076	4062	884	18690.3		

续表 54　　（山西省）　　计算单位：公顷、人、万元

名　　称	行政区域面　　积	常住人口	从业人员	二三产业从业人员	工　业总产值	城镇建成区 面 积	城镇建成区常住人口
山阴县薛圐圙乡	12771	8479	5000	1000	2227.0		
山阴县后所乡	11515	14860	5115	455			
山阴县张家庄乡	8923	7529	3861	496			
山阴县马营庄乡	13279	14616	5442	1649			
应县金城镇	9822	105211	34976	26410	542000.0	2403	85133
应县南河种镇	15020	39866	15800	4878	4750.0	129	7854
应县下社镇	5317	22469	9324	2078	5318.0	170	1650
应县镇子梁乡	7499	14908	11720	1620			
应县义井乡	16049	15010	13951	2709			
应县藏寨乡	18238	24037	8431	3131	11082.0		
应县大黄巍乡	9380	11214	5618	703	2560.0		
应县杏寨乡	9572	18248	11025	1966			
应县下马峪乡	11538	11500	5558	1112			
应县南泉乡	14363	13783	5936	1957			
应县大临河乡	17845	27744	13586	1991	10711.0		
应县白马石乡	32298	13796	5896	1384			
右玉县新城镇	17387	26676	5131	2224	33860.0	207	11634
右玉县右卫镇	24275	11089	6377	2423	8733.0	74	2998
右玉县威远镇	25806	6217	6146	2347	11028.4	37	2457
右玉县元堡子镇	14450	9618	7959	4240	229645.0	49	1423
右玉县牛心堡乡	19410	3638	3637	1676	12642.0		
右玉县白头里乡	15312	5516	3205	1667	72145.0		
右玉县高家堡乡	22638	4902	3972	1308	6370.0		
右玉县丁家窑乡	15505	2176	1921	170			
右玉县杨千河乡	16833	2387	1475	85	2870.0		
右玉县李达窑乡	25251	8624	4741	1567	6720.1		
怀仁县云中镇	15926	157560	39099	31653	451126.0	2500	123209
怀仁县吴家窑镇	3794	7538	4021	3833		92	6345
怀仁县金沙滩镇	18346	21622	9493	4092	347994.7	300	3865
怀仁县毛家皂镇	13107	14416	6959	2232	79931.0	30	1960
怀仁县何家堡乡	7554	20138	8391	5273	124000.1		
怀仁县新家园乡	16700	46886	23671	17130	324600.0		
怀仁县亲和乡	12628	22259	10920	3511	20500.0		
怀仁县海北头乡	11013	13237	7823	3255	29683.0		
怀仁县马辛庄乡	12720	5467	3111	902			
怀仁县河头乡	13899	11252	5565	510			
榆次区乌金山镇	15924	33558	16240	6331	310000.0	200	4326
榆次区东阳镇	5789	27681	13943	3630	1084.0	200	4320
榆次区什贴镇	11893	15726	7085	1143	19347.0	30	2270
榆次区长凝镇	32807	15755	7776	2392	11192.0	32	1932
榆次区北田镇	10204	23059	9451	2281	9858.0	150	3782
榆次区修文镇	7388	31722	15666	3945	21348.0	13	1383
榆次区郭家堡乡	9212	61070	26842	20037	193850.0		
榆次区张庆乡	7815	34896	17786	5875	194516.0		
榆次区庄子乡	16081	16348	10600	1199	18000.0		
榆次区东赵乡	9119	14710	5835	2189	35000.0		
榆社县箕城镇	28300	33948	12552	7036	10567.0	500	7100
榆社县云簇镇	12700	18542	6536	1574	502.0	200	4500
榆社县郝北镇	15400	13515	6579	1706	1608.0	22	1595
榆社县社城镇	31200	5096	4362	1037	216.0	30	818

续表 55 （山西省） 计算单位：公顷、人、万元

名　　称	行政区域面　　积	常住人口	从业人员	二三产业从业人员	工　业总产值	城镇建成区面积	城镇建成区常住人口
榆社县河峪乡	22400	13006	6397	2564	22.0		
榆社县北寨乡	20800	8762	4544	894	15.0		
榆社县西马乡	19600	10494	6239	2225	159.0		
榆社县岚峪乡	7000	3456	2652	782			
榆社县讲堂乡	12500	4406	2229	1349			
左权县辽阳镇	18095	20401	9201	4648	26991.0	20	959
左权县桐峪镇	15700	11392	5511	1491	36700.0	92	3880
左权县麻田镇	22700	23638	4792	1213	2820.0	150	4120
左权县芹泉镇	17900	15671	8898	1040	8700.0	101	2279
左权县拐儿镇	23200	13191	7623	2367	5516.0	100	1820
左权县寒王乡	16700	14525	4974	3109	140823.0		
左权县石匣乡	43600	13554	4810	2709	5917.0		
左权县龙泉乡	17700	8721	4950	2528	46500.0		
左权县粟城乡	16100	6449	4739	1085	4200.0		
左权县羊角乡	10600	6275	3947	1064	1100.0		
和顺县义兴镇	38348	32500	12698	4612		540	22200
和顺县李阳镇	15200	15680	10913	5395		30	1462
和顺县松烟镇	28400	14298	6117	930		40	1946
和顺县青城镇	18900	5478	4816	972			
和顺县横岭镇	26400	4616	2428	521		10	640
和顺县喂马乡	11000	5731	3414	1740	60953.0		
和顺县平松乡	17900	7402	3600	2060			
和顺县牛川乡	7700	5175	5174	1632			
和顺县马坊乡	43000	4122	2592	267			
和顺县阳光占乡	18100	3345	2303	1280	900.0		
昔阳县乐平镇	19626	41895	16363	8350	285362.0	297	11046
昔阳县皋落镇	18862	11544	6018	1318		80	2616
昔阳县冶头镇	12502	13354	5711	1120		45	1710
昔阳县沾尚镇	25923	8933	4840	860	2097.0	20	680
昔阳县大寨镇	18531	32954	17125	7522	10848.0	70	830
昔阳县李家庄乡	3801	16874	8949	3755	3000.0		
昔阳县界都乡	12976	13161	7304	2577	20593.0		
昔阳县三都乡	7007	9959	4987	1035	4562.0		
昔阳县赵壁乡	24844	21550	11722	1715	57.0		
昔阳县孔氏乡	20271	9824	4931	863			
昔阳县闫庄乡	10560	8406	4518	976			
昔阳县西寨乡	20122	4943	1905	49			
寿阳县朝阳镇	17700	40960	18768	8365	117391.0	5	9770
寿阳县南燕竹镇	15250	14850	9644	2185	7000.0	29	1777
寿阳县宗艾镇	6700	11273	5680	1333	14000.0	58	3375
寿阳县平头镇	20000	21041	8706	2162	18684.0	36	3736
寿阳县松塔镇	31300	12210	5960	1384	16198.0	33	1820
寿阳县西洛镇	20700	10611	1714	349	1523.0	22	871
寿阳县尹灵芝镇	21800	9966	4180	1443	2885.0	40	956
寿阳县平舒乡	11000	14386	6864	2108	243000.0		
寿阳县解愁乡	10800	10087	4213	1803	47800.0		
寿阳县温家庄乡	6600	6411	2935	1853	78600.0		
寿阳县景尚乡	9500	4672	3160	475			
寿阳县上湖乡	10400	4262	2637	458			
寿阳县羊头崖乡	21100	8803	4119	1236			

续表 56　　（山西省）　　计算单位：公顷、人、万元

名　　称	行政区域面　　积	常住人口	从业人员	二三产业从业人员	工　业总产值	城镇建成区 面 积	城镇建成区常住人口
寿阳县马首乡	8400	5243	3350	1338	500.0		
太谷县明星镇	2080	12377	6398	2626	3658.0	220	1137
太谷县胡村镇	7069	46075	24648	15513	175340.0	216	7116
太谷县范村镇	30401	15874	9708	3049	600.0	68	4926
太谷县侯城乡	19054	28697	12618	6560	203718.0		
太谷县北汪乡	6036	21698	10314	2534	69500.0		
太谷县水秀乡	3772	20360	10028	4013	23220.0		
太谷县阳邑乡	21422	21193	10946	5582	40356.0		
太谷县小白乡	7503	17970	9074	4337	30350.0		
太谷县任村乡	4657	16344	7101	1843	5340.0		
祁县昭馀镇	2285	32743	12574	8183	141081.0	5	32743
祁县东观镇	9057	48447	27741	15468	47045.0	400	15173
祁县古县镇	14015	33466	17820	7195	118596.0	50	2115
祁县贾令镇	5924	24810	8662	2705	12000.0	60	4166
祁县城赵镇	7541	36832	18066	8940	12553.0	518	5023
祁县来远镇	27267	3531	1541	495		15	657
祁县西六支乡	2837	21034	9243	5496	85739.0		
祁县峪口乡	12800	9189	4830	3069	12002.0		
平遥县古陶镇	2700	108135	43497	42066	416487.0	1720	104532
平遥县段村镇	6220	30809	11786	6644		100	15692
平遥县东泉镇	13996	13202	8407	3217		100	4010
平遥县洪善镇	7520	35680	17137	9012	26800.0	167	2332
平遥县宁固镇	8100	39382	18684	6705	14580.0	85	4000
平遥县南政乡	6300	44785	17698	13640	232956.0		
平遥县中都乡	5300	34186	16514	7529	167560.0		
平遥县岳壁乡	8387	51900	29726	10992	77413.0		
平遥县卜宜乡	9411	27690	15940	10150	13038.0		
平遥县孟山乡	22500	3703	1840	337			
平遥县朱坑乡	18496	26063	11787	4992	31964.0		
平遥县襄垣乡	6589	22697	10976	5125	4225.0		
平遥县杜家庄乡	4503	19141	8429	2394			
平遥县香乐乡	6606	26337	11936	3379	41000.0		
灵石县翠峰镇	20721	38241	18400	13050	2000.0	20721	38241
灵石县静升镇	5643	29316	11602	8746	200340.0	432	11265
灵石县两渡镇	9901	25892	9063	8131	122992.0	210	15928
灵石县夏门镇	9386	15140	3373	2948	266107.0	114	4821
灵石县南关镇	25909	39900	11361	5786	80000.0	220	16980
灵石县段纯镇	8327	16000	5902	2532	1682.0	40	4020
灵石县马和乡	8574	9756	5088	1823	19570.0		
灵石县英武乡	5519	5623	4385	1860	74000.0		
灵石县王禹乡	5542	5745	5241	1852	7800.0		
灵石县坛镇乡	5903	7519	4226	889	64600.0		
灵石县梁家焉乡	8652	9848	3922	1378	400.0		
灵石县交口乡	6136	7608	3916	1866	40000.0		
介休市义安镇	8620	56700	25801	16025	959397.0	292	9600
介休市张兰镇	10060	46151	18778	8291	83125.0	150	12654
介休市连福镇	10150	29976	13645	7760	271314.0	131	2624
介休市洪山镇	2740	11464	5620	3205	34305.0	73	5632
介休市龙凤镇	11040	13376	6959	3767	7000.0	42	4406
介休市绵山镇	15850	30783	15968	9616	43643.0	90	2849

续表 57　（山西省）　计算单位：公顷、人、万元

名　　称	行政区域面　积	常住人口	从业人员	二三产业从业人员	工　业总产值	城镇建成区 面 积	城镇建成区常住人口
介休市义棠镇	7800	32660	16859	9972	193300.0	201	4770
介休市城关乡	2420	26627	12000	10423	59000.0		
介休市宋古乡	3540	33111	17527	11200	28755.0		
介休市三佳乡	1794	20074	9355	5558	40627.0		
盐湖区解州镇	20465	62935	34078	16843	146131.0	49	7452
盐湖区龙居镇	9123	40774	22727	7780	3700.0	37	2068
盐湖区北相镇	6615	37906	21668	6333	32129.0	129	5460
盐湖区泓芝驿镇	4074	19882	13328	7240	18.0	57	2247
盐湖区三路里镇	5136	12477	8512	3616	980.0	87	5972
盐湖区陶村镇	5633	26800	17320	4740	28100.0		
盐湖区东郭镇	5699	12190	7105	1100	600.0	40	3950
盐湖区席张乡	6930	15410	10306	4488	710.0		
盐湖区金井乡	5034	25003	13081	2513	3002.0		
盐湖区王范乡	4337	17613	10648	1065	4631.0		
盐湖区冯村乡	5511	21913	11315	2040	2000.0		
盐湖区上郭乡	6941	22544	14015	2240	900.0		
盐湖区上王乡	4109	8978	5345	1670	382.0		
临猗县猗氏镇	8036	36440	24965	13651	792996.0	500	12000
临猗县嵋阳镇	8400	26663	12977	3785	40420.0	40	3930
临猗县临晋镇	9000	43060	17486	4339	28000.0	280	13850
临猗县七级镇	7013	28299	17171	1515	6800.0	110	2980
临猗县东张镇	7768	32648	16354	1833	32000.0	105	4510
临猗县孙吉镇	15840	54489	19273	4037	34400.0	80	6325
临猗县三管镇	4940	17742	10634	3395	17060.0	60	3780
临猗县牛杜镇	7850	33609	15867	6687	22100.0	48	5270
临猗县耽子镇	7070	22826	8993	1473	16000.0	41	788
临猗县楚侯乡	6311	28050	14462	3418	30000.0		
临猗县庙上乡	7600	31418	15695	3917	11250.0		
临猗县角杯乡	10627	38732	16916	8854	14620.0		
临猗县北辛乡	7500	30949	15042	4992	10500.0		
临猗县北景乡	10543	40978	20462	3075	55051.0		
万荣县解店镇	8670	79280	14888	6729	323796.0	350	17446
万荣县通化镇	5164	31821	9795	4511	3008.0	38	8634
万荣县汉薛镇	6400	25070	9221	1908	6100.0	140	10397
万荣县荣河镇	11128	41044	15880	4460	162000.0	320	15002
万荣县万泉乡	4413	15753	7478	2350	21.0		
万荣县里望乡	5188	25758	10145	1585	9518.0		
万荣县西村乡	5105	18286	8069	4843	1100.0		
万荣县南张乡	6400	31853	13580	6680	6400.0		
万荣县高村乡	8775	32521	14096	5185	9200.0		
万荣县皇甫乡	8150	23492	9366	3854	3800.0		
万荣县贾村乡	6514	25425	12758	1908	3000.0		
万荣县王显乡	7054	30292	12212	2056	4800.0		
万荣县光华乡	7652	36791	21835	6403	4500.0		
万荣县裴庄乡	10336	27981	18751	4336	23000.0		
闻喜县桐城镇	14038	121032	44918	29870	144800.0	1128	53800
闻喜县郭家庄镇	11965	34341	18144	10381	72000.0	65	1415
闻喜县畖底镇	8047	29622	17510	10760	5000.0	80	3750
闻喜县薛店镇	3900	12322	7019	3033	740.0	31	1305
闻喜县东镇镇	7355	45600	18010	11006	100000.0	495	16489

续表 58　（山西省）　计算单位：公顷、人、万元

名　　称	行政区域面　积	常住人口	从业人员	二三产业从业人员	工　业总产值	城镇建成区 面 积	城镇建成区常住人口
闻喜县礼元镇	8068	31734	19750	8446	140000.0	55	2044
闻喜县河底镇	12346	37980	17600	5672	5526.0	90	2995
闻喜县神柏乡	3637	10558	5632	5135	9700.0		
闻喜县阳隅乡	5256	14470	6532	3906	830.0		
闻喜县侯村乡	4626	21032	8720	3920	48120.0		
闻喜县裴社乡	8020	19500	10220	4785	37000.0		
闻喜县后宫乡	11575	18747	8406	1694	3123.0		
闻喜县石门乡	17436	8545	4890	1310	160.0		
稷山县稷峰镇	15035	127742	76678	28710	260171.6	843	86872
稷山县西社镇	10260	29994	14594	7075	436603.0	102	5120
稷山县化峪镇	11313	42222	20986	8868	3758.0	83	6079
稷山县翟店镇	6000	38588	20680	13180	135600.0	600	13564
稷山县清河镇	7090	33320	19832	7542	2539.0	79	5340
稷山县蔡村乡	5300	28980	14929	6909	3500.0		
稷山县太阳乡	10600	51317	26279	15439	8456.0		
新绛县龙兴镇	7000	42409	23880	11096	86896.0	178	4475
新绛县三泉镇	7466	41990	19551	7953	264986.0	150	6010
新绛县泽掌镇	8267	28834	12600	3488	35307.9	153	4616
新绛县北张镇	6121	22590	13633	3037	827.0	121	3255
新绛县古交镇	5814	39290	26324	9142	25106.0	165	5328
新绛县万安镇	4516	19280	7549	3148	6446.0	70	3888
新绛县阳王镇	6600	23145	14479	4637	1160.0	110	3703
新绛县泉掌镇	2585	18044	11315	2768	45.0	110	1673
新绛县横桥乡	10931	47948	23161	8165	852161.8		
绛县古绛镇	14131	78927	30536	9653	246789.0	800	42867
绛县横水镇	8025	50100	26389	11707	19000.0	286	13500
绛县陈村镇	9796	11948	5597	2759	6967.2	100	4200
绛县卫庄镇	12866	5845	3796	2496	15833.9	30	538
绛县磨里镇	15930	11083	4632	1712	46135.0	60	4826
绛县南樊镇	5617	27006	16782	3095	14936.0	89	6050
绛县安峪镇	10263	30593	14861	5850	412221.4	170	2194
绛县大交镇	5517	30054	15091	5223	22225.2	167	4600
绛县郝庄乡	5114	21549	12566	2317	7914.5		
绛县冷口乡	10836	10360	6093	2011	910.0		
垣曲县新城镇	9800	76418	30843	28339	92667.0	610	71637
垣曲县历山镇	39200	12857	8116	4020		36	3024
垣曲县古城镇	11900	25516	11997	4584	3000.0	400	9528
垣曲县王茅镇	5500	10881	4622	1524	3210.0	39	2712
垣曲县毛家湾镇	19300	7503	3655	1373	700.0	55	1268
垣曲县蒲掌乡	16700	14458	6237	2869	2000.0		
垣曲县英言乡	8400	15864	9439	1800	456.0		
垣曲县解峪乡	21500	6286	3455	1465	138.0		
垣曲县华峰乡	6200	23343	10440	4940	1200.0		
垣曲县长直乡	9800	13378	6767	2092	12056.0		
垣曲县皋落乡	13700	15986	6320	1871	28500.0		
夏县瑶峰镇	19838	95378	33622	8483	75073.0	530	50521
夏县庙前镇	10260	21591	13115	3515	9800.0	90	7200
夏县裴介镇	4457	42291	29560	6201	11500.0	60	3921
夏县水头镇	8902	41652	24950	7066	65648.0	420	15367
夏县埝掌镇	5428	12194	6714	922	3095.0	200	4155

续表 59　　（山西省）　　计算单位：公顷、人、万元

名　　称	行政区域面　　积	常住人口	从业人员	二三产业从业人员	工　业总产值	城镇建成区 面 积	城镇建成区常住人口
夏县泗交镇	38258	9578	5443	1616	330.0	27	850
夏县尉郭乡	3097	24246	12750	5955	14005.0		
夏县禹王乡	5375	31812	21214	1314	8765.0		
夏县胡张乡	8383	36341	20172	8997	21570.0		
夏县南大里乡	6529	17605	10348	2172	19571.0		
夏县祁家河乡	21119	7877	4354	1369	365.0		
平陆县圣人涧镇	25765	41872	22660	8510	367548.5	620	32900
平陆县常乐镇	15916	45114	23107	3575	7034.0	85	4850
平陆县张店镇	9409	16123	9001	2011	10968.0	90	3628
平陆县张村镇	9262	25089	10777	4409	630.0	58	1930
平陆县曹川镇	18277	20676	8356	1501	12277.6	58	3145
平陆县三门镇	9860	6392	4444	1299	2297.6	42	1500
平陆县洪池乡	4651	14200	8556	1456	30.0		
平陆县杜马乡	4601	12560	6861	680	13.0		
平陆县部官乡	7229	14622	6545	1459	500.0		
平陆县坡底乡	8789	7221	5176	2981	220.0		
芮城县古魏镇	12340	84580	38110	29860	447000.0	1300	49700
芮城县风陵渡镇	14850	58835	36796	21785	12380.0	35	7965
芮城县陌南镇	14460	43763	20761	1550	4250.0	70	11370
芮城县西陌镇	8550	21870	9548	5450	101.0	10	2059
芮城县永乐镇	7440	23696	14340	5860	1430.0	130	2340
芮城县大王镇	12860	29632	16312	2120	6000.0	30	2205
芮城县阳城镇	16620	37804	21564	9122	5815.0	90	8530
芮城县东垆乡	7200	21347	11380	4900	730.0		
芮城县南卫乡	9260	34589	22572	3859	5890.0		
芮城县学张乡	10100	23596	14255	5799	2012.0		
永济市虞乡镇	15010	44270	20861	10077	25800.0	160	3950
永济市卿头镇	11564	49270	31549	8026	432040.0	68	4305
永济市开张镇	11036	41804	22806	5616	1340.0	31	5230
永济市栲栳镇	10010	52967	32283	18426	8596.0	64	4865
永济市蒲州镇	9775	42214	24287	3589	10625.0	94	2522
永济市韩阳镇	7668	24542	15694	5130	5850.0	15	610
永济市张营镇	6913	32459	18633	6366	5200.0	93	3270
河津市樊村镇	6000	48060	17256	7806	155067.4	281	9980
河津市僧楼镇	7542	50069	28541	12716	438134.0	266	12546
河津市小梁乡	5307	31824	13630	6960	3800.0		
河津市柴家乡	4545	31198	19616	8755	8782.0		
河津市赵家庄乡	5588	32360	14408	5016	256150.0		
河津市下化乡	8298	17860	9535	3153	19643.8		
河津市阳村乡	10123	23108	10318	6511	201371.0		
忻府区播明镇	4200	20257	7460	3426		86	1800
忻府区奇村镇	18400	27230	15074	5066	2036.0	180	6156
忻府区三交镇	38200	6897	3836	728	85.0	15	205
忻府区庄磨镇	12000	12310	6931	3100	13000.0	177	1800
忻府区豆罗镇	13200	18842	10752	4290	35308.0	129	1887
忻府区董村镇	8000	23795	13054	5334	15412.0	152	5680
忻府区曹张乡	5000	19022	9965	1755	1210.0		
忻府区高城乡	5100	15293	7458	2112	8020.0		
忻府区秦城乡	5800	21620	9287	3908	3120.0		
忻府区解原乡	8703	28452	13101	6669	31230.0		

续表 60　　（山西省）　　计算单位：公顷、人、万元

名　　称	行政区域面　　积	常住人口	从业人员	二三产业从业人员	工　业总产值	城镇建成区　面　积	城镇建成区常住人口
忻府区合索乡	13099	16837	6800	1920	3500.0		
忻府区阳坡乡	27333	2067	1605	487			
忻府区兰村乡	12940	16417	9835	3951	300593.0		
忻府区紫岩乡	4422	11599	10455	2347	2199.0		
忻府区西张乡	5776	13231	8119	2849	2000.0		
忻府区东楼乡	2560	17340	8599	5911	2900.0		
忻府区北义井乡	3212	15628	6745	3133	24124.0		
定襄县晋昌镇	3594	25577	11474	8176	488500.0	385	8460
定襄县河边镇	23120	29238	14214	8795	282150.0	1614	10515
定襄县宏道镇	6263	26874	13955	6013	36500.0	1012	8700
定襄县杨芳乡	3593	15405	8519	3667	55100.0		
定襄县南王乡	18237	24573	12040	5730	20000.0		
定襄县蒋村乡	8189	14505	9413	2611	40881.0		
定襄县神山乡	3399	14863	8850	5370	304800.0		
定襄县季庄乡	6500	17745	9346	3566	34800.0		
定襄县受禄乡	11000	18279	10855	1440			
五台县台城镇	8615	33108	21415	17129	9851.0	292	27085
五台县台怀镇	18945	9082	3747	2637	206.0	135	4111
五台县耿镇镇	21833	13253	7148	2296	630.0	22	3200
五台县豆村镇	32695	25388	8278	4492	19799.5	110	6698
五台县白家庄镇	8271	14478	6255	2138	36196.0	69	2060
五台县东冶镇	9914	37764	12213	5400	16000.0	183	21446
五台县沟南乡	11796	22843	9097	2207	78937.0		
五台县东雷乡	14433	10381	5597	1358	3613.9		
五台县高洪口乡	11507	4179	3370	1140			
五台县门限石乡	24905	10006	4389	2063			
五台县陈家庄乡	28549	14160	4166	1205	5390.0		
五台县建安乡	6432	14293	6855	3315	41073.0		
五台县神西乡	5011	5844	1807	647	53879.0		
五台县蒋坊乡	11168	9682	3350	1335	15650.0		
五台县灵境乡	13005	1146	763	290			
五台县阳白乡	19268	20878	12043	3177	200.0		
五台县茹村乡	16620	33862	8607	5112	39493.9		
五台县石咀乡	14721	4690	2034	362	70.0		
五台县金岗库乡	9629	1929	1173	424			
代县上馆镇	8641	65500	12248	6108	13138.0	100	4128
代县阳明堡镇	11490	20930	10446	2214	5000.0	80	6400
代县峨口镇	4025	32250	7000	2500	6000.0	203	14800
代县聂营镇	19207	12469	10206	4685	97158.0	55	3723
代县枣林镇	11640	17533	9240	1657	15000.0	36	905
代县滩上镇	28870	2856	1443	310	1000.0	17	800
代县新高乡	21506	17552	8600	2500	251190.2		
代县峪口乡	10027	17600	10062	2537	13800.0		
代县上磨坊乡	21282	13000	6671	1278	14302.0		
代县胡峪乡	18362	6608	5200	1514	5709.0		
代县雁门关乡	18187	8142	4329	1298	11800.0		
繁峙县繁城镇	17026	60409	19438	9728	55087.0	843	45304
繁峙县砂河镇	22680	49776	15253	6755	164516.0	1000	19483
繁峙县大营镇	14060	22142	9810	776		170	3910
繁峙县下茹越乡	10148	12114	4108	736	53000.0		

续表 61　　（山西省）　　计算单位：公顷、人、万元

名　　称	行政区域面　积	常住人口	从业人员	二三产业从业人员	工　业总产值	城镇建成区 面 积	城镇建成区常住人口
繁峙县杏园乡	11624	20553	7365	1916	9800.0		
繁峙县光裕堡乡	10023	12459	3717	811			
繁峙县集义庄乡	7600	14571	6724	901	11642.0		
繁峙县东山乡	27569	26499	11025	2501	29542.0		
繁峙县金山铺乡	16241	18528	9176	2216	18000.0		
繁峙县柏家庄乡	11238	9928	4232	1006	1200.0		
繁峙县横涧乡	15753	14387	7663	1688	50380.0		
繁峙县神堂堡乡	42093	7398	3227	1565	49700.0		
繁峙县岩头乡	31241	8831	4176	993	180000.0		
宁武县凤凰镇	19500	14117	5200	3800	252400.0	400	4800
宁武县阳方口镇	9500	9285	3435	1943	2580.0	30	3240
宁武县东寨镇	20675	14823	6403	2579	20.0	40	4155
宁武县石家庄镇	6000	3604	2171	489		10	560
宁武县薛家洼乡	16300	2184	2097	1277	68790.0		
宁武县余庄乡	48332	9245	3470	1370	4300.0		
宁武县涔山乡	28670	4668	1500	866			
宁武县化北屯乡	14820	9335	5577	1685	14459.0		
宁武县西马坊乡	13000	7543	2678	1255	16934.0		
宁武县新堡乡	11200	3862	3365	1765			
宁武县迭台寺乡	10900	4568	3682	1061			
宁武县圪廖乡	6900	1896	1556	830	10.0		
宁武县怀道乡	13200	3810	3587	482			
宁武县东马坊乡	15600	4983	2590	159	6938.0		
静乐县鹅城镇	12632	36172	11021	7074	22145.0	240	29100
静乐县杜家村镇	17286	12220	7736	2930	60450.0	90	2821
静乐县康家会镇	16055	3973	3194	2176	4600.0	79	1688
静乐县丰润镇	10691	5590	3400	1801	500.0	110	2338
静乐县堂尔上乡	10959	4221	1680	704	3781.7		
静乐县中庄乡	8384	7091	2805	1286			
静乐县双路乡	14565	7956	6317	4548	2781.0		
静乐县段家寨乡	11151	10784	3970	1940	60.0		
静乐县辛村乡	12753	5434	2435	1234	1725.0		
静乐县王村乡	16000	12249	5272	2179	20.0		
静乐县神峪沟乡	16275	9789	4209	1600			
静乐县娘子神乡	16344	9604	3641	1931	87853.0		
静乐县娑婆乡	16800	5365	3216	1199	3.0		
静乐县赤泥洼乡	26048	11389	4211	1178	268.0		
神池县龙泉镇	10970	12277	4293	467	246.0	336	8512
神池县义井镇	12000	11368	3935	539		660	3398
神池县八角镇	22000	10134	3505	313		26	1968
神池县东湖乡	18900	9296	4460	260			
神池县太平庄乡	10667	4822	2564	513			
神池县虎北乡	10666	6890	2317	395			
神池县贺职乡	13960	8428	3000	200			
神池县长畛乡	17800	4819	1993	263			
神池县烈堡乡	12800	6631	1917	439			
神池县大严备乡	15300	5880	1950	200			
五寨县砚城镇	3499	44980	22078	18998	21382.0	618	42500
五寨县小河头镇	8357	5480	3535	171	24160.0	15	1489
五寨县三岔镇	18014	12758	5173	2790	15040.1	180	5420

续表 62　　（山西省）　　计算单位：公顷、人、万元

名　　称	行政区域面　　积	常住人口	从业人员	二三产业从业人员	工　业总产值	城镇建成区 面 积	城镇建成区常住人口
五寨县前所乡	20993	11371	5273	1646	10870.0		
五寨县李家坪乡	9279	4647	2932	187			
五寨县孙家坪乡	11291	7810	3044	855	4511.9		
五寨县梁家坪乡	6248	3885	1788	83			
五寨县胡会乡	9171	6841	3920	820			
五寨县新寨乡	6819	6302	3149	1082	1000.0		
五寨县韩家楼乡	12871	5874	3237	170	6533.5		
五寨县东秀庄乡	14186	6069	3691	565			
五寨县杏岭子乡	17801	5600	2200	200			
岢岚县岚漪镇	21660	42414	21808	11484	42892.0	896	36043
岢岚县三井镇	11304	6850	4711	420	16600.0	57	2097
岢岚县神堂坪乡	13310	6249	2609	853			
岢岚县高家会乡	12666	6595	2589	715	32500.0		
岢岚县李家沟乡	13533	1959	1277	284			
岢岚县水峪贯乡	19000	1969	1864	314			
岢岚县西豹峪乡	16633	3429	1615	220			
岢岚县温泉乡	11200	2556	1755	159			
岢岚县阳坪乡	18420	1271	1050	354	960.0		
岢岚县大涧乡	12687	3698	2282	1037	2760.0		
岢岚县宋家沟乡	25300	4000	2850	650	6000.0		
岢岚县王家岔乡	8560	1458	437	239			
河曲县文笔镇	5142	77035	20132	11598	463050.0	660	59213
河曲县楼子营镇	5499	12056	3619	2071	12100.0	49	4935
河曲县刘家塔镇	12353	7629	4876	1336	24302.0	136	3246
河曲县巡镇镇	8262	11398	5255	1502	157863.0	480	3018
河曲县鹿固乡	8526	8092	4184	719			
河曲县前川乡	11432	3024	2845	1539			
河曲县单寨乡	14970	2811	2391	793			
河曲县土沟乡	11192	4057	2456	666			
河曲县旧县乡	5581	4635	3127	1450			
河曲县沙坪乡	8710	6816	2259	681	34362.4		
河曲县社梁乡	8861	8302	4962	208			
河曲县沙泉乡	20353	9366	3777	590			
河曲县赵家沟乡	10552	2818	1125	79			
保德县东关镇	4600	19352	5680	4000	3954.0	500	17255
保德县义门镇	8895	17469	9619	4225	19500.0	131	2931
保德县桥头镇	9790	19029	9112	2968	5600.0	280	5880
保德县杨家湾镇	6660	12043	4656	1571	1.0	57	1278
保德县腰庄乡	5466	9143	5961	1130	15.0		
保德县韩家川乡	5800	7266	2974	1582	1850.0		
保德县林遮峪乡	4731	6183	3315	1955			
保德县冯家川乡	4710	6728	2960	704	100.0		
保德县土崖塔乡	5006	5791	2649	1255			
保德县孙家沟乡	12023	11789	6280	2981	240.0		
保德县窑洼乡	9720	5459	2564	1222	5100.0		
保德县窑圪台乡	6000	3056	2241	1190	1090.0		
保德县南河沟乡	16365	15467	7279	3990			
偏关县新关镇	17958	21331	9136	4944	16795.0	440	14460
偏关县天峰坪镇	6533	8277	3262	1568	2752.0	2	889
偏关县老营镇	21429	8240	3275	597	26580.0	100	2190

续表 63　　　　（山西省）　　　　计算单位：公顷、人、万元

名　　称	行政区域面积	常住人口	从业人员	二三产业从业人员	工业总产值	城镇建成区面积	城镇建成区常住人口
偏关县万家寨镇	21133	6315	3817	1429	50341.6	53	575
偏关县窑头乡	14949	14620	5755	2193	2365.0		
偏关县楼沟乡	27981	10694	4227	1531	1224.0		
偏关县尚峪乡	15005	4973	3084	913	1162.0		
偏关县南堡子乡	13675	4066	1400	178	8129.0		
偏关县水泉乡	12985	4490	2582	1462	520.0		
偏关县陈家营乡	16993	7486	2832	1159	578.0		
原平市东社镇	20527	25550	15308	8147	1700.0	100	4810
原平市苏龙口镇	22782	15029	5524	1609	56176.0	22	934
原平市崞阳镇	15362	27794	16569	6927	23800.0	450	21000
原平市大牛店镇	18129	20581	9496	6200	46400.0	150	2100
原平市闫庄镇	11426	23798	9616	3116	10000.0	110	3420
原平市长梁沟镇	19215	9814	6966	5281	2508.0	25	1958
原平市轩岗镇	21613	45728	35346	31985	471973.0	2100	43064
原平市新原乡	7400	57037	17910	8980	95465.0		
原平市南白乡	6811	10458	5096	1785	820.0		
原平市子干乡	8800	16082	6975	3392	654.0		
原平市中阳乡	12100	11526	6499	1842	3413.0		
原平市沿沟乡	12300	19562	7603	2444	19697.0		
原平市大林乡	9767	14130	8735	2187	1955.0		
原平市西镇乡	10800	29254	12591	3797	833676.0		
原平市解村乡	6712	12562	4130	1804	32560.0		
原平市王家庄乡	5030	13737	6832	2708	5400.0		
原平市楼板寨乡	15651	7721	3553	1900	2545.0		
原平市段家堡乡	19835	18456	9671	4006	35047.0		
尧都区屯里镇	2151	18471	9258	7870	6370.0	90	4500
尧都区乔李镇	3330	20695	9217	5695	15000.0	150	4707
尧都区大阳镇	11565	29979	15674	7572	25910.0	110	4200
尧都区县底镇	8730	30714	15960	4460	3900.0	80	2692
尧都区刘村镇	7012	49900	23008	14510	73820.0	246	5163
尧都区金殿镇	9590	69219	38554	24454	48300.0	150	4296
尧都区吴村镇	4263	24199	13608	5548	3300.0	430	2947
尧都区土门镇	12988	30460	16731	10099	20500.0	569	3449
尧都区魏村镇	2949	14000	7500	5000	2200.0	70	4326
尧都区尧庙镇	3130	26418	7619	2937	59000.0	107	2974
尧都区段店乡	5050	32786	18386	1865	5231.0		
尧都区贾得乡	8968	54562	15945	12273	4627.0		
尧都区贺家庄乡	6431	4345	4342	1101	72.0		
尧都区一平垣乡	12760	15200	7360	2750	105022.0		
尧都区枕头乡	16101	19330	10612	7669	212.0		
尧都区河底乡	11898	9448	6033	1887	11011.0		
曲沃县乐昌镇	3919	62816	11332	5139	111638.0	943	60340
曲沃县史村镇	8596	41883	25165	9842	114712.0	60	1626
曲沃县曲村镇	4520	23682	15193	7230	1991.0	262	4923
曲沃县高显镇	7020	26796	12868	7966	2523095.0	370	7900
曲沃县里村镇	4700	18129	9932	3172	33436.0	112	2000
曲沃县北董乡	8915	36680	21971	6518	7429.0		
曲沃县杨谈乡	6060	21759	12064	7460	8238.0		
翼城县唐兴镇	6600	84836	33292	24781	348312.0	1256	79031
翼城县南梁镇	12140	42237	23040	15081	151680.0	150	3550

续表 64 （山西省） 计算单位：公顷、人、万元

名称	行政区域面积	常住人口	从业人员	二三产业从业人员	工业总产值	城镇建成区面积	城镇建成区常住人口
翼城县里砦镇	9650	27939	12333	3268	12100.0	150	3180
翼城县隆化镇	16638	35521	14424	5409	69228.0	130	2954
翼城县桥上镇	6540	10944	5160	2607	13300.0	225	4400
翼城县西阎镇	23200	6286	2186	1100	620.0	75	3040
翼城县中卫乡	14240	32761	17028	9943	59350.0		
翼城县南唐乡	5100	27956	11358	4341	19250.0		
翼城县王庄乡	12202	30915	13920	6148	79123.0		
翼城县浇底乡	8600	5397	2656	443			
襄汾县新城镇	9954	103250	22747	7067	32200.0	1000	54300
襄汾县赵康镇	7952	36337	19846	7019	8364.0	100	6500
襄汾县汾城镇	12885	53794	24406	5903	22084.0	209	8760
襄汾县南贾镇	8464	33969	17570	3680	7249.0	217	4810
襄汾县古城镇	8761	48311	21663	11043	158120.0	470	6800
襄汾县襄陵镇	6926	39057	21441	13353	25500.0	133	9982
襄汾县邓庄镇	7602	44145	23288	9760	527895.0	159	7819
襄汾县陶寺乡	7742	22236	10387	5715	59000.0		
襄汾县永固乡	5073	23930	13321	9897	128450.0		
襄汾县景毛乡	4359	17000	9660	1853	325000.0		
襄汾县西贾乡	5889	23902	10861	2445	120.0		
襄汾县南辛店乡	9152	42831	24446	11418	23300.0		
襄汾县大邓乡	7989	18108	8468	4335	62322.0		
洪洞县大槐树镇	9453	147051	49213	28979	55042.0	681	69980
洪洞县甘亭镇	5302	37980	17000	14100	190000.0	245	8700
洪洞县曲亭镇	12222	50663	28119	10696	1380.0	780	6790
洪洞县苏堡镇	12490	27830	13903	9614	46600.0	220	5362
洪洞县广胜寺镇	5760	53450	19785	13057	364020.0	540	17980
洪洞县明姜镇	10106	51345	26145	9002	3500.0	300	7742
洪洞县赵城镇	8499	68873	34109	25969	607100.0	1100	15250
洪洞县万安镇	16534	63298	31267	10950	472343.0	300	7180
洪洞县刘家垣镇	10802	29427	15366	5007	157598.0	130	4350
洪洞县淹底乡	9661	39345	20379	4476	2000.0		
洪洞县兴唐寺乡	7698	15830	8680	3196	1000.0		
洪洞县堤村乡	10241	52300	26126	13221	290000.0		
洪洞县辛村乡	7461	56326	31500	18000	2000.0		
洪洞县龙马乡	5815	25331	15543	6004	4260.0		
洪洞县山头乡	8099	7768	3997	2142	4000.0		
洪洞县左木乡	9207	7933	3796	1438	57136.1		
古县岳阳镇	21013	34788	16220	13090	212000.0	360	23600
古县北平镇	21019	11876	3496	2590	165350.0	90	1655
古县古阳镇	13701	11126	2383	1168	51342.0	50	1976
古县旧县镇	21316	11121	3978	778	320.0	72	1570
古县石壁乡	14528	6121	1930	670			
古县永乐乡	12938	5522	1454	634	1220.0		
古县南垣乡	15125	9404	3197	707			
安泽县府城镇	32084	29750	9418	5768	3452.0	485	17395
安泽县和川镇	31277	11956	4031	1422	150.0	135	4432
安泽县唐城镇	17645	9987	3457	2534	544282.0	145	4110
安泽县冀氏镇	28545	10116	3444	346		125	3449
安泽县马必乡	35312	7438	2808	467			
安泽县杜村乡	22117	6012	2205	365			

续表 65　　（山西省）　　计算单位：公顷、人、万元

名　称	行政区域面积	常住人口	从业人员	二三产业从业人员	工业总产值	城镇建成区面积	城镇建成区常住人口
安泽县良马乡	29010	6136	3647	643			
浮山县天坛镇	10800	37443	17206	12134	5340.0	1100	28300
浮山县响水河镇	8798	15760	6014	2875	6015.0	125	3950
浮山县张庄乡	9025	22279	7343	1738	22950.0		
浮山县东张乡	5518	12300	4126	2414	32000.0		
浮山县槐埝乡	6622	7079	2946	1280	9840.0		
浮山县北王乡	11980	14333	5690	1704	1544.0		
浮山县北韩乡	7817	6008	2224	842	4081.0		
浮山县米家垣乡	11047	5063	1935	826	480.0		
浮山县寨圪塔乡	22092	5414	2881	600	522.0		
吉县吉昌镇	14945	37095	9916	8266	175.0	210	16243
吉县屯里镇	63328	12248	4208	3463	8600.0	54	1592
吉县壶口镇	10164	3616	2160	960	1900.0	50	370
吉县车城乡	20821	7889	2962	926	839.0		
吉县文城乡	17779	10025	3618	661	300.0		
吉县东城乡	8404	7604	2930	1025	900.0		
吉县柏山寺乡	18650	13235	3390	2505	80.0		
吉县中垛乡	23862	14325	6108	2022			
乡宁县昌宁镇	22527	65966	26008	5559	9895.0	910	31085
乡宁县光华镇	14453	22150	8653	1847	64610.0	230	7820
乡宁县台头镇	10507	9232	4215	2866	124500.0	200	6850
乡宁县管头镇	22399	17769	6677	1803	283500.0	80	2576
乡宁县西坡镇	8386	14712	4834	2318	166201.0	151	6700
乡宁县双鹤乡	18567	25563	13906	4604	380.0		
乡宁县关王庙乡	33852	23678	9677	1732			
乡宁县尉庄乡	22554	16469	6320	3364	3800.0		
乡宁县西交口乡	24687	11898	6158	2702	20400.0		
乡宁县枣岭乡	24508	30091	10609	2864	17912.0		
大宁县昕水镇	17382	29753	10482	4495	3897.0	400	17673
大宁县曲峨镇	22998	10391	3906	808		21	1102
大宁县三多乡	22042	8435	4053	1713			
大宁县太德乡	7257	4835	2311	673	6.0		
大宁县徐家垛乡	15979	8504	3751	906			
大宁县太古乡	10662	4146	1944	96			
隰县龙泉镇	10882	34601	6723	3082	3370.0	1000	30413
隰县午城镇	15134	11874	4255	1101	622.0	74	3606
隰县黄土镇	22533	12982	8520	1647	62.0	75	3332
隰县阳头升乡	23266	10880	3026	520			
隰县寨子乡	10800	7899	3816	595	85.0		
隰县陡坡乡	10333	5037	3164	147			
隰县下李乡	21200	9712	2981	1504	341.0		
隰县城南乡	20200	16849	5011	1136	131.0		
永和县芝河镇	26500	22149	7281	5454	34273.3	496	17410
永和县桑壁镇	18300	5545	3110	461	204.0	61	1369
永和县阁底乡	15600	10821	3588	759			
永和县南庄乡	10490	5529	1975	391			
永和县打石腰乡	11100	5464	2948	319	93.0		
永和县坡头乡	20400	4964	2176	638	692.0		
永和县交口乡	18900	7569	1997	322	183.0		
蒲县蒲城镇	26498	23992	7009	5263	265.0	350	15231

续表 66　　　　（山西省）　　　　计算单位：公顷、人、万元

名　　称	行政区域面　积	常住人口	从业人员	二三产业从业人员	工　业总产值	城镇建成区 面 积	城镇建成区常住人口
蒲县薛关镇	13671	9442	6280	2720	246.0	200	4752
蒲县黑龙关镇	21865	17563	5928	3024	76405.7	110	1810
蒲县克城镇	19923	15491	9304	5624	3800.0	303	3280
蒲县山中乡	19067	4562	1946	670	2203.0		
蒲县古县乡	9661	4767	4079	1482			
蒲县红道乡	15095	5138	2279	528	66185.0		
蒲县乔家湾乡	12242	11092	5493	1403	50000.0		
蒲县太林乡	12778	7085	4873	2602	211080.0		
汾西县永安镇	16155	27495	14446	6322	26585.0	500	12130
汾西县对竹镇	11800	12300	6690	2790	2060.0	69	2810
汾西县勍香镇	15000	17125	7890	1910	560.0	61	4207
汾西县和平镇	8600	14279	6386	1145	500.0	66	3120
汾西县僧念镇	9300	15651	7170	2070	6805.0	76	3100
汾西县佃坪乡	13025	11165	6008	3432	1720.0		
汾西县团柏乡	5400	14237	5666	1655	902.0		
汾西县邢家要乡	8900	8143	4150	1140	253.0		
侯马市新田乡	3956	38855	20155	14141	62450.0		
侯马市高村乡	3060	17560	7805	3130	31000.0		
侯马市凤城乡	3460	18926	9105	4385	53000.0		
霍州市白龙镇	5230	18932	9446	5206	421203.0	240	8998
霍州市辛置镇	5390	72583	38442	35361	655896.0	545	14025
霍州市大张镇	4070	29472	13814	5650	256.0	200	8135
霍州市李曹镇	20395	27163	13928	4475	13180.0	86	1863
霍州市陶唐峪乡	8935	18413	11034	3245	282.0		
霍州市三教乡	15170	22373	12177	1827	3102.0		
霍州市师庄乡	8970	14509	3843	1466	1256.0		
离石区吴城镇	42328	9167	4297	971	1300.0	40	1200
离石区信义镇	42829	15849	6988	1274	8430.2	23	1879
离石区红眼川乡	2773	5929	2872	1871	26411.0		
离石区枣林乡	10551	10411	4466	1789	72669.0		
离石区坪头乡	7306	17813	6329	619	37880.0		
文水县凤城镇	14954	96546	34635	22770	200000.0	323	15730
文水县开栅镇	37686	35595	22501	16845	36258.0	300	10493
文水县南庄镇	3930	21193	9673	2557	38000.0	110	4557
文水县南安镇	6499	35315	17909	3768	18447.0	55	4950
文水县刘胡兰镇	8087	40757	27040	10097	275789.0	217	2424
文水县下曲镇	9450	35000	20221	9359	1754.0	100	5988
文水县孝义镇	3895	29117	11387	6188	174846.0	27	4753
文水县南武乡	3072	20675	12700	6000	90550.0		
文水县西城乡	3378	27424	13975	4262	33725.0		
文水县北张乡	4128	29401	10825	5512	420.0		
文水县马西乡	8686	11511	5947	2797	29598.0		
文水县西槽头乡	3093	14861	9930	3550	57528.0		
交城县天宁镇	7620	47770	18528	14882	650230.0	408	20885
交城县夏家营镇	5118	36493	22306	15478	300122.0	207	5748
交城县西营镇	2800	27765	12820	7876	13000.0	256	7365
交城县水峪贯镇	14500	13386	5197	2132	46873.0	130	2391
交城县西社镇	10999	11931	5677	3506	2520.0	57	2135
交城县庞泉沟镇	25400	3948	1388	360		100	540
交城县洪相乡	9600	24781	10480	7005	56227.0		

续表 67　　　　（山西省）　　　　计算单位：公顷、人、万元

名　称	行政区域面　积	常住人口	从业人员	二三产业从业人员	工　业总产值	城镇建成区 面 积	城镇建成区常住人口
交城县岭底乡	16800	9001	3184	1077	57500.0		
交城县东坡底乡	36766	7296	2995	1718			
交城县会立乡	44660	8490	3688	1155			
兴县蔚汾镇	22056	70686	14906	8326	252794.5	160	25469
兴县魏家滩镇	25346	24500	13519	929	496661.0	87	3692
兴县瓦塘镇	17391	20262	8397	2686	236122.5	15	2450
兴县康宁镇	19400	20545	12303	6902	38435.0	34	4100
兴县高家村镇	18200	15890	5971	2298	450.0	68	1989
兴县罗峪口镇	19096	8980	3746	1771		30	381
兴县蔡家会镇	17530	10978	4028	610	394.0	40	2470
兴县交楼申乡	17318	8512	4615	1196	95.0		
兴县恶虎滩乡	18598	6656	2690	925	280.0		
兴县东会乡	17230	9054	4634	997			
兴县固贤乡	16976	12200	4390	590	17360.7		
兴县奥家湾乡	14000	16703	6057	3347	24146.0		
兴县蔡家崖乡	16670	20951	20531	9920	31153.0		
兴县贺家会乡	19104	8930	3390	777			
兴县孟家坪乡	21565	11311	4772				
兴县赵家坪乡	14600	7680	2147	207			
兴县圪垯上乡	15093	7812	3194	980			
临县临泉镇	14103	86670	21688	10156	3000.0	40	5280
临县白文镇	25829	44870	20320	6580	2300.0	40	9045
临县城庄镇	28486	27304	14135	3779		135	3269
临县兔坂镇	20863	24973	9630	2132	130.0	13	1185
临县克虎镇	8700	12618	5246	2102	2557.0	21	2160
临县三交镇	12195	57974	25532	10650	67250.0	65	12000
临县湍水头镇	6496	18475	7314	3660	35566.0	120	1990
临县林家坪镇	8700	29623	15069	7931	20600.0	54	2873
临县招贤镇	3212	15188	5952	2754	20513.0	431	3395
临县碛口镇	9531	31729	12051	7254	3500.0	100	1970
临县刘家会镇	12249	32223	14605	2639	11605.0	30	2800
临县丛罗峪镇	7723	19085	8722	804		15	1971
临县曲峪镇	13812	27544	9961	1821	2264.0	15	854
临县木瓜坪乡	11100	17141	8046	3317	78800.0		
临县安业乡	5400	23137	8826	1682	60417.0		
临县玉坪乡	13030	19803	8497	3024			
临县青凉寺乡	16699	17024	7859	2476			
临县石白头乡	13593	22071	8106	588			
临县雷家碛乡	20670	18222	8771	738	35.0		
临县八堡乡	12659	12665	6904	1845	3702.0		
临县大禹乡	11306	41474	15384	7714	20490.0		
临县车赶乡	5900	15974	6349	2206			
临县安家庄乡	9651	18903	7400	1003	100.0		
柳林县柳林镇	10500	97290	19210	11970	223300.0	600	81305
柳林县穆村镇	3582	31088	18714	14298	808.0	1900	18000
柳林县薛村镇	8886	20348	9969	7112	2200.0	200	6845
柳林县庄上镇	8300	17740	6373	2625	14000.0	200	3689
柳林县留誉镇	15400	21490	19500	6500		300	1820
柳林县三交镇	10700	18610	9600	6500	300.0	55	4310
柳林县成家庄镇	7699	15767	6935	3942	17200.0	135	1266

续表 68　　（山西省）　　计算单位：公顷、人、万元

名　　称	行政区域面　积	常住人口	从业人员	二三产业从业人员	工　业总产值	城镇建成区 面 积	城镇建成区常住人口
柳林县孟门镇	7300	16640	6157	1707	13560.0	62	1210
柳林县李家湾乡	5700	15840	4250	2620	12000.0		
柳林县贾家垣乡	7300	16716	6200	3220	3000.0		
柳林县陈家湾乡	12793	23752	8776	3728	99327.0		
柳林县金家庄乡	8458	13752	5710	3291	83128.0		
柳林县高家沟乡	10900	18804	7583	4537			
柳林县石西乡	5500	12101	4621	3958	0.8		
柳林县王家沟乡	10500	14756	5744	4044	8100.0		
石楼县灵泉镇	31807	43953	13496	7950	6788.0	90	15463
石楼县罗村镇	27738	11678	4711	1362	15250.0	50	2010
石楼县义牒镇	23132	5897	2463	598	60.0	30	1075
石楼县小蒜镇	20322	11732	5380	845	42.0	29	2135
石楼县龙交乡	15961	10649	4328	1708	20.0		
石楼县和合乡	17706	10014	3769	1006	13.0		
石楼县前山乡	18536	9358	3997	921			
石楼县曹家垣乡	7584	6873	2920	472	13.8		
石楼县裴沟乡	10705	9391	4147	757	22.0		
岚县东村镇	7422	48779	24298	20599	1510.0	135	39470
岚县岚城镇	10928	12443	5296	2881		120	3988
岚县普明镇	15449	25561	10687	4111	97278.4	110	4114
岚县界河口镇	12957	6386	2962	556	15.0	15	1235
岚县土峪乡	3970	7501	2592	356			
岚县上明乡	11524	15501	7209	1176			
岚县王狮乡	18885	11654	5364	342	7.6		
岚县梁家庄乡	15862	14680	5965	2153	363547.0		
岚县顺会乡	13799	11390	4405	1413	122.0		
岚县河口乡	14534	7154	3514	610			
岚县社科乡	11068	18126	9478	2666	70000.0		
岚县大蛇头乡	14874	8876	3116	596			
方山县圪洞镇	21222	46094	11797	3895	598.0	273	17295
方山县马坊镇	36843	17338	7802	408	9500.0	33	3427
方山县峪口镇	16037	26070	10279	5049	69000.0	51	4810
方山县大武镇	15730	30388	15238	4753	379000.0	600	7907
方山县北武当镇	23139	6568	2061	171		77	1042
方山县积翠乡	15910	8650	3510	260	1650.0		
方山县麻地会乡	14100	10142	3600	965	12000.0		
中阳县宁乡镇	12212	51375	22463	20437	595492.0	790	37289
中阳县金罗镇	19792	38654	17669	11858	126358.0	51	3940
中阳县枝柯镇	24857	9776	4284	2091	133200.0	40	1545
中阳县武家庄镇	18395	14770	5583	1792	10918.4	40	2433
中阳县暖泉镇	18297	16217	6703	3117	13511.0	40	3102
中阳县下枣林乡	16260	12114	4470	1590	75007.0		
中阳县车鸣峪乡	34049	4533	2070	505			
交口县水头镇	32600	13673	5653	2273	3760.0	130	12370
交口县康城镇	19200	15009	5750	2450	60000.0	14	1810
交口县双池镇	8600	18050	7849	2632	145397.0	68	5965
交口县桃红坡镇	28700	12677	7675	1635	173064.0	30	1980
交口县石口乡	27200	14903	6507	2172	2304.0		
交口县回龙乡	11200	13950	4700	1450	513000.0		
交口县温泉乡	14862	11548	5030	1892	34360.0		

续表 69　（山西省、内蒙古自治区）　计算单位：公顷、人、万元

名　称	行政区域面积	常住人口	从业人员	二三产业从业人员	工业总产值	城镇建成区面积	城镇建成区常住人口
孝义市兑镇镇	6442	46560	14461	8774	232455.0	973	28547
孝义市阳泉曲镇	7454	39476	20411	17843	271940.2	523	12978
孝义市下堡镇	6809	20112	11100	6697	11429.2	108	14992
孝义市西辛庄镇	7294	15825	6659	3619	102960.0	205	3044
孝义市高阳镇	4656	42080	11168	8113	354865.0	110	36149
孝义市梧桐镇	3554	27729	17283	15957	959406.0	100	22032
孝义市柱濮镇	6702	13064	7134	2453	32987.0	41	7324
孝义市大孝堡乡	5454	33929	15385	9892	1076224.0		
孝义市下栅乡	6221	16416	8084	3998	257969.0		
孝义市驿马乡	7763	11154	7411	4817	119527.0		
孝义市南阳乡	13589	7212	2981	1083	45133.0		
孝义市杜村乡	5773	8576	4246	1623	30162.0		
汾阳市贾家庄镇	4843	24609	10755	6340	6006.0	120	2620
汾阳市杏花村镇	8538	33030	20126	15663	613952.0	800	15024
汾阳市冀村镇	6268	41657	24963	11378	17468.0	300	15849
汾阳市肖家庄镇	5658	32869	17025	8307	43500.0	108	5700
汾阳市演武镇	5809	27619	11078	2760	8560.0	75	3860
汾阳市三泉镇	8297	31177	18034	7547	157684.0	160	6958
汾阳市石庄镇	8724	3936	3251	1192	100.0	130	1765
汾阳市杨家庄镇	13976	11263	8888	4650	8876.0	60	1385
汾阳市峪道河镇	30255	22789	11364	4105	5305.0	200	3300
汾阳市西河乡	1090	43799	17446	16238	1670.0		
汾阳市阳城乡	7464	39000	22742	10400	92075.0		
汾阳市栗家庄乡	13064	24585	12437	4537	179356.0		
内蒙古自治区							
呼和浩特市新城区保合少镇	46240	13760	8990	3590	3588.0	3100	2877
回民区攸攸板镇	15700	166688	45630	41806	14181.0	215	135497
玉泉区小黑河镇	12469	39011	4951	2352	41150.0	164	2279
赛罕区榆林镇	24300	16600	6815	2004	262.0	100	2021
赛罕区黄合少镇	35582	41230	21297	5135	38900.0	899	9023
赛罕区金河镇	20960	39672	23270	7679	9545.0	1320	3642
土默特左旗察素齐镇	61468	94698	45095	35845	70554.0	1050	64526
土默特左旗毕克齐镇	57968	36711	18575	9961	19955.0	80	14454
土默特左旗善岱镇	20668	48581	25273	10774	1824.0	15	3629
土默特左旗台阁牧镇	11110	25051	12518	8223	1651367.0	3566	4069
土默特左旗白庙子镇	23553	40359	21933	11798	33249.0	347	5197
土默特左旗沙尔沁镇	19560	17805	9580	4956	301.0	899	2628
土默特左旗敕勒川镇	46945	42088	22684	10892	1212.0	100	1060
土默特左旗北什轴乡	20576	30556	16437	6513	36.0		
土默特左旗塔布赛乡	14647	26738	14405	6540	66.0		
托克托县双河镇	24600	75182	33705	21027	195456.0	7200	58783
托克托县新营子镇	35400	51446	26780	12932	4417647.0	200	7697
托克托县五申镇	20800	33212	20956	11710	26067.0	225	2165
托克托县伍什家镇	22300	16339	7511	1621	6296.0	60	2314
托克托县古城镇	28900	26282	16744	4545	4317.0	1131	1551
和林格尔县城关镇	54593	55285	35822	28856	29859.0	3100	41050
和林格尔县盛乐镇	43261	34788	23309	7945	9529.0	2016	4436
和林格尔县新店子镇	51776	14736	5347	1264	83.0	300	1170
和林格尔县舍必崖乡	39700	24775	14340	1587	132.0		
和林格尔县大红城乡	57900	21872	9317	2030	251.0		

续表 70　（内蒙古自治区）　计算单位：公顷、人、万元

名　称	行政区域面　积	常住人口	从业人员	二三产业从业人员	工　业总产值	城镇建成区 面 积	城镇建成区常住人口
和林格尔县羊群沟乡	47710	6919	2300	117	9000.0		
和林格尔县黑老夭乡	22988	6925	2128	523			
和林格尔县巧什营乡	15500	17106	8518	396	55.0		
清水河县城关镇	49800	52238	19445	14752	168940.0	726	37551
清水河县宏河镇	26287	8416	5800	1840	3259.0	250	2967
清水河县喇嘛湾镇	21766	17500	6044	2390	42000.0	413	13063
清水河县老牛湾镇	30500	5697	4406	1983			
清水河县窑沟乡	24200	10469	5549	2556	14256.0		
清水河县北堡乡	50096	5468	4012	141			
清水河县韭菜庄乡	50128	5418	5393	908			
清水河县五良太乡	28884	4099	2490	181			
武川县可镇	26618	59053	6486	2946	70000.0	1009	49168
武川县哈乐镇	57770	7994	7012	2504	26000.0	116	1854
武川县西乌兰不浪镇	59344	10240	10225	1840	40453.0	96	1300
武川县大青山乡	48160	4389	4203	508	200000.0		
武川县上秃亥乡	49840	18994	18694	4614			
武川县德胜沟乡	48012	4610	3349	332	700.0		
武川县二份子乡	72390	10090	9830	1547	6307.7		
武川县哈拉合少乡	81851	7182	6961	1510	4000.0		
武川县耗赖山乡	24248	8325	7995	1697	400.0		
东河区河东镇	3489	45743	14758	11774	380970.0	110	6051
东河区沙尔沁镇	37147	54862	18768	10798	164500.0	800	5471
昆都仑区昆河镇	1530	41377	23292	22174	1388.0	1530	41377
昆都仑区卜尔汉图镇	12863	25782	12535	8080	310521.0	986	16175
包头市青山区青福镇	4285	60527	28358	25900	217917.0	3520	50230
包头市青山区兴胜镇	13055	38487	20575	14550	171751.0	1	38487
石拐区五当召镇	27100	5225	3901	2310	1512407.0	200	593
石拐区吉忽伦图苏木	22500	3156	1048	532			
九原区麻池镇	4460	33526	24377	18171	602817.0	312	10138
九原区哈林格尔镇	18300	24236	16412	12407	150502.0	121	3650
九原区哈业胡同镇	21440	18767	12263	2562	2516.0	275	3197
九原区阿嘎如泰苏木	17148	1516	894	196	45000.0		
土默特右旗萨拉齐镇	10700	116702	74350	60390	525526.0	2500	104517
土默特右旗双龙镇	24800	22381	15727	4104	384800.0	220	2673
土默特右旗美岱召镇	26700	25922	19433	3923	484200.0	107	3376
土默特右旗沟门镇	18800	22849	13242	6757	710328.0	180	2371
土默特右旗将军尧镇	39900	30368	22403	6113	380998.0	188	1826
土默特右旗海子乡	24900	18942	13308	2683	92400.0		
土默特右旗明沙淖乡	25000	22088	15911	3761	65500.0		
土默特右旗苏波盖乡	15200	20696	14861	6654	12950.0		
固阳县金山镇	157800	63386	24608	6297	1011213.0	900	5964
固阳县西斗铺镇	89000	21122	10061	2521	130060.0	52	993
固阳县下湿壕镇	62600	25229	11439	2751	301263.0	8	831
固阳县银号镇	59000	13530	5781	1371	319890.0	28	1193
固阳县怀朔镇	75700	25250	10778	2631	103250.0	42	1318
固阳县兴顺西镇	58400	21583	10570	2526	95637.0	76	1475
达尔罕茂明安联合旗满都拉镇	183489	1125	1118	700	10245.8	100	415
达尔罕茂明安联合旗希拉穆仁镇	71123	1980	1460	870	86868.6	50	1177
达尔罕茂明安联合旗百灵庙镇	62700	41800	16350	14460	264641.7	800	36115
达尔罕茂明安联合旗石宝镇	64188	16710	5030	1830	361552.7	220	3586

续表 71　　　　（内蒙古自治区）　　　　计算单位：公顷、人、万元

名　称	行政区域面积	常住人口	从业人员	二三产业从业人员	工业总产值	城镇建成区面积	城镇建成区常住人口
达尔罕茂明安联合旗乌克忽洞镇	63961	11016	8777	3378	14602.0	200	2000
达尔罕茂明安联合旗明安镇	232673	2915	1562	902	181839.3	30	121
达尔罕茂明安联合旗巴音花镇	306417	2633	1781	311	44122.0	40	60
达尔罕茂明安联合旗达尔罕苏木	208216	3164	2001	476	41747.0		
达尔罕茂明安联合旗查干哈达苏木	217672	1670	1194	364	1045.0		
达尔罕茂明安联合旗巴音敖包苏木	230131	2908	1393	282	150113.4		
达尔罕茂明安联合旗西河乡	63024	5051	3273	282	170592.2		
达尔罕茂明安联合旗小文公乡	44635	6253	4817	1802	1043.0		
包头稀土高新技术产业开发区万水泉镇	10922	29929	22127	8008	543090.0	5098	24970
海勃湾区千里山镇	16643	21100	16724	16196	394070.0	16643	21100
海南区公乌素镇	5406	21161	10314	10314	647541.0	364	16845
海南区拉僧庙镇	8708	8094	4828	3508	232077.0	300	7593
海南区巴音陶亥镇	56155	8025	6283	1783	110230.0	75	2252
乌达区乌兰淖尔镇	7822	3264	1348	715	1525.0	165	2055
红山区红庙子镇	2600	25912	10798	5629	9991.0	1100	10882
红山区文钟镇	31333	43395	20459	7307	3460.0	280	1260
元宝山区风水沟镇	12860	19253	5285	2485	9500.8	140	6540
元宝山区元宝山镇	31404	42118	24269	13946	338715.0	960	42118
元宝山区美丽河镇	8364	20366	12005	4010	37500.0	250	7159
元宝山区平庄镇	22049	67601	32245	18405	128185.0	4900	13545
元宝山区五家镇	4423	18181	4895	2423	91350.0	200	14834
元宝山区小五家乡	14044	5081	3231	606			
松山区穆家营子镇	22700	99850	35529	16429	189938.7	3800	41895
松山区初头朗镇	48900	33320	15815	7080	33500.0	160	8587
松山区大庙镇	45600	25423	15126	7115	4200.0	100	2780
松山区王府镇	28800	22806	17780	9634	9875.3	55	7047
松山区老府镇	59966	28371	18223	3457	40.0	190	4039
松山区哈拉道口镇	31167	25826	17208	4774	1900.0	114	2921
松山区上官地镇	33000	11721	7749	2896	32137.8	105	1268
松山区安庆镇	29100	24821	15000	6350	49400.0	220	2446
松山区太平地镇	31477	44021	30637	16279	40125.0	59	551
松山区当铺地满族乡	38600	38517	26210	15835	126000.0		
松山区夏家店乡	36800	28215	16990	7830	39800.0		
松山区城子乡	35700	21217	16022	6221	15775.0		
松山区大夫营子乡	69700	13424	10170	4250	70335.0		
松山区岗子乡	46600	12601	9778	1883	31872.3		
阿鲁科尔沁旗天山镇	53260	30562	14231	3651	44071.3	34	2243
阿鲁科尔沁旗天山口镇	49000	30031	22591	4205	25000.0	43	1385
阿鲁科尔沁旗双胜镇	32110	24300	16986	1622	45200.0	400	2280
阿鲁科尔沁旗坤都镇	124130	8783	4765	407	23270.0	950	795
阿鲁科尔沁旗巴彦花镇	50620	25641	18112	573		600	1592
阿鲁科尔沁旗绍根镇	209990	21243	15965	3378	26000.0	133	1065
阿鲁科尔沁旗扎嘎斯台镇	139940	9879	5488	553	11844.9	70	311
阿鲁科尔沁旗新民乡	31300	14974	6706	1799	95194.0		
阿鲁科尔沁旗先锋乡	27000	15741	6824	1528	20478.0		
阿鲁科尔沁旗罕苏木苏木	79850	7042	3817	408			
阿鲁科尔沁旗赛汉塔拉苏木	90520	6282	4146	561	5617.0		
阿鲁科尔沁旗巴拉奇如德苏木	130162	16277	7787	470	1500.0		
阿鲁科尔沁旗乌兰哈达乡	19690	14088	11609	2671	4385.0		
阿鲁科尔沁旗巴彦温都尔苏木	414180	15089	8851	438	29286.8		

续表 72　（内蒙古自治区）　计算单位：公顷、人、万元

名　　称	行政区域面　　积	常住人口	从业人员	二三产业从业人员	工　业总产值	城镇建成区　面　积	城镇建成区常住人口
巴林左旗林东镇	89800	52769	35719	14768	136489.0	30	1297
巴林左旗隆昌镇	76700	54772	49158	6505	2687.0	320	3282
巴林左旗十三敖包镇	51370	36652	12444	3868	239861.0	1927	1757
巴林左旗碧流台镇	82500	51237	23050	5742	14650.0	1260	2634
巴林左旗富河镇	83900	19560	16402	7684	53086.0	420	776
巴林左旗白音勿拉镇	90400	15620	3167	560	40000.0	120	1272
巴林左旗哈拉哈达镇	33800	10761	9683	1980	11468.0	3613	3315
巴林左旗查干哈达苏木	33878	7061	3125	220			
巴林左旗乌兰达坝苏木	35113	4258	2408	276	24751.0		
巴林左旗三山乡	32900	12155	6130	2130	60.0		
巴林左旗花加拉嘎乡	33200	13966	7990	220			
巴林右旗大板镇	192500	74920	7985	647	697670.0	8000	57690
巴林右旗索博日嘎镇	130000	18964	9937	1268		214	1997
巴林右旗宝日勿苏镇	116800	17449	10931	2815		300	1232
巴林右旗查干诺尔镇	97500	15943	3107	157		39	769
巴林右旗巴彦琥硕镇	44000	5682	2852	190		215	1552
巴林右旗西拉沐沦苏木	130500	13926	5809	859			
巴林右旗巴彦塔拉苏木	83800	9216	3871	57	47084.0		
巴林右旗幸福之路苏木	96500	9811	4641	683	352717.0		
巴林右旗查干沐沦苏木	92100	6221	2925	376	164739.6		
林西县林西镇	17230	23216	13762	6001	707859.0	101	6973
林西县新城子镇	61300	10672	8187	1921	8000.0	49	1820
林西县新林镇	51600	9686	6035	1348	30955.7	150	2418
林西县五十家子镇	66200	18738	10315	5688	160.0	70	2278
林西县官地镇	40800	18760	8700	1940	1450.0	76	3790
林西县大井镇	24200	11709	5863	1282	74590.0	780	1764
林西县统部镇	55100	18994	9931	2279	23558.0	100	3400
林西县大营子乡	46800	21305	10430	3080	13590.0		
林西县十二吐乡	28560	13811	3687	837	25025.0		
克什克腾旗经棚镇	186500	21062	13529	2480	18796.0	3600	11356
克什克腾旗宇宙地镇	68480	13286	8667	1492	49487.0	60	1692
克什克腾旗土城子镇	98600	23264	14239	3008	320.0	110	1687
克什克腾旗同兴镇	128500	12390	8118	2667	641544.0	458	1419
克什克腾旗万合永镇	184500	14266	10415	1565	80684.8	45	336
克什克腾旗芝瑞镇	231300	22411	13350	1976	87746.6	42	750
克什克腾旗达来诺日镇	154200	5373	3250	636	356.0	166	1080
克什克腾旗新开地乡	34000	15227	9143	1822	34.0		
克什克腾旗红山子乡	135700	5860	3255	1045	580.0		
克什克腾旗达日罕乌拉苏木	223400	7131	4215	939	11758.8		
克什克腾旗巴彦查干苏木	331100	8316	4840	749	803341.0		
克什克腾旗浩来呼热苏木	164000	3184	1707	422	223.0		
克什克腾旗乌兰布统苏木	123400	4532	2734	1369	326.0		
翁牛特旗乌丹镇	186815	28119	27917	16396	36420.0		
翁牛特旗乌敦套海镇	54347	27813	13108	4664	25000.0	340	5273
翁牛特旗五分地镇	54300	26213	15185	5204	52860.0	20	3502
翁牛特旗桥头镇	74013	56195	51188	14746	10265.0	268	3905
翁牛特旗广德公镇	66939	23581	10531	4900	100000.0	40	1186
翁牛特旗梧桐花镇	83069	35487	19803	4333	34040.0	147	3230
翁牛特旗海拉苏镇	75883	8511	4283	941	3912.0	400	4019
翁牛特旗亿合公镇	98142	33527	24804	1947	2462.0	41	3527

续表 73　　（内蒙古自治区）　　计算单位：公顷、人、万元

名　称	行政区域面积	常住人口	从业人员	二三产业从业人员	工业总产值	城镇建成区面积	城镇建成区常住人口
翁牛特旗解放营子乡	47581	17230	11180	1870	4900.0		
翁牛特旗阿什罕苏木	96720	6105	4325	182			
翁牛特旗新苏莫苏木	87130	11589	8397	869	2196.0		
翁牛特旗白音套海苏木	62497	14750	9391	2609	50.0		
翁牛特旗毛山东乡	69802	12290	7727	1140	4995.0		
翁牛特旗格日僧苏木	109671	5454	3418	394	300.0		
喀喇沁旗锦山镇	31300	73256	43931	32804	661487.0	820	66552
喀喇沁旗美林镇	55000	22257	17525	7259	5011.0	110	2435
喀喇沁旗王爷府镇	50300	28267	21719	5366	39630.0	100	2986
喀喇沁旗小牛群镇	42800	22212	14568	3478	3022.0	70	1820
喀喇沁旗牛家营子镇	35400	43474	31782	9701	64470.0	110	10123
喀喇沁旗乃林镇	14100	30849	12322	2427	25000.0	140	9996
喀喇沁旗西桥镇	24200	23386	17806	4324	12035.0	110	4610
喀喇沁旗十家满族乡	34100	21513	17656	8739	46037.0		
喀喇沁旗南台子乡	17800	10385	7992	2591	1300.0		
宁城县天义镇	18800	69409	29677	27757	606245.0	2557	69100
宁城县小城子镇	31800	28614	20425	6215	16583.0	19	6856
宁城县大城子镇	38400	35106	20761	2936	13720.0	125	5883
宁城县八里罕镇	37300	42857	15231	4842	51432.0	110	5372
宁城县黑里河镇	53100	26315	12632	2929	149863.0	32	1671
宁城县甸子镇	26700	45736	34946	8111	62000.0	82	1992
宁城县大双庙镇	17200	27201	6263	1915	660.0	69	2632
宁城县汐子镇	34200	48952	31570	11900	460724.0	100	1942
宁城县大明镇	17400	38989	19325	6829	16342.0	1051	1570
宁城县忙农镇	29200	34336	20657	8001	126001.0	140	591
宁城县五化镇	25000	23896	17036	3863	160060.0	100	2269
宁城县三座店镇	21600	28742	21151	6536	43200.0	17	2700
宁城县必斯营子镇	27200	29516	18112	6659	260325.0	51	3240
宁城县一肯中乡	22400	34596	24394	10197	11121.0		
宁城县存金沟乡	30200	16835	10820	3310	42000.0		
敖汉旗新惠镇	71000	129600	46429	25416	243108.0	5783	83541
敖汉旗四家子镇	32505	29127	16009	5003	220000.0	624	4231
敖汉旗长胜镇	76293	47092	39236	14855	36500.0	613	4683
敖汉旗贝子府镇	73700	40830	25680	4615	179300.0	750	6886
敖汉旗四道湾子镇	38120	28684	17673	2900	58500.0	450	9290
敖汉旗下洼镇	49500	30356	18546	2756	27700.0	650	9561
敖汉旗金厂沟梁镇	35335	27980	15436	6466	103300.0	3661	11388
敖汉旗兴隆洼镇	59861	29749	18073	2287	44200.0	150	6758
敖汉旗牛古吐乡	70500	31280	15331	2041	16790.0		
敖汉旗木头营子乡	64219	26683	19465	5500	1300.0		
敖汉旗古鲁板蒿乡	55421	23107	22066	3792	7235.0		
敖汉旗丰收乡	40500	18386	15523	4804	10030.0		
敖汉旗玛尼罕乡	45936	12150	9506	3936	21540.0		
敖汉旗萨力巴乡	37809	17094	14821	2674	890.0		
敖汉旗敖润苏莫苏木	38400	3980	3600	320			
敖汉旗林家地乡	33756	26204	14990	5303	187655.0		
科尔沁区大林镇	55290	78905	71745	6573	39952.6	461	17763
科尔沁区钱家店镇	29538	46523	30930	13902	201405.5	88	8599
科尔沁区余粮堡镇	18708	36890	35892	6802	13626.9	20	11460
科尔沁区木里图镇	19877	43344	27207	12550	1944000.3	999	11495

续表 74　　（内蒙古自治区）　　计算单位：公顷、人、万元

名　　称	行政区域面　　积	常住人口	从业人员	二三产业从业人员	工　业总产值	城镇建成区 面 积	城镇建成区常住人口
科尔沁区丰田镇	19427	31381	21728	11803	22510.7	105	2620
科尔沁区清河镇	22421	38505	35493	10993	3922.8	424	3110
科尔沁区育新镇	15485	29709	28981	14736	268466.1	935	2418
科尔沁区庆和镇	25458	25673	15376	3940	9455.6	130	4061
科尔沁区敖力布皋镇	22417	28315	15557	2278	2000.0	120	2099
科尔沁区莫力庙苏木	36495	20513	9135	1511	12993.0		
科尔沁左翼中旗保康镇	38398	30001	13527	13077	100263.0	130	26854
科尔沁左翼中旗宝龙山镇	100546	50004	40752	15001	1163023.0	1000	23817
科尔沁左翼中旗舍伯吐镇	66351	39067	20523	7066	110017.0	400	22146
科尔沁左翼中旗巴彦塔拉镇	57926	34275	12014	2891	49500.0	800	4610
科尔沁左翼中旗门达镇	17835	18298	11614	4334	91138.0	1400	3901
科尔沁左翼中旗架玛吐镇	48177	38313	23540	6120	37120.0	120	2300
科尔沁左翼中旗腰林毛都镇	61024	29176	18660	2848	4045.0	20	3800
科尔沁左翼中旗希伯花镇	56399	29057	18675	2789	34009.0	40	3580
科尔沁左翼中旗花吐古拉镇	41855	20411	13173	3610	45301.0	260	2500
科尔沁左翼中旗代力吉镇	61243	19643	15460	9563	45702.0	60	1958
科尔沁左翼中旗努日木镇	23995	18760	8047	2700	4005.0	100	1628
科尔沁左翼中旗花胡硕苏木	75372	16426	11465	4696	3318.0		
科尔沁左翼中旗协代苏木	34013	15081	11479	1877			
科尔沁左翼中旗白兴吐苏木	42136	15890	11779	2158	1606.0		
科尔沁左翼中旗图布信苏木	39335	22187	16470	8169			
科尔沁左翼中旗敖包苏木	18138	13223	10433	2953	26370.0		
科尔沁左翼中旗胜利乡	23401	20495	10425	6281	75416.0		
科尔沁左翼后旗甘旗卡镇	173804	78706	42891	32679	1515341.0	1980	76290
科尔沁左翼后旗吉尔嘎朗镇	71940	21865	9667	2834	2000.0	149	4079
科尔沁左翼后旗金宝屯镇	59040	28365	13894	4967	68550.0	400	17846
科尔沁左翼后旗常胜镇	55448	24362	12754	2804	26542.0	146	4670
科尔沁左翼后旗查日苏镇	67580	31364	18542	6723	133742.0	190	4094
科尔沁左翼后旗双胜镇	21920	32232	13264	1978	25.0	96	1047
科尔沁左翼后旗阿古拉镇	91380	14921	7416	1329	295.0	192	990
科尔沁左翼后旗朝鲁吐镇	70490	10137	4582	462	50.0	151	1121
科尔沁左翼后旗努古斯台镇	59067	9572	4876	633	26800.0	152	1580
科尔沁左翼后旗海鲁吐镇	77940	20813	12435	1721	7860.0	120	1446
科尔沁左翼后旗阿都沁苏木	81150	17170	9097	2010	270.0		
科尔沁左翼后旗茂道吐苏木	84040	11623	7399	1521	360.0		
科尔沁左翼后旗巴嘎塔拉苏木	84040	12983	7218	2138	30310.0		
科尔沁左翼后旗散都苏木	45255	16982	10038	2956	33589.0		
科尔沁左翼后旗巴彦毛都苏木	49255	5787	4024	977			
开鲁县开鲁镇	70850	108184	69973	49212	2893542.5	1200	44568
开鲁县大榆树镇	13230	30815	14892	5216	1386.0	282	2869
开鲁县黑龙坝镇	16520	19890	18257	9130	11820.3	382	2710
开鲁县麦新镇	24250	33657	11903	2851	1885.5	690	3845
开鲁县义和塔拉镇	63110	35318	15229	3198	34005.0	332	2430
开鲁县建华镇	73040	35677	19685	3258	71351.0	133	3850
开鲁县小街基镇	81710	52632	29512	6528	44983.3	300	9823
开鲁县东风镇	41350	18994	16061	6308	216314.9	331	1980
开鲁县吉日嘎郎吐镇	23240	22747	10878	1733	965.2	150	2768
开鲁县东来镇	18030	15421	10663	4340	121008.0	208	6915
库伦旗库伦镇	121075	31520	19145	4935	34560.0	20	7891
库伦旗扣河子镇	45948	24586	23192	12097	26982.0	600	2096

续表 75 （内蒙古自治区） 计算单位：公顷、人、万元

名　称	行政区域面　积	常住人口	从业人员	二三产业从业人员	工　业总产值	城镇建成区 面 积	城镇建成区常住人口
库伦旗白音花镇	38200	14438	11956	656		896	653
库伦旗六家子镇	41333	17401	12073	947	7879.0	160	2240
库伦旗额勒顺镇	100667	12040	10771	731		88	1159
库伦旗茫汗苏木	76667	10580	4473	445			
库伦旗先进苏木	16390	10282	6101	301	129.0		
库伦旗水泉乡	30000	13245	7240	1030	310.0		
奈曼旗大沁他拉镇	110046	68893	30910	13047	1302990.0	1800	10990
奈曼旗八仙筒镇	96800	59149	32792	5477	4808.0	600	9417
奈曼旗青龙山镇	46917	31035	18506	8060	6150.0	150	4162
奈曼旗新镇	86604	42570	25216	4030	33720.0	422	1704
奈曼旗治安镇	35333	20421	8484	1135	1500.0	181	2057
奈曼旗东明镇	71809	51100	23950	2160	2931.0	313	8142
奈曼旗沙日浩来镇	38232	16792	7234	1592	408.3	196	2081
奈曼旗义隆永镇	28095	18812	12429	4479	158.0	24	1664
奈曼旗固日班花苏木	81333	14620	11972	3141	1200.0		
奈曼旗白音他拉苏木	47284	14890	14496	651	4045.0		
奈曼旗明仁苏木	54130	28329	14881	1130	1406.0		
奈曼旗黄花塔拉苏木	34000	15987	9709	1662	900.0		
奈曼旗土城子乡	20770	13290	7708	583	58.0		
奈曼旗苇莲苏乡	42475	14733	14720	412	54.7		
扎鲁特旗鲁北镇	134794	127899	69608	45461	2634791.0	1400	93679
扎鲁特旗黄花山镇	1198	7499	3994	3422	5130.0	545	7499
扎鲁特旗嘎亥图镇	133210	19178	7393	1191		266	3564
扎鲁特旗巨日合镇	66662	23861	14241	1080	24500.0	100	1821
扎鲁特旗巴雅尔图胡硕镇	150819	6175	4355	156	300.0	327	1832
扎鲁特旗香山镇	36980	18570	8296	2916	120.0	57	2069
扎鲁特旗阿日昆都楞镇	140620	4633	2211	681	67715.4	38	742
扎鲁特旗巴彦塔拉苏木	62795	20425	9064	791	6878.0		
扎鲁特旗乌力吉木仁苏木	116295	8906	5544	462	2100.0		
扎鲁特旗道老杜苏木	156313	10729	6179	744	320.0		
扎鲁特旗格日朝鲁苏木	232000	14285	5654	1926	10430.0		
扎鲁特旗前德门苏木	40961	6932	4174	470			
扎鲁特旗乌兰哈达苏木	91333	5896	3016	312			
扎鲁特旗查布嘎图苏木	102667	6843	5619	500	273.0		
扎鲁特旗乌额格其苏木	40533	11565	5729	1070			
通辽经济技术开发区辽河镇	24800	35673	20338	8101	1650800.0		
通辽经济技术开发区达来胡硕苏木	30300	8046	5946	2196	900657.0		
东胜区泊尔江海子镇	91800	5018	4511	1903	5980.0	280	1832
东胜区罕台镇	52600	20432	8807	6700	670325.0	1015	19650
东胜区铜川镇	54600	4647	2952	1704	1957127.0	100	3360
达拉特旗树林召镇	112553	68271	32101	23700	4520129.3	320	3150
达拉特旗吉格斯太镇	103599	19701	8533	2318	20000.0	265	2685
达拉特旗白泥井镇	93643	18826	15556	5406	522139.0	188	4578
达拉特旗王爱召镇	64510	35784	18483	6463	19041.0	100	1588
达拉特旗昭君镇	124980	16793	12861	5071	848217.0	150	3888
达拉特旗恩格贝镇	124292	13092	8836	787	450.0	300	581
达拉特旗中和西镇	91006	6330	6276	274		220	685
达拉特旗展旦召苏木	106988	17768	15505	7910	469833.0		
准格尔旗薛家湾镇	108644	46994	20431	9883	1279936.0		
准格尔旗沙圪堵镇	162300	69587	7658	4632	3013839.5	350	69587

续表 76　　（内蒙古自治区）　　计算单位：公顷、人、万元

名　　称	行政区域面　　积	常住人口	从业人员	二三产业从业人员	工　业总产值	城镇建成区 面 积	城镇建成区常住人口
准格尔旗大路镇	73390	15755	8631	2454	11659.0	180	9102
准格尔旗纳日松镇	83700	35602	14430	6428	1789521.0	150	14499
准格尔旗龙口镇	59450	28906	16238	6201	179757.0	265	27806
准格尔旗准格尔召镇	47200	13875	3191	1938	1022768.0	200	13875
准格尔旗暖水乡	63900	4215	2268	2130	61866.0		
准格尔旗十二连城乡	69585	23174	5132	2482			
准格尔旗布尔陶亥苏木	65441	5427	2849	966			
鄂托克前旗敖勒召其镇	166271	33196	22643	16065	1633589.4	815	32683
鄂托克前旗上海庙镇	387121	14925	14308	7293	685758.0	1100	4690
鄂托克前旗城川镇	241802	15791	11438	1805	89217.5	29	2835
鄂托克前旗昂素镇	423788	7155	6451	301	21453.0	120	1008
鄂托克旗乌兰镇	322444	41910	24640	19880	256500.0	1670	32741
鄂托克旗棋盘井镇	355782	50266	28904	19580	5349000.0	64	48376
鄂托克旗蒙西镇	198538	17429	13950	9570	2600000.0	10322	9153
鄂托克旗木凯淖尔镇	249700	8373	7373	3431	18760.0	1098	2349
鄂托克旗苏米图苏木	262737	3713	3513	1112	19870.0		
鄂托克旗阿尔巴斯苏木	640000	10345	7486	2265	18450.0		
杭锦旗锡尼镇	310900	50671	34847	25055	172180.0	1200	41200
杭锦旗巴拉贡镇	197700	12190	8465	2575	54000.0	600	5213
杭锦旗吉日嘎朗图镇	274700	10360	6891	319	800.0	250	1380
杭锦旗独贵特拉镇	460371	20733	18643	2626	143200.0	400	2630
杭锦旗呼和木独镇	122640	5685	4355	366	720.0	400	1850
杭锦旗伊和乌素苏木	559000	10401	7046	1066	15400.0		
乌审旗嘎鲁图镇	230940	50488	28164	18721	128953.0	1870	42563
乌审旗乌审召镇	190100	11613	3536	750	354360.0	1805	9285
乌审旗图克镇	140960	13412	9407	398	1953426.0	302	591
乌审旗乌兰陶勒盖镇	138740	8369	3806	431	1965352.0	625	906
乌审旗无定河镇	135340	21864	16796	6710	2365310.0	200	3022
乌审旗苏力德苏木	315000	8258	7891	295	320056.0		
伊金霍洛旗阿勒腾席热镇	30670	59874	18220	16848	355147.0	1810	53241
伊金霍洛旗札萨克镇	99600	24602	13383	6870	55266.0	450	9995
伊金霍洛旗乌兰木伦镇	78960	41160	37300	31200	2216474.0	96	28000
伊金霍洛旗纳林陶亥镇	75280	23530	10870	4330	2788681.0	125	5625
伊金霍洛旗苏布尔嘎镇	95190	27031	8298	2361	14000.0	79	1496
伊金霍洛旗红庆河镇	101850	12055	10232	3122		60	2100
伊金霍洛旗伊金霍洛镇	67130	18184	6263	2166	54250.0	327	6127
海拉尔区哈克镇	96100	14081	11996	8700	5700.0	300	2838
海拉尔区奋斗镇	13972	33708	22472	19888	3241.0	13972	33708
扎赉诺尔区灵泉镇	10220	10987	2942	2842		1890	10987
阿荣旗那吉镇	3738	54019	33508	32988	963286.0	1480	52410
阿荣旗六合镇	78918	27115	27088	2525	220.0	185	2650
阿荣旗亚东镇	58400	24461	19444	1655	3091.0	140	8030
阿荣旗霍尔奇镇	78960	25280	9634	1395	27539.0	191	3920
阿荣旗向阳峪镇	56012	23355	17651	4831	3315.0	104	1351
阿荣旗三岔河镇	58200	16184	6814	1848	140.0	87	3050
阿荣旗复兴镇	55120	14615	10626	1274	5470.0	81	2168
阿荣旗得力其鄂温克民族乡	34000	10335	6823	1165			
阿荣旗查巴奇鄂温克民族乡	72630	9355	7053	662	39.0		
阿荣旗音河达斡尔鄂温克民族乡	26432	9615	8899	958			
阿荣旗新发朝鲜民族乡	17220	8884	6934	2093	157458.0		

续表 77　　（内蒙古自治区）　　计算单位：公顷、人、万元

名　　称	行政区域面　积	常住人口	从业人员	二三产业从业人员	工　业总产值	城镇建成区 面 积	城镇建成区常住人口
莫力达瓦达斡尔族自治旗尼尔基镇	83289	101792	29576	4219	307890.0	1765	60749
莫力达瓦达斡尔族自治旗红彦镇	116606	12196	10853	1032	1430.0	652	5380
莫力达瓦达斡尔族自治旗宝山镇	51833	15277	12374	1064	1470.0	600	2530
莫力达瓦达斡尔族自治旗哈达阳镇	96810	13678	12816	349		189	1632
莫力达瓦达斡尔族自治旗阿尔拉镇	35427	6400	4710	292	40.0	225	1320
莫力达瓦达斡尔族自治旗汉古尔河镇	28203	12927	11512	1036		524	2294
莫力达瓦达斡尔族自治旗西瓦尔图镇	73980	20950	14535	1065		600	3156
莫力达瓦达斡尔族自治旗腾克镇	139050	12100	10373	452		650	2171
莫力达瓦达斡尔族自治旗奎勒河镇	51112	12700	11706	1810		450	974
莫力达瓦达斡尔族自治旗塔温敖宝镇	126753	20591	18326	1676		400	2010
莫力达瓦达斡尔族自治旗巴彦鄂温克民族乡	40290	11700	8971	204			
莫力达瓦达斡尔族自治旗库如奇乡	38295	5231	5011	304			
莫力达瓦达斡尔族自治旗杜拉尔鄂温克民族乡	52948	6355	5097	244			
鄂伦春自治旗阿里河镇	454140	35629	12253	8973	25644.0	1600	32361
鄂伦春自治旗大杨树镇	101600	74352	31645	23691	52958.0	2500	51364
鄂伦春自治旗甘河镇	356300	24000	11800	8700	3376.0	1296	24000
鄂伦春自治旗吉文镇	230000	13561	5912	3262	33270.0	900	12693
鄂伦春自治旗诺敏镇	782500	16758	6092	1061	1134.0	580	15078
鄂伦春自治旗乌鲁布铁镇	380650	13284	8542	526	1045.0	300	2414
鄂伦春自治旗宜里镇	329000	22011	10171	718		200	4437
鄂伦春自治旗克一河镇	616441	11873	4575	1755	737.0	1200	10145
鄂伦春自治旗古里乡	2022200	5139	3464	43			
鄂伦春自治旗托扎敏乡	240000	2356	894	49			
鄂温克族自治旗巴彦托海镇	50549	22000	11220	4120	28941.0	50549	22000
鄂温克族自治旗大雁镇	31230	51551	26070	8070	106892.0	31230	51551
鄂温克族自治旗伊敏河镇	20760	27469	8719	8041	902071.0	20760	27469
鄂温克族自治旗红花尔基镇	29180	4368	2300	794	1900.0	360	2545
鄂温克族自治旗巴彦查岗苏木	92012	1720	690	50			
鄂温克族自治旗锡尼河西苏木	316500	4368	3205	550			
鄂温克族自治旗锡尼河东苏木	586961	5100	3220	120			
鄂温克族自治旗巴彦塔拉达斡尔民族乡	41848	1783	1012				
鄂温克族自治旗伊敏苏木	445300	3559	1740	210			
鄂温克族自治旗辉苏木	295560	4258	3968	150			
陈巴尔虎旗巴彦库仁镇	72000	20443	4084	3853	251090.6	749	20008
陈巴尔虎旗宝日希勒镇	61300	14449	4850	4365	528151.3	410	11821
陈巴尔虎旗呼和诺尔镇	457900	4535	1351	431	3192.0	410	2320
陈巴尔虎旗西乌珠尔苏木	119600	1900	688	54			
陈巴尔虎旗鄂温克民族苏木	603700	3121	850	23	1368.0		
陈巴尔虎旗东乌珠尔苏木	198000	2255	739	20			
陈巴尔虎旗巴彦哈达苏木	298400	1727	929	48	4856.0		
新巴尔虎左旗嵯岗镇	210500	4389	4384	1842	7036.0	380	3666
新巴尔虎左旗阿木古郎镇	167100	18921	8590	7822		464	14249
新巴尔虎左旗新宝力格苏木	359900	5583	2845	440			
新巴尔虎左旗乌布尔宝力格苏木	87465	4503	4493	640			
新巴尔虎左旗罕达盖苏木	1513	1377	1348	80			
新巴尔虎左旗吉布胡郎图苏木	2046	2687	1662	137			
新巴尔虎左旗甘珠尔苏木	314000	2788	1230	130			
新巴尔虎右旗阿拉坦额莫勒镇	319943	26360	6241	5438	696099.4	575	24230
新巴尔虎右旗阿日哈沙特镇	264191	2117	1946	723	203265.0	120	328
新巴尔虎右旗呼伦镇	258691	1960	1217	90	1890.0	100	780

续表 78　　（内蒙古自治区）　　计算单位：公顷、人、万元

名　　称	行政区域面　积	常住人口	从业人员	二三产业从业人员	工　业总产值	城镇建成区 面 积	城镇建成区常住人口
新巴尔虎右旗贝尔苏木	184833	1530	1454	356			
新巴尔虎右旗克尔伦苏木	582672	5794	3236	50			
新巴尔虎右旗达赉苏木	372034	1548	1408	94	2465.0		
新巴尔虎右旗宝格德乌拉苏木	473439	2193	1435	35			
满洲里市新开河镇	10641	4960	1				
牙克石市免渡河镇	412650	27235	14545	10025	185690.0	2789	13357
牙克石市博克图镇	398800	24951	10069	6970	16385.0	1010	17145
牙克石市绰河源镇	224349	12391	5281	3264	8662.0	2450	6574
牙克石市乌尔其汉镇	384800	34591	16810	11190	52106.0	1500	29848
牙克石市库都尔镇	316380	27799	9729	3961	23850.0	1200	11389
牙克石市图里河镇	367819	23906	10360	9445	22088.0	1100	23676
牙克石市乌奴耳镇	222950	8940	5206	3197	51260.0	1000	7418
牙克石市塔尔气镇	103090	17425	2050	335	19625.0	700	13498
牙克石市伊图里河镇	113700	16057	6730	4195	17596.0	800	11423
扎兰屯市磨菇气镇	70796	38738	27660	6643	108606.0	480	7310
扎兰屯市卧牛河镇	139454	23540	16629	2502	6000.0	150	3692
扎兰屯市成吉思汗镇	88070	33901	23894	1510	111282.0	631	16003
扎兰屯市大河湾镇	34396	22701	11521	3954		350	3106
扎兰屯市浩饶山镇	55540	4485	3940	940		600	2350
扎兰屯市柴河镇	549772	2710	1117	801		150	1932
扎兰屯市中和镇	101230	45530	8051	5440	4100.0	900	2872
扎兰屯市哈多河镇	40969	11250	9455	640		605	2768
扎兰屯市达斡尔民族乡	42326	9477	9021	1211	5100.0		
扎兰屯市鄂伦春民族乡	200556	6850	6844	2264	16892.0		
扎兰屯市萨马街鄂温克民族乡	193900	7161	4901	995			
扎兰屯市洼堤乡	71402	8933	6302	244	25.0		
额尔古纳市黑山头镇	105600	2261	1337	217	206.0	197	1087
额尔古纳市莫尔道嘎镇	938400	15383	6814	3604	1945.0	1200	15339
额尔古纳市恩和哈达镇	589500	3	1			1	
额尔古纳市三河回族乡	220000	6462	2875	548	231.0		
额尔古纳市恩和俄罗斯族民族乡	208900	2095	1130	400			
额尔古纳市蒙兀室韦苏木	144000	963	790	540	133.0		
额尔古纳市奇乾乡	251800	54	38	28			
根河市金河镇	504065	13110	2916	839	605.0	378	13891
根河市阿龙山镇	312532	12065	4348	2488	486.0	762	12134
根河市满归镇	308562	9259	5557	2521	15750.0	452	9536
根河市得耳布尔镇	242814	12294	3950	3374	15000.0	770	12571
根河市敖鲁古雅乡	174067	437	417	222	710.0		
临河区狼山镇	26919	21234	14712	1447	26170.0	730	3195
临河区新华镇	42811	29279	24017	2609	1223.0	400	2652
临河区干召庙镇	31340	30672	27550	6950	73092.0	650	1960
临河区乌兰图克镇	32399	17474	14880	1478	6542.0	592	1956
临河区双河镇	27528	16081	12359	708	663.0	990	1480
临河区城关镇	11768	24252	11564	3819	11043.0	146	602
临河区白脑包镇	29649	19880	15191	1579	6775.0	350	1690
临河区曙光乡	4000	21617	10260	5486	256654.3		
临河区八一乡	10495	18068	10665	3313	1579903.4		
五原县隆兴昌镇	41253	110486	34220	18550	110000.0	650	87700
五原县塔尔湖镇	42700	39010	27618	3668	710.0	123	11643
五原县套海镇	33100	24815	15142	2335	1984.0	289	7653

续表 79　　（内蒙古自治区）　　计算单位：公顷、人、万元

名　　称	行政区域面　　积	常住人口	从业人员	二三产业从业人员	工　业总产值	城镇建成区面积	城镇建成区常住人口
五原县新公中镇	24539	21700	16856	1256	430.0	145	722
五原县天吉太镇	26025	16998	10098	478	413.0	112	869
五原县胜丰镇	29800	21880	14017	651	1110.0	58	754
五原县银定图镇	18169	13961	4470	1420	5769.0	247	761
五原县复兴镇	15100	11190	9835	507	5769.0	90	6820
五原县和胜乡	13414	9070	6435	203	450.0		
磴口县巴彦高勒镇	49400	51919	22924	16750	323275.0	1100	51000
磴口县隆盛合镇	31153	16100	11870	2750	165.0	68	3721
磴口县渡口镇	23281	9910	6405	200	120.0	17	2405
磴口县补隆淖镇	7200	6274	4830	658	168589.6	15	532
磴口县沙金套海苏木	218132	7412	6305	497	85.0		
乌拉特前旗乌拉山镇	34240	136732	34794	23563	157520.0	1933	115727
乌拉特前旗白彦花镇	67220	7845	4877	1317	16900.0	120	3076
乌拉特前旗先锋镇	48800	37040	20881	1576	322736.5	400	893
乌拉特前旗新安镇	48783	32854	13722	879	8124.0	100	1465
乌拉特前旗西小召镇	46450	22370	14384	1637		152	1570
乌拉特前旗大佘太镇	92500	31000	19855	1470	886.0	144	6256
乌拉特前旗明安镇	74180	15677	10280	1633	1263.0	200	1711
乌拉特前旗小佘太镇	63500	7594	3198	450	87414.0	240	2258
乌拉特前旗苏独仑镇	38500	8600	6620	125	750.0	230	2268
乌拉特前旗额尔登布拉格苏木	83200	3377	2273	258	154329.3		
乌拉特前旗沙德格苏木	71100	1192	836	97	80818.2		
乌拉特中旗海流图镇	6385	38660	18097	17542	47764.0	788	38300
乌拉特中旗乌加河镇	42730	26567	14174	920	150.0	260	1607
乌拉特中旗德岭山镇	85974	26497	18060	2300	713342.4	310	1950
乌拉特中旗石哈河镇	183137	15480	5936	506	45568.4	30	901
乌拉特中旗甘其毛都镇	435565	2095	1859	989	129078.4	220	550
乌拉特中旗温更镇	181921	5170	2512	903	29299.9	17	480
乌拉特中旗呼鲁斯太苏木	195649	3809	2930	81	71.4		
乌拉特中旗川井苏木	187994	1928	1139	174	63895.1		
乌拉特中旗巴音乌兰苏木	672789	7635	3798	90	39321.2		
乌拉特中旗新忽热苏木	268098	4122	3015	727	162515.8		
乌拉特后旗巴音宝力格镇	99370	17326	7640	3984	573177.0	570	3050
乌拉特后旗呼和温都尔镇	152954	11032	6980	4774	463800.0	450	9371
乌拉特后旗潮格温都尔镇	618184	9908	1621	574	55470.0	125	4760
乌拉特后旗获各琦苏木	876179	3782	3438	2542	106011.0		
乌拉特后旗巴音前达门苏木	617401	2754	1170				
乌拉特后旗乌盖苏木	87528	5490	3611	2349			
杭锦后旗陕坝镇	19855	105834	60597	46735	1374669.0	1812	91008
杭锦后旗头道桥镇	19731	18668	10039	1012	9959.0	7	531
杭锦后旗二道桥镇	24024	25976	14069	916	6518.0	298	606
杭锦后旗三道桥镇	12055	15068	9635	307	11489.0	298	3447
杭锦后旗蛮会镇	19931	18701	13252	3749	5812.0	100	633
杭锦后旗团结镇	17279	13692	7544	839	6573.0	100	344
杭锦后旗双庙镇	19432	13398	7321	884	4766.0	204	1006
杭锦后旗沙海镇	16574	16319	10519	4042	540.0	59	435
杭锦后旗蒙海镇	12298	11930	9482	1183	11262.0	32	252
集宁区白海子镇	14322	33687	20916	8558	283161.0	1200	13181
集宁区马莲渠乡	13600	18531	15897	7239	161037.0		
卓资县卓资山镇	37879	50586	34459	29504	296255.0	1200	41875

续表 80　　（内蒙古自治区）　　计算单位：公顷、人、万元

名　称	行政区域面积	常住人口	从业人员	二三产业从业人员	工业总产值	城镇建成区面积	城镇建成区常住人口
卓资县旗下营镇	32267	16840	13935	10678	457841.0	1201	9042
卓资县十八台镇	44880	18263	9893	2350	5640.0	80	590
卓资县巴音锡勒镇	36500	10385	7419	3699	26453.0	30	814
卓资县梨花镇	38479	12587	7684	2169	1140.0	60	518
卓资县大榆树乡	52516	12791	7335	2440	48575.0		
卓资县红召乡	41859	4357	3252	678	1240.0		
卓资县复兴乡	27520	8173	5071	1946	756.0		
化德县长顺镇	39100	61727	43251	31887	718000.2	5290	43759
化德县朝阳镇	53462	22151	11223	318		120	1305
化德县七号镇	42300	11406	7411	498		80	1369
化德县德包图乡	42367	12585	6293	198			
化德县公腊胡洞乡	38700	6294	3964	198			
化德县白音特拉乡	36771	9837	4804	167			
商都县七台镇	28372	96580	38282	34300	50976.6	4136	82500
商都县十八顷镇	43656	12392	8165	705	17112.2	3	739
商都县大黑沙土镇	41793	15233	8735	153		100	1152
商都县西井子镇	54538	17010	15791	1398	49459.6	297	817
商都县屯垦队镇	58081	13844	8492	371	26917.0	28	1476
商都县小海子镇	45204	20774	18538	1914	37670.0	29	936
商都县大库伦乡	52482	6838	5875	210			
商都县卯都乡	28134	4354	2962	54	800.0		
商都县玻璃忽镜乡	44242	7985	5381	1185	33257.2		
商都县三大顷乡	31847	4934	2773	300	64.0		
兴和县城关镇	43146	82635	58692	19172	735526.0	5500	47314
兴和县张皋镇	26395	12532	12525	605		600	5300
兴和县赛乌素镇	46984	20598	12594	3096	12485.8	88	1637
兴和县鄂尔栋镇	44970	12958	11662	5202	23.0	16	152
兴和县店子镇	46000	14355	12927	2941	30005.0	160	1870
兴和县大库联乡	43700	24635	12809	1250	2000.0		
兴和县民族团结乡	38300	23672	14721	1125	290.0		
兴和县大同夭乡	34400	13475	12588	288	120.0		
兴和县五股泉乡	27600	8144	2593	133			
凉城县岱海镇	43335	85376	45308	22079	123239.0	1208	38763
凉城县六苏木镇	58419	19135	16298	1618	375601.0	170	1430
凉城县麦胡图镇	22806	17345	11992	792	8850.0	328	316
凉城县永兴镇	36170	8552	5420	685	3655.7	186	105
凉城县蛮汉镇	60288	16494	9854	704		184	550
凉城县天成乡	52923	14890	9938	195	11523.0		
凉城县曹碾满族乡	12383	1385	990	20			
凉城县厂汉营乡	44217	9562	7010	57			
察哈尔右翼前旗土贵乌拉镇	21820	49343	34888	18651	889864.0	1500	35000
察哈尔右翼前旗平地泉镇	15931	11607	9841	5281	140221.0	40	10417
察哈尔右翼前旗玫瑰营镇	41820	18201	12028	2340	23231.0	120	1894
察哈尔右翼前旗巴音塔拉镇	25603	16744	11573	2452	16.0	28	1177
察哈尔右翼前旗黄旗海镇	9806	7387	4765	2135	6432.0	29	381
察哈尔右翼前旗乌拉哈乌拉乡	24559	7849	5191	670	852.0		
察哈尔右翼前旗黄茂营乡	34290	6865	5305	918	90.0		
察哈尔右翼前旗三岔口乡	37361	8178	6492	2042	48523.0		
察哈尔右翼前旗老圈沟乡	24106	2327	2291	788	6644.6		
察哈尔右翼中旗科布尔镇	30326	42401	25015	11625	193719.6	620	39880

续表 81　　（内蒙古自治区）　　计算单位：公顷、人、万元

名　称	行政区域面积	常住人口	从业人员	二三产业从业人员	工业总产值	城镇建成区面积	城镇建成区常住人口
察哈尔右翼中旗铁沙盖镇	29250	15047	13044	1230		760	1627
察哈尔右翼中旗黄羊城镇	39913	13449	9515	1833	146392.0	250	705
察哈尔右翼中旗广益隆镇	53806	10320	10141	1061		206	813
察哈尔右翼中旗乌素图镇	15480	9521	6494	794		136	2100
察哈尔右翼中旗大滩乡	63769	10421	5048	3280			
察哈尔右翼中旗宏盘乡	49908	11306	6738	1338	22002.2		
察哈尔右翼中旗巴音乡	13057	4699	4687	1113			
察哈尔右翼中旗库联苏木	39429	1600	1538	295	10571.0		
察哈尔右翼中旗乌兰哈页苏木	31570	11075	7293	1420	50000.0		
察哈尔右翼中旗察右中旗土城子乡	19970	9366	8365	318	40325.0		
察哈尔右翼后旗白音察干镇	58780	66754	20590	8000	316016.0	900	38465
察哈尔右翼后旗土牧尔台镇	56000	16319	10714	4580	63230.0	305	13985
察哈尔右翼后旗红格尔图镇	21600	9417	6442	2074	101039.7	15	2379
察哈尔右翼后旗贲红镇	40120	11680	7973	1906	1805.0	800	1168
察哈尔右翼后旗大六号镇	21700	4975	3706	491	26350.0		
察哈尔右翼后旗当郎忽洞苏木	44800	5570	5452	1406	3788.0		
察哈尔右翼后旗乌兰哈达苏木	65300	6854	6515	1055	97167.0		
察哈尔右翼后旗锡勒乡	82700	5241	1880	160	50000.0		
四子王旗乌兰花镇	40169	50542	19122	13057	290000.0	485	2810
四子王旗吉生太镇	103390	20054	19913	3602	30564.0	35	805
四子王旗库伦图镇	44256	20823	12607	4374	20200.0	50	723
四子王旗供济堂镇	54721	18102	17188	1136		40	790
四子王旗白音朝克图镇	317916	5510	3386	1171	66165.0	40	660
四子王旗红格尔苏木	54721	5425	5422	2000			
四子王旗江岸苏木	499243	3393	1485	277	52560.0		
四子王旗查干补力格苏木	273982	3131	2625	405	31190.0		
四子王旗脑木更苏木	431348	2300	1690	190	23000.0		
四子王旗东八号乡	52472	16320	8984	1129	26740.0		
四子王旗忽鸡图乡	67291	18560	14225	7045			
四子王旗大黑河乡	27300	12210	12199	3339	5670.0		
四子王旗巴音敖包苏木	280000	2258	1998	248	7562.0		
丰镇市隆盛庄镇	42107	19957	19956	11806	21500.0	400	3563
丰镇市黑土台镇	25831	16766	16662	13684	5005.0	48	480
丰镇市红砂坝镇	36283	10522	6988	1589	19700.0	100	1077
丰镇市巨宝庄镇	29894	25205	11991	3293	274600.0		
丰镇市三义泉镇	36400	10675	9953	6025	10000.0	21	815
丰镇市浑源窑乡	29984	5507	2397	92	2600.0		
丰镇市元山子乡	31570	12638	6663	4955	7400.0		
丰镇市官屯堡乡	30196	17803	12568	3854	3010.0		
乌兰浩特市乌兰哈达镇	37278	24659	12525	4325	368006.0	4	1440
乌兰浩特市葛根庙镇	59900	26427	21580	562		60	508
乌兰浩特市太本站镇	110400	4115	3001	195		25	1184
乌兰浩特市义勒力特镇	17163	17046	6952	1850	1600.0	55	1625
阿尔山市天池镇	373477	4135	1978	1153	2447.0	4	570
阿尔山市白狼镇	74435	2660	1467	955	270.0	200	1142
阿尔山市五岔沟镇	80868	7735	2828	1163		242	5516
阿尔山市明水河镇	201200	7546	3020	1135		124	2594
科尔沁右翼前旗科尔沁镇	19800	17006	9795	2263	345516.0	280	1546
科尔沁右翼前旗索伦镇	211000	17119	7322	1647	80336.0	695	9417
科尔沁右翼前旗德佰斯镇	133700	27524	18667	1039	42.0	200	1613

续表 82　　　　（内蒙古自治区）　　　　计算单位：公顷、人、万元

名　　称	行政区域面积	常住人口	从业人员	二三产业从业人员	工业总产值	城镇建成区面积	城镇建成区常住人口
科尔沁右翼前旗大石寨镇	87300	40033	12546	3967	600.0	360	8650
科尔沁右翼前旗归流河镇	68200	21898	10352	1152	14850.0	410	6478
科尔沁右翼前旗居力很镇	24200	25010	13341	5171	3140.0	400	4770
科尔沁右翼前旗察尔森镇	73200	17956	12987	1353	3890.0	345	4050
科尔沁右翼前旗额尔格图镇	137200	16520	7364	850		189	3220
科尔沁右翼前旗俄体镇	43200	18429	14418	3825	461.0	100	2610
科尔沁右翼前旗满族屯满族乡	334000	4030	2063	114			
科尔沁右翼前旗乌兰毛都苏木	209600	5012	3816	1137	4385.0		
科尔沁右翼前旗阿力得尔苏木	152200	36347	11760	1655	2800.0		
科尔沁右翼前旗巴拉格歹乡	70000	43230	24350	3150	15876.0		
科尔沁右翼前旗桃合木苏木	112800	4706	3031	196			
科尔沁右翼中旗巴彦呼舒镇	103962	78276	38355	25299	268731.9	1225	54112
科尔沁右翼中旗巴仁哲里木镇	249070	13780	6888	740	23535.0	200	1304
科尔沁右翼中旗吐列毛都镇	140231	24636	14520	2028	56.0	430	3338
科尔沁右翼中旗杜尔基镇	118534	18195	10182	1426	210.0	108	1934
科尔沁右翼中旗高力板镇	96708	25827	15524	2018	41463.0	300	4654
科尔沁右翼中旗好腰苏木镇	74204	10855	5083	961		30	967
科尔沁右翼中旗代钦塔拉苏木	88418	10490	6150	675	5249.0		
科尔沁右翼中旗新佳木苏木	114315	13072	5487	728			
科尔沁右翼中旗哈日诺尔苏木	118567	4401	2641	357	42112.0		
科尔沁右翼中旗额木庭高勒苏木	49320	18502	10361	1009	5378.0		
科尔沁右翼中旗巴彦茫哈苏木	73747	9653	3854	511			
科尔沁右翼中旗巴彦淖尔苏木	52710	10444	6531	665			
扎赉特旗音德尔镇	102000	91000	36539	13239	64210.0	1750	53120
扎赉特旗新林镇	72666	32045	20099	1740		189	5123
扎赉特旗巴彦高勒镇	111788	41788	25924	2920	2350.0	380	5400
扎赉特旗胡尔勒镇	213100	32220	12805	760	260.0	250	3360
扎赉特旗阿尔本格勒镇	104120	30687	18776	880	12500.0	250	3720
扎赉特旗巴达尔胡镇	83000	23577	9501	905	12000.0	300	2420
扎赉特旗图牧吉镇	96000	12300	6835	335	120.0	120	1360
扎赉特旗好力保乡	27600	33960	11262	1212	12980.0		
扎赉特旗巴彦乌兰苏木	80000	18627	11183	1187	18020.0		
扎赉特旗宝力根花苏木	51300	12257	11420	1423			
扎赉特旗阿拉达尔吐苏木	95780	11807	8351	221	1860.0		
扎赉特旗巴彦扎拉嘎乡	35800	19990	17709	1493			
扎赉特旗努文牧仁乡	35600	12620	9572	930	150.0		
突泉县突泉镇	53642	101200	57345	29506	386647.7	420	62175
突泉县六户镇	74567	36520	32535	13935	23500.0	12	5340
突泉县东杜尔基镇	33362	23481	13384	1759		206	3455
突泉县永安镇	39367	25986	15132	1968	61826.0	410	1977
突泉县水泉镇	62125	17274	12393	682		310	2757
突泉县宝石镇	99078	49427	21273	2720		101	2940
突泉县学田乡	36708	19230	11751	2321			
突泉县九龙乡	21557	11875	5168	968	8300.0		
突泉县太平乡	59289	17212	12340	1357	23174.7		
二连浩特市格日勒敖都苏木	384830	2055	1253	193			
锡林浩特市阿尔善宝拉格镇	209838	1766	962	161	2656.0	400	670
锡林浩特市宝力根苏木	325502	3915	3123	521			
锡林浩特市朝克乌拉苏木	181614	2746	2683	101			
锡林浩特市巴彦锡勒办事处乡	342750	5980	3071	591			

续表 83　　　　（内蒙古自治区）　　　　计算单位：公顷、人、万元

名　称	行政区域面　积	常住人口	从业人员	二三产业从业人员	工　业总产值	城镇建成区 面 积	城镇建成区常住人口
锡林浩特市巴彦宝拉格苏木	151675	1391	1328	64			
阿巴嘎旗别力古台镇	465800	22541	9243	7081	303309.0	600	19727
阿巴嘎旗洪格尔高勒镇	296800	4364	3579	1400	146819.0	55	668
阿巴嘎旗查干淖尔镇	408400	4816	3679	1176	28799.0	59	856
阿巴嘎旗那仁宝拉格苏木	453000	3161	2162	489	68072.0		
阿巴嘎旗伊和高勒苏木	333400	2057	1561	391			
阿巴嘎旗吉尔嘎郎图苏木	294400	2831	2561	1578	344768.0		
阿巴嘎旗巴彦图嘎苏木	497700	2725	1809	341	15456.0		
苏尼特左旗满都拉图镇	568546	18118	6655	4774	246615.0	509	15079
苏尼特左旗查干敖包镇	393891	1460	1340	506		12	74
苏尼特左旗巴彦淖尔镇	609626	6032	5093	1158		9	120
苏尼特左旗巴彦乌拉苏木	427065	2659	2631	941	117707.0		
苏尼特左旗赛罕高毕苏木	469011	1683	1246	256	88293.0		
苏尼特左旗洪格尔苏木	572683	2003	1630	255			
苏尼特左旗达来苏木	383195	1740	1531	295			
苏尼特右旗赛汉塔拉镇	331717	35885	14870	12850	478415.0	831	32379
苏尼特右旗朱日和镇	274040	8732	5284	534	289996.0	900	2539
苏尼特右旗乌日根塔拉镇	372940	3740	3669	2162	43750.1	66	2070
苏尼特右旗桑宝拉格苏木	345250	2731	2702	95			
苏尼特右旗额仁淖尔苏木	451270	2090	2044	21			
苏尼特右旗赛罕乌力吉苏木	266360	3321	1789	35			
苏尼特右旗阿其图乌拉苏木	193400	2036	1960	549			
东乌珠穆沁旗乌里雅斯太镇	545900	35186	8070	4087	85284.0	3200	23634
东乌珠穆沁旗道特淖尔镇	491490	4951	3423	593		430	1940
东乌珠穆沁旗嘎达布其镇	347300	3282	1749	166		4	240
东乌珠穆沁旗满都胡宝拉格镇	562900	2200	1794	88	93759.0	133	680
东乌珠穆沁旗额吉淖尔镇	388000	5450	3290	734	19150.0	400	459
东乌珠穆沁旗呼热图淖尔苏木	638300	7250	4960	260			
东乌珠穆沁旗萨麦苏木	778200	5252	2939	141	25000.0		
东乌珠穆沁旗嘎海乐苏木	518730	4538	3283	1159	225518.0		
东乌珠穆沁旗阿拉坦合力苏木	262700	2865	2346	151	81300.0		
西乌珠穆沁旗巴拉嘎尔高勒镇	1039	18956	10542	10542	315399.0	263	15460
西乌珠穆沁旗巴彦花镇	531217	16970	5683	568	902676.0	30	1431
西乌珠穆沁旗吉仁高勒镇	420982	5242	4660	296		52	1052
西乌珠穆沁旗浩勒图高勒镇	382330	7539	4735	1035	20534.0	20	348
西乌珠穆沁旗高日罕镇	156651	3502	3464	51	7080.0	70	1120
西乌珠穆沁旗巴彦胡舒苏木	385777	4670	3650	420			
西乌珠穆沁旗乌兰哈拉嘎苏木	349320	4417	3202	102	5004.0		
太仆寺旗宝昌镇	25910	48671	21952	6261	332699.0	992	41085
太仆寺旗千斤沟镇	57121	20186	11197	685	16126.0	820	2350
太仆寺旗红旗镇	69099	14200	12472	688	27145.0	250	1484
太仆寺旗骆驼山镇	56113	10097	6149	236		200	2376
太仆寺旗永丰镇	37834	12320	6405	277		220	1394
太仆寺旗幸福乡	18902	6660	4734	76			
太仆寺旗贡宝拉格苏木	77634	2408	1511	247			
镶黄旗新宝拉格镇	2965	16215	4319	3049		633	16215
镶黄旗巴彦塔拉镇	175761	6584	4265	218		72	215
镶黄旗翁贡乌拉苏木	164694	4957	3725	487			
镶黄旗宝格达音高勒苏木	170306	6659	5295	158			
正镶白旗明安图镇	106700	22143	11933	8507	141879.0	740	22143

续表 84　　（内蒙古自治区、辽宁省）　　计算单位：公顷、人、万元

名　　称	行政区域面　　积	常住人口	从业人员	二三产业从业人员	工　业总产值	城镇建成区 面 积	城镇建成区常住人口
正镶白旗星耀镇	39700	16708	11135	120			
正镶白旗伊和淖尔苏木	171100	4530	4194	123	16333.0		
正镶白旗乌兰查布苏木	177100	5028	4997	90			
正镶白旗宝拉根陶海苏木	126900	4391	3212	332	52073.0		
正蓝旗上都镇	181640	38024	13928	11321	703996.0	1373	31017
正蓝旗桑根达来镇	165850	8410	3653	436		200	2057
正蓝旗哈毕日嘎镇	39610	8042	4819	836		400	1973
正蓝旗宝绍代苏木	112900	4827	3014	1474			
正蓝旗那日图苏木	96760	4032	2616	742			
正蓝旗赛音呼都嘎苏木	203110	4911	4255	766			
正蓝旗扎格斯台苏木	130780	3211	1847	53			
正蓝旗五一种畜场总场	64000	2238	1334	74		73	490
多伦县大北沟镇	43100	12766	10532	1736	8886.0	180	825
多伦县多伦诺尔镇	53988	65725	31122	22854	742325.0	1280	57984
多伦县大河口乡	109270	9207	6607	1195	125416.0		
多伦县蔡木山乡	124143	10185	7569	1363	60731.0		
多伦县西干沟乡	55867	8683	7004	1423	237642.0		
乌拉盖管委会巴音胡硕镇	77968	20785	12769	11853	106810.0	760	19609
阿拉善左旗温都尔勒图镇	331900	2668	2138	418	1200.0	150	240
阿拉善左旗巴润别立镇	318500	10391	5907	1208	38000.0	180	935
阿拉善左旗巴彦浩特镇	547848	8356	3760	930	52922.0		
阿拉善左旗嘉尔嘎勒赛汉镇	310100	7602	4480	1209	7000.0	550	1596
阿拉善左旗吉兰泰镇	1238700	20033	16270	10140	123200.0	2470	11974
阿拉善左旗宗别立镇	202400	7775	7423	4873	810000.0	2	108
阿拉善左旗敖伦布拉格镇	466300	3596	2346	1395	30333.0	150	650
阿拉善左旗腾格里额里斯镇	268800	3198	3045	1881	119542.0	150	366
阿拉善左旗巴彦木仁苏木	263400	2938	1948	82			
阿拉善左旗乌力吉苏木	770700	974	533	38			
阿拉善左旗巴彦诺日公苏木	1221500	3722	2757	908	50000.0		
阿拉善左旗额尔克哈什哈苏木	973000	1895	926	479			
阿拉善左旗银根苏木	657300	844	573	73			
阿拉善左旗超格图呼热苏木	267100	1379	1085	357	3160.0		
阿拉善右旗巴丹吉林镇	664000	14073	9269	8732	213746.0	480	13349
阿拉善右旗雅布赖镇	1171760	4407	2722	2098	64030.0	130	3285
阿拉善右旗阿拉腾敖包镇	360000	1392	1283	809	9795.0	110	256
阿拉善右旗曼德拉苏木	570000	1732	1662	852	39490.0		
阿拉善右旗阿拉腾朝格苏木	1900000	1735	1287	196	5701.0		
阿拉善右旗巴音高勒苏木	350000	1583	1472	605	44817.0		
阿拉善右旗塔木素布拉格苏木	2432700	1594	1052	55	5290.0		
额济纳旗达来呼布镇	1050	16135	10198	9593	9790.2	880	16135
额济纳旗东风镇	2579500	1338	1211	23	1956.0	30	1338
额济纳旗哈日布日格德音乌拉镇	2284582	1070	242	34	260644.2	100	1070
额济纳旗赛汉陶来苏木	2150000	727	459	26	30323.0		
额济纳旗马鬃山苏木	1903818	116	111	24			
额济纳旗苏泊淖尔苏木	471600	1277	1203	3			
额济纳旗巴彦陶来苏木	500050	2096	1286	69			
额济纳旗温图高勒苏木	1570000	357	302	10			
额济纳旗乌斯太镇	181900	31100	13487	13404	3270000.0	2600	31000
辽宁省							
辽中县于家房镇	6995	20120	16035	1650	306200.0	2179	8655

续表 85　（辽宁省）　计算单位：公顷、人、万元

名　称	行政区域面积	常住人口	从业人员	二三产业从业人员	工业总产值	城镇建成区面积	城镇建成区常住人口
辽中县朱家房镇	10622	21654	15750	3950	213000.0	660	3200
辽中县冷子堡镇	12900	28246	16990	5490	275360.0	145	5550
辽中县刘二堡镇	8649	19568	14089	7749	638730.0	822	4015
辽中县茨榆坨镇	10400	58723	26793	16774	1102190.0	800	25620
辽中县新民屯镇	5983	19335	11274	4938	99000.0	663	4989
辽中县满都户镇	8845	21310	11238	4016	208525.0	1233	6870
辽中县杨士岗镇	5300	14702	11426	1675	2068894.0	232	6988
辽中县肖寨门镇	13597	41964	21100	8509	435395.0	544	7225
辽中县长滩镇	6359	23051	11095	4395	31500.0	170	3052
辽中县四方台镇	6154	20000	11432	4689	50000.0	740	3836
辽中县城郊镇	6526	16480	9365	4300	494352.0	1135	16300
辽中县六间房镇	9903	21184	11382	5278	681519.0	340	1951
辽中县养士堡镇	8081	15672	10110	2380	562788.0	1626	4055
辽中县潘家堡镇	6400	17527	10053	1289	95549.0	544	2878
辽中县老大房镇	8285	15793	10266	5996	229194.0	1335	3116
辽中县大黑岗子镇	8600	14671	8879	1058	41000.0	500	1194
辽中县牛心坨镇	11380	20399	10935	3673	110020.0	600	2847
康平县小城子镇	15933	17998	8156	2045	232225.0	913	2783
康平县张强镇	14633	22668	13904	7174	238164.0	400	2085
康平县方家屯镇	10100	18805	8638	3773	236003.0	183	3872
康平县郝官屯镇	13255	18549	5547	1138	201910.0	65	1384
康平县二牛所口镇	16667	21900	11703	5571	219025.0	300	1932
康平县北四家子乡	14200	16172	6946	1807	205268.0		
康平县两家子乡	11800	13100	7126	1087	164083.0		
康平县海洲窝堡乡	14770	14700	8655	760	236998.0		
康平县沙金台蒙古族满族乡	15000	18400	9000	3380	203000.0		
康平县柳树屯蒙古族满族乡	10500	14765	7998	3860	213570.0		
康平县西关屯蒙古族满族乡	8806	14472	8578	2450	226106.0		
康平县东升满族蒙古族乡	12270	18226	11253	4408	206000.0		
法库县法库镇	13279	89926	14413	8031	310105.0	3000	70018
法库县大孤家子镇	10366	20582	10600	4800	400000.0	50	5000
法库县三面船镇	12400	22237	12550	2850	283000.0	825	5733
法库县秀水河子镇	20400	31856	15407	5183	389890.0	198	4610
法库县叶茂台镇	17500	24310	17435	4190	193522.0	300	4585
法库县登仕堡子镇	9468	16717	8012	2097	239130.0	400	2025
法库县柏家沟镇	11567	22095	16396	8388	257443.0	199	4949
法库县丁家房镇	13200	20418	13020	3375	193580.0	180	3713
法库县孟家镇	9160	16030	10156	2793	805745.0	85	860
法库县十间房镇	11579	15863	10930	2137	243625.0	680	1814
法库县冯贝堡镇	8917	16972	9541	1302	387655.0	130	2306
法库县依牛堡子镇	13000	25872	14582	5519	442096.0	130	1608
法库县五台子镇	13400	31503	18401	12931	253482.0	1080	3294
法库县包家屯镇	17500	27853	16024	6299	353240.0	156	3921
法库县慈恩寺乡	9996	18424	11300	5700	229262.0		
法库县和平乡	7133	10510	6386	3587	254608.0		
法库县四家子蒙古族乡	9533	16782	10522	6382	135938.0		
法库县双台子乡	11257	17653	10819	3239	220678.0		
法库县卧牛石乡	12362	21092	11758	4529	274898.0		
新民市大红旗镇	12484	23420	8753	2705	73399.3	245	1833
新民市梁山镇	20387	24258	10405	1605	227471.0	244	3500

续表 86　　（辽宁省）　　计算单位：公顷、人、万元

名　　称	行政区域面　　积	常住人口	从业人员	二三产业从业人员	工　业总产值	城镇建成区 面 积	城镇建成区常住人口
新民市公主屯镇	19379	40010	17444	7332	63104.0	702	3960
新民市兴隆镇	13928	29092	14265	9555	903184.0	280	7500
新民市前当堡镇	9428	22455	11224	5169	759776.9	1570	8213
新民市大民屯镇	11217	31610	16569	4456	170170.8	285	14280
新民市大柳屯镇	22943	28385	14253	4955	50433.2	910	1712
新民市兴隆堡镇	15087	61568	23911	17233	848321.0	800	34868
新民市胡台镇	9999	33321	14682	8850	1068349.1	660	11196
新民市法哈牛镇	10808	32092	12691	4119	972948.0	589	9682
新民市柳河沟镇	20600	22978	14939	3031	138519.2	400	1854
新民市高台子镇	9922	14550	6055	1275	453951.0	150	1785
新民市张家屯镇	7822	16995	10456	3465	275310.7	105	1255
新民市罗家房镇	13013	26282	14061	4667	571215.9	150	2710
新民市三道岗子镇	11773	21972	10108	4872	557466.5	1200	1839
新民市东蛇山子镇	11793	21985	8582	2758	192401.2	715	2194
新民市陶家屯镇	4872	11946	5260	1321	39861.1	612	1698
新民市周坨子镇	12910	15400	6701	602	15308.0	55	1347
新民市金五台子乡	13252	18863	8128	2391	109654.0		
新民市红旗乡	9443	13698	6463	593	208.0		
新民市卢家屯乡	11690	14810	5916	1473	238254.3		
新民市姚堡乡	13725	17899	6890	1131	83891.0		
新民市于家窝堡乡	10970	11415	5061	2056	34553.0		
新民市新农乡	10592	13100	6360	2310	51086.0		
长海县大长山岛镇	4051	35988	17343	11518	105885.0	2515	28305
长海县獐子岛镇	1582	15393	8162	3323	72797.0	850	13809
长海县小长山乡	2757	16143	6556	2833	57141.0		
长海县广鹿乡	3770	12874	7389	2642	30575.0		
长海县海洋乡	2044	6972	2135	883	3280.0		
瓦房店市复州城镇	11926	61040	22458	10414	408268.0	726	26400
瓦房店市松树镇	13154	31763	19403	9127	78667.0	150	15000
瓦房店市得利寺镇	8900	25457	10138	4790	243300.0	200	6985
瓦房店市万家岭镇	13300	24519	20642	6002	51112.0	150	2475
瓦房店市许屯镇	14740	32830	16390	2842	204500.0	379	10278
瓦房店市永宁镇	13333	40550	27575	15139	530000.0	900	10236
瓦房店市谢屯镇	19250	36000	11505	6152	352100.0	760	9411
瓦房店市老虎屯镇	10795	24029	24019	17953	1500000.0	750	7163
瓦房店市红沿河镇	13900	17919	9516	3351	135680.0	86	3155
瓦房店市李官镇	11172	22108	21416	11570	99397.0	216	3344
瓦房店市仙浴湾镇	8246	13299	4050	1727	34000.0	93	3156
瓦房店市元台镇	15000	41349	18552	7376	170151.0	40	10700
瓦房店市瓦窝镇	9700	22477	9830	6200	85709.5	250	5012
瓦房店市赵屯乡	14720	35577	13355	4725	586827.0		
瓦房店市土城乡	9600	21315	12428	1934	104000.0		
瓦房店市阎店乡	11300	26516	14453	2908	241015.0		
瓦房店市西杨乡	11180	30318	11720	2083	231280.0		
瓦房店市驼山乡	13600	23716	15945	4045	83100.0		
瓦房店市三台满族乡	13000	25970	13893	8868	927644.0		
瓦房店市泡崖乡	13490	18645	13962	3527	424988.0		
瓦房店市杨家满族乡	10410	23202	12508	4301	435407.0		
普兰店市双塔镇	15614	33200	29111	4761	78700.0	344	3400
普兰店市安波镇	30459	42366	16571	11001	32630.0	800	7859

续表 87　（辽宁省）　计算单位：公顷、人、万元

名　称	行政区域面积	常住人口	从业人员	二三产业从业人员	工业总产值	城镇建成区面积	城镇建成区常住人口
普兰店市四平镇	10179	23866	6663	3420	184950.0	130	2451
普兰店市沙包镇	16532	28922	11677	9117	1500.0	150	2879
普兰店市星台镇	23386	44235	23327	12276	105582.0	150	5348
普兰店市墨盘乡	11933	17369	13719	8382	15600.0		
普兰店市同益乡	13578	20570	14312	4338	38638.0		
普兰店市乐甲满族乡	10850	18207	10784	2664	14560.0		
庄河市青堆镇	19330	54703	23053	13148	1006000.0	2200	26242
庄河市徐岭镇	9712	31999	15306	11624	526100.0	1293	16836
庄河市黑岛镇	13054	33773	18202	13784	575009.0	1540	10617
庄河市栗子房镇	22202	56669	30482	18738	754560.0	1600	16338
庄河市大营镇	13934	22956	11687	7574	41332.0	97	1262
庄河市塔岭镇	17824	22985	11967	5536	16204.0	30	3812
庄河市仙人洞镇	33422	34117	17086	10053	188877.0	200	7648
庄河市蓉花山镇	21277	34901	17792	9760	272044.0	600	10437
庄河市长岭镇	15341	27572	12924	6757	181637.0	300	6000
庄河市荷花山镇	14949	12409	7323	3379	238541.0	200	2776
庄河市城山镇	19794	33536	16892	7520	144380.0	63	4000
庄河市光明山镇	23892	53033	20671	8381	347330.0	700	4254
庄河市大郑镇	24667	56880	27330	19845	396500.0	2000	8810
庄河市吴炉镇	17371	36862	17795	9781	770083.0	1133	15249
庄河市王家镇	967	6589	3571	2203	53660.0	865	5683
庄河市鞍子山乡	28584	44951	26047	16492	681030.0		
庄河市太平岭满族乡	10478	21456	11426	4855	74216.0		
庄河市步云山乡	21262	19784	9250	4500	92349.0		
庄河市桂云花满族乡	21413	19399	9750	5264	293021.0		
庄河市兰店乡	8817	21156	10810	5971	849801.0		
庄河市石城乡	3749	8978	4599	1852	86876.0		
千山区唐家房镇	7830	19623	7311	2931	10102.0	2453	8622
千山区大屯镇	10543	35500	16808	12762	639903.0	265	22785
千山区甘泉镇	5397	21342	13567	5169	21642.0	250	5340
台安县西佛镇	11500	27055	16200	6970	224908.0	280	7794
台安县新开河镇	11300	31356	15186	6374	332371.0	211	2655
台安县黄沙坨镇	14300	49232	29433	11187	396485.0	900	10510
台安县高力房镇	11200	38014	25279	8170	259612.0	200	4905
台安县桑林镇	16600	24993	18907	4336	19698.0	120	3430
台安县富家镇	8500	18916	11682	5314	133480.0	450	3986
台安县达牛镇	9900	28693	21044	8414	165100.0	460	4699
台安县韭菜台镇	5800	15434	8118	2763	135600.0	130	2491
台安县新台镇	13300	17722	11227	4417	428280.0	100	3055
台安县桓洞镇	9700	17310	13397	8371	11537.0	200	3040
岫岩满族自治县三家子镇	21700	17715	8768	3397	179880.0	3016	4054
岫岩满族自治县石庙子镇	20100	17149	2797	1761	319000.0	2108	2595
岫岩满族自治县黄花甸镇	17300	24182	19319	4793	91444.0	700	8503
岫岩满族自治县大营子镇	36000	22519	9970	3090	155689.0	2520	3040
岫岩满族自治县苏子沟镇	16861	14463	7736	2364	112540.0	700	3723
岫岩满族自治县偏岭镇	26500	27789	13667	8266	851471.0	200	8365
岫岩满族自治县哈达碑镇	30600	28989	16309	7730	235674.0	2887	4368
岫岩满族自治县新甸镇	12300	21355	13118	2958	190645.0	1700	3928
岫岩满族自治县洋河镇	20600	18003	7315	3489	139522.0	2200	2670
岫岩满族自治县杨家堡镇	14700	12127	8429	3124	37008.0	3800	4360

续表 88　　　　（辽宁省）　　　　计算单位：公顷、人、万元

名　称	行政区域面　积	常住人口	从业人员	二三产业从业人员	工　业总产值	城镇建成区 面 积	城镇建成区常住人口
岫岩满族自治县清凉山镇	21100	16670	6547	3763	145974.0	915	2657
岫岩满族自治县石灰窑镇	23073	21460	10765	4206	132508.0	300	2854
岫岩满族自治县前营子镇	19151	14111	8068	3950	31379.0	140	810
岫岩满族自治县龙潭镇	19891	15252	6398	1835	3286.0	2121	2591
岫岩满族自治县牧牛镇	20800	15875	7111	4294	172600.0	4100	3096
岫岩满族自治县药山镇	15100	12018	4957	1066	65000.0		
岫岩满族自治县大房身镇	18133	13739	6409	3665	238600.0	3203	2953
岫岩满族自治县朝阳镇	20600	16546	6881	2332	35103.0	200	2179
岫岩满族自治县红旗营子乡	19195	15020	6726	2501	25542.0		
岫岩满族自治县岭沟乡	11800	10126	5382	2313	29736.0		
岫岩满族自治县哨子河乡	13682	9631	6079	2887	8741.0		
海城市孤山镇	20360	24025	10535	3834	30805.0	1056	2707
海城市岔沟镇	14100	25332	14797	6410	44349.0	3000	6835
海城市接文镇	17070	22516	12889	5542	25667.0	2074	4434
海城市析木镇	14027	31000	17030	5962	147616.0	1530	6112
海城市马风镇	16540	32004	19652	13854	553915.0	1200	3968
海城市牌楼镇	9570	40750	24045	22564	1527021.0	1250	25793
海城市八里镇	9318	33362	25227	19958	959390.0	889	13470
海城市毛祁镇	6470	21316	14576	11829	348240.0	2246	8418
海城市英落镇	16180	39798	23422	18531	1675338.0	1100	2921
海城市感王镇	9318	43203	22624	18394	235642.0	1181	7182
海城市西柳镇	6480	69365	42613	37551	755975.0	1030	24499
海城市中小镇	5160	24165	16526	10246	237320.0	334	7566
海城市王石镇	16020	39052	24253	11958	402521.0	3736	15427
海城市南台镇	9360	60644	34106	26911	738414.0	2062	17289
海城市腾鳌镇	12670	73419	58811	51160	1908097.0	720	58034
海城市耿庄镇	11360	41819	22361	11056	429200.0	1729	9107
海城市牛庄镇	4990	36334	21330	15331	50553.0	3998	27721
海城市西四镇	9280	31308	20373	6840	80213.0	1148	5138
海城市望台镇	7520	26682	20534	8840	123933.0	1732	7747
海城市温香镇	13980	41885	23299	4957	20965.0	2931	9747
海城市高坨镇	5930	21280	9220	4053	62758.0	1286	6353
新抚区千金乡	6200	17980	8992	4072	23187.0		
东洲区章党镇	22200	18814	10784	3375	54326.0	160	9624
东洲区哈达镇	20200	21096	8788	2445	100420.0	368	3012
东洲区碾盘乡	8555	19270	12705	6665	391390.0		
东洲区兰山乡	3305	6465	2617	1108	112153.0		
望花区塔峪镇	5277	18818	12467	4388	313468.0	198	5114
望花区拉古满族乡	10413	17543	8780	3726	28176.0		
顺城区前甸镇	11938	40024	14023	9912	13228.0	571	3150
顺城区河北乡	7804	22095	13863	9610	90680.0		
顺城区会元乡	10500	15771	10109	2887	12501.0		
抚顺县石文镇	15100	20274	13161	4229	33312.0	60	3356
抚顺县后安镇	36830	17219	9973	3718	67889.0	604	1934
抚顺县上马镇	28910	20663	13122	5979	30124.0	800	1225
抚顺县救兵镇	26550	19575	14283	6220	75742.0	263	1682
抚顺县马圈子乡	14160	5836	3577	1414	3093.0		
抚顺县峡河乡	12580	9074	4794	963	500.0		
抚顺县海浪乡	12000	11564	7244	1402	19595.0		
抚顺县汤图满族乡	18580	7534	5506	1049	7057.0		

续表 89　　（辽宁省）　　计算单位：公顷、人、万元

名　称	行政区域面　积	常住人口	从业人员	二三产业从业人员	工　业总产值	城镇建成区 面 积	城镇建成区常住人口
新宾满族自治县新宾镇	38622	66822	29199	16799	30400.0	1100	46378
新宾满族自治县旺清门镇	23051	15231	10393	2195	104400.0	280	4382
新宾满族自治县永陵镇	51578	44885	18999	9358	36200.0	330	22006
新宾满族自治县平顶山镇	35495	18929	10203	2949	13495.0	252	3877
新宾满族自治县大四平镇	26488	20382	8947	3847	15858.0	145	3799
新宾满族自治县苇子峪镇	40280	14000	8440	1530	3500.0	400	3411
新宾满族自治县木奇镇	43965	18183	8735	1450	171220.0	380	4999
新宾满族自治县上夹河镇	26740	16672	9180	2348	14577.0	160	5500
新宾满族自治县南杂木镇	9063	21182	8151	5820	146000.0	316	18606
新宾满族自治县红升乡	12616	7997	3613	607	23100.0		
新宾满族自治县响水河子乡	14163	7959	5051	854	32000.0		
新宾满族自治县红庙子乡	32215	14624	6555	1351	9973.0		
新宾满族自治县北四平乡	24774	9258	4542	519	4590.0		
新宾满族自治县榆树乡	32599	13317	5975	1958	21424.0		
新宾满族自治县下夹河乡	16607	10127	5469	919	17500.0		
清原满族自治县清原镇	30013	87958	14756	5569	508656.0	1080	67665
清原满族自治县红透山镇	19958	30022	14435	8381	297750.0	404	3829
清原满族自治县草市镇	15253	13262	8185	1844	545.0	120	4013
清原满族自治县英额门镇	27960	17089	11104	2820	240000.0	300	3667
清原满族自治县南口前镇	33446	22497	10710	3703	13726.0	115	6105
清原满族自治县南山城镇	42220	27212	17778	4066	1927.0	100	4231
清原满族自治县湾甸子镇	35872	14836	10399	3377	2442.0	100	3887
清原满族自治县大孤家镇	20600	20387	13126	4425	2674.0	120	4023
清原满族自治县夏家堡镇	45192	30663	18093	4269	9842.0	315	3319
清原满族自治县土口子乡	28069	15451	8252	1233			
清原满族自治县北三家乡	27281	15581	10032	3620	32063.0		
清原满族自治县敖家堡乡	17199	10950	4199	815	13140.0		
清原满族自治县大苏河乡	28303	8796	5484	1396	4677.0		
清原满族自治县枸乃甸乡	20734	7590	4558	1669	850.0		
本溪满族自治县小市镇	54819	34570	16284	10456	297464.0	300	3994
本溪满族自治县草河掌镇	37540	10464	5575	2406	41013.0	100	551
本溪满族自治县草河城镇	20374	11827	6991	4105	508324.0	100	841
本溪满族自治县草河口镇	19666	22598	9442	4582	159600.0	170	13889
本溪满族自治县连山关镇	20339	12576	5478	3416	89620.0	134	1890
本溪满族自治县清河城镇	31460	12029	6940	3158	139198.0	47	1713
本溪满族自治县田师傅镇	13426	30544	11792	10613	310725.0	316	13300
本溪满族自治县南甸镇	17400	13076	6133	4070	327920.0	300	3752
本溪满族自治县碱厂镇	30520	25256	11258	4588	159297.0	400	8220
本溪满族自治县高官镇	43279	21879	10324	3935	980403.0	20	895
本溪满族自治县东营房乡	37630	12053	7792	4496	31090.0		
桓仁满族自治县桓仁镇	30280	39139	21607	11512	350760.0	3100	12681
桓仁满族自治县普乐堡镇	30700	13298	5622	1936	10703.0	1012	3343
桓仁满族自治县二棚甸子镇	33447	22604	16018	9479	139548.0	132	12905
桓仁满族自治县沙尖子镇	28966	14332	7942	4298	10816.0	543	3154
桓仁满族自治县五里甸子镇	22447	10386	4442	1496	6543.0	150	2787
桓仁满族自治县八里甸子镇	37900	17120	8772	4814	97110.0	1020	4433
桓仁满族自治县华来镇	59991	41140	22869	10494	184624.0	400	6538
桓仁满族自治县古城镇	31200	25359	14183	4771	86574.0	780	2939
桓仁满族自治县雅河朝鲜族乡	21200	15572	9388	5712	212444.0		
桓仁满族自治县向阳乡	20809	8520	3050	1200	97271.0		

续表 90 （辽宁省） 计算单位：公顷、人、万元

名称	行政区域面积	常住人口	从业人员	二三产业从业人员	工业总产值	城镇建成区面积	城镇建成区常住人口
桓仁满族自治县黑沟乡	21560	10779	6479	3555	66325.0		
桓仁满族自治县北甸子乡	12100	6139	5135	1934	65445.0		
元宝区金山镇	7181	38587	11435	8075	259800.0	1150	31260
振兴区浪头镇	3314	27696	7966	5932	96000.0	660	1918
振兴区安民镇	2009	12650	6528	3895	35620.0	210	2495
振兴区汤池镇	8500	27700	12858	9900	309503.0	335	6485
振安区同兴镇	7440	17671	10743	7506	190037.0	104	6500
振安区五龙背镇	10511	38549	9908	5575	153076.0	600	14584
振安区楼房镇	11323	16639	10630	4760	33281.0	62	3161
振安区九连城镇	4660	29252	13093	7508	100000.0	280	4250
振安区汤山城镇	22670	20041	9262	2057	20093.0	798	3739
宽甸满族自治县宽甸镇	3584	97020	8572	5439	42191.0	870	49474
宽甸满族自治县灌水镇	37808	30046	13410	5700	32760.0	720	7406
宽甸满族自治县硼海镇	26508	13617	7707	3756	125033.0	80	2712
宽甸满族自治县红石镇	44295	20612	11425	3615	115200.0	39	3456
宽甸满族自治县毛甸子镇	32485	13466	7699	3612	16.0	120	1822
宽甸满族自治县长甸镇	40005	28523	15093	4405	34356.0	100	3560
宽甸满族自治县永甸镇	29592	24590	14612	5187	5616.0	300	6695
宽甸满族自治县太平哨镇	34987	19791	11013	2767	1115.0	135	882
宽甸满族自治县青山沟镇	26306	11656	6419	4000	5400.0	103	4311
宽甸满族自治县牛毛坞镇	32402	15879	9601	1502	47.0	76	2339
宽甸满族自治县大川头镇	27939	10723	5600	1646	2326.0	26	1100
宽甸满族自治县青椅山镇	20502	12891	7461	1776	5562.0	88	1642
宽甸满族自治县杨木川镇	25809	13004	6519	1981	340.0	46	1350
宽甸满族自治县虎山镇	21218	12818	6651	2736	6596.0	51	1172
宽甸满族自治县振江镇	29670	11744	6333	1801	2852.0	24	863
宽甸满族自治县步达远镇	31800	17247	8015	2062	1000.0	55	2915
宽甸满族自治县大西岔镇	32249	11967	7286	1489	33600.0	24	664
宽甸满族自治县八河川镇	19656	10473	6696	2034	2330.0	42	1074
宽甸满族自治县双山子镇	26860	11540	8965	2953	604.0	20	1862
宽甸满族自治县石湖沟乡	17184	25566	11377	6290	142388.0		
宽甸满族自治县古楼子乡	13061	8835	5352	1837	2387.0		
宽甸满族自治县下露河朝鲜族乡	27546	10985	6381	2016			
东港市孤山镇	19817	63750	28364	11777	80768.0	520	19603
东港市前阳镇	12116	62632	33026	21499	530645.0	600	23370
东港市长安镇	19476	14544	8129	2748	23073.0	100	945
东港市十字街镇	11980	26445	14402	6698	86574.0	255	3351
东港市长山镇	15049	47816	23169	10827	61354.0	100	17308
东港市北井子镇	12340	32016	16932	7509	105605.0	100	8755
东港市椅圈镇	14498	33753	18040	4988	56920.0	200	4203
东港市黄土坎镇	10397	25500	13024	4811	260000.0	306	6120
东港市马家店镇	13218	30142	16658	8921	4915.0	100	4142
东港市龙王庙镇	8156	19036	10915	3545	7362.0	100	2510
东港市小甸子镇	12149	24042	13476	4725	9854.0	300	2558
东港市菩萨庙镇	8599	25183	12837	5940	23310.0	100	2676
东港市黑沟镇	15564	14930	6974	3896	4833.0	200	1640
东港市新农镇	11365	15771	8336	2952	33028.0	260	2109
东港市合隆满族乡	9911	20588	10856	7829	4011.0		
凤城市宝山镇	31944	20906	9753	3329	26500.0	145	930
凤城市白旗镇	19271	13494	6645	1361	4000.0	90	1830

续表 91　　（辽宁省）　　计算单位：公顷、人、万元

名　　称	行政区域面　积	常住人口	从业人员	二三产业从业人员	工　业总产值	城镇建成区面积	城镇建成区常住人口
凤城市沙里寨镇	19000	13992	8373	1884	3222.0	40	1734
凤城市红旗镇	26275	19653	10679	2127	42364.0	91	2103
凤城市蓝旗镇	16000	17019	12399	2255	16470.0	50	3684
凤城市边门镇	39500	26969	15322	6090	41000.0	100	5356
凤城市东汤镇	32700	24410	11774	3525	2856.0	150	3255
凤城市石城镇	40917	21235	11942	3237	6010.0	100	3866
凤城市大兴镇	20199	10201	6573	2553	61147.0	60	1909
凤城市爱阳镇	32611	34247	17654	10140	28530.0	240	10897
凤城市赛马镇	41383	31289	16825	8695	24200.0	130	9873
凤城市弟兄山镇	20522	12368	8384	3130	20000.0	110	4430
凤城市鸡冠山镇	43800	24918	11531	4053	14614.0	200	2013
凤城市刘家河镇	35580	23693	13474	5853	145114.0	100	5098
凤城市通远堡镇	18000	29864	9758	6312	198610.0	500	16128
凤城市四门子镇	27000	15377	9557	3614	55643.0	50	2731
凤城市青城子镇	23695	29591	9658	6005	148900.0	280	15991
凤城市大堡蒙古族乡	26620	23104	11401	4879	18062.0		
太和区松山街道办事处	14412	40823	28269	11640	139729.0	200	7447
太和区女儿河乡	4340	21955	10177	4876	1719500.0		
太和区营盘乡	1714	12588	4127	2348	570823.0		
太和区新民乡	6156	39706	21179	9417	683964.0		
黑山县芳山镇	14494	30490	17087	4911	220248.0	200	4276
黑山县白厂门镇	9426	16286	10119	6060	12260.0	90	3172
黑山县常兴镇	11748	23214	11587	1956	192039.0	110	3760
黑山县姜屯镇	9221	23280	13291	5643	85210.0	300	4276
黑山县励家镇	10234	25883	14668	4095	271121.0	100	4350
黑山县绕阳河镇	12391	25468	10574	2834	79588.0	50	2886
黑山县半拉门镇	11938	19897	13994	2800	103751.0	156	6575
黑山县无梁殿镇	12344	24352	12110	7906	60105.0	100	2267
黑山县胡家镇	10747	24021	14655	5213	175038.0	136	3425
黑山县新立屯镇	6925	28129	10805	4316	209626.0	395	20677
黑山县八道壕镇	9038	41670	12360	5218	193845.0	300	20135
黑山县四家子镇	13321	19176	12680	1778	180000.0	30	1435
黑山县新兴镇	16116	15425	9227	1726	468054.0	70	1310
黑山县太和镇	11541	24604	16079	6399	204749.0	300	2870
黑山县镇安镇	11865	34094	19369	8140	442552.0	10633	34094
黑山县英城子乡	11564	19128	11765	4004	177956.0		
黑山县段家乡	8178	23809	13264	4721	188100.0		
黑山县大兴乡	6367	11302	5444	1499	88433.0		
黑山县薛屯乡	10110	18380	12116	4563	35363.0		
义县刘龙台镇	9602	7625	3235	867	256705.0	40	1876
义县七里河镇	14975	32273	14984	6045	648352.0	105	3467
义县大榆树堡镇	20384	30395	14965	2470	213370.0	70	3096
义县稍户营子镇	14330	27607	11875	4390	312290.0	90	4552
义县九道岭镇	16003	34337	17234	7434	545951.0	92	1522
义县高台子镇	18090	23055	12927	3088	150660.0	40	1703
义县瓦子峪镇	23454	28032	12634	5093	246782.0	125	2109
义县头台镇	12389	11984	8022	3406	303620.0	23	1281
义县前杨镇	10260	23657	14403	5468	267044.0	50	2216
义县张家堡镇	15768	28203	12000	5002	164850.0	23	3800
义县头道河镇	18042	14442	6974	1503	228000.0	546	1703

续表 92 （辽宁省） 计算单位：公顷、人、万元

名称	行政区域面积	常住人口	从业人员	二三产业从业人员	工业总产值	城镇建成区面积	城镇建成区常住人口
义县留龙沟镇	16571	12625	6409	3659	66788.0	76	1436
义县聚粮屯镇	9165	19852	11563	3190	25050.0	13	1290
义县地藏寺满族乡	11574	7660	4272	1620	107045.0		
义县大定堡满族乡	10923	8268	3900	1806	64530.0		
义县白庙子乡	15634	21675	10050	2690	83713.0		
凌海市石山镇	8500	27283	17698	12383	206027.0	200	3652
凌海市余积镇	10800	23539	11751	6201	413250.0	250	2170
凌海市双羊镇	9870	26530	12190	4066	788147.0	451	4241
凌海市班吉塔镇	13300	16425	9256	3574	682690.0	100	1790
凌海市沈家台镇	18400	20558	13908	4237	112991.0	120	1697
凌海市三台子镇	15000	39513	18593	6175	98587.0	150	1340
凌海市右卫满族镇	8000	16938	7534	1611	209418.0	100	2598
凌海市阎家镇	7500	13618	8920	3020	133880.0	200	1731
凌海市新庄子镇	12300	27291	11342	5262	367561.0	210	2319
凌海市翠岩镇	13000	16269	9836	3621	670000.0	1013	1968
凌海市安屯镇	11100	9615	5850	2630	151721.0	86	1790
凌海市大业镇	8500	21917	10738	2929	234674.0	267	1834
凌海市建业镇	11500	29415	13916	3788	406806.0	210	1950
凌海市温滴楼满族镇	16700	18579	10238	4859	219130.0	71	3053
凌海市白台子镇	17400	30435	20669	6292	231409.0	25	558
凌海市板石沟乡	10200	13571	7456	4300	28740.0		
凌海市谢屯乡	5700	14745	7081	1300	33520.0		
凌海市沟帮子街道办事处	2927	28040	6974	4159	1233375.0	325	5670
北镇市大市镇	11290	11942	6660	1145	5620.0	100	3720
北镇市罗罗堡镇	17950	22056	10184	972	431741.0	200	2714
北镇市常兴店镇	7500	22823	10238	1416	18988.0	200	4367
北镇市正安镇	10415	27554	15789	2581	137311.0	300	4962
北镇市闾阳镇	7978	30168	16887	4586	24056.0	600	4952
北镇市中安镇	22733	75756	45185	13328	15423.0	100	3783
北镇市廖屯镇	10134	37444	13987	4264	100893.0	100	3298
北镇市赵屯镇	6722	25384	17173	9167	22987.0	500	2596
北镇市青堆子镇	5500	21896	12941	3568	80756.0	448	8837
北镇市高山子镇	6009	22252	9566	2254	8272.0	300	4750
北镇市吴家镇	5887	11648	5528	1967	43244.0	75	2275
北镇市鲍家乡	5780	12415	9100	2780	20700.0		
北镇市大屯乡	4874	15864	7692	1111	19029.0		
北镇市柳家乡	6024	12718	4453	909	9695.0		
鲅鱼圈区熊岳镇	5350	98814	48806	40920	2114769.0	3330	49580
鲅鱼圈区芦屯镇	10320	42000	24930	16230	3128570.0	28	15000
鲅鱼圈区红旗满族镇	3644	47446	19866	11766	32102.0	500	6450
老边区路南镇	5400	22562	14865	13669	1576911.0	286	3498
老边区柳树镇	6400	22630	13514	7078	1010392.0	200	5130
老边区边城镇	5000	24027	18653	10854	780796.0	20	
盖州市高屯镇	12559	20272	12630	3700	31000.0	151	2548
盖州市沙岗镇	5400	20826	11451	5906	589944.0	100	2410
盖州市九寨镇	11400	36460	22333	4983	55400.0	200	12000
盖州市万福镇	22364	36891	15513	4040	28952.0	670	7121
盖州市卧龙泉镇	18443	18863	10627	3861	3266.0	370	2752
盖州市青石岭镇	8248	26211	18216	6972	307174.0	150	3415
盖州市暖泉镇	10400	14063	5979	2542	12914.0	450	1418

续表 93　　（辽宁省）　　计算单位：公顷、人、万元

名　　称	行政区域面　　积	常住人口	从业人员	二三产业从业人员	工　业总产值	城镇建成区 面 积	城镇建成区常住人口
盖州市榜式堡镇	15600	20988	12145	5956	310000.0	1000	3367
盖州市团甸镇	5660	11483	4889	1559	15960.0	91	2011
盖州市双台镇	8740	22350	9870	5190	78835.0	560	6690
盖州市杨运镇	23000	24864	16833	6648	60050.0	1260	2680
盖州市徐屯镇	10623	20231	11559	6003	215247.0	528	2570
盖州市什字街镇	28800	30982	17138	5118	5700.0	120	1555
盖州市矿洞沟镇	26000	25300	15033	7185	45800.0	128	2060
盖州市陈屯镇	7561	21405	10453	4572	29312.0	150	2370
盖州市梁屯镇	21139	29573	27483	11830	49925.0	887	2803
盖州市小石棚乡	14301	10015	6396	1256	9580.0		
盖州市果园乡	182	1191	1121	381	34156.0		
盖州市二台乡	2027	7678	6095	1168	40925.0		
大石桥市水源镇	11600	39873	38187	16995	225030.0	257	2913
大石桥市沟沿镇	8700	34964	24405	13979	141523.0	271	9006
大石桥市石佛镇	5851	22839	15152	9971	15120.0	99	3188
大石桥市高坎镇	15300	44801	31212	8511	461474.0	420	10002
大石桥市旗口镇	12321	53861	28435	13411	436085.0	630	9650
大石桥市虎庄镇	8700	31810	17762	10055	468069.0	300	9167
大石桥市官屯镇	9180	31930	15476	10253	570000.0	350	3817
大石桥市博洛铺镇	6516	29416	16945	9605	554480.0	183	11021
大石桥市永安镇	4930	26030	16046	8778	564784.0	230	5063
大石桥市汤池镇	13117	40658	21051	13438	238944.0	300	6950
大石桥市建一镇	15000	18257	6957	4367	61633.0	100	3013
大石桥市黄土岭镇	19900	30637	11679	3424	93000.0	570	3211
大石桥市周家镇	11400	22442	10045	6583	29111.0	100	2795
阜新市海州区韩家店镇	3700	20454	10612	7856	33106.4	500	2764
新邱区长营子蒙古族镇	11718	25975	13842	9543	49572.0	208	4715
太平区水泉镇	6150	20092	7402	4450	68000.0	263	1900
清河门区河西镇	4100	12117	4755	2742	22580.0	13	1558
清河门区乌龙坝镇	4850	11715	5950	2996	14730.0	11	1720
细河区四合镇	5574	20941	11762	9349	410819.0	2058	18325
阜新蒙古族自治县阜新镇	28333	32964	19591	11572	111837.0	75	1807
阜新蒙古族自治县东梁镇	11870	25374	13775	6676	20018.0	101	5615
阜新蒙古族自治县佛寺镇	11853	12243	7385	1860	1662.0	67	1615
阜新蒙古族自治县伊吗图镇	9240	25738	13078	8434	130000.0	23	
阜新蒙古族自治县旧庙镇	32400	26516	17074	11853	6400.0	45	1912
阜新蒙古族自治县务欢池镇	21500	30019	16452	6788	13310.0	100	5498
阜新蒙古族自治县建设镇	19400	27025	15280	5339	150527.0	120	1953
阜新蒙古族自治县大巴镇	20200	23275	13840	7337	10740.0	115	4177
阜新蒙古族自治县泡子镇	21333	30695	14854	9195	31387.0	300	6000
阜新蒙古族自治县十家子镇	11000	22153	13275	6894	213881.0	45	2259
阜新蒙古族自治县王府镇	16200	24980	14707	6491	41800.0	163	3538
阜新蒙古族自治县于寺镇	22352	17200	8932	3504	6700.0	22	1365
阜新蒙古族自治县富荣镇	14710	19911	9993	2456	2548.0	612	1576
阜新蒙古族自治县新民镇	14488	17813	10684	4766	54829.0	80	365
阜新蒙古族自治县福兴地镇	24246	17404	11378	3110	57279.0	7	2383
阜新蒙古族自治县平安地镇	30000	20153	12089	3382	8617.0	1350	3354
阜新蒙古族自治县沙拉镇	14289	16812	10233	4890	23859.0	4	790
阜新蒙古族自治县大固本镇	15668	21645	14735	4024	20180.0	62	2335
阜新蒙古族自治县大五家子镇	25700	19161	11496	4024	64572.0	1500	1920

续表 91　　（辽宁省）　　计算单位：公顷、人、万元

名　　称	行政区域面　积	常住人口	从业人员	二三产业从业人员	工　业总产值	城镇建成区 面 积	城镇建成区常住人口
阜新蒙古族自治县大板镇	14206	12183	4460	2160	15802.0	62	1840
阜新蒙古族自治县招束沟镇	16645	17231	11222	4716	9214.0	300	2724
阜新蒙古族自治县八家子镇	18600	12056	9186	1566	10680.0	89	4102
阜新蒙古族自治县蜘蛛山镇	18000	20984	9826	4516	13420.0	112	231
阜新蒙古族自治县塔营子镇	11292	12510	7566	2419	984.0	15	810
阜新蒙古族自治县扎兰营子镇	21333	16638	9970	1584	48700.0	60	1428
阜新蒙古族自治县七家子镇	11713	14883	9263	3131	10261.0	45	892
阜新蒙古族自治县红帽子镇	17200	13958	7976	3600	17890.0	54	2570
阜新蒙古族自治县紫都台镇	18400	13700	7955	2290		45	2261
阜新蒙古族自治县化石戈镇	24287	14776	8950	1880	7900.0	77	2210
阜新蒙古族自治县哈达户稍镇	16800	13701	8834	2030	9582.0	9	1649
阜新蒙古族自治县老河土镇	14667	19785	9334	3013	20000.0	93	1866
阜新蒙古族自治县太平镇	17000	11397	6233	1813	51981.0	35	1580
阜新蒙古族自治县卧凤沟乡	8066	14216	9369	2404	1510.0		
阜新蒙古族自治县苍土乡	8889	13688	7322	3086	2590.0		
阜新蒙古族自治县国华乡	13333	9045	6652	2504	19500.0		
彰武县彰武镇	5470	79390	21130	17100	100000.0	830	69300
彰武县哈尔套镇	17400	23939	17734	8160	10000.0	105	6255
彰武县章古台镇	26000	12958	5070	917	29490.0	87	1023
彰武县五峰镇	19100	20478	11179	4440	25130.0	103	2389
彰武县冯家镇	14400	17272	7060	974	50002.0	100	3821
彰武县后新秋镇	18200	21303	12544	4664	25020.0	91	2279
彰武县东六家子镇	11500	16067	9559	3595	61000.0	230	3074
彰武县阿尔乡镇	14700	5882	5541	1955	25600.0	100	1313
彰武县前福兴地镇	12656	8609	5761	1928	11000.0	75	2560
彰武县双庙镇	14600	13686	8853	1805	22420.0	78	1710
彰武县大四家子镇	11100	11647	7852	3741	4000.0	200	2540
彰武县苇子沟镇	14667	16757	8566	2079	15061.0	141	3191
彰武县兴隆山镇	7267	9470	6144	1341	35300.0	15	210
彰武县满堂红镇	19600	12879	8652	1345	85000.0	170	1868
彰武县四合城镇	18267	11873	6411	753	17000.0	80	1430
彰武县大冷蒙古族镇	25900	18373	6062	1585	10500.0	63	2385
彰武县两家子镇	16228	17564	10315	2140	9890.0	10	3447
彰武县平安镇	11600	12651	9656	2592	8205.0	12	419
彰武县二道河子蒙古族乡	9300	13445	5708	1928	10100.0		
彰武县西六家子蒙古族满族乡	13800	15482	8050	2212	14200.0		
彰武县四堡子乡	22333	13506	7823	1215	10200.0	38	1590
彰武县丰田乡	15300	10914	5978	1134	10000.0		
彰武县大德乡	12500	10153	6579	3795	10100.0		
彰武县兴隆堡乡	14200	16360	6750	1995	9600.0		
文圣区小屯镇	12700	32161	13716	7330	237981.0	254	11502
文圣区罗大台镇	7366	28951	12613	4170	235981.0	20	3100
宏伟区曙光镇	8996	37497	21516	15113	2377397.0	206	5550
宏伟区兰家镇	4177	17687	10219	6821	16362.0	67	5355
弓长岭区汤河镇	15270	14787	6635	3961	31494.0	150	1450
弓长岭区安平乡	14494	19215	10825	5461	365812.0		
太子河区祁家镇	4250	27909	16123	10269	240173.0	380	6422
太子河区沙岭镇	10200	42905	23717	8687	17996.0	410	6220
太子河区王家镇	6992	19905	11904	4182	174286.0	290	7240
太子河区东宁卫乡	2235	13895	7963	5930	170621.0		

续表 95　　　　　　　　　　（辽宁省）　　　　　　　　　　计算单位：公顷、人、万元

名　　称	行政区域面　积	常住人口	从业人员	二三产业从业人员	工　业总产值	城镇建成区 面 积	城镇建成区常住人口
辽阳县首山镇	5066	82024	14462	12870	872564.0	800	5865
辽阳县刘二堡镇	12500	70525	31192	15766	1204699.0	2147	31665
辽阳县小北河镇	13400	44526	24183	14428	153165.0	350	5112
辽阳县黄泥洼镇	8800	36204	18119	8064	20102.0	891	5545
辽阳县唐马寨镇	13600	41692	19001	7695	77186.0	366	4190
辽阳县穆家镇	11500	33009	13652	5918	124496.0	140	7518
辽阳县柳壕镇	10300	25926	11590	3567	20612.0	40	3445
辽阳县河栏镇	43300	23205	8160	1271	37641.0	20	2184
辽阳县隆昌镇	12100	13963	4780	580	4193.0	19	2430
辽阳县八会镇	17500	16081	9950	3850	1700.0	700	1290
辽阳县寒岭镇	18900	18267	10710	3670	653822.0	2	706
辽阳县兴隆镇	5333	27510	11985	4618	152955.0	14	8732
辽阳县下达河乡	13800	8893	4462	804	20314.0		
辽阳县吉洞峪满族乡	27700	18906	12726	3151	115050.0		
辽阳县甜水满族乡	31400	20667	14487	4780	83926.0		
灯塔市佟二堡镇	9800	48293	22622	10315	1920300.0	800	23500
灯塔市铧子镇	11400	51695	22987	12785	988694.0	1400	13974
灯塔市张台子镇	3880	19412	8073	3629	143530.0	71	2750
灯塔市西大窑镇	8688	23746	14560	8210	230230.0	90	2930
灯塔市沈旦堡镇	8792	34355	22408	8111	174533.0	178	6408
灯塔市西马峰镇	7938	35419	33559	6306	170015.0	361	3612
灯塔市柳条寨镇	9630	33686	21414	3914	76100.0	340	2040
灯塔市柳河子镇	11394	17867	11181	2111	85670.0	10	2158
灯塔市大河南镇	5619	18665	10095	2391	122971.0	470	2400
灯塔市五星镇	10969	43235	22970	5972	55453.0	80	1500
灯塔市鸡冠山乡	14800	7174	2966	1046	570000.0		
双台子区统一镇	3926	11687	4485	150		295	469
双台子区陆家镇	3450	11701	4872	2502	234015.0	33	11701
双台子区二界沟街道	9712	10912	7640	3898	12580.0	4842	8090
大洼县大洼镇	5150	98257	14680	9021	718424.0	4223	98257
大洼县田庄台镇	3600	30072	13711	5800	39500.0	124	13450
大洼县东风镇	10993	23222	13000	4655	267150.0	80	3665
大洼县新开镇	6692	20655	12688	5163	602610.0	160	1569
大洼县田家镇	8596	113013	52657	42473	574136.0	1100	56520
大洼县清水镇	7025	20424	15997	7764	561790.0	198	6851
大洼县新兴镇	6703	20935	16812	11769	787000.0	85	7410
大洼县西安镇	8559	27758	13520	3390	52695.0		
大洼县新立镇	7600	17249	15837	6369	648554.0	130	5325
大洼县荣兴镇	21200	13667	10360	1630	660764.0	298	1551
大洼县王家镇	6644	12485	7625	4318	400055.0	518	2648
大洼县唐家镇	10950	27360	19622	5974	772540.0	132	3153
大洼县平安镇	6768	15300	12400	6110	245500.0		
大洼县赵圈河镇	17200	8251	4414	1729	4500.0	105	3031
大洼县榆树镇	12000	17099	6732	3624	410634.0	180	6420
盘山县沙岭镇	12900	38000	25460	6040	62750.0	660	15000
盘山县高升镇	15921	28609	20015	5635	630000.0	440	10748
盘山县胡家镇	16971	28500	15080	3913	122500.0	56	8656
盘山县石新镇	9467	15210	9254	2364	8380.0	52	5998
盘山县东郭镇	65462	17749	11603	5838	81230.0	110	6604
盘山县羊圈子镇	24607	19279	10486	4529	19611.0	174	5741

续表 96　　（辽宁省）　　计算单位：公顷、人、万元

名　称	行政区域面　积	常住人口	从业人员	二三产业从业人员	工　业总产值	城镇建成区　面　积	城镇建成区常住人口
盘山县古城子镇	7169	18765	12201	4887	385900.0	45	2811
盘山县坝墙子镇	6682	19869	11813	4603	396000.0	270	2860
盘山县太平镇	10752	47518	27292	21376	83106.0	660	28600
盘山县陈家镇	8750	13831	6645	1530	364500.0	550	1269
盘山县甜水镇	8636	16078	10627	4075	310015.0	300	13833
盘山县吴家镇	4084	11587	7207	3690	273250.0	250	6102
盘山县得胜镇	9376	16336	8511	2125	320000.0	25	1942
银州区龙山乡	4000	30671	15263	11123	141793.0		
铁岭市清河区张相镇	11274	20742	9474	3912	107553.2	624	7720
铁岭市清河区杨木林子镇	19940	22615	9294	4148	33628.5	520	3906
铁岭市清河区聂家满族乡	13189	11238	7128	2548			
铁岭县新台子镇	11144	49133	15436	7127	720240.0	181	18965
铁岭县阿吉镇	12063	27130	18692	8914	46000.0	149	4532
铁岭县平顶堡镇	8386	18993	12052	5046	24242.0	110	3762
铁岭县大甸子镇	27714	25104	10578	3422	3500.0	220	7095
铁岭县凡河镇	17334	55426	30090	19175	20183.0	620	32058
铁岭县腰堡镇	12217	30818	14392	7995	115998.0	120	10178
铁岭县镇西堡镇	14523	30279	12755	4390	43026.0	3000	6460
铁岭县蔡牛镇	14337	35025	22851	4978	3500.0	233	691
铁岭县李千户镇	29130	40083	17968	4276	144776.0	665	2385
铁岭县熊官屯镇	16161	18821	9945	6291	23000.0	655	4657
铁岭县横道河子镇	12888	13807	6899	3439	13000.0	103	2149
铁岭县双井子镇	12928	22865	9672	3319	23273.0	690	1709
铁岭县鸡冠山乡	18933	11213	4782	1740	7920.0		
铁岭县白旗寨满族乡	16592	13640	3731	977	5000.0		
西丰县西丰镇	12930	71260	42382	29788	172398.0	920	46984
西丰县平岗镇	7960	14474	5992	1231	7520.0	54	1985
西丰县郜家店镇	23265	27800	7663	2253	83489.0	200	1300
西丰县凉泉镇	12100	15000	6910	2827	34936.0	72	4436
西丰县振兴镇	16400	14620	6725	1974	16805.0	350	2850
西丰县安民镇	17859	19765	11238	2977	106000.0	85	1994
西丰县天德镇	15580	20080	8386	1935	35220.0	15	2030
西丰县房木镇	22667	23169	9282	4020	265.0	244	3594
西丰县柏榆镇	14600	14812	5563	613	10100.0	55	2030
西丰县陶然镇	10200	10787	6270	1765	34150.0	300	412
西丰县钓鱼镇	10850	8563	5672	431	23990.0	76	659
西丰县更刻镇	7796	10692	3810	2210	36000.0	39	1166
西丰县德兴满族乡	10600	9912	5225	447	30000.0		
西丰县明德满族乡	11600	10261	5306	1329	628.0		
西丰县成平满族乡	14667	12478	6481	1288	1500.0		
西丰县和隆满族乡	26500	15312	4795	1407	1810.0		
西丰县营厂满族乡	17930	9808	5145	1819			
西丰县金星满族乡	13356	12106	4958	1491	7350.0		
昌图县昌图镇	19800	148078	16110	10912	102315.0	1890	136596
昌图县老城镇	10560	41518	8395	3805	110000.0	1500	13986
昌图县八面城镇	13740	69410	29107	19934	170000.0	900	33922
昌图县三江口镇	18700	34750	7946	710	9050.0	610	13192
昌图县金家镇	10000	25340	10325	4755	5910.0	500	4934
昌图县宝力镇	15300	40354	18548	14223	35050.0	380	10859
昌图县泉头镇	14064	21983	9935	3950	16834.0	144	6015

续表 97　　（辽宁省）　　计算单位：公顷、人、万元

名　　称	行政区域面　积	常住人口	从业人员	二三产业从业人员	工　业总产值	城镇建成区面积	城镇建成区常住人口
昌图县双庙子镇	7500	17219	6389	2730	10616.0	614	4872
昌图县亮中桥镇	15700	30331	9660	2060	21000.0	220	1023
昌图县马仲河镇	8711	22482	8108	3830	42100.0	100	1842
昌图县毛家店镇	18630	37958	14923	3318	18053.0	200	3500
昌图县老四平镇	8200	21543	8701	3786	34700.0	280	3000
昌图县大洼镇	13000	27044	12624	3947		26	5000
昌图县头道镇	10495	22104	8131	3290	37695.0	90	2215
昌图县鴜鹭树镇	10400	20893	5695	662	5640.0	40	4348
昌图县傅家镇	21100	28032	14658	2513	16952.0	220	2515
昌图县四合镇	9400	21100	10227	2029	3895.0	400	4919
昌图县朝阳镇	10700	18564	9063	5188	133194.0	76	1528
昌图县古榆树镇	20400	37628	16498	5262	42200.0	300	4585
昌图县七家子镇	10700	17722	7555	1323	9379.0	364	2580
昌图县东嘎镇	11000	19178	16217	8153	6900.0	77	2129
昌图县四面城镇	11333	23730	12317	4363	3669.0	180	2201
昌图县前双井镇	13100	22350	11107	3321	1172.0	67	1600
昌图县通江口镇	12800	30935	11412	3400	30000.0	52	5674
昌图县大四家子镇	10440	23570	13955	4129	1250.0	95	2883
昌图县曲家店镇	13700	32364	10394	6493	21000.0	224	2480
昌图县十八家子镇	8000	18068	6413	2759	7660.0	120	1643
昌图县太平镇	7600	18058	6241	2131	18100.0	120	1610
昌图县下二台镇	13730	16081	6325	1559	16450.0	30	2016
昌图县平安堡镇	10500	18952	11368	2518	10559.0	78	740
昌图县大兴镇	8000	16043	6397	2044	18388.0	600	1253
昌图县后窑镇	8900	15626	13937	2675	1932.0	680	2372
昌图县长发镇	7600	12903	5705	2197		277	2110
调兵山市晓明镇	6100	24130	13459	8260	151000.0	245	11953
调兵山市大明镇	5888	27372	6932	4406	215668.0	316	25685
调兵山市晓南镇	10539	28488	10030	2770	249000.0	480	12688
开原市威远堡镇	17300	20050	11460	3992	10390.0	110	4500
开原市庆云堡镇	10020	26776	11492	9331	111213.0	321	15385
开原市中固镇	12750	27273	13628	6385	48934.0	200	9108
开原市八棵树镇	22470	29455	15605	6383	8800.0	200	5998
开原市金沟子镇	11310	27793	13386	2641	2827.0	125	6000
开原市八宝镇	10780	30716	9488	6785	34927.0	505	9979
开原市业民镇	10600	19936	14204	7321	11260.0	1168	2888
开原市莲花镇	17980	14465	8638	2481		35	1908
开原市靠山镇	19436	17545	11050	5341	21300.0	58	1913
开原市马家寨镇	10840	12710	8412	1930	1000.0	40	2510
开原市下肥镇	14310	15246	7974	2570	200.0	88	5098
开原市松山镇	23500	22251	9341	4995	6000.0	47	3645
开原市城东镇	8530	18012	9188	3272	6880.0	10	2522
开原市李家台镇	19950	15646	10044	2957	2100.0	69	3229
开原市上肥地满族镇	13830	10068	5359	3210	510.0	23	1652
开原市黄旗寨满族镇	22120	16865	5200	2600	1500.0	60	3085
开原市林丰满族乡	14230	10624	5424	2263	138.0		
开原市三家子乡	6740	18319	10299	2550	18227.0		
双塔区桃花吐镇	11400	17846	7950	3592	15500.0	1138	2210
双塔区他拉皋镇	7419	22407	10652	5680	77559.0	785	4369
双塔区孙家湾镇	17426	15738	7778	2828	4086.0	174	1759

续表 98　　(辽宁省)　　计算单位：公顷、人、万元

名　　称	行政区域面　积	常住人口	从业人员	二三产业从业人员	工　业总产值	城镇建成区 面 积	城镇建成区常住人口
双塔区长宝营子乡	6870	6970	3975	2575	21240.0		
龙城区七道泉子镇	4099	18079	8522	4974	209910.0	722	5639
龙城区西大营子镇	6834	27635	11768	7048	93360.0	451	5131
龙城区召都巴镇	8795	20835	12862	6989	72312.0	797	3822
龙城区大平房镇	11000	22912	10245	2780	2078.0	300	5080
龙城区联合镇	17500	20586	10193	3527	21200.0	110	1721
龙城区边杖子镇	13000	18058	8853	5176	9578.0	656	2300
朝阳县波罗赤镇	10830	18282	11154	3648	11096.0	70	3821
朝阳县木头城子镇	13300	28390	16055	4426	687.0	94	4420
朝阳县二十家子镇	20920	35068	17169	6778	39680.0	128	6589
朝阳县羊山镇	19150	35971	20047	11547	9933.0	70	3525
朝阳县六家子镇	11820	26991	18433	3423	32879.0	650	4045
朝阳县瓦房子镇	10780	18820	11059	5804	85000.0	695	6879
朝阳县大庙镇	17190	19828	11860	6828	187368.0	52	12106
朝阳县古山子镇	22480	19185	11209	6608	96691.0	27	1716
朝阳县南双庙镇	17140	29247	17863	5622	950.0	15	740
朝阳县台子镇	18980	19668	10289	3204	18240.0	80	3898
朝阳县清风岭镇	9100	15274	9070	4574	3550.0	130	2800
朝阳县胜利镇	29600	36985	23945	7506	1938.0	46	2310
朝阳县七道岭镇	21060	28826	17290	4215	5368.0	43	2204
朝阳县西五家子乡	11980	11970	7176	3574	5473.0		
朝阳县北沟门子乡	10000	7283	4869	1767	3263.0		
朝阳县杨树湾乡	10640	8881	4687	2550	34438.0		
朝阳县东大道乡	12830	13060	8345	3347	30530.0		
朝阳县乌兰河硕蒙古族乡	6680	10190	5860	1630	5002.0		
朝阳县东大屯乡	11280	15688	8499	5433	8136.0		
朝阳县松岭门蒙古族乡	8010	10570	5606	2076	16523.0		
朝阳县根德营子乡	12900	17201	11835	3257	1600.0		
朝阳县西营子乡	9720	11352	7282	3030	6638.0		
朝阳县北四家子乡	14440	24850	13071	4653	6000.0		
朝阳县王营子乡	10690	12664	7820	1027	4283.0		
朝阳县黑牛营子乡	7930	17371	8642	2879	15.0		
朝阳县尚志乡	5890	11549	5738	2297	18570.0		
建平县朱碌科镇	13789	25000	12604	6294	105053.0	300	3678
建平县建平镇	29048	21340	11741	3401	47000.0	500	4000
建平县黑水镇	17000	22395	11550	4184	32000.0	300	7260
建平县喀喇沁镇	19800	21429	11770	2689	26457.0	800	2153
建平县北二十家子镇	16900	15248	6688	1535	200.0	100	1100
建平县沙海镇	26700	30842	17972	7915	160000.0	120	5790
建平县哈拉道口镇	19800	13256	6665	3025	910.0	100	4326
建平县榆树林子镇	25300	31510	18273	7399	60000.0	600	5207
建平县老官地镇	16048	10290	5007	2752		5	2421
建平县深井镇	15640	16532	9733	3283	13000.0	30	1484
建平县奎德素镇	21200	20112	11616	3549	5130.0	80	3476
建平县小塘镇	17836	19016	11850	3260	28513.0	43	1020
建平县马场镇	20700	15496	12565	2545		100	2078
建平县昌隆镇	14360	14356	9524	3372		15	2615
建平县张家营子镇	22000	15339	8643	2825	10020.0	100	2184
建平县青峰山镇	17000	13730	6560	2765	40306.0	47	1187
建平县太平庄镇	13932	18654	11888	3349	120.0	10	1067

续表 99 （辽宁省） 计算单位：公顷、人、万元

名　　称	行政区域面　积	常住人口	从业人员	二三产业从业人员	工　业总产值	城镇建成区 面 积	城镇建成区常住人口
建平县青松岭乡	15600	10280	3493	435	1730.0		
建平县杨树岭乡	11400	8480	5990	1970	11980.0		
建平县罗福沟乡	18691	10568	9450	2070			
建平县烧锅营子乡	17093	6423	5329	1850	59.0		
建平县白山乡	13840	14239	6376	2355	11895.0		
建平县三家蒙古族乡	16000	28693	26693	6659	34530.0		
建平县义成功乡	14812	7197	4335	992	4350.0		
喀喇沁左翼蒙古族自治县南公营子镇	11200	21362	9093	3281	30869.0	75	3125
喀喇沁左翼蒙古族自治县山嘴子镇	9100	16923	9124	5897	11302.0	230	1645
喀喇沁左翼蒙古族自治县公营子镇	17100	35164	17100	13760	531149.0	880	10448
喀喇沁左翼蒙古族自治县白塔子镇	11100	25039	10675	3635	23215.0	670	4522
喀喇沁左翼蒙古族自治县中三家镇	17391	15311	7362	4338	212214.0	167	2107
喀喇沁左翼蒙古族自治县老爷庙镇	13300	23055	10028	4410	12070.0	30	2573
喀喇沁左翼蒙古族自治县六官营子镇	12400	12065	7878	3780	29013.0	40	2279
喀喇沁左翼蒙古族自治县平房子镇	13300	24523	13075	2902	55539.0	300	2568
喀喇沁左翼蒙古族自治县十二德堡镇	10065	19432	7289	760	53745.0	100	1644
喀喇沁左翼蒙古族自治县羊角沟镇	15500	16125	7467	2191	51359.0	255	2464
喀喇沁左翼蒙古族自治县兴隆庄镇	6900	13482	10446	5149	27087.0	35	2490
喀喇沁左翼蒙古族自治县甘招镇	7900	12811	8704	3479	33482.0	811	2365
喀喇沁左翼蒙古族自治县东哨镇	8216	16874	10675	5232	10085.0	100	2098
喀喇沁左翼蒙古族自治县水泉镇	7200	16755	10344	5691	68523.0	210	4135
喀喇沁左翼蒙古族自治县尤杖子乡	6233	11465	5970	3060	9887.0		
喀喇沁左翼蒙古族自治县草场乡	6162	8010	3092	836	11693.0		
喀喇沁左翼蒙古族自治县坤都营子乡	6800	11100	6844	2171	18312.0		
喀喇沁左翼蒙古族自治县大营子乡	12600	9206	3509	494	30824.0		
喀喇沁左翼蒙古族自治县卧虎沟乡	10200	9542	5882	2948	15932.0		
北票市西官营镇	20190	25114	12970	6278	86467.0	218	3504
北票市大板镇	13212	6753	3740	1220	8000.0	75	2130
北票市上园镇	23930	15595	6616	2795		70	3170
北票市宝国老镇	23444	25994	11763	4497	131649.0	350	1853
北票市黑城子镇	14795	20703	8973	3566	10385.0	180	2749
北票市五间房镇	10649	33381	17502	8727	45000.0	154	1995
北票市台吉镇	4896	14843	6945	3838	97929.0	560	2536
北票市东官营镇	16772	21086	11662	4374	16326.3	410	4600
北票市龙潭镇	20141	17427	7625	3816	90121.0	112	1599
北票市北塔镇	15313	13557	7630	1863	30413.0	36	1423
北票市蒙古营镇	14722	15018	8608	2574		40	2343
北票市大三家镇	9942	15613	8739	3873	11285.0	112	4472
北票市长皋乡	20375	11110	6584	2644	9078.0		
北票市常河营乡	18172	9768	5203	1488	7084.0		
北票市小塔子乡	14247	9314	4283	1270	13200.0		
北票市马友营蒙古族乡	20700	16576	8025	2580	5100.0		
北票市泉巨永乡	16332	13603	8648	1603	19360.0		
北票市哈尔脑乡	14388	17530	7620	2492	6289.0		
北票市南八家子乡	11521	8980	4970	2504	4145.0		
北票市章吉营乡	13984	10418	5245	1036	174.0		
北票市三宝营乡	9865	7001	3483	1034	8450.0		
北票市巴图营乡	15879	14162	7011	2539	3860.0		
北票市台吉营乡	16017	13181	6907	2936	14150.0		
北票市娄家店乡	17442	14418	8455	4208	80330.0		

续表 100　　（辽宁省）　　计算单位：公顷、人、万元

名　　称	行政区域面　积	常住人口	从业人员	二三产业从业人员	工　业总产值	城镇建成区 面 积	城镇建成区常住人口
北票市北四家乡	17285	10005	6230	3422	71708.0		
北票市凉水河蒙古族乡	10159	6820	2576	925	4468.0		
北票市三宝乡	14036	19553	9294	4425	12000.0		
北票市兴顺德国营农场	2974	3865	2536	607	22000.0		
北票市下府经济开发区	7781	4063	2306	1058	8135.0		
凌源市万元店镇	10000	13926	7295	2988	81540.0	260	835
凌源市宋杖子镇	16700	32628	18768	4810	35000.0	350	1340
凌源市三十家子镇	19300	39044	14010	4144	64293.0	200	8754
凌源市杨杖子镇	3300	4614	1453	624	32505.0	500	3100
凌源市刀尔登镇	22500	20866	11479	3516	28800.0	178	5600
凌源市松岭子镇	16670	20868	9707	2225	37069.0	300	2719
凌源市四官营子镇	15103	23725	12884	2850	21381.0	51	2085
凌源市沟门子镇	15533	28045	11710	3470	28000.0	100	1200
凌源市小城子镇	7470	16125	14645	5400	44753.0	780	2169
凌源市四合当镇	21730	29105	15713	5317	42742.0	150	2481
凌源市乌兰白镇	8500	7668	7528	3755	12000.0	8	1234
凌源市瓦房店镇	10145	17456	8598	3431	18305.0	9947	12886
凌源市大河北镇	17633	13830	13800	2350	7200.0	230	1004
凌源市牛营子镇	14000	20048	12739	4471	32219.0	310	1224
凌源市大王杖子乡	9800	12633	6539	2425	11000.0		
凌源市刘杖子乡	8081	12320	7430	230	1320.0		
凌源市前进乡	8200	7829	4245	2415	6400.0		
凌源市三道河子乡	17050	17895	8147	3797	26312.0		
凌源市北炉乡	10100	18726	9350	4070	18400.0		
凌源市三家子乡	23400	31505	19757	13847	58585.0		
凌源市佛爷洞乡	11360	10417	10416	6096	6000.0		
凌源市河坎子乡	13700	9921	8809	1342	32939.2		
连山区钢屯镇	14815	32724	14035	7711	12769.0	980	8000
连山区寺儿堡镇	10487	25932	13002	7862	45000.0	600	1860
连山区新台门蒙古族镇	16500	21632	8996	3134	3960.0	270	2704
连山区沙河营乡	12772	21138	10030	3765	59500.0		
连山区孤竹营子乡	5639	5779	2646	1429	2800.0		
连山区白马石乡	7900	7219	4099	2042	9200.0		
连山区山神庙子乡	13148	13225	5227	1611	3500.0		
连山区塔山乡	14694	25881	9923	2614	103800.0		
连山区杨郊乡	10100	8913	3689	1572	12000.0		
龙港区双树乡	3420	12693	6846	4900	5700.0		
南票区缸窑岭镇	12587	18241	5289	2489	50022.0	20	2230
南票区暖池塘镇	12530	16846	9740	4105	10126.0	800	1850
南票区高桥镇	5597	24220	14471	9330	59129.0	270	12978
南票区虹螺岘镇	8959	33231	12430	6117	26093.0	1000	11934
南票区金星镇	6354	29539	18924	11141	73600.0	752	6151
南票区台集屯镇	8073	14310	8993	1622	29000.0	262	2011
南票区沙锅屯乡	9710	11483	4895	2685	170427.0		
南票区黄土坎乡	8650	14773	4860	2420	13000.0		
南票区大兴乡	10414	21212	9076	3724	12021.0		
南票区张相公屯乡	8662	13408	5640	1288	9892.0		
绥中县绥中镇	1993	85799	57200	57200	50000.0	1993	85799
绥中县西甸子镇	8507	23859	12567	1332	54820.0	59	6230
绥中县宽帮满族镇	15787	25871	10278	2689	19092.0	21	1530

续表 101　　（辽宁省）　　计算单位：公顷、人、万元

名　　称	行政区域面　　积	常住人口	从业人员	二三产业从业人员	工　业总产值	城镇建成区 面 积	城镇建成区常住人口
绥中县大王庙满族镇	19992	33075	18217	6157	39334.0	50	929
绥中县万家镇	6756	23647	8714	3723	2200.0	438	2765
绥中县前所镇	7144	21112	7500	4250	10750.0	580	3898
绥中县高岭镇	13247	27483	11583	2696	14000.0	724	3854
绥中县前卫镇	12495	24963	16408	5172	26400.0	280	11997
绥中县荒地满族镇	8634	27109	11753	4716	5780.0	480	2930
绥中县塔山屯镇	7338	33082	20654	3221	32200.0	15	3531
绥中县高台镇	11331	30590	15100	5660	39401.0	137	1256
绥中县王宝镇	6630	20400	8535	2735		67	1907
绥中县沙河镇	14169	31287	15625	4215	75980.0	4	2649
绥中县小庄子镇	8545	34483	16712	5844	24516.0	260	1760
绥中县西平坡满族乡	11092	19858	8665	1290	2825.0		
绥中县葛家满族乡	10569	14660	7396	2146	6001.0		
绥中县高甸子满族乡	11147	19087	10194	2718	10068.0		
绥中县范家满族乡	12920	16416	10189	959	3950.0		
绥中县明水满族乡	11320	14487	6662	1833	5100.0		
绥中县秋子沟乡	7767	11676	8228	3310			
绥中县加碑岩乡	22608	18005	11000	3400	2816.0		
绥中县永安堡乡	22382	7520	2977	392			
绥中县李家堡乡	11709	21101	10611	1891	22032.0		
绥中县网户满族乡	7122	21526	16000	3700	12330.0		
绥中县城郊乡	2683	22845	12006	6796	86224.0		
建昌县建昌镇	1500	68958	27135	26037	5862.0	1500	68958
建昌县八家子镇	9300	16444	8692	6005	80661.0	580	6833
建昌县喇嘛洞镇	10900	26900	18145	7097		120	5100
建昌县药王庙镇	21700	30139	18860	7965	76164.0	302	2512
建昌县汤神庙镇	11700	31825	18577	9267		100	1581
建昌县玲珑塔镇	12400	23799	17480	8815	135.0	200	1455
建昌县大屯镇	16900	19950	12747	6987	8950.0	52	2191
建昌县牤牛营子乡	16500	40814	19792	10791	880.0		
建昌县素珠营子乡	12830	22530	9796	3653	50.0		
建昌县石佛乡	11400	18366	4827	1588			
建昌县王宝营子乡	11300	20410	11140	5730			
建昌县老达杖子乡	17000	24529	10699	6286	10560.0		
建昌县要路沟乡	10900	19896	11920	5939			
建昌县魏家岭乡	10000	11548	5692	2511			
建昌县西碱厂乡	7900	17522	8481	4801			
建昌县头道营子乡	5500	13309	8080	4500			
建昌县新开岭乡	9900	16872	9718	5411	1780.0		
建昌县贺杖子乡	6200	6084	3034	1474			
建昌县养马甸子乡	13500	18189	9885	3589			
建昌县和尚房子乡	19400	25166	7859	1697			
建昌县杨树湾子乡	11600	16018	7245	2895			
建昌县黑山科乡	8100	17488	10390	6439	15.0		
建昌县雷家店乡	13600	16013	8005	3137	1402.0		
建昌县小德营子乡	9800	17728	5649	2661			
建昌县二道湾子蒙古族乡	8900	23540	12040	5743			
建昌县巴什罕乡	10400	25947	15435	3855			
建昌县娘娘庙乡	7200	13370	7910	1885	225.0		
建昌县谷杖子乡	13300	16650	7874	3809	12840.0		

续表 102　　（辽宁省、吉林省）　　计算单位：公顷、人、万元

名　　称	行政区域面　　积	常住人口	从业人员	二三产业从业人员	工　业总产值	城镇建成区 面 积	城镇建成区常住人口
兴城市曹庄镇	6439	27033	13299	5920	3490.4	288	2221
兴城市沙后所满族镇	11343	39288	18100	8800	39113.0	412	13882
兴城市东辛庄满族镇	8260	23968	9285	3666	78960.0	350	5122
兴城市郭家满族镇	11900	9081	5435	918	21000.0	15	2080
兴城市红崖子镇	15010	27400	13769	2564	98700.0	31	2576
兴城市徐大堡镇	8163	14258	11911	4747	12928.0	50	2989
兴城市高家岭满族镇	8100	14704	7952	2721	32000.0	99	1825
兴城市羊安满族乡	8000	20245	11524	6010	97285.0		
兴城市元台子满族乡	11150	17850	9500	3176	7800.0		
兴城市白塔满族乡	6810	11939	4860	2436	13957.0		
兴城市望海满族乡	8140	19503	7514	2244	40190.0		
兴城市刘台子满族乡	4020	12934	6489	2354	208.0		
兴城市大寨满族乡	7840	18255	9858	2169	3151.0		
兴城市南大山满族乡	13000	21185	10083	2857	437.0		
兴城市围屏满族乡	11246	12264	7609	2047	10085.0		
兴城市碱厂满族乡	16120	11542	6734	1286	3127.0		
兴城市三道沟满族乡	16990	14700	12250	1650	320.0		
兴城市旧门满族乡	8340	9875	1988	830	17401.0		
兴城市药王满族乡	13840	14212	7345	2057	40034.0		
吉林省							
南关区幸福乡	1086	13425	5707	5508	7500.0		
宽城区兰家镇	10460	35931	33849	26897	506860.0	10	6800
宽城区米沙子镇	30554	77145	32712	16983	1042530.0	470	14956
宽城区万宝镇	13741	35787	16728	4347	85672.0	210	2938
宽城区合隆镇	19400	100315	41553	28353	1704237.0	680	22845
长春市朝阳区乐山镇	13400	28451	22435	5116	76818.0	257	1909
长春市朝阳区永春镇	5740	19632	19612	3145	5070.0	55	4968
二道区英俊镇	5458	18868	9914	5568	300000.0	575	6267
二道区龙嘉镇	23035	54546	28604	11829	240000.0	75	6248
二道区劝农山镇	12000	19960	9528	6310		150	2510
二道区泉眼镇	12500	19410	11474	2832	1450.0	50	1433
二道区四家乡	11300	11118	5517	1267	155.0		
绿园区合心镇	8100	20926	13451	3851	6017.0	400	9718
绿园区西新镇	3560	12970	7615	4847	2380000.0	1498	3984
绿园区城西镇	3920	47863	17924	13604	143031.0	300	10497
双阳区齐家镇	27741	47652	24420	7554	12500.0	300	4147
双阳区太平镇	32600	41911	21572	7331	135800.0	90	2085
双阳区鹿乡镇	27226	41406	19948	6909	17089.0	219	2340
双阳区双营子回族乡	6274	16619	11983	10963	79600.0		
九台区卡伦湖街道办事处	16923	69750	50550	45700	4240000.0	875	30750
九台区沐石河镇	38099	59252	29600	14310	3820.0	3	1665
九台区城子街镇	27429	46289	24129	8000	39600.0	146	3968
九台区其塔木镇	21232	48083	26971	11508	23200.0	225	8932
九台区上河湾镇	25064	51822	26235	9613	5241.0	333	4553
九台区胡家回族乡	16895	23420	18582	3650	980.0		
九台区莽卡满族乡	15300	29174	17184	3173	2147.0		
农安县农安镇	60300	295200	77387	29207	1337150.0	2594	193140
农安县伏龙泉镇	30300	78416	31845	12445	270000.0	495	23640
农安县哈拉海镇	43500	79573	42989	8979	223500.0	125	8480
农安县靠山镇	9700	28950	13100	7008	14580.0	200	3895

续表 103　　（吉林省）　　计算单位：公顷、人、万元

名　　称	行政区域面　　积	常住人口	从业人员	二三产业从业人员	工　业总产值	城镇建成区 面 积	城镇建成区常住人口
农安县开安镇	31100	58428	32886	10426	159000.0	510	2160
农安县烧锅镇	13400	34518	13275	6585	205000.0	350	7850
农安县高家店镇	16400	30541	17703	7702	48325.0	45	3052
农安县华家镇	24400	44325	19714	11000	306200.0	60	4012
农安县三盛玉镇	29200	36481	20426	2850	1200.0	120	3000
农安县巴吉垒镇	40800	50063	24669	6869	3600.0	210	5900
农安县三岗镇	19300	31278	19470	4555	20000.0	200	3925
农安县前岗乡	25100	50978	25785	3926	79412.0		
农安县龙王乡	22800	28937	17075	8354	4515.0		
农安县万顺乡	24400	37328	16495	3539	16600.0		
农安县杨树林乡	27900	38620	21290	5590	7010.0		
农安县永安乡	18800	25701	20770	7690	9000.0		
农安县青山口乡	15856	28400	19215	5155	3421.0		
农安县黄鱼圈乡	15100	33415	19404	5279	9875.0		
农安县新农乡	18400	36201	23290	8760	27500.0		
农安县万金塔乡	16400	34801	21917	9872	12772.0		
农安县小城子乡	18200	31230	15295	4186	14200.0		
长春经济技术开发区兴隆山镇	6130	42322	21744	20418	7700.0	2100	17356
长春净月高新技术产业开发区新立城镇	5200	24363	12549	5138	323000.0	98	6393
长春净月高新技术产业开发区新湖镇	11300	20100	7840	2120	46000.0	115	2115
长春净月高新技术产业开发区玉潭镇	14300	15175	10044	5148	153600.0	221	1282
长春高新技术产业开发区奋进乡	13471	43227	22539	14675			
长春高新技术产业开发区双德乡	2512	138649	79144	79144			
长春汽车经济技术开发区(特殊镇)	10930	36101	30154	26842	1466500.0	2700	23000
榆树市五棵树镇	22367	70492	21550	7537	900105.3	1890	22709
榆树市弓棚镇	23489	62676	46572	26060	168500.0	244	4221
榆树市闵家镇	13880	36070	17569	2568	151446.0	78	6720
榆树市大坡镇	12010	36512	13818	5138	160000.0	1037	6200
榆树市黑林镇	24513	53135	33434	13056	24837.0	82	4674
榆树市土桥镇	37983	67040	40627	20420	33830.0	62	4608
榆树市新立镇	25149	55140	45806	25950	163100.0	109	12340
榆树市大岭镇	28316	56876	25646	10236	103056.0	8	5840
榆树市于家镇	29403	57935	30438	19796	161200.0	123	3429
榆树市泗河镇	15283	27152	17578	8822	78263.0	150	4195
榆树市八号镇	24943	57092	42358	19554	4620.0	200	3624
榆树市刘家镇	13722	28914	21718	12138	156100.0	400	3306
榆树市秀水镇	21519	51690	23480	10975	58000.0	84	4103
榆树市保寿镇	15674	35167	20426	12153	43125.0	210	4443
榆树市新庄镇	18615	39746	19639	9214	14302.0	28	1287
榆树市育民乡	15117	31021	13410	6250	12000.0		
榆树市红星乡	15623	33514	18229	9594	42127.0		
榆树市太安乡	12749	29065	12109	1596	7865.0		
榆树市先峰乡	12366	30092	17338	6230	30998.0		
榆树市青山乡	13052	27993	14925	2843	7665.0		
榆树市延和朝鲜族乡	2000	951	698	358	59365.1		
榆树市恩育乡	13478	33715	12150	3810	7001.0		
榆树市城发乡	21425	48142	28006	9966	61025.0		
榆树市环城乡	26567	68783	40852	11161	206267.0		
德惠市大青嘴镇	16579	39438	19023	5350	32100.0	180	3466
德惠市郭家镇	19271	43025	27652	18825	14112.0	300	2276

续表 104　　（吉林省）　　计算单位：公顷、人、万元

名　　称	行政区域面　　积	常住人口	从业人员	二三产业从业人员	工　业总产值	城镇建成区 面 积	城镇建成区常住人口
德惠市松花江镇	16509	42748	22643	9248	68962.0	380	879
德惠市达家沟镇	15951	37981	17472	9828	32100.0	262	4052
德惠市大房身镇	27210	66963	26645	11524	68756.0	250	3573
德惠市岔路口镇	22089	57320	23952	8236	124531.0	310	3315
德惠市朱城子镇	15349	30680	15710	10690	268000.0	300	3510
德惠市布海镇	20137	45341	21173	11345	120840.0	280	1626
德惠市天台镇	18753	40570	18989	9369	79620.0	200	1621
德惠市菜园子镇	18333	52433	23581	7470	613562.0	240	2587
德惠市同太乡	25250	56320	22498	5378	72600.0		
德惠市边岗乡	24134	44976	17744	6696	76155.0		
德惠市五台乡	14110	36609	17511	6378	75760.0		
德惠市朝阳乡	14899	41207	15607	3621	140135.0		
昌邑区孤店子镇	7140	23634	16536	9877	382015.0	860	5299
昌邑区桦皮厂镇	17800	40123	25658	10297	228013.0	750	8113
昌邑区左家镇	23200	26968	17999	10583	61425.0	212	8901
昌邑区两家子满族乡	15568	17556	9551	1810	15070.0		
昌邑区土城子满族朝鲜族乡	9250	20182	9657	2875	131259.0		
龙潭区乌拉街镇	18800	63864	21778	5878	159936.0	200	21000
龙潭区缸窑镇	28803	37153	14000	5550	64000.0	250	11724
龙潭区江密峰镇	31300	35009	15555	8072	74300.0	120	3650
龙潭区大口钦镇	10435	20974	10030	4970	110240.0	200	3540
龙潭区金珠镇	11599	24869	13943	7238	784000.0	300	14833
龙潭区江北乡	10553	23578	14290	3520	180017.0		
船营区大绥河镇	14960	19827	7143	3520	7769.0	300	3768
船营区搜登站镇	29740	51006	25234	8388	7807.0	180	2990
船营区越北镇	3910	28427	5736	4337	586400.0	851	15220
船营区欢喜乡	9920	20676	15440	8725	69814.0		
丰满区旺起镇	52700	18304	8827	2175	16914.0	74	4215
丰满区江南乡	18600	30864	13832	8564	779546.0		
丰满区前二道乡	11380	19447	8202	1753	126656.0		
丰满区小白山乡	13600	15762	7303	2944	363032.0		
永吉县口前镇	32500	139650	18315	7964	88745.0	1370	117000
永吉县双河镇	31600	23498	13421	8031	1050.0	147	10994
永吉县西阳镇	42236	32860	16724	3386	163650.0	129	3003
永吉县北大湖镇	44456	37114	21415	5632	71160.0	139	9671
永吉县一拉溪镇	34932	49030	24626	8432	69527.0	95	3736
永吉县万昌镇	18100	46956	21677	8911	218711.0	94	6794
永吉县永吉经济开发区(特殊乡镇)	5070	11528	7499	2267	780000.0	454	11528
永吉县金家乡	15400	21213	12409	6530	26001.0		
永吉县黄榆乡	15650	18579	9758	1047	1020.0		
吉林中国新加坡食品区岔路河镇	21600	48150	24610	17763	327003.0	653	14550
蛟河市新站镇	56793	35705	20617	13767	192430.0	370	20225
蛟河市天岗镇	41808	32431	15199	11245	386400.0	370	10245
蛟河市白石山镇	57351	39985	19890	10520	61204.0	283	23526
蛟河市漂河镇	107567	38825	15052	8438	23400.0	470	4668
蛟河市黄松甸镇	58531	17458	7666	3195	97342.0	250	4510
蛟河市天北镇	40991	27596	12147	2455	79200.0	112	2793
蛟河市松江镇	58563	18082	9556	1406	12500.0	79	2888
蛟河市庆岭镇	42032	16981	10862	4077	86051.0	60	2881
蛟河市乌林朝鲜族乡	27784	16968	9185	5513	76582.0		

续表 105　　（吉林省）　　计算单位：公顷、人、万元

名　　称	行政区域面　积	常住人口	从业人员	二三产业从业人员	工　业总产值	城镇建成区 面 积	城镇建成区常住人口
蛟河市前进乡	59681	16382	9153	3243	13120.0		
桦甸市夹皮沟镇	98900	25760	13280	10141	446569.0	240	15979
桦甸市二道甸子镇	82564	30100	15500	3817	200080.0	77	6658
桦甸市红石砬子镇	129875	48878	26159	18119	542215.0	1472	27533
桦甸市八道河子镇	66878	37449	19637	6042	128319.0	77	5208
桦甸市常山镇	50700	20918	9896	3973	197880.0	62	3436
桦甸市金沙镇	63346	29461	13156	2188	206174.0	200	3046
桦甸市桦郊乡	77305	47632	24660	5260	253063.0		
桦甸市横道河子乡	32600	17524	8052	1046	32705.0		
桦甸市公吉乡	51971	28560	15261	5792	477265.0		
舒兰市法特镇	14543	36445	20361	3772	115897.0	197	7699
舒兰市白旗镇	14450	36243	18074	3456	87600.0	420	8206
舒兰市溪河镇	17089	30082	14054	4033	63211.0	80	3200
舒兰市朝阳镇	12192	20394	9111	1900	55259.0	100	1205
舒兰市小城镇	47388	21532	10188	3486	5263.0	153	5046
舒兰市上营镇	32048	16852	6176	1477	142546.0	211	2687
舒兰市水曲柳镇	20261	26546	13845	831	118985.0	400	2420
舒兰市平安镇	15904	36758	18104	5752	285139.0	299	6957
舒兰市金马镇	15479	13579	7882	826	73311.0	140	2158
舒兰市开原镇	44220	28341	12448	3436	36214.0	100	3650
舒兰市莲花乡	7179	16916	9118	3282	31254.0		
舒兰市亮甲山乡	13417	21500	13425	1695	14790.0		
舒兰市新安乡	82583	18521	7963	1074	28102.0		
舒兰市七里乡	26607	24382	15008	1902	36582.0		
舒兰市天德乡	21668	33203	12794	1630	49588.0		
磐石市烟筒山镇	49793	56501	28480	16140	334200.0	450	18235
磐石市红旗岭镇	16780	31565	17959	13601	501282.0	490	18171
磐石市明城镇	26200	47986	21466	13240	649054.0	642	26457
磐石市石嘴镇	24476	29863	20590	13274	106642.0	180	9246
磐石市驿马镇	20588	13962	6487	2221	58903.0	96	3326
磐石市牛心镇	26400	24948	14611	5711	92809.0	155	2454
磐石市呼兰镇	28960	28100	14108	7438	129596.0	145	4750
磐石市吉昌镇	36700	44696	18625	10482	56487.0	240	4285
磐石市松山镇	27300	12832	5335	1047	70265.0	71	2137
磐石市黑石镇	23700	21169	7851	921	6410.0	90	4467
磐石市朝阳山镇	24800	23124	8543	3031	85901.0	242	2813
磐石市富太镇	19200	20300	8330	4180	24256.0	90	2400
磐石市取柴河镇	28326	14042	7175	4155	50613.0	90	4301
磐石市宝山乡	24140	26011	13414	5572	97595.0		
四平市铁西区平西乡	15460	49230	28265	13105	15000.0		
四平市铁东区山门镇	18170	27115	12722	7312	564410.0	590	10255
四平市铁东区石岭镇	34000	36872	27628	11390	23300.0	290	16700
四平市铁东区叶赫满族镇	26500	30834	12415	3646	7198.0	200	4597
四平市铁东区四平经济开发区	2250	6927	2658	927	840230.0	950	1893
四平市铁东区城东乡	7412	23143	12088	5500	598460.0		
梨树县梨树镇	18296	148988	37413	17548	358500.0	2108	99318
梨树县郭家店镇	16622	70071	30550	8250	63200.0	982	37054
梨树县榆树台镇	18942	41084	23072	4767	6300.0	131	8117
梨树县孤家子镇	17276	56800	20760	9408	22786.6	537	22162
梨树县小城子镇	18700	42948	13138	7026	20000.0	150	7400

续表 106　　（吉林省）　　计算单位：公顷、人、万元

名　　称	行政区域面　积	常住人口	从业人员	二三产业从业人员	工　业总产值	城镇建成区 面 积	城镇建成区常住人口
梨树县喇嘛甸镇	12314	30654	15504	4397	1900.0	80	1466
梨树县蔡家镇	12016	29802	12170	1689	80310.0	120	2699
梨树县刘家馆子镇	29200	26980	13770	870	100.0	20	1070
梨树县十家堡镇	21332	32477	16570	5360	360500.0	403	9120
梨树县孟家岭镇	16398	17696	11293	2259	78000.0	9	3018
梨树县万发镇	20190	41230	22575	3005	20700.0	88	1855
梨树县东河镇	12643	27854	14081	1772	50.0	63	1228
梨树县沈洋镇	16680	23580	10670	1325	1550.0	76	1324
梨树县林海镇	27500	32534	15611	1932	6060.0	375	3855
梨树县小宽镇	9661	22705	10363	2687	6260.0	33	3052
梨树县白山乡	11200	28880	13797	2897	400.0		
梨树县泉眼岭乡	9542	21352	8278	3382	85.0		
梨树县胜利乡	12414	23966	13711	720	620.0		
梨树县四棵树乡	14457	26560	13089	1027	210.0		
梨树县双河乡	11871	25446	11082	661	50.0		
梨树县金山乡	12400	22561	11653	2141			
伊通满族自治县伊通镇	11760	31243	15912	7100	52000.0	600	1948
伊通满族自治县二道镇	16200	19585	17680	5165	270.0	200	1453
伊通满族自治县伊丹镇	15000	26694	12855	2289	8100.0	600	3005
伊通满族自治县马鞍镇	14900	28916	14573	4229	2197.0	210	1323
伊通满族自治县景台镇	22500	39556	12290	1690	26504.0	16	4410
伊通满族自治县靠山镇	14770	27036	16916	5040	26600.0	230	3660
伊通满族自治县大孤山镇	21400	39249	10140	5810	8200.0	350	7100
伊通满族自治县小孤山镇	16800	26955	17731	6376	115800.0	220	3104
伊通满族自治县营城子镇	26500	38440	14496	2800	3120.0	700	11200
伊通满族自治县西苇镇	14921	15118	7100	1400		200	965
伊通满族自治县河源镇	22300	23211	10647	2147		150	3810
伊通满族自治县黄岭子镇	12890	17600	8250	3150	500.0	150	815
伊通满族自治县新兴乡	6800	14509	11480	2280	34000.0		
伊通满族自治县莫里青乡	9600	15832	7351	2170	1660.0		
伊通满族自治县三道乡	11500	17638	8651	2739	88104.0		
公主岭市二十家子镇	11452	22158	10615	2720	4632.0	120	6300
公主岭市黑林子镇	24656	41822	26722	10586	3191.0	383	3446
公主岭市陶家屯镇	11962	30876	12855	2985	14883.0	119	1819
公主岭市范家屯镇	17434	85873	61068	46191	1752051.6	1320	67974
公主岭市响水镇	14506	38845	18091	6218	9035.0	22	2538
公主岭市大岭镇	14737	37600	13090	3390	126584.0	500	2468
公主岭市怀德镇	44640	86174	55259	25201	334561.0	350	8150
公主岭市双城堡镇	37793	75514	25581	6406	25018.0	180	5524
公主岭市双龙镇	12230	19825	13237	3677	76255.0	60	1936
公主岭市杨大城子镇	24598	53047	26213	6820	3826.0	250	7839
公主岭市毛城子镇	16499	22194	10902	827	1350.0	26	2366
公主岭市玻璃城子镇	24888	31584	11928	3017		40	2798
公主岭市朝阳坡镇	12879	27950	13288	6318	1650.0	150	2790
公主岭市大榆树镇	11564	25550	16290	6240	27000.0	50	1036
公主岭市秦家屯镇	19449	51616	22614	9070	174062.0	300	8401
公主岭市八屋镇	13761	30881	13330	4830	119494.5	80	1925
公主岭市十屋镇	15978	28242	10064	928	15680.0	46	2876
公主岭市桑树台镇	14759	24021	12607	2680	3386.0	163	3478
公主岭市龙山满族乡	11804	15118	8772	1382			

续表 107　　　　（吉林省）　　　　计算单位：公顷、人、万元

名　称	行政区域面　积	常住人口	从业人员	二三产业从业人员	工　业总产值	城镇建成区 面 积	城镇建成区常住人口
公主岭市永发乡	13578	23491	9876	1647	1340.0		
双辽市茂林镇	46800	41371	16220	3220	58264.0	510	21817
双辽市双山镇	34868	29338	17876	4052	10000.0	200	7352
双辽市卧虎镇	31500	26880	11485	1015	6825.0	500	5071
双辽市服先镇	29272	29244	15328	4018	61986.0	108	2812
双辽市王奔镇	12220	24352	17615	2593	3510.0	103	3536
双辽市玻璃山镇	10600	9279	7124	674	200.0	80	3399
双辽市兴隆镇	15500	13512	6268	1637	185.0	132	1865
双辽市东明镇	10765	18023	10960	1700	210400.0	70	2170
双辽市那木斯蒙古族乡	21021	20608	10138	3559	1700.0		
双辽市柳条乡	15800	16600	10652	1452	290000.0		
双辽市新立乡	6600	15413	8217	3473	71000.0		
双辽市永加乡	17000	11874	8428	3058	25600.0		
龙山区寿山镇	15400	33204	20207	10887	889049.0	6	1556
龙山区县级直管村级单位	2183	210528	62516	62516	1743385.0	2183	210528
龙山区工农乡	3400	13633	6769	1953	760000.0		
辽源市西安区灯塔镇	16348	36850	17074	13264	415720.0		
辽源市西安区县级直管村级单位	1575	133520	12904	10139	1315200.0	1515	120140
东丰县东丰镇	16377	103698	20964	13829	341346.0	1310	81230
东丰县大阳镇	29660	40458	21500	7534	20220.0	600	4668
东丰县横道河镇	28958	31997	12972	9016	202581.0	836	8492
东丰县那丹伯镇	15153	18632	11799	7753	56297.0	250	2572
东丰县猴石镇	12693	14214	8979	5389	14560.0	251	2053
东丰县杨木林镇	13527	16762	15520	4860	2520.0	210	3570
东丰县小四平镇	21430	19792	9639	3515	9156.0	300	2830
东丰县黄河镇	20477	25298	10695	4685	58290.0	20	2158
东丰县拉拉河镇	10321	13641	7677	2962	65916.0	20	1508
东丰县沙河镇	16574	11686	9211	1544	17000.0	59	2922
东丰县南屯基镇	16793	23600	15180	4150	119114.0	60	593
东丰县大兴镇	10228	11304	7223	3071	69344.0	60	1964
东丰县三合满族朝鲜族乡	15454	26472	14066	5063	606940.0		
东丰县二龙山乡	24505	29352	20919	6954	46108.0		
东辽县白泉镇	15036	63420	31770	24631	799179.0	213	27431
东辽县渭津镇	19203	32509	14289	8859	543733.0	400	6918
东辽县安石镇	22892	29760	15623	5730	258603.0	228	2740
东辽县辽河源镇	37688	36190	17664	7838	29810.0	60	3106
东辽县泉太镇	9564	17108	5616	3579	48800.0	60	3816
东辽县建安镇	17691	27500	11733	3840	120638.0	90	3540
东辽县安恕镇	20907	24460	12411	4906	115652.0	410	2730
东辽县平岗镇	9134	25522	6654	3288	37018.0	50	10018
东辽县云顶镇	11104	18811	8385	2006	38200.0	24	2467
东辽县凌云乡	15583	17189	11251	3484	143603.0		
东辽县甲山乡	9113	13269	4736	1421	118453.0		
东辽县足民乡	16484	17675	8176	1718	710.0		
东辽县金洲乡	12880	13545	4670	1080	13500.0		
东昌区金厂镇	17083	17065	13667	4120	885214.0	250	11497
东昌区通化经济开发区	1545	9482	9408	6819	528042.0	1040	9482
东昌区环通乡	8340	14641	7702	5038	95782.0		
东昌区江东乡	9193	6836	3784	2434	5733.0		
二道江区鸭园镇	15600	19324	8146	3577	91709.0	150	3541

续表 108　　（吉林省）　　计算单位：公顷、人、万元

名　　称	行政区域面　　积	常住人口	从业人员	二三产业从业人员	工　业总产值	城镇建成区 面 积	城镇建成区常住人口
二道江区铁厂镇	5400	16872	4784	2861	40700.0	1000	12916
二道江区五道江镇	4900	20191	7740	6040	130602.0	1100	15556
二道江区二道江乡	9300	6044	5097	3346	185685.0		
通化县快大茂镇	25761	15987	10398	6418	124500.0	400	4556
通化县二密镇	32268	26915	11232	5722	240515.0	500	11333
通化县果松镇	36260	17762	12559	6283	142244.0	213	5200
通化县石湖镇	28280	4217	2187	796	9656.0	128	2874
通化县大安镇	17580	8792	3650	1850	145992.0	80	1320
通化县光华镇	33310	10521	5105	1858	16630.0	63	4320
通化县兴林镇	25369	4800	2815	1015	14366.2	44	1977
通化县英额布镇	18515	10658	5482	1032	3600.0	46	1703
通化县三棵榆树镇	22919	12175	6732	2047	4470.0	400	4524
通化县西江镇	14260	15634	8547	4575	17877.0	25	1598
通化县通化聚鑫经济开发区管理委员会	11800	11026	3886	1549	641106.1	400	
通化县富江乡	14269	8650	4137	522	3250.0		
通化县四棚乡	27530	7265	3218	1404	320.0		
通化县东来乡	17422	5751	3942	1011	200.0		
通化县大泉源满族朝鲜族乡	33896	23542	11835	3463	7820.0		
通化县金斗朝鲜族满族乡	10509	5782	4287	1805	4882.0		
辉南县朝阳镇	18490	124728	42219	23545	68506.0	1815	86644
辉南县辉南镇	22250	43022	27968	13091	44116.4	500	27653
辉南县样子哨镇	24280	27956	14740	2890	95883.0	100	4958
辉南县杉松岗镇	12480	21949	7688	2148	21795.0	750	12630
辉南县石道河镇	33780	19164	11041	3719	19283.0	100	3879
辉南县辉发城镇	15760	23345	12673	3850	16120.0	150	1825
辉南县抚民镇	34610	20265	9133	2024	12472.0	358	7391
辉南县金川镇	31510	13610	7197	1330	29959.0	384	2742
辉南县团林镇	8910	14978	9459	2079	8900.0	520	2520
辉南县庆阳镇	12220	14974	10064	2339	76655.0	23	1042
辉南县楼街朝鲜族乡	11940	25351	15129	5439	52816.0		
柳河县柳河镇	32289	114002	43215	33342	341457.0	1004	74474
柳河县三源浦朝鲜族镇	38542	31235	23474	13882	221180.0	220	7334
柳河县五道沟镇	18619	22011	11931	1850	13200.0	82	1475
柳河县驼腰岭镇	12834	15224	7138	1762	100081.0	50	1291
柳河县孤山子镇	27096	26805	12440	5350	81000.0	98	11280
柳河县圣水河子镇	22873	29555	12851	1395	29580.0	50	2660
柳河县罗通山镇	12442	12757	6002	2498	32553.0	103	2805
柳河县安口镇	25754	21374	10267	1455	58670.0	73	3896
柳河县向阳镇	26656	18600	7882	2700	71702.0	39	1421
柳河县红石镇	14279	11020	6582	970	14092.0	49	1260
柳河县凉水河子镇	57789	18549	8097	3730	8487.0	110	5141
柳河县亨通镇	10991	12089	7213	2924	54127.0	58	2503
柳河县柳南乡	15064	12000	11996	3032	18867.0		
柳河县时家店乡	11093	13931	8077	1932	45697.0		
柳河县姜家店朝鲜族乡	8258	12294	8245	1163	51220.0		
梅河口市山城镇	15060	55327	25257	7257	883560.0	1213	26268
梅河口市红梅镇	9044	54465	27942	24907	193238.0	1190	39935
梅河口市海龙镇	14596	39122	18517	11524	459571.0	800	17288
梅河口市新合镇	14869	22765	12821	3445	28690.0	100	4049
梅河口市曙光镇	8166	14568	12972	4027	203947.0	38	3012

续表 109　　（吉林省）　　计算单位：公顷、人、万元

名　称	行政区域面　积	常住人口	从业人员	二三产业从业人员	工　业总产值	城镇建成区 面 积	城镇建成区常住人口
梅河口市中和镇	6475	14598	8581	3027	63966.0	610	1656
梅河口市黑山头镇	4583	12918	8216	7031	243810.0	298	2641
梅河口市水道镇	8616	9102	8318	3117	19321.0	100	815
梅河口市进化镇	9222	13552	7258	1644	49216.0	1500	1856
梅河口市一座营镇	7800	12748	6057	1102	12286.0	100	1785
梅河口市康大营镇	10197	14150	6517	2092	35621.0	420	1486
梅河口市牛心顶镇	18333	30569	12612	3112	78870.0	1175	4098
梅河口市杏岭镇	15971	22829	20590	4850	89661.0	2	2152
梅河口市湾龙镇	11180	23964	9952	6088	110000.0	60	2500
梅河口市兴华镇	11242	12546	6001	711	11910.0	123	1728
梅河口市双兴镇	11556	15239	7151	2062	4162.0	10	1698
梅河口市李炉乡	6626	13518	6179	2223	131999.0		
梅河口市小杨满族朝鲜族乡	18047	14746	7263	2412	19782.0		
梅河口市吉乐乡	9363	8625	3767	1918	57041.0		
集安市青石镇	30640	7620	5373	1832	18323.0	25	1054
集安市榆林镇	28452	11632	6581	3555	29876.0	32	3169
集安市花甸镇	15549	10513	4711	997	25432.0	26	3281
集安市头道镇	33102	26869	12413	1610	85383.0	75	4486
集安市清河镇	50474	21971	9492	4318	192009.0	85	7529
集安市台上镇	42186	15272	10170	2805	17186.0	18	945
集安市财源镇	17372	14008	8330	3059	38555.0	57	2467
集安市大路镇	25363	8203	4504	847	56432.0	100	1162
集安市太王镇	37770	24527	11616	6301	178192.0	115	7048
集安市麻线乡	29299	9590	6571	3683	63458.0		
集安市凉水朝鲜族乡	17336	6213	4153	1268	8966.0		
浑江区七道江镇	26024	24603	12091	7333	285820.0	1500	5362
浑江区六道江镇	15487	21356	7974	4431	1123736.0	42	4993
浑江区红土崖镇	34800	13776	6830	1598	28213.0	200	2719
浑江区三道沟镇	40716	3615	2268	1171	42003.0	426	1077
江源区湾沟镇	29700	51350	17900	13700	160045.0	131	10675
江源区松树镇	20619	26835	11093	6181	199372.0	150	10085
江源区砟子镇	1700	21032	9897	9307	46853.0	70	6412
江源区石人镇	22000	32248	16296	11940	830000.0	105	18296
江源区大阳岔镇	18100	2158	2101	1366	78381.0	50	1447
江源区大石人镇	6700	9360	2729	1933	136192.3	60	1905
抚松县抚松镇	16110	60165	27323	23240	765710.0	515	58860
抚松县松江河镇	18981	62350	24810	23920	98600.0	2500	60400
抚松县泉阳镇	61990	37432	12184	9260	247840.0	620	34015
抚松县露水河镇	85574	39581	24824	17159	69000.0	3658	31605
抚松县仙人桥镇	34252	10944	4562	2362	31000.0	200	2920
抚松县万良镇	18667	20578	9560	3741	56410.0	146	12281
抚松县新屯子镇	13833	4776	1891	373	38820.0	61	2850
抚松县东岗镇	100774	15716	9510	2040	320.0	557	10860
抚松县漫江镇	129935	2801	2009	441	285.0	1125	2155
抚松县北岗镇	39591	11374	5560	1010	1780.0	249	8768
抚松县兴参镇	28100	10377	5772	2260	13552.0	260	5974
抚松县长白山保护开发区管委会池西区	73900	16527	7359	4525	7503.0	173	16527
抚松县长白山保护开发区管委会池南区	24000	2742	1542	32	16.0	8800	2742
抚松县兴隆乡	15600	9304	5338	770	21841.0		
抚松县抽水乡	11970	4971	2479	427	199.0		

续表 110　　(吉林省)　　计算单位：公顷、人、万元

名　　称	行政区域面　积	常住人口	从业人员	二三产业从业人员	工　业总产值	城镇建成区 面 积	城镇建成区常住人口
抚松县沿江乡	39450	2978	2388	250	187.0		
靖宇县靖宇镇	16580	61227	37650	30619	27569.0	900	53543
靖宇县三道湖镇	54500	14112	7511	1100	4780.0	160	1171
靖宇县龙泉镇	18140	8917	5355	1059	585.0	170	1527
靖宇县那尔轰镇	39230	8420	3459	1203	410.0	37	2334
靖宇县花园口镇	52380	12579	6940	1307	56593.0	125	978
靖宇县景山镇	54360	13261	5056	1595	49528.0	150	4450
靖宇县赤松镇	27550	6969	2746	1064	120.0	220	1826
靖宇县蒙江乡	46700	10862	3790	1212			
长白朝鲜族自治县长白镇	2512	36082	21428	18686	214703.0	400	27688
长白朝鲜族自治县八道沟镇	11002	9329	4788	2703	131029.0	230	5240
长白朝鲜族自治县十四道沟镇	30496	5181	2366	560	131.0	370	2174
长白朝鲜族自治县马鹿沟镇	94320	9483	5668	1748	202408.0	1600	3098
长白朝鲜族自治县宝泉山镇	4833	5792	3298	1500	39230.0	122	1277
长白朝鲜族自治县新房子镇	56880	7103	2438	905	73313.0	500	1742
长白朝鲜族自治县十二道沟镇	30207	7890	2595	1345	24035.0	37	3087
长白朝鲜族自治县金华乡	9400	2558	1298	358	112.0		
临江市桦树镇	66955	17211	11423	6357	27313.0	273	9098
临江市六道沟镇	54090	17446	10731	4421	481820.0	70	4091
临江市苇沙河镇	26800	4385	2809	1240	193926.0	58	1537
临江市花山镇	23208	6947	4242	1356	148821.0	51	3033
临江市闹枝镇	25164	4891	3634	1634	24952.0	51	1269
临江市四道沟镇	36880	8261	5805	1737	59922.0	30	1055
临江市蚂蚁河乡	49942	5583	3633	600	159.0		
宁江区大洼镇	40360	50207	40469	14019	70490.0	500	5232
宁江区善友镇	14946	22150	19625	6075	24781.6	40	3350
宁江区毛都站镇	14230	25995	16495	2955	114428.0	200	4420
宁江区哈达山镇	30593	29532	13844	6269		51	2140
宁江区新城乡	14458	33550	31984	15474	1094443.0		
宁江区伯都乡	23324	27538	15522	5968	4300.0		
前郭尔罗斯蒙古族自治县前郭尔罗斯镇	3935	108270	42341	23778		1600	82432
前郭尔罗斯蒙古族自治县长山镇	18106	72900	36333	24441	259609.0	630	33690
前郭尔罗斯蒙古族自治县海渤日戈镇	28741	26945	9936	5749		460	8621
前郭尔罗斯蒙古族自治县乌兰图嘎镇	39000	28125	10254	7604	343524.0	1000	5219
前郭尔罗斯蒙古族自治县查干花镇	44740	21775	13543	4543	340.0	350	6813
前郭尔罗斯蒙古族自治县王府站镇	20880	33290	20620	4820	260000.0	280	9810
前郭尔罗斯蒙古族自治县八郎镇	22228	27835	11405	3297	160051.0	80	2395
前郭尔罗斯蒙古族自治县哈拉毛都镇	13988	24078	12758	2280	56220.0	137	2577
前郭尔罗斯蒙古族自治县查干湖镇	43654	26160	12660	3556	43752.0	30	342
前郭尔罗斯蒙古族自治县宝甸乡	12501	13597	6792	1520	20.0		
前郭尔罗斯蒙古族自治县平凤乡	67000	28085	8909	2534	10789.0		
前郭尔罗斯蒙古族自治县达里巴乡	10995	12330	5100	1100	228164.0		
前郭尔罗斯蒙古族自治县吉拉吐乡	8098	14215	7281	2156	106745.0		
前郭尔罗斯蒙古族自治县白依拉嘎乡	16150	19962	6792	2022	345612.0		
前郭尔罗斯蒙古族自治县洪泉乡	23329	19980	10432	2431	100.0		
前郭尔罗斯蒙古族自治县额如乡	18304	20623	12954	1845	105.0		
前郭尔罗斯蒙古族自治县套浩太乡	15486	13680	7706	2708	93300.0		
前郭尔罗斯蒙古族自治县长龙乡	25198	19220	7925	1928	52901.0		
前郭尔罗斯蒙古族自治县乌兰塔拉乡	30000	20072	10720	1830	60408.0		
前郭尔罗斯蒙古族自治县东三家子乡	25000	12630	10129	1168	52.5		

续表 111　　（吉林省）　　计算单位：公顷、人、万元

名　称	行政区域面积	常住人口	从业人员	二三产业从业人员	工业总产值	城镇建成区面积	城镇建成区常住人口
前郭尔罗斯蒙古族自治县浩特芒哈乡	22110	15580	7975	1355	46.0		
前郭尔罗斯蒙古族自治县乌兰敖都乡	28000	16100	5347	3796	99.0		
长岭县长岭镇	41925	98980	69700	36300	420040.0	1100	57700
长岭县太平川镇	29309	34590	25693	17378	964300.0	1100	29986
长岭县巨宝镇	21090	36780	18400	6000	103200.0	720	3520
长岭县太平山镇	17516	26759	17350	2550	1700.0	280	5148
长岭县前七号镇	33356	37950	27243	7060	34551.0	152	2512
长岭县新安镇	33500	44339	30383	5113	7080.0	500	6340
长岭县三青山镇	22291	35112	26606	5138	202256.0	138	4186
长岭县大兴镇	40405	33400	14670	2120	60000.0	465	1710
长岭县北正镇	48100	17930	14536	3031	2600.0	600	3996
长岭县流水镇	26843	33276	30353	3403	37786.0	109	1860
长岭县永久镇	13000	20096	15338	2549	44755.0	785	2552
长岭县利发盛镇	12800	16745	7811	710	22175.0	70	1920
长岭县太平川(镇)农业园区	15668	8485	6485	461		363	1277
长岭县双龙工业园区	5839	2330	2166	221	100440.0	225	356
长岭县长岭经济开发区	5289	9612	9416	5341	1305693.0	80	1159
长岭县集体乡	12360	18053	9388	2172	629214.0		
长岭县光明乡	19500	18786	14367	3565	902.0		
长岭县三县堡乡	14440	22794	14280	1780	1042.0		
长岭县海青乡	10287	12720	9490	3623	2910.0		
长岭县前进乡	12635	21103	10291	981	690.0		
长岭县东岭乡	11969	15869	8549	1021	2126.0		
长岭县腰坨子乡	22212	17023	12794	2364	11489.0		
长岭县八十八乡	28068	13569	9573	561	37039.0		
长岭县三团乡	37447	16170	10478	1251	6810.0		
长岭县三十号乡	19787	12368	8853	1311	788.0		
乾安县乾安镇	5666	64538	23379	18353	997402.0	1250	64538
乾安县大布苏镇	23543	13800	8485	1795	248819.0	150	1980
乾安县水字镇	27200	22910	14818	5018	866612.0	350	5900
乾安县让字镇	38750	20180	15072	2035	150645.0	150	3386
乾安县所字镇	45791	27780	19993	1018	124573.0	175	1426
乾安县安字镇	40873	20236	13586	896	136730.0	200	2105
乾安县余字乡	40366	21200	12500	1000	74064.0		
乾安县道字乡	33882	17415	8710	1040	310.0		
乾安县严字乡	27100	15906	10734	1829	121940.0		
乾安县赞字乡	33700	21768	11588	1603	395924.0		
吉林松原经济开发区兴原乡	11000	38000	32430	19980	3980000.0		
扶余市三岔河镇	26613	111573	67206	48634	1698327.0	1253	59904
扶余市长春岭镇	25080	52843	21863	8482	10840.0	300	9780
扶余市五家站镇	23260	38122	29102	17402	980.0	275	19661
扶余市陶赖昭镇	29643	46517	20662	7482	560321.0	300	5937
扶余市蔡家沟镇	19800	35680	22155	11065	453100.0	500	5016
扶余市弓棚子镇	26927	41812	20932	10073	1067220.0	300	4750
扶余市三井子镇	38400	46168	30466	10678	10061.0	120	8203
扶余市增盛镇	34500	33966	28436	19068	7004.0	400	4630
扶余市新万发镇	26000	37750	15887	4086	1950.0	200	2990
扶余市大林子镇	18200	20505	9646	2366	5820.0	176	3550
扶余市新源镇	8200	17108	11420	4360	340.0	100	1650
扶余市得胜镇	31572	45396	23165	5170	6000.0	300	2440

续表 112　　（吉林省）　　计算单位：公顷、人、万元

名　　称	行政区域面　积	常住人口	从业人员	二三产业从业人员	工　业总产值	城镇建成区 面 积	城镇建成区常住人口
扶余市三骏满族蒙古族锡伯族乡	29642	46244	20955	5745	11890.0		
扶余市永平乡	22911	28600	16185	5676	1800.0		
扶余市新站乡	21300	25987	15072	6571	2315.0		
扶余市更新乡	17700	25655	15496	4004	755.0		
扶余市肖家乡	24240	40258	24185	11794	11920.0		
洮北区平安镇	11147	20267	9780	3918	2632.0	200	4400
洮北区青山镇	16300	13860	7560	1410	100.0	170	770
洮北区林海镇	8800	10288	6582	1327	54000.0	50	1486
洮北区洮河镇	13870	17501	6860	360	100.0	130	1660
洮北区平台镇	17300	17068	12254	1631	6100.0	655	4215
洮北区到保镇	21379	12880	5956	746	320.0	41	2066
洮北区岭下镇	15700	23037	13843	5735	2890.0	1120	10890
洮北区东风乡	9300	29360	17528	5122	480.0		
洮北区三合乡	8750	12297	5680	2110	124.0		
洮北区东胜乡	16450	22110	16254	3110	150.0		
洮北区金祥乡	12591	16387	9710	2360	120.0		
洮北区德顺蒙古族乡	38800	22423	14823	2923	2950.0		
镇赉县镇赉镇	35660	104147	36517	21724	413406.0	1340	85013
镇赉县坦途镇	32000	33015	13858	8151	55196.0	160	11406
镇赉县东屏镇	38304	11034	6040	2334	514.0	146	2717
镇赉县大屯镇	39000	21873	12820	3453	63206.0	350	6475
镇赉县沿江镇	35000	7397	4387	1023	3376.0	153	1699
镇赉县五棵树镇	28112	13972	8247	1500	41714.0	24	2136
镇赉县黑鱼泡镇	58400	17324	11215	1029	14445.0	35	326
镇赉县哈吐气蒙古族乡	15580	4837	2835	423	71.0		
镇赉县莫莫格蒙古族乡	52700	12031	6073	1105	38751.0		
镇赉县建平乡	61267	22458	11914	2969	7107.0		
镇赉县嘎什根乡	27787	21802	14910	1376	218163.0		
通榆县开通镇	52908	127611	38641	13335	308.0	1600	96008
通榆县瞻榆镇	67400	30288	21083	5582	200.0	1500	9901
通榆县双岗镇	32100	9681	4342	702	20.0	60	575
通榆县兴隆山镇	70520	21892	13105	2184	378.0	600	3620
通榆县边昭镇	35000	14435	6931	1150	20.0	225	2900
通榆县鸿兴镇	35172	12938	8024	441	250.0	400	2310
通榆县新华镇	56296	24686	11956	817	40.0	80	4020
通榆县乌兰花镇	53296	24700	11720	3120		300	4600
通榆县新发乡	38000	10901	6214	306			
通榆县新兴乡	19880	10493	6619	484	42.0		
通榆县向海蒙古族乡	74578	23570	12810	700	52.0		
通榆县包拉温都蒙古族乡	15670	4871	2970	175			
通榆县团结乡	58426	14300	8467	367	15.0		
通榆县十花道乡	44534	12202	6107	1920	20.0		
通榆县八面乡	41899	16100	7975	1190			
通榆县苏公坨乡	30664	15058	8725	425	65.0		
洮南市瓦房镇	24700	23570	15925	1258	289.0	90	3246
洮南市万宝镇	23400	29672	15930	1330	1200.0	30	13740
洮南市黑水镇	33000	18295	8128	2468	2610.0	120	4800
洮南市那金镇	15780	18912	11912	1280	550.0	140	1760
洮南市安定镇	46371	19094	9376	476	290.0	120	1626
洮南市福顺镇	28500	34960	11617	2384	27863.4	98	5368

续表 113　　（吉林省）　　计算单位：公顷、人、万元

名　　称	行政区域面　积	常住人口	从业人员	二三产业从业人员	工　业总产值	城镇建成区 面 积	城镇建成区常住人口
洮南市胡力吐蒙古族乡	14960	8671	4460	1443	65.0		
洮南市万宝乡	9300	8845	5242	1732	220.0		
洮南市聚宝乡	26600	9959	5776	456	200.0		
洮南市东升乡	18304	12040	7617	897	80.0		
洮南市野马乡	18000	10462	5471	711			
洮南市永茂乡	22500	14089	8798	1514	38.0		
洮南市蛟流河乡	28000	16503	6608	851			
洮南市大通乡	36400	16492	8050	995	21680.0		
洮南市二龙乡	33000	15569	6660	384	53252.2		
洮南市呼和车力蒙古族乡	26281	7800	4635	405	85.0		
大安市月亮泡镇	18800	14639	7890	1790	50.0	40	3410
大安市安广镇	15812	52500	19617	15773	178250.0	980	39204
大安市丰收镇	13467	7130	5858	443		100	820
大安市新平安镇	35600	10760	3757	607		210	1740
大安市两家子镇	41306	20988	10170	1456	135995.0	35	1666
大安市舍力镇	41300	28056	11700	4200	59396.0	120	7050
大安市大岗子镇	39600	7765	4280	1160	13364.0	70	1441
大安市叉干镇	32400	11253	6136	1515	22563.0	80	1860
大安市龙沼镇	39400	15668	8946	1990		150	1870
大安市太山镇	21300	21821	8179	3220	20738.0	17	746
大安市烧锅镇	25258	13828	8364	2488		210	2112
大安市乐胜镇	26339	17894	13810	1780	21.0	46	2147
大安市四棵树乡	20661	16587	10703	2682	82705.0		
大安市联合乡	14909	15290	9100	270			
大安市大赉乡	14516	11817	5830	2286			
大安市红岗子乡	12393	7856	5379	842	6000.0		
大安市海坨乡	44119	9602	6788	1078	40.0		
大安市新艾里蒙古族乡	8273	4350	2231	212			
延吉市小营镇	15553	21448	10208	6630	264360.0	28	1895
延吉市依兰镇	61500	26095	7670	1000	176584.0	30	2290
延吉市三道湾镇	55960	5983	5679	3282	2783.0	30	1495
延吉市朝阳川镇	37687	52294	27511	18306	543887.0	929	24270
图们市月晴镇	24435	5342	2754	1831	40000.0	608	1229
图们市石岘镇	25797	15780	8063	6918	162030.0	278	15495
图们市长安镇	25465	6817	4555	1682	139642.0	65	2110
图们市凉水镇	37074	5576	5439	2565	65369.0	148	4231
敦化市大石头镇	149027	22684	13414	7771	425494.0	960	13368
敦化市黄泥河镇	41250	12108	12060	5880	161833.0	860	7182
敦化市官地镇	62311	39188	26090	5414	89560.0	500	9775
敦化市沙河沿镇	28166	13901	10881	1991	19000.0	79	2502
敦化市秋梨沟镇	29042	5683	3340	750	20132.0	154	4148
敦化市额穆镇	258480	9166	1371	985	22985.0	195	2932
敦化市贤儒镇	33476	11843	6485	1500	6900.0	195	2911
敦化市大蒲柴河镇	164245	7425	5791	1001	8900.0	150	3504
敦化市雁鸣湖镇	149829	10123	5120	790	115220.0	50	3055
敦化市江源镇	64802	8956	5437	1790	12790.0	100	2045
敦化市江南镇	33792	31837	17132	6395	356100.0	60	680
敦化市大桥乡	13334	7090	6804	652	59000.0		
敦化市黑石乡	33774	11991	3386	784	1250.0		
敦化市青沟子乡	55807	4010	3748	390			

续表 114　（吉林省、黑龙江省）　计算单位：公顷、人、万元

名　　称	行政区域面　　积	常住人口	从业人员	二三产业从业人员	工　业总产值	城镇建成区 面 积	城镇建成区常住人口
敦化市翰章乡	51195	13233	10413	2726	25413.0		
敦化市红石乡	18712	9288	7124	1614	14460.0		
珲春市春化镇	208200	9052	5405	2030	23945.0	130	3350
珲春市敬信镇	34246	2827	1767	496		74	1615
珲春市板石镇	13391	4836	3687	959	35000.0	116	1990
珲春市英安镇	66529	40876	10607	9735	446245.0	98	21342
珲春市马川子乡	8300	6984	5477	1561	132876.0		
珲春市杨泡满族乡	22674	4103	2788	438	890.0		
珲春市三家子满族乡	5962	8424	5676	1496	21325.0		
珲春市密江乡	40900	1211	1020	171	37362.0		
珲春市哈达门乡	110000	9794	5940	2286	31128.0		
龙井市开山屯镇	19975	10970	8175	5800	2150.0	284	10360
龙井市老头沟镇	58195	26955	13470	4970	109200.0	50	4866
龙井市三合镇	32489	1615	744	205	50010.0	300	798
龙井市东盛涌镇	24728	5872	3907	611	14327.0	107	1175
龙井市智新镇	36636	10017	8989	3839	87158.0	7	1100
龙井市德新乡	12039	4336	3638	403	5076.0		
龙井市白金乡	31910	1221	945	72			
和龙市八家子镇	7405	6817	3653	1990	113029.0	311	1836
和龙市福洞镇	19234	5224	2013	890	139927.0	111	3447
和龙市头道镇	51430	18574	11446	3790	22681.0	329	7478
和龙市西城镇	109576	6568	4371	1331	9872.0	105	3300
和龙市南坪镇	68891	3867	3725	700	60673.0	30	504
和龙市东城镇	14899	5860	4276	1990	15728.0	22	1398
和龙市崇善镇	61618	1860	1754	368	40.0	32	564
和龙市龙城镇	172611	15946	10945	2128	6211.0	140	4014
汪清县汪清镇	25861	10610	8167	6256	551186.0	800	8950
汪清县大兴沟镇	90915	11500	11296	3143	205301.0	70	1493
汪清县天桥岭镇	135490	10459	10308	1912	23109.0	135	2260
汪清县罗子沟镇	149073	20955	12613	1390	17399.0	169	5470
汪清县百草沟镇	58402	11838	6887	1235	56113.0	124	3982
汪清县春阳镇	92500	10766	7350	3270	10465.0	158	6098
汪清县复兴镇	132073	6238	3357	408	4946.0	75	1482
汪清县东光镇	125599	10614	10090	2200	14492.0	75	1250
汪清县鸡冠乡	81824	6918	6551	1901	512.0		
安图县明月镇	89498	71237	14870	3415	290540.0	800	59810
安图县松江镇	137866	30580	12955	3140	61182.0	872	14730
安图县二道白河镇	60946	3990	2165	460	68444.0		
安图县两江镇	42906	15310	6323	3245	47050.0	1400	4703
安图县石门镇	32229	7720	3020	705	31159.0	146	2542
安图县万宝镇	75783	9140	2865	425	42835.0	190	3824
安图县亮兵镇	33170	7650	3035	1120	7859.0	300	2775
安图县长白山保护开发区管委会池北区	137749	47345	20850	17350	54835.0	1417	44685
安图县新合乡	87687	5590	2755	625	29450.0		
安图县永庆乡	46585	9460	3935	940	55.0		
黑龙江省							
道里区太平镇	16200	32500	8811	6501	32969.0	1550	6068
道里区新发镇	11200	42667	18223	10179	98896.0	520	42667
道里区新农镇	10400	31376	15898	3022	126450.0	7437	2700
道里区榆树镇	5550	20386	10670	5509	69431.0	90	4895

续表 115　　　　（黑龙江省）　　　　计算单位：公顷、人、万元

名　　称	行政区域面　　积	常住人口	从业人员	二三产业从业人员	工　业总产值	城镇建成区 面 积	城镇建成区常住人口
道里区闫家岗农场	1068	5907	1364	739	4897.0	109	3629
南岗区王岗镇	5701	77082	10257		902504.0	284	77082
南岗区红旗满族乡	6010	19630	10520	6862	322515.0		
南岗区红旗农场	1340	3148	4499	3998	53636.0	508	2376
道外区永源镇	16000	36627	21550	6150	13000.0	1600	18280
道外区巨源镇	21000	25250	14100	6100	180.0	58	4000
道外区团结镇	7670	40580	37545	20795	1260023.0	2625	34700
道外区民主镇	13200	30164	20280	8680	15500.0	65	18000
平房区平房镇	2275	11106	6125	4099	68900.0	775	4803
松北区对青山镇	19039	33052	15330	6242	35238.0	210	8453
松北区乐业镇	19600	35012	15542	5014	9100.0	101	1453
香坊区成高子镇	6720	32930	15361	12542	12000.0	312	18479
香坊区幸福镇	6750	25112	11942	7240	132500.0	11	1888
香坊区朝阳镇	5400	21081	7182	5028	75680.0	60	3462
香坊区向阳镇	6950	16207	8140	5597	83012.0	65	1089
呼兰区二八镇	11139	23115	16356	2360	1462.0	940	3425
呼兰区石人镇	12840	21015	9535	3010	10325.0	700	2327
呼兰区白奎镇	13700	25700	22430	3520	11300.0	1006	3100
呼兰区方台镇	15343	27589	17427	6665	21000.0	15343	27589
呼兰区莲花镇	13900	25422	11548	7766	84300.0	637	25422
呼兰区大用镇	11622	26759	14027	5245	6500.0	150	2300
呼兰区利业镇	12415	42205	15134	10274	10425.0	1734	7531
呼兰区杨林乡	177000	28566	14291	9021	12200.0		
呼兰区许卜乡	17900	29670	26343	8333	20100.0		
呼兰区孟家乡	17333	32260	18300	6200	12000.0		
阿城区蜚克图镇	12667	21789	6718	3693	50315.0	1333	2092
阿城区平山镇	18800	21501	9489	8087	85759.0	314	14620
阿城区松峰山镇	36468	11321	4304	2286	29903.0	10	1676
阿城区红星镇	15148	15198	8781	2968	10230.0	49	1829
阿城区金龙山镇	20043	18147	5479	4572	56000.0	2548	2535
阿城区杨树镇	13333	30890	26100	10100	18960.0	28	465
阿城区料甸镇	19200	36725	21749	11137	11010.0	106	2300
双城区新兴街道办事处	9267	23508	10575	8581	1180170.0	100	3580
双城区周家街道办事处	10174	34516	16208	11227	555027.0	600	15500
双城区韩甸镇	17670	39760	11988	3380	64600.0	304	4839
双城区单城镇	9063	25864	12467	6433	171430.0	450	7369
双城区东官镇	10036	22736	8970	3327	59238.0	16	6653
双城区农丰满族锡伯族镇	13035	21300	7792	2505	26000.0	400	3300
双城区杏山镇	15438	31899	6275	3235	21456.0	100	3254
双城区西官镇	15600	33671	7197	3327	95240.0		
双城区朝阳乡	17480	48870	15165	5767	129030.0		
双城区金城乡	13693	26855	12832	5545	43710.0		
双城区青岭满族乡	9773	20873	10858	6322	90412.0		
双城区联兴满族乡	9200	19098	12104	6740	136140.0		
双城区永胜乡	13780	22009	17723	3723	36122.0	99	1426
双城区临江乡	14882	16420	8783	2769	21200.0		
双城区水泉乡	11256	26452	11652	6166	48940.0		
双城区乐群满族乡	8825	22068	11119	6409	42250.0		
双城区万隆乡	18724	39036	13601	4439	114950.0		
双城区希勤满族乡	11262	21883	10889	7120	46000.0		

续表 116　　（黑龙江省）　　计算单位：公顷、人、万元

名称	行政区域面积	常住人口	从业人员	二三产业从业人员	工业总产值	城镇建成区面积	城镇建成区常住人口
双城区同心满族乡	9100	21866	10721	7047	68945.0		
依兰县依兰镇	10506	9287	5829	2518	71207.0	928	6351
依兰县达连河镇	63767	19785	11642	3799	125673.0	649	4285
依兰县江湾镇	57501	27183	16065	5614	13796.0	5	535
依兰县三道岗镇	60100	34587	20640	7007	22383.0	7	2043
依兰县道台桥镇	43066	38385	21835	7627	15620.0	6	1987
依兰县宏克利镇	39000	22483	12779	4906	4129.0	8	1121
依兰县团山子乡	36776	27982	17372	5721	13560.0		
依兰县愚公乡	50377	33821	19805	6370	8958.0		
依兰县迎兰朝鲜族乡	100800	19874	11097	3876	18540.0		
方正县方正镇	4885	54485	4014	886	132450.0	732	53196
方正县会发镇	46848	27764	15000	3345	36593.0	67	3220
方正县大罗密镇	11251	14909	6303	1396	8961.0	81	4230
方正县得莫利镇	19493	9223	5718	1263	19841.0	79	3200
方正县天门乡	35699	23268	14563	3240	34996.0		
方正县松南乡	12489	13658	6691	1482	78501.0		
方正县德善乡	36927	13035	9286	2062	40902.0		
方正县宝兴乡	17556	17233	10144	2252	116463.0		
宾县宾州镇	34841	129000	44648	28572	512694.0	999	94844
宾县居仁镇	13133	25826	9014	6728	180.0	58	3860
宾县宾西镇	21024	61260	50027	40777	2998402.0	800	43040
宾县糖坊镇	21029	29197	23880	11801	2753.0	50	4061
宾县宾安镇	15729	34192	27973	5733	3900.0	300	7130
宾县新甸镇	20633	27639	15029	2956	80.0	691	6255
宾县胜利镇	34515	26991	16277	8177	5600.0	115	8328
宾县宁远镇	45119	39835	5644	4000		200	5500
宾县摆渡镇	25936	13092	5048	1218		170	2043
宾县平坊镇	23600	29631	8826	2811	6337.0	40	2149
宾县满井镇	17930	24482	16878	9633	123.0	103	1595
宾县常安镇	24641	37076	19581	4261	57350.0	399	3725
宾县永和乡	8548	14820	7280	3707			
宾县鸟河乡	17492	31200	18050	6540			
宾县民和乡	15744	28120	13723	6944	10.0		
宾县经建乡	13630	22298	19550	6700	50.0		
宾县三宝乡	31672	27890	27838	7738	63278.0		
巴彦县巴彦镇	13527	103529	67932	58332	401355.0	2773	69690
巴彦县兴隆镇	19745	75180	66309	54330	398349.0	5000	66200
巴彦县西集镇	15412	31788	17011	7857	30856.0	585	9300
巴彦县洼兴镇	21037	32420	12730	330	7695.0	510	9200
巴彦县龙泉镇	14914	30998	19214	10440	1000.0	350	4600
巴彦县巴彦港镇	10426	22223	17088	10746	2500.0	42	1781
巴彦县龙庙镇	20439	32864	13101	2650	2000.0	62	2300
巴彦县万发镇	14758	33001	13878	5551	3500.0	520	8102
巴彦县天增镇	23037	40890	14594	1850	505.0	92	2200
巴彦县黑山镇	28514	16955	7260	440	500.0	49	1500
巴彦县松花江乡	18475	28758	11802	6200	50835.0		
巴彦县富江乡	12620	17724	10460	3730	61368.0		
巴彦县华山乡	14887	20403	9198	2378	1545.0		
巴彦县丰乐乡	18880	38747	23784	12811	3500.0		
巴彦县德祥乡	20429	43433	19401	4740	2525.0		

续表 117　　（黑龙江省）　　计算单位：公顷、人、万元

名　　称	行政区域面　积	常住人口	从业人员	二三产业从业人员	工　业总产值	城镇建成区 面 积	城镇建成区常住人口
巴彦县红光乡	18623	43244	24840	12310	10357.0		
巴彦县山后乡	15348	29341	9636	5990	505.0		
巴彦县镇东乡	12418	18599	9967	4167	200.0		
木兰县木兰镇	8000	62731	6742	2019	357596.0	230	42739
木兰县东兴镇	126000	41356	17419	6113	6123.0	163	21017
木兰县大贵镇	17377	31435	16523	2756	2768.0	100	2239
木兰县利东镇	119000	16481	7812	1649	2290.0	161	4021
木兰县柳河镇	42000	37000	20390	4645	5005.0	240	4659
木兰县新民镇	21100	28260	20788	4884	8811.0	120	4201
木兰县建国乡	35655	20600	16170	7150	3650.0		
木兰县吉兴乡	37495	23375	16490	6920	3721.0		
通河县通河镇	20257	60351	15888	11537	221565.0	500	44578
通河县乌鸦泡镇	10566	15409	5504	1903	20394.0	300	3235
通河县清河镇	20565	18872	11105	5470	85244.0	205	5865
通河县浓河镇	26964	23302	11386	3490	50189.0	150	5638
通河县凤山镇	24006	10982	6592	2384	11328.0	150	455
通河县祥顺镇	46402	21185	10450	3932	55973.0	100	1526
通河县三站乡	19735	12057	8121	1910	38751.0		
通河县富林乡	23581	17460	9270	2426	17741.0		
延寿县延寿镇	36300	80566	24202	13776	549350.0	1100	59740
延寿县六团镇	43000	22028	12182	5170	15476.0	54	1482
延寿县中和镇	13000	13571	9603	1712	33530.0	25	5265
延寿县加信镇	15000	24130	11805	3680	82500.0	320	3945
延寿县延河镇	23000	19999	13151	3478	18512.0	220	1524
延寿县安山乡	25000	20585	8711	2107	21570.0		
延寿县寿山乡	39500	15522	10423	3155	13150.0		
延寿县玉河乡	49000	23559	9855	5813	4512.0		
延寿县青川乡	36000	15905	9032	1118	5012.0		
尚志市尚志镇	16121	121088	66970	63210	735200.0	7300	115910
尚志市一面坡镇	21163	36321	12285	10365	13267.8	16654	30030
尚志市苇河镇	36080	43718	30664	15663	273500.0	380	27000
尚志市亚布力镇	37759	48808	15153	5123	269836.0	625	26442
尚志市帽儿山镇	64315	34270	8430	2515	19822.0	420	18768
尚志市亮河镇	16420	18417	4517	765	5017.6	400	10581
尚志市庆阳镇	9451	16500	6330	970	70413.0	600	3960
尚志市石头河子镇	11009	12855	5358	2508	38053.0	183	11946
尚志市元宝镇	45775	23915	10881	3358	415041.0	296	5945
尚志市黑龙宫镇	42155	19653	13706	3596	33200.0	410	4650
尚志市长寿乡	36147	26996	11110	1119	89427.0		
尚志市乌吉密乡	50676	21950	12538	1682	11000.0		
尚志市鱼池乡	44544	8140	5102	2760	50292.4		
尚志市珍珠山乡	126062	15063	8176	1556	61395.0		
尚志市老街基乡	44359	18552	17672	4581	8268.0		
尚志市马延乡	20005	15665	8392	1378	4780.0		
尚志市河东乡	12196	14832	7021	3483	31941.0		
五常市五常镇	8700	234190	93566	85063	2158539.0	2600	219460
五常市拉林满族镇	14773	41210	33059	16779	53627.0	329	34290
五常市山河镇	13767	86882	35353	27841	157168.0	545	58503
五常市小山子镇	60198	29290	28009	11209	130122.0	453	21010
五常市安家镇	11292	27200	15410	6345	176925.0	300	5500

续表 118 （黑龙江省） 计算单位：公顷、人、万元

名　　称	行政区域面　积	常住人口	从业人员	二三产业从业人员	工　业总产值	城镇建成区 面 积	城镇建成区常住人口
五常市牛家满族镇	18709	32509	20786	9014	545267.0	600	7735
五常市杜家镇	14496	26683	23696	2248	325717.0	100	5411
五常市背荫河镇	13099	20727	13036	9496	127960.0	170	7235
五常市冲河镇	66746	27822	14854	1729	9233.0	190	7140
五常市沙河子镇	22332	25483	16594	4402	9225.0	430	18661
五常市向阳镇	36332	30185	17137	3312	190837.0	150	7408
五常市龙凤山镇	61073	33920	7610	3510	27954.0	450	7870
五常市兴盛乡	14586	22547	11827	547	109765.0		
五常市志广乡	20642	23944	11646	1100	119325.0		
五常市卫国乡	9785	13486	11566	400	239106.0		
五常市常堡乡	11998	13200	11573	1111	26048.0		
五常市民意乡	18663	22182	11191	1429	224341.0		
五常市红旗满族乡	17477	31206	25990	11850	11245.0		
五常市八家子乡	23513	27853	20296	14171	9826.0		
五常市民乐朝鲜族乡	3808	7764	5806	811	117324.0		
五常市营城子满族乡	9289	21969	13240	1740	12637.0		
五常市长山乡	20407	37251	27093	4524	11308.0		
五常市兴隆乡	21322	29853	17226	3616	12337.0		
五常市二河乡	31601	15966	10496	1243	113367.0		
铁锋区扎龙镇	56460	35567	24667	6666	195435.0	152	3558
昂昂溪区水师营满族镇	19900	10628	4620	2200	10800.0	150	5690
昂昂溪区榆树屯镇	42500	37749	15987	9986	11460.0	640	9952
富拉尔基区长青乡	16800	31929	14729	8330	2275.0		
富拉尔基区杜尔门沁达斡尔族乡	7135	13563	13213	5149	6110.0		
梅里斯达斡尔族区雅尔塞镇	18100	19000	13570	3920	226000.0	114	4975
梅里斯达斡尔族区卧牛吐达斡尔族镇	47300	12408	7460	660		265	7500
梅里斯达斡尔族区达呼店镇	53800	33274	16958	1765	1025.0	110	3786
梅里斯达斡尔族区共和镇	19600	21800	15961	2061	20.0	101	2861
梅里斯达斡尔族区梅里斯镇	42500	44310	22297	8550	39000.0	8	281
梅里斯达斡尔族区莽格吐达斡尔族乡	26500	7850	3995	1304	2450.0		
龙江县龙江镇	28987	166357	96181	87310	34796.0	1710	140000
龙江县景星镇	56025	63297	37142	10590	600.0	340	9250
龙江县龙兴镇	62533	53079	27504	6338	2560.0	215	6512
龙江县山泉镇	70635	45622	22899	7154	1500.0	100	2526
龙江县七棵树镇	47998	42142	29728	8585	1400.0	93	2416
龙江县杏山镇	67495	42813	22035	2685	95.0	150	2160
龙江县白山镇	27454	24566	13223	5997	87.0	57	1950
龙江县头站镇	39093	28517	15231	4507	340.0	56	1420
龙江县黑岗乡	25168	19435	12045	1337	200.0		
龙江县广厚乡	26260	18269	11021	3176	13680.0		
龙江县华民乡	29011	30537	16502	1500	149.0		
龙江县哈拉海乡	34819	21481	11610	1220	90.0		
龙江县鲁河乡	23656	21551	11905	2305	4200.0		
龙江县济沁河乡	32029	18170	9820	2150	760.0		
依安县依安镇	2040	47736	20480	17980	343911.0	380	47230
依安县依龙镇	50770	33850	23610	3460	4200.0	225	4470
依安县双阳镇	17000	17048	14630	598	1780.0	201	5703
依安县三兴镇	22741	16680	16280	7080	900.0	18	3880
依安县中心镇	35340	25668	20734	3634	8300.0	213	3750
依安县新兴镇	46861	26430	10924	3394	4820.0	98	3956

续表 119　　（黑龙江省）　　计算单位：公顷、人、万元

名　称	行政区域面　积	常住人口	从业人员	二三产业从业人员	工　业总产值	城镇建成区 面 积	城镇建成区常住人口
依安县富饶乡	33227	14400	9260	920	1350.0		
依安县解放乡	14500	15792	11538	1103	1300.0		
依安县阳春乡	15352	18320	15650	3950	1100.0		
依安县新发乡	21015	20981	11178	341	377.0		
依安县太东乡	17855	22136	12940	3070	3200.0		
依安县上游乡	16748	10695	10197	6345	15900.0		
依安县红星乡	18484	13419	5784	2543	3750.0		
依安县先锋乡	20622	8228	7630	2030	1395.0		
依安县新屯乡	19126	19665	18842	3659	321.0		
泰来县泰来镇	28154	73000	37036	32781	209712.0	1216	62885
泰来县平洋镇	22240	22620	11159	3948	4500.0	198	3787
泰来县汤池镇	41323	16591	8510	2320	21000.0	161	4096
泰来县江桥蒙古族镇	26537	20701	11102	4792	68900.0	327	6015
泰来县塔子城镇	14289	14720	10135	765	270.0	137	4835
泰来县大兴镇	68917	31126	20340	3968	23776.0	325	4866
泰来县和平镇	53957	36095	16166	4374	4510.0	94	3307
泰来县克利镇	38420	45400	21562	2996	33000.0	100	2273
泰来县胜利蒙古族乡	33203	14100	7425	798	2168.0		
泰来县宁姜蒙古族乡	41725	14520	10608	3983	500.0		
甘南县甘南镇	41760	81890	26531	8516	454126.0	846	81890
甘南县兴十四镇	26000	24377	9472	3852	108550.0	93	1150
甘南县平阳镇	11840	17669	13932	3276	46193.0	100	6626
甘南县东阳镇	34960	22667	18316	5296	10600.0	200	2855
甘南县巨宝镇	38040	19553	14124	2955	27101.0	220	5691
甘南县长山乡	39730	28585	21220	3031	526.0		
甘南县中兴乡	49290	39975	26818	4922	2885.0		
甘南县兴隆乡	31530	24340	17125	4992			
甘南县宝山乡	62920	47562	21092	738	2800.0		
甘南县查哈阳乡	19870	16325	9988	988	15.0		
富裕县富裕镇	6697	81275	22972	7742	15600.0	1178	74493
富裕县富路镇	52141	32276	17445	4600	680.0	500	6585
富裕县富海镇	24067	19162	15981	6854	214.0	262	3546
富裕县二道湾镇	26668	17315	9860	2360	440.0	130	1020
富裕县龙安桥镇	21014	14780	7330	2650	150.0	185	2870
富裕县塔哈镇	64666	22101	13510	2260	9500.0	205	4144
富裕县繁荣乡	29300	17390	10430	3330	310.0		
富裕县绍文乡	23733	16996	7400	2200	300.0		
富裕县忠厚乡	16667	14105	5099	4115	710.0		
富裕县友谊乡	67273	25617	18625	4297	750.0		
克山县克山镇	2415	87056	46022	42110	500974.0	680	376
克山县北兴镇	20740	27435	11948	5582	3649.0	157	4587
克山县西城镇	18875	25306	15041	5145	2685.0	215	2632
克山县古城镇	21165	27620	13913	8201	54781.0	141	4245
克山县北联镇	22572	22147	12405	6918	3745.0	583	1702
克山县西河镇	20806	25326	15984	10126	3669.0	120	1612
克山县双河镇	28224	28547	17898	10192	44034.0	156	1819
克山县河南乡	21082	27170	15146	7065	3963.0		
克山县河北乡	26430	25393	16689	8379	5671.0		
克山县古北乡	15945	21704	14734	7831	3142.0		
克山县西联乡	16679	23210	14251	8547	3714.0		

续表 120 （黑龙江省） 计算单位：公顷、人、万元

名　　称	行政区域面积	常住人口	从业人员	二三产业从业人员	工业总产值	城镇建成区面积	城镇建成区常住人口
克山县发展乡	15790	21394	9766	4765	3246.0		
克山县西建乡	16711	20593	13965	7162	2810.0		
克山县向华乡	38131	27674	13749	6870	49781.0		
克山县曙光乡	17488	21925	13045	5647	3443.0		
克东县克东镇	6667	71022	36520	30934	260000.0	500	59625
克东县宝泉镇	35700	27932	21682	15722	6504.0	370	4500
克东县乾丰镇	19436	19147	18900	122	3590.0	60	1200
克东县玉岗镇	57000	14200	7100	2600		56	1312
克东县蒲峪路镇	18900	12500	9093	5580		60	180
克东县润津乡	32500	11285	10506	3398			
克东县昌盛乡	23400	13580	12930	7780			
拜泉县拜泉镇	15500	94217	64165	56340	513500.0	102	71289
拜泉县三道镇	34068	47735	29735	9000		103	2654
拜泉县兴农镇	30700	30515	28680	8200	21015.0	110	1931
拜泉县长春镇	27200	23781	15495	5247	320.0	160	3100
拜泉县龙泉镇	26200	23977	17040	5190		180	3522
拜泉县国富镇	20426	18700	18609	10194	700.0	80	750
拜泉县富强镇	20100	27570	16970	1910	280.0	90	2527
拜泉县新生乡	23100	19498	16037	7140	240.0		
拜泉县兴国乡	17300	15309	8849	377	80.0		
拜泉县上升乡	20240	13309	13288	1679	200.0		
拜泉县兴华乡	19079	14587	12804	6799	262.0		
拜泉县大众乡	18400	19700	17623	3912			
拜泉县丰产乡	31000	24151	21908	9808	1850.0		
拜泉县永勤乡	16500	17234	9164	2480	20500.0		
拜泉县爱农乡	23400	10930	8897	1560			
拜泉县时中乡	14200	11207	6387	1807			
讷河市拉哈镇	6949	30287	8901	6489	184148.0	595	30287
讷河市二克浅镇	50171	45601	17324	2687	49758.0	20	1858
讷河市学田镇	56091	22321	16190	2070	5096.0	103	3360
讷河市龙河镇	88000	24320	9500	1655	16011.0	80	1979
讷河市讷南镇	35796	41200	14825	7325	19020.0	115	2323
讷河市六合镇	38170	26421	9721	2121	13287.0	65	2237
讷河市长发镇	18975	17846	7920	3481	5480.0	85	1560
讷河市通南镇	33197	21800	14000	3880	25539.0	100	6045
讷河市同义镇	26444	25143	13247	5098	75050.0	50	1072
讷河市九井镇	31561	20840	12820	4620	40466.0	42	1586
讷河市老莱镇	45391	32560	12300	4130	2350.0	225	7108
讷河市孔国乡	35149	30832	11895	3906	43570.0		
讷河市和盛乡	22214	28890	16293	5379	1810.0		
讷河市同心乡	26376	11492	6370	1849	16440.0		
讷河市兴旺鄂温克族乡	41370	21701	11570	3787	14944.0		
鸡冠区红星乡	7000	17994	11064	5774	210461.0		
鸡冠区西郊乡	4630	14246	8303	5266	59470.0		
恒山区红旗乡	43249	22645	7082	3572	1300.0		
恒山区柳毛乡	13600	15392	5180	1080	9860.0		
滴道区滴道河乡	7500	17416	8815	4790	49472.0		
滴道区兰岭乡	22100	13529	3310	600	10000.0		
城子河区长青乡	9700	10590	5052	3439	2900.0		
城子河区永丰朝鲜族乡	7400	12910	5712	3387	1200.0		

续表 121　　　　（黑龙江省）　　　　计算单位：公顷、人、万元

名　称	行政区域面积	常住人口	从业人员	二三产业从业人员	工业总产值	城镇建成区面积	城镇建成区常住人口
鸡东县鸡东镇	13172	83639	44447	32338	106700.0	260	67270
鸡东县平阳镇	59233	23030	14000	6320	1600.0	10	6780
鸡东县向阳镇	37216	20623	7476	3296	15000.0	15	4500
鸡东县哈达镇	15897	8140	7340	5110	13450.0	15	2130
鸡东县永安镇	13293	21180	10436	5426	19700.0	20	7801
鸡东县永和镇	45062	15800	7160	1280	3526.0	25	1660
鸡东县东海镇	32632	26540	12310	5600	21000.0	160	1033
鸡东县兴农镇	79564	13910	7500	3500	9300.0	50	4690
鸡东县鸡林朝鲜族乡	5033	8785	2630	2217	340.0		
鸡东县明德朝鲜族乡	6058	7510	6870	2620	1850.0		
鸡东县下亮子乡	17147	13699	10850	3870	7600.0		
虎林市虎林镇	19206	13350	7325	251	4000.0	2913	13043
虎林市东方红镇	4480	4130	2251	301	10060.0	1400	1621
虎林市迎春镇	3054	5404	1509	590	1800.0	45	3504
虎林市虎头镇	96000	13752	5781	359	320.0	119	4248
虎林市杨岗镇	49222	14080	6018	928	320.0	143	2470
虎林市东诚镇	13893	10758	5006	721	7547.0	89	856
虎林市宝东镇	15072	12961	8008	908	51000.0	117	3084
虎林市新乐乡	16250	9437	5205	530	4160.0		
虎林市伟光乡	11707	8278	5209	219	130.0		
虎林市珍宝岛乡	102400	4806	2101	211			
虎林市阿北乡	23089	5102	3195	255	34.0		
密山市密山镇	16500	18035	8934	4223	31316.0		
密山市连珠山镇	21000	18724	7190	910	12943.0	190	875
密山市当壁镇	22500	11360	6725	403	90.0	350	2102
密山市知一镇	20200	8485	6400	280	1850.0	300	3250
密山市黑台镇	28200	18980	9005	2105	1152.0	180	4123
密山市兴凯镇	47600	8950	5775	2765	40010.0	280	1750
密山市裴德镇	83500	19135	8900	1100	14967.0	270	1500
密山市白鱼湾镇	65600	17254	9264	1591		60	850
密山市柳毛乡	12700	9992	4615	495			
密山市杨木乡	25200	18500	9450	1350	80.0		
密山市兴凯湖乡	19900	9258	5449	880	1513.0		
密山市承紫河乡	12800	5580	4010	862	2253.0		
密山市二人班乡	21100	17177	7862	431	20748.0		
密山市太平乡	21300	12131	5632	832	5000.0		
密山市和平朝鲜族乡	19100	12908	5316	1446	63800.0		
密山市富源乡	68400	18036	11415	595			
兴安区红旗镇	22500	12560	6140	3000	430.0	350	2850
东山区新华镇	21000	16539	9049	3147	18602.0	198	4968
东山区蔬园乡	40000	19240	7378	2296	24870.0		
东山区东方红乡	50000	13368	8401	2077	22380.0		
萝北县凤翔镇	3247	49685	22959	21951	25651.0	780	45677
萝北县鹤北镇	9367	8598	5246	1801	4855.0	30	582
萝北县名山镇	8270	2246	2220	168	5180.0	277	744
萝北县团结镇	33280	15168	10388	888	8534.0	108	1300
萝北县肇兴镇	14200	9064	5865	186	913.0	140	4574
萝北县云山镇	3569	2813	1841	923	4555.0	12	886
萝北县东明朝鲜族乡	4913	950	2451	1838	2640.0		
萝北县太平沟乡	4276	2070	1636	104			

续表 122　　（黑龙江省）　　计算单位：公顷、人、万元

名　　称	行政区域面积	常住人口	从业人员	二三产业从业人员	工业总产值	城镇建成区面积	城镇建成区常住人口
绥滨县绥滨镇	15659	54108	25360	17980	7430.0	60	42730
绥滨县绥东镇	20100	11649	10669	2206	2193.0	200	6412
绥滨县忠仁镇	32364	19296	8745	895	330.0	284	19296
绥滨县连生乡	19002	11368	8152	320	101.0		
绥滨县北岗乡	15491	11510	7648	1316	2200.0		
绥滨县富强乡	11856	3280	1724	59			
绥滨县北山乡	7207	3115	2887	454			
绥滨县福兴朝鲜族乡	6292	4311	2083	613	200.0		
绥滨县新富乡	5841	4188	2163	133			
尖山区安邦乡	6678	22750	17333	7482	99463.0		
岭东区长胜乡	2267	4212	3948	2968			
四方台区太保镇	17100	16390	9460	2680	4707.0	7100	3459
双鸭山市宝山区七星镇	1683	2400	1159	193	20.0	4	608
集贤县福利镇	47970	26716	12296	6296	38000.0	296	10860
集贤县集贤镇	20800	31788	17317	5962	6500.0	350	7464
集贤县升昌镇	18370	16138	13179	2050	17800.0	350	4720
集贤县丰乐镇	13259	21856	12205	3200	22804.0	30	2270
集贤县太平镇	12803	15300	9933	3433	4451.0	142	6805
集贤县腰屯乡	20800	16065	12306	6706	630.0		
集贤县兴安乡	18623	24320	19868	9546	2145.0		
集贤县永安乡	34571	17874	12514	2224	2320.0		
友谊县友谊镇	10991	45199	7192	7192	40839.0	5600	45199
宝清县宝清镇	35787	27491	18871	7871	25150.0	1592	26000
宝清县七星泡镇	113867	40785	12719	6279	24890.0	375	8672
宝清县青原镇	29500	20526	12020	2061	11655.0	137	3081
宝清县夹信子镇	13348	18773	10853	6519	833.0	178	2397
宝清县龙头镇	10880	7382	3890	1043	5969.0	42	1078
宝清县小城子镇	156863	15136	8040	2910	14400.0	116	3470
宝清县朝阳乡	405300	14747	8900	1440	1000.0		
宝清县万金山乡	15352	15311	11356	5497	19590.0		
宝清县尖山子乡	179463	14490	12350	500	79611.0		
宝清县七星河乡	36262	13216	7930	2604			
饶河县饶河镇	7680	3110	1900	325	39139.0	754	1609
饶河县小佳河镇	47750	8960	7166	1046	1600.0	450	4730
饶河县西丰镇	44390	7669	4888	1580	30200.0	200	2463
饶河县五林洞镇	147550	1718	1330	330	4600.0	35	906
饶河县西林子乡	29590	5910	2903	345	7935.0		
饶河县四排赫哲族乡	4200	1746	942	32			
饶河县大佳河乡	33730	4300	3160	660	15600.0		
饶河县山里乡	19200	5970	5930	810	3760.0		
饶河县大通河乡	271400	4012	2853	128	8970.0		
龙凤区龙凤镇	18674	28281	20962	14785	449676.0	20	5625
让胡路区喇嘛甸镇	29500	64466	26907	18467	263567.0	1100	9827
红岗区杏树岗镇	45000	37825	14900	6007	29408.0	140	4275
大同区大同镇	11060	18647	9935	3523	16841.0	40	8416
大同区高台子镇	24162	23020	11608	2340	8100.0	80	1135
大同区太阳升镇	14847	16017	11346	3948	15654.0	54	2025
大同区林源镇	36996	16235	11871	4703	78799.0	31	14290
大同区祝三乡	28189	22416	12726	2669	89280.0		
大同区老山头乡	21862	17082	11550	3690	18000.0		

续表 123 （黑龙江省） 计算单位：公顷、人、万元

名　　称	行政区域面　积	常住人口	从业人员	二三产业从业人员	工　业总产值	城镇建成区 面 积	城镇建成区常住人口
大同区八井子乡	25804	22810	12900	6100	40497.0		
大同区双榆树乡	41659	15339	9572	2882	10120.0		
肇州县肇州镇	18821	28953	15133	6966	301490.0	20	2778
肇州县永乐镇	18625	20697	15088	3772	965500.0	702	4863
肇州县丰乐镇	13699	29520	15716	5416	408480.0	72	13792
肇州县朝阳沟镇	15331	25347	12462	3267	8500.0	678	5080
肇州县兴城镇	33365	37837	30173	11572	651325.0	240	4927
肇州县二井镇	22524	33187	23870	5270	87365.0	80	3430
肇州县双发乡	15264	18167	13173	4734	13700.0		
肇州县托古乡	18547	19446	10867	4117	52717.0		
肇州县朝阳乡	12772	18700	11800	6740	5470.0		
肇州县永胜乡	13123	16680	14835	5785	850.0		
肇州县榆树乡	17767	19574	7524	2954	32860.0		
肇州县新福乡	34352	24176	14729	4287	1500.0		
肇源县肇源镇	20261	23854	8970	3340	87071.0	973	14514
肇源县三站镇	18182	28467	12103	6980	25106.0	136	5732
肇源县二站镇	28096	42110	16300	5800	21740.0	210	5450
肇源县茂兴镇	21294	19702	10895	3499	5600.0	142	5575
肇源县古龙镇	41179	34588	15710	8570	11850.0	20	3653
肇源县新站镇	33859	27860	23072	10673	301200.0	1100	23000
肇源县头台镇	28889	23580	12940	4360	15300.0	340	6720
肇源县古恰镇	27122	29210	15000	6100	1900.0	40	5500
肇源县福兴乡	9594	18319	10221	3135	14830.0		
肇源县薄荷台乡	16900	17965	13454	7333	512.0		
肇源县和平乡	16728	13329	6950	1820	630.0		
肇源县超等蒙古族乡	24708	17326	12936	3471	305.0		
肇源县民意乡	13249	18016	9084	1726	11417.0		
肇源县义顺蒙古族乡	26934	14768	10330	3530	739685.0		
肇源县浩德蒙古族乡	15269	6297	5036	626	4200.0		
肇源县大兴乡	21650	15007	12480	4570	15460.0		
林甸县林甸镇	15211	17421	10787	3988	95320.0	1147	3934
林甸县红旗镇	29472	25373	13700	3900	2835.0	300	3510
林甸县花园镇	48877	34500	27767	4346	38181.0	560	4150
林甸县四季青镇	60240	23730	17846	1630	1200.0	600	420
林甸县鹤鸣湖镇	45889	29078	20505	4862	1751.0	120	1350
林甸县东兴乡	45660	28018	15851	2982	2641.0		
林甸县宏伟乡	13498	14500	10750	2950	386.0		
林甸县四合乡	43646	22748	15308	3882	550.0		
杜尔伯特蒙古族自治县泰康镇	7745	23021	6519	4095	213990.0	1586	22739
杜尔伯特蒙古族自治县胡吉吐莫镇	42503	11259	7123	2224	1219.0	401	4496
杜尔伯特蒙古族自治县烟筒屯镇	72679	23108	16015	2665	259.0	209	5690
杜尔伯特蒙古族自治县他拉哈镇	55190	19723	9049	1146	303.0	450	4482
杜尔伯特蒙古族自治县连环湖镇	56476	15607	8967	3057	3012.0	100	1845
杜尔伯特蒙古族自治县一心乡	64012	16817	10316	3571	147347.0		
杜尔伯特蒙古族自治县克尔台乡	48904	13041	8210	205	820.0		
杜尔伯特蒙古族自治县敖林西伯乡	127010	16067	7832	782	135.0		
杜尔伯特蒙古族自治县巴彦查干乡	52722	15915	7812	330	1000.0		
杜尔伯特蒙古族自治县腰新乡	40113	20764	10853	2680	559.0		
杜尔伯特蒙古族自治县江湾乡	38046	7516	5487	901	319.0		
南岔区晨明镇	2010	8000	2316	984	15324.0	380	8000

续表 124　　（黑龙江省）　　计算单位：公顷、人、万元

名　　称	行政区域面　积	常住人口	从业人员	二三产业从业人员	工　业总产值	城镇建成区 面 积	城镇建成区常住人口
南岔区浩良河镇	92399	24083	15911	14009	11108.0	800	22574
南岔区迎春乡	2695	6783	4185	1985			
嘉荫县朝阳镇	2886	21390	3158	2140	24897.0	860	21209
嘉荫县乌云镇	34900	10492	3792	875	628.0	350	10492
嘉荫县乌拉嘎镇	124700	4098	2200	1610	14501.0	104	4098
嘉荫县常胜乡	48929	3495	1577	52			
嘉荫县向阳乡	64900	7089	3171	335	300.0		
嘉荫县沪嘉乡	52200	2630	1405	82	100.0		
嘉荫县红光乡	110700	4366	2234	122	22.0		
嘉荫县保兴乡	142540	8968	5957	328	150.0		
嘉荫县青山乡	94059	2986	1576	600	150.0		
铁力市铁力镇	6600	95349	59310	47010	134000.0	165	95349
铁力市双丰镇	78800	48290	21221	5800	120000.0	290	26500
铁力市桃山镇	177900	56070	26546	17400	57120.0	354	32500
铁力市朗乡镇	277200	44475	17358	15054	11274.0	1800	43410
铁力市年丰朝鲜族乡	22600	11490	8915	910	5200.0		
铁力市工农乡	81500	8385	7322	2736	8500.0		
铁力市王杨乡	26400	16849	8826	916	13134.0		
东风区建国镇	8100	12952	10510	7160	13000.0	8100	12952
东风区松江乡	6136	53072	22959	13014	31213.0		
佳木斯市郊区大来镇	17517	18708	8216	1064	7088.0	35	2705
佳木斯市郊区敖其镇	9003	14626	6374	3335	72828.0	30	3225
佳木斯市郊区望江镇	15500	20531	13548	7538	93785.0	52	1999
佳木斯市郊区长发镇	13952	15228	8050	724	15255.0	20	4300
佳木斯市郊区莲江口镇	10046	16366	6758	3863	180146.0	50	9100
佳木斯市郊区长青乡	3019	37066	8490	5366	377340.0		
佳木斯市郊区沿江乡	6459	22350	8580	3940	47446.0		
佳木斯市郊区西格木乡	12585	13362	6526	2575	24993.0		
佳木斯市郊区平安乡	20200	19256	10426	2511	27650.0		
佳木斯市郊区四丰乡	18600	12008	7833	1936	25180.0		
佳木斯市郊区群胜乡	18555	12103	5780	1720	6898.0		
桦南县驼腰子镇	16224	22983	9740	1520	19900.0	300	6010
桦南县石头河子镇	550000	15795	9890	3970	2650.0	35	739
桦南县桦南镇	29400	43792	15277	6534	24650.0	152	13640
桦南县土龙山镇	44180	60626	58050	4535	660.0	160	5125
桦南县孟家岗镇	97300	36722	12371	1556	5200.0	30	4410
桦南县闫家镇	23870	29473	28262	9952		75	2830
桦南县金沙乡	27934	17867	17299	2289	6010.0		
桦南县梨树乡	26399	37450	19055	1290	910.0		
桦南县明义乡	39400	25067	24056	956	620.0		
桦南县大八浪乡	35400	29636	12753	2903	1260.0		
桦川县横头山镇	25600	17474	7053	303	4237.0	630	2850
桦川县苏家店镇	13800	21032	11053	1790	26620.0	664	3879
桦川县悦来镇	19500	58693	8587	3107	473059.0	969	42979
桦川县新城镇	29900	30169	8505	1596	66296.0	801	8080
桦川县四马架镇	16300	21729	11279	1310	16811.0	72	921
桦川县东河乡	17200	10973	7379	888	52131.0		
桦川县梨丰乡	24400	17293	10045	1779	16100.0		
桦川县创业乡	13400	19817	10223	1653	353677.0		
桦川县星火朝鲜族乡	3400	5346	3134	832	43467.0		

续表 125 （黑龙江省） 计算单位：公顷、人、万元

名　　称	行政区域面积	常住人口	从业人员	二三产业从业人员	工业总产值	城镇建成区面积	城镇建成区常住人口
汤原县香兰镇	13300	24519	10161	2910	611.0	600	8434
汤原县鹤立镇	8301	18112	10547	6495	17600.0	820	14743
汤原县竹帘镇	11025	12629	7600	2171	700.0	50	1783
汤原县汤原镇	55201	19157	13031	4414	748.0	860	6192
汤原县汤旺朝鲜族乡	5512	9719	4671	574	1624.0		
汤原县胜利乡	10710	13042	5271	1242			
汤原县吉祥乡	15123	13917	7978	1954			
汤原县振兴乡	18011	10962	4884	2065			
汤原县太平川乡	41507	12905	6134	605			
汤原县永发乡	16502	15321	9719	2380	1520.0		
抚远县抚远镇	16006	45207	28822	26595		167	41237
抚远县寒葱沟镇	32300	12023	6746	1318	6000.0	82	2190
抚远县浓桥镇	30750	6078	4664	349	1033.0	545	3730
抚远县乌苏镇	28873	4296	4209	783		20	2581
抚远县通江乡	68028	8845	8831	510			
抚远县浓江乡	19800	2531	1554	13			
抚远县海青乡	118000	14537	2340	440	3000.0		
抚远县别拉洪乡	10835	7174	7129	209			
抚远县鸭南乡	45856	3571	3471	175			
同江市同江镇	6322	6018	3563	784	2936.0	40	2513
同江市乐业镇	17017	11930	6294	359	3750.0	91	1854
同江市三村镇	26460	11407	5903	382	2324.0	103	1750
同江市临江镇	16561	5947	3065	105	191.0	81	1842
同江市向阳镇	18272	8536	4665	945	160000.0	60	1452
同江市青河镇	29213	8545	4189	321	1931.0	75	998
同江市街津口赫哲族乡	25319	3909	2761	421	12266.0		
同江市八岔赫哲族乡	17156	3726	2841	649			
同江市金川乡	23397	3680	2930	190			
同江市银川乡	22181	2618	2040	190			
富锦市长安镇	33519	19075	11597	1912	43224.0	130	1485
富锦市砚山镇	27692	17205	11803	1908	28120.0	140	1862
富锦市头林镇	49857	14982	7457	1020		140	2335
富锦市兴隆岗镇	67104	14293	9080	623	22670.0	128	3015
富锦市宏胜镇	45150	12050	7951	741	21962.0	120	1859
富锦市向阳川镇	58425	30433	22705	3301	2100.0	170	5660
富锦市二龙山镇	61129	32100	21074	5380	97332.0	579	5699
富锦市上街基镇	37080	25149	14941	1571	57853.0	150	1559
富锦市锦山镇	63142	35695	20471	2164	101200.0	300	4353
富锦市大榆树镇	40767	31176	22549	669	50205.0	80	1200
新兴区红旗镇	9600	21666	3007	874	20922.0	8	2640
新兴区长兴乡	26267	19521	6500	1000			
桃山区万宝河镇	1910	11845	4830	4000	6366.0	1910	11845
茄子河区茄子河镇	9716	23571	20868	6088	39900.0	110	6900
茄子河区宏伟镇	92400	26240	14288	2774	40000.0	24	26240
茄子河区铁山乡	27000	18890	5600	1500	15000.0		
茄子河区中心河乡	18610	15534	8916	6500	236570.0		
勃利县勃利镇	19400	30113	11480	2280	20.0	2482	17310
勃利县小五站镇	38253	19509	11660	4840	100.0	110	5710
勃利县大四站镇	53400	24865	8100	450	510.0	38	4960
勃利县双河镇	27500	20312	8285	2235	30.0	5800	6709

续表 126　　（黑龙江省）　　计算单位：公顷、人、万元

名　　称	行政区域面积	常住人口	从业人员	二三产业从业人员	工业总产值	城镇建成区面积	城镇建成区常住人口
勃利县倭肯镇	10567	17275	7682	2001	680.0	120	5891
勃利县青山乡	15000	15630	5270	1902	500.0		
勃利县永恒乡	26977	18584	12420	6500	550.0		
勃利县抢垦乡	8860	11190	7671	131	15.0		
勃利县杏树朝鲜族乡	10512	13450	10398	1395	1000.0		
勃利县吉兴朝鲜族满族乡	10900	9309	6935	1615	820.0		
东安区兴隆镇	28900	18511	12926	6621	35604.0		
阳明区铁岭镇	28550	40845	25891	12849	230700.0	800	28915
阳明区桦林镇	7120	13387	7406	5454	62856.0	800	10080
阳明区磨刀石镇	48300	29232	17202	6276	90000.0	500	15000
阳明区五林镇	49669	50167	34226	16424	460.0	500	9280
爱民区三道关镇	34800	25488	14732	10708	192390.0	227	12053
牡丹江市西安区温春镇	29900	54524	24758	13922	30495.0	1200	17323
牡丹江市西安区海南朝鲜族乡	10500	15960	9088	6646	8500.0		
东宁县东宁镇	51300	77772	33560	22416	5520.0	700	67693
东宁县三岔口镇	24300	16847	8670	4707	16000.0	200	3803
东宁县大肚川镇	118100	21209	17778	5926	25066.0	200	2050
东宁县老黑山镇	222000	12266	7327	3355	94300.0	285	3582
东宁县道河镇	174700	16064	10746	3621	14500.0	157	3438
东宁县绥阳镇	123500	32250	23896	14746	189500.0	660	24792
林口县林口镇	19097	91423	50898	43886	8418.0	1200	85387
林口县古城镇	72563	34600	19235	9820	237.0	500	11927
林口县刁翎镇	67378	25577	22590	12336	235.0	400	10745
林口县朱家镇	37193	22905	15528	2705	78.0	500	9500
林口县柳树镇	49557	27212	16329	7259	53.0	500	1465
林口县三道通镇	119895	17873	15195	6505	1300.0	300	3740
林口县龙爪镇	90305	36019	23521	4878	123.0	25	4182
林口县莲花镇	42098	10041	6265	1439		28	312
林口县奎山乡	32786	26450	15213	7518	1080.0		
林口县青山乡	67636	18006	11125	1936	3650.0	350	1930
林口县建堂乡	70299	20662	13680	8457	530.0		
绥芬河市绥芬河镇	9022	77466	33043	32908	138000.0	1310	74280
绥芬河市阜宁镇	33214	23674	8139	6887	50347.0	1400	10332
海林市海林镇	88440	111020	72770	44364	668786.0	926	78883
海林市长汀镇	119620	26692	15696	9395	37128.0	467	6551
海林市横道镇	79400	12476	7790	3380	91155.0	360	7415
海林市山市镇	70010	20041	12720	6820	1200.0	300	12460
海林市柴河镇	80100	23125	14780	9750	1000.0	1500	6390
海林市二道镇	155000	12150	8220	2499	1210.0	163	1002
海林市新安朝鲜族镇	13100	12982	9963	3268	1872.0	400	5405
海林市三道镇	206700	9561	5384	1443	3600.0	400	2680
宁安市宁安镇	15033	29941	22091	6657	96925.0		
宁安市东京城镇	17575	41312	35926	25961	122118.0	610	28366
宁安市渤海镇	50632	30441	19060	10500	235000.0	256	8826
宁安市石岩镇	46165	31517	19444	7713	44265.0	107	3821
宁安市沙兰镇	208300	24672	18943	6187	15915.0	200	5600
宁安市海浪镇	39784	40271	24100	7000	39652.0	165	3471
宁安市兰岗镇	7397	13218	11777	5083	35740.0	69	1634
宁安市江南朝鲜族满族乡	57906	24003	14722	1737	2380.0		
宁安市卧龙朝鲜族乡	124700	17785	7998	1758	1600.0		

续表 127　　（黑龙江省）　　计算单位：公顷、人、万元

名　称	行政区域面　积	常住人口	从业人员	二三产业从业人员	工　业总产值	城镇建成区 面 积	城镇建成区常住人口
宁安市马河乡	59224	17765	11430	2155	18000.0		
宁安市镜泊乡	141800	17609	13066	820	80.0		
宁安市三陵乡	20584	22762	15832	1662	1785.0		
穆棱市八面通镇	19000	63003	41447	34662	751154.0	1083	53536
穆棱市穆棱镇	144400	42339	28159	18314	679654.0	1250	29155
穆棱市下城子镇	39100	32698	19735	11555	530272.0	1400	19998
穆棱市马桥河镇	56000	26117	17126	8947	199856.0	328	13300
穆棱市兴源镇	59700	13810	12818	6792	226730.0	400	10840
穆棱市福录朝鲜族满族乡	81900	13203	9410	3392	84109.0		
穆棱市河西乡	86000	22117	15512	8254	103400.0	230	8541
穆棱市共和乡	135100	6401	4752	1642	31491.0		
爱辉区西岗子镇	74480	11220	5000	1400	2100.0	213	5080
爱辉区爱辉镇	18638	7678	5611	775	182.0	175	1829
爱辉区罕达汽镇	401810	7918	3235	1706	52700.0	72	3000
爱辉区幸福乡	19220	16772	7647	3081	4620.0		
爱辉区四嘉子满族乡	9633	4562	2484	563	204.0		
爱辉区坤河达翰尔族满族乡	5169	2647	1565	50			
爱辉区上马厂乡	84059	4583	2936	347	4345.0		
爱辉区张地营子乡	120397	5026	3255	802	54.0		
爱辉区西峰山乡	67871	2570	1516	156	105.6		
爱辉区新生朝鲜族满族乡	171320	833	450	38			
爱辉区二站乡	245107	3186	2085	102			
嫩江县嫩江镇	27923	133494	6605	1332	4395.0	2150	87211
嫩江县伊拉哈镇	21475	31269	14542	2010	17469.0	70	3278
嫩江县双山镇	12744	10248	6339	5559	3217.0	600	6609
嫩江县多宝山镇	320000	23000	2767	1440	192897.0	300	8585
嫩江县海江镇	54641	33419	17753	2163	3441.0	122	5010
嫩江县前进镇	24300	16710	8588	1378	11531.0	1400	13257
嫩江县长福镇	36520	11412	10390	3770	4410.0	112	1206
嫩江县科洛镇	203220	14238	3714	173	4710.0	153	14238
嫩江县临江乡	45800	18052	6263	1527	14963.0		
嫩江县联兴乡	125200	16547	4361	441	924.8		
嫩江县白云乡	123450	18329	15887	327	1900.0		
嫩江县塔溪乡	176030	9189	6408	333	645.0		
嫩江县霍龙门乡	179130	11650	4755	175	1050.0		
嫩江县长江乡	59200	7130	4903	48			
逊克县奇克镇	42754	12086	6310	1919	20.0	580	1550
逊克县逊河镇	60212	10992	6243	886		235	4400
逊克县克林镇	373380	5236	3598	81		50	1368
逊克县干岔子乡	32527	7789	4862	290			
逊克县松树沟乡	119600	6068	3526	116	30.0		
逊克县车陆乡	59220	8294	5142	309	433.0		
逊克县新鄂朝鲜族满族乡	756120	2284	1588	88			
逊克县新兴朝鲜族满族乡	44327	1353	745	21			
逊克县宝山乡	186713	3738	2057	83	50.0		
孙吴县孙吴镇	39748	6419	3870	1214	75.0	111	1755
孙吴县辰清镇	27927	4128	2510	1285	92.0	200	1060
孙吴县西兴乡	30349	6600	3707	507	285.0		
孙吴县沿江满族乡	46588	7555	3910	130	135.0		
孙吴县腰屯乡	52839	5550	3100	835	45.0		

续表 128　　（黑龙江省）　　计算单位：公顷、人、万元

名　　称	行政区域面积	常住人口	从业人员	二三产业从业人员	工业总产值	城镇建成区面积	城镇建成区常住人口
孙吴县卧牛河乡	45829	2549	1474	67	21.0		
孙吴县群山乡	36087	3344	1743	423	12.0		
孙吴县奋斗乡	27063	4072	2438	62	100.0		
孙吴县红旗乡	19217	3116	1817	282	15.0		
孙吴县正阳山乡	73642	6051	4257	1020	30.0		
孙吴县清溪乡	32107	2466	1486	620			
北安市通北镇	13185	39120	21995	15995	22524.0	900	28930
北安市赵光镇	121543	28609	14810	8320	9850.0	180	14400
北安市海星镇	59508	10250	6951	2158	165.0	101	3157
北安市石泉镇	40603	18824	16575	8664	2100.0	68	3182
北安市二井镇	42907	13135	8979	5018	1363.0	81	934
北安市城郊乡	18834	16100	10430	3780	9830.0		
北安市东胜乡	114613	9947	6379	3062	480.0		
北安市杨家乡	32090	8225	5050	1600	1500.0		
北安市主星朝鲜族乡	5800	1850	1275	369	70.0		
五大连池市龙镇	16400	25320	7647	2211	13450.0	614	20125
五大连池市和平镇	20200	25019	16208	13528	1190.0	96	1510
五大连池市五大连池镇	72000	16634	8701	6024	22000.0	1000	11793
五大连池市双泉镇	21000	17943	12099	3345	5532.0	210	3110
五大连池市新发镇	15155	15220	10100	5600	4725.0	4	716
五大连池市团结镇	22378	17850	10380	150	670.0	180	12300
五大连池市兴隆乡	9885	10150	5443		1557.0		
五大连池市建设乡	12466	13242	9811	6429	3284.0		
五大连池市太平乡	15200	18328	7426	3630	1740.0		
五大连池市兴安乡	9064	2136	1654	406			
五大连池市朝阳乡	17255	7856	5344	1056	315.0		
北林区宝山镇	13657	35290	15090	5580	2650.0	60	4830
北林区绥胜镇	9930	19686	13280	8499	2040.0	225	3430
北林区西长发镇	19100	45100	23000	4500	3800.0	103	5701
北林区永安镇	13230	24112	15176	9576	1400.0	20	8075
北林区太平川镇	15060	24920	12145	4527	28800.0	400	1802
北林区秦家镇	12380	31085	15402	7442	13700.0	120	5250
北林区双河镇	10750	24350	17152	7027	2000.0	201	4125
北林区三河镇	12810	28048	18453	490	3100.0	15	2556
北林区四方台镇	18140	43051	19756	6801	3300.0	173	5900
北林区津河镇	8590	20415	5753	1883	9286.0	18	1605
北林区张维镇	16000	28845	15160	2107	5510.0	263	2711
北林区东津镇	14700	27358	16788	3680	6700.0	50	2680
北林区东富镇	16010	30427	16303	7171	412000.0		
北林区红旗满族乡	9980	18310	9060	770	2200.0		
北林区连岗乡	15470	25110	10235	5020	445.0		
北林区新华乡	16470	29800	14450	3880	19000.0		
北林区兴福乡	17170	34638	16400	2190	310.0		
北林区三井乡	15190	28752	12274	225	130.0		
北林区五营乡	9210	23512	11250	557	590.0		
北林区兴和朝鲜族乡	2100	3102	1192	910	520.0		
望奎县望奎镇	5664	16878	9530	2508	17090.0	56	1925
望奎县通江镇	16548	27554	16044	2090	600.0	270	4430
望奎县卫星镇	18696	30873	15748	2655	9290.0	210	3710
望奎县海丰镇	16891	23259	12290	5120	2490.0	210	2580

续表 129　　（黑龙江省）　　计算单位：公顷、人、万元

名　　称	行政区域面　　积	常住人口	从业人员	二三产业从业人员	工　业总产值	城镇建成区 面 积	城镇建成区常住人口
望奎县莲花镇	13250	19860	11973	2625	400.0	200	4170
望奎县惠七满族镇	14638	23352	11132	3390	18670.0	260	2655
望奎县先锋镇	22633	33760	16005	2072	262482.0	420	2180
望奎县火箭镇	25387	44712	17273	2760	850.0	300	6045
望奎县东郊镇	10805	20032	9956	3789	28965.0	150	1800
望奎县灵山满族乡	9298	16267	8171	2582	900.0		
望奎县后三乡	9541	18546	9486	2144	300.0		
望奎县灯塔乡	16319	27266	14610	2317	500.0		
望奎县东升乡	9847	13402	6727	1046	550.0		
望奎县恭六乡	13055	15896	9978	1639	400.0		
望奎县厢白满族乡	14999	24137	9961	2642	300.0		
兰西县兰西镇	12293	28390	12439	7713	50964.0	270	8347
兰西县榆林镇	17485	38599	17806	8903	2370.0	220	10001
兰西县临江镇	20068	35425	17450	4550	2450.0	140	4506
兰西县平山镇	20239	33806	13674	1661	4740.0	120	4678
兰西县红光镇	13736	24101	9701	3695	4726.0	29	557
兰西县远大镇	29213	31376	14376	6587	716.0	38	701
兰西县康荣乡	13733	25576	13813	2355	10865.0		
兰西县燎原乡	17784	17300	9995	3873			
兰西县北安乡	13471	20522	12806	5805	1100.0		
兰西县长江乡	16387	23840	8145	1121	503.0		
兰西县兰河乡	19690	28582	9750	2337	781.0		
兰西县红星乡	10149	17001	8757	3026	18533.0		
兰西县长岗乡	14686	25459	15043	4623	395.0		
兰西县星火乡	12201	15183	7732	2746	358.0		
兰西县奋斗乡	15278	23700	10491	2381	200.0		
青冈县青冈镇	6038	12319	6631	733		25	1899
青冈县中和镇	14214	21354	11544	3520	2125.0	580	7931
青冈县祯祥镇	29114	41474	17569	2421	13170.0	1150	7281
青冈县兴华镇	18877	28670	18809	7327		50	5251
青冈县永丰镇	14325	24160	14150	6390	3220.0	600	3102
青冈县芦河镇	12891	21879	6865	1486	3731.0	78	2440
青冈县民政镇	17205	25340	23248	400	780.0	30	689
青冈县柞岗镇	18695	31610	19525	3410	8910.0	75	3245
青冈县劳动镇	24266	28756	17701	4233	4300.0	40	601
青冈县迎春镇	12974	19564	8690	3607	1093.0	46	3014
青冈县建设乡	17141	18780	10918	2128	2160.0		
青冈县新村乡	9560	14020	7752	1032	700.0		
青冈县昌盛乡	13967	20975	7096	3576	205.0		
青冈县德胜乡	23150	31680	12722	6756	487.0		
青冈县连丰乡	14400	18980	11561	3979	450.0		
庆安县庆安镇	12563	23796	12310	3607	134000.0	26	1108
庆安县民乐镇	10696	19160	9234	2600	48.0	5	1834
庆安县大罗镇	14043	21986	10182	2310	220.0	60	1609
庆安县平安镇	9791	17380	8172	1080	6510.0	17	1046
庆安县勤劳镇	13471	18094	11265	2293	5020.0	4	1485
庆安县久胜镇	13739	24780	12800	4512	16382.0	3	1586
庆安县同乐镇	14737	18760	8176	3918	17000.0	55	2599
庆安县建民乡	12352	19267	9340	824			
庆安县巨宝山乡	8509	15267	6662	2280	345.0		

续表 130　　(黑龙江省)　　计算单位：公顷、人、万元

名　称	行政区域面积	常住人口	从业人员	二三产业从业人员	工业总产值	城镇建成区面积	城镇建成区常住人口
庆安县新胜乡	20787	34005	8135	1030	1120.0		
庆安县丰收乡	17711	31401	23786	2088	21457.0		
庆安县发展乡	20584	18991	11630	1070	15050.0		
庆安县致富乡	11986	21237	12248	424	8530.0		
庆安县欢胜乡	9902	20085	10935	4255	9700.0		
明水县明水镇	17115	21340	16147	5361	1190.0	36	3966
明水县兴仁镇	11610	14073	8046	2890	900.0	30	2301
明水县永兴镇	18240	19880	12598	3971	1100.0	30	5070
明水县崇德镇	23030	16970	13539	4029	700.0	30	3499
明水县通达镇	34959	24631	20940	6420	1145.0	30	7820
明水县双兴乡	22799	22216	19515	5503	950.0		
明水县永久乡	12351	10621	10455	2920	750.0		
明水县树人乡	11304	12130	10134	3019	730.0		
明水县光荣乡	12060	12630	10275	3106	840.0		
明水县繁荣乡	10950	10601	10168	2715	22820.0		
明水县通泉乡	14689	15315	13840	4210	8170.0		
明水县育林乡	27357	12907	12187	3494	560.0		
绥棱县绥棱镇	1136	55120	31140	31140		120	53065
绥棱县上集镇	11200	24343	19270	9460	3200.0	143	3450
绥棱县四海店镇	12000	8154	5479	1014		40	900
绥棱县双岔河镇	18886	22305	21670	670	300.0	104	1250
绥棱县阁山镇	12902	17509	12395	2892		59	1810
绥棱县靠山乡	12000	22561	21921	9775	1000.0		
绥棱县后头乡	10000	15529	15429	3941	610.0		
绥棱县长山乡	24424	26600	21620	3282	600.0		
绥棱县克音河乡	13804	14870	7286	1116	431.0		
绥棱县绥中乡	9960	11093	4401	419			
绥棱县泥尔河乡	12073	24735	22105	1375			
安达市安达镇	9600	23294	9030	3522	104299.0		
安达市任民镇	21040	16243	15295	9558	43483.0	200	8759
安达市万宝山镇	28596	24253	13982	2655	142898.0	45	2306
安达市昌德镇	35333	17790	7409	1537	14500.0	56	1462
安达市升平镇	23080	19599	12598	2297	54000.0	57	3014
安达市羊草镇	25591	27205	19267	3538	27600.0	25	743
安达市老虎岗镇	21923	27910	15110	1460	865.0	34	1380
安达市中本镇	12238	10208	5772	1797	52000.0	45	1821
安达市太平庄镇	34400	10705	6448	1928	798000.0	21	469
安达市吉兴岗镇	28219	25403	14072	3855	80000.0	74	2379
安达市火石山乡	18840	13318	10328	1778	123400.0		
安达市卧里屯乡	26000	18140	11518	4065	89560.0	98	4895
安达市青肯泡乡	17457	15780	6625	2860	40500.0		
安达市先源乡	34365	9015	4427	160	375000.0		
肇东市肇东镇	26299	34986	15260	7725	277500.0	566	3175
肇东市昌五镇	13900	38500	20600	9600	72200.0	96	18200
肇东市宋站镇	24751	27153	14154	6397	80000.0	205	16595
肇东市五站镇	23481	57290	35353	11733	198700.0	11	11782
肇东市尚家镇	31000	35435	16555	8031	18500.0	400	6360
肇东市姜家镇	12361	24530	12892	1028	3150.0	180	5980
肇东市里木店镇	10841	23001	13288	3426	25200.0	210	4765
肇东市四站镇	11800	25918	11354	3204	79500.0	527	11675

续表 131 （黑龙江省） 计算单位：公顷、人、万元

名　　称	行政区域面积	常住人口	从业人员	二三产业从业人员	工业总产值	城镇建成区面积	城镇建成区常住人口
肇东市涝洲镇	18533	35300	30102	2097	9310.0	80	3770
肇东市五里明镇	18485	37998	14153	4836	8200.0	90	6330
肇东市黎明镇	20371	41620	22106	2130	128500.0	40	2984
肇东市西八里镇	24636	22954	22778	1476	400.0		
肇东市太平乡	12627	18467	11630	3502	6898.0		
肇东市海城乡	12991	23760	14695	1120	22710.0		
肇东市向阳乡	17640	22359	14820	1336	18720.0		
肇东市洪河乡	13681	22981	13554	3297	890.0		
肇东市跃进乡	15132	24635	7190	2905	472.0		
肇东市德昌乡	21213	31450	11335	3415	298.0		
肇东市宣化乡	52793	22825	8546	4134	866.0		
肇东市安民乡	18861	24960	10266	4179	196.0		
肇东市明久乡	15086	23048	18462	2265	23500.0		
海伦市海伦镇	1580	6028	4818	2367	58000.0	680	6010
海伦市海北镇	27793	42836	36356	5671	44610.0	1450	5811
海伦市伦河镇	19677	30631	26015	8150	45771.0	315	13078
海伦市共合镇	17416	31826	19293	4042	3500.0	169	5736
海伦市海兴镇	15853	25005	19574	7512	7800.0	117	3509
海伦市祥富镇	14280	23692	17869	5855	23210.0	90	3100
海伦市东风镇	21082	26346	15741	2421	49538.0	40	675
海伦市百祥镇	13616	16412	14176	3975	1500.0	30	719
海伦市前进乡	19450	32600	26747	5823	14670.0		
海伦市向荣乡	13137	25161	23167	5275	6170.0		
海伦市长发乡	10255	15600	11762	1660	36900.0		
海伦市东林乡	22896	31018	25189	6536	9800.0		
海伦市海南乡	13875	19876	15933	1698	10221.0		
海伦市共荣乡	15596	20265	18746	8641	375.0		
海伦市乐业乡	10930	16084	14521	2873	8500.0		
海伦市福民乡	11342	19410	14724	1102	105.0		
海伦市丰山乡	14760	24123	14627	4679	56.0		
海伦市永富乡	24436	39856	24553	5552	115.0		
海伦市联发乡	15458	22010	17058	3031	159.0		
海伦市永和乡	18081	32800	19270	4065	130.0		
海伦市爱民乡	17887	20699	12756	1649	15621.0		
海伦市扎音河乡	15688	24346	24345	4720	900.0		
海伦市双录乡	15032	19820	16314	1816	2750.0		
加格达奇区加北乡	45800	7015	5358	1516	646.0		
加格达奇区白桦乡	105300	6103	3276	500	105.0		
松岭区小扬气镇	76977	18022	8595	2587	11039.0	5	18022
松岭区劲松镇	219050	4338	830	54		840	4338
松岭区古源镇	196153	5705	506	50		680	5705
新林区新林镇	12580	23052	8313	4154	7168.6	609	23052
新林区翠岗镇	160101	6380	1295	138	438.0	236	6380
新林区塔源镇	123725	4301	959	165	148.0	188	4301
新林区大乌苏镇	82455	4226	912	117	8.4	188	4226
新林区塔尔根镇	60997	1941	496	124		130	1941
新林区碧洲镇	88391	3242	797	182	281.0	130	3242
新林区宏图镇	79924	2439	575	124		79	2439
呼中区呼中镇	2912	22304	1188	910		840	22304
呼中区碧水镇	184000	3098	1059	553		302	9105

续表 132　（黑龙江省、上海市）　计算单位：公顷、人、万元

名　称	行政区域面　积	常住人口	从业人员	二三产业从业人员	工　业总产值	城镇建成区 面 积	城镇建成区常住人口
呼中区呼源镇	231243	2671	1081			380	2671
呼中区宏伟镇	62331	840	244	170		100	1434
呼玛县呼玛镇	244300	25180	7988	5388	9525.0	531	21395
呼玛县韩家园镇	503900	3398	1565	970		330	1843
呼玛县三卡乡	179000	5408	2640	1140			
呼玛县金山乡	80600	1012	560	140			
呼玛县兴华乡	76100	1693	1113	90			
呼玛县鸥浦乡	140800	1695	1114	132			
呼玛县白银纳鄂伦春族民族乡	43600	2069	976	328	1790.0		
呼玛县北疆乡	165200	1626	733	156			
塔河县塔河镇	421338	41264	7331	5691	21026.0	1650	40032
塔河县瓦拉干镇	140777	2684	710	95		268	1054
塔河县盘古镇	284688	3845	972	152		260	2894
塔河县古驿镇	522	21113	160	110			
塔河县十八站鄂伦春族民族乡	253400	3295	2345	590			
塔河县依西肯乡	189146	1173	883	155	950.0		
塔河县开库康乡	160866	1607	730	50			
漠河县西林吉镇	718839	36689	12425	5675	56062.0	1617	36689
漠河县图强镇	505541	9636	1152	522	6175.0	552	9636
漠河县阿木尔镇	555606	16316	4150	1371	9183.0	651	16316
漠河县兴安镇	107591	1774	1474	706		225	762
漠河县北极镇	177562	2866	960	630		260	2866
漠河县古莲镇	71753	1205	938	773	1600.0	193	1205
上海市							
闵行区莘庄镇	1960	294500	114810	114810	1108355.0	1960	294500
闵行区七宝镇	1962	295411	45450	45450	1273037.0	1962	295411
闵行区颛桥镇	2097	194884	116802	116683	2097800.0	1864	138089
闵行区华漕镇	2820	189392	103822	103249	837044.0	453	6311
闵行区虹桥镇	1108	161255	88289	88289	1082640.0	1108	161255
闵行区梅陇镇	2847	338496	249105	248869	2041368.0	993	222701
闵行区吴泾镇	3760	118976	35738	34867	2829799.0	1397	118976
闵行区马桥镇	3363	105254	82440	81942	1233242.0	260	44988
闵行区浦江镇	10254	348296	173602	168827	4708948.0	2710	198895
上海市宝山区罗店镇	4419	127052	78772	76520	1026750.0	680	22281
上海市宝山区大场镇	2722	384515	88621	88604	501397.0	2722	384515
上海市宝山区杨行镇	3791	207991	106419	105714	1583095.0	1140	104178
上海市宝山区月浦镇	4437	151235	94516	92342	1025528.6	568	96541
上海市宝山区罗泾镇	4800	60867	27543	26727	1362979.0	239	3358
上海市宝山区顾村镇	4166	310811	93243	92511	1493347.0	1000	227651
上海市宝山区高境镇	710	136810	66347	66347	109656.0	710	136810
上海市宝山区庙行镇	640	100201	51076	51076	166710.0	589	100201
上海市宝山区淞南镇	1365	127341	57124	57124	1887263.3	425	127341
嘉定区南翔镇	3327	161066	72047	72012	2328078.0	2200	47567
嘉定区安亭镇	8934	246084	151142	150336	12512953.0	5844	184112
嘉定区马陆镇	5716	175187	143319	142211	5445499.0	800	19459
嘉定区徐行镇	3995	85621	67265	65824	1959160.0	636	18615
嘉定区华亭镇	3954	43016	31602	29740	805262.0	86	1758
嘉定区外冈镇	5091	84338	64175	63395	1908452.0	468	42047
嘉定区江桥镇	4232	269975	140231	139945	1798606.0	1715	199010
浦东新区川沙新镇	9670	303448	115840	109809	1361210.0	1208	140496

续表 133　　　　（上海市）　　　　计算单位：公顷、人、万元

名　　称	行政区域面　　积	常住人口	从业人员	二三产业从业人员	工　业总产值	城镇建成区 面 积	城镇建成区常住人口
浦东新区高桥镇	3873	185882	114399	113807	1160455.0	600	54022
浦东新区北蔡镇	2371	291080	144278	143898	773562.0	220	52500
浦东新区合庆镇	4186	123824	85176	83473	1814201.0	185	30984
浦东新区唐镇	3232	152342	92536	91796	516602.0	1377	85071
浦东新区曹路镇	4659	182821	121997	119983	2089157.1	674	73554
浦东新区金桥镇	2528	74508	55136	55096	241742.0	154	31248
浦东新区高行镇	2285	124297	1686	1686	1254992.0	1370	9986
浦东新区高东镇	3510	106322	33495	33147	1119721.0	281	32785
浦东新区张江镇	4502	207342	153378	146123	436610.0	3266	120251
浦东新区三林镇	3419	331358	101329	100209	382358.0	807	226335
浦东新区惠南镇	6578	281048	88076	71724	292237.0	2122	128253
浦东新区周浦镇	4323	206660	156280	153701	1154853.0	1005	140749
浦东新区新场镇	5345	101317	60742	48724	1409199.0	710	35942
浦东新区大团镇	5057	90962	50939	35120	226122.0	530	19911
浦东新区康桥镇	4125	268572	197674	197022	2393033.0	1206	66719
浦东新区航头镇	5999	158245	57495	46238	1331207.4	1100	51531
浦东新区祝桥镇	16019	244789	107348	97935	1846212.0	6030	110000
浦东新区泥城镇	6150	87268	32539	25250	241200.0	1500	4416
浦东新区宣桥镇	4600	73565	41450	33072	697429.0	274	25495
浦东新区书院镇	6691	58179	38641	25738	471405.0	525	9816
浦东新区万祥镇	2314	31449	21747	16350	231554.0	210	7998
浦东新区老港镇	3890	41124	29089	20754	731515.0	47	4130
浦东新区南汇新城镇	15200	66075	39260	38274	182077.0	2800	65254
金山区朱泾镇	7567	123406	69095	64579	676760.0	1190	72058
金山区枫泾镇	9167	88600	59120	56365	2159500.0	814	28333
金山区张堰镇	3493	39946	19689	19268	1513079.0	206	8135
金山区亭林镇	7912	97300	61897	59357	1243025.0	356	24989
金山区吕巷镇	5979	50315	36083	33438	918200.0	430	19138
金山区廊下镇	4656	31202	21765	17717	263200.0	100	5172
金山区金山卫镇	5493	84400	46377	43065	188950.0		
金山区漕泾镇	4492	42105	28954	26881	384696.0	364	13145
金山区山阳镇	4212	108122	63281	62774	1003570.0	310	11962
松江区泗泾镇	2367	153355	91060	90995	1291952.0	1099	20236
松江区佘山镇	6688	79648	56614	54760	1020717.0	360	19786
松江区车墩镇	4530	201278	146011	145286	1602622.0	320	29528
松江区新桥镇	3535	194067	149421	148436	2300855.1	680	61205
松江区洞泾镇	2451	65998	52475	52148	664862.0	2451	65998
松江区九亭镇	3292	211179	34273	33997	2177064.0	1283	211179
松江区泖港镇	5728	41076	31221	28397	666628.0	230	5796
松江区石湖荡镇	4428	52063	37493	36900	1183520.0	250	3319
松江区新浜镇	4475	32029	17941	17197	805776.0	800	4300
松江区叶榭镇	7254	73495	58422	57184	660802.0	264	19425
松江区小昆山镇	4870	53010	41438	41027	698569.0	261	25092
青浦区朱家角镇	13685	99318	64058	59631	1008070.0	676	21413
青浦区练塘镇	9389	63993	44780	40311	610234.0	486	6646
青浦区金泽镇	10842	57997	42982	40463	606170.0	510	9972
青浦区赵巷镇	4044	95286	72799	72073	289794.0	456	16602
青浦区徐泾镇	3854	161327	120792	120448	1022878.0	1170	55481
青浦区华新镇	4761	189237	91666	90941	1802043.0	764	26897
青浦区重固镇	2402	57006	39564	38070	291594.0	301	23380

续表 134 （上海市、江苏省） 计算单位：公顷、人、万元

名称	行政区域面积	常住人口	从业人员	二三产业从业人员	工业总产值	城镇建成区面积	城镇建成区常住人口
青浦区白鹤镇	5874	97910	71761	63062	931712.0	344	20955
奉贤区南桥镇	7556	363374	135170	131500	3075400.0	1754	230390
奉贤区奉城镇	10991	169236	108866	95814	1702452.0	871	60802
奉贤区庄行镇	7001	66199	49125	42311	1387255.0	279	26744
奉贤区金汇镇	7172	139664	92440	83112	1376220.0	675	32801
奉贤区四团镇	5800	71446	51340	43725	682169.0	328	17843
奉贤区青村镇	7316	98362	60723	53064	2154648.0	237	16257
奉贤区柘林镇	9566	90416	51618	45953	1146805.0	383	27680
奉贤区海湾镇	10426	31162	18697	17800	337167.0	6332	31162
崇明县城桥镇	5752	123473	42348	34732	83305.0	1632	98931
崇明县堡镇	6130	60956	22983	12796	76595.8	384	17330
崇明县新河镇	6196	50471	28208	18668	68815.0	188	10846
崇明县庙镇	9551	53581	30248	17524	49537.0	340	4410
崇明县竖新镇	5886	41595	26610	15690	85364.0	36	2243
崇明县向化镇	5378	27647	18118	11546	74385.0	200	7521
崇明县三星镇	6817	32653	19759	9494	19000.0	20	1715
崇明县港沿镇	7492	47945	30047	15638	85123.2	46	1510
崇明县中兴镇	5150	29901	22453	10955	37531.0	243	2735
崇明县陈家镇	8231	65554	27603	12477	153344.0	2942	22542
崇明县绿华镇	3745	8331	6017	2061	12657.0	100	413
崇明县港西镇	4573	25452	13860	8166	20138.9	35	1481
崇明县建设镇	4240	28585	16452	10272	175231.6	68	2843
崇明县新海镇	10504	11085	3805	2652	26791.0	518	2354
崇明县东平镇	11970	16082	5360	3959	47349.0	470	9143
崇明县长兴镇	8296	116253	48296	42684	2322401.0	412	15980
崇明县新村乡	2489	11019	8132	4234	73537.0		
崇明县横沙乡	5174	32264	19325	9330	4226.0		
江苏省							
六合区竹镇镇	21105	65309	29087	23576	160140.0	253	27234
溧水区白马镇	12400	43237	20716	17186	309724.0	235	17949
溧水区东屏镇	10617	35100	17664	12237	368800.0	434	17009
溧水区石湫镇	11900	50589	28037	24264	889500.0	481	9156
溧水区洪蓝镇	10900	47134	25556	20137	751230.0	360	11631
溧水区晶桥镇	13500	38115	22347	17172	540000.0	296	9852
溧水区和凤镇	19000	44562	28526	23428	786242.0	368	12880
高淳区阳江镇	12503	71562	42479	30501	1022541.0	270	17885
高淳区砖墙镇	6888	35619	22356	13060	515000.0	305	4573
高淳区漆桥镇	5370	26890	15909	13165	775218.0	400	7520
高淳区固城镇	8346	40394	23321	19331	1087335.0	220	11991
高淳区东坝镇	10432	45514	27775	22910	1312170.0	400	24360
高淳区桠溪镇	14900	60092	34195	28498	1328200.0	336	29720
锡山区羊尖镇	5046	58097	35168	30756	746011.0	610	18615
锡山区鹅湖镇	5457	69550	39562	38016	959073.0	520	24968
锡山区锡北镇	6238	92578	52513	47621	1362800.0	256	11231
锡山区东港镇	8505	129300	77500	73800	3468472.0	1100	41000
惠山区洛社镇	7757	171854	99008	87568	3481949.0	2605	33100
惠山区阳山镇	3278	54702	31934	25793	814745.0	500	15086
滨湖区胡埭镇	3608	49951	30000	29880	1200000.0	1616	23600
江阴市璜土镇	6449	92599	60185	53235	3673529.0	460	14520
江阴市月城镇	3853	51166	31095	25290	976164.0		

续表 135　　　　　　　　　　（江苏省）　　　　　　　　　　计算单位：公顷、人、万元

名　　称	行政区域面　　积	常住人口	从业人员	二三产业从业人员	工　业总产值	城镇建成区 面 积	城镇建成区常住人口
江阴市青阳镇	6756	96208	58239	48571	974662.0	629	50943
江阴市徐霞客镇	11017	157413	81492	67691	3237368.0	893	42827
江阴市华士镇	7458	132452	85787	83368	8255658.0	1100	53370
江阴市周庄镇	7596	144212	87700	85487	9547337.0	1282	58871
江阴市新桥镇	2000	53815	36805	36233	5663204.0	530	42956
江阴市长泾镇	5330	90974	63207	61365	1248807.0	600	25606
江阴市顾山镇	4971	91445	58195	54854	1489644.0	768	37831
江阴市祝塘镇	5959	145940	81785	77938	2560687.0	400	64532
宜兴市张渚镇	17530	85014	48060	44215	1330616.0	830	33566
宜兴市西渚镇	6666	27768	16433	12009	375102.0	124	6933
宜兴市太华镇	9157	28987	14246	11394	268190.0	200	5518
宜兴市徐舍镇	17991	100583	55839	37947	1352852.0	610	19485
宜兴市官林镇	12400	89602	40753	32827	10764508.0	750	37948
宜兴市杨巷镇	8642	50827	24055	12470	875255.0	251	14102
宜兴市新建镇	4500	30968	19910	16477	1030685.0	132	10923
宜兴市和桥镇	10510	82310	50862	41879	1112890.0	600	37548
宜兴市高塍镇	10860	59895	36278	30075	4567821.0	750	38987
宜兴市万石镇	4377	26853	13826	12365	1018715.0	721	13652
宜兴市周铁镇	7300	60750	27501	21845	1481436.0	875	17686
宜兴市丁蜀镇	19185	196854	93582	84535	2068860.0	1766	103212
宜兴市湖父镇	9324	21829	13108	11282	317126.0	240	8346
贾汪区青山泉镇	6647	47719	30195	27473	1552927.0	785	40312
贾汪区紫庄镇	6668	50866	24956	16835	416419.0	682	17278
贾汪区塔山镇	9468	76009	28514	13474	213352.0	605	19816
贾汪区汴塘镇	10080	50711	19102	10326	80792.0	361	8930
贾汪区江庄镇	7496	35698	14860	10439	345421.0	275	4395
铜山区何桥镇	7400	52935	30768	20557	362895.0	270	6531
铜山区黄集镇	8340	59241	32532	20634	529040.0	514	19975
铜山区马坡镇	6900	52221	24351	14239	722154.0	240	11440
铜山区郑集镇	6800	52014	27910	19673	268027.0	328	32594
铜山区柳新镇	8500	74343	33291	24558	1813729.0	615	27421
铜山区刘集镇	8360	64077	28737	16460	535290.0	655	11585
铜山区大彭镇	7600	68813	43112	27995	761005.0	274	10550
铜山区汉王镇	6420	41077	17006	11406	383507.0	302	6800
铜山区棠张镇	8030	57208	36110	28560	176500.0	480	17250
铜山区张集镇	14800	78819	36242	24596	2326984.0	368	7443
铜山区房村镇	13600	76128	39852	24107	786474.0	230	9615
铜山区伊庄镇	8560	46809	21840	12632	103448.0	243	7451
铜山区单集镇	13210	68092	28319	15950	223120.0	224	13934
铜山区利国镇	7769	57648	23221	17003	3585721.0	356	30511
铜山区大许镇	12900	81357	40379	28274	747662.0	410	38125
铜山区茅村镇	8396	75326	33354	25722	1477930.0	372	35256
铜山区柳泉镇	10520	64104	39427	27666	1848346.0	249	20120
丰县首羡镇	12176	84895	52396	34521	1069809.0	312	13938
丰县顺河镇	9404	51070	29786	16404	504000.0	424	20275
丰县常店镇	7727	62777	34302	18327	652440.0	400	11897
丰县欢口镇	10500	101754	54614	46179	934441.0	611	51412
丰县师寨镇	8011	67371	45138	29280	710330.0	170	14828
丰县华山镇	10100	74229	48248	32442	421420.0	590	46900
丰县梁寨镇	8680	68711	33489	15106	298950.0	410	30108

续表 136　　（江苏省）　　计算单位：公顷、人、万元

名　　称	行政区域面　　积	常住人口	从业人员	二三产业从业人员	工　业总产值	城镇建成区 面 积	城镇建成区常住人口
丰县范楼镇	11610	83429	40287	21362	446134.0	158	11532
丰县宋楼镇	12214	92836	44135	20907	655028.0	290	10905
丰县大沙河镇	8150	62345	28591	16179	417801.0	403	32682
丰县王沟镇	12621	106830	56307	34598	391630.0	248	15560
丰县赵庄镇	9100	63028	40966	26819	393150.0	492	39528
沛县龙固镇	5302	63412	30386	23574	841986.0	586	43629
沛县杨屯镇	4100	58155	35977	26454	2257516.0	240	24571
沛县胡寨镇	4594	40698	23046	16400	984254.0	206	5702
沛县魏庙镇	5200	59635	37101	24674	955416.0	248	25922
沛县五段镇	4700	40768	24597	15473	319172.0	107	7467
沛县张庄镇	11200	101052	65210	45606	718263.0	551	42715
沛县张寨镇	10634	100032	37059	27130	174000.0	88	8986
沛县敬安镇	9600	57052	31626	21890	3248303.0	640	41056
沛县河口镇	8257	58985	33089	22980	554197.0	128	5837
沛县栖山镇	8951	63526	31490	24354	792836.0	70	6765
沛县鹿楼镇	12540	77281	47607	29538	630327.0	187	12676
沛县朱寨镇	7900	60520	27497	19595	649398.0	199	10906
沛县安国镇	10294	82983	44515	24752	712310.0	410	44181
睢宁县睢城镇	10173	250019	156545	135991	524078.0	4230	244125
睢宁县王集镇	13152	76321	45474	26809	152140.0	573	18995
睢宁县双沟镇	8183	48921	29054	16338	85462.0	512	21020
睢宁县岚山镇	12837	76833	47983	29269	137780.0	833	28743
睢宁县李集镇	6368	52253	31101	22189	631272.0	542	25086
睢宁县桃园镇	9682	71117	37769	22304	176667.0	416	17396
睢宁县官山镇	12528	80648	53547	36359	188897.0	484	8431
睢宁县高作镇	4171	35417	22995	16838	48738.0	260	18239
睢宁县沙集镇	4000	58306	30681	25276	371860.0	656	23110
睢宁县凌城镇	9365	72748	39563	26957	368268.0	510	26280
睢宁县邱集镇	14079	98801	55923	38029	107589.0	429	24599
睢宁县古邳镇	10666	72990	46285	22089	148966.0	830	34658
睢宁县姚集镇	16700	95100	49518	32503	118780.0	775	19880
睢宁县魏集镇	12938	72828	43096	25922	124721.0	728	17592
睢宁县梁集镇	11036	51646	27167	15629	108682.0	267	7862
睢宁县庆安镇	11571	64512	35962	17897	356280.0	318	16952
徐州经济技术开发区徐庄镇	13259	68287	38944	28485	99548.0	378	31402
新沂市瓦窑镇	6312	30972	20127	8062	732200.0	281	17381
新沂市港头镇	6356	35674	20620	12098	215069.0	292	11142
新沂市合沟镇	6872	54607	29384	17460	88546.0	430	7443
新沂市草桥镇	10125	62272	38677	29302	1053965.0	892	27126
新沂市窑湾镇	11597	57289	33758	22908	221459.0	490	23816
新沂市棋盘镇	17214	66712	37331	22405	1148562.0	710	27058
新沂市马陵山镇	10500	49752	32197	19717	387535.0	340	22388
新沂市新店镇	12800	45661	28033	19564	144896.0	368	9045
新沂市邵店镇	5800	34862	19267	15016	99771.0	398	9657
新沂市时集镇	10600	48618	26537	11028	332466.0	181	10669
新沂市高流镇	12290	58012	35615	17690	1150000.0	510	21553
新沂市阿湖镇	12545	56810	36159	19234	248985.0	580	6909
新沂市双塘镇	8800	35643	25381	20241	341702.0	375	6982
邳州市邳城镇	9028	74752	36994	28332	463182.0	52	33592
邳州市官湖镇	8880	103971	63145	57117	3402841.0	870	46890

续表 137　（江苏省）　计算单位：公顷、人、万元

名　称	行政区域面积	常住人口	从业人员	二三产业从业人员	工业总产值	城镇建成区面积	城镇建成区常住人口
邳州市四户镇	8100	54818	26997	15574	185537.0	420	8705
邳州市宿羊山镇	9013	76515	42153	16186	791415.0	63	11923
邳州市八义集镇	9112	78832	48212	37180	359166.0	279	8716
邳州市土山镇	6380	53538	33601	23114	522059.0	390	22664
邳州市碾庄镇	12100	91852	39894	23108	2018654.0	540	49044
邳州市港上镇	6400	62849	32101	16610	614559.0	401	22159
邳州市邹庄镇	7366	56865	34689	24434	283460.0	611	8640
邳州市占城镇	8900	42798	19924	10735	198635.0	204	2318
邳州市新河镇	9797	60826	33825	19934	491179.0	367	9258
邳州市八路镇	6695	45930	26320	15188	115260.0	210	11859
邳州市铁富镇	12444	122145	66890	40530	492635.0	1080	83600
邳州市岔河镇	7030	45577	22341	14440	715485.0	122	8502
邳州市陈楼镇	3996	52260	26463	23423	2207816.0	185	8531
邳州市邢楼镇	9650	53267	33435	27395	171051.0	178	4721
邳州市戴庄镇	7373	51369	30537	21787	148257.0	227	8892
邳州市车辐山镇	9500	57135	34624	15198	296858.0	467	8385
邳州市燕子埠镇	7700	36075	22834	12071	201065.0	119	3752
邳州市赵墩镇	12000	97914	58994	34781	979690.0	514	11623
邳州市议堂镇	5760	35841	19159	12146	1784162.0	310	7510
邳州市郑陆镇	8893	106638	50692	43773	2382818.0	366	26796
邳州市邹区镇	6086	95521	45847	41643	1293744.0	1436	33503
新北区春江镇	17100	173438	77934	68373	11842116.0	218	24611
新北区孟河镇	8824	101305	50242	46065	2257519.0	1595	26260
新北区新桥镇	2714	42636	14526	12886	1015236.0	1907	33329
新北区薛家镇	3757	59321	22945	22142	3661244.0	1426	26973
新北区罗溪镇	5351	60884	30530	26731	2151500.0	590	18836
新北区西夏墅镇	5196	58100	26850	21400	1210800.0	403	15699
新北区奔牛镇	5578	65463	33091	27542	1000568.0	536	24993
武进区湖塘镇	8406	360922	123253	123023	3210697.0	2300	117500
武进区牛塘镇	3460	87911	40309	38360	4173031.0	418	25377
武进区洛阳镇	5577	84276	54413	48232	3353984.0	280	24564
武进区遥观镇	4468	101538	56854	54720	4426405.0	413	20339
武进区横林镇	4668	95833	49755	48666	3025477.0	495	33890
武进区横山桥镇	5791	82066	53297	47887	3503122.0	901	26462
武进区雪堰镇	10438	101800	47182	36441	1639931.0	405	9590
武进区前黄镇	10240	85760	39314	30802	1353733.0	313	9562
武进区礼嘉镇	5822	87764	31691	26483	2167469.0	201	9133
武进区嘉泽镇	10632	86962	47275	25786	240520.0	1009	19112
武进区湟里镇	8715	77296	41426	34515	3764966.0	486	15036
武进区金城镇	7209	56674	28779	22516	1631200.0		
武进区儒林镇	10500	34563	18268	11499	601532.0	169	6967
武进区直溪镇	10662	58465	41124	35612	1118211.0	380	10538
武进区朱林镇	7699	38516	26712	21586	524510.0	407	9589
武进区薛埠镇	23610	68122	48790	40465	563147.0	364	20120
武进区指前镇	10238	55891	25675	20567	580672.0	70	8397
溧阳市溧城镇	15520	335356	176533	167566	6462028.0	2445	202320
溧阳市埭头镇	4369	25783	15726	12607	1180546.0	730	14479
溧阳市上黄镇	4760	25905	13113	11783	551515.0	293	16043
溧阳市戴埠镇	13630	47826	30553	23741	1250878.0	531	15865
溧阳市天目湖镇	23897	77619	34392	26887	1340280.0	432	11215

续表 138　　　　(江苏省)　　　　计算单位：公顷、人、万元

名　称	行政区域面　积	常住人口	从业人员	二三产业从业人员	工　业总产值	城镇建成区 面 积	城镇建成区常住人口
溧阳市别桥镇	11265	70922	45384	36198	1326753.0	467	12481
溧阳市上兴镇	24560	80155	38506	25646	1160000.0	290	4280
溧阳市竹箦镇	18360	66211	34576	28906	875766.0	536	16349
溧阳市南渡镇	12450	75488	39290	32009	745143.0	320	11813
溧阳市社渚镇	20700	72916	40413	26364	1117149.0	650	14550
虎丘区浒墅关镇	3200	56135	20908	20443	1735000.0	912	14992
虎丘区通安镇	3698	69174	41500	40040	559128.0	380	32300
虎丘区东渚镇	1541	37265	19485	16453	91000.0	162	2188
吴中区甪直镇	9799	160577	113715	107728	1904005.0	710	50641
吴中区木渎镇	6228	276231	238712	234471	1634000.0	780	97331
吴中区胥口镇	3650	95910	66546	65824	2301426.0	850	23646
吴中区东山镇	9600	57624	32688	19588	582809.0	500	25827
吴中区光福镇	6156	48906	40094	30668	447535.0	323	17496
吴中区金庭镇	8342	46955	27392	16467	93952.0	210	3422
吴中区临湖镇	5430	75388	55648	50435	1036679.0	660	34761
相城区望亭镇	4406	76821	53729	50690	895483.0	290	17683
相城区黄埭镇	5600	146647	90740	87730	4705898.0	610	105489
相城区渭塘镇	3936	89168	57960	57093	1560045.0	900	32386
相城区阳澄湖镇	6284	65767	44363	39507	908736.0	420	14562
吴江区太湖新城镇	35472	558101	373764	365969	15295610.0	7962	286836
吴江区平望镇	13565	122928	65200	61545	3001655.0	850	57721
吴江区盛泽镇	14774	200283	144206	141753	6742016.0	3969	144055
吴江区七都镇	8620	62192	44505	39835	3619598.0		
吴江区震泽镇	9561	79386	46993	44415	3114000.0	759	34592
吴江区桃源镇	9060	77024	46093	44649	1513233.0	782	19386
吴江区黎里镇	25800	176032	107493	103596	5490310.0	3187	99675
苏州工业园区直属镇	8067	170179	148129	148129	29156928.0	8067	170179
常熟市虞山镇	18900	310601	201890	199338	9344700.0	10500	262120
常熟市梅李镇	8084	91963	60475	54856	2832000.0	1038	27180
常熟市海虞镇	10997	129603	90065	86376	2116300.0	1676	49727
常熟市古里镇	9646	106390	80836	77887	4495005.0	1418	13631
常熟市沙家浜镇	6500	74596	53465	50155	3146601.0	1002	32652
常熟市支塘镇	12896	100915	50659	43776	1562300.0	911	19901
常熟市董浜镇	6261	63886	44227	40457	721350.0	520	18813
常熟市辛庄镇	10426	107608	69939	64151	3048000.0	1920	24881
常熟市尚湖镇	11250	125282	74293	73075	1850000.0	630	21823
张家港市杨舍镇	15309	304623	221049	219386	8088086.0	5705	265631
张家港市塘桥镇	9427	158902	101039	99841	3320949.0	1381	115630
张家港市金港镇	13161	328923	206666	203159	11615658.0	4609	146128
张家港市锦丰镇	11434	178972	106263	101037	21395578.0	2333	108319
张家港市乐余镇	7861	88105	44920	40336	1030255.0	1036	33981
张家港市凤凰镇	7877	120756	64330	63035	2721000.0	1046	50250
张家港市南丰镇	6249	79111	49400	44481	3596747.0	642	24244
张家港市大新镇	4048	69572	35764	31343	707943.0	690	19914
昆山市玉山镇	11800	222363	150125	147724	13321671.0	6850	168489
昆山市巴城镇	15700	105702	82228	77332	3546011.0	2469	76821
昆山市周市镇	8156	142513	109159	107950	5555444.0	1174	70965
昆山市陆家镇	3546	93765	76012	75656	3535045.0	1839	80503
昆山市花桥镇	5000	119127	94880	94592	1352815.0	3000	114962
昆山市淀山湖镇	6587	50683	38558	37842	1850194.0	1250	40556

续表 139 （江苏省） 计算单位：公顷、人、万元

名　　称	行政区域面　　积	常住人口	从业人员	二三产业从业人员	工　业总产值	城镇建成区 面 积	城镇建成区常住人口
昆山市张浦镇	10904	140811	138179	135568	6721338.0	1149	110606
昆山市周庄镇	3605	28512	19930	18805	303208.0	400	14245
昆山市千灯镇	7853	168518	107476	105414	5580717.0	910	92221
昆山市锦溪镇	9069	51875	51282	47081	1623150.0	889	49857
太仓市城厢镇	15341	332595	218830	212248	9182800.0	5661	130315
太仓市沙溪镇	12580	145531	83680	78325	3054748.0	650	44036
太仓市浏河镇	6459	92496	72510	64360	1304300.0	1040	28962
太仓市浮桥镇	13720	132357	86225	81200	8380000.0	2969	26092
太仓市璜泾镇	7963	85281	51938	42308	3444000.0	707	19720
太仓市双凤镇	6250	57184	40588	34791	1190000.0	645	12683
南通市通州区西亭镇	6922	47016	27261	20858	281796.0	392	19090
南通市通州区二甲镇	6604	61020	44345	34547	718814.0	1170	39595
南通市通州区东社镇	11511	75094	52820	39996	602920.0	994	52441
南通市通州区三余镇	36776	87808	80661	64845	199016.0	1300	55866
南通市通州区十总镇	13320	67709	42845	31326	1186461.0	709	37420
南通市通州区石港镇	11017	67192	43035	36053	960732.0	920	37310
南通市通州区刘桥镇	10729	66389	42574	33602	945518.0	964	30887
南通市通州区平潮镇	10961	114395	65812	55928	3955162.0	1225	61657
南通市通州区五接镇	8066	40314	20328	15377	1650909.0	1269	19520
南通市通州区兴仁镇	7757	75018	50518	45740	1560200.0	1493	37882
南通市通州区张芝山镇	4983	52285	28027	23085	525018.0	1175	30656
南通市通州区川姜镇	4987	77209	33071	25512	2408040.0	1950	33991
海安县海安镇	21434	252119	180558	168839	10153020.0	5526	185380
海安县城东镇	16388	135202	82623	74045	6810000.0	6100	101830
海安县曲塘镇	11552	87840	40199	31468	3111389.0	930	39934
海安县李堡镇	9453	75529	43476	36827	1117330.0	650	33185
海安县角斜镇	12800	64636	31656	24781	561385.0	600	13402
海安县大公镇	8928	57030	25916	21020	782640.0	405	11000
海安县雅周镇	8330	55676	28994	22301	255947.0	356	18563
海安县白甸镇	5305	28984	15721	12376	434358.0	438	6944
海安县南莫镇	7420	48273	24719	19772	342511.0	269	13088
海安县墩头镇	11556	59708	37412	31133	1258656.0	725	14230
如东县栟茶镇	9570	48917	24034	19913	643445.0	540	29987
如东县洋口镇	12583	67961	38214	29353	3923506.0	400	3792
如东县直镇	11786	42212	23872	19204	2277210.0	355	14543
如东县长沙镇	10184	36097	23450	17585	568759.0	210	4472
如东县大豫镇	19547	85230	55397	42176	846000.0	248	12010
如东县掘港镇	23926	205530	71124	61964	4835312.0	3500	155840
如东县马塘镇	14083	78188	33579	30261	999295.0	200	5867
如东县丰利镇	14037	79503	34007	26195	831252.0	350	16258
如东县曹埠镇	9236	44893	24016	21415	1159600.0	284	5951
如东县岔河镇	14163	74130	37286	31429	2104072.0	480	31823
如东县双甸镇	11233	70490	36555	31794	1402578.0	230	13835
如东县新店镇	8069	37226	19126	15910	914280.0	240	3720
如东县河口镇	11610	57195	32887	27612	2960000.0	600	12955
如东县袁庄镇	9919	53560	30711	23783	324550.0	180	8025
启东市汇龙镇	13463	259965	103967	92020	8564366.0	3880	198830
启东市惠萍镇	7500	55230	41461	32546	594392.0	270	18320
启东市东海镇	8540	52601	37940	28536	161357.0	215	7624
启东市南阳镇	12680	82214	58827	45987	501628.0	515	23255

续表 140　　（江苏省）　　计算单位：公顷、人、万元

名　　称	行政区域面　积	常住人口	从业人员	二三产业从业人员	工　业总产值	城镇建成区　面　积	城镇建成区常住人口
启东市海复镇	7380	45323	33139	25279	115012.0	310	13006
启东市合作镇	8870	50265	36644	28613	109437.0	295	13674
启东市王鲍镇	12600	69955	50846	39548	734983.0	320	19790
启东市吕四港镇	15280	133697	94120	69354	5425622.0	791	49700
启东市海工船舶工业园	10666	76765	49125	39750	2700615.0	398	18256
如皋市东陈镇	11232	71419	39562	31048	349681.0	780	36520
如皋市丁堰镇	7048	46491	24373	17328	1547419.0	395	25120
如皋市白蒲镇	14489	108291	58175	46735	1857889.0	2650	56824
如皋市下原镇	7076	52455	30060	23996	712319.0	1946	23748
如皋市九华镇	6961	61782	32129	24188	1024703.0	360	29635
如皋市石庄镇	8506	74338	41371	31373	1301742.0	530	29203
如皋市长江镇	12209	121486	84974	69919	6357805.0	2173	108252
如皋市吴窑镇	6436	57012	34481	27223	1140280.0	450	23317
如皋市江安镇	11836	104430	48975	38874	993844.0	435	49200
如皋市搬经镇	17485	122389	57125	41310	2176995.0	650	30700
如皋市磨头镇	10315	72408	36308	28791	1079069.0	348	26539
海门市常乐镇	9810	65403	38329	31379	1456276.0	455	29123
海门市悦来镇	14144	98620	62108	49329	1697271.0	555	35702
海门市四甲镇	9696	67234	43692	35256	936827.0	109	25945
海门市余东镇	6830	49820	29825	24767	740350.0	391	25108
海门市正余镇	7636	52345	26955	22655	2346880.0	575	28715
海门市海永镇	800	4760	3698	2795	35824.0	121	1743
海门市海门港新区	16542	128652	78153	61679	3081595.0	1246	58679
海门市海门工业园区管理委员会	9978	105349	81632	72597	4453500.0	870	39576
连云区前三岛乡	40	2	2				
连云港市海州区锦屏镇	5214	30702	14435	9480	45026.0	42	6253
连云港市海州区浦南镇	10850	57865	30119	16171	120980.0	555	7985
连云港市海州区新坝镇	6946	30865	19420	11820	23560.0	140	9522
连云港市海州区板浦镇	8064	72397	45398	26940	99682.0	390	33268
赣榆区青口镇	9080	208052	89232	75672	330630.0	1500	122132
赣榆区柘汪镇	7230	55680	26510	18208	4942021.0	450	9542
赣榆区石桥镇	7868	58026	29213	15999	980002.0	196	11643
赣榆区金山镇	6690	50900	20602	13199	800000.0	226	14323
赣榆区黑林镇	8262	44459	22088	13212	177820.0	210	11050
赣榆区厉庄镇	6218	34440	14396	10855	228688.0	129	9804
赣榆区海头镇	7900	85517	32854	21119	2115846.0	540	32372
赣榆区塔山镇	10484	63856	28967	17944	265642.0	115	9465
赣榆区赣马镇	8560	84273	38612	25082	683441.0	160	8854
赣榆区班庄镇	17561	100825	43788	26381	325745.0	525	21252
赣榆区城头镇	11798	88510	41148	29245	207835.0	521	18840
赣榆区城西镇	4916	43842	19132	12820	258720.0	252	12895
赣榆区宋庄镇	3320	32415	15011	7557	98452.0	213	7968
赣榆区沙河镇	13156	126858	49005	33672	155123.0	418	37960
赣榆区墩尚镇	12854	75626	43327	19234	794223.0	570	27732
东海县白塔埠镇	10329	60859	30449	16316	750730.0	410	21737
东海县黄川镇	9383	66290	31082	16406	259412.0	119	10236
东海县石梁河镇	10216	64665	33350	23730	421773.0	539	16451
东海县青湖镇	9432	61606	36844	25537	270218.0	315	14807
东海县温泉镇	10271	50725	23976	11627	370144.0	178	4168
东海县双店镇	11700	52210	30580	9900	215710.0	360	5340

续表 141　　（江苏省）　　计算单位：公顷、人、万元

名　　称	行政区域面　积	常住人口	从业人员	二三产业从业人员	工　业总产值	城镇建成区 面 积	城镇建成区常住人口
东海县桃林镇	16978	74514	38338	17950	846723.0	475	28021
东海县洪庄镇	6719	34331	17986	7949	115000.0	325	5732
东海县安峰镇	13417	68359	35026	20550	597126.0	436	15979
东海县房山镇	14972	74226	46495	21813	912301.0	268	15972
东海县平明镇	15731	74901	31367	9709	889586.0	286	13963
东海县驼峰乡	10425	60586	31449	21243	537796.0		
东海县李埝乡	7009	37807	17195	8370	237373.0		
东海县山左口乡	8906	46781	19347	9814	358247.0		
东海县石湖乡	7226	26982	17711	10396	240338.0		
东海县曲阳乡	7495	38846	16095	10125	136200.0		
东海县张湾乡	9500	33455	21635	9505	235465.0		
灌云县伊山镇	8233	159772	66916	51353	180410.0	791	109455
灌云县杨集镇	12135	122331	60635	28982	148880.0	61	5073
灌云县燕尾港镇	2580	13712	8240	7294	240550.0	1080	12011
灌云县同兴镇	10606	82466	36687	17217	145970.0	310	9700
灌云县四队镇	8827	70533	26317	13696	166382.0	431	8336
灌云县圩丰镇	6901	47789	28771	14962	240745.0	150	9747
灌云县龙苴镇	12640	85175	44152	31315	315185.0	192	7839
灌云县下车镇	10368	97425	57777	41291	198643.0	541	12301
灌云县图河乡	9500	63360	32878	15832	206815.0		
灌云县东王集乡	9197	64387	34164	14891	178995.0		
灌云县侍庄乡	6611	54569	20012	9657	180086.0		
灌云县小伊乡	7592	65160	24647	8479	246987.0		
灌云县南岗乡	13372	109693	40433	25281	244842.0		
灌南县新安镇	14327	187894	89940	72454	538590.0	1995	118155
灌南县堆沟港镇	15548	82936	41885	35319	1279910.0	1344	20162
灌南县田楼镇	11144	71789	46605	33075	250042.0	94	10026
灌南县北陈集镇	5526	41667	21622	11136	57876.0	56	4125
灌南县张店镇	5918	35237	21550	9689	69962.0	28	2887
灌南县三口镇	8702	60476	30191	20998	228157.0	214	6217
灌南县孟兴庄镇	7809	60786	27434	21346	206222.0	55	6805
灌南县汤沟镇	3260	28475	12539	10367	134086.0	255	11089
灌南县百禄镇	10516	66178	38009	17120	229526.0	31	8529
灌南县新集镇	12738	73214	33796	23670	516800.0	142	6798
灌南县李集乡	8819	75057	35448	28110	176294.0		
淮安区淮城镇	4200	178918	85908	79882	1171056.0	2225	155012
淮安区平桥镇	4600	36552	19882	12800	282450.0	187	6532
淮安区上河镇	3375	27775	14012	7834	26715.0	55	4880
淮安区马甸镇	3400	30000	14790	11400	128928.0	104	4012
淮安区朱桥镇	5158	47141	22374	10873	136200.0	198	9514
淮安区溪河镇	4380	26835	15397	6613	325184.0	216	9090
淮安区施河镇	5775	40761	19838	11276	1098051.0	220	17185
淮安区车桥镇	6400	63101	30961	18887	63520.0	370	37249
淮安区泾口镇	5680	41726	19762	12194	276150.0	335	9082
淮安区流均镇	8860	54638	25684	10671	19638.0	122	8262
淮安区博里镇	7191	50101	25763	8471	113245.0	268	6153
淮安区仇桥镇	7447	44682	20358	6893	108635.0	266	4254
淮安区复兴镇	6454	38481	20185	10223	129000.0	58	5291
淮安区苏嘴镇	5987	40854	20428	7438	93021.0	131	7196
淮安区钦工镇	4141	29185	14522	7840	83050.0	310	6524

续表 142　　（江苏省）　　计算单位：公顷、人、万元

名　称	行政区域面积	常住人口	从业人员	二三产业从业人员	工业总产值	城镇建成区面积	城镇建成区常住人口
淮安区顺河镇	7756	41255	23022	10260	135795.0	246	3798
淮安区季桥镇	5140	35688	20310	9459	76896.0	210	6528
淮安区席桥镇	2510	22417	10515	4641	407604.0	131	3726
淮安区林集镇	3660	20847	9768	4740	140856.0	165	5829
淮安区南闸镇	3457	31838	16739	5821	51526.0	196	3355
淮安区建淮乡	3479	35779	18260	9036	480912.0		
淮安区茭陵乡	3546	30685	19905	9964	68515.0		
淮安区宋集乡	5723	40429	17989	9943	198637.0		
淮安区城东乡	3724	56514	25169	19796	185600.0		
淮安区三堡乡	3708	29932	14471	5863	61972.0		
淮阴区王营镇	6139	218644	30474	27929	1276039.0	1250	186165
淮阴区赵集镇	9825	43871	21916	12816	442156.0	97	3778
淮阴区吴城镇	5312	34829	20963	13791	158502.0	150	9981
淮阴区南陈集镇	13468	63583	44034	23402	117263.0	301	15363
淮阴区码头镇	4200	25791	14620	10018	205377.0	277	4453
淮阴区王兴镇	6100	34463	21011	12407	76499.0	68	7464
淮阴区棉花庄镇	7078	39871	21994	12197	699251.0	95	6587
淮阴区丁集镇	4030	33658	14117	7519	245361.0	191	2502
淮阴区五里镇	5100	30980	16640	15665	43300.0	400	6215
淮阴区徐溜镇	6430	39749	20595	12175	148696.0	65	4620
淮阴区渔沟镇	9700	57098	25886	17688	106458.0	210	10924
淮阴区吴集镇	5700	33742	17923	14048	144221.0	138	3792
淮阴区西宋集镇	7390	51386	27035	19229	71812.0	173	8311
淮阴区三树镇	7968	40087	19735	9861	154541.0	68	5569
淮阴区韩桥乡	5400	33776	16835	9373	266116.0		
淮阴区新渡乡	4650	28962	14329	10528	111060.0		
淮阴区老张集乡	5088	29087	18820	16072	194267.0		
淮阴区凌桥乡	6856	27421	15980	8646	89561.0		
淮阴区袁集乡	3940	28517	16004	10362	331876.0		
淮阴区刘老庄乡	3279	22937	14885	7834	121125.0		
淮阴区古寨乡	3885	22105	12055	6154	49001.0		
清浦区和平镇	7202	32459	20505	14412	157422.0	180	1613
清浦区武墩镇	4078	21951	10305	6728	233645.0	137	4627
清浦区盐河镇	3283	21601	13359	9358	211097.0	281	6583
清浦区城南乡	2825	31342	16734	15015	543391.0		
清浦区黄码乡	3105	22042	12676	7647	42919.0		
涟水县涟城镇	5642	157107	135878	133076	1678956.0	706	82344
涟水县高沟镇	10907	106488	58742	47348	1034750.0	690	36558
涟水县唐集镇	6508	34941	21081	11303	175424.0	181	5833
涟水县保滩镇	4082	25376	11690	5555	769287.0	268	2713
涟水县大东镇	5668	28082	16057	10233	46510.0	138	4715
涟水县五港镇	11218	60272	38682	15912	92850.0	645	5810
涟水县梁岔镇	6943	39086	16942	6802	62145.0	350	11875
涟水县石湖镇	8484	47008	30155	20039	60169.0	355	12255
涟水县朱码镇	5913	38812	25158	17834	485347.0	392	8961
涟水县岔庙镇	7647	44612	26305	13494	271642.0	401	7689
涟水县东胡集镇	6686	32662	21028	5583	46026.0	198	2792
涟水县南集镇	6116	32107	13950	8534	89120.0	321	7015
涟水县义兴镇	4441	22687	10125	6180	45980.0	146	6600
涟水县成集镇	7728	45312	22987	15362	31154.0	354	4968

续表 143　（江苏省）　计算单位：公顷、人、万元

名　　称	行政区域面　　积	常住人口	从业人员	二三产业从业人员	工　业总产值	城镇建成区 面 积	城镇建成区常住人口
涟水县红窑镇	11314	62232	36710	17459	130121.0	255	6535
涟水县陈师镇	5401	29985	19241	11209	99256.0	204	2075
涟水县前进镇	5105	28496	14443	9017	28452.0	284	3108
涟水县徐集乡	7585	39980	23728	14885	214369.0		
涟水县黄营乡	11146	58205	25460	12918	262500.0		
洪泽县蒋坝镇	326	8365	5345	4987	612310.0	90	4897
洪泽县岔河镇	19968	64127	43163	27337	1046175.0	236	21132
洪泽县西顺河镇	1900	8890	5110	3740	380100.0	310	2560
洪泽县老子山镇	1750	15693	9265	7643	132000.0	54	5247
洪泽县三河镇	6788	46856	29634	21523	816041.0	223	11039
洪泽县东双沟镇	9862	61027	34240	25584	1013951.0	219	12219
盱眙县马坝镇	19500	72384	47027	36400	735816.0	763	33812
盱眙县官滩镇	13425	39821	19879	8649	425138.0	176	17165
盱眙县旧铺镇	14979	36852	18409	7705	156349.0	219	5172
盱眙县桂五镇	14783	34693	16214	9293	209928.0	732	10122
盱眙县管镇镇	6750	33124	8758	5343	38564.0	242	13756
盱眙县河桥镇	17080	38830	18043	6841	60110.0	154	13930
盱眙县鲍集镇	13200	54269	28013	19970	109246.0	779	6645
盱眙县黄花塘镇	13121	33564	17530	11893	451076.0	270	8864
盱眙县明祖陵镇	13500	34369	21134	10717	292465.0	122	8836
盱眙县铁佛镇	10800	40368	19313	14359	470983.0	524	6216
盱眙县淮河镇	10895	31124	13026	10327	224885.0	152	6253
盱眙县仇集镇	16556	31922	20515	12426	264566.0	288	7402
盱眙县观音寺镇	12197	31870	14610	9057	374296.3	268	8415
盱眙县天泉湖镇	17442	34609	22156	20430	92346.0	115	4913
盱眙县维桥乡	5914	17880	11916	8965	98521.0		
盱眙县穆店乡	10270	27513	15512	9708	46965.0		
盱眙县兴隆乡	10100	35750	21791	13863	336332.0		
金湖县黎城镇	6600	134648	82200	77620	688327.0	956	91576
金湖县金南镇	10201	34723	21720	15176	179150.0	450	5368
金湖县闵桥镇	6791	22702	11354	7573	287413.0	185	9865
金湖县塔集镇	4221	24709	12299	9313	168206.0	86	8795
金湖县前锋镇	7329	26844	14747	8424	220432.0	214	3948
金湖县吕良镇	7480	19231	11026	7169	210306.0	318	5712
金湖县陈桥镇	5486	22641	10805	3318	579455.0	96	1402
金湖县金北镇	6667	17518	8775	4550	437291.0	85	3976
金湖县戴楼镇	7596	21768	12937	8929	401246.0	377	1452
金湖县银涂镇	11007	45079	22121	16200	824090.0	150	6214
淮安经济技术开发区范集镇	4054	6797	3578	1743	10285.0	100	3355
淮安经济技术开发区钵池乡	540	4878	3111	3019	252300.0		
淮安经济技术开发区徐杨乡	3327	53460	34701	32858	4860123.0		
淮安经济技术开发区南马厂乡	3600	28425	13734	10602	319362.0		
亭湖区南洋镇	12942	78389	50164	37162	1715190.0	266	19671
亭湖区新兴镇	9257	59565	27064	18906	346200.0	450	18010
亭湖区便仓镇	7197	36609	18824	16405	264264.0	191	9769
亭湖区盐东镇	14195	54122	25856	19931	825570.0	256	14016
亭湖区黄尖镇	10500	39649	18897	12079	160500.0	240	15563
盐都区大纵湖镇	9498	51052	25695	16006	511400.0	505	25971
盐都区楼王镇	15073	71029	45132	33019	478536.0	550	20010
盐都区学富镇	8336	42160	18891	14092	138941.0	586	17418

续表 144　　（江苏省）　　计算单位：公顷、人、万元

名　　称	行政区域面　积	常住人口	从业人员	二三产业从业人员	工　业总产值	城镇建成区 面 积	城镇建成区常住人口
盐都区尚庄镇	10336	67759	29141	19969	444929.0	783	25952
盐都区秦南镇	12780	88123	36334	24124	554921.0	701	52401
盐都区龙冈镇	9339	77537	34350	24107	948853.0	489	36953
盐都区郭猛镇	6242	49582	24137	17124	595800.0	428	23490
盐都区大冈镇	10100	63176	28406	19610	600000.0	430	41000
大丰区大中镇	20012	210083	108175	94685	1089440.0	3000	148225
大丰区草堰镇	9589	39033	18051	11773	171024.0	180	13997
大丰区白驹镇	11300	39012	19421	13614	250000.0	360	19850
大丰区刘庄镇	9624	42419	20356	14595	456984.0	300	16625
大丰区西团镇	8681	32248	16878	10898	794266.0	440	13150
大丰区小海镇	12114	41282	21076	15254	183310.0	450	12050
大丰区大桥镇	10254	32235	15837	11175	81980.0	164	9443
大丰区草庙镇	12279	26544	17215	11150	554230.0	580	12986
大丰区万盈镇	14256	47430	24630	18973	237331.0	196	13866
大丰区南阳镇	9352	35118	17287	10066	305130.0	395	12476
大丰区新丰镇	27431	104089	45655	31136	824571.0	936	47934
大丰区三龙镇	15257	54266	29526	19556	83066.0	368	20557
响水县响水镇	5121	112329	67543	63395	381954.0	2166	95956
响水县陈家港镇	8518	48228	29227	18882	56049.0	241	30234
响水县小尖镇	18815	101153	45203	26313	681230.0	703	40096
响水县黄圩镇	6877	34188	17895	12274	72150.0	115	8722
响水县大有镇	11612	56186	28978	17328	213633.0	335	11613
响水县双港镇	10372	56073	30957	18708	164738.0	361	7747
响水县南河镇	11674	54027	24372	12457	93870.0	280	13020
响水县运河镇	13130	71641	37106	18705	104808.0	639	10793
滨海县东坎镇	15007	187035	115567	97044	1028921.0	4500	186450
滨海县五汛镇	15267	84721	34919	14738	854146.0	1848	41045
滨海县蔡桥镇	9212	54536	19144	9269	96710.0	258	22991
滨海县正红镇	14500	108687	35410	19562	226246.0	538	22115
滨海县通榆镇	5600	41158	21415	12857	88578.0	360	10857
滨海县界牌镇	12194	67817	33842	20419	189260.0	257	19273
滨海县八巨镇	6893	52989	23114	11563	417794.0	167	14521
滨海县八滩镇	11185	90425	40458	27412	621280.0	562	45200
滨海县滨淮镇	20132	96323	56350	36216	1220173.0	613	25276
滨海县天场镇	8150	50900	20042	13129	381258.0	141	6892
滨海县陈涛镇	11091	69384	34352	20598	126584.0	186	5708
滨海县滨海港镇	10440	59774	29443	19529	234563.0	197	13909
阜宁县沟墩镇	11520	56849	36556	26196	243200.0	692	35562
阜宁县陈良镇	6752	39685	15401	10189	106331.0	208	7098
阜宁县三灶镇	9120	53869	22873	12170	24909.0	39	14209
阜宁县郭墅镇	7071	42297	17714	12932	832145.0	80	14321
阜宁县新沟镇	7742	51383	20416	10928	453771.0	117	6122
阜宁县陈集镇	8727	47313	20826	12270	64275.0	60	19462
阜宁县羊寨镇	9420	56987	21676	12925	66700.0	274	12589
阜宁县芦蒲镇	8673	50777	21123	10690	31752.0	148	6029
阜宁县板湖镇	6906	48113	24903	19907	41625.0	432	14900
阜宁县东沟镇	16968	112125	48702	28822	599860.0	660	17358
阜宁县益林镇	10918	96451	49813	41522	1107460.0	1070	57891
阜宁县古河镇	8979	57919	24766	9446	50212.0	287	14360
阜宁县罗桥镇	8810	59619	25129	14596	21285.0	116	12014

续表 145　　（江苏省）　　计算单位：公顷、人、万元

名　　称	行政区域面　　积	常住人口	从业人员	二三产业从业人员	工　业总产值	城镇建成区 面 积	城镇建成区常住人口
射阳县合德镇	20700	202323	99349	79717	1061700.0	2191	170536
射阳县临海镇	18628	71532	34128	24563	492741.0	920	23584
射阳县千秋镇	15750	61390	27832	18967	77750.0	195	7239
射阳县四明镇	17341	82740	42478	30760	191181.0	88	19700
射阳县海河镇	24243	103391	50195	35234	531500.0	1213	24324
射阳县海通镇	7333	33102	20622	14312	649515.0	288	11375
射阳县兴桥镇	12914	53848	26900	19199	290000.0	577	8700
射阳县新坍镇	9816	47070	27126	19743	42000.0	130	11262
射阳县长荡镇	9591	45543	23005	16405	291010.0	110	7910
射阳县盘湾镇	9504	40135	22667	16550	682135.0	420	22231
射阳县特庸镇	10295	41278	16314	11502	232000.0	184	8450
射阳县洋马镇	9600	31833	15985	11393	341527.0	480	7292
射阳县黄沙港镇	5922	20412	13188	9232	480000.0	507	9352
建湖县建阳镇	7200	53811	18717	13132	1009262.0	490	31338
建湖县九龙口镇	7480	32524	14499	10078	294705.0	340	10317
建湖县恒济镇	8008	31624	18475	11375	372100.0	425	16023
建湖县颜单镇	8974	23142	13795	9857	234123.0	403	12569
建湖县沿河镇	8181	38017	19514	11641	156306.0	306	12485
建湖县芦沟镇	8586	44270	21945	17063	182797.0	232	15102
建湖县庆丰镇	9400	59490	32210	22550	601250.0	258	30188
建湖县上冈镇	23127	151033	67551	41558	981750.0	557	56532
建湖县冈西镇	6811	30746	18787	13256	152316.0	286	11892
建湖县宝塔镇	5078	27083	15338	10120	51891.0	131	9298
建湖县高作镇	7010	36612	21010	15060	216000.0	290	13085
盐城经济技术开发区步凤镇	12790	57631	26638	17256	180200.0	200	7215
东台市溱东镇	7574	39826	21460	17247	2032993.0	488	23821
东台市时堰镇	10226	68196	36436	26259	1075506.0	1200	28320
东台市五烈镇	13218	85338	46005	30418	495500.0	713	23761
东台市梁垛镇	13217	82361	45162	28248	1293246.0	885	34912
东台市安丰镇	7128	50892	26198	15571	913800.0	410	35979
东台市南沈灶镇	10323	52647	25628	13639	236400.0	180	8100
东台市富安镇	17001	94651	48984	34597	741780.0	990	47020
东台市唐洋镇	10744	45052	26561	10170	188000.0	330	13175
东台市新街镇	10289	40410	25210	9165	121510.0	312	9622
东台市许河镇	10691	47114	27416	15254	390225.0	406	5988
东台市三仓镇	15718	68440	28614	17688	799922.0	465	42579
东台市头灶镇	20675	74049	35768	16955	1147030.0	665	35617
东台市弶港镇	26392	47101	27308	13196	408331.0	380	15328
东台市东台镇	29657	214888	122486	104834	2794490.0	3400	161452
广陵区李典镇	7045	42111	24508	23208	1507300.0	300	20990
广陵区沙头镇	5600	37681	21651	19059	1563637.0	330	14856
广陵区头桥镇	6421	46638	26716	23363	1614281.0	320	7595
广陵区湾头镇	1928	23010	12881	12881	136265.0	120	10240
广陵区汤汪乡	1030	21805	4950	4402	72187.0		
广陵区扬州市生态科技新城杭集镇	4026	37852	31264	29770	3773553.0	1475	22320
广陵区扬州市生态科技新城泰安镇	4100	26379	13875	10805	1204650.0	250	11552
邗江区公道镇	10605	37073	19600	17997	1206330.0	340	10842
邗江区方巷镇	8936	46836	24068	20496	719619.0	316	14027
邗江区槐泗镇	6000	39080	20254	16945	1494107.0	400	12600
邗江区瓜洲镇	1602	16679	8364	7567	160234.0	496	10604

续表 146　　（江苏省）　　计算单位：公顷、人、万元

名　　称	行政区域面　　积	常住人口	从业人员	二三产业从业人员	工　业总产值	城镇建成区　面　积	城镇建成区常住人口
邗江区杨寿镇	3940	21194	12168	10749	861457.0	365	3872
邗江区杨庙镇	3102	23002	14390	12838	436769.0	240	6253
邗江区西湖镇	2706	37197	18728	17720	590344.0	1533	32277
邗江区双桥乡	639	10139	4260	4078	266857.0		
邗江区平山乡	1120	15889	7865	7532	412340.0		
邗江区城北乡	1800	21452	16423	12931	153265.0		
江都区仙女镇	14158	141378	91112	84425	11427089.0	3560	63337
江都区小纪镇	17778	92066	47011	39971	4462150.0	1411	44110
江都区武坚镇	6180	45902	26811	25157	1954315.0	330	23845
江都区樊川镇	11758	66980	44545	37704	1183680.0		
江都区真武镇	6712	55435	35412	32819	2068041.0	366	15105
江都区宜陵镇	5986	51968	25987	23605	2097253.0	630	30483
江都区丁沟镇	10232	62909	45000	40000	1250000.0	720	28920
江都区郭村镇	10450	86057	39443	33486	1378550.0	445	23820
江都区邵伯镇	12700	76670	65078	57455	2000000.0	1700	65862
江都区丁伙镇	8020	44861	35943	31720	3487490.0	700	25000
江都区大桥镇	15566	147215	95466	84189	4207872.0	5400	53845
江都区吴桥镇	5596	48890	24039	20844	1005318.0	300	11132
江都区浦头镇	4290	43502	23649	19643	1014449.0	290	7466
宝应县安宜镇	14135	132940	101676	92914	2424565.0	1850	97300
宝应县氾水镇	17200	101841	53712	43300	891363.0	750	27618
宝应县夏集镇	12200	62108	30903	21701	397996.0	490	8366
宝应县柳堡镇	11740	51794	29718	19689	646012.0	712	16354
宝应县射阳湖镇	19650	82221	40575	27551	656000.0	374	13993
宝应县广洋湖镇	9020	33975	20928	17775	602200.0	300	5258
宝应县鲁垛镇	6148	33364	20644	15552	460405.0	215	8065
宝应县小官庄镇	4600	27812	16121	14547	410087.0	220	7585
宝应县望直港镇	9000	63353	45509	37570	955260.0	745	19756
宝应县曹甸镇	10000	63265	35967	28932	1184243.0	420	34865
宝应县西安丰镇	5839	29611	15045	10788	309827.0	180	7423
宝应县山阳镇	12277	52010	30030	22130	793420.0	430	5440
宝应县黄塍镇	4200	27494	15803	12596	566124.0	388	8614
宝应县泾河镇	8317	49485	26303	19971	427676.0	255	9530
扬州经济技术开发区施桥镇	3099	37687	21479	20380	523613.0	106	15380
扬州经济技术开发区八里镇	2326	23354	13965	13254	101611.0	50	19889
扬州经济技术开发区朴席镇	4301	31999	18202	14643	100000.0	132	1708
仪征市真州镇	6084	141202	78620	76756	3200000.0	4362	133620
仪征市新集镇	6389	42590	25739	20948	583120.0	400	13192
仪征市新城镇	7822	44754	27683	23925	725498.0	552	26719
仪征市马集镇	6573	30069	17849	15004	480000.0	165	8000
仪征市刘集镇	9065	45967	27020	24038	565493.0	200	11498
仪征市陈集镇	8155	36343	19096	16800	545609.0	202	15186
仪征市大仪镇	10863	47180	27422	24142	650128.0	210	14298
仪征市月塘镇	14446	55597	28793	24143	359600.0	420	10434
仪征市青山镇	4603	32178	19978	17875	496276.0	251	16520
高邮市龙虬镇	3987	35178	17964	11928	314000.0	149	4886
高邮市汤庄镇	14582	59345	36846	29357	1005183.0	561	18152
高邮市卸甲镇	16387	79836	41209	33180	1180000.0	625	17390
高邮市三垛镇	15015	77490	47635	32323	1246487.0	454	29467
高邮市甘垛镇	14972	59192	35985	24365	612587.0	207	7930

续表 147　　（江苏省）　　计算单位：公顷、人、万元

名　　称	行政区域面　　积	常住人口	从业人员	二三产业从业人员	工　业总产值	城镇建成区 面 积	城镇建成区常住人口
高邮市界首镇	8580	32315	16622	13631	501500.0	260	17530
高邮市周山镇	6202	27058	15320	10994	261670.0	155	4910
高邮市临泽镇	19940	92374	53162	40060	1282342.0	369	29368
高邮市送桥镇	14822	69158	44877	38907	2916000.0	1480	23290
高邮市菱塘回族乡	5392	23793	14990	14235	1485340.0	293	12360
丹徒区高桥镇	2980	20153	12928	11528	361450.0	92	6410
丹徒区辛丰镇	7490	52857	33568	29085	2096638.0	520	19785
丹徒区谷阳镇	4675	30059	19173	16584	1562589.0	432	8012
丹徒区上党镇	11263	50028	28858	18598	935624.0	280	14016
丹徒区宝堰镇	4019	22975	13841	10080	289655.0	180	11556
丹徒区世业镇	2930	14479	8248	5981	27409.0	67	3832
镇江新区姚桥镇	5588	41224	25700	18324	345000.0	320	6640
镇江新区大路镇	1750	27923	16076	12600	230626.0	49	8018
镇江新区丁岗镇	3536	65127	11040	9928	427760.0	153	4473
丹阳市司徒镇	9528	48002	31189	23764	1257253.0	205	9894
丹阳市延陵镇	11552	73907	45864	39825	840092.0	546	23074
丹阳市珥陵镇	8367	50100	28601	19286	520000.0	520	12183
丹阳市导墅镇	8060	50035	29138	23610	1212252.0	751	12629
丹阳市皇塘镇	8044	58987	39101	31799	1861165.0	679	20160
丹阳市吕城镇	6799	54239	31587	26700	1398621.0	886	27503
丹阳市陵口镇	6440	44725	26667	21542	543561.0	545	19334
丹阳市访仙镇	7379	50837	29690	25890	680627.0	590	16473
丹阳市界牌镇	2363	50225	34268	33973	2027256.0	650	18480
丹阳市丹北镇	11505	109335	73151	69850	9352053.0	1805	60545
扬中市新坝镇	4920	52978	32829	29247	6500026.0	673	15866
扬中市油坊镇	4593	44174	28713	23012	1624418.0	401	19961
扬中市八桥镇	3458	36058	24906	21809	1570026.0	195	9697
扬中市西来桥镇	1950	19356	11299	9676	514252.0	261	5227
扬中市华阳街道	11997	49725	27798	20490	657393.0	814	8644
句容市下蜀镇	12000	41227	22474	17078	2157453.0	200	7980
句容市白兔镇	11550	34950	17007	11770	1265000.0	125	8583
句容市边城镇	10900	35387	17920	12688	1502375.0	350	8698
句容市茅山镇	8100	29233	18291	12601	345987.0	340	6587
句容市后白镇	14328	55421	38904	34326	1525645.0	910	29068
句容市郭庄镇	11700	51890	27801	23019	1036133.0	788	18372
句容市天王镇	13154	61551	30735	23305	895246.0	300	26371
句容市宝华镇	10000	23368	12040	9940	1013150.0	1670	16320
海陵区九龙镇	2680	24206	15271	13643	3845527.0	900	11512
海陵区罡杨镇	3400	23695	15192	13789	1227982.0	210	8529
海陵区苏陈镇	4580	45144	26080	22743	955616.9	397	9260
高港区永安洲镇	5291	34210	18015	16906	5279990.0	342	14689
高港区白马镇	2402	21881	13353	11122	452866.0	374	7335
高港区胡庄镇	5387	43299	23835	20997	287300.0	269	17700
高港区大泗镇	3670	27580	18116	14510	410662.0	180	10146
姜堰区溱潼镇	3861	34076	19815	16571	465285.0	312	14042
姜堰区蒋垛镇	6505	49730	26330	23817	668361.0	170	17510
姜堰区顾高镇	3820	29499	16633	15464	367314.0	120	8480
姜堰区大伦镇	5503	33071	17950	14260	690719.0	125	8437
姜堰区张甸镇	9360	75360	40583	33412	1043532.0	395	35212
姜堰区梁徐镇	6663	52015	27589	24644	736528.0	164	8450

续表 148 （江苏省） 计算单位：公顷、人、万元

名　　称	行政区域面积	常住人口	从业人员	二三产业从业人员	工业总产值	城镇建成区面积	城镇建成区常住人口
姜堰区桥头镇	3799	24641	15444	13314	275862.0	140	6149
姜堰区淤溪镇	7168	39873	24930	19566	573446.0	145	11445
姜堰区白米镇	5487	43987	26887	23924	2342026.0	373	20424
姜堰区娄庄镇	6792	45818	23574	21398	1716900.0	239	12800
姜堰区沈高镇	5673	39690	20592	19036	1118847.0	165	15102
姜堰区兴泰镇	3691	24777	14698	13513	586915.0	196	6504
姜堰区俞垛镇	7980	42481	25315	22255	570558.0	208	14723
姜堰区华港镇	6977	43276	22908	19828	383000.0	195	8535
泰州医药高新技术产业开发区野徐镇	2267	24098	14656	12365	330600.0	334	4719
兴化市戴窑镇	10045	66415	32196	22863	1323210.0	335	24495
兴化市合陈镇	9928	53432	25475	16856	450319.0	512	20278
兴化市永丰镇	7802	51440	23101	12121	165750.0	108	6012
兴化市新垛镇	4908	26715	10756	7416	145183.0	141	2216
兴化市安丰镇	9900	82192	40884	30078	1372141.0	500	34605
兴化市海南镇	7209	37509	14967	7731	91490.0	220	3476
兴化市钓鱼镇	7552	44892	18947	13100	137600.0	218	4871
兴化市大邹镇	4656	27651	10469	5060	180191.0	200	7513
兴化市沙沟镇	7003	25236	11620	7676	25363.0	113	10109
兴化市中堡镇	8320	34857	15571	8236	116147.0	147	8019
兴化市李中镇	8100	32514	15498	9120	111427.0	40	4091
兴化市西郊镇	7024	26954	13581	5932	510004.0	18	6735
兴化市临城镇	9247	53456	26081	18206	1152896.0	179	5914
兴化市垛田镇	5955	54740	29235	19137	609866.0	402	6919
兴化市竹泓镇	6450	39661	16121	8461	514139.0	250	13514
兴化市沈沦镇	4959	25478	12444	8163	108914.0	226	8052
兴化市大垛镇	7363	43223	19848	14719	1091483.0	363	16723
兴化市荻垛镇	7200	42618	19252	13066	542035.0	200	9917
兴化市陶庄镇	6960	43361	18255	12667	108825.0	150	7045
兴化市昌荣镇	6180	38656	17782	7981	215326.0	180	8568
兴化市茅山镇	4304	30370	12214	9433	379860.0	155	12454
兴化市周庄镇	9100	55843	27214	20472	821600.0	385	25680
兴化市陈堡镇	8068	45470	21374	12772	687238.0	210	12017
兴化市戴南镇	10770	132305	66359	62934	8282749.0	800	66098
兴化市张郭镇	8450	56725	30729	28587	2292958.0	630	13302
兴化市昭阳镇	5100	205347	148240	146910	2979338.0	2100	163768
兴化市大营镇	5067	24964	11672	8536	95060.0	231	6785
兴化市下圩镇	4912	22561	13779	8922	16699.0	185	2083
兴化市城东镇	5547	29583	14608	12415	337065.0	25	7635
兴化市老圩乡	5243	25610	11180	8343	119100.0		
兴化市周奋乡	5730	25840	12342	7527	31830.0		
兴化市缸顾乡	4633	21691	10156	8892	171323.0		
兴化市西鲍乡	5241	27795	16291	13453	99960.0		
兴化市林湖乡	6638	38126	14813	9480	189184.0		
靖江市新桥镇	6135	61978	31775	27974	3207539.0	830	32008
靖江市东兴镇	3568	34299	22081	17771	1303748.0	221	5520
靖江市斜桥镇	10788	92120	46463	39385	922650.0	625	27562
靖江市西来镇	4666	48627	24616	18606	1684403.0	180	11702
靖江市季市镇	4163	48910	22398	18404	1521956.0	305	12916
靖江市孤山镇	6327	61529	35792	30891	2204308.0	199	15844
靖江市生祠镇	7019	47626	29293	20779	1146752.0	480	12720

续表 149　（江苏省）　计算单位：公顷、人、万元

名　称	行政区域面积	常住人口	从业人员	二三产业从业人员	工业总产值	城镇建成区面积	城镇建成区常住人口
靖江市马桥镇	5031	36585	22170	15162	654175.0	149	10135
泰兴市黄桥镇	17595	195632	105159	91698	2428977.0	2531	66681
泰兴市分界镇	7113	60857	32222	28104	638180.0	293	7302
泰兴市古溪镇	7606	58933	32444	25307	1450062.0	664	12628
泰兴市元竹镇	4749	39264	22813	18667	721858.0	390	9373
泰兴市珊瑚镇	4926	51037	29520	24383	1022026.0	160	8652
泰兴市广陵镇	5843	56670	30228	25486	890642.0	280	9872
泰兴市曲霞镇	3531	32870	18547	15823	937038.0	255	9126
泰兴市张桥镇	6176	57150	30271	25587	744167.0	172	11324
泰兴市河失镇	6441	55771	28804	21077	495212.0	114	10504
泰兴市新街镇	7206	60404	34435	28703	708371.0	493	12837
泰兴市姚王镇	5792	54172	30254	25954	1985504.0	500	18796
泰兴市宣堡镇	3227	32525	17611	15273	478794.0	180	13810
泰兴市滨江镇	13257	99563	54198	47224	12268160.0	3742	53358
泰兴市虹桥镇	8825	79520	41160	36269	6877161.0	1300	32951
泰兴市根思乡	5890	50870	25535	19033	660068.0		
宿城区双庄镇	4178	58582	23150	21115	41780.0	700	32082
宿城区耿车镇	3501	35078	19842	15447	54716.0	219	12592
宿城区埠子镇	4401	48360	26499	20331	156120.0	410	18916
宿城区龙河镇	6641	58718	31803	18050	181600.0	227	17610
宿城区洋北镇	4400	32252	13992	9638	147204.0	207	4615
宿城区中扬镇	9315	52288	30722	19736	36985.0	230	17412
宿城区陈集镇	6867	51540	18621	10036	21750.0	70	4115
宿城区蔡集镇	4433	44037	24113	19321	264934.0	256	15238
宿城区王官集镇	6270	52300	24294	17648	149908.0	300	14277
宿城区洋河镇	8998	110976	55666	44452	1776193.0	2054	56916
宿城区仓集镇	4800	45834	26108	19693	18423.0	450	15920
宿城区郑楼镇	6086	49809	22987	12753	13473.0	309	5394
宿城区罗圩乡	4379	36095	20678	13201	60228.0		
宿城区屠园乡	6298	36396	21372	15327	15610.0		
宿豫区仰化镇	5236	32566	19814	9569	95401.0	515	13130
宿豫区大兴镇	5838	50611	31542	23821	304700.0	425	25193
宿豫区丁嘴镇	5300	36365	18879	15569	98000.0	280	6850
宿豫区来龙镇	7496	42449	24909	16569	284750.0	258	14412
宿豫区陆集镇	4208	22537	13878	9806	113211.0	245	8646
宿豫区关庙镇	7946	41889	22582	13954	120149.0	282	7278
宿豫区侍岭镇	5806	29916	14796	8559	197880.0	322	6785
宿豫区新庄镇	5368	22370	12075	8235	46375.0	230	6013
宿豫区晓店镇	14546	51017	28332	20097	103264.0	2502	26589
宿豫区皂河镇	26409	45413	23451	14821	14152.0	270	10972
宿豫区黄墩镇	5125	26032	11520	9002	48548.0	412	8942
宿豫区曹集乡	4700	30364	15844	10285	49220.0		
宿豫区保安乡	4460	23785	14221	9840	52878.0		
宿豫区井头乡	4013	19380	9615	7602	361200.0		
沭阳县陇集镇	4688	24021	14661	8021	212012.0	287	8812
沭阳县胡集镇	6868	49782	29531	18179	414018.0	282	17126
沭阳县钱集镇	4949	32284	18205	12297	91464.0	265	13142
沭阳县塘沟镇	5795	42736	22395	14873	52317.0	245	17295
沭阳县马厂镇	8412	67680	37054	28824	298550.0	350	23400
沭阳县沂涛镇	9456	70872	39116	22069	162330.0	380	16874

续表 150　　（江苏省）　　计算单位：公顷、人、万元

名　　称	行政区域面　　积	常住人口	从业人员	二三产业从业人员	工　业总产值	城镇建成区 面 积	城镇建成区常住人口
沭阳县庙头镇	5847	42786	27102	18307	390586.0	273	18235
沭阳县韩山镇	6557	34635	18452	13454	122184.0	462	12859
沭阳县华冲镇	5455	48372	26785	21457	334258.0	498	25365
沭阳县桑墟镇	5319	42522	23544	18810	882537.0	285	19066
沭阳县悦来镇	8803	41486	22902	14178	108079.0	242	11898
沭阳县刘集镇	7200	37117	21045	11885	315187.0	350	10309
沭阳县李恒镇	6688	39796	22316	12764	70027.0	90	11312
沭阳县扎下镇	5534	57682	29904	23871	289805.0	605	18425
沭阳县颜集镇	9968	55212	32204	13526	43280.0	251	8016
沭阳县潼阳镇	9968	46776	25158	16610	133462.0	300	15805
沭阳县龙庙镇	4860	45591	25433	19349	195840.0	347	12987
沭阳县高墟镇	6115	35268	20112	14578	150124.0	258	11137
沭阳县耿圩镇	7044	34642	20237	12482	152033.0	212	9132
沭阳县汤涧镇	5500	37542	20157	11512	110192.0	241	5869
沭阳县新河镇	4860	35796	20296	8884	46993.0	357	10226
沭阳县贤官镇	5029	49219	28036	20904	920152.0	575	16982
沭阳县吴集镇	7305	40245	21279	10596	93907.0	390	10650
沭阳县湖东镇	6343	36860	20872	15737	232485.0	286	11544
沭阳县青伊湖镇	5000	39079	21187	15665	417822.0	348	10628
沭阳县北丁集乡	3880	25122	13589	8905	57854.0		
沭阳县周集乡	4387	28985	15400	12442	49454.0		
沭阳县东小店乡	5099	33287	19692	15711	93976.0		
沭阳县张圩乡	3902	25208	12038	7317	34041.0		
沭阳县茆圩乡	7223	40147	21346	13805	95900.0		
沭阳县西圩乡	4776	32249	13055	7898	82780.0		
沭阳县万匹乡	3500	36421	18112	13605	123358.0		
沭阳县官墩乡	5603	30735	16728	10698	108090.0		
泗阳县众兴镇	26200	300851	158681	125044	3911252.0	3782	193227
泗阳县爱园镇	6501	44833	25200	18642	177664.0	235	18100
泗阳县王集镇	8531	60471	33226	20606	434720.0	592	45204
泗阳县裴圩镇	7686	50033	32000	20350	262798.0	400	21968
泗阳县新袁镇	5359	34751	22439	13282	462351.0	410	22514
泗阳县李口镇	6585	42336	26316	17135	255392.0	305	13807
泗阳县临河镇	5872	37512	21600	16614	390160.0	215	14628
泗阳县穿城镇	5436	30051	18771	10111	89466.0	231	10037
泗阳县张家圩镇	5764	31243	18131	11282	139850.0	141	8315
泗阳县高渡镇	5271	28227	16942	10822	92593.0	252	12756
泗阳县卢集镇	8002	32943	17582	11690	167830.0	260	10248
泗阳县庄圩乡	4876	31550	18645	11513	137000.0		
泗阳县里仁乡	4482	29105	17125	8131	61258.0		
泗阳县三庄乡	6588	33192	18698	9859	98256.0		
泗阳县南刘集乡	5850	29261	17957	12940	122560.0		
泗阳县八集乡	4250	20972	15016	11510	130803.0		
泗洪县青阳镇	25322	275773	146756	129780	893550.0	4200	171959
泗洪县双沟镇	7428	33515	28225	19353	697128.0	1687	28451
泗洪县上塘镇	13299	37340	23927	5751	109059.0	1842	10336
泗洪县魏营镇	10615	27491	17316	14662	121882.0	602	22318
泗洪县临淮镇	2100	11164	7356	2834	63882.0	521	5285
泗洪县半城镇	8300	12208	9373	6450	33059.0	255	9481
泗洪县孙园镇	9604	36318	20760	12974	302941.0	376	8799

续表 151　　（江苏省、浙江省）　　计算单位：公顷、人、万元

名　　称	行政区域面　　积	常住人口	从业人员	二三产业从业人员	工　业总产值	城镇建成区面积	城镇建成区常住人口
泗洪县梅花镇	9350	29156	18949	9274	278588.0	643	8159
泗洪县归仁镇	11459	51367	26258	8715	97900.0	355	22192
泗洪县金锁镇	8073	32888	26022	14711	218353.0	140	5930
泗洪县朱湖镇	7370	23031	14858	12741	208000.0	846	11528
泗洪县界集镇	9600	32496	21122	10802	109529.0	420	13468
泗洪县太平镇	7251	27096	17610	11491	72941.0	218	12550
泗洪县龙集镇	8741	28496	18622	11309	118235.0	145	10730
泗洪县四河乡	5983	26438	16903	9503	108706.0		
泗洪县峰山乡	5684	17743	11528	6000	114353.0		
泗洪县天岗湖乡	8918	23840	15432	5800	92000.0		
泗洪县车门乡	8436	23467	15109	6956	164471.0		
泗洪县瑶沟乡	6924	17903	11410	6979	316353.0		
泗洪县石集乡	8940	20612	12447	5333	119882.0		
泗洪县城头乡	7817	14480	10441	5475	114000.0		
泗洪县陈圩乡	8820	25978	16357	8321	72824.0		
泗洪县曹庙乡	9185	27844	17973	9853	171529.0		
宿迁经济技术开发区三棵树乡	3757	40790	26821	25167	120708.0		
宿迁经济技术开发区南蔡乡	3890	35376	22880	16280	33614.0	1272	48982
浙江省							
杭州市西湖区三墩镇	3870	183656	102723	101558	93200.0	1720	77417
杭州市西湖区双浦镇	8380	59880	31648	23054	291000.0	688	6023
萧山区楼塔镇	4763	33224	19914	9655	336787.0	201	8004
萧山区河上镇	6396	28730	15098	14309	738235.0	83	3655
萧山区戴村镇	6287	37624	23462	20285	613090.0	918	9388
萧山区浦阳镇	4450	44777	31993	30036	522000.0	119	4177
萧山区进化镇	8710	52632	30419	10855	652354.0	273	4526
萧山区临浦镇	4300	75227	46801	43650	1155152.0	1000	36098
萧山区义桥镇	5800	49152	29307	26946	834644.0	323	10434
萧山区所前镇	4338	45035	21903	19176	1042965.0	200	8132
萧山区衙前镇	1980	27901	15571	14512	5195146.0	1014	25915
萧山区瓜沥镇	12692	231450	124186	116578	9841385.0	1848	73545
萧山区益农镇	4650	48312	27613	20703	1161305.0	141	3916
萧山区党湾镇	3376	43680	38394	32791	1008500.0	170	10850
余杭区塘栖镇	7900	135607	82978	75275	1986100.0	10	89697
余杭区径山镇	15700	39252	21646	16365	438400.0	200	4063
余杭区瓶窑镇	12900	70859	41807	40168	1645872.0	750	40039
余杭区鸬鸟镇	7200	12807	5311	2657	101100.0	103	1893
余杭区百丈镇	6000	9519	6933	4910	312372.0	600	2100
余杭区黄湖镇	5800	18928	11996	9928	272490.0	200	3580
富阳区万市镇	15514	22790	13901	9646	144240.0	380	3302
富阳区洞桥镇	14760	17831	11907	7159	111424.0	125	2731
富阳区渌渚镇	8319	16655	10783	6675	178988.0	100	1329
富阳区永昌镇	4954	10835	6067	3710	146855.0	250	3256
富阳区里山镇	2540	10150	6280	4283	131000.0	80	3299
富阳区常绿镇	4930	15559	8688	6633	59470.0	13	3830
富阳区场口镇	5840	42103	25664	16022	275977.0	523	5632
富阳区常安镇	6330	25415	18199	11130	130707.0	2345	2345
富阳区龙门镇	2720	5857	4603	4195	22538.0	252	5123
富阳区新登镇	17990	108016	69346	58252	3025368.0	1000	71621
富阳区胥口镇	6800	13909	10408	5529	253558.0	400	2985

续表 152　　（浙江省）　　计算单位：公顷、人、万元

名　称	行政区域面积	常住人口	从业人员	二三产业从业人员	工业总产值	城镇建成区面积	城镇建成区常住人口
富阳区大源镇	10500	37081	28513	24024	1131594.0	540	10219
富阳区灵桥镇	5594	24279	15965	13460	992767.0	580	8746
富阳区新桐乡	4700	11630	7874	4398	175513.0		
富阳区上官乡	2710	8206	4789	3487	144984.0		
富阳区环山乡	3870	12580	7611	5631	402800.0		
富阳区湖源乡	12780	10695	9492	6272	61574.7		
富阳区春建乡	4470	9284	6129	2871	105421.0		
富阳区渔山乡	3679	13317	8807	7231	101582.0		
桐庐县富春江镇	19890	26299	14014	9568	590748.0	1235	12677
桐庐县横村镇	11760	43147	24036	18501	1503960.0	700	26193
桐庐县分水镇	29991	71842	38205	35073	909962.0	610	54103
桐庐县瑶琳镇	21700	32206	20154	13336	307651.0	1600	6459
桐庐县百江镇	23348	15063	9255	6213	92922.0	85	3524
桐庐县江南镇	8166	45487	31205	22093	1538656.0	300	9907
桐庐县莪山畲族乡	2851	9144	5403	4105	119226.0		
桐庐县钟山乡	10780	15968	9989	6403	85829.0		
桐庐县新合乡	7367	4940	3337	1839	53000.0		
桐庐县合村乡	12166	9126	6046	2782	12422.0		
淳安县千岛湖镇	35600	83171	63841	59612	1612529.0	2000	63336
淳安县文昌镇	22100	12471	8562	5707	115137.0	400	2778
淳安县石林镇	14400	4590	2983	1480	3626.0	100	950
淳安县临岐镇	22200	19906	12918	6060	89359.0	64	5748
淳安县威坪镇	30100	44280	38857	24779	200818.0	20	11758
淳安县姜家镇	20600	22713	18025	9715	114898.0	210	3962
淳安县梓桐镇	15600	18130	13190	6174	104940.0	270	3772
淳安县汾口镇	23700	53112	38063	23296	355487.0	300	9165
淳安县中洲镇	16600	18533	12280	7918	14197.0	56	3375
淳安县大墅镇	16300	13714	9564	5264	182016.0	300	4537
淳安县枫树岭镇	30800	17811	12810	6195	115541.0	54	2598
淳安县里商乡	27600	10448	7000	4277	8815.0		
淳安县金峰乡	15000	5006	3484	2222	5881.0		
淳安县富文乡	15100	6310	4317	2565	14411.0		
淳安县左口乡	17500	10662	6723	4812	6871.0		
淳安县屏门乡	16300	11344	5410	1651	10343.0		
淳安县瑶山乡	12800	9369	6064	3063	8964.0		
淳安县王阜乡	16800	17684	11202	5606	9737.0		
淳安县宋村乡	8500	5750	3929	2371	2983.0		
淳安县鸠坑乡	10400	7391	4969	2525	8413.0		
淳安县浪川乡	10900	18234	11871	6215	34390.0		
淳安县界首乡	12100	8256	5613	2860	4128.0		
淳安县安阳乡	14600	11115	7750	4213	19385.0		
建德市莲花镇	8742	10732	7383	3742	69062.0	99	2208
建德市乾潭镇	38600	46890	29317	24049	1068925.0	400	15802
建德市梅城镇	15800	44000	34583	22878	991659.0	757	27308
建德市杨村桥镇	13320	19682	10705	5040	258305.0	189	4059
建德市下涯镇	15840	25878	19389	13190	728500.0	860	3989
建德市大洋镇	24126	33396	21139	11496	328668.0	130	4586
建德市三都镇	18300	26957	14453	6638	236101.0	76	3377
建德市寿昌镇	14575	51566	23776	17204	353636.0	439	18892
建德市航头镇	15780	30558	19554	9220	154160.0	87	5769

续表 153　　（浙江省）　　计算单位：公顷、人、万元

名　　称	行政区域面　积	常住人口	从业人员	二三产业从业人员	工　业总产值	城镇建成区 面 积	城镇建成区常住人口
建德市大慈岩镇	9310	11678	10778	6257	246512.0	98	2690
建德市大同镇	15665	53685	31586	18000	380021.0	95	8923
建德市李家镇	10500	19704	11130	5863	225716.0	110	3600
建德市钦堂乡	5700	8208	5224	3713	215145.0		
临安市高虹镇	11180	23983	16927	13536	516637.0	600	12529
临安市太湖源镇	24040	33724	22539	14341	760343.0	410	3553
临安市於潜镇	26120	57383	33873	27560	496000.0	400	21648
临安市太阳镇	20520	23945	16837	11033	432955.0	400	7116
临安市潜川镇	17550	21037	16010	11060	255524.0	401	2837
临安市昌化镇	23170	25270	10659	7337	360000.0	200	17000
临安市河桥镇	18880	15100	10700	5500	147682.0	1700	3158
临安市湍口镇	20650	11748	9542	3402	27900.0	200	3160
临安市清凉峰镇	28860	27473	17873	15181	285486.0	80	3000
临安市岛石镇	13910	26273	16435	6607	93223.0	510	4497
临安市板桥镇	13860	27085	14080	11500	434479.0	290	2444
临安市天目山镇	24180	35583	20247	14081	546279.0	300	3092
临安市龙岗镇	26120	22661	14973	10961	468001.0	1680	5627
宁波市江北区慈城镇	10230	88800	33871	32819	2604000.0	1000	51008
宁波市江北区春晓街道	7500	19477	14449	11233	815558.0	180	9125
北仑区白峰镇	11040	41378	25853	19818	753600.0	264	29930
镇海区澥浦镇	2930	39179	19100	17005	455429.0	351	12458
镇海区九龙湖镇	6530	33175	20766	17181	665942.8	580	15800
鄞州区瞻岐镇	9400	27287	15886	12838	183000.0	300	10534
鄞州区咸祥镇	5400	31283	19392	13606	385311.0	850	13179
鄞州区塘溪镇	9400	38486	29018	27170	371700.0	216	12780
鄞州区东钱湖镇	12970	66179	42023	41056	844400.0	650	35543
鄞州区东吴镇	8000	16425	13237	12161	997435.0	460	11342
鄞州区五乡镇	4800	63387	37374	35947	2068798.0	4800	63387
鄞州区邱隘镇	2300	74176	36818	35799	549500.0	1120	49523
鄞州区云龙镇	4000	55536	34722	32464	2106136.0	250	7014
鄞州区横溪镇	9200	31403	19915	18735	726973.0	2500	21210
鄞州区姜山镇	8800	120970	65761	59034	4135700.0	680	44137
鄞州区高桥镇	5300	132289	84793	84382	1382700.0	1000	14023
鄞州区横街镇	12170	47286	29873	25467	1065000.0	545	17515
鄞州区集士港镇	4900	67172	36380	33974	2089730.0	750	34675
鄞州区古林镇	4700	68530	61756	58464	2170952.0	300	16652
鄞州区洞桥镇	3100	33458	15790	14241	893000.0	310	10682
鄞州区鄞江镇	6443	23267	15335	12877	330700.0	320	16190
鄞州区章水镇	14600	25595	12941	7919	89120.0	300	7736
鄞州区龙观乡	7300	10807	10167	8480	114550.0		
象山县石浦镇	12610	100280	77317	66080	948379.0	1100	68395
象山县西周镇	15500	47356	41193	35865	1636283.0	600	33348
象山县鹤浦镇	10200	28950	21410	11390	211320.0	880	9060
象山县贤庠镇	6619	24380	19105	12975	335000.0	250	10998
象山县墙头镇	8700	20198	13794	8315	320000.0	196	3341
象山县泗洲头镇	8400	14635	13456	4401	212354.0	70	3029
象山县定塘镇	5950	28057	18509	7980	48600.0	18	1271
象山县涂茨镇	6200	14221	8241	5041	170000.0	250	2932
象山县大徐镇	5580	16938	11010	7910	370000.0	52	3109
象山县新桥镇	12600	20703	15386	10519	96882.0	40	3950

续表 154　　（浙江省）　　计算单位：公顷、人、万元

名　　称	行政区域面　　积	常住人口	从业人员	二三产业从业人员	工　业总产值	城镇建成区 面 积	城镇建成区常住人口
象山县东陈乡	5700	23162	15803	10401	530300.0		
象山县晓塘乡	4550	17814	13344	6747	106000.0		
象山县黄避岙乡	4350	9716	6918	2909	167218.0		
象山县茅洋乡	4800	11548	9903	5233	127228.0		
象山县高塘岛乡	5800	18645	12240	3249	39000.0		
宁海县长街镇	27220	58840	38180	25360	323398.0	500	13116
宁海县力洋镇	16030	37648	19737	10618	208146.0	950	10511
宁海县一市镇	10800	15430	10586	3145	65800.0	138	2680
宁海县岔路镇	10800	21012	12944	8610	163000.0	300	6667
宁海县前童镇	6870	24894	15029	12360	142300.0	96	6090
宁海县桑洲镇	5870	17663	10968	9947	33000.0	100	3144
宁海县黄坛镇	18780	24178	15008	12149	928000.0	400	7714
宁海县大佳何镇	7560	17864	10682	7363	191540.0	230	7705
宁海县强蛟镇	6528	15458	10156	9071	417683.0	130	4491
宁海县西店镇	10230	82021	58075	52193	2000678.0	1010	52604
宁海县深甽镇	17280	30277	21258	16382	265600.0	400	7500
宁海县胡陈乡	9690	17651	11861	8221	41200.0		
宁海县茶院乡	7840	17176	11285	7884	105760.0		
宁海县越溪乡	8990	18172	11147	7813	43346.0		
余姚市临山镇	4970	58194	30468	26848	1201613.0	240	6850
余姚市黄家埠镇	4108	45352	31449	26089	1641201.0	442	7083
余姚市小曹娥镇	3340	29511	20417	14642	1958961.6	344	6976
余姚市泗门镇	6630	108653	65907	62735	1821121.0	1600	79022
余姚市马渚镇	6584	61377	35235	29216	2080000.0	395	12104
余姚市牟山镇	3850	21024	12489	11071	435464.0	189	8993
余姚市丈亭镇	5540	36895	21082	18886	808315.0	1000	16541
余姚市三七市镇	6852	41190	21069	16928	730496.0	314	13208
余姚市河姆渡镇	6502	22686	14560	10989	878200.0	100	5519
余姚市大隐镇	3079	11563	6671	6194	157991.0	746	7096
余姚市陆埠镇	11870	52418	31381	25803	1306608.0	480	17554
余姚市梁弄镇	9448	33025	18312	14456	257642.0	600	15200
余姚市大岚镇	6340	8038	6503	2962	59000.0	12	938
余姚市四明山镇	12100	10532	6144	2586	47000.0	40	982
余姚市鹿亭乡	7050	13956	8903	5440	119600.0		
慈溪市掌起镇	6830	55228	37754	32243	1133801.0	260	20185
慈溪市观海卫镇	14600	150285	102129	94784	2737513.6	1300	95777
慈溪市附海镇	2120	27748	22568	19547	1029415.0	320	4382
慈溪市桥头镇	4390	55497	26309	21589	823097.0	326	6810
慈溪市匡堰镇	4200	35758	21812	19085	738710.0	144	8129
慈溪市逍林镇	2602	62956	46859	43539	1135431.0	832	53085
慈溪市新浦镇	5300	55032	34628	27415	1320565.9	550	22751
慈溪市胜山镇	2320	42913	31984	29958	597220.0	218	18691
慈溪市横河镇	8450	64789	39653	32266	1662440.0	623	30000
慈溪市崇寿镇	2000	32754	23796	20367	671774.0	250	13846
慈溪市庵东镇	17130	83317	54438	37391	1128521.6	450	20258
慈溪市长河镇	2730	65486	40920	36240	1128400.0	495	32691
慈溪市周巷镇	8258	180663	122235	108190	3481480.0	1500	107805
慈溪市龙山镇	14086	122380	71356	62775	2905181.0	1302	96330
奉化市溪口镇	38000	97021	59567	45758	530000.0	790	51076
奉化市尚田镇	15610	35031	23228	17771	421792.0	290	9383

续表 155 （浙江省） 计算单位：公顷、人、万元

名称	行政区域面积	常住人口	从业人员	二三产业从业人员	工业总产值	城镇建成区面积	城镇建成区常住人口
奉化市莼湖镇	14532	62108	44883	30850	520000.0	280	12735
奉化市裘村镇	8620	25312	18258	14503	118388.6	2540	9109
奉化市人堰镇	13000	13951	8204	5572	32790.0	41	1645
奉化市松岙镇	7060	15285	12584	9944	404788.0	172	9308
鹿城区藤桥镇	9695	51701	36463	30224	754463.0	1065	13791
鹿城区山福镇	6042	37735	21797	18106	159155.0	1	6540
瓯海区泽雅镇	14540	25064	16238	7628	158000.0	5381	16460
洞头区大门镇	3260	17242	11275	8022	284711.0	50	3758
洞头区鹿西乡	1020	6536	4097	2620	5088.0		
永嘉县桥头镇	9056	73510	53273	48508	526477.0	220	46868
永嘉县桥下镇	27660	93453	60559	47300	372640.3	2665	18958
永嘉县大若岩镇	9200	16912	10498	4988	8545.0	30	2969
永嘉县碧莲镇	17460	22431	13227	3991	8472.0	1800	17367
永嘉县巽宅镇	25390	25376	22234	14975	2300.0	300	3634
永嘉县岩头镇	22300	47941	20346	9154	3061.0	208	31801
永嘉县枫林镇	7360	24292	14787	7441	1080.0	83	9979
永嘉县岩坦镇	55380	27809	27653	12853	2281.0	600	3601
永嘉县沙头镇	18050	42015	26033	17732	98726.1	211	2987
永嘉县鹤盛镇	26260	22987	15376	7677	1396.0	204	11069
平阳县昆阳镇	8990	130572	91463	80331	1118171.0	1079	73472
平阳县鳌江镇	19770	248001	178448	157114	1581543.0	1390	121884
平阳县水头镇	17980	179376	107698	89390	881141.0	780	61351
平阳县萧江镇	7960	116748	75065	50176	1279700.0	456	19683
平阳县腾蛟镇	8010	52343	33308	26456	312829.0	471	15890
平阳县山门镇	9860	34632	24554	14282	24528.0	400	5783
平阳县顺溪镇	10030	8950	8942	3033	4520.0	505	5932
平阳县南雁镇	4351	18852	13034	5228	35631.5	110	11950
平阳县万全镇	6480	78325	47820	32779	929792.0	700	11567
平阳县青街畲族乡	2180	6096	3439	2418			
苍南县灵溪镇	17140	323424	219838	187920	1594200.0	1600	187578
苍南县龙港镇	17210	444366	264321	228745	4077830.0	1987	270175
苍南县宜山镇	1324	50462	29542	29279	585173.0	300	23958
苍南县钱库镇	9509	152707	80775	68848	584002.0	779	68033
苍南县金乡镇	9250	101517	73793	59810	759378.0	735	41021
苍南县藻溪镇	7820	34914	16022	11700	48000.0	70	5306
苍南县桥墩镇	19110	63739	38260	19384	22759.0	76	11344
苍南县矾山镇	11395	48867	26409	20903	9569.6	381	28060
苍南县赤溪镇	9800	29133	20912	9275	9380.0	100	5845
苍南县马站镇	13715	59225	50972	27860	17400.0	259	24800
苍南县凤阳畲族乡	2100	3170	2752	1971			
苍南县岱岭畲族乡	2100	4025	3258	1821			
文成县大峃镇	15635	88339	56594	43747	144028.7	1000	52085
文成县百丈漈镇	9050	21642	15138	9261	35989.6	160	2353
文成县南田镇	16200	28537	20176	12639	18036.4	2300	8852
文成县西坑畲族镇	13770	15092	9584	5852	8814.8	11	5033
文成县黄坦镇	19550	22945	14460	7504	13109.0	413	7187
文成县珊溪镇	15060	36983	26032	19193	72510.6	188	11917
文成县巨屿镇	5600	19675	12464	8936	80790.9	460	10152
文成县玉壶镇	18210	23974	15433	8177	26488.0	600	12011
文成县峃口镇	8790	18632	13099	6425	18839.8	87	2572

续表 156 （浙江省） 计算单位：公顷、人、万元

名称	行政区域面积	常住人口	从业人员	二三产业从业人员	工业总产值	城镇建成区面积	城镇建成区常住人口
文成县周山畲族乡	1400	3150	1823	963	1195.0		
泰顺县罗阳镇	40980	93115	54872	42784	139057.0	1200	63900
泰顺县司前畲族镇	19930	16122	5061	3848	32168.0	45	12000
泰顺县百丈镇	16530	13045	8620	5936	1902.5	85	976
泰顺县筱村镇	17280	33382	31126	11274	5569.0	500	7165
泰顺县泗溪镇	18440	47755	26699	16121	7068.0	1560	9155
泰顺县彭溪镇	9400	16835	11056	7274	152859.0	32	3312
泰顺县雅阳镇	13080	27281	20090	15519	23189.5	190	6834
泰顺县仕阳镇	16490	42225	22270	11825	40455.0	125	9856
泰顺县三魁镇	18030	42613	28865	19222	17010.0	980	7417
泰顺县竹里畲族乡	4720	1506	1240	735	490.0		
瑞安市塘下镇	8160	334598	209156	199205	3731808.0	1755	206281
瑞安市马屿镇	18940	145543	90963	59766	374271.0	1430	38540
瑞安市陶山镇	15160	131651	75366	46266	601600.0	260	12126
瑞安市湖岭镇	27990	84179	63706	41542	208550.0	581	42000
瑞安市高楼镇	27570	56022	37570	24995	45731.0	9348	46409
乐清市大荆镇	19780	120571	82458	61803	126458.0	560	16097
乐清市仙溪镇	13940	29716	24811	12915	2100.0	1500	11600
乐清市雁荡镇	7450	55568	30386	21480	68168.0	740	10455
乐清市芙蓉镇	15320	44538	36950	29051	220324.3	265	2803
乐清市清江镇	6634	58757	22601	13495	367000.0	210	15570
乐清市虹桥镇	11510	179652	104091	85999	2307552.0	1900	73918
乐清市淡溪镇	8560	48617	22535	16030	185688.0	222	11620
乐清市柳市镇	9200	280102	167527	157427	6422242.0	2320	160153
乐清市北白象镇	8320	149068	79309	67414	4109650.0	1140	60769
南湖区凤桥镇	8037	50770	29435	20398	975382.0	545	11952
南湖区余新镇	5972	53401	39616	35601	1058268.0	1000	20094
南湖区新丰镇	6525	54411	34969	25836	1440000.0	640	28211
南湖区大桥镇	8480	48661	47649	38542	2266145.0	1580	18029
秀洲区王江泾镇	12730	118632	62892	57420	2410000.0	950	65348
秀洲区油车港镇	6297	75093	41521	34245	620333.0	691	16874
秀洲区新塍镇	13310	98115	41937	30575	649620.0	605	19885
秀洲区王店镇	11590	94473	53932	45624	835345.0	610	31498
秀洲区洪合镇	5720	68968	53849	49848	417266.0	490	17246
嘉善县大云镇	2870	21147	19850	18248	744456.0	313	6587
嘉善县西塘镇	8290	75042	58136	51451	2220803.0	910	45412
嘉善县干窑镇	3708	37383	21727	18559	796693.0	310	10050
嘉善县陶庄镇	4580	29185	20904	16938	501735.0	200	9165
嘉善县姚庄镇	7540	59281	50012	45851	2833188.0	960	43618
嘉善县天凝镇	7560	66965	37351	29785	912385.0	601	15895
海盐县沈荡镇	6603	42816	22772	17045	538518.0	320	3756
海盐县百步镇	5924	34862	24740	21416	1085482.0	500	876
海盐县于城镇	4296	28181	17634	12894	309832.0	256	2210
海盐县澉浦镇	11540	38004	22839	17116	388308.0	390	14956
海盐县通元镇	6913	43925	28152	23033	558511.0	251	5973
海宁市许村镇	9110	113516	72633	64905	2583970.0	644	18163
海宁市长安镇	9190	82522	37878	29868	2548000.0	1198	60749
海宁市周王庙镇	5372	50115	29754	23936	695513.0	395	10705
海宁市丁桥镇	6070	44285	26168	22657	803879.0	100	3617
海宁市斜桥镇	6450	64882	40879	36470	1186695.0	586	7112

续表 157　（浙江省）　计算单位：公顷、人、万元

名　称	行政区域面积	常住人口	从业人员	二三产业从业人员	工业总产值	城镇建成区面积	城镇建成区常住人口
海宁市黄湾镇	8950	26839	15998	13528	1904800.0	1298	21138
海宁市盐官镇	5602	54819	29445	24146	670634.0	682	16414
海宁市袁花镇	7750	54213	31788	27031	1972860.0	500	4123
平湖市乍浦镇	5440	79008	60584	59444	4555682.0	2070	37061
平湖市新埭镇	7730	94418	43577	39667	883753.0	497	46025
平湖市新仓镇	5750	43720	25918	24334	876499.0	755	21509
平湖市广陈镇	5490	39088	21001	16205	296012.0	130	7631
平湖市林埭镇	4850	35144	26012	20713	355624.0	250	9000
平湖市独山港镇	9340	106216	70320	67450	1953056.0	1231	38540
桐乡市乌镇镇	6720	56650	35202	30010	451545.2	697	13256
桐乡市濮院镇	6400	74915	56577	52795	1311398.8	1250	47662
桐乡市屠甸镇	4111	35813	20292	15636	928467.0	290	5582
桐乡市石门镇	6323	53020	36479	30866	705138.0	496	14950
桐乡市河山镇	3930	28246	17653	16101	574012.9	210	6610
桐乡市洲泉镇	7340	65614	38072	34712	4742137.0	900	5771
桐乡市大麻镇	3264	40048	28741	25615	672666.8	361	2240
桐乡市崇福镇	10014	140623	84152	79919	2372480.7	1135	97031
桐乡市高桥镇	5501	47837	35809	30124	811876.0	456	8693
吴兴区织里镇	13580	306289	270572	261061	7490212.0	2140	243057
吴兴区八里店镇	12170	71392	37703	34066	3121964.0	986	19562
吴兴区妙西镇	10600	15612	8277	3360	353570.0	18	645
吴兴区埭溪镇	17360	38113	21839	17570	1078011.0	500	20276
吴兴区东林镇	7817	31037	15583	6802	643748.0	42	6300
吴兴区道场乡	6150	14962	7092	3982	168800.0		
南浔区南浔镇	14087	202593	108854	102795	4871650.0	3250	130620
南浔区双林镇	9955	86210	58410	51518	2610129.0	650	26050
南浔区练市镇	12257	91114	49523	43949	1725258.0	720	48098
南浔区善琏镇	5500	32567	14674	13178	707203.0	168	4636
南浔区旧馆镇	3140	28861	10390	9594	1338700.0	287	9580
南浔区菱湖镇	10680	65108	37159	24869	778380.0	700	22193
南浔区和孚镇	9695	48128	28950	23547	1321407.0	170	7136
南浔区千金镇	4200	17983	12974	11091	159607.0	81	4920
南浔区石淙镇	2500	13997	5048	3917	151209.9	100	867
德清县武康镇	25600	184025	114706	105514	5962521.0	2800	151020
德清县乾元镇	6690	57023	30072	27285	2098869.0	767	27823
德清县新市镇	9200	89975	60375	58648	3960000.0	1295	42895
德清县洛舍镇	4730	22893	17709	15605	978073.0	600	7068
德清县钟管镇	7800	46591	36178	30646	2086060.0	580	18042
德清县莫干山镇	9200	14745	10223	8604	116572.0	65	2665
德清县雷甸镇	5400	44008	31476	27149	2052415.0	150	5493
德清县禹越镇	3898	30236	19283	17392	940126.0	1034	647
德清县新安镇	5700	35217	24735	22271	1501076.0	226	2064
德清县筏头乡	10100	15848	9095	7338	178494.0		
德清县三合乡	6250	21773	12853	10080	159220.0		
长兴县洪桥镇	7303	43205	24782	21270	647684.0	450	12319
长兴县李家巷镇	5310	28401	26174	25102	1609557.0	435	11683
长兴县夹浦镇	6560	30295	21266	19386	2169077.0	530	9993
长兴县林城镇	13590	56703	34801	26797	496098.0	400	7590
长兴县虹星桥镇	7201	37689	13677	12749	782575.0	210	6147
长兴县小浦镇	9650	28171	15375	12185	1137706.0	200	3246

续表 158 （浙江省） 计算单位：公顷、人、万元

名称	行政区域面积	常住人口	从业人员	二三产业从业人员	工业总产值	城镇建成区面积	城镇建成区常住人口
长兴县和平镇	18042	56280	31630	27345	1986368.0	715	12388
长兴县泗安镇	23496	89456	61922	53460	697200.0	900	34782
长兴县煤山镇	20603	48629	30943	28423	2062700.0	633	16269
长兴县水口乡	7980	18483	12326	10441	237400.0		
长兴县吕山乡	3957	20479	13557	10649	78394.0	91	2310
安吉县鄣吴镇	4950	11144	8040	7030	11000.0	60	2206
安吉县杭垓镇	26700	35063	19173	13020	117146.0	160	4000
安吉县孝丰镇	19100	53485	34158	31830	880000.0	450	22450
安吉县报福镇	15120	16543	9995	6091	81989.0	878	3474
安吉县章村镇	8920	15624	10133	8447	20000.0	92	3014
安吉县天荒坪镇	11023	22236	14581	13462	372850.0	180	7088
安吉县梅溪镇	19300	64658	50089	43282	624200.0	492	30996
安吉县天子湖镇	20000	41568	28467	22648	1011339.0	1257	13502
安吉县溪龙乡	3230	8952	5038	4539	218565.0		
安吉县上墅乡	7550	13987	8856	7004	69787.0		
安吉县山川乡	4672	5640	3462	2661	15000.0		
越城区东湖镇	3050	51365	29118	21688	234560.0	150	10302
越城区灵芝镇	4280	65586	27151	25606	402830.0	100	10420
越城区东浦镇	3078	55088	30691	29385	208542.0	100	6913
越城区鉴湖镇	5030	26264	16695	12205	153809.0	77	7000
越城区皋埠镇	5928	53825	36106	29222	623263.0	760	13521
越城区马山镇	4400	54111	28453	22732	2200000.0	220	4280
越城区斗门镇	4300	72268	53583	50850	5618226.0	110	8338
越城区孙端镇	3130	37458	22595	18755	221454.0	450	6810
越城区富盛镇	7977	24459	14613	9571	93748.0	104	3100
越城区陶堰镇	2510	24173	13074	8319	208415.0	119	5099
柯桥区齐贤镇	4152	68977	54049	52591	5872150.0	2400	22870
柯桥区钱清镇	5450	151197	81082	78077	6501564.0	1350	108045
柯桥区福全镇	3980	66717	38150	36735	311664.6	16	2860
柯桥区马鞍镇	5970	135050	97569	93240	8048828.0	4700	38500
柯桥区平水镇	17320	50243	31490	24346	1061227.0	350	26567
柯桥区安昌镇	2410	65000	40210	38526	3000109.0	240	13442
柯桥区王坛镇	13790	33200	14897	10310	178252.0	93	4352
柯桥区兰亭镇	8290	50146	32468	28624	2047288.0	460	30150
柯桥区稽东镇	11140	31617	19329	13309	121315.0	80	5524
柯桥区杨汛桥镇	3780	53547	28831	27650	2628863.0	2897	33452
柯桥区漓渚镇	3660	30485	19859	16957	1142884.0	720	8376
柯桥区夏履镇	5100	20866	13302	11988	1230591.0	290	6079
上虞区道墟镇	4300	52240	35882	29123	2862845.0	290	17827
上虞区长塘镇	3730	13399	9800	6084	103426.0	29	2955
上虞区上浦镇	8660	25855	13416	8381	462319.0	300	5467
上虞区汤浦镇	6140	16307	9349	5782	969400.0	440	8028
上虞区章镇镇	14000	41622	23638	10776	590000.0	950	13620
上虞区下管镇	4800	11840	6040	3045	29865.0	240	4065
上虞区丰惠镇	11800	50685	36889	25384	866596.0	2100	21092
上虞区永和镇	3130	14727	9814	5727	183320.0	176	4861
上虞区梁湖镇	6260	29102	16105	11420	280315.0	75	10127
上虞区驿亭镇	5300	21650	12556	8556	468423.0	123	4325
上虞区小越镇	2950	41155	22852	19677	1036622.0	550	14986
上虞区谢塘镇	2800	23584	14684	9943	377978.0	252	9300

续表 159　　(浙江省)　　计算单位：公顷、人、万元

名　称	行政区域面　积	常住人口	从业人员	二三产业从业人员	工　业总产值	城镇建成区 面 积	城镇建成区常住人口
上虞区盖北镇	2200	40836	25837	7414	243000.0	73	4325
上虞区崧厦镇	8480	132727	87737	74542	2175466.0	1120	80065
上虞区沥海镇	5700	59673	33713	23015	775891.0	465	15032
上虞区岭南乡	5740	11323	6857	2489	260.0		
上虞区陈溪乡	4200	8612	6094	3494	21.2		
上虞区丁宅乡	4270	10465	9279	2927	94280.0		
新昌县澄潭镇	4400	18592	13025	8450	239947.0	150	2275
新昌县梅渚镇	3550	14608	10010	6530	455232.0	48	2055
新昌县回山镇	6270	16858	9511	2776	15824.0	21	4215
新昌县大市聚镇	10860	26450	18795	13250	533781.0	490	7820
新昌县小将镇	14500	13267	12440	3644	70013.0	260	2476
新昌县沙溪镇	11830	10650	6942	3742	113900.0	210	3710
新昌县镜岭镇	9500	24820	15542	9330	211084.0	810	3130
新昌县儒岙镇	13250	32805	22294	14387	365770.0	621	8839
新昌县城南乡	7700	17492	11015	8170	40535.0		
新昌县东茗乡	4800	10387	7120	3032	35580.0		
新昌县双彩乡	3550	10292	6557	3940	50470.0		
新昌县新林乡	4111	3724	3612	1678	8626.0		
新昌县巧英乡	7120	8388	6000	3800	124059.0		
诸暨市大唐镇	5380	52830	42905	40438	3680109.0	1000	33523
诸暨市应店街镇	11790	46119	30306	22847	1050220.0	100	4918
诸暨市次坞镇	9720	38401	32359	26003	1507772.0	155	6300
诸暨市店口镇	10490	145236	94772	92787	7054158.0	1583	117248
诸暨市阮市镇	7040	39253	29149	25529	1158270.0	855	5791
诸暨市直埠镇	5830	27511	19030	14449	348707.0	620	8500
诸暨市江藻镇	4700	25545	17643	12154	223039.0	125	4953
诸暨市山下湖镇	4260	31217	18945	14522	1033892.0	1870	9623
诸暨市枫桥镇	16640	74564	44564	37703	1489377.0	1410	57743
诸暨市赵家镇	9400	30212	17628	7547	213490.0	140	5851
诸暨市马剑镇	11800	16721	10816	9572	64989.0	1350	1919
诸暨市五泄镇	3940	16038	9610	8238	277496.0	650	4326
诸暨市草塔镇	8400	44418	24471	23450	1626266.0	488	13547
诸暨市王家井镇	5250	35145	21268	14703	323954.0	145	4221
诸暨市牌头镇	8800	48880	31970	25690	2085938.0	560	29722
诸暨市同山镇	5500	17000	13930	13300	86633.0	200	7250
诸暨市安华镇	6183	31020	30624	24512	682679.0	438	10793
诸暨市街亭镇	7900	18056	14162	11337	210991.0	1000	8081
诸暨市璜山镇	13169	37973	26538	19820	2435315.0	212	11035
诸暨市陈宅镇	7900	19035	11956	8600	68760.0	100	7058
诸暨市岭北镇	5972	13144	9540	7943	25556.0	400	3749
诸暨市浬浦镇	5700	19300	13748	10748	94557.0	700	3971
诸暨市东白湖镇	19840	31838	21310	14342	135346.0	140	6564
诸暨市东和乡	6325	16069	12663	8741	72040.0		
嵊州市甘霖镇	15950	91594	61809	45330	1952381.0	610	50657
嵊州市长乐镇	20480	65746	47624	35213	1054453.0	550	32680
嵊州市崇仁镇	14760	65908	61603	45897	842375.0	320	19580
嵊州市黄泽镇	9600	46223	26626	18536	427787.0	800	7367
嵊州市三界镇	15500	48350	32000	24000	643756.0	310	8710
嵊州市石璜镇	6300	25043	16710	12443	473578.0	7	8900
嵊州市谷来镇	10368	23929	15087	9827	22515.0	60	3933

续表 160 （浙江省） 计算单位：公顷、人、万元

名　　称	行政区域面　　积	常住人口	从业人员	二三产业从业人员	工　业总产值	城镇建成区　面 积	城镇建成区常住人口
嵊州市仙岩镇	7314	10097	6804	4620	223120.0	200	1162
嵊州市金庭镇	7250	20174	14508	8999	78308.0	85	4930
嵊州市北漳镇	8900	13809	12231	7873	52175.2	320	2895
嵊州市下王镇	8890	9832	7401	5109	42151.0	15	1672
嵊州市贵门乡	6860	9787	5727	1305	15500.0		
嵊州市里南乡	8440	9726	5602	3297	3438.0		
嵊州市竹溪乡	2880	3569	1505	390	36000.0		
嵊州市雅璜乡	2663	2182	1525	337	19895.3		
嵊州市王院乡	3189	3165	3090	1640	14160.0		
嵊州市通源乡	4300	5075	3368	1346	9179.5		
婺城区罗店镇	7380	22018	14344	7782	75239.0	200	1524
婺城区雅畈镇	7590	21682	13206	4950	108000.0	94	6324
婺城区安地镇	13040	14122	10540	4770	6500.0	30	3320
婺城区白龙桥镇	9140	61634	35426	22589	847800.0	1100	26532
婺城区琅琊镇	9800	19335	13199	6700	62000.0	138	4658
婺城区蒋堂镇	5550	26412	17357	11773	179650.0	365	6530
婺城区汤溪镇	10682	46757	29688	20330	430148.0	1063	10006
婺城区罗埠镇	4580	34285	21843	10770	282900.0	50	5175
婺城区洋埠镇	2730	13080	9810	6970	238000.0	140	2800
婺城区乾西乡	2400	32312	13148	7840	361343.0		
婺城区竹马乡	1958	11552	7208	3273	267000.0		
婺城区长山乡	6280	11480	8102	2821	31200.0		
婺城区箬阳乡	6280	1848	1026	164	3424.0		
婺城区沙畈乡	18700	13203	8438	5126	13850.0		
婺城区塔石乡	11000	6798	5044	2909	6494.0		
婺城区岭上乡	3090	4730	3185	1655	2410.0		
婺城区莘畈乡	7304	3941	3817	2465	9965.0		
婺城区苏孟乡	4400	22580	17562	6072	10900.0		
金东区孝顺镇	12883	78180	61356	51573	1452302.0	1505	71321
金东区傅村镇	3500	52354	23948	19850	991051.0	40	17305
金东区曹宅镇	9300	42699	25976	15521	501256.0	449	14051
金东区澧浦镇	9702	34842	21751	6966	130686.0	394	7000
金东区岭下镇	5800	15414	10042	6803	137700.0	400	4700
金东区江东镇	3482	12058	8186	3511	162566.0	310	2512
金东区塘雅镇	5308	30523	19913	10413	100660.0	7	5685
金东区赤松镇	5700	29940	20330	12830	119200.0	190	7055
金东区源东乡	4680	17812	9591	4179	2648.0		
武义县柳城畲族镇	17230	26102	15091	8786	38635.0	390	12365
武义县履坦镇	5060	14781	7853	6639	163300.0	64	5375
武义县桐琴镇	4690	50940	25596	22587	1525780.0	480	26871
武义县泉溪镇	8730	45327	31276	30496	935419.0	307	12386
武义县新宅镇	18120	10255	8360	4733	6066.2	200	2542
武义县王宅镇	10170	24012	16380	9175	338000.0	99	5320
武义县桃溪镇	10560	11700	7900	5610	11500.0	220	3578
武义县茭道镇	5790	15487	10010	8300	239760.0	80	4800
武义县大田乡	4770	10705	6933	3409	7406.0		
武义县白姆乡	10960	8355	6987	4909	19869.0		
武义县俞源乡	6460	8458	5893	4310	20850.0		
武义县坦洪乡	3660	4834	3579	2588	6500.0		
武义县西联乡	12230	5185	3430	1480	3650.0		

续表 161　　（浙江省）　　计算单位：公顷、人、万元

名称	行政区域面积	常住人口	从业人员	二三产业从业人员	工业总产值	城镇建成区面积	城镇建成区常住人口
武义县三港乡	4773	2453	1548	601	961.0		
武义县大溪口乡	7530	1882	1224	364	782.0		
浦江县黄宅镇	6649	65254	34872	26616	623000.0	1165	20356
浦江县白马镇	5940	27955	18350	13764	513725.0	500	11667
浦江县郑家坞镇	2496	11148	8519	7495	532110.0	590	6580
浦江县郑宅镇	4108	31300	8170	7170	51000.0	181	6900
浦江县岩头镇	4910	20169	17299	13277	15000.0	110	2821
浦江县檀溪镇	10944	15826	11794	5000	15000.0	450	3705
浦江县杭坪镇	9792	17908	11129	5029	2600.0	1116	2893
浦江县大畈乡	9001	8532	5934	3680	10124.0		
浦江县中余乡	4440	9867	7250	4231	78286.0		
浦江县前吴乡	6345	12550	7605	4225	30036.0		
浦江县花桥乡	4834	8816	5220	2159	4200.0		
浦江县虞宅乡	5695	9358	7036	5176	43300.0		
磐安县安文镇	12800	36896	10748	7426	160000.0	482	35541
磐安县新渥镇	5300	16054	11275	4783	49850.0	410	1500
磐安县尖山镇	3980	13251	7827	3507	329165.0	420	6583
磐安县仁川镇	10700	14860	7920	3324	38000.0	1300	3571
磐安县大盘镇	7100	7623	5638	1208	13707.0	213	3958
磐安县方前镇	12600	9214	6654	1951	73506.0	387	1585
磐安县玉山镇	6240	16356	9468	5589	45000.0	152	3625
磐安县尚湖镇	10800	17155	11172	2724	61000.0	190	2795
磐安县冷水镇	4100	9021	6009	2205	82150.0	39	1735
磐安县深泽乡	4410	13538	8085	4760	51000.0		
磐安县双峰乡	4050	5110	3457	1412	9215.0		
磐安县双溪乡	5600	6816	4995	2059	32954.0		
磐安县窈川乡	4200	4018	2823	1828	12000.0		
磐安县盘峰乡	4130	3638	2406	1363	7980.0		
磐安县高二乡	4960	3766	2836	1164	5281.0		
磐安县维新乡	5100	2622	1557	700	22000.0		
磐安县胡宅乡	3750	10786	7494	1934	21310.0		
磐安县万苍乡	3741	9163	6579	1034	25300.0		
磐安县九和乡	5600	5432	3787	2091	14040.0		
兰溪市游埠镇	6530	38377	24635	18516	423873.0	244	14225
兰溪市诸葛镇	4855	26902	12162	9800	361693.0	208	7878
兰溪市黄店镇	13530	32347	20291	16006	113816.0	163	3994
兰溪市香溪镇	7707	35078	19725	8589	180005.0	88	6854
兰溪市马涧镇	15900	47210	24495	17380	157599.0	300	4398
兰溪市梅江镇	12540	41812	22438	10016	240000.0	118	4483
兰溪市横溪镇	8260	25284	14243	10479	170000.0	1830	10715
兰溪市灵洞乡	7020	21874	11256	8296	708696.0		
兰溪市水亭畲族乡	4580	18226	11883	8097	202000.0		
兰溪市柏社乡	12120	29187	18781	8432	17830.0		
义乌市佛堂镇	13410	141852	85875	78577	2548796.0	1512	105114
义乌市赤岸镇	14998	34654	21638	18191	399971.0	289	7950
义乌市义亭镇	5400	86143	54230	42216	1140276.0	500	38876
义乌市上溪镇	10280	72629	40829	29358	874763.0	808	45615
义乌市苏溪镇	10910	75290	49334	45355	1598915.0	1162	65014
义乌市大陈镇	13600	64871	55889	51721	715203.0	500	14437
东阳市巍山镇	17800	85109	47947	36645	408755.0	685	23683

续表 162　（浙江省）　计算单位：公顷、人、万元

名　　称	行政区域面积	常住人口	从业人员	二三产业从业人员	工业总产值	城镇建成区面积	城镇建成区常住人口
东阳市虎鹿镇	9700	30415	25004	14133	66937.0	500	10386
东阳市歌山镇	6400	41823	25015	16752	357239.0	72	13342
东阳市佐村镇	15400	15306	11045	3159	29190.0	75	4124
东阳市东阳江镇	14000	17438	12626	7702	33356.0	400	6950
东阳市湖溪镇	8620	42305	38909	12720	210236.0	500	17255
东阳市马宅镇	11991	24899	16864	13066	41423.0	200	3230
东阳市千祥镇	10400	48950	43750	27407	175043.0	95	35000
东阳市南马镇	10300	79877	27592	17193	939284.0	640	40601
东阳市画水镇	12000	47000	30950	16650	228450.0	250	17700
东阳市横店镇	12100	168483	116068	111488	1951813.0	1370	127301
东阳市三单乡	8900	11764	7081	3511	220.0		
永康市石柱镇	6540	39925	21650	16743	510060.0	135	7958
永康市前仓镇	8026	23455	18060	10189	140000.0	998	3115
永康市舟山镇	7770	22460	14501	8001	3802.0	150	3300
永康市古山镇	4910	86887	44626	39936	1108206.0	500	27024
永康市方岩镇	6713	34126	22701	20815	325134.0	60	11795
永康市龙山镇	5470	46436	22193	16997	596000.0	310	13500
永康市西溪镇	8600	30253	18629	10627	223498.0	249	8170
永康市象珠镇	8500	53281	30655	26362	364268.3	319	35317
永康市唐先镇	8600	44119	27544	20846	187138.0	220	9998
永康市花街镇	11280	26488	18225	13008	732000.0	88	2849
永康市芝英镇	6800	72529	54452	48090	1202412.0	840	10022
柯城区石梁镇	11959	29984	17687	7700	31156.0	120	7896
柯城区航埠镇	6640	51980	30020	25040	180396.0	600	19250
柯城区黄家乡	3100	17678	12041	8740	3690.0		
柯城区七里乡	6020	5443	3025	1324	323.0		
柯城区九华乡	8120	19164	14651	5955	5485.0		
柯城区沟溪乡	4450	15104	9373	4552	7375.0		
柯城区华墅乡	4500	15506	9508	3958	6431.0		
柯城区姜家山乡	1450	11441	6787	2367	30300.0		
柯城区万田乡	2520	19988	11163	5333	25011.0		
柯城区石室乡	4260	24076	10343	7313	73391.0		
衢江区上方镇	15750	27146	20081	11565	17000.0	100	3591
衢江区峡川镇	6380	12946	9546	3249	48000.0	250	3688
衢江区莲花镇	7200	35062	18002	5550	28720.0	400	1685
衢江区全旺镇	9810	23330	13559	5936	15136.0	125	3747
衢江区大洲镇	14647	14531	9848	5936	60126.0	60	4136
衢江区后溪镇	6360	24640	15382	5539	9000.0	170	2918
衢江区廿里镇	6130	34788	20205	11449	304213.0	150	9715
衢江区湖南镇	13700	10750	6941	2952	21050.0	120	2100
衢江区高家镇	12780	52011	31249	14348	86430.0	383	6829
衢江区杜泽镇	10690	25679	24956	9560	21500.0	450	7138
衢江区灰坪乡	5360	2461	1912	921	2900.0		
衢江区太真乡	5070	5409	3665	2054	3638.0		
衢江区双桥乡	3930	2695	1860	939	4549.0		
衢江区周家乡	3970	14865	9312	4417	850.0		
衢江区云溪乡	4620	24520	16191	6894	54520.0		
衢江区举村乡	7740	2635	1557	690	1600.0		
衢江区岭洋乡	15596	5451	3256	1921	9143.0		
衢江区黄坛口乡	14650	6952	4230	1900	7565.0		

续表 163 （浙江省） 计算单位：公顷、人、万元

名　称	行政区域面　积	常住人口	从业人员	二三产业从业人员	工　业总产值	城镇建成区 面 积	城镇建成区常住人口
常山县白石镇	4620	9473	5897	3592	15277.0	150	2865
常山县招贤镇	6980	31852	22455	16200	52569.0	400	4804
常山县青石镇	7870	33464	20378	12468	64736.0	160	1263
常山县球川镇	12950	35657	22683	15651	61834.0	110	13665
常山县辉埠镇	12710	31689	22670	16225	554874.0	550	5148
常山县芳村镇	14870	25710	17127	10243	21829.0	212	6315
常山县何家乡	5690	12977	7883	4845	14877.0		
常山县同弓乡	3850	10651	6800	4698	5752.0		
常山县大桥头乡	4990	14287	9259	6165	28352.0		
常山县新昌乡	11060	13050	9108	5012	9435.0		
常山县东案乡	6880	13897	8395	4648	40265.0		
开化县桐村镇	12320	17341	13424	9486	74100.0	200	3430
开化县杨林镇	13910	15967	7610	4101	10725.0	21	1382
开化县苏庄镇	23332	16565	15004	9244	45000.0	1520	1625
开化县齐溪镇	12810	7040	5782	2042	156.0	500	404
开化县村头镇	7200	17910	13572	11429	36377.0	35	3825
开化县华埠镇	43220	116882	43399	30790	719447.0	672	66253
开化县马金镇	18554	45888	27238	13515	48634.0	740	17392
开化县池淮镇	23090	21400	18672	7587	102600.0	250	6200
开化县中村乡	9460	9102	7760	4815	4350.0		
开化县长虹乡	13680	10252	9112	3526	4886.0		
开化县何田乡	10790	6364	5816	2555			
开化县林山乡	16700	18153	14400	9500	1550.0		
开化县音坑乡	9960	23215	17239	10080	14032.0		
开化县大溪边乡	8450	13842	4804	1715	10834.0		
龙游县湖镇镇	10164	52505	33179	17931	725425.0	309	32103
龙游县小南海镇	8360	30578	17954	8674	96791.0	200	3258
龙游县詹家镇	5589	26587	17356	9912	17110.0	500	8056
龙游县溪口镇	11300	23900	14314	9571	208257.0	280	14025
龙游县横山镇	8920	31005	17193	6813	83065.0	300	3413
龙游县塔石镇	8020	41818	26026	10697	58706.0	100	3715
龙游县罗家乡	5800	9944	9820	3800	25027.0		
龙游县庙下乡	8090	12897	9021	4949	3476.0		
龙游县石佛乡	6800	14209	10031	4730	85120.0		
龙游县社阳乡	9600	8995	5713	2436	12075.0		
龙游县大街乡	4480	6414	4635	2674	1230.0		
龙游县沐尘畲族乡	8070	8245	6606	3148	3546.2		
龙游县模环乡	7730	29952	17153	7755	47850.0		
江山市四都镇	4260	14747	7953	4398	185000.0	1700	3910
江山市清湖镇	7150	39120	27211	18829	431265.0	980	7195
江山市坛石镇	12395	25327	15227	9804	44323.0	1940	9272
江山市大桥镇	8052	15907	9835	7245	36700.0	712	3985
江山市新塘边镇	4788	25908	17415	12463	83215.0	40	4865
江山市廿八都镇	18694	10679	6850	3936	1956.0	200	4057
江山市长台镇	6238	17044	11647	7210	102000.0	230	5617
江山市上余镇	15457	37529	23520	17030	112348.0	1000	10435
江山市凤林镇	8986	37502	25649	18034	58049.0	121	10213
江山市峡口镇	20482	40781	24868	16714	240009.0	370	20674
江山市石门镇	9561	33462	21335	14130	73174.0	1970	7248
江山市贺村镇	13064	95576	59415	48621	1360000.0	850	44006

续表 164　　（浙江省）　　计算单位：公顷、人、万元

名　　称	行政区域面　　积	常住人口	从业人员	二三产业从业人员	工　业总产值	城镇建成区 面 积	城镇建成区常住人口
江山市大陈乡	3071	7070	4311	3021	2000.0		
江山市碗窑乡	10535	16743	10686	7358	25731.0		
江山市保安乡	7603	5208	3263	2227	8932.0		
江山市塘源口乡	10534	9752	7141	4123	1395.0		
江山市张村乡	27492	8879	5937	3263	1885.0		
定海区金塘镇	8820	48676	35856	32490	501175.0	570	35072
定海区白泉镇	8150	46461	29738	24431	430916.0	390	14385
定海区干览镇	2350	12330	8752	7076	325459.0	61	5009
舟山市普陀区六横镇	11880	60856	45062	33315	2245074.0	800	39025
舟山市普陀区虾峙镇	2290	14991	7751	4101	190488.0	8	7607
舟山市普陀区桃花镇	4170	12694	9233	4155	28246.0	950	2856
舟山市普陀区东极镇	1170	1852	763	313	1300.0	67	2208
舟山市普陀区普陀山镇	1250	12446	10801	10789		893	4388
岱山县高亭镇	5080	89370	53989	45466	630262.0	778	49392
岱山县东沙镇	2300	16982	12250	11340	481025.0	400	9230
岱山县岱东镇	2290	13032	8765	6459	71918.0	470	3073
岱山县岱西镇	3140	10708	9349	7553	390209.0	200	3718
岱山县长涂镇	6420	13173	8927	7022	1571351.0	341	5261
岱山县衢山镇	7360	59637	30908	14229	259118.0	584	29115
岱山县秀山乡	2300	10130	9466	8502	927675.0		
嵊泗县菜园镇	3300	38515	27163	23888	76943.0	228	17205
嵊泗县嵊山镇	800	7442	5091	2670	20524.0	80	7236
嵊泗县洋山镇	2100	9827	6323	4395	27045.0	350	9815
嵊泗县五龙乡	600	3836	2655	1040	10503.0		
嵊泗县黄龙乡	700	7958	3075	779	23103.0		
嵊泗县枸杞乡	662	7993	4988	1428	31420.0		
嵊泗县花鸟乡	400	643	371	144	437.0		
椒江区大陈镇	1605	2362	2112	687	3463.5	265	1625
黄岩区宁溪镇	9000	29902	20032	14345	174715.0	260	8690
黄岩区北洋镇	6100	32263	18889	8700	99344.0	30	6164
黄岩区头陀镇	5850	32149	23753	15727	61393.0	150	7880
黄岩区院桥镇	7840	77470	52429	36789	544908.0	410	21700
黄岩区沙埠镇	4400	24472	15451	11447	105723.0	50	5939
黄岩区屿头乡	9900	11872	8098	6186	11200.0		
黄岩区上郑乡	7900	11760	8381	7421	488.6		
黄岩区富山乡	5500	7945	5418	3413	377.0		
黄岩区茅畲乡	3032	13471	6801	3605	10210.0		
黄岩区上垟乡	6400	17804	10300	5600	750.0		
黄岩区平田乡	4030	9350	5277	1788			
路桥区新桥镇	1380	28409	16060	14927	743562.0	268	5703
路桥区横街镇	1493	28557	17219	16571	1151074.0	330	6316
路桥区金清镇	8140	139548	65213	55218	1268200.0	575	16100
路桥区蓬街镇	4520	69582	36802	29849	285949.0	269	7589
玉环县清港镇	5470	83673	54104	48624	1311371.0	410	31550
玉环县楚门镇	3750	119184	73060	68507	1973401.0	1100	83060
玉环县干江镇	2930	26251	16855	13196	204569.0	159	5214
玉环县沙门镇	3890	39995	29810	26624	803863.0	998	4627
玉环县芦浦镇	1970	48259	32777	30002	588137.0	116	4105
玉环县龙溪镇	3170	30538	20838	19432	721900.0	150	2736
玉环县鸡山乡	881	3316	1687	280	6387.0		

续表 165　　（浙江省）　　计算单位：公顷、人、万元

名　　称	行政区域面积	常住人口	从业人员	二三产业从业人员	工业总产值	城镇建成区面积	城镇建成区常住人口
玉环县海山乡	830	7660	3320	1459	188.0		
三门县珠岙镇	8320	41308	27675	23917	480000.0	105	6338
三门县亭旁镇	13100	46682	31018	23878	93615.0	350	8751
三门县健跳镇	16320	60019	41949	29417	501724.0	216	11890
三门县横渡镇	11370	12409	8210	5995	3881.0	200	2601
三门县浦坝港镇	25320	94219	62605	40623	455219.0		
三门县花桥镇	8305	23005	14744	9488	23016.0	101	7154
三门县蛇蟠乡	1970	3002	1959	691			
天台县白鹤镇	14330	62349	36846	21985	359211.0	250	7392
天台县石梁镇	15860	14895	9714	6657	2025.0	180	1381
天台县街头镇	14273	38751	25649	17515	21598.0	250	5136
天台县平桥镇	18180	109454	79460	63397	366042.0	459	26806
天台县坦头镇	8280	39676	27429	21214	585844.0	800	10945
天台县三合镇	5970	39841	23178	17788	343000.0	200	7454
天台县洪畴镇	4060	17319	10278	8629	227800.0	250	7093
天台县三州乡	4350	9223	5780	2784			
天台县龙溪乡	6570	6295	4350	2865	693.0		
天台县雷峰乡	7990	14898	9690	6740	232.0		
天台县南屏乡	5100	8720	5627	3997	1750.0		
天台县泳溪乡	7780	12732	8724	5594	513.0		
仙居县横溪镇	21100	45600	29152	20974	85078.0	470	34620
仙居县埠头镇	6970	16967	11253	9108	23287.0	110	8814
仙居县白塔镇	10702	41002	24782	18594	66943.0	350	12624
仙居县田市镇	9258	26260	15855	12230	30144.0	240	8042
仙居县官路镇	8000	22762	14768	10450	57662.0	40	4408
仙居县下各镇	8950	52765	31874	24109	169468.0	92	10950
仙居县朱溪镇	18250	23491	15922	12022	2769.0	100	7315
仙居县安岭乡	4870	8914	6266	3688	265.0		
仙居县溪港乡	6274	5828	3710	2320	665.0		
仙居县湫山乡	13010	15269	10035	7805	3674.0		
仙居县淡竹乡	21150	12093	7448	5297	3117.0		
仙居县皤滩乡	7020	15447	9648	6672	16680.0		
仙居县上张乡	10280	10312	7079	5187	7084.0		
仙居县步路乡	7180	14214	9210	6352	12757.0		
仙居县广度乡	8250	8658	5135	3927	324.0		
仙居县大战乡	5910	15025	9119	6535	52255.0		
仙居县双庙乡	6090	10708	6517	4219	14847.0		
温岭市泽国镇	6328	212955	156391	151055	3622753.0	1390	62269
温岭市大溪镇	12950	139144	98794	92765	3007835.0	1030	72121
温岭市松门镇	8270	100265	62692	42786	996378.0	862	45583
温岭市箬横镇	11790	147921	93804	61826	1225883.0	491	32417
温岭市新河镇	7140	120370	72776	55568	714391.0	712	40976
温岭市石塘镇	2820	69647	51883	28197	743759.0	190	11300
温岭市滨海镇	6170	73547	50259	29376	526825.0	589	17250
温岭市温峤镇	7750	67530	42712	33445	769403.0	323	18010
温岭市城南镇	10910	70837	44326	31184	354529.0	181	12218
温岭市石桥头镇	2840	29216	18675	12650	137727.0	119	9072
温岭市坞根镇	3470	25080	13383	9980	155564.0	155	6052
临海市汛桥镇	5300	18732	11713	7760	416529.0	380	4390
临海市东塍镇	16500	56956	37886	26285	659278.0	358	23997

续表 166 （浙江省） 计算单位：公顷、人、万元

名 称	行政区域面积	常住人口	从业人员	二三产业从业人员	工业总产值	城镇建成区面积	城镇建成区常住人口
临海市汇溪镇	5700	12528	7133	5112	17021.0	150	2650
临海市小芝镇	9000	31166	21676	15790	70518.0	40	5293
临海市河头镇	10000	31413	20143	13018	35858.0	120	4805
临海市白水洋镇	21700	73763	46885	32050	195147.0	680	36950
临海市括苍镇	15600	39924	26352	19998	44260.0	120	11978
临海市永丰镇	15600	50028	29259	19636	90174.0	120	7526
临海市尤溪镇	13600	19402	13093	8496	190736.0	275	7923
临海市涌泉镇	11200	50392	31668	18788	394489.0	487	12315
临海市沿江镇	8800	50161	30289	23265	389680.0	168	7250
临海市杜桥镇	18600	267178	161616	134950	3134517.0	600	114212
临海市上盘镇	9900	58079	34960	22436	578972.0	220	41187
临海市桃渚镇	12900	90827	60498	40848	55098.0	400	14533
莲都区碧湖镇	21599	58038	33736	15268	371435.0	504	29531
莲都区大港头镇	9088	12056	8340	3398	14524.0	63	2981
莲都区老竹畲族镇	8206	13560	8025	4065	613.0	13	2980
莲都区雅溪镇	15764	10157	6950	3350	1826.0	68	2010
莲都区太平乡	10534	17254	12324	7255	15002.0		
莲都区仙渡乡	6580	6460	4818	1573	727.0		
莲都区峰源乡	15114	5244	3498	1465	1143.0		
莲都区丽新畲族乡	7899	5925	5310	1601	5836.0		
莲都区黄村乡	10347	6625	5310	987	594.0		
青田县温溪镇	5800	68735	32044	30443	2544718.0	591	58150
青田县东源镇	8600	11385	6075	4680	181996.0	220	7150
青田县高湖镇	8900	13234	5801	3741	102000.0	350	11051
青田县船寮镇	16600	34205	20485	9710	175000.0	405	6305
青田县海口镇	11200	11960	10429	6877	25200.0	200	3419
青田县腊口镇	9400	16954	11216	5990	140824.5	183	11567
青田县北山镇	24480	3048	2340	616	1310.0	68	1230
青田县山口镇	3830	8395	5613	4949	127679.0	150	7567
青田县仁庄镇	9300	4934	3121	1115	2157.0	35	2453
青田县万山乡	2700	732	478	371	330.0		
青田县黄垟乡	4400	2985	1728	1050	98226.0		
青田县季宅乡	7500	6385	6215	4100	1870.0		
青田县高市乡	5200	3850	2910	1769	7003.0		
青田县海溪乡	3300	4392	2887	587	2745.0		
青田县章村乡	9900	8852	5234	3002	1070.0		
青田县祯旺乡	8400	2543	1451	861	514.0		
青田县祯埠乡	12800	7653	4809	2941	78000.0		
青田县舒桥乡	7400	7225	4945	1605	70.0		
青田县巨浦乡	9900	5995	2162	844	755.0		
青田县万阜乡	7530	3053	1621	774	313.0		
青田县方山乡	3700	4752	2951	483	995.0		
青田县汤垟乡	7900	1118	1075	295	200.0		
青田县贵岙乡	6000	2021	1377	354	1059.0		
青田县小舟山乡	2500	1325	619	461	4652.0		
青田县吴坑乡	3600	3995	2323	1858	3465.0		
青田县仁宫乡	9100	6181	2538	1394	1650.0		
青田县章旦乡	3530	2446	1469	479	56.0		
青田县阜山乡	12000	9932	6475	1395	2794.0		
青田县石溪乡	2960	3798	2043	1685	8339.0		

续表 167　　（浙江省）　　计算单位：公顷、人、万元

名　　称	行政区域面　　积	常住人口	从业人员	二三产业从业人员	工　业总产值	城镇建成区 面 积	城镇建成区常住人口
缙云县壶镇镇	22800	113175	59275	46589	1699682.0	965	70220
缙云县新建镇	17366	48399	32275	24087	151449.0	298	20738
缙云县舒洪镇	6520	15662	10525	5009	160594.0	116	7686
缙云县大洋镇	16100	12136	7133	2511	1823.0	100	4987
缙云县东渡镇	12800	33998	21285	10201	192852.0	45	5395
缙云县东方镇	8100	24434	12303	6685	259039.0	750	18150
缙云县大源镇	8880	19697	13349	6677	2165.0	40	3522
缙云县七里乡	6140	10727	5981	2665	4830.0		
缙云县前路乡	4450	7057	4696	1847	1007.0		
缙云县三溪乡	4270	5423	3054	1268	1560.0		
缙云县溶江乡	5000	11501	7676	4612	2350.0		
缙云县双溪口乡	3500	12001	7972	3850	4909.0		
缙云县胡源乡	4450	13147	9127	5172	1939.0		
缙云县方溪乡	3300	4106	2544	1132	491.0		
缙云县石笕乡	5340	5208	3380	1806	567.0		
遂昌县新路湾镇	13600	11705	6715	1973	19591.0	110	1327
遂昌县北界镇	8300	9412	5647	1863	12500.0	15	2023
遂昌县金竹镇	14000	10533	8360	3019	21213.0	37	3220
遂昌县大柘镇	12300	13255	9077	3571	31870.0	150	7412
遂昌县石练镇	10900	13204	7596	2856	13000.0	892	5916
遂昌县王村口镇	16500	5594	5542	2585	18023.0	20	2622
遂昌县黄沙腰镇	16900	4395	3904	1707	2133.0	1	788
遂昌县三仁畲族乡	7900	8470	4123	1790	18020.0		
遂昌县濂竹乡	5500	1948	1130	629	24022.0		
遂昌县应村乡	8300	8375	3350	1660	4985.0		
遂昌县高坪乡	4800	4574	3557	1145	282.0		
遂昌县湖山乡	18700	11083	6876	2831	18540.0		
遂昌县蔡源乡	5600	1968	1825	838	1284.0		
遂昌县焦滩乡	8500	2543	1431	548	6894.0		
遂昌县龙洋乡	14800	4015	2848	1626	4427.0		
遂昌县柘岱口乡	16900	5016	3929	2129	9023.0		
遂昌县西畈乡	13500	3032	1365	290	1548.8		
遂昌县垵口乡	16300	4698	4552	2007	4541.0		
松阳县古市镇	5000	17806	14061	6643	177833.1	360	9110
松阳县玉岩镇	14300	10258	8223	1747	7482.0	310	1360
松阳县象溪镇	12100	12530	9223	3184	24500.0	206	567
松阳县大东坝镇	21600	16692	10276	3050	16324.0	112	711
松阳县新兴镇	13700	22216	15670	5170	57000.0	103	1135
松阳县叶村乡	4200	6275	3986	1706	3715.0		
松阳县斋坛乡	2800	7220	5205	1314	18000.0		
松阳县三都乡	5800	8516	5721	3685	1381.0		
松阳县竹源乡	5000	6710	4562	454	960.0		
松阳县四都乡	4000	3650	2288	1120			
松阳县赤寿乡	4800	11148	7310	2990	69000.0		
松阳县樟溪乡	3000	10352	10272	3752	2183.0		
松阳县枫坪乡	10000	8639	5995	1305	9710.0		
松阳县板桥畲族乡	3200	4936	3819	1876	5526.0		
松阳县裕溪乡	7600	6268	4157	2081	16260.0		
松阳县安民乡	8300	3000	2334	599	1380.0		
云和县崇头镇	22850	10769	8429	5786	5600.0	41	2203

续表 168　　　　（浙江省）　　　　计算单位：公顷、人、万元

名　　称	行政区域面　　积	常住人口	从业人员	二三产业从业人员	工　业总产值	城镇建成区 面 积	城镇建成区常住人口
云和县石塘镇	17890	8115	8112	3377	44530.1	100	515
云和县紧水滩镇	14760	8165	5505	4594	8806.0	250	417
云和县雾溪畲族乡	3330	1822	1313	1013			
云和县安溪畲族乡	3300	2065	1656	888	1077.0		
云和县赤石乡	12400	2240	4990	3600			
庆元县黄田镇	12580	12830	8014	2260	102633.0	100	1786
庆元县竹口镇	17190	11038	6736	4336	167150.0	112	6437
庆元县荷地镇	10270	3004	2715	745	129.0	568	1221
庆元县左溪镇	14100	2839	1785	798	5315.0	100	2839
庆元县贤良镇	7590	1552	962	106	292.0	100	821
庆元县百山祖镇	19026	2015	1382	142	462.0	13	35
庆元县岭头乡	12050	4409	2805	1329	571.0		
庆元县五大堡乡	15800	4839	3195	545	618.0		
庆元县淤上乡	6080	8317	5398	2302	43562.0		
庆元县安南乡	8480	7662	3526	1376	74583.0		
庆元县张村乡	6620	1701	1071	150	7119.0		
庆元县隆宫乡	6790	6457	3997	1545	77001.0		
庆元县举水乡	8180	1772	1084	23	203.0		
庆元县江根乡	5820	1778	1609	791	151.0		
庆元县龙溪乡	4450	1169	750	300	750.0		
庆元县官塘乡	5350	1362	985	197	306.0		
景宁畲族自治县渤海镇	10840	5112	3415	1129	185.0	100	1007
景宁畲族自治县东坑镇	17320	6250	6130	2132	15440.0	6060	1862
景宁畲族自治县英川镇	13160	7881	5335	2747	9500.0	21	1215
景宁畲族自治县沙湾镇	12270	12785	7935	5290	4290.0	100	2884
景宁畲族自治县大均乡	9670	2749	2242	1080	2007.0		
景宁畲族自治县澄照乡	8440	4955	3080	735	15100.0		
景宁畲族自治县梅岐乡	8680	1212	820	390	1640.0		
景宁畲族自治县郑坑乡	3350	3483	2104	914	50.0		
景宁畲族自治县大漈乡	5690	3010	1919	544	1982.0		
景宁畲族自治县景南乡	9500	4265	2258	495	2630.0		
景宁畲族自治县雁溪乡	5640	1793	1217	335	6520.0		
景宁畲族自治县鸬鹚乡	5780	3965	2496	1501	2550.0		
景宁畲族自治县梧桐乡	7600	3823	2305	1514	1530.0		
景宁畲族自治县标溪乡	4970	2298	1449	249	1015.0		
景宁畲族自治县毛垟乡	5692	2273	1729	570	3781.0		
景宁畲族自治县秋炉乡	5420	2693	1680	837	980.0		
景宁畲族自治县大地乡	10500	2473	1530	548	704.0		
景宁畲族自治县家地乡	4960	860	582	122	2980.0		
景宁畲族自治县九龙乡	20600	6411	4587	1787	2035.0		
龙泉市八都镇	14280	24195	13722	8056	136425.0	111	10230
龙泉市上垟镇	16200	16489	10346	3786	60000.0	162	3076
龙泉市小梅镇	10250	8553	6253	2418	50836.0	1	2279
龙泉市查田镇	12236	16054	9090	6585	168292.0	210	4103
龙泉市安仁镇	20800	24379	13347	9142	92877.0	2	9336
龙泉市锦溪镇	16200	9565	6443	2920	68814.0	1800	2606
龙泉市住龙镇	26970	5616	3702	1200	10056.0	98	2076
龙泉市屏南镇	28500	1969	1786	136	4156.0	400	1011
龙泉市兰巨乡	15600	12926	8783	3688	32629.0		
龙泉市宝溪乡	14800	5899	4384	1815	9000.0		

续表 169　　（浙江省、安徽省）　　计算单位：公顷、人、万元

名　　称	行政区域面　　积	常住人口	从业人员	二三产业从业人员	工　业总产值	城镇建成区 面 积	城镇建成区常住人口
龙泉市竹垟畲族乡	10408	6600	4017	1231	4950.0		
龙泉市道太乡	35100	7590	6437	2332	4203.0		
龙泉市岩樟乡	10100	1975	1932	277			
龙泉市城北乡	23180	4101	2261	937	2915.0		
龙泉市龙南乡	20600	4503	3762	1246	3200.0		
安徽省							
瑶海区大兴镇	1570	57002	7971	7015	115759.0	120	32647
庐阳区大杨镇	3602	52136	42093	13573	544282.0	380	26211
庐阳区三十岗乡	3240	12733	8715	5918	5544.0		
蜀山区井岗镇	1900	129711	35299	34028	165000.0	150	126675
蜀山区南岗镇	3960	19898	6999	6454	1530000.0	1289	18023
蜀山区小庙镇	20134	72015	61003	42693	245012.0	420	27535
包河区淝河镇	2650	82953	49259	48367	257340.0	5	892
包河区大圩镇	3792	24971	14746	9618	47859.0	49	12000
长丰县水湖镇	12930	131860	58399	20147	380000.0	890	68820
长丰县庄墓镇	4130	29365	14300	3150	51230.0	128	9526
长丰县杨庙镇	10200	40007	33114	16490	295000.0	390	10976
长丰县吴山镇	13100	33214	30848	12829	392970.0	500	15112
长丰县岗集镇	16100	55283	22345	12945	125500.0	826	19400
长丰县双墩镇	20134	122791	67738	54863	234273.0	875	72658
长丰县下塘镇	23000	73286	52375	32621	393485.0	500	16981
长丰县朱巷镇	10500	29088	12314	4288	13090.0	375	11000
长丰县罗塘乡	13477	72542	21901	7921	152000.0		
长丰县义井乡	9539	26814	16315	4363	8500.0		
长丰县陶楼乡	10500	26209	18710	10465	12679.0		
长丰县造甲乡	12000	32174	27600	9600	5000.0		
长丰县左店乡	10110	38202	32941	8312	21920.0		
长丰县杜集乡	17100	45571	28056	20824	14152.0		
肥东县店埠镇	17500	235071	194126	178295	1310901.0	1800	179645
肥东县撮镇镇	11670	78438	49051	42534	2892145.0	1630	59341
肥东县梁园镇	16169	53279	51771	36240	102283.0	650	24465
肥东县桥头集镇	12600	46865	35726	22102	385042.0	23	8402
肥东县长临河镇	10000	32501	30859	12615	21370.0	200	5378
肥东县石塘镇	11990	72550	45800	32680	97701.0	122	13439
肥东县古城镇	20400	41950	32084	22355	6000.0	150	4500
肥东县八斗镇	17670	49043	42892	13439	12123.0	150	2965
肥东县元疃镇	9170	18780	16796	10616	135410.0	410	3860
肥东县白龙镇	20200	70115	45867	28181	81526.0	200	3168
肥东县包公镇	14014	38821	37441	22915	48598.0	198	6185
肥东县陈集镇	8384	29986	19232	5267	12698.0	44	4896
肥东县众兴乡	5100	24575	21171	13047	56348.0		
肥东县张集乡	7200	33865	18360	13405	3000.0		
肥东县马湖乡	7900	20962	20440	11938	28200.0		
肥东县响导乡	8900	19673	19393	9680	8342.0		
肥东县杨店乡	9200	33350	33300	26050	2358.0		
肥东县牌坊回族满族乡	8740	44956	42768	23346	14749.0		
肥西县上派镇	12100	189253	57324	39899	290347.0	95	163246
肥西县三河镇	7365	59396	32277	22161	394975.0	329	30369
肥西县官亭镇	23700	90941	45234	23207	168100.0	1500	12470
肥西县山南镇	20800	62905	46223	26426	121145.0	54	27220

续表 170 （安徽省） 计算单位：公顷、人、万元

名　　称	行政区域面积	常住人口	从业人员	二三产业从业人员	工业总产值	城镇建成区面积	城镇建成区常住人口
肥西县花岗镇	24520	107566	66782	48025	589922.0	200	14475
肥西县紫蓬镇	8995	30521	17685	10070	471356.0	28	1996
肥西县桃花镇	4100	72945	38610	38610	550000.0	750	4500
肥西县丰乐镇	11600	38660	27732	11689	62000.0	280	10798
肥西县高店乡	10390	31085	22201	15951	18800.0		
肥西县铭传乡	12610	38710	23234	13207	4130.0		
肥西县柿树岗乡	13700	40326	35223	22539	9214.0		
肥西县严店乡	7700	41927	27496	17575	140132.0		
庐江县庐城镇	16900	175905	82900	61657	290520.0	2612	78075
庐江县冶父山镇	15440	37936	34096	22799	205947.0	86	4075
庐江县万山镇	9345	43698	26562	17537	114875.0	420	8002
庐江县汤池镇	9190	33501	30325	21202	42160.0	300	15290
庐江县郭河镇	12030	44333	33711	22063	97862.0	180	11729
庐江县金牛镇	6742	28579	25871	17461	61250.0	218	8270
庐江县石头镇	7667	33807	23030	15430	146200.0	200	7850
庐江县同大镇	11362	62387	46269	37093	189700.0	260	10280
庐江县白山镇	10500	44993	25473	16549	61975.0	210	12914
庐江县盛桥镇	12832	56676	41526	26992	167751.0	289	21025
庐江县白湖镇	31455	81208	52794	34751	170000.0	82	12813
庐江县龙桥镇	10520	44863	44854	34539	118926.0	160	13000
庐江县矾山镇	12600	44250	30219	10163	114575.0	100	17006
庐江县罗河镇	11890	55989	41493	26396	128500.0	318	18224
庐江县泥河镇	18350	84315	57000	38190	199670.0	300	39912
庐江县乐桥镇	12872	52382	38404	22578	46351.0	251	9817
庐江县柯坦镇	13600	56127	38289	24378	87620.0	510	11315
合肥经济技术开发区高刘镇	19500	63398	45094	22044	69658.0	525	18102
合肥瑶海经济开发区磨店乡	6140	24310	17707	15010	101254.0		
巢湖市栏杆集镇	12056	50716	36350	24200	21300.0	180	8570
巢湖市苏湾镇	14394	56105	55382	36851	17306.0	76	10021
巢湖市柘皋镇	14980	68596	31850	15400	260000.0	500	22000
巢湖市银屏镇	9800	37890	13994	10165	214000.0	25	3285
巢湖市夏阁镇	18627	67253	36285	27185	269000.0	100	9450
巢湖市中垾镇	6697	34375	20606	10580	226893.0	360	7092
巢湖市散兵镇	12600	39949	34455	10035	255268.5	69	10260
巢湖市烔炀镇	15953	62335	35437	18249	210840.0	481	23900
巢湖市黄麓镇	8340	42889	22355	9258	697140.0	420	6437
巢湖市槐林镇	14696	72765	64995	28040	910000.0	450	40875
巢湖市坝镇镇	6600	30751	16904	7133	68250.0	202	12219
巢湖市庙岗乡	10700	35777	19321	12234	7500.0		
鸠江区沈巷镇	23800	81145	77429	55198	325683.0	320	38011
鸠江区二坝镇	11400	59295	50645	30246	15100.0	320	22791
鸠江区汤沟镇	11300	63985	21960	15335	61400.0	211	14998
鸠江区白茆镇	12300	71598	54413	20691	67780.0	265	10855
三山区峨桥镇	10500	50408	28894	15847	196880.0	100	2579
芜湖县湾沚镇	20590	129308	88863	68725	137366.0	3085	93421
芜湖县六郎镇	12470	83026	82892	34133	369928.0	250	4650
芜湖县陶辛镇	8540	52512	28703	14115	129582.0	218	2178
芜湖县红杨镇	14060	53491	36900	23080	217281.0	112	8021
芜湖县花桥镇	9490	38407	33207	16369	35643.0	157	7000
繁昌县繁阳镇	10900	98112	45053	42840	812960.0	1860	75330

续表 171　　（安徽省）　　计算单位：公顷、人、万元

名　　称	行政区域面　　积	常住人口	从业人员	二三产业从业人员	工　业总产值	城镇建成区 面 积	城镇建成区常住人口
繁昌县荻港镇	8770	39753	27330	24618	1062513.0	150	13865
繁昌县孙村镇	15400	57476	38258	33918	1519146.0	545	32742
繁昌县平铺镇	9300	31734	19494	9558	57968.0	67	1856
繁昌县新港镇	3470	17408	11987	8505	1590500.0	300	4620
繁昌县峨山镇	7600	22922	13741	9544	313750.0	102	1437
南陵县籍山镇	17210	136845	53167	28759	315242.0	2510	61970
南陵县许镇镇	17754	78622	69296	31390	406520.0	492	33613
南陵县弋江镇	15910	105145	88740	68417	620000.0	405	34667
南陵县三里镇	17236	37680	28329	23779	326000.0	244	16813
南陵县何湾镇	21713	45102	24325	7368	82104.0	150	9324
南陵县工山镇	18010	52607	37343	19002	250010.0	30	1505
南陵县烟墩镇	10390	17045	10890	6718	71490.0	115	2483
南陵县家发镇	8120	30674	18335	9930	246840.0	48	4612
无为县无城镇	11924	229150	65180	41905	765812.0	3300	221950
无为县襄安镇	7727	52365	29832	17282	89268.0	450	24936
无为县陡沟镇	13511	64732	28696	13933	37402.0	465	9324
无为县石涧镇	15865	78784	34686	13764	330000.0	250	18553
无为县严桥镇	17331	65116	37244	17766	46600.0	441	9186
无为县开城镇	11913	60523	27486	16199	58000.0	186	6933
无为县蜀山镇	12577	57841	38067	22869	60222.7	181	6475
无为县牛埠镇	15900	41824	40685	28250	138000.0	632	10351
无为县刘渡镇	7081	39842	24554	3433	92005.0	105	3701
无为县姚沟镇	6684	30467	19591	12653	825690.0	600	14000
无为县泥汊镇	12349	67158	39576	22954	1031000.0	56	16360
无为县福渡镇	6682	36201	22613	9893	122380.0	2000	9798
无为县泉塘镇	11427	59120	45491	22472	69120.0	85	4364
无为县赫店镇	5600	37712	15384	5382	141200.0	72	1849
无为县红庙镇	8400	44075	17512	10836	25310.0	860	3295
无为县高沟镇	10000	58836	35371	24019	3138650.0	750	55265
无为县鹤毛乡	7074	25376	16544	9899	12000.0		
无为县十里墩乡	5273	42455	20310	8075	170663.0	86	1135
无为县昆山乡	10785	33200	15954	10131	69731.0		
无为县洪巷乡	8460	39115	22301	15460	18875.0		
龙子湖区长淮卫镇	8442	43678	25396	10758	18726.0	22	3266
龙子湖区李楼乡	6100	28263	18903	9121	465057.0		
蚌山区燕山乡	6700	38163	19892	12998	206000.0		
蚌山区雪华乡	650	9686	3368	3368			
禹会区秦集镇	3000	30527	19900	11695	132000.0		
禹会区马城镇	14500	71300	54248	18636	25890.0	220	10325
禹会区禹会虚镇	167	168649	163721	162876	198867.0		
禹会区长青乡	7333	38184	25548	17696	101182.0	120	11203
淮上区小蚌埠镇	4400	52387	23817	17149	130000.0	100	8000
淮上区吴小街镇	3700	31003	14995	11052	113720.0	270	11945
淮上区曹老集镇	9800	47251	28708	8370	113600.0	252	10822
淮上区梅桥镇	6023	47278	27465	13652	9726.0	127	6238
淮上区沫河口镇	16671	77988	37767	12099	132195.0	640	22910
怀远县城关镇	11522	185449	118532	104149	500749.0	2445	134125
怀远县鲍集镇	17495	73079	51625	29340	52146.0	253	22299
怀远县龙亢镇	10440	64586	37134	14371	84562.0	212	12931
怀远县河溜镇	13474	52710	39933	17999	27068.0	164	13891

续表 172　（安徽省）　计算单位：公顷、人、万元

名　　称	行政区域面　积	常住人口	从业人员	二三产业从业人员	工　业总产值	城镇建成区　面　积	城镇建成区常住人口
怀远县常坟镇	13382	105864	60360	32533	168549.0	306	27962
怀远县双桥集镇	13252	64961	33079	19719	17225.0	190	7071
怀远县魏庄镇	10336	48904	23150	19950	6500.0	70	5200
怀远县万福镇	12130	57129	33999	11780	5490.0	152	5661
怀远县唐集镇	15496	66533	43012	19109	75630.0	128	11152
怀远县白莲坡镇	13889	89546	48653	27235	213685.0	60	5358
怀远县褚集镇	9428	43247	28861	13367	21903.0	74	6336
怀远县古城镇	10849	58307	36833	15120	33866.0	56	3628
怀远县淝南乡	10640	55672	32072	12641	25360.0		
怀远县淝河乡	15444	79156	43786	23106	12860.0		
怀远县陈集乡	9764	39820	26886	15408	13125.0		
怀远县徐圩乡	11458	53088	30268	17758	11200.0		
怀远县兰桥乡	7954	40127	26675	14243	14865.0		
怀远县荆芡乡	8676	58738	32485	12754	96792.0		
五河县城关镇	7400	109284	72371	64941	82728.0	453	71287
五河县新集镇	10220	52565	37730	18038	24653.5	200	12000
五河县小溪镇	9900	27889	21101	11065	25773.0	312	5923
五河县双忠庙镇	14300	55180	24883	2252	47203.0	150	9489
五河县小圩镇	10900	46124	27527	22050	99800.0	450	5341
五河县东刘集镇	17300	67768	44087	14882	450.0	251	3120
五河县头铺镇	9500	55666	30453	14886	8500.0	201	10496
五河县大新镇	5503	29694	18441	6141	6500.0	119	6061
五河县武桥镇	7700	31018	16560	4114	77658.0	2600	8237
五河县朱顶镇	10900	47258	39535	13095	40220.0	432	6812
五河县浍南镇	16560	61050	35353	25152	135000.0	100	4485
五河县申集镇	12300	50448	45401	24783	9534.0	80	3456
五河县沱湖乡	2400	10451	6845	4293	800.0	30	4200
五河县临北回族乡	5900	21785	15619	7203	5138.0		
固镇县城关镇	12100	108266	37892	15503	976000.0	1560	55992
固镇县王庄镇	10800	37929	28704	6277	65893.0	218	7742
固镇县新马桥镇	13700	52456	35256	8642	196236.0	190	6996
固镇县连城镇	10100	50422	26729	3898	87560.0	300	4496
固镇县刘集镇	16500	60395	39296	20613	98854.9	280	15870
固镇县任桥镇	12500	56167	38464	22093	35263.0	286	26417
固镇县湖沟镇	13100	49370	39720	9185	197600.0	370	8658
固镇县濠城镇	7800	33459	28618	10209	26120.0	148	1256
固镇县石湖乡	8000	31592	31534	14299	125000.0		
固镇县杨庙乡	16200	57683	46757	12799	72307.0		
固镇县仲兴乡	15200	57225	36835	10267	96296.0		
大通区上窑镇	6460	31170	15780	14690	86500.0	250	5483
大通区洛河镇	3600	38675	11664	11353	33603.0	23	22379
大通区九龙岗镇	3350	29698	14781	13658	84583.0	60	18116
大通区孔店乡	14800	44918	44255	13191	26758.5		
田家庵区舜耕镇	4730	61207	7138	6575	10320.0	50	2706
田家庵区安成镇	3990	33260	27232	11802	89018.0	11	2016
田家庵区曹庵镇	5670	37147	23806	12840	65132.0	218	2911
田家庵区三和镇	6800	39440	22598	14325	40124.0	1000	39440
田家庵区史院乡	3700	21993	14951	6161	13.5		
谢家集区望峰岗镇	2600	40249	20670	19019	76022.0	280	35000
谢家集区李郢孜镇	2350	41779	29740	26872	116469.0	162	32724

续表 173　　　　（安徽省）　　　　计算单位：公顷、人、万元

名　称	行政区域面积	常住人口	从业人员	二三产业从业人员	工业总产值	城镇建成区面积	城镇建成区常住人口
谢家集区唐山镇	4000	17451	14372	10408	160210.0	16	1634
谢家集区杨公镇	7680	27515	21508	10600	47265.0	75	1450
谢家集区孙庙乡	5930	18422	14518	6952	29526.0		
谢家集区孤堆回族乡	3700	16029	14029	8497	20500.0		
八公山区八公山镇	2700	18015	6068	4494	39370.0	40	3259
八公山区山王镇	4400	53946	13362	10350	41340.0	120	31469
八公山区李冲回族乡	2250	18425	11822	4292	29304.0		
潘集区高皇镇	7300	50193	29205	21197	26633.0	403	8652
潘集区平圩镇	5238	41179	22998	17246	90287.0	2604	22688
潘集区泥河镇	4600	39990	18002	11116	64450.0	28	16912
潘集区潘集镇	5700	37923	24743	19383	40030.0	296	7720
潘集区芦集镇	7106	53979	26982	22047	49891.0	430	22973
潘集区架河镇	4278	29782	20298	15441	11000.0	101	2239
潘集区夹沟镇	5644	32227	24731	15969	18362.0	102	2550
潘集区祁集镇	3400	22109	13284	9872	17674.0	83	4680
潘集区贺疃镇	6693	32850	19077	12603	17158.0	120	3815
潘集区古沟回族乡	4065	30207	17094	14032	78426.0		
凤台县城关镇	1947	103776	9649	9540	19836.0	1510	100036
凤台县新集镇	6695	65211	16234	10203	126300.0	72	11985
凤台县朱马店镇	6880	34482	23123	11903	135895.0	150	9336
凤台县岳张集镇	6299	54285	33598	26452	60720.0	400	9210
凤台县顾桥镇	4400	30382	19793	11789	193270.0	120	8925
凤台县毛集镇	6500	49622	25333	15783	82550.0	541	31818
凤台县夏集镇	3960	31842	17336	10970	128966.0	278	14334
凤台县桂集镇	6560	39987	18507	11905	336240.0	380	15085
凤台县焦岗湖镇	9400	43953	26547	18445	20612.0	80	10821
凤台县凤凰镇	6767	41937	33014	20049	7253.0	470	12124
凤台县杨村镇	5160	40293	21580	12785	168351.0	180	9250
凤台县丁集镇	4450	34157	18181	5789	34716.0		
凤台县刘集乡	7338	37481	23569	15733	52650.0		
凤台县古店乡	5472	32366	17473	10641	40315.0		
凤台县钱庙乡	6018	36210	24220	13520	42522.0		
凤台县尚塘乡	6290	34336	24823	13242	69045.0		
凤台县关店乡	4735	27612	17369	11734	50442.0		
凤台县大兴集乡	4666	26107	24233	8465	60516.0		
雨山区向山镇	5400	57897	10276	7800	248500.0	162	44895
雨山区佳山乡	8600	84211	38995	29742	372000.0		
博望区博望镇	13300	90548	67910	24662	1208600.0	880	40700
博望区丹阳镇	12700	54805	38688	20651	429103.0	500	19951
博望区新市镇	7240	42208	24612	18976	245400.0	70	1762
当涂县姑孰镇	11394	155874	111941	83074	58012.0	2800	133522
当涂县黄池镇	8350	45380	21500	10269	216000.0	3	12493
当涂县乌溪镇	4700	22191	11701	7958	35000.0	268	3722
当涂县石桥镇	8900	49582	28480	21218	325618.0	1100	16982
当涂县塘南镇	6300	33471	20306	11064	43820.0	195	7752
当涂县护河镇	6400	25437	13064	8830	135710.0	320	1929
当涂县太白镇	8400	38515	15583	13033	2015674.0	522	12010
当涂县年陡镇	8950	39835	21760	19858	713562.0	10	3326
当涂县湖阳镇	15000	30027	21561	5040	23010.0	162	3682
当涂县大陇乡	5980	33915	15898	9309	57395.0		

续表 174 （安徽省） 计算单位：公顷、人、万元

名称	行政区域面积	常住人口	从业人员	二三产业从业人员	工业总产值	城镇建成区面积	城镇建成区常住人口
当涂县江心乡	8900	25558	12394	3348	14102.0		
含山县环峰镇	18070	95746	66382	56134	143200.0	1550	42110
含山县运漕镇	6856	46509	21151	13675	230000.0	319	8976
含山县铜闸镇	7276	28661	19442	10112	145757.9	100	7350
含山县陶厂镇	11640	41169	16173	10939	123767.0	170	4243
含山县林头镇	14460	73894	39332	23970	1064500.0	460	30125
含山县清溪镇	11750	40152	23251	15843	370175.0	80	7112
含山县仙踪镇	17422	65398	26750	12850	165066.0	160	5437
含山县昭关镇	8788	21543	14603	7300	103550.0	80	2650
含山县经济开发区	2600	13751	8937	4906	426680.0	450	2300
含山县褒禅山经济园区	4850	17366	7489	2947	75000.0		
和县历阳镇	18179	137645	79764	56440	1246983.0	1417	83550
和县白桥镇	12879	41983	31384	21480	125436.0	230	15380
和县姥桥镇	11828	66912	15408	9373	142356.0	277	10847
和县功桥镇	12734	40437	28754	22439	8756.0	48	7198
和县西埠镇	16757	39150	24238	13800	261237.0	381	12736
和县香泉镇	14121	29423	24915	14265	66394.0	80	13068
和县乌江镇	15095	66814	40775	28230	1214746.0	720	27315
和县善厚镇	13791	34096	20102	14380	27963.0	359	8579
和县石杨镇	16480	41820	27698	18708	263574.0	330	8853
杜集区朔里镇	5006	33323	15291	10435	491871.0	50	5728
杜集区石台镇	5132	31885	17031	8262	199821.0	319	5660
杜集区段圆镇	4130	31036	19861	9937	398031.0	191	4025
相山区渠沟镇	6000	49094	26691	16602	2255000.0	58	4350
烈山区烈山镇	11800	73034	41156	21377	461631.0	7339	38550
烈山区宋町镇	10100	52573	25392	5761	56988.0	126	4945
烈山区古饶镇	12620	91552	59925	27360	254423.0	155	5685
濉溪县濉溪镇	6500	99788	18928	14056	971266.0	2920	71218
濉溪县韩村镇	12080	66904	34476	9873	399642.0	650	27064
濉溪县刘桥镇	8419	60954	47669	16967	186600.0	391	58721
濉溪县五沟镇	18876	106126	57133	13122	178143.0	120	18765
濉溪县临涣镇	16738	93631	75108	24636	283260.0	239	27382
濉溪县双堆集镇	25348	106841	58424	5446	7098.0	80	5338
濉溪县铁佛镇	22314	125074	53920	37373	89641.0	157	12052
濉溪县南坪镇	22529	98409	48466	26478	81260.0	109	5368
濉溪县百善镇	25000	107628	33372	19424	658720.0	398	6325
濉溪县孙町镇	18500	108816	82993	21775	156752.0	147	16872
濉溪县四铺镇	19585	83199	24838	8374	145623.0	80	8615
铜官山区虚镇	3700	290000	45266	45266	3537085.0	3700	290000
狮子山区西湖镇	4784	23673	14689	10289	144052.0	120	3304
狮子山区虚镇	337	10290	7666	7431	10584.0	265	9073
铜陵市郊区铜山镇	3440	12360	7519	5933	17565.0	476	7548
铜陵市郊区大通镇	7072	26352	15763	11550	330000.0	380	12100
铜陵市郊区灰河乡	1920	5438	3544	2132	23124.0		
铜陵县五松镇	1570	36481	2995	2963	140187.0	1528	32737
铜陵县顺安镇	13500	46387	22228	13650	125792.0	780	13200
铜陵县钟鸣镇	15450	48042	23689	15200	49500.0	700	8217
铜陵县天门镇	16600	46012	24977	20559	141802.0	20	1285
铜陵县老洲乡	4200	12151	10581	6879	250.0		
铜陵县东联乡	5300	19395	18835	14479	251863.0		

续表 175　（安徽省）　计算单位：公顷、人、万元

名　称	行政区域面积	常住人口	从业人员	二三产业从业人员	工业总产值	城镇建成区面积	城镇建成区常住人口
铜陵县西联乡	9260	38939	25592	14202	40074.0		
铜陵县胥坝乡	8600	23656	23301	16584	9089.0		
迎江区龙狮桥乡	1157	30500	12663	10979	26124.0		
迎江区长风乡	7124	22875	12708	6422	41327.0		
迎江区新洲乡	5404	6035	5205	2463	8905.0		
大观区海口镇	6755	44661	25206	3505	40158.0	299	3500
大观区十里铺乡	5000	26240	2804	2804	81442.0		
大观区山口乡	5550	12642	6249	2529	22067.5		
宜秀区大龙山镇	5338	49985	12539	10181	95172.0	400	12018
宜秀区杨桥镇	10010	21290	14672	6782	85507.0	310	14700
宜秀区罗岭镇	10200	28345	20780	20780	33512.0	238	5370
宜秀区白泽湖乡	6823	30524	18952	12210	87213.0		
宜秀区五横乡	4898	18397	11844	1997	5600.0		
怀宁县高河镇	8350	81961	25935	17479	448170.0	2000	74393
怀宁县石牌镇	9170	97360	44730	31520	38900.0	600	33270
怀宁县月山镇	7007	31419	10385	6797	304491.0	325	13233
怀宁县马庙镇	8100	47985	30542	21570	989160.0	963	29307
怀宁县金拱镇	5740	29744	15195	6845	507600.0	110	21000
怀宁县茶岭镇	6338	32782	11675	6591	376040.0	130	11086
怀宁县公岭镇	5688	12910	9528	7871	50176.0	256	8131
怀宁县黄墩镇	5692	30107	20222	14866	150993.0	370	16548
怀宁县三桥镇	5407	15406	8827	4789	197500.0	70	6032
怀宁县小市镇	5100	20358	14017	5827	55800.0	191	5098
怀宁县黄龙镇	2769	16975	11971	9952	38656.8	11	1190
怀宁县平山镇	7600	23103	19520	13438	129706.7	99	11309
怀宁县腊树镇	9446	30165	19344	8690	43000.0	60	4329
怀宁县洪铺镇	8440	39430	20810	16800	70220.0	160	14010
怀宁县江镇镇	7508	16612	16055	12756	42300.0	120	4132
怀宁县凉亭乡	6559	24884	17045	12806	36746.0		
怀宁县石镜乡	4807	21562	12824	9499	108469.0		
怀宁县秀山乡	4400	16888	1445	465	30000.0		
怀宁县清河乡	4530	21640	12727	8825	97000.0		
怀宁县雷埠乡	5968	23929	15713	10497	42000.0		
枞阳县枞阳镇	9058	95651	32843	24630	81962.0	67	58699
枞阳县欧山镇	8761	52112	19707	8672	37891.0	150	686
枞阳县汤沟镇	9960	81926	63199	27394	35000.0	86	4485
枞阳县老洲镇	8376	62735	46962	28209	191500.0	158	13875
枞阳县陈瑶湖镇	9540	37421	26287	13825	602145.0	160	18421
枞阳县周潭镇	7980	39048	26118	2822	258334.0	415	6894
枞阳县横埠镇	11251	71916	40409	20722	309280.0	388	32618
枞阳县项铺镇	3386	23750	12938	7100	53218.4	40	3845
枞阳县钱桥镇	8909	37241	30269	16248	187461.0	223	2594
枞阳县麒麟镇	9216	39929	13525	9430	15200.0	166	4409
枞阳县义津镇	10063	32685	28632	10395	135010.0	280	16188
枞阳县浮山镇	4215	14505	5970	3846	13512.0	6	2242
枞阳县会宫镇	7621	35501	34792	21188	392410.0	12	1836
枞阳县官埠桥镇	10600	32617	19297	13545	351707.0	150	4312
枞阳县铁铜乡	1230	7533	6797	3569	35.3	21	440
枞阳县凤仪乡	1152	3398	3280	1609			
枞阳县长沙乡	1750	3000	2950	250			

续表 176　（安徽省）　计算单位：公顷、人、万元

名　　称	行政区域面积	常住人口	从业人员	二三产业从业人员	工业总产值	城镇建成区面积	城镇建成区常住人口
枞阳县钱铺乡	6800	29202	11888	7777	198724.0		
枞阳县金社乡	6230	27209	21677	12496	187500.0		
枞阳县白梅乡	4417	22788	7610	4245	17413.0		
枞阳县白湖乡	6132	33976	31879	5639	155160.0		
枞阳县雨坛乡	8713	30257	27621	17807	5427.0		
潜山县梅城镇	11500	142580	40491	29613	102765.0	600	84871
潜山县源潭镇	16200	77530	37985	19985	466000.0	505	32000
潜山县余井镇	13400	46355	32491	22348	63000.0	300	4500
潜山县王河镇	9600	46129	33163	26320	16954.0	93	1300
潜山县黄铺镇	15064	38062	29482	21166	80833.0	256	13856
潜山县槎水镇	17600	26889	18956	10704	95216.0	12	5621
潜山县水吼镇	21450	21527	17890	10112	11140.0	48	440
潜山县官庄镇	14300	22522	12070	3485	25450.0	245	2634
潜山县黄泥镇	3200	14928	10711	7748	8427.0	8	2457
潜山县黄柏镇	5700	10715	4677	2998	12473.6	108	872
潜山县天柱山镇	7100	13145	7895	4350	4318.0	250	7120
潜山县塔畈乡	11200	12600	9130	5094	7840.0		
潜山县油坝乡	3200	12850	8995	6060	3946.0		
潜山县龙潭乡	9300	9190	7997	4996	8730.0		
潜山县痘姆乡	3800	14892	10060	2929	23000.0		
潜山县五庙乡	4300	9021	3238	1831	3908.0	48	2500
潜山县开发区	1700	30310	12186	8786	1460000.0	1084	29400
太湖县晋熙镇	16792	80563	46234	35342	480000.0	3390	49988
太湖县徐桥镇	10300	45090	36739	11609	30205.0	411	12902
太湖县新仓镇	16100	74331	37852	14296	430000.0	131	8000
太湖县小池镇	12600	42339	26229	14036	362000.0	250	13900
太湖县寺前镇	17200	22159	18627	8977		33	4320
太湖县天华镇	18800	31212	22739	11809	47000.0	385	5860
太湖县牛镇镇	16300	25087	13404	523	36789.0	32	4252
太湖县弥陀镇	15150	38719	22522	14154	29336.0	395	14726
太湖县北中镇	18400	37301	25106	3775	18951.0	250	8100
太湖县百里镇	9600	25778	16950	3480	22000.0	40	2830
太湖县大石乡	11411	31672	22370	12220	136307.1		
太湖县城西乡	13120	26785	18620	13020	48060.0		
太湖县江塘乡	10100	36112	22664	4912	11290.0		
太湖县汤泉乡	12400	17830	3820	1820	5489.0		
太湖县刘畈乡	11700	17970	17800	7280	68000.0		
宿松县孚玉镇	7696	114292	64242	55154	126061.0	1810	70796
宿松县复兴镇	7944	42573	31343	3825	213176.0	205	21733
宿松县汇口镇	10600	33361	33137	6086	21693.0	85	18075
宿松县许岭镇	9800	37650	12111	5770	34400.0	240	6639
宿松县下仓镇	12870	38285	25750	8895	28000.0	14	1000
宿松县二郎镇	6014	23049	18593	9999	49700.0	20	4882
宿松县破凉镇	8500	41300	17424	9892	36605.0	800	12563
宿松县凉亭镇	8698	44169	14379	2928	42341.1	500	12121
宿松县长铺镇	8440	27569	17967	9441	84000.0	1	3569
宿松县高岭乡	5107	23132	8816	6893	21200.0		
宿松县程岭乡	6900	26667	19788	10759	20036.0	5	3115
宿松县九姑乡	4400	22434	8819	493	39870.0		
宿松县千岭乡	9147	40288	22137	10823	41094.0		

续表 177　　（安徽省）　　计算单位：公顷、人、万元

名　称	行政区域面积	常住人口	从业人员	二三产业从业人员	工业总产值	城镇建成区面积	城镇建成区常住人口
宿松县洲头乡	9380	43356	37867	9597	129880.0		
宿松县佐坝乡	12800	49266	28547	19749	111823.0		
宿松县北浴乡	4970	8882	7638	2712	20000.0		
宿松县陈汉乡	9400	22187	18162	9180	19683.0		
宿松县隘口乡	6240	25896	11672	6122	43856.0		
宿松县柳坪乡	3502	8772	8390	6104	62362.0		
宿松县趾凤乡	4604	13899	10558	4748	11350.0		
宿松县河塌乡	6451	29537	18494	7448	30000.0		
宿松县五里乡	5057	31685	16337	6631	65723.0		
望江县华阳镇	14324	120829	47484	25442	253000.0	1200	84600
望江县杨湾镇	8347	29824	22791	12312	11306.0	450	3319
望江县漳湖镇	9401	22313	16071	8774	20532.1	73	2999
望江县赛口镇	7384	39017	26507	18201	45000.0	350	3001
望江县高士镇	14625	80506	42386	31354	138649.0	342	21945
望江县鸦滩镇	15950	76802	41583	30494	204211.0	406	23126
望江县长岭镇	18285	64413	42997	31697	183160.0	336	17675
望江县太慈镇	16894	76692	40110	22069	77200.0	90	4743
望江县凉泉乡	10159	42068	26861	13856	55154.0		
望江县雷池乡	15718	53741	29880	12342	157100.0		
岳西县天堂镇	4213	59635	25252	13433	784674.0	519	59635
岳西县店前镇	18300	26570	25690	8920	37600.0	360	9900
岳西县来榜镇	13400	23599	21010	18410	87700.0	140	8000
岳西县菖蒲镇	14005	25968	8554	3488	24220.0	414	4130
岳西县头陀镇	12300	10402	4004	1501	16600.0	27	310
岳西县白帽镇	13510	20426	12580	4550	27676.0	510	2045
岳西县温泉镇	8600	34311	18514	9693	105280.0	160	13050
岳西县响肠镇	6437	19658	8246	3732	20880.0	50	1400
岳西县河图镇	172000	10201	8042	826	10040.0	200	2376
岳西县五河镇	13100	10238	8161	3438	46000.0	210	2245
岳西县主簿镇	9900	8121	5510	2830	6572.0	160	3500
岳西县冶溪镇	10600	16634	15111	3744	26450.0	100	4473
岳西县黄尾镇	10300	7532	2992	1039	7580.0	220	1319
岳西县毛尖山乡	9600	13926	7648	2561	46992.0		
岳西县莲云乡	4500	21078	7100	3700	995566.0		
岳西县青天乡	11700	11750	11210	860	9700.0		
岳西县包家乡	190691	5860	3478	2208	450.0		
岳西县古坊乡	4700	8763	5250	1750			
岳西县田头乡	9100	12580	9865	5546	3400.0		
岳西县中关乡	7700	21057	11668	5069	5187.0		
岳西县石关乡	9600	12444	7579	3566	5700.0		
岳西县姚河乡	7700	8377	4304	2864	14900.0		
岳西县和平乡	10200	9420	4915	434	3070.0		
岳西县巍岭乡	4140	3918	2180	860	6000.0		
安徽安庆经济开发区老峰镇	4800	29970	14980	7955	11000.0		
桐城市孔城镇	14520	80525	44891	35190	360190.0	500	16153
桐城市吕亭镇	16392	62046	41906	25505	481085.0	399	26018
桐城市范岗镇	13344	68084	42526	21641	430000.0	360	17880
桐城市新渡镇	11694	71894	69855	55592	921730.0	600	36712
桐城市双港镇	10200	54261	32624	26196	528500.0	432	24931
桐城市大关镇	16892	36185	35371	19821	301258.0	220	13016

续表 178　（安徽省）　计算单位：公顷、人、万元

名　　称	行政区域面　积	常住人口	从业人员	二三产业从业人员	工　业总产值	城镇建成区 面 积	城镇建成区常住人口
桐城市青草镇	17000	66616	32485	20227	94066.0	210	6800
桐城市金神镇	13200	56438	32067	15206	366457.0	558	25876
桐城市嬉子湖镇	13460	21775	8448	1253	14209.0	74	3127
桐城市唐湾镇	12300	11778	9681	6379	41000.0	22	471
桐城市黄甲镇	9685	13852	5675	1519	15579.0	1	500
桐城市鲟鱼镇	281	907	421	310	22345.0	350	2964
屯溪区屯光镇	3200	15629	10222	8120	32201.0	1280	15327
屯溪区阳湖镇	2162	34963	8606	4861	80458.0	625	30763
屯溪区黎阳镇	2289	13894	8583	6683	82824.0	620	10421
屯溪区新潭镇	6900	24863	14203	10741	37523.0	2500	7700
屯溪区奕棋镇	3020	10400	7006	5584	76534.0	985	5810
黄山区甘棠镇	10800	58822	11674	5824	280000.0	107	42234
黄山区仙源镇	4400	11005	9917	3984	34300.0	94	3421
黄山区汤口镇	12900	16213	8576	5403	10465.0	108	7100
黄山区谭家桥镇	13600	7633	3509	1073	13500.0	129	2697
黄山区太平湖镇	16400	9601	5975	2130	7186.9	655	2705
黄山区焦村镇	25815	14743	7392	4348	5700.0	53	2411
黄山区耿城镇	6834	9459	5085	3647		210	5070
黄山区三口镇	6000	9139	7135	3661	28819.6	49	3846
黄山区乌石镇	25200	8215	6606	3061		21	4567
黄山区新明乡	14100	7803	5417	1936	40109.5		
黄山区龙门乡	11400	4229	2850	1488			
黄山区新华乡	6800	3907	2610	683	4510.0		
黄山区新丰乡	4460	6938	6922	2872	27642.0		
黄山区永丰乡	8400	6720	3263	394	5980.0		
徽州区岩寺镇	6719	23722	16933	13787	469832.0	1150	22811
徽州区西溪南镇	4780	14076	7089	3050	71695.0	30	2360
徽州区潜口镇	3824	11692	7328	4078	10500.0	520	2105
徽州区呈坎镇	8240	9177	7765	4364	60000.0	31	1510
徽州区虚镇	1047	32070	6040	6040			
徽州区洽舍乡	3800	2841	2065	1110	28135.0		
徽州区杨村乡	5650	3602	3169	1949	40600.0		
徽州区富溪乡	9257	7038	5302	3028	115600.0		
歙县徽城镇	6150	107674	55498	48888	634000.0	5150	85934
歙县深渡镇	9900	24639	13729	6577	46200.0	450	5706
歙县北岸镇	9200	16670	8299	1668	129932.0	72	13350
歙县富堨镇	2699	16425	8686	2872	134111.0	326	3859
歙县郑村镇	4050	16372	11108	4866	201820.0	95	
歙县桂林镇	14800	26167	19080	6173	358038.0	80	4100
歙县许村镇	7500	8723	5555	1287	53810.0	2180	3567
歙县溪头镇	12000	16302	9486	4077	39875.0	38	3372
歙县杞梓里镇	15800	30504	19918	13246	14831.0	4	4041
歙县霞坑镇	9506	20052	15684	7549	4521.0	50	6592
歙县岔口镇	9435	16392	8736	5632	15274.0	110	7900
歙县街口镇	5300	12343	11200	3400		2	240
歙县王村镇	8730	24729	12651	7400	31133.0	150	6278
歙县坑口乡	4120	9198	8063	2740	3317.0		
歙县雄村乡	4360	13359	6673	3951	73501.0		
歙县上丰乡	7500	12530	6432	2487			
歙县昌溪乡	2033	6430	4820	3548	6954.0		

续表 179　　(安徽省)　　计算单位：公顷、人、万元

名　称	行政区域面积	常住人口	从业人员	二三产业从业人员	工业总产值	城镇建成区面积	城镇建成区常住人口
歙县武阳乡	3954	11411	5902	1237	22200.0		
歙县三阳乡	12185	20740	12821	4352	19729.7		
歙县金川乡	5200	10485	7738	2753	1000.0		
歙县小川乡	7200	10542	6668	2180	12600.0		
歙县新溪口乡	4180	6610	4520	937	1950.0		
歙县璜田乡	8605	20583	13725	4692	3697.0		
歙县长陔乡	9060	14033	8603	4248			
歙县森村乡	7165	10316	7430	3079			
歙县绍濂乡	9700	12676	8322	4704	602.0		
歙县石门乡	4700	4125	2274	1403	275.0		
歙县狮石乡	5560	1010	790	60			
休宁县海阳镇	13201	58188	20962	12350	398413.0	625	26687
休宁县齐云山镇	10888	11456	10368	2002	1617.0	210	1072
休宁县万安镇	6406	17608	8428	6479	75600.0	14	3650
休宁县五城镇	18450	22960	14619	6602	15664.0	42	10920
休宁县东临溪镇	12133	19767	12542	3197	110000.0	115	7712
休宁县兰田镇	14811	11985	9587	3194	3561.2	21	2248
休宁县溪口镇	22422	22101	11288	3236	68000.0	105	3542
休宁县流口镇	6929	5229	3517	1954	480.0	20	2130
休宁县汪村镇	16699	6739	5281	2637		80	1068
休宁县商山镇	9446	21621	15270	7178	41246.0	200	2511
休宁县山斗乡	5124	3350	3349	1809	782.0		
休宁县岭南乡	7930	2831	2554	871	5000.0		
休宁县渭桥乡	10758	14106	10711	6523	700.0		
休宁县板桥乡	7863	6102	3602	2399			
休宁县陈霞乡	9789	9443	5490	2868	810.0		
休宁县鹤城乡	13218	8208	2832	865	865.0		
休宁县源芳乡	4457	5247	4996	2089	1300.0		
休宁县榆村乡	5847	10503	6897	4604	4917.0		
休宁县龙田乡	9026	5153	3415	2279	496.0		
休宁县璜尖乡	3918	2483	1948	816			
休宁县白际乡	4150	2046	1137	759	124.5		
黟县碧阳镇	11834	40142	19239	9848	221842.0	502	21453
黟县宏村镇	18895	17125	11628	4652	28015.0	110	5786
黟县渔亭镇	7249	8149	4706	2323	75365.0	15	4102
黟县西递镇	7603	6242	4229	1679	15000.0	40	1399
黟县柯村镇	8743	4432	4230	2096	6529.3	19	1600
黟县美溪乡	6793	3826	2469	1324	11927.0		
黟县宏潭乡	12673	4173	2945	828	10344.7		
黟县洪星乡	11919	3235	2959	1791	15100.0		
祁门县祁山镇	23016	61208	27742	19922	268536.7	735	2310
祁门县小路口镇	9439	6815	4594	1154	9300.0	180	1330
祁门县金字牌镇	12539	11800	7145	3522	67000.0	6	2230
祁门县平里镇	9278	6987	4976	2409	136.0	64	1930
祁门县历口镇	10524	14100	8405	2913	9775.0	84	4885
祁门县闪里镇	14072	7076	6334	3212	8275.0	495	1442
祁门县安凌镇	19500	13577	7861	1943	7081.5	300	1624
祁门县凫峰镇	11704	7190	7009	2744	29763.2	75	2290
祁门县塔坊镇	7987	7698	5168	2636	30865.0	4	436
祁门县新安镇	12520	7218	6216	1363	1900.0	50	2014

续表 180　　　　　　　　　　　（安徽省）　　　　　　　　　　　计算单位：公顷、人、万元

名　　称	行政区域面　　积	常住人口	从业人员	二三产业从业人员	工　业总产值	城镇建成区 面 积	城镇建成区常住人口
祁门县大坦乡	9263	4065	2721	816	30.0		
祁门县柏溪乡	7800	5239	3443	1050	15995.0		
祁门县祁红乡	11908	5894	3988	1719			
祁门县溶口乡	8619	4668	4553	2512	13.0		
祁门县芦溪乡	11719	3592	3518	1872			
祁门县渚口乡	10643	6695	4132	1569	18000.0		
祁门县古溪乡	10700	6157	4410	1941	500.0		
祁门县箬坑乡	13015	6836	5158	1625			
南谯区乌衣镇	14442	59500	18185	6850	285960.0	662	33600
南谯区沙河镇	10388	22863	15726	6860	127400.0	453	11560
南谯区章广镇	20950	24363	11128	3858	4997.0	160	9098
南谯区黄泥岗镇	8470	24556	12921	1829	29198.0	118	7696
南谯区珠龙镇	11800	18105	11495	2187	2895.0	86	5980
南谯区大柳镇	13178	13325	6726	2268	27435.0	100	5890
南谯区腰铺镇	8970	25940	19075	11969	505000.0	648	14937
南谯区施集镇	20281	31371	16886	11524	22027.0	1236	7275
来安县新安镇	13991	94193	79157	65088	481683.0	1506	57339
来安县半塔镇	28511	67098	46316	26081	53700.0	766	31091
来安县水口镇	18869	50993	32770	13595	103511.0	514	26105
来安县汊河镇	11677	38702	29979	21585	671327.0	1600	20267
来安县大英镇	4779	13628	8518	5055	21500.0	232	6558
来安县雷官镇	9104	23841	18059	3076	5961.0	287	6904
来安县施官镇	14140	34542	26297	7559	34979.0	262	6519
来安县舜山镇	13338	28061	20810	6734	6650.0	207	10117
来安县三城乡	6916	17425	11579	4685	5171.0		
来安县独山乡	7518	19181	12093	3765	9600.0		
来安县张山乡	11259	17133	12835	2938	27921.0		
来安县杨郢乡	9761	16653	12376	3809	16213.0		
全椒县襄河镇	12345	125840	55781	47314	272550.0	990	77858
全椒县古河镇	10501	38179	17915	7699	136800.0	371	15970
全椒县大墅镇	15846	48807	26691	10904	8350.0	70	4866
全椒县二郎口镇	17797	52481	24715	7922	99471.0	181	5129
全椒县武岗镇	9972	21317	13192	5389	76720.0	150	3740
全椒县马厂镇	18056	36268	23602	4817	5680.0	65	3320
全椒县石沛镇	19699	28156	12389	7614	4500.0	65	2230
全椒县十字镇	18330	39866	16944	8466	69874.0	65	6556
全椒县西王镇	14300	26700	17304	6448	5550.0	58	2089
全椒县六镇镇	20082	44570	21203	7198	44155.0	68	3955
定远县定城镇	27700	161743	105100	58211	136016.0	1805	110597
定远县炉桥镇	17880	104427	64390	53398	452756.0	615	50506
定远县永康镇	19200	60483	29956	17051	96724.0	270	13283
定远县吴圩镇	22700	71323	41424	21525	46951.0	147	3824
定远县朱湾镇	6500	22566	18674	3954	440.0	55	3050
定远县张桥镇	18400	53587	36186	10131	98130.0	255	13213
定远县藕塘镇	19150	56200	28050	17650	49562.0	168	13780
定远县池河镇	22969	56941	27910	12474	49321.0	189	16354
定远县连江镇	10524	28745	16423	3685	4324.0	142	4682
定远县界牌集镇	10978	25651	11811	5439	20577.0	70	4903
定远县仓镇	11550	32079	13515	6917	28146.0	101	2228
定远县三和集镇	13590	35083	23049	5517	51312.0	163	6953

续表 181　　（安徽省）　　计算单位：公顷、人、万元

名称	行政区域面积	常住人口	从业人员	二三产业从业人员	工业总产值	城镇建成区面积	城镇建成区常住人口
定远县西卅店镇	16900	38320	23821	11585	124156.0	105	2685
定远县桑涧镇	15125	38925	20041	12796	19878.0	85	5529
定远县蒋集镇	9600	27768	13487	8382	9800.0	51	2560
定远县大桥镇	7890	27062	18581	10844	22764.0	68	2775
定远县严桥乡	8960	22014	12405	5913	57321.0		
定远县拂晓乡	11200	23954	19127	3337	7900.0		
定远县能仁乡	5400	26276	14883	6232	8213.0		
定远县七里塘乡	9600	32115	18610	5733	10580.0		
定远县二龙回族乡	4140	13529	10468	6860	2915.0		
定远县范岗乡	3397	16028	9275	7129	35148.0		
凤阳县府城镇	17472	146922	82654	32201	214878.0	3290	76041
凤阳县临淮镇	2945	46239	27743	22823	257868.0	800	33599
凤阳县武店镇	10500	59157	40914	19469	114562.0	500	17196
凤阳县西泉镇	7420	40895	21480	10866	64356.0	180	5632
凤阳县官塘镇	7831	39011	23340	10965	1050.0	120	1820
凤阳县刘府镇	21729	68385	39689	19324	378256.0	360	16356
凤阳县大庙镇	16416	52180	25250	14040	206620.0	351	3881
凤阳县殷涧镇	20480	27805	19510	6410	840.0	155	4100
凤阳县总铺镇	17643	50690	30212	6607	8671.0	330	6065
凤阳县红心镇	15867	35628	22483	9400	54350.0	298	3582
凤阳县板桥镇	14405	68364	35788	22566	270000.0	260	8285
凤阳县大溪河镇	8909	31552	14694	4409	18055.0	200	7036
凤阳县小溪河镇	20548	52116	30941	13235	80100.0	455	7143
凤阳县枣巷镇	7307	26635	14628	2696	650.0	108	3386
凤阳县黄湾乡	4257	22351	13362	2284	2246.0		
天长市铜城镇	22280	76651	52381	40985	1745794.0	812	45346
天长市汊涧镇	16210	60077	30875	24020	446831.0	580	27433
天长市秦栏镇	11220	62843	51496	46468	589046.0	1280	43136
天长市大通镇	15770	42038	25822	11974	74384.2	86	5272
天长市杨村镇	13960	40983	23912	17894	436905.0	265	11156
天长市石梁镇	10901	32611	26586	22296	113164.0	220	12100
天长市金集镇	9600	40235	22845	14961	236767.0	250	7989
天长市永丰镇	8390	25426	16297	11865	194771.0	225	7853
天长市仁和集镇	12662	39265	23949	18360	241819.0	275	10859
天长市冶山镇	9630	34449	20569	15923	223838.0	350	9415
天长市郑集镇	6450	23044	13175	8962	53207.0	253	2365
天长市张铺镇	13050	32879	20013	13411	139487.0	255	4352
天长市新街镇	8430	24918	15677	13285	125353.0	200	4740
天长市万寿镇	6445	14308	9299	6494	144885.0	120	2336
明光市张八岭镇	23800	26792	16716	8424	15885.0	300	11576
明光市三界镇	13500	18530	9989	6528	8759.0	150	6708
明光市管店镇	7190	17229	8746	5719	37283.0	320	12548
明光市自来桥镇	19200	30202	16293	10182	27074.0	221	5049
明光市涧溪镇	21600	50913	28823	16004	50077.0	200	5652
明光市石坝镇	22600	50185	32423	13370	19107.0	371	7421
明光市苏巷镇	10900	24259	7664	3763	53391.0	350	7623
明光市桥头镇	15000	30050	18274	9430	141182.0	240	5417
明光市女山湖镇	27900	39102	23857	10913	51222.0	300	25100
明光市古沛镇	12610	30874	17409	7293	11088.0	250	6139
明光市潘村镇	15100	64335	36582	14931	35241.0	320	14197

续表 182 （安徽省） 计算单位：公顷、人、万元

名　　称	行政区域面　　积	常住人口	从业人员	二三产业从业人员	工　业总产值	城镇建成区 面 积	城镇建成区常住人口
明光市柳巷镇	5800	29310	15650	8516	1510.0	200	1995
明光市泊岗乡	2200	16340	9897	5977	4050.0		
颍州区王店镇	4362	69432	42070	25698	112683.0	212	4216
颍州区程集镇	4810	46608	26329	20680	79667.0	402	14365
颍州区三合镇	4200	38570	23665	14350	28756.0	265	2714
颍州区西湖镇	3600	34540	21116	8276	16982.0	100	3562
颍州区九龙镇	4800	42435	26809	21077	34008.0	124	10264
颍州区三十里铺镇	3800	42336	23285	17358	39842.0	423	5214
颍州区三塔集镇	6970	73697	48755	29790	20037.0	253	8012
颍州区马寨乡	5200	44726	28853	13019	12344.0		
颍东区口孜镇	8283	77869	39004	26418	9216.0	89	5546
颍东区插花镇	10850	85026	35185	26959	75200.0	550	9256
颍东区袁寨镇	5390	67136	36373	25675	16352.0	200	6082
颍东区枣庄镇	7070	44289	25058	12689	10864.0	284	2094
颍东区老庙镇	5880	44303	22877	13652	4653.0		
颍东区正午镇	6450	41575	21894	13863	8900.0	150	3495
颍东区杨楼孜镇	4070	35293	27573	13848	28680.0	198	6534
颍东区新乌江镇	6400	48255	28090	17140	11200.0	333	6049
颍东区冉庙乡	5550	36875	21306	6416	23657.0		
颍泉区伍明镇	14150	112709	73879	53009	31200.0	2100	15600
颍泉区宁老庄镇	11720	98638	61956	45495	48320.0	300	18012
颍泉区闻集镇	11510	98959	51951	36117	136482.0	365	13383
颍泉区行流镇	10980	107099	61344	42651	19364.0	275	7103
临泉县杨桥镇	7100	58836	37807	23888	60782.0	442	12614
临泉县同城镇	4869	61672	36697	24982	59213.0	352	17603
临泉县谭棚镇	6400	62970	43707	16537	28610.0	260	6860
临泉县老集镇	6200	71541	34218	22823	8490.0	460	7147
临泉县滑集镇	7080	75209	42969	30824	10516.0	395	12045
临泉县吕寨镇	5600	61989	37466	16576	1960.0	18	5203
临泉县单桥镇	5000	56022	28885	20961	13653.0	170	1562
临泉县长官镇	7400	83002	41935	27544	24069.0	315	8774
临泉县宋集镇	7605	88335	54948	21152	11250.0	479	12360
临泉县张新镇	5260	60320	37282	28051	4720.0	85	6872
临泉县艾亭镇	7300	77475	39829	19813	25180.0	342	5900
临泉县陈集镇	7500	67489	34669	25693	10321.0	381	6341
临泉县韦寨镇	7260	92369	48421	32489	16883.0	210	6514
临泉县迎仙镇	6200	79063	36962	23443	12530.0	180	9160
临泉县瓦店镇	5900	61945	38263	23149	34596.0	275	11624
临泉县姜寨镇	5670	71489	37860	16805	59000.0	350	8565
临泉县庙岔镇	5860	69252	37256	17400	18235.0	375	6324
临泉县黄岭镇	6300	76850	39499	19902	6850.0	132	2432
临泉县白庙镇	4400	55147	29406	13700	6712.0	150	3967
临泉县关庙镇	7200	68581	30389	23496	5990.0	146	2331
临泉县杨小街镇	4200	53238	22976	13941	5489.0	389	5999
临泉县牛庄乡	5600	62569	32921	16602	39257.0		
临泉县高塘乡	5330	54260	39507	8507	19240.0		
临泉县范兴集乡	3960	41493	21155	14398	6200.0		
临泉县土陂乡	6900	65590	33471	20591	6400.0		
临泉县谢集乡	5347	53480	30006	21260	2500.0		
临泉县陶老乡	5047	51237	24217	16426	4960.0		

续表 183　　（安徽省）　　计算单位：公顷、人、万元

名　称	行政区域面积	常住人口	从业人员	二三产业从业人员	工业总产值	城镇建成区面积	城镇建成区常住人口
临泉县张营乡	5877	56760	34807	22342	9480.0		
临泉县庞营乡	4900	59964	44437	15687	29875.0		
太和县城关镇	5600	245338	139537	112151	791041.0	3848	155215
太和县旧县镇	6280	57508	28902	17407	36270.0	1491	11391
太和县税镇镇	4260	46105	30168	14889	130955.0	241	5496
太和县皮条孙镇	2735	24356	17802	5504	198600.0	367	5679
太和县原墙镇	6300	60207	31219	21102	5400.0	150	5700
太和县倪邱镇	7200	57294	29250	10950	80000.0	215	4920
太和县李兴镇	6800	74562	38792	17031	92155.0	415	12791
太和县大新镇	6401	54195	31986	21325	53092.0	275	6350
太和县肖口镇	5700	59257	34821	25131	497536.0	345	5836
太和县关集镇	6600	52490	34429	22403	2010.0	136	3870
太和县三塔镇	8948	47836	40579	26611	6328.0	670	8345
太和县双浮镇	5500	48339	28746	14733	13003.0	380	7365
太和县蔡庙镇	4500	34139	18692	10832	26380.0	160	2995
太和县三堂镇	6610	49027	32507	17448	38873.0	226	6312
太和县苗老集镇	6400	45789	29080	15098	34980.0	148	4915
太和县赵庙镇	6400	51200	34641	19120	27620.0	82	9520
太和县宫集镇	5879	42375	28318	20888	3449.0	85	6064
太和县坟台镇	11600	74924	50213	42681	23042.0	1485	18597
太和县洪山镇	7500	48690	44080	18800	9860.0	180	6580
太和县清浅镇	4108	41451	17526	6131	4581.0	130	5075
太和县五星镇	5160	37393	28712	16537	66463.0	212	3462
太和县高庙镇	2300	17890	14260	6859	23060.0	62	2320
太和县桑营镇	5840	41271	22998	12849	29686.0	102	4773
太和县大庙集镇	7800	54324	34839	21018	11940.0	268	6340
太和县阮桥镇	6700	47908	29150	15200	3720.0	190	5800
太和县双庙镇	4900	53633	31440	15648	8960.0	150	7320
太和县胡总镇	3650	23481	13668	7542	6518.0	116	3867
太和县赵集乡	5700	34766	23230	14873	16557.0		
太和县郭庙乡	6900	48608	47568	38399	15600.0		
太和县马集乡	5100	42304	26435	19829	392000.0		
太和县二郎乡	4800	34815	21364	18355	9786.0		
阜南县方集镇	4410	41082	31165	7065	9693.0	380	5840
阜南县中岗镇	5520	34904	22175	11164	63000.0	179	4851
阜南县柴集镇	7300	70127	48283	20921	1701.0	40	4884
阜南县新村镇	5970	49879	31430	18709	15216.0	203	12965
阜南县朱寨镇	7130	78217	41434	27173	10438.0	137	9030
阜南县柳沟镇	4240	43611	25264	13904	7320.0	175	8720
阜南县赵集镇	5870	50671	24640	11720	6760.0	57	2345
阜南县田集镇	6300	59487	35257	21968	19962.0	120	5123
阜南县苗集镇	6750	57030	34950	17450	8500.0	201	7600
阜南县黄岗镇	5060	59895	39776	21905	168000.0	400	8990
阜南县焦陂镇	6770	70953	42583	25428	22800.0	80	5160
阜南县张寨镇	6510	58268	33992	24462	21189.0	276	4367
阜南县王堰镇	6320	41515	31209	15015	11650.0	17	7895
阜南县地城镇	5520	38950	24527	12442	19646.0	172	7868
阜南县洪河桥镇	8000	56835	37807	16353	31894.0	66	1665
阜南县王家坝镇	3330	34174	16767	10642	4621.0	460	11013
阜南县王化镇	4610	40709	21813	11693	8700.0	150	6870

续表 184　　（安徽省）　　计算单位：公顷、人、万元

名　　称	行政区域面　积	常住人口	从业人员	二三产业从业人员	工　业总产值	城镇建成区 面 积	城镇建成区常住人口
阜南县曹集镇	7710	45667	24190	9853	18000.0	10	26947
阜南县鹿城镇	8782	142154	70640	48378	235000.0	4200	83982
阜南县会龙镇	5450	36217	20428	10903	26600.0	7	4416
阜南县王店孜乡	6600	53884	27259	13659	7087.0		
阜南县许堂乡	6600	71460	35672	17755	16440.0		
阜南县段郢乡	7950	66094	36805	16995	6400.0		
阜南县公桥乡	4280	52329	35069	18709	8195.0		
阜南县龙王乡	5260	35269	22744	12260	6890.0		
阜南县于集乡	3970	31699	19729	11464	6856.0		
阜南县老观乡	3500	32269	19202	13806	7967.0		
阜南县郜台乡	10030	59788	26141	6613	316436.0		
颍上县慎城镇	10880	173896	91015	77042	1028645.0	4652	140927
颍上县谢桥镇	10594	87620	53172	34400	246850.0	472	16890
颍上县南照镇	6300	53609	30040	22675	369500.0	600	19850
颍上县杨湖镇	4978	58633	31992	13999	9320.0	460	7236
颍上县江口镇	7900	83293	41060	21885	11345.0	850	9875
颍上县润河镇	7800	54721	36207	24808	8473.0	115	5429
颍上县新集镇	5114	42253	22530	11116	2862.0	280	4622
颍上县六十铺镇	7224	50951	36606	19745	45705.0	570	12740
颍上县耿棚镇	8450	79983	37994	22341	66678.0	270	9145
颍上县半岗镇	7200	47219	29398	18870	52000.0	532	18700
颍上县王岗镇	7230	42127	20211	11542	17870.0	380	9240
颍上县夏桥镇	7901	49345	30166	17192	54491.0	510	3436
颍上县江店孜镇	7550	53720	31395	13700	58650.0	210	7593
颍上县陈桥镇	6951	47074	29641	17232	27244.0	393	4922
颍上县黄桥镇	7100	59651	33492	15310	23000.0	380	5900
颍上县八里河镇	7915	56497	27456	14789	12600.0	390	5620
颍上县迪沟镇	5800	40144	23443	19453	33540.0	480	27848
颍上县西三十铺镇	5121	45209	29641	15955	68285.0	495	10900
颍上县红星镇	5080	34701	17193	9198	16457.0	400	7605
颍上县十八里铺镇	5580	49236	19667	10189	30480.0	416	8780
颍上县鲁口镇	5900	35876	15226	6363	15463.0	570	6420
颍上县古城镇	5720	46658	22095	12445	312389.0	220	3928
颍上县建颍乡	8100	77137	41227	25557	9989.0		
颍上县五十铺乡	6250	40269	21304	15798	13200.0		
颍上县盛堂乡	5200	43486	24447	15551	12048.0		
颍上县关屯乡	5900	33689	15967	10152	2800.0		
颍上县垂岗乡	2470	19323	11816	5581	7236.0		
颍上县赛涧回族乡	4550	24552	16000	7400	2700.0		
颍上县刘集乡	7350	62251	46024	25712	42126.0		
颍上县黄坝乡	5335	39820	23166	12345	7300.0		
阜阳合肥现代产业园区袁集镇	4100	40641	28797	11410	27675.0	206	7276
界首市光武镇	4640	58752	34934	22708	781416.0	640	16109
界首市泉阳镇	5030	36475	28536	23499	28000.0	350	15820
界首市芦村镇	3504	31637	17933	11236	1422.0	29	2515
界首市新马集镇	3960	46625	25445	18568	41800.0	145	3436
界首市大黄镇	3360	38201	19670	9805	107889.0	260	11415
界首市田营镇	2900	31220	18092	11089	2015400.0	300	4938
界首市陶庙镇	5602	60561	33616	19911	84000.0	450	6672
界首市王集镇	5244	50179	31630	10110	7310.0	26	4450

续表 185　　（安徽省）　　计算单位：公顷、人、万元

名称	行政区域面积	常住人口	从业人员	二三产业从业人员	工业总产值	城镇建成区面积	城镇建成区常住人口
界首市砖集镇	4100	51015	23789	19620	4000.0	15	1460
界首市顾集镇	4435	39541	30010	12653	200.0	81	3756
界首市代桥镇	3600	26678	25815	20298	1310.0	70	3503
界首市舒庄镇	3368	32081	17458	13316	2150.0	220	3738
界首市邴集乡	3374	36509	20700	14645	78.0		
界首市靳寨乡	2100	24766	15131	11702	146550.0		
界首市任寨乡	2920	24848	16778	9803	2600.0		
埇桥区符离镇	13800	91878	46534	28263	601325.0	226	51021
埇桥区芦岭镇	12700	72886	53370	43995	176716.0	672	47386
埇桥区朱仙庄镇	11000	73286	30663	21824	546368.6	736	32081
埇桥区褚兰镇	6027	48314	30314	18385	5.1	168	4936
埇桥区曹村镇	13323	58414	37440	21953	361030.6	356	12271
埇桥区夹沟镇	17000	71421	43110	22028	94187.0	246	8932
埇桥区栏杆镇	13700	73098	29035	20190	32600.0	410	5960
埇桥区时村镇	12687	85180	40077	18264	53140.0	352	19826
埇桥区永安镇	11948	58767	38320	23777	133483.6	87	4932
埇桥区灰古镇	6144	33576	20670	11800	32600.0	301	4407
埇桥区大店镇	17100	58591	34680	15702	64132.0	680	10323
埇桥区大泽乡镇	11940	59700	34731	12824	61324.0	123	5993
埇桥区桃园镇	9000	35794	19539	14117	169888.0	205	11329
埇桥区蕲县镇	9600	75573	43330	20278	415286.0	52	58429
埇桥区大营镇	9800	38833	20237	10630	11044.0	329	8807
埇桥区杨庄乡	7800	39314	27321	16780	215100.0		
埇桥区支河乡	7391	27374	21786	11570	75722.0		
埇桥区解集乡	13800	57835	37623	8655	9844.0		
埇桥区桃沟乡	6322	37427	37426	16881	15600.0		
埇桥区顺河乡	8200	45497	22954	12989	401020.0		
埇桥区永镇乡	6700	30822	15708	8359	48970.0		
埇桥区西二铺乡	3700	20688	10864	3781	23655.0		
砀山县砀城镇	9638	195846	52122	24702	386520.0	865	140450
砀山县赵屯镇	7800	54989	32109	15006	94722.0	430	5255
砀山县李庄镇	6500	47994	20435	5636	192000.0	320	6253
砀山县唐寨镇	11300	75672	37857	17675	152980.0	650	6440
砀山县葛集镇	8550	61327	33603	12207	68756.0	295	5897
砀山县周寨镇	12000	75730	32222	11766	230700.0	420	17132
砀山县玄庙镇	14900	91815	49219	17806	183800.0	580	7866
砀山县官庄坝镇	6965	52309	29105	15240	136885.0		
砀山县曹庄镇	5100	30392	24083	2703	85064.0	300	5210
砀山县关帝庙镇	7000	56831	25923	19211	153421.0	410	9126
砀山县朱楼镇	5700	40899	19997	5312	47834.0	682	7660
砀山县良梨镇	7500	56754	39541	19385	97059.0	345	6375
砀山县程庄镇	7300	63939	41571	6409	20900.0	560	8100
砀山县高铁新区	34361	38960	18118	6680	96422.0	899	7989
萧县龙城镇	10500	121370	71932	65519	621835.0	1140	79208
萧县黄口镇	9200	100500	41565	23265	267000.0	560	35800
萧县杨楼镇	10500	77743	44329	32678	98000.0	350	18500
萧县闫集镇	6685	48816	17490	6240	75260.0	72	2453
萧县新庄镇	11182	72156	39484	14084	36759.0	215	4300
萧县刘套镇	6169	34176	21120	16626	28641.6	27	6043
萧县马井镇	9000	73857	14055	8846	37500.0	50	5491

续表 186　　（安徽省）　　计算单位：公顷、人、万元

名　　称	行政区域面　　积	常住人口	从业人员	二三产业从业人员	工　业总产值	城镇建成区 面 积	城镇建成区常住人口
萧县大屯镇	9200	66509	34225	22513	47688.0	275	8720
萧县赵庄镇	8900	43502	16471	13221	48000.0	300	6700
萧县杜楼镇	9925	63899	37568	25005	122360.0	142	9226
萧县丁里镇	6700	40675	20251	5049	65126.0	300	4162
萧县王寨镇	9400	72435	36858	19946	51236.0	330	4540
萧县祖楼镇	5200	44102	33762	10747	68310.0	200	10352
萧县青龙集镇	6264	25186	13031	6283	19654.0	42	6836
萧县张庄寨镇	11600	77676	41000	15000	135000.0	400	15000
萧县永堌镇	6100	24315	12670	10231	195873.0	126	5538
萧县白土镇	5856	28147	19575	13541	146000.0	830	6201
萧县官桥镇	5997	18220	13368	8343	191250.0	304	16838
萧县圣泉乡	12000	70460	47760	6465	61382.0		
萧县酒店乡	8313	59557	29008	2967	111300.0		
萧县孙圩子乡	7207	43670	21760	12388	110056.0		
萧县庄里乡	8700	27101	12422	6510	79255.0		
萧县石林乡	3600	22650	15894	10159	26700.0		
灵璧县灵城镇	11522	108365	68369	55561	314894.0	1926	79835
灵璧县韦集镇	13668	50853	30034	14672	75002.0	240	7425
灵璧县黄湾镇	13974	42932	31003	16616	44000.0	320	2744
灵璧县娄庄镇	22867	79118	42568	20551	126320.0	102	5134
灵璧县杨疃镇	15700	75063	38306	19860	127140.0	275	10350
灵璧县尹集镇	10895	76543	36672	7451	124456.0	487	16997
灵璧县浍沟镇	7651	46250	32521	16794	28000.0	60	3690
灵璧县尤集镇	8121	59653	29332	16630	148000.0	100	6300
灵璧县下楼镇	12936	68801	41749	20733	238060.0	321	8380
灵璧县朝阳镇	13769	74843	41765	27395	173210.0	95	17260
灵璧县渔沟镇	11314	78286	27856	13593	220000.0	350	6254
灵璧县高楼镇	8981	73336	49195	29678	53140.0	346	9820
灵璧县冯庙镇	10905	87056	49378	22723	223120.0	400	19524
灵璧县向阳乡	11493	41440	22085	10725	51800.0		
灵璧县朱集乡	7983	45369	25297	10025	128462.0		
灵璧县大路乡	5350	42258	18974	10073	53721.0		
灵璧县大庙乡	6488	54161	37838	25562	96534.0		
灵璧县禅堂乡	9500	49223	37578	20438	30100.0		
灵璧县虞姬乡	8278	44830	26900	16580	121864.0		
泗县泗城镇	8250	96249	63506	44877	151350.0	2693	76562
泗县墩集镇	9500	33740	23572	9165	13035.0	500	5600
泗县丁湖镇	15000	57995	32434	11122	10000.0	15	6683
泗县草沟镇	21800	72586	47014	14454	48762.0	165	5000
泗县长沟镇	9220	45278	21942	8000	176850.0	468	7258
泗县黄圩镇	8370	63976	36126	25119	207000.0	82	5090
泗县大庄镇	9800	65786	37539	27165	102587.0	395	10340
泗县山头镇	9324	70791	37785	9730	40000.0	276	4508
泗县刘圩镇	8250	42133	30082	14600	84500.0	310	22000
泗县黑塔镇	19290	77566	43018	18230	18465.0	156	3096
泗县草庙镇	7030	19446	10116	3132	26465.2	77	3920
泗县屏山镇	18720	65024	35793	13906	40000.0	145	28150
泗县大路口乡	8218	47135	31848	7143	93157.0		
泗县大杨乡	5109	40967	25421	6624	21650.0		
泗县瓦坊乡	9600	60489	29489	9940	60498.0		

续表 187 （安徽省） 计算单位：公顷、人、万元

名　　称	行政区域面　积	常住人口	从业人员	二三产业从业人员	工　业总产值	城镇建成区 面 积	城镇建成区常住人口
泗县开发区管委会	3520	24958	18573	11624	398620.0	1159	14591
宿州马鞍山现代产业园区蒿沟乡	5100	35061	23103	10154	11217.0		
宿州马鞍山现代产业园区苗安乡	7419	41639	22797	5945			
金安区木厂镇	5770	36543	25848	14568	16775.0	400	13000
金安区马头镇	5228	35511	24371	13760	20512.0	150	4010
金安区东桥镇	10425	36550	12877	4021	46000.0	180	8000
金安区张店镇	14400	50541	50537	22191	34060.0	180	3470
金安区毛坦厂镇	5960	24071	6999	3527	25100.0	463	12536
金安区东河口镇	16050	45208	30353	20264	22000.0	220	3027
金安区双河镇	8950	46400	28441	11121	80000.0	300	7000
金安区施桥镇	11594	52831	25308	16248	29600.0	150	9000
金安区孙岗镇	13600	57581	38736	32980	146000.0	360	7096
金安区三十铺镇	12211	75628	28806	16730	914500.0	8000	29900
金安区椿树镇	10700	24835	22803	12592	36000.0	520	2848
金安区城北乡	7280	34848	23389	13934	650000.0		
金安区翁墩乡	6067	23141	15222	11745	19000.0		
金安区淠东乡	3600	42662	24809	12447	5480.0		
金安区中店乡	9125	26810	15273	6178	10000.0		
金安区横塘岗乡	8795	23107	12243	8352	5210.0		
金安区先生店乡	5820	25553	15893	11240	76500.0		
裕安区苏埠镇	6800	47269	46774	37487	194205.0	436	38221
裕安区韩摆渡镇	4980	52366	36953	13350	2862.0	90	5130
裕安区新安镇	7400	79171	45844	26717	21000.0	107	6000
裕安区顺河镇	9600	48023	25969	14234	108680.0	140	3005
裕安区独山镇	18600	76523	46812	28800	11796.0	390	18754
裕安区石婆店镇	15230	31930	22018	14099	15837.0	150	3042
裕安区城南镇	6500	67380	20706	12098	250000.0	600	44152
裕安区丁集镇	9950	48630	38864	20877	35240.0	180	13000
裕安区固镇镇	9000	38439	31555	14449	35000.0	360	4326
裕安区徐集镇	6331	32701	19982	13330	35000.0	110	8156
裕安区分路口镇	11348	49207	28406	17793	240750.0	450	14720
裕安区江家店镇	11265	41733	36562	14895	88000.0	90	11740
裕安区单王乡	9600	51801	30609	20135	3980.0		
裕安区青山乡	12200	43114	23646	12650	68000.0		
裕安区石板冲乡	5060	20928	15443	10031	9600.0		
裕安区西河口乡	14100	33825	15467	9222	8120.0		
裕安区平桥乡	5000	52141	37626	18441	392430.0		
裕安区罗集乡	11400	46745	27172	14123	32000.0		
裕安区狮子岗乡	11900	30962	18469	10169	23000.0		
寿县寿春镇	8439	122276	59726	28604	20500.0	620	72100
寿县双桥镇	11479	42288	31998	11665	26957.0	150	6285
寿县涧沟镇	7640	41907	20456	7837	33000.0	382	8152
寿县丰庄镇	7710	40611	15654	3275	14121.0	52	2372
寿县正阳关镇	10281	43000	36897	19406	96273.0	350	14282
寿县迎河镇	11100	62001	47645	31185	36456.0	120	8453
寿县板桥镇	10771	47500	46890	28100	35000.0	400	3386
寿县安丰塘镇	9300	44348	35201	14500	20100.0	85	4554
寿县堰口镇	14039	54757	54458	4201	65201.0	230	5321
寿县保义镇	13600	62557	36688	22435	38658.0	260	11385
寿县隐贤镇	47262	42420	34642	7951	28000.0	245	13300

续表 188 （安徽省） 计算单位：公顷、人、万元

名称	行政区域面积	常住人口	从业人员	二三产业从业人员	工业总产值	城镇建成区面积	城镇建成区常住人口
寿县安丰镇	19422	67276	51378	17484	58616.0	350	34186
寿县众兴镇	11157	53545	30599	12482	101000.0	208	9778
寿县茶庵镇	10062	24765	14508	3500	27693.0	115	2854
寿县三觉镇	16631	51516	36941	19394	66325.0	500	12701
寿县炎刘镇	19030	70000	43954	18634	98000.0	715	22610
寿县刘岗镇	16120	35121	24400	9736	30860.0	432	5239
寿县双庙集镇	9201	23566	22658	4472	31001.0	420	4356
寿县小甸镇	18022	64844	48633	20462	25021.0	380	3991
寿县瓦埠镇	6800	21621	16217	7232	2700.0	120	3621
寿县大顺镇	10495	39503	38467	14365	33200.0	213	12000
寿县窑口镇	9750	34121	17779	8281	45000.0	75	3550
寿县八公山乡	3215	15737	10518	2775	37167.0		
寿县张李乡	76100	57337	27685	10896	25444.0	31	2355
寿县陶店回族乡	3777	6691	6121	2441	781.0		
霍邱县城关镇	5777	158552	60908	51244	235000.0	1800	112034
霍邱县河口镇	4941	20320	15223	6595	21307.0	183	9486
霍邱县周集镇	10405	85272	37691	13905	276714.0	550	16992
霍邱县临水镇	8811	64312	35459	23847	160000.0	950	21000
霍邱县新店镇	12951	74566	41712	31271	40026.0	101	11293
霍邱县石店镇	12054	57412	28798	11519	261480.0	610	11694
霍邱县马店镇	9286	35718	20810	8851	39824.5	212	10210
霍邱县孟集镇	14573	61157	39607	26265	48022.0	240	19180
霍邱县花园镇	10494	44060	23650	6596	21930.0	410	4092
霍邱县扈胡镇	14347	57870	32354	14248	13900.0	206	6901
霍邱县长集镇	7174	36174	27977	15341	63441.0	271	6411
霍邱县洪集镇	10266	45846	30560	23218	89615.0	240	8147
霍邱县姚李镇	14419	59873	34658	10523	169800.0	700	9850
霍邱县乌龙镇	10504	29456	26586	9830	35898.0	1501	5346
霍邱县高塘镇	13100	51847	28476	9295	98000.0	310	13800
霍邱县龙潭镇	9868	44346	21246	11100	67185.0	180	2488
霍邱县岔路镇	8505	20906	19090	2066	72864.0	150	2378
霍邱县冯井镇	11833	42003	32544	8668	25691.0	200	3410
霍邱县众兴集镇	9594	39448	9322	5050	2000.0	14	1900
霍邱县夏店镇	8694	40097	22306	5139	32187.0	43	1845
霍邱县曹庙镇	7762	29283	22069	11842	46578.0	67	3587
霍邱县叶集区镇区办事处	3330	63927	48637	44106	712450.0	602	33744
霍邱县叶集区镇平岗办事处	6600	22000	9266	8221	127156.0	30	1420
霍邱县范桥镇	7930	41288	22921	14963	45300.0	300	8925
霍邱县潘集镇	11524	54374	27880	9378	69058.0	109	3695
霍邱县三元镇	8960	27355	19362	4390	26589.0	10	7221
霍邱县彭塔乡	9208	51182	31222	4861	12503.4		
霍邱县王截流乡	7961	58132	40212	12074	890.0		
霍邱县临淮岗乡	11297	50292	36412	12275	59105.0		
霍邱县城西湖乡	9066	63815	37902	23412	177876.0		
霍邱县宋店乡	10663	49235	38071	9569	43000.0		
霍邱县三流乡	10409	36501	10592				
霍邱县邵岗乡	8083	33867	20871	8815	5000.0		
霍邱县白莲乡	9200	35444	20218	3345	4500.0		
霍邱县冯瓴乡	9928	53084	25492	8480	4358.0		
霍邱县孙岗乡	12800	40657	40217	30008	573627.0		

续表 189　　（安徽省）　　计算单位：公顷、人、万元

名　称	行政区域面积	常住人口	从业人员	二三产业从业人员	工业总产值	城镇建成区面积	城镇建成区常住人口
舒城县城关镇	11170	185784	184035	154914	1092400.0	982	144930
舒城县晓天镇	29415	35692	26428	18960	9800.0	71	9500
舒城县桃溪镇	5780	25955	11759	9530	42860.0	185	3685
舒城县万佛湖镇	11006	40825	21571	11443	9639.0	268	12223
舒城县千人桥镇	7176	54687	26502	20335	144760.0	356	2361
舒城县百神庙镇	6644	36713	22669	13106	72326.0	320	2376
舒城县杭埠镇	8000	55937	31224	19793	560000.0	400	11758
舒城县舒茶镇	7840	32050	20187	11760	102640.0	295	9750
舒城县南港镇	12892	46637	29790	19292	142445.0	415	11060
舒城县干汊河镇	8040	52268	36106	29411	162700.0	210	4682
舒城县张母桥镇	6300	29639	16992	10931	58600.0	165	2388
舒城县五显镇	9811	21687	16958	11961	98894.0	241	1516
舒城县山七镇	13150	34621	20099	13924	295.0	92	1914
舒城县河棚镇	7278	21920	16210	11879	6700.0	310	3800
舒城县汤池镇	15800	45041	26105	15891	21235.0	456	4145
舒城县春秋乡	6970	18876	16083	7109	7900.0		
舒城县柏林乡	8989	44443	28603	16560	93800.0		
舒城县棠树乡	7823	29178	22439	8748	34271.0		
舒城县阙店乡	7700	33225	25444	12981	1250.0		
舒城县高峰乡	8400	29962	16022	11134	13200.0		
舒城县庐镇乡	9200	19526	11312	6284	3012.0		
金寨县梅山镇	28061	131720	69556	58058	148000.0	1250	53420
金寨县麻埠镇	13479	15487	7950	3617	33836.0	27	4307
金寨县青山镇	11296	18154	8726	5167	66590.0	65	4193
金寨县燕子河镇	30940	29960	13962	5842	74250.0	102	6500
金寨县天堂寨镇	21435	16037	6376	1644	15600.0	58	5000
金寨县古碑镇	22159	42032	32032	20234	82949.0	245	10862
金寨县吴家店镇	21639	18645	8432	2463	10000.0	225	8325
金寨县斑竹园镇	14810	22385	9763	3917	85000.0	350	4500
金寨县汤家汇镇	26930	34210	20041	11036	36200.0	240	12000
金寨县南溪镇	20500	48787	22043	5918	107000.0	210	22000
金寨县双河镇	11200	26866	11733	6376	86067.0	250	7500
金寨县白塔畈镇	11400	37120	13247	3881	3500.0	1000	1446
金寨县张冲乡	10200	10820	6240	3018	15000.0		
金寨县油坊店乡	19960	23361	14373	7430	29150.0		
金寨县长岭乡	12943	17634	8680	3097	8868.0		
金寨县槐树湾乡	12600	26121	14381	8759	430.0		
金寨县花石乡	9563	10436	4016	2276	13922.0		
金寨县沙河乡	16250	15372	11758	3500	16432.0		
金寨县桃岭乡	119500	18743	13845	7013	14548.0		
金寨县果子园乡	8030	15628	7823	4655	15000.0		
金寨县关庙乡	16780	12065	5294	2203	16000.0		
金寨县全军乡	10800	10318	4393	2028	11250.0		
金寨县铁冲乡	10420	7242	3244	2496	18780.0		
霍山县衡山镇	9840	86071	30890	24580	1247000.0	2529	59348
霍山县佛子岭镇	12700	18047	11216	8151	29768.0	350	5361
霍山县下符桥镇	7050	18654	8499	4545	72180.0	73	1710
霍山县但家庙镇	7200	16356	9814	3759	51683.0	30	5300
霍山县与儿街镇	16000	38407	18642	8970	192246.0	150	926
霍山县黑石渡镇	11110	26201	13305	6431	59327.0	129	5721

续表 190　　(安徽省)　　计算单位：公顷、人、万元

名　　称	行政区域面　　积	常住人口	从业人员	二三产业从业人员	工　业总产值	城镇建成区　面　积	城镇建成区常住人口
霍山县诸佛庵镇	17940	34004	16356	7592	167553.0	300	6116
霍山县落儿岭镇	6130	9857	4451	2218	180000.0	260	1020
霍山县磨子潭镇	19173	12306	7926	5434	11200.0	166	2800
霍山县大化坪镇	23090	18950	10290	2640	28970.0	150	2450
霍山县漫水河镇	16900	19021	10071	2821		18	2021
霍山县上土市镇	10440	17518	10794	3916	669.5	7	1756
霍山县单龙寺镇	13693	14375	6226	1858	2193.5	10	2156
霍山县东西溪乡	9830	11527	6373	1550	1658.0		
霍山县太平畈乡	8660	14009	3422	235			
霍山县太阳乡	10600	7908	5168	1827	382.0		
谯城区古井镇	11800	85520	36700	18300	876000.0	1400	16320
谯城区芦庙镇	6909	30498	17981	8703	586.0	292	3575
谯城区华佗镇	4105	39048	20325	11300	36520.0	201	4860
谯城区魏岗镇	5200	49077	34925	10295	50400.0	150	3000
谯城区牛集镇	6800	64587	32721	8601	51600.0	265	3500
谯城区颜集镇	5099	54846	39621	19658	11450.0	150	3386
谯城区五马镇	7165	30175	24500	22200	66075.0	390	4350
谯城区十八里镇	11100	68879	49630	26835	850000.0	310	17850
谯城区谯东镇	8800	61730	34452	15618	8910.0	220	7186
谯城区十九里镇	3500	27073	12800	9300	740000.0	550	12500
谯城区沙土镇	9900	54180	35345	19265	11230.0	280	5120
谯城区观堂镇	8500	68830	36578	20548	20100.0	196	7300
谯城区大杨镇	11950	67342	39650	20370	228000.0	320	8900
谯城区城父镇	7139	72096	44337	19467	24151.0	306	5218
谯城区十河镇	11500	69059	47223	22702	63160.0	328	6028
谯城区双沟镇	16000	93630	51030	28946	28750.0	495	16815
谯城区淝河镇	5900	41300	23305	16173	18200.0	270	4580
谯城区古城镇	8900	48683	26644	12581	8400.0	267	14600
谯城区龙杨镇	9420	65983	34172	11630	6500.0	100	2830
谯城区立德镇	8708	44152	27524	5108	6648.0	321	4232
谯城区张店乡	5400	37948	28010	9240	17426.0		
谯城区赵桥乡	8500	45610	23200	3700	8000.0		
涡阳县西阳镇	6160	42950	20590	14730	47600.0	105	11069
涡阳县涡南镇	9850	61051	29212	23018	22000.0	275	4017
涡阳县楚店镇	7700	55305	29243	24111	116709.0	182	14653
涡阳县高公镇	5810	45860	23949	16883	53746.0	128	8012
涡阳县高炉镇	8080	55891	30001	24976	231680.0	280	15793
涡阳县曹市镇	13100	74993	37687	29651	78118.0	283	13665
涡阳县青町镇	13830	79020	38950	30345	29875.0	190	6722
涡阳县石弓镇	7940	55128	36522	30447	145686.0	325	8231
涡阳县龙山镇	10470	78673	37392	31097	133104.0	93	9452
涡阳县义门镇	8080	83604	41014	32582	221532.0	550	5570
涡阳县新兴镇	12010	84240	46147	31408	24680.0	152	4810
涡阳县临湖镇	10130	67909	36147	27369	31256.0		
涡阳县丹城镇	10500	72056	28548	23080	26487.0	190	6320
涡阳县马店集镇	8430	52726	21058	15037	182121.0	109	3036
涡阳县花沟镇	8260	65307	32306	25718	52230.0		
涡阳县店集镇	5070	40535	22876	18804	22366.0	380	3816
涡阳县陈大镇	6880	59291	25534	17742	36550.0	80	3462
涡阳县牌坊镇	15350	86812	40699	23803	63991.0	212	5433

续表 191　（安徽省）　计算单位：公顷、人、万元

名　　称	行政区域面　　积	常住人口	从业人员	二三产业从业人员	工　业总产值	城镇建成区 面 积	城镇建成区常住人口
涡阳县公吉寺镇	6610	54920	26824	15867	22418.0	169	3304
涡阳县标里镇	9090	65700	31181	25760	24652.0	285	6281
蒙城县城关镇	1300	111295	43038	42016	67016.0	892	111295
蒙城县双涧镇	9800	58795	34421	18332	103260.0	410	16537
蒙城县小涧镇	11500	70200	69700	28700	24200.0	100	6100
蒙城县坛城镇	10200	57709	22135	9625	39200.0	148	3650
蒙城县范集工业园区	2912	16769	10818	3346	64995.0	160	6550
蒙城县许疃镇	12797	70756	43278	31638	31120.0	350	23412
蒙城县板桥集镇	13700	61357	58075	39858	69105.0	260	8316
蒙城县马集镇	10340	63807	38046	18212	54631.0	250	7943
蒙城县岳坊镇	9859	61826	33040	22780	98590.0	186	15650
蒙城县立仓镇	20100	126811	49149	20967	31250.0	220	7382
蒙城县楚村镇	17200	69901	59901	38689	47618.0	140	8324
蒙城县乐土镇	17600	96770	55291	27750	167538.0	105	6890
蒙城县三义镇	11300	80786	60273	23770	6930.0	260	8106
蒙城县篱笆镇	10300	60074	35202	21597	21789.0	100	8160
蒙城县农业委员会	20	400	225	25			
蒙城县王集乡	13800	74705	47474	24705	32100.0		
蒙城县小辛集乡	12200	77651	42823	36999	79167.0		
利辛县城关镇	12247	238659	113376	105512	72500.0	3565	158145
利辛县阚疃镇	11870	88178	43950	21931	48103.0	502	33706
利辛县张村镇	9645	61955	34722	15334	40840.0	295	30213
利辛县江集镇	9636	62237	36536	19223	12917.0	261	7912
利辛县旧城镇	7420	52710	27093	18493	9670.0	212	7865
利辛县西潘楼镇	7294	57740	36376	15278	79221.0	227	11776
利辛县孙集镇	6301	39595	17701	12571	8265.0	200	7675
利辛县汝集镇	10035	63284	56160	34191	43570.0	90	5424
利辛县巩店镇	9834	79710	40595	28330	22822.0	167	6520
利辛县王人镇	7728	63575	34438	6488	22860.0	293	10885
利辛县王市镇	7114	54957	34223	20252	17678.0	159	8612
利辛县永兴镇	6992	52096	31648	9018	8600.0	190	4896
利辛县马店孜镇	8876	63786	38473	21267	12732.0	196	9723
利辛县大李集镇	7541	53597	22328	14212	7513.0	12	2747
利辛县胡集镇	11180	53817	36395	11281	21947.0	210	12898
利辛县展沟镇	5295	37680	21188	13975	19589.0	200	6490
利辛县程家集镇	8706	52780	40422	23558	22351.0	156	2894
利辛县中疃镇	9831	59472	37250	29500	27818.0	180	4400
利辛县望疃镇	15300	86543	56038	8748	18677.0	205	8013
利辛县城北镇	6677	48853	33254	18393	27655.0	207	5235
利辛县纪王场乡	7199	46440	24344	10352	9762.0		
利辛县孙庙乡	6450	49618	30141	24561	13376.0		
利辛县新张集乡	7268	46900	27098	17938	11268.0		
贵池区殷汇镇	15805	48518	27219	17210	71000.0	208	15120
贵池区牛头山镇	11300	42100	25220	11800	18100.0	300	14800
贵池区涓桥镇	15912	33209	19939	10200	60300.0	100	1379
贵池区梅街镇	26400	20459	12350	4350	65000.0	10	4590
贵池区梅村镇	24670	24369	24232	15682	17980.0	45	2105
贵池区唐田镇	13772	16700	10200	4300	22000.0	210	4590
贵池区牌楼镇	10646	23207	11590	5892	22000.0	18	1600
贵池区乌沙镇	9067	47882	25997	11840	71342.0	45	5546

续表 192 （安徽省） 计算单位：公顷、人、万元

名称	行政区域面积	常住人口	从业人员	二三产业从业人员	工业总产值	城镇建成区面积	城镇建成区常住人口
贵池区棠溪镇	25100	11239	6798	3163	28375.0	15	1527
东至县尧渡镇	38880	118994	45453	19450	318000.0	380	74328
东至县东流镇	12013	31689	27145	19203	170100.0	428	14192
东至县大渡口镇	10017	73150	49884	13178	304000.0	250	12388
东至县胜利镇	14500	59629	43260	19040	80000.0	320	16102
东至县张溪镇	26400	59680	58394	12926	16700.0	8	2855
东至县洋湖镇	18000	31671	22238	15678	22714.0	70	5540
东至县葛公镇	25149	25515	15680	6756	11500.0	26	4400
东至县香隅镇	21800	34632	20996	8450	52680.0	390	21220
东至县官港镇	24366	27288	26786	10405	7637.0	200	2436
东至县昭潭镇	16393	21000	12723	4754	6400.0	14	2178
东至县龙泉镇	18709	25720	21200	5000	60000.0	135	7000
东至县泥溪镇	18332	23182	17385	9459	6157.3	79	5947
东至县花园乡	24861	11184	10256	3104	3200.0		
东至县木塔乡	24024	18629	17380	11354	30000.0		
东至县青山乡	10260	16674	10915	4737	8000.0		
石台县仁里镇	18900	14413	5813	4296	142276.8	250	11519
石台县七都镇	34500	16855	11598	4157	11200.0	57	3150
石台县仙寓镇	23600	9569	7062	2071	2115.0	23	1820
石台县丁香镇	11280	7619	7258	4360	11870.0	108	1425
石台县小河镇	13400	20602	11256	5189	14000.0	200	2590
石台县横渡镇	17400	9315	9308	2335	310.0	100	1758
石台县大演乡	14400	7091	4190	544	4677.0		
石台县矶滩乡	9700	5429	3103	1387			
青阳县蓉城镇	11931	88723	30228	16363	76454.0	641	32465
青阳县木镇镇	10500	17938	13813	6097	353788.0	162	4201
青阳县庙前镇	5800	22413	15255	8707	9800.0	25	1695
青阳县陵阳镇	21385	22286	15166	8685	55870.0	300	6480
青阳县新河镇	11116	17488	12508	6707	293520.0	54	2042
青阳县丁桥镇	9420	20977	12004	7192	334628.0	50	1102
青阳县朱备镇	6767	8065	2897	1908	11500.0	55	1650
青阳县杨田镇	10800	19345	11974	4307	62780.0	130	822
青阳县九华镇	1310	9600	8500	8500		380	3696
青阳县酉华镇	11770	14839	14639	7579	271625.0	15	260
青阳县乔木乡	5461	10562	6922	3585	58291.0		
青阳县杜村乡	7460	20855	17145	6786	7640.0		
青阳县九华乡	5040	13595	9074	2638	4356.0		
宣州区水阳镇	20500	90434	55808	29997	199452.0	336	30132
宣州区狸桥镇	22800	66500	50335	21612	290000.0	510	11612
宣州区沈村镇	10371	37868	23905	15084	31299.0	80	5569
宣州区古泉镇	6134	13135	9050	6440	39000.0	172	3644
宣州区洪林镇	13560	43610	29828	13129	92580.0	300	10504
宣州区寒亭镇	8203	19395	11053	7177	79700.0	124	4935
宣州区文昌镇	3740	20259	12115	5709	34509.0	128	4203
宣州区孙埠镇	11440	51696	31476	23090	459452.0	251	16314
宣州区杨柳镇	15200	35520	22734	10438	36532.0	105	8300
宣州区水东镇	10842	32281	18229	10173	77892.0	182	9109
宣州区新田镇	9429	19622	10436	5845	17120.0	32	3761
宣州区周王镇	10700	17009	11187	6862	23041.0	62	3179
宣州区溪口镇	18784	22862	14403	3382	48656.0	26	6120

续表 193　　　　（安徽省）　　　　计算单位：公顷、人、万元

名　　称	行政区域面　　积	常住人口	从业人员	二三产业从业人员	工　业总产值	城镇建成区 面 积	城镇建成区常住人口
宣州区朱桥乡	5847	26226	15842	6933	17396.0		
宣州区养贤乡	11830	43040	24894	14355	55898.0		
宣州区五星乡	4250	23611	14605	8719	19870.0		
宣州区黄渡乡	14800	39302	22556	11586	55216.0		
郎溪县建平镇	18423	119897	55155	28287	415717.0	1402	67648
郎溪县十字镇	18927	38371	19271	9151	472543.0	520	9323
郎溪县新发镇	8670	26791	15443	8281	251062.1	160	8326
郎溪县涛城镇	10109	27952	17701	5773	84285.0	40	10000
郎溪县梅渚镇	7715	25394	12536	5022	479200.0	250	6600
郎溪县毕桥镇	5976	20107	10697	5844	57934.0	185	3286
郎溪县飞鲤镇	15367	39452	25573	4056	23000.0	150	4012
郎溪县凌笪乡	14377	25210	14824	11232	124150.0		
郎溪县姚村乡	10493	17868	13050	4622	9168.0		
广德县桃州镇	22400	127064	69362	54630	273218.0	5100	77507
广德县柏垫镇	25200	47574	26656	14130	145300.0	558	1682
广德县誓节镇	34200	77766	52245	46817	258000.0	120	15380
广德县邱村镇	32800	76406	51102	33591	467365.0	430	23267
广德县新杭镇	32300	75860	44437	37583	1438102.0	472	10829
广德县杨滩镇	27500	47935	26724	10898	107200.0	215	4465
广德县卢村乡	21400	46408	43160	20112	67031.0		
广德县东亭乡	9800	21053	13612	7881	177108.0		
广德县四合乡	10900	22081	15091	9051	212200.0		
泾县泾川镇	25392	107998	47466	38584	989655.0	5418	65947
泾县茂林镇	23275	21153	9744	4652	71200.0	13	7292
泾县榔桥镇	34421	28950	21324	9412	79989.0	120	8123
泾县桃花潭镇	25093	28635	12565	5723	14025.0	350	5000
泾县琴溪镇	9312	17298	15523	11985	93800.0	45	1350
泾县蔡村镇	13641	14555	11475	5340	20870.0	23	2064
泾县云岭镇	19363	37370	19327	6564	264587.0	17	1395
泾县黄村镇	15495	20914	17773	10800	20774.0		
泾县丁家桥镇	5748	15640	14911	9734	118700.0	156	4753
泾县汀溪乡	16733	11680	7220	3322	13712.7		
泾县昌桥乡	16977	31396	16638	7504	34892.0		
绩溪县华阳镇	8700	48230	15313	11477	90600.0	87	32898
绩溪县临溪镇	9600	10042	6042	2747	88596.0	20	1500
绩溪县长安镇	12200	22826	13988	10378	15262.0	15	1520
绩溪县上庄镇	7900	14656	12941	4292	12900.0	5	7069
绩溪县扬溪镇	8900	12547	7100	4580	14800.0	9	1114
绩溪县伏岭镇	18300	15724	10623	5667	9868.0	15	2321
绩溪县金沙镇	10800	7676	4106	2276	38000.0	36	2011
绩溪县瀛洲镇	8308	8054	5437	2707	31000.0	12	1598
绩溪县板桥头乡	13000	13902	7686	716	18750.0		
绩溪县家朋乡	8700	12102	6949	3504	12462.0		
绩溪县荆州乡	5234	7115	4021	988		200	7102
旌德县旌阳镇	10980	51785	26380	20127	282221.0	700	29363
旌德县蔡家桥镇	10620	15062	7815	3430	46570.0	100	1520
旌德县三溪镇	7008	13307	4626	2894	19300.0	187	4106
旌德县庙首镇	9140	11985	7168	2857	39900.0	122	4120
旌德县白地镇	9578	7185	6883	3411	35000.0	128	3363
旌德县俞村镇	8290	12823	7570	4805	12512.0	55	2997

续表 194　　(安徽省、福建省)　　计算单位：公顷、人、万元

名　　称	行政区域面　积	常住人口	从业人员	二三产业从业人员	工　业总产值	城镇建成区 面 积	城镇建成区常住人口
旌德县兴隆镇	8440	5078	4682	1677	16000.0		
旌德县孙村镇	8360	9546	5863	2840	19000.0	98	2251
旌德县版书乡	8460	11315	10597	2976	24000.0		
旌德县云乐乡	8696	4283	3913	1284	34000.0		
宁国市港口镇	9710	30917	20546	13128	890000.0	474	4015
宁国市梅林镇	18550	19615	14611	7818	109343.0	400	1200
宁国市中溪镇	20400	28000	14476	9400	316500.0	225	16000
宁国市宁墩镇	8206	12211	7668	5935	102982.0	118	1997
宁国市仙霞镇	13650	21040	8531	2680	45154.0	275	7489
宁国市甲路镇	20100	12678	9935	2659	17211.0	4	1766
宁国市胡乐镇	19500	14003	7262	2626	38800.0	60	2180
宁国市霞西镇	20400	21516	13470	7370	3425.0	18	2860
宁国市云梯畲族乡	5110	6111	3942	1982	12200.0		
宁国市南极乡	12800	11261	9807	3875	47456.0		
宁国市万家乡	13890	12421	8591	4718	2000.0		
宁国市青龙乡	13880	12089	6525	4401	11015.0		
宁国市方塘乡	26700	14215	9645	3435	13444.0		
福建省							
福州市鼓楼区洪山镇	1260	92451	65671	65671	732500.0	1260	92451
仓山区仓山镇	580	21958	20941	20673	875862.0	2	985
仓山区城门镇	5400	89741	33273	32101	1145051.0	2	2347
仓山区盖山镇	3600	76660	45459	42309	1325585.0	2	2100
仓山区建新镇	2400	69569	23941	17728	473816.0	2	1775
仓山区螺洲镇	640	14550	7247	7228	264315.0	2	2475
马尾区马尾镇	6500	27959	8053	7648	5037368.0	201	5699
马尾区亭江镇	11100	20352	6687	6355	1396000.0	180	1503
马尾区琅岐镇	6900	71767	26983	17273	33759.0	1294	25725
晋安区鼓山镇	5000	254952	82729	82506	2417191.0	99	4735
晋安区新店镇	4700	91570	56623	56216	933174.0	300	1305
晋安区岳峰镇	1100	69305	31454	31431	77801.0	100	3503
晋安区宦溪镇	12900	12380	6832	4023	471752.0	130	1825
晋安区寿山乡	17200	11971	5022	1840	193300.0		
晋安区日溪乡	13000	6310	4055	2454	20251.0		
闽侯县白沙镇	17500	29841	15026	10157	256750.0	720	15454
闽侯县南屿镇	17000	59592	22320	12697	1129883.0	30	8430
闽侯县尚干镇	500	18549	10091	9570	199201.0	35	2763
闽侯县祥谦镇	8900	65419	28681	23086	860254.0	30	3658
闽侯县青口镇	12700	82116	43136	35983	2443166.0	370	5558
闽侯县南通镇	11200	46494	21142	20251	192400.0	310	3521
闽侯县上街镇	15700	71162	41043	39719	432442.0	200	2317
闽侯县荆溪镇	13100	46579	34347	30968	1631073.0	20	6206
闽侯县竹岐乡	22400	30182	9655	5095	208375.0		
闽侯县鸿尾乡	15700	36072	18977	16849	332840.0		
闽侯县洋里乡	15100	29500	10753	4453	24593.0		
闽侯县大湖乡	28200	37453	10996	3871	18325.0		
闽侯县廷坪乡	21700	35423	10557	3889	6950.0		
闽侯县小箬乡	4600	11057	3680	2260	7422.0		
连江县凤城镇	710	74602	53723	52273	8230.0	679	74602
连江县敖江镇	4700	46686	20398	16966	2023668.0	87	7558
连江县东岱镇	2436	26507	16309	8530	119100.0	99	11558

续表 195　　（福建省）　　计算单位：公顷、人、万元

名　称	行政区域面积	常住人口	从业人员	二三产业从业人员	工业总产值	城镇建成区面积	城镇建成区常住人口
连江县琯头镇	6680	47153	23447	14469	467884.0	476	14465
连江县晓澳镇	2153	28132	16608	8110	297406.0	215	14836
连江县东湖镇	4389	17672	9611	4333	416265.0	118	4482
连江县丹阳镇	10770	28720	21860	11805	196300.0	82	4255
连江县长龙镇	4120	7886	7250	4588	912.0	82	4003
连江县透堡镇	2560	16814	8793	5639	12865.0	89	13717
连江县马鼻镇	3823	29702	26428	13297	16017.0	230	23240
连江县官坂镇	3648	22238	13347	7311	26678.0	81	8431
连江县筱埕镇	3400	29236	12749	7157	368872.0	72	5488
连江县黄岐镇	1400	20892	10553	3502	98010.0	189	16537
连江县苔菉镇	820	29050	10475	2220	89332.0	96	14755
连江县浦口镇	5060	31089	18346	10456	60696.0	229	16000
连江县坑园镇	2590	22168	16193	9492	107791.0	98	5531
连江县潘渡乡	13240	20594	9135	3826	461.0		
连江县江南乡	7040	24873	12688	5226	64728.0		
连江县蓼沿乡	12370	21560	18183	11097	213000.0		
连江县安凯乡	2950	18770	9242	976	137472.0		
连江县下宫乡	3380	14374	9158	2863	84084.0		
连江县小沧畲族乡	5840	4078	2771	1370	90.5		
罗源县凤山镇	3165	85950	47300	44890	81480.0	523	4516
罗源县松山镇	15850	23160	22862	15230	12030.0	167	1503
罗源县起步镇	7309	22630	12233	6813	64911.0	213	3374
罗源县中房镇	13210	9630	9306	3114	37130.0	110	3556
罗源县飞竹镇	12079	7116	6210	1828	61088.0	999	2148
罗源县鉴江镇	6669	7498	5045	2215	19338.0	130	1724
罗源县白塔乡	7144	9806	8468	5070	238336.0		
罗源县洪洋乡	7011	8524	7056	3378	150060.0		
罗源县西兰乡	7764	10656	9373	7193	267769.0		
罗源县霍口畲族乡	19756	8410	5039	1219	12611.0		
罗源县碧里乡	10068	15694	11731	4321	3410.0		
闽清县梅城镇	1200	41292	28693	28218	294872.0	351	3086
闽清县梅溪镇	13400	21700	10228	7316	29794.0	230	1520
闽清县白樟镇	9100	19687	15181	11844	354151.0	150	2539
闽清县金沙镇	16500	8889	8568	3753	67129.0	410	1375
闽清县白中镇	4300	16500	16100	12450	367101.0	500	5700
闽清县池园镇	10200	19721	14595	13167	183260.0	490	11777
闽清县坂东镇	6100	36259	16574	9884	70810.0	351	6657
闽清县塔庄镇	7200	20556	17815	7955	13196.0	269	1845
闽清县省璜镇	10200	10160	7886	3664	1595.0	180	3091
闽清县雄江镇	11100	4531	2031	901	12178.0	1330	1550
闽清县东桥镇	17700	17320	10848	5308	43069.0	230	2105
闽清县云龙乡	4400	10258	5901	2861	353470.0		
闽清县上莲乡	11700	15589	6448	2256	9791.0		
闽清县三溪乡	4600	5826	5565	903	772.0		
闽清县桔林乡	10800	4388	3712	1540	4479.0		
闽清县下祝乡	8160	12332	7780	3968	7543.0		
永泰县樟城镇	480	33834	18150	18070	5250.0	80	7908
永泰县嵩口镇	24680	19168	14947	8007	24590.0	640	9207
永泰县梧桐镇	17190	39923	24178	17953	17000.0	570	1568
永泰县葛岭镇	25590	13665	9980	5693	17550.0	84	8668

续表 196　　（福建省）　　计算单位：公顷、人、万元

名　　称	行政区域面　积	常住人口	从业人员	二三产业从业人员	工　业总产值	城镇建成区 面 积	城镇建成区常住人口
永泰县城峰镇	7870	38119	13700	7618	163700.0	400	8240
永泰县清凉镇	10340	12738	7190	5342	38972.0	270	1783
永泰县长庆镇	16520	13184	9900	7954	45832.0	202	8625
永泰县同安镇	14330	18500	16720	11410	11700.0	65	1200
永泰县大洋镇	10920	18161	13905	7822	12403.0	450	3419
永泰县塘前乡	8830	3384	2317	1390	76052.0		
永泰县富泉乡	6380	4566	3630	2240	7356.0		
永泰县岭路乡	11480	7198	5281	4403	1800.0		
永泰县赤锡乡	10050	10047	9781	6644	17910.0		
永泰县洑口乡	13300	7859	7697	5274	11522.0		
永泰县盖洋乡	11280	5800	4990	1330	14300.0		
永泰县东洋乡	4960	5160	3811	1775	7100.0		
永泰县霞拔乡	6310	9530	9403	3542	270.0		
永泰县盘谷乡	3060	7283	5270	3334	10152.0		
永泰县红星乡	4620	5546	5130	2870	9160.0		
永泰县白云乡	10440	8320	7525	5675	9950.0		
永泰县丹云乡	5710	1998	1657	826	4035.0		
平潭县潭城镇	1100	71325	7657	5504	71233.0	80	6832
平潭县苏澳镇	1600	38422	20299	5879	27121.8	160	3449
平潭县流水镇	4200	43597	23975	6883	42370.0	214	5762
平潭县澳前镇	2800	56154	32751	8691	9028.0	80	2339
平潭县北厝镇	5900	31289	11999	5838	18476.0	56	1445
平潭县平原镇	2300	22613	10946	3319	732.0	42	1465
平潭县敖东镇	2400	27710	17284	3136	450.0	36	2028
平潭县白青乡	800	19231	9749	1501			
平潭县屿头乡	900	16599	10340	4860	360.0		
平潭县大练乡	1300	3280	1843	580	240.0		
平潭县芦洋乡	1340	6787	4255	1825			
平潭县中楼乡	1900	24878	9230	2970	3606.0		
平潭县东庠乡	400	8390	4962	2246			
平潭县岚城乡	3500	32953	15617	9307	97645.0		
平潭县南海乡	1100	7815	5583	683	23.0		
福清市海口镇	5300	79328	46908	29127	220190.0	204	11320
福清市城头镇	7100	55510	24790	10970	1212250.0	1100	18285
福清市南岭镇	3400	7258	6613	3361	6621.0	84	1842
福清市龙田镇	8800	142123	74312	72182	847000.0	505	25130
福清市江镜镇	5755	99600	48900	23600	143800.0	1025	19400
福清市港头镇	4500	82588	44109	26189	120326.0	120	26280
福清市高山镇	4500	72586	36879	21451	185000.0	810	17818
福清市沙埔镇	4000	47171	29584	10667	48170.0	150	2789
福清市三山镇	10200	120088	54559	30148	368604.0	380	9860
福清市东瀚镇	7000	44696	24755	9500	14705.0	1233	8273
福清市渔溪镇	11530	48948	23644	13104	267863.0	202	13961
福清市上迳镇	5000	34060	19400	10429	310000.0	40	2610
福清市新厝镇	7400	24520	12315	5465	274000.0	336	5688
福清市江阴镇	6900	86502	33510	22907	1405112.0	249	14513
福清市东张镇	12850	32697	13561	7432	26035.0	200	12019
福清市镜洋镇	8900	26765	25362	20262	828661.0	70	3965
福清市一都镇	11500	11800	7200	1400		40	2815
长乐市首占镇	3100	28755	10951	8560	74668.0	300	28289

续表 197　　　　　　　　　　　（福建省）　　　　　　　　　　　计算单位：公顷、人、万元

名　　称	行政区域面　积	常住人口	从业人员	二三产业从业人员	工　业总产值	城镇建成区 面 积	城镇建成区常住人口
长乐市玉田镇	5500	44405	18415	12721	89635.0	65	9854
长乐市松下镇	5500	25447	12181	10595	2074631.0	980	11030
长乐市江田镇	8640	59238	34237	26517	3178760.0	1455	19535
长乐市古槐镇	5200	62011	29400	23600	435846.0	154	13859
长乐市文武砂镇	3200	23996	13564	10057	2095055.0	55	2624
长乐市鹤上镇	4700	61025	23427	20627	1628330.0	47	15299
长乐市湖南镇	3200	30225	13927	10650	1716230.0	130	6722
长乐市金峰镇	3000	72000	21612	17812	1329900.0	378	35000
长乐市文岭镇	3300	38652	19747	11218	1023066.0	162	9520
长乐市梅花镇	1600	15842	6262	3726	153784.0	129	15821
长乐市潭头镇	4200	54897	31238	24398	644705.0	116	9759
长乐市罗联乡	2100	11682	4821	2566	55593.0		
长乐市猴屿乡	2200	5217	2605	2379	16.0		
集美区灌口镇	7020	124386	68268	60352	2350917.0	1500	41325
集美区后溪镇	4400	56720	37412	33152	452500.0	50	594
同安区莲花镇	19640	42898	16920	11910	85200.0	450	8922
同安区新民镇	5300	107510	68235	64325	1253700.0	100	3578
同安区洪塘镇	3710	47145	23466	15480	682000.0	84	1447
同安区西柯镇	3970	61580	34815	33317	1510144.0	240	10911
同安区汀溪镇	12000	20679	11792	5235	69213.0	140	2953
同安区五显镇	7500	44860	25041	13618	180800.0	37	3012
翔安区马巷镇	6687	232863	166207	159062	994560.0	270	31970
翔安区新圩镇	7987	36500	24490	11260	661500.0	340	3186
翔安区新店镇	11829	101444	73145	35942	250000.0	487	5010
翔安区内厝镇	6994	37073	33097	21558	238930.0	280	4078
城厢区常太镇	19500	28311	15836	3218	605.0	210	1138
城厢区华亭镇	13500	113002	51405	33659	1674291.0	267	7715
城厢区灵川镇	5600	71794	30673	12923	562387.0	154	6343
城厢区东海镇	4700	58055	26529	18596	392039.0	200	6360
涵江区三江口镇	1750	60362	31598	25255	968576.0	197	4219
涵江区白塘镇	1820	55765	29217	23141	764901.0	80	3053
涵江区国欢镇	1590	54212	35976	32715	1085863.0	227	7966
涵江区梧塘镇	3100	53250	35163	31366	1682303.0	300	8088
涵江区江口镇	7900	101061	56585	48683	2807641.0	680	30238
涵江区萩芦镇	8600	21255	16011	10095	61196.0	168	4603
涵江区白沙镇	7300	12400	9050	5350	4499.0	124	2480
涵江区庄边镇	17000	15464	12147	6387	7734.0	50	4167
涵江区新县镇	13300	12658	10837	5785	3258.0	100	7085
涵江区大洋乡	12000	8998	7977	4488	3316.0		
荔城区西天尾镇	5800	63144	48100	41867	2312986.0	2923	50966
荔城区黄石镇	6500	149027	92070	62880	2016195.0	1200	34880
荔城区新度镇	6000	107615	73289	51584	550000.0	610	6505
荔城区北高镇	5600	76075	45554	17915	224573.0	1122	9885
秀屿区笏石镇	6800	135538	61486	39411	778021.0	1713	68627
秀屿区东庄镇	6200	44627	30719	19327	1913079.0	145	9123
秀屿区忠门镇	3150	17600	8346	6188	29385.0	168	7949
秀屿区东埔镇	2600	20187	11086	9048	340126.0	100	2677
秀屿区东峤镇	8700	81639	43563	24328	1471896.0	150	20318
秀屿区埭头镇	12600	101322	51950	29648	126714.0	412	11735
秀屿区平海镇	6700	65938	22112	9085	9236.0	109	8265

续表 198　（福建省）　计算单位：公顷、人、万元

名　　称	行政区域面　积	常住人口	从业人员	二三产业从业人员	工　业总产值	城镇建成区　面　积	城镇建成区常住人口
秀屿区南日镇	5800	43264	13314	4679	71416.0	167	7896
秀屿区湄洲镇	1378	32174	18541	8639	2610.0	55	4271
秀屿区山亭镇	4385	27236	11865	10046	11690.0	421	8776
秀屿区月塘乡	3600	30156	13735	11300	144634.8		
仙游县枫亭镇	9412	94456	71478	56291	1402046.8	910	76886
仙游县榜头镇	13311	122861	97877	66895	1562794.2	613	43161
仙游县郊尾镇	6024	65538	40081	29024	605214.0	250	18929
仙游县度尾镇	11480	63711	49379	20863	139025.0	181	13970
仙游县鲤南镇	4281	68695	40530	32276	366853.8	691	28574
仙游县赖店镇	8008	53546	30632	15424	274352.7	110	7235
仙游县盖尾镇	7026	67901	53643	34822	365891.0	140	13848
仙游县园庄镇	8252	36219	18166	16831	4175.0	58	5095
仙游县大济镇	11544	67639	49474	5122	199525.2	87	8620
仙游县龙华镇	6047	47474	21451	5558	123368.0	173	11313
仙游县钟山镇	13461	18585	13307	871	10642.0	105	6877
仙游县游洋镇	17903	16948	8832	559	11342.0	51	3018
仙游县西苑乡	30626	7839	4174	210	93094.3		
仙游县石苍乡	13837	6052	1956	176	5760.0		
仙游县社硎乡	7750	5497	2287	102	1185.0		
仙游县书峰乡	3938	6235	3881	236	145.0		
仙游县菜溪乡	7903	5790	4297	175	168.4		
梅列区陈大镇	19600	10079	6679	3583	701900.0	100	4709
梅列区洋溪镇	7200	6038	4569	2726	280500.0	2000	3352
三元区莘口镇	23000	14357	10882	4017	657574.0	32	3268
三元区岩前镇	26500	21514	11590	3565	389500.0	28	4938
三元区城东乡	6700	10751	3685	1063	65364.0		
三元区中村乡	20130	14434	6550	1015	25110.0		
明溪县雪峰镇	1600	28396	10542	10172	44911.0	400	26711
明溪县盖洋镇	35500	11417	8927	6744	99300.0	70	3626
明溪县胡坊镇	23120	7348	5551	2549	88347.0	157	2056
明溪县瀚仙镇	14200	11304	7600	5484	143000.0	360	1810
明溪县城关乡	13170	11013	6161	4226	120000.0		
明溪县沙溪乡	14100	6689	3405	2150	71180.0		
明溪县夏阳乡	34200	10153	7626	3857	81024.0		
明溪县枫溪乡	12320	3488	2688	1302	25437.0		
明溪县夏坊乡	22100	6842	3764	2140	69173.0		
清流县龙津镇	22100	38614	26438	13392	308675.0	400	24209
清流县嵩溪镇	17151	16585	8846	5827	225851.0	186	8136
清流县嵩口镇	22700	14650	8310	4521	148205.0	110	4526
清流县灵地镇	11000	13246	5534	1972	27156.0	98	3399
清流县长校镇	14100	14667	6690	1370	18711.0	113	3935
清流县温郊乡	14000	4126	3003	1043	160865.0		
清流县林畲乡	11400	9086	3511	647	55610.0		
清流县田源乡	11400	6053	2705	597	65610.0		
清流县沙芜乡	13300	3647	2399	574	30000.0		
清流县赖坊乡	11400	7898	3780	2458	23523.0		
清流县余朋乡	17281	4876	2305	677	60045.0		
清流县李家乡	7500	9194	4363	1353	23105.0		
清流县里田乡	7300	4807	1994	407	30270.0		
宁化县翠江镇	2500	63860	30480	30480	141254.0	1112	63860

续表 199　　（福建省）　　计算单位：公顷、人、万元

名　　称	行政区域面　　积	常住人口	从业人员	二三产业从业人员	工　业总产值	城镇建成区 面 积	城镇建成区常住人口
宁化县泉上镇	20200	16572	8316	3167	49902.0	84	6930
宁化县湖村镇	16900	13551	9356	6503	182197.0	125	7681
宁化县石壁镇	13826	25826	12620	7433	39000.0	147	5962
宁化县曹坊镇	20100	15439	10926	6235	49871.0	65	6100
宁化县安远镇	28000	25252	14261	8323	35000.0	78	1511
宁化县淮土镇	10800	19493	11829	8267	22052.0	56	3939
宁化县城郊乡	20400	19129	12671	6632	109426.0		
宁化县城南乡	8400	7696	5576	3073	33576.0		
宁化县济村乡	15000	11216	5930	3474	27024.0		
宁化县方田乡	10300	5506	3454	2183	32597.0		
宁化县安乐乡	18600	13752	7511	3157	39689.0		
宁化县治平畲族乡	13700	8753	6939	3566	50263.0		
宁化县中沙乡	11700	10221	7298	5258	81251.0		
宁化县河龙乡	6400	5932	4646	2355	32193.0		
宁化县水茜乡	23900	18867	12016	2446	24400.0		
大田县均溪镇	14038	91631	31953	8803	553546.0	70	46457
大田县石牌镇	12925	21812	6555	4173	148665.0	396	1971
大田县上京镇	15297	19127	9417	6668	383642.0	177	7536
大田县广平镇	17158	31928	20848	6202	234700.0	80	9108
大田县桃源镇	21910	16299	11783	3427	170300.0	100	5368
大田县太华镇	24554	27875	15158	4488	394203.0	100	3642
大田县建设镇	6859	21163	9018	5156	145106.0	105	4272
大田县奇韬镇	7074	15246	6752	3345	96355.0	59	4965
大田县华兴乡	9290	6549	5776	2658	20579.0		
大田县屏山乡	10634	6800	6515	3965	44268.0		
大田县吴山乡	8355	7121	4624	2689	181547.0		
大田县济阳乡	6642	5983	2965	879	98465.0		
大田县武陵乡	8030	13054	4184	622	89638.0		
大田县谢洋乡	11612	4910	3950	2140	13050.0		
大田县文江乡	11271	13687	8695	7057	78435.4		
大田县梅山乡	19208	15730	7862	1860	27624.3		
大田县湖美乡	13847	8984	6585	1667	5722.0		
大田县前坪乡	4586	4890	2337	461	390000.0		
尤溪县城关镇	12086	68817	8019	4107	450318.0	1322	63126
尤溪县梅仙镇	23954	28173	16356	9258	99187.0	160	11661
尤溪县西滨镇	25262	21217	12608	7973	201325.0	114	14032
尤溪县洋中镇	33907	22183	15003	8530	329150.0	302	13190
尤溪县新阳镇	27417	30840	24215	15749	149870.0	155	12206
尤溪县管前镇	17618	17839	14096	3376	66000.0	67	4269
尤溪县西城镇	34677	41571	32691	19589	1229645.5	250	27918
尤溪县尤溪口镇	210	946	512	410	33272.0	210	946
尤溪县坂面镇	41164	27406	17890	7009	198257.0	336	11037
尤溪县联合乡	10318	14210	12429	6886	9978.0		
尤溪县汤川乡	30403	11697	9375	5364	31192.0		
尤溪县溪尾乡	16262	9800	6817	3112	58538.0		
尤溪县中仙乡	37533	26997	18671	8023	20400.0		
尤溪县台溪乡	23472	24226	18594	8268	117759.3		
尤溪县八字桥乡	7887	9228	7769	3487	7396.0		
沙县青州镇	13959	19673	6320	5681	293300.0	456	3071
沙县夏茂镇	25136	25612	17414	12049	52043.0	150	11815

续表 200 （福建省） 计算单位：公顷、人、万元

名　　称	行政区域面积	常住人口	从业人员	二三产业从业人员	工业总产值	城镇建成区面积	城镇建成区常住人口
沙县高砂镇	16090	19858	8611	4610	44900.1	181	2631
沙县高桥镇	21095	18474	7779	4612	84583.8	236	4377
沙县富口镇	22609	9812	6821	3467	139742.0	160	3481
沙县大洛镇	11700	10678	6022	2731	15721.0	100	1443
沙县南霞乡	12212	12179	4565	1325	2130.0		
沙县南阳乡	6427	11250	4820	2230	1050.0		
沙县郑湖乡	11009	6785	4176	522	1587.0		
沙县湖源乡	3598	6403	2836	931	5525.0		
将乐县古镛镇	16777	45685	26090	22419	1210155.5	427	23470
将乐县万安镇	14449	8694	5120	1663	82470.0	129	5114
将乐县高唐镇	25556	9263	6688	4042	99563.0	20	5462
将乐县白莲镇	29361	11812	5629	2353	40886.0	30	3884
将乐县黄潭镇	29397	10974	7447	3208	86611.2	29	3158
将乐县水南镇	2540	24016	8573	7962	139200.0	360	24016
将乐县光明乡	17296	7946	4240	1830	10452.0		
将乐县漠源乡	12693	5300	3150	1000	12866.0		
将乐县南口乡	19054	9976	7240	5214	86586.9		
将乐县万全乡	19625	4987	4053	2615	15987.0		
将乐县安仁乡	11588	7360	5080	1450	23359.3		
将乐县大源乡	12144	6183	4223	1862	15041.0		
将乐县余坊乡	13629	5521	3576	608	24300.0		
泰宁县杉城镇	22937	50412	12013	5495	270631.0	371	33268
泰宁县朱口镇	21614	18062	14224	7413	123479.0	150	10021
泰宁县新桥乡	10776	5613	4897	2696	50139.0		
泰宁县上青乡	8905	5919	4049	1878	17326.0		
泰宁县大田乡	14182	6024	4176	1691	70633.0		
泰宁县梅口乡	16458	4225	2566	1161	20595.0		
泰宁县下渠乡	12690	7030	3153	948	45824.0		
泰宁县开善乡	14017	5805	3296	1282	25820.0		
泰宁县大龙乡	31302	8617	6343	2685	62200.0		
建宁县濉溪镇	21000	35110	17378	15093	300472.0	323	30520
建宁县里心镇	26000	16975	7508	4035	101689.0	112	5524
建宁县溪口镇	22700	18022	7301	3288	150625.0	87	3561
建宁县均口镇	30000	14571	8227	2911	186059.0	142	4468
建宁县伊家乡	11700	7911	4523	1540	29727.3		
建宁县黄坊乡	21500	7224	3952	1424	39600.0		
建宁县溪源乡	14300	6022	3243	1112	56639.0		
建宁县客坊乡	11000	6355	5438	2378	6511.0		
建宁县黄埠乡	13400	9810	4702	1782	31201.0		
永安市西洋镇	33687	16025	10497	4267	213678.0	162	6796
永安市贡川镇	13697	8796	5608	4282	713049.0	97	5138
永安市安砂镇	29474	17885	8547	3846	295456.0	92	3465
永安市小陶镇	41983	24967	16492	8102	480128.0	453	9230
永安市大湖镇	19064	17453	11780	7346	771046.0	251	4266
永安市曹远镇	19875	24316	15075	11214	1190201.0	70	6973
永安市洪田镇	34295	16498	16256	6889	356625.0	50	3293
永安市槐南镇	12686	17584	7974	5089	340736.0	157	4873
永安市上坪乡	16024	5405	4190	1378	190863.0		
永安市罗坊乡	23229	4213	3259	801	60112.0		
永安市青水畲族乡	25751	18486	9797	1796	150675.0		

续表 201　　（福建省）　　计算单位：公顷、人、万元

名　　称	行政区域面　　积	常住人口	从业人员	二三产业从业人员	工　业总产值	城镇建成区 面 积	城镇建成区常住人口
洛江区罗溪镇	10849	47409	16800	12500	90339.0	450	19268
洛江区马甲镇	11572	61784	35423	25596	123780.0	99	11468
洛江区河市镇	8559	37058	33142	26391	1235400.0	220	7500
洛江区虹山乡	2256	13411	8793	6105	4362.0		
泉港区南埔镇	4000	69665	56617	45566	7213270.0	920	38175
泉港区界山镇	4200	45929	24652	13496	379864.0	110	5752
泉港区后龙镇	2150	47568	20270	14584	298140.0	120	6473
泉港区峰尾镇	1200	50764	33542	21326	89225.0	300	12363
泉港区前黄镇	3330	41236	21059	15172	1457300.0	255	12937
泉港区涂岭镇	15700	56929	26991	13721	494590.0	146	12720
惠安县螺城镇	2750	114106	7304	5992	452125.0	1309	88421
惠安县螺阳镇	4900	102063	34723	28672	1623556.0	991	23393
惠安县黄塘镇	6980	42286	24964	16206	348000.0	510	2761
惠安县紫山镇	8840	31991	19100	14040	528573.0	219	2490
惠安县洛阳镇	5170	62440	43536	35269	963688.0	1613	13346
惠安县东园镇	4100	68224	28685	24069	862154.0	600	20158
惠安县张坂镇	7800	79125	37199	31162	470000.0	1260	12779
惠安县崇武镇	1960	107952	32129	25339	1034400.0	1242	107952
惠安县山霞镇	3450	45988	28019	19736	269851.0	260	6995
惠安县涂寨镇	5049	75458	47799	38500	207000.0	280	10538
惠安县东岭镇	3050	57754	43100	35445	798202.0	252	5330
惠安县东桥镇	3100	55890	38499	34878	4353212.0	320	5440
惠安县净峰镇	3123	54600	32997	23368	117412.5	396	875
惠安县小岞镇	740	28571	17356	7969	46019.0	399	3783
惠安县辋川镇	5000	64302	30337	20606	539981.0	500	17003
惠安县百崎回族乡	1670	23542	16537	15822	450082.7		
安溪县凤城镇	1326	127568	42199	41565	880380.0	1326	127568
安溪县蓬莱镇	12286	55831	34725	18346	28107.1	300	33000
安溪县湖头镇	10003	110606	37848	25220	806632.3	1500	65193
安溪县官桥镇	10543	65389	39328	27478	245205.7	6600	56755
安溪县剑斗镇	12141	35183	18394	9494	40021.5	120	12070
安溪县城厢镇	10720	113335	46151	40888	1778537.6	1550	58967
安溪县金谷镇	10160	40106	27870	12480	15443.7	200	12486
安溪县龙门镇	15633	57147	36538	21280	644011.1	1430	11864
安溪县虎邱镇	16177	38287	27893	13082	257550.3	800	29874
安溪县芦田镇	9100	12837	9425	3757	16413.5	165	3763
安溪县感德镇	22178	44384	23457	7833	65292.5	220	10000
安溪县魁斗镇	5580	18821	15143	6498	36119.1	80	8356
安溪县西坪镇	14550	41953	27677	12178	354268.2	30	7905
安溪县参内乡	4994	23665	15583	6845	115947.8		
安溪县白濑乡	4516	8575	5119	2714	15502.8		
安溪县湖上乡	4904	20834	14790	5770	17544.9		
安溪县尚卿乡	11642	30628	19689	12303	237548.5		
安溪县大坪乡	7865	13461	7421	4505	269478.4		
安溪县龙涓乡	37292	51543	31079	16037	40091.6		
安溪县长坑乡	19216	61690	36810	27262	35730.3		
安溪县蓝田乡	9977	20818	11842	6037	47414.7		
安溪县祥华乡	25834	25286	17153	5420	74126.9		
安溪县桃舟乡	12826	8936	5965	744	14464.6		
安溪县福田乡	16265	7465	3494	2479	8653.1		

续表 202　　（福建省）　　计算单位：公顷、人、万元

名称	行政区域面积	常住人口	从业人员	二三产业从业人员	工业总产值	城镇建成区面积	城镇建成区常住人口
永春县桃城镇	7200	81963	29999	25147	1491000.0	1500	50628
永春县五里街镇	4300	32615	14586	13623	405600.0	2000	20398
永春县一都镇	19100	14120	11072	2963	127550.0	320	3920
永春县下洋镇	11000	21065	8846	7750	161203.0	200	5876
永春县蓬壶镇	8100	51090	27858	17293	424311.0	4040	49696
永春县达埔镇	12100	88348	36402	27021	296240.0	1000	27105
永春县吾峰镇	3200	12592	12551	5800	43637.0	60	2905
永春县石鼓镇	4800	29926	12154	9982	314432.0	910	16207
永春县岵山镇	5400	17687	11433	4108	110432.0	850	12843
永春县东平镇	4300	16492	10671	4772	312200.0	150	2983
永春县湖洋镇	14300	17890	15101	5635	128295.0	456	6921
永春县坑仔口镇	7500	19228	9330	8952	296015.0	600	7482
永春县玉斗镇	5700	15053	10702	5035	88215.0	510	4856
永春县锦斗镇	4000	14048	7514	5029	50851.0	180	3048
永春县东关镇	6000	9435	6956	4646	98650.0	375	6831
永春县桂洋镇	7800	8952	7132	4752	36000.0	75	5346
永春县苏坑镇	3000	16507	13780	7817	112900.0	250	3215
永春县仙夹镇	3400	9421	7887	5477	10120.0	178	7008
永春县横口乡	6900	7125	3837	1822	168938.0		
永春县呈祥乡	1900	6750	3226	2440	19800.0		
永春县介福乡	3300	10074	6200	5200	101000.0		
永春县外山乡	3500	3815	3795	865	8300.0		
德化县浔中镇	6770	92148	48230	45445	842801.0	1253	88653
德化县龙浔镇	4040	122268	70359	67349	1201279.0	1168	59379
德化县三班镇	5600	12140	9372	6930	161492.0	239	11372
德化县龙门滩镇	21560	3912	2954	811	11275.0	20	1039
德化县雷峰镇	16640	4945	3672	1125	3995.0	27	2145
德化县南埕镇	24110	3025	2473	619	1350.0	15	1263
德化县水口镇	26030	4930	3593	1339	2965.0	19	2947
德化县赤水镇	9100	3603	2653	530	420.0	9	688
德化县上涌镇	14010	7122	4769	1329	2056.0	110	3356
德化县葛坑镇	12720	5438	3784	2246	70550.0	21	3679
德化县盖德镇	9210	5476	4659	2349	21736.0	17	2159
德化县美湖镇	9350	8059	3901	2826	194383.0	26	3967
德化县杨梅乡	10600	2012	1592	503	1125.0		
德化县汤头乡	12510	2332	1782	537	15121.0		
德化县桂阳乡	12290	2005	1606	226	1280.0		
德化县国宝乡	6340	2825	2366	889	360.0		
德化县大铭乡	7640	1314	1149	323	665.0		
德化县春美乡	13480	3086	2325	285	724.0		
石狮市灵秀镇	1627	124875	79932	78809	1885472.0	1627	124875
石狮市宝盖镇	2600	87126	63088	62964	1735157.5	1500	87126
石狮市蚶江镇	3847	88420	28901	26313	1720000.0	730	23185
石狮市祥芝镇	1590	54057	23501	6247	959000.0	895	18276
石狮市鸿山镇	1512	49837	32917	30424	2066530.0	649	9311
石狮市锦尚镇	1450	38734	11911	10965	392838.0	420	9939
石狮市永宁镇	2900	57998	29275	18400	701500.0	630	21032
晋江市安海镇	5403	176773	84622	78289	4612598.0	1200	59112
晋江市磁灶镇	5646	138850	87554	70969	3007515.0	570	70665
晋江市陈埭镇	3767	332678	239795	227740	5464492.0	1050	35054

续表 203 （福建省） 计算单位：公顷、人、万元

名称	行政区域面积	常住人口	从业人员	二三产业从业人员	工业总产值	城镇建成区面积	城镇建成区常住人口
晋江市东石镇	6483	167904	111826	99090	2361096.0	760	15786
晋江市深沪镇	3326	107350	90184	84548	2272030.0	856	41578
晋江市金井镇	5667	106369	73935	60039	2005525.0	1295	30947
晋江市池店镇	2464	152688	61488	56985	1610497.0	1355	8120
晋江市内坑镇	4752	95365	54954	29111	1857966.0	2033	25876
晋江市龙湖镇	6355	153954	52481	50781	3017809.0	1288	27000
晋江市永和镇	4802	85408	37589	34708	3013300.0	330	7970
晋江市英林镇	2993	128009	56828	56680	1993898.0	963	48914
晋江市紫帽镇	2042	29851	5285	4305	997189.0	200	8853
晋江市西滨镇	210	16692	9361	9350	893817.0	200	11095
南安市省新镇	6100	49470	35100	29050	844452.0	827	38230
南安市仑苍镇	4400	102562	46595	42225	1792013.0	1950	49160
南安市东田镇	14000	33117	20793	16710	50000.0	190	8117
南安市英都镇	8180	42847	31267	26532	475200.0	458	29753
南安市翔云镇	6900	15673	10612	8277	1200.0	201	8725
南安市金淘镇	11000	64364	41333	34570	124816.0	390	24960
南安市诗山镇	9620	63971	42236	36953	576317.0	594	24398
南安市蓬华镇	4400	20596	13453	10264	580.0	189	12214
南安市码头镇	10800	57723	38310	32282	462462.0	457	27000
南安市九都镇	10200	13134	8988	7543	90100.0	201	3395
南安市乐峰镇	6500	28750	19484	16130	25750.0	291	17825
南安市罗东镇	6060	47875	33445	28322	174318.0	459	31435
南安市梅山镇	5900	60652	43275	36543	797600.0	1200	55956
南安市洪濑镇	8700	102825	63800	55534	822778.0	2110	72973
南安市洪梅镇	4900	22572	15187	11864	45675.0	90	5437
南安市康美镇	6640	52671	37914	32402	912840.0	567	20055
南安市丰州镇	5400	33180	23319	18113	86256.0	607	29265
南安市霞美镇	5600	81809	54734	47858	1296766.0	1068	50143
南安市官桥镇	12000	113813	74364	66534	1612000.0	1890	80812
南安市水头镇	12700	210835	128778	119348	2482186.0	2000	145512
南安市石井镇	8300	96181	61402	56066	1482561.0	871	52027
南安市眉山乡	5400	16370	10347	8087	4198.0		
南安市向阳乡	6850	13230	7358	5333	2250.0		
芗城区浦南镇	6400	30247	20089	10689	1778166.0	50	2423
芗城区天宝镇	4500	47051	23042	10125	391140.0	154	10561
芗城区芝山镇	1290	37892	23156	22433	2529338.0	447	31265
芗城区石亭镇	4600	46772	32042	25459	987564.0	112	2012
龙文区蓝田镇	3222	85271	53266	53165	2106052.0	402	9498
龙文区步文镇	1440	41925	34819	33425	19554.0	200	26453
龙文区朝阳镇	4220	40282	24030	21223	538960.0	124	9811
龙文区郭坑镇	3700	19522	14383	12506	208603.0	100	2507
云霄县云陵镇	1523	66278	16051	13360	254777.0	765	65370
云霄县陈岱镇	16716	51691	39080	21491	795103.0	958	26303
云霄县东厦镇	12813	52773	25316	8821	120000.0	185	3786
云霄县莆美镇	6861	56751	26183	11581	585739.0	884	18689
云霄县列屿镇	5462	24863	13819	7437	267100.0	255	12950
云霄县火田镇	19111	55440	27317	8483	154867.0	215	2436
云霄县下河乡	13734	48524	27675	20388	267180.0		
云霄县马铺乡	16597	32403	16838	5198	140512.0		
云霄县和平乡	12257	30176	9725	3155	170036.0		

续表 204 （福建省） 计算单位：公顷、人、万元

名　　称	行政区域面积	常住人口	从业人员	二三产业从业人员	工业总产值	城镇建成区面积	城镇建成区常住人口
漳浦县绥安镇	11724	133096	56056	44086	1379457.0	1663	71227
漳浦县旧镇镇	11619	70525	37452	22824	299886.0	526	19765
漳浦县佛昙镇	8010	56822	30934	14154	131225.0	298	16520
漳浦县赤湖镇	9211	55257	32359	18251	389236.3	345	23334
漳浦县杜浔镇	15548	99559	52419	37004	46124.0	255	26452
漳浦县霞美镇	10622	55157	38280	8028	11372.0	123	10877
漳浦县官浔镇	7711	18219	14562	5745	9600.0	150	11082
漳浦县石榴镇	20664	43529	25608	11950	31014.8	200	7100
漳浦县盘陀镇	10634	27961	16301	6571	209647.0	339	6173
漳浦县长桥镇	14139	15085	10389	3684	88728.0	89	3633
漳浦县前亭镇	10189	29562	19580	4690	274182.3	300	7505
漳浦县马坪镇	5264	13784	10875	6420	11340.0	240	9745
漳浦县深土镇	9137	54061	32800	16030	101085.0	532	16725
漳浦县六鳌镇	4587	25750	13106	3616	230448.1	317	11645
漳浦县沙西镇	11935	42212	27750	4560	5689.0	250	14665
漳浦县古雷镇	6413	196	160	110	1233013.6	250	40
漳浦县大南坂镇	4951	10513	7666	4331	341364.0	590	4894
漳浦县南浦乡	10238	10020	7216	3006	500.0		
漳浦县赤岭畲族乡	12009	12490	9605	5415	7750.0		
漳浦县湖西畲族乡	7907	22366	16600	6140	40180.0		
漳浦县赤土乡	12109	23236	14700	4790	46126.3		
诏安县南诏镇	928	69271	19736	19639	156462.5	871	69271
诏安县四都镇	10326	55567	26983	18440	305576.0	350	10482
诏安县梅岭镇	3592	31860	19313	7333	278050.0	1100	13557
诏安县桥东镇	10734	56615	35323	11833	110544.2	524	14180
诏安县深桥镇	9086	74156	48867	25105	1169044.0	150	16842
诏安县太平镇	14877	49469	28453	8001	142235.3	67	2308
诏安县霞葛镇	8053	36754	26478	16102	51100.0	100	4498
诏安县官陂镇	14920	53945	29946	7625	56933.0	293	13942
诏安县秀篆镇	13807	38542	29394	15519	33008.4	170	18585
诏安县金星乡	8436	18329	15072	9069	312340.0		
诏安县西潭乡	6636	46649	29427	18640	98021.5		
诏安县白洋乡	5354	29416	17660	9968	66579.1		
诏安县建设乡	4713	12365	5571	3159	38542.0		
诏安县红星乡	12965	15542	9346	2479	64631.3		
诏安县梅洲乡	4938	18900	7700	3780	68000.0		
长泰县武安镇	11248	82004	54663	49054	3954550.0	400	20513
长泰县岩溪镇	20400	41995	18991	16232	312706.0	451	8236
长泰县陈巷镇	26500	45864	28877	19779	174840.0	114	4869
长泰县枋洋镇	20300	37459	28755	20035	163642.0	120	1778
长泰县坂里乡	11560	11230	4194	1940	31125.0		
东山县西埔镇	5143	49756	30198	23852	1094667.0	215	24293
东山县樟塘镇	2785	16458	12875	7123	253150.0	34	3782
东山县康美镇	2792	22228	15106	7848	754082.0	86	956
东山县杏陈镇	3278	28285	17682	9557	69034.0	61	7641
东山县陈城镇	6259	34284	19539	9664	221916.0	58	5112
东山县前楼镇	3276	13277	8414	4827	8815.0	24	1803
东山县铜陵镇	1301	54924	31348	25751	359763.0	629	54924
南靖县山城镇	22497	97032	47551	32154	492818.0	650	62480
南靖县丰田镇	5900	12334	6186	4721	776581.0	384	7350

续表 205　　（福建省）　　计算单位：公顷、人、万元

名　称	行政区域面积	常住人口	从业人员	二三产业从业人员	工业总产值	城镇建成区面积	城镇建成区常住人口
南靖县靖城镇	14000	68857	50844	39018	1540558.0	616	62521
南靖县龙山镇	30500	27845	18986	9666	403848.0	392	9102
南靖县金山镇	23400	31030	17248	8711	523429.0	72	22116
南靖县和溪镇	17600	19340	11147	5361	50061.9	195	5670
南靖县奎洋镇	16100	13653	10130	7783	208543.3	63	5856
南靖县梅林镇	10900	13353	6804	3215	19968.0	42	3678
南靖县书洋镇	18100	24725	12374	4056	72014.0	275	8974
南靖县船场镇	20400	20984	11801	4162	89979.0	256	9314
南靖县南坑镇	16800	12547	8751	2851	44068.0	128	3445
平和县小溪镇	13719	80931	49432	19482	327000.0	738	52234
平和县山格镇	17772	42783	25314	13163	223780.0	270	11889
平和县文峰镇	24610	14086	8184	2948	902015.0	146	4136
平和县南胜镇	12717	24365	15582	7534	72846.0	136	11256
平和县坂仔镇	13367	39824	18923	6908	35197.0	285	15286
平和县安厚镇	12234	55080	29828	18928	29596.0	160	7098
平和县大溪镇	13926	44476	20804	10622	8390.0	195	15162
平和县霞寨镇	20390	42989	21996	12984	11550.0	180	14736
平和县九峰镇	20354	46141	35906	15274	71220.0	192	12180
平和县芦溪镇	30740	34882	23331	14096	11685.0	137	6432
平和县五寨乡	9178	17256	8836	4714	44200.0		
平和县国强乡	14409	21403	10829	4480	4633.0		
平和县崎岭乡	12799	21668	8878	3074	35011.0		
平和县长乐乡	6000	7434	5200	1500	3600.0		
平和县秀峰乡	8742	11030	6600	2985	168.0		
华安县华丰镇	16740	42459	13524	11352	337040.9	405	23753
华安县丰山镇	6400	23232	11706	9768	389956.0	70	5148
华安县沙建镇	23120	25638	11367	6619	315838.4	71	7254
华安县新圩镇	21440	11741	6542	3772	166429.9	38	2611
华安县高安镇	10300	11565	4604	2882	45693.9	75	5807
华安县仙都镇	13760	29183	18436	8164	194819.0	537	12024
华安县高车乡	7480	5978	3790	2694	209704.0		
华安县马坑乡	11650	4966	2049	1109	48724.0		
华安县湖林乡	16870	8780	4943	1963	148657.8		
龙海市石码镇	443	64420	41445	40450	214780.3	443	64420
龙海市海澄镇	7037	72430	39270	25749	1079420.3	333	14500
龙海市角美镇	16045	196870	121968	103466	5498444.4	3500	83706
龙海市白水镇	7223	35780	19845	11440	86127.6	300	5923
龙海市浮宫镇	7792	54386	30081	13056	297689.4	60	10750
龙海市程溪镇	27016	40851	18098	10351	261648.4	203	5129
龙海市港尾镇	15000	97623	56200	45000	1624305.2	2159	29510
龙海市九湖镇	11778	62385	37711	31879	636777.4	210	4892
龙海市颜厝镇	5060	64895	42882	34671	410823.0	178	6619
龙海市榜山镇	9264	87936	57118	47739	719327.4	500	21863
龙海市紫泥镇	7635	64017	36981	24910	219282.4	80	5756
龙海市东园镇	3511	42256	31604	19188	972117.5	344	4439
龙海市东泗乡	5805	23102	13786	6911	1612.0		
龙海市隆教畲族乡	7867	25849	10284	6200	578374.6		
延平区来舟镇	6800	6800	4060	3640	141500.0	210	4850
延平区樟湖镇	19800	23419	10940	6806	3683.0	164	10361
延平区夏道镇	15000	33398	16299	8582	126612.0	196	11086

续表 206　　（福建省）　　计算单位：公顷、人、万元

名　　称	行政区域面　积	常住人口	从业人员	二三产业从业人员	工　业总产值	城镇建成区　面　积	城镇建成区常住人口
延平区西芹镇	25100	41444	17551	9860	59809.0	207	9357
延平区峡阳镇	17600	18156	13793	7674	11030.0	100	11175
延平区南山镇	19700	28921	14747	6988	58874.4	950	11863
延平区大横镇	19300	19566	11949	5197	148752.0	200	6712
延平区王台镇	22100	23563	13953	6783	51034.0	100	4661
延平区太平镇	22500	19004	10391	5387	156320.0	110	3330
延平区塔前镇	15400	16889	11968	4902	11202.0	59	4468
延平区茫荡镇	20500	14165	6957	4336	14203.0	89	1374
延平区洋后镇	11000	8362	6843	4313	2000.0	101	6430
延平区炉下镇	9200	14160	6992	3249	79128.0	240	3187
延平区巨口乡	13600	14000	7175	4930	3254.0		
延平区赤门乡	11150	11979	5466	3224	179.0		
建阳区将口镇	19460	19993	13132	7059	90086.0	105	5395
建阳区徐市镇	27680	24175	15707	6598	87916.0	100	5149
建阳区莒口镇	36000	21558	13780	4808	149135.0	100	5879
建阳区麻沙镇	47100	33659	19191	6726	259764.0	207	10012
建阳区黄坑镇	37150	12502	6897	3180	199306.0	57	3010
建阳区水吉镇	27800	33988	21440	9830	222161.0	300	12782
建阳区漳墩镇	30400	28382	13971	3605	22757.0	90	3245
建阳区小湖镇	23720	16717	10475	2715	146932.0	60	3720
建阳区崇雒乡	12880	10659	5615	2126	103442.0		
建阳区书坊乡	21920	10565	4866	1737	94408.0		
建阳区回龙乡	19970	13530	7056	1953	43654.0		
顺昌县建西镇	13000	16709	10376	5738	32861.0	105	6372
顺昌县洋口镇	13900	11746	7588	4510	73195.3	44	3481
顺昌县元坑镇	17100	15911	6976	3495	77994.0	66	6295
顺昌县埔上镇	20300	10908	10745	4494	137471.0	96	7375
顺昌县大历镇	8800	5442	5015	1913	4080.0	20	2854
顺昌县大干镇	20300	9231	7404	2827	91134.1	52	3826
顺昌县仁寿镇	17100	12511	6871	1839	14956.6	42	5973
顺昌县郑坊镇	13200	9478	6032	2277	355851.3	62	5558
顺昌县洋墩乡	12900	7483	6431	2039	21552.7		
顺昌县岚下乡	20700	16249	13409	4812	21463.3		
顺昌县高阳乡	23000	14983	13217	2637	19131.4		
浦城县富岭镇	39529	20100	19328	11107	12000.0	230	5523
浦城县石陂镇	28060	24439	19140	7020	15560.0	120	9680
浦城县临江镇	11429	13498	10865	2985	46000.0	155	4853
浦城县仙阳镇	23924	22495	15530	10543	74838.0	140	18033
浦城县水北街镇	34990	14299	10795	3843	2770.0	55	3825
浦城县永兴镇	20790	13952	12279	632	13200.0	16	2327
浦城县忠信镇	42610	17015	15690	10385	25760.0	300	4785
浦城县莲塘镇	15441	41978	19692	10512	33215.0	100	25750
浦城县九牧镇	15501	8130	6667	3558	20000.0	277	3377
浦城县万安乡	7962	17510	7929	1014	22634.0		
浦城县古楼乡	20750	7586	5957	1046	24215.0		
浦城县山下乡	10974	6985	6874	3164	4500.0		
浦城县枫溪乡	5600	5513	4575	1459	2053.0		
浦城县濠村乡	12850	5430	3886	1164	2100.0		
浦城县管厝乡	22912	21796	14730	1740	1658.0		
浦城县盘亭乡	11735	10031	7762	3644	5818.0		

续表 207　　（福建省）　　计算单位：公顷、人、万元

名　　称	行政区域面　积	常住人口	从业人员	二三产业从业人员	工　业总产值	城镇建成区 面 积	城镇建成区常住人口
浦城县官路乡	10130	7030	5515	2422	6280.0		
光泽县杭川镇	729	44825	25445	25385	805728.2	403	37801
光泽县寨里镇	68713	15930	9395	2963	9757.1	20	1557
光泽县止马镇	16001	13290	8817	4166	3032.6	25	3952
光泽县鸾凤乡	32943	14057	13742	4241	51455.4		
光泽县崇仁乡	13638	10241	7320	2509	28613.3		
光泽县李坊乡	19608	9994	7491	1449	1684.8		
光泽县华桥乡	30486	15896	12093	3826	2948.3		
光泽县司前乡	41900	16813	10481	3496	6665.3		
松溪县郑墩镇	17350	15360	10830	4480	91304.0	79	5181
松溪县渭田镇	17950	18523	11659	3584	7955.0	269	4950
松溪县河东乡	5290	9967	8202	3949	181320.0		
松溪县茶平乡	8420	9978	7252	1867	90000.0		
松溪县旧县乡	13700	9671	7175	2075	45640.0		
松溪县溪东乡	8220	7543	7371	4002	8739.0		
松溪县花桥乡	16520	10038	7100	1671	13095.0		
松溪县祖墩乡	9650	7173	6745	2285	13127.0		
政和县东平镇	21800	21665	14102	5903	72500.0	130	11391
政和县石屯镇	15100	22329	11838	7686	136000.0	482	6590
政和县铁山镇	13300	17466	10594	2838	118254.0	500	7215
政和县镇前镇	23400	18907	16490	2819	6582.0	567	4124
政和县星溪乡	20600	17031	10050	3550	55630.0		
政和县外屯乡	15300	7100	6094	1894	3685.0		
政和县杨源乡	24200	11105	9058	3926	5172.0		
政和县澄源乡	27100	18512	16019	5401	9459.0		
政和县岭腰乡	12200	11041	5223	1526	25436.0		
邵武市城郊镇	21100	16287	9153	4939	1225200.0	16	1602
邵武市水北镇	51300	15653	11794	5235	311650.0	1	63
邵武市下沙镇	9300	8905	5814	4483	555679.0	103	1391
邵武市卫闽镇	10600	7389	4403	1679	63439.0	49	2686
邵武市沿山镇	25700	17486	8563	1964	144754.0	260	3728
邵武市拿口镇	34800	20367	12556	8317	332764.6	334	8483
邵武市洪墩镇	14000	9318	7300	2247	198100.0	12	2883
邵武市大埠岗镇	19200	15322	5615	3337	65200.0	475	3826
邵武市和平镇	13400	9886	6279	2363	55457.0	240	3390
邵武市肖家坊镇	10800	14628	5873	3978	12501.0	418	2450
邵武市大竹镇	12500	8792	8671	7474	38000.0	182	1697
邵武市吴家塘镇	11900	8849	4422	3520	258300.0	213	1825
邵武市桂林乡	15600	10825	6654	5167	1820.0		
邵武市张厝乡	13600	5289	4359	2294	24500.0		
邵武市金坑乡	13200	4521	2866	188	14500.0		
武夷山市星村镇	66803	23796	11545	4984	61594.0	90	6274
武夷山市兴田镇	33039	25945	19902	4632	508437.0	80	4630
武夷山市五夫镇	17721	9588	8821	1981	1880.0	85	3500
武夷山市上梅乡	23973	8780	7584	3903	8885.0		
武夷山市吴屯乡	24316	14002	13072	3505	57381.0		
武夷山市岚谷乡	28668	10556	9211	2393	9538.0		
武夷山市洋庄乡	47347	10805	8631	2082	40634.0		
建瓯市徐墩镇	35700	30799	17117	7476	337568.0	120	8844
建瓯市吉阳镇	19921	22530	17665	5481	97152.0	40	8688

续表 208　　（福建省）　　计算单位：公顷、人、万元

名　　称	行政区域面　　积	常住人口	从业人员	二三产业从业人员	工　业总产值	城镇建成区　面　积	城镇建成区常住人口
建瓯市房道镇	24475	25673	19180	9430	89792.0	64	7155
建瓯市南雅镇	39800	35004	24369	8237	112000.0	85	7658
建瓯市迪口镇	37200	24277	16709	7149	49338.0	35	4036
建瓯市小桥镇	29872	29408	21083	10385	141201.0	181	7402
建瓯市玉山镇	32447	17453	14605	6137	95360.0	60	4605
建瓯市东游镇	42000	29739	26727	12029	192492.0	150	12378
建瓯市东峰镇	30260	29739	23569	5229	272172.0	1700	12240
建瓯市小松镇	23933	22192	14172	5280	72615.0	80	2685
建瓯市顺阳乡	17200	9069	6493	1407	73600.0		
建瓯市水源乡	29920	17150	13968	1934	19542.0		
建瓯市川石乡	27400	18944	16598	5580	44050.0		
建瓯市龙村乡	20800	12980	9888	3710	89342.0		
新罗区红坊镇	9240	26568	11240	6871	272899.9	780	6544
新罗区适中镇	30180	39352	15918	11228	426000.0	704	26650
新罗区雁石镇	30670	35512	14177	9301	381409.0	474	23655
新罗区白沙镇	42390	24066	13763	8813	234000.0	103	11320
新罗区万安镇	36400	7921	6825	2217	90153.0	56	1334
新罗区大池镇	10730	11793	5674	2837	78000.0	373	1848
新罗区小池镇	10150	13211	6228	3629	57412.0	100	8722
新罗区江山镇	24190	9257	4746	2030	120750.0	295	5024
新罗区岩山镇	10100	3165	2453	1530	158692.0	13	1276
新罗区苏坂镇	11800	9756	7373	3371	125458.0	22	522
永定区坎市镇	6410	27718	21423	12358	168142.0	617	20274
永定区下洋镇	17890	25765	18198	9506	30128.0	300	17832
永定区湖雷镇	16090	21215	19692	11918	3080.0	250	6019
永定区高陂镇	9960	41610	31843	25217	614481.0	580	19889
永定区抚市镇	12950	27306	20874	12368	81932.0	548	8039
永定区湖坑镇	9610	11496	11428	8291	833.3	150	6493
永定区培丰镇	10530	33030	22675	14430	54220.0	500	5775
永定区龙潭镇	8170	13645	6822	4863	134523.0	165	4702
永定区峰市镇	7570	3921	3509	2146	9670.0	50	2021
永定区城郊镇	9540	8726	7394	3613	19800.0	21	3737
永定区仙师镇	14700	11380	10651	4196	1845.0	49	5976
永定区虎岗镇	12600	12550	10082	6814	4968.0	80	1600
永定区西溪乡	3530	2903	2353	1180	29086.0		
永定区金砂乡	5130	3617	3359	1470	6919.0		
永定区洪山乡	11760	7173	4354	2702	49235.0		
永定区湖山乡	12460	5362	4612	1948	857.1		
永定区岐岭乡	7520	7784	6608	2031	6824.0		
永定区古竹乡	6560	6342	6217	3346	1710.0		
永定区堂堡乡	7220	6092	5102	2210	5001.0		
永定区合溪乡	11000	6110	5304	1492	4262.0		
永定区大溪乡	7520	6256	5919	3517	573.5		
永定区陈东乡	7520	6703	6175	3568	3281.0		
永定区高头乡	3000	5360	4371	2484	5425.0		
长汀县汀州镇	2900	153101	91845	91845	34460.0	2900	153101
长汀县大同镇	18340	44309	24357	15825	440722.0	39	21710
长汀县古城镇	23600	12995	9438	5925	48303.0	560	7430
长汀县新桥镇	13340	15745	15408	8935	1460.0	171	7389
长汀县馆前镇	16610	7250	6337	3430	520.0	91	3940

续表 209　　（福建省）　　计算单位：公顷、人、万元

名　　称	行政区域面　积	常住人口	从业人员	二三产业从业人员	工　业总产值	城镇建成区 面 积	城镇建成区常住人口
长汀县童坊镇	24490	14090	13213	7121	1500.0	300	5589
长汀县河田镇	31580	41014	33481	23460	17494.0	525	18837
长汀县南山镇	22600	16389	13614	6765	1823.0	200	3884
长汀县濯田镇	34860	31200	22345	12307	36814.0	400	11239
长汀县四都镇	34030	6789	5914	2991	4017.0	160	3877
长汀县涂坊镇	16690	15180	11694	6246	7000.0	80	9100
长汀县策武镇	16670	13890	13318	8103	511824.0	85	6291
长汀县三洲镇	3900	7959	7318	4511	1200.0	186	4402
长汀县铁长乡	7540	3250	3022	1847	300.0		
长汀县庵杰乡	6250	3991	3797	2130	2842.0		
长汀县宣成乡	9200	6525	5117	2898	205.0		
长汀县红山乡	20600	3950	3430	2680	180.0		
长汀县羊牯乡	6700	3420	3301	2376	274.0		
上杭县临江镇	1120	32111	20692	20567	20321.0	800	6195
上杭县临城镇	19820	74660	46872	39636	2196698.0	960	1507
上杭县中都镇	15000	10952	9713	5877	5934.0	520	1348
上杭县蓝溪镇	7800	11226	9278	4386	4053.0	800	8826
上杭县稔田镇	14760	12670	12390	6195	7278.0	460	7913
上杭县白砂镇	19600	16577	14890	9675	8175.0	615	9579
上杭县古田镇	22700	16898	13508	8449	120125.0	443	3225
上杭县才溪镇	11600	17936	14780	9089	4495.0	500	14075
上杭县南阳镇	22670	30533	26910	17633	91060.0	624	6640
上杭县蛟洋镇	22800	20853	17373	13857	1568723.0	584	8658
上杭县旧县镇	16000	24396	18709	15303	16779.0	270	2663
上杭县湖洋镇	12500	16604	13309	8406	26149.0	480	4820
上杭县溪口镇	15300	7223	6324	3381	14840.0	247	2178
上杭县太拔镇	14040	9330	8379	3900	21633.0	144	3550
上杭县通贤镇	7260	14356	12871	9473	1503.0	156	5421
上杭县下都镇	9980	7303	6375	3774	3500.0	54	2700
上杭县茶地镇	8140	4669	4187	1982	2885.0	142	1640
上杭县庐丰畲族乡	12400	17058	15231	4778	4053.0		
上杭县泮境乡	5100	3004	2640	1488	3771.0		
上杭县步云乡	13300	3062	2839	1724	5359.0		
上杭县官庄畲族乡	9000	16377	15644	11842	20765.0		
上杭县珊瑚乡	5000	4202	3948	2454	646.0		
武平县平川镇	3330	57190	18459	16700	195812.0	1500	57190
武平县中山镇	19100	12105	10875	7063	64032.0	300	7851
武平县岩前镇	18500	23631	13332	8637	312616.0	1000	6275
武平县十方镇	15600	24281	18673	9535	90787.0	804	18012
武平县中堡镇	17600	18617	17226	10968	42336.0	322	8067
武平县桃溪镇	17800	17035	13628	8692	131390.0	160	7684
武平县城厢镇	16300	20176	12094	4241	226611.0	1000	2395
武平县东留镇	31500	14467	9623	5067	110431.0	30	1907
武平县武东镇	13700	22154	21490	12431	54448.0	62	6378
武平县万安镇	11200	8125	5655	3673	20529.0	131	5638
武平县永平镇	25600	14427	10667	6404	80579.0	68	4510
武平县象洞镇	12800	10391	8293	3758	52873.0	57	4819
武平县民主乡	10800	2535	2029	1414	19413.0		
武平县下坝乡	9500	4663	4162	2179	6795.0		
武平县中赤乡	11300	7256	5441	3385	27164.0		

续表 210　　（福建省）　　计算单位：公顷、人、万元

名　　称	行政区域面　积	常住人口	从业人员	二三产业从业人员	工　业总产值	城镇建成区 面 积	城镇建成区常住人口
武平县湘店乡	10400	7801	6979	3970	5791.0		
武平县大禾乡	18800	11602	8244	2955	88393.0		
连城县莲峰镇	3630	49790	24532	21322	200049.0	3529	49790
连城县北团镇	11650	14955	9972	6447	65721.0	836	8765
连城县姑田镇	30660	13750	12436	4836	69000.0	216	12850
连城县朋口镇	21130	19915	14120	10493	122653.0	300	14715
连城县莒溪镇	36627	19915	14120	10493	122653.0	300	4715
连城县新泉镇	18760	20442	18626	6076	117613.0	334	11758
连城县庙前镇	17060	31602	14271	9151	246383.0	300	9680
连城县文亨镇	23642	20100	17067	10507	76000.0	231	4359
连城县揭乐乡	8660	8230	4222	1548	7536.0		
连城县塘前乡	10020	4179	2410	810	40494.0		
连城县隔川乡	3080	7770	5844	2613	43000.0		
连城县四堡乡	5890	17891	8632	4962	4942.0		
连城县罗坊乡	8280	8150	5318	1912	29440.0		
连城县林坊乡	5170	8234	4678	2512	65214.0		
连城县曲溪乡	15790	5276	3604	1825	8799.0		
连城县赖源乡	27480	5395	2916	1484	18902.0		
连城县宣和乡	10080	10258	7369	1899	23948.0		
漳平市新桥镇	49200	24550	20203	4740	61211.0	220	3658
漳平市双洋镇	27230	9350	6668	1903	71201.0	147	4020
漳平市永福镇	53550	35021	23330	6622	54421.0	460	17520
漳平市溪南镇	26000	15903	10427	2303	58052.0	115	2295
漳平市和平镇	8300	9415	7667	4730	104032.0	200	3541
漳平市拱桥镇	9970	5288	4338	1336	60482.0	34	841
漳平市象湖镇	17000	8887	6906	647	47387.0	210	2263
漳平市赤水镇	18400	6876	4889	1622	62561.0	150	3108
漳平市西园镇	7600	11043	7789	3399	213785.0	195	7042
漳平市南洋镇	9600	5312	3019	549	24251.0	23	2045
漳平市芦芝镇	13300	11698	6237	2934	138442.0	30	1232
漳平市官田乡	16750	5686	3406	1952	129868.0		
漳平市吾祠乡	12500	4105	2067	742	34205.0		
漳平市灵地乡	11200	5257	3760	636	26176.0		
蕉城区城南镇	3400	45536	22684	21211	183850.0	300	23950
蕉城区漳湾镇	5500	58723	33833	20502	241588.0	180	7948
蕉城区七都镇	7800	21697	11828	6238	210250.0	76	12292
蕉城区八都镇	10500	12117	6921	2766	29574.0	42	3855
蕉城区九都镇	9000	6100	3370	1810	19320.0	40	1510
蕉城区霍童镇	16600	23341	12112	5562	40370.0	181	14612
蕉城区赤溪镇	16800	12199	6253	2201	22103.0	102	7433
蕉城区洋中镇	16300	14096	7220	2067	21341.0	38	3402
蕉城区飞鸾镇	10300	24695	12150	8267	448352.0	360	12422
蕉城区三都镇	16200	28076	13946	4525	33246.0	21	3275
蕉城区金涵畲族乡	6200	34918	15735	11780	605609.0		
蕉城区洪口乡	10400	2531	1415	518	17366.0		
蕉城区石后乡	6000	6879	2919	1259	20410.0		
蕉城区虎贝乡	15500	13201	5934	3068	34587.0		
霞浦县长春镇	20190	41727	20413	8541	72612.0	60	7206
霞浦县牙城镇	11480	26873	14822	8544	214513.0	260	16982
霞浦县溪南镇	14940	38113	23234	11361	55968.0	212	11822

续表 211　　（福建省）　　计算单位：公顷、人、万元

名　称	行政区域面积	常住人口	从业人员	二三产业从业人员	工业总产值	城镇建成区面积	城镇建成区常住人口
霞浦县沙江镇	13710	32015	17909	6086	77029.0	40	3694
霞浦县下浒镇	10080	26846	16579	8614	58613.0	226	20585
霞浦县三沙镇	6550	36116	18185	11357	142362.0	396	33180
霞浦县盐田畲族乡	15380	18271	9655	3780	174795.0		
霞浦县水门畲族乡	14950	10128	6060	4200	44813.0		
霞浦县崇儒畲族乡	14210	10472	6210	2965	52511.0		
霞浦县柏洋乡	17300	10006	6751	3109	32010.0		
霞浦县北壁乡	7150	13831	8109	2345	4613.0		
霞浦县海岛乡	3090	7010	3064	1021	26830.0		
古田县平湖镇	14685	32854	19829	7159	96000.0	161	7666
古田县大桥镇	20200	30747	22414	7859	68507.0	108	6811
古田县黄田镇	21200	28214	13068	6244	194838.0	213	11327
古田县鹤塘镇	26068	30547	20883	12256	548000.0	397	15300
古田县杉洋镇	25896	24214	14570	3689	80840.0	95	8055
古田县凤都镇	16427	20105	11948	3113	39256.0	91	6868
古田县水口镇	12188	8057	5244	1872	80135.0	49	3664
古田县大甲镇	11114	13950	8693	3170	125302.0	60	4399
古田县吉巷乡	20144	27541	21073	4452	75000.0		
古田县泮洋乡	14533	8087	7641	891	4133.0		
古田县凤埔乡	19581	13957	8395	3277	84301.0		
古田县卓洋乡	9461	16224	7628	2586	13489.0		
屏南县古峰镇	2000	48446	29068	25008	415682.0	469	40370
屏南县双溪镇	18300	9315	5589	1047	8618.0	60	4242
屏南县黛溪镇	15000	14539	8723	1634	46519.0	36	1925
屏南县长桥镇	14200	11263	6758	1266	109464.0	27	3723
屏南县屏城乡	14300	7014	4208	788	204455.0		
屏南县棠口乡	16400	12714	7628	1429	78237.0		
屏南县甘棠乡	11700	8462	5077	951	10724.0		
屏南县熙岭乡	10200	8136	4882	915	12410.0		
屏南县路下乡	16600	6310	3786	709	113463.0		
屏南县寿山乡	10600	4471	2683	503	4456.0		
屏南县岭下乡	15200	7330	4398	824	9258.0		
寿宁县鳌阳镇	4800	53202	34399	31610	81100.0	320	36461
寿宁县斜滩镇	15700	15620	10733	4608	215600.0	200	11410
寿宁县南阳镇	12200	20128	11226	5522	256981.0	700	13452
寿宁县武曲镇	6000	7958	4955	2376	276512.0	200	3561
寿宁县犀溪镇	13000	8891	5704	2718	247403.0	120	3598
寿宁县平溪镇	12400	14252	7136	1565	33046.0		
寿宁县大安乡	11100	6771	3908	358	11000.0		
寿宁县坑底乡	19200	10312	5612	408	23922.5		
寿宁县清源乡	7900	9989	4101	1388	154700.0		
寿宁县竹管垅乡	4000	4405	2927	964	19346.0		
寿宁县芹洋乡	8600	7876	4765	449	10247.0		
寿宁县托溪乡	12200	6653	4147	1045	17109.0		
寿宁县凤阳乡	8600	9183	5575	1814	36540.0		
寿宁县下党乡	6800	2760	2580	260	8840.0		
周宁县狮城镇	5800	24791	15259	11746	123950.0	382	21995
周宁县咸村镇	16400	16287	9794	6068	46208.0	140	11737
周宁县浦源镇	10600	17136	10283	5703	63379.0	300	5358
周宁县七步镇	11500	10433	5289	1045	642026.1	100	2651

续表 212　　（福建省、江西省）　　计算单位：公顷、人、万元

名　　称	行政区域面　　积	常住人口	从业人员	二三产业从业人员	工　业总产值	城镇建成区 面 积	城镇建成区常住人口
周宁县李墩镇	8900	10020	6025	3314	8419.0	185	4546
周宁县纯池镇	20800	13451	8352	4422	8798.0	149	5438
周宁县泗桥乡	10000	9547	5293	2297	13176.0		
周宁县礼门乡	13400	7650	4600	2295	18118.0		
周宁县玛坑乡	7300	7158	4498	2158	17094.0		
柘荣县双城镇	1070	40578	8539	7935	505423.0	441	19940
柘荣县富溪镇	4840	7591	3723	2189	12928.0	65	2136
柘荣县城郊乡	7190	12156	6254	2317	98722.0		
柘荣县乍洋乡	7990	5115	3153	1879	36025.0		
柘荣县东源乡	12260	10521	6102	3136	114800.0		
柘荣县黄柏乡	7560	4895	2609	1552	56277.0		
柘荣县宅中乡	3470	3519	1790	1053	24200.0		
柘荣县楮坪乡	4850	6087	3234	1918	28084.0		
柘荣县英山乡	5170	3678	1946	1149	25010.0		
福安市赛岐镇	7723	55497	24173	20545	260481.0	265	21595
福安市穆阳镇	1257	14900	6552	4722	53343.0	65	14110
福安市上白石镇	7935	17350	8317	6128	4649.0	52	4602
福安市潭头镇	16764	29705	13205	7055	10592.0	46	3910
福安市社口镇	10163	18810	8691	3236	137936.0	42	5040
福安市晓阳镇	9600	6795	3106	398	36106.0	33	3906
福安市溪潭镇	11526	20453	10808	5040	101429.0	52	4316
福安市甘棠镇	9123	36746	16501	12175	731285.0	197	19875
福安市下白石镇	11724	32493	14255	10132	254270.0	178	16528
福安市溪尾镇	6451	11700	4690	1515	6895.0	48	3469
福安市溪柄镇	12955	25860	11792	5519	107052.0	154	6546
福安市湾坞镇	11630	28527	14671	9870	5691773.0	40	6382
福安市城阳镇	16144	35982	16351	11846	759302.0	227	20879
福安市坂中畲族乡	7648	31876	14212	10595	354153.0		
福安市范坑乡	11354	16100	4183	2783	12563.0		
福安市穆云畲族乡	11882	17496	6848	2660	42520.0		
福安市康厝畲族乡	11357	20509	10158	6812	61203.0		
福安市松罗乡	8714	10750	4850	2310	18240.0		
福鼎市贯岭镇	7885	22265	10761	7872	368082.0	720	5293
福鼎市前岐镇	9900	38948	27910	14681	139700.0	135	23175
福鼎市沙埕镇	3800	24010	17169	5926	33000.0	382	9548
福鼎市店下镇	15500	67575	44092	27777	2710634.0	1170	11621
福鼎市太姥山镇	11400	57665	30396	18180	461424.0	1000	29353
福鼎市磻溪镇	22400	20887	17781	6403	71600.0	15	3781
福鼎市白琳镇	13030	30184	20067	10535	343200.0	333	13350
福鼎市点头镇	12000	34850	28363	16920	191770.0	380	21601
福鼎市管阳镇	19763	29845	29407	16392	69143.0	218	8562
福鼎市嵛山镇	2600	3588	3513	712	832.0	96	446
福鼎市硖门畲族乡	5600	18635	9145	4317	251000.0		
福鼎市叠石乡	7967	14995	8128	4774	15826.0		
福鼎市佳阳畲族乡	7313	10611	6428	3111	6885.0		
江西省							
东湖区扬子洲镇	1820	28802	6622	1689	4344.0	38	13091
南昌市西湖区桃花镇	1800	41164	25798	25798	8023.0	1800	41164
青云谱区青云谱镇	1953	58825	28411	28223	402856.0	50	5528
湾里区招贤镇	5946	15814	6482	2972	22135.0	33	2145

续表 213　　（江西省）　　计算单位：公顷、人、万元

名　　称	行政区域面积	常住人口	从业人员	二三产业从业人员	工业总产值	城镇建成区面积	城镇建成区常住人口
湾里区梅岭镇	3870	10638	4960	2930	5810.0	20	1898
湾里区罗亭镇	3574	8869	4232	2485	3100.0	14	863
湾里区太平镇	4739	10782	5605	2875	14625.0	45	1650
青山湖区京东镇	780	83945	39023	39023	161335.0	610	80945
青山湖区罗家镇	4600	56926	18816	13420	847108.0	201	9296
青山湖区湖坊镇	750	163218	90290	90290	1129825.0	750	163218
青山湖区塘山镇	1920	75780	24975	24975	1160000.0	1920	75780
青山湖区蛟桥镇	6800	173832	88106	83378	6732578.0	3944	119115
新建区长堎镇	2400	169930	95812	90132	240675.0	1495	28420
新建区望城镇	5600	27792	9768	7608	47380.0	400	20116
新建区生米镇	12000	42231	22320	8162	3528.0	20	4303
新建区西山镇	12780	41585	19628	8250	43020.0	400	10000
新建区石岗镇	13635	58333	22085	9635	20150.0	400	9925
新建区松湖镇	8890	34501	18763	2720	1288.0	56	2280
新建区樵舍镇	11200	40914	21914	5403	91100.0	1700	8320
新建区乐化镇	5007	18312	12593	7371	31040.0	560	3686
新建区溪霞镇	7840	29821	15710	6473	38022.0	202	5689
新建区象山镇	8175	22876	16343	4300	47854.0	100	5814
新建区石埠镇	6523	33852	18847	3865	2696.0	100	6528
新建区联圩镇	10200	35305	17784	2826	1855.0	400	2005
新建区流湖镇	12468	46552	23574	8781	1830.0	360	7688
新建区厚田乡	7700	19215	11661	5870	9257.0		
新建区金桥乡	4700	26453	11604	6671	650.0		
新建区铁河乡	5130	8650	3744	35	505.0		
新建区大塘坪乡	9450	30488	14552	5807	15560.0		
新建区昌邑乡	5380	23943	13273	4101	8984.0		
新建区南矶乡	29780	3992	2755	607	1550.0		
南昌县莲塘镇	6323	157807	54518	48288	398815.0	4590	104727
南昌县向塘镇	15517	122329	85126	63608	702583.0	736	72580
南昌县三江镇	3257	30913	15753	7685	78920.0	182	11897
南昌县塘南镇	13031	66311	44677	15574	170985.0	380	8240
南昌县幽兰镇	10410	72598	45768	22398	184276.0	112	72158
南昌县蒋巷镇	26611	74427	63340	46320	650305.0	265	11052
南昌县武阳镇	5984	47259	22248	10023	234053.0	200	4984
南昌县冈上镇	9822	45863	25503	10145	12580.0	280	1850
南昌县广福镇	6281	33564	22111	11526	57900.0	123	5281
南昌县昌东镇	13200	128979	64904	47879	97200.0	1000	17120
南昌县麻丘镇	6523	53083	28010	13570	27502.0	580	5220
南昌县泾口乡	12203	56663	33781	6671	23865.0		
南昌县南新乡	12507	49003	33807	8994	164339.0		
南昌县塔城乡	9178	33149	16256	7210	29458.0		
南昌县黄马乡	7880	33946	15146	7721	84092.0		
南昌县富山乡	4327	24877	11603	5685	32346.0		
南昌县东新乡	3512	57193	35734	20604	153055.0		
南昌县八一乡	4121	38378	17630	13416	460000.0		
安义县龙津镇	3840	69806	37910	33905	90000.0	458	56023
安义县万埠镇	5480	17249	10900	5633	171000.0	250	3782
安义县石鼻镇	10800	25018	15820	8824	138230.0	420	10379
安义县鼎湖镇	3900	37982	14537	11427	278900.0	250	3951
安义县长埠镇	4670	9829	8858	6225	31700.0	33	1389

续表 214　　（江西省）　　计算单位：公顷、人、万元

名　　称	行政区域面　　积	常住人口	从业人员	二三产业从业人员	工　业总产值	城镇建成区 面 积	城镇建成区常住人口
安义县东阳镇	9279	25576	9500	6700	120000.0	20	2000
安义县黄洲镇	6260	10379	8438	4450	13717.0	21	1591
安义县乔乐乡	5110	17485	7350	4350	51100.0		
安义县长均乡	5200	16017	5501	3814	60688.0		
安义县新民乡	11950	15278	4769	1913	24450.0		
进贤县民和镇	15040	186765	81634	73669	1128000.0	3100	161042
进贤县李渡镇	4558	49060	31193	18203	708072.0	555	22168
进贤县温圳镇	5653	49729	24998	16871	576709.0	370	15031
进贤县文港镇	5552	39867	28366	22624	520200.0	454	27109
进贤县梅庄镇	8349	41532	14691	4390	12986.0	142	7953
进贤县张公镇	5053	31000	15497	10085	481168.0	38	2425
进贤县罗溪镇	5396	33102	17453	11148	5750.0	86	3743
进贤县架桥镇	5208	30912	15431	8524	115830.0	123	4985
进贤县前坊镇	8718	26930	19420	11725	118843.0	220	6405
进贤县三里乡	18677	45149	24776	15838	12110.0		
进贤县二塘乡	5602	16301	9333	3677	4211.0		
进贤县钟陵乡	13490	24826	17274	6309	29920.0		
进贤县池溪乡	9679	18449	12221	9093	28117.0		
进贤县南台乡	6808	11849	5912	3797	998.0		
进贤县三阳集乡	5227	29532	18939	11132	80400.0		
进贤县七里乡	6528	19662	19606	12348	72514.0		
进贤县下埠集乡	11949	35329	31857	17594	66832.0		
进贤县衙前乡	7510	15727	10512	5603	63582.0		
进贤县白圩乡	10934	29878	16856	9557	69872.0		
进贤县长山晏乡	5732	20112	10457	8182	462000.0		
进贤县泉岭乡	5109	21125	15839	10314	156900.0		
昌江区鲇鱼山镇	14000	37129	21016	13279	475100.0	105	13400
昌江区丽阳镇	6867	16631	10428	5454	26084.0	260	6025
昌江区荷塘乡	6300	5090	2692	1616	34563.0		
昌江区吕蒙乡	2790	12568	6508	5840	273823.0		
珠山区竟成镇	5127	38964	31006	28160	633848.0	200	13926
浮梁县浮梁镇	10100	31652	17859	13929	369768.0	1600	26028
浮梁县鹅湖镇	20120	27864	16526	12256	33435.0	331	4310
浮梁县经公桥镇	21730	16082	8735	6600	35859.0	65	6273
浮梁县蛟潭镇	36350	24457	8666	6608	104669.0	291	5103
浮梁县湘湖镇	23780	23536	17663	16201	776922.0	600	6803
浮梁县瑶里镇	20320	13672	6395	4382	20448.0	1896	3745
浮梁县洪源镇	7980	16996	9089	8200	481846.0	500	5436
浮梁县寿安镇	12480	17803	13178	11967	251975.0	120	3633
浮梁县三龙镇	10520	11673	10513	8188	598568.0	1158	5096
浮梁县峙滩镇	20062	14146	10005	2818	15711.0	5	1166
浮梁县王港乡	9150	10174	5677	3533	42015.0		
浮梁县庄湾乡	11800	12596	4026	2365	30029.0		
浮梁县黄坛乡	20390	10991	3220	1355	12308.0		
浮梁县兴田乡	17410	8827	4939	2985	13881.0		
浮梁县江村乡	13810	10765	7945	2142	7393.0		
浮梁县勒功乡	10730	7397	3879	2666	15751.0		
浮梁县西湖乡	16930	9689	4665	1212	18097.0		
浮梁县罗家桥乡	2430	11416	5211	3886	191483.0		
乐平市镇桥镇	10200	54186	39686	31470	105700.0	70	11872

续表 215 （江西省） 计算单位：公顷、人、万元

名 称	行政区域面积	常住人口	从业人员	二三产业从业人员	工业总产值	城镇建成区面积	城镇建成区常住人口
乐平市乐港镇	10970	78841	56718	45082	376139.0	1620	22546
乐平市涌山镇	17991	43277	15507	10389	232000.0	429	32134
乐平市众埠镇	35546	101151	51550	40339	140436.0	156	25043
乐平市接渡镇	8499	78220	33569	21817	102300.0	132	23013
乐平市洪岩镇	11740	17576	7706	1603	73236.0	200	9172
乐平市礼林镇	15640	50697	27151	18134	259196.0	114	10937
乐平市后港镇	5000	45550	26278	16078	27800.0	300	10800
乐平市塔前镇	8639	29728	14681	3554	223619.0	201	13666
乐平市双田镇	11400	35439	18293	16502	59000.0	400	10120
乐平市临港镇	11700	23210	15710	9189	36435.0	80	10000
乐平市高家镇	11300	19797	11850	6356	32930.0	18	4226
乐平市名口镇	11140	23551	10843	7313	34176.0	64	7300
乐平市浯口镇	4267	23937	12304	5573	153410.0	30	4900
乐平市十里岗镇	8135	16736	12794	7140	75178.0	76	6878
乐平市鸬鹚乡	8200	25298	11415	7903	32000.0		
安源区安源镇	2524	39345	16025	13923	754993.0	310	26571
安源区高坑镇	6409	53920	22706	18923	314586.0	137	30000
安源区五陂镇	1425	22015	6265	4035	203782.0	77	2105
安源区青山镇	3100	40213	16334	12582	433275.0	143	22333
湘东区湘东镇	6370	71997	47674	38644	1627855.0	1500	9882
湘东区荷尧镇	5321	31321	24292	15983	218466.0	167	6216
湘东区老关镇	5263	32114	16555	8082	281000.0	829	4935
湘东区腊市镇	4003	28668	22280	15201	173517.0	120	1402
湘东区下埠镇	5643	38317	31748	23886	860053.0	267	8277
湘东区排上镇	7982	36487	29697	17802	135700.0	40	1485
湘东区东桥镇	13034	28831	15974	9602	24011.0	45	8016
湘东区麻山镇	9103	34308	23397	15734	163895.0	22	3893
湘东区广寒寨乡	9785	6627	6268	2575	44326.0		
湘东区白竺乡	18688	14267	8984	5958	22352.0		
莲花县琴亭镇	8056	74003	41552	32715	433230.0	452	36270
莲花县路口镇	5379	12906	8300	3835	49419.0	462	1385
莲花县良坊镇	12055	27878	16964	10602	104665.0	478	1595
莲花县升坊镇	4882	14862	9752	5651	59181.0	218	1276
莲花县坊楼镇	11474	20841	12564	7926	39806.0	920	2420
莲花县闪石乡	6367	10003	6937	3824	11978.0		
莲花县湖上乡	4506	11905	7140	4528	8821.0		
莲花县三板桥乡	3197	9977	6254	3312	14236.0		
莲花县神泉乡	12244	17263	10836	6565	32306.0		
莲花县六市乡	9918	6848	3813	1604	31746.0		
莲花县高洲乡	10693	13131	7905	3994	3206.0		
莲花县荷塘乡	13396	11918	7087	3533	132290.0		
莲花县南岭乡	5034	10023	6196	3811	20276.0		
上栗县上栗镇	5981	65131	42249	37125	945839.0	822	24152
上栗县桐木镇	10950	72611	45964	37016	492790.0	212	6792
上栗县金山镇	9714	70716	44184	35041	584739.0	108	2652
上栗县福田镇	4212	24605	16999	11855	392680.0	150	2920
上栗县彭高镇	3535	21190	14598	10582	373040.0	262	808
上栗县赤山镇	8450	50311	31887	20967	211671.0	240	15780
上栗县鸡冠山乡	5766	30214	18967	13341	214129.0		
上栗县长平乡	9420	42387	28924	18533	176728.0		

续表 216　　（江西省）　　计算单位：公顷、人、万元

名　　称	行政区域面　　积	常住人口	从业人员	二三产业从业人员	工　业总产值	城镇建成区 面 积	城镇建成区常住人口
上栗县东源乡	6949	42980	27842	18250	144008.0		
上栗县杨岐乡	6945	28975	18986	11790	195635.0		
芦溪县芦溪镇	10574	66308	40731	36360	1450148.0	65	4395
芦溪县宣风镇	10060	32506	21469	16903	179645.0	24	915
芦溪县上埠镇	7708	35340	22088	18878	531376.0	41	6768
芦溪县南坑镇	12256	36294	23197	19466	331380.0	30	1820
芦溪县银河镇	8103	37969	25656	20676	204656.0	35	4184
芦溪县源南乡	3032	14230	8791	5606	160859.0		
芦溪县长丰乡	5328	2398	2388	1683	19809.0		
芦溪县张佳坊乡	7879	8237	5400	3868	16487.0		
芦溪县新泉乡	17904	21683	12346	8109	35624.0		
芦溪县万龙山乡	13273	9519	6934	4551	18766.0		
庐山区姑塘镇	4950	18720	9904	8704	2300.0	310	4480
庐山区威家镇	3570	9922	5659	2870	34600.0	210	2970
庐山区新港镇	9600	30505	14715	10687	48446.0	600	4103
庐山区莲花镇	2800	16172	9975	9219	796000.0	310	7555
庐山区海会镇	10080	22315	10549	2545	14398.0	430	402
庐山区赛阳镇	2890	7748	4218	1750	10400.0	21	837
庐山区牯岭镇	4600	12863	4909	4684		20	12863
庐山区虞家河乡	3334	13028	7460	4274	251200.0		
九江县沙河街镇	2078	52230	13816	11446	15600.0	1610	39825
九江县马回岭镇	10000	27368	16080	10160	120000.0	50	1500
九江县江洲镇	8375	33979	18788	10896	18000.0	362	6230
九江县城子镇	2784	14238	9727	6297	15000.0	10	4600
九江县港口街镇	6228	33756	32766	7697	17748.0	360	2400
九江县新合镇	4426	18420	10387	9757	21500.0	95	2231
九江县狮子镇	5255	22991	11040	7349	46000.0	56	2856
九江县永安乡	4658	28590	16427	11521	850.0		
九江县涌泉乡	4962	18064	10621	4089	19320.0		
九江县新塘乡	7760	14325	10139	5934	5900.0		
九江县城门乡	4891	27843	12649	5668	3121.0		
九江县岷山乡	11271	33580	20393	10832	36000.0		
武宁县新宁镇	29290	23450	14134	5930	15517.0	450	4665
武宁县泉口镇	14300	16832	12038	4367	4800.0	330	750
武宁县鲁溪镇	16842	32143	30595	9175	24100.0	88	11000
武宁县船滩镇	24198	31238	13498	6380	16755.0	120	3889
武宁县澧溪镇	28900	21803	11943	6259	7068.0	29	1803
武宁县罗坪镇	24080	16653	8901	2676	9800.0	240	2278
武宁县石门楼镇	16702	16079	8880	4381	5800.0	30	1577
武宁县宋溪镇	29875	9318	7808	2354	10.0	430	685
武宁县大洞乡	11714	9132	4731	631	3783.0		
武宁县横路乡	14113	18840	5529	1426			
武宁县官莲乡	12324	16181	7093	1281	1150.0		
武宁县巾口乡	8616	8666	3288	1488	13000.0		
武宁县东林乡	9165	9570	4781	1441			
武宁县上汤乡	11304	6250	5441	3440	5600.0		
武宁县甫田乡	20310	14387	6402	5313	5723.0		
武宁县清江乡	12054	12107	5518	1982	4531.0		
武宁县石渡乡	16326	12959	6879	4409	27156.0		
武宁县杨洲乡	20650	8148	5103	398	2193.0		

续表 217　　（江西省）　　计算单位：公顷、人、万元

名　称	行政区域面　积	常住人口	从业人员	二三产业从业人员	工　业总产值	城镇建成区 面 积	城镇建成区常住人口
武宁县罗溪乡	19370	14657	8359	4600	3400.0		
修水县义宁镇	8060	113421	53025	52150	14000.0	1320	108700
修水县白岭镇	7970	35981	13140	5640	22810.0	425	4910
修水县全丰镇	10120	31804	13592	6709	8560.0	385	3852
修水县古市镇	12450	40150	21010	12550	13610.0	410	8076
修水县大桥镇	12520	31956	20764	10501	9400.0	410	12681
修水县渣津镇	14410	71321	26663	17953	58431.0	760	31380
修水县马坳镇	34820	40025	20193	12377	1150.0	520	3290
修水县杭口镇	5470	19628	10335	4215	9500.0	300	3200
修水县港口镇	14400	23613	5691	4586	2125.0	1	3120
修水县溪口镇	18850	34754	15218	9275	3000.0	430	4588
修水县西港镇	5080	23952	11929	5387	660.0	402	4765
修水县山口镇	17750	21222	9485	4065	9300.0	75	2580
修水县黄沙镇	20420	18447	7000	4000	5200.0	370	2500
修水县黄港镇	32960	19176	7585	4995	4650.0	310	4605
修水县何市镇	16230	23800	6040	5098	25000.0	1	3730
修水县上奉镇	12181	18121	10842	2222	620.0	270	4135
修水县四都镇	13080	28794	13836	8074	7463.0	350	3104
修水县太阳升镇	10360	31835	14257	9413	9250.0	350	3914
修水县宁州镇	15190	27106	6840	1880	8640.0	550	4543
修水县路口乡	3910	16952	6269	2249	132.0		
修水县黄龙乡	6280	20170	9720	5249	3000.0		
修水县上衫乡	7710	14256	7356	2045	2265.0		
修水县余段乡	3720	4511	3536	1296			
修水县水源乡	4350	13947	6061	3300	8500.0		
修水县石坳乡	4690	17869	7215	3580	1400.0		
修水县东港乡	15170	13698	6202	1380	1980.0		
修水县上杭乡	5860	14500	10008	7820	6500.0		
修水县新湾乡	12890	12670	5595	2243	1600.0		
修水县布甲乡	10400	9385	4501	2201	1236.0		
修水县漫江乡	9870	9813	4840	2130	5100.0		
修水县复原乡	13920	4990	2613	1420	320.0		
修水县竹坪乡	5960	9148	4862	2866			
修水县征村乡	18710	17219	7103	4029	3700.0		
修水县庙岭乡	12450	8095	5010	3812	4020.0		
修水县黄坳乡	17540	15202	7188	1053	471.0		
修水县大椿乡	14593	18130	9103	4873	1512.0		
永修县涂埠镇	2644	72788	33448	29231	920000.0	750	68403
永修县吴城镇	35605	16896	8051	3515	12253.0	100	3726
永修县三溪桥镇	12600	11342	5755	3195	9500.0	380	4538
永修县虬津镇	5939	18276	9205	3617	50436.0	230	3916
永修县艾城镇	6710	31921	11250	4054	56430.0	480	5801
永修县滩溪镇	10820	18810	11037	7287	3450.0	110	1619
永修县白槎镇	5116	12956	6540	2593	5352.0	300	1794
永修县梅棠镇	7846	15580	7593	2410	46703.0	250	1586
永修县燕坊镇	4700	9750	5164	568	4122.0	180	1058
永修县马口镇	5059	30968	11917	7216	13145.0	20	1620
永修县柘林镇	1500	10750	3440	930	12328.0	523	1527
永修县三角乡	6838	23864	14120	6138	227.0		
永修县九合乡	5049	23966	12995	5524			

续表 218 （江西省） 计算单位：公顷、人、万元

名　　称	行政区域面　积	常住人口	从业人员	二三产业从业人员	工　业总产值	城镇建成区 面 积	城镇建成区常住人口
永修县立新乡	7822	27126	14460	6450	763.0		
永修县江上乡	10500	10289	5776	3894	9789.0		
德安县蒲亭镇	2700	56138	38868	20620	42530.0	1620	40868
德安县聂桥镇	5412	9228	4777	2975	60760.0	35	1918
德安县车桥镇	12500	10878	7875	4217	800.0	250	694
德安县丰林镇	2540	14271	7483	4458	17500.0	20	3390
德安县吴山镇	12600	13738	6963	3831	95246.0	120	3210
德安县宝塔乡	9600	12690	10278	4966	5100.0		
德安县河东乡	3300	13588	7322	5429	310000.0		
德安县高塘乡	3100	7439	4461	2651			
德安县林泉乡	7400	7969	5268	1605	31205.0		
德安县磨溪乡	10400	13411	6382	5586	12500.0		
德安县爱民乡	4274	6799	3198	1913	430.0		
德安县邹桥乡	7000	8675	8487	7137			
德安县塘山乡	2700	6816	3894	2665	590.0		
星子县南康镇	6400	49996	23654	20690	215630.0	40	1580
星子县白鹿镇	10800	28325	18047	15398	127588.0	80	1450
星子县温泉镇	10400	28338	15102	9316	90147.0	650	5872
星子县蓼花镇	4543	21781	12377	5809	128500.0	100	1839
星子县华林镇	4900	27826	12155	6228	72980.0	150	725
星子县蛟塘镇	6100	25688	11743	8487	34258.0	265	1969
星子县横塘镇	4330	18716	8803	6633	137000.0	91	1890
星子县蓼南乡	11339	26427	14841	4337	77392.0		
都昌县都昌镇	6910	117383	50708	42469	1980000.0	2000	109678
都昌县周溪镇	5107	45643	12533	9508	690.0	300	1230
都昌县三汊港镇	3985	21998	14188	8876	298.0	180	4665
都昌县中馆镇	5132	17125	12882	3557	1230.0	391	925
都昌县大沙镇	4634	32750	14700	7300	6600.0	81	3720
都昌县万户镇	3708	33163	17091	11233	460.0	120	1306
都昌县南峰镇	3500	22010	10855	4840	2010.0	310	2630
都昌县土塘镇	13400	61234	31804	20024		136	9930
都昌县大港镇	14300	26360	13548	8128	938.0	316	1002
都昌县蔡岭镇	11700	37627	27439	9770	657.0	310	5242
都昌县徐埠镇	9300	24888	15547	7985	400.0	105	6076
都昌县左里镇	6500	23651	14240	2115	4123.0	106	3810
都昌县和合乡	3412	30192	11949	9037	903.0		
都昌县阳峰乡	4938	30620	16207	10311	78.0		
都昌县西源乡	2757	27581	26860	18610	5000.0		
都昌县芗溪乡	4104	18660	6166	3870	5982.0		
都昌县狮山乡	4830	20290	10967	2472	80.0		
都昌县鸣山乡	6849	21424	12024	6616	1085.0		
都昌县春桥乡	4900	15811	8442	4373	1310.0		
都昌县苏山乡	6933	19260	15651	10856	51209.0		
都昌县多宝乡	6900	9038	8029	3574	280.0		
都昌县汪墩乡	17190	48983	30614	17974	20800.0		
都昌县北山乡	5617	28661	14251	7262	2600.0		
都昌县大树乡	5500	31865	13295	6974			
湖口县双钟镇	2622	66148	29811	26221	2918643.0	800	65396
湖口县流泗镇	6200	29882	10998	5380	9150.0	150	4280
湖口县马影镇	3690	22197	10654	6567	3350.0	210	3413

续表 219　　　　　　　　　（江西省）　　　　　　　　　计算单位：公顷、人、万元

名　称	行政区域面　积	常住人口	从业人员	二三产业从业人员	工　业总产值	城镇建成区 面 积	城镇建成区常住人口
湖口县武山镇	5035	14151	8190	4592	12821.0	152	2730
湖口县城山镇	8795	22656	12019	8130	12824.0	193	4160
湖口县均桥镇	6153	32395	16630	8450	18700.0	80	4200
湖口县大垅乡	3157	13845	7572	4952	9124.0		
湖口县凰村乡	3125	17581	9936	7765	7849.0		
湖口县张青乡	3260	15072	10378	5700	1762.0		
湖口县付垅乡	4437	14244	5763	3576	11009.0		
湖口县舜德乡	9375	15190	8028	4420	7300.0		
湖口县流芳乡	3800	9982	6325	3235	7551.0		
彭泽县龙城镇	6360	81246	29305	26090	135520.0	2160	62340
彭泽县棉船镇	10500	19860	19778	3576	29160.0	750	4918
彭泽县马垱镇	12900	29566	14113	9681	10850.0	190	8188
彭泽县芙蓉墩镇	14574	31510	15503	6703	35000.0	151	5996
彭泽县定山镇	3870	19870	7048	4505	65000.0	141	3940
彭泽县天红镇	11649	15888	9536	5484	9805.0	37	4108
彭泽县杨梓镇	23950	34549	18947	9644	9516.0	80	2580
彭泽县东升镇	10960	13126	6792	3777	12540.0	86	2740
彭泽县瀼溪镇	9020	9282	7805	5149	12800.0	135	2649
彭泽县黄花镇	6062	14090	11032	6717	33113.0	37	2184
彭泽县太平关乡	6562	16533	13403	9591	16320.0		
彭泽县黄岭乡	11860	10426	10386	6378	13113.0		
彭泽县浩山乡	15670	14640	8402	5077	20136.0		
瑞昌市码头镇	10100	51225	25891	22532	95559.0	1680	36919
瑞昌市白杨镇	6100	18548	5241	3542	69334.0	300	3799
瑞昌市南义镇	13700	27399	16395	9294	7800.0	510	2885
瑞昌市横港镇	11000	25005	14603	10488	8572.0	325	2303
瑞昌市范镇	10000	25272	15634	6466	6988.0	500	2486
瑞昌市肇陈镇	5600	14828	4443	2944		350	1196
瑞昌市高丰镇	7000	18962	18900	11900	11200.0	300	1700
瑞昌市夏畈镇	5300	16416	8868	7283	150000.0	300	5985
瑞昌市乐园乡	9500	13200	10745	7743	30415.0		
瑞昌市洪一乡	9700	17004	10419	6800	17013.0		
瑞昌市花园乡	8800	14498	9804	7689	28000.0		
瑞昌市洪下乡	7000	12349	6090	4970	12000.0		
瑞昌市武蛟乡	3020	13678	8001	5321	5000.0		
瑞昌市横立山乡	6400	9712	8702	6832			
瑞昌市黄金乡	6500	10129	5164	2893	51000.0		
瑞昌市南阳乡	4100	15006	9735	8897	4562.0		
共青城市甘露镇	4900	16344	8412	5948	531200.0	600	2106
共青城市江益镇	9200	15492	6069	3985	26350.0	200	2320
共青城市金湖乡	2800	8920	5935	4974	35220.0		
共青城市苏家垱乡	11200	27102	12497	7985	71070.0		
共青城市泽泉乡	4370	16812	6572	4812	45073.0		
渝水区水北镇	12923	51016	35683	26859	51460.0	230	5690
渝水区下村镇	14480	45588	25856	14906	129800.0	50	9810
渝水区良山镇	17600	17000	13166	6487	964700.0	100	2479
渝水区罗坊镇	20500	63604	31886	8291	76500.0	190	9320
渝水区姚圩镇	7100	18729	17432	12388	8000.0	130	7000
渝水区珠珊镇	6382	28860	16784	6914	198000.0	15	1020
渝水区河下镇	10800	29304	12832	8860	60000.0	459	19731

续表 220　　（江西省）　　计算单位：公顷、人、万元

名　　称	行政区域面　　积	常住人口	从业人员	二三产业从业人员	工　业总产值	城镇建成区 面 积	城镇建成区常住人口
渝水区观巢镇	6890	16320	8542	2033	28741.0	80	3600
渝水区欧里镇	6720	21595	6722	1737	87000.0	120	1986
渝水区水西镇	24300	112631	38856	14987	272318.0	2071	35295
渝水区鹄山乡	4550	15856	9750	3873	7022.0		
渝水区人和乡	7200	20806	13699	5414	53000.0		
渝水区界水乡	6300	10035	6125	2298	7600.0		
渝水区南安乡	11900	12321	6805	2740	39000.0		
渝水区新溪乡	4400	9056	8697	4183	7257.0		
渝水区九龙山乡	7400	8528	6357	2650	168580.0		
分宜县分宜镇	15600	84098	24905	16117	462468.0	40	76130
分宜县杨桥镇	14478	42600	24390	6178	112430.0	380	12366
分宜县湖泽镇	7000	16096	7353	2160	78006.0	208	8560
分宜县双林镇	10070	29946	27863	17488	208000.0	301	11997
分宜县钤山镇	42060	30812	23705	10857	202500.0	325	6791
分宜县洋江镇	8811	19890	9641	5914	1546.0	33	2850
分宜县凤阳镇	10038	21000	20380	9330	56020.0	80	3610
分宜县洞村乡	6700	9847	7583	4075	7748.0		
分宜县高岚乡	7618	20104	9889	1659	8000.0		
分宜县操场乡	8984	18656	11899	6994	560.0		
月湖区童家镇	5319	25380	14557	6800	319776.0	330	1692
月湖区夏埠乡	1670	14624	7177	6747			
余江县邓埠镇	4800	83220	42293	37700	418992.0	515	65450
余江县锦江镇	12100	55572	30024	19008	51000.0	275	22578
余江县潢溪镇	4600	37359	18580	9680	130000.0	30	3512
余江县中童镇	6700	37254	35249	16798	68157.0	18	4185
余江县马荃镇	10600	29165	10631	2937	150.0	115	3156
余江县画桥镇	10500	12571	7683	5100	248.0	100	2303
余江县春涛镇	10000	38784	15588	2843	5000.0	13	525
余江县平定乡	5600	29836	17082	5999	140.0		
余江县杨溪乡	6800	20098	12005	7991	1989.0		
余江县洪湖乡	768	9972	7711	4990	901200.0		
余江县黄庄乡	6200	14102	6432	3312	1993.0		
余江县刘家站乡	3600	16381	7218	3358	13140.0		
贵溪市泗沥镇	14800	29211	11723	4061	34775.0	200	1585
贵溪市河潭镇	12000	27505	15208	9026	8254.0	180	1351
贵溪市周坊镇	20600	26836	20342	11046	16584.0	15	3735
贵溪市鸿塘镇	12000	34618	18959	9120	1206.0		4220
贵溪市志光镇	6427	20131	12759	8676	5906.0	203	1265
贵溪市流口镇	6900	22210	10220	4940	10621.0	130	1220
贵溪市罗河镇	13100	45622	41610	16990	26000.0	163	3640
贵溪市金屯镇	10295	14163	11780	7564	4000.0	52	2341
贵溪市塘湾镇	18000	24950	14962	7592	1080.0	400	12000
贵溪市文坊镇	22460	28334	17712	6660	3600.0	98	5420
贵溪市冷水镇	15800	4321	2804	1371	55000.0	48	1449
贵溪市滨江镇	11610	34652	33368	25218	95890.0	40	1360
贵溪市天禄镇	11670	25954	20465	14758	427.0	264	1643
贵溪市雷溪镇	5400	21860	15067	12725	1378.0		
贵溪市龙虎山镇	13600	22980	14244	8930	14748.0	90	622
贵溪市上清镇	8636	13928	9637	4855	710.0	150	9821
贵溪市白田乡	8856	16205	12320	8797	205.2		

续表 221　　（江西省）　　计算单位：公顷、人、万元

名　　称	行政区域面　　积	常住人口	从业人员	二三产业从业人员	工　业总产值	城镇建成区 面 积	城镇建成区常住人口
贵溪市彭湾乡	6500	12200	7532	3658	1500.0		
贵溪市樟坪畲族乡	12200	4410	1571	621	5650.0		
贵溪市耳口乡	18000	7460	3980	670	11500.0		
章贡区沙石镇	13620	40477	38802	13007	178310.0	320	2964
章贡区水东镇	2470	26097	19760	8101	496715.0	130	2090
章贡区水南镇	2050	59651	24482	23447	3554.0	373	3686
章贡区湖边镇	4489	44297	18799	16393	42194.0	120	1956
章贡区沙河镇	6450	60546	16459	6502	1556385.0	240	2851
章贡区水西镇	11020	45442	43442	20386	894380.0	107	2201
章贡区蟠龙镇	4362	36907	19222	14265	1833950.0	94	5711
章贡区潭口镇	5800	50321	21608	16775	1510.0	294	9286
章贡区潭东镇	5835	40375	26961	18449	551126.0	250	3216
南康区唐江镇	9600	95824	79939	71790	11526.0	280	26379
南康区凤岗镇	6300	40533	37067	23351	776.0	155	5520
南康区龙岭镇	5600	51565	41483	29525	105680.0	105	3005
南康区龙回镇	13750	36456	21934	14260	16550.0	86	3198
南康区镜坝镇	3000	33239	30601	22146	65326.0	32	2668
南康区横市镇	11800	20562	16391	10851	23000.0	85	11015
南康区浮石乡	3000	20806	20590	16400	5000.0		
南康区赤土畲族乡	15700	40183	26005	15960	14000.0		
南康区横寨乡	3100	16820	9248	5700	6017.0		
南康区朱坊乡	9900	37158	31997	19775	141984.0		
南康区太窝乡	3500	19357	15741	8981	14456.0		
南康区三江乡	3800	29062	25105	20520	1620.0		
南康区龙华乡	10700	45452	39311	30873	22399.0		
南康区十八塘乡	8000	30992	22255	14854	2189.0		
南康区麻双乡	12350	16440	13972	8349	9241.0		
南康区大坪乡	10700	20569	13829	8627	1866.0		
南康区坪市乡	9100	19068	16075	9137	482.0		
南康区隆木乡	9100	18208	13378	9530	882.0		
赣县梅林镇	3497	83785	67030	65870	3038700.0	2700	64310
赣县王母渡镇	20448	40305	30691	19355	25600.0	192	15340
赣县沙地镇	28789	34430	23645	15441	29580.0	140	16426
赣县江口镇	10663	35708	24286	13601	33250.0	360	20656
赣县田村镇	23044	47218	32372	19983	28500.0	260	20352
赣县南塘镇	16585	43533	29104	21691	13350.0	340	27310
赣县茅店镇	12747	22538	19367	14150	20310.0	115	11509
赣县吉埠镇	13180	29728	23128	15334	16150.0	275	18226
赣县五云镇	13923	19759	14348	8503	21940.0	120	7980
赣县湖江镇	28572	39037	29965	19401	27160.0	106	18091
赣县储潭镇	9486	16392	13878	8290	14390.0	128	10093
赣县韩坊镇	29257	37209	24549	18595	29160.0	395	22665
赣县阳埠乡	16559	20885	17168	10570	8990.0		
赣县大埠乡	24405	17354	15916	12427	8790.0		
赣县长洛乡	14882	10733	7712	4299	3920.0		
赣县大田乡	11489	13389	11464	6710	2640.0		
赣县石芫乡	7684	15190	9730	6725	1580.0		
赣县三溪乡	5791	13516	10997	7040	950.0		
赣县白鹭乡	7945	16164	14296	8245	11200.0		
信丰县嘉定镇	27370	87778	73506	60307	904769.0	2630	11401

续表 222 （江西省） 计算单位：公顷、人、万元

名　　称	行政区域面　积	常住人口	从业人员	二三产业从业人员	工　业总产值	城镇建成区 面 积	城镇建成区常住人口
信丰县大塘埠镇	20750	67673	38808	25777	20965.0	270	33411
信丰县古陂镇	30370	37089	21411	13063	11054.0	270	5088
信丰县大桥镇	9420	20645	15516	9891	13341.0	47	5239
信丰县新田镇	24200	27411	13964	9878	7878.0	68	6110
信丰县安西镇	22570	46041	25883	15381	10038.0	130	6792
信丰县小江镇	23200	37406	19288	11722	12000.0	290	6100
信丰县铁石口镇	9299	41512	26460	15793	154850.0	297	6144
信丰县大阿镇	9596	51122	28773	16675	32528.0	98	9648
信丰县油山镇	15900	22598	7919	5119	7180.0	56	3883
信丰县小河镇	10567	46675	24588	16707	11067.0	100	4122
信丰县西牛镇	23497	57866	43098	30177	756581.0	70	5775
信丰县正平镇	16448	61136	36727	22988	9669.0	200	3517
信丰县虎山乡	20059	19734	11906	6265	8767.0		
信丰县崇仙乡	15448	22458	13201	7922	9949.0		
信丰县万隆乡	11531	27667	15654	10413	5718.0		
大余县南安镇	13037	84108	45591	38340	752444.0	1123	62983
大余县新城镇	15976	64523	37853	23893	30156.0	233	5058
大余县樟斗镇	8720	9422	5160	2983	10522.0	64	1984
大余县池江镇	11920	42432	25950	16215	48936.0	171	1375
大余县青龙镇	11055	39663	23622	15290	5900.0	93	2025
大余县左拔镇	9785	5606	3316	2243	14865.0	33	2018
大余县黄龙镇	9430	18756	10643	7056	4700.0	63	2025
大余县吉村镇	20532	17835	10492	6862	8700.0	55	1296
大余县浮江乡	14358	8796	5172	2970	50062.0		
大余县河洞乡	8575	4080	2451	1572	3350.0		
大余县内良乡	10982	8055	4689	2652	3230.0		
上犹县东山镇	17039	71051	32763	23889	99717.0	841	46494
上犹县陡水镇	3708	4303	3089	2151	31412.0	20	1879
上犹县社溪镇	12876	30044	25380	15858	9037.0	150	3873
上犹县营前镇	6388	28869	22252	15819	22486.0	239	7248
上犹县黄埠镇	7553	16793	13706	10041	580623.0	255	5004
上犹县寺下镇	9402	12314	10780	7547	354.0	113	1361
上犹县梅水乡	8539	14465	12072	8825	1478.0		
上犹县油石乡	8848	17723	16667	12205	18536.0		
上犹县安和乡	6766	8796	8728	5084	808.0		
上犹县双溪乡	12399	10662	9993	6976	2702.0		
上犹县水岩乡	15947	20182	19613	14830	605.0		
上犹县平富乡	8758	10016	9132	6307	682.0		
上犹县五指峰乡	23841	7052	6248	4776	4792.0		
上犹县紫阳乡	12107	10481	9477	6350	6360.0		
崇义县横水镇	22669	51993	41353	37660	479008.0	640	35185
崇义县扬眉镇	7568	14775	7685	4650	690.0	13	3179
崇义县过埠镇	9619	12758	8793	6795	2360.0	280	1095
崇义县铅厂镇	15570	11655	5599	2204	637.0	200	765
崇义县长龙镇	13305	10984	9405	6805	438600.0	35	758
崇义县关田镇	16330	8703	6372	3779	20137.0	38	1516
崇义县龙勾乡	6683	13715	7868	4705	1235.0		
崇义县杰坝乡	6071	6675	4496	1929	360.0		
崇义县金坑乡	7092	6324	4562	2021	890.0		
崇义县思顺乡	21568	11373	5916	2809	340.0		

续表 223　　（江西省）　　计算单位：公顷、人、万元

名　称	行政区域面积	常住人口	从业人员	二三产业从业人员	工业总产值	城镇建成区面积	城镇建成区常住人口
崇义县麟潭乡	9322	6713	3701	2677	863.0		
崇义县上堡乡	14815	11023	8120	2274	632.0		
崇义县聂都乡	15784	8091	5186	2644	2920.0		
崇义县文英乡	10476	6324	4562	2021	890.0		
崇义县乐洞乡	5797	2592	2523	1849	1936.0		
崇义县丰州乡	15628	9186	8830	6917	21031.0		
安远县欣山镇	18340	80661	23214	19648	180000.0	520	33400
安远县孔田镇	10800	25980	25548	19100	28700.0	185	3600
安远县版石镇	15500	21671	17031	10900	95000.0	183	4958
安远县天心镇	24800	29153	15200	9700	5750.0	122	3660
安远县龙布镇	14100	20341	16339	10791	5760.0	78	2580
安远县鹤子镇	13500	11770	7600	5600	5900.0	93	3250
安远县三百山镇	12600	13126	10402	6817	5900.0	137	4000
安远县车头镇	14700	15342	12463	8098	5850.0	123	4160
安远县镇岗乡	11500	10926	9099	5698	5750.0		
安远县凤山乡	9400	10322	6651	3605	4770.0		
安远县新龙乡	18010	10322	8740	6227	8300.0		
安远县蔡坊乡	9600	5055	4048	2530	5400.0		
安远县重石乡	6200	12270	10103	6301	4600.0		
安远县长沙乡	7600	10322	9067	5500	3581.0		
安远县浮槎乡	7700	15609	12539	7701	4600.0		
安远县双芫乡	10000	5760	4994	2600	3460.0		
安远县塘村乡	11650	7180	6516	3900	3550.0		
安远县高云山乡	19000	7207	6337	3804	4040.0		
龙南县龙南镇	14822	89592	47767	37708	1547142.0	1221	25556
龙南县武当镇	7880	14632	12948	9495	10925.0	10	1234
龙南县杨村镇	16241	49239	39312	29866	10702.0	146	7205
龙南县汶龙镇	8417	18262	17774	12937	60859.0	156	4667
龙南县程龙镇	11167	9316	8472	4521	14666.0	100	1824
龙南县关西镇	8040	7146	6132	4710	844.0	335	2721
龙南县里仁镇	14010	21315	20621	14746	157329.0	667	3951
龙南县渡江镇	7778	21561	19794	13496	28249.0	68	4196
龙南县桃江乡	9074	17563	15004	8698	30937.0		
龙南县东江乡	4760	12066	11119	8075	876381.0		
龙南县临塘乡	11046	17652	16453	12935	11892.0		
龙南县南亨乡	9720	14757	13202	6908	11157.0		
龙南县夹湖乡	10106	13020	12802	6847	11013.0		
定南县历市镇	25547	74517	58165	40694	849652.0	1132	27856
定南县岿美山镇	13083	13063	8926	6245	14751.0	88	5606
定南县老城镇	8904	15565	12157	8505	21921.0	58	3355
定南县天九镇	15598	18886	16388	11466	19518.0	273	10680
定南县龙塘镇	15025	17390	12023	8412	8254.0	84	3523
定南县岭北镇	33714	17369	16370	11453	21801.0	113	5179
定南县鹅公镇	20242	25112	23371	16351	9111.0	143	8025
全南县城厢镇	8222	53752	36112	31640	4475.0	1100	38377
全南县大吉山镇	10425	24452	9492	6258	28389.0	78	10000
全南县陂头镇	31215	20352	12078	6844	3023.0	50	4216
全南县金龙镇	20489	22432	16330	8890	90024.0	516	6452
全南县南迳镇	22740	18967	8887	4706	1460.0	80	3463
全南县龙源坝镇	29174	11716	6656	3311	2565.0	56	1790

续表 224　　（江西省）　　计算单位：公顷、人、万元

名　　称	行政区域面积	常住人口	从业人员	二三产业从业人员	工业总产值	城镇建成区面积	城镇建成区常住人口
全南县中寨乡	9863	12945	6618	3808	2200.0		
全南县社迳乡	11960	12494	6718	4007	12825.0		
全南县龙下乡	10428	6685	3311	1679	4998.0		
宁都县梅江镇	21027	160276	26363	11559	930461.0	980	119496
宁都县青塘镇	18012	38422	19417	5903	9953.0	132	4491
宁都县长胜镇	18726	58006	30721	10707	15661.0	204	5416
宁都县黄陂镇	20852	37169	20683	5580	6240.0	160	4389
宁都县固村镇	28211	39987	21442	8725	3726.0	110	4527
宁都县赖村镇	17930	54648	29404	8322	5912.0	120	3712
宁都县石上镇	18381	29432	15911	6120	8145.0	83	3139
宁都县东山坝镇	17525	25752	13681	4867	6278.0	78	3866
宁都县洛口镇	31607	31976	17544	5591	15849.0	352	4013
宁都县小布镇	15347	15587	8750	3071	4516.0	130	2784
宁都县黄石镇	8076	39744	21975	9005	5119.0	122	4148
宁都县田头镇	7349	39424	20804	6667	6284.0	132	4281
宁都县竹笮乡	8840	29854	16017	6241	4437.0		
宁都县对坊乡	14401	27998	14687	6342	1619.0		
宁都县固厚乡	13715	24274	13271	4921	2921.0		
宁都县田埠乡	16664	25628	13977	5301	7387.0		
宁都县会同乡	17521	30564	16542	6084	4416.0		
宁都县湛田乡	18772	17056	9287	4060	4162.0		
宁都县安福乡	7862	11151	5933	2649	4913.0		
宁都县东韶乡	28432	21032	11390	3895	2052.0		
宁都县肖田乡	21482	10583	5401	3116	5668.0		
宁都县钓峰乡	9391	11338	5741	2486	3061.0		
宁都县大沽乡	17041	15384	7705	3353	5588.0		
宁都县蔡江乡	8345	14268	7286	3223	3545.0		
于都县贡江镇	15760	198214	97870	75025	2244996.0	1602	143105
于都县铁山垅镇	6703	18811	9668	6848	11599.0	460	5386
于都县盘古山镇	15781	22805	11503	8095	4044.0	640	5926
于都县禾丰镇	14114	63746	32634	23649	55078.0	820	5507
于都县祁禄山镇	17031	12158	6195	3583	54224.0	352	5181
于都县梓山镇	16766	66598	33503	22499	9502.0	915	4288
于都县银坑镇	19117	72363	35909	24955	32406.0	360	4942
于都县岭背镇	14729	62522	31833	22652	24190.0	762	5212
于都县罗坳镇	16130	53706	26359	17190	8340.0	830	5682
于都县罗江乡	11807	37929	19151	12758	296.0		
于都县小溪乡	15688	30002	14788	9308	4567.0		
于都县利村乡	12912	35423	17564	10745	518.0		
于都县新陂乡	4952	24728	12638	8980	470.0		
于都县靖石乡	15647	31018	15105	8406	36721.0		
于都县黄麟乡	17442	36297	18024	10266	570.0		
于都县沙心乡	5390	8796	4650	3163	58.0		
于都县宽田乡	15090	41624	20570	11971	386.0		
于都县葛坳乡	19152	62974	31172	20452	75868.0		
于都县桥头乡	3404	16171	7955	4613	19206.0		
于都县马安乡	4747	21905	11239	7166	276.0		
于都县仙下乡	14419	58730	30174	21738	1025.0		
于都县车溪乡	7061	34071	16831	8297	288.0		
于都县段屋乡	5390	25519	12517	6621	474.0		

续表 225　　（江西省）　　计算单位：公顷、人、万元

名　　称	行政区域面　　积	常住人口	从业人员	二三产业从业人员	工　业总产值	城镇建成区面积	城镇建成区常住人口
兴国县潋江镇	5200	117696	65751	62726	1919374.0	1160	93652
兴国县江背镇	11310	29063	16782	10135	27258.0	200	3069
兴国县古龙冈镇	20600	35621	26076	15959	38547.0	270	4649
兴国县梅窖镇	7600	25473	15224	8728	24781.0	160	2714
兴国县高兴镇	21683	54687	34815	21589	53248.0	420	6603
兴国县良村镇	17007	22268	14429	9045	23695.0	110	1687
兴国县龙口镇	6600	19745	13809	6504	23457.0	120	1869
兴国县兴江乡	15600	22364	19413	9664	28474.0		
兴国县樟木乡	7000	14193	11039	7759	13326.0		
兴国县东村乡	8500	17125	12194	8134	16217.0		
兴国县兴莲乡	10400	18906	12276	6655	18665.0		
兴国县杰村乡	11200	20477	13621	7716	19874.0		
兴国县社富乡	17000	45068	30149	20727	39882.0		
兴国县埠头乡	17000	35026	23559	14673	39268.0		
兴国县永丰乡	16100	33258	23568	14059	37411.0		
兴国县隆坪乡	5400	11364	8911	6827	12036.0		
兴国县均村乡	19300	40487	26391	16986	39201.0		
兴国县茶园乡	12000	19124	12954	7726	15236.0		
兴国县崇贤乡	18900	23465	16744	9128	25368.0		
兴国县枫边乡	14800	13247	9657	4366	15622.0		
兴国县南坑乡	12800	10087	7206	5258	11364.0		
兴国县城岗乡	14400	24321	15787	10647	26358.0		
兴国县方太乡	8900	15023	11926	7467	16254.0		
兴国县鼎龙乡	11700	26874	17590	12130	28032.0		
兴国县长冈乡	10400	38967	25330	15964	42036.0		
会昌县文武坝镇	18800	86901	50157	33303	769854.0	956	32856
会昌县筠门岭镇	28487	36286	22671	15055	92548.0	155	10573
会昌县西江镇	19640	57260	32523	21596	77785.0	182	10315
会昌县周田镇	24473	51024	31241	20743	14588.0	125	8865
会昌县麻州镇	11972	31176	17842	11846	98822.0	225	6126
会昌县庄口镇	15260	28682	16857	11188	3803.0	90	4770
会昌县清溪乡	9189	3425	1991	1322	17666.0		
会昌县右水乡	12704	12154	8387	5569	16097.0		
会昌县高排乡	10168	13483	7833	5205	1052.0		
会昌县晓龙乡	13142	15542	8551	5682	7818.0		
会昌县珠兰乡	13196	16268	9496	6305	8637.0		
会昌县洞头乡	15140	7967	4690	3114	478.0		
会昌县中村乡	10192	7108	4171	2767	51938.0		
会昌县站塘乡	10368	18359	9702	6450	1398.0		
会昌县永隆乡	12003	6973	4160	2764	1928.0		
会昌县富城乡	23527	14391	8432	5598	1087.0		
会昌县小密乡	8443	18295	10553	7010	59886.0		
会昌县庄埠乡	4987	9036	5397	3588	828.0		
会昌县白鹅乡	9386	19339	11436	7596	113258.0		
寻乌县长宁镇	1156	65917	36998	27632	61222.0	700	65917
寻乌县晨光镇	18036	22423	14258	5179	13777.0	50	4103
寻乌县留车镇	23129	26393	17703	5253	18251.0	75	3836
寻乌县南桥镇	13815	26985	17823	3061	19259.0	194	4633
寻乌县吉潭镇	23849	22567	13280	3353	11874.0	185	3497
寻乌县澄江镇	18974	28865	14838	4522	19365.0	210	5436

续表 226 （江西省） 计算单位：公顷、人、万元

名　　称	行政区域面　　积	常住人口	从业人员	二三产业从业人员	工　业总产值	城镇建成区 面 积	城镇建成区常住人口
寻乌县桂竹帽镇	23586	10698	6258	1708	20581.0	92	2682
寻乌县文峰乡	27498	24568	15158	1539	345269.0		
寻乌县三标乡	20295	12168	7535	1385	7536.0		
寻乌县菖蒲乡	8105	10246	7965	3920	6976.0		
寻乌县龙廷乡	7323	5587	3294	1564	3368.0		
寻乌县丹溪乡	16457	10687	7635	4047	26534.0		
寻乌县项山乡	7706	6985	4151	664	920.0		
寻乌县水源乡	9886	10569	7174	1360	9251.0		
寻乌县罗珊乡	11323	8825	4838	1065	8647.0		
石城县琴江镇	27443	81684	52485	35485	261665.0	2360	29619
石城县小松镇	16767	29667	19505	13205	12406.0	270	18795
石城县屏山镇	12209	33943	19691	13331	18630.0	150	7380
石城县横江镇	29588	39812	24780	16776	1420.0	143	11990
石城县高田镇	24240	25093	13427	9090	1328.0	135	7160
石城县木兰乡	9316	10036	6555	4438	790.0		
石城县丰山乡	11912	17033	9490	6425	930.0		
石城县大由乡	12256	18862	12346	8358	1210.0		
石城县龙岗乡	7359	12140	6433	4355	8454.0		
石城县珠坑乡	5650	15523	9388	6358	490.0		
瑞金市象湖镇	3683	188007	64998	58381	116820.0	2630	121910
瑞金市瑞林镇	19625	35468	21700	14226	10069.0	61	6326
瑞金市壬田镇	16110	36874	28757	17907	9870.0	162	16760
瑞金市九堡镇	21209	60212	33120	21700	15790.0	183	8123
瑞金市沙洲坝镇	7998	23761	14756	10469	889089.0	162	6910
瑞金市谢坊镇	13308	38091	21592	12220	82047.0	89	5816
瑞金市武阳镇	15562	32835	19263	11401	8795.0	39	6082
瑞金市叶坪乡	15078	46515	35951	24500	43980.0		
瑞金市丁陂乡	5244	7012	6990	3966	2250.0		
瑞金市大柏地乡	15884	9332	7420	5147	5310.0		
瑞金市岗面乡	15101	17086	11543	7514	3480.0		
瑞金市日东乡	18177	20065	11943	8342	10770.0		
瑞金市万田乡	9633	14584	6237	3221	750.0		
瑞金市黄柏乡	10683	37713	20958	12514	5220.0		
瑞金市云石山乡	11420	39446	24090	15575	112346.0		
瑞金市泽覃乡	24379	13016	11605	6621	11650.0		
瑞金市拔英乡	21048	11000	6400	4060	1100.0		
吉州区兴桥镇	13600	27347	14106	7134		72	7033
吉州区樟山镇	6354	25869	11415	4600	1200.0	320	9435
吉州区长塘镇	12830	34532	16894	8196	57853.0	172	14369
吉州区曲濑镇	4080	17654	10782	5188	7024.0	130	1342
青原区天玉镇	4922	16246	10037	5193	11868.0	70	6530
青原区值夏镇	4900	34112	15811	10120	8023.0	233	15518
青原区新圩镇	4900	18365	9921	4636	5023.0	71	3284
青原区富滩镇	18980	26741	14240	9042	10290.0	61	3365
青原区富田镇	21600	34286	18257	11214	11601.0	185	4346
青原区文陂镇	5100	16378	8217	4861	6410.0	130	3029
青原区东固畲族乡	24300	14880	8700	5165	16692.0		
吉安县敦厚镇	8700	97112	25630	19503	868562.0	950	82465
吉安县永阳镇	7300	31875	11269	5494	5576.0	31	1972
吉安县天河镇	15000	14251	9974	8070	29465.0	30	1316

续表 227　　(江西省)　　计算单位：公顷、人、万元

名　称	行政区域面积	常住人口	从业人员	二三产业从业人员	工业总产值	城镇建成区面积	城镇建成区常住人口
吉安县横江镇	6900	21883	12425	4788	8185.0	115	1614
吉安县固江镇	11100	21973	11390	6773	15526.0	78	2586
吉安县万福镇	10300	41352	24745	12498	6235.0	26	1869
吉安县永和镇	3310	24245	16244	9734	4250.0	37	4872
吉安县桐坪镇	13200	33112	18365	5960	6685.0	121	853
吉安县凤凰镇	5800	19304	11504	4380	81100.0	120	2986
吉安县油田镇	22700	26519	16779	6936	95526.0	15	3452
吉安县敖城镇	22200	20115	16462	9507	13265.0	6	2197
吉安县梅塘镇	13000	24156	16141	7643	3768.0	42	2759
吉安县浬田镇	13700	19124	9295	6072	2995.0	70	1368
吉安县北源乡	5500	17138	11326	4558	3164.0		
吉安县大冲乡	8800	14652	9911	4220	1553.0		
吉安县登龙乡	6900	18096	9193	4370	3369.0		
吉安县安塘乡	8100	9685	3992	1948	26265.0		
吉安县官田乡	14800	12314	5519	2291	2497.0		
吉安县指阳乡	10500	11623	6544	2325	268.0		
吉水县文峰镇	21737	138961	72233	68737	1225582.0	1010	121850
吉水县阜田镇	13830	25104	22146	13885	17415.0	94	9235
吉水县盘谷镇	9320	30058	16529	10338	2057.0	118	12130
吉水县枫江镇	9350	30715	17914	10831	2408.0	80	7080
吉水县黄桥镇	8870	19878	14313	9977	2489.0	140	13145
吉水县金滩镇	15861	34926	18685	11211	679408.0	514	21000
吉水县八都镇	18630	42055	25577	19196	430348.0	360	27365
吉水县双村镇	9470	11202	6484	3756	5858.0	49	4682
吉水县醪桥镇	12930	18751	10853	6294	6597.0	61	5446
吉水县螺田镇	19900	20034	10866	5470	17693.0	63	4341
吉水县白沙镇	17730	16116	12233	7628	2643.0	84	5726
吉水县白水镇	10280	9945	5421	1897	2822.0	54	5029
吉水县丁江镇	12980	10599	7458	4479	2365.0	45	4590
吉水县乌江镇	15620	22058	11333	7173	2147.0	160	8786
吉水县水南镇	34120	20171	15573	7078	2913.0	67	5262
吉水县尚贤乡	4815	19440	11345	6930	1999.0		
吉水县水田乡	7960	11185	8772	5930	1624.0		
吉水县冠山乡	7570	9258	4964	2513	1471.0		
峡江县水边镇	18300	49414	21574	12485	153500.0	680	23922
峡江县马埠镇	16200	12730	7304	3609	50417.0	61	1724
峡江县巴邱镇	11043	37642	21707	15095	108600.0	350	31430
峡江县仁和镇	13200	14339	6540	4120	18000.0	48	2600
峡江县砚溪镇	12200	10515	6287	3257	23000.0	105	1700
峡江县罗田镇	16250	15910	11830	4410	14620.0	41	1067
峡江县桐林乡	11150	7685	5643	3333	20000.0		
峡江县福民乡	10150	8640	5382	3203	16000.0		
峡江县戈坪乡	8100	7491	3990	1880	19500.0		
峡江县金江乡	10150	7820	4598	1280	42000.0		
峡江县金坪民族乡	2000	3125	1537	634	11242.0		
新干县金川镇	13811	89268	38422	26566	300528.0	1721	66316
新干县三湖镇	4782	41127	17012	9985	62900.0	44	3825
新干县大洋洲镇	7854	26899	11128	4727	160567.0	300	3974
新干县七琴镇	11863	37786	15598	7034	148567.0	380	6428
新干县麦斜镇	13473	19067	11150	5053	12949.0	51	3803

续表 228　　(江西省)　　计算单位：公顷、人、万元

名　　称	行政区域面　　积	常住人口	从业人员	二三产业从业人员	工　业总产值	城镇建成区 面 积	城镇建成区常住人口
新干县界埠镇	11343	23644	15708	6618	186103.0	230	4352
新干县溧江镇	10001	20121	10881	4837	57216.0	210	936
新干县桃溪乡	13657	14315	8115	3649	130651.0		
新干县城上乡	8815	15200	7663	2536	101851.0		
新干县潭丘乡	10341	20053	12054	4498	242058.0		
新干县神政桥乡	7674	10135	6297	2738	27512.0		
新干县沂江乡	5224	12993	4992	2794	203209.7		
新干县荷浦乡	3992	19969	11763	4728	150712.0		
永丰县恩江镇	6764	94597	40781	38276	774824.0	2000	85582
永丰县坑田镇	14018	17407	10395	6705	513030.0	200	3915
永丰县沿陂镇	14145	19912	11998	7688	10721.0	230	3132
永丰县古县镇	21540	23105	10265	5278	20240.0	261	2175
永丰县瑶田镇	9169	22960	10902	8054	8130.0	148	2596
永丰县藤田镇	9583	38989	18920	13757	224757.0	358	20917
永丰县石马镇	21402	35250	16851	11777	218895.0	210	5458
永丰县沙溪镇	21664	23118	12186	9160	20800.0	200	3021
永丰县佐龙乡	14312	37336	18939	12882	13836.0		
永丰县八江乡	7022	10358	6315	4490	393811.0		
永丰县潭城乡	9919	14455	8632	6611	14108.0		
永丰县鹿冈乡	15995	10457	7191	5303	15855.0		
永丰县七都乡	14064	12430	6541	3246	8403.0		
永丰县陶塘乡	7385	13580	7739	5196	33264.0		
永丰县中村乡	10549	6310	3234	2217	5385.0		
永丰县上溪乡	9586	5177	2655	1894	14673.0		
永丰县潭头乡	11523	7969	5347	3657	9760.0		
永丰县三坊乡	8524	4665	3125	2422	4295.0		
永丰县上固乡	8168	6780	4777	3697	7865.0		
永丰县君埠乡	12057	11457	5851	4178	7907.0		
永丰县龙冈畲族乡	13988	12175	7090	5618	27689.0		
泰和县澄江镇	13045	150381	84165	71697	3260050.6	2020	119000
泰和县碧溪镇	15900	16959	13220	5740	12300.0	22	4692
泰和县桥头镇	25300	13921	8989	3116	17254.0	48	3302
泰和县禾市镇	13600	22269	10869	9121	2015.0	100	7300
泰和县螺溪镇	8500	31808	20280	11380	3200.0	160	3000
泰和县苏溪镇	9800	18942	7551	2451	28411.0	71	3816
泰和县马市镇	13700	34415	33579	21010	4967.0	103	11176
泰和县塘洲镇	12417	31009	18777	7869	29667.0	115	11210
泰和县冠朝镇	14540	22750	9213	3277	5470.0	65	5610
泰和县沙村镇	7900	15290	10330	6570	1850.0	56	4900
泰和县老营盘镇	8500	6586	3820	2363	1452.0	23	1716
泰和县小龙镇	9400	6286	2440	1240	23000.0	32	3665
泰和县灌溪镇	16300	25028	13179	10118	268.0	29	2556
泰和县苑前镇	10800	23456	16723	10697	4050.0	80	6894
泰和县万合镇	17400	52784	27830	19042	27290.0	160	5518
泰和县沿溪镇	10811	19510	17171	7202	10938.0	125	6130
泰和县石山乡	6050	12657	9342	4952	3120.0		
泰和县南溪乡	4020	12902	6059	2443	1728.0		
泰和县上模乡	10000	8060	5753	2963	1810.0		
泰和县水槎乡	17139	11608	5830	2241	325.0		
泰和县上圯乡	9000	7960	6510	3510	10450.0		

续表 229　　（江西省）　　计算单位：公顷、人、万元

名　　称	行政区域面　　积	常住人口	从业人员	二三产业从业人员	工　业总产值	城镇建成区 面 积	城镇建成区常住人口
泰和县中龙乡	11000	6794	2740	1110	6800.0		
遂川县泉江镇	18862	121764	68735	61763	968017.0	1420	94950
遂川县雩田镇	22120	58964	30921	26283	518292.0	217	41251
遂川县碧洲镇	11522	13517	3415	2281	27120.0	150	6045
遂川县草林镇	13710	32882	16547	13151	46900.0	255	15148
遂川县堆子前镇	10520	21649	12965	6514	8500.0	34	9060
遂川县左安镇	15650	30665	14453	8594	10879.0	110	10725
遂川县高坪镇	11550	13974	6973	2623	6900.0	40	3970
遂川县大汾镇	30052	38460	19379	10434	57354.0	79	10800
遂川县衙前镇	16610	11842	5899	3093	20046.0	40	4325
遂川县禾源镇	10680	23101	14570	8559	6500.0	170	6612
遂川县汤湖镇	9838	16237	8308	3128	34850.0	200	3945
遂川县珠田乡	8960	21593	11146	6995	71558.0		
遂川县巾石乡	14900	25970	15441	8815	8100.0		
遂川县大坑乡	15770	16103	7824	3868	4253.0		
遂川县枚江乡	6912	22997	15225	9882	10425.0		
遂川县双桥乡	9722	6745	4745	3404	3950.0		
遂川县新江乡	18800	10802	5405	2430	3700.0		
遂川县五斗江乡	22769	12273	7875	3515	17650.0		
遂川县西溪乡	6741	14939	7196	2625	4400.0		
遂川县南江乡	4675	11453	7185	4629	11355.0		
遂川县黄坑乡	7580	17217	9084	6084	9600.0		
遂川县戴家埔乡	15400	13393	8905	5643	49700.0		
遂川县营盘圩乡	7094	4982	3039	1949	32421.0		
万安县芙蓉镇	11892	59116	33051	30724	304862.0	859	45068
万安县五丰镇	18937	21235	12468	6862	866421.0	120	3408
万安县枧头镇	23422	24339	12733	6363	5241.0	89	1881
万安县窑头镇	12344	30853	15709	7618	4492.0	131	4889
万安县百嘉镇	10070	20180	9445	4184	1872.0	62	2939
万安县高陂镇	10534	12873	6831	3490	561.0	94	2416
万安县潞田镇	15357	12024	11202	5881	9359.0	98	2042
万安县沙坪镇	13183	13498	7017	3893	2760.0	51	1478
万安县夏造镇	10671	13958	8030	4536	658.0	49	2018
万安县罗塘乡	13486	15257	8883	4495	3743.0		
万安县弹前乡	6493	12805	7141	3497	2621.0		
万安县武术乡	11542	6432	3661	1856	1124.0		
万安县宝山乡	12454	13047	7680	3799	6738.0		
万安县涧田乡	12400	13145	7645	3512	150.0		
万安县顺峰乡	12119	10059	5710	2724	749.0		
万安县韶口乡	4455	22106	12834	6367	1497.0		
安福县平都镇	7827	110063	60132	57756	351287.0	1200	85796
安福县浒坑镇	8280	11926	8242	7804	19550.0	446	11652
安福县洲湖镇	18525	35965	20229	17061	85647.0	360	11424
安福县横龙镇	14093	19825	13099	8391	55155.0	440	9885
安福县洋溪镇	13052	15118	9106	6021	9486.0	55	3570
安福县严田镇	26231	24428	14280	9836	12828.0	265	8210
安福县枫田镇	12910	22450	11876	8111	1019170.0	72	5069
安福县竹江乡	8258	13568	6829	4321	13266.0		
安福县瓜畲乡	8024	10361	6336	4023	48000.0		
安福县钱山乡	19324	10860	6572	3875	13895.0		

续表 230 （江西省） 计算单位：公顷、人、万元

名　　称	行政区域面　积	常住人口	从业人员	二三产业从业人员	工　业总产值	城镇建成区　面　积	城镇建成区常住人口
安福县赤谷乡	9378	7070	3622	2328	514950.0		
安福县山庄乡	23785	17681	11644	4221	42376.0		
安福县洋门乡	9075	21455	11208	6901	9149.0		
安福县金田乡	13936	15543	9242	5202	9603.0		
安福县彭坊乡	16013	5347	3565	2453	7502.0		
安福县泰山乡	21468	11136	6112	4838	9081.0		
安福县寮塘乡	18845	23208	11447	8172	10145.0		
安福县甘洛乡	6568	10012	6330	3156	3162.0		
安福县章庄乡	23723	6642	3411	2033	4326.0		
永新县禾川镇	3962	93200	38484	31452	213511.0	1200	93200
永新县石桥镇	10500	16866	13155	8279		404	2400
永新县龙源口镇	16500	21300	7465	2515		7	3320
永新县浬田镇	10873	46875	22338	15463	158975.0	450	14062
永新县龙门镇	8700	19453	12910	6250	44502.0	2	1050
永新县沙市镇	8100	18728	9101	4025	302.0	11	3876
永新县文竹镇	1462	17780	5622	2236	3102.0	56	4532
永新县埠前镇	3450	20818	11444	7054	58141.0	360	4621
永新县怀忠镇	7639	21601	10977	6564	21616.0	485	3721
永新县高桥楼镇	9610	14433	7529	3925	80412.0	151	4215
永新县坳南乡	10466	6797	5837	3815			
永新县曲白乡	14334	8402	4250	2278	27060.0		
永新县才丰乡	7037	10007	8206	2339	25835.0		
永新县烟阁乡	6000	14948	10032	6034	224.0		
永新县在中乡	2800	16098	7064	5006	361.0		
永新县三湾乡	12837	5084	2757	1853	700.0		
永新县台岭乡	6500	10467	5545	2556	1520.0		
永新县龙田乡	6500	17659	9671	376	5700.0		
永新县高溪乡	12000	19144	9111	3370	211.0		
永新县莲洲乡	4590	13646	8680	6675			
永新县高市乡	6300	12116	7758	4355			
永新县象形乡	13863	30813	14992	7632	2872.0		
永新县芦溪乡	8600	15630	10753	4371	127.0		
井冈山市厦坪镇	2911	10620	5007	3717	63472.0	200	3628
井冈山市龙市镇	3060	26846	6882	4776	124465.0	480	25886
井冈山市古城镇	6228	15086	6170	4147	14984.0	133	2932
井冈山市新城镇	6134	5936	4140	2502	8895.0	150	1800
井冈山市大陇镇	5252	3131	2785	1939	6284.0	80	556
井冈山市茨坪镇	910	13652	10283	10283	22930.0	90	13652
井冈山市拿山乡	6801	13146	6990	4070	34185.0		
井冈山市黄坳乡	7278	6177	2381	961	4050.0		
井冈山市下七乡	7379	8321	3977	1942	4446.0		
井冈山市长坪乡	4010	1649	934	448	2927.0		
井冈山市坳里乡	2229	3524	3437	2514	2497.0		
井冈山市鹅岭乡	5735	4680	3072	2241	6277.0		
井冈山市柏露乡	3821	2223	1459	879	7522.0		
井冈山市茅坪乡	4119	3148	2445	1184	3407.0		
井冈山市葛田乡	4627	4876	2537	940	7731.0		
井冈山市荷花乡	2934	2157	1980	991	1022.0		
井冈山市睦村乡	3806	7340	3049	1620	7000.0		
井冈山市东上乡	9031	7649	4590	3114	58102.0		

续表 231 （江西省） 计算单位：公顷、人、万元

名　称	行政区域面　积	常住人口	从业人员	二三产业从业人员	工　业总产值	城镇建成区面积	城镇建成区常住人口
袁州区彬江镇	13693	50872	35829	13464	7734.7	1225	22451
袁州区西村镇	14990	55805	16112	9892	183400.0	320	16758
袁州区金瑞镇	10500	36453	22379	7441	6820.0	210	6075
袁州区温汤镇	17160	31600	20330	12230	700.0	560	31500
袁州区三阳镇	7660	33586	16057	9686	117738.0	372	8469
袁州区慈化镇	19100	76128	62380	31841	198500.0	685	9825
袁州区天台镇	17004	43520	29770	3645	11542.0	300	3267
袁州区洪塘镇	16400	40312	25856	13669	18620.0	300	6993
袁州区渥江镇	4000	15760	7200	2800	47000.0	470	2400
袁州区新坊镇	16200	22271	12392	6359	159736.0	3000	4028
袁州区寨下镇	11800	50873	28010	11930	8000.0	16	2420
袁州区芦村镇	5400	14463	13688	7638	7039.0	200	4642
袁州区湖田镇	8720	37086	17346	9564	83100.0	300	4196
袁州区新田镇	9700	23006	16797	3773	17800.0	320	1334
袁州区南庙镇	7900	18660	12216	4666	54740.0	75	6060
袁州区竹亭镇	5500	21650	10024	2644	37488.0	5	510
袁州区水江镇	6400	21659	13489	891	5933.0	180	1934
袁州区辽市镇	9600	32191	19985	10505	35000.0	170	5600
袁州区洪江镇	13928	15582	7112	2947	1800.0	30	2000
袁州区楠木乡	7900	19284	9717	4776	18500.0		
袁州区柏木乡	6700	13923	12239	6313	25282.0		
袁州区飞剑潭乡	8670	25912	25812	2744	1285.0		
奉新县冯川镇	3040	71782	27824	27230	125518.0	2030	70100
奉新县赤岸镇	18730	31290	12082	9056	30020.0	200	4660
奉新县赤田镇	12170	24880	11645	8815	5000.0	150	3732
奉新县宋埠镇	8680	14558	7091	5150	10435.0	316	2395
奉新县干洲镇	17230	30939	18349	8175	32568.0	150	4965
奉新县澡下镇	15560	9212	6258	5173	4198.0	261	1541
奉新县会埠镇	20950	18091	10996	4811	17000.0	130	5215
奉新县罗市镇	12200	10289	7996	4428	5354.0	65	3688
奉新县上富镇	14633	14017	7198	5834	70490.0	145	6511
奉新县甘坊镇	6820	5156	2839	1489	8168.0	103	2945
奉新县仰山乡	9180	7145	3277	1091	2236.0		
奉新县澡溪乡	7440	8954	5132	3212	18800.0		
奉新县柳溪乡	10190	4132	2456	1794	2130.0		
万载县株潭镇	9081	53352	40586	29693	360583.0	500	22147
万载县黄茅镇	13736	45544	34809	24726	357672.0	104	13515
万载县潭埠镇	9689	38982	25202	11755	229054.0	173	8326
万载县双桥镇	13236	32127	30071	11044	185220.0	97	7502
万载县高村镇	20429	14180	7929	3033	30150.0	14	2100
万载县罗城镇	15541	21908	14327	4884	96762.0	196	3625
万载县三兴镇	11281	25461	14802	8808	20562.0	107	4630
万载县高城镇	11677	29247	17648	9881	68922.0	18	2210
万载县白良镇	7375	20414	10270	5578	67592.0	62	1210
万载县鹅峰乡	7122	19244	10175	8995	39687.0		
万载县马步乡	6251	27641	15402	10150	39350.0		
万载县赤兴乡	7774	11776	6331	3408	28100.0		
万载县岭东乡	4615	11456	5890	1875	13600.0		
万载县白水乡	5928	11095	5387	3770	59690.0		
万载县仙源乡	14884	15007	5320	2120	11600.0		

续表 232　　(江西省)　　计算单位：公顷、人、万元

名　称	行政区域面积	常住人口	从业人员	二三产业从业人员	工业总产值	城镇建成区面积	城镇建成区常住人口
万载县茭湖乡	8742	10254	8540	5419	15625.0		
上高县田心镇	17300	41661	18590	9665	95258.0	37	2059
上高县徐家渡镇	13312	30702	13960	6571	138962.0	60	8821
上高县锦江镇	4262	33734	17083	10791	343300.0	120	6065
上高县泗溪镇	16589	42982	18874	9557	876520.0	499	8906
上高县翰堂镇	9125	18258	13290	7589	190471.0	201	7218
上高县南港镇	11727	15440	8790	6303	112120.0	5	1490
上高县敖山镇	4008	10081	4932	3150	398367.0	250	2293
上高县新界埠镇	10724	21825	13540	7851	73250.0	6	3910
上高县蒙山镇	7418	13997	8288	2104	508565.0	15	340
上高县芦洲乡	8320	14910	10550	4607	111388.0		
上高县塔下乡	4840	13892	4838	2608	189546.0		
上高县镇渡乡	5535	10426	6415	2339	58757.0		
上高县野市乡	8684	9766	5369	3449	62800.0		
上高县墨山乡	2300	8452	5496	3671	111925.0		
宜丰县新昌镇	13393	78617	20280	18257	273336.0	360	60571
宜丰县澄塘镇	17800	23191	8706	6226	69873.0	100	3560
宜丰县棠浦镇	11500	23170	11643	5762	150034.0	105	2458
宜丰县新庄镇	8700	13890	4220	3520	197356.0	25	2805
宜丰县潭山镇	20500	14928	6143	5367	167216.0	193	9383
宜丰县芳溪镇	20000	17885	10950	5889	86400.0	100	7100
宜丰县石市镇	15315	27646	15770	10911	396931.0	150	4699
宜丰县黄岗镇	18600	10714	2449	1444	40925.0	300	1762
宜丰县花桥乡	11500	11514	4971	3344	127961.0		
宜丰县同安乡	9100	7025	4057	2262	55690.0		
宜丰县天宝乡	14100	15816	7438	4291	142523.0		
宜丰县桥西乡	14550	17516	5937	4524	199819.0		
靖安县双溪镇	3790	41425	21823	19839	41876.0	412	5109
靖安县仁首镇	11833	26145	13418	9258	98761.0	196	4913
靖安县宝峰镇	19650	6430	3704	2025	75000.0	150	3976
靖安县高湖镇	15642	11989	6002	2981	47770.0	180	927
靖安县躁都镇	12010	6092	2532	1584	38828.0	102	1350
靖安县香田乡	6200	13493	5190	2242	133981.0		
靖安县水口乡	18400	12343	5546	2940	66379.0		
靖安县中源乡	15900	10291	6457	3391	87650.0		
靖安县罗湾乡	19500	12983	9749	6251	58657.0		
靖安县三爪仑乡	11815	2857	2057	1464	7800.0		
靖安县雷公尖乡	2960	3252	1324	489	5556.0		
铜鼓县永宁镇	8505	37782	19219	16838	26174.0	400	29150
铜鼓县温泉镇	16371	19148	9195	2105	29188.0	20	1200
铜鼓县棋坪镇	23890	14084	6957	2910	2030.0	60	3390
铜鼓县排埠镇	13100	11361	6348	2678	40223.0	150	2062
铜鼓县三都镇	25643	15000	7643	2580	26102.0	159	1969
铜鼓县大塅镇	21130	18169	7130	3431	25627.0	200	9200
铜鼓县高桥乡	12670	6435	3398	404	43715.0		
铜鼓县港口乡	12430	4941	2565	1167	5212.0		
铜鼓县带溪乡	6807	9011	4175	1854	2528.0		
丰城市白土镇	9187	43666	21185	14140	19989.0	126	6623
丰城市袁渡镇	10236	48579	23098	15718	50100.0	150	3182
丰城市张巷镇	10124	41714	23128	12619	31980.0	220	5330

续表 233　　（江西省）　　计算单位：公顷、人、万元

名　　称	行政区域面积	常住人口	从业人员	二三产业从业人员	工业总产值	城镇建成区面积	城镇建成区常住人口
丰城市杜市镇	9572	22076	16228	11538	28732.0	40	2876
丰城市淘沙镇	17660	35824	24700	11676	10080.0	100	3010
丰城市秀市镇	24845	48636	26073	20527	151386.0	220	18939
丰城市洛市镇	12292	38606	22323	13904	340774.0	36	9952
丰城市铁路镇	13054	28074	15421	10834	116526.0	58	3293
丰城市丽村镇	9607	19638	8225	7192	66081.0	52	1651
丰城市董家镇	11276	21151	11816	7756	5813.0	220	2204
丰城市隍城镇	8496	35935	17090	9110	1850.0	145	9062
丰城市小港镇	8516	58457	33258	25357	75535.0	580	14630
丰城市石滩镇	6088	29758	14320	9914	21793.0	520	5916
丰城市桥东镇	11173	39699	30391	20629	165000.0	80	4321
丰城市荣塘镇	9346	62268	27285	17157	54442.0	76	6331
丰城市拖船镇	6771	49124	18865	11081	141036.0	230	8020
丰城市泉港镇	10045	41804	20401	15023	14000.0	260	4005
丰城市梅林镇	9051	30398	12196	6998	48662.0	290	11000
丰城市曲江镇	10852	57151	23071	14244	93201.0	240	15930
丰城市上塘镇	4485	99283	41761	38525	48385.0	1057	58120
丰城市筱塘乡	3858	25559	11908	2416	12000.0		
丰城市段潭乡	5093	35763	17442	8150	616.0		
丰城市蕉坑乡	6157	13353	7629	5634	9764.0		
丰城市石江乡	8176	9582	4979	2656	9464.0		
丰城市荷湖乡	12047	26356	10819	7070	15683.0		
丰城市湖塘乡	7110	16857	10917	7962	32256.0		
丰城市同田乡	10247	33880	25438	8950	29654.0		
樟树市临江镇	8479	38600	24412	9553	425673.0	360	28800
樟树市永泰镇	2703	17023	8822	5137	290297.0	165	3508
樟树市黄土岗镇	5378	17780	11556	4892	63602.0	138	3698
樟树市经楼镇	8162	18277	9494	3323	42595.0	100	4005
樟树市昌付镇	6910	14785	10815	5284	68760.0	230	5219
樟树市店下镇	13997	12983	6960	2885	52535.0	150	3842
樟树市阁山镇	6986	19458	11282	5195	331871.0	122	2690
樟树市刘公庙镇	8409	15410	10717	5457	68160.0	142	4301
樟树市观上镇	5949	22635	13422	6369	453465.0	15	2037
樟树市义成镇	8610	19637	15013	8445	54782.0	71	1382
樟树市中洲乡	5443	10278	6481	2493	78377.0		
樟树市洲上乡	4713	30624	15600	7706	146155.0		
樟树市洋湖乡	5754	30826	18698	12517	182050.0		
樟树市吴城乡	13039	21612	12979	5419	10987.0		
高安市蓝坊镇	7263	42998	23120	14472	285040.0	205	11597
高安市荷岭镇	7757	23733	13980	5787	42439.0	41	3810
高安市黄沙岗镇	7546	34811	18936	11891	104901.0	180	9820
高安市新街镇	13093	43753	28138	10854	427715.0	200	23678
高安市八景镇	9774	46980	23214	20089	318000.0	650	25763
高安市独城镇	10530	35325	19581	11754	477822.0	500	14130
高安市太阳镇	7790	23821	10352	5720	192284.0	80	5820
高安市建山镇	11245	33373	18934	14416	298292.0	168	16729
高安市田南镇	9889	20225	17288	6638	353591.0	322	3865
高安市相城镇	11200	23231	13547	6386	103754.0	182	5880
高安市灰埠镇	12153	40272	23605	13959	319712.0	350	16742
高安市石脑镇	11680	43626	23762	13865	277495.0	460	21743

续表 234 （江西省） 计算单位：公顷、人、万元

名　　称	行政区域面　　积	常住人口	从业人员	二三产业从业人员	工　业总产值	城镇建成区　面　积	城镇建成区常住人口
高安市龙潭镇	9191	39396	23310	9356	93463.0	80	14189
高安市杨圩镇	14587	43265	22296	15236	362518.0	520	18356
高安市村前镇	16634	24660	14333	8770	110251.0	172	7060
高安市伍桥镇	12741	21092	10353	5927	113001.0	105	4200
高安市祥符镇	12403	31347	15192	7518	154265.0	150	7386
高安市大城镇	15352	31421	14487	5052	79201.0	180	7868
高安市华林山镇	13770	10557	6857	1809	149465.0	80	2784
高安市上湖乡	4046	27736	21113	7020	143329.0		
高安市汪家圩乡	9367	14543	6686	1121	64710.0		
临川区上顿渡镇	5260	147161	62878	49430	71500.0	680	75500
临川区温泉镇	5560	32778	13482	4528	52609.0	112	3280
临川区高坪镇	12320	36501	16571	10991	12622.0	115	9745
临川区秋溪镇	5890	26052	14689	6741	27900.0	102	1298
临川区荣山镇	12020	22267	15266	4364	320.0	300	3488
临川区龙溪镇	10601	20417	8243	2218	16655.0	440	4975
临川区大岗镇	12000	29668	12184	6262	59775.0	421	4668
临川区云山镇	9800	40288	28833	19253	25600.0	380	5285
临川区唱凯镇	4690	51244	18992	10291	41888.0	269	20192
临川区罗针镇	4560	50587	25251	17287	9043.0	120	6578
临川区罗湖镇	8850	55638	30984	21122	58376.0	356	8483
临川区太阳镇	4440	24816	12498	8605	60836.0	71	3843
临川区东馆镇	8090	20581	9190	3890	16850.0	190	2645
临川区腾桥镇	12850	28741	13806	9306	40750.0	160	4981
临川区青泥镇	5700	27994	14936	12669	12200.0	100	6111
临川区孝桥镇	2860	25672	13104	4760	19989.0	110	996
临川区抚北镇	1300	12695	3606	1477	39516.0	123	3917
临川区崇岗镇	8364	28035	16470	6729	16129.0	69	2037
临川区展坪乡	6800	21285	11499	7373	52922.0		
临川区连城乡	3900	19055	9338	5305	12480.0		
临川区桐源乡	10600	28318	15750	5634	39754.0		
临川区湖南乡	7740	45427	26294	12955	78224.0		
临川区七里岗乡	4400	21570	9984	5284	18900.0		
临川区嵩湖乡	7200	16943	13418	2756	12575.0		
临川区鹏田乡	6500	14581	5638	1411	13612.0		
临川区茅排乡	5090	6861	2382	1715	5973.0		
临川区河埠乡	8010	12920	6831	1447	19567.0		
南城县建昌镇	12434	114950	52726	46531	94784.0	2580	83115
南城县株良镇	18471	39888	24162	10274	125350.0	186	12400
南城县上唐镇	18445	24663	12258	5138	63020.0	184	8142
南城县里塔镇	15339	14722	9037	3165	28580.0	282	4699
南城县洪门镇	15513	10910	7660	3167	61458.0	26	1878
南城县沙洲镇	9531	13720	8397	2946	31336.0	225	5120
南城县龙湖镇	27050	21645	9377	3161	28320.0	40	3921
南城县新丰街镇	5370	9904	5577	3399	12260.0	82	2729
南城县万坊镇	16891	20192	13171	4941	28760.0	140	2556
南城县徐家镇	12811	19688	11877	6968	125160.0	35	3600
南城县天井源乡	7480	17120	9858	3921	30220.0		
南城县浔溪乡	10138	4768	3850	2120	21320.0		
黎川县日峰镇	20900	83972	20221	10050	101460.0	1000	63482
黎川县宏村镇	8500	14368	6268	664	12200.0	280	3600

续表 235　　　　　　　　　　　　（江西省）　　　　　　　　　　　　计算单位：公顷、人、万元

名　称	行政区域面　积	常住人口	从业人员	二三产业从业人员	工　业总产值	城镇建成区面积	城镇建成区常住人口
黎川县洵口镇	11800	9872	7221	4662	6156.0	395	4560
黎川县熊村镇	13100	9202	7832	1626	25600.0	108	4860
黎川县龙安镇	15300	11533	8238	1364	11425.0	180	2596
黎川县德胜镇	9333	21340	11276	9176	3000.0	100	7470
黎川县华山镇	8452	5968	3626	2141		246	5486
黎川县潭溪乡	6800	21048	9651	9616	1930.0		
黎川县湖坊乡	8300	10168	5249	2816			
黎川县荷源乡	7500	5613	5556	350	2563.0		
黎川县厚村乡	6009	6015	3856	1160	9000.0		
黎川县社苹乡	10000	6893	4327	3131	2624.0		
黎川县樟溪乡	10500	6275	2565	1549	7801.0		
黎川县西城乡	10600	7620	4580	2787	20350.0		
黎川县中田乡	12500	9975	9890	5053	1891.0		
南丰县琴城镇	6713	106451	71662	59571	837891.0	225	6017
南丰县太和镇	19880	22631	12513	2501	980.0	220	3400
南丰县白舍镇	35039	38007	25391	3634	7225.0	450	8410
南丰县市山镇	21878	38067	20213	7175	39238.0	390	6585
南丰县洽湾镇	10379	18141	10718	2350	10364.0	108	1182
南丰县桑田镇	10471	16336	8808	1595	5250.0	120	2533
南丰县紫霄镇	28483	16048	8762	3332	4960.0	180	1682
南丰县三溪乡	12615	9693	5480	1479	583.0		
南丰县东坪乡	9566	8080	4362	411	152.0		
南丰县莱溪乡	8432	17100	10660	3456	17268.0		
南丰县太源乡	11391	9846	4503	1301	115.0		
南丰县傅坊乡	16431	15830	7493	2124	5079.0		
崇仁县巴山镇	14300	129844	57046	43753	170747.0	1430	84784
崇仁县相山镇	26100	20649	9899	3930	4127.0	169	3635
崇仁县航埠镇	5400	31228	17104	4181	2900.0	540	3120
崇仁县孙坊镇	6000	24763	11320	2580	3395.0	200	1655
崇仁县河上镇	13300	25032	14980	1160	5630.0	695	2410
崇仁县礼陂镇	9350	12736	7790	4230	8450.0	360	710
崇仁县马鞍镇	12900	19015	9846	1338	3417.0	200	1275
崇仁县石庄乡	7900	9430	5530	2330	398.0		
崇仁县六家桥乡	8600	21142	9750	7732	2696.0		
崇仁县白鹭乡	2100	17623	8051	1880	300.0		
崇仁县三山乡	8250	14186	6718	1917	2025.0		
崇仁县白陂乡	6200	13111	7377	2659	8800.0		
崇仁县桃源乡	14950	15069	7100	1000	1822.0		
崇仁县许坊乡	8400	13173	8416	5903	2438.0		
崇仁县郭圩乡	8150	15357	6929	1429	5200.0		
乐安县鳌溪镇	26533	82395	13435	9245	8270.0	900	60856
乐安县公溪镇	14540	21423	15593	5320	9885.0	320	2996
乐安县山砀镇	13171	28982	12150	2688	2588.0	461	3025
乐安县龚坊镇	15707	19032	12100	7865	3063.0	300	3106
乐安县戴坊镇	25493	32868	10239	2189	19821.0	546	5376
乐安县牛田镇	13480	23006	7551	2080	213.0	200	3159
乐安县万崇镇	9720	16885	7589	2269	2200.0	200	925
乐安县增田镇	13507	19348	5946	1378	1584.0	210	1632
乐安县招携镇	24500	24139	10450	3840	10384.0	122	3978
乐安县湖溪乡	11927	12654	7989	1293	6786.0		

续表 236　　（江西省）　　计算单位：公顷、人、万元

名　称	行政区域面积	常住人口	从业人员	二三产业从业人员	工业总产值	城镇建成区面积	城镇建成区常住人口
乐安县罗陂乡	6800	13298	10115	2367	1161.0		
乐安县湖坪乡	9800	18603	9243	4663	9480.0		
乐安县南村乡	13700	17109	10166	5445	2490.0		
乐安县谷岗乡	16100	13595	6327	3203	2683.0		
乐安县金竹畲族乡	24240	11948	5133	2566	6962.0		
乐安县大马头乡	2080	1901	1231	32	1092.0		
宜黄县凤冈镇	23340	64109	23001	14945	45623.0	500	50105
宜黄县棠阴镇	17950	19220	9624	4297	4650.0	50	6555
宜黄县黄陂镇	27570	24500	12856	3600	8800.0	340	6360
宜黄县东陂镇	15600	9602	7708	4483	7000.0	80	3308
宜黄县梨溪镇	14660	20161	9635	2308	6751.0	110	6150
宜黄县二都镇	17280	13855	8444	4176	27800.0	120	3616
宜黄县中港镇	20140	13069	10138	3301	1200.0	80	4859
宜黄县桃陂镇	8720	9632	7874	3627	3652.0	98	512
宜黄县新丰乡	13313	6228	4235	1794	901.0		
宜黄县神冈乡	15830	8690	5453	1405	6353.0		
宜黄县圳口乡	12180	10260	6440	2344	4610.0		
宜黄县南源乡	7850	6281	4242	1274	3965.0		
金溪县秀谷镇	17900	79946	55074	45020	804330.0	1730	57466
金溪县浒湾镇	7100	26900	9776	5136	7096.0	740	7680
金溪县双塘镇	6997	11752	6562	2701	10065.0	330	4300
金溪县何源镇	12200	16650	7661	4423	1850.0	903	2798
金溪县合市镇	12065	23806	16906	6019	8600.0	420	5204
金溪县琅琚镇	13650	22595	17438	6355	2895.0	820	1975
金溪县左坊镇	13210	22527	11325	6120	7836.0	40	3710
金溪县对桥镇	10800	16467	11224	6310	3380.0	420	6421
金溪县黄通乡	10500	10913	5605	2712			
金溪县陆坊乡	9200	15980	5644	4027	128000.0		
金溪县陈坊积乡	3560	11286	5328	3692	16327.0		
金溪县琉璃乡	9198	17132	13101	9840	15801.0		
金溪县石门乡	9420	14434	6757	3923	3652.0		
资溪县鹤城镇	15311	32703	19261	16927	97328.0	400	29724
资溪县马头山镇	23380	8014	5929	4381	19118.0	120	2458
资溪县高阜镇	15031	11542	8561	6277	33645.0	230	3114
资溪县嵩市镇	12382	8628	5290	3834	7568.0	160	2098
资溪县乌石镇	12700	11724	7966	5885	7423.0	100	2378
资溪县高田乡	12992	11995	7438	5373	11660.0		
资溪县石峡乡	8150	4506	3284	2373	2326.0		
东乡县孝岗镇	12800	126863	70527	60219	66596.0	2000	117136
东乡县小璜镇	14300	31583	29479	22238	33706.0	200	5079
东乡县圩上桥镇	7200	15935	10321	3500	19836.0	2	879
东乡县马圩镇	7500	41962	18824	16500	4417.0	150	4420
东乡县詹圩镇	9200	26472	15532	12706	3159.0	241	3284
东乡县岗上积镇	6100	24185	11854	6503	35600.0	385	7306
东乡县杨桥殿镇	14300	29371	15626	7606	550.0	380	3615
东乡县黎圩镇	8200	16518	8423	6256	17616.0	300	3563
东乡县王桥镇	7300	14512	11805	5547	7500.0	105	658
东乡县珀玕乡	5450	19550	10620	3970	7200.0		
东乡县邓家乡	9250	23231	13205	5535	13928.0		
东乡县虎圩乡	7200	14189	8327	1362	12550.0		

续表 237　　（江西省）　　计算单位：公顷、人、万元

名　称	行政区域面　积	常住人口	从业人员	二三产业从业人员	工　业总产值	城镇建成区 面 积	城镇建成区常住人口
东乡县瑶圩乡	6950	13424	7344	3672	550.0		
广昌县盱江镇	37600	86324	32864	28138	29897.0	171	44480
广昌县头陂镇	18893	19519	13860	4895	3750.0	114	6782
广昌县赤水镇	13600	19140	10889	8110	7965.0	37	4491
广昌县驿前镇	19800	21500	14215	9760		156	7954
广昌县甘竹镇	11400	24549	13499	3307	11200.0	21	5450
广昌县千善乡	6900	5975	3178	410			
广昌县水南圩乡	6300	6212	3298	1588	138.0		
广昌县长桥乡	7200	5587	4791	2700	2722.0		
广昌县杨溪乡	6900	3636	3166	2269			
广昌县尖峰乡	16140	16404	9136	2153			
广昌县塘坊乡	15512	18245	8580	7723	1092.0		
信州区沙溪镇	7600	42561	26174	15122	150000.0	300	15794
信州区朝阳镇	6700	42620	20400	11605	27100.0	320	4084
信州区秦峰镇	5900	28761	23914	16276	52710.0	127	3425
广丰区五都镇	7446	70078	50799	43536	197726.0	1073	50160
广丰区洋口镇	6837	64521	35911	25993	1172171.0	600	13992
广丰区横山镇	6600	40423	21466	20368	18099.0	200	4425
广丰区桐畈镇	7470	42121	31097	18585	40251.0	200	9706
广丰区湖丰镇	3330	22480	14635	8770	225100.0	382	8337
广丰区大南镇	4630	16217	15635	8623	75105.0	85	2565
广丰区排山镇	5850	32280	19041	14076	130280.0	150	5520
广丰区毛村镇	3940	18555	14685	8722	28204.0	69	5672
广丰区枧底镇	2521	19250	11850	8785	163929.0	226	4678
广丰区泉波镇	5751	26660	19660	10700	95921.0	69	3386
广丰区壶峤镇	4420	22106	12759	5634	108480.0	28	4560
广丰区霞峰镇	2852	40125	15841	10707	88674.0	300	7534
广丰区下溪镇	3880	27210	18656	10836	149627.0	170	2460
广丰区吴村镇	7040	41048	25601	12597	89921.0	170	9630
广丰区沙田镇	4570	30143	16676	12176	63402.0	156	7680
广丰区铜钹山镇	31240	23582	23486	12102	5328.0	235	4285
广丰区大石乡	2030	23142	22241	14481	172309.7		
广丰区东阳乡	8570	27020	14349	9549	54862.0		
广丰区嵩峰乡	8750	19121	13135	10215	43648.0		
广丰区少阳乡	2360	24216	11313	7327	30107.0		
上饶县田墩镇	8933	63138	26432	17780	89545.0	32	4188
上饶县上泸镇	6477	21875	13353	10474	27429.0	351	14200
上饶县华坛山镇	20970	21742	9367	5209	2511.0	40	5010
上饶县茶亭镇	9200	45282	10857	10522	588690.0	102	13680
上饶县皂头镇	4366	37326	14708	8196	29076.0	380	16928
上饶县四十八镇	6015	23479	10919	7843	5780.0	180	9878
上饶县枫岭头镇	7462	36515	13690	10380	101426.5	372	10131
上饶县煌固镇	11585	58596	28596	19261	3700.0	110	10530
上饶县花厅镇	8043	31008	10219	8761	8600.0	186	5623
上饶县五府山镇	43600	17150	9537	5300	2100.0	1215	7580
上饶县郑坊镇	6720	33106	17252	9302	22640.0	165	11014
上饶县望仙乡	9326	18738	7279	6270	2050.0		
上饶县石人乡	6720	36026	14231	5622	11639.0		
上饶县清水乡	10431	32990	19336	13636	28589.0		
上饶县石狮乡	3817	25175	17409	11619	48126.0		

续表 238　　（江西省）　　计算单位：公顷、人、万元

名　　称	行政区域面　积	常住人口	从业人员	二三产业从业人员	工　业总产值	城镇建成区 面 积	城镇建成区常住人口
上饶县湖村乡	17482	35250	25276	18140	21324.0		
上饶县尊桥乡	7200	31536	30351	9317	8569.0		
上饶县应家乡	5830	30442	9390	4538	17900.0		
上饶县黄沙岭乡	5442	25860	11626	7266	25000.0		
上饶县铁山乡	4769	15266	7534	5997	12000.0		
上饶县董团乡	12800	49973	21991	15786	10000.0		
玉山县冰溪镇	3960	116525	69609	65091	37044.0	2730	99235
玉山县临湖镇	9360	36428	18580	10480	28000.0	458	12000
玉山县必姆镇	8850	34013	15533	8893	2610.0	110	3293
玉山县横街镇	12400	36417	14924	6725	50000.0	300	5286
玉山县文成镇	5230	33755	13836	5926	9680.0	180	1560
玉山县下镇镇	8126	49328	20884	8006	15211.0	148	4180
玉山县岩瑞镇	12910	53213	27218	7205	389900.0	197	2241
玉山县双明镇	13700	27565	12100	10140	5015.0	430	5120
玉山县紫湖镇	14840	18694	8751	4671	20000.0	230	3600
玉山县仙岩镇	6360	28660	11150	6500	10000.0	128	10000
玉山县樟村镇	10200	32829	12120	7255	40240.0	211	10890
玉山县南山乡	9200	10898	10228	6308	800.0		
玉山县怀玉乡	12500	22507	10243	9745	30978.0		
玉山县下塘乡	6090	25082	11832	8365	18760.0		
玉山县四股桥乡	7500	31000	14473	6617	95920.0		
玉山县六都乡	13710	48659	20284	2200	9760.0		
玉山县三清乡	9100	7401	3257	2249	42.0		
铅山县河口镇	5749	73480	30204	24276	93650.0	1385	49270
铅山县永平镇	14700	46510	24557	18699	147328.0	540	32000
铅山县石塘镇	5400	15696	8178	5179	14679.0	153	5763
铅山县鹅湖镇	10600	42037	24288	17002	59587.0	202	5076
铅山县湖坊镇	11630	26989	12066	5056	51510.0	443	10116
铅山县武夷山镇	45573	23810	19667	6408	214500.0	220	4532
铅山县汪二镇	14996	36345	18915	8065	13850.0	200	5413
铅山县陈坊乡	10939	9326	5537	3290	699876.0		
铅山县虹桥乡	7200	17540	10372	6331	37451.0		
铅山县新滩乡	9860	30846	21474	14900	32453.0		
铅山县葛仙山乡	20300	32027	17395	8468	48567.0		
铅山县稼轩乡	8200	19560	9363	5366	9203.6		
铅山县英将乡	8900	8920	8829	6642	9150.0		
铅山县紫溪乡	7600	14649	8529	4426	1800.0		
铅山县太源畲族乡	7850	1845	1110	690	7000.0		
铅山县天柱山乡	18721	5200	3695	2675	17210.0		
铅山县篁碧畲族乡	8100	3512	1272	640	3160.0		
横峰县岑阳镇	7400	12880	7149	6589	16200.0	350	4650
横峰县葛源镇	11459	18245	12030	5360	36000.0	1200	11650
横峰县姚家乡	4506	15589	6939	4839	2964.6		
横峰县莲荷乡	8640	20698	12129	8205	1374.6		
横峰县司铺乡	4600	12991	5899	3426	6960.0		
横峰县港边乡	3960	14517	10350	6939	56166.0		
横峰县龙门畈乡	7900	27788	13776	6847	17110.0		
横峰县青板乡	7100	15620	11906	3585	3110.0		
弋阳县曹溪镇	16232	24712	14527	9063	40946.0	220	5300
弋阳县漆工镇	21259	32960	17633	11607	62798.0	300	7980

续表 239　　（江西省）　　计算单位：公顷、人、万元

名　称	行政区域面积	常住人口	从业人员	二三产业从业人员	工业总产值	城镇建成区面积	城镇建成区常住人口
弋阳县樟树墩镇	5844	13262	6159	3612	117897.0	135	1518
弋阳县南岩镇	12118	36124	18046	14634	199753.0	1211	16501
弋阳县朱坑镇	8342	22090	13328	8511	25778.0	167	2560
弋阳县圭峰镇	16682	26478	15828	9892	196061.0	32	1105
弋阳县叠山镇	10247	12537	5821	3435	55188.0	660	2698
弋阳县港口镇	11343	16742	9464	5448	5836.0	180	3650
弋阳县弋江镇	1164	43286	23250	21970	23925.0	450	43286
弋阳县中畈乡	15313	34645	16512	10107	24675.0		
弋阳县葛溪乡	7863	21664	12184	7692	32202.0		
弋阳县湾里乡	6288	15553	9252	5894	51769.0		
弋阳县清湖乡	5292	15091	8509	4250	50787.0		
弋阳县旭光乡	5756	7445	3785	2477	211017.0		
弋阳县花亭乡	1068	8012	4760	3738	123545.0		
弋阳县三县岭乡	11473	17460	9863	6471	11952.0		
余干县玉亭镇	5600	132325	34587	20539	243657.0	185	44852
余干县瑞洪镇	12773	76989	29981	1383	1210.0	300	4544
余干县黄金埠镇	14773	83327	32356	15727	1396434.0	141	17569
余干县古埠镇	11973	59426	32385	14735	19425.0	130	4980
余干县乌泥镇	1500	10313	5119	2784	3200.0	150	4850
余干县石口镇	8448	41641	28422	10452	12020.0	78	8202
余干县杨埠镇	7833	28363	17410	7654	5639.0	185	6514
余干县九龙镇	10993	25832	20327	9763	4010.0	200	5910
余干县社赓镇	14092	35880	16016	7527	335.0		
余干县康山乡	1920	10600	7200	900	2134.0		
余干县东塘乡	3410	20589	10684	7111	352.0		
余干县大塘乡	2313	9725	4675	2579	401.0		
余干县鹭鸶港乡	4033	31749	17320	4204	750.0		
余干县三塘乡	10315	83009	23984	18983	3232.0		
余干县洪家嘴乡	5665	75704	52147	11707	7869.0		
余干县白马桥乡	6866	41006	11604	6743	11231.0		
余干县江埠乡	7610	50116	26267	18285	2314.0		
余干县枫港乡	12713	49970	16867	6762	2550.0		
余干县大溪乡	10326	36013	16667	9167	2639.0		
余干县梅港乡	14733	53866	24532	12772	3402.0		
鄱阳县鄱阳镇	10450	229985	97790	84590	689275.0	2830	186700
鄱阳县谢家滩镇	23000	54216	37063	27253	18600.0	188	8310
鄱阳县石门街镇	9670	26364	14302	7181	9106.0	199	11536
鄱阳县四十里街镇	6580	43022	19522	12701	1650.0	45	4267
鄱阳县油墩街镇	16500	88460	49446	21244	860.0	624	36720
鄱阳县田畈街镇	23650	80550	39407	15774	355728.0	800	36000
鄱阳县金盘岭镇	20170	37446	21706	3076	1200.0	240	3980
鄱阳县高家岭镇	9600	36500	22526	3542	460.0	450	5574
鄱阳县凰岗镇	25400	82466	47253	23179	1230.0	1500	27560
鄱阳县双港镇	27802	82939	44234	23372	1480.0	121	9000
鄱阳县古县渡镇	19970	103627	58548	49688	900.0	200	13240
鄱阳县饶丰镇	12500	43521	18015	1888	6219.0	259	5791
鄱阳县乐丰镇	7960	32018	19122	4900	55000.0	299	10488
鄱阳县饶埠镇	5890	38980	24268	12856	3450.0	473	10064
鄱阳县侯家岗乡	27150	37800	19640	16640	7680.0		
鄱阳县莲花山乡	12500	7860	3700	1300	2200.0		

续表 240　　　　（江西省）　　　　计算单位：公顷、人、万元

名　　称	行政区域面积	常住人口	从业人员	二三产业从业人员	工业总产值	城镇建成区面积	城镇建成区常住人口
鄱阳县响水滩乡	18000	41726	25034	11811	2498.0		
鄱阳县枧田街乡	23360	22580	16780	4560	6800.0		
鄱阳县柘港乡	13930	40244	26042	17521	4021.0		
鄱阳县鸦鹊湖乡	4000	10880	4870	70			
鄱阳县银宝湖乡	8260	26927	12737	8054	400.0		
鄱阳县游城乡	19324	46750	23095	14063	10032.0		
鄱阳县珠湖乡	10498	35880	19158	14366	700.0		
鄱阳县白沙洲乡	10050	7553	6346	4546			
鄱阳县团林乡	6186	29080	27478	16294	580.0		
鄱阳县昌洲乡	2380	34146	15850	4350	500.0		
鄱阳县庙前乡	6634	73862	66549	55493			
鄱阳县莲湖乡	25100	53410	39940	33060	1000.0		
鄱阳县芦田乡	12800	47865	7381	1228	1451461.0		
万年县陈营镇	9040	113140	55144	41642	386476.0	1300	83439
万年县石镇镇	11121	38988	25630	11324	400534.0	270	13201
万年县青云镇	7609	26847	25774	4324	115411.0	284	13000
万年县梓埠镇	8892	48685	26579	19763	53856.0	137	8000
万年县大源镇	8760	21579	9105	7000	28532.0	60	5389
万年县裴梅镇	14976	26213	6439	2343	48532.0	28	2045
万年县湖云乡	6514	21437	14671	11558	64123.0		
万年县齐埠乡	7280	27694	9398	7715	143301.0		
万年县汪家乡	6853	18422	12178	6894	23790.0		
万年县上坊乡	12121	24890	15616	7576	110860.0		
万年县苏桥乡	14974	41115	20997	10333	65678.0		
万年县珠田乡	5827	8900	4435	3630	27000.0		
婺源县紫阳镇	31543	46171	18907	8861	444832.0	900	8106
婺源县清华镇	13108	16538	7259	4404	18890.0	204	9578
婺源县秋口镇	22056	22552	13033	4120	70028.0	370	2553
婺源县江湾镇	29401	32105	19614	11236	14668.0	270	5050
婺源县思口镇	12070	14382	6938	1117	1320.0	200	1300
婺源县赋春镇	31155	30435	18043	10281	126375.0	180	7785
婺源县镇头镇	9001	9492	5053	1801	109600.0	200	1725
婺源县太白镇	18464	15316	8377	3401	16482.0	120	3105
婺源县中云镇	23352	25918	14898	3697	9650.0	360	6250
婺源县许村镇	21703	20065	12106	6146	100900.0	62	3821
婺源县溪头乡	11859	11234	6606	3396	4200.0		
婺源县段莘乡	17234	16107	8504	1601	3298.0		
婺源县浙源乡	10064	13795	7321	1205	9136.0		
婺源县沱川乡	8555	6694	3276	1864	1270.0		
婺源县大鄣山乡	20881	22153	10027	3177	17450.0		
婺源县珍珠山乡	12396	10130	5482	176	1600.0		
德兴市绕二镇	27300	30453	13973	6050	14940.0	238	6176
德兴市海口镇	15200	12835	7606	3911	48520.0	155	5682
德兴市新岗山镇	24800	25630	11911	5725	171300.0	978	7764
德兴市泗洲镇	15472	16683	8803	5837	261576.0	395	9118
德兴市花桥镇	15770	15037	7691	4003	95690.0	289	10819
德兴市黄柏乡	14820	34661	20010	11460	18460.0		
德兴市万村乡	12100	13284	9163	5967	21346.0		
德兴市张村乡	14851	23407	16600	7500			
德兴市畈大乡	13700	9167	5256	2100	4327.0		

续表 241　　（江西省、山东省）　　计算单位：公顷、人、万元

名　称	行政区域面积	常住人口	从业人员	二三产业从业人员	工业总产值	城镇建成区面积	城镇建成区常住人口
德兴市李宅乡	12800	10638	8157	2784	2955.0		
德兴市龙头山乡	22500	13191	7992	5168	26536.0		
山东省							
天桥区桑梓店镇	7261	37822	17485	12068	140576.0	140	6740
天桥区大桥镇	11487	55453	40701	31320	68500.0	86	6670
历城区仲宫镇	25601	121609	67967	48910	100080.0	1086	34210
历城区柳埠镇	17261	60656	24367	13374	35387.0	294	16632
历城区董家镇	5242	40498	23332	14810	683644.0	200	8131
历城区唐王镇	7274	61921	44080	25556	115263.0	1546	17532
历城区西营镇	13137	30997	17513	10000	25907.0	150	19012
历城区彩石镇	9212	65644	18466	10002	364.0	280	18960
长清区归德镇	14880	80583	47182	26250	219500.0	850	28820
长清区孝里镇	12460	49044	24337	12716	85326.0	1000	22961
长清区万德镇	21700	75318	45781	27534	269243.0	390	32872
长清区张夏镇	13740	47550	23086	16379	185362.0	188	5753
长清区马山镇	8740	32995	18712	6936	90216.0	300	4126
长清区双泉镇	9350	29510	15415	11442	43034.0	350	10835
平阴县东阿镇	9500	33609	22452	13353	136432.0	268	7255
平阴县孝直镇	14300	61899	40226	18825	364515.0	380	22080
平阴县孔村镇	12600	35360	28064	20513	895913.0	480	30968
平阴县洪范池镇	11500	22678	17048	10230	15703.0	167	4107
平阴县玫瑰镇	13600	36582	26359	16594	159000.0	312	5568
平阴县安城镇	12200	34576	22169	13173	342578.0	465	8946
济阳县垛石镇	18265	69563	50533	36183	207887.0	421	18660
济阳县孙耿镇	10921	48102	31905	21547	739269.0	379	22300
济阳县曲堤镇	15314	69489	43189	28085	338675.0	360	25626
济阳县仁风镇	12698	57728	41525	28575	74004.0	300	6240
济阳县崔寨镇	8636	45178	33923	24056	565114.0	379	23603
济阳县太平镇	12557	48343	38636	26731	146299.0	292	6718
济阳县回河镇	8863	42721	33731	23856	290224.0	173	5786
济阳县新市镇	10190	36051	22680	14235	220954.0	207	4155
商河县殷巷镇	12300	60139	31427	17277	24825.0	160	5542
商河县怀仁镇	5930	35337	21368	9670	112130.0	100	8510
商河县龙桑寺镇	9300	45967	22403	5723	49126.0	574	10881
商河县郑路镇	12830	60965	33210	24240	140780.0	156	5781
商河县贾庄镇	10920	54214	35913	11850	253607.0	358	22680
商河县玉皇庙镇	15392	64906	29093	15474	1108356.0	450	28173
商河县白桥镇	8340	44275	24365	14575	33986.0	162	5000
商河县孙集镇	10600	52719	30748	16763	64668.0	140	3538
商河县韩庙镇	6811	30282	15338	8012	83726.0	160	7920
商河县沙河乡	8720	36278	18568	6675	26993.0		
商河县张坊乡	3700	24796	13486	9750	16350.0		
章丘市普集街道办事处	11225	56137	25990	18440	1166200.0	450	27516
章丘市垛庄镇	12971	30322	17704	10974	31734.0	200	4136
章丘市水寨镇	6149	35357	17722	14762	1120000.0	524	21307
章丘市刁镇	7749	66112	36054	20508	1851076.0	765	31151
章丘市曹范镇	12011	35760	19472	7237	252487.0	600	5920
章丘市白云湖镇	5604	35264	24847	13440	47985.0	181	11428
章丘市高官寨镇	13656	50043	27196	13432	381546.0	395	14380
章丘市宁家埠镇	3677	33923	21161	11565	669214.0	125	6291

续表 242　（山东省）　计算单位：公顷、人、万元

名　　称	行政区域面　　积	常住人口	从业人员	二三产业从业人员	工　业总产值	城镇建成区　面　积	城镇建成区常住人口
章丘市辛寨镇	5360	36077	21486	17470	144770.0	243	4410
章丘市黄河镇	12189	48210	38746	33726	251002.0	183	5626
黄岛区工台镇	13650	67576	43828	23817	2651251.0	552	18915
黄岛区张家楼镇	13300	43575	21468	10222	300226.0	235	11792
黄岛区琅琊镇	10220	39862	17167	6714	380560.0	279	8711
黄岛区泊里镇	16420	110015	58975	48449	2443746.0	830	56000
黄岛区大场镇	11700	52880	23991	8876	486927.0	297	10257
黄岛区大村镇	21300	60246	28538	17788	467526.0	271	10316
黄岛区六汪镇	18200	51621	28430	15099	203590.0	360	10704
黄岛区海青镇	10200	42430	18665	6270	88714.3	380	8120
黄岛区宝山镇	12030	29347	14360	4452	27606.0	89	2813
黄岛区藏南镇	8830	30889	15933	9431	720189.0	430	5024
胶州市胶莱镇	15460	69008	54212	36465	2737750.0	2130	20320
胶州市李哥庄镇	7500	87449	56282	50570	2335260.7	1450	33100
胶州市铺集镇	12200	64356	33915	17115	828616.5	1095	37400
胶州市里岔镇	15700	64129	30775	16625	1135757.0	317	8020
胶州市胶西镇	17670	87879	49847	22702	2910249.5	617	23226
胶州市洋河镇	12870	58117	25550	15733	679376.6	230	4261
即墨市蓝村镇	10223	96304	39866	36258	2643507.0	1875	71511
即墨市灵山镇	18901	76543	43522	24106	856742.1	1250	25171
即墨市段泊岚镇	16699	63957	44908	30408	569299.3	374	11090
即墨市移风店镇	18784	92001	55990	24397	96821.0	1321	19105
即墨市大信镇	13099	68163	35660	27592	2571000.0	572	10113
即墨市田横镇	33691	135847	100014	56900	385480.0	644	24209
即墨市金口镇	19405	79322	33623	26913	918323.0	407	14085
平度市古岘镇	8107	46123	23978	9013	140356.0	197	11601
平度市仁兆镇	11873	63062	43116	22167	763166.0	302	19938
平度市南村镇	31167	133299	81108	41633	3795219.0	2246	85500
平度市蓼兰镇	23805	81376	59009	19888	978946.0	901	18975
平度市崔家集镇	21370	79057	38489	17737	846575.0	330	15692
平度市明村镇	24681	80810	48519	22998	1020000.0	750	41923
平度市田庄镇	21106	67231	44041	22289	1950000.0	464	20600
平度市新河镇	18918	66491	46424	26179	990001.0	1000	52550
平度市店子镇	14052	50760	32320	16430	416750.0	420	21373
平度市大泽山镇	15058	57331	38718	13007	1660000.0	260	27283
平度市旧店镇	40021	102173	61290	19615	557600.0	449	16768
平度市云山镇	15436	49265	32232	17431	476260.0	320	25160
莱西市姜山镇	21731	103442	43258	22747	2623027.0	3200	53904
莱西市夏格庄镇	10836	33830	22146	5508	402353.0	315	7524
莱西市院上镇	17076	81486	46453	33029	834226.0	1186	19960
莱西市日庄镇	9922	45923	25803	16205	749615.0	1238	11468
莱西市南墅镇	15930	46053	27400	7244	626050.0	680	10005
莱西市河头店镇	11628	42831	24070	17714	460000.0	630	5750
莱西市店埠镇	10590	57191	54700	12900	727000.0	510	12732
莱西市马连庄镇	14300	47518	28348	11159	372000.0	307	5168
淄川区昆仑镇	10075	97951	69224	60945	4482376.0	894	69392
淄川区岭子镇	7629	35642	23202	18081	1456148.0	278	25766
淄川区西河镇	12940	40103	23386	15477	219078.0	146	12787
淄川区龙泉镇	4093	42835	24481	20226	2732256.0	401	33223
淄川区寨里镇	11747	56980	32927	23570	849768.0	242	14412

续表 243 （山东省） 计算单位：公顷、人、万元

名　称	行政区域面　积	常住人口	从业人员	二三产业从业人员	工　业总产值	城镇建成区 面 积	城镇建成区常住人口
淄川区罗村镇	6397	54830	32694	31794	1827921.0	825	47191
淄川区洪山镇	3119	53172	30459	29685	1625763.0	2032	49971
淄川区双杨镇	5292	89876	62325	59301	4402559.0	948	52820
淄川区太河镇	27032	58624	22326	14489	43260.0	113	3635
张店区马尚镇	2514	132016	27549	26947	349469.0	2242	129806
张店区南定镇	2635	106583	70428	70203	4762315.0	856	103221
张店区沣水镇	4245	39499	18912	17715	3893735.0	340	24543
张店区傅家镇	3297	75571	19620	19414	887610.0	987	40250
张店区中埠镇	2047	53599	34739	32702	1015211.0	502	41806
张店区房镇镇	3846	40779	21834	17248	3627191.3	328	18379
博山区域城镇	11739	76677	51899	44399	1445507.0	2393	60019
博山区白塔镇	3192	78825	64683	61891	2156451.0	1383	72330
博山区八陡镇	3976	43553	26314	25699	1522619.0	912	27060
博山区石马镇	6168	30366	16191	13747	177256.0	239	12389
博山区源泉镇	8088	34425	23370	17120	393215.0	180	12422
博山区池上镇	15600	20688	14036	7343	18068.0	315	5143
博山区博山镇	13492	39870	23957	13327	85420.0	693	6438
临淄区齐都镇	5277	44532	25170	10511	630994.0	150	12103
临淄区皇城镇	8742	54785	26958	7995	570238.7	35	5411
临淄区敬仲镇	6058	35119	20034	14201	1087797.0	179	4588
临淄区朱台镇	7450	54128	34798	32287	2552448.0	470	30226
临淄区金岭镇	1870	14903	11610	9874	1606781.0	353	11121
临淄区凤凰镇	10334	87374	48080	40920	3093053.0	518	15862
临淄区金山镇	11878	96616	42915	41041	4912560.0	955	62961
周村区北郊镇	5622	67224	36194	35255	2647274.0	802	32659
周村区南郊镇	5711	42609	28440	25743	2314981.0	415	14851
周村区王村镇	5860	55016	32859	31520	3206443.0	511	41150
周村区萌水镇	4843	33996	21703	18646	997637.0	46	7144
周村区商家镇	4192	24190	11053	9257	137560.0	483	3369
桓台县起凤镇	5539	60763	38488	33782	938806.0	600	38632
桓台县田庄镇	5099	52023	20170	13640	483748.0	234	15990
桓台县荆家镇	5589	45310	21993	8588	118200.0	199	7422
桓台县马桥镇	7912	61617	35527	34448	5765532.0	663	50102
桓台县新城镇	4453	36135	21060	14209	500519.0	441	12211
桓台县唐山镇	7112	62477	32064	30217	3649512.0	568	32324
桓台县果里镇	8645	72900	47308	38280	5018905.0	1560	29280
高青县青城镇	7800	39855	24756	17395	220127.0	300	21155
高青县高城镇	12646	49493	25961	20145	872162.0	850	19797
高青县黑里寨镇	9461	42872	26515	15540	82560.0	148	3720
高青县唐坊镇	9665	32755	21329	12305	156311.0	73	6815
高青县常家镇	9370	44336	35503	29076	1382565.0	1050	18868
高青县花沟镇	11729	43256	27408	20970	133100.0	105	6718
高青县木李镇	7299	32521	21533	11341	73064.0	219	5318
沂源县鲁村镇	20225	71330	39995	27200	440685.0	190	14125
沂源县东里镇	13217	54596	31061	17209	382773.0	432	20809
沂源县悦庄镇	16524	60646	38011	23537	269986.0	163	17926
沂源县西里镇	12633	47693	21071	7851	86828.0	90	5535
沂源县大张庄镇	19295	40206	19647	3673	54811.0	240	4647
沂源县中庄镇	10650	30683	15529	4298	15682.0	95	5414
沂源县张家坡镇	9319	27032	15812	8325	98517.0	170	11083

续表 244 （山东省） 计算单位：公顷、人、万元

名　　称	行政区域面　积	常住人口	从业人员	二三产业从业人员	工　业总产值	城镇建成区 面 积	城镇建成区常住人口
沂源县燕崖镇	12641	29712	18930	7121	38628.0	125	2702
沂源县石桥镇	11268	30894	22306	11158	137903.0	170	3646
沂源县南鲁山镇	20637	35753	21453	7215	762616.0	160	15061
枣庄市市中区税郭镇	6928	43370	25235	20338	615244.0	401	33082
枣庄市市中区孟庄镇	5893	31476	17344	10848	889322.0	299	10582
枣庄市市中区齐村镇	8977	75914	42117	35603	527546.0	420	41755
庄市市中区永安镇	5556	60511	33356	26782	775760.0	60	5214
庄市市中区西王庄镇	5168	46785	27368	19639	876582.0	131	13570
薛城区沙沟镇	8483	49920	43844	23720	89570.0	630	8782
薛城区周营镇	8619	51076	40312	22142	118446.0	180	17234
薛城区邹坞镇	5897	46925	23364	15547	308669.0	525	23157
薛城区陶庄镇	6409	81895	47572	41278	417959.0	567	49310
薛城区常庄镇	5613	68097	36444	27739	317984.0	1200	48207
峄城区古邵镇	12920	67116	46566	36356	636400.0	180	16004
峄城区阴平镇	10002	52939	39470	27247	662459.0	365	22438
峄城区底阁镇	7435	44995	35716	20886	643320.0	165	10736
峄城区榴园镇	12296	56849	48025	30910	633767.0	780	30102
峄城区峨山镇	12060	60028	37846	22635	661241.0	210	9156
台儿庄区邳庄镇	5350	30526	23150	9950	466775.9	111	6887
台儿庄区张山子镇	11388	46670	38830	9530	438095.0	255	3720
台儿庄区泥沟镇	11214	60710	40480	11931	599872.0	164	4120
台儿庄区涧头集镇	12572	63789	41774	22364	601690.0	544	35389
台儿庄区马兰屯镇	10970	57005	38376	23571	666438.0	442	8546
山亭区店子镇	6557	34109	22023	9620	218980.0	222	10920
山亭区西集镇	6607	30644	15445	8080	318778.0	268	16225
山亭区桑村镇	7798	58074	45815	30239	566936.0	464	37952
山亭区北庄镇	13894	41741	20018	13001	151245.0	315	30628
山亭区城头镇	4841	40811	24470	11103	377617.0	317	23522
山亭区徐庄镇	17897	53381	27625	9422	252838.0	155	13465
山亭区水泉镇	10548	44392	23680	7788	179673.0	210	8905
山亭区冯卯镇	9359	54344	28297	7128	204175.0	160	17493
山亭区凫城镇	10790	28112	23566	9009	144067.0	191	9941
滕州市东沙河镇	5289	51317	33063	22843	366575.0	458	20348
滕州市洪绪镇	3792	36687	28748	24382	885034.0	152	9800
滕州市南沙河镇	4620	48469	28789	19479	689276.0	180	11860
滕州市大坞镇	10186	81326	52012	29093	504897.0	591	23291
滕州市滨湖镇	14412	112014	67711	30933	407630.0	692	36576
滕州市级索镇	7887	80236	58567	38371	960756.7	625	45000
滕州市西岗镇	7986	139296	99591	82494	1587619.0	1709	91409
滕州市姜屯镇	8461	85535	56710	32248	659638.9	126	18773
滕州市鲍沟镇	7440	78382	57310	25374	1109611.8	472	18213
滕州市张汪镇	8547	84236	56713	30435	435893.2	360	16280
滕州市官桥镇	6339	65237	40113	22290	591409.3	448	19243
滕州市柴胡店镇	5762	39134	28332	13870	391417.0	85	7154
滕州市羊庄镇	11830	80100	43597	18095	386810.7	240	12436
滕州市木石镇	6693	54986	42673	24508	1494322.4	656	26721
滕州市界河镇	8232	70752	48509	25122	646057.8	466	20887
滕州市龙阳镇	7877	67521	53274	35602	299287.6	219	11580
滕州市东郭镇	14666	110400	67075	19808	482359.5	385	28563
东营区牛庄镇	11387	34903	26683	16052	1108736.0	527	31842

续表 245　　（山东省）　　计算单位：公顷、人、万元

名　称	行政区域面　积	常住人口	从业人员	二三产业从业人员	工　业总产值	城镇建成区面积	城镇建成区常住人口
东营区六户镇	33066	15810	14846	7710	169055.0	188	5200
东营区史口镇	7834	38992	19548	10590	10072678.0	956	27436
东营区龙居镇	10693	34812	25759	17132	531325.7	180	5017
河口区义和镇	13061	24653	19486	8098	2157477.0	234	5829
河口区仙河镇	67221	46334	33133	32879	2055323.0	796	43766
河口区孤岛镇	16336	42065	34514	27280	1832417.0	860	29146
河口区新户镇	73082	26102	19573	7067	2383645.0	127	2668
垦利县胜坨镇	18161	97254	76048	54780	10995410.0	829	7345
垦利县郝家镇	6077	17093	13543	10928	1629631.0	178	3405
垦利县永安镇	42472	21956	18185	13585	2210680.0	360	5169
垦利县黄河口镇	131712	25501	14538	3244	71636.0	255	7065
垦利县董集镇	6767	18572	12998	11363	1331170.0	170	3913
利津县北宋镇	10259	35385	19802	13041	381341.0	192	4295
利津县盐窝镇	24393	72234	50669	26712	1532600.0	284	21075
利津县陈庄镇	22693	57475	33698	25301	3862937.0	910	35474
利津县汀罗镇	20455	36719	25942	15909	185273.0	132	8248
利津县明集乡	11746	19864	13664	4385	36112.9		
利津县刁口乡	24120	3427	2644	1751	162315.0		
广饶县大王镇	11829	101592	89969	81986	16592607.0	1930	35079
广饶县稻庄镇	11387	78365	51547	43352	7157847.0	230	26812
广饶县丁庄镇	15599	43492	35523	20625	2252776.0	168	4803
广饶县李鹊镇	6650	34543	22969	14914	307246.0	212	7514
广饶县大码头镇	13048	47748	26104	15825	143517.0	233	12375
广饶县花官镇	11675	41367	23680	8869	2136516.0	170	5578
广饶县陈官镇	10198	26553	20243	14677	221600.0	208	6700
福山区高疃镇	8541	26152	25563	5943	70723.0	178	2382
福山区张格庄镇	7327	14478	13775	6197	152471.0	90	2807
福山区回里镇	10325	33754	17865	4410	51580.0	1250	3476
牟平区观水镇	21815	55428	26302	5237	27892.0	97	4236
牟平区龙泉镇	10619	23712	15857	5646	6647.0	74	2135
牟平区玉林店镇	21703	29210	9313	5359	62078.0	108	2789
牟平区水道镇	15498	33168	17727	4815	133172.0	102	3795
牟平区高陵镇	15763	34793	17290	8936	21985.0	460	15930
牟平区王格庄镇	12723	19894	12115	5705	120568.0	40	760
牟平区昆嵛镇	13677	12185	9710	2558	84.0	4	497
长岛县砣矶镇	851	5076	3307	1970	6012.0	20	208
长岛县北长山乡	1146	4001	1690	750	5067.0		
长岛县黑山乡	1009	1587	944	118	1000.0		
长岛县大钦岛乡	676	4214	2521	660	2400.0		
长岛县小钦岛乡	131	859	427	126	860.0		
长岛县南隍城乡	188	927	572	171	210.0		
长岛县北隍城乡	279	2044	1101	578	2000.0		
龙口市黄山馆镇	2789	11627	6519	3651	638756.0	95	7810
龙口市北马镇	8782	56179	30014	14244	1759000.0	350	24800
龙口市芦头镇	4235	32933	18225	12922	1864500.0	85	4280
龙口市下丁家镇	6022	15743	10238	6609	492617.0	83	4126
龙口市七甲镇	8015	24839	14962	5010	447482.0	61	1700
龙口市石良镇	12759	57472	35208	17438	1216633.0	126	4932
龙口市兰高镇	6120	36232	21415	9478	759200.0	148	8509
龙口市诸由观镇	10115	53716	51682	34476	5769248.0	700	22130

续表 246 （山东省） 计算单位：公顷、人、万元

名　　称	行政区域面积	常住人口	从业人员	二三产业从业人员	工业总产值	城镇建成区面积	城镇建成区常住人口
莱阳市沐浴店镇	18890	61280	41268	7600	124929.0	150	3060
莱阳市团旺镇	15941	68360	43172	32657	468026.0	721	25210
莱阳市穴坊镇	13165	60756	30203	14083	599813.0	87	8254
莱阳市羊郡镇	8305	28690	21228	10270	568489.0	120	6740
莱阳市姜疃镇	11340	50687	37915	18649	2074002.0	900	33000
莱阳市万第镇	15815	56900	29601	22809	875787.0	112	3942
莱阳市照旺庄镇	10066	53086	33352	5653	441421.0	40	2671
莱阳市谭格庄镇	7880	51070	24938	8655	281500.0	115	2600
莱阳市河洛镇	5932	23521	17770	5256	690113.0	13	4058
莱阳市吕格庄镇	5977	26398	15012	7032	394275.0	60	2530
莱阳市高格庄镇	6086	35486	14580	3940	116453.0	60	2200
莱阳市大夼镇	7379	29602	18301	5741	47280.0	101	3266
莱阳市山前店镇	8927	29208	18714	5806	150011.0	52	2623
莱州市沙河镇	14219	102627	54069	40906	3027124.8	1716	37582
莱州市朱桥镇	15019	59661	31444	19347	313746.0	400	15213
莱州市郭家店镇	23993	50885	29072	10116	59876.0	200	4538
莱州市金城镇	7887	33885	15567	8546	837520.0	500	9573
莱州市平里店镇	7542	41356	21955	12278	247056.0	360	8582
莱州市驿道镇	18007	46421	22694	7191	35320.0	200	4452
莱州市程郭镇	13393	48520	24953	14655	305129.9	1140	25910
莱州市虎头崖镇	11840	48063	29246	18820	910845.3	360	6065
莱州市柞村镇	14759	42260	24282	19264	2416628.0	500	9585
莱州市夏邱镇	6401	38591	23329	15007	2313594.0	1006	19519
莱州市土山镇	21604	55182	27115	21293	866367.0	400	13303
蓬莱市刘家沟镇	10167	30515	18296	10577	1416246.0	858	8296
蓬莱市潮水镇	7905	26626	13505	9019	813484.0	323	7443
蓬莱市大柳行镇	9604	30416	17173	8492	1044879.0	580	2381
蓬莱市小门家镇	13150	36330	18886	13960	905150.0	398	1846
蓬莱市大辛店镇	23212	69080	39639	9310	1662376.0	610	7326
蓬莱市村里集镇	17490	40321	26559	6234	130426.0	520	3607
蓬莱市北沟镇	16300	78450	43185	41135	3214131.0	1220	57575
招远市辛庄镇	11334	40125	22874	15341	3052053.0	800	35200
招远市蚕庄镇	12040	35106	11846	7628	1025904.0	320	33513
招远市金岭镇	11528	36627	13565	10445	650243.0	870	6312
招远市毕郭镇	10705	36914	17898	6682	320062.0	274	5175
招远市玲珑镇	7743	24596	16300	12639	900652.0	7743	24596
招远市张星镇	16070	62715	23056	15559	1724250.0	155	9486
招远市夏甸镇	19059	42449	20100	7543	259347.0	153	3650
招远市阜山镇	19582	50557	19396	9161	631790.0	175	15570
招远市齐山镇	14948	43137	21625	2672	212683.0	150	3474
栖霞市观里镇	9717	33588	18173	2481	123681.0	80	3015
栖霞市蛇窝泊镇	20183	60847	34681	7300	167326.0	1450	11087
栖霞市唐家泊镇	13974	26982	21589	3224	66236.5	72	2509
栖霞市桃村镇	27622	103466	77712	29013	685831.0	1020	41317
栖霞市亭口镇	15132	30975	21101	3172	47764.0	300	2516
栖霞市臧家庄镇	16198	53108	32406	9609	266000.0	600	7538
栖霞市寺口镇	9196	21727	9703	853	110066.4	1439	4430
栖霞市苏家店镇	13574	35003	20779	4777	72122.0	90	5002
栖霞市杨础镇	9103	24512	17732	1769	81247.0	800	2879
栖霞市西城镇	9808	20515	19401	3269	170214.0	65	1390

续表 247　　（山东省）　　计算单位：公顷、人、万元

名　称	行政区域面　积	常住人口	从业人员	二三产业从业人员	工　业总产值	城镇建成区 面 积	城镇建成区常住人口
栖霞市官道镇	11350	28167	17466	3110	166344.0	100	1529
栖霞市庙后镇	8536	20200	15415	3307	96978.0	83	1933
海阳市留格庄镇	16234	60737	21115	16343	286981.0	405	3933
海阳市盘石店镇	13572	30252	17455	8416	35452.0	200	3903
海阳市郭城镇	16595	36336	29418	16040	71805.0	208	4963
海阳市徐家店镇	15541	51786	35925	24724	532086.0	3500	22085
海阳市发城镇	14323	43258	25579	9706	522609.0	76	2576
海阳市小纪镇	16974	51348	24079	15969	129598.0	96	3903
海阳市行村镇	15717	54343	31846	19108	360207.0	264	8305
海阳市辛安镇	14303	58886	34824	20131	237421.0	220	5719
海阳市二十里店镇	10262	31728	25409	15081	245187.0	145	3474
海阳市朱吴镇	19789	42867	32155	12072	240214.0	185	1793
临朐县五井镇	19221	58976	38854	19121	242035.0	1910	35326
临朐县冶源镇	15614	98634	57414	40799	508335.0	1001	59456
临朐县寺头镇	25574	64221	44173	21152	155327.0	829	30062
临朐县九山镇	25398	46892	28938	14933	40827.0	256	9708
临朐县辛寨镇	22174	122033	67867	43800	785012.0	805	64679
临朐县山旺镇	16725	68156	50837	23970	135382.0	1014	17262
临朐县柳山镇	9717	39733	20187	4735	49625.0	321	11570
临朐县蒋峪镇	26102	78216	45208	22694	43794.0	485	32145
昌乐县乔官镇	18875	89867	54992	39175	547515.0	488	22405
昌乐县唐吾镇	21880	99196	49909	29415	499204.0	843	31123
昌乐县红河镇	19433	98150	50227	31707	593236.0	714	47217
昌乐县营丘镇	21730	98756	54580	28198	528013.0	721	15782
青州市弥河镇	8370	52120	26679	11621	999757.0	665	22989
青州市王坟镇	22180	49870	26269	18100	249789.0	90	8218
青州市庙子镇	20314	35900	19610	9700	189615.0	300	24002
青州市邵庄镇	16480	72857	33753	22586	1606287.0	1605	35424
青州市高柳镇	9544	55847	29045	6794	265289.0	255	9830
青州市何官镇	11483	67957	30597	8847	311247.0	120	9539
青州市东夏镇	7389	49958	23438	10156	422598.0	472	9815
青州市谭坊镇	15990	98009	53385	14005	795549.0	605	28102
诸城市枳沟镇	8717	49854	27011	14361	322561.0	352	13997
诸城市贾悦镇	28409	109693	52555	32168	660047.0	420	12000
诸城市石桥子镇	16941	63986	46364	23243	563555.0	345	14485
诸城市相州镇	12013	69762	32245	22285	1607526.0	307	11692
诸城市昌城镇	11835	66880	56525	45445	3072508.0	774	32829
诸城市百尺河镇	12525	49138	36722	14777	1451360.0	350	8260
诸城市辛兴镇	8080	42769	36073	20562	1745712.0	1090	41086
诸城市林家村镇	32372	96614	61316	26040	957156.0	1355	5736
诸城市皇华镇	22131	73379	34482	22963	1078968.0	319	15232
诸城市桃林镇	13459	34508	16197	7877	377500.0	302	6000
寿光市化龙镇	8762	55493	29289	14490	463397.0	336	19230
寿光市营里镇	19149	58352	23478	11228	275375.0	602	27527
寿光市台头镇	9769	54525	26909	19821	1453469.0	175	8405
寿光市田柳镇	10691	68360	30033	13503	653747.0	248	16050
寿光市上口镇	8079	69066	37755	26731	897276.0	689	19685
寿光市侯镇	21312	99981	52137	41937	3837022.0	1575	36460
寿光市纪台镇	8436	56426	28986	13536	53613.0	316	11244
寿光市稻田镇	13874	98587	58482	28324	230553.0	700	22450

续表 248　（山东省）　计算单位：公顷、人、万元

名　　称	行政区域面　　积	常住人口	从业人员	二三产业从业人员	工　业总产值	城镇建成区 面 积	城镇建成区常住人口
寿光市羊口镇	35201	61292	39828	30782	3249282.0	2648	40168
安丘市景芝镇	20160	134824	62413	24351	413525.0	930	77569
安丘市凌河镇	17129	115320	51654	15400	445102.0	560	33154
安丘市官庄镇	12494	52519	32967	10069	122413.1	575	7056
安丘市大盛镇	7536	31348	17234	5539	64765.0	356	10385
安丘市石埠子镇	15762	55487	32839	10811	80431.0	300	4596
安丘市石堆镇	6705	38776	20085	8260	42149.3	315	7966
安丘市柘山镇	14752	32074	18571	6640	22629.5	185	4080
安丘市辉渠镇	20010	53131	30352	8440	49246.0	752	2392
安丘市吾山镇	11394	37440	17580	7043	120595.0	600	13752
安丘市金冢子镇	8259	38222	20393	3896	88312.5	180	4835
高密市柏城镇	14937	73116	44425	28465	2225642.0	1397	16790
高密市夏庄镇	17153	103218	76906	59371	4886088.0	911	52643
高密市姜庄镇	17281	90753	57905	42488	3360980.0	1313	48319
高密市大牟家镇	17278	47821	27752	10297	202000.0	380	9762
高密市阚家镇	13470	79690	46775	33870	1021465.0	100	8820
高密市井沟镇	13371	69636	33554	15622	932483.0	105	6600
高密市柴沟镇	20924	83153	44191	32405	1452054.0	104	15315
昌邑市柳疃镇	32466	48816	30802	25872	1975030.0	405	31419
昌邑市龙池镇	18243	27932	15991	13180	1493436.0	102	9930
昌邑市卜庄镇	14311	53638	34966	12006	1105650.0	270	3724
昌邑市饮马镇	16610	86587	51621	20279	1502363.0	1259	56651
昌邑市北孟镇	17521	71955	41107	25987	330346.0	659	13865
昌邑市下营镇	21759	22104	16984	6719	370478.0	306	471
任城区长沟镇	6849	63198	39379	29179	458735.0	367	14525
任城区石桥镇	7560	52761	30765	22445	20366.0	98	3724
任城区喻屯镇	14477	83074	56856	11372	84138.0	115	5110
兖州区大安镇	7556	47084	33510	28483	992394.0	1556	24900
兖州区新驿镇	6680	52082	33416	17770	382560.0	384	23930
兖州区颜店镇	9832	71370	45843	29627	993055.0	340	16485
兖州区新兖镇	10144	88651	78340	63991	12370831.0	2600	54532
兖州区漕河镇	4740	32021	22408	15210	179513.0	142	5002
兖州区兴隆庄镇	5380	41636	23081	18753	342714.0	496	18923
兖州区小孟镇	5421	41088	21509	7829	231045.0	192	10962
微山县韩庄镇	16020	61296	45896	35909	242049.0	485	25709
微山县欢城镇	10303	105269	46415	26525	669458.0	672	53022
微山县南阳镇	16627	33475	17579	10153	25600.0	49	14596
微山县鲁桥镇	18871	52181	35786	21919	50443.0	350	12980
微山县留庄镇	13247	53443	40948	32606	167485.0	440	27483
微山县两城镇	13405	80241	52060	32070	181428.0	179	16450
微山县马坡镇	7224	58470	49054	21434	66890.0	155	9307
微山县赵庙镇	3286	15002	9634	6606	216850.0	122	8055
微山县张楼镇	6918	12203	9404	5499	141025.0	106	8961
微山县微山岛镇	5331	15006	11220	10007	13716.0	121	7479
微山县西平镇	2045	8999	6182	5583	131155.0	40	1050
微山县高楼乡	39044	17834	16565	10031	20054.0		
鱼台县清河镇	7824	41737	24623	13267	76983.0	154	9786
鱼台县鱼城镇	5389	39831	20872	11291	193483.0	500	13531
鱼台县王鲁镇	5533	40804	24508	20644	225423.0	415	22165
鱼台县张黄镇	9813	57187	41143	31620	311413.0	136	33567

续表 249　　（山东省）　　计算单位：公顷、人、万元

名　称	行政区域面　积	常住人口	从业人员	二三产业从业人员	工　业总产值	城镇建成区面积	城镇建成区常住人口
鱼台县王庙镇	9582	57308	34932	20583	98675.0	189	3851
鱼台县李阁镇	7357	38899	25071	12428	60479.0	200	2186
鱼台县唐马镇	4108	29216	20035	12706	95197.0	100	8846
鱼台县老砦镇	4766	27973	19611	9817	152499.0	335	18945
鱼台县罗屯镇	5445	29687	19804	8992	59721.0	105	3615
金乡县羊山镇	7202	51054	31858	22121	93905.1	773	24508
金乡县胡集镇	9243	58874	42806	29146	268334.2	336	21075
金乡县肖云镇	7381	46053	29185	19333	87371.6	230	18762
金乡县鸡黍镇	9058	63266	39198	26566	232993.1	260	17813
金乡县司马镇	5262	31936	21071	13309	57608.6	67	9864
金乡县马庙镇	9711	55071	35798	24697	148311.0	275	27128
金乡县化雨镇	7284	44563	33199	16897	95099.1	74	24126
金乡县卜集镇	8032	42896	28396	18675	69579.9	45	11255
金乡县兴隆镇	5530	39095	26533	17420	24951.0	70	5058
嘉祥县纸坊镇	9196	81042	54368	44277	353670.0	349	12588
嘉祥县梁宝寺镇	9707	75617	43752	35083	298720.0	402	29547
嘉祥县疃里镇	9300	94144	62809	49325	1101853.0	1656	27865
嘉祥县马村镇	4993	44758	31643	26128	204809.0	154	9305
嘉祥县金屯镇	9286	65893	45573	31034	185384.0	806	11570
嘉祥县大张楼镇	7291	37325	26787	20712	182389.0	255	12157
嘉祥县马集镇	4360	37330	26263	21450	201180.0	285	6128
嘉祥县万张镇	5114	43105	31750	23838	178135.0	183	6388
嘉祥县孟姑集镇	4569	40467	28298	18056	116192.0	343	10910
嘉祥县老僧堂镇	6038	44300	42175	35125	171343.0	218	10423
嘉祥县仲山镇	8021	60996	42812	28857	71290.0	368	9900
嘉祥县满硐镇	4056	31912	21720	17834	93643.0	246	10026
嘉祥县黄垓乡	3787	35334	24807	19686	191958.0		
汶上县南站镇	9556	69858	52357	42272	394856.5	798	25712
汶上县南旺镇	5956	52129	40703	28920	82035.5	302	18802
汶上县次丘镇	8675	70279	43602	33314	140110.4	322	9890
汶上县寅寺镇	5273	42190	29854	20401	171509.6	382	11875
汶上县郭楼镇	5876	39481	23359	17663	177929.7	256	12181
汶上县康驿镇	8683	68864	52332	35481	106800.0	1200	27028
汶上县苑庄镇	5038	30972	27031	20321	150820.1	278	12744
汶上县义桥镇	6709	40570	27535	23373	81169.7	617	12316
汶上县郭仓镇	4298	30984	21414	14906	154726.7	359	17833
汶上县白石镇	7837	33385	22003	15273	627434.3	287	12119
汶上县杨店镇	5291	28642	21699	11998	73917.4	173	11273
汶上县刘楼镇	4121	33117	22984	16569	97384.9	303	14680
汶上县军屯乡	5191	20767	15641	9542	32035.5		
泗水县泉林镇	11183	68643	27397	19441	146582.0	860	17302
泗水县星村镇	9633	47770	18923	5572	97520.0	292	7629
泗水县柘沟镇	6576	33605	26498	14200	167421.0	280	21633
泗水县金庄镇	9970	47366	34573	21198	710043.0	300	13429
泗水县苗馆镇	11192	41256	20915	11943	157465.0	133	8012
泗水县中册镇	6784	34872	29886	24747	130755.6	100	5354
泗水县杨柳镇	5715	36229	26322	13102	101439.0	261	2949
泗水县泗张镇	13946	45302	26929	13011	58116.0	210	7132
泗水县圣水峪镇	13307	38492	27154	9527	58920.0	133	4102
泗水县高峪镇	8289	30621	21923	8313	51425.0	128	9278

续表 250 （山东省） 计算单位：公顷、人、万元

名　　称	行政区域面　积	常住人口	从业人员	二三产业从业人员	工　业总产值	城镇建成区　面　积	城镇建成区常住人口
泗水县大黄沟乡	5077	21437	12574	6670	91000.0		
梁山县小路口镇	6917	51010	22702	14686	71720.0	67	4966
梁山县韩岗镇	8224	61895	28178	16592	513725.0	85	9375
梁山县拳铺镇	14506	112206	67652	40627	1070493.0	994	43903
梁山县杨营镇	7329	56294	48768	21939	793560.0	560	27532
梁山县韩垓镇	7771	57599	39758	21047	316188.0	165	17980
梁山县馆驿镇	9572	52017	25896	13353	59112.0	50	5027
梁山县小安山镇	10922	52156	23355	13048	102096.0	67	7132
梁山县寿张集镇	4211	34593	22696	13766	166760.0	100	9285
梁山县黑虎庙镇	4220	30958	16653	10230	165820.0	80	4588
梁山县马营镇	5110	30547	18101	9236	150362.0	130	6146
梁山县赵堌堆乡	3944	29466	16307	7682	81041.0		
梁山县大路口乡	4371	32424	21269	14369	79632.0		
曲阜市吴村镇	7744	35802	19341	9262	87233.0	196	9124
曲阜市姚村镇	7220	49852	44276	36072	139273.0	289	28128
曲阜市陵城镇	7559	58136	36141	25476	346435.0	700	29086
曲阜市尼山镇	10109	55369	34729	27209	24509.0	162	8165
曲阜市王庄镇	7622	47656	28210	12660	74623.0	365	18216
曲阜市息陬镇	5554	48732	36321	24258	452532.0	641	32426
曲阜市石门山镇	8524	37215	23302	12728	92375.0	196	8435
曲阜市防山镇	8300	40950	23701	12612	125267.0	165	4995
邹城市香城镇	17606	71771	55747	34551	57113.0	343	11113
邹城市城前镇	19099	73124	51959	23705	103607.0	233	5872
邹城市大束镇	14634	75450	53549	35692	346598.0	532	12408
邹城市北宿镇	8573	102161	82279	69628	3952047.0	2013	66412
邹城市中心店镇	9023	82315	61054	46756	658934.0	979	31816
邹城市唐村镇	3657	37211	29453	24639	1049246.0	545	20883
邹城市太平镇	13058	122334	89276	72439	1531627.0	1139	37371
邹城市石墙镇	14404	71766	60025	39906	94204.0	353	17936
邹城市峄山镇	9766	48532	38869	25650	185878.0	290	9543
邹城市看庄镇	7312	32201	26596	17623	84128.0	97	3057
邹城市张庄镇	17265	62745	55113	35072	44911.0	189	13500
邹城市田黄镇	10537	36278	28066	11741	33978.0	195	4693
邹城市郭里镇	8814	43449	35203	23098	29246.0	375	8097
泰山区省庄镇	6886	63210	43715	18965	772700.0	300	7800
泰山区邱家店镇	7438	69956	20135	1774	422200.0	1365	32333
泰山区大津口乡	5546	13611	10105	2539	4550.0		
岱岳区山口镇	5779	53881	35701	26680	412859.0	360	19214
岱岳区祝阳镇	8712	57655	23136	11690	149074.0	80	8045
岱岳区范镇	6868	57981	31925	12873	655473.0	280	31000
岱岳区角峪镇	6370	34081	18765	6765	33208.0	128	4311
岱岳区徂徕镇	13315	57541	26819	17449	202000.0	225	8590
岱岳区满庄镇	10422	75800	48620	38700	1132000.0	5200	49600
岱岳区夏张镇	11674	63863	30838	13755	57696.0	374	9772
岱岳区道朗镇	10536	34779	17454	10302	97730.0	157	15934
岱岳区黄前镇	10440	33691	17935	11218	36598.0	40	5006
岱岳区大汶口镇	9782	75540	37106	22512	771426.0	1311	38896
岱岳区马庄镇	5724	50851	29635	12015	84151.0	580	13258
岱岳区房村镇	9473	59158	33478	20799	108744.0	137	11890
岱岳区良庄镇	13681	74895	48623	17570	89214.0	260	17480

续表 251　　（山东省）　　计算单位：公顷、人、万元

名　　称	行政区域面　积	常住人口	从业人员	二三产业从业人员	工　业总产值	城镇建成区 面 积	城镇建成区常住人口
岱岳区下港镇	15475	41698	28552	9487	16596.0	151	12370
岱岳区化马湾乡	9982	37868	22069	14459	45888.0		
宁阳县泗店镇	5606	42573	23436	16977	620326.0	150	9421
宁阳县东疏镇	8398	53832	34412	27247	1068076.0	257	15532
宁阳县伏山镇	8432	55278	34426	24183	1583589.0	166	13265
宁阳县堽城镇	11830	70214	45264	33643	1468973.0	329	16312
宁阳县蒋集镇	6500	42300	24352	12542	416735.0	285	13134
宁阳县磁窑镇	15872	92821	60692	50614	2463742.0	673	49338
宁阳县华丰镇	10808	80251	43706	31129	1783516.0	710	43643
宁阳县葛石镇	13225	54328	34126	23312	733975.0	210	14013
宁阳县东庄镇	9965	52028	32904	23077	1028590.0	152	16992
宁阳县鹤山乡	9811	43818	28652	22268	569618.0		
宁阳县乡饮乡	6787	31512	18619	9268	460127.0		
东平县沙河站镇	7490	46103	38792	14621	312877.4	751	8728
东平县老湖镇	11290	69855	47861	29976	144582.8	1611	31515
东平县银山镇	10451	77023	44295	28710	846391.0	725	40156
东平县斑鸠店镇	7611	47688	30985	12802	218835.8	435	12682
东平县接山镇	14937	63171	41200	24186	994607.1	306	28014
东平县大羊镇	8286	34069	20368	10317	175508.7	585	12516
东平县梯门镇	8976	33588	21099	13868	209544.1	46	7269
东平县新湖镇	10481	53892	28176	14513	97048.3	197	10924
东平县戴庙镇	9290	42843	16342	4724	265954.7	316	7482
东平县商老庄乡	8688	33802	23770	9557	98940.0		
东平县旧县乡	7091	27857	21603	11865	242625.0		
新泰市东都镇	6339	72759	20450	16555	389323.4	215	29235
新泰市小协镇	3907	49773	32183	26586	511809.4	620	35907
新泰市翟镇	6436	72736	34881	26899	2607048.2	198	28950
新泰市泉沟镇	9183	47100	28440	24230	783677.4	920	21340
新泰市羊流镇	17222	89704	55029	44305	2384411.0	1896	17708
新泰市果都镇	4829	38399	20328	14027	814571.2	105	13790
新泰市西张庄镇	4296	54290	23434	21214	1298880.2	867	32671
新泰市天宝镇	14742	79172	40867	35000	14653.9	200	9098
新泰市楼德镇	9384	70182	42514	31688	613739.1	616	51692
新泰市禹村镇	8919	54322	27385	20073	51663.0	307	7789
新泰市宫里镇	8513	63790	34230	23920	317707.6	186	7350
新泰市谷里镇	9480	50788	34962	29139	267318.6	880	26988
新泰市石莱镇	16314	67677	21378	16963	16245.6	127	12620
新泰市放城镇	6896	35029	18111	8099	4553.5	220	10185
新泰市刘杜镇	5158	31083	23330	13610	16021.0	321	1610
新泰市汶南镇	18522	97961	54672	47738	2037243.7	700	28668
新泰市龙廷镇	15216	59102	30846	28417	78263.0	70	3659
新泰市岳家庄乡	6810	36402	25719	16301	10289.8		
肥城市潮泉镇	5288	22296	6431	4033	52152.0	123	1900
肥城市桃园镇	10096	52368	26011	16635	493400.0	277	11044
肥城市王庄镇	9360	50626	18756	11500	312298.0	167	13510
肥城市湖屯镇	8492	80936	33438	20454	996889.0	621	23135
肥城市石横镇	9451	87990	57543	50449	2684597.0	1342	70059
肥城市安临站镇	13100	54206	31007	15807	148700.0	150	12815
肥城市孙伯镇	7097	27075	22698	12605	168000.0	280	7790
肥城市安驾庄镇	13457	84510	53824	38412	265645.0	412	27824

续表 252　（山东省）　计算单位：公顷、人、万元

名　　称	行政区域面　积	常住人口	从业人员	二三产业从业人员	工　业总产值	城镇建成区 面 积	城镇建成区常住人口
肥城市汶阳镇	7950	70487	43620	34460	1370989.0	502	47388
肥城市边院镇	11099	81998	44504	25276	854321.0	658	35291
肥城市仪阳镇	9750	44982	21531	16515	367035.0	175	12726
环翠区张村镇	4904	87540	64120	63250	1051380.0	1212	84370
环翠区羊亭镇	7654	28523	20150	16142	520700.0	87	2318
环翠区温泉镇	6659	26184	22079	12119	395919.0	115	8913
文登区文登营镇	11000	30248	21708	9372	1179128.0	784	6875
文登区大水泊镇	12300	38325	25489	16477	1696001.0	252	15262
文登区张家产镇	14135	31361	20885	13900	1167061.0	417	5856
文登区高村镇	9667	29618	15341	10918	1021804.0	1145	12563
文登区泽库镇	9123	22253	17362	8148	516360.0	210	5603
文登区侯家镇	6000	24018	15998	8299	820660.0	266	4547
文登区宋村镇	13800	40676	26917	15045	1295897.0	350	17802
文登区泽头镇	11463	33994	25175	17662	816527.0	196	5098
文登区小观镇	12600	41854	28396	24143	720122.0	1200	17911
文登区葛家镇	16360	49898	37934	29021	2496782.0	437	30619
文登区米山镇	8270	22183	15327	9872	1763253.0	200	4018
文登区界石镇	18800	30521	21897	10744	631728.0	150	5672
威海火炬高技术产业开发区初村镇	5967	14300	10792	3792	2901692.0	1777	6358
威海经济技术开发区崮山镇	5040	17558	11137	5296	637400.0	70	2363
威海经济技术开发区泊于镇	7356	25576	12896	4736	74624.0	43	2800
威海经济技术开发区桥头镇	11123	28295	15447	5596	69730.0	380	6376
威海临港经济技术开发区草庙子镇	8259	22982	16648	14254	1031067.0	984	12836
威海临港经济技术开发区汪疃镇	10337	24335	15484	6534	38148.0	250	5213
威海临港经济技术开发区苘山镇	11118	37886	26175	16505	383904.0	1050	18337
荣成市俚岛镇	10614	47771	30096	21670	2023554.0	740	24490
荣成市成山镇	12257	42807	16004	7635	1975315.0	1576	19574
荣成市埠柳镇	9654	22049	19513	8565	587496.0	80	1089
荣成市港西镇	4913	20016	11407	8454	1970500.0	790	2940
荣成市夏庄镇	5033	11249	4686	2490	486657.0	172	1695
荣成市崖西镇	8401	19251	10741	7533	440592.0	132	6592
荣成市荫子镇	4762	12609	11282	4722	889952.0	140	4250
荣成市滕家镇	8403	26392	16115	7294	498932.0	300	7402
荣成市大疃镇	7072	16335	7022	5060	552948.0	120	2600
荣成市上庄镇	8493	24960	14345	6220	854270.0	146	2941
荣成市虎山镇	11525	37140	26294	17274	1556252.0	890	17885
荣成市人和镇	12068	62373	48050	27150	1631647.0	850	16110
乳山市夏村镇	9990	36793	21333	12580	34070.0	1021	7200
乳山市乳山口镇	8921	23736	19014	9632	1263220.0	1180	8650
乳山市海阳所镇	9869	29480	16041	4958	708020.0	1012	16323
乳山市白沙滩镇	11998	38683	17318	8003	260259.0	621	9203
乳山市大孤山镇	9598	25119	14006	7721	447897.0	120	2896
乳山市南黄镇	8933	23714	11781	5334	111945.0	315	6060
乳山市冯家镇	13576	30369	17902	6602	105981.0	350	6718
乳山市下初镇	12631	36027	16975	5554	249980.0	356	7687
乳山市午极镇	10999	25585	16941	4049	21408.0	356	7309
乳山市育黎镇	11009	33486	22555	8854	63345.0	150	4400
乳山市崖子镇	18705	38536	23849	6637	200570.0	210	4882
乳山市诸往镇	15302	37427	20537	6250	177407.0	150	4876
乳山市乳山寨镇	13592	33073	12618	4492	197512.0	259	7538

续表 253　　（山东省）　　计算单位：公顷、人、万元

名　　称	行政区域面　　积	常住人口	从业人员	二三产业从业人员	工　业总产值	城镇建成区 面 积	城镇建成区常住人口
乳山市徐家镇	6929	18012	9135	3575	232615.0	115	4928
东港区河山镇	6700	26651	15183	6316	109600.0	720	10000
东港区后村镇	12500	58805	33770	13918	25012.0	309	13122
东港区西湖镇	8175	34176	22750	15750	20000.0	120	3051
东港区陈疃镇	7800	29909	16792	7719	16650.0	96	4980
东港区南湖镇	17260	69843	38222	17601	146659.0	230	12800
东港区三庄镇	19360	67014	39691	13817	36178.5	364	11692
岚山区碑廓镇	9266	50841	30795	13235	413620.0	270	12670
岚山区虎山镇	10520	61180	37504	19184	4436000.0	223	13514
岚山区巨峰镇	16093	71037	40262	20130	117522.0	401	18071
岚山区高兴镇	6438	33599	19467	10006	56000.0	195	5715
岚山区黄墩镇	15325	50723	26310	8187	15057.0	130	9913
岚山区中楼镇	13130	62765	40598	17383	201000.0	270	10653
岚山区前三岛乡	948	4047	2300	1100	64210.0		
五莲县街头镇	23068	68167	39037	20311	382734.0	965	28996
五莲县潮河镇	10212	58100	43660	34010	2114250.0	890	43200
五莲县许孟镇	14817	58933	39710	22107	187503.0	726	21989
五莲县于里镇	12818	44403	25125	12905	892470.5	290	11831
五莲县汪湖镇	8421	25756	13472	7275	66700.0	216	5686
五莲县叩官镇	11622	30569	18370	5773	17414.8	148	3631
五莲县中至镇	9902	23536	19101	6283	69812.0	64	2485
五莲县高泽镇	12326	33961	23276	15712	504600.0	359	9854
五莲县松柏镇	8363	17830	14121	5066	207543.0	246	6281
五莲县石场乡	8137	18953	11257	2603	30215.0		
五莲县户部乡	10206	18431	10169	3381	81008.0		
莒县招贤镇	10716	74627	47078	25142	127691.0	492	23955
莒县阎庄镇	4187	34398	22694	11515	181542.0	135	6927
莒县夏庄镇	11662	72184	40771	25529	1908670.0	1905	32096
莒县刘官庄镇	8104	73228	68019	42210	379800.0	958	21520
莒县峤山镇	9661	59626	31980	10010	73902.0	83	9800
莒县小店镇	11888	53735	53235	18021	210246.0	98	5602
莒县龙山镇	10879	43896	31155	9385	84416.0	251	17250
莒县东莞镇	10509	37249	17627	8452	101730.0	180	6416
莒县浮来山镇	6599	52835	30547	13121	422152.0	1265	15021
莒县陵阳镇	5403	42137	34030	6662	195139.0	1335	20653
莒县店子集镇	5682	44228	12700	6685	157180.0	2185	25213
莒县长岭镇	5733	40956	21902	9756	156020.0	108	2618
莒县安庄镇	8163	28612	25285	15260	56759.0	260	3050
莒县棋山镇	19874	80106	52238	11230	80926.0	498	10420
莒县洛河镇	7250	40652	38764	13031	358520.0	128	8517
莒县寨里河镇	7188	38852	22120	11288	61530.0	735	9084
莒县桑园镇	12670	52000	29922	16170	23600.0	220	6821
莒县果庄镇	6484	32434	29670	10734	6735.0	46	3289
莒县库山乡	10690	30271	20816	10920	31100.0		
日照国际海洋城涛雒镇	11200	72070	37821	15932	127435.0	600	25873
莱城区口镇	13797	83504	44741	24988	1745564.6	1790	40259
莱城区羊里镇	7566	63625	61340	25940	2870000.0	64	23000
莱城区方下镇	6761	47013	31637	15716	137033.0	19	12084
莱城区牛泉镇	14309	74804	61031	30579	301458.0	100	22000
莱城区苗山镇	21394	56370	28019	15887	221032.0	172	5389

续表 254　　（山东省）　　计算单位：公顷、人、万元

名　称	行政区域面　积	常住人口	从业人员	二三产业从业人员	工　业总产值	城镇建成区 面 积	城镇建成区常住人口
莱城区雪野镇	20506	49252	28481	15957	48100.0	325	16918
莱城区大王庄镇	16119	44050	27200	10800	50260.0	40	10460
莱城区寨里镇	6960	57299	32431	13780	304937.2	17	20361
莱城区杨庄镇	5883	42288	23531	9416	508240.0	24	5336
莱城区茶业口镇	17400	36557	16400	8080	32553.0	16	10005
莱城区和庄镇	8618	24840	23517	9165	157500.0	29	5125
钢城区颜庄镇	7175	58959	20204	12102	572300.0	156	22900
钢城区辛庄镇	16703	48452	27347	12442	59000.0	85	6181
兰山区白沙埠镇	7163	70361	36400	26413	721279.0	1760	34678
兰山区枣沟头镇	6341	70312	43874	28062	1516903.0	363	8670
兰山区半程镇	9563	71876	30335	21772	5724070.0	1127	25218
兰山区义堂镇	10143	158821	72401	55885	5180549.0	1592	53535
兰山区马厂湖镇	7342	54614	34847	22020	1901325.0	138	5651
兰山区李官镇	8330	49026	29579	13198	529932.0	350	5811
兰山区方城镇	11922	102426	56012	36787	518822.0	354	21900
兰山区汪沟镇	10860	58928	35976	31438	278531.0	2000	27368
罗庄区沂堂镇	7586	50031	30333	17490	64102.0	230	5600
罗庄区褚墩镇	6479	60519	33309	21154	310450.0	292	20201
罗庄区黄山镇	5329	50185	27912	21889	119872.0	300	13081
临沂市河东区汤河镇	5226	58873	39428	18160	523200.0	360	10208
临沂市河东区八湖镇	8713	72502	45805	24915	402366.0	316	8457
临沂市河东区郑旺镇	8136	72600	30154	13204	426190.0	420	11235
沂南县岸堤镇	14349	54980	30796	16436	221250.0	52	13610
沂南县孙祖镇	15213	42733	25992	12114	335696.0	263	11962
沂南县双堠镇	15502	44669	30710	13358	310000.0	152	9085
沂南县青驼镇	13853	64371	41975	21454	233171.0	550	26707
沂南县张庄镇	11447	44903	24090	13017	296210.0	285	24720
沂南县砖埠镇	6948	42510	24404	7022	142851.0	315	10251
沂南县大庄镇	15951	101184	62802	33153	1284734.0	740	46223
沂南县辛集镇	8999	60241	38581	10926	589800.0	352	14687
沂南县蒲汪镇	9776	58743	33782	13614	53761.0	160	9842
沂南县湖头镇	8884	51811	29084	7772	140501.0	260	5434
沂南县苏村镇	6788	55116	34895	14783	273734.0	240	17100
沂南县铜井镇	11867	64959	39784	21799	375921.0	360	13622
沂南县依汶镇	12409	49285	30540	14114	274162.0	206	5211
沂南县马牧池乡	9186	34556	22211	2498	146730.0		
郯城县马头镇	8546	88666	51060	25361	1813119.0	1442	36108
郯城县重坊镇	8225	102193	56332	36283	651887.6	660	10747
郯城县李庄镇	14152	105435	62686	27223	1596350.0	1230	26530
郯城县杨集镇	8127	54022	32268	12305	219752.0	230	10193
郯城县港上镇	4011	44636	27133	16307	242057.0	219	22291
郯城县高峰头镇	7044	52389	30775	12060	347015.0	230	9910
郯城县庙山镇	7166	49010	26462	7702	133684.0	100	3065
郯城县红花镇	12121	67658	39633	17123	492507.0	1692	11896
郯城县胜利镇	5567	51756	25204	8951	478553.0	175	8896
郯城县花园乡	7422	55421	32110	12131	110500.0		
郯城县归昌乡	5962	41998	26796	8480	243792.0		
郯城县泉源乡	11594	54382	29687	10141	95403.0		
沂水县马站镇	13427	62176	31119	11829	295082.5	583	35110
沂水县高桥镇	11630	63110	35957	10980	730000.0	129	12520

续表 255　　（山东省）　　计算单位：公顷、人、万元

名　称	行政区域面积	常住人口	从业人员	二三产业从业人员	工业总产值	城镇建成区面积	城镇建成区常住人口
沂水县许家湖镇	20548	113531	57173	33665	1315570.5	940	80113
沂水县黄山铺镇	9446	47228	23639	15939	481823.1	260	17327
沂水县诸葛镇	21281	64660	50478	30894	1425346.0	201	19551
沂水县崔家峪镇	9409	21574	15200	6354	131803.0	115	6327
沂水县四十里堡镇	12045	59634	32854	12778	696832.0	256	17080
沂水县杨庄镇	15897	57806	27146	16952	1116970.3	139	13883
沂水县夏蔚镇	15027	48292	20378	10792	140112.1	187	9850
沂水县沙沟镇	21032	55977	26089	18439	566182.8	148	11123
沂水县高庄镇	13164	44252	17609	8886	141629.2	180	14079
沂水县院东头镇	10649	23514	15085	7643	510007.7	178	6029
沂水县龙家圈镇	9420	57537	29736	13542	914907.7	216	20860
沂水县富官庄镇	13335	41390	19889	9567	184712.0	60	4360
沂水县道托镇	8965	37564	18768	8427	431246.6	63	3945
沂水县泉庄镇	9754	28152	18181	8146	288267.6	53	4412
沂水县圈里乡	11006	31535	15568	6557	238528.3		
苍山县大仲村镇	15129	82563	45317	20737	255668.0	522	37323
苍山县兰陵镇	14160	100200	55188	40088	397527.0	640	40305
苍山县长城镇	12565	96521	71670	33147	123826.0	1223	23857
苍山县磨山镇	7954	67660	47728	26785	344495.0	456	23415
苍山县神山镇	6706	52562	31258	20076	1369829.0	653	26996
苍山县车辋镇	12742	51088	31161	16794	225676.0	218	9670
苍山县尚岩镇	8317	40120	31840	14320	466831.0	1460	13210
苍山县向城镇	10889	94322	69535	33754	298893.6	1681	36098
苍山县新兴镇	6867	40424	29928	10134	100207.0	300	9985
苍山县南桥镇	8520	57656	39588	23318	122200.0	420	16981
苍山县庄坞镇	8872	86720	51445	25504	446659.0	1032	38211
苍山县鲁城镇	8791	37956	21653	12109	613827.0	221	16099
苍山县矿坑镇	8493	34014	22960	12334	710765.0	360	14136
苍山县金岭镇	12466	87859	64220	39210	373147.0	660	12600
苍山县芦柞镇	9567	63586	42185	16485	34637.0	400	22300
苍山县下村乡	12141	38990	27375	13775	13100.0		
费县上冶镇	7329	58846	36095	25307	779467.0	254	25346
费县薛庄镇	21608	66576	48942	22985	287996.0	246	10121
费县探沂镇	16255	97724	71542	57393	3260892.0	1322	21046
费县朱田镇	15560	58665	39726	19380	49862.0	153	11288
费县梁邱镇	19233	86203	53193	26534	53245.0	87	19653
费县新庄镇	11801	52982	30319	14721	36225.0	232	11360
费县马庄镇	14249	57506	33373	22484	305636.0	268	11792
费县胡阳镇	6587	42713	27821	18515	229360.0	72	3309
费县石井镇	10195	37531	18794	9848	3686.0	133	3537
费县大田庄乡	9645	22512	13943	6843	58124.0		
费县南张庄乡	7418	36064	17998	9410	131240.0		
平邑县仲村镇	11489	80395	42290	24490	376325.0	622	48700
平邑县武台镇	7920	37251	28252	8471	119623.0	80	9282
平邑县保太镇	10904	75841	70540	5270	301185.0	270	13608
平邑县柏林镇	13576	56023	42200	19800	36000.0	221	5690
平邑县卞桥镇	17703	49651	29728	18875	417780.0	225	10300
平邑县地方镇	12613	78698	51488	29968	510000.0	710	48200
平邑县铜石镇	15724	70256	40222	9767	432670.0	209	14510
平邑县温水镇	4986	47500	30897	18277	548300.0	388	17000

续表 256　（山东省）　计算单位：公顷、人、万元

名　　称	行政区域面　积	常住人口	从业人员	二三产业从业人员	工　业总产值	城镇建成区 面 积	城镇建成区常住人口
平邑县流峪镇	10448	48658	28362	6966	218965.0	156	6467
平邑县郑城镇	16096	65256	61459	15107	282450.0	581	15632
平邑县白彦镇	19042	71260	48823	22931	192680.0	420	14650
平邑县临涧镇	12085	51031	29365	20745	310773.0	202	8265
平邑县丰阳镇	9597	38043	19354	7334	105689.0	105	6353
莒南县团林镇	7932	42849	24989	11422	293644.0	163	6651
莒南县大店镇	13157	68678	52821	19204	166426.0	810	48950
莒南县坊前镇	18292	73451	56355	22279	352138.0	880	21056
莒南县坪上镇	11565	64211	37319	31983	915210.0	693	49735
莒南县板泉镇	10119	66392	51310	20758	394915.0	430	22020
莒南县洙边镇	12102	45613	32968	8285	523280.0	156	9849
莒南县文疃镇	11435	39521	29409	12300	122016.0	223	14021
莒南县壮岗镇	9307	49128	25088	9221	153760.0	238	22069
莒南县石莲子镇	11954	62049	45245	13807	148152.0	186	9390
莒南县岭泉镇	6161	39613	31830	12979	135172.0	110	4242
莒南县筵宾镇	7589	35692	32551	12010	198752.0	148	10890
莒南县涝坡镇	15113	52301	43237	19573	371573.0	193	6973
莒南县朱芦镇	7555	37926	26235	12509	156320.0	411	18181
莒南县道口镇	5254	29961	29549	14824	306825.0	232	5614
莒南县相沟镇	10768	35246	28540	9657	210030.0	63	5196
蒙阴县常路镇	7512	33262	20490	8021	321230.0	150	5747
蒙阴县岱崮镇	18552	47158	31983	15755	139453.0	160	8395
蒙阴县坦埠镇	8080	32845	19864	12028	233566.0	120	5306
蒙阴县垛庄镇	26620	74482	45841	17429	424252.0	775	13715
蒙阴县高都镇	9046	33549	17729	6074	433319.0	98	8943
蒙阴县野店镇	19365	35246	20419	7551	51890.0	124	4012
蒙阴县桃墟镇	17071	43101	21072	3360	101807.0	866	8765
蒙阴县联城镇	16108	47395	33858	19676	161776.0	65	4869
蒙阴县旧寨乡	12179	41612	36992	13578	105461.0		
临沭县蛟龙镇	6958	47029	24712	10610	59947.2	216	7501
临沭县大兴镇	11802	62919	40623	21125	85201.6	230	16638
临沭县石门镇	12966	56529	34891	17408	132853.6	162	6815
临沭县曹庄镇	7816	43517	29561	23961	159289.8	450	9520
临沭县青云镇	16411	93284	49588	22666	335237.0	513	38090
临沭县玉山镇	15661	77277	44932	21729	221025.0	215	4470
临沭县店头镇	8406	51842	30409	25178	206620.0	286	6856
德城区二屯镇	3800	24118	10256	7867	137681.0	326	7562
德城区黄河涯镇	10536	58992	24819	8004	52812.0	413	19586
陵城区郑家寨镇	11851	45038	17694	8473	261267.0	85	4998
陵城区糜镇	9962	52609	24921	13925	412600.0	210	30900
陵城区宋家镇	10717	40925	18636	10061	201039.0	284	6000
陵城区徽王庄镇	10629	40987	28975	14313	1046470.0	647	18032
陵城区神头镇	11482	57915	36582	13929	18690.0	60	4278
陵城区滋镇	7417	36591	23824	17644	141672.0	258	4460
陵城区前孙镇	8127	28433	16819	7212	142000.0	102	3770
陵城区边临镇	7061	36135	14042	12732	480850.0	419	17661
陵城区义渡口镇	6841	36635	18954	7299	305050.0	60	8050
陵城区丁庄镇	6979	19064	8966	6080	567000.0	200	5400
陵城区于集乡	5630	21089	9094	3840	305850.0		
宁津县柴胡店镇	11181	52662	22774	15248	930143.2	294	2655

续表 257　　（山东省）　　计算单位：公顷、人、万元

名　　称	行政区域面　积	常住人口	从业人员	二三产业从业人员	工　业总产值	城镇建成区 面 积	城镇建成区常住人口
宁津县长官镇	6482	41162	21582	15390	713004.6	200	6350
宁津县杜集镇	10164	47720	27421	17215	182307.0	164	4127
宁津县保店镇	9045	37139	20724	12260	195042.4	155	2239
宁津县大柳镇	5547	28320	18536	11490	554012.2	166	1759
宁津县大曹镇	8250	30087	17759	9743	667890.3	143	1755
宁津县相衙镇	5141	19202	12636	7562	296794.6	113	919
宁津县时集镇	5310	28948	20371	12508	864018.6	203	857
宁津县张大庄镇	5166	33470	23060	20419	967889.2	203	2165
宁津县刘营伍乡	3880	22199	9879	3847	62745.0		
庆云县庆云镇	5648	33240	15584	10574	611500.0	282	12850
庆云县常家镇	9176	47450	22677	10808	669788.0	36	1820
庆云县尚堂镇	10538	64997	28428	15128	606991.0	122	26321
庆云县崔口镇	3437	16152	8181	4361	718320.0	46	4620
庆云县东辛店镇	4286	29998	14156	4846	225899.0	62	4110
庆云县严务乡	5953	24750	11840	5452	419079.0		
庆云县中丁乡	4009	23985	13184	6729	437620.0		
庆云县徐园子乡	3433	18945	10035	3135	489789.0		
临邑县临邑镇	8889	50335	35386	25125	532050.0	400	1113
临邑县临南镇	11243	45379	18783	11258	502638.0	323	22689
临邑县德平镇	12395	71240	28033	8461	303594.0	462	35620
临邑县林子镇	6413	26962	17558	12623	598411.1	382	11346
临邑县兴隆镇	10276	43215	19430	10020	298411.0	120	12343
临邑县孟寺镇	12362	44875	18227	5499	161461.6	32	3826
临邑县翟家镇	5178	29887	13566	8950	93309.0	126	4921
临邑县理合务镇	5655	26823	13083	9063	43923.0	109	4793
临邑县宿安乡	5976	27684	15932	6101	88762.0		
齐河县表白寺镇	7701	27562	15359	7547	197777.6	522	19808
齐河县焦庙镇	11832	46589	35016	13733	323373.2	327	18146
齐河县赵官镇	6716	52291	24652	14464	589193.5	700	35865
齐河县祝阿镇	11306	49887	33908	20010	144851.3	406	22150
齐河县仁里集镇	12533	50010	26760	10121	179877.3	335	15879
齐河县潘店镇	13791	52552	34805	21819	1034577.2	612	36629
齐河县胡官屯镇	10983	36562	16534	9417	342327.6	161	11806
齐河县宣章屯镇	6404	21572	13122	6243	243087.7	120	9700
齐河县马集镇	6650	28823	20719	10398	438587.3	239	14004
齐河县华店镇	9695	37251	19038	12375	1138133.8	500	20601
齐河县刘桥镇	8813	36270	17158	9581	214254.2	180	11668
齐河县安头乡	7449	21472	10283	4935	192025.3		
齐河县大黄乡	6647	25632	17703	8526	675245.5		
平原县王凤楼镇	12786	51367	21564	13916	325816.0	952	10560
平原县前曹镇	15110	52124	39959	15557	696159.3	402	8615
平原县恩城镇	10510	55687	26290	16518	1038708.0	988	21978
平原县王庙镇	11700	37023	20193	7129	355020.0	455	6190
平原县王杲铺镇	7264	34650	16857	4552	156358.0	73	6416
平原县张华镇	6020	22206	10628	5816	940261.0	65	3592
平原县腰站镇	6133	27154	11917	4921	471875.0	628	3729
平原县王打卦镇	3800	24970	19414	4816	101203.0	90	3330
平原县坊子乡	6207	23125	14286	6160	417152.0		
平原县三唐乡	7300	21152	11687	4620	60452.0		
夏津县南城镇	5319	41633	20100	9644	940518.0	185	9085

续表 258　（山东省）　计算单位：公顷、人、万元

名　　称	行政区域面　积	常住人口	从业人员	二三产业从业人员	工　业总产值	城镇建成区 面 积	城镇建成区常住人口
夏津县苏留庄镇	11990	50175	21403	8352	223507.0	218	15959
夏津县新盛店镇	12031	54825	34133	15621	485712.0	257	9492
夏津县雷集镇	9043	39902	27465	10343	55024.0	271	7623
夏津县郑保屯镇	4733	23810	12896	4170	1185852.0	131	10415
夏津县白马湖镇	6633	33045	18251	5876	275258.0	177	8552
夏津县东李官屯镇	5250	31068	13512	6760	394525.0	192	8941
夏津县宋楼镇	4475	31948	19502	7939	1225619.0	236	11105
夏津县香赵庄镇	3678	29010	18971	6599	951582.0	225	21651
夏津县双庙镇	4049	25625	15298	6377	725256.0	457	16205
夏津县渡口驿乡	4148	20355	12529	4477	39752.0		
夏津县田庄乡	3895	25188	17228	9094	521525.0		
武城县武城镇	13225	56107	30959	21083	506049.0	675	18232
武城县老城镇	9561	64659	45618	35201	1608194.0	819	38060
武城县鲁权屯镇	16321	71762	53252	39197	3853530.0	3414	50234
武城县郝王庄镇	5344	20989	13086	6229	73143.0	118	6352
武城县甲马营镇	7395	36342	18802	9717	836030.0	45	9976
武城县四女寺镇	10235	40233	27409	18897	623244.0	720	10846
武城县李家户镇	6683	32724	12551	9422	364928.0	389	8489
德州经济技术开发区赵虎镇	10252	42476	26528	4968	87096.0	10	1676
德州经济技术开发区抬头寺镇	5048	59771	24931	11884	394737.0	813	21369
德州经济技术开发区袁桥镇	5089	24854	15212	7974	1471054.0	2025	13568
乐陵市杨安镇	8996	47685	30327	13628	991533.0	367	27796
乐陵市朱集镇	8867	55161	36266	15049	244009.0	300	27596
乐陵市黄夹镇	12327	64028	37385	15964	302563.0	160	23915
乐陵市丁坞镇	8191	39506	25679	15558	98420.0	154	15790
乐陵市花园镇	8896	47638	30829	14703	64748.0	215	20615
乐陵市郑店镇	14339	50858	31166	26310	117343.0	336	19436
乐陵市化楼镇	8546	40915	25988	13004	157237.6	83	14181
乐陵市孔镇	11154	43893	27133	11091	69423.0	160	15990
乐陵市铁营镇	7424	25864	15041	10016	479435.0	60	7848
乐陵市西段乡	4093	24611	15545	7345	82827.0		
乐陵市大孙乡	3930	20596	13533	5547	80819.0		
乐陵市寨头堡乡	4165	25424	16493	9742	168922.0		
禹城市伦镇	11446	38272	23624	13667	271059.0	300	12300
禹城市房寺镇	14594	73688	47049	36342	2450321.0	370	36673
禹城市张庄镇	5321	22012	14035	10734	1009026.0	73	5664
禹城市辛店镇	9346	34026	18315	12172	257745.0	210	16755
禹城市安仁镇	6649	28712	16392	10799	275327.0	41	5605
禹城市辛寨镇	9344	39389	26627	16795	590670.0	125	7145
禹城市梁家镇	9456	39021	22894	14718	738553.0	57	4076
禹城市十里望镇	5738	32683	18402	14178	1221100.0	50	14229
禹城市莒镇	5527	23985	13592	9917	235352.0	72	4314
禹城市李屯乡	4233	23518	13753	11421	188328.0		
东昌府区侯营镇	7674	45910	25054	16191	481300.0	120	14300
东昌府区沙镇镇	13191	102076	76120	18495	819500.0	497	27960
东昌府区堂邑镇	6141	38523	22574	9046	636458.0	350	16300
东昌府区梁水镇	14388	73491	47295	14515	510620.0	240	10156
东昌府区斗虎屯镇	8327	43653	23273	8545	202059.0	56	2591
东昌府区郑家镇	6793	60976	44794	34797	1660000.0	223	33132
东昌府区张炉集镇	5067	34570	18704	4604	710471.0	68	2492

续表 259　　　　（山东省）　　　　计算单位：公顷、人、万元

名　　称	行政区域面　积	常住人口	从业人员	二三产业从业人员	工　业总产值	城镇建成区 面 积	城镇建成区常住人口
东昌府区于集镇	6955	39212	18018	7092	26087.0	146	3254
东昌府区许营镇	6471	39538	34237	9913	35126.0	140	2141
东昌府区朱老庄镇	6220	39687	26644	18659	69773.0	34	2556
东昌府区顾官屯镇	7239	42567	27442	7599	861800.0	168	10917
东昌府区广平乡	6142	31052	28987	14300	294535.0		
东昌府区韩集乡	5487	30933	16333	2833	18500.0		
阳谷县阎楼镇	6610	58709	30456	21702	694025.0	157	11074
阳谷县阿城镇	11483	68039	37187	29081	692081.0	124	11230
阳谷县七级镇	7339	41056	27081	9548	311220.0	45	6043
阳谷县安乐镇	6674	42257	29667	26309	823187.0	152	11397
阳谷县定水镇	5838	28045	19102	14909	389763.0	151	2325
阳谷县石佛镇	5777	35061	23197	19695	3028325.0	653	23263
阳谷县李台镇	3178	38115	22676	18161	209247.0	265	6141
阳谷县寿张镇	5811	67109	44416	33166	261104.0	288	25179
阳谷县十五里园镇	4902	43965	33411	26915	284965.0	61	3540
阳谷县张秋镇	5334	47923	38174	29822	432400.0	93	11319
阳谷县郭店屯镇	5492	31523	19623	11022	442764.0	111	4685
阳谷县西湖镇	7113	43011	32925	17053	1617658.0	205	18412
阳谷县高庙王镇	6140	40990	30350	20625	202999.0	25	3413
阳谷县大布乡	5725	35582	25505	15239	296136.0		
阳谷县金斗营乡	3797	30286	17977	10813	200466.0		
莘县张鲁镇	8276	54906	36248	10316	299438.0	195	18227
莘县朝城镇	7118	55060	33316	14085	588489.0	396	28207
莘县观城镇	6537	38441	23891	14539	184623.0	266	8075
莘县古城镇	6722	52429	30276	9718	174101.0	156	7335
莘县大张家镇	5740	42736	29203	8054	1014842.0	192	12790
莘县古云镇	4922	48575	34071	18379	2800505.0	489	36913
莘县十八里铺镇	8029	42192	28663	6247	284101.0	206	17940
莘县燕店镇	4652	39762	27175	4164	317180.0	262	9637
莘县董杜庄镇	5104	32550	22500	2370	198040.0	103	7918
莘县王奉镇	8703	51502	31338	6416	58640.0	157	9999
莘县樱桃园镇	7060	57987	35027	6352	187241.0	228	24553
莘县河店镇	4555	35613	23135	6680	363276.0	190	9123
莘县妹冢镇	6768	53824	31639	9705	129893.0	352	7366
莘县魏庄镇	6568	43257	30154	5557	124867.0	121	7649
莘县张寨镇	5919	48535	29656	8858	309551.0	121	9702
莘县大王寨镇	7145	36576	20445	6329	65695.0	91	7687
莘县徐庄镇	4781	28344	20509	4466	202261.0	104	7408
莘县王庄集镇	5563	43078	24523	10934	196103.0	109	7212
莘县柿子园镇	5115	33482	21321	6179	99670.0	90	7284
莘县俎店镇	4104	22216	15571	4283	83605.0	91	3322
茌平县乐平铺镇	12599	54664	36987	17427	645842.0	383	19010
茌平县冯官屯镇	10363	47181	25951	15730	728508.0	258	25500
茌平县菜屯镇	5888	26300	19141	14874	814851.0	177	3340
茌平县博平镇	8724	53626	35795	23811	524581.0	375	27126
茌平县杜郎口镇	7357	31952	20067	11895	439518.0	305	6766
茌平县韩屯镇	7112	34015	27540	13467	401081.0	120	6034
茌平县胡屯镇	4954	26961	21578	9556	651022.0	145	4755
茌平县肖庄镇	5625	26586	14216	8163	133103.0	148	7730
茌平县贾寨镇	5620	29930	16314	7683	113194.0	126	5359

续表 260 （山东省） 计算单位：公顷、人、万元

名称	行政区域面积	常住人口	从业人员	二三产业从业人员	工业总产值	城镇建成区面积	城镇建成区常住人口
茌平县洪官屯镇	4569	24533	17013	11035	330311.0	121	4747
茌平县杨官屯乡	3654	17929	13807	7435	101722.0		
东阿县刘集镇	12778	66933	42852	12570	375422.0	212	4716
东阿县牛角店镇	11426	50122	44121	11432	584635.0	420	19631
东阿县大桥镇	5054	21508	12721	6541	215350.0	325	13220
东阿县高集镇	7004	22420	15238	6755	320550.0	113	3056
东阿县姜楼镇	5517	29139	20992	12521	887459.0	329	21076
东阿县姚寨镇	8392	32926	20836	10014	331578.0	210	3145
东阿县鱼山镇	6451	28191	19691	9472	43210.0	441	2644
东阿县陈集乡	4196	19898	12742	5512	307960.0		
冠县贾镇	6371	39455	24028	10640	541911.0	150	4668
冠县桑阿镇	11198	65083	34917	13493	300927.0	151	4920
冠县柳林镇	7010	52089	40972	24184	941415.0	452	29056
冠县清水镇	5362	32796	28174	15911	1018643.0	500	6165
冠县东古城镇	11350	78286	48802	24820	536312.0	340	13190
冠县北馆陶镇	5136	35031	29926	13307	605169.0	280	10579
冠县店子镇	4260	30433	23859	7903	281312.0	110	12314
冠县定远寨镇	6289	31274	17523	8249	495731.0	93	9589
冠县辛集镇	8186	45403	25907	8883	455654.0	380	9210
冠县梁堂镇	5455	35162	20717	4572	392863.0	118	12368
冠县斜店乡	5600	35001	22675	6591	227729.0		
冠县范寨乡	5932	35445	22285	11987	685281.0		
冠县甘官屯乡	5942	47743	23986	17814	605781.0		
冠县兰沃乡	5387	30926	20551	9639	518250.0		
冠县万善乡	5882	32213	25083	5053	517875.0		
高唐县梁村镇	9548	39104	20976	6399	608403.0	80	8102
高唐县尹集镇	8120	34571	18103	4694	450000.0	188	8846
高唐县清平镇	10672	43543	26513	8257	1112256.0	394	24952
高唐县固河镇	9385	37500	26971	4836	422567.0	180	2992
高唐县三十里铺镇	5853	26050	20850	12050	2810000.0	198	11000
高唐县琉璃寺镇	7936	37970	23265	4356	663400.0	280	8770
高唐县赵寨子镇	7535	35027	21250	13238	718562.0	83	2713
高唐县姜店镇	8173	43900	22300	10800	1308460.0	145	7350
高唐县杨屯镇	10430	48050	26565	20445	572610.0	125	5520
临清市松林镇	5096	33197	18020	6840	204765.0	75	4887
临清市老赵庄镇	5592	43315	28662	11441	519354.0	155	3742
临清市康庄镇	9738	70782	40297	17167	476587.0	343	28119
临清市魏湾镇	5557	24140	15779	4920	373620.0	56	2856
临清市刘垓子镇	5712	29175	17921	3062	164159.0	62	2946
临清市八岔路镇	4856	31584	26685	11695	121228.0	120	3029
临清市潘庄镇	4483	33152	19832	14682	990323.0	142	6369
临清市烟店镇	5205	56235	42742	32392	1205218.0	620	31603
临清市唐园镇	5372	36175	18486	3815	421082.0	66	3899
临清市金郝庄镇	8556	57715	36571	20724	873321.0	112	11120
临清市戴湾镇	6770	31635	19376	3770	164800.0	41	3548
临清市尚店镇	4860	32286	21961	10591	66000.0	37	2940
滨城区三河湖镇	9916	42428	30856	13777	15556.0	156	4845
滨城区杨柳雪镇	10108	45136	26429	18054	39474.0	291	12731
滨城区秦皇台乡	13322	21013	12645	4392	40635.0		
沾化区下洼镇	15116	49016	47199	19524	279765.0	338	22557

续表 261　　（山东省）　　计算单位：公顷、人、万元

名　称	行政区域面　积	常住人口	从业人员	二三产业从业人员	工　业总产值	城镇建成区 面 积	城镇建成区常住人口
沾化区古城镇	7359	24098	18911	7855	43098.0	52	4594
沾化区冯家镇	25768	51426	38217	22491	209440.0	322	23493
沾化区泊头镇	10740	28752	26652	6920	108842.0	93	2738
沾化区大高镇	10380	36202	30024	7709	75709.0	418	8631
沾化区黄升镇	6153	21856	17576	5722	75383.0	130	5795
沾化区滨海镇	58974	8639	5786	3057	212034.0	49	2200
沾化区下河乡	8670	13238	11609	2095	54027.0		
沾化区利国乡	10023	11829	7320	2994	112350.0		
沾化区海防办事处乡	41356	294	292	202	1549.0		
惠民县石庙镇	13601	60668	46948	27610	286759.0	322	6695
惠民县桑落墅镇	6619	27916	19636	9988	299808.0	228	4743
惠民县淄角镇	7008	30889	26021	8169	184640.0	374	3784
惠民县胡集镇	13699	63360	40960	27100	571000.0	652	22018
惠民县李庄镇	10102	67232	36487	23159	441066.0	654	35345
惠民县麻店镇	7746	29658	18931	10529	224172.0	150	3722
惠民县魏集镇	5335	31204	30034	20764	263666.0	1113	8358
惠民县清河镇	6803	33382	21429	7533	182967.0	581	12470
惠民县姜楼镇	13279	53325	32431	21162	443786.0	583	17925
惠民县辛店镇	14636	50486	29858	20476	433463.0	734	23768
惠民县大年陈镇	8350	36166	26068	16564	141664.0	280	5894
惠民县皂户李镇	8201	30339	22637	12114	88052.0	375	4218
阳信县商店镇	9261	52138	36282	20064	469018.0	254	9418
阳信县温店镇	7856	39589	19765	13308	180421.0	146	7890
阳信县河流镇	6232	36957	17672	14577	963244.0	248	32054
阳信县翟王镇	6695	40498	17879	13373	140355.0	191	5901
阳信县流坡坞镇	7156	33321	21209	11078	183261.0	412	6962
阳信县水落坡镇	13081	63549	28682	12521	299984.0	362	30089
阳信县劳店镇	9552	41073	22801	9679	278457.0	245	25225
阳信县洋湖乡	10009	52788	29329	11640	188003.0		
无棣县水湾镇	14267	49493	30790	20989	50427.3	185	19012
无棣县碣石山镇	7108	23729	17224	9890	23866.0	180	13820
无棣县小泊头镇	10817	36558	23130	16500	41013.2	130	12742
无棣县埕口镇	33731	42086	29902	25131	181576.6	300	23156
无棣县马山子镇	51576	36522	29366	20846	1263375.9	1490	8402
无棣县车王镇	14800	50417	33238	17403	126381.8	350	33792
无棣县柳堡镇	25773	31419	19264	14233	111042.3	105	13031
无棣县佘家镇	12398	28736	15920	6334	38342.0	123	10628
无棣县信阳镇	4840	30814	19734	15194	88675.4	162	11689
无棣县西小王镇	18712	20280	14272	7541	44561.2	120	4332
博兴县曹王镇	5295	40983	16734	14672	63139.0	45	10627
博兴县兴福镇	5137	75000	49500	44830	1256110.0	1698	38200
博兴县陈户镇	7600	55428	36524	21704	44210.0	960	26352
博兴县湖滨镇	6594	45302	32678	24297	1048581.9	440	13652
博兴县店子镇	8592	46762	22127	11848	967625.0	558	9600
博兴县吕艺镇	11373	46350	29704	15922	80671.5	301	4795
博兴县纯化镇	8508	24539	13637	3747	49317.0	200	1900
博兴县庞家镇	7075	25877	14094	4784	441454.0	122	937
博兴县乔庄镇	13110	30716	18260	6521	11829.0	352	6899
邹平县长山镇	10642	72002	34866	21950	816639.0	1330	27010
邹平县魏桥镇	14677	95098	39020	27480	808643.0	1664	72686

续表 262　　（山东省）　　计算单位：公顷、人、万元

名　称	行政区域面积	常住人口	从业人员	二三产业从业人员	工业总产值	城镇建成区面积	城镇建成区常住人口
邹平县临池镇	5157	28834	15907	12684	161022.0	360	9150
邹平县焦桥镇	8211	36183	19263	12081	1767300.0	264	13475
邹平县韩店镇	8573	50788	34305	29520	3780331.0	1500	40946
邹平县孙镇镇	9887	36968	14839	5154	136854.0	195	7894
邹平县九户镇	9099	40143	20217	11475	34063.0	351	6908
邹平县青阳镇	4943	36155	18948	14741	584812.0	1059	28168
邹平县明集镇	6867	39750	17925	15295	295426.0	820	18630
邹平县台子镇	8759	30285	12775	6465	108520.0	400	7070
邹平县码头镇	11410	44188	19687	13020	882472.0	300	5976
牡丹区沙土镇	12964	94374	67415	28854	643125.0	95	12214
牡丹区吴店镇	5730	54674	29780	4140	54200.0	68	12068
牡丹区王浩屯镇	7673	57886	31286	7221	93560.0	59	6053
牡丹区黄堽镇	8231	80592	71653	37545	45352.0	35	1864
牡丹区都司镇	4211	40097	26851	2616	2270.0	60	1600
牡丹区高庄镇	8446	62431	62371	16889	6860.0	90	1579
牡丹区小留镇	6034	59672	34777	8415	16986.0	54	3294
牡丹区李村镇	10828	55102	47357	14896	44747.0	90	2523
牡丹区马岭岗镇	11238	98831	77092	31182	15376.0	62	2419
牡丹区安兴镇	6016	44863	29133	7696	124100.0	53	5069
牡丹区大黄集镇	5785	47611	29786	17649	383100.0	55	3349
牡丹区胡集镇	4623	42154	27673	14539	35600.0	47	2248
牡丹区皇镇乡	4795	30605	30447	10258	127840.0		
曹县庄寨镇	6434	71896	34030	30560	973020.0	780	24185
曹县普连集镇	7531	54288	23796	18876	424573.0	85	3611
曹县青固集镇	14096	87071	60117	33112	529656.0	582	29981
曹县桃源集镇	8044	71323	37402	23828	670019.0	149	8910
曹县韩集镇	7644	50652	29222	6881	299148.0	155	6381
曹县砖庙镇	5967	33187	20079	7128	186325.0	91	3776
曹县古营集镇	11756	57943	33656	20091	706700.0	287	9900
曹县魏湾镇	11416	58971	44936	32212	546741.0	147	6620
曹县侯集回族镇	5752	37139	26602	11498	361235.0	241	12000
曹县苏集镇	11734	70167	55062	23385	213601.0	169	7100
曹县孙老家镇	5978	45091	25881	7270	280690.0	300	9500
曹县阎店楼镇	7552	49464	33413	18791	236479.0	102	4620
曹县梁堤头镇	6833	41180	23424	15909	249015.0	250	5150
曹县安才楼镇	9442	54189	33576	19080	301462.0	112	5630
曹县邵庄镇	8221	48031	23950	12986	227067.0	107	3370
曹县王集镇	4796	35301	16527	13131	301047.0	79	3240
曹县青岗集镇	9341	47326	37078	33309	233615.0	97	3900
曹县常乐集镇	6149	38500	34090	10611	281711.0	85	3834
曹县大集镇	4521	35971	33100	12100	240410.0	119	6893
曹县仵楼镇	6004	29584	20346	11386	127846.0	150	6951
曹县楼庄乡	4494	33625	18677	9448	275673.0		
曹县朱洪庙乡	5404	28361	18813	9017	96241.0		
单县郭村镇	9750	70239	47602	35399	210937.0	713	15132
单县黄岗镇	12103	88000	48872	26873	282000.0	725	10450
单县终兴镇	12122	81258	48673	20114	236589.0	413	11036
单县高韦庄镇	6337	48143	42696	20658	349804.0	305	5813
单县徐寨镇	9873	66178	39936	10759	281907.7	424	5309
单县蔡堂镇	8443	55607	28827	10858	249967.0	837	6321

续表 263　　　　　　　　　　(山东省)　　　　　　　　　　计算单位：公顷、人、万元

名　称	行政区域面　积	常住人口	从业人员	二三产业从业人员	工　业总产值	城镇建成区 面 积	城镇建成区常住人口
单县朱集镇	5376	28300	20583	7518	294205.0	540	2345
单县李新庄镇	6847	37562	19386	6058	196583.0	478	10726
单县浮岗镇	11402	71890	32549	23585	231696.0	639	10135
单县莱河镇	6744	50412	22086	14088	320569.0	97	2326
单县时楼镇	6450	46935	21303	10741	212580.0	125	3287
单县杨楼镇	8674	54099	40304	10327	259536.0	621	3923
单县张集镇	7885	51819	31462	19466	582358.0	220	3534
单县龙王庙镇	8598	44716	34141	13382	245800.0	557	4129
单县谢集镇	8061	52063	50370	19202	241062.5	625	12215
单县李田楼镇	8565	49420	36020	15660	153542.0	432	8319
单县高老家乡	9717	58257	36559	19291	255934.0		
单县曹庄乡	5397	34542	22109	6276	235223.0		
成武县大田集镇	10710	72326	43017	11435	550392.0	605	22603
成武县天宫庙镇	7943	40126	22281	9057	549700.0	100	12154
成武县汶上集镇	10412	74968	43926	30252	318580.0	603	30540
成武县南鲁集镇	6522	48446	34749	11873	518394.0	292	7116
成武县伯乐集镇	7793	57600	21046	9723	76800.0	168	2493
成武县苟村集镇	6452	36345	26183	8425	413625.0	100	5583
成武县白浮图镇	8539	45708	14433	3442	323045.0	124	3973
成武县孙寺镇	8903	53892	24241	12608	99989.0	100	15265
成武县九女集镇	10501	66862	29431	15766	72267.3	200	10297
成武县党集镇	6294	32435	14434	7249	290387.0	150	7100
成武县张楼镇	5802	31089	11677	4323	151674.0	587	9140
巨野县龙固镇	8147	79528	53168	34103	835371.5	465	43404
巨野县大义镇	10877	63923	33079	19154	392377.0	141	20821
巨野县柳林镇	10335	51572	34300	19331	255064.6	156	13446
巨野县章缝镇	6084	35382	24255	10392	160426.0	119	12306
巨野县大谢集镇	7491	73190	33873	14218	201451.0	645	39896
巨野县独山镇	9475	55167	18460	8798	332376.1	187	14661
巨野县麒麟镇	10147	51346	36750	20000	303579.8	156	27477
巨野县核桃园镇	3813	28761	19618	8854	336769.5	88	6914
巨野县田庄镇	7732	43362	33493	19698	190053.0	83	6760
巨野县太平镇	7310	42512	33391	16542	242154.0	310	27051
巨野县万丰镇	8911	59687	33807	13509	413743.8	151	10994
巨野县陶庙镇	5744	35615	23281	8377	149395.0	89	14911
巨野县董官屯镇	10818	51317	43909	19802	304578.0	93	6336
巨野县田桥镇	6152	36415	33833	22355	375338.9	235	13524
巨野县营里镇	6240	33215	27823	13876	232430.8	138	9735
郓城县黄安镇	7802	57175	25621	15865	467924.8	321	14583
郓城县杨庄集镇	9409	54406	27376	19533	485535.2	294	10750
郓城县侯咽集镇	10516	62269	29088	15300	275308.2	287	10669
郓城县武安镇	9028	59032	31514	24005	518131.7	131	10553
郓城县郭屯镇	5648	33396	17479	11667	194231.8	148	7670
郓城县丁里长镇	5371	39155	25002	15705	579350.7	264	12599
郓城县玉皇庙镇	8707	50832	26752	19194	293960.1	230	5675
郓城县程屯镇	8956	52980	18837	13057	250522.6	151	5588
郓城县随官屯镇	9100	57021	29680	16506	845182.3	373	20482
郓城县张营镇	7843	52053	28172	17826	430711.3	432	13345
郓城县潘渡镇	7932	50742	28591	15586	350969.4	208	9118
郓城县双桥镇	9567	52360	28115	9165	284893.8	58	6695

续表 264 （山东省、河南省） 计算单位：公顷、人、万元

名称	行政区域面积	常住人口	从业人员	二三产业从业人员	工业总产值	城镇建成区面积	城镇建成区常住人口
郓城县南赵楼镇	5829	34979	15680	9667	292997.0	187	10381
郓城县黄堆集镇	5705	36842	24649	21665	458071.4	235	12372
郓城县唐庙镇	7555	47126	20773	13348	211502.4	183	7196
郓城县黄集乡	7605	46832	20234	8934	386248.7		
郓城县李集乡	8952	50124	22426	11200	167133.1		
郓城县张鲁集乡	7018	40919	22831	14966	151951.1		
郓城县水堡乡	3750	25024	15389	4341	135559.5		
郓城县陈坡乡	4986	27950	17506	7943	160946.6		
鄄城县什集镇	7924	70210	29842	13872	274340.0	940	4200
鄄城县红船镇	5434	36396	18889	9403	259914.0	345	10305
鄄城县旧城镇	10056	73305	29069	13789	313491.0	1469	13156
鄄城县闫什镇	6798	58894	29018	11802	323627.0	50	2113
鄄城县箕山镇	7312	57730	31811	14161	503000.0	230	10258
鄄城县李进士堂镇	4049	32265	17037	7794	256317.0	1717	10835
鄄城县董口镇	9615	60437	28676	13714	230663.0	412	18375
鄄城县临濮镇	5827	41520	20300	8440	256354.0	978	7160
鄄城县彭楼镇	7274	64986	26475	17199	197360.0	51	5652
鄄城县凤凰镇	4169	38608	20400	9400	327100.0	180	5636
鄄城县郑营镇	5322	46351	28000	12269	412500.0	52	18562
鄄城县大埝镇	4366	37364	18853	6540	321655.0	180	7749
鄄城县引马镇	4454	35812	15445	4088	182660.0	206	3120
鄄城县左营乡	7570	49810	24174	8684	239010.0		
鄄城县富春乡	4725	43024	25027	13222	507861.0		
定陶县陈集镇	8260	54089	35732	21169	678439.0	610	27426
定陶县冉固镇	12670	90341	48266	18324	475957.0	478	23720
定陶县张湾镇	6300	46372	20557	14935	277691.0	20	12488
定陶县黄店镇	10300	75412	49975	19670	225265.0	55	3250
定陶县孟海镇	6310	45994	28879	16569	231860.0	132	14300
定陶县马集镇	6970	45913	23873	7253	196472.0	200	3242
定陶县仿山镇	7550	58180	40372	14060	473714.0	65	4170
定陶县半堤镇	6320	35656	34683	13473	281485.0	100	3801
定陶县杜堂镇	4750	27016	16760	3875	293430.0	150	5240
定陶县南王店镇	5340	27423	18879	9554	198484.0	20	2800
东明县东明集镇	11397	57346	21942	8490	35860.0	207	19910
东明县刘楼镇	8817	48894	19481	9514	51978.0	195	17186
东明县陆圈镇	11681	77289	33171	18970	184939.0	295	23755
东明县马头镇	9274	37205	20009	8172	65217.0	266	17658
东明县三春集镇	8224	33439	16846	4961	53347.0	197	13520
东明县大屯镇	8307	36801	18663	8878	69039.0	181	15678
东明县武胜桥镇	7474	47792	22746	13323	3584284.0	257	25712
东明县菜园集镇	9368	41424	18723	12601	176094.0	326	26841
东明县沙窝镇	14099	68948	19435	6859	35991.0	187	14340
东明县小井镇	10289	42581	15972	4172	15020.0	83	5865
东明县长兴集乡	10026	60428	15566	3302	40132.0		
东明县焦园乡	9671	45112	14631	4308	39147.0		
东明县吕陵镇	7393	61821	22441	7931	102770.0	60	2638
河南省							
二七区马寨镇	3040	63000	21853	20600	1760000.0	610	9010
二七区侯寨乡	8120	58845	29854	24607	98413.0		
管城回族区十八里河镇	2856	41020	27196	20702	3030486.0	400	5574

续表 265　（河南省）　计算单位：公顷、人、万元

名　称	行政区域面积	常住人口	从业人员	二三产业从业人员	工业总产值	城镇建成区面积	城镇建成区常住人口
管城回族区南曹乡	5000	44365	21225	13525	13380.0		
管城回族区圃田乡	600	6850	2750	1800			
上街区峡窝镇	4685	40080	39632	35500	1887543.0	4517	37250
惠济区花园口镇	5385	22063	14083	8932	99875.0	400	5325
惠济区古荥镇	7767	30937	17757	9302	56811.0	3580	13390
中牟县韩寺镇	5066	40457	21204	3160	1680.0	45	4458
中牟县官渡镇	12192	64218	33820	11170	142122.0	438	3725
中牟县狼城岗镇	13200	36451	24787	5757	18420.0	720	3122
中牟县万滩镇	6893	18081	12042	3692	25982.0	55	1557
中牟县白沙镇	4250	63553	31464	29502	457622.0	1203	25815
中牟县郑庵镇	7605	21864	14990	6850	193045.0	230	5740
中牟县黄店镇	5500	27565	17892	7497	13080.0	21	3100
中牟县大孟镇	10590	48744	33760	4965	176623.0	66	9360
中牟县刘集镇	2471	20122	9896	4580	14896.0	37	7952
中牟县雁鸣湖镇	9510	24921	18423	2912	1785.0	92	5561
中牟县姚家镇	8710	29750	20430	4980	601228.0	170	6945
中牟县刁家乡	8240	32445	20728	7544	20780.0		
郑州经济技术开发区九龙镇	2903	20312	19450	16450	2412253.0		
郑州高新技术产业开发区石佛镇	627	97089	83600	65589	20373.0	627	97089
郑州高新技术产业开发区沟赵乡	3600	30318	22905	13385	1459398.0		
郑州航空港经济综合实验区张庄镇	4120	31200	15750	8550	4875.0	500	6750
郑州航空港经济综合实验区八岗镇	2449	15225	11862	5742	13600.0	37	2413
郑州航空港经济综合实验区三官庙镇	4809	34948	28991	8697	5156.0	117	1267
郑州航空港经济综合实验区龙王乡	3537	30025	14815	6249	3520.0		
巩义市米河镇	5200	46461	30352	24333	1961462.6	442	32216
巩义市新中镇	5290	18500	8925	5785	175961.4	150	10301
巩义市小关镇	6000	31912	17355	5473	815575.7	560	17000
巩义市竹林镇	3000	16284	10164	9907	683529.0	570	14730
巩义市大峪沟镇	9326	36413	17071	13285	842837.0	400	14738
巩义市河洛镇	11584	31073	20022	10394	919662.2	109	6257
巩义市站街镇	3330	38874	12503	8228	1472064.0	350	4528
巩义市康店镇	9320	46409	21873	15742	1041656.7	498	28347
巩义市北山口镇	5600	37192	18810	17703	2320587.8	2300	12910
巩义市西村镇	7361	61765	25412	19892	269491.0	205	12595
巩义市芝田镇	4600	47795	23569	16567	349980.1	395	35868
巩义市回郭镇	5000	115973	98335	60725	6135200.0	1500	82660
巩义市鲁庄镇	9115	65327	33180	26502	984748.0	202	7380
巩义市夹津口镇	5130	25190	18992	16698	150314.9	124	11837
巩义市涉村镇	10300	39869	14518	13886	220353.3	200	13059
荥阳市乔楼镇	7162	40130	26115	24300	916254.0	1755	17432
荥阳市豫龙镇	6172	38922	37618	35895	6239715.0	5326	38696
荥阳市广武镇	15465	77069	57300	55267	735064.0	3659	42549
荥阳市王村镇	9103	51046	36763	33337	955850.0	116	8306
荥阳市汜水镇	5820	22114	21137	17680	689500.0	117	15264
荥阳市高山镇	6150	25025	20620	20187	1680700.0	320	7182
荥阳市刘河镇	5615	26000	14508	12898	150235.0	46	8813
荥阳市崔庙镇	8515	39512	33260	27440	1779851.0	930	34070
荥阳市贾峪镇	8370	39120	32796	29650	2290500.0	1540	32070
荥阳市城关乡	5427	37992	26522	13956	1469537.0		
荥阳市高村乡	9862	47400	29614	28760	718660.0		

续表 266 （河南省） 计算单位：公顷、人、万元

名 称	行政区域面 积	常住人口	从业人员	二三产业从业人员	工 业总产值	城镇建成区 面 积	城镇建成区常住人口
荥阳市金寨回族乡	553	6985	2774	1944	43063.0		
新密市城关镇	2430	31569	16165	12774	466422.0	180	12590
新密市米村镇	5800	34081	17571	15720	437043.0	360	18211
新密市牛店镇	7600	48863	27730	24870	153297.0	432	19686
新密市平陌镇	6050	37623	22793	18354	535906.0	355	5224
新密市超化镇	7860	61379	41325	34955	2871092.0	640	33812
新密市苟堂镇	8930	47751	32106	29613	937049.0	380	12600
新密市大隗镇	5880	54638	28349	25724	1324663.0	478	32653
新密市刘寨镇	6100	47784	30118	27867	1536584.0	860	20000
新密市白寨镇	9200	62187	23623	20634	113725.0	250	8820
新密市岳村镇	6200	35256	25468	21838	330525.0	218	21980
新密市来集镇	6300	44149	29703	26106	2508472.0	483	30378
新密市曲梁镇	10200	65478	46453	45111	3190491.0	878	25438
新密市袁庄乡	5300	24508	14942	12001	161698.0		
新郑市新村镇	7112	29046	25350	24893	1603562.0	1123	22535
新郑市辛店镇	8600	59243	43280	36800	2485400.0	980	28309
新郑市观音寺镇	6300	50332	27895	19953	669550.0	218	13847
新郑市梨河镇	4287	31266	24407	21795	686037.0	560	11128
新郑市和庄镇	3866	26765	23184	22137	1483000.0	858	19960
新郑市薛店镇	5600	35668	32772	26141	2273436.0	730	21526
新郑市孟庄镇	6600	43147	24486	14650	366222.0	799	10000
新郑市郭店镇	7700	62679	34911	25975	1264590.0	540	7102
新郑市龙湖镇	9600	58596	41666	36286	2153547.0	3600	50178
新郑市城关乡	4004	29096	25275	18879	668740.0		
新郑市八千乡	3515	24897	16768	8491	101414.0		
登封市大金店镇	11444	63120	52863	31637	909416.0	600	15280
登封市颍阳镇	8918	49726	21727	15592	62616.0	102	17575
登封市卢店镇	3800	9760	9180	8880	802780.0	510	9600
登封市告成镇	7282	44990	43407	32748	888692.0	370	28000
登封市阳城区镇	1170	12152	9097	6189	873126.0	42	1145
登封市大冶镇	14517	56188	54135	49038	3842678.0	2258	48000
登封市宣化镇	6707	23355	16376	13254	690975.0	140	9866
登封市徐庄镇	7200	29723	20250	15126	166956.0	332	13651
登封市东华镇	8271	61250	33170	23370	526650.0	490	9900
登封市白坪乡	4350	10160	8213	7357	371657.0		
登封市君召乡	11900	40123	35741	12772	109925.0		
登封市石道乡	10270	41195	29280	14250	87355.0		
登封市唐庄乡	11326	42000	26639	11315	119055.0		
龙亭区北郊乡	3400	51149	19421	14236	285854.0		
龙亭区柳园口乡	5300	36183	13145	7183	90889.0		
顺河回族区东郊乡	4070	37627	24875	17121	226363.0		
顺河回族区土柏岗乡	2956	20549	12893	4669	98954.0		
禹王台区南郊乡	2100	23375	16217	7805	125158.0		
禹王台区汪屯乡	3400	23768	16731	10052	989658.0		
金明区杏花营镇	6441	23850	11366	4920	185243.6	400	5682
金明区西郊乡	3791	62730	28948	27405	879717.1		
金明区水稻乡	8493	31766	15730	6632	70568.5		
祥符区城关镇	1136	42830	8503	5383	840306.0	970	42830
祥符区陈留镇	6837	65856	40324	21762	306962.0	405	18430
祥符区仇楼镇	7460	64325	25906	4806	136085.0	120	3760

续表 267 （河南省） 计算单位：公顷、人、万元

名　称	行政区域面　积	常住人口	从业人员	二三产业从业人员	工　业总产值	城镇建成区面积	城镇建成区常住人口
祥符区八里湾镇	8389	60365	14265	5173	160936.0	53	6000
祥符区曲兴镇	6514	40507	6080	2867	90122.0	140	8200
祥符区朱仙镇	7026	38261	13017	1336	114942.0	439	12462
祥符区半坡店乡	9003	58995	48279	20069	190858.0		
祥符区罗王乡	8274	59413	14272	2552	182999.0		
祥符区刘店乡	6395	43272	16830	1683	110256.0		
祥符区袁坊乡	7837	45336	12230	2230	142983.0		
祥符区杜良乡	10204	68945	15467	3067	43372.0		
祥符区兴隆乡	5724	48651	11612	4607	133282.0		
祥符区西姜寨乡	13156	68425	22450	950	59546.0		
祥符区万隆乡	14739	61811	30935	19412	96261.0		
祥符区范村乡	12450	44104	14518	2518	117207.0		
杞县城关镇	1903	57381	8195	4693	818281.0	950	21468
杞县五里河镇	6258	51166	9121	3635	108970.0	560	3245
杞县傅集镇	7097	48566	8606	3580	75521.0	72	6499
杞县圉镇镇	7434	52784	7102	2781	136007.0	176	14145
杞县高阳镇	7092	62913	12390	4690	125562.0	85	14322
杞县葛岗镇	7832	62153	8869	3067	390825.0	106	4523
杞县阳堌镇	6299	41715	7723	2996	84636.0	137	13036
杞县邢口镇	5543	48159	8796	3154	129854.0	112	6524
杞县裴村店乡	7922	56364	9381	3177	254173.0		
杞县宗店乡	4647	31012	6189	3857	512136.0		
杞县板木乡	5743	32760	5747	2849	116028.0		
杞县竹林乡	4532	27921	4932	2239	63468.0		
杞县官庄乡	5830	36571	6332	2408	86759.0		
杞县湖岗乡	4576	35325	5668	3523	122604.0		
杞县苏木乡	4989	42136	7950	2841	78895.0		
杞县沙沃乡	4559	36899	6800	2800	62450.0		
杞县平城乡	7777	58527	8897	2954	566290.0		
杞县泥沟乡	6463	41967	6840	2855	150540.0		
杞县柿园乡	7299	53662	8845	2923	95217.0		
杞县西寨乡	6600	51016	8250	4486	82640.0		
杞县城郊乡	3270	29218	9614	3485	592978.0		
通许县城关镇	4370	95169	76285	65734	368485.0	1231	13652
通许县竖岗镇	6340	43689	17980	4931	257109.0	458	10279
通许县玉皇庙镇	7999	55330	29145	3705	281000.0	575	13052
通许县四所楼镇	7299	56731	33238	4876	282429.0	436	11934
通许县朱砂镇	8485	62742	33589	6466	274126.0	223	13429
通许县长智镇	6309	42421	28453	3232	308989.0	200	7470
通许县冯庄乡	5540	34207	19110	4385	287386.0		
通许县孙营乡	7364	39207	28590	1300	246072.0		
通许县大岗李乡	7125	47650	32551	4186	68750.0		
通许县邸阁乡	5576	39470	25574	4821	259190.0		
通许县练城乡	5161	39287	25395	4016	252015.0		
通许县厉庄乡	5107	39586	18235	3655	88500.0		
尉氏县城关镇	1646	69954	24943	23861	1852483.0	1646	69954
尉氏县洧川镇	6573	57686	37699	22843	1008602.0	472	22798
尉氏县朱曲镇	5900	45820	25778	14278	619510.0	95	20566
尉氏县蔡庄镇	6539	54705	8368	5811	215583.0	275	23477
尉氏县永兴镇	10603	66894	16287	7861	767644.0	340	12500

续表 268　（河南省）　计算单位：公顷、人、万元

名　称	行政区域面积	常住人口	从业人员	二三产业从业人员	工业总产值	城镇建成区面积	城镇建成区常住人口
尉氏县张市镇	7393	45711	33175	25729	735264.0	240	17000
尉氏县十八里镇	8021	56454	15902	10142	228695.0	203	30278
尉氏县水坡镇	8401	49733	36060	11795	316610.0	105	8753
尉氏县大营镇	9719	49303	15575	14085	280669.0	60	4001
尉氏县庄头镇	11622	49655	34688	13625	431267.0	79	8400
尉氏县邢庄乡	8874	49745	30375	23723	185596.0		
尉氏县大马乡	9009	43971	28428	17159	388205.0		
尉氏县岗李乡	9754	56445	36611	22242	600231.0		
尉氏县门楼任乡	6104	36054	21705	14037	189052.0		
尉氏县大桥乡	6528	48657	34611	21588	882038.0		
尉氏县南曹乡	8436	50410	29148	27602	604825.0		
尉氏县小陈乡	4578	27238	19782	4676	152622.0		
兰考县堌阳镇	6658	76868	59110	49042	382039.0	1293	32000
兰考县南彰镇	7465	63821	45957	29938	409803.0	84	14039
兰考县考城镇	12543	87520	64595	40185	166930.0	350	25495
兰考县红庙镇	6373	51086	38420	33740	165841.0	72	14890
兰考县三义寨乡	9479	57748	37588	27578	188120.0		
兰考县东坝头乡	7744	38547	29325	23501	377540.0		
兰考县爪营乡	3789	44924	29290	18310	257199.0		
兰考县谷营乡	7161	47105	33641	30373	184670.0		
兰考县小宋乡	7429	56297	37215	26705	185176.0		
兰考县孟寨乡	3767	29729	23088	16038	410380.0		
兰考县许河乡	4275	30028	21574	17254	245885.0		
兰考县葡萄架乡	4992	33108	24094	16739	155642.0		
兰考县阎楼乡	3804	35692	25468	20894	267075.0		
兰考县仪封乡	11872	56321	31926	29496	140753.0		
瀍河回族区瀍河回族乡	2044	38108	23170	10170	120617.0		
吉利区吉利乡	8000	35100	26833	8304	17090.0		
洛龙区龙门镇	2158	33452	16885	14479	9473.0	55	7568
洛龙区安乐镇	2180	52242	27423	21520	34553.0	499	22917
洛龙区白马寺镇	2549	26720	14985	9100	59885.0	106	5530
洛龙区李楼镇	3682	56072	30977	16136	89129.0	200	6020
洛龙区丰李镇	3354	41306	19260	13200	35486.0	99	7512
洛龙区诸葛镇	6042	50635	41091	35526	1169538.0	578	22635
洛龙区李村镇	8345	73706	48562	38070	432716.0	461	18014
洛龙区庞村镇	3290	35978	22718	19030	2094288.0	1092	21840
洛龙区寇店镇	6410	35166	21296	15381	494700.0	1267	9912
洛龙区佃庄镇	3870	39652	32945	27463	368807.0	410	5985
孟津县城关镇	7850	82330	57434	50856	346233.0	1432	64532
孟津县会盟镇	12860	52856	42008	26394	178940.0	600	19647
孟津县平乐镇	6380	47813	23619	17141	1556000.0	326	12165
孟津县送庄镇	4330	28450	23498	15048	81420.0	452	14000
孟津县白鹤镇	11740	52614	41251	31425	1529010.0	760	30601
孟津县朝阳镇	6710	44712	43053	29041	790685.0	275	19718
孟津县小浪底镇	11107	37140	32757	22680	64300.0	190	13910
孟津县麻屯镇	5200	39130	38307	26999	1860478.0	650	28367
孟津县横水镇	5550	37940	21168	5812	32185.0	280	12620
孟津县常袋镇	4170	27840	24685	17942	557000.0	33	9087
新安县城关镇	7640	100139	44260	32254	1050001.0	2202	51998
新安县石寺镇	6880	44169	23874	13686	913768.0	310	12429

续表 269　　（河南省）　　计算单位：公顷、人、万元

名　　称	行政区域面　积	常住人口	从业人员	二三产业从业人员	工　业总产值	城镇建成区 面 积	城镇建成区常住人口
新安县五头镇	8950	51231	38521	9604	541980.0	194	8629
新安县磁涧镇	10800	73669	36607	28341	1982725.0	510	14344
新安县铁门镇	11644	73040	59465	30239	1315865.0	185	13400
新安县南李村镇	10744	32032	17683	5303	214520.0	110	2215
新安县北冶镇	14161	45351	26481	15241	887702.0	316	8500
新安县仓头镇	11657	25417	16809	10264	665291.0	178	6623
新安县正村镇	5746	38109	28109	8778	692508.0	145	3727
新安县石井镇	19620	30052	19295	4343	680090.0	180	5832
新安县曹村乡	14200	20198	10620	4860	856245.0		
栾川县城关镇	2772	38952	23613	23429	19500.0	400	36987
栾川县赤土店镇	15131	15191	9759	5394	690821.0	230	7182
栾川县合峪镇	31040	22659	13663	9878	103462.0	250	9261
栾川县潭头镇	27154	35130	24479	14070	65846.0	375	14562
栾川县三川镇	9686	27400	18390	9712	29909.0	208	9025
栾川县冷水镇	5301	18958	12116	9152	679400.0	520	11363
栾川县陶湾镇	20184	33427	21685	15235	78466.0	330	13670
栾川县石庙镇	9261	19884	17819	15911	73650.0	190	9172
栾川县庙子镇	35682	34582	26480	14998	68386.0	310	8520
栾川县狮子庙镇	27600	20384	12437	7815	20280.0	93	5835
栾川县白土镇	14803	15377	10850	5394	59734.0	73	6652
栾川县叫河镇	17845	20618	11713	7858	68529.3	210	7258
栾川县栾川乡	14613	37762	24792	19479	133823.0		
栾川县秋扒乡	16663	10882	7338	2456	11713.0		
嵩县城关镇	10080	88767	24559	15364	17852.0	291	70682
嵩县田湖镇	12300	70451	52851	30212	11950.0	390	4900
嵩县旧县镇	14920	27325	13635	4515	10725.0	170	5770
嵩县车村镇	55340	53959	29012	8855	20142.0	270	24912
嵩县闫庄镇	13070	39615	27159	8001	14295.0	210	5320
嵩县德亭镇	32100	41821	26722	9193	143782.0	472	4371
嵩县大章镇	26180	35928	22455	10180	35800.0	90	5400
嵩县白河镇	30960	13319	7056	1798	34517.0	310	6347
嵩县纸房镇	18420	35992	19188	5453	40920.0	330	7130
嵩县饭坡镇	8740	25729	15920	7391	6934.0	30	3128
嵩县大坪乡	11690	31307	23087	8712	2000.0		
嵩县库区乡	7230	34324	20890	8490	12450.0		
嵩县何村乡	9280	28493	12635	4885	10105.0		
嵩县九店乡	9390	25948	12586	8500	26900.0		
嵩县黄庄乡	18480	27259	16171	9797	8965.0		
嵩县木植街乡	22710	12553	9542	3472	39740.0		
汝阳县城关镇	9237	47542	23468	16411	165892.0	782	35731
汝阳县上店镇	5167	42069	22353	9730	147829.0	159	13561
汝阳县付店镇	22160	14068	11800	6930	224793.0	68	3759
汝阳县小店镇	7275	50437	38716	20275	244756.0	293	13972
汝阳县三屯镇	14009	39455	35022	14387	77133.0	450	4928
汝阳县刘店镇	7635	32643	22070	14554	87852.0	226	4593
汝阳县内埠镇	3609	26938	17896	8641	172429.0	120	11869
汝阳县陶营镇	5783	37910	22763	13658	97593.0	74	5315
汝阳县柏树乡	7025	26356	17143	4104	79530.0		
汝阳县十八盘乡	11171	20934	16691	5792	107616.0		
汝阳县靳村乡	12838	12907	7789	1578	83837.0		

续表 270　　（河南省）　　计算单位：公顷、人、万元

名　称	行政区域面　积	常住人口	从业人员	二三产业从业人员	工　业总产值	城镇建成区　面　积	城镇建成区常住人口
汝阳县王坪乡	15604	12824	8771	3470	120739.0		
汝阳县蔡店乡	7961	51667	34040	5759	178757.0		
宜阳县城关镇	1246	63623	45766	43867	107402.0	1050	51914
宜阳县柳泉镇	12107	59231	38823	22306	174520.0	201	17739
宜阳县韩城镇	8274	41896	30601	7408	7406.0	284	23922
宜阳县白杨镇	7922	41262	24200	16174	268880.0	179	17966
宜阳县香鹿山镇	12248	57876	43221	32733	2380984.0	152	6866
宜阳县锦屏镇	9001	51493	23089	11887	522108.0	356	4027
宜阳县三乡镇	6775	31307	21881	19879	128327.0	360	9321
宜阳县张坞镇	11512	31327	22716	10008	47905.0	115	3491
宜阳县莲庄镇	7639	30294	17075	7545	79960.0	58	4111
宜阳县赵保镇	13172	30161	19958	14115	45519.0	84	9836
宜阳县樊村镇	5959	26785	18221	8845	150169.0	35	5236
宜阳县盐镇乡	17043	63072	43024	13652	6816.0		
宜阳县高村乡	14865	44066	26264	6330	18993.0		
宜阳县花果山乡	9773	3964	3116	996	37160.0		
宜阳县上观乡	14292	5772	4608	2793	6187.0		
宜阳县董王庄乡	9130	29721	19615	15791	37823.0		
洛宁县城关镇	850	43937	29936	29024	348654.0	526	36151
洛宁县王范回族镇	1500	29027	15287	8305	118231.0	299	26513
洛宁县上戈镇	21090	15260	10345	6140	23458.0	101	2392
洛宁县下峪镇	20600	16012	10934	5967	274932.0	120	3012
洛宁县河底镇	13370	39966	27983	8662	120049.0	131	4878
洛宁县兴华镇	16870	16752	11827	4202	48587.0	77	3893
洛宁县东宋镇	15060	36212	27028	14392	19415.0	135	1989
洛宁县马店镇	12460	20861	16705	5880	80895.0	85	5412
洛宁县故县镇	14150	6728	4971	2459	37379.0	84	1812
洛宁县赵村镇	13880	44085	29816	13878	231805.0	119	5050
洛宁县城郊乡	5660	40297	34723	28823	808129.0		
洛宁县小界乡	18230	26628	17145	5760	52142.0		
洛宁县长水乡	12140	12721	9009	5646	22839.0		
洛宁县罗岭乡	15150	9021	7762	4752	30099.0		
洛宁县底张乡	13680	19035	13559	9434	209086.0		
洛宁县西山底乡	7990	17781	14550	5230	257061.0		
洛宁县陈吴乡	16170	31231	25823	13355	207329.0		
洛宁县涧口乡	12670	23629	15285	8185	377722.0		
伊川县城关镇	8529	60857	37307	24277	692625.0	1800	36215
伊川县鸣皋镇	9400	62617	38124	22604	235418.0	293	17439
伊川县水寨镇	4200	27256	13663	6936	148739.0	360	8305
伊川县彭婆镇	10153	63579	36358	19780	683291.0	430	11880
伊川县白沙镇	13300	74479	44836	21049	419260.0	250	9250
伊川县江左镇	9300	51503	30174	4634	24185.0	230	8756
伊川县高山镇	7300	45818	31832	14469	213660.0	330	10077
伊川县吕店镇	12400	62160	39464	28232	126903.0	80	2700
伊川县半坡镇	4900	17167	10018	7137	57508.0	85	2052
伊川县酒后镇	8200	37573	22619	7485	31652.0	300	4310
伊川县白元镇	7800	53219	31982	15802	220853.0	75	7626
伊川县鸦岭乡	15000	66100	39814	21452	67391.0		
伊川县平等乡	5700	47823	28582	13797	223787.0		
伊川县葛寨乡	7600	38501	23577	7960	9960.0		

续表 271　　（河南省）　　计算单位：公顷、人、万元

名　称	行政区域面　积	常住人口	从业人员	二三产业从业人员	工　业总产值	城镇建成区面积	城镇建成区常住人口
偃师市翟镇	3181	38812	23332	21660	154184.0	1981	25475
偃师市岳滩镇	2928	41204	29453	23771	2500000.0	1909	23320
偃师市顾县镇	4320	60818	28812	24312	1343124.0	2500	27630
偃师市缑氏镇	8040	66480	37312	30571	178946.0	800	12156
偃师市府店镇	12756	58027	42570	32150	187005.0	480	11480
偃师市高龙镇	3777	34762	20405	16625	347890.0	117	14897
偃师市山化镇	6918	48164	38709	20079	399854.0	210	4936
偃师市邙岭镇	5931	28672	24126	12937	182570.0	1024	7803
偃师市大口镇	8856	42921	18233	11742	296287.0	105	6535
平顶山市新华区焦店镇	6100	12830	6921	2419	47126.0	26	1130
湛河区曹镇乡	6396	51690	16913	5451	78660.0		
宝丰县城关镇	1150	48952	44819	40995	381205.0	1150	48952
宝丰县周庄镇	5677	37665	26139	15066	342606.0	69	6492
宝丰县闹店镇	6150	39012	30791	13509	59637.0	106	8794
宝丰县石桥镇	7100	46745	32362	18602	219631.0	160	11987
宝丰县商酒务镇	6295	44292	36900	16890	557120.0	141	11045
宝丰县大营镇	12615	53962	40810	16591	457100.0	240	16986
宝丰县张八桥镇	6550	32156	27728	18943	812431.0	51	4335
宝丰县杨庄镇	6200	46314	24235	12685	893700.0	180	4235
宝丰县赵庄镇	4460	37856	27760	14100	49552.0	193	1824
宝丰县肖旗乡	6382	37182	19026	10797	58021.0		
宝丰县前营乡	4878	31443	21789	11602	452011.0		
宝丰县李庄乡	4220	28233	19762	11911	132588.0		
叶县任店镇	8500	62061	60061	33613	95119.0	585	12851
叶县保安镇	11700	36996	36115	18957	92895.0	386	9276
叶县仙台镇	6581	61156	38633	32285	93132.0	125	6258
叶县叶邑镇	9550	62778	61639	24861	98790.0	14	9776
叶县廉村镇	8696	61388	49793	27873	112007.0	246	9091
叶县常村镇	17800	34885	32045	12820	92644.0	207	4620
叶县辛店镇	14000	49885	31277	19739	66185.0	210	2672
叶县夏李乡	11800	47701	31332	16617	13725.0		
叶县马庄回族乡	9894	11778	6568	4636	115914.0		
叶县田庄乡	5900	42473	25778	15613	164365.0		
叶县龚店乡	6300	49815	36654	18343	260148.0		
叶县龙泉乡	7333	43531	39611	14181	69530.0		
叶县水寨乡	5300	35316	34508	14626	99666.0		
叶县洪庄杨乡	2996	38630	29125	11100	159239.0		
叶县邓李乡	6600	46023	36289	18071	120196.0		
鲁山县下汤镇	12186	35375	27034	25502	9526.0	305	12430
鲁山县梁洼镇	5037	29704	21269	16279	917509.0	267	13385
鲁山县张官营镇	8325	60145	43375	36475	82850.0	183	21560
鲁山县张良镇	8988	53385	40689	25360	287978.0	695	36825
鲁山县尧山镇	30500	21731	20329	12808	3395.0	121	6037
鲁山县瓦屋镇	12000	37453	28848	25330	70071.0	121	4715
鲁山县赵村镇	21400	26953	18183	14673	189650.0	98	6739
鲁山县四棵树乡	12784	15931	9098	4957	66600.0		
鲁山县团城乡	10114	14572	9305	5252	35350.0		
鲁山县熊背乡	13007	22859	18060	14798	9156.0		
鲁山县让河乡	8874	53938	39746	27533	175189.0		
鲁山县观音寺乡	5870	27605	18524	17595	23001.0		

续表 272　　(河南省)　　计算单位：公顷、人、万元

名　　称	行政区域面　　积	常住人口	从业人员	二三产业从业人员	工　业总产值	城镇建成区 面 积	城镇建成区常住人口
鲁山县昭平台库区乡	10200	26035	18323	15921	39208.0		
鲁山县背孜乡	17210	28147	17076	8420	13431.0		
鲁山县仓头乡	7999	27120	20214	16263	8180.0		
鲁山县董周乡	10100	49899	35030	22860	49369.0		
鲁山县张店乡	6320	36758	24183	13238	13609.0		
鲁山县辛集乡	9083	56170	38661	16000	438608.0		
鲁山县滚子营乡	10503	70510	55649	41228	14181.0		
鲁山县马楼乡	15090	89095	59991	31991	39173.0		
郏县冢头镇	5300	59112	27800	14804	290000.0	580	38827
郏县安良镇	10000	57865	49276	22256	348010.0	395	24189
郏县堂街镇	6200	47674	38800	22495	82500.0	520	17935
郏县薛店镇	7400	65282	52674	16912	166538.0	321	11180
郏县长桥镇	5000	52812	40362	18498	308281.0	150	13815
郏县茨芭镇	10300	53589	41443	12174	283657.0	395	13988
郏县黄道镇	4500	28865	16964	13447	193690.0	380	16036
郏县李口镇	5000	27850	20360	10082	73685.0	132	7985
郏县王集乡	6500	45931	35815	14573	112552.0		
郏县姚庄回族乡	900	8309	5313	3724	46900.0		
郏县白庙乡	4700	36690	32870	10570	62778.0		
郏县广阔天地乡	1400	15393	11183	8517	336893.0		
郏县渣元乡	4100	33379	24651	16326	219965.0		
平顶山高新技术产业开发区遵化店镇	5200	35389	14808	11670	1300000.0	281	7830
平顶山市新城区滍阳镇	3200	29871	19080	6219	3894.0	37	2305
舞钢市尚店镇	10700	43267	28657	13114	115371.0	165	3296
舞钢市八台镇	5590	30398	19692	10700	99316.0	16	1126
舞钢市尹集镇	10150	26674	18577	9550	107963.0	151	6691
舞钢市枣林镇	8210	52996	31190	10088	98996.0	71	526
舞钢市庙街乡	5630	15605	9157	3245	118627.0		
舞钢市铁山乡	3400	22562	15861	7934	24127.0		
舞钢市武功乡	5120	25691	25418	12400	151024.0		
舞钢市杨庄乡	13400	26540	18455	9545	284532.0		
汝州市寄料镇	17830	68803	47041	34192	163871.0	389	18421
汝州市温泉镇	7600	53248	34368	10388	21606.0	420	4758
汝州市临汝镇	9200	64296	44897	25131	348909.0	961	26786
汝州市小屯镇	12260	89970	51908	41556	1765277.0	1291	33283
汝州市杨楼镇	6998	61870	40921	28091	432120.0	210	17895
汝州市蟒川镇	14600	54907	35843	26894	779212.0	257	16820
汝州市庙下镇	8554	78426	65694	18234	28000.0	208	10052
汝州市米庙镇	9490	53218	26120	8560	9276.0	69	3221
汝州市陵头镇	10700	46327	36577	14814	296200.0	38	9167
汝州市纸坊镇	7860	82732	61040	27275	15715.0	340	6318
汝州市大峪镇	14000	22585	14690	5590	7850.0	150	1160
汝州市王寨乡	7500	47501	26757	9975	20361.0		
汝州市骑岭乡	5068	44620	31269	24775	49727.0		
汝州市夏店乡	6710	31340	20104	11092	15265.0		
汝州市焦村乡	6970	27060	17200	4634	15500.0		
文峰区宝莲寺镇	4738	56435	27656	8630	124936.0	425	15902
文峰区高庄镇	6030	55612	34866	9810	104254.0	120	4189
殷都区西郊乡	2330	38737	20025	13053	44928.0		
龙安区龙泉镇	5700	33062	16500	12750	390000.0	150	1850

续表 273　　（河南省）　　计算单位：公顷、人、万元

名　称	行政区域面积	常住人口	从业人员	二三产业从业人员	工业总产值	城镇建成区面积	城镇建成区常住人口
龙安区马投涧镇	10195	53030	36760	16700	378289.0		
龙安区东风乡	3748	56386	31000	23500	112000.0		
安阳县水冶镇	9610	117721	79403	73761	3723388.0	2562	73636
安阳县铜冶镇	6000	36814	27450	25600	2353114.0	70	11720
安阳县善应镇	6600	29985	19200	16100	150000.0	320	9798
安阳县柏庄镇	5000	34588	25840	23279	799100.0	1500	22155
安阳县白璧镇	6560	67802	56948	29439	71075.0	2206	33005
安阳县曲沟镇	2965	47665	30263	26838	1245280.0	175	20420
安阳县吕村镇	6213	71079	34804	16387	56785.0	141	15921
安阳县伦掌镇	7027	36542	24663	18575	265400.0	199	8926
安阳县崔家桥镇	5560	49670	32379	21569	35650.0	300	3110
安阳县辛村镇	7610	65530	42193	20428	62140.0	560	9170
安阳县韩陵镇	3640	30972	21252	13606	111151.0	450	4852
安阳县永和镇	4725	47790	28350	16905	31216.0	145	8570
安阳县都里镇	8700	25576	14271	11745	148227.0	62	4890
安阳县磊口乡	5800	22684	15780	9500	155989.0		
安阳县许家沟乡	6000	35916	23919	19459	340349.0		
安阳县马家乡	6100	29306	19205	10187	116624.0		
安阳县安丰乡	7900	56507	33564	24027	49993.0		
安阳县洪河屯乡	5860	39450	22710	21400	150725.0		
安阳县瓦店乡	5781	48084	32074	16862	26300.0		
安阳县北郭乡	5300	48602	33787	24107	31434.0		
汤阴县城关镇	1951	73481	50819	50199	947737.0	1951	73481
汤阴县菜园镇	7658	51790	32841	21281	94710.0	858	17930
汤阴县任固镇	8025	47354	31129	23630	48406.0	397	15782
汤阴县五陵镇	6351	45954	33317	25242	47835.0	468	14980
汤阴县宜沟镇	12763	55807	43523	41992	487181.0	1566	54219
汤阴县白营镇	3891	34306	25165	24090	710665.0	912	10800
汤阴县伏道镇	7609	42314	30653	20541	453628.0	360	12049
汤阴县韩庄镇	6569	40654	31340	30438	1531037.0	470	8493
汤阴县古贤镇	3791	28146	24022	19754	199137.0	430	7802
汤阴县瓦岗乡	5978	29163	20125	12845	35711.0		
滑县道口镇	1750	76056	64470	63226	267866.0	1240	51330
滑县城关镇	6690	71328	46361	29465	63500.0	1083	24892
滑县白道口镇	11364	58536	36158	11226	289351.0	395	12460
滑县留固镇	11786	65840	43293	22307	236119.9	420	15500
滑县上官镇	9389	61943	33413	11576	436826.7	279	8048
滑县牛屯镇	11494	61346	36106	13871	187564.2	188	9546
滑县万古镇	8604	49221	33554	14284	111800.0	192	16101
滑县高平镇	7700	62459	45410	24040	405000.0	240	5330
滑县王庄镇	7837	50251	23411	10150	215760.0	342	10195
滑县老店镇	9761	72500	34730	14170	138479.2	210	7000
滑县慈周寨镇	6321	44363	26209	7110	89885.0	190	10693
滑县焦虎镇	8045	55401	26884	7977	106486.0	183	6000
滑县枣村乡	8616	38799	23221	4586	45475.0		
滑县四间房乡	7100	39758	18271	4657	45559.0		
滑县八里营乡	11841	56992	26467	6908	27800.5		
滑县赵营乡	7201	34786	21012	4737	9250.0		
滑县大寨乡	6708	42258	25832	7738	62530.8		
滑县桑村乡	5049	36550	18299	4433	49883.0		

续表 274　　（河南省）　　计算单位：公顷、人、万元

名　　称	行政区域面积	常住人口	从业人员	二三产业从业人员	工业总产值	城镇建成区面积	城镇建成区常住人口
滑县老爷庙乡	7970	51630	30020	9904	28190.2		
滑县瓦岗寨乡	5613	40038	11826	5495	9864.0		
滑县半坡店乡	8913	47221	24104	5890	19233.0		
滑县小铺乡	5424	37400	21289	9273	25000.0		
内黄县城关镇	11400	57065	51338	48250	602326.0	1686	48780
内黄县东庄镇	9160	59500	45203	30815	460711.0	218	5300
内黄县井店镇	4780	40832	37364	25649	625410.0	421	14986
内黄县梁庄镇	10110	34225	26758	11566	292494.0	261	6192
内黄县后河镇	12000	41510	34390	24540	633639.0	560	6819
内黄县楚旺镇	3950	38150	25554	15134	193410.0	280	26580
内黄县田氏镇	5380	50100	32389	17089	29856.0	355	13315
内黄县二安镇	5710	41823	29798	22615	123127.0	448	8840
内黄县张龙乡	4920	31473	23307	17707	65920.0		
内黄县马上乡	7800	44819	38731	23072	268978.0		
内黄县高堤乡	6110	34080	24879	9255	221023.0		
内黄县亳城乡	7220	51733	35546	19839	80975.0		
内黄县六村乡	7200	36085	21536	15616	76832.0		
内黄县中召乡	5890	25058	18887	10207	58428.0		
内黄县宋村乡	4070	33442	25932	12900	66345.0		
内黄县石盘屯乡	4400	29300	17708	8010	43309.0		
内黄县豆公乡	4400	35608	27440	12568	62180.0		
林州市合涧镇	13426	50632	33391	26141	385468.0	134	13642
林州市临淇镇	18500	79914	50457	25454	546356.0	700	24848
林州市东姚镇	17200	57750	35571	23701	410174.0	204	13410
林州市横水镇	14400	74118	57036	37311	1045568.0	533	14211
林州市河顺镇	11400	61864	59094	39860	1176164.0	207	17818
林州市任村镇	18500	41920	30743	18180	125097.0	150	9830
林州市姚村镇	10200	99125	61032	38081	2182428.0	1400	28736
林州市陵阳镇	2600	24064	17029	16099	2459232.0	368	4635
林州市原康镇	13700	37264	19628	13414	363160.0	240	13289
林州市五龙镇	19000	57780	30526	23996	309914.0	113	4957
林州市采桑镇	8500	50937	31532	17590	374679.0	155	5639
林州市东岗镇	13924	46951	30005	18973	651246.0	185	6937
林州市桂林镇	9400	41002	26034	10153	321265.0	640	8146
林州市茶店镇	9403	36113	11608	6859	97219.0	15	7267
林州市石板岩镇	8900	9203	3883	2042	3588.0	600	1500
林州市城郊乡	13900	99183	64027	41713	1455822.0		
鹤山区鹤壁集镇	6468	62458	36032	29671	1342490.0	222	14514
鹤山区姬家山乡	5793	15955	6901	3676	240313.0		
山城区石林镇	8416	45753	24384	11078	471563.0	1270	3660
淇滨区大赉店镇	4875	24738	10700	5250	1905.9	10	87
淇滨区钜桥镇	6820	45086	24247	18380	69852.0	325	14020
淇滨区上峪乡	6400	8849	5216	3648	22545.3		
淇滨区大河涧乡	9700	14093	7916	5523	67044.0		
浚县善堂镇	13388	93360	64236	32910	197210.0	420	32237
浚县屯子镇	11899	78938	34931	18648	55015.0	330	17880
浚县新镇镇	13205	89760	41834	21345	87110.0	200	15200
浚县小河镇	11600	74182	43982	23080	82010.0	150	5535
浚县卫贤镇	9280	69028	45659	22239	129018.0	223	16080
浚县王庄镇	9950	69539	39020	22760	647718.0	251	16866

续表 275　　（河南省）　　计算单位：公顷、人、万元

名　　称	行政区域面　　积	常住人口	从业人员	二三产业从业人员	工　业总产值	城镇建成区面积	城镇建成区常住人口
浚县白寺乡	10670	45146	32464	17037	28015.0		
淇县高村镇	7353	46235	23522	12822	955100.0	1100	15600
淇县北阳镇	11468	41885	24066	13906	1220000.0	587	16800
淇县西岗镇	6338	50623	42315	37520	584866.0	900	24100
淇县庙口镇	9175	31340	24039	11029	1184320.0	935	4947
淇县黄洞乡	11325	9303	9158	5066	255820.8		
红旗区洪门镇	3420	29213	15420	11862	91917.0	1652	15668
红旗区小店镇	3360	32755	17032	13817	254702.0	533	10809
卫滨区平原镇	3200	41823	23631	18455	487894.0	400	12568
凤泉区大块镇	5095	46357	24185	21281	1564500.0	119	8609
凤泉区耿黄镇	2900	35868	12860	12060	721300.0	259	18700
凤泉区潞王坟乡	3505	23794	9467	6414	405110.0		
牧野区王村镇	2404	30367	23784	23268	1454020.0	561	27178
牧野区牧野镇	2835	33492	22066	19491	284176.0	802	21368
新乡县翟坡镇	4633	35317	23353	21223	712658.0	1435	26945
新乡县小冀镇	3082	42655	31459	31012	998682.0	1695	37465
新乡县七里营镇	10813	82920	66731	63326	4298936.0	1642	58210
新乡县朗公庙镇	8045	55356	32348	25614	437875.0	2011	9650
新乡县古固寨镇	4858	39032	21906	19560	304975.0	390	29480
新乡县大召营镇	2987	18360	14553	12591	382952.0	472	13116
新乡县合河乡	3817	32681	22952	20323	126045.0		
获嘉县城关镇	3004	63654	53880	39860	870000.0	3004	63654
获嘉县照镜镇	3291	28132	14066	8825	327963.0	300	3711
获嘉县黄堤镇	3530	20482	13421	9850	81850.0	254	3500
获嘉县中和镇	2476	28712	19873	13460	25203.0	130	12000
获嘉县徐营镇	4217	33997	20993	15531	19358.8	230	7657
获嘉县冯庄镇	5258	43004	15980	9780	54896.0	15	350
获嘉县亢村镇	5640	45634	34691	18626	550415.0	407	18981
获嘉县史庄镇	4419	37399	31713	11026	41664.0	32	7000
获嘉县位庄乡	3530	27567	14306	10250	45086.0		
获嘉县大新庄乡	5212	38675	22664	9448	127297.0		
获嘉县太山乡	6010	41140	17128	3906	123468.0		
原阳县齐街镇	6977	51183	30230	20192	49712.0	17	838
原阳县太平镇	8130	33486	28493	19394	97956.0	63	14071
原阳县福宁集镇	9946	42347	29450	23400	87813.0	225	15000
原阳县韩董庄镇	5758	31225	22509	12828	141689.0	635	15785
原阳县葛埠口乡	5143	32079	18921	14390	26663.0		
原阳县蒋庄乡	8350	30130	22826	16070	28169.0		
原阳县官厂乡	9036	36391	23684	14362	5947.0		
原阳县大宾乡	6090	31129	20332	14438	43285.0		
原阳县陡门乡	13645	51036	35255	21963	39096.0		
原阳县路寨乡	5939	33742	25095	13607	25675.0		
原阳县阳阿乡	7086	35573	16329	10953	41016.0		
原阳县靳堂乡	10084	43098	25322	15706	30259.0		
延津县城关镇	1650	70320	27906	25096	314052.0	1200	64215
延津县东屯镇	4992	33402	17070	10570	175150.0	125	10600
延津县丰庄镇	4980	36113	27004	6328	59530.0	490	4200
延津县石婆固镇	10276	45100	22952	16652	88336.0	2550	7660
延津县王楼镇	5750	33780	16115	12115	121803.0	121	6600
延津县僧固乡	5554	34951	14597	9419	68650.0		

续表 276 （河南省） 计算单位：公顷、人、万元

名　　称	行政区域面　积	常住人口	从业人员	二三产业从业人员	工　业总产值	城镇建成区 面 积	城镇建成区常住人口
延津县位邱乡	10444	42874	25969	12908	47698.0		
延津县司寨乡	7000	39564	22004	9093	66948.0		
延津县马庄乡	10470	44659	24031	16275	74700.0		
延津县胙城乡	9990	39380	28800	19100	53490.0		
延津县榆林乡	6840	27301	21575	5305	65270.0		
延津县小潭乡	7500	38927	22100	12100	170759.0		
封丘县城关镇	1294	62217	29736	28561	395180.0	1240	62202
封丘县黄陵镇	5292	31327	22408	4765	396000.0	252	16663
封丘县黄德镇	5862	30718	22130	11818	66896.0	185	5230
封丘县应举镇	9647	43924	11840	9600	177924.0	270	7636
封丘县陈桥镇	10687	42966	26995	13875	74364.0	165	6000
封丘县赵岗镇	7915	49791	22740	19020	47912.0	107	6568
封丘县留光镇	5849	42598	26719	7677	55368.0	125	8632
封丘县潘店镇	7328	46947	29110	16302	39364.0	155	8699
封丘县李庄镇	8297	32247	17530	12030	27324.0	100	2456
封丘县陈固镇	6352	36969	24460	5140	29008.0	110	6866
封丘县居厢镇	5184	30547	19332	13032	36788.0	350	8396
封丘县鲁岗镇	5291	34141	25689	8668	36804.0	72	6534
封丘县城关乡	6982	48016	27800	19600	96944.0		
封丘县回族乡	778	5751	3353	1715	14216.0		
封丘县王村乡	5384	42051	25698	12300	160828.0		
封丘县荆宫乡	12601	55857	32786	21706	37072.0		
封丘县曹岗乡	7931	29891	21750	18453	26548.0		
封丘县尹岗乡	4751	25985	13778	12155	199296.0		
封丘县冯村乡	5127	34955	19820	9720	44980.0		
长垣县丁栾镇	4898	44492	30999	22198	100475.0	193	15159
长垣县樊相镇	5506	48710	30340	14120	112550.0	180	11990
长垣县恼里镇	9080	45952	28232	22649	379500.0	625	12890
长垣县常村镇	6577	45202	35040	29287	10620.0	300	5056
长垣县赵堤镇	4591	36860	21275	16865	21600.0	30	8200
长垣县孟岗镇	3396	30602	29680	24513	74711.0	45	5517
长垣县满村镇	4210	37091	25341	19359	199326.0	236	4782
长垣县苗寨镇	5400	46400	40470	35110	1980.0	760	11166
长垣县张三寨镇	4000	32522	27150	16600	12062.0	3	1220
长垣县方里镇	4998	33665	32305	14795	33459.0	4	1850
长垣县佘家镇	5500	47000	10610	1955	23090.0	310	9084
长垣县芦岗乡	7600	56768	31600	22600	21780.0		
长垣县武邱乡	8600	47141	22816	14386	1280.0		
新乡高新技术产业开发区关堤乡	4100	43147	36927	31490	247390.0		
新乡市平原城乡一体化示范区原武镇	5724	22854	13944	10581	17831.0	120	4581
新乡市平原城乡一体化示范区师寨镇	7200	51732	25722	20961	41077.0	10	1463
新乡市平原城乡一体化示范区祝楼乡	6954	30128	18557	11841	17778.0		
新乡市平原城乡一体化示范区桥北乡	7170	33026	23192	17828	28831.0		
卫辉市汲水镇	1893	46420	30790	26480	72810.0	1050	38750
卫辉市太公镇	7704	29337	14702	9369	1092.0	4	547
卫辉市孙杏村镇	3289	25713	15631	6744	19000.0	54	3023
卫辉市后河镇	4294	27036	11431	9981	42993.0	219	3740
卫辉市李源屯镇	6682	55703	11596	10256	54800.0	160	11200
卫辉市唐庄镇	7747	40720	22360	16340	548000.0	1510	32950
卫辉市上乐村镇	6389	36086	30670	8420	790.0	96	6280

续表 277　　（河南省）　　计算单位：公顷、人、万元

名　称	行政区域面积	常住人口	从业人员	二三产业从业人员	工业总产值	城镇建成区面积	城镇建成区常住人口
卫辉市狮豹头乡	20677	7765	5232	1020	5800.0		
卫辉市安都乡	8050	38414	18874	6765	66606.0		
卫辉市顿坊店乡	5573	31958	16652	6265	3800.0		
卫辉市柳庄乡	3758	29850	18650	9750	91705.0		
卫辉市庞寨乡	4676	27362	12858	2304	8800.0		
卫辉市城郊乡	5154	61011	43644	37802	38100.0		
辉县市薄壁镇	19700	44203	13708	10629	90366.3	300	10000
辉县市峪河镇	6900	48900	14736	11186	30378.8	280	14800
辉县市百泉镇	8000	81684	38719	31084	2415375.0	1652	35658
辉县市孟庄镇	3600	46735	29419	28532	3038200.0	900	28982
辉县市常村镇	9100	50624	18015	12417	713347.0	530	12109
辉县市吴村镇	9500	61688	32654	7225	666014.6	73	5600
辉县市南村镇	11800	27409	7699	4010	14989.0	198	2930
辉县市南寨镇	14600	19661	5200	3526	27661.9	300	6600
辉县市上八里镇	20450	18843	8791	1770	5700.0	123	3078
辉县市北云门镇	5000	48162	16120	11124	52013.4	206	6050
辉县市占城镇	5900	36826	11193	8039	13628.3	77	2954
辉县市冀屯镇	8100	47520	30785	26960	519519.5	290	24512
辉县市黄水乡	13000	11378	6317	2082	6878.8		
辉县市拍石头乡	13000	9635	3936	1915	1510.0		
辉县市高庄乡	9200	38577	20127	11892	226511.6		
辉县市张村乡	10800	16724	6640	4240	32621.7		
辉县市赵固乡	6500	42804	22522	21879	233631.0		
辉县市西平罗乡	5300	18353	9091	2785	4543.6		
辉县市洪洲乡	4650	9750	6660	5190	34387.2		
辉县市沙窑乡	11800	8553	4506	3671	1620.0		
修武县城关镇	2921	46531	13745	9938	124374.0	1074	45176
修武县七贤镇	9079	39496	14913	9166	188500.0	336	28000
修武县郇封镇	8775	67886	32152	21280	871155.0	669	8106
修武县周庄镇	2238	15765	8821	4240	82120.0	25	1556
修武县云台山镇	10300	3369	3309	2978		230	1965
修武县王屯乡	2810	20130	13647	784	7495.0		
修武县五里源乡	5689	39530	15143	8218	835662.0		
修武县西村乡	18873	16861	10025	5273	12589.0		
博爱县柏山镇	2497	37986	14424	11443	1127542.0	186	9700
博爱县月山镇	2900	32839	18674	15587	602173.0	182	25000
博爱县许良镇	2927	51169	19082	14974	727880.0	250	17600
博爱县磨头镇	3613	30180	19037	7874	570585.0	250	5460
博爱县孝敬镇	6029	51234	28083	6085	339426.9	80	6373
博爱县寨豁乡	13088	12150	6406	1250	403847.0		
博爱县金城乡	6237	55138	26245	9688	305141.0		
武陟县詹店镇	8298	50552	32884	25359	481670.0	1610	34316
武陟县西陶镇	3672	48267	33174	26779	502071.0	1590	28650
武陟县谢旗营镇	5764	59210	33596	26265	458203.0	885	18920
武陟县大封镇	8395	68240	67319	49732	520050.0	1205	26872
武陟县嘉应观乡	7573	42320	18250	3930	68830.0		
武陟县乔庙乡	5230	47187	31779	10807	121832.0		
武陟县圪当店乡	3727	38109	22500	7300	52000.0		
武陟县三阳乡	7487	47289	36657	19074	231000.0		
武陟县小董乡	5040	42520	21913	6377	26100.0		

续表 278　　（河南省）　　计算单位：公顷、人、万元

名　　称	行政区域面　　积	常住人口	从业人员	二三产业从业人员	工　业总产值	城镇建成区 面 积	城镇建成区常住人口
武陟县大虹桥乡	7573	58185	35222	14377	150750.0		
武陟县北郭乡	7753	39805	30024	10102	24624.0		
温县温泉镇	6100	102310	51940	43820	1270294.0	1160	67200
温县祥云镇	6200	52238	31912	13912	371335.0	482	6208
温县番田镇	7400	44821	32252	12270	804982.0	360	5458
温县黄庄镇	6600	51875	38000	18687	364871.0	210	2969
温县武德镇	4300	44360	34100	19820	376242.0	320	7228
温县赵堡镇	4900	40806	28100	18470	37290.0	290	9380
温县南张羌镇	3100	29438	22756	14952	352307.0	515	8751
温县岳村乡	2600	21690	13988	9670	147122.0		
温县招贤乡	3000	22993	21282	8505	150540.0		
温县北冷乡	2000	20245	14505	7278	232657.0		
焦作城乡一体化示范区阳庙镇	3375	36911	16623	6011	227621.0	220	15368
焦作城乡一体化示范区宁郭镇	3870	29033	18871	4905	130810.0	119	11401
焦作城乡一体化示范区苏家作乡	3015	35601	19614	7576	130020.0		
沁阳市崇义镇	4793	33487	20431	9533	685883.2	480	6470
沁阳市西向镇	9402	78847	74514	70519	3836464.2	1258	32975
沁阳市西万镇	3620	38238	25743	19119	489543.9	300	12644
沁阳市柏香镇	8340	61926	38846	18130	1069121.1	500	11023
沁阳市山王庄镇	1867	30235	16425	11687	597162.4	220	10017
沁阳市紫陵镇	5922	27823	18545	17352	1414288.8	109	6360
沁阳市常平乡	7002	8666	5885	4007	82976.9		
沁阳市王召乡	6633	50584	31767	13705	526958.0		
沁阳市王曲乡	5638	40658	25943	10300	720963.0		
孟州市化工镇	6644	37316	22308	18968	163323.0	134	11750
孟州市南庄镇	4656	42715	27358	22778	1276003.0	382	21338
孟州市城伯镇	3890	33879	20871	11080	472398.0	104	3410
孟州市谷旦镇	4042	29327	17018	9606	453301.0	209	2936
孟州市赵和镇	7911	38047	22304	3073	76220.0	85	3915
孟州市西虢镇	7641	36258	22761	17355	2899001.0	200	4693
孟州市槐树乡	6823	21947	12119	7134	204630.0		
华龙区岳村镇	2700	26085	15748	11531	116456.0	320	10195
华龙区孟轲乡	2030	29860	14350	10100	337769.0		
清丰县城关镇	2610	68952	20306	14252	810000.0	2455	64720
清丰县马庄桥镇	1648	11770	8764	6107	625768.0	316	5682
清丰县瓦屋头镇	5785	45216	22032	13390	305343.0	115	7912
清丰县仙庄镇	6840	52950	25537	19801	240000.0	2500	25665
清丰县柳格镇	4185	44261	23158	14390	892192.0	110	5498
清丰县六塔乡	5126	42177	26994	14755	234958.0		
清丰县巩营乡	4810	36088	25283	15583	182000.0		
清丰县马村乡	5834	38065	23110	16240	183225.0		
清丰县高堡乡	5126	41177	12237	9559	575688.0		
清丰县古城乡	5012	36801	21702	7893	207803.0		
清丰县大流乡	4932	35580	19000	10770	353260.0		
清丰县韩村乡	5130	37215	31111	6883	213685.0		
清丰县大屯乡	4720	38769	25450	20300	284527.0		
清丰县固城乡	4400	35500	11020	5720	332260.0		
清丰县双庙乡	4535	43085	22721	16022	142000.0		
清丰县纸房乡	5716	40387	20642	14584	37042.0		
清丰县阳邵乡	6916	38000	22490	16430	298695.0		

续表 279　　（河南省）　　计算单位：公顷、人、万元

名　　称	行政区域面　积	常住人口	从业人员	二三产业从业人员	工　业总产值	城镇建成区 面 积	城镇建成区常住人口
南乐县城关镇	3100	48021	5456	1152	445941.0	215	40001
南乐县韩张镇	4300	37896	5611	739	268934.0	219	17419
南乐县元村镇	6000	37151	11250	2481	408762.0	315	26231
南乐县福坎镇	6650	42300	22400	830	410150.0	150	7800
南乐县张果屯镇	5500	31986	15935	960	448850.0	13	1275
南乐县千口镇	6300	48167	23416	1583	247777.0	110	10034
南乐县杨村乡	5205	29500	6760	760	420000.0		
南乐县谷金楼乡	4862	31400	16716	5156	730592.0		
南乐县西邵乡	4800	45231	10475	1200	311121.0		
南乐县寺庄乡	5800	40476	17731	998	361320.0		
南乐县梁村乡	4798	43247	19735	3795	17307.0		
南乐县近德固乡	4900	40325	22571	1701	14733.0		
范县城关镇	1500	44495	7446	5035	179659.0	600	38540
范县濮城镇	4400	70067	51822	43490	2860672.0	883	33869
范县龙王庄镇	6246	45247	36909	18145	132510.0	102	6852
范县高码头镇	4500	33125	27614	8387	181639.0	85	6185
范县王楼镇	3859	28293	15273	8130	813474.0	321	10042
范县辛庄镇	6500	42099	27432	11588	272230.0	96	8000
范县陈庄镇	5597	31532	28431	11602	77613.0	60	5500
范县杨集乡	5600	39007	26490	10100	89026.0		
范县白衣阁乡	5600	31743	21634	13896	98426.0		
范县颜村铺乡	3640	31898	29426	11268	233334.0		
范县陆集乡	4960	30209	24785	6653	186133.0		
范县张庄乡	4920	33785	21422	12616	262402.0		
台前县城关镇	2582	47256	38704	29439	678568.0	747	39654
台前县侯庙镇	5356	46702	25982	9162	310146.0	304	11385
台前县孙口镇	3132	35174	31060	21352	306887.0	133	23730
台前县打渔陈镇	5907	50733	29567	14233	314127.0	35	12270
台前县马楼镇	6738	42199	22427	16034	379585.0	199	17880
台前县吴坝镇	3845	23523	18540	9199	170535.0	55	4500
台前县后方乡	3368	26383	21162	11810	99320.0		
台前县清水河乡	4336	34332	29603	19018	273231.0		
台前县夹河乡	4123	25683	17782	8786	247903.0		
濮阳县城关镇	5132	59435	52276	36846	2102904.0	4582	50536
濮阳县柳屯镇	7500	69046	59208	52177	2749891.0	3569	39300
濮阳县文留镇	8000	79875	63711	54060	2576903.0	800	37950
濮阳县庆祖镇	8000	68451	50640	14630	614739.0	270	20000
濮阳县八公桥镇	7800	62390	32503	10118	30835.0	120	5430
濮阳县徐镇镇	6400	47698	35750	20994	256320.0	550	7423
濮阳县户部寨镇	6900	51640	51040	18880	1107679.0	490	6752
濮阳县鲁河镇	7500	49850	39217	22235	386789.1	272	29052
濮阳县子岸镇	7696	52198	51126	15956	13244.0	286	8679
濮阳县胡状镇	6600	48433	37066	10122	118128.0	45	5374
濮阳县王称固镇	7260	54298	29437	1091	11967.0	184	5261
濮阳县清河头乡	5800	42946	28342	20515	315689.0		
濮阳县梁庄乡	6700	51151	41575	9171	179836.0		
濮阳县白罡乡	5500	40250	37196	14533	52500.0		
濮阳县梨园乡	6396	43628	33900	10325	39229.0		
濮阳县五星乡	5100	44316	14119	3965	213351.0		
濮阳县郎中乡	5989	54210	29010	16000	21200.0		

续表 280 （河南省） 计算单位：公顷、人、万元

名称	行政区域面积	常住人口	从业人员	二三产业从业人员	工业总产值	城镇建成区面积	城镇建成区常住人口
濮阳县海通乡	6320	59750	32010	23910	65600.0		
濮阳县渠村乡	7800	46020	27216	13608	12140.0		
濮阳县习城乡	7600	45073	31647	9599	13701.0		
濮阳经济技术开发区王助镇	6225	49899	26275	15620	342800.0	106	4478
濮阳经济技术开发区新习镇	7300	52499	31466	13088	40556.0	55	1313
濮阳经济技术开发区胡村乡	5419	25575	15165	7050	18504.0		
许昌县将官池镇	4000	39525	21539	7079	179950.0		
许昌县五女店镇	7330	36387	21607	16897	168706.0	280	11175
许昌县尚集镇	3592	52805	18930	14040	198930.0	840	11260
许昌县苏桥镇	6600	61680	34916	12616	278596.0	410	14019
许昌县蒋李集镇	8508	54843	28629	14299	100048.0	108	5197
许昌县张潘镇	5432	51466	24960	15640	462850.0	650	12555
许昌县灵井镇	6700	59800	27170	10670	325500.0	780	13500
许昌县陈曹乡	9200	71032	45940	23764	223339.0		
许昌县邓庄乡	3345	45374	38131	19586	4300.0		
许昌县小召乡	6000	43262	16607	11796	216418.0		
许昌县河街乡	5100	47142	39802	9267	268325.0		
许昌县桂村乡	4800	34863	22791	14855	111189.0		
许昌县椹涧乡	7500	56403	30148	8611	307741.0		
许昌县榆林乡	7376	52900	31500	12800	293862.0		
许昌县艾庄回族乡	1350	13763	6779	1556	55590.0		
鄢陵县安陵镇	1990	67135	41611	41161	256154.0	1896	37595
鄢陵县马栏镇	7230	59460	29845	25750	510335.0	32	40060
鄢陵县柏梁镇	6930	58839	28127	15863	43945.0	1393	40959
鄢陵县陈化店镇	4946	33780	16850	5050	62440.0	200	5810
鄢陵县望田镇	7950	39012	14589	6737	119693.0	300	14125
鄢陵县大马镇	7670	36215	24242	15374	165000.0	308	20005
鄢陵县陶城镇	10660	64135	38481	26229	138800.0	32	5360
鄢陵县张桥镇	8460	67210	32801	26676	36521.0	155	705
鄢陵县彭店镇	9510	50999	27367	23455	393188.0	106	17580
鄢陵县只乐镇	8700	56350	36187	13557	44280.0	195	14232
鄢陵县南坞乡	6440	41050	15340	7315	25500.0		
鄢陵县马坊乡	7140	58683	39317	29978	159000.0		
襄城县城关镇	735	46132	32853	28721	96240.0	735	46132
襄城县颍桥回族镇	950	9756	6277	3410	47272.0	110	9039
襄城县麦岭镇	5000	47201	29161	6035	56673.0	101	6532
襄城县颍阳镇	5887	46825	36410	9899	49275.0	118	6609
襄城县王洛镇	6670	42032	28012	14994	175271.0	128	8348
襄城县紫云镇	8485	37136	29735	15420	258898.0	99	6698
襄城县库庄镇	6400	52705	23767	2147	43522.0	98	6520
襄城县十里铺镇	7700	66580	38490	24910	127080.0	115	7530
襄城县山头店镇	6240	58701	32700	15719	59040.0	118	6103
襄城县湛北乡	5518	24526	21297	13273	2103074.0		
襄城县茨沟乡	5212	42500	18350	13115	64296.4		
襄城县丁营乡	5100	38726	31502	18050	11254.0		
襄城县姜庄乡	8861	44945	25469	14357	48430.0		
襄城县范湖乡	9658	68001	43805	6405	99234.0		
襄城县双庙乡	5400	27875	16225	8490	51214.0		
襄城县汾陈乡	4520	39995	20098	13208	90000.0		
许昌经济技术开发区长村张乡	4200	29978	12184	9536	40894.0		

续表 281　　（河南省）　　计算单位：公顷、人、万元

名　　称	行政区域面　积	常住人口	从业人员	二三产业从业人员	工　业总产值	城镇建成区 面 积	城镇建成区常住人口
禹州市火龙镇	4670	47519	33131	25681	916569.0	380	17216
禹州市顺店镇	7030	70192	33125	14841	851479.0	290	13026
禹州市方山镇	7400	39350	23883	18340	810351.0	13	5935
禹州市神垕镇	4910	45069	30920	26610	547956.0	980	40030
禹州市鸿畅镇	6900	49701	33453	25303	769460.0	195	19135
禹州市梁北镇	4650	42082	23510	13280	470000.0	120	27600
禹州市古城镇	5382	43567	27652	12042	264500.0	260	13580
禹州市无梁镇	8648	34166	23260	5488	279861.0	610	7679
禹州市文殊镇	6200	46310	24709	15949	156250.0	120	4210
禹州市鸠山镇	9600	31813	22401	8905	145820.0	12	11987
禹州市褚河镇	7331	75155	35793	27928	784537.0	230	11320
禹州市范坡镇	7180	48477	46934	28564	22714.3	89	12120
禹州市郭连镇	4600	46957	42464	22916	410707.7	55	4762
禹州市朱阁镇	7080	40953	33925	15032	192340.0	76	6185
禹州市浅井镇	11200	32137	14864	6679	363742.0	15	2033
禹州市方岗镇	4400	33987	22418	11220	127000.0	315	5300
禹州市花石镇	7200	53097	52395	29314	345000.0	71	5620
禹州市张得镇	7044	46520	42179	21192	165120.0	63	5000
禹州市苌庄乡	8862	30574	17477	6431	386997.0		
禹州市磨街乡	5900	23873	15058	5335	35625.0		
禹州市小吕乡	4906	35540	16680	14400	140285.0		
禹州市山货回族乡	1200	11595	7655	3705	166592.0		
长葛市和尚桥镇	4070	25851	24038	23012	1249277.0	26	23477
长葛市坡胡镇	4662	53825	45131	32196	387250.0	192	8096
长葛市后河镇	4438	48924	43709	33284	652314.0	48	10632
长葛市石固镇	3880	40082	29128	21700	752820.0	405	12016
长葛市老城镇	4914	55622	32455	25102	282665.0	200	16206
长葛市南席镇	6318	46592	28170	12247	41089.0	104	5204
长葛市大周镇	6416	84160	66805	59985	5262350.0	1120	44680
长葛市董村镇	5250	50688	30253	23570	108116.0	252	10197
长葛市石象镇	5600	43292	29562	13944	45317.0	24	2560
长葛市古桥镇	5630	41713	40139	12205	54820.0	18	11578
长葛市增福庙乡	3285	31279	18759	13136	311625.0		
长葛市官亭乡	6202	48258	33870	21109	52317.0		
源汇区大刘镇	4200	35425	29970	17470	31247.0	16	3540
源汇区阴阳赵镇	4600	41487	25388	5225	104000.0	32	11630
源汇区空冢郭镇	4400	48689	30788	9145	206607.0	130	11247
源汇区问十乡	4200	19936	18459	7338	31112.0		
郾城区城关镇	1370	74395	48505	46825	1608661.0	1100	56354
郾城区孟庙镇	6030	59883	36241	13861	808982.0	412	13918
郾城区商桥镇	5070	45288	26311	10659	107757.0	205	8477
郾城区裴城镇	7970	52848	30431	8934	214459.0	188	6806
郾城区新店镇	6990	48385	30096	13529	164245.0	86	9541
郾城区龙城镇	6390	60627	35672	20299	382615.0	423	26651
郾城区李集镇	5470	45961	30148	12397	293266.0	868	10068
郾城区黑龙潭镇	3890	36882	23705	6221	700753.0	38	55
召陵区召陵镇	6934	86050	55190	45990	807763.0	623	20043
召陵区邓襄镇	4067	46632	36012	11345	173725.0	150	8133
召陵区万金镇	7693	75216	24850	23430	121292.0	280	8310
召陵区老窝镇	7968	76864	46063	16763	200500.0	208	6940

续表 282　　（河南省）　　计算单位：公顷、人、万元

名　　称	行政区域面　积	常住人口	从业人员	二三产业从业人员	工　业总产值	城镇建成区 面 积	城镇建成区常住人口
召陵区姬石镇	3441	41278	31011	13912	178345.0	196	14100
召陵区青年镇	7716	62051	24328	14802	328592.0	150	6000
舞阳县舞泉镇	2152	76181	44062	39459	2644498.0	2152	76181
舞阳县吴城镇	6617	41462	27897	16534	29755.0	260	17820
舞阳县北舞渡镇	4138	26800	16859	8818	46124.0	446	19860
舞阳县莲花镇	6310	39057	25307	7574	92963.0	156	11890
舞阳县辛安镇	5070	34207	21657	9714	94971.0	146	8562
舞阳县孟寨镇	6232	40345	26024	11317	32038.0	475	20462
舞阳县太尉镇	3677	25145	16863	6776	27307.0	73	4312
舞阳县侯集镇	5874	46076	30105	8449	30684.0	75	6325
舞阳县九街镇	7038	35013	26796	4785	27227.0	161	12342
舞阳县文峰乡	5692	42991	23502	9919	281059.0		
舞阳县保和乡	6918	44817	30248	13716	68290.0		
舞阳县马村乡	6431	35667	23294	8775	149041.0		
舞阳县姜店乡	6580	33613	23809	8105	27219.0		
舞阳县章化乡	4754	34726	16943	9404	19318.0		
临颍县城关镇	3650	91449	54768	53322	4420579.0	1550	46899
临颍县繁城镇	6900	61937	53837	30729	472516.0	245	10625
临颍县杜曲镇	5850	64103	54645	43220	256930.0	410	17720
临颍县王岗镇	9400	62180	57008	20343	362580.0	110	5986
临颍县台陈镇	6400	62965	36382	22329	183500.0	42	3452
临颍县巨陵镇	5250	44462	36993	10366	91573.0	70	10262
临颍县瓦店镇	5300	45119	30874	14007	169000.0	65	4819
临颍县三家店镇	4700	34590	24490	8011	234780.0	25	3133
临颍县窝城镇	4900	33512	18252	8187	28200.0	45	4235
临颍县王孟镇	6000	38660	26470	7256	28712.0	15	2180
临颍县大郭乡	7450	51745	32622	15098	21215.0		
临颍县皇帝庙乡	5100	32434	21109	11974	154522.0		
临颍县固厢乡	3550	30850	22560	11280	340400.0		
临颍县石桥乡	4550	27881	21195	12283	137421.0		
临颍县陈庄乡	3100	20784	20167	5722	140632.0		
漯河经济技术开发区后谢乡	4100	57998	42593	41988	986796.0		
湖滨区交口乡	4171	20511	13422	6189	13750.0		
湖滨区磁钟乡	2360	9042	5219	1400	70000.0		
湖滨区高庙乡	5900	6624	6009	3074	37620.0		
渑池县城关镇	3400	79837	33095	30856	261136.0	255	20480
渑池县英豪镇	8900	30078	24712	9895	302797.0	120	7367
渑池县张村镇	5400	26900	18106	13828	745236.0	120	13100
渑池县洪阳镇	6700	21823	16093	9217	421906.0	97	2647
渑池县天池镇	13700	41300	25787	13219	300564.0	40	3228
渑池县仰韶镇	9600	34811	24434	18711	1012058.0	385	4698
渑池县仁村乡	13100	17850	12046	6403	197523.0		
渑池县果园乡	12400	43797	24987	11736	591043.0		
渑池县陈村乡	11500	31276	26729	9637	587400.0		
渑池县坡头乡	21200	15401	8807	5400	306926.0		
渑池县段村乡	20400	8529	5595	3621	279394.0		
渑池县南村乡	10700	5713	4392	2650	289643.0		
陕县大营镇	9211	54766	21545	12175	237150.0	95	18260
陕县原店镇	2319	31596	12502	10515	110200.0	66	20038
陕县西张村镇	30035	53232	25060	7400	37300.0	152	14900

续表 283　　　　（河南省）　　　　计算单位：公顷、人、万元

名　称	行政区域面　积	常住人口	从业人员	二三产业从业人员	工　业总产值	城镇建成区面积	城镇建成区常住人口
陕县观音堂镇	12380	24921	14780	6209	88436.0	260	4260
陕县张汴乡	13253	12179	7810	1120	12115.0		
陕县张湾乡	7095	26133	6454	6454	5716.0		
陕县菜园乡	16180	36940	23245	6687	78950.0		
陕县张茅乡	8448	19746	10443	3481	48800.0		
陕县王家后乡	13350	12618	9642	5427	39000.0		
陕县硖石乡	7576	11406	6558	3682	56000.0		
陕县西李村乡	14332	23364	12347	2076	14020.0		
陕县宫前乡	22259	13103	8207	2886	19726.0		
陕县店子乡	16732	3815	2794	1335			
卢氏县城关镇	6400	42664	19176	18530	32275.3	430	37654
卢氏县杜关镇	20100	17173	8363	3891	18384.0	80	2770
卢氏县五里川镇	16930	20324	10615	2773	41362.7	115	7763
卢氏县官道口镇	21100	21363	10151	2027	10020.0	62	3692
卢氏县朱阳关镇	13750	16504	8152	1062	7000.0	103	3354
卢氏县官坡镇	29300	27241	14190	1834	25431.0	80	4264
卢氏县范里镇	33830	35593	18461	1236	63029.0	78	9042
卢氏县东明镇	20760	31380	15444	4313	117800.0	550	11906
卢氏县双龙湾镇	13850	13590	7645	2440	95200.0	270	5200
卢氏县文峪乡	23700	33181	17902	3214	71250.0		
卢氏县横涧乡	25150	31866	18400	4050	45020.0		
卢氏县双槐树乡	12800	12792	6883	1478	4161.3		
卢氏县汤河乡	15050	10481	5305	885	16325.0		
卢氏县瓦窑沟乡	24700	11900	7904	1300	8300.0		
卢氏县狮子坪乡	23800	10788	6483	863	5251.0		
卢氏县沙河乡	13650	14051	6898	1678	24361.0		
卢氏县徐家湾乡	16050	9607	5729	1452	25566.0		
卢氏县潘河乡	25320	12167	7538	2773	40720.0		
卢氏县木桐乡	17850	8308	4494	820	176857.5		
卢氏县向阳街道	1090	25650	10350	8450	113700.0		
灵宝市城关镇	1935	8738	7520	5134	840935.0	200	1750
灵宝市尹庄镇	8238	45687	24335	10979	769823.0	390	3000
灵宝市朱阳镇	81482	44246	30103	8509	1387252.0	261	7508
灵宝市阳平镇	27991	73420	47053	13603	2371689.0	170	12453
灵宝市故县镇	19546	40305	16639	9354	1997553.0	272	11694
灵宝市豫灵镇	18305	61486	36739	15825	3183560.0	692	13685
灵宝市大王镇	12161	66727	29228	5329	369712.0	127	8450
灵宝市阳店镇	19515	58498	28510	6830	311000.0	91	2370
灵宝市函谷关镇	6055	25028	14810	1890	233940.0	262	2770
灵宝市焦村镇	12652	52517	38540	10100	142621.0	150	9449
灵宝市川口乡	10630	29450	17915	6670	132500.0		
灵宝市寺河乡	15471	7085	5473	1313	35954.0		
灵宝市苏村乡	26761	27160	14618	2436	558251.0		
灵宝市五亩乡	24185	36550	25042	3270	501200.0		
灵宝市西阎乡	14991	52427	40157	6274	275660.0		
宛城区官庄镇	4860	33692	16202	10050	62330.0	515	8125
宛城区瓦店镇	8600	60562	27636	5938	55450.0	246	15412
宛城区红泥湾镇	13449	76120	64139	35600	17856.0	320	20000
宛城区黄台岗镇	9070	54345	36425	16215	155087.0	300	9950
宛城区金华镇	6512	48156	35316	6809	13563.0	116	13068

续表 284　　　　（河南省）　　　　计算单位：公顷、人、万元

名　称	行政区域面积	常住人口	从业人员	二三产业从业人员	工业总产值	城镇建成区面积	城镇建成区常住人口
宛城区溧河乡	4696	38416	20100	14300	610000.0		
宛城区汉冢乡	8000	47662	28223	15065	6380.0		
宛城区茶庵乡	6680	38900	21497	11650	8638.0		
宛城区高庙乡	8140	49269	23860	8224	5121.0		
卧龙区石桥镇	3970	39721	23200	10454	228420.0	316	16927
卧龙区潦河镇	7644	58259	30471	7032	164789.0	230	7821
卧龙区安皋镇	9159	38702	21923	5583	35981.0	260	5700
卧龙区蒲山镇	12470	88079	52094	20440	351536.0	500	47095
卧龙区陆营镇	7500	71355	43931	13007	96392.0	100	7418
卧龙区青华镇	9159	68158	40988	7948	99656.0	208	7296
卧龙区英庄镇	8940	71867	40673	12393	118235.0	261	4215
卧龙区潦河坡镇	10600	22195	15305	6059	17674.0	550	2954
卧龙区七里园乡	4612	23729	15731	7730	163405.0		
卧龙区谢庄乡	10060	39200	26951	13409	18847.0		
卧龙区王村乡	4422	32090	20339	7265	239011.0		
南召县城关镇	1075	53412	24512	24077	104389.0	1075	53412
南召县留山镇	17600	36525	23687	10437	18976.0	112	3750
南召县云阳镇	12486	86150	41918	18948	369410.0	610	55160
南召县皇路店镇	11889	69112	53000	25000	99860.0	480	21130
南召县南河店镇	12890	56988	39260	25200	246356.0	465	11501
南召县板山坪镇	34345	25607	23007	10203	6057.0	600	2920
南召县乔端镇	33826	15620	10440	7590	26890.0	600	3650
南召县白土岗镇	19600	45350	26343	11205	193605.0	286	8109
南召县城郊乡	13537	34513	19621	5676	126240.0		
南召县小店乡	16852	38522	28093	6870	76534.0		
南召县皇后乡	15600	34523	24361	10109	141569.0		
南召县太山庙乡	8157	36321	25720	9499	13021.0		
南召县石门乡	9029	25497	15662	3659	39300.0		
南召县四棵树乡	20235	33064	19522	9437	98000.0		
南召县马市坪乡	29200	22869	12513	3198	59940.0		
南召县崔庄乡	20866	39230	26080	8480	48560.0		
方城县独树镇	24400	89124	56633	36175	190685.0	347	27021
方城县博望镇	15300	105849	69310	27281	129735.0	366	34345
方城县拐河镇	17920	42213	34873	6688	88480.0	370	9120
方城县小史店镇	27700	87972	59929	31617	173665.0	356	9632
方城县赵河镇	15260	111352	66035	33577	25154.0	465	33524
方城县广阳镇	16634	80924	49779	18776	405431.0	360	36162
方城县二郎庙镇	12500	52297	23843	2833	16785.0	580	4891
方城县杨楼镇	17900	80309	45836	30198	174778.0	300	8163
方城县券桥乡	10000	58911	32976	19728	137622.0		
方城县杨集乡	16600	58436	32732	8811	139500.0		
方城县古庄店乡	21600	81034	70524	29052	74607.0		
方城县清河乡	14900	52219	40625	24600	86078.0		
方城县柳河乡	13600	48337	28112	8930	30156.0		
方城县四里店乡	29800	61128	27260	14160	268689.0		
方城县袁店回族乡	3538	17505	10482	4751	35406.0		
西峡县丹水镇	13313	44303	20295	7339	138653.0	372	17958
西峡县西坪镇	25670	35401	18180	8650	60352.0	370	20010
西峡县双龙镇	29367	21043	12877	9979	121660.0	470	14120
西峡县回车镇	18743	33792	33211	16138	645921.0	602	6631

续表 285　（河南省）　计算单位：公顷、人、万元

名　　称	行政区域面　　积	常住人口	从业人员	二三产业从业人员	工　业总产值	城镇建成区 面 积	城镇建成区常住人口
西峡县丁河镇	20320	34023	15380	9798	78910.0	326	7860
西峡县桑坪镇	27503	24278	19626	9930	50140.0	421	13750
西峡县米坪镇	21933	21585	11063	8699	58216.0	350	6732
西峡县五里桥镇	22278	49492	27513	16538	316307.0	1288	19315
西峡县重阳镇	23244	31256	13772	10169	82687.0	300	18780
西峡县太平镇	30234	10690	6457	5627	87640.0	340	4710
西峡县阳城镇	9790	14576	10469	4844	71684.0	170	4338
西峡县二郎坪镇	20219	8295	6494	2602	56455.0	300	2431
西峡县石界河镇	19542	10902	3932	1796	19870.0	192	3895
西峡县军马河镇	16371	16656	7260	4700	86350.0	602	5010
西峡县田关乡	9097	20925	13015	7310	78950.0		
西峡县寨根乡	16889	8105	4475	2051	40300.0		
镇平县石佛寺镇	8834	93969	53306	49183	362541.0	2574	61280
镇平县晁陂镇	4200	38434	29875	18229	138563.0	42	4294
镇平县贾宋镇	5590	49262	30540	8825	181209.0	650	15000
镇平县侯集镇	6800	52111	37012	21584	189904.0	25	7551
镇平县老庄镇	13940	26833	13256	9593	152654.0	71	3650
镇平县卢医镇	5246	27788	21902	15577	86659.0	230	8098
镇平县遮山镇	6889	26076	15628	10735	195973.0	156	3556
镇平县高丘镇	17169	53607	27433	3316	123324.0	39	3371
镇平县曲屯镇	4871	26372	15935	8819	155278.0	150	4986
镇平县枣园镇	6202	36104	22219	9898	99524.0	62	3513
镇平县杨营镇	5820	44461	36864	20576	170405.0	80	4290
镇平县安字营镇	7100	44212	31131	22704	197604.0	220	12367
镇平县张林镇	8800	35302	30763	9796	129616.0	60	7200
镇平县柳泉铺镇	6260	28870	19527	9299	146285.0	25	5200
镇平县彭营镇	7232	45619	27695	6957	163180.0	115	8700
镇平县二龙乡	17600	13372	9955	8415	89652.0		
镇平县王岗乡	4200	21205	13002	8246	165528.0		
镇平县马庄乡	3752	23935	18774	6820	93901.0		
镇平县郭庄回族乡	1607	10318	6972	1961	58874.0		
内乡县城关镇	1300	50866	47440	45340	50289.0	1300	50866
内乡县夏馆镇	36000	23321	13219	2704	38172.0	5	3320
内乡县师岗镇	13400	49984	31147	20221	11038.0	321	26256
内乡县马山口镇	28300	49946	22492	13060	12356.0	462	20075
内乡县湍东镇	12340	59620	31946	26264	2102325.0	685	22465
内乡县赤眉镇	15430	39522	30899	21248	72659.0	407	16597
内乡县瓦亭镇	8900	27849	21781	10516	32699.0	8	6123
内乡县王店镇	10600	43307	30580	13794	105800.0	154	12283
内乡县灌涨镇	11600	43479	33542	14619	40305.0	160	5890
内乡县桃溪镇	14000	26059	17863	5303	37484.0	140	4451
内乡县岞岖镇	12800	23766	14876	5713	69586.0	450	4316
内乡县板场乡	18465	9695	5039	3283	18827.0		
内乡县大桥乡	5470	28368	16146	9876	61062.0		
内乡县赵店乡	10800	39090	23762	9888	78326.0		
内乡县七里坪乡	34600	15636	6935	1772	3920.0		
内乡县余关乡	11200	29383	13964	3356	11832.0		
淅川县荆紫关镇	16880	57520	35332	6502	168200.0	240	8665
淅川县老城镇	9700	15108	10777	6652	38700.0	230	6532
淅川县香花镇	37400	32524	14697	9790	3300.0	518	22690

续表 286　　(河南省)　　计算单位：公顷、人、万元

名　　称	行政区域面积	常住人口	从业人员	二三产业从业人员	工业总产值	城镇建成区面积	城镇建成区常住人口
淅川县厚坡镇	15400	95040	55048	10388	18210.0	350	20832
淅川县丹阳镇	13600	58697	55129	49598	223000.0	200	9066
淅川县盛湾镇	31700	39799	30302	6070	28312.0	100	3832
淅川县金河镇	13200	35670	20665	9275	2232.0	800	9763
淅川县寺湾镇	12500	39795	25032	10271	55875.1	310	6523
淅川县仓房镇	15300	10592	5377	4802	41615.0	122	3303
淅川县上集镇	18700	73350	35470	13170	150150.0	700	9600
淅川县马蹬镇	20800	33398	23987	15091	33800.0	180	4335
淅川县西簧乡	23500	22300	15120	8120	49500.0		
淅川县毛堂乡	23000	30110	29110	17750	27000.0		
淅川县大石桥乡	12900	12253	11355	8857	6245.0		
淅川县滔河乡	22000	23855	18829	8667	2000.0		
社旗县赊店镇	1599	64892	22327	12785	134200.0	1500	56468
社旗县桥头镇	8298	47596	27004	10682	21032.0	130	12789
社旗县饶良镇	7900	57924	38898	6396	48630.0	210	7425
社旗县兴隆镇	5133	29035	17747	3991	29300.0	90	9296
社旗县晋庄镇	5543	32895	18616	9860	87000.0	320	11832
社旗县李店镇	10224	59368	36340	5345	69300.0	820	9852
社旗县苗店镇	6264	35597	21754	5458	41520.0	170	8394
社旗县郝寨镇	9110	59056	37110	9054	35620.0	100	9405
社旗县朱集镇	10786	59896	40254	10968	14960.0	330	9680
社旗县下洼镇	7852	52384	34539	14672	38622.0	600	6524
社旗县太和镇	6100	32176	20981	4344	21032.0	110	6631
社旗县大冯营镇	7500	39995	20961	5620	16233.0	270	5963
社旗县陌陂镇	6700	42296	19961	4249	36540.0	75	5892
社旗县唐庄乡	6780	39125	14042	8390	58633.0		
唐河县源潭镇	15476	69075	63475	21119	55263.0	538	18569
唐河县张店镇	12739	54646	40962	14687	143682.0	401	12320
唐河县郭滩镇	12200	84600	60210	46130	175523.0	560	26530
唐河县湖阳镇	14950	65737	31005	17289	357237.0	356	18929
唐河县黑龙镇	11980	41933	41432	15798	98216.0	380	6901
唐河县大河屯镇	13700	58972	55772	23646	43378.0	376	6456
唐河县龙潭镇	9800	49712	48567	25319	149569.0	248	7308
唐河县桐寨铺镇	16000	86231	45465	11296	175847.0	382	22354
唐河县苍台镇	8570	53220	29818	5985	24180.0	310	12370
唐河县上屯镇	11700	57777	38988	16843	231914.0	300	13334
唐河县毕店镇	11330	66023	31202	12973	59000.0	255	13694
唐河县少拜寺镇	9900	47983	24837	5696	140821.0	110	3548
唐河县城郊乡	12211	69616	42690	23910	77482.0		
唐河县桐河乡	9536	28562	26564	11324	38450.0		
唐河县昝岗乡	14880	55867	46253	28692	169829.0		
唐河县祁仪乡	18720	46578	32360	23608	86723.0		
唐河县马振抚乡	16171	51897	36790	18906	119732.0		
唐河县古城乡	11270	46769	38812	24174	54069.0		
唐河县东王集乡	8400	38711	36203	6233	17193.0		
新野县王庄镇	6300	35826	23116	15191	108569.0	16	2613
新野县沙堰镇	8000	53102	27584	13228	74056.0	330	8403
新野县新甸铺镇	10600	63867	63120	30887	284160.0	240	9105
新野县施庵镇	10600	69368	41409	11861	220898.0	100	6488
新野县歪子镇	10170	54185	52137	40073	356288.0	234	14231

续表 287 （河南省） 计算单位：公顷、人、万元

名 称	行政区域面 积	常住人口	从业人员	二三产业从业人员	工 业总产值	城镇建成区 面 积	城镇建成区常住人口
新野县五星镇	8200	54826	28786	10450	146469.0	145	5479
新野县溧河铺镇	9600	49690	37784	24434	237801.0	25	15083
新野县王集镇	7400	52827	51150	10346	140199.0	210	5520
新野县城郊乡	9570	46981	45835	14466	198846.0		
新野县前高庙乡	5906	42368	26322	10105	120324.3		
新野县樊集乡	4600	34231	17349	8501	89597.0		
新野县上庄乡	8300	38615	31109	10694	210526.0		
新野县上港乡	6100	43100	39090	31080	1080059.0		
桐柏县城关镇	2800	74687	21452	21264	170027.0	2400	74391
桐柏县月河镇	13000	25632	19895	18845	79970.0	106	10772
桐柏县吴城镇	13900	31021	27443	12447	100379.0	365	8603
桐柏县固县镇	12100	26169	21391	8360	96356.0	200	6200
桐柏县毛集镇	17750	36160	22424	5855	113099.0	365	25000
桐柏县大河镇	15100	10809	7259	2566	29132.0	14	1584
桐柏县埠江镇	4300	33296	18112	15543	1067502.0	350	8125
桐柏县平氏镇	4800	19685	18511	6879	111797.0	400	12000
桐柏县淮源镇	17000	18107	14410	10210	66530.0	500	5000
桐柏县黄岗镇	12750	16693	12796	4038	98909.0	572	3750
桐柏县安棚镇	9300	43101	26345	14987	620597.0	1822	26630
桐柏县朱庄镇	13800	11015	10660	5360	169340.0	32	4800
桐柏县程湾镇	13000	10545	8846	2945	15740.0	210	3311
桐柏县城郊乡	19800	27660	13928	11854	409082.0		
桐柏县回龙乡	15500	10289	7712	1978	23420.0		
桐柏县新集乡	7000	15597	14105	5983	89220.0		
南阳市城乡一体化示范区新店乡	9600	74260	17005	6020	47350.0		
邓州市罗庄镇	7825	37217	33117	20990	69738.0	39	5627
邓州市汲滩镇	8210	71048	28115	14883	56552.0	205	17852
邓州市穰东镇	9898	108700	65000	32300	244300.0	712	54400
邓州市孟楼镇	5540	25068	23068	8786	62372.0	2	544
邓州市林扒镇	9082	34129	17114	8895	280116.0	15	12015
邓州市构林镇	16374	66160	37030	22505	234071.0	390	38585
邓州市十林镇	9192	68626	21139	7189	19000.0	360	7520
邓州市张村镇	8345	70950	33921	12893	35612.0	1025	8125
邓州市都司镇	9995	36190	31406	16886	172600.0	215	5800
邓州市赵集镇	8400	71022	43254	24651	83467.0	840	19435
邓州市刘集镇	10300	70677	51714	7832	163407.0	200	9348
邓州市桑庄镇	8030	51104	39261	21799	86601.0	300	11224
邓州市彭桥镇	10471	45469	23020	13139	112643.0	562	3396
邓州市白牛镇	7450	38730	37500	11600	57200.0	200	7120
邓州市腰店镇	7400	36541	35435	23324	180000.0	22	14147
邓州市九龙镇	7650	50148	29000	17500	115790.0	292	15410
邓州市文渠镇	7730	72000	41089	9233	5460.0	228	19000
邓州市高集镇	11560	68650	44883	8125	52600.0	107	31630
邓州市张楼乡	6150	37298	36622	17462	35265.0		
邓州市夏集乡	10898	76632	61866	12845	69568.0		
邓州市裴营乡	13865	99987	67819	45450	210698.0		
邓州市陶营乡	9330	44326	36625	803	60565.0		
邓州市小杨营乡	4868	30528	29133	9298	32608.0		
邓州市龙堰乡	8011	55871	33580	23768	72000.0		
梁园区谢集镇	6029	47940	27280	16300	128600.0	257	15350

续表 288　　（河南省）　　计算单位：公顷、人、万元

名　　称	行政区域面　积	常住人口	从业人员	二三产业从业人员	工　业总产值	城镇建成区 面 积	城镇建成区常住人口
梁园区双八镇	4523	40857	23050	9149	85000.0	330	15362
梁园区刘口乡	5635	35389	20020	9983	33397.0		
梁园区水池铺乡	5228	32650	28828	15368	23105.0		
梁园区观堂乡	6483	43182	36697	8349	6867.0		
梁园区王楼乡	4829	38342	23067	6692	237512.0		
梁园区李庄乡	9687	43065	40127	10913	180000.0		
梁园区孙福集乡	5800	44366	30257	17487	26211.0		
睢阳区宋集镇	6911	55611	34332	14602	55699.0	281	22026
睢阳区郭村镇	7030	49600	42780	16200	119800.0	150	12086
睢阳区李口镇	4284	38724	22724	11434	39000.0	20	5789
睢阳区高辛镇	6600	49360	25466	12406	29660.0	806	16100
睢阳区坞墙镇	7070	49557	32692	17388	210245.0	2	10791
睢阳区冯桥镇	5930	27245	21932	13910	97200.0	203	7255
睢阳区路河镇	7823	43892	38027	24742	33314.0	120	12000
睢阳区闫集镇	7220	43270	32094	19134	182425.0	420	5500
睢阳区毛固堆镇	6600	51141	43056	14560	48242.0	650	5561
睢阳区包公庙乡	5403	32904	14452	5608	30136.0		
睢阳区娄店乡	4099	35382	19455	13490	19760.0		
睢阳区勒马乡	8100	57014	31342	28370	35990.0		
睢阳区临河店乡	5400	46996	45835	32363	41368.0		
民权县人和镇	7000	53986	41823	22468	267540.0	310	25217
民权县龙塘镇	6500	49815	41142	30767	198715.0	495	15997
民权县北关镇	9400	49968	38568	21508	623616.0	400	27186
民权县程庄镇	12000	71658	54999	30897	190000.0	300	15068
民权县王庄寨镇	4250	36796	22066	9716	10416.0	450	7950
民权县孙六镇	4400	41825	28258	16762	371200.0	530	14320
民权县白云寺镇	9300	60000	44958	25330	99500.0	296	18260
民权县王桥镇	7500	56620	31011	18856	173335.0	350	13658
民权县庄子镇	5400	31923	19448	15922	63368.0	260	2398
民权县伯党乡	2500	20765	11828	8661	24658.0		
民权县花园乡	4500	25010	17953	11431	481750.0		
民权县野岗乡	9600	40098	27027	11967	357894.0		
民权县双塔乡	7300	31733	18310	13732	18720.0		
民权县林七乡	4500	36622	21631	16704	103108.0		
民权县胡集乡	2400	15241	13237	4291	136724.0		
民权县褚庙乡	6700	36439	17593	12485	55670.0		
民权县老颜集乡	5400	39189	23202	17079	164496.0		
睢县长岗镇	4080	29430	18357	5245	12636.0	410	11496
睢县平岗镇	4290	33795	17199	8704	58777.0	300	7874
睢县周堂镇	4014	26637	18576	11400	11409.0	560	8510
睢县蓼堤镇	5992	35896	24191	13428	92913.0	140	8770
睢县西陵寺镇	7107	36983	24038	12712	11980.0	290	831
睢县城关镇	1194	62672	40602	39582	235031.0	1194	62672
睢县潮庄镇	3973	28239	21146	13711	32868.0	53	12093
睢县尚屯镇	5247	35560	19920	8770	183881.0	26	2356
睢县后台乡	2974	20863	13608	6563	13280.0		
睢县河集乡	5108	42560	24700	14850	36284.0		
睢县孙聚寨乡	5179	41220	18350	8350	6121.0		
睢县白楼乡	3429	25365	15273	9023	27971.0		
睢县河堤乡	4116	28689	21508	10745	43360.0		

续表 289　　（河南省）　　计算单位：公顷、人、万元

名　称	行政区域面　积	常住人口	从业人员	二三产业从业人员	工　业总产值	城镇建成区 面 积	城镇建成区常住人口
睢县白庙乡	4090	27235	15768	7884	9332.0		
睢县胡堂乡	2989	16894	10185	7732	8216.0		
睢县尤吉屯乡	4444	31625	22135	16789	63241.0		
睢县董店乡	7460	51192	33303	16474	1036937.0		
睢县涧岗乡	5243	29854	18590	5726	9359.0		
睢县匡城乡	5974	41235	27634	10424	19323.0		
睢县城郊乡	5136	52399	29176	14787	249873.0		
宁陵县城关镇	1304	39313	37489	33203	167035.0	1304	39313
宁陵县张弓镇	4430	37260	37192	12300	170413.0	500	13810
宁陵县柳河镇	7827	45579	31328	7540	409494.0	586	16658
宁陵县逻岗镇	10739	37981	33640	9210	67449.0	450	17895
宁陵县石桥镇	7029	39485	38522	11426	59327.0	188	17211
宁陵县黄岗镇	4932	31663	25319	13400	139608.0	350	11500
宁陵县华堡镇	7253	48438	33168	19171	137190.0	310	6700
宁陵县刘楼乡	4803	33146	21265	4181	68496.0		
宁陵县程楼乡	3966	30097	20105	8770	51774.0		
宁陵县乔楼乡	5304	33881	27233	9548	81536.0		
宁陵县城郊乡	4524	27803	15890	4282	137696.0		
宁陵县阳驿乡	6894	39529	32985	16188	92332.0		
宁陵县孔集乡	5572	29019	21560	13920	45049.0		
宁陵县赵村乡	5127	32306	19556	10590	45399.0		
柘城县城关镇	799	61900	37378	35518	375167.0	550	38977
柘城县陈青集镇	5301	35812	27875	19009	38786.0	700	9123
柘城县起台镇	5301	39462	20943	10123	21360.0	430	7201
柘城县胡襄镇	5539	32819	21057	11839	34338.0	160	5009
柘城县慈圣镇	6002	36812	22446	7581	51222.0	420	12694
柘城县安平镇	8190	45726	31724	21673	91367.0	185	14795
柘城县远襄镇	5277	29856	18625	9305	33810.0	421	11420
柘城县岗王镇	4862	38495	23426	22241	81025.0	265	9562
柘城县伯岗镇	5600	42183	23205	10121	21287.0	512	11346
柘城县邵元乡	2355	39158	23425	20400	1392966.0		
柘城县张桥乡	3700	29465	20381	9661	68446.0		
柘城县洪恩乡	3400	25491	16618	11512	28162.0		
柘城县老王集乡	4236	26465	26085	15880	32586.0		
柘城县大仵乡	4844	31658	23765	16815	22585.0		
柘城县马集乡	4067	23825	15562	10278	38742.0		
柘城县牛城乡	5600	35860	21378	14609	40653.0		
柘城县惠济乡	6000	35251	23646	16858	44215.0		
柘城县申桥乡	3906	37385	19749	11484	36365.0		
柘城县李原乡	4254	34689	22625	14182	36928.0		
柘城县皇集乡	4166	28990	18046	9995	39875.0		
虞城县城关镇	1200	90140	57423	57042	760000.0	1200	90140
虞城县界沟镇	6700	42753	30214	23091	72645.0	3	9845
虞城县木兰镇	4300	28262	19010	11310	30010.0	23	5320
虞城县杜集镇	6500	48684	31645	25375	189605.0	762	32866
虞城县谷熟镇	5100	37581	29200	22405	27950.0	212	16850
虞城县大杨集镇	6016	25797	23170	11294	16220.0	150	9215
虞城县利民镇	6600	53926	37719	25559	82269.0	620	29666
虞城县张集镇	5300	42385	27137	15276	56434.0	240	2998
虞城县站集镇	6000	40701	31276	20870	629360.0	391	6995

续表 290　　（河南省）　　计算单位：公顷、人、万元

名　称	行政区域面积	常住人口	从业人员	二三产业从业人员	工业总产值	城镇建成区面积	城镇建成区常住人口
虞城县稍岗镇	11200	58620	35278	17382	46889.0	249	4158
虞城县黄冢乡	6200	43280	28800	20720	54780.0		
虞城县沙集乡	4100	41564	28920	25960	20260.0		
虞城县店集乡	5500	40497	26107	19209	27000.0		
虞城县闻集乡	6000	35736	30236	8696	25985.0		
虞城县芒种桥乡	5200	26452	17606	14366	880.0		
虞城县刘店乡	7700	69103	37703	21380	170262.0		
虞城县大候乡	7900	56327	41194	34315	68789.0		
虞城县城郊乡	7900	62600	42132	33832	270000.0		
虞城县郑集乡	4598	23658	19848	11022	7579.0		
虞城县李老家乡	8600	41260	38607	17838	117151.0		
虞城县镇里固乡	4600	30047	18550	9175	21730.0		
虞城县古王集乡	6000	33160	16500	10100	69600.0		
虞城县刘集乡	7400	34586	28695	12950	27860.0		
虞城县乔集乡	4500	22366	20156	15084	6500.0		
虞城县田庙乡	3200	28640	19869	10879	15886.0		
夏邑县城关镇	2497	62638	40029	28819	400791.0	1625	61638
夏邑县会亭镇	6440	51975	24200	15800	500319.0	575	27500
夏邑县马头镇	5288	44820	26466	16814	16388.0	230	9904
夏邑县济阳镇	5100	37842	23993	15665	199082.0	300	9798
夏邑县李集镇	10330	73220	41310	26680	131760.0	306	7669
夏邑县车站镇	7102	46373	37906	20816	112108.0	246	23100
夏邑县杨集镇	6225	38760	30600	16300	108018.0	433	13051
夏邑县韩道口镇	6930	47952	33736	22972	35114.0	134	11363
夏邑县太平镇	8640	57561	35100	13000	32088.0	85	3380
夏邑县罗庄镇	4720	35131	19423	15871	157503.0	634	8786
夏邑县火店镇	6920	43612	34134	23147	144565.0	1035	9230
夏邑县北岭镇	6890	38000	28500	22700	86657.0	210	13300
夏邑县曹集乡	4900	40185	35894	29240	355357.0		
夏邑县胡桥乡	6779	44736	24780	15930	114452.0		
夏邑县歧河乡	6578	29840	25387	20437	25678.0		
夏邑县郭店乡	6140	32504	27630	15774	240052.0		
夏邑县业庙乡	6800	42355	29571	25548	141772.0		
夏邑县中峰乡	4250	23907	20558	13043	168040.0		
夏邑县桑固乡	6990	48375	28371	19349	24972.0		
夏邑县何营乡	4500	33250	25227	20606	42105.0		
夏邑县王集乡	5182	44798	32040	27060	53052.0		
夏邑县刘店集乡	4200	32062	22891	14891	110190.0		
夏邑县骆集乡	6500	26832	25820	14980	99553.0		
夏邑县孔庄乡	7396	42709	35815	20428	35858.0		
豫东综合物流产业聚集区张阁镇	3985	35940	25609	14341	43800.0	110	12060
豫东综合物流产业聚集区贾寨镇	7600	47654	28796	18816	20180.0	118	1340
河南商丘经济开发区周集乡	3600	32058	21898	16458	19500.0		
永城市演集镇	6107	106542	75014	69813	631254.0	3850	97856
永城市城关镇	1649	68762	61431	57911	425230.0	1600	65168
永城市芒山镇	7241	44045	36452	28592	30123.0	380	43510
永城市高庄镇	7579	55125	38810	31453	734778.0	153	55125
永城市酂城镇	7543	55147	45247	32665	73450.0	262	9624
永城市裴桥镇	12028	50726	34641	17699	88254.0	284	7138
永城市马桥镇	10445	48213	36267	20328	188050.0	12	23560

续表 291 （河南省） 计算单位：公顷、人、万元

名　称	行政区域面　积	常住人口	从业人员	二三产业从业人员	工　业总产值	城镇建成区 面 积	城镇建成区常住人口
永城市薛湖镇	12435	70417	30942	21484	210322.0	500	24406
永城市蒋口镇	8074	56047	39244	25676	177775.0	85	4520
永城市陈集镇	7301	57670	28229	21410	603500.0	276	1924
永城市十八里镇	4871	23670	23256	18766	160530.0	62	23670
永城市太邱镇	4880	25085	16233	9670	18452.0	380	18800
永城市李寨镇	7073	30650	24710	10730	87145.0	365	22890
永城市苗桥镇	5218	27166	24793	15435	96025.0	56	3625
永城市顺和镇	6011	27153	26286	19261	58360.0	435	5203
永城市茴村镇	4874	33182	22500	13528	38500.0	215	13640
永城市酇阳镇	7229	53602	31870	18230	67520.0	46	6152
永城市龙岗镇	7569	56362	33803	24939	113102.0	210	9843
永城市马牧镇	6268	34520	22043	14385	72154.0	136	8045
永城市王集镇	5661	46520	19651	15091	20125.0	47	8956
永城市刘河镇	6579	35440	15573	12420	16600.0	410	9280
永城市双桥镇	8209	37245	22286	18597	19807.0	66	6890
永城市卧龙镇	6163	30257	25525	11287	17826.0	228	3914
永城市城厢乡	5877	29530	28312	23112	130028.0		
永城市侯岭乡	9974	58423	27054	23042	76253.0		
永城市黄口乡	7270	30150	12811	9360	35651.0		
永城市新桥乡	7438	34996	33070	10410	46742.0		
永城市条河乡	6920	53500	28777	12276	43300.0		
永城市陈官庄乡	3200	23025	10751	7739	25123.0		
浉河区李家寨镇	10140	28938	15115	9535	26430.0	151	7542
浉河区吴家店镇	24750	56490	39826	2890	139400.0	230	4763
浉河区东双河镇	11835	40420	27435	7310	195600.0	126	8980
浉河区董家河镇	28500	42490	25198	3848	203163.0	218	4910
浉河区浉河港镇	23110	31552	19910	9298	215258.0	275	4178
浉河区游河乡	13900	35772	27993	10361	154862.0		
浉河区谭家河乡	30200	33264	18680	5535	155235.0		
浉河区柳林乡	10600	24105	11128	3698	85600.0		
浉河区十三里桥乡	12000	33881	21310	7016	93600.0		
平桥区明港镇	16700	148365	92683	70058	2098236.0	3193	104113
平桥区五里镇	8010	17131	10860	4815	19043.0	167	5861
平桥区邢集镇	16000	40870	10745	4245	25917.0	220	4800
平桥区平昌镇	13300	55410	41020	15150	58566.0	185	8150
平桥区洋河镇	10000	32628	13761	8316	10514.0	235	6154
平桥区肖王镇	9100	27355	13019	6480	34580.0	240	7910
平桥区龙井乡	10100	26823	23291	8389	5225.0		
平桥区胡店乡	14830	32217	20894	7240	1758.0		
平桥区彭家湾乡	6700	20157	8661	2338	15745.0		
平桥区长台乡	5600	29294	25020	7970	26455.0		
平桥区肖店乡	5000	21985	14094	8352	2839.0		
平桥区王岗乡	10000	28969	22086	8019	16884.0		
平桥区高粱店乡	10400	20417	19399	7093	9724.0		
平桥区查山乡	7500	20895	20214	14162	2852.0		
罗山县城关镇	800	79356	25154	10302	44012.0	800	79356
罗山县周党镇	12300	48625	27691	11594	138617.0	434	18204
罗山县竹竿镇	11100	50891	29285	13633	45223.0	1600	5301
罗山县灵山镇	10600	23776	12534	9762	16576.0	490	5892
罗山县子路镇	14800	39897	22230	7358	23106.0	143	6073

续表 292　　（河南省）　　计算单位：公顷、人、万元

名　　称	行政区域面　积	常住人口	从业人员	二三产业从业人员	工　业总产值	城镇建成区 面 积	城镇建成区常住人口
罗山县楠杆镇	12700	40391	25950	12428	56932.0	512	5002
罗山县青山镇	9700	27984	18185	8723	74127.0	68	5318
罗山县潘新镇	9500	34945	18156	9361	59846.0	102	3216
罗山县彭新镇	19600	46833	24597	15161	53024.0	218	3942
罗山县莽张镇	12600	44276	21273	9136	71351.0	370	9086
罗山县东卜镇	8930	42583	20467	8935	38021.0	80	1918
罗山县铁铺镇	11800	15306	8950	2596	17058.0	500	2957
罗山县龙山乡	9200	35231	22142	10153	88316.0		
罗山县庙仙乡	9200	33758	17612	14750	9126.0		
罗山县定远乡	10500	34743	17550	8700	18880.0		
罗山县山店乡	10900	20074	9540	4898	25978.0		
罗山县朱堂乡	10200	27435	8377	3368	49601.8		
罗山县尤店乡	8600	29983	13452	7139	20480.0		
罗山县高店乡	10400	31686	20426	7753	42758.0		
光山县十里镇	5400	31043	26377	11019	36011.0	180	1298
光山县寨河镇	11726	33442	16721	5456	38663.0	115	5600
光山县孙铁铺镇	7035	51043	41574	16316	10385.0	280	12355
光山县马畈镇	9900	34750	30297	19284	112100.0	424	20110
光山县泼陂河镇	14180	51052	35428	10118	32621.0	361	20122
光山县白雀园镇	12770	53925	32687	5963	24583.0	300	10020
光山县砖桥镇	6960	24987	20534	8158	33560.0	58	2487
光山县仙居乡	10200	36484	20580	2661	30928.0		
光山县北向店乡	7000	29893	18828	13705	43700.0		
光山县罗陈乡	7800	26910	22344	9033	42736.0		
光山县殷棚乡	5260	16927	8307	2951	8105.0		
光山县南向店乡	9650	36462	24022	2175	28550.0		
光山县晏河乡	14193	46873	26460	2673	13720.0		
光山县凉亭乡	6086	22789	15295	3700	38765.0		
光山县斛山乡	7034	48652	31049	7481	27439.0		
光山县槐店乡	9740	33876	23461	6716	23400.0		
光山县文殊乡	12300	49364	34609	10146	48078.0		
新县新集镇	18172	64119	20893	18855	54019.0	2109	59821
新县沙窝镇	13158	23067	12383	8758	41038.0	82	6340
新县吴陈河镇	4841	16026	11324	8070	26538.0	89	7285
新县苏河镇	9544	20198	13368	10798	19922.0	71	5953
新县八里畈镇	8858	20868	14876	11714	53283.0	92	6630
新县周河乡	11093	10692	7119	5235	16002.0		
新县陡山河乡	13348	17660	13582	11524	16239.0		
新县浒湾乡	4908	11487	9567	7949	25392.0		
新县千斤乡	9738	24182	13436	10021	18355.0		
新县卡房乡	11614	7124	4471	2919	4899.0		
新县郭家河乡	7704	7904	5138	3726	15026.0		
新县陈店乡	7511	12064	6639	6404	9912.0		
新县箭厂河乡	6196	13527	8877	6292	16593.0		
新县泗店乡	9757	11688	7943	5672	31821.0		
新县田铺乡	10314	5866	4324	2410	7458.0		
商城县上石桥镇	15910	52468	41792	26494	217595.0	350	9035
商城县鄢岗镇	11550	33826	29619	4211	50275.0	100	4500
商城县双椿铺镇	16120	37954	32053	21277	252172.0	180	5641
商城县汪桥镇	9130	36789	25358	12342	133986.0	139	3167

续表 293　　（河南省）　　计算单位：公顷、人、万元

名　　称	行政区域面　　积	常住人口	从业人员	二三产业从业人员	工　业总产值	城镇建成区 面 积	城镇建成区常住人口
商城县余集镇	8940	33942	24805	15068	73612.0	300	12755
商城县达权店镇	15360	22688	14297	6643	36580.0	150	6523
商城县丰集镇	8519	25449	14266	5370	34296.0	30	7060
商城县汪岗镇	7950	19527	15203	7848	63323.0	13	1560
商城县观庙镇	9140	26158	20752	13493	43748.0	501	12011
商城县金刚台镇	9180	16684	12004	3433	43613.0	300	2518
商城县河风桥乡	7842	25421	24827	14985	69860.0		
商城县李集乡	9350	22332	14608	3244	60391.0		
商城县苏仙石乡	9230	15630	5939	4260	18450.0		
商城县伏山乡	14160	22012	15884	8892	53737.0		
商城县吴河乡	11170	21190	16575	10109	32261.0		
商城县冯店乡	13220	16865	13043	8613	44102.0		
商城县长竹园乡	22900	26312	18222	12032	17275.0		
固始县陈淋子镇	10528	39636	37421	24249	583463.0	312	16654
固始县黎集镇	15300	46982	43323	23457	112437.0	337	17926
固始县蒋集镇	7600	30125	26870	6770	24600.0	582	22000
固始县往流镇	9749	34312	28174	6636	84051.0	1083	21129
固始县郭陆滩镇	9600	35733	15063	10697	78354.0	860	11235
固始县胡族铺镇	18400	53102	48855	22580	116258.0	375	10125
固始县方集镇	10600	30421	24939	13704	99630.0	500	12830
固始县三河尖镇	7920	39849	24469	13931	145674.0	452	6894
固始县段集镇	10500	26171	19290	12154	147107.0	340	11960
固始县汪棚镇	13113	32427	31031	15346	47500.0	121	4547
固始县张广庙镇	9345	25348	21468	9870	82418.0	194	4812
固始县陈集镇	10495	26715	26711	12188	31025.0	300	11926
固始县武庙集镇	11620	31782	19315	12835	23950.0	260	2265
固始县分水亭镇	8300	56992	30353	21488	7126.0	449	2962
固始县石佛店镇	6400	17896	8333	5425	73481.0	229	4589
固始县泉河铺镇	8128	24018	23878	10893	110890.0	131	3015
固始县祖师庙镇	8720	22147	17028	6680	34922.0	361	2745
固始县洪埠乡	8686	36752	36297	18711	23740.0		
固始县杨集乡	6611	27135	26727	11907	31250.0		
固始县马堽集乡	10260	28851	13752	11586	89135.0		
固始县草庙集乡	7650	22112	21972	12661	47725.0		
固始县南大桥乡	6400	25580	24773	19413	52000.0		
固始县赵岗乡	6400	29472	15966	6749	44856.0		
固始县张老埠乡	7660	18402	15387	7730	11465.0		
固始县沙河铺乡	7500	35910	31555	18165	33610.0		
固始县徐集乡	7202	27335	27128	15699	21385.0		
固始县李店乡	7334	28184	27103	14550	6956.0		
固始县丰港乡	9100	42325	29924	17231	28733.0		
固始县柳树店乡	4900	39368	20498	14288	5612.0		
固始县观堂乡	7600	19251	9191	4591	13578.0		
潢川县双柳树镇	8450	36995	23679	14870	187560.0	512	3683
潢川县伞陂镇	9600	42603	23969	7080	12115.0	570	6035
潢川县卜塔集镇	4200	25236	15543	3308	600.0	150	5020
潢川县仁和镇	9100	33600	26647	9406	276670.0	300	3050
潢川县付店镇	8570	30980	18285	7647	58632.0	190	2099
潢川县踅孜镇	5400	27263	17147	7127	11259.0	69	5368
潢川县桃林铺镇	11600	35924	27870	9670	69000.0	95	3215

续表 294　　（河南省）　　计算单位：公顷、人、万元

名　　称	行政区域面　积	常住人口	从业人员	二三产业从业人员	工　业总产值	城镇建成区 面 积	城镇建成区常住人口
潢川县黄寺岗镇	11100	33221	25823	6697	149365.0	165	4992
潢川县江家集镇	9600	35400	19370	13530	46521.0	320	14600
潢川县传流店乡	8210	29746	17667	9285	21518.0		
潢川县魏岗乡	12600	51342	31548	13424	98906.0		
潢川县张集乡	9510	36685	22660	15645	67000.0		
潢川县来龙乡	8200	32949	25044	12481	37346.0		
潢川县隆古乡	7441	22833	10629	3824	4500.0		
潢川县谈店乡	12552	49860	37730	14215	32560.0		
潢川县上油岗乡	8500	22764	22520	10180	21032.0		
潢川县白店乡	12200	46230	19187	13903	98146.0		
淮滨县马集镇	7000	26132	23424	10407	72905.0	220	8823
淮滨县防胡镇	7810	43395	25058	17566	71236.0	624	8215
淮滨县新里镇	7800	46000	26730	13880	74324.0	510	6750
淮滨县期思镇	8500	39815	24568	8988	41727.0	52	7032
淮滨县赵集镇	4800	33200	22017	10487	48697.0	270	6550
淮滨县台头乡	7300	29267	23349	5787	51916.0		
淮滨县王家岗乡	4629	20831	15477	7819	40576.0		
淮滨县固城乡	7900	49317	34380	12161	137419.0		
淮滨县三空桥乡	7100	46380	31952	11572	39650.0		
淮滨县张里乡	6000	35482	22272	15515	73299.0		
淮滨县邓湾乡	5100	24580	20495	8395	35600.0		
淮滨县张庄乡	9150	31232	18618	7653	56728.0		
淮滨县王店乡	11400	35340	20957	7289	61396.0		
淮滨县谷堆乡	8466	61580	41600	17200	57000.0		
淮滨县芦集乡	9200	56785	31688	15844	57902.0		
息县包信镇	8700	59996	25386	17454	83920.0	138	7883
息县夏庄镇	8753	45599	22205	13358	125871.0	220	10012
息县东岳镇	10596	59192	31147	21484	7019.0	76	6953
息县项店镇	12609	56472	30532	12878	63204.0	340	5985
息县小茴店镇	13822	79546	36053	22926	124870.0	134	5366
息县曹黄林镇	11871	55465	22178	14697	83934.0	156	5918
息县孙庙乡	9712	38799	21785	10185	136885.0		
息县路口乡	13431	49248	21038	12646	62950.0		
息县彭店乡	8100	39630	13172	5589	146920.0		
息县杨店乡	9690	48178	19208	6333	125901.0		
息县张陶乡	9900	57394	32637	23920	83947.0		
息县白土店乡	8690	46797	23169	8159	66708.0		
息县岗李店乡	6914	61657	28337	6682	83140.0		
息县长陵乡	5499	35540	14689	9086	62500.0		
息县陈棚乡	5196	34353	10585	6556	20983.0		
息县临河乡	8175	48189	21497	9993	20142.0		
息县关店乡	9075	74871	40818	11089	41967.0		
息县八里岔乡	12107	61728	26946	10068	62950.0		
川汇区李埠口乡	5100	51800	37800	22809	14350.0		
川汇区许湾乡	8490	75629	33163	22987	926.0		
扶沟县城关镇	985	59046	22734	22285	512264.0	700	58846
扶沟县崔桥镇	7333	56091	42174	8989	87920.0	240	21450
扶沟县江村镇	9318	54912	35096	9295	160452.0	214	9082
扶沟县白潭镇	8761	53601	42491	25367	176031.0	137	13011
扶沟县韭园镇	8195	51908	34051	21898	137256.0	4500	13276

续表 295　　　　（河南省）　　　　计算单位：公顷、人、万元

名　　称	行政区域面　积	常住人口	从业人员	二三产业从业人员	工　业总产值	城镇建成区 面 积	城镇建成区常住人口
扶沟县练寺镇	8200	54368	33678	18108	49000.0	118	13600
扶沟县大新镇	7750	41820	22593	4633	53000.0	240	7084
扶沟县包屯镇	8212	47143	24580	3172	144128.9	153	6751
扶沟县汴岗镇	8231	50493	31102	6752	177788.0	73	8912
扶沟县曹里乡	8210	48188	14215	4651	50268.5		
扶沟县柴岗乡	6880	42723	27021	3410	126842.0		
扶沟县固城乡	7687	47382	23170	6370	65464.3		
扶沟县吕潭乡	9387	51020	33550	13690	66080.0		
扶沟县大李庄乡	2896	22966	16523	3913	529683.0		
扶沟县城郊乡	5011	27505	21682	7578	53366.0		
西华县西夏亭镇	6763	49124	48921	18465	103443.0	305	10018
西华县逍遥镇	5295	56421	42230	23369	21248.0	402	21321
西华县奉母镇	7286	63258	43368	10088	134562.0	220	7935
西华县红花集镇	9000	67895	40252	8072	232634.0	70	5483
西华县聂堆镇	7029	53600	34630	7850	228340.0	220	9980
西华县东夏亭镇	4926	39164	24902	6201	139892.0	330	8121
西华县西华营镇	7400	62411	40166	9656	36418.0	446	7320
西华县址坊镇	5130	29671	23579	13554	132170.0	257	2632
西华县田口乡	4500	32802	18946	3684	110063.0		
西华县清河驿乡	4839	33970	21982	2310	55673.0		
西华县皮营乡	4945	41201	23199	11558	38980.0		
西华县东王营乡	4060	31086	18941	3057	19824.0		
西华县大王庄乡	3955	36915	18090	3728	31256.0		
西华县李大庄乡	4443	43210	30693	14691	56700.0		
西华县叶埠口乡	5701	58125	46158	19738	81650.0		
西华县迟营乡	5303	42076	27203	8883	71973.0		
西华县黄土桥乡	4480	36186	20685	6299	137000.0		
西华县艾岗乡	5604	44852	29829	6714	41938.0		
商水县黄寨镇	6165	53417	35939	18213	127639.0	402	16358
商水县练集镇	4800	55386	37535	28281	89788.0	533	13607
商水县魏集镇	5977	71016	47974	28081	90132.0	389	16789
商水县固墙镇	8200	65400	50370	30810	121550.0	468	24000
商水县白寺镇	5940	43125	34385	29670	246899.0	200	8494
商水县巴村镇	6377	28365	27567	11511	77120.0	750	6975
商水县谭庄镇	8248	61456	37527	31135	88376.0	440	18536
商水县邓城镇	6977	65720	33130	19870	31260.0	380	14380
商水县胡吉镇	5600	41200	33780	15120	193260.0	143	5585
商水县城关乡	2790	30634	23418	11072	29376.0		
商水县平店乡	5500	45136	35339	24772	115235.0		
商水县袁老乡	5530	51655	26856	9541	77530.0		
商水县化河乡	3800	38654	18590	10170	22800.0		
商水县姚集乡	8209	69125	36851	31939	63536.0		
商水县舒庄乡	6040	31054	26072	14425	27996.0		
商水县大武乡	5506	52203	35487	19342	42235.0		
商水县张明乡	6180	53300	23330	9130	15860.0		
商水县郝岗乡	5100	51308	27220	14864	26082.0		
商水县张庄乡	7586	54100	24120	13220	41532.0		
商水县汤庄乡	5700	46412	29350	15585	106982.0		
沈丘县槐店回族镇	2934	119866	65404	59272	716133.0	2931	118687
沈丘县刘庄店镇	5815	55750	51680	28330	19730.0	211	4771

续表 296　　（河南省）　　计算单位：公顷、人、万元

名　　称	行政区域面　　积	常住人口	从业人员	二三产业从业人员	工　业总产值	城镇建成区 面 积	城镇建成区常住人口
沈丘县留福集镇	4722	52747	41431	9693	53468.0	206	6143
沈丘县老城镇	5486	73683	48945	24252	105890.0	124	12396
沈丘县赵德营镇	7029	72143	49455	21334	92340.0	370	14610
沈丘县付井镇	6920	72161	49900	33377	890000.0	635	38563
沈丘县纸店镇	3830	46886	30600	16197	50353.0	520	14960
沈丘县新安集镇	5132	60002	32017	29750	29715.0	191	5039
沈丘县白集镇	5600	68424	42009	19846	51361.0	163	13153
沈丘县刘湾镇	3340	37253	28342	13712	72098.0	105	4312
沈丘县莲池镇	3466	49556	23339	5914	99876.0	387	7432
沈丘县洪山镇	6030	65438	29492	14450	29880.0	214	5980
沈丘县石槽集乡	6235	59682	25689	22666	40273.0		
沈丘县范营乡	6400	72637	33643	22708	28000.0		
沈丘县李老庄乡	4200	53200	37800	22500	27600.0		
沈丘县大邢庄乡	2472	31260	21460	12000	13000.0		
沈丘县冯营乡	7029	68287	27579	17161	27396.0		
沈丘县周营乡	4030	42250	28143	12723	31400.0		
沈丘县北杨集乡	5600	55273	53989	18003	9245.0		
沈丘县卞路口乡	5535	52749	24615	7990	32549.0		
郸城县吴台镇	7050	48062	36010	12764	67858.0	238	4858
郸城县南丰镇	7801	42948	39362	16876	44256.0	330	19024
郸城县白马镇	11040	48889	40895	15569	28639.0	253	6843
郸城县宁平镇	7952	47879	37778	13495	214549.0	266	4960
郸城县宜路镇	7648	51070	37900	14038	94395.0	150	11825
郸城县钱店镇	8800	57800	38885	4656	95116.0	62	6032
郸城县汲冢镇	9463	60087	43976	17624	170000.0	612	11796
郸城县石槽镇	7351	42855	36085	11189	147593.0	127	3352
郸城县城郊乡	5070	45864	23588	14662	83134.0		
郸城县虎头岗乡	8318	63522	42558	18206	31623.8		
郸城县汲水乡	8884	46492	36430	12088	182600.0		
郸城县张完集乡	8842	45676	39900	17464	19976.0		
郸城县丁村乡	7374	42836	33366	11934	37330.0		
郸城县双楼乡	7686	41679	30324	8977	59389.0		
郸城县秋渠乡	7665	49633	31248	9809	53879.0		
郸城县东风乡	4918	30567	24144	5779	56286.0		
郸城县巴集乡	6702	45839	33814	11671	45666.5		
郸城县李楼乡	6675	48550	31513	10171	27985.4		
郸城县胡集乡	6675	42660	24942	14594	271321.0		
淮阳县城关回族镇	4075	136586	53352	33250	46652.0	1800	36939
淮阳县新站镇	6480	74351	39547	14067	54000.0	286	9156
淮阳县鲁台镇	6330	75211	36713	35163	21241.0	190	4500
淮阳县四通镇	6496	52718	29820	10264	27897.0	978	29196
淮阳县临蔡镇	7520	64497	32367	12697	3900.0	195	4568
淮阳县安岭镇	10110	87596	50240	12640	21390.0	170	5070
淮阳县白楼镇	8780	61365	34855	24481	45245.0	108	6215
淮阳县朱集乡	7160	56730	31641	19435	55776.0		
淮阳县豆门乡	5010	52001	28469	16353	26741.0		
淮阳县冯塘乡	8830	84086	52636	32288	26880.0		
淮阳县刘振屯乡	7930	70852	44037	10691	46782.0		
淮阳县王店乡	7400	66596	36469	12713	40936.0		
淮阳县大连乡	9460	82300	48605	16405	9775.3		

续表 297　　（河南省）　　计算单位：公顷、人、万元

名　　称	行政区域面　　积	常住人口	从业人员	二三产业从业人员	工　业总产值	城镇建成区 面 积	城镇建成区常住人口
淮阳县葛店乡	6990	75640	48692	15837			
淮阳县黄集乡	6050	55582	30552	11170	27628.0		
淮阳县齐老乡	9336	68714	30510	8921	20622.0		
淮阳县郑集乡	9100	69666	39189	17100	41360.0		
淮阳县曹河乡	8230	55625	33240	18388	42000.0		
太康县城关回族镇	1340	100103	41625	34771	60966.0	300	4590
太康县常营镇	9800	66755	36814	13580	23000.0	222	6430
太康县逊母口镇	9000	69362	37903	9917	53965.0	224	10996
太康县老冢镇	7500	75760	49100	17460	13580.0	40	11169
太康县朱口镇	10700	68523	51995	11874	118625.0	420	7602
太康县马头镇	10800	81049	47819	17222	72948.0	312	11636
太康县龙曲镇	5800	41243	28822	12692	11289.0	595	5546
太康县板桥镇	8900	60814	40869	18488	4122.0	39	3821
太康县符草楼镇	7100	55318	34949	6259	9500.0	721	11255
太康县马厂镇	10020	63602	51169	36795	31483.0	750	5934
太康县毛庄镇	6000	55143	36825	4210	112874.0	6	3298
太康县张集镇	6800	54394	30002	6809	63286.0	330	9397
太康县清集镇	8000	55325	34302	13825	34926.0	213	5127
太康县城郊乡	4520	39899	30580	7499	10243.0		
太康县杨庙乡	9778	53693	33807	8509	46283.0		
太康县王集乡	8420	57872	37386	16428	112312.0		
太康县高贤乡	7410	56117	32688	5683	45286.0		
太康县芝麻洼乡	8100	59316	33961	13826	26631.0		
太康县独塘乡	6200	50260	33279	2181	56668.0		
太康县大许寨乡	8000	56378	43970	10015	68425.0		
太康县五里口乡	4658	52637	43738	11353	22397.0		
太康县高朗乡	8800	57298	23821	6283	62359.0		
太康县转楼乡	7600	54867	34277	11597	39739.0		
鹿邑县涡北镇	5834	34561	23230	6974	2236000.0	1068	3901
鹿邑县玄武镇	5645	64108	38382	28670	380925.0	1691	24816
鹿邑县宋河镇	5323	32830	26520	11610	300000.0	410	13120
鹿邑县太清宫镇	4791	44974	28400	19300	158200.0	400	9100
鹿邑县王皮溜镇	7894	59052	37003	8531	34540.0	569	9637
鹿邑县试量镇	6670	61200	53550	17050	44950.0	145	9470
鹿邑县辛集镇	5847	49137	33656	17845	31265.0	756	7695
鹿邑县马铺镇	6207	52609	34198	10743	28417.0	400	4843
鹿邑县贾滩镇	6387	71422	36739	15387	43420.0	320	11358
鹿邑县杨湖口镇	4392	72735	67311	22855	35820.0	320	16645
鹿邑县张店镇	5483	58796	55605	30609	36000.0	126	15600
鹿邑县观堂镇	7483	61578	36816	18046	21300.0	380	8718
鹿邑县生铁冢镇	5483	51667	41479	20321	16568.0	286	3853
鹿邑县郑家集乡	7610	32465	32363	11531	15000.0		
鹿邑县赵村乡	4235	57549	55541	18838	61087.0		
鹿邑县任集乡	6363	58645	34726	22526	1820.0		
鹿邑县唐集乡	5142	36320	17989	6866	780.0		
鹿邑县高集乡	6363	50215	31578	16106	4220.0		
鹿邑县邱集乡	4200	28910	26982	13893	20940.0		
鹿邑县穆店乡	5879	39801	39730	18898	94291.0		
项城市南顿镇	6810	50956	39361	31410	128365.0	90	17066
项城市孙店镇	7080	51397	46091	31575	487931.0	81	7128

续表 298　　（河南省）　　计算单位：公顷、人、万元

名称	行政区域面积	常住人口	从业人员	二三产业从业人员	工业总产值	城镇建成区面积	城镇建成区常住人口
项城市李寨镇	6750	49648	37478	28563	76285.0	100	12051
项城市贾岭镇	8760	61023	43849	32121	210486.0	100	17715
项城市高寺镇	6470	45278	35969	23907	246530.0	146	2693
项城市新桥镇	7450	52054	47995	35460	129080.0	90	3941
项城市付集镇	4700	36430	29626	20552	77241.0	71	4951
项城市官会镇	7250	74700	48842	38542	163846.0	92	9370
项城市丁集镇	6310	46913	42749	30985	37537.0	75	9892
项城市郑郭镇	5570	46467	37628	27000	143793.0	70	4635
项城市秣陵镇	6240	69521	50929	36403	315143.0	203	20412
项城市王明口镇	7510	49103	36686	22670	139826.0	77	2775
项城市范集镇	5810	48160	36088	22110	224184.0	90	12012
项城市三店镇	6150	31312	29537	20605	81487.0	113	8673
项城市永丰镇	5660	54380	35830	18290	142200.0	106	5520
驿城区水屯镇	9955	66012	46198	25997	27013.0	404	7211
驿城区沙河店镇	9601	39765	27641	15173	13325.0	417	9052
驿城区板桥镇	24209	39150	26042	12487	13991.0	116	8810
驿城区诸市镇	8099	35162	31619	10793	7842.7	299	4794
驿城区蚁蜂镇	11599	20819	16288	6256	20364.0	78	2821
驿城区老河乡	13645	34061	22787	9032	10579.6		
驿城区朱古洞乡	6881	21571	14292	7498	12562.0		
驿城区胡庙乡	14901	43514	29647	13212	110843.0		
驿城区古城乡	7098	37756	28484	4303	42427.0		
西平县五沟营镇	5262	38392	29522	23022	51052.0	200	9300
西平县权寨镇	5717	27620	18252	13437	25348.0	200	10620
西平县师灵镇	6484	32611	26208	19385	29132.0	800	19639
西平县出山镇	11296	48088	33731	21123	102286.0	102	5463
西平县盆尧镇	6431	61995	41143	31887	12120.0	94	7659
西平县重渠乡	5100	31730	23680	17930	33150.0		
西平县人和乡	6239	42390	32144	25067	94399.0		
西平县宋集乡	6495	39447	26806	16838	230126.0		
西平县谭店乡	4950	42950	28356	18476	17059.0		
西平县吕店乡	6689	45280	29844	22895	66720.0		
西平县芦庙乡	7458	40847	31710	24320	31580.0		
西平县杨庄乡	6287	40119	26449	20327	16913.0		
西平县专探乡	8086	59876	51320	20868	78490.0		
西平县二郎乡	5520	50258	40030	17824	52846.0		
西平县蔡寨回族乡	2284	17116	12671	5740	22546.0		
西平县焦庄乡	4795	29821	26460	20673	58565.0		
上蔡县黄埠镇	4700	42580	30657	22074	106461.0	480	10104
上蔡县杨集镇	5600	41216	28718	18595	46299.0	275	16387
上蔡县洙湖镇	7200	51623	45490	19520	61972.0	270	18860
上蔡县党店镇	6500	38625	27048	17379	24978.0	380	7792
上蔡县朱里镇	8395	41475	27581	18331	48331.0	396	18895
上蔡县华陂镇	7600	65302	45483	33862	37285.0	460	13788
上蔡县塔桥镇	8220	49105	31129	17471	38950.0	470	18650
上蔡县东洪镇	9850	48460	32371	19348	54692.0	1436	10207
上蔡县邵店镇	8000	26662	18926	11311	64816.0	145	3298
上蔡县五龙镇	4000	24520	17274	10785	61280.0	100	3300
上蔡县和店镇	8500	51784	36173	18877	21151.0	110	1875
上蔡县大路李乡	5700	25050	17750	9150	33675.0		

续表 299　　（河南省）　　计算单位：公顷、人、万元

名　　称	行政区域面　　积	常住人口	从业人员	二三产业从业人员	工　业总产值	城镇建成区 面 积	城镇建成区常住人口
上蔡县无量寺乡	6250	49570	38898	20099	29561.0		
上蔡县杨屯乡	4000	33681	25256	15433	27004.0		
上蔡县蔡沟乡	7200	39175	34407	12887	53075.0		
上蔡县齐海乡	4987	34780	24790	12290	16942.0		
上蔡县崇礼乡	5600	33786	22816	13519	17890.0		
上蔡县韩寨乡	5600	37962	24101	11659	48045.0		
上蔡县东岸乡	6500	61435	43650	22785	39782.0		
上蔡县小岳寺乡	5000	24572	17220	7428	30892.0		
上蔡县西洪乡	5600	34170	23985	13412	54186.0		
上蔡县百尺乡	8023	64250	44000	21650	26181.0		
平舆县杨埠镇	7860	42913	29530	19524	40469.0	318	4556
平舆县东和店镇	8600	46413	37126	14848	179928.0	220	8632
平舆县庙湾镇	7496	58352	34090	20338	63304.0	239	11872
平舆县射桥镇	6800	51786	40938	19354	68030.0	292	6685
平舆县西洋店镇	13200	49127	38168	22521	191672.0	958	10146
平舆县阳城镇	9441	59550	43236	20126	50281.0	100	7052
平舆县郭楼镇	5100	34486	23601	10571	99827.0	355	5632
平舆县李屯镇	5630	30043	24219	11796	99415.0	406	4417
平舆县万金店镇	7833	38216	30574	12744	103475.0	209	4241
平舆县高杨店镇	7896	39352	31748	8283	46246.0	210	8248
平舆县万冢镇	7900	48752	32957	15803	51483.0	225	7025
平舆县十字路乡	4505	33012	27146	8878	53482.0		
平舆县玉皇庙乡	6700	30750	23260	7360	108540.0		
平舆县老王岗乡	7170	36926	18501	10334	52096.0		
平舆县辛店乡	5360	21994	17680	8268	30213.0		
平舆县双庙乡	6369	28945	18017	8857	51132.0		
正阳县真阳镇	10700	92857	59496	46100	81585.0	1350	72982
正阳县寒冻镇	10141	48154	34139	15027	29864.0	423	5017
正阳县汝南埠镇	10562	53372	41463	13876	51796.0	350	5541
正阳县铜钟镇	10794	39166	30655	13080	34456.0	358	6124
正阳县陡沟镇	10426	40866	27797	15044	31860.0	224	6530
正阳县熊寨镇	8148	30351	20170	11008	28130.0	522	5268
正阳县大林镇	12954	41651	33487	16096	47116.0	273	4836
正阳县永兴镇	8999	30855	22028	11182	25171.0	237	2884
正阳县慎水乡	12023	51027	32654	20606	63013.0		
正阳县傅寨乡	9518	35211	26710	11447	32522.0		
正阳县袁寨乡	8948	44089	31670	10726	49466.0		
正阳县新阮店乡	7558	29386	18226	12091	25618.0		
正阳县油坊店乡	8405	38668	28685	14874	41103.0		
正阳县雷寨乡	12541	52075	37073	26531	63394.0		
正阳县王勿桥乡	8544	32909	24528	13834	39950.0		
正阳县吕河乡	9363	36322	22557	13231	55239.0		
正阳县皮店乡	10315	29988	23881	12227	52543.0		
正阳县彭桥乡	7895	27660	19137	11927	27450.0		
正阳县兰青乡	12428	34216	25798	13545	40100.0		
确山县竹沟镇	18666	24396	20099	12180	62088.0	253	6844
确山县任店镇	25264	44583	28444	16384	88223.0	199	5795
确山县新安店镇	16392	56521	35554	21544	104825.0	122	5634
确山县留庄镇	12195	36410	31976	17823	138950.0	195	10768
确山县刘店镇	9647	46258	29960	17145	129128.0	251	11000

续表 300 （河南省） 计算单位：公顷、人、万元

名称	行政区域面积	常住人口	从业人员	二三产业从业人员	工业总产值	城镇建成区面积	城镇建成区常住人口
确山县瓦岗镇	18035	21090	16946	10885	125900.0	80	3337
确山县双河镇	14119	44951	31393	17843	172350.0	370	6430
确山县石滚河镇	13910	23612	15000	8500	40589.0	400	3680
确山县李新店镇	8759	20148	15977	9652	88588.0	165	2256
确山县普会寺乡	7184	21985	13862	5221	48356.0		
泌阳县羊册镇	12700	43065	34397	17374	192549.0	435	11893
泌阳县马谷田镇	21500	33998	24129	18446	225950.0	2101	5640
泌阳县春水镇	11755	25555	17730	14663	229556.0	120	7550
泌阳县官庄镇	12650	36403	23071	10714	41231.0	790	9614
泌阳县赊湾镇	7660	22944	16348	11804	59853.0	50	2592
泌阳县郭集镇	10202	28159	22120	11480	197758.0	102	7264
泌阳县泰山庙镇	8808	32121	20155	12830	193793.0	170	9249
泌阳县王店镇	10032	18771	14186	6734	186385.0	601	8236
泌阳县高店乡	6813	15823	8712	4391	126009.0		
泌阳县盘古乡	9272	21802	18701	9119	141109.0		
泌阳县高邑乡	3600	13118	9855	4175	75544.0		
泌阳县铜山乡	26600	13685	10670	7820	136748.0		
泌阳县下碑寺乡	11000	12388	10040	2927	120951.0		
泌阳县象河乡	13020	16870	12390	9315	258444.0		
泌阳县付庄乡	13860	19288	14030	9330	43504.0		
泌阳县贾楼乡	10706	11816	9068	2244	94103.0		
泌阳县黄山口乡	12819	22020	15855	7988	18368.0		
泌阳县杨家集乡	8250	20544	16672	9944	165764.0		
泌阳县双庙街乡	6404	16695	11668	5660	62023.0		
汝南县王岗镇	7300	41899	25654	11779	255170.0	10	3601
汝南县梁祝镇	8000	42176	29280	20293	296763.0	353	9924
汝南县和孝镇	7600	35722	22134	12799	162195.0	24	10198
汝南县老君庙镇	8842	42301	28834	12409	127026.0	110	10800
汝南县留盆镇	8238	60782	37179	16327	44387.0	476	11125
汝南县金铺镇	7114	48210	33622	13662	148340.0	123	7186
汝南县东官庄镇	8442	47282	31687	16937	40889.0	88	3599
汝南县常兴镇	14400	51996	35685	18703	96397.0	217	14951
汝南县罗店镇	5700	40450	28042	6929	54890.0	72	7483
汝南县韩庄镇	7400	35621	23944	12547	29123.0	62	3182
汝南县三桥镇	12881	68972	41130	21600	145691.0	270	7120
汝南县张楼镇	5400	38120	26230	22300	134131.0	114	6280
汝南县南余店乡	6006	25900	15800	3700	23403.0		
汝南县板店乡	6136	37329	22631	13972	50982.0		
遂平县玉山镇	6956	29315	20891	9793	37835.0	200	5947
遂平县查岈山镇	8677	27451	18494	9774	53116.0	250	12000
遂平县石寨铺镇	4800	28562	24727	6360	36279.6	122	5921
遂平县和兴镇	11808	71246	47786	16766	173228.0	173	6053
遂平县沈寨镇	10306	37859	26514	20269	171000.0	182	7318
遂平县阳丰镇	7612	33169	22890	14560	74143.0	160	6210
遂平县常庄镇	8953	47201	33808	17683	105347.0	63	5315
遂平县花庄镇	9854	28152	19595	3377	55700.0	175	1134
遂平县槐树乡	8035	34136	22653	7445	35599.7		
遂平县文城乡	7417	18336	11185	5776	72236.0		
遂平县褚堂乡	4898	21137	14901	7676	145628.0		
新蔡县砖店镇	5557	28990	24590	4830	42350.0	235	8600

续表 301　　　　（河南省、湖北省）　　　　计算单位：公顷、人、万元

名　　称	行政区域面　积	常住人口	从业人员	二三产业从业人员	工　业总产值	城镇建成区 面 积	城镇建成区常住人口
新蔡县陈店镇	6457	36975	36058	9893	21623.0	19	4385
新蔡县佛阁寺镇	8043	39393	32814	11876	18456.0	300	6247
新蔡县练村镇	8375	67760	52800	13189	38360.0	440	2841
新蔡县棠村镇	4667	51522	36834	31918	74685.0	152	4997
新蔡县韩集镇	4848	49790	48200	22400	5345.0	25	4030
新蔡县龙口镇	6951	46770	45695	10482	89109.0	348	6125
新蔡县李桥回族镇	4521	30120	22289	12103	88115.0	300	5110
新蔡县黄楼镇	6745	42590	34707	16423	45000.0	280	6203
新蔡县孙召镇	6690	43567	34530	16510	73860.0	65	4310
新蔡县余店镇	14907	62000	49100	17300	39950.0	165	4800
新蔡县河坞乡	6000	32564	24534	10675	23305.0		
新蔡县关津乡	8100	50651	42653	19067	67780.0		
新蔡县宋岗乡	5400	34500	23511	8249	11466.0		
新蔡县顿岗乡	5008	40300	34790	19390	12964.0		
新蔡县涧头乡	8095	45454	40403	19992	37242.0		
新蔡县杨庄户乡	4505	33390	28866	14626	45000.0		
新蔡县化庄乡	6803	47815	40638	18797	14202.0		
新蔡县栎城乡	6737	32495	27871	3674	25960.0		
新蔡县弥陀寺乡	5577	32604	32120	8505	28225.0		
河南驻马店经济开发区关王庙乡	5890	39657	28030	10010	182300.0		
济源市克井镇	20500	58140	46546	41995	1259010.0	983	43927
济源市五龙口镇	10420	55260	40735	36600	605000.0	700	24500
济源市轵城镇	13688	74680	53454	45040	1180000.0	980	32400
济源市承留镇	19283	64611	63956	58701	1993166.0	448	18883
济源市邵原镇	33700	42137	28172	12948	111000.0	239	13412
济源市坡头镇	13700	27413	16729	8718	76000.0	145	6385
济源市梨林镇	5665	44386	27052	11293	227422.0	53	5133
济源市大峪镇	22570	28119	16196	5783	140000.0	230	2724
济源市思礼镇	6970	31236	19473	18491	1764700.0	518	10033
济源市王屋镇	23845	37040	18967	9775	123921.0	235	6990
济源市下冶镇	16800	34031	16867	11824	310642.0	400	8419
湖北省							
洪山区天兴乡	2600	4093	2880	2219			
蔡甸区索河镇	5805	21050	15719	12440	195000.0	175	4156
蔡甸区玉贤镇	4990	16027	9552	6103	31658.0	20	1793
蔡甸区消泗乡	14333	19094	11818	7124	20355.0		
黄陂区木兰乡	11500	42636	29179	9538	7017.9		
新洲区凤凰镇	5721	26914	16103	13425	61340.0	50	2965
铁山区区直辖村模拟镇	2990	58300	17976	17800	452288.0	2990	58300
阳新县兴国镇	10036	83585	71859	67801	753084.0	1705	82356
阳新县富池镇	12133	31866	27417	23152	728426.0	1264	30056
阳新县黄颡口镇	8818	34461	24307	19801	37710.0	511	8918
阳新县韦源口镇	7831	28474	16654	11907	151268.0	598	12970
阳新县太子镇	10480	55987	19683	7423	1865.0	95	12948
阳新县大王镇	9116	53873	26307	21095		168	6879
阳新县陶港镇	15333	31140	16612	10591	51000.0	300	5538
阳新县白沙镇	18266	95688	60263	49470	145656.0	350	22137
阳新县浮屠镇	18746	69787	48863	40265	72339.0	1035	21610
阳新县三溪镇	14471	39126	30229	25506	18210.0	312	4987
阳新县龙港镇	26438	101199	65735	53950	37443.0	319	13768

续表 302　　（湖北省）　　计算单位：公顷、人、万元

名　称	行政区域面积	常住人口	从业人员	二三产业从业人员	工业总产值	城镇建成区面积	城镇建成区常住人口
阳新县洋港镇	14709	34736	24663	20147	7963.0	1583	6780
阳新县排市镇	15694	38189	21002	13764	13895.0	465	3695
阳新县木港镇	24606	44210	35321	29575	85362.0	390	6738
阳新县枫林镇	26684	41560	39417	28169	81435.4	510	3263
阳新县王英镇	26220	55694	25581	19594	661.0	302	5511
大冶市金牛镇	15441	61274	34456	28997	80425.0	360	39822
大冶市保安镇	13172	58222	35410	31410	962148.0	489	43033
大冶市灵乡镇	13500	47639	25206	22268	2007386.0	3627	34634
大冶市金山店镇	5937	50581	24155	20801	103628.0	557	19234
大冶市还地桥镇	17900	80137	59246	45168	3087162.0	640	46984
大冶市殷祖镇	11967	38111	21220	18288	53325.0	302	10493
大冶市刘仁八镇	11918	34376	23936	18062	291583.0	179	7987
大冶市陈贵镇	10808	55021	32091	27590	1699541.0	675	39215
大冶市大箕铺镇	10200	52735	30031	21374	276573.0	125	6913
大冶市汪仁镇	9683	39400	25765	19891	759831.0	12	4649
大冶市茗山乡	7063	39145	33054	24222	87210.0		
茅箭区大川镇	6813	3320	970	527		280	562
茅箭区小川乡	21203	814	739	502			
茅箭区茅塔乡	17300	4982	2319	1562	6500.0		
茅箭区鸳鸯乡	4709	35356	25527	19027	1470743.6		
张湾区黄龙镇	12600	20437	6413	3139	27631.0	550	7691
张湾区柏林镇	10700	12698	3058	2028	79800.0	800	8662
张湾区方滩乡	6600	5390	3332	1733			
张湾区西沟乡	11100	5016	2333	1921			
郧阳区安阳镇	20679	22405	13407	6454	11596.0	253	787
郧阳区杨溪铺镇	13841	20963	7253	3045	45247.0	135	1625
郧阳区青曲镇	17048	27765	3677	2432	11456.0	231	2738
郧阳区白桑关镇	21781	22164	16728	7407	8785.0	286	1611
郧阳区南化塘镇	41499	57739	25582	3890	38000.0	253	8975
郧阳区白浪镇	6657	12038	5762	3484	38037.0	213	2532
郧阳区刘洞镇	8553	18009	10916	7506	21276.0	181	2489
郧阳区谭山镇	11844	22754	16204	9299	86652.0	130	3507
郧阳区梅铺镇	11054	26428	16675	8395	20970.0	431	731
郧阳区青山镇	13369	13125	9349	5120	51500.0	123	1063
郧阳区郧县茶店镇	9887	37042	19695	17086	1453900.0	1357	22108
郧阳区柳陂镇	17902	45816	21916	9906	142000.0	410	5562
郧阳区鲍峡镇	39576	37121	12687	7509	41600.0	155	5415
郧阳区胡家营镇	21639	24354	13994	6316	14800.0	119	1997
郧阳区谭家湾镇	15040	20977	16548	8489	236000.0	96	4865
郧阳区郧县城关镇	15682	114125	15871	11570	275762.0	984	64553
郧阳区大柳乡	36729	12152	8397	4412	25822.0		
郧阳区五峰乡	23315	22456	10903	6581	8500.0		
郧阳区叶大乡	32842	14871	10095	5428	6300.0		
郧西县城关镇	12775	84107	16780	13251	232000.0	1400	41859
郧西县土门镇	21763	26791	6081	631	9800.0	186	2356
郧西县上津镇	22650	27359	5810	686	33955.0	300	4800
郧西县店子镇	25000	21366	6254	228	3000.0	250	8156
郧西县夹河镇	19749	34540	5653	882	8065.0	490	7656
郧西县羊尾镇	11694	23760	3376	576	17600.0	197	7073
郧西县观音镇	18172	34676	5972	601	31362.0	189	3240

续表 303　　（湖北省）　　计算单位：公顷、人、万元

名　称	行政区域面积	常住人口	从业人员	二三产业从业人员	工业总产值	城镇建成区面积	城镇建成区常住人口
郧西县马鞍镇	17420	18796	3673	443	19840.0	110	7186
郧西县河夹镇	24580	25526	7436	594	3143.0	200	2702
郧西县香口乡	26944	22448	7390	761	16445.0		
郧西县关防乡	20700	15047	3673	396	7350.0		
郧西县湖北口回族乡	25149	19515	4616	320	2500.0		
郧西县景阳乡	21638	28733	5235	426	3000.0		
郧西县六郎乡	20730	23428	3398	411	7188.0		
郧西县涧池乡	10530	19147	4094	420	17000.0		
郧西县安家乡	23388	10780	2724	280	8000.0		
竹山县城关镇	6900	63302	24101	20626	256061.0	3041	42817
竹山县溢水镇	19109	33650	20429	4380	65930.0	240	14000
竹山县麻家渡镇	21300	32360	16988	3313	113739.0	193	17279
竹山县宝丰镇	18880	64234	28381	17384	222940.0	250	33969
竹山县擂鼓镇	10063	30885	18662	11226	11769.0	18	3811
竹山县秦古镇	9833	26010	15065	10729	25200.0	44	6492
竹山县得胜镇	14208	24918	11501	8988	145000.0	200	7498
竹山县上庸镇	18270	15934	7973	1128	10199.0	66	3517
竹山县官渡镇	40000	19816	9691	3839	32560.0	55	5084
竹山县潘口乡	9360	20359	12118	7887	89500.0		
竹山县竹坪乡	16400	25611	16697	10837	26421.0		
竹山县大庙乡	12550	13473	8132	814	10110.0		
竹山县双台乡	41370	18276	8793	6181	80195.0		
竹山县楼台乡	32800	26158	6335	1742	11350.0		
竹山县文峰乡	17510	15012	8547	1272	10200.0		
竹山县深河乡	15540	8320	4280	4205	21050.0		
竹山县柳林乡	47500	11647	6980	670	252.0		
竹溪县城关镇	14974	24823	13180	11048	131718.0	1955	13027
竹溪县蒋家堰镇	11852	38384	18774	12509	11507.0	130	13048
竹溪县中峰镇	6280	33744	12010	6404	60950.0	120	5412
竹溪县水坪镇	19200	51369	21060	15513	195298.0	116	15511
竹溪县县河镇	12600	21422	10966	3445	26025.0	17	3391
竹溪县泉溪镇	21134	10783	4981	2043	24018.0	25	1864
竹溪县丰溪镇	38225	10113	5338	3342	44113.0	23	5000
竹溪县龙坝镇	13168	21234	11904	5335	12030.0	34	2530
竹溪县兵营镇	25350	14817	6787	3775	15240.0	38	2511
竹溪县汇湾镇	17280	16650	9519	4499	22873.4	29	1713
竹溪县新洲镇	19946	20585	9150	2490	15168.0	36	2900
竹溪县鄂坪乡	19784	8729	5155	1645	15400.0		
竹溪县天宝乡	22200	14405	8472	3604	12493.0		
竹溪县桃源乡	37838	7997	3041	1221	21318.0		
竹溪县向坝乡	17426	6103	3581	1163	8200.0		
房县城关镇	6798	84540	24456	19660	454688.0	812	58693
房县军店镇	16080	31273	10690	5980	36510.0	352	16626
房县化龙堰镇	19090	20636	5903	780	235600.0	250	6600
房县土城镇	31300	20307	3173	669	25914.0	91	5135
房县大木厂镇	41800	23587	8119	2243	4900.0	412	6765
房县青峰镇	41400	26793	7799	1293	8020.0	280	11230
房县门古寺镇	40000	23616	9663	2232	16000.0	350	5680
房县白鹤镇	22879	27342	11038	413	26500.0	20	1900
房县野人谷镇	35800	7315	1410	644	18595.0	140	1185

续表 304 （湖北省） 计算单位：公顷、人、万元

名称	行政区域面积	常住人口	从业人员	二三产业从业人员	工业总产值	城镇建成区面积	城镇建成区常住人口
房县红塔镇	22200	32491	10447	1380	284000.0	16	5478
房县窑淮镇	24727	14424	4125	786	15130.0	140	6270
房县尹吉甫镇	9796	7883	1991	125	18436.0	20	1848
房县姚坪乡	20400	16119	4081	3365	296.0		
房县沙河乡	23460	7511	2072	413	295.0		
房县万峪河乡	19400	7031	1709	106			
房县上龛乡	35497	5357	2190	359	40570.0		
房县中坝乡	23140	7025	2131	254	6190.0		
房县九道乡	33450	8168	3214	365	28180.0		
房县回龙乡	14032	2846	882	164	5550.0		
房县五台乡	10800	3250	1587	151	12350.0		
丹江口市土关垭镇	11030	13067	6929	3873	39000.0	3000	3700
丹江口市浪河镇	14667	18609	7288	4018	160041.0	570	13248
丹江口市丁家营镇	8420	13051	9609	6165	105000.0	3200	6283
丹江口市六里坪镇	18691	41490	26239	20342	1032682.0	7415	36942
丹江口市盐池河镇	19600	10375	7618	4131	20.0	32	3612
丹江口市均县镇	27286	23000	15031	6100	500.0	120	4300
丹江口市习家店镇	30933	36457	17320	5020	24024.0	447	21920
丹江口市蒿坪镇	12100	12085	6735	3116	1850.0	124	2410
丹江口市石鼓镇	17600	14350	8090	5040	7500.0	320	1450
丹江口市凉水河镇	24200	26855	15323	9105	15001.0	165	6237
丹江口市官山镇	30160	12592	8059	4239	195.0	210	3150
丹江口市龙山镇	14500	15303	9783	4895	196.0	165	3385
西陵区窑湾乡	2540	14564	11311	8474	342021.0		
伍家岗区伍家乡	7000	38283	19715	18133	1742281.0		
点军区艾家镇	6640	8246	3945	2245	16000.0	3	620
点军区桥边镇	13274	29006	13970	10390	19756.0	70	1985
点军区联棚乡	9308	13431	7713	2533	25300.0		
点军区土城乡	17800	24180	13361	5642	21770.0		
夷陵区樟村坪镇	45686	23814	13091	12215	1004536.0	300	4396
夷陵区雾渡河镇	38900	31356	18459	11076	210000.0	177	1834
夷陵区分乡镇	32000	38320	25571	10197	58353.0	150	3220
夷陵区太平溪镇	15230	27464	14751	7072	126897.0	300	7478
夷陵区三斗坪镇	17800	33648	20082	12477	71782.0	164	6035
夷陵区乐天溪镇	25400	28305	16299	9945	461146.0	1569	5592
夷陵区龙泉镇	26139	50989	34034	28033	4672588.0	521	23089
夷陵区鸦鹊岭镇	24300	56224	35667	24910	1282281.0	734	20860
夷陵区黄花镇	28868	35150	19930	13155	289826.0	140	5163
夷陵区下堡坪乡	25700	21335	6958	5820	223307.0		
夷陵区邓村乡	25387	26663	19462	3097	507300.0		
远安县鸣凤镇	7600	46636	35901	34145	1470250.0	1902	46636
远安县花林寺镇	21100	17721	10417	6057	249612.0	86	6974
远安县旧县镇	16600	25117	14352	10746	101465.0	160	2153
远安县洋坪镇	23800	37482	22353	14316	243516.0	214	5641
远安县茅坪场镇	45800	24895	14478	8003	144773.0	200	4456
远安县荷花镇	39600	24354	16824	11664	1802913.2	790	2841
远安县河口乡	20700	15104	10039	6621	212961.0		
兴山县古夫镇	44536	49919	31211	15409	298065.0	379	35323
兴山县昭君镇	14392	24204	9408	3736	10017.0	25	10761
兴山县峡口镇	21633	23577	12944	3822	7913.0	30	2600

续表 305　　（湖北省）　　计算单位：公顷、人、万元

名　称	行政区域面积	常住人口	从业人员	二三产业从业人员	工业总产值	城镇建成区面积	城镇建成区常住人口
兴山县南阳镇	27346	11285	6499	2847	6142.0	25	2522
兴山县黄粮镇	24572	21465	19072	3325	22430.0	60	4633
兴山县水月寺镇	46147	22098	13744	5439	38367.0	68	5540
兴山县高桥乡	17299	14660	7490	3550	1510.0		
兴山县榛子乡	35791	10490	6683	1929	20050.0		
秭归县茅坪镇	19324	106750	29611	19797	1123184.0	420	71075
秭归县归州镇	12800	25226	15227	5459	630.0	51	8100
秭归县屈原镇	21742	18644	11017	7197	15978.0	23	2114
秭归县沙镇溪镇	18800	34211	24743	6049	44000.0	51	5394
秭归县两河口镇	26900	27337	18639	6293	15991.0	33	4800
秭归县郭家坝镇	29943	50350	30185	10720	96127.0	29	4028
秭归县杨林桥镇	23456	25608	21423	7295	22022.0	33	3696
秭归县九畹溪镇	23934	22516	16916	10658	25300.7	20	4826
秭归县水田坝乡	22400	34309	20535	10016	5053.0		
秭归县泄滩乡	14500	14587	8341	5134	1500.0		
秭归县梅家河乡	10139	17887	11116	696	6535.5		
秭归县磨坪乡	14100	12065	7550	380	2980.0		
长阳土家族自治县龙舟坪镇	34070	72242	53096	44051	797801.0	2056	56464
长阳土家族自治县高家堰镇	21410	20565	12369	7217	107121.0	176	4392
长阳土家族自治县磨市镇	22650	31165	17936	10851	33104.0	45	8851
长阳土家族自治县都镇湾镇	52500	51584	31821	14307	11887.4	71	2998
长阳土家族自治县资丘镇	37190	34253	24031	9677	6728.0	267	7611
长阳土家族自治县渔峡口镇	29420	36448	10050	8815	12630.0	20	2033
长阳土家族自治县榔坪镇	53130	41514	22235	10359	14500.0	45	2580
长阳土家族自治县贺家坪镇	34720	28181	17016	5470	50320.0	3381	3064
长阳土家族自治县大堰乡	24740	34284	21333	13350	17422.0		
长阳土家族自治县鸭子口乡	23251	21501	11745	6260	11000.0		
长阳土家族自治县火烧坪乡	10500	7821	5690	1264	34233.0		
五峰土家族自治县五峰镇	43940	37203	19266	9591	21458.0	114	15022
五峰土家族自治县长乐坪镇	37381	21982	14326	4879	12756.0	88	1422
五峰土家族自治县渔洋关镇	35641	42293	25555	14900	375629.0	630	20960
五峰土家族自治县仁和坪镇	24200	22860	14866	6094	9879.0	115	2586
五峰土家族自治县湾潭镇	32600	15556	9813	3826	5677.0	25	1362
五峰土家族自治县付家堰乡	13950	17439	9466	2962	6764.0		
五峰土家族自治县牛庄乡	15400	6881	4973	1486	7625.3		
五峰土家族自治县采花乡	31744	23942	14695	5496	16711.0		
宜都市红花套镇	14900	28797	20072	15567	2023176.0	608	10756
宜都市高坝洲镇	9400	27592	15255	9624	307320.0	409	3889
宜都市聂家河镇	11500	17640	9052	8468	193201.0	397	1025
宜都市松木坪镇	12700	28925	20109	18825	1061356.0	287	7498
宜都市枝城镇	24200	88965	54881	46814	3470189.0	865	37982
宜都市姚家店镇	6700	27082	25300	22122	552098.0	457	1531
宜都市五眼泉镇	10500	20746	13204	11180	425456.0	132	1356
宜都市王家畈镇	25500	29186	17400	12584	322673.0	85	6842
宜都市潘家湾土家族乡	14400	14745	8919	6445	52077.0		
当阳市两河镇	9053	35687	22834	13286	415871.0	100	6174
当阳市河溶镇	22150	50027	28902	10685	597155.0	610	11787
当阳市育溪镇	37430	55916	54773	27670	454205.0	574	11803
当阳市庙前镇	33220	32909	21309	11739	421562.0	39	2055
当阳市王店镇	26490	37187	26146	16125	746033.0	202	11032

续表 306 （湖北省） 计算单位：公顷、人、万元

名 称	行政区域面积	常住人口	从业人员	二三产业从业人员	工业总产值	城镇建成区面积	城镇建成区常住人口
当阳市半月镇	21700	31587	23056	9064	602007.0	305	7131
当阳市草埠湖镇	9787	19437	16100	4286	451816.0	250	6594
枝江市安福寺镇	22300	50269	26893	20183	742154.0	643	23595
枝江市白洋镇	15600	40764	26547	19101	235594.0	200	5007
枝江市顾家店镇	6615	23994	16245	12128	537867.0	149	2893
枝江市董市镇	13700	53448	37306	30311	2132993.0	728	24575
枝江市仙女镇	17100	33082	21366	15177	467158.0	363	8991
枝江市问安镇	16000	45809	25008	17966	400269.0	264	5336
枝江市七星台镇	12900	46270	28617	20495	381023.0	245	12760
枝江市百里洲镇	21400	82585	49654	36414	176246.0	300	16698
襄城区欧庙镇	18300	72367	31512	14828	24861.0	500	28542
襄城区卧龙镇	28300	81540	42676	26160	53038.0	900	32500
襄城区尹集乡	4972	22664	7516	5826	66960.0		
樊城区牛首镇	16419	82232	40169	26740	156524.0	259	22946
樊城区太平店镇	23270	89731	44970	31242	553550.0	54	34640
樊城区高新区团山镇	6022	54569	22030	9673	1120000.0	200	2013
樊城区高新区米庄镇	5600	80211	44555	37833	11126203.0	58	3559
襄州区龙王镇	24300	71849	34658	17087	87795.0	500	18511
襄州区石桥镇	20300	68007	34544	20694	77680.0	420	7581
襄州区黄集镇	19870	75412	28383	19776	181147.0	450	14945
襄州区伙牌镇	15700	48684	28052	17043	1210000.0	1931	16458
襄州区古驿镇	23700	75794	29217	17980	54671.0	305	7233
襄州区朱集镇	11200	79972	48274	31422	150310.0	1500	18256
襄州区程河镇	12100	70361	47101	23982	61205.0	333	5913
襄州区双沟镇	14000	99105	26501	23425	1921225.0	660	35105
襄州区张家集镇	13500	56876	28605	19784	83360.0	13	7390
襄州区黄龙镇	15200	48571	14707	9685	19350.0	600	8756
襄州区峪山镇	25800	48352	22214	12461	46728.0	400	16032
襄州区东津镇	28900	120209	50960	38503	43710.0	200	29340
南漳县城关镇	31200	199413	65043	32796	1438354.0	1199	75774
南漳县武安镇	39800	95983	60058	33439	72955.0	385	33676
南漳县九集镇	47200	86597	55786	30151	759780.0	272	33102
南漳县李庙镇	55700	19763	15956	7540	20404.0	141	3190
南漳县长坪镇	25200	12543	8128	3791	10777.0	130	4814
南漳县薛坪镇	37600	25078	15619	14095	18354.0	132	6591
南漳县板桥镇	27100	14516	9380	5385	22491.0	126	4163
南漳县巡检镇	35700	24525	18682	13114	34059.0	121	4922
南漳县东巩镇	42800	25843	19957	12703	43644.0	133	6243
南漳县肖堰镇	39900	21900	14172	10160	17096.0	46	4621
谷城县城关镇	14410	87663	49519	41381	3235861.0	5988	59476
谷城县石花镇	26318	101882	73308	50606	3385963.0	918	56428
谷城县盛康镇	28128	66214	28173	17767	154568.0	190	16758
谷城县庙滩镇	22138	46032	19830	15378	109000.0	400	19241
谷城县五山镇	25000	35831	19344	12472	248721.0	225	11203
谷城县茨河镇	18440	17366	11236	6147	72934.0	44	1943
谷城县南河镇	24436	18909	10439	6969	62253.0	120	2597
谷城县紫金镇	37850	16742	11311	7467	137288.0	90	5392
谷城县冷集镇	26680	58312	27622	18104	228879.0	400	10716
谷城县赵湾乡	23164	8470	5473	4631	29354.0		
保康县城关镇	24590	62050	16441	11564	165450.0	950	44080

续表 307　　（湖北省）　　计算单位：公顷、人、万元

名　称	行政区域面　积	常住人口	从业人员	二三产业从业人员	工　业总产值	城镇建成区 面 积	城镇建成区常住人口
保康县黄堡镇	29320	22416	12847	6210	62530.6	300	4535
保康县后坪镇	20197	10010	5155	2696	7645.0	32	1568
保康县龙坪镇	20200	8821	5479	3161	9402.0	36	2527
保康县店垭镇	13860	15990	9257	3900	38100.0	1120	2610
保康县马良镇	34380	32403	16090	5319	36416.0	296	15000
保康县歇马镇	65500	44931	25542	12825	7560.0	734	3540
保康县马桥镇	47304	30140	18316	8806	352808.0	450	16980
保康县寺坪镇	35200	27994	9882	3436	9692.0	315	3098
保康县过渡湾镇	15220	10834	7112	4146	46210.0	90	1120
保康县两峪乡	15822	8276	4575	1647	4200.0		
老河口市孟楼镇	6300	32398	17306	10882	265980.0	350	15905
老河口市竹林桥镇	8600	33477	17700	9775	40900.0	295	4477
老河口市薛集镇	9020	35952	27405	13662	138500.0	240	4568
老河口市张集镇	16730	37401	22499	8992	92000.0	238	5677
老河口市仙人渡镇	11400	32092	28275	23840	779283.0	329	15392
老河口市洪山嘴镇	20530	39046	37364	27778	1481200.0	730	17586
老河口市李楼镇	8500	37795	23525	18752	2247100.0	1800	14283
老河口市袁冲乡	12530	32116	17933	8631	37768.0		
枣阳市琚湾镇	21965	68114	38257	30467	317016.0	443	27428
枣阳市七方镇	30203	85838	48468	35393	307784.0	287	20220
枣阳市杨当镇	18790	78096	31281	24426	83165.0	314	26168
枣阳市太平镇	25625	105459	53009	42247	448752.0	360	52419
枣阳市新市镇	23312	58417	29919	22445	38100.0	250	8836
枣阳市鹿头镇	21003	58424	30676	23860	181433.0	315	20772
枣阳市刘升镇	20008	38650	17320	12170	205044.0	155	4970
枣阳市兴隆镇	18771	53869	29726	21148	574967.0	420	31792
枣阳市王城镇	19073	48452	25663	16759	132530.0	248	14400
枣阳市吴店镇	35913	84815	63235	53348	2045152.0	2305	58988
枣阳市熊集镇	26292	39875	26031	12089	138016.0	175	16623
枣阳市平林镇	20564	25370	18461	10635	272160.0	140	5562
宜城市郑集镇	22400	83734	38627	26567	278628.0	194	13012
宜城市小河镇	17900	57045	23688	15474	426720.0	520	29142
宜城市刘猴镇	19300	37785	18918	11950	146000.0	612	8816
宜城市孔湾镇	10100	22136	11670	7430	123027.0	196	3768
宜城市流水镇	52300	45823	13834	3756	99810.0	260	3957
宜城市板桥镇	38100	41046	17298	8394	40464.0	180	5647
宜城市王集镇	14700	43358	20702	13529	53101.0	260	3379
宜城市雷河镇	11100	40125	15373	8867	521489.0	260	12584
梁子湖区太和镇	7900	54236	31766	13470	37694.0	591	17712
梁子湖区东沟镇	4397	18028	8743	4124	21953.0	225	6100
梁子湖区梁子生态管理区(镇)	10900	12054	6368	2682	19433.0	461	11156
梁子湖区涂家垴镇	14900	37300	18650	7833	23315.3	270	7906
梁子湖区沼山镇	6700	41488	24403	10819	42140.0	340	14687
华容区华容镇	7476	50089	26133	13792	1867421.0	858	32236
华容区葛店镇	9373	70646	39507	28302	4752478.0	1965	33018
华容区庙岭镇	9042	31355	16423	6618	167898.0	741	5698
华容区段店镇	7157	34058	18562	7724	375844.0	273	5721
华容区临江乡	7111	34853	16401	5344	491705.0		
华容区蒲团乡	9117	25675	12200	3187	94608.0		
鄂城区泽林镇	8389	50569	22941	16406	874317.0	1969	36043

续表 308　　（湖北省）　　计算单位：公顷、人、万元

名　　称	行政区域面　　积	常住人口	从业人员	二三产业从业人员	工　业总产值	城镇建成区　面　积	城镇建成区常住人口
鄂城区杜山镇	4959	20140	10899	3304	12903.0	153	8907
鄂城区新庙镇	4469	37897	20230	13576	453120.0	82	1896
鄂城区碧石镇	3010	27785	14459	8996	738235.0	49	8495
鄂城区汀祖镇	7648	61996	26888	19886	604860.0	600	15438
鄂城区燕矶镇	4692	39385	25159	12000	356148.0	200	18132
鄂城区杨叶镇	3935	26706	14859	8351	495000.0	319	6850
鄂城区花湖镇	5510	37853	32699	30854	1039650.0	1120	21070
鄂城区长港镇	4254	18209	9336	1743	80568.0	26	8311
鄂城区沙窝乡	5389	30526	17240	9048	51400.0		
东宝区栗溪镇	37446	17779	9827	6304	130048.0	88	3402
东宝区子陵镇	30269	40537	35171	29173	1553586.0	290	24108
东宝区漳河镇	36190	38963	34978	9657	101872.0	461	9632
东宝区马河镇	16217	8579	5131	3664	288195.0	200	983
东宝区石桥驿镇	17570	28015	19020	15991	1028079.0	170	7149
东宝区牌楼镇	11524	20121	15156	12100	993398.0	763	5392
东宝区仙居乡	15896	26214	15365	10002	49916.0		
掇刀区团林铺镇	26864	60376	24313	9680	129885.0	450	21984
掇刀区麻城镇	17600	33720	16011	12725	297851.0	226	7756
京山县新市镇	32100	137938	89180	84639	3341076.0	1750	139253
京山县永兴镇	17147	23861	10681	7332	1543477.0	371	10152
京山县曹武镇	18589	24458	15237	7071	210010.0	360	6488
京山县罗店镇	29848	76791	30126	19041	377506.0	150	15312
京山县宋河镇	31200	48787	34005	23842	1528600.0	614	29988
京山县坪坝镇	8880	14392	12584	10351	147400.0	63	5068
京山县三阳镇	23032	25216	17945	12065	115098.0	206	5682
京山县绿林镇	25179	9473	6080	4960	32658.0	70	4046
京山县杨集镇	28330	10229	6595	3340	139845.0	34	2518
京山县孙桥镇	34400	34185	15722	8975	624213.0	230	11108
京山县石龙镇	30100	20054	10848	7600	248604.0	150	3802
京山县永隆镇	8195	46365	32055	28464	771628.0	210	15635
京山县雁门口镇	25800	35099	25747	19322	1104528.0	278	14772
京山县钱场镇	20350	32386	24454	18226	1289550.0	420	23886
京山县开发区(镇)	3216	22617	5186	4635	1336254.0	2614	22617
沙洋县沙洋镇	3874	50817	36964	34795	442831.0	2000	50712
沙洋县五里铺镇	20186	40134	20808	11951	304799.5	330	8842
沙洋县十里铺镇	16444	31183	17703	9719	173498.0	570	13515
沙洋县纪山镇	10053	26147	20040	12549	395970.0	150	4988
沙洋县拾回桥镇	14286	42125	27869	15509	378890.0	150	8400
沙洋县后港镇	27379	64526	50600	44748	1520000.0	1160	58960
沙洋县毛李镇	16043	37025	23337	15499	86375.0	220	8696
沙洋县官当镇	14862	41800	17088	13568	1224002.0	569	26703
沙洋县李市镇	9282	33751	24480	18273	160000.0	400	6714
沙洋县马良镇	11134	39780	19562	13368	182086.0	200	6522
沙洋县高阳镇	18219	37408	20646	10594	81900.0	185	6818
沙洋县沈集镇	19464	40281	22585	14251	218650.0	198	11805
沙洋县曾集镇	21539	35629	29815	18744	182495.0	290	12081
钟祥市洋梓镇	40300	53217	19243	11515	666356.0	600	8092
钟祥市长寿镇	27500	27493	10512	2609	46524.0	200	6326
钟祥市丰乐镇	16200	67482	26595	15578	273654.0	223	19804
钟祥市胡集镇	39400	127417	50569	37614	2280000.0	2415	89300

续表 309　　（湖北省）　　计算单位：公顷、人、万元

名　称	行政区域面积	常住人口	从业人员	二三产业从业人员	工业总产值	城镇建成区面积	城镇建成区常住人口
钟祥市双河镇	23500	37533	14362	9176	1751485.0	432	16919
钟祥市磷矿镇	21900	42676	23398	11625	986543.0	280	12156
钟祥市文集镇	12800	39942	19666	15683	220118.0	120	3664
钟祥市冷水镇	31400	50045	28094	20556	399535.0	260	6033
钟祥市石牌镇	29500	84301	37916	27529	201836.0	270	18480
钟祥市旧口镇	23400	94384	44365	31931	244610.0	350	25263
钟祥市柴湖镇	15400	106358	68563	38082	453247.0	663	23000
钟祥市长滩镇	15300	17338	10641	3107	142498.0	140	4291
钟祥市东桥镇	24670	23253	9680	4447	83052.0	180	5213
钟祥市客店镇	29300	13151	7805	6347	92468.0	200	4062
钟祥市张集镇	28900	22128	8854	5754	321419.0	290	4800
钟祥市九里回族乡	9900	12882	4049	1201	30000.0		
孝南区新铺镇	4500	32165	18556	11979	121240.0	185	6051
孝南区西河镇	5707	19680	13675	8792	18757.0	280	5795
孝南区杨店镇	12340	55622	36386	26534	39256.0	376	18080
孝南区陡岗镇	5580	38795	28561	23979	6700.0	265	5473
孝南区肖港镇	10800	83665	62227	41279	134526.0	481	43699
孝南区毛陈镇	9960	35468	29778	22749	692267.0	810	20356
孝南区三汊镇	7140	35421	21954	12890	61380.0	515	8845
孝南区祝站镇	5986	28702	18802	12886	132943.0	450	7918
孝南区朋兴乡	7260	52324	29997	21207	23567.0		
孝南区卧龙乡	6417	52898	21430	15192	32468.0		
孝南区闵集乡	9710	28690	12266	10474	2273.0		
孝昌县花园镇	12140	127455	100737	83437	167057.0	3018	55564
孝昌县丰山镇	9630	30679	21971	14649	72846.0	250	4983
孝昌县周巷镇	13830	63825	36671	32816	150122.0	145	11025
孝昌县小河镇	7537	44182	22677	4535	42156.0	268	6523
孝昌县王店镇	7740	41296	23287	17287	67642.0	540	9715
孝昌县卫店镇	7800	32806	17282	13168	9655.0	362	4168
孝昌县白沙镇	7440	47151	25550	18223	16464.0	250	8000
孝昌县邹岗镇	13350	58362	41376	24753	135246.0	245	16254
孝昌县小悟乡	7640	16940	10137	6946	51302.0		
孝昌县季店乡	8340	32900	19200	15548	42100.0		
孝昌县花西乡	8340	46312	23578	17970	10953.0		
孝昌县陡山乡	10300	53984	30964	21282	42816.0		
大悟县城关镇	10079	83326	18853	10507	497283.0	1980	63028
大悟县阳平镇	11571	21691	11430	6789	60148.0	1578	2703
大悟县芳畈镇	16351	17764	17379	10220	66438.0	242	10344
大悟县新城镇	12083	46077	26083	10711	87768.0	460	16535
大悟县夏店镇	9452	33418	12026	6343	84245.0	560	7786
大悟县刘集镇	6550	30480	4860	2548	150918.0	150	1517
大悟县河口镇	4292	25438	12376	7477	192889.0	679	11065
大悟县四姑镇	6064	27991	18047	11716	35142.0	67	4522
大悟县吕王镇	10916	30255	18632	11712	54967.0	236	11289
大悟县黄站镇	5119	16812	7222	4665	20686.0	31	6250
大悟县宣化店镇	26842	63918	35579	11431	155813.0	6855	24276
大悟县丰店镇	16692	30305	10713	4807	113656.0	81	4251
大悟县大新镇	11628	35139	18081	9766	165446.0	220	7532
大悟县三里镇	11940	19766	17442	9085	33762.0	215	11196
大悟县高店乡	13413	40396	33547	19509	9757.0		

续表 310 （湖北省） 计算单位：公顷、人、万元

名　　称	行政区域面积	常住人口	从业人员	二三产业从业人员	工业总产值	城镇建成区面积	城镇建成区常住人口
大悟县彭店乡	11506	29557	18149	6577	100551.0		
大悟县东新乡	13041	35046	11140	882	58125.0		
云梦县城关镇	3200	43853	35089	31075	1252930.0	1753	37351
云梦县义堂镇	6300	48715	39403	31865	239176.0	310	9026
云梦县曾店镇	6200	37257	31700	21162	148900.0	351	5813
云梦县吴铺镇	6900	38998	32744	22371	479786.0	412	5132
云梦县伍洛镇	4400	36536	31584	23171	455781.0	420	13575
云梦县下辛店镇	8100	56724	45063	31391	145468.0	310	14162
云梦县道桥镇	3200	26617	21622	15933	290668.0	217	5643
云梦县隔蒲潭镇	6200	56395	45541	33589	492019.0	305	13765
云梦县胡金店镇	3000	31595	26077	18785	119067.0	364	6043
云梦县倒店乡	4800	26808	21873	15968	149856.0		
云梦县沙河乡	4800	36150	29132	21643	239925.0		
云梦县清明河乡	3300	27591	21820	17284	98143.0		
应城市田店镇	6346	17210	16585	8610	22038.0	120	2038
应城市杨河镇	11373	37396	23638	16623	96370.0	205	10842
应城市三合镇	8111	26415	18174	15283	213400.0	51	4528
应城市郎君镇	8065	35985	33614	24772	147000.0	153	7215
应城市黄滩镇	7066	43500	34920	26860	313150.0	89	2826
应城市天鹅镇	7065	32173	20697	16186	10540.8	52	3479
应城市义和镇	9068	25321	16790	12593	2838.0	43	2418
应城市陈河镇	13201	48235	34200	25575	65838.0	182	13182
应城市杨岭镇	12412	42528	24459	9738	134562.0	160	6278
应城市汤池镇	5003	13525	8612	5457	1923.0	250	2315
安陆市赵棚镇	11420	27824	18579	9361	17136.0	77	5583
安陆市李店镇	5700	20705	16543	9123	264594.0	58	9020
安陆市巡店镇	10100	44317	24069	14005	73013.0	460	8214
安陆市棠棣镇	8400	24073	17670	11186	47121.0	86	4250
安陆市雷公镇	12010	28458	25737	16817	31535.0	401	5370
安陆市王义贞镇	13041	20612	15736	9076	17006.0	156	3913
安陆市烟店镇	11000	28445	25386	13826	68932.0	260	8217
安陆市孛畈镇	11720	23310	17908	9990	97250.0	55	4160
安陆市伏水镇	8300	24256	20563	11600	196999.0	169	4079
安陆市陈店乡	8206	24150	22059	12190	33636.0		
安陆市辛榨乡	4500	28105	21618	13467	71481.0		
安陆市木梓乡	8600	20121	16536	10149	2883.0		
安陆市接官乡	10200	19982	13435	8377	27135.0		
汉川市马口镇	6268	78406	53198	52424	2153357.0	1360	57104
汉川市脉旺镇	4034	33400	23995	16145	106358.0	455	16538
汉川市城隍镇	6223	58374	48041	37145	757392.0	793	29984
汉川市分水镇	7551	61106	38524	28432	1026287.0	560	15173
汉川市沉湖镇	7182	67602	37490	28596	1223548.0	1320	41006
汉川市田二河镇	7577	40472	27040	10301	116473.0	420	12418
汉川市回龙镇	6453	32562	24343	17818	36887.0	232	4860
汉川市新堰镇	8107	33293	30889	24389	25808.0	391	5083
汉川市垌塚镇	3485	18752	14169	10414	8342.0	50	2673
汉川市麻河镇	7742	22573	20090	10970	7560.0	110	5200
汉川市刘家隔镇	12176	43783	26350	17532	109060.0	137	9740
汉川市新河镇	11952	69356	67532	58418	3972649.0	2369	38957
汉川市庙头镇	4643	31663	24274	17314	411518.0	310	1642

续表 311　　（湖北省）　　计算单位：公顷、人、万元

名　称	行政区域面积	常住人口	从业人员	二三产业从业人员	工业总产值	城镇建成区面积	城镇建成区常住人口
汉川市杨林沟镇	6721	35312	25917	18688	31020.0	160	2933
汉川市西江乡	9155	47453	26902	20150	83219.0		
汉川市湾潭乡	4411	19862	18011	12653	35269.0		
汉川市南河乡	7978	40650	24829	17403	48932.0		
汉川市马鞍乡	4730	30542	20045	13573	315570.0		
汉川市里潭乡	5966	24632	18676	11800	13028.0		
汉川市韩集乡	7720	35686	29752	20851	46620.0		
沙市区锣场镇	3133	7811	4642	2237	1310000.0	1800	1039
沙市区岑河镇	15514	57850	18625	11041	441910.0	320	14528
沙市区观音当镇	17456	46941	19929	12337	176039.0	190	6799
沙市区关沮镇	2892	20761	6576	5650	679090.0	2639	17674
沙市区立新乡	743	47209	5392	4956	111976.0		
荆州区纪南镇	15985	60188	22001	13386	97441.0	100	4190
荆州区川店镇	17813	35341	19755	9567	171000.0	302	11020
荆州区马山镇	12886	27764	19665	10479	51308.0	67	5210
荆州区八岭山镇	12636	30327	17129	10880	48102.0	61	6438
荆州区李埠镇	9289	22235	12794	8273	157255.0	341	10216
荆州区弥市镇	16862	60640	39035	19192	109209.0	280	37540
荆州区郢城镇	1847	38302	7205	6675	79122.0	500	7240
公安县埠河镇	22912	82621	49814	20115	144424.0	480	29053
公安县斗湖堤镇	9381	141969	84183	75925	1456700.0	7658	133385
公安县夹竹园镇	13221	45794	23332	12859	180779.0	533	11452
公安县闸口镇	13155	47174	24878	13672	59004.0	793	14824
公安县杨家厂镇	13770	48166	28952	20790	235259.0	820	15998
公安县麻豪口镇	18210	53096	30281	12438	310560.0	450	8950
公安县藕池镇	10287	40116	21728	14835	239500.0	1200	20831
公安县黄山头镇	11880	34105	17971	11399	28905.0	511	8060
公安县孟家溪镇	12271	39810	22918	12130	100043.0	300	12987
公安县南平镇	8706	48231	34354	28024	609483.0	861	33735
公安县章庄铺镇	18260	48322	29616	15958	202336.0	358	13367
公安县狮子口镇	16707	53103	31057	14293	15305.0	331	15203
公安县斑竹垱镇	15920	65623	28630	16925	63000.0	450	15297
公安县毛家港镇	19331	61709	31072	16673	44000.0	540	3563
公安县甘家厂乡	9791	24135	23438	12063	75125.0		
公安县章田寺乡	11889	43673	18063	10787	82607.0		
监利县容城镇	11026	146932	80596	79551	344374.0	4400	146817
监利县朱河镇	11968	74983	34297	20025	139561.0	502	53920
监利县新沟镇	16102	75309	42641	32628	1323539.0	600	55848
监利县龚场镇	10754	32074	32073	23630	38171.0	206	8248
监利县周老嘴镇	15081	48436	33740	26704	37354.0	260	12887
监利县黄歇口镇	15184	50298	29381	23997	87082.0	155	10231
监利县汪桥镇	15632	49321	33394	21890	54184.0	120	16366
监利县程集镇	11566	32126	31262	20275	25273.0	150	6981
监利县分盐镇	14593	37211	36545	21252	11872.0	260	7500
监利县毛市镇	13592	38037	38030	33103	43392.0	162	13765
监利县福田寺镇	9862	29388	26066	20513	29643.0	105	4136
监利县上车湾镇	7737	26323	24960	16162	65354.0	165	6511
监利县汴河镇	18707	40803	36047	21941	32030.0	100	7894
监利县尺八镇	15729	50535	33764	23660	19498.0	120	18760
监利县白螺镇	17328	39145	22617	18177	21463.0	360	12230

续表 312　　（湖北省）　　计算单位：公顷、人、万元

名　　称	行政区域面　　积	常住人口	从业人员	二三产业从业人员	工　业总产值	城镇建成区 面 积	城镇建成区常住人口
监利县网市镇	9520	33697	31653	23372	74759.0	100	6230
监利县三洲镇	17666	21245	18086	10729	24400.0	120	8898
监利具桥市镇	14418	42003	27279	18550	12430.0	150	7035
监利县红城乡	21440	70454	55647	35420	72557.0		
监利县棋盘乡	14402	26531	25711	13681	13183.0		
监利县柘木乡	16361	52275	31007	15763	18840.0		
江陵县资市镇	8857	21250	14713	7091	10542.0	78	7416
江陵县熊河镇	13966	38053	27969	13315	50313.0	450	9751
江陵县白马寺镇	14943	46606	28569	14623	9870.0	99	9360
江陵县沙岗镇	14708	40698	30628	14607	30748.0	208	13120
江陵县普济镇	7815	31246	22122	13864	5145.0	183	8430
江陵县郝穴镇	3696	43748	23189	19974	698893.0	1250	38472
江陵县马家寨乡	13084	34205	24537	9048	3745.0		
江陵县秦市乡	5569	22153	15567	8372	6350.0		
荆州经济技术开发区滩桥镇	6312	21544	18283	9581	71021.0	810	11361
石首市新厂镇	9540	33977	23810	18162	174564.0	390	14929
石首市横沟市镇	6554	36776	21909	17059	126623.0	300	9918
石首市大垸镇	17114	48992	29458	19047	32286.0	218	11528
石首市小河口镇	13800	27020	18847	9676	56262.0	451	9800
石首市桃花山镇	9710	22151	7498	5031	89452.0	150	8326
石首市调关镇	13304	39717	29478	20851	64582.0	250	11581
石首市东升镇	18238	53470	29445	21886	153006.0	450	19130
石首市高基庙镇	8593	31274	18456	9215	121300.0	220	4579
石首市南口镇	9092	26033	13350	8023	49000.0	105	3898
石首市高陵镇	7685	29004	18989	11152	127735.0	160	7032
石首市团山寺镇	6686	28195	17996	12229	76520.0	210	9661
石首市久合垸乡	6144	22666	6684	3420	32132.0		
洪湖市螺山镇	14083	33591	18152	5086	19250.0	170	5823
洪湖市乌林镇	12184	53994	29216	14079	7163.0	31	6751
洪湖市龙口镇	12386	41425	28510	9945	50850.0	92	10672
洪湖市燕窝镇	15389	36292	22672	7355	20179.0	105	8361
洪湖市新滩镇	16341	35498	19373	8334	82670.0	80	7526
洪湖市峰口镇	13601	80833	28495	13448	61000.0	1320	32410
洪湖市曹市镇	10225	42989	40524	22422	364200.0	200	15823
洪湖市府场镇	2751	19956	14570	11671	384346.0	835	14368
洪湖市戴家场镇	10196	43800	36539	27316	35680.0	474	11657
洪湖市瞿家湾镇	3863	17967	7012	3639	12950.0	320	2383
洪湖市沙口镇	12324	43014	21177	3796	30456.0	350	12182
洪湖市万全镇	16353	55132	39766	21660	51652.0	195	18375
洪湖市汊河镇	14576	54310	30547	18965	21069.0	300	8189
洪湖市黄家口镇	13648	34295	18562	12162	20122.0	435	18550
洪湖市老湾乡	6131	12680	11177	4343	21500.0		
松滋市新江口镇	10099	137287	107343	98823	890724.0	2600	105360
松滋市南海镇	17589	57870	28188	16283	188449.0	118	11042
松滋市八宝镇	16014	69824	42377	26674	699350.0	725	23785
松滋市宛市镇	13467	48952	38843	26762	75700.0	160	16540
松滋市老城镇	11403	44514	39657	27142	47529.0	98	5884
松滋市陈店镇	15267	34586	26654	18359	441176.0	77	6065
松滋市王家桥镇	15408	45286	25304	16258	158032.0	201	5498
松滋市斯家场镇	9512	27133	15261	10141	98967.0	132	8297

续表 313　　（湖北省）　　计算单位：公顷、人、万元

名　　称	行政区域面积	常住人口	从业人员	二三产业从业人员	工业总产值	城镇建成区面积	城镇建成区常住人口
松滋市杨林市镇	12173	41928	22489	15879	47824.0	455	9463
松滋市纸厂河镇	10642	35516	26666	18344	95815.0	42	6732
松滋市街河市镇	8107	36911	28439	22869	82469.0	172	10060
松滋市危水镇	29004	66538	51608	41751	223976.0	250	40542
松滋市刘家场镇	25272	58425	39243	30609	255672.0	690	42425
松滋市沙道观镇	6954	32964	28906	19734	137336.0	385	21058
松滋市万家乡	6467	23680	14372	8724	190230.0		
松滋市卸甲坪土家族乡	10315	13187	9863	7056	33836.0		
黄州区路口镇	6092	28200	14596	10591	135000.0	680	13500
黄州区堵城镇	5911	30115	15799	8503	31350.0	310	15435
黄州区陈策楼镇	5868	34940	18853	12406	329830.0	813	9763
黄州区陶店乡	4764	27178	15700	8042	30854.0		
团风县团风镇	10320	91735	29432	16405	86600.0	1600	53731
团风县淋山河镇	11650	63764	24255	17248	22079.0	385	8130
团风县方高坪镇	4697	26345	15689	6213	35197.0	307	3335
团风县回龙山镇	6510	26719	12265	5035	46000.0	360	4713
团风县马曹庙镇	5210	18610	11248	7022	71025.0	240	3401
团风县上巴河镇	6150	29026	17631	9235	18324.0	380	8687
团风县总路咀镇	5220	19687	13662	5968	21450.0	201	5876
团风县但店镇	12890	37843	25005	13962	23294.0	241	11432
团风县贾庙乡	9570	14320	10365	6306	18950.0		
团风县杜皮乡	8350	10985	7858	3648	4250.0		
红安县城关镇	11800	98423	87907	77609	269134.0	1290	98423
红安县七里坪镇	36200	94996	35705	25583	34117.0	650	28767
红安县华河镇	16723	52633	24753	7073	12360.0	230	6500
红安县二程镇	12925	22500	22000	10000	16000.0	45	21810
红安县上新集镇	8572	35267	11202	5559	42741.0	268	5726
红安县高桥镇	15003	65690	46752	30612	41472.0	875	10800
红安县觅儿镇	16641	38107	19335	10683	166839.0	1980	15883
红安县八里镇	10060	46940	16763	9460	39217.0	570	17688
红安县太平桥镇	7545	30235	11384	5043	32200.0	200	4380
红安县永河镇	22581	54552	37360	20624	39699.0	224	4268
红安县杏花乡	16641	65210	56910	13600	41000.0		
罗田县凤山镇	25654	111156	89422	78128	569802.0	981	95167
罗田县骆驼坳镇	8904	32482	23419	19057	12214.0	181	8132
罗田县大河岸镇	15600	32741	19580	11866	106448.0	315	7706
罗田县九资河镇	28511	32679	24700	15683	35655.0	156	8842
罗田县胜利镇	25435	52385	40172	30380	55076.0	585	14569
罗田县河铺镇	20503	52239	34178	20202	23210.0	267	9926
罗田县三里畈镇	17384	63695	44551	35839	155000.0	288	30135
罗田县匡河镇	19302	59512	40783	28476	37250.0	14	11868
罗田县白庙河镇	17810	30225	19626	13309	10254.0	13	3194
罗田县大崎镇	13288	37379	25801	19101	6549.0	16	12380
罗田县白莲河乡	10231	23450	18876	12183	109983.0		
罗田县平湖乡	10289	21470	14447	9868	25450.0		
英山县温泉镇	16202	111768	43329	33462	156200.0	440	62186
英山县南河镇	7671	21543	14856	10760	61910.0	150	4964
英山县红山镇	6981	18066	16957	11334	128245.0	20	1855
英山县金家铺镇	9931	28516	18944	14975	54224.0	47	10116
英山县石头咀镇	26438	41223	16413	9900	38426.0	250	12169

续表 314 （湖北省） 计算单位：公顷、人、万元

名称	行政区域面积	常住人口	从业人员	二三产业从业人员	工业总产值	城镇建成区面积	城镇建成区常住人口
英山县草盘地镇	16705	22918	14636	8621	31560.0	85	4580
英山县雷家店镇	16270	36654	25030	10940	51246.0	218	3621
英山县杨柳湾镇	20687	52300	34248	13318	72000.0	280	3599
英山县方家咀乡	7797	30586	18363	13399	53832.0		
英山县孔家坊乡	9186	26100	13287	8556	12556.0		
英山县陶家河乡	7033	10800	8295	4835	15800.0		
浠水县清泉镇	25950	206687	114053	80888	571360.0	1816	114101
浠水县巴河镇	22350	107112	76046	51924	521000.0	712	44514
浠水县竹瓦镇	13970	63165	43128	28645	72005.0	525	20880
浠水县汪岗镇	9010	45027	32896	21503	36486.0	54	7865
浠水县团陂镇	20580	98575	54204	31341	133000.0	523	20586
浠水县关口镇	22210	89217	47238	37203	241329.0	410	9214
浠水县白莲镇	6289	23080	12164	1484	65000.0	97	5200
浠水县蔡河镇	9660	23560	21499	10261	92340.0	32	6953
浠水县洗马镇	13570	45123	35509	24150	142155.0	485	12577
浠水县丁司垱镇	10836	33847	23319	15731	78301.0	250	7280
浠水县散花镇	14770	62785	36552	19532	380000.0	125	9800
浠水县兰溪镇	11400	43537	37872	14659	32000.0	50	14560
浠水县绿杨乡	13970	23581	17685	7959	32650.0		
蕲春县漕河镇	16144	167622	136732	129520	837612.0	2340	146568
蕲春县赤东镇	14987	46995	39426	32386	275764.0	268	27800
蕲春县蕲州镇	14356	62391	36751	31393	517711.0	1032	52317
蕲春县管窑镇	7252	26823	14997	9693	100489.7	282	7205
蕲春县彭思镇	10995	28354	25379	14945	88564.0	255	4663
蕲春县横车镇	19270	66471	55743	48384	381104.5	1435	41258
蕲春县株林镇	16520	46990	21655	14007	2615.0	300	3243
蕲春县刘河镇	21460	76721	69125	30485	296549.0	385	32157
蕲春县狮子镇	24100	44881	33887	20112	21447.1	161	13982
蕲春县青石镇	19202	45642	35144	22368	104188.0	3	4508
蕲春县张榜镇	20750	47106	34063	20661	113260.0	220	22498
蕲春县大同镇	13968	22451	15807	11103	55613.0	180	4768
蕲春县檀林镇	16692	38907	19329	12482	46849.9	283	7512
蕲春县向桥乡	20512	33211	16953	11553	48696.0		
黄梅县黄梅镇	8370	151100	105339	84479	377500.0	3880	148900
黄梅县孔垄镇	12536	90014	56313	35553	264608.0	560	24533
黄梅县小池镇	15400	96895	54054	43340	493469.0	3300	55267
黄梅县下新镇	13996	20605	10867	6669	148046.0	98	7130
黄梅县大河镇	14256	63310	28358	22748	38025.0	200	8800
黄梅县停前镇	8327	31310	18252	11769	9900.0	25	2523
黄梅县五祖镇	8523	26641	7563	3558	6835.0	45	16000
黄梅县濯港镇	16353	71213	44086	28823	356936.0	180	8865
黄梅县蔡山镇	11320	75392	43155	28345	176019.0	325	20512
黄梅县新开镇	9570	42185	26997	17861	78892.0	291	8139
黄梅县独山镇	8995	24318	14068	8850	283500.0	240	4148
黄梅县分路镇	7221	42370	25756	17656	190018.0	171	3120
黄梅县柳林乡	6254	14293	9824	6815	4550.0		
黄梅县杉木乡	7794	41198	24978	15694	144762.0		
黄梅县苦竹乡	9226	25098	17159	10484	36268.0		
黄梅县刘佐乡	4835	15056	9818	6000	9850.0		
麻城市中馆驿镇	14198	50276	44916	30348	351632.0	1851	24167

续表 315　　（湖北省）　　计算单位：公顷、人、万元

名　称	行政区域面积	常住人口	从业人员	二三产业从业人员	工业总产值	城镇建成区面积	城镇建成区常住人口
麻城市宋埠镇	15303	62447	62426	56343	466826.0	3900	39361
麻城市歧亭镇	8740	30458	18309	7857	7124.0	2572	7614
麻城市白果镇	11108	102896	70691	53413	581825.0	1389	55482
麻城市夫子河镇	12800	37524	22393	13072	92149.0	325	5314
麻城市阎家河镇	12120	43221	25011	14917	26457.0	385	5231
麻城市龟山镇	28000	50642	28031	14517	60194.0	421	10341
麻城市盐田河镇	13738	47911	29612	18436	19368.0	496	11257
麻城市张家畈镇	21300	60319	40959	23724	37256.0	286	8963
麻城市木子店镇	25600	47901	37132	22463	31290.0	100	8210
麻城市三河口镇	38038	46245	16213	3972	75845.0	354	12704
麻城市黄土岗镇	26930	51130	30883	14721	18652.0	501	10203
麻城市福田河镇	25700	50424	33491	23134	85295.0	290	11054
麻城市乘马岗镇	29700	56554	34734	24599	63214.0	300	2429
麻城市顺河镇	28706	50789	30580	15430	42218.0	432	2258
麻城市铁门岗乡	15770	60232	54465	36164	36000.0		
武穴市田镇街道办事处	4440	23618	23470	11254	1541427.0	450	13372
武穴市梅川镇	27200	137577	66677	36382	197875.2	650	46660
武穴市余川镇	19900	66849	26510	24840	31116.0	65	6970
武穴市花桥镇	15850	85696	44283	30234	345000.0	450	40100
武穴市大金镇	7400	38156	25203	16189	148500.0	350	9500
武穴市石佛寺镇	9750	56176	27857	21691	146400.0	393	8337
武穴市四望镇	10320	48565	28134	20307	90000.0	206	1790
武穴市大法寺镇	11720	49869	23234	13955	65789.0	400	2671
武穴市龙坪镇	6400	35648	21783	13181	301064.0	224	9704
咸安区汀泗桥镇	17920	29970	11561	5192	21783.0	95	3194
咸安区向阳湖镇	9590	22888	8755	4198	378425.5	77	5633
咸安区官埠桥镇	14340	36724	16203	4539	501285.0	95	5106
咸安区横沟桥镇	11540	36958	17533	14748	408695.0	518	8736
咸安区贺胜桥镇	8120	20710	7727	4188	285320.0	360	5113
咸安区双溪桥镇	17760	52007	18527	8581	392316.2	550	13580
咸安区马桥镇	11950	35210	15776	9552	334000.0	220	9266
咸安区桂花镇	18560	31286	10397	5129	65500.0	55	2956
咸安区高桥镇	9240	19125	7865	3300	47530.0	74	6802
咸安区大幕乡	16600	23251	7076	3964	50000.0		
嘉鱼县陆溪镇	8967	22650	12500	8600	432621.0	196	6600
嘉鱼县高铁岭镇	12209	24320	15019	11040	404400.0	116	2883
嘉鱼县官桥镇	16172	28053	24052	14352	737293.0	176	4606
嘉鱼县鱼岳镇	11119	98125	43167	37297	1615000.0	2750	91280
嘉鱼县新街镇	12553	21077	10510	6298	240136.0	240	1739
嘉鱼县渡普镇	12404	23011	21011	12107	243512.0	1415	6490
嘉鱼县潘家湾镇	13127	49315	33103	21780	1025478.0	660	25530
嘉鱼县牌洲湾镇	15402	47532	30542	22172	321800.0	450	13134
通城县隽水镇	10265	129406	26156	13592	698986.0	1560	59119
通城县麦市镇	10490	37530	16521	10345	86510.0	631	9325
通城县塘湖镇	10700	39600	39513	15745	46255.0	200	7163
通城县关刀镇	11574	45726	18469	13410	124000.0	30	3350
通城县沙堆镇	4614	25859	15594	7952	26957.0	350	3284
通城县五里镇	10480	32506	24956	20456	73520.0	150	3000
通城县石南镇	5485	35025	15793	8861	114437.0	330	6243
通城县北港镇	5285	34519	14133	9208	41035.0	310	8664

续表 316　　（湖北省）　　计算单位：公顷、人、万元

名　　称	行政区域面　积	常住人口	从业人员	二三产业从业人员	工　业总产值	城镇建成区 面 积	城镇建成区常住人口
通城县马港镇	16140	47632	17932	13235	88400.0	21	5285
通城县四庄乡	15600	22892	20051	10006	43748.0		
通城县大坪乡	15271	60635	28394	21601	164500.0		
崇阳县天城镇	20700	101473	31863	18126	991988.0	1712	68703
崇阳县沙坪镇	12700	28275	10715	6643	136808.0	461	21712
崇阳县石城镇	18700	38650	19579	13882	38529.0	424	7248
崇阳县桂花泉镇	14100	10647	6349	3525	16048.0	106	2314
崇阳县白霓镇	14900	47792	28502	20863	119945.0	221	17029
崇阳县路口镇	22600	32189	18653	9570	56000.0	301	4690
崇阳县金塘镇	24400	19535	12852	6579	20355.0	100	2339
崇阳县青山镇	20500	44650	29113	21893	194774.0	133	8966
崇阳县肖岭乡	8800	32414	16498	10413	26720.0		
崇阳县铜钟乡	8000	16087	11142	6784	33870.0		
崇阳县港口乡	22600	26168	11984	5251	20003.0		
崇阳县高枧乡	8800	11268	4721	2584	6190.0		
通山县通羊镇	21821	144210	16934	12468	447209.7	1220	97538
通山县南林桥镇	21521	32640	18314	8774	57562.0	350	7610
通山县黄沙铺镇	28587	30384	18305	8409	20573.4	153	3612
通山县厦铺镇	35301	15155	9679	2604	7935.0	160	2038
通山县九宫山镇	22250	30865	18511	9873	410113.0	624	6870
通山县闯王镇	25250	15262	6783	4229	43966.3	100	1558
通山县洪港镇	28463	29421	14748	7180	152430.0	303	10597
通山县大畈镇	27925	18736	15562	10427	10675.0	230	3967
通山县大路乡	9566	26934	7307	4693	68000.0		
通山县杨芳林乡	14330	16504	6121	2029	724.0		
通山县燕厦乡	18206	30939	10168	5171	38825.0		
通山县慈口乡	15400	20121	8982	3387	2400.0		
赤壁市新店镇	9910	23554	11704	6527	89332.0	550	3134
赤壁市赵李桥镇	10695	25789	18376	15520	580470.0	54	21786
赤壁市茶庵岭镇	8100	15670	10100	6340	102260.0	25	1506
赤壁市车埠镇	14460	32605	22389	16820	447018.0	400	16362
赤壁市赤壁镇	8210	19229	12485	9639	24962.0	405	3993
赤壁市柳山湖镇	3200	7350	5883	2293	19256.0	150	785
赤壁市神山镇	20800	25255	13494	7247	70635.0	665	5680
赤壁市中伙铺镇	14910	25474	17537	7637	150967.0	238	9181
赤壁市官塘驿镇	30187	48336	22132	16945	463600.0	500	24712
赤壁市黄盖湖镇	2840	5314	5032	2500	59846.0	508	4020
赤壁市余家桥乡	13260	10620	8979	5717	7400.0		
曾都区万店镇	20080	42695	17193	10536	186113.0	46	16670
曾都区何店镇	21896	47252	22263	12900	225227.0	450	7428
曾都区洛阳镇	22851	25500	14042	8464	40942.2	370	5750
曾都区府河镇	19387	55070	24384	17313	66256.0	379	21753
曾都区淅河镇	27980	128156	49039	30156	243862.0	920	31027
随县厉山镇	33100	65418	27439	16416	1133588.7	584	24352
随县高城镇	18500	25160	14802	9644	101720.0	88	8700
随县殷店镇	71200	56744	26691	15462	178220.0	553	33000
随县草店镇	30000	24217	15086	6590	111530.0	340	8302
随县小林镇	12500	28790	14230	8333	134692.0	339	28732
随县淮河镇	25200	23559	15019	9196	118524.0	135	7521
随县万和镇	70900	62413	38216	27641	456558.0	428	14208

续表 317　　(湖北省)　　计算单位：公顷、人、万元

名　称	行政区域面　积	常住人口	从业人员	二三产业从业人员	工　业总产值	城镇建成区 面 积	城镇建成区常住人口
随县尚市镇	20700	41332	20212	11821	138082.2	210	16700
随县唐县镇	29200	78643	31268	21016	223687.0	530	54000
随县吴山镇	35100	27924	16649	12974	817643.0	383	6542
随县新街镇	14400	37658	19988	13660	138558.2	103	9639
随县安居镇	11500	53385	28890	19609	241598.0	418	14268
随县环潭镇	43900	53941	25902	18730	245214.0	292	31437
随县洪山镇	47200	67362	33892	20857	209241.0	690	37042
随县长岗镇	23000	17216	8673	5377	32252.0	285	4775
随县三里岗镇	31900	37551	27136	14548	380467.9	250	10313
随县柳林镇	19800	20316	10501	5124	131297.0	231	5790
随县均川镇	22600	50012	33670	19490	182650.0	441	26264
随县万福店镇	6600	23759	12660	7330	128976.0	113	10282
广水市武胜关镇	21600	38259	22151	18850	642963.0	521	15088
广水市杨寨镇	11228	39454	31518	22023	355687.0	502	15640
广水市陈巷镇	13100	39682	32613	16687	272685.0	343	8256
广水市长岭镇	21600	66973	42618	27424	169286.0	450	27200
广水市马坪镇	9730	32025	22493	16446	265826.0	810	18708
广水市关庙镇	17200	44419	32918	22941	91052.0	258	9210
广水市余店镇	24800	51080	42338	28371	173668.0	408	33555
广水市吴店镇	22800	25618	16028	10778	103000.0	220	7628
广水市郝店镇	22900	30527	23065	9838	75310.0	336	9980
广水市蔡河镇	21200	38314	25290	16035	153873.0	308	10236
广水市李店镇	8300	32425	27607	24068	82041.0	383	11253
广水市太平镇	7600	26160	21012	10070	93485.0	165	7565
广水市骆店镇	10500	36478	31256	24048	113046.0	200	10300
恩施市龙凤镇	27705	69854	34929	20255	79380.0	400	34771
恩施市崔坝镇	22277	41719	23335	9335	2400.0	205	10744
恩施市板桥镇	30400	17770	7713	1350	28318.0	74	3988
恩施市白杨坪镇	24921	55215	29510	16137	24930.0	352	15208
恩施市三岔乡	24902	41400	21700	9400	10912.0		
恩施市新塘乡	40845	49965	16210	3360	5730.0		
恩施市红土乡	22875	46127	17985	6909	18777.0		
恩施市沙地乡	19028	26986	15904	5879	9474.0		
恩施市太阳河乡	24777	20790	7041	1473	7542.0		
恩施市屯堡乡	25823	44711	20546	11123	34999.0		
恩施市白果乡	32450	19511	16545	9245	10460.0		
恩施市芭蕉侗族乡	28477	64258	40041	16680	114590.0		
恩施市盛家坝乡	36918	36223	19204	9687	4579.0		
利川市谋道镇	33827	44399	34526	26280	5614.0	2300	38500
利川市柏杨坝镇	57993	60995	40126	24692	29733.0	250	13925
利川市汪营镇	35502	61209	44393	33005	93718.0	440	25280
利川市建南镇	32595	47438	33569	22196	35374.0	116	11703
利川市忠路镇	51362	59759	38279	25200	6152.0	301	19807
利川市团堡镇	44772	59800	31922	20210	20506.0	858	5224
利川市毛坝镇	32543	26008	8999	3056	30142.0	261	8140
利川市凉雾乡	41904	43539	31439	18722	60181.0		
利川市元堡乡	26616	23152	16996	11070	20566.0		
利川市南坪乡	14846	35724	19766	7569	24759.0		
利川市文斗乡	43189	50200	27714	9543	3082.0		
利川市沙溪乡	29286	21754	12798	8161	3550.0		

续表 318　　（湖北省）　　计算单位：公顷、人、万元

名　　称	行政区域面　积	常住人口	从业人员	二三产业从业人员	工　业总产值	城镇建成区 面 积	城镇建成区常住人口
建始县业州镇	37284	88758	58434	19812	261296.0	1000	48773
建始县高坪镇	25980	48609	21441	4939	21110.0	301	17431
建始县红岩寺镇	8513	15888	12708	5048	39445.0	365	10000
建始县景阳镇	16039	25324	15232	8602	44892.0	120	8512
建始县官店镇	37176	48061	23448	13033	68233.0	86	3539
建始县花坪镇	40567	56539	28767	17415	32916.0	320	14782
建始县长梁乡	39814	56594	40321	24420	151099.0		
建始县茅田乡	21071	19788	12977	6124	57600.0		
建始县龙坪乡	22828	25124	14724	6939	95896.0		
建始县三里乡	17219	31715	22010	13630	63379.0		
巴东县信陵镇	8769	56289	28253	26153	192675.0	900	47000
巴东县东瀼口镇	10906	21072	16221	7685	16721.0	54	6000
巴东县沿渡河镇	48463	36293	24474	13174	50411.0	40	15200
巴东县官渡口镇	32762	52949	32410	19141	29251.0	6620	13200
巴东县茶店子镇	26626	32195	18560	8760	21703.0	97	5996
巴东县绿葱坡镇	28063	19892	10967	4067	48289.0	20	2625
巴东县大支坪镇	21177	19437	12084	6112	9310.0	500	3810
巴东县野三关镇	52914	61307	32128	17121	182885.0	800	57236
巴东县水布垭镇	32878	38476	23165	10698	41262.0	120	4250
巴东县清太坪镇	27923	29323	20005	13167	35031.0	420	3382
巴东县溪丘湾乡	26453	36205	18786	9186	36670.0		
巴东县金果坪乡	18228	21562	12480	5980	21120.0		
宣恩县珠山镇	16377	46784	20568	14723	99980.0	730	46784
宣恩县椒园镇	17597	20907	17397	10529	120945.0	380	6678
宣恩县沙道沟镇	64995	55170	38271	22822	38892.0	420	23973
宣恩县李家河镇	21679	42213	28034	16597	21243.0	380	12819
宣恩县高罗镇	28718	37010	32045	24174	18382.0	320	6783
宣恩县万寨乡	18358	24858	17843	9815	71427.0		
宣恩县长潭河侗族乡	43271	31246	24487	12068	17176.0		
宣恩县晓关侗族乡	42138	34914	24167	13035	31130.0		
宣恩县椿木营乡	20584	10308	7025	2674	14316.0		
咸丰县高乐山镇	32200	73830	72986	58823	439250.0	1200	71350
咸丰县忠堡镇	14600	14396	13957	8825	100085.0	268	5100
咸丰县坪坝营镇	34700	42800	42616	29410	61309.0	242	7032
咸丰县朝阳寺镇	10500	13947	13866	9649	30579.0	110	6200
咸丰县清坪镇	30500	36506	35136	22510	46800.0	130	8923
咸丰县唐崖镇	30100	31539	30900	19900	17000.0	150	3122
咸丰县丁寨乡	19300	22749	19416	11307	7394.0		
咸丰县活龙坪乡	28600	27000	26471	18108	9945.0		
咸丰县小村乡	22600	13173	11873	7554	30000.0		
咸丰县黄金洞乡	21500	20510	20172	15044	29615.0		
来凤县翔凤镇	13778	89812	60290	48578	283574.0	1510	59216
来凤县百福司镇	19014	21505	19278	13349	16784.0	70	3210
来凤县大河镇	32484	33096	30105	12722	10906.0	320	12950
来凤县绿水镇	11548	19340	11898	7698	45000.0	410	9396
来凤县旧司镇	19854	35482	29709	17316	26528.0	105	4275
来凤县革勒车镇	11627	13332	12965	7080	29236.0	50	4960
来凤县漫水乡	13358	12573	12273	8671	7330.0		
来凤县三胡乡	12542	20378	15539	8691	32440.0		
鹤峰县走马镇	49803	45000	24553	12532	136500.0	400	29800

续表 319　　(湖北省)　　计算单位：公顷、人、万元

名　称	行政区域面积	常住人口	从业人员	二三产业从业人员	工业总产值	城镇建成区面积	城镇建成区常住人口
鹤峰县容美镇	30972	58386	41239	37234	129908.0	1100	44740
鹤峰县太平镇	32022	13150	6333	4821	73031.0	130	1235
鹤峰县燕子镇	36992	22692	9940	2140	58386.0	160	1278
鹤峰县中营镇	41545	22632	8170	1181	59998.0	30	2235
鹤峰县铁炉乡	22841	14526	9328	4706	37816.0		
鹤峰县五里乡	37970	17165	13593	7098	36743.0		
鹤峰县下坪乡	16067	11160	9217	4966	79305.0		
鹤峰县邬阳乡	18614	12624	6287	3832	21230.0		
仙桃市郑场镇	10800	46346	34944	28299	45452.0	196	13582
仙桃市毛嘴镇	11550	61238	24530	23331	253655.0	480	22367
仙桃市豆河镇	17530	82076	47806	32091	111150.0	407	16260
仙桃市三伏潭镇	11900	56098	39043	27257	162702.0	390	24618
仙桃市胡场镇	7300	51527	40000	27007	331250.0	350	24520
仙桃市长倘口镇	19215	74338	62283	44831	400257.0	210	32696
仙桃市西流河镇	19570	71985	32690	25473	636898.0	312	33985
仙桃市沙湖镇	27740	41086	38733	27381	227297.0	318	13307
仙桃市杨林尾镇	25290	77652	46241	29972	266310.0	518	38152
仙桃市彭场镇	15800	99523	71595	57970	1365230.0	680	62036
仙桃市张沟镇	14128	68432	52080	32555	571896.0	680	37336
仙桃市郭河镇	12600	38009	37091	24153	316698.0	518	26338
仙桃市沔城回族镇	3610	25142	14532	9710	180000.0	340	6624
仙桃市通海口镇	12610	56243	30365	22933	189211.0	325	13869
仙桃市陈场镇	15510	76120	47615	37441	369494.0	383	26975
潜江市竹根滩镇	9300	64249	28340	23010	224050.1	170	4420
潜江市渔洋镇	13600	59496	25197	16717	540247.0	132	12640
潜江市王场镇	9873	44606	22353	14841	339578.0	953	9034
潜江市高石碑镇	11226	45939	24784	17142	157553.0	150	7608
潜江市熊口镇	13800	66786	31831	14416	1072712.0	1300	23009
潜江市老新镇	13000	51830	31640	15490	365532.0	1120	6789
潜江市浩口镇	17090	63828	36256	19506	541370.0	480	23249
潜江市积玉口镇	11000	37351	20343	14064	255367.0	251	8941
潜江市张金镇	15500	67469	23100	18938	1874454.0	536	16702
潜江市龙湾镇	12980	45210	21251	14181	571890.0	320	8558
天门市多宝镇	23208	84957	46615	36293	119921.0	338	12798
天门市拖市镇	12680	75567	35143	21851	326850.0	210	6513
天门市张港镇	15300	84148	39876	22609	95000.0	615	13550
天门市蒋场镇	8091	48517	27446	18672	42859.0	97	2942
天门市汪场镇	7300	37118	16031	8594	9630.0	152	2983
天门市渔薪镇	9200	48183	33129	23036	235778.0	360	18322
天门市黄潭镇	7549	55108	28073	18425	207000.0	145	5480
天门市岳口镇	12500	101352	53152	44136	1374896.0	1098	59648
天门市横林镇	9980	75135	29777	24726	125000.0	291	5280
天门市彭市镇	7760	59868	22403	15659	188995.0	330	6638
天门市麻洋镇	7300	58981	18099	15199	53405.0	1351	16525
天门市多祥镇	11640	69997	22119	17978	820000.0	200	24908
天门市干驿镇	8200	43515	18891	14642	140285.0	1325	12106
天门市马湾镇	7900	41725	18435	13722	134600.0	300	6064
天门市卢市镇	10800	68205	20842	14541	19825.0	250	9025
天门市小板镇	6363	29214	17820	10681	105700.0	998	4991
天门市九真镇	16200	73879	32833	22022	158476.0	330	15246

续表 320 （湖北省、湖南省） 计算单位：公顷、人、万元

名称	行政区域面积	常住人口	从业人员	二三产业从业人员	工业总产值	城镇建成区面积	城镇建成区常住人口
天门市皂市镇	14439	58540	21983	17555	1397300.0	970	31580
天门市胡市镇	7663	26980	16480	9410	34600.0	180	4133
天门市石河镇	13600	59538	24206	14952	75241.0	165	8546
天门市佛子山镇	13000	38811	14075	8866	50100.0	260	5299
天门市净潭乡	9600	34722	15012	3891	52000.0		
神农架林区松柏镇	33632	28146	4807	2885	17867.0	300	28146
神农架林区阳日镇	25978	10963	6821	4646	51543.0	300	3810
神农架林区木鱼镇	46366	11253	2770	1238	3062.0	50	5287
神农架林区红坪镇	74200	5380	1973	709	960.0	212	366
神农架林区新华镇	22885	3688	2218	1238	80134.0	7	336
神农架林区九湖镇	34806	4487	2541	1049		28	469
神农架林区宋洛乡	54789	6501	3642	2006	31321.0		
神农架林区下谷坪土家族乡	21600	5168	1901	514	4200.0		
湖南省							
岳麓区东方红镇	1635	12725	2135	2050		1635	12725
岳麓区莲花镇	11300	50624	29327	15995	9589.0	400	10304
岳麓区雨敞坪镇	8370	32460	25336	5031	12010.0	300	4122
开福区青竹湖镇	2512	14828	2730	1905	42571.0	2150	14828
雨花区跳马镇	17713	66287	59203	9691	53000.0	8	7778
望城区桥驿镇	9639	38125	23785	14065	270000.0	185	8172
望城区茶亭镇	8900	33752	19206	7795	256000.0	122	8258
望城区东城镇	1600	20256	8565	6326	31629.0	1300	16632
望城区铜官镇	2953	26611	13092	9750	999757.0	880	15627
望城区靖港镇	4585	31108	20328	10504	72621.0	235	7101
望城区乔口镇	4568	33923	9956	3935	67889.0	205	2090
望城区乌山镇	7287	42557	24452	11440	350000.0	360	12854
望城区雷锋镇	5810	35512	18104	9052	24100.0	610	4215
望城区白箬铺镇	10000	46280	24645	13398	252079.0	142	1527
望城区格塘镇	4668	25348	17293	9719	32564.6	46	5625
望城区新康乡	4763	33187	21255	11263	30144.0		
长沙县黄兴镇	8415	59637	19116	11310	190241.0	155	16231
长沙县江背镇	17500	59382	31025	22477	936000.0	668	27818
长沙县黄花镇	14100	95797	38819	23216	694693.0	510	29323
长沙县春华镇	13000	44410	23674	13611	48150.0	160	3382
长沙县果园镇	6858	24420	16136	7623	119000.0	100	4065
长沙县路口镇	8900	30409	16960	4930	31000.0	800	3600
长沙县高桥镇	11200	29351	18652	7186	45050.0	270	5165
长沙县金井镇	14447	43222	30996	14436	346155.0	200	20000
长沙县福临镇	8200	29046	17871	11800	24000.0	287	3100
长沙县青山铺镇	4619	19607	13818	5973	20630.0	130	5732
长沙县安沙镇	15492	57410	15660	13650	197268.0	71	1682
长沙县北山镇	14478	52839	30822	14226	80230.0	421	35323
长沙县双江镇	6510	21257	14246	4058	22520.0	146	5480
长沙县开慧镇	5400	20391	17409	4020	35000.0	300	1213
长沙县白沙镇	6140	18643	12446	7068	16550.0	254	563
长沙县干杉镇	7300	36246	15275	7046	265600.0	900	14710
宁乡县道林镇	13500	55967	31366	6062	106895.0	3	8902
宁乡县花明楼镇	11240	48672	27738	13523	336000.0	290	10604
宁乡县东湖塘镇	13100	49688	33264	6453	140000.0	2500	38675
宁乡县夏铎铺镇	10416	41075	25581	17760	1962316.0	281	4431

续表 321　　(湖南省)　　计算单位：公顷、人、万元

名　称	行政区域面积	常住人口	从业人员	二三产业从业人员	工业总产值	城镇建成区面积	城镇建成区常住人口
宁乡县双江口镇	7227	47889	22615	12717	120000.0	53	1040
宁乡县煤炭坝镇	7362	50128	30610	22600	662683.0	362	24562
宁乡县坝塘镇	10007	42552	27872	19777	162000.0	750	1665
宁乡县偕乐桥镇	7650	34021	19875	5336	19444.0	39	1105
宁乡县灰汤镇	4300	23705	17265	7521		842	4436
宁乡县双凫铺镇	8823	41385	33597	26902	468700.0	684	21168
宁乡县老粮仓镇	12198	57900	19752	11403	297812.0	520	16980
宁乡县流沙河镇	14056	48942	48933	39280	117914.6	245	14232
宁乡县巷子口镇	10580	49547	24320	13096	14015.0	411	2441
宁乡县龙田镇	7315	24153	18084	8220	131458.0	93	3652
宁乡县横市镇	12340	57350	30555	19530	215000.0	530	12105
宁乡县回龙铺镇	7180	40170	25305	11658	250000.0	1480	2914
宁乡县黄材镇	22000	65480	33795	20955	143800.0	212	26334
宁乡县大成桥镇	5800	34725	19347	10667	760000.0	13	2830
宁乡县青山桥镇	13800	46721	17848	7443	160000.0	230	2235
宁乡县金洲镇	6210	33107	28913	17456	130987.0	69	8124
宁乡县大屯营镇	10668	44465	27158	11783	234500.0	62	4805
宁乡县资福镇	7800	39692	19319	11293	35200.0	152	3269
宁乡县朱良桥乡	8270	23358	21165	15573	88000.0		
宁乡县菁华铺乡	6580	33859	25750	21929	205000.0		
宁乡县南田坪乡	6400	26865	21096	10570	82000.0		
宁乡县枫木桥乡	9260	39724	23370	9345	16178.0		
宁乡县喻家坳乡	9685	38416	25912	9160	297000.0		
宁乡县沙田乡	7422	33202	24135	13877	78900.0		
宁乡县沩山乡	8180	18581	12774	7993	12124.0		
浏阳市社港镇	17470	48823	48759	36112	176674.6	250	24560
浏阳市官渡镇	10630	30985	16728	13770	425000.0	1100	13985
浏阳市张坊镇	31930	32028	20507	12625	72001.0	110	8694
浏阳市达浒镇	20200	25672	16560	8034	211231.0	189	9843
浏阳市沿溪镇	11960	30322	22440	16775	597711.0	220	2533
浏阳市古港镇	15150	40132	21726	21325	458599.0	250	13406
浏阳市永和镇	6270	23419	11479	9525	190031.0	400	12658
浏阳市大瑶镇	7370	93653	52022	40132	730491.0	1000	39650
浏阳市金刚镇	7980	62799	40352	35808	493724.0	200	20725
浏阳市文家市镇	15590	52746	23031	22083	378898.0	300	8590
浏阳市太平桥镇	9980	21619	14186	11639	721573.0	120	7254
浏阳市枨冲镇	18630	45858	27646	23029	641000.0	155	4675
浏阳市镇头镇	15880	55078	36635	8670	420000.0	300	21020
浏阳市普迹镇	17800	41985	24926	18330	193745.0	100	5412
浏阳市永安镇	11210	75371	41631	37161	3207450.0	712	32451
浏阳市北盛镇	7340	41099	31875	20439	230000.0	128	9250
浏阳市龙伏镇	13200	46695	22588	9082	160000.0	61	4933
浏阳市澄潭江镇	15880	66421	26399	25895	740000.0	170	7654
浏阳市中和镇	15180	23634	10876	10806	116500.0	230	21230
浏阳市柏加镇	5030	24013	15453	15303	1500.0	175	4600
浏阳市洞阳镇	10500	40758	17298	11900	372895.0	110	6932
浏阳市大围山镇	40170	22345	15381	8160	71020.0	132	3068
浏阳市沙市镇	20970	62378	40795	30443	374231.0	376	9642
浏阳市淳口镇	23350	64152	34738	14940	200390.0	89	8750
浏阳市高坪镇	25740	38412	19756	18431	285641.0	160	4960

续表 322 （湖南省） 计算单位：公顷、人、万元

名称	行政区域面积	常住人口	从业人员	二三产业从业人员	工业总产值	城镇建成区面积	城镇建成区常住人口
浏阳市三口镇	5580	23446	16772	12427	220000.0	69	6817
浏阳市官桥镇	8790	27038	22549	12633	92310.0	177	2621
浏阳市小河乡	11180	15147	5866	4986	96013.0		
浏阳市七宝山乡	17200	15751	9498	9236	120000.0		
浏阳市溪江乡	9046	23409	22518	9540	212000.0		
浏阳市杨花乡	7560	28165	15695	9417	130247.0		
浏阳市葛家乡	10680	20689	12933	12495	240000.0		
浏阳市蕉溪乡	8740	27219	17615	8893	216670.0		
荷塘区仙庾镇	5050	21456	21403	11280	99520.0	5050	21456
荷塘区明照乡	4768	20185	9726	6249	15518.0		
芦淞区白关镇	7975	28430	17160	9930	139262.0	300	4960
芦淞区五里墩乡	2400	9987	6703	3828	4100.0		
芦淞区姚家坝乡	7100	19976	9110	2790	30210.0		
天元区马家河镇	5020	24896	12517	8005	55123.0	5020	24896
天元区群丰镇	5396	23117	21520	8038	22500.0	730	19533
天元区雷打石镇	8600	34339	17753	7348	20059.0	660	4475
天元区三门镇	9200	35115	24577	14575	19760.0	500	3502
株洲县渌口镇	6500	76587	44151	36538	876021.0	1000	47385
株洲县朱亭镇	8800	24269	14736	7488	51498.0	250	3171
株洲县古岳峰镇	7100	21590	12667	6938	1068.0	100	3070
株洲县淦田镇	10300	17340	13118	5563	2632.0	300	6857
株洲县龙凤乡	5800	13687	8082	3144	1150.0		
株洲县龙潭乡	7200	8287	5545	1348	886.0		
株洲县砖桥乡	5800	8205	8033	4246	1394.0		
株洲县平山乡	3800	9235	7799	4312	14211.0		
株洲县洲坪乡	8000	17548	14465	5803	111796.0		
株洲县南阳桥乡	5600	19333	17130	9507	41987.0		
株洲县仙井乡	7400	26251	19970	11309	12644.0		
株洲县堂市乡	7700	23140	15850	7222	67011.0		
株洲县王十万乡	8400	18994	17644	5343	12024.0		
株洲县太湖乡	12600	14904	10363	2656	23543.0		
攸县酒埠江镇	12887	24149	24119	12809	276630.0	200	18000
攸县桃水镇	9725	30046	20642	9188	141304.0	190	6426
攸县网岭镇	9691	35006	27605	14701	464022.0	350	20000
攸县渌田镇	10051	41384	23284	10305	22609.0	80	5400
攸县柏市镇	14107	11025	9507	5827	160543.0	45	2300
攸县大同桥镇	5160	26120	16558	8551	132935.0	80	4612
攸县石羊塘镇	8238	23971	19864	9903	108438.0	92	4680
攸县黄丰桥镇	15358	21046	13769	7453	306739.0	100	11300
攸县鸾山镇	22059	20658	13247	8930	340000.0	70	8000
攸县丫江桥镇	16500	27826	23085	10169	45109.0	80	8900
攸县上云桥镇	6040	26685	22883	13263	266957.0	55	6021
攸县皇图岭镇	22323	58288	43562	28027	280978.0	190	21000
攸县新市镇	13196	33427	29328	12429	325870.0	135	13561
攸县菜花坪镇	12564	36897	30663	16780	344130.0	175	16000
攸县莲塘坳镇	28219	46384	23206	7849	70652.0	100	5721
攸县湖南坳乡	10935	24100	14510	6792	311087.0		
攸县坪阳庙乡	10001	24198	14077	5806	111848.0		
攸县槚山乡	11250	18304	12987	5185	88913.0		
攸县鸭塘铺乡	6243	26012	14987	5390	111957.0		

续表 323　　　　　　　　　　　（湖南省）　　　　　　　　　　　计算单位：公顷、人、万元

名　称	行政区域面　积	常住人口	从业人员	二三产业从业人员	工　业总产值	城镇建成区 面 积	城镇建成区常住人口
茶陵县界首镇	8300	28102	14791	7005	8200.0		
茶陵县湖口镇	18000	28928	9968	1643	22142.0	18	1724
茶陵县浣溪镇	13600	16624	8012	2746	46413.0	465	1925
茶陵县马江镇	8500	19045	5895	5413	8086.0	100	2559
茶陵县高陇镇	12556	17812	9659	3739	54933.0	97	4421
茶陵县潞水镇	12700	23171	11728	5700	49800.0	120	2500
茶陵县虎踞镇	8300	29920	18310	9710	66000.0	120	3200
茶陵县平水镇	13760	30117	14630	6680	238760.0	260	2760
茶陵县枣市镇	11269	25390	21303	11437	47415.0	72	2278
茶陵县火田镇	14400	24125	12551	6276	46550.0	45	2014
茶陵县严塘镇	23622	41322	22831	10120	55593.0	1200	6168
茶陵县腰陂镇	22456	55896	17616	2030	56000.0	255	7835
茶陵县秩堂镇	16500	27643	15840	8194	45360.0	108	27643
茶陵县舲舫乡	18740	29454	8120	4770	18690.0		
茶陵县八团乡	11601	6548	6539	1035	10800.0		
茶陵县桃坑乡	27000	11590	9277	2425	9053.1		
炎陵县霞阳镇	14644	49917	28582	23647	799782.0	500	41403
炎陵县沔渡镇	17457	15234	10883	3118	61325.0	125	3296
炎陵县十都镇	24600	10815	6721	2393	33642.0	80	3071
炎陵县水口镇	19970	16780	9329	3768	32800.0	213	4600
炎陵县三河镇	8280	17111	8604	4741	55325.0	212	6276
炎陵县鹿原镇	14338	21826	15330	8985	57140.0	500	6157
炎陵县垄溪乡	14100	7177	4295	2883	9162.0		
炎陵县石洲乡	10100	4656	3244	1665	16100.0		
炎陵县策源乡	18000	5635	2514	1154	4475.0		
炎陵县下村乡	17400	8173	2932	830	1335.0		
炎陵县中村乡	11129	8092	4556	1005	19000.0		
炎陵县龙渣瑶族乡	8900	2411	1124	560	3653.0		
炎陵县平乐乡	8500	2864	1640	678	8653.0		
炎陵县船形乡	10500	8420	3036	634	15890.0		
炎陵县东风乡	5388	9402	5580	3309	295.0		
云龙示范区龙头铺镇	2800	14547	9351	5855	118588.0	150	1392
云龙示范区云田镇	5150	23792	15522	6500	20050.0	360	3860
醴陵市南桥镇	9890	42351	23983	17369	679267.0	135	5497
醴陵市富里镇	4698	32557	20567	14933	490732.0	145	3457
醴陵市白兔潭镇	4733	31148	23259	19207	580000.0	438	23073
醴陵市浦口镇	5772	40515	25970	22218	834030.9	189	5020
醴陵市王坊镇	4737	31270	15120	14540	320067.0	61	4000
醴陵市王仙镇	6308	29515	20565	17452	654980.0	415	21496
醴陵市泗汾镇	7057	37840	16296	11404	300201.0	211	11600
醴陵市沈潭镇	5351	24140	15436	7855	117983.0	93	3128
醴陵市船湾镇	6806	22855	19750	11510	250211.0	250	9150
醴陵市大障镇	10595	47502	25220	6970	139515.0	254	9160
醴陵市贺家桥镇	6314	23796	8809	3637	51099.0	35	1315
醴陵市仙霞镇	5965	22274	11747	5287	41742.0	94	3550
醴陵市黄獭嘴镇	5078	22927	15401	5292	13821.0	105	3562
醴陵市均楚镇	17239	39062	22987	8061	156003.1	240	5200
醴陵市东富镇	10114	49680	22841	16176	582801.0	130	4700
醴陵市石亭镇	10615	40457	23730	5028	61500.0	60	4560
醴陵市栗山坝镇	10018	34601	18950	6265	152600.0	36	1622

续表 324 （湖南省） 计算单位：公顷、人、万元

名称	行政区域面积	常住人口	从业人员	二三产业从业人员	工业总产值	城镇建成区面积	城镇建成区常住人口
醴陵市神福港镇	6663	25326	17512	7652	24580.0	207	7125
醴陵市孙家湾乡	5278	21792	10849	8487	174500.0		
醴陵市清水江乡	5250	24941	12723	4067	105750.0		
醴陵市嘉树乡	6310	22506	17425	13909	540512.4		
醴陵市新阳乡	6330	21479	11974	5714	121005.0		
醴陵市官庄乡	18492	14830	9514	5806	66066.0		
醴陵市枫林市乡	4973	15648	9468	6478	18005.0		
醴陵市东堡乡	9293	20575	13004	9258	335227.0		
醴陵市板杉乡	9457	37583	24749	9884	132597.5		
雨湖区鹤岭镇	680	23514	10741	10387	158320.0	581	23514
雨湖区楠竹山镇	890	31895	11283	10610	126945.0	890	31895
雨湖区姜畲镇	9023	56124	33215	21094	212762.0	352	17078
雨湖区响塘镇	14980	62025	39986	25298	182565.0		
雨湖区长城乡	2400	24084	13011	7931	609197.0		
岳塘区荷塘乡	4085	19141	10354	4728	146000.0		
湘潭县易俗河镇	7400	93600	57372	47424	261576.0	4138	73508
湘潭县梅林桥镇	13800	49625	49039	22659	200000.0	110	3688
湘潭县谭家山镇	10045	42220	37200	21700	85300.0	120	8107
湘潭县中路铺镇	18360	65473	35119	20301	95400.0	200	19363
湘潭县茶恩寺镇	13721	32186	15799	14538	10.0	140	19034
湘潭县河口镇	9320	33050	29872	13890	192000.0	80	4782
湘潭县射埠镇	17096	65995	44988	10838	108520.0	200	8520
湘潭县花石镇	13340	45880	31105	18755	322050.0	600	7088
湘潭县青山桥镇	10937	49572	30080	18032	106000.0	270	3912
湘潭县石鼓镇	9605	48738	28797	7342	4500.0	453	2336
湘潭县云湖桥镇	12970	60267	34434	21900	193300.0	180	14750
湘潭县石潭镇	12380	76878	44565	19677	129856.0	508	18640
湘潭县杨嘉桥镇	11592	63213	22762	11462	40120.0	160	8415
湘潭县乌石镇	9612	38100	20265	12865	23000.0	105	4100
湘潭县白石镇	9960	40132	29758	10221	321700.0	120	4284
湘潭县分水乡	8533	32980	28147	18367	4400.0		
湘潭县排头乡	13040	53020	42270	28220	60100.0		
湘潭县龙口乡	6036	28918	17027	6459	16540.0		
湘潭县锦石乡	5660	29921	16513	5312	3455.0		
湘潭昭山示范区易家湾镇	1877	21316	7229	5513	105553.0	780	2695
湘潭昭山示范区昭山乡	5000	15077	7455	5670	108716.0		
湘潭九华示范区响水乡	7763	48627	26323	14919	57387.0		
湘乡市山枣镇	10100	44849	19721	12824	31520.0	360	5413
湘乡市栗山镇	6884	27003	19126	8273	62897.0	410	4672
湘乡市中沙镇	6850	20144	17363	7488	47524.0	460	2130
湘乡市虞塘镇	8671	27590	22516	4866	198955.0	573	10980
湘乡市潭市镇	12750	40587	26776	10474	98547.0	720	7152
湘乡市棋梓镇	13890	42582	35775	23723	245000.0	650	21900
湘乡市壶天镇	14470	48542	25429	9022	45732.0	459	4862
湘乡市翻江镇	13339	28046	26787	10380	18510.0	490	4430
湘乡市金石镇	7997	24240	24169	8310	22776.4	430	4452
湘乡市白田镇	10573	38754	35987	17125	136000.0	240	1948
湘乡市月山镇	14743	54183	39045	16949	81125.0	490	6077
湘乡市泉塘镇	9875	46570	27798	18518	265621.0	31	1611
湘乡市梅桥镇	13656	43100	36798	20900	78640.0	500	3860

续表 325　　（湖南省）　　计算单位：公顷、人、万元

名　称	行政区域面　积	常住人口	从业人员	二三产业从业人员	工　业总产值	城镇建成区 面 积	城镇建成区常住人口
湘乡市毛田镇	11093	29850	24960	7000	4120.0	320	2275
湘乡市龙洞镇	7480	24505	19060	8802	80838.0	468	4028
湘乡市东郊乡	9053	37905	26656	7676	553210.0		
湘乡市金薮乡	10400	33798	32371	14070	7267.0		
湘乡市育塅乡	8800	31330	26957	12377	23580.0		
韶山市清溪镇	1378	20041	7334	6014	69580.0	396	11545
韶山市银田镇	3000	18201	8999	4918	34001.0	201	3362
韶山市如意镇	3385	15838	10223	4353	84280.0	110	14803
韶山市韶山乡	5320	19753	12884	7758	20291.0		
韶山市永义乡	2400	11020	5453	2461	20900.0		
韶山市杨林乡	6047	21312	15326	2998	13500.0		
韶山市大坪乡	3200	14635	8659	2770	8671.0		
珠晖区茶山坳镇	5680	38089	17595	8687	28899.0	600	4006
珠晖区东阳渡镇	8760	40115	19642	8800	300000.0	262	1653
珠晖区和平乡	2950	25018	11679	6719	39126.0		
珠晖区酃湖乡	3278	53321	14688	7263	227827.0		
雁峰区岳屏镇	3400	21680	8395	5740	358250.0	2850	17850
雁峰区湘江乡	1120	19330	10294	6680	362527.0		
石鼓区角山乡	3480	21305	12363	7794	30000.0		
蒸湘区呆鹰岭镇	2900	34159	15008	10753	333205.0	300	9383
蒸湘区长湖乡	695	52608	43626	42986	19840.0		
蒸湘区雨母山乡	4380	22562	17118	13789	41223.0		
南岳区南岳镇	8400	40880	16245	9100	21060.0	500	9982
南岳区岳林乡	1260	2180	1460	510			
南岳区龙凤乡	1540	2436	1185	1120			
南岳区拜殿乡	1800	2013	837	558			
衡阳县西渡镇	15273	175684	94732	50294	1037676.0	1750	116848
衡阳县集兵镇	6862	31702	12314	6158	8447.0	156	4584
衡阳县杉桥镇	7500	25162	20508	13628	120.0	358	2315
衡阳县井头镇	15518	60757	32680	560	22076.0	400	3468
衡阳县演陂镇	8720	39078	31436	8857	36720.0	113	8876
衡阳县金兰镇	15489	71380	28658	7519	17505.5	98	9810
衡阳县洪市镇	11299	56897	34881	5633	15469.0	1340	41680
衡阳县曲兰镇	11789	49812	34353	18390	236.0	602	5885
衡阳县金溪镇	11243	39852	16586	5551	1230.0	212	3860
衡阳县界牌镇	9894	35514	9081	8006	455000.0	970	21462
衡阳县渣江镇	14900	60190	39504	25558	33770.0	310	8650
衡阳县三湖镇	11256	35445	24998	10539	4685.0	220	5842
衡阳县台源镇	11888	58630	34299	18417	154516.0	300	5200
衡阳县关市镇	9623	51098	24710	16080	83120.0	188	2920
衡阳县库宗桥镇	9973	48322	27739	12864	51423.0	100	1648
衡阳县岘山镇	15661	61146	34879	13719	48650.0	300	11078
衡阳县石市镇	14516	57000	29170	20850	7200.0	150	1022
衡阳县樟木乡	10000	21856	14875	9283	29652.0		
衡阳县岣嵝乡	10600	17080	14268	4982	21180.0		
衡阳县栏垅乡	5135	24352	14916	2746	12003.9		
衡阳县大安乡	7965	40956	19995	6463	2844.0		
衡阳县溪江乡	8422	38537	23347	11667	5500.0		
衡阳县长安乡	3920	18629	18075	12773	20985.0		
衡阳县板市乡	2480	13049	11685	7090	22866.5		

续表 326 （湖南省） 计算单位：公顷、人、万元

名称	行政区域面积	常住人口	从业人员	二三产业从业人员	工业总产值	城镇建成区面积	城镇建成区常住人口
衡阳县樟树乡	2700	14631	7545	2838	156533.0		
衡阳县潮江乡	2900	9324	8917	477	129.0		
衡南县云集镇	10180	75571	26422	17568	117414.0	980	57415
衡南县向阳镇	12800	56925	32752	23710	215488.0	207	23120
衡南县廖田镇	11008	30523	4463	3778	7592.0	161	2611
衡南县茶市镇	7250	38000	19836	10600	55900.0	140	8500
衡南县冠市镇	7913	49713	27010	9100	57680.0	100	6825
衡南县江口镇	9973	61313	35965	16021	3028.0	300	16387
衡南县宝盖镇	17650	58890	27350	14950	40000.0	150	4000
衡南县花桥镇	17605	44860	24136	11831	83120.0	123	6482
衡南县铁丝塘镇	7340	28003	24127	6127	6000.0	200	10000
衡南县泉溪镇	5353	42129	34456	16156	47556.0	420	12000
衡南县洪山镇	11163	38305	24313	11278	81469.0	100	5136
衡南县三塘镇	6780	85600	65925	32375	197000.0	660	49300
衡南县谭子山镇	11010	48372	31820	27515	68000.0	150	8800
衡南县鸡笼镇	9600	41260	17666	2560	200000.0	115	8758
衡南县泉湖镇	9045	42862	32385	16775	53400.0	140	5060
衡南县柞市镇	9045	33460	16007	356	263.0	18	3078
衡南县茅市镇	15800	62978	38384	22384	9850.0	800	7640
衡南县硫市镇	12335	36710	35176	3660	15216.0	189	8113
衡南县栗江镇	13017	74620	46560	12040	32820.0	380	13450
衡南县近尾洲镇	8410	35164	21058	12843	34822.0	21	3744
衡南县车江镇	9768	49861	20272	13044	119930.0	260	49861
衡南县咸塘镇	5200	19696	4774	1214	34814.0	211	9915
衡南县松江镇	12940	47148	21725	4700	106000.0	200	2600
衡南县相市乡	7680	29520	25645	6145	1000.0		
衡南县洲市乡	9478	43668	16197	10095	4672.0		
衡南县川口乡	10059	16580	9260	5000	10538.0		
衡山县开云镇	10000	89476	63880	30700	776855.0	810	53923
衡山县白果镇	5700	37810	21930	9630	60000.0	339	3659
衡山县东湖镇	5890	21092	14612	7070	12794.0	100	1127
衡山县萱洲镇	5740	22088	14047	7026	1600.0	120	1003
衡山县长江镇	7440	27100	23999	4100	50000.0	112	2100
衡山县新桥镇	7730	31715	20445	4978	20000.0	150	1873
衡山县马迹镇	3460	11590	7637	3883	36200.0	92	3515
衡山县店门镇	9600	30105	25339	13463	2550.0	100	760
衡山县贺家乡	4370	17920	10640	645	18000.0		
衡山县永和乡	6800	18792	13080	4038	8500.0		
衡山县沙泉乡	3600	20812	16688	6386	10000.0		
衡山县福田乡	4300	19200	10842	1270	30000.0		
衡山县岭坡乡	4700	14450	9455	1153			
衡山县望峰乡	1428	13835	13503	2370	385.0		
衡山县长青乡	3720	18958	15092	3484	14000.0		
衡山县贯塘乡	3400	20603	12055	2255	9000.0		
衡山县江东乡	3400	19042	9825	2230			
衡东县城关镇	3100	68670	30985	27677	261586.0	698	59289
衡东县石湾镇	7700	31999	19970	9330	63950.0	220	9844
衡东县新塘镇	9700	51706	25133	15217	464865.0	155	19828
衡东县大浦镇	11500	54628	33636	18673	810000.0	281	21701
衡东县吴集镇	10600	46875	26434	7855	71000.0	165	2978

续表 327　　（湖南省）　　计算单位：公顷、人、万元

名　称	行政区域面　积	常住人口	从业人员	二三产业从业人员	工　业总产值	城镇建成区 面 积	城镇建成区常住人口
衡东县甘溪镇	11000	19700	16156	6576	65800.0	95	5898
衡东县杨林镇	13100	28115	13763	1560	6670.0	89	4573
衡东县草市镇	6900	23450	22934	8191	5950.0	100	3416
衡东县杨桥镇	11200	28889	28492	7492	4700.0	77	2634
衡东县霞流镇	10400	42552	24758	4518	128648.0	89	2710
衡东县荣恒镇	8700	26920	15989	10724	40005.0	56	1390
衡东县高湖镇	9700	32310	30530	8380	5900.0	97	3510
衡东县白莲镇	8500	20469	16155	4579	5717.0	55	1234
衡东县大桥镇	6600	18750	10060	2160		50	1568
衡东县蓬源镇	8500	27145	21145	14444	214.0	150	2211
衡东县莫井乡	5700	11234	6345	4368	4500.0		
衡东县踏庄乡	4400	15672	9318	2794	1224.0		
衡东县高塘乡	7100	23593	14039	7216	11082.0		
衡东县南湾乡	7974	14064	10073	2808	7321.0		
衡东县三樟乡	4300	20227	13680	9315	7232.0		
衡东县栗木乡	5300	20020	16549	8493	12130.0		
衡东县珍珠乡	5600	18310	16832	7081	6045.0		
衡东县石滩乡	9689	42104	27149	16354	8050.0		
衡东县德圳乡	5700	6550	2850	330	780.0		
祁东县金桥镇	7965	47444	18164	4424	36543.0	150	9689
祁东县鸟江镇	6526	26850	17351	8956	101450.0	105	5385
祁东县粮市镇	5470	20295	10691	6139	11002.0	90	5086
祁东县河洲镇	6550	32038	18723	8598	21100.0	220	8310
祁东县归阳镇	7948	55403	20384	10240	70000.0	550	18580
祁东县过水坪镇	9735	42112	31212	13049	58020.0	155	11160
祁东县双桥镇	5872	32145	22500	9000	17600.0	134	10048
祁东县灵官镇	7797	38570	27014	8868	28600.0	106	8312
祁东县风石堰镇	10645	57663	32270	16132	170538.8	150	13754
祁东县白地市镇	10810	71423	37749	19906	165437.0	331	20321
祁东县黄土铺镇	9294	48955	29056	12253	333901.0	310	10621
祁东县石亭子镇	5559	25170	22181	5175	3148.0	80	5336
祁东县官家嘴镇	9365	36400	24205	9815	88231.0	132	8230
祁东县步云桥镇	14984	75139	69594	11498	14682.0	243	17381
祁东县砖塘镇	6850	22946	19000	6000	5500.0	73	4836
祁东县蒋家桥镇	6684	23879	20218	3428	276.0	190	8318
祁东县太和堂镇	12415	60331	28377	10177	36120.0	180	12991
祁东县马杜桥乡	6036	13885	8860	2975	272230.0		
祁东县凤歧坪乡	3955	11245	11038	920	73.0		
祁东县城连圩乡	3983	26012	22465	1438	291.0		
祁东县四明山乡	3714	2080	1211	507			
耒阳市黄市镇	9600	29248	12638	3835	16820.0	9600	29248
耒阳市小水镇	14280	38351	13127	10517	282906.0	260	6000
耒阳市公平圩镇	9720	48382	11850	5770	26400.0	85	650
耒阳市泗门洲镇	6800	56692	11959	1511	71110.0	6800	56692
耒阳市三都镇	7460	40235	17855	5835	15000.0	150	2580
耒阳市南阳镇	10500	42358	11500	10000	80500.0	105	2500
耒阳市竹市镇	6500	35956	33934	16910	37104.0	161	1029
耒阳市夏塘镇	7640	36268	36237	2066	34567.0	30	2153
耒阳市龙塘镇	7600	34133	21636	3512	132484.0	16	1768
耒阳市哲桥镇	13600	51089	20853	10868	23540.0	1810	6107

续表 328　　（湖南省）　　计算单位：公顷、人、万元

名　　称	行政区域面　积	常住人口	从业人员	二三产业从业人员	工　业总产值	城镇建成区 面 积	城镇建成区常住人口
耒阳市永济镇	4998	32452	12756	4233	5000.0	74	1070
耒阳市遥田镇	5197	28952	18730	11720	230000.0	3	1200
耒阳市新市镇	7500	45689	44547	6560	1600.0	98	15652
耒阳市淝田镇	5120	17736	17671	9159	7000.0	3	2215
耒阳市大市镇	11500	65400	25420	3120	8000.0		
耒阳市仁义镇	9700	48271	38179	6029	5600.0	621	2566
耒阳市南京镇	7600	29291	15350	2350	3600.0		
耒阳市洲陂乡	4200	19785	10996	2727	1290.0		
耒阳市亮源乡	10488	23506	18221	1384			
耒阳市马水乡	12900	29715	22163	3633	2460.0		
耒阳市太平圩乡	5000	14820	9088	1678			
耒阳市导子乡	10300	36886	18261	7514	120000.0		
耒阳市东湖圩乡	12700	46552	44422	4421	5110.0		
耒阳市上架乡	4700	19921	9619	4464			
耒阳市沙明乡	3400	4553	3018	888	3650.0		
耒阳市大义乡	10440	37506	17105	8869	8325.0		
耒阳市磨形乡	4100	18056	8958	2926	1100.0		
耒阳市余庆乡	8250	25987	17080	4550	26650.0		
耒阳市长坪乡	7700	37890	23341	2396	188.0		
耒阳市太和圩乡	7900	28691	23138	5123	1831.0		
耒阳市坛下乡	6400	22788	13875	3190	358.0		
常宁市柏坊镇	13000	64633	28678	11823	700533.0	200	11080
常宁市松柏镇	4220	35021	13673	5821	1800002.0		
常宁市烟洲镇	8512	39598	19140	7228	134720.0	200	11240
常宁市荫田镇	10882	47829	21299	10921	67351.0	170	4681
常宁市白沙镇	8500	37037	20526	3970	15945.0	40	4756
常宁市西岭镇	12436	39832	17568	4547	256112.0	226	3222
常宁市盐湖镇	5846	24952	10822	2742		71	9128
常宁市三角塘镇	6100	32124	15853	6801		210	3570
常宁市洋泉镇	17478	70952	27474	12219	60163.0	230	18812
常宁市庙前镇	7862	19135	8303	3288	9010.0	200	2645
常宁市罗桥镇	10668	34292	20156	10099	41300.0	80	2573
常宁市板桥镇	7976	46900	20518	9517	79000.0	100	2327
常宁市胜桥镇	7774	49662	21566	8541	92672.0	100	2146
常宁市官岭镇	8972	33155	31156	13055	37550.0	160	4765
常宁市新河镇	9235	23754	15308	6599	2737.0	200	8778
常宁市宜潭乡	10100	48280	26946	6436	9500.0		
常宁市蓬塘乡	11225	48121	22760	9212	186470.0		
常宁市兰江乡	7700	36544	20644	5060	31004.0		
常宁市大堡乡	8299	36789	15653	5155	56789.0		
常宁市江河乡	4077	15397	7418	2338			
常宁市弥泉乡	5882	2280	1082	437	3652.0		
常宁市塔山瑶族乡	6131	9120	4086	1305	2451.0		
双清区高崇山镇	3000	26767	9304	4741	136325.0	200	2284
双清区渡头桥镇	2400	21240	9135	2860	4254.0	160	2889
双清区城东乡	1400	14101	9058	3333	265402.0		
双清区石桥乡	1400	20960	9373	3263	19850.0		
双清区火车站乡	2800	21520	15070	7210	140000.0		
双清区云水乡	2260	17350	12650	1090	69000.0		
大祥区雨溪镇	3420	21367	15102	10321	417425.0	315	2971

续表 329　　（湖南省）　　计算单位：公顷、人、万元

名　　称	行政区域面积	常住人口	从业人员	二三产业从业人员	工业总产值	城镇建成区面积	城镇建成区常住人口
大祥区罗市镇	4320	23265	22591	1082	46791.0	4	2211
大祥区檀江乡	3471	26050	24100	15580	38665.0		
大祥区蔡锷乡	4079	20645	13760	2062	290.0		
大祥区板桥乡	2880	25948	10903	1547	62863.0		
北塔区田江乡	1300	13000	7745	3089	530112.0		
北塔区茶元头乡	3400	20000	11120	3015	23797.0		
北塔区陈家桥乡	2242	21400	12481	6375	27511.0		
邵东县牛马司镇	5054	34120	29337	11286	150776.2	100	12032
邵东县范家山镇	3112	27655	8590	4910	57844.0	42	1873
邵东县九龙岭镇	8487	25721	24655	9757	68086.0	66	3642
邵东县仙槎桥镇	8020	34762	32951	17592	628362.0	320	5392
邵东县火厂坪镇	9715	44329	30692	13414	280230.0	620	25710
邵东县佘田桥镇	5253	22780	8585	4846	81200.0	165	5297
邵东县灵官殿镇	9980	63509	23448	11581	153126.0	1520	63509
邵东县团山镇	9713	76548	60430	11898	73156.0	144	8421
邵东县砂石镇	4131	20981	18815	8780	99800.0	160	2298
邵东县廉桥镇	8677	49251	40456	23958	225600.0	475	29008
邵东县流光岭镇	4024	17987	16970	8843	12846.0	55	8534
邵东县流泽镇	5320	31491	10371	9021	365000.0	284	7892
邵东县魏家桥镇	7118	30499	16692	8673	55000.0	4	2879
邵东县野鸡坪镇	7735	30758	23062	13451	33524.0	120	3128
邵东县杨桥镇	5115	17734	7819	3832	135952.2	65	1924
邵东县水东江镇	9864	51982	51981	20640	26570.0	346	6450
邵东县黑田铺镇	10053	45217	24179	9205	270000.0	119	5602
邵东县简家陇镇	13038	38932	37640	11990	11824.0		
邵东县界岭镇	5274	22765	22609	11107	85496.0	175	2656
邵东县黄陂桥乡	3788	29303	18976	1327	424018.0		
邵东县双凤乡	5936	14414	14299	3761	3100.0		
邵东县周官桥乡	4900	22607	22438	17630	452081.0		
邵东县堡面前乡	5507	12024	5210	710	200.0		
邵东县石株桥乡	5933	23467	7240	1910	93037.0		
邵东县斫曹乡	5025	22357	21547	4765	8600.0		
新邵县酿溪镇	6350	97717	27518	19307	982154.0	3325	69845
新邵县严塘镇	12130	52279	28689	17654	125425.0	202	6538
新邵县雀塘镇	9010	53132	35542	16936	74681.2	1650	50514
新邵县陈家坊镇	10300	66642	24430	17172	84757.0	1924	14627
新邵县潭溪镇	10930	35044	17980	9373	5234.0	80	2230
新邵县寸石镇	9720	44545	31617	13978	53612.0	120	2202
新邵县坪上镇	22810	80913	51391	23892	228546.0	358	14325
新邵县龙溪铺镇	15340	55209	37533	16223	60630.0	220	6931
新邵县巨口铺镇	16080	53725	38670	15683	103625.0	213	7688
新邵县新田铺镇	11550	55842	40366	17905	79618.0	176	4678
新邵县小塘镇	10510	48152	23491	17435	17213.0	184	5086
新邵县潭府乡	9870	29234	20297	8473	46553.0		
新邵县太芝庙乡	12840	29746	23581	11730	40968.0		
新邵县大新乡	13440	34334	30025	15994	57209.0		
新邵县迎光乡	5370	32599	13846	4157	4300.0		
邵阳县塘渡口镇	11960	133759	75887	42789	292231.0	2245	89765
邵阳县白仓镇	14027	68747	48198	12430	42580.0	205	12900
邵阳县金称市镇	13788	39855	34500	10648	19650.0	150	9796

续表 330　　（湖南省）　　计算单位：公顷、人、万元

名　　称	行政区域面　　积	常住人口	从业人员	二三产业从业人员	工　业总产值	城镇建成区 面 积	城镇建成区常住人口
邵阳县塘田市镇	9989	43225	24865	9416	49776.0	17	9410
邵阳县黄亭市镇	13482	60776	28524	15528	71552.0	120	17487
邵阳县长阳铺镇	9684	46289	31509	17246	99620.0	190	4012
邵阳县岩口铺镇	8188	30717	28126	7742	461226.0	100	3620
邵阳县九公桥镇	11156	59036	31680	11828	190321.0	625	21352
邵阳县下花桥镇	8160	45834	16973	11163	5213.0	120	8850
邵阳县谷洲镇	8469	52348	30367	9804	161203.0	152	11120
邵阳县郦家坪镇	10967	51677	46067	17427	2300.0	12	2720
邵阳县五峰铺镇	13783	94407	67487	21755	43562.0	530	31205
邵阳县黄塘乡	6420	27110	9577	1756	16525.0		
邵阳县小溪市乡	9091	33538	33260	10900	8000.0		
邵阳县霞塘云乡	6487	30656	16158	4500	123175.0		
邵阳县长乐乡	6381	23580	12679	3126	8523.0		
邵阳县蔡桥乡	6972	25236	18511	12472	43000.0		
邵阳县河伯乡	9462	31358	12330	6130	595.0		
邵阳县黄荆乡	4917	17200	14615	11460	1235.0		
邵阳县诸甲亭乡	4900	27141	14795	3102	2756.0		
邵阳县罗城乡	3548	16832	14162	7026	900.0		
邵阳县金江乡	806	3251	2439	1314			
隆回县桃洪镇	9370	132145	53944	33132	704529.0	1032	76742
隆回县小沙江镇	13870	23813	11873	3955	39108.8	130	2502
隆回县金石桥镇	16900	69114	40581	13295	4674.6	218	16875
隆回县司门前镇	16890	55152	29718	6907	126098.0	237	5808
隆回县高平镇	15855	72467	43518	12620	29892.0	220	4430
隆回县六都寨镇	14055	58696	57888	15324	65000.0	320	14000
隆回县荷香桥镇	12350	51871	29278	9872	50800.0	190	8410
隆回县横板桥镇	9033	45831	23877	12291	44410.8	208	5306
隆回县周旺镇	7505	33356	21074	7678	92000.0	145	4792
隆回县滩头镇	17830	64711	49581	18211	52999.0	154	15007
隆回县鸭田镇	7800	30166	18124	5776	13474.0	100	7317
隆回县西洋江镇	9940	40352	22936	6377	58630.0	200	8568
隆回县雨山铺镇	8700	42860	35468	9018	35000.0	100	4200
隆回县岩口镇	19270	67001	61465	8691	47063.0	480	6698
隆回县北山镇	10050	39562	26777	2717	56000.0	224	3698
隆回县三阁司镇	11730	64395	39761	13371	63243.0	991	6567
隆回县南岳庙镇	6987	26243	19250	9862	15243.0	21	5378
隆回县七江镇	10683	54539	33145	11578	21346.0	30	3400
隆回县麻塘山乡	6670	14123	7954	3084	95537.0		
隆回县虎形山瑶族乡	9330	11364	11166	1508	22600.0		
隆回县大水田乡	6447	12218	6831	3066	6925.0		
隆回县羊古坳乡	6129	30155	17298	5491	18704.0		
隆回县罗洪乡	6324	22225	12779	4307	4888.0		
隆回县荷田乡	8194	23951	23085	1872	12465.0		
隆回县石门乡	8902	38916	32205	6925	74385.0		
隆回县山界回族乡	13850	15501	13134	3821	15000.0		
洞口县江口镇	9609	12378	6123	1779	79173.0	59	9200
洞口县毓兰镇	11538	43338	34394	13153	34702.0	67	9044
洞口县高沙镇	15321	97130	58066	21150	486387.0	714	26223
洞口县竹市镇	13835	68496	57613	31622	47265.0	76	7259
洞口县石江镇	14013	81317	56378	30081	145518.0	276	36598

续表 331 （湖南省） 计算单位：公顷、人、万元

名　　称	行政区域面　积	常住人口	从业人员	二三产业从业人员	工　业总产值	城镇建成区面积	城镇建成区常住人口
洞口县黄桥镇	13233	89288	64694	37298	19945.0	196	27166
洞口县山门镇	10129	44659	33491	26067	77816.0	222	13249
洞口县醪田镇	5432	24287	23827	9427	7958.0	51	3636
洞口县花园镇	8177	29119	24665	20170	18662.0	65	8581
洞口县岩山镇	8011	24576	16776	7239	1152.0	105	12145
洞口县水东镇	3489	19788	12943	5127	1497.0	120	13244
洞口县古楼乡	8252	5352	3969	2098	18648.0		
洞口县长塘瑶族乡	5972	5373	3054	1596	7890.0		
洞口县罗溪瑶族乡	23583	10942	7291	4247	23045.0		
洞口县月溪乡	12996	16597	11334	6048	21909.0		
洞口县渣坪乡	8879	6432	5306	2921	8112.0		
洞口县杨林乡	4546	25182	11219	7461	1036.0		
洞口县石柱乡	9239	22947	19288	6878	6591.0		
洞口县桐山乡	8892	11180	5943	1521	2983.0		
洞口县大屋瑶族乡	7355	4529	2890	921	1153.0		
绥宁县长铺镇	1300	51080	10626	10355	61412.0	1134	45380
绥宁县武阳镇	18000	26573	23077	9079	17280.0	180	2850
绥宁县李熙桥镇	7000	17492	13551	5246	34970.0	212	3502
绥宁县红岩镇	12500	26589	21316	7604	18696.0	484	1952
绥宁县唐家坊镇	10000	20068	16981	3394	25479.0	350	2296
绥宁县金屋塘镇	13000	13938	9338	4860	12209.0	121	3633
绥宁县瓦屋塘镇	10400	18589	16803	5751	13459.0	32	8122
绥宁县东山侗族乡	11700	15746	5318	553	6744.0		
绥宁县鹅公岭侗族苗族乡	7300	11289	8860	668	72.0		
绥宁县朝仪侗族乡	4600	7341	5343	812	187.0		
绥宁县在市苗族乡	13400	14339	13724	4485	18803.0		
绥宁县乐安铺苗族侗族乡	10500	8789	7942	686	14560.0		
绥宁县黄桑坪苗族乡	23500	5149	4082	1061	1337.0		
绥宁县关峡苗族乡	21700	21364	15363	1368	52106.0		
绥宁县长铺子苗族乡	28400	19866	9630	1818	43513.0		
绥宁县党坪苗族乡	10000	9989	5415	1408	11605.0		
绥宁县联民苗族瑶族乡	11600	5383	930	604	3639.0		
绥宁县麻塘苗族乡	13400	9138	7685	552	5528.0		
绥宁县枫木团苗族侗族乡	16900	5665	3694	632	4700.0		
绥宁县河口苗族乡	7000	5830	4877	1399	4830.0		
绥宁县竹舟江苗族乡	7200	7856	5748	671	2130.0		
绥宁县白玉乡	11000	8473	5445	1130	50230.0		
绥宁县黄土矿乡	5500	15532	10651	522	260.0		
绥宁县水口乡	9000	8735	5716	2399	1450.0		
绥宁县梅坪乡	6800	2676	1077	55	15649.0		
新宁县金石镇	24725	123819	38715	27934	468621.2	3600	80123
新宁县水庙镇	16052	21438	14001	2863	20456.4	215	3112
新宁县崀山镇	26566	26154	19305	5294	2483.3	300	4274
新宁县白沙镇	7856	29529	22290	8840	8765.0	486	7603
新宁县黄龙镇	21282	25145	17341	6764	4366.0	502	7035
新宁县高桥镇	15704	30008	25341	10445	20101.6	191	6633
新宁县回龙寺镇	23490	76792	39076	10354	63897.0	302	24263
新宁县一渡水镇	24101	34256	24671	8130	25783.1	300	5436
新宁县马头桥镇	18283	46692	35288	17812	24398.3	250	3403
新宁县黄金瑶族乡	12920	6722	4997	2013	5142.4		

续表 332　　(湖南省)　　计算单位：公顷、人、万元

名　称	行政区域面积	常住人口	从业人员	二三产业从业人员	工业总产值	城镇建成区面积	城镇建成区常住人口
新宁县麻林瑶族乡	16809	11770	8312	3437	18345.0		
新宁县飞仙桥乡	9667	23892	14904	6884	3081.0		
新宁县万塘乡	10614	23339	18058	4170	500.0		
新宁县清江桥乡	12987	24658	14523	5099	47605.0		
新宁县安山乡	10654	24147	21610	4219	11381.4		
新宁县丰田乡	7857	20516	16412	5883	2210.0		
新宁县巡田乡	9462	18969	15753	7225	1750.0		
新宁县靖位乡	6499	6253	5010	2024	1160.0		
城步苗族自治县儒林镇	31100	74035	15814	9356	214869.0	1025	50213
城步苗族自治县茅坪镇	16820	18987	7187	4102	105240.0	320	5447
城步苗族自治县西岩镇	19400	46838	22110	3757	3250.0	112	3561
城步苗族自治县丹口镇	47600	24565	16039	2886	13760.0	16	1108
城步苗族自治县五团镇	15000	11018	6144	1552	2100.0	220	1696
城步苗族自治县南山镇	15300	2585	1152	726	13900.0	248	1840
城步苗族自治县威溪乡	8300	8211	5698	1266	10080.0		
城步苗族自治县长安营乡	12700	5670	3774	1264	2201.0		
城步苗族自治县白毛坪乡	40400	15363	9787	2751	8206.0		
城步苗族自治县兰蓉乡	13900	8787	5952	1464	7300.0		
城步苗族自治县汀坪乡	27700	17169	11050	2824	9570.0		
城步苗族自治县蒋坊乡	9480	11279	6751	759	9581.0		
城步苗族自治县金紫乡	7000	17738	8548	1105	752.0		
武冈市邓元泰镇	14100	66197	32176	10925	20479.0	850	17935
武冈市湾头桥镇	13900	74867	47649	18594	17118.0	669	18568
武冈市文坪镇	8547	38023	26907	7219	27278.0	200	2979
武冈市荆竹铺镇	8542	44007	21951	10378	8024.0	206	3956
武冈市稠树塘镇	10916	37648	22582	5070	7758.0	171	2110
武冈市邓家铺镇	11090	59489	38775	23256	3219.0	228	4511
武冈市龙溪镇	4900	38946	17328	5431	58172.0	220	3840
武冈市司马冲镇	7800	21560	3838	2226	28900.0	100	5440
武冈市秦桥镇	7200	25283	18294	6194	850.0	30	2253
武冈市双牌镇	10811	51152	26445	9224	4550.0		
武冈市大甸镇	6502	25305	17064	6756	18365.0	30	6015
武冈市龙田乡	5810	31756	12736	7382	27110.0		
武冈市头堂乡	8317	41468	21237	9110	3791.0		
武冈市安乐乡	6600	29133	17065	9092	301542.0		
武冈市马坪乡	6125	31608	12598	2586	7685.0		
武冈市晏田乡	7200	27577	15102	5712	8200.0		
武冈市水浸坪乡	7200	31256	19485	8402			
岳阳楼区西塘镇	4980	19299	8505	3769	25108.0	416	761
岳阳楼区梅溪乡	5635	26316	14234	5061	1459.0		
岳阳楼区郭镇乡	8060	16650	8978	3650	19302.0		
岳阳楼区三荷乡	9280	24626	17268	6542	13772.0		
岳阳楼区康王乡	7360	32294	16186	11960	585600.0		
云溪区云溪镇	1519	20671	8786	4676	225559.0	520	12887
云溪区陆城镇	4460	10224	5977	809	228893.0	180	2288
云溪区路口镇	5200	19370	9668	3016	106585.0	220	5100
云溪区道仁矶镇	5980	10414	5389	527	66578.0	120	768
云溪区文桥镇	6700	19390	10021	1988	108048.0	120	1164
云溪区云溪乡	2025	30152	16272	1587	154786.0		
云溪区永济乡	5492	9143	7734	124	4878.0		

续表 333 （湖南省） 计算单位：公顷、人、万元

名　称	行政区域面　积	常住人口	从业人员	二三产业从业人员	工　业总产值	城镇建成区 面 积	城镇建成区常住人口
君山区柳林洲镇	17593	49500	24700	14500	494400.0	330	25100
君山区广兴洲镇	8612	39660	26093	7888	9180.0	120	13860
君山区许市镇	8286	32170	21634	3282	9200.0	320	8017
君山区钱粮湖镇	9355	47457	37500	7500	82000.0	330	26100
君山区良心堡镇	6987	32400	10080	1080	190120.0	80	5140
君山区采桑湖镇	6755	20076	13980	7140	3850.0	150	4620
岳阳县荣家湾镇	4981	112215	73549	69923	782945.0	1357	98301
岳阳县麻塘镇	7347	25212	12819	7720	570452.0	163	14790
岳阳县鹿角镇	9520	37950	36536	7939	234510.0	200	3584
岳阳县黄沙街镇	13147	56576	30665	9296	81290.0	158	3883
岳阳县新墙镇	7687	33054	16856	12638	714562.0	380	4593
岳阳县柏祥镇	10150	34213	25864	9397	28867.0	200	6250
岳阳县筻口镇	13938	58328	26860	11165	450630.0	190	3922
岳阳县公田镇	8987	31489	14422	3544	308725.0	291	6413
岳阳县毛田镇	8000	22224	7837	6535	8765.0	180	2845
岳阳县月田镇	16900	48796	32560	12382	90105.0	260	16000
岳阳县张谷英镇	14600	29928	15130	8105	65793.0	150	2051
岳阳县新开镇	13100	37024	21151	7750	384698.0	200	3200
岳阳县中洲乡	7647	28056	14484	5806	221966.7		
岳阳县长湖乡	12073	34256	17332	4087	21178.0		
岳阳县步仙乡	10365	30540	12202	6318	55659.0		
岳阳县甘田乡	4985	17600	7141	4080	41598.0		
岳阳县杨林乡	8596	33962	18441	1876	104265.0		
岳阳县云山乡	4200	11788	5708	3650			
岳阳县相思乡	6980	14350	13889	6604	5380.0		
岳阳县饶村乡	4860	16672	10925	6233	7131.0		
华容县城关镇	2600	116900	66950	64240	480333.0	2600	116900
华容县三封寺镇	7580	24518	19540	6890	434295.0	1	2752
华容县治河渡镇	4572	27345	7240	1880	267055.0	207	13800
华容县北景港镇	7570	31722	15527	1114	162461.0	150	3806
华容县鲇鱼须镇	6760	34098	12445	1971	159000.0	500	3269
华容县宋家嘴镇	4040	21574	11806	3369	114200.0	30	1604
华容县万庾镇	9850	43075	21210	6247	254845.0	48	4347
华容县插旗镇	5230	30775	13828	3111	195090.0	220	3223
华容县注滋口镇	6120	36320	35540	16742	125651.0	210	10009
华容县操军镇	6867	42952	26117	8907	57764.0	100	2136
华容县东山镇	27360	64478	39638	24864	314711.0	490	36850
华容县梅田湖镇	4200	20023	9978	5698	118873.0	30	3490
华容县胜峰乡	6700	17420	8780	2153	291254.0		
华容县新河乡	7050	40522	39753	4653	298870.0		
华容县护城乡	5090	25119	24417	4103	33300.0		
华容县新建乡	4362	17476	8254	1969	68121.0		
华容县南山乡	8688	22477	14119	6769	187840.0		
华容县终南乡	5500	19971	12320	1800	66374.0		
华容县幸福乡	6384	30025	15931	6063	8250.0		
华容县团洲乡	5100	26988	19329	6884	125672.0		
湘阴县文星镇	3200	145412	45562	38138	2043014.0	1530	108971
湘阴县东塘镇	5205	31345	21506	16240	632851.0	74	2255
湘阴县袁家铺镇	3828	21654	14679	6367	4028955.0	130	1250
湘阴县樟树镇	5521	22843	10944	7922	197264.4	134	4013

续表 334 （湖南省） 计算单位：公顷、人、万元

名　　称	行政区域面积	常住人口	从业人员	二三产业从业人员	工业总产值	城镇建成区面积	城镇建成区常住人口
湘阴县三塘镇	4053	24580	11363	351	42600.0	20	210
湘阴县长康镇	5400	25139	7573	3044	623698.0	162	589
湘阴县岭北镇	9840	81508	48478	26162	26225.9	31	1373
湘阴县新泉镇	15800	76453	59588	39515	944441.5	182	2568
湘阴县湘滨镇	9403	63620	51973	41717	38276.0	70	1066
湘阴县南湖洲镇	10200	68015	22670	3670	444425.0	600	12053
湘阴县鹤龙湖镇	14050	74945	43475	15095	478160.0	110	1340
湘阴县金龙镇	4318	25360	12128	9949	611692.0	300	2647
湘阴县石塘乡	4828	23331	13023	2698	95400.0		
湘阴县六塘乡	3612	16132	10254	2071	79862.0		
湘阴县白泥湖乡	3734	17038	7190	1162	171168.0		
湘阴县静河乡	6092	31475	20673	12853	32741.0		
湘阴县玉华乡	4592	21274	17972	9011	317848.0		
湘阴县杨林寨乡	3500	30886	18192	887	205.0		
湘阴县青潭乡	1120	2570	1661	346			
平江县城关镇	6307	96149	38863	34886	736439.0	1738	77683
平江县安定镇	16783	74551	20933	6421	62000.0	160	14217
平江县三市镇	13808	58312	33277	16791	110124.0	200	15035
平江县加义镇	35969	55650	29003	11165	60000.0	75	9140
平江县长寿镇	21936	78652	21252	9220	68000.0	350	43800
平江县龙门镇	20338	12354	8364	244	5396.0	15	2900
平江县虹桥镇	18317	40008	23646	5350	680.0	120	33500
平江县南江镇	19521	62625	57350	25640	100913.0	362	37468
平江县梅仙镇	20474	61553	36030	22165	9860.0	321	3698
平江县浯口镇	18993	40027	15425	47	15322.0	82	3480
平江县瓮江镇	25387	56762	17271	5950	10800.0	65	3561
平江县伍市镇	19101	81226	36500	23300	55452.0	300	19100
平江县向家镇	4132	19520	7050	6370	10000.0	100	4820
平江县童市镇	15879	30150	15275	2515	5000.0	130	4000
平江县岑川镇	9206	21409	10976	2520	2344.0	100	3440
平江县福寿山镇	13659	21536	8225	1047	6960.0	1	2130
平江县余坪镇	18210	36000	22125	13625	8000.0	280	8010
平江县石牛寨镇	10832	24215	12694	4799	2100.0	52	3752
平江县上塔市镇	5986	24591	9911	2365	2661.0	1	4015
平江县三阳乡	20507	45980	36873	18168	127500.0		
平江县咏生乡	7893	3483	2730	1770			
平江县黄金洞乡	19108	3012	947	326	102.4		
平江县南桥乡	8401	3286	912	92			
平江县木金乡	11894	24374	14785	2761	2600.0		
平江县板江乡	7017	13234	13056	1802			
平江县大洲乡	10030	21355	6698	1453	6959.4		
平江县三墩乡	11754	32053	7391	2515	3245.0		
岳阳市屈原管理区营田镇	7168	35428	18255	10000	1435310.0	740	26605
岳阳市屈原管理区河市镇	2152	9769	5591	1014	100651.0	100	1448
岳阳市屈原管理区黄金乡	4316	16411	7195	1022	150217.0		
岳阳市屈原管理区琴棋乡	3322	7407	3090	397	4976.0		
岳阳市屈原管理区凤凰乡	3914	9647	4566	293	15235.0		
汨罗市城关镇	2650	56472	28835	28249	146541.0	2000	54472
汨罗市汨罗镇	3445	28305	20060	8560	141500.0	81	2110
汨罗市新市镇	5466	37157	11178	8530	568272.0	215	5120

续表 335　　　　（湖南省）　　　　计算单位：公顷、人、万元

名　　称	行政区域面　　积	常住人口	从业人员	二三产业从业人员	工　业总产值	城镇建成区面积	城镇建成区常住人口
汨罗市古培镇	5118	33850	19033	11372	182673.0	190	7461
汨罗市白水镇	6542	36405	19106	7007	56392.0	200	5964
汨罗市川山坪镇	5863	26572	15294	8669	96097.0	180	1079
汨罗市高家坊镇	7072	27861	17645	7460	46171.0	185	2100
汨罗市弼时镇	6370	30425	18896	11061	64520.0	210	3196
汨罗市李家段镇	4882	21765	14056	7036	499393.0	350	7080
汨罗市黄柏镇	6943	32065	19777	6556	328401.0	265	6585
汨罗市长乐镇	5828	31425	14737	7687	212300.0	120	5200
汨罗市大荆镇	4591	9695	7123	3318	197085.0	170	2020
汨罗市桃林寺镇	5702	25600	14603	3143	12906.0	200	2250
汨罗市三江镇	4148	17801	10250	6110	158798.0	250	1365
汨罗市范家园镇	4836	18156	11986	7274	34670.0	132	1715
汨罗市沙溪镇	4930	18430	11280	4660	54850.0	153	1742
汨罗市屈子祠镇	4422	23653	10321	6269	24376.0	120	2071
汨罗市城郊乡	2449	54120	23610	19625	176200.0		
汨罗市红花乡	5844	27789	12500	4610	179952.0		
汨罗市黄市乡	5324	16820	10250	5895	49393.0		
汨罗市玉池乡	4359	8540	3750	1720	3400.0		
汨罗市天井乡	4425	13011	8846	2936	14750.0		
汨罗市智峰乡	3447	10702	5221	2220	125500.0		
汨罗市古仑乡	3518	13400	6885	3878	10800.0		
汨罗市火天乡	5606	20961	14588	6576	22001.0		
汨罗市新塘乡	3749	18500	9186	2413	36584.0		
汨罗市白塘乡	4629	19370	9935	6405	8650.0		
汨罗市磊石乡	2703	5500	2760	1160	55513.0		
汨罗市八景乡	5317	3431	1881	745	12850.0		
临湘市忠防镇	11700	32402	13221	8914	121176.0	360	5380
临湘市白云镇	3875	14850	5625	3725	118260.0	15	1240
临湘市聂市镇	11700	27492	14250	9900	26000.0	125	4480
临湘市源潭镇	9400	16483	5946	3272	13219.0	224	4382
临湘市江南镇	5832	29292	12663	4155	27800.0	134	2784
临湘市桃林镇	7715	40481	23100	11100	400360.0	285	18000
临湘市长塘镇	5800	28850	5605	5100	61038.0	400	3700
临湘市白羊田镇	8400	23265	4347	2547	140000.0	80	3200
临湘市詹桥镇	13870	16930	16324	9058	28000.0	35	5312
临湘市儒溪镇	3600	11992	4536	2212	14510.0	65	3100
临湘市定湖镇	7400	15300	7888	3570	6100.0	200	1936
临湘市黄盖镇	3430	8948	4013	1757	30754.0	90	3648
临湘市羊楼司镇	27875	56003	20384	13804	151700.0	431	26240
临湘市五里乡	11600	25776	16800	9600	950576.7		
临湘市乘风乡	5300	11750	10268	6245	6036.0		
临湘市坦渡乡	7790	15678	9074	1164	47812.0		
临湘市城南乡	5300	14345	4656	1035	4500.0		
临湘市横铺乡	8100	18428	12665	1065	4385.0		
武陵区河洑镇	1880	18853	5601	1854	26235.0	1880	18853
武陵区德山镇	4800	35865	20961	14926	19980.0	1186	8060
武陵区白鹤镇	9700	30300	13460	5760	2250.0		
武陵区芦荻山乡	5400	30142	13666	7945	144800.0		
武陵区丹洲乡	2779	21889	16637	11367	41000.0		
鼎城区蒿子港镇	5416	31175	16087	8339	15831.0	200	11500

续表 336　　（湖南省）　　计算单位：公顷、人、万元

名　　称	行政区域面　　积	常住人口	从业人员	二三产业从业人员	工　业总产值	城镇建成区 面 积	城镇建成区常住人口
鼎城区中河口镇	6825	30638	12229	2854	9000.0	26	1601
鼎城区十美堂镇	5179	25872	11682	5607	6198.0	293	3298
鼎城区牛鼻滩镇	8651	36339	15141	8651	9850.0	500	5123
鼎城区韩公渡镇	10977	42660	31219	4003		15	4558
鼎城区石公桥镇	9200	36215	11855	2782	33280.0	45	5591
鼎城区镇德桥镇	4347	19499	7742	2443	7300.0	280	2437
鼎城区周家店镇	14750	33850	23550	11344	7340.0	150	6720
鼎城区大龙站镇	4393	9825	5546	4923	8200.0	52	2505
鼎城区双桥坪镇	7110	19153	11137	4987	8600.0	70	1631
鼎城区灌溪镇	6400	35469	12336	6383	855044.0	1000	11629
鼎城区蔡家岗镇	5498	16398	6060	2360	45280.0	500	1200
鼎城区草坪镇	7660	24636	20028	2768	8980.0	270	4019
鼎城区石门桥镇	10125	45000	23797	10798	837.0	605	6710
鼎城区谢家铺镇	6115	24161	14321	12997	11000.0	165	4000
鼎城区黄土店镇	7303	20185	8480	4270	6500.0	282	5638
鼎城区尧天坪镇	5434	14672	5900	2700		49	2160
鼎城区港二口镇	6626	16406	8702	4705	8000.0	40	2395
鼎城区雷公庙镇	5800	15117	6232	1072	3000.0	77	1358
鼎城区石板滩镇	6561	20252	11163	4783	115000.0	155	4439
鼎城区黄珠洲乡	4530	17892	7641	1273			
鼎城区黑山嘴乡	4031	15798	7068	3313	6500.0		
鼎城区长岭岗乡	4247	10063	4213	2413	8000.0		
鼎城区许家桥回族维吾尔族乡	5872	18670	9361	3285	9000.0		
鼎城区丁家港乡	5900	15577	8290	3872	7275.0		
鼎城区钱家坪乡	7700	14278	7040	655	5990.0		
鼎城区唐家铺乡	5799	17758	7752	2735	7000.0		
鼎城区沧山乡	6705	11027	6917	1842			
鼎城区长茅岭乡	6250	17112	8582	4248	1912.0		
鼎城区逆江坪乡	7654	12308	5713	3179	7000.0		
安乡县深柳镇	6812	135468	52701	38839	235500.0	6812	135468
安乡县大鲸港镇	3650	30031	29691	6757	81000.0	210	5800
安乡县黄山头镇	6927	29850	17697	8741	25560.0	60	4891
安乡县三岔河镇	5100	28780	8985	736	6240.0	200	3681
安乡县官垱镇	4372	20798	11462	4447	4500.0	99	7103
安乡县下渔口镇	8064	39890	34113	6644	28800.0	600	5162
安乡县陈家嘴镇	4863	21423	13451	1713	8700.0	45	3405
安乡县焦圻镇	4415	19585	10122	3950	18320.0	18	3950
安乡县安障乡	4633	22687	19550	8460	8000.0		
安乡县安昌乡	4933	28293	14053	2372	30382.0		
安乡县安宏乡	4260	18971	10430	3786	2875.0		
安乡县安生乡	4042	20568	12960	6254	400.0		
安乡县安全乡	6300	29877	16892	3394	1500.0		
安乡县安福乡	5570	26482	11526	4659	5565.0		
安乡县安凝乡	4533	22120	13611	5033	280.0		
安乡县安丰乡	6485	27002	13462	1332	12000.0		
安乡县安裕乡	6400	18310	12331	781	3500.0		
安乡县安康乡	5716	25520	17095	1865	18900.0		
安乡县安德乡	3600	18950	11486	234	15661.0		
汉寿县蒋家嘴镇	6755	45523	15699	7505	216630.0	579	20674
汉寿县岩汪湖镇	5902	27240	15375	9345	17610.0	80	2586

续表 337　　　　（湖南省）　　　　计算单位：公顷、人、万元

名　称	行政区域面积	常住人口	从业人员	二三产业从业人员	工业总产值	城镇建成区面积	城镇建成区常住人口
汉寿县坡头镇	4212	26418	15855	3232	22457.0	300	4103
汉寿县西港镇	9900	40937	25413	11571	7681.0	54	3647
汉寿县洲口镇	7153	35938	20473	7350	14579.0	20	3358
汉寿县罐头嘴镇	7102	32411	17368	5586	28606.5	203	8880
汉寿县沧港镇	3533	20983	13933	4774	79499.0	20	3400
汉寿县朱家铺镇	7300	26530	11718	4189	6000.0	200	2589
汉寿县太子庙镇	5866	24678	14308	5492	856121.0	848	10800
汉寿县毓德铺镇	4982	16416	9840	7286	2750.0	60	2680
汉寿县崔家桥镇	5300	18352	9921	3372	25016.0	55	2560
汉寿县军山铺镇	7034	26030	15687	8824	60781.0	375	17615
汉寿县百禄桥镇	4944	21702	11713	5235	14530.0	83	1599
汉寿县西湖镇	714	16650	8760	7120	8225.0	130	15468
汉寿县洋淘湖镇	2600	15102	10300	6279	102845.0	150	5582
汉寿县龙阳镇	11429	124218	30537	12481	505423.0	1859	124218
汉寿县周文庙乡	3953	23001	12712	9441	39215.0		
汉寿县鸭子港乡	5388	24499	16235	5175	22000.4		
汉寿县文蔚乡	3674	14757	9345	2558	4050.0		
汉寿县新兴乡	7700	23102	12020	5130	26136.0		
汉寿县聂家桥乡	4827	20338	8491	3947	11259.4		
汉寿县毛家滩回族维吾尔族乡	5347	27053	12233	5471	35063.0		
汉寿县丰家铺乡	7961	25650	6341	3550	7960.0		
汉寿县东岳庙乡	6681	21320	14087	7477	21000.0		
汉寿县岩嘴乡	6281	25131	13158	5464	21235.0		
汉寿县株木山乡	5240	26237	12600	2300	29061.0		
汉寿县三和乡	4884	20923	13355	7035	6152.0		
汉寿县龙潭桥乡	7099	27666	13589	8221	4252.0		
汉寿县月明潭乡	5890	25090	12778	5973	6752.0		
汉寿县大南湖乡	5046	10322	7010	3395	9975.0		
澧县张公庙镇	5113	30215	16947	7621	91300.0	1	6792
澧县小渡口镇	8167	42185	25459	18542	88638.0	128	8500
澧县梦溪镇	8073	32060	15708	6231	19890.0	165	5504
澧县复兴厂镇	6193	19460	8780	3350	41000.0	95	4210
澧县盐井镇	6700	18576	6892	965	18000.0	30	3168
澧县雷公塔镇	4900	19387	11990	5708	47800.0	105	4682
澧县大堰垱镇	5400	44013	17409	8414	18235.0	220	14386
澧县王家厂镇	7457	25057	14200	9062	194784.0	27	6485
澧县金罗镇	3673	29432	18084	3128	163250.0	200	5366
澧县码头铺镇	5938	15352	6269	3069	31520.0	566	4350
澧县方石坪镇	4810	15546	7720	4024	21000.0	120	2645
澧县甘溪滩镇	8056	22440	13313	5744	51880.0	150	4628
澧县火连坡镇	6900	16987	7795	4474	124321.0	213	1635
澧县澧南镇	3600	28394	16225	7796	75600.0	2700	21250
澧县九垸乡	6134	20216	14912	7291	5160.0		
澧县官垸乡	8200	19044	10446	4717	22684.0		
澧县永丰乡	5202	28772	10060	3350	8680.0		
澧县如东乡	6770	20578	11306	6184	36325.0		
澧县澧东乡	4197	29522	18002	5437	23630.0		
澧县涔南乡	4166	26690	12825	6802	15680.0		
澧县大坪乡	3552	21981	12489	6025	141000.0		
澧县道河乡	6760	13967	8195	5140	10000.0		

续表 338　　（湖南省）　　计算单位：公顷、人、万元

名　　称	行政区域面　　积	常住人口	从业人员	二三产业从业人员	工　业总产值	城镇建成区 面 积	城镇建成区常住人口
澧县双龙乡	5807	13587	9729	4403	3100.0		
澧县宜万乡	6243	19875	11208	7461	7600.0		
澧县车溪乡	6544	27951	13311	6351	8200.0		
澧县中武乡	5811	20297	12543	4308	20312.0		
澧县闸口乡	6129	22789	12974	5558	15420.0		
澧县洞市乡	3000	11596	7381	3850	1230.0		
澧县杨家坊乡	3800	11685	5897	2535	7283.0		
澧县太青乡	10500	19160	9566	4572	17600.0		
临澧县安福镇	4421	81386	52796	52101	59791.0	2250	73966
临澧县合口镇	4914	47875	28843	17991	144611.0	410	18686
临澧县新安镇	5891	49535	28040	18540	301261.0	480	19000
临澧县佘市桥镇	7170	21302	12050	4941	13519.0	35	3395
临澧县太浮镇	7406	15912	9133	5218	6362.0	200	1453
临澧县四新岗镇	9341	22661	9096	4120	42500.0	75	1709
临澧县停弦渡镇	6740	21549	13729	9409	134680.0	165	3203
临澧县修梅镇	7537	20590	11560	6260	19500.0	19	1763
临澧县杉板乡	6739	15937	7729	5059	76165.0		
临澧县文家乡	8105	15455	8240	4005	13210.0		
临澧县陈二乡	5600	15689	11698	5705	51100.0		
临澧县柏枝乡	10069	27885	20754	5612	6660.0		
临澧县烽火乡	8673	20265	12315	5691	5219.0		
临澧县望城乡	5692	18660	10670	4680	26500.0		
临澧县杨板乡	7790	21041	13578	6378	18900.0		
临澧县官亭乡	8460	22150	15876	7642	55000.0		
临澧县九里乡	4351	20768	12529	7863	62554.0		
桃源县漳江镇	13640	102754	30802	15819	267524.0	2062	101721
桃源县陬市镇	10481	50607	18073	5472	188501.0	473	30181
桃源县盘塘镇	8500	20428	17385	4442	1314720.0	237	2277
桃源县热市镇	12661	28394	18325	8315	31732.0	114	3532
桃源县黄石镇	14732	18471	9734	2752	2641.0	150	4935
桃源县漆河镇	15431	50427	33724	4061	14013.2	448	22943
桃源县理公港镇	9551	13948	8662	1958	21000.0	190	2500
桃源县观音寺镇	23089	20695	12793	5721	120.0	150	2100
桃源县龙潭镇	24724	24459	11056	4829	11074.0	150	6000
桃源县三阳港镇	9446	22403	15556	9666	9256.0	606	7017
桃源县剪市镇	10875	19229	9051	4493	1020.0	250	5588
桃源县茶庵铺镇	19214	22624	12877	5747	15560.0	124	3044
桃源县西安镇	19929	13746	7331	3316	4400.0	100	1650
桃源县沙坪镇	19481	15763	12258	3603	100.0	528	3546
桃源县桃花源镇	10784	33463	12970	3435	10370.0	599	6150
桃源县架桥镇	9826	27737	15930	3691	51880.0	164	6558
桃源县马鬃岭镇	6848	19952	12582	3522	7110.0	280	2399
桃源县凌津滩镇	13722	15914	15483	7154	13904.0	210	2011
桃源县青林回族维吾尔族乡	5113	22860	8728	2802	39740.0		
桃源县车湖垸乡	2480	14499	12386	7266	1823.0		
桃源县枫树维吾尔族回族乡	6827	28850	17582	8499	39653.0		
桃源县木塘垸乡	5684	29817	14217	3816	13264.0		
桃源县双溪口乡	6493	22085	9979	3490	4718.0		
桃源县郝坪乡	6474	9802	4661	1665	2780.0		
桃源县九溪乡	9858	20120	5423	1148	2700.0		

续表 339　　（湖南省）　　计算单位：公顷、人、万元

名　　称	行政区域面积	常住人口	从业人员	二三产业从业人员	工业总产值	城镇建成区面积	城镇建成区常住人口
桃源县黄甲铺乡	6755	15166	9254	4982	10234.0		
桃源县钟家铺乡	12462	13874	8756	3069	2713.0		
桃源县牛车河乡	17084	11859	6676	3335	45386.0		
桃源县佘家坪乡	12724	18319	10984	3771	9000.0		
桃源县太平桥乡	8245	13983	5830	1501	11005.0		
桃源县浯溪河乡	5008	12306	6317	1101	900.0		
桃源县深水港乡	7077	18831	11711	4363	31899.0		
桃源县泥窝潭乡	9183	15856	10907	6478	2813.0		
桃源县兴隆街乡	10878	10678	8823	3421	2886.0		
桃源县太平铺乡	14082	9582	4784	629	9800.0		
桃源县牯牛山乡	11439	5250	3426	674	36480.0		
桃源县杨溪桥乡	7238	9798	6225	1320			
桃源县寺坪乡	8785	12089	8209	1367	3530.0		
桃源县郑家驿乡	6527	11786	8240	3850	6500.0		
桃源县芦花潭乡	10882	12870	7213	1080	1161.0		
石门县楚江镇	6675	86987	49926	44116	448315.0	5860	86427
石门县蒙泉镇	23766	59000	39166	19761	23741.0	558	21748
石门县夹山镇	18498	46687	22625	6903	89692.0	240	4150
石门县易家渡镇	6260	33371	19573	10897	83011.0	55	5720
石门县新关镇	7953	25387	15450	7555	152040.0	320	4523
石门县皂市镇	13780	23086	12603	4454	62510.0	100	9652
石门县维新镇	23900	19696	11243	3724	16973.0	100	3900
石门县太平镇	36053	28659	15396	7882	47018.0	200	3766
石门县磨市镇	11000	31275	18040	8700	14534.0	959	4525
石门县壶瓶山镇	66293	23856	18083	10462	24102.0	844	5048
石门县南北镇	14544	8409	5691	1153	1873.0	1100	1148
石门县二都乡	7050	30665	21498	13851	1417025.0		
石门县新铺乡	16154	27700	15820	5459	53000.0		
石门县白云乡	13379	32711	16438	5615	41581.0		
石门县三圣乡	27140	38606	15042	4500	45000.0		
石门县子良乡	19893	24968	11309	5762	20855.0		
石门县所街乡	21560	29871	19479	4486	1850.0		
石门县雁池乡	21860	33127	16983	6195	22650.0		
石门县罗坪乡	20720	15802	12840	3555	20097.0		
常德市西洞庭管理区祝丰镇	4400	38687	24025	15385	537506.0	1057	38468
津市市新洲镇	4758	22850	7604	4354	21000.0	900	7955
津市市渡口镇	5481	20795	10530	1355	34960.0	65	4015
津市市保河堤镇	5610	26727	11094	2294	74056.0	150	9392
津市市白衣镇	8365	22000	13642	1242	8152.0	100	4000
津市市灵泉镇	5500	15445	6965	1165	12879.0	450	2300
津市市棠华乡	6800	15041	11035	845	19056.0		
津市市李家铺乡	6213	19060	7991	1691	13815.0		
永定区新桥镇	6562	12523	7900	2827	27302.7	828	2487
永定区温塘镇	10140	6060	3994	1569	987.0	130	1882
永定区教字垭镇	13600	29643	13448	6764	2400.0	210	5212
永定区大坪镇	9540	7809	4492	2121	403.0	500	1092
永定区沅古坪镇	14000	15420	11100	7300	1570.0	162	5854
永定区尹家溪镇	9140	29550	13135	2728	21828.9	152	2234
永定区后坪镇	8150	22209	12247	4452	86012.0	130	1305
永定区阳湖坪镇	6597	23598	10015	4103	240000.0	13	2292

续表 340　　（湖南省）　　计算单位：公顷、人、万元

名　称	行政区域面积	常住人口	从业人员	二三产业从业人员	工业总产值	城镇建成区面积	城镇建成区常住人口
永定区王家坪镇	16900	15459	10190	6790	929.0	16	1327
永定区三家馆乡	11400	12627	4287	1497	200.0		
永定区沙堤乡	8270	19631	11426	3219	6769.0		
永定区枫香岗乡	3460	14293	5424	2174	13855.0		
永定区合作桥乡	6147	14292	11391	1501	7319.0		
永定区双溪桥乡	7000	6875	3831	951	1288.0		
永定区谢家垭乡	7139	10410	4663	1108	550.0		
永定区青安坪乡	8800	7650	2337	1400	21751.3		
永定区罗塔坪乡	8786	7973	6600	3600	61.0		
永定区罗水乡	6250	8564	5705	2960	25.0		
永定区桥头乡	5490	12252	6509	1700	17231.0		
永定区三岔乡	6500	6680	4200	600	800.0		
永定区四都坪乡	19100	7390	5750	880	660.0		
武陵源区天子山镇	5420	5289	3038	2115	65.0	7	2720
武陵源区索溪峪土家族乡	10947	11541	2844	366			
武陵源区协合乡	5737	8148	2386	400	146.0		
武陵源区中湖乡	6760	13701	8311	5066	185.0		
慈利县零阳镇	29555	137315	76877	53897	489309.4	1100	70758
慈利县岩泊渡镇	9370	23177	10372	5705	12324.0	4	6558
慈利县溪口镇	11112	16121	8268	4268	2035.2	380	5145
慈利县东岳观镇	10800	28087	22176	2986	2493.7	227	2180
慈利县通津铺镇	9600	27152	26026	4774	35743.4	300	3605
慈利县杉木桥镇	9129	23391	9321	5152	425.0	29	5979
慈利县象市镇	13840	19072	9381	3718	29575.1	180	2284
慈利县江垭镇	29800	47841	20668	8168	100206.0	680	14000
慈利县苗市镇	10414	16416	15681	5981	15213.2	360	5460
慈利县零溪镇	6580	25960	12717	4417	98421.4	366	3010
慈利县高桥镇	14080	10955	5770	2070	4090.0	230	2880
慈利县龙潭河镇	9260	10929	10862	3606	718.0	30	1572
慈利县广福桥镇	7870	12104	6330	2440	730.0	210	1784
慈利县南山坪乡	11900	10499	6945	3735	29003.4		
慈利县宜冲桥乡	11054	14655	7837	1129			
慈利县洞溪乡	11900	5547	3735	935	14898.2		
慈利县金坪乡	9400	7528	4260	1465	1150.0		
慈利县景龙桥乡	8777	9598	3742	984	3087.6		
慈利县二坊坪乡	10900	9093	5693	2556	3679.3		
慈利县三合口乡	7400	8889	4561	1877	66929.6		
慈利县国太桥乡	4400	7522	4363	1243	5013.0		
慈利县庄塌乡	5587	5998	4503	1013	357.2		
慈利县杨柳铺乡	10800	18023	8689	2388	3845.0		
慈利县朝阳乡	5900	8755	8602	1002	286.0		
慈利县三官寺土家族乡	11400	24062	12588	6125	3023.6		
慈利县高峰土家族乡	14454	14203	6120	1471	323.7		
慈利县许家坊土家族乡	8052	15272	9789	2789	220.0		
慈利县金岩土家族乡	13850	10911	7878	4138			
慈利县赵家岗土家族乡	6200	7955	7800	1990	421.0		
慈利县甘堰土家族乡	9700	15410	12907	7407	541.0		
慈利县阳和土家族乡	7349	20903	14002	3252	870.0		
桑植县澧源镇	9800	70101	33770	29669	52000.0	760	45000
桑植县瑞塔铺镇	10800	21978	15019	11537	42000.0	220	6532

续表 341

（湖南省）

计算单位：公顷、人、万元

名　称	行政区域面　积	常住人口	从业人员	二三产业从业人员	工　业总产值	城镇建成区 面 积	城镇建成区常住人口
桑植县官地坪镇	12600	14375	8612	1562	350.0	80	6571
桑植县凉水口镇	6870	10906	5647	3180		720	2650
桑植县龙潭坪镇	12300	8179	7015	3791	695.0	160	1376
桑植县五道水镇	15100	5625	3351	1106		297	1100
桑植县陈家河镇	10600	16646	4306	485	400.0	150	6200
桑植县廖家村镇	5700	9874	6504	2493	80.0	150	392
桑植县利福塔镇	8095	17452	14588	6288	30000.0	134	1200
桑植县空壳树乡	6863	15402	4924	2805	2000.0		
桑植县汩湖乡	7333	9243	3210	345			
桑植县竹叶坪乡	14100	10297	8297	2358	798.0		
桑植县走马坪白族乡	6800	8712	4319	1515			
桑植县人潮溪乡	11500	6318	2975	983			
桑植县西莲乡	10700	5117	2847	322	2000.0		
桑植县白石乡	12170	5112	3879	308	120.0		
桑植县刘家坪白族乡	3820	11279	6729	2229			
桑植县芙蓉桥白族乡	7060	11542	5661	1664	3150.0		
桑植县麦地坪白族乡	5040	4450	2366	972			
桑植县马合口白族乡	7800	10038	5183	1690			
桑植县长潭坪乡	4544	3260	2496	446	12.0		
桑植县淋溪河白族乡	9200	3630	1660	280			
桑植县洪家关白族乡	9100	25234	13366	6602	33000.0		
桑植县桥自湾乡	7660	14890	7011	3755			
桑植县谷罗山乡	5600	6610	2438	1433			
桑植县沙塔坪乡	13250	15782	8571	7230			
桑植县苦竹坪乡	5055	6245	5895	1432	25.0		
桑植县四方溪乡	8300	4670	3257	1505			
桑植县芭茅溪乡	11900	3895	2103	801	212.0		
桑植县细沙坪乡	9820	8310	7190	610			
桑植县八大公山乡	15800	4747	1966	208			
桑植县蹇家坡乡	6490	6543	2374	255			
桑植县岩屋口乡	5510	5646	3333	1230	600.0		
桑植县河口乡	13720	10200	9863	930			
桑植县上河溪乡	13300	12063	6794	623	400.0		
桑植县两河口乡	4200	9886	5180	68	1800.0		
桑植县打鼓泉乡	5300	8350	1315	1235			
桑植县上洞街乡	5300	10803	5363	1465	2700.0		
资阳区迎风桥镇	5700	41584	19646	12331	38652.0	429	16841
资阳区沙头镇	4400	22586	14591	3985	9631.0	150	5378
资阳区茈湖口镇	9476	35120	20849	4864	24518.0	660	11642
资阳区长春镇	12600	81693	47438	20358	453200.0	450	20120
资阳区新桥河镇	14000	78221	27876	4860	74350.0	520	20430
资阳区张家塞乡	9000	40885	24765	3520	12952.0		
赫山区八字哨镇	3738	20577	14914	7816	70148.0	280	2428
赫山区泉交河镇	10200	46945	27203	8088	124580.0	110	11582
赫山区欧江岔镇	8848	33763	24391	11282	12761.0	251	7370
赫山区沧水铺镇	6962	32724	25320	15999	434502.0	820	20031
赫山区岳家桥镇	8100	34462	20255	8041	52195.0	150	11812
赫山区新市渡镇	6500	18386	11527	6104	154325.0	182	2038
赫山区兰溪镇	10470	69954	49000	25635	788852.0	498	21295
赫山区龙光桥镇	9800	66968	41211	22557	408100.0	1476	17338

续表 342　　（湖南省）　　计算单位：公顷、人、万元

名　称	行政区域面积	常住人口	从业人员	二三产业从业人员	工业总产值	城镇建成区面积	城镇建成区常住人口
赫山区衡龙桥镇	10739	52460	31119	16182	390000.0	430	10300
赫山区泥江口镇	13793	49879	37271	21291	52000.0	500	4000
赫山区牌口乡	3800	20573	16409	7893	13786.0		
赫山区笔架山乡	8200	30063	16089	6122	48300.0		
南县明山头镇	6300	32315	23215	9508	2874.0	132	6016
南县青树嘴镇	7700	35791	26258	12818	6186.0	120	6025
南县厂窖镇	6885	34275	20797	10626	16517.0	316	6522
南县武圣宫镇	5200	24557	17307	7287	7937.0	112	5409
南县南洲镇	8253	158260	61028	39981	879117.0	1508	78650
南县华阁镇	10900	63736	38206	14955	43573.0	137	6844
南县茅草街镇	9600	58543	42587	16604	167483.0	311	21623
南县三仙湖镇	9200	43398	24202	10997	71415.0	315	10210
南县麻河口镇	10900	46936	31760	7989	14710.0	110	5045
南县浪拔湖镇	9600	46732	29998	12480	78491.0	71	2920
南县乌嘴乡	6666	38359	25598	14588	14309.0		
南县中鱼口乡	9500	49918	29643	11780	66104.0		
桃江县修山镇	9300	29606	23671	9584	62609.0	142	7771
桃江县鸬鹚渡镇	10900	32840	24736	10329	209723.0	152	9828
桃江县石牛江镇	6400	30634	23929	14151	67210.0	139	10296
桃江县牛田镇	7100	31777	23742	13094	90155.6	245	9625
桃江县松木塘镇	19500	29779	21854	6513	112114.0	113	9664
桃江县桃花江镇	22200	160785	68450	65986	389000.0	1703	88868
桃江县灰山港镇	22900	120893	63272	48727	840890.4	508	40103
桃江县武潭镇	22500	68050	49729	8718	443213.0	163	21584
桃江县马迹塘镇	21800	58485	38436	13122	206816.0	207	19871
桃江县三堂街镇	14600	53264	36056	13962	122282.3	163	17365
桃江县大栗港镇	17100	59446	46496	32971	244900.0	142	17476
桃江县沾溪镇	6500	24565	15489	7808	35946.2	192	7621
桃江县高桥乡	9200	26274	19164	8864	125825.0		
桃江县鲊埠回族乡	3900	18760	8620	2575	179112.0		
桃江县浮丘山乡	12400	47167	39794	15290	109781.0		
安化县清塘铺镇	22499	53577	32960	13909	113136.0	153	8125
安化县仙溪镇	28019	45100	27765	11365	66027.0	180	8120
安化县长塘镇	17861	39460	24517	7376	47050.0	245	6220
安化县小淹镇	17707	34952	19206	7118	142651.0	90	7258
安化县羊角塘镇	24671	59865	28693	6009	23674.0	125	13122
安化县冷市镇	18337	31735	20037	5530	130782.0	78	6127
安化县奎溪镇	24154	21052	11806	4088	57099.0	19	6865
安化县烟溪镇	19599	21804	10875	3547	68846.0	197	6134
安化县渠江镇	8620	12895	9299	4091	11878.0	40	1356
安化县平口镇	10315	21794	10659	5398	78196.0	320	19647
安化县柘溪镇	15578	14457	8587	5372	196942.0	60	3315
安化县乐安镇	19121	44023	24516	8521	50818.0	102	3468
安化县滔溪镇	15416	23402	13907	4494	16248.0	82	2785
安化县梅城镇	27861	77662	45047	18476	93264.0	600	49760
安化县大福镇	31723	90205	59152	24461	43488.0	260	26500
安化县马路镇	39034	37435	26132	13347	159709.0	235	8145
安化县东坪镇	43585	128950	67050	37400	383018.0	800	62150
安化县江南镇	28875	56720	42084	21426	112907.0	253	5443
安化县高明乡	9740	17405	8250	4035	213000.0		

续表 343　　（湖南省）　　计算单位：公顷、人、万元

名　　称	行政区域面积	常住人口	从业人员	二三产业从业人员	工业总产值	城镇建成区面积	城镇建成区常住人口
安化县龙塘乡	14197	24633	16838	6287	57483.0		
安化县田庄乡	20950	28647	19966	6438	75677.0		
安化县南金乡	19490	10827	6617	2128	9889.0		
安化县古楼乡	17170	15168	9792	222	986.0		
益阳市大通湖管理区河坝镇	8892	45383	27105	12077	260105.0	725	16752
益阳市大通湖管理区沙堡洲镇	8493	2548	1049	584	28896.0	360	1152
益阳市大通湖管理区金盆镇	4759	24113	9469	3883	145724.0	320	7219
益阳市大通湖管理区北洲子镇	4370	20187	9216	2889	268336.0	85	7723
益阳市大通湖管理区千山红镇	7490	32324	11832	3195	133494.0	450	11462
湖南益阳高新技术产业园区谢林港镇	7600	33175	20476	9991	607100.0	103	3996
沅江市四季红镇	1467	17347	8793	3640	2387.0	15	1146
沅江市泗湖山镇	11700	48182	32422	13368	131261.0	198	11796
沅江市南嘴镇	7400	20078	12036	4760	107000.0	53	4120
沅江市新湾镇	5650	22150	11321	4604	31800.0	115	2610
沅江市茶盘洲镇	8762	27888	17143	7098	127000.0	200	14408
沅江市南大膳镇	16000	73508	40605	16811	123900.0	415	14890
沅江市黄茅洲镇	12731	64217	38995	15678	15012.0	340	14241
沅江市草尾镇	15200	74976	42037	16845	141564.0	300	20058
沅江市阳罗洲镇	10267	41460	29560	12298	113800.0	186	10399
沅江市共华镇	15100	71058	39253	16254	126500.0	211	8482
沅江市三眼塘镇	9900	44158	25696	10351	161081.0	261	10178
沅江市万子湖乡	216	11113	4720	1954	121100.0		
北湖区石盖塘镇	9209	22862	12552	6636	888210.0	154	8235
北湖区华塘镇	17620	33675	19171	9471	66554.0	152	15199
北湖区鲁塘镇	11350	30921	16733	10377	82104.0	590	3486
北湖区保和镇	10955	20986	12161	5885	98457.0	167	5110
北湖区大塘瑶族乡	3200	4329	2344	1264	8203.0		
北湖区月峰瑶族乡	4618	7486	5396	3205	7356.0		
北湖区芙蓉乡	6400	7379	6340	3914	121529.0		
北湖区永春乡	7715	9583	6205	4039	408.0		
苏仙区桥口镇	12534	21785	13074	6451	488259.0	135	586
苏仙区白露塘镇	10500	35089	12222	8560	5111921.0	130	16542
苏仙区良田镇	19192	48981	26165	17828	592988.0	421	15166
苏仙区栖凤渡镇	10396	52350	34830	20769	87210.0	135	18645
苏仙区坳上镇	16205	19757	11259	7275	53000.0	640	6769
苏仙区许家洞镇	6200	17912	14666	1137	34399.0	260	10604
苏仙区五里牌镇	10330	33465	23025	13750	59324.0	740	25386
苏仙区望仙镇	12124	7128	5012	3632	28184.0	100	869
苏仙区五盖山镇	11600	8974	6247	4313	63426.0	323	311
苏仙区马头岭乡	13461	16899	12518	5703	21365.0		
桂阳县仁义镇	19033	34989	21848	10002	23212.0	127	5040
桂阳县太和镇	11720	36231	19790	6857	386543.0	70	3569
桂阳县洋市镇	17210	45400	31427	11232	511.0	158	5298
桂阳县和平镇	11620	23074	15884	9159	4160.0	160	11020
桂阳县流峰镇	17181	62350	35538	17126	36056.3	270	9060
桂阳县塘市镇	7384	18464	15517	5565	3936.2	156	6211
桂阳县莲塘镇	9393	30426	16341	7968	5317.3	180	7680
桂阳县春陵江镇	25593	97963	61677	35675	73384.0	168	16928
桂阳县荷叶镇	8100	26498	9630	4149	177535.0	368	865
桂阳县方元镇	22108	33854	28507	14208	10254.0	491	29014

续表 344　（湖南省）　计算单位：公顷、人、万元

名称	行政区域面积	常住人口	从业人员	二三产业从业人员	工业总产值	城镇建成区面积	城镇建成区常住人口
桂阳县樟市镇	18800	44087	26082	13077	11505.0	134	3520
桂阳县敖泉镇	11598	19628	15588	7526	24602.0	113	1680
桂阳县正和镇	9390	23346	11332	4949	588713.6	300	2540
桂阳县浩塘镇	14660	21735	10229	4173	104390.0	80	2761
桂阳县雷坪镇	12246	25459	20031	6076	160515.0	240	13061
桂阳县欧阳海镇	10067	28078	18191	8829	14673.0	88	4325
桂阳县四里镇	12700	43135	26593	12569	19897.0	580	24543
桂阳县桥市乡	17807	19039	10932	5294	257515.3		
桂阳县华山瑶族乡	3800	3178	1779	690	2106.0		
桂阳县泗洲乡	5400	15895	10898	2847	13160.0		
桂阳县光明乡	7250	15224	10923	4935	3246.0		
桂阳县白水乡	11174	13465	10592	5644	7801.1		
桂阳县杨柳瑶族乡	2357	2350	1800	525	1253.0		
宜章县白石渡镇	5800	11767	7167	3717	56520.0	280	10050
宜章县杨梅山镇	4045	12914	5135	2000	21089.0	100	7522
宜章县瑶岗仙镇	9976	19615	10761	8312	121500.0	520	16532
宜章县梅田镇	8228	34021	34005	29297	89032.0	319	8021
宜章县麻田镇	5218	20388	11081	6548	171059.0	1000	6191
宜章县黄沙镇	10255	35259	26853	7863	13845.0	1225	7345
宜章县迎春镇	8800	22545	7786	3840	33965.0	1215	5311
宜章县一六镇	6792	41784	22346	14875	349752.0	611	24612
宜章县栗源镇	7154	31569	19747	15927	118493.0	1240	14120
宜章县岩泉镇	7333	37080	23237	21016	202428.0	674	13482
宜章县玉溪镇	23290	108863	22685	10723	188621.0	2680	69461
宜章县浆水乡	8570	22508	14475	9150	150480.0		
宜章县长村乡	5902	14382	6695	3830	25006.0		
宜章县天塘乡	15270	39112	22117	11277	114813.0		
宜章县莽山瑶族乡	28764	8951	4792	2108	1854.0		
宜章县笆篱乡	3200	21703	11370	6464	184484.0		
宜章县白沙圩乡	11230	23484	12133	5702	25488.0		
宜章县关溪乡	5564	14038	9898	5923	7012.0		
宜章县里田乡	7600	20916	4371	1861	18246.0		
宜章县赤石乡	8650	20566	11489	6160	81225.0		
宜章县平和乡	7637	10445	6652	3885	19416.0		
宜章县五岭乡	14660	33612	14779	8152	19458.0		
永兴县马田镇	10000	68434	58251	47195	412565.0	465	8312
永兴县湘阴渡镇	6400	20048	19461	8122	81106.0	87	9587
永兴县塘门口镇	9600	12338	11429	3807	805989.0	165	5984
永兴县金龟镇	5260	16191	12707	1811	86482.0	170	10525
永兴县柏林镇	10740	35125	32691	10566	981528.0	320	8898
永兴县鲤鱼塘镇	20970	24840	22304	10636	76048.0	300	2669
永兴县油市镇	4200	24313	22840	8060	66159.0	325	14850
永兴县便江镇	19650	99148	98386	54065	89987.0	670	77566
永兴县悦来镇	5620	24080	18431	6526	14000.0	103	3112
永兴县复和镇	4500	17377	16767	6521	187974.0	580	2830
永兴县高亭镇	4800	27591	16573	5123	31250.0	165	882
永兴县黄泥镇	12235	25737	24254	10798	263278.0	1250	18680
永兴县樟树镇	9750	28841	19650	9081	33151.0	230	4728
永兴县太和镇	9895	16850	9725	6745	308966.0	102	1082
永兴县洋塘乡	5393	18111	13095	4780	21030.0		

续表 345 （湖南省） 计算单位：公顷、人、万元

名称	行政区域面积	常住人口	从业人员	二三产业从业人员	工业总产值	城镇建成区面积	城镇建成区常住人口
永兴县油麻乡	4360	17697	12147	5990	1790.0		
永兴县三塘乡	4950	18478	18016	6780	25993.0		
永兴县香梅乡	4200	12302	12235	9779	35233.0		
永兴县大布江乡	11900	11661	11015	2282	13680.0		
永兴县龙形市乡	15700	12172	7157	4725	45616.0		
永兴县七甲乡	12450	10894	8562	7576	31272.0		
嘉禾县珠泉镇	10591	90519	55465	36753	276788.0	8500	90519
嘉禾县车头镇	2336	14335	8238	5225	112605.0	200	1661
嘉禾县塘村镇	3170	30365	18718	15040	729467.0	390	22654
嘉禾县袁家镇	5241	32543	24168	19259	840303.9	420	12021
嘉禾县行廊镇	4198	19149	9600	5920	18137.8	310	16525
嘉禾县肖家镇	3505	12154	5989	2924	17237.4	69	6483
嘉禾县龙潭镇	7312	22530	19224	10572	18560.0	47	1530
嘉禾县石桥镇	5794	25100	19942	10840	48098.0	439	20816
嘉禾县坦坪镇	3548	28426	16571	9150	223484.0		
嘉禾县田心镇	3720	25142	11247	8479	31482.0		
嘉禾县广发镇	6836	39346	20104	13420	865.0	95	1391
嘉禾县普满乡	6935	22989	19430	11241	40603.0		
嘉禾县盘江乡	3568	14563	6842	4033	1256.0		
临武县舜峰镇	2412	81430	40412	36557	90548.0	735	64563
临武县金江镇	5003	24600	13533	10235	182696.3	212	9360
临武县武水镇	5395	45680	24966	12276	124185.0	260	17920
临武县南强镇	17409	34150	20546	11736	40241.0	101	1602
临武县汾市镇	4815	15420	8995	4115	3491.1	100	2293
临武县水东镇	6881	18500	10320	5230	126000.0	26	1868
临武县楚江镇	7597	18650	7818	3138	10220.0	158	1250
临武县麦市镇	7851	32500	13505	7860	84351.3	77	2681
临武县香花镇	7748	22400	15299	10063	77858.6	438	15792
临武县双溪乡	8039	17440	10161	4472	16500.0		
临武县同益乡	4230	10798	6540	3219	13433.0		
临武县土地乡	5805	12430	6338	3428	31720.0		
临武县花塘乡	6845	17302	8465	3608	47497.0		
临武县武源乡	8157	8120	5065	3080	1320.0		
临武县万水乡	6031	21100	8527	6122	154983.8		
临武县镇南乡	8271	11620	5010	3655	120200.0		
临武县大冲乡	4106	5998	2971	1523	16343.0		
临武县西山瑶族乡	12135	1762	1309	604	12500.0		
汝城县小垣瑶族镇	8613	11426	5214	1682	26791.0	16	1663
汝城县热水镇	13874	9785	6719	3593	14689.0	300	1756
汝城县土桥镇	7515	25276	17717	8061	9933.0	218	19130
汝城县泉水镇	9309	23868	16365	7019	114686.0	37	10120
汝城县暖水镇	7680	9684	6409	1538	13500.0	30	2013
汝城县大坪镇	13600	29108	24996	9759	40600.0	330	8000
汝城县三江口瑶族镇	11149	8666	4652	1851	8212.0	100	1702
汝城县卢阳镇	11559	70786	25646	12296	19254.0	392	66780
汝城县马桥镇	19818	26510	18133	6394	10539.0	30	497
汝城县文明镇	19230	24560	16640	4342	4418.0	110	3356
汝城县井坡乡	8900	17188	11902	1234	47129.6		
汝城县盈洞瑶族乡	7439	6218	4947	761	785.0		
汝城县岭秀瑶族乡	11636	9152	6569	1080	2278.0		

续表 346　　（湖南省）　　计算单位：公顷、人、万元

名　　称	行政区域面　　积	常住人口	从业人员	二三产业从业人员	工　业总产值	城镇建成区 面 积	城镇建成区常住人口
汝城县田庄乡	7259	15134	7469	2896	6701.0		
汝城县南洞乡	15467	7553	6267	3921	7257.0		
汝城县永丰乡	9235	12889	7129	4614	4348.0		
汝城县濠头乡	17738	12589	8341	1881	21700.0		
汝城县延寿瑶族乡	8700	12197	11053	4249	8932.0		
汝城县集益乡	17000	11387	9082	2020	10960.0		
桂东县沤江镇	17960	51294	13883	10534	115099.2	540	34400
桂东县沙田镇	10922	27797	16585	9821	54742.8	372	19669
桂东县清泉镇	6461	10929	7298	1714	4671.0	54	3911
桂东县大塘镇	6213	20158	10354	9454	13612.7	240	12035
桂东县四都镇	15847	21058	9597	3539	4223.6	245	6286
桂东县寨前镇	7589	20877	8535	4760	13586.0	100	1328
桂东县普乐镇	12761	20141	9612	2909	4752.0	250	3580
桂东县桥头乡	8867	10192	6708	1249	10265.6		
桂东县寒口乡	7377	6578	4071	458	5350.0		
桂东县增口乡	7777	10461	8038	7683	13233.8		
桂东县流源乡	5121	4955	2420	1051	342.6		
桂东县新坊乡	8637	10241	5689	2409	2575.0		
桂东县东洛乡	9750	6013	2314	1113	2447.0		
桂东县贝溪乡	5078	5955	4003	2356	600.0		
桂东县青山乡	11300	5213	3898	1730	2850.2		
安仁县安平镇	5600	54000	34246	22714	59395.0	187	32215
安仁县龙海镇	7200	17452	7916	5992	99854.0	200	12561
安仁县关王镇	13090	14950	6525	3625	11432.0	60	2700
安仁县灵官镇	7860	18714	10442	6267	102315.0	180	9680
安仁县永乐江镇	35906	131985	71444	48582	286957.0	1450	59876
安仁县龙市乡	8200	16582	8294	4966	1120.0		
安仁县渡口乡	5420	20818	12505	7995	2314.0		
安仁县华王乡	6280	20350	14400	9080	5910.0		
安仁县牌楼乡	8300	33382	21238	13214	3265.0		
安仁县平背乡	4500	20676	18826	8548	52576.0		
安仁县坪上乡	7410	15985	9990	7270			
安仁县承坪乡	3680	17246	15910	4718	5834.0		
安仁县竹山乡	3102	14364	10806	6461	456.0		
安仁县豪山乡	28500	13126	11930	6330	650.0		
安仁县羊脑乡	10100	9450	9070	7870	30000.0		
安仁县新洲乡	5050	5660	5173	3675	3570.0		
安仁县洋际乡	5560	17246	10592	5558	2114.2		
资兴市滁口镇	16400	12218	12193	7280	3785.0	50	998
资兴市三都镇	8085	32891	9754	8005	238652.0	415	3384
资兴市蓼江镇	8760	16192	11188	3848	101509.3	120	16021
资兴市七里镇	7610	12274	10998	8362	19109.0	168	9450
资兴市兴宁镇	22530	30463	20303	16746	153111.0	2370	18500
资兴市州门司镇	18998	21975	12987	7477	95432.0	50	2064
资兴市青腰镇	14100	8935	8881	4467	93246.0	300	6298
资兴市黄草镇	18667	9251	9217	2609	3410.2	6	1662
资兴市汤溪镇	18960	9832	9027	5405	38302.0	270	3000
资兴市程水镇	12651	30085	18094	14809	1317485.0	168	3978
资兴市东坪乡	12076	3028	2941	2155	2943.0		
资兴市团结瑶族乡	6667	2391	2276	850	29857.0		

续表 347 （湖南省） 计算单位：公顷、人、万元

名　　称	行政区域面　　积	常住人口	从业人员	二三产业从业人员	工　业总产值	城镇建成区面　积	城镇建成区常住人口
资兴市连坪瑶族乡	9533	1922	1810	970	2444.0		
资兴市兰市乡	5873	5276	3991	1922	2056.0		
资兴市波水乡	8693	7062	7024	4483	15612.0		
资兴市清江乡	13547	10287	7946	4164	69913.0		
资兴市龙溪乡	14475	5011	3679	844	2685.0		
资兴市白廊乡	15715	9784	9378	5803	6340.0		
零陵区水口山镇	11060	49799	24958	11708	96853.0	1286	5686
零陵区珠山镇	19860	55326	33501	11155	179869.0	648	20017
零陵区黄田铺镇	12600	21199	16105	5160	32181.0	365	2748
零陵区富家桥镇	21400	51995	29352	11135	143462.0	302	13589
零陵区菱角塘镇	15680	26892	21848	8399	36588.0	1200	3218
零陵区邮亭圩镇	32400	54249	29168	8357	29110.0	352	6221
零陵区接履桥镇	10200	27526	12648	3950	33456.0	169	1718
零陵区石岩头镇	9600	42285	19808	6908	64299.0	238	4095
零陵区大庆坪乡	15550	28124	13223	5979	17865.0		
零陵区梳子铺乡	9818	27639	16975	5536	31565.0		
零陵区石山脚乡	12800	31825	20424	8559	214316.0		
零陵区凼底乡	8450	21762	13140	4140	15200.8		
冷水滩区花桥街镇	6748	15901	10396	4176	756.0	203	3370
冷水滩区普利桥镇	13580	52561	37675	7399	10600.0	98	5518
冷水滩区牛角坝镇	8600	27593	21806	8373	1580.0	55	1869
冷水滩区高溪市镇	8180	14466	10825	6645	19889.0	42	596
冷水滩区黄阳司镇	12970	48753	23104	8899	25000.0	250	8140
冷水滩区上岭桥镇	10600	22609	17160	12650	100325.0	150	2300
冷水滩区竹山桥镇	19300	22525	13131	4331	51000.0	102	780
冷水滩区伊塘镇	8140	23279	14708	3143	17934.0	500	1025
冷水滩区岚角山镇	9010	28179	18681	8451	39800.0	240	2246
冷水滩区蔡市镇	7280	20356	8422	4386	12346.0	100	936
冷水滩区杨村甸乡	8452	24407	15072	9418	2500.0		
祁阳县观音滩镇	8000	30418	17026	10605	137450.0	370	12200
祁阳县茅竹镇	9600	25888	17090	7970	21550.0	189	1870
祁阳县大忠桥镇	11611	52780	27838	16750	39678.0	218	6917
祁阳县三口塘镇	8600	19397	13909	5030	16520.0	208	3900
祁阳县肖家村镇	9352	44241	23404	10015	19880.0	272	2590
祁阳县八宝镇	8100	38961	22967	11056	9563.0	413	5612
祁阳县白水镇	12000	70562	41380	18256	296435.0	302	11524
祁阳县黄泥塘镇	7500	39102	18871	11081	48870.0	272	1453
祁阳县进宝塘镇	6500	33794	16631	6276	24830.0	402	3300
祁阳县潘市镇	12837	47771	20731	6610	28694.0	152	4930
祁阳县梅溪镇	6339	23383	12170	8354	57368.0	200	2618
祁阳县羊角塘镇	12600	60489	32470	20187	22832.0	211	3603
祁阳县下马渡镇	12530	47562	20780	8460	7500.0	152	8060
祁阳县七里桥镇	7600	34883	18662	8013	90112.0	116	2231
祁阳县大村甸镇	9290	37116	29040	13160	92980.3	136	4915
祁阳县黎家坪镇	8600	45311	23280	11180	331254.0	692	24270
祁阳县文富市镇	6135	32594	15620	6025	9404.0	523	2109
祁阳县文明铺镇	11800	60892	28754	14004	70459.0	295	7845
祁阳县龚家坪镇	8000	39641	26349	8983	9456.0	192	3124
祁阳县内下乡	12800	3251	2278	564			
祁阳县挂榜山乡	2605	3580	2910	290	520.0		

续表 348 （湖南省） 计算单位：公顷、人、万元

名　　称	行政区域面　　积	常住人口	从业人员	二三产业从业人员	工　业总产值	城镇建成区 面 积	城镇建成区常住人口
祁阳县大江乡	13997	6220	3113	1415			
东安县白牙市镇	15611	98437	50638	45727	646392.0	2065	56690
东安县大庙口镇	20200	24489	21000	1325	130.0	210	1979
东安县紫溪市镇	17200	26613	16036	7049	39166.0	190	6051
东安县横塘镇	14300	21768	18596	4376	4322.0	330	2956
东安县石期市镇	12230	39489	32534	10845	70000.0	402	2754
东安县井头圩镇	16540	31990	21838	9020	163028.0	314	3215
东安县端桥铺镇	13600	45836	16035	10697	30318.0	292	4513
东安县鹿马桥镇	7370	24913	21505	11803	9420.0	325	4119
东安县芦洪市镇	13700	62143	28910	10243	355623.0	848	6652
东安县新圩江镇	13250	30522	12849	5512	89.0	980	30522
东安县花桥镇	5300	7710	7550	4337	17012.0	28	3088
东安县大盛镇	10400	28787	26190	12638	8946.0	273	3723
东安县南桥镇	10400	34125	15889	11997	224.0	280	3012
东安县大江口乡	9640	29421	18596	4376	12612.0		
东安县川岩乡	10000	15960	8076	2116	3000.0		
东安县水岭乡	5930	12165	4853	1218	1213.0		
东安县黄泥洞乡	11408	5652	5632	1622	22970.0		
双牌县泷泊镇	9900	54777	46751	36765	54532.0	9900	54777
双牌县江村镇	12400	19500	8850	2180	180.0	160	4820
双牌县五里牌镇	9747	20540	9703	2965	15360.0	120	3060
双牌县茶林镇	15200	10855	6571	1920	12010.0	45	2588
双牌县何家洞镇	19600	10441	2311	2311		10	300
双牌县麻江镇	11400	7323	5721	1636	180.0	130	3100
双牌县平福头乡	3900	9945	5295	819			
双牌县尚仁里乡	8200	5128	2528	888	4593.0		
双牌县永江乡	8600	4522	2951	333	3225.0		
双牌县塘底乡	11700	8468	4171	695	324.0		
双牌县上梧江瑶族乡	19602	16018	6675	1887	65.2		
双牌县理家坪乡	8800	20607	11758	4533	2630.0		
双牌县五星岭乡	19270	5152	2886	555			
双牌县打鼓坪乡	13460	3587	2037	235	100.0		
双牌县阳明山林场	11400	3495	1987	749	1180.0		
道县梅花镇	9712	31101	19537	9339	17839.0	213	2735
道县寿雁镇	16251	73821	35949	17839	120400.0	200	8358
道县仙子脚镇	12823	27530	17872	7754	18220.0	340	5871
道县清塘镇	13990	43072	18196	8653	18653.0	202	6000
道县祥霖铺镇	14100	40700	22336	8636	46002.0	200	6021
道县蚣坝镇	14400	47230	24271	13151	25231.0	210	5759
道县四马桥镇	11816	32300	16627	6125	15670.0	120	6000
道县白马渡镇	9700	30889	17386	5722	4005.0	121	3856
道县柑子园镇	8100	30412	11031	1978	3690.0	130	3859
道县新车镇	9500	20911	8465	3374	6830.0	82	4986
道县白芒铺镇	10243	28406	13465	6430	5117.0	251	5568
道县桥头镇	23830	25376	14410	6610	7533.0	105	2133
道县乐福堂乡	11480	15843	11549	5033	6183.0		
道县审章塘瑶族乡	6600	14221	9947	4623	9020.0		
道县井塘瑶族乡	3800	6238	3240	928	3318.0		
道县横岭瑶族乡	10018	5890	5476	3053	2543.0		
道县洪塘营瑶族乡	22200	11814	6455	3395	4766.0		

续表 349　　　　　　　　　　（湖南省）　　　　　　　　　　计算单位：公顷、人、万元

名　称	行政区域面　积	常住人口	从业人员	二三产业从业人员	工　业总产值	城镇建成区面积	城镇建成区常住人口
江永县潇浦镇	8692	46110	22786	13784	358952.0	710	33294
江永县上江圩镇	7140	24940	17421	3020	17580.0	50	2155
江永县允山镇	39250	34782	20719	5318	36285.0	51	1846
江永县夏层铺镇	12070	26891	23865	5860	22212.0	51	2434
江永县桃川镇	51750	49150	31831	11330	49986.0	180	15851
江永县粗石江镇	16760	28892	17781	4860	18305.0	51	2995
江永县松柏瑶族乡	12800	14671	10938	2237	11013.0		
江永县黄甲岭乡	12710	16135	11545	4545	15685.0		
江永县千家峒瑶族乡	6820	11454	7223	2811	11852.0		
江永县兰溪瑶族乡	5920	7507	5486	985	13160.0		
江永县源口瑶族乡	7600	9495	5997	1866	9768.0		
宁远县天堂镇	10200	33403	21215	12667	27770.0	100	8712
宁远县水市镇	23990	79194	32489	20397	29838.0	114	14980
宁远县湾井镇	10960	30125	22248	13626	22236.0	172	16031
宁远县冷水镇	13864	70498	35003	19320	29965.0	160	14120
宁远县太平镇	16100	56246	27293	15373	21266.0	200	8359
宁远县禾亭镇	8217	35086	21382	12682	39802.0	213	8332
宁远县仁和镇	8350	29212	16980	10714	41052.0	100	6325
宁远县中和镇	29320	62543	33483	19833	18632.0	220	14425
宁远县柏家坪镇	16056	57243	30962	17848	45583.0	250	13471
宁远县清水桥镇	14546	38439	22738	13887	34638.0	255	6328
宁远县鲤溪镇	14180	45420	24036	13838	6010.0	180	5964
宁远县保安镇	7030	25284	16539	9814	19616.0		
宁远县九疑山瑶族乡	32800	25156	16977	10037	27878.0		
宁远县荒塘瑶族乡	16810	7898	6256	2393	1647.0		
宁远县棉花坪瑶族乡	5960	3971	3687	2268	2568.0		
宁远县桐木漯瑶族乡	7529	5771	4439	2736	6888.0		
蓝山县塔峰镇	14200	90515	69077	57556	565816.0	780	61525
蓝山县竹管寺镇	9800	33850	22817	4114	4065.0	100	2429
蓝山县毛俊镇	16600	39000	31544	9500	33917.0	100	2378
蓝山县楠市镇	8900	25910	23910	7990	4236.0	110	2733
蓝山县所城镇	16800	27791	18690	3704	51000.0	160	2015
蓝山县新圩镇	14200	48300	36803	3678	19510.0	220	1914
蓝山县汇源瑶族乡	5100	3027	2943	1180	391.0		
蓝山县犁头瑶族乡	3960	2848	1696	794			
蓝山县浆洞瑶族乡	17100	5300	3842	1142	4000.0		
蓝山县紫良瑶族乡	3300	2384	1417	515	2560.0		
蓝山县大桥瑶族乡	8300	9415	6756	2102	499.0		
蓝山县荆竹瑶族乡	32500	4612	3991	1095	49200.0		
蓝山县祠堂圩乡	7600	26466	12088	6458	9246.0		
蓝山县土市乡	10700	33586	23447	4268	294.0		
蓝山县太平圩乡	7400	28590	28292	12618	214448.0		
新田县龙泉镇	13100	65914	46015	39180	53950.0	710	44910
新田县金陵镇	6750	9890	9412	2752		40	4120
新田县骥村镇	8000	21350	13090	5057	1300.0	410	5586
新田县枧头镇	5300	20360	16879	8852	625.0	2	172
新田县新圩镇	3000	22407	14271	5900	1371.0	36	1718
新田县石羊镇	6100	27128	26203	8053	500.0	17	1368
新田县新隆镇	3500	17876	9748	3428		385	3790
新田县十字镇	4400	19692	19471	4279	14.0	100	944

续表 350 （湖南省） 计算单位：公顷、人、万元

名　　称	行政区域面　　积	常住人口	从业人员	二三产业从业人员	工　业总产值	城镇建成区 面 积	城镇建成区常住人口
新田县大坪塘镇	5000	20850	13052	3632		36	3745
新田县莲花乡	3400	14264	12728	3076	102.0		
新田县冷水井乡	3700	11285	7412	3870	524.0		
新田县门楼下瑶族乡	12800	9183	7974	2651	1200.0		
新田县茂家乡	3400	10933	7958	2816			
新田县毛里乡	5100	18388	14917	6055	6389.0		
新田县金盆圩乡	5000	18727	12502	5037	1325.0		
新田县三井乡	3400	16593	10232	3760			
新田县陶岭乡	3400	15062	12679	5520	3200.0		
新田县高山乡	2900	15260	14838	3381	115.0		
新田县知市坪乡	4400	18863	15958	6772	248.0		
江华瑶族自治县沱江镇	17600	104771	52518	37504	381024.0	1450	39926
江华瑶族自治县桥头铺镇	12020	23877	12782	2759	3734.0	201	3556
江华瑶族自治县东田镇	6653	15174	10614	3309	200.0	110	2227
江华瑶族自治县大路铺镇	15355	24660	7363	1372	500.0	620	2912
江华瑶族自治县白芒营镇	18370	46730	25599	4571	3560.0	110	4975
江华瑶族自治县涛圩镇	9400	28911	16480	6227	4870.0	428	2870
江华瑶族自治县河路口镇	12375	18357	15365	2457	282500.0	680	1355
江华瑶族自治县小圩镇	10500	19900	13879	5693	3989.0	455	3887
江华瑶族自治县大圩镇	13767	23508	22108	8657	3987.0	120	1612
江华瑶族自治县水口镇	8500	6610	3792	2010	6890.0	120	3453
江华瑶族自治县码市镇	41560	20679	20112	12199	105678.0	145	3916
江华瑶族自治县界牌乡	7333	16354	12951	3600	5050.0		
江华瑶族自治县桥市乡	6900	9875	9326	5054	1840.0		
江华瑶族自治县大石桥乡	9373	18389	13835	3603	3012.0		
江华瑶族自治县清塘壮族乡	4038	5820	4471	1940	773.0		
江华瑶族自治县两岔河乡	8400	3012	2464	1163	1123.0		
江华瑶族自治县务江乡	13700	6520	4269	1963			
江华瑶族自治县花江乡	13130	5440	4924	2974	480.0		
江华瑶族自治县湘江乡	22480	4850	3650	1250	3250.0		
江华瑶族自治县贝江乡	22000	11589	9078	3288	2010.0		
江华瑶族自治县未竹口乡	15302	8808	5147	2681	2854.0		
江华瑶族自治县大锡乡	10991	5266	2462	359	855.0		
永州经济技术开发区仁湾镇	13230	26554	12763	8109	238000.0	100	2324
永州市金洞管理区金洞镇	6600	8117	5229	1948	1926.0	800	3621
永州市金洞管理区小金洞乡	6100	6821	4209	774	20112.0		
永州市金洞管理区晒北滩瑶族乡	15500	5805	4163	1429	49.0		
永州市金洞管理区凤凰乡	4500	9929	5467	1942	1064.0		
永州市金洞管理区白果市乡	10500	4200	2898	730	1200.0		
永州市金洞管理区石鼓源乡	2650	11423	5520	2220	2600.0		
永州市回龙圩管理区回龙圩镇	10393	13800	6180	3020	18000.0	160	6012
鹤城区黄金坳镇	7506	15600	11937	952	420.0	96	4540
鹤城区盈口乡	11740	33560	12790	2990	58680.0		
鹤城区杨村乡	4200	10435	4630	980	650.0		
鹤城区石门乡	7390	21200	7680	6180	15.0		
鹤城区贺家田乡	10500	4192	3046	861			
鹤城区凉亭坳乡	8600	9002	7051	1812	14.0		
鹤城区芦坪乡	11200	16085	2330	1350	220.0		
中方县中方镇	12732	32481	14193	10088	29880.0	411	3980
中方县牌楼镇	10292	18793	14223	6593	6169.9	100	4797

续表 351　　　　（湖南省）　　　　计算单位：公顷、人、万元

名　　称	行政区域面　　积	常住人口	从业人员	二三产业从业人员	工　业总产值	城镇建成区 面 积	城镇建成区常住人口
中方县泸阳镇	11139	23501	13602	6376	172450.0	110	10790
中方县花桥镇	11196	19860	12963	3739	88615.0	100	2583
中方县铜湾镇	7158	23854	12509	9816	16178.0	54	5420
中方县桐木镇	10148	21312	14636	4621	20000.2	190	2800
中方县铁坡镇	4845	9120	3847	455	200.0	110	1400
中方县新建镇	11802	14831	8997	7434	1235.0	143	2118
中方县接龙镇	5033	10610	6108	453	295.0	53	1175
中方县铜鼎镇	4877	7250	6200	3600	350.0	18	1150
中方县新路河镇	6098	11381	10793	5518	110.0	60	1062
中方县炉亭坳乡	5110	6675	3607	872			
中方县下坪乡	6230	8420	4160	1160	789.0		
中方县聂家村乡	5628	11810	8507	3497			
中方县龙场乡	4961	7759	2453	1543	62.0		
中方县袁家乡	4388	6380	3849	669	51.0		
中方县蒋家乡	5074	6120	3778	1783	21.0		
中方县丁家乡	3712	5700	5434	134			
中方县锦溪乡	4534	4700	3676	625	300.0		
中方县活水乡	2272	6576	4268	278	1780.0		
中方县石宝乡	4631	10450	9550	4280	840.0		
中方县蒿吉坪瑶族乡	5910	6300	6190	447	460.0		
沅陵县麻溪铺镇	9500	18232	11718	5240	132216.0	55	4167
沅陵县五强溪镇	29500	32055	27436	8078	249800.0	328	12155
沅陵县沅陵镇	26100	128543	38301	30864	115834.0	980	106112
沅陵县明溪口镇	24022	19669	8444	3324	65278.0	240	2100
沅陵县凉水井镇	56000	47900	37016	9591	32000.0	407	3200
沅陵县七甲坪镇	43600	43601	25367	8345	6300.0	220	6780
沅陵县筲箕湾镇	24600	31200	20478	6593	39920.0	457	7011
沅陵县官庄镇	46000	51025	29230	11180	126800.0	245	17100
沅陵县杜家坪乡	15610	6987	5148	2019			
沅陵县楠木铺乡	16687	15606	4738	1533	600.0		
沅陵县深溪口乡	14211	11306	2894	748			
沅陵县肖家桥乡	14378	12351	8585	1462			
沅陵县火场土家族乡	10100	6651	3483	1123			
沅陵县陈家滩乡	11334	8851	6357	2877			
沅陵县清浪乡	31300	20040	12313	6015	150.0		
沅陵县借母溪乡	28400	15824	11980	4322			
沅陵县荔溪乡	29800	29623	23478	9391	25.0		
沅陵县大合坪乡	23900	11347	11313	1233	1141.0		
沅陵县太常乡	18910	20455	13653	5365			
沅陵县马底驿乡	24100	21153	10692	202			
沅陵县北溶乡	36230	20570	11331	6048	230.0		
沅陵县二酉乡	35380	36752	25119	7895			
沅陵县盘古乡	15700	12260	11476	8848			
辰溪县辰阳镇	2774	79444	18066	15522	78854.0	749	77032
辰溪县孝坪镇	4962	23801	6592	2717	33078.2	981	16582
辰溪县田湾镇	9200	9095	5387	461	35280.0	253	2560
辰溪县火马冲镇	8752	19353	9462	2901	300352.0	310	6755
辰溪县黄溪口镇	6090	17795	8190	1667		103	2554
辰溪县潭湾镇	5867	22511	4086	1522	24820.0	4	2826
辰溪县安坪镇	4250	15803	8737	1732	6020.0	902	6201

续表 352 （湖南省） 计算单位：公顷、人、万元

名称	行政区域面积	常住人口	从业人员	二三产业从业人员	工业总产值	城镇建成区面积	城镇建成区常住人口
辰溪县寺前镇	4965	14962	5495	1683	7200.0	12	495
辰溪县船溪乡	7006	11110	5440	435	24230.0		
辰溪县城郊乡	8534	17886	9820	3544	65420.0		
辰溪县板桥乡	5000	11104	5740	637	8310.0		
辰溪县长田湾乡	9117	14780	2087	756	204.0		
辰溪县小龙门乡	6240	10733	3951	1215	10377.0		
辰溪县后塘瑶族乡	5233	16500	7755	1105			
辰溪县苏木溪瑶族乡	5180	8626	4307	591			
辰溪县罗子山瑶族乡	5100	6716	3876	608			
辰溪县上蒲溪瑶族乡	6275	8406	3761	616			
辰溪县仙人湾瑶族乡	13268	21024	6913	1545	22913.7		
辰溪县龙头庵乡	5344	15658	7189	602	23.0		
辰溪县锦滨乡	2327	13823	6474	2122	116521.0		
辰溪县石碧乡	3580	13345	7255	2132	9235.2		
辰溪县桥头乡	4046	14134	7820	1362	105.0		
辰溪县大水田乡	10300	18165	5876	1376			
辰溪县桥头溪乡	6262	9385	5149	138	3588.0		
辰溪县石马湾乡	3600	14731	4543	686	425.0		
辰溪县龙泉岩乡	3407	10387	4008	368	2250.0		
辰溪县修溪乡	9396	14040	6053	1420	32008.0		
辰溪县伍家湾乡	9200	7382	5035	1547	110.0		
辰溪县柿溪乡	10200	16079	5320	1451	18.0		
辰溪县谭家场乡	8989	11205	6403	529			
溆浦县卢峰镇	10643	135358	55819	37039	142578.0	85	121258
溆浦县江口镇	8100	43566	9007	1127	28000.0	586	12231
溆浦县低庄镇	10800	42003	26783	10258	63280.0	638	4685
溆浦县桥江镇	7800	46859	46263	35701	260.0	40	2710
溆浦县龙潭镇	7600	30466	5816	1031	105645.0	204	15732
溆浦县均坪镇	8500	16811	16544	224		105	796
溆浦县观音阁镇	9800	28956	18543	4623		823	25698
溆浦县双井镇	6950	29603	13295	2550	14030.0	145	3681
溆浦县水东镇	4250	17210	15373	12881		200	3428
溆浦县两丫坪镇	8300	11922	8214	4714	21532.0	165	7851
溆浦县黄茅园镇	11700	29325	29294	7130	40230.0	400	1412
溆浦县祖市殿镇	6400	22630	6402	577		100	5468
溆浦县葛竹坪镇	10600	18632	9008	3587	5300.0	300	12762
溆浦县谭家湾镇	6700	15928	14076	1196	32000.0	200	8500
溆浦县洑水湾乡	9200	19848	13711	3498	25197.0		
溆浦县小江口乡	6500	9999	6508	1467			
溆浦县思蒙乡	8300	12125	11302	1616	68.0		
溆浦县木溪乡	10500	8743	7577	681			
溆浦县舒溶溪乡	6400	9823	8704	2474	317.0		
溆浦县仲夏乡	4100	16740	11426	6736	420.0		
溆浦县水隘乡	6700	10800	7168	2280	57.0		
溆浦县让家溪乡	11300	8246	4610	413	1880.0		
溆浦县大渭溪乡	9400	6575	4192	367			
溆浦县岩家垅乡	3469	17366	14208	768	591.0		
溆浦县水田庄乡	6100	7485	5735	690			
溆浦县油洋乡	8420	20323	11595	6269	40.0		
溆浦县新田乡	6300	6206	3848	148			

续表 353　　(湖南省)　　计算单位：公顷、人、万元

名　称	行政区域面积	常住人口	从业人员	二三产业从业人员	工业总产值	城镇建成区面积	城镇建成区常住人口
溆浦县岗东乡	11640	9283	7730	1158	120.0		
溆浦县两江乡	11600	9940	9854	331	953.0		
溆浦县善溪乡	5470	6311	5210	994			
溆浦县桐木溪乡	4500	13583	10330	1652	3742.0		
溆浦县小横垅乡	12800	12553	9549	1773	1800.0		
溆浦县统溪河乡	9600	8799	4665	609	3000.0		
溆浦县龙王江乡	5600	5843	5049	1446	22858.0		
溆浦县陶金坪乡	7049	7625	7201	3778	2020.0		
溆浦县中都乡	11600	7442	6439	5321	9876.5		
溆浦县沿溪乡	17500	11723	5633	625	600.0		
溆浦县九溪江乡	10700	8423	7582	1202	514.0		
溆浦县北斗溪乡	5500	5578	3903	652	1600.0		
溆浦县横板桥乡	4600	12465	4708	758	200.0		
溆浦县温水乡	7500	7700	5016	1021	1521.0		
溆浦县大华乡	5000	9345	5618	2412	1241.0		
溆浦县龙庄湾乡	5400	6886	5310	790	365.0		
会同县林城镇	10643	59718	34549	31894	146596.0	1064	24569
会同县坪村镇	8740	25824	15209	5151	24980.0	51	1709
会同县堡子镇	6384	11503	10936	1973	1250.0	46	7120
会同县团河镇	13200	13739	8492	2988		48	1632
会同县若水镇	13200	13806	7918	1306	5505.0	50	4188
会同县朗江镇	6026	9827	7142	290	5500.0	39	1465
会同县广坪镇	13336	21830	9854	1144	450.0	57	9200
会同县马鞍镇	12085	11907	6964	2336	4500.0	35	3535
会同县沙溪乡	13015	12436	9307	1030	110.0		
会同县金子岩侗族苗族乡	9174	12695	8000	2131			
会同县王家坪乡	8287	11765	6965	2605	128.0		
会同县长寨乡	6935	7560	6810	690			
会同县高椅乡	10036	8269	6122	1838	4922.0		
会同县黄茅乡	7231	7287	4577	1443	200.0		
会同县肖家乡	9200	8648	6541	2304			
会同县金龙乡	10832	10536	5420	1120	610.0		
会同县宝田侗族苗族乡	6450	10067	5548	780	9280.0		
会同县漠滨侗族苗族乡	7600	13890	5899	1385			
会同县蒲稳侗族苗族乡	5657	9860	6582	2248			
会同县青朗侗族苗族乡	5800	9026	4882	796			
会同县炮团侗族苗族乡	8054	12181	6325	1425			
会同县地灵乡	7515	10000	5285	704			
会同县连山乡	6809	16445	13720	2281	4200.0		
会同县岩头乡	11190	13478	6096	836	1200.0		
会同县洒溪乡	6920	9285	4628	916	8790.0		
麻阳苗族自治县锦和镇	8600	21321	11022	3122	2510.0	134	8520
麻阳苗族自治县江口墟镇	10700	16258	12297	972	34528.0	150	2315
麻阳苗族自治县岩门镇	7100	23050	19359	1700	20050.0	65	1595
麻阳苗族自治县兰里镇	8700	26450	15215	1565		870	12400
麻阳苗族自治县吕家坪镇	5115	20630	11680	3490	30911.0	100	2597
麻阳苗族自治县高村镇	4860	81728	23593	16580	525110.0	910	57778
麻阳苗族自治县郭公坪乡	15700	14366	8430	1080	980.0		
麻阳苗族自治县长潭乡	4800	8979	6635	4529	1950.0		
麻阳苗族自治县拖冲乡	8800	9622	5498	542	130.0		

续表 354 (湖南省) 计算单位：公顷、人、万元

名　　称	行政区域面　　积	常住人口	从业人员	二三产业从业人员	工　业总产值	城镇建成区 面 积	城镇建成区常住人口
麻阳苗族自治县尧市乡	9000	11862	6171	1023	120.0		
麻阳苗族自治县文昌阁乡	5100	10189	6551	431	290.0		
麻阳苗族自治县大桥江乡	6200	10741	6216	1130	62.0		
麻阳苗族自治县舒家村乡	4200	11915	10570	940	350.0		
麻阳苗族自治县隆家堡乡	6800	13314	7410	1310			
麻阳苗族自治县谭家寨乡	5100	13240	5385	1105	400.0		
麻阳苗族自治县石羊哨乡	6400	10120	6610	495			
麻阳苗族自治县板栗树乡	7000	5102	4188	662			
麻阳苗族自治县谷达坡乡	5000	7857	6094	1006			
麻阳苗族自治县兰村乡	7300	10313	5605	1423	1830.0		
麻阳苗族自治县栗坪乡	4800	11622	8065	1928	2100.0		
麻阳苗族自治县绿溪口乡	4700	19210	8067	2564	2400.0		
麻阳苗族自治县和坪溪乡	6300	14984	9517	215	20.0		
麻阳苗族自治县黄桑乡	5000	17985	7807	1029	2463.0		
新晃侗族自治县新晃镇	500	35982	20716	18924	52541.0	425	28674
新晃侗族自治县波洲镇	6300	10686	5710	902	53721.0	302	981
新晃侗族自治县兴隆镇	10314	18811	10862	3660	102167.0	400	2272
新晃侗族自治县鱼市镇	5300	10332	6104	2717	194954.8	220	9373
新晃侗族自治县凉伞镇	9986	12998	7289	1852		100	1867
新晃侗族自治县扶罗镇	9956	13128	8058	3137	9560.0	369	2711
新晃侗族自治县中寨镇	11390	12531	9092	1744	43930.0	788	12422
新晃侗族自治县步头降苗族乡	8260	9997	6520	1808	905.3		
新晃侗族自治县洞坪乡	6910	8215	5210	1792	1036.7		
新晃侗族自治县大湾罗乡	4615	8280	4437	1359	1900.0		
新晃侗族自治县方家屯乡	5180	14739	8277	2192	20724.0		
新晃侗族自治县晏家乡	3949	5936	3921	1128	257.0		
新晃侗族自治县林冲乡	5236	6185	3974	1309	220.0		
新晃侗族自治县天堂乡	5876	6325	3599	1059	247.3		
新晃侗族自治县黄雷乡	5120	5665	3528	1223	124.0		
新晃侗族自治县凳寨乡	5500	7713	4024	1178	88.0		
新晃侗族自治县茶坪乡	4230	3860	2243	758	76.0		
新晃侗族自治县新寨乡	7776	8345	4788	1182	139.0		
新晃侗族自治县贡溪乡	6980	8540	5410	1512	284.3		
新晃侗族自治县李树乡	6590	8540	5133	1235	16108.0		
新晃侗族自治县禾滩乡	7276	8654	4720	1122	128.3		
新晃侗族自治县碧朗乡	4196	6999	4498	1140	302.0		
新晃侗族自治县米贝苗族乡	7390	7754	3973	1283	3889.0		
芷江侗族自治县芷江镇	7739	92873	17636	13915	290990.0	1260	63090
芷江侗族自治县罗旧镇	8200	13538	9758	5460	5228.0	140	3851
芷江侗族自治县新店坪镇	9874	14482	12390	7395	57595.0	18	5450
芷江侗族自治县碧涌镇	9682	11567	6294	3150		5	532
芷江侗族自治县公坪镇	8500	11513	4220	2648	169640.0	65	1516
芷江侗族自治县牛牯坪乡	11733	8080	3879	383			
芷江侗族自治县艾头坪乡	5551	9910	4976	2129			
芷江侗族自治县岩桥乡	9800	13860	10471	3755	19500.0		
芷江侗族自治县水宽乡	5100	8985	6881	3693	4800.0		
芷江侗族自治县木叶溪乡	9800	8265	3742	882			
芷江侗族自治县五郎溪乡	3600	5078	1888	1184			
芷江侗族自治县麻缨塘乡	7460	13510	5993	466	10104.0		
芷江侗族自治县竹坪铺乡	4720	8132	5013	1113	44800.0		

续表 355 （湖南省） 计算单位：公顷、人、万元

名　称	行政区域面　积	常住人口	从业人员	二三产业从业人员	工　业总产值	城镇建成区 面 积	城镇建成区常住人口
芷江侗族自治县土桥乡	10200	12142	9772	4689	4150.0		
芷江侗族自治县上坪乡	6190	8710	7781	414	190.0		
芷江侗族自治县大树坳乡	10402	10715	4985	2808	26.0		
芷江侗族自治县大洪山乡	5117	5902	3108	928	160.0		
芷江侗族自治县杨公庙乡	9400	7480	5114	1418	800.0		
芷江侗族自治县梨溪口乡	8331	8833	2332	409			
芷江侗族自治县洞下场乡	6233	8160	2653	598			
芷江侗族自治县罗岩乡	3782	5630	2604	991			
芷江侗族自治县板山乡	3500	5367	1490	745			
芷江侗族自治县大垅乡	3900	7108	4421	2056			
芷江侗族自治县禾梨坳乡	5242	9558	5853	2947	35.0		
芷江侗族自治县冷水溪乡	7500	9300	9261	248			
芷江侗族自治县楠木坪乡	9400	11029	9676	4996	163.0		
芷江侗族自治县晓坪乡	5600	8240	5755	1947			
芷江侗族自治县罗卜田乡	6300	8833	6093	4271			
靖州苗族侗族自治县渠阳镇	42727	88010	43790	17265	596104.0	1138	69623
靖州苗族侗族自治县甘棠镇	16154	14456	12252	6150	56120.0	90	2466
靖州苗族侗族自治县大堡子镇	20602	21369	8855	2752	6357.0	140	2264
靖州苗族侗族自治县坳上镇	22358	19746	9320	2712	945.0	80	1971
靖州苗族侗族自治县新厂镇	22124	22188	8542	6992	8240.0	50	758
靖州苗族侗族自治县平茶镇	18144	9462	8624	3922	4180.0	26	368
靖州苗族侗族自治县太阳坪乡	10876	13371	11884	3473			
靖州苗族侗族自治县三锹乡	10172	7152	4769	1764	1010.0		
靖州苗族侗族自治县文溪乡	10782	10811	8357	4655	3210.0		
靖州苗族侗族自治县寨牙乡	9376	5722	5419	3894	5410.0		
靖州苗族侗族自治县横江桥乡	11577	11100	7547	2016	4800.0		
靖州苗族侗族自治县铺口乡	9475	16858	8577	2662	41780.0		
靖州苗族侗族自治县藕团乡	17733	12765	6872	1457	560.0		
通道侗族自治县双江镇	10895	38253	16908	10965	122889.6	504	33623
通道侗族自治县县溪镇	16575	16230	9707	3281	98640.9	239	5796
通道侗族自治县播阳镇	16304	14042	9018	2203	1230.1	77	3302
通道侗族自治县临口镇	18258	11007	6010	1448	18410.8	85	2480
通道侗族自治县牙屯堡镇	17972	16160	8171	1601	555.0	100	1600
通道侗族自治县菁芜洲镇	14955	17154	10162	3662	21219.1	50	1720
通道侗族自治县溪口镇	18787	10976	6037	1711	16702.8	64	1168
通道侗族自治县陇城镇	6965	9067	5065	1755	23870.5	52	1356
通道侗族自治县江口乡	13212	7083	3782	892	13760.3		
通道侗族自治县锅冲苗族乡	2106	1288	725	196			
通道侗族自治县大高坪苗族乡	2790	3106	2567	1331			
通道侗族自治县独坡乡	15320	14650	7984	2609	98.7		
通道侗族自治县杉木桥乡	10675	5722	2657	393	13115.2		
通道侗族自治县木脚乡	11247	4152	2118	496	2152.5		
通道侗族自治县下乡乡	11785	8515	3946	1081	26951.5		
通道侗族自治县马龙乡	6872	7161	3916	900	6541.0		
通道侗族自治县传素瑶族乡	5073	1255	738	312			
通道侗族自治县黄土乡	4460	5748	3295	1202			
通道侗族自治县坪坦乡	5617	7366	2865	739			
通道侗族自治县坪阳乡	6821	6985	3532	1051	494.4		
通道侗族自治县甘溪乡	5848	7723	4599	1674	1219.4		
怀化市洪江管理区横岩乡	3300	3354	2473	1531	51152.0		

续表 356　　　　（湖南省）　　　　计算单位：公顷、人、万元

名　　称	行政区域面　　积	常住人口	从业人员	二三产业从业人员	工　业总产值	城镇建成区 面 积	城镇建成区常住人口
怀化市洪江管理区常青乡	930	5150	4500	2700	103257.0		
怀化市洪江管理区桂花园乡	6030	8742	6550	2250	33846.0		
洪江市黔城镇	12600	55834	18236	11050	78200.0	610	19312
洪江市安江镇	820	76357	19965	18786	399716.0	567	72813
洪江市托口镇	11733	30705	13301	9131	7500.0	220	11170
洪江市雪峰镇	6800	15690	12097	5442	4000.0	100	2100
洪江市双溪镇	9700	22208	8000	7000	114509.0	110	800
洪江市江市镇	9560	14777	6482	700	4500.0	100	3000
洪江市沅河镇	5408	11987	8497	4235		20	1391
洪江市塘湾镇	6800	11924	6504	4400	6216.0	100	906
洪江市硖州乡	8080	27807	17875	4024	160.0		
洪江市龙田乡	10308	18665	11617	6637	4750.0		
洪江市岔头乡	11450	8694	8586	4366	200.0		
洪江市茅渡乡	3420	8215	2000	620	200.0		
洪江市大崇乡	7600	10324	4566	516			
洪江市熟坪乡	12700	14330	4518	2917	1651.0		
洪江市铁山乡	10700	6855	6124	3614	1444.0		
洪江市群峰乡	6800	6722	4927	2613	480.0		
洪江市湾溪乡	4350	9480	6262	2612	1460.0		
洪江市洗马乡	6872	16000	8510	2838	3971.0		
洪江市沙湾乡	8700	21030	13048	8281			
洪江市深渡苗族乡	8720	10235	4722	2685	107.0		
洪江市龙船塘瑶族乡	10400	8702	6444	1312	200.0		
洪江市太平乡	7600	15135	5274	1108	150.0		
洪江市土溪乡	7378	7630	2930	130			
洪江市红岩乡	4360	10862	6308	532			
洪江市岩垅乡	7300	18010	10790	6140	820.0		
娄星区杉山镇	4130	29371	15567	10088	49000.0	20	1043
娄星区万宝镇	4848	20660	8263	6993	140008.0	130	6075
娄星区茶园镇	3979	21543	14715	9712	190118.0	108	388
娄星区石井镇	3519	20020	11530	6080	273256.0	40	389
娄星区百亩乡	2814	16684	11625	4170	270000.0		
娄星区小碧乡	3361	16500	8798	5247	31090.0		
娄星区双江乡	6500	17987	5741	278	71256.0		
双峰县永丰镇	8900	105220	61538	39982	276500.0	895	58612
双峰县荷叶镇	14140	50767	19216	5179	29452.0	197	6216
双峰县井字镇	7970	18409	9068	2096	32630.0	102	3409
双峰县梓门桥镇	13260	67752	36825	28346	125007.0	3	4391
双峰县杏子铺镇	17530	74060	42070	24550	27300.0	230	8010
双峰县走马街镇	10780	73356	42418	10200	280000.0	180	8990
双峰县蛇形山镇	11200	71920	37922	21049	12205.0	170	8590
双峰县洪山殿镇	6400	47928	23678	14150	161935.0	104	8122
双峰县甘棠镇	13380	68720	43300	22980	126000.0	148	9730
双峰县三塘铺镇	5500	42083	30018	19066	84896.0	21	1488
双峰县青树坪镇	9700	66955	37073	9843	186000.0	265	25729
双峰县花门镇	9400	59452	37002	15037	41022.0	160	5548
双峰县锁石镇	6540	35150	12637	1057	28525.0	200	3380
双峰县石牛乡	17680	47494	31270	5490	46200.0		
双峰县沙塘乡	6900	31572	15178	9763	10775.0		
双峰县印塘乡	8900	41989	24273	3631	62081.0		

续表 357　　　　(湖南省)　　　　计算单位：公顷、人、万元

名　　称	行政区域面　　积	常住人口	从业人员	二三产业从业人员	工　业总产值	城镇建成区 面 积	城镇建成区常住人口
新化县上梅镇	9800	180523	41356	8400	423360.0	9800	180523
新化县石冲口镇	9700	54865	41362	11347	99743.0	70	3150
新化县洋溪镇	13280	58493	40764	26948	52000.0	385	19051
新化县槎溪镇	10700	25250	22312	1500	21600.0	122	17925
新化县水车镇	11561	35676	19235	4275	2900.0	420	6820
新化县文田镇	9500	20286	10912	3261	12918.6	10	4298
新化县奉家镇	24600	17144	16296	1624	3879.0	100	1021
新化县炉观镇	11500	59215	58715	16967	113066.0	646	1450
新化县游家镇	14800	56116	39200	10703	25000.0	2800	9833
新化县西河镇	15400	56394	37019	11815	84974.0	350	15369
新化县孟公镇	11400	63572	15620	9045	11104.0	72	5595
新化县琅塘镇	12775	46586	30035	21064	317120.0	155	1689
新化县白溪镇	24365	48963	38509	23299	11240.0	850	4779
新化县圳上镇	26400	47898	38405	16883	21600.0	398	19263
新化县吉庆镇	18250	39461	35923	1240	29500.0	447	4158
新化县温塘镇	16800	52247	21992	8732	143000.0	286	31900
新化县田坪镇	13440	30995	27541	7541	516.0	107	4850
新化县桑梓镇	15150	51963	28883	16197	102073.0	62	1626
新化县曹家镇	13100	48322	17883	3348	39000.0	100	2260
新化县科头乡	6750	31764	11990	6304	24800.0		
新化县维山乡	8525	26010	25383	16800	3900.0		
新化县天门乡	14830	13287	9079	2637	685.0		
新化县荣华乡	12097	19212	15037	2187	2859.0		
新化县金凤乡	11300	13215	10074	2878	3478.0		
新化县油溪乡	8860	33382	19090	3662	2508.0		
新化县坐石乡	8700	22864	22138	7386	10500.0		
新化县古台山国有林场	6750	3623	2158	503	13200.0		
冷水江市禾青镇	2640	26034	5931	2854	310000.0	375	2452
冷水江市岩口镇	1305	22219	8751	4968	71266.0	88	3575
冷水江市渣渡镇	4280	14950	6919	4369	35297.0	80	4475
冷水江市铎山镇	2630	27248	17416	9717	73000.0	186	6300
冷水江市毛易镇	3260	12605	5158	1408	3210.0	1300	5400
冷水江市三尖镇	4300	21800	9760	2910	18000.0	35	160
冷水江市金竹山镇	2770	25141	15685	7716	59800.0	89	1382
冷水江市潘桥乡	2680	16646	8183	2920	19739.0		
冷水江市梓龙乡	3168	10672	7523	4346	16000.0		
冷水江市矿山乡	5900	16707	5542	992	99000.0		
冷水江市中连乡	4500	22036	10838	4702	4536.0		
冷水江市同兴乡	1630	12613	6058	3669	45631.0		
涟源市六亩塘镇	6998	66850	60950	32950	27600.0	370	15700
涟源市石马山镇	11676	83567	49938	22531	491016.0	447	20572
涟源市安平镇	9080	51753	28358	8508	86500.0	260	15520
涟源市湄江镇	13800	60248	33715	21125	26500.0	323	4875
涟源市伏口镇	18270	60162	35206	18407	78000.0	165	8592
涟源市桥头河镇	14000	122853	72996	8211	108000.0	360	29200
涟源市七星街镇	17400	59870	40480	22830	121700.0	365	32309
涟源市杨市镇	11950	82560	41433	23595	225630.0	460	27500
涟源市枫坪镇	4179	31671	16053	5395	14287.0	120	3165
涟源市斗笠山镇	8000	56169	47432	24050	860800.0	110	25329
涟源市水洞底镇	8180	41612	32618	15997	71220.0	110	9892

续表 358 （湖南省） 计算单位：公顷、人、万元

名称	行政区域面积	常住人口	从业人员	二三产业从业人员	工业总产值	城镇建成区面积	城镇建成区常住人口
涟源市白马镇	9600	46739	23707	5331	5810.0	200	3085
涟源市茅塘镇	5876	39618	22105	10484	134875.6	550	6027
涟源市荷塘镇	10620	55269	36482	6361	16392.0	210	8887
涟源市金石镇	10800	59523	56414	16298	1802.0	230	6380
涟源市龙塘镇	10548	79058	33849	10198	89800.0	178	3992
涟源市渡头塘镇	6380	36455	23608	4393	14300.0	130	6452
涟源市三甲乡	8390	49716	21599	11971	14000.0		
涟源市古塘乡	5600	21973	12083	5348	27487.9		
吉首市矮寨镇	9600	15601	8040	3214		120	2681
吉首市马颈坳镇	9116	20175	12052	5140	755.0	3	1745
吉首市河溪镇	9600	12637	5795	645	18180.0	202	3925
吉首市双塘镇	7420	13900	5721	591	50.0	780	2133
吉首市丹青镇	6000	7361	6392	3891		131	1158
吉首市寨阳乡	8860	11870	6984	131	5014.0		
吉首市已略乡	7900	8329	2521	150			
吉首市社塘坡乡	8670	9879	5583	2741	500.0		
吉首市太平乡	5805	7155	4180	1020			
吉首市白岩乡	7800	11237	7500	3410			
吉首市排绸乡	6299	7315	5434	112			
吉首市排吼乡	5800	5800	2386	136			
泸溪县白沙镇	5980	35366	7666	6281	68555.5	555	26677
泸溪县达岚镇	10480	17965	10399	3706		100	1573
泸溪县兴隆场镇	8690	20637	11024	3544	4320.0	155	2260
泸溪县潭溪镇	14780	18792	10254	4302	2065.0	165	2456
泸溪县洗溪镇	12800	13451	7076	2392	25684.0	122	2617
泸溪县武溪镇	11934	21887	13170	7472	421123.0	579	14543
泸溪县浦市镇	23700	51432	31416	20160	24251.0	235	13831
泸溪县合水镇	13270	24380	14049	5913	988.0	163	1998
泸溪县石榴坪乡	5528	14568	7148	2670			
泸溪县永兴场乡	6554	12794	7719	3265			
泸溪县解放岩乡	8738	14250	8528	3874	2230.0		
泸溪县小章乡	7012	12650	6483	3140			
泸溪县白羊溪乡	9243	9988	6260	2340			
泸溪县梁家潭乡	8558	11505	6700	2900			
泸溪县八什坪乡	9104	11371	6278	2447			
凤凰县廖家桥镇	6616	16333	10266	3056	15000.0	50	3020
凤凰县茶田镇	9598	13125	6156	1894	2000.0	38	2428
凤凰县吉信镇	11713	21453	9562	792	9824.0	56	6184
凤凰县腊尔山镇	8299	13950	12967	3362	500.0	54	3200
凤凰县禾库镇	8544	15958	8147	869	3250.0	41	2512
凤凰县沱江镇	11640	78620	16231	5436	24100.0	410	66200
凤凰县阿拉营镇	7614	26951	16271	4446	6191.0	80	7108
凤凰县木江坪镇	11857	20950	12490	1125	3250.0	37	2035
凤凰县山江镇	10582	13564	10781	1988	3426.0	50	2184
凤凰县官庄乡	7900	11395	4002	261	110.0		
凤凰县水打田乡	8662	11383	5684	2307	405.0		
凤凰县林峰乡	7134	11965	8234	1381	1625.0		
凤凰县都里乡	4590	8799	7059	2917	3144.0		
凤凰县落潮井乡	6055	12446	7521	2080	13650.0		
凤凰县新场乡	5341	10306	7897	2039	5195.0		

续表 359 （湖南省） 计算单位：公顷、人、万元

名称	行政区域面积	常住人口	从业人员	二三产业从业人员	工业总产值	城镇建成区面积	城镇建成区常住人口
凤凰县茨岩乡	5132	10265	6663	2236	18637.0		
凤凰县三拱桥乡	7531	14054	8426	2596	1976.0		
凤凰县竿子坪乡	2730	6292	3116	188	50.0		
凤凰县麻冲乡	5205	7956	7398	1803			
凤凰县千工坪乡	6361	12949	7587	2387	1163.0		
凤凰县木里乡	4660	10279	6729	824			
凤凰县两林乡	7388	13804	7319	935	27.0		
凤凰县柳薄乡	4550	9788	5777	152	35.0		
凤凰县米良乡	4139	4611	2892	346			
花垣县龙潭镇	5970	13268	9520	5250	26000.0	110	2596
花垣县民乐镇	4900	14770	8595	6750	25269.0	170	3600
花垣县团结镇	4800	20286	14631	11210	2920.0	200	4564
花垣县吉卫镇	8800	17650	8581	601	20.0	140	2245
花垣县麻栗场镇	5365	15880	9504	608	180.0	120	3200
花垣县雅酉镇	5145	8400	5268	430	150.0	60	1047
花垣县边城镇	7520	24900	24510	10610	300.0	150	4100
花垣县花垣镇	11126	82013	26637	10605	320100.0	290	8959
花垣县长乐乡	8166	14646	11500	6780	40.0		
花垣县两河乡	5490	13245	5098	2166	3502.0		
花垣县排碧乡	5485	10361	7588	2862	250.0		
花垣县董马库乡	2640	11474	4950	143			
花垣县猫儿乡	6907	14220	6095	910	2000.0		
花垣县道二乡	4578	11321	6268	147	36873.0		
花垣县排吾乡	4793	9478	2640	930	105.0		
花垣县排料乡	4812	6905	4380	370			
花垣县雅桥乡	3952	9350	2732	502			
花垣县补抽乡	8430	10374	5758	69	30.0		
保靖县普戎镇	4578	13678	8115	2002		182	2876
保靖县野竹坪镇	8600	11087	5668	595	220.0	120	2132
保靖县复兴镇	7823	15500	8464	2712	1000.0	130	3650
保靖县迁陵镇	16770	26730	13804	4694	83800.0	1550	13980
保靖县清水坪镇	11932	22586	12428	1848	2780.0	1000	5046
保靖县比耳镇	8962	16521	9031	487		206	532
保靖县毛沟镇	15133	26427	13143	4604	12100.0	260	5058
保靖县水田河镇	14581	23065	12267	1177	19050.0	110	11264
保靖县葫芦镇	14993	17581	9247	947	1130.0	230	2150
保靖县碗米坡镇	21519	22395	13698	1431		167	3018
保靖县水银乡	5293	10135	6302	2252	300.0		
保靖县涂乍乡	5450	7753	5140	245			
保靖县大妥乡	8602	19013	10619	1514			
保靖县夯沙乡	6320	7135	3545	2215			
保靖县清水乡	4000	11032	5535	725			
保靖县阳朝乡	9800	17947	6734	895			
古丈县古阳镇	7140	29032	5712	970	36211.0	2096	8210
古丈县罗依溪镇	10117	12452	7200	2742	13552.0	163	3825
古丈县岩头寨镇	10187	13869	7657	2456	3284.0	191	2929
古丈县默戎镇	10779	12215	7217	2451	218.0	200	3215
古丈县红石林镇	9389	12346	8354	1339	35218.0	655	2823
古丈县万龙镇	12390	13118	7942	1439	6522.0	18	1462
古丈县高峰乡	19031	8742	7963	976	155.0		

续表 360　　(湖南省)　　计算单位：公顷、人、万元

名　　称	行政区域面　　积	常住人口	从业人员	二三产业从业人员	工　业总产值	城镇建成区 面 积	城镇建成区常住人口
古丈县河蓬乡	7558	6268	3274	1127	12.0		
古丈县坪坝乡	10694	10832	7218	2600			
古丈县山枣乡	10931	5810	4689	767			
古丈县双溪乡	7892	6218	5184	232	3658.0		
古丈县高望界乡	12492	3299	2274	166	48.0		
永顺县首车镇	11500	10521	5664	839			
永顺县芙蓉镇	16800	18328	17343	5908	24000.0	131	7789
永顺县永茂镇	8300	8444	4731	1463		12	4133
永顺县长官镇	11700	6587	3958	1521		1550	2501
永顺县青坪镇	15300	9221	7135	3712	1100.0	187	1301
永顺县泽家镇	14900	13606	9472	3099	810.0	87	2860
永顺县石堤镇	30100	40953	29751	11734	700.0	150	16000
永顺县万坪镇	14700	20500	16884	3849	52.0	280	5237
永顺县塔卧镇	14200	30600	18750	4682	5560.0	165	9035
永顺县砂坝镇	13100	20246	16739	4821		142	2660
永顺县灵溪镇	21900	69631	18005	5998	52433.0	600	44952
永顺县松柏镇	15600	12847	12011	1518	120.0	286	3010
永顺县两岔乡	11000	8708	8611	1406			
永顺县勺哈乡	10400	13426	8113	989			
永顺县西歧乡	9100	10651	5648	692			
永顺县对山乡	8720	9443	4834	268			
永顺县列夕乡	8600	8617	4233	1495			
永顺县高坪乡	12800	10624	9985	1959	48.0		
永顺县回龙乡	9600	8166	6265	3451	16.0		
永顺县小溪乡	24800	8463	4999	2594			
永顺县朗溪乡	11000	6482	3997	831			
永顺县润雅乡	8700	8249	5056	2089			
永顺县车坪乡	7700	13487	8110	736	65.0		
永顺县毛坝乡	9200	9996	7563	1024	20.0		
永顺县万民乡	14200	12633	6450	450	30.0		
永顺县盐井乡	7900	8086	4301	2241			
永顺县抚志乡	9800	9377	5710	1821			
永顺县吊井乡	8600	12971	7339	2439	60.0		
永顺县大坝乡	13000	10175	7080	1343	32.0		
永顺县颗砂乡	7767	10833	9342	2760			
龙山县石羔镇	4365	20557	15243	6330	5986.0	285	2596
龙山县洗车河镇	17159	11108	8340	2910	3450.0	112	2750
龙山县隆头镇	6595	6869	5332	4611	235.0	13	1610
龙山县石牌镇	6714	13785	10851	2840		51	4835
龙山县茨岩塘镇	13922	13490	7721	2471		142	4100
龙山县红岩溪镇	18416	17425	13943	6432	2050.0	200	4520
龙山县靛房镇	12900	12101	11729	4717	286.0	91	2145
龙山县苗儿滩镇	15467	19651	10395	4031	1287.0	90	2234
龙山县里耶镇	16443	26815	15513	6901	7000.0	259	6691
龙山县桂塘镇	14807	13556	12735	5033		182	2837
龙山县召市镇	14888	27915	14690	2926	80.0	117	3815
龙山县洛塔乡	17163	10688	7982	1918	2044.0		
龙山县洗洛乡	7751	16865	6988	1992	3298.0		
龙山县湾塘乡	6111	12079	7446	2263	105.0		
龙山县白羊乡	3100	12840	7389	3403	19123.0		

续表 361　　（湖南省、广东省）　　计算单位：公顷、人、万元

名　称	行政区域面　积	常住人口	从业人员	二三产业从业人员	工　业总产值	城镇建成区 面 积	城镇建成区常住人口
龙山县兴隆街乡	7313	14663	7398	2038			
龙山县三元乡	4638	13896	7098	2178	2850.0		
龙山县桶车乡	6645	13000	5793	942			
龙山县大安乡	11450	6790	3336	737	104.0		
龙山县水田坝乡	13362	10233	4819	2751	507.0		
龙山县乌鸦乡	5745	4860	3254	571			
龙山县猛必乡	5882	4355	2473	1118	5600.0		
龙山县他砂乡	8979	7000	3362	548			
龙山县内溪乡	9300	14177	9804	4610			
龙山县贾市乡	7046	6186	2971	2460			
龙山县塔泥乡	8083	7795	7410	1990			
龙山县农车乡	8500	6849	6761	3410			
龙山县老兴乡	7568	7260	5427	2471			
龙山县贾坝乡	6100	6685	4217	1597			
龙山县咱果乡	10640	12437	3529	388			
龙山县茅坪乡	9880	12685	11657	2435	1286.8		
广东省							
广州市白云区人和镇	7100	173503	112837	101753	695072.0	640	7109
广州市白云区太和镇	15537	260957	143424	131933	1365283.0	880	2882
广州市白云区钟落潭镇	16900	208053	126260	100734	1319677.0	650	7328
广州市白云区江高镇	9600	178801	110810	84449	4007512.0	1600	23560
广州市白云区九龙镇	17942	104027	64065	40561	612120.0	816	14970
番禺区南村镇	4700	236902	129483	127007	2008546.0	1857	81908
番禺区新造镇	1400	28652	19355	17430	661096.0	117	6120
番禺区化龙镇	5373	76173	50863	44270	3481148.0	225	3004
番禺区石楼镇	12600	133292	85045	66643	1733030.0	950	61157
番禺区沙湾镇	3745	121167	76230	73603	1073923.0	1814	80862
番禺区石基镇	4703	114511	76543	66700	988691.0	1569	20538
花都区梯面镇	9600	9068	7102	5034	72076.1	160	1485
花都区花山镇	11600	114898	67125	42615	966944.0	700	11421
花都区花东镇	20844	149425	98197	77270	1063254.0	2942	9851
花都区炭步镇	11350	72698	43805	29491	747043.0	690	40456
花都区赤坭镇	16040	55127	31187	7948	138512.0	540	7787
花都区狮岭镇	13631	276520	201282	196353	1292800.0	2500	86941
南沙区万顷沙镇	14285	47383	30459	13819	2465115.0	300	2277
南沙区横沥镇	5400	35588	17009	10566	1111258.0	460	1341
南沙区黄阁镇	7600	48729	27595	23511	12242727.0	600	2967
南沙区东涌镇	9166	180388	136922	113836	2736481.0	544	77255
南沙区大岗镇	9007	135699	85965	74554	1641246.0	1430	91803
南沙区榄核镇	7448	95134	66199	47178	1132565.0	890	21454
从化区温泉镇	21224	54203	31992	16464	271250.0	715	4218
从化区良口镇	43915	43139	25493	12116	17529.0	198	4461
从化区吕田镇	39300	30246	16109	7420	74345.0	96	3042
从化区太平镇	21033	106268	58849	40028	603997.0	400	13391
从化区鳌头镇	35179	152788	88090	47956	1163059.0	1068	4034
增城区新塘镇	8533	310122	196013	193417	4731000.0	4442	87623
增城区石滩镇	16303	148155	77360	50370	1901400.0	598	14656
增城区中新镇	23237	97834	58849	38659	1498300.0	560	10118
增城区正果镇	23941	57753	34945	15387	58800.0	160	5670
增城区派潭镇	28900	85688	52401	36043	19900.0	150	7210

续表 362　　　　（广东省）　　　　计算单位：公顷、人、万元

名　　称	行政区域面　　积	常住人口	从业人员	二三产业从业人员	工　业总产值	城镇建成区　面　积	城镇建成区常住人口
增城区小楼镇	13600	51283	27694	8986	58600.0	100	3512
增城区仙村镇	5665	56647	38981	25689	851800.0	4600	50600
武江区西联镇	6900	18330	6172	5573	664420.0	87	3405
武江区西河镇	6300	23557	5705	4325	11104.1	20	1826
武江区龙归镇	23700	38940	22090	14143	11696.8	300	3320
武江区江湾镇	21300	7543	3988	998	10743.0	3	1250
武江区重阳镇	8200	10068	7970	535	311.0	60	1400
浈江区新韶镇	10600	15416	8067	5910	4151.0	352	7134
浈江区乐园镇	1000	74227	45871	36517	430827.0	100	18253
浈江区十里亭镇	5400	56387	28643	25891	144498.9	136	16581
浈江区犁市镇	30500	40278	24967	7597	169120.0	153	9536
浈江区花坪镇	7650	5827	4063	3084		76	1382
曲江区马坝镇	16130	148546	20564	10728	652570.0	900	144120
曲江区大塘镇	17500	34748	13230	7368	17025.0	400	3368
曲江区枫湾镇	22000	17508	8008	3032	17647.0	35	3448
曲江区小坑镇	15100	6038	3318	2036	4450.0	61	1290
曲江区沙溪镇	21000	11609	5785	3220	124410.0	500	1011
曲江区乌石镇	11724	18129	10657	3548	314349.0	965	6265
曲江区樟市镇	22500	27905	19214	9898	20517.0	71	1692
曲江区白土镇	14100	25542	12381	3279	406047.0	151	2630
曲江区罗坑镇	22500	10437	4472	1873	19680.0	48	579
始兴县太平镇	28725	70080	29953	24430	733378.0	649	58377
始兴县马市镇	27724	31560	14294	3682	57530.0	198	2820
始兴县澄江镇	21029	8869	7683	2679	247.0	48	1336
始兴县顿岗镇	9500	22355	13052	3177	442.0	250	1597
始兴县罗坝镇	27087	15739	9518	3126	8167.0	100	1768
始兴县司前镇	19500	9660	6560	2108	312.0	133	2188
始兴县隘子镇	32326	15818	10790	4342	832.0	240	2532
始兴县城南镇	5286	19329	8465	5252	261.0	83	4273
始兴县沈所镇	12513	19208	5647	1065	91.0	30	5092
始兴县深渡水乡	19040	4728	3130	608	6872.0		
仁化县闻韶镇	9800	4493	2902	324		98	970
仁化县扶溪镇	18000	9837	5905	2314		155	2351
仁化县长江镇	31300	22633	9303	2821	10402.0	219	6630
仁化县城口镇	32200	8660	4097	1088	5972.0	80	3054
仁化县红山镇	16670	8015	6883	3406	2348.0	10	1102
仁化县石塘镇	8000	9116	7671	4338		35	1106
仁化县董塘镇	19300	46858	29716	22725	432916.0	309	13683
仁化县大桥镇	16900	7474	5639	2178	5511.0	30	712
仁化县周田镇	28900	19590	15276	8047	127037.0	100	3577
仁化县黄坑镇	17500	8798	6971	2325		102	1196
翁源县龙仙镇	43158	129017	37927	20466	191573.0	1030	60750
翁源县坝仔镇	38298	37863	23093	10755	53712.0	66	3124
翁源县江尾镇	33355	33500	22988	11045	62421.0	110	3520
翁源县官渡镇	23695	38390	23191	11625	363319.0	380	3583
翁源县周陂镇	21378	32992	18343	9381	39733.0	80	2525
翁源县翁城镇	13719	28380	14861	5870	214940.0	280	5642
翁源县新江镇	34299	37002	18603	5561	62870.0	70	2930
乳源瑶族自治县乳城镇	20935	33322	16243	11180	907632.0	400	6242
乳源瑶族自治县一六镇	7758	16179	7366	2982	5678.0	60	619

续表 363　　（广东省）　　计算单位：公顷、人、万元

名　称	行政区域面　积	常住人口	从业人员	二三产业从业人员	工　业总产值	城镇建成区 面 积	城镇建成区常住人口
乳源瑶族自治县桂头镇	12451	36891	19778	7120	151538.0	300	7552
乳源瑶族自治县洛阳镇	36026	9448	4427	2104	5557.0	62	362
乳源瑶族自治县大布镇	22026	14075	6109	2131	937.0	100	1023
乳源瑶族自治县大桥镇	31981	29895	19154	10256	10256.0	300	1589
乳源瑶族自治县东坪镇	33297	10460	5846	1706	1208.0	106	1869
乳源瑶族自治县游溪镇	13360	11796	6029	2419	822.0	200	445
乳源瑶族自治县必背镇	14677	7842	4059	901	898.0	80	325
新丰县黄磜镇	24700	9312	7537	4352	71589.6	170	741
新丰县马头镇	52985	28573	18557	10482	170234.4	220	2721
新丰县梅坑镇	31000	13876	13322	8621	51908.9	105	1001
新丰县沙田镇	24250	13320	9209	4922	41094.5	33	1432
新丰县遥田镇	21400	27490	15299	6672	33322.9	140	1386
新丰县回龙镇	19300	20154	9795	5966	268107.9	32	2283
乐昌市北乡镇	9360	13094	8536	1874	1331.0	500	945
乐昌市九峰镇	15330	15511	11721	3145	1932.0	100	2103
乐昌市廊田镇	14300	25376	21550	7697	206087.0	460	3458
乐昌市长来镇	11650	18738	8513	3843	45933.0	120	5474
乐昌市梅花镇	19770	40457	23789	8798	47940.0	250	16470
乐昌市三溪镇	11330	8874	7274	2399	676.0	400	1723
乐昌市坪石镇	26762	69128	25294	12985	236457.0	1008	54171
乐昌市黄圃镇	7260	11848	9129	4344	1092.0	400	2573
乐昌市五山镇	18600	11326	7659	4233	4701.0	20	750
乐昌市两江镇	13333	8307	4677	1177	3771.0	71	1426
乐昌市沙坪镇	14600	13410	11170	6107	794.0	300	794
乐昌市云岩镇	6600	8672	6701	2601	794.0	51	664
乐昌市秀水镇	5600	12406	8973	2430	2312.7	150	621
乐昌市大源镇	27467	10444	4579	1157	15767.0	71	1426
乐昌市庆云镇	9025	7786	7146	3450	7344.0	1000	1168
乐昌市白石镇	7930	10698	6531	838	500.0	40	1425
南雄市乌迳镇	15702	27837	13566	3641	6006.6	305	16661
南雄市界址镇	5639	8282	6411	2362	1848.2	70	1401
南雄市坪田镇	13826	15051	7897	1876	3234.3	54	1354
南雄市黄坑镇	5826	15299	8133	2220	7022.2	128	4025
南雄市邓坊镇	11804	11379	7157	1959	6468.7	87	2332
南雄市油山镇	14663	17185	9623	2712	8316.9	59	2196
南雄市南亩镇	11126	8991	5832	2545	3696.4	32	1492
南雄市水口镇	10680	17775	8481	2247	6279.7	151	1631
南雄市江头镇	13213	7331	4069	1953	18404.0	130	1638
南雄市湖口镇	7364	18961	12174	2942	36348.5	150	3164
南雄市珠玑镇	19753	23307	13214	6095	28780.4	253	3915
南雄市主田镇	16567	9798	5715	2401	8006.9	30	1952
南雄市古市镇	9863	13103	7054	2748	817842.3	80	1751
南雄市全安镇	19044	16315	9314	4039	60533.7	61	1325
南雄市百顺镇	19142	10952	6013	1871	15709.7	43	1828
南雄市澜河镇	13925	7048	4537	2451	9241.0	95	679
南雄市帽子峰镇	9721	6309	4082	1753	3234.3	52	953
香洲区唐家湾镇	13900	115231	75226	73975	4194109.0	3600	110816
香洲区南屏镇	6070	133627	101397	100897	145968.0	700	29362
香洲区横琴镇	10600	8374	7368	7173	204460.0	10600	8374
香洲区桂山镇	1423	1139	1080	630		100	661

续表 364　　（广东省）　　计算单位：公顷、人、万元

名　称	行政区域面　积	常住人口	从业人员	二三产业从业人员	工　业总产值	城镇建成区　面　积	城镇建成区常住人口
香洲区万山镇	2300	1800	727	195	680.0	178	749
香洲区担杆镇	4000	1113	890	488		100	950
斗门区莲洲镇	8860	45182	28658	8761	59400.0	200	2613
斗门区斗门镇	10500	53130	39206	30028	1570000.0	460	6929
斗门区乾务镇	19062	81355	28611	21301	1134166.0	620	14171
斗门区白蕉镇	17800	121576	92301	76992	514932.0	2200	35246
斗门区井岸镇	9960	153281	93998	88620	5132500.0	7656	71805
金湾区三灶镇	24306	130169	78101	57796	360.0	1600	40037
金湾区南水镇	15294	27042	42069	40879	6467446.0	600	23130
金湾区红旗镇	12300	80900	33217	23500	2213800.0	1100	52000
金湾区平沙镇	15500	79610	38766	32206	845000.0	1100	49118
龙湖区外砂镇	2935	87000	44009	25083	968101.0	55	39275
龙湖区新溪镇	2740	70334	34385	15661	309789.0	1000	6133
潮阳区海门镇	2780	122664	45245	29042	180540.0	430	106370
潮阳区河溪镇	6350	61391	29167	20495	4760.0	90	6830
潮阳区和平镇	5894	183983	91538	80098	3330000.0	1100	97123
潮阳区西胪镇	10946	186204	44658	11505	15870.0	2439	15101
潮阳区关埠镇	5456	137462	30572	10387	12424.0	1430	24081
潮阳区谷饶镇	7180	197916	112890	52583	2951859.0	1320	80314
潮阳区贵屿镇	5200	174048	81511	70207	657690.0	66	19985
潮阳区铜盂镇	4240	146679	79624	39812	345000.0	400	35046
潮阳区金灶镇	7890	105272	58742	38330	28375.0	250	65414
潮南区井都镇	4599	72984	30840	12555	73620.0	181	45182
潮南区成田镇	5708	97905	49938	38935	185371.0	264	48377
潮南区司马浦镇	3064	124564	53775	34546	1305900.0	514	34767
潮南区陈店镇	2677	151975	53867	47725	1094200.0	920	70225
潮南区两英镇	8521	206901	78888	55458	1544700.0	760	13440
潮南区仙城镇	5471	122953	50970	31449	113740.0	613	45048
潮南区胪岗镇	5024	161935	80984	55189	870100.0	325	60527
潮南区红场镇	6955	18750	18440	8115	2750.0	251	3313
潮南区雷岭镇	6228	42959	17597	5738	6885.0	100	1612
潮南区陇田镇	7145	147089	56674	26957	174066.0	1186	55014
澄海区上华镇	2174	38624	22484	16102	125701.5	672	5263
澄海区隆都镇	3384	79201	37951	15155	120000.0	150	19004
澄海区莲下镇	5609	122811	57410	41210	1367881.0	976	67806
澄海区莲上镇	2950	59018	27429	16830	446800.0	444	57514
澄海区溪南镇	4066	68926	39678	18210	718456.0	541	56840
澄海区东里镇	3492	79945	33156	23594	712917.0	808	78118
澄海区盐鸿镇	3774	50051	33257	17709	294839.0	456	43935
澄海区莲华镇	1991	28499	13234	4197	37680.0	125	19456
南澳县后宅镇	4082	36630	14482	7966	15064.0	600	38559
南澳县云澳镇	2046	15161	7834	3263	6508.0	300	15161
南澳县深澳镇	4705	10237	5884	1405	23740.0	259	5534
禅城区南庄镇	7603	160145	41747	38021	4263564.0	1080	5843
南海区九江镇	9501	209347	130447	121997	2604300.0	259	32708
南海区西樵镇	17663	240000	117905	104325	2886000.0	15014	50992
南海区丹灶镇	14348	160500	98060	88044	2363208.0	500	32045
南海区狮山镇	33060	763293	294762	281310	31990004.0	4450	201372
南海区大沥镇	9590	652719	273967	269163	5623400.0	3820	174935
南海区里水镇	14828	322702	233722	231331	8440614.0	444	28883

续表 365　　（广东省）　　计算单位：公顷、人、万元

名　　称	行政区域面　　积	常住人口	从业人员	二三产业从业人员	工　业总产值	城镇建成区 面 积	城镇建成区常住人口
顺德区陈村镇	5070	186836	105173	96733	3895400.0	1132	47797
顺德区北滘镇	9211	277402	210762	205400	21546878.0	1509	181666
顺德区乐从镇	7785	270580	169566	164968	1180471.0	1286	83079
顺德区龙江镇	7385	256192	180020	176515	6379110.0	1160	99775
顺德区杏坛镇	12198	157667	104878	95866	4880000.0	604	44162
顺德区均安镇	7945	163670	123047	119392	3243353.0	642	37200
三水区大塘镇	9815	48879	39646	30052	3207673.0	267	4710
三水区乐平镇	19201	138604	118302	99391	8842800.0	2700	29597
三水区白坭镇	6663	66444	59541	54911	4648594.0	660	46212
三水区芦苞镇	10395	41446	30737	23770	2613419.0	646	9425
三水区南山镇	12421	23358	15859	8199	608265.0	466	1825
高明区杨和镇	22833	54544	31385	26597	3415153.0	2500	2290
高明区明城镇	18341	42876	32570	23407	3205943.0	910	12432
高明区更合镇	34702	47682	47662	32696	2954732.0	4600	14684
蓬江区棠下镇	13100	78201	59846	47832	4126626.0	47	4565
蓬江区荷塘镇	3200	81925	55970	50641	966957.0	170	4776
蓬江区杜阮镇	8052	118002	81208	77564	1556621.0	310	8150
新会区大泽镇	8371	40695	19620	12768	391253.0	30	2077
新会区司前镇	8954	65817	36313	25420	768153.0	500	3620
新会区罗坑镇	12029	40632	20883	11359	391025.0	250	1784
新会区双水镇	20700	92366	49202	23756	1047400.0	430	6076
新会区崖门镇	29841	53577	21527	13713	502960.0	367	12460
新会区沙堆镇	9788	44013	21793	15999	337180.0	203	1487
新会区古井镇	11160	42038	21392	15624	803289.0	316	4566
新会区三江镇	8237	49246	19718	8258	518926.8	352	1459
新会区睦洲镇	7980	48929	21755	11906	415300.0	29	4546
新会区大鳌镇	5251	39372	19086	9511	268590.0	151	1539
台山市大江镇	6903	46206	24598	12648	1096812.0	288	2779
台山市水步镇	11461	41063	26097	14018	585094.0	622	4661
台山市四九镇	24659	31320	16778	7343	246603.0	398	3838
台山市白沙镇	16984	65819	34453	4929	140037.0	300	4975
台山市三合镇	21406	38712	26913	13153	96464.0	200	6506
台山市冲蒌镇	11471	32387	23840	13838	121728.0	350	3334
台山市斗山镇	13705	47516	30389	11310	91586.0	478	6339
台山市都斛镇	15422	41980	27153	7334	116800.0	270	3719
台山市赤溪镇	28223	32376	21520	6945	10162.0	300	1080
台山市端芬镇	29931	44778	32828	11297	12485.0	250	3448
台山市广海镇	13792	42799	24402	15628	319340.0	639	22147
台山市海宴镇	22907	67797	41885	14215	80197.0	485	21981
台山市汶村镇	16434	44949	33907	6100	23639.0	215	1750
台山市深井镇	31983	52327	35719	13487	7139.0	200	2310
台山市北陡镇	17943	27486	16845	6320	20837.0	105	3767
台山市川岛镇	28045	34036	24540	6287	3617.0	185	5225
台山市华侨农场	1684	3786	3303	1496	6621.0	13	340
开平市沙塘镇	8530	22199	19687	10161	139230.0	100	902
开平市苍城镇	12810	31363	20053	10208	378019.0	150	3592
开平市龙胜镇	16380	37522	22763	6348	68019.0	127	4100
开平市大沙镇	21560	23745	17799	6289	852.0	197	2062
开平市马冈镇	9230	36328	32214	7879	20474.0	170	1617
开平市塘口镇	7280	26524	20479	6787	81210.0	220	1021

续表 366　　（广东省）　　计算单位：公顷、人、万元

名　　称	行政区域面　　积	常住人口	从业人员	二三产业从业人员	工　业总产值	城镇建成区 面 积	城镇建成区常住人口
开平市赤坎镇	6210	28719	26536	15586	172725.0	450	3272
开平市百合镇	6630	17679	10447	5734	88207.0	163	1109
开平市蚬冈镇	6790	14483	11946	3660	23104.0	160	1358
开平市金鸡镇	12050	14712	9500	2503	25060.0	114	1368
开平市月山镇	12120	47857	25313	10275	192787.0	47	1500
开平市赤水镇	28390	40747	24156	2045	6617.0	56	2168
开平市水口镇	8050	75118	36590	19953	2318210.0	690	3286
鹤山市龙口镇	15890	37177	20003	8504	554943.0	380	7193
鹤山市雅瑶镇	8259	39437	9782	3046	573007.0	363	6549
鹤山市古劳镇	6822	36143	29517	24930	821933.0	379	3951
鹤山市桃源镇	5547	26293	20241	17057	624045.0	1002	13204
鹤山市鹤城镇	15913	32655	22917	15377	484800.0	441	8890
鹤山市共和镇	8993	41961	29318	22204	1052076.0	610	2596
鹤山市址山镇	9822	37981	22258	14927	615000.0	401	1788
鹤山市宅梧镇	20506	33802	14997	2955	122214.0	187	3025
鹤山市双合镇	12346	16825	7754	2162	49670.0	150	6000
恩平市横陂镇	20173	37926	24727	13002	202451.0	320	3257
恩平市圣堂镇	5665	29044	12531	4982	25053.0	395	3037
恩平市良西镇	12175	23143	14108	6610	57186.0	200	2060
恩平市沙湖镇	25000	66932	36260	19642	591130.0	351	8069
恩平市牛江镇	9100	24321	8420	4185	303497.0	500	1925
恩平市君堂镇	10200	48937	26977	12789	117600.0	650	8874
恩平市大田镇	20236	31400	19968	11243		300	2058
恩平市那吉镇	26200	13345	12915	6160	7140.0	300	2515
恩平市大槐镇	12200	22812	10240	5426	162974.0	1100	3684
恩平市东成镇	11297	31025	14849	7847	38320.0	210	1246
坡头区南三镇	19120	78448	41450	9158	2955.0	230	4776
坡头区坡头镇	9202	65950	42069	24668	100053.0	246	6785
坡头区乾塘镇	5352	33842	22951	9749	6170.0	100	1857
坡头区龙头镇	11591	67166	30596	19785	289576.0	790	9068
坡头区官渡镇	9507	59423	33592	21666	33225.0	930	5342
麻章区麻章镇	13444	95183	55992	23468	932280.0	1160	48992
麻章区太平镇	12135	91789	46537	8551	1275998.0	650	19102
麻章区湖光镇	15242	76918	44178	8653	27344.0	100	5069
麻章区东山镇	11194	67710	33840	9842	358.0	461	7866
麻章区东简镇	14330	80225	40830	18455	13570.0	290	8850
麻章区民安镇	7800	62164	33016	21198	6567.0	80	3951
麻章区硇洲镇	5600	49603	31041	6916	980.0	320	14613
遂溪县遂城镇	26500	247451	87577	57420	652771.0	3983	149649
遂溪县黄略镇	15422	78832	62410	20012	457090.0	300	1032
遂溪县洋青镇	16833	80857	40629	5677	243886.0	139	6792
遂溪县界炮镇	13297	57025	43628	3414	38760.0	124	6172
遂溪县乐民镇	9650	40941	18699	3667	26253.0	100	5342
遂溪县江洪镇	5950	33521	13824	4119	22828.0	123	12265
遂溪县杨柑镇	18710	80148	26270	3443	224171.0	250	10214
遂溪县城月镇	20909	82132	42735	4567	152366.0	500	39784
遂溪县乌塘镇	4970	18599	9156	1277	30378.0	400	2002
遂溪县建新镇	5743	19357	15346	5207	76574.0	45	1289
遂溪县岭北镇	9993	24182	13503	4844	337097.0	960	13124
遂溪县北坡镇	16400	45494	27223	4083	111515.0	510	19448

续表 367 （广东省） 计算单位：公顷、人、万元

名　　称	行政区域面　积	常住人口	从业人员	二三产业从业人员	工　业总产值	城镇建成区 面 积	城镇建成区常住人口
遂溪县港门镇	10534	39864	18230	5865	19215.0	6	6734
遂溪县草潭镇	10848	70103	36330	7735	51843.0	291	13918
遂溪县河头镇	14690	34025	21313	5378	114157.0	100	10615
徐闻县迈陈镇	12300	68519	35708	7598	24599.0	68	7677
徐闻县海安镇	3680	19908	12139	3580	7620.0	96	7799
徐闻县曲界镇	15591	44300	29347	3002	14061.0	460	13502
徐闻县前山镇	11522	43395	23381	3806	22285.0	78	3139
徐闻县西连镇	8100	42506	23243	5357	3833.0	40	3382
徐闻县下桥镇	15025	47835	21005	1457	53223.0	320	11356
徐闻县龙塘镇	18250	57693	26491	2103	21181.0	100	6132
徐闻县下洋镇	7500	30867	18236	2832	2304.0	160	3291
徐闻县锦和镇	11169	42145	26583	2516	17080.0	480	7538
徐闻县和安镇	5888	34259	18124	748	6000.0	96	11318
徐闻县新寮镇	4610	32662	17955	4230	5789.0	40	1470
徐闻县南山镇	13537	73478	37393	7994	45318.0	20	2694
徐闻县城北乡	12501	38736	23904	1844	20496.0		
徐闻县角尾乡	4962	31461	15435	3017	9598.0		
廉江市石城镇	12700	76173	38193	25840	121056.0		
廉江市新民镇	9600	46140	32013	16631	101620.0	115	2468
廉江市吉水镇	11100	80649	52892	37528	1685601.0	100	4808
廉江市河唇镇	13000	86959	40705	23147	340232.0	270	16900
廉江市石角镇	11600	53743	29947	14165	14790.0	95	4100
廉江市良垌镇	26900	114183	67714	40216	177445.0	500	6403
廉江市横山镇	16000	99366	58794	35338	416685.0	450	13544
廉江市安铺镇	8550	108360	66218	40005	657031.0	1050	56390
廉江市营仔镇	20400	79218	47750	27441	419774.0	130	8722
廉江市青平镇	24400	99395	38370	21523	224745.0	434	28394
廉江市车板镇	11100	40737	28492	15590	37898.0	105	4251
廉江市高桥镇	8700	34770	17986	9469	238952.0	150	1084
廉江市石岭镇	25500	74580	57550	31758	848806.0	450	27599
廉江市雅塘镇	7600	42394	25155	13221	89817.0	105	3339
廉江市石颈镇	8900	45521	26933	19304	19519.0	110	2815
廉江市长山镇	13800	57484	35807	21211	110427.0	115	2410
廉江市塘蓬镇	16000	80616	53601	37393	178436.0	266	4812
廉江市和寮镇	10300	37903	33107	20597	16142.0	106	3889
雷州市白沙镇	11240	60274	37522	12259	63135.0	20	4525
雷州市沈塘镇	6097	54359	28554	6969	5863.0	71	2826
雷州市客路镇	33433	111255	67432	20712	75100.0	788	41600
雷州市杨家镇	14860	62543	30232	3207	4980.0	468	14663
雷州市唐家镇	19200	47198	21278	6582	95536.0	610	12397
雷州市企水镇	10601	50515	20573	6361	6128.0	501	19329
雷州市纪家镇	34700	114711	45937	7193	124752.0	220	9995
雷州市松竹镇	6793	71241	25392	6205	10842.0	50	1923
雷州市南兴镇	13500	96135	45331	14939	10783.0	180	24167
雷州市雷高镇	14000	43861	22494	3012	40823.0	210	6930
雷州市东里镇	13600	61041	38259	8314	8146.0	162	9259
雷州市调风镇	22700	66884	35769	2529	52586.0	220	9975
雷州市龙门镇	36800	87346	38680	12322	130000.0	680	38856
雷州市英利镇	26500	81398	26622	12106	121542.0	430	31549
雷州市北和镇	19276	84106	38232	2711	13421.0	448	9661

续表 368　　（广东省）　　计算单位：公顷、人、万元

名　称	行政区域面　积	常住人口	从业人员	二三产业从业人员	工　业总产值	城镇建成区　面　积	城镇建成区常住人口
雷州市乌石镇	12690	82646	50870	14291	43312.0	330	25335
雷州市覃斗镇	9300	48705	23817	4019	8716.0	180	5791
雷州市附城镇	13000	107155	61408	17811	72389.0	200	3391
吴川市浅水镇	7809	35704	22132	9400	15290.0	85	3284
吴川市长岐镇	6050	71273	37003	6716	20857.0	210	3571
吴川市覃巴镇	7706	74619	34904	7311	198796.0	500	6659
吴川市王村港镇	2620	26344	18625	2140	13549.0	100	4812
吴川市振文镇	5821	118952	64679	26095	74212.0	169	7543
吴川市樟铺镇	5400	60285	33092	4482	64400.0	133	1598
吴川市吴阳镇	7968	75471	46672	22494	38098.0	250	11884
吴川市塘缀镇	10130	140868	78525	28068	18730.0	450	12544
吴川市黄坡镇	14397	139256	80758	26854	102000.0	1135	17559
吴川市兰石镇	3214	34637	19300	9500	15962.0	18	4126
茂南区金塘镇	10443	65522	49761	18561	143022.0	230	3985
茂南区公馆镇	10366	69201	45203	17441	479026.0	700	5320
茂南区新坡镇	2479	31187	15342	10219	200258.0	53	7026
茂南区镇盛镇	5959	62511	27070	15503	74419.0	39	2339
茂南区鳌头镇	5476	91769	37064	21556	30368.0	206	2698
茂南区袂花镇	2559	52654	16652	10690	9560.0	20	2129
茂南区高山镇	989	19366	9306	6290	92812.0	510	3015
茂南区山阁镇	4474	38109	21644	11729	221923.0	15	2305
电白区马踏镇	13800	70526	30394	8510	78359.0	152	4557
电白区岭门镇	7300	70178	25813	11497	413933.0	162	7306
电白区坡心镇	5280	69027	26356	12529	15060.0	206	2505
电白区七迳镇	8400	64009	28260	15337	1220985.0	409	3421
电白区树仔镇	5000	62555	24444	10756	707278.0	285	7542
电白区沙院镇	4300	42015	17825	10750	155812.0	325	3880
电白区麻岗镇	9800	64191	30831	10036	523459.0	353	4273
电白区旦场镇	8000	61973	22182	9148	33936.0	367	4278
电白区羊角镇	9900	125733	47355	24189	177629.0	376	9792
电白区小良镇	6323	48749	21818	12781	71371.0	450	2192
电白区霞洞镇	10500	96056	35075	9598	286677.0	495	12435
电白区观珠镇	15400	88092	44302	15683	43210.0	253	12564
电白区沙琅镇	8900	69037	29279	13613	60689.0	1900	17791
电白区黄岭镇	7600	33869	16438	5657	18167.0	202	4416
电白区望夫镇	9300	28203	8630	2867	5864.0	225	4493
电白区罗坑镇	11000	28593	14266	8075	16554.0	137	2969
电白区那霍镇	12700	57775	25691	8361	16342.0	102	4083
电白区水东镇	3720	155593	105739	101883	828956.0	1353	142424
电白区博贺镇	3744	63283	25999	10930	55951.0	353	27938
电白区林头镇	13600	120705	55873	16963	380463.0	308	8640
电白区电城镇	11200	152936	61791	26037	64165.0	336	28087
电白区陈村镇	1700	50909	20783	13632	166333.0	210	12727
高州市谢鸡镇	10320	49981	22641	7635	27687.0	300	4145
高州市新垌镇	16800	56511	28493	8454	42596.0	284	2149
高州市云潭镇	8400	39029	15215	5648	45128.0	104	3099
高州市分界镇	6100	39048	20916	6310	94816.0	819	7066
高州市根子镇	8700	59076	24456	9929	54446.0	350	3725
高州市泗水镇	7600	49173	23398	7037	22361.0	340	4021
高州市镇江镇	10100	42093	18172	7348	96584.0	280	2785

续表 369　　（广东省）　　计算单位：公顷、人、万元

名　称	行政区域面　积	常住人口	从业人员	二三产业从业人员	工　业总产值	城镇建成区 面 积	城镇建成区常住人口
高州市沙田镇	9800	35113	15418	6539	65572.0	460	2349
高州市南塘镇	14400	42351	25296	9722	264351.0	355	2801
高州市荷花镇	10380	40144	39512	19693	67113.0	210	7007
高州市石板镇	9100	37197	18693	9463	85000.0	210	3763
高州市大井镇	13400	39172	19471	5454	89393.0	420	13494
高州市潭头镇	10300	36116	18358	4086	40222.0	260	2200
高州市大坡镇	23600	76050	35660	16160	50885.0	664	2888
高州市平山镇	14900	32318	17310	4773	17800.0	350	1350
高州市深镇镇	10300	29124	9918	4427	5971.0	120	1034
高州市马贵镇	16700	29122	11682	7449	32011.0	250	2543
高州市古丁镇	11300	27783	22551	11399	34623.0	158	1860
高州市曹江镇	12500	61487	31339	11511	100352.0	328	3453
高州市荷塘镇	11600	28733	18250	8038	32428.0	380	1839
高州市石鼓镇	15500	90517	65513	26588	353600.0	530	32133
高州市东岸镇	26000	72378	32087	15785	51112.0	250	3449
高州市长坡镇	21400	68347	32593	10409	176732.0	600	12773
化州市长岐镇	3700	47712	13569	8091	71600.0	154	4423
化州市同庆镇	6020	47217	23854	5859	168574.0	130	6950
化州市杨梅镇	9200	59872	38310	15043	93162.0	206	3218
化州市良光镇	10800	53568	37498	16669	120894.0	322	6647
化州市笪桥镇	8425	31798	18914	8599	87337.0	151	7008
化州市丽岗镇	7800	36852	35700	12762	76935.0	240	2490
化州市新安镇	15600	46008	15595	5376	54021.0	200	4396
化州市官桥镇	11420	57000	29000	10000	80858.0	315	5110
化州市林尘镇	12500	49435	29200	9738	53328.0	310	4290
化州市合江镇	17625	60821	30082	15041	159010.0	495	22678
化州市那务镇	17930	65394	41887	13115	99115.0	422	10996
化州市播扬镇	12590	36430	17998	6458	122120.0	304	3950
化州市宝圩镇	5280	17768	9559	6746	53250.0	815	4510
化州市平定镇	21680	72329	43803	12399	101092.0	650	7495
化州市文楼镇	15905	46211	22085	6755	111036.0	320	6465
化州市江湖镇	5769	18978	9369	4243	68742.0	117	3925
化州市中垌镇	23561	83205	42784	13831	67950.0	380	12603
信宜市镇隆镇	8050	51210	26890	10670	99680.0	350	16087
信宜市水口镇	12380	69256	26517	9221	54985.0	463	3896
信宜市丁堡镇	8149	40080	16952	6106	48013.0	82	4940
信宜市池洞镇	14616	54303	41939	14544	17853.0	380	11135
信宜市贵子镇	15865	38225	17937	8586	197500.0	170	14212
信宜市怀乡镇	16154	54672	42959	18992	261533.0	250	13989
信宜市茶山镇	10120	19624	16567	6032	29132.0	250	5310
信宜市洪冠镇	14891	24202	17870	8270	46898.0	362	2320
信宜市白石镇	17913	45800	26770	12270	73000.0	100	7800
信宜市大成镇	12828	32427	25597	14413	365200.0	180	3568
信宜市钱排镇	20491	47085	27620	8060	21125.0	250	4380
信宜市合水镇	14118	41891	23440	10389	62430.0	675	7118
信宜市新宝镇	18499	29450	22502	5632	51065.0	130	5126
信宜市平塘镇	19058	51525	19924	6272	15918.0	150	4792
信宜市思贺镇	18105	29545	23165	15746	27000.0	78	4210
信宜市金垌镇	19571	65769	29080	13550	67703.0	300	4658
信宜市朱砂镇	28203	98022	38996	12576	100000.0	520	7610

续表 370　　（广东省）　　计算单位：公顷、人、万元

名　　称	行政区域面　　积	常住人口	从业人员	二三产业从业人员	工　业总产值	城镇建成区 面 积	城镇建成区常住人口
信宜市北界镇	18244	69200	31805	13150	251626.0	260	6400
鼎湖区永安镇	7800	32596	25840	13424	842178.0	40	3016
鼎湖区沙浦镇	10580	15721	14984	5971	82650.0	34	1100
鼎湖区凤凰镇	14350	8679	8030	3080	32178.0	130	1200
鼎湖区莲花镇	6650	32446	16152	11175	1132603.0	100	4286
高要区河台镇	14805	16973	12272	5178	39800.0	150	1659
高要区乐城镇	9456	24845	16190	5176	17240.0	18	1654
高要区水南镇	11069	9168	5692	1937	3306.0	23	1183
高要区禄步镇	25138	75374	44887	16643	929200.0	533	10756
高要区小湘镇	19975	35326	17400	4211	462772.0	231	2937
高要区大湾镇	10163	40253	18410	6434	247300.0	500	1790
高要区新桥镇	3484	40563	23528	9970	702011.0	630	6892
高要区白诸镇	12748	45729	25488	6893	371800.0	280	1459
高要区莲塘镇	11946	54241	30556	11256	309626.0	400	2655
高要区活道镇	23106	43654	28011	10312	63878.0	220	2311
高要区蛟塘镇	12990	32235	17794	6154	628685.6	35	1332
高要区回龙镇	11387	24709	13977	4606	478413.4	429	1348
高要区白土镇	10753	75547	43975	15965	1837081.0	600	10841
高要区金渡镇	13132	51424	27505	9535	1306800.0	337	3587
高要区金利镇	15238	91917	75363	42182	1820000.0	1080	7143
高要区蚬岗镇	7203	32203	17456	6440	549858.0	150	955
广宁县排沙镇	15315	25773	14537	3731	95102.0	100	4660
广宁县潭布镇	13204	27185	17506	6108	15430.0	70	5450
广宁县江屯镇	24755	47707	27453	7451	129836.0	263	4310
广宁县螺岗镇	9735	11104	8768	4112	7200.0	183	764
广宁县北市镇	23024	18000	15829	8282	5836.0	18	4202
广宁县坑口镇	18094	25164	16239	5689	45050.0	36	3296
广宁县赤坑镇	17993	17919	11181	3668	3100.0	13	1972
广宁县南街镇	18923	89239	23616	8684	675183.0	6150	87689
广宁县宾亨镇	17228	39273	24179	7713	352075.0	335	7836
广宁县五和镇	11685	17467	12802	5479	189965.0	230	981
广宁县横山镇	13640	35148	21886	7150	134415.0	63	6503
广宁县木格镇	12319	16454	11744	4845	98174.0	100	1393
广宁县石咀镇	8370	12717	8970	3638	777.0	60	2042
广宁县古水镇	25987	37190	26068	10476	258372.0	60	7582
广宁县洲仔镇	15273	16560	11680	4737	13219.9	58	4750
怀集县怀城镇	33624	155696	55078	16226	350000.0	4737	126140
怀集县闸岗镇	8726	16850	8038	2217	859.0	165	1115
怀集县坳仔镇	22152	34716	16714	4437	53463.0	280	2810
怀集县汶朗镇	8668	11802	6961	1891	19358.0	200	1022
怀集县甘洒镇	12828	22978	11158	2974	5235.0	258	2080
怀集县凤岗镇	27777	34872	16687	4438	139000.0	485	2213
怀集县洽水镇	52582	27385	12920	3500	89600.0	360	1331
怀集县梁村镇	8785	65288	31107	8434	2266.0	550	6002
怀集县大岗镇	11747	63200	31292	8315	4100.0	450	4231
怀集县岗坪镇	5527	30747	15552	4117	28349.0	320	1733
怀集县冷坑镇	19322	99604	47568	12561	8355.0	860	9018
怀集县马宁镇	5878	40260	19319	5146	12101.0	325	2186
怀集县蓝钟镇	19849	17865	8948	2430	2497.0	165	1825
怀集县永固镇	18826	38350	18299	4868	9908.0	216	2438

续表 371 （广东省） 计算单位：公顷、人、万元

名称	行政区域面积	常住人口	从业人员	二三产业从业人员	工业总产值	城镇建成区面积	城镇建成区常住人口
怀集县诗洞镇	32950	56211	27341	7284	1361.0	450	4956
怀集县桥头镇	21064	45602	22238	6058	39047.0	384	4240
怀集县中洲镇	25185	39355	18902	5007	301561.0	365	5812
怀集县连麦镇	12258	31580	15596	4151	42700.0	250	1812
怀集县下帅壮族瑶族乡	7659	8239	4140	1132	15235.0		
封开县江口镇	17700	48334	10516	4980	9287.0	3500	11298
封开县江川镇	11900	12281	8468	2584	42313.0	65	1942
封开县白垢镇	14247	11623	11320	4444	3873.0	20	1336
封开县大洲镇	16000	17376	7799	3981	2933.0	30	1241
封开县渔涝镇	11800	18440	7445	3316	21457.0	28	3521
封开县河儿口镇	37782	18704	14289	6099	112736.0	60	2546
封开县连都镇	25240	25232	15364	4181	70688.0	88	5145
封开县杏花镇	3000	28651	14308	3619	6115.0	30	2710
封开县罗董镇	18000	21382	12167	4551	176757.0	220	1997
封开县长岗镇	15300	20103	13448	6283	309341.0	120	3037
封开县平凤镇	8875	17607	13952	5674	3789.0	55	3647
封开县南丰镇	30600	73808	47530	23461	49438.0	300	21075
封开县大玉口镇	13025	16177	9787	1746	3261.0	10	3988
封开县都平镇	13005	10956	4937	983	3465.0	35	1610
封开县金装镇	12541	34906	22853	5090	8967.0	150	3751
封开县长安镇	13904	38264	21701	8522	6153.0	250	7355
德庆县新圩镇	11518	21172	12001	1943	45118.0	52	3215
德庆县回龙镇	15812	20210	10452	769	85158.0	36	2834
德庆县官圩镇	23256	32475	24903	9093	658601.0	86	4501
德庆县马圩镇	11065	20236	11091	1314	84837.0	83	5617
德庆县高良镇	29470	30012	15933	1139	21630.0	102	5250
德庆县莫村镇	26950	29668	15376	1119	33596.0	186	3598
德庆县永丰镇	13241	20989	11155	866	82269.0	45	3926
德庆县武垄镇	8747	16947	9094	745	23674.0	38	1653
德庆县播植镇	8001	17626	9424	723	4044.0	61	3912
德庆县凤村镇	13676	28887	15432	1137	22621.0	83	5614
德庆县悦城镇	20623	33108	20635	6445	410761.0	109	8209
德庆县九市镇	15461	28091	14237	1008	52309.0	82	3902
四会市龙甫镇	7986	17860	11112	5876	1389011.0	250	400
四会市地豆镇	9090	27933	19042	10308	187180.5	230	1199
四会市威整镇	6402	16587	11408	6435	67208.0	146	1088
四会市罗源镇	2622	9205	5902	2916	280642.4	250	427
四会市迳口镇	9752	19915	15635	9563	350880.0	300	979
四会市大沙镇	8635	36938	24379	12478	583200.0	200	4367
四会市石狗镇	14247	26144	17315	8125	18900.0	20	1050
四会市黄田镇	8745	15961	10325	3724	45431.0	220	473
四会市江谷镇	13276	29137	27622	14989	27579.0	287	2077
四会市下茆镇	10695	29335	18469	15262	54631.0	286	1836
惠城区汝湖镇	15300	51380	23017	13587	460213.0	673	12932
惠城区三栋镇	6797	27722	15970	9738	408000.0	389	7068
惠城区潼湖镇	11261	42858	28255	20289	121337.0	220	4520
惠城区沥林镇	4900	55978	33384	28950	437000.0	300	22074
惠城区马安镇	7600	39405	26628	18530	373230.0	800	14786
惠城区横沥镇	34283	74821	41503	19263	58364.0	320	9205
惠城区芦洲镇	20487	22432	14060	8486	8809.0	37	1942

续表 372　　（广东省）　　计算单位：公顷、人、万元

名　　称	行政区域面　积	常住人口	从业人员	二三产业从业人员	工　业总产值	城镇建成区　面　积	城镇建成区常住人口
惠城区潼侨镇	3098	34283	23016	22040	300210.0	520	6885
惠阳区沙田镇	7384	30389	19506	15720	295729.0	300	12615
惠阳区新圩镇	15352	91523	65278	63428	1381600.0	500	34369
惠阳区镇隆镇	14946	56643	33234	27808	953572.0	740	18864
惠阳区永湖镇	11466	26182	15613	11852	242396.8	296	5112
惠阳区良井镇	7202	25982	13743	6904	71000.0	280	4701
惠阳区平潭镇	9970	34501	16838	7889	190292.0	250	2980
博罗县石坝镇	18091	40245	24641	13056	6755.0	300	9250
博罗县麻陂镇	8896	22311	12250	6460	96437.0	358	6012
博罗县观音阁镇	14693	17827	12366	6913	48803.0	200	3536
博罗县公庄镇	30985	48144	31332	18292	311063.0	100	19856
博罗县杨村镇	12494	43127	14376	7272	219750.0	330	7490
博罗县柏塘镇	25587	51446	31004	20334	331016.0	450	9866
博罗县泰美镇	16092	35116	24079	14234	857536.0	400	11658
博罗县罗阳镇	32984	208000	91824	75168	2220296.0	2406	168928
博罗县湖镇镇	24934	56301	35182	21722	1200000.0	800	20000
博罗县长宁镇	6140	41099	17079	14677	519200.0	1149	8462
博罗县福田镇	9327	36128	20121	12847	90850.0	505	6286
博罗县龙华镇	6197	26794	11170	5080	562455.0	350	3055
博罗县龙溪镇	11594	90917	71380	58960	1252130.0	466	33423
博罗县园洲镇	11294	150197	104574	95644	1880113.0	1200	62920
博罗县石湾镇	8296	121589	71099	61392	2342608.0	1510	24009
博罗县杨侨镇	6997	30744	12565	6271	132491.0	251	7316
博罗县横河镇	22478	17873	11060	4715	177852.0	312	2361
惠东县大岭镇	16023	101368	54195	49159	2997814.0	681	16392
惠东县白花镇	20389	76715	45244	32488	884621.0	500	11895
惠东县梁化镇	26310	52891	29007	12700	118281.0	220	11381
惠东县稔山镇	19155	63662	38942	25842	165587.0	750	23400
惠东县铁涌镇	11666	40470	20584	9236	130041.0	180	7531
惠东县平海镇	13895	37839	23450	11031	350380.0	255	12964
惠东县吉隆镇	12802	89021	57218	52617	831286.0	840	55689
惠东县黄埠镇	8424	74985	48739	43414	1075910.0	465	43209
惠东县多祝镇	57529	66987	41178	26501	877841.0	630	13769
惠东县安墩镇	47910	36645	18364	10796	13519.0	105	4888
惠东县高潭镇	19621	7155	3640	768	13813.0	80	2884
惠东县宝口镇	32925	6241	4188	1877	12745.0	150	2581
惠东县白盆珠镇	39772	15735	8829	2242	38294.0	150	1982
龙门县麻榨镇	24015	22966	11664	3325	97106.0	170	6826
龙门县永汉镇	39269	48835	21839	7995	141200.0	325	10820
龙门县平陵镇	13709	36842	21234	9487	358260.0	520	7256
龙门县龙田镇	17426	19456	13757	4877	57049.7	100	3352
龙门县龙潭镇	25740	23412	10520	2064	63721.0	28	2158
龙门县地派镇	25375	14821	10752	6909	150000.0	162	1837
龙门县龙华镇	37454	34218	22779	5664	244702.0	300	1435
龙门县龙江镇	17150	20256	13369	4213	300156.0	200	3989
龙门县蓝田瑶族乡	13214	7980	5856	1960	18000.0		
梅江区三角镇	3900	49691	12466	9857	178502.0	120	6857
梅江区长沙镇	9476	11361	6448	5046	7900.0	133	2085
梅江区城北镇	11778	71560	9847	6297	66338.0	1333	2920
梅江区西阳镇	27264	23386	15967	12752	224303.0	96	4388

续表 373　　（广东省）　　计算单位：公顷、人、万元

名　称	行政区域面积	常住人口	从业人员	二三产业从业人员	工业总产值	城镇建成区面积	城镇建成区常住人口
梅县区城东镇	7928	17860	13449	6008	147416.0	10	2835
梅县区石扇镇	9140	14201	7986	3141	38000.0	150	1880
梅县区梅西镇	9250	17063	13275	2152	23430.0	66	945
梅县区大坪镇	7670	9053	5427	2692	5000.0	110	1610
梅县区石坑镇	8720	14129	8067	2992	3588.0	34	1351
梅县区水车镇	12300	11781	7824	2546	4800.0	100	4849
梅县区梅南镇	14560	9378	7630	2020	65200.0	200	3650
梅县区丙村镇	17070	36524	16098	7050	110215.0	257	10528
梅县区白渡镇	18729	17526	17425	5789	14309.0	121	3893
梅县区松源镇	14950	22311	16915	5770	10700.0	318	4096
梅县区隆文镇	11340	11236	10436	6100	3325.0	127	1470
梅县区桃尧镇	11800	8785	4944	1024	1335.0	130	2584
梅县区畲江镇	17670	38095	21329	10277	123279.0	490	21724
梅县区雁洋镇	18300	20841	14152	10768	701342.0	180	5638
梅县区松口镇	32840	38974	26200	13908	14500.0	2100	12544
梅县区南口镇	26220	64840	14379	4908	116254.0	300	3922
梅县区程江镇	5800	92188	48268	42842	135114.0	700	76436
梅县区扶大镇	1950	11249	6062	3593	69743.0	293	1712
大埔县湖寮镇	19860	98234	51455	44690	70641.0	1500	69953
大埔县青溪镇	16606	13721	7399	2329	24520.0	8	440
大埔县三河镇	15023	17182	9186	5976	45829.0	142	1508
大埔县银江镇	20982	12922	6703	1271	929.0	99	823
大埔县洲瑞镇	8930	11415	6078	2882	6249.0	2	2773
大埔县光德镇	13107	19158	11083	8725	72785.0	144	4848
大埔县桃源镇	7698	9792	5189	3378	85081.0	231	2494
大埔县百侯镇	10439	17596	9346	2999	1353.0	503	6023
大埔县大东镇	9929	13759	7139	4485	2199.0	130	1367
大埔县大麻镇	23264	26701	14424	7294	2382.0	64	4047
大埔县枫朗镇	17523	30267	16359	6190	21111.0	234	1744
大埔县茶阳镇	28881	36276	17095	6777	20536.0	872	14835
大埔县高陂镇	30891	50756	25602	15343	125974.0	300	13520
大埔县西河镇	20998	24497	13784	5136	4225.0	9	3168
丰顺县北斗镇	9029	8218	4754	2324	1981.0	120	1452
丰顺县汤西镇	19626	35838	25910	13560	105718.0	240	3936
丰顺县汤南镇	4632	32836	12986	7916	142100.0	50	2000
丰顺县埔寨镇	9538	23025	13528	7644	39331.0	100	9755
丰顺县建桥镇	9410	18054	7284	3778	1503.0	220	6958
丰顺县龙岗镇	11188	11275	7810	4539	18000.0	119	1435
丰顺县潘田镇	14604	21124	12023	4420	1347.0	291	2998
丰顺县黄金镇	15842	24700	11885	6447	1560.0	500	6699
丰顺县小胜镇	7569	7908	5156	2158	2222.0	50	5098
丰顺县砂田镇	14625	12437	7611	5079	5209.0	200	1489
丰顺县八乡山镇	19362	13698	8315	4313	4730.0	332	2351
丰顺县丰良镇	24961	41014	16403	9586	11053.0	230	19389
丰顺县潭江镇	21771	16158	8461	2455	18500.0	1425	5696
丰顺县汤坑镇	23323	142713	37188	13108	781628.0	1700	60202
丰顺县留隍镇	42823	58103	42425	25761	69057.0	350	21281
丰顺县大龙华镇	22039	11800	10011	5311	5651.0	300	4041
五华县转水镇	17567	39510	21017	9507	8206.0	30	4036
五华县潭下镇	23005	44519	20080	10485		668	3822

续表 374　　　　（广东省）　　　　计算单位：公顷、人、万元

名　称	行政区域面积	常住人口	从业人员	二三产业从业人员	工业总产值	城镇建成区面积	城镇建成区常住人口
五华县郭田镇	13660	25613	12712	6649		800	1136
五华县双华镇	14444	21421	14095	8270	4250.0	50	3502
五华县梅林镇	13585	38426	20326	11066		800	2708
五华县华阳镇	14889	50381	22832	15631		103	1863
五华县华城镇	22416	98850	47102	28969	63099.0	495	40145
五华县周江镇	20129	37220	21260	7635		57	1833
五华县水寨镇	8342	145103	32234	20738	501614.0	353	84625
五华县河东镇	23894	101789	47421	36625	3363.0	80	8544
五华县岐岭镇	15486	62605	28292	18681	13214.0	105	4502
五华县长布镇	30401	47685	25992	5761		25	3952
五华县横陂镇	24068	90269	35709	15414		70	5265
五华县安流镇	24706	102236	52436	26697	6676.0	100	6083
五华县棉洋镇	24291	74112	33980	15302		60	3473
五华县龙村镇	32894	102956	33012	14209	3800.0	10	3394
平远县石正镇	10100	27625	18488	8120	18400.0	210	4132
平远县八尺镇	10850	12213	6314	2155	5436.0	39	1033
平远县差干镇	9500	8391	3931	2598	23783.0	30	780
平远县河头镇	9210	10848	5540	2109	6354.0	16	748
平远县中行镇	6953	9009	4541	2603	3830.0	160	1650
平远县上举镇	9860	4641	3557	2444	9349.0	100	710
平远县泗水镇	13380	6576	6159	1135	15407.0	50	2248
平远县长田镇	6900	7342	4850	2225	36409.0	590	1935
平远县热柘镇	10480	9680	6750	4462	5990.0	80	1503
平远县东石镇	16300	32924	13494	3794	62983.0	212	2980
平远县仁居镇	18440	18512	9735	1415	31350.0	150	2221
平远县大柘镇	15440	87006	22452	10106	46500.0	4200	42539
蕉岭县三圳镇	9680	11109	8191	5882	2821.0	470	2500
蕉岭县文福镇	12270	17492	13787	9457	11215.0	50	7022
蕉岭县广福镇	10713	15210	8852	2800	12500.0	100	1750
蕉岭县新铺镇	18519	33806	21314	16093	128215.0	64	730
蕉岭县蓝坊镇	12880	9838	9750	5810	520.0	255	1543
蕉岭县南礤镇	16190	12589	12406	7282	3172.0	510	2699
蕉岭县蕉城镇	5760	86523	39634	23820	258708.0	760	51012
蕉岭县长潭镇	9680	18226	12206	3347	14655.0	280	2852
兴宁市永和镇	10906	30764	20335	18232	25835.0	200	4276
兴宁市新圩镇	10192	34203	19164	12278	22308.0	156	2439
兴宁市罗浮镇	27444	42936	24814	18084	19680.0	155	11045
兴宁市罗岗镇	14855	40791	40287	31498	6331.0	200	5222
兴宁市黄槐镇	9295	28556	14574	10031	4598.0	300	1761
兴宁市龙田镇	4590	34109	18049	11501	53689.0	110	3398
兴宁市石马镇	10575	28406	14752	9803	6130.0	15	2344
兴宁市宁中镇	4364	29379	23188	19202	7362.0	300	3795
兴宁市径南镇	14102	30310	15090	8780	6958.0	2	1285
兴宁市坭陂镇	8788	63441	37551	25363	39654.0	186	14620
兴宁市水口镇	22340	63292	37107	26495	148695.0	221	4182
兴宁市黄陂镇	12659	59833	28390	18983	25665.0	355	5963
兴宁市合水镇	10062	29857	14180	9290	309886.0	55	2531
兴宁市大坪镇	16686	60353	32724	22385	6032.0	35	4418
兴宁市叶塘镇	13737	73210	36796	26964	275368.0	389	4978
兴宁市新陂镇	4312	26782	16834	12906	53369.0	65	3560

续表 375　　（广东省）　　计算单位：公顷、人、万元

名　　称	行政区域面积	常住人口	从业人员	二三产业从业人员	工业总产值	城镇建成区面积	城镇建成区常住人口
兴宁市刁坊镇	5686	30590	14214	6580	16523.0	3	1540
汕尾市城区红草镇	6973	43052	23516	12623	689562.5	200	6930
汕尾市城区东涌镇	10358	68315	27125	17097	262382.0	1100	11562
汕尾市城区捷胜镇	4948	55000	25570	18270	108000.0	200	10130
海丰县梅陇镇	15254	121672	60134	35480	880367.7	457	58274
海丰县小漠镇	3445	7660	6927	4095	712440.2	61	3786
海丰县鲘门镇	3305	20043	8991	5313	47284.0	130	6907
海丰县联安镇	5208	25664	24084	14266	3026.0	150	7282
海丰县陶河镇	6413	25201	16386	9668	59850.0	260	2951
海丰县赤坑镇	11700	44818	33167	19569	54403.0	151	13979
海丰县大湖镇	2793	7210	7162	4226		9	1664
海丰县可塘镇	7450	62345	27500	16243	719942.0	1650	23025
海丰县黄羌镇	13800	38966	16534	9755	13277.7	396	4215
海丰县平东镇	12558	16550	15563	9181	6401.5	200	6654
海丰县海城镇	20600	171998	44588	37544	103554.7	2893	151350
海丰县鹅埠镇	10000	16370	8216	4847	208470.0	200	4730
海丰县赤石镇	29300	19345	10707	6386	180338.0	10	3916
海丰县公平镇	15414	66093	35755	29906	637200.0	586	58405
海丰县附城镇	4813	86757	26690	15746	256879.8	760	19285
海丰县城东镇	7856	125096	29923	17815	504265.0	1620	19690
陆河县河田镇	8354	90579	23203	14058	155443.0	1600	51960
陆河县水唇镇	12162	30620	15867	9533	12540.0	189	2720
陆河县河口镇	15989	62568	24015	11059	17500.0	400	21650
陆河县新田镇	17453	38964	34964	15482	27520.0	2200	7500
陆河县上护镇	12100	23353	18515	10427		250	4080
陆河县螺溪镇	14453	28900	20520	7420	1126.0	290	4500
陆河县东坑镇	7945	18650	12123	4440	1255.0	30	1655
陆河县南万镇	11119	3057	2711	1708	4895.0	101	1025
陆河县东海街道	5600	178591	86873	61334	2183405.9	24	9764
陆丰市甲子镇	1472	102672	31046	19643	1510000.0	996	13112
陆丰市碣石镇	10843	205127	94171	65249	981627.0	3300	134276
陆丰市湖东镇	5959	66210	31880	12320	41000.0	370	36350
陆丰市大安镇	9350	47854	10855	6303	440.0	42	10286
陆丰市博美镇	5859	59313	23654	9955	3285.0	885	18504
陆丰市内湖镇	4200	27938	16320	6790	1003.0	355	6412
陆丰市南塘镇	14151	95721	59165	25765	11434.7	52	28000
陆丰市陂洋镇	15900	38528	20387	6085	1725.0	90	13800
陆丰市八万镇	11879	23325	7544	3449	2115.0	37	2608
陆丰市金厢镇	5706	46475	25000	7700	5890.0	80	2300
陆丰市潭西镇	7348	52415	33148	9973	3257.0	580	13680
陆丰市甲东镇	7500	79267	30155	6448	58414.0	280	5687
陆丰市河东镇	5938	28237	14370	4120	53011.0	1402	8411
陆丰市上英镇	5060	25300	9708	2002	3493.0	270	4210
陆丰市桥冲镇	6600	45132	30410	9196		1429	19925
陆丰市甲西镇	10700	149138	38195	11960	1100.0	3000	9030
陆丰市西南镇	8355	21990	15944	7654	900.0	1265	3490
源城区源南镇	11860	27123	10650	8992	232346.0	20	4299
源城区埔前镇	16200	90365	37105	30030	283138.0	250	5815
紫金县紫城镇	38096	179972	97068	81091	225510.0	2650	102573
紫金县龙窝镇	31600	65163	47964	11216	7856.0	130	8693

续表 376　　（广东省）　　计算单位：公顷、人、万元

名　　称	行政区域面　积	常住人口	从业人员	二三产业从业人员	工　业总产值	城镇建成区 面 积	城镇建成区常住人口
紫金县九和镇	26762	25800	14650	4830	5302.0	20	4520
紫金县上义镇	17890	14212	12482	932	20500.0	35	2920
紫金县蓝塘镇	30190	80683	51245	29194	341400.0	230	26020
紫金县凤安镇	12368	17325	9541	3036	4305.0	22	2060
紫金县义容镇	35622	54675	23010	11610	81000.0	180	4762
紫金县古竹镇	23643	67812	26470	14585	268800.0	200	25143
紫金县临江镇	17057	37595	23217	13956	685473.0	13000	3993
紫金县柏埔镇	13498	28569	18187	3395	1036.0	40	2776
紫金县黄塘镇	22631	48926	16551	2084	793.0	30	2509
紫金县敬梓镇	10910	32421	18274	1433	14800.0	3	903
紫金县水墩镇	11484	27108	8153	733	330.0	7	835
紫金县南岭镇	9786	9950	7189	760	855.0	8	1048
紫金县苏区镇	13110	19692	9133	2572	7109.0	11	962
紫金县瓦溪镇	23000	35483	15200	1902		56	1575
紫金县好义镇	9288	11582	7321	808	8300.0	11	956
紫金县中坝镇	17633	46439	23416	12916	1108.0	40	2349
龙川县老隆镇	10602	176514	51511	46650	296000.0	1215	124798
龙川县义都镇	10105	26325	5473	1950	2450.0	100	1873
龙川县佗城镇	16513	44186	18668	7395	319216.0	512	5280
龙川县鹤市镇	5022	16131	7777	2765	3442.0	328	4635
龙川县黄布镇	6791	13405	4161	1286	5931.0	65	1139
龙川县紫市镇	10974	17569	8170	1148	7015.0	102	2529
龙川县通衢镇	10512	18589	6998	2026	97253.0	300	3525
龙川县登云镇	6889	22152	8021	2037	133824.0	85	1336
龙川县丰稔镇	13372	18360	13135	2806	3795.0	81	1886
龙川县四都镇	7751	10571	5551	694	46.0	86	886
龙川县铁场镇	19666	76522	28633	4190	6122.0	268	8947
龙川县龙母镇	14904	38361	11339	982	5271.0	109	2557
龙川县田心镇	8820	40619	14942	7089	315.0	130	2260
龙川县黎咀镇	12841	21213	17548	9947	40192.0	97	1644
龙川县黄石镇	10954	5743	1327	480	9750.0	122	887
龙川县赤光镇	14173	32120	19059	9246	5770.0	160	6770
龙川县回龙镇	8376	23150	16470	8480	2680.0	110	2320
龙川县新田镇	6837	8560	8174	5322	675.0	44	653
龙川县车田镇	29110	57680	37320	14640	6992.0	152	4600
龙川县岩镇镇	12164	21153	10115	4947	8989.0	124	3471
龙川县麻布岗镇	18083	41651	18060	6314	1040.0	280	15950
龙川县贝岭镇	10435	9880	8870	4335	5930.0	112	753
龙川县细坳镇	15159	18621	9894	5373	2325.0	960	933
龙川县上坪镇	20815	21292	14801	7198	6208.9	105	1613
连平县元善镇	28532	83230	46187	18666	437280.0	1800	46832
连平县上坪镇	30093	24978	17226	5647	3020.0	150	19380
连平县内莞镇	23081	12982	7438	1068	199960.0	12	1988
连平县陂头镇	36432	23015	13066	1496	10740.0	120	2610
连平县溪山镇	11099	12953	9089	3793	1550.0	180	249
连平县隆街镇	24064	33077	18502	8176	15394.0	520	3450
连平县田源镇	12978	8996	6077	3056	1550.0	100	852
连平县油溪镇	28356	28190	14999	4899	240975.0	24	7838
连平县忠信镇	8768	62940	30647	18874	548335.0	495	32925
连平县高莞镇	6767	16210	8645	4017	131.0	100	842

续表 377 （广东省） 计算单位：公顷、人、万元

名　　称	行政区域面　积	常住人口	从业人员	二三产业从业人员	工　业总产值	城镇建成区 面 积	城镇建成区常住人口
连平县大湖镇	6423	16701	9380	2365	5899.0	55	3410
连平县三角镇	4708	14521	7857	2584	73600.0	18	386
连平县绣缎镇	6206	13207	10929	5077	4327.0	18	2983
和平县阳明镇	18838	89625	34166	20709	1039686.0	3600	52472
和平县大坝镇	17537	30158	15421	4527	555320.0	150	1616
和平县长塘镇	16918	13900	7398	2255	168.0	15	1614
和平县下车镇	13499	13522	6806	1721	1680.0	120	1792
和平县上陵镇	14465	17591	9114	2068	18372.0	85	1256
和平县优胜镇	11731	9641	3605	1610	992.0	25	1237
和平县贝墩镇	13235	17267	9936	2915	3753.0	26	3129
和平县古寨镇	6428	14964	4655	1887	9290.0	10	998
和平县彭寨镇	20744	48500	20703	9194	56771.0	583	7768
和平县合水镇	12430	20415	7884	3469	7153.0	103	1595
和平县公白镇	6377	9514	4683	1654	60.0	25	560
和平县青州镇	10109	13485	5445	1685	375.0	26	860
和平县浰源镇	13211	15909	7110	1900	10966.0	80	1761
和平县热水镇	14713	13462	4677	1366	181.0	10	1732
和平县东水镇	15621	27354	12545	2642	19586.0	18	2176
和平县礼士镇	7015	15485	6637	2452	3526.0	13	672
和平县林寨镇	9284	19078	10564	3783	2072.0	18	1797
东源县仙塘镇	16262	57988	28736	24862	558570.0	600	19951
东源县灯塔镇	20400	39898	23038	16610	131719.0	1095	13202
东源县骆湖镇	9756	20655	10526	3290	165900.0	321	1102
东源县船塘镇	20843	67008	49062	17807	8418.0	200	7725
东源县顺天镇	11603	13144	13143	6543	17378.0	97	1418
东源县上莞镇	9748	19867	14578	4166	55464.0	25	2223
东源县曾田镇	14910	9233	8881	850	8232.0	100	1320
东源县柳城镇	10600	10646	9503	5626	82738.0	400	2022
东源县义合镇	17677	9750	9725	7206	6391.0	855	2550
东源县蓝口镇	19600	43798	21937	10452	140990.0	40	5413
东源县黄田镇	24525	17478	14743	7584	9600.0	43	3007
东源县叶潭镇	16951	25934	20961	7365	2400.0	300	3042
东源县黄村镇	22000	56679	26369	19151	12361.0	112	6328
东源县康禾镇	23092	12273	11987	3419	5780.0	356	2451
东源县锡场镇	42000	6352	6350	1035	4263.0	49	1120
东源县新港镇	16375	20947	7913	6504	1831.5	47	5692
东源县双江镇	14550	7123	5916	2402	2000.0	70	880
东源县涧头镇	17320	17468	7959	1388	75200.0	17320	17468
东源县新回龙镇	38986	3500	3078	1022	2136.0	200	1893
东源县半江镇	24334	3024	554	339	1761.0	6	561
东源县漳溪乡	6824	12325	9873	5343	20025.0		
江城区埠场镇	7500	41169	25295	3926	21895.0	100	4497
江城区平冈镇	11980	89575	44762	23201	35075.0	540	89575
江城区闸坡镇	10800	78823	59765	35733	72599.0	853	31552
江城区双捷镇	8241	28143	12818	2820	98250.0	444	2773
阳东区东城镇	4066	68667	42460	40973	2052945.0	1661	21530
阳东区北惯镇	12512	41952	23497	15694	2005334.0	1863	17532
阳东区那龙镇	19698	30617	16731	10162	225760.0	250	5068
阳东区东平镇	12895	45029	27712	18227	508776.0	570	32126
阳东区雅韶镇	6843	26299	15633	10063	180024.0	800	2670

续表 378 （广东省） 计算单位：公顷、人、万元

名 称	行政区域面积	常住人口	从业人员	二三产业从业人员	工业总产值	城镇建成区面积	城镇建成区常住人口
阳东区大沟镇	11370	35391	24483	14460	23168.0	344	3200
阳东区新洲镇	25509	44412	30701	18528	39184.0	233	12619
阳东区合山镇	10493	45535	21377	13498	818799.0	800	35366
阳东区塘坪镇	20184	40632	24371	14653	29456.0	800	2698
阳东区大八镇	35656	33511	27575	15194	42064.0	400	13998
阳东区红丰镇	10954	42372	24896	15999	209888.0	802	19826
阳西县织篢镇	31600	125331	50525	32999	1251846.4	1716	73852
阳西县程村镇	17800	56193	27135	9991	50619.0	253	6227
阳西县塘口镇	20100	37515	22751	9339	43431.0	50	3990
阳西县上洋镇	17160	64143	34391	19858	13572.0	128	4770
阳西县溪头镇	21100	75936	39586	24546	469243.0	339	16288
阳西县沙扒镇	3220	32402	13977	6930	94878.0	220	17583
阳西县儒洞镇	16100	45067	19192	6174	262892.0	285	23013
阳西县新圩镇	18100	27283	15736	5283	94039.0	304	4795
阳春市河朗镇	20000	35796	15120	8877	37677.0	120	1962
阳春市松柏镇	17600	53037	18887	4901	37643.0	260	4502
阳春市石望镇	11000	40623	22614	18759	36573.0	200	1155
阳春市春湾镇	35200	69150	30136	9299	227033.0	562	14322
阳春市合水镇	24000	47136	26656	13969	115424.0	310	14343
阳春市陂面镇	12300	49338	33183	13988	115170.0	416	4105
阳春市圭岗镇	39800	34976	10182	4759	37287.0	161	4385
阳春市永宁镇	35700	30579	20594	14667	33761.0	308	2746
阳春市马水镇	14100	36716	16155	6537	621205.0	493	9172
阳春市岗美镇	20900	48739	29769	19047	158834.0	352	13752
阳春市河口镇	21000	32768	11471	5305	100168.0	191	2674
阳春市潭水镇	22800	57995	42850	33513	830881.0	425	10417
阳春市三甲镇	30300	51920	12994	6473	101799.0	395	11782
阳春市双窖镇	27900	39620	30541	12723	14233.0	376	4902
阳春市八甲镇	28000	49335	32498	8288	54068.0	520	6883
清城区源潭镇	23111	95920	46889	30796	1097511.0	700	37540
清城区龙塘镇	13906	84386	52840	23845	2372173.0	125	12020
清城区石角镇	17797	97234	63212	37664	3579059.0	165	10506
清城区飞来峡镇	35902	85652	48374	25869	132502.0	216	12609
清新区太和镇	8722	230006	113785	90663	1083245.0	1620	139249
清新区太平镇	19907	74600	47967	32593	778300.0	200	10949
清新区山塘镇	8456	50986	27478	9622	91119.0	120	2820
清新区三坑镇	10800	43000	31633	12420	50423.0	412	9321
清新区龙颈镇	58300	84105	51202	22326	282975.0	35	2806
清新区禾云镇	43362	83200	54313	26487	757645.0	804	7436
清新区浸潭镇	46400	81100	57794	32083	17771.4	120	13029
清新区石潭镇	29930	75400	38225	12902	237422.0	300	10261
佛冈县石角镇	34768	106976	36457	19061	717685.0	1589	68052
佛冈县水头镇	14621	24263	12430	3162	8332.0	153	1948
佛冈县汤塘镇	22936	70572	38718	24986	446509.0	320	4019
佛冈县龙山镇	16047	41875	26138	13643	394531.0	70	3472
佛冈县高岗镇	17403	23425	14584	1327		100	779
佛冈县迳头镇	18504	28201	19565	10300	145067.0	82	3372
阳山县青莲镇	21298	28819	19423	11090	9735.0	196	5936
阳山县江英镇	30305	20263	15362	9006	5833.0	148	10057
阳山县杜步镇	15773	16281	8988	3565	19590.0	140	6214

续表 379　　（广东省）　　计算单位：公顷、人、万元

名　　称	行政区域面　　积	常住人口	从业人员	二三产业从业人员	工　业总产值	城镇建成区 面 积	城镇建成区常住人口
阳山县七拱镇	31323	36125	21451	4959	81216.0	238	11138
阳山县太平镇	25997	33563	21234	3246	9301.0	200	11563
阳山县杨梅镇	17689	4534	3006	465	7554.0	60	1330
阳山县大崀镇	9601	10037	4009	1033	7991.0	148	3825
阳山县小江镇	22692	19227	12074	6187	8142.0	199	8825
阳山县岭背镇	22976	20680	13777	679	3470.0	236	10587
阳山县黄坌镇	15662	9661	5647	801	3620.0	126	3874
阳山县黎埠镇	26917	44307	14046	1982	11621.0	263	14315
阳山县阳城镇	29974	101646	40573	27717	209853.0	1410	65721
阳山县秤架瑶族乡	56673	12469	8728	999	18281.0		
连山壮族瑶族自治县永和镇	19726	23510	12758	4191	19522.0	180	2745
连山壮族瑶族自治县吉田镇	17340	26176	7634	3273	56947.3	332	13976
连山壮族瑶族自治县太保镇	14787	12902	6599	2377	6586.0	39	2983
连山壮族瑶族自治县禾洞镇	12767	8062	3021	259	6764.0	9	750
连山壮族瑶族自治县福堂镇	18937	18302	9740	5164	5000.0	26	2118
连山壮族瑶族自治县小三江镇	28074	14979	9880	4399	68757.0	46	4332
连山壮族瑶族自治县上帅镇	10214	4160	2832	452	6725.0	5	478
连南瑶族自治县三江镇	21887	42576	13727	6232	89397.0	1270	17413
连南瑶族自治县大麦山镇	14348	20332	12250	2716		100	3655
连南瑶族自治县寨岗镇	33041	51524	24036	15036	26145.0	129	15924
连南瑶族自治县三排镇	14957	25591	14364	5088	513.0	150	2962
连南瑶族自治县涡水镇	13780	8223	4553	1301	2353.0	50	1584
连南瑶族自治县大坪镇	9894	13032	7478	3138		100	2759
连南瑶族自治县香坪镇	16766	11489	6713	835	179.0	50	2473
英德市沙口镇	32227	47183	20755	9109	45471.0	320	10597
英德市望埠镇	20730	54620	22449	15353	564544.0	42	11956
英德市横石水镇	11847	32939	14899	2047		200	1625
英德市桥头镇	14555	35186	14432	4125	156127.0	300	2663
英德市青塘镇	12151	33485	17354	4026	253615.0	160	4096
英德市白沙镇	16280	34256	11588	2449	47110.0	210	2235
英德市大站镇	24597	36161	24750	11512	47910.0	399	9531
英德市西牛镇	24522	48752	22441	1799	21747.0	200	9908
英德市九龙镇	23561	37832	29897	5625	45481.0	210	7664
英德市含光镇	23594	58823	35112	20306	7403.0	810	30000
英德市大湾镇	38195	88823	47159	16277	8537.0	300	16814
英德市石灰铺镇	22695	40024	20205	8864	17385.0	220	5589
英德市石牯塘镇	33255	30847	16440	2170	7036.0	88	2083
英德市下太镇	17409	11323	5315	937	17428.0	30	2973
英德市波罗镇	17295	14312	5682	340		100	546
英德市横石塘镇	20183	22729	13854	3051		110	3181
英德市大洞镇	18479	14376	7859	1043		250	1078
英德市连江口镇	38040	35905	19094	15424	44044.0	351	13612
英德市黎溪镇	28499	32791	12152	2650	93281.0	30	14715
英德市水边镇	10514	19891	10798	516		60	5712
英德市英红镇	21875	34615	16578	4386	111449.0	661	3678
英德市东华镇	55869	99407	52677	16705	550902.0	106	2620
英德市黄花镇	20547	50441	19358	9191		96	10324
连州市连州镇	17570	151389	40307	24842	423588.0	1510	105500
连州市星子镇	47890	42890	24205	9691	31594.0	274	20453
连州市大路边镇	23070	42085	27411	13362	26944.0	75	6641

续表 380　　（广东省）　　计算单位：公顷、人、万元

名　　称	行政区域面　　积	常住人口	从业人员	二三产业从业人员	工　业总产值	城镇建成区 面 积	城镇建成区常住人口
连州市龙坪镇	39860	37732	17718	12343	22923.0	63	4659
连州市西岸镇	21830	47268	28104	12409	10335.0	82	5770
连州市保安镇	18840	36990	15542	3816	23860.0	75	6716
连州市丰阳镇	17770	17297	7597	1850	12828.0	82	6900
连州市东陂镇	10950	23910	8425	3442	8144.0	121	6786
连州市九陂镇	17000	26638	20543	7621	10512.0	48	2030
连州市西江镇	19260	12236	7019	3601	34459.0	53	4350
连州市瑶安瑶族乡	22040	11695	6780	4234	11892.0		
连州市三水瑶族乡	13720	3994	2163	549	6893.0		
东莞市石碣镇	3621	241000	188028	186129	5007500.0	3621	241000
东莞市石龙镇	1383	142100	92816	92475	2415759.0	894	142100
东莞市茶山镇	4540	157200	123754	122694	2725650.0	2742	104897
东莞市石排镇	4870	157400	119357	110365	1625074.0	4870	157400
东莞市企石镇	5821	121500	94770	82620	1595455.0	5821	121500
东莞市横沥镇	4467	204500	164729	163059	2074381.0	4467	204500
东莞市桥头镇	5600	165200	135626	129214	3006042.0	1598	65108
东莞市谢岗镇	10300	98100	49250	46335	1448834.0	1708	98100
东莞市东坑镇	2380	134500	96422	95070	3018577.0	1438	134500
东莞市常平镇	10300	385900	345928	345706	5247354.0	10300	385900
东莞市寮步镇	7138	408000	184944	183739	5687383.0	7138	408000
东莞市樟木头镇	11878	131603	70233	70144	1445293.0	2525	131603
东莞市大朗镇	11800	311100	171104	169227	5014938.0	4105	311100
东莞市黄江镇	9800	228002	208448	192156	3077292.0	9800	228002
东莞市清溪镇	14000	310000	276091	274434	6193860.0	14000	310000
东莞市塘厦镇	12800	484800	482981	474058	7579777.0	5535	484800
东莞市凤岗镇	8250	318510	204110	203182	4617765.0	8250	318510
东莞市大岭山镇	9553	275600	205146	204702	4646000.0	2855	275400
东莞市长安镇	9800	660623	568400	563742	13036292.0	5600	660601
东莞市虎门镇	17850	638300	558322	553397	7061695.0	17850	638300
东莞市厚街镇	12570	437515	336178	333495	8596717.0	4230	437515
东莞市沙田镇	11154	179300	116545	116102	2219176.0	2984	179300
东莞市道滘镇	6300	141600	105394	92308	1657025.0	3526	141509
东莞市洪梅镇	3320	58100	42498	41330	2055323.0	3317	58100
东莞市麻涌镇	9111	118800	77145	67051	5450698.0	9111	118800
东莞市望牛墩镇	3157	85600	52584	49557	1087252.0	3157	85600
东莞市中堂镇	6000	139200	87939	83806	2478935.0	6000	139200
东莞市高埗镇	3440	215100	150570	139097	2453761.0	3400	215100
中山市小榄镇	7540	324590	246295	242399	5153074.0	7540	324590
中山市黄圃镇	8800	148481	107824	101176	3389564.0	4800	120884
中山市民众镇	12187	111020	77234	63993	1077571.0	818	46732
中山市东凤镇	5624	127320	88346	84694	2468599.0	405	24014
中山市东升镇	7582	123760	87325	78163	3821195.0	2348	98896
中山市古镇镇	4780	151710	102299	97423	2355058.0	2340	151710
中山市沙溪镇	5500	123640	83160	79443	2175803.0	930	16553
中山市坦洲镇	13000	223460	111222	101011	3467613.0	1754	98316
中山市港口镇	7127	118690	72997	66709	1698467.0	853	74960
中山市三角镇	7013	122760	85594	79675	3192080.0	400	6868
中山市横栏镇	7628	106080	85039	75638	1375419.0	140	3869
中山市南头镇	2575	133140	70346	70073	4651600.0	2575	133140
中山市阜沙镇	3710	58960	37660	32409	1451081.0	1690	11730

续表 381　（广东省）　计算单位：公顷、人、万元

名　称	行政区域面积	常住人口	从业人员	二三产业从业人员	工业总产值	城镇建成区面积	城镇建成区常住人口
中山市南朗镇	21886	109120	72270	68884	2548580.0	1341	50310
中山市三乡镇	9361	202360	152572	150179	1298803.0	1802	38960
中山市板芙镇	8201	84200	71457	70994	1859869.0	640	11555
中山市大涌镇	4061	74660	53739	51663	1193918.0	1240	74660
中山市神湾镇	6093	31810	22575	19211	817119.0	186	7737
湘桥区意溪镇	7200	48770	24541	16443	85360.0	977	39652
湘桥区磷溪镇	7640	83250	41549	24203	130720.0	350	22715
湘桥区铁铺镇	6680	27726	19257	14527	206536.0	156	12689
湘桥区官塘镇	3109	31270	15046	2675	33260.0	462	15113
潮安区古巷镇	6112	88111	44008	39577	1236012.0	806	14398
潮安区登塘镇	15732	37889	18335	11888	124709.0	96	8985
潮安区凤塘镇	3858	92902	58959	48431	1087362.0	354	16226
潮安区浮洋镇	3884	99820	41007	27724	716007.0	100	11818
潮安区龙湖镇	2082	60250	35437	27053	382522.0	190	14884
潮安区金石镇	2246	70983	27769	15560	364284.0	250	3786
潮安区沙溪镇	3487	58792	20356	10097	219263.0	372	26015
潮安区彩塘镇	4387	135641	56044	42871	1637800.0	415	31298
潮安区东凤镇	3423	92947	41067	29617	698742.0	315	49300
潮安区庵埠镇	3041	105420	55921	42298	1768002.0	3041	105420
潮安区江东镇	3805	69232	35994	29097	343652.0	923	22123
潮安区归湖镇	12817	21453	21242	7742	13526.0	128	3355
潮安区文祠镇	7146	13568	9461	6039	50703.0	210	935
潮安区凤凰镇	22706	37032	15263	2660	23650.0	90	12258
潮安区赤凤镇	8857	5451	3830	2492	3098.0	3	2800
潮安区枫溪镇	2447	148338	60808	59757	3175300.0	2447	148338
饶平县黄冈镇	8860	212611	89136	66583	728000.0	2000	198730
饶平县上饶镇	9946	46204	22787	14909	39520.0	800	21560
饶平县饶洋镇	8470	46490	20502	6842	90234.0	147	11800
饶平县新丰镇	11738	58145	27000	17000	218800.0	23	16500
饶平县建饶镇	7245	11402	8365	1140	5250.0	125	1855
饶平县三饶镇	8425	46767	30285	25755	366381.0	600	29149
饶平县新塘镇	7995	16884	8904	4886	13480.0	128	5890
饶平县汤溪镇	8083	7478	5973	3861	6670.0	25	1978
饶平县浮滨镇	15902	26950	12411	1109	19152.0	30	2125
饶平县浮山镇	6972	22098	15200	7600	9650.0	362	14560
饶平县东山镇	7446	15770	11573	3424	3832.0	590	2138
饶平县新圩镇	9327	26018	18981	4695	11029.0	700	13665
饶平县樟溪镇	10817	13815	9778	3058	15255.5	17	2868
饶平县钱东镇	12273	86887	45306	33324	326466.0	1317	52486
饶平县高堂镇	2542	18707	7838	2370	27652.5	2	3573
饶平县联饶镇	8210	28247	13455	4699	19600.0	35	2353
饶平县所城镇	5200	32519	24573	7400	9702.0	397	17205
饶平县大埕镇	3195	26271	10780	2780	4555.0	350	18001
饶平县柘林镇	1198	13148	6964	2834	13200.0	411	12012
饶平县洪洲镇	3451	55584	18410	14600	61322.0	145	50770
饶平县海山镇	5117	66873	33087	14529	34261.0	627	25446
榕城区渔湖镇	4422	116213	72242	41525	2367120.0	23	15230
榕城区炮台镇	5400	133039	81793	54005	1096584.0	560	54889
榕城区地都镇	8700	107660	55185	28907	525000.0	40	3053
榕城区登岗镇	3500	79830	30341	30341	160732.0	300	11493

续表 382 （广东省） 计算单位：公顷、人、万元

名　　称	行政区域面积	常住人口	从业人员	二三产业从业人员	工业总产值	城镇建成区面积	城镇建成区常住人口
揭东区云路镇	6720	75000	39983	24492	826084.0	630	24992
揭东区玉窖镇	3800	49395	28695	20632	315624.0	65	1908
揭东区锡场镇	4875	111599	56311	40199	832200.0	310	43498
揭东区新亨镇	9660	101021	42056	21865	369445.0	1055	6174
揭东区玉湖镇	13500	83053	37435	10884	120000.0	361	4450
揭东区埔田镇	8130	59589	29757	21159	181680.0	250	7955
揭东区霖磐镇	2807	82883	31618	15415	143688.0	203	3299
揭东区月城镇	1800	56472	18628	9353	247100.0	35	6272
揭东区白塔镇	6300	106677	76855	35035	255000.0	521	29910
揭东区龙尾镇	4800	23632	17089	3493	49605.0	200	3485
揭东区桂岭镇	3125	42502	29054	10249	56859.0	280	2890
揭西县龙潭镇	7783	34035	17688	13537	29404.0	160	6976
揭西县南山镇	13625	31796	15210	11584	151620.0	182	7835
揭西县五经富镇	18820	55016	31950	24122	30300.0	312	9460
揭西县京溪园镇	7438	42556	30313	22649	220333.0	300	6839
揭西县灰寨镇	5280	36840	28321	21238	242500.0	220	5450
揭西县塔头镇	2913	52053	20903	15912	72500.0	320	9915
揭西县东园镇	2773	32980	16730	12720	17200.0	130	6196
揭西县凤江镇	3368	75169	39502	29731	310600.0	200	8484
揭西县棉湖镇	3103	185600	48558	36832	887212.0	700	55618
揭西县金和镇	5133	55226	30344	22955	232150.0	200	14481
揭西县大溪镇	3550	19480	11510	8749	3892.0	80	4079
揭西县钱坑镇	4775	37673	18063	13734	33100.0	81	5414
揭西县坪上镇	9140	29910	21790	16770	53300.0	200	6052
揭西县五云镇	14795	47084	29244	22355	86932.0	227	7441
揭西县上砂镇	12288	42688	28334	21604	16200.0	330	5939
揭西县良田乡	12343	12653	7706	5919			
惠来县惠城镇	17300	153371	68671	31585	1360000.0	17200	135176
惠来县华湖镇	6100	74851	28179	20058	448656.0	600	18947
惠来县仙庵镇	8356	96223	54273	24638	112644.0	35	34604
惠来县靖海镇	4900	60142	23585	15417	272333.0	546	24861
惠来县周田镇	7430	89260	33300	15780	206637.0	1610	16583
惠来县前詹镇	6100	40359	32654	14332	111720.0	640	12973
惠来县神泉镇	5086	62718	24664	9532	551095.0	280	31293
惠来县东陇镇	5400	78550	33067	23707	312224.0	400	19720
惠来县岐石镇	5000	75523	21398	13781	146725.0	50	16247
惠来县隆江镇	12885	121090	48920	23640	611730.0	215	39725
惠来县溪西镇	4898	71257	44921	9710	209780.0	120	17110
惠来县鳌江镇	6100	47573	20021	10144	128697.0	280	11799
惠来县东港镇	5200	39207	23323	6622	134531.0	41	8949
惠来县葵潭镇	15600	108296	38803	24205	922480.0	650	58698
普宁市赤岗镇	2400	46580	27890	19775	55700.0	250	14086
普宁市大坝镇	5900	97805	40820	13300	105250.0	475	26521
普宁市洪阳镇	6600	139988	63220	45100	322101.0	800	68574
普宁市南溪镇	5000	82146	29273	11615	79300.0	400	10025
普宁市广太镇	3730	51483	35770	15500	15411.0	350	2211
普宁市麒麟镇	5600	82577	46715	31565	62033.0	85	8709
普宁市南径镇	5289	145586	40276	11716	160000.0	430	27060
普宁市占陇镇	5200	189035	71280	51080	3800000.0	1010	9704
普宁市军埠镇	2720	110139	39155	27384	1657437.0	300	5941

续表 383 （广东省） 计算单位：公顷、人、万元

名称	行政区域面积	常住人口	从业人员	二三产业从业人员	工业总产值	城镇建成区面积	城镇建成区常住人口
普宁市下架山镇	8200	95186	47992	30766	255260.0	100	16458
普宁市高埔镇	10500	69822	27461	17552	173000.0	380	12416
普宁市云落镇	10300	56987	16181	13115	200698.0	1020	16320
普宁市大坪镇	7600	30975	9991	5541	98760.0	200	6209
普宁市船埔镇	13300	39407	13665	5846	27800.0	280	5000
普宁市梅林镇	14700	51411	13252	10574	32657.0	150	16044
普宁市里湖镇	8490	88169	42134	29241	465000.0	1320	42800
普宁市梅塘镇	7600	109701	42650	28080	861400.0	115	16660
普宁市后溪乡	8100	12282	6895	5672	4921.0		
云城区腰古镇	10890	33587	11560	5480	21392.0	115	2070
云城区思劳镇	9550	19550	13886	3616	171980.0	50	1090
云城区前锋镇	13370	26273	14076	2174	98755.0	250	6723
云城区南盛镇	13934	33827	24772	2672	19045.0	102	4250
云安区六都镇	21456	47604	30420	10830	1219390.0	729	29107
云安区高村镇	18459	21631	20233	5101	29708.2	147	1626
云安区白石镇	7231	25429	18791	5481	55695.7	110	1329
云安区镇安镇	11001	43175	31975	14415	77721.9	135	6500
云安区富林镇	17232	49600	39676	26511	11778.0	130	10474
云安区石城镇	18185	46215	24414	11614	264016.3	200	5905
云安区都杨镇	23676	47546	25125	10591	317948.2	600	4011
新兴县新城镇	11700	138652	79237	61712	2360000.0	1776	96105
新兴县车岗镇	8820	23331	17530	6410	20312.0	110	2594
新兴县水台镇	7440	18497	14550	5678	312050.0	240	604
新兴县稔村镇	11245	30431	19875	12686	235860.0	878	5396
新兴县东成镇	12000	26806	18796	13773	116873.0	80	2711
新兴县太平镇	15800	63508	31930	20710	104900.0	144	1493
新兴县里洞镇	12800	12140	12053	5253	5828.0	110	596
新兴县大江镇	8901	6540	6111	1428	6350.0	45	1581
新兴县天堂镇	13390	66465	39329	9137	77658.0	530	10049
新兴县河头镇	16370	22167	13070	1523	35300.0	145	846
新兴县簕竹镇	10180	16061	11730	3157	389400.0	4145	6285
新兴县六祖镇	18690	59162	35826	16434	12658.0	18	4056
郁南县都城镇	9260	84055	60801	43976	256740.0	3000	78156
郁南县平台镇	13200	26720	16066	3756	42500.0	25	3002
郁南县桂圩镇	16690	27825	15937	2175	22496.0	105	3281
郁南县通门镇	15870	11530	11319	2832	15903.0	120	2820
郁南县建城镇	22260	31144	25710	16960	27899.8	250	1536
郁南县宝珠镇	9600	14803	5586	3585	2898.5	100	901
郁南县大方镇	6470	8421	8403	4578	9927.0	80	960
郁南县千官镇	19100	36733	22885	12765	44067.0	150	10840
郁南县大湾镇	4590	16486	12415	5678	192518.0	70	2330
郁南县河口镇	7655	27204	10983	4169	33542.0	500	3380
郁南县宋桂镇	8180	16134	11766	5191	36342.0	48	1662
郁南县东坝镇	10690	28620	10706	4456	48000.0	50	2388
郁南县连滩镇	9800	45028	27078	10328	25507.0	350	14999
郁南县历洞镇	13130	12591	7892	2289	3386.0	30	2425
郁南县南江口镇	20070	28649	18640	10790	234452.0	300	7771
罗定市罗镜镇	16140	66628	58047	27061	32830.0	328	16835
罗定市太平镇	9380	45945	42554	21641	28648.0	260	4885
罗定市分界镇	9750	24578	17683	9050	4132.0	143	6190

续表 384　　（广东省、广西壮族自治区）　　计算单位：公顷、人、万元

名　　称	行政区域面　　积	常住人口	从业人员	二三产业从业人员	工　业总产值	城镇建成区 面 积	城镇建成区常住人口
罗定市罗平镇	13580	59426	51459	23679	22160.0	204	4898
罗定市船步镇	12920	58014	48767	23090	131196.0	35	9360
罗定市满塘镇	8410	31714	26270	13853	76850.0	334	4130
罗定市苹塘镇	8840	29113	25076	12552	105679.0	150	5389
罗定市金鸡镇	8610	23594	20348	10884	55156.0	235	3339
罗定市围底镇	6610	30375	22216	12544	92120.0	310	1506
罗定市华石镇	6250	24169	19038	11696	21000.0	280	3270
罗定市林滨镇	15410	31277	28991	15035	27956.0	90	6512
罗定市黎少镇	13420	39811	34332	17647	21263.0	200	4835
罗定市生江镇	6200	27607	23548	12260	9986.0	186	5427
罗定市连州镇	12540	39334	34007	16769	10159.0	166	4434
罗定市泗纶镇	23380	53296	45408	22329	30528.0	251	4795
罗定市加益镇	7930	20615	15935	7892	7604.0	125	4428
罗定市龙湾镇	12620	22871	18884	9244	8667.0	130	2739
广西壮族自治区							
兴宁区三塘镇	19200	78725	27064	3457	96048.0	250	2865
兴宁区五塘镇	28000	61151	42985	17039	64358.0	167	16507
兴宁区昆仑镇	13300	29625	19445	9168	2880.0	70	1977
青秀区刘圩镇	16389	57593	30645	11756	6615.0	103	3756
青秀区南阳镇	9700	33798	15431	878	8735.0	48	3197
青秀区伶俐镇	26400	37378	26400	750	18165.0	180	4250
青秀区长塘镇	18954	32081	19240	475	2181.0	17	1427
江南区吴圩镇	39400	111480	44080	23080	274034.0	510	34900
江南区苏圩镇	22300	68775	47690	19085	16690.0	151	11240
江南区延安镇	13189	22698	18625	1890	4070.0	32	3025
江南区江西镇	21400	42839	42826	11162	6860.0	200	3364
西乡塘区金陵镇	22100	70969	40628	6578	44200.0	370	18890
西乡塘区双定镇	18800	30963	20671	3720	127036.0	21	3716
西乡塘区坛洛镇	33500	80732	45820	1945	65333.0	590	15716
良庆区良庆镇	8710	49911	15614	930	4465.0	100	4500
良庆区那马镇	16766	29004	13964	804	6839.0	470	5082
良庆区那陈镇	29340	29680	21845	1225	7250.0	50	4659
良庆区大塘镇	49800	50137	35813	6308	43824.0	72	10095
良庆区南晓镇	29365	40851	26500	10500	9514.0	47	2708
邕宁区蒲庙镇	24899	142534	69963	23351	173629.0	400	37517
邕宁区那楼镇	35431	81366	70722	18926	2490.0	178	4339
邕宁区新江镇	16500	33129	15790	6890	2134.0	111	1563
邕宁区百济镇	31000	40862	31560	14235	877.0	150	2498
邕宁区中和乡	17613	33214	28000	8000	774.0		
武鸣区城厢镇	24477	139879	30430	8838	210000.0	1050	57578
武鸣区太平镇	36500	38668	30391	12786	11533.0	30	2662
武鸣区双桥镇	20418	59223	31206	10910	58471.0	630	6049
武鸣区宁武镇	23222	30521	29743	7001	169839.0	435	5231
武鸣区锣圩镇	37927	66355	44065	5541	86759.0	105	9428
武鸣区仙湖镇	20300	43123	34232	6031	7560.0	335	6169
武鸣区府城镇	26462	58726	35859	6103	13200.0	168	5068
武鸣区陆斡镇	24588	56390	43704	5010	19624.0	502	5862
武鸣区两江镇	20030	31218	17174	2191	8961.0	600	3186
武鸣区罗波镇	16292	42771	18442	3743	36400.0	1056	5600
武鸣区灵马镇	19500	38852	33348	23913	36209.0	104	4496

续表 385 （广西壮族自治区） 计算单位：公顷、人、万元

名 称	行政区域面积	常住人口	从业人员	二三产业从业人员	工业总产值	城镇建成区面积	城镇建成区常住人口
武鸣区甘圩镇	9257	24678	10486	2944	73321.0	212	7245
武鸣区马头镇	16100	24761	11577	1445	35354.0	112	1857
隆安县城厢镇	38600	64379	31329	19559	19887.0	381	30988
隆安县南圩镇	31098	55214	41079	13369	13447.0	512	12315
隆安县雁江镇	12800	19024	14729	5781	2128.0	113	3203
隆安县那桐镇	18700	49562	39526	8212	87314.0	175	9876
隆安县乔建镇	21700	31175	30774	11916	9678.0	227	10021
隆安县丁当镇	26900	30112	28316	7016	8923.0	286	6789
隆安县古潭乡	10800	25983	20684	1731	1103.0		
隆安县都结乡	21500	28455	26342	8601	1274.0		
隆安县布泉乡	17300	15720	13091	3016	728.0		
隆安县屏山乡	23400	11315	6734	1140	1734.0		
马山县白山镇	22336	85760	51600	25840	43121.0	1020	48872
马山县百龙滩镇	8783	22396	11477	5802	40553.0	5	4322
马山县林圩镇	30624	97329	63348	22383	8624.0	160	8566
马山县古零镇	25550	58306	49843	22970	1870.0	22	7736
马山县金钗镇	12603	31343	20923	11873	4895.0	23	3348
马山县周鹿镇	33162	94350	52510	29970	6046.0	70	5060
马山县永州镇	21567	60874	38686	23011	2415.0	9	14650
马山县乔利乡	17275	41910	19521	13009	3030.0		
马山县加方乡	20469	30704	19231	9645	936.0		
马山县古寨瑶族乡	15261	21391	16228	8018	1200.0		
马山县里当瑶族乡	14704	21230	15380	5120	110.0		
上林县大丰镇	18584	54582	28389	12589	50858.0	66	54582
上林县明亮镇	9734	28034	18730	4500	383.0	8	4200
上林县巷贤镇	15733	41789	29686	6430	40.0	6	2550
上林县白圩镇	23349	81203	47616	5480	177.0	15	7353
上林县三里镇	18985	60052	36979	2578	7624.0	57	7461
上林县乔贤镇	12637	36550	19700	2200	180.0	8	9920
上林县西燕镇	23089	43662	30460	10210	2000.0	4	4985
上林县澄泰乡	12006	39749	20927	1762			
上林县木山乡	14983	20862	15253	1753			
上林县塘红乡	18422	29500	24447	7447	110.0		
上林县镇圩瑶族乡	11278	19740	11963	2984	2980.0		
宾阳县宾州镇	22861	274360	171164	108406	427144.0	655	81150
宾阳县黎塘镇	21900	139285	88130	70585	644144.0	1700	60883
宾阳县甘棠镇	18900	37249	34315	12955	14230.0	136	12300
宾阳县思陇镇	16774	59862	36609	7111	21002.0	10	3273
宾阳县新桥镇	9793	83663	51675	15525	45008.0	96	17045
宾阳县新圩镇	6578	21798	19834	6803	9586.0	20	2500
宾阳县邹圩镇	14377	52806	25043	7991	9852.0	160	5641
宾阳县大桥镇	10531	81135	53657	22988	39343.0	108	8883
宾阳县武陵镇	14690	38286	37994	19962	61712.0	125	6619
宾阳县中华镇	7470	35983	23360	12075	28047.0	75	1790
宾阳县古辣镇	10909	57020	36580	10680	89650.0	112	12450
宾阳县露圩镇	12759	39163	24087	11228	6350.0	137	6978
宾阳县王灵镇	14852	39573	18832	6419	38816.0	23	8120
宾阳县和吉镇	11961	39896	11581	5730	2800.0	19	778
宾阳县洋桥镇	10680	35226	32227	13587	37000.0	80	1021
宾阳县陈平镇	15350	23785	16840	3584	2470.0	165	2572

续表 386　　（广西壮族自治区）　　计算单位：公顷、人、万元

名　　称	行政区域面　积	常住人口	从业人员	二三产业从业人员	工　业总产值	城镇建成区 面 积	城镇建成区常住人口
横县横州镇	17896	163678	50280	14961	487702.0	33	2884
横县百合镇	18982	106033	49128	23448	17598.0	232	13400
横县那阳镇	13817	55617	36196	12991	182822.0	7	7780
横县南乡镇	32833	97954	54486	11646	5647.0	83	16763
横县新福镇	34369	56918	30595	970	8969.0	100	5100
横县莲塘镇	13296	44015	24613	4492	24864.0	95	3955
横县平马镇	13455	29488	29486	3991	5221.0	35	5007
横县峦城镇	7859	58274	21706	18244	38085.0	150	13238
横县六景镇	31796	103789	82806	49724	19715.0	326	5348
横县石塘镇	20384	71072	45518	14953	30907.0	60	4075
横县陶圩镇	17925	87367	55000	33500	14629.0	90	8244
横县校椅镇	23661	103015	102318	35116	50564.0	247	9869
横县云表镇	25139	81275	50712	15730	41835.0	120	6982
横县马岭镇	9243	29980	18770	6718	78581.0	68	3780
横县马山乡	13087	61604	38680	22545	133086.0		
横县平朗乡	12534	29536	29293	6876	426.0		
横县镇龙乡	21034	19524	10822	4912	1230.0		
鱼峰区雒容镇	35300	98905	47668	20358	1102910.0	252	31195
鱼峰区洛埠镇	1530	8182	3691	2331	41000.0	1530	8182
柳南区太阳村镇	11200	43575	24832	16453	138800.8	13	1138
柳北区石碑坪镇	8757	21759	12238	1890	491600.0	19	2433
柳北区沙塘镇	8750	54047	27540	22264	1328025.0	405	31723
柳北区长塘镇	7403	49695	33105	23651	70000.0	4410	22953
柳江县拉堡镇	4578	124877	60926	51886	809800.0	510	9420
柳江县里雍镇	24355	29800	20730	2430		30	1302
柳江县百朋镇	32200	71600	28000	7800		400	8300
柳江县成团镇	13360	58549	31751	4069		81	2307
柳江县洛满镇	21644	36906	17214	4619		102	5110
柳江县流山镇	14671	22614	15651	2745	11980.0	65	1265
柳江县三都镇	12700	36747	20366	2531	11515.0	864	4301
柳江县里高镇	21255	25986	13751	3237	1840.0	260	2674
柳江县进德镇	11932	57960	34976	11573	69676.0	100	3606
柳江县穿山镇	44762	65793	40360	2810		86	4087
柳江县土博镇	41667	46530	18620	4890		126	1260
柳江县白沙镇	14580	20838	11688	2678	10110.0	200	6512
柳城县大埔镇	25103	79893	25036	5170	363919.0	570	41486
柳城县龙头镇	11654	17074	9991	1894	870.0	65	1077
柳城县太平镇	29847	41670	23595	6525	4460.0	31	3720
柳城县沙埔镇	15433	31438	20225	6277	202472.0	56	3493
柳城县东泉镇	26236	57557	32010	4450	3500.0	90	4800
柳城县凤山镇	11903	18028	11790	682	21566.0	69	5418
柳城县六塘镇	16778	28369	16493	8427	200688.0	75	2693
柳城县冲脉镇	8615	17100	12815	5439	2353.0	86	1852
柳城县寨隆镇	8396	16100	10503	841	1957.0	61	3260
柳城县古砦仫佬族乡	24757	30358	18683	5425	1300.0		
柳城县马山乡	14861	23357	12836	3325	51255.0		
柳城县社冲乡	12867	15455	8923	1387	14534.0		
鹿寨县鹿寨镇	43800	132187	36294	14686	920415.0	2230	95900
鹿寨县中渡镇	37400	33245	24237	7351	2000.0	152	3211
鹿寨县寨沙镇	35600	67465	47088	6661	10789.0	233	5586

续表 387 （广西壮族自治区） 计算单位：公顷、人、万元

名称	行政区域面积	常住人口	从业人员	二三产业从业人员	工业总产值	城镇建成区面积	城镇建成区常住人口
鹿寨县平山镇	32300	33620	24919	6034	860.0	80	1460
鹿寨县黄冕镇	43700	29512	18187	5109	41561.0	54	7100
鹿寨县四排镇	35600	31586	30150	2716	2042.0	126	8242
鹿寨县江口乡	16800	10364	9564	659	1456.0		
鹿寨县导江乡	17500	10497	10249	2170	4920.0		
鹿寨县拉沟乡	24700	7588	7025	393	825.0		
融安县长安镇	22988	119011	39163	19643	344719.0	249	63416
融安县浮石镇	30285	27047	22431	4636	111940.7	250	3221
融安县泗顶镇	28283	18936	11803	1563	15012.0	156	1305
融安县板榄镇	42100	25826	13460	2849	13824.0	86	2579
融安县大将镇	25800	25368	16350	1830	1390.0	38	2532
融安县大良镇	20300	25325	16393	2188	2660.0	200	2610
融安县雅瑶乡	2400	15521	9245	4745	4002.0		
融安县大坡乡	21400	13315	9225	840	1545.0		
融安县东起乡	9609	10345	7137	2012	86.0		
融安县沙子乡	14200	13547	8235	1870	10507.0		
融安县桥板乡	23461	20183	12961	7908	7030.0		
融安县潭头乡	17599	23379	14617	4085	450.0		
融水苗族自治县融水镇	26327	49782	25987	13516	352700.0	560	45216
融水苗族自治县和睦镇	15684	23311	12538	3356	71841.0	200	4346
融水苗族自治县三防镇	22222	22217	11795	2947	1134.0	26	1334
融水苗族自治县怀宝镇	26119	16700	8806	555	612.0	106	1423
融水苗族自治县洞头镇	20490	18622	9632	2311	540.0	6	2221
融水苗族自治县大浪镇	21255	21745	11315	2838	610.0		
融水苗族自治县永乐乡	18822	24770	14374	6188	72.0		
融水苗族自治县四荣乡	27481	18124	14295	3455	865.0		
融水苗族自治县香粉乡	14061	12957	3704	1933	150.0		
融水苗族自治县安太乡	27260	23285	12617	306	956.0		
融水苗族自治县汪洞乡	22836	14285	8387	528	520.0		
融水苗族自治县同练瑶族乡	19113	10818	5966	966	330.0		
融水苗族自治县滚贝侗族乡	27763	18803	9964	60	3286.0		
融水苗族自治县杆洞乡	29587	25030	13058	6242	3605.0		
融水苗族自治县安陲乡	28606	18805	11439	4004	8500.0		
融水苗族自治县白云乡	24951	34981	17715	3543	420.0		
融水苗族自治县红水乡	13488	23166	12117	3485	250.0		
融水苗族自治县拱洞乡	15267	24426	13339	3320	130.0		
融水苗族自治县良寨乡	13205	18770	10703	4503	43.0		
融水苗族自治县大年乡	10474	16495	10156	1311	136.0		
三江侗族自治县古宜镇	20472	55200	19240	7800	90180.0	620	33950
三江侗族自治县斗江镇	26502	23480	18522	2470	25500.0	39	4140
三江侗族自治县丹洲镇	22954	14855	10152	3632	4820.0	2227	3321
三江侗族自治县八江镇	16912	36518	26995	11165	2452.0	16	2248
三江侗族自治县林溪镇	14447	30664	17917	8893	4281.0	31	3865
三江侗族自治县独峒乡	17801	49698	29001	5342	3648.0		
三江侗族自治县同乐苗族乡	17982	46157	35732	14469			
三江侗族自治县梅林乡	8035	13662	7584	2632	92.3		
三江侗族自治县富禄苗族乡	16763	31793	27975	15321	1995.0		
三江侗族自治县洋溪乡	11731	19902	11407	1007	1200.0		
三江侗族自治县良口乡	16912	31249	24722	2009	285.0		
三江侗族自治县老堡乡	16941	15468	10341	2643	600.0		

续表 388　　（广西壮族自治区）　　计算单位：公顷、人、万元

名　　称	行政区域面积	常住人口	从业人员	二三产业从业人员	工业总产值	城镇建成区面积	城镇建成区常住人口
三江侗族自治县高基瑶族乡	16877	7787	4768	2222	730.0		
三江侗族自治县和平乡	10819	7680	4125	935	1735.0		
三江侗族自治县程村乡	6569	8207	8194	1979	1500.0		
叠彩区大河乡	3900	25720	14018	4043	515.0		
象山区二塘乡	6297	21861	9206	4820	92180.0		
七星区朝阳乡	4820	17236	7410	4989	392265.0		
雁山区雁山镇	9056	22185	11641	3550	31363.0	10	592
雁山区柘木镇	6697	22328	14676	3842	52553.0	1	24
雁山区大埠乡	8568	14623	8351	2339	10397.0		
雁山区草坪回族乡	3104	5316	2865	909			
临桂区临桂镇	21985	128404	49367	34767	3562841.0	2198	86426
临桂区六塘镇	10100	40601	24523	9658	34496.0	28	7255
临桂区会仙镇	17450	55754	30710	10000	227910.0	193	2822
临桂区两江镇	26400	75283	35067	10835	86027.0	155	3642
临桂区五通镇	26000	59856	22634	5395	75205.0	418	10902
临桂区四塘镇	14850	45939	29716	7616	225880.0	45	1846
临桂区南边山镇	15970	29690	15310	6010	28615.0	57	3224
临桂区中庸镇	6130	20794	10488	7373	6012.0	36	2055
临桂区茶洞乡	21750	22337	13164	8086	182210.0		
临桂区宛田瑶族乡	33000	23693	13500	5100	24000.0		
临桂区黄沙瑶族乡	19800	5078	2271	1185	5304.0		
阳朔县阳朔镇	7598	47872	27028	20788	115400.0	46	47872
阳朔县白沙镇	15250	49333	26286	9852	181000.0	179	1511
阳朔县福利镇	22860	48755	29548	12228	112372.0	156	3654
阳朔县兴坪镇	30540	45868	22477	6787	5244.0	350	4320
阳朔县葡萄镇	13140	27905	23890	8818	148000.0	38	1890
阳朔县高田镇	15660	36935	20671	871	19695.0	15	3661
阳朔县金宝乡	20490	36310	19210	10011	62352.0		
阳朔县普益乡	7020	12016	6354	1964	11212.0		
阳朔县杨堤乡	10280	11481	6885	3483	19025.0		
灵川县灵川镇	11429	83497	21675	6784	545200.0	951	49099
灵川县大圩镇	20947	53669	33812	6505	221082.0	255	10525
灵川县定江镇	8529	42930	11131	3368	515765.8	405	8485
灵川县三街镇	18094	21705	10311	2131	145056.0	43	5960
灵川县潭下镇	14643	38368	22999	6545	152005.0	61	5480
灵川县九屋镇	30493	30577	15959	6072	80712.0	67	3222
灵川县灵田镇	26738	30246	18174	2827	23616.0	50	1568
灵川县潮田乡	22683	27057	14021	3036	12716.0		
灵川县大境瑶族乡	26520	12696	7373	491	10843.0		
灵川县海洋乡	21883	24519	13785	1318	1238.0		
灵川县兰田瑶族乡	12489	6300	3505	585	14300.0		
灵川县公平乡	15351	15704	8329	4513	1450.0		
全州县全州镇	16920	111479	19360	14600	645210.0	413	82760
全州县黄沙河镇	11200	26591	14346	4416	35800.0	155	9026
全州县庙头镇	12500	34436	16748	2933	3565.0	41	2592
全州县文桥镇	28380	58475	31055	10070	30000.0	6	2460
全州县大西江镇	33750	37546	14393	2583	629012.0	27	1351
全州县龙水镇	27800	53010	30334	4060	58280.0	30	1708
全州县才湾镇	35828	56551	24429	8113	57092.0	300	2078
全州县绍水镇	25000	53223	30466	3923	111226.0	10	15234

续表 389　　（广西壮族自治区）　　计算单位：公顷、人、万元

名　　称	行政区域面　积	常住人口	从业人员	二三产业从业人员	工　业总产值	城镇建成区面积	城镇建成区常住人口
全州县石塘镇	27140	78840	34580	5980	3010.0	144	12970
全州县咸水镇	21549	33797	10991	1973	3485.0	3	1653
全州县凤凰镇	18348	60048	29991	14478	99.0	6	1488
全州县安和镇	16180	37635	12613	6610	397850.0	4	3450
全州县两河镇	15370	42325	21883	11109	9306.0	4	2236
全州县枧塘镇	12300	33520	16060	5359	30678.0		
全州县永岁乡	17514	42395	27637	13157	35752.0		
全州县蕉江瑶族乡	23000	15104	8491	953			
全州县白宝乡	2673	20395	7150	6552	104.0		
全州县东山瑶族乡	42000	30437	17623	4890	8800.0		
兴安县兴安镇	20457	104287	29757	6642	987125.0	1100	47416
兴安县湘漓镇	15960	42239	30329	2655	59298.0	200	910
兴安县界首镇	15913	34502	21223	2168	157303.0	125	9720
兴安县高尚镇	27239	35679	29001	7801	64100.0	100	6583
兴安县严关镇	12163	19478	5889	989	136953.0	61	1004
兴安县溶江镇	46185	50255	27233	4163	382361.0	185	14025
兴安县漠川乡	31200	16432	13157	1183	30622.0		
兴安县白石乡	8804	8489	6205	74	1489.0		
兴安县崔家乡	9504	15580	10572	1482	89960.0		
兴安县华江瑶族乡	42279	14375	8318	3101	140882.0		
永福县永福镇	27896	45884	16362	1707	375253.0	402	36870
永福县罗锦镇	23690	37646	17575	4874	84171.0	350	5442
永福县百寿镇	41337	28714	17322	2621	9513.0	480	6937
永福县苏桥镇	12404	23933	15492	3609	1231622.0	120	5008
永福县三皇镇	19901	21956	12413	1960	31366.0	85	4893
永福县堡里乡	38217	22437	13337	2096	56188.0		
永福县广福乡	44510	18576	11140	2271	65372.0		
永福县永安乡	35273	22705	14421	2928	80119.0		
永福县龙江乡	36253	19649	12240	1554	17173.0		
灌阳县灌阳镇	40600	62401	24806	6686	508869.0	730	25763
灌阳县黄关镇	20600	38209	24995	2979	45524.0	210	8579
灌阳县文市镇	14100	32189	20519	6619	173600.0	1454	11800
灌阳县新街镇	16700	37482	23736	4086	319656.0	250	12150
灌阳县新圩镇	18300	22219	14000	2228	14829.0		
灌阳县洞井瑶族乡	20700	7787	4987	1619	9480.0		
灌阳县观音阁乡	12900	7683	5662	1232	44087.0		
灌阳县西山瑶族乡	18800	11005	6105	1542	9339.0		
灌阳县水车乡	20800	28242	16628	7088	24684.0		
龙胜各族自治县龙胜镇	47645	32696	10066	3031	340992.0	101	31001
龙胜各族自治县瓢里镇	20782	14154	7801	1868	27749.0	61	6028
龙胜各族自治县三门镇	32788	13526	6818	1394	109000.0	75	6018
龙胜各族自治县龙脊镇	23734	15154	9030	1716	18176.0	37	1223
龙胜各族自治县平等镇	34912	28571	12140	1386	27082.0	33	4529
龙胜各族自治县泗水乡	16780	11287	5440	668	31750.0		
龙胜各族自治县江底乡	25117	7747	3840	548	2218.0		
龙胜各族自治县马堤乡	14184	9786	4918	479	1371.0		
龙胜各族自治县伟江乡	15070	7702	3821	586	1607.0		
龙胜各族自治县乐江乡	22788	17806	8401	1246	13170.0		
资源县资源镇	32600	31713	18629	8931	169537.0	361	22925
资源县中峰镇	31918	29816	15737	11252	167358.0	41	5236

续表 390 （广西壮族自治区） 计算单位：公顷、人、万元

名　　称	行政区域面　积	常住人口	从业人员	二三产业从业人员	工　业总产值	城镇建成区 面 积	城镇建成区常住人口
资源县梅溪镇	37630	28532	16840	7604	52810.0	370	5503
资源县瓜里乡	24450	21160	12580	3450	61000.0		
资源县车田苗族乡	30900	24486	13755	3076	9500.0		
资源县两水苗族乡	13270	10836	4838	940	260.0		
资源县河口瑶族乡	10900	4981	2263	305	2423.0		
平乐县平乐镇	31360	99709	50540	45648	306186.0	803	62400
平乐县二塘镇	22616	76244	38103	25527	451775.0	178	14300
平乐县沙子镇	19236	44214	19732	5580	121214.0	68	6909
平乐县同安镇	13715	51296	27795	10147	236639.0	52	4699
平乐县张家镇	11740	46399	25661	7317	30361.0	37	3795
平乐县源头镇	23233	51709	25797	8747	54199.0	51	4978
平乐县阳安乡	7378	28144	13874	5636	8956.0		
平乐县青龙乡	6433	24264	12972	9060	13152.0		
平乐县桥亭乡	10584	18598	9454	3541	24871.0		
平乐县大发瑶族乡	45639	18693	11370	2656	21733.0		
荔浦县荔城镇	9500	73690	44866	38522	458643.0	957	5030
荔浦县东昌镇	14500	25504	16746	7670	18234.0	62	2712
荔浦县新坪镇	25100	28755	25759	11058	98097.0	61	4340
荔浦县杜莫镇	11900	23300	15487	4184	9566.0	61	3672
荔浦县青山镇	7200	34168	24881	12121	420000.0	115	4836
荔浦县修仁镇	10900	32610	19757	6655	57630.0	142	7519
荔浦县大塘镇	10400	22783	11800	5059	22450.0	32	2680
荔浦县花篢镇	13800	23571	15685	6039	14631.0	76	1523
荔浦县双江镇	14492	28375	14206	5530	93100.0	53	4753
荔浦县马岭镇	14300	43704	25735	11610	78039.0	118	5320
荔浦县龙怀乡	8100	10470	6220	1904	78388.0		
荔浦县茶城乡	9800	9626	6580	1718	2325.0		
荔浦县蒲芦瑶族乡	25900	10172	4826	1971	15000.0		
恭城瑶族自治县恭城镇	9283	55902	24910	7260	19255.0	95	30102
恭城瑶族自治县栗木镇	27565	43800	22523	4129	105747.0	51	4633
恭城瑶族自治县莲花镇	36500	56779	30276	7312	22500.0	1479	5644
恭城瑶族自治县嘉会镇	24800	25100	13400	2600	2735.0	130	2400
恭城瑶族自治县平安乡	27499	36200	21568	3721	7248.0		
恭城瑶族自治县三江乡	29600	13452	7146	1526	7276.0		
恭城瑶族自治县西岭乡	43808	41012	19126	2243	118573.0		
恭城瑶族自治县观音乡	1400	9550	4773	848	338.0		
恭城瑶族自治县龙虎乡	5800	8712	5309	852	73151.0		
万秀区城东镇	12200	17782	11200	6378	386136.0	2	1392
万秀区龙湖镇	6714	12490	7560	4507	254303.0	2	1021
万秀区夏郢镇	22700	44578	27521	8058	56958.0	110	2531
长洲区长洲镇	3625	49936	44483	398	42013.0	7	2816
长洲区倒水镇	27000	42460	35980	2055	39895.0	250	2106
龙圩区龙圩镇	17599	90560	37946	21464	563379.0	2000	45071
龙圩区大坡镇	26183	61883	35143	11843	189.0	25	1957
龙圩区广平镇	29550	51801	46269	27257	6210.0	46	9000
龙圩区新地镇	23809	76556	43102	24866	9575.0	3	2300
苍梧县石桥镇	24860	53671	41309	16085	7123.1	475	12243
苍梧县沙头镇	41683	76654	41588	12114	301.0	336	9265
苍梧县梨埠镇	25328	37786	22983	11736	2526.0	205	5120
苍梧县岭脚镇	45600	64205	35290	17001	2000.0	236	16550

续表 391　　（广西壮族自治区）　　计算单位：公顷、人、万元

名　称	行政区域面积	常住人口	从业人员	二三产业从业人员	工业总产值	城镇建成区面积	城镇建成区常住人口
苍梧县京南镇	39841	44604	25352	13145	9013.4	260	3656
苍梧县狮寨镇	28387	14096	13515	4724	380.0	236	975
苍梧县旺甫镇	25527	49035	30027	14108	189645.6	461	8905
苍梧县六堡镇	30020	25903	16162	6080	809.0	110	1013
苍梧县木双镇	14572	13528	11508	6146	1044.5	112	4966
藤县藤州镇	37235	165963	82180	55261	1996420.0	1702	125347
藤县塘步镇	24357	58692	35310	13731	169434.0	248	9016
藤县埌南镇	19712	50065	27659	7259	73524.0	65	7320
藤县同心镇	13832	21562	15999	5058	23612.0	75	4292
藤县金鸡镇	24267	71123	39271	22668	37381.0	132	8576
藤县新庆镇	13385	31025	24702	14331	1285.0	66	3719
藤县象棋镇	18300	35436	24320	11895	28861.0	95	5056
藤县岭景镇	19005	42256	24418	10518	642.0	45	6260
藤县天平镇	35186	75685	44954	23955	76054.0	90	9857
藤县蒙江镇	29138	81629	49364	24962	479652.0	359	25189
藤县和平镇	16819	70489	42194	28845	7819.0	75	7180
藤县太平镇	28301	102386	51958	24693	239416.0	558	35518
藤县古龙镇	17638	42687	21292	12317	40440.0	79	4800
藤县东荣镇	20931	33026	24832	12494	60592.0	110	4463
藤县大黎镇	30636	33258	24516	13687	5299.0	45	4769
藤县平福乡	33275	32142	18412	5212	22065.0		
藤县宁康乡	12600	15179	12792	6412			
蒙山县蒙山镇	7060	51352	19270	11644	559229.0	386	50430
蒙山县西河镇	21587	31300	29264	12834	121988.0	4	270
蒙山县新圩镇	14067	22020	20432	4652	18649.0	34	3150
蒙山县文圩镇	14260	32931	18825	6415	39703.0	63	4632
蒙山县黄村镇	23940	22152	7208	3358		55	4172
蒙山县陈塘镇	15229	22065	14474	4634	10653.0	39	3376
蒙山县汉豪乡	10637	8646	8591	1820	2148.0		
蒙山县长坪瑶族乡	13320	2583	1800	410			
蒙山县夏宜瑶族乡	7887	6253	3658	1399	461.0		
岑溪市岑城镇	15933	186012	87614	77564	1708400.0	1889	137945
岑溪市马路镇	25580	66426	42780	17155	744896.0	1087	10352
岑溪市南渡镇	24850	79589	44195	19621	117113.0	413	15621
岑溪市水汶镇	21520	52061	40082	20612	63425.0	446	15433
岑溪市大隆镇	13742	33843	18578	7641	6492.0	471	7600
岑溪市梨木镇	20106	46258	23180	10800	12927.0	350	6015
岑溪市大业镇	14870	48075	22750	9080	337025.0	595	10300
岑溪市筋竹镇	18700	52002	22186	14051	323525.0	255	13002
岑溪市诚谏镇	18390	44050	28550	12615	145104.2	200	5868
岑溪市归义镇	16500	71189	44527	25981	880455.0	295	15564
岑溪市糯垌镇	18600	71580	46922	22080	356850.0	405	6850
岑溪市安平镇	14640	28712	12190	4359	42275.0	334	7693
岑溪市三堡镇	31713	59112	38080	14665	30223.0	400	8122
岑溪市波塘镇	23271	38995	19527	7936	3161.0	533	4429
海城区涠洲镇	2663	9980	7914	5008	9818.0	465	2959
银海区福成镇	29380	73826	37306	9338	51213.0	1600	16062
银海区银滩镇	7896	71638	18907	9342	76360.0	417	6940
银海区平阳镇	7000	13807	7982	1724	68938.0	100	2862
银海区侨港镇	110	16801	10486	4336	72619.0	110	16801

续表 392　　（广西壮族自治区）　　计算单位：公顷、人、万元

名　　称	行政区域面　积	常住人口	从业人员	二三产业从业人员	工　业总产值	城镇建成区 面 积	城镇建成区常住人口
铁山港区南康镇	17586	71783	41239	19395	41099.0	382	17051
铁山港区营盘镇	9990	60378	36761	11070	3324283.0	200	5885
铁山港区兴港镇	11100	56194	27825	9025	3001901.0	12	129
合浦县廉州镇	20600	152526	77519	64029	1147304.0	1879	128270
合浦县党江镇	8200	45776	25921	13860	22541.0	259	3465
合浦县西场镇	18200	85096	46170	23861	53608.0	275	4395
合浦县沙岗镇	10800	34987	17896	8513	5396.0	232	2664
合浦县乌家镇	16000	13647	7221	4038	26000.0	205	1696
合浦县闸口镇	11400	37100	20199	11296	20200.0	207	4486
合浦县公馆镇	17800	118197	75719	46602	125686.0	560	12478
合浦县白沙镇	22800	106834	42680	26310	39922.0	261	9800
合浦县山口镇	12600	44637	34733	17167	29635.0	280	15005
合浦县沙田镇	2800	17093	9542	4862	3766.0	108	2645
合浦县石湾镇	22700	51507	24290	12849	6635.0	213	4148
合浦县石康镇	19100	78187	33047	17721	79000.0	510	11185
合浦县常乐镇	25800	74927	34299	15934	62640.0	386	10920
合浦县曲樟乡	13300	22458	11156	4230	2800.0		
合浦县星岛湖乡	18800	27506	11790	5273	137172.0		
港口区企沙镇	8659	40000	26824	14489	400000.0	500	19000
港口区光坡镇	9800	29591	18261	7238	80870.0	23	2756
防城区大菉镇	22400	40663	24606	7934	51.0	204	2465
防城区华石镇	9160	13924	11227	3442	58259.0	100	1193
防城区那梭镇	25300	33076	12455	4922	34709.0	200	4242
防城区那良镇	38300	56720	29521	12401	56212.0	675	9689
防城区峒中镇	23687	25265	17371	3970	39182.0	32	7852
防城区江山镇	2080	22372	10196	2895	88450.0	68	2990
防城区茅岭镇	12830	17696	14677	5222	235434.3	98	1079
防城区扶隆乡	23070	35219	22036	11207	42307.0		
防城区滩营乡	24630	37601	21957	9562	329710.0		
防城区十万山瑶族乡	9880	9910	4156	930	4890.0		
上思县思阳镇	26600	79524	24445	5265	754479.0	400	40898
上思县在妙镇	20600	34591	19943	2818	12000.0	200	3965
上思县华兰镇	14670	12986	7443	1612	6073.0	78	1625
上思县叫安镇	58400	44880	25580	1030	2545.9	154	2684
上思县南屏瑶族乡	52646	13349	7629	2431	6441.0		
上思县平福乡	27670	19916	10734	2203	16549.0		
上思县那琴乡	30840	20550	20324	2024	10654.0		
上思县公正乡	33639	17242	8552	1182	455.0		
东兴市东兴镇	12626	66941	22656	14091	869762.5	1100	42810
东兴市江平镇	25709	50245	26071	7851	410915.5	181	8340
东兴市马路镇	16529	16640	10023	4197	31708.0	50	1999
钦南区沙埠镇	14550	44422	27198	5648	548900.0	2128	13983
钦南区康熙岭镇	9207	46125	26048	15143	84215.0	110	7256
钦南区黄屋屯镇	22670	35000	30895	21632	107990.0	121	4720
钦南区大番坡镇	13376	20866	15633	7333	35000.0	7	3024
钦南区龙门港镇	3677	8250	8180	788	3983.0	93	3314
钦南区久隆镇	22292	47653	31877	12691	8321.0	62	3250
钦南区东场镇	17930	24583	16283	4280	1275.0	65	2951
钦南区那丽镇	22608	37080	25777	8597	67500.0	364	12300
钦南区那彭镇	29138	43815	37407	8547	19345.0	273	9472

续表 393 （广西壮族自治区） 计算单位：公顷、人、万元

名　称	行政区域面积	常住人口	从业人员	二三产业从业人员	工业总产值	城镇建成区面积	城镇建成区常住人口
钦南区那思镇	24476	29531	18002	4017	552.0	40	4910
钦南区犀牛脚镇	25440	61388	37637	21427	41645.0	520	19655
钦北区大垌镇	15588	37793	24840	11272	532242.0	150	3374
钦北区平吉镇	25998	89238	57638	24120	206317.0	296	18052
钦北区青塘镇	12438	49286	34351	12695	3024.0	214	6035
钦北区小董镇	15032	69551	54010	31494	23100.0	510	42150
钦北区板城镇	17864	64168	56396	25629	1530.0	201	4653
钦北区那蒙镇	13679	46508	34330	17104	61658.0	300	8692
钦北区长滩镇	11866	55194	39082	10655		202	2918
钦北区新棠镇	11200	43179	31415	13429	80.0	300	6152
钦北区大直镇	38117	74215	54051	21047	89074.0	800	18576
钦北区大寺镇	27182	87712	59274	31469	137923.0	480	37649
钦北区贵台镇	20600	29470	23255	8973	14640.0	26	3678
灵山县新圩镇	17196	120947	74544	30244	480668.0	535	13138
灵山县丰塘镇	12226	49800	33625	15687	29981.0	115	3630
灵山县平山镇	11764	52999	34263	15265	59000.0	270	3706
灵山县石塘镇	11365	53292	32052	12448	35760.0	155	13663
灵山县佛子镇	16225	72350	39265	19642	31000.0	110	5200
灵山县平南镇	11060	65658	38787	9856	66735.0	160	4879
灵山县烟墩镇	14379	85032	56377	25595	30200.0	250	9286
灵山县檀圩镇	13985	108986	64648	23302	271166.0	213	20318
灵山县那隆镇	22867	125465	68168	35410	53580.0	425	7312
灵山县三隆镇	13687	72123	41549	15072	119430.0	280	7990
灵山县陆屋镇	27792	105587	54312	25316	120960.0	255	20513
灵山县旧州镇	21845	117244	59648	28933	96810.0	214	6168
灵山县太平镇	27785	127836	73002	38830	27289.0	155	10400
灵山县沙坪镇	11782	61584	33557	14774	21050.0	112	8165
灵山县武利镇	18317	87675	48925	15102	285371.0	398	30105
灵山县文利镇	26300	35246	22541	7221	56100.0	215	4015
灵山县伯劳镇	30776	102670	56108	16784	31100.0	1600	36325
浦北县泉水镇	9984	34256	34241	22141	333600.0	110	3566
浦北县石埇镇	4559	20007	9558	5012	24000.0	36	2855
浦北县安石镇	8753	29408	20573	7948	13255.0	139	2653
浦北县张黄镇	20450	71272	48309	31109	217035.0	260	20166
浦北县大成镇	18800	27631	20115	6580	43368.0	44	1843
浦北县白石水镇	8631	42588	29941	12741	23700.0	22	4850
浦北县北通镇	15000	60143	39871	16021	132290.0	400	6360
浦北县三合镇	8800	35637	28600	12100	15000.0	50	1057
浦北县龙门镇	25939	83058	55700	26712	169395.0	179	8095
浦北县福旺镇	21350	83079	48204	19044	1745.0	180	5845
浦北县寨圩镇	18100	79760	40260	29827	124800.0	87	16000
浦北县乐民镇	8285	49631	35463	12653	98954.0	100	7268
浦北县六硍镇	22500	45503	29060	11965	27868.0	85	4090
浦北县平睦镇	10800	30678	18951	10254	58336.0	65	3686
浦北县官垌镇	20062	42011	30168	10058	31250.0	61	3669
港北区港城镇	13600	77035	39407	28210	43100.0	156	10245
港北区大圩镇	15900	74153	44123	5972	1436.0	132	12738
港北区庆丰镇	13800	94946	12335	7748	6021.0	126	906
港北区根竹镇	11700	29156	13515	4099	100200.0		
港北区奇石乡	13600	33634	17095	8430	475.0		

续表 394 （广西壮族自治区） 计算单位：公顷、人、万元

名　　称	行政区域面　积	常住人口	从业人员	二三产业从业人员	工　业总产值	城镇建成区 面 积	城镇建成区常住人口
港北区中里乡	19000	81978	43039	7527	212.0		
港北区武乐乡	9900	39736	19111	7788	123365.0		
港南区桥圩镇	12274	84737	56883	34129	562812.0	160	20667
港南区木格镇	21768	81055	56958	12648	80000.0	35	2680
港南区木梓镇	16367	47336	27544	6197	58912.0	700	2726
港南区湛江镇	8052	54960	54923	28900	26022.0	157	3019
港南区东津镇	10933	74407	46454	19702	10989.0	120	3135
港南区八塘镇	12418	93428	68595	56930	572506.0	236	9675
港南区新塘镇	10572	61312	57881	5237	100000.0	8	1374
港南区瓦塘乡	16435	38952	38005	20742	27900.0		
覃塘区覃塘镇	13457	79431	41778	14825	169943.9	341	14852
覃塘区东龙镇	11964	68700	36253	11578	164944.2	350	8220
覃塘区三里镇	12757	59396	36928	13158	23753.9	66	8976
覃塘区黄练镇	13976	49248	25367	9149	378185.8	278	6660
覃塘区石卡镇	20085	75772	40973	14071	151568.7	250	5486
覃塘区五里镇	10134	41208	29846	8451	20649.0	200	9689
覃塘区山北乡	7788	44395	20584	7306	15621.3		
覃塘区樟木乡	24820	85820	47416	15514	2025.8		
覃塘区蒙公乡	11705	41968	17525	5715	5768.4		
覃塘区大岭乡	8538	32323	17904	6141	261137.2		
平南县平南镇	10845	199700	121300	98300	485500.0	2300	95500
平南县平山镇	14480	51774	27262	15630	120416.0	110	7376
平南县寺面镇	12300	43678	23134	12950	90182.0	65	6500
平南县六陈镇	15317	73090	35017	14489	24055.0	58	5813
平南县大新镇	12500	95478	25778	15888	32780.0	480	22020
平南县大安镇	12400	103681	37750	20392	30760.0	380	41267
平南县武林镇	4300	27891	14045	6694	26021.0	22	2821
平南县大坡镇	11100	39113	20690	10974	3450.0	70	6538
平南县大洲镇	11525	42535	38969	18754	7846.0	480	2533
平南县镇隆镇	15784	81218	49501	26244	29420.0	245	2950
平南县上渡镇	8058	61773	51037	23603	97951.0	60	10980
平南县安怀镇	20900	61832	23729	10409	37210.0	35	9364
平南县丹竹镇	15934	108352	87701	45645	1255632.0	389	11080
平南县官成镇	19816	107273	40190	17755	17689.0	189	6025
平南县思旺镇	16710	98073	42569	25406	26037.0	258	8032
平南县大鹏镇	24500	45003	20200	6200	4000.0	16	3000
平南县同和镇	19800	61785	34671	23488	20200.0	90	3169
平南县东华乡	8608	40785	18273	9090	11870.0		
平南县思界乡	45000	35444	2849	1810	39542.0		
平南县国安瑶族乡	14300	17150	11780	3880	10100.0		
平南县马练瑶族乡	24000	45058	43532	5835	1365.0		
桂平市木乐镇	8700	72360	32932	16732	590324.0	130	4200
桂平市木圭镇	11000	63897	40150	19850	193835.0	86	1634
桂平市石咀镇	7200	55296	25961	10278	108924.0	35	5633
桂平市油麻镇	16600	50800	24800	12300	8016.0	140	4688
桂平市社坡镇	16100	82732	31258	13538	213722.0	95	3310
桂平市罗秀镇	18500	75109	38444	18744	76238.0	200	9656
桂平市麻垌镇	20800	104852	38440	17655	4562.0	290	17935
桂平市社步镇	12600	51108	19245	5045	58263.0	26	3968
桂平市下湾镇	15500	68000	37542	15142	730.0	25	3430

续表 395　　（广西壮族自治区）　　计算单位：公顷、人、万元

名　称	行政区域面　积	常住人口	从业人员	二三产业从业人员	工　业总产值	城镇建成区 面 积	城镇建成区常住人口
桂平市木根镇	11000	52820	29321	9721	1031.0	16	3080
桂平市中沙镇	20600	60700	24532	11732	83920.0	188	3696
桂平市大洋镇	12200	79525	31880	11180	2850.0	15	4900
桂平市大湾镇	13400	66753	22539	1839	1684.0	16	4800
桂平市白沙镇	16000	80888	35500	15000	68288.0	300	5380
桂平市石龙镇	28400	74207	43294	21094	30365.0	150	11149
桂平市蒙圩镇	23900	87093	40192	17892	67859.0	35	1760
桂平市西山镇	29100	230100	29493	15693	891855.0	1950	26624
桂平市南木镇	22100	122187	53463	22163	12546.0	223	3800
桂平市江口镇	14300	113605	61958	33058	21351.0	300	14700
桂平市金田镇	15300	90917	37192	14792	6621.0	440	16910
桂平市紫荆镇	26700	26253	8665	1865	795.0	75	1358
桂平市马皮乡	6300	45586	22144	8144	88637.0		
桂平市寻旺乡	10800	66699	32066	17166	729453.0		
桂平市罗播乡	8800	45685	18954	2354	815.0		
桂平市厚禄乡	8800	48750	15285	2485	22548.0		
桂平市垌心乡	11200	27422	15784	7580	4650.0		
玉州区大塘镇	3240	22845	15069	9891	13000.0	26	7580
玉州区茂林镇	11200	96196	55280	21018		78	6210
玉州区仁东镇	6300	69792	6914	1179	94100.0	125	3210
玉州区仁厚镇	3000	30710	19634	8334	21517.0	15	1815
福绵区福绵镇	7400	85409	53277	33460		510	45062
福绵区成均镇	21036	74640	45850	23230		200	2330
福绵区樟木镇	21800	84462	41197	14859	65200.0	205	4068
福绵区新桥镇	8273	61700	33015	12503		151	3621
福绵区沙田镇	16060	57755	36385	27485		182	3427
福绵区石和镇	8330	30534	19209	8183		45	2836
容县容州镇	17803	158951	91665	63787	1961437.0	1200	108150
容县杨梅镇	14477	47765	28618	16418	31844.0	196	13456
容县灵山镇	13155	34258	26323	12753	23337.0	46	5560
容县六王镇	18418	56127	38691	20991	33236.0	81	8753
容县黎村镇	19579	66962	48552	23811	14473.0	95	23122
容县杨村镇	20408	45967	28647	8103	56929.0	60	10617
容县县底镇	19495	44118	37946	14767	25361.0	57	7979
容县自良镇	10694	30989	19672	8482	45055.0	75	10475
容县松山镇	13225	34142	22019	11169	23008.0	40	9618
容县罗江镇	7845	20587	16013	5263	8772.0	42	5721
容县石头镇	19198	45679	37222	13722	14914.0	52	10245
容县石寨镇	14788	29827	23711	14361	77544.0	154	7677
容县十里镇	14447	32842	29571	18321	154637.0	49	11776
容县容西镇	4614	14633	10070	6778	95997.0	26	3110
容县浪水镇	12639	16652	11621	7132	1754.0	21	2186
陆川县温泉镇	12820	179136	83210	59195	1164825.0	720	93872
陆川县米场镇	8730	60896	29550	15324	158088.0	186	6586
陆川县马坡镇	14500	106324	97377	34889	173473.6	432	9136
陆川县珊罗镇	5200	60693	35399	18253	98549.6	102	3896
陆川县平乐镇	6743	54890	35140	10811	13600.0	176	4203
陆川县沙坡镇	15000	80508	33203	4835	38459.1	77	4563
陆川县大桥镇	10200	57433	33057	4213	153977.3	20	3786
陆川县乌石镇	21350	89364	48950	21638	36977.9	319	7767

续表 396　　（广西壮族自治区）　　计算单位：公顷、人、万元

名　　称	行政区域面　　积	常住人口	从业人员	二三产业从业人员	工　业总产值	城镇建成区 面 积	城镇建成区常住人口
陆川县良田镇	13560	96683	49064	32100	168870.0	28	3789
陆川县清湖镇	11400	71525	47512	10518	164053.0	32	8867
陆川县古城镇	11800	65413	34986	17130	125822.1	78	4231
陆川县沙湖镇	7300	30876	17921	14343	35283.0	6	1843
陆川县横山镇	10200	39527	27038	12418	135.2	85	2920
陆川县滩面镇	6300	27770	21684	15819	2818.0	27	1101
博白县博白镇	14440	174577	82175	58198	500000.0	1106	148698
博白县双凤镇	9000	23076	20225	11550	5339.0	362	1930
博白县顿谷镇	13200	49880	30659	17093	30055.0	41	2294
博白县水鸣镇	7248	47817	38448	18511	25035.0	121	8332
博白县那林镇	19816	39682	15946	7850	16852.0	28	7667
博白县江宁镇	15300	45532	30971	5661	44580.0	210	2362
博白县三滩镇	9939	69236	45357	11857	84805.0	131	1867
博白县黄凌镇	9178	25370	12257	8057	8821.0	22	815
博白县亚山镇	13150	74524	35367	12081	152954.0	91	2315
博白县旺茂镇	12050	54118	16670	12420	66324.0	78	3125
博白县东平镇	12050	113062	56201	32082	35563.0	78	3077
博白县沙河镇	17280	65815	55268	29783	27231.0	182	3601
博白县菱角镇	8356	42159	37230	5730	3545.0	35	1368
博白县新田镇	11152	44788	36003	13321	11458.0	25	2603
博白县凤山镇	15800	81450	47627	21362	8065.0	66	3250
博白县宁潭镇	13260	63200	29650	14450	8000.0	52	3200
博白县文地镇	12033	81346	62436	28080	170502.0	325	8685
博白县英桥镇	12613	68021	41964	20644	39412.0	357	8710
博白县那卜镇	6329	20602	11752	4119	25300.0	15	1940
博白县大垌镇	11105	28432	20091	13265	15962.0	29	729
博白县沙陂镇	10520	42970	34513	12013	32000.0	90	2639
博白县双旺镇	11148	32752	23718	13250	27300.0	43	2040
博白县松旺镇	19300	40402	22964	10694	5500.0	102	2530
博白县龙潭镇	14440	80654	47118	33876	504110.0	396	21695
博白县大坝镇	8126	26650	19492	11107	58461.0	102	2966
博白县永安镇	10800	32552	14790	7890	20251.0	45	3575
博白县径口镇	16405	46521	19477	12586	13555.0	28	1798
博白县浪平镇	11180	30135	18430	4560	3600.0	35	1523
兴业县石南镇	15100	83554	43681	18681	481539.0	760	15420
兴业县大平山镇	10300	52424	30230	14618	366084.0	606	13763
兴业县葵阳镇	16660	69162	41606	19508	206565.0	400	7450
兴业县城隍镇	16100	60919	29342	11020	59567.0	170	24850
兴业县山心镇	18800	74900	42200	27100	13117.0	100	12930
兴业县沙塘镇	8700	71928	36942	20372	6977.0	23	2190
兴业县蒲塘镇	9717	51306	29787	16886	8937.0	510	6789
兴业县北市镇	11700	65073	38153	20139	7051.0	113	3287
兴业县龙安镇	9400	38928	24510	10480	5894.0	48	1742
兴业县高峰镇	8500	43019	26694	18437	6092.0	150	2362
兴业县小平山镇	10263	36598	19909	6724	9054.0	130	5106
兴业县卖酒镇	7504	28953	16530	8323	16369.0	390	5754
兴业县洛阳镇	3919	29286	20831	13731	3580.0	150	2714
北流市北流镇	14350	80425	42847	21095	480272.0	27	4982
北流市新荣镇	8200	42388	19828	10281	200002.0	124	1958
北流市民安镇	8900	44643	20729	6769	610924.0	122	707

续表 397　　（广西壮族自治区）　　计算单位：公顷、人、万元

名　称	行政区域面　积	常住人口	从业人员	二三产业从业人员	工　业总产值	城镇建成区 面 积	城镇建成区常住人口
北流市山围镇	8236	38401	19753	5931	76000.0	32	1009
北流市民乐镇	16700	79583	38550	15070	124868.0	41	2587
北流市西垠镇	6800	59019	31553	20053	600808.0	163	1774
北流市新圩镇	7517	66919	35902	20262	188234.0	67	2308
北流市大里镇	8200	56558	27822	11923	103090.0	31	3637
北流市塘岸镇	11400	60728	24924	11757	137198.0	184	1689
北流市清水口镇	12756	50570	26237	8211	32039.0	88	1434
北流市隆盛镇	17461	66202	46775	12554	113210.0	204	1789
北流市大坡外镇	12354	48265	21898	8068	48002.0	37	1607
北流市六麻镇	19718	62338	51591	9323	70515.0	45	1856
北流市新丰镇	10300	51289	22646	9646	116513.6	34	2589
北流市沙垌镇	7700	38779	16168	12659	37454.0	31	806
北流市平政镇	15276	70032	33336	17767	51148.0	102	3405
北流市白马镇	7800	54100	28341	20798	178905.0	102	5440
北流市大伦镇	8167	36966	17537	8236	110025.0	82	3823
北流市扶新镇	6300	31499	12615	10409	48067.0	51	1644
北流市六靖镇	11861	75199	37783	21954	140973.0	220	4989
北流市石窝镇	14514	71490	34328	19825	50837.0	71	1941
北流市清湾镇	11192	55304	36921	15901	90263.0	41	2171
右江区阳圩镇	70474	32201	17237	758	65943.0	301	2764
右江区四塘镇	36327	28040	15049	1386	344212.0	302	3272
右江区龙川镇	40364	36978	15691	2213	900.0	481	6809
右江区永乐镇	42200	17869	12725	1615	4227.0	198	5482
右江区汪甸瑶族乡	54708	25713	16572	972	10245.0		
右江区大楞乡	65756	24298	16671	841	2252.5		
右江区泮水乡	24153	10385	6448	787			
田阳县田州镇	10472	73797	52390	31127	368290.0	950	73757
田阳县那坡镇	25429	40610	25338	9932	223202.0	76	5729
田阳县坡洪镇	30956	37723	23380	8654	662.0	32	2637
田阳县那满镇	13087	24055	15127	3534	4589.0	70	2867
田阳县百育镇	13068	29028	18295	1645	97684.0	34	2357
田阳县玉凤镇	57066	39471	23380	2040	1596.0	66	2366
田阳县头塘镇	14437	25989	17955	4239	1103025.0	64	4380
田阳县五村镇	22043	28004	15843	7650	650.0	17	1457
田阳县洞靖镇	31567	26127	18094	1963	502.0	26	1131
田阳县巴别乡	19180	14252	9953	1078	300.0		
田东县平马镇	21485	68761	36108	12788	1598822.0	1000	59066
田东县祥周镇	26241	52380	33204	9589	109896.0	67	6993
田东县林逢镇	37433	54677	34521	11021	7662.0	120	7880
田东县思林镇	45597	51506	47140	23386	78640.0	94	17240
田东县印茶镇	21139	24631	13676	3780	70.0	27	3086
田东县江城镇	14176	23414	15079	4874	100.0	57	1605
田东县朔良镇	39400	30872	20758	5677	198.0	118	4452
田东县义圩镇	18701	22346	14526	4930	120.0	8	2765
田东县那拔镇	20032	16626	10403	3571	162.0	7	1182
田东县作登瑶族乡	37108	38533	20811	5561	118.0		
平果县马头镇	22598	88370	28680	24078	263537.0	885	81865
平果县新安镇	22539	48856	40917	22328	1695346.0	1160	18578
平果县果化镇	23200	45263	28485	10276	37026.0	30	3125
平果县太平镇	34055	64691	37555	6390	132.0	71	4004

续表 398　　（广西壮族自治区）　　计算单位：公顷、人、万元

名　称	行政区域面积	常住人口	从业人员	二三产业从业人员	工业总产值	城镇建成区面积	城镇建成区常住人口
平果县坡造镇	11653	24713	14859	10023	20123.0	130	2350
平果县四塘镇	17044	18720	16906	4725	775.0	34	810
平果县旧城镇	25463	39230	23740	8703	1841.0	125	4110
平果县榜圩镇	15052	34623	19561	13690	122.0	260	4994
平果县风梧镇	21225	18530	17518	9160	1890.0	60	4882
平果县海城乡	22906	28621	20119	1278	1289.0		
平果县黎明乡	10883	12275	7009	3105	35.0		
平果县同老乡	12695	13655	7609	1882			
德保县城关镇	14619	51678	10786	4345	199947.0	600	51678
德保县足荣镇	15961	20950	10321	221	29796.0	22	2325
德保县隆桑镇	11023	16378	10798	510	347.0	37	3131
德保县敬德镇	27284	29491	15220	4754	150.0	30	3241
德保县马隘镇	22195	34287	22487	539	74503.0	47	4291
德保县东凌镇	35082	34428	16035	375	155.0	16	1804
德保县都安乡	13461	16450	8585	596	70.0		
德保县那甲乡	20644	25000	15868	515	120788.0		
德保县荣华乡	21944	18400	10996	285	2570.0		
德保县燕峒乡	32639	28454	17575	1134	45891.0		
德保县龙光乡	24825	33622	19537	1338	200.0		
德保县巴头乡	17846	18847	9806	3246	150.0		
那坡县城厢镇	33754	57290	24997	3875	38643.0	557	28730
那坡县平孟镇	22441	13937	9159	3447	57.0	75	1863
那坡县坡荷乡	13302	15806	11288	228	210.0		
那坡县龙合乡	27626	36906	18052	514	35862.0		
那坡县德隆乡	24502	20400	11703	1516	7774.8		
那坡县百合乡	26502	15267	9444	2679	2350.0		
那坡县百南乡	13478	9991	5551	1251	525.5		
那坡县百省乡	33129	17405	9496	610	650.0		
那坡县百都乡	27534	22880	13638	890	150.0		
凌云县泗城镇	33323	45118	15858	8506	33750.0	373	45118
凌云县逻楼镇	33700	41521	16887	5725	300.0	75	7800
凌云县加尤镇	27189	30827	19909	6544	9285.0	76	4938
凌云县下甲镇	18514	23373	9461	3589	2438.0		
凌云县伶站瑶族乡	21157	15390	8170	2378	58104.0		
凌云县朝里瑶族乡	17571	9272	9164	852	287.0		
凌云县沙里瑶族乡	22103	17204	13502	4300			
凌云县玉洪瑶族乡	31569	24999	12629	2749	190.0		
乐业县同乐镇	31217	31200	15194	5455	24687.3	31217	31200
乐业县甘田镇	15466	17474	7381	3165	6412.9	67	4748
乐业县新化镇	37146	25958	12795	6079	1567.4	73	4753
乐业县花坪镇	32536	16400	8560	1000	290.0	48	2450
乐业县逻沙乡	23134	19408	5047	1000	257.3		
乐业县逻西乡	47925	20795	10274	1402	46.8		
乐业县幼平乡	45027	20997	8888	439	4585.3		
乐业县雅长乡	30866	8812	3541	98			
田林县乐里镇	30614	33083	12778	6600	86000.0	410	25365
田林县旧州镇	46546	21469	11580	6080	152.0	47	3036
田林县定安镇	30089	14012	10302	2832	8915.0	53	4931
田林县六隆镇	46349	22154	12783	2847	201.0	29	2469
田林县潞城瑶族乡	78838	27754	16090	3545	32196.0		

续表 399　　（广西壮族自治区）　　计算单位：公顷、人、万元

名　称	行政区域面积	常住人口	从业人员	二三产业从业人员	工业总产值	城镇建成区面积	城镇建成区常住人口
田林县利周瑶族乡	25257	17704	8687	3034	27424.0		
田林县平塘乡	19059	13922	7572	2232	201.0		
田林县浪平乡	45450	33854	23535	5178	50.0		
田林县八桂瑶族乡	33560	15225	9238	2935	285.0		
田林县八渡瑶族乡	67723	22602	12742	2986	1700.0		
田林县那比乡	21713	8888	6973	2473	23500.0		
田林县高龙乡	27127	8969	7140	2668	10548.0		
田林县百乐乡	52142	12920	8598	2528			
田林县者苗乡	28101	10063	6712	4722			
西林县八达镇	35927	37644	12716	1892	47359.0	341	4451
西林县古障镇	62709	32667	19001	5301	3690.0	52	2781
西林县那劳镇	22675	9048	6182	1519	101.0	50	2019
西林县马蚌乡	42345	16919	9428	2195	21.0		
西林县普合苗族乡	19459	11705	7649	486	6881.0		
西林县西平乡	28643	14432	8632	726	20.0		
西林县那佐苗族乡	59751	27200	15277	1283	19.0		
西林县足别瑶族苗族乡	28220	9307	5828	391	561.0		
隆林各族自治县新州镇	18895	55752	15820	4560	332126.0	640	21616
隆林各族自治县桠杈镇	9452	13675	7250	1840		54	3031
隆林各族自治县天生桥镇	17174	25150	13133	3723	35003.0	60	3522
隆林各族自治县平班镇	21594	34573	20023	6186	50225.0	28	2569
隆林各族自治县德峨镇	31349	40843	21310	5730	7146.0	41	3872
隆林各族自治县隆或镇	22965	32174	12321	1139	9100.0	64	4902
隆林各族自治县沙梨乡	14235	17097	7632	792	200.0		
隆林各族自治县者保乡	19557	30086	24736	7431			
隆林各族自治县者浪乡	15980	19601	15675	875	19400.0		
隆林各族自治县革步乡	29528	27242	12888	4240			
隆林各族自治县金钟山乡	25888	15092	7430	1310			
隆林各族自治县猪场乡	23839	22347	12046	943	500.0		
隆林各族自治县蛇场乡	23251	18135	12116	2060			
隆林各族自治县克长乡	29006	31471	20336	6041			
隆林各族自治县岩茶乡	28605	22420	12491	4201	650.0		
隆林各族自治县介廷乡	20010	14734	13480	5060	600.0		
靖西市新靖镇	11939	99018	37137	11352	60638.7	2200	57100
靖西市化峒镇	9369	21194	14156	4193	294.0	100	3047
靖西市湖润镇	20832	29449	19372	10096	167025.2	24	2420
靖西市安德镇	21950	41526	14369	5969		90	1180
靖西市龙临镇	14922	37207	19982	5651	1401.0	80	2770
靖西市渠洋镇	24049	44098	28503	5391	2395705.4	25	3429
靖西市岳圩镇	9703	14322	5316	1162		19	3051
靖西市龙邦镇	11337	20980	9172	1698	11450.0	54	1332
靖西市禄峒镇	30303	52840	17144	4208	1784.0	15	1320
靖西市武平镇	26896	49184	19425	7460	3500.0	24	1276
靖西市同德乡	15456	27852	18370	8559			
靖西市壬庄乡	11580	15315	13390	7188	2.0		
靖西市安宁乡	12663	17318	6379	1540	343.0		
靖西市地州乡	18830	31201	10842	3218	450.0		
靖西市南坡乡	18711	26864	17486	8646	78.0		
靖西市吞盘乡	13918	17903	10150	6245	28.0		
靖西市果乐乡	13190	27636	15194	4431			

续表 400　　（广西壮族自治区）　　计算单位：公顷、人、万元

名　　称	行政区域面积	常住人口	从业人员	二三产业从业人员	工业总产值	城镇建成区面积	城镇建成区常住人口
靖西市新甲乡	19295	47177	43066	19693	7902.0		
靖西市魁圩乡	19432	24909	11074	3040			
八步区贺街镇	34825	66344	57521	25031	10570.2	300	11832
八步区步头镇	57927	32766	17686	2452	7329.0	180	3325
八步区莲塘镇	19270	86694	43701	10414	53180.0	223	5755
八步区大宁镇	38904	44589	26540	8531	10223.0	64	3085
八步区南乡镇	28495	24821	12933	6740	9600.0	10	3988
八步区桂岭镇	41480	97420	64515	16395	6440.0	200	7682
八步区开山镇	12365	15989	15451	5401	13650.0	15	1557
八步区里松镇	21312	11250	8893	1830	11920.0	97	3387
八步区信都镇	26077	62630	34282	19520	108857.0	229	17256
八步区灵峰镇	16493	8187	2867	1300	237660.0	25	1170
八步区仁义镇	31350	65462	36985	14803	65000.0	100	2640
八步区铺门镇	17320	63646	46405	14734	29331.0	95	3897
八步区黄洞瑶族乡	18900	7593	5575	807	7158.0		
平桂管理区黄田镇	30800	79850	55235	26191	289220.0	201	11055
平桂管理区鹅塘镇	18900	53807	33341	9975	39785.0	5	2123
平桂管理区沙田镇	47600	96800	58836	10100	30000.0	260	13000
平桂管理区公会镇	30000	80938	37566	10934	25852.0	200	12583
平桂管理区水口镇	16900	11286	8300	2718	1120.0	15	1955
平桂管理区望高镇	22679	38505	16960	5810	622427.0	80	6512
平桂管理区羊头镇	15900	44967	22924	6172	52650.0	15	1562
平桂管理区大平瑶族乡	21700	13808	13467	3866	572.0		
昭平县昭平镇	53900	85398	27382	13482	140198.0	2460	41992
昭平县文竹镇	28603	10724	4484	576	1205.0	103	610
昭平县黄姚镇	24400	45515	14275	4954	6597.0	160	4393
昭平县富罗镇	33600	29825	13851	1343	1665.0	10	1230
昭平县北陀镇	41700	35502	15994	2491	110.0	52	1730
昭平县马江镇	31300	40228	22843	5635	54608.0	30	10361
昭平县五将镇	29217	36253	19126	11712	9703.0	26	1732
昭平县走马镇	38000	29830	15725	2801	54365.0	310	1146
昭平县仙回瑶族乡	19000	15030	7949	5056	1549.0		
昭平县樟木林乡	14800	40252	13550	6430	22310.0		
昭平县凤凰乡	6700	30263	19755	3130	230.0		
昭平县木格乡	23600	22635	6263	1263	25.0		
钟山县钟山镇	22700	98931	63030	46930	511380.0	1812	73091
钟山县回龙镇	8834	44912	22201	4636	5632.0	65	3455
钟山县石龙镇	6313	25002	16130	6630	2850.0	20	6897
钟山县凤翔镇	7139	29297	16900	5572	2500.0	33	5368
钟山县珊瑚镇	3731	19780	11916	5787	29883.0	128	5439
钟山县同古镇	14293	20096	18574	8518	7900.0	102	5532
钟山县公安镇	15070	46910	29080	3420	4730.0	176	4885
钟山县清塘镇	15909	57713	37281	17762	5286.0	20	4062
钟山县燕塘镇	10150	21101	16137	2157	9560.0	20	2642
钟山县红花镇	9367	22720	22715	2703	5713.0	20	4258
钟山县花山瑶族乡	15400	5800	3690	1060	13276.0		
钟山县两安瑶族乡	13000	13822	8464	1228	1748.0		
富川瑶族自治县富阳镇	20177	43954	26535	7815	277218.0	863	6168
富川瑶族自治县白沙镇	9885	14253	8075	3015	8745.0	62	2996
富川瑶族自治县莲山镇	8941	26487	16016	4281	242403.0	86	2815

续表401 （广西壮族自治区） 计算单位：公顷、人、万元

名　称	行政区域面　积	常住人口	从业人员	二三产业从业人员	工　业总产值	城镇建成区 面 积	城镇建成区常住人口
富川瑶族自治县古城镇	4265	23192	12611	6053	3638.0	46	1668
富川瑶族自治县福利镇	9000	22257	12552	1918	9455.0	61	2023
富川瑶族自治县麦岭镇	19915	20575	13005	4441		91	3953
富川瑶族自治县葛坡镇	9530	19132	12275	3335		68	2615
富川瑶族自治县城北镇	12908	20298	13157	4763		60	3551
富川瑶族自治县朝东镇	21676	31451	18418	6768		100	2865
富川瑶族自治县新华乡	10525	18744	11920	4060	12702.0		
富川瑶族自治县石家乡	8915	14881	7901	1766			
富川瑶族自治县柳家乡	10925	17059	10204	2357			
金城江区东江镇	19700	33107	21747	3899	1349.0	1800	3025
金城江区六圩镇	23008	28141	20135	11676	4884.0	2130	7121
金城江区六甲镇	8338	14196	9356	5035	83785.0	19	2661
金城江区河池镇	31941	27396	15377	6720	18563.0	106	6952
金城江区拔贡镇	19400	16803	10843	4805	8378.0	12	500
金城江区九圩镇	40800	31290	14932	6727	6500.0	90	2254
金城江区五圩镇	16110	13750	9530	3557	2890.0	141	2053
金城江区白土乡	17800	16977	10732	322	68.0		
金城江区侧岭乡	19400	10835	5687	973	54.0		
金城江区保平乡	16800	9080	8486	683	2495.0		
金城江区长老乡	18700	15375	14080	6100	200.0		
南丹县城关镇	39309	70156	21645	9566	310788.0	690	55843
南丹县大厂镇	25342	27971	8690	3446	61427.0	300	17207
南丹县车河镇	16317	11481	5821	1335	633400.0	313	4530
南丹县芒场镇	37895	27146	14192	1820		19	2530
南丹县六寨镇	65056	47054	25447	3562	8000.0	26	3237
南丹县月里镇	31830	24644	16774	3448		49	2364
南丹县吾隘镇	27233	18185	10993	1353		19	1203
南丹县罗富乡	44460	28509	13419	1623			
南丹县中堡苗族乡	15830	8156	6374	480			
南丹县八圩瑶族乡	51042	26457	12980	1819			
南丹县里湖瑶族乡	36176	22258	10413	560			
天峨县六排镇	38300	41921	9856	3308	385102.0	3870	23412
天峨县向阳镇	69620	29256	18863	2848		34	3450
天峨县岜暮乡	25810	14068	3612	850			
天峨县八腊瑶族乡	32640	24582	10316	90			
天峨县纳直乡	19790	7044	3822	629			
天峨县更新乡	30910	16787	8625	1265			
天峨县下老乡	31120	16114	8503	1509			
天峨县坡结乡	42620	14816	7736	2848			
天峨县三堡乡	24700	15526	7496	964			
凤山县凤城镇	30330	46733	20384	4080	98000.0	440	18887
凤山县长洲镇	19050	19235	14535	2126	2245.0	55	2400
凤山县三门海镇	12150	14783	9757	2768	7750.0	180	6135
凤山县砦牙乡	17600	16962	10608	4110	1922.0		
凤山县乔音乡	32569	36942	20382	4103	3210.0		
凤山县金牙瑶族乡	23040	23729	11341	1300	5931.0		
凤山县中亭乡	10790	14625	11029	2429	1876.0		
凤山县平乐瑶族乡	17510	19814	19614	4349	5442.0		
凤山县江洲瑶族乡	10700	10356	9069	2437	1906.0		
东兰县东兰镇	26292	38907	20841	11041	33348.0	170	28484

续表 402　　（广西壮族自治区）　　计算单位：公顷、人、万元

名　　称	行政区域面积	常住人口	从业人员	二三产业从业人员	工业总产值	城镇建成区面积	城镇建成区常住人口
东兰县隘洞镇	33026	30215	22064	7877	11190.0	35	4915
东兰县长乐镇	16811	15269	11360	5658	2230.0	14	3742
东兰县三石镇	29557	18326	11339	5376		8	5301
东兰县武篆镇	19012	19586	13029	4626	727.0	24	4860
东兰县长江镇	15335	17890	12156	4100	834.0		
东兰县泗孟乡	13043	12015	9891	3303	531.0		
东兰县兰木乡	16367	13124	6550	2317			
东兰县巴畴乡	11946	10622	9009	1994	929.0		
东兰县金谷乡	12836	12097	5969	1642			
东兰县三弄瑶族乡	6654	4754	2803	1447	995.0		
东兰县大同乡	15562	11765	8392	5147	243.0		
东兰县花香乡	18422	15195	10250	4150	243.0		
东兰县切学乡	8371	8848	5429	2781	1416.0		
罗城仫佬族自治县东门镇	38374	99721	32895	12958	129088.0	504	53594
罗城仫佬族自治县龙岸镇	37170	54171	24776	9712	685.0	220	3580
罗城仫佬族自治县黄金镇	17868	24982	11254	2494	671.0	40	3899
罗城仫佬族自治县小长安镇	25200	39416	20246	2890	1840.0	50	2810
罗城仫佬族自治县四把镇	28713	56577	34700	12240	22101.0	120	6880
罗城仫佬族自治县天河镇	19744	22158	13844	2010	4585.0	110	2990
罗城仫佬族自治县怀群镇	17300	23141	7052	1895	7051.0	30	7257
罗城仫佬族自治县宝坛乡	29407	20917	12350	1450	615.0		
罗城仫佬族自治县乔善乡	14454	18900	13304	1687	450.0		
罗城仫佬族自治县纳翁乡	20460	6738	4558	1010	2176.0		
罗城仫佬族自治县兼爱乡	20460	14547	6647	2965	245.0		
环江毛南族自治县思恩镇	27799	49330	30099	12652	156272.0	611	23219
环江毛南族自治县水源镇	35498	29300	22284	11588	690.0	103	6220
环江毛南族自治县洛阳镇	46759	35200	20291	6055	18528.0	136	4290
环江毛南族自治县川山镇	66440	36920	23196	10272	470.0	93	4521
环江毛南族自治县明伦镇	45775	25930	19430	7870	3820.0	210	2438
环江毛南族自治县东兴镇	49514	18950	12648	1905	3133.0	131	5200
环江毛南族自治县大才乡	12839	8950	7269	900	915.0		
环江毛南族自治县下南乡	25387	11320	8800	2450			
环江毛南族自治县大安乡	22087	14670	10324	4191	819.0		
环江毛南族自治县长美乡	23817	10450	8370	470	495.0		
环江毛南族自治县龙岩乡	40999	14340	13945	2070	550.0		
环江毛南族自治县驯乐苗族乡	58359	23860	15480	6966	28550.0		
巴马瑶族自治县巴马镇	27583	42944	19939	6289	104950.0	470	36923
巴马瑶族自治县甲篆镇	15712	30016	15736	6536	7367.0	120	4850
巴马瑶族自治县燕洞乡	22712	29204	12836	3911	2030.0		
巴马瑶族自治县那社乡	17668	18018	12370	7104	400.0		
巴马瑶族自治县所略乡	34444	40075	24835	8369	2352.0		
巴马瑶族自治县西山乡	25360	22331	10669	3381	2151.0		
巴马瑶族自治县东山乡	12060	13599	7190	2332	330.0		
巴马瑶族自治县凤凰乡	8855	11756	5520	2633	1685.0		
巴马瑶族自治县百林乡	11989	18507	9723	2275	1452.0		
巴马瑶族自治县那桃乡	21259	34659	16543	2437	49522.6		
都安瑶族自治县安阳镇	5248	57785	16523	7959	8165.0	1050	33480
都安瑶族自治县高岭镇	30670	82110	43804	15341	1690.0	50	11098
都安瑶族自治县地苏镇	25140	76094	34161	11662	29005.0	4	690
都安瑶族自治县下坳镇	34800	41152	19430	4145			

续表 403　　（广西壮族自治区）　　计算单位：公顷、人、万元

名　　称	行政区域面　　积	常住人口	从业人员	二三产业从业人员	工　业总产值	城镇建成区 面 积	城镇建成区常住人口
都安瑶族自治县拉烈镇	31850	38245	22803	7560	2000.0	25	2211
都安瑶族自治县百旺镇	23970	31882	17610	6494	4435.0	15	1628
都安瑶族自治县澄江镇	24320	57922	11615	9285	37950.0		
都安瑶族自治县大兴镇	16340	34575	14529	2808			
都安瑶族自治县东庙乡	14090	29757	17413	8071	758.0		
都安瑶族自治县隆福乡	15320	21164	14120	4692			
都安瑶族自治县保安乡	23560	29976	15360	10748			
都安瑶族自治县板岭乡	28185	36112	35172	11592	300.0		
都安瑶族自治县永安乡	21070	26594	13853	5019			
都安瑶族自治县三只羊乡	26400	13715	13547	5138			
都安瑶族自治县龙湾乡	16740	15165	7499	3883			
都安瑶族自治县菁盛乡	21580	23679	12947	8545			
都安瑶族自治县加贵乡	16380	21551	14626	1408			
都安瑶族自治县拉仁乡	18530	28418	4175	2596	2936.0		
都安瑶族自治县九渡乡	17390	20085	8385	1585			
大化瑶族自治县大化镇	27206	54068	34559	16575	121301.0	1125	54068
大化瑶族自治县都阳镇	17412	23425	16683	6488	4350.0	20	3658
大化瑶族自治县岩滩镇	18743	30752	14855	4158	160677.0	26	3522
大化瑶族自治县北景镇	20586	26248	18581	9245	3475.0	49	5016
大化瑶族自治县共和乡	12360	20338	11932	855	153.0		
大化瑶族自治县贡川乡	10921	15912	8539	3824			
大化瑶族自治县百马乡	13269	22096	13556	6712	55.0		
大化瑶族自治县古河乡	5763	5805	4143	2013	0.5		
大化瑶族自治县古文乡	9747	12558	6993	3819			
大化瑶族自治县江南乡	16843	25509	14225	4161	205.0		
大化瑶族自治县羌圩乡	12534	18829	12356	2482	19.0		
大化瑶族自治县乙圩乡	11972	17061	10190	5240			
大化瑶族自治县板升乡	30193	25859	15205	6397			
大化瑶族自治县七百弄乡	20229	17576	10456	4400			
大化瑶族自治县雅龙乡	26482	28997	16293	7436			
大化瑶族自治县六也乡	20740	26285	16734	9708			
宜州市庆远镇	31510	153719	82424	63929	412550.0	3200	96751
宜州市三岔镇	12805	18972	12250	4757	11813.0	1250	2510
宜州市洛西镇	12887	30846	15432	6892	951.0	211	6046
宜州市怀远镇	23323	35329	21476	1730	25109.0	250	10012
宜州市德胜镇	34513	51667	23187	7067	14124.0	250	12487
宜州市石别镇	20243	34745	28630	4812	4673.0	66	4020
宜州市北山镇	15783	33140	14490	2529	934.0	10	4197
宜州市刘三姐镇	36990	41316	24642	4725	4261.0	119	2312
宜州市洛东镇	10547	24952	976	587	32621.0	10	4018
宜州市祥贝乡	21134	20181	12608	5874	586.0		
宜州市屏南乡	14692	27961	15820	6666	1528.0		
宜州市福龙瑶族乡	40012	36700	20879	4643	438.0		
宜州市北牙瑶族乡	37018	58478	31558	3853	1134.0		
宜州市同德乡	16274	23310	12699	396	1021.0		
宜州市安马乡	27900	24923	14839	4240	448.0		
宜州市龙头乡	30077	42657	31133	9809	4169.0		
兴宾区凤凰镇	40090	79594	41239	10410	68913.0	2300	38381
兴宾区良江镇	20150	53823	31956	6782	341063.0	800	8134
兴宾区小平阳镇	21570	61628	29856	4058	47567.0	789	9146

续表 404　　（广西壮族自治区）　　计算单位：公顷、人、万元

名　　称	行政区域面　积	常住人口	从业人员	二三产业从业人员	工　业总产值	城镇建成区 面 积	城镇建成区常住人口
兴宾区迁江镇	34060	80060	37154	14274	693635.0	800	8018
兴宾区石陵镇	15640	36410	16868	6970	6713.0	460	5050
兴宾区平阳镇	30420	58831	31076	8490	1657.0	100	7787
兴宾区蒙村镇	28225	59064	29005	3793	133014.0	18	7415
兴宾区大湾镇	14278	39538	19456	1930	10027.0	250	18000
兴宾区桥巩镇	19600	42779	26980	4190	1037.0	542	2137
兴宾区寺山镇	19680	62811	26070	4870	16686.0	100	2478
兴宾区城厢镇	17500	40347	19894	4038	255873.0	8	11952
兴宾区三五乡	21600	60400	28929	7817	6623.0		
兴宾区五山乡	13420	35054	16245	2200	2136.0		
兴宾区陶邓乡	20120	45492	27356	3011	1848.0		
兴宾区良塘乡	19500	37071	21900	1806	1106.0		
兴宾区七洞乡	18700	22454	10471	2048	986.0		
兴宾区石牙乡	13520	42320	22620	5088	312.0		
兴宾区南泗乡	17600	39226	17496	2671	536.0		
兴宾区高安乡	8300	19674	8140	1746	738.0		
兴宾区正龙乡	8705	29239	16191	917	28813.0	1500	8264
忻城县城关镇	41900	68666	51223	25823	138050.0	722	35305
忻城县大塘镇	31300	38963	30617	10617	15856.0	349	7456
忻城县思练镇	37800	41139	28716	11316	35309.0	2200	13382
忻城县红渡镇	22200	29426	21893	7593	93934.0	296	8325
忻城县古蓬镇	14600	27298	23640	9840	2103.0	38	3975
忻城县马泗乡	23466	15418	12170	4870	476.0		
忻城县欧洞乡	13393	12548	6561	2661	307.0		
忻城县安东乡	12000	15611	12464	3064	364.0		
忻城县果遂乡	14800	22414	18400	3000	298.0		
忻城县新圩乡	7200	10845	7495	2195			
忻城县遂意乡	15800	18294	13767	2367	1867.0		
忻城县北更乡	19630	21167	19196	10096			
象州县象州镇	17947	38750	22794	12617	467350.0	588	26500
象州县石龙镇	21799	25816	14169	3690	168534.0	260	5330
象州县运江镇	23683	43598	27979	5220	20305.0	82	4556
象州县寺村镇	21920	36884	28372	9723	131246.0	650	8416
象州县中平镇	9722	27342	21416	8566	9067.3	77	5417
象州县罗秀镇	12913	25783	17728	3956	72880.0	95	6175
象州县大乐镇	11781	23797	16265	3436	156140.0	72	4570
象州县马坪镇	21115	35197	21029	3173	17042.0	65	4800
象州县妙皇乡	21700	21966	13655	3235	6331.0		
象州县百丈乡	9200	19813	13856	2010	10452.0		
象州县水晶乡	13823	23150	13109	846	12282.0		
武宣县武宣镇	15818	70470	46772	33524	738328.0	1630	70030
武宣县桐岭镇	18477	47016	43610	16010	207501.0	102	4765
武宣县通挽镇	8480	34308	32138	11038	3725.0	850	7213
武宣县东乡镇	24242	42180	34871	8471	7787.0	148	5352
武宣县三里镇	18927	35477	24271	8270	54128.0	62	6080
武宣县二塘镇	26000	40400	32362	6962	51310.0	185	9919
武宣县黄茆镇	10790	21051	17916	2516	2342.0	260	3801
武宣县禄新镇	12580	32869	25982	7530	15829.0	86	2471
武宣县思灵乡	8644	20539	14269	1469	2193.0		
武宣县金鸡乡	14700	16160	13059	3859	4001.0		

续表 405　　（广西壮族自治区）　　计算单位：公顷、人、万元

名　　称	行政区域面　积	常住人口	从业人员	二三产业从业人员	工　业总产值	城镇建成区 面 积	城镇建成区常住人口
金秀瑶族自治县金秀镇	30322	15380	5175	1020	10586.0	240	10798
金秀瑶族自治县桐木镇	20486	42860	26514	6111	82770.0	280	8875
金秀瑶族自治县头排镇	10742	16890	9237	3271	21985.0	83	4723
金秀瑶族自治县三角乡	18444	4680	3985	471			
金秀瑶族自治县忠良乡	33615	9160	6872	1917	5676.0		
金秀瑶族自治县罗香乡	29122	10950	6100	1600	1093.0		
金秀瑶族自治县长垌乡	19652	4650	3370	1000	463.0		
金秀瑶族自治县大樟乡	37247	9950	7242	710	1497.0		
金秀瑶族自治县六巷乡	26253	4520	3400	865	3646.0		
金秀瑶族自治县三江乡	20976	8660	4751	2306	723.0		
合山市岭南镇	9800	46558	15671	4457	181226.0	600	14994
合山市北泗镇	13440	31829	17847	1786	35166.0	170	6454
合山市河里镇	12813	37993	17700	6555	8948.0	140	5826
江洲区新和镇	21700	19831	12910	3700		400	7221
江洲区濑湍镇	17476	24020	15902	3874	242.0	330	3180
江洲区江州镇	27911	49224	34493	10730		138	9957
江洲区左州镇	38800	37806	36549	7353		135	6115
江洲区那隆镇	35375	36840	27012	10380		144	5889
江洲区驮卢镇	44308	49128	38760	13743	860.0	883	6738
江洲区罗白乡	15960	22661	17133	3370	680.0		
江洲区板利乡	10700	14811	9130	1600	3500.0		
江洲区新和华侨农场	4652	4993	1677	1165	282044.0		
扶绥县新宁镇	11180	101722	30198	9667	724042.0	2032	94205
扶绥县渠黎镇	32973	49539	33696	2310	118093.0	1360	6006
扶绥县渠旧镇	15000	24230	17066	2438	269.0	12	2934
扶绥县柳桥镇	29956	35243	19650	3690	2516.0	46	9335
扶绥县东门镇	37696	43840	32243	5404	463092.0	456	11604
扶绥县山圩镇	25661	29410	19539	3194	1362.0	266	6627
扶绥县中东镇	26135	33148	22146	4285	1938.0	315	6601
扶绥县东罗镇	17489	28542	15070	4258	5321.0	102	9544
扶绥县龙头乡	17975	34258	21625	5076	12644.0		
扶绥县岜盆乡	15760	25443	17090	3736	511.0		
扶绥县昌平乡	17771	21108	14361	3246	7722.0	45	2149
宁明县城中镇	25074	75236	25553	7232	515120.0	452	9853
宁明县爱店镇	8370	7368	7092	3365		56	4276
宁明县明江镇	18753	28278	25464	8491	8778.0	8	1245
宁明县海渊镇	22034	46311	34052	11813	211205.0	114	7835
宁明县桐棉镇	65467	31516	22322	6610	112060.0	45	3226
宁明县那堪镇	29925	32143	19786	2340	48935.0	201	1355
宁明县亭亮镇	37869	29038	24437	3385	6.0		
宁明县寨安乡	23352	18050	13374	1112	1516.0		
宁明县峙浪乡	27787	17625	17582	1953	10800.0		
宁明县东安乡	14507	16577	12334	2180			
宁明县板棍乡	24034	16980	15892	6792	500.0		
宁明县北江乡	17890	17604	17552	2151	864.0		
宁明县那楠乡	55378	19850	13611	2051	57044.0		
龙州县龙州镇	14042	42099	20821	13980	755606.0	65	35027
龙州县下冻镇	11400	18025	10727	3165		71	1300
龙州县水口镇	18300	18084	13529	3606	95879.0	84	2066
龙州县金龙镇	20190	21220	18645	6297	25.0	55	1685

续表 406　　（广西壮族自治区、海南省）　　计算单位：公顷、人、万元

名　称	行政区域面积	常住人口	从业人员	二三产业从业人员	工业总产值	城镇建成区面积	城镇建成区常住人口
龙州县响水镇	20600	13207	9165	3799	500.0	44	2762
龙州县八角乡	9010	7160	7151	3130			
龙州县上降乡	7300	7668	7115	2523	850.0		
龙州县彬桥乡	12100	16723	11762	4107	300.0		
龙州县上龙乡	17300	17125	11585	2560	300.0		
龙州县武德乡	20400	16854	11761	3078	1351.0		
龙州县逐卜乡	22156	16794	13351	3643	300.0		
龙州县上金乡	21600	18112	12267	3747			
大新县桃城镇	20630	68353	31620	14220	519559.0	2235	36214
大新县全茗镇	18239	20468	17150	8990		30	2969
大新县雷平镇	38095	43176	37605	3890	193843.0	72	6508
大新县硕龙镇	17140	11044	9185	3283		44	3190
大新县下雷镇	25300	24515	22453	8372	412068.0	105	7050
大新县五山乡	14500	14648	14044	8910			
大新县龙门乡	18814	12951	12849	6046			
大新县昌明乡	11400	13954	13812	6738			
大新县福隆乡	14500	11905	11904	5772			
大新县那岭乡	17900	11773	11345	1705			
大新县恩城乡	14555	12440	12373	3100			
大新县榄圩乡	35900	24604	22269	6764			
大新县宝圩乡	11200	14346	13257	6145			
大新县堪圩乡	12800	15227	11831	5663			
天等县天等镇	21000	68873	37826	17644	176775.0	542	44800
天等县龙茗镇	16800	16844	16245	6816	783.0	51	3918
天等县进结镇	21700	27364	27801	14474	31107.0	69	6487
天等县向都镇	22900	36693	34711	16231	105.0	62	5791
天等县东平镇	13200	20281	16986	7004	41189.0	32	2417
天等县都康乡	13400	24495	22154	10913			
天等县宁干乡	9400	17072	14903	8092			
天等县驮堪乡	21500	27826	28765	12601	221.0		
天等县福新乡	27800	24684	20498	9381	335.0		
天等县进远乡	6500	8378	8727	6858			
天等县上映乡	17300	29373	23879	9634			
天等县把荷乡	14900	18593	16809	10493			
天等县小山乡	9500	11152	9959	5966	463.0		
凭祥市凭祥镇	5880	62359	23676	15108	41290.0	400	39288
凭祥市友谊镇	10500	19625	13379	7391	15.0	1	48
凭祥市上石镇	12000	14322	13083	3263	5502.0	107	340
凭祥市夏石镇	19330	20200	18615	12300	173950.0	98	3810
海南省							
秀英区长流镇	4830	43508	14748	7079	56360.0	60	19936
秀英区西秀镇	4230	43233	15360	9566	12500.0	29	1503
秀英区海秀镇	1970	56637	35660	31120	3161.0	27	3412
秀英区石山镇	12074	32852	19620	3572	5376.0	2500	3965
秀英区永兴镇	11200	30346	11864	3736	444718.0	30	4348
秀英区东山镇	13109	63464	40336	18923	2000.0	270	17991
龙华区城西镇	3500	73465	24900	22073	1704618.0	900	25012
龙华区龙桥镇	4950	18756	15636	7384	4650.0	59	3384
龙华区新坡镇	5412	36336	17495	5386		200	4572
龙华区遵谭镇	5570	21650	12824	4547	650.0	195	3150

续表 407　　（海南省）　　计算单位：公顷、人、万元

名　称	行政区域面积	常住人口	从业人员	二三产业从业人员	工业总产值	城镇建成区面积	城镇建成区常住人口
龙华区龙泉镇	7340	34774	17294	638	9520.0	120	8340
琼山区龙塘镇	3879	30143	18118	12057	27653.0	77	7328
琼山区云龙镇	9600	23925	8475	1875	302745.0	117	7000
琼山区红旗镇	42000	29532	15500	3259	3500.0	200	6901
琼山区三门坡镇	12738	22860	14432	2301	2331.0	301	3999
琼山区大坡镇	5667	11292	5724	924		850	3057
琼山区甲子镇	15178	30362	15712	2939	4897.0	106	3085
琼山区旧州镇	12600	30665	16491	3627	298.0	450	3550
美兰区灵山镇	11230	91907	39853	24002	28004.0	500	26448
美兰区演丰镇	13100	27866	12920	6775	2735.0	200	4491
美兰区三江镇	6582	17095	7493	3046	11732.0	77	5420
美兰区大致坡镇	11394	35389	20707	6904	8576.0	51	8139
海棠区海棠湾镇	25380	56758	25924	15672	16710.0	216	14761
吉阳区吉阳镇	37200	267971	163230	141758	302836.5	4350	188663
天涯区天涯镇	61960	243075	84402	41493	33702.0	61690	243075
崖州区崖城镇	38325	82554	40598	7113		38325	82554
五指山市通什镇	22850	39438	15507	7615	17158.3	202	37818
五指山市南圣镇	14270	7986	1168	412		126	468
五指山市毛阳镇	20630	13323	9516	2163	9536.0	163	1350
五指山市番阳镇	12300	9469	6707	476		118	535
五指山市畅好乡	16200	4966	3426	246			
五指山市毛道乡	16000	5227	3735	714			
五指山市水满乡	10630	4493	2629	631			
琼海市嘉积镇	13630	198728	59430	40141	46000.0	976	121005
琼海市万泉镇	9740	28331	13414	4106	4111.0	76	3401
琼海市石壁镇	9530	16667	10226	2684		38	1204
琼海市中原镇	10400	30623	18595	8512	15463.0	500	5427
琼海市博鳌镇	8696	28966	17054	7011		150	4849
琼海市阳江镇	11670	28125	14326	3079	11.0	250	3501
琼海市龙江镇	4970	22573	11290	3093		28	3100
琼海市潭门镇	7810	31659	16535	4012	13638.0	251	7752
琼海市塔洋镇	6330	29757	19876	9214	254.0	149	6000
琼海市长坡镇	16730	52050	24709	6885	309.0	255	12950
琼海市大路镇	9420	26447	17555	4858	11787.0	333	5401
琼海市会山镇	13030	8525	3936	359	799.0	13	492
儋州市那大镇	19680	229800	32224	16755	416315.0	4820	173210
儋州市和庆镇	18000	20550	11320	1460	2258.0	120	840
儋州市南丰镇	17300	26965	17294	5556	265.0	50	3459
儋州市大成镇	10000	39575	18880	612	20.0	100	2080
儋州市雅星镇	55756	51707	27670	1350	4250.0	56	1688
儋州市兰洋镇	32666	19486	13497	912	35.0	150	1055
儋州市光村镇	8433	34357	13942	1806	20.0	80	4580
儋州市木棠镇	17160	58803	25745	3584	62180.0	300	7990
儋州市海头镇	19800	46143	21300	6100	15059.0	390	5690
儋州市峨蔓镇	7300	29339	12096	4628	6975.0	8	645
儋州市三都镇	6610	31101	19609	9591	610.0	41	1033
儋州市王五镇	12900	29472	12397	3816	3056.0	450	5996
儋州市白马井镇	7350	69425	29933	12902	31570.0	580	26916
儋州市中和镇	6199	44250	13522	3302	13740.0	160	9150
儋州市排浦镇	10900	27602	10006	5356	945.0	52	6420

续表 408　　　　　　　　　　　（海南省）　　　　　　　　　　计算单位：公顷、人、万元

名　　称	行政区域面　　积	常住人口	从业人员	二三产业从业人员	工　业总产值	城镇建成区　面　积	城镇建成区常住人口
儋州市东成镇	22650	69731	37300	7586	25845.0	183	1441
儋州市新州镇	7900	85970	32540	8030	235.0		
文昌市文城镇	31657	133162	60655	33436	193233.0	1800	67592
文昌市重兴镇	11930	30498	14048	3265	1954.0	183	2863
文昌市蓬莱镇	12100	17712	12011	1419	1873.0	67	3585
文昌市会文镇	13560	29137	11867	3462	24800.0	120	6530
文昌市东路镇	8700	23110	10460	2660	30508.0	93	3952
文昌市潭牛镇	14100	25974	12339	3079	10853.0	92	1907
文昌市东阁镇	10400	24120	11748	3358	1672.0	125	4300
文昌市文教镇	7150	24857	11660	4155	1753.0	82	2516
文昌市东郊镇	8824	48750	29915	5955	45583.2	220	3986
文昌市龙楼镇	9800	23046	16327	3334	7900.0	165	5558
文昌市昌洒镇	15400	16870	7417	2274	11550.0	41	4578
文昌市翁田镇	26487	33189	17024	5942	7929.0	141	8954
文昌市抱罗镇	10933	17250	5590	1390	79300.0	58	1810
文昌市冯坡镇	10500	13660	8310	1200	1200.0	115	3500
文昌市锦山镇	16400	37246	18946	7430	26100.0	456	6098
文昌市铺前镇	13470	42588	27403	13151	3249.0	128	6520
文昌市公坡镇	8460	12330	4058	1607	1202.0		
万宁市万城镇	10890	173927	46217	19595	69788.0	704	61535
万宁市龙滚镇	15200	19777	11100	2300	13621.0	100	6500
万宁市和乐镇	8040	61078	33509	13864	41867.0	489	10141
万宁市后安镇	9295	50009	27920	13834	13400.0	200	3956
万宁市大茂镇	5210	26747	11631	4516	56630.0	200	5205
万宁市东澳镇	8900	44915	31789	9852	5884.0	100	3497
万宁市礼纪镇	18200	28252	17488	9299	25107.0	101	5277
万宁市长丰镇	10600	28614	11715	3175	44146.0	300	1556
万宁市山根镇	6000	11623	9094	4097	6782.0	31	1480
万宁市北大镇	27609	20219	8935	3581	4186.0	127	1745
万宁市南桥镇	6900	11440	6791	1210	1498.0	18	702
万宁市三更罗镇	12666	9406	5532	1642	7355.0		
万宁市兴隆华侨农场	9429	28504	14196	11019	23626.0		
东方市八所镇	30300	136200	40166	13823	1047862.0	240	83891
东方市东河镇	32300	22373	14177	1878	546.0	40	5716
东方市大田镇	13583	26899	19957	3038	1346.0	102	2575
东方市感城镇	18667	49430	15768	2395	11631.0	89	16079
东方市板桥镇	30369	37354	28428	4898	2630.0	130	9434
东方市三家镇	11200	38956	24627	3131	514.0	400	5786
东方市四更镇	8009	37334	16438	6352	9552.0	79	9921
东方市新龙镇	8660	20169	9493	2606	642.0	76	1948
东方市天安乡	27236	13562	7942	637	121.0		
东方市江边乡	19853	5687	548	538			
定安县定城镇	14682	80327	46123	14910	128600.0	860	74210
定安县新竹镇	8263	17263	6170	4139	311.0	58	5238
定安县龙湖镇	9900	18312	10827	4974	162.0	90	4296
定安县黄竹镇	6867	8694	3954	1859	362.0	482	3684
定安县雷鸣镇	12944	28163	15586	5681	465.0	123	6883
定安县龙门镇	12019	20655	15241	4700	587.0	133	5826
定安县龙河镇	12003	29093	17559	6906	402.0	100	6352
定安县岭口镇	6421	22207	12085	2812	841.0	126	3035

续表 409　　　　（海南省）　　　　计算单位：公顷、人、万元

名　称	行政区域面　积	常住人口	从业人员	二三产业从业人员	工　业总产值	城镇建成区 面 积	城镇建成区常住人口
定安县翰林镇	8932	14839	13089	1714	569.0	77	8021
定安县富文镇	7170	16248	10667	1804	288.0	100	1860
屯昌县屯城镇	16999	86985	33314	19909	67166.0	898	63651
屯昌县新兴镇	10919	22837	13289	3737		38	3541
屯昌县枫木镇	6052	13583	11304	2489	152.0	112	2982
屯昌县乌坡镇	7896	17988	12399	2145	801.0	39	3510
屯昌县南吕镇	8297	27106	22405	5551		62	5964
屯昌县南坤镇	15441	33093	16503	2860	1123.0	72	3516
屯昌县坡心镇	5025	11522	8986	1568	9417.5	19	1675
屯昌县西昌镇	5506	7784	8847	1897		220	7363
澄迈县金江镇	38979	170539	99569	51744	140194.0	280	67280
澄迈县老城镇	15600	67760	22464	10596	1962500.0	361	9895
澄迈县瑞溪镇	7574	33691	24662	6842	1779.8	52	9144
澄迈县永发镇	12730	45067	23443	5145	11100.0	400	9910
澄迈县加乐镇	8200	25760	15111	5954	19661.7	100	2620
澄迈县文儒镇	9118	32074	18828	2288	290.0	100	1245
澄迈县中兴镇	15333	23427	11665	3112	2044.7	112	4972
澄迈县仁兴镇	3600	9588	6380	275	860.7	14	1271
澄迈县福山镇	5628	19853	10541	2874	156489.0	46	9171
澄迈县桥头镇	7016	22856	11211	1322	470.0	56	3382
澄迈县大丰镇	10400	15278	10896	2766	4310.0		
临高县临城镇	16640	89871	44202	15655	63949.0	1200	45070
临高县波莲镇	11700	36136	35724	6382	16877.2	82	3285
临高县东英镇	8330	25276	19885	4025		32	1805
临高县博厚镇	17440	38820	20511	6530	26959.0	200	4691
临高县皇桐镇	12430	21460	12780	1100	190.0	91	2270
临高县多文镇	9221	21329	10733	2723	63.0	105	3025
临高县和舍镇	13910	25300	11265	2096	22100.0	230	7710
临高县南宝镇	8172	15161	8768	1611		423	3241
临高县新盈镇	5200	59775	20111	9510	12500.0	675	16182
临高县调楼镇	4960	53466	24923	7142	1895.0	300	22101
白沙黎族自治县牙叉镇	26448	38113	14999	1987	13678.0	164	21948
白沙黎族自治县七坊镇	27600	24481	16177	1622	6000.0	1026	10080
白沙黎族自治县邦溪镇	12600	11990	5944	544	8100.0	59	2100
白沙黎族自治县打安镇	17309	15025	9394	1140	2123.0	41	1099
白沙黎族自治县细水乡	23947	6006	3796	288			
白沙黎族自治县元门乡	20024	6972	4403	538			
白沙黎族自治县南开乡	31899	5099	1962	67			
白沙黎族自治县阜龙乡	6380	5325	3314	158	0.6		
白沙黎族自治县青松乡	24879	9780	5585				
白沙黎族自治县金波乡	11662	4901	2170	159			
白沙黎族自治县荣邦乡	8979	7264	3633	669			
昌江黎族自治县石碌镇	23588	59068	27648	2625		139	35963
昌江黎族自治县叉河镇	10000	14653	9453	2024		85	2234
昌江黎族自治县十月田镇	20420	24452	13203	1568		110	983
昌江黎族自治县乌烈镇	8900	31025	14913	3553		85	12784
昌江黎族自治县昌化镇	12587	25766	16913	1572		180	4731
昌江黎族自治县海尾镇	20260	33145	20191	6306		154	11242
昌江黎族自治县七叉镇	10491	16955	10325	866		2	1450
昌江黎族自治县王下乡	34500	3200	2260	460			

续表 410　　（海南省、重庆市）　　计算单位：公顷、人、万元

名　　称	行政区域面　积	常住人口	从业人员	二三产业从业人员	工　业总产值	城镇建成区 面 积	城镇建成区常住人口
乐东黎族自治县抱由镇	42446	71491	27883	5815	33918.6	326	30332
乐东黎族自治县万冲镇	30799	26468	13712	3438		113	2648
乐东黎族自治县大安镇	13737	28564	15675	4360	200.0	44	2980
乐东黎族自治县志仲镇	26487	20679	13630	3251		179	1839
乐东黎族自治县千家镇	16500	28613	15828	4507	22550.0	288	1703
乐东黎族自治县九所镇	24860	68853	44271	16357	3625.7	375	5167
乐东黎族自治县利国镇	21912	51080	40119	9646	1993.0	99	8963
乐东黎族自治县黄流镇	14200	63410	44298	21167	1737.0	351	5866
乐东黎族自治县佛罗镇	9574	34252	20830	4039	202.0	113	5590
乐东黎族自治县尖峰镇	20500	23410	10276	2846	1600.0	197	4810
乐东黎族自治县莺歌海镇	2400	18159	10813	4769	75000.0	278	7864
陵水黎族自治县椰林镇	7710	106608	62878	42744	43166.0	1000	41262
陵水黎族自治县光坡镇	7500	25492	15185	945		50	1528
陵水黎族自治县三才镇	4390	14930	8466	1784		3	1315
陵水黎族自治县英州镇	13240	44285	17713	7085		120	2987
陵水黎族自治县隆广镇	8400	20957	10855	491		40	725
陵水黎族自治县文罗镇	6335	15762	8499	1961		151	1221
陵水黎族自治县本号镇	39882	34382	17723	4711		108	1973
陵水黎族自治县新村镇	6097	30112	13094	1602		530	13112
陵水黎族自治县黎安镇	4280	19009	2370	550		179	3400
陵水黎族自治县提蒙乡	4676	18334	12963	2441			
陵水黎族自治县群英乡	3070	7031	6569	3541			
保亭黎族苗族自治县保城镇	17502	40752	21545	16408	20012.0	523	31930
保亭黎族苗族自治县什玲镇	17688	13982	7454	484	161.0	99	1683
保亭黎族苗族自治县加茂镇	11009	10632	5766	713		21	498
保亭黎族苗族自治县响水镇	15847	11267	7975	771	2103.0	20	1442
保亭黎族苗族自治县新政镇	17112	15457	7959	962	241.0	27	1926
保亭黎族苗族自治县三道镇	9996	10824	8190	1088	717.0	45	1058
保亭黎族苗族自治县六弓乡	8173	7412	3415	267	30.0		
保亭黎族苗族自治县南林乡	5981	5580	3995	540			
保亭黎族苗族自治县毛感乡	12752	4426	2425	325	7.0		
琼中黎族苗族自治县营根镇	33580	42271	10125	1503	17026.0	125	21000
琼中黎族苗族自治县湾岭镇	15671	23211	1039	483	14013.0	88	2783
琼中黎族苗族自治县黎母山镇	8133	19260	8398	1502	878.0	23	497
琼中黎族苗族自治县和平镇	38380	9746	6857	298		20	1286
琼中黎族苗族自治县长征镇	17905	8797	4564	297	500.0	49	723
琼中黎族苗族自治县红毛镇	15677	10044	4982	690	248.6	70	715
琼中黎族苗族自治县中平镇	24929	9586	3488	272		33	789
琼中黎族苗族自治县吊罗山乡	14666	6551	3490	257	788.0		
琼中黎族苗族自治县上安乡	20533	7028	4161	953	947.3		
琼中黎族苗族自治县什运乡	12700	5714	2653		310.0		
重庆市							
万州区小周镇	2600	9453	4574	2210	11760.0	166	2146
万州区大周镇	2250	13711	7076	3254	29633.0	38	1913
万州区新乡镇	4330	10035	5012	2242	20092.8	16	1850
万州区孙家镇	4600	14086	6825	2647	5500.0	74	1700
万州区高峰镇	4620	24969	11994	5493	13408.0	50	4895
万州区龙沙镇	6850	36947	18133	8800	44738.0	192	5700
万州区响水镇	6200	22090	10621	4982	9838.0	62	2500
万州区武陵镇	8070	36026	16561	8645	56324.0	198	11126

续表 411　　　　　　　　　　（重庆市）　　　　　　　　　　计算单位：公顷、人、万元

名　　称	行政区域面　　积	常住人口	从业人员	二三产业从业人员	工　业总产值	城镇建成区 面 积	城镇建成区常住人口
万州区瀼渡镇	3640	10998	5547	2532	3283.0	150	3385
万州区甘宁镇	10480	51692	24447	12435	9712.0	76	4615
万州区天城镇	7810	36524	18899	13587	270005.0	411	17723
万州区熊家镇	8250	34236	16348	8886	112185.0	217	18976
万州区高梁镇	10090	43816	23131	11504	211673.0	17	4071
万州区李河镇	7780	31186	15769	7964	105103.0	120	8525
万州区分水镇	22090	86981	42354	21912	183682.0	201	24775
万州区余家镇	13850	50040	24587	11236	20515.0	280	20283
万州区后山镇	7830	28514	12852	2387	12316.0	159	2052
万州区弹子镇	7400	19987	10356	3970	20337.0	145	2273
万州区长岭镇	9940	35459	18046	9671	90274.0	352	9993
万州区新田镇	15200	42328	20449	11986	69800.0	230	18307
万州区白羊镇	9730	44323	23376	11751	5040.0	170	17265
万州区龙驹镇	24150	46675	23225	12597	5352.0	211	14082
万州区走马镇	18030	43094	21394	8437	24000.0	68	8235
万州区罗田镇	8170	26584	13569	1482	3045.0	101	3489
万州区太龙镇	6230	26103	13238	6688	17527.0	130	4250
万州区长滩镇	12780	27065	13849	5596	8175.0	192	3496
万州区太安镇	6870	25997	14257	6001	5365.0	137	8986
万州区白土镇	6630	21652	11137	4150	10247.4	295	5869
万州区郭村镇	5770	21391	10202	3771	6263.0	69	1945
万州区柱山乡	5390	15825	7767	3399			
万州区铁峰乡	5000	11878	6509	1150	3800.0		
万州区溪口乡	4460	8770	4580	1889	3810.0		
万州区长坪乡	4430	9159	5148	1931	252.0		
万州区燕山乡	5640	9824	5019	1283	8415.0		
万州区梨树乡	5120	6125	3059	1534	3004.9		
万州区普子乡	8570	13033	6101	1577	1250.0		
万州区地宝土家族乡	4020	6850	3440	1490	845.0		
万州区恒合土家族乡	8200	23450	11580	4430	1800.0		
万州区黄柏乡	2800	11437	5935	2134	456.0		
万州区九池乡	3140	17154	7379	3894	59452.5		
万州区茨竹乡	4380	7516	3835	1777	3980.0		
涪陵区南沱镇	6714	32498	29144	15249	93560.0	43	5498
涪陵区青羊镇	10758	20290	14283	4265	16549.0	57	1804
涪陵区百胜镇	15076	45326	17090	7972	417800.0	130	5900
涪陵区珍溪镇	18145	50179	39356	30367	468363.0	189	13623
涪陵区清溪镇	7933	33590	15922	9969	395885.0	170	14648
涪陵区焦石镇	16644	30945	8503	7095	16275.0	122	16200
涪陵区马武镇	16153	39761	15615	5460	158508.0	68	8122
涪陵区龙潭镇	12390	39548	27303	12406	78724.0	360	12901
涪陵区蔺市镇	16364	43817	21663	6938	175793.0	200	9210
涪陵区新妙镇	13863	49168	27798	21338	154654.0	350	18255
涪陵区石沱镇	10225	19943	17390	12265	28000.0	143	8196
涪陵区义和镇	9945	47805	29454	21471	201583.0	16	5400
涪陵区罗云乡	7284	12586	11778	8377	12060.0		
涪陵区大木乡	9257	3753	2052	1464	3400.0		
涪陵区武陵山乡	13246	6343	4107	2410	22663.0		
涪陵区大顺乡	9697	25429	15475	8763	14576.0		
涪陵区增福乡	8157	18665	13554	2338	16050.0		

续表 412 （重庆市） 计算单位：公顷、人、万元

名 称	行政区域面积	常住人口	从业人员	二三产业从业人员	工业总产值	城镇建成区面积	城镇建成区常住人口
涪陵区同乐乡	9761	16852	16683	10675	18258.0		
大渡口区八桥镇	2050	33201	34720	34570	857230.0	788	30682
大渡口区建胜镇	1720	29841	11271	9418	509899.0	385	15838
大渡口区跳磴镇	4970	34352	15114	11381	384877.0	1033	10664
重庆市江北区鱼嘴镇	3967	42659	15864	15679	2265745.0	511	32043
重庆市江北区复盛镇	3050	13471	9095	8330	130040.0	150	12445
重庆市江北区五宝镇	4280	8964	8026	4841	2543.0	53	3579
沙坪坝区井口镇	2225	34502	16011	15086	888231.0	510	31892
沙坪坝区歌乐山镇	3400	45665	18600	17300	536544.0	110	3650
沙坪坝区青木关镇	3227	24700	15688	13565	374046.0	352	24010
沙坪坝区凤凰镇	3170	23534	14243	12535	334437.0	30	2445
沙坪坝区回龙坝镇	3910	37434	21280	18820	270000.0	30	6800
沙坪坝区曾家镇	3403	54891	47126	42100	9710253.6	380	11265
沙坪坝区土主镇	3300	24973	12224	11295	19106.0	46	1474
沙坪坝区中梁镇	3699	23549	14384	8607	50726.0	50	5015
九龙坡区九龙镇	930	102372	38066	38066	297802.0	930	102372
九龙坡区华岩镇	2550	47468	13283	11232	542753.0	120	37654
九龙坡区含谷镇	2856	39865	24503	20935	1197342.0	420	8568
九龙坡区金凤镇	3694	18393	10187	6664	1019605.0	100	7962
九龙坡区白市驿镇	5195	66663	52713	49709	642414.0	400	27657
九龙坡区走马镇	3659	20410	12434	6989	60030.0	170	3106
九龙坡区石板镇	2311	14609	5438	4312	73151.0	32	3092
九龙坡区巴福镇	1789	12603	7329	6075	224776.0	88	3200
九龙坡区陶家镇	3602	21030	10234	7375	976531.0	561	15342
九龙坡区西彭镇	8696	110200	32588	20138	735421.0	1800	59614
九龙坡区铜罐驿镇	2331	20830	15755	13570	352500.0	153	10217
南岸区南坪镇	1000	97835	27942	27522	1200000.0	1000	97835
南岸区涂山镇	890	56453	26170	25900	248873.0	890	56453
南岸区鸡冠石镇	890	14161	3031	2925	824907.0	130	11877
南岸区峡口镇	2300	22868	10363	7749	445092.0	320	7050
南岸区长生桥镇	5857	67117	49716	44841	8863712.0	310	33938
南岸区迎龙镇	4570	19819	12484	8528	142696.0	253	7182
南岸区广阳镇	3712	16352	7299	4664	262241.0	350	11492
北碚区歇马镇	5858	81200	51005	47649	800479.0	128	23479
北碚区澄江镇	6387	35461	17640	12788	116000.0	84	6000
北碚区蔡家岗镇	4574	76021	64821	62716	4125091.0	1960	64042
北碚区童家溪镇	2272	21945	13155	12185	1258000.0	30	8126
北碚区天府镇	5267	21055	26194	21878	183443.0	86	2520
北碚区施家梁镇	1900	7864	4487	3689	437864.0	15	1832
北碚区水土镇	5170	45736	40284	38234	351200.0	295	20430
北碚区静观镇	7250	43285	29792	19411	19489.6	102	18214
北碚区柳荫镇	6383	27174	9234	4432	5344.0	70	3563
北碚区复兴镇	6206	37661	18023	15659	112369.0	86	15291
北碚区三圣镇	6122	27908	16281	9776	142832.0	66	2878
北碚区金刀峡镇	7419	10928	5763	2076	14000.0	52	2056
綦江区万东镇	5597	54125	7535	2810	334549.0	199	19752
綦江区南桐镇	6440	54438	12275	3060	296265.0	302	3396
綦江区青年镇	8340	24212	11435	5730	64277.0	370	5262
綦江区关坝镇	5168	26815	12517	4477	352178.0	41	5047
綦江区丛林镇	5496	18732	5065	3263	76987.0	400	1263

续表 413　（重庆市）　计算单位：公顷、人、万元

名　称	行政区域面　积	常住人口	从业人员	二三产业从业人员	工　业总产值	城镇建成区 面 积	城镇建成区常住人口
綦江区石林镇	5496	11593	5129	1732	14278.0	277	855
綦江区金桥镇	9564	16805	9821	3836	27291.0	284	2874
綦江区黑山镇	9324	9862	2166	708	30490.0	458	2195
綦江区石角镇	15720	36412	35640	21520	85019.0	112	11371
綦江区东溪镇	15006	43227	41432	21304	15384.0	250	25917
綦江区赶水镇	18489	41416	34479	19026	189648.0	220	32268
綦江区打通镇	12500	71452	38126	18579	213320.0	273	46872
綦江区石壕镇	12933	45863	28004	21100	120069.0	146	34265
綦江区永新镇	24000	43076	28423	15593	43669.0	306	18171
綦江区三角镇	10600	32071	28689	19275	58328.0	112	9920
綦江区隆盛镇	12054	36693	18742	10625	25200.0	208	7129
綦江区郭扶镇	17759	33567	29645	21913	27169.0	253	13133
綦江区篆塘镇	8000	17403	11615	6082	76720.0	56	5608
綦江区丁山镇	2200	11626	6906	5500	2880.0	9	1744
綦江区安稳镇	9703	37048	22366	6459	97282.0	50	20130
綦江区扶欢镇	6400	28724	22406	8933	11792.0	85	6432
綦江区永城镇	5901	22100	12197	9243	282879.0	80	6531
綦江区新盛镇	7800	13821	13212	6670	12603.0	31	986
綦江区中峰镇	8000	17569	6710	3757	3060.0	46	4562
綦江区横山镇	4300	14158	7722	5374	3254.0	132	1684
大足区龙水镇	9930	128931	83278	68114	3860000.0	969	100115
大足区宝顶镇	6490	31308	21118	6640	23390.0	130	9260
大足区中敖镇	12250	58054	52289	37989	24576.0	150	11462
大足区三驱镇	7800	50163	31606	15052	31790.0	133	7490
大足区宝兴镇	5160	22989	20941	14540	165176.0	55	3974
大足区玉龙镇	5107	21754	11223	6597	457000.0	82	10863
大足区石马镇	5160	28117	15981	11022	90000.0	72	4952
大足区拾万镇	4900	30230	16829	12271	117250.0	21	5943
大足区回龙镇	4900	12668	10730	4272	6723.0	43	1743
大足区金山镇	3800	14991	11093	5098	22000.0	60	3012
大足区万古镇	6650	38127	20481	14569	133181.0	215	18348
大足区国梁镇	3890	14991	6547	310	8350.0	19	1327
大足区雍溪镇	3900	14071	11669	7697	35891.0	120	2937
大足区珠溪镇	9310	50597	35115	22750	40000.0	29	5400
大足区龙石镇	3140	13225	9991	2836	1620.0	101	1822
大足区邮亭镇	9010	48560	45764	31654	1350000.0	2650	13260
大足区铁山镇	6155	16149	14160	10175	7980.0	73	4540
大足区高升镇	4960	20901	8136	594	8050.0	152	2593
大足区季家镇	5360	10915	7480	1001	8100.0	131	2290
大足区古龙镇	1800	8643	8065	5174	161000.0	21	2076
大足区高坪镇	5070	28410	17275	10505	6500.0	26	2744
渝北区玉峰山镇	6112	34612	15739	9644	18944.0	75	5220
渝北区龙兴镇	10368	100000	33477	30351	133422.0	1200	67000
渝北区统景镇	11730	28047	26618	14151	7862.0	69	14298
渝北区大湾镇	11771	15645	26854	17481	6368.0	100	2048
渝北区兴隆镇	9350	18392	17576	10465	5580.0	220	4340
渝北区木耳镇	8270	45137	28396	20245	72229.0	101	10589
渝北区茨竹镇	11279	20958	20793	11804	14598.6	132	3186
渝北区古路镇	9296	18998	15991	8885	26865.0	152	2606
渝北区石船镇	12970	44372	36235	16871	8643.0	158	8558

续表 414　　（重庆市）　　计算单位：公顷、人、万元

名　　称	行政区域面　　积	常住人口	从业人员	二三产业从业人员	工　业总产值	城镇建成区 面 积	城镇建成区常住人口
渝北区大盛镇	10376	16913	10428	2252	3332.0	50	2096
渝北区洛碛镇	9650	50503	19971	13108	85932.0	350	24734
巴南区界石镇	6840	71037	41062	37816	1887630.0	510	35830
巴南区安澜镇	12242	22585	10376	5386	14862.0	27	2038
巴南区跳石镇	13624	25171	24355	15854	28309.0	63	5584
巴南区木洞镇	10430	34122	24569	19473	170511.0	225	11484
巴南区双河口镇	6200	19066	10388	7313	11674.0	51	3623
巴南区麻柳嘴镇	7790	15497	9410	6401	69414.0	126	1512
巴南区丰盛镇	6900	12809	12271	8790	16283.0	80	4292
巴南区二圣镇	5740	17952	13451	8610	17710.0	63	4592
巴南区东泉镇	12270	19221	17427	11742	6796.0	150	3551
巴南区姜家镇	8036	18998	12461	7102	35535.0	86	1366
巴南区天星寺镇	4610	9282	6047	2794	834.0	29	688
巴南区接龙镇	18820	53831	32479	19875	50112.0	286	25793
巴南区石滩镇	4740	9064	8899	3776	958.0	53	1916
巴南区石龙镇	11080	24725	17690	10890	2387.0	43	4856
黔江区阿蓬江镇	17300	19129	16255	9625	4804.0	66	6787
黔江区石会镇	12700	16155	13252	7734	14161.0	135	8942
黔江区黑溪镇	9500	18233	17267	3415	430.0	196	2115
黔江区黄溪镇	6700	10458	8598	546	8250.0	100	2485
黔江区黎水镇	8200	9332	5026	771	630.0	16	3250
黔江区金溪镇	8400	14573	5145	1245	930.0	131	4209
黔江区马喇镇	8200	11208	6170	2888	3118.0	69	7586
黔江区濯水镇	9700	22216	9460	3807	11216.0	150	10478
黔江区石家镇	9400	11102	9789	5409	2028.0	82	2896
黔江区鹅池镇	7300	8801	5908	878	1130.0	45	3152
黔江区小南海镇	11100	9416	4575	894	162.0	122	1523
黔江区邻鄂镇	4980	14375	11232	3984	760.0	50	752
黔江区中塘乡	8000	11853	5314	1651	1489.0		
黔江区蓬东乡	3500	6518	6399	1358	350.0		
黔江区沙坝乡	8000	14265	9494	6479	735.0		
黔江区白石乡	8900	17362	11572	1585	8720.0		
黔江区杉岭乡	5300	10536	5176	1028	520.0		
黔江区太极乡	6300	9152	4916	909	2400.0		
黔江区水田乡	3400	8925	2628	616	11036.0		
黔江区白土乡	6400	5248	2740	476	55.0		
黔江区金洞乡	9700	12501	3053	665	131.3		
黔江区五里乡	4900	9005	8995	4150	70.0		
黔江区水市乡	9700	9405	7908	4212	510.0		
黔江区新华乡	7200	9770	8699	634	60.0		
黔江区新市街道办事处	3700	20988	17775	12719	246287.0	68	7536
长寿区邻封镇	5517	34378	22402	20440	24817.0	56	3751
长寿区但渡镇	5470	19112	12040	10511	4191.0	12	2994
长寿区云集镇	11532	22855	20415	11197	2656.0	32	5765
长寿区长寿湖镇	10450	37224	31329	18235	4007.0	581	16580
长寿区双龙镇	5694	27418	23469	16915	18063.0	260	14580
长寿区龙河镇	8990	47796	26805	18548	10209.0	55	6176
长寿区石堰镇	10720	61776	38260	28135	19685.0	250	7200
长寿区云台镇	8900	51592	31680	20391	39674.0	187	5420
长寿区海棠镇	4600	32549	16771	9739	27995.0	33	1321

续表 415　（重庆市）　计算单位：公顷、人、万元

名　称	行政区域面积	常住人口	从业人员	二三产业从业人员	工业总产值	城镇建成区面积	城镇建成区常住人口
长寿区葛兰镇	11100	72035	44956	30598	136392.0	234	23402
长寿区洪湖镇	15340	31251	21463	5967	11642.0	14	4019
长寿区万顺镇	5700	22331	20792	15456	2260.0	86	5611
江津区油溪镇	15400	61738	60914	44190	136711.0	250	27843
江津区吴滩镇	8179	33217	29504	15556	12230.0	200	4465
江津区石门镇	8400	35865	32592	23575	22697.0	200	15027
江津区朱杨镇	5800	22437	18885	11849	26204.0	225	15609
江津区石蟆镇	20800	66745	66342	42523	22340.0	231	16815
江津区永兴镇	14100	32628	32191	22298	2340.0	120	9053
江津区塘河镇	6100	13759	10315	6550	3089.0	70	3756
江津区白沙镇	24100	122639	93523	74002	180412.0	805	70732
江津区龙华镇	8100	30673	30077	19645	14216.0	131	4516
江津区李市镇	18000	52379	41660	27252	48753.0	502	10783
江津区慈云镇	5100	19885	17798	12013	11291.0	234	7293
江津区蔡家镇	21000	45181	39161	25069	20244.0	420	9523
江津区中山镇	14300	23549	21995	12817	10686.0	301	3583
江津区嘉平镇	8900	20738	19385	10541	10041.0	100	4176
江津区柏林镇	11880	19940	19830	9610	11967.0	101	5490
江津区先锋镇	12700	48725	39020	20664	99388.0	282	15211
江津区珞璜镇	14800	90611	63430	48105	4848423.0	750	66848
江津区贾嗣镇	8100	28956	23368	10886	7758.0	198	7385
江津区夏坝镇	3700	9995	5994	2192	25585.0	150	2710
江津区西湖镇	14200	38132	30689	21827	9147.0	212	18856
江津区杜市镇	8900	27856	24963	18440	86698.0	200	12858
江津区广兴镇	3700	11256	10685	6283	43723.0	150	2861
江津区四面山镇	25520	11356	11158	6538	3816.0	210	3375
江津区支坪镇	8100	30903	28369	21067	28054.0	450	19218
江津区四屏镇	6000	9569	5865	2614	975.0	12	2180
合川区沙鱼镇	2272	15281	11006	8173	12534.0	44	3963
合川区官渡镇	5775	28778	21764	9143	27052.0	60	3039
合川区涞滩镇	7379	20658	10353	3558	8216.0	195	2500
合川区肖家镇	3004	22884	14350	9350	21356.0	20	3562
合川区古楼镇	4988	22653	19895	6470	31400.0	31	4279
合川区三庙镇	10800	40392	30693	15834	40576.0	98	6890
合川区二郎镇	3709	15576	15566	9664	26586.0	165	11357
合川区龙凤镇	6589	31329	15202	2450	12041.0	67	3918
合川区隆兴镇	9063	20352	20314	9142	11263.0	39	3364
合川区铜溪镇	8348	42276	24547	14651	102000.0	81	3669
合川区双凤镇	9717	27646	22014	4764	137501.0	50	3952
合川区狮滩镇	5219	24043	17108	9298	86050.0	25	1794
合川区清平镇	6035	18625	11297	6944	430895.0	280	12013
合川区土场镇	4024	29125	25725	21802	1850302.0	420	7276
合川区小沔镇	5369	30074	15900	5849	45011.0	105	6381
合川区三汇镇	9393	46801	14127	8111	230642.0	405	28583
合川区香龙镇	5881	16665	15551	9418	13343.0	128	7023
合川区钱塘镇	13925	75560	50450	32629	101480.0	226	30052
合川区龙市镇	11931	74231	52621	30828	84800.0	280	20596
合川区燕窝镇	8644	30263	21335	12010	13552.0	260	7299
合川区太和镇	15671	73281	39273	20943	125116.0	462	38896
合川区渭沱镇	10025	31429	24688	12606	68295.0	89	3094

续表 416 （重庆市） 计算单位：公顷、人、万元

名　　称	行政区域面　　积	常住人口	从业人员	二三产业从业人员	工　业总产值	城镇建成区 面 积	城镇建成区常住人口
合川区双槐镇	9544	58711	56858	18339	1215890.0	175	11785
永川区青峰镇	4913	27012	14750	9894	158085.0	200	2570
永川区金龙镇	7346	34783	20362	12842	6529.0	17	1780
永川区临江镇	7710	37654	19133	11882	35664.0	825	5799
永川区何埂镇	8038	57895	42239	8673	18020.0	111	6125
永川区松溉镇	3446	22098	7693	5097	295000.0	130	3056
永川区仙龙镇	8319	39362	34148	24914	10641.0	90	7468
永川区吉安镇	6001	21603	15664	13318	140186.0	232	5213
永川区五间镇	3770	16544	16118	9747	58816.0	15	4410
永川区来苏镇	9321	57850	31455	13493	196800.0	257	10260
永川区宝峰镇	3817	21647	13654	10686	49946.0	180	2911
永川区双石镇	6432	27649	16604	13064	476019.0	250	4755
永川区红炉镇	6400	19241	13468	9904	235223.0	55	4768
永川区永荣镇	5991	16665	10341	6625	58000.0	42	5628
永川区三教镇	10800	58709	38209	26408	1055759.0	351	29626
永川区板桥镇	6000	29868	15272	12257	67032.0	65	3722
永川区朱沱镇	12765	65920	51680	32780	719721.0	585	34866
南川区三泉镇	19150	14583	10685	7763	28412.0	90	5310
南川区南平镇	12992	32743	20594	16124	381566.0	289	6852
南川区神童镇	3916	7326	5488	4538	11135.0	110	1210
南川区鸣玉镇	3668	12903	12003	8841	43439.0	96	3851
南川区大观镇	6642	21804	14348	8127	85306.0	220	9245
南川区兴隆镇	7652	17624	11214	6336	25281.0	100	4528
南川区太平场镇	6710	12561	7769	3534	21897.0	30	6109
南川区白沙镇	3675	7536	5465	3510	262.0	22	2089
南川区水江镇	23303	50893	33224	31670	365000.0	320	23072
南川区石墙镇	3729	7812	6200	4555	8100.0	30	1681
南川区金山镇	10127	10769	8880	5418	73000.0	65	5982
南川区头渡镇	16419	7589	6727	3671	16325.0	20	3845
南川区大有镇	12069	11745	8637	4824	10392.0	80	3796
南川区合溪镇	10353	6900	6632	4414	27400.0	60	1754
南川区黎香湖镇	3480	7838	3196	1953	6943.0	75	3246
南川区山王坪镇	10500	5560	3764	1334	13000.0	1	1100
南川区木凉镇	3560	7685	4664	1641	4283.0	35	2100
南川区楠竹山镇	5037	7668	6201	3718	10738.0	30	1600
南川区石溪镇	5406	12455	10886	7445	73412.0	47	1594
南川区石莲乡	3767	4762	4075	775	6860.0		
南川区河图乡	3300	7131	6990	5159	10500.0		
南川区乾丰乡	3409	7188	4542	3430	5720.0		
南川区骑龙乡	3824	7943	4449	1700	11000.0		
南川区中桥乡	4328	7661	4710	1429	9401.0		
南川区德隆乡	7505	6056	3918	918	10118.0		
南川区庆元乡	7326	8641	4043	878	9480.0		
南川区古花乡	5800	8487	4541	523	3680.0		
南川区峰岩乡	3838	8688	8142	4330	5720.0		
南川区民主乡	3298	9521	5130	880	1402.0		
南川区冷水关乡	3738	8341	8010	3350	9700.0		
南川区福寿乡	4219	7510	5025	1727	1244.0		
璧山区八塘镇	6316	25160	17610	9540	95000.0	115	6210
璧山区七塘镇	5700	22398	22315	16058	120152.0	120	1093

续表 417　　（重庆市）　　计算单位：公顷、人、万元

名　　称	行政区域面　积	常住人口	从业人员	二三产业从业人员	工　业总产值	城镇建成区　面　积	城镇建成区常住人口
璧山区河边镇	5250	25416	15732	11951	323000.0	246	6012
璧山区福禄镇	4060	19825	13359	8053	76356.0	37	3975
璧山区大兴镇	10014	38334	37579	25131	114721.0	120	5837
璧山区正兴镇	7281	32638	29292	20349	85261.0	92	9466
璧山区广普镇	4715	25930	14732	8423	71261.0	55	1562
璧山区三合镇	3598	16420	12979	8634	2575.0	45	1829
璧山区健龙镇	4976	26819	9931	3354	111747.0	28	1394
铜梁区旧县街道	7937	53285	29323	19859	311031.5	220	4542
铜梁区土桥镇	4519	14062	13458	9997	121000.0	100	1802
铜梁区二坪镇	2561	9543	8763	5052	26788.0	65	744
铜梁区水口镇	2262	6938	5598	3767	11412.0	20	795
铜梁区安居镇	5657	21030	18730	13220	153728.0	180	9320
铜梁区白羊镇	3819	11257	9167	6993	15211.0	14	884
铜梁区平滩镇	9120	36795	28058	18590	54000.0	80	6919
铜梁区小林镇	2897	8996	7890	4507	18538.0	13	1221
铜梁区双山镇	3383	12537	8554	5984	31120.0	30	625
铜梁区虎峰镇	7665	45791	22945	12725	436944.0	155	5455
铜梁区石鱼镇	3177	20437	12162	8810	140381.0	62	1246
铜梁区福果镇	3842	18813	11783	7755	94766.0	80	1196
铜梁区庆隆镇	2602	15768	7850	6113	31920.0	32	975
铜梁区少云镇	6685	21574	17876	11753	92407.0	155	2615
铜梁区维新镇	4827	20391	10114	6582		28	1642
铜梁区高楼镇	2667	9089	6642	4427	39251.0	38	874
铜梁区大庙镇	4168	21295	14704	9833	96189.0	82	2723
铜梁区围龙镇	4650	16363	12854	8063	141000.0	32	1450
铜梁区华兴镇	3452	14923	7895	6830	97698.0	110	620
铜梁区永嘉镇	6391	22241	21348	14857	62910.0	40	2435
铜梁区安溪镇	2994	6850	5639	3411	50380.0	20	715
铜梁区西河镇	3417	15602	11050	7945	260397.0	42	4899
铜梁区侣俸镇	8847	34415	29622	20537	223000.0	90	2685
铜梁区太平镇	5170	17543	16270	8669	58518.0	26	1735
潼南区上和镇	6814	22403	13627	7660	81322.6	99	9070
潼南区龙形镇	8036	26225	16443	9874	45990.1	59	4055
潼南区古溪镇	11440	36422	29500	10310	119924.8	190	26177
潼南区宝龙镇	4227	16246	10675	5081	14571.2	91	3427
潼南区玉溪镇	5441	18313	14688	6121	93227.9	102	3485
潼南区米心镇	5455	15367	11603	4097	126347.4	80	3324
潼南区群力镇	4856	12571	8635	4177	27305.5	64	2175
潼南区双江镇	11906	35994	23928	14930	256091.2	213	9469
潼南区花岩镇	2530	7321	4956	2680	110115.5	66	2937
潼南区柏梓镇	12670	50015	32648	18361	42407.2	284	13771
潼南区崇龛镇	8510	30162	13914	8800	49511.1	126	11627
潼南区塘坝镇	10160	47501	32506	15585	103818.0	294	19363
潼南区新胜镇	5042	17189	13837	6768	73564.7	58	1684
潼南区太安镇	6081	26191	15194	6884	50244.3	200	4556
潼南区小渡镇	8823	29395	21001	10004	89209.9	200	15574
潼南区卧佛镇	9669	25854	18094	11654	40931.4	126	10646
潼南区五桂镇	3280	10075	5136	3562	81968.0	35	3175
潼南区田家镇	6313	18177	12753	8221	54517.9	100	2879
潼南区别口镇	4133	9505	8494	1819	127793.4	72	2900

续表 418 （重庆市） 计算单位：公顷、人、万元

名　　称	行政区域面　　积	常住人口	从业人员	二三产业从业人员	工　业总产值	城镇建成区　面　积	城镇建成区常住人口
潼南区寿桥镇	2094	7966	5383	2931	83340.7	30	2444
荣昌区荣隆镇	6422	37013	25108	18956	330764.0	82	11226
荣昌区仁义镇	8538	39258	36124	15157	270061.0	169	6434
荣昌区盘龙镇	11800	53935	51566	26655	438665.0	340	9032
荣昌区吴家镇	8151	38261	21861	16478	656073.0	248	9854
荣昌区直升镇	2982	13364	12949	8466	85555.0	12	2785
荣昌区万灵镇	2497	11255	10181	6186	3974.0	10	1203
荣昌区清升镇	2791	14787	12279	8167	175681.0	31	2433
荣昌区清江镇	1780	10825	7632	2057	77221.0	25	3211
荣昌区古昌镇	3537	16339	14662	7188	76878.0	23	1812
荣昌区河包镇	6600	28706	24719	15364	434639.0	71	4135
荣昌区观胜镇	4252	15294	12694	3805	63027.0	85	1278
荣昌区铜鼓镇	3877	11254	6680	4374	51125.0	28	1710
荣昌区清流镇	2614	12675	8726	4875	57893.0	28	1705
荣昌区远觉镇	2710	8910	6121	4122	68125.0	35	2008
荣昌区龙集镇	2147	12025	11153	4853	48883.0	28	2350
梁平县仁贤镇	4058	23491	15805	9940	51267.0	181	4378
梁平县礼让镇	4500	21250	13498	6224	53309.0	100	3279
梁平县云龙镇	7796	19679	16046	10101	95001.0	150	9265
梁平县屏锦镇	10211	47143	34358	19489	178322.0	380	31356
梁平县袁驿镇	4260	17414	15793	10356	152000.0	196	8471
梁平县新盛镇	6800	27605	20969	10887	36100.0	270	10139
梁平县福禄镇	8750	17046	17024	11253	22500.0	150	9002
梁平县金带镇	3145	9578	8766	4826	12907.0	120	9072
梁平县聚奎镇	5700	32205	24492	13981	146008.0	140	10265
梁平县明达镇	5890	23997	18700	11150	51708.0	404	5798
梁平县荫平镇	5400	15863	14098	7828	11500.0	131	4230
梁平县和林镇	5800	14289	11713	7392	11630.0	31	4896
梁平县回龙镇	8950	35949	27315	16523	100000.0	120	10451
梁平县碧山镇	3870	13634	10225	5841	69000.0	81	2911
梁平县虎城镇	7776	32744	23390	13240	25120.0	215	4355
梁平县七星镇	3308	7146	6286	4161	9620.0	281	2525
梁平县龙门镇	5297	21840	13527	9563	40248.0	446	4358
梁平县文化镇	2948	9760	9402	2086	3258.0	102	2201
梁平县合兴镇	5400	11971	9361	5105	28500.0	200	7035
梁平县石安镇	5200	12432	7447	4360	8010.0	105	4000
梁平县柏家镇	6950	12547	11416	6079	21435.0	351	2572
梁平县大观镇	5324	14769	10568	3471	12313.0	162	3228
梁平县竹山镇	4200	4012	3970	2099	34012.0	110	1456
梁平县蟠龙镇	9627	12703	12110	6140	30058.0	100	4691
梁平县安胜乡	2800	10592	7396	4086	22172.0		
梁平县铁门乡	3066	3917	3218	1634	9918.0		
梁平县龙胜乡	3600	4314	4238	1139	20300.0		
梁平县复平乡	3120	4165	3865	1322	2606.0		
梁平县紫照乡	3500	10945	5972	1275	2860.0		
梁平县城北乡	5310	12489	11649	7413	5070.0		
梁平县曲水乡	4703	10497	10252	6890	25305.0		
城口县巴山镇	12723	7125	6169	4145	14370.2	130	5982
城口县坪坝镇	6044	12017	2847	401	2680.0	10	5800
城口县庙坝镇	14683	11458	3994	1033	7012.0	120	5212

续表 419　　（重庆市）　　计算单位：公顷、人、万元

名　称	行政区域面　积	常住人口	从业人员	二三产业从业人员	工　业总产值	城镇建成区 面 积	城镇建成区常住人口
城口县明通镇	8051	7421	2810	250		35	4072
城口县修齐镇	16580	8114	5906	1764		100	3862
城口县高观镇	12598	6465	4110	2053	705.0	120	3900
城口县高燕镇	13796	9325	5474	2342	40800.0	53	3210
城口县东安镇	39957	8401	2996	753	390.0	12	1281
城口县咸宜镇	13030	7123	5600	2600	350.0	50	5000
城口县高楠镇	11219	6244	1797	282	350.0	70	2850
城口县龙田乡	22547	6532	5939	3597	1000.0		
城口县北屏乡	13871	5879	1881	269	100.0		
城口县左岚乡	8009	5725	3372	1760	2200.0		
城口县沿河乡	11107	4480	3721	1975	4500.0		
城口县双河乡	17463	5450	3511	1125	3650.0		
城口县蓼子乡	16470	7542	4273	1411	2356.0		
城口县鸡鸣乡	8006	4563	1470	580	2865.0		
城口县周溪乡	12431	6476	2049	269	500.0		
城口县明中乡	17716	4352	3076	529	825.0		
城口县治平乡	6032	3576	1063	149	280.0		
城口县岚天乡	11127	2556	1963	989	60.0		
城口县厚坪乡	14591	6320	6310	2280	10.0		
城口县河鱼乡	13383	4619	2402	1058			
丰都县虎威镇	7189	14072	8253	3638	50774.0	36	3539
丰都县社坛镇	10143	31942	18846	8331	33835.0	96	9404
丰都县三元镇	7739	13245	11245	5620	3681.0	45	4983
丰都县许明寺镇	5471	14556	10661	2020	5516.0	33	2264
丰都县董家镇	7119	23172	12824	6361	7200.0	60	5260
丰都县树人镇	8236	15783	15136	11023	7521.0	58	4382
丰都县十直镇	10972	24013	17565	9579	15171.0	68	5120
丰都县高家镇	15512	35429	24341	14804	347021.0	255	27609
丰都县兴义镇	11145	20169	17569	10164	226722.0	71	3930
丰都县双路镇	9552	12683	9486	5075	38081.0	37	3014
丰都县江池镇	6600	11812	10579	5964	4123.0	81	4621
丰都县龙河镇	13901	30857	19659	8030	13284.0	65	7167
丰都县武平镇	12619	11540	9818	1488	29520.0	56	1300
丰都县包鸾镇	17777	20425	10649	3833	23802.0	78	4200
丰都县湛普镇	3532	6527	4878	3403	249600.0	34	1489
丰都县南天湖镇	14706	12320	10785	7035	400.0	68	1450
丰都县保合镇	8193	15442	11110	5357	1123.0	17	2231
丰都县兴龙镇	5911	12210	7804	1481	10015.0	35	1463
丰都县仁沙镇	9139	18206	13131	6405	902.0	45	2159
丰都县龙孔镇	7115	11658	11645	2585	21805.0	36	2800
丰都县暨龙镇	15256	7798	5728	1252	11500.0	35	1220
丰都县双龙镇	7702	12965	9060	5810	896.0	43	3169
丰都县仙女湖镇	14510	11322	5664	1121	965.0	82	1618
丰都县青龙乡	5152	8116	8080	3427	650.0		
丰都县太平坝乡	3722	2890	2584	571	715.0		
丰都县都督乡	7563	4248	2978	836	114.0		
丰都县栗子乡	4439	6225	5991	2767	1050.0		
丰都县三建乡	6287	8815	5860	3825	3467.0		
垫江县新民镇	5900	29436	22014	13710	88125.0	191	18410
垫江县沙坪镇	8599	34273	31415	12720	45823.0	62	14898

续表 420　（重庆市）　计算单位：公顷、人、万元

名　称	行政区域面积	常住人口	从业人员	二三产业从业人员	工业总产值	城镇建成区面积	城镇建成区常住人口
垫江县周嘉镇	8500	37326	15138	5576	132000.0	280	19580
垫江县普顺镇	8600	28213	20916	9965	37862.0	52	10968
垫江县永安镇	9700	27546	27468	17018	57587.0	35	12890
垫江县高安镇	10016	59523	46451	25736	171460.0	224	30672
垫江县高峰镇	4800	28310	23294	15579	93942.0	144	8265
垫江县五洞镇	4178	16700	14967	5442	55692.0	80	3123
垫江县澄溪镇	5900	36438	23467	12681	569000.0	400	28516
垫江县太平镇	5300	21258	20394	8518	152000.0	58	18145
垫江县鹤游镇	3287	13350	11093	7853	45545.0	25	4677
垫江县坪山镇	7900	33831	19535	10489	81412.0	41	15352
垫江县砚台镇	7800	31759	28318	22793	134521.0	83	17813
垫江县曹回镇	6781	27113	21368	13583	66142.0	24	5902
垫江县杠家镇	6800	27431	25544	16334	57012.0	35	9149
垫江县包家镇	4122	17116	15849	6391	23203.0	11	5731
垫江县白家镇	5807	31721	17085	13505	23890.0	120	6512
垫江县永平镇	3802	13460	9625	5066	27919.0	26	4386
垫江县三溪镇	7200	13591	12408	5950	45140.0	84	4845
垫江县裴兴镇	5847	20585	15905	3132	35085.0	30	3452
垫江县黄沙镇	3200	22246	11513	7652	32800.0	38	7292
垫江县长龙镇	3880	25936	23169	10681	52759.0	35	3513
垫江县沙河乡	3400	9065	8760	4909	11325.0		
垫江县大石乡	3100	10238	7746	4023	12000.0		
武隆县巷口镇	27610	78792	22774	12478	148665.0	583	39860
武隆县火炉镇	17960	22625	20737	10465	4608.0	230	3769
武隆县白马镇	22170	25801	17763	9912	377558.0	458	8893
武隆县鸭江镇	12070	19032	17364	8984	60369.0	198	4782
武隆县长坝镇	10440	15272	11919	8056	9600.0	252	5280
武隆县江口镇	12910	20728	14160	6388	134322.0	165	2982
武隆县平桥镇	7340	14123	10953	7037	71992.0	200	3786
武隆县羊角镇	9390	15002	11866	7825	53640.0	94	2891
武隆县仙女山镇	18730	14174	7850	4052	16375.0	520	2573
武隆县桐梓镇	10030	8767	7709	4642	3109.0	210	2673
武隆县土坎镇	4130	8167	6501	3955	46487.0	60	1921
武隆县和顺镇	10320	12717	6962	2952	43850.0	50	2732
武隆县凤来乡	5230	10920	10613	3838	6091.0		
武隆县庙垭乡	3590	8150	7438	4047	1579.0		
武隆县石桥苗族土家族乡	10270	8492	5130	1414	7360.0		
武隆县双河乡	21586	9901	6501	1742	1196.0		
武隆县黄莺乡	14930	7820	5781	660	2000.0		
武隆县沧沟乡	7360	8501	5948	2792	4500.0		
武隆县文复苗族土家族乡	10500	7012	5795	2623	471.0		
武隆县土地乡	7580	5445	4440	1999	1600.0		
武隆县白云乡	4010	5724	3907	2098	4402.0		
武隆县后坪苗族土家族乡	8730	4626	3842	1441	1781.0		
武隆县浩口苗族仡佬族乡	8520	4635	3980	1836	3238.0		
武隆县接龙乡	11240	4326	3248	1557			
武隆县赵家乡	6020	3090	3062	1776	724.0		
武隆县铁矿乡	6270	2877	2393	1190	900.0		
忠县新生镇	8110	19353	13780	9051	49442.0	40	5364
忠县任家镇	7100	15487	12134	9026	12525.0	35	2964

续表 421　　(重庆市)　　计算单位：公顷、人、万元

名　称	行政区域面积	常住人口	从业人员	二三产业从业人员	工业总产值	城镇建成区面积	城镇建成区常住人口
忠县乌杨镇	10300	35896	19736	12048	291487.0	401	15379
忠县洋渡镇	8100	19121	18102	8500	18732.0	180	2848
忠县东溪镇	3900	16179	10086	8300	37194.0	10	3500
忠县复兴镇	4500	14746	12606	6619	106860.0	28	4985
忠县石宝镇	8500	30015	20334	14185	46254.0	141	9541
忠县汝溪镇	9500	31534	24893	11695	70942.0	320	12114
忠县野鹤镇	5800	16829	12912	7980	18220.0	87	2793
忠县官坝镇	9600	27702	21819	13207	32717.0	173	8122
忠县石黄镇	5500	10658	8141	5514	14955.0	82	1631
忠县马灌镇	11400	29830	24398	15790	69134.0	75	8223
忠县金鸡镇	7400	15292	11999	8610	21264.0	53	3393
忠县新立镇	11600	33280	26502	19716	75274.0	562	10932
忠县双桂镇	5300	17192	10320	5470	18060.0	105	2563
忠县拔山镇	15600	43213	30852	21507	96568.0	475	13592
忠县花桥镇	4900	17021	14351	10716	33050.0	192	2561
忠县永丰镇	5300	14878	14721	7073	36105.0	19	3582
忠县三汇镇	10100	21793	18209	14453	26882.0	97	5425
忠县白石镇	14600	26881	22735	15090	34469.0	82	7352
忠县黄金镇	10800	28998	19063	12451	42210.0	48	4115
忠县善广乡	5100	9212	7277	4605	6824.0		
忠县石子乡	4000	4416	3694	2274	22581.0		
忠县磨子土家族乡	3100	12406	9075	6554	4993.0		
忠县涂井乡	7600	16261	12389	10377	19061.0		
忠县金声乡	3700	9014	8709	5587	4414.0		
忠县兴峰乡	2900	7422	5104	3508	18757.0		
开县郭家镇	7900	31675	30480	11512	92985.0	3	16151
开县温泉镇	14900	39754	27435	15069	124732.0	316	25163
开县铁桥镇	11500	42461	39380	28180	131000.0	300	28856
开县南雅镇	7000	28636	26130	10630	9560.0	254	15250
开县和谦镇	8000	20816	14403	9073	5325.0	230	5800
开县镇安镇	4600	15590	13442	10154	22103.0	60	1468
开县竹溪镇	8400	23105	21553	13983	31882.0	86	4149
开县渠口镇	6800	14566	14305	9953	20079.0	9	2478
开县厚坝镇	4900	17513	17313	8966	6612.0	77	5450
开县高桥镇	7800	23819	23204	10181	12984.0	20	2712
开县义和镇	6100	26548	19873	11226	5947.0	121	3899
开县大进镇	25100	32501	23639	6111	15000.0	263	4200
开县长沙镇	13600	47592	41037	29328	36537.0	4	32748
开县临江镇	12300	71785	53854	37459	33491.0	460	40390
开县敦好镇	14400	37192	21862	19823	51392.0	41	13248
开县中和镇	8900	33705	24414	14720	93743.0	653	8630
开县岳溪镇	18100	48229	47934	30861	54930.0	380	16500
开县南门镇	15000	41307	38752	21902	24000.0	160	17350
开县河堰镇	15400	19764	12780	3655	7308.0	111	11398
开县九龙山镇	13500	32988	32288	21850	3885.0	40	3920
开县白桥镇	8400	13919	8581	4376	22623.0		2063
开县天和镇	6700	14950	10636	4999	20632.0	58	2671
开县金峰镇	5700	13474	13083	6425	2789.0	46	5478
开县谭家镇	12500	15397	12630	7622	37500.0	20	2560
开县巫山镇	11700	20006	19991	5464	10720.0	3	2436

续表 422　　（重庆市）　　计算单位：公顷、人、万元

名　　称	行政区域面　积	常住人口	从业人员	二三产业从业人员	工　业总产值	城镇建成区　面　积	城镇建成区常住人口
开县大德镇	11800	31830	31798	5886	12001.0	38	1607
开县白泉乡	19600	8303	5117	2515	2890.0		
开县关面乡	14300	7190	2924	564	3800.0		
开县满月乡	14900	10146	6778	1318	3780.0		
开县五通乡	5000	5579	4912	2523	2468.0		
开县麻柳乡	9400	17606	16803	6195	2560.0		
开县紫水乡	9400	20577	16783	4071	3712.0		
开县三汇口乡	7900	13307	11364	7853	24000.0		
云阳县龙角镇	6554	13395	12187	7661	9946.0	242	6621
云阳县故陵镇	11403	21365	18939	13154	16520.0	90	4536
云阳县红狮镇	13595	18314	17055	13003	14050.0	101	12562
云阳县路阳镇	6360	17113	16757	6523	5082.0	185	11052
云阳县农坝镇	8640	28837	18456	10842	10117.0	129	6012
云阳县渠马镇	3552	16258	15437	7410	4998.0	15	1092
云阳县黄石镇	4165	11156	10756	6352	13426.0	30	2058
云阳县巴阳镇	5130	13542	11590	7216	13996.0	8	3663
云阳县沙市镇	8488	19623	19419	8494	18620.0	286	6286
云阳县鱼泉镇	6220	20317	17346	14861	7650.0	25	6157
云阳县凤鸣镇	12947	39916	39856	18272	25039.1	161	8645
云阳县宝坪镇	12350	17016	16307	9486	1630.0	28	7381
云阳县南溪镇	28120	79612	42884	22072	97857.0	400	34000
云阳县双土镇	9040	22000	18130	11120	7985.0	21	1965
云阳县桑坪镇	11300	18862	17842	11016	14766.0	100	8296
云阳县江口镇	24142	79504	63779	34158	103200.0	460	29250
云阳县高阳镇	13512	27357	23863	13888	44103.0	215	11032
云阳县平安镇	11800	33952	15542	8790	20657.6	200	7055
云阳县云阳镇	12416	15016	14856	10668	8962.0	50	3720
云阳县云安镇	6446	13436	5882	3200	2111.3	72	6005
云阳县栖霞镇	6076	10168	10016	6655	30145.0	192	3354
云阳县双龙镇	7638	26091	23429	12673	14207.0	11	3673
云阳县泥溪镇	10870	9150	7600	3288	9150.0	60	4583
云阳县票草镇	10080	15423	13517	8796	4435.0	40	6668
云阳县养鹿镇	5614	15062	14057	10215	1832.0	6	2582
云阳县水口镇	3942	18960	8123	2520	13000.0	60	6535
云阳县堰坪镇	5161	10500	9960	4110	7520.0	11	671
云阳县龙洞镇	13270	14226	11858	6367	9882.0	38	3298
云阳县后叶镇	5190	11205	10905	9305	2510.0	50	4505
云阳县外郎乡	4540	7124	6568	4355	6463.0		
云阳县耀灵乡	5380	13256	7736	4545	450.0		
云阳县新津乡	5222	9086	8129	7075	6970.0		
云阳县普安乡	5476	7155	7150	5370	1892.0		
云阳县洞鹿乡	9227	9555	9533	4156	2236.0		
云阳县石门乡	3482	4850	4750	2560	1328.0		
云阳县大阳乡	4363	10205	9961	5876	5880.0		
云阳县上坝乡	7160	7740	6708	3903	719.0		
云阳县清水土家族自治乡	10216	11507	5795	2737	18654.0		
奉节县白帝镇	18900	26957	18661	8809	62293.0	210	18359
奉节县草堂镇	17066	27444	16170	8520	23289.0	255	4870
奉节县汾河镇	13350	30020	17074	9785	32679.0	120	6390
奉节县康乐镇	14193	30672	13107	7713	22250.0	400	18460

续表 423　　（重庆市）　　计算单位：公顷、人、万元

名　称	行政区域面　积	常住人口	从业人员	二三产业从业人员	工　业总产值	城镇建成区面积	城镇建成区常住人口
奉节县大树镇	14962	20928	16162	8807	11230.0	100	4725
奉节县竹园镇	17832	26298	19728	12300	40392.0	272	18200
奉节县公平镇	13396	32263	25470	15175	45610.0	140	8750
奉节县朱衣镇	14500	25231	19744	11803	17464.0	856	13897
奉节县甲高镇	18123	28761	19151	12198	436.0	200	8552
奉节县羊市镇	6614	11174	8016	5331	1373.0	50	4000
奉节县吐祥镇	25261	30539	19942	11405	7885.0	250	16500
奉节县兴隆镇	34713	37133	25739	17947	43177.0	510	18982
奉节县青龙镇	10784	16664	13159	8067	9427.0	65	3362
奉节县新民镇	9601	20006	14430	9612	1908.0	75	8512
奉节县永乐镇	13460	26135	16455	6625	15108.0	115	4150
奉节县安坪镇	15408	26707	14645	8990	19116.0	135	4080
奉节县五马镇	16343	22917	22510	13026	1080.0	122	4942
奉节县青莲镇	17936	25264	12582	7802	9730.0	132	5470
奉节县岩湾乡	4905	8626	5398	3012	9410.0		
奉节县平安乡	12698	11206	8714	4989	699.0		
奉节县红土乡	8744	16036	13903	9320	12725.0		
奉节县石岗乡	10130	20605	16647	7622	175.0		
奉节县康坪乡	3503	6792	4324	2822	29.0		
奉节县太和土家族乡	13143	9520	5217	1666	57.0		
奉节县鹤峰乡	8778	10520	8680	3954	1686.0		
奉节县冯坪乡	11248	14668	8542	5660	1061.0		
奉节县长安土家族乡	19432	10176	5675	2533	1373.0		
奉节县龙桥土家族乡	11800	6010	5542	3321	4370.0		
奉节县云雾土家族乡	8099	2852	2417	670	172.0		
巫山县庙宇镇	14400	29839	25386	16466	4320.0	195	12597
巫山县大昌镇	18833	32682	21612	13584	5200.0	150	11245
巫山县福田镇	12233	27126	19448	11220	9094.0	120	10731
巫山县龙溪镇	7440	14715	12924	7982	6790.0	150	2015
巫山县双龙镇	14199	21567	18392	9814	135.0	37	2547
巫山县官阳镇	11847	10821	5524	1002	810.0	67	3320
巫山县骡坪镇	15940	27221	21611	13729	121.0	185	7056
巫山县抱龙镇	14813	18330	15721	8848	5922.0	68	2011
巫山县官渡镇	20258	33860	27776	15230	3240.0	289	13678
巫山县铜鼓镇	9300	19045	18485	11963	420.0	50	1385
巫山县巫峡镇	14967	20235	16766	8287	8211.0	384	9860
巫山县红椿乡	17000	5069	3999	1389	7726.0		
巫山县两坪乡	13090	14579	11048	4837	9379.0		
巫山县曲尺乡	11700	12721	9544	4539	400.0		
巫山县建坪乡	10492	9862	6844	3439	4670.0		
巫山县大溪乡	7600	8989	6531	2474	460.0		
巫山县金坪乡	4810	3011	2237	678	265.0		
巫山县平河乡	16709	10298	6245	2230	48.0		
巫山县当阳乡	11230	5087	2649	875	750.0		
巫山县竹贤乡	9800	4065	3240	1088	75.0		
巫山县三溪乡	12000	15221	12569	5926	13508.0		
巫山县培石乡	4800	5058	4146	1485	200.0		
巫山县笃坪乡	13200	11089	11067	4424	6.0		
巫山县邓家乡	5800	3136	3126	1180	2472.0		
巫溪县城厢镇	14000	21840	12925	6702	6677.0	547	18425

续表 424　　（重庆市）　　计算单位：公顷、人、万元

名　　称	行政区域面　　积	常住人口	从业人员	二三产业从业人员	工　业总产值	城镇建成区面积	城镇建成区常住人口
巫溪县凤凰镇	4900	14993	8474	6014	56487.0	132	10482
巫溪县宁厂镇	4000	9410	2490	1320	643.0	30	5790
巫溪县上磺镇	9000	20751	16363	9578	2445.0	235	9587
巫溪县古路镇	10600	25258	18844	9364	2790.0	211	15627
巫溪县文峰镇	66600	25367	18721	10157	24631.0	125	16850
巫溪县徐家镇	15300	16626	7792	4467	15316.0	65	9973
巫溪县白鹿镇	14000	13863	11066	4529	345.0	25	5545
巫溪县尖山镇	12500	20977	10683	6114	39369.0	53	11726
巫溪县下堡镇	19800	12028	9310	4330	10189.0	50	5496
巫溪县峰灵镇	6500	17224	12890	6874	10523.0	15	4591
巫溪县塘坊镇	9600	16604	10938	6314	8813.0	30	5557
巫溪县朝阳镇	14000	14193	7236	3996	361.0	26	6080
巫溪县田坝镇	18100	13126	7085	3977	1892.0	26	4705
巫溪县通城镇	9800	9091	8205	3850	213.0	25	4357
巫溪县胜利乡	6600	7879	6227	3334	1234.0		
巫溪县菱角乡	5800	15487	12735	8169	667.0		
巫溪县大河乡	6800	7199	4828	2223	184.0		
巫溪县天星乡	11600	3393	1869	421	1118.0		
巫溪县长桂乡	13300	3104	2891	887	349.0		
巫溪县蒲莲乡	4300	12233	8618	4256	12504.0		
巫溪县鱼鳞乡	10800	5654	3681	1444	259.0		
巫溪县乌龙乡	14800	5364	3870	1592	1054.0		
巫溪县中岗乡	23200	13415	11047	5304	12596.0		
巫溪县花台乡	3300	5386	3925	2297	32.0		
巫溪县兰英乡	9700	2585	2042	519	1848.0		
巫溪县双阳乡	9500	1935	1690	950	1788.0		
巫溪县中梁乡	10100	4496	2393	1046	91.0		
巫溪县天元乡	20100	6612	4508	2457	8904.0		
巫溪县土城乡	20200	6083	6045	3358	778.0		
石柱土家族自治县南宾镇	16387	125261	68977	54926	538170.0	900	83725
石柱土家族自治县西沱镇	6143	32098	10540	6525	13444.0	260	18765
石柱土家族自治县下路镇	10795	22520	20429	13403	195314.0	183	6641
石柱土家族自治县悦崃镇	8608	12316	8799	4943	4767.0	100	6813
石柱土家族自治县临溪镇	14964	18304	6283	741	15916.0	104	8512
石柱土家族自治县黄水镇	21349	10236	7008	4870	16872.0	320	7135
石柱土家族自治县马武镇	9164	13350	4347	247	15810.0	62	2925
石柱土家族自治县沙子镇	17834	16589	4943	1045	12786.0	30	3231
石柱土家族自治县王场镇	5735	8736	8734	2878	3241.0	5	4631
石柱土家族自治县沿溪镇	5612	16188	7930	1951	4113.0	62	2388
石柱土家族自治县龙沙镇	7803	8288	7192	4231	34022.0	78	2988
石柱土家族自治县鱼池镇	9678	11265	8564	3428	18045.0	56	2762
石柱土家族自治县三河镇	10114	19060	14795	7030	5360.0	95	3885
石柱土家族自治县大歇镇	12844	17900	10285	2130	25005.0	70	4412
石柱土家族自治县桥头镇	6574	13031	6942	584	6913.0	100	2116
石柱土家族自治县万朝镇	7436	15102	7436	4185	19343.0	100	2150
石柱土家族自治县冷水镇	7187	6330	2276	536	105.0	1	290
石柱土家族自治县黄鹤镇	3922	3521	2929	417	8025.0	17	1498
石柱土家族自治县黎场乡	3600	11406	9101	1856	990.0		
石柱土家族自治县三星乡	9369	7931	7576	4255	1457.0		
石柱土家族自治县六塘乡	16995	10800	10649	5571	21357.0		

续表 425　　（重庆市）　　计算单位：公顷、人、万元

名　　称	行政区域面　积	常住人口	从业人员	二三产业从业人员	工　业总产值	城镇建成区 面 积	城镇建成区常住人口
石柱土家族自治县三益乡	2698	4323	3492	1973	1000.0		
石柱土家族自治县王家乡	4744	6350	3965	1815	22.7		
石柱土家族自治县河嘴乡	5950	12547	8724	5838	11.0		
石柱土家族自治县石家乡	6201	7541	3481	469	42.0		
石柱土家族自治县枫木乡	13640	9415	4861	753	32.0		
石柱土家族自治县中益乡	16062	4510	3415	1565			
石柱土家族自治县洗新乡	8939	5104	3082	96	45.0		
石柱土家族自治县龙潭乡	13543	3594	2892	1216	12150.0		
石柱土家族自治县新乐乡	5564	3185	1898	145	43.2		
石柱土家族自治县金铃乡	5891	1835	1717	994	124.3		
石柱土家族自治县金竹乡	3893	1172	1005	113	103.0		
秀山土家族苗族自治县清溪场镇	14688	50137	38387	26048	153032.3	388	12265
秀山土家族苗族自治县隘口镇	13357	14786	11026	1533	5160.3	428	2845
秀山土家族苗族自治县溶溪镇	11049	20766	10864	4243	124113.5	650	5821
秀山土家族苗族自治县官庄镇	10909	34325	20661	10533	55530.2	531	6556
秀山土家族苗族自治县龙池镇	12551	26814	19473	11982	143385.0	500	12217
秀山土家族苗族自治县石堤镇	8556	12437	10581	3298	15052.9	670	3131
秀山土家族苗族自治县峨溶镇	8130	14772	12781	8392	984.9	146	4605
秀山土家族苗族自治县洪安镇	8704	15433	14290	7164	4424.0	320	3611
秀山土家族苗族自治县雅江镇	6915	10346	8481	6189	1051.4	60	2625
秀山土家族苗族自治县石耶镇	3840	10115	9249	6431	30246.5	418	3395
秀山土家族苗族自治县梅江镇	14954	33890	25269	13080	2172.8	385	8585
秀山土家族苗族自治县兰桥镇	6818	13606	12311	5302	16545.7	680	4965
秀山土家族苗族自治县膏田镇	12897	12051	11920	8335	80036.5	136	615
秀山土家族苗族自治县溪口镇	10025	11589	3757	868	12384.6	194	863
秀山土家族苗族自治县妙泉镇	7139	5521	5425	3534	25679.6	135	986
秀山土家族苗族自治县宋农镇	7062	5838	5830	4023	5593.1	220	2704
秀山土家族苗族自治县里仁镇	7758	8748	7485	4170	690.8	145	1268
秀山土家族苗族自治县钟灵镇	16561	14391	11112	2141	45379.7	185	1287
秀山土家族苗族自治县孝溪乡	6862	8662	5538	1452	38623.9		
秀山土家族苗族自治县海洋乡	9131	5830	2593	563	631.9		
秀山土家族苗族自治县大溪乡	10991	5397	2800	232	9994.7		
秀山土家族苗族自治县涌洞乡	6480	6735	6350	4010	2212.5		
秀山土家族苗族自治县中平乡	4545	5281	4842	1413	113.7		
秀山土家族苗族自治县岑溪乡	4931	5321	2101	209	834.9		
酉阳土家族苗族自治县龙潭镇	36600	66869	34321	25643	255596.0	560	43288
酉阳土家族苗族自治县麻旺镇	26286	31280	17099	8926	13005.0	406	15200
酉阳土家族苗族自治县酉酬镇	20600	18978	12724	7042	20868.0	500	10282
酉阳土家族苗族自治县大溪镇	12700	12702	6991	2002	6576.0	200	4583
酉阳土家族苗族自治县兴隆镇	18000	13152	8490	3065	2663.0	100	4989
酉阳土家族苗族自治县黑水镇	21300	17002	11059	4847	2593.0	150	4970
酉阳土家族苗族自治县丁市镇	16600	20020	11624	5004	4472.0	170	5599
酉阳土家族苗族自治县龚滩镇	13300	15680	12622	6706	1681.0	225	6548
酉阳土家族苗族自治县李溪镇	22400	22791	19022	12621	12514.0	403	13294
酉阳土家族苗族自治县泔溪镇	15300	12938	8767	5019	3185.0	152	4329
酉阳土家族苗族自治县酉水河镇	11994	12268	7014	2461	2584.0	170	5601
酉阳土家族苗族自治县苍岭镇	14000	11735	7451	1430	9700.0	150	4405
酉阳土家族苗族自治县小河镇	9500	10532	5751	2130	5530.0	113	5466
酉阳土家族苗族自治县板溪镇	16008	11338	7479	3633	391641.0	400	2247
酉阳土家族苗族自治县涂市乡	14199	14326	9351	5135	8474.0		

续表 426　（重庆市）　计算单位：公顷、人、万元

名　　称	行政区域面　　积	常住人口	从业人员	二三产业从业人员	工　业总产值	城镇建成区　面　积	城镇建成区常住人口
酉阳土家族苗族自治县铜鼓乡	19387	23240	10240	3830	526.0		
酉阳土家族苗族自治县可大乡	10700	10982	6858	2748	167.0		
酉阳土家族苗族自治县偏柏乡	10700	11870	5810	1828			
酉阳土家族苗族自治县五福乡	7200	8340	6430	3360	273.0		
酉阳土家族苗族自治县木叶乡	13100	6324	3276	496	2788.0		
酉阳土家族苗族自治县毛坝乡	15100	7956	5545	1520	640.0		
酉阳土家族苗族自治县花田乡	7900	6810	3930	720	124.0		
酉阳土家族苗族自治县后坪乡	13704	9653	7571	1370	4255.0		
酉阳土家族苗族自治县天馆乡	11900	9080	5417	861	1025.0		
酉阳土家族苗族自治县宜居乡	15300	16603	9477	5620	580.0		
酉阳土家族苗族自治县万木乡	10400	13589	10308	3830	113.0		
酉阳土家族苗族自治县两罾乡	7200	7500	5262	762	1688.0		
酉阳土家族苗族自治县板桥乡	7600	8216	5577	1177	1616.0		
酉阳土家族苗族自治县官清乡	6300	8295	6412	3060			
酉阳土家族苗族自治县南腰界乡	9300	12684	8067	2651	1552.0		
酉阳土家族苗族自治县车田乡	7200	4598	3426	2039	943.0		
酉阳土家族苗族自治县腴地乡	8200	6987	4500	826	602.0		
酉阳土家族苗族自治县清泉乡	7400	5425	5162	579	225.0		
酉阳土家族苗族自治县庙溪乡	10800	8900	5510	1310	18996.0		
酉阳土家族苗族自治县浪坪乡	6750	6829	4032	320	815.0		
酉阳土家族苗族自治县双泉乡	14800	8856	4871	314	1199.0		
酉阳土家族苗族自治县楠木乡	5700	3466	2785	654	920.0		
彭水苗族土家族自治县保家镇	16634	36686	25082	4044	128192.0	85	6900
彭水苗族土家族自治县郁山镇	12907	30584	22380	12498	2478.0	95	13766
彭水苗族土家族自治县高谷镇	10719	14130	8159	4535	857.0	115	10000
彭水苗族土家族自治县桑柘镇	28442	22904	21367	11340	5305.0	105	6250
彭水苗族土家族自治县鹿角镇	11753	8555	5836	3299	192.0	2	3696
彭水苗族土家族自治县黄家镇	10795	10010	6460	4417	126.0	160	1400
彭水苗族土家族自治县普子镇	18027	16009	15713	898	10699.0	328	3933
彭水苗族土家族自治县龙射镇	16047	15598	12863	6636	161.0	68	2050
彭水苗族土家族自治县连湖镇	7206	14083	11911	6614	14.0	110	2440
彭水苗族土家族自治县万足镇	5899	4573	3221	2526	164737.0	98	1200
彭水苗族土家族自治县平安镇	7364	8011	6764	604	84.0	91	2201
彭水苗族土家族自治县长生镇	5957	7080	5524	3756	60.0	940	1800
彭水苗族土家族自治县新田镇	13246	16077	10374	1419	71321.0	210	3900
彭水苗族土家族自治县鞍子镇	12480	10037	8908	3588	138.0	40	4050
彭水苗族土家族自治县太原镇	9923	7021	5706	3247		440	3727
彭水苗族土家族自治县龙溪镇	8076	11395	5846	3380	42.0	13	1396
彭水苗族土家族自治县梅子垭镇	7014	8891	8501	399	125.0	56	3200
彭水苗族土家族自治县大同镇	4689	6318	2800	1507	1100.0	10	2265
彭水苗族土家族自治县岩东乡	7240	6708	4872	438	100.0		
彭水苗族土家族自治县鹿鸣乡	13067	11456	9979	4876	80.0		
彭水苗族土家族自治县棣棠乡	8989	7105	2921	548	1800.0		
彭水苗族土家族自治县三义乡	4482	4659	4182	1703	15000.0		
彭水苗族土家族自治县联合乡	6866	10074	8246	1086	14250.0		
彭水苗族土家族自治县石柳乡	4173	7093	6579	580	21.0		
彭水苗族土家族自治县走马乡	7854	11380	8863	2822	26.0		
彭水苗族土家族自治县芦塘乡	4819	6161	4590	1177	7681.0		
彭水苗族土家族自治县乔梓乡	6528	7749	4422	639	620.0		
彭水苗族土家族自治县诸佛乡	12234	9372	8764	426	240.0		

续表 427　　（重庆市、四川省）　　计算单位：公顷、人、万元

名　称	行政区域面　积	常住人口	从业人员	二三产业从业人员	工　业总产值	城镇建成区 面 积	城镇建成区常住人口
彭水苗族土家族自治县桐楼乡	3510	3175	2875	451			
彭水苗族土家族自治县善感乡	7774	4912	4145	1671	120.0		
彭水苗族土家族自治县双龙乡	6096	3219	2635	1166	40.0		
彭水苗族土家族自治县石盘乡	5628	2013	2007	1241			
彭水苗族土家族自治县大垭乡	7114	3009	2656	2256	50.0		
彭水苗族土家族自治县润溪乡	10907	8072	7792	2557	350.0		
彭水苗族土家族自治县朗溪乡	6291	4837	4191	1124			
彭水苗族土家族自治县龙塘乡	8643	4752	3813	2133			
四川省							
龙泉驿区洛带镇	4200	34165	14932	9665	49376.0	290	17432
龙泉驿区西河镇	4640	78172	25536	20609	183741.0	422	31342
龙泉驿区洪安镇	2267	16473	9898	8390	47200.0	31	2410
龙泉驿区柏合镇	7257	89582	23762	14941	5595625.0	1260	56736
龙泉驿区茶店镇	6030	13670	9210	6194	310.0	50	903
龙泉驿区黄土镇	3300	25390	16212	10076	28200.0	27	3692
龙泉驿区山泉镇	3700	14367	9722	4243	2896.0	10	757
龙泉驿区万兴乡	5214	7896	6548	1566			
青白江区弥牟镇	2237	32900	22306	19712	861165.0	420	7375
青白江区大同镇	2165	33400	21863	20871	1695634.0	350	23138
青白江区城厢镇	4569	55100	29032	19171	282574.4	440	18175
青白江区祥福镇	4443	48200	26870	20653	546437.0	942	27000
青白江区姚渡镇	2340	15700	8264	3185	31360.0	12	2314
青白江区清泉镇	6667	31900	16803	5488	20984.0	230	9316
青白江区龙王镇	2596	22000	11725	4948	30586.1	45	4598
青白江区福洪镇	3941	19100	9657	2952	39586.0	155	14428
青白江区人和乡	6008	11100	6599	1036			
新都区石板滩镇	4375	54261	33156	23094	141590.0	650	20197
新都区新繁镇	8300	123891	87600	68988	734500.0	980	56320
新都区新民镇	3630	40685	28510	18856	42000.0	80	5400
新都区泰兴镇	2906	35215	19141	14545	39534.0	97	10400
新都区斑竹园镇	4791	84264	21950	13553	409415.0	300	32000
新都区清流镇	3300	35518	20810	13977	63250.0	65	1826
新都区马家镇	2500	32783	17684	16251	61676.0	83	8600
新都区龙桥镇	2304	57669	34845	27010	235760.0	600	14054
新都区木兰镇	3450	48253	27471	22269	106388.0	350	18250
新都区军屯镇	1800	19913	11595	9803	145299.0	200	8000
温江区和盛镇	3978	33100	16513	10189	31621.0	167	11315
温江区永盛镇	1264	10872	6629	4587	176000.0	121	4103
温江区金马镇	2355	20875	10123	7597	61345.6	677	8452
温江区永宁镇	2388	30737	14590	10928	119850.0	880	10250
温江区万春镇	5336	63807	29788	20062	44864.0	935	41531
温江区寿安镇	4816	36651	17057	8615	50468.0	216	4825
金堂县三星镇	4510	18463	13900	8577	7167.0	102	10389
金堂县清江镇	2266	21632	17152	8230	29878.0	60	4857
金堂县官仓镇	3944	22232	15523	9308	60000.0	60	3258
金堂县淮口镇	9372	77481	59585	42742	1160135.0	988	56429
金堂县白果镇	6094	25561	20336	11803	3890.0	90	4200
金堂县五凤镇	5929	25943	14150	7038	10179.0	176	7166
金堂县高板镇	4598	32449	25825	15343	13651.0	126	3943
金堂县三溪镇	5715	44697	26976	14079		70	4802

续表 428　　（四川省）　　计算单位：公顷、人、万元

名　　称	行政区域面　　积	常住人口	从业人员	二三产业从业人员	工　业总产值	城镇建成区　面　积	城镇建成区常住人口
金堂县福兴镇	7350	38012	26862	10593	3840.0	60	6073
金堂县金龙镇	4267	22766	17647	10116		57	4018
金堂县赵家镇	6158	34171	25960	20827	5013.0	76	7826
金堂县竹篙镇	6566	41754	33175	19794	27230.0	149	5269
金堂县广兴镇	4559	29227	19972	10455	4330.0	67	4365
金堂县隆盛镇	5660	31045	21710	11211	3343.0	83	4250
金堂县转龙镇	4643	20546	14827	8614	4689.0	88	2167
金堂县土桥镇	4160	30337	23310	13299	7004.0	120	8870
金堂县云合镇	4596	23992	11697	5927	5927.0	77	4063
金堂县又新镇	5056	25370	19317	10296	1400.0	30	3315
金堂县栖贤乡	5572	19078	14263	5080	20520.0		
金堂县平桥乡	5134	37182	29306	20703			
双流县太平镇	4190	24950	13471	7205	20426.0	100	5513
双流县永兴镇	4133	30418	15932	10058	3887.0	88	9130
双流县籍田镇	4804	32375	22650	15688	20110.0	120	9642
双流县正兴镇	4792	34651	21022	19005	4936.0	106	29751
双流县彭镇	3641	48719	29527	22962	741025.0	376	13982
双流县大林镇	5506	28251	19123	11083	1746.0	80	2357
双流县煎茶镇	6157	35656	22139	14913	25741.0	85	1468
双流县黄龙溪镇	4965	27896	19460	9512	9980.0	82	3581
双流县永安镇	5664	36647	25075	9261	14145.0	200	12493
双流县黄水镇	3265	41381	28793	14696	276250.0	153	5265
双流县金桥镇	4134	43994	30726	15473	31021.0	100	3548
双流县胜利镇	3416	20195	14579	10935	32500.0	115	6322
双流县新兴镇	3660	35128	22758	15130	32500.0	153	4612
双流县兴隆镇	4210	26612	19364	16147	12740.0	45	1698
双流县万安镇	3084	33446	15088	12563	15600.0	358	9354
双流县白沙镇	3850	31067	19610	14151	26432.0	50	3652
双流县三星镇	3889	21814	11796	8639	14273.0	63	2786
双流县合江镇	4335	17108	13367	9490	11552.0	36	5594
郫县团结镇	2880	95352	20167	16213	50021.2	342	13712
郫县犀浦镇	2780	188856	48752	48299	43587.0	1800	114052
郫县花园镇	2180	23501	12352	3567	14405.0	40	3430
郫县唐昌镇	4910	48633	23193	12457	56426.0	149	10139
郫县安德镇	3880	49126	26487	20173	948700.0	170	12020
郫县三道堰镇	1780	24414	13786	9530	56925.0	170	8979
郫县安靖镇	2121	111575	83620	74563	165996.0	370	5836
郫县红光镇	3874	59213	27756	18213	3425731.0	1572	48239
郫县新民场镇	1810	17846	7468	4826	20123.0	250	7391
郫县德源镇	3070	52309	41302	33708	1723736.0	200	24231
郫县友爱镇	4630	49417	26759	18874	51727.0	281	13891
郫县古城镇	1783	26243	10276	5400	24378.0	83	23870
郫县唐元镇	2550	24601	14011	1118	20013.0	60	8572
大邑县王泗镇	6474	56002	37381	30637	793825.0	410	24374
大邑县新场镇	3643	23678	14267	8619	67581.0	184	10713
大邑县悦来镇	5749	22998	12109	7691	4137.0	200	6599
大邑县安仁镇	5723	57060	31609	19916	20148.0	408	26930
大邑县出江镇	6295	14486	7748	5381	2560.0	63	3172
大邑县花水湾镇	8697	8391	4598	3204	1210.0	252	4101
大邑县西岭镇	41251	5998	3285	1810	3560.0	70	1645

续表 429 （四川省） 计算单位：公顷、人、万元

名　称	行政区域面　积	常住人口	从业人员	二三产业从业人员	工　业总产值	城镇建成区 面 积	城镇建成区常住人口
大邑县斜源镇	6287	7404	3617	2586	37.0	17	654
大邑县董场镇	3113	28053	18163	9720	14120.0	99	10892
大邑县韩场镇	2076	17782	9216	4868	65058.0	211	4580
大邑县三岔镇	4083	33407	18797	10988	51348.0	112	7105
大邑县上安镇	1976	15612	9205	5207	39980.0	49	2789
大邑县苏家镇	2045	19955	9182	5341	8725.0	105	5033
大邑县青霞镇	2814	8192	3976	3180	14304.0	84	2780
大邑县沙渠镇	1879	17600	11249	7730	312562.0	410	11058
大邑县蔡场镇	2161	20529	10064	7323	5429.0	107	8950
大邑县雾山乡	5162	4060	3108	1537	327.0		
大邑县金星乡	4951	8643	6344	4424	4528.0		
大邑县鹤鸣乡	4883	11933	6995	5525	120.0		
蒲江县大塘镇	2925	12255	9505	4456	33420.0	95	5151
蒲江县寿安镇	8763	57867	32481	19895	136120.0	520	21236
蒲江县朝阳湖镇	2926	10964	8043	4968	5700.0	30	2989
蒲江县西来镇	7895	27956	18852	12229	50550.0	207	6884
蒲江县大兴镇	5917	18015	14155	5374	3788.0	117	3870
蒲江县甘溪镇	2906	10510	6467	2135	12720.9	62	2444
蒲江县成佳镇	4042	11574	7941	2585	16584.0	82	7913
蒲江县复兴乡	3637	14378	9028	3563	3644.0		
蒲江县光明乡	2256	5769	3951	2829	4215.0		
蒲江县白云乡	3736	5426	3425	2403	198.0		
蒲江县长秋乡	1930	4284	2349	613			
新津县五津镇	2095	85983	37204	34429	1763039.0	762	61342
新津县花桥镇	3300	25316	17101	9244	82031.0	167	2717
新津县花源镇	3225	27149	21376	18133	31672.0	850	18542
新津县金华镇	3333	20861	14189	10986	670108.0	53	2678
新津县普兴镇	4186	21726	16578	8553	101703.0	335	8334
新津县兴义镇	3787	32547	25790	20503	39162.0	177	6406
新津县新平镇	2514	24342	11917	7443	112089.0	60	4129
新津县方兴镇	1960	13589	10103	6425	29165.0	61	3327
新津县安西镇	1531	13354	8939	4770	32712.0	85	4737
新津县永商镇	2957	17035	9805	7336	63921.0	45	3124
新津县邓双镇	2775	21345	13648	10750	1585113.0	320	4155
新津县文井乡	1330	9345	6556	4114	33156.0		
都江堰市蒲阳镇	5822	39562	25147	21531	1357476.0	230	21010
都江堰市聚源镇	3274	47906	23420	17565	15610.8	183	3290
都江堰市崇义镇	4692	42861	23907	14336	81273.0	155	12529
都江堰市天马镇	3776	33192	18813	7926	61245.0	69	2598
都江堰市石羊镇	4975	46274	22649	10907	7642.0	95	4742
都江堰市柳街镇	4694	39932	25495	13045	17412.0	37	2570
都江堰市玉堂镇	4887	24360	10932	10468	4673.0	475	12727
都江堰市中兴镇	4410	26308	14357	8154	9982.1	125	5980
都江堰市青城山镇	11711	47711	29742	23395	15469.0	897	34812
都江堰市龙池镇	50910	17549	10301	6278	86824.1	171	6065
都江堰市胥家镇	4092	36171	26371	18053	18228.3	21	2831
都江堰市安龙镇	2749	25216	16124	10441	25558.0	61	4862
都江堰市大观镇	6147	19256	11345	6920	6279.0	330	5941
都江堰市向峨乡	5820	13629	7287	4386	3620.0		
彭州市天彭镇	6719	169133	44010	23477	562368.0	1816	142778

续表 430 （四川省） 计算单位：公顷、人、万元

名　　称	行政区域面积	常住人口	从业人员	二三产业从业人员	工业总产值	城镇建成区面积	城镇建成区常住人口
彭州市龙门山镇	33745	11003	5961	2761	51952.0	165	2658
彭州市新兴镇	3382	18828	8614	6234	3000.0	150	2581
彭州市丽春镇	7699	66870	39061	22215	382122.0	218	6705
彭州市九尺镇	2796	27267	19810	7697	105240.0	415	2541
彭州市蒙阳镇	7554	67496	53588	31878	296591.0	774	28756
彭州市通济镇	6877	25921	18110	13000	4865.0	160	3540
彭州市丹景山镇	6450	28625	17656	11534	59465.0	245	11309
彭州市隆丰镇	4946	41982	29516	11096	101681.9	143	7490
彭州市敖平镇	3388	26927	16979	5459	9806.0	49	3036
彭州市磁峰镇	10320	14474	9053	5878	267.0	23	1450
彭州市桂花镇	6463	27225	14821	7273	95572.0	178	3516
彭州市军乐镇	3177	28044	12684	4411	112587.8	119	3152
彭州市三界镇	4227	30730	19922	6920	35000.0	87	4030
彭州市小渔洞镇	5531	12162	7760	3988	15251.8	62	2895
彭州市红岩镇	4177	15291	8977	850	6367.0	20	879
彭州市升平镇	3201	29456	19665	6912	21182.0	51	1247
彭州市白鹿镇	8127	8558	5292	1332		40	3496
彭州市葛仙山镇	6822	31796	23433	10263	4216.0	38	1808
彭州市致和镇	6333	80511	39440	25142	589324.0	313	13607
邛崃市临邛镇	12510	158943	98155	87515	1204310.0	2165	70455
邛崃市羊安镇	4936	34873	24103	19865	677936.0	350	29135
邛崃市牟礼镇	6041	43525	26229	15527	3398.0	81	5184
邛崃市桑园镇	3781	26857	14458	9850	103786.0	92	4063
邛崃市平乐镇	7979	34015	15054	7883	13254.0	208	9454
邛崃市夹关镇	4740	15712	9194	2318	35678.0	240	13364
邛崃市火井镇	6800	20287	12343	7570	5753.0	295	12391
邛崃市水口镇	10764	20121	13766	4700	1284.0	31	6351
邛崃市固驿镇	5071	32452	15809	8878	36152.0	84	6263
邛崃市冉义镇	3601	30881	19236	18594	144528.0	71	18692
邛崃市回龙镇	4676	21538	9891	7107	17439.0	154	2377
邛崃市高埂镇	2853	22367	11038	6702	66862.0	62	7865
邛崃市前进镇	2780	18035	12346	7124	33341.0	76	2640
邛崃市高何镇	8544	12705	8523	3201	1520.0	20	6930
邛崃市临济镇	3755	14865	9396	4177	28863.0	50	8865
邛崃市卧龙镇	3734	15988	9534	4366	24108.0	186	7269
邛崃市天台山镇	10618	15915	9094	5351	9532.0	24	2059
邛崃市宝林镇	3800	14525	10232	1604	4520.0	41	14517
邛崃市茶园乡	3087	12965	6940	3885	2530.0		
邛崃市道佐乡	3071	6485	5147	2138	2245.0		
邛崃市油榨乡	5139	14579	8021	4909	3168.0		
邛崃市南宝乡	9498	4646	2591	1365	3221.0		
邛崃市大同乡	7078	14753	10365	5747	1956.0		
邛崃市孔明乡	2600	10768	6970	4759	12950.0		
崇州市三江镇	4712	54421	26470	15150	102122.0	218	13389
崇州市江源镇	2711	31266	19380	11765	6541.0	62	4720
崇州市羊马镇	4058	50328	34775	31782	221300.0	465	31354
崇州市廖家镇	2451	20963	11376	8614	7739.0	71	5344
崇州市元通镇	2134	21032	12449	7030	119594.0	223	12141
崇州市观胜镇	2434	20019	12422	4509	26801.0	152	6901
崇州市怀远镇	8256	51104	30991	20633	21005.0	420	16023

续表 431　　　　　　　　（四川省）　　　　　　　　计算单位：公顷、人、万元

名　　称	行政区域面积	常住人口	从业人员	二三产业从业人员	工业总产值	城镇建成区面积	城镇建成区常住人口
崇州市三郎镇	8512	15182	9005	7305	3000.0	120	6203
崇州市街子镇	4118	33416	20286	13188	15936.0	230	8841
崇州市文井江镇	5307	7311	3194	1935	1286.0	56	1047
崇州市王场镇	2941	22670	15101	9673	18735.0	243	9977
崇州市白头镇	1513	14950	9917	7284	12280.0	29	1772
崇州市道明镇	3673	20489	15067	10081	18856.0	60	2758
崇州市隆兴镇	1800	16833	10526	8606	38565.0	67	4200
崇州市大划镇	2089	22975	15055	11452	52895.0	300	9820
崇州市崇平镇	1949	18820	12076	10130	54551.0	49	4780
崇州市梓潼镇	1571	13885	7113	4624	29500.0	56	1562
崇州市桤泉镇	1803	15920	10324	6917	37969.0	193	8382
崇州市锦江乡	1950	16101	10713	8809	5708.0		
崇州市公议乡	2698	14097	8999	7275	67000.0		
崇州市鸡冠山乡	30014	3012	1880	1017	12543.0		
崇州市济协乡	1488	13015	9250	6778	29390.0		
崇州市燎原乡	2650	23178	16069	11045	5341.0		
崇州市集贤乡	1636	13326	8819	4762	16319.0		
自流井区仲权镇	3429	21325	15179	11953	82441.0	120	4076
自流井区舒坪镇	2232	21332	10312	7446	395574.1	19	7630
自流井区荣边镇	2824	16041	9582	6817	94432.8	34	690
自流井区红旗乡	64	12689	5191	5191	2779.0		
自流井区高峰乡	1702	14250	9015	5935			
自流井区农团乡	2343	3195	1879	935	6989.4		
自流井区漆树乡	1047	6725	4072	1757	6376.0		
贡井区艾叶镇	1692	15714	9280	4917	195975.5	92	5798
贡井区建设镇	1907	12456	8868	6238	615615.4	38	1526
贡井区长土镇	1719	22200	11173	8410	468903.0	288	10658
贡井区龙潭镇	5299	31476	18978	6562	2607.2	151	7371
贡井区桥头镇	2954	9118	7284	4253	117251.0	27	1956
贡井区五宝镇	7467	22994	15189	7536	14642.3	140	2599
贡井区莲花镇	4419	8900	5955	2942	351.0	12	712
贡井区成佳镇	7414	44226	29454	12907	42056.0	149	10430
贡井区白庙镇	2175	9061	6386	3354	320.0	39	1884
贡井区章佳乡	1651	7100	5066	2657	415.0		
贡井区牛尾乡	3585	4935	3853	1635	60.0		
大安区大山铺镇	3125	30463	15151	11639	833442.0	724	11384
大安区团结镇	2066	12566	6580	3014	520844.0	34	1136
大安区三多寨镇	4129	26259	19738	15868	43411.0	38	2183
大安区何市镇	4905	25117	19215	6760	65685.0	80	5035
大安区新店镇	2261	12534	10022	4110	122.0	42	2436
大安区新民镇	3145	25250	16095	9641	477242.0	163	3082
大安区牛佛镇	7579	50014	39354	12739	72887.0	319	26591
大安区庙坝镇	3248	16728	11788	1220	268.0	115	3488
大安区回龙镇	4317	23155	17271	7628	326.0	73	4995
大安区永嘉乡	2138	8599	5132	299	80.0		
大安区和平乡	1133	16444	10652	8135	689353.0		
大安区凤凰乡	1089	39519	19846	18625	1549247.0		
沿滩区沿滩镇	2769	38521	12898	8246	841346.0	987	21864
沿滩区卫坪镇	5394	44325	15463	10281	974338.0	482	26014
沿滩区兴隆镇	2789	13568	9799	8557	60492.0	86	3962

续表 432　　(四川省)　　计算单位：公顷、人、万元

名　称	行政区域面积	常住人口	从业人员	二三产业从业人员	工业总产值	城镇建成区面积	城镇建成区常住人口
沿滩区富全镇	3232	17381	10725	7556	15099.0	72	4390
沿滩区永安镇	3511	18326	12880	10761	259031.0	131	5309
沿滩区联络镇	3134	14189	10556	7865	317.0	87	5360
沿滩区邓关镇	1629	18044	9339	6728	232085.0	170	9792
沿滩区王井镇	2589	15217	8947	7036	140979.0	58	4513
沿滩区黄市镇	3444	21052	12100	8688	7210.0	95	5510
沿滩区瓦市镇	5985	33155	23751	15865	1605.0	124	5994
沿滩区仙市镇	5533	27419	20891	13430	6054.0	115	4736
沿滩区刘山乡	1781	10098	6818	2538	211.0		
沿滩区九洪乡	5118	23512	17125	9493	4886.0		
荣县旭阳镇	14004	152386	91150	68969	1413040.0	1465	99958
荣县双石镇	5698	36342	18840	7743	102040.0	68	5139
荣县望佳镇	3191	17012	12911	8125	357.0	35	2980
荣县鼎新镇	5330	16587	12244	5187	6455.0	50	2008
荣县乐德镇	8761	26953	19770	8972	380.0	52	4089
荣县过水镇	4847	19402	14625	8739	1460.0	13	1472
荣县古文镇	4990	12701	9868	6465	8250.0	19	2135
荣县河口镇	6644	17043	12247	6887	5140.0	33	1533
荣县新桥镇	5241	17423	12645	5808	62714.0	140	5895
荣县正紫镇	3764	11668	4385	1422	267.0	50	844
荣县度佳镇	8341	23214	11655	5142	118034.0	33	5560
荣县东佳镇	7993	16298	12030	7330	6325.0	50	1158
荣县长山镇	8006	31752	16305	9116	92429.0	154	11313
荣县保华镇	6693	20049	12453	6248	103400.0	46	2296
荣县留佳镇	8268	30441	23189	7321	5000.0	60	3990
荣县来牟镇	5694	20181	15135	10371	215080.0	30	6239
荣县双古镇	9577	25452	13581	6567	62145.0	49	2490
荣县观山镇	4428	15007	11112	5073	23329.0	33	1381
荣县高山镇	7001	25094	18738	8301	48209.0	19	1600
荣县东兴镇	5808	6845	4726	3127	37250.0	6	468
荣县铁厂镇	5920	11453	7270	3750	51000.0	26	1159
荣县金花乡	4154	5518	3898	2308	830.0		
荣县雷音乡	3734	5872	3720	2419	712.0		
荣县古佳乡	3809	6334	3355	581			
荣县于佳乡	2149	6935	5289	3000	3850.0		
荣县复兴乡	2152	6689	4780	2535	660.0		
荣县墨林乡	4303	6533	4922	1692	9180.0		
富顺县富世镇	4859	141015	79197	71844	1499239.0	1900	180550
富顺县东湖镇	7066	53061	42000	27649	643459.0	210	13764
富顺县琵琶镇	5511	29061	21407	11442	74139.0	56	5190
富顺县狮市镇	4301	20067	16003	8330	11745.0	69	3995
富顺县骑龙镇	6902	43918	31304	17072	57202.0	52	5125
富顺县互助镇	5178	26495	18512	10709	7673.0	95	2689
富顺县代寺镇	7230	51458	38822	24108	285705.0	210	13785
富顺县中石镇	3054	18160	11768	6062	13541.0	24	586
富顺县童寺镇	5309	28797	18736	9947	28253.0	132	7025
富顺县古佛镇	3044	19172	13880	9108	49765.0	59	2750
富顺县永年镇	6787	39351	23185	11148	80921.0	100	6508
富顺县彭庙镇	4668	19458	12631	6492	16871.0	30	1268
富顺县兜山镇	7323	32429	22328	12248	11387.0	36	1835

续表 433 （四川省） 计算单位：公顷、人、万元

名　　称	行政区域面　　积	常住人口	从业人员	二三产业从业人员	工　业总产值	城镇建成区 面 积	城镇建成区常住人口
富顺县板桥镇	5785	32632	18143	9040	33087.0	135	10794
富顺县福善镇	6851	27237	21102	13986	450.0	75	5278
富顺县李桥镇	7133	24802	14728	7817	10379.0	60	1647
富顺县赵化镇	4982	31957	18412	11148	49292.0	171	17404
富顺县安溪镇	7512	31857	21834	11703	78696.0	61	3423
富顺县万寿镇	4902	19884	12971	7946	53722.3	50	1320
富顺县飞龙镇	5020	28068	17894	8713	9075.0	27	6713
富顺县怀德镇	4637	26048	18290	10232	52328.0	65	8879
富顺县长滩镇	2627	15138	11130	6751	40895.0	50	2450
富顺县龙万乡	5077	25953	20227	12603	13298.0		
富顺县宝庆乡	3149	16747	11637	5656	7199.0		
富顺县富和乡	2755	12128	9566	5302	95.0		
富顺县石道乡	2538	15238	10970	5823	10146.0		
东区银江镇	13316	43690	27360	25270	1219865.9	1222	43690
西区格里坪镇	10874	22642	12300	9585	1969997.5	690	19940
仁和区仁和镇	3789	56573	17228	15240	7700.0	320	34692
仁和区平地镇	17568	14611	8337	1837	4900.0	20	2176
仁和区大田镇	10498	8457	5195	1090	2350.0	20	2698
仁和区福田镇	5018	4454	2558	692	15559.0	8	458
仁和区同德镇	9342	14038	6899	2914	1100.0	20	1770
仁和区金江镇	8797	27714	9060	7100	2025799.2	150	15540
仁和区布德镇	13084	16274	8138	3498	99541.2	30	3536
仁和区前进镇	10433	27453	10862	6952	1280074.0	130	4240
仁和区大龙潭彝族乡	24369	14594	10918	796	830.0		
仁和区啊喇彝族乡	18175	9005	5635	1275	1100.0		
仁和区总发乡	9920	8597	5544	2824	12100.0		
仁和区太平乡	21698	14794	6786	2930	417432.0		
仁和区务本乡	9967	8053	4720	1880	44959.0		
仁和区中坝乡	10016	10083	7217	2128	8666.0		
米易县攀莲镇	17808	60751	26840	12825	214234.0	547	49840
米易县丙谷镇	19020	25678	17990	3297	309519.0	55	4729
米易县得石镇	29026	8210	4026	2120	37679.0	41	2753
米易县撒莲镇	11996	16854	6749	2253	2178.0	29	2467
米易县垭口镇	9665	10651	6903	3162	656048.0	30	3203
米易县白马镇	20509	30352	17726	4469	317590.0	69	6713
米易县普威镇	14741	12782	6997	2099	1206.0	52	2070
米易县草场乡	14135	20255	9477	1241	5534.0		
米易县湾丘彝族乡	13240	17410	8564	1971	165500.0		
米易县白坡彝族乡	35378	9102	5859	1243	527.0		
米易县麻陇彝族乡	22280	9314	5027	622	607.0		
米易县新山傈僳族乡	7473	7241	5135	1591	747.0		
盐边县桐子林镇	24000	24549	9680	4260	750392.8	200	9100
盐边县红格镇	16023	15659	7384	4471	158139.7	250	6778
盐边县渔门镇	23664	18587	11088	4294	79034.2	67	3296
盐边县永兴镇	22302	19305	11814	5824	20229.0	33	5622
盐边县益民乡	6675	13244	7034	583	7179.4		
盐边县新九乡	12480	12598	8104	4192	663146.8		
盐边县和爱彝族乡	6450	5604	2970	790	218.0		
盐边县红果彝族乡	24573	13157	8324	2147	7362.0		
盐边县鳡鱼彝族乡	27200	7236	3530	1180	405.0		

续表 434 （四川省） 计算单位：公顷、人、万元

名　　称	行政区域面积	常住人口	从业人员	二三产业从业人员	工　业总产值	城镇建成区面积	城镇建成区常住人口
盐边县共和乡	24084	7026	5073	802			
盐边县国胜乡	32142	18662	12304	5090	16269.0		
盐边县红宝苗族彝族乡	30400	4961	2235	516	1292.0		
盐边县惠民乡	14667	16512	10066	3580	946.0		
盐边县箐河傈僳族乡	11538	6595	1776	408	3072.0		
盐边县温泉彝族乡	16792	6756	2940	925	590.0		
盐边县格萨拉彝族乡	33955	9949	7670	2600	2128.0		
江阳区黄舣镇	6253	33812	22318	12094	94712.8	130	5708
江阳区弥陀镇	4473	29501	17899	10069	10149.0	100	4570
江阳区通滩镇	7085	54692	32905	14112	46740.0	47	3846
江阳区江北镇	4737	29760	18427	8141	161035.1	150	2951
江阳区方山镇	5275	28204	16063	8989	13024.0	38	1635
江阳区丹林镇	3574	20003	13347	9559	35283.0	38	4007
江阳区分水岭镇	5846	36961	25238	18911	35016.0	50	9000
江阳区石寨镇	2967	20538	13966	6747	16698.0	56	3182
纳溪区大渡口镇	12982	38053	29695	18985	352552.0	204	6652
纳溪区护国镇	17586	61807	38835	22249	95787.0	720	34795
纳溪区打古镇	13364	33426	21474	8167	68949.0	24	2457
纳溪区上马镇	10703	28433	18059	10113	80217.0	76	4320
纳溪区合面镇	8911	30244	23654	13552	101896.0	120	4931
纳溪区棉花坡镇	4669	23017	18204	7729	104046.0	39	2015
纳溪区丰乐镇	8209	33265	23227	10544	151478.0	46	2227
纳溪区白节镇	12468	30783	24529	10796	128894.0	145	9611
纳溪区天仙镇	6761	17765	11621	5512	36771.0	24	1850
纳溪区新乐镇	4153	21415	15636	8124	65205.0	25	5202
纳溪区渠坝镇	4503	17329	10225	3912	76673.0	33	2006
纳溪区龙车镇	7217	30225	19759	8553	56189.0	84	4512
龙马潭区石洞镇	5521	42172	27924	15135	471489.0	232	11726
龙马潭区胡市镇	3896	24892	19113	8811	326421.0	150	6420
龙马潭区特兴镇	4267	28532	19153	12597	230262.0	106	2620
龙马潭区双加镇	3639	26635	14826	10058	196531.0	24	5571
龙马潭区金龙镇	3728	23803	17306	11643	32032.0	30	2617
龙马潭区长安镇	1947	13889	10585	6753	544012.0	25	3726
泸县福集镇	8530	21874	17335	12435	138617.0	3	2534
泸县嘉明镇	4785	33586	26018	18893	459246.0	172	8715
泸县喻寺镇	6576	28046	22318	12806	280076.0	120	4768
泸县得胜镇	7958	37578	28337	17768	82122.0	85	4160
泸县牛滩镇	7559	31581	24461	10875	223175.0	150	6120
泸县兆雅镇	5968	35021	27969	17962	344061.0	340	11698
泸县玄滩镇	11395	68990	52452	31932	150759.0	340	21311
泸县太伏镇	12277	46819	34502	16036	188461.0	116	10523
泸县云龙镇	6948	46023	36198	22186	645759.0	220	17566
泸县石桥镇	8678	32165	25017	12149	143140.0	105	5549
泸县毗卢镇	6803	28352	21386	12963	78422.0	70	3142
泸县奇峰镇	6871	31219	23432	18198	107656.0	75	2575
泸县潮河镇	8483	48023	38411	23348	109923.0	82	3577
泸县云锦镇	10710	51857	39411	26800	183475.0	122	11329
泸县立石镇	6272	34783	27826	19653	389249.0	180	7641
泸县百和镇	8106	41452	32183	21540	122045.0	9	5013
泸县天兴镇	4156	23280	15658	10493	172621.0	22	2059

续表 435 （四川省） 计算单位：公顷、人、万元

名　　称	行政区域面　积	常住人口	从业人员	二三产业从业人员	工　业总产值	城镇建成区 面 积	城镇建成区常住人口
泸县方洞镇	6930	31650	24670	13316	171452.0	10	3279
泸县海潮镇	5293	27315	18723	12689	164514.0	56	4102
合江县合江镇	7461	133834	43740	38524	344734.0	1715	85495
合江县望龙镇	5510	29376	20094	14708	66450.0	160	6645
合江县白沙镇	3313	24074	18079	12453	70955.0	90	6054
合江县佛荫镇	6358	40713	24065	13895	270672.0	153	6208
合江县先市镇	6537	39648	23583	11059	81856.0	150	11643
合江县尧坝镇	6826	30420	24042	9515	33931.0	60	4148
合江县九支镇	12175	45826	29837	10651	103896.0	200	29000
合江县五通镇	10052	26844	17027	9403	31986.0	10	1153
合江县凤鸣镇	12835	37698	22210	16602	38224.0	120	8011
合江县榕山镇	8799	49465	25191	14560	345349.0	350	22346
合江县白鹿镇	7712	35816	25145	14647	32177.0	40	2372
合江县甘雨镇	8273	24631	17526	11370	19821.0	102	3807
合江县福宝镇	42529	35180	26330	7056	83707.0	180	10720
合江县先滩镇	9200	20473	16097	3819	40610.0	22	1785
合江县自怀镇	18867	13982	6976	2218	1713.0	31	1779
合江县大桥镇	6930	45162	26366	13928	98929.0	68	5789
合江县车辋镇	8518	18576	11025	6836	41972.0	50	5249
合江县白米镇	7408	16727	12095	7574	92739.0	200	7486
合江县参宝镇	4374	25264	19854	11948	46253.0	14	2034
合江县法王寺镇	9916	29169	23335	17817	54299.0	102	3185
合江县虎头镇	6334	20057	13578	7968	80509.9	90	4669
合江县神臂城镇	3386	19973	13702	5973	46360.0	8	1457
合江县南滩镇	4591	15984	8887	5730	15245.0	20	1512
合江县实录镇	6121	26845	15758	1185	19050.0	7	2910
合江县石龙镇	5507	15038	10264	4129	28996.0	20	1168
合江县密溪乡	4770	16126	11162	5949	10566.0		
合江县榕右乡	7127	19387	12018	7411	15300.2		
叙永县叙永镇	11754	119499	74871	67725	284779.0	850	100000
叙永县江门镇	16478	26990	16431	7927	74418.0	357	11103
叙永县马岭镇	10274	27073	14968	7090	50898.0	58	7822
叙永县天池镇	6657	15291	9475	4417	31501.0	30	2587
叙永县水尾镇	23027	20879	14518	6459	38574.0	200	4779
叙永县两河镇	12476	26516	15708	6148	19783.0	10	3620
叙永县落卜镇	10230	27084	20136	13886	122308.6	138	6443
叙永县后山镇	12631	19423	14829	11187	171538.0	100	3145
叙永县分水镇	14770	24428	11284	3317	24503.0	10	1242
叙永县摩尼镇	13850	26169	14532	3227	21346.0	15	5654
叙永县赤水镇	16322	24560	12451	3264	6072.0	6	1943
叙永县龙凤镇	12331	26007	18651	10248	100151.0	25	2435
叙永县正东镇	12340	23045	17482	13380	270743.0	100	1597
叙永县观兴镇	12074	18441	12110	4146	44722.0	32	2049
叙永县向林乡	14578	17442	11607	4708	30377.9		
叙永县大石乡	12079	15966	9980	3082	22044.0		
叙永县兴隆乡	8778	18550	11883	4518	28262.0		
叙永县黄坭乡	15808	18414	9306	1832	8887.0		
叙永县营山乡	7994	10867	6589	2741	23888.0		
叙永县麻城乡	8701	14788	6454	1156	5282.0		
叙永县合乐苗族乡	9744	9437	4178	831	2907.0		

续表 436　　(四川省)　　计算单位：公顷、人、万元

名　　称	行政区域面积	常住人口	从业人员	二三产业从业人员	工　业总产值	城镇建成区面积	城镇建成区常住人口
叙永县白腊苗族乡	13972	15219	7555	1225	7210.0		
叙永县枧槽苗族乡	8113	9486	4462	625	1030.0		
叙永县水潦彝族乡	8272	17122	8193	936	1831.0		
叙永县石坝彝族乡	3679	6904	3550	632	1642.0		
古蔺县古蔺镇	28416	120513	46650	32821	113318.0	800	70739
古蔺县龙山镇	9008	29113	15572	9374	596.0	41	6048
古蔺县永乐镇	13576	42562	18729	9045	72200.0	60	4210
古蔺县太平镇	10052	38251	16199	10447	436096.0	150	5422
古蔺县二郎镇	8964	47762	16776	10355	1508986.0	121	7877
古蔺县大村镇	9201	34047	13685	7697	4839.0	50	2711
古蔺县石宝镇	17720	51925	18265	9556	18997.0	156	6916
古蔺县丹桂镇	11516	45530	14650	3646	4017.0	75	2153
古蔺县水口镇	18519	43576	21448	11965	29696.0	146	5360
古蔺县观文镇	12638	36582	17368	7720	6645.0	25	5860
古蔺县双沙镇	19829	47480	17514	7861	11721.0	50	3237
古蔺县德耀镇	9895	20432	10728	4904	2665.0	61	3326
古蔺县护家镇	8956	24005	10190	5034	8125.0	40	1520
古蔺县石屏镇	8156	39456	13999	7082	58809.0	103	1165
古蔺县土城镇	6737	23265	5676	2660	5523.0	39	2704
古蔺县皇华镇	12885	43827	19725	10807	221.0	85	2198
古蔺县鱼化乡	8244	29698	8944	1330	1060.0		
古蔺县东新乡	5969	26192	12657	6482	345.0		
古蔺县白泥乡	6288	14622	8191	5404	330.0		
古蔺县椒园乡	9793	23859	10483	2904	78.0		
古蔺县马嘶苗族乡	8859	13551	3221	858	160.0		
古蔺县马蹄乡	12332	25653	10858	3426	232.0		
古蔺县箭竹苗族乡	14786	15282	3499	1190	5075.0		
古蔺县大寨苗族乡	6410	7032	2277	789	270.0		
古蔺县桂花乡	12580	12616	4738	1419	210.0		
古蔺县黄荆乡	27036	4769	1506	772	240.0		
旌阳区黄许镇	8698	63874	35521	22086	295509.0	310	17770
旌阳区孝泉镇	4834	39304	29543	18763	414673.0	369	15378
旌阳区柏隆镇	3964	26994	18897	14692	140446.0	100	5580
旌阳区孝感镇	2507	24825	14190	9645	181309.0	280	10112
旌阳区天元镇	5719	47181	28730	23411	3446408.0	150	12005
旌阳区扬嘉镇	3084	22772	14881	8727	91000.0	33	3299
旌阳区德新镇	4613	32906	22205	13484	163000.0	45	6624
旌阳区双东镇	7951	27225	18607	12017	49000.0	36	2990
旌阳区新中镇	4261	13128	8937	5651	3253.0	10	1426
旌阳区和新镇	5869	13112	10465	5802	3040.0	6	918
旌阳区东湖乡	4641	78953	31537	27225	45761.0		
中江县凯江镇	1375	109590	60304	59808	176534.0	1375	109590
中江县南华镇	7321	84962	60225	40188	1810428.0	1258	70124
中江县回龙镇	6818	35432	21401	14828	50175.0	101	7513
中江县通济镇	4909	24512	16594	11159	36273.0	40	1977
中江县永太镇	7659	34442	25725	16585	34126.0	130	7441
中江县黄鹿镇	5056	18253	10372	7095	41085.0	73	4587
中江县集凤镇	5454	16005	12790	7578	8545.0	47	4109
中江县富兴镇	8074	24137	14286	9946	22950.0	130	4946
中江县辑庆镇	5920	34784	25473	15153	277510.0	370	10140

续表 437　　（四川省）　　计算单位：公顷、人、万元

名　　称	行政区域面　　积	常住人口	从业人员	二三产业从业人员	工　业总产值	城镇建成区 面 积	城镇建成区常住人口
中江县兴隆镇	6873	35038	27988	18003	299260.0	303	20950
中江县龙台镇	6308	50572	29670	13990	268000.0	180	19320
中江县永安镇	4554	21548	16923	8890	30500.0	60	3813
中江县双龙镇	3583	14230	10016	4454	20500.0	36	1420
中江县玉兴镇	4021	22612	14079	6960	55100.0	91	3531
中江县永兴镇	5433	20007	11701	5374	926.3	86	3425
中江县悦来镇	3701	19638	7956	2463	4570.0	52	3586
中江县继光镇	5168	16120	12703	5488	9300.0	62	3138
中江县仓山镇	10904	57398	43824	26099	165180.0	487	30814
中江县广福镇	6231	28863	17943	4646	32455.0	109	8671
中江县会龙镇	4416	17626	14075	5584	9939.0	80	5917
中江县万福镇	5214	16765	12695	6655	14948.0	54	3990
中江县普兴镇	4801	17542	12372	6418	7015.0	48	2589
中江县联合镇	4225	15109	12015	5696	10850.0	39	2141
中江县冯店镇	6866	32373	15020	8106	84323.0	90	8510
中江县积金镇	1607	13517	8609	4484	16700.0	50	2563
中江县太安镇	4688	15961	9537	3551	10030.0	23	1885
中江县杰兴镇	2429	13456	8046	2883	29523.0	40	2406
中江县南山镇	2583	18854	14511	6588	8676.0	35	1732
中江县东北镇	5540	55721	15100	6180	55230.0	130	26289
中江县古店乡	4660	9424	6350	3510	5603.0		
中江县青市乡	2694	8502	6672	3503	6681.0		
中江县瓦店乡	2571	6985	4577	2591	18122.0		
中江县石泉乡	3920	9197	5999	2988	20012.0		
中江县柏树乡	5274	18538	14779	8627	10012.0		
中江县白果乡	5701	21868	9924	5412	9204.0		
中江县清河乡	2665	14554	11366	4941	15847.0		
中江县高店乡	2055	9723	7563	4494	6900.0		
中江县石笋乡	1923	8999	5930	3056	11569.0		
中江县太平乡	3258	17962	6337	3711	8259.0		
中江县民主乡	3335	10797	7788	3792	6132.0		
中江县永丰乡	3579	16140	10113	4853	8960.0		
中江县元兴乡	2961	11287	7451	4266	4875.0		
中江县通山乡	3454	9550	7240	3273	728.0		
中江县石龙乡	2917	11149	8705	4720	5342.0		
中江县合兴乡	3875	12756	6306	4061	4578.0		
罗江县万安镇	3329	31786	10184	7078	864671.0	680	26456
罗江县鄢家镇	6506	32096	19612	11585	91233.0	51	5238
罗江县金山镇	7702	45854	25959	15858	588751.0	420	21994
罗江县略坪镇	5572	25699	12453	7222	47562.0	26	5263
罗江县御营镇	2453	12961	7258	4348	87687.0	16	2035
罗江县慧觉镇	2098	11921	8299	4302	30268.0	12	1386
罗江县调元镇	3645	14568	10583	5567	25089.0	62	3501
罗江县新盛镇	6119	25848	15486	7386	51827.0	238	7280
罗江县蟠龙镇	3481	11550	7406	3986	24122.0	60	780
罗江县白马关镇	3883	11696	8365	4533	27874.0	11	812
广汉市雒城镇	891	133276	73755	73545	18452.0	891	133276
广汉市三水镇	3201	33427	25798	10961	202171.0	120	2723
广汉市连山镇	5318	36811	23143	9720	81104.0	170	3753
广汉市高坪镇	2789	22384	17680	8650	108400.0	12	1427

续表 438　　（四川省）　　计算单位：公顷、人、万元

名称	行政区域面积	常住人口	从业人员	二三产业从业人员	工业总产值	城镇建成区面积	城镇建成区常住人口
广汉市南兴镇	5295	41784	29531	17020	402533.0	300	3113
广汉市向阳镇	3390	32957	20700	13184	851357.0	255	16690
广汉市小汉镇	5042	43385	28146	13975	1035126.0	475	6211
广汉市金轮镇	2314	17766	13775	5501	16614.0	110	3881
广汉市新丰镇	5061	62469	37557	25775	5633119.0	12	5685
广汉市兴隆镇	3043	23458	18129	9609	7896.0	59	650
广汉市和兴镇	2362	18862	12790	3998	117200.0	55	1612
广汉市松林镇	3291	18894	13751	8042	15890.0	26	1369
广汉市金鱼镇	2982	26589	17259	12107	136227.0	43	948
广汉市新平镇	1777	13545	7650	5810	182053.0	45	1588
广汉市南丰镇	2186	19701	13039	7045	80125.0	56	1637
广汉市西高镇	2404	15178	11884	4599	13500.0	7	545
广汉市北外乡	1737	17890	9895	3955	192000.0		
广汉市西外乡	1785	13814	7745	5324	129632.0		
什邡市元石镇	1678	17038	8571	7093	772939.0	163	6515
什邡市回澜镇	2872	23130	16087	10525	260390.0	32	5684
什邡市洛水镇	4450	31009	22676	14003	1022428.0	350	8684
什邡市禾丰镇	3146	24953	17308	10518	173168.0	38	707
什邡市双盛镇	2821	22761	14703	10605	354082.0	120	3676
什邡市马祖镇	2389	28539	14887	11291	112876.0	53	8538
什邡市隐丰镇	3602	23674	16393	9208	58957.0	12	627
什邡市马井镇	3951	26668	20137	11340	95331.0	88	3680
什邡市蓥华镇	7414	16735	9630	7612	160727.0	151	5312
什邡市南泉镇	3505	27123	20634	11230	66752.0	32	1540
什邡市湔氐镇	4618	29633	18384	8483	37947.0	80	1305
什邡市红白镇	29967	6239	3929	2350	19013.0	120	2999
什邡市冰川镇	5089	7453	5234	3976	7821.0	21	2025
什邡市师古镇	4607	42759	21936	13892	347570.0	182	4560
绵竹市剑南镇	2470	93256	42459	42459		2470	93256
绵竹市东北镇	2596	24921	13368	11056	8608.0	67	3598
绵竹市西南镇	1666	18983	7216	5116	57312.0	45	9773
绵竹市兴隆镇	2529	19435	10581	5489	66034.0	13	1133
绵竹市九龙镇	5010	11078	7040	3690	169524.0	101	930
绵竹市遵道镇	3419	19356	11286	6541	1271978.8	25	1672
绵竹市汉旺镇	7715	43498	28725	17304	355245.0	205	15231
绵竹市拱星镇	3424	17757	10798	5923	128906.0	185	5363
绵竹市土门镇	4201	25121	19056	10627	153974.0	75	2155
绵竹市广济镇	2813	21411	13691	6347	16284.0	180	2011
绵竹市金花镇	18904	5699	2983	2004	10010.0	28	1005
绵竹市玉泉镇	3011	19567	12967	6880	107871.0	110	1386
绵竹市板桥镇	2539	16103	10213	4501	30022.0	20	2101
绵竹市新市镇	6074	35986	26660	12624	429460.0	291	10628
绵竹市孝德镇	8204	48953	27380	14879	331754.0	122	17931
绵竹市富新镇	4491	36256	21159	10873	132096.0	106	3102
绵竹市齐天镇	2030	14382	8856	3565	36209.0	28	1586
绵竹市什地镇	3516	24515	16455	9734	262023.0	180	1333
绵竹市绵远镇	2558	14483	6929	3675	49769.0	20	730
绵竹市清平镇	34054	6235	3106	1878	65878.0	20	2597
绵竹市天池乡	5305	2828	1775	1500	39731.0		
涪城区丰谷镇	2519	18671	14511	13310	62131.0	21	8545

续表 439 （四川省） 计算单位：公顷、人、万元

名称	行政区域面积	常住人口	从业人员	二三产业从业人员	工业总产值	城镇建成区面积	城镇建成区常住人口
涪城区关帝镇	2229	10248	6656	4486	9953.0	11	893
涪城区塘汛镇	2332	41215	23000	21519	432900.0	650	25870
涪城区青义镇	2649	28206	13138	11437	214890.0	34	5901
涪城区龙门镇	2218	13147	9619	7409	29335.0	100	2084
涪城区石塘镇	2799	21296	11118	9122	352963.0	86	9136
涪城区吴家镇	4375	22646	14271	11225	22673.0	82	2696
涪城区杨家镇	3461	29929	10730	7260	10305.0	40	1228
涪城区金峰镇	2537	11830	9360	6120	23200.0	17	1426
涪城区玉皇镇	2692	13700	10080	8276	8976.0	6	1960
涪城区新皂镇	4851	17945	13765	9534	335756.0	130	6028
涪城区河边镇	3396	12918	8804	5725	52496.0	36	1280
涪城区磨家镇	2435	20514	12436	11253	173000.0	350	6027
涪城区永兴镇	2799	63001	43245	42800	2829154.0	850	62904
涪城区城郊乡	4478	50000	34936	33048	248822.0		
涪城区石洞乡	3032	10583	7908	5775	7078.0		
游仙区游仙镇	4393	51873	24709	13112	1000221.0	20	8970
游仙区石马镇	3200	19184	11748	8262	675800.0	190	4002
游仙区新桥镇	3575	17560	13728	9786	358000.0	75	10245
游仙区小枧沟镇	5300	26597	15454	13776	1201452.0	98	10428
游仙区魏城镇	8490	41629	25406	16767	48000.0	170	18000
游仙区沉抗镇	7830	20810	13508	8522	1610.0	43	1938
游仙区忠兴镇	4700	19535	11745	5010	7865.0	150	4465
游仙区柏林镇	4290	14013	7612	4959	400.0	10	1323
游仙区徐家镇	4710	16859	9884	6731	344.0	52	2119
游仙区石板镇	5200	18741	10290	4656	17315.0	20	2011
游仙区刘家镇	4330	17078	8357	3796	450.0	15	6587
游仙区玉河镇	5500	18432	10511	5838	5428.0	54	2498
游仙区松垭镇	1075	20555	12926	8840	124200.0	470	19427
游仙区白蝉镇	2568	9388	6395	4056	5723.0	11	896
游仙区观太镇	3800	13107	8993	5052	218.0	5	557
游仙区云凤镇	2900	10236	7694	5640	500.0	50	1642
游仙区太平镇	5400	15726	8435	4593	3112.0	60	1804
游仙区街子镇	3100	13570	5964	3615	3200.0	40	1590
游仙区建华乡	3760	9352	5804	3010	310.0		
游仙区东林乡	2840	9005	6276	4278	5968.0		
游仙区梓棉乡	2199	11654	9065	7085	180.0		
游仙区朝真乡	3780	10851	6971	4375	172.0		
游仙区东宣乡	3540	7691	6141	3631			
游仙区凤凰乡	2800	8459	5505	3019	325.0		
三台县北坝镇	1425	58858	44270	43988	172722.0	450	53251
三台县潼川镇	8551	148391	96077	86219	266932.0	1589	111195
三台县东塔镇	3640	12556	7131	4728	18793.0	22	1013
三台县百顷镇	3381	9632	5439	2320	6593.0	120	6935
三台县塔山镇	7895	22016	12554	8096	25896.0	220	11659
三台县柳池镇	2047	6076	3452	1590	1821.0	90	1034
三台县龙树镇	8087	14968	8494	5089	7713.0	70	2363
三台县石安镇	6660	15573	8674	5465	1426.0	100	3050
三台县富顺镇	6670	13207	7580	2552	1213.0	122	2158
三台县三元镇	6906	13186	7547	3751	8469.0	85	1297
三台县秋林镇	5079	12853	7506	4493	1502.0	81	3396

续表 440　　(四川省)　　计算单位：公顷、人、万元

名　　称	行政区域面　　积	常住人口	从业人员	二三产业从业人员	工　业总产值	城镇建成区 面 积	城镇建成区常住人口
三台县永新镇	2680	7623	4169	1975	1067.0	62	1185
三台县新德镇	2941	14126	7613	4004	5263.0	69	2180
三台县新生镇	5351	21925	11883	5790	6961.0	135	2966
三台县鲁班镇	7779	22232	12227	5429	1659.0	44	2340
三台县景福镇	7827	29207	15771	7300	2921.0	155	3928
三台县紫河镇	3345	12769	6924	3847	2063.0	56	1523
三台县安居镇	2155	7506	4201	2236		56	1365
三台县观桥镇	7304	28093	15331	8396	9126.0	57	3515
三台县郪江镇	2545	7093	3880	1817	320.0	19	1087
三台县中新镇	3770	13952	7923	4555	7068.0	25	992
三台县古井镇	6444	25713	14031	6438	6593.0	73	4722
三台县万安镇	1522	6123	3296	1900	986.0	50	574
三台县西平镇	7701	37326	20117	10975	17929.0	260	18753
三台县八洞镇	3955	16919	9295	4892	9696.0	96	2197
三台县凯河镇	3187	13247	7671	4520	30866.0	22	1326
三台县乐安镇	6243	24912	12902	7644	27632.0	181	7651
三台县建平镇	4893	19932	11203	5700	5216.0	50	2295
三台县前锋镇	2402	7591	4455	2571	2951.0	12	1175
三台县建设镇	3751	8359	4472	1854	2521.0	46	1833
三台县光辉镇	3263	9735	5567	3305	1026.0	90	2047
三台县中太镇	5885	17933	9787	4825	4963.0	130	1920
三台县金石镇	6555	23531	13310	7916	3713.0	142	2698
三台县新鲁镇	6115	20172	10660	4617	4192.0	110	3384
三台县黎曙镇	1996	8293	4635	2883	24573.0	54	1971
三台县刘营镇	8056	28696	15518	9271	23936.0	180	7795
三台县灵兴镇	2839	11603	6355	2487	15266.0	75	2171
三台县芦溪镇	9485	41631	23804	16675	57631.0	420	41128
三台县立新镇	6930	20532	11543	5884	15781.0	120	2620
三台县花园镇	3961	22876	12643	5782	160751.0	70	6630
三台县永明镇	5550	18836	10180	4802	14831.0	218	8937
三台县高堰乡	2299	6674	3622	1573	589.0		
三台县忠孝乡	3992	6591	3512	1244	653.0		
三台县双胜乡	4925	6378	3496	1600	283.0		
三台县金鼓乡	4347	7395	4201	2200	4743.0		
三台县断石乡	2331	7921	4328	2188	1788.0		
三台县玉林乡	2003	8106	4541	2028	631.0		
三台县乐加乡	2989	10047	5280	2584	583.0		
三台县曙光乡	2030	7432	4168	2429	243.0		
三台县建中乡	5358	15746	8550	3652	1662.0		
三台县宝泉乡	2203	5947	3274	1598			
三台县广利乡	2207	6261	3471	2020	309.0		
三台县协和乡	2516	7923	4329	2294	385.0		
三台县双乐乡	2142	8401	4624	2391			
三台县菊河乡	2434	7232	3858	2399	156.0		
三台县幸福乡	2536	9582	5229	2445	1352.0		
三台县下新乡	1876	6782	3662	1041	263.0		
三台县进都乡	1323	4532	2464	1286	323.0		
三台县上新乡	2393	9489	5106	2857	196.0		
三台县老马乡	2771	10179	5565	2249	1896.0		
三台县里程乡	2260	6995	3884	1665			

续表 441　　（四川省）　　计算单位：公顷、人、万元

名　称	行政区域面积	常住人口	从业人员	二三产业从业人员	工业总产值	城镇建成区面积	城镇建成区常住人口
三台县争胜乡	1922	6021	3414	1376	703.0		
三台县云同乡	2310	7827	4211	2313	1231.0		
盐亭县云溪镇	8637	65633	48213	43003	116067.0	617	65373
盐亭县玉龙镇	7058	21461	13116	7730	1222.0	280	8700
盐亭县富驿镇	12256	28001	16257	11267	4210.0	290	11869
盐亭县金孔镇	5772	19373	7731	2849	2133.0	130	9636
盐亭县两河镇	5982	20386	8353	6569	2133.0	60	4971
盐亭县黄甸镇	10297	25563	10040	6510	2856.0	210	4762
盐亭县柏梓镇	9320	14822	6779	4433	1522.0	70	2463
盐亭县八角镇	5924	18441	7854	3951	528.0	40	3511
盐亭县黑坪镇	4985	7682	5275	3088	221.0	55	1788
盐亭县高灯镇	6285	22193	6465	3145	441.0	60	2716
盐亭县金鸡镇	3956	14475	7541	4421	1022.0	150	4335
盐亭县安家镇	6802	9319	6272	3219	17.0	70	2060
盐亭县林农镇	4786	15041	8537	4737	10.0	80	1850
盐亭县巨龙镇	2872	8204	6406	3563	246.0	30	1405
盐亭县龙泉乡	2382	7988	4846	1806	24.0		
盐亭县折弓乡	2128	8847	6051	2530	70.0		
盐亭县麻秧乡	2835	9553	3768	2496	855.0		
盐亭县三元乡	2967	8341	6319	3316	252.0		
盐亭县五龙乡	3202	8749	5837	1751	102.0		
盐亭县茶亭乡	4522	6594	4390	1884	56.0		
盐亭县金安乡	3486	7845	5840	2046	680.0		
盐亭县洗泽乡	4437	13800	7433	1846	120.0		
盐亭县毛公乡	5418	8675	6449	4051	2412.0		
盐亭县冯河乡	4953	9513	4509	1271	122.0		
盐亭县石牛庙乡	6216	9200	4264	986	32.0		
盐亭县大兴回族乡	2385	5492	3964	2686	251.0		
盐亭县宗海乡	1710	8714	2200	740	102.0		
盐亭县两岔河乡	1783	5283	3906	1847	152.0		
盐亭县剑河乡	3386	3805	2095	696	85.0		
盐亭县来龙乡	3070	4186	1720	679	86.0		
盐亭县永泰乡	2547	6151	2414	760	14.0		
盐亭县黄溪乡	2777	8000	3150	610	50.0		
盐亭县榉溪乡	2589	7554	2300	618	452.0		
盐亭县双碑乡	2713	4082	2777	1470	26.0		
盐亭县林山乡	1703	4045	2226	827	215.0		
盐亭县新农乡	2356	3989	2629	1240	78.0		
安县桑枣镇	10100	26397	17384	14570	76447.0	220	5472
安县花荄镇	9500	57555	45426	37245	982302.0	420	35320
安县黄土镇	7600	36407	16549	8621	91980.0	256	5082
安县塔水镇	6800	44402	16927	7316	109163.0	168	8313
安县秀水镇	9300	53735	26544	12728	120945.0	320	10285
安县河清镇	2800	15603	9178	4003	89036.0	80	1755
安县界牌镇	3100	23721	10434	7806	145130.0	300	6049
安县永河镇	3200	16573	9001	5713	3770.0	60	915
安县睢水镇	7600	17232	12550	9180	490851.0	100	2229
安县清泉镇	3300	13293	7241	4530	2385.0	90	2478
安县宝林镇	2900	11895	4557	2210	15930.0	21	411
安县沸水镇	3900	11693	8598	5917	11368.0	53	786

续表 442　　　　（四川省）　　　　计算单位：公顷、人、万元

名　　称	行政区域面　　积	常住人口	从业人员	二三产业从业人员	工　业总产值	城镇建成区 面 积	城镇建成区常住人口
安县晓坝镇	5600	6999	3124	1724	8900.0	43	3300
安县乐兴镇	5600	15089	10689	6050	8270.0	16	714
安县千佛镇	14814	8112	3886	3360	3100.0	200	3125
安县兴仁乡	2800	10894	7219	3981	6805.0		
安县高川乡	17100	5074	3328	2007	30160.0		
安县迎新乡	2100	12326	8241	4115	39642.0		
梓潼县文昌镇	7842	61541	27551	16958	207620.0	1155	60379
梓潼县长卿镇	3165	15885	9093	7328	781025.0	260	13958
梓潼县许州镇	6565	20468	13073	9020	30920.0	150	5316
梓潼县黎雅镇	4283	11956	8768	5345	1219.0	113	3059
梓潼县白云镇	2938	7004	5564	3689	292.0	13	1019
梓潼县卧龙镇	4153	9875	5307	3229	950.0	66	1970
梓潼县观义镇	5033	8521	6027	3681	246.0	30	1779
梓潼县玛瑙镇	5308	6952	5207	2961	13540.0	36	1520
梓潼县石牛镇	6489	14517	5954	3767	1755.0	92	2012
梓潼县自强镇	2967	4915	3096	1771	2418.0	15	536
梓潼县仁和镇	5663	8769	5027	2795	170.0	25	1510
梓潼县东石乡	3114	6020	3682	2250	551.0		
梓潼县三泉乡	2520	4330	3030	1750			
梓潼县宏仁乡	3584	6730	4590	2506	46750.0		
梓潼县小垭乡	3568	4562	3038	1682	195.0		
梓潼县演武乡	4635	4519	2813	1582	195.0		
梓潼县仙峰乡	3919	6054	4303	2440	352.0		
梓潼县双板乡	4871	9131	5991	3623	184.0		
梓潼县豢龙乡	3600	4685	3358	1941	458.0		
梓潼县双峰乡	3518	5721	3499	1981	365.0		
梓潼县交泰乡	4274	4980	3145	1776	414.0		
梓潼县金龙场乡	3982	9987	6283	3603	256.0		
梓潼县石台乡	3993	7452	4769	2789	7996.0		
梓潼县仙鹅乡	3403	7339	4719	2985	6050.0		
梓潼县马鸣乡	7604	8940	5377	3081			
梓潼县马迎乡	4317	5099	3222	1816	189.0		
梓潼县二洞乡	2977	3522	2352	1328	180.0		
梓潼县建兴乡	5076	4544	2839	1640	179.0		
梓潼县宝石乡	5670	8073	5038	3025	562.0		
梓潼县定远乡	4149	7231	4539	2659	376.0		
梓潼县大新乡	5709	8128	5210	3050	398.0		
梓潼县文兴乡	5503	8453	4947	2986	398.0		
北川羌族自治县曲山镇	10968	9552	4654	2760	690.0	89	7907
北川羌族自治县擂鼓镇	14639	15127	11517	9209	59360.0	120	6500
北川羌族自治县通口镇	8694	6081	4006	1904	18903.0	27	1378
北川羌族自治县永昌镇	1997	26033	8462	8440	82341.0	1997	26033
北川羌族自治县安昌镇	9896	49430	23352	18377	33812.0	277	24120
北川羌族自治县永安镇	9934	18952	11980	8073	39300.0	120	3270
北川羌族自治县禹里镇	21827	9889	6429	3206	70.0	70	2067
北川羌族自治县桂溪镇	12077	9855	4790	1539	10358.0	16	628
北川羌族自治县香泉乡	4518	6373	2496	1261	30500.0		
北川羌族自治县陈家坝乡	12827	9896	5980	3250	4584.0		
北川羌族自治县贯岭乡	8132	3092	1699	449	57.0		
北川羌族自治县漩坪乡	11273	6836	4031	1910	260.0		

续表 443　　　　（四川省）　　　　计算单位：公顷、人、万元

名　　称	行政区域面　　积	常住人口	从业人员	二三产业从业人员	工　业总产值	城镇建成区 面 积	城镇建成区常住人口
北川羌族自治县白坭乡	12694	3551	2020	979			
北川羌族自治县小坝乡	18672	9963	5243	2457	610.0		
北川羌族自治县片口乡	24958	4908	3611	1591	603.0		
北川羌族自治县开坪乡	17203	3089	2441	1738	320.0		
北川羌族自治县坝底乡	8420	5620	3193	1326	48.0		
北川羌族自治县白什乡	10539	3102	1722	700	1055.6		
北川羌族自治县青片乡	54362	2198	1564	621	6194.0		
北川羌族自治县都坝乡	9929	2412	1547	722			
北川羌族自治县桃龙藏族乡	6722	3065	2096	754			
北川羌族自治县墩上乡	6180	1628	1070	229			
北川羌族自治县马槽乡	11811	2048	1171	359	1050.0		
平武县龙安镇	18400	39506	10792	7010	70829.0	270	18729
平武县古城镇	17200	13005	8458	5657	538.0	90	2457
平武县南坝镇	32600	17604	13277	8448	15990.0	180	2605
平武县响岩镇	24000	9990	6824	2749	32166.0	58	1728
平武县平通镇	14000	9092	2680	492	7960.0	47	1853
平武县豆叩镇	15000	7694	4806	2400	24886.0	11	697
平武县大印镇	24800	5331	3627	1618	20.0	24	398
平武县大桥镇	25700	7120	4684	1780	1315.0	25	611
平武县水晶镇	22100	11550	7680	4135	37100.0	43	1310
平武县高村乡	18200	5773	2519	390	49.0		
平武县水田羌族乡	11200	3887	2322	211			
平武县坝子乡	14800	7502	4458	1363	23.0		
平武县水观乡	7800	3400	2286	684	522.0		
平武县平南羌族乡	9700	1617	1275	555			
平武县徐塘羌族乡	12100	2465	1560	160			
平武县锁江羌族乡	24800	5863	3971	1600	228.0		
平武县土城藏族乡	22100	5519	2999	1489	1012.0		
平武县旧堡羌族乡	10300	3328	2570	1481			
平武县阔达藏族乡	13700	4678	3642	2582	8764.0		
平武县黄羊关藏族乡	19900	1435	938	400	338.0		
平武县虎牙藏族乡	47900	1263	977	394	8854.0		
平武县泗耳藏族乡	58400	813	633	274	3898.0		
平武县白马藏族乡	58290	1442	1048	259	53320.0		
平武县木座藏族乡	46500	1450	1150	640	80.0		
平武县木皮藏族乡	25100	783	602	307	3.0		
江油市中坝镇	1067	102902	60642	59980	52963.0	950	95009
江油市太平镇	8641	83263	66212	55950	316049.0	1084	77141
江油市三合镇	7883	100453	50901	40226	3226294.0	815	68555
江油市含增镇	6827	8746	6022	3481	247900.0	118	8592
江油市青莲镇	2277	16413	8239	6105	62616.0	67	4185
江油市彰明镇	2372	16351	11143	7717	213139.0	100	5320
江油市龙凤镇	3512	13649	9060	5769	107350.0	24	3131
江油市武都镇	14532	47381	19652	12976	372286.0	375	41003
江油市大康镇	11016	18284	8058	590	39915.0	47	3250
江油市新安镇	5129	16632	11078	4046	6489.0	16	1852
江油市战旗镇	5115	14871	8274	4006	720.0	42	828
江油市双河镇	5246	16103	11653	7274	12822.0	5	1256
江油市永胜镇	12220	9915	7151	4801	2435.0	86	4540
江油市小溪坝镇	4839	16825	8251	7261	76100.0	30	3455

续表 444　　（四川省）　　计算单位：公顷、人、万元

名　称	行政区域面积	常住人口	从业人员	二三产业从业人员	工业总产值	城镇建成区面积	城镇建成区常住人口
江油市河口镇	5779	11965	4599	414	6352.0	21	459
江油市重华镇	5804	16538	11557	7144	7900.0	250	5564
江油市厚坝镇	6197	20823	15230	10254	324525.0	150	3531
江油市二郎庙镇	14802	31553	13395	8524	155000.0	121	7048
江油市马角镇	14756	19016	8863	4618	29119.0	145	5542
江油市雁门镇	11021	9463	3819	763	15081.0	16	1042
江油市九岭镇	4346	12507	8741	3613	8947.0	28	1405
江油市西屏镇	4272	15785	9652	6066	3200.0	55	2300
江油市贯山镇	3685	12221	7809	2610	148.0	6	482
江油市大堰镇	4648	17090	11692	8417	789.0	25	2376
江油市文胜镇	12021	9947	6229	4060	4250.0	8	896
江油市方水镇	4806	14015	5488	2636	15569.0	17	1050
江油市香水镇	2965	7782	5658	3055	41928.0	6	1214
江油市八一镇	5823	15810	6999	3884	1705.0	14	2404
江油市东兴乡	3051	8910	6914	4302	2400.0		
江油市义新乡	4612	12496	8243	4003	150.0		
江油市新兴乡	4032	13094	8230	3230	360.0		
江油市新春乡	9235	14155	10813	6667	117.0		
江油市东安乡	4350	6610	4355	1223			
江油市铜星乡	4032	11122	6663	2831	500.0		
江油市重兴乡	4288	9073	6074	3129	468.0		
江油市云集乡	8135	7905	6035	3617	2000.0		
江油市石元乡	7630	3331	2527	1670	16500.0		
江油市敬元乡	11180	4340	3252	1620	2000.0		
江油市六合乡	10413	3882	2583	1785	16630.0		
江油市枫顺乡	9456	2157	1658	750			
利州区荣山镇	22675	24793	14400	6278	44951.0	551	9970
利州区大石镇	13975	20482	13406	7330	115053.0	251	3336
利州区盘龙镇	6443	19200	12766	6601	27124.0	30	1645
利州区宝轮镇	15551	43771	28184	20353	168114.0	451	27202
利州区赤化镇	5628	12893	7598	3586	16532.0	62	1789
利州区三堆镇	21345	18028	12664	7917	52073.0	130	7592
利州区工农镇	8434	10318	6291	3819	145.0	75	3991
利州区白朝乡	14266	6411	3877	1599	270.0		
利州区金洞乡	14238	7272	5335	2775	160.0		
利州区龙潭乡	13793	17807	11350	4920			
昭化区元坝镇	6539	19611	13405	10019	605826.0	200	18086
昭化区卫子镇	5139	6725	3553	1153	36121.0	102	1429
昭化区王家镇	6760	10805	5442	1121	1000.0	40	2100
昭化区区磨滩镇	8779	8758	6034	4165	110.0	29	2125
昭化区柏林沟镇	4676	7308	3681	2081	1100.0	24	684
昭化区太公镇	5015	7000	5437	2840	23932.0	26	910
昭化区虎跳镇	5268	7121	4355	2252	4100.0	50	1397
昭化区红岩镇	4641	4815	3464	2280	20.0	15	458
昭化区昭化镇	4344	13831	10070	5740	61810.0	42	1973
昭化区石井铺镇	7974	8353	6023	2346	800.0	22	611
昭化区明觉镇	4475	5731	3832	1755	20.0	30	1260
昭化区晋贤乡	5103	5891	3832	2170	200.0		
昭化区文村乡	4292	5280	3793	2475	13.0		
昭化区清水乡	5017	9458	6127	1826	422.0		

续表 445　　（四川省）　　计算单位：公顷、人、万元

名　　称	行政区域面　　积	常住人口	从业人员	二三产业从业人员	工　业总产值	城镇建成区 面 积	城镇建成区常住人口
昭化区张家乡	4440	6811	5394	2828	700.0		
昭化区香溪乡	2846	3158	1637	1043	42.0		
昭化区青牛乡	4032	5280	2244	1606	110.0		
昭化区陈江乡	3165	3811	2211	1130	4120.0		
昭化区丁家乡	2861	3600	2739	1721	500.0		
昭化区黄龙乡	4785	5061	2501	680	10.0		
昭化区白果乡	8601	5285	3813	2421	4.0		
昭化区梅树乡	5224	5115	3416	1958	240.0		
昭化区射箭乡	5395	5201	3595	1730	60.0		
昭化区朝阳乡	5077	4585	2675	1270	2.0		
昭化区大朝乡	4281	2615	1976	605	1.0		
昭化区沙坝乡	3264	3415	2633	1781			
昭化区柳桥乡	4252	4011	3074	1864	1600.0		
昭化区紫云乡	5350	3881	3058	620	4291.0		
朝天区朝天镇	11447	31683	12684	7943	298498.6	465	11654
朝天区大滩镇	8679	11880	6625	1805	600.0	14	1089
朝天区羊木镇	9667	19382	8354	3578	27633.4	120	4763
朝天区曾家镇	8674	10165	4193	1518	1860.0	90	1290
朝天区中子镇	5412	8793	3378	1030	86937.0	250	2816
朝天区沙河镇	6068	8189	3104	1828	6245.4	3	789
朝天区陈家乡	5516	5289	3663	2513	120.0		
朝天区小安乡	3050	3086	1745	266	120.0		
朝天区鱼洞乡	4681	4760	2852	1886	158.0		
朝天区东溪河乡	9677	8730	4836	735	46821.3		
朝天区花石乡	9393	4004	2180	975	3670.0		
朝天区蒲家乡	3586	4128	2189	582	3888.2		
朝天区西北乡	5092	5030	2747	697	10480.0		
朝天区宣河乡	6383	6331	4763	723	5499.2		
朝天区转斗乡	4755	6272	1805	293	901.5		
朝天区青林乡	5370	3500	1460	154	66.0		
朝天区平溪乡	5061	5374	3257	1207	23453.7		
朝天区两河口乡	10301	10180	5700	3600	650.0		
朝天区李家乡	11323	8862	4849	2139	1820.0		
朝天区汪家乡	3599	7376	2815	680	330.0		
朝天区麻柳乡	5123	7826	4447	1756	5793.4		
朝天区临溪乡	5169	6606	3940	740	150.0		
朝天区文安乡	4237	4921	2821	280	150.0		
朝天区马家坝乡	4406	4019	2096	170	30.0		
朝天区柏杨乡	4635	4002	2462	680	30.0		
旺苍县东河镇	12880	81829	45318	38600	567829.4	510	47180
旺苍县嘉川镇	8720	40186	21874	16206	440247.0	260	12800
旺苍县木门镇	5380	18771	10521	7041	6768.6	50	4780
旺苍县白水镇	9780	15089	9866	7167	54893.0	102	9143
旺苍县尚武镇	5300	12870	7213	3879	116023.0	30	2165
旺苍县张华镇	6760	15745	8209	4354	80.0	54	1362
旺苍县黄洋镇	10830	17963	11168	7686	22472.0	120	4747
旺苍县普济镇	15720	20244	15821	10300	36874.0	129	8655
旺苍县三江镇	11060	18162	9617	4303	101250.0	180	4182
旺苍县金溪镇	4500	8187	4727	3353	6222.0	79	1516
旺苍县五权镇	9520	16332	10340	3803	387.0	70	1600

续表 446　　(四川省)　　计算单位：公顷、人、万元

名　　称	行政区域面积	常住人口	从业人员	二三产业从业人员	工业总产值	城镇建成区面积	城镇建成区常住人口
旺苍县高阳镇	9850	8130	4846	2555	79872.0	20	761
旺苍县双汇镇	8910	6508	4565	2745	4849.0	12	800
旺苍县英萃镇	15320	8825	5052	2313	14840.0	5	739
旺苍县国华镇	7900	6621	4347	2465	22.0	80	1027
旺苍县龙凤镇	6870	12453	7721	5212		9	831
旺苍县九龙镇	4970	11808	6938	2640	505.0	35	1253
旺苍县大河乡	5740	4644	2530	1070	14752.0		
旺苍县万家乡	13090	4833	2609	1459			
旺苍县燕子乡	8000	6290	3248	1853	6072.0		
旺苍县水磨乡	8760	6817	4202	1932	15659.0		
旺苍县鼓城乡	13650	4157	2635	1087	200.0		
旺苍县檬子乡	19880	2415	1000	510	3125.0		
旺苍县福庆乡	8250	8040	4150	2050	2892.0		
旺苍县枣林乡	5200	5616	3274	1754	850.0		
旺苍县麻英乡	5570	4492	3511	1706	562.0		
旺苍县柳溪乡	3340	3640	2297	1471			
旺苍县农建乡	4040	5160	2984	1307	358.0		
旺苍县化龙乡	3010	6432	4982	2670			
旺苍县大两乡	8400	4412	3070	1771			
旺苍县万山乡	4730	3069	2198	1178			
旺苍县正源乡	11870	6571	4180	1898	10276.0		
旺苍县天星乡	6740	4635	2909	1559			
旺苍县盐河乡	9560	3238	2226	1493			
旺苍县大德乡	3430	4908	2924	1529	2922.0		
青川县乔庄镇	9390	22001	11142	9437	42447.0	286	22493
青川县青溪镇	52660	13961	8555	4744	25403.1	260	4608
青川县房石镇	9960	5964	4337	1143	122.0	85	1642
青川县关庄镇	3160	4581	2083	876	5559.0	180	1592
青川县凉水镇	7550	6428	3114	188	422.0	170	2415
青川县竹园镇	6050	13596	8077	4692	158731.0	740	5855
青川县木鱼镇	5080	6492	3191	1293	31546.6	120	5183
青川县沙州镇	13070	9730	6197	1304	2399.0	160	4203
青川县姚渡镇	18230	6010	3426	1681		150	2340
青川县三锅镇	18020	7383	4659	932	18095.0	120	2044
青川县马鹿镇	6650	8867	4641	1631	4488.0	4	1256
青川县黄坪乡	6800	5155	2718	800	158.0		
青川县瓦砾乡	4120	3114	2147	337	195.0		
青川县孔溪乡	8050	5755	2899	156	38383.1		
青川县茶坝乡	13040	4981	3843	1245	275.0		
青川县大坝乡	6500	2771	1038	136			
青川县桥楼乡	9120	6416	3267	617	187.0		
青川县蒿溪回族乡	11150	3701	2170	244	710.0		
青川县乐安寺乡	4460	4175	2443	507	190.0		
青川县前进乡	5710	4168	2863	790	3330.1		
青川县曲河乡	6300	3918	2294	329	85.0		
青川县马公乡	6360	1090	665	145			
青川县石坝乡	4080	2699	1497	369	18.0		
青川县红光乡	3960	3424	2702	144			
青川县苏河乡	6860	3414	2033	273			
青川县茅坝乡	4050	3818	2864	212			

续表 447　　（四川省）　　计算单位：公顷、人、万元

名　　称	行政区域面　积	常住人口	从业人员	二三产业从业人员	工　业总产值	城镇建成区面积	城镇建成区常住人口
青川县大院回族乡	5020	5275	2472	355			
青川县楼子乡	5600	1816	953	165	15.0		
青川县金子山乡	3920	2466	723	238	15.0		
青川县七佛乡	4840	2873	1229	338	1344.0		
青川县建峰乡	5440	5830	3408	1845	11785.0		
青川县白家乡	6230	6156	3502	761	3065.0		
青川县板桥乡	5970	6546	4415	794	382.0		
青川县骑马乡	9370	7185	3637	632	130.0		
青川县观音店乡	9010	4043	1504	168	62.0		
青川县营盘乡	15850	5941	3556	815	22.0		
剑阁县普安镇	5811	45395	30531	26296	308412.0	503	36458
剑阁县龙源镇	8858	10798	5469	1997	306.0	91	3940
剑阁县城北镇	9345	12356	6234	2182	61619.0	61	6012
剑阁县盐店镇	6830	5791	2888	1127		33	2811
剑阁县柳沟镇	5373	6387	3078	1136	628.0	72	3077
剑阁县武连镇	7219	10126	5926	2861	3085.0	120	4155
剑阁县东宝镇	6638	9059	4445	1697		105	4502
剑阁县开封镇	6815	12397	6300	2343	21652.0	260	5995
剑阁县元山镇	9309	20996	15254	6022	15206.0	129	10358
剑阁县演圣镇	4357	7279	3729	1518	1710.0	42	3700
剑阁县王河镇	4192	7681	4613	2279	2562.0	59	3463
剑阁县公兴镇	3438	8997	5404	1732	714.0	200	4521
剑阁县金仙镇	3650	5592	3700	1048	559.0	66	3184
剑阁县香沉镇	5096	7773	4597	2382		56	5084
剑阁县白龙镇	5139	14736	9890	4523	20955.0	185	6681
剑阁县鹤龄镇	8579	17615	12606	2991	10950.0	122	8289
剑阁县杨村镇	3989	9143	5484	1758	10.0	50	3856
剑阁县羊岭镇	6173	10958	7012	2517	1422.0	65	5868
剑阁县江口镇	6560	10256	7206	3044	508.0	85	4678
剑阁县木马镇	6361	7187	4543	1402	2072.0	55	4365
剑阁县剑门关镇	13271	14895	9664	2929	15154.0	143	5502
剑阁县汉阳镇	14060	11408	7995	2509	17955.0	75	5859
剑阁县下寺镇	10648	34862	16123	6908	444326.0	781	31268
剑阁县江石乡	3391	4572	2508	1113	467.0		
剑阁县田家乡	3701	5275	2731	1118	1094.0		
剑阁县闻溪乡	5172	5366	3002	1365	430.0		
剑阁县姚家乡	7461	6035	3364	585	435.0		
剑阁县北庙乡	5674	5981	3503	732	5664.0		
剑阁县西庙乡	5265	5142	3396	873			
剑阁县义兴乡	4731	5525	2723	668	349.0		
剑阁县毛坝乡	4016	3894	2438	683			
剑阁县凉山乡	4667	5601	3318	669	59502.0		
剑阁县垂泉乡	3569	3085	1541	575	469.0		
剑阁县秀钟乡	5075	5772	3639	954			
剑阁县正兴乡	4783	4095	2134	606			
剑阁县马灯乡	4013	3872	1866	702			
剑阁县高池乡	5224	5186	3500	964			
剑阁县碗泉乡	5372	4637	2185	753			
剑阁县迎水乡	6002	5436	3106	421			
剑阁县国光乡	5330	5291	2983	427	5320.0		

续表 448　　(四川省)　　计算单位：公顷、人、万元

名　　称	行政区域面　　积	常住人口	从业人员	二三产业从业人员	工　业总产值	城镇建成区 面 积	城镇建成区常住人口
剑阁县柘坝乡	4871	4823	2954	523	258.0		
剑阁县公店乡	4048	4635	2852	490			
剑阁县吼狮乡	4231	6138	4242	1130	721.0		
剑阁县长岭乡	4586	5699	4070	1375	375.0		
剑阁县涂山乡	4371	6485	3427	571			
剑阁县圈龙乡	2902	5471	3542	917	257.0		
剑阁县碑垭乡	3705	5896	3763	1012			
剑阁县广坪乡	3816	5172	2675	412	1383.0		
剑阁县禾丰乡	3835	5468	3752	1140			
剑阁县店子乡	6769	7727	4891	1593			
剑阁县摇铃乡	5861	5426	3438	833			
剑阁县樵店乡	4133	6488	3699	767			
剑阁县锦屏乡	2658	5123	3295	783	588.0		
剑阁县柏垭乡	3582	4552	2424	851	553.0		
剑阁县高观乡	5558	6791	4373	1249	1765.0		
剑阁县张王乡	6367	5982	3859	1076	1055.0		
剑阁县上寺乡	2683	3374	1616	378	5350.0		
苍溪县陵江镇	17535	130560	55025	38505	760156.0	760	89050
苍溪县云峰镇	9229	28690	14816	7163	28951.0	74	3800
苍溪县东青镇	5885	20800	8837	3882	13274.0	180	2448
苍溪县白桥镇	6075	15426	8530	2861	2566.8	50	2013
苍溪县八庙镇	3867	9123	6757	3273	2540.4	33	1412
苍溪县五龙镇	6419	12439	8546	3882	33538.0	78	6700
苍溪县永宁镇	4986	10883	4837	1714	3270.0	90	3319
苍溪县鸳溪镇	6979	11235	6385	3873	306.0	61	2251
苍溪县三川镇	8260	20122	7502	1680	331.2	95	2900
苍溪县龙王镇	8263	16464	10732	6152	5616.0	100	3500
苍溪县元坝镇	9070	42278	20567	10472	31056.0	300	13120
苍溪县唤马镇	4192	8945	5413	2020	3500.0	11	2450
苍溪县歧坪镇	8112	43139	19420	9500	41040.0	200	13890
苍溪县白驿镇	6014	26972	8748	2581	1371.6	120	2674
苍溪县漓江镇	8215	20395	11535	4032	24864.0	69	3150
苍溪县文昌镇	6601	18324	8586	3768	14380.0	105	7429
苍溪县岳东镇	7218	21953	8048	3697	889.0	55	2158
苍溪县石马镇	5516	19897	9743	2230	2773.2	53	3997
苍溪县运山镇	2965	10587	6661	2057	3516.0	55	1801
苍溪县东溪镇	10380	33899	17676	8519	14470.0	166	9546
苍溪县高坡镇	7783	21483	13959	3470	8952.0	16	2816
苍溪县龙山镇	9903	38096	16847	8936	25931.0	142	8318
苍溪县中土镇	3134	9288	6971	3717	3744.0	55	2136
苍溪县亭子镇	4682	10136	5087	1988	1813.2	15	1370
苍溪县禅林乡	3610	10095	4603	529	2434.0		
苍溪县白鹤乡	5788	15848	8419	4437	1859.0		
苍溪县浙水乡	4889	9592	5594	2183	2388.0		
苍溪县雍河乡	4867	6605	3433	2638	904.8		
苍溪县新观乡	5247	8962	6304	3319	578.4		
苍溪县石门乡	3034	12467	6770	2738	2866.0		
苍溪县月山乡	5335	20125	10241	3916	3646.8		
苍溪县白山乡	3139	10038	3861	895	2352.0		
苍溪县彭店乡	3416	10197	6838	3356	1150.0		

续表 449　　(四川省)　　计算单位：公顷、人、万元

名　称	行政区域面　积	常住人口	从业人员	二三产业从业人员	工　业总产值	城镇建成区 面 积	城镇建成区常住人口
苍溪县桥溪乡	5648	8091	6374	4000	3540.0		
苍溪县龙洞乡	4210	7266	3585	1033	2794.0		
苍溪县黄猫乡	3450	9731	3652	618	8560.0		
苍溪县石灶乡	3465	8196	4085	1444	3156.0		
苍溪县河地乡	3344	11395	5789	2115	2460.0		
苍溪县双河乡	2297	7938	4249	2359	960.0		
船山区龙凤镇	3120	13700	8969	7158	61223.0	43	1650
船山区仁里镇	5300	19098	9286	4416	3891.0	100	3504
船山区复桥镇	3212	20604	13175	7855	17999.0	20	1409
船山区永兴镇	6592	35507	17099	11503	68432.0	200	11598
船山区河沙镇	6020	24301	13518	8119	21663.0	100	2984
船山区新桥镇	3796	32706	19252	10395	135879.0	110	4210
船山区桂花镇	5230	28636	12566	8459	68752.0	150	7576
船山区西宁乡	2087	11982	6478	4311	8736.0		
船山区老池乡	6480	34111	19627	8514	16900.0		
船山区保升乡	3400	18473	9540	6700	8071.0		
船山区唐家乡	3183	19918	13477	9538	4336.0		
船山区北固乡	1337	10553	5756	4095	86000.0		
安居区安居镇	4831	23189	14049	7306	1756.0	14	543
安居区东禅镇	8443	45846	24893	15503	9125.0	54	6715
安居区分水镇	6627	29019	21464	13697	41186.6	93	3435
安居区石洞镇	5630	24238	9154	6647	1489.0	45	2289
安居区拦江镇	6546	42118	23105	12445	4952.0	186	10676
安居区保石镇	5081	32352	16790	9154	10625.0	17	2026
安居区白马镇	7105	34299	18086	9320	12131.0	67	4568
安居区中兴镇	3936	19850	13870	8853	11412.0	106	3105
安居区横山镇	8283	44562	22315	12700	11902.0	33	3146
安居区会龙镇	4398	18623	11757	8754	4569.0	95	3318
安居区三家镇	10663	51972	31224	18027	25906.0	57	8154
安居区玉丰镇	6136	28122	14732	8120	6138.0	197	3352
安居区西眉镇	11083	50809	28546	17673	24796.0	150	10428
安居区磨溪镇	5444	23880	14697	8573	95481.0	63	8143
安居区聚贤镇	5015	19022	13434	7423	1002.0	57	1365
安居区观音镇	3238	15176	10120	6470	1684.0	35	1230
安居区常理镇	4424	22321	13395	5168	2950.0	65	689
安居区莲花乡	3415	14734	10259	5297	432.0		
安居区步云乡	2435	13699	8286	4968	1460.0		
安居区大安乡	5322	22718	12452	5742	1270.0		
安居区马家乡	3639	14574	7533	4965	1320.0		
蓬溪县赤城镇	9080	103712	26729	19403	836400.0	1685	84577
蓬溪县新会镇	3660	18473	8677	3393	15.8	34	1172
蓬溪县文井镇	6660	37465	13611	5846	13076.0	78	7162
蓬溪县明月镇	4960	24772	16983	10586	121.0	92	5716
蓬溪县常乐镇	4760	26088	7825	2957	345.0	28	4155
蓬溪县天福镇	4660	30448	15660	9317	271.0	275	8531
蓬溪县红江镇	2670	13895	8666	4698	963.0	18	4256
蓬溪县宝梵镇	3840	13829	6904	4124	17142.9	40	1811
蓬溪县大石镇	4910	17683	11186	5415	362.0	90	5739
蓬溪县吉祥镇	3550	12279	7239	3034	98.0	120	3960
蓬溪县鸣凤镇	7010	31886	12419	5107	316.0	60	4046

续表 450 （四川省） 计算单位：公顷、人、万元

名　　称	行政区域面积	常住人口	从业人员	二三产业从业人员	工业总产值	城镇建成区面积	城镇建成区常住人口
蓬溪县任隆镇	6310	31564	12563	6283	1035.0	138	9871
蓬溪县三凤镇	7010	37755	18858	14298	1022.0	44	4139
蓬溪县高坪镇	3420	10380	4988	4385	15685.4	50	1700
蓬溪县蓬南镇	8140	82301	28276	14326	66085.6	300	39715
蓬溪县群利镇	3360	17010	11308	8962	22.0	10	2092
蓬溪县吉星镇	3690	15000	8672	5340		87	2116
蓬溪县金桥镇	2760	7350	5627	3786	18531.0	65	6041
蓬溪县下东乡	3190	9030	6792	4322			
蓬溪县新星乡	2410	9133	4907	2759	19.0		
蓬溪县罗戈乡	1590	4048	2972	1232			
蓬溪县板桥乡	2750	8431	5571	2876	55.0		
蓬溪县槐花乡	2560	9907	5881	3448	36.0		
蓬溪县黄泥乡	3840	15519	5189	3766	98.0		
蓬溪县荷叶乡	3100	6913	4620	3360	273.0		
蓬溪县金龙乡	2080	12388	5316	2600	95.0		
蓬溪县农兴乡	2120	14783	9034	6603	21.0		
蓬溪县新胜乡	1970	6055	2711	918	74.0		
蓬溪县回水乡	3090	6785	2182	433			
蓬溪县群力乡	1970	7319	5337	4423			
蓬溪县高升乡	3940	9728	7086	6075			
射洪县太和镇	2730	10571	3111	898	685.0	70	890
射洪县大榆镇	5347	50741	31330	26670	419473.9	110	8301
射洪县广兴镇	5566	32503	19147	11759	91498.0	120	4458
射洪县金华镇	10008	57685	29507	16893	282194.0	278	30379
射洪县沱牌镇	7455	58248	34501	24049	426833.9	590	22340
射洪县太乙镇	6386	30988	22658	10356	21556.0	416	16301
射洪县金家镇	4869	25354	15839	4587	2856.0	17	3020
射洪县复兴镇	5210	22370	13966	9140	4150.0	82	4113
射洪县天仙镇	5260	23285	14136	8920	42971.1	50	2731
射洪县仁和镇	7749	35064	28031	15996	2723.0	40	5300
射洪县青岗镇	8020	33582	18190	12664	3050.0	100	5663
射洪县洋溪镇	6978	42948	24375	16923	168840.0	180	11965
射洪县香山镇	3598	17158	8454	5769	452.0	5	1380
射洪县明星镇	5422	29346	15106	7073	1635.0	23	2900
射洪县涪西镇	3979	20502	10630	4475	7800.0	14	1715
射洪县陈古镇	3556	16697	11982	6272	712.0	4	1885
射洪县凤来镇	3726	17725	9641	6522	141.0	27	1405
射洪县潼射镇	4736	16582	10883	7420	6210.0	105	3200
射洪县曹碑镇	4301	18740	14141	10271	300.0	35	2010
射洪县官升镇	3971	18133	8725	5672		32	4652
射洪县瞿河乡	3737	18892	13266	9151	521351.5		
射洪县伏河乡	2003	6481	4775	3607			
射洪县青堤乡	1662	8558	4933	2485	288.0		
射洪县双溪乡	4047	13538	9696	7313	269.0		
射洪县文升乡	4573	17472	10641	7163	1598.0		
射洪县万林乡	5336	28653	17765	12648	314567.8		
射洪县太兴乡	4453	13405	10295	6900	2148.0		
射洪县东岳乡	5065	16997	8849	4999	4394.6		
射洪县金鹤乡	2792	10231	5429	3905	2983.2		
射洪县玉太乡	3488	13644	8690	4868			

续表 451　　（四川省）　　计算单位：公顷、人、万元

名　　称	行政区域面　　积	常住人口	从业人员	二三产业从业人员	工　业总产值	城镇建成区 面 积	城镇建成区常住人口
大英县蓬莱镇	13400	118148	62684	44672	1850250.0	490	77152
大英县隆盛镇	10770	78512	40569	24199	22637.0	261	8285
大英县回马镇	5140	31320	17953	6775	112720.0	258	8832
大英县天保镇	5160	27594	16920	8613	906.0	56	1988
大英县河边镇	9370	67721	42623	27757	323.5	350	8859
大英县卓筒井镇	4260	11768	7149	1519	1052.0	122	5351
大英县玉峰镇	6600	35474	26891	14857	10029.0	214	5482
大英县象山镇	5280	34237	22531	16407	1074.0	225	6920
大英县通仙乡	3080	13609	5745	1647	200.0		
大英县金元乡	5350	23017	17932	10701	275.0		
大英县智水乡	1590	5263	3161	1879			
内江市市中区白马镇	3707	49879	27667	20039	858032.0	420	21404
内江市市中区史家镇	1812	17586	8032	4943	26220.8	150	5421
内江市市中区凌家镇	4786	38853	25812	19381	41217.0	13	4259
内江市市中区朝阳镇	3548	29479	19259	10687	8732.0	71	3640
内江市市中区永安镇	4860	44491	24383	14058	12014.0	18	2070
内江市市中区全安镇	2701	25232	15466	7607	4518.0	65	2692
内江市市中区靖民镇	1250	14586	9895	4910	26985.0	25	2815
市中区龚家镇	2117	11580	6210	2690	1750.0	23	784
市中区凤鸣镇	2255	21536	14769	6444	1543.0	26	839
市中区伏龙镇	2400	13546	7602	5026	3660.0	4	692
市中区龙门镇	2675	20145	13762	6690	8481.0	32	821
东兴区田家镇	4066	22945	15875	10083	75747.0	82	3285
东兴区郭北镇	6027	41259	20697	13188	63111.0	200	16916
东兴区高梁镇	5813	31583	15953	12446	15026.0	100	4465
东兴区白合镇	6420	40173	24816	16338	13776.0	68	4436
东兴区顺河镇	8381	45201	24894	13523	12177.0	30	2132
东兴区高桥镇	3598	25740	19927	10899	70363.0	366	7100
东兴区双才镇	5564	44025	31521	17090	17152.0	200	9200
东兴区小河口镇	3688	33697	18757	9342	184767.0	37	2345
东兴区杨家镇	4656	18766	14550	8428	6119.0	38	1157
东兴区椑木镇	1345	38206	18725	12859	370490.0	224	26630
东兴区石子镇	4124	20681	13029	7445	17402.0	20	1263
东兴区椑南镇	4076	34920	19289	11063	62061.0	62	1903
东兴区永兴镇	5444	34543	27426	11727	13162.0	16	4909
东兴区平坦镇	6041	28352	17049	9648	9799.0	12	742
东兴区中山镇	2574	21683	15130	4599	5894.0	7	566
东兴区柳桥镇	4561	22788	13920	8257	6660.0	13	1610
东兴区双桥镇	4937	23631	10002	5799	9886.0	60	1802
东兴区富溪镇	3893	26977	13389	7179	11074.0	40	1928
东兴区太安乡	4099	17488	10826	7016	7480.0		
东兴区苏家乡	4340	25944	18047	5353	5882.0		
东兴区同福乡	2997	17182	8147	4674	58055.0		
东兴区永福乡	4251	24341	13038	7425	4311.0		
东兴区新店乡	4832	23415	11086	8250	9987.0		
东兴区大治乡	3584	14783	7888	4865	8587.0		
东兴区三烈乡	2339	15796	8955	3980	5608.0		
威远县严陵镇	7050	152158	112430	100583	1143038.0	1050	111175
威远县铺子湾镇	3267	13844	10362	8059	147360.0	92	2973
威远县新店镇	6964	39534	31332	13875	156203.0	174	5897

续表 452　　(四川省)　　计算单位：公顷、人、万元

名　　称	行政区域面　　积	常住人口	从业人员	二三产业从业人员	工　业总产值	城镇建成区 面 积	城镇建成区常住人口
威远县向义镇	4720	27706	18198	10377	92400.0	85	2657
威远县界牌镇	4356	21985	16208	10384	21416.0	59	5553
威远县龙会镇	5549	26819	20193	7304	65354.0	118	4591
威远县高石镇	5415	26411	15860	10654	15627.0	50	3690
威远县东联镇	3129	16539	12401	9212	57899.0	29	2201
威远县靖和镇	3475	18529	13372	8274	88602.0	110	3754
威远县镇西镇	10993	54536	36196	21299	47426.0	136	16298
威远县庆卫镇	4035	10886	7552	3825	17020.0	60	5922
威远县山王镇	4766	10438	7741	4530	5047.0	95	2300
威远县黄荆沟镇	5628	16965	12723	7287	36984.0	100	11802
威远县观英滩镇	9983	19874	13046	7400	8718.0	59	2031
威远县新场镇	13530	32857	24223	14276	56096.0	272	8614
威远县连界镇	12867	53205	29311	20788	3270244.0	810	24999
威远县越溪镇	7759	16289	10667	4955	10230.0	50	2410
威远县两河镇	3990	10156	7150	5280	49471.0	63	5225
威远县碗厂镇	3225	8111	5716	4079	32570.0	55	1756
威远县小河镇	8153	18867	13097	5935	98332.0	74	2431
资中县重龙镇	4790	106241	24742	15719	341921.0	568	56850
资中县甘露镇	3711	18375	11339	8546	1257.0	20	1445
资中县归德镇	4561	26700	13453	8339	78577.0	99	2901
资中县鱼溪镇	5378	37529	22107	8921	33145.0	33	3856
资中县金李井镇	4379	22380	13264	6654	60137.0	221	2620
资中县铁佛镇	5528	31930	18763	10330	141067.0	53	4033
资中县球溪镇	5908	49028	27005	17909	226771.0	181	15973
资中县顺河场镇	3561	17260	10932	6436	3800.0	27	1143
资中县龙结镇	5851	39425	21452	9070	4539.0	65	2652
资中县罗泉镇	6459	31585	14028	6576	30048.0	31	1738
资中县发轮镇	5516	36735	19145	11164	2600.0	80	2511
资中县兴隆街镇	3493	21601	12594	5721	170250.0	41	1009
资中县银山镇	8131	42135	30712	19507	238193.0	250	13303
资中县宋家镇	4214	22600	13875	7355	75407.0	100	3994
资中县太平镇	5821	32869	22198	10388	1500.0	57	2642
资中县骝马镇	4004	26810	15487	6138	1368.0	12	1206
资中县水南镇	4651	119346	68087	46966	1156873.0	612	63124
资中县苏家湾镇	6544	33574	22423	13033	5105.0	40	1959
资中县新桥镇	7145	25687	14690	9299	20597.0	26	2024
资中县明心寺镇	3803	31259	16695	8833	80784.0	28	2771
资中县双河镇	5232	32815	19776	12588	168855.1	56	1769
资中县公民镇	6225	48340	23742	16906	68334.0	66	3892
资中县龙江镇	8968	55872	39166	17926	22279.0	60	4170
资中县双龙镇	6215	46945	19107	9702	762.0	33	2028
资中县高楼镇	4858	37533	19953	9054	29673.0	27	5707
资中县陈家镇	5376	32915	17595	7003	1714.6	15	1585
资中县配龙镇	4071	24211	12236	6968	1584.0	25	1403
资中县走马镇	4110	25407	17113	13852	13531.0	35	1368
资中县孟塘镇	9081	33369	20438	8680	1320.0	33	1775
资中县马鞍镇	4145	22015	16640	5735	12520.0	35	1057
资中县狮子镇	4874	30126	18636	9562	3010.0	12	2045
资中县板栗桠乡	4017	23148	13288	6563	8000.0		
资中县龙山乡	2862	18634	11664	6314	1300.0		

续表 453　　（四川省）　　计算单位：公顷、人、万元

名　　称	行政区域面　积	常住人口	从业人员	二三产业从业人员	工　业总产值	城镇建成区 面 积	城镇建成区常住人口
隆昌县金鹅街道办事处	2720	110284	49812	39032	987802.0	770	68586
隆昌县山川镇	1700	24542	12739	9007	401351.0	110	7596
隆昌县响石镇	6280	50320	30345	16525	65415.0	130	8598
隆昌县圣灯镇	3440	20138	13321	8638	456436.0	95	4260
隆昌县黄家镇	7180	62720	35616	17731	398865.0	225	11652
隆昌县双凤镇	5250	48380	36570	19680	200667.0	130	4200
隆昌县龙市镇	6700	55833	27870	11450	174888.0	92	4150
隆昌县迎祥镇	5500	38447	25233	9305	12514.0	88	4763
隆昌县界市镇	6931	40220	30344	19438	44843.0	250	13000
隆昌县石碾镇	4150	37486	22847	10159	39282.0	105	3428
隆昌县周兴镇	2400	23268	13630	7918	7522.0	104	3671
隆昌县渔箭镇	2150	15718	11544	5924	3915.0	50	2002
隆昌县石燕桥镇	5816	40811	27786	17977	579179.0	110	16142
隆昌县李市镇	1998	17011	10853	5197	19989.0	65	2675
隆昌县胡家镇	4650	49026	29253	14942	88134.0	160	5194
隆昌县云顶镇	5000	30123	22830	9722	221237.0	105	7480
隆昌县桂花井镇	1646	16217	8189	4420	329568.0	52	1980
隆昌县普润镇	2885	23985	12481	6423	2319.0	60	2211
内江经济开发区交通镇	1306	27694	21688	18016	1009688.7	124	5430
内江经济开发区四合镇	2027	24012	10555	6943	252303.0	80	2923
乐山市市中区牟子镇	2152	25080	17730	7220	19081.0	110	6500
乐山市市中区土主镇	4663	16518	12229	8187	481123.0	54	2701
乐山市市中区白马镇	3295	11875	8719	4051	21700.0	15	1077
乐山市市中区茅桥镇	3272	17943	11811	4801	5300.0	140	8850
乐山市市中区青平镇	3977	10620	8163	2066	297.0	19	682
乐山市市中区苏稽镇	4820	40285	29367	19413	47125.0	130	9250
乐山市市中区水口镇	2700	19472	14465	7230	192920.0	30	5637
乐山市市中区安谷镇	4888	30272	23105	7355	98292.0	76	4098
乐山市市中区棉竹镇	3850	13812	10390	5890	100252.0	25	1062
乐山市市中区全福镇	4695	10885	7876	3776	22070.0	30	1078
乐山市市中区童家镇	3740	12602	9955	2910	4100.0	11	1083
乐山市市中区九峰镇	2340	17459	9002	5962	37250.0	35	1270
乐山市市中区罗汉镇	2199	12295	9015	5339	57924.0	12	552
乐山市市中区临江镇	2010	8524	6058	2672		22	2610
乐山市市中区车子镇	1925	16430	10785	8325	443292.0	275	7580
乐山市市中区悦来乡	4800	9284	6952	3200	4654.0		
乐山市市中区关庙乡	3443	9814	7018	2937	5200.0		
乐山市市中区石龙乡	3366	8580	6383	3500	38716.0		
乐山市市中区剑峰乡	4975	12029	9424	3887	1813.0		
乐山市市中区凌云乡	3487	12546	8619	2725	893.0		
乐山市市中区迎阳乡	1828	5645	4320	1770			
乐山市市中区九龙乡	1332	4721	3508	1490	850.0		
乐山市市中区普仁乡	1420	5126	3936	1540			
乐山市市中区平兴乡	2693	8750	6898	3188	512.0		
乐山市市中区杨湾乡	2240	16500	12148	3443	142365.0		
沙湾区沙湾镇	7979	43807	29855	26875	576890.0	105	43850
沙湾区嘉农镇	4200	26029	14164	10153	1121552.0	31	9761
沙湾区太平镇	5518	14581	9210	5532	4098.0	50	4020
沙湾区福禄镇	7293	13962	8937	5188	12902.0	23	5650
沙湾区牛石镇	4282	6206	4125	2082	5815.0	20	1273

续表 454 (四川省) 计算单位：公顷、人、万元

名　　称	行政区域面　　积	常住人口	从业人员	二三产业从业人员	工　业总产值	城镇建成区 面 积	城镇建成区常住人口
沙湾区龚嘴镇	4070	5140	3310	1086	10550.0	31	1105
沙湾区葫芦镇	4750	9030	6385	2328	50158.0	50	1809
沙湾区踏水镇	3841	8976	5189	2766	38595.0	10	1139
沙湾区谭坝乡	2064	5671	4349	1393	82.0		
沙湾区轸溪乡	3247	4533	3336	881	348.0		
沙湾区范店乡	5438	3321	1846	571			
沙湾区铜茨乡	3740	4998	3892	542	806.0		
沙湾区碧山乡	4034	11082	8182	2353	8360.0		
五通桥区竹根镇	1680	73451	32398	28500	695238.0	150	4290
五通桥区牛华镇	4170	42318	31629	18837	320395.0	25	3035
五通桥区杨柳镇	2907	19415	15003	11946	35000.0	150	5641
五通桥区桥沟镇	2363	14869	11447	10171	1411170.0	150	5527
五通桥区金粟镇	2838	19642	13188	10382	204284.0	51	6307
五通桥区金山镇	4725	26310	16953	11341	740.0	132	5482
五通桥区辉山镇	2904	12605	9182	4201	300.0	150	6445
五通桥区西坝镇	5861	23915	13225	8096	43355.0	50	3519
五通桥区冠英镇	5608	41377	30382	13512	36671.0	160	6127
五通桥区蔡金镇	3456	13366	8821	4223	300.0	35	2327
五通桥区石麟镇	7735	23780	9882	3487	42500.0	60	6062
五通桥区新云乡	2306	11352	7357	4372	306.0		
金口河区永和镇	8900	19236	13038	11981	599375.0	208	18489
金口河区金河镇	13600	6015	4516	2427	132649.2	126	3742
金口河区和平彝族乡	4073	9621	5490	2907	5364.6		
金口河区共安彝族乡	16927	5442	2500	745	4950.0		
金口河区吉星乡	4300	3429	2718	243	460.0		
金口河区永胜乡	12000	4445	2929	447	1892.0		
犍为县玉津镇	2912	100985	68053	60640	566743.0	510	74089
犍为县孝姑镇	5080	16382	11653	7463	359.0	50	1690
犍为县石溪镇	5400	17855	14020	7880	19729.0	12	3773
犍为县清溪镇	8150	40188	31175	20067	180696.0	100	11078
犍为县新民镇	10600	18254	14334	7564	3060.0	100	6320
犍为县罗城镇	9500	35010	27924	22443	170998.0	216	17482
犍为县芭沟镇	3713	10812	8623	5493	21449.0	55	4127
犍为县龙孔镇	10100	16080	12800	8295	354.0	11	1975
犍为县定文镇	4525	12174	9713	4800	3420.0	20	1011
犍为县敖家镇	4810	10547	8407	4530	19609.0	15	7251
犍为县金石井镇	4250	9866	7829	4289	17018.0	21	1119
犍为县泉水镇	5200	8281	6580	3230	13825.0	7	639
犍为县双溪乡	4450	7525	5814	2691	9964.0		
犍为县九井乡	830	5112	4054	1230	5.0		
犍为县同兴乡	4504	6195	4825	2225	3727.0		
犍为县榨鼓乡	4110	7836	6241	2819	51.0		
犍为县铁炉乡	3267	5215	4162	1061	53.0		
犍为县大兴乡	4740	7210	5739	1829	356.0		
犍为县南阳乡	1453	4797	3827	2327	63599.0		
犍为县纪家乡	3330	3392	2658	1614	53.0		
犍为县新盛乡	1263	3589	2830	1425			
犍为县寿保乡	4010	9407	7159	4064	162.0		
犍为县舞雩乡	3960	10833	8645	6091	3175.0		
犍为县下渡乡	4283	9756	7745	4670	35864.0		

续表 455　　　　（四川省）　　　　计算单位：公顷、人、万元

名　　称	行政区域面积	常住人口	从业人员	二三产业从业人员	工　业总产值	城镇建成区面积	城镇建成区常住人口
犍为县玉屏乡	4200	7316	5727	3406			
犍为县岷东乡	2595	8190	6492	4490	16187.0		
犍为县塘坝乡	4271	10943	8723	6328	215929.0		
犍为县马庙乡	4400	8027	6319	2598	7447.0		
犍为县公平乡	4800	5298	4228	2487	70.0		
犍为县伏龙乡	2836	6239	4981	2604	123.0		
井研县研城镇	4606	83028	53318	49129	1195410.0	810	76500
井研县马踏镇	3784	19562	9906	6922	47502.0	180	11760
井研县竹园镇	3676	11550	7875	3063	9564.0	186	4892
井研县研经镇	4452	13018	6734	2386	280.0	132	2948
井研县周坡镇	5040	12085	4962	1558	415.0	120	3164
井研县千佛镇	4191	21520	13859	7769	215439.6	69	3122
井研县王村镇	4629	14846	9576	5318	11832.0	149	3423
井研县三江镇	3116	9782	7727	4865	33950.0	150	3380
井研县东林镇	2987	7425	5256	1939		180	1750
井研县磨池镇	1732	6547	4916	1609	4545.0	50	1704
井研县集益乡	2737	9850	6714	858	22037.0		
井研县纯复乡	3035	5236	3975	843			
井研县三教乡	1956	5171	4004	1704	15000.0		
井研县高滩乡	1972	5287	3511	1123	930.0		
井研县宝五乡	3309	6377	4016	1095	352.0		
井研县四合乡	2403	4295	2697	356			
井研县黄钵乡	3236	6112	4727	812	3381.4		
井研县胜泉乡	2524	5634	3119	977	3442.0		
井研县门坎乡	2244	5230	3905	1929			
井研县石牛乡	2062	5038	2988	1447			
井研县高凤乡	3316	8847	5712	1088			
井研县金峰乡	2967	5603	3603	958	370.0		
井研县分全乡	1971	4112	2892	444	650.0		
井研县镇阳乡	3289	5513	4268	1147	549.0		
井研县天云乡	2419	4098	3139	2118			
井研县乌抛乡	3134	4107	3011	1028			
井研县大佛乡	3231	6054	4484	1509			
夹江县焉城镇	4064	71530	56867	51778	131435.2	1206	50893
夹江县黄土镇	4736	21435	16970	15320	450015.0	172	2288
夹江县甘江镇	5934	35730	22746	8834	31944.0	50	2253
夹江县界牌镇	3393	17000	8816	4586	93758.7	200	6251
夹江县中兴镇	3024	12332	8235	4842	24093.0	19	2133
夹江县三洞镇	3508	12458	7101	3069	120563.0	70	2350
夹江县吴场镇	4431	13585	9941	5368	47360.8	51	3314
夹江县木城镇	3124	16155	9500	4370	7200.0	61	2080
夹江县华头镇	4365	10080	4729	1084	730.0	27	1045
夹江县甘霖镇	2736	14922	11269	4470	285347.0	11	1188
夹江县新场镇	3329	11843	9323	6530	580210.0	4	1610
夹江县顺河乡	2195	10762	7042	2120	1980.0		
夹江县马村乡	2833	11692	7724	3186	14867.0		
夹江县土门乡	2565	9576	4448	2022	110000.0		
夹江县青州乡	2715	7782	5629	2397			
夹江县梧凤乡	1942	6767	4745	1980	8848.0		
夹江县永青乡	1798	5210	4088	1608			

续表 456　　(四川省)　　计算单位：公顷、人、万元

名　　称	行政区域面积	常住人口	从业人员	二三产业从业人员	工业总产值	城镇建成区面积	城镇建成区常住人口
夹江县迎江乡	2882	10660	6458	3193	15504.0		
夹江县龙沱乡	1716	5520	3583	1066			
夹江县南安乡	3149	9506	6339	2442	6450.0		
夹江县歇马乡	5293	11829	7053	3241	99.0		
夹江县麻柳乡	4590	6337	4090	2206			
沐川县沐溪镇	10078	35410	27397	26482	222216.0	316	28911
沐川县永福镇	11194	14200	8993	5384	38980.0	50	2713
沐川县大楠镇	7005	12200	5835	785	350.0	20	1703
沐川县箭板镇	4850	9253	7323	5250	550.0	20	1800
沐川县舟坝镇	8593	12593	9218	3906	31123.5	40	4569
沐川县黄丹镇	7092	10197	6876	3872	97407.5	100	4188
沐川县利店镇	11660	11680	7646	4388	4028.2	21	2018
沐川县建和乡	6970	9167	4946	2841	46421.7		
沐川县幸福乡	6840	12621	10007	4686	920.0		
沐川县新凡乡	6643	9185	6966	3871	14325.0		
沐川县富和乡	3898	5740	4150	2442			
沐川县炭库乡	5897	7362	4961	2866	58.0		
沐川县底堡乡	7030	14500	10898	5918	165.0		
沐川县杨村乡	9308	7560	5000	1850	182.0		
沐川县高笋乡	5082	8001	5346	3372	27954.0		
沐川县茨竹乡	9015	8116	5989	3529	9033.0		
沐川县海云乡	2304	6348	4681	1708	16690.1		
沐川县武圣乡	8499	9870	5256	1948	710.0		
沐川县凤村乡	6190	7765	5195	1960	10578.5		
峨边彝族自治县沙坪镇	7978	35942	13815	8768	432565.2	215	31854
峨边彝族自治县大堡镇	9114	10124	6823	2262	6312.0	70	3957
峨边彝族自治县毛坪镇	7800	10540	7614	3016	7838.0	89	4163
峨边彝族自治县五渡镇	14600	9655	5982	3076	6798.0	14600	9655
峨边彝族自治县新林镇	23163	12680	9608	2572	3654.0	98	2982
峨边彝族自治县黑竹沟镇	19751	4161	2368	719	6584.0	34	956
峨边彝族自治县红花乡	2736	2577	2008	1510	118.0		
峨边彝族自治县宜坪乡	4059	7036	4272	1662	50.0		
峨边彝族自治县杨村乡	3886	5107	3252	1097	2014.0		
峨边彝族自治县白杨乡	1285	2415	1765	645	2985.0		
峨边彝族自治县觉莫乡	12320	2108	1215	237	330.0		
峨边彝族自治县万坪乡	24173	2669	1946	326	2415.0		
峨边彝族自治县杨河乡	12377	2737	1262	96	1200.0		
峨边彝族自治县共和乡	1687	4203	1537	348	2476.0		
峨边彝族自治县新场乡	4818	5249	3509	1648	57975.0		
峨边彝族自治县平等乡	19276	4116	2637	1137	5241.0		
峨边彝族自治县哈曲乡	14460	2348	1315	390	4224.0		
峨边彝族自治县金岩乡	7516	6882	5418	1065			
峨边彝族自治县勒乌乡	41530	5261	2704	494	5000.0		
马边彝族自治县民建镇	7683	32582	21426	13156	194988.0	225	31799
马边彝族自治县荣丁镇	9000	10875	6635	2897	2100.0	24	3871
马边彝族自治县下溪镇	6800	10912	6762	3716	520.0	10	462
马边彝族自治县苏坝镇	8650	12935	7474	2298		20	756
马边彝族自治县烟峰镇	21600	10028	7841	3345	2350.0	50	1052
马边彝族自治县劳动乡	6700	10829	7809	6099	45680.0		
马边彝族自治县建设乡	9017	11984	6017	3066			

续表 457 （四川省） 计算单位：公顷、人、万元

名 称	行政区域面积	常住人口	从业人员	二三产业从业人员	工业总产值	城镇建成区面积	城镇建成区常住人口
马边彝族自治县石梁乡	4100	4452	2690	725			
马边彝族自治县莜坝乡	16100	9543	6011	2806	635.0		
马边彝族自治县民主乡	17943	13053	6580	2474	91.0		
马边彝族自治县老河坝乡	5900	5503	2229	1708			
马边彝族自治县雪口山乡	12000	10129	5198	425	1900.0		
马边彝族自治县镇江庙乡	4800	3600	2245	1063	655.0		
马边彝族自治县大竹堡乡	12000	4364	2381	314	2100.0		
马边彝族自治县袁家溪乡	11400	4167	2167	309			
马边彝族自治县沙腔乡	7300	7634	5214	1483	6956.0		
马边彝族自治县三河口乡	23600	6943	5528	2945	2554.6		
马边彝族自治县梅子坝乡	7600	4285	2120	777	9205.0		
马边彝族自治县高卓营乡	7500	6279	4268	315			
马边彝族自治县永红乡	29607	4524	2792	958	1265.0		
峨眉山市绥山镇	5497	123986	85931	80855	270567.0	1141	52783
峨眉山市高桥镇	7587	15174	8449	3421	45374.0	150	3807
峨眉山市罗目镇	4891	23788	18510	8431	151782.0	80	4320
峨眉山市九里镇	4611	17082	13291	8759	462592.0	224	2438
峨眉山市龙池镇	18956	26064	16857	7051	18405.0	148	4057
峨眉山市乐都镇	3035	12831	8770	4830	278154.0	15	2967
峨眉山市符溪镇	4270	31103	24158	16521	457811.0	300	31025
峨眉山市峨山镇	1356	18066	8695	5570	14200.0	250	4826
峨眉山市双福镇	5346	24787	16601	5799	385432.0	100	3518
峨眉山市桂花桥镇	4858	42465	25049	13211	214138.0	690	10272
峨眉山市大为镇	11782	14820	11515	3465	15161.0	5	1751
峨眉山市胜利镇	1918	40127	20095	14856	271351.0	110	3436
峨眉山市龙门乡	6963	7651	5945	1624	500.0		
峨眉山市川主乡	4769	5448	4350	1750	9600.0		
峨眉山市沙溪乡	8466	4481	2949	360	3545.0		
峨眉山市新平乡	1481	11705	9010	3881	193012.0		
峨眉山市普兴乡	4296	9000	6980	1180	150.0		
峨眉山市黄湾乡	18032	19562	14127	11288	2885.0		
顺庆区共兴镇	3602	13166	7896	4666	159241.0	50	2167
顺庆区金台镇	2027	15517	9650	3432	16575.0	54	2183
顺庆区芦溪镇	2515	19081	9383	6115	81563.0	95	4620
顺庆区李家镇	2470	18520	10700	6680	94500.0	81	6265
顺庆区双桥镇	1580	8972	4026	2262	3100.0	33	1380
顺庆区搬罾镇	3088	24031	13045	5770	291855.0	58	1692
顺庆区大林镇	1546	11207	6952	5002	1510.0	9	855
顺庆区辉景镇	2382	11254	7186	4010	1120.0	7	876
顺庆区永丰镇	2784	13584	6049	581	740.0	12	879
顺庆区新复乡	1500	7622	6036	3936	3100.0		
顺庆区同仁乡	2330	5843	4616	2225	4200.0		
顺庆区梵殿乡	2273	9317	4994	1438	3430.0		
顺庆区顺河乡	2230	9151	6270	3366	3330.0		
顺庆区灯台乡	1813	9105	4286	2004	1300.0		
顺庆区龙桂乡	2122	11485	6280	3470	2910.0		
顺庆区桂花乡	2108	10005	7049	3966	818.0		
顺庆区凤山乡	1682	9503	6120	3070	11229.0		
顺庆区渔溪乡	1969	9736	6829	3311	151230.0		
高坪区江陵镇	4850	26208	12460	5670	522.0	38	3250

续表 458　　(四川省)　　计算单位：公顷、人、万元

名　　称	行政区域面　积	常住人口	从业人员	二三产业从业人员	工　业总产值	城镇建成区 面 积	城镇建成区常住人口
高坪区擦耳镇	3648	13696	9310	3610	805.0	12	1100
高坪区老君镇	2360	15500	7415	3800	500.0	50	1609
高坪区东观镇	5200	40551	26790	11690	3000.0	253	17473
高坪区长乐镇	2800	22274	13069	9001	8850.0	199	5450
高坪区胜观镇	2580	13200	6118	3435	300.0	19	1366
高坪区永安镇	2160	10834	5899	3541	91283.6	20	641
高坪区阙家镇	2260	11118	5687	5018	2062.0	10	576
高坪区石圭镇	2100	10200	5028	3008		18	2052
高坪区青居镇	2800	17200	6504	4348	60544.0	20	1365
高坪区会龙镇	2639	18560	11100	3850	92.0	22	2364
高坪区螺溪镇	1920	19768	9702	4719	738.0	64	2427
高坪区走马乡	2300	19872	12800	8800	420.0		
高坪区喻家乡	1338	6532	5140	2925	28.0		
高坪区马家乡	1620	11000	4538	2843	50.0		
高坪区黄溪乡	2950	11203	8061	4497	210.0		
高坪区万家乡	1460	2720	1311	351			
高坪区御史乡	2000	12688	6099	2351	42.0		
高坪区隆兴乡	4300	16173	11330	6300	100.0		
高坪区斑竹乡	2450	12465	6581	4401	700.0		
高坪区鄢家乡	1966	6021	3917	2527	245.0		
高坪区佛门乡	4420	22044	12123	8912	1700.0		
高坪区溪头乡	3020	14986	8076	3396	700.0		
高坪区凤凰乡	1620	7562	5235	3603	478.0		
高坪区南江乡	1600	13338	7481	4646	42035.0		
嘉陵区曲水镇	3390	15866	9234	5866	170.0	15	750
嘉陵区李渡镇	3560	38670	12680	8080	5200.0	325	24000
嘉陵区吉安镇	2378	18640	9965	6720		50	2500
嘉陵区龙岭镇	3975	20500	9204	5773	75.0	33	2348
嘉陵区金凤镇	4589	22971	10450	7890	977.0	110	4835
嘉陵区安福镇	2664	16495	9750	8970		38	3850
嘉陵区安平镇	5541	29050	16800	9300	250.0	120	4050
嘉陵区世阳镇	4973	20253	12683	9655	390.0	51	1800
嘉陵区大通镇	4575	21635	12557	7217	1430.0	20	4839
嘉陵区一立镇	3928	12300	7000	5250	1856.0	60	5200
嘉陵区龙蟠镇	2909	13320	8530	5282	1426.0	51	2651
嘉陵区里坝镇	2076	11394	6474	3559	25.0	50	1790
嘉陵区集凤镇	1996	8976	5304	3751	55.0	30	3532
嘉陵区金宝镇	2559	11566	6929	3462		60	1514
嘉陵区三会镇	1839	9929	5626	4120	260.0	17	2800
嘉陵区双桂镇	3384	6899	5352	2745		21	1958
嘉陵区七宝寺镇	1788	8238	4274	1059		48	955
嘉陵区龙泉镇	2448	8110	6306	3476		20	1901
嘉陵区河西镇	2856	16465	9167	4473	85576.5	18	2016
嘉陵区花园镇	2424	9130	6035	4250	760.0	12	650
嘉陵区移山乡	2825	10690	6157	4486			
嘉陵区木老乡	1910	8129	5800	3100	1350.0		
嘉陵区新场乡	2163	11350	7540	2710			
嘉陵区土门乡	1990	8894	3200	2300			
嘉陵区临江乡	2653	14580	10138	3088			
嘉陵区双店乡	2673	14352	11167	7313	52.0		

续表 459　　　　　　（四川省）　　　　　　计算单位：公顷、人、万元

名　　称	行政区域面　　积	常住人口	从业人员	二三产业从业人员	工　业总产值	城镇建成区 面 积	城镇建成区常住人口
嘉陵区白家乡	2982	10050	5986	3331			
嘉陵区华兴乡	2788	13000	8130	5280	371.0		
嘉陵区大同乡	1701	10128	5789	2534			
嘉陵区盐溪乡	2489	10120	5462	2182	32.0		
嘉陵区桥龙乡	1800	7500	3350	2150			
嘉陵区天星乡	1931	6856	4018	2566	36062.7		
嘉陵区大观乡	1929	7032	4150	2850			
嘉陵区大兴乡	2902	12200	6662	5162			
嘉陵区新庙乡	1564	8068	2334	1376			
嘉陵区桃园乡	2065	6900	4668	2292			
嘉陵区太和乡	1946	6126	4245	3828			
嘉陵区积善乡	2033	9625	4878	3012			
嘉陵区石楼乡	2108	6645	4312	3430			
嘉陵区礼乐乡	2306	10900	6900	3700	270.0		
南部县南隆镇	5100	38650	13190	7440	27020.0	7	11500
南部县河东镇	1682	14221	7496	7110	1499824.0	21	1323
南部县老鸦镇	3447	20941	13553	7588	4500.0	8	1623
南部县永定镇	2990	18543	12486	8945	97866.0	110	3980
南部县碑院镇	2970	19275	12555	6240	13430.0	122	3981
南部县谢河镇	2070	11392	6555	5844	315.0	25	2641
南部县盘龙镇	4080	40256	17069	9341	1254.0	60	13289
南部县铁佛塘镇	2195	10920	6391	3009	15608.0	50	6458
南部县石河镇	5495	16402	11820	7110	1285.0	31	3990
南部县王家镇	2575	20432	11780	3215	19050.0	230	9695
南部县富利镇	3855	15968	11559	6850	3260.0	60	4032
南部县楠木镇	4080	30214	15198	7175	33656.0	160	4812
南部县长坪镇	4193	12143	7918	3708	1100.0	21	1852
南部县东坝镇	3398	27081	19914	14593	49862.0	60	4095
南部县河坝镇	2820	12846	9243	5593	80.0	155	3050
南部县定水镇	5475	29232	18702	10282	9300.0	255	12310
南部县大王镇	2017	11230	7943	4502	130.0	50	2190
南部县黄金镇	3485	22278	13980	10400	2800.0	40	8120
南部县流马镇	2311	13937	8702	5832		10	956
南部县建兴镇	7460	53899	19409	12273	23636.0	580	49000
南部县三官镇	3020	16500	10502	5823	251.0	94	3175
南部县伏虎镇	2362	27201	15700	9300	845.0	100	10827
南部县双佛镇	2957	14004	9940	7295	30125.6	27	3345
南部县花罐镇	3422	12387	7077	4477	504.0	100	4068
南部县大桥镇	2755	22000	8363	3950	59853.0	20	3300
南部县大河镇	2632	15350	10943	10353	159.0	85	2962
南部县万年镇	2697	11516	7489	4013	563.0	82	4559
南部县升钟镇	4618	11960	8748	4610	58000.0	350	6930
南部县升水镇	2540	11189	6069	3568	260.0	35	2320
南部县大坪镇	3340	8827	5341	2792		125	3765
南部县神坝镇	4735	11453	6324	105	72.0	50	2200
南部县碾盘乡	2120	11668	6530	3970			
南部县火峰乡	2090	14976	10907	2592	496.0		
南部县群龙乡	2840	9005	4810	2905			
南部县大富乡	3325	18299	11616	4571			
南部县碧龙乡	2705	13364	8081	2977	291.0		

续表 460　　（四川省）　　计算单位：公顷、人、万元

名　称	行政区域面　积	常住人口	从业人员	二三产业从业人员	工　业总产值	城镇建成区 面 积	城镇建成区常住人口
南部县三清乡	3325	13710	8576	6456	290.0		
南部县中心乡	1772	11562	7820	4538	132.0		
南部县五灵乡	2705	16817	10043	5875	300.0		
南部县平桥乡	2661	16866	6312	3281	210.0		
南部县梅家乡	2613	11822	4008	2680			
南部县龙庙乡	1823	5085	3121	1103			
南部县马王乡	2263	7095	3473	2251	275.0		
南部县大堰乡	1685	4567	3389	1336	79.0		
南部县窑场乡	2621	7116	4398	2351			
南部县太华乡	1581	8655	6414	4554	365.0		
南部县兴盛乡	2942	12792	8742	5617	2580.0		
南部县寒坡乡	2508	8538	5787	4930	420.0		
南部县肖家乡	1807	6840	4191	3550	318.0		
南部县四龙乡	2185	12391	6684	2708	150.0		
南部县碾垭乡	2302	8388	6682	4382	10000.0		
南部县千秋乡	2212	9211	5898	2987	611.0		
南部县玉镇乡	2907	7826	4440	2240	450.0		
南部县小元乡	3162	12916	10140	1240			
南部县柳驿乡	3017	13634	9375	2713			
南部县石泉乡	3210	18832	12352	7365	33012.0		
南部县雄狮乡	2165	6610	5000	2850	31583.0		
南部县宏观乡	3600	16799	8830	3030	93.0		
南部县永庆乡	1767	4203	1596	173	90.0		
南部县永红乡	4735	14380	11150	6377	2268.0		
南部县柳树乡	3556	8773	5480	380	150.0		
南部县保城乡	4280	9442	6577	3542			
南部县双峰乡	5411	12890	7904	662			
南部县皂角乡	2704	9841	7396	2690	80.0		
南部县丘垭乡	4326	7514	5360	1940			
南部县光中乡	3450	9489	6389	2735	201.0		
南部县铁鞭乡	2845	7038	3995	1843			
南部县太霞乡	3325	6972	5220	1982	120.0		
南部县店垭乡	4305	9055	6242	3743			
南部县桐坪乡	5017	11763	7552	3610	89.0		
南部县西河乡	2363	3504	2331	1166			
营山县朗池镇	6592	138168	49769	45485	49660.0	600	89792
营山县渌井镇	3144	12033	6152	2333	4443.6	71	2160
营山县东升镇	4195	25636	11970	5957	25.0	175	5318
营山县骆市镇	5133	42445	22999	12517	75276.0	150	15824
营山县黄渡镇	2984	11300	6550	4290		30	1230
营山县小桥镇	4147	29355	13083	6552	720.0	500	17996
营山县灵鹫镇	3952	28812	14825	5750	160.0	30	2004
营山县老林镇	3646	13800	5388	3038	875.0	204	6170
营山县木垭镇	2508	12950	6796	1396		27	1250
营山县消水镇	4723	13078	7889	1964		85	2723
营山县双流镇	6421	33491	16693	11681	150.0	14	4356
营山县绿水镇	3807	16055	9118	4018	40.0	65	2344
营山县三兴镇	2205	11598	5848	1978		24	1750
营山县蓼叶镇	3059	9186	2747	692	78.0	29	3000
营山县新店镇	5331	22220	8348	6049	330.0	131	4093

续表 461　　（四川省）　　计算单位：公顷、人、万元

名　称	行政区域面积	常住人口	从业人员	二三产业从业人员	工业总产值	城镇建成区面积	城镇建成区常住人口
营山县回龙镇	4282	35120	13636	8208	158.0	273	12597
营山县星火镇	4505	17238	12596	7296	56.0	130	4385
营山县西桥镇	2305	13754	4349	779	120.0	25	805
营山县城南镇	3067	71510	16051	10141	1625000.0	450	44324
营山县济川乡	2924	22102	10184	4734	85074.0		
营山县茶盘乡	2552	10951	5878	2940	6767.8		
营山县双溪乡	2583	14510	7166	3318			
营山县带河乡	1831	10645	4815	4515	180.0		
营山县四喜乡	1677	7689	5662	3596			
营山县玲珑乡	1495	5872	1978	514			
营山县涌泉乡	2713	10500	4695	1195	220.0		
营山县木顶乡	2234	11783	5386	2328			
营山县清源乡	2341	7200	4002	2254			
营山县龙伏乡	2435	7330	5809	4412			
营山县双林乡	3269	8621	3973	587	121.0		
营山县明德乡	4036	9705	6871	3981			
营山县普岭乡	2910	8528	6268	2130	818.0		
营山县三元乡	2966	8879	5220	3370			
营山县太蓬乡	2622	8410	4914	2053			
营山县柏林乡	3061	13400	8383	2843	160.0		
营山县孔雀乡	2469	10670	5982	3974			
营山县合兴乡	3825	12856	6172	3246			
营山县六合乡	1823	4832	3370	1240			
营山县悦中乡	3082	9102	4720	1520			
营山县高码乡	2490	7209	4106	444			
营山县安固乡	2114	8688	5053	1631	78.0		
营山县大庙乡	3402	14259	7645	4017	105.0		
营山县通天乡	4082	12056	6793	3812			
营山县安化乡	2920	8035	4790	2653			
营山县法堂乡	2280	11170	6437	4900	84.0		
营山县增产乡	1847	12019	6042	2306	51.0		
营山县丰产乡	1880	16050	9763	1018	51452.0		
营山县清水乡	2627	10930	4940	1944	500.0		
营山县青山乡	2260	9688	4251	2251			
营山县福源乡	2546	6613	5066	3141	66.0		
营山县柏坪乡	2243	5871	2054	1207			
营山县七涧乡	1570	6216	3353	1711			
营山县凉风乡	2178	6123	3994	1569			
蓬安县锦屏镇	3803	17732	9507	3970	407.0	200	9385
蓬安县巨龙镇	2699	13564	8157	4261	523.0	29	3489
蓬安县正源镇	2774	13169	10359	3832	144.0	30	1553
蓬安县龙云镇	2338	8117	4880	1946	439.0	21	1091
蓬安县金溪镇	7089	25593	16739	8572	17948.0	121	5063
蓬安县徐家镇	5560	34262	13855	5436	2315.0	34	4131
蓬安县河舒镇	3526	16821	10572	4700	1193645.0	235	7185
蓬安县利溪镇	5239	18276	6367	1971	1835.0	32	1539
蓬安县龙蚕镇	3387	13472	8327	2813	449.0	21	2021
蓬安县杨家镇	4121	12554	8286	2351	556.0	25	2321
蓬安县罗家镇	5725	14712	9071	4514	436.0	21	2407
蓬安县福德镇	3253	12684	8293	3467	337.0	21	2432

续表 462　　(四川省)　　计算单位：公顷、人、万元

名　　称	行政区域面　积	常住人口	从业人员	二三产业从业人员	工　业总产值	城镇建成区面积	城镇建成区常住人口
蓬安县银汉镇	3751	11472	6747	2745	286.0	21	1827
蓬安县兴旺镇	3061	11493	5988	2812	231.0	31	3207
蓬安县相如镇	9226	107198	52543	35231	1463942.0	1623	106384
蓬安县高庙乡	1870	9772	5810	2797	154.0		
蓬安县群乐乡	2319	9523	5667	1172	121.0		
蓬安县长梁乡	3698	15374	10182	3448	105.0		
蓬安县两路乡	1531	5972	4094	598	117.0		
蓬安县睦坝乡	3045	14813	9929	3168	20149.5		
蓬安县石梁乡	2314	10351	7031	1457	137.0		
蓬安县平头乡	3421	9346	6461	3033	363.0		
蓬安县鲜店乡	2775	8725	5570	1770	215.0		
蓬安县茶亭乡	3387	9354	4805	1929	463.0		
蓬安县诸家乡	3150	11271	8376	1445	436.0		
蓬安县骑龙乡	1954	8067	5050	2645	415.0		
蓬安县金甲乡	3908	12674	9395	3522	579.0		
蓬安县新园乡	2485	8537	5411	1485	554.0		
蓬安县三坝乡	2445	10628	4690	2213	298.0		
蓬安县碧溪乡	3279	10793	6366	3505	132.0		
蓬安县柳滩乡	4105	11652	7170	3094	552.0		
蓬安县石孔乡	2772	8637	5247	1052	227.0		
蓬安县开元乡	2269	5159	3518	1156	105.0		
蓬安县新河乡	3266	9422	6647	2110	286.0		
蓬安县南燕乡	3039	11196	5411	1137	351.0		
蓬安县天成乡	2905	11124	5792	2899	305.0		
蓬安县海田乡	2811	9072	4984	2498	258.0		
蓬安县济渡乡	1673	8347	4910	2391	223.0		
蓬安县凤石乡	3127	8175	6355	1904	244.0		
仪陇县金城镇	5016	126140	58136	53418	162373.0	495	47633
仪陇县新政镇	12664	115780	46457	42079	784567.0	1210	50320
仪陇县马鞍镇	5363	67990	27950	6750	44238.0	350	38000
仪陇县永乐镇	4998	22679	15837	5214	5318.0	146	6989
仪陇县日兴镇	4805	35028	11362	7215	3425.0	114	9886
仪陇县土门镇	4678	34805	15472	10464	19765.0	110	11000
仪陇县复兴镇	5310	37896	12271	9018	5727.0	260	10539
仪陇县观紫镇	2963	18003	8715	6370	2900.0	31	3110
仪陇县先锋镇	2077	11013	4779	3523	1700.0	42	702
仪陇县三蛟镇	2593	16719	10041	7029	1391.0	20	2039
仪陇县回春镇	4110	24913	10215	5998	4781.0	49	2704
仪陇县柳垭镇	4146	19029	10702	9275	6836.0	25	3276
仪陇县义路镇	2044	12135	5704	451	1285.0	51	1677
仪陇县立山镇	8476	40223	30489	6991	675486.0	50	5729
仪陇县三河镇	4155	22534	7416	4371	2330.0	150	6498
仪陇县瓦子镇	2402	11622	4526	1611	498.0	14	2711
仪陇县大寅镇	3392	19353	12788	3424	966.3	87	5361
仪陇县二道镇	4788	21117	7053	4100	1023.0	34	4000
仪陇县赛金镇	2793	21330	16148	8850	920.0	13	2189
仪陇县丁字桥镇	1324	8354	3876	2366	1712.0	16	2227
仪陇县大仪镇	3229	18115	7801	1421	1900.0	29	1080
仪陇县张公镇	3100	16528	8476	1770	1460.0	10	1458
仪陇县五福镇	2473	18820	8505	2075	210.0	6	1164

续表 463　　（四川省）　　计算单位：公顷、人、万元

名　称	行政区域面积	常住人口	从业人员	二三产业从业人员	工业总产值	城镇建成区面积	城镇建成区常住人口
仪陇县周河镇	1829	10672	7100	2500	1050.0	15	1198
仪陇县杨桥镇	3186	17011	6811	3413	354.0	20	5702
仪陇县保平镇	3315	19749	9861	5603	924.0	44	1917
仪陇县文星镇	3243	17442	9514	3525	1712.0	19	2384
仪陇县双胜镇	4420	24512	11121	2225	4316.0	21	3281
仪陇县度门镇	3453	18795	11370	7262	1095.0	20	3715
仪陇县老木乡	1929	11660	6588	1395	856.0		
仪陇县檬垭乡	1793	10100	6743	1622	649.0		
仪陇县铜鼓乡	2261	18800	4703	3136	1560.0		
仪陇县中坝乡	2222	10500	6557	5861	830.0		
仪陇县双盘乡	1691	10200	5800	900	535.0		
仪陇县凤仪乡	2337	12245	5398	895	1985.0		
仪陇县双庆乡	1902	11000	6423	2402	185.0		
仪陇县大风乡	2266	12339	6075	940	1104.0		
仪陇县福临乡	2340	8065	5784	1676	1405.0		
仪陇县来仪乡	2372	12410	6810	1370	545.0		
仪陇县碧泉乡	1873	11148	4976	1776	98.0		
仪陇县乐兴乡	1651	10463	4253	1743	965.0		
仪陇县石佛乡	3600	13931	4079	629	856.0		
仪陇县思德乡	3375	8535	2897	681	750.0		
仪陇县秋垭乡	2075	8438	4947	945	433.0		
仪陇县大罗乡	1762	8450	4945	1324	844.0		
仪陇县义门乡	2310	9580	4519	1195	423.0		
仪陇县合作乡	1498	5915	3521	1542	428.0		
仪陇县龙桥乡	2562	10378	6007	712	321.0		
仪陇县板桥乡	2708	9912	5690	733	516.0		
仪陇县永光乡	2509	10286	5055	925	1072.0		
仪陇县炬光乡	1849	7398	3640	1510	1175.0		
仪陇县九龙乡	2920	8475	2769	1219	742.0		
仪陇县芭蕉乡	2440	9550	4390	670	547.0		
仪陇县灯塔乡	2657	11591	5300	2672	120.0		
仪陇县武棚乡	1960	11298	5685	4510	385.0		
仪陇县柴井乡	3951	20875	12553	4707	2248.0		
仪陇县光华乡	1785	10270	4509	3049	1450.0		
西充县晋城镇	4030	126528	52606	43288	419623.0	625	118729
西充县太平镇	2658	20100	11370	5797	130.0	265	6506
西充县大全镇	2259	10935	6884	3636		100	3168
西充县仙林镇	2394	11000	6014	4048	52.0	11	880
西充县古楼镇	3200	15732	10796	5475		30	3081
西充县义兴镇	3697	17980	9540	2351	4109.0	400	16400
西充县关文镇	2095	9260	6389	3707	240.0	60	1872
西充县凤鸣镇	2329	7376	5411	4517	469.4	59	1010
西充县青狮镇	2999	7124	3375	335	600.0	20	2675
西充县槐树镇	2799	17590	10988	7933	1131.0	117	4045
西充县鸣龙镇	3113	15580	7062	2600	172.0	31	1331
西充县双凤镇	2831	18307	11976	7303	44462.0	418	14493
西充县高院镇	3128	12750	8989	5034		70	2202
西充县仁和镇	3038	18925	10569	4818	35150.0	180	4627
西充县多扶镇	3464	39678	11402	8202	501120.0	750	25680
西充县莲池镇	2729	12314	7455	5905	75.0	11	1821

续表 464　　　　(四川省)　　　　计算单位：公顷、人、万元

名　称	行政区域面　积	常住人口	从业人员	二三产业从业人员	工　业总产值	城镇建成区 面 积	城镇建成区常住人口
西充县常林乡	5163	24231	13810	8980	491321.0		
西充县占山乡	4132	15000	11500	7450	125.0		
西充县宏桥乡	2391	7300	4955	3410	2200.0		
西充县金泉乡	2157	9975	6796	2684	700.0		
西充县华光乡	2395	10526	7222	4588	116.0		
西充县金源乡	2023	11783	6308	4318	3420.0		
西充县岱林乡	1712	7876	4678	2499			
西充县李桥乡	2019	11134	6771	2971	3400.0		
西充县中岭乡	2006	8844	5956	3377	405.0		
西充县西碾乡	1752	11052	6514	2552	351.0		
西充县紫岩乡	1923	8421	6339	2923	36.0		
西充县复安乡	1537	6924	3674	2909			
西充县观凤乡	1910	10050	5257	1452			
西充县青龙乡	2278	5980	4369	2381			
西充县双洛乡	2208	10010	4229	2246			
西充县义和乡	1747	7389	5456	2688	71.0		
西充县中南乡	1372	4059	1465	1200			
西充县双江乡	1605	7295	2560	2560			
西充县凤和乡	1927	9819	6127	3151	2500.0		
西充县东岱乡	2140	9624	6100	4450			
西充县同德乡	1590	9800	6807	3204			
西充县祥龙乡	2721	15363	7951	4643	259.0		
西充县车龙乡	3370	16600	8190	5070	3440.0		
西充县扶君乡	1899	6800	4841	2541	700.0		
西充县东太乡	2757	10052	7376	5098	59.0		
西充县永清乡	2496	8527	6085	3269			
西充县金山乡	1965	6010	4607	2618	512.0		
西充县罐垭乡	2788	11300	5900	3300			
阆中市彭城镇	3430	17200	10070	4335	3230.0	113	4430
阆中市双龙镇	2677	12186	5824	3174	1038.0	143	4350
阆中市柏垭镇	9638	40829	16003	10286		300	16000
阆中市飞凤镇	2941	9542	6093	4020	1280.0	48	1643
阆中市思依镇	6293	20000	11300	6300	2850.0	140	3250
阆中市文成镇	4148	15279	7630	4813	60248.0	115	5132
阆中市二龙镇	5032	20726	10845	4410	100.0	26	3475
阆中市石滩镇	3562	11721	6658	4118	22.0	34	1326
阆中市老观镇	6666	25031	6368	5392	2600.0	251	5560
阆中市龙泉镇	4050	11307	7096	4258	1310.0	13	1910
阆中市千佛镇	6328	16528	10992	4633	443.0	135	5266
阆中市望垭镇	4633	16278	9170	7070	60.0	35	2980
阆中市河溪镇	4794	24373	16118	9555	1930.0	416	8564
阆中市妙高镇	5119	15066	10202	3907		30	1435
阆中市洪山镇	3970	20536	11052	4552		96	2900
阆中市石龙镇	3152	14947	8996	4325		40	2205
阆中市宝马镇	2134	9850	7185	5035		20	723
阆中市水观镇	5340	17925	11835	7621	180.0	187	5290
阆中市金垭镇	4810	18633	10927	6100		25	1800
阆中市玉台镇	2080	7356	5045	2478		21	935
阆中市裕华镇	3510	10767	6755	3037		9	330
阆中市木兰镇	2954	5318	3807	1065		19	702

续表 465 （四川省） 计算单位：公顷、人、万元

名称	行政区域面积	常住人口	从业人员	二三产业从业人员	工业总产值	城镇建成区面积	城镇建成区常住人口
阆中市东兴镇	4291	13754	9859	4938	2908.0	21	679
阆中市凉水镇	4414	15232	9176	4496		10	1580
阆中市五马镇	5400	13825	7850	4250		7	483
阆中市垭口乡	3431	8932	5738	2990			
阆中市治平乡	2510	7780	5070	2960			
阆中市天宫乡	3259	8959	5709	2948			
阆中市天林乡	3893	9386	7333	2203			
阆中市枣碧乡	2849	7100	4000	2100			
阆中市北门乡	2570	6746	4582	2797			
阆中市桥楼乡	4250	8237	5030	2330			
阆中市河楼乡	3626	8274	5949	3639	210.0		
阆中市清泉乡	2253	6941	4225	2368			
阆中市博树回族乡	2320	6990	3804	2598	860.0		
阆中市解元乡	2665	7200	3590	2810			
阆中市西山乡	2751	10257	6352	4482			
阆中市方山乡	2778	9805	5295	2190			
阆中市金子乡	3490	13161	6799	3847			
阆中市三庙乡	1920	4350	2919	1686			
阆中市峰占乡	2947	9835	7345	5802			
阆中市鹤峰乡	2707	6825	4803	1714			
阆中市金城乡	2142	7009	4873	2558			
阆中市朱镇乡	2220	10554	5565	4006			
阆中市宝台乡	3360	7276	5293	2500			
阆中市福星乡	2495	9752	6204	3655			
东坡区白马镇	4351	15126	11282	7014	29260.0	150	5012
东坡区象耳镇	1833	11765	4160	3035	13000.0	100	8012
东坡区太和镇	4025	32036	20770	10879	328811.0	180	3684
东坡区悦兴镇	5267	24104	17320	8267	21457.0	128	5012
东坡区尚义镇	5264	38896	26203	13619	172030.0	121	3816
东坡区多悦镇	7644	32549	21559	5886	18530.0	182	6312
东坡区秦家镇	8444	29890	19692	6067	8966.0	45	1393
东坡区万胜镇	7193	24122	17870	10640	132560.0	100	3088
东坡区崇仁镇	7544	26758	20726	9491	289800.0	24	763
东坡区思蒙镇	7572	39460	26361	11634	165800.0	450	13226
东坡区修文镇	9573	38967	27748	10322	524662.0	145	4638
东坡区松江镇	6316	35030	24246	17223	457149.0	124	3850
东坡区崇礼镇	5481	36153	24733	13408	42852.0	155	5602
东坡区富牛镇	5437	26216	18459	5698	366.0	21	564
东坡区永寿镇	4762	42115	33221	14885	73215.0	404	10434
东坡区三苏乡	8539	27583	18530	8545	11320.0		
东坡区广济乡	6592	18281	13990	5246	8920.0		
东坡区盘鳌乡	7619	14057	10938	3403	1239.0		
东坡区土地乡	3539	11818	8545	3413	12686.0		
东坡区复盛乡	2958	11725	8416	4071	33000.0		
东坡区复兴乡	2944	17948	13976	4101	7742.0		
东坡区金花乡	3235	13651	9466	3633	6410.0		
东坡区柳圣乡	2270	10690	8192	3335			
彭山区武阳镇	2897	14032	9241	5783	168500.0	10	1630
彭山区江口镇	4939	15809	10458	4571	768.0	46	1458
彭山区凤鸣镇	3769	83971	54581	46645	195529.0	840	67542

续表 466　（四川省）　计算单位：公顷、人、万元

名　　称	行政区域面积	常住人口	从业人员	二三产业从业人员	工业总产值	城镇建成区面积	城镇建成区常住人口
彭山区公义镇	4031	22732	15813	9044	8695.0	80	17500
彭山区牧马镇	2800	18103	12325	6495	2810.0	14	2200
彭山区谢家镇	4784	24052	16235	8503	9406.0	125	4635
彭山区黄丰镇	4038	16392	9657	3797	8216.0	11	1805
彭山区观音镇	2670	23903	17511	10365	714000.0	46	3500
彭山区彭溪镇	1740	21822	13889	11319	90677.0	139	4187
彭山区青龙镇	4379	41762	30871	22382	2070000.0	550	24658
彭山区保胜乡	3455	11362	9082	3069	1102.0		
彭山区义和乡	3518	14105	10768	5609	4390.0		
彭山区锦江乡	3673	11547	8825	5636	10080.0		
仁寿县文宫镇	5952	23430	14388	9280	17320.0	203	12400
仁寿县禾加镇	2649	14193	11059	6327	84401.0	80	6300
仁寿县龙马镇	4265	20468	11900	7105	36302.0	75	8469
仁寿县方家镇	4615	14250	9093	5800	4720.0	40	3403
仁寿县文林镇	9702	213096	119659	109111	1005268.0	3200	151448
仁寿县大化镇	6625	23042	17495	6680	52991.0	200	8100
仁寿县高家镇	5823	16135	12422	6180	1400.0	36	5632
仁寿县中农镇	2872	14669	10496	3582	1380.0	40	2065
仁寿县禄加镇	5429	25426	19820	10253	9039.0	75	8235
仁寿县宝飞镇	4319	23982	16671	14715	132458.0	54	2056
仁寿县彰加镇	5102	22721	16644	7576	28701.0	56	6990
仁寿县慈航镇	6047	22468	13992	4632	45751.0	390	7936
仁寿县汪洋镇	7269	58073	26782	16764	675388.0	320	29657
仁寿县钟祥镇	5258	29203	23107	7794	50200.0	150	6758
仁寿县始建镇	5348	27062	20931	10960	4660.0	96	4500
仁寿县满井镇	6414	25726	19389	11544	138845.0	33	6872
仁寿县富加镇	7092	50510	39439	26269	89785.0	400	27519
仁寿县龙正镇	5774	23248	15517	10431	201644.0	300	10480
仁寿县黑龙滩镇	15050	38815	24625	15025	756.0	120	1999
仁寿县清水镇	6528	20731	12726	2399	17905.0	59	11822
仁寿县视高镇	5004	35213	19923	14200	1866120.0	25	6960
仁寿县北斗镇	5234	28331	16135	8649	5050.0	150	5730
仁寿县兴盛镇	3649	13162	8524	4819	99328.0	26	1684
仁寿县观寺镇	3808	18134	11984	3530	8965.0	15	1585
仁寿县宝马镇	5396	20887	16078	5501	134092.0	54	3502
仁寿县珠嘉镇	5302	22087	15401	7814	1096.0	95	8129
仁寿县四公镇	3562	10764	8421	4434	11889.0	80	7020
仁寿县曹家镇	6125	19109	12129	5787	286.0	17	1598
仁寿县天峨镇	4749	18620	12716	7950	79271.6	21	1543
仁寿县虞丞乡	3734	4505	3240	1356			
仁寿县青岗乡	2946	9514	7253	3598	708.0		
仁寿县古佛乡	2259	8923	6909	3113	711.0		
仁寿县板燕乡	2276	8654	5573	1807	276.0		
仁寿县石咀乡	2096	10107	7764	1583	240.0		
仁寿县藕塘乡	2046	8863	6905	2253	252.0		
仁寿县玉龙乡	2159	13031	6486	2745	397.0		
仁寿县合兴乡	1751	6825	5299	2433	208.0		
仁寿县促进乡	1953	5855	3893	1487			
仁寿县鸭池乡	1914	6209	4315	679			
仁寿县双堡乡	3080	11654	7767	4838	3687.0		

续表 467　　（四川省）　　计算单位：公顷、人、万元

名　　称	行政区域面　　积	常住人口	从业人员	二三产业从业人员	工　业总产值	城镇建成区 面 积	城镇建成区常住人口
仁寿县河口乡	2329	9232	6840	2330			
仁寿县板桥乡	1954	9085	7102	1808			
仁寿县元通乡	3076	15574	11392	6066	15264.0		
仁寿县向家乡	3010	13780	8723	5232	1168.0		
仁寿县里仁乡	3678	13169	7301	2192	17003.0		
仁寿县兆嘉乡	2248	6560	5159	2000	589.0		
仁寿县鳌陵乡	3847	9340	5910	1890			
仁寿县中岗乡	3832	16089	12588	6718	1572.0		
仁寿县龙桥乡	5890	18924	12272	4308	12550.0		
仁寿县曲江乡	3621	10884	7494	2688	1502.0		
仁寿县城堰乡	4016	8504	6584	1601	305.0		
仁寿县谢安乡	3303	10820	8164	4151	598.0		
仁寿县新店乡	2784	12950	10307	3723	375.0		
仁寿县识经乡	2934	12015	9180	2084	3502.0		
仁寿县凤陵乡	3326	13773	10814	2762			
仁寿县涂加乡	3225	9185	6325	3038	3269.0		
仁寿县松峰乡	3108	11379	5582	2958	20117.0		
仁寿县景贤乡	4311	6289	3034	1145			
仁寿县农旺乡	3914	18597	10380	6142	14524.0		
仁寿县洪峰乡	5213	12342	6907	3370	16895.0		
洪雅县止戈镇	4603	18337	14154	6357	38270.0	58	3109
洪雅县三宝镇	3860	11737	9178	4253	19248.0	100	2620
洪雅县花溪镇	6100	15665	4431	2778	1402.0	30	1792
洪雅县洪川镇	8003	74314	48498	35473	304342.0	1039	59443
洪雅县余坪镇	9935	32504	24830	13552	12350.0	81	2483
洪雅县槽渔滩镇	8773	19444	12523	2932	3811.0	40	2061
洪雅县中保镇	6766	18906	11027	4769	13946.0	26	6312
洪雅县东岳镇	11530	23842	16830	8818	4200.0	120	3758
洪雅县柳江镇	16039	17533	10018	5929	34560.0	285	4947
洪雅县高庙镇	23421	17570	12046	6624	36413.0	10	2176
洪雅县瓦屋山镇	69473	17008	5590	4769	14925.0	223	5335
洪雅县中山乡	4013	12140	9029	4903	8600.0		
洪雅县将军乡	5424	16734	13233	8933	90000.0		
洪雅县汉王乡	7087	9622	5593	1194	2006.0		
洪雅县桃源乡	4622	4473	1859	1054	76.0		
丹棱县仁美镇	3414	18677	11377	3058	6751.0	33	1045
丹棱县丹棱镇	5934	43219	27326	15201	262021.0	375	18121
丹棱县杨场镇	9082	26039	19008	10561	258229.0	20	1829
丹棱县双桥镇	8957	26359	19442	7184	31497.0	1	2037
丹棱县张场镇	9586	20908	13492	3224	2785.0	108	1820
丹棱县石桥乡	2328	3795	2957	1416	1367.0		
丹棱县顺龙乡	5593	9115	6237	3677	1560.0		
青神县汉阳镇	2220	6700	4867	2472	1817.0	16	1521
青神县河坝子镇	2780	7984	6092	2356	1865.0	21	2800
青神县南城镇	1800	16242	12903	7373	231451.0	487	5214
青神县青城镇	1700	37180	24383	19801	243392.0	772	37180
青神县瑞峰镇	4588	12808	9002	4850	13590.0	20	1139
青神县黑龙镇	3280	20960	10788	7390	383671.2	86	1132
青神县西龙镇	7520	24030	17581	8079	146800.0	78	2044
青神县高台乡	1960	10700	7063	4049	3260.0		

续表 468　　(四川省)　　计算单位：公顷、人、万元

名称	行政区域面积	常住人口	从业人员	二三产业从业人员	工业总产值	城镇建成区面积	城镇建成区常住人口
青神县白果乡	7870	21056	12539	3564	5236.0		
青神县罗波乡	4966	9840	6072	3197	9862.0		
翠屏区南广镇	8222	30801	19303	6108	211923.7	180	5545
翠屏区李庄镇	6720	42235	29987	18356	9053.0	250	9568
翠屏区菜坝镇	4473	33298	19236	7271	30152.0	56	1815
翠屏区金坪镇	7820	26063	19291	8679	15342.0	75	3742
翠屏区高店镇	4178	22796	13896	5550	1020.0	50	1546
翠屏区牟坪镇	5247	23792	12209	2142	905.0	42	2798
翠屏区李端镇	5090	25456	15149	4405	7239.0	156	4702
翠屏区邱场镇	8905	25727	18602	6042	167489.0	86	3040
翠屏区宗场镇	7220	19085	11003	4128	4060.0	35	2750
翠屏区宋家镇	5816	23952	16675	7887	9840.0	40	3100
翠屏区明威乡	6667	15823	10009	5116	3308.0		
翠屏区凉姜乡	4392	15210	9828	6158	558.0		
翠屏区思坡乡	10598	22247	14004	3250	43867.0		
南溪区刘家镇	5485	23088	15643	6048	6923.0	43	4755
南溪区江南镇	4182	13080	9907	2849	3740.0	20	1162
南溪区大观镇	7460	23046	18401	8539	117767.0	245	6701
南溪区汪家镇	3996	14652	9258	2369	6656.0	18	683
南溪区黄沙镇	3833	8253	6057	1969	2701.0	18	1153
南溪区仙临镇	6814	26101	17942	6695	1860.0	35	5734
南溪区长兴镇	3674	14780	11074	4748	41443.0	50	1300
南溪区裴石乡	3307	17353	12933	5927	43301.0		
南溪区马家乡	5151	10664	5530	1289	212.0		
南溪区大坪乡	2511	4719	2998	608	220.0		
南溪区石鼓乡	2809	10069	6605	3058	146825.0		
南溪区林丰乡	3545	5563	4283	1415	396.0		
南溪区留宾乡	2841	10264	8173	2847	998.0		
宜宾县柏溪镇	5167	86724	64893	46342	1172199.0	850	47899
宜宾县喜捷镇	9289	28261	19675	6115	109912.0	68	6950
宜宾县观音镇	24192	58502	39855	17837	65358.0	323	30196
宜宾县横江镇	9874	26640	15266	3031	11034.7	62	5740
宜宾县永兴镇	11457	29613	19847	9740	11838.0	85	3415
宜宾县白花镇	13828	39391	28222	13122	216786.0	121	14288
宜宾县柳嘉镇	17844	36008	26657	15267	6697.0	67	8684
宜宾县泥溪镇	13048	27326	13524	11263	5615.0	95	8210
宜宾县蕨溪镇	21493	41233	26702	10775	38705.0	194	15600
宜宾县商州镇	16360	21177	13576	8341	3059.0	39	5195
宜宾县高场镇	9780	28279	22008	15935	154099.0	95	8786
宜宾县安边镇	5962	20904	15362	11281	472379.0	521	7500
宜宾县双龙镇	15899	41649	25373	10397	84938.0	55	8800
宜宾县李场镇	13698	28775	22452	8605	2807.0	104	3930
宜宾县合什镇	8921	21227	13752	7620	26669.0	54	2180
宜宾县古罗镇	9699	20608	14142	4931	36448.0	22	6593
宜宾县孔滩镇	10036	44589	30171	8996	505684.0	154	13612
宜宾县复龙镇	8364	23758	15290	8105	2197.0	53	2928
宜宾县普安镇	9102	28262	20430	9118	87983.0	45	2391
宜宾县双谊镇	12207	21677	14917	7699	92029.0	12	4081
宜宾县古柏镇	7787	28476	13427	7799	16260.0	26	4000
宜宾县王场镇	5413	17738	13410	7913	1127.0	14	2989

续表 469　　（四川省）　　计算单位：公顷、人、万元

名　　称	行政区域面积	常住人口	从业人员	二三产业从业人员	工业总产值	城镇建成区面积	城镇建成区常住人口
宜宾县泥南镇	6324	17825	10735	4532	7025.0	40	1925
宜宾县隆兴乡	13379	17371	11423	6713			
宜宾县龙池乡	6324	9986	5821	2110	1600.0		
宜宾县凤仪乡	8177	16074	11633	6640	7623.0		
江安县江安镇	5593	79845	44698	24245	386152.0	482	73156
江安县红桥镇	4891	23677	18594	11472	10485.0	81	10246
江安县桐梓镇	6015	26998	21334	9843	70488.0	10	1829
江安县井口镇	2486	13910	10845	6578	54447.0	120	6179
江安县怡乐镇	8161	19352	15242	9810	167295.0	63	4830
江安县留耕镇	4709	17529	12569	7654	111331.0	16	2031
江安县底蓬镇	5511	21264	16799	10513	480.0	173	6766
江安县五矿镇	2095	15325	10228	6687	91073.0	28	2762
江安县迎安镇	4222	20758	15710	9182	37695.0	30	1783
江安县夕佳山镇	3258	16538	13008	8821	1500.0	54	2082
江安县水清镇	2385	13716	10276	5746	78453.0	29	5784
江安县铁清镇	5266	25179	18586	13064	51374.0	17	5185
江安县四面山镇	6454	31029	24321	14810	234857.0	69	3460
江安县大井镇	6567	27564	20289	7535	90841.0	10	1255
江安县阳春镇	4799	24159	18329	14702	903790.0	69	7254
江安县大妙乡	3109	11251	8122	4087	1910.0		
江安县蟠龙乡	4521	17018	13115	3181	63850.0		
江安县仁和乡	8756	11988	8840	1374	4114.0		
长宁县长宁镇	9309	109576	79768	62932	570046.0	765	61022
长宁县梅硐镇	8121	14205	10531	3563	3787.0	195	5924
长宁县双河镇	8697	18916	14882	5957	289967.0	200	5133
长宁县硐底镇	5086	15637	12203	7196	193456.3	137	4689
长宁县花滩镇	4893	12557	9799	4467	1500.0	158	4697
长宁县竹海镇	11000	22907	18140	10745	42897.0	137	5789
长宁县老翁镇	5985	17709	14063	6298	6853.0	75	2581
长宁县古河镇	5992	13653	10108	5293	34826.0	59	3234
长宁县下长镇	5455	19768	13512	5950	24202.0	56	2983
长宁县龙头镇	5845	18347	11970	5457	128217.0	94	3455
长宁县开佛镇	3390	10878	8402	4016	68015.0	35	1038
长宁县铜锣乡	3545	7743	6062	3374	2545.0		
长宁县桃坪乡	3191	7360	5527	2215	97.0		
长宁县铜鼓乡	3025	10462	6819	3141	127860.0		
长宁县井江乡	4346	10287	7458	2480	3682.0		
长宁县三元乡	3425	10799	7342	2466	1008.0		
长宁县富兴乡	4800	9213	7326	4272	9856.0		
长宁县梅白乡	4332	14483	11400	5689	3975.0		
高县文江镇	15396	66759	37637	20020	629766.0	80	5154
高县庆符镇	13702	56713	32046	11822	322342.0	910	14465
高县沙河镇	11052	39103	24958	13747	42201.0	121	11155
高县嘉乐镇	4813	14173	10910	6967	916.0	41	3315
高县大窝镇	7309	20799	14403	5395	3189.0	30	1353
高县罗场镇	6938	31121	18715	9640	79032.0	52	5175
高县蕉村镇	8572	23617	17198	8258	52161.0	49	1273
高县可久镇	8787	14975	10335	4825	2901.0	38	1938
高县来复镇	5270	18656	11749	6735	46668.0	61	4399
高县月江镇	8300	27864	19800	10395	460792.0	58	5774

续表 470　　(四川省)　　计算单位：公顷、人、万元

名　　称	行政区域面　积	常住人口	从业人员	二三产业从业人员	工　业总产值	城镇建成区 面 积	城镇建成区常住人口
高县胜天镇	8408	19891	15077	5062	20815.0	55	2511
高县复兴镇	5540	13062	9887	4166	2500.0	41	864
高县蕉滩乡	2036	3181	2469	1264	244.0		
高县羊田乡	3285	11192	6951	2798	6317.0		
高县落润乡	5916	11811	8949	2957	1448.0		
高县潆溪乡	4094	7571	4811	1661	28.0		
高县庆岭乡	3369	10635	7967	3384	2295.0		
高县双河乡	3368	10041	7654	2865	37358.0		
高县四烈乡	6087	12894	8802	3966	83220.0		
珙县珙泉镇	10293	36105	26957	19339	121726.0	70	21932
珙县巡场镇	10722	121582	89358	59193	123628.0	665	46727
珙县孝儿镇	7589	32656	25287	5938	38742.0	42	2740
珙县底洞镇	12620	28752	20690	13665	90875.0	100	6980
珙县上罗镇	11633	34188	22967	14044	43793.0	97	2578
珙县洛表镇	8112	34220	25445	16535	25804.0	220	8210
珙县洛亥镇	6415	23778	14727	7232	75183.0	20	1283
珙县王家镇	10235	22816	17448	9913	17353.0	46	6013
珙县沐滩镇	4744	12818	8025	4870	5536.0	2	715
珙县下罗镇	5597	16814	11934	2509	7652.0	2	585
珙县曹营镇	4486	10659	6097	2505	9680.0	25	1748
珙县恒丰乡	4908	11924	7121	1321	2134.0		
珙县仁义乡	3804	10615	7914	1276	5249.0		
珙县玉和苗族乡	2500	5795	3708	235	280.0		
珙县罗渡苗族乡	4071	14410	10667	3242	9500.0		
珙县石碑乡	4751	10203	6155	2450	13300.0		
珙县观斗苗族乡	2003	5301	2283	710	17078.0		
筠连县筠连镇	13141	88885	68609	42204	187380.0	1441	59232
筠连县腾达镇	9831	22306	17353	4572	33041.0	36	1680
筠连县巡司镇	8817	39832	24528	17507	107001.0	126	30008
筠连县双腾镇	8723	16460	12928	4376	3420.0	41	1523
筠连县沐爱镇	7936	25148	19430	11628	71248.0	121	5237
筠连县维新镇	7235	19649	15434	8287	75212.2	76	3300
筠连县镇舟镇	6318	14594	11491	6280	134214.0	115	1235
筠连县蒿坝镇	9791	13918	10880	4898	43733.0	94	1870
筠连县大雪山镇	9028	19517	15295	10295	16679.0	91	1970
筠连县武德乡	10062	23269	18117	8718	46663.0		
筠连县塘坝乡	3167	6304	4962	1988	9020.8		
筠连县龙镇乡	6698	6949	5407	1116	2571.0		
筠连县孔雀乡	5149	5680	4428	1018	12698.0		
筠连县乐义乡	4440	11654	9179	4088	28063.0		
筠连县高坎乡	3236	4743	3745	2102	6000.0		
筠连县团林苗族乡	4622	4531	3507	2220	1651.0		
筠连县联合苗族乡	3891	4535	3411	307	2016.0		
筠连县高坪苗族乡	3279	4427	3461	1324	59177.0		
兴文县古宋镇	15640	77041	56917	27881	216627.0	789	70325
兴文县僰王山镇	14696	44588	30393	11755	40773.0	72	6430
兴文县共乐镇	5497	35998	22060	8170	26063.0	36	3852
兴文县莲花镇	7537	24460	17886	5117	41143.0	40	5315
兴文县九丝城镇	12904	22148	13981	2655	2314.0	50	1762
兴文县石海镇	8136	14088	9745	3610	50106.0	20	1298

续表 471　　（四川省）　　计算单位：公顷、人、万元

名　　称	行政区域面　积	常住人口	从业人员	二三产业从业人员	工　业总产值	城镇建成区 面 积	城镇建成区常住人口
兴文县太平镇	6430	22176	14440	3595	64846.0	35	3550
兴文县周家镇	6224	8412	5712	3059	70463.0	10	2080
兴文县五星镇	4827	27026	19333	6325	18207.0	70	2430
兴文县玉屏镇	2524	8846	5302	2291	49421.0	60	1563
兴文县大坝苗族乡	12797	25534	16895	4374	25433.0		
兴文县毓秀苗族乡	5972	5485	3073	658	1020.0		
兴文县大河苗族乡	12505	34237	21403	4698	35731.0		
兴文县麒麟苗族乡	11413	25482	17412	2740	8100.0		
兴文县仙峰苗族乡	10887	11024	7511	2384	53365.0		
屏山县锦屏镇	9159	23071	15712	2637	12457.0	27	3851
屏山县新市镇	15103	14605	13690	6155	2136.0	27	1635
屏山县中都镇	14283	20873	20264	9643	18895.0	44	5336
屏山县龙华镇	12166	12296	10942	6137	5339.0	71	3721
屏山县大乘镇	10813	16460	11771	6078	3960.0	38	2687
屏山县富荣镇	11142	12949	6620	2601	2492.0	20	2116
屏山县新安镇	13504	20251	14745	7170	7118.0	29	3983
屏山县书楼镇	11790	22235	17190	9110	4626.0	32	6800
屏山县屏山镇	8636	65218	37632	28557	352394.0	510	36752
屏山县鸭池乡	6284	9092	6044	3207	1068.0		
屏山县龙溪乡	5794	6772	4306	1648	1068.0		
屏山县太平乡	6819	10933	7030	1969	3915.0		
屏山县夏溪乡	7089	8138	4828	1800	2136.0		
屏山县屏边彝族乡	9388	6386	3901	2091	13653.0		
屏山县清平彝族乡	8420	6787	3030	670	356.0		
广安区枣山镇	3292	19138	15164	9660	13400.0	62	3579
广安区官盛镇	1594	5559	4374	1744	11277.0	52	1992
广安区协兴镇	3640	25483	18313	11801	25418.0	120	9312
广安区浓溪镇	2883	14037	10852	4941	6202.0	50	1453
广安区悦来镇	4094	17553	14033	6038	2000.0	72	3217
广安区兴平镇	3594	11160	8881	5583	800.0	2	486
广安区井河镇	5130	16726	13333	5783	900.0	80	3215
广安区花桥镇	4857	20696	16502	7268	3325.0	180	7118
广安区龙台镇	6890	29140	23235	10944	5012.0	128	6589
广安区肖溪镇	6181	23977	18198	7242	550.0	82	3310
广安区恒升镇	4984	21513	17141	10470	4398.3	170	8558
广安区石笋镇	5903	26005	20258	8123	518.0	90	3500
广安区白市镇	3523	16567	13196	5408	13.0	93	3940
广安区大安镇	2712	11522	8933	5322	10665.0	116	4689
广安区穿石乡	1422	6015	4770	2310	2901.0		
广安区广门乡	2334	10659	8490	3643	2800.0		
广安区广罗乡	1714	8503	6638	3880	810.0		
广安区方坪乡	2857	14539	11622	6353	1363.0		
广安区化龙乡	2428	10148	8055	4652	29026.0		
广安区大龙乡	2712	9438	7273	2954	1150.0		
广安区崇望乡	2261	7438	5543	2339	860.0		
广安区龙安乡	1733	6697	5349	1857	601.0		
广安区彭家乡	1887	7569	5963	2268	590.0		
广安区杨坪乡	2240	8065	6388	3623	750.0		
广安区郑山乡	3887	6686	5271	1625	531.0		
广安区蒲莲乡	2878	6732	5385	3410	480.0		

续表 472　　（四川省）　　计算单位：公顷、人、万元

名　　称	行政区域面　积	常住人口	从业人员	二三产业从业人员	工　业总产值	城镇建成区 面 积	城镇建成区常住人口
广安区大有乡	2004	8769	6978	3885	1324.0		
广安区消河乡	1867	8919	7131	2850	3700.0		
广安区东岳乡	3261	12585	9922	4789	500.0		
广安区苏溪乡	2502	6069	4747	3359	560.0		
广安区白马乡	2468	9451	7396	3846	500.0		
前锋区桂兴镇	8798	15601	11580	6878	173655.5	50	3032
前锋区观阁镇	3080	20242	8867	3709	345.0	120	12500
前锋区广兴镇	1630	10789	7202	4614		80	3098
前锋区代市镇	7030	51222	40830	25928	272255.3	500	18531
前锋区观塘镇	4860	27015	21063	11811	68829.6	150	10500
前锋区护安镇	3056	17559	12210	8160	23228.8	45	1550
前锋区龙滩镇	3649	11284	7394	4789	12882.5	60	3158
前锋区虎城镇	3520	15874	12283	7340	195.0	40	1562
前锋区小井乡	3899	16945	11771	6351	1564.0		
前锋区光辉乡	3940	8630	5777	3877	15600.0		
前锋区新桥乡	2640	19575	11060	5955	629200.0		
岳池县九龙镇	6660	156867	91667	58199	1612530.0	1993	145590
岳池县花园镇	5010	28150	17436	6656	32150.0	55	4786
岳池县坪滩镇	4609	29520	21684	9572	26502.0	195	5820
岳池县龙孔镇	3294	15763	12499	4623	1558.0	36	1178
岳池县镇裕镇	1788	10209	7397	2883	456.0	30	835
岳池县白庙镇	6497	25694	20157	7542	2865.0	160	4315
岳池县西溪镇	3967	18547	14746	6333	1635.0	160	4867
岳池县同兴镇	2763	10240	8063	3923	7304.0	50	1590
岳池县兴隆镇	5633	16664	12780	4893	33113.0	105	4019
岳池县秦溪镇	4008	12135	9666	4134	2476.0	35	1178
岳池县顾县镇	5589	27091	20851	11858	50661.0	201	6741
岳池县苟角镇	6895	34546	24933	10028	4980.0	180	5980
岳池县天平镇	6599	21553	16200	6016	2200.0	30	957
岳池县石垭镇	4751	27537	21139	8085	286548.0	211	6913
岳池县乔家镇	3300	20150	14248	5223	1500.0	63	2200
岳池县罗渡镇	2872	21228	13830	8880	110851.0	235	8784
岳池县裕民镇	3341	22754	16346	6261	5482.0	61	2254
岳池县中和镇	3194	20700	12108	5045	3330.0	103	3700
岳池县新场镇	3915	19800	15651	5785	1544.0	52	1705
岳池县普安镇	4076	20184	15936	4822	5413.0	60	1997
岳池县赛龙镇	2340	12680	9720	3708	1505.0	51	1669
岳池县临溪镇	1743	11774	8264	3110	1385.0	37	1208
岳池县朝阳乡	1682	10023	6717	2462	2110.0		
岳池县北城乡	2022	7149	5641	1929	708.0		
岳池县镇龙乡	2003	8012	6059	2481	758.0		
岳池县粽粑乡	3753	14799	10838	3056	330.0		
岳池县排楼乡	2642	10929	8626	2601	412.0		
岳池县西板乡	2913	14635	9991	3893	1428.0		
岳池县嘉陵乡	1756	7615	5929	1964	1040.0		
岳池县石鼓乡	1748	7050	5303	1968	628.0		
岳池县平安乡	2076	6035	4718	1664	497.0		
岳池县恐龙乡	2144	7629	5995	1982			
岳池县团结乡	2726	4775	3773	1435	234.0		
岳池县黄龙乡	3477	6207	4918	1534	630.0		

续表 473　　（四川省）　　计算单位：公顷、人、万元

名　称	行政区域面积	常住人口	从业人员	二三产业从业人员	工业总产值	城镇建成区面积	城镇建成区常住人口
岳池县双鄢乡	2534	7993	6135	2848	1635.0		
岳池县东板乡	2241	5174	4088	1502	740.0		
岳池县长田乡	2219	6030	4543	1848			
岳池县鱼峰乡	3012	7061	5488	1727	1928.0		
岳池县大石乡	1982	10005	7836	3229	1356.0		
岳池县花板乡	1789	8976	6722	2467	850.0		
岳池县大佛乡	2280	12717	10056	3713	229.0		
岳池县齐福乡	3330	14174	11079	4004	2028.0		
岳池县伏龙乡	4619	27428	16986	7221	425.0		
武胜县沿口镇	6865	97639	66553	56912	2434370.0	1300	88523
武胜县中心镇	6219	26813	21434	8934	42889.0	50	6534
武胜县烈面镇	4910	37016	24097	12204	59035.0	98	16762
武胜县飞龙镇	2800	18421	13233	6747	21598.0	69	6412
武胜县乐善镇	3320	20495	12974	4341	13250.0	60	6310
武胜县万善镇	2390	17582	11065	3076	37100.0	105	7478
武胜县龙女镇	4530	25265	18965	8709	7201.0	49	4189
武胜县三溪镇	3200	15923	12648	5636	5215.0	33	1655
武胜县赛马镇	4140	25156	18009	8596	9655.0	48	3815
武胜县胜利镇	4185	27212	18332	4607	816.0	36	3623
武胜县金牛镇	2865	17455	13000	4600	7480.0	48	3453
武胜县清平镇	3575	13751	10984	3900	6950.0	28	1540
武胜县街子镇	3185	16311	11964	3600	558750.0	125	6512
武胜县万隆镇	2185	15510	9990	4003	16532.0	92	6540
武胜县礼安镇	2445	10789	8228	5918	5000.0	30	1537
武胜县华封镇	3285	20412	13509	5525	37430.0	40	2012
武胜县宝箴塞镇	2655	15622	8762	4597	198.0	31	880
武胜县鸣钟乡	3150	16123	11947	6015	17538.0		
武胜县真静乡	1860	8877	6607	3751	10699.0		
武胜县猛山乡	2230	10033	7126	3120	3721.0		
武胜县双星乡	2540	11982	9542	3432	13815.0		
武胜县龙庭乡	1940	8015	6183	3169	182.0		
武胜县石盘乡	3455	16857	10946	2822	6785.0		
武胜县旧县乡	2260	10235	7710	4360	8127.0		
武胜县鼓匠乡	2630	13012	10403	4282	6847.0		
武胜县白坪乡	2845	16208	12086	4163	3465.0		
武胜县永胜乡	1780	6411	4365	1695	450.0		
武胜县新学乡	2260	10825	7285	4170	8167.0		
武胜县金光乡	2410	11654	6545	3036	230.0		
武胜县八一乡	1630	9455	6403	1841	33.0		
武胜县高石乡	1810	7912	6248	3512	216.0		
邻水县鼎屏镇	784	117997	54760	54065	334864.6	445	117997
邻水县城北镇	9900	34978	23836	10684	30421.5	61	11771
邻水县城南镇	6208	30886	21254	15608	1688090.1	102	9799
邻水县柑子镇	5019	13439	10356	6244	47025.0	52	4038
邻水县龙安镇	5461	11095	7268	4589	20905.4	10	4577
邻水县观音桥镇	6404	17555	12603	5036	6459.0	173	6498
邻水县牟家镇	3416	15035	11058	6682	2152.3	60	3454
邻水县合流镇	4229	14133	10487	4578	13732.9	50	7571
邻水县坛同镇	6415	28849	22828	14763	3538.0	150	5663
邻水县高滩镇	6735	20919	15714	8105	21696.1	76	3896

续表 474 （四川省） 计算单位：公顷、人、万元

名　　称	行政区域面　积	常住人口	从业人员	二三产业从业人员	工　业总产值	城镇建成区 面 积	城镇建成区常住人口
邻水县九龙镇	6632	44993	29900	16242	26333.3	70	28483
邻水县御临镇	6140	19099	13647	6142	1554.1	65	3780
邻水县袁市镇	2874	19256	14489	7487	12312.5	113	6803
邻水县丰禾镇	6803	37991	25752	17585	166732.0	338	27153
邻水县八耳镇	4677	10788	7728	3814	9236.5	41	4273
邻水县石永镇	4894	21008	14724	9667	1160.4	33	6731
邻水县兴仁镇	6203	17941	12642	7345	12307.1	46	5629
邻水县王家镇	5255	16957	11937	6778	1339.7	65	7267
邻水县石滓镇	4779	12168	7878	4242	30290.6	12	653
邻水县三古镇	4408	11559	8517	4042	753.5	8	336
邻水县太和乡	5644	12429	9316	3686	1461.1		
邻水县新镇乡	2917	5391	4012	2260	1559.6		
邻水县冷家乡	4029	7024	5033	2799	13571.5		
邻水县长安乡	4605	11724	8928	4611	8737.3		
邻水县西天乡	4507	7184	5362	3835	18253.6		
邻水县梁板乡	4828	9594	7143	3682	14354.4		
邻水县甘坝乡	3815	6693	4356	2879	1350.7		
邻水县四海乡	3575	8620	5636	3387	134979.2		
邻水县九峰乡	3434	4083	2916	1772	1078.4		
邻水县椿木乡	3070	6776	5248	3220	5565.2		
邻水县华蓥乡	3254	2548	1847	921	569.5		
邻水县子中乡	3552	9054	6450	3169	1766.3		
邻水县风垭乡	2128	6509	4129	2567	727.3		
邻水县黎家乡	5318	8325	6354	2703	9796.0		
邻水县龙桥乡	2931	11001	5102	2381	1315.7		
邻水县关河乡	3169	7713	5994	1910	1350.7		
邻水县两河乡	2361	7085	5362	2324	1036.8		
邻水县长滩乡	1958	9688	6825	3682	719.6		
邻水县凉山乡	4223	6974	4842	1483	7420.5		
邻水县复盛乡	3552	13421	9513	5237	11591.3		
邻水县古路乡	3109	5624	4350	2963	1915.0		
邻水县荆坪乡	2029	8327	6473	3493	2062.7		
邻水县柳塘乡	1827	8926	6436	3471	1933.6		
邻水县护邻乡	2522	8761	6690	3084	1340.8		
邻水县同石乡	1307	4180	2970	1654	575.3		
华蓥市天池镇	3800	20813	12597	12025	49655.0	230	10873
华蓥市禄市镇	2670	24210	14650	5345	89212.0	56	3985
华蓥市永兴镇	2425	19712	15687	7192	91054.0	78	7165
华蓥市明月镇	3820	23796	17387	11837		60	4624
华蓥市阳和镇	4068	19152	13902	6014	69706.0	51	1842
华蓥市高兴镇	3300	17765	9977	5916	70541.0	150	6975
华蓥市观音溪镇	4700	22895	12916	6545	130615.0	84	7544
华蓥市溪口镇	5500	19391	12427	8116	539026.0	133	12451
华蓥市庆华镇	3500	24918	14606	5185	233478.0	120	4606
华蓥市红岩乡	4000	3241	2551	2251	44674.0		
通川区西外镇	2447	36012	9911	6694	282062.0	308	10637
通川区北外镇	4185	31646	18645	13933	69840.0	20	5937
通川区罗江镇	5123	23659	10256	3630	5400.0	290	8446
通川区蒲家镇	5382	27076	14060	8047	13682.0	188	9225
通川区复兴镇	4069	25784	7819	4391	261087.0	195	25784

续表 475 （四川省） 计算单位：公顷、人、万元

名　　称	行政区域面　积	常住人口	从业人员	二三产业从业人员	工　业总产值	城镇建成区 面 积	城镇建成区常住人口
通川区双龙镇	4682	14898	7493	5473	14725.0	60	1989
通川区魏兴镇	1941	15232	5276	2065	25993.0	69	1825
通川区江陵镇	6933	12980	6416	584	75.0	58	3150
通川区碑庙镇	6020	21202	12921	6860	797.0	200	4788
通川区磐石镇	7255	20988	14171	6559	194921.0	55	8267
通川区东岳镇	3467	14005	9845	4990	78570.0	100	4284
通川区梓桐镇	2980	4612	3240	1363	2111.0	56	2680
通川区北山镇	5480	18956	14188	8076	86.0	88	3886
通川区金石镇	6150	21002	8676	2805		100	3121
通川区新村乡	3339	6520	4899	3080	162.0		
通川区檬双乡	2450	7212	3573	1482			
通川区龙滩乡	3750	9458	6610	3625			
通川区安云乡	6450	11851	8163	4277	1185.0		
通川区青宁乡	3870	14021	6435	2503			
达川区亭子镇	6500	44080	29041	13030	40800.0	280	10080
达川区福善镇	4050	15325	8943	4531	15304.0	25	1460
达川区麻柳镇	4990	47651	28049	17974	9650.0	110	11135
达川区檀木镇	3740	19501	12039	6481	14228.0	105	3636
达川区大树镇	7650	31277	15683	8037	18900.0	86	4148
达川区南岳镇	4720	21098	15754	8447	1460.0	30	1228
达川区万家镇	7120	29160	21551	11235	2915.0	120	3650
达川区景市镇	8730	34035	22850	13930	118800.0	42	7670
达川区百节镇	3750	10981	7713	5243	73512.0	12	1858
达川区赵家镇	3440	19339	8372	1447	6089.0	46	9020
达川区河市镇	4850	27384	21630	16604	88563.6	250	24185
达川区石板镇	4700	11638	5183	2499	62500.0	52	2423
达川区金垭镇	3460	12480	6775	2297	8069.0	20	2500
达川区渡市镇	6420	32437	12235	7485	1750.0	150	8925
达川区管村镇	3670	20859	6955	4605	31020.0	100	3514
达川区石梯镇	5280	36596	14539	5786	2016.0	130	6621
达川区石桥镇	5700	53200	34860	8630		170	35600
达川区堡子镇	6670	27000	19220	6340		25	6000
达川区平滩镇	4490	16120	9490	4240	16806.0	22	2514
达川区马家镇	3460	18530	11796	6470	18392.0	12	4790
达川区双庙镇	5250	21702	16201	7447	9446.0	55	3100
达川区金檀镇	2950	15177	8821	4739	15400.0	19	6570
达川区赵固镇	5200	15482	9603	2470	731.0	5	1321
达川区桥湾镇	6770	26178	15406	8891	4523.8	6770	26178
达川区大风乡	3460	8647	5883	2659	2932.5		
达川区江阳乡	3230	8878	5588	2452	180.0		
达川区东兴乡	3314	19969	14977	8346	63.0		
达川区安仁乡	2930	13570	6443	3341			
达川区葫芦乡	3040	3470	2766	1056	900.0		
达川区大滩乡	2440	8775	6160	3510	2925.0		
达川区花红乡	2860	10615	8331	4905	100.0		
达川区黄庭乡	3290	7526	5070	3558	4135.0		
达川区黄都乡	2760	19793	11772	6152	28105.0		
达川区碑高乡	3440	8607	6214	3100	4662.0		
达川区木子乡	3350	15021	10528	5134			
达川区陈家乡	3370	14015	5886	1977	1124.0		

续表 476 （四川省） 计算单位：公顷、人、万元

名　　称	行政区域面　　积	常住人口	从业人员	二三产业从业人员	工　业总产值	城镇建成区 面 积	城镇建成区常住人口
达川区龙会乡	3180	13452	10137	422	260.0		
达川区罐子乡	4170	20870	13147	7637	92380.0		
达川区申家乡	3730	9869	6249	2202	2908.0		
达川区草兴乡	2034	9683	3948	1399	213.0		
达川区木头乡	1760	7244	5506	3773	6500.0		
达川区大堰乡	5300	13680	8098	4830	2700.0		
达川区九岭乡	36700	22458	15728	1667			
达川区五四乡	2500	10763	7841	4399	1850.0		
达川区银铁乡	2140	8510	5378	3218			
达川区沿河乡	3200	9861	5411	2263			
达川区香隆乡	2520	7794	4105	2175	25.0		
达川区永进乡	2990	11923	6307	3706	161.0		
达川区洛车乡	3020	10700	6876	3376	500.0		
达川区道让乡	2580	6522	3496	2223			
达川区虎让乡	4100	15178	8692	1127	1512.0		
达川区米城乡	3720	10234	7881	4625	135.0		
宣汉县东乡镇	14090	166414	66338	50424	361263.5	1053	148180
宣汉县君塘镇	5773	13368	8838	4369	2559.3	56	1883
宣汉县清溪镇	10215	30956	23958	9151	576.9	149	7043
宣汉县普光镇	8347	23937	14298	6040	1104533.1	124	3625
宣汉县天生镇	6171	20097	11958	6923	47325.2	108	3983
宣汉县柏树镇	5813	17140	12624	6205	436.6	102	4309
宣汉县芭蕉镇	11074	24301	15585	7669	12010.0	108	5218
宣汉县南坝镇	14342	96374	40556	30421	22097.6	715	56869
宣汉县五宝镇	7066	18958	14034	6782	3581.3	95	3057
宣汉县峰城镇	8595	20198	11270	5754	1349.2	77	8350
宣汉县土黄镇	10244	30324	17728	8834	2801.4	155	7165
宣汉县华景镇	11230	22836	15652	7353	883.8	66	2196
宣汉县樊哙镇	11465	22611	13963	7590	15111.0	55	1718
宣汉县新华镇	16743	21083	13004	6631	813.3	78	2798
宣汉县黄金镇	11257	25456	14111	7275	556.7	110	4628
宣汉县胡家镇	8877	40337	18570	11125	13121.9	320	17444
宣汉县毛坝镇	14365	21418	13145	6598	574.5	72	3479
宣汉县双河镇	8472	42161	21117	10493	4933.7	190	8820
宣汉县大成镇	9472	36043	18720	9891	1672.2	135	4274
宣汉县土主镇	4400	10117	6469	3080	684.7	20	5262
宣汉县下八镇	7927	25400	18290	8230	1135.0	65	2240
宣汉县明月乡	3628	7219	4922	2329			
宣汉县红岭乡	3892	16930	9473	3903	1615.3		
宣汉县柳池乡	6915	28752	11225	2963	61048.9		
宣汉县三河乡	4861	11813	7405	2601	772.3		
宣汉县老君乡	8472	14766	10155	4886			
宣汉县黄石乡	4580	14145	8269	3465			
宣汉县七里乡	4754	14027	9400	4574	4126.0		
宣汉县庙安乡	2850	5578	3473	1474			
宣汉县天宝乡	2296	5722	3419	1460	26.5		
宣汉县东林乡	4335	9915	6269	3046			
宣汉县凉风乡	5609	8715	5657	2545	15650.0		
宣汉县上峡乡	6409	15527	8275	3462	2703.8		
宣汉县塔河乡	8430	22230	11049	4809	4497.3		

续表 477　　（四川省）　　计算单位：公顷、人、万元

名　　称	行政区域面　积	常住人口	从业人员	二三产业从业人员	工　业总产值	城镇建成区 面 积	城镇建成区常住人口
宣汉县茶河乡	14801	31796	16668	8084			
宣汉县天台乡	3769	7542	6024	2615	311.4		
宣汉县观山乡	3220	5828	3444	1617			
宣汉县南坪乡	2774	5192	2826	1694			
宣汉县凤林乡	3651	5768	3857	2332			
宣汉县桃花乡	6190	16471	11817	5458	124.0		
宣汉县白马乡	7702	13190	8731	4073	47.0		
宣汉县漆碑乡	6101	8928	5854	2964	556.3		
宣汉县三墩土家族乡	9117	13310	7685	4055	6897.4		
宣汉县漆树土家族乡	4187	6158	3430	1830			
宣汉县龙泉土家族乡	22364	9218	5607	2838	42.0		
宣汉县渡口土家族乡	9086	5730	4076	2344	1815.0		
宣汉县石铁乡	7798	6052	4383	2410	327.4		
宣汉县厂溪乡	18616	28288	14444	6361	133.9		
宣汉县红峰乡	9849	14928	9859	4622	151.7		
宣汉县凤鸣乡	6497	12146	8675	4522			
宣汉县花池乡	5227	9644	7349	3574	195.6		
宣汉县庆云乡	4590	15443	9655	5090			
宣汉县马渡乡	4418	12698	8198	4119	1609.3		
宣汉县隘口乡	4215	9487	6934	3376	2123.9		
开江县新宁镇	8250	87029	68872	53235	222298.0	460	68816
开江县普安镇	6801	50792	40403	26901	284455.0	320	30661
开江县回龙镇	3456	13500	10596	5430	88848.0	22	8543
开江县天师镇	4190	11075	8712	4480	21084.0	10	6705
开江县永兴镇	4892	25299	15760	9059	73037.0	37	8863
开江县讲治镇	6485	22398	17801	8766	10397.0	35	9436
开江县甘棠镇	9269	36113	28546	15008	31638.0	35	9436
开江县任市镇	5937	38926	28761	17827	200366.0	225	22634
开江县广福镇	4964	15790	11972	6288	6208.0	18	8217
开江县长岭镇	7504	28755	17958	7656	9401.0	41	20230
开江县长田乡	2595	8337	5321	2846	13632.0		
开江县骑龙乡	2908	9093	7251	3375	10257.0		
开江县新太乡	4223	12930	8732	4790	41723.0		
开江县灵岩乡	6768	11790	7760	4920	47012.0		
开江县沙坝场乡	3969	9621	7477	3401	19653.0		
开江县梅家乡	4546	10042	7967	3890	3239.0		
开江县宝石乡	5326	13105	7728	2480	2699.0		
开江县靖安乡	3430	19020	10349	4698	6208.0		
开江县新街乡	3104	11566	7867	3497	5633.0		
开江县拔妙乡	4528	15415	7205	2585	2699.0		
大竹县乌木镇	4490	16245	9689	3949	32566.3	65	2030
大竹县团坝镇	4820	16174	8990	3308	65165.0	62	2173
大竹县杨家镇	5720	23102	11684	4901	7199.0	91	4675
大竹县清河镇	5040	14545	9394	5910	31460.0	228	9509
大竹县柏林镇	4370	18752	8720	5565	53034.5	115	3600
大竹县石河镇	6630	36543	15296	5972	143166.1	251	12770
大竹县双拱镇	3120	11699	6814	3745	41688.5	93	3350
大竹县石桥铺镇	4900	23998	11385	6836	25601.0	150	9215
大竹县观音镇	4750	23195	13981	9111	33879.0	50	3116
大竹县周家镇	7200	41753	24799	19984	100826.8	300	11715

续表 478　　(四川省)　　计算单位：公顷、人、万元

名　　称	行政区域面　积	常住人口	从业人员	二三产业从业人员	工　业总产值	城镇建成区 面 积	城镇建成区常住人口
大竹县石子镇	7090	19658	13115	6087	4840.3	160	8654
大竹县文星镇	4950	21643	7603	4058	7183.0	192	12301
大竹县妈妈镇	3170	13847	6514	3999	962.0	100	5214
大竹县高穴镇	6020	25105	10356	5500	22456.0	100	7154
大竹县欧家镇	5070	13553	7353	3771	15333.9	88	2401
大竹县庙坝镇	7070	21563	10084	7709	97016.8	231	14018
大竹县清水镇	8045	27576	12610	6586	103857.2	120	5823
大竹县月华镇	5920	23298	13623	6855	48082.1	66	3307
大竹县高明镇	5410	21191	7228	2708	22521.0	47	2690
大竹县童家镇	4830	26417	8939	3502	9751.0	18	1280
大竹县天城镇	3330	12434	7792	3787	1530.0	7	1592
大竹县城西乡	5980	15287	8577	4965	66655.5		
大竹县竹北乡	1700	12583	9127	4749	145567.3		
大竹县朝阳乡	5194	14373	10649	8659	90021.3		
大竹县人和乡	2300	12217	7773	5364	1982.0		
大竹县中华乡	4450	9308	5435	2729	31531.3		
大竹县黄家乡	2310	8725	4886	2810	63120.0		
大竹县柏家乡	2410	10018	6521	4114			
大竹县李家乡	2890	9168	2979	1503	3162.0		
大竹县二郎乡	2720	10513	5002	1837	950.0		
大竹县蒲包乡	3000	2307	1804	1013	25564.0		
大竹县永胜乡	4820	17633	12679	7678	25906.0		
大竹县新生乡	4230	14590	10056	6198	55909.0		
大竹县安吉乡	4120	14724	8884	3972	5160.0		
大竹县白坝乡	4400	12806	9279	5105	23817.0		
大竹县双溪乡	3260	11826	8227	5553	23753.9		
大竹县八渡乡	5400	10442	5978	2823	29346.0		
大竹县中和乡	3630	8403	4058	2069	8312.0		
大竹县杨通乡	2550	12160	6884	5198	1558.0		
大竹县四合乡	2990	13148	6860	4120	2906.0		
大竹县张家乡	2290	6250	2040	1590	2640.0		
大竹县神合乡	3010	9075	6732	4282	4560.0		
大竹县金鸡乡	3710	9725	5121	3903	285.0		
大竹县黄滩乡	2350	7596	4762	3657	28164.0		
大竹县牌坊乡	2612	10513	7267	4102	17444.0		
大竹县姚市乡	2720	10138	6344	4329	1769.0		
大竹县莲印乡	2482	13312	7901	4778	37588.0		
大竹县川主乡	2420	10217	6185	2035	1435.0		
渠县渠江镇	3000	218841	60859	59320	500139.0	500	153246
渠县天星镇	3100	35529	15979	11745	570697.9	373	8371
渠县临巴镇	4700	34511	20241	13747	121527.8	105	7926
渠县土溪镇	6300	44295	21257	13383	89369.0	110	6521
渠县三汇镇	4600	49561	38640	33303	80887.4	107	28953
渠县文崇镇	4000	17466	8441	4052		16	2445
渠县涌兴镇	5000	37326	18877	14094	3308.0	36	4796
渠县贵福镇	4200	26314	14478	7830	5589.0	99	5423
渠县岩峰镇	3700	19254	9224	5447	2301.0	23	3393
渠县静边镇	3800	23658	12699	6814	3297.0	36	5385
渠县清溪场镇	5500	29345	14974	8602	2205.0	23	2570
渠县宝城镇	3400	25297	11493	6079	7796.0	21	2550

续表 479　　（四川省）　　计算单位：公顷、人、万元

名　　称	行政区域面　　积	常住人口	从业人员	二三产业从业人员	工　业总产值	城镇建成区 面 积	城镇建成区常住人口
渠县有庆镇	3100	26854	14132	8024	32182.7	35	6027
渠县鲜渡镇	3900	18260	13666	8869		63	3238
渠县琅琊镇	5800	25820	14803	11139	23752.2	103	7811
渠县李渡镇	5300	31456	22807	15203	48484.0	19	2051
渠县中滩镇	2000	13501	8293	5807	7765.0	25	2810
渠县龙潭镇	7600	13955	9671	5295	3365.0	16	563
渠县三板镇	2800	14891	9204	5771	3325.0	11	658
渠县丰乐镇	3700	20056	9889	6666		20	1098
渠县渠南乡	3000	17765	13620	9925	14876.0		
渠县渠北乡	2000	16235	10178	5700	39583.8		
渠县青龙乡	4300	22448	13934	8599	3390.0		
渠县板桥乡	2600	13685	5207	2324			
渠县锡溪乡	2200	13865	6552	3933	1066.0		
渠县河东乡	2000	10344	6870	4885			
渠县李馥乡	6200	25637	17822	10813	4682.0		
渠县青神乡	2500	13956	6169	2964			
渠县流溪乡	2500	15825	11008	7279	2190.0		
渠县东安乡	4800	14456	9504	5585	12643.8		
渠县汇东乡	4600	12994	8941	6016	12786.0		
渠县汇南乡	3800	7589	5236	3246	56074.4		
渠县汇北乡	1900	10231	5362	2440	1052.0		
渠县报恩乡	4300	17560	8974	3954	3597.0		
渠县安北乡	3100	13702	7846	5514			
渠县平安乡	1800	10104	6908	4992			
渠县千佛乡	1900	9845	5574	3989			
渠县柏水乡	2900	6256	4118	2698			
渠县大义乡	2500	5721	4088	3087			
渠县义和乡	2600	6289	3319	2429			
渠县水口乡	3500	20215	10902	7512	961.0		
渠县巨光乡	2300	11758	8182	5237			
渠县蔡和乡	2300	4980	3338	2064			
渠县鹤林乡	2600	12143	5516	3333	3316.0		
渠县白兔乡	2200	8987	4918	3305			
渠县青丝乡	2200	7768	4305	3422	1042.0		
渠县万寿乡	1700	6648	5009	1884			
渠县射洪乡	2900	15692	9843	6428			
渠县望江乡	2500	8940	6249	4318	2364.0		
渠县和乐乡	1500	5511	3063	1730	997.0		
渠县龙凤乡	3100	14657	7075	4352			
渠县新市乡	2300	13705	7999	4938	1208.0		
渠县宋家乡	2400	13719	4643	1978	1270.9		
渠县拱市乡	2700	12548	6601	4450	3417.0		
渠县屏西乡	2900	10631	6736	3790			
渠县定远乡	2500	17453	9329	5038	1176.0		
渠县嘉禾乡	1800	11203	5860	3500			
渠县望溪乡	6300	26715	12753	8147	62125.0		
渠县双土乡	2600	15125	9847	3506	1113.0		
渠县卷硐乡	4500	9775	6413	4521	98168.8		
达州经济开发区斌郎乡	9700	50144	25496	15800	1043620.0		
达州经济开发区幺塘乡	5100	23401	14011	8336	126008.0		

续表 480　　　　(四川省)　　　　计算单位：公顷、人、万元

名　　称	行政区域面积	常住人口	从业人员	二三产业从业人员	工业总产值	城镇建成区面积	城镇建成区常住人口
万源市太平镇	12289	72100	32242	22712	151474.5	428	23852
万源市青花镇	11194	12680	7685	4530	170123.0	200	5220
万源市旧院镇	8990	12526	8779	4164	41377.0	119	4884
万源市罗文镇	11360	12010	8558	5211	3756.0	120	5116
万源市河口镇	7105	8691	5788	2574	16100.0	116	4536
万源市草坝镇	5530	10542	7654	3942	8750.0	100	7834
万源市竹峪镇	10335	9655	5013	1893	45377.0	151	6453
万源市大竹镇	12139	14309	11195	4937	38660.0	180	10415
万源市黄钟镇	8188	7790	4630	2430	1556.3	118	6718
万源市官渡镇	8491	10589	7725	4844	132889.0	105	4900
万源市白沙镇	11900	14943	10110	4268	106535.0	190	9123
万源市沙滩镇	5731	15925	10658	6276	93705.3	128	6132
万源市茶垭乡	8285	7056	5619	2765	32634.0		
万源市长石乡	10467	5324	4206	1800	25000.0		
万源市白羊乡	6315	6760	5372	2086	5324.0		
万源市铁矿乡	7108	5642	2749	1471	3500.0		
万源市固军乡	6707	7453	5744	2002	8300.7		
万源市井溪乡	13171	7609	5779	1909	10021.0		
万源市堰塘乡	5391	3568	2150	1310	6000.0		
万源市蜂桶乡	8862	4086	2012	604	2773.0		
万源市花楼乡	9111	8746	6760	2711	8781.0		
万源市长坝乡	9416	8383	5407	2534	6987.4		
万源市曾家乡	8245	6758	5267	1664	1400.0		
万源市大沙乡	6374	8810	6191	2641	9528.0		
万源市秦河乡	4882	4153	2028	775	5302.5		
万源市庙垭乡	3310	6290	4510	1310	5290.0		
万源市鹰背乡	4090	6526	4489	2177	8479.0		
万源市石窝乡	7876	7507	5818	3777			
万源市玉带乡	6919	6180	3972	2372	5086.0		
万源市新店乡	7059	4390	2055	1045	2319.0		
万源市魏家乡	5255	8255	3663	1548	6320.0		
万源市柳黄乡	4305	5159	2221	1009	3229.7		
万源市溪口乡	9080	4767	3270	1484	3420.0		
万源市永宁乡	8708	4571	2249	979	45830.0		
万源市虹桥乡	7322	4625	2738	1128	3950.0		
万源市康乐乡	5604	2072	1427	614	321.8		
万源市白果乡	7857	4993	2732	1332	14349.0		
万源市钟亭乡	4790	4244	2307	1105	2712.3		
万源市庙子乡	12904	6335	3242	2093	60.0		
万源市紫溪乡	3616	1775	1034	392	305.0		
万源市庙坡乡	8011	5156	2476	876	1700.0		
万源市梨树乡	9480	4700	2405	1365	8500.0		
万源市皮窝乡	5164	3171	1443	645	530.0		
万源市丝罗乡	7509	4274	2445	1404	4689.0		
万源市罐坝乡	7985	3053	1467	887	170.0		
万源市石人乡	5780	3655	1804	950	558.0		
万源市赵塘乡	7168	3530	1970	861	600.0		
万源市中坪乡	7225	5029	2208	543	2610.0		
万源市八台乡	6274	7419	4099	1990	50689.0		
万源市花萼乡	1920	1591	1217	677	73.8		

续表 481　　　　（四川省）　　　　计算单位：公顷、人、万元

名　　称	行政区域面　积	常住人口	从业人员	二三产业从业人员	工　业总产值	城镇建成区 面 积	城镇建成区常住人口
万源市曹家乡	12090	3294	2453	346	178.0		
万源市石塘乡	12000	10997	7783	3060	1130.0		
雨城区北郊镇	7282	25489	13213	8238	7854.0	92	3833
雨城区草坝镇	4400	26465	15346	8758	241360.0	84	3555
雨城区合江镇	2750	8698	5526	2601	7455.0	24	1196
雨城区大兴镇	6095	23318	14859	10644	48632.0	30	4708
雨城区对岩镇	3605	16699	9388	4863	9335.0	25	1523
雨城区沙坪镇	4894	5810	3480	848	11032.0	20	1883
雨城区中里镇	3700	14770	9026	4701	3963.0	23	2780
雨城区上里镇	6897	13555	7122	3601	1415.0	10	3128
雨城区严桥镇	9620	12152	6625	2140	2755.0	20	1255
雨城区晏场镇	9807	10215	6272	2930	3788.0	75	2376
雨城区多营镇	2870	8378	2319	1634	45634.0	84	4512
雨城区碧峰峡镇	5729	11160	6396	1786	1500.0	11	1200
雨城区南郊乡	4576	15197	8347	4662	58634.0		
雨城区八步乡	4014	10778	6699	3481	3524.0		
雨城区观化乡	7209	5377	2878	1438	12665.0		
雨城区孔坪乡	7111	11557	6947	3825	4985.0		
雨城区凤鸣乡	2310	7825	4813	2659	4755.0		
雨城区望鱼乡	13100	7336	4664	1951	4852.0		
名山区蒙阳镇	3239	35720	19299	12943	92125.0	284	29885
名山区百丈镇	3722	18207	11415	4595	7005.0	64	5672
名山区车岭镇	4381	19455	13275	5608	3200.0	60	2280
名山区永兴镇	3356	19812	11456	5623	27260.0	20	5135
名山区马岭镇	3629	10021	6105	1630	13600.0	30	2320
名山区新店镇	4297	19721	9389	3649		98	4239
名山区蒙顶山镇	2780	12690	5862	4776	8560.0	31	2705
名山区黑竹镇	2387	11245	5690	1155	2120.0	41	3750
名山区红星镇	3700	13437	4946	1309	16503.0	21	1418
名山区城东乡	2246	7872	6227	3303	18215.0		
名山区前进乡	3460	15100	8637	1246	2000.0		
名山区中峰乡	4108	13165	7958	2624	29465.0		
名山区联江乡	2616	11041	4608	1673	13868.0		
名山区廖场乡	2443	10260	5984	2241	7632.0		
名山区万古乡	2402	9461	5301	1333	16980.0		
名山区红岩乡	1776	6250	3975	1718	16420.0		
名山区双河乡	3312	10038	6237	1721	8956.0		
名山区建山乡	3400	6750	3011	731	996.0		
名山区解放乡	2242	8436	6715	2205	8777.0		
名山区茅河乡	1931	8021	5958	2562	9235.0		
荥经县严道镇	1250	38650	7908	4723	101450.0	475	33050
荥经县花滩镇	5633	12248	5985	3865	225891.0	80	3205
荥经县龙苍沟镇	46207	7495	4335	2261	96776.0	8	2520
荥经县六合乡	2000	10080	7187	3885	131595.0		
荥经县烈太乡	2000	6858	4256	1610	66398.1		
荥经县安靖乡	13550	4911	2563	1093	23234.5		
荥经县民建彝族乡	3200	4588	3098	1231	1085.0		
荥经县烈士乡	3000	4314	1973	1197	12800.0		
荥经县荥河乡	4340	6293	2742	2098	34603.6		
荥经县新建乡	17500	2478	1195	466	1535.0		

续表 482　　（四川省）　　计算单位：公顷、人、万元

名　　称	行政区域面　　积	常住人口	从业人员	二三产业从业人员	工　业总产值	城镇建成区 面 积	城镇建成区常住人口
荥经县泗坪乡	11400	3912	3098	1867	2336.4		
荥经县新庙乡	14849	2893	1212	758	8705.0		
荥经县三合乡	28100	2535	1975	898	19685.0		
荥经县大田坝乡	600	6341	4757	3079	20226.2		
荥经县天凤乡	1500	3420	2254	640	13.0		
荥经县宝峰彝族乡	1400	2603	1886	1163			
荥经县新添乡	6500	11391	6877	3555	36578.0		
荥经县附城乡	2000	5437	3138	1041	16020.0		
荥经县五宪乡	2800	4421	2482	1012	15.1		
荥经县烟竹乡	4000	3572	2497	1372	14271.1		
荥经县青龙乡	5126	6321	4130	1944	2512.0		
汉源县富林镇	6000	43238	21100	3220	33385.0	310	38211
汉源县九襄镇	8290	57384	41475	25558	1690.0	280	35081
汉源县乌斯河镇	5391	8764	4353	985	629348.4	4	2386
汉源县宜东镇	11140	21990	11580	3600	196.6	40	5425
汉源县富庄镇	6350	12418	7427	1215	910.0	21	1588
汉源县清溪镇	6150	9345	6342	2537	1820.0	40	1958
汉源县大树镇	6870	15101	10134	920	9560.0	194	2856
汉源县皇木镇	5399	7156	3682	1302	155.0	50	1988
汉源县唐家镇	5580	24930	16496	4659	56600.0	42	6817
汉源县富泉镇	4680	14968	6217	1037	9758.0	15	1079
汉源县大田乡	2360	13110	8794	2770	512.5		
汉源县河西乡	4700	14996	8765	3035	22836.0		
汉源县前域乡	2470	10580	5855	588			
汉源县后域乡	4570	3931	2612	632	250.0		
汉源县富乡乡	22630	6675	4860	915	2200.0		
汉源县梨园乡	6731	4526	3162	993	481.0		
汉源县三交乡	14010	4789	3498	147	758.5		
汉源县双溪乡	6310	7377	5480	2197	620.0		
汉源县西溪乡	4460	3840	2859	350			
汉源县安乐乡	2210	9498	6202	1980	87090.0		
汉源县万里乡	12560	3255	2474	1820	126346.0		
汉源县马烈乡	13590	4809	2762	1410	760.0		
汉源县河南乡	14710	5880	3021	429			
汉源县晒经乡	2670	4052	2884	911			
汉源县料林乡	3999	6578	4080	1117			
汉源县小堡藏族彝族乡	5800	2312	1253	679	100.0		
汉源县片马彝族乡	5360	5197	3100	508	426.0		
汉源县坭美彝族乡	6666	2119	1583	533	60.0		
汉源县永利彝族乡	8830	3309	1787	183			
汉源县顺河彝族乡	7710	5066	3071	1362	120.0		
石棉县新棉镇	8847	10670	6000	2851	120.0	249	8687
石棉县安顺彝族乡	21167	9115	4619	1375	70244.0		
石棉县先锋藏族乡	9351	6670	4341	806	4838.0		
石棉县蟹螺藏族乡	20303	3956	2829	633	988.0		
石棉县永和乡	7518	5347	3212	1294	1110.0		
石棉县回隆彝族乡	22023	6793	4354	3332	260881.0		
石棉县擦罗彝族乡	7906	4622	2581	1033	7000.0		
石棉县栗子坪彝族乡	51000	4941	2590	1968	6973.0		
石棉县美罗乡	5276	8428	4431	2055	1225.0		

续表 483　　（四川省）　　计算单位：公顷、人、万元

名　　称	行政区域面　　积	常住人口	从业人员	二三产业从业人员	工　业总产值	城镇建成区 面 积	城镇建成区常住人口
石棉县迎政乡	5928	6987	4561	2321	12760.0		
石棉县宰羊乡	2138	5491	3368	819	802.0		
石棉县丰乐乡	23144	3162	1442	459	4123.0		
石棉县新民藏族彝族乡	8703	6819	4949	1184	1002.0		
石棉县挖角彝族藏族乡	18597	3397	2081	813	5278.0		
石棉县田湾彝族乡	14865	2493	1650	839	2880.0		
石棉县草科藏族乡	34052	2567	1616	614	6855.0		
天全县城厢镇	4430	36028	8221	5072	152230.0	100	34218
天全县始阳镇	5000	17960	13936	8847	78512.0	207	15278
天全县小河乡	49320	8652	5997	3530	55121.0		
天全县思经乡	13663	9774	5972	2650	20145.0		
天全县鱼泉乡	6720	2256	1673	706	1187.0		
天全县紫石乡	89984	2617	1701	1139	33815.0		
天全县两路乡	31580	1902	1520	1120	1400.0		
天全县大坪乡	2201	4897	3538	2586	7250.0		
天全县乐英乡	3600	8788	5491	2486	462.0		
天全县多功乡	1640	4209	3216	1995	4000.0		
天全县仁义乡	1221	10594	7130	4076			
天全县老场乡	7674	6318	4260	1708	265.0		
天全县新华乡	3445	6461	3565	1115	136.0		
天全县新场乡	5371	11147	6031	1817	5570.0		
天全县兴业乡	11460	7075	4322	2310	1834.0		
芦山县芦阳镇	6535	32813	7951	3130	129248.0	181	16823
芦山县飞仙关镇	5212	12589	5311	3171	72545.0	25	1270
芦山县双石镇	7801	9500	3110	2760	352.0	20	1150
芦山县太平镇	19234	12415	6019	3343	1469.0	33	2310
芦山县大川镇	51957	7125	4075	1476	29675.0	45	1863
芦山县思延乡	2362	11346	4887	1912	21000.0		
芦山县清仁乡	5148	13762	7110	3896	65932.0		
芦山县龙门乡	9222	24559	12243	4408	54127.0		
芦山县宝盛乡	11643	7026	2856	966	21050.0		
宝兴县穆坪镇	16415	12236	4094	1491	54419.0	85	10121
宝兴县灵关镇	23575	18214	9519	6403	282326.0	115	10331
宝兴县陇东镇	49322	5214	3912	2577	75380.0	35	1120
宝兴县蜂桶寨乡	36534	4536	2430	1704	24692.0		
宝兴县硗碛乡	94812	4918	2722	700	3020.0		
宝兴县永富乡	66307	1942	1157	200	8952.0		
宝兴县明礼乡	11868	1385	1062	410	2880.0		
宝兴县五龙乡	7371	5964	3610	1961	5808.0		
宝兴县大溪乡	5195	3578	2547	1536			
巴州区大茅坪镇	1900	8013	5296	1875	78849.0	12	915
巴州区清江镇	6449	31045	23842	14228	76952.0	105	14240
巴州区水宁寺镇	5400	17823	12990	7980	8652.0	76	2720
巴州区化成镇	5945	22563	9853	5136		58	4481
巴州区曾口镇	10936	31022	23426	13505	13657.0	186	9894
巴州区梁永镇	6977	20718	16317	9619	21365.0	135	5175
巴州区三江镇	3806	13000	8798	5120		26	1700
巴州区鼎山镇	7504	25886	15860	10945	3300.0	70	7603
巴州区大罗镇	5397	11362	8942	4072		25	1650
巴州区枣林镇	5756	9923	7705	4628	35684.0	11	3623

续表 484　　(四川省)　　计算单位：公顷、人、万元

名　　称	行政区域面　　积	常住人口	从业人员	二三产业从业人员	工　业总产值	城镇建成区　面　积	城镇建成区常住人口
巴州区平梁镇	11470	28403	21439	12151	71238.0	26	7690
巴州区光辉镇	3218	12268	9635	4743		10	1470
巴州区寺岭镇	6646	7342	5814	3154		7	2600
巴州区梓桐庙镇	5385	11227	7898	4752		12	2916
巴州区凤溪镇	4990	12335	9859	2769		15	1800
巴州区花溪乡	3337	9587	7283	4176			
巴州区大和乡	3451	7028	5357	3222			
巴州区白庙乡	5370	6909	5446	3350			
巴州区关渡乡	2750	5979	4376	2279			
巴州区凌云乡	2776	8624	6680	4224	8265.0		
巴州区金碑乡	2800	7411	5678	2783	28565.0		
巴州区羊凤乡	3460	8928	6755	3550			
巴州区龙背乡	2429	7239	5393	2838			
恩阳区恩阳镇	4170	16157	9130	4719	47815.0	46	2970
恩阳区玉山镇	10435	37732	19879	12374	10572.0	220	8870
恩阳区渔溪镇	8002	37364	16996	9763	8461.0	205	12056
恩阳区三河场镇	3201	11467	5959	2341	3548.0	100	5145
恩阳区青木镇	4431	16873	11591	8059	6483.0	60	5057
恩阳区花丛镇	7834	27543	18404	10473	29724.0	150	6782
恩阳区柳林镇	6778	29503	13274	6544	20846.0	280	16821
恩阳区下八庙镇	4830	16685	11698	7047	11244.0	35	2315
恩阳区茶坝镇	4076	16470	9453	4708	5671.0	170	7042
恩阳区观音井镇	4733	17289	10475	5650		37	1641
恩阳区三汇镇	4222	11162	6600	3607	3589.0	28	2228
恩阳区上八庙镇	3692	13292	8752	3701	4625.0	107	4107
恩阳区三星乡	2875	8257	5381	3119	358.0		
恩阳区关公乡	5746	15182	11653	5113	687.0		
恩阳区舞凤乡	2044	6299	4293	2269	718.0		
恩阳区兴隆场乡	3647	13864	8649	4297	424.0		
恩阳区石城乡	3634	12970	9159	4215	243.0		
恩阳区九镇乡	2803	9111	6221	2988	9808.0		
恩阳区尹家乡	2775	8900	6062	2287	524.0		
恩阳区双胜乡	4086	14857	9732	4709	361.0		
恩阳区群乐乡	3754	12581	7944	4615	125.0		
恩阳区万安乡	3199	10870	7454	3422	256.0		
恩阳区玉井乡	3050	7974	5219	2251	452.0		
恩阳区义兴乡	3337	10328	8195	4960	681.0		
通江县诺江镇	12402	99388	67361	56812	501123.0	920	86355
通江县民胜镇	6238	21090	11400	3500	5800.0	60	2053
通江县火炬镇	5967	19519	12662	6150		111	2984
通江县广纳镇	9313	34698	12385	5350	7056.0	37	4200
通江县铁佛镇	11634	46185	26687	14747	500.0	290	32896
通江县麻石镇	4370	13078	5834	2800		12	2160
通江县至诚镇	9265	19598	5816	3772	800.0	58	3781
通江县洪口镇	5635	13287	4293	2029		120	4871
通江县沙溪镇	7807	22489	14538	8982	2456.0	34	3725
通江县瓦室镇	8491	15513	7580	3780		287	12000
通江县永安镇	11019	20600	7900	4100		26	3200
通江县铁溪镇	16937	11035	6460	3085	20056.0	26	3819
通江县涪阳镇	6517	11793	5523	2175	792.0	42	4092

续表 485 （四川省） 计算单位：公顷、人、万元

名　称	行政区域面积	常住人口	从业人员	二三产业从业人员	工业总产值	城镇建成区面积	城镇建成区常住人口
通江县诺水河镇	30901	22833	11190	6734	4500.0	200	4500
通江县杨柏乡	5377	20057	11888	2916	640.0		
通江县大兴乡	2822	7836	4255	1717	16322.0		
通江县东山乡	2121	4818	2646	1386	1100.0		
通江县三溪乡	2941	11648	6290	3940			
通江县双泉乡	2726	9717	3997	1686	233.0		
通江县文峰乡	3993	12608	6669	4483	9350.0		
通江县春在乡	6210	14350	6803	3437	2432.0		
通江县三合乡	3621	11481	7135	4930			
通江县云昙乡	3488	5181	3638	1742	200.0		
通江县唱歌乡	3523	4300	3185	752	160.0		
通江县芝苞乡	7206	10176	5610	2940			
通江县龙凤场乡	10036	18810	12043	4475			
通江县董溪乡	9694	4429	2466	1086			
通江县澌波乡	7364	5120	3210	2000			
通江县松溪乡	10685	9104	4022	1950			
通江县九层乡	2691	7016	3269	1224			
通江县胜利乡	11963	5520	4129	1500	1133.0		
通江县板凳乡	3655	7205	3639	1712			
通江县文胜乡	4797	7346	4411	2010	2340.0		
通江县兴隆乡	9188	14472	7291	3240			
通江县毛裕乡	9282	14673	7347	3545	4500.0		
通江县泥溪乡	8373	13251	3943	1728			
通江县烟溪乡	8538	9890	4756	2439	17332.0		
通江县沙坪乡	8700	5052	2665	1716	1177.0		
通江县朱元乡	6402	3540	2676	1454			
通江县长坪乡	15921	11825	5207	2383			
通江县两河口乡	15799	10280	4834	1509	788.0		
通江县空山乡	13734	7254	4236	1866	850.0		
通江县青浴乡	10498	11956	6700	2750			
通江县板桥口乡	15179	16321	8600	5500			
通江县铁厂乡	9335	3826	2147	1087			
通江县新场乡	8098	17652	6072	2214	95.0		
通江县陈河乡	11506	12293	5105	2918			
通江县草池乡	3680	8217	4244	2366			
通江县回林乡	6358	4970	2764	1270	10.0		
南江县南江镇	11472	111085	44084	35885	819011.0	350	101983
南江县沙河镇	5477	19009	9538	5916	26464.0	26	5753
南江县乐坝镇	1655	4805	3313	2738	4557.0	48	4608
南江县长赤镇	8211	46057	25857	18248	61021.0	260	11430
南江县正直镇	7180	34688	12840	6560	10024.0	220	13156
南江县大河镇	11468	23450	12105	10094	215.0	100	7941
南江县光雾山镇	25482	3354	1897	777	1925.0	18	950
南江县东榆镇	12398	23220	12995	6781	140890.0	286	4802
南江县下两镇	9380	22105	11396	6543	2847.0	30	7785
南江县赶场镇	11254	15137	9655	4069	2674.0	62	1754
南江县杨坝镇	17377	7395	4962	2622	424.0	25	2500
南江县天池镇	3853	15394	8736	2309	517.0	6	203
南江县关坝镇	26753	6176	3710	1631		14	2032
南江县红光镇	4492	16324	8276	3956	1254.0	11	795

续表 486 （四川省） 计算单位：公顷、人、万元

名　　称	行政区域面积	常住人口	从业人员	二三产业从业人员	工业总产值	城镇建成区面积	城镇建成区常住人口
南江县元潭镇	6164	16028	9550	4402	23262.0	20	1141
南江县赤溪乡	4357	15011	7081	4340	983.0		
南江县燕山乡	2599	8051	4499	2686	578.0		
南江县八庙乡	2652	8995	5392	3092	610.0		
南江县高塔乡	4757	12215	7886	4507	704.0		
南江县团结乡	5531	7518	5504	3184	191.0		
南江县傅家乡	2456	10487	6866	439	44.0		
南江县红四乡	4086	7470	5626	961	42.0		
南江县侯家乡	3337	12874	9640	997	184.8		
南江县双桂乡	1621	6521	3886	1333	45.0		
南江县凤仪乡	3546	12620	7398	3358	40.0		
南江县朱公乡	3253	10001	6065	3167	66.0		
南江县黑潭乡	4300	8930	5764	2724	697.0		
南江县和平乡	4980	13045	7904	4683	55082.0		
南江县双流乡	6587	16273	8695	4824	783.0		
南江县高桥乡	3845	8450	2360	350	275.0		
南江县平岗乡	3926	6704	3806	2518	114.0		
南江县仁和乡	9783	15938	9959	5936	42.0		
南江县石滩乡	5195	13150	6397	2750	1322.0		
南江县关门乡	8275	10122	7997	4447	75.0		
南江县兴马乡	11496	14522	7214	639	242.0		
南江县北极乡	6060	4719	2541	1546	50.0		
南江县关路乡	6075	9615	6095	832	759.0		
南江县关田乡	3988	3677	2664	1507			
南江县红岩乡	4999	2818	1659	657	341.0		
南江县桥亭乡	6970	7120	5058	2586	576.0		
南江县贵民乡	5364	2726	1582	896	121.0		
南江县沙坝乡	9158	5552	3676	1900	13053.0		
南江县柳湾乡	5958	5621	3056	1813	10257.0		
南江县汇滩乡	5972	3310	1727	453	1925.0		
南江县上两乡	7267	5086	2828	1350	11220.0		
南江县寨坡乡	5662	2394	1141	511	74.8		
南江县坪河乡	6753	7550	4623	2456	3205.0		
南江县流坝乡	5552	6730	3941	1479	387.0		
平昌县江口镇	9485	28635	19900	9100	32000.0	106	5086
平昌县响滩镇	5086	24560	13066	1626	600.0	30	9085
平昌县西兴镇	4721	13986	10558	3538		28	3652
平昌县佛楼镇	4416	11564	7260	4698	50.0	13	1851
平昌县白衣镇	8680	25013	13937	6599	25876.0	150	13000
平昌县涵水镇	4049	12516	9219	3114		15	3301
平昌县岳家镇	4470	14817	8155	3325	300.0	18	3010
平昌县兰草镇	5630	18283	11779	4409		30	3926
平昌县驷马镇	9298	39862	18898	7610	28900.0	65	13200
平昌县坦溪镇	5610	17904	9571	3547	9500.0	33	4305
平昌县元山镇	7503	29885	17860	10100	2200.0	83	10315
平昌县云台镇	7370	20213	13322	4463	57.0	48	4187
平昌县邱家镇	4958	17339	10116	5906	6539.0	40	2358
平昌县笔山镇	9224	33287	20895	8000		46	1890
平昌县镇龙镇	9140	22136	12854	6583	220.0	23	5782
平昌县得胜镇	4859	16427	12566	3060	7105.0	36	5598

续表 487　　（四川省）　　计算单位：公顷、人、万元

名　称	行政区域面积	常住人口	从业人员	二三产业从业人员	工业总产值	城镇建成区面积	城镇建成区常住人口
平昌县鹿鸣镇	3518	10023	6227	1315	2700.0	11	2815
平昌县青凤镇	3625	13000	7170	5900		26	1327
平昌县灵山镇	3434	10690	7499	743		6	843
平昌县土兴镇	7374	26631	15866	5155		34	1750
平昌县望京镇	6227	13824	8187	2027		36	1252
平昌县龙岗镇	5991	14153	9656	3419		18	948
平昌县板庙镇	4010	10242	7286	4306		24	1052
平昌县泥龙镇	4217	16064	10571	6065		29	1584
平昌县五木镇	3680	11306	8243	1820		18	891
平昌县青云乡	5444	13449	8620	4320	696.0		
平昌县元石乡	6054	13886	9659	5110			
平昌县六门乡	3230	9911	6850	2500	90.0		
平昌县大寨乡	4486	14920	8117	2287			
平昌县岩口乡	3110	10463	6487	1729	25.3		
平昌县喜神乡	4577	8853	5358	3625			
平昌县土垭乡	4917	11299	8578	1554			
平昌县石垭乡	4405	10453	7240	1920	8980.0		
平昌县澌岸乡	3771	14110	8533	3215			
平昌县马鞍乡	4015	7856	4713	1853			
平昌县界牌乡	3468	9756	5343	998			
平昌县粉壁乡	2959	10725	7177	2587			
平昌县澌滩乡	4189	10326	7010	4100			
平昌县高峰乡	3187	10543	7593	1700			
平昌县南风乡	3928	12653	9296	2738			
平昌县福申乡	3248	8101	5875	2267			
平昌县双鹿乡	2776	10833	5585	680			
平昌县黑水乡	2283	7227	3569	1714			
雁江区雁江镇	5200	23822	18561	14738	168760.0	1330	6023
雁江区松涛镇	4800	34000	26943	21580	3067000.0	1200	15520
雁江区宝台镇	5620	34264	22632	18109	305427.0	156	5974
雁江区临江镇	8950	29850	19013	7133	308900.0	52	4015
雁江区保和镇	11521	36337	27479	15893	27253.0	71	4315
雁江区老君镇	9430	32891	24087	13485	9519.0	32	2097
雁江区中和镇	12176	37990	15380	8560	218254.0	57	4260
雁江区丹山镇	11480	31650	12325	6165	9670.0	148	5261
雁江区小院镇	8320	29606	22108	6865	2975.0	150	2788
雁江区堪嘉镇	5500	18940	15115	9035	8898.0	120	2512
雁江区伍隍镇	7710	35453	28246	17957	7511.0	123	5158
雁江区石岭镇	5412	27590	18618	9944	21787.0	131	4365
雁江区东峰镇	7080	21223	16789	8147	312.0	80	1592
雁江区南津镇	7520	28043	20353	14385	587221.0	200	3024
雁江区忠义镇	5470	22145	10600	7043	2060.0	40	1323
雁江区碑记镇	4550	22068	13214	7430	14623.0	6	660
雁江区丰裕镇	5780	25241	18132	13645	200359.0	68	3644
雁江区迎接镇	7493	29387	13445	6010	153631.0	120	2944
雁江区祥符镇	8000	19551	14273	8472	12565.0	26	2040
雁江区新场乡	5430	19113	13709	7085	4803.0		
雁江区回龙乡	5992	12439	8645	7925	5480.0		
雁江区清水乡	7610	26003	12776	6667	6061.0		
安岳县岳阳镇	7743	181545	86132	75593	529246.0	1415	156859

续表 488 （四川省） 计算单位：公顷、人、万元

名 称	行政区域面积	常住人口	从业人员	二三产业从业人员	工业总产值	城镇建成区面积	城镇建成区常住人口
安岳县鸳大镇	4713	17110	12060	5050	1110.0	36	3367
安岳县石桥铺镇	4828	18776	13859	8203	1675828.0	1335	8435
安岳县通贤镇	5954	35013	19251	10093	40000.0	156	7698
安岳县龙台镇	4742	44582	22140	14310	236784.0	428	36770
安岳县姚市镇	6372	22989	16139	8997	13160.0	64	5168
安岳县林凤镇	4741	20603	15863	7386	60200.0	61	4588
安岳县毛家镇	3343	10981	8015	3493	1619.0	68	2619
安岳县永清镇	6091	33967	19722	16452	19961.0	132	10890
安岳县永顺镇	5740	22351	14558	6904	1912.0	53	2190
安岳县石羊镇	6230	50217	25458	11705	345229.0	188	27150
安岳县两板桥镇	4853	17985	11944	5260	1011.0	85	3121
安岳县护龙镇	5944	21855	16308	7524	7640.0	62	3002
安岳县李家镇	4637	26093	14840	7860	117300.0	187	15380
安岳县元坝镇	3101	11723	8637	5035	66200.0	83	2220
安岳县兴隆镇	5751	24534	15478	7906	28324.0	85	17011
安岳县天林镇	3493	19261	10071	4139	1830.0	46	3568
安岳县镇子镇	5434	21450	14516	7103	149235.0	144	5237
安岳县文化镇	5392	19382	12731	5997	611.0	63	5047
安岳县周礼镇	5169	30653	19952	10375	76320.0	320	5337
安岳县驯龙镇	4538	19122	14052	7467	175820.0	104	5531
安岳县华严镇	4859	17290	12246	6330	7800.0	64	4286
安岳县卧佛镇	5114	17426	12946	6540	1604.0	41	3513
安岳县长河源镇	5259	27627	15096	5563	7382.0	82	3701
安岳县忠义镇	4614	17035	11258	5722	397.0	81	2122
安岳县护建镇	4904	17341	11743	5104	2852.0	51	3402
安岳县南薰镇	5060	16950	11497	4923	402.0	91	1458
安岳县城北乡	3775	12508	9936	4612	3585.0		
安岳县城西乡	3371	8844	6426	2586	1216.0		
安岳县思贤乡	3582	16760	9769	4343	1416.0		
安岳县石鼓乡	2783	8626	5956	2842	740.0		
安岳县来凤乡	4372	12865	10189	4036	2500.0		
安岳县天马乡	3314	11835	8904	4554	1796.0		
安岳县人和乡	3008	14399	8020	2753	5697.0		
安岳县团结乡	2692	9047	6126	2669			
安岳县悦来乡	1988	5431	3924	1771			
安岳县白水乡	2816	11841	7720	3163	1669.0		
安岳县云峰乡	3241	14612	10505	5740	21769.0		
安岳县岳新乡	2803	15640	9202	4228	1615.0		
安岳县偏岩乡	2578	9517	7305	2772			
安岳县东胜乡	2860	12814	7791	3118	412.0		
安岳县坪河乡	2066	6747	4680	2362	1001.0		
安岳县乾龙乡	3042	10586	7622	3419	6038.0		
安岳县高升乡	4246	16847	11161	4635	2461.0		
安岳县横庙乡	3436	11394	8128	3317			
安岳县瑞云乡	2635	16102	7729	3707	76769.0		
安岳县白塔寺乡	4927	17433	12672	5432	1726.0		
安岳县双龙街乡	3793	12754	9919	3963	2083.0		
安岳县顶新乡	3008	11398	7619	3364			
安岳县和平乡	2616	10280	5854	2194	518.0		
安岳县高屋乡	3076	11304	7212	3239	540.0		

续表 489　　（四川省）　　计算单位：公顷、人、万元

名　　称	行政区域面积	常住人口	从业人员	二三产业从业人员	工业总产值	城镇建成区面积	城镇建成区常住人口
安岳县合义乡	3668	12156	8192	3751	445.0		
安岳县努力乡	3983	13970	10235	4131			
安岳县清流乡	3035	9007	7133	3599	31115.0		
安岳县共和乡	2926	9988	7468	3376	1483.0		
安岳县天宝乡	3089	10540	7791	3865	1267.0		
安岳县协和乡	4080	20800	12440	4640	22120.0		
安岳县鱼龙乡	2236	6874	4587	2084	584.0		
安岳县建华乡	2426	8356	5718	2315			
安岳县大平乡	4969	16170	11676	4882	4879.0		
安岳县九龙乡	2753	12056	8023	3405	1325.0		
安岳县岳源乡	2173	7480	5258	2527	1100.0		
安岳县龙桥乡	2473	10305	7814	2750	1000.0		
安岳县千佛乡	4132	14263	10700	4738	1022.0		
安岳县拱桥乡	3066	10938	8326	3285	528.0		
安岳县宝华乡	2279	8872	5978	2533	580.0		
安岳县自治乡	2217	6620	3318	1487			
安岳县大埝乡	2648	11713	6668	2487	360.0		
安岳县朝阳乡	2243	5178	3997	2050	542.0		
乐至县天池镇	4210	124100	73388	52272	2212436.0	1542	95433
乐至县石佛镇	9700	44570	17884	10449	9980.0	51	4530
乐至县回澜镇	8278	26789	18428	13801	3456.0	150	5619
乐至县石湍镇	6777	17852	13182	3795	22850.0	100	3112
乐至县童家镇	8220	42559	19999	14191	268093.0	200	15120
乐至县宝林镇	6710	46396	26900	18380	29184.0	115	8211
乐至县大佛镇	6996	43779	27622	12167	37874.0	35	4103
乐至县良安镇	8494	47587	30619	22493	26182.0	100	5000
乐至县金顺镇	5912	27610	13631	7121	10800.0	33	2550
乐至县中和场镇	4570	21573	14601	3999	7380.0	48	3631
乐至县劳动镇	6250	33116	17348	10934	6536.0	200	9376
乐至县中天镇	5342	24038	14301	8835	216838.0	75	3785
乐至县佛星镇	6670	30825	19082	13441	18481.0	55	1850
乐至县蟠龙镇	3982	16528	11498	8324	2615.0	42	2611
乐至县东山镇	5450	27108	14024	10142	27120.0	30	2725
乐至县通旅镇	4950	26916	13114	8703	6744.0	40	2766
乐至县高寺镇	7272	35202	18848	12583	21382.0	54	2580
乐至县龙溪乡	3725	8105	5135	2890	5030.0		
乐至县全胜乡	2250	12735	6028	4135	6922.0		
乐至县孔雀乡	4230	16780	12309	8247	5179.0		
乐至县龙门乡	4517	14329	9612	965	702.0		
乐至县双河场乡	5203	12830	7060	4008	9235.0		
乐至县放生乡	3692	15483	11994	6087	7009.0		
乐至县盛池乡	4688	19951	14392	9543	892.0		
乐至县凉水乡	3502	17978	13530	193	144.0		
简阳市石桥镇	7300	38292	9323	5039	103322.0	50	7980
简阳市新市镇	4627	19285	6634	3260	182967.0	100	4180
简阳市石盘镇	4705	20000	14937	9892	374566.0	250	11565
简阳市东溪镇	3325	17136	10591	6910	70067.0	20	558
简阳市平泉镇	3775	14411	10584	7342	41250.0	165	4950
简阳市禾丰镇	8427	24005	17653	9799	28900.0	520	9652
简阳市云龙镇	6692	22768	15638	9713	37456.0	150	6272

续表 490　　（四川省）　　计算单位：公顷、人、万元

名　　称	行政区域面积	常住人口	从业人员	二三产业从业人员	工业总产值	城镇建成区面积	城镇建成区常住人口
简阳市三星镇	4213	15907	11605	7791	4346.0	200	6535
简阳市养马镇	4446	27173	18998	14183	337068.2	350	23950
简阳市贾家镇	6376	40524	27700	19713	1340067.3	550	24896
简阳市石板凳镇	4719	20436	16335	9190	78411.0	150	9652
简阳市三岔镇	3522	24782	15609	6635	73574.0	253	20621
简阳市镇金镇	5733	14407	10424	7170	23768.0	150	9156
简阳市石钟镇	4217	14637	10087	7033	125.0	55	1268
简阳市施家镇	4357	12592	8346	4295	68.4	200	4843
简阳市三合镇	4054	11825	5047	1362	800.0	62	2456
简阳市平武镇	4071	13876	8944	5243	7441.0	150	2890
简阳市金马镇	2594	7567	5016	1862	461.2	35	2319
简阳市踏水镇	4166	11765	6579	3559	561.3	120	1726
简阳市江源镇	4616	13782	6282	3435	1415.8	65	2654
简阳市涌泉镇	3041	9315	5904	3963	390.0	125	2145
简阳市芦葭镇	5108	22295	13116	7432	344.0	150	4230
简阳市草池镇	6554	32049	23815	11962	14951.0	100	9215
简阳市太平桥镇	1975	7719	4542	2327	21227.0	40	2467
简阳市青龙镇	4100	14437	9065	5517	92.0	131	2485
简阳市老君井乡	3334	5058	3054	1749	400.0		
简阳市福田乡	2900	12016	6216	3351	2250.0		
简阳市宏缘乡	4472	13728	6125	4041	750.0		
简阳市周家乡	5517	15986	9577	5718	214.3		
简阳市平窝乡	2931	8126	4302	1644	235.9		
简阳市武庙乡	4521	8565	2946	1595	305.0		
简阳市高明乡	2302	8652	4903	2689	110.0		
简阳市玉成乡	4797	25978	16900	10299	2858.0		
简阳市丹景乡	3675	5462	3106	2056	106.0		
简阳市望水乡	3566	10382	4782	2628	954.0		
简阳市清风乡	4947	14409	7770	4559	4920.0		
简阳市董家埂乡	3614	11342	7850	3635	2612.0		
简阳市五星乡	3258	8639	4443	2785	900.0		
简阳市飞龙乡	1583	3785	1774	960			
简阳市灵仙乡	2271	7846	5070	1918	16.0		
简阳市五指乡	3425	6155	2723	2159	16.0		
简阳市新民乡	4117	6004	4573	2619	33.6		
简阳市新星乡	2088	5896	3950	2005	498.0		
简阳市同合乡	2360	7247	4897	2043			
简阳市老龙乡	2477	5595	3726	1662	101.7		
简阳市壮溪乡	2465	7203	4816	2119			
简阳市海螺乡	1266	6331	3806	1954	11745.0		
简阳市坛罐乡	2158	9225	4320	2363	699.9		
简阳市雷家乡	3765	7799	4153	2169	975.6		
简阳市安乐乡	2233	5580	3379	2114	1.4		
简阳市普安乡	2315	6866	3866	2712	140.0		
简阳市平息乡	3064	11555	6139	4085	340.0		
简阳市五合乡	2681	7719	4042	1888	255.0		
简阳市永宁乡	2870	7025	4443	1628	2350.0		
汶川县威州镇	13428	25009	7261	3759	91765.0	404	19720
汶川县映秀镇	11399	5489	4337	3431	99048.8	54	3065
汶川县卧龙镇	82079	2849	1820	570	450.0	26	1590

续表 491　　（四川省）　　计算单位：公顷、人、万元

名　　称	行政区域面　　积	常住人口	从业人员	二三产业从业人员	工　业总产值	城镇建成区 面 积	城镇建成区常住人口
汶川县水磨镇	8917	15500	5830	3106	95360.0	200	5112
汶川县漩口镇	10424	14376	8932	6100	450000.0	30	1781
汶川县三江镇	49049	4081	2401	936	5200.0	56	647
汶川县耿达镇	84319	3220	1627	434	4200.0	106	1851
汶川县绵虒镇	77673	10717	6511	1958	28800.0	27	2985
汶川县龙溪乡	21283	4496	2305	676	810.0		
汶川县克枯乡	6421	3239	1435	590			
汶川县雁门乡	14568	7512	5878	3995	385.0		
汶川县银杏乡	28740	2740	1346	1161	186342.0		
理县杂谷脑镇	18682	14040	5741	2636	9090.9	87	3550
理县米亚罗镇	66585	2334	1867	602		130	1832
理县古尔沟镇	50986	2304	1430	210		15	140
理县薛城镇	25738	5530	3248	620		100	1700
理县桃坪镇	9459	3428	2006	307		25	996
理县夹壁乡	36204	1200	862				
理县朴头乡	85528	3901	3066	188	5322.0		
理县甘堡乡	11413	3568	1529	252			
理县蒲溪乡	11809	1466	876	313			
理县上孟乡	72330	2883	1770	90	7021.0		
理县下孟乡	7686	2882	1695	586	60000.0		
理县木卡乡	4580	1489	1042		34173.0		
理县通化乡	30756	3072	2060	470			
茂县凤仪镇	17070	38460	29313	21720	330553.0	495	45101
茂县南新镇	36300	8744	6124	1832	22300.0	10	395
茂县叠溪镇	29330	2911	2254	849	16711.0	9	598
茂县光明镇	10220	6845	4837	1692		12	980
茂县雅都镇	64650	4535	3492	605	4510.0	7	450
茂县渭门乡	6927	3062	2411	241	175.0		
茂县永和乡	12950	3497	2680	506			
茂县沟口乡	9550	3829	2877	1259	95.0		
茂县富顺乡	23600	5808	4624	2741	124500.0		
茂县土门乡	7500	4625	3345	1508	32855.0		
茂县东兴乡	8320	4567	3562	1207	88800.0		
茂县黑虎乡	13000	2455	1855	500	240.0		
茂县飞虹乡	6840	2005	1534	654			
茂县回龙乡	6520	2123	1590	299	170.0		
茂县三龙乡	22730	2831	1942	449	730.0		
茂县白溪乡	9340	1817	1435	726	2400.0		
茂县洼底乡	11600	1792	1416	477			
茂县石大关乡	15420	1527	1150	282	18801.0		
茂县太平乡	16300	2431	1875	416	203.0		
茂县松坪沟乡	38500	1327	991	210			
茂县曲谷乡	7650	2409	1793	534	163.0		
松潘县进安镇	1108	8552	5168	4868	6690.0	1108	8552
松潘县川主寺镇	95831	5861	2989	1121	152.0	125	2907
松潘县进安回族乡	1923	7168	2824	896	760.0		
松潘县十里回族乡	3840	3237	2400	950			
松潘县青云乡	8135	3989	2424	365	100.0		
松潘县安宏乡	12483	4216	2618	407			
松潘县大寨乡	25974	1988	1216	163			

续表 492　（四川省）　计算单位：公顷、人、万元

名　　称	行政区域面　　积	常住人口	从业人员	二三产业从业人员	工　业总产值	城镇建成区 面 积	城镇建成区常住人口
松潘县牟尼乡	35977	1510	1121	311			
松潘县镇江关乡	18866	3690	1910	574	30.0		
松潘县镇坪乡	22119	3452	2289	669	18.8		
松潘县岷江乡	21598	3224	1955	724			
松潘县大姓乡	46113	1196	739	20			
松潘县白羊乡	54699	2583	1587	130			
松潘县红土乡	30080	2430	1300	90			
松潘县红扎乡	22128	1064	655	156			
松潘县小姓乡	31574	2451	1013	116	5460.0		
松潘县燕云乡	61980	1158	748	120			
松潘县山巴乡	10399	2385	1652	440	61.0		
松潘县水晶乡	30667	1937	1247	272			
松潘县小河乡	20716	2251	1077	659	36500.0		
松潘县施家堡乡	41948	2200	1575	45			
松潘县黄龙乡	36858	870	605	112			
松潘县上八寨乡	56077	2186	1340	18			
松潘县下八寨乡	81061	1075	555	25	3.5		
松潘县草原乡	46713	1836	866	145			
九寨沟县永乐镇	4267	22658	9168	7298	48220.0	4267	22658
九寨沟县漳扎镇	134161	7836	5983	4893	3168.0	181	5100
九寨沟县双河镇	9885	4375	2336	1071	1450.0	10	394
九寨沟县永丰乡	5910	7626	3601	1920	2670.0		
九寨沟县永和乡	4883	3768	2264	339			
九寨沟县安乐乡	12733	3352	1185	584			
九寨沟县白河乡	24465	2674	1493	591			
九寨沟县保华乡	4600	2842	1501	658			
九寨沟县罗依乡	6200	2934	1867	495	328.0		
九寨沟县勿角乡	27500	2608	1365	554			
九寨沟县马家乡	29207	1308	671	208			
九寨沟县郭元乡	12201	4571	2784	469			
九寨沟县草地乡	8679	1366	808	245	18954.0		
九寨沟县陵江乡	34830	1919	1170	365			
九寨沟县黑河乡	49010	3211	1706	546	6575.0		
九寨沟县玉瓦乡	32002	2082	1304	357			
九寨沟县大录乡	128067	2642	1316	672			
金川县观音桥镇	32041	2419	1473	530	150.0	5	510
金川县安宁镇	16172	3876	2149	701		10	1049
金川县勒乌镇	19623	18721	11260	7110	2780.0	215	8500
金川县沙耳乡	5309	6329	3669	1438			
金川县庆宁乡	6637	3044	1620	680	400.0		
金川县咯尔乡	11534	5610	2112	750	50.0		
金川县万林乡	36839	2013	1253	178	200.0		
金川县河东乡	6960	1525	654	141			
金川县河西乡	6138	3620	2492	555			
金川县集沐乡	32100	1958	1537	256	165.0		
金川县撒瓦脚乡	31425	1130	556	127			
金川县卡拉足乡	20302	1086	732	187			
金川县俄热乡	74658	3008	2105	495			
金川县太阳河乡	26210	683	409	34	244.0		
金川县二嘎里乡	38754	2840	2039	290			

续表 493　　(四川省)　　计算单位：公顷、人、万元

名　　称	行政区域面积	常住人口	从业人员	二三产业从业人员	工业总产值	城镇建成区面积	城镇建成区常住人口
金川县阿科里乡	63100	2040	1024	114			
金川县卡撒乡	24234	4100	2565	455	2900.0		
金川县曾达乡	16052	3287	2113	430	200.0		
金川县独松乡	24013	1868	1009	144	3100.0		
金川县马尔邦乡	11660	1401	710	260	200.0		
金川县马奈乡	8848	1019	574	343			
金川县毛日乡	39787	2395	1141	104			
小金县美兴镇	5662	17023	6660	1500	51220.0	121	8012
小金县四姑娘山镇	57676	3310	1973	803	36.0	29	1012
小金县两河口镇	103233	5132	3348	491		30	2421
小金县老营乡	3906	3152	2001	991	37130.0		
小金县崇德乡	13683	2814	2208	801	355.0		
小金县新桥乡	11744	4860	2667	504			
小金县美沃乡	49343	3973	2585	631	11262.0		
小金县沙龙乡	13439	2648	1900	585	80.0		
小金县宅垄乡	12851	2805	2226	765	32.0		
小金县新格乡	9499	2725	1884	819	92.0		
小金县达维乡	37900	4605	2555	630	150.0		
小金县日尔乡	18896	3308	2331	710	150.0		
小金县结斯乡	47362	2410	1875	175	2871.0		
小金县沃日乡	10331	3695	2923	374	2200.0		
小金县木坡乡	25974	3805	2331	631			
小金县抚边乡	48622	4857	2555	681	240.0		
小金县八角乡	11067	3288	2556	710	180.0		
小金县双柏乡	5315	1986	1416	396			
小金县窝底乡	34957	2636	1535	235			
小金县汗牛乡	20568	1676	1296	192			
小金县潘安乡	15017	1689	1029	231	502.0		
黑水县芦花镇	117542	14696	9903	5404	22930.0	270	960
黑水县卡龙镇	39844	1080	515	143	1452.0	30	402
黑水县色尔古镇	4235	3241	2037	1706	48563.0	5	100
黑水县沙石多乡	71058	1965	828	238	8833.0		
黑水县红岩乡	10857	4159	1159	148	14044.0		
黑水县麻窝乡	8015	2651	1051	139	3600.0		
黑水县双溜索乡	5733	2114	1122	77	4700.0		
黑水县瓦钵梁子乡	8121	3045	1753	756	910.0		
黑水县石碉楼乡	12394	4148	1995	218	490.0		
黑水县龙坝乡	6134	2747	1410	678	850.0		
黑水县洛多乡	18127	2574	1128	140	1020.0		
黑水县木苏乡	11197	4739	2215	925	2300.0		
黑水县维古乡	5119	3289	1857	889	72980.0		
黑水县知木林乡	19868	4481	2184	303	1800.0		
黑水县扎窝乡	18065	4535	2594	329	4727.0		
黑水县晴朗乡	55016	3185	1336	482	35324.0		
黑水县慈坝乡	4037	1051	722	152			
马尔康县马尔康镇	36916	38668	8069	6803	23064.0	300	56166
马尔康县卓克基镇	34787	1280	555	235	35.0	30	590
马尔康县松岗镇	24869	2370	1330	546	4775.0	30	1114
马尔康县梭磨乡	109458	2404	1194	264	66.0		
马尔康县白湾乡	25820	2927	2110	1717	2580.0		

续表 494 （四川省） 计算单位：公顷、人、万元

名　　称	行政区域面　　积	常住人口	从业人员	二三产业从业人员	工　业总产值	城镇建成区 面 积	城镇建成区常住人口
马尔康县党坝乡	32663	2699	1577	409	4246.0		
马尔康县木尔宗乡	21393	1448	722	253	66.0		
马尔康县脚木足乡	43201	3900	2203	619	66.0		
马尔康县沙尔宗乡	38654	2260	1125	151	766.0		
马尔康县龙尔甲乡	35463	1649	1003	246	66.0		
马尔康县大藏乡	40761	1067	510	54	66.0		
马尔康县康山乡	65355	1675	770	68	66.0		
马尔康县草登乡	56493	3420	2060	460	411.0		
马尔康县日部乡	95868	3986	2016		66.0		
壤塘县壤柯镇	48	4700	2499	2499	2995.0	48	4700
壤塘县南木达镇	47690	4790	2433	321		1	136
壤塘县蒲西乡	113545	2730	1335	203			
壤塘县宗科乡	54770	2928	1676	352			
壤塘县石里乡	35118	1996	1222	195			
壤塘县吾伊乡	63152	2984	1896	77			
壤塘县岗木达乡	123861	4120	1960	395			
壤塘县上杜柯乡	102047	3809	2279	302			
壤塘县茸木达乡	23492	2169	774	74			
壤塘县尕多乡	31002	5302	3158	415			
壤塘县中壤塘乡	37595	3800	1903	103			
壤塘县上壤塘乡	51280	2986	1252	51			
阿坝县阿坝镇	5500	11806	7927	4949	2274.0	650	2355
阿坝县贾洛镇	113237	8010	2761	273		544	1610
阿坝县哇尔玛乡	15800	4230	2140	520			
阿坝县麦昆乡	33519	3980	2216	400			
阿坝县河支乡	17910	3250	1730	230			
阿坝县龙藏乡	39100	3253	1429	78	50.0		
阿坝县求吉玛乡	55674	3857	2463	110			
阿坝县甲尔多乡	17333	3452	1219	68			
阿坝县各莫乡	9271	3493	1570	70			
阿坝县德格乡	18998	2200	550	30			
阿坝县四洼乡	16014	2780	845	97			
阿坝县安斗乡	32838	2390	829	86			
阿坝县柯河乡	76000	1681	410	10			
阿坝县垮沙乡	65100	1569	394	10			
阿坝县安羌乡	25179	2726	1758	48			
阿坝县查理乡	63600	4075	1706	430			
阿坝县茸安乡	95542	3125	1150	20			
阿坝县洛尔达乡	52100	5248	2323	429			
阿坝县麦尔玛乡	73500	5878	2830	153			
若尔盖县达扎寺镇	54401	9671	6709	5205	15500.0	260	9200
若尔盖县唐克镇	146863	7531	4273	397	148.0	61	1043
若尔盖县红星镇	57532	6473	3628	165	400.0	30	503
若尔盖县班佑乡	112354	6246	4473	184			
若尔盖县阿西乡	87221	6301	4712	305	320.0		
若尔盖县辖曼乡	115566	7859	4149	203			
若尔盖县麦溪乡	80610	5723	3412	151			
若尔盖县嫩哇乡	46923	3205	2023	161			
若尔盖县冻列乡	5254	2731	1634	222			
若尔盖县崇尔乡	14823	2940	1809	320			

续表 495 （四川省） 计算单位：公顷、人、万元

名称	行政区域面积	常住人口	从业人员	二三产业从业人员	工业总产值	城镇建成区面积	城镇建成区常住人口
若尔盖县热尔乡	42146	2510	1689	425			
若尔盖县占哇乡	18863	2689	1830	205	250.0		
若尔盖县降扎乡	23613	2949	1625	100	550.0		
若尔盖县巴西乡	21820	1638	816	91			
若尔盖县阿西茸乡	21890	3107	2063	167	215.0		
若尔盖县求吉乡	49905	3564	1616	111	320.0		
若尔盖县包座乡	132765	3504	2113	128			
红原县邛溪镇	93700	13265	3647	814	81201.0	300	8487
红原县刷经寺镇	41200	2443	1173	168	74.0	192	875
红原县瓦切镇	99300	7341	2916	278		220	1498
红原县安曲镇	86100	4217	2118	124		30	1500
红原县色地镇	117800	6769	3650	127		99	4092
红原县龙日乡	62400	2199	1743	136			
红原县江茸乡	55100	1348	954	76			
红原县查尔玛乡	65700	2174	1520	92			
红原县阿木乡	84500	3004	1811	126			
红原县壤口乡	78700	1030	662	48			
红原县麦洼乡	55300	4431	2290	80			
康定市炉城镇	81696	42395	21888	20223	36700.4	56	7797
康定市姑咱镇	19440	17852	4613	3432	53131.0	119	13787
康定市新都桥镇	46286	8558	3223	538		84	4198
康定市塔公镇	84961	10205	4802	1202		1	265
康定市沙德镇	83710	3687	1979	74		1	243
康定市金汤镇	19945	3724	2128	837	629.2	15	331
康定市雅拉乡	72858	3887	1832	334	876.5		
康定市时济乡	6403	3358	2284	568	629.2		
康定市前溪乡	9154	2028	1101	103	629.2		
康定市舍联乡	27954	2484	1476	295	7450.0		
康定市麦崩乡	11438	2550	1400	250	17910.0		
康定市三合乡	26229	3092	1676	675	629.2		
康定市捧塔乡	71335	2882	1559	211	629.2		
康定市贡嘎山乡	214908	3203	2014	153	22006.0		
康定市普沙绒乡	66790	2473	1258	38			
康定市吉居乡	36201	2125	1120	52			
康定市瓦泽乡	50242	4071	3126	900			
康定市呷巴乡	45920	3978	2142	72			
康定市甲根坝乡	25494	2664	1398	46			
康定市朋布西乡	42802	3014	1633	89			
康定市孔玉乡	119414	5569	2243	423	26907.0		
泸定县泸桥镇	14993	24999	8228	3824	85532.0	133	9526
泸定县冷碛镇	7282	8715	2943	1313	8684.0	41	3952
泸定县兴隆镇	10822	9170	4346	716	13025.0	21	4850
泸定县磨西镇	31083	7270	3462	1847	9685.0	100	3450
泸定县岚安乡	5796	3030	1410	150	295.0		
泸定县烹坝乡	11630	4746	2217	532	82.0		
泸定县田坝乡	22949	4596	2262	217	3307.0		
泸定县杵坭乡	4954	3245	1514	99	69.0		
泸定县加郡乡	13084	4550	2167	458	667.0		
泸定县德威乡	6820	4927	2185	205	283.0		
泸定县新兴乡	59400	5340	2450	252	456.0		

续表 496　　(四川省)　　计算单位：公顷、人、万元

名　　称	行政区域面　　积	常住人口	从业人员	二三产业从业人员	工　业总产值	城镇建成区 面 积	城镇建成区常住人口
泸定县得妥乡	27722	8050	3613	513	3651.0		
丹巴县章谷镇	1192	9188	4641	4395	8271.0	103	6591
丹巴县巴底镇	40400	6210	3318	533	1697.0	50	980
丹巴县巴旺乡	9540	3783	1162	50	1437.0		
丹巴县聂呷乡	5440	4137	2212	503	913.0		
丹巴县革什扎乡	34189	6716	4281	756	22787.0		
丹巴县边耳乡	123076	2625	1713	36	14020.0		
丹巴县丹东乡	60950	1470	980	25	937.0		
丹巴县东谷乡	85736	4879	3098	72	2485.0		
丹巴县水子乡	7530	3829	2860	850	1237.0		
丹巴县格宗乡	35057	4854	3147	755	2784.0		
丹巴县梭坡乡	12232	3414	2100	198	1191.0		
丹巴县中路乡	4535	3484	1574	586	1191.0		
丹巴县岳扎乡	7960	5001	2948	207	15045.0		
丹巴县半扇门乡	20514	5918	3474	367	1685.0		
丹巴县太平桥乡	17203	4757	3059	653	851.4		
九龙县呷尔镇	66500	13724	5791	2812	2507.0	250	12060
九龙县烟袋镇	11272	5376	3302	579	829.0	16	2125
九龙县汤古乡	84870	2094	1109	78			
九龙县斜卡乡	62840	1129	610	96			
九龙县三岩龙乡	94407	2988	1827	98			
九龙县上团乡	35737	575	430	37			
九龙县八窝龙乡	32655	1295	972	107			
九龙县乃渠乡	40127	3326	2541	289	10080.0		
九龙县乌拉溪乡	20941	3795	2987	1509	98968.0		
九龙县魁多乡	7044	5740	4532	1791	43274.0		
九龙县子耳彝族乡	35188	4383	2553	121	2270.0		
九龙县三垭彝族乡	10844	3657	2146	126			
九龙县俄尔彝族乡	11512	2706	1646	104			
九龙县小金彝族乡	4177	1885	1502	122	3038.0		
九龙县朵洛彝族乡	12458	1539	819	76			
九龙县踏卡彝族乡	26906	4346	2763	333			
九龙县湾坝彝族乡	62981	6642	4163	287	5579.0		
九龙县洪坝乡	56164	1193	764	204	6219.0		
雅江县河口镇	49268	9741	2086	647	3263.0	86	8328
雅江县呷拉镇	37020	4066	1986	78	600.0	2	186
雅江县西俄洛镇	63898	3538	2115		9.0	2	150
雅江县八角楼乡	55139	4124	2557	184			
雅江县普巴绒乡	43608	2036	1104	83	8.0		
雅江县祝桑乡	41173	3700	2364	115			
雅江县米龙乡	30564	2328	1412	85			
雅江县八衣绒乡	41944	2779	1550	75			
雅江县波斯河乡	8749	1240	788	46			
雅江县恶古乡	45334	2457	1673	106	4075.0		
雅江县牙衣河乡	55799	1168	556	42			
雅江县麻郎错乡	41955	2043	1212	62			
雅江县德差乡	62422	2247	1181	49	9.0		
雅江县红龙乡	47098	3694	2002	92			
雅江县柯拉乡	56143	3565	1482	80			
雅江县瓦多乡	48763	2303	1279	91	11.0		

续表 497　　(四川省)　　计算单位：公顷、人、万元

名　称	行政区域面积	常住人口	从业人员	二三产业从业人员	工业总产值	城镇建成区面积	城镇建成区常住人口
雅江县木绒乡	56575	2117	1269	94			
道孚县鲜水镇	10619	9886	2878	2615	12463.0	250	6836
道孚县八美镇	28130	5234	2639	656		24	1452
道孚县格西乡	8015	2723	1823	358			
道孚县麻孜乡	32906	4379	2369	276			
道孚县孔色乡	20784	2993	1658	90			
道孚县葛卡乡	32673	2599	1499	246			
道孚县亚卓乡	32317	2183	1074	170			
道孚县仲尼乡	19196	1417	802	149			
道孚县红顶乡	21129	1021	591	43			
道孚县扎拖乡	14635	1487	793	50			
道孚县下拖乡	24487	1207	698	61			
道孚县瓦日乡	13405	2003	1140	298			
道孚县木茹乡	28459	1480	813	82			
道孚县甲斯孔乡	97629	2668	1385	118			
道孚县甲宗乡	12928	1079	373	78			
道孚县七美乡	51428	2376	1235	50			
道孚县银恩乡	55997	2354	1265	80			
道孚县维它乡	34578	1655	946	63			
道孚县龙灯乡	38223	2524	1317	60			
道孚县协德乡	33424	2637	1493	148			
道孚县色卡乡	42617	3425	1978	100			
道孚县沙冲乡	51724	1033	603	56			
炉霍县新都镇	4436	9991	5307	2697	10712.0	236	9991
炉霍县朱倭镇	8986	2703	1426	99		85	1700
炉霍县泥巴乡	12473	2609	2065	182			
炉霍县雅德乡	9966	2760	1581	123			
炉霍县洛秋乡	80600	2650	1287	31			
炉霍县斯木乡	6546	2667	1335	469			
炉霍县宜木乡	12324	3118	1975	230			
炉霍县仁达乡	11524	2528	1777	199			
炉霍县旦都乡	12708	2763	1766	180			
炉霍县充古乡	3592	1915	1315	85			
炉霍县更知乡	43000	1791	1293	100			
炉霍县卡娘乡	39500	1377	788	29			
炉霍县宗塔乡	33200	2332	1656	57			
炉霍县宗麦乡	87400	3188	2022	100			
炉霍县上罗柯马乡	38983	2688	1307	103			
炉霍县下罗柯马乡	54800	3279	1534	65			
甘孜县甘孜镇	16444	13485	6965	5042	6105.0	330	11219
甘孜县查龙镇	24988	3738	1364	68		25	1724
甘孜县来马镇	68333	4498	2436	100		12	480
甘孜县呷拉乡	12470	2682	2103	437			
甘孜县色西底乡	7242	2287	1403	264			
甘孜县南多乡	8116	1592	821	54			
甘孜县生康乡	17127	2231	1133	60			
甘孜县贡隆乡	17373	1607	1250	43			
甘孜县扎科乡	49143	3537	2776	35			
甘孜县昔色乡	24215	2556	1147	112			
甘孜县卡攻乡	20350	1500	928	35			

续表 498　　（四川省）　　计算单位：公顷、人、万元

名　　称	行政区域面积	常住人口	从业人员	二三产业从业人员	工业总产值	城镇建成区面积	城镇建成区常住人口
甘孜县仁果乡	4400	1832	1444	59			
甘孜县拖坝乡	6352	3290	1730	180			
甘孜县斯俄乡	7997	3608	1485	105			
甘孜县庭卡乡	22725	2231	1295	38			
甘孜县下雄乡	4057	3312	1835	46			
甘孜县四通达乡	23587	3000	1887	52			
甘孜县夺多乡	37463	1430	1073	45			
甘孜县泥柯乡	39792	1803	1263	50			
甘孜县茶扎乡	110987	4400	2402	62			
甘孜县大德乡	160023	4265	1863	40			
甘孜县卡龙乡	47095	3156	1989	66			
新龙县如龙镇	9856	5948	3858	2653	2436.0	150	4951
新龙县拉日马镇	164263	5596	2077	151	431.0	14	892
新龙县沙堆乡	35722	2378	1174	54	28.0		
新龙县乐安乡	35997	2068	1078	99	43.0		
新龙县大盖乡	16246	3456	1446	74	153.0		
新龙县绕鲁乡	20857	2184	868	98			
新龙县色威乡	20093	2923	1043	54	157.0		
新龙县甲拉西乡	33173	3371	1247	173			
新龙县博美乡	24678	2964	1157	75	703.0		
新龙县尤拉西乡	21829	2296	906	96	73.0		
新龙县子拖西乡	80119	1883	894	98			
新龙县和平乡	23606	2029	884	31	146.0		
新龙县洛古乡	24915	1709	873	58			
新龙县雄龙西乡	79758	3496	1786	88			
新龙县麻日乡	23157	1642	485	18	14.0		
新龙县通宵乡	31485	2577	757	53	16.0		
新龙县友谊乡	71491	1467	678	94			
新龙县皮擦乡	13896	1196	513	23			
新龙县银多乡	125900	1690	530	54			
德格县更庆镇	41530	7379	2138	87	2328.0	91	3567
德格县马尼干戈镇	65626	3323	1852	29		36	1331
德格县竹庆镇	110104	6313	2126	203		31	1175
德格县阿须镇	29896	2718	1330	105	317.0	29	997
德格县达马镇	28668	1933	1183	262	113.0	20	418
德格县普马乡	30252	2227	1285	79	278.0		
德格县岳巴乡	41847	2101	1120	35			
德格县八帮乡	57019	2991	1800	28			
德格县龚垭乡	25968	3086	2455	74			
德格县白垭乡	18590	2347	1302	162			
德格县汪布顶乡	22528	2988	1575	16			
德格县柯洛洞乡	97807	4816	2688	43			
德格县卡松渡乡	29764	1514	800	98	158.0		
德格县俄南乡	29873	1738	950	26			
德格县俄支乡	31326	4631	3630	51			
德格县玉隆乡	19892	2693	1662	127			
德格县错阿乡	52793	2442	1243	77			
德格县中扎科乡	41036	5236	3348	20			
德格县然姑乡	46557	2542	1100	52			
德格县窝公乡	45454	2312	1306	31			

续表 499　　（四川省）　　计算单位：公顷、人、万元

名　　称	行政区域面积	常住人口	从业人员	二三产业从业人员	工业总产值	城镇建成区面积	城镇建成区常住人口
德格县温拖乡	29311	4248	1980	28			
德格县年古乡	39493	3693	2051	96			
德格县浪多乡	62100	3542	1960	79			
德格县打滚乡	21887	2535	1385	7			
德格县亚丁乡	59166	4231	2138	65			
德格县所巴乡	24025	1967	877	44			
白玉县建设镇	21000	6532	3295	2363	3798.0	53	5207
白玉县阿察镇	25500	3582	1756	165		14	2492
白玉县金沙乡	36600	3153	1751	67			
白玉县绒盖乡	45800	2494	1446	83			
白玉县章都乡	73100	2802	1640	108			
白玉县麻绒乡	80500	2156	1243	54			
白玉县河坡乡	28800	4405	2436	60	1792.0		
白玉县热加乡	75600	5222	3154	60			
白玉县登龙乡	66300	2416	1220	30			
白玉县赠科乡	25300	4988	2727	54	1790.0		
白玉县麻邛乡	38700	3423	2199	418	55123.0		
白玉县辽西乡	86000	1642	829	35			
白玉县纳塔乡	131900	4122	2558	45			
白玉县安孜乡	91200	2887	1486	19			
白玉县盖玉乡	91500	4567	2576	58			
白玉县沙马乡	82100	1516	903	36			
白玉县山岩乡	44600	3183	1599	19			
石渠县尼呷镇	67700	7990	3563	2523	2590.0	256	4774
石渠县洛须镇	61100	3495	1559	581	90.0	84	1142
石渠县色须镇	187400	7128	2574	332		115	3358
石渠县虾扎镇	101200	5290	1846	355		90	1892
石渠县温波镇	81600	4945	1672	175		94	1789
石渠县蒙宜镇	70600	5375	2307	58		93	1052
石渠县真达乡	89500	3508	1105	68			
石渠县奔达乡	42600	1888	645	72			
石渠县正科乡	80800	3765	1456	83			
石渠县麻呷乡	40400	2859	1487	46			
石渠县德荣马乡	99100	4275	1407	89			
石渠县长沙贡马乡	209200	4335	1542	113			
石渠县呷衣乡	241200	5630	2024	94			
石渠县格孟乡	172200	4550	1333	132			
石渠县新荣乡	109100	4052	2220	89			
石渠县宜牛乡	115900	2810	1322	167			
石渠县起坞乡	123100	4995	1851	106			
石渠县阿日扎乡	180800	6015	3079	84			
石渠县长须贡马乡	98500	4089	1126	68			
石渠县长沙干马乡	86900	4112	1780	72			
石渠县长须干马乡	86800	3904	953	54			
石渠县瓦须乡	148700	4728	2328	72			
色达县色柯镇	82531	10121	4411	2099	2703.0	186	3729
色达县翁达镇	23933	2601	1359	198		22	797
色达县洛若镇	53784	3198	1833	163		16	732
色达县泥朵乡	124159	4551	2300	127			
色达县克戈乡	38793	3048	1536	115			

续表 500　　　　(四川省)　　　　计算单位：公顷、人、万元

名　　称	行政区域面　　积	常住人口	从业人员	二三产业从业人员	工　业总产值	城镇建成区 面 积	城镇建成区常住人口
色达县然充乡	72515	3607	1929	117			
色达县康勒乡	29751	2968	1561	137			
色达县大章乡	138297	3512	1858	111			
色达县大则乡	59799	3937	2080	122			
色达县亚龙乡	38289	3411	1727	94			
色达县塔子乡	45878	3515	1799	124			
色达县年龙乡	75174	2783	1557	111			
色达县霍西乡	81468	5604	2981	169			
色达县旭日乡	16509	2442	1592	211			
色达县杨各乡	14922	3199	1693	144			
色达县甲学乡	24329	1661	921	116			
色达县歌乐沱乡	13027	855	521	91			
理塘县高城镇	15100	13702	2759	1038	9706.0	312	3882
理塘县甲洼镇	21200	2370	1631	301			2370
理塘县君坝乡	43000	2745	1675	83			
理塘县哈依乡	17900	1124	668	48			
理塘县觉吾乡	23200	2462	1379	46			
理塘县莫坝乡	24900	1085	432	37			
理塘县亚火乡	21600	1920	1039	64			
理塘县绒坝乡	24100	1546	773	47			
理塘县呷柯乡	57300	2227	1419	80			
理塘县奔戈乡	80700	4430	2016	46			
理塘县村戈乡	86700	2950	1877	82	420.0		
理塘县禾尼乡	188800	4013	1772	41			
理塘县曲登乡	145200	4214	1722	45	980.0		
理塘县喇嘛垭乡	64500	2349	1231	46			
理塘县章纳乡	82100	1738	1121	71			
理塘县上木拉乡	23700	2272	1483	65			
理塘县下木拉乡	42700	2411	1537	162			
理塘县中木拉乡	35700	3048	1921	112			
理塘县雄坝乡	72500	3471	1561	86			
理塘县藏坝乡	19900	2211	1265	56			
理塘县格木乡	102100	2764	1803	55			
理塘县拉波乡	44400	2712	1652	274			
理塘县麦洼乡	48100	1434	747	63	230.0		
理塘县德巫乡	82300	2818	1721	193	515.0		
巴塘县夏邛镇	61400	11574	3661	1206	25762.0	125	9332
巴塘县中咱镇	55600	4460	2871	347		31	1520
巴塘县措拉镇	24100	1520	824	87		18	785
巴塘县拉哇乡	14200	1407	829	32			
巴塘县党巴乡	23400	2754	1605	106			
巴塘县竹巴龙乡	28400	1908	1310	92			
巴塘县中心绒乡	12900	2392	1193	144			
巴塘县苏哇龙乡	47700	2886	1648	148			
巴塘县昌波乡	14500	1693	1000	68			
巴塘县地巫乡	13900	2094	1651	70			
巴塘县亚日贡乡	98600	4005	2626	231			
巴塘县波密乡	116400	2228	1471	65			
巴塘县莫多乡	50100	2228	1531	143			
巴塘县松多乡	42800	1736	1201	185			

续表 501　　（四川省）　　计算单位：公顷、人、万元

名　　称	行政区域面　积	常住人口	从业人员	二三产业从业人员	工　业总产值	城镇建成区 面 积	城镇建成区常住人口
巴塘县波戈溪乡	30300	2279	1787	88			
巴塘县甲英乡	29600	1244	859	71			
巴塘县茶洛乡	33600	1524	813	66			
巴塘县列衣乡	31100	1053	671	38			
巴塘县德达乡	56600	1846	1052	71			
乡城县香巴拉镇	23300	9118	2223	81	20051.0	171	3113
乡城县青德镇	8400	2932	1168	176		2	108
乡城县尼斯镇	7800	2575	939	18		1	106
乡城县沙贡乡	35700	1303	571	36			
乡城县水洼乡	48900	2539	1715	80			
乡城县青麦乡	20200	2512	1095	72			
乡城县然乌乡	34300	2175	1284	83			
乡城县洞松乡	21600	1538	924	29			
乡城县热打乡	125000	4335	2125	77			
乡城县定波乡	69300	1523	789	59			
乡城县正斗乡	46200	2330	1171	73			
乡城县白依乡	60000	1612	632	27			
稻城县金珠镇	16100	7375	4886	3113	4012.0	125	6782
稻城县香格里拉镇	73600	3285	1994	868	143.0	50	582
稻城县桑堆镇	115200	2798	1828	93		10	319
稻城县省母乡	58000	1785	970	135			
稻城县傍河乡	26300	1596	751	60			
稻城县色拉乡	18470	1967	1026	118			
稻城县巨龙乡	59300	2098	1000	170			
稻城县邓波乡	84150	1094	428	69			
稻城县木拉乡	84500	1815	1286	50			
稻城县赤土乡	26200	2930	1867	172			
稻城县蒙自乡	23600	2060	1114	118			
稻城县各卡乡	71080	938	438	50			
稻城县吉呷乡	42300	1518	852	217			
稻城县俄牙同乡	33500	1450	796	60			
得荣县松麦镇	14400	6556	2303	322	3845.0	108	3871
得荣县瓦卡镇	14400	1863	1104	209		10	930
得荣县斯闸乡	14400	1032	665	78	1755.0		
得荣县徐龙乡	16400	1491	867	53			
得荣县日龙乡	10200	1257	666	69			
得荣县曲雅贡乡	21100	1729	869	88			
得荣县奔都乡	35300	1680	779	150	1762.0		
得荣县八日乡	29800	1338	911	101			
得荣县古学乡	25000	2653	1133	74			
得荣县贡波乡	24600	1217	827	57			
得荣县白松乡	39300	3685	2538	79			
得荣县茨巫乡	36900	3058	1816	127			
西昌市马道镇	2290	17355	11034	10159	30100.0	300	13150
西昌市礼州镇	2492	26450	12305	2359	3120.0	90	5436
西昌市安宁镇	3704	22629	13388	3404	610000.0	70	12082
西昌市川兴镇	5218	25967	14273	2022	1029.0	80	2690
西昌市黄联关镇	5400	11524	7178	1965	700.0	85	3579
西昌市佑君镇	3350	15560	9006	1040	6500.0	50	1680
西昌市太和镇	3140	19446	8290	2633	717047.0	200	8924

续表 502　　（四川省）　　计算单位：公顷、人、万元

名　称	行政区域面积	常住人口	从业人员	二三产业从业人员	工业总产值	城镇建成区面积	城镇建成区常住人口
西昌市安哈镇	13192	6033	4180	450	1001.0	10	340
西昌市西郊乡	4098	67856	42202	40837	36565.0		
西昌市高枧乡	1680	17509	7172	4170	2023.0		
西昌市小庙乡	3670	20837	9391	3233	100000.0		
西昌市四合乡	6297	11668	5205	852			
西昌市月华乡	6700	16897	10011	562	17500.0		
西昌市兴胜乡	2705	21556	15504	4453			
西昌市琅环乡	3163	8348	4837	468	800.0		
西昌市民胜乡	18200	10088	5651	517	830.0		
西昌市西乡乡	2810	22868	13161	4139	4500.0		
西昌市樟木箐乡	5100	14776	9736	1410	800.0		
西昌市响水乡	14141	8386	4136	251	182.0		
西昌市开元乡	14300	8760	3941	286	1000.0		
西昌市大兴乡	2781	7286	4189	974			
西昌市海南乡	1000	7570	3537	2622			
西昌市大箐乡	8500	5935	3866	433			
西昌市经久乡	3336	15800	12403	4715	2800000.0		
西昌市西溪乡	3931	12399	9167	2156	40000.0		
西昌市黄水乡	9250	7185	5348	1817	10471.0		
西昌市洛古波乡	5066	9656	4893	783	500.0		
西昌市裕隆回族乡	4422	20381	10749	1866	5212.0		
西昌市高草回族乡	3356	14406	8618	1272	300.0		
西昌市中坝乡	3968	10256	6055	324	2900.0		
西昌市阿七乡	3642	6930	4635	398			
西昌市荞地乡	11738	8876	4778	563			
西昌市磨盘乡	10655	10150	5388	530			
西昌市巴汝乡	8357	4108	2840	523	500.0		
西昌市银厂乡	24366	2684	1807	157			
西昌市白马乡	18065	4467	2548	98			
西昌市马鞍山乡	14563	5901	3227	108	200.0		
木里藏族自治县乔瓦镇	24037	27929	13129	9461	1300.0	120	17853
木里藏族自治县瓦厂镇	19472	5878	3965	1987		72	1350
木里藏族自治县茶布朗镇	30732	3526	2320	2081		75	1552
木里藏族自治县博科乡	33642	5220	3996	1702			
木里藏族自治县宁朗乡	60692	2304	1660	902	27861.0		
木里藏族自治县依吉乡	26010	3487	2617	845			
木里藏族自治县俄亚纳西族乡	59024	5882	3911	2245			
木里藏族自治县水洛乡	134143	6779	5087	2757			
木里藏族自治县牦牛坪乡	23629	3566	2359	1354			
木里藏族自治县屋脚蒙古族乡	30577	2450	1784	674			
木里藏族自治县项脚蒙古族乡	14057	3538	2583	1241			
木里藏族自治县李子坪乡	19746	4293	3397	1468			
木里藏族自治县列瓦乡	10385	4176	2699	1580			
木里藏族自治县芽祖乡	17776	3614	2177	968			
木里藏族自治县下麦地乡	11594	4050	2255	1371			
木里藏族自治县西秋乡	13421	3144	2156	1310			
木里藏族自治县克尔乡	24976	4246	3319	1390			
木里藏族自治县白碉苗族乡	37861	6043	3950	1668			
木里藏族自治县三桷桠乡	35083	5076	3481	1580			
木里藏族自治县倮波乡	46965	6312	4137	1902			

续表 503　　（四川省）　　计算单位：公顷、人、万元

名　称	行政区域面　积	常住人口	从业人员	二三产业从业人员	工　业总产值	城镇建成区面积	城镇建成区常住人口
木里藏族自治县卡拉乡	123852	4826	3123	1750	25305.0		
木里藏族自治县后所乡	21271	6739	4323	2077			
木里藏族自治县沙湾乡	65187	6022	4325	2096	44298.0		
木里藏族自治县固增苗族乡	47138	3821	2710	1336	39135.0		
木里藏族自治县麦日乡	62429	2875	1962	1092			
木里藏族自治县东朗乡	57304	2625	1980	822			
木里藏族自治县唐央乡	124968	6174	4969	2947			
木里藏族自治县博窝乡	80420	1880	1175	845			
木里藏族自治县麦地龙乡	65879	2784	1951	1341			
盐源县盐井镇	22700	41235	10759	2674	215790.0	32	4215
盐源县卫城镇	21800	26180	11818	594	449.0	18	1653
盐源县梅雨镇	16235	31000	13399	1577	820.0	31	3708
盐源县白乌镇	59180	20050	12567	567	300.0	15	2670
盐源县树河镇	36665	11823	6560	497	8532.0	8	2036
盐源县黄草镇	27400	11962	6035	605	140.0	10	3220
盐源县平川镇	40471	16071	8208	1314	262915.0	10	3190
盐源县泸沽湖镇	31426	12690	6961	2620	306.0	15	3183
盐源县双河乡	6997	22367	14323	2355	896.0		
盐源县干海乡	8998	18501	11446	1210	3279.0		
盐源县下海乡	11500	14780	10860	760	39540.0		
盐源县棉桠乡	34944	16420	10465	1345	98.0		
盐源县甘塘乡	29960	7295	5551	504			
盐源县马鹿乡	20892	3350	2494	194	82.0		
盐源县藤桥乡	29313	4252	3137	402			
盐源县田湾乡	25400	3426	2606	226			
盐源县德石乡	38314	4485	3124	285	56.0		
盐源县大河乡	25337	13081	9004	1801	116.0		
盐源县盐塘乡	17330	8870	4715	820	7960.0		
盐源县巫木乡	23734	6993	3816	205	100.0		
盐源县大草乡	26000	3993	2054	339	2456.0		
盐源县博大乡	31600	8917	5766	767	3100.0		
盐源县金河乡	10527	10892	6489	650	12606.0		
盐源县右所乡	17166	8353	4460	405			
盐源县巴折乡	32855	6385	4081	464	3720.0		
盐源县阿萨乡	27860	4010	2453	190	128.0		
盐源县长柏乡	24171	12416	7283	1478	4216.0		
盐源县桃子乡	23340	5962	2985	199	560.0		
盐源县盖租乡	15028	6738	3813	348	124.0		
盐源县前所乡	24275	7116	4375	289	92.0		
盐源县沃底乡	21700	7085	5540	140	68.0		
盐源县大坡蒙古族乡	11407	3718	2748	129			
盐源县洼里乡	24037	4320	2509	139	135.0		
盐源县梅子坪乡	22038	2947	2251	378	274.0		
德昌县德州镇	12300	52171	16692	13130	329521.0	512	38574
德昌县永郎镇	6900	9668	4804	1181	40540.0	36	3457
德昌县乐跃镇	27600	10997	5481	1211	28170.0	18	1539
德昌县麻栗镇	19300	15433	8742	1081	134520.0	40	3922
德昌县阿月镇	11900	13402	6713	1041	1207.0		
德昌县六所镇	6600	11641	5094	698	434.0		
德昌县茨达镇	20300	13675	7123	1206	1210.0		

续表 504　　（四川省）　　计算单位：公顷、人、万元

名　　称	行政区域面积	常住人口	从业人员	二三产业从业人员	工业总产值	城镇建成区面积	城镇建成区常住人口
德昌县小高镇	18900	12701	6377	1227	14230.0		
德昌县王所镇	5800	13829	7578	1520	2013.0		
德昌县巴洞镇	11300	9887	5287	774	19152.0		
德昌县宽裕镇	7800	10392	5418	1071	1620.0		
德昌县锦川乡	5800	7568	3891	895	15250.0		
德昌县老碾乡	12300	7761	4038	835	40510.0		
德昌县大湾乡	7400	2820	1296	88			
德昌县马安乡	5100	3702	1863	273			
德昌县铁炉乡	11700	6463	3328	294			
德昌县大山乡	9700	3230	1931	175			
德昌县大六槽乡	7800	2612	1483	265	43096.0		
德昌县热河乡	8600	5760	3348	503			
德昌县南山傈僳族乡	3900	2059	1234	110			
德昌县金沙傈僳族乡	7400	3229	1924	209			
会理县城关镇	1800	54021	17541	17541	15292.0	910	31329
会理县鹿厂镇	12747	16923	10680	9040	28800.0	30	5081
会理县黎溪镇	10007	16058	8159	5916	42164.0	100	5200
会理县通安镇	11240	12578	7212	5604	87000.0	101	3425
会理县太平镇	14253	13980	8472	5083	500.0	15	1300
会理县益门镇	8573	7380	4406	2724	20421.0	140	4369
会理县绿水镇	12964	9255	7402	6076	1010000.0	29	1038
会理县新发镇	13573	17249	9155	6811	48120.0	26	1332
会理县云甸镇	10280	14873	4490	1300	25530.0	310	13260
会理县关河镇	14887	9615	7292	6161	6510.0	100	5100
会理县富乐镇	13680	11669	5628	4180		18	350
会理县彰冠镇	10380	16415	7607	5256		26	673
会理县木古镇	8940	9473	3333	2000	31.0	50	510
会理县六华镇	39236	14464	6130	2150	10844.0	120	1396
会理县果元乡	10100	31021	19084	15885	65632.0		
会理县南阁乡	7187	15245	8715	7133	15000.0		
会理县内东乡	9900	10281	6777	4623	2858.0		
会理县老街乡	8734	17858	10387	9322	3800.0		
会理县外北乡	11087	12565	7410	6126	5400.0		
会理县爱民乡	10367	11041	4074	1122			
会理县爱国乡	3940	4160	2202	1470			
会理县凤营乡	7587	6218	3791	2858	265.0		
会理县白鸡乡	5547	4343	3250	1680			
会理县矮郎乡	8707	3760	2897	2415	1750.0		
会理县小黑箐乡	7753	6410	2034	1192	1153856.1		
会理县河口乡	5880	9760	5499	4405	8508.0		
会理县中厂乡	6734	6590	4882	4069	5100.0		
会理县鱼乍乡	8547	4069	2688	2188	4155.0		
会理县黎洪乡	4072	3459	2028	1621			
会理县金雨乡	6727	2400	1446	836			
会理县树堡乡	9059	6305	3366	2639	6774.0		
会理县江竹乡	5245	4392	2852	2308			
会理县新安傣族乡	8240	4410	2754	1205			
会理县普隆乡	6106	4526	2897	70			
会理县竹箐乡	6987	8076	2984	1983	8600.0		
会理县杨家坝乡	10400	10583	3765	2479			

续表 505　　　　(四川省)　　　　计算单位：公顷、人、万元

名　　称	行政区域面　　积	常住人口	从业人员	二三产业从业人员	工　业总产值	城镇建成区 面 积	城镇建成区常住人口
会理县江普乡	9407	4079	1750	1222			
会理县海潮乡	5020	6900	3020	2000			
会理县芭蕉乡	6653	4637	1616	1050	1000.0		
会理县横山乡	11954	9392	6727	4446			
会理县马宗乡	8720	3175	1945	1159			
会理县法坪乡	5347	2416	1340	803			
会理县槽元乡	6354	5220	3026	1820			
会理县黄柏乡	7055	2267	1305	792			
会理县白果湾乡	7334	8264	3599	1760	2550.0		
会理县下村乡	8907	6957	4099	2463	392.0		
会理县龙泉乡	7147	4147	1780	792	3585.0		
会理县六民乡	15024	2706	1112	387			
会东县会东镇	32108	119364	55505	32298	689886.2	265	70174
会东县铅锌镇	35848	51273	29759	9770	212900.4	20	6270
会东县堵格镇	18227	19842	10877	1142	190.0	60	3660
会东县姜州镇	13801	19733	10678	2043	610.0	45	3205
会东县乌东德镇	23581	24091	14955	3010	83.0	20	2175
会东县淌塘镇	17232	14253	7657	1031	8604.0	6	2251
会东县铁柳镇	21385	25335	17097	5718	2863.0	6	6300
会东县嘎吉镇	10952	23216	13066	2890	361.0	47	3327
会东县满银沟镇	20155	17372	9702	3172	2080.0	13	2048
会东县新街镇	15847	21273	12931	2364	219.0	6	1560
会东县鲁吉镇	12761	19800	12537	1878	16.0	3	984
会东县大崇镇	12209	23859	13326	3993	209.0	15	1862
会东县松坪镇	14143	13358	9613	2809	345.0	40	396
会东县小岔河乡	7289	10701	6560	2153			
会东县撒者邑乡	8057	8692	4822	1178	4702.0		
会东县新云乡	20401	10557	6249	1495	357.0		
会东县长新乡	15980	18453	10248	2973	56.0		
会东县溜姑乡	3994	7677	4320	1420	53130.7		
会东县野牛坪乡	2328	4023	2581	280	82.0		
会东县野租乡	16485	9309	5542	882	16.0		
宁南县披砂镇	7463	31985	12453	4334	330989.0	100	9215
宁南县松新镇	5184	11994	7782	2843	56522.0	20	4697
宁南县竹寿镇	4028	6278	4900	1434	66385.0	100	1996
宁南县华弹镇	4526	15928	9650	2000	396.0	42	6033
宁南县白鹤滩镇	4894	8302	5564	1724		65	2917
宁南县葫芦口镇	3557	5938	4360	888	11500.0	93	1000
宁南县西瑶镇	4384	4376	2834	607	1540.0	4	132
宁南县景星乡	4123	11123	8849	2652	98352.0		
宁南县俱乐乡	6205	4040	2348	198			
宁南县新村乡	5131	5101	3641	517			
宁南县幸福乡	6873	6610	4542	969	450.0		
宁南县海子乡	8307	4626	2304	207			
宁南县六铁乡	10771	6800	3982	422	400.0		
宁南县新建乡	12005	3850	2023	315			
宁南县稻谷乡	10693	3018	1812	150			
宁南县新华乡	3288	7105	4089	1280			
宁南县石梨乡	3339	7562	4470	688			
宁南县松林乡	5204	6153	3778	688			

续表 506 （四川省） 计算单位：公顷、人、万元

名　　称	行政区域面积	常住人口	从业人员	二三产业从业人员	工业总产值	城镇建成区面积	城镇建成区常住人口
宁南县杉树乡	9854	3380	1557	240			
宁南县梁子乡	9086	4087	2310	63			
宁南县大同乡	4584	5614	4230	696	2985.0		
宁南县红星乡	3344	3574	2327	584			
宁南县骑骡沟乡	7854	7050	3575	490			
宁南县倮格乡	8384	5625	3865	550			
宁南县跑马乡	13576	8210	4267	651	195.0		
普格县普基镇	3452	21562	6580	2475	125017.0	165	20138
普格县荞窝镇	14964	8929	4781	891	724.0	44	3150
普格县螺髻山镇	15090	10546	6189	1616	922.0	163	3120
普格县永安乡	6222	5566	3020	621	745.0		
普格县向阳乡	5060	4877	2830	412			
普格县文坪乡	3139	3368	2115	221			
普格县黎安乡	8941	4270	2456	246			
普格县花山乡	2261	6870	4078	825	17114.0		
普格县东山乡	5972	5455	2971	288			
普格县大坪乡	3895	5902	3265	401	711.0		
普格县辉隆乡	6516	2363	1458	241			
普格县洛乌沟乡	5365	2336	1347	209			
普格县雨水乡	4577	7361	4409	423			
普格县甘天地乡	6483	1934	1128	210			
普格县洛乌乡	2704	4514	2499	444	871.0		
普格县孟甘乡	9115	5846	3407	610			
普格县特兹乡	4880	4189	2385	234			
普格县吉乐乡	1765	4020	2278	493	871.0		
普格县特口乡	3945	1270	702	163			
普格县耶底乡	4837	1142	759	172			
普格县夹铁乡	7129	6023	3692	431	801.0		
普格县瓦洛乡	7423	4760	2864	309	75.0		
普格县哈力洛乡	2780	2163	1280	232			
普格县菜子乡	4771	3445	1925	254			
普格县祝联乡	3456	2703	1593	221			
普格县刘家坪乡	3080	4841	2740	567			
普格县月吾乡	4750	3016	1807	264			
普格县特补乡	6228	5405	3051	390			
普格县五道箐乡	4322	3655	1954	459			
普格县特尔果乡	7305	3523	2219	302			
普格县大槽乡	5922	3698	2166	316			
普格县马洪乡	4585	2007	1167	184			
普格县洛甘乡	4814	2021	1298	190			
普格县红莫依达乡	4752	1846	1192	237			
布拖县特木里镇	12709	45009	15791	6995	21729.0	1033	40220
布拖县龙潭镇	4900	7956	5048	1169	65919.0	110	5210
布拖县拖觉镇	10363	13826	7270	467	49427.0	15	1842
布拖县木尔乡	2600	7241	3281	233			
布拖县九都乡	3082	7099	3275	260			
布拖县拉达乡	6014	4607	2940	244	310.0		
布拖县乌科乡	3475	2518	1361	62			
布拖县沙洛乡	3876	4721	2731	222			
布拖县洛古乡	3400	3216	2072	247			

续表 507　　(四川省)　　计算单位：公顷、人、万元

名　称	行政区域面　积	常住人口	从业人员	二三产业从业人员	工　业总产值	城镇建成区 面 积	城镇建成区常住人口
布拖县补尔乡	5080	7524	3815	95			
布拖县觉撒乡	6745	3399	1906	88	380.0		
布拖县美撒乡	4099	4172	2751	279			
布拖县拉果乡	4549	4503	3450	210			
布拖县乌依乡	5162	3591	2303	343			
布拖县浪珠乡	4022	2258	675	88			
布拖县包谷坪乡	8943	5230	2415	345	349.0		
布拖县合井乡	13677	7846	4572	202			
布拖县罗家坪乡	3128	4907	2820	117			
布拖县牛角湾乡	6345	8331	3635	325			
布拖县补洛乡	4200	5689	2472	315			
布拖县火烈乡	6765	7031	3210	209			
布拖县乐安乡	9693	9515	4881	391			
布拖县四棵乡	3683	2432	1469	101			
布拖县地洛乡	11218	10021	7363	941			
布拖县俄里坪乡	4510	5308	2250	172			
布拖县瓦都乡	3065	3562	1805	118			
布拖县采哈乡	2600	3499	2321	176			
布拖县委只洛乡	2936	3809	2021	161			
布拖县联补乡	3548	4220	2813	182			
布拖县基只乡	4267	4331	2567	241			
金阳县天地坝镇	5600	12511	6326	3387	60283.0	220	12511
金阳县派来镇	4084	8679	4203	153	9.0	29	2876
金阳县芦稿镇	2656	3962	2241	101	788.0	16	1534
金阳县对坪镇	4643	13669	4812	291	18.0	37	3596
金阳县桃坪乡	3316	6484	3598	95			
金阳县热水河乡	4193	4370	2691	611	6301.0		
金阳县马依足乡	3378	7578	3556	915			
金阳县红峰乡	3129	2114	1418	181	150.0		
金阳县尔觉西乡	6818	3828	2423	77			
金阳县热柯觉乡	7023	2979	2016	28			
金阳县甲依乡	5702	4280	2856	323			
金阳县木府乡	2792	3997	2067	365	600.0		
金阳县寨子乡	4153	2702	1838	42			
金阳县则祖乡	2991	2232	1524	20			
金阳县基觉乡	6533	5140	2689	23			
金阳县小银木乡	4476	4956	2796	328			
金阳县春江乡	3269	4127	2300	58	6.0		
金阳县红联乡	3468	6840	3428	394			
金阳县青松乡	4249	5692	3778	42			
金阳县放马坪乡	4602	5599	3681	404			
金阳县梗堡乡	4250	3902	2056	21			
金阳县山江乡	3825	2978	1540	32	6.0		
金阳县洛觉乡	5223	6482	3014	322	57.0		
金阳县向岭乡	4373	4602	1523	66			
金阳县谷德乡	3819	2267	1162	47	80.0		
金阳县高峰乡	11808	2925	1474	135	2.0		
金阳县老寨子乡	4047	5148	2383	301			
金阳县德溪乡	3995	6113	2246	244	25.0		
金阳县南瓦乡	4474	7054	3020	30	7.0		

续表 508　　（四川省）　　计算单位：公顷、人、万元

名称	行政区域面积	常住人口	从业人员	二三产业从业人员	工业总产值	城镇建成区面积	城镇建成区常住人口
金阳县依莫合乡	3604	2382	973	117			
金阳县土沟乡	3414	4510	2789	9			
金阳县丙底乡	9571	4536	1785	224	5.0		
金阳县依达乡	5863	2485	1697	22			
金阳县丝窝乡	3359	2877	1797	312			
昭觉县新城镇	5776	29885	7598	2271	98101.0	68	1172
昭觉县城北乡	3604	8361	6046	2238			
昭觉县树坪乡	2976	2375	1654	166			
昭觉县谷曲乡	3313	7611	3874	1944			
昭觉县达洛乡	5200	2575	1844	645			
昭觉县龙恩乡	3038	4711	3119	408			
昭觉县美甘乡	3673	4059	3105	1394			
昭觉县四开乡	8779	16851	6614	381	64.0		
昭觉县大坝乡	6384	7423	5050	2300			
昭觉县地莫乡	4186	12271	6153	742			
昭觉县柳且乡	5897	7009	3775	870			
昭觉县博洛乡	6810	6399	3123	602			
昭觉县库莫乡	6223	4788	1954	142			
昭觉县解放乡	8983	6691	2648	437			
昭觉县三岗乡	6810	4831	2301	602			
昭觉县洒拉地坡乡	8902	8361	3748	194			
昭觉县三岔河乡	7063	5624	3452	242			
昭觉县尼地乡	7872	2855	2149	204			
昭觉县碗厂乡	6988	3592	1350	681			
昭觉县普诗乡	9633	7119	2572	384			
昭觉县玛增依乌乡	4349	6611	3399	819			
昭觉县塘且乡	2815	3944	2053	608			
昭觉县久特洛古乡	4068	3768	1994	84			
昭觉县齿可波西乡	5376	9499	4212	325			
昭觉县特口甲谷乡	8868	4313	1872	178			
昭觉县竹核乡	6219	12111	8534	517	24920.0		
昭觉县阿并洛古乡	4978	7885	3540	185	8600.0		
昭觉县格吾乡	3002	2507	1221	33			
昭觉县特布洛乡	8329	7923	3716	126			
昭觉县庆恒乡	3784	7286	3752	642			
昭觉县拉一木乡	3625	4298	2134	403			
昭觉县色底乡	5043	2685	956	155			
昭觉县补约乡	3954	2652	1378	501			
昭觉县比尔乡	6668	10061	6748	2068			
昭觉县库依乡	7215	8593	3525	455			
昭觉县金曲乡	5479	4032	2201	316			
昭觉县宜牧地乡	6836	3911	1251	130			
昭觉县波洛乡	5640	3466	1192	251			
昭觉县央摩租乡	3841	3731	1536	370			
昭觉县则普乡	7126	5599	2690	804			
昭觉县永乐乡	4420	3361	1917	727			
昭觉县且莫乡	5190	4491	2431	539			
昭觉县甘多洛古乡	5043	2291	1054	298			
昭觉县支尔莫乡	5719	3179	1807	303			
昭觉县龙沟乡	4231	2279	1047	295			

续表 509　　　　（四川省）　　　　计算单位：公顷、人、万元

名　　称	行政区域面　　积	常住人口	从业人员	二三产业从业人员	工　业总产值	城镇建成区 面 积	城镇建成区常住人口
昭觉县日哈乡	9405	6023	2488	247			
昭觉县哈甘乡	4547	6101	4365	156			
喜德县光明镇	12762	15751	8473	3475	26040.0	1	314
喜德县冕山镇	19150	15089	8260	1260	12814.0	1	130
喜德县红莫镇	14697	10529	6296	1485	113.0	1	142
喜德县两河口镇	9201	12785	4590	1330	210.0	1	120
喜德县米市镇	12105	8788	4830	830	28.0		120
喜德县洛哈镇	12883	4420	3499	749		1	110
喜德县尼波镇	14524	8160	5063	1863		1	200
喜德县拉克乡	5544	9590	4896	772	11140.0		
喜德县则约乡	7215	3758	1939	189			
喜德县贺波洛乡	13496	10014	5560	1980	67.0		
喜德县鲁基乡	9852	9755	7229	2161	389.0		
喜德县李子乡	7010	10460	6941	957	2500.0		
喜德县北山乡	10104	5334	3974	853			
喜德县西河乡	8760	2169	980	434			
喜德县东河乡	8630	9171	3984	864	371.0		
喜德县且拖乡	4278	5268	3027	1027			
喜德县博洛拉达乡	6174	2212	1293	473			
喜德县沙马拉达乡	4516	5437	2567	252			
喜德县巴久乡	6730	2609	1510	393			
喜德县洛莫乡	7206	2450	1365	495			
喜德县依洛乡	5458	2780	2090	930			
喜德县热柯依达乡	7921	2410	1530	320			
喜德县额尼乡	5230	2347	1344	259			
喜德县乐武乡	7164	5978	3740	611			
冕宁县城厢镇	19087	25170	18217	6730	60147.0	415	22240
冕宁县漫水湾镇	4359	11120	7252	1782	3790.1	23	722
冕宁县大桥镇	39113	13949	8202	1959	2605.0	57	1910
冕宁县复兴镇	6350	20406	13151	3381	160506.0	220	4125
冕宁县泸沽镇	9745	22511	12957	3572	79065.4	280	18171
冕宁县沙坝镇	12720	27939	15838	4513	12542.0	100	3875
冕宁县彝海镇	12846	6450	4741	1353	1594.0	15	1503
冕宁县石龙镇	2318	15416	10482	3311	185.0	76	7341
冕宁县回龙镇	5070	12179	9572	2035		30	3442
冕宁县河边镇	4379	13704	8865	2814		55	2538
冕宁县锦屏镇	3846	4837	2677	849	96.0	75	2150
冕宁县回坪乡	4228	13730	8576	2690	65431.7		
冕宁县哈哈乡	13051	9529	5799	2455	35214.0		
冕宁县森荣乡	20137	14273	6151	2041	21436.8		
冕宁县林里乡	4280	6055	4113	1068	4200.0		
冕宁县铁厂乡	11147	9974	6629	1764	6681.4		
冕宁县河里乡	9411	6020	3469	359			
冕宁县冶勒乡	36712	1114	583	203			
冕宁县拖乌乡	26316	4447	2961	643	768.0		
冕宁县曹古乡	12197	8268	4432	1367	261.4		
冕宁县惠安乡	17464	10015	5997	1700	18975.0		
冕宁县后山乡	10338	16518	8430	1986	34531.4		
冕宁县宏模乡	4705	17367	11163	2620	5575.0		
冕宁县先锋乡	6251	16000	10052	2558	6644.1		

续表 510　　（四川省）　　计算单位：公顷、人、万元

名　　称	行政区域面　　积	常住人口	从业人员	二三产业从业人员	工　业总产值	城镇建成区 面 积	城镇建成区常住人口
冕宁县泽远乡	16919	13827	7568	1971	5247.0		
冕宁县里庄乡	8465	2388	1455	399	11125.0		
冕宁县金林乡	5133	1642	1155	323	60.0		
冕宁县腊窝乡	9743	2474	1661	438	10569.9		
冕宁县联合乡	21088	4025	2210	629	8825.0		
冕宁县麦地沟乡	10910	3497	2050	772	2293.6		
冕宁县南河乡	16725	3021	2159	1011	2650.0		
冕宁县青纳乡	5531	4499	3096	1017			
冕宁县和爱藏族乡	9615	3464	1932	433	85.0		
冕宁县棉沙湾乡	9118	2411	1739	553	192.0		
冕宁县马头乡	9760	2089	1204	367	95.0		
冕宁县窝堡乡	5386	4241	1911	416	23.0		
冕宁县新兴乡	9125	2627	1857	318	478.0		
冕宁县健美乡	8412	2592	1639	489	198.0		
越西县越城镇	3116	40369	12879	9651	68299.0	210	28950
越西县中所镇	7006	10149	6477	1455	2658.0	184	9427
越西县新民镇	1462	9955	7956	1095	27200.0	112	4217
越西县乃托镇	7135	7006	3877	1861	65880.0	20	1535
越西县普雄镇	4702	14648	8897	4093	852.0	150	7231
越西县新乡乡	6712	3112	1624	223			
越西县马拖乡	3942	13801	6493	1805	52.0		
越西县大瑞乡	2714	14790	9654	4795	245.0		
越西县南箐乡	10055	10436	5557	1126			
越西县丁山乡	1317	8103	3498	1258	46.0		
越西县大花乡	10820	6882	3836	1025	43025.0		
越西县河东乡	2333	8790	5739	1897	610.0		
越西县西山乡	8104	6436	2755	421	310.0		
越西县板桥乡	9274	7963	3395	450			
越西县瓦岩乡	12628	7580	4308	580			
越西县大屯乡	2616	10527	5670	922	610.0		
越西县保安藏族乡	3525	4650	2170	71			
越西县白果乡	6627	6208	3983	991			
越西县梅花乡	7696	3542	1867	886	101.0		
越西县拉普乡	7142	6512	3927	1579	118.0		
越西县铁西乡	2709	5234	2753	583	32083.1		
越西县尔觉乡	4049	6593	3399	353			
越西县四甘普乡	4598	4840	2710	915			
越西县贡莫乡	2470	6596	3815	1100	115.0		
越西县拉白乡	1696	2617	1659	299			
越西县乐青地乡	2957	6598	4190	1812	253.0		
越西县德吉乡	5528	2617	1437	357	213.0		
越西县依洛地坝乡	6679	8363	3882	1015			
越西县尔赛乡	4550	5592	2965	657			
越西县古二乡	3640	3797	2133	395	65.0		
越西县竹阿觉乡	3385	3781	2114	582	46.0		
越西县保石乡	7484	3637	1981	615			
越西县五里箐乡	5149	8414	4558	734			
越西县书古乡	6247	8061	3897	347	245.0		
越西县瓦普莫乡	3887	3700	2047	169			
越西县申果乡	6314	3642	2527	1133			

续表 511 （四川省） 计算单位：公顷、人、万元

名　　称	行政区域面　　积	常住人口	从业人员	二三产业从业人员	工　业总产值	城镇建成区 面 积	城镇建成区常住人口
越西县瓦曲觉乡	4267	3810	953	120			
越西县申普乡	5692	5600	4082	832			
越西县瓦里觉乡	7328	4010	2432	102	37.0		
越西县拉吉乡	18184	3804	2475	815			
甘洛县新市坝镇	20356	37067	20136	5918	68969.0	425	24186
甘洛县田坝镇	5450	21036	8610	3920	1000.0	105	6618
甘洛县海棠镇	11120	4700	3036	336	650.0	25	1420
甘洛县吉米镇	3144	5824	3356	637		10	1125
甘洛县斯觉镇	2520	7460	4560	960	255.0	44	652
甘洛县普昌镇	7020	14396	7745	1785	1900.0	50	1895
甘洛县玉田镇	4530	7097	4011	549		40	1490
甘洛县前进乡	2560	7062	4656	401	131.0		
甘洛县胜利乡	5170	6910	3459	1367	210.0		
甘洛县新茶乡	3870	2820	1639	289			
甘洛县两河乡	5370	2850	1294	200			
甘洛县里克乡	2220	5822	3554	617			
甘洛县尼尔觉乡	5220	5928	1929	396			
甘洛县拉莫乡	11620	2310	1010	60			
甘洛县波波乡	9130	1836	756	206	250.0		
甘洛县阿嘎乡	20350	4417	2557	423	175.0		
甘洛县阿尔乡	5340	12115	5336	623	240.0		
甘洛县石海乡	3130	8918	3973	923	16248.0		
甘洛县团结乡	8180	5434	3430	1498			
甘洛县嘎日乡	4780	9795	4318	828	170.0		
甘洛县则拉乡	5160	3192	1531	231			
甘洛县坪坝乡	13856	3325	2681	201			
甘洛县蓼坪乡	10620	5200	2856	543			
甘洛县阿兹觉乡	20530	3897	2015	695	260.0		
甘洛县乌史大桥乡	11810	4039	2490	245			
甘洛县黑马乡	4600	4759	2516	40			
甘洛县沙岱乡	4500	2993	1839	419			
甘洛县苏雄乡	3440	4759	2634	789	1200.0		
美姑县巴普镇	3400	18924	11201	6205	6741.0	117	15500
美姑县觉洛乡	2900	5631	2567	79			
美姑县井叶特西乡	10656	8360	3437				
美姑县合姑洛乡	9333	4018	1702	70			
美姑县巴古乡	4500	6231	3467	99			
美姑县农作乡	4197	6358	3484	110			
美姑县佐戈依达乡	4800	11190	4541	327			
美姑县子威乡	2983	4375	2357	35			
美姑县依洛拉达乡	2983	4384	2351	25			
美姑县典补乡	4462	7877	2640	60			
美姑县哈洛乡	4699	3386	1521	43			
美姑县牛牛坝乡	8675	14978	5848	399			
美姑县尔合乡	5086	4965	2676	41			
美姑县竹库乡	5676	5687	3060	42			
美姑县候古莫乡	7495	9778	4470	123			
美姑县候播乃拖乡	8557	8516	4649	129	2350.0		
美姑县采红乡	3484	4113	2275	37			
美姑县苏洛乡	17452	4080	2215	50			

续表 512　　（四川省）　　计算单位：公顷、人、万元

名　　称	行政区域面积	常住人口	从业人员	二三产业从业人员	工业总产值	城镇建成区面积	城镇建成区常住人口
美姑县九口乡	4864	10012	4450	200			
美姑县洛俄依甘乡	4422	7768	3388	266			
美姑县拉木阿觉乡	3864	10026	4423	102	31858.0		
美姑县洛莫依达乡	4774	4516	2444	47			
美姑县柳洪乡	5172	5668	3572	193			
美姑县乐约乡	3942	4442	2739	42			
美姑县尔其乡	3645	3538	1916	39			
美姑县瓦古乡	6529	4261	2511	52			
美姑县峨曲古乡	7643	5780	3311	243			
美姑县炳途乡	6907	4802	2583	51			
美姑县拖木乡	5084	5579	3017	56			
美姑县尼哈乡	5074	2715	1512	71			
美姑县龙门乡	8917	9325	4238	289			
美姑县依果觉乡	19233	8765	5295	1376			
美姑县洒库乡	8225	9342	3612	154			
美姑县瓦西乡	11140	4595	2490	51			
美姑县树窝乡	16000	3044	1167	151			
美姑县龙窝乡	20466	4633	1971	112			
雷波县锦城镇	3848	17321	6746	2226	64831.5	33	3980
雷波县西宁镇	22394	8458	4487	651	4660.0	105	5012
雷波县汶水镇	8699	13874	7960	1658	40770.1	29	3570
雷波县黄琅镇	3580	9858	6900	2224	1348.0	75	4266
雷波县金沙镇	3500	12020	8788	3100	1800.0	3	685
雷波县海湾乡	3139	6178	4594	1508	31621.9		
雷波县杉树堡乡	1393	5033	3574	654	220.0		
雷波县箐口乡	5704	8240	5803	2415	220.0		
雷波县帕哈乡	3805	5210	3975	1055	335.0		
雷波县永盛乡	17425	10649	5532	330			
雷波县溪洛米乡	2698	5135	3703	663	545.0		
雷波县顺河乡	782	3257	1981	741	140810.0		
雷波县渡口乡	4823	8876	3977	477	1400.0		
雷波县回龙场乡	4902	5617	3869	1895	153267.1		
雷波县马湖乡	8057	9549	2782	875	305.0		
雷波县中田乡	3302	6875	4939	1029	237.0		
雷波县谷米乡	3216	8210	4345	725	149.0		
雷波县柑子乡	3545	3395	1755	855	120.0		
雷波县双河口乡	7589	2135	1121	146	140.0		
雷波县罗山溪乡	15527	3566	1828	228	108.0		
雷波县桂花乡	1534	3534	2134	174	95.0		
雷波县烂坝子乡	11096	2968	1631	146	98.0		
雷波县沙沱乡	6178	2994	1850	550	860.0		
雷波县山棱岗乡	7396	6025	4248	485	101.0		
雷波县长河乡	12869	2795	1971	473	110.0		
雷波县谷堆乡	24956	3004	1919	41			
雷波县八寨乡	4356	5386	3200	620	885.0		
雷波县拉咪乡	21258	1688	1075	195	7458.0		
雷波县松树乡	2621	3911	2105	280	3413.2		
雷波县曲依乡	2793	4717	3471	802	322.0		
雷波县千万贯乡	3054	3925	2385	185			
雷波县五官乡	3168	4874	3548	228	320.0		

续表 513　　（四川省、贵州省）　　计算单位：公顷、人、万元

名　称	行政区域面积	常住人口	从业人员	二三产业从业人员	工业总产值	城镇建成区面积	城镇建成区常住人口
雷波县上田坝乡	3774	2914	1939	318	310.0		
雷波县大坪子乡	2483	1705	1055	70	108.0		
雷波县簸箕梁子乡	4506	2084	1442	192	110.0		
雷波县小沟乡	3797	1108	413	53			
雷波县莫红乡	3505	3425	1095	270	120.0		
雷波县克觉乡	3050	595	325	12			
雷波县坪头乡	2228	2711	2110	955	67635.7		
雷波县雷池乡	7451	4454	3264	444			
雷波县巴姑乡	2381	4211	1908	208	110.0		
雷波县咪姑乡	4923	5164	3045	45			
雷波县一车乡	4923	3564	2205	105	585.0		
雷波县斯古溪乡	2687	2110	1212	92	115.0		
雷波县卡哈洛乡	4561	3764	2455	444			
雷波县元宝山乡	6660	10181	5464	582	740.0		
雷波县大岩洞乡	3448	1985	1366	45			
雷波县岩脚乡	4354	3520	1920	190	120.0		
贵州省							
南明区后巢乡	2220	110591	8189	7479	18572.0		
南明区云关乡	3860	23450	11355	10468	156302.0		
南明区小碧布依族苗族乡	6604	17346	11035	6681	23360.0		
南明区永乐乡	5712	14675	8609	4009	5800.0		
云岩区黔灵镇	5300	52763	13120	10954	152700.0		
花溪区青岩镇	9230	34321	20661	10105		100	13714
花溪区石板镇	5160	23268	8560	5765		600	5255
花溪区党武镇	6340	24729	10535	4718		243	1882
花溪区麦坪镇	4938	20441	10740	7027		282	1327
花溪区燕楼镇	5700	14917	9377	3977		20	2291
花溪区孟关苗族布依族乡	6829	20165	9233	5691			
花溪区湖潮苗族布依族乡	8931	29481	10435	4264			
花溪区久安乡	4860	14896	9400	4749			
花溪区高坡苗族乡	12000	24949	10705	3200			
花溪区黔陶布依族苗族乡	7480	8616	6438	1401			
花溪区马铃布依族苗族乡	8108	9277	2560	1146			
乌当区东风镇	7367	35252	15765	12134	465250.0	264	11626
乌当区水田镇	11300	14914	11533	8418	22411.0	135	4500
乌当区羊昌镇	7358	16545	5624	2101	3180.0	230	3737
乌当区下坝镇	10627	10305	6117	511	6502.0	700	10305
乌当区新场镇	9120	17513	7492	982	21000.0	50	11250
乌当区百宜镇	9800	9627	7987	2458		16	2369
乌当区新堡布依族乡	5400	5457	3571	846			
乌当区偏坡布依族乡	2191	1642	1081	410			
贵阳市白云区艳山红镇	1800	76863	41084	37686	856000.0	1800	76863
贵阳市白云区麦架镇	4200	54008	11387	3520	1235000.0	74	17340
贵阳市白云区沙文镇	7600	33156	10003	6755	547200.0	245	16689
贵阳市白云区都拉布依族乡	2450	12400	6749	2535	301000.0		
贵阳市白云区牛场布依族乡	6748	12452	7573	4136	2084.0		
观山湖区金华镇	6875	53543	12886	7728	219345.0	1	4686
观山湖区朱昌镇	5490	27987	9563	4685	25014.0	80	6576
观山湖区百花湖乡	10800	16610	8670	2260			
开阳县城关镇	17086	107940	17421	12787	422633.0	1917	79014

续表 514　　（贵州省）　　计算单位：公顷、人、万元

名　　称	行政区域面　积	常住人口	从业人员	二三产业从业人员	工　业总产值	城镇建成区 面 积	城镇建成区常住人口
开阳县双流镇	17886	36121	10419	5112	501000.0	163	5746
开阳县金中镇	7484	23360	4472	4130	1955752.0	216	7688
开阳县冯三镇	17931	26859	12248	3113	1860.0	72	5231
开阳县楠木渡镇	19332	24748	15051	3449	17600.0	142	16105
开阳县龙岗镇	20505	31426	14419	4257	34843.0	355	18535
开阳县永温镇	9980	20517	7835	4753	614172.0	179	6850
开阳县花梨镇	13389	23679	8575	2924	21600.0	135	5160
开阳县南龙乡	12524	15439	5518	1243	5697.0		
开阳县宅吉乡	9987	15947	5459	801	3209.0		
开阳县龙水乡	5941	8928	3946	812	37142.0		
开阳县米坪乡	3913	5350	2188	586	350.0		
开阳县禾丰乡	8313	17320	5368	2226	7050.0		
开阳县南江乡	11957	16273	6697	1534	1628.0		
开阳县高寨乡	17734	26047	7995	1270	38700.0		
开阳县毛云乡	8719	9975	3858	1396	28877.0		
息烽县永靖镇	15102	53400	18788	8932	5994660.0	700	36247
息烽县温泉镇	8503	22713	14453	10301	1149110.8	52	4659
息烽县九庄镇	11436	23253	14167	8829	16686.0	120	10953
息烽县小寨坝镇	13808	33702	11543	8116	1017683.0	450	28437
息烽县西山镇	7419	12584	9708	6812	33063.6	116	5463
息烽县养龙司镇	9626	18269	13543	8781	84824.0	180	3005
息烽县石硐镇	12052	18321	10364	2673	57632.2	17	3547
息烽县青山苗族乡	4947	4885	4833	2868	690.3		
息烽县鹿窝乡	9786	10996	9312	3909			
息烽县流长乡	10581	14892	10347	4319	346.0		
修文县龙场镇	17025	56602	45832	24286	858837.4		
修文县扎佐镇	12548	31768	17193	9716	1082844.0	63	3850
修文县久长镇	11751	35490	18000	11300	127478.6	300	6233
修文县六广镇	9410	18352	14724	7298	62724.0	35	5150
修文县六屯镇	7795	15219	9832	5270	632.1		
修文县洒坪镇	8570	13589	9524	5132	5008.3	49	1500
修文县六桶镇	11000	26473	16452	5894	532.0	18	1125
修文县谷堡乡	12110	22401	18184	7274	15673.2		
修文县小箐乡	10390	22347	15850	8844	52497.1		
修文县大石布依族乡	5110	11961	9377	5356			
清镇市红枫湖镇	17912	34276	25239	11969	55030.0	22	1720
清镇市站街镇	20530	69625	57777	41722	222984.8	291	17650
清镇市卫城镇	20366	53430	35395	18817	83339.0	20	11540
清镇市新店镇	14220	39563	32812	20499	80000.0	22	3200
清镇市暗流镇	10432	17349	15001	1477	33000.0	13	4985
清镇市犁倭镇	14200	40365	35365	22299	7821.0	18	1257
清镇市麦格苗族布依族乡	12700	17483	11737	4691	50659.0		
清镇市王庄布依族苗族乡	7740	37210	14334	8195	134192.0		
清镇市流长苗族乡	15470	36000	31326	19677	10377.0		
钟山区大河镇	6944	34883	15506	5166	43761.0	23	21050
钟山区汪家寨镇	7735	53447	17137	6477	175835.0	151	4226
钟山区大湾镇	9384	57527	17849	3985	149253.3	280	28000
钟山区双戛彝族乡	5199	10302	3464	2278	236288.0		
六枝特区岩脚镇	13104	44918	35208	19423	67366.0	680	25320
六枝特区木岗镇	5665	16681	7547	3285	170820.0	860	12905

续表 515　　（贵州省）　　计算单位：公顷、人、万元

名　称	行政区域面　积	常住人口	从业人员	二三产业从业人员	工　业总产值	城镇建成区 面 积	城镇建成区常住人口
六枝特区大用镇	6947	18284	12163	8236	63391.0	333	4750
六枝特区关寨镇	19730	28768	16136	5819	26488.6	115	3845
六枝特区牂牁镇	16087	13330	9562	4639	11070.0	136	2016
六枝特区新华镇	6355	19162	18384	9192	27630.8	32	1796
六枝特区龙河镇	5950	29676	25499	10371	61780.0	299	9818
六枝特区新窑镇	10318	31660	17540	6346	66879.5	25	9100
六枝特区郎岱镇	18854	40328	37894	22895	142661.0	430	26000
六枝特区牛场苗族彝族乡	5734	14591	9520	5571	7229.0		
六枝特区新场乡	8451	15854	10993	4958	4218.0		
六枝特区中寨苗族彝族布依族乡	14203	25583	13066	2982	25042.0		
六枝特区洒志彝族布依族苗族乡	16517	26207	19423	12847	48200.5		
六枝特区陇脚布依族乡	9653	21828	19225	12124	11008.0		
六枝特区月亮河彝族布依族苗族乡	11707	17053	7758	2271	4817.0		
水城县滥坝镇	10291	37945	23475	13513	1012481.6	201	37945
水城县老鹰山镇	6635	42667	10574	6263	194719.4	1008	4662
水城县比德镇	8896	34904	19349	2499	80825.7		
水城县化乐镇	8436	38343	19082	4229	132013.3	100	1680
水城县蟠龙镇	15070	42736	8000	2400	84597.3	200	3200
水城县阿戛镇	8795	35005	14729	1476	159341.0	60	1620
水城县勺米镇	9917	24826	5494	3149	220631.2	69	2452
水城县玉舍镇	24120	40833	19241	11941	303645.2	304	12641
水城县都格镇	7305	32992	13861	8646	85393.3	112	5362
水城县发耳镇	9371	42153	16372	10590	616300.2	280	15637
水城县鸡场镇	11520	30764	15943	6078	338648.7	137	2500
水城县木果镇	16114	39301	17513	8068	39155.6	130	2917
水城县保华镇	8336	27317	15706	5348	4617.7	10	1284
水城县董地苗族彝族乡	9807	27317	10609	5768	721994.7		
水城县陡箐苗族彝族乡	13403	27689	12472	6959	18652.8		
水城县南开苗族彝族乡	13794	50221	20650	8171	1432.7		
水城县青林苗族彝族乡	6416	19928	9403	6968	537.1		
水城县金盆苗族彝族乡	10227	28882	13585	7030	1372.0		
水城县发箐苗族彝族乡	4525	10296	6264	1575	69152.0		
水城县纸厂彝族乡	7850	12966	6499	1471	50239.0		
水城县坪寨彝族乡	9798	13078	4742	1016	1074.3		
水城县龙场苗族白族彝族乡	9621	24985	8623	1324	3824.0		
水城县营盘苗族彝族白族乡	11462	20107	9460	4340	730.5		
水城县顺场苗族彝族布依族乡	11490	26141	15949	6951	32089.0		
水城县花戛苗族布依族彝族乡	16064	19514	8134	3203	9745.0		
水城县杨梅彝族苗族回族乡	16849	28057	13807	3742	1622.9		
水城县新街彝族苗族布依族乡	4794	14235	6930	2695	963.0		
水城县野钟苗族彝族布依族乡	13447	23017	8915	538	3248.0		
水城县果布戛彝族苗族布依族乡	11528	19707	7789	2686	1760.1		
水城县米箩布依族苗族彝族乡	11813	34566	16342	2462	6153.2		
水城县盐井乡	8465	24849	12799	5319	303.0		
水城县猴场苗族布依族乡	15442	18548	15770	3940	24379.7		
水城县红岩布依族彝族苗族乡	9299	20998	12865	7060	537.3		
盘县红果镇	10587	21583	15396	7661	350710.0	600	3299
盘县城关镇	2145	40750	9665	7277	5118.0	12	3328
盘县板桥镇	13951	37629	22079	8992	61200.0	600	12450
盘县水塘镇	11196	26628	19466	9300	23875.0	210	3395

续表 516　　　　（贵州省）　　　　计算单位：公顷、人、万元

名　　称	行政区域面积	常住人口	从业人员	二三产业从业人员	工业总产值	城镇建成区面积	城镇建成区常住人口
盘县民主镇	14369	30568	17170	1369	4383.0	2	626
盘县大山镇	14073	40406	28542	9709	206832.0	402	2298
盘县保田镇	11306	18066	11646	5058	1688.0	150	3136
盘县老厂镇	9967	29792	11354	2703	26579.0	21	4235
盘县玛依镇	6820	22554	7168	1385	7120.0	1	1330
盘县石桥镇	5835	17132	14242	4800	212000.0	300	3795
盘县平关镇	12007	26067	6820	2849	61250.0	108	1182
盘县响水镇	8645	27862	17897	8622	50381.0	849	9025
盘县火铺镇	4204	24757	9767	5735	126600.0	400	18045
盘县乐民镇	13561	42415	30984	10888	322955.0	70	4225
盘县西冲镇	5863	19988	11327	6932	2860.0	50	3400
盘县断江镇	8793	35584	17723	11154	11552.0	5	9660
盘县盘江镇	8881	39649	10639	7416	21250.0	60	7047
盘县柏果镇	17515	82136	41275	10650	803869.0	620	23690
盘县洒基镇	3545	25648	15721	14189	112568.0	25	3588
盘县刘官镇	11589	29168	20705	8982	122590.0	200	3200
盘县滑石镇	8859	25030	14926	5521	25014.0	121	2232
盘县新民镇	12789	30407	20353	7995	21467.0	13	2658
盘县珠东镇	12944	20619	14620	7405	26393.0	90	2986
盘县忠义乡	11991	16933	10140	4115	1133.0		
盘县普田回族乡	7213	12418	3377	1584	968.0		
盘县鸡场坪彝族乡	11239	41845	22901	7870	97382.0		
盘县松河彝族乡	8027	25384	14655	10405	65948.0		
盘县坪地彝族乡	15215	31015	19949	10714	39532.0		
盘县四格彝族乡	9926	17192	15474	9628	4520.0		
盘县淤泥彝族乡	17236	26451	16606	6111	157000.0		
盘县普古彝族苗族乡	15494	21027	12346	3713	15169.0		
盘县旧营白族彝族苗族乡	10128	18724	17173	6917	2150.0		
盘县羊场布依族白族苗族乡	13600	28973	28941	15262	204114.0		
盘县保基苗族彝族乡	14473	11130	4703	2780	2866.6		
盘县英武乡	5954	14551	14524	6769	14517.0		
盘县马场彝族苗族乡	10935	12121	8095	2295	2107.0		
红花岗区长征镇	4800	111321	66977	57212	26966.7	416	8320
红花岗区巷口镇	5010	13072	7247	1467	10110.0	25	759
红花岗区南关镇	2900	49145	14530	11395	15504.0	36	1010
红花岗区忠庄镇	4765	67976	28492	24172	136615.0	3087	40855
红花岗区海龙镇	4350	17545	11288	6144	4189.0	3	4117
红花岗区深溪镇	10150	32595	21029	16664	841600.0	280	7820
红花岗区金鼎山镇	14650	36167	22350	11809	5600.0	35	2440
红花岗区新蒲镇	12060	48625	31546	25293	80500.0	11563	25675
汇川区高桥镇	3500	89790	19119	14464	22350.0	156	5985
汇川区董公寺镇	5293	31428	12415	10564	350000.0	216	9144
汇川区团泽镇	16800	32877	22871	11445	3851.0	10	5613
汇川区高坪镇	19670	60392	37869	32474	176600.0	350	23757
汇川区板桥镇	13200	19839	12225	6601	10787.0	400	6906
汇川区泗渡镇	11520	31380	22979	15447	45000.0	97	8353
遵义县南白镇	9872	103979	24900	14102	1212365.0	1260	64686
遵义县龙坑镇	9096	71659	37978	31125	700392.0	780	47843
遵义县三岔镇	11800	25692	23054	17827	199800.0	250	13692
遵义县苟江镇	8049	19887	19256	14361	196531.0	94	7134

续表 517　　（贵州省）　　计算单位：公顷、人、万元

名　　称	行政区域面积	常住人口	从业人员	二三产业从业人员	工业总产值	城镇建成区面积	城镇建成区常住人口
遵义县三合镇	20804	52627	45576	32326	287331.0	141	15000
遵义县乌江镇	6409	14838	8152	5467	244126.0	150	6771
遵义县虾子镇	21398	61455	47534	35129	204568.0	192	25748
遵义县三渡镇	10396	19463	13684	8756	2950.0	80	4477
遵义县新舟镇	16569	56636	51727	44860	179954.0	4005	29259
遵义县永乐镇	21956	32320	27210	16456	5438.0	12	2593
遵义县龙坪镇	12976	30236	30216	22058	354217.0	250	10229
遵义县喇叭镇	9415	22074	17255	12092	14960.0	255	1804
遵义县团溪镇	18438	40540	37881	29009	307700.0	351	34442
遵义县铁厂镇	10612	10512	10460	6588	39596.0	12	1823
遵义县西坪镇	13275	24867	24857	14743	20686.0	170	3792
遵义县尚嵇镇	10549	32434	30942	24728	207526.0	360	16520
遵义县茅栗镇	13497	18728	18236	10515	74514.0	7	3857
遵义县新民镇	9367	18601	12431	8420	9855.0	80	3607
遵义县鸭溪镇	12161	57658	37438	28102	365016.0	1168	42138
遵义县石板镇	13244	22322	21584	11635	5483.0	159	1798
遵义县乐山镇	10743	19129	18703	11902	6856.0	78	2982
遵义县枫香镇	14642	32269	24322	17041	116650.0	191	4661
遵义县泮水镇	11116	30762	30760	22348	134860.0	155	8635
遵义县马蹄镇	11651	27846	21964	14724	108900.0	370	4382
遵义县沙湾镇	18455	20051	15305	10773	108895.0	100	2512
遵义县松林镇	15147	15869	14851	7817	10786.0	160	4862
遵义县毛石镇	15252	15354	14251	7125	5300.0	252	3106
遵义县山盆镇	22480	42955	40385	25277	57557.0	245	5855
遵义县芝麻镇	9217	10945	10845	6630	375.0	132	3100
遵义县平正仡佬族乡	14497	14468	13133	6725	10250.0		
遵义县洪关苗族乡	6297	8012	6256	3128	4312.0		
桐梓县娄山关镇	14056	166636	55137	44407	260815.7	800	150777
桐梓县楚米镇	14036	28903	19550	15850	221880.9	167	23311
桐梓县新站镇	15256	24562	22622	9511	1250.0	206	8790
桐梓县松坎镇	12422	20128	12825	6915	49530.0	155	7810
桐梓县高桥镇	10495	22031	19839	10039	586.0	150	4044
桐梓县水坝塘镇	16390	20643	18405	12359	17305.0	131	8196
桐梓县官仓镇	13809	31361	23280	15802	9200.0	210	9341
桐梓县花秋镇	14671	42316	41853	31332	17965.0	190	13058
桐梓县羊磴镇	18700	14980	14950	10810	4500.0	63	4118
桐梓县九坝镇	14249	36347	26103	21828	41260.0	206	5957
桐梓县大河镇	10762	8564	8122	5073	8150.0	172	2717
桐梓县夜郎镇	14265	21701	17240	8300	3585.0	155	7378
桐梓县木瓜镇	15656	24053	15515	10270	48076.0	190	5860
桐梓县坡渡镇	11225	25497	14993	7220	5704.0	44	5005
桐梓县燎原镇	8525	26141	11723	9586	423533.0	163	5556
桐梓县狮溪镇	19712	32654	24139	14901	15000.0	1300	6726
桐梓县茅石镇	13753	15225	11815	7384	3950.0	135	3752
桐梓县尧龙山镇	12632	19476	16516	8418	1600.0	62	3458
桐梓县风水乡	7072	21492	16019	10376	260.0		
桐梓县容光乡	6665	21526	16235	9741	16000.0		
桐梓县小水乡	13272	11277	9031	5252	56.0		
桐梓县黄莲乡	19783	6988	6975	3067	225.0		
桐梓县芭蕉乡	12180	9700	4233	2180			

续表 518　　　　（贵州省）　　　　计算单位：公顷、人、万元

名　称	行政区域面积	常住人口	从业人员	二三产业从业人员	工业总产值	城镇建成区面积	城镇建成区常住人口
桐梓县马鬃苗族乡	10724	5120	3531	1316			
绥阳县洋川镇	13600	83256	50017	36757	322423.0	556	67418
绥阳县郑场镇	15192	40555	25440	16256	106847.0	400	8170
绥阳县旺草镇	27200	42885	58736	37615	10098.0	280	13911
绥阳县蒲场镇	13600	37694	21013	12883	230165.2	155	15265
绥阳县风华镇	13200	40132	37911	23350	407900.0	170	3625
绥阳县茅垭镇	18070	22865	22509	12503	3500.0	82	2250
绥阳县枧坝镇	24400	14026	12042	6553	45993.0	42	2071
绥阳县宽阔镇	21400	14602	14279	5644	1007.0	110	2193
绥阳县黄杨镇	16400	19086	18986	9742	5218.0	55	4002
绥阳县青杠塘镇	24200	18840	19117	13470	14688.0	54	2435
绥阳县太白镇	17400	16784	16732	9619	300.0	120	2430
绥阳县温泉镇	16850	23402	24543	15086	39654.0	36	4050
绥阳县大路槽乡	9500	14202	11102	6897			
绥阳县小关乡	14700	13072	12582	6346	8014.5		
绥阳县坪乐乡	10920	22325	12776	6838	656.0		
正安县凤仪镇	7730	61506	35301	31443	84099.0	850	54060
正安县瑞溪镇	10880	20075	24721	16829	45786.0	102	9152
正安县和溪镇	14780	22520	27848	19382	26917.0	74	6878
正安县安场镇	14790	47882	48682	39957	88129.0	580	28945
正安县土坪镇	21580	27799	34293	26868	7598.0	25	15011
正安县流渡镇	16880	21413	28566	18548	4311.0	151	11070
正安县格林镇	13190	20191	26857	17818	5285.0	16	12562
正安县新州镇	17040	18631	24246	16381	17007.0	162	11685
正安县庙塘镇	19710	13040	18008	12291	2255.0	153	12900
正安县小雅镇	16590	18948	23308	16449	5880.0	125	12092
正安县中观镇	18720	17430	22999	15551	2430.0	145	9431
正安县芙蓉江镇	8230	12244	16194	12240	2361.0	120	6800
正安县班竹镇	13510	16318	19989	14740	10368.0	78	8933
正安县碧峰乡	12840	16185	20375	13505	2950.0		
正安县乐俭乡	9100	9063	11280	8010	8746.0		
正安县谢坝仡佬族苗族乡	9310	8303	9660	6650	10338.0		
正安县市坪苗族仡佬族乡	11050	11944	14986	10680	6112.0		
正安县杨兴乡	8170	11403	14773	9962	400.0		
正安县桴槁乡	15420	10805	13239	8824	7099.0		
道真仡佬族苗族自治县玉溪镇	24589	86789	40545	19449	46967.0	368	46897
道真仡佬族苗族自治县三江镇	7495	7842	7532	5622	3950.0	1586	689
道真仡佬族苗族自治县隆兴镇	16752	17087	15658	4209	12083.0	1952	1465
道真仡佬族苗族自治县旧城镇	15938	22640	16801	2225	3170.0	1942	3996
道真仡佬族苗族自治县忠信镇	15566	13321	12315	5335	2800.0	152	1402
道真仡佬族苗族自治县洛龙镇	22636	17272	10536	1665	4036.9	2754	2795
道真仡佬族苗族自治县阳溪镇	18539	7886	4738	1676	750.0	3865	5260
道真仡佬族苗族自治县三桥镇	23520	16743	15389	7420	500.0	1386	5962
道真仡佬族苗族自治县大磏镇	19647	16939	12730	2200	480.0	3884	1340
道真仡佬族苗族自治县平模镇	9078	8020	4947	1557	320.0	1482	306
道真仡佬族苗族自治县上坝土家族乡	10170	15754	12559	7239	40550.0		
道真仡佬族苗族自治县棕坪乡	7712	8655	5930	2350	220.0		
道真仡佬族苗族自治县桃源乡	10615	8765	7209	3198	240.0		
道真仡佬族苗族自治县河口乡	13816	13998	11791	2166	240.0		
务川仡佬族苗族自治县都濡镇	27300	54975	39259	26369	78521.0	1000	52300

续表 519　　（贵州省）　　计算单位：公顷、人、万元

名　称	行政区域面积	常住人口	从业人员	二三产业从业人员	工业总产值	城镇建成区面积	城镇建成区常住人口
务川仡佬族苗族自治县丰乐镇	21800	27973	26635	13547	10370.0	76	6540
务川仡佬族苗族自治县黄都镇	21000	21680	21210	8360	4600.0	64	2820
务川仡佬族苗族自治县涪洋镇	22100	30821	28021	15563	1620.0	132	5015
务川仡佬族苗族自治县镇南镇	14300	27548	18226	10008	15000.0	110	8615
务川仡佬族苗族自治县砚山镇	8900	11530	11428	6506	165.0	78	2496
务川仡佬族苗族自治县泥水镇	20700	41346	13569	5921	1018.0	90	12564
务川仡佬族苗族自治县茅天镇	20400	16980	14654	5500	360.0	286	6980
务川仡佬族苗族自治县柏村镇	9700	13553	9380	5877	11583.0	88	1950
务川仡佬族苗族自治县大坪镇	19500	23918	22856	6600	39392.2	214	4085
务川仡佬族苗族自治县泥高乡	24300	26358	14136	2211	5346.0		
务川仡佬族苗族自治县分水乡	16700	15297	14889	6444	1131.0		
务川仡佬族苗族自治县蕉坝乡	19700	15865	13950	7874	85.0		
务川仡佬族苗族自治县红丝乡	18000	12640	5464	997	175.0		
务川仡佬族苗族自治县石朝乡	13300	8560	7850	3960	100.0		
凤冈县龙泉镇	10397	62200	39821	22758	278940.0	1295	55960
凤冈县进化镇	18133	26000	15697	4675	11342.0	155	8650
凤冈县琊川镇	11462	22400	21861	5938	27637.0	182	7650
凤冈县蜂岩镇	18950	23400	19568	4162	20212.0	90	7580
凤冈县永和镇	11703	16400	14743	3589	3144.0	76	6006
凤冈县花坪镇	10785	15700	15134	3602	20245.0	82	4403
凤冈县绥阳镇	15235	24300	23445	5087	21734.0	158	9860
凤冈县土溪镇	20347	25500	19335	5234	19577.0	105	2204
凤冈县永安镇	11640	19000	14668	3911	115897.0	59	5823
凤冈县何坝镇	11756	18900	17739	4179	34454.0	90	4785
凤冈县天桥镇	15294	17000	14711	3739	2790.0	93	4478
凤冈县王寨镇	12376	15900	13358	3508	2123.0	95	3230
凤冈县新建镇	11332	13700	12203	2993	2549.0	57	2511
凤冈县石径乡	9098	10700	10662	3698	3456.0		
湄潭县永兴镇	16580	40121	30682	17262	104296.9	215	19600
湄潭县复兴镇	14520	28756	14383	1999	225.0	25	2120
湄潭县马山镇	8010	19695	18892	3514	1986.0	58	5515
湄潭县鱼泉镇	10670	18728	12458	6828	8031.0	15	4121
湄潭县黄家坝镇	14230	35435	27450	16335	25372.0	123	17335
湄潭县高台镇	16190	20083	18375	7339	9634.0	26	4003
湄潭县茅坪镇	6880	9946	8255	4890	262.0	35	3000
湄潭县兴隆镇	13110	26707	21378	9953	3380.0	45	2032
湄潭县新南镇	13170	18681	17239	3767	6100.0	8	5252
湄潭县石莲镇	20040	20152	19175	8965	9875.0	73	5387
湄潭县西河镇	15000	18212	17777	11565	4310.0	25	4310
湄潭县洗马镇	9490	16900	16617	6857	3800.0	20	2250
湄潭县抄乐镇	9600	14991	9982	3902	5684.0	25	4318
湄潭县天城镇	7060	13126	8176	1030	1623.0	50	516
余庆县白泥镇	23073	56969	15229	9100	27022.0	1045	39454
余庆县小腮镇	14209	10835	10226	6958	4764.0	60	4241
余庆县龙溪镇	16049	30840	24045	14582	137551.0	410	10632
余庆县构皮滩镇	20657	28360	25318	13625	285857.0	310	12406
余庆县大乌江镇	25811	24439	23067	12454	4816.0	40	4864
余庆县敖溪镇	10859	19773	16995	8839	8032.0	400	17315
余庆县龙家镇	11468	14880	14774	7963	965.0	220	8543
余庆县松烟镇	13874	25118	23616	15949	51989.0	368	9461

续表 520　　（贵州省）　　计算单位：公顷、人、万元

名　　称	行政区域面积	常住人口	从业人员	二三产业从业人员	工业总产值	城镇建成区面积	城镇建成区常住人口
余庆县关兴镇	15588	15484	15242	8388	3766.0	180	8421
余庆县花山苗族乡	10605	10704	10345	5519	1273.0		
习水县东皇镇	30800	117452	51904	37554	323054.0	297	9268
习水县土城镇	30710	30001	12040	6362	48659.3	650	7215
习水县同民镇	10000	15153	12248	4509	4984.0	178	7025
习水县醒民镇	6900	13554	7136	3125	2613.0	30	2882
习水县隆兴镇	12380	33223	25929	11810	103105.0	20	1760
习水县习酒镇	7200	27872	26805	18206	593548.8	192	13415
习水县回龙镇	10670	23778	22584	14214	34846.0	180	2106
习水县桑木镇	10150	16108	6983	4796	1621.0	188	2621
习水县永安镇	10190	16662	8902	5534	2768.0	38	2553
习水县良村镇	17850	26435	25289	14088	42863.0	50	2107
习水县温水镇	16160	37209	24635	13649	11086.0	350	27118
习水县仙源镇	16540	18074	7944	6090	9800.0	10	4300
习水县官店镇	13780	19457	18943	9718	1524.0	4	1197
习水县寨坝镇	16430	16899	15150	9328	1420.0	27	4485
习水县民化乡	5080	13861	12172	7459	42751.0		
习水县二郎乡	6360	13975	10857	5676	32124.5		
习水县二里乡	8260	13888	13090	7803	3488.0		
习水县三岔河乡	16030	11299	9405	4586	1010.0		
习水县大坡乡	16580	15712	12702	4114	2038.0		
习水县双龙乡	10170	8331	7659	4030	1545.0		
习水县桃林乡	12160	9906	9279	4428	2668.8		
习水县坭坝乡	7760	9047	6425	4353	3260.0		
习水县程寨乡	20610	11704	9573	4363	631.2		
赤水市天台镇	9944	15215	12685	6635	67220.0	34	793
赤水市复兴镇	9931	15328	14299	7895	82266.0	156	2697
赤水市大同镇	11087	15092	13208	6778	5400.0	80	2519
赤水市旺隆镇	10991	15785	12072	5872	10966.0	45	3520
赤水市葫市镇	23252	12499	8915	4489	7708.0	22	1837
赤水市元厚镇	20417	12180	11208	7031	1890.0	95	3742
赤水市官渡镇	24072	19880	18994	10923	77139.0	290	13589
赤水市长期镇	11417	17368	15203	7097	11523.0	14	8125
赤水市长沙镇	8750	13876	11354	5867	42530.0	165	7592
赤水市两河口乡	17889	5291	4083	1777	180.0		
赤水市丙安乡	12589	5511	4215	2250	7126.8		
赤水市宝源乡	7112	6881	4508	2230	2577.0		
赤水市石堡乡	9263	5227	5145	2862	4560.0		
赤水市白云乡	4960	6972	6096	2505	22606.0		
仁怀市茅台镇	8720	43825	34194	29944	4900000.0	570	26420
仁怀市坛厂镇	10600	24317	19370	4684	100650.0	382	4860
仁怀市长岗镇	11600	16253	15278	5016	8000.0	11	931
仁怀市鲁班镇	11960	37238	27018	19193	16280.0	670	5577
仁怀市五马镇	12420	24572	21600	10950	44000.0	36	4596
仁怀市茅坝镇	13970	28478	26375	13925	11800.0	60	7680
仁怀市九仓镇	9130	23400	20192	2552	620.0		
仁怀市喜头镇	9140	16488	8922	1838	1780.0	36	2012
仁怀市大坝镇	8700	29425	23964	5679	3821.0	80	1913
仁怀市三合镇	8600	28710	23807	13315	27800.0	225	3915
仁怀市合马镇	5930	15249	11238	4003	8752.0	129	2713

续表 521　　（贵州省）　　计算单位：公顷、人、万元

名　　称	行政区域面　　积	常住人口	从业人员	二三产业从业人员	工　业总产值	城镇建成区 面 积	城镇建成区常住人口
仁怀市二合镇	8700	33160	30450	14000	30230.0	150	1132
仁怀市龙井乡	7758	14911	14150	4517	785.0		
仁怀市后山苗族布依族乡	7200	6825	4950	2400	1000.0		
仁怀市学孔乡	6880	16100	15440	7460	1500.0		
仁怀市高大坪乡	8828	42198	30545	19500	1530.0		
仁怀市火石岗乡	6200	14500	10590	3840	1780.0		
仁怀市沙滩乡	4700	9058	7079	950	5800.0		
西秀区宋旗镇	4635	19862	16049	7533	31556.0	200	4021
西秀区幺铺镇	9335	45982	20872	10520	280720.0	172	7155
西秀区宁谷镇	9846	29772	15980	9990	46858.7	350	3650
西秀区龙宫镇	9380	18600	14785	5034	775.5	32	1389
西秀区双堡镇	13652	25386	23536	11936	109890.4	186	7390
西秀区大西桥镇	7158	32876	24310	12995	176325.0	40	10000
西秀区七眼桥镇	10380	42303	37344	31244	109072.0	1000	15890
西秀区蔡官镇	11611	45880	36617	22466	513152.3	800	18925
西秀区轿子山镇	8437	39819	31372	19253	164131.8	349	22936
西秀区旧州镇	11692	27829	25303	14301	84694.0	48	6010
西秀区新场布依族苗族乡	6972	10968	8913	3810	1958.0		
西秀区岩腊苗族布依族乡	11435	14155	7991	4431	2543.0		
西秀区鸡场布依族苗族乡	11003	12810	8637	4379	10590.0		
西秀区杨武布依族苗族乡	15227	17140	13620	3969	50000.0		
西秀区东屯乡	10213	19482	17859	13787	14636.0		
西秀区黄腊布依族苗族乡	6039	10354	7088	2486	6060.0		
西秀区刘官乡	4120	10570	9940	5960	42567.0		
平坝区白云镇	7192	24467	24396	8813	75885.0	15	2068
平坝区高峰镇	10526	24715	20614	4132	58300.0	180	2243
平坝区天龙镇	6502	20807	15447	3762	59687.0	350	7674
平坝区夏云镇	6395	33288	30288	13838	220856.0	651	28725
平坝区马场镇	18288	44478	33610	11810	75385.0	233	16481
平坝区乐平镇	12469	35700	29960	13570	131923.0	20	631
平坝区齐伯镇	8074	13010	12909	6405	35203.0		
平坝区十字回族苗族乡	10987	25391	24418	9206	6614.0		
平坝区羊昌布依族苗族乡	7339	15061	14062	3058	118729.0		
普定县城关镇	14830	88621	34389	15842	29890.0	4	6590
普定县马官镇	11571	46221	36893	15425	327600.0		15086
普定县化处镇	11087	41340	38187	20797	21500.0	480	4088
普定县马场镇	9248	39462	26623	9830	8452.0	62	7864
普定县白岩镇	7690	31463	19951	8630	15534.0	65	3247
普定县坪上镇	10408	25496	15035	6459	9000.0	36	3104
普定县龙场乡	10168	26544	21420	1100	8827.0		
普定县鸡场坡乡	8358	31518	20145	11730	31250.0		
普定县补郎苗族乡	8100	21550	15994	9706	3000.0		
普定县猴场苗族仡佬族乡	8690	17492	17072	10271	13144.0		
普定县猫洞苗族仡佬族乡	8938	21384	20418	350	43900.0		
镇宁布依族苗族自治县城关镇	12200	81975	57485	36750	119800.0	550	60021
镇宁布依族苗族自治县丁旗镇	10538	30793	22921	11479	65827.0	215	12854
镇宁布依族苗族自治县黄果树镇	8784	15214	14671	7006	7709.0	198	4468
镇宁布依族苗族自治县江龙镇	9222	16376	14206	7148	3223.2	145	9878
镇宁布依族苗族自治县大山镇	8764	18308	16200	6115	34352.0	224	2575
镇宁布依族苗族自治县马厂镇	12341	17369	12680	3195		90	7500

续表 522 （贵州省） 计算单位：公顷、人、万元

名　　称	行政区域面　　积	常住人口	从业人员	二三产业从业人员	工　业总产值	城镇建成区　面　积	城镇建成区常住人口
镇宁布依族苗族自治县六马镇	17244	13749	11522	1899	20.0	121	3015
镇宁布依族苗族自治县良田镇	19836	15514	12574	5262	304.0	18	990
镇宁布依族苗族自治县扁担山乡	4941	8309	8209	4169	60.0		
镇宁布依族苗族自治县募役乡	10493	12559	11496	6419	35.0		
镇宁布依族苗族自治县沙子乡	13577	8854	8097	1471	18.0		
镇宁布依族苗族自治县朵卜陇乡	5212	8629	8526	3185	6.0		
镇宁布依族苗族自治县革利乡	7900	10367	8304	1459	23878.0		
镇宁布依族苗族自治县本寨乡	9907	13212	12029	5229	660.0		
镇宁布依族苗族自治县简嘎乡	12855	6856	6695	3495	1798.2		
镇宁布依族苗族自治县打帮乡	7912	6417	5866	2756	30.0		
关岭布依族苗族自治县花江镇	16000	40195	39955	15500	9038.0	259	15930
关岭布依族苗族自治县永宁镇	11900	23309	18869	9639	9606.9	187	7818
关岭布依族苗族自治县岗乌镇	12000	16782	15117	7419	653.0	135	2398
关岭布依族苗族自治县上关镇	10600	18611	18569	8300	1299.0	127	2460
关岭布依族苗族自治县坡贡镇	6100	14357	14337	5311	7409.2	156	3142
关岭布依族苗族自治县断桥镇	7400	10086	10010	2900	12753.2	132	2135
关岭布依族苗族自治县白水镇	5600	13386	13298	9260	512.0	130	2122
关岭布依族苗族自治县新铺镇	15400	16342	13687	3897	125.0	124	2548
关岭布依族苗族自治县沙营镇	8900	17016	15478	7688	6996.8	118	2633
关岭布依族苗族自治县八德乡	9200	11009	8513	3915	1033.9		
关岭布依族苗族自治县普利乡	10700	14854	14774	5386	58442.8		
关岭布依族苗族自治县板贵乡	13500	15236	14113	6193	16.1		
紫云苗族布依族自治县松山镇	17829	64115	32288	18987	54492.0	1260	33695
紫云苗族布依族自治县水塘镇	17652	17382	11989	3907	6385.0	200	2752
紫云苗族布依族自治县猴场镇	21690	24914	24743	3084	380.0	63	7961
紫云苗族布依族自治县猫营镇	28544	29197	22420	9530	11315.0	208	3526
紫云苗族布依族自治县板当镇	21352	29387	23915	8819	7812.0	186	5421
紫云苗族布依族自治县白石岩乡	14300	10949	5894	1171	6325.0		
紫云苗族布依族自治县宗地乡	28770	27593	15987	2772			
紫云苗族布依族自治县大营乡	19058	18140	17824	3086	21.0		
紫云苗族布依族自治县四大寨乡	13500	13123	13078	3950			
紫云苗族布依族自治县坝羊乡	16270	12737	11516	4366	4300.0		
紫云苗族布依族自治县火花乡	16381	15405	11350	2435	520.0		
紫云苗族布依族自治县达帮乡	13054	8157	5149	866	2.0		
七星关区鸭池镇	8533	50134	37104	24789	134448.0	385	14685
七星关区梨树镇	6773	22000	15090	8496	91500.0	81	10061
七星关区岔河镇	12860	29552	24198	11038	2069.0	35	4635
七星关区朱昌镇	9532	42590	30972	18826	2690.0	6	16787
七星关区田坝镇	6822	21469	12800	8100	2683.0	1915	8656
七星关区长春堡镇	12719	50023	33432	20690	11336.7	139	15366
七星关区撒拉溪镇	14545	49030	36320	21820	5474.0	100	6270
七星关区杨家湾镇	9864	48333	25115	9865	4450.0	18	7853
七星关区放珠镇	8610	26945	19650	11067	1538.0	15	3558
七星关区青场镇	9956	29230	19049	12002	3517.5	140	3086
七星关区水箐镇	9908	24673	16518	9002	1991.0	20	4076
七星关区何官屯镇	11032	38183	22350	15250	904.5	150	3670
七星关区对坡镇	9297	23592	11865	1065	2621.3	14	5584
七星关区大银镇	9939	22335	15847	8744	709.0	80	3801
七星关区林口镇	8369	26427	18200	11705	3092.0	36	5235
七星关区生机镇	11582	30927	29380	12325	289.6	34	8100

续表 523　　　　（贵州省）　　　　计算单位：公顷、人、万元

名　　称	行政区域面　　积	常住人口	从业人员	二三产业从业人员	工　业总产值	城镇建成区 面 积	城镇建成区常住人口
七星关区清水铺镇	12511	26902	15910	5760	1882.0	210	11040
七星关区亮岩镇	8333	16096	15770	8445	1403.2	43	3400
七星关区燕子口镇	12405	33461	27229	14982	3608.0	193	4476
七星关区八寨镇	8462	26652	13915	6434	4557.9	42	4515
七星关区田坝桥镇	6130	16103	13265	7641	1256.0	100	4885
七星关区海子街镇	7390	25874	13780	6325	1605.0	30	5743
七星关区小坝镇	6462	29108	18306	12843	1292659.0	1500	28484
七星关区层台镇	7658	20615	16817	9667	736.0	15	5083
七星关区小吉场镇	12167	47804	29153	16168	2761.9	13	5988
七星关区普宜镇	8800	20939	17220	13200	936.4	86	9130
七星关区龙场营镇	5871	15461	15053	8943	755.0	102	7113
七星关区千溪乡	5468	14972	10729	4757	1715.0		
七星关区阴底乡	11413	28486	25633	13890	3290.0		
七星关区野角乡	12153	15888	14748	9065			
七星关区大河乡	7309	18869	17125	10493	600.0		
七星关区团结乡	8866	17005	14508	5555	483.0		
七星关区阿市乡	10725	15911	14521	6094	4141.6		
七星关区大屯乡	5961	13732	8113	4431	2170.0		
七星关区田坎乡	6115	12359	12199	5580	191.0		
大方县双山镇	13569	41946	26328	12406	2759.0	88	18074
大方县猫场镇	10220	29350	26165	15014			
大方县马场镇	13208	38228	36589	12208			
大方县羊场镇	5146	21786	16388	5398			
大方县黄泥塘镇	21532	45116	37775	17040			
大方县六龙镇	7708	24986	23893	11565			
大方县达溪镇	11685	20971	20363	12785			
大方县瓢井镇	12865	25850	18619	7586			
大方县长石镇	11601	33264	32344	17810			
大方县对江镇	11714	38189	30285	11572			
大方县东关乡	4837	21394	11430	7937			
大方县竹园乡	5318	15232	14293	8470	26368.0		
大方县响水乡	11153	24806	16538	8952	6129.0		
大方县文阁乡	5064	13200	9796	6619	424.0		
大方县绿塘乡	7607	12135	9869	5013			
大方县鼎新乡	11026	29456	24281	10428			
大方县牛场乡	10590	27898	27849	7780			
大方县小屯乡	4460	14444	13256	6744			
大方县理化乡	13107	33703	28515	6307			
大方县凤山乡	7920	15797	10802	7887			
大方县安乐乡	6787	13257	10330	5830			
大方县核桃乡	8615	20777	20430	14255			
大方县八堡乡	10854	22029	20950	11827			
大方县兴隆乡	9962	17390	17386	9013			
大方县果瓦乡	9474	11430	11420	7165			
大方县大山乡	8537	12440	11596	6780			
大方县雨冲乡	12290	10246	9593	2995			
大方县黄泥乡	6356	10973	9367	4194			
大方县大水乡	11942	18858	13044	5168	1906.0		
大方县沙厂乡	9717	14455	11675	2015			
大方县普底乡	19524	40560	24068	9818	41223.5		

续表 524 （贵州省） 计算单位：公顷、人、万元

名 称	行政区域面积	常住人口	从业人员	二三产业从业人员	工业总产值	城镇建成区面积	城镇建成区常住人口
大方县百纳乡	5450	10797	8553	2800			
大方县三元乡	9367	13785	13165	5990			
大方县星宿乡	12752	9928	6919	4191			
黔西县金碧镇	9460	32660	32050	16900	88.0	285	8324
黔西县雨朵镇	5880	19113	18977	3819		166	2236
黔西县大关镇	6990	25304	25177	8440		320	14063
黔西县谷里镇	6130	20709	19003	12899	93739.7	281	7886
黔西县素朴镇	10320	27775	27308	9905	151.0	158	6299
黔西县中坪镇	11770	24810	24106	13440	1980.0	650	3589
黔西县重新镇	13980	29908	25563	13390		224	5248
黔西县林泉镇	8450	26917	23323	6481		16	6537
黔西县金兰镇	5430	18723	17377	12324		45	3031
黔西县甘棠镇	11010	24788	14311	5890	183917.0	125	4317
黔西县洪水镇	6620	17984	16036	3861	44494.2	390	2765
黔西县锦星镇	9710	23130	20292	13530	50.0	166	15000
黔西县钟山镇	11050	32255	26564	18705	350.0	362	19326
黔西县协和镇	9000	19076	18999	7771	53727.0	20	2500
黔西县观音洞镇	11810	32002	18956	15596		49	2115
黔西县五里乡	8350	13929	11728	8359	29297.5		
黔西县绿化乡	4310	11855	11679	4433	44796.0		
黔西县新仁乡	6890	18679	18079	12465			
黔西县铁石乡	9030	16723	16012	12650			
黔西县太来乡	10030	18922	16840	12349	4235.0		
黔西县永燊乡	9500	17580	15965	10361			
黔西县中建乡	6230	9734	6638	2708			
黔西县花溪乡	7840	9880	7448	1834	32181.6		
黔西县定新乡	9500	13141	11961	2801			
黔西县金坡乡	7100	17675	10122	3587	103500.0		
黔西县仁和乡	10260	22143	12005	6887	21980.0		
黔西县红林乡	9600	15182	7607	3678			
金沙县安底镇	7070	20141	5364	5190	24335.0	300	15660
金沙县沙土镇	20696	59290	20885	14131	109168.0	600	24845
金沙县禹谟镇	12290	27934	15309	9015	32863.0	105	12437
金沙县岚头镇	6510	12000	4302	3202	55800.0	70	8259
金沙县清池镇	10980	19184	12672	4689	18238.0	290	8322
金沙县柳塘镇	9908	16800	5656	2031	5700.0	15	5000
金沙县平坝镇	24190	24905	13734	6966	5510.0	121	22460
金沙县源村镇	8774	20165	13331	5213	43000.0	120	5832
金沙县石场苗族彝族乡	12090	24252	19185	11127	15403.0		
金沙县桂花乡	8610	10032	8243	4222	31690.0		
金沙县太平彝族苗族乡	8580	10554	8018	2347	197.0		
金沙县高坪乡	7800	13125	8443	3442	129700.0		
金沙县化觉乡	8760	17000	13450	7850	7500.0		
金沙县茶园乡	7470	19953	18556	12665	31000.0		
金沙县木孔乡	8060	12875	9153	1499	85960.0		
金沙县长坝乡	10570	18618	16799	8901	10456.0		
金沙县后山乡	10250	12809	11642	5913	66.0		
金沙县安洛苗族彝族满族乡	10720	16987	9237	6128	151358.0		
金沙县新化苗族彝族满族乡	9360	25103	10916	3916	350000.0		
金沙县大田彝族苗族布依族乡	8380	8780	5721	4116	13000.0		

续表 525 （贵州省） 计算单位：公顷、人、万元

名　　称	行政区域面　积	常住人口	从业人员	二三产业从业人员	工　业总产值	城镇建成区面积	城镇建成区常住人口
金沙县马路彝族苗族乡	8330	10149	7677	5662			
织金县桂果镇	11650	23067	16037	5986	5925.4	26	8258
织金县牛场镇	10580	35056	29403	13167	7236.5	151	16532
织金县猫场镇	15850	48432	38643	21028	13070.8	36	18826
织金县化起镇	9630	38214	16849	7859	9251.7	100	11500
织金县龙场镇	8020	18970	17298	12828	7996.4	800	10390
织金县以那镇	8430	30711	18378	7954	16297.0	3	15246
织金县三塘镇	13270	31034	12337	8184	55000.0	418	8957
织金县阿弓镇	10110	28299	19304	8884	25203.7	175	4893
织金县珠藏镇	13040	37952	22654	10519	138015.1	38	9052
织金县自强乡	5270	11626	9005	2163	1221.2		
织金县大平乡	5620	13720	13350	4780	2637.0		
织金县官寨乡	6260	23008	19061	9745	7199.0		
织金县茶店乡	10620	24807	18052	7856	1243.0		
织金县金龙乡	10860	33775	19954	3422	2588.0		
织金县后寨乡	11010	23184	16968	9959	33620.0		
织金县鸡场乡	10540	34896	19398	5183	3764.9		
织金县中寨乡	10210	18412	10941	8502	35321.0		
织金县实兴乡	8970	16285	14008	5486	4611.7		
织金县马场乡	7310	26253	20908	8805	20764.5		
织金县上坪寨乡	5840	16947	12448	6790	1980.7		
织金县纳雍乡	5260	17924	8336	3661	327.0		
织金县板桥乡	6440	19271	18540	8994	1425.7		
织金县白泥乡	6740	21191	15390	4465	9208.0		
织金县少普乡	8690	34918	15769	2571	80052.0		
织金县熊家场乡	9670	22817	12142	8040	3885.2		
织金县黑土乡	9900	18968	14668	7782	964.3		
纳雍县中岭镇	11055	31439	22400	15085	153611.0		
纳雍县阳长镇	10977	45008	43159	25080	547740.0		
纳雍县维新镇	7369	32669	27240	19560	156.0		
纳雍县龙场镇	11361	30495	19370	7590	802.0		
纳雍县乐治镇	7724	31923	16284	13028	1910.0		
纳雍县百兴镇	8509	44650	23195	17585	656.0		
纳雍县张家湾镇	14525	30100	21200	15440	40811.0		
纳雍县勺窝乡	7049	24528	24525	14995	175701.0		
纳雍县新房乡	9967	25241	23365	12533	101566.0		
纳雍县厍东关乡	5868	14912	11816	7200	12737.0		
纳雍县董地乡	9910	15051	14822	4810	104.0		
纳雍县寨乐乡	9042	37379	19885	13399	31268.5		
纳雍县化作乡	9747	31865	30568	15605	6000.0		
纳雍县老凹坝乡	10929	32744	32740	19456	2000.0		
纳雍县沙包乡	8573	19284	17397	10744	1142.5		
纳雍县水东乡	13067	25051	18414	13196	1650.0		
纳雍县曙光乡	9785	33196	18406	8486	17416.2		
纳雍县姑开乡	7730	20423	20281	11914	2389.0		
纳雍县羊场乡	11728	24795	19049	6781	362.0		
纳雍县锅圈岩乡	10394	25611	23735	11780	530.0		
纳雍县昆寨乡	8983	22537	16925	4140	13285.0		
纳雍县左鸠戛乡	5667	9856	9614	6304	879.9		
纳雍县猪场乡	8686	15270	10294	6253	1805.0		

续表 526　　（贵州省）　　计算单位：公顷、人、万元

名　　称	行政区域面　　积	常住人口	从业人员	二三产业从业人员	工　业总产值	城镇建成区 面 积	城镇建成区常住人口
威宁彝族回族苗族自治县草海镇	9368	31110	13750	1606	76.0		
威宁彝族回族苗族自治县么站镇	19183	28961	20799	6771	3290.0	110	1820
威宁彝族回族苗族自治县金钟镇	14360	55755	31158	14698	10030.0	102	5121
威宁彝族回族苗族自治县炉山镇	19341	51985	50232	20210	174258.7	420	5948
威宁彝族回族苗族自治县龙场镇	24588	64442	44093	18961	120.0	18	3124
威宁彝族回族苗族自治县黑石头镇	33396	46554	29610	8944	3700.0	310	5460
威宁彝族回族苗族自治县哲觉镇	27881	38109	31555	6719	8400.0	8	1805
威宁彝族回族苗族自治县观风海镇	17503	32789	20402	5454	4120.0	40	2555
威宁彝族回族苗族自治县牛棚镇	17789	37962	25144	7316	260.0	140	10300
威宁彝族回族苗族自治县迤那镇	20536	35698	27872	10519	2350.0	150	12780
威宁彝族回族苗族自治县中水镇	10233	41816	34779	11310	1100.0	80	3643
威宁彝族回族苗族自治县龙街镇	28485	43666	23245	6082	3298.0	702	2046
威宁彝族回族苗族自治县雪山镇	34318	44445	26796	892	8500.0	45	15012
威宁彝族回族苗族自治县羊街镇	15002	38234	27349	8671	2000.0	100	4568
威宁彝族回族苗族自治县小海镇	19738	63765	54261	22143	4650.0	41	11500
威宁彝族回族苗族自治县盐仓镇	16654	30218	19328	2196	1400.0	45	5168
威宁彝族回族苗族自治县东风镇	11055	40940	23639	11802	60000.0	20	10860
威宁彝族回族苗族自治县二塘镇	10480	19878	14387	2712	160000.0	327	7895
威宁彝族回族苗族自治县猴场镇	8530	25344	14898	8023	1300.0	22	8100
威宁彝族回族苗族自治县秀水镇	13891	16250	15126	3698	360.0	5	2012
威宁彝族回族苗族自治县双龙镇	13121	29898	13828	1621	700.0		
威宁彝族回族苗族自治县麻乍镇	27588	36407	25093	5539	1605.0		
威宁彝族回族苗族自治县金斗乡	10722	29945	18340	10815	9538.5		
威宁彝族回族苗族自治县新发布依族乡	14882	38876	24061	9421	5600.0		
威宁彝族回族苗族自治县岔河乡	18544	28220	10825	2897	2850.0		
威宁彝族回族苗族自治县海拉乡	22157	26981	17127	1889	4671.8		
威宁彝族回族苗族自治县哈喇河乡	14242	18962	17322	5991	1800.0		
威宁彝族回族苗族自治县斗古乡	11821	16613	16564	6838	1100.0		
威宁彝族回族苗族自治县玉龙乡	14978	31802	20820	6155	1280.0		
威宁彝族回族苗族自治县黑土河乡	12734	18739	17892	3252	19521.0		
威宁彝族回族苗族自治县石门乡	14001	17310	11520	4164	2480.0		
威宁彝族回族苗族自治县云贵乡	13296	19711	13529	1055	3050.0		
威宁彝族回族苗族自治县兔街乡	14603	24812	19816	4805	5200.0		
威宁彝族回族苗族自治县板底乡	10631	17960	10362	4060	500.0		
威宁彝族回族苗族自治县大街乡	11154	16240	11924	4617	806.0		
赫章县城关镇	7134	55815	15840	12535	68700.0	428	32986
赫章县白果镇	12919	35289	15030	7048	46200.0	120	21000
赫章县妈姑镇	13722	38744	22051	11798	252840.0	45	16762
赫章县财神镇	18196	34288	18838	10771	10355.0	671	6118
赫章县六曲河镇	10830	25669	19703	8463	32490.0	80	4679
赫章县野马川镇	9257	39454	23231	15635	54025.0	100	17992
赫章县达依乡	7185	17222	12613	8551	9800.0		
赫章县水塘堡乡	12106	17529	11657	6315	56700.0		
赫章县兴发乡	18759	21562	12246	4231	41151.0		
赫章县松林坡乡	11196	24058	12520	4777	6379.2		
赫章县雉街乡	13994	12960	10738	5203	39261.1		
赫章县珠市乡	15819	14210	11282	7274	295659.0		
赫章县罗州乡	11083	24459	12780	5012	5198.2		
赫章县双坪乡	19280	30483	21645	13146	4700.0		
赫章县铁匠乡	8797	15774	7824	4992	315.0		

续表 527　　（贵州省）　　计算单位：公顷、人、万元

名　　称	行政区域面　积	常住人口	从业人员	二三产业从业人员	工　业总产值	城镇建成区 面 积	城镇建成区常住人口
赫章县辅处乡	8261	14700	12096	4669	1169.4		
赫章县可乐乡	13200	32802	23944	8004	321.0		
赫章县河镇乡	17410	24863	19796	11676	3680.0		
赫章县德卓乡	11524	20629	13170	6944	6112.0		
赫章县安乐溪乡	9981	11674	8087	5739	3753.3		
赫章县朱明乡	12588	22613	15780	10070	1010.3		
赫章县结构乡	10558	15692	9986	5263	23620.0		
赫章县古基乡	11108	19427	16368	9910	4861.5		
赫章县哲庄乡	8653	28542	18823	10559	10756.3		
赫章县平山乡	8976	25356	16241	8242	11340.0		
赫章县古达乡	12945	19624	14539	10618	3141.0		
赫章县威奢乡	8795	12733	7841	4888	6236.0		
碧江区川硐镇	9369	21171	21101	17925	383747.0	150	1168
碧江区坝黄镇	19059	34437	29598	10257	10140.0	81	2861
碧江区云场坪镇	3471	4286	2710	1440	2562.0	12	980
碧江区漾头镇	8159	6344	3627	1566	8991.0	18	1805
碧江区桐木坪乡	6850	6024	5240	2801	6232.0		
碧江区滑石乡	7937	18564	9947	3351	10569.0		
碧江区和平乡	11831	14966	6751	987	4668.0		
碧江区瓦屋乡	11538	9137	4644	868	29668.0		
碧江区六龙山乡	8647	3302	1780	607	811.0		
万山区万山镇	1551	13200	9459	8889	147573.0	300	12000
万山区高楼坪侗族乡	7578	16111	8738	5176	291154.8		
万山区黄道侗族乡	8921	14796	5776	2264			
万山区敖寨侗族乡	8905	8894	4520	1932			
万山区下溪侗族乡	6885	8064	4523	2110	63247.3		
万山区鱼塘乡	14466	20856	11110	5072	7995.2		
万山区大坪乡	13451	20856	9560	4000			
江口县闵孝镇	26830	20392	15791	6773	8627.0	82	2356
江口县太平镇	36030	12483	11341	4045	1500.0	170	1267
江口县坝盘镇	17910	18465	16141	6902	1900.0	35	1245
江口县民和镇	21840	20441	8570	3788		82	2460
江口县桃映镇	14090	22476	13620	6992	5143.0	137	2880
江口县怒溪镇	13580	18609	12906	5306	5200.0	9	1820
江口县德旺土家族苗族乡	26740	11280	10529	2675	6887.0		
江口县官和侗族土家族苗族乡	12610	5243	5162	2274			
玉屏侗族自治县平溪镇	7960	37023	19317	12446	326142.0	600	37023
玉屏侗族自治县大龙镇	8570	29853	17431	12019	1254100.0	2162	17340
玉屏侗族自治县朱家场镇	11500	14657	14473	7698	36837.0	81	1982
玉屏侗族自治县田坪镇	14950	23514	20075	10020	2100.0	60	2148
玉屏侗族自治县新店乡	5760	8922	8251	4035	36980.0		
玉屏侗族自治县亚鱼乡	3250	6231	6081	2779	2243.0		
石阡县汤山镇	7860	43727	27188	23200	146222.0	600	25317
石阡县本庄镇	24587	37356	35186	18054	2029.0	320	11231
石阡县白沙镇	12981	20366	20088	8637	3663.0	774	7215
石阡县龙塘镇	11207	28141	14152	4777	3341.0	210	3852
石阡县花桥镇	8760	15485	13276	5084		81	3361
石阡县五德镇	13224	12938	9121	5214	97.0	20	1720
石阡县中坝镇	7533	13643	9816	1337	8928.0	132	3900
石阡县河坝场乡	16680	14877	11127	2736			

续表 528 （贵州省） 计算单位：公顷、人、万元

名称	行政区域面积	常住人口	从业人员	二三产业从业人员	工业总产值	城镇建成区面积	城镇建成区常住人口
石阡县国荣乡	5560	11747	8383	2002			
石阡县聚凤乡	15100	15133	12277	3798	12574.0		
石阡县龙井乡	9975	21601	14852	1601			
石阡县大沙坝乡	6299	15305	15181	6727			
石阡县枫香乡	6950	7101	6483	1614	280.0		
石阡县青阳乡	13474	9836	9666	5541			
石阡县石固乡	16643	10533	4577	1334			
石阡县坪地场乡	12317	18000	17216	5876			
石阡县甘溪乡	15800	11011	9750	4853			
石阡县坪山乡	12347	5884	5055	1210	1278.0		
思南县塘头镇	12868	41243	28616	17751	16867.4	370	23160
思南县许家坝镇	11382	27589	18637	10676	11604.7	639	8692
思南县大坝场镇	10604	21348	16668	9847	18241.7	285	2926
思南县文家店镇	10938	11195	10097	6651	98.0	274	3147
思南县鹦鹉溪镇	12736	24568	21676	13738	34512.3	253	2582
思南县合朋溪镇	11054	11389	10313	5987	6197.3	65	4016
思南县张家寨镇	15457	16738	15445	7719	10390.1	125	4264
思南县孙家坝镇	6278	16359	13628	6986	87105.2	250	3642
思南县青杠坡镇	8744	19145	14835	7564	3087.3	81	1749
思南县瓮溪镇	6047	21163	15652	9573	148.6	250	6913
思南县凉水井镇	11300	25927	19383	10553	20009.7	31	2259
思南县邵家桥镇	10255	26771	19970	9872	72964.8	85	2580
思南县大河坝镇	8600	18152	13258	4675	63.6	73	2723
思南县亭子坝镇	5888	10127	7741	3533	52.2	82	1894
思南县香坝镇	8094	19915	14463	5225	19875.3	53	1664
思南县长坝镇	6170	9818	8711	3981	6165.8	76	1802
思南县板桥镇	4316	11784	8658	4954	11403.4	64	1656
思南县思林乡	5610	10446	8720	4778	127056.6		
思南县胡家湾乡	6845	12081	10591	5855	8303.2		
思南县宽坪乡	6635	12156	10663	5368	88.4		
思南县枫芸乡	6836	12791	11716	5699	3173.4		
思南县三道水乡	6180	14622	12685	6616	47.6		
思南县天桥乡	6858	11341	9212	3539	38.3		
思南县兴隆乡	5552	12352	9611	3612	35.0		
思南县杨家坳乡	7603	15167	12516	4595	31.2		
印江土家族苗族自治县板溪镇	11781	23150	21243	13133	8284.0	152	4630
印江土家族苗族自治县沙子坡镇	12184	18731	16652	13407	3579.0	67	4560
印江土家族苗族自治县天堂镇	12236	19092	16303	12310	6640.0	45	5912
印江土家族苗族自治县木黄镇	25275	28667	27308	17052	22674.0	83	10570
印江土家族苗族自治县合水镇	10901	20574	19875	12757	9647.0	28	3158
印江土家族苗族自治县朗溪镇	6734	11360	11240	6260	33215.0	43	2013
印江土家族苗族自治县缠溪镇	13828	15246	12546	7674	9335.0	45	3675
印江土家族苗族自治县洋溪镇	17383	11906	7368	2303	6980.0	47	2650
印江土家族苗族自治县新寨镇	8800	18327	17210	10226	5847.0	51	1200
印江土家族苗族自治县杉树镇	7479	13116	11975	7657	7372.0	10	1460
印江土家族苗族自治县刀坝镇	12659	20944	20325	13274	7450.0	7	3769
印江土家族苗族自治县紫薇镇	16365	8285	8237	4944	2716.0	13	1125
印江土家族苗族自治县杨柳镇	9802	9853	5499	3194	2526.0		
印江土家族苗族自治县罗场乡	8175	11710	10571	6761	6580.0		
德江县煎茶镇	19327	30896	25557	9508	15184.0	940	11946

续表 529　　（贵州省）　　计算单位：公顷、人、万元

名　称	行政区域面　积	常住人口	从业人员	二三产业从业人员	工　业总产值	城镇建成区 面 积	城镇建成区常住人口
德江县潮砥镇	5838	10044	8972	5512	2187.0	298	1426
德江县枫香溪镇	10482	15282	14276	9004	8272.0	352	2454
德江县稳坪镇	6127	9953	9819	6599	426.0	186	3328
德江县复兴镇	14206	21009	16701	9450	36437.0	236	4017
德江县合兴镇	12862	16031	12991	8281	5627.0	210	3659
德江县高山镇	8769	10200	9489	5057	478.0	118	2631
德江县泉口镇	12773	14254	12006	7246	630.0	130	2686
德江县长堡镇	9246	15071	13927	7904	287.0	213	2268
德江县共和镇	10508	12127	8312	5608	29431.0	119	1645
德江县平原镇	8564	6855	6737	3119	8979.0	113	2151
德江县荆角乡	9765	8271	8124	4399	5189.0		
德江县堰塘乡	10175	10433	9235	4296	830.0		
德江县龙泉乡	8053	7383	7226	3433	4385.0		
德江县钱家乡	8036	6712	4541	3323	6389.0		
德江县沙溪乡	11947	6970	6173	3148	2913.0		
德江县楠杆乡	12431	10731	7149	4380	6001.0		
德江县长丰乡	9479	10045	8141	3791	413.0		
德江县桶井乡	9375	11429	9437	6130	385.0		
沿河土家族自治县沙子镇	8732	16020	11190	3864	5407.0	23	744
沿河土家族自治县谯家镇	16626	32989	22880	14510	6136.0	73	5729
沿河土家族自治县夹石镇	13007	27152	18226	7234	2423.9	72	6960
沿河土家族自治县淇滩镇	9825	29530	25124	6914	193521.0	156	5863
沿河土家族自治县官舟镇	15442	38885	32944	18166	52762.0	256	28600
沿河土家族自治县土地坳镇	9282	18036	13368	5948	4063.3	96	6489
沿河土家族自治县思渠镇	18218	17876	13802	4260	85.0	74	4063
沿河土家族自治县客田镇	14446	14308	9810	1702	65.0	93	5529
沿河土家族自治县洪渡镇	7554	8832	7186	2310	46.0	150	6589
沿河土家族自治县中界镇	7410	19920	13815	5465	6165.0	18	1127
沿河土家族自治县甘溪镇	10624	18621	14576	3756	73.0	122	470
沿河土家族自治县板场镇	9957	27747	25506	7912	1765.0	20	1205
沿河土家族自治县泉坝镇	10238	17837	14946	3550	101.0	18	932
沿河土家族自治县中寨镇	11064	15137	13758	4224	35.0	11	752
沿河土家族自治县黄土镇	17123	13432	9961	2506	26276.0	10	1104
沿河土家族自治县新景镇	17095	13233	12316	2962	5176.0	16	981
沿河土家族自治县塘坝镇	11900	16981	12570	3193	5911.7	12	1002
沿河土家族自治县晓景乡	8029	13781	9970	3431	37.0		
沿河土家族自治县后坪乡	11178	12167	8026	4500	33.0		
松桃苗族自治县蓼皋镇	10600	91299	20989	8963	659245.0	697	34826
松桃苗族自治县盘石镇	11850	13450	10665	4280		21	3674
松桃苗族自治县盘信镇	16280	20455	10089	2527		67	4700
松桃苗族自治县大坪场镇	6070	14843	9577	1812		20	3925
松桃苗族自治县普觉镇	11560	20424	10206	3449	1742.0	28	4586
松桃苗族自治县寨英镇	19920	23336	18970	8820	47632.2	140	12982
松桃苗族自治县孟溪镇	13240	22912	13798	6453	58299.4	210	8150
松桃苗族自治县乌罗镇	17400	16387	10658	2159	86936.5	20	5436
松桃苗族自治县甘龙镇	11910	19670	12770	1874		22	3382
松桃苗族自治县长兴堡镇	7020	17901	8404	2971		20	3646
松桃苗族自治县迓驾镇	7140	14456	8824	2824	12995.2	200	3398
松桃苗族自治县牛郎镇	9420	13590	9213	879		20	3045
松桃苗族自治县九江乡	5510	9242	5709	2210			

续表 530　　（贵州省）　　计算单位：公顷、人、万元

名　称	行政区域面积	常住人口	从业人员	二三产业从业人员	工业总产值	城镇建成区面积	城镇建成区常住人口
松桃苗族自治县世昌乡	9450	15907	12120	1790	17562.9		
松桃苗族自治县正大乡	11260	14981	8805	595	35370.0		
松桃苗族自治县长坪乡	8030	9224	7900	1050			
松桃苗族自治县太平营乡	7390	15853	9900	2770	33402.1		
松桃苗族自治县平头乡	10300	14376	12333	2175	40298.0		
松桃苗族自治县大路乡	7730	18170	11463	4782	1712.2		
松桃苗族自治县妙隘乡	6370	11251	6385	1485			
松桃苗族自治县冷水溪乡	13540	14750	9680	1774	23324.0		
松桃苗族自治县石梁乡	8310	9172	5295	1505			
松桃苗族自治县瓦溪乡	10810	6446	3186	208			
松桃苗族自治县永安乡	8300	8889	4389	875			
松桃苗族自治县木树乡	7440	12281	10343	954	7987.6		
松桃苗族自治县黄板乡	10150	18089	11130	1362			
松桃苗族自治县沙坝河乡	6820	9410	5802	929			
兴义市敬南镇	15489	35512	19428	5576	1260.0	17	1651
兴义市泥凼镇	14008	20209	12259	1595	14.0	36	3715
兴义市南盘江镇	14808	18010	14212	2184		12	1342
兴义市捧乍镇	14407	25071	20776	9696	46756.1	67	5461
兴义市鲁布格镇	6149	9896	8925	1305	2004.1	30	2810
兴义市三江口镇	8498	10017	9908	1408	2947.5	20	1605
兴义市乌沙镇	13932	26367	18893	5713	64500.0	61	5694
兴义市白碗窑镇	11794	24530	16756	1575	7116.0	20	4163
兴义市马岭镇	3674	19256	5879	2788	202167.1	320	4746
兴义市威舍镇	8872	16352	8841	2852	713142.0	167	9981
兴义市清水河镇	16118	25122	16144	5181	785226.5	50	2630
兴义市顶效镇	18660	71818	32250	17265	355273.7	210	12396
兴义市郑屯镇	15107	21647	16506	6641	208900.0	99	8854
兴义市万屯镇	17798	38713	27015	6182	96109.0	85	8007
兴义市鲁屯镇	6661	20562	15190	11530	0.1	40	6310
兴义市仓更镇	7169	13521	4874	1422	8800.0	15	2758
兴义市七舍镇	13159	17979	12691	2688	250.0	37	3150
兴义市则戎乡	10711	19320	13454	4307			
兴义市沧江乡	9470	7444	4854	630			
兴义市洛万乡	16148	9170	8007	2200			
兴义市猪场坪乡	9578	18652	16439	5310			
兴义市雄武乡	6824	14080	14023	1993	45633.4		
兴仁县屯脚镇	13193	22917	22244	5180	35274.0	184	8627
兴仁县巴铃镇	21857	48314	31853	14359	28030.0	416	18194
兴仁县百德镇	9484	28826	18588	4172	3500.0	66	10855
兴仁县雨樟镇	15123	25129	18106	2515	3200.0	109	9463
兴仁县潘家庄镇	10489	24939	22065	11083	219194.0	65	9385
兴仁县回龙镇	11458	31681	24270	5388	58898.0	44	11931
兴仁县下山镇	16096	27651	19975	8110	80886.0	75	10409
兴仁县新龙场镇	9854	24068	15250	3498	68120.0	75	9060
兴仁县大山镇	11537	25825	14532	2359	2600.0	56	9725
兴仁县马马崖镇	10091	21889	12780	1300	2510.0	54	8242
兴仁县波阳镇	8401	21277	12799	1156	3200.0	65	8011
兴仁县鲁础营乡	14162	14924	8860	2727	5500.0		
普安县龙吟镇	17800	17053	16615	1259	4226.0	125	1618
普安县江西坡镇	9700	16534	14562	3139	59528.0	210	1152

续表 531　（贵州省）　计算单位：公顷、人、万元

名　称	行政区域面积	常住人口	从业人员	二三产业从业人员	工业总产值	城镇建成区面积	城镇建成区常住人口
普安县地瓜镇	9000	22591	12477	3534	13240.0	42	1620
普安县楼下镇	14000	29266	25377	6162	403500.0	190	5675
普安县兴中镇	9800	11914	11704	793	508.0	580	4010
普安县青山镇	24100	46687	28973	5131	21171.0	642	12128
普安县罗汉镇	10000	15460	10045	410	1258.0	64	2368
普安县新店镇	14200	24246	13760	4673	15290.0	15	3251
普安县白沙乡	7000	8606	8093	4673	3354.0		
普安县高棉乡	7300	12947	7732	3514	1800.0		
晴隆县莲城镇	7392	28525	11483	3628	19689.0	790	15715
晴隆县沙子镇	11306	18815	11389	1099	31717.0	540	2251
晴隆县碧痕镇	9828	15627	13494	4355	21500.0	580	2989
晴隆县大厂镇	9972	17904	9164	1481	22038.0	205	3581
晴隆县鸡场镇	9987	25665	15160	8717	53827.0	510	4085
晴隆县花贡镇	12903	14972	11943	2526	530.0	710	3386
晴隆县中营镇	8275	17885	9224	1505	144556.0	435	3789
晴隆县光照镇	17031	21069	11202	1866	109832.0	605	4050
晴隆县长流乡	6271	20653	19507	8082	19827.0		
晴隆县大田乡	8681	12170	7898	1038	305.0		
晴隆县马场乡	9661	21605	10509	758	496.0		
晴隆县紫马乡	6984	13066	7710	665	36615.0		
晴隆县安谷乡	10200	16010	8945	745	305.0		
晴隆县三宝彝族乡	2487	4091	1431	331			
贞丰县龙场镇	11547	33888	22561	12246	245726.0	150	4213
贞丰县者相镇	12815	31725	22680	13625	119509.0	242	18750
贞丰县北盘江镇	11386	25780	24537	13536	57600.0	53	1712
贞丰县白层镇	15601	20208	15082	5430	3878.0	20	793
贞丰县鲁贡镇	15897	17911	17087	6986	12540.0	30	2033
贞丰县小屯镇	8621	27758	25137	9485	232060.0	21	1106
贞丰县长田镇	5965	17142	14430	4540	460.0	40	4644
贞丰县沙坪镇	14186	14997	13843	3485	119600.0	27	1782
贞丰县连环乡	8021	12781	10630	6216	8055.0		
贞丰县挽澜乡	9231	14004	13349	8048	132272.0		
贞丰县平街乡	8295	19151	15075	7117	121.0		
贞丰县鲁容乡	13565	14101	10845	5080			
望谟县乐元镇	23660	18588	17076	12117	61.0	351	1350
望谟县打易镇	21110	23206	14744	5903	22.0		
望谟县乐旺镇	21160	15655	11775	4756	6944.0	168	1362
望谟县桑郎镇	11530	8553	5732	2588	11667.8	216	3122
望谟县纳夜镇	22590	14009	12033	8031		25	1164
望谟县石屯镇	28920	26389	19415	10657	13.0	19	2000
望谟县蔗香镇	27140	13702	9026	2705	114.0	30	1940
望谟县郊纳镇	11390	13673	12349	6740	53.0	45	1877
望谟县大观镇	16970	12777	9822	6567	25008.3	35	2907
望谟县边饶镇	25340	19181	15178	8474	32.0	25	1456
望谟县昂武镇	9630	7761	7321	4596		250	521
望谟县油迈乡	15020	10146	8734	4804			
册亨县者楼镇	18941	30015	22446	8327	20110.0	210	10899
册亨县坡妹镇	11822	27561	17934	6150		30	1588
册亨县冗渡镇	15895	19771	13564	1081	2670.0	51	845
册亨县丫他镇	24603	17701	10424	887	18236.0	186	1289

续表 532 （贵州省） 计算单位：公顷、人、万元

名　　称	行政区域面　　积	常住人口	从业人员	二三产业从业人员	工　业总产值	城镇建成区 面 积	城镇建成区常住人口
册亨县巧马镇	23602	13899	8872	2551	43885.0	20	480
册亨县秧坝镇	18216	17616	8958	1637	1100.0	38	1436
册亨县双江镇	23140	11548	7405	1114		50	612
册亨县岩架镇	17439	14884	9638	2061	20280.0	34	721
册亨县八渡镇	22140	9190	6444	2034	235.0	35	510
册亨县庆坪乡	12309	17456	10828	1615	710.0		
册亨县达央乡	19110	11127	7344	1854	1100.0		
册亨县威旁乡	7800	11031	6985	767			
册亨县弼佑乡	20771	14276	7949	669	25.0		
册亨县百口乡	24011	5212	3103	605			
安龙县龙广镇	16631	42806	30397	20262	12620.0	186	28900
安龙县德卧镇	20199	30788	28689	12681	51062.0	26	2852
安龙县万峰湖镇	14053	21386	12500	7133	5383.0	5000	16000
安龙县木咱镇	6050	10510	8586	5151	1800.0	18	2938
安龙县洒雨镇	11468	20652	19719	8046	1104.0	60	2681
安龙县普坪镇	25413	33544	32150	12300	75819.3	150	9000
安龙县龙山镇	12581	20041	20000	10300	201418.9	314	2949
安龙县新桥镇	11125	16907	16851	5743	65753.0	293	2994
安龙县海子镇	12910	18300	15141	7861	15468.0	38	1857
安龙县笃山镇	12634	12681	12671	5029	19218.0	972	2588
凯里市三棵树镇	14394	41497	20051	9236		150	2899
凯里市舟溪镇	11510	23158	9204	5521		34	6700
凯里市旁海镇	9972	32312	21160	8050		39	1401
凯里市湾水镇	8262	28064	11221	1005		17	2538
凯里市炉山镇	19036	32842	18086	9343		692	14034
凯里市万潮镇	9476	16819	7887	2565		150	2599
凯里市龙场镇	9552	23103	10674	3106		44	1685
凯里市碧波镇	11421	20008	11628	3299		192	2458
凯里市下司镇	15109	25261	17489	8201		1783	8808
凯里市凯棠乡	5126	18861	8127	2260			
凯里市大风洞乡	16833	36250	18554	11639			
黄平县新州镇	31007	62588	41852	24928		486	27365
黄平县旧州镇	22503	37811	37405	18354		220	13021
黄平县重安镇	15611	39474	39437	20167		350	3215
黄平县谷陇镇	22909	51062	42857	21074		200	10943
黄平县平溪镇	10500	10403	9240	4132		32	5261
黄平县野洞河镇	15301	13286	8060	4195			
黄平县浪洞镇	11912	12069	11931	1881			
黄平县上塘镇	14908	9886	8967	1932		137	3807
黄平县一碗水乡	9205	9651	9596	1970			
黄平县纸房乡	8006	7324	7028	3903			
黄平县翁坪乡	4918	9451	8455	3670			
施秉县城关镇	32857	34545	29079	22106	150883.0	516	32888
施秉县杨柳塘镇	15213	17527	7882	1437	254.0	21	3692
施秉县双井镇	12275	20099	6880	1165	1510.0	35	4032
施秉县牛大场镇	28285	21698	11892	4255	13743.0	684	1542
施秉县白垛乡	19211	8364	2399	258	146.0		
施秉县甘溪乡	10678	7239	4598	199	125.0		
施秉县马号乡	16892	20584	4419	1321	365.0		
施秉县马溪乡	17754	5118	2304	926	420.0		

续表 533　　（贵州省）　　计算单位：公顷、人、万元

名　称	行政区域面积	常住人口	从业人员	二三产业从业人员	工业总产值	城镇建成区面积	城镇建成区常住人口
三穗县八弓镇	15870	55561	43189	33080	264012.0	384	29421
三穗县台烈镇	15100	12052	9641	3857	60.0	14	3396
三穗县瓦寨镇	8260	20867	20723	9778	3036.0	42	4428
三穗县桐林镇	12890	14440	12991	8514	236.0	14	3041
三穗县雪洞镇	9600	12995	12410	7317	576.0	8	1993
三穗县滚马乡	8450	11469	11464	7463			
三穗县长吉乡	9780	15268	15257	9410	2636.0		
三穗县款场乡	10440	11197	9846	6811			
三穗县良上乡	13191	11935	11883	5741	3330.0		
镇远县舞阳镇	29950	59072	15334	8660		705	42370
镇远县蕉溪镇	15670	15448	12906	5797		142	1143
镇远县青溪镇	14110	24562	14407	6299		443	6371
镇远县羊坪镇	10370	17922	8481	4244		170	8748
镇远县羊场镇	23150	15721	10183	4418		47	4530
镇远县都坪镇	18790	13539	12183	5110		83	2089
镇远县金堡镇	17930	14118	11661	4342		46	3135
镇远县江古镇	17870	14519	12529	4929		181	3800
镇远县涌溪乡	16060	8831	8223	3547			
镇远县报京乡	6890	6826	5800	2345			
镇远县大地乡	9950	8010	5797	2489			
镇远县尚寨乡	7020	5332	4814	2055			
岑巩县思旸镇	13486	20347	13917	7590		41	17859
岑巩县水尾镇	10073	13428	13416	8096		39	1012
岑巩县天马镇	20370	14607	14400	8005		94	895
岑巩县龙田镇	14651	16301	15330	8198		50	2354
岑巩县大有镇	14280	16088	14149	7555		363	2468
岑巩县注溪镇	15657	16479	11709	4796		26	5102
岑巩县凯本镇	15313	13302	11874	5805		28	2831
岑巩县平庄镇	14050	12575	11229	7124		27	3218
岑巩县客楼镇	7026	6992	6903	3761		28	1605
岑巩县天星乡	7664	10309	8388	1397			
岑巩县羊桥乡	16080	20172	19485	10773			
天柱县凤城镇	14296	38652	33810	30492	221715.0	514	33995
天柱县邦洞镇	25145	26787	26486	16566	216334.0	126	5832
天柱县坪地镇	18623	13051	12464	5766		110	2161
天柱县兰田镇	19433	20509	19416	9310		154	2154
天柱县瓮洞镇	9038	15020	14226	7706		80	1686
天柱县高酿镇	24386	19345	18926	10763		120	3176
天柱县石洞镇	19860	19359	19024	11168		55	1520
天柱县远口镇	14028	18371	17372	10383		145	3106
天柱县坌处镇	13338	11005	10430	5070		60	1640
天柱县白市镇	13695	23148	21589	13091		200	5087
天柱县社学乡	12648	13694	13089	6374	174790.0		
天柱县渡马乡	7589	13021	12368	6153			
天柱县注溪乡	4588	3776	3622	2416			
天柱县地湖乡	2928	2846	2353	1348			
天柱县竹林乡	8235	10182	9240	5254			
天柱县江东乡	12280	11934	11396	6328			
锦屏县三江镇	13030	23422	8987	4975		400	21810
锦屏县茅坪镇	4580	3570	2589	1489	8542.0	37	2513

续表 534　　（贵州省）　　计算单位：公顷、人、万元

名　　称	行政区域面　积	常住人口	从业人员	二三产业从业人员	工　业总产值	城镇建成区 面 积	城镇建成区常住人口
锦屏县敦寨镇	17950	16850	16708	7435	12703.2	500	7255
锦屏县启蒙镇	20490	16410	15124	6132	7800.0	18	2853
锦屏县平秋镇	11010	10930	9844	5193		36	2845
锦屏县铜鼓镇	15030	9960	9585	5379		47	6785
锦屏县平略镇	11700	9140	6511	3613		36	561
锦屏县大同乡	11640	9470	9052	5727	1100.0		
锦屏县新化乡	3500	6582	6059	2903	8000.0		
锦屏县隆里乡	5390	4120	3986	2442	732.0		
锦屏县钟灵乡	7950	7868	5708	3228	187.0		
锦屏县偶里乡	9150	8555	7486	4381			
锦屏县固本乡	6850	8663	8563	3914			
锦屏县河口乡	12150	10021	9544	5034			
锦屏县彦洞乡	9270	8160	5629	3414			
剑河县柳川镇	23500	17055	13814	6669		221	6103
剑河县岑松镇	14900	18455	15790	7960		226	3825
剑河县南加镇	17900	15200	12484	6194		206	4644
剑河县南明镇	22100	18404	15336	7601		97	5228
剑河县革东镇	13600	30302	29334	16635		953	22115
剑河县太拥镇	26500	12315	9874	4887		65	3245
剑河县磻溪镇	15100	16363	13394	6337		58	2160
剑河县久仰乡	16100	15592	13007	6461			
剑河县南哨乡	18100	9026	7313	3659			
剑河县南寨乡	18600	8564	7487	3867			
剑河县敏洞乡	16600	10643	5902	2012			
剑河县观么乡	14600	8881	7349	3823			
台江县台拱镇	22600	38921	26693	12215		1294	23796
台江县施洞镇	10100	13186	5442	2754		1600	5747
台江县南宫乡	27300	14255	9960	5086			
台江县排羊乡	12300	5551	4070	1778			
台江县台盘乡	9600	12841	10176	7164			
台江县革一乡	9400	11365	9309	4094			
台江县老屯乡	9500	9557	7487	4670			
台江县方召乡	10000	10844	10612	5811			
黎平县德凤街道办事处	31000	62012	9783	6514		1040	62012
黎平县中潮镇	29600	22019	21465	13310		116	8715
黎平县孟彦镇	18400	10519	7811	2038		44	3890
黎平县敖市镇	9700	10977	8960	5830		47	4644
黎平县九潮镇	29900	18223	17706	9126		56	2279
黎平县岩洞镇	14600	10454	10365	2774		43	4030
黎平县水口镇	26000	26694	19288	6504		57	2773
黎平县洪州镇	30100	21187	19641	11282		62	6925
黎平县尚重镇	22700	21318	20756	12255		121	4280
黎平县双江镇	26300	16690	12604	5057		44	5786
黎平县肇兴镇	13300	16654	16520	7297		76	4855
黎平县龙额镇	12400	16844	8824	3002		29	2574
黎平县顺化乡	5900	3571	2785	1676			
黎平县雷洞乡	8200	9142	6413	5128			
黎平县永从乡	14900	13602	9817	7229			
黎平县罗里乡	16600	11464	10765	6546			
黎平县茅贡乡	17200	12049	11354	6137			

续表 535　　（贵州省）　　计算单位：公顷、人、万元

名　称	行政区域面积	常住人口	从业人员	二三产业从业人员	工业总产值	城镇建成区面积	城镇建成区常住人口
黎平县坝寨乡	13300	9551	9537	3214			
黎平县口江乡	11600	7440	6220	2485			
黎平县地坪乡	11800	12629	7845	2323			
黎平县德顺乡	21200	11110	8060	4804			
黎平县大稼乡	11000	9742	9662	4455			
黎平县平寨乡	9100	8124	6975	3293			
黎平县德化乡	11100	6800	2963	1000			
榕江县古州镇	27798	85293	39146	24982	177563.0	452	63410
榕江县忠诚镇	18077	29486	18914	9750		201	4614
榕江县寨蒿镇	18952	23811	15693	7651		35	5104
榕江县平永镇	15733	19178	14389	5883		30	3944
榕江县乐里镇	18764	24305	13952	5085		69	2880
榕江县朗洞镇	23638	20889	14085	4080		36	2956
榕江县栽麻乡	16494	18110	8758	3635			
榕江县崇义乡	8929	9272	7272	3247			
榕江县平江乡	17049	13395	9462	4799			
榕江县三江乡	19903	13847	8294	3931			
榕江县仁里乡	8217	11601	8664	4483			
榕江县塔石乡	8971	9217	6680	3072			
榕江县八开乡	23605	21257	13112	3655			
榕江县定威乡	14469	6028	3805	1594			
榕江县兴华乡	17582	11509	7859	4763			
榕江县计划乡	26104	12112	7364	1764			
榕江县水尾乡	17119	3250	3037	1302			
榕江县平阳乡	16155	10174	7184	2614			
榕江县两汪乡	12059	7836	5587	3090			
从江县丙妹镇	10829	31292	8931	3485		195	19958
从江县贯洞镇	11995	23770	15901	7880		372	7370
从江县洛香镇	12730	21943	14759	5196		258	6771
从江县下江镇	28292	35245	21211	6499		172	2327
从江县宰便镇	17677	12401	6229	3100		96	4522
从江县西山镇	12660	15758	8706	5013		72	3489
从江县停洞镇	12113	27630	12031	6672		82	881
从江县往洞镇	25713	19543	11335	4822		40	1011
从江县高增乡	14878	16463	9131	2577			
从江县谷坪乡	17647	14067	9066	1295			
从江县雍里乡	18388	17048	9878	2333			
从江县庆云乡	8551	10952	6940	2788			
从江县刚边乡	14528	10733	5428	1594			
从江县加榜乡	20733	9672	5980	582			
从江县秀塘乡	17822	6785	4121	1605			
从江县斗里乡	9788	13485	6898	1356			
从江县翠里乡	16533	12266	7459	2375			
从江县东朗乡	12065	19787	13783	3072			
从江县加鸠乡	10806	10015	6895	1476			
从江县加勉乡	15137	8341	4618	1378			
从江县光辉乡	15536	3059	2132	395			
雷山县丹江镇	13874	36953	30114	16233	13556.0	400	18585
雷山县西江镇	17898	25802	15176	7990		261	8647
雷山县永乐镇	24765	19796	8987	1722		35	2239

续表 536　　（贵州省）　　计算单位：公顷、人、万元

名　称	行政区域面　积	常住人口	从业人员	二三产业从业人员	工　业总产值	城镇建成区 面 积	城镇建成区常住人口
雷山县郎德镇	7335	6902	4913	2069		10	1260
雷山县大塘镇	23363	18722	15048	1172	800.0	32	1462
雷山县望丰乡	9870	12411	9737	4233			
雷山县达地水族乡	7183	8460	5718	1208			
雷山县方祥乡	16147	4468	3913	1630			
麻江县杏山镇	20245	29780	29774	15300		450	19881
麻江县谷硐镇	18994	26680	17968	8307		136	5688
麻江县宣威镇	22251	24882	19467	5623		1750	3311
麻江县龙山镇	11027	12230	10709	4349		200	2187
麻江县贤昌镇	10380	12408	10987	4841		1067	3860
麻江县坝芒布依族乡	12774	16500	12008	5688			
丹寨县龙泉镇	11897	38803	22561	14825		1529	27193
丹寨县兴仁镇	18930	25311	19545	10282		93	3760
丹寨县排调镇	29363	18843	16613	8472		122	2236
丹寨县扬武镇	14980	37045	25300	13738		198	5010
丹寨县雅灰乡	8670	5526	5100	2210			
丹寨县南皋乡	9930	12000	8787	4432			
都匀市墨冲镇	33795	49341	29061	12684	104900.0	212	4660
都匀市平浪镇	40124	36083	12799	2155	6816.2	100	1276
都匀市毛尖镇	25001	21961	14224	7882		7	1128
都匀市匀东镇	49620	91025	57600	27544	274100.0	142	13078
都匀市归兰水族乡	15636	30423	22365	10122	1600.0		
福泉市凤山镇	11345	25526	10090	3536	17156.3	127	6673
福泉市陆坪镇	36269	48705	18358	3088	12200.0	138	7452
福泉市龙昌镇	13129	25820	13338	9791	293558.6	90	13704
福泉市牛场镇	24332	63280	39686	25748	258063.0	453	36950
福泉市道坪镇	22094	39057	22692	16105	343552.0	39	10417
福泉市仙桥乡	16202	13927	9610	6330			
荔波县朝阳镇	15442	13033	7100	3349	2038.6	287	6000
荔波县茂兰镇	29932	16733	9388	6140	112305.0	112	8100
荔波县甲良镇	24319	29817	20795	8342	14546.6	220	14797
荔波县佳荣镇	35434	17040	13602	7734	24986.0	31	3462
荔波县小七孔镇	30490	28929	19439	8462	11502.0	146	15917
荔波县瑶山瑶族乡	19048	10183	6545	2968	647.0		
荔波县黎明关水族乡	48576	19540	11612	6014	2139.0		
贵定县新巴镇	8100	11157	5620	1576	76.0	125	6862
贵定县德新镇	19350	23889	15515	6267	66376.0	19	4780
贵定县盘江镇	19720	26916	22324	12555	104513.8	166	4463
贵定县沿山镇	17870	21981	10861	4119	11250.0	100	4211
贵定县昌明镇	43830	49118	33377	12520	283451.0	372	9110
贵定县云雾镇	32800	33162	10741	4400	13248.0	129	5638
瓮安县平定营镇	8300	22569	8685	1082	12500.0	10	3900
瓮安县中坪镇	15800	24015	6988	1061		181	5214
瓮安县建中镇	22320	27135	21340	1672	78500.0	200	3842
瓮安县永和镇	17880	27658	13893	1543	101500.0	60	1230
瓮安县珠藏镇	27830	43360	23965	2615	22246.3	225	16532
瓮安县玉山镇	13470	27012	8378	622	131920.0	95	9586
瓮安县天文镇	11940	14901	5420	282		50	2574
瓮安县银盏镇	19750	30708	13738	2103	204200.0	785	20626
瓮安县猴场镇	22700	42810	18226	3546		562	32251

续表 537　　（贵州省）　　计算单位：公顷、人、万元

名　称	行政区域面积	常住人口	从业人员	二三产业从业人员	工业总产值	城镇建成区面积	城镇建成区常住人口
瓮安县江界河镇	16760	32255	17481	770		190	2349
瓮安县岚关乡	11600	15598	2952	1410			
独山县百泉镇	36188	86739	52610	48087	451000.0	6071	36361
独山县影山镇	20700	17683	11040	6325	42000.0	251	3435
独山县基长镇	27823	52668	37661	18131	53100.0	190	10382
独山县下司镇	28400	28385	17941	5513	29656.0	57	3018
独山县麻尾镇	47346	52450	31889	16804	382505.0	200	7358
独山县麻万镇	14093	35804	23977	12802	271420.0	312	25843
独山县上司镇	55550	45048	24207	9837	60111.0	246	11532
独山县玉水镇	14400	20422	18535	9220	30464.0	41	3800
平塘县平舟镇	24610	30302	18910	8489	29615.0	195	14065
平塘县牙舟镇	38401	24003	20663	9744	11003.0	887	11209
平塘县通州镇	31685	25796	20492	9122	38889.0	657	10988
平塘县大塘镇	28954	19104	16515	7458	9617.0	533	8016
平塘县克度镇	27782	29434	25456	13946	9245.0	525	8795
平塘县塘边镇	19427	22936	18080	7372		331	2500
平塘县甲茶镇	32848	24322	21858	10730	8972.0	542	6826
平塘县者密镇	37040	23593	18859	6697	4978.0	764	5811
平塘县四寨镇	20675	11149	10236	6224	2965.0	178	1065
平塘县卡蒲毛南族乡	10820	9824	8266	3194	8334.0		
罗甸县龙坪镇	49956	63349	46663	15388	238271.0	1100	44152
罗甸县边阳镇	52212	59297	46955	14562	13370.0	387	12473
罗甸县沫阳镇	40590	36222	19587	10087	8418.0	7071	14332
罗甸县逢亭镇	22097	16613	15692	7412	57758.0	15	5500
罗甸县罗悃镇	32645	20629	19309	10021	64178.0	14	9968
罗甸县茂井镇	31462	19605	14557	7507	66.0	200	780
罗甸县红水河镇	33346	15358	15144	7695	3099.0	14	4825
罗甸县木引镇	17712	16883	5603	1198	193.0	80	2650
罗甸县凤亭乡	21285	9697	6446	1272			
长顺县长寨街道	33500	68120	24064	7744	3350004.0	724	25190
长顺县广顺镇	38700	68401	46907	17087	140830.0	580	10372
长顺县摆所镇	21900	41100	15980	1700	20.0	177	15300
长顺县代化镇	16400	25320	8349	1418	55.0	195	3570
长顺县白云山镇	13000	22652	12747	5318	56880.0	43	2998
长顺县鼓扬镇	23991	25912	10706	1786	68.0	76	2390
长顺县敦操乡	6700	7729	3882	1262	1840.0		
龙里县龙山镇	31950	28896	18988	9683	145527.0	48	4789
龙里县醒狮镇	17800	18592	14827	7066	55789.0	45	4608
龙里县谷脚镇	22400	28930	24632	17130	892846.0	89	4012
龙里县湾滩河镇	24400	36356	26060	8595	30178.0	10	1200
龙里县洗马镇	32050	39765	32518	12355	50875.0	680	6573
惠水县好花红镇	25290	44633	41154	22158	13700.0	1170	27296
惠水县摆金镇	33910	46746	43613	23171	8800.0	120	7102
惠水县雅水镇	26800	29282	25802	15006	3100.0	43	4430
惠水县断杉镇	35910	34521	31954	17958	15200.0	85	6345
惠水县芦山镇	9150	14868	13237	7440	5100.0	230	6809
惠水县王佑镇	19280	24894	24548	15379	3500.0	32	3736
惠水县羡塘镇	22740	22382	21860	13494	2000.0	34	3478
惠水县岗度镇	28530	18603	18505	10400	3100.0	45	3960
三都水族自治县三合街道办事处	27720	58072	30073	13748	65835.6	550	26383

续表 538 （贵州省、云南省） 计算单位：公顷、人、万元

名　　称	行政区域面　　积	常住人口	从业人员	二三产业从业人员	工　业总产值	城镇建成区 面 积	城镇建成区常住人口
三都水族自治县大河镇	30260	59870	40912	10950	2608.0	2155	1850
三都水族自治县普安镇	16670	37118	24762	10531	1790.0	893	4601
三都水族自治县都江镇	59663	54287	31569	15472	2733.0	254	5404
三都水族自治县中和镇	38161	61166	43307	13442	2100.0	895	9456
三都水族自治县周覃镇	29836	57071	32363	9302	1809.0	731	6629
三都水族自治县九阡镇	38190	29804	21375	5847	1375.0	3365	2265
云南省							
东川区汤丹镇	29151	45120	22959	9188	108220.0	196	9237
东川区因民镇	14517	11819	7861	5138	52610.0	40	8614
东川区阿旺镇	27480	34921	21273	8769	14712.0	41	2392
东川区乌龙镇	13162	16780	15095	8265	1465.0	200	7550
东川区红土地镇	30199	20343	12277	3827	150.0	450	636
东川区拖布卡镇	19393	30640	21639	1025	10974.0	81	9021
东川区舍块乡	16766	8333	4209	2439	6000.0		
晋宁县晋城镇	25148	105476	59985	16306	368726.0	400	42611
晋宁县二街镇	16348	17576	9455	3228	405178.0	456	3479
晋宁县上蒜镇	12726	36759	19348	4073	130332.0	275	6392
晋宁县六街镇	10860	14159	8984	1074	58279.8	75	4566
晋宁县双河彝族乡	15203	8810	5815	1201	17936.0		
晋宁县夕阳彝族乡	15610	6517	6052	2678	9106.0		
富民县罗免镇	12500	15459	9042	3982	23322.0	300	14499
富民县赤鹫镇	16700	9958	5747	956	14683.0	55	4205
富民县东村镇	12000	14127	8958	2476	5067.0	21	4797
富民县款庄镇	18500	24125	14432	6155	27300.0	400	8355
富民县散旦镇	10100	11869	7358	2123	10741.0	26	3364
宜良县北古城镇	25820	58634	37778	11314	708720.0	360	6799
宜良县狗街镇	20778	61969	39525	15446	80500.0	158	12423
宜良县竹山镇	24492	28007	18279	3930	7262.0	30	2146
宜良县马街镇	11122	20356	10364	4135	2123.0	113	4142
宜良县耿家营彝族苗族乡	19921	18990	11032	2155	71151.0		
宜良县九乡彝族回族乡	30178	16938	11400	2203	316.0		
石林彝族自治县西街口镇	29147	19909	12861	2739	19633.0	28	2256
石林彝族自治县长湖镇	29912	17056	10288	920	4528.0	65	1054
石林彝族自治县圭山镇	32043	25350	21114	8019	153130.0	380	2108
石林彝族自治县大可乡	10498	16132	9652	1987	14019.0		
嵩明县小街镇	12100	67956	36313	18185	202485.0	330	19276
嵩明县杨林镇	16270	61356	28952	16035	192232.0	543	11971
嵩明县牛栏江镇	20900	57916	30754	13138	54049.0	32	8430
禄劝彝族苗族自治县撒营盘镇	51160	43994	31958	2330	180.0	140	8155
禄劝彝族苗族自治县转龙镇	25340	30580	20006	4830	4681.3	300	7041
禄劝彝族苗族自治县茂山镇	23700	38030	23795	7684	140.0	12	9700
禄劝彝族苗族自治县团街镇	19160	26806	2790	1490	450.0	32	760
禄劝彝族苗族自治县中屏镇	25010	19302	10703	1142	4701.0	101	1850
禄劝彝族苗族自治县皎平渡镇	25080	21779	13851	3506		30	578
禄劝彝族苗族自治县乌东德镇	18720	15954	10596	2766	1040.0	17	2240
禄劝彝族苗族自治县翠华镇	31010	33457	20917	4829	2013.0	60	4678
禄劝彝族苗族自治县九龙镇	37850	43218	8137	6102	4328.0	38	4356
禄劝彝族苗族自治县云龙乡	27590	11027	5570	330			
禄劝彝族苗族自治县汤郎乡	21250	12826	8685	1952			
禄劝彝族苗族自治县马鹿塘乡	22220	12131	11581	4628	105.0		

续表 539　　（云南省）　　计算单位：公顷、人、万元

名　称	行政区域面积	常住人口	从业人员	二三产业从业人员	工业总产值	城镇建成区面积	城镇建成区常住人口
禄劝彝族苗族自治县则黑乡	33640	28600	17081	4154	95.0		
禄劝彝族苗族自治县乌蒙乡	17980	17191	9703	2374			
禄劝彝族苗族自治县雪山乡	13380	12114	5797	1632	190.0		
寻甸回族彝族自治县羊街镇	16800	48627	25962	8374	61054.2	135	4900
寻甸回族彝族自治县柯渡镇	27196	35053	20925	7209	3549.0	68	2130
寻甸回族彝族自治县倘甸镇	21220	44426	25158	4436	13772.5	144	9686
寻甸回族彝族自治县功山镇	40465	41874	24085	7787	869.0	150	2196
寻甸回族彝族自治县河口镇	44100	36398	21083	3866	610.0	106	2639
寻甸回族彝族自治县七星镇	12700	19316	10597	1616	250.0	26	1219
寻甸回族彝族自治县先锋镇	15600	24294	12725	2862	75870.0	19	3671
寻甸回族彝族自治县鸡街镇	22680	30554	20170	4872	412.0	158	5350
寻甸回族彝族自治县凤合镇	22340	39729	25987	6011	3853.0	104	1430
寻甸回族彝族自治县六哨乡	24600	18147	11482	764	10032.2		
寻甸回族彝族自治县联合乡	16590	12861	7354	1085	2320.0		
寻甸回族彝族自治县金源乡	15400	20070	18540	8890	1785.0		
寻甸回族彝族自治县甸沙乡	20653	19781	13169	1987			
麒麟区越州镇	26200	67392	44851	18201	946247.0	360	8225
麒麟区东山镇	40700	81238	41312	10721	197871.0	160	6092
麒麟区茨营镇	19400	31353	23564	7437	16360.0	180	1023
马龙县马过河镇	13100	15096	9877	2127	47466.0	3	1125
马龙县纳章镇	15700	14085	8407	720	12344.0	20	2988
马龙县马鸣乡	23900	12949	8491	820	72120.0		
马龙县大庄乡	13400	13432	9039	908	4500.0		
马龙县月望乡	22500	29075	18697	3997	8300.0		
陆良县板桥镇	17788	95084	50465	18400	27800.0	17	12523
陆良县三岔河镇	12140	108653	56358	19366	65167.0	286	17150
陆良县马街镇	16412	110408	54245	13001	136996.0	2256	29214
陆良县召夸镇	18790	30416	18662	2451	68797.0	200	4130
陆良县大莫古镇	21590	52046	28318	5716	232000.0	200	8487
陆良县芳华镇	23400	32489	18911	4760	20180.0	150	5509
陆良县小百户镇	44987	41917	29040	5236	23852.0	147	5825
陆良县活水乡	20235	25686	14777	1342	11500.0		
陆良县龙海乡	17550	27296	17522	3763	8147.0		
师宗县雄壁镇	22500	54703	19901	4381	22037.0	120	9230
师宗县葵山镇	11544	38059	20591	4501	710.0	74	6991
师宗县彩云镇	18260	36822	20847	2438	1927.0	130	10343
师宗县竹基镇	22481	45512	27888	4938	8805.0	142	11330
师宗县龙庆彝族壮族乡	50120	38365	23214	2235	1035.0		
师宗县五龙壮族乡	47611	31345	19173	4848	1250.0		
师宗县高良壮族苗族瑶族乡	56138	28147	15195	2383			
罗平县板桥镇	18300	53719	31561	10913	118.0	420	18880
罗平县马街镇	26600	63278	32652	1561	2674.2	190	7436
罗平县富乐镇	20900	50993	45255	3025	4500.0	383	6638
罗平县阿岗镇	37200	66677	36671	4163	52440.0	250	8265
罗平县大水井乡	26100	27734	15772	4208	1786.0		
罗平县鲁布革布依族苗族乡	24900	15485	8208	1361	4200.0		
罗平县旧屋基彝族乡	11900	10540	5913	3018	15.0		
罗平县钟山乡	20800	24801	13436	1283	2916.0		
罗平县长底布依族乡	9700	13652	8963	3767	372.0		
罗平县老厂乡	20400	34951	24019	4946	8832.0		

续表 540 （云南省） 计算单位：公顷、人、万元

名　　称	行政区域面　积	常住人口	从业人员	二三产业从业人员	工　业总产值	城镇建成区 面 积	城镇建成区常住人口
富源县营上镇	16066	76654	42589	17898	57753.0	386	31325
富源县黄泥河镇	27183	56672	34024	1261	5610.0	430	24739
富源县竹园镇	16405	49671	24808	7888	95208.0	120	7041
富源县后所镇	43000	62054	39814	15208	42833.0	250	18256
富源县大河镇	24700	85922	35401	7533	44508.0	230	12600
富源县墨红镇	49550	60981	25793	5280	81353.0	156	4160
富源县富村镇	33600	98628	95125	5787	13605.0	300	29897
富源县十八连山镇	33400	61387	35875	14065	135356.0	191	14000
富源县老厂镇	23600	44072	24928	10345	157649.0	265	1943
富源县古敢水族乡	7654	12958	7830	2873	2529.0		
会泽县娜姑镇	25800	61401	54694	18324	2044.0	80	4735
会泽县迤车镇	46200	83878	49617	21531	978.0	514	28126
会泽县乐业镇	36200	63128	39626	12217	2524.0	128	8431
会泽县矿山镇	22500	22192	15526	5144	5042.0	88	3803
会泽县者海镇	36500	85855	51515	25303	20943.0	219	34930
会泽县大井镇	25300	38053	27098	8837	1035.0	67	4291
会泽县待补镇	35200	45667	31777	18634	6553.0	300	9206
会泽县大海乡	31100	25523	17156	3977	17051.0		
会泽县老厂乡	16300	19259	15583	2545	828.0		
会泽县五星乡	20900	28485	18479	3426	3604.0		
会泽县大桥乡	22200	30988	21277	4925	372.0		
会泽县纸厂乡	9800	17662	10616	2374			
会泽县马路乡	19600	26597	14996	2463			
会泽县火红乡	26800	31935	20127	5414	4236.0		
会泽县新街回族乡	25200	31882	22197	9316	3125.0		
会泽县雨碌乡	24500	37868	25632	13464	2396.0		
会泽县鲁纳乡	17500	18120	14687	8074			
会泽县上村乡	27000	30775	20072	3778			
会泽县驾车乡	29300	23371	15880	3749	145.0		
会泽县田坝乡	32600	31456	28468	10855	243.0		
沾益县白水镇	35135	38669	19825	6845	1443136.0	19	5720
沾益县盘江镇	12052	37483	16457	8550	44200.0	35	11260
沾益县炎方乡	45100	42214	15153	1794	196420.0		
沾益县播乐乡	28030	35980	20450	5950	27489.0		
沾益县大坡乡	48400	47498	26419	2491	3200.0		
沾益县菱角乡	51165	47991	25010	1500	42886.0		
沾益县德泽乡	15435	20545	10597	2245	34560.0		
宣威市格宜镇	24400	56616	36011	9101	18500.0	200	10281
宣威市田坝镇	27000	66988	32578	13224	3852.0	246	14427
宣威市羊场镇	26900	46055	30678	7545	164114.0	100	10271
宣威市倘塘镇	38440	89403	50658	8722	25800.0	90	10316
宣威市落水镇	23120	37999	22989	7099	16600.0	88	8097
宣威市务德镇	44900	42058	31126	9453	2325.0	70	3933
宣威市海岱镇	21900	58373	30102	12039	4110.0	200	16870
宣威市龙场镇	26169	43044	31362	15902	127993.0	218	17101
宣威市龙潭镇	31800	54360	33129	18493	21060.0	101	9656
宣威市热水镇	60900	80731	55950	4573	1087.0	21	7625
宣威市宝山镇	23100	62488	40590	14103	60320.0	170	8276
宣威市东山镇	29200	57430	30283	10338	53500.0	46	7265
宣威市普立乡	17200	29092	26755	3966	1608.0		

续表 541 （云南省） 计算单位：公顷、人、万元

名　　称	行政区域面　　积	常住人口	从业人员	二三产业从业人员	工　业总产值	城镇建成区 面 积	城镇建成区常住人口
宣威市西泽乡	36000	36136	24383	10594	1251.0		
宣威市得禄乡	21400	31520	22510	4947	764.0		
宣威市杨柳乡	16100	38248	24249	2988	4875.0		
宣威市双河乡	11130	36216	25924	1209	18000.0		
宣威市乐丰乡	24400	50182	30738	4485	26000.0		
宣威市文兴乡	13529	57160	28463	10177	23664.0		
宣威市阿都乡	12566	38353	21298	313	483.0		
红塔区小石桥彝族乡	7303	6478	5024	1713	31072.0		
红塔区洛河彝族乡	17061	10074	6479	2095	4331.0		
江川县江城镇	17800	70415	45887	11604	63549.0	120	8770
江川县前卫镇	8900	48543	30290	9433	115221.0	40	6729
江川县九溪镇	11400	27649	16779	4463	14637.0	38	3948
江川县路居镇	8100	27960	17124	4671	11388.0	17	5358
江川县安化彝族乡	9560	9182	5846	939	6049.0		
江川县雄关乡	6370	10934	7123	1045	19342.0		
澄江县右所镇	7840	39453	26154	5658	102382.0	305	15305
澄江县阳宗镇	13140	29772	15201	2758	28500.0	3	3867
澄江县海口镇	10270	11506	7683	912	5680.0	55	2320
澄江县九村镇	10930	12126	8258	1483	256048.0	100	2326
通海县杨广镇	9700	49492	31132	6623	105892.0	134	12747
通海县河西镇	18804	50108	30704	9810	180218.0	135	6442
通海县四街镇	7436	44252	28231	8714	303680.0	350	10730
通海县纳古镇	1200	14622	4623	3646	600104.0	215	6562
通海县里山彝族乡	10011	8622	5861	982	110560.0		
通海县高大傣族彝族乡	11000	11204	8057	1553	19697.0		
通海县兴蒙乡	447	5650	3695	1179	9688.0		
华宁县盘溪镇	17690	53017	31665	9633	117336.0	189	22155
华宁县华溪镇	15100	13969	9439	723	4396.0	60	5250
华宁县青龙镇	43315	53769	31166	4799	67385.0	63	13767
华宁县通红甸彝族苗族乡	11500	8586	6551	317	4282.0		
易门县绿汁镇	23170	15409	8481	2711	20961.0	54	5393
易门县浦贝彝族乡	17890	16499	10390	4203	57388.0		
易门县十街彝族乡	15944	11242	8511	2480	4323.0		
易门县铜厂彝族乡	29269	21461	10870	2356	6204.0		
易门县小街乡	15470	12354	7709	2307	3114.0		
峨山彝族自治县甸中镇	24900	20043	12156	3838	17981.0	40	5854
峨山彝族自治县化念镇	24600	16392	10029	2853	52310.0	20	747
峨山彝族自治县塔甸镇	21900	14365	8548	1521	16731.0	52	3455
峨山彝族自治县岔河乡	24500	10322	6341	1855			
峨山彝族自治县大龙潭乡	32200	13188	8134	1593	332.0		
峨山彝族自治县富良棚乡	19300	10872	6880	832	1951.0		
新平彝族傣族自治县扬武镇	48700	22494	13427	5260	875401.0	210	5769
新平彝族傣族自治县漠沙镇	68400	47948	28764	7404	22115.0	163	5799
新平彝族傣族自治县戛洒镇	41079	49062	23616	6790	561813.0	290	11631
新平彝族傣族自治县水塘镇	30200	21786	13200	3061	7496.0	38	2772
新平彝族傣族自治县平甸乡	43560	13458	8827	1452	73.0		
新平彝族傣族自治县新化乡	49000	24196	19139	4743	218.0		
新平彝族傣族自治县建兴乡	20500	10506	10215	3235	1337.0		
新平彝族傣族自治县老厂乡	44221	16776	11467	2855	1612.0		
新平彝族傣族自治县者竜乡	30600	12125	7647	1971	628.0		

续表 542 （云南省） 计算单位：公顷、人、万元

名　　称	行政区域面　　积	常住人口	从业人员	二三产业从业人员	工　业总产值	城镇建成区 面 积	城镇建成区常住人口
新平彝族傣族自治县平掌乡	24400	11336	8784	1494	761.0		
元江哈尼族彝族傣族自治县曼来镇	39400	36001	18335	2233	245.0	129	2932
元江哈尼族彝族傣族自治县因远镇	32980	29861	18183	2335	55702.0	81	5453
元江哈尼族彝族傣族自治县龙潭乡	27200	5550	4977	1626			
元江哈尼族彝族傣族自治县羊街乡	16100	18773	9771	2706	8.0		
元江哈尼族彝族傣族自治县那诺乡	15200	17295	13032	3568			
元江哈尼族彝族傣族自治县洼垤乡	32900	10019	5996	1471			
元江哈尼族彝族傣族自治县咪哩乡	19013	14736	8899	1620	130.8		
隆阳区板桥镇	34600	103910	48267	26655	304899.0	350	9694
隆阳区河图镇	18900	49216	30424	16228	18439.0	150	6355
隆阳区汉庄镇	21700	75330	38920	13229	253300.0	349	9094
隆阳区蒲缥镇	31200	50273	29021	5105	65971.0	120	5730
隆阳区瓦窑镇	44600	37741	21077	4801	135600.0	120	6390
隆阳区潞江镇	75600	77042	45593	4034	50972.0	1485	8120
隆阳区金鸡乡	5200	26616	17065	9132	38981.0		
隆阳区辛街乡	14100	69418	38945	9288	63506.0		
隆阳区西邑乡	25600	62779	35344	3766	28703.0		
隆阳区丙麻乡	22900	26930	17810	3145	7001.0		
隆阳区瓦渡乡	23400	24218	14190	1754	6543.0		
隆阳区水寨乡	10700	14323	7753	1078	4280.0		
隆阳区瓦马彝族白族乡	30700	23829	14310	1376	984.0		
隆阳区瓦房彝族苗族乡	30000	32762	13813	1904	11685.0		
隆阳区杨柳白族彝族乡	49200	39542	23453	4948	21723.0		
隆阳区芒宽彝族傣族乡	54400	44728	29126	9301	85930.0		
施甸县甸阳镇	13200	57383	22304	9610	36130.0	34	29556
施甸县由旺镇	11700	35906	24565	7577	25218.0	134	6555
施甸县姚关镇	19500	37785	19770	5199	30900.0	98	6100
施甸县仁和镇	13900	54021	30581	7913	22331.0	156	7352
施甸县太平镇	23684	30837	19145	3806		85	3545
施甸县万兴乡	9500	14125	10061	2535	8019.0		
施甸县摆榔彝族布朗族乡	8040	6883	4329	1244			
施甸县酒房乡	31800	25930	15074	1344	13002.0		
施甸县旧城乡	22600	15651	10299	2077	41176.0		
施甸县木老元布朗族彝族乡	7700	5671	4042	1248			
施甸县老麦乡	11200	22035	13191	1031			
施甸县何元乡	13800	16006	10338	1603			
施甸县水长乡	9500	18012	9950	1307	62254.0		
龙陵县龙山镇	31754	54996	19211	4714	484748.0	480	33625
龙陵县镇安镇	25620	44376	23288	2461	46610.0	87	8700
龙陵县勐糯镇	22782	16408	8503	1481	90150.0	150	8619
龙陵县龙江乡	19480	30417	16561	1523	20900.0		
龙陵县腊勐乡	18194	20746	13548	1025	20870.0		
龙陵县碧寨乡	28314	21429	12488	1726	22750.0		
龙陵县龙新乡	31810	29137	17747	2447	45200.0		
龙陵县象达乡	42587	33905	21147	4342	20880.0		
龙陵县平达乡	35620	26559	18303	5604	20360.0		
龙陵县木城彝族傈僳族乡	23420	8308	5583	860	3600.0		
昌宁县田园镇	25600	63200	27723	14589	392742.0	870	35102
昌宁县漭水镇	31100	26662	15657	3736	24235.0	25	4876
昌宁县柯街镇	21100	33259	19335	3487	48966.5	150	4315

续表 543 （云南省） 计算单位：公顷、人、万元

名称	行政区域面积	常住人口	从业人员	二三产业从业人员	工业总产值	城镇建成区面积	城镇建成区常住人口
昌宁县卡斯镇	24400	39718	24522	4938	82323.0	132	4571
昌宁县勐统镇	29800	25624	15519	3962	52251.0	81	1659
昌宁县温泉镇	22500	26913	15622	2483	45503.0	240	3000
昌宁县大田坝镇	31200	22124	13089	2885	19404.0	13	2212
昌宁县鸡飞镇	33800	19561	12331	2021	12303.0	55	1710
昌宁县翁堵镇	19100	14794	9669	735	19514.0	3	350
昌宁县湾甸傣族乡	31600	17423	11727	1984	95778.0		
昌宁县更戛乡	54700	25331	14744	1128	20737.0		
昌宁县珠街彝族乡	28100	14800	9347	1102	10100.0		
昌宁县耇街彝族苗族乡	35800	23907	13743	1510	22732.0		
腾冲市腾越镇	28000	121848	44976	19556	588416.0	4233	74809
腾冲市固东镇	24200	44570	27872	11736	52540.0	280	5723
腾冲市滇滩镇	40400	28416	17475	7512	104925.0	589	5120
腾冲市猴桥镇	110600	30412	16166	3879	46330.0	200	6032
腾冲市和顺镇	1800	6795	4794	2144	68604.0	1800	6795
腾冲市界头镇	83900	69937	47818	12676	1600.0	67	5830
腾冲市曲石镇	37300	44784	26640	5020	27624.0	180	3976
腾冲市明光镇	73100	40570	24140	7461	57600.0	548	6007
腾冲市中和镇	41200	40855	23047	4436	70000.0	375	4900
腾冲市芒棒镇	29600	44240	24056	2673	3500.0	150	2646
腾冲市荷花镇	13200	28778	18741	9333	161678.0	550	9870
腾冲市马站乡	16800	28882	9320	3176	29087.0		
腾冲市北海乡	18100	24759	11632	5306			
腾冲市清水乡	9900	16779	8905	1929	4020.0		
腾冲市五合乡	16900	35616	15352	4053	2210.0		
腾冲市新华乡	12100	17904	10942	1524	10100.0		
腾冲市蒲川乡	17500	29354	15518	2919	19871.0		
腾冲市团田乡	9900	19830	9435	2280	11560.0		
昭阳区旧圃镇	8740	70057	35235	17281	4235.0	42	6904
昭阳区永丰镇	9140	44257	17837	6403	7766.0	81	4027
昭阳区北闸镇	12279	56421	33324	15436	90596.0	254	4837
昭阳区盘河镇	15390	24691	13400	5750	1500.0	1	855
昭阳区靖安镇	17608	41988	23191	1563	1903.0	2	2006
昭阳区洒渔镇	20622	51678	36024	2565	1530.0	213	4926
昭阳区乐居镇	8295	32763	19012	10500	2000.0	34	4890
昭阳区苏家院镇	10939	35296	17961	6259	762.0	20	861
昭阳区大山包镇	19200	17995	8607	767		15	1098
昭阳区炎山镇	7760	15428	11893	2441		76	2139
昭阳区布嘎回族乡	9390	32499	18409	1578	48.0		
昭阳区守望回族乡	6837	44517	23460	6754	1809.0		
昭阳区小龙洞回族彝族乡	12332	34804	19349	3801	2422.0		
昭阳区青岗岭回族彝族乡	11120	27797	14024	5707	2695.7		
昭阳区苏甲乡	21298	28169	14683	1915	76.0		
昭阳区大寨子乡	7800	13785	8607	1924			
昭阳区田坝乡	5671	14345	7221	489			
鲁甸县文屏镇	8531	80453	33343	16709	69910.0	302	33609
鲁甸县水磨镇	26862	34984	22550	7641	203.0	20	1645
鲁甸县龙头山镇	21213	49662	27815	1921	1677.0	97	7310
鲁甸县小寨镇	9692	18687	13621	1276	2138.0	4	6893
鲁甸县江底镇	14142	27706	17220	1768	5220.0	15	408

续表 544 （云南省） 计算单位：公顷、人、万元

名　　称	行政区域面　　积	常住人口	从业人员	二三产业从业人员	工　业总产值	城镇建成区面积	城镇建成区常住人口
鲁甸县火德红镇	9093	19299	10673	2089	6345.4	8	2732
鲁甸县龙树镇	11231	35942	23575	6443	1790.0	50	5665
鲁甸县新街镇	11310	19300	11972	414	1160.0	41	3876
鲁甸县梭山镇	13620	26093	11892	2239	22738.0	4	589
鲁甸县乐红镇	12718	34618	16911	3766	33174.0	15	2615
鲁甸县桃源回族乡	6037	34486	19158	2247	47761.0		
鲁甸县茨院回族乡	3956	27970	16068	4643	107830.0		
巧家县白鹤滩镇	33323	101650	41907	13356	64407.6	503	43687
巧家县大寨镇	19780	36151	21595	1600		150	7926
巧家县小河镇	18910	37514	22538	1097	2130.0	25	869
巧家县药山镇	38710	40629	24176	4864	995.0	28	2174
巧家县马树镇	29630	33774	20417	243	248.2	26	3714
巧家县老店镇	43430	54916	42206	2120	313.0	11	1062
巧家县茂租镇	13430	19881	9418	1209	5100.0	25	856
巧家县东坪镇	15920	25116	15773	708	2000.0	56	5321
巧家县新店镇	15600	32662	21975	1422	15100.0	15	2700
巧家县崇溪镇	24950	39853	21265	2578		100	3704
巧家县金塘镇	12670	16687	10461	1852	252.0	11	1316
巧家县蒙姑镇	12630	14762	7300	375		30	510
巧家县红山乡	10950	17410	11583	924	730.0		
巧家县包谷垴乡	12549	22652	15663	609	485.0		
巧家县中寨乡	8460	12098	7981	1256	120.0		
巧家县炉房乡	13360	22084	20131	489	204.0		
盐津县盐井镇	23400	59392	29509	17339	13000.0	174	17604
盐津县普洱镇	37300	64964	28771	13041	8564.0	150	7176
盐津县豆沙镇	15600	22741	9728	2335		1	3380
盐津县中和镇	23970	36486	17022	7905	2365.0	201	7812
盐津县庙坝镇	33600	49185	21223	9622	3711.0	50	2763
盐津县柿子镇	17400	24438	11025	4844	60111.0	6	4173
盐津县兴隆乡	15500	37707	21497	12130	2915.0		
盐津县落雁乡	13000	26789	13926	5865	1138.0		
盐津县滩头乡	13700	28576	13395	5626	4267.0		
盐津县牛寨乡	15700	33990	20984	8610	349.0		
大关县翠华镇	15481	41860	23338	12155	33687.0	622	12570
大关县玉碗镇	10207	16080	9644	4772	8710.0	490	4695
大关县吉利镇	12627	13921	12161	4494	20023.0	125	1392
大关县天星镇	41003	58616	34088	6013	18380.0	880	4682
大关县木杆镇	24114	27169	14828	3223	700.0	50	1756
大关县悦乐镇	15028	30502	19713	7805	110.0	30	1932
大关县寿山镇	18220	28956	14466	3640	54385.0	8	1197
大关县高桥镇	24779	19745	10070	1815	1420.0	15	1970
大关县上高桥回族彝族苗族乡	10641	19329	9554	910			
永善县溪洛渡镇	33552	97478	43535	16353	809122.0	670	50102
永善县桧溪镇	9150	16786	10346	4404	7150.0	52	1970
永善县黄华镇	20127	55144	29126	11442	8436.0	190	8726
永善县茂林镇	26567	19524	13152	2195	3142.0	150	2820
永善县大兴镇	14089	30883	18024	4686	15650.0	53	6585
永善县莲峰镇	28661	36937	17648	3818	3012.0	175	1812
永善县务基镇	13500	24396	15377	2580	1793.0	200	1328
永善县码口镇	14493	25735	16797	4483	3723.0	121	2550

续表 545　　（云南省）　　计算单位：公顷、人、万元

名　称	行政区域面积	常住人口	从业人员	二三产业从业人员	工业总产值	城镇建成区面积	城镇建成区常住人口
永善县团结乡	19829	20433	10538	1697	5556.0		
永善县细沙乡	15993	19340	11422	1866	4351.0		
永善县青胜乡	9215	11350	6096	1605	1360.0		
永善县马楠苗族彝族乡	20971	10008	5961	711	1502.0		
永善县水竹乡	17915	7157	5177	792	1306.0		
永善县墨翰乡	16552	23011	13465	3585	5896.0		
永善县伍寨彝族苗族乡	17259	12024	6911	1807	1532.0		
绥江县中城镇	24597	83215	25946	9663	17946.7	560	36810
绥江县南岸镇	8412	15279	8650	3225	65.4	27	3445
绥江县新滩镇	8210	21817	18501	4634	19482.0	16	5949
绥江县会仪镇	10100	19011	11205	7669	12871.2	36	4964
绥江县板栗镇	22792	19578	8913	1390	5394.9	1774	1539
镇雄县乌峰镇	13039	135412	26283	4755	113493.0	2346	73447
镇雄县泼机镇	12740	119818	50906	16349	63599.0	85	9046
镇雄县黑树镇	8707	24900	14400	4534	505.0	200	5343
镇雄县母享镇	13000	54162	32516	10061	15521.0	112	9120
镇雄县大湾镇	11935	53081	26109	4089	510.0	220	3432
镇雄县以勒镇	17500	70484	42803	10205	4952.0	260	4578
镇雄县赤水源镇	17400	64894	33900	14900	47850.0	202	6780
镇雄县芒部镇	15300	46368	21826	3997	5745.0	120	9080
镇雄县雨河镇	13700	42623	21685	9573	13021.0	234	5036
镇雄县罗坎镇	21600	76147	37447	4858	1632.0	54	3786
镇雄县牛场镇	16700	41599	18917	5539	8500.0	182	3240
镇雄县五德镇	19000	73738	41594	15980	36866.0	69	5218
镇雄县坡头镇	15124	58805	30909	10060	12152.0	11	8180
镇雄县以古镇	16800	29652	16624	3896		100	2481
镇雄县场坝镇	17500	55953	26563	6817	2000.0	176	3172
镇雄县塘房镇	9500	61415	29035	9474	21768.0	65	2109
镇雄县中屯镇	7367	63471	26808	4732	15372.0	110	5095
镇雄县木卓镇	8700	27130	18772	3844		50	2264
镇雄县盐源镇	15300	35915	22863	4230	900.0	70	2000
镇雄县碗厂镇	15240	16344	13442	3742	1052.0	89	1953
镇雄县坪上镇	9800	41245	18421	7054	6000.0	80	2101
镇雄县鱼洞乡	5461	17768	8846	2595	60.0		
镇雄县花朗乡	5948	19711	10660	3508	990.0		
镇雄县尖山乡	6500	30229	15565	5616	25.0		
镇雄县杉树乡	15900	18834	12143	7586	50.0		
镇雄县花山乡	18900	25104	15471	3348	17852.0		
镇雄县果珠彝族乡	9089	36814	22614	6934	1855.0		
镇雄县林口彝族苗族乡	11800	42266	23956	7321	32782.0		
彝良县角奎镇	33744	86430	70467	24082	158.0	400	16721
彝良县洛泽河镇	27917	59722	35902	9728	213699.0	40	2683
彝良县牛街镇	17650	34953	19385	6396	5103.0	16	4095
彝良县海子镇	19203	30931	22845	1750		8	331
彝良县荞山镇	20263	41620	26811	5646	5368.0	2	146
彝良县龙安镇	12872	24408	14178	1682	3500.0	30	1191
彝良县钟鸣镇	10566	19663	9632	1801	300.0	4	1306
彝良县两河镇	16364	21506	13941	1432	795.0	28	1749
彝良县小草坝镇	20692	26402	17969	3876	6500.0	20	3000
彝良县龙海镇	15332	22062	13546	1250		14	1769

续表 546　　　　（云南省）　　　　计算单位：公顷、人、万元

名　　称	行政区域面　　积	常住人口	从业人员	二三产业从业人员	工　业总产值	城镇建成区 面 积	城镇建成区常住人口
彝良县龙街苗族彝族乡	23861	47205	17898	5005	243.9		
彝良县奎香苗族彝族乡	22825	52154	31935	7175	136.0		
彝良县树林彝族苗族乡	11861	23782	12416	2297			
彝良县柳溪苗族乡	9696	21881	11842	2299	3673.0		
彝良县洛旺苗族乡	17035	31051	17183	5690	900.0		
威信县扎西镇	33800	118480	48412	18640	92421.0	460	45631
威信县旧城镇	16200	26173	16136	5681	27064.0	110	6450
威信县罗布镇	16400	53694	28538	9587	72319.0	6	1150
威信县林凤镇	13300	41550	21960	10937	24409.0	100	12877
威信县长安镇	7800	30108	14014	2766	27430.0	20	4500
威信县庙沟镇	5700	21222	8330	3678	36205.0	15	3000
威信县水田镇	4500	13966	8645	4689	36040.0	100	1394
威信县双河苗族彝族乡	14500	32376	15410	3989	75774.0		
威信县高田乡	17300	30268	17874	10280	20560.0		
威信县三桃乡	10500	33485	19930	3569	20660.0		
水富县向家坝镇	6135	18237	12614	5010	37602.0	120	2524
水富县太平镇	19917	17606	9794	3290	400.0	150	935
水富县两碗镇	12228	17462	8375	2674	6570.0	12	968
古城区金安镇	14450	5946	3708	589	258510.0	5	160
古城区七河镇	37300	22277	11434	4529	54.0	5	423
古城区大东乡	22090	6858	4786	967	2730.0		
古城区金江白族乡	8920	3381	2933	1109			
玉龙纳西族自治县黄山镇	9220	7518	4757	2598	100000.0	250	4502
玉龙纳西族自治县石鼓镇	64350	22517	16787	1662	960.0	170	3472
玉龙纳西族自治县巨甸镇	37910	21323	14601	510	110.0	70	6529
玉龙纳西族自治县白沙镇	26850	8607	6276	2550	15.0	15	1427
玉龙纳西族自治县拉市镇	13920	16795	14995	6322	5785.0	17	2835
玉龙纳西族自治县奉科镇	34630	7825	5334	234		17	1490
玉龙纳西族自治县鸣音镇	33280	7021	5811	1201	3900.0	22	1610
玉龙纳西族自治县太安乡	29430	9494	6413	237	48.0		
玉龙纳西族自治县龙蟠乡	30680	10349	6902	610	70.0		
玉龙纳西族自治县黎明傈僳族乡	81230	15825	7834	1315	4000.0		
玉龙纳西族自治县鲁甸乡	63240	17432	10399	999	2350.0		
玉龙纳西族自治县塔城乡	26250	8903	6287	613			
玉龙纳西族自治县大具乡	49890	10318	6565	1061			
玉龙纳西族自治县宝山乡	43180	8508	6255	1676			
玉龙纳西族自治县石头白族乡	57390	9403	5980	275			
玉龙纳西族自治县九河白族乡	37850	28019	25651	8240	976.0		
永胜县永北镇	24270	55700	28084	12280	126916.0	456	22796
永胜县仁和镇	45530	24445	22975	10412	15668.0	3806	2950
永胜县期纳镇	23480	38242	23432	2004	63214.0	155	6844
永胜县三川镇	26026	65579	34139	17201	36439.0	250	4986
永胜县程海镇	40864	38993	25302	3825	23450.0	2991	4450
永胜县涛源镇	44240	38144	26168	4827	11414.0	92	6503
永胜县鲁地拉镇	48810	12722	7815	420	22987.0	3	2190
永胜县片角镇	38180	22556	13285	1060	1588.0	572	5145
永胜县顺州镇	48550	31795	30965	12228	953.0	462	4955
永胜县羊坪彝族乡	16410	7866	4389	198			
永胜县六德傈僳族彝族乡	33080	14595	6651	361	12362.0		
永胜县东山傈僳族彝族乡	37920	8184	4666	152			

续表 547　　　　（云南省）　　　　计算单位：公顷、人、万元

名　称	行政区域面积	常住人口	从业人员	二三产业从业人员	工业总产值	城镇建成区面积	城镇建成区常住人口
永胜县光华傈僳族彝族乡	17020	13732	12056	2745			
永胜县松坪傈僳族彝族乡	29080	7728	3900	650	350.0		
永胜县大安彝族纳西族乡	24070	14866	9304	3266	1801.0		
华坪县中心镇	32460	48693	18972	10537	138422.0	57	23937
华坪县荣将镇	41290	31433	14982	3303	11062.0	13	7150
华坪县兴泉镇	22870	18262	10315	2510	100700.0	20	6850
华坪县石龙坝镇	31550	15439	11267	4704	120390.0	13	1230
华坪县新庄傈僳族傣族乡	27660	17638	10925	1031	2456.0		
华坪县通达傈僳族乡	15170	8350	4981	601	3607.0		
华坪县永兴傈僳族乡	31460	13384	8668	980	12563.0		
华坪县船房傈僳族傣族乡	17360	8722	8027	1756	11207.0		
宁蒗彝族自治县大兴镇	38860	44816	22085	6770	17601.0	470	10373
宁蒗彝族自治县拉伯乡	45370	9112	8558	2192			
宁蒗彝族自治县永宁乡	62100	21007	11510	5100	600.0		
宁蒗彝族自治县翠玉傈僳族普米族乡	61760	15361	15351	759	697.0		
宁蒗彝族自治县红桥乡	51500	21287	12950	1359	21394.0		
宁蒗彝族自治县宁利乡	33581	15404	7422	3164			
宁蒗彝族自治县金棉乡	26173	7155	5738	76			
宁蒗彝族自治县西川乡	40475	15696	7662	740	1223.0		
宁蒗彝族自治县西布河乡	49550	20161	12177	7791	30.0		
宁蒗彝族自治县战河乡	49500	21800	14469	1900	21992.0		
宁蒗彝族自治县永宁坪乡	24710	8532	4181	429	2180.0		
宁蒗彝族自治县跑马坪乡	25500	11461	6934	214	1946.0		
宁蒗彝族自治县蝉战河乡	25976	7630	5910	201	31.0		
宁蒗彝族自治县新营盘乡	22709	20000	9533	4699	355.0		
宁蒗彝族自治县烂泥箐乡	44800	12597	8938	2304	6223.0		
思茅区思茅镇	20350	128937	65604	59980	17142.0	1300	17358
思茅区南屏镇	50500	99389	41389	33795	24516.0	2002	38214
思茅区倚象镇	105052	42027	28808	4706	1964.0	22	5393
思茅区思茅港镇	65000	26035	9681	1233	64183.0	200	11334
思茅区六顺镇	52400	13405	7728	1513	39600.0	230	2562
思茅区龙潭彝族傣族乡	30700	10840	6489	655	570.0		
思茅区云仙彝族乡	68100	18047	10997	3789			
宁洱哈尼族彝族自治县宁洱镇	53800	70928	23740	6538	114231.0	250	1082
宁洱哈尼族彝族自治县磨黑镇	49000	22287	13091	2429	507.0	82	2783
宁洱哈尼族彝族自治县德化镇	34800	13250	7727	1468	1914.0	50	1653
宁洱哈尼族彝族自治县同心镇	33200	13724	9610	347	9699.0	31	1908
宁洱哈尼族彝族自治县勐先镇	48300	21236	11851	1709	602.0	99	2023
宁洱哈尼族彝族自治县梅子镇	30900	7787	5162	914	3937.9	50	2500
宁洱哈尼族彝族自治县德安乡	32600	9282	5273	940	11.0		
宁洱哈尼族彝族自治县普义乡	36500	8385	5879	484	140.0		
宁洱哈尼族彝族自治县黎明乡	46900	9527	5295	768	453.0		
墨江哈尼族自治县联珠镇	68100	85650	37689	7003	173961.0	480	38400
墨江哈尼族自治县通关镇	54900	28996	13939	2257	2783.0	100	7922
墨江哈尼族自治县龙坝镇	26100	22955	12357	1416	21.0	48	1688
墨江哈尼族自治县新安镇	30500	18754	9415	521	2783.0	50	1092
墨江哈尼族自治县团田镇	47900	16439	8000	1346		55	3348
墨江哈尼族自治县新抚镇	28900	20127	8241	311		60	3770
墨江哈尼族自治县景星镇	41100	23464	12539	1747	600.0	48	3164
墨江哈尼族自治县鱼塘镇	29000	17245	7447	330		65	4567

续表 548　（云南省）　计算单位：公顷、人、万元

名　　称	行政区域面积	常住人口	从业人员	二三产业从业人员	工业总产值	城镇建成区面积	城镇建成区常住人口
墨江哈尼族自治县文武镇	36500	21866	9799	977		66	3524
墨江哈尼族自治县坝溜镇	26900	25836	12258	1612		55	3260
墨江哈尼族自治县泗南江镇	31000	22070	9556	925	19411.0	45	3021
墨江哈尼族自治县雅邑镇	34300	21974	11455	1079	600.0	50	3600
墨江哈尼族自治县孟弄彝族乡	21100	12762	5835	232	27.0		
墨江哈尼族自治县龙潭乡	22800	14459	5898	230			
墨江哈尼族自治县那哈乡	18900	15509	7473	1193			
景东彝族自治县锦屏镇	53039	69760	20915	6364	176086.0	570	37712
景东彝族自治县文井镇	84267	66618	40132	7658	21889.0	108	8713
景东彝族自治县漫湾镇	30623	19801	13158	2778	828.0	100	4150
景东彝族自治县大朝山东镇	54925	27385	18030	1746	3256.0	63	2741
景东彝族自治县花山镇	29466	27820	17862	4467	2485.0	40	1759
景东彝族自治县大街镇	18783	22243	13295	2215	17509.0	36	2447
景东彝族自治县太忠镇	29288	22512	13765	1024	5210.0	37	1659
景东彝族自治县文龙镇	28626	17631	11460	1076	151.0	41	1877
景东彝族自治县安定镇	23075	20556	12383	1495	126.0	41	1946
景东彝族自治县景福镇	28320	21221	10953	1831	53.0	32	2051
景东彝族自治县曼等乡	17121	16136	9117	958	20.0		
景东彝族自治县龙街乡	27277	20444	12693	1258	122.0		
景东彝族自治县林街乡	21856	13673	9379	1862	32.0		
景谷傣族彝族自治县威远镇	112700	96800	39366	9033	235684.0	890	29948
景谷傣族彝族自治县永平镇	146566	64200	39182	1495	16259.0	261	3988
景谷傣族彝族自治县正兴镇	87000	17200	11704	988	9100.0	110	2962
景谷傣族彝族自治县民乐镇	71800	26996	17140	2792	24985.0	32	2462
景谷傣族彝族自治县凤山镇	52060	17602	12937	2919	6166.0	20	2916
景谷傣族彝族自治县景谷镇	26700	15342	11620	2245	5419.0	70	5320
景谷傣族彝族自治县碧安乡	94700	20200	13448	2196			
景谷傣族彝族自治县益智乡	80900	12500	8214	1829	2972.0		
景谷傣族彝族自治县半坡乡	35510	9568	7336	1668			
景谷傣族彝族自治县勐班乡	47678	18100	14282	1917	2451.0		
镇沅彝族哈尼族拉祜族自治县恩乐镇	50100	31547	13047	3684	13412.2	252	20029
镇沅彝族哈尼族拉祜族自治县按板镇	44600	21404	11731	2341	43526.8	62	4686
镇沅彝族哈尼族拉祜族自治县勐大镇	86900	44381	23231	1271	2430.0	101	5132
镇沅彝族哈尼族拉祜族自治县者东镇	57590	28671	17784	2649	7938.0	48	4046
镇沅彝族哈尼族拉祜族自治县九甲镇	19850	16064	9163	1689	6504.3	13	621
镇沅彝族哈尼族拉祜族自治县古城镇	40640	14563	8758	957	1200.0	24	3090
镇沅彝族哈尼族拉祜族自治县振太镇	66100	35546	18873	3639	8001.9	50	1601
镇沅彝族哈尼族拉祜族自治县和平镇	21731	12078	8075	2771	89783.0	29	861
镇沅彝族哈尼族拉祜族自治县田坝乡	25700	7146	4576	636	860.0		
江城哈尼族彝族自治县勐烈镇	37440	31849	14083	6495	14316.0	657	19951
江城哈尼族彝族自治县整董镇	29600	12915	7073	1002	13066.0	11	426
江城哈尼族彝族自治县曲水镇	59268	19139	10819	5356	34308.0	36	2650
江城哈尼族彝族自治县宝藏镇	52530	9455	5186	1034	8649.0	32	3225
江城哈尼族彝族自治县康平镇	79690	24084	14637	2437	29014.0	15	811
江城哈尼族彝族自治县国庆乡	35650	13511	8927	2381	7109.0		
江城哈尼族彝族自治县嘉禾乡	54552	15472	8467	1115	33648.0		
孟连傣族拉祜族佤族自治县娜允镇	35900	49670	17136	2389	73386.0	464	38400
孟连傣族拉祜族佤族自治县勐马镇	50100	30367	20877	607	27454.0	81	5394
孟连傣族拉祜族佤族自治县芒信镇	34100	15947	9245	195	703.0	43	1364
孟连傣族拉祜族佤族自治县富岩镇	23900	14497	7921	62	4451.0	25	500

续表 549　　（云南省）　　计算单位：公顷、人、万元

名　　称	行政区域面　　积	常住人口	从业人员	二三产业从业人员	工　业总产值	城镇建成区 面 积	城镇建成区常住人口
孟连傣族拉祜族佤族自治县景信乡	17000	13194	8216	399	1440.0		
孟连傣族拉祜族佤族自治县公信乡	26919	16471	8033	236	1701.0		
澜沧拉祜族自治县勐朗镇	71000	87316	24170	3644	93149.0	470	55126
澜沧拉祜族自治县上允镇	43300	44665	26675	7101	30980.0	300	8670
澜沧拉祜族自治县糯扎渡镇	93700	28285	18937	2675	493.0	15	3050
澜沧拉祜族自治县惠民镇	39400	17853	9803	683	10303.0	52	2009
澜沧拉祜族自治县东回镇	33000	15197	10365	398	72.0	1	1035
澜沧拉祜族自治县发展河哈尼族乡	46800	16123	10284	881	130.0		
澜沧拉祜族自治县谦六彝族乡	89600	45804	26910	1926	83.2		
澜沧拉祜族自治县糯福乡	89200	17408	11304	604	1554.0		
澜沧拉祜族自治县东河乡	25600	14248	9485	508			
澜沧拉祜族自治县大山乡	23300	16860	15552	352			
澜沧拉祜族自治县南岭乡	47100	24275	15627	1733			
澜沧拉祜族自治县雪林佤族乡	22200	12764	7788	646			
澜沧拉祜族自治县木戛乡	27800	16287	10639	2121			
澜沧拉祜族自治县酒井哈尼族乡	38100	14109	7639	1128			
澜沧拉祜族自治县拉巴乡	32300	13667	9439	882	30.0		
澜沧拉祜族自治县竹塘乡	63600	32078	19681	1329	8888.0		
澜沧拉祜族自治县富邦乡	33200	20305	14913	2711	43.0		
澜沧拉祜族自治县安康佤族乡	19700	12793	7027	418			
澜沧拉祜族自治县文东佤族乡	18000	14524	8436	1248			
澜沧拉祜族自治县富东乡	23800	13841	10178	1203	200.0		
西盟佤族自治县勐梭镇	25816	23388	9503	1734	297.0	120	5019
西盟佤族自治县勐卡镇	15916	16152	7320	968	977.0	58	4819
西盟佤族自治县翁嘎科镇	22200	11174	5951	300	600.0	188	1491
西盟佤族自治县中课镇	31333	11136	5758	471	4719.7	9	356
西盟佤族自治县新厂镇	13300	12489	7906	224	274.0	8	268
西盟佤族自治县力所拉祜族乡	17770	11901	5423	1094	157.0		
西盟佤族自治县岳宋乡	9218	7746	4463	132	1500.0		
临翔区博尚镇	33500	36674	24217	5051	92750.0	230	12835
临翔区南美拉祜族乡	12724	4536	3037	297	1508.0		
临翔区蚂蚁堆乡	34821	32751	19777	5526	50606.0		
临翔区章驮乡	21504	21493	12846	3336	3290.0		
临翔区圈内乡	30122	30063	16973	3718	45845.0		
临翔区马台乡	29232	24637	13643	2904			
临翔区邦东乡	19389	13782	7821	3848	6032.0		
临翔区平村彝族傣族乡	28531	8509	4986	894	4859.0		
凤庆县凤山镇	21149	84998	30728	17365	193446.0	765	27264
凤庆县鲁史镇	31803	28539	15368	3055	8812.0	40	2815
凤庆县小湾镇	19834	29915	16471	7501	178320.0	40	1614
凤庆县营盘镇	36692	46928	25051	7228	43612.0	144	6047
凤庆县三岔河镇	28078	29278	15648	3503	5450.0	20	3341
凤庆县勐佑镇	38578	54577	29027	11412	37753.0	153	12782
凤庆县雪山镇	23058	32009	18243	9117	1503.0	25	1450
凤庆县洛党镇	25151	41744	22143	8069	19240.0	89	3080
凤庆县诗礼乡	21168	26484	13211	4858	7284.0		
凤庆县新华彝族苗族乡	31973	27200	13780	4185	4386.0		
凤庆县大寺乡	20400	37476	24205	12431	6710.0		
凤庆县腰街彝族乡	9157	9606	5125	2486	1836.0		
凤庆县郭大寨彝族白族乡	25337	23347	15849	7291	5360.0		

续表 550 （云南省） 计算单位：公顷、人、万元

名　　称	行政区域面积	常住人口	从业人员	二三产业从业人员	工业总产值	城镇建成区面积	城镇建成区常住人口
云县爱华镇	50088	135198	39938	13620	665483.0	957	103815
云县漫湾镇	25441	21215	12711	3346	43241.0	200	4773
云县大朝山西镇	20827	16244	10214	2704	11194.0	53	2909
云县涌宝镇	34837	40122	27463	8113	325.0	180	10129
云县茂兰镇	37888	41642	26255	7783		116	5785
云县幸福镇	61378	42019	25075	4330	50132.0	120	7187
云县大寨镇	23666	34901	26178	6567	3283.0	162	4105
云县忙怀彝族布朗族乡	24896	18451	12542	2397			
云县晓街乡	25299	38505	24093	6182	53228.0		
云县茶房乡	17972	34059	18738	7377	31684.0		
云县栗树彝族傣族乡	24433	20614	15665	7056			
云县后箐彝族乡	19145	20030	11299	3935			
永德县德党镇	36444	63428	34226	13305	82270.0	520	61316
永德县小勐统镇	57150	50850	29061	3230	5378.0	89	4058
永德县永康镇	51421	52956	29820	4168	113268.0	252	13900
永德县勐板乡	21830	25831	16747	1862			
永德县亚练乡	29340	26343	14057	2673	2200.0		
永德县乌木龙彝族乡	20606	24566	16508	3134	1920.0		
永德县大雪山彝.拉祜.傣族乡	39230	18799	12163	4169	10814.5		
永德县班卡乡	17103	17793	10504	1635	230.0		
永德县崇岗乡	31320	33536	20257	1748			
永德县大山乡	17523	22224	14300	2681			
镇康县凤尾镇	19276	17934	8526	2275	55500.0	160	9300
镇康县勐捧镇	54813	42912	22962	4407	7920.0	200	4112
镇康县南伞镇	54410	41705	17502	4730	123317.0	200	10748
镇康县忙丙乡	21518	22234	12732	690	2280.0		
镇康县勐堆乡	52938	21415	12234	2367	47250.0		
镇康县木场乡	31550	19466	10575	892	4373.0		
镇康县军赛佤.拉祜.傈僳.德昂族乡	18421	13322	8951	2968	10100.0		
双江拉祜族佤族布朗族傣族自治县勐勐镇	42196	46836	20271	5268	14224.0	260	16523
双江拉祜族佤族布朗族傣族自治县勐库镇	44690	32073	15435	2515	34522.0	70	9553
双江拉祜族佤族布朗族傣族自治县沙河乡	41399	30285	15377	2971	90622.0		
双江拉祜族佤族布朗族傣族自治县大文乡	30420	16530	5910	1345			
双江拉祜族佤族布朗族傣族自治县忙糯乡	23460	20051	19982	8782	1245.0		
双江拉祜族佤族布朗族傣族自治县邦丙乡	33545	17740	10351	1135	6500.0		
耿马傣族佤族自治县耿马镇	44195	61386	28187	4765	186671.0	473	39936
耿马傣族佤族自治县勐永镇	39960	32223	19873	2321	46481.0	51	3647
耿马傣族佤族自治县勐撒镇	51511	38595	17441	2243	21804.0	84	10863
耿马傣族佤族自治县孟定镇	106915	106573	47161	7274	132714.0	478	39916
耿马傣族佤族自治县大兴乡	16000	10921	6814	2375	580.0		
耿马傣族佤族自治县芒洪拉祜族布朗族乡	25930	8818	5649	655	752.5		
耿马傣族佤族自治县四排山乡	34986	15228	9503	667	30645.0		
耿马傣族佤族自治县贺派乡	25174	18945	12104	1395	8716.0		
耿马傣族佤族自治县勐简乡	28119	14897	6967	528	10621.0		
沧源佤族自治县勐董镇	26000	38171	9804	2164	31977.0	574	21113
沧源佤族自治县岩帅镇	46800	31268	17612	4042	905.0	15	2652
沧源佤族自治县勐省镇	17991	18159	12097	2705	53389.0	80	5280
沧源佤族自治县芒卡镇	27599	13686	8829	637	4312.0	120	4519
沧源佤族自治县单甲乡	20197	11153	8091	542	31.0		
沧源佤族自治县糯良乡	14035	14230	8080	2053			

续表 551　　（云南省）　　计算单位：公顷、人、万元

名　称	行政区域面　积	常住人口	从业人员	二三产业从业人员	工　业总产值	城镇建成区面积	城镇建成区常住人口
沧源佤族自治县勐来乡	18803	14609	8881	2459			
沧源佤族自治县勐角傣族彝族拉祜族乡	21784	14108	7528	2067	694.4		
沧源佤族自治县班洪乡	33264	9897	6844	1373	570.0		
沧源佤族自治县班老乡	17283	8928	4742	685	250.0		
楚雄市鹿城镇	37200	221867	138721	136485	1575670.0	1942	215067
楚雄市东瓜镇	22900	103538	61619	58256	1227020.0	300	53429
楚雄市吕合镇	18600	24274	16563	6624	35100.0	84	5670
楚雄市紫溪镇	24300	14592	9623	3305	47928.0	72	2412
楚雄市东华镇	44800	28901	18214	3235	3140.0	173	10042
楚雄市子午镇	36200	34409	21151	6589	20888.0	95	2127
楚雄市苍岭镇	34448	31063	19813	4524	4950.0	95	1932
楚雄市三街镇	20600	23419	14719	4769	4440.0	60	3207
楚雄市八角镇	14500	16164	11195	1349	2653.0	70	2271
楚雄市中山镇	30101	23370	14399	2678	4395.0	108	3882
楚雄市新村镇	35500	14204	9035	2402	2155.0	58	3020
楚雄市西舍路镇	38100	19543	13823	4305	1512.0	15	1422
楚雄市树苴乡	13400	15623	12436	2684	825.0		
楚雄市大过口乡	34000	16040	10053	860	894.0		
楚雄市大地基乡	38700	10830	6658	1130			
双柏县妥甸镇	73700	44269	18281	3027	234832.0	360	26135
双柏县大庄镇	55700	26860	16693	6299	5915.0	39	2601
双柏县法脿镇	42900	26645	17493	4979	2114.0	48	4424
双柏县鄂嘉镇	61900	27488	14713	1876	9817.0	47	5325
双柏县大麦地镇	50400	9648	5353	628	479.0	9	480
双柏县安龙堡乡	27000	8066	5247	1356	13667.0		
双柏县爱尼山乡	67500	13037	6882	639	1810.0		
双柏县独田乡	25400	4487	2932	559	967.0		
牟定县共和镇	24405	80064	37678	11685	124645.0	480	21943
牟定县新桥镇	15908	30872	16990	3933	33888.0	2	2206
牟定县江坡镇	20940	28918	17082	5352	31571.0	4	4811
牟定县凤屯镇	20623	17969	12302	3062	20954.0	2	1544
牟定县蟠猫乡	17098	11025	7226	1861	2425.0		
牟定县戌街乡	20145	17899	9175	2982	12481.0		
牟定县安乐乡	26938	25053	12973	4048	16413.0		
南华县龙川镇	61402	87737	20151	4947	532378.1	650	15762
南华县沙桥镇	35140	33322	21729	4822	6429.0	106	9236
南华县五街镇	26700	18515	10092	2158	481.0	267	2206
南华县红土坡镇	16700	13773	8283	663	2678.0	125	1558
南华县马街镇	17517	18675	11017	847	1310.0	36	1844
南华县兔街镇	14321	13634	8228	2043	18078.0	100	1996
南华县雨露白族乡	24300	14462	8191	2052			
南华县一街乡	16800	19470	13592	912	18712.0		
南华县罗武庄乡	12340	11620	6061	1419	13535.0		
南华县五顶山乡	9080	9877	6552	2249	30.0		
姚安县栋川镇	19500	89660	54182	28759	114000.0	200	6184
姚安县光禄镇	13664	33833	22843	9516	57000.0	213	4305
姚安县前场镇	30516	16391	11689	4093	3811.0	31	3037
姚安县弥兴镇	19500	20687	13074	3148	410.0	110	2522
姚安县太平镇	20263	9523	6935	2431	7734.0	82	1490
姚安县适中乡	10913	5505	3462	645	880.0		

续表 552 （云南省） 计算单位：公顷、人、万元

名称	行政区域面积	常住人口	从业人员	二三产业从业人员	工业总产值	城镇建成区面积	城镇建成区常住人口
姚安县左门乡	20300	4415	2799	257	45.0		
姚安县官屯乡	27461	15733	9799	2054	19706.0		
姚安县大河口乡	18500	7483	3861	376	21.0		
大姚县金碧镇	45455	102500	51365	21835	403098.0	1622	23022
大姚县石羊镇	41027	27300	17079	3578	17170.0	40	4400
大姚县六苴镇	28758	12909	7305	1691	148553.0	21	3320
大姚县龙街镇	34365	24400	14642	1438	15456.0	18	3075
大姚县新街镇	21661	27000	15975	5384	9922.0	56	4293
大姚县赵家店镇	41381	11601	9881	2557	9899.0	93	261
大姚县三岔河镇	30398	13300	8987	718	8245.0	12	802
大姚县桂花镇	33502	11800	7601	1386	7397.3	41	2140
大姚县昙华乡	19726	7800	5297	227	1791.0		
大姚县湾碧傣族傈僳族乡	58156	18018	11234	996	11348.0		
大姚县铁锁乡	21743	10203	6144	342	1436.0		
大姚县三台乡	38423	12103	7692	429	7585.0		
永仁县永定镇	27900	33024	11224	3272	136380.0	4	4152
永仁县宜就镇	33900	17262	9672	481	3240.0	32	4143
永仁县中和镇	43500	11320	7431	1257	10262.0	1	1500
永仁县莲池乡	18000	14398	7771	932	22591.0		
永仁县维的乡	20600	12137	7735	1837	8543.0		
永仁县猛虎乡	21400	10141	5668	480	2440.0		
永仁县永兴傣族乡	53600	12718	7620	845	3587.0		
元谋县元马镇	13237	62070	12349	5907	245584.0	622	12140
元谋县黄瓜园镇	17026	38264	21575	3407	46542.0	151	6732
元谋县羊街镇	26347	18020	10535	2006	6198.0	18	1120
元谋县老城乡	25070	28381	17876	2945	15357.0		
元谋县物茂乡	24845	16839	8617	1220	21960.0		
元谋县江边乡	25230	15819	11168	1207	923.0		
元谋县新华乡	20010	8217	5588	1403	1882.0		
元谋县平田乡	16900	14609	9814	1467	12743.0		
元谋县凉山乡	8170	4019	2188	263	826.0		
元谋县姜驿乡	25467	13362	8740	1803	3126.0		
武定县狮山镇	43900	90529	58410	21476	268834.0	470	43979
武定县高桥镇	41200	35334	29435	6648	4804.0	260	6353
武定县猫街镇	46100	26759	18916	3452	14679.0	108	4397
武定县插甸镇	34000	23378	16504	6678	6673.0	30	3485
武定县白路镇	30800	14351	10532	1318	57.0	18	1686
武定县万德镇	24000	15212	12235	2787	278.0	22	3718
武定县己衣镇	23600	15430	10835	1485	57.0	21	2757
武定县田心乡	13700	18049	12536	1274	13955.0		
武定县发窝乡	28400	14233	9137	577	61.0		
武定县环州乡	24600	11515	8214	1591	136.0		
武定县东坡傣族乡	21900	13993	13575	5626	61.0		
禄丰县金山镇	41920	80943	48046	29070	593598.0	856	36347
禄丰县仁兴镇	23100	33262	18524	3939	93479.0	48	6636
禄丰县碧城镇	18710	48724	26608	5983	56524.0	63	8320
禄丰县勤丰镇	25830	28062	13720	2978	330000.0	60	5528
禄丰县一平浪镇	44130	39678	19584	8474	79429.0	153	12072
禄丰县广通镇	35220	38532	19511	4609	81250.0	283	18755
禄丰县黑井镇	13360	16650	12092	5657		35	2678

续表 553　　（云南省）　　计算单位：公顷、人、万元

名　　称	行政区域面　积	常住人口	从业人员	二三产业从业人员	工　业总产值	城镇建成区 面 积	城镇建成区常住人口
禄丰县土官镇	9560	13071	7870	3040	316000.0	23	3070
禄丰县彩云镇	30280	20528	10435	4138	8085.0	73	3313
禄丰县和平镇	28470	22369	14068	1491	25117.0	23	1283
禄丰县恐龙山镇	22828	17881	9832	2001	10841.0	17	2755
禄丰县中村乡	30170	16510	7999	1564	10708.0		
禄丰县高峰乡	15669	9946	7928	1636	1572.0		
禄丰县妥安乡	13630	24820	13059	3187	1511.0		
个旧市锡城镇	8587	25437	11323	5532	107772.0	760	1842
个旧市沙甸镇	2570	16153	8406	5284	472900.0	202	4147
个旧市鸡街镇	28397	54006	34844	12825	781373.0	144	9862
个旧市大屯镇	13281	68291	68290	29847	555111.0	185	24883
个旧市老厂镇	14618	22009	10882	8201	22477.4	310	12858
个旧市卡房镇	34260	36310	25131	7295	6031.0	9	10878
个旧市蔓耗镇	10327	6236	3745	674	12680.0	24	1173
个旧市贾沙乡	31650	19500	14454	3109	14624.0		
个旧市保和乡	14370	10743	7257	357	4200.0		
开远市中和营镇	60437	39033	21955	2414	2650.0	323	3061
开远市小龙潭镇	17900	15696	9218	3312	13902.0	10	356
开远市大庄回族乡	10370	18913	12067	5353	8890.0		
开远市羊街乡	22600	36480	20763	5357	22239.0		
开远市碑格乡	22960	15680	10500	1624	11.6		
蒙自市文澜镇	23140	235965	89067	48144	465950.0	3672	131021
蒙自市草坝镇	13690	37177	21384	1159	1999.0	142	4120
蒙自市雨过铺镇	8870	24224	14977	4783	16689.0	80	5580
蒙自市新安所镇	8720	34822	19589	3300	38740.0	370	16667
蒙自市芷村镇	30100	33041	21937	1575	19959.0	48	3981
蒙自市鸣鹫镇	22460	19554	10941	1034	3078.0	100	2485
蒙自市冷泉镇	41890	20560	14376	1377		42	2450
蒙自市期路白苗族乡	21240	16781	9795	751			
蒙自市老寨苗族乡	15700	11840	7008	733			
蒙自市水田乡	18130	5679	5636	928			
蒙自市西北勒乡	20020	9760	6118	155			
弥勒市弥阳镇	38800	157112	63937	25977	2227485.0	1520	55023
弥勒市新哨镇	31520	58587	26854	6738	106153.0	93	5861
弥勒市虹溪镇	15674	41150	26308	9863	5600.0	75	12364
弥勒市竹园镇	20400	52101	48097	19122	191672.0	200	12187
弥勒市朋普镇	34180	49417	28577	7499	10704.0	300	17072
弥勒市巡检司镇	39900	30678	18056	2356	146641.0	310	7510
弥勒市西一镇	34500	26861	17310	1975	11375.0	100	1488
弥勒市西二镇	39800	41497	25531	2081	6669.0	112	3634
弥勒市西三镇	28880	23991	14956	2240	13172.0	31	1193
弥勒市东山镇	36800	19652	13181	1360	14836.0	84	1926
弥勒市五山乡	36582	17340	10125	603	5946.0		
弥勒市江边乡	39100	14646	8985	1239			
屏边苗族自治县玉屏镇	32106	32119	15087	5165	75137.7	244	14877
屏边苗族自治县新现乡	34716	23370	16195	1155	5083.0		
屏边苗族自治县和平乡	26700	27787	15930	2321	7778.1		
屏边苗族自治县白河乡	39000	22968	14118	2404	57309.3		
屏边苗族自治县白云乡	20268	16399	7991	941	5228.2		

续表 554　　（云南省）　　计算单位：公顷、人、万元

名称	行政区域面积	常住人口	从业人员	二三产业从业人员	工业总产值	城镇建成区面积	城镇建成区常住人口
屏边苗族自治县新华乡	19500	20290	9036	1543	6840.9		
屏边苗族自治县湾塘乡	18300	12867	7198	812	8189.3		
建水县临安镇	35081	189996	60977	43177	677630.0	1200	78800
建水县官厅镇	38165	39149	20781	655	23009.0	97	5456
建水县西庄镇	14453	34740	19818	9962	10945.0	154	368
建水县青龙镇	33049	16159	10332	841	5628.0	450	1403
建水县南庄镇	21416	55561	55361	25739	642470.6	779	8984
建水县岔科镇	28329	25116	15751	1489	10000.0	11	1320
建水县曲江镇	34737	71260	40051	5920	25871.0	419	9390
建水县面甸镇	35083	40857	24288	2445	23550.0	780	1718
建水县普雄乡	26029	14010	13600	4930	27710.0		
建水县李浩寨乡	16523	17356	9524	851			
建水县坡头乡	31679	24324	14824	3496	6422.6		
建水县盘江乡	22450	11414	7557	736	9514.0		
建水县利民乡	25536	14714	9050	984	10100.0		
建水县甸尾乡	15693	15147	8604	733	4080.0		
石屏县异龙镇	44946	103656	59626	26526	244361.0	654	32420
石屏县宝秀镇	43825	51081	32265	12422	56072.0	150	9777
石屏县坝心镇	22563	27883	19378	8079	5832.0	60	4599
石屏县龙朋镇	29589	26781	21176	5027	8221.0	263	5187
石屏县龙武镇	32501	22333	14940	3890	11395.0	25	1763
石屏县哨冲镇	25550	17940	12300	2338	6873.0	23	1580
石屏县牛街镇	61122	30965	19511	2650	9927.0	47	2508
石屏县新城乡	13263	10353	7028	1392	4582.0		
石屏县大桥乡	26442	15182	11931	3115	2416.0		
泸西县中枢镇	25130	125438	56564	24592	246316.0	1200	38098
泸西县金马镇	11850	56365	28932	5973	48437.0	302	12935
泸西县旧城镇	15600	61491	43195	14161	280957.0	94	2514
泸西县午街铺镇	21600	47868	31912	6785	11835.0	132	6829
泸西县白水镇	23500	52576	34551	6239	139886.0	110	2638
泸西县向阳乡	21630	29481	16011	2790	87.0		
泸西县三塘乡	21600	23816	13587	2740	163.0		
泸西县永宁乡	22980	24432	12318	2266	7423.0		
元阳县南沙镇	15354	28011	10260	1472	7560.0	120	12914
元阳县新街镇	23433	82296	40297	5525	3608.0	47	2336
元阳县牛角寨乡	10821	34446	18225	1967	2345.0		
元阳县沙拉托乡	10199	26223	14469	724	9.6		
元阳县嘎娘乡	9417	20823	19014	708	1060.0		
元阳县上新城乡	13905	23766	14888	2674	2836.7		
元阳县小新街乡	11695	28007	15702	2944	549.0		
元阳县逢春岭乡	17300	34144	19094	3860	304.0		
元阳县大坪乡	12899	23718	13735	3433	19086.0		
元阳县攀枝花乡	8513	21432	12825	65			
元阳县黄茅岭乡	78800	19277	11490	3585	584.0		
元阳县黄草岭乡	22960	37759	22816	7109	383.0		
元阳县俄扎乡	20532	22262	22112	155	385.0		
元阳县马街乡	24600	28022	16632	1336			
红河县迤萨镇	24100	38900	20390	7970	78072.0	450	31250
红河县甲寅乡	8757	27167	11508	2854	4073.0		

续表 555　　（云南省）　　计算单位：公顷、人、万元

名　称	行政区域面积	常住人口	从业人员	二三产业从业人员	工业总产值	城镇建成区面积	城镇建成区常住人口
红河县宝华乡	12170	24200	14121	1856	854.0		
红河县洛恩乡	19476	24349	12974	1289	463.0		
红河县石头寨乡	7760	17404	9311	890	1207.0		
红河县阿扎河乡	16790	41267	23917	3443	497.5		
红河县乐育乡	9412	23775	12616	1766	2415.0		
红河县浪堤乡	10925	28991	23439	3381	3072.0		
红河县大羊街乡	9719	19912	14872	2294	858.0		
红河县车古乡	11771	12135	6434	597	520.0		
红河县架车乡	33225	20547	7825	563	1289.0		
红河县垤玛乡	21989	15200	7455	1112	90.0		
红河县三村乡	16749	13436	8356	1273	699.0		
金平苗族瑶族傣族自治县金河镇	34800	84857	39355	11056	28672.0	387	7649
金平苗族瑶族傣族自治县金水河镇	42600	23056	11900	2452	21728.0	70	519
金平苗族瑶族傣族自治县铜厂乡	28500	32475	18577	4766	85094.0		
金平苗族瑶族傣族自治县勐拉乡	38200	35643	18873	4411	13130.0		
金平苗族瑶族傣族自治县老集寨乡	32100	26542	17347	1352	5135.0		
金平苗族瑶族傣族自治县者米拉祜乡	38300	23117	14493	1761			
金平苗族瑶族傣族自治县阿得博乡	8400	15308	8768	1690	34.5		
金平苗族瑶族傣族自治县沙依坡乡	14300	20650	11232	1610			
金平苗族瑶族傣族自治县大寨乡	18000	16865	8539	2184	28610.0		
金平苗族瑶族傣族自治县马鞍底乡	30500	18841	11408	2595	5962.0		
金平苗族瑶族傣族自治县勐桥乡	38300	26035	12624	1993	68965.0		
金平苗族瑶族傣族自治县营盘乡	21400	31067	15040	1553			
金平苗族瑶族傣族自治县老勐乡	19300	16844	10526	1772	1109.0		
绿春县大兴镇	31168	54448	13188	2817	10328.0	188	23800
绿春县戈奎乡	16400	21622	14949	1249	752.0		
绿春县牛孔乡	40518	35441	17879	3575	35839.0		
绿春县大水沟乡	23600	18847	11598	3010	15452.0		
绿春县大黑山乡	41100	19390	11437	2522	786.0		
绿春县半坡乡	36500	10231	7146	718	20099.0		
绿春县骑马坝乡	48400	13470	9387	1560	21608.0		
绿春县三猛乡	26300	26640	14965	775	2390.0		
绿春县平河乡	45700	31011	20064	4837	680.0		
河口瑶族自治县河口镇	18520	28160	14835	11823	3608.0	182	2607
河口瑶族自治县南溪镇	25900	20125	5063	1383	5564.0	83	1720
河口瑶族自治县老范寨乡	17200	4608	2190	30			
河口瑶族自治县桥头苗族壮族乡	16900	20600	8873	299	53.0		
河口瑶族自治县瑶山乡	26150	12129	7462	426	298.0		
河口瑶族自治县莲花滩乡	27750	11526	4887	977	210.0		
文山市古木镇	17166	24590	18420	7505	7450.0	30	6830
文山市平坝镇	26498	32607	16284	370		27	5382
文山市马塘镇	28765	35069	17494	652	83448.0	93	9332
文山市德厚镇	31953	35960	21458	212		58	3250
文山市小街镇	21560	23215	13076	2597	2597.0	75	4234
文山市薄竹镇	29351	28868	18573	2386	5604.0	45	2003
文山市追栗街镇	9168	10979	6607	1359	2800.0	56	5450
文山市东山彝族乡	15917	10629	5793	273	5392.0		
文山市柳井彝族乡	17283	14107	7807	174			
文山市新街乡	14311	16550	6867	388	980.0		

续表 556　　（云南省）　　计算单位：公顷、人、万元

名　　称	行政区域面　　积	常住人口	从业人员	二三产业从业人员	工　业总产值	城镇建成区 面 积	城镇建成区常住人口
文山市喜古乡	8615	13201	7550	2248			
文山市坝心彝族乡	12631	7048	4450	368			
文山市秉烈彝族乡	28322	21258	10392	344			
文山市红甸回族乡	9087	12765	8187	834	4528.0		
砚山县江那镇	26600	72710	28397	5584	364510.0	760	47634
砚山县平远镇	58990	88045	45712	4252	180070.0	468	24599
砚山县稼依镇	22730	43172	25262	4793	14905.0	500	19701
砚山县阿猛镇	52900	56817	32257	9369	12880.0	100	8219
砚山县阿舍彝族乡	26800	24194	13202	1934	3111.0		
砚山县维末彝族乡	58100	56796	29897	5716	12970.0		
砚山县盘龙彝族乡	23800	32207	18514	4289	51631.0		
砚山县八嘎乡	37760	31591	19993	7958	1214.0		
砚山县者腊乡	26100	32114	20257	3986	3328.0		
砚山县蚌峨乡	23800	15055	8970	4163	1027.0		
砚山县干河彝族乡	23710	24095	14560	3116	82553.0		
西畴县西洒镇	17578	46578	18570	9993		170	15093
西畴县兴街镇	25470	48101	29359	7237	35000.0	130	5830
西畴县蚌谷乡	13280	21100	11858	2573			
西畴县莲花塘乡	16552	23442	15954	2675	7926.0		
西畴县新马街乡	10610	17794	11219	2547	2000.0		
西畴县柏林乡	7090	10572	7499	3160			
西畴县法斗乡	22380	30101	17911	3314	509.0		
西畴县董马乡	12785	20629	13318	6320	210.0		
西畴县鸡街乡	24851	24629	23958	14025			
麻栗坡县麻栗镇	27600	48806	29047	13277	335694.0	548	14139
麻栗坡县大坪镇	18900	24576	15102	5497	11391.0	65	4714
麻栗坡县董干镇	45400	48571	26237	10706	9797.0	125	2150
麻栗坡县天保镇	22900	17316	10140	2428	64102.0	54	1578
麻栗坡县猛硐瑶族乡	20100	14914	8939	1516	13963.0		
麻栗坡县下金厂乡	13200	11636	7160	3660	2597.0		
麻栗坡县八布乡	17600	21271	12911	2879	5795.0		
麻栗坡县六河乡	13773	17378	10005	3742	4593.0		
麻栗坡县杨万乡	14027	17850	11452	4484	16614.0		
麻栗坡县铁厂乡	20800	28375	16237	10225	4522.0		
麻栗坡县马街乡	19100	27244	15735	8022	6995.0		
马关县马白镇	27725	67946	23755	7330	129201.0	576	31882
马关县八寨镇	38109	39505	23459	4325	14567.0	160	5354
马关县仁和镇	19154	34581	19597	3660	6406.0	98	3186
马关县木厂镇	16263	26015	15883	3002	77.0	90	1422
马关县夹寒箐镇	25228	40197	24227	4994	149364.0	79	1353
马关县小坝子镇	12750	13661	9082	3703	6222.0	30	1282
马关县都龙镇	21168	36275	20982	4843	327998.0	142	7836
马关县金厂镇	6925	9400	5895	1960	232.0	22	2500
马关县坡脚镇	19287	20656	15142	3741	3607.0	56	2640
马关县南捞乡	18454	12707	8660	1902	27132.0		
马关县大栗树乡	24120	31207	18407	3267	116.0		
马关县篾厂乡	16903	17106	10702	2201	1592.0		
马关县古林箐乡	21514	11359	6578	987	350.0		
丘北县锦屏镇	25800	69402	22190	4442	132068.0	569	33539

续表 557　　（云南省）　　计算单位：公顷、人、万元

名　称	行政区域面　积	常住人口	从业人员	二三产业从业人员	工　业总产值	城镇建成区 面 积	城镇建成区常住人口
丘北县曰者镇	34300	35552	14126	976		58	5439
丘北县双龙营镇	63200	77414	38300	9200		309	4940
丘北县八道哨彝族乡	21400	33088	13576	870	33463.0		
丘北县天星乡	40500	45015	26222	3700			
丘北县平寨乡	35500	35020	14499	867			
丘北县树皮彝族乡	58000	45173	24940	3343			
丘北县腻脚彝族乡	41400	26996	13102	408	355.0		
丘北县新店彝族乡	47200	20279	11282	2280			
丘北县舍得彝族乡	28800	18906	17899	222			
丘北县官寨乡	54200	47779	19828	1175	330.0		
丘北县温浏乡	49400	38858	17367	3017	5920.0		
广南县莲城镇	64300	104272	50599	20430	365330.0	580	47996
广南县八宝镇	56900	70078	43127	16548	55238.0	611	12640
广南县南屏镇	38000	42553	23565	12701	1450.0	300	5613
广南县珠街镇	26900	40362	20809	7582		30	8019
广南县那洒镇	44700	51633	30315	10085	160.0	60	4785
广南县珠琳镇	49700	65009	33363	10171	600.0	150	7125
广南县坝美镇	88800	61955	34535	9681	11252.0	150	2610
广南县董堡乡	23800	20775	11942	5931	460.0		
广南县旧莫乡	54500	60375	34725	17346	2325.0		
广南县杨柳井乡	50800	35097	19583	5478	5467.0		
广南县板蚌乡	29700	15245	10259	2109	1310.0		
广南县曙光乡	26100	31800	16158	7621	636.0		
广南县黑支果乡	45300	35000	29867	7449	1569.0		
广南县篆角乡	23200	26902	15380	2750			
广南县五珠乡	24600	28255	16516	9029			
广南县者兔乡	48600	40990	22706	6970			
广南县者太乡	45500	20348	13057	2470	735.0		
广南县底圩乡	39600	34194	19509	6266	340.0		
富宁县新华镇	34000	73565	42441	28227	203995.0	525	32948
富宁县归朝镇	52000	44105	28173	8303	128349.0	75	7747
富宁县剥隘镇	49333	24337	13473	5316	17860.0	43	6685
富宁县里达镇	19000	23191	14932	5739	38896.0	17	3506
富宁县田蓬镇	46200	61506	39414	15513	4113.0	136	8991
富宁县木央镇	56666	53446	35700	14963	65093.0	22	4916
富宁县板仑乡	32000	26666	19018	6671	21530.0		
富宁县谷拉乡	38667	25016	15002	4135	9440.0		
富宁县者桑乡	31333	14632	8636	2855	5000.0		
富宁县那能乡	39333	20192	11373	3532	8303.0		
富宁县洞波瑶族乡	53333	39052	21419	7387	1966.0		
富宁县阿用乡	49333	18872	10789	3974	25230.0		
富宁县花甲乡	34000	23019	14566	4369	23909.0		
景洪市嘎洒镇	73000	49844	29692	5259	18000.0	140	4208
景洪市勐龙镇	121600	83855	47552	7040	24938.0	164	26450
景洪市勐罕镇	30100	34287	15997	3177	44620.0	321	9775
景洪市勐养镇	68800	21986	11024	4876	1640.0	500	3568
景洪市普文镇	55400	15970	9386	1828	749.0	200	3704
景洪市景哈哈尼族乡	39880	17599	7905	392	308.0		
景洪市景讷乡	62700	13021	12155	1555	14.0		

续表 558　　　　（云南省）　　　　计算单位：公顷、人、万元

名　　称	行政区域面　　积	常住人口	从业人员	二三产业从业人员	工　业总产值	城镇建成区 面 积	城镇建成区常住人口
景洪市大渡岗乡	78700	13880	7800	1380	5399.0		
景洪市勐旺乡	76600	14568	8066	346	538.0		
景洪市基诺山基诺族乡	62300	14249	8382	619	623.7		
勐海县勐海镇	35759	64871	22890	3300	386831.0	400	24102
勐海县打洛镇	38522	22499	12268	820	6442.0	108	6328
勐海县勐混镇	35255	32041	30710	4315	3845.0	172	5682
勐海县勐遮镇	48845	56713	36546	6511	28329.0	129	9042
勐海县勐满镇	44853	19424	12424	1128	27777.0	51	3741
勐海县勐阿镇	47291	22104	13398	1692	1000.0	145	4248
勐海县勐宋乡	49370	23351	14282	846	335.0		
勐海县勐往乡	45618	15388	9202	919	652.0		
勐海县格朗和哈尼族乡	32074	17253	9371	440	250.0		
勐海县布朗山布朗族乡	100066	22032	12113	654	4300.0		
勐海县西定哈尼族布朗族乡	59156	25068	14294	2146			
勐腊县勐腊镇	86813	44216	30158	17507	27267.0	418	22906
勐腊县勐捧镇	65785	35238	19869	1256	12150.0	71	4647
勐腊县勐满镇	35303	13942	7418	1070		120	2783
勐腊县勐仑镇	32787	25834	8680	380	64034.0	150	4251
勐腊县尚勇镇	75532	21790	12078	1287	3145.0	260	7173
勐腊县勐伴镇	58052	12206	6332	284		40	1701
勐腊县关累镇	98106	16026	8149	541	21383.0	33	1866
勐腊县易武镇	93846	20629	8733	351	14885.0	49	4146
勐腊县象明彝族乡	93440	11010	6341	723	7002.0		
勐腊县瑶区瑶族乡	46420	9640	4783	818	45000.0		
大理市下关镇	16900	223620	121567	101441	432465.0	154	9178
大理市大理镇	7648	87500	34032	20132	80500.0	600	3320
大理市大理创新工业园区凤仪镇	26930	64734	29315	17301	1892019.0	297	10123
大理市喜洲镇	16781	64170	34189	18081	8502.1	386	13721
大理市海东镇	12549	25314	14723	6541	143196.0	192	9136
大理市挖色镇	10680	17554	13910	6100	6269.0	75	5119
大理市湾桥镇	6380	26754	13440	6041	24300.0	41	4713
大理市银桥镇	6987	31968	17287	8392	103437.0	75	3242
大理市双廊镇	21800	18207	8023	3287	1339.0	38	4577
大理市上关镇	12900	43797	24334	8004	16050.0	120	4034
大理市太邑彝族乡	10650	9198	5639	2660	17794.0		
漾濞彝族自治县苍山西镇	37200	47030	17301	4916	78200.0	1044	13207
漾濞彝族自治县漾江镇	41500	15986	8752	1947	9342.0	38	3906
漾濞彝族自治县平坡镇	12929	8136	4336	717	44610.0	20	3120
漾濞彝族自治县顺濞镇	13800	6170	2744	272	68784.0	3	1121
漾濞彝族自治县富恒乡	22900	8355	4188	240	3580.0		
漾濞彝族自治县太平乡	23900	7070	4488	102	5500.0		
漾濞彝族自治县瓦厂乡	11200	4820	2941	202	4296.0		
漾濞彝族自治县龙潭乡	18100	6395	3272	278	3230.0		
漾濞彝族自治县鸡街乡	14300	5119	5012	92	1589.0		
祥云县祥城镇	32500	154756	135813	119434	845114.0	1760	66246
祥云县沙龙镇	5200	33527	17114	8626	30492.0	120	15671
祥云县云南驿镇	21900	100132	61757	35130	80660.0	230	33440
祥云县下庄镇	22550	56039	32639	16745	95200.0	180	17112
祥云县普棚镇	32500	27836	16674	3550	1780.0	200	2298

续表 559　（云南省）　计算单位：公顷、人、万元

名　称	行政区域面　积	常住人口	从业人员	二三产业从业人员	工　业总产值	城镇建成区 面 积	城镇建成区常住人口
祥云县刘厂镇	9000	39104	23849	11599	110435.0	168	23071
祥云县禾甸镇	30600	47674	30627	7328	17183.0	260	11977
祥云县米甸镇	41300	29143	17897	5687	47249.0	166	6375
祥云县鹿鸣乡	15322	13223	8323	2247	4428.0		
祥云县东山彝族乡	31600	9893	6780	723	384.0		
宾川县金牛镇	27300	102350	42245	11899	270340.0	640	54501
宾川县宾居镇	15800	38748	16464	2710	13312.0	60	7060
宾川县州城镇	20092	48483	27179	6619	64421.0	250	8112
宾川县大营镇	30254	28175	17002	2906	19430.0	42	1717
宾川县鸡足山镇	31600	30502	16314	2921	17074.0	51	2019
宾川县力角镇	19300	33543	23891	5024	41598.0	42	6298
宾川县平川镇	45900	32700	19842	4556	2160.0	80	4522
宾川县乔甸镇	19600	23118	16620	2490	26980.0	20	6476
宾川县钟英傈僳族彝族乡	29200	9137	5743	774	2713.0		
宾川县拉乌彝族乡	23100	10546	7951	951	2370.0		
弥渡县弥城镇	17432	96800	59260	27561	140522.0	480	43167
弥渡县红岩镇	12660	48531	33564	12176	49750.0	125	4358
弥渡县新街镇	12460	51304	33181	9500	102408.0	128	7073
弥渡县寅街镇	20720	43028	29222	11017	53306.0	100	6982
弥渡县苴力镇	19556	24369	15882	4277	53000.0	115	7846
弥渡县密祉镇	13205	13918	10206	5460	10000.0	75	1580
弥渡县德苴乡	29922	23123	15977	2001	14350.0		
弥渡县牛街彝族乡	26389	19345	11422	1310	7600.0		
南涧彝族自治县南涧镇	36293	48508	23014	3394	166489.3	340	25580
南涧彝族自治县小湾东镇	20444	18820	11226	204	74293.1	15	4482
南涧彝族自治县公郎镇	29085	32662	18340	3293	14238.9	160	5936
南涧彝族自治县宝华镇	21520	31274	19471	4053	14769.7	50	2510
南涧彝族自治县无量山镇	25195	36596	23255	6728	51336.8	8	1013
南涧彝族自治县拥翠乡	11812	20884	13530	3362	252.5		
南涧彝族自治县乐秋乡	16326	18395	10913	3669			
南涧彝族自治县碧溪乡	12488	18416	10865	2238	3990.1		
巍山彝族回族自治县南诏镇	15283	46547	19114	9185	79200.6	872	19869
巍山彝族回族自治县庙街镇	23600	64881	39203	10681	15250.6	160	7359
巍山彝族回族自治县大仓镇	17410	52840	29877	14282	155052.6	405	10936
巍山彝族回族自治县永建镇	20460	52889	31397	14781	22614.0	220	5545
巍山彝族回族自治县巍宝山乡	15659	13780	8509	2312	1434.4		
巍山彝族回族自治县马鞍山乡	24542	16305	9285	978	2166.0		
巍山彝族回族自治县紫金乡	17161	13795	7926	1764	2438.2		
巍山彝族回族自治县五印乡	44228	26000	15183	2975	3038.0		
巍山彝族回族自治县牛街乡	16714	11840	7886	2757	27087.7		
巍山彝族回族自治县青华乡	24947	15227	10283	3133	1857.0		
永平县博南镇	46600	58926	18875	8229	108333.0	470	29011
永平县杉阳镇	42210	38247	24886	6413	25560.0	71	5801
永平县龙街镇	46400	23489	10399	960	11017.0	71	3220
永平县龙门乡	29740	12459	6523	2186	15122.0		
永平县北斗彝族乡	48190	12116	7521	807	9586.0		
永平县厂街彝族乡	35700	18820	11690	1403	13043.0		
永平县水泄彝族乡	39550	16343	9631	914	55860.0		
云龙县诺邓镇	23505	22874	8694	2566	21910.0	240	12691

续表 560　（云南省）　计算单位：公顷、人、万元

名　　称	行政区域面　　积	常住人口	从业人员	二三产业从业人员	工　业总产值	城镇建成区 面 积	城镇建成区常住人口
云龙县功果桥镇	44599	31117	13647	2003	133445.0	223	6996
云龙县漕涧镇	39365	30918	15157	4014	56737.0	140	11634
云龙县白石镇	32150	14160	7000	1655	920.0	35	2225
云龙县宝丰乡	47474	19668	9512	1527	12320.0		
云龙县关坪乡	26814	11846	6428	1912	3914.0		
云龙县团结彝族乡	30200	11064	5598	919	2751.0		
云龙县长新乡	46368	21297	14887	1292	6127.0		
云龙县检槽乡	43623	15471	7735	1861	8718.0		
云龙县苗尾傈僳族乡	66213	18192	9097	1952	28589.0		
云龙县民建乡	21475	9059	4715	643	5513.0		
洱源县茈碧湖镇	28000	57404	27738	11743	93721.0	450	21708
洱源县邓川镇	5700	17732	7136	1230	43756.0	200	3500
洱源县右所镇	26900	55206	34736	5749	20135.0	258	6850
洱源县三营镇	27700	40893	23231	4841	2890.9	198	2724
洱源县凤羽镇	19500	30733	15116	8040	16600.0	135	8138
洱源县乔后镇	50500	20918	8411	2629	990.0	138	3380
洱源县牛街乡	26700	24570	11987	7100	1437.0		
洱源县炼铁乡	24700	24522	13714	2407	2195.6		
洱源县西山乡	51700	13793	7832	756			
剑川县金华镇	31800	54421	16814	4744	165700.0	250	20516
剑川县老君山镇	23800	17530	8647	2539	40122.0	80	11022
剑川县甸南镇	24400	32386	14028	4707	78249.0	87	9012
剑川县沙溪镇	28700	22245	9994	3499	3000.0	250	2385
剑川县马登镇	35700	21417	10242	4899	2500.0	20	2012
剑川县羊岑乡	35000	13001	7976	3055	11794.0		
剑川县弥沙乡	25600	9000	4889	1072	58.0		
剑川县象图乡	20000	5000	3658	713	150.0		
鹤庆县云鹤镇	830	23785	13870	11360	53623.0	830	23785
鹤庆县辛屯镇	10090	37919	23726	8862	49642.0	150	7207
鹤庆县松桂镇	33170	32367	16717	5139	4660.0	163	3986
鹤庆县黄坪镇	55170	33547	18821	3771	2878.0	211	3970
鹤庆县草海镇	32800	45472	26309	9428	18951.0	120	6245
鹤庆县西邑镇	30640	14185	8207	3248	236604.0	290	4862
鹤庆县龙开口镇	29770	25388	15200	4442	83617.0	210	1887
鹤庆县金墩乡	22080	35321	21698	6361	39152.0		
鹤庆县六合彝族乡	24950	14116	9611	2470	2818.0		
瑞丽市勐卯镇	20500	116347	51343	38218	240067.0	1600	82295
瑞丽市畹町镇	10300	18531	5483	1598	6039.0	190	6005
瑞丽市弄岛镇	10200	18006	10434	2871	8096.0	42	3816
瑞丽市姐相乡	6400	22531	11367	2894	5883.0		
瑞丽市户育乡	20400	10593	5042	493	2975.0		
瑞丽市勐秀乡	26600	15864	7392	684	4346.0		
芒市芒市镇	34950	44815	29240	6783	32325.0	380	13269
芒市遮放镇	41100	47517	30583	5541	66944.0	210	9220
芒市勐戛镇	38900	32497	17553	6146	135.0	200	5614
芒市芒海镇	10500	6283	3613	395		25	720
芒市风平镇	37400	69535	42139	6071	185765.0	73	10009
芒市轩岗乡	15200	23694	14263	1978	3380.0		
芒市江东乡	22800	33179	18763	8452			

续表 561　　（云南省）　　计算单位：公顷、人、万元

名　称	行政区域面　积	常住人口	从业人员	二三产业从业人员	工　业总产值	城镇建成区 面 积	城镇建成区常住人口
芒市西山乡	25700	12262	8607	1913			
芒市中山乡	29600	12804	6748	1157	10764.0		
芒市三台山德昂族乡	15800	7161	4341	374	4672.0		
芒市五岔路乡	20200	19267	13536	3691			
梁河县遮岛镇	3100	22930	14698	12540	45325.0	28	15412
梁河县芒东镇	23700	30437	20195	3157	10161.0	23	4424
梁河县勐养镇	26100	17870	9010	1395	6190.0	8	1440
梁河县平山乡	12700	16675	8404	1022	150.0		
梁河县小厂乡	5800	9685	6111	882	98.0		
梁河县大厂乡	4100	8419	4490	1713			
梁河县九保阿昌族乡	16100	14066	8937	2198	23260.0		
梁河县曩宋阿昌族乡	11600	20692	14216	4163	4890.0		
梁河县河西乡	12700	17829	9885	2232	2044.0		
盈江县平原镇	41410	83423	53785	37462	392080.0	800	51058
盈江县旧城镇	13396	20421	13461	2916	214.0	70	4425
盈江县那邦镇	8735	1752	838	74	39.0	34	278
盈江县弄璋镇	34560	46027	28075	2604	92614.0	150	1750
盈江县盏西镇	35140	25470	12110	3442	59785.0	24	5590
盈江县卡场镇	34719	10032	6132	542	33606.0	21	1248
盈江县昔马镇	21400	15331	4442	1040	28880.0	150	3803
盈江县太平镇	42280	27522	14184	1167	27876.0	150	2829
盈江县新城乡	28771	19036	12274	1447	8012.0		
盈江县油松岭乡	10859	14794	5653	819			
盈江县芒章乡	26063	12248	6244	677	2656.0		
盈江县支那乡	37520	15074	9689	2347	11007.0		
盈江县苏典傈僳族乡	32134	8497	3887	194	17535.0		
盈江县勐弄乡	22800	10978	7592	3796	186.0		
盈江县铜壁关乡	30091	6385	3633	306	714.0		
陇川县章凤镇	14600	47461	21633	3193	45056.0	600	18096
陇川县陇把镇	21700	19768	4372	371	25466.0	60	1644
陇川县景罕镇	25100	29246	16757	2643	98568.0	59	6830
陇川县城子镇	23700	26150	16243	4553	16558.0	600	8330
陇川县户撒阿昌族乡	25600	25862	15610	1391	45457.0		
陇川县护国乡	16000	7046	3121	230	1849.0		
陇川县清平乡	19800	11881	7074	604	1410.0		
陇川县王子树乡	26200	15507	7758	584	1128.0		
陇川县勐约乡	19700	8188	4523	100	6920.0		
泸水县六库镇	37600	57631	22179	7279	72856.0	680	26885
泸水县鲁掌镇	32800	11285	6096	604	3440.0	70	964
泸水县片马镇	14100	3557	1467	721	25136.0	92	1678
泸水县上江镇	30000	31935	18204	4942	11096.0	86	3153
泸水县老窝镇	31200	14180	9353	2060	102759.1	8	861
泸水县大兴地镇	40600	17611	8110	582	414.0	45	3006
泸水县称杆乡	48000	19033	12258	561	19643.9		
泸水县古登乡	32800	17328	9380	190	2495.0		
泸水县洛本卓白族乡	26700	13077	6917	85	964.0		
福贡县上帕镇	38763	31881	15344	3442	6086.1	250	
福贡县匹河怒族乡	40164	11016	5659	315	4224.9		
福贡县子里甲乡	30592	10600	5645	1075	1496.8		

续表 562　　（云南省、西藏自治区）　　计算单位：公顷、人、万元

名　　称	行政区域面积	常住人口	从业人员	二三产业从业人员	工业总产值	城镇建成区面积	城镇建成区常住人口
福贡县架科底乡	27430	13883	7952	2646	1983.8		
福贡县鹿马登乡	46755	15826	8780	339	6659.4		
福贡县石月亮乡	47840	12287	7215	960	1497.6		
福贡县马吉乡	52120	9080	6550	883	4291.8		
贡山独龙族怒族自治县茨开镇	77900	13075	7174	2678	5265.0	210	7929
贡山独龙族怒族自治县丙中洛镇	82300	6542	4314	710	1181.6	10	5300
贡山独龙族怒族自治县捧当乡	48800	5859	2686	710	3895.6		
贡山独龙族怒族自治县普拉底乡	42200	6261	4384	1070	885.6		
贡山独龙族怒族自治县独龙江乡	199400	4204	2427	95			
兰坪白族普米族自治县金顶镇	40648	44938	25563	13883	175408.0	100	5040
兰坪白族普米族自治县啦井镇	50847	16275	9281	1941	1320.0	100	2990
兰坪白族普米族自治县营盘镇	56129	38289	26421	4182	7543.0	100	3422
兰坪白族普米族自治县通甸镇	51957	24827	13099	2475	680.0	108	5329
兰坪白族普米族自治县河西乡	57712	18139	11517	2057	1941.0		
兰坪白族普米族自治县中排乡	70098	24948	15518	2283	1790.0		
兰坪白族普米族自治县石登乡	55174	28077	16122	2387	3329.0		
兰坪白族普米族自治县兔峨乡	54655	20552	12576	1853	800.0		
香格里拉市建塘镇	145445	56888	33916	27852	283363.0	110	23338
香格里拉市小中甸镇	88094	10649	5263	222	410.0	99	531
香格里拉市虎跳峡镇	81717	20975	12644	2491	112598.0	365	3001
香格里拉市金江镇	62683	17437	10227	2026	1462.0	2	4126
香格里拉市上江乡	37354	11187	6167	1265	22650.0		
香格里拉市三坝乡	97973	18483	12743	720	3340.0		
香格里拉市洛吉乡	100601	4570	2757	462	10793.0		
香格里拉市尼西乡	83778	6831	3592	875	460.0		
香格里拉市格咱乡	282465	6657	3337	357	22685.0		
香格里拉市东旺乡	128169	6371	3005	212			
香格里拉市五境乡	33590	3948	1110	248	721.0		
德钦县升平镇	76625	10168	3368	2054	1800.0	160	4655
德钦县奔子栏镇	116399	10122	4411	571	605.0	20	2816
德钦县佛山乡	91352	4252	2433	296	8833.8		
德钦县云岭乡	93199	6886	3578	830	1700.0		
德钦县燕门乡	58033	8038	5003	844			
德钦县拖顶傈僳族乡	37481	10098	4912	556	1130.0		
德钦县霞若傈僳族乡	141491	8675	5069	388			
德钦县羊拉乡	114489	5804	3749	963	35071.5		
维西傈僳族自治县保和镇	31000	37239	8167	1787	37820.0	620	17890
维西傈僳族自治县叶枝镇	46952	10470	6474	714		25	450
维西傈僳族自治县塔城镇	76672	15906	8638	1711	2100.0	22	723
维西傈僳族自治县永春乡	34986	15165	10360	833	268.0		
维西傈僳族自治县攀天阁乡	28095	15368	8361	348	1800.0		
维西傈僳族自治县白济汛乡	59048	25736	15353	1830	320.0		
维西傈僳族自治县康普乡	44960	10841	6311	451	1780.0		
维西傈僳族自治县巴迪乡	56567	7604	5188	650	3411.0		
维西傈僳族自治县中路乡	31190	10866	7070	1370	1046.0		
维西傈僳族自治县维登乡	38180	13127	6885	286	27610.0		
西藏自治区							
拉萨市城关区蔡公堂乡	20560	5438	2562	1957	3457.0		
拉萨市城关区纳金乡	5500	5059	2400	2050	50.0		

续表 563　　　　　　　　　　　　（西藏自治区）　　　　　　　　　　　　计算单位：公顷、人、万元

名　称	行政区域面积	常住人口	从业人员	二三产业从业人员	工业总产值	城镇建成区面积	城镇建成区常住人口
拉萨市城关区娘热乡	9740	8773	1598	1157	448.0		
拉萨市城关区夺底乡	9700	7346	1168	797	1497.7		
林周县甘丹曲果镇	20262	12915	5009	477	2276.0	35	6945
林周县春堆乡	29741	6008	4007	309	1051.0		
林周县松盘乡	23369	4886	3249	397	432.0		
林周县强嘎乡	22211	6908	4127	390	257.0		
林周县卡孜乡	49754	5997	3415	116	1409.0		
林周县边交林乡	13672	5089	2961	398			
林周县江热夏乡	23263	5735	3821	164	2781.0		
林周县阿朗乡	57272	5030	2148	386	58.0		
林周县唐古乡	121578	5290	2776	392	1891.0		
林周县旁多乡	85591	4326	1960	170	6979.0		
当雄县当曲卡镇	34606	6213	1309	601			
当雄县羊八井镇	114289	5770	1918	979	7680.0		
当雄县格达乡	183840	4828	1863	275	7386.3		
当雄县宁中乡	173192	9997	3913	1865			
当雄县公塘乡	66411	6403	2503	1236	15445.9		
当雄县龙仁乡	23443	4986	1716	542			
当雄县乌玛塘乡	137683	8788	3479	1241	26313.8		
当雄县纳木湖乡	271544	5366	2396	436			
尼木县塔荣镇	9131	6228	3450	1409		9131	6228
尼木县麻江乡	115861	2716	1493	403			
尼木县普松乡	7346	2370	1321	578			
尼木县卡如乡	87535	1334	698	283			
尼木县尼木乡	24135	7069	3410	1859			
尼木县续迈乡	64605	4836	3027	1270			
尼木县帕古乡	63517	3383	2655	894			
尼木县吞巴乡	15378	1644	1586	997			
曲水县曲水镇	45906	6874	4435	2169	24718.0		
曲水县达嘎乡	44290	8335	5391	2519			
曲水县才纳乡	16673	5225	3286	1386			
曲水县南木乡	18957	3198	1654	955	28927.0		
曲水县聂当乡	13420	4734	3699	1724	50077.0		
曲水县茶巴拉乡	23154	4466	2541	1272			
堆龙德庆县东嘎镇	4755	10989	2763	2003	37444.0	4755	10989
堆龙德庆县乃琼镇	25378	10805	5225	4185		50	262
堆龙德庆县羊达乡	12187	4214	3553	1822	70401.2		
堆龙德庆县古荣乡	76369	6851	3307	992	3469.0		
堆龙德庆县柳梧乡	30500	4840	2508	2412			
堆龙德庆县马乡	47998	5437	3659	2325			
堆龙德庆县德庆乡	74620	7941	4105	1943			
达孜县德庆镇	42450	7497	4523	2042	23000.0		7497
达孜县塔杰乡	17030	3230	1849	1182			
达孜县章多乡	16440	4370	3045	1120			
达孜县唐嘎乡	24670	5298	2191	291			
达孜县雪乡	18590	2820	1689	1114			
达孜县帮堆乡	18120	3981	2046	574			
墨竹工卡县工卡镇	19620	9788	2477	1669		529	9788
墨竹工卡县扎雪乡	68444	8067	1895	427			

续表 564　　（西藏自治区）　　计算单位：公顷、人、万元

名　　称	行政区域面积	常住人口	从业人员	二三产业从业人员	工业总产值	城镇建成区面积	城镇建成区常住人口
墨竹工卡县门巴乡	134610	3847	1486	224			
墨竹工卡县扎西岗乡	86770	8065	2977	1756			
墨竹工卡县日多乡	956	2720	2560	240			
墨竹工卡县尼玛江热乡	64600	8601	1082	753			
墨竹工卡县甲玛乡	28269	4410	3196	986			
墨竹工卡县唐加乡	34710	7594	2614	2013			
桑珠孜区曲美乡	37229	6768	3707	1118			
桑珠孜区聂日雄乡	37010	5578	3700	1196			
桑珠孜区曲布雄乡	32499	6127	2077	327			
桑珠孜区联乡	51400	5420	3810	1297			
桑珠孜区甲措雄乡	41708	14596	8986	4281			
桑珠孜区纳尔乡	23725	2252	1365	305			
桑珠孜区年木乡	16641	3974	2064	996			
桑珠孜区东嘎乡	92663	9840	7003	1408			
桑珠孜区边雄乡	15406	4905	4878	886			
桑珠孜区江当乡	32554	5805	4623	905		5	295
南木林县南木林镇	39100	9005	4093	561	79.0	1909	9005
南木林县普当乡	46700	3584	1760	70			
南木林县仁堆乡	135100	1472	824	174			
南木林县拉布普乡	191500	2180	1013	47			
南木林县多角乡	26600	5507	2698	428			
南木林县卡孜乡	25400	6270	6260	2886			
南木林县土布加乡	49500	6578	3044	37			
南木林县艾玛乡	41800	11317	5797	630			
南木林县奴玛乡	2400	3786	1475	83			
南木林县达孜乡	24800	4945	2293	240			
南木林县索金乡	38900	4011	2387	157			
南木林县茶尔乡	27500	2839	1160	123			
南木林县秋木乡	188000	2712	1274	37			
南木林县达那乡	24500	2748	1508	307			
南木林县芒热乡	73700	3396	1698	685			
南木林县热当乡	419900	8057	3883	2120			
南木林县甲措乡	37000	5258	2288	52			
江孜县江孜镇	6200	10454	2304	984			
江孜县纳如乡	3570	4550	2115	115			
江孜县卡麦乡	18600	5321	2709	1381			
江孜县卡堆乡	6130	4309	3082	844			
江孜县藏改乡	6400	2277	1087	183			
江孜县日朗乡	8490	1306	568	55			
江孜县达孜乡	16330	2942	1339	94			
江孜县热索乡	9500	3173	1737	395			
江孜县重孜乡	2250	5072	2035	655			
江孜县龙马乡	21040	1933	1722	12			
江孜县紫金乡	5560	3777	481	101			
江孜县江热乡	7773	4479	2657	111			
江孜县年堆乡	5757	3749	1362	109			
江孜县康卓乡	10690	2403	1252	77			
江孜县金嘎乡	18780	2776	892	67			
江孜县日星乡	3489	2358	1620	77			

续表 565　　（西藏自治区）　　计算单位：公顷、人、万元

名　称	行政区域面积	常住人口	从业人员	二三产业从业人员	工业总产值	城镇建成区面积	城镇建成区常住人口
江孜县热龙乡	17860	2215	1606	26			
江孜县车仁乡	7134	2831	730	187			
江孜县加克西乡	4717	629	413	26			
定日县协格尔镇	72290	9093	5647	2570		270	2342
定日县岗嘎镇	139577	7953	2957	303	5264.7	27	1203
定日县加措乡	129420	1404	1204	201			
定日县绒辖乡	97971	933	516	306			
定日县尼辖乡	46407	1968	1020	370			
定日县盆吉乡	105190	1607	897	19			
定日县曲当乡	266600	6669	1699	128	40.0		
定日县扎果乡	52783	2620	1094	17			
定日县扎西宗乡	292158	7238	3985	2188			
定日县长所乡	24730	3929	2608	634			
定日县曲洛乡	40269	3179	1938	150			
定日县措果乡	67200	3946	2042	810			
定日县克玛乡	105302	4304	2224	1200			
萨迦县萨迦镇	1078	4172	2450	1253			
萨迦县吉定镇	104800	7112	3043	2184			
萨迦县木拉乡	8336	3349	598	452			
萨迦县查荣乡	51359	4237	2388	820			
萨迦县拉洛乡	94954	3837	1405	55			
萨迦县赛乡	32770	3576	1964	367			
萨迦县扯休乡	56500	5615	3110	867			
萨迦县扎西岗乡	59600	5093	3034	800			
萨迦县雄玛乡	38596	6047	3086	611			
萨迦县麻布加乡	562	4399	1397	223			
萨迦县雄麦乡	562	2533	1402	227			
拉孜县曲下镇	5400	8717	2960	1970	745.3	372	5721
拉孜县拉孜镇	27000	6849	3349	2015	33.6	39	6849
拉孜县扎西宗乡	30000	3135	1815	1129			
拉孜县曲玛乡	28700	5070	2362	1440	60.0		
拉孜县彭措林乡	70000	4327	2241	938	81.7		
拉孜县扎西岗乡	60300	7502	3680	1930	122.0		
拉孜县柳乡	27000	4315	2261	848	112.0		
拉孜县热萨乡	35700	3913	1557	742			
拉孜县芒普乡	40600	3650	2460	1332	120.0		
拉孜县锡钦乡	58900	6868	3881	1845	50.0		
拉孜县查务乡	52400	4406	2295	1010			
昂仁县卡嘎镇	35600	8156	4382	1042		28	7510
昂仁县桑桑镇	210200	4628	2386	38		63	4287
昂仁县切热乡	161235	1374	622	22			
昂仁县秋窝乡	84218	7655	3957	259			
昂仁县达居乡	53467	4638	4595	374			
昂仁县亚木乡	96313	6913	5451	1735			
昂仁县贡久布乡	118054	1339	659	83			
昂仁县达若乡	195789	670	331	37			
昂仁县措迈乡	275007	1683	941	70			
昂仁县尼果乡	200396	1631	654	41			
昂仁县孔隆乡	424632	818	369	23			

续表 566　（西藏自治区）　计算单位：公顷、人、万元

名　称	行政区域面积	常住人口	从业人员	二三产业从业人员	工业总产值	城镇建成区面积	城镇建成区常住人口
昂仁县如萨乡	146399	831	687	49			
昂仁县阿木雄乡	180241	864	385	25			
昂仁县查孜乡	236815	1335	659	58			
昂仁县日吾其乡	114156	5511	2913	390			
昂仁县多白乡	69840	6149	2764	469			
昂仁县雄巴乡	127966	842	359	41			
谢通门县卡嘎镇	15753	9701	3396	402			
谢通门县达木夏乡	83402	5069	3332	388			
谢通门县查布乡	58699	1936	857	95			
谢通门县春哲乡	77722	1326	1324	114			
谢通门县则许乡	59131	793	478	25			
谢通门县娘热乡	146172	1230	454	129			
谢通门县措布西乡	118789	1850	904	173			
谢通门县纳当乡	95016	1499	895	413			
谢通门县青都乡	103491	751	408	16			
谢通门县切琼乡	109879	717	283	16			
谢通门县美巴切勤乡	213805	1262	702	38			
谢通门县列巴乡	164849	1633	727	332			
谢通门县塔定乡	11209	2329	1061	233			
谢通门县荣玛乡	18087	2637	2218	776			
谢通门县通门乡	13271	3375	1898	101			
谢通门县仁钦则乡	46755	6361	2827	215			
谢通门县达那普乡	32280	2474	1358	330			
谢通门县达那塔乡	11337	4288	2097	755			
谢通门县南木切乡	24628	1214	386	130			
白朗县洛江镇	16193	7020	3805	770	2656.0	1080	7020
白朗县嘎东镇	18963	8352	4583	1158	3460.0	3	8065
白朗县巴扎乡	98800	5953	3460	2324	100.0		
白朗县玛乡	19166	5036	2815	431			
白朗县旺丹乡	22927	4571	1744	368	0.9		
白朗县曲奴乡	12583	3587	1843	763			
白朗县杜琼乡	11649	3670	1755	377			
白朗县强堆乡	9702	2833	1577	727	12.0		
白朗县嘎普乡	33779	2272	1974	598	0.9		
白朗县者下乡	32016	2005	1108	293			
白朗县东喜乡	89040	1239	936	360			
仁布县德吉林镇	32000	5132	1904	593		71	4483
仁布县帕当乡	16800	3749	1146	164			
仁布县康雄乡	21271	4113	1620	206			
仁布县普松乡	15185	2128	920	471	130.0		
仁布县然巴乡	29463	2309	865	266			
仁布县荼巴乡	31125	4771	1552	244		22	318
仁布县切洼乡	37658	4308	3488	1248	951.0		
仁布县母乡	14998	4141	1254	162			
仁布县仁布乡	13510	3083	875	163			
康马县康马镇	42240	3898	1267	278			
康马县涅如麦乡	30310	1781	1040	60			
康马县涅如堆乡	332500	2182	1147	507			
康马县嘎拉乡	116370	3593	1432	272			

续表 567　　（西藏自治区）　　计算单位：公顷、人、万元

名　　称	行政区域面　积	常住人口	从业人员	二三产业从业人员	工　业总产值	城镇建成区 面 积	城镇建成区常住人口
康马县萨玛达乡	57857	1976	946	120			
康马县康如乡	30993	1901	928	172			
康马县少岗乡	30740	2384	1185	566			
康马县南尼乡	15200	2417	1137	69			
康马县雄章乡	89100	2068	1045	315			
定结县江嘎镇	35000	2637	1121	508	43.2	30	773
定结县陈塘镇	250000	2347	1216	140	14.2	20	1338
定结县日屋镇	142000	1289	724	122	2.4	28	323
定结县确布乡	38000	1695	989	141	64.8		
定结县扎西岗乡	60000	2142	1256	160	17.2		
定结县多布扎乡	65000	1721	1002	148	11.5		
定结县定结乡	20000	1674	997	156	18.6		
定结县琼孜乡	80000	2807	1784	746			
定结县萨尔乡	30000	2556	1481	391	42.0		
定结县郭加乡	36600	864	560	97	7.7		
仲巴县帕羊镇	203030	2149	1192	139			
仲巴县拉让乡	176148	908	476	56			
仲巴县帕江乡	533996	2573	1218	143			
仲巴县仁多乡	391426	2141	1026	120			
仲巴县吉玛乡	301401	2125	1112	130			
仲巴县隆格尔乡	710864	3513	1749	205			
仲巴县霍尔巴乡	286544	1588	1041	122			
仲巴县吉拉乡	562862	961	514	60			
仲巴县纳久乡	262572	1382	797	93			
仲巴县偏吉乡	384660	1852	954	112			
仲巴县布多乡	297820	617	408	48			
仲巴县亚热乡	247561	1506	659	77			
仲巴县琼果乡	249516	1361	765	89			
亚东县下司马镇	225	1738	479	284		225	1738
亚东县帕里镇	35940	2734	1241	267		3594	2734
亚东县下亚东乡	57911	962	486	248			
亚东县堆纳乡	121714	2928	1656	102			
亚东县上亚东乡	34884	1241	608	146			
亚东县吉汝乡	952	913	591	73			
亚东县康布乡	53051	1192	685	104			
吉隆县宗嘎镇	158100	4220	839	261	692.7	2721	4220
吉隆县吉隆镇	160900	3578	1751	174		10	3578
吉隆县折巴乡	278600	2515	1194	22			
吉隆县贡当乡	146000	1150	573	35			
吉隆县差那乡	183600	3027	1545	443			
吉隆县萨勒乡	131700	1651	611	19			
聂拉木县聂拉木镇	114141	2525	1455	567		65	580
聂拉木县樟木镇	30162	1851	2124	653			
聂拉木县亚来乡	78801	1701	1087	323			
聂拉木县锁作乡	68010	3595	2107	436			
聂拉木县门布乡	130375	3073	1828	191			
聂拉木县乃龙乡	28340	1470	976	228			
聂拉木县波绒乡	340472	2652	2099	223			
萨嘎县加加镇	198564	3275	952	42	170.3	150	1765

续表 568　（西藏自治区）　计算单位：公顷、人、万元

名　称	行政区域面积	常住人口	从业人员	二三产业从业人员	工业总产值	城镇建成区面积	城镇建成区常住人口
萨嘎县夏如乡	96317	2689	1925	35			
萨嘎县旦嘎乡	96135	1652	1586	20			
萨嘎县达吉岭乡	109482	1372	622	7			
萨嘎县如角乡	183680	1119	993	6			
萨嘎县拉藏乡	119855	1708	1644	30			
萨嘎县雄如乡	137671	2060	1378	68			
萨嘎县昌果乡	300275	1679	1531	10			
岗巴县岗巴镇	63100	2412	1175	177			
岗巴县昌龙乡	92136	2211	1234	185			
岗巴县直克乡	54132	1338	903	135			
岗巴县孔玛乡	82450	1466	790	118			
岗巴县龙中乡	127131	2491	1445	217			
卡若区城关镇	32400	6930	3605	505	420.0		
卡若区俄洛镇	77600	6809	6801	806		68	6012
卡若区卡若镇	36540	4375	4370	1112		7	4225
卡若区芒达乡	53360	3857	3827	669			
卡若区沙贡乡	84050	6242	6200	400	75.0		
卡若区若巴乡	6240	3705	3649	398			
卡若区埃西乡	65840	6001	5969	448			
卡若区如意乡	38680	3888	3853	873			
卡若区日通乡	72160	5811	5810	1812			
卡若区柴维乡	107300	8120	8119	1121			
卡若区妥坝乡	100400	9532	9526	674			
卡若区嘎玛乡	66790	3477	3467	426			
卡若区面达乡	90120	6750	6730	910			
卡若区约巴乡	57660	4260	2740	160			
卡若区拉多乡	70847	8989	8987	1135			
江达县江达镇	368	3535	1911	100	800.0		
江达县岗托镇	550	4300	1056	35			
江达县邓柯乡	1825	9011	5823	422			
江达县岩比乡	657	4320	3141	220			
江达县卡贡乡	681	4836	2855	93			
江达县生达乡	1989	13210	495	45			
江达县娘西乡	520	2915	1924	223			
江达县字呷乡	1617	10220	9119	338			
江达县青泥洞乡	817	4500	4073	863			
江达县汪布顶乡	1178	10200	5932	231			
江达县德登乡	1457	7126	5067	255			
江达县同普乡	986	8966	7682	264			
江达县波罗乡	1051	8950	7175	234			
贡觉县莫洛镇	60700	9678	6951	417			
贡觉县敏都乡	13300	1729	1401	61			
贡觉县则巴乡	129600	3347	2096	55			
贡觉县罗麦乡	13300	1863	1496	69			
贡觉县沙东乡	13800	2043	1620	90			
贡觉县克日乡	17600	1026	730	55			
贡觉县木协乡	38400	1881	1528	75			
贡觉县阿旺乡	67100	1575	1156	48			
贡觉县拉妥乡	61600	2100	1738	38			

续表 569 （西藏自治区） 计算单位：公顷、人、万元

名称	行政区域面积	常住人口	从业人员	二三产业从业人员	工业总产值	城镇建成区面积	城镇建成区常住人口
贡觉县雄松乡	12500	1854	1554	72			
贡觉县哈加乡	74100	6326	4990	118			
贡觉县相皮乡	94100	7985	5636	158			
类乌齐县桑多镇	78800	20000	17501	2301	908.0		
类乌齐县类乌齐镇	79570	7496	2441	299			
类乌齐县吉多乡	78684	5887	1683	229			
类乌齐县岗色乡	34727	2601	723	69			
类乌齐县宾达乡	33100	2591	895	59			
类乌齐县卡玛多乡	64060	5626	1677	143			
类乌齐县尚卡乡	56500	3589	1472	76			
类乌齐县伊日乡	396290	3030	787	188			
类乌齐县甲桑卡乡	61930	4221	1546	107	193.0		
类乌齐县长毛岭乡	87700	7690	3559	366			
丁青县丁青镇	126800	9310	4006	535	2572.0	300	1168
丁青县尺犊镇	131200	11912	5531	498		350	1807
丁青县木塔乡	310000	2224	863	30			
丁青县布塔乡	170400	3225	1260	34			
丁青县巴达乡	45200	2633	1210	89			
丁青县甘岩乡	50400	2221	1155	30			
丁青县嘎塔乡	24300	4540	1490	165			
丁青县色扎乡	73600	11111	4773	300		390	3029
丁青县协雄乡	58400	8864	3484	309		260	2143
丁青县桑多乡	41600	4826	2872	59			
丁青县当堆乡	141600	6657	3343	40			
丁青县沙贡乡	21600	4301	2038	25			
丁青县觉恩乡	100400	11430	4478	342			
察雅县烟多镇	75000	8801	3933	2911		150	718
察雅县吉塘镇	55300	4579	2002	291		120	773
察雅县香堆镇	96000	9136	4018	128		280	1412
察雅县宗沙乡	88100	5236	3444	1444			
察雅县肯通乡	68400	3268	1438	473			
察雅县扩达乡	99600	7228	4638	780			
察雅县新卡乡	27600	1321	725	215			
察雅县王卡乡	32800	5150	3914	227			
察雅县阿孜乡	89300	1736	999				
察雅县巴日乡	50000	5173	2068	1302			
察雅县荣周乡	61100	6091	2172	427			
察雅县卡贡乡	65000	3710	2591	381			
察雅县察拉乡	32500	1640	768	42			
八宿县白玛镇	95069	5035	1528	1528		1	4497
八宿县然乌镇	190278	4486	3018	2292		22	4365
八宿县帮达镇	43172	3430	1248	245		1	2122
八宿县同卡镇	113184	5117	3230	240		1	5113
八宿县林卡乡	119648	3689	1989	1810			
八宿县夏里乡	37163	1039	387	67			
八宿县拥乡	31743	1331	913	588			
八宿县瓦乡	36400	744	538	116			
八宿县吉达乡	140584	4689	2382	730			
八宿县卡瓦白庆乡	79890	1312	1033	750			

续表 570　（西藏自治区）　计算单位：公顷、人、万元

名　　称	行政区域面　　积	常住人口	从业人员	二三产业从业人员	工　业总产值	城镇建成区 面 积	城镇建成区常住人口
八宿县集中乡	71866	1991	130	19			
八宿县益庆乡	83751	3148	1128	391			
八宿县拉根乡	42068	2289	1239	251			
八宿县郭庆乡	166407	6367	2389	618			
左贡县旺达镇	730	8998	7223	1335			
左贡县田妥镇	160482	7497	3635	36		160481	7163
左贡县扎玉镇	270000	7252	4632	100		569	7252
左贡县东坝乡	31732	2956	1739				
左贡县中林卡乡	256237	6620	3690	295			
左贡县美玉乡	1097	5144	2416	30			
左贡县下林卡乡	7060	3078	1433	33			
左贡县碧土乡	102332	2586	1192	794			
左贡县仁果乡	90600	3826	2852	41			
左贡县绕金乡	42784	2160	1339	174			
芒康县嘎托镇	90212	14911	6253	4562	2826.0		
芒康县如美镇	84852	6309	5020	262	1151.0		
芒康县曲孜卡乡	67543	3743	2482	286			
芒康县木许乡	28351	2393	1413	131			
芒康县纳西民族乡	37488	4881	2057	131	2502.0		
芒康县朱巴龙乡	92877	5536	3982	1266			
芒康县曲登乡	118004	3754	2021	585			
芒康县徐中乡	103976	6363	2700	453			
芒康县帮达乡	102486	8777	7622	5224			
芒康县戈波乡	57740	3787	1699	248			
芒康县洛尼乡	47208	4340	2658	749			
芒康县措瓦乡	99386	9771	5770	2001			
芒康县昂多乡	54640	2142	1010	73			
芒康县宗西乡	102530	6074	4182	2007			
芒康县莽岭乡	20550	3736	2730	519			
芒康县索多西乡	55702	5744	3146	1652			
洛隆县孜托镇	12090	13459	10949	704	1062.7		
洛隆县硕督镇	5790	5385	5305	352		803	4650
洛隆县康沙镇	5350	6871	6567	1500		52	4935
洛隆县马利镇	8200	5010	4310	289		65	3761
洛隆县玉西乡	3450	1321	550	15			
洛隆县新荣乡	58669	4211	3818	109			
洛隆县达龙乡	44184	1515	748	98			
洛隆县腊久乡	198009	5832	2555	98			
洛隆县俄西乡	87771	6822	5822	76			
洛隆县中亦乡	62457	3408	1426	56			
洛隆县白达乡	9894	847	368	89			
边坝县草卡镇	45100	5716	3194	1218	300.0		
边坝县边坝镇	112400	5742	2869	450			
边坝县马武乡	41700	2705	1111	198			
边坝县热玉乡	36000	2166	1408	472			
边坝县尼木乡	66600	2808	1560	423			
边坝县沙丁乡	68000	3832	1745	282			
边坝县金岭乡	197200	4386	2318	345			
边坝县加贡乡	105500	1073	589	42			

续表 571　　（西藏自治区）　　计算单位：公顷、人、万元

名　　称	行政区域面　积	常住人口	从业人员	二三产业从业人员	工　业总产值	城镇建成区 面 积	城镇建成区常住人口
边坝县马秀乡	73500	2556	1545	302			
边坝县都瓦乡	68800	3278	1355	123			
边坝县拉孜乡	83100	4184	2141	289			
巴宜区林芝镇	147300	2659	1109	377		147300	2659
巴宜区百巴镇	162200	4039	1609	558			
巴宜区八一镇	143200	3548	1588	836			
巴宜区鲁朗镇	164900	1334	776	35			
巴宜区更章门巴民族乡	98000	1339	783	151			
巴宜区布久乡	157400	2834	1589	270			
巴宜区米瑞乡	150600	2375	925	216			
工布江达县工布江达镇	75900	2763	1258	317		102	2763
工布江达县金达镇	157100	4832	1810	338		6	4832
工布江达县巴河镇	109100	2765	1311	270		57	2765
工布江达县错高乡	119000	2354	1169	328			
工布江达县朱拉乡	185200	3013	2936	207			
工布江达县仲莎乡	185200	2843	1364	290			
工布江达县江达乡	79600	2700	2696	211			
工布江达县娘蒲乡	165000	3098	1023	272			
工布江达县加兴乡	225900	4453	1639	321			
米林县米林镇	34643	7811	717	114	580.0	97	7811
米林县卧龙镇	259190	4633	1898	171			
米林县派镇	105589	2591	1172	194			
米林县丹娘乡	53618	1978	686	109			
米林县南伊珞巴民族乡	64848	735	218	8	24.3		
米林县羌纳乡	45466	3186	1470	403			
米林县里龙乡	218182	2487	932	92			
米林县扎西绕登乡	167578	3445	1410	170			
墨脱县墨脱镇	121700	3291	2303	1379		12170	3291
墨脱县甘登乡	79001	310	191	9			
墨脱县加热萨乡	79000	713	358	61			
墨脱县达木珞巴民族乡	88000	1089	548	146			
墨脱县帮辛乡	100000	1376	866	105			
墨脱县格当乡	94000	916	524	6			
墨脱县德兴乡	110000	1668	744	36			
墨脱县背崩乡	375000	2377	1381	20			
波密县扎木镇	106813	2675	1072	684		2	2310
波密县倾多镇	170986	4594	1686	624		1	4570
波密县松宗镇	76165	2040	797	246		1	2006
波密县古乡	72474	1364	327	66			
波密县玉许乡	246211	5995	3307	955			
波密县多吉乡	138346	3198	1582	801			
波密县康玉乡	154958	1915	684	145			
波密县玉普乡	200000	1568	905	88			
波密县易贡乡	294669	1383	707	79			
波密县八盖乡	210013	1317	700	170			
察隅县竹瓦根镇	2827	3953	2091	353	1600.0	2827	3953
察隅县上察隅镇	5525	3020	1572	130		5525	3020
察隅县下察隅镇	1215	4945	2260	270		8	4873
察隅县古玉乡	2271	3061	1386	116			

续表 572 （西藏自治区） 计算单位：公顷、人、万元

名　　称	行政区域面　　积	常住人口	从业人员	二三产业从业人员	工　业总产值	城镇建成区 面 积	城镇建成区常住人口
察隅县古拉乡	3318	2734	1269	316			
察隅县察瓦龙乡	4617	7372	3715	2331			
朗县朗镇	44153	2752	1526	65		12	2752
朗县仲达镇	20695	2204	1475	427		182	2204
朗县洞嘎镇	116623	2486	1281	166		2	2486
朗县金东乡	95845	1726	912	106			
朗县拉多乡	70847	2182	1156	44			
朗县登木乡	70531	2983	1595	82			
乃东县泽当镇	20638	39175	3876	2580			
乃东县昌珠镇	2108	7000	3949	3030			
乃东县颇章乡	13524	7070	3900	2199			
乃东县结巴乡	20031	4742	2240	1436			
乃东县多颇章乡	23786	1707	930	621			
乃东县索珠乡	37889	2438	1247	817			
乃东县亚堆乡	60835	6820	4060	2575			
扎囊县扎唐镇	18899	12284	3875	2326			
扎囊县桑耶镇	80767	4608	2162	1604			
扎囊县阿扎乡	28849	2214	938	829			
扎囊县扎其乡	28079	9785	4786	3215			
扎囊县吉汝乡	39398	10820	5682	3470			
贡嘎县吉雄镇	7400	6124	1649	1223	60.0		
贡嘎县岗堆镇	32968	7232	3614	2510	293.0		
贡嘎县甲竹林镇	36955	8091	4255	2036	1600.0		
贡嘎县江塘镇	23781	5741	2619	713	60.0		
贡嘎县杰德秀镇	25841	8460	4280	1622	1275.0		
贡嘎县朗杰学乡	36396	6670	2974	1064	65.0		
贡嘎县昌果乡	37619	2923	1667	1040	55.0		
贡嘎县东拉乡	27424	4560	2481	1582			
桑日县桑日镇	30225	3738	1900	1650			
桑日县增期乡	124240	4435	1823	1113			
桑日县白堆乡	46058	1843	649	346			
桑日县绒乡	42839	5749	3351	2306			
琼结县琼结镇	50286	4945	2908	2003			
琼结县拉玉乡	17275	4524	2318	1211			
琼结县下水乡	12848	3241	1798	1177			
琼结县加麻乡	29891	4817	3111	1660			
曲松县曲松镇	51300	5893	2583	1712	334.0	54	3000
曲松县罗布沙镇	20200	1406	754	476		16	164
曲松县邱多江乡	88967	2774	1287	968			
曲松县堆随乡	16913	2910	1402	981			
曲松县下江乡	36407	1959	967	489			
措美县措美镇	79909	5698	2364	1578	420.0	50	1562
措美县哲古镇	207997	5404	2981	1258		48	2065
措美县乃西乡	74475	2392	1353	725	14.0		
措美县古堆乡	77678	1487	806	396			
洛扎县洛扎镇	87091	5808	2171	1417			
洛扎县拉康镇	44545	2085	974	766			
洛扎县生格乡	32600	3115	1486	905			
洛扎县边巴乡	39556	1521	765	473			

续表 573　　（西藏自治区）　　计算单位：公顷、人、万元

名　称	行政区域面积	常住人口	从业人员	二三产业从业人员	工业总产值	城镇建成区面积	城镇建成区常住人口
洛扎县扎日乡	104260	5145	2443	1396			
洛扎县色乡	100219	2157	1198	466			
洛扎县拉郊乡	26225	224	112	21			
加查县加查镇	51265	3414	2219	579			
加查县安绕镇	55254	5697	2642	1361			
加查县拉绥乡	54351	3703	2407	1136			
加查县崔久乡	108215	737	464	211			
加查县坝乡	109499	1491	969	502			
加查县冷达乡	26759	2336	1518	1038			
加查县洛林乡	53795	4293	2717	1393			
隆子县隆子镇	80800	8118	3053	2138			
隆子县日当镇	74800	8542	3981	3193			
隆子县加玉乡	73900	3851	2020	1462			
隆子县列麦乡	51800	2400	1278	412			
隆子县热荣乡	69900	4256	2241	1442			
隆子县三安曲林乡	83200	3124	1601	487			
隆子县准巴乡	19300	521	218	26			
隆子县斗玉珞巴民族乡	28100	680	338	129			
隆子县雪沙乡	80600	4465	2316	559			
隆子县扎日乡	55400	630	264	71			
隆子县玉麦乡	362900	34	27	10			
错那县错那镇	130200	3035	849	745			
错那县勒门巴民族乡	22600	145	79	9			
错那县贡日门巴民族乡	8100	202	101	50			
错那县吉巴门巴民族乡	36900	222	112	18			
错那县麻玛门巴民族乡	8300	200	97	82			
错那县库局乡	292645	447	220	220			
错那县曲卓木乡	112700	3938	1740	389			
错那县浪坡乡	90800	329	142	142			
错那县觉拉乡	70100	4657	3025	1113			
错那县卡达乡	132600	2043	911	542			
浪卡子县浪卡子镇	64523	4025	2109	1085			
浪卡子县打隆镇	117968	5339	2795	983			
浪卡子县普玛江塘乡	46223	3931	2290	786	232.0		
浪卡子县多却乡	107535	7293	4093	1456	541.0		
浪卡子县卡龙乡	122682	5995	3216	1844			
浪卡子县阿扎乡	181340	1063	670	278			
浪卡子县工布学乡	38218	2259	1225	510	92.0		
浪卡子县卡热乡	23311	2174	1148	629	121.0		
浪卡子县白地乡	31989	2398	1214	521			
浪卡子县张达乡	17422	2307	1247	778			
那曲县那曲镇	287040	13646	15337	4100			
那曲县罗玛镇	414600	7285	7424	271			7285
那曲县古露镇	212140	4186	4168	257			
那曲县香茂乡	88300	6845	6883	913			
那曲县油恰乡	14700	6445	5366	101			
那曲县那么切乡	250000	8903	8714	43			
那曲县孔玛乡	77000	5586	5137	23			
那曲县达萨乡	105900	9227	8783				

续表 574　　(西藏自治区)　　计算单位：公顷、人、万元

名　　称	行政区域面　　积	常住人口	从业人员	二三产业从业人员	工　业总产值	城镇建成区 面 积	城镇建成区常住人口
那曲县劳麦乡	69300	5120	4954				
那曲县色雄乡	51800	5172	4913				
那曲县尼玛乡	107100	6548	6291				
那曲县达前乡	81700	5026	4932				
嘉黎县阿扎镇	162613	3085	1573	435			
嘉黎县嘉黎镇	132060	3917	1511	91			
嘉黎县鸽群乡	98987	2784	1056	493			
嘉黎县藏比乡	79453	2142	992	309			
嘉黎县忠玉乡	188500	1970	746	468			
嘉黎县措多乡	166387	5589	2862	839			
嘉黎县措拉乡	177773	4864	2084	165			
嘉黎县林堤乡	39433	1741	854	87			
嘉黎县夏玛乡	138973	4869	2246	688			
嘉黎县绒多乡	137433	3637	1725	623			
比如县比如镇	66640	5834	2589	390			
比如县夏曲镇	197910	14305	5526	2596			
比如县白嘎乡	181252	8764	2962				
比如县羊秀乡	227926	6828	2442				
比如县香曲乡	81705	5894	2061				
比如县达塘乡	115190	8532	3799	1015			
比如县良曲乡	85743	4627	2018	16			
比如县茶曲乡	58041	6771	2819	260			
比如县扎拉乡	88042	3807	1528	3			
比如县恰则乡	41711	2818	1055	271			
聂荣县聂荣镇	81800	2418	1102	114			
聂荣县尼玛乡	202870	4943	2793	565			
聂荣县查当乡	434974	3437	1691	167			
聂荣县当木江乡	97339	4322	2015	305			
聂荣县永曲乡	233274	1915	780	1			
聂荣县索雄乡	142880	2086	1164	23			
聂荣县白雄乡	266067	3981	1837	9			
聂荣县桑荣乡	144518	1930	709	39			
聂荣县下曲乡	159210	3686	1954	202			
聂荣县色庆乡	382993	5403	2720	14			
安多县扎仁镇	950000	9399	4605	837			
安多县雁石坪镇	1400000	2980	1264	173			
安多县强玛镇	810000	5335	2194	1290			
安多县帕那镇	400000	3250	1476	1014			
安多县措玛乡	550000	4352	1770	488			
安多县滩堆乡	120000	1246	533	124			
安多县扎曲乡	250000	1306	528	153			
安多县岗尼乡	400000	1872	900	135			
安多县玛曲乡	900000	2762	1400	506			
安多县色务乡	900000	1033	250	140			
安多县玛荣乡	470000	1123	468	47			
安多县多玛乡	900000	1797	1114	48			
安多县帮爱乡	750000	2118	987	482			
申扎县申扎镇	196353	3330	1473	369		25	220
申扎县雄梅镇	325000	3866	2052	297		28	365

续表 575　　（西藏自治区）　　计算单位：公顷、人、万元

名　　称	行政区域面　积	常住人口	从业人员	二三产业从业人员	工　业总产值	城镇建成区 面 积	城镇建成区常住人口
申扎县马跃乡	421447	1983	1188	343			
申扎县买巴乡	166740	1528	772	130			
申扎县塔尔玛乡	519253	3722	2412	650			
申扎县下过乡	259447	2557	1342	230			
申扎县卡乡	230620	1687	850	60			
申扎县巴扎乡	310507	2066	1096	136			
索县亚拉镇	77093	9023	2831	1046		20	8830
索县荣布镇	75627	8116	2854	383		25	8116
索县若达乡	47480	3188	1279	494			
索县热瓦乡	26980	2711	812	122			
索县西昌乡	45700	3483	1317	143			
索县嘎木乡	84867	2298	981	67			
索县赤多乡	70847	3625	1591	137			
索县嘎美乡	50153	5467	1892	114			
索县加勒乡	56820	5963	2225	709			
索县江达乡	61393	3890	1552	305			
班戈县普保镇	209233	5657	3327	204		1725	5657
班戈县北拉镇	238706	5361	2795	211		238706	5361
班戈县佳琼镇	515525	3100	1626	193		810	3100
班戈县德庆镇	3904	4015	2158	152		1041	4015
班戈县马前乡	304880	2683	1303	111			
班戈县门当乡	515525	5161	2805	301			
班戈县保吉乡	138433	2153	1137	132			
班戈县青龙乡	305973	4131	1946	265			
班戈县新吉乡	317226	3968	1796	230			
班戈县尼玛乡	68246	2542	1340	186			
巴青县雅安镇	150000	5313	2403	423			
巴青县拉西镇	350000	7814	2879	125			
巴青县杂色镇	260000	8924	2965	583			
巴青县江绵乡	170000	6181	2511	416			
巴青县岗切乡	310000	4555	2318	398			
巴青县巴青乡	140000	2418	1315				
巴青县阿秀乡	130000	2643	482				
巴青县玛如乡	180000	6916	2964	400			
巴青县本塔乡	250000	4261	1789				
巴青县贡日乡	140000	1785	991	460			
尼玛县尼玛镇	1156	4839	2270	104			
尼玛县文布乡	2954	2031	1179	225			
尼玛县中仓乡	14000	2811	1666	207			
尼玛县卓瓦乡	3150	2021	1344	108			
尼玛县卓尼乡	4712	1992	954	44			
尼玛县吉瓦乡	2584	1844	1017	195			
尼玛县甲谷乡	2658	2233	870	90			
尼玛县阿索乡	14250	1827	1068	65			
尼玛县俄久乡	28779	2460	1302	84			
尼玛县荣玛乡	16779	1086	632	60			
尼玛县达果乡	3332	1791	872	76			
尼玛县申亚乡	3459	1950	992	106			
尼玛县来多乡	4201	2205	1182	56			

续表 576　（西藏自治区、陕西省）　计算单位：公顷、人、万元

名　称	行政区域面积	常住人口	从业人员	二三产业从业人员	工业总产值	城镇建成区面积	城镇建成区常住人口
尼玛县军仓乡	5000	1568	849	103			
双湖县措折罗玛镇	376740	3220	1857	53		59	280
双湖县协德乡	799946	3584	1254	41			
双湖县雅曲乡	958832	1084	677	35			
双湖县嘎措乡	703006	594	376	31			
双湖县措折强玛乡	1305725	1279	1016	298			
双湖县多玛乡	676480	2316	977	37			
双湖县巴岭乡	887721	1848	956	36			
普兰县普兰镇	325774	6705	2150	807	1061.1	100	2605
普兰县巴嘎乡	383152	1670	1144	177	596.0		
普兰县霍尔乡	610478	2579	1320	86			
札达县托林镇	431399	2311	465	73		1239	2311
札达县萨让乡	317718	693	386	62			
札达县达巴乡	678736	1333	552	70			
札达县底雅乡	290556	840	360	60			
札达县香孜乡	238950	1289	639	159			
札达县曲松乡	214902	445	221	36			
札达县楚鲁松杰乡	287898	507	171	26			
噶尔县狮泉河镇	109891	4589	3615	2459		1247	3920
噶尔县昆莎乡	327193	2269	1219	360			
噶尔县左左乡	491977	1447	973	300			
噶尔县门士乡	484676	2473	1722	222			
噶尔县扎西岗乡	353337	877	580	160			
日土县日土镇	467331	3195	923	483		200	1098
日土县热帮乡	1598936	2464	1571	433			
日土县日松乡	681717	2233	1973	1055			
日土县东汝乡	3663694	1400	1042	398			
日土县多玛乡	1287684	1343	1337	406			
革吉县革吉镇	1213036	4752	3454	553			
革吉县雄巴乡	789436	3468	1825	37			
革吉县亚热乡	1159413	3694	2650	870			
革吉县盐湖乡	1061450	3497	1779	106			
革吉县文布当桑乡	387093	2158	1935	80			
改则县改则镇	462406	4350	2709	848			
改则县物玛乡	837131	2438	1502	176			
改则县先遣乡	3648644	2029	1035	72			
改则县麻米乡	878791	4863	2837	184			
改则县洞措乡	660137	2718	1331	348			
改则县古姆乡	1255666	2457	1763	159			
改则县察布乡	5818822	4063	2152	125			
措勤县措勤镇	280553	3500	1664	240		110	3500
措勤县磁石乡	464194	2659	1853	320			
措勤县曲洛乡	515240	2470	1397	81			
措勤县江让乡	773532	3126	1604	196			
措勤县达雄乡	255831	3031	1700	68			
陕西省							
阎良区武屯镇	5330	37826	20336	6917	148860.0	430	3618
阎良区关山镇	8501	56036	27635	11885	172925.0	383	6117
高陵区通远镇	5379	59504	14051	4824	10928.0	285	2910

续表 577　　（陕西省）　　计算单位：公顷、人、万元

名　　称	行政区域面积	常住人口	从业人员	二三产业从业人员	工业总产值	城镇建成区面积	城镇建成区常住人口
高陵区耿镇	5022	46103	11214	4293		283	2520
高陵区张卜镇	4251	38170	7027	3420		4080	1097
蓝田县洩湖镇	9584	41730	30320	15350	16505.0	41	4110
蓝田县华胥镇	7990	35646	29271	11431	160000.0	100	5900
蓝田县前卫镇	4757	30761	23343	11622	1268.0	18	1638
蓝田县汤峪镇	14844	46183	27437	10667	4239.0	109	3251
蓝田县焦岱镇	4483	21385	17290	7434	585.0	35	1302
蓝田县玉山镇	4871	23911	21517	13410	2980.0	65	1280
蓝田县三里镇	6967	43737	37700	15700	442031.0	43	1658
蓝田县普化镇	14104	48535	39969	20015	267.0	48	1319
蓝田县葛牌镇	19257	14590	8871	2941	3940.0	100	388
蓝田县灞源镇	18691	15606	8632	2389	380.0	40	976
蓝田县九间房镇	11812	16129	11701	4430	1000.0	40	320
蓝田县蓝桥镇	11467	10565	8775	4545	899.0	39	1091
蓝田县玉川镇	28722	20103	11286	5175	1166.0	84	1901
蓝田县厚镇	8793	15931	10509	3735	157.0	40	2098
蓝田县三官庙镇	10719	27293	14245	3905	687.0	133	3465
蓝田县安村镇	4398	26300	14060	4210	23241.0	1202	3050
蓝田县孟村镇	4409	28900	15881	5011	1861.0	133	2585
蓝田县小寨镇	9422	19034	11503	3550	74166.0	95	2048
周至县二曲街道办事处	3244	81907	47930	35256	161050.0	760	61900
周至县哑柏镇	4417	48444	29003	10636	50600.0	800	15500
周至县终南镇	6585	61197	30471	8885	5010.0	546	16547
周至县马召镇	7867	38998	16155	4069	51127.0	200	12488
周至县集贤镇	29455	25654	18984	6479	177828.3	120	11780
周至县楼观镇	19748	42384	22035	6375	36210.0	900	15024
周至县尚村镇	6231	42500	21987	6737	13580.0	458	8230
周至县广济镇	4875	35769	16072	2764	15264.0	512	9138
周至县厚畛子镇	69627	2311	1720	614	3500.0	39	350
周至县青化镇	3392	21198	11148	588	1845.0	225	3254
周至县竹峪镇	10191	20121	12472	2271	4120.0	414	1497
周至县翠峰镇	4736	19926	13980	3348	7820.0	433	1521
周至县四屯镇	5388	36403	22133	3877	24125.0	480	5126
周至县司竹镇	3360	25105	13535	2912	13548.0	112	1562
周至县九峰镇	10688	20567	13051	3488	16570.0	120	1511
周至县富仁镇	6899	41240	22766	3947	32048.0	348	5764
周至县骆峪镇	9565	7402	3684	1284	4400.0	900	802
周至县陈河镇	23749	4012	2908	1099	4082.0	607	305
周至县板房子镇	37444	3228	1842	630	1581.0	1353	368
周至县王家河镇	29412	2565	1458	502		953	549
户县余下镇	2835	58128	22478	13210	308050.0	22	23230
户县祖庵镇	3154	28375	14987	7000	62800.0	40	5450
户县秦渡镇	5059	46350	29797	9520	152500.0	250	7045
户县大王镇	3161	31300	18826	7226	73942.0	124	4954
户县草堂镇	27948	34542	19178	11026	520000.0	30	6047
户县蒋村镇	13146	35964	21436	6619	104016.0	400	7318
户县庞光镇	3742	27180	13725	4550	59381.0	150	4690
户县涝店镇	4877	36167	15692	5115	62000.0	110	3862
户县甘河镇	3337	27800	9487	2967	50580.0	214	3215

续表 578　　(陕西省)　　计算单位：公顷、人、万元

名　　称	行政区域面　　积	常住人口	从业人员	二三产业从业人员	工　业总产值	城镇建成区 面 积	城镇建成区常住人口
户县石井镇	41763	25236	12052	5093	39000.0	10	1597
户县玉蝉镇	5494	42024	23599	6936	96307.0	21	1442
户县五竹镇	4790	41670	25666	7749	542811.0	18	2579
户县渭丰镇	4030	26981	16472	8800	78450.0	13	1911
王益区黄堡镇	8174	35897	13204	4704	1087528.0	478	15800
印台区陈炉镇	8155	16372	10261	3157	95000.0	200	3750
印台区红土镇	9467	22703	12270	3455	118500.0	120	2938
印台区广阳镇	10011	41358	14972	983	66111.0	14	12810
印台区金锁关镇	16752	41060	6444	1039		2999	1963
印台区阿庄镇	5573	9279	8086	2875	11260.0	50	3698
耀州区董家河镇	4100	14371	8122	5101	592213.0	315	2572
耀州区庙湾镇	22600	19052	13700	9100	131251.0	22	15000
耀州区瑶曲镇	20600	16420	10503	6553	172000.0	26	2200
耀州区照金镇	24400	10106	6430	2930	393350.0	75	3618
耀州区小丘镇	15600	28900	22330	4120	98695.0	66	3800
耀州区孙塬镇	7500	16860	10455	6479	821528.0	3	3706
耀州区关庄镇	21000	19683	11652	4192	17843.0	21	2682
耀州区石柱镇	20482	30636	19920	6480	67426.0	50	1461
宜君县彭镇	27974	13240	8315	957	191843.8	36	1028
宜君县五里镇	18568	14961	7684	1254	370.0	87	3309
宜君县太安镇	18503	9794	4780	1272	153553.8	45	1002
宜君县棋盘镇	15107	7299	3868	971	230.0	42	1365
宜君县尧生镇	25923	11205	6754	1831	2823.0	26	1211
宜君县哭泉镇	14109	7060	3877	345		8	694
宜君县云梦乡	17584	8639	6267	1540	150.0		
渭滨区马营镇	17700	34720	28700	13500	131282.0	6	2397
渭滨区石鼓镇	11199	18067	11689	8228	83895.0	27	898
渭滨区神农镇	12800	15764	10944	8677	266957.0	26	1173
渭滨区高家镇	22847	29466	17788	10760	24635.0	262	2260
渭滨区八鱼镇	16301	25324	15067	11733	137376.0	335	3998
金台区陈仓镇	1620	49713	19202	18860	469852.0	1620	49713
金台区蟠龙镇	4200	39350	18818	12326	4800.0	175	3152
金台区金河镇	6350	31333	16963	10301	143896.0	265	1855
金台区硖石镇	14910	19745	14878	8529	4815.0	2380	1687
陈仓区阳平镇	4000	45942	28324	20764	73000.0	30	2205
陈仓区千河镇	5400	45155	20177	15391	200283.0	25	1605
陈仓区磻溪镇	18200	47190	25334	13521	112438.0	16	2767
陈仓区天王镇	15200	33552	22406	10304	14800.0	18	2208
陈仓区慕仪镇	4300	38352	19890	12266	13300.0	25	2650
陈仓区周原镇	4700	45563	23525	14504	801811.0	170	3724
陈仓区贾村镇	11700	53748	28695	18617	7095.0	25	1150
陈仓区县功镇	26200	44424	30099	21333	92756.0	65	2800
陈仓区新街镇	19800	16309	11598	8145	175.0	17	1820
陈仓区坪头镇	30300	17309	9700	5950	17000.0	20	3000
陈仓区香泉镇	19700	12738	9362	4990	5700.0	17	2023
陈仓区赤沙镇	14700	14722	9341	2890	27.0	15	1917
陈仓区拓石镇	35700	18145	13409	5975	7520.0	15	2775
陈仓区凤阁岭镇	20400	9903	5916	1568	103.0	12	833
陈仓区钓渭镇	11700	39702	22287	15110	262780.0	34	1660

续表 579　　（陕西省）　　计算单位：公顷、人、万元

名　称	行政区域面　积	常住人口	从业人员	二三产业从业人员	工　业总产值	城镇建成区 面 积	城镇建成区常住人口
凤翔县城关镇	7200	81972	45328	35763	242730.0	1200	38915
凤翔县虢王镇	4500	31998	18202	15644	65280.0	75	2622
凤翔县彪角镇	11800	58314	37753	27250	191200.0	373	7688
凤翔县横水镇	10100	42102	22595	9100	140300.0	300	4670
凤翔县田家庄镇	4900	24340	15110	8610	100400.0	281	6400
凤翔县糜杆桥镇	19700	35793	22712	12923	76300.0	370	5120
凤翔县南指挥镇	7000	34892	25904	17746	85160.0	85	2426
凤翔县陈村镇	5800	50547	26296	13420	299060.0	450	6786
凤翔县长青镇	4800	25010	9939	4554	925700.0	400	3140
凤翔县柳林镇	16800	66034	32101	24655	945850.0	234	8269
凤翔县姚家沟镇	15000	5177	3160	849	64150.0	130	1010
凤翔县范家寨镇	10300	33365	18494	9518	34020.0	35	1715
岐山县凤鸣镇	12270	104977	38960	25240	390448.0	2600	62394
岐山县蔡家坡镇	20980	152688	76944	61017	2562500.0	3236	58621
岐山县益店镇	4940	30000	18690	9240	18850.0	240	4000
岐山县蒲村镇	7770	22132	11012	1782	18139.0	38	2348
岐山县青化镇	3880	24793	10800	4100	240.0	420	3880
岐山县枣林镇	4580	33451	16033	9810	1562.0	50	1998
岐山县雍川镇	6142	48580	23680	10440	12100.0	146	4620
岐山县故郡镇	14210	18212	8028	6307	19820.0	36	540
岐山县京当镇	10828	30071	18282	13482	94960.0	170	4770
扶风县城关镇	9635	97575	37762	22927	233478.0	600	1370
扶风县天度镇	17868	43096	22163	11127	144200.0	321	2977
扶风县午井镇	5724	36857	17883	11014	65700.9	509	6009
扶风县绛帐镇	8679	76152	32496	25516	581196.3	533	3381
扶风县段家镇	3460	25906	13290	6020	58185.3	243	1362
扶风县杏林镇	6685	48217	24541	10257	12853.0	260	5228
扶风县召公镇	5536	35896	19966	8892	46817.5	625	12030
扶风县法门镇	12942	71410	34512	23648	114672.1	162	11659
眉县首善镇	6251	77653	43013	24198	829539.0	499	27314
眉县横渠镇	10910	49066	26336	11376	198000.0	165	1560
眉县槐芽镇	3310	20453	11232	3370	239884.0	306	1860
眉县汤峪镇	29151	39130	24130	9900	109400.0	15	1530
眉县常兴镇	5954	53315	42046	30425	653210.0	354	10715
眉县金渠镇	5837	32844	18063	4722	630100.0	55	7800
眉县营头镇	17738	20827	11396	7561	6912.0	21	1935
眉县齐镇	6600	32355	15028	6548	182110.0	107	1711
陇县城关镇	17103	78332	32597	22062	91163.0	759	32780
陇县东风镇	23481	34593	19191	9211	298498.0	51	3209
陇县八渡镇	27692	9058	6516	2820	95.0	64	1575
陇县东南镇	9822	46579	24712	14017	45866.0	81	2982
陇县温水镇	32561	40241	22627	7940	1624.0	123	3133
陇县天成镇	39909	17186	9300	4000	190.0	118	1667
陇县曹家湾镇	21502	18901	10262	6117	2482.0	86	3809
陇县固关镇	24392	9844	5759	2739	3538.0	66	2930
陇县河北镇	20782	11737	7494	4389	15.0	99	2838
陇县新集川镇	10450	6023	3406	734	789.0	78	2016
千阳县城关镇	11846	34721	12230	6900	151460.0	900	21189
千阳县崔家头镇	4011	8761	4449	596	100.0	160	1430

续表 580　　（陕西省）　　计算单位：公顷、人、万元

名　　称	行政区域面　积	常住人口	从业人员	二三产业从业人员	工　业总产值	城镇建成区面积	城镇建成区常住人口
千阳县南寨镇	14888	25770	11293	7284	12070.0	500	2860
千阳县张家塬镇	22163	20900	12541	6262	2850.0	308	3450
千阳县水沟镇	11414	18015	9958	3835	32756.0	810	1478
千阳县草碧镇	16300	12897	6813	2348	397254.0	600	2200
千阳县高崖镇	19065	4439	2897	742	110.0	11	567
麟游县九成宫镇	28779	34891	7657	4231	223797.0	266	4582
麟游县崔木镇	29096	11458	6208	5194	38216.0	3	990
麟游县招贤镇	43430	10608	5975	970	810.0	12	825
麟游县两亭镇	13016	11423	7254	3758	689000.0	65	1350
麟游县常丰镇	13585	8300	3100		20.0	98	461
麟游县丈八镇	19824	6857	1989	253	30.0	25	606
麟游县酒房镇	22670	8363	5275	1137	203.0	25	198
凤县双石铺镇	27654	31976	19402	9515	1480145.5	125	13176
凤县凤州镇	32735	16462	7629	2304	679165.3	300	4382
凤县黄牛铺镇	45625	8250	4061	1881	21863.3	166	1459
凤县红花铺镇	23093	4057	2551	1202	3955.7	21	717
凤县河口镇	40440	11972	8297	4265	65368.3	300	706
凤县唐藏镇	36757	5479	3437	2792	62437.8	9	1635
凤县平木镇	19837	9708	5063	2970	930.0	200	788
凤县坪坎镇	20438	4073	1380	780	517533.2	15	285
凤县留凤关镇	72121	14823	7327	3512	616330.7	120	2037
太白县咀头镇	61200	25724	10995	3145	71172.0	420	11200
太白县桃川镇	33100	6224	3375	2025	4948.0	230	994
太白县鹦鸽镇	31300	9316	5866	2310	16806.0	33	1198
太白县靖口镇	19400	3663	2290	1065	3442.0	120	891
太白县太白河镇	26100	1935	1125	1030	82489.0	70	380
太白县黄柏塬镇	85200	1985	1343	688	3452.0	60	300
太白县王家堎镇	13500	1470	1025	720	5778.0	50	482
杨陵区五泉镇	3220	29938	15837	7662	18729.6	1816	24908
杨陵区揉谷镇	3611	34252	17706	7383	3452.0	773	20739
三原县陂西镇	5231	45527	29004	15796	139460.0	66	3900
三原县独李镇	2565	22829	11470	1668	102895.0	15	1202
三原县大程镇	6780	42130	26150	11944	406960.0	16	1894
三原县西阳镇	3642	23026	14821	9693	508428.0	55	6622
三原县鲁桥镇	3019	25905	13967	6376	13722.0	26	1448
三原县陵前镇	11290	46671	25404	8437	227562.0	302	3425
三原县新兴镇	7791	27706	17103	8108	9266.0	36	2605
三原县嵯峨镇	7771	22752	10564	6224	6865.0	17	2010
三原县渠岸镇	2839	26508	15031	7088	128543.0	78	2407
泾阳县永乐镇	2580	32135	21028	13167	649286.0	123	29768
泾阳县云阳镇	7510	55391	32002	9950	209555.0	125	22136
泾阳县桥底镇	4470	29564	18026	13762	32552.0	92	18259
泾阳县王桥镇	4270	25538	12862	7761	169784.0	116	12782
泾阳县口镇	5040	23341	11147	6265	13624.0	88	9956
泾阳县三渠镇	5120	39786	20438	16302	138892.0	96	10837
泾阳县高庄镇	4790	35582	14455	13264	36182.0	68	18789
泾阳县太平镇	5370	28481	13145	6227	31895.0	96	6978
泾阳县崇文镇	2780	20854	10075	8840	62998.0	98	17352
泾阳县安吴镇	9740	29627	25991	13797	95892.0	99	5292

续表 581　　（陕西省）　　计算单位：公顷、人、万元

名　　称	行政区域面　积	常住人口	从业人员	二三产业从业人员	工　业总产值	城镇建成区 面 积	城镇建成区常住人口
泾阳县兴隆镇	15143	37149	18046	10424	98423.0	80	14962
泾阳县中张镇	6947	42941	22816	12357	55352.0	110	9549
乾县薛录镇	6173	40487	17596	6623	64065.0	165	11564
乾县梁村镇	5791	34237	20914	11284	10749.0	178	12381
乾县临平镇	10177	40389	17501	9415	91370.0	186	14067
乾县姜村镇	4350	28187	16582	7405	41706.0	167	12571
乾县王村镇	4410	31104	10950	2335	63385.0	155	11462
乾县马连镇	3577	25713	10363	7692	100699.0	162	12194
乾县阳峪镇	7270	30519	13918	7363	122438.0	140	10176
乾县峰阳镇	8835	20414	8811	2335	3720.0	146	10267
乾县注泔镇	5648	20649	12628	4623	19706.0	138	9806
乾县灵源镇	3539	21427	11718	4304	95815.0	139	9781
乾县阳洪镇	4046	22275	10198	2488	53746.0	183	13823
乾县梁山镇	11329	26167	9756	1707	3440.0	99	6200
乾县周城镇	3342	25524	14243	5178	17860.0	110	7435
乾县新阳镇	3912	23827	9911	4279	53293.0	130	7616
乾县大杨镇	6014	38099	20139	3651	114476.0	132	8734
礼泉县史德镇	8989	41122	25550	5705	39505.0	20	3910
礼泉县西张堡镇	4225	25008	18008	8823	29865.0	45	3802
礼泉县阡东镇	4400	30910	19693	3332	28635.0	36	4433
礼泉县烽火镇	5000	29501	19010	2762	2139.0	27	2932
礼泉县烟霞镇	12000	33332	13309	3756	273022.0	240	8605
礼泉县赵镇	3770	28853	15857	2392	58689.0	20	5032
礼泉县叱干镇	16000	28030	20531	2346	368.0	20	2286
礼泉县南坊镇	13090	25321	9781	716	800.0	45	3865
礼泉县石潭镇	6000	28275	14663	1483	6186.0	218	6330
礼泉县昭陵镇	12540	46989	26235	8887	269.0	46	5183
礼泉县骏马镇	3467	27890	17965	3603	621.0	291	2770
永寿县店头镇	12540	31835	11220	3258	3885.0	106	4951
永寿县常宁镇	11462	41052	11479	3968	605.0	99	6374
永寿县甘井镇	8400	17451	4215	1090	806.0	42	871
永寿县马坊镇	14870	28996	8347	1872	1013.0	55	3938
永寿县渠子镇	14920	16602	7120	1143	1412.0	51	2937
永寿县永平镇	15944	5256	1997	478	620.0	34	402
彬县北极镇	11439	38107	15785	4661	22245.0	286	3890
彬县新民镇	21109	65093	30385	8675	170884.0	186	8479
彬县龙高镇	14651	26114	14267	4344	17078.0	132	3738
彬县永乐镇	7372	17528	8897	6752	8439.0	28	2785
彬县义门镇	10770	36109	16127	5577	183809.0	18	1816
彬县水口镇	16298	26567	12180	5752	2623.0	23	1920
彬县韩家镇	14590	15212	7647	2137	5600.0	14	821
彬县太峪镇	13191	23011	10321	4426	86213.0	36	1907
长武县相公镇	6546	24159	12913	8974	216199.0	60	1682
长武县巨家镇	7536	17136	11908	5806	3326.0	53	1704
长武县丁家镇	3556	11386	4967	1434	99913.0	25	2973
长武县洪家镇	7362	18551	8529	3228	14430.0	70	2988
长武县亭口镇	14422	31057	16014	6669	449441.0	59	12733
长武县彭公镇	6294	21594	3721	779	3696.0	68	3180
长武县枣元镇	5157	7294	3141	473	1399.0	28	900

续表 582　　(陕西省)　　计算单位：公顷、人、万元

名　称	行政区域面积	常住人口	从业人员	二三产业从业人员	工业总产值	城镇建成区面积	城镇建成区常住人口
旬邑县土桥镇	18897	45231	23055	11155	34457.0	163	7537
旬邑县职田镇	7804	26672	12476	3616	6990.0	55	5934
旬邑县张洪镇	8054	33103	14924	8854	20005.0	108	7678
旬邑县太村镇	11587	45230	21033	10009	141637.0	184	5458
旬邑县郑家镇	4332	19679	9633	6796	160962.0	60	5062
旬邑县湫坡头镇	8722	25871	11610	4711	11376.0	61	6320
旬邑县底庙镇	7410	19567	10910	6312	5271.0	67	1342
旬邑县马栏镇	73847	12927	7956	5061	4346.0	54	2544
旬邑县清塬镇	17025	9886	7729	5681	271685.0	33	8140
淳化县官庄镇	15200	34438	13154	2950	47373.0	66	4249
淳化县方里镇	14500	29908	15805	2885	71724.3	91	2968
淳化县润镇	9700	26849	12303	5491	95529.2	102	6195
淳化县车坞镇	7900	13626	6460	4050	70503.6	40	1974
淳化县铁王镇	15000	15989	12024	4359	29275.0	42	2065
淳化县石桥镇	10700	14922	8568	2538	12956.1	42	1735
淳化县十里塬镇	15300	31394	13415	4275	27355.7	82	5665
武功县苏坊镇	3503	25082	7910	3454	72652.0	220	1750
武功县武功镇	4302	40252	12559	3907	75965.0	200	11023
武功县游风镇	2965	20225	6416	2395	43562.0	110	490
武功县贞元镇	7815	62927	18610	4298	114526.0	80	992
武功县长宁镇	6756	56501	16167	3665	55926.0	135	1465
武功县小村镇	4656	70625	18960	3758	78256.0	32	3392
武功县大庄镇	4147	41329	13553	3901	74569.0	72	420
兴平市赵村镇	2960	30763	20761	10690	450749.0	249	4152
兴平市桑镇	2730	30812	16668	8362	80564.0	219	4593
兴平市南市镇	5040	32901	24007	11157	103380.0	225	5712
兴平市庄头镇	2790	30713	19373	8098	56600.0	190	5390
兴平市南位镇	5460	37114	22589	8073	16471.0	312	3620
兴平市阜寨镇	5530	45652	25563	11187	19180.0	62	3453
兴平市丰仪镇	3280	26755	14880	7784	156674.0	65	4123
兴平市汤坊镇	3110	31024	16436	6967	112590.0	55	2573
临渭区桥南镇	6446	24834	23045	1986	385.0	10	1389
临渭区阳郭镇	13900	51500	27830	7240	4910.0	34	3413
临渭区故市镇	8600	63800	27418	2258	789.0	281	5112
临渭区下邽镇	7980	64043	53800	6282	16612.0	450	6750
临渭区三张镇	4098	31316	18949	4684	480.0	42	2114
临渭区交斜镇	4774	29924	5324	5324	10805.0	105	2772
临渭区辛市镇	4289	36402	18816	6016	522131.0	300	4100
临渭区崇宁镇	3350	27196	15125	2977	126.0	105	3517
临渭区孝义镇	2885	25182	14190	1080	222.0	160	7210
临渭区杏店镇	6769	48846	28524	3532	140.0	48	4655
临渭区官底镇	4667	34576	17680	7433	608.0	28	4139
临渭区官路镇	4810	25663	9353	4102	5835.0	40	3126
临渭区丰原镇	4347	27538	13231	7669	30.0	31	2800
临渭区阎村镇	3902	30556	17500	14065	8858.0	289	2520
临渭区龙背镇	7300	49136	19406	976	16178.0	50	2470
临渭区官道镇	1705	41175	23212	5228	892.0	36	1120
华县杏林镇	10500	13895	5706	4641	32215.0	15	5165
华县赤水镇	7760	42681	24770	3418	3285.0	35	2130

续表 583　　（陕西省）　　计算单位：公顷、人、万元

名　　称	行政区域面　积	常住人口	从业人员	二三产业从业人员	工　业总产值	城镇建成区面积	城镇建成区常住人口
华县高塘镇	23395	40150	27613	4261	7742.0	90	3460
华县大明镇	16325	30850	18646	2124	1812.0	60	2800
华县瓜坡镇	4800	24309	17773	4276	426950.0	500	12098
华县莲花寺镇	11457	21720	13680	2280	36286.0	15	2351
华县柳枝镇	10170	27344	25002	2785	32050.0	80	3924
华县下庙镇	4900	21276	17003	2117	525.0	45	1500
华县金堆镇	22400	14415	14387	10978	1948890.8	8	652
潼关县秦东镇	6874	28192	18177	7565	5085.0	430	20600
潼关县太要镇	7600	22434	13030	5049	52208.0	1325	3400
潼关县桐峪镇	8440	11816	5560	1665	165276.0	100	3665
潼关县代字营镇	3050	24063	8578	3297	18891.0	48	2048
大荔县许庄镇	10400	50600	26430	1765	33605.5	106	2754
大荔县朝邑镇	43698	52261	36323	2721	6331.0	1051	16610
大荔县安仁镇	10553	50463	34301	2317	5600.0	64	6732
大荔县两宜镇	9047	48463	33980	1996	23723.0	386	7048
大荔县羌白镇	12500	50264	24719	1843	13755.3	130	5612
大荔县官池镇	16500	62051	56154	3454	355145.0	300	9260
大荔县冯村镇	2990	26710	12749	1376	7235.6	632	2510
大荔县双泉镇	5750	27832	16285	1801		461	2420
大荔县下寨镇	9760	36795	22654	1654	520.0	232	330
大荔县韦林镇	9433	42790	13267	251	125800.0	212	2982
大荔县范家镇	4666	28945	23479	2167	15347.2	100	7760
大荔县苏村镇	7693	28251	12641	1213	5426.0	700	976
大荔县赵渡镇	13750	30635	13330	768	300.0	26	2326
大荔县埝桥镇	5400	29915	17919	456	7666.9	74	1796
大荔县段家镇	7410	26091	17498	1778	14249.0	2	200
合阳县甘井镇	11400	27192	16703	3949	9741.0	220	2483
合阳县坊镇	11410	41983	28822	13801	18153.0	360	5840
合阳县洽川镇	12500	9139	6172	4098	2310.0	90	1235
合阳县新池镇	8300	29535	16021	5369	2800.0	100	7500
合阳县黑池镇	19662	51233	24954	3709	5741.0	260	11050
合阳县路井镇	12080	40682	23428	8348	3612.0	150	7346
合阳县和家庄镇	13900	27098	12754	4800	1200.0	365	3679
合阳县王村镇	8200	29600	12703	7682	22360.0	400	1669
合阳县同家庄镇	9791	29125	18281	5256	952.0	260	2101
合阳县百良镇	8907	42794	18829	9544	8812.0	500	2831
合阳县金峪镇	11420	25109	17639	3395	280.0	400	1800
澄城县冯原镇	19770	46515	29802	5652	9785.0	344	3170
澄城县王庄镇	17000	45429	31245	2783	2460.0	407	1460
澄城县尧头镇	5740	36873	26290	17803	21010.0	56	4100
澄城县赵庄镇	16000	32333	22960	3013	415.0	223	1350
澄城县交道镇	9500	22513	12432	3539	2597.0	360	4271
澄城县寺前镇	9200	32088	18663	6771	16638.0	51	5388
澄城县韦庄镇	8350	35502	25175	13586	276646.0	820	9105
澄城县安里镇	8300	25610	19126	6526	8052.0	32	2780
澄城县庄头镇	12640	39482	23341	8260	12281.0	3218	2959
蒲城县罕井镇	9450	58532	42645	34205	494500.0	30	4560
蒲城县孙镇	10465	74527	70054	39154	712940.0	166	969
蒲城县兴镇	4900	30011	22985	15845	11500.0	56	1825

续表 584　　(陕西省)　　计算单位：公顷、人、万元

名　　称	行政区域面　　积	常住人口	从业人员	二三产业从业人员	工　业总产值	城镇建成区 面 积	城镇建成区常住人口
蒲城县党睦镇	9449	46173	16120	8050	4300.0	42	3345
蒲城县高阳镇	5846	20600	13730	5450	3200.0	41	3280
蒲城县永丰镇	7508	28080	15448	8438	6740.0	37	2780
蒲城县荆姚镇	32800	82921	48990	28440	32230.0	235	7222
蒲城县苏坊镇	4670	33073	15990	6750	26650.0	41	2538
蒲城县龙阳镇	5020	26898	14755	10455	3100.0	46	1545
蒲城县洛滨镇	11930	30781	23150	12410	17700.0	39	3220
蒲城县陈庄镇	5867	27226	24870	16620	402800.0	47	3800
蒲城县桥陵镇	13733	71122	57388	39558	65600.0	55	1710
蒲城县翔村镇	13299	52267	39178	22532	6500.0	20	733
蒲城县椿林镇	5609	36141	23730	13820	6800.0	15	2035
蒲城县龙池镇	7090	35731	25023	9483	4350.0	92	16562
白水县尧禾镇	17108	32722	19391	3959		44	1468
白水县杜康镇	5995	17820	13592	3766	298720.0	34	2186
白水县西固镇	11093	28120	17118	3910	23102.0	29	1930
白水县林皋镇	12360	30210	16602	3040	1478.0	46	4350
白水县史官镇	13618	23297	13031	1766		27	1680
白水县北塬镇	11013	15012	9065	705		7	1476
白水县雷牙镇	12730	19872	12572	3922	22020.0	180	22126
富平县庄里镇	12206	83869	53444	26904	670000.0	460	24200
富平县张桥镇	4135	32375	25842	12584	9000.0	30	2350
富平县美原镇	8000	52402	34673	15937	35890.0	247	12693
富平县流曲镇	8445	56100	33376	15678	64890.0	230	3116
富平县淡村镇	7040	40557	36557	16862		218	2489
富平县留古镇	5389	30351	12462	4036	60563.0	170	2066
富平县老庙镇	11160	40650	29362	15342	41603.0	100	6256
富平县薛镇	11748	49275	45280	21280	42000.0	34	5322
富平县到贤镇	5673	42343	41829	13289	49770.0	90	6228
富平县曹村镇	13845	31012	24261	4311	38903.0	700	4610
富平县宫里镇	7144	33331	32126	6447	15000.0	46	3477
富平县梅家坪镇	3584	29372	18263	7463	260032.0	56	3246
富平县刘集镇	8600	42849	30668	19300	3678.0	10	2232
富平县齐村镇	4620	33062	31912	11812	370213.0	56	2879
韩城市龙门镇	6500	56472	39000	38076	6656087.0	65	1897
韩城市桑树坪镇	58250	35698	23779	14050	20717.0	152	3166
韩城市芝川镇	18200	47201	38411	28438	5329.0	148	5527
韩城市西庄镇	24150	45619	41320	36147	149581.0	81	3800
韩城市芝阳镇	17300	27561	25356	12050	18874.0	200	3800
韩城市板桥镇	29200	14806	13761	6509	84.0	60	1520
华阴市孟塬镇	11196	25405	11931	3384	50336.0	65	12875
华阴市华西镇	12178	20802	10229	452	39005.0	78	4554
华阴市罗敷镇	23172	57355	32181	25229	500685.0	82	6309
华阴市华山镇	18598	52423	28688	19218	266351.0	185	35256
宝塔区河庄坪镇	10100	15169	5500	1707	9831.3	270	7920
宝塔区李渠镇	13957	25819	15922	7657	15344.3	394	6800
宝塔区姚店镇	25900	31100	17164	8214	464415.3	90	6900
宝塔区青化砭镇	26403	28489	11425	6815	7964.2	325	10675
宝塔区蟠龙镇	26358	23042	9869	5500	5980.0	20	4204
宝塔区柳林镇	25100	28850	7547	3840	12527.6	560	12440

续表 585 （陕西省） 计算单位：公顷、人、万元

名　称	行政区域面积	常住人口	从业人员	二三产业从业人员	工业总产值	城镇建成区面积	城镇建成区常住人口
宝塔区南泥湾镇	51398	12578	4189	1171	5574.9	55	2615
宝塔区临镇	56907	14409	7118	773	3982.1	413	2445
宝塔区甘谷驿镇	17244	12375	5105	2430		80	7800
宝塔区川口乡	16514	13261	3133	1367	11098.3		
宝塔区冯庄乡	18795	10781	4059	997	1589.8		
宝塔区麻洞川乡	24890	9657	5472	2802	23.4		
宝塔区万花山乡	15800	13610	5435	3534	7117.3		
延长县黑家堡镇	17897	10035	3655	1520	5362.0	50	1060
延长县郑庄镇	36843	11202	5729	903	60.0	40	1201
延长县张家滩镇	26023	14143	6461	606	20.0	150	2030
延长县交口镇	24675	11255	6167	600	20.0	150	1120
延长县雷赤镇	41110	11421	5445	665	10.0	1	850
延长县罗子山镇	32611	11465	6149	350		2	1025
延长县安沟镇	14680	6593	2990	45	10.0	30	596
延川县永坪镇	34800	37400	12785	8715	34562.0	95	18500
延川县延水关镇	23300	14730	10706	900	6400.0	30	1280
延川县文安驿镇	32400	17307	6304	1485	2950.0	4	1210
延川县杨家圪台镇	19300	8520	3385	1185	42.0	11	441
延川县贾家坪镇	16100	11835	4095	1650	30.0	20	1245
延川县关庄镇	21900	12916	4030	680	130.0	10	739
延川县乾坤湾镇	20600	5635	5097	1072	30.0	35	525
子长县杨家园子镇	34199	29414	14658	5928	450.0	328	6292
子长县玉家湾镇	17255	10156	4000	1101		18	1590
子长县安定镇	21469	15267	5296	744	210.0	195	6123
子长县马家砭镇	20725	15254	5609	1168		45	953
子长县南沟岔镇	15794	11416	7927	2040		50	2075
子长县涧峪岔镇	35105	17273	7722	2929		150	2201
子长县李家岔镇	43412	17263	6335	972		35	2368
子长县余家坪镇	25325	15216	5851	1469	301438.0	10	820
安塞县砖窑湾镇	33000	12811	5793	3396	1400.0	28	5065
安塞县沿河湾镇	21064	12328	8400	3600	52003.0	86	2800
安塞县招安镇	49470	24657	12290	7708	3125.9	15	3241
安塞县化子坪镇	32540	14960	8042	4030	150000.0	12	3054
安塞县坪桥镇	50700	18463	5916	1485		36	2981
安塞县建华镇	32515	18600	7010	3770	2126.0	37	3012
安塞县高桥镇	30930	13965	5186	2355	97.2	25	1536
安塞县镰刀湾镇	23290	9120	5431	2079		30	2844
志丹县杏河镇	49420	22960	7533	3611	445.0	167	5562
志丹县顺宁镇	52700	16992	6544	2346	5689.0	210	1170
志丹县旦八镇	31940	10823	6655	1997	5100.0	180	1425
志丹县金丁镇	39460	12100	5179	1079	1855.0	100	1005
志丹县永宁镇	81040	11905	5993	2289	260.0	110	3200
志丹县义正镇	56520	13642	5727	1607	923.0	123	385
志丹县双河镇	43190	15003	10306	4743	21632.0	160	2678
吴起县铁边城镇	79630	22736	7502	4934	160.0	52	6600
吴起县周湾镇	23880	9650	3039	1059	2033.0	160	1360
吴起县白豹镇	47380	13800	4407	1539	792.0	31	2480
吴起县长官庙镇	24470	5986	3358	1345	362.0	30	2690
吴起县长城镇	16780	8450	3890	2070	1630.0	110	1930

续表 586 （陕西省） 计算单位：公顷、人、万元

名　　称	行政区域面　积	常住人口	从业人员	二三产业从业人员	工　业总产值	城镇建成区 面 积	城镇建成区常住人口
吴起县五谷城镇	47030	10845	6715	1592	731.0	55	2713
吴起县吴仓堡镇	38620	9800	3908	1428	360.0	8	2810
吴起县庙沟镇	37290	8526	2879	1275	180.0	8	2480
甘泉县下寺湾镇	44900	11016	4477	1847	5350.0	290	1585
甘泉县道镇	68217	8475	7510	1420	6185.0	260	1150
甘泉县石门镇	47358	9208	4717	115			
甘泉县桥镇乡	21467	5181	2998	608			
甘泉县劳山乡	19200	4820	3633	527	4125.0		
富县羊泉镇	29735	35145	16240	2797	1126.0	110	10035
富县张村驿镇	28270	13155	9920	1320	9442.0	110	2215
富县张家湾镇	123955	10750	7977	2977	400.0	160	6900
富县直罗镇	104340	9859	7930	900	100.0	40	3764
富县牛武镇	38165	7756	4852	450	97105.0	45	863
富县寺仙镇	16211	9786	8787	695	63.0	583	746
富县北道德乡	17177	8863	8312	370	260.0		
洛川县旧县镇	37400	17770	8282	2453	905.0	13	7110
洛川县交口河镇	7900	24468	7410	3942	1248.0	255	7760
洛川县老庙镇	17300	33008	17578	2599	1529.0	24	3258
洛川县土基镇	17200	21558	16119	2197	610.0	30	960
洛川县石头镇	25800	31704	20692	2181	1006.0	5	3728
洛川县槐柏镇	23000	22334	12183	2233	1520.0	11	1500
洛川县永乡镇	17200	21741	12359	1894	438.0	4	5150
洛川县菩堤乡	19500	6090	3013	207	268.0		
宜川县秋林镇	40488	18634	8395	1070	1838.0	20	1041
宜川县云岩镇	45318	28838	12855	3043	2697.0	70	1790
宜川县集义镇	76380	11917	5551	595	6721.0	30	1379
宜川县壶口镇	21752	9537	4665	584	345.0	30	874
宜川县英旺乡	50537	6355	3150	301	794.0		
宜川县交里乡	28526	7918	3558	358	206.0		
黄龙县石堡镇	53430	20451	6731	4251	8890.0	400	18600
黄龙县白马滩镇	45307	6272	3181	552	55.0	35	1407
黄龙县瓦子街镇	41086	2160	627	132	562.0	28	623
黄龙县界头庙镇	27132	7701	3517	278	990.0	18	478
黄龙县三岔镇	16352	7595	3021	163	236.0	20	578
黄龙县圪台乡	43037	2386	1155	46			
黄龙县崾先乡	48216	3129	1561	51			
黄陵县店头镇	53817	53911	17606	14615	667510.0	658	30120
黄陵县隆坊镇	22463	25843	8198	3036	359510.0	119	3765
黄陵县田庄镇	14800	14858	9026	1114	237.0	77	1860
黄陵县阿党镇	13550	14114	8856	955	154.0	30	1153
黄陵县双龙镇	96000	5601	4150	3248	76580.0	80	3820
汉台区铺镇	4726	55260	32103	18600	350656.0	400	25968
汉台区武乡镇	9670	29870	16353	7109	29203.0	276	6785
汉台区河东店镇	13600	35000	10550	8130	99778.0	289	2000
汉台区宗营镇	3418	31966	10964	5585	87423.0	125	5432
汉台区老君镇	3518	23558	16424	7507	231972.0	50	2458
汉台区汉王镇	3984	17675	13018	4845	7500.0	98	2043
汉台区徐望镇	4600	21396	12352	6363	30651.0	60	2256
南郑县汉山街道办事处	5726	60294	24813	14704	245670.0	360	36039

续表 587　（陕西省）　计算单位：公顷、人、万元

名　　称	行政区域面　积	常住人口	从业人员	二三产业从业人员	工　业总产值	城镇建成区 面 积	城镇建成区常住人口
南郑县圣水镇	6485	24515	13920	8410	299162.0	178	11578
南郑县大河坎镇	5193	57283	37301	11032	941982.3	1000	51468
南郑县协税镇	3063	16966	13525	7988	2930.0	114	5230
南郑县梁山镇	5723	31831	21168	11863	118580.0	112	7789
南郑县阳春镇	4474	15644	12062	6311	39375.1	124	3168
南郑县高台镇	5004	21497	14497	8470	47595.0	130	2950
南郑县新集镇	13525	48968	39223	27771	65438.0	466	20000
南郑县濂水镇	2572	13378	7910	5001	80.0	297	2522
南郑县黄官镇	24323	26620	14567	7677	19534.0	135	7349
南郑县青树镇	5847	24087	15577	10218	29215.0	110	7230
南郑县红庙镇	15433	23223	17298	4867	4571.0	336	9432
南郑县牟家坝镇	9039	24761	16487	11535	60918.4	100	4782
南郑县法镇	17992	14601	10099	4957	56513.4	200	2978
南郑县湘水镇	8768	11181	7557	3832	5024.0	70	2170
南郑县小南海镇	24248	12420	9434	620	3546.0	350	1194
南郑县碑坝镇	46141	10762	6621	966	8500.0	210	4054
南郑县黎坪镇	37836	6702	5329	3483	150.0	445	3350
南郑县福成镇	24472	5553	2886	886	29181.6	43	1200
南郑县两河镇	12076	7870	6020	2700	1860.0	49	1141
南郑县胡家营镇	4437	17056	11955	7570	30300.0	235	8968
城固县博望街道办事处	3720	72615	34979	15978	401706.0	51	7363
城固县龙头镇	4140	28316	15941	8573	21895.0	89	2281
城固县沙河营镇	2440	16887	8129	4825	117533.0	206	3859
城固县文川镇	2690	15442	6753	3323	18753.0	39	4733
城固县柳林镇	3970	40975	20014	8671	767264.0	256	14672
城固县老庄镇	14170	34061	18422	5013	82289.0	94	16468
城固县桔园镇	20400	32841	19813	10959	319351.0	400	5097
城固县原公镇	10130	39653	19779	10540	16934.0	45	2655
城固县上元观镇	6200	38057	14449	9423	28762.0	77	6730
城固县天明镇	18640	23107	12469	6552	19625.0	44	1450
城固县二里镇	35710	20061	10131	6560	8436.0	32	1723
城固县五堵镇	13180	15474	9358	6937	7063.0	57	2430
城固县双溪镇	25720	5774	4379	1518	18197.0	50	529
城固县小河镇	48450	6410	4771	1365	31082.0	88	726
城固县董家营镇	7460	21239	11883	7213	83437.0	127	1808
城固县三合镇	6540	14874	11279	4732	16858.0	121	4710
洋县龙亭镇	13296	28110	12574	2177	7714.0	180	3556
洋县谢村镇	7374	61408	19360	8862	548000.0	70	4126
洋县马畅镇	4740	20214	9273	3635	148407.1	70	2213
洋县溢水镇	26100	10275	3518	1025	1610.0	50	1671
洋县磨子桥镇	21051	40241	19411	6953	18915.0	90	1092
洋县黄家营镇	13750	12025	7084	425	750.0	2	1390
洋县黄安镇	11720	22682	7206	2210	7458.0	94	3635
洋县黄金峡镇	16670	11072	3549	1005	800.0	120	440
洋县槐树关镇	21600	23981	10001	1232	3486.0	193	2400
洋县金水镇	29220	15509	6070	727	2650.0	120	1935
洋县华阳镇	54416	6822	2237	827	1926.0	200	748
洋县茅坪镇	28900	6681	2491	245	742.0	50	636
洋县八里关镇	13443	3016	1859	194	625.0	10	300

续表 588 （陕西省） 计算单位：公顷、人、万元

名　　称	行政区域面　　积	常住人口	从业人员	二三产业从业人员	工　业总产值	城镇建成区 面 积	城镇建成区常住人口
洋县桑溪镇	13830	8912	5114	2846	109672.4	14	752
洋县关帝镇	20690	6743	3665	673	730.0	4	120
西乡县杨河镇	12231	29663	15969	9027	48768.0	328	2690
西乡县柳树镇	9943	23301	13728	5876	23548.0	239	3510
西乡县沙河镇	19724	26271	13810	6282	26560.0	675	2823
西乡县私渡镇	11930	9006	5852	4567	8050.0	660	2310
西乡县桑园镇	12291	10778	7868	4200	3022.0	63	1850
西乡县白龙塘镇	15365	13532	8133	4246	33932.0	113	1899
西乡县峡口镇	30135	17563	10445	4885	30841.0	70	5919
西乡县堰口镇	44663	40871	25451	12495	111400.0	200	5180
西乡县茶镇	13769	9883	6790	2730	5316.0	130	4286
西乡县高川镇	22723	20578	13914	7190	8086.0	260	6320
西乡县两河口镇	10607	15164	7274	2597	15848.0	78	905
西乡县大河镇	43494	4674	2747	197	1128.0	121	733
西乡县骆家坝镇	18884	8161	5251	1753	2130.0	115	845
西乡县子午镇	25974	9266	5356	2585	720.0	6	860
西乡县白勉峡镇	19022	10705	7058	5416	1080.0	12	985
勉县武侯镇	16014	20069	8047	3101	12454.2	70	1896
勉县周家山镇	4924	33829	16323	7870	109921.9	392	2240
勉县同沟寺镇	19924	16120	7800	4452	4626.4	105	2422
勉县新街子镇	17894	26322	16418	9180	24070.3	30	1623
勉县老道寺镇	7744	35379	21221	9122	28677.6	67	1054
勉县褒城镇	3234	11611	6614	4169	11553.1	122	1899
勉县金泉镇	4314	14757	10915	5419	59515.5	440	3306
勉县定军山镇	8824	37319	20634	16277	1267781.0	61	1972
勉县温泉镇	2824	18351	10387	4435	7805.6	166	2589
勉县元墩镇	10524	14763	8572	4053	3128.8	200	2583
勉县阜川镇	12914	18596	7632	2451	588.4	500	1896
勉县新铺镇	16988	25833	20022	10783	16662.6	40	2048
勉县茶店镇	22424	14637	4678	1703	4679.0	237	1517
勉县镇川镇	5124	13884	10113	5480	906439.1	47	621
勉县漆树坝镇	8704	5285	4983	244	270.3	47	312
勉县张家河镇	32614	5338	2584	634		31	551
勉县长沟河镇	41804	5299	2845	1713	1417.8	59	419
宁强县大安镇	34152	40514	25377	11291	72460.0	130	11569
宁强县代家坝镇	26524	24979	14732	7854	68953.0	450	3845
宁强县阳平关镇	30061	32563	18171	5765	2851.0	273	16675
宁强县燕子砭镇	22597	24474	10319	3160	37866.0	237	7756
宁强县广坪镇	19035	9156	4767	1826	32530.0	60	2501
宁强县青木川镇	19532	6731	5237	2941	16535.0	395	4157
宁强县毛坝河镇	17108	11688	8032	3846	496.0	150	1997
宁强县铁锁关镇	15003	14828	9804	6615	5375.0	150	6200
宁强县胡家坝镇	13228	15247	9722	5837	4240.0	199	1747
宁强县巴山镇	11849	9332	5503	3785	1636.0	29	2153
宁强县巨亭镇	14781	10896	8103	3344	56.0	200	511
宁强县舒家坝镇	10337	8347	5212	1733	361.0	29	886
宁强县苍社镇	13380	6536	4879	2363	12228.0	49	1253
宁强县安乐河镇	14963	8417	4033	1126	11978.0	5	2468
宁强县二郎坝镇	16107	6766	4293	1241	268.0	36	695

续表 589　　（陕西省）　　计算单位：公顷、人、万元

名　　称	行政区域面　　积	常住人口	从业人员	二三产业从业人员	工　业总产值	城镇建成区 面 积	城镇建成区常住人口
宁强县禅家岩镇	9857	5188	3097	403		10	1433
略阳县接官亭镇	14900	12863	6285	3591	57160.0	153	1969
略阳县横现河镇	11800	3740	2089	1000		37	1011
略阳县两河口镇	19900	4598	2425	1112		78	544
略阳县金家河镇	10600	5543	2393	1631	5733.0	44	1080
略阳县徐家坪镇	20400	13080	7965	4871	96.0	84	585
略阳县白水江镇	15500	9920	4894	3674		400	927
略阳县硖口驿镇	10000	9803	4581	2595	14858.0	89	1161
略阳县何家岩镇	9700	3620	2189	1389		25	1818
略阳县乐素河镇	14100	7896	3941	2387		21	753
略阳县郭镇	21900	12885	5987	3540	10834.0	220	3040
略阳县黑河镇	14100	10287	4487	2120	8236.0	120	1185
略阳县白雀寺镇	20200	11357	6022	3177		25	955
略阳县西淮坝镇	20300	3788	1259	154		47	1085
略阳县五龙洞镇	25800	5157	2854	1520		120	712
略阳县观音寺镇	11800	3776	1570	615		31	669
镇巴县渔渡镇	14900	13250	4961	1534	480.0	866	2520
镇巴县盐场镇	13600	15419	9242	5386	127102.0	800	1250
镇巴县观音镇	21050	18376	5638	1910	21780.0	80	2112
镇巴县巴庙镇	16000	16688	7003	4108	3160.0	32	2520
镇巴县兴隆镇	22900	16696	5023	2437	11724.0	94	1272
镇巴县长岭镇	19850	13812	4240	670	1150.0	30	3050
镇巴县三元镇	34800	15355	4613	2250	420.0	83	2649
镇巴县简池镇	22800	12263	5761	2640	4900.0	51	1736
镇巴县碾子镇	9800	10395	6365	4038	1725.0	80	1770
镇巴县小洋镇	16720	10422	3930	510	35058.0	35	397
镇巴县青水镇	23300	6111	2080	942	10.0	7	630
镇巴县赤南镇	12700	14099	5547	1336	17500.0	72	450
镇巴县平安镇	11600	9348	2896	860	11872.0	48	780
镇巴县杨家河镇	14500	5630	3500	2440	416.0	6	390
镇巴县巴山镇	14880	10403	5312	1217	31552.0	3	1160
镇巴县黎坝镇	10200	8910	5418	2974	380.0	8	850
镇巴县仁村镇	10800	7148	4018	530	800.0	45	710
镇巴县大池镇	12600	5072	1532	240	300.0	21	858
镇巴县永乐镇	12400	6504	3227	590	16636.0	21	299
留坝县马道镇	22420	5110	2114	1207	4318.0	94	1223
留坝县武关驿镇	31830	5377	2280	874	2564.0	54	797
留坝县留侯镇	27620	2942	1514	534	20.0	28	481
留坝县江口镇	46080	9458	3369	904	130.0	13	3330
留坝县玉皇庙镇	29550	4925	2262	526		31	1060
留坝县火烧店镇	18460	3331	1801	161		14	805
留坝县青桥驿镇	12250	2025	1223	536	52.0	29	110
佛坪县陈家坝镇	8093	3495	1884	1105	724.0	20	1404
佛坪县大河坝镇	13176	5667	2562	1270	2390.0	65	3200
佛坪县西岔河镇	9638	3739	1785	830	600.0	7	1109
佛坪县岳坝镇	50498	3325	1915	444	30.0	1	514
佛坪县长角坝镇	32598	2772	1383	429	8985.0	36	1015
佛坪县石墩河镇	3891	1748	854	351	182.0	3	604
榆阳区鱼河镇	11400	19154	8721	1686	23180.0	310	15232

续表 590　　(陕西省)　　计算单位：公顷、人、万元

名　　称	行政区域面　积	常住人口	从业人员	二三产业从业人员	工　业总产值	城镇建成区 面 积	城镇建成区常住人口
榆阳区上盐湾镇	22100	31194	14821	4823	420.0	620	6008
榆阳区镇川镇	5700	18272	5785	4362	17960.0	730	5800
榆阳区麻黄梁镇	45200	16545	13876	3687	80540.1	153	5759
榆阳区牛家梁镇	23300	23774	18207	8477	1220457.0	500	2680
榆阳区金鸡滩镇	26830	26610	17866	11585	1429397.0	140	3036
榆阳区马合镇	28500	12514	11287	4001		400	1456
榆阳区巴拉素镇	44600	11342	7375	2050	2428.0	400	5064
榆阳区鱼河峁镇	19500	24879	6821	2191	409.0	900	2763
榆阳区青云镇	30300	17721	13804	4853	2001.0	535	5500
榆阳区古塔镇	25890	13680	5769	379	2001.0	1002	2597
榆阳区大河塔镇	50700	25761	9500	4504	72000.0	500	1100
榆阳区小纪汗镇	60000	15201	11905	5023	27400.0	500	1150
榆阳区芹河镇	38500	26473	8225	2879	459786.0	100	1006
榆阳区孟家湾乡	52300	13320	13126	3517			
榆阳区小壕兔乡	58600	12834	11806	1258	357000.0		
榆阳区岔河则乡	35200	9518	5112	550			
榆阳区补浪河乡	49800	8953	7984	325			
榆阳区红石桥乡	55700	12197	10144	902	20000.0		
神木县神木镇	138799	189273	72037	18131	702876.0	12080	128190
神木县高家堡镇	43418	16305	11295	2595	35650.0	125	1680
神木县店塔镇	32500	20230	11540	4715	1237490.0	155	17112
神木县孙家岔镇	42210	22180	5962	3652	144532.0	5	
神木县大柳塔镇	37600	47216	9822	4840	2572876.2	730	43912
神木县花石崖镇	22600	12320	9179	200		110	545
神木县中鸡镇	63345	16100	8283	1540	797325.0	300	610
神木县贺家川镇	35558	14102	9931	162		24	1100
神木县尔林兔镇	54610	12980	9560	360	30.0	150	1210
神木县万镇	35717	13520	5781	169		125	947
神木县大保当镇	29281	17920	14440	5230	1236972.0	150	11540
神木县马镇	44879	17920	10130	920		25	1943
神木县栏杆堡镇	54180	19118	5865	55		30	1650
神木县沙峁镇	51033	17456	7350	550	400.0	20	1140
神木县锦界镇	77770	22860	13444	11424	4330000.0	950	39200
府谷县府谷镇	33923	117258	44640	41795	866834.0	1080	76852
府谷县黄甫镇	29647	16817	11228	4810	312375.0	210	2975
府谷县哈镇	23140	5298	3464	650	1024.0	80	1250
府谷县庙沟门镇	34949	17724	11156	6261	736079.0	246	5414
府谷县新民镇	20420	19776	15189	12505	917898.0	290	9753
府谷县孤山镇	18192	10991	6923	3508	119825.0	50	3895
府谷县清水镇	23410	12884	8485	2721	153199.0	100	3551
府谷县大昌汗镇	19657	11148	7543	4182	544068.0	104	3012
府谷县古城镇	19156	6210	3818	693	14062.0	40	3035
府谷县三道沟镇	15083	11769	8625	5409	506179.0	150	8430
府谷县老高川镇	23143	16379	15150	12935	1280121.0	180	11387
府谷县武家庄镇	25482	7307	3746	122	520.0	30	1720
府谷县木瓜镇	17242	3526	1785	158	1608.0	30	1145
府谷县田家寨镇	19474	6048	3357	774	146237.0	20	669
横山县石湾镇	15090	13730	13624	6092		130	2463
横山县高镇	25970	8469	8427	3417		75	1790

续表 591　　　　（陕西省）　　　　计算单位：公顷、人、万元

名　称	行政区域面积	常住人口	从业人员	二三产业从业人员	工业总产值	城镇建成区面积	城镇建成区常住人口
横山县武镇	26900	16820	9502	5196		35	550
横山县党岔镇	21000	23384	18250	6992	6136.6	85	1302
横山县响水镇	25970	17300	11612	4019	2015.0	17	1320
横山县波罗镇	35720	17970	17788	3788	32550.5	98	701
横山县殿市镇	27220	18566	18100	5100	27490.8	180	900
横山县塔湾镇	34850	12689	10805	3805		124	916
横山县赵石畔镇	38800	11025	10616	2616		265	1278
横山县魏家楼镇	21100	11672	11607	5807	8067.9	32	2340
横山县韩岔镇	37780	17854	16100	4400	4529.5	30	780
横山县白界镇	37400	13510	10095	3835	748357.2	2	515
横山县雷龙湾镇	36800	8600	7950	2940		20	110
靖边县东坑镇	53500	52800	43240	4225	61500.0	80	7985
靖边县青阳岔镇	30600	8659	6927	2427	45400.0	8	1910
靖边县宁条梁镇	28800	21090	17450	6220		200	1953
靖边县周河镇	37100	8304	7973	1261	298700.0	40	2680
靖边县红墩界镇	27600	7646	6182	1882	25100.0	400	1287
靖边县杨桥畔镇	40400	13659	11636	2702	87500.0	58	1483
靖边县王渠则镇	40800	12230	10080	1222	170100.0	500	1500
靖边县中山涧镇	25800	7800	5200	1200	32800.0	40	890
靖边县杨米涧镇	32700	8364	8141	1877	211300.0	53	1268
靖边县天赐湾镇	35000	9181	7225	3670	110900.0	20	3480
靖边县小河镇	19800	6850	5360	950	111000.0	10	3000
靖边县龙洲镇	22000	7369	4905	922	21500.0		
靖边县黄蒿界镇	22700	6500	4550	850	32100.0	50	3010
靖边县海则滩镇	31300	8429	5762	712		50	3000
靖边县席麻湾镇	19900	12876	10005	1115	21400.0	67	1620
靖边县镇靖镇	21000	8670	7710	1712	5600.0	1765	82697
定边县贺圈镇	41600	36620	22366	8965	255900.0	477	9986
定边县红柳沟镇	38600	9690	7267	217	23232.0	280	2405
定边县砖井镇	68179	19082	15210	900	30525.0	370	2738
定边县白泥井镇	60551	19399	15475	853	12232.0	140	426
定边县安边镇	24900	14884	9827	1067	8939.0	350	5964
定边县堆子梁镇	14900	6269	5630	559		271	992
定边县白湾子镇	28400	7185	4994	683	2246.0	125	2020
定边县姬塬镇	52800	9807	7756	213	1758.0	165	666
定边县杨井镇	43900	13531	10231	1911	9939.0	262	777
定边县新安边镇	30800	5565	4300	292		106	677
定边县张崾先镇	51100	7838	5995	347		103	296
定边县樊学镇	46200	8191	4160	734	2546.0	155	440
定边县盐场堡镇	49470	5894	4667	628	421300.0	117	200
定边县郝滩镇	27700	12043	8908	578	2446.0	117	1184
定边县石洞沟乡	14600	6123	4439	223			
定边县油房庄乡	25100	7929	6201	439			
定边县冯地坑乡	21800	8257	5847	1713	1646.0		
定边县学庄乡	36300	4938	3880	28			
绥德县名州镇	17100	112560	38126	31630	70868.0	921	76314
绥德县薛家峁镇	10600	15296	5565	2484	38.5	483	385
绥德县崔家湾镇	13600	18433	10826	3648	2696.0	619	868
绥德县定仙墕镇	11200	13615	8045	5105	10295.0	387	920

续表 592 （陕西省） 计算单位：公顷、人、万元

名　　称	行政区域面积	常住人口	从业人员	二三产业从业人员	工业总产值	城镇建成区面积	城镇建成区常住人口
绥德县枣林坪镇	11100	12862	5597	2577	2948.0	437	628
绥德县义合镇	19600	26405	16560	7010	8200.0	892	4877
绥德县吉镇	7800	12138	7378	3436	178.0	355	2408
绥德县薛家河镇	8300	14100	5236	4276	261.0	378	1688
绥德县四十铺镇	16700	36994	17636	9021	45658.0	489	3376
绥德县石家湾镇	8900	11965	8150	4271	760.0	405	1720
绥德县田庄镇	9800	15026	5684	3756	693.0	446	1211
绥德县中角镇	16900	23174	8626	5623	1065.0	469	1077
绥德县满堂川镇	15400	22316	12169	60	609.0	358	1453
绥德县张家砭镇	9600	23120	11125	5240	15984.0	468	5880
绥德县白家硷镇	8700	14610	6340	1980	260.0	176	1121
米脂县银州街道办事处	15200	64134	18272	7240	297200.0	492	61028
米脂县桃镇	12800	15785	9790	5170	125.0	35	1762
米脂县龙镇	13100	20207	9626	2668	951.0	120	1100
米脂县杨家沟镇	10395	13330	6175	3880		800	2105
米脂县杜家石沟镇	15200	14199	6424	3894	750.0	44	2105
米脂县沙家店镇	18110	20790	11470	5740		200	2055
米脂县印斗镇	18800	21375	14409	7001	250.0	93	2152
米脂县郭兴庄镇	7576	9260	5180	2660		80	256
米脂县城郊镇	8600	14920	6457	2940	26000.0		
佳县佳州街道办事处	13610	42360	19240	17840	41236.0	1063	20758
佳县坑镇	14200	17597	12143	4746	3335.0	230	1090
佳县店镇	8600	13479	10772	4644	86.0	100	872
佳县乌镇	20560	21000	18700	14700	600.0	120	2250
佳县金明寺镇	18170	15250	13351	5136	120.0	100	558
佳县通镇	16360	20124	12400	3900	78523.0	300	1860
佳县王家砭镇	17500	12680	10773	4253	2754.0	200	682
佳县方塌镇	17480	6800	4686	2796	23180.0	120	458
佳县朱家坬镇	9400	6680	6650	2420	228.0	81	455
佳县螅镇	13070	15860	9510	5060	20.0	103	1226
佳县朱官寨镇	17330	8872	7842	3931	5563.0	120	1123
佳县刘国具镇	26300	12450	12226	5704	2431.0	47	2347
佳县木头峪镇	7730	10780	7227	2304	220.0		
吴堡县宋家川街道办事处	7810	29924	11440	8731	51210.0	156	1403
吴堡县辛家沟镇	5656	8001	4344	3031	3362.0	98	455
吴堡县郭家沟镇	6050	9699	7759	3154	26.0	122	1100
吴堡县寇家塬镇	9670	15414	5444	3760	11408.0	130	682
吴堡县岔上镇	8160	8211	6568	4037	8955.0	105	700
吴堡县张家山镇	4497	8151	4310	2471	188.0	78	140
清涧县宽州镇	28750	72680	36626	18830	118321.0	523	18812
清涧县石咀驿镇	24300	6996	4810	110	520.0	112	3035
清涧县折家坪镇	15340	8450	8420	1476	44000.0	260	2580
清涧县玉家河镇	23800	9116	6040	3850	26880.0	246	1330
清涧县高杰村镇	11000	6478	6453	2770	9244.0	627	1746
清涧县李家塔镇	21370	6520	6024	710	10000.0	365	640
清涧县店则沟镇	13370	5800	4704	498	3300.0	200	1100
清涧县解家沟镇	24640	7280	5654	1342	4788.0	328	1053
清涧县下廿里铺镇	25520	5416	5308	1410	48130.0	305	1457
子洲县何家集镇	16800	11540	9095	5385	830.0	25	1173

续表 593　　（陕西省）　　计算单位：公顷、人、万元

名　　称	行政区域面　　积	常住人口	从业人员	二三产业从业人员	工　业总产值	城镇建成区 面 积	城镇建成区常住人口
子洲县老君殿镇	11800	9772	7361	2962	1280.0	50	630
子洲县裴家湾镇	14000	9578	7618	2679		60	1995
子洲县苗家坪镇	19200	17852	9863	1834	166518.0	80	1335
子洲县三川口镇	17600	9441	7304	2473	485.0	340	420
子洲县马蹄沟镇	20200	18380	14400	7850	3255.0	145	7950
子洲县周家硷镇	17600	11510	7552	3944		124	908
子洲县电市镇	22200	13465	10476	4126		75	489
子洲县砖庙镇	9300	5823	4569	1648		20	946
子洲县淮宁湾镇	15000	8460	6229	1864		374	1262
子洲县马岔镇	18400	16221	8879	3194	18636.0	113	2460
子洲县驼耳巷乡	15000	5740	4250	730			
汉滨区关庙镇	10470	43157	20864	13949	96866.1	100	22462
汉滨区张滩镇	5150	27757	15181	9313	23417.0	40	5585
汉滨区瀛湖镇	20010	38736	20212	12704	16434.0	217	12040
汉滨区五里镇	13840	64793	31705	15759	556578.9	142	24361
汉滨区大同镇	10930	47968	27458	16916	38887.0	151	26023
汉滨区恒口镇	27390	100041	53891	40407	236358.0	780	51800
汉滨区吉河镇	12070	21134	12390	8635	15879.0	40	1297
汉滨区流水镇	12610	24143	16169	10400	11717.0	70	5672
汉滨区大竹园镇	6470	15240	7965	4185	3925.3	40	1146
汉滨区洪山镇	13240	21799	12212	6642	10006.0	40	7938
汉滨区茨沟镇	24620	18925	8306	4541	660.0	38	1115
汉滨区大河镇	26320	29993	14803	8084	13505.0	56	6609
汉滨区沈坝镇	11290	10595	3833	2157	9025.0	67	2145
汉滨区双龙镇	10870	14695	7763	4278	15850.0	25	3956
汉滨区叶坪镇	15210	3850	1945	720	710.0	50	1750
汉滨区中原镇	22670	13714	6587	2016		50	650
汉滨区县河镇	13140	26393	15930	12947	73730.3	41	1110
汉滨区紫荆镇	19370	8566	3970	2330		26	1218
汉滨区早阳镇	20500	30219	19511	9286	2389.0	42	1590
汉滨区关家镇	9520	17210	8340	2840	3260.0	25	460
汉滨区石梯镇	6570	16752	9880	6456	13517.0	15	330
汉滨区坝河镇	7940	11177	7510	5620		15	1550
汉滨区牛蹄镇	4700	6582	2509	2159		15	1126
汉滨区晏坝镇	8040	15073	8110	5582	5931.2	41	5400
汉滨区谭坝镇	12680	14183	7031	2359	1531.0	22	3201
汉阴县城关镇	13334	68036	34948	23638	364261.0	760	26234
汉阴县涧池镇	12764	35150	20596	14350	444696.0	297	14542
汉阴县蒲溪镇	7972	23250	14001	8255	245867.0	150	3665
汉阴县平梁镇	20393	28010	21661	11260	118181.0	370	4489
汉阴县双乳镇	3791	11668	8394	5075	15826.0	61	4260
汉阴县铁佛寺镇	16378	12811	10138	4907	79425.0	22	1720
汉阴县漩涡镇	22497	28305	19200	10233	23494.0	22	2998
汉阴县汉阳镇	16339	20655	13458	7845	3590.0	225	2780
汉阴县双河口镇	14168	12811	10451	5777	45602.0	30	478
汉阴县观音河镇	8880	7236	4675	3749	260.0	19	1769
石泉县城关镇	23426	52330	19864	14203	778751.0	1105	52298
石泉县饶峰镇	15927	11218	6665	3216	76334.0	54	2730
石泉县两河镇	15057	7616	6252	3318	166114.0	46	2436

续表 594　　(陕西省)　　计算单位：公顷、人、万元

名　称	行政区域面　积	常住人口	从业人员	二三产业从业人员	工　业总产值	城镇建成区 面 积	城镇建成区常住人口
石泉县迎丰镇	15091	7531	2668	1168	4959.0	37	2505
石泉县池河镇	9877	22534	15000	8400	150588.0	141	11310
石泉县后柳镇	14663	14189	7995	4013	25487.4	88	3507
石泉县喜河镇	13964	15962	10255	4578	43170.5	33	2118
石泉县熨斗镇	8157	13345	7273	3891	11530.0	57	2538
石泉县云雾山镇	15176	9250	4931	2750	32356.0	5	1854
石泉县中池镇	9452	10843	5486	1797	7207.0	47	2235
石泉县曾溪镇	10850	6554	2164	299	63471.0	8	729
宁陕县城关镇	67800	28166	7921	4158	73570.0	239	17045
宁陕县四亩地镇	37100	4080	1272	946	541.0	60	1253
宁陕县江口镇	47200	8868	3500	727	77324.0	82	2860
宁陕县广货街镇	42800	5146	2919	1612	70156.0	82	1889
宁陕县龙王镇	25700	5092	2241	1281	2116.0	10	1146
宁陕县筒车湾镇	18500	4730	3024	1814	1054.0	58	2292
宁陕县金川镇	13300	3920	1582	547	271.0	21	1091
宁陕县皇冠镇	50800	2281	1391	605	30957.0	55	792
宁陕县太山庙镇	27400	5101	1130	498	333.0	20	1339
宁陕县梅子镇	7300	2450	968	574	513.0	8	630
宁陕县新场镇	29900	1143	845	443	1665.0	20	560
紫阳县城关镇	12365	45021	13585	9140	226391.1	300	44890
紫阳县蒿坪镇	10976	28733	13477	6894	187105.8	77	4400
紫阳县汉王镇	8161	12992	8073	5643	12000.6	24	1850
紫阳县焕古镇	10858	12132	8758	5182	4402.2	5	1839
紫阳县向阳镇	13283	16675	9829	5944	15449.9	4	4200
紫阳县洞河镇	9478	17015	13142	7782	24.8	26	2653
紫阳县洄水镇	9534	12328	8114	5156	707.7	25	2142
紫阳县双桥镇	16971	15124	9880	8110	913.2	15	2720
紫阳县高桥镇	15368	17861	10462	6660	17117.1	32	3150
紫阳县红椿镇	11634	12200	9700	6550	216390.6	21	2040
紫阳县高滩镇	24841	23948	16626	10816	13699.4	34	3414
紫阳县毛坝镇	17447	14635	8835	5961	32683.0	25	3506
紫阳县瓦庙镇	8776	10741	7430	5090	315.8	16	730
紫阳县麻柳镇	8136	10734	6961	4105	108692.0	16	1684
紫阳县双安镇	10390	13068	8188	4112	12.0	22	1910
紫阳县东木镇	13482	12888	7303	4809	7439.5	3	460
紫阳县界岭镇	22334	9930	5973	3351	440.0	25	1500
岚皋县城关镇	11698	35674	24788	19490	229000.0	450	35000
岚皋县佐龙镇	15331	16046	9657	5979	33700.0	37	3500
岚皋县滔河镇	38133	9412	6516	3371	41690.0	18	2562
岚皋县官元镇	14245	6638	4567	3007	5265.0	15	1842
岚皋县石门镇	30995	13071	7137	3782	44997.0	36	3945
岚皋县民主镇	19517	25971	13609	7747	44500.0	50	7500
岚皋县大道河镇	2575	5434	3596	2069	471.0	16	2600
岚皋县堰门镇	7370	8429	5320	2817	210.0	16	740
岚皋县蔺河镇	10726	8374	5453	2958	77940.0	20	1189
岚皋县四季镇	13376	5448	3220	2160	16504.0	11	770
岚皋县孟石岭镇	12806	9178	6950	4895	1434.0	14	2100
岚皋县南宫山镇	18954	11667	6206	3941	21700.0	31	3100
平利县城关镇	30547	39628	22025	10888	327448.0	30	28650

续表 595　　（陕西省）　　计算单位：公顷、人、万元

名　　称	行政区域面　积	常住人口	从业人员	二三产业从业人员	工　业总产值	城镇建成区 面 积	城镇建成区常住人口
平利县兴隆镇	19157	11613	5931	1896	5969.0	14	1617
平利县老县镇	14347	20798	9493	4690	169887.0	14	4120
平利县大贵镇	11346	11457	5814	2980	80124.0	86	3198
平利县三阳镇	17250	12163	6864	3586	10612.0	113	1757
平利县洛河镇	32637	13846	7194	2752	101089.0	8	2801
平利县广佛镇	36001	20489	13349	8052	96319.0	105	2394
平利县八仙镇	31359	27663	14650	6460	72169.0	100	5503
平利县长安镇	21636	18087	10965	7723	258499.0	100	4626
平利县正阳镇	41632	8443	5202	2724	23869.0	9	1060
平利县西河镇	8868	10280	4110	1687	23133.0	15	1169
镇坪县城关镇	24350	10118	6245	3186	30815.0	100	8735
镇坪县曾家镇	27247	9869	5395	2191	21045.0	60	4385
镇坪县牛头店镇	20658	5933	2464	873	12350.0	30	2107
镇坪县钟宝镇	15144	8649	4577	2545	20509.0	25	2400
镇坪县上竹镇	10978	4500	3675	2235	28900.0	5	619
镇坪县华坪镇	9625	3283	1202	310	2287.0	19	955
镇坪县曙坪镇	42245	9034	3749	1221	30800.0	45	2117
旬阳县城关镇	16691	64687	17118	15529	840937.1	960	41163
旬阳县棕溪镇	22670	26302	16213	7890	18157.2	98	6384
旬阳县关口镇	13134	14586	8234	7092	169553.5	20	1750
旬阳县蜀河镇	18031	36958	16177	9364	146400.4	150	11400
旬阳县双河镇	29529	27164	11736	4006	60575.0	200	2835
旬阳县小河镇	28632	26393	12860	2804	106151.4	350	6016
旬阳县赵湾镇	16834	15626	9349	2144	14000.0	135	4896
旬阳县麻坪镇	12648	11230	5008	3143	23106.0	150	4545
旬阳县甘溪镇	14924	12430	9206	3478	153041.2	320	3110
旬阳县白柳镇	19200	14364	8099	4667	217623.7	250	2500
旬阳县吕河镇	19118	30390	15263	7575	133931.4	210	6200
旬阳县神河镇	12903	18055	7306	2082	55708.1	213	5780
旬阳县赤岩镇	28148	24712	11876	6676	76607.9	135	4287
旬阳县段家河镇	11987	17186	8703	5025	34511.5	21	3095
旬阳县仙河镇	11436	21434	12039	6671	23440.9	844	3712
旬阳县金寨镇	13386	13975	6758	3748	19450.3	727	2400
旬阳县桐木镇	12529	12987	6649	1964	27870.5	200	1960
旬阳县构元镇	14035	11962	5473	1292	132413.2	50	1035
旬阳县石门镇	13796	11765	6820	5117	15265.0	75	1600
旬阳县红军镇	16385	10869	5711	2443	48105.5	80	3800
旬阳县仁河口镇	8052	6876	2908	745	9715.0	81	1546
白河县城关镇	7043	33936	8408	4801	346516.0	529	17902
白河县中厂镇	14512	12700	7640	3635	216529.0	80	3449
白河县构扒镇	11661	10098	8584	5605	134467.0	71	1771
白河县卡子镇	13309	10550	8171	4585	35588.0	104	2264
白河县茅坪镇	21205	21724	17172	10154	79590.0	417	10960
白河县宋家镇	15410	11311	10290	6983	17433.0	78	1416
白河县西营镇	10391	12010	7802	5463	15458.0	117	3506
白河县仓上镇	10729	12195	11156	6160	18740.0	81	2094
白河县冷水镇	18506	18274	13063	9193	36932.0	63	7245
白河县双丰镇	10341	9060	5710	2549	18976.0	43	1201
白河县麻虎镇	12237	12803	9461	3122	3638.0	54	2938

续表 596 （陕西省） 计算单位：公顷、人、万元

名 称	行政区域面积	常住人口	从业人员	二三产业从业人员	工业总产值	城镇建成区面积	城镇建成区常住人口
商州区夜村镇	26470	51072	23072	10925	15400.0	150	3449
商州区沙河子镇	17690	44522	22836	12723	1128005.0	400	9234
商州区杨峪河镇	13830	31796	15653	8379	32892.0	480	8050
商州区金陵寺镇	8810	20042	8481	4412	4000.0	124	3511
商州区黑山镇	8980	13489	7160	5966	1800.0	150	1988
商州区杨斜镇	42130	36368	17617	9402	15420.0	200	2369
商州区麻街镇	8430	15763	8067	4008	178.0	120	2539
商州区牧护关镇	26270	36998	16007	5233	256.0	390	6545
商州区大荆镇	17650	37433	16284	7953	19540.0	17	5696
商州区腰市镇	15650	33038	15378	7413	310.0	150	2501
商州区板桥镇	17580	25060	12701	6132	27137.0	100	1967
商州区北宽坪镇	16690	14096	6318	3766	3521.0	110	1900
商州区三岔河镇	12470	10506	5765	3092	260.0	90	1902
商州区闫村镇	14510	12409	7145	2478	65.0	60	1245
洛南县景村镇	20560	43376	16148	6618	42059.0	141	12553
洛南县古城镇	18260	38065	10800	5734	54730.0	127	11465
洛南县三要镇	10440	17092	5417	2342	14700.0	101	6183
洛南县灵口镇	37500	28523	13365	3484	13750.0	78	4218
洛南县寺耳镇	25666	11759	6058	1840	82760.0	51	1706
洛南县巡检镇	24794	12390	6104	2047	67170.0	81	3791
洛南县石坡镇	26748	25087	8372	3613	91630.0	97	4098
洛南县石门镇	18230	25406	11441	5684	366780.0	190	17525
洛南县麻坪镇	13987	15975	7638	3073	7070.0	38	2967
洛南县洛源镇	14157	16742	6521	4295	4530.0	41	3021
洛南县保安镇	10736	25115	10374	7397	19180.0	111	5822
洛南县永丰镇	8963	33382	11234	2334	31340.0	143	13673
洛南县柏峪寺镇	7610	13980	3474	751	7820.0	37	2495
洛南县高耀镇	14700	15111	5726	1286	8280.0	29	1523
丹凤县庾岭镇	19400	16782	9561	5250	23.0	51	2348
丹凤县蔡川镇	18600	13680	6500	3219	43862.0	51	2313
丹凤县峦庄镇	37300	21454	11465	5310	198.0	70	3944
丹凤县铁峪铺镇	13606	15932	8295	4761	1732.0	61	4015
丹凤县武关镇	28670	21360	9620	4669	1962.0	56	2942
丹凤县竹林关镇	23593	31351	16094	8558	9683.0	72	6110
丹凤县土门镇	10460	11681	7219	4804	10675.0	51	3532
丹凤县寺坪镇	17045	15587	7853	3717		32	2435
丹凤县商镇	12823	29772	7602	3057	312060.0	114	10312
丹凤县棣花镇	7800	21016	4036	1528	31502.0	62	5346
丹凤县花瓶子镇	11434	8122	4627	1621		13	810
商南县富水镇	14700	20374	10677	5860	59468.0	100	4161
商南县湘河镇	22550	19226	10149	3448	17968.0	150	2624
商南县赵川镇	31721	14643	10672	6980	29000.0	220	4990
商南县过风楼镇	24970	22684	12225	7355	99600.0	1028	3102
商南县试马镇	13310	17995	9091	6934	26930.0	100	1985
商南县清油河镇	25800	11942	7029	4943	12907.0	130	3608
商南县十里坪镇	32240	17902	10221	7420	28560.0	98	1572
商南县金丝峡镇	30060	24074	12521	8721	40000.0	250	1495
商南县青山镇	12049	10889	5828	3170	17217.0	40	1681
山阳县高坝店镇	24330	38592	11375	7995	9176.5	98	10378

续表 597　　（陕西省、甘肃省）　　计算单位：公顷、人、万元

名　称	行政区域面　积	常住人口	从业人员	二三产业从业人员	工　业总产值	城镇建成区 面 积	城镇建成区常住人口
山阳县天竺山镇	15170	16679	3817	2100	17660.7	19	1273
山阳县中村镇	14860	22491	7169	5952	310450.6	43	2866
山阳县银花镇	8750	14651	5015	4062	65588.2	29	2200
山阳县西照川镇	26010	17716	4808	1526	96.0	61	2465
山阳县漫川关镇	26640	28017	9310	3410	226806.6	145	6860
山阳县南宽坪镇	23010	18550	5817	3714	60.0	50	2360
山阳县户家塬镇	24940	37189	9947	8355	14828.0	43	2490
山阳县杨地镇	18250	21995	6030	3040	9733.0	27	2090
山阳县小河口镇	22370	20547	6900	4608	1200.0	29	1490
山阳县色河铺镇	23200	24185	8184	4024	377.0	36	2415
山阳县板岩镇	22470	21288	8162	2969	27668.5	26	1845
山阳县延坪镇	18150	12743	3484	1934	2100.0	17	638
山阳县两岭镇	12600	10225	4259	2182	14.7	14	811
山阳县王闫镇	26490	11863	4898	4066	39808.0	13	860
山阳县法官镇	9410	14205	5797	1187	80.0	3660	53596
镇安县回龙镇	12327	10533	4390	2380	120800.0	662	5939
镇安县铁厂镇	12778	12673	4330	3114	165.0	1149	2095
镇安县大坪镇	13753	18924	11000	8085	1457.0	845	2560
镇安县米粮镇	23747	33559	19511	12751	7868.0	2284	7389
镇安县茅坪回族镇	10530	10884	7745	5315	870.0	1040	2619
镇安县西口回族镇	16667	16909	8590	3050	6160.0	1535	3100
镇安县高峰镇	15609	20316	9328	3763	1624.0	1532	4224
镇安县青铜关镇	27800	19943	13549	9224	95342.0	1382	1494
镇安县柴坪镇	29125	16790	7424	4373	2188.0	1650	1940
镇安县达仁镇	22399	11892	7519	4733	996.0	1331	1780
镇安县木王镇	44022	12980	6028	3889	2400.0	9697	4908
镇安县云盖寺镇	20971	13981	10526	7428	13374.0	1426	3375
镇安县庙沟镇	16147	9795	5995	1200	500.0	2005	1250
镇安县月河镇	44282	13574	6760	4250	66765.0	310	30480
柞水县营盘镇	64455	11585	5730	1410	3900.0	23	1385
柞水县下梁镇	32395	27511	14618	8328	28999.0	59	10150
柞水县小岭镇	11506	11511	6475	3163	25122.0	11	1441
柞水县凤凰镇	16710	17642	5938	1223	16886.0	102	5020
柞水县红岩寺镇	19443	15578	7863	3567	11200.0	25	2231
柞水县曹坪镇	21856	16610	9850	3650	13000.0	14	3650
柞水县杏坪镇	25119	22573	12494	5842	32676.0	31	3412
柞水县瓦房口镇	20220	15148	10314	4769	3400.0	15	643
甘肃省							
七里河区阿干镇	8550	29365	5093	2529	38420.0	328	16153
七里河区八里镇	4260	24580	9983	5011	358143.0	190	2786
七里河区彭家坪镇	2280	16318	9363	5018	520219.0	67	2373
七里河区西果园镇	8260	20274	10777	2552	385037.0	165	1672
七里河区魏岭乡	6500	12372	6421	2740	16953.0		
七里河区黄峪乡	6850	17814	9303	2433	15912.0		
西固区新城镇	5230	22864	6550	4785	276425.0	610	3321
西固区东川镇	4211	9717	5477	2449	67565.0	120	5589
西固区河口镇	11491	14410	7017	4023	130605.0	101	2777
西固区达川乡	2045	6485	4175	3016	32702.0		
西固区柳泉乡	1787	7261	4239	3058	256411.0		

续表 598　　（甘肃省）　　计算单位：公顷、人、万元

名　称	行政区域面　积	常住人口	从业人员	二三产业从业人员	工　业总产值	城镇建成区 面 积	城镇建成区常住人口
西固区金沟乡	3610	4546	2344	922	185721.0		
红古区海石湾镇	2533	52835	22997	18636	847521.4	719	45756
红古区花庄镇	20478	15089	7224	2214	84445.3	17	2529
红古区平安镇	12685	17106	7667	2929	1412388.0	133	2376
红古区红古镇	11400	14113	6280	810	10887.0	13	1540
永登县城关镇	6733	66351	15755	13665	9491.2	520	61823
永登县红城镇	33778	25510	14754	9680	11094.8	115	7130
永登县中堡镇	8245	21604	12887	8685	272441.1	180	8497
永登县武胜驿镇	46931	34310	20299	6457	66837.2	133	4371
永登县河桥镇	16843	37172	17994	13092	1211609.6	320	21576
永登县连城镇	41900	30572	14432	7421	193449.7	1130	12070
永登县苦水镇	44000	31268	14758	5260	48588.6	155	2265
永登县大同镇	28500	24062	14583	8357	6413.3	150	4595
永登县龙泉寺镇	25500	21311	15086	9171	2322.4	56	3417
永登县树屏镇	32400	13646	8082	3132	283619.4	140	2114
永登县上川镇	34581	29240	15269	5853	2894.7	95	3435
永登县柳树乡	40000	25631	14708	10058	55575.1		
永登县坪城乡	53420	13469	9563	5827	718.4		
永登县民乐乡	41000	40100	23417	8077	17552.0		
永登县通远乡	40050	16693	7903	1975	1317.7		
永登县七山乡	68300	5635	4690	1243			
皋兰县石洞镇	41200	46209	14245	8064	718400.2	300	37196
皋兰县忠和镇	25100	11923	9212	4411	86900.0	4206	5603
皋兰县什川镇	40500	16596	11108	4597	26500.0	113	10934
皋兰县九合镇	21400	9734	8936	3144	126242.0	46	2690
皋兰县水阜镇	25600	10133	8217	4106	14500.0	124	3885
皋兰县黑石镇	64200	11643	10795	3607	408000.0	108	3500
榆中县城关镇	8921	62477	31973	25897	19105.0	500	42168
榆中县夏官营镇	13600	48143	9415	3764	4500.0	338	35172
榆中县高崖镇	7412	10630	5626	2052	5156.0	133	2988
榆中县金崖镇	26000	25413	13494	6255	84600.0	162	7532
榆中县和平镇	14293	78356	17685	7930	156134.0	700	69012
榆中县甘草店镇	12148	15942	8981	4853	24650.0	93	5486
榆中县青城镇	13804	21183	12142	4772		138	5952
榆中县定远镇	6800	18544	10074	4319	8450.0	170	4550
榆中县来紫堡乡	11700	22265	12301	6332	52115.0		
榆中县三角城乡	7097	25641	14172	3978	82655.0		
榆中县小康营乡	10182	26769	9265	2460	66188.5		
榆中县连搭乡	13300	28163	17833	4218	7800.0		
榆中县银山乡	7939	8829	4660	2199	340.0		
榆中县马坡乡	16550	15848	8537	2981	48.0		
榆中县新营乡	14200	18231	8868	3960			
榆中县清水驿乡	16350	18309	10878	3838	11296.0		
榆中县龙泉乡	8400	9804	6924	2313	220.0		
榆中县韦营乡	12300	4668	3204	2210			
榆中县中连川乡	23800	9273	5171	2053			
榆中县贡井乡	15000	7364	4510	2586	20.0		
榆中县园子岔乡	26870	7764	4129	2139			
榆中县上花岔乡	17400	4981	3095	1567			

续表 599　　（甘肃省）　　计算单位：公顷、人、万元

名　　称	行政区域面　　积	常住人口	从业人员	二三产业从业人员	工　业总产值	城镇建成区 面 积	城镇建成区常住人口
榆中县哈岘乡	20500	2354	2172	621			
兰州新区中川镇	28000	48314	18511	10638	1492704.0	431	7452
兰州新区秦川镇	18841	51082	27561	13298	38524.0	210	6823
兰州新区西岔镇	37600	45354	20654	9997	162882.0	143	5217
嘉峪关市市辖区新城镇	27180	10366	6604	2381	178966.0	28	1478
嘉峪关市市辖区峪泉镇	80000	3040	3030	1880	6900.0	100	708
嘉峪关市市辖区文殊镇	13391	7545	4661	1860	7120.0	700	928
金川区宁远堡镇	96000	36927	21343	14707	22834.0	2251	14429
金川区双湾镇	165896	20043	13196	2760	21136.0	806	4110
永昌县城关镇	21278	58086	8785	3820	24710.4	910	35585
永昌县河西堡镇	66400	50222	12825	8690	399880.0	850	45304
永昌县新城子镇	64200	22088	17245	7234	3014.6	55	2015
永昌县朱王堡镇	40717	26471	15605	6500	36795.2	130	2662
永昌县东寨镇	12400	15458	9025	1690	55139.0	120	1152
永昌县水源镇	59800	17069	12545	3760	4391.5	475	1835
永昌县红山窑乡	153333	22956	12465	2920	2153.3		
永昌县焦家庄乡	29933	16517	13505	6420	9060.6		
永昌县六坝乡	31800	12014	7205	1800	3025.7		
永昌县南坝乡	12800	4810	2792	1677			
白银区水川镇	13994	20188	14408	8852	55217.0	170	6993
白银区四龙镇	9900	9620	4885	2383	22100.0	232	4045
白银区王岘镇	35000	9716	4018	1579	88000.0	31	8982
白银区强湾乡	25503	9739	4620	2841	1655.0		
白银区武川乡	48100	13148	7365	2965	3670.0		
平川区王家山镇	23500	14999	12800	10300	3200.0	3	2102
平川区水泉镇	66030	34063	16589	5682	20.0	3	1780
平川区共和镇	29130	19241	10052	1708	4091.0	4	2819
平川区宝积镇	35443	14076	7387	2329	714.0	1	595
平川区黄峤乡	31200	12702	5865	2026	1200.0		
平川区种田乡	17130	7300	4042	1609			
平川区复兴乡	10610	6411	3800	2259	32.0		
靖远县北湾镇	25085	39398	26713	13000	86888.0	133	5912
靖远县东湾镇	21280	38680	20143	3889	46234.0	191	4489
靖远县乌兰镇	32855	61090	34039	21017	41819.0	480	59563
靖远县刘川镇	42200	31013	16057	4310	49669.0	270	2710
靖远县北滩镇	56530	41870	21492	6662	28512.0	24	3500
靖远县平堡乡	4200	18769	8700	4280	13.0		
靖远县糜滩乡	24600	25805	14915	3830	2850.0		
靖远县三滩乡	22930	21613	12023	1653	12775.0		
靖远县大芦乡	39470	20260	12006	3325	860.0		
靖远县兴隆乡	15530	10251	4418	1268	10.0		
靖远县双龙乡	18210	15187	8448	1703	3200.0		
靖远县石门乡	41470	12047	7931	1962	9.0		
靖远县高湾乡	59070	27458	15576	1845	2602.0		
靖远县靖安乡	29730	12920	9348	1855	1450.0		
靖远县五合乡	34020	34210	15545	1862	13800.0		
靖远县东升乡	30930	25900	11687	1747	8420.0		
靖远县永新乡	35730	10929	4833	1498	720.0		
靖远县若笠乡	45400	6800	4468	1278			

续表 600　　（甘肃省）　　计算单位：公顷、人、万元

名　称	行政区域面积	常住人口	从业人员	二三产业从业人员	工业总产值	城镇建成区面积	城镇建成区常住人口
会宁县会师镇	18680	98075	29444	23167	51238.0	1380	80187
会宁县郭城驿镇	32910	35954	16041	4548	9132.0	700	20789
会宁县河畔镇	24340	24295	12643	3551	17845.0	189	6712
会宁县头寨子镇	47300	26753	16372	4273	5786.0	52	2316
会宁县太平店镇	13990	18140	10685	2546	592.0	30	583
会宁县甘沟驿镇	33620	20376	12195	2593	4308.0	135	3056
会宁县侯家川镇	11230	11364	6853	1879		48	1140
会宁县柴家门镇	27930	17678	10216	2876	253516.0	15	334
会宁县汉家岔镇	38570	17732	11611	3282	1136.0	31	1028
会宁县刘家寨子镇	29730	15841	9881	5259		30	580
会宁县白草塬镇	17500	20057	12626	1238	1892.0	1	423
会宁县大沟镇	28570	16544	11618	2847		2	256
会宁县四房吴镇	25880	15982	10294	1752	1185.0	7	853
会宁县中川镇	13830	13176	7169	973	5635.0	29	688
会宁县老君坡镇	14530	18688	11575	2210	2708.0	16	893
会宁县平头川镇	13830	10356	6895	2159		9	712
会宁县丁家沟乡	16470	16608	10532	3077	2385.0		
会宁县新添堡回族乡	21800	14143	9832	2372	5238.0		
会宁县党家岘乡	14980	15944	8222	1672			
会宁县杨崖集乡	16280	17033	11303	4760	2284.0		
会宁县翟家所乡	18190	16521	10280	2522	7102.0		
会宁县八里湾乡	19530	15434	11198	2387			
会宁县韩家集乡	18870	12317	8151	2350			
会宁县土门岘乡	18590	7706	5801	643			
会宁县新塬乡	28730	11125	7568	488	634.0		
会宁县草滩乡	21110	10171	6305	2447			
会宁县土高山乡	24580	7366	4600	666			
会宁县新庄乡	32330	12121	7427	980			
景泰县一条山镇	13970	82268	19985	14993	105920.9	1402	55311
景泰县芦阳镇	35400	24700	18005	6695	31000.0	700	6113
景泰县上沙沃镇	45520	9897	7336	1279	12084.0	110	3460
景泰县喜泉镇	59140	23750	14289	5158	66673.2	400	4346
景泰县草窝滩镇	59151	22142	15798	2134	318000.0	16	5106
景泰县红水镇	30060	19791	10410	1341	56525.0	131	3336
景泰县中泉镇	97640	15209	7465	1752	11826.0	7	1316
景泰县正路镇	65670	10184	10088	5297	27885.0	7	1642
景泰县寺滩乡	70680	18701	12050	4979			
景泰县五佛乡	58330	14927	11347	2234	19730.0		
景泰县漫水滩乡	13480	11788	7611	3401	5468.0		
秦州区玉泉镇	8847	33819	16101	9007	9050.0	60	711
秦州区太京镇	13451	29050	15268	5030	500.0	40	2062
秦州区藉口镇	19096	36956	19240	6571	35.0	54	6150
秦州区皂郊镇	22106	35200	18474	3544	722.0	533	5600
秦州区汪川镇	18847	42003	23772	12462	190.0	86	6179
秦州区牡丹镇	13208	27238	14823	4758	75.0	30	3506
秦州区关子镇	11301	29052	15770	5941	270.0	143	5190
秦州区平南镇	9546	41553	26182	13821	125.0	210	5580
秦州区天水镇	9152	31549	15691	5653	740.0	54	10227
秦州区娘娘坝镇	14222	27668	13919	7034	128.0	133	2151

续表 601 （甘肃省） 计算单位：公顷、人、万元

名　称	行政区域面　积	常住人口	从业人员	二三产业从业人员	工　业总产值	城镇建成区 面 积	城镇建成区常住人口
秦州区中梁镇	6894	19119	9381	3091	125.0	351	2148
秦州区秦岭乡	7169	15002	8320	4807	120.0		
秦州区杨家寺乡	10854	15033	10356	4815	60.0		
秦州区齐寿乡	7388	23648	12025	6925	13.2		
秦州区华歧乡	10628	24389	13659	6290	2.6		
秦州区大门乡	7525	17500	6190	4170	10.0		
麦积区社棠镇	6400	18945	9759	7222	7160.0	500	5630
麦积区马跑泉镇	9700	52860	26283	10673	14200.0	541	7760
麦积区甘泉镇	21100	40686	20446	9165	4716.0	520	5445
麦积区渭南镇	9400	42939	21879	7795	1541.2	169	2840
麦积区东岔镇	34800	10682	5572	3180	330.0	281	1121
麦积区花牛镇	12300	43205	21972	13369	5091.0	209	3353
麦积区中滩镇	4800	37396	19380	9699	1950.0	150	3525
麦积区新阳镇	8660	30326	16448	6119	870.0	193	4708
麦积区元龙镇	20780	20145	11427	6173	3400.0	200	1050
麦积区伯阳镇	14000	24014	12247	2081	650.0	195	2345
麦积区麦积镇	19300	19776	10545	4891	247.0	121	1728
麦积区石佛镇	10000	42675	22050	11126	2980.0	292	5280
麦积区三岔镇	34200	15248	8400	2310	500.0		
麦积区五龙乡	7000	25445	13260	4262	1550.0		
麦积区琥珀乡	4500	13064	6754	2654	1263.0		
麦积区党川乡	72400	4998	2524	369	458.0		
麦积区利桥乡	54900	4836	2682	882	170.0		
清水县永清镇	14950	42100	24845	4844	22750.0	660	39210
清水县红堡镇	14980	28107	14050	4035	38770.0	120	3016
清水县白驼镇	12920	17260	8995	2795	654.0	100	2640
清水县金集镇	8880	16895	9617	2312	570.0	55	2965
清水县秦亭镇	22520	15880	8472	1531	611.3	30	1594
清水县山门镇	22980	10134	5918	775	431.5	20	1838
清水县白沙镇	13300	20125	10081	3337	1840.0	21	3647
清水县松树乡	6420	14572	2200	1513	358.0		
清水县王河乡	6950	13797	7507	1045	473.0		
清水县远门乡	6200	12024	7257	3099	235.0		
清水县土门乡	6550	17252	8821	1421	232.0		
清水县郭川乡	7310	18548	13441	3900	623.5		
清水县贾川乡	4800	12600	7679	4142	345.0		
清水县丰望乡	7200	10466	7453	1622	218.6		
清水县草川铺乡	11620	12000	6803	1583	215.0		
清水县陇东乡	10710	12087	6942	1542	259.6		
清水县黄门乡	9800	14832	8437	1588	12614.7		
清水县新城乡	12720	11748	6553	1012	22659.4		
秦安县兴国镇	7365	87058	33286	19204	156643.0	1550	60413
秦安县莲花镇	9452	40525	23050	9160	20279.0	420	8267
秦安县西川镇	7282	39326	17548	6043	35292.0	106	17289
秦安县陇城镇	7895	31786	16025	4534	8928.0	115	8637
秦安县郭嘉镇	14372	40323	21784	2885	10643.0	102	3379
秦安县五营镇	9033	38410	21207	8471	4334.0	1	122
秦安县叶堡镇	8732	37413	18930	3430	22469.0		
秦安县魏店镇	13523	30319	16077	6235	3868.0	160	2513

续表 602　　（甘肃省）　　计算单位：公顷、人、万元

名　　称	行政区域面　　积	常住人口	从业人员	二三产业从业人员	工　业总产值	城镇建成区　面　积	城镇建成区常住人口
秦安县刘坪乡	5801	22959	11464	1948	4816.0		
秦安县中山乡	12865	36888	19950	6838	2649.0		
秦安县安伏乡	10687	32072	18204	4914	29271.0		
秦安县王铺乡	14817	27152	14526	5248	2678.0		
秦安县千户乡	7684	26511	12900	6450	2432.0		
秦安县王窑乡	8514	22149	11450	3850	2185.0		
秦安县云山乡	5863	18840	10050	5731	4395.0		
秦安县王尹乡	7166	29117	16220	2531	5568.0		
秦安县兴丰乡	9099	36021	19135	3487	5993.0		
甘谷县大像山镇	4894	85786	26338	17137	82036.1	840	83550
甘谷县磐安镇	17200	71965	40592	14178	121710.8	170	17482
甘谷县新兴镇	12987	98953	54692	28013	10450.0	20	39000
甘谷县安远镇	15525	42820	26527	14447	860.0	22	6610
甘谷县六峰镇	6288	45350	25320	18062	82000.0	50	4650
甘谷县金山镇	11880	41021	23692	10881	420.0		
甘谷县八里湾乡	10100	29481	16360	9355	286.0		
甘谷县西坪乡	10314	16386	9750	3519	220.0		
甘谷县大庄乡	10710	20375	13648	5535			
甘谷县大石乡	9795	28654	15877	6948	520.0		
甘谷县礼辛乡	10500	20006	11275	5245	430.0		
甘谷县谢家湾乡	9770	22306	13987	6280	260.0		
甘谷县武家河乡	7600	16344	7811	1855	320.0		
甘谷县古坡乡	13280	9938	5576	2577	310.0		
甘谷县白家湾乡	6329	21440	12718	5796	250.0		
武山县城关镇	11554	45276	26758	18430	78915.6	1200	43112
武山县洛门镇	11468	77978	44226	11219	21989.8	140	12432
武山县鸳鸯镇	11626	26776	12536	4859	104832.0	116	16202
武山县滩歌镇	18733	39360	21433	10751	427.6	120	11271
武山县四门镇	13176	28949	14812	9015	19822.8	150	3032
武山县马力镇	20467	46269	25365	12801	694.3	120	9048
武山县山丹镇	11753	26809	14011	2936	786.8	96	3512
武山县榆盘乡	15666	16265	9380	3089	562.3		
武山县咀头乡	11380	19735	10963	3513	142.1		
武山县桦林乡	10173	18897	10090	4643	172.8		
武山县高楼乡	12180	20232	9871	5671	116.2		
武山县杨河乡	16267	18625	9577	5196	183.6		
武山县沿安乡	12220	16910	8606	4253	142.8		
武山县温泉乡	13977	19761	9984	5645	378.9		
武山县龙台乡	10460	14979	8345	3164	398.6		
张家川回族自治县张家川镇	9080	66354	30674	13590	9136.0	908	19276
张家川回族自治县龙山镇	4230	37786	21321	8414	1620.0	788	11884
张家川回族自治县恭门镇	17800	27223	15029	5232	704.0	9	2956
张家川回族自治县刘堡乡	5810	18010	10449	6034	280.0		
张家川回族自治县张棉乡	9490	11790	6561	4403			
张家川回族自治县胡川乡	6110	17504	10989	4341	320.0		
张家川回族自治县木河乡	4330	20880	11729	4676	510.0		
张家川回族自治县大阳乡	5510	26318	14778	9757	564.0		
张家川回族自治县川王乡	5040	17788	9869	2116	11.0		
张家川回族自治县马关乡	5150	28300	17212	5387	426.0		

续表 603　　（甘肃省）　　计算单位：公顷、人、万元

名　　称	行政区域面　积	常住人口	从业人员	二三产业从业人员	工　业总产值	城镇建成区 面 积	城镇建成区常住人口
张家川回族自治县连五乡	4270	17242	9542	2739	97.0		
张家川回族自治县梁山乡	3930	17400	10080	3005	160.0		
张家川回族自治县平安乡	13300	6470	3902	249			
张家川回族自治县阎家乡	9150	10356	6110	970	2320.4		
张家川回族自治县马鹿乡	27970	13700	7416	2431	310.0		
凉州区黄羊镇	15792	77046	18443	9743	823317.0	450	34303
凉州区武南镇	8715	50917	14179	9125	658000.0	8	23995
凉州区清源镇	10680	24895	17233	4969	46860.0	31	1125
凉州区永昌镇	10400	44170	26533	16208	43921.0	53	5474
凉州区双城镇	7700	23684	18947	7863	7668.0	75	5539
凉州区丰乐镇	14200	15923	8174	2669	263.0	210	2450
凉州区高坝镇	9300	48409	23408	14559	33248.0	1700	21090
凉州区金羊镇	1698	44453	24289	20364	20000.0	62	3100
凉州区和平镇	2552	17105	11131	7478	3100.0	102	2420
凉州区羊下坝镇	2184	16397	5306	1066	239.0	14	3198
凉州区中坝镇	2113	17796	9318	3623	2059.0	27	2407
凉州区永丰镇	4043	10754	6080	3110	7320.0	215	3070
凉州区古城镇	15500	26527	12938	7764	2200.0	85	2856
凉州区张义镇	34700	20976	8099	940	355.0	281	15326
凉州区发放镇	7700	27923	12245	5110	24392.6	54	3128
凉州区西营镇	35700	23400	14710	8735	15544.0	20	832
凉州区四坝镇	4200	13520	5084	1768	1010.0	20	3085
凉州区洪祥镇	7000	20894	8252	3060	6230.8	30	3280
凉州区谢河镇	10500	21235	12561	7848	28614.8	20	2094
凉州区金沙镇	1700	14968	7775	7070	1968.5		
凉州区松树镇	12300	14146	9688	5433	18436.0		
凉州区怀安镇	2886	14059	5469	1759	135407.8		
凉州区下双镇	3316	11087	3920	1614	3471.5		
凉州区清水镇	3266	17479	12802	4441	86.0		
凉州区河东镇	3300	12985	7701	3745	58.0		
凉州区五和乡	4700	12079	3545	746	3180.0		
凉州区韩佐乡	2097	9825	5589	2462	872.0		
凉州区大柳乡	1945	12884	8460	1930	200.0		
凉州区长城乡	9880	16833	10276	1186	110.0		
凉州区柏树乡	2567	16895	9046	3453	1912.0		
凉州区金塔乡	1723	15653	6690	2657	10.0		
凉州区九墩乡	3220	8331	2468	450	164.0		
凉州区金山乡	5800	6634	2952	864	306.0		
凉州区吴家井乡	3400	8354	6108	903	350.0		
凉州区新华乡	5693	18122	4942	1773	556.0		
凉州区康宁乡	3935	10196	4156	1831			
凉州区东河乡	4700	15162	6948	4530	85.0		
民勤县三雷镇	4950	50748	29520	22237	308352.0	50	46598
民勤县东坝镇	10500	11939	5112	1494	122.0	50	1745
民勤县泉山镇	8910	11960	5391	1118	765.0	50	2439
民勤县西渠镇	51800	20970	10636	2378	45223.0	60	4824
民勤县东湖镇	530990	10500	5480	1019	1322.0	50	1575
民勤县红沙岗镇	583130	3306	3157	3058	109305.0	320	2289
民勤县昌宁镇	22530	8368	4139	752	422.0	25	1150

续表 604　（甘肃省）　计算单位：公顷、人、万元

名　　称	行政区域面　　积	常住人口	从业人员	二三产业从业人员	工　业总产值	城镇建成区　面　积	城镇建成区常住人口
民勤县重兴镇	8330	7422	4796	1294	182.0	35	750
民勤县薛百镇	9140	14420	7028	1802	355.0	61	1246
民勤县大坝镇	5860	14228	5948	2839	12533.0	32	359
民勤县苏武镇	23490	28622	14413	2085	115640.0	133	5800
民勤县大滩镇	7850	10330	5783	1090	19232.0	71	521
民勤县双茨科镇	11130	9595	6490	638	421.0	33	1652
民勤县红沙梁镇	7060	8234	5135	710	5823.0	30	1843
民勤县蔡旗乡	6640	8542	3793	715	2852.0		
民勤县夹河乡	16240	7811	3633	540	355.0		
民勤县收成乡	20310	12320	6957	2059	12521.0		
民勤县南湖乡	261840	1878	1363	61			
古浪县古浪镇	8700	17725	10239	3620	64594.0	2980	9892
古浪县泗水镇	17400	23547	13291	4592	76316.0	850	2103
古浪县土门镇	17600	36633	20438	7016	178093.0	2980	6896
古浪县大靖镇	37000	42116	23630	8032	15836.0	315	16231
古浪县裴家营镇	28800	18974	10968	3831	6605.0	30	2336
古浪县海子滩镇	18700	29102	15583	5355	10485.0	167	18322
古浪县定宁镇	16700	22885	13569	4674	6257.0	167	17506
古浪县黄羊川镇	27400	21794	14048	4859	6487.0	105	4557
古浪县黑松驿镇	13400	16327	10215	3545	5406.0	470	2188
古浪县永丰滩镇	8300	10905	6208	2142	13672.0	120	1850
古浪县黄花滩镇	28000	21094	11726	4107	26219.0	136	1760
古浪县西靖镇	21900	19034	5423	1907	447.0	166	1790
古浪县民权乡	25500	19620	11115	3817	2395.0		
古浪县直滩乡	26400	19455	10085	3463	12093.0		
古浪县新堡乡	50100	4882	4052	1079	591.0		
古浪县干城乡	19300	11211	7068	2428	347.0		
古浪县横梁乡	18900	10572	7065	2428	456.0		
古浪县十八里堡乡	8960	6218	3916	1347	1115.0		
古浪县古丰乡	11800	13727	9372	3220	483.0		
天祝藏族自治县华藏寺镇	54635	52505	11267	5564	121500.0	340	13140
天祝藏族自治县打柴沟镇	40067	12858	8924	2185	44506.0	82	6032
天祝藏族自治县安远镇	20648	7940	5359	1321	90.0	80	2136
天祝藏族自治县炭山岭镇	35643	11528	4121	1058	255795.0	55	2494
天祝藏族自治县哈溪镇	50985	18147	11826	2998	209.0	25	2039
天祝藏族自治县赛什斯镇	40544	9988	6507	1697	35546.0	17	1651
天祝藏族自治县石门镇	17735	6290	3464	1163	60720.0	58	1350
天祝藏族自治县松山镇	71137	12877	9272	3919	1682.0	17	1403
天祝藏族自治县天堂镇	30104	9790	6124	950	1731.0	36	1687
天祝藏族自治县朵什镇	31268	8795	5145	2898	216.8	6	333
天祝藏族自治县东坪乡	5520	3008	2328	785	15.6		
天祝藏族自治县赛拉隆乡	15296	211	102	7			
天祝藏族自治县东大滩乡	14466	1824	1443	293	8.0		
天祝藏族自治县抓喜秀龙乡	51089	3309	2550	650	12.8		
天祝藏族自治县西大滩乡	24216	7784	4793	1737	1.5		
天祝藏族自治县大红沟乡	29790	6790	5642	3510			
天祝藏族自治县毛藏乡	58636	988	642	83	13893.0		
天祝藏族自治县祁连乡	48980	3958	2343	1674	412.2		
天祝藏族自治县旦马乡	73941	2663	2000	706			

续表 605　　（甘肃省）　　计算单位：公顷、人、万元

名　称	行政区域面　积	常住人口	从业人员	二三产业从业人员	工　业总产值	城镇建成区 面 积	城镇建成区常住人口
甘州区梁家墩镇	1650	18913	10924	6954	14965.0	110	8570
甘州区上秦镇	5930	24964	15768	11335	29360.0	60	8534
甘州区大满镇	8400	35990	17640	6621	4528.0	5	1915
甘州区沙井镇	18900	35990	20351	2516	82150.0	180	7260
甘州区乌江镇	9200	25128	16906	9306	4902.0	202	4120
甘州区甘浚镇	25000	22145	16600	7304	1620.0	147	6260
甘州区新墩镇	7500	26039	15543	11020	10053.0	147	1475
甘州区党寨镇	11787	30364	15594	11342	71203.0	63	1692
甘州区碱滩镇	9607	20284	11041	3675	1036.0	100	1034
甘州区三闸镇	10550	17614	12875	5909	4530.0	75	1025
甘州区小满镇	6700	20300	11943	4302	1020.0	140	3861
甘州区明永镇	9580	13167	9945	1792	8016.0	75	3860
甘州区长安镇	2322	20221	10810	4480	6810.0	60	3215
甘州区安阳乡	12596	13308	8352	2516	1017.2		
甘州区花寨乡	13385	5800	3481	915	130.0		
甘州区长安乡	4700	11158	7764	2931	786.0		
甘州区靖安乡	2500	7001	5709	580	250.0		
甘州区平山湖蒙古族乡	104000	807	496	194			
肃南裕固族自治县红湾寺镇	520	9518	4519	4519		410	8102
肃南裕固族自治县皇城镇	397200	8720	2796	643		105	1692
肃南裕固族自治县马蹄藏族乡	199800	4220	1801	314			
肃南裕固族自治县康乐乡	242800	3222	2322	689			
肃南裕固族自治县白银蒙古族乡	45000	621	275	99			
肃南裕固族自治县大河乡	299290	4266	1904	482			
肃南裕固族自治县明花乡	170480	3611	2013	100			
肃南裕固族自治县祁丰藏族乡	1020200	3441	1564	707			
民乐县洪水镇	15934	35098	19385	6338	1968.3	1776	12107
民乐县六坝镇	25000	22741	13573	8789	1445.0	920	4385
民乐县新天镇	24948	25805	15280	2631		230	4687
民乐县南古镇	22520	26042	15111	4595	35.7	895	4456
民乐县永固镇	10379	17862	11526	4795	179.0	1200	5828
民乐县三堡镇	7911	16628	10643	2878	5018.0	450	2236
民乐县南丰乡	11213	21280	13610	2048	202.0		
民乐县民联乡	33533	22468	13238	5219	201.0		
民乐县顺化乡	9400	16793	8925	1756	117.0		
民乐县丰乐乡	13900	14678	9520	1860			
临泽县沙河镇	9600	48598	18399	12915	10360.0	670	25537
临泽县新华镇	20000	16159	9018	4209		60	3227
临泽县蓼泉镇	12900	17048	11297	6581	1200.0	30	2712
临泽县平川镇	83600	20477	11952	6215	30210.0	252	2389
临泽县板桥镇	104278	16600	5629	1384		250	3361
临泽县鸭暖镇	14015	20046	12493	6377	4018.0	68	1561
临泽县倪家营镇	15862	9271	5669	2743	4850.0	15862	9271
高台县城关镇	467	25914	16445	16445	125825.0	467	25914
高台县宣化镇	6387	17000	11884	5005	920.8	54	3082
高台县南华镇	27087	16403	9435	5097	296049.0	81	2343
高台县巷道镇	9620	26935	14506	11137	11023.2	134	2651
高台县合黎镇	36673	10755	9351	5358	11056.0	11	1800
高台县骆驼城镇	28160	12450	7098	1706	23960.0	150	4471

续表 606 （甘肃省） 计算单位：公顷、人、万元

名　称	行政区域面　积	常住人口	从业人员	二三产业从业人员	工　业总产值	城镇建成区 面 积	城镇建成区常住人口
高台县新坝镇	78613	19797	17455	9760	2025.0	18	780
高台县黑泉乡	89600	14482	8949	4383	235.0		
高台县罗城乡	160233	12364	5507	1025	13102.0		
山丹县清泉镇	72370	71125	34536	28864	153704.0	1000	9868
山丹县位奇镇	55600	19311	14885	8950	29102.0	1224	2382
山丹县霍城镇	17919	12078	10749	3507		833	4562
山丹县陈户镇	35822	22180	14770	7920	99.0	1600	1617
山丹县大马营镇	27281	13785	12002	10380	2642.0	62	1815
山丹县东乐镇	56470	10077	9288	4842	31350.0	30	1240
山丹县老军乡	57255	6130	3856	1762	7332.0		
山丹县李桥乡	11376	6000	5655	3960			
崆峒区崆峒镇	18060	18372	9829	4197	5898.0	732	4687
崆峒区白水镇	10400	28906	10128	3072	580.0	410	3976
崆峒区草峰镇	20130	30598	12261	2182	330.0	400	1695
崆峒区安国镇	13400	16038	8310	2100	1980.0	120	1246
崆峒区柳湖镇	6700	42712	18444	11105	32500.0	550	20200
崆峒区花所乡	6609	17167	6702	3140	1980.0		
崆峒区索罗乡	5780	12499	4290	2193	245.0		
崆峒区香莲乡	7756	6966	3320	1647	45.0		
崆峒区西阳乡	8900	12781	5115	1277	500.0		
崆峒区大秦乡	5848	11447	5465	2088	46.0		
崆峒区白庙乡	6600	13659	7471	4256	9550.0		
崆峒区寨河乡	8400	14923	9548	2915	800.0		
崆峒区大寨乡	22704	23601	10420	3481	4860.0		
崆峒区上杨乡	4475	7288	3431	968	170.0		
崆峒区麻武乡	12260	3973	2529	180	360.0		
崆峒区峡门乡	20900	20010	10988	3508	194900.0		
泾川县城关镇	8793	27960	16156	8804	44500.0	709	3710
泾川县玉都镇	6800	25045	13950	4883	9100.0	282	2358
泾川县高平镇	22759	31580	13270	5660	10210.0	200	2735
泾川县荔堡镇	12300	29960	18424	9212	9295.0	310	4882
泾川县王村镇	10800	25770	16620	8010	8500.0	238	2562
泾川县窑店镇	9450	15310	11210	6538	7850.0	205	2420
泾川县飞云镇	7840	16350	10792	4557	7920.0	270	2640
泾川县丰台镇	8710	23975	18933	10558	7050.0	435	3350
泾川县党原镇	13189	31845	18735	7985	8270.0	500	5070
泾川县汭丰乡	6279	8655	6058	1986	20100.0		
泾川县罗汉洞乡	7500	14580	10500	6090	8000.0		
泾川县泾明乡	6400	12340	9400	6134	8020.0		
泾川县红河乡	4980	7525	4815	2362			
泾川县太平乡	15130	13825	10205	3589	6585.0		
灵台县中台镇	12434	17983	4524	763	495.0	53	17398
灵台县邵寨镇	12942	13504	6820	733	405.0	195	7135
灵台县独店镇	17222	28086	14081	1284	1295.0	325	9443
灵台县什字镇	18920	27802	6851	1410	820.0	115	11270
灵台县朝那镇	14303	15243	6595	1058	212.0	78	8840
灵台县西屯镇	14259	15937	6424	728	585.0	40	992
灵台县上良镇	9960	12970	4032	643	458.0	66	982
灵台县新开乡	12193	7981	3911	705	442.0		

续表 607　　（甘肃省）　　计算单位：公顷、人、万元

名　称	行政区域面积	常住人口	从业人员	二三产业从业人员	工业总产值	城镇建成区面积	城镇建成区常住人口
灵台县梁原乡	15878	15641	5466	647	440.0		
灵台县龙门乡	14957	3066	1375	295	89.0		
灵台县星火乡	11544	9054	5178	593	372.0		
灵台县百里乡	35910	8001	4706	540	385.0		
灵台县蒲窝乡	13278	8041	3303	535	490.0		
崇信县锦屏镇	30945	49531	17894	8082	18450.0	585	14623
崇信县新窑镇	20130	11250	5291	2737	6400.0	14	1900
崇信县柏树镇	8110	15515	7140	3055	1856.0		
崇信县黄寨乡	9600	10737	3866	1077	1820.0		
崇信县黄花乡	9269	7749	3435	1044	742.0		
崇信县木林乡	6947	9245	5257	2362	96.0		
华亭县东华镇	8290	59721	24551	8861	43351.0	801	25398
华亭县安口镇	17146	30959	14692	4720	18659.0	100	13971
华亭县西华镇	23660	26904	12684	4661	55789.0	93	3981
华亭县马峡镇	15117	12547	6366	2714	8456.8	50	2679
华亭县策底镇	7388	10446	5095	1959	23456.0	80	2602
华亭县上关镇	11512	10714	4987	2020	38.0	80	1376
华亭县神峪乡	10195	10087	5928	1612	1023.0		
华亭县山寨乡	8170	14226	8615	2688	570.0		
华亭县河西乡	7400	8447	4627	1591	242.0		
华亭县砚峡乡	7754	4909	2600	1442	13723.1		
庄浪县水洛镇	6600	59057	16313	6782	41739.0	1369	12580
庄浪县南湖镇	8400	22590	13785	4214	366.0	158	15732
庄浪县朱店镇	10600	32900	21825	7857	23022.0	150	13110
庄浪县万泉镇	6250	25032	15836	5567	132.0	22	4055
庄浪县韩店镇	17600	20164	10466	4172	130.0	93	4955
庄浪县卧龙镇	11500	26534	10957	4702	255.0	65	1065
庄浪县阳川镇	7000	23196	13157	4933	333.0	38	2417
庄浪县盘安镇	8450	21324	16014	4265	263.0	35	1964
庄浪县岳堡乡	6358	13630	7581	3736	139.0		
庄浪县杨河乡	7300	11660	6898	2211	45.0		
庄浪县赵墩乡	8498	16740	8421	3088	145.0		
庄浪县柳梁乡	9000	19618	11875	4453	175.0		
庄浪县大庄乡	5400	16631	7795	1772	195.0		
庄浪县良邑乡	6249	16575	10503	2573	331.0		
庄浪县通化乡	11400	17771	10232	4485	207.0		
庄浪县永宁乡	8129	14603	8002	3272	257.0		
庄浪县郑河乡	8672	10877	6404	2399	38.1		
庄浪县南坪乡	5400	16842	9610	4421	20025.0		
静宁县城关镇	2790	50701	6183	1550	128633.0	805	10652
静宁县威戎镇	9700	31970	10065	1622	29356.0	98	8398
静宁县界石铺镇	15800	26722	8479	1257	150.0	52	3166
静宁县八里镇	7200	19143	6530	1803	98713.0	59	2762
静宁县李店镇	8000	19175	8199	647	290.0	58	2269
静宁县古城镇	14500	33810	11845	2319	8977.0		
静宁县仁大镇	10600	26207	9295	1273	268.0	26	3893
静宁县甘沟镇	17200	34367	12570	2164	1511.0	22	2965
静宁县城川乡	7500	18492	4983	1563	8940.0		
静宁县司桥乡	6800	14483	6319	2074			

续表 608　　(甘肃省)　　计算单位：公顷、人、万元

名　　称	行政区域面　积	常住人口	从业人员	二三产业从业人员	工　业总产值	城镇建成区 面 积	城镇建成区常住人口
静宁县曹务乡	7000	20176	8119	1000	290.0		
静宁县双岘乡	7800	14309	7828	1092			
静宁县雷大乡	9800	20032	11051	1225	133.0		
静宁县余湾乡	5000	10674	4252	1195	120.0		
静宁县贾河乡	6200	11415	5843	1272			
静宁县深沟乡	6300	8020	4471	933	389.0		
静宁县治平乡	7200	14277	6686	1102	490.0		
静宁县新店乡	6400	9264	4265	948	450.0		
静宁县四河乡	13000	22186	10253	1576	62.0		
静宁县红寺乡	10900	17477	7834	1694	470.0		
静宁县细巷乡	10300	20129	6450	1089	60.0		
静宁县三合乡	9300	11453	5469	1292	20.0		
静宁县原安乡	10700	18256	8890	1087			
静宁县灵芝乡	9400	14669	6009	1051			
平凉工业园区四十里铺镇	12740	56429	21129	9185	447018.0	750	22366
肃州区西洞镇	9504	12354	6140	2761	33461.0	235	4906
肃州区清水镇	35100	18911	12319	6660	1536.0	268	2644
肃州区总寨镇	13006	19810	9828	3842	43818.0	450	1792
肃州区金佛寺镇	22411	16928	8211	2469	1331.0	182	636
肃州区上坝镇	11506	20960	11396	6512	62497.0	386	2101
肃州区三墩镇	18209	24550	14007	7413	29263.0	245	2281
肃州区银达镇	23212	29782	16544	7031	83942.0	145	1188
肃州区西峰镇	2901	11150	6166	4615	10809.0	86	889
肃州区泉湖镇	5703	20179	11674	5309	76760.0	136	864
肃州区果园镇	7404	14576	7539	2954	41441.0	78	1055
肃州区下河清乡	5503	6683	3950	1055			
肃州区黄泥堡乡	8704	1688	1083	565			
肃州区铧尖乡	10405	10048	4555	2269	20588.0		
肃州区东洞乡	14207	8425	4663	1881	12790.0		
肃州区丰乐乡	11306	7203	4617	2571	130.0		
金塔县中东镇	192040	11026	5522	2236	705.0	150	1385
金塔县鼎新镇	244667	11341	6643	1259	3800.0	150	1962
金塔县金塔镇	75453	20820	12245	7131	7310.0	600	2910
金塔县东坝镇	189207	22376	11576	3033	1537.0	44	1535
金塔县航天镇	527400	10502	6315	2086	1550.0	165	1660
金塔县大庄子乡	173887	9138	5849	2209	1805.0		
金塔县古城乡	176973	10715	6589	2510	910.0		
金塔县西坝乡	293060	10138	5628	2301	24000.0		
金塔县羊井子湾乡	1913	4538	2790	585	190.0		
瓜州县渊泉镇	800	31081	17036	17036	467833.0	800	26474
瓜州县柳园镇	903740	11025	9626	9626	195000.0	892	3895
瓜州县三道沟镇	102049	9998	5510	2366	1500.0	92	3366
瓜州县南岔镇	99564	8978	5721	1344	1800.0	20	482
瓜州县锁阳城镇	482884	5892	3237	1312	14784.0	85	2773
瓜州县河东乡	87972	6023	3329	404	1650.0		
瓜州县布隆吉乡	148951	4238	2148	752	882.0		
瓜州县西湖乡	430170	13218	6872	752			
瓜州县瓜州乡	45024	7769	4217	963			
瓜州县腰站子东乡族乡	13691	8268	4186	852			

续表 609　　（甘肃省）　　计算单位：公顷、人、万元

名　　称	行政区域面　　积	常住人口	从业人员	二三产业从业人员	工　业总产值	城镇建成区 面 积	城镇建成区常住人口
瓜州县七墩回族东乡族乡	4413	4069	2404	327			
瓜州县双塔乡	21159	12988	8465	1614			
瓜州县广至藏族乡	6964	9177	5263	2214			
瓜州县沙河回族乡	4755	8755	4110	2951			
瓜州县梁湖乡	5999	7209	3223	484			
肃北蒙古族自治县党城湾镇	603500	10850	3385	2285		260	10196
肃北蒙古族自治县马鬃山镇	3163000	1518	1399	1000		150	554
肃北蒙古族自治县盐池湾乡	1899300	660	420	55			
肃北蒙古族自治县石包城乡	1009000	1478	881	191			
阿克塞哈萨克族自治县红柳湾镇	402356	6924	4461	3979		380	5884
阿克塞哈萨克族自治县阿克旗乡	1103873	932	700	170			
阿克塞哈萨克族自治县阿勒腾乡	1512557	1154	639	122			
玉门市玉门镇	93937	11075	6556	2729	50245.0	540	4852
玉门市赤金镇	188280	13139	6351	2419	1756.0	59	2328
玉门市花海镇	398968	13224	8119	3922	4800.0	1230	4883
玉门市老君庙镇	187389	27778	22193	20871	1203570.0	1800	25780
玉门市黄闸湾镇	67516	9813	5853	1528	580.0	58	356
玉门市下西号镇	118670	10863	7462	2905	25114.0	32	783
玉门市柳河镇	39615	10312	7574	2897	560.0	33	641
玉门市昌马乡	166924	4247	2772	832	4920.0		
玉门市小金湾乡	2356	5704	3193	700	60.0		
玉门市柳湖乡	4615	5525	4116	855			
玉门市独山子乡	4521	7470	4489	2906			
玉门市六墩乡	4400	2560	1843	1052			
敦煌市七里镇	5600	12915	6302	3182	12370.0	300	4397
敦煌市沙州镇	937	51551	24860	24860		937	51551
敦煌市肃州镇	8961	21032	12234	6415	38554.0	223	3102
敦煌市莫高镇	14213	14118	7846	3960	7610.0	221	2088
敦煌市转渠口镇	6859	18541	11165	4388	98738.0	228	4796
敦煌市阳关镇	3187	4645	3004	969	9214.0	267	1860
敦煌市月牙泉镇	2853	9374	4637	2908	5398.0	84	3851
敦煌市郭家堡镇	11200	8853	4567	763	22.0	21	1596
敦煌市黄渠镇	5200	10252	5012	1722	158.4	20	1962
西峰区肖金镇	13460	45832	29424	5596	7395.7	340	6135
西峰区董志镇	13960	59779	26434	12609	1243804.7	598	9278
西峰区后官寨镇	12120	36949	10132	3329	99479.5	172	11381
西峰区彭原镇	17660	41201	24111	13959	29337.3	30	310
西峰区温泉镇	11687	36162	14863	8547	782.0	616	4890
西峰区什社乡	11940	26309	17383	4420	2972.4		
西峰区显胜乡	9300	16997	8020	5521	660.0		
庆城县庆城镇	10900	41515	7606	2587	85400.0	806	7605
庆城县驿马镇	31024	39232	15946	4564	241469.8	1457	9215
庆城县三十里铺镇	17968	21171	12914	2469	75615.0	185	2754
庆城县马岭镇	23110	23038	8852	2915	74092.1	156	1378
庆城县玄马镇	22903	19622	7230	988	19230.0	342	572
庆城县赤城乡	10400	17828	7233	1001	1970.0		
庆城县白马铺乡	10419	14009	2901	1301	30645.0		
庆城县桐川乡	28375	17842	7934	578	1760.0		
庆城县太白梁乡	19200	11082	5260	339			

续表 610 （甘肃省） 计算单位：公顷、人、万元

名 称	行政区域面积	常住人口	从业人员	二三产业从业人员	工业总产值	城镇建成区面积	城镇建成区常住人口
庆城县土桥乡	13900	6569	2809	424			
庆城县蔡口集乡	14513	5816	2860	652			
庆城县高楼乡	10864	9943	6831	1474			
庆城县南庄乡	18411	11295	5378	578			
庆城县翟家河乡	7800	6860	3970	577			
庆城县蔡家庙乡	24985	18375	6793	962			
环县环城镇	70090	34864	14152	4581	82817.0	1460	29112
环县曲子镇	40780	25542	9390	4155	29900.0	1410	4865
环县甜水镇	53560	11889	5462	3112	29268.0	198	2390
环县木钵镇	32500	20744	11147	2848	13292.0	251	2020
环县洪德镇	59100	24404	8970	1120	8610.0	117	2500
环县天池乡	39110	17136	6158	1128			
环县演武乡	26360	12010	3505	713			
环县合道乡	52800	21302	14025	1424	1123.0		
环县樊家川乡	35460	11069	2953	750			
环县八珠乡	35080	12143	3237	775			
环县耿湾乡	29230	10593	3802	1342	1190.0		
环县秦团庄乡	34210	7630	2176	1165			
环县山城乡	42890	8821	4251	1288			
环县南湫乡	41150	5940	2407	1251	26169.7		
环县罗山川乡	41960	7501	2535	1111			
环县虎洞乡	46790	12330	5807	1687	1458.0		
环县小南沟乡	57930	12380	2591	768			
环县车道乡	68290	19957	5163	1161	1135.0		
环县毛井乡	63240	15404	5746	2590	1352.0		
环县芦家湾乡	29860	9774	3908	1322			
华池县悦乐镇	31309	12330	7402	1104	8903.7	330	3750
华池县柔远镇	33514	34640	5742	946	11892.1	1653	18691
华池县元城镇	20180	5320	2096	518	305.2	132	3212
华池县南梁镇	22209	5420	2772	300	500.6	320	2141
华池县城壕镇	46131	10320	6632	1052	300.4	20	1437
华池县五蛟镇	31396	12820	10040	2120	600.0	22	1606
华池县上里塬乡	9930	4800	3286	471	595.0		
华池县王咀子乡	8875	5800	3351	874	201.0		
华池县白马乡	16792	4100	2185	608	200.0		
华池县怀安乡	23514	4950	4328	1000			
华池县乔川乡	27935	5680	3041	434	605.0		
华池县乔河乡	14385	3980	3146	283	300.0		
华池县山庄乡	25504	4660	2937	599	3785.2		
华池县林镇乡	50453	4770	2030	445	400.5		
华池县紫坊畔乡	16968	4310	3527	866			
合水县西华池镇	13938	34756	11613	7134	20268.0	853	17878
合水县老城镇	27481	8830	8502	2160	1900.0	130	4890
合水县太白镇	113515	8216	3005	1805	690.0	64	1095
合水县板桥镇	98333	17958	11785	2458	498.0	15	765
合水县何家畔镇	9937	15396	9916	1048	330.0	9	1805
合水县吉岘乡	7360	10419	5305	1672	985.0		
合水县肖咀乡	7496	12952	4681	2270	842.0		
合水县段家集乡	7128	11329	5427	1831	153.0		

续表 611　　(甘肃省)　　计算单位：公顷、人、万元

名　　称	行政区域面　　积	常住人口	从业人员	二三产业从业人员	工　业总产值	城镇建成区 面 积	城镇建成区常住人口
合水县固城乡	31284	8825	3813	1278	195.0		
合水县太莪乡	23542	6483	4050	1000			
合水县店子乡	8073	8052	5481	2171	50.0		
合水县蒿咀铺乡	28726	5470	2913	398	28.0		
正宁县山河镇	11920	41003	16634	10845	15830.0	889	19694
正宁县榆林子镇	9370	25897	21466	13551	5637.0	418	9510
正宁县宫河镇	8886	22511	19266	6158	3068.0	479	6026
正宁县永和镇	11520	20759	13200	1805	3158.0	261	3497
正宁县永正镇	9533	18817	12544	3140	2856.0	141	1886
正宁县周家镇	7840	17606	12738	4214	4675.0	157	1787
正宁县湫头镇	8627	14182	7476	2362	971.0	175	636
正宁县西坡乡	12113	11461	7745	1951	2485.0		
正宁县五顷原乡	5540	4775	3494	286	715.0		
正宁县三嘉乡	9360	5089	2899	793	705.0		
宁县新宁镇	4669	28679	10148	6144	71192.0	1094	15823
宁县平子镇	10290	39863	6024	2563	10973.0	159	5994
宁县早胜镇	10767	19312	8259	1089	21748.0	217	1884
宁县长庆桥镇	2500	9103	5197	1422	24076.0	1022	5717
宁县和盛镇	13261	35553	16576	8820	66245.0	825	8893
宁县湘乐镇	14700	18511	11567	2034	9478.0	199	368
宁县新庄镇	10280	34282	21499	1386	9477.0	916	2210
宁县盘克镇	13965	22045	16538	1155	9244.0	86	5450
宁县中村镇	16792	14682	12460	2365	10225.0	22	2912
宁县焦村镇	18347	41762	12305	2530	51124.0	10	1530
宁县米桥乡	9887	25885	5412	593	12341.0		
宁县良平乡	7657	19674	9686	835	5731.0		
宁县太昌乡	5500	13019	7458	2716	5860.0		
宁县南义乡	9100	15565	7840	741	6733.0		
宁县瓦斜乡	3120	13449	5095	870	5986.0		
宁县金村乡	3028	8411	5463	1674	3612.0		
宁县九岘乡	10800	9133	3370	494	3869.0		
宁县春荣乡	20872	34072	19081	1735	11583.0		
镇原县城关镇	13160	31052	8262	6863	60459.0	720	3115
镇原县屯字镇	23700	36653	18527	6517	58180.0	663	5266
镇原县孟坝镇	25420	36863	12897	6883	7801.0	689	7650
镇原县三岔镇	24320	15906	5566	2198	2106.0	450	5180
镇原县平泉镇	21253	34229	15878	6458	4870.0	725	3780
镇原县开边镇	15987	17113	13139	4249	780.0	420	2400
镇原县太平镇	23560	24951	12279	3918	780.0	638	3414
镇原县临泾镇	18673	29110	14785	4604	390.0	25	2820
镇原县南川乡	15007	19003	8372	3556	1014.0		
镇原县上肖乡	15080	29205	12600	4695	4759.0		
镇原县新集乡	21733	19610	12041	3942	936.0		
镇原县方山乡	16767	12460	4873	1332	78.0		
镇原县殷家城乡	16540	6366	3466	1824	78.0		
镇原县马渠乡	15734	11868	7343	3466	312.0		
镇原县庙渠乡	17807	16571	8608	4700	234.0		
镇原县武沟乡	14873	11599	6779	2704	234.0		
镇原县郭原乡	13733	15579	6924	2459	234.0		

续表 612　（甘肃省）　计算单位：公顷、人、万元

名　称	行政区域面积	常住人口	从业人员	二三产业从业人员	工业总产值	城镇建成区面积	城镇建成区常住人口
镇原县中原乡	11287	20020	8185	2908	312.0		
镇原县新城乡	22720	29594	15968	5081	3090.0		
安定区凤翔镇	26860	43996	26094	14904	1250.0	507	4684
安定区内官镇	31541	59593	30123	4271	195.0	400	31275
安定区馋口镇	31152	27840	16343	6461	16390.8	727	14000
安定区称钩驿镇	18690	15366	7346	548	55.0	376	2468
安定区鲁家沟镇	28601	13915	8957	3491	498.0	620	2601
安定区西巩驿镇	20502	18858	10031	5027	888.5	593	3925
安定区宁远镇	19325	18806	11539	4742	230.3	593	4430
安定区李家堡镇	23105	22467	15008	7180	148.0	585	2966
安定区团结镇	13443	14235	11285	5729	794.0	465	2753
安定区香泉镇	14441	20659	11922	3321		630	2820
安定区符家川镇	8979	12159	7235	2433	121.0	450	2352
安定区葛家岔镇	15936	10762	7492	2903		410	897
安定区白碌乡	19584	4798	3680	91			
安定区石峡湾乡	17070	8799	4610	370	2713.0		
安定区新集乡	19993	13424	6730	3310			
安定区青岚山乡	21794	17209	9670	3548			
安定区高峰乡	6324	7395	4780	2329			
安定区石泉乡	13073	14970	11215	3222			
安定区杏园乡	10936	7506	4185	1165			
通渭县平襄镇	21884	56772	27929	12933	74287.6	643	52453
通渭县马营镇	34083	40820	20463	7671	63.4	259	9292
通渭县鸡川镇	12798	16966	9626	3489	133.0	448	3316
通渭县榜罗镇	28054	33903	23320	11495	37.0	465	4503
通渭县常家河镇	18223	33429	20546	9500	2.2	330	6938
通渭县义岗川镇	13608	20268	12329	2154	365.0	118	5250
通渭县陇阳乡	11006	14797	9348	3464	14.0		
通渭县陇山乡	12250	15611	10159	3310	20.0		
通渭县陇川乡	11794	14382	8398	2185	1238.0		
通渭县新景乡	10542	12522	7430	3286	13.0		
通渭县碧玉乡	12698	18618	9158	2921	12.0		
通渭县襄南乡	14553	21159	13772	3891	54.0		
通渭县李家店乡	10469	14605	9169	5222	6.2		
通渭县什川乡	17448	18209	11797	4206	8.1		
通渭县第三铺乡	16686	16116	7540	2807	4.5		
通渭县华家岭乡	15700	17227	9853	3929	9252.0		
通渭县寺子川乡	11993	15152	10001	2415			
通渭县北城铺乡	17061	22941	12129	7187	4.9		
陇西县巩昌镇	13540	117053	43690	24506	423225.0	9200	93300
陇西县文峰镇	24220	76200	36040	11388	140020.0	1005	36055
陇西县首阳镇	12340	39273	24526	5063	48420.0	188	17701
陇西县菜子镇	20301	33564	18890	4159	266.0	150	5484
陇西县福星镇	31129	33369	18033	3968	325.0	100	4015
陇西县通安驿镇	21092	24225	11913	8829	345.0	667	3706
陇西县云田镇	15704	21647	13391	2170	2281.0	8	3045
陇西县碧岩镇	7881	15906	11485	2113	13.3	101	2419
陇西县马河镇	7773	12336	7060	2650		140	3288
陇西县渭阳乡	13366	12753	5877	2541	340.0		

续表 613　　（甘肃省）　　计算单位：公顷、人、万元

名称	行政区域面积	常住人口	从业人员	二三产业从业人员	工业总产值	城镇建成区面积	城镇建成区常住人口
陇西县宏伟乡	13669	12697	7212	1362			
陇西县和平乡	10040	12329	7765	4010			
陇西县柯寨乡	9423	12500	5670	2521			
陇西县双泉乡	7323	9846	6377	3575			
陇西县德兴乡	11180	8056	5880	924			
陇西县永吉乡	9190	9528	7836	1437	170.0		
陇西县权家湾乡	12472	7120	6550	3665			
渭源县清源镇	20900	46234	16351	2992	23910.0	213	6835
渭源县莲峰镇	14500	41115	22456	3902	14900.0	115	3256
渭源县会川镇	11600	41585	20836	4614	39550.0	152	2566
渭源县五竹镇	6300	13047	8184	2597		62	1573
渭源县路园镇	7900	20083	10691	1191	2500.0	8	1025
渭源县北寨镇	14400	17755	10305	825	2160.0	38	1204
渭源县新寨镇	16000	21000	7730	2330	2292.0	41	1071
渭源县麻家集镇	6300	16723	8851	2290		80	1641
渭源县锹峪乡	6700	16320	7063	859	421.0		
渭源县大安乡	13100	10954	5239	631			
渭源县秦祁乡	11000	9944	6505	1600	1150.0		
渭源县庆坪乡	9400	15233	5314	2896			
渭源县祁家庙乡	9500	17345	6183	630			
渭源县上湾乡	10800	20292	13695	2830	182.2		
渭源县峡城乡	7200	8649	4413	2395	1500.0		
渭源县田家河乡	6900	11121	5358	1318	854.0		
临洮县洮阳镇	12053	95844	32300	21743	74136.0	225	65112
临洮县八里铺镇	12175	33875	22377	9668	1009.9	424	6164
临洮县新添镇	13332	46957	26725	2672	10200.0	308	8812
临洮县辛店镇	18077	35023	17204	2147	23519.0	374	3395
临洮县太石镇	21733	31919	19366	6053	8108.5	260	6228
临洮县中铺镇	25568	19034	8228	2943	110000.0	264	13075
临洮县峡口镇	20174	14984	9510	2017	1127.0	40	2165
临洮县龙门镇	22093	23091	10563	3479	2000.0	216	3350
临洮县窑店镇	14585	21476	13592	3120	1997.0	800	2048
临洮县玉井镇	9888	36075	20523	8112	110440.5	200	940
临洮县衙下集镇	14078	42152	22095	10555	4159.1	154	2908
临洮县南屏镇	12987	28944	14496	6184	7100.0	32	420
临洮县红旗乡	21636	13563	5517	3696	8999.0		
临洮县上营乡	14170	17019	8931	2688			
临洮县康家集乡	9485	14223	8284	1245			
临洮县站滩乡	16558	13594	6511	1406	3100.0		
临洮县漫洼乡	8817	10236	5390	2028	6.1		
临洮县连儿湾乡	17691	14789	7723	607	430.0		
漳县武阳镇	12130	21940	7708	5403	11213.0	825	20690
漳县三岔镇	12260	23447	4821	1067	300.0	200	5342
漳县新寺镇	9027	25034	14858	11400	750.0	8	10156
漳县金钟镇	28020	16498	7840	3310		539	2445
漳县盐井乡	9480	14400	7676	5280	76962.0		
漳县殪虎桥乡	22940	16310	4096	522			
漳县大草滩乡	23540	11440	5090	1678	60.0		
漳县马泉乡	13340	12500	6493	1763			

续表 614　　　　（甘肃省）　　　　计算单位：公顷、人、万元

名　　称	行政区域面　积	常住人口	从业人员	二三产业从业人员	工　业总产值	城镇建成区 面 积	城镇建成区常住人口
漳县四族乡	12000	12186	3398	800	350.0		
漳县石川乡	20420	13200	5860	1550	6.2		
漳县草滩乡	11750	12345	2553	269			
漳县武当乡	9370	10215	4550	1550	150.0		
漳县东泉乡	23980	8000	4540	1250			
岷县岷阳镇	3730	55416	10729	2187	103790.0	100	1795
岷县蒲麻镇	28839	25946	15370	1912	22.0	90	1208
岷县西寨镇	6768	15572	9387	6273	12.0	75	1498
岷县梅川镇	18402	45200	19770	4810	3600.0	98	1950
岷县西江镇	11407	26648	14656	4500	6.0	130	1855
岷县闾井镇	50300	33979	18765	3705	19.0	98	2210
岷县十里镇	9472	41434	21932	6292	12.0	85	2315
岷县茶埠镇	10506	25221	14382	3050	16359.0	75	1385
岷县中寨镇	19543	35046	17383	6277	7.0	85	1490
岷县清水乡	12556	24256	16424	4201	5880.0		
岷县马坞乡	21755	10122	7967	4003	28.0		
岷县寺沟乡	25471	22535	12838	3986	18.0		
岷县麻子川乡	17020	11725	6264	1782	22.0		
岷县秦许乡	35722	22370	11785	2434	30150.0		
岷县禾驮乡	26601	19931	9266	1135	5.0		
岷县维新乡	14343	17882	12651	5000	10.0		
岷县申都乡	12310	10810	6034	2011	8.0		
岷县锁龙乡	28574	11020	6059	3238	53.0		
武都区城关镇	2190	53048	43039	42334	36937.0	1663	53048
武都区安化镇	17870	32068	11751	8587	310.0	350	14920
武都区东江镇	1800	9169	4643	3483	123.0	320	3767
武都区两水镇	16860	25765	15604	7245	2891.0	704	12649
武都区汉王镇	11730	28688	15624	9388	4673.2	256	4674
武都区洛塘镇	27770	27282	10432	3511	652.0	158	7948
武都区角弓镇	10180	22870	10290	8001	130.0	65	3758
武都区马街镇	11860	30657	15446	5378	100.0	68	3658
武都区三河镇	8430	12944	7248	5436	230.0	95	1860
武都区甘泉镇	8340	11621	5638	4158		90	1832
武都区鱼龙镇	19880	19537	12377	7550		88	2253
武都区琵琶镇	15130	14538	6842	5080	3208.0	81	2057
武都区外纳镇	18690	19901	11312	7461	9943.0	18	1450
武都区马营镇	18500	18224	9449	4480	200.0	14	1103
武都区柏林镇	6070	12374	6782	4564	12.0	251	1220
武都区姚寨镇	7470	6903	2710	1110		86	892
武都区坪垭藏族乡	9450	6318	2627	1184			
武都区蒲池乡	11830	17603	9056	5260	250.0		
武都区石门乡	6570	11800	5030	3487	370.0		
武都区汉林乡	3960	12170	5961	4181	350.0		
武都区池坝乡	5220	6152	3144	1469			
武都区佛崖乡	12370	13786	6368	4047	300.0		
武都区黄坪乡	14190	9712	5720	3653	22.0		
武都区隆兴乡	14470	10472	6782	2564	75.0		
武都区龙坝乡	12550	5907	3298	1959	30.0		
武都区龙凤乡	6090	11878	6452	3102			

续表 615 （甘肃省） 计算单位：公顷、人、万元

名　　称	行政区域面　积	常住人口	从业人员	二三产业从业人员	工　业总产值	城镇建成区 面 积	城镇建成区常住人口
武都区桔柑乡	6700	7717	4309	2735	4452.0		
武都区磨坝藏族乡	5900	5396	3440	1888	82.0		
武都区玉皇乡	7520	8833	4727	2689			
武都区郭河乡	8970	14053	8850	4798	75.0		
武都区枫相乡	37000	9853	5323	3563	20.0		
武都区三仓乡	19280	12600	5570	4048	305.0		
武都区五库乡	17820	12265	6961	2035	100.0		
武都区月照乡	11120	5134	2822	1399			
武都区五马乡	18700	6650	3756	2152			
武都区裕河乡	26470	4870	2660	1697	150.0		
成县城关镇	11121	75913	41440	31620	368461.0	480	67650
成县黄渚镇	8531	8466	3699	1379	240.0	708	4710
成县红川镇	4552	12646	4397	1604	29980.0	300	4580
成县小川镇	7034	19620	10250	5218	6601.0	455	3448
成县纸坊镇	7802	12755	6933	912	1480.0	330	1007
成县抛沙镇	6200	23422	10818	6644	69307.0	450	3900
成县店村镇	6671	17386	8987	5671	3400.0	30	2830
成县王磨镇	10830	9368	4670	1805	14480.0	46	1372
成县陈院镇	8995	10355	4227	1359	650.0	225	1690
成县沙坝镇	6912	10420	3982	1282	365.0	30	1650
成县黄陈镇	5901	11400	5629	924	90.0	23	1680
成县鸡峰镇	19202	17438	8096	2100	278.0	452	1851
成县宋坪乡	27538	6126	2064	1012	30.0		
成县二郎乡	15979	3973	2734	509	600.0		
成县苏元乡	5381	7600	3591	1303	62.0	30	1659
成县索池乡	4960	10240	5687	2386	3287.0	50	2400
成县镡河乡	10045	6105	3225	1232	40.0		
文县城关镇	15400	35745	8465	4420	8170.0	250	33910
文县碧口镇	20000	16624	5516	3423	40000.0	170	8173
文县尚德镇	20900	11808	6579	1310	217.0	210	3010
文县中寨镇	37900	22060	14062	7347	311.0	120	6003
文县临江镇	11300	7796	4268	760	2400.0	3	7768
文县桥头镇	22200	23499	13275	6053	120.0	14	2256
文县铁楼藏族乡	32400	10946	6230	2994	21.0		
文县丹堡乡	51800	8739	4068	2378	25.0		
文县刘家坪乡	34500	1668	951	349			
文县玉垒乡	23800	5477	2789	235	46.0		
文县范坝乡	48700	11758	7604	3147	200.0		
文县中庙乡	28200	12438	6197	2237	2000.0		
文县口头坝乡	21700	7505	4082	606	20.0		
文县尖山乡	13000	4512	1958	199	5.0		
文县黎坪乡	17100	12443	6308	748	45.0		
文县舍书乡	6400	4474	2349	324			
文县天池乡	27700	7165	3214	760	40.0		
文县堡子坝乡	28000	16675	7334	2305	73.5		
文县石坊乡	13200	10507	4993	2685	200.0		
文县石鸡坝乡	25200	14744	7775	3313	3500.0		
宕昌县城关镇	21600	32384	5676	2699	155.0	345	25226
宕昌县哈达铺镇	14060	31763	14714	3588	184.0	720	10346

续表 616　（甘肃省）　计算单位：公顷、人、万元

名　称	行政区域面积	常住人口	从业人员	二三产业从业人员	工业总产值	城镇建成区面积	城镇建成区常住人口
宕昌县理川镇	8980	22921	14900	2630	50.0	678	5635
宕昌县南阳镇	10500	14317	9049	4290	25.0	800	2496
宕昌县官亭镇	9141	10694	8163	2563		500	1255
宕昌县沙湾镇	10795	25929	7226	4088	205.0	23	4775
宕昌县阿坞乡	7630	12228	7046	1207			
宕昌县南河乡	34420	7811	5551	1990	2086.0		
宕昌县八力乡	10298	10155	5168	1945	5.0		
宕昌县木耳乡	4950	8222	4995	3639			
宕昌县庞家乡	6410	9319	4985	1278			
宕昌县何家堡乡	19250	6793	4497	1641	2060.0		
宕昌县贾河乡	14710	10645	6625	2817			
宕昌县将台乡	5630	8359	6417	1634			
宕昌县车拉乡	16690	12842	5600	2560	4400.0		
宕昌县新城子藏族乡	20940	8076	4655	957	5.0		
宕昌县临江乡	6690	6376	4355	750			
宕昌县好梯乡	8890	7368	5325	1196	8.0		
宕昌县韩院乡	13690	11798	7107	1823	200.0		
宕昌县竹院乡	10740	5739	3775	941	2100.0		
宕昌县兴化乡	23700	9704	6412	2029	3.0		
宕昌县甘江头乡	8800	7139	4424	1994	2150.0		
宕昌县新寨乡	12670	13470	8517	3360	15.0		
宕昌县狮子乡	19590	6162	3289	947			
宕昌县两河口乡	12294	11854	3780	1679			
康县城关镇	10430	27272	7822	3152	1870.0	115	23138
康县平洛镇	11809	9610	6885	2208	72.0	130	1953
康县大堡镇	9632	9559	6002	1815		53	1749
康县岸门口镇	19650	8640	5125	1038	98.0	31	1638
康县两河镇	16527	4432	2845	847	70.0	15	692
康县长坝镇	15327	12445	8630	2974	2820.0	51	2215
康县云台镇	11628	10928	6508	2254	55.0	110	2600
康县阳坝镇	50493	11535	6467	1898	60572.0	41	3261
康县王坝镇	7315	7922	4640	1212	106680.0	14	1830
康县碾坝镇	11063	9390	5910	2113	338.0	15	882
康县豆坝镇	10916	5673	3457	1204	15.0	12	708
康县望关镇	7877	6387	4133	1596	47.0	15	614
康县大南峪镇	12129	9496	5942	1464	62.0	18	633
康县周家坝镇	11585	12008	7249	2301	27.0	18	869
康县寺台乡	5138	5762	4292	940	24.0		
康县迷坝乡	14149	5154	3051	1491	35.0		
康县店子乡	14058	4312	2587	740			
康县白杨乡	19527	5824	3433	785			
康县太石乡	5075	3461	2227	177	48.0		
康县铜钱乡	9398	4074	2935	803	13.0		
康县三河坝乡	22120	5616	3237	508	252.0		
西和县汉源镇	1777	42150	9836	5571	470.0	6	9086
西和县长道镇	7785	26756	13928	2817	915.0	5	8316
西和县何坝镇	9698	32609	17010	5582	308.0	6	2710
西和县姜席镇	7082	29675	15402	8969		4	712
西和县石峡镇	9762	11077	7125	1285	252.0	4	1720

续表 617　（甘肃省）　计算单位：公顷、人、万元

名　称	行政区域面　积	常住人口	从业人员	二三产业从业人员	工　业总产值	城镇建成区 面 积	城镇建成区常住人口
西和县洛峪镇	16334	23171	13998	7615		4	1428
西和县西峪镇	2866	23678	13252	5832	680.0	5	1532
西和县马元镇	11509	13966	7126	1776		5	1840
西和县大桥镇	9856	10609	5753	3607	20209.0	4	1475
西和县石堡乡	9521	26458	11788	3620	455.0		
西和县苏河乡	8615	20106	10914	3114	234.0		
西和县卢河乡	11900	23752	12878	1468	24725.0		
西和县兴隆乡	6882	20224	11947	6922			
西和县稍峪乡	4270	16384	12330	3970	21422.0		
西和县晒经乡	11702	4490	2361	395			
西和县十里乡	14732	40135	20407	8029	52850.0		
西和县蒿林乡	10068	9085	4860	2174			
西和县太石河乡	12570	6034	3630	1579			
西和县六巷乡	10783	5634	2889	1392	52550.0		
西和县西高山乡	7918	16917	8325	1380			
礼县城关镇	15961	54500	16006	8052	170550.0	38	27000
礼县盐官镇	12172	49108	24840	13009	30000.0	16	10800
礼县石桥镇	19635	36600	19726	10018	500.0	12	4000
礼县白河镇	18546	20880	8357	1693	1700.0	10	3900
礼县宽川镇	13179	35991	19915	6101	300.0	3	4010
礼县永兴镇	8378	27996	14316	4440	6000.0	5	4240
礼县祁山镇	8540	17822	5524	1925	21000.0	3	1620
礼县红河镇	8030	15000	5743	2933		4	945
礼县永坪镇	19261	23500	12369	7340		4	2370
礼县中坝镇	14230	20001	9387	2993	771.0	2	708
礼县罗坝镇	17780	10889	6970	4703	40000.0	3	820
礼县雷坝镇	10372	10426	4571	2126		2	980
礼县马河乡	11538	13360	4226	2177			
礼县固城乡	20839	12061	6876	2589			
礼县崖城乡	17780	12749	6850	4615	1750.0		
礼县湫山乡	14508	12104	7758	1982			
礼县洮坪乡	29596	15300	8358	1732	38000.0		
礼县上坪乡	34707	7000	4032	1705			
礼县江口乡	6441	10700	4970	2913			
礼县雷王乡	6741	14135	6988	2815			
礼县龙林乡	15620	20889	11213	3601			
礼县白关乡	16231	19345	9191	4713			
礼县沙金乡	20155	7497	4150	1376			
礼县桥头乡	16249	13479	7061	3206			
礼县草坪乡	10516	7140	4140	891			
礼县王坝乡	8995	12200	6296	3048			
礼县肖良乡	8612	7499	3272	392			
礼县三峪乡	11718	5630	1800	1205			
礼县滩坪乡	12670	11789	4629	539			
徽县城关镇	6400	37277	7141	4410	27255.0	520	14147
徽县伏家镇	10230	22311	13138	7316	125509.0	310	9347
徽县江洛镇	31250	19254	12321	6352	28110.8	300	9230
徽县泥阳镇	6060	14441	7574	2589	128.0	88	4854
徽县柳林镇	23310	8924	5277	3537	110063.0	62	1549

续表 618　　（甘肃省）　　计算单位：公顷、人、万元

名　　称	行政区域面　积	常住人口	从业人员	二三产业从业人员	工　业总产值	城镇建成区 面 积	城镇建成区常住人口
徽县嘉陵镇	24860	10245	5147	2393	15023.4	62	1652
徽县永宁镇	8520	11788	7430	3711	188.0	700	1299
徽县银杏树乡	9550	16233	8748	5172	3041.0		
徽县水阳乡	9230	14241	6749	3138	1376.0		
徽县栗川乡	6160	15230	7520	4954	175.0		
徽县麻沿河乡	30260	10398	5725	3770	112.0		
徽县高桥乡	42770	7280	5385	2877	83.0		
徽县榆树乡	27030	6645	3455	2635			
徽县大河店乡	15040	10167	4445	3525	97.2		
徽县虞关乡	21530	5338	2828	746	154.0		
两当县城关镇	1917	10362	1754	1471	10.0	250	9815
两当县站儿巷镇	10071	4191	2040	578	43.5	18	803
两当县西坡镇	8000	3998	2089	962	2252.0	34	3345
两当县杨店乡	7113	4691	2294	887			
两当县左家乡	15300	2793	832	486	4100.0		
两当县显龙乡	4700	4001	2320	436			
两当县鱼池乡	3284	2739	1931	712			
两当县兴化乡	5400	2391	1705	723			
两当县张家乡	12604	1834	917	454	3800.0		
两当县云屏乡	29242	2999	2103	241	1.0		
两当县泰山乡	5600	1097	667	182			
两当县金洞乡	34170	5820	3323	785	4250.0		
临夏市城郊镇	917	14805	6888	4900	17178.0	218	6010
临夏市枹罕镇	3057	38246	13535	6959	58000.0	100	4087
临夏市南龙镇	2500	23005	11195	6187	23797.0	664	3650
临夏市折桥镇	2301	21003	10578	5233	85076.5	156	3352
临夏县韩集镇	2146	19061	7905	3638	6556.0	241	8996
临夏县土桥镇	2463	15985	8379	6136	178.0	150	9775
临夏县马集镇	3367	14673	8750	6224	1650.0	70	2640
临夏县莲花镇	4080	6941	4226	1527	221.0	61	2774
临夏县新集镇	3569	22293	10472	5817	1791.0	76	4751
临夏县尹集镇	7180	27487	11583	5519	35982.0	95	9289
临夏县营滩乡	4033	10633	6390	4192	230.0		
临夏县掌子沟乡	2382	7442	4848	2405	498.0		
临夏县麻尼寺沟乡	6395	20525	11102	2064	918.0		
临夏县漠泥沟乡	7510	11835	6995	4736	2190.0		
临夏县刁祁乡	33388	22013	11419	4288	533.4		
临夏县漫路乡	5694	18287	8422	3297	559.0		
临夏县榆林乡	3956	15487	6585	3754	650.0		
临夏县井沟乡	6230	16125	9301	6628	220.0		
临夏县北塬乡	2252	17548	9481	6807	12156.0		
临夏县坡头乡	1753	6450	3370	2332	1706.0		
临夏县桥寺乡	2553	10112	7725	4119	1611.0		
临夏县先锋乡	2039	12671	7256	3869	1456.0		
临夏县河西乡	1309	7047	5222	1933	428.0		
临夏县安家坡乡	1622	9696	5752	2814	930.0		
临夏县南塬乡	4604	9968	5875	3934	135.0		
临夏县红台乡	4915	15409	8171	6732	701.0		
临夏县黄泥湾乡	2098	8359	6094	2979	26598.5		

续表 619　　（甘肃省）　　计算单位：公顷、人、万元

名　　称	行政区域面　积	常住人口	从业人员	二三产业从业人员	工　业总产值	城镇建成区 面 积	城镇建成区常住人口
临夏县路盘乡	3172	5390	3646	1723	260.0		
临夏县民主乡	2530	6208	3739	1767	265.0		
康乐县附城镇	4800	29652	11747	2683	36585.0	660	24975
康乐县苏集镇	4806	24160	11049	3647	382.0	52	1450
康乐县胭脂镇	5340	26732	14144	4268	270.0	31	4530
康乐县景古镇	7355	16432	8305	2247	80.0	30	2107
康乐县莲麓镇	7445	10828	5073	446	600.0	48	1992
康乐县康丰乡	3539	17467	7729	2035	1680.0		
康乐县虎关乡	6868	25689	12482	2182	4500.0		
康乐县流川乡	4144	18485	9088	1748			
康乐县白王乡	4448	13321	6402	823			
康乐县八松乡	7352	12153	6645	663	9.3		
康乐县鸣鹿乡	5558	13983	6780	960	47.0		
康乐县八丹乡	2982	11876	4850	807	110.0		
康乐县上湾乡	6816	21712	10127	5962			
康乐县草滩乡	5358	17769	9194	3216	200.0		
康乐县五户乡	4194	11415	4807	756	308.0		
永靖县刘家峡镇	5860	38610	21130	18380	309804.0	600	35564
永靖县盐锅峡镇	18300	24783	11177	3835	47819.0	104	5768
永靖县太极镇	14800	18603	11090	1921	20755.0	282	4714
永靖县西河镇	17700	11455	7488	2158	17980.0	16	1080
永靖县三塬镇	11700	17404	11545	6328	4306.0	21	2003
永靖县岘塬镇	2700	8599	5038	957	2460.0	8	1333
永靖县陈井镇	8900	9844	5540	2291	1878.0	12	1620
永靖县川城镇	6400	6607	2996	510		10	1680
永靖县王台镇	5600	5719	2383	754	83.0	15	1611
永靖县红泉镇	10200	4367	3213	1755		13	687
永靖县关山乡	11300	7310	3332	2067			
永靖县徐顶乡	5670	4186	2546	1248	2176.0		
永靖县三条岘乡	15790	4505	2648	806	4368.0		
永靖县坪沟乡	19180	3942	2357	537			
永靖县新寺乡	17900	8173	4407	1344			
永靖县小岭乡	5500	6474	4256	1582			
永靖县杨塔乡	8900	3246	1747	1062			
广河县城关镇	5754	44276	20873	12507	12700.0	2100	9910
广河县三甲集镇	9142	44811	8475	3270	26990.0	300	15920
广河县祁家集镇	6181	36051	24558	4335	1140.0	600	1840
广河县庄禾集镇	7928	23166	11120	2116	150.0	300	1993
广河县买家巷镇	5221	23072	16348	2246	358.0	300	2050
广河县齐家镇	6355	23291	7934	1726	4500.0	300	1350
广河县水泉乡	5915	20612	8511	2109	310.0		
广河县官坊乡	3264	9215	4260	1165			
广河县阿力麻土东乡族乡	3500	14905	7950	1553	2719.0		
和政县城关镇	2801	28836	15564	11288	6134.9		
和政县三合镇	2512	10604	5644	3386	17359.1	25	3640
和政县三十里铺镇	5577	19297	12280	7210	232.0	56	3038
和政县马家堡镇	3737	14489	8415	4475	198.0	14	3184
和政县买家集镇	5400	12229	6274	2816	171.0	66	3223
和政县松鸣镇	6700	14381	8764	6662	171.0	53	1398

续表 620　　（甘肃省）　　计算单位：公顷、人、万元

名　　称	行政区域面　　积	常住人口	从业人员	二三产业从业人员	工　业总产值	城镇建成区 面 积	城镇建成区常住人口
和政县梁家寺乡	3868	13940	7310	2941	53.0		3602
和政县陈家集乡	3788	12261	5822	2287	55.0		
和政县罗家集乡	6724	12367	8075	5640	52.0		
和政县卜家庄乡	2256	10459	6873	2544	16.0		
和政县新营乡	5888	13361	6279	545	42723.9		
和政县新庄乡	9739	16263	12783	7729	53.0		
和政县达浪乡	2793	12859	6196	2684	35.0		
东乡族自治县锁南镇	6194	21364	6568	2052	25341.0	250	8910
东乡族自治县达板镇	5349	26604	10387	4347	16300.0	250	7594
东乡族自治县河滩镇	8827	31454	13290	7165	1925.0	1	8192
东乡族自治县那勒寺镇	28289	24343	8140	520	10.0	40	5921
东乡族自治县唐汪镇	4521	14668	7325	4467	500.0	250	7088
东乡族自治县春台乡	7837	9129	4125	361	200.0		
东乡族自治县柳树乡	6135	6329	3474	448			
东乡族自治县东塬乡	5987	14469	9196	3551	2300.0		
东乡族自治县坪庄乡	5116	13728	4387	109			
东乡族自治县百和乡	4801	10554	5995	2133	2.0		
东乡族自治县关卜乡	3478	7380	1650	117	1870.0		
东乡族自治县赵家乡	3310	9787	4245	1094	20.0		
东乡族自治县五家乡	3755	11841	3083	138	2000.0		
东乡族自治县果园乡	6824	17293	8403	1133			
东乡族自治县沿岭乡	3570	6107	2991	213	10.0		
东乡族自治县汪集乡	7924	12198	3789	874	96.0		
东乡族自治县风山乡	5514	5596	2635	85			
东乡族自治县车家湾乡	6045	3875	1773	350			
东乡族自治县高山乡	6737	3682	1924	434			
东乡族自治县大树乡	6540	8743	4590	1950			
东乡族自治县北岭乡	4263	5900	2780	1520	21.0		
东乡族自治县龙泉乡	11337	16068	7402	2399	12.0		
东乡族自治县考勒乡	6687	9380	2774	183			
东乡族自治县董岭乡	12747	6251	2859	57	4236.0		
积石山保安族东乡族撒拉族自治县吹麻滩镇	3621	36119	7717	5669	17328.0	630	14460
积石山保安族东乡族撒拉族自治县大河家镇	5272	29659	16175	6375	39975.0	520	12785
积石山保安族东乡族撒拉族自治县居集镇	3033	14440	7477	1707	868.0	212	4231
积石山保安族东乡族撒拉族自治县癿藏镇	2967	16380	6166	2466	5648.0	115	2858
积石山保安族东乡族撒拉族自治县刘集乡	5703	17255	8761	461	564.0		
积石山保安族东乡族撒拉族自治县石塬乡	5373	10462	8610	4610	227.0		
积石山保安族东乡族撒拉族自治县柳沟乡	4993	11741	5919	2988	175.0		
积石山保安族东乡族撒拉族自治县关家川乡	6960	12489	6099	2550	150.0		
积石山保安族东乡族撒拉族自治县胡林家乡	5040	12586	6613	1292	5424.0		
积石山保安族东乡族撒拉族自治县安集乡	5040	14124	6453	3338	876.0		
积石山保安族东乡族撒拉族自治县寨子沟乡	3433	14273	6846	3596	129.0		
积石山保安族东乡族撒拉族自治县郭干乡	2440	7338	4459	1839	332.0		
积石山保安族东乡族撒拉族自治县徐扈家乡	2167	9963	4840	2370	242.0		
积石山保安族东乡族撒拉族自治县中咀岭乡	2940	11950	6732	777	140.0		
积石山保安族东乡族撒拉族自治县小关乡	2967	11309	5630	200	178.0		
积石山保安族东乡族撒拉族自治县铺川乡	3000	11817	4349	2953	405.0		
积石山保安族东乡族撒拉族自治县银川乡	6700	19106	10038	3671	225.0		
合作市卡加曼乡	10562	3329	2210	344	30.0		

续表 621　（甘肃省）　计算单位：公顷、人、万元

名　称	行政区域面积	常住人口	从业人员	二三产业从业人员	工业总产值	城镇建成区面积	城镇建成区常住人口
合作市卡加道乡	36922	2387	1343	15			
合作市佐盖多玛乡	56032	3872	2085	60	585.0		
合作市佐盖曼玛乡	38421	6426	3578	1070			
合作市勒秀乡	49426	8671	5015	350	3485.0		
合作市那吾乡	28266	7401	3440	156	6703.0		
临潭县城关镇	2760	16521	8826	3194	4892.8	1697	14960
临潭县新城镇	13653	20624	11580	3600	15000.0	78	4213
临潭县冶力关镇	15433	9042	4511	1383	350.0	70	3850
临潭县初布乡	12580	3693	2002	364	65.0		
临潭县古战回族乡	4360	5833	3152	929			
临潭县卓洛回族乡	2200	2926	1439	341	620.0		
临潭县长川回族乡	8700	10904	4962	1524	1350.0		
临潭县羊永乡	5360	9615	4848	853			
临潭县流顺乡	3927	9808	5050	569			
临潭县店子乡	6380	5097	2504	652	1714.0		
临潭县洮滨乡	10007	9497	6195	1132	3350.0		
临潭县三岔乡	8240	2558	1890	413			
临潭县王旗乡	13587	12146	7220	2056			
临潭县石门乡	11867	7612	4557	1010	10.0		
临潭县羊沙乡	23587	5797	3592	882	1082.0		
临潭县八角乡	13420	5328	3383	977			
卓尼县柳林镇	5212	15261	4904	982	32686.0	221	6842
卓尼县木耳镇	79310	9822	5359	1082	9856.0	101	2415
卓尼县扎古录镇	23422	6877	5147	2338	3288.0	31	1902
卓尼县纳浪乡	22800	7971	5165	315	346.0		
卓尼县喀尔钦乡	79100	10708	5234	614	4787.0		
卓尼县刀告乡	33410	4977	1975	163			
卓尼县尼巴乡	77042	5611	2888	242			
卓尼县完冒乡	31800	4139	2316	80			
卓尼县阿子塘乡	9549	7528	4066	1210	170.0		
卓尼县申藏乡	17100	8604	3207	181	266.0		
卓尼县恰盖乡	58400	3532	1578	450	1498.0		
卓尼县康多乡	46631	2588	1578	148	37.0		
卓尼县勺哇土族乡	4024	1894	1420	278			
卓尼县洮砚乡	12769	5466	1556	385			
卓尼县藏巴哇乡	41400	8832	5049	647	20890.0		
舟曲县城关镇	11601	19782	11637	4742	3128.0	237	19642
舟曲县大川镇	4557	5562	3439	2090	8011.2	161	2674
舟曲县峰迭镇	20500	11384	5503	4409	14562.0	128	4098
舟曲县曲瓦乡	14771	4131	1921	307	1502.7		
舟曲县巴藏乡	9339	5124	2498	1705	3800.0		
舟曲县大峪乡	15220	5102	2981	1976	1750.0		
舟曲县立节乡	8284	5245	3097	1152	4339.5		
舟曲县憨班乡	15355	4980	2765	607			
舟曲县坪定乡	6892	5027	2458	1561			
舟曲县江盘乡	3300	4611	2995	1921	3250.0		
舟曲县东山乡	6892	11203	6390	4491			
舟曲县南峪乡	5971	4285	2960	1918			
舟曲县果耶乡	6286	10174	5220	2178			

续表 622　　（甘肃省、青海省）　　计算单位：公顷、人、万元

名　　称	行政区域面　积	常住人口	从业人员	二三产业从业人员	工　业总产值	城镇建成区 面 积	城镇建成区常住人口
舟曲县八楞乡	9069	4531	2614	1039	650.0		
舟曲县武坪乡	42833	5775	3206	2037	846.0		
舟曲县插岗乡	15763	3138	1889	718	1465.0		
舟曲县拱坝乡	18969	5743	3137	2511	1368.0		
舟曲县曲告纳乡	43976	12306	6430	1999	17488.6		
舟曲县博峪乡	41419	4542	3428	1077			
迭部县电尕镇	63614	5897	3883	1021	4235.0	210	5849
迭部县益哇乡	35800	4808	2899	1137			
迭部县卡坝乡	43909	2255	931	251	1200.0		
迭部县达拉乡	82673	2113	876	217	5090.0		
迭部县尼傲乡	26903	2359	1250	358			
迭部县旺藏乡	49523	7548	4496	1238	36.0		
迭部县阿夏乡	34417	1274	1214	313			
迭部县多儿乡	50595	3768	1953	133			
迭部县桑坝乡	30581	3583	1803	181			
迭部县腊子口乡	48009	3400	1778	509	556.0		
迭部县洛大乡	25456	5226	1371	261			
玛曲县尼玛镇	93887	12265	2273	502	75283.0	400	9032
玛曲县欧拉乡	134719	5195	2935	241	14.4		
玛曲县欧拉秀玛乡	162927	3372	1728	149	9.6		
玛曲县阿万仓乡	158214	6605	3590	150	28.0		
玛曲县木西合乡	159265	3730	1796	152	14.4		
玛曲县齐哈玛乡	68320	5819	3227	131	15.6		
玛曲县采日玛乡	68425	5620	2883	133	8.8		
玛曲县曼日玛乡	111703	7957	3245	172	12.0		
碌曲县郎木寺镇	58693	5035	2381	459	22890.0	36	1707
碌曲县玛艾镇	79070	11411	2413	322	13284.0	530	5346
碌曲县尕海乡	94570	5345	3271	160	27950.0		
碌曲县西仓乡	23510	2780	1560	120	1085.0		
碌曲县拉仁关乡	78060	3163	1443	113			
碌曲县双岔乡	40485	5492	3036	190	1940.0		
碌曲县阿拉乡	17480	3304	1874	166			
夏河县拉卜楞镇	19253	23689	9902	8697	71360.0	57	2890
夏河县王格尔塘镇	21513	4350	738	336	820.0	60	1720
夏河县阿木去乎镇	91042	12659	4405	662	21770.0	39	760
夏河县桑科乡	129293	7756	2845	285	212.0		
夏河县甘加乡	77039	8126	4193	93	1020.0		
夏河县达麦乡	19670	3930	2228	628	2050.0		
夏河县麻当乡	35147	5290	4076	496	41000.0		
夏河县曲奥乡	24312	2837	1587	92	1020.0		
夏河县唐尕昂乡	20002	2715	1128	113	350.0		
夏河县扎油乡	37432	3812	1879	123	155.0		
夏河县博拉乡	34098	6355	4078	283	1480.0		
夏河县吉仓乡	31868	4704	1976	156	1220.0		
夏河县科才乡	85462	3647	2170	35	155.0		
青海省							
城东区乐家湾镇政府	47	33141	13202	13202	30152.0	21	25783
城东区韵家口镇政府	3560	73726	36813	36133	21810.0	50	4054
西宁市城中区总寨镇	11700	57186	33915	27000	20130.0	100	1604

续表 623　（青海省）　计算单位：公顷、人、万元

名　称	行政区域面积	常住人口	从业人员	二三产业从业人员	工业总产值	城镇建成区面积	城镇建成区常住人口
城西区彭家寨镇	4590	23543	8903	8712	5350.0	6	14030
城北区大堡子镇	4817	26770	17152	8742	140790.0	30	3828
城北区廿里铺镇	5200	55692	28489	16765	37847.0	99	3510
大通回族土族自治县桥头镇	12015	140004	20760	14665	34019.0	226	103487
大通回族土族自治县城关镇	4364	24642	14058	10349	241.0	169	7785
大通回族土族自治县塔尔镇	7680	34428	20369	10569	167.0	570	4320
大通回族土族自治县东峡镇	9440	15001	9630	6555		84	830
大通回族土族自治县黄家寨镇	6178	27918	13972	10929	602872.0	159	2088
大通回族土族自治县长宁镇	9667	40965	22434	17856	386925.0	300	3052
大通回族土族自治县景阳镇	10640	25690	17059	9320	745.0	343	2756
大通回族土族自治县多林镇	4680	9884	6425	2641	305.0	390	1508
大通回族土族自治县新庄镇	5440	17208	8668	6027	1464.0	557	3010
大通回族土族自治县青林乡	29560	11041	5748	1983			
大通回族土族自治县青山乡	14715	16284	9428	2406			
大通回族土族自治县逊让乡	12800	12533	7133	3271	21.0		
大通回族土族自治县极乐乡	5458	13518	5518	2816			
大通回族土族自治县石山乡	2742	9947	4824	2509	700.0		
大通回族土族自治县宝库乡	117485	8596	5218	3435	2655.0		
大通回族土族自治县斜沟乡	4782	8262	4462	3711			
大通回族土族自治县良教乡	4280	19803	15371	9346	3500.0		
大通回族土族自治县向化藏族乡	17200	8377	4473	2546	320.0		
大通回族土族自治县桦林乡	20880	15784	9237	5563	267.0		
大通回族土族自治县朔北藏族乡	8040	19622	14286	10271	6020.0		
湟中县鲁沙尔镇	18381	59443	23100	19090	46800.0	400	24950
湟中县西堡镇	9401	24711	13895	8507	14201.0	13	512
湟中县上新庄镇	22523	38351	19435	13783	81210.7	68	530
湟中县田家寨镇	32949	42609	30746	12989	10416.0	42	2825
湟中县甘河滩镇	6649	22385	13754	7876	5263.0	25	977
湟中县共和镇	26414	32506	19538	10807	120.0	150	2913
湟中县多巴镇	14876	76530	39556	15394	80000.0	200	10502
湟中县拦隆口镇	14608	42115	23844	18283	4301.0	57	21200
湟中县上五庄镇	56153	35239	20431	11684	1138.0	39	2498
湟中县李家山镇	14495	26331	13876	9539	7220.0	33	2432
湟中县群加乡	9553	2380	1361	538	177.0		
湟中县土门关乡	11232	18005	9890	6340	600.0		
湟中县汉东乡	4019	5574	3110	2285	180.0		
湟中县大才乡	7208	21200	11230	6804	430.0		
湟中县海子沟乡	10400	15960	11100	6647	251.0		
湟源县城关镇	4329	36759	13545	10902	57846.0	545	33626
湟源县大华镇	23570	22401	11846	3208	148923.0	457	4015
湟源县东峡乡	11404	5609	3687	405	3188.0		
湟源县日月乡	47875	14538	7216	1285	620.0		
湟源县和平乡	16795	14485	7620	1690	6275.0		
湟源县波航乡	8541	9426	5188	1794	2290.0		
湟源县申中乡	12215	15675	8765	1384	80000.0		
湟源县巴燕乡	11987	11166	6213	673	6780.0		
湟源县寺寨乡	14184	8010	3726	400	121.0		
乐都区碾伯镇	15268	79582	19030	8701	123290.0	30	3410
乐都区雨润镇	8656	16686	6870	4282	347154.6	30	3212

续表 624　（青海省）　计算单位：公顷、人、万元

名　　称	行政区域面　　积	常住人口	从业人员	二三产业从业人员	工　业总产值	城镇建成区 面 积	城镇建成区常住人口
乐都区寿乐镇	67224	22957	11980	8290	3800.0	20	2012
乐都区高庙镇	10626	23312	10236	6674	49582.0	25	2306
乐都区洪水镇	14118	16964	7805	3510	306680.3	20	1200
乐都区高店镇	6178	8458	4088	2569	57029.0	20	1225
乐都区瞿昙镇	25075	19231	9322	6085	565.0	25	1330
乐都区共和乡	9912	7587	5385	3573			
乐都区中岭乡	13429	5629	4091	2354			
乐都区李家乡	21153	7980	5528	3046			
乐都区下营乡	7791	3665	3231	2450			
乐都区芦化乡	10518	7590	5296	2993	260.0		
乐都区马营乡	32445	10761	5862	3412	350.0		
乐都区马厂乡	8189	3232	3078	1433			
乐都区蒲台乡	15009	12149	9608	4988	312.0		
乐都区中坝乡	10611	6745	4962	3692	365.0		
乐都区峰堆乡	7425	5680	3163	1812			
乐都区城台乡	8333	3770	2817	1364			
乐都区达拉乡	13031	7373	6222	4760			
平安区平安镇	10688	53603	29623	27623	639819.9	823	53400
平安区小峡镇	7310	11981	7740	3230	4715.0	30	1932
平安区三合镇	16432	14152	7632	3812	4630.0	36	12300
平安区洪水泉乡	7412	8202	2646	1790			
平安区石灰窑乡	8004	8920	3984	1819			
平安区古城乡	11193	13181	6054	4508	68503.1		
平安区沙沟乡	8991	11354	5275	4090	52882.0		
平安区巴藏沟乡	6885	4826	2070	990			
民和回族土族自治县川口镇	8400	71032	24666	17546	13500.0	6500	70220
民和回族土族自治县古鄯镇	8395	19880	9905	6648	110.0	150	3240
民和回族土族自治县马营镇	8687	24339	16998	8330	300.0	19	6947
民和回族土族自治县官亭镇	6165	14630	8190	4650	74215.0	436	7200
民和回族土族自治县巴州镇	12476	19200	10800	5838	410.0	64	3128
民和回族土族自治县满坪镇	6313	17340	7609	3584		100	2612
民和回族土族自治县李二堡镇	8582	17078	10288	6789		14	2547
民和回族土族自治县峡门镇	3400	11805	8321	5042		200	5160
民和回族土族自治县马场垣乡	9900	21756	9441	4867	141705.0		
民和回族土族自治县北山乡	5333	3800	2710	1885	106.0		
民和回族土族自治县松树乡	5066	7450	2932	1509	430.0		
民和回族土族自治县西沟乡	7350	20987	11578	8005	17.0		
民和回族土族自治县总堡乡	6619	10765	8159	2008	2000.0		
民和回族土族自治县隆治乡	10207	7920	5531	3129			
民和回族土族自治县大庄乡	7990	8990	5129	2555			
民和回族土族自治县转导乡	13096	17939	7961	3880	122.0		
民和回族土族自治县前河乡	7980	11423	3377	744			
民和回族土族自治县甘沟乡	5681	13012	6585	2240			
民和回族土族自治县中川乡	14750	20580	12083	5679	1325.0		
民和回族土族自治县杏儿乡	4000	4181	2456	1075			
民和回族土族自治县核桃庄乡	5599	11864	6818	4298	496.0		
民和回族土族自治县新民乡	8658	7202	4842	2758			
互助土族自治县威远镇	8161	68954	25373	19173	429624.0	1140	52635
互助土族自治县丹麻镇	15120	22917	10414	6117	920.0	25	1250

续表 625　（青海省）　计算单位：公顷、人、万元

名　　称	行政区域面　　积	常住人口	从业人员	二三产业从业人员	工　业总产值	城镇建成区 面 积	城镇建成区常住人口
互助土族自治县高寨镇	9420	14890	10190	10190			
互助土族自治县南门峡镇	22252	19090	11523	1531	265.0	26	2025
互助土族自治县加定镇	63020	7962	4469	1312	525.0	15	800
互助土族自治县塘川镇	15554	43680	23465	22420	275300.0	47	820
互助土族自治县五十镇	18420	18041	9492	3224	930.0	12	1225
互助土族自治县五峰镇	8834	23254	12338	2220	4433.0	17	906
互助土族自治县台子乡	8102	23120	6580	2341	1200.0		
互助土族自治县西山乡	9047	19107	10474	1400			
互助土族自治县红崖子沟乡	21080	18681	9507	5595	14580.0		
互助土族自治县巴扎藏族乡	52330	4953	3137	1092	1525.0		
互助土族自治县哈拉直沟乡	13040	16615	10215	6527	7215.0		
互助土族自治县松多藏族乡	26250	6641	1115	487	414.0		
互助土族自治县东山乡	9048	11233	5492	3588	1041.0		
互助土族自治县东和乡	9980	17278	8873	1508	246.3		
互助土族自治县东沟乡	9562	21087	11064	1976			
互助土族自治县林川乡	15870	24981	13886	1885	1736.0		
互助土族自治县蔡家堡乡	7225	8039	4282	776			
化隆回族自治县巴燕镇	15072	36884	17608	7601	116587.0	508	13894
化隆回族自治县群科镇	10012	26457	12214	7590	112423.0	140	2902
化隆回族自治县牙什尕镇	8137	13852	7951	1481	3756.0	105	2274
化隆回族自治县甘都镇	16491	21157	11717	6341	24452.0	120	2286
化隆回族自治县扎巴镇	17431	18304	13555	3544	6552.0	135	1729
化隆回族自治县昂思多镇	19457	17932	9925	3305	102114.0	130	1628
化隆回族自治县雄先藏族乡	22366	8243	4558	1049	179.0		
化隆回族自治县初麻乡	15093	4197	2561	1017			
化隆回族自治县查甫藏族乡	12491	5437	3265	407			
化隆回族自治县塔加藏族乡	19387	3938	1875	158			
化隆回族自治县金源藏族乡	34306	6515	3988	675	202.0		
化隆回族自治县二塘乡	10302	8244	4810	1475	121.0		
化隆回族自治县谢家滩乡	5585	6671	3270	340	352.0		
化隆回族自治县德恒隆乡	26251	9510	5365	2974	223.0		
化隆回族自治县沙连堡乡	10575	4106	2410	1510	967.0		
化隆回族自治县阿什奴乡	10751	3881	2014	1204			
化隆回族自治县石大仓乡	20293	5756	2723	733	69345.0		
循化撒拉族自治县积石镇	11501	23180	12716	6158	44000.0	187	1684
循化撒拉族自治县白庄镇	13436	24475	13575	6275	7600.0	103	2600
循化撒拉族自治县街子镇	8310	24560	24060	9731	7300.0	32	1325
循化撒拉族自治县道帏藏族乡	47549	13044	4496	857			
循化撒拉族自治县清水乡	1480	14795	14755	6643	5510.0		
循化撒拉族自治县岗察藏族乡	42666	2035	2006	201			
循化撒拉族自治县查汗都斯乡	12105	18321	11517	2902	5100.0		
循化撒拉族自治县文都藏族乡	22042	8424	5235	2955	500.0		
循化撒拉族自治县尕楞藏族乡	19271	4975	2740	2555			
门源回族自治县浩门镇	37850	33996	6155	4036	66223.7	1293	19915
门源回族自治县青石咀镇	74811	33620	14602	2902	19203.0	230	3421
门源回族自治县泉口镇	22318	20557	11973	9612	943.0	32	1708
门源回族自治县东川镇	45224	20212	6040	5032	416.0	45	2310
门源回族自治县北山乡	9320	7659	3370	2655	172.0		
门源回族自治县麻莲乡	10028	7971	2899	2081			

续表 626　　（青海省）　　计算单位：公顷、人、万元

名　　称	行政区域面　　积	常住人口	从业人员	二三产业从业人员	工　业总产值	城镇建成区 面 积	城镇建成区常住人口
门源回族自治县西滩乡	6516	10613	6257	3277	113.2		
门源回族自治县阴田乡	12020	9650	4769	2827			
门源回族自治县仙米乡	156430	6260	3787	1091	90125.0		
门源回族自治县珠固乡	101775	5312	3190	557	11263.0		
门源回族自治县苏吉滩乡	69484	2129	1059	234	6072.0		
门源回族自治县皇城蒙古族乡	54261	1928	874	154			
祁连县八宝镇	81425	25408	6370	4389	141.0	640	9812
祁连县峨堡镇	116505	3505	2027	467		35	1600
祁连县默勒镇	304261	7490	4460	355	7670.0	706	806
祁连县扎麻什乡	54523	4922	2520	890			
祁连县阿柔乡	121154	3384	1612	210			
祁连县野牛沟乡	455525	4478	2512	423	2000.0		
祁连县央隆乡	255199	2840	1647	45			
海晏县三角城镇	31572	10814	2682	1729	144518.0	550	5621
海晏县西海镇	43696	10035	498	498		500	10035
海晏县金滩乡	34659	7433	4652	3099			
海晏县哈勒景蒙古族乡	44800	1686	1213	407			
海晏县青海湖乡	165793	3124	2040	350			
海晏县甘子河乡	165195	5784	3530	1080			
刚察县沙柳河镇	123782	12809	3269	333	210.3	89	6475
刚察县哈尔盖镇	172901	11742	2759	394	51.0	135	8537
刚察县伊克乌兰乡	178000	6483	2763	603			
刚察县泉吉乡	147498	6069	2366	580	43.4		
刚察县吉尔孟乡	146360	3841	2226	560			
同仁县隆务镇	10471	35538	4008	1828	1300.0	325	28303
同仁县保安镇	31933	9496	4887	1570	381.0	225	2475
同仁县多哇镇	93748	6202	3411	445		136	4497
同仁县兰采乡	40779	4610	2208	133			
同仁县双朋西乡	25299	3510	2071	228			
同仁县扎毛乡	21785	4060	3167	414			
同仁县黄乃亥乡	8441	2884	1646	270			
同仁县曲库乎乡	22366	6276	3319	975	80.0		
同仁县年都乎乡	16935	8881	7105	3558			
同仁县瓜什则乡	40581	4366	2384	458			
同仁县加吾乡	15162	4521	1706	169	50.0		
尖扎县马克堂镇	7350	16012	2949	1228	39929.0	19	6840
尖扎县康扬镇	3503	8932	3827	1620	16464.0	6	520
尖扎县坎布拉镇	37437	13521	6223	1997	167383.0	6	3100
尖扎县贾加乡	11912	2036	667	83			
尖扎县措周乡	19219	4414	2254	109			
尖扎县昂拉乡	7207	3030	1686	187			
尖扎县能科乡	7608	2155	1448	107			
尖扎县当顺乡	13013	2150	974	184	1900.0		
尖扎县尖扎滩乡	64164	5967	2564	260			
泽库县泽曲镇	98996	16741	6612	488	17002.0	225	11115
泽库县麦秀镇	142221	12858	5080	501	174.0	67	11650
泽库县和日镇	109979	13723	5715	1739	568.0	51	6200
泽库县宁秀乡	122012	16218	7822	342	28.0		
泽库县王加乡	72311	4495	1726	507	116.0		

续表 627 （青海省） 计算单位：公顷、人、万元

名　　称	行政区域面　　积	常住人口	从业人员	二三产业从业人员	工　业总产值	城镇建成区 面 积	城镇建成区常住人口
泽库县西卜沙乡	17709	3176	1364	45			
泽库县多禾茂乡	1114108	9824	3498	105			
河南蒙古族自治县优干宁镇	12534	18851	7179	991	39079.0	334	6745
河南蒙古族自治县宁木特镇	202501	10520	5038	111		300	3655
河南蒙古族自治县多松乡	58071	2739	1208	162			
河南蒙古族自治县赛尔龙乡	1041	3678	1897	75			
河南蒙古族自治县柯生乡	110858	3369	1983	61			
共和县恰卜恰镇	66860	60069	13764	10854	545473.0	2100	36205
共和县倒淌河镇	130198	10782	5001	1228		32	936
共和县龙羊峡镇	74550	10436	5427	1337	32779.0	68	2006
共和县塘格木镇	137630	12680	6572	492		32	1128
共和县黑马河乡	107390	4705	1786	934			
共和县石乃亥乡	177945	7222	3082	435			
共和县沙珠玉乡	63818	7242	3406	534			
共和县铁盖乡	98260	6196	4475	1806			
共和县廿地乡	74784	4658	2762				
共和县切吉乡	417502	12134	4751				
共和县江西沟乡	67866	6562	3370	948			
同德县尕巴松多镇	104139	15478	7395	1763	409.0	400	14441
同德县唐谷镇	99212	13270	8260	1440	120.0	400	420
同德县巴沟乡	46336	8545	4840	861	458.9		
同德县秀麻乡	97297	8345	4915	400			
同德县河北乡	97262	7333	3589	316			
贵德县河阴镇	3365	25822	4562	2530	20920.0	629	21360
贵德县河西镇	43454	24330	12210	7196	5946.0	125	3398
贵德县拉西瓦镇	86122	6943	3209	2064	215947.0	115	1132
贵德县常牧镇	125733	18199	7999	4336		92	833
贵德县河东乡	27504	14827	5901	3735	1545.0		
贵德县新街回族乡	6253	6552	3160	2280	143.0		
贵德县尕让乡	58524	15072	4411	1153	82.2		
兴海县子科滩镇	339840	34177	6454	2352		640	24024
兴海县河卡镇	223904	14482	5479	235		75	2339
兴海县曲什安镇	72537	4961	2574	505		12	384
兴海县温泉乡	294740	8831	3187	212			
兴海县龙藏乡	86958	4982	2043	115			
兴海县中铁乡	90353	5576	2767	536			
兴海县唐乃亥乡	107545	6997	3134	121			
贵南县茫曲镇	23681	10579	4708	2022	3866.7	206	2027
贵南县过马营镇	298376	13794	5131	347	215.0	265	1047
贵南县森多镇	174710	16262	7376	806	37.3	104	3259
贵南县沙沟乡	42157	7719	4008	1060			
贵南县茫拉乡	12976	7221	4189	1262	156.8		
贵南县塔秀乡	117475	9978	4020	731			
玛沁县大武镇	160313	3486	1802	92		420	370
玛沁县拉加镇	262620	12734	6571	912		20	1292
玛沁县大武乡	181373	4549	2460	65			
玛沁县东倾沟乡	77967	2219	1041	45			
玛沁县雪山乡	135093	2118	1066	69			
玛沁县下大武乡	164100	1729	922	51			

续表 628　　（青海省）　　计算单位：公顷、人、万元

名　　称	行政区域面　　积	常住人口	从业人员	二三产业从业人员	工　业总产值	城镇建成区 面 积	城镇建成区常住人口
玛沁县优云乡	262840	3034	1447	75			
玛沁县当洛乡	173486	4295	1649	58			
班玛县赛来塘镇	61856	2426	968	84		200	147
班玛县多贡麻乡	56394	2681	1268	66			
班玛县马可河乡	61166	2172	1057	52			
班玛县吉卡乡	66641	2439	1225	58			
班玛县达卡乡	99034	2867	1220	56			
班玛县知钦乡	89752	2400	1207	52			
班玛县江日堂乡	41239	3162	1387	78			
班玛县亚尔堂乡	36495	2573	1197	75			
班玛县灯塔乡	101289	3945	1432	76			
甘德县柯曲镇	175300	6063	3017	62		315	130
甘德县上贡麻乡	82400	3441	1716	64			
甘德县下贡麻乡	71000	4266	2165	91			
甘德县岗龙乡	104200	4220	2089	64			
甘德县青珍乡	131000	6133	3097	82			
甘德县江千乡	70100	3526	1774	59			
甘德县下藏科乡	70600	5438	2751	94			
达日县吉迈镇	92680	2898	1154	138		276	75
达日县满掌乡	100453	3108	1353	69			
达日县德昂乡	95940	2728	1208	57			
达日县窝赛乡	56120	2376	1093	65			
达日县莫坝乡	190546	2238	1175	43			
达日县上红科乡	178533	3721	1720	43			
达日县下红科乡	109560	2896	1366	60			
达日县建设乡	147913	3136	1420	93			
达日县桑日麻乡	300120	2648	1019	48			
达日县特合土乡	212380	2156	1175	41			
久治县智青松多镇	186565	4665	2439	155		200	150
久治县门堂乡	110957	2402	1225	110			
久治县哇赛乡	113333	3861	1584	116			
久治县索呼日麻乡	206246	4646	2569	119			
久治县白玉乡	153179	5270	2019	147			
久治县哇尔依乡	105445	3839	1423	91			
玛多县玛查理镇	565326	2786	1567	79		20	94
玛多县花石峡镇	880433	4998	2736	86		15	733
玛多县黄河乡	560980	2642	1440	49			
玛多县扎陵湖乡	618101	2182	1164	60			
玉树市隆宝镇	85700	8711	4035	577		1198	1260
玉树市下拉秀镇	282700	18160	7632			98	1812
玉树市仲达乡	71000	5922	3352	229			
玉树市巴塘乡	236100	9278	3211	589			
玉树市小苏莽乡	214700	12626	6764	362			
玉树市上拉秀乡	253200	12862	8068	1265			
玉树市哈秀乡	136300	5091	2736				
玉树市安冲乡	92700	6050	3967	347			
杂多县萨呼腾镇	201600	8629	3314			12	2679
杂多县昂赛乡	197300	8071	4036				
杂多县结多乡	498900	9073	5898				

续表 629　　（青海省）　　计算单位：公顷、人、万元

名　　称	行政区域面积	常住人口	从业人员	二三产业从业人员	工业总产值	城镇建成区面积	城镇建成区常住人口
杂多县阿多乡	316600	8633	4748				
杂多县苏鲁乡	377079	7216	5051				
杂多县查旦乡	632200	5567	3340				
杂多县莫云乡	641002	5689	3878				
杂多县扎青乡	552400	8337	4169				
称多县称文镇	102400	7189	3478	368		265	1719
称多县歇武镇	992267	5918	5380	1536		32	2917
称多县扎朵镇	455200	9069	3936	2		11	2200
称多县清水河镇	442700	8580	3812			35	3279
称多县珍秦镇	230500	11316	5114	198		13	3280
称多县尕朵乡	117900	8935	4945				
称多县拉布乡	52400	4404	1754				
治多县加吉博洛格镇	152705	3450	2439				
治多县索加乡	6531335	6318	4776				
治多县扎河乡	449571	6593	4234				
治多县多彩乡	592993	7319	4260				
治多县治渠乡	262568	4226	3100				
治多县立新乡	87117	3531	3346				
囊谦县香达镇	136430	25837	5821	61		106	19023
囊谦县白扎乡	166470	15258	5502	46			
囊谦县吉曲乡	184417	12698	6444	59			
囊谦县娘拉乡	51386	6445	3650	22			
囊谦县毛庄乡	82020	8928	2834	5			
囊谦县觉拉乡	95386	11158	2047	31			
囊谦县东坝乡	113822	8911	3152	24			
囊谦县尕羊乡	132859	5545	1697	23			
囊谦县吉尼赛乡	110502	8650	3970	23			
囊谦县着晓乡	196216	9877	3683	24			
曲麻莱县约改镇	218529	19241	2350	522		18	14500
曲麻莱县巴干乡	190820	5915	2510	682			
曲麻莱县秋智乡	559529	5178	2189	679			
曲麻莱县叶格乡	748299	3576	1596	370			
曲麻莱县麻多乡	1485294	5836	2822	924			
曲麻莱县曲麻河乡	1461082	4075	2513	806			
格尔木市郭勒木德镇	2622397	41214	25611	16252		72	2980
格尔木市唐古拉镇	4754008	1698	742	75		39	238
格尔木市大格勒乡	168050	2004	1027	41			
格尔木市乌图美仁乡	3451712	1798	1314	80			
德令哈市尕海镇	247400	7336	7232	211		4	272
德令哈市怀头他拉镇	1050000	3028	1608	528		60	1854
德令哈市柯鲁柯镇	667850	14169	12828	4618		50	1213
德令哈市蓄集乡	773800	1985	76	76			
乌兰县希里沟镇	17200	13480	3664	2343	18888.0	245	13480
乌兰县茶卡镇	183152	4079	1265	189	33718.0	222	1606
乌兰县柯柯镇	786500	14820	6929	1087	25115.0	152	1612
乌兰县铜普镇	222900	4225	2514	382	11453.0	9	268
都兰县察汉乌苏镇	10700	18801	5361	1248	27381.0	500	9179
都兰县香日德镇	82400	27198	15175	3000	61752.0	322	2364
都兰县夏日哈镇	315300	5703	3625	465	4028.0	80	484

续表 630　（青海省、宁夏回族自治区）　计算单位：公顷、人、万元

名　　称	行政区域面　　积	常住人口	从业人员	二三产业从业人员	工　业总产值	城镇建成区 面 积	城镇建成区常住人口
都兰县宗加镇	2372800	5693	1741		229579.0	8	620
都兰县热水乡	87700	4111	1761	170			
都兰县香加乡	507700	5328	4013	293			
都兰县沟里乡	327100	1623	1089	96	11436.0		
都兰县巴隆乡	823300	6098	3562	731	307.0		
天峻县新源镇	156220	21422	14875	11807		1	21421
天峻县木里镇	176100	1153	419	195		100	498
天峻县江河镇	81000	2117	860			1	988
天峻县快尔玛乡	181300	1965	1180				
天峻县舟群乡	141100	1357	1052	6			
天峻县织合玛乡	77600	1559	1506				
天峻县苏里乡	989700	1465	1462	15			
天峻县生格乡	216800	1149	105				
天峻县阳康乡	315900	1134	1025				
天峻县龙门乡	184000	1349	1040	90			
大柴旦行政委员会柴旦镇	1863300	7925	926	90	327754.0	2100	7925
大柴旦行政委员会锡铁山镇	227100	1759	774	774	127749.0	97	1759
冷湖行政委员会冷湖镇	1750000	3000	2067	2067	188866.4	177	3000
茫崖行政委员会花土沟镇	2997300	28680	1260	1135	11900.0	1250	28680
茫崖行政委员会茫崖镇	209000	4673	1356	1356	14586.0	200	4673
宁夏回族自治区							
兴庆区掌政镇	15300	28864	23117	8667	28410.0	400	7243
兴庆区大新镇	3300	19982	12897	8526	46774.0	500	6777
兴庆区通贵乡	11100	15517	7397	1908	570.0		
兴庆区月牙湖乡	33300	21500	14834	11465	126980.0		
西夏区兴泾镇	2886	26998	11188	7356		200	14296
西夏区镇北堡镇	8345	29300	11930	6100	32030.0	225	10900
金凤区良田镇	7890	30845	20160	3510	9850.0	45	700
金凤区丰登镇	4855	13482	6661	3147	7723.0	62	2432
永宁县杨和镇	6300	21271	12316	7654	22335.0	6300	15288
永宁县李俊镇	9820	32927	21520	5300		150	11776
永宁县望远镇	12285	56402	26472	6058	298398.0	2142	20792
永宁县望洪镇	11100	38199	18360	1248	14356.0	87	2107
永宁县闽宁镇	5622	46302	36675	8099	16274.0	71	5977
永宁县胜利乡	10605	21538	13695	6845	9560.0		
贺兰县习岗镇	9725	129455	17852	14030	1320625.4	1400	129455
贺兰县金贵镇	12724	30380	29380	18473	21051.0	114	5611
贺兰县立岗镇	16887	27743	16716	7409	14253.0	90	4498
贺兰县洪广镇	22935	25778	13371	9515	548854.7	410	3581
贺兰县常信乡	16656	24024	22187	8877	17300.0		
灵武市东塔镇	11802	21350	12320	10703	1476362.0	33	4882
灵武市郝家桥镇	21115	44628	24031	7564	81920.5	46	1588
灵武市崇兴镇	12128	47260	28719	22773	6760.0	85	4020
灵武市宁东镇	80000	6549	1865	1009	3905264.6	15487	2346
灵武市马家滩镇	59200	3832	1812	1076	105762.3	259	1330
灵武市临河镇	60000	9126	6358	1390	3053185.0	34	1174
灵武市梧桐树乡	15793	27920	17582	5777	171226.0		
灵武市白土岗乡	63700	11799	6125	2312	51545.0		
大武口区星海镇	14000	58179	12749	6749	66152.0	1660	21250

续表 631　　（宁夏回族自治区）　　计算单位：公顷、人、万元

名　称	行政区域面　积	常住人口	从业人员	二三产业从业人员	工　业总产值	城镇建成区 面 积	城镇建成区常住人口
惠农区红果子镇	7751	17885	8423	7263	1230930.0	450	10695
惠农区尾闸镇	4059	8485	4296	2871	22456.0	120	331
惠农区园艺镇	847	37122	22800	20600	7278.0	139	9200
惠农区庙台乡	5300	5461	5225	2694	10972.0		
惠农区礼和乡	6723	8430	7014	3577	7121.0		
惠农区燕子墩乡	9600	12924	7015	4792	580.0		
平罗县城关镇	15040	106854	38808	33828	2207240.0	1800	73758
平罗县黄渠桥镇	9023	15201	8935	5260	17210.0	300	1930
平罗县宝丰镇	4061	10231	4430	3750	1020.0	42	2829
平罗县头闸镇	9910	14137	9225	3422	3400.0	180	285
平罗县姚伏镇	11304	17091	15745	4943	5782.0	100	1411
平罗县崇岗镇	43655	13611	10743	5123	112209.0	111	2253
平罗县陶乐镇	11582	13554	7307	4384		300	4143
平罗县高庄乡	7691	16044	9183	2486	240.0		
平罗县灵沙乡	8338	15265	9585	1470	231.0		
平罗县渠口乡	14430	15956	13734	1406	3486.0		
平罗县通伏乡	13206	15971	13173	998	6678.0		
平罗县高仁乡	14809	6140	3396	1468	8090.0		
平罗县红崖子乡	26270	15730	8332	1862	312963.0		
利通区金积镇	7040	50168	26325	12613	471040.0	440	20140
利通区金银滩镇	8700	31800	16302	1920	53860.0	230	1480
利通区高闸镇	6464	21896	9667	2660	187246.0	100	695
利通区扁担沟镇	53000	28633	20907	7692	7000.0	200	6044
利通区上桥镇	1320	21880	11288	9501	160245.0	289	7215
利通区古城镇	3126	26520	14241	12001	46335.0	543	20999
利通区金星镇	1250	57386	24602	24166		1250	57386
利通区胜利镇	820	55300	31470	31000	369391.0	820	55300
利通区东塔寺乡	2470	27362	13571	9009	76713.0		
利通区板桥乡	3068	30184	16931	15469	158542.0		
利通区马莲渠乡	3528	25236	16163	5320	35000.0		
利通区郭家桥乡	2750	20828	12366	3972	14210.0		
红寺堡区红寺堡镇	57600	71390	24850	8850	30654.0	1000	36890
红寺堡区太阳山镇	44800	14534	7494	1212		25	1310
红寺堡区大河乡	58590	36546	14720	4700	43718.0		
红寺堡区新庄集乡	66300	46850	27720	2120	150.0		
红寺堡区柳泉乡	49410	28030	12730	2171	460.0		
盐池县花马池镇	153100	59349	20545	9676	520322.0	1347	59349
盐池县大水坑镇	145860	24025	12860	4410	25271.0	490	9352
盐池县惠安堡镇	128920	19270	10239	2983	15898.0	350	19270
盐池县高沙窝镇	87350	8035	7469	4444	57254.0	167	4860
盐池县王乐井乡	102820	12315	6036	4184	5884.0		
盐池县冯记沟乡	90360	10966	4930	1900	141196.0		
盐池县青山乡	90230	6907	6765	2815	9694.0		
盐池县麻黄山乡	76870	6869	6667	2107	14278.0		
同心县豫海镇	11963	87954	33784	17159	28510.0	3415	40850
同心县河西镇	47696	41847	14637	8492	100.0	300	14902
同心县韦州镇	42000	28520	17825	8895	287.0	600	24740
同心县下马关镇	61394	30415	15069	1504	2896.0	920	13891
同心县预旺镇	35297	25352	20540	1270		260	5698

续表 632　　（宁夏回族自治区）　　计算单位：公顷、人、万元

名　　称	行政区域面　积	常住人口	从业人员	二三产业从业人员	工　业总产值	城镇建成区 面 积	城镇建成区常住人口
同心县王团镇	49172	30098	18713	12028	3250.0	280	8995
同心县丁塘镇	16669	40951	13754	5155	3571.0	10	2196
同心县田老庄乡	51730	2355	2046	65			
同心县马高庄乡	47030	9406	4183	2895			
同心县张家塬乡	68010	13486	7182	3634	59.0		
同心县兴隆乡	17639	15078	8493	2048			
青铜峡市小坝镇	4597	20416	14119	9392	189016.0	70	3660
青铜峡市大坝镇	20970	22213	18060	11182	340136.0	15	465
青铜峡市青铜峡镇	55700	45566	10700	8550	1481608.0	115	4560
青铜峡市叶盛镇	5600	18174	11074	3901	16600.0	70	2012
青铜峡市瞿靖镇	10210	32923	23668	11950	8500.0	45	1770
青铜峡市峡口镇	33300	30819	16642	10448	18210.0	44	4053
青铜峡市邵岗镇	38100	21751	16204	10535	8380.0	30	1132
青铜峡市陈袁滩镇	6400	18732	10331	6111	62110.0	992	4923
原州区三营镇	17760	31564	14920	3241	5872.7	468	12405
原州区官厅镇	32286	21244	11400	5592	6680.0	3	230
原州区开城镇	26970	26660	15890	6284	8400.0	2	210
原州区张易镇	28416	39600	21045	1928	1200.0	400	2600
原州区彭堡镇	19406	30022	13700	5990	5435.6	100	1533
原州区头营镇	28026	47018	24198	5851	5010.0	70	4400
原州区黄铎堡镇	19382	29574	19091	7879	6960.0	275	2000
原州区中河乡	20205	29107	12155	4155	35890.6		
原州区河川乡	20581	12966	6750	2267			
原州区炭山乡	25352	7532	3021	2000	810.0		
原州区寨科乡	32302	11711	4700	1522			
西吉县吉强镇	25175	78960	15271	10071	86540.0	3207	49785
西吉县兴隆镇	22007	34722	21368	5611	37115.0	411	2844
西吉县平峰镇	19272	18426	12792	1607	367.0	300	1203
西吉县新营乡	28271	20477	14213	4900	27563.0		
西吉县红耀乡	13657	7041	4907	1672			
西吉县田坪乡	16873	8948	6228	2130	306.0		
西吉县马建乡	17713	14866	10326	3551	274.0		
西吉县震湖乡	15223	14053	9763	3356	337.0		
西吉县兴平乡	13971	15997	11110	3823			
西吉县西滩乡	9596	9569	6658	2279			
西吉县王民乡	9424	9243	6432	2201			
西吉县什字乡	11237	16304	11324	1398	245.0		
西吉县马莲乡	10460	13844	9620	3307	19332.0		
西吉县将台乡	11286	17266	11989	4128	6811.0		
西吉县硝河乡	13505	13343	9272	3186	2258.0		
西吉县偏城乡	20053	19536	13562	4674	2093.0		
西吉县沙沟乡	19543	11327	7875	2701	1080.0		
西吉县白崖乡	19676	10821	7525	2580			
西吉县火石寨乡	16061	9302	6473	2215	4679.0		
隆德县城关镇	14387	36229	15957	13741	38990.0	542	5650
隆德县沙塘镇	7580	16458	5360	865	11233.0	91	2678
隆德县联财镇	4800	10488	3983	1039	6525.0	120	3233
隆德县陈靳乡	4688	4265	2000	612	3445.0		
隆德县好水乡	6949	7188	2832	1302	1500.0		

续表 633　　（宁夏回族自治区）　　计算单位：公顷、人、万元

名　　称	行政区域面　积	常住人口	从业人员	二三产业从业人员	工　业总产值	城镇建成区 面 积	城镇建成区常住人口
隆德县观庄乡	11932	17862	10755	1998	5621.0		
隆德县杨河乡	6211	10162	4469	1067	3212.0		
隆德县神林乡	5253	6976	3738	1451	4015.0		
隆德县张程乡	7983	11539	4348	691			
隆德县凤岭乡	6684	9913	4029	1140	1706.0		
隆德县山河乡	6677	3293	1059	223			
隆德县温堡乡	8053	18945	11576	3258	7230.0		
隆德县奠安乡	7118	4576	1731	465	803.0		
泾源县香水镇	18120	18994	10747	6935	13420.0	181	8960
泾源县泾河源镇	18080	19139	12153	6013	38.0	321	3822
泾源县六盘山镇	26040	15895	9844	2331	331.0	34	899
泾源县新民乡	17600	13132	7729	454	23.0		
泾源县兴盛乡	6440	8715	4704	1392	203.0		
泾源县黄花乡	15420	10870	7033	1295	128.0		
泾源县大湾乡	11380	12655	6961	1549	1100.0		
彭阳县白阳镇	26697	42259	23161	16123	15943.0	606	36554
彭阳县王洼镇	34156	21194	10291	5138	99693.0	143	3399
彭阳县古城镇	32248	23350	16867	7119	1267.0	100	3987
彭阳县红河镇	16425	18206	14572	7272	1367.0	828	2033
彭阳县新集乡	22291	29395	16413	1982	1368.0		
彭阳县城阳乡	18669	15980	9982	2864	3442.0		
彭阳县冯庄乡	17761	7478	4329	1255			
彭阳县小岔乡	15159	2887	2759	119			
彭阳县孟塬乡	21188	12403	6883	1095	216.0		
彭阳县罗洼乡	15621	4363	2540	68	172.0		
彭阳县交岔乡	14573	5516	3290	104	236.0		
彭阳县草庙乡	18077	11466	7171	1824	1644.0		
沙坡头区滨河镇	2730	71942	29472	25426	107081.0	2483	60599
沙坡头区文昌镇	2676	88269	42146	37570	15361.0	2400	82030
沙坡头区东园镇	18410	28010	18644	9412	276390.0	378	2239
沙坡头区柔远镇	4111	27063	14328	5278	56073.0	158	2736
沙坡头区镇罗镇	20596	26694	20059	9428	319764.0	183	5901
沙坡头区宣和镇	46425	47242	23311	9025	87743.0	240	5642
沙坡头区永康镇	50944	29248	18031	5781	917.0	784	3763
沙坡头区常乐镇	88572	21962	9143	6468	73829.0	106	3486
沙坡头区迎水桥镇	122282	29097	21577	10336	112496.0	380	3473
沙坡头区兴仁镇	30403	23240	22900	8100	1733.0	97	4200
沙坡头区香山乡	93200	9083	4957	364			
沙坡头区蒿川乡	46832	230	119	26			
中宁县宁安镇	16283	85217	30565	27368	80720.0	2116	44476
中宁县鸣沙镇	23372	16517	15372	6289	500.0	210	5604
中宁县石空镇	34726	26932	24793	18285	2138000.0	1798	14391
中宁县新堡镇	20997	20518	11198	6050	364217.0	401	12316
中宁县恩和镇	17370	16952	10139	5027	13405.0	50	5037
中宁县大战场镇	21012	61569	26310	4558	3208.0	286	15000
中宁县舟塔乡	11888	20291	14112	5143	2711.0		
中宁县白马乡	10089	6230	3918	1413	1821.0		
中宁县余丁乡	30614	9231	8011	4019	33396.1		
中宁县喊叫水乡	54919	20088	16590	9000			

续表 634 （宁夏回族自治区、新疆维吾尔自治区） 计算单位：公顷、人、万元

名称	行政区域面积	常住人口	从业人员	二三产业从业人员	工业总产值	城镇建成区面积	城镇建成区常住人口
中宁县徐套乡	68247	17567	12750	5150			
海原县海城镇	20354	13920	5051	2177	8031.0	300	4950
海原县李旺镇	34909	36220	16253	3229	4230.0	390	13050
海原县西安镇	30265	29280	11186	3879	9104.0	295	13002
海原县三河镇	19061	36410	15085	7655	9220.0	700	2308
海原县七营镇	22997	32140	6928	2668	3457.0	1256	4035
海原县史店乡	21107	21375	7104	1873			
海原县树台乡	33345	25420	12230	8026	1752.0		
海原县关桥乡	58804	27704	13566	1592			
海原县高崖乡	12861	25841	6660	700	7020.0		
海原县郑旗乡	35970	21424	5529	2922	2447.0		
海原县贾塘乡	30032	26209	13860	5248	2447.0		
海原县曹洼乡	21190	8790	1975	593	2447.0		
海原县九彩乡	16993	9145	2752	737			
海原县李俊乡	20853	11890	2435	348	924.0		
海原县红羊乡	33587	9901	4970	1456	2140.0		
海原县关庄乡	12632	4205	4085	565	1235.0		
海原县甘城乡	30632	9650	4603	506			
新疆维吾尔自治区							
乌鲁木齐市新市区安宁渠镇	4795	13806	5447	1317	6852.0	200	6201
乌鲁木齐市新市区二工乡	1340	9175	1955	835	2317.0		
乌鲁木齐市新市区地窝堡乡	1500	8559	2888	1760	36163.0		
乌鲁木齐市新市区青格达湖乡	1500	6113	3043	883	3110.0		
乌鲁木齐市新市区六十户乡	5500	7454	4358	1382	3425.0		
头屯河区乡类似乡镇单位	1350	3280	2210	650	1562.0		
达坂城区达坂城镇	60000	5574	3117	2023	4268.0	810	1689
达坂城区东沟乡	35000	6978	5786	1741	300.0		
达坂城区西沟乡	57800	4300	2620	1320			
达坂城区阿克苏乡	156548	3553	1523	211			
米东区古牧地镇	11404	32068	15040	9365	99128.0	159	10195
米东区铁厂沟镇	11600	6810	2431	1428	175839.0	100	4800
米东区长山子镇	6797	28042	22457	5932	55732.0	57	2053
米东区羊毛工镇	6224	13895	11454	6888	25610.0	56	4368
米东区三道坝镇	7400	13810	8571	3101	98780.0	200	3673
米东区柏杨河乡	76760	5200	2570	1755	50381.0		
米东区芦草沟乡	5000	14704	5841	1853	15574.0		
乌鲁木齐县水西沟镇	53080	10738	5717	2543	2950.0	102	3390
乌鲁木齐县萨尔达坂乡	8100	7119	2141	186	16530.0		
乌鲁木齐县甘沟乡	57200	7651	3275	368	212.0		
乌鲁木齐县永丰乡	7200	8702	4652	602	2458.0		
乌鲁木齐县板房沟乡	106300	13767	8098	3064	3322.0		
乌鲁木齐县托里乡	8266	5149	2823	986	5120.0		
克拉玛依区小拐乡	380368	1409	710	80			
乌尔禾区乌尔禾镇	9578	1003	525	295			
高昌区七泉湖镇	32975	10336	5477	2269	12410.0	5	1672
高昌区大河沿镇	4000	10027	4100	4100	102859.0	900	10027
高昌区亚尔镇	47267	62530	31004	13309		2	18881
高昌区艾丁湖乡	33611	21105	13870	3723			
高昌区葡萄乡	34956	17810	11249	1132	511.0		

续表 635　　（新疆维吾尔自治区）　　计算单位：公顷、人、万元

名　　称	行政区域面　　积	常住人口	从业人员	二三产业从业人员	工　业总产值	城镇建成区面积	城镇建成区常住人口
高昌区恰特喀勒乡	44324	31330	14353	750	273.0		
高昌区二堡乡	13796	14477	10161	1469	4800.0		
高昌区三堡乡	20185	15320	11888	2058			
高昌区胜金乡	56219	26921	24680	3845	450.0		
鄯善县鄯善镇	8400	38850	8217	6453	342.0	2040	38850
鄯善县七克台镇	379200	17326	17015	2790	7421.0	44	1920
鄯善县火车站镇	4000	16500	15800	15800	907866.0	2000	16500
鄯善县连木沁镇	240000	36212	21033	2892	13541.0	94	3235
鄯善县鲁克沁镇	13700	31204	17501	3617	501.0	241	6550
鄯善县辟展乡	2400	28458	12250	1859	1355.0		
鄯善县东巴扎回族民族乡	1900	4601	3239	911			
鄯善县吐峪沟乡	200000	27416	15461	1808	510.0		
鄯善县达浪坎乡	112500	16901	11109	1560	380.0		
鄯善县迪坎乡	1725000	8405	6080	1310	19040.0		
托克逊县托克逊镇	2518	27251	16232	15965	299816.0	750	19941
托克逊县库米什镇	738245	799	443	195	9451.0	179	256
托克逊县库加依镇	46021	2090	870	130	11264.0	38	220
托克逊县阿乐惠镇	872	6571	5357	5342	188032.3	98	6120
托克逊县伊拉湖镇	150785	16753	7000	2750	5934.0	150	4690
托克逊县夏乡	41521	31956	21355	5365	41.0		
托克逊县郭勒布依乡	39000	21364	6050	1250	42300.0		
托克逊县博斯坦乡	142470	24804	21879	4931	320.0		
哈密市雅满苏镇	764572	279	1540	1540		300	279
哈密市七角井镇	949674	1272	675	158	31595.2	300	436
哈密市星星峡镇	228604	198	150	150		74	198
哈密市二堡镇	69942	14370	8336	2575	485.0	650	2799
哈密市陶家宫镇	41903	20859	13524	3774	3548.0	203	2645
哈密市五堡镇	1715900	14430	6504	1390	35.8	156	1539
哈密市沁城乡	1035603	9992	7788	2659	16003.0		
哈密市乌拉台哈萨克民族乡	14707	942	453	277			
哈密市双井子乡	718271	1459	1458	1458			
哈密市大泉湾乡	591630	13272	5661	1003	2900.8		
哈密市回城乡	14736	12173	2620	1227	450.0		
哈密市花园乡	30800	11056	3631	366	81000.0		
哈密市南湖乡	953590	3185	1819	169	159151.0		
哈密市德外里都如克哈萨克乡	91900	3270	2155	353			
哈密市西山乡	102164	5750	2007	571	87.5		
哈密市天山乡	184600	8849	6574	1884	640.4		
哈密市白石头乡	22200	2159	1310	50	120.0		
哈密市柳树沟乡	92088	1640	375	57			
巴里坤哈萨克自治县巴里坤镇	1600	15649	7138	7138	5363.0	450	15649
巴里坤哈萨克自治县博尔羌吉镇	19900	1200	1200	1200	38716.0	210	1200
巴里坤哈萨克自治县大河镇	116200	13471	7874	3238	175.0	87	1099
巴里坤哈萨克自治县奎苏镇	102100	9056	5593	1606	6.0	3	869
巴里坤哈萨克自治县三塘湖镇	1100000	1432	860	84	69667.6		
巴里坤哈萨克自治县萨尔乔克乡	136400	4177	1749	530	5.0		
巴里坤哈萨克自治县海子沿乡	289735	7372	2442	488	10.6		
巴里坤哈萨克自治县下涝坝乡	227800	4245	2341	809	34.5		
巴里坤哈萨克自治县石人子乡	27637	4874	3996	1858	880.0		

续表 636　　（新疆维吾尔自治区）　　计算单位：公顷、人、万元

名　　称	行政区域面　　积	常住人口	从业人员	二三产业从业人员	工　业总产值	城镇建成区 面 积	城镇建成区常住人口
巴里坤哈萨克自治县花园乡	59320	5649	3956	1984	2884.0		
巴里坤哈萨克自治县大红柳峡乡	1257700	3426	1703	498	50678.6		
巴里坤哈萨克自治县八墙子乡	97900	2416	1516	554			
伊吾县伊吾镇	450	4374	2315	2315	1695.6	450	4374
伊吾县淖毛湖镇	808639	6563	5414	2199	423844.8	580	5332
伊吾县盐池镇	202745	4439	1614	280	247.0	35	4439
伊吾县苇子峡乡	122933	706	635	15			
伊吾县下马崖乡	472075	798	78	19			
伊吾县吐葫芦乡	136349	2592	1719	575			
伊吾县前山哈萨克民族乡	171168	4017	1240	93			
昌吉市硫磺沟镇	7400	1755	1726	1011	368000.0	300	1355
昌吉市三工镇	12300	21710	12266	3680	568594.0	150	240
昌吉市榆树沟镇	42646	11420	2010	1270	12650.0	58	565
昌吉市二六工镇	10400	14726	7293	965	43200.0	200	2873
昌吉市大西渠镇	12500	15974	8359	661	272000.0	200	3006
昌吉市六工镇	10810	11811	8346	2312	127625.0	100	1500
昌吉市滨湖镇	14190	10125	5918	1606	106966.0	102	2510
昌吉市佃坝镇	10540	7414	4253	238	9100.0	126	2538
昌吉市阿什里哈萨克民族乡	300000	8630	4213	1351	14004.0		
昌吉市庙尔沟乡	117964	5525	3506	674	8050.0		
阜康市甘河子镇	260	4985	20648	20648	1056081.0	260	4985
阜康市城关镇	5776	19440	8234	3510	10472.0	5776	19440
阜康市九运街镇	16800	19279	11698	3822	268451.0	16800	19279
阜康市滋泥泉子镇	96000	17561	9655	3220	26295.0	96000	17561
阜康市上户沟哈萨克民族乡	378000	11207	7462	2626	308106.0		
阜康市水磨沟乡	134667	4500	4382	3320	88565.0		
阜康市三工河哈萨克民族乡	13200	4663	2192	668	7456.0		
呼图壁县呼图壁镇	1200	43499	27520	23070	14833.0	1200	43499
呼图壁县大丰镇	34300	15135	5844	957	47358.0	471	4949
呼图壁县雀尔沟镇	201839	10085	4373	891	25190.0	20	1537
呼图壁县二十里店镇	29970	16179	8660	1654	104628.0	43	691
呼图壁县园户村镇	22300	23960	9517	2809	44647.0	397	4621
呼图壁县五工台镇	57199	20681	10563	1607	158793.0	114	2105
呼图壁县石梯子哈萨克民族乡	122550	7823	4810	925	4624.0		
玛纳斯县玛纳斯镇	6608	50113	13848	7850	60088.0	6608	50113
玛纳斯县乐土驿镇	13793	11350	8699	2349	40756.0	197	1368
玛纳斯县包家店镇	23600	16236	9090	2370	1067429.0	89	2200
玛纳斯县凉州户镇	7200	6630	6548	2971	48150.0	133	350
玛纳斯县北五岔镇	26667	6779	5247	415		125	1200
玛纳斯县六户地镇	25100	7250	1970	430	35556.0	200	1410
玛纳斯县兰州湾镇	15300	12655	5909	1343	171385.0	65	1395
玛纳斯县广东地乡	8400	6568	3711	1147	30890.0		
玛纳斯县清水河子哈萨克民族乡	2875	6231	3651	188	9005.0		
玛纳斯县塔西河哈萨克民族乡	84000	4595	3789	661			
玛纳斯县旱卡子滩哈萨克民族乡	46000	4597	2624	1319	152000.0		
奇台县奇台镇	3823	75210	5803	5803	639164.0	850	6398
奇台县老奇台镇	18569	9582	7111	682	19600.0	190	2702
奇台县半截沟镇	63378	22278	13220	4643	129.0	292	1230
奇台县吉布库镇	44400	14741	6862	1273	90.0	65	816

续表 637 （新疆维吾尔自治区） 计算单位：公顷、人、万元

名　　称	行政区域面　　积	常住人口	从业人员	二三产业从业人员	工　业总产值	城镇建成区 面 积	城镇建成区常住人口
奇台县东湾镇	19685	10292	9028	2681	105.0	13	3100
奇台县西地镇	47283	16747	9897	3047	49589.0	62	698
奇台县碧流河镇	24033	11052	5725	1072	123.0	35	1715
奇台县三个庄子镇	8932	4660	3198	695	112558.0	80	2103
奇台县西北湾乡	85029	21838	7713	1397	11653.0		
奇台县坎尔孜乡	4228	5732	2564	215	13127.0		
奇台县五马场乡	13541	8916	4461	105	12.0		
奇台县古城乡	3692	10120	5277	317	70458.0		
奇台县乔仁乡	35999	3215	2681	581	40677.0		
奇台县七户乡	17065	8795	4270	1839	1210.0		
奇台县塔塔尔乡	5373	4686	2204	983	4.0		
吉木萨尔县吉木萨尔镇	3845	30265	14065	9850	1802.0	962	25708
吉木萨尔县三台镇	50939	10544	6870	2148	2750.0	104	5050
吉木萨尔县泉子街镇	45086	6052	6051	265	50.0	32	557
吉木萨尔县北庭镇	19357	6099	5212	860	2010.0	104	1522
吉木萨尔县二工镇	29053	11482	9955	4534	742.0	87	1540
吉木萨尔县大有镇	25510	12320	12267	2919		55	630
吉木萨尔县庆阳湖乡	36277	6300	5548	428	558.0		
吉木萨尔县老台乡	65282	7057	4775	1555	9001.0		
吉木萨尔县新地乡	34371	3336	2762	432			
木垒哈萨克自治县木垒镇	750	17458	7400	7400	11.0	450	17458
木垒哈萨克自治县木垒县西吉尔镇	12200	7703	4500	1600		1000	4500
木垒哈萨克自治县木垒县东城镇	57600	13463	3865	544		450	899
木垒哈萨克自治县新户镇	36100	8741	4940	1378	246.0	200	7703
木垒哈萨克自治县英格堡乡	37000	4520	4508	2497			
木垒哈萨克自治县照壁山乡	35333	8388	5065	165			
木垒哈萨克自治县雀仁乡	166800	5642	3348	685			
木垒哈萨克自治县白杨河乡	47700	2312	2242	391	2000.0		
木垒哈萨克自治县大石头乡	772000	8759	6006	882			
木垒哈萨克自治县大南沟乌孜别克乡	1393	3458	1328	627			
木垒哈萨克自治县博斯坦乡	127565	4800	2099	372			
博乐市小营盘镇	115900	26255	22121	6977	13906.0	151	7044
博乐市达勒特镇	119200	18625	10098	1627	3086.0	173	1804
博乐市乌图布拉格镇	75000	18730	8558	3308	14500.0	80	5420
博乐市青得里乡	58100	20169	13136	3013	11052.0		
博乐市贝林哈日莫墩乡	13700	8547	3856	715	16713.0		
阿拉山口市艾比湖镇	124980	1800	1437	1437		1100	12000
精河县精河镇	960	18739	13156	10808	2280.0	960	18739
精河县大河沿子镇	143545	31912	16666	1851	231.0	330	4970
精河县托里镇	117400	17862	8806	2684	200.0	343	7100
精河县茫丁乡	237600	21668	1936	1743			
精河县托托乡	186400	3758	2710	280	280.0		
温泉县博格达尔镇	460	9398	1775	1775		380	8335
温泉县哈日布呼镇	7500	14268	9889	3414		200	3045
温泉县安格里格镇	81740	11489	4470	2430		56	2980
温泉县查干屯格乡	91800	7826	3775	561			
温泉县扎勒木特乡	47000	1327	733				
温泉县塔秀乡	28000	7522	7196	921			
库尔勒市塔什店镇	17907	11327	6567	6227	120383.0	1100	7523

续表 638　（新疆维吾尔自治区）　计算单位：公顷、人、万元

名　　称	行政区域面　　积	常住人口	从业人员	二三产业从业人员	工　业总产值	城镇建成区 面 积	城镇建成区常住人口
库尔勒市上户镇	15005	14850	6215	933	28895.0	148	8716
库尔勒市西尼尔镇	4918	15481	12187	9091	105080.0	400	7410
库尔勒市铁克其乡	2626	26258	10015	6777			
库尔勒市恰尔巴格乡	1306	25321	14026	10421	1404.0		
库尔勒市英下乡	2532	21016	10801	9045	1799.0		
库尔勒市兰干乡	3594	9510	3387	447	6330.0		
库尔勒市和什力克乡	11000	7798	4865	105	21.0		
库尔勒市哈拉玉宫乡	34838	12145	4094	277	218.0		
库尔勒市阿瓦提乡	16556	14460	7764	734	8.0		
库尔勒市托布力其乡	16256	7411	6103	321	85.0		
库尔勒市普惠乡	13200	3416	1080				
轮台县轮台镇	11050	40608	22914	9082	63253.1	2000	35149
轮台县轮南镇	164023	2301	1857	1007	38475.2	31333	424
轮台县群巴克镇	10343	15012	5663	1495	143385.0	301	2270
轮台县阳霞镇	7326	13229	5195	2237	448.2	16	1211
轮台县哈尔巴克乡	15518	12076	4505	440	3534.3		
轮台县野云沟乡	2868	3835	1445	267			
轮台县阿克萨来乡	4548	6247	2748	696			
轮台县塔尔拉克乡	5814	6200	2987	800			
轮台县草湖乡	120468	1407	697	115			
轮台县铁热克巴扎乡	8589	11181	3478	1039	3475.4		
轮台县策达雅乡	4818	6966	4851	1990			
尉犁县尉犁镇	1090	20144	10750	10520	31528.8	272	19930
尉犁县塔里木乡	2230022	10075	3732	206	91.8		
尉犁县兴平乡	484900	12313	5906	1260	5037.2		
尉犁县团结乡	3400	7080	4002	202			
尉犁县墩阔坦乡	1014260	4615	1380	155			
尉犁县喀尔曲尕乡	1500000	4576	2610	228			
尉犁县阿克苏普乡	39750	2645	1150	205			
尉犁县古勒巴格乡	158464	6779	4402	282	2409.3		
若羌县若羌镇	2800	11802	7651	6041	28211.0	68	8401
若羌县依吞布拉克镇	550	472	459	459	1918.0	2	285
若羌县罗布泊镇	5100000	6570	6566	6566	454428.0	4	4600
若羌县瓦石峡镇	2410000	6727	4810	550	44.0	1	425
若羌县铁干里克镇	2320000	5230	3362	275	17033.0		
若羌县吾塔木乡	1170000	4958	2796	324	1720.0		
若羌县铁木里克乡	2630000	231	75	5	302.0		
若羌县祁曼塔克乡	659650	42	30				
且末县且末镇	47300	19127	6172	5874	52201.5	310	4300
且末县奥依亚依拉克镇	1660000	1617	616	146	244.6		
且末县塔提让镇	1040000	4431	1948	860	756.0		
且末县阿热勒乡	5000	2759	1387	197	2220.9		
且末县琼库勒乡	4400	5857	3534	530	11946.7		
且末县托格拉克勒克乡	5200	8576	3720	920	265.0		
且末县巴格艾日克乡	1063400	5880	5160	2580	4386.5		
且末县英吾斯塘乡	4800	7164	4438	1726			
且末县阿克提坎墩乡	56300	3242	1378	191	1138.8		
且末县阔什萨特玛乡	11900	2888	815	313	840.0		
且末县阿羌乡	1400000	1900	553	56			

续表 639 (新疆维吾尔自治区) 计算单位：公顷、人、万元

名　称	行政区域面　积	常住人口	从业人员	二三产业从业人员	工　业总产值	城镇建成区 面 积	城镇建成区常住人口
且末县库拉木勒克乡	1491000	2003	1404	120			
焉耆回族自治县焉耆镇	1186	40128	19317	18807	45993.0	150	7730
焉耆回族自治县七个星镇	75000	19632	9181	3589	22356.0	250	2001
焉耆回族自治县永宁镇	6516	22237	7403	2840	7896.0	90	2342
焉耆回族自治县四十里城子镇	6057	9201	3016	980	45.0	686	2840
焉耆回族自治县北大渠乡	13800	13827	10090	1806	360.0		
焉耆回族自治县五号渠乡	5960	17293	11094	3482	15940.0		
焉耆回族自治县查汗采开乡	2442	4405	2318	303			
焉耆回族自治县包尔海乡	3400	7023	3257	417	3948.0		
和静县和静镇	30999	53950	31029	27017	267882.3	1455	35893
和静县巴仑台镇	500267	9978	4956	3698	50288.8	272	7230
和静县巴润哈尔莫墩镇	48271	24924	15857	3500	15017.3	316	3490
和静县哈尔莫墩镇	335953	25438	17746	6211	129.5	193	2909
和静县巴音布鲁克镇	571731	9292	4970	1720	78.2	204	1960
和静县巩乃斯镇	298645	1333	745	205	32244.6	31	115
和静县乃门莫墩镇	5639	10182	1418	372			
和静县协比乃尔布呼乡	3641	7090	1892	567	517.1		
和静县克尔古提乡	75417	1011	599	208			
和静县阿拉沟乡	155350	1656	1317	194			
和静县额勒再特乌鲁乡	571089	3955	1523	97	255.9		
和静县巴音郭愣乡	697278	1580	382	50			
和硕县特吾里克镇	2199	14580	9725	9602	19320.5	299	14580
和硕县塔哈其镇	19045	5437	5394	1229	5989.7		
和硕县曲惠镇	18489	3244	2101	211	4761.7		
和硕县乌什塔拉回族民族乡	43103	8073	6489	1489	5032.5		
和硕县苏哈特乡	3093	3491	2025	405	5285.0		
和硕县乃仁克尔乡	284693	1250	610	30	1520.0		
和硕县新塔热乡	15075	2203	1028	102	203.0		
博湖县博湖镇	3350	15157	4661	3431	28571.0	350	3430
博湖县本布图镇	11699	10855	4510	1675	208.0	100	1574
博湖县塔温觉肯乡	14573	8335	3810	612	1340.0		
博湖县乌兰再格森乡	4188	3377	1999	176			
博湖县才坎诺尔乡	12449	7138	3618	56	110.0		
博湖县查干诺尔乡	7792	8576	5153	1298	2355.0		
博湖县博斯腾湖乡	301035	1420	764	249	10647.0		
阿克苏市喀勒塔勒镇	82818	41348	20192	5660	15100.0	3	3692
阿克苏市阿依库勒镇	141333	48770	17779	11057	1302.0	3	3955
阿克苏市依干其乡	29942	23356	10397	2809	3120.0		
阿克苏市拜什吐格曼乡	20113	27636	11590	2850	511.0		
阿克苏市托普鲁克乡	14092	16586	7667	1275	2100.0		
阿克苏市库木巴希乡	12213	21762	8754	798	705.2		
温宿县温宿镇	3150	43350	3037	2549	51520.0	651	32607
温宿县吐木秀克镇	219070	14790	9580	362		305	2317
温宿县克孜勒镇	23356	21412	10013	1467	17430.0	61	2457
温宿县阿热勒镇	39147	23319	13850	710	910.0	54	2410
温宿县佳木镇	57675	20738	11971	1733	22642.1	202	2013
温宿县托乎拉乡	17550	10510	3660	330	3638.8		
温宿县恰格拉克乡	18330	16735	13449	358	231.8		
温宿县依希来木其乡	33046	14617	5473	1302	3782.3		

续表 640 （新疆维吾尔自治区） 计算单位：公顷、人、万元

名　　称	行政区域面　积	常住人口	从业人员	二三产业从业人员	工　业总产值	城镇建成区 面 积	城镇建成区常住人口
温宿县古勒阿瓦提乡	93160	19045	9905	485	1690.0		
温宿县博孜墩柯尔克孜族乡	118720	4793	3512	106	10257.0		
库车县乌恰镇	5907	40249	18729	4526	687.0	185	9675
库车县阿拉哈格镇	15340	45680	32006	1459		141	13026
库车县齐满镇	20307	43433	21472	5018	580.0	80	5370
库车县墩阔坦镇	90780	17200	8403	903	2846.0	260	1365
库车县牙哈镇	265640	36128	17511	4220	160.0	42	3200
库车县乌尊镇	30887	31340	17489	4927	324.0	220	3565
库车县依西哈拉镇	27967	30416	11937	5784	51.0	204	3515
库车县雅克拉镇	1433	634	245	79		35	265
库车县玉奇吾斯塘乡	32007	33885	30118	1720	45.0		
库车县比西巴格乡	15113	29120	16905	4795			
库车县哈尼喀塔木乡	72540	39342	20940	2156			
库车县阿克吾斯塘乡	37773	17773	8690	270	254.0		
库车县阿格乡	125647	3559	2212	312			
库车县塔里木乡	47713	2330	164	48			
沙雅县沙雅镇	3450	51685	21190	20050	235330.0	1150	51685
沙雅县托依堡勒迪镇	91200	41352	22164	2033	19165.0		5050
沙雅县红旗镇	24300	36062	8646	457	243.0	25	6158
沙雅县英买力镇	32300	33443	24371	4096		84	2951
沙雅县哈德墩镇	25173	45	42	37			
沙雅县古勒巴格镇	37049	28382	18952	788	452.0	48	580
沙雅县海楼乡	42696	26173	13686	477			
沙雅县努尔巴格乡	40700	12945	12834	544	65.0		
沙雅县塔里木乡	94000	6599	4428	168			
沙雅县盖孜库木乡	238800	8022	5850		24.0		
沙雅县央塔克协海尔乡	52700	13790	13200	800			
新和县新和镇	1118	33376	3721	1983	28934.0	380	27042
新和县尤鲁都斯巴格镇	15659	25113	11205	1087	22430.0	151	2354
新和县依其艾日克乡	11629	35330	16014	998	70781.0		
新和县排先拜巴扎乡	13000	20321	8898	1046			
新和县塔什艾日克乡	9478	20425	10104	450	70931.0		
新和县渭干乡	12936	24049	10071	1516			
新和县玉奇喀特乡	21463	26944	14579	2245			
新和县塔木托格拉克乡	24072	10362	5680	231			
拜城县拜城镇	12462	46723	10226	8314	353776.3	920	46723
拜城县铁热克镇	12901	1949	1912	1444	81443.9	68	1105
拜城县察尔其镇	128360	18361	6797	937	7000.0	161	3206
拜城县赛里木镇	104150	18360	5688	805	89.2	75	3600
拜城县黑英山乡	343072	13784	4207	1037			
拜城县克孜尔乡	119259	9635	6659	2342	8325.0		
拜城县托克逊乡	74237	17726	9978	1224			
拜城县亚吐尔乡	110844	18899	10594	3034	1522.9		
拜城县康其乡	61471	18467	7527	747	153.8		
拜城县布隆乡	50456	10699	4522	253	1262.7		
拜城县米吉克乡	80296	15364	9119	825	15072.0		
拜城县温巴什乡	67325	17080	9483	949			
拜城县大桥乡	40150	10118	4919	754	415.0		
拜城县老虎台乡	99218	14427	11152	1213			

续表 641　　（新疆维吾尔自治区）　　计算单位：公顷、人、万元

名　　称	行政区域面　积	常住人口	从业人员	二三产业从业人员	工　业总产值	城镇建成区面积	城镇建成区常住人口
乌什县乌什镇	1901	36247	25970	22460	28000.0	450	29102
乌什县阿合雅镇	233571	42686	29655	2330	35.0	105	2600
乌什县依麻木镇	41900	26106	17320	600			
乌什县阿克托海乡	17700	25647	15688	1282	512.0		
乌什县亚科瑞克乡	16645	19461	13222	1009			
乌什县阿恰塔格乡	84350	21028	17415	665	150.0		
乌什县英阿瓦提乡	240690	18955	13687	475	85.0		
乌什县亚曼苏柯尔克孜族乡	180555	10208	9881	435			
乌什县奥特贝希乡	39908	27199	19440	460			
阿瓦提县阿瓦提镇	651	38015	24062	23172	22783.2	317	36831
阿瓦提县乌鲁却勒镇	257100	49156	23506	4132	3180.7	33	4794
阿瓦提县拜什艾日克镇	46823	46941	19940	1840		25	5066
阿瓦提县阿依巴格乡	64100	29462	20635	5148	1853.6		
阿瓦提县塔木托格拉克乡	169715	22024	11646	581	1682.5		
阿瓦提县英艾日克乡	92706	36745	17684	1878	399.7		
阿瓦提县多浪乡	4350	9064	4031	405	13020.9		
阿瓦提县巴格托格拉克乡	4429	3892	1752	226	50.0		
柯坪县柯坪镇	816	10151	1047	178	3656.0	75	8402
柯坪县盖孜力克镇	334296	16347	6099	508	1400.0	110	631
柯坪县阿恰勒镇	216423	8774	3072	199	30880.2		
柯坪县玉尔其乡	228999	14668	4257	645			
柯坪县启浪乡	104082	5485	2891	136	10483.5		
阿图什市上阿图什镇	76698	50011	25998	8344	68.0	225	4522
阿图什市松他克乡	18300	40463	10280	3394	65.0		
阿图什市阿扎克乡	28200	42898	18126	6719	1064.0		
阿图什市阿湖乡	60900	18536	11018	4036	862.0		
阿图什市格达良乡	152800	19176	8412	814			
阿图什市哈拉峻乡	84524	17101	7112	2960	770.0		
阿图什市吐古买提乡	310800	10122	4334	547			
阿克陶县阿克陶镇	13600	19353	4406	2053	5300.0		
阿克陶县奥依塔克镇	153700	5082	3728	2334	91420.0	78000	2496
阿克陶县玉麦乡	19400	28266	13970	2246	1400.0		
阿克陶县皮拉勒乡	18600	46603	16943	1071	1600.0		
阿克陶县巴仁乡	107900	38817	18145	635	2500.0		
阿克陶县喀热克其克乡	10800	5502	2578	1918	75.0		
阿克陶县加马铁热克乡	4400	11558	5611	1431			
阿克陶县木吉乡	760200	4478	1585	129	3500.0		
阿克陶县布伦口乡	411400	6971	2973	684	6555.0		
阿克陶县克孜勒陶乡	388200	9764	4135	1074	7890.0		
阿克陶县恰尔隆乡	220300	5210	2184	1212	871.0		
阿克陶县库斯拉甫乡	103900	4179	1932	862	4250.0		
阿克陶县塔尔塔吉克族乡	102300	5163	2072	762			
阿合奇县阿合奇镇	117000	3883	1246	175	23173.3	220	531
阿合奇县库兰萨日克乡	105861	4720	2370	175			
阿合奇县色帕巴依乡	58302	3539	1850	305			
阿合奇县苏木塔什乡	131562	5035	1873	196			
阿合奇县哈拉奇乡	232940	9091	1329	202			
阿合奇县哈拉布拉克乡	281693	8980	2740	121			
乌恰县乌恰镇	400	13825	4751	4751	4526.9	400	13825

续表 642 （新疆维吾尔自治区） 计算单位：公顷、人、万元

名　　称	行政区域面　积	常住人口	从业人员	二三产业从业人员	工　业总产值	城镇建成区 面 积	城镇建成区常住人口
乌恰县康苏镇	2200	2253	957	957	9259.3	87	2281
乌恰县乌鲁克恰提乡	174900	4487	2408	361			
乌恰县吾合沙鲁乡	174500	1181	403	55			
乌恰县膘尔托阔依乡	422120	7078	2435	350			
乌恰县黑孜韦乡	278240	6342	1651	537			
乌恰县托云乡	171589	2857	1480	94			
乌恰县铁列克乡	150000	3758	1916	86			
乌恰县巴音库鲁提乡	131700	2361	1752	220			
乌恰县波斯坦铁列克乡	455200	9343	4408	913			
乌恰县吉根乡	145200	2405	921	165			
喀什市乃则尔巴格镇	3416	68100	14270	10320	11425.0	25	5260
喀什市夏马勒巴格镇	2256	40527	19454	17400	9980.0	24	13802
喀什市多来特巴格乡	3600	73197	13225	9505	14720.0		
喀什市浩罕乡	7850	37698	8100	6600	59964.0		
喀什市色满乡	3500	21221	10166	4924			
喀什市荒地乡	1218	13666	11060	9960	980.0		
喀什市帕哈太克里乡	3188	16125	7709	3950	4623.0		
喀什市伯什克然木乡	22078	45494	19750	1703	5700.0		
喀什市阿瓦提乡	8641	32550	25178	9968	2898.0		
喀什市英吾斯坦乡	10916	44317	27630	5800			
喀什市阿克喀什乡	28241	12100	11341	2050			
疏附县托克扎克镇	3968	33685	13311	9279	9381.0	21	20805
疏附县兰干镇	25957	21840	14600	1600	5200.0	70	2830
疏附县吾库萨克镇	6541	21385	5889	2225	13420.0		
疏附县乌帕尔镇	71244	39891	15600	6890	310.0	60	4884
疏附县塔什米里克乡	28042	34423	5723	2469	180.0		
疏附县铁日木乡	7960	6356	3751	1081			
疏附县布拉克苏乡	18177	46910	22861	2410	160.0		
疏附县萨依巴格乡	15881	27871	16211	4891	2156.0		
疏附县站敏乡	22107	28220	18626	7960	1112.0		
疏附县木什乡	72021	18047	7811	2311	145.0		
疏勒县疏勒镇	1400	45122	16178	13620	22780.0	5	14651
疏勒县罕南力克镇	7600	29507	10711	1500	12.0	4	2560
疏勒县牙甫泉镇	15900	31071	16083	1883	18.0	4	2275
疏勒县巴仁乡	8200	36559	13320	1370	19.0		
疏勒县洋大曼乡	9400	19918	10368	1345	14.0		
疏勒县亚曼牙乡	12500	19211	9741	778			
疏勒县巴合齐乡	11000	25278	13189	789	18.0		
疏勒县塔孜洪乡	14600	32592	17272	728	20.0		
疏勒县英尔力克乡	9800	25545	13269	769	14.0		
疏勒县库木西力克乡	13100	26234	13362	877	14.0		
疏勒县塔合其乡	6600	11031	6241	600			
疏勒县艾尔木东乡	17400	14832	8406	721	18.0		
疏勒县阿拉力乡	11800	14399	7413	458			
疏勒县阿拉甫乡	84200	24892	11903	703	17.0		
疏勒县英阿瓦提乡	8900	12543	6429	469			
英吉沙县城镇	1183	42902	42724	41711	88930.0	120	15801
英吉沙县城关乡	2708	9150	8845	1435	430.0		
英吉沙县乔勒潘乡	5694	13870	8668	1498	12.0		

续表 643　　（新疆维吾尔自治区）　　计算单位：公顷、人、万元

名　称	行政区域面　积	常住人口	从业人员	二三产业从业人员	工　业总产值	城镇建成区 面 积	城镇建成区常住人口
英吉沙县龙甫乡	16142	8149	7879	2549	100.0		
英吉沙县芒辛乡	8300	26205	8864	3820			
英吉沙县色提力乡	10450	12579	3653	760	520.0		
英吉沙县萨罕乡	52250	35476	27363	8288	230.0		
英吉沙县英也尔乡	14000	15402	9137	1122			
英吉沙县克孜勒乡	150375	28413	24705	1742	100.0		
英吉沙县托普鲁克乡	34653	15396	15395	855	80.0		
英吉沙县苏盖提乡	20432	27230	18650	2717	46.0		
英吉沙县乌恰乡	26906	47521	26376	1573	142.5		
英吉沙县艾古斯乡	16464	10886	10599	927	520.0		
英吉沙县依格孜也尔乡	12958	6087	4840	1320	21503.0		
泽普县泽普镇	965	33758	21940	21940	19635.0	965	33758
泽普县奎依巴格镇	22913	10421	3147	1779	95578.0	5835	6580
泽普县波斯喀木乡	4466	20892	6841	1584	5476.0		
泽普县依玛乡	9946	22313	7665	1668	2518.0		
泽普县古勒巴格乡	11860	21062	7648	1154	382.0		
泽普县赛力乡	6870	18086	7403	3280	3290.0		
泽普县依肯苏乡	9289	22012	7354	1487	405.0		
泽普县图呼其乡	5311	11006	1542	439	548.0		
泽普县奎依巴格乡	7645	14886	4243	416	1448.0		
泽普县阿克塔木乡	5107	7556	2844	1010	4145.0		
泽普县阿依库勒乡	6224	13457	5020	1343	4644.0		
泽普县布依鲁克塔吉克族乡	2561	4061	1862	348	740.0		
莎车县莎车镇	1900	69177	3319	1950	4800.0	1350	51474
莎车县恰热克镇	35666	35099	12839	2407	15990.0	75	3520
莎车县艾力西湖镇	48747	43666	20124	3473	650.0	77	3814
莎车县荒地镇	23152	39387	10099	3417	800.0	85	1987
莎车县阿瓦提镇	14305	29153	13245	937	700.0	155	3270
莎车县白什坎特镇	13459	45501	24738	9034	90.0	350	3721
莎车县依盖尔其镇	11918	31039	8461	3528	380.0	100	3450
莎车县古勒巴格镇	1677	66713	10767	7977	346.0		
莎车县阿热勒乡	7383	21295	7021	2581	540.0		
莎车县恰尔巴格乡	7488	15674	5299	217	250.0		
莎车县托木吾斯塘乡	7250	28100	12540	1393	180.0		
莎车县英吾斯塘乡	5318	12701	6260	728	595.0		
莎车县乌达力克乡	15348	33505	6713	1307	60.0		
莎车县阿尔斯兰巴格乡	12395	19802	7822	1143	104211.0		
莎车县孜热甫夏提塔吉克族乡	12397	11576	3935	414	310.0		
莎车县亚喀艾日克乡	11820	10902	3631	182	115.3		
莎车县喀群乡	3387	23342	11776	2550	350.0		
莎车县霍什拉甫乡	40020	19970	8750	6100			
莎车县达木斯乡	90179	10924	2920	1020	700.0		
莎车县米夏乡	6571	35915	9924	7296	1400.0		
莎车县伊什库力乡	52053	35454	12600	889	2800.0		
莎车县拍克其乡	57971	22850	6125	3220			
莎车县塔尕尔其乡	11913	40908	10120	1699			
莎车县阔什艾日克乡	6028	18458	7495	2127	30.0		
莎车县墩巴格乡	7301	20406	10162	809	1000.0		
莎车县阿拉买提乡	13216	25852	10477	492			

续表 644　　(新疆维吾尔自治区)　　计算单位：公顷、人、万元

名　　称	行政区域面　　积	常住人口	从业人员	二三产业从业人员	工　业总产值	城镇建成区 面 积	城镇建成区常住人口
莎车县阿扎特巴格乡	13368	16931	7465	882			
莎车县巴格阿瓦提乡	12682	19406	5914	414	80.0		
莎车县喀拉苏乡	60159	16431	8027	947			
叶城县喀格勒克镇	1874	84532	9699	7267	398647.0	1874	84532
叶城县恰尔巴格镇	5725	24210	19825	1403	4510.0	92	24132
叶城县乌夏巴什镇	445890	24760	11225	2575	9700.0	80	24700
叶城县洛克乡	131655	23330	12710	450	1754.0		
叶城县伯西热克乡	17386	40115	15132	2593	50.0		
叶城县铁提乡	27871	18432	7510	570	7569.0		
叶城县恰萨美其特乡	1692	19742	9135	6575	11770.0		
叶城县吐古其乡	4616	23652	18672	1637	3810.0		
叶城县江格勒斯乡	274722	30281	18905	1500	1200.0		
叶城县加依提勒克乡	8777	28218	17769	1554	125.0		
叶城县巴仁乡	2814	12178	4861	450	4320.0		
叶城县乌吉热克乡	7775	23982	10044	2844	3321.0		
叶城县夏合甫乡	6641	23778	10269	819			
叶城县依力克其乡	24436	16890	8173	2050	1980.0		
叶城县依提木孔乡	6469	40155	25085	9215	3452.0		
叶城县宗朗乡	27978	7714	3600	550	620.0		
叶城县柯克亚乡	330220	24046	10916	1701	586.0		
叶城县西合休乡	1259968	5720	4295	1101			
叶城县棋盘乡	154654	18439	9866	3282			
叶城县萨依巴格乡	47330	27418	14850	1130	360.0		
麦盖提县麦盖提镇	1725	38286	7957	7848	62972.7	1587	38286
麦盖提县巴扎结米乡	18103	30080	7020	1090	3583.8		
麦盖提县希依提墩乡	16646	16351	6671	1010	31800.5		
麦盖提县央塔克乡	70611	34315	12853	1267	1850.0		
麦盖提县吐曼塔勒乡	71666	28280	10670	1149			
麦盖提县尕孜库勒乡	60539	27988	7894	846	2400.0		
麦盖提县克孜勒阿瓦提乡	70176	29184	6199	780	450.0		
麦盖提县库木库萨尔乡	510948	12816	4380	1071	3246.0		
麦盖提县昂格特勒克乡	8547	6245	2708	729	420.0		
麦盖提县库尔玛乡	37692	15308	9203	550	1950.0		
岳普湖县岳普湖镇	5257	27192	13590	11473	180643.0	815	11452
岳普湖县艾西曼镇	9690	19695	6669	606	560.0	49	2036
岳普湖县铁热木镇	104529	24182	10242	1367		48	1123
岳普湖县也克先拜巴扎镇	12947	22344	7985	1010		45	1934
岳普湖县岳普湖乡	26815	16951	6350	815	2580.0		
岳普湖县阿其克乡	24717	26275	9290	1340			
岳普湖县色也克乡	26969	22881	7815	1125	4630.0		
岳普湖县巴依阿瓦提乡	63274	11692	5638	515			
岳普湖县阿洪鲁库木乡	28101	2919	965	233			
伽师县巴仁镇	1785	44002	6020	4422	230867.0	1395	41800
伽师县西克尔库勒镇	13657	1380	396	346	29788.0	150	1080
伽师县夏普吐勒镇	20423	36470	13545	1305	4143.0	60	900
伽师县铁日木乡	5813	17430	6896	1006	14329.0		
伽师县英买里乡	79526	33592	13241	1130	4011.0		
伽师县江巴孜乡	26240	37350	14209	1488	17804.0		
伽师县卧里托格拉克乡	153335	49770	17630	1397	3051.0		

续表 645　　（新疆维吾尔自治区）　　计算单位：公顷、人、万元

名　　称	行政区域面　　积	常住人口	从业人员	二三产业从业人员	工　业总产值	城镇建成区 面 积	城镇建成区常住人口
伽师县克孜勒博依乡	67844	49900	20499	998	5101.0		
伽师县米夏乡	10103	33250	13210	960	660.0		
伽师县和夏阿瓦提乡	39437	56000	22762	1682	3031.0		
伽师县克孜勒苏乡	29188	43900	18258	1058	611.0		
伽师县古勒鲁克乡	52680	28350	10858	880	1073.0		
伽师县玉代克力克乡	102203	18040	6778	650	510.0		
巴楚县巴楚镇	2240	62455	8050	7370	95700.0	85	62455
巴楚县色力布亚镇	28000	56585	32069	2059	17500.0	190	36200
巴楚县阿瓦提镇	42750	25779	17275	331	2200.0	130	17200
巴楚县三岔口镇	50000	358	295	295	1680.0	72	358
巴楚县恰尔巴格乡	66766	30818	16399	600	8500.0		
巴楚县多来提巴格乡	71471	28288	27387	553	6500.0		
巴楚县阿纳库勒乡	100000	24925	10996	415	6000.0		
巴楚县夏马勒乡	89800	11616	3256	136	5000.0		
巴楚县阿克萨克玛热勒乡	88000	36065	14010	610	1400.0		
巴楚县阿拉根乡	35750	32721	21808	558	1500.0		
巴楚县琼库恰克乡	129500	44906	23850	2800	3400.0		
巴楚县英吾斯坦乡	37400	28190	13375	675	2300.0		
塔什库尔干塔吉克自治县塔什库尔干镇	2536	8252	3119	2260		1000	8252
塔什库尔干塔吉克自治县塔吉克阿巴提镇	3333	4100	2156	929			
塔什库尔干塔吉克自治县塔什库尔干乡	368920	5735	1624	276	78.2		
塔什库尔干塔吉克自治县塔合曼乡	83184	3164	1056	262			
塔什库尔干塔吉克自治县科克亚尔柯尔克孜族乡	60200	1100	526	211			
塔什库尔干塔吉克自治县提孜那甫乡	32151	3224	930	227			
塔什库尔干塔吉克自治县达布达尔乡	1175294	2990	2080	945	4943.6		
塔什库尔干塔吉克自治县马尔洋乡	776800	2077	866	111			
塔什库尔干塔吉克自治县瓦恰乡	150800	3117	1213	153			
塔什库尔干塔吉克自治县班迪尔乡	62512	1778	609	107			
塔什库尔干塔吉克自治县库科西鲁格乡	464400	2066	638	97			
塔什库尔干塔吉克自治县大同乡	125760	1909	567	107			
和田市拉斯奎镇	4765	30093	7621	2590	132.0	358	2301
和田市玉龙喀什镇	4225	25607	9049	2171	517.0	236	6303
和田市肖尔巴格乡	3292	34190	12868	4728	3359.0		
和田市伊里其乡	5218	35997	11433	4912	243.0		
和田市古江巴格乡	1753	20401	7402	3306	4469.0		
和田市吐沙拉乡	10210	52334	22174	12012	690.0		
和田市吉亚乡	17180	25264	9728	2385	32.0		
和田市阿克恰勒乡	4380	4672	2803	51			
和田县巴格其镇	6646	67857	31050	11797		504	7259
和田县罕艾日克镇	9053	48939	21665	2854	16664.8	962	4580
和田县英阿瓦提乡	9528	28894	14560	1001			
和田县英艾日克乡	21685	13307	5143	457			
和田县布扎克乡	11603	31399	16924	3128	19459.6		
和田县拉依喀乡	5233	33444	17552	1481			
和田县朗如乡	2323362	20276	8634	479	17307.1		
和田县塔瓦库勒乡	34451	32239	15370	1491			
和田县伊斯拉木阿瓦提乡	53409	25906	13215	1053			
和田县色格孜库勒乡	36563	10962	4920	484			
和田县喀什塔什乡	1574582	7170	3010	351	10711.8		

续表 646　　　　（新疆维吾尔自治区）　　　　计算单位：公顷、人、万元

名　　称	行政区域面　　积	常住人口	从业人员	二三产业从业人员	工　业总产值	城镇建成区 面 积	城镇建成区常住人口
和田县吾宗肖乡	15365	7140	3250	366			
墨玉县喀拉喀什镇	3445	32575	10105	4605	3.8	13	2444
墨玉县扎瓦镇	35623	42956	21377	9342		6	3801
墨玉县奎牙镇	7481	36805	14750	4125		4	2063
墨玉县喀尔赛镇	390249	31913	17866	2663		4	4300
墨玉县阿克萨拉依乡	4368	22638	14608	4049			
墨玉县乌尔其乡	24613	13402	6235	1191			
墨玉县托胡拉乡	2071	14175	10090	2095			
墨玉县萨依巴格乡	222655	21673	17698	1947	7890.0		
墨玉县加汗巴格乡	4535	17321	15884	7927	29.0		
墨玉县普恰克其乡	6425	31077	12468	1914			
墨玉县芒来乡	2361	16377	16036	6674			
墨玉县阔依其乡	266910	23775	9060	2301			
墨玉县雅瓦乡	333224	30083	19789	2389			
墨玉县吐外特乡	4661	19057	15250	3251			
墨玉县英也尔乡	7443	9529	5610	1190			
墨玉县喀瓦克乡	1237333	10697	4755	1517			
皮山县固玛镇	19433	33101	8864	2454		676	12316
皮山县杜瓦镇	321807	8336	2821	453	5783.8	9	1350
皮山县赛图拉镇	825000	385	175	19		23	315
皮山县木吉镇	341376	27566	6668	2573	200.0	12	5007
皮山县阔什塔格镇	69216	18216	5126	354			
皮山县克里阳乡	44357	6922	3427	652			
皮山县科克铁热克乡	317233	41452	14764	3243			
皮山县桑株乡	162880	34732	10476	555			
皮山县乔达乡	172250	14204	5568	426	50.0		
皮山县木奎拉乡	227617	23565	6043	1019			
皮山县藏桂乡	303488	16583	6196	500			
皮山县皮亚勒玛乡	291560	6691	3196	292			
皮山县皮西那乡	41047	9146	3030	566			
皮山县巴什兰干乡	100200	5788	2328	135			
皮山县垴阿巴提塔吉克民族乡	468409	1034	298	35			
皮山县康克尔柯尔克孜民族乡	1004808	1683	596	46			
洛浦县洛浦镇	4813	23175	10628	3467		275	508
洛浦县山普鲁镇	203518	36779	13721	3200	154.0	87	1540
洛浦县布亚乡	9396	37490	20245	2651			
洛浦县恰尔巴格乡	9449	50997	25681	2107			
洛浦县杭桂乡	354218	47963	14363	2776			
洛浦县多鲁乡	282767	40602	20114	731			
洛浦县纳瓦乡	2755	16446	8391	683			
洛浦县拜什托格拉克乡	543780	7162	3066	176			
洛浦县阿其克乡	664	1802	902	108			
策勒县策勒镇	26301	14761	6226	1341	10761.0	367	1408
策勒县固拉合玛镇	68955	31378	13381	2287	842.0	98	3389
策勒县策勒乡	932716	35788	15378	2860	192.0		
策勒县达玛沟乡	544038	22865	8510	1599	54.0		
策勒县恰哈乡	449662	17111	6403	1378	177.0		
策勒县乌鲁克萨依乡	344267	5061	2666	42			
策勒县奴尔乡	459661	12906	5985	1925			

续表 647　　（新疆维吾尔自治区）　　计算单位：公顷、人、万元

名　称	行政区域面积	常住人口	从业人员	二三产业从业人员	工业总产值	城镇建成区面积	城镇建成区常住人口
策勒县博斯坦乡	332185	7423	3481	619			
于田县木尕拉镇	5447	29950	19724	1875	30.0	90	2852
于田县先拜巴扎镇	64640	22345	9889	1190	414.0	87	1393
于田县加依乡	1864	20284	7927	1337	6.2		
于田县科克亚乡	5433	22541	12100	830	603.5		
于田县阿热勒乡	33533	19864	3043	510	22.0		
于田县阿日希乡	44107	8589	3725	520			
于田县兰干乡	86387	23029	9084	2694	732.1		
于田县斯也克乡	22048	24947	9452	600			
于田县托格日尕孜乡	13260	15388	8920	640			
于田县喀拉克尔乡	83407	16621	6236	1177	26.0		
于田县奥依托格拉克乡	557527	21361	2841	1588	10514.0		
于田县阿羌乡	1024726	9444	5435	913			
于田县英巴格乡	433380	10306	7272	832			
于田县希吾勒乡	43800	4949	2925	963			
于田县达里雅布依乡	1534459	1502	734	109			
民丰县尼雅镇	1426	3226	875	416		218	1100
民丰县尼雅乡	1108470	6088	1625	619			
民丰县若克雅乡	95326	7060	1705	724			
民丰县萨勒吾则克乡	774278	5097	2866	164			
民丰县叶亦克乡	2795591	3838	1072	196			
民丰县安迪尔乡	118729	2506	1259	39			
民丰县亚瓦通古孜乡	863715	363	113	5			
伊宁市巴彦岱镇	26148	24375	15600	9969	36282.0	1178	9206
伊宁市英也尔乡	9058	19241	11890	5259	69567.0		
伊宁市汉宾乡	3178	21832	12000	11577	500.0		
伊宁市塔什科瑞克乡	1373	30215	10993	10233	813.0		
伊宁市喀尔墩乡	3448	28965	13423	11193	11250.0		
伊宁市托格拉克乡	3075	9443	5439	1776	1550.0		
伊宁市克伯克圩孜乡	1596	7071	4900	1792	2350.0		
伊宁市达达木图乡	5670	31221	13361	2959	7817.0		
伊宁市潘津乡	4921	29129	11650	6230			
奎屯市开干齐乡	47600	1444	920	86	550.0		
霍尔果斯市伊车嘎善乡	8000	13712	7381	805	3263.9		
伊宁县吉里于孜镇	5755	43761	20058	18224	69123.3	270	5090
伊宁县墩麻扎镇	2700	12249	3427	1326	5618.0	267	4332
伊宁县英塔木镇	12200	28850	4895	2735	2745.0	270	2000
伊宁县胡地于孜镇	11863	21374	10922	3494	21115.0	277	5215
伊宁县吐鲁番于孜乡	5763	14858	9439	1501	809.0		
伊宁县喀拉亚尕奇乡	3124	12610	4901	1224	105273.5		
伊宁县武功乡	5305	11492	4382	862			
伊宁县萨地克于孜乡	1309	6751	5022	936			
伊宁县愉群翁回族乡	15220	57159	28001	13324			
伊宁县阿热吾斯塘乡	10530	22103	13226	4909	983.5		
伊宁县巴依托海乡	14140	22310	8704	1326	711.0		
伊宁县维吾尔玉其温乡	7313	18659	8010	2326	29080.1		
伊宁县萨木于孜乡	12560	20237	13491	2505			
伊宁县喀什乡	21100	25527	13113	2165	1795.0		
伊宁县麻扎乡	19717	13641	12618	1301			

续表 648　　（新疆维吾尔自治区）　　计算单位：公顷、人、万元

名　　称	行政区域面积	常住人口	从业人员	二三产业从业人员	工业总产值	城镇建成区面积	城镇建成区常住人口
伊宁县温亚尔乡	12000	30062	12111	741			
伊宁县阿乌利亚乡	3326	13992	8774	1903			
伊宁县曲鲁海乡	9396	12763	6652	442	74419.2		
察布查尔锡伯自治县察布查尔镇	6317	27249	11527	10075	65603.3	182	3480
察布查尔锡伯自治县爱新色里镇	28800	9356	4469	484	128.0	288	8748
察布查尔锡伯自治县孙扎齐牛录镇	20357	9645	5895	762	275.0	195	4827
察布查尔锡伯自治县堆齐牛录乡	19478	9238	5483	505			
察布查尔锡伯自治县绰霍尔乡	8418	9646	5642	2492	6111.3		
察布查尔锡伯自治县纳达齐牛录乡	6979	4895	2804	967	10033.8		
察布查尔锡伯自治县扎库齐牛录乡	37333	15387	7900	965	7231.9		
察布查尔锡伯自治县米粮泉回族乡	4045	5922	3300	898			
察布查尔锡伯自治县坎乡	50557	13585	6857	787	1496.9		
察布查尔锡伯自治县阔洪奇乡	23119	10091	4630	1587	494.5		
察布查尔锡伯自治县海努克乡	25667	15721	8908	1306	6721.2		
察布查尔锡伯自治县加尕斯台乡	50251	16332	9876	1594	18851.0		
察布查尔锡伯自治县琼博拉乡	45333	9601	4625	844	192.7		
霍城县水定镇	25025	31520	16157	12621	27802.0	2010	31365
霍城县清水河镇	36600	49259	38082	15069	91500.0	196	15784
霍城县芦草沟镇	38516	39832	16632	4911	13945.3	400	2720
霍城县惠远镇	13862	26972	8995	1045	17404.0	955	6378
霍城县萨尔布拉克镇	64710	34661	20917	6487	85.0	86	7035
霍城县兰干乡	24600	24880	23833	2901	24770.0		
霍城县三道河乡	4500	10230	5039	2082	3405.0		
霍城县三宫乡	7200	16257	6499	679	6201.4		
霍城县大西沟乡	15200	12600	5389	475	143.0		
巩留县巩留镇	2526	31161	19313	18649	15172.1	83	2859
巩留县阿克吐别克镇	61333	11905	4653	1460	940.0	151	3120
巩留县库尔德宁镇	56800	15769	4391	1056	138.9	58	3901
巩留县东买里镇	31832	33869	16288	4868	517.0	162	4191
巩留县阿尕尔森镇	58666	29998	14645	941	24244.4	226	3402
巩留县吉尔格郎乡	42660	8725	5067	644	15.3		
巩留县塔斯托别乡	41400	28601	12543	1073	6949.6		
巩留县提克阿热克乡	42667	15651	8675	2385	15086.0		
新源县新源镇	41442	47185	19028	12110	33840.0	500	17767
新源县则克台镇	42914	26449	10692	6597	302586.0	136	7591
新源县阿热勒托别镇	41890	35463	12975	4728	11027.0	920	11074
新源县塔勒德镇	103863	28008	10990	2714		405	10367
新源县那拉提镇	159946	35121	13407	5449		269	7756
新源县肖尔布拉克镇	26137	10943	4890	620	4364.0	100	1935
新源县喀拉布拉镇	59717	21445	9333	5959		529	7225
新源县阿勒玛勒镇	27206	12105	4846	1361		128	6138
新源县别斯托别乡	47740	34099	11244	1603	34067.0		
新源县坎苏乡	37420	13999	5264	629			
新源县吐尔根乡	28861	10098	4506	594	3992.0		
昭苏县昭苏镇	45204	28220	8608	7197	7835.0	920	5183
昭苏县喀夏加尔镇	40765	12582	5308	1808	5487.0	367	2832
昭苏县阿克达拉镇	40444	12135	4835	772		345	821
昭苏县洪纳海乡	26740	14020	7453	2225	228.0		
昭苏县乌尊布拉克乡	58630	9502	3042	900	806.0		

续表 649　　（新疆维吾尔自治区）　　计算单位：公顷、人、万元

名　　称	行政区域面　积	常住人口	从业人员	二三产业从业人员	工　业总产值	城镇建成区 面 积	城镇建成区常住人口
昭苏县萨尔阔布乡	98755	13818	5689	1255			
昭苏县喀拉苏乡	190141	15513	6008	1587			
昭苏县察汗乌苏蒙古族乡	42029	11892	3980	925	5830.0		
昭苏县夏特柯尔克孜族乡	106152	14298	5131	1439	844.0		
昭苏县胡松图喀尔逊蒙古族乡	144736	10380	5338	1731			
特克斯县特克斯镇	67272	35711	5660	3650	4012.0	105	3733
特克斯县乔拉克铁热克镇	164935	38932	17034	3744		11	4325
特克斯县喀拉达拉镇	115126	23667	12545	4225	12033.7	121	5908
特克斯县齐勒乌泽克镇	70175	20787	9567	1287		90	3166
特克斯县喀拉托海镇	107769	13943	6075	719	16260.5	67	4754
特克斯县呼吉尔特蒙古民族乡	21957	8237	4082	1452	15195.1		
特克斯县阔克苏乡	1316	3237	1904	299	9924.5		
特克斯县阔克铁热克柯尔克孜民族乡	152757	19418	5372	1532			
尼勒克县尼勒克镇	28867	35420	18517	12844	6801.6	790	32278
尼勒克县苏布台乡	29333	8540	3400	555			
尼勒克县喀拉苏乡	65786	15701	4125	1140	201.0		
尼勒克县加哈乌拉斯台乡	47600	10397	4442	1502	80.0		
尼勒克县乌赞乡	45333	15658	5629	2342	5986.6		
尼勒克县科克浩特浩尔蒙古民族乡	101333	18011	14436	3644	64363.7		
尼勒克县乌拉斯台乡	59500	10181	4620	880	782.2		
尼勒克县克令乡	126866	15093	7780	1197	10069.5		
尼勒克县喀拉托别乡	36561	10734	4270	1282			
尼勒克县胡吉尔台乡	80000	12141	7343	1690	6004.4		
尼勒克县木斯乡	94666	16189	7370	2638	71058.0		
塔城市二工镇	45865	24117	9992	3433		200	1173
塔城市恰夏镇	43200	14269	9698	2615		128	3500
塔城市喀拉哈巴克乡	29000	9855	9370	870			
塔城市阿西尔达斡尔民族乡	40200	10114	6870	475		261	1300
塔城市阿不都拉乡	28300	9225	4220	307			
塔城市也门勒乡	37200	11450	5478	733			
乌苏市白杨沟镇	8450	4010	382	131	17400.0	100	550
乌苏市哈图布呼镇	11200	18796	13183	3385	19000.0	298	5907
乌苏市皇宫镇	15200	14976	12820	1430		97	4700
乌苏市车排子镇	9340	6780	5064	834	4500.0	140	2209
乌苏市甘河子镇	32215	9600	8970	650		90	600
乌苏市百泉镇	21300	9269	6380	180		210	1092
乌苏市四棵树镇	11390	14100	9128	448	2830.0	160	1800
乌苏市古尔图镇	310980	12903	8902	2346		1000	2815
乌苏市西湖镇	20500	8782	700	400		87	1700
乌苏市西大沟镇	26700	11000	6652	121	5300.0	158	600
乌苏市八十四户乡	9418	14336	7800	1600	3300.0		
乌苏市夹河子乡	4500	3292	2307	307			
乌苏市九间楼乡	12000	7191	4759	263			
乌苏市石桥乡	16074	6101	3975	745			
乌苏市头台乡	12218	4863	3712	620			
乌苏市吉尔格勒特郭楞蒙古民族乡	30600	6098	3133	167			
乌苏市塔布勒合特蒙古民族乡	185416	2640	1154	94	3200.0		
额敏县额敏镇	1120	46722	13120	788	14792.0	210	5102
额敏县玉什喀拉苏镇	15024	10337	8063	1310		810	10337

续表 650　　（新疆维吾尔自治区）　　计算单位：公顷、人、万元

名　　称	行政区域面积	常住人口	从业人员	二三产业从业人员	工业总产值	城镇建成区面积	城镇建成区常住人口
额敏县杰勒阿尕什镇	35000	9792	3144	1001	1500.0	14	1759
额敏县上户镇	31700	12557	12457	2584		58	2220
额敏县玛热勒苏镇	8800	13252	11837	1011		190	610
额敏县喀拉也木勒镇	15000	8223	7739	1726			
额敏县郊区乡	32000	19159	11525	2441	26500.0		
额敏县额玛勒郭楞蒙古民族乡	6111	4745	2759	634	80.0		
额敏县喇嘛昭乡	1002	2295	2293	600			
额敏县霍吉尔特蒙古民族乡	3582	4105	4053	707			
额敏县二道桥乡	6229	2898	2894	644			
沙湾县三道河子镇	986	51083	24593	24593	54000.0	70	4400
沙湾县四道河子镇	42000	17372	9593	490		159	1977
沙湾县老沙湾镇	53973	12323	11022	1747	10700.0	176	3450
沙湾县乌兰乌苏镇	10067	20928	11136	2680	13600.0	50	1090
沙湾县安集海镇	35666	19071	10149	1939	6490.0	210	1234
沙湾县东湾镇	38666	11286	6538	524		38	662
沙湾县西戈壁镇	76000	11927	8472	2193	5200.0	63	1033
沙湾县柳毛湾镇	17451	12500	5000	1428	185300.0	118	2283
沙湾县金沟河镇	24000	12483	8978	3591		52	611
沙湾县商户地乡	10700	8557	5078	75	7000.0		
沙湾县大泉乡	14700	17532	10693	3856	5836.0		
沙湾县博尔通古乡	55000	9604	6403	910			
托里县托里镇	9406	24663	9230	4274	254.0	180	4580
托里县铁厂沟镇	230000	9583	8850	7980	306561.0	229	8054
托里县庙尔沟镇	87330	6285	2929	2455	204.0	39	743
托里县多拉特乡	291000	15086	10660	696			
托里县乌雪特乡	31733	13249	6840	305	14226.0		
托里县库普乡	600000	17808	8237	534			
托里县阿克别里斗乡	116000	9365	6002	631	22046.4		
裕民县哈拉布拉镇	580	14565	2339	1984	21136.0	512	14989
裕民县吉也克镇	102170	7570	3501	669		142	2134
裕民县哈拉布拉乡	56000	6819	4140	517			
裕民县新地乡	61900	6153	3433	570	1032.0		
裕民县阿勒腾也木勒乡	70100	6335	3659	321			
裕民县江格斯乡	67800	6352	4765	345	465.0		
和布克赛尔蒙古自治县和布克赛尔镇	15232	12546	4711	4711	13601.6	250	12546
和布克赛尔蒙古自治县和什托洛盖镇	668400	10584	3625	2326	93519.3	1500	8560
和布克赛尔蒙古自治县夏孜盖乡	114023	3727	1495	42			
和布克赛尔蒙古自治县铁布肯乌散乡	126909	3563	1308	78			
和布克赛尔蒙古自治县查干库勒乡	190463	4630	1187	67			
和布克赛尔蒙古自治县巴音傲瓦乡	150000	2700	1155	55			
和布克赛尔蒙古自治县莫特格乡	19170	3463	552	126			
和布克赛尔蒙古自治县查和特乡	1411552	943	563	35	3000.0		
阿勒泰市北屯镇	555	11446	6286	6286	8871.0	555	11446
阿勒泰市阿苇滩镇	100000	12201	7278	483	30.0	122	2760
阿勒泰市红墩镇	108000	12374	6488	1365	5855.2	135	3820
阿勒泰市切木尔切克镇	196000	14483	6495	1235	2172.4	116	3800
阿勒泰市阿拉哈克镇	187600	10749	6363	805		30	1465
阿勒泰市汗德尕特蒙古族乡	52800	4010	2615	855	13336.0		
阿勒泰市拉斯特乡	55790	4930	1910	492	6439.7		

续表 651　　（新疆维吾尔自治区）　　计算单位：公顷、人、万元

名　称	行政区域面　积	常住人口	从业人员	二三产业从业人员	工　业总产值	城镇建成区 面 积	城镇建成区常住人口
阿勒泰市喀拉希力克乡	62400	5605	2647	135			
阿勒泰市萨尔胡松乡	100724	5509	3625	243	135.0		
阿勒泰市巴里巴盖乡	99962	5070	662	453			
阿勒泰市切尔克齐乡	96450	5536	2535	180			
布尔津县布尔津镇	8022	27104	589	221	12214.0	4850	20487
布尔津县冲乎尔镇	216800	11875	4548	2063		150	4193
布尔津县窝依莫克乡	213378	17253	7953	765			
布尔津县杜来提乡	115500	9072	7218	489			
布尔津县阔斯特克乡	68000	4972	2909	296			
布尔津县也格孜托别乡	110000	5158	3557	1461			
布尔津县禾木哈纳斯蒙古民族乡	20266	2542	1423	442			
富蕴县库额尔齐斯镇	1213	27650	11123	10910		630	26925
富蕴县可可托海镇	1710	5374	2676	2510		809	4645
富蕴县恰库尔图镇	12006	3047	1407	837		178	820
富蕴县喀拉通克镇	30330	8035	2396	1254		2	1676
富蕴县杜热镇	1400000	17373	6580	1440		131	1367
富蕴县吐尔洪乡	1787140	14310	8112	2537			
富蕴县库尔特乡	950000	10069	6172	2836			
富蕴县克孜勒希力克乡	682530	6035	1857	621			
富蕴县铁买克乡	300000	5910	3585	1835			
富蕴县喀拉布勒根乡	700000	6328	1839	665			
福海县福海镇	4060	22456	10275	9890		950	22456
福海县喀拉玛盖镇	2020758	10739	5676	437		141	10739
福海县解特阿热勒镇	320507	13656	7300	1375		650	13656
福海县阔克阿尕什乡	138550	7794	3521	945			
福海县齐干吉迭乡	656428	4782	2495	439			
福海县阿尔达乡	8571	3142	1477	952			
哈巴河县阿克齐镇	1200	24125	7230	6318		8	24125
哈巴河县萨尔布拉克镇	181800	14061	4506	723		68	1830
哈巴河县齐巴尔镇	57600	8487	4093	379		27	840
哈巴河县萨尔塔木乡	129500	12456	4400	1155			
哈巴河县加依勒玛乡	124100	12926	1888	688			
哈巴河县库勒拜乡	136000	14987	7026	1196			
哈巴河县铁热克提乡	132300	2752	1331	481			
青河县青河镇	4584	15815	497	185		438	15815
青河县塔克什肯镇	147027	4299	1925	638		43	756
青河县阿热勒托别镇	346725	11523	4971	690		104	2230
青河县阿热勒乡	433293	13627	6556	846			
青河县萨尔托海乡	283796	6078	2642	1891			
青河县查干郭勒乡	174432	6821	2952	523			
青河县阿尕什敖包乡	184405	6046	2514	462			
吉木乃县托普铁热克镇	618	11142	4922	4820		303	11142
吉木乃县吉木乃镇	125356	2763	1709	405		31	1155
吉木乃县喀尔交镇	242279	4088	2188	603		16	1273
吉木乃县托普铁热克乡	91145	8971	5356	603			
吉木乃县托斯特乡	112723	4666	2427	335			
吉木乃县恰勒什海乡	17173	1196	735	210			
吉木乃县别斯铁热克乡	118857	3467	1933	546			
阿拉尔市金银川镇	36607	20956	8395	5841	157351.0	300	19910

续表 652　　（新疆维吾尔自治区）　　计算单位：公顷、人、万元

名　　称	行政区域面　　积	常住人口	从业人员	二三产业从业人员	工　业总产值	城镇建成区 面 积	城镇建成区常住人口
一师二团	40100	11162	5732	3839	95839.0	239	8891
一师三团	49222	13019	7760	4294	129397.0	196	11452
一师四团	41000	7924	4075	2063	17613.0	205	4396
一师五团	79073	18696	8006	5031	52179.0	302	15894
一师六团	13247	9033	6155	4505	118550.7	141	8408
一师七团	22978	11152	6510	4332	146682.0	243	10140
一师八团	20851	10031	5132	2815	140196.0		
一师十团	52476	15600	7870	5197	166687.0	169	13790
一师十一团	10333	10020	6247	4719	54050.0	356	7134
一师十二团	46667	19086	8342	5462	172860.0	350	16850
一师十三团	23500	18191	8386	6973	98542.0	410	15098
一师十四团	61032	7882	4577	2139	64004.0	375	6652
一师十六团	34374	15041	8138	5865	132777.0	208	13236
一师幸福农场	17580	6105	1329	467	18169.0	1430	6105
一师托喀依乡	19333	4218	1826	139			
二师二十一团	28391	10003	4019	2066	120525.0	297	8546
二师二十二团	62317	17516	9324	4131	225626.0	240	15313
二师二十四团	21319	11519	4250	1838	31210.0	112	9215
二师二十五团	5389	4982	2489	1246	9881.0	59	2277
二师二十七团	27839	10256	4148	2467	52352.0	153	8006
二师二十九团	70600	26327	13502	8771	326960.0	600	12486
二师三零团	43650	8886	4713	2912	44878.0	145	6900
二师三十一团	30434	8515	6017	5420	92927.0	250	8223
二师三十三团	54335	12058	4648	2828	80734.0		
二师三十四团	88800	10051	4872	3244	38156.0	200	8824
二师二二三团	64216	7994	3251	1686	38073.0	535	5488
二师三十六团	66861	7045	4196	3294	71011.1	114	6201
二师三十七团	11213	2264	1381	483	5260.5	33	760
二师三十八团	19478	3953	2165	925	601.7	300	3953
三师四十一团	7600	7646	2730	1613	6773.7	550	7366
三师四十二团	14655	3264	1840	723	27784.0	140	3064
三师四十四团	61333	25186	9468	4417	93205.0	417	15861
三师四十五团	88667	22713	10043	6164	67687.0	430	17876
三师四十六团	29516	3606	1529	850	5885.0	98	2802
三师四十八团	17000	6559	2234	1253	19157.0	130	5045
三师四十九团	31100	14918	6261	2663	37391.7	500	11928
三师五十团	52667	18591	7104	3927	31872.0	135	12773
三师五十一团	141167	44982	17332	6201	61538.0	700	30150
三师五十三团	126590	20948	9008	3899	37708.0	250	10850
三师伽师总场	50533	11716	4846	2044	30264.0	260	6557
三师叶城牧场	64933	1275	396	230	1920.0		
三师东风农场	7487	1510	504	187	651.0	100	1216
三师红旗农场	9247	3720	1190	321	2506.0	45	1965
三师托云牧场	49533	899	385	163	644.0	13	465
四师六十一团	105333	11551	5707	2588	109275.0	34	9596
四师六十二团	13607	15490	7706	5312	117052.0	509	14732
四师六十三团	28753	8222	4452	2832	77393.0		
四师六十四团	36307	21657	9258	4106	87107.0	270	10989
四师六十六团	32700	24734	11200	6507	39437.0		

续表 653　　　　　　　　　　　（新疆维吾尔自治区）　　　　　　　　　　　计算单位：公顷、人、万元

名　　称	行政区域面　积	常住人口	从业人员	二三产业从业人员	工　业总产值	城镇建成区 面 积	城镇建成区常住人口
四师六十七团	62000	12204	5031	2870	20752.0	136	6156
四师六十八团	13231	8306	3175	1096	35718.0	118	6186
四师六十九团	9822	6130	2522	1480	50188.0	220	2775
四师七十团	10378	9618	5536	3013	101418.0		
四师七十一团	16100	9736	5770	3000	69233.0		
四师七十二团	22755	9732	4975	2803	19236.0	245	6821
四师七十三团	28700	7441	4700	4023	208395.0	173	6762
四师七十四团	77800	3167	1923	1056	15510.0	114	2312
四师七十五团	7908	2678	1659	893	46394.0	130	2135
四师七十六团	59987	9388	6141	2049	54209.0		
四师七十七团	39070	6651	3788	1910	82813.0	348	4955
四师七十八团	70000	4485	2205	1247	5746.0		
四师七十九团	24908	4480	2251	1333	31294.0	91	2647
五师八十一团	12328	10577	5265	3280	40504.0		
五师八十三团	46060	21275	10386	6591	15535.1		
五师八十四团	75167	7335	3239	2015	50317.0		
五师八十六团	32700	15187	7941	5211	70921.0		
五师八十七团	19461	4300	2008	1224	5163.4		
五师八十八团	32700	4189	1816	1174	8340.7	160	3542
五师八十九团	17471	15563	7719	5409	80617.0		
五师九十团	18670	9430	4609	2952	12164.1	28	9430
五师九十一团	15434	4231	1859	1147	2006.2		
六师一零一团	9104	9029	12142	10599	21784.0		
五家渠市梧桐镇	34500	18648	8813	6563	150159.0	666	15694
五家渠市蔡家湖镇	54600	15795	7755	4843	41773.0	667	11000
六师一零五团	22500	13412	5566	3093	42888.0		
六师一零六团	18800	5428	2604	1118	356.0		
六师芳草湖总场	95400	58399	24125	13728	158601.0		
六师新湖农场	98100	37353	16501	10158	111912.0		
六师军户农场	9100	14546	5013	1634	6173.0		
六师共青团农场	19400	10520	4649	2952	14659.0		
六师六运湖农场	5200	5838	2894	1462	499.0		
六师土墩子农场	11500	5395	3722	2097	30149.0		
六师红旗农场	146800	13073	6036	2968	24748.0		
六师奇台农场	76400	27662	13897	6493	154779.0		
六师北塔山牧场	225300	3716	1725	767	13689.0		
七师一二三团	23150	22178	9166	5967	28714.0	370	21069
七师一二四团	92898	16348	5423	2647	20850.0	225	11847
七师一二五团	43051	17899	9277	5593	22936.0	373	14192
七师一二六团	20004	10876	4308	2693	10438.8	200	9483
七师一二七团	18548	13955	4790	3199	14480.0	244	11164
七师一二八团	28602	13634	7567	5794	96309.0	185	13225
七师一二九团	30456	17209	9241	7354	68153.0		
七师一三零团	63677	19598	9682	6194	66904.0		
七师一三一团	37600	18023	7992	5712	91044.0		
七师一三七团	59791	12856	5089	3590	13489.0	78	8812
八师石河子镇	4357	9162	4490	1708	24057.0		
八师一二一团	58500	37011	16521	10162	32828.0	500	32003
八师一三三团	57594	20898	8015	4049	20820.0	420	20898

续表 654 （新疆维吾尔自治区） 计算单位：公顷、人、万元

名 称	行政区域面积	常住人口	从业人员	二三产业从业人员	工业总产值	城镇建成区面积	城镇建成区常住人口
八师一三四团	47742	18838	9896	4431	16330.0	398	18838
八师一三六团	19411	10031	4468	2623	9396.0	240	9987
八师一四一团	20003	9197	2495	633	21335.0	200	9167
八师一四二团	70207	22019	11378	7848	72956.0	369	21281
八师一四三团	93627	31143	13805	8127	194945.0	332	28462
八师一四四团	31580	11497	7281	3770	82913.0	233	10631
八师石河子总场	47500	46377	24766	19800	637573.0	19520	46377
八师一四七团	22485	14152	5751	3421	95714.0	367	12669
八师一四八团	16898	23073	9947	5921	38828.0	385	19699
八师一四九团	42193	16331	7984	3500	15763.0	210	16168
八师一五零团	45073	13644	5055	2246	65008.0	38000	13644
八师一五二团	10159	6026	4100	3260	63315.0		
九师一六一团	124100	5127	2502	857	695.0		
九师一六三团	20568	9480	5884	2874	8960.0	164	9283
九师一六四团	18718	5680	3009	1071	414.7		
九师一六五团	93876	5131	2407	828	3628.0	81	3934
九师一六六团	49433	7607	4012	1312	19909.6	245	6696
九师一六七团	40929	5446	2887	767	1449.0		
九师一六八团	42400	8958	4648	1884	5514.0	265	8521
九师一七零团	974	3098	1836	936	14049.0	242	1778
九师团结农场	4369	3321	1616	808	7973.0	41	2903
十师一八一团	76000	9865	4704	2224	58547.0	247	7233
十师一八二团	37700	4943	2010	720	12096.0	14	3016
十师一八三团	35333	8068	3135	1726	69433.0	319	7415
十师一八四团	72424	6801	3825	2755	55450.0		
十师一八五团	90790	3126	1439	660	2553.0	149	2312
十师一八六团	6219	2530	1097	682	4117.0		
十师一八七团	29030	6110	3268	1935	46921.0	214	5050
十师一八八团	39000	9885	5277	3758	110575.0	397	6174
十一师建工师龙河农场	699	25	16	18113		397	6174
十二师一零四团	227000	21306	8761	6739	82632.0	1051	15271
十二师三坪农场	7499	11403	5205	4013	20608.0		
十二师五一农场	6124	11588	6095	4767	15056.0	650	11588
十二师头屯河农场	4147	11451	6444	4792	5451.0	983	11451
十二师西山农场	9121	6272	2873	1993	21516.0	282	5163
十二师二二一团	13177	5185	2638	1566	19556.0	113	3185
十二师二二二团	17755	10322	3774	2583	39482.0	125	9115
十三师红星一场	14967	8726	6184	4737	302799.0	340	8598
十三师红星二场	20300	7543	3809	2469	222291.0		
十三师红星四场	125500	7916	3733	2355	70762.0	273	4698
十三师红山农场	326100	12184	6946	4986	128402.0	86	9018
十三师黄田农场	105708	11079	8117	6196	204856.0	200	8950
十三师淖毛湖农场	3420	2583	2456	1980	173900.0	64	2583
十三师火箭农场	18150	19495	8551	7269	190896.0		
十三师柳树泉农场	142000	10915	5530	3688	116000.0	1950	9816
十四师四十七团	14066	5142	2533	732	2995.0	78	2458
十四师皮山农场	44528	25949	9019	3342	2436.0	470	12220
十四师一牧场	84493	2715	1596	591	2507.0	30	1430
十四师二二四团	26020	12081	7488	1579	1844.0		

附录：主要指标解释

主要指标解释

行政区域土地面积 是指辖区内的全部陆地面积和水域面积。包括耕地、荒山、荒地、山林、草原、滩涂、道路和建筑物占地等陆地面积，以及河流、湖泊、水库等水域面积。

居民委员会个数 指根据宪法和其他相关法律法规规定，按城镇居住地区设立的基层群众性自治组织的个数。

村民委员会个数 指农村中经上级政府批准，按居住地区设立的基层群众性自治组织的个数。含城关镇中的村。

通公共交通的村 指有公共交通汽车通过本村，并设有公交汽车站名的村。

通宽带的村 指一个或一个以上自然村内可通过宽带或光纤宽带上网查看各种信息的村。宽带对家庭用户而言是指传输速率超1M，可以满足语音、图像等大量信息传递的需求。

通有线电视的村 指有线电视网络已经架设到村，并能通过有线网络接收到电视节目的村。

通自来水的村 自来水是指符合卫生标准，并经公用设施处理的管道输送水。通自来水的村指乡镇行政区域内通自来水的村数。

垃圾集中处理的村 指本行政区域内有垃圾处理设施进行垃圾集中处理，或者虽然没有垃圾处理设施，但是对垃圾实行统一集中清运管理的行政村。

污水集中处理的村 指本行政区域内有污水处理设施进行污水集中处理，或者虽然没有污水处理设施，但是对污水进行了净化处理的行政村。

常住户数 指常住人口所在的家庭户与集体户之和。家庭户按公安部门常住户进行统计；集体户包括地区内的国有经济的机关、团体、学校、企业、事业单位的集体户口，同一单位的集体户口无论其人数多少，都以一户进行统计。

常住人口 指本行政区域内的以下四部分人口：居住在本行政区域，户口在本行政区域或者户口待定的人口；居住在本行政区域，户口在外县（市），离开户口登记地半年以上的人口；户口在本行政区域，居住在外县（市），离开户口登记地不到半年的人口；户口在本行政区域，居住在港澳台或国外的人口。

户籍人口 指年末户籍在本行政区域内的人口数，即公安部门户籍人口。

农业户籍人口 指年末本行政区域内户籍人口中的农业户籍人口。

从业人员 指总人口中16岁以上实际参加生产经营活动并取得实物或货币收入的人员，既包括劳动年龄内经常参加劳动的人员，也包括超过劳动年龄但经常参加劳动的人员。但不包括户口在家的在外学生、现役军人和丧失劳动能力的人，也不包括待业人员和家务劳动者。从业人员年龄为16岁以上。从业人员按从事主业时间最长（时间相同按收入）分为农业从业人员、工业从业人员、建筑业从业人员、交运仓储及邮电通讯业从业人员、批零贸易及餐饮业从业人员、其他从业人员。

第一产业从业人员 指从事农、林、牧、渔业的人员。

第二产业从业人员 指从事采矿业，制造业，电力、煤气及水的生产和供应业，建筑业人员。

第三产业从业人员 指从事第一、二产业以外的其他行业人员。

外来从业人员 指从业人员中户籍在外地的乡镇工作人员和乡镇企业外来打工人员。包括从事农业与非农业生产、其他行业从业人员。

公共财政收入 包括国内增值税、营业税、企业所得税、个人所得税、资源税、城市维护建设税、房产税、印花税、城镇土地使用税、土地增值税、车船税、耕地占用税、契税、烟叶税、其他各项税收等税收收入，和专项收入、行政事业性收费收入、罚没收入、国有资本经营收入、国有资源（资产）有偿使用收入、其他收入等非税收入。

企业实交税金 指企业实际缴纳的税金的总

额。

公共财政支出 包括一般公共服务、国防、公共安全、教育、科学技术、文化体育与传媒、社会保障就业、医疗卫生、环境保护、城乡社区事务、农林水事务、交通运输等方面的支出。

年末债务总额 指年末乡镇政府承担的以货币计量的，尚未偿还的各种债务累计总额，包括欠银行、政府、社会团体和个人等方面的债务。

耕地面积 指种植农作物的土地。包括熟地，新开发、复垦、整理地，休闲地（含轮歇地、轮作地）；以种植农作物（含蔬菜）为主，间有零星果树、桑树或其他树木的土地；平均每年能保证收获一季的已垦滩地和海涂。耕地中包括南方宽度＜1.0米、北方宽度＜2.0米固定的沟、渠、路和地坎(埂)；临时种植药材、草皮、花卉、苗木等的耕地，以及其他临时改变用途的耕地。

设施农业占地面积 设施农业是指以工厂化生产方式,建造人工设施,改变气候条件,提高农作物抵御自然灾害的能力,改良生物特性,使作物实现错季或反季节生产,达到农作物均衡生产的目的.包括温室、大棚和中小棚。占地面积指三类面积的总和。一是实际使用面积，指沿墙内侧的围绕面积；二是墙体面积，指设施的墙体等其他支撑体自身的占地面积；三是采光占用面积，指设施距遮光物体（其他设施、房屋等）的必要距离所占的面积。

有效灌溉面积 指具有一定的水源，地块比较平整，灌溉工程或设备已经配套，在一般年景下当年能够进行正常灌溉的耕地面积。在一般的情况下，有效灌溉面积应等于灌溉工程或设备已经配套，能够进行正常灌溉的水田和水浇地面积之和。

农作物播种面积 指农业生产经营者应在日历年度内收获农作物在全部土地（耕地或非耕地）上的播种或移植面积。凡是本年内收获的农作物，无论是本年还是上年播种，都算为播种面积，但不包括本年播种，下年收获的农作物面积。移植的农作物面积按移植后的面积计算，不计算移植前的秧田、畦田等面积。多年生作物，即播种后可连续生长多年的缩根性草本植物，如有些麻类、中药等作物的播种面积，按本年新增面积加往年的连续累计面积计算。如果因灾害等原因，应该收获却未能收获，也要按原播种面积计算，新补或改种，并在本年收获的，要按复种作物计算面积。间种、混种的作物面积按比例折算各个作物的面积，如果完全混合、同步生长、收获的作物，按混合面积平均分配。复种、套种的作物，按次数计算面积，每种一次计算一次。再生稻、再生高粱、再生烟等，因其没有经过播种或移植，不算入播种面积。

粮食作物播种面积 指农业生产经营者应在日历年度内收获的粮食作物在全部土地（耕地或非耕地）上的播种或移植面积。凡是本年内收获的粮食作物，无论是本年还是上年播种，都算为当年播种面积，但不包括本年播种，下年收获的粮食作物面积。移植的粮食作物面积按移植后的面积计算，不计算移植前的秧田面积。如果因灾害等原因，应该收获却未能收获，也要按原播种面积计算，新补或改种，并在本年收获的，也要按复种作物计算面积。间种、混种的作物面积按比例折算各个作物的面积，如果完全混合、同步生长、收获的作物，按混合面积平均分配。复种、套种的作物，按次数计算面积，每种一次计算一次。再生稻、再生高粱等，因其没有经过播种或移植，不计入播种面积。

农业技术服务机构个数 指在本行政区域内负责农业技术服务的机构的个数。包括设立在本行政区域的农业技术服务机构，以及独立从事农业技术服务的机构的个数。

农业技术服务机构从业人员数 指年末在本行政区域内所有从事农业技术服务的人员数。

农民合作社个数 指年末由政府或者由农民自发组成、自愿联合、民主管理的互助经济合作组织的个数。该组织主要从事传授农业生产技术、组织农业生产经营、对农业生产进行服务等活动。一般应有5个以上成员，有组织章程，有生产、技术、信息、加工、仓储、销售等某方面的服务内容。

农民合作社成员数 指本行政区域内开展活动的各种类型的农业专业合作经济组织所包括的在册成员总数。

耕地流转面积 指种植农作物的土地流转面积。土地流转是指土地使用权流转，土地使用权流转的含义，是指拥有土地承包经营权的农户将土地经营权（使用权）转让给其他农户或经济组织，即保留承包权，转让使用权。

种植大户数 指本辖区内种植农作物的土地面积在规模（南方50亩、北方100亩）以上的农户数。

畜禽养殖大户数 指本行政区域内的畜禽（猪、

牛、羊、禽）养殖大户户数。禽包括鸡、鸭、鹅。畜禽养殖大户标准以国家农业部门规定的养殖量为准。生猪：年出栏50头；奶牛：存栏20头；肉牛：年出栏10头；羊：年出栏30只；蛋鸡：存栏500只；肉鸡：年出栏2000只。

工业企业单位数 指本行政区域内按国民经济行业划分归属于工业的企业个数和生产单位个数。

规模以上工业企业个数 指年主营业务收入2000万元以上的工业法人企业个数。

工业总产值 指工业企业在报告期内生产的以货币形式表现的工业最终产品和提供工业劳务活动的总价值量。

规模以上工业总产值 指主营业务收入在2000万以上的工业企业在报告期内生产的以货币形式表现的工业最终产品和提供工业劳务活动的总价值量。

工业企业从业人员 指实际上报《产业活动单位基本情况》企业的从业人员汇总数。

建筑业企业单位数 指具有建筑业资质的独立核算的总承包和专业承包建筑业企业与生产单位个数。

建筑业总产值 指建筑业企业在报告期内生产的以货币形式表现的建筑业产品和服务的总和。建筑业总产值包括建筑工程产值、安装工程产值和其他产值三部分内容。

建筑业企业从业人员数 指实际上报《产业活动单位基本情况》企业的从业人员汇总数。

社会消费品零售总额 指企业（单位、个体户）通过交易直接售给个人、社会集团非生产、非经营用的实物商品金额，以及提供餐饮服务所取得的收入金额。个人包括城乡居民和入境人员，社会集团包括机关、社会团体、部队、学校、企事业单位、居委会或村委会等。

限额以上社会消费品零售总额 指限额以上企业（单位、个体户）通过交易直接售给个人、社会集团非生产、非经营用的实物商品金额，以及提供餐饮服务所取得的收入金额。个人包括城乡居民和入境人员，社会集团包括机关、社会团体、部队、学校、企事业单位、居委会或村委会等。

市场个数 指所辖地域范围内，由乡镇管理，经工商部门批准，具有固定场所，专门从事各类商品交换市场的个数。

50平米以上的超市个数 超级市场是以顾客自选方式经营的大型综合性零售商场。又称自选商场。是许多国家特别是经济发达国家的主要商业零售组织形式。超级市场一般在入口处备有手提篮或手推车供顾客使用，顾客将挑选好的商品放在篮或车里，到出口处收款台统一结算。

住宿餐饮业企业个数 指区域内按国民经济行业划分归属于住宿和餐饮的单位个数（分项以企业登记注册类型划分，参见《住宿和餐饮业统计报表制度》中，法人单位基本情况S101-1和住宿和餐饮业产业活动单位S104-3表）。

小学数 指经过县及县以上教育部门批准，以招收适龄儿童为主实施小学教学计划的学校数。

小学专任教师数 指在普通小学中专门从事教学工作的固定教师、民办教师人数，不包括兼职教师和临时代课教师。

小学在校学生数 指学年开学后，在普通小学学习具有学籍的学生总数，包括留级生，不包括复读生和补习生。

幼儿园、托儿所个数 指本行政区域内实有的幼儿园、托儿所个数。包括学前班，以及虽未经有关部门批准，但却有一定规模(儿童数超过10人)的个人办幼儿园、托儿所。

图书馆、文化站个数 指经过文化管理部门批准，设立于本行政区域内，并对公众开放的图书馆和文化站个数。不包括单位内部的图书室。

剧场、影剧院数 指独立核算的专用剧场和属文化部门主管的能演出戏剧的影剧院、兼映电影的剧场，以及附属在剧院、团公开营业的非独立核算的剧场、排演场个数。

体育场馆 体育场指有400米跑道（中心含足球场），有固定道牙，跑道6条以上并有固定看台的室外田径场地。体育场按看台容纳观众人数分为：甲级25000人以上，乙级15000-25000人，丙级5000-15000人，丁级5000人以下；体育馆指有固定看台，可供篮球、排球、羽毛球、乒乓球、体操等项目训练比赛活动用的室内运动场地。体育馆按看台容纳观众人数分为：甲级6000人以上，乙级4000-6000人，丙级2000-4000人，丁级2000人以下。不包括各类学校内专供学生使用的体育场馆。

医疗卫生机构个数 指报告期末辖区范围内的医院、卫生院总数。

医疗卫生机构床位数 指各级各类医院年底的固定实有床位（非编制床位），包括正规床、简易床、监护床、正在消毒和修理床位、因扩建或大修而停用的床位，不包括产科新生儿床、接产室待产床、库存床、观察床、临时加床和病人家属陪侍床。

执业（助理）医师 包括执业医师和执业助理医师。执业医师是指具有《医师执业证》及其"级别"为"执业医师"且实际从事医疗、预防保健工作的人员，不包括实际从事管理工作的执业医师。执业助理医师是指具有《医师执业证》及其"级别"为"执业助理医师"且实际从事医疗、预防保健工作的人员，不包括实际从事管理工作的执业助理医师。

各种社会福利收养性单位数 指提供食宿、不以盈利为目地的革命伤残军人休养院、复退军人慢性病疗养院、复退军人精神病院、光荣院、社会福利院、儿童福利院、精神病福利院、老年收养性机构（敬老院、养老院、老年公寓）等收养性的社会福利事业单位的总称。这些单位，分事业单位、企业和民办非企业3类。

各种社会福利收养性单位床位数 指收养性单位报告期末床位的实际收养能力。对于炕、通铺，以正常可容纳人员数量折算床位数。

各种社会福利收养性单位收养人数 指收养性单位报告期末实际收养的人数。

新型农村合作医疗参保人数（简称：新农合参保人数） 指根据本地新农合实施方案到年内新农合筹资截至时已缴纳新农合资金的人口数。

新型农村社会养老保险参保人数（简称：新农保参保人数） 指报告期末按照《国务院关于开展新型农村社会养老保险试点的指导意见》（国发[2009]32号），参加新型农村社会养老保险的人数。

农村居民最低生活保障人数 指报告期末在建立农村最低生活保障制度的地区，得到当地政府或集体给予最低生活保障的农业人口家庭，并已发放补助经费的人数。

自来水用水户数 指辖区内通过城镇自来水管道网饮用自来水的所有住户数。

燃气用气户数 指辖区内居民使用燃气家庭户的总户数。

金融机构网点数 指金融机构在辖区内所设立的金融网点个数总和。金融机构，是指专门从事货币信用活动的中介组织。我国的金融机构，按地位和功能可分为中央银行、银行、非银行金融机构和外资、侨资、合资金融机构四大类。

公园及休闲健身广场个数 是指经过有关管理部门批准，设立于本辖区内，供居民休闲游玩的地方。

城镇规划区面积 指对城市未来的发展区域进行的整体构思和安排。城镇规划区面积以乡镇人民政府建设部门（或规划部门）提供的范围为准。

城镇建成区面积 指实际已成片开发建设、市政公用设施和公共设施基本具备的区域。

城镇建成区总户数 指年末实际居住在建成区范围内的住户总数。包括单身户、家庭户和各种类型的集体户。

城镇建成区总人口 指年末实际居住在建成区范围内的乡村人口与城镇人口之和。

城镇建成区绿化面积 根据《城市绿化条例》规定，建成区绿地面积包括公共绿地、居住区绿地、单位附属绿地、防护绿地、生产绿地、风景林地六类绿化面积之和。